A BÍBLIA REAL
A HISTÓRIA DIVINA DA HUMANIDADE

A BÍBLIA REAL

A HISTÓRIA DIVINA DA HUMANIDADE

CLAUDIA DE ANDRADE SOUTO

PAULO AUGUSTO CARDOSO

Os versículos bíblicos citados nesta obra foram retirados da versão pública de João Ferreira de Almeida

EDITORA VIDA DE BRAVOS

Copyright © 2018 Claudia de Andrade Souto e Paulo Augusto Cardoso
Todos os direitos reservados.

Os versículos utilizados nesta obra foram utilizados da
versão pública de João Ferreira de Almeida

ISBN:: 978-85-924190-1-1

Capa
Thiago Calamita

Editor gráfico
Ailton Mezalira

Colaboração
Hugo L. de Oliveira Soares
Luíza Brito Cardoso

EDITORA VIDA DE BRAVOS
Rua Almeida Nobre, 96 – Vila Celeste
CEP: 02543-150 – São Paulo, SP
Brasil

SUMÁRIO

PRÓLOGO 9

INTRODUÇÃO 11

CAPÍTULO 1 – A Criação divina 17
A Criação: 1, A vossa santidade, O Senhor Deus e a natureza: 1.1 - A natureza e a força Santa das emanações divinais: 1.2 – Aura Plena, estrutura espiritual de consciência: 1.3 - Estado de consciência, o próprio sentido da vida: 1.4 – Aura Plena e o fio de prata: 1.5 – A inserção do espírito na matéria carnal: 1.6 – O rompimento do fio de prata: 1.7 – O rompimento celestial para a vida material: 1.8 – Missão terrena do espírito: 1.9 – Predeterminação ou sina da alma: 1.10 – O amor e a fugacidade do espírito: 1.11 – Segredos além do próprio espírito e a anunciação: 1.12

CAPÍTULO 2 – O Santíssimo Senhor Deus 133
A face do Criador: 2 – Árvore da vida: 2.1 - Benditos frutos – Árvore do conhecimento do bem e do mal: 2.2 – Frutificações, a dor do amor: 2.3 – Laços espirituais e laços carnais: 2.4 – Alvura animal: 2.5 - Vinde a mim os que são puros: 2.6 - Vinde a mim os que creem, Noé os caminhos da fé: 2.7

CAPÍTULO 3 – Fonte de energia direta do Criador 281
Os sete Espíritos, os sete Santos, e a coroa do Criador: 3.1 – Os sete servos dos sete Santos: 3.2 – Templos Azuis, O reino celestial do altíssimo Senhor Júlio Cesar Celestial: 3.3 – Cúpula Arcada: 3.4 - O reino santificado dos sete Santos: 3.5 - Promessas divinais e os exércitos do Senhor Deus: 3.6 – As sete forças espirituais: 3.7 – Os sete reinos Santos e as sete lições santificadas: 3.8 – Doutrina, e a lei dos Santos: 3.9 – Servidores espirituais apostolares dos Santos: 3.10 - A ascensão, unidade santa dos anciões: 3.11 – A estrela fonte: 3.12 - Pelas fontes que também o regem, O Guiador: 3.12

CAPÍTULO 4 – História divina da humanidade 405
Moises, o servidor apostolar instrumento de Deus: 4 - Moisés, o filho nobre de Deus: 4.1 - Moisés, o instrumento de forças divinais: 4.2 - O filho da própria verdade: 4.3 - Escola de aprendizagem e as magias de transformação: 4.4 - Pródigos espirituais e as magias de transformação: 4.5

CAPÍTULO 5 – Fundação da congregação espírita pelo Senhor Deus....471
Libertando as almas e formando a congregação: 5 – Preparação espiritual, a primeira prescrição e oferta a Deus: 5.1 – O primeiro preceito espiritual, preparação para a Passagem: 5.2 Preparação para Páscoa e o sangue da vida: 5.3 – Aqueles que ferem a terra, a luz que resplandece da morte: 5.4 – Vigília dos não Santos, passagem que fere a terra: 5.5 – Purificação e ordenação aos filhos da Páscoa: 5.6 – A passagem dos filhos da terra, abertura do mar: 5.7 – O alimento sagrado do céu e da terra, Maná: 5.8

CAPÍTULO 6 – Doutrina espiritual para congregação espírita...............567
Dirigentes espirituais, o sacerdócio: 6 – O sacerdote: 6.1 – A aliança espiritual e os mandamentos sagrados: 6.2 – O acordo da aliança: 6.3 – O altar sagrado da aliança: 6.4 – Bezerro de ouro para idolatria: 6.5 – As doze forças espirituais e a nova aliança: 6.6 – O santuário divino para a Arca da aliança: 6.7 – A Arca da Aliança: 6.8 – A Tenda espiritual de reunião: 6.9

CAPÍTULO 7 – Doutrina espiritual, a casa santa dos não Santos 679
Átrio sagrado, Ala espiritual dos não Santos: 7 – O Mistério da Tríade Espiritual Sagrada: 7.1 – O lugar sagrado dos espíritos não Santos: 7.2 – O Anjo do Abismo: 7.3 – O mistério das Sete Cruzes: 7.4 – Altar do holocausto, o mistério dos espíritos não Santos: 7.5 – O mistério da destra celestial, e o filho de Deus: 7.6 – Terça aliança celestial, equilíbrio das forças: 7.7 – Disciplina espiritual dos Anjos e dos não Santos: 7.8 - Miguel, o Anjo negro pelos caminhos da paz: 7.9

CAPÍTULO 8 – Doutrina espiritual aos filhos dos
  Santos e não Santos 793
Espíritos Santos e não Santos: 8 – A santa justiça de Deus: 8.1 – Ingratidão a Deus, a certeza do homem: 8.2 – O Anjo que cai: 8.3 – O bem e o mal: 8.4 – Homens caídos e a justiça divinal: 8.5 – Homens e demônios de si mesmos: 8.6 – Não Santos, o equilíbrio das forças e da fé: 8.7 – Não Santos e o arquétipo feminino: 8.8

CAPÍTULO 9 – Atos espirituais e oferta a Deus 881
Primeiro Cordeiro imolado sobre a terra: 9 – Sacrifício de festividade e sacrifício pelos pecados: 9.1 – Sacrifício pacífico: 9.2 – O bode mensageiro da morte: 9.3 – Oferta santificada e espiritual ao Criador: 9.4 – Ao sétimo dia: 9.5

CAPÍTULO 10 – Doutrina espiritual dos caminhos do juízo
  de existência...927
Estrutura espiritual e pensamento de consciência: 10 – A livre escolha: 10.1 – Umbral – lamentação da alma: 10.2 – O primeiro juízo para a morte

dos erros: 10.3 – Inferno espiritual: 10.4 – Moradas de desenvolvimento espiritual: 10.5 – Espíritos andantes e espíritos vagantes: 10.6 – Conhecendo o Criador através da morte: 10.7 – Juízo de existência espiritual contra juízo final: 10.8 – Juízo final pelas portas do inferno: 10.9 – Demônios, e o juízo final: 10.10 – Juízo de existência e morte dos erros – umbral: 10.11 – Missões, caminhos e guardiões: 10.12

CAPÍTULO 11 – Doutrina espiritual dos Santos e o espiritismo 1061
A origem do espiritismo: 11 – Mediunidade e o espiritismo: 11.1 – Mediunidade e a conexão espiritual: 11.2 – Congregação espírita: 11.3 – Nomenclatura espiritual, a promessa de cada filho: 11.4 – Guias espirituais, os filhos da promessa: 11.5 – Comandantes ou regentes espirituais: 11.6 – Filhos terrenos e filhos determinados: 11.7 – Espíritos santificados e Espíritos Santos: 11.8 – Arquétipo de Santo: 11.9 – Pai e Mãe de cabeça: 11.10 – Oblação: 11.11 – Oferta aos Santos: 11.12

CAPÍTULO 12 – Jesus, o filho único de Deus 1187
O verbo: 12 – Maria, mãe de Jesus: 12.1 – O batismo:12.2 - Sobre as mesmas leis de Deus: 12.3 – As doze forças espirituais: 12.4 – Pródigos e magias de transformação: 12.5 – O Pão da Vida: 12.6 – Quarenta dias e quarenta noites: 12.7 – Levanta-te e anda, a cura espiritual: 12.8 – A espada da verdade: 12.9 – Filhos de Abraão ou filhos de pouca fé: 12.10 – As leis da terra e o julgamento do homem: 12.11 – O Cordeiro imolado: 12.12 – Judas, um filho à esquerda do Pai: 12.13

CAPÍTULO 13 – O Dia do Senhor...1285
Servindo ao Pai: 13 – O Dia do Senhor: 13.1

PRÓLOGO

A vossa santidade o Criador, o meu Pai, e todos os vossos mais nobres, e leais e humildes e devotos servos e servas espirituais, das quais a vossa nobreza e majestosa bondade, cheia de amor e piedade para com todos nós, determinou que juntos pudéssemos compor esta obra em vosso sagrado nome de forma que sejamos conhecedores da real e verdadeira história divina que conduz espiritualmente toda a humanidade. Não contradizendo a nenhuma sagrada escritura ou documentos ou relatos daqueles que percorreram os caminhos de vossas certezas e se dedicaram em trazer em cada época divina vivida um pouco daquilo que fora os caminhos da crença e da fé aos homens de fé, e sim a permissão para que conheçamos os reais e verdadeiros fatos que os motivaram e os levaram a exercerem e executarem as vossas ações divinas na caminhada espiritual conforme a ordem e determinação de vossa sublime e sagrada autoridade.

Por isso, não contestando, e sim revelando os segredos e mistérios dos motivos santos que durante séculos e mais séculos ficaram guardados na história sagrada divina, até o momento, em que estes se fizessem apropriados para serem derramados por sobre a terra como forma de sanar e acalmar os anseios daqueles filhos que percorrem por trilhas e mais trilhas desnorteados em busca das verdadeiras respostas que os levarão aos caminhos de vossas salvações, pela certeza das vontades perpetuamente escritas pelas próprias mãos de Deus.

E este que se fez o momento espiritual mais sagrado e especial ao qual me fora dada a ordem suprema e a determinação de atuar em nome do Criador seguindo as orientações e obedecendo a todas as ordenações dos espíritos também escolhidos para este trabalho, assim como de meus mentores; renunciei a todas as atividades de terra e me debrucei por mais de dois anos cumprindo e exercendo a ordem daquilo que é a real e verdadeira história da humanidade descendo a terra em forma de relatos e escritas igualmente sagradas, transcritas através dos mais altivos, leais e nobres espíritos para ser novamente a luz que se ascende e chega ao mundo apresentando-se em forma de revelação dos segredos divinos, para que não pereçamos cegos e doentes pelas crenças e inverdades que causam as mais penosas e dolorosas dores espirituais pelo desconhecimento de nossas próprias verdades.

E aceitei com toda honra e alegria no que fora o dia da iniciação espiritual ser o instrumento de ordem divina para trazer a todos os meus irmãos e irmãs espirituais, tudo aquilo que é a própria verdade das mãos de verdade. Sem que para isso tenha eu recebido ou desejado nada que não seja além daquilo que é meu por direito e merecimento espiritual para viver e caminhar sobre esta sagrada terra, com a certeza do cumprimento de minha obrigação e dever para com aqueles que me escolherem e determinaram para esta sagrada missão em nome do Criador, o meu Pai; ao qual me empenhei ao longo de todos estes também longos dias de aprendizagem e dedicação obedecendo e sendo justa e leal e fiel a todos os relatos dos espíritos para poder trazer e consagrar em terra, aquilo que não é meu, e sim de toda a humanidade para ser a luz e a verdade pelos caminhos da verdadeira promessa divina e espiritual. Porque esta obra que inicia-se em braços ternos, eternamente em braços ternos estará deitada, porque santificada e abençoada ergue-se para ser perpetuada em terra, assim com selada encontra-se diante do trono do Pai Maior, o nosso Senhor Deus, junto aos vossos mais leais e fieis e sagrados espíritos de luz.

E a eles expresso a minha mais sincera e humilde gratidão. Ao altíssimo Senhor Sete Encruzilhadas, a quem chamo de altíssimo, pois altivo, sagrado e nobre regente das forças da luz do fogo que ardem em brasas santas, o é. Ao Altíssimo Senhor Júlio Cesar Celestial, Mentor espiritual da luz, a quem curvo-me diante de tanta sabedoria, humildade e encanto frente a vossa santa e nobre unidade diante a face Santíssimo Senhor Deus. E ao meu mentor de terra, dirigente espiritual Paulo Augusto Cardoso, a quem respeito, admiro e igualmente me prostro diante da vossa sabedoria, crença, humildade e verdade ao qual busco atentamente observar e com ele aprender, pois sem a vossa determinação e coragem para enfrentar todos os desafios da vida terrena, jamais teria eu caminhado tão próximo as unidades espirituais mais nobres e sagradas divinas.

E por isso agradeço eternamente ao Pai celestial não apenas em meu nome, mas em nome de todos os espíritos que juntos estivemos, ainda que jamais saibamos os nomes de todos aqueles que contribuíram para a realização desta obra divina, para que possamos todos nos, ainda que em unidade espiritual distinta, conhecermos a face de Deus através da ótica dos que procuram amar e respeitar e glorificar o sagrado nome de vossa Santíssima unidade. O Espírito Santo.

Porque estes que estão assentados a direita e a esquerda de Deus todo-poderoso, caminham atravessando séculos e séculos de existência espiritual pregando e levando o nome do Criador para aqueles que fome da verdade tem, sem que nada nos seja cobrado a não ser aquilo da qual as vossas humildades necessitam, são e eternamente serão a nossa escola de aprendizagem espiritual para condução de nossas certezas aos caminhos da eterna paz. Aos caminhos de meu Criador, meu Pai celestial.

Claudia de Andrade Souto

INTRODUÇÃO

O Criador sempre buscou cuidar de seus filhos através de seus ensinamentos. Por isso, ao longo dos tempos ordenou e ainda ordena, alguns, pouco espíritos evoluídos nos caminhos de vossa eternidade, os preparando para que pratiquem vossos ensinamentos aos filhos de terra. Ensinamentos estes que atravessam e rompem os tempos espirituais, fazendo surgir pregadores, missionários, dirigentes espirituais e outros servidores religiosos ao redor do mundo.

Porém, cada qual com sua própria forma de intepretação de acordo com o que espiritual e materialmente em relação a sabedoria, conhecimento e intenção pessoal possui, conduzindo assim, povos através de interpretação própria, criando então, vários caminhos religiosos ou religiões. E muitos destes caminhos com grande poder político, riqueza material e ostentação terrena em detrimento da verdade em que deveriam em nome das palavras sagradas de Deus, pregar.

Por isso, ao longo dos tempos, muitos pregadores, missionários, dirigentes espirituais e diversos servidores religiosos, criaram suas próprias regras, doutrinas, disciplinas e leis a serem seguidas, iniciando então uma grande subdivisão dos ensinamentos divinos, onde cada pregador com sua interpretação e poder terreno de condução de seus rebanhos pregando de forma distinta aquilo da qual é a única e verdadeira história da humanidade, gerou o maior desentendimento entre os próprios pregadores em relação, não somente as pregações, como também a palavra e as prescrições espirituais de Deus e vossos servos espirituais, criando uma grande desunião dos seguidores ou dos povos, filhos do mesmo Criador.

Porque as mesmas palavras divinas, aplicadas pelas diferentes doutrinas, onde cada uma seguindo as suas próprias leis e interpretações dos mandamentos, além de julgar, condenar e executar com as suas próprias verdades, que são verdades nascidas de seus desejos e intenções, e não daquilo ao qual é a ordem suprema de Deus, onde o amor a união o perdão e a caridade, assim como a paz a alegria a felicidade e a união deveriam ser os únicos e verdadeiros sentidos e ensinamentos terrenos aplicados, vivenciados e experimentados, foram alterados; não pelas mãos divinas do Criador e sim pelas intenções daqueles que abasteciam e ainda abastecem as suas próprias mãos utilizando-se das verdades divinas para fazerem as suas próprias verdades de terra superiores a única e real verdade. O amor de Deus sobre todas as coisas.

E muitas vezes seguindo as verdades da terra no lugar daquela que deveria ser a única verdade espiritual, ainda erguem-se e proclamam-se para pregarem nada além do que as próprias verdade que os abastecem conforme suas interpretações e pessoais intenções. E assim, muitos filhos de Deus, ainda são sacrificados inocentemente para o próprio fortalecimento de determinadas doutrinas criadas pelos pregadores delas, fazendo com que tenhamos muitos mais deuses do que na remota época do antigo tempo onde os desuses e suas idolatrias reinavam por sobre a terra em nome de coisas próprias, ou em nome de coisa alguma.

E o mesmo sangue da qual fora derramado em nome do fortalecimento religioso pelo poder de terra ao quais os caminhos doutrinários lhes conferiam poder, igualmente fora derramado pelos próprios pregadores pela busca do endeusamento terreno, para tornar seus dirigentes tão fortes e temidos como suas doutrinas baseadas em crenças mundanas, assim como o poder erroneamente espiritual que carregam, muitas vezes sustentados pela ganancia, pelo luxo material ou pelo domínio de gente através das paredes de vossos templos cheio de homens, mas vazios de amor e de caridade. Causando grande desequilíbrio espiritual entre os povos.

E junto ao desequilíbrio em que os próprios servidores das vossas vontades, ditas espirituais, nascem, nascem também os desajustes e desavenças terrenas dentre os encarnados. Mas isso, através daquilo ao qual os deveriam juntar, a doutrina religiosa. Porém, cada religião, diante da separação criada por ela mesma entre os povos, ergue seu próprio Deus para se prostrar, servir e adorar, mas esta divisão terrena não separa somente os povos como também a verdade celestial da verdade criada em terra que nada possui de verdade para vos encaminhar ou vos salvar de vossas próprias inverdades.

Por isso, foram as doutrinas religiosas, não as trazidas pelo Criador, e sim aquelas aplicadas e praticadas pelos pregadores de terra conforme as suas interpretações que acabou gerando o maior desequilíbrio entre os povos religiosos do mundo. Ao qual é esta separação o inverso daquilo que pregou o vosso servo, instrumento espiritual divino, escolhido e ordenado sobre a vossa majestosa e gloriosa regência, de nome Moisés, para unir os vossos filhos.

Mas tinha Moisés, em seu tempo de luta espiritual, àquilo que o abastecia de crenças, energias e forças perante as verdades divinas, verdades estas que jamais o abandonou frente aos desejos de unificação dos povos religiosos. Pois carregava consigo o mais puro, santificado e nobre instrumento espiritual utilizado em terra, de nome a Arca da aliança, aliança de ajuntamento das verdades, das crenças, das doutrinas e das certezas em nome de um único Deus e um único Criador pela força da única e verdadeira força que nos fazem até hoje filhos da verdade, ou seja, a própria Verdade.

Pois não era a Arca da aliança, a aliança que os uniriam em carne material, e sim pelo único e verdadeiro sentido espiritual de cada um, o sentido espírito. Espírito que fora doado pelo Espírito Santo, o Senhor Deus, para que alcancemos as nossas unidades, através do direito à vida para caminharmos livres em terra de forma que cheguemos até a vossa santa e sagrada casa pelos caminhos da união seguindo as trilhas das nossas promessas, pois ainda somos e eternamente seremos "filhos de vossas promessas".

E ainda que os tempos passaram, e os ensinamentos divinos permanecem os mesmos, ainda que os pregadores tentam modificá-las, as promessas divinas continuam as mesmas.

Por isso, o Criador espera que todos os pregadores, missionários, dirigentes espirituais e demais servidores, unam-se em nome de um Deus único, obedeçam e sirvam as verdades únicas leis e prescrições, aos quais jamais deveriam estas terem sido alteradas ou trocadas, para que sigam o exemplo maior, exemplo trazido por vosso filho único, quando igualmente em carcaça de homem caminhara sobre esta mesma terra, seguindo, servindo e obedecendo as leis de vosso Pai, sobre os mandamentos que trouxera o vosso também irmão de nome Moisés. Porque aquilo da qual fora pelo Criador perpetuado para ser verdade, nem mesmo o Mestre Jesus, poderia mudar.

Portanto, se acaso fossem as vontades do Criador obedecidas, certamente, teriam os povos religiosos do mundo alcançado a terra prometida, porque esta que é a terra de outrora, é a terra de qualquer tempo.

Pois esta, que jorrará leite e mel, será também a terra que lhes trará, além do alimento da carne, o alimento da alma, ou seja, a prosperidade, a paz e o amor entre os filhos de Deus e não a morte de vossas unidades que pela fugacidade de seus antepassados já nascem sem esperança, sem caridade e sem crença na verdade, porque a crença do homem, mais parece ser dele para ele mesmo.

Mas o Criador, jamais desistiu de vossos filhos, por isso, continua preparando e ordenando espíritos encarnados, e não encarnados, para que continuem trazendo a esperança através de seus eternos ensinamentos para um mundo melhor de forma que seus filhos progridam e evoluam em unidade espiritual.

E mesmo que muitas ramificações da história divina tenham surgido ao longo dos tempos, devido a quantidade de interferência pela interpretação humana sobre as leis, junto ao difícil entendimento sagrado e espiritual dos ocorridos na história sagrada, fazendo com que grande parte da verdade se perca juntamente com o tempo, as ordens divinas, e a vossa verdade que jamais se apagarão ou se findarão, ainda permanecem acessas atravessando as épocas, pois o Criador continua derramando o vosso poder de ensinamento sobre todos os homens.

Pois o Criador, a única e real majestade espiritual de poderes e forças supremas e sagradas que permanece o mesmo, é a única unidade espiritual de soberania infindável que ordena os anjos sagrados e seus iniciados na terra para que juntos possam continuar nos tempos de agora ou em qualquer outro tempo, os seus reais e sagrados ensinamentos, para que estes possam orientar sobre a verdadeira história divina de forma que esta os possam conduzir pelos caminhos da paz.

E junto a esta união divina entre espíritos altivos e espíritos iniciados em terra, obedecendo à ordem superior, uniram-se para a concretização desta obra os espíritos ordenados, Claudia de Andrade Souto, igualmente instrumento de ordem espiritual, juntamente com espíritos ordenados, assentados à esquerda e à direita de Deus Pai, para materializar neste novo tempo, todos os ensinamentos divinos encontrados nesta sagrada obra. E obedecendo a mais elevada e sagrada ordenação espiritual encaminhada à terra, pode através desta devoção, que durante longa caminhada com os espíritos determinados esteve para escrever, trazer em elo material todos os relatos, segredos e mistérios espirituais, jamais antes relevados em terra.

Porque é chegada a hora da revelação celestial vinda da fonte de maior poder divino, que é a fonte de energia direta entre Deus e seus filhos ligando os céus e a terra, serem abertos para que o conhecimento, o entendimento, e a sabedoria sejam ampliados a toda humanidade através dos segredos espirituais divinais aqui revelados.

Por este motivo, anos de trabalho forma dedicados para que esta obra que ergue-se em terra para ser perpetuada como uma verdade divina, sendo os relatos dos espíritos sobre a história divina, real, correto e verdadeiro para a mais leal e fiel obra espiritual, nascida da mais verdadeira dedicação, crença e obediência ao Pai celestial para trazer de volta os caminhos verdadeiros da fé da esperança e da luz de nosso Criador.

E assim, muitos espíritos sobre a ordem suprema, trouxeram colaboração divina com seus relatos referentes a cada tempo e momento da história real divina buscando ajudar a humanidade e principalmente trazer de volta aos pregadores, missionários, dirigentes espirituais e outros servidores, a verdadeira história espiritual e divina da humanidade para que possam pregar os verdadeiros ensinamentos celestiais, e através da religião possam unir os povos pela certeza de um único Deus, um único caminho e uma única verdade. E que a terra onde vivem possa jorrar leite e mel, por meio da prosperidade, paz união e amor.

Porque esta é a vontade do Criador desde o momento da criação do mundo; mundo onde habitariam seus amados filhos.

Porque nisso encontra-se a verdade espiritual dos Santos, dos não Santos dos Anjos e de todos os que atuam frente à ordem divina do Criador.

Portanto os espíritos iluminados que atuaram para a construção desta obra, tem a ordem de trazer consciência religiosa e espiritual a todos os povos do mundo para que estes não hasteiem bandeiras doutrinárias, mas carregam o nome de Deus através da verdadeira história divina e da humanidade em todas as vossas pregações, de forma que estas sejam para os homens da terra o caminho da verdade em forma de verdade, trazida pela própria Verdade.

Porque todos os espíritos relatores buscam a união dos povos através de um Deus único, onde todos são irmãos e filhos de um só Pai celestial, assim como eles são unidos por um único Espírito que é Deus, e que por isso, acreditam que a humanidade também possa.

Paulo Augusto Cardoso, dirigente espiritual

CAPÍTULO 1
A Criação divina

A Criação

"*No princípio, Deus criou o céu e a terra. A terra estava sem forma e vazia; as trevas cobriam o abismo e o espírito de Deus pairava sobre as águas*" (Genesis 1:1).

1. Quando Deus criou o céu e a terra, a terra estava em forma e vazia, ou seja, apenas o espírito de Deus pairava por sobre as águas e as trevas era a única emanação existente dentre o céu e o nada. "Haja luz, e houve luz". Mais do que o estabelecimento de claridade no firmamento, porque a luz é o que cede vida a essência das trevas, é o complemento da escuridão; a escuridão que é o princípio de tudo e o início do nada, alimentado pela claridade que erradia da luz divina que se faz vida, pela vida eterna do Pai celestial. Mas não a mesma luz que clareia o universo ou o dia, à partir de um astro com poder de grandeza de iluminar o céu e sim do poder da verdade divina que ilumina a escuridão, que é também o poder que vem da força maior do desejo da criação do Ser Supremo que através das vossas emanações ilumina as trevas a tornando também parte da vossa verdade.

Pois este assim como qualquer outro astro de poderes e forças celestiais, passa a ser complemento das forças universais onde as duas partes da verdade de Deus se encontram. Portanto as trevas assim como a luz é parte da verdade do Criador, pois embora não o tenha determinado que houvesse, as trevas são a gênese ou a consequência que iniciou a criação da separação entre o céu e a terra; e esta verdade também é do desejo e da vontade do Criador, pois fora Ele mesmo que determinou. Por isso, não possuem as trevas mais poderes e forças do que a luz assim como não possui a luz mais energia ou claridade em relação às trevas, porque é uma o complemento da outra, ambas nascidas da mesma ordem divina de que jamais uma anulará a força existente na outra ou em vossa segunda face.

Mas não é apenas uma determinação divina de complemento das trevas em que ambas formam os ciclos de tempo, a luz é Deus se derramando em forma de emanação original de força de vida astral e espiritual.

E sobrevêm as trevas sobre o dia e se faz noite, sobrevém a luz sobre a noite e se faz dia, porém esta luz não é a mesma que provem do sol e seus raios solares, pois a luz que clareia as trevas e a torna dia, é a verdade de Deus atuando sobre a escuridão. Ou seja, a luz é Deus atuando sobre todos os sentidos e todas as coisas. E assim se formam as essências espirituais que compõem todas as coisas e possibilidade de existência tanto espiritual quanto temporal no universo.

"Deus viu que a luz era boa e separou a luz das trevas. Deus chamou a luz dia e as trevas noite" (Genesis 1:3)

E emanando o vosso próprio poder eterno de luz espiritual, fez brilhar semelhante claridade do outro lado do campo espiritual onde também habitavam as trevas chamando a claridade de luz e a escuridão das trevas de noite.

Assim, Deus o Criador separou a luz da escuridão das trevas para que ambas caminhem separadamente uma da outra e sejam independentes. Mas embora ambas sejam fontes distintas de energias espirituais concentradas e emanações diferentes, mas uma não anule a outra, pois as duas possuem forças e energias que se complementam. Por isso, se assentam em seus próprios campos de emanações e fluidezes não interferindo ou fluindo contra a outra, apenas dentro de sua unidade de jorramento e forças por ordem e determinação do divino.

Por isso, a luz sobre a terra é a criação com todo esplendor da verdade de Deus em forma de claridade, semelhante à claridade que emana do vosso próprio Ser iluminando as trevas.

E a sobreposição de uma contra a outra em elo terreno é o equilíbrio das duas energias vitais diante do desejo do Criador, ou seja, o equilíbrio da existência espiritual que viria habitar esta esfera. A claridade ou luz ou dia, é a essência da vida que emana energia da verdade de Deus que se sobrepõem sobre a escuridão para que as essências possam não somente enxergar o dia como também serem emanadas pelo próprio Deus o Criador dos céus e da terra. Pois se houvesse somente a escuridão, não se faria vida na terra, por isso o Criador se fez luz em forma de claridade e iluminou toda a existência terrena.

Então as trevas também são parte do desejo e da determinação do Criador que esta unidade de força exista, pois ele a contrapõe perante a emanação da luz para que ambas sejam exatamente aquilo ao qual necessita para controlar e governar os céus e o universo.

Ora, Deus conhece as trevas desde seu princípio e criação do universo e a verdade em forma de luz. Assegura a existência de todas as outras forças e energias circulando na mesma esfera de emanação espiritual, seja em campo terreno seja em campo espiritual.

"Deus disse: Faça-se um firmamento entre as águas, e separe umas das outras... Deus chamou o firmamento de céu" (Genesis 1: 6-8).

Foi então que Deus criou o céu ou o firmamento o separando das águas. Ou seja, o Criador, separou as coisas materiais das coisas e sentidos espirituais, onde cada uma destas fontes de energias espiritualmente criadas, teria o seu próprio campo de emanação separadamente uma da outra, porém, ambos emanando o mesmo sentido existencial advindos do Ser Supremo. O firmamento é a verdade Espiritual que não pode ser tocada, sentida, contemplada ou admirada por partes ou sentidos carnais como as mãos, os cinco sentidos ou qualquer parte material humana, por isso o firmamento foi separado dentre as águas que é a forma de essência viva que parte também do desejo de Deus no mesmo nível espiritual/material que o pó onde a matéria se estabelece, caminha e comungar desta essência que é parte do que compõe a vida terrena e não da vida puramente espiritual. Por isso não pode o espírito usufruir das águas do mar assim como não podem os seres encarnados adentrar aos céus em matéria corporal.

Deus se fez verdade diante das trevas, primeiramente em forma de luz, em seguida a separou entre o firmamento e as águas, pois o firmamento é o limite celestial entre o real espiritual e o carnal espiritual e é também a divisão entre o espírito e a matéria, onde ambos emanam verdade, sendo parte da verdade, porém cada um emanando e recebendo emanações de forma diferente. Pois os limites que separam os céus e a terra guardam segredos, forças e essências de diferentes formas onde cada uma cumpre com a determinação divina conforme o elo e a necessidade dos que ali se encontram. Portanto Deus é a luz da verdade do amor e da vida que determinada tudo o que poderá existir diante da face da terra ou do céu sobre vossa autoridade.

Deus Todo Poderoso, criador de todas as coisas é a única verdade que governa o espírito e a eternidade, por isso, não pode ser tocado ou ser contemplado por olhos carnais. O firmamento é a verdade celestial que separa a carne e o espírito, ou seja, o Espírito de Deus é a verdade que cria todas as coisas à partir da mente espiritual e as torna sua verdade e as protege através dos astros, elementos ou ambientes. Enquanto o sentido carnal é aquele que reflete a verdade de Deus através do espírito que abriga a carne e que também é governado por tudo aquilo que rege o universo através dos astros, elementos ou ambiente.

"Deus disse: Que as águas que estão debaixo do céu se juntem num mesmo lugar, e apareça o elemento árido... Deus chamou o elemento árido de terra, e ao ajuntamento das águas de mar" (Genesis 1:9,10).

O Criador junta tudo o que é igual e de igual emanação, e fez o santuário de emanação onde o homem iria habitar, caminhar e desfrutar com tudo o que seria necessário para o homem. Ou seja, o pó da terra, ou a própria mãe terra que seria consagrada como sendo a morada dos encarnados, distante da morada dos espíritos, chamada firmamento. Porque este que encontra-se próximo à junção das águas, pois ambas são parte da composição daquilo que é necessário para ser abrigo material, onde o reflexo do firmamento é passível de se admirar através das águas, porém jamais tocá-lo. Pois o céu tão próximo aos olhos carnais encontra-se separado e distante dos sentidos existenciais terrenos, porém no mesmo elo que todos os outros sentidos materiais.

"Após a conclusão das criações dos seres disse Deus: "Eis que eu vos dou toda a erva que da semente sobre a terra, e todas as árvores frutíferas que contém em si mesma a sua semente, para que vos sirvam de alimento. E a todos os animais da terra, a todas as aves do céu, a tudo o que se arrasta sobre a terra, e em que haja sopro de vida, eu dou toda a erva verde para alimento" (Genesis 1: 29-31).

E as criações foram inicialmente espirituais de âmbito espiritual e não material. A mente divina cria as coisas assim como Ele mesmo, em Espírito, e após dar vida espiritual são possíveis de existirem sobre a terra, pois somente com o divino sopro de vida poderiam existir todas as coisas por sobre a terra.

Primeiramente todos os animais e aves foram criados espiritualmente de forma celestial, puramente espírito refletindo seu criador. Somente após a terra ser refrigerada e abastecida pelo fluído líquido possibilitando a existência material terrena é que todas as formas foram criadas, pois estas somente poderiam ser e existir em campo terreno onde todas as coisas materiais se encontram, quando as próprias coisas matérias que nutririam e abastecessem o que nela iria existir, já tivesse existido, pois neste não adentrariam apenas matérias físicas, e as matérias físicas ou orgânicas precisam ser abastecidas também por elas mesmas.

E após todas as formas criadas fisicamente, estas formas materiais ou carnais receberam através do sopro de existência o espírito criado por Deus para que pudessem existir na esfera terrestre, onde a luz através do astro sol já brilhava e reluzia sobre o firmamento e a junção das águas já era terra firme e todas as energias já emanavam as forças divinas em força de vida celeste em campo sagrado chamado elo terreno. Logo, todos os seres existentes, fossem estes aves, repteis ou aquáticos já possuíam um espírito concedido pelo Criador para que pudessem existir em terra. Mas somente através do sopro de vida que é a inserção do espírito dentro da carcaça também já criada é que puderam ter vida material em campo terreno, caso contrário, estariam somente na esfera celestial de forma espiritual, pois a couraça sem espírito não passa de objeto inanimado e sem vida.

Portanto, as criações se deram inicialmente na mente celestial através da emanação de energia e não através de atividade fisicamente construída uma vez que o Criador não criou nada com as mãos e sim com o pensamento espiritual, porque é o pensamento espiritual a verdade de Deus. E o sopro de vida é a inserção de fluídos essencialmente espiritual advindo do Espírito Santo na forma de emanação criada por ele, ou seja, é o próprio espírito emanando seu Criador. Portanto todos os seres habitantes da terra, criados pela mente divina, possuem um espírito que emana a vossa verdade em forma de essência espiritual, que jorra energias advindas do ser Espiritual que é Deus, também conhecido como reflexo do Criador, pois reflete em emanação divina a vossa verdade e o carrega em espírito e em verdade.

Acaso poderia a matéria caminhar, possuir os cinco sentidos de vida, deslumbrar o mundo, se não houvesse um espírito emanando as essências divinas do Criador nesta matéria? Acaso concederia Deus ervas sem sementes? As sementes são os espíritos fluindo as essências divinas de amor e poder espiritual, que dão vida a matéria e que dão sequência a existência.

Ora, mas não é o espírito que anima a matéria? Que da vida a carne, que traz a luz ou a verdade à semente? Por isso, necessita este emanar as essências de seu Criador para que tenha vida espiritual, caso contrário, não seria nem mesmo essência, seria apenas um recipiente vazio sem possibilidade de refletir nada. Logo, não seria e teria vida.

"Deus criou o homem à sua imagem e semelhança; criou-o a imagem de Deus, criou homem e a mulher" (Genesis 1:27).

Deus o Ser Supremo que cria todas as coisas de forma espiritual, assim como ele mesmo, criou o espírito do homem a sua imagem e semelhança, ou seja, espírito imortal em essência que jamais se findará. A criação do homem a sua imagem e semelhança mostra que os espíritos pertencem a sua verdade, pois assim como ele, é perfeito, não se desfaz, não morre, não acaba, nunca se diluirá ou será consumido. Assim é o espírito criado a vossa semelhança, ser que nunca se acabará nem em essência nem em verdade. Pois esta verdade transformada em vida pertence ao Criador. Aquilo que nunca se acabará. Ainda que céus e terras passem, sua verdade nunca passará, por isso, os espíritos nunca morrerão. Pois o espírito foi criado a imagem da verdade, isso quer dizer, a exatidão que emana dos espíritos nunca sucumbirá a sua existência, seja esta espiritual, seja esta temporal.

"O Senhor Deus formou, pois, o homem do barro da terra, e inspirou-lhes nas narinas o sopro da vida e o homem se tonou vivente" (Genesis 2: 7).

Do barro se formou a matéria que assim como o próprio barro é elemento terreno de função terrena, nascida do pó em elo material, pois o elo material cria apenas coisas materiais. Ou seja, cria apenas carne desanimada ou matérias sem vida, que após a matéria estar formada e preparada para ter vida espiritual, recebe através do sopro de vida celestial o espírito que por Deus foi criado, e o faz animar e ter vida também espiritual sobre a carcaça material, até então sem sentido ou função espiritual. E assim é formando o ser encarnado que é composto da junção da carne e do espírito.

E a carne que é pó, voltará ao pó, pois o que é nascido em terra em terra irá se decompor, porque o homem que ganha vida espiritual se fez vida material por meio da essência em espírito ao Espírito que lhe concedeu o direito à vida regressará, pois para voltar a abrigar-se no campo espiritual deve desfazer-se da material, e se libertar das coisas terrenas para novamente se juntar as coisas espirituais. Pois o espírito mesmo junto a carne que é mortal possui uma verdade ou mente imortal que nunca morrerá ou nunca se acabará, por isso retornará ao campo espiritual. Pois somente a carne não anima a vida, e matéria sem vida, não cumpre missão espiritual, por isso se faz necessário o espírito, para que o ser material seja também ser espiritual, criado a imagem e semelhança divinal de seu Criador; e somente um espírito sem a carne voltará a Deus que o fez.

O Senhor Deus não erra ao criar a natureza espiritual dos seres vivos, Deus é um espírito perfeito, supremo e pleno, e as criações espirituais são perfeitas, assim como ele. As criações são belas, harmônicas em formas singulares e verdadeiras, porém, o amor que as criou sem erros em perfeita bondade não as torna imortais, e ainda que a matéria erre ao caminhar sobre a terra, o Criador jamais criará algo sem razão, sentido ou por engano. Portanto a morte ou finito são coisas materiais que não adentram aos campos celestiais, porque tudo o que pertence ao divino é eterno e jamais se findará assim como ele mesmo, mas tudo o que está em campo terreno em forma terrena ou material se findará junto a terra, por maior beleza e encanto que possua, pois a terra é o caminho que faz renovar a alma.

O Princípio divino e sua unidade espiritual refletem as criações espirituais, ou seja, a harmonia entre o Espírito de Deus e suas criações é refletida na matéria e em seu espírito, pois tudo está interligado a única unidade de poder e forças existentes que é o Ser Supremo. Pois todas as criações foram criadas por Ele, pertencem a Ele e o reflete, o céu, a terra, o dia, a noite, as florestas e suas matas, o mar, seus rios, as estrelas, os seres viventes, os animais e os homens, por isso, tudo emana sua bondade, seu poder, suas forças e tudo é espiritualmente ligado a ele através do poder da verdade que o constitui em todas as partes, espécies e esferas. Deus é tudo em tudo que existe e por Ele foi criado. Por isso todas as criações emanam sua energia e direcionam a um único lugar, a Ele mesmo.

"*E Deus viu que era Bom*" (Genesis 1: 12).

Deus não criou nada que não seja bom, disforme, sem vida ou errado. Logo o erro não pertence ao criador pertence ao que é o inverso de sua verdade, pois nenhum tipo de desvio, erro ou falsidade penetram ou adentram ao que pertence ao Criador e suas criações. O campo terreno, ainda que pareça alcançar o campo celestial através dos olhos carnais, se encontra em grande distanciamento, pois estes olhos são capazes de vislumbrar apenas as cores dos raios que constituem o universo espiritual, mas não adentram aos campos celestiais em matéria, pois o campo celestial não possui junção de vida conjunta com o campo terreno, embora seja possível saber a cor dos campos celestiais, não é possível vivenciar o sentido de vida de um espírito sem matéria em campo terreno, assim como não é possível um espírito vivenciar o sentido de vida material em terra, por isso, todos os sentidos e coisas são separadas e cada uma vivencia sua existência de forma isolada.

E tudo o que e bom e constitui o sentido de vida terreno encontra-se em campo terreno, e tudo o que é bom e constitui o sentido de vida espiritual encontra-se em campo celestial. Por isso no campo terreno encontram-se as águas que refrigeram a terra as árvores que dão frutos, os raios de sol que abastecem a escuridão e clareiam o dia, o anoitecer que descansa as energias e recompõe as emanações, as sementes que dão o direito do renascimento, os minerais que sustentam o solo da terra, os animais que despertam as outras formas de vida, a vida humana para desfrutar a alegrar-se com todos os sentidos vida e razões as suas próprias existências.

Então todas as existências em forma de criaturas ou vidas possuem espírito e são ligadas diretamente ao celestial através da mente espiritual ao qual possui todo o sentido de existência do que é bom para a sobrevivência. Pois a mente espiritual carrega as energias emanadas advindas de Deus o Criador que os refletem e os colocam em patamares espirituais de sentidos santificados e celestiais.

"Deus disse: Façamos o homem a nossa imagem e semelhança. Que ele reine sobre os peixes do mar, sobre as aves do céu, sobre os animais domésticos e sobre toda a terra, e sobre todos os répteis que se arrastam sobre a terra" (Genesis 1: 26).

Os animais já haviam sido criados também a imagem e semelhança de Deus, ou seja, espiritualmente antes mesmo de serem matéria animada. E no momento em que o homem foi espiritualmente constituído e criado, foi concedido a ele o direito de reinar sobre as outras espécies, ou seja, comandar as espécies de todos os animais assim como ele criados através do pó e animados por força do espírito, não no sentido de ser maior ou mais poderoso, mais forte ou especial e sim no sentido de possuir discernimento e conhecimento da sua função terrena de seu sentido de vida e sua missão espiritual, uma vez que possui missão de aprendizagem diferentemente dos seres animais.

Porém, sobre os elementos da natureza não foi concedido o mesmo direito, pois os elementos que não se fazem através da carne material, são consagrados e santificados pelo Criador de forma espiritualmente distinta, e são estes que dominam o homem. A lei divina estabelece que o mais forte abasteça, proteja e domine o mais fraco e assim é o poder na natureza sobre o homem; e assim é o poder do homem sobre os animais, por isso não poderia o homem dominar o império natural criado para reger divinamente toda força e poder de frutificação, cuidado, alimentação e continuidade sobre a terra, pois estes são governados pelo próprio Criador da natureza.

Da mesma forma não poderia o animal possuir inteligência terrena equiparada a inteligência do homem e dominar todos os demais seres inclusive o homem sobre a terra, pois este não possui discernimento e conhecimento terreno para tal ato, uma vez que sua sabedoria difere da sabedoria encontrada pelos homens nos campos materiais.

E tudo aquilo que foi criado por Deus, porém não recebeu o sopro de vida, para ter vida espiritual material ou não se faz através da terra, é por Ele santificado. É espiritualmente Santificado em seu nome, ou seja, não se utiliza da carne para fazer viver; entretanto; não se acaba, não se desfaz, não se dilui ou finda e não pode ser pelo homem dominado. Assim é todo o poder da natureza que emana energia divina sobre os seres viventes. A natureza possui poder superior ao homem carnal e toda espécie de matéria carnal que habita a terra, pois sua grandiosidade e poder de abastecimento para o equilíbrio orgânico da vida humana, equilíbrio energético de vida espiritual ou poder de frutificação e de destruição não vem da matéria carnal e sim da força do Poder de Deus sobre a terra e a humanidade. E esta controla todas as vidas e formas de vida na terra sendo regidos unicamente pelo Ser Supremo.

Portanto, todas as criações que não possui matéria carnal, estão ligadas espiritualmente ao divino, através da essência espiritual, ou seja, são por natureza consagrada por Deus, pois o lastro que os fazem estarem na esfera terrestre não pertence ao campo material, e essa essência espiritual que se faz viva em campo terreno, ainda que sem a matéria orgânica que possa findar dentro de um estabelecido prazo de vida material, possui energia espiritual advinda do elo celestial para auxiliar e comungar a união entre os homens carnais.

O homem não é a simples junção do barro que foi formado pelo pó da terra em união com a água após o ressecamento do excesso que virou lama através do calor da esfera, mas sim a junção da água com a terra formando um corpo material transformado em massa rígida, após a junção das partículas orgânicas alimentarem-se de todas as essências e elementos para formar uma unidade de forma singular para que pudesse ganhar vida espiritual por meio do sopro de divino.

Pois Deus, o Criador de todas as coisas, detentor da onipresença, onisciência e onipotência, comanda todo o universo por meio da natureza espiritual, pois é através da força natural das coisas criadas espiritualmente que não possuem matéria carnal, porém representam o vigor natural que emana as demais forças e alimenta a vida na terra por meio da própria terra.

Por isso a natureza foi criada superior e grandiosa perante o homem carnal, pois sua função é de cuidar e garantir a vida dos menos favorecidos, pois o poder e força das águas é maior e superior do que as máquinas das represas mais fortes criadas por braços humanos, a força do fogo é mais poderosa e destruidora do que qualquer usina criada pelas mãos humanas, a força dos ventos e raios são mais fortes e poderosos do que a força da eletricidade criada pelas mãos daqueles mais sábios e fortes. Por isso, o homem é pequeno perante o poder da natureza, e por isso, é por ela cuidado e protegido. Pois o poder natural é o mais majestoso e altivo poder existente do que qualquer coisa as quais as mãos humanas podem fabricar, assim como qualquer ser material vivente em campo terreno. E assim, a natureza representa o mais rico em força, cuidando do mais fraco.

Deus, a soberana força de criação e sublime energia vital que concede a vida a todas as formas de vida é o próprio amor em força de misericórdia refletido em todas as formas de vida, celestial e terrena. A majestosa força que de tão grandiosa protege e cuida dos mais pobres, os concedendo os seres não carnais, porém grandes energias para abastecer e auxiliar os seres materiais, pois assim é o poder da natureza, rica em essência e comando de emanação divina que assegura a sobrevivência na terra. O alimento não somente em semente, mas em essência de emanação divina, que através do amor do poder e de bondade nos concede vida por meio da luz e da energia vital natural.

Ou seja, todo elemento natural da terra criado por Deus é por ele emanado em forças divinas santificadas em vosso nome para que possam abastecer a terra. Logo, santificado é tudo aquilo que por Deus foi determinado e por ele é regido para cuidar ou proteger, por isso recebe emanação santa do Criador, tento recebido ou não o sopro de vida; tendo surgido ou não do pó da terra, possuindo ou não carne material, pois ainda que não tenha nascido da carne é parte do próprio pó que auxilia a vida terrena.

Então, toda e qualquer criação possui vida, pois por Ele foi concedido o direito divinal ser vivo, e vivo é tudo aquilo que recebe a vossa luz e emanação sagrada para compor ou ser parte de um sistema de fluidez e energia espiritual e somente possui força divina de transformação o que por Ele é determinado. Portanto, qualquer espécie, seja carnal ou não carnal criado por Deus possui uma essência viva em campo terreno, e somente será santificado e consagrado pelo poder do Espírito Supremo aquilo que por Ele for determinado para ser fonte de abastecimento de energia espiritual tendo vindo da carne ou não.

Os elementos naturais como, as águas, as montanhas, as matas, o fogo, o ar e a terra emanam e refletem a energia celestial do espírito que governa os céus e terras, por isso não podem ser governado pelos encarnados que possuem carne e findam em matéria, pois vossas emanações e poder de forças e soberania não são superiores nem mesmo aos seres assim como eles nascidos da carne. Os elementos da natureza foram criados para emanação de energia divina para purificação da terra e da matéria que nela habita e não o contrário, pois a semente da natureza não carnal não depende da matéria carnal para ser vida e não é por ela emanada em terra, por isso nunca se acabará, nunca se findará ou dependerá da carne para existir.

"*Eu sou aquele que sou*" (Êxodo 3:14).

Mais do que uma sagrada proclamação é a certeza que nos mostra que não existe outro criador, outro universo ou outro princípio infinito de criação. Deus é único e o único criador de todas as coisas e criaturas espirituais, celestiais e temporais. Deus é tudo, e o princípio de tudo é o reflexo desta unidade. Portanto somente quem cria ou santifica é o próprio Criador. Deus não cria através de mãos carnais assim como as mãos humanas não criam nada de forma essencialmente espiritual. Portanto, santificar pertence ao criador e não ao homem. Assim como construir prédios pertence ao homem e não ao Criador, santificar pertence ao Criador que os criou e não ao homem que comunga e compartilha da força vital de ser vida criada por Deus. Por isso, somente Deus tem a governança de mudar a essência, mudar a regência ou santificar suas criações, pois o que foi por ele criado a Ele pertence e a governança de intitular, nomear, eleger ou desfazer.

A vossa Santidade, O Senhor Deus e a natureza

"*No princípio Deus criou o céu e a terra... Deus disse: faça firmamento entre as águas e as separe... Deus disse: que as águas embaixo do céu se juntem num mesmo lugar e apareça elemento árido... Deus chamou o elemento árido de terra, e o ajuntamento das águas mar... Deus disse: produza a terra e as plantas, ervas que contenham semente e árvores frutíferas*". (Genesis 1: 1-11)

1.1 Deus tudo criou e também santificou tudo aquilo que criou, pois tudo aquilo que foi criado ao reflexo do Criador ou de sua verdade santa pertence a vossa santidade espiritual, pois por Ele é emanado em amor e misericórdia em favor da evolução, progresso ou elevação espiritual, e somente o Ser Supremo tem o poder de criar e por isso somente ele possui o poder de governar e emanar tudo aquilo que o pertence. Então, apenas Deus o Criador pode santificar ou tornar Santo, pois pertence a ele o poder de criar, dar vida ou findar qualquer espécie, elemento ou ser vivente.

Os elementos naturais, santificado pela vossa santidade, possuem emanação de luz celestial em forma de energia espiritual para refletirem e derramarem o vosso poder de forças e de luz sobre a terra por vossa ordenação.

E santificado é tudo aquilo que recebe a benção divina de força superior que parte das próprias forças do Criador para determinada ação ou tipo de ação terrena ou espiritual. Santificado pode ser um espírito ou um elemento natural para que determinada ação, missão ou ato seja possível conforme a determinação de Deus, para tal feito. Ou seja, a santificação não representa apenas ser emanado por Deus para representá-lo em terra, para trazer o vosso nome, a santificação representa receber emanação da santidade que é Deus para que sejam cumpridas as vossas determinações santas em vosso próprio nome, não necessariamente sendo espírito ou servo divino, e sim cumprindo com a determinação de Deus, logo até mesmo os elementos são santificados, pois recebem emanação santa para cumprirem com a determinação de serem a fortaleza e o abastecimento da vida humana aos homens da terra para que a vida seja possível de existir e cada um, neste elo seja capaz de cumprir com suas missões terrenas espirituais, pois se acaso não existissem os elementos naturais que sustentam, oxigenam e nutrem o pó da terra, não existiriam vidas terrenas. Por isso, os elementos naturais são por Deus santificado em vosso nome, pois são formas e forças que não findam ou não acabam, pois possuem determinação santa para isso.

Ora, nenhuma pedra, nenhuma gota de água, nenhuma brasa de fogo ou nenhum grão de terra o é por si mesmo, todos os elementos o são por determinação divina, por serem juntos o sustento e a energia que dá vida todas as outras vidas terrenas, e rege em energia vital todas as espécies humanas, logo o são por determinação santa e não por si mesmos, pois as vossas forças e poderes de nutrição e abastecimento vem do Criador e não de si mesmos. E todos os elementos são por Deus Pai, emanados em vossas forças santas para serem então exatamente o que são e sustentarem a terra firme para que o elo terra seja o seio da terra em forma de chão da vida humana.

Isso quer dizer, que todo o poder de criar, dominar, multiplicar ou santificar pertence o Criador que as criou para abastecer a esfera terrestre em forma de emanação divina. Logo, a natureza é o princípio divino de emanação e abastece a carne e o espírito através da emanação santa do Criador, portanto, são santificados em vosso nome para auxiliar os seres da terra de forma que a vida terrena seja possível em elo material.

Os elementos naturais por Ele criados são também por ele santificados, pois são o reflexo de seu amor e bondade em forma de emanação de vida transformado em energia vital para a sobrevivência da matéria. Então as matas, as águas, o ar, o fogo, os minerais, ou seja, tudo possui energia espiritual de Deus, pois foram criados por ele e são parte de sua verdade. E partem do desejo divino em forma de energia e vida.

E toda a sublime beleza das criações, perfeição dos seres, força e determinação das raças e pureza imaculada das coisas vivas inanimadas, ou paradas, pertence ao glorioso poder de criação e vida que é advindo do poder de Deus o Criador. Pois todos os seres e todas as coisas o refletem e tem a mais honrosa determinação e o direito de vida terrena e espiritual emanada através da vossa luz. E por isso são abençoados a multiplicarem e serem fecundos ao planeta reproduzindo assim sua caridade em forma de emanação de luz, amor e força vital para a continuidade da vida material orgânica.

Todas as criações e coisas santificadas são em razão de suprimento e forças para que a vida terrena seja possível, como forma de cumprimento de missão espiritual. Este abastecimento se estende não somente a existência material, ou seja, as coisas espirituais inanimadas como a natureza, como também a existência espiritual de todos aqueles que se abrigam no seio da terra em missão espiritual terrena, pois assim como se faz necessário suporte para a matéria de forma material também se faz necessário suporte para o espírito, onde todos os suprimentos e auxilio são as forças de Deus nutrindo e alimentando de todas as formas de vida para que haja vida.

A natureza e a força Santa das emanações divinas

"No princípio Deus criou os céus e a terra" (Genesis 1:1)

1.2 A natureza é a força santificada pelo Criador para abastecer a vida material terrena, enquanto os Santos são as fontes de energia emanadas do Criador para abastecer a vida espiritual e também terrena, onde ambas as forças se unem e atuam em comunhão para prover tanto a carne quanto o espírito, pois não vive a carne sem o espírito, assim como não vive o espírito sem a carne, logo a junção de ambos é o alimento do corpo e da alma em campo sagrado chamado terra, em que juntas formam a força vital que da vida a todas as vidas existentes.

Cada Santo, ou seja, cada unidade de força espiritual emana um determinado poder de santidade concedido pelo Criador para sustentar a vida espiritual de poderes e forças celestial já existente em campo material, e a junção destas forças naturais que também são emanadas em poder de santidade pelo Criador para sustentar a vida terrena, junta-se formando a inteireza do que realmente constitui a nobreza de santidade, nutrindo a vida terrena e a mãe terra com poder e verdade em nome de Deus o Criador. Porque somente poderia uma energia santificada se derramar e nutrir a vida terrena orgânica e inorgânica se estas também tiverem vida espiritual, isso quer dizer se forem vivas em essência espiritual.

Ou seja, os Santos, não são ou partem da natureza, os Santos atuam em comunhão com as forças da natureza, que são unidades vivificadas pela luz espiritual que também possuem, e jorram as suas energias e forças celestiais sobre os elementos vivos naturais abastecendo de energia espiritual tudo o que existe em terra, portanto não são a própria natureza terrena, mas sim a força que se junta a estas forças que as torna viva e cheio do poder de Deus. Embora ambos os poderes de forças sejam essências espirituais e possuam virtudes e energias naturais, são distintas em determinação e essência, pois cada um tem a sua própria determinação.

Mas tudo o que é formado de parte orgânica ou natural também é parte do desejo do Criador construído pela vossa vontade, e assim como os elementos naturais, os seres encarnados constituídos de espírito e matéria orgânica, bem como os espíritos também o são, pois a parte orgânica é a caixa material que recebe e une os dois universos e o espírito é aquilo que dá sustentação a matéria para que esta seja viva através da luz que recebe de Deus e dos Santos para sobreviver em terra.

Por isso os Santos são a força natural, porém espiritual e não a própria natureza, pois esta não possui, não possuiu e jamais receberá sopro de vida carnal ou espírito livre com direito a livres escolhas assim como os Espíritos Santos. A natureza atua de forma organizada abastecendo apenas a matéria enquanto as unidades santas atuam de forma organizada espiritual, abastecendo a natureza e os espíritos, e ambas constituem as forças vitais que governam o elo terreno.

Embora ambos sejam santificados cada um atua em sua própria determinação de ser aquilo ao qual foi determinado, ou seja, cada um é um ser individual atuando em favor do mesmo Criador. Logo são forças e energias independentes de independente determinação, porém da mesma origem, atuando em comunhão. Por não ser a própria natureza e sim atuarem e trazerem as forças da natureza em junção com as vossas próprias forças orgânicas, os Santos recebem as forças naturais para determinadas atuações, pois não é ele a própria natureza, mas atua em harmonia com as forças desta a representando, pois vossas essências espirituais compartilham das forças orgânicas para alcançarem as determinações terrenas espirituais, pois para influir os seres encarnados espirituais se faz necessário animá-los com o mesmo sustentáculo ao qual foram criados por origem, que são os sentidos orgânicos e espirituais que somente a natureza possui.

Por isso, quando os Santos atuam em determinada missão, carregando as forças espirituais de determinados elementos naturais, estes estão se valendo da mesma essência terrena ao qual o ser encarnado possui, para que as vossas forças alcancem os seres materiais que da mesma energia vital orgânica é constituído e abastecido, pois se acaso os Santos, que são unidades ou fontes espirituais santificadas sem matéria, não utilizassem das forças naturais, não

29

alcançariam os seres encarnados, pois vossas constituições são orgânicas e não puramente espirituais. Por isso, compartilham das energias da natureza, pois é através destas que buscam energias orgânicas, ou seja, aquelas que não possuem, pois não são seres orgânicos, e esta fonte de energia vital é a mesma energia ao qual vibram os seres encarnados em elo terreno.

Por isso, o poder e a força da natureza representada por cada Santo é a junção das próprias forças emanadas do Criador contidas nos elementos naturais que formam a energia vital que utilizam e que são também a representação divina de amor e energia sendo jorrados ao elo terra por meio das ordenanças de forças que cada um carrega. Por isso, cada Santo traz consigo além de suas próprias forças divinas celestiais as forças de domínio espiritual consagrado através dos elementos naturais, pois estes atuam em comunhão espiritual e terrena. Desta forma, os Santos são os poderes santificados que nos regem e nos colocam em sintonia com o divino através do espírito e da natureza. Ou seja, os Santos através de suas forças e poderes a eles concedidos em forma de poder natural, pois a junção de força os torna também naturais, embora suas essências não sejam materiais, advindo do seio terra, emanam todo o poder natural que rege o mundo, que são a verdadeira emanação de poder e bondade que nos levam diretamente para Deus, porque através ele estão ligados.

Por isso, as forças espirituais santificadas representam o poder da natureza, pois estão diretamente ligados ao poder natural dos elementos da terra, consagrados por Deus. E todas estas energias e formas de emanação nos direcionam ao Criador. Pois todas as criações estão ligadas a Ele por meio da verdade que se expressa em natureza e sem esta verdade não há vida na terra, pois sem os elementos naturais não seria possível existir vida. Logo, os Santos são aqueles que representam o próprio pó da vida, da qual sem ar, água, terra, fogo e ar, não se pode existir vida.

"O Senhor Deus formou, pois o homem do barro da terra, e inspirou-lhes em suas narinas o sopro de vida" (Genesis 27).

O princípio divino se expressa através do poder da natureza, as escrituras nos mostram que é preciso o ar que se faz sopro, a terra que se transforma em lama através da água, a lama que se transforma em barro e as energias contidas em todos os elementos para formar a massa que se molda em o homem. Portanto a natureza é a emanação espiritual de Deus que se junta e se faz vida, sem a qual, sem ela não se pode viver.

O sopro de vida é o sentido espiritual de consciência material pela inserção do espírito a carcaça já formada e preparada para receber a unidade de espírito a ela destinada ou a própria essência espiritual. Ou seja, o sentido espiritual é o mesmo que o sopro de vida, vida em forma de espírito criado a imagem e semelhança do Criador, imortal e inteligente.

Por isso a capacidade de inteligência, sabedoria e discernimento do homem encarnado surge da esfera espiritual e não material. A compreensão do tempo e espaço é o que faz o homem chegar a Deus através da mente, por isso, os seres naturais que não possuem carne material, não se utilizam deste recurso de sentido espiritual de conhecimento através da mente para alcançarem o divino, pois estão em plena harmonia com o Criador. O homem carnal é quem precisa deste ligamento de sentido. A compreensão espiritual é o que dá sentido à vida humana aos encarnados, enquanto os elementos da natureza espiritualmente criados por Deus não precisam desta compreensão por serem de natureza imortais e possuírem fonte inesgotável de emanação de energia emanadas da luz divina.

Os Santos são a representação da natureza que através da emanação espiritual nos abastecem, nos fazem vivos e por isso nos levam ao Criador. Os poderes naturais são o bem, sem a qual não podemos existir em carne nesta esfera. E a forma de se chegar até o Criador é buscar as emanações que jorram espiritualmente através dos elementos naturais, pois todas as suas criações estão ligadas ao Criador e nos conectam novamente a ele.

A proclamação das criações como as águas, as florestas, os elementos naturais e o firmamento é mais do que as formas materiais e físicas sendo criadas e sim a energia espiritual sendo jorrada e transformada em elementos, pois a vida terrena depende de tudo o que foi criado espiritualmente pelo Ser Supremo, e que sem ele não poderia existir e nada poderia ter vida terrena.

A Mente espiritual de Deus cria e governa tudo e todos, todos os elementos e seres, desde o nascimento a caminhada terrena, ao findar da carne e regressar do espírito. Por isso, a governança do Criador sobre os seres viventes também ocorre por meio da natureza, pois esta é emanada e possui forças de poder vital para que a vida terrena seja possível, e assim é o poder da natureza sobre o ser humano.

Então a natureza não é passível de ser governada, manipulada ou regida pelo encarnado, o poder da natureza traz as forças das forças naturais para o sustento, a nutrição e o domínio sobre a carne, pois da mesma água que de tão generosa se pode beber e se banhar pode também afogá-lo; a mesma árvore que de bondosa nos fornece o fruto pode te envenenar, a mesma terra onde emana as diferentes ervas e flores em forma de amor e a pomba voa no céu a serpente se rasteja e pode machucá-lo. A natureza traz consigo a força o poder das forças consagradas por Deus, o Criador, que a manipula em forma de vigor natural e sem ela não existem vidas.

Por isso, as linhagens de Santos ou fontes de emanações representam as forças espirituais da natureza, representam a própria natureza consagrada pelo poder e bondade do Criador em forma de emanação de amor, poder, bondade, cura, força e verdade santificadas por Ele mesmo e por isso os Santos trazem em vossas coroas a própria santidade espiritual do Ser Supremo por meio das vossas emanações e da natureza ao qual fazem parte e representam. E somente através deles que o encarnado alcançará a cura de todos os males, receberá energia de todas as curas, emanará todo o amor de Deus, experimentará a bondade, reinará forte dentre os caminhos e caminhará sobre a verdade do Criador em terra, pois a terra é a força vital também criada por Deus para abastecer cada encarnado que nela se encontra.

Os Santos são as essências espirituais santificadas pelo Criador que dominam e manipulam as energias vibratórias que compõe os elementos naturais também santificados pelo Criador, pois ambos possuem as mesmas razões espirituais de existência e por isso comungam e compartilham do mesmo poder de energia a eles concedidos. Por isso, caminhar os caminhos santos é marchar em direção aos reinos do Criador, pois é de lá que as energias são emanadas e é para lá que retornam, portanto, seguir o caminho dos santos consagrados através da força da natureza é caminhar em direção a Deus.

"Façamos o homem a nossa imagem e semelhança" (Genesis 1: 26).

O homem foi criado à imagem e semelhança de Deus e de seu poder de regência natural, ou seja, constituído de espírito imortal, imaculado que nunca morrerá ou se findará, como também fora constituído de forma orgânica, assim como a natureza, para que por ela fosse regido. A capacidade de inteligência, discernimento e sentidos partem da mente espiritual, ou do espírito reflexo do Criador inteligente e eterno em essência. Porém a natureza também é reflexo de Deus e santificada em vosso nome e governa todos os seres da terra, e por isso é também o homem constituído do organismo vivo que é a matéria física formada de forma biológica e material onde somente a terra ou a natureza possui nutrição para abastecê-lo.

Por isso, formado do chão da terra! Ou daquilo que nasce da terra e somente através da terra pode ser nutrido em matéria orgânica e espiritual enquanto nela estiver. Logo o homem é constituído a imagem e semelhança de Deus e de sua regência através do espírito e da matéria orgânica que são a sua total constituição, carne e espírito.

Então é a constituição do homem através da carne ou do material orgânico que se alimenta da terra e do espírito que, se alimenta do reflexo do Criador através da natureza e dele mesmo, pois é ele a imagem e semelhança de tudo o que o Criador projeta espiritualmente e governa espiritual e materialmente, "a nossa imagem e semelhança" se refere a Ele e a Ele mesmo, pois a constituição é através do Espírito Santo que é o Ser Supremo e da natureza que também é Deus, pois o homem é semelhante ao espírito que é a essência e imaculada e imortal que jamais se findará e também da natureza que é orgânica e se decompõe de forma orgânica em matéria carnal, porém também é fruto do desejo de Deus de estar presente em todas as partes e cantos jorrando a vossa luz em forma de energia natural.

A imagem e semelhança do encarnado a Deus é a junção da essência espiritual com o ser orgânico que é a matéria carnal que compõe e torna o homem ser espiritual e material, sendo abastecido em espírito pelo Espírito Santo criador da essência espiritual e também criador da matéria natural que é matéria orgânica, a mesma que o constitui ao ser encarnado.

Essa constituição é o que forma a inteireza do ser material, pois é através do espírito que recebe as emanações e vibra em sintonia espiritual com o seu Criador e através da matéria que sobrevive no elo terreno, sendo abastecido de forma biológica pela mãe terra, vibrando a mesma sintonia orgânica ao qual a terra possui; que se forma a perfeição do elemento homem. Porque este se faz por meio das duas vertentes de perfeição divina que são o espírito e a natureza; e assim é o homem composto de espírito e matéria orgânica ou o pó orgânico que é a terra, portanto o homem somente pode ser abastecido pela terra, pois nasce em matéria vegetal da mesma terra e se finda da mesma maneira.

Por isso, a natureza ou tudo o que é produzido de forma orgânica sem as mãos dos homens de forma natural vibra em sintonia divina, pois parte da projeção divina das criações e é emanado pelo Criador, ou seja, tudo o que pertence ao elo terreno e não foi criado ou nascido pelo desejo do homem é constituído de emanação divina por razões espirituais e não carnais ou materiais, por isso, ás águas, as matas os rios, o ar, o fogo os minerais e tudo aquilo que emana energia divina pertence a Ele e se transporta para o Ser Supremo, pois nenhuma vida terrena poderia existir a não ser pela energia que vibra das sementes naturais que constituem o elo terra.

A razão de existirem os elementos naturais biológicos que partem da natureza como a terra ou os elementos naturais criados sem as mãos dos homens, com a própria matéria orgânica, à partir da junção dos elementos como o solo fértil, a água, o ar e o fogo é para abastecer a carne material em campo terreno, pois se o espírito não tivesse que cumprir sua missão em elo terreno não seria necessário que fosse composto de matéria orgânica que é a carne material igualmente a terra onde iria pisar, puramente orgânica.

Neste caso, não haveria o elo terra organicamente nascido, pois não seria necessário nenhum elemento ou ser para que fosse através daquilo que nasce da junção dos elementos abastecidos, pois espíritos sem matéria não necessitam de elementos orgânicos para serem vivos em vossos elos espirituais, somente espíritos encarnados necessitam de material orgânico em campo terreno para que a matéria possa sobreviver.

Portanto, se acaso Deus o Criador não tivesse projetado o elo terra com os elementos naturais e o espírito não necessitasse de matéria carnal para cumprimento de missão espiritual, não seria necessária a existência do elo terra, pois todos os espíritos cumpririam vossas missões em elo espirituais, assim como ocorria antes da partida do Jardim do Éden, pois todos os espíritos criados a imagem e semelhança do Criador seriam apenas espíritos sem matéria em campos divinos. Porém os elementos são parte da criação divina para que o ser encarnado possa existir e sobreviver em campo terreno cumprindo com vossas jornadas espirituais de forma material.

Pois nenhum ser animal é capaz de viver e sobreviver sem as energias e emanações advindas do poder da natureza, pois a função deste é nutrir a carne levando não somente o alimento que é produzido pela mãe natureza como também o alimento energético que compõe todo o alimento que é produzido em campo terreno. Pois não haveria as frutas, os legumes ou vegetais, as sementes e os animais que também são seres biológicos, necessidade de nascerem, se acaso não existisse a terra, se a água não molhasse a terra, se o calor do sol não eliminasse os excessos da terra, se o ar ou o oxigênio não alimentasse e purificasse internamente os seres orgânicos, se o calor do fogo não forjasse e limpasse as impurezas contidas no próprio ar e nas vibrações essenciais para a sobrevivência. Ou seja, nenhum ser teria vida terrena, nenhuma missão seria possível de existir e nenhum caminho de evolução seria tão nobre e grande quanto o é, pois o Ser Supremo cria e transporta todos os seres espirituais em missão coletiva de forma individual para serem seres viventes de forma capacitada a cumprirem com vossas missões, por isso, os dá o direito de serem livres, refrigerarem-se, alimentarem-se e abastecerem-se de todas as formas para que possam ultrapassar os caminhos terrenos de forma honrosa e amável, de maneira que todos tenham o mesmo direito de vida e sobrevivência.

Por isso não é o ser encarnado materialmente mais afortunado em vil metal mais nobre e honroso com mais direitos naturais terrenos, assim como não é o ser desprezível terrenamente menos nobre e honroso espiritualmente que não mereça ou não desfrute dos mesmos privilégios e dons naturais terreno. Ou seja, nenhum ser possui mais ou menos vibrações do sol que o outro, nenhum possui mais ou menos águas que o outro, nenhum vibra mais ou menos nas energias contidas nos elementos naturais por ser mais ou menos importante em elo terreno aos olhos dos outros seres carnais, que se auto-proclamam especiais e poderosos por possuírem bens terrenos que não os pertence, e sim ao Criador, pois a importância terrena que o homem o classifica nada tem a ver com os direitos concedidos a todos os encarnados, tão pouco com ser mais ou menos importante para o Ser Supremo.

Pois ainda que o ser encarnado seja um miserável errante não terá menos direito as emanações da luz do dia ou menos emanações da terra ou do sol perante o Criador, todos possuem os mesmos direitos e deveres para com o Ser Celestial. Pois o sol não brilhará em menor escala aos errantes assim como não brilhará em maior escala aos mais afortunados, todos possuem os mesmos direitos em relação ao elo terra e em relação ao poder da natureza que os rege e determina o início e o final da jornada de cada ser espiritual encarnado que embaixo do sol se abriga e dele depende até para estar vivo em terra.

E no momento em que o Criador se utiliza de vossas forças e poderes naturais para aplicar correção em elo terreno, este é em vosso nome, ou seja, no nome daquele que tudo cria e tudo possui e as vossas correções se aplicam em relação a todos e não somente a um ou outro ser, por vaidade, irá ou arrogância contra um espírito errante.

Por isso todo ser terreno é constituído de espírito e matéria, e os espíritos possuem todos os mesmos direitos espirituais e terrenos, assim como a matéria possui todos direitos de usufruir e vislumbrar todos os elementos que neste elo possui, não sendo nenhum de maior ou menor importância para o Criador que os criou, porque os diferentes seres encarnados, apenas possuem missões diferentes, conceitos diferentes, crenças e ideias diferentes e isso os fazem diferentes em conceitos, ações e entendimentos, uma vez que cada um caminha por vossas certezas e ideias vibrando em energias captadas e utilizadas por cada um. E estas energias não são maiores ou menores dependendo o ser caminhante, porque os seres são perante ao poder da natureza iguais cumprindo missões ou determinações diferentes, onde cada um caminha seu próprio caminho para alcançar a evolução espiritual e retornar a casa celestial de onde um dia saiu.

Por isso, não é o ser encarnado, maior, mais inteligente ou possui mais forças que a própria natureza e seu poder de abastecimento, semeadura e destruição, pois o ser encarnado não pode abastecer-se a si mesmo materialmente, não pode refrigerar-se a si mesmo, não pode iluminar-se a si mesmo, assim como não poder ser mais elevado em poderes e forças que o poder da natureza que o rege e domina em campo terreno. Mas toda a constituição do elo terreno é projetada para atender a demanda carnal e espiritual e não o contrário.

Ora, a serpente era o mais astuto de todos os animais selvagens que o Senhor Deus tinha feito. E ela perguntou: Foi isto mesmo que Deus Disse: Não comam de nenhum fruto das árvores do jardim? (Genesis 3: 1).

Mas até este momento vivia o homem, a mulher e os seres animais em campo espiritual e não material. E o elo espiritual ao qual o homem espiritual em essência vivia era capaz de se comunicar com todos os outros seres lá existentes, pois todos os seres animais criados à partir da mente divina eram iguais de igual similaridade, embora fossem diferentes em estado de consciência, nenhum ainda tinha forma física e todos se comunicavam e comungavam dos mesmos direitos existentes em elo espiritual. Não era o animal réptil irracional ou o ser homem racional; nenhum era mais esperto mais sagaz, especial ou com capacidades melhores ou maiores que os demais animais, todos desfrutavam dos mesmos direitos e deveres espirituais em um único campo, pois a comunicação através da fala não se restringia apenas aos homens, excluindo os animais desta capacidade, porque todos se comunicavam e se expressam através da comunicação espiritual.

A fala espiritual não ocorre por meio das vibrações das cordas vocais, pois os espíritos não se utilizam de terminações nervosas ou sensações vocais e sim espirituais, logo toda a forma de comunicação dentre os espíritos, sejam estes seres espirituais constituídos como homens ou animais ocorre de forma espiritual sem a necessidade da fala carnal ou material.

Mas todos os seres são capazes de se comunicarem entre sim em campo espiritual, seja este espírito de essência projetada para ser animal, seja este espírito de essência projetada para ser homem, seja para ser algo mineral ou inanimado, pois tendo essência espiritual todos se comunicam, pois todos possuem o poder de comunhão entre si, uma vez que tudo é essência espiritual refletida pelo Criador. E no elo espiritual, todo espírito, independente de qual tenha sido a vossa constituição e missão são seres espirituais e comungam dos mesmos direitos, deveres e liberdade espiritual inclusive a de comunicação entre si.

Por isso, o diálogo com a serpente mostra um homem inteligente, curioso e sedento de novos saberes, assim como os demais animais, pois não era a serpente menos curiosa do que o homem, todos usufruíam os mesmos direitos e por isso também desejava descobrir o que poderia ocorrer se acaso a mulher saboreasse a fruta. Ou seja, todos os espíritos recebedores de carne material são desde vossas primeiras existências sedentos de saberes, sejam estes quais forem, por isso, não era o homem espírito errante e desobediente, pois queria descobrir através de sua curiosidade o que viria ser: "vossos olhos se abrirão, e sereis como Deus, conhecedores do bem e do mal" (Genesis 3:5). A curiosidade de conhecer sentidos novos da qual até então desconheciam os levou a quebrar as regras prescritas pelo Criador ao comerem do fruto que antes proibido fora consumido em campo espiritual.

A determinação do Criador em relação a proibi-los de experimentar o fruto da árvore não era em relação a perder os direitos espirituais e de liberdade adquiridos e sim que compreendessem a relação existente entre eles, os homens e os demais seres da qual se relacionavam, uma vez que todos tinham os mesmos direitos e comungavam dos mesmos saberes e razões de existirem. Então a determinação de não comer o fruto, era a forma de ensiná-los a compreender qual a maneira em que se relacionava com os demais seres de diferentes espécies, ou seja, como o homem se relacionaria com os demais animais através da comunicação, se saberia conviver de igual maneira respeitando as diferenças estruturais e de conhecimento e de missão ou não.

Pois ao comerem do fruto, não foi o homem espiritual punido ou desgraçado por Deus, a penar pela desobediência, pois o elo terreno já existia e todas as formas criadas em campo celestial iriam conhecer e vislumbrar por um tempo o campo terreno em missão espiritual, tanto o homem como animais.

Porém os animais fisicamente constituídos de forma diferente do ser encarnado homem perderam o direito de serem semelhantes e compartilharem da mesma forma de comunicação em vossas passagens terrenas com os seres encarnados homens e com isso desnivelou-se a comunhão material dentre as espécies tanto no aspecto verbal quanto espiritual dentre os seres encarnados de diferente natureza de gênero. Mas os animais em campo terreno se comunicam entre si de forma espiritual, porém não se comunicam nem espiritual e nem verbal com os encarnados homens, assim como os homens comunicam-se verbalmente entre si e não com os animais de diferentes espécies.

Não por este motivo o homem é o ser espiritual que reinaria sobre todos os outros animais, e sim porque já havia sido projetado, para ser, em campo terreno, espécie de diferente forma física, missão e conhecimento devido à distinta maneira ao qual iria experimentar a vida terrena por conta de vossas determinações e não por punição ou castigo de seu Criador. Por isso, fora criado não com diferente forma de compreensão, entendimento e ciência, e sim com diferentes sentidos e sentimentos para que pudesse de forma diferente viver a sua existência térrea, e não por ser mais inteligente ou o único ser inteligente em relação ao ser encarnado animal, irracional ao qual ele mesmo classifica, pois cada um possui a quantidade adequada de tudo aquilo que necessita para sobreviver em seu ambiente. Mas é o homem constituído de diferente capacidade de discernimento, entendimento e forma física, pois é exatamente a sua formação que o permite experimentar e conhecer os cinco sentidos e sentidos que através do estado de consciência espiritual ao qual foi criado possa compreender-se ser encarnado e cumprir a sua distinta missão espiritual e reinar sobre os demais seres.

Porém, isso não o torna melhor ou especial em relação aos animais, pois reinar sobre os demais não é ser superior e sim possuir mais responsabilidade em relação a si mesmo e aos demais seres ao qual seria incumbido de cuidar e preservar assim como a vossa própria espécie. O título de rei não é nomenclatura concedida de forma aleatória àquele desprovido de qualificação e capacidade, que será superior apenas por merecimento material em relação aos demais seres, e sim aquele que será responsável para labutar a jornada dos demais seres, sendo ele o responsável pela qualidade de vida, proteção, alimentação, assim como cumpridor de deveres e obrigações que levem os demais seres a crescerem fortes e saudáveis para que possam diante das leis divinas ser um cumpridor de vossa missão terrena.

Logo, o homem ganhou, além do direito de abrigar-se no elo terreno sendo abastecido pela mãe terra e comunicar-se com os demais espíritos encarnados de sua espécie, o direito de reinar sobre os demais seres de diferente estrutura física, considerados por ele como sendo irracionais. E passou a compartilhar suas estadas entre eles da mesma forma ao qual foram constituídos, utilizando-se apenas dos dons espirituais para comunicação e sobrevivência. Porém esta forma de comunicação apenas dentre a própria espécie não é punitiva para nenhuma das raças animais nem para o homem tão pouco para os animais e sim a oportunidade de crescimento e elevação espiritual onde cada raça poderá labutar para alcançar a elevação espiritual sem que uma interfira no caminho da outra de forma positiva ou negativa.

Ora, não é o homem desobediente ou teimoso ou a serpente sagaz e enganadora, pois o elo terra já estava criado e aguardado as vossas passagens, por isso, o fruto não significava apenas um fruto e sim a forma orgânica sendo apresentada ao homem espiritual, que até então lidava apenas com coisas espirituais, porém o fruto denota a existência de coisas orgânicas sendo inseridas aos campos espirituais. Logo, o fruto já estava florescido, pois o campo orgânico já existia e aguardava a passagem dos espíritos para este. Porém a maça, considerada a desgraça da humanidade, é apenas o que separa os homens e os animais dos campos espirituais, pois esta é a ligação entre a vida espiritual e a vida material. O fruto bendito da árvore da desgraça é também o que liga o homem a Deus, ou seja, a ligação entre o elo espiritual e o elo material ou o que separa a forma biológica representada pela maça maldita da forma espiritual que é o próprio espírito criado por Deus.

Por isso, cada espécie animal ainda é exatamente aquilo ao qual foi criada para ser, porém o motivo de conviver com animais de diferente forma física e diferente forma de comunicação, acreditou o homem que estes seres eram inferiores ou ainda que seriam menos espirituais ou que possuíssem carcaças materiais sem espíritos. Porém cada um é exatamente o que foi criado para ser, e desde as criações continua o homem curioso e inteligente e continuam os animais sagazes e astutos, apenas não possuem a forma de comunicação que antes houvera entre ambos. Permanece o animal a se comunicar de forma espiritual com os mesmos de vossa espécie, apenas o homem e os animais perderam o sentido espiritual de comunicarem-se quando partiram para o elo terreno, porque se acaso o tivessem, o direito divinal de comunicarem-se em campo material assim como o fazem em campo espiritual, causariam destruições uns contra os outros, devido a necessidade de alimento e continuidade de suas distintas espécies.

Após comerem do fruto sagrado, cada espécie espiritual, não somente o homem foi desligado de suas existências puramente espirituais e transportado aos elos terrenos para ser exatamente aquilo aos quais foi projetado para ser. Cada ser vivendo e vivenciando as suas existências de maneira distinta, onde o homem carnal reinaria sobre o ser animal, pois este possuiria sentidos e sentimentos ao qual o animal não teria os mesmos direitos, não por punição e sim por determinação em necessidade do cumprimento de missão espiritual de acordo com forma e a necessidade de existência das raças.

Mas somente após comerem do fruto é que sentiram vergonha por estarem nus, e não somente o sentimento de vergonha os dominou como também de timidez, calor, frio, medo, desejo, ou seja, todas as formas de sentidos antes desconhecidos, porém que existem apenas em campo terreno, pois a ingestão do fruto era também o corte do fio de ouro que os conduzia em campo celestial de forma espiritual para a inserção ao elo material os ligando desta vez apenas pelo do fio de prata que é a ligação espiritual em campo material e orgânico ao elo celestial, onde o fato do conhecimento da ciência do bem e do mal traz sentidos, sensações e desejos materiais, e não somente de vergonha, mas também de medo, angústia, ira, raiva, timidez e muitos sentidos que existem apenas no campo material e que viriam sentir.

Mas o homem espiritual não foi somente desobediente ao Criador em relação aquilo que possuía, pois este caminhava sobre vossa vigilância noite e dia através dos espíritos determinados para a labuta de vigília e do cuidado, porém ao utilizar-se de sua inteligência espiritual e infringir uma prescrição, não por experimentar do fruto bendito e sim por confiar na serpente, que era ser espiritual semelhante a ele mesmo, não em característica, mas sim em unidade espiritual com os mesmos dons e direitos ao invés de confiar apenas em uma única direção e caminho fora transferido de unidade espiritual. Porque este erro o Criador também conhecia, afinal foi ele quem criou o homem a sua imagem e semelhança dotado de inteligência, perfeição, poder de ação, assim como também colocou a árvore no Jardim do Éden juntamente com todos os animais e espécies a sua imagem e semelhança. Isso quer dizer, não foi por descuido, pois o Criador conhece tudo, sabe de tudo! Ou não é o Criador onipotente, onipresente e conhecedor de todas as coisas pensamentos e sentimentos? Não é Ele quem concede todos os direitos e dons as suas criações, como poderia não conhecer seus filhos e os sentimentos a eles concedidos?

O Ser Supremo, que tudo sabe, tudo conhece e tudo vê, sabia de cada pensamento, cada gesto, cada intenção e conhecida cada ação que seria executada por seus filhos em relação a vossas determinações, não somente sobre o fruto bendito e sim todas as ações antes de implantar tal árvore no horto, durante o florescer das frutas e após comerem do fruto bendito. E por conhecer cada filho por Ele criado a vossa imagem e semelhança, tanto o homem como a serpente é que projetou outros caminhos e outras formas de serem espíritos em missão espiritual de evolução de vossas unidades caminhando por vossos caminhos, também sobre a vigília de cuidado e orientação dos espíritos determinados que os protegessem noite e dia em campo terreno ou elo sagrado de expiação da cura espiritual dos erros e males que perturbam e desvirtuam os espíritos dos caminhos santos espirituais em busca do Criador.

E o campo sagrado chamado terra já estava projetado com todas as formas e forças naturais para receber, abrigar e abastecer o homem e os animais, tudo fora criado bom, agradável e amável a todos os seres que nele iriam se abrigar, pois o Criador conhecia todas as vossas criações em íntima essência e sabia que ambos comungando e vivenciando as mesmas experiências, dons e vontades iriam falhar. Não por desobediência ao vosso nome e sim por fazerem escolhas que os levariam a caminhos tortuosos e penosos em relação ao próprio campo celestial o qual se abrigavam, e sendo errantes não poderiam viver sobre vossa vigilância espiritual, pois o campo celestial não é campo de erros e vigia e sim de obediência por amor, dedicação e honra a um único Ser Supremo, por isso nenhum abrigo se abre aos que desejam caminhar por sobre outras determinações, ações e vontades a não ser a de servir ao vosso ser Criador por devoção, lealdade, obediência e amor.

O fato de o homem experimentar da maçã proibida não o torna simplesmente desobediente e sim um errante para com seu Deus, pois a desobediência causa punições, e se acaso os seres espirituais desobedientes tivessem sido apenas punidos, esta punição seria em ambiente celestial e não material. Porém não foram nem o homem e nem mesmo o animal punidos pelo Criador, pois este já sabia das consequências de juntar as espécies em um único elo com as mesmas características vivenciando as mesmas experiências em comunhão espiritual. Porém todo erro necessita de correções e aprendizagens, e por isso, foram transferidos para o elo de aprendizagens e correções chamado elo terreno ou elo sagrado, onde cada ser em missão espiritual se encontra por motivo de aprendizagem, autoconhecimento ou correção dos erros para evolução e elevação espiritual de si mesmo.

Ora, mas todos os espíritos são criados e projetados pelo Criador inicialmente em elo espiritual e não material ou elo terra. Todas as formas de essências espirituais nascem inicialmente em elo celestial em campos espirituais ou elos santos governados pelos diversos espíritos sagrados do Criador, cada um com suas próprias forças e tipo de emanação. Por isso, todas as formas de vida existentes em terra, primeiramente são vidas espirituais sem matéria carnal em esfera espiritual, pois o campo terreno ou campo material fora criado para desenvolvimento espiritual e autoconhecimento do espírito em busca de evoluir-se e conhecer-se espiritualmente antes de ser um espírito elevado em estado de consciência espiritual, ou seja, todas as formas de vida que se encontram em elo terreno foram inicialmente espíritos vivendo em campo espiritual em elos sagrados distantes do elo terra, pois todas as criações espirituais sejam estes homens ou animais, são espíritos reflexos do Criador, projetados para serem espíritos e eternamente serão. Porém todos receberão em algum momento de suas existências o direito de serem também espíritos encarnados para que possam através da jornada terrena adquirem conhecimento e autoconhecimento espiritual de forma que possam buscar elevação espiritual e servirem ao Criador de forma nobre, honrosa e em verdade.

Algumas razões tornam os espíritos outrora altamente cândidos e puros espíritos encarnados em elo terreno, pois todos os espíritos que no elo terra se encontram, o estão por razões espirituais de desenvolvimento do próprio espírito. Aqueles espíritos que vislumbram o campo terreno em primeira jornada, o estão para correções dos erros executados, proferidos ou consumados em campo celestial no momento em que experimentaram a forma espiritual em estado de consciência não carnal. Existem também outros espíritos que não estão no elo terra por cumprimento de primeira jornada para correção de outros erros, danos ou faltas aos quais não corrigiram na primeira jornada terrena ou novos erros e falhas que criaram em vossas passagens anteriores.

Porém não somente os espíritos errantes recebem missões terrenas, também existem outros espíritos que o estão não por terem cometidos erros e sim para conhecimento e vislumbre do campo material como forma de se desenvolverem espiritualmente, não por serem errantes e sim por serem aprendizes espirituais dos demais servos espirituais que aqui se encontram, pois no campo terreno se encontram também espíritos em grau de evolução superior, ou seja, em estágios superiores aos que estão em primeira segunda ou demais jornadas de autoconhecimento e aprendizagem, e estes compartilham de vossos conhecimentos e experiências em comunhão com todos que neste elo estão. Por isso até mesmo os espíritos em estágio de elevação espiritual, terão em algum momento de vossas existências, que servirem ao Criador em missão terrena para cumprimento de determinação espiritual, pois não seria prudente que um campo de missão e correção não abrigasse também aqueles que veem para ensinar e compartilhar evolução, uma vez que o campo terreno não é de punição e sim de autoconhecimento, aprendizagem e evolução, pois a correção é autoconhecimento e aprendizagem e jamais punição, pois ambos os espíritos aqui se encontram para aprenderem a evoluir, tanto os menos evoluídos quanto os mais evoluídos, pois a busca pela evolução jamais findará.

Por isso, nenhum encarnado o é simplesmente pelo desejo material de procriação de outros encarnados, pois a proclamação *"Sejam férteis e multipliquem-se, encham e subjuguem a terra"* (Genesis 1:28). Não é apenas uma proclamação e sim a determinação de que todos os espíritos sejam um dia espíritos reflexo do Criador vivenciando o elo ao qual fora criado e projetado para abrigo santo de todos os que por ele foram amavelmente criados. Por isso, todos os espíritos que partem para o elo terra para cumprimento de missão espiritual, o estão para que possam elevar-se espiritualmente, adquirir autoconhecimento e conhecimento espiritual, os tornando espíritos mais fortes e nobres.

Pois todos os espíritos que neste elo se abrigam partiram inicialmente de outro campo celestial onde inicialmente fora tão e somente espírito em estado de consciência altamente cândido e puro, porém devido aos diversos motivos como falhas e enganos de vossa jornada espiritual ou em determinação de ensino e aprendizagem encontram-se em elo terreno, sendo uns para corrigem suas falhas cometidas em elo espiritual e outros para ensinar a melhor forma de remissão de suas falhas através dos ensinamentos espirituais vivenciados de forma material através da compreensão e da labuta digna e verdadeira. Pois somente após a correção, remodelação e remissão de vossas essências é que retornarão ao elo ao qual se desligou para cumprirem vossas missões e apenas após a elevação espiritual por meio da jornada terrena é que alcançarão os elos mais elevados espiritualmente, libertando-se dos erros e faltas cometidos outrora em elos longínquos.

Logo, o experimentar do fruto maldito, não é apenas a desobediência espiritual para com o Criador, e sim o saborear do dissabor dando o início ao ciclo de erros e correções ao qual o espírito iria adentrar, sendo responsável por todos os caminhos e direções a seguir para se autoconhecer e libertar-se de vossos erros, conquistando evolução e sendo obediente em uma única verdade e direção, ou a única que o permite ser evoluído e capaz de caminhar novamente com o vosso Criador.

Porém a vida material, assim como a espiritual, possui milhares e milhares de frutos malditos a serem experimentados ou negados pelos mesmos seres espirituais que possuem matéria carnal, porém o sabor ou dissabor continuam sendo os mesmos, assim como as escolhas em relação às prescrições espirituais do único Ser Supremo.

"Disse Deus a mulher: multiplicarei os sofrimentos de teu parto; darás à luz com dores...Disse ao homem: maldita seja a terra por sua causa, tirarás dela com trabalhos penosos teu sustento todos os dia da tua vida". (Genesis3:16,17).

O sofrimento e a dor não são formas de punição ao sabor da maçã desgraçada e sim uma das formas de sentido do elo terreno, pois este é o elo em que todos os sentidos e sentimentos são vivenciados e saboreados pela carcaça material de forma intensa, podendo ser através da dor, do medo, da angustia do ódio, ou seja, todos os sentidos existentes ao qual poderá o encarnado provar por meio de todas as sensações que regem este elo.

E assim como o próprio ser espiritual inanimado que é a natureza, que se desfaz de suas velhas sementes, reprime-se em suas velhas vestes para dar lugar as novas folhagens, porém desconhece o ser encarnado suas dores, assim como as águas que rebentam nas pedras e causam gemidos que são observados como belos sons aos ouvidos carnais, da mesma maneira seria o encarnado, despindo-se da unidade de ser ai mesmo e dando a vida a outra vida, mas para que isso ocorra se faz necessário experimentar o rasgar das entranhas em corte profundo de si mesmo para que a nova semente seja expelida de dentro de teu seio. Pois assim é tudo o que é orgânico, e embora o homem não perceba, vive como a natureza ou vive a natureza da mesma forma que o ser carnal, naturalmente desfazendo-se de si mesmo para dar lugar as novas formas de vida orgânica, libertando-se de ser a si mesmo e trazendo ao mundo as novas sementes espirituais.

Ora, Deus o Criador não abençoa e depois pune as criações as amaldiçoando, pois todos os atos e ações dos espíritos são de conhecimento do seu criador, ou não seria este o ser Supremo que tudo sabe e tudo vê, e nenhuma existência poderia ter vida sem a vossa determinação e desejo, assim como nenhum ato ocorre que o saiba antes.

Maldita seria a terra, não no sentido de desgraça e sim no sentido de maldizer ao qual o homem a classificaria, pois não é a terra elo de miséria, tragédia ou desgraças, porém assim como procurara e encontrará culpou pelo erro cometido ao ato de desfrutar do fruto bendito, da mesma forma amaldiçoaria e maldiria a terra pelos atos impensados, desumanos ou que o fizesse ferir-se devido suas próprias escolhas.

Não é Deus o Criador, o causador das dores, mágoas e desavenças dentre os homens da terra, porém o Ser Supremo previa que toda a terra seria amaldiçoada pelo homem que nela iria se abrigar e por ela batalhar seu sustento.

Por isso, maldita seria a terra nas palavras e ideias dos seres encarnados, por isso a proclamação é mais do que uma previsão e sim uma profecia do próprio Criador quando gentilmente através de vossas forças de amor, bondade e misericórdia cedeu aos seus filhos o campo terreno para abrigarem-se, aprenderem e auto conhecerem-se. Pois todos os trabalhos penosos para o sustento da vida terrena seriam também os motivos de desavenças, guerras, fúrias, assassinatos e insanidades cometidas pelos filhos da terra, que certamente digladiariam entre si para tirarem não somente o sustento como também a falsa liberdade e os falsos conceitos por eles mesmos criados àqueles ao qual tivessem mais terras em seus poderes, para dominarem e serem grandes em terra santa. E assim o homem o fez!

"Comerás o teu pão com suor do teu rosto, até que volte à terra de que foste tirado; porque é pó, e pó hás de tornar". (Genesis 3: 19).

Ora, mas o homem e a mulher viviam no jardim do Éden espiritualmente e não carnalmente, com sensação e sentidos carnais, pois somente o espírito está livre de sensações e sentidos carnais como medo, dor, ódio e desejo carnal, e assim era o homem e a mulher. Porém após o dissabor do fruto bendito, não foram mais abastecidos espiritualmente pelo Criador, pois morreram em espírito para viverem em vida carnal com sentidos carnais assim como havia determinado o Senhor Deus.

Desta forma, o espírito não seria mais alimentado em sentido espiritual pelo amor de Deus, pois o homem haveria de comer e beber do seu suor para seu próprio sustento, e assim fora criado, com forma física, discernimento, forças e capacidade material para tal labor em vida carnal, e com o suor de seu próprio corpo viveria em elo material abastecendo-se até o momento do regressar da carne ao pó de onde viera em forma e matéria orgânica.

E disse o Senhor Deus que ao comerem do fruto certamente morreriam, mas a morte neste sentido não é a morte da carne e sim a morte do espírito, que certamente morreria se do fruto se alimentasse, pois o fruto maldito seria a passagem entre a vida e a morte do espírito, por isso a maçã é a representação da morte espiritual e a vida material, ou seja, a fruta bendita que alimenta a alma também alimenta a carne, pois seu sabor é mais que o sabor do alimento que alimenta é o sabor da vida duas vezes vivida, em espírito e em matéria. Pois o homem na terra está dormindo em vida celestial e vive em vida carnal, mas o sono do espírito é como a morte de quem espera para ressuscitar, distante de seus verdadeiros sentidos. A vida ao encarnado não é a vida do espírito e sim a sua morte, pois o homem carnal, vivo em terra, está morto em pureza de espírito celestial e quando voltar ao pó, novamente viverá em espírito, livre da carne. Pois o espírito não morre, apenas adormece em vida celestial até o dia de seu retorno a casa celestial.

Pois Deus o criador de todos os espíritos não amaldiçoa suas criações e os descarta. O Criador jamais criaria algo errado, ruim ou se arrependeria de suas criações.

O homem espiritual não foi expulso do Jardim do Éden por ser um erro aos olhos do seu Criador, e ao voltar ao pó perde suas essências de vida espiritual. O Criador, onipotente, onipresente e sabedor de todas as coisas, já conhecia do erro do homem, mas como é grande em misericórdia, poder e bondade criou a existência em terra com todos os seres também reflexo de sua unanimidade e a natureza que o refletem em luz, amor, caridade e paz para que pudessem receber nova chance de caminhar na verdade, se reconciliar com a verdade e retornar a casa do Pai Celestial. E *"Quem não nascer de novo, não poderá ver o reino de Deus"* (João 3:3).

Portanto para nascer no reino celestial é preciso morrer em vida terrena. Ou seja, é preciso se findar do sentido ilusório carnal chamado vida terrena e renascer para a verdadeira vida, chamada vida espiritual. Vida Real.

As criações são baseadas no sentido espiritual, pois o Criador é Espírito e suas criações são como Ele em semelhança espiritual, ou seja, para que a verdade possua sentido real, se faz necessário que o espírito torne a sua casa real, e a carne volte a sua fonte de criação, a terra ou ao pó. Portanto o único sentido onde existe realidade ao espírito é junto ao seu Criador. Para se alcançar o sentido real de existência espiritual é preciso estar junto à esfera celestial, onde a fonte espiritual da verdade e do amor reina e vive livremente.

Portanto o Criador já havia planejado outra morada para o espírito habitar em carne, pois sua obra não estava finalizada, e o plano terreno faz parte desta morada de morte espiritual. A vida terrena nada mais é que a lapidação do espírito, afinal o Espírito de Deus não produz a morte, não finda suas criações, não os amaldiçoa e as extermina. Os espíritos criados a sua imagem e semelhança, são espíritos imortais, inteligentes e capazes e de reproduzirem em espécie espiritual e carnal assim como determinado pelo Criador.

E Deus tão misericordioso nos concede todo o seu poder santificado pela natureza para que possamos chegar até ele através de sua força, amor e luz. Pois o homem foi criado em circunstâncias totalmente naturais que os torno diretamente ligado com a natureza para que sobreviva na terra.

A dependência do homem em relação à natureza não é apenas orgânica e sim espiritual e matéria. Seu abastecimento em alimento, em luz, água, ar e fogo fazem com que o homem seja conectado com o Criador através do ser natural assim como seu próprio espírito, ainda que não perceba este fato.

Após a criação de Adão do barro, ou seja, a mistura do pó que se junta a água ao ar e abastece a vida por meio da natureza, isso quer dizer, da força de vida que existe na água, na terra e no ar, é que foi criado o homem e sua companheira, e da comunhão de ambos nasceram os outros seres materialmente criados, e esta é mais uma prova da dependência humana em relação a tudo; o poder da natureza orgânica dando vida as outras vidas em forma humana de representação divina na terra.

Porque foi assim que se povoou a terra, pela junção da água e do pó, onde a representação do barro é a forma de apresentar o domínio de Deus emanando vida através do poder da natureza. Porque o homem não se formou em terra ou nasceu através da junção da água e do pó formando uma lama densa, porque lama não possui sustentação material necessária para receber um espírito, e sim através da junção ou da sustentação material dos elementos orgânicos existentes como a água e a terra, que somente através da água molhando a terra é que se pode retirar o alimento que sustentará a matéria orgânica, tão orgânica quanto a água e a terra.

Poderia sua prole ter sido criada de outra forma, porém não seria a natureza celestial tão importante em semente abastecendo a matéria para a vida humana, porque vossos filhos também nasceram do pó, não a mistura da água com a terra que vira lama. Mas sim de forma biológica e orgânica, onde mais uma vez o barro, ou a junção da água do ar e das demais energias existentes em campo terreno, sustento material e espiritual para prover as necessidades existentes nesse elo espiritual.

Portanto foi o homem criado por meio da junção ou da sustentação material dos elementos capazes de fazerem as vidas materiais nascerem e crescerem e serem nutridas através da força espiritual do Criador que as abastecem em energia celestial.

A governança do Criador sobre os homens não acaba, nem mesmo Deus os abandona diante dos erros perante a verdade em suas prescrições. O Criador cheio de poder e bondade jamais abandona sua criação. Mas o homem não fora criado a sua imagem e semelhança apenas em espírito, mas também em inteligência e capacidade de evolução de criação e posteridade. As criações refletem sua imagem e semelhança, toda a força e poder concedido a terra para abastecimento da fome do corpo e da alma que é suprido pela Majestade do Criador em forma de esfera terrestre e natural.

Por isso, na esfera espiritual não existe matéria carnal, pois nada em campo celestial se findará, porém na esfera terrestre o espírito dentro da matéria é o unanime reflexo do Criador, e é através dele que o as energias circulam na esfera terrestre. Por isso o universo reflete Deus e sua verdade seja através do espírito que habita a carne, seja através de tudo que foi criado espiritualmente.

Aura Plena, estrutura espiritual da consciência

"E não sabeis que o vosso corpo é templo do Espírito Santo, que habita em vós, o qual recebemos de Deus e que, por isso mesmo, já não nos pertence?" (1Corintios 6:12).

1.3 Todas as criações são inicialmente espirituais ou mentais, a mente espiritual projeta e cria todas as coisas de forma espiritual, pois assim é o Criador, essência infinita de poder e misericórdia espiritual que cria todas as coisas de forma espiritual. O homem é o reflexo de vossa imortalidade e inteligência espiritual, concretização da vontade divina de criação de todas as coisas e seres. É certo saber que somente a carne sem a essência de sentido espiritual, ou a inteligência espiritual que é o dom do espírito reflexo de seu criador, não seria capaz de sobreviver na sua jornada de existência material, pois somente a carne em estrutura humana e matéria física não tem vida por si só, pois a carne sem o sentido espiritual não é viva, é apenas matéria inanimada, ou seja, a carne sem o espírito não passa de objeto inanimado e sem sentido existencial que a torna viva.

Isso porque a matéria não possui inteligência ou vida por si só, porque não há inteligência na matéria orgânica, e esta, sem o espírito, é apenas objeto inanimado; a inteligência intelectual é também espiritual, existe e pertence apenas ao espírito. Pois a matéria não é a ligação espiritual entre a carne e ao Ser Supremo, ou seja, não é a carne o fio de prata que liga a essência espiritual a essência do Criador e sim o espírito imortal e infinito que esta carrega.

Mas a carne que se fez viva através do sopro divino é capaz de simular a própria vida real como sendo o elo que determina a vida terrena e o Espírito do Criador. A essência espiritual ao se abrigar na matéria carnal para cumprimento de missão terrena é que possui inteligência vivendo e caminhando por sobre a terra em carne material por meio de seu espírito, e a vivência terrena do espírito por meio da carne é capaz de criar forma de vida material para o vosso sustento e viver de fugacidades e erros, se enganando, se projetando e imaginado ser mais vida que a própria vida espiritual; porém é na falsa verdade de ser vida que se cria a própria morte da carne em vida.

O espírito, que é a verdadeira vida, não se pode tocar, não se pode ouvir tão pouco contemplar, pois pertence ao celestial, não é carne e não pertence carne; não é do homem e não pode por ele ser regida.

Para isso, nos é concedido o direito de andar nesta terra, mas não o direito de posse nem da terra tão pouco do espírito ou da matéria, pois estes não nos pertencem. Pode-se sentir emanar ou receber as emanações da terra através dos sentidos espirituais, porém não se pode dominar nenhum elemento desta, pois apenas nos são concedidos os sentidos materiais para que possam compreender através da carne, por força do espírito para chegarmos a Deus o Criador.

Espírito e matéria são vertentes opostas, porém se complementam para o alcance do único objetivo divino, de alcançar conhecimento e elevação espiritual para chegar ao Criador. Embora o encarnado, ou seja, a junção de espírito e matéria seja capaz de se utilizar da matéria para fingir a própria vida, a carne material não possui sensação, sentimento ou sentido algum que a torne viva em campo terreno, assim como também não possui consciência espiritual.

E por não ser por si só a vida e nem representar por si só a vida, não pode ser tocada ou envolta pelo espírito que é a verdadeira vida imortal e sagrada advinda do Espírito Santo, pois a matéria, por não ser essência espiritual, e por não ser límpida suficiente para receber tal plenitude espiritual não se acopla ao espírito vivo. Pois o espírito que não é pó, e sim a verdadeira vida que nunca se findará, não se acopla a matéria que por vezes é forjada em desejos e ideias humanas de ser a própria vida do homem, mas nasce do pó da terra e finda-se com ele.

A matéria é complemento da verdadeira vida que é o espírito, por isso o espírito não está unido diretamente a ela sem algo que o proteja, pois a verdadeira vida que é a essência espiritual não comunga em verdade com o que não é vida. E assim como todos os órgãos do corpo humano estão protegidos e envoltos em fina camada que os protegem dos demais órgãos e investidas de seres microscópicos, garantindo sua estabilidade e vida ou assim como o feto é também protegido pela camada chamada placenta que o alimenta e protege sendo abrigo de emanação, energia e força para que cresça forte e saudável, da mesma forma é a matéria e o espírito protegidos pela Aura Plena que os une e os torna um só.

"O mesmo Deus da paz vos santifique em tudo, e o vosso espírito, alma e corpo sejam conservados completos, irrepreensíveis, para a vinda de nosso Senhor Jesus Cristo" (1 Tessalonocenses 5:23).

O mesmo Deus que vos concede o espírito para abrigar a matéria em terra, vos concede também a essência de proteção entre a matéria e o espírito para que se conservem intactas cada vertente espiritual, ou seja, carne e espírito. Por isso a junção da essência espiritual e da matéria que forma a composição do ser cumpridor de missão ou determinação espiritual para que a jornada terrena seja possível, somente o é, pois a Aura Plena, ou seja, a película espiritual envolta entre a carne e o espírito que isola um do outro, existe junto ao espírito o protegendo para que a jornada material terrena não o danifique ou destrua sua verdadeira essência de vida.

Por isso é a Aura Plena a estrutura espiritual que sela e capacita o espírito a animar a matéria que não possui vida ou forma de vida por si só. Pois se não houvesse a Aura Plena ou a estrutura espiritual que recebe o espírito para que este se abrigue na matéria carnal, animando a matéria em terra ou concedendo possibilidade de vida a carne material, não seria possível o cumprimento de missão espiritual no campo terreno.

Ora, mas não poderia o espírito ser cumpridor da sua missão em campo terreno sem que este não tivesse uma estrutura espiritual que o permitisse ser espírito e ser matéria sem danificar-se a si mesmo em sua única e verdadeira forma espiritual. Por isso é a Aura Plena a estrutura espiritual ao qual possui todo espírito que nascido do seio do Criador recebe a determinação de ser nascido em campo terreno para cumprimento de jornada material ou missão espiritual de caminhos, aprendizados e elevação espiritual para evolução de si mesmo.

Porém, os espíritos santificados ou Santos, não possuem esta estrutura que capacita todo e qualquer espírito para ser andante de sua própria missão em unidade material em terra. E uma vez que estes espíritos jamais encarnarão, não somente devido as vossas diferentes composições espirituais; composições estas que não inclui a estrutura espiritual, não necessitam de Aura Plena que é a única forma em que um espírito recebe para adentrar ao campo terreno utilizando-se de uma matéria carnal. Outro motivo é devido ao fato de receberem, de serem espíritos caminhantes pelo progresso e pela elevação de si mesmos, pois nascidos foram para serem servos e servas divinais do próprio Criador. Logo, já possuem elevação espiritual para as vossas ordenanças espirituais, não necessitando serem caminhantes de progresso e elevação espiritual.

Mas a matéria é o componente orgânico que recebe apenas forma orgânica ou material, ou seja, estrutura material sem vida, enquanto o espírito, essência espiritual reflexo do Criador, ou seja, a verdadeira vida, recebe emanações apenas espirituais de força de luz e vibração celestial. E a junção destas duas vertentes ou a vertente espiritual com a vertente material carnal, é o que capacita o espírito para ser por meio da Aura Plena espírito encarnado em campo material onde a junção destas duas vertentes forma uma única unidade espiritual.

E para que a matéria receba as emanações espirituais e se torne em terra, matéria espiritual viva, se faz necessário ser envolto pela Aura Plena que manterá o espírito imaculado, puro e casto ainda que a matéria em campo terreno não seja.

Porque ao espírito é concedido a pureza celestial de ser límpido, puro e imaculado reflexo de Deus, sem erros, rompimentos e falsidades. Mas os sentidos danosos vivenciados por meio da carne são adquiridos através do campo material, porque são as sensações de sentidos materiais e não espirituais que corrompe e mancham o espírito. Porém todo espírito que recebe em sua composição espiritual a estrutura que o capacita ser espírito encarnado para cumprimento de missão espiritual em terra, recebe no momento de sua ordenação de renascimento em terra para sua missão espiritual material, aquilo que o tornará capaz de experimentar a vida terrena por meio dos sentidos e sentimentos aos quais não possuem os espíritos, mas que é a única forma de fazê-lo ser além de espírito puro e imaculado, também ser material e carnal através das sensações e sentidos que aqui existem que é o sentido espiritual de nome pensamento de consciência.

Isso porque sendo o espírito a verdadeira vida que possui a sua própria consciência, que é o estado de consciência espiritual, ou é o estado de consciência a verdadeira forma de vida da verdadeira vida que é o espírito, necessita o espírito ao receber a vossa missão espiritual de renascer em campo terreno através uma forma de consciência, que o tornará conhecedor do campo em que vive para ser capaz de experimentar este campo com uma forma de pensamento que seja adequada as formas de vivências e de estrutura material do campo em que se irá viver e comungar com os demais seres.

E esta forma de experimentar a vida e vivenciar o campo material chamado pensamento de consciência é a ligadura em forma de pensamento que unirá as duas vertentes, ou seja, a carne e o espírito, ao qual receberá todo espírito que for descido em terra para cumprimento de missão material.

Portanto não haveria condição de nenhum espírito adentrar ao campo terreno sem a Aura Plena que é a estrutura que o capacita animar a matéria, para ele ser vivo através da matéria, porque esta jamais seria viva sem um espírito. Assim como também não haveria condição de nenhum ser espiritual renascer em campo terreno através da matéria sem que esta matéria não recebesse uma forma de pensamento próprio que o torne capaz de viver e experimentar a vida material da maneira que ela verdadeiramente é, com todos os sentidos existentes nela; porque o espírito sendo puro, imaculado e cândido, possui apenas as emanações espirituais de sentido celestiais, logo não conseguiria este atravessar as formas de vivencia material sendo um ser carnal, pois estaria em desacordo com as forma de vivencia terrena.

E assim, não cumpriria com a sua verdadeira missão de aprender e praticar os ensinamentos relacionados a todas as formas de sentidos espirituais, porque estes sentidos o espírito puro já os conhece, o que precisa é praticar e esta prática apenas poderá ser exercida de maneira coletiva, porém distante da forma verdadeiramente espiritual, pura, cândida, imaculada e inocente ao qual é o próprio espírito. Porque neste caso não cumpriria o espírito a sua missão de aprender e praticar os ensinamentos da qual descerá o campo terreno para praticar, porque somente faria aquilo que de fato sabe exatamente o que deve ser feito. E isso não o habilitaria para o próprio progresso espiritual

Por isso, além de receber a Aura Plena que é a estrutura espiritual que envolve a matéria e a faz animada em terra, recebe também o pensamento de consciência que o tornará capaz de compreender-se vivo e experimentar a vida terrena por meio dos cinco sentidos que envolvem o campo material, que apenas através do pensamento de consciência poderá reconhecer e conhecer. Porque este, ainda que seja uma forma de pensamento espiritual é apenas vivenciado em campo material e não interfere no espírito, uma vez que este possui o seu próprio pensamento, mas este sendo cândido, puro e imaculado não interfere de forma negativa ou de qualquer outra forma sobre o pensamento de consciência, desviando ou tornando o próprio espírito encarnado por meio da Aura Plena em espírito impróprio ou impuro.

E sendo a Aura Plena a estrutura espiritual em forma de essência que envolve a matéria e o espírito, pois é a película protetora da matéria e do espírito, espírito que recebe em terra o pensamento de consciência, ou pensamento capaz de receber todas as emanações e influências orgânicas materiais ao mesmo tempo em que receber também do espírito todas as emanações espirituais sem que uma interfira no sentido da outra ou cause danos uma a outra, pois os pensamentos matérias ainda que impuros e impróprio jamais afetarão um espírito. É a Aura Plena a estrutura que conduzirá a matéria em campo terreno; e sem esta estrutura, jamais poderá um espírito ser cumpridor de missão espiritual em campo material.

Portanto é a Aura Plena a estrutura que conecta todos os sentidos em uma única ligadura ou a ligadura que conecta os três sentidos que torna um ser espiritual em ser material ligado pelo espírito, pela alma e pelo corpo. Ou seja, ligando a verdade de Deus que é o espírito, o pensamento de consciência que é a alma da matéria e a matéria que é o corpo do espírito através da Aura Plena. Tornando assim a unidade material em unidade sagrada espiritual, ou todo ser material em corpo sagrado de Deus.

É através da Aura Plena, que se recebe e filtram todos os sentidos espirituais e todos os sentidos experimentados através do pensamento de consciência da qual a carne recebe todos os instintos, sensações e sentidos corpóreos, uma vez que a matéria não os possui; pois a carne não é viva por si própria, porém é necessário para se estabelecer vida na matéria, e por isso todos os sentidos materiais que passam pelo pensamento de consciência são também descarregados na Aura Plena que filtra tudo aquilo a que recebe de ambas vertentes.

E por isso é a Aura Plena a porta de entrada que recebe todas as influências do ser material vindas do pensamento de consciência, onde todas as sensações e sentidos que regem o campo material podem ser sentidas ou experimentadas pelo ser encarnado. É por onde todas as vibrações sensoriais ou sensações são recebidas e estabelecidas como sendo sentidos ou sensações reais ou desejos corpóreos reais, como por exemplo: dor, medo, angústia, ansiedade, pavor, euforia ou moléstias. Porém, como o espírito é essência, e essência não sente dor, angústia, medo ou nenhum tipo de sensação terrena, assim como não é a matéria viva por si só, é por meio da Aura Plena é quem recebe todos os sentidos adquiridos e experimentados em terra, por isso, quem sente a dor e adquire a moléstia é a carne, porém sente o espírito o desajuste da carne, através dos sentidos espirituais que possui, não que as moléstias e dores materiais irá atingi-lo, porém o espírito, sendo a alma da carne, esta sente o reflexo de tudo o que o corpo recebe e faz, ou seja todo seu estado de permanência é transferido ao espírito.

Porque tudo aquilo o qual recebe a Aura Plena, por meio de vibrações que parte do pensamento de consciência ou por meio das vibrações que partem do espírito, são filtradas e descarregadas no corpo material que sofre a dor de possuir consciência material e ser elemento orgânico material em terra também orgânica. Isso quer dizer que: como a matéria não possui vida por si própria, todas as vibrações sensoriais de sentidos e sensações são descarregadas sobre a matéria através da Aura Plena que recebe do pensamento de consciência tudo o que vibra e emana de forma externa. Fora isso, existem ainda as vibrações do próprio campo material que são diretamente jorradas por sobre o corpo material causando a degradação da matéria conforme o seu estado de permanência na terra orgânica.

Por isso, é a Aura Plena o canal por onde se recebem todas as emanações e vibrações espirituais sem interferir na consciência de sentido terrestre e as emanações terrestres sem interferir nos sentidos espirituais, pois estes são pela matéria ou pelo pensamento de consciência intocável.

Por que é a Aura Plena é a essência de plenitude espiritual utilizada por ambos sem que um roube a emanação do outro ou perturbe as essências do outro, ou seja, sem que emanações corpóreas interfiram nas emanações espirituais e emanações espirituais interfiram nas emanações corpóreas.

A ideia de que provem da matéria, os instintos, as vibrações sensoriais e dores; é o mesmo que dizer que a matéria é vida própria sem espírito e sem vínculo algum com o Criador. Porém a matéria só é vida, pois recebe emanações espirituais e se estabelece através da estrutura espiritual de nome Aura Plena, pois o Sopro de Vida que é a inserção do espírito a carcaça chamada corpo físico ou carne material somente pode receber as emanações do espírito por meio da Aura Plena, pois o espírito reflexo do Criador de composição pura, terna e imaculada que nunca se findará e jamais poderá ter contato com a matéria que é organismo biológico e ao pó voltará.

Isso quer dizer que a essência divina, ainda que projetada para ser viva em elo terreno por meio da matéria, jamais poderá se fixar a matéria, não por esta ser menos honrosa, suja ou ruim para o espírito e sim por serem essências distintas de composições também distintas e de diferentes formas de sentidos, vibrações e emanações.

A caixa craniana possui um órgão chamado cérebro que governa através de suas ligações e funções mecânicas chamadas nervos, todas as funções do corpo material, ou seja, é o cérebro um órgão material que controla todos os sentidos do corpo também materiais e biológicos, compostos de matéria orgânica de forma física e mecânica assim como ele mesmo, e por não ser vertente espiritual, não possui vida por si mesmo.

E todas as funções mecânicas do corpo físico regidos pelos órgãos também mecânicos do corpo físico são emanadas pelos sentidos espirituais através da Aura Plena que é a estrutura que recebe tanto a fluidez espiritual quando a fluidez terrena por meio do pensamento de consciência e de todas as fluidezes do campo material terreno para serem vividas e experimentadas de maneira carnal, uma vez que o corpo físico não possui vida própria, ou seja, não alimenta-se a si mesmo, não abastece-se a si mesmo e não evolui por si próprio.

Logo não seria o corpo, a matéria viva em campo terreno, se caso não recebesse as emanações espirituais filtradas pela Auras Plenas para que seja um elo entre o campo espiritual vivenciando experiência em campo terreno. Pois o único motivo do corpo carnal ter vida terrena, é servir de abrigo para o espírito que cumpre missão espiritual de forma terrena, em busca do progresso e elevação espiritual.

Por isso, se acaso um corpo físico material perder uma parte do corpo também físico ou algum órgão ou um membro do corpo não sendo a totalidade do cérebro e ainda permanecer vivo em campo terreno, este continuará a ser um corpo material ligado espiritualmente ao Criador através do espírito, uma vez que vida não se encontra na matéria e sim no espírito que se abriga nela. Por isso, ainda que se perca algum órgão ou membro físico o espírito se sustentará com este corpo físico em campo terreno, pois toda a forma de vida humana é através da junção do corpo material e do espírito. Ou seja, o que faz a matéria ter vida não é a própria matéria e sim o espírito; e a Aura Plena é quem recebe as emanações de regência espirituais e materiais e as capacita para que sejam através das vibrações sensoriais vibrações materiais jorradas sobre a carne, o tornando matéria carnal vivente em campo terreno.

Logo, não poderia um ser material sem o órgão chamado cérebro, permanecer vivente em elo espiritual terreno, pois o cérebro é a parte mecânica que recebe as vibrações espirituais e materiais através da Aura Plena e estas são derramadas sobre o cérebro que se encarregara de descarregar estas vibrações por meios das fontes de nervos do corpo orgânico ao próprio corpo orgânico o tornando corpo vivente material, para que este possa experimentar a forma de vida carnal através dos sentidos materiais também por meio do pensamento de consciência.

Por isso, se este mesmo corpo carnal nascer em elo terreno sem o órgão chamado cérebro, este não permanecerá vivo em elo terreno, porque não poderá receber as vibrações espirituais e materiais, uma vez que para ser vivo é preciso a junção da matéria orgânica e da essência espiritual, e não tendo o cérebro para que possa administrar as funções de ligações terrenas, espirituais e orgânicas a este corpo, esta matéria carnal não conseguirá se abastecer de forma biológica.

E por mais que se tenha um espírito acoplado a esta matéria através da Aura Plena, apenas a essência espiritual não o manterá em elo terreno, pois esta não é quem descarrega as vibrações essências de sobrevivência sobre o corpo, e sim o próprio corpo biológico por meio do cérebro, principal órgão ou órgão de ligação terrena e espiritual. Porque tudo aquilo que é biológico é abastecido de forma biológica assim como o que é espiritual é abastecido de forma espiritual. Por isso, não poderá este corpo material se sustentar em campo terreno uma vez que este é campo orgânico e a forma orgânica é o que sustenta a matéria carnal em terra, e não tendo as funções orgânicas que são administradas pelo cérebro este corpo material não se sustentará apenas em espírito.

As sensações e sentidos são recebidas pela Aura Plena através do pensamento de consciência e descarregadas através dos nervos existentes na matéria localizada cérebro pelas funções cerebrais e estes são incumbidos de proteger, cuidar, e guiar mecanicamente o corpo material em suas diversas funções físicas. Porque todas as ações mecânicas dos órgãos materiais são recebidas pelos nervos cerebrais, através da emanação da Aura Plena uma vez que a matéria não possui por si só vida própria e por isso, não se auto guia.

Logo as sensações de dores em defesa do corpo material sentidas pela matéria como, por exemplo: de estomago, dente ou ferida são emanadas em sentido de sensação a Aura Plena e esta emana a informações em forma de sensação para os nervos existentes no cérebro para que este haja na busca da proteção e prevenção da matéria pelos também demais nervos existentes em cada região do corpo para que ocorram estas comunicações, e da mesma forma o corpo avisa das dores e moléstias,

Pois tudo aquilo que jorra em matéria carnal, que tenha sido emanado através do campo terreno biológico de forma também biológica sobre o corpo orgânico; antes destas informações chegarem ao corpo biológico fluiu de forma positiva ou negativa sobre a matéria, estas foram enviadas em forma de vibrações

53

a Aura Plena, indicando sensações agradáveis ou desagradáveis ou falhas ou doenças na matéria carnal da qual se ocupa um espírito. Por isso é também a Aura Plena quem indicará falhas e doenças a matéria carnal que através do cérebro se ocupara de acionar as células corpóreas responsáveis pela cura da moléstia para que esta se regenere, em casos em que exista a regeneração.

Por isso, toda esta forma de ação é a proteção da matéria física pela prevenção espiritual contra a extinção da própria espécie humana. Fato este, que também é capaz de conceder sobrevida ou encurtar a vida carnal daquele ser material que entrega-se a moléstia por meio das vibrações que são jorradas sobre a matéria por força dos pensamentos criados no pensamento de consciência, uma vez que estes serão descarregados na Aura Plena e esta irá jorrar sobre o cérebro que se encarregará de descarregar todos os sentidos e sensações sobre a matéria carnal.

Então a mente da qual acreditam estar localizada no cérebro, na verdade está localizada na Aura Plena, local onde os sentidos, sentimentos, sensações, imaginações são projetados e emanados tanto pelo espírito quanto pelo pensamento de consciência e são filtrados e jorrados ao corpo material para a razão de sua própria existência.

Pois quando a mente humana através dos sentidos materiais se ocupa de pensamentos, estes pensamentos que são criados e projetados por meio do pensamento de consciência, que é a consciência externa que o torna capaz de experimentar a vida terrena, e que após ter sido criado por força dos sentidos mecânicos, são internamente através da Aura Plena, alocados junto aos pensamentos reais que é aquele que esta na Aura Plena carregado pelo pensamento espiritual ou o pensamento do próprio espírito, uma vez que o cérebro também é matéria orgânica e mecânica e não possui existência isoladamente da Aura Plena e do espírito, logo não pensa, cria, imagina ou possui inteligência por si só.

É através da Aura Plena também que o corpo recebe as sensações dos sentidos mecânicos aos quais os braços através do cérebro movem as coisas matérias, as narinas sentem os aromas e perfumes às papilas gustativas sentem os sabores e os olhos enxergam as formas e coisas também materiais. Mas é a estrutura espiritual que emana sensações de sentidos mecânicos ao cérebro que recebe os sentidos dos cinco sentidos após serem estes transmitidos a Aura Plena para que esta envie as sensações dos cinco sentidos materiais para que os olhos possam ver, as mãos possam tocar, as narinas possam sentir, os ouvidos possam ouvir e as papilas degustarem.

Então, todos estes sentidos estão armazenados na Aura Plena que envia ao cérebro os sentidos de cada um destes cinco para que esta tenha as funções aos quais devem exercer para que o corpo material possa se localizar e compreender vivo em campo terreno.

Logo, estes sentidos conhecidos apenas de como forma mecânica estão alocados na Aura Plena onde as sensações e sentidos são realmente vivenciados de forma espiritual e através das vibrações transformados em forma material. Porque antes de os olhos enxergarem de maneira material enxergam os espíritos de maneira espiritual sem precisar de sentidos visuais de terminações nervosas para isso; os sentidos tocam sem precisar o espírito de sentido ou sensação mecânico para isso, e as narinas sentem sem precisar de sentidos físicos e os ouvidos ouvem sem precisarem de sentidos auditivos materiais; pois estes não estão na matéria ao qual somente se pode ver, sentir, tocar ou ouvir de forma material, pois nenhum sentido se encontra na matéria e sim no sentido espiritual, pois ainda que a carne material se finda no pó da terra a essência espiritual em estado de consciência espiritual possui sentidos como visão, olfato, comunicação, ainda que não verbal, e tato para continuar sendo espírito, pois assim é a essência espiritual ou o verdadeiro sentido espiritual em estado de consciência.

Ainda que o encarnado em campo terreno não tenha algum sentido dos cinco sentidos materiais o mesmo continuará sendo espírito com mente espiritual, ou seja, por mais que não possua o sentido de visão ou amputado em membros que não o permita caminhar ou tatear, poderá ainda, vislumbrar estes sentidos assim como pode vislumbrar o mundo material de forma espiritual por meio da mente espiritual que esta alocada na sua própria Aura Plena. Ao fechar os olhos e buscar através da mente espiritual é possível adentrar em outras esferas de emanação espiritual e comunicar-se com o mundo material por meio de outros sentidos ou até mesmo de outros membros, pois a sensação não está no membro e sim na Aura Plena.

Toda a nutrição orgânica é recebida pelo encarnado da mesma forma, onde o alimento é administrado pelo sentido sensorial de nutrição e arquivado na Aura Plena relacionada à sensação ou sentido de nutrição que abastece o corpo material de informações biológicas de alimentação. E todo corpo material é dotado de terminações nervosas ligadas pelo cérebro com as direções inclusive de nutrição necessárias para manter o corpo físico saudável para que este funcione de forma orgânica assim como de forma espiritual sendo abastecido de tudo aquilo que necessita para se manter fisicamente estável para conduzir o espírito de maneira que este possa cumprir a vossa missão terrena.

Portanto, todos os sentidos estão armazenados na Aura Plena e não no cérebro, esta recebe as emanações e as envia ao cérebro que através de seus nervos irá direcionar ao órgão necessário para a prevenção e cuidado necessário da matéria.

O cérebro é responsável pelo envio mecânico de todos os sentidos recebidos através dos milhões de nervos espalhados pela matéria outrora chamada corpo humano. Por isso é o órgão de maior importância espiritual, pois é através dele que são recebidas as emanações e sentidos para a sobrevivência do corpo físico em vida terrena. Sua função é receber, administrar e direcionar mecanicamente a matéria com os sentidos espirituais.

Os alimentos orgânicos advindos do poder da natureza que rege e governa todo o elo terra e seus habitantes são recebidos pela matéria carnal de maneira também orgânica, pois está é a maneira de alimentar a parte física que compõe o encarnado, pois sem este alimento o corpo biológico não sobreviveria, por isso, o ar para a purificação tanto do cérebro quanto do corpo, a água para a refrigeração da matéria e purificação das células que o compõe o corpo e os próprios alimentos, são a nutrição da carcaça física para que este possa abrigar o espírito em toda a sua jornada.

Sem a nutrição biológica os sentidos mecânicos não são possíveis de funcionar, pois os sentidos dos cinco sentidos são mecânicos, pois são funções materiais administrados de forma material e automatizada. Os encargos matérias de mastigar e engolir são eventos materiais administrados pelos sentidos mecânicos do cérebro, abastecidos de informações para Aura Plena, e este precisa ser abastecido de sentidos orgânicos, pois assim também é constituído. Logo, todos os outros eventos também mecânicos que ocorrem com a matéria carnal dependem da função mecânica do cérebro e este precisa do alimento orgânico para estar vivo e fazer funcionar todos os sentidos involuntários ou mecânicos da matéria carnal.

Porém estes sentidos mecânicos funcionam de forma instintiva ao ser humano desde o seu nascimento, pois são emanados através Aura Plena ao corpo material para que a vida se mantenha viva em matéria carnal. Por isso não se faz necessário ensinar ao recém-nascido que seu pequeno corpo precisa do alimento, pois este recebe de forma intuitiva esta informação que é enviada ao cérebro e este encaminhada aos órgãos para que seja informado de que necessita do alimento, e através do sentido conhecido como fome o cérebro de forma mecânica intui os demais sentidos a se alimentar e com isso é realizada a alimentação para mantê-lo vivo.

Logo, não poderia o corpo humano ficar sem o abastecimento dos alimentos orgânicos, que também são alimentos espirituais, pois não sustentam apenas o corpo, mas também a alma, pois esta não sobreviveria em missão terrena sem o alimento biológico e orgânico. Todos os alimentos foram criados divinamente através da terra para abastecer a terra e os encarnados, pois os alimentos celestiais que abastecem o pavimento terreno e firmamento, como o ar a água o fogo e o próprio chão da terra que produz o alimento que os fazem viver são o sustento do pó da terra que alimenta a matéria orgânica e a vida humana e esta também alimenta o espírito e o sustentando em terra.

Portanto, o ser material está diretamente ligado ao espírito de Deus da qual sem este não poderia sobreviver na terra, por isso, o cérebro que é também organismo vivo de formação biológica não pode ficar por muitos tempo sem receber emanação espiritual chamada ar, pois este fato traria grande dano a matéria; da mesma forma não poderia o corpo humano ficar sem receber água para refrigeração da matéria, assim como não se pode viver sem o alimento da terra, pois estes também levariam a morte física do corpo material.

Ou seja, o homem não comanda a matéria que imagina ser sua e dominar, pois este depende puramente dos elementos espirituais emanados em forma de alimento do corpo e da alma. Logo, quem rege e domina o homem é Deus o Criador, que os fez do pó da terra e os alimenta também do pó da terra e os finda igualmente no pó dela mesma.

"Porque fostes comprados por bom preço; glorificai, pois a Deus no vosso corpo, e no vosso espírito, os quais pertencem a Deus" (1Corintios 6:20).

Pois nem a matéria carnal não vos pertence tão pouco o espírito ao qual não podeis ver ou tocar, porque o corpo que o homem imagina ser seu é na verdade abrigo do espírito reflexo do Criador, ao qual habita também o Espírito Santo e seu Deus. Ou seja, a matéria carnal que o homem se utiliza para labutar a vida terrena, para alcançar o conhecimento e a evolução do espírito, por muitas vezes também a suja em guerras a mancha em sangue alheio e a arrasa em fúrias e desenganos, buscando glórias terrenas ao acreditar ser mais viva que a própria vida espiritual, em verdade sequer o pertence, assim como seu espírito também não é seu, e sim do Ser Supremo que se faz vida através do espírito que emana todos os sentidos e por meio da Aura Plena para que esta seja viva e seja matéria carnal que anda, fala, se alimenta, sente, deseja, chora, se entristece, alegra-se, ama e vive por meio da Aura Plena que é parte espiritual e não material, pois a matéria carnal não é vida por si só, não é vida simplesmente por desejar ser.

Ou seja, todos os sentidos e sensações não são próprios da matéria e do pensamento de consciência que é a parte terrena do próprio espírito, porém são sentidos vivenciados pela matéria através da Aura Plena que é o suporte do espírito em vida terrena e é o que faz a matéria se compreender viva. Se acaso a matéria tivesse vida própria e pertencesse ao encarnado esta jamais morreria em vida aos que desejam "vida carnal eterna em terra". O homem viveria em plena desarmonia entre novos encarnados e encarnados que não se renovariam.

Por isso, não são os pensamentos de terra quem dominam o ser encarnado tão pouco a matéria quem domina a mente, porque existe um comando espiritual que torna o espírito encarnado acoplado junto a matéria e a faz sentir-se viva, pelos pensamentos capazes de acreditar estar por si só vivo em terra. Porém quem os faz estar em verdade vivo e acreditar ser ele mesmo por si só em campo terreno é a Aura Plena, pois é esta quem governa todos os sentidos e instintos e que jorra sobre a matéria; assim como o espírito é quem projeta e cria suas próprias criações espirituais de ciência, conhecimento e evolução material e as pões em prática mentalmente através da mente espiritual existente na Aura Plena e não os pensamentos terrenos apenas com auxílio dos braços materiais.

Logo é a Aura Plena a estrutura espiritual, verdadeira vida da matéria carnal. E a matéria é quem recebe através dos cinco sentidos as ideias e pensamentos terrenos de diversos aspectos pelo pensamento de consciência as projetam na Aura Plena e esta projeta no campo cerebral para que este consiga torná-las reais à partir de suas próprias crenças, e possibilidades baseadas em percepções terrestres. Pois a matéria ou seja, o encarnado, por meio do pensamento de consciência traz consigo crenças, desejos e vontades mortais sobre tudo aquilo o que a própria mente cria, ou seja, nem todas as crenças são reais ou partem do sentido de realidade espiritual, porque encarnado cria e se baseia em diversas crenças produzidas através de sua capacidade de absorção de sentidos e com isso, criam os erros como sendo verdades plenas, ou destroem na mesma intensidade em que constroem em seus campo de vivencia.

O fato da Aura Plena, ser alocada junto a matéria e não diretamente ao espírito, os tornando separados ou protegidos um do outro, não é somente porque tudo o que é errôneo, falso, irreal, e danoso que emana em ambiente terreno ficará isolado do espírito, ou tudo o que se destrói ou finda ou se acaba não destroem o que é puro e pleno, mas também porque tudo o que é espiritual, espiritual permanecerá e tudo o que é material, material permanecerá. E assim espírito e a matéria não se juntam ou estão encostado diretamente, pois o espírito não pode juntar-se a matéria causadora de erro, desequilíbrio ou sofrimento assim como o espírito não pode ser penetrado por nenhum tipo de aflição, amargura, dor ou flagelação uma vez que estará protegido pela estrutura que o tornará vivo em terra.

Por isso, estes sentimentos de destruição e desequilíbrio serão recebidos somente através da Aura Plena que filtrará e distribuirá ao corpo material que através dos sentidos mecânicos e corpóreos todas as formas de sentidos e sensações que serão pela matéria também experimentada. Desta forma o espírito é protegido de todos os sentidos e sentimentos que causam dor a matéria física, e por não possuir sentimentos materiais por não ser matéria, não experimentará nenhum tipo de sensação terrena que experimenta a Aura Plena e sofre a carne através dela.

Estado de consciência, o próprio sentido de vida

"Se acaso corpo e alma pertencessem ao homem estes já os teriam findados em guerras e tempestades mundanas em nome de suas próprias vaidades". (Senhor Sete Encruzilhadas)

1.4 E a carne voltará ao pó, pois é matéria orgânica vinda do pó e sua importância e sentido material se findará ao findar da jornada terrena do espírito na matéria, pois a verdadeira vida que é a espiritual e não a carnal, estará encerrada em terra. Porém levará consigo em sua Aura Plena, todos os fatos e momentos de todo o seu histórico de vivencias e passagens espirituais e terrenas anteriores guardadas e seladas em sua matriz espiritual, onde ficarão armazenadas dentro do subconsciente espiritual que é o abrigo espiritual do espírito trancafiado espiritualmente dele mesmo, onde todas as anteriores experiências e vivencias ficam alojadas, para que sejam comungadas com a carne em todas as encarnações em forma de sensações, descobertas intrínsecas, sonhos e vontades espirituais para que seja depois de filtradas, emanadas na quantidade e pela necessidade apenas daquilo que realmente seja necessário a atual encarnação, visando progresso e evolução espiritual do espírito que em terra se encontra.

Caso contrário o encarnado entraria em choque com tantas informações emanadas de sua própria existência e sentido entrando em conflito com o momento de vivencia atual, causando incertezas quanto a sua identidade e missão terrena. Por isso, se o encarnado não tivesse a Aura Plena e recebesse todas as informações de suas existências espirituais passadas certamente entrariam em colapso existencial, pois perceberia que nenhuma sabedoria é tão sabia, nenhum labor é tão gratificante, nenhum momento é tão especial, nenhuma situação é tão efetiva e nenhum amor é tão real quanto aquela que já vivi e carrega internamente. Com isso, duvidaria de si mesmo e de toda a vida ao qual vive e toda missão terrena falharia.

Todo o histórico de sensações e sentidos carnais acometidos com o corpo material em missão terrena espiritual é arquivado no estado de consciência que é o próprio espírito em fase puramente espiritual, ou seja, fora do elo terreno, longe da matéria carnal, que os guarda e carrega consigo em todas às vivencias e experiências deste mesmo ser espiritual em fazes de aprendizado, seja em terra, seja em ambiente celestial protegido de si mesmo e dos demais espíritos.

O espírito é o estado de consciência da essência imaculada, cândida e imortal criada antes mesmo da matéria carnal existir para abrigo material deste, ou seja, a matéria carnal apenas existe, pois há um espírito que precisa cumprir sua missão de aprendizado e evolução em campo terreno. E porque não conhece o ser encarnado a si mesmo? Mas a matéria está preparada para conhecer-se a si mesmo em espírito?

Acaso o homem se lembra de todos os momentos vivenciados pelo espírito em encarnações passadas? Acaso o encarnado estaria preparado para receber todas as informações passadas de sua existência celestial? Ou o homem conhece os segredos e mistérios espirituais além dos que são permitidos? A resposta é e sempre será não, pois esta é uma das funções da Aura Plena em relação ao espírito e ao sentido material; preservação do espírito em relação à matéria que o pertence de forma a proteger e amparar o estado de consciência espiritual e carnal para que um não interfira ou fira o outro. Isto é, para que nenhuma informação de sua existência seja encaminhada ao encarnado de forma intrínseca pelo seu próprio espírito e o fira ou atrapalhe a missão espiritual material.

Por isso, o fato do homem não se lembrar ou não ser a ele permitido espiritualmente se lembrar de suas vivencias anteriores ou dos momentos vivenciados por seu espírito em experiências passadas não quer dizer que não houve experiências passadas ou que não se lembrará ou viverá em sua jornada terrena atual momentos guardados no subconsciente no resgate de algumas ações e atos vividos no passado, que são justamente o motivo de estarem novamente no elo terreno.

O motivo de não permitir que as lembranças e sentidos espirituais anteriores sejam vivenciados na encarnação atual é para que o encarnado saiba quem ele é exatamente, ou seja, ainda que viva experiência e sensações terrenas o encarnado representa um espírito e este espírito foi encaminhado para a terra para cumprimento de missão espiritual, para isso é preciso que este espírito que está em missão espiritual reconheça-se e caminhe em direção a sua atual e missão, por isso faz sentido que o espírito que cumpre missão espiritual saiba quem é ele mesmo em missão atual, e o que precisa aprender nesta nova jornada. Sendo assim, as informações são repassadas ao encarnado que representa seu próprio espírito de maneira intrínseca para que este resgate-se a si mesmo, reconheça suas falhas e necessidades espirituais de crescimento e caminhe em direção a correção ou ao crescimento daquilo ao qual veio aprender e se dedique verdadeiramente ao que veio buscar e não ao que já possui.

Por isso, embora o encarnado não perceba, muitas de suas vontades e necessidades são de maneira instintiva e própria, como que se já soubesse exatamente as coisas que o satisfaz o completa e o falta, pois todos os sentidos espirituais que são encaminhados a ele de maneira natural é na verdade anterior as suas próprias e novas vontades, desejos e determinações, pois suas vontades são na verdade o que seu verdadeiro sentido de vida espiritual é e carregará consigo em todas as encarnações e vidas ao qual adentrará. Pois sendo ele o seu espírito e não a matéria, pois a matéria que finda não possui desejos, necessidades ou missões, apenas cumpre o objetivo de servir de abrigo ao espírito, mas o espírito sim é um ser e este ser possui uma missão, e para que seja cumprida a missão, é preciso que esta essência reconheça-se a si mesma e aceitar ser tudo aquilo que verdadeiramente o é na jornada espiritual de missão terrena atual.

Aura Plena e o fio de prata

"Antes que se rompa o cordão de prata, e se quebre o copo de ouro, e se despedace o cântaro junto à fonte, e se quebre a roda junto ao poço, e o pó volte à terra como era, e o espírito volte a Deus que o deu. (Eclesiastes 12: 6,7)

1.5 O Sopro de Vida é a inserção do espírito dentro da matéria inanimada através da Luz divina celestial da essência espiritual tornando a matéria animada, em campo terreno. Este Sopro é o mais importante ato de amor entre elo celestial e terreno para que haja a vida, pois se acaso não ocorresse o Sopro Espiritual que é o transporte do espírito para a Aura Plena, a matéria seria apenas pó misturado em água e terra, ou seja, massa sem vida, porém a inserção do espírito na matéria é o que dá vida a carcaça física outrora pó que veio do nada.

Portanto, a inserção do espírito junto a Aura Plena recebe o nome de Sopro de Vida e o alojamento deste espírito após o Sopro de Vida junto a Aura Plena para comungar em determinado corpo material em jornada terrena recebe o nome de "Ligadura do fio de prata ou ligadura do cordão de prata".

Esta é a tênue ligação entre o campo celestial e material, pois o espírito também não está alojado na Aura Plena e não representa a própria Aura Plena, este se acopla a ela e fixa-se para dar vida à matéria inanimada por meio da sua essência, por isso, se não houver a amarradura que é a fixação chamada de fio de prata, entre espírito e matéria por meio da Aura Plena para comunhão e vivência de jornada entre espírito e matéria ao qual irá o espírito de abrigar; a matéria não se sustentará viva em campo terreno, pois esta depende da essência espiritual para se ter vida material. E uma vez que o corpo material é o abrigo do espírito, e este não vive sem o espírito, ou seja, a matéria não é e jamais será viva sem essência espiritual, é a matéria sem o espírito é abrigo vazio em terra.

Por isso, não é a Aura Plena o próprio espírito e sim a película que separa e protege espírito e matéria, com a função de além de abrigar o espírito, receber os fluídos espirituais e os emanar sobre a matéria ao qual comungará enquanto houver missão espiritual a ser cumprida em campo terreno.

Logo, Aura Plena é o que liga matéria e espírito, os protegendo e assegurando a vida terrena deste espírito na matéria antes inanimada, carregando energia e emanações espirituais protegendo o espírito enquanto este estiver em campo terreno, para que este não sofra danos ou se finde por falha humana.

E o "fio de prata" que é a ligação celestial por meio do Sopro de Vida entre espírito e matéria através da Aura Plena que é a película de fluídos translúcida que emana protege e fluem todas as energias espirituais, não possui cor, tamanho, espessuras ou qualquer tipo de medida material, assim como também não existem tipos de variações entre os seres, pois a essência espiritual é uma só e não varia entre os encarnados, pois essência não é objeto ou órgão material, é apenas essência sem variação de medidas ou espessura, por isso, os fluídos são exatamente iguais sem alterações ou distinção devido a forma física ou raça ou unidade do ser material. Então, da mesma forma em que a Aura Plena não possui cor, tamanho ou escala de medida o espírito também não o possui, pois as emanações são iguais de essências similares fluindo energia espiritual dentre os seres.

Embora as vibrações espirituais universais possuam diversas cores, pois as cores assim como a própria natureza é produto orgânico do universo vibrando em comunhão com a luz que é a energia infinita de Deus, e devido ao fato dos seres encarnados serem também orgânicos, estes podem captar estas energias orgânicas que compõem a terra, pois estas vibrações espirituais naturais jorram do universo para o próprio universo e os seres, são também pertencentes ao universo e dependem de sua energia para sobreviver; por isso, podem sentir ou vislumbrar suas cores, intensidades e nuances.

Porém a Aura Plena não possui cores ou nuances, pois esta essência é apenas essência espiritual translúcida assim como o próprio espírito que a abriga e não é essência orgânica vinda da natureza e sim do Espírito Celestial, para a função de abrigo e não de essência orgânica, por isso, não possui cores, medidas, nuances ou tamanho.

As cores pertencem ao universo e não ao espírito, pois as cores são parte orgânica composto de força e da forma orgânica criada para abastecer o campo terreno e não ao espírito, pois este se abastece única e exclusivamente de fluídos essenciais espirituais e não orgânicos naturais de maneira material.

Deste modo as cores celestiais universais da qual os olhos podem captar e vislumbrar são as cores ao qual está atraindo do universo naquele momento e não as cores que ele mesmo produz, possui ou esta jorrando, pois o espírito não vibra em cores, vibra em essência neutra de forma translúcida. Porém de acordo com as emanações e fluídos que está recebendo e jorrando ao universo ao mesmo tempo, o ser encarnado ou qualquer ser material de forma orgânica é capaz de captar as variações de tons que o universo possui e transmite a ele mesmo, pois assim como o próprio universo, ele também é composto de parte orgânica natural. Logo não são as cores a representação do estado espiritual ou vibração espiritual ao qual o encarnado se encontra e sim a cores ao qual está captando devido ao seu estado de espírito vibracional naquele momento em comunhão com o universo.

O universo produz inúmeras cores e brilhantismo de tons que são possíveis de serem captadas pelos seres materiais orgânicos, por isso, quanto mais livre ou desapegado estiver o ser encarnado do mundo material, mais próximo o espírito estará vibrando as energias universais ou estará vibrando mais próximo as ondas do ambiente natural; com isso, mais facilmente será capaz de ressoar nas mesmas ondas e captar mais cores ao redor de sua Aura Plena.

Porém este fato não o torna límpido, imaculado ou com o espírito mais elevado em relação aos outros seres, pois o espírito vibra apenas em cor neutra e não é passível de ser alterado por nenhum estímulo ou ato material, este fato apenas o torna capaz de melhor conexão universal com as forças da natureza criado pelo Ser Supremo, ou seja, mais próximo de si mesmo espiritualmente, jorrando e vibrando em sintonias celestiais emanadas do Criador.

A Aura plena é a essência em campo terreno que recebe o espírito e que conecta matéria e espírito em um só ser. Ou seja, a ligação divina entre o espírito celestial alojado pela atração entre espiritual e material de nome "fio de prata" é a matéria carnal que ganha vida sendo emanada por meio da película que protege tanto espírito quanto carne, que é a ligação entre o Sagrado com a criação do Ser Sagrado, formando uma só unidade alimentada pelo Espírito Santo, tanto em energia espiritual, carregando e distribuindo força vital, quanto em energia orgânica que também parte do Ser Supremo Espiritual, tornando o ser espiritual e material reflexo do Criador de forma espiritual e orgânica. Por isso, a vida terrena não se prende única e exclusivamente pelo sentido material, assim como o espírito não está ligado apenas aos sentidos celestiais distantes da carne, pois ambos os sentidos é que formam a unidade espiritual misteriosa da junção sagrada chamada ser encarnado.

O abrigo material recebe apenas o fluir das emanações que são refletidas a ele através da Aura Plena, e estas emanações são os sentidos espirituais advindos do fixar do "fio de prata", ou seja, apenas após a fixação do espírito junto à película translúcida de forma que a matéria receba as vibrações e emanações espirituais, para que se anime a matéria; caso contrário, seria a matéria apenas ajuntamento de células que veio do pó sem sentidos, funções ou cinco sentidos; mas recebe também energia orgânica que vem do poder da natureza através do sustento alimentar dos elementos que compõe o universo terreno. Portanto, todos os sentidos, energias, fluídos e vibrações são recebidos da mesma forma e na mesma intensidade e proporção de emanação necessária para a estabilidade da matéria carnal em campo terreno de forma que esta esteja animada ou viva em campo terreno.

E todos os sentidos recebidos são por meio da Aura Plena e não na matéria diretamente, pois a matéria não é sensível, não emana por si só, não vive por si só e não pode ter conhecimento de nada, pois não possui sentimento, ou emoção uma vez que qualquer tipo de sentido assim como a emoção ou a dor somente podem ser sentidas através da Aura Plena que a protege e a cuida por meio da própria matéria. E por não ter vida própria, precisa ser animada pelo espírito afixado na Aura Plena, pois é assim que compreende-se viva em terra; e o espírito que possui a mente espiritual e que é realmente a essência viva, flui através da Aura Plena por meio da inserção ou do "fio de prata" para que a matéria seja viva e tenha sentidos para existir em campo terreno.

Portanto a vida carnal não se prende em terra única e exclusivamente pelo sentido material mecânico, pois até mesmo estes sentidos não são próprios da matéria e sim do espírito governados através da Aura Plena, assim como não se prende única e exclusivamente pelo alojamento do espírito por meio do "fio de prata" que é a firmação deste na Aura Plena.

A vida carnal se prende a vida terrena por meio da junção entre a perfeição da caixa mecânica, chamada cérebro capaz de enviar todos os sentidos ao corpo material de necessidade biológica orgânica e da afixação do espírito na película espiritual que governa ambos os sentidos em única conformidade de vida, onde a união através de sua existência o torna viva para a vida material em campo terreno.

Se acaso o corpo material não estivesse separado da unidade espiritual através da Aura Plena, ou seja, se o espírito estivesse afixado diretamente na matéria carnal, certamente os danos terrenos atingiriam o espírito e os danificaria tanto quanto danificam a carne por meio de lesões, moléstias e feridas; assim, o espírito se feriria da mesma forma que fere-se a matéria e se tornaria fraco e frágil, trazendo danos ao corpo material e a ele mesmo, comprometendo inclusive a missão daquele espírito em terra. Por isso, se não houvesse a película que os protege e se o machucado material fosse capaz de atingir o espírito, este também se machucaria juntamente com a carne material. Da mesma forma são os sentidos e sentimentos que parecem ferir a alma como por exemplo: angústia, melancolia, aflição, amargura e tantos outros, porém não podem atingir o espírito, pois são sentimentos materiais que não adentram a esfera espiritual, pois são sentimentos sentidos apenas pela essência Aura Plena e jamais pelo espírito. Sendo assim, ainda que as dores pareçam machucar o espírito, nenhuma dor ou sofrimento atinge o espírito pois a ele não pertencem.

Isso quer dizer, que os cinco sentidos que dão o sentido de vida terrena ao ser encarnado são emanados pela Aura Plena que é o local em que todos os sentidos são armazenados e administrados materialmente de forma que conecte e prenda o homem material ao campo material, o possibilitando crescer, labutar e procriar. Mas estes sentidos, não são próprios da Aura Plena e sim do pensamento de consciência, porém quem governa o ser material também de forma orgânica ou material é a Aura Plena, pois é nela que os sentidos vivenciados em terra estão alocados e é através dela que são encaminhados a máquina biológica chamada cérebro.

Esta porta de entrada de sentidos, a Aura Plena, recebe e envia sentidos de todos os tipos e emanações, ou seja, sentidos administrados como sendo bons ou ruins a ele mesmo. Logo, as emoções, sentidos e ações terrestres que partem do ser encarnado e o ferem, como a prática da maldade, o sofrer, o sentimento de dor, o machucar da carne e as feridas, não pertencem ao espírito e também não o atingem diretamente, pois este é imaculado e não se penetra em erro, dor, medo ou qualquer tipo de sentimento carnal. Os erros da qual o homem comete são adquiridos através dos sentidos materiais ou cinco sentidos, vivenciados pelo pensamento de consciência, pois este está diretamente ligado aos sentidos, que é a forma de se conectar com o universo terrestre.

A Aura Plena é a essência de ligadura mais importante junto à carne, pois carrega todos os sentidos matérias e espirituais e traz também consigo energia e sentidos terrenos da qual o próprio espírito desconhece, porém a matéria se utiliza pra ser viva. E ao mesmo tempo em que recebe a essência do espírito conectando o "fio de prata" que é o que liga matéria, essência e espírito, a Aura Plena recebe influências e emanações terrenas que governa e emana na plenitude da matéria carnal fazendo com que o encarnado além de sofrer várias influências de sentidos e sensações materiais, também vislumbre diversos tipos de vibrações, emanações e ressonâncias em campo material, proporcionando muitas experiências de sentidos e sensações tanto carnais quanto espirituais.

Por isso, não existem espíritos bons ou espíritos maus e sim encarnados dotados de pensamento de consciência alojado a Aura Plena, porta receptora e emissora de sentidos espirituais e materiais, onde os sentidos materiais advindos de diversas influências e formas de senso e emoções podem ser utilizados de forma boa ou danosa a ele mesmo, causando o bem ou causando o mau. Pois o próprio ser encarnado quando faz uso das emanações e influências materiais de forma negativa as utiliza por livre escolha e não por imposição da Aura Plena, pois nenhum ato desferido de forma má ou oposta as emanações espirituais ao qual também possui influencia através de sua Aura Plena são danosas a ele, porém assume todas as consequências de desferir seus atos e ações, sejam boas ou sejam más, uma vez que não é induzido a cometer atos que vão contra a essência espiritual dele mesmo.

O espírito possui a sua própria mente espiritual e inteligência e estas não são advindas dos sentidos materiais e por vezes danosos ao qual o ser encarnado se ocupa em sentidos terrenos. Por isso, a Aura Plena se faz protetora do espírito contra os sentidos corpóreos materiais, assim como protege os sentidos materiais temporais de forma que nenhum se contraponha ou danifique o outro. Desta forma, ambas as emanações e sentidos podem ser recebidos pelo ser encarnado sem que um sentido cancele ou destrua o outro. Embora nenhum seja capaz de existir sem o outro em campo terreno, pois a razão da existência da matéria é o cumprimento da missão do espírito, nenhum tipo de dano ou ferida atinge o espírito e jamais o findará em campo terreno e nem mesmo em campo celestial, pois após a carne voltar ao pó e o espírito retornara à casa de Deus, este retornará intacto puro e cândido assim como um dia partiu. Por isso, o que é errôneo, falso, irreal, e danoso nunca atingirá o espiritual ao qual a matéria abriga, porque o que destrói o que finda e o que se acaba não destrói o que é puro, pleno e eterno, tampouco o que pertence a ele mesmo.

Desta forma a matéria mesmo que aleijada em membro ou doente em carne ainda é espírito possuidora de uma consciência terrena e de uma Aura Plena com todos os dons e sentidos necessários para ser viva em terra. A matéria ainda que perca qualquer um ou todos os sentidos chamados de "cinco sentidos" e tenha dificuldade de comunicação, visão, tato, audição e paladar que são sentidos temporais e necessários para a comunicação no plano terrestre, ainda é espírito dotado de sentidos celestiais e bem como consciência e Aura Plena.

Por isso, um ser material que não tenha nenhum dos cinco sentidos, ou não tenha capacidade de exercer os sentidos materiais por meio dos cinco sentidos, ainda que apenas um deles, não possuirá formas de se conectar com o campo terreno, pois não possui Aura Plena. Logo, não poderá existir um ser vivente que não tenha nenhum dos cinco sentidos atuantes, pois além de não conseguir se conectar com o mundo através dos sentidos, não terá condições de receber influencia espirituais para comunicação por meio da carcaça material. Mas é através da matéria que se cumpre a ordem de missão material, e é através da carcaça material também que a Aura Plena liga a vertente espiritual e material, para que ambas se alinhem e se fixem por força da forma em que cada uma possui. para que cada uma possa compreender-se viva e comunicar-se em comunhão, ou seja, o espírito de forma intrínseca e a matéria de forma orgânica através dos cinco sentidos, pois é assim que o cumprimento da ordem de estar vivo em terra ocorre.

E todas as emanações divinas de sentido de vigor orgânico e espiritual partem da Aura Plena para a matéria orgânica espiritual que é o ser encarnado. Pois quem rege e comanda os cinco sentidos também é quem preserva, guarda e governa os sentidos materiais e espirituais necessários para a sobrevivência do ser em elo terreno.

O que o homem chama de instinto animal ou natural é a inteligência espiritual que é emanada pela Aura Plena através da união intrínseca do seu próprio espírito e do pensamento de consciência de terra que possui. Pois ainda que um encarnado seja posto em situação extrema de risco, este buscará maneiras de se auto defender, auto proteger e sobreviver, pois o instinto é a inteligência que ele traz através no seu espírito de forma íntima. E todos os instintos naturais para a preservação da espécie ou corpo são adquiridos instintivamente ou através da mente inteligente que possui naturalmente por ser espírito dotado de inteligência e instinto de preservação de si mesmo; isso ocorre, para que a vossa espécie seja preservada uma vez que sua missão individual deve ocorrer de maneira conjunta.

Portanto, a inteligência é algo natural conectada a natureza e as forças naturais regidas pelo Espírito Supremo. Este poder de inteligência natural de regência espiritual que parece ser pouco utilizado nos dias atuais do que em épocas remotas onde as sociedades se valiam mais da natureza e de seu poder intrínseco para todas as atividades cotidianas como abrigar-se, produzir fogo, adquirir águas para sua nutrição e vida rural em verdade, não mudou em nada em relação as sociedades urbanizadas, apenas a transformou de acordo com o ambiente vivenciado em cada época, pois a forma de proteção e autodefesa ainda continuam as mesmas, e partem do mesmo canal intrínseco que é o espiritual emanado através da Aura Plena.

Sendo assim, nada mudou, pois o instinto espiritual de sobrevivência, proteção e multiplicação das raças continuam os mesmos. E assim, como todas as emanações que são captadas e enviadas ao cérebro de forma natural para prevenção mecânica de sentido orgânico do corpo material, também ocorre com o espírito que envia as vibrações e emanações espirituais através da Aura Plena uma vez que não há o contato direto entre matéria e espírito, porém a prevenção da matéria é a garantia da continuidade das missões espirituais terrenas. Por isso, todos os sentidos passam pela Aura Plena, pois é através desta também que se instaura a consciência de preservação do ser encarnado.

E este canal é o que recebe as emanações espirituais sem interferir na consciência de sentido terrestre e as emanações terrestres sem interferir nos sentidos espirituais, pois este é intocável.

Então a Aura Plena é a essência de plenitude espiritual utilizada por ambos sem que um roube a emanação do outro ou perturbe as essências do outro, ou seja, sem que emanações corpóreas interfiram nas emanações espirituais e emanações espirituais interfiram nas emanações corpóreas.

A Inserção do espírito na matéria carnal

"Tu criaste o íntimo do meu ser, e me teceste no ventre de minha mãe. E te louvo porque me fizeste de modo especial e admirável. Tuas obras são maravilhosas! Digo isso com convicção. Meus ossos não estavam escondidos de ti quando em secreto fui formado e entretecido como nas profundezas da terra. Os teus olhos viram o meu embrião; todos os dias determinados para mim foram escritos no teu livro antes de qualquer deles existir" (Salmos 139: 13-16)

1.6 A proclamação de que sejam fecundos e multiplicai a terra, não é apenas uma proclamação e sim uma determinação para que todo ser espiritual orgânico possuidor de Aura Plena e sentidos espirituais e materiais possam procriar-se uns dos outros gerando assim novas vidas espirituais como a si mesmos com a ajuda do outro ser material como ele próprio. Ou seja, a união de dois seres de igual espécie poderá à partir junção material e através da fecundação utilizar-se de suas sementes internas e gerar um outro ser de igual forma, espécie e emanação como ele mesmo, utilizando-se de suas capacidades de germinação concedidas em proclamação, onde a junção de dois seres orgânicos formará um outro e único ser capaz de dar a vida a outros seres igual a ele também.

O desejo de procriar e dar a vida a outro ser, embora pareça partir única e exclusivamente dos seres materiais, possuem a determinação e possibilidade divina para que tal ato seja possível, pois as sementes já foram cedidas e concedidas para que tal ato seja possível entre os seres viventes da mesma espécie carnal. Porém, a força divina para que a derivação material espiritual seja possível, vem do seio do universo, abrigo de todas as emanações naturais e elementos sólidos e biológicos que sustentam não somete o solo árido da existência terrena, mas também a luz do dia que se faz claridade, a força das águas que refrigeram todas as formas de vida, além da própria terra, o calor do fogo que elimina os excessos e forja os excedentes, como também o poder de força da energia das vibrações que emanam em campo terreno para que a vida material seja possível de existir. Ou seja, a vida terrena somente é possível de existir com a permissão divina, seja pela semente interna do ser material em comunhão com outro ser de igual espécie, quanto pela energia das forças que formam as forças do universo, que é o abrigo da natureza abastecendo e alimentando a vida material de forma orgânica.

Por isso, não existe desejo material de procriação que não parte do desejo e da vontade do próprio Criador, para que ocorra a procriação terrena dos seres carnais, pois Ele concede a ordem de multiplicar, as formas de multiplicação e elo espiritual ao qual irão se abrigar e o sustento orgânico para que as criações sejam abastecidas e sejam vivas em elo terreno. Portanto nenhuma forma de vida pode ser viva ou possuir vida sem que a vossa vontade, desejo e determinação prevaleçam dentre os seres os elos sagrados.

Nenhum ser ou criação passa a ter vida sem que a vida tenha partido da vontade, desejo, decisão e amor do Criador, pois todos que no elo terra se encontram, o estão por vontade do Ser Supremo e não por vontade própria do ser material que em terra o gerou e criou, pois este, antes de tê-los gerados, depende de todos os elementos e formas naturais que neste elo se encontram para a sua própria sobrevivência e a sobrevivência de outro ser, para que o seu próprio desejo de procriação, seja uma verdade. Logo, não é o ser material quem determinada a vossa estadia, assim como não determina a vossa morada, como também não determina em qual canto do mundo irá abrigar-se para cumprimento de sua missão espiritual em carne material em campo terreno.

E toda forma de vida encarnada terrena somente pode vir ao elo terreno de forma material, assim como seus genitores. Pois todo ser orgânico abastecido do chão da terra somente poderá existir como um ser orgânico e material à partir da concepção de igual origem orgânica até que se forme um ser espiritual. Ou seja, por meio da fecundação e geração material biológica, pois todo aquele que é concebido a partir da fecundação de outro ser já vivente é concebido por meio da verdade e desejo do Criador que conduz o espírito a matéria carnal em formação, pois esta é a única forma de dar a vida a um outro ser em elo material.

Por isso à concepção e formação de outro ser, ocorre igualmente ao ser já existente, ou seja, com as mesmas alimentações, energias e sustento, pois não existem outras formas de abastecer um ser a não ser através dos elementos existentes em campo terreno.

Após a junção das sementes orgânicas e concepção do ser embrionário, este não somente é alimentado de forma biológica nutricional pela matéria carnal materna como também de forma espiritual recebendo todas as emanações, fluídos e impulsos da matéria materna que o carrega. Pois a única forma de ganhar vida e tornar-se um embrião é partindo da semente orgânica de outra vida e se abastecendo dela até que se forme um ser fetal capaz de abastecer-se a si mesmo materialmente e espiritualmente.

Por isso, a massa embrionária do futuro ser orgânico fetal e material à partir do momento da concepção, será até o instante do sopro de vida onde ocorrerá o recebimento de seu próprio fio de prata, ou seja, até o momento de ligar-se ao ser espiritual, o Criador e tornar-se um ser independente, reflexo do Ser Supremo, o reflexo de sua genitora, alimentando-se e recebendo as mesmas emanações, energia e compartilhando não somente das mesmas nutrições como sendo um único ser orgânico e espiritual.

A junção das sementes orgânicas dos genitores instaladas ao ambiente uterino dentro dos primeiros setes dias, chamada de fertilização, é também o momento em que ocorrerá o alojamento da Aura Plena junto ao ser embrionário, pois assim como o embrião será encoberto e protegido pela placenta que é o abrigo material orgânico de nutrição material também será protegido pelo abrigo espiritual de proteção e emanação celestial que é a Aura Plena.

Após a fertilização ou início da formação embrionária biológica a Aura Plena materna será desmembrada em outra similar de essência espiritual para proteger e emanar o pequeno embrião em formação. Ou seja, a mesma Aura Plena materna será dividida em outra Aura Plena para atender a demanda da pequena massa embrionária que se forma em exatidão de gênero.

Isso quer dizer que o embrião, no momento de sua formação, será recebido pela Aura Plena materna para que possa ser abastecida espiritualmente, e a mesma essência espiritual utilizada pelo embrião será utilizada também pelo feto em formação e continuará sendo emanada da mesma maneira ao futuro ser material. Portanto a mesma forma de multiplicação ou doação de células, membranas de identidade material que ocorre entre a geratriz e o feto para a formação orgânica irá ocorrer para a formação espiritual.

Por isso assim que se tornar um corpo fetal em similar forma de sua espécie o embrião já terá recebido de sua geratriz sua própria Aura Plena que é a essência espiritual que o tornará capaz de ser matéria fetal espiritualmente também capaz de ser viva lhe permitindo o desenvolvimento orgânico e espiritual, pois seus primeiros sentidos e sensações serão através desta dentro o útero materno até o seu nascimento o acompanhando em toda a jornada terrena.

Por isso, a massa embrionária receberá da sua geradora não somente a Aura Plena compartilhada e sim a mesma Aura Plena que se repartirá em uma nova para conceder ao seu pequeno membro a possibilidade se ser um ser material assim como sua geratriz, pois esta é a semente espiritual germinando e dando a vida espiritual a outra vida.

Então no momento em que as sementes orgânicas se alojarem no ambiente uterino e se formarem embrião e iniciar-se o processo de formação estrutural e neural o embrião já constituído de sua própria Aura Plena vinda de sua genitora, poderá receber influência e emanações de sua genitora em forma de vibrações espirituais que serão transmitidas ao cérebro fetal em processo de formação orgânica para que este anime a matéria cerebral embrionária a prosseguir em processo de formação e em seguida anime também o corpo fetal para que este tenha vida material assim como a matriz material materna.

A Aura Plena já implantada em harmonia espiritual a massa embrionária por volta do sétimo dia de fertilização acompanhará todo o processo inicial de formação da vida material e espiritual sendo ele o elo espiritual em comunhão com o processo material, uma vez que o ser é composto de duas vertentes que é a matéria e o espírito. Porém o espírito materno é quem auxilia na formação da parte orgânica emanando essências espirituais para que o corpo embrionário se desenvolva e adquira a nutrição orgânica necessária para o seu desenvolvimento, uma vez que a matéria não possui vida por si só e não comanda a si mesma nem a outra a matéria carnal, esta é animada pelo espírito. Por isso, não possui a matéria da matriz materna capacidade por si só para desenvolver-se e alimentar-se a si mesma, tampouco para desenvolver e alimentar outro membro, logo, ambos dependem do espírito materno para tais ações espirituais e materiais.

Por isso, a Aura Plena que é o elo espiritual acoplado ao embrião é também o elo material que auxilia na formação material, e estará presente desde o surgimento do embrião antes mesmo do início da formação do tubo neural da estrutura embrionária que vai dar origem ao cérebro à medula espinhal e a estrutura básica do sistema nervoso, pois toda a formação estrutural cerebral, assim como as demais estruturas que partem da estrutura cerebral será formada com auxilio espiritual e não somente orgânico através da nutrição materna. Pois nutrição orgânica sem espírito não forma a estrutura fetal, pois o corpo para se desenvolver precisa conhecer os caminhos estruturais que formam um ser e o corpo material, e se acaso não houver ordenação suprema de força espiritual, não possuirá a genitora determinação divina para construção material de outro ser, nem mesmo das sementes.

Desta forma, a construção do corpo material embrionário ou fetal não parte da matéria orgânica que cede as sementes e sim do Criador, que fornece o espírito e este emana os caminhos a serem percorridos pela matéria da geratriz, para que esta desenvolva outro ser de igual semelhança. Porém, a semelhança não é a de sua espécie e sim a semelhança daquilo ao qual o Criado ordena, e não ao qual o ser encarnado deseja.

Por isso o fato do embrião possui Aura plena não quer dizer que o espírito esteja alojado junto ao embrião, pois o sopro de vida ainda não ocorreu apenas a fixação da Aura Plena que é a essência que irá dar início ao desenvolvimento de outro ser de igual semelhança, uma vez que apenas a matéria não possui capacidade por não ter determinação divina para isso.

Porém a Aura Plena embrionária em comunhão com o espírito materno possui divinamente capacidade de cumprir com a determinação de uma nova criação. A Aura Plena que governa os comandos mecânicos da matéria e que também abriga o espírito, somente irá comandar que o espírito que irá se abrigar a nova e futura matéria fetal, se abrigue após a formação neural, ou seja, quando o espírito tiver capacidade de reconhecer-se como um ser em seu próprio abrigo. Para isso, seu abrigo deve estar minimamente preparado para recebê-lo. E por não possuir ainda seu próprio espírito este se abastecerá de sentidos espirituais da genitora.

Portanto, a massa embrionária possuidora de Aura Plena, compartilhada da geratriz para que possa se desenvolver organicamente e se tornar um feto e se preparar espiritualmente para o recebimento do sopro de vida, que é o recebimento de seu espírito ainda no útero materno, e se tornar um ser espiritual abastecido de maneira espiritual independente, ainda que de forma orgânica materna até o seu nascimento, será abastecido não somente pelo ventre uterino de maneira biológica como também pelo seio espiritual que é a Aura Plena cedida, para que se torne um ser espiritual e material abastecido de ambas as formas.

Então, o feto se utilizará das vibrações espirituais maternas até que toda sua estrutura cerebral esteja formada e comande seu próprio corpo material, ou seja, até o momento em que o fio de prata se instale e seja ele mesmo um ser independente com toda nutrição espiritual para que a formação fetal e material seja concluída.

Porém, até a chegada este momento, será através da matriz espiritual, que é a matriz genitora, que todas as emanações espirituais serão utilizadas, pois assim como o espírito da genitora abastece-se a si mesmo de forma espiritual abastecerá o feto também de forma espiritual para que a formação fetal seja estruturada conforme a semelhança física material e divina.

Por isso, após o momento do recebimento de sua essência espiritual chamada, Aura Plena é que a massa embrionária terá condições de se tornar um ser fetal, pois será constituído através dos sentidos espiritual materno, pois o espírito materno que governa a máquina orgânica material da genitora através da Aura Plena descarregará os mesmo sentidos espirituais de informações genéticas, orgânicas, cinco sentidos e vibrações sensoriais por meio da caixa mecânica cerebral, preparando um novo ser espiritual e material, pois o mesmo fio de prata que alimenta o corpo arquétipo feminino alimentará também o ser fetal que nela se abriga, até o momento em que este se tornará um ser independente em sentidos espirituais mecânicos e corporais.

  A estrutura do sistema cerebral básica já formada deverá emitir as primeiras ondas cerebrais ao corpo embrionário em formação, pois é através da caixa mecânica cerebral que todas demais estruturas físicas e sensoriais serão desenvolvidas e irão compor o ser material fetal. Por isso, somente estará preparada para receber o sopro de vida que é o envio do espírito e a fixação do espírito, que é o fio de prata, quando a estrutura cerebral e física material do embrião estiver preparada para recebê-lo; momento este que a Aura Plena indicará, pois somente a própria Aura Plena construtora do abrigo material o conhecerá por tê-lo preparado. Por isso, ordenará o momento exato ao qual o espírito irá se abrigar a caixa orgânica material em que teceu em comunhão da essência espiritual materna para sua instalação e abrigo bendito.

  Porém a alimentação biológica através da genitora irá ocorrer até a hora da hora mais importante para um ser espiritual que parte para o elo terreno, que é o momento em que ganhará o direito de ser vivo através do nascimento do espírito em seu próprio corpo material. E após o nascimento o novo ser espiritual e material, será eternamente parte da genitora que o concedeu a vida e cedeu sua própria Aura Plena para construção do abrigo material para que o espírito pudesse vislumbrar à vida terrena para cumprir sua missão espiritual. E o laço material será também o laço espiritual concedido à partir da semente gerada através da Aura Plena, outrora única se partilhando e formando vida em uma nova vida.

"O Espírito de Deus me fez; o sopro do Todo-poderoso me dá vida" (Jó 33:4)

  A passagem do estado embrionário para o estado fetal é o período em que o embrião se prepara para ser a si mesmo, todo o tempo de instalação uterina em que o embrião ganha forma fetal é o caminho da passagem em que se prepara para receber seu espírito, pois este se instalará por volta da oitava semana de gestação quando estiver com sua estrutura cerebral e neural formada bem como suas estruturas internas e externas já completas, como os músculos faciais, os sentidos olfativos, visão, orelhas, membros e os plexos nervosos e os nervos já em desenvolvimento; então iniciam-se as primeiras ondas cerebrais onde os sentidos de equilíbrio e posição já estarão estruturados.

Neste momento fetal, em que o cérebro já se conecta com os nervos e músculos e pode movê-los, começam surgir aos primeiros movimentos involuntários fetais, estes movimentos indicam que a caixa orgânica fetal está preparada para receber seu próprio espírito que o fará ser independente, pois sendo também ser orgânico, o ser espiritual preciso da constituição orgânica pronta para abrigar-se em essência espiritual que o animará e o fará um ser espiritual e material vivente.

Mas se o espírito é o que anima a matéria, a matéria precisa existir e estar minimamente preparada para que o espírito se abrigue e a anime. Logo, o momento em que a estrutura material estiver pronta e se conectando entre si, este será o momento em que o espírito tomará seu lugar junto a caixa orgânica e deixará a Aura Plena de emanar à partir do espírito da genitora, pois este já será um ser independente fluindo e emanado por si só em seu próprio sentido material de vida humana e espiritual.

Após a instalação do espírito a caixa mecânica de nome cérebro, este dará os primeiros sinais de que está instalada ao feto, pois este já possuirá seus primeiros movimentos atuando por si só, ou seja, à partir dos primeiros movimentos fetais independentes, é que se terá certeza de que o espírito está instalada junto ao feto, pois os movimentos não serão mais involuntários e sim do próprio espírito fluindo de forma mecânica utilizando sua própria máquina material através de seu espírito comandando por meio do cérebro já formado as primeiras ondas cerebrais mecânicas dele mesmo. Momento este em que poderá se conectar com o mundo exterior através do ventre materno e o elo exterior ao qual está abrigado poderá e ser sentido como indivíduo espiritual também.

Logo, o espírito somente se instalará quando o cérebro existir e puder receber as emanações espirituais, pois os primeiros sinais cerebrais que partirem do cérebro funcionando e enviando as informações mecânicas ao corpo fetal de forma regular, serão também os primeiros sinais da Aura Plena emanando energia ao feto material por meio de seu próprio espírito. Pois o motivo da existência da Aura Plena é justamente enviar fluídos, emanações e informações, ou seja, informações espirituais e de sentidos de sobrevivência orgânica ao cérebro e este enviará através do sistema nervoso através dos comandos necessários para que os cinco sentidos e sentidos mecânicos o façam vivo por meio do corpo material.

Por isso, se não existir a caixa cerebral, o cérebro constituído de terminações nervosas e ligações neurais ligando todos os membros na mesma sintonia, não se faz necessário existir o espírito, pois a caixa mecânica responsável por receber e distribuir mecanicamente os sentidos, sensações, cinco sentidos, fluídos espirituais e emanações, recebe todos os sentidos para os estímulos através da Aura Plena que descarrega sobre o cérebro e este informa o corpo. Logo, a Aura Plena se instalará antes de qualquer forma perfeitamente

73

constituída, mas somente após a formação constituída desde o cérebro até os membros se tornará vivente pelo próprio espírito que possui, porque o espírito que é vivo em unidade celestial, apenas pode se abrigar em campo terreno dentro daquilo que já existe para tornar-se igualmente vivo em campo terreno.

Mas criou Deus o homem do barro e após a criação, o sopro de vida deu luz em forma de ânimo à massa já formada, ou seja, é preciso que exista o pó para que o espírito se abrigue, pois o espírito não poderá se abrigar no nada existencial. E se foi preciso criar até mesmo a estrutura terrena separando o firmamento da terra, formando a massa árida para que pudesse o homem pisar, pois não poderia o ser material ocupar o elo terreno e pisar em nada; da mesma maneira são os espíritos: antes de adentrarem as suas próprias unidades materiais que irão abrigar no solo terreno advindos dos elos celestiais, abrigam-se no ventre materno, que também é alimentado pelo seio terreno abastecido pela mãe natureza que é constituído de emanações divinas.

Então, inicialmente cria-se o abrigo material e posteriormente através do sopro de vida adentra o espírito, e este se tornará um ser espiritual e material que irá se abrigar em solo terreno após a vossa chegada em campo sagrado chamado terra para cumprimento de missão espiritual de forma material.

Pois um ser somente passa a ser um ser vivente a partir do momento em que pode abastecer-se a si mesmo através de seus próprios instintos e desejos vindos de sua essência espiritual. Por isso, embora o ser embrionário possua sua própria Aura Plena, este não pode alimentar a si mesmo por meio desta, nem espiritual nem materialmente, o abastecimento orgânico próprio ocorrerá apenas no momento do nascimento terreno e o alimento espiritual será apenas após a ligação divina por meio do sopro de vida em que seu próprio espírito se instalará e o ligará ao Ser Supremo, mas isso, ainda dentro de seu abrigo uterino. Por isso é abastecido pelo arquétipo materno genitor de forma que utilize de todos os sistemas orgânicos já existentes, bem como todo o sistema mecânico de nutrição, o mesmo sistema respiratório, o mesmo sistema nervoso e o mesmo sentido espiritual do espírito da matéria materna ao qual se abriga, enquanto se desenvolve e adquire seus próprios sistemas, inclusive os demais que serão utilizados após seu nascimento na vida terrena.

Os primeiros caminhos espirituais e materiais a serem percorrido pelo espírito em campo terreno serão dentro do ventre da genitora, pois todos os sentidos serão emanados e fluídos de si mesmo ainda que dentro do útero materno, com isso o espírito passará a se reconhecer como sendo ser terreno de forma carnal, pois o espírito ao qual anima a matéria, por tê-la recebido como parte da vertente necessária para cumprimento de missão terrena servirá de primeira fonte de alimentação espiritual e material ao qual irá orientar-se e reconhecer a si mesmo, como sendo o único e absoluto dono espiritual daquela matéria.

Por isso antes mesmo de nascer em campo terreno o espírito já é capaz de reconhecer-se através do corpo material materno de onde iniciou sua jornada terrena. Então, todos os instintos e sensações da genitora não serão apenas sentidos, como também vivenciados pelo espírito ao qual se abriga em útero materno como forma de alicerce do ambiente terreno ao qual irá abrigar. Desta forma, o ser fetal conhecerá e reconhecerá o ambiente ao qual irá fazer parte assim como seus genitores e outros membros familiares ao qual obteve contato enquanto ser fetal, pois embora o ser fetal e material após o nascimento não tenha todos os sentidos materiais formados e com isso não possa comunicar-se verbalmente por si mesmo de forma carnal utilizando os sentidos vocais, o espírito que se abriga na matéria possui todos os sentidos espirituais inclusive sua Aura Plena que comanda os cinco sentidos e sensações, pode se conectar de forma sensorial com os genitores e membros familiares. Pois todos os sentidos advindos dos cinco sentidos já comandam seu pequeno corpo assim como as sensações e sentidos instintivos e intrínsecos.

O rompimento do fio de prata

"Adão conheceu Eva, sua esposa, e ela concebeu e deu à luz a Caim, e disse: gerei um homem com a ajuda do Senhor" (Gênesis 4:1)

1.7 Enquanto o homem carnal ocupa-se em preparar outro homem de igual semelhança material e física que não passará de semelhança orgânica, Deus o Criador prepara-lhe um espírito de sua própria criação em essência de forma imaculada, pura e imortal, para ocupar a matéria carnal que está sendo gerada pelo ventre materno com ajuda Dele mesmo, pois todo ser encarnado que se encontra em campo terreno é abastecido de forma orgânica pelo ambiente orgânico que é o campo terreno, inclusive o ser materno que também é ser material biológico e se alimenta de forma biológica. Logo toda forma de vida somente poderá ter vida com a determinação e desejo do Criador, e assim se fazem todos os seres encarnados em campo material.

Por isso é preciso além do desejo de procriação carnal o desejo o Ser Supremo, pois nenhuma vida abriga-se em elo terreno sem a vossa determinação, amor e vontade. O caminho espiritual ao qual o espírito se prepara para receber a matéria é percorrido de forma celestial em campo espiritual. Da mesma forma que o corpo material se prepara para receber o espírito o espírito também se prepara para receber a vossa matéria.

E o momento em que ocorre o sopro de vida, que é a permissão da inserção do espírito ao ser fetal, é o momento mais importante para um espírito que aguardava em campo celeste seu instante de retorno material em campo terreno, trazendo em vossa bagagem todas as possibilidades de recuperar-se dos motivos ao qual recebeu a chance do regresso ao campo terreno, e todas as chances de conhecer-se a si mesmo e alcançar através de sua nova roupagem conhecimento e evolução espiritual em campo terreno, tendo a oportunidade de alcançar os motivos ao qual precisa evoluir e com isso elevar-se espiritualmente ao término de sua estada terrena.

Ora, nenhum espírito é encaminhado ao campo terreno por descuido ou engano, embora cada encarnado tenha seus motivos para concepção de um novo ser encarnado todos os seres possuem suas próprias determinações e missões a serem cumpridas nesse elo. Por isso, ainda que o ser encarnado acredite que por descuido concebeu outro ser, o Ser Supremo o tinha em aguardo para que a vossa missão individual de forma coletiva pudesse ser concluída com aqueles que farão dele um ser espiritual mais elevado, conhecedor de si mesmo e das leis divinas.

O recebimento da Aura Plena ao ser fetal é a certeza de que aquele espírito já aguardava seu momento de vir a vida terrena, porque este fato já era certo em sua jornada espiritual de evolução. Por isso independente da vontade do homem o espírito será alojado ao abrigo orgânico, então quando a composição orgânica chamada cérebro estiver preparada para receber sua própria unidade para alimentar-se individualmente, estará também preparada para receber o espírito que se abrigará até o momento de seu regresso, labutando e progredindo em relação às falhas e motivos que o fizeram receber a oportunidade de regresso e progresso espiritual.

"Mas não coma da árvore do conhecimento do bem e do mal, porque no dia em que dela comer, certamente morrerás" (Gênesis 2:17)

Porém a árvore do conhecimento do bem e do mal já fora perfurada em sustento dos filhos da terra, pois todos à partir do momento do nascimento já estão se alimentando do bem e do mal ao qual o campo terreno lhes oferecem, pois é justamente esta árvore quem concede o direito à vida, pois é através dela que a vida material torna-se vida onde cada um escolhe os caminhos que o levará as ações e atos bons ou maus em elo terreno. Por isso, todos aqueles que nascerem em solo terreno e que se alimentarem da vida terrena certamente em algum momento morrerão.

Pois sustento da terra não é alimento eterno de missão infindável e sim passagem espiritual de compromisso terreno espiritual onde cada ser tem o direito de livre caminho para conhecer-se a si mesmo e progredir das falhas outrora dolorosas diante das verdades espirituais que o conduziu novamente a terra para aprender, compreender e libertar-se.

Porém toda lição tem um término e o findar da carne para o regresso do espírito ao elo celestial é o final das lições em forma de expiação da escola doutrinária que é a vida ao qual cada ser se desligou de seu elo e adentrou para aprender por meio de suas próprias experiências buscando elevar seu espírito.

O desligamento do fio de prata é o rompimento da ligadura entre matéria carnal e espírito celestial, este desligamento somente ocorrerá quando houver o rompimento das duas vertentes que sustentam o espírito em terra, onde uma é a vertente orgânica que é o corpo material e a outra vertente é a espiritual ou a essência que se abriga ao corpo material. Independente do motivo que levar o espírito regressar ao seu elo espiritual e a matéria física orgânica findar-se para que ocorra a passagem espiritual que é o retorno do espírito ao campo espiritual, esta deverá ocorrer através da desconexão orgânica e espiritual, jamais apenas de uma única vertente, pois se uma está ligada a outra, ambas deverão se desligar, porém cada uma da sua maneira.

O desligamento do fio de prata apenas ocorre quando o espírito perde a conexão com a matéria orgânica dando lugar ao nada existencial da matéria, ou seja, esta retornar ao estágio inanimado, assim como fora em fase embrionária quando se preparava para receber o vosso próprio espírito, porque embora em fase embrionária estivesse sendo alimentado através da Aura Plena da geratriz não tinha sua individualidade espiritual, e se acaso não recebesse sua própria Aura Plena, não caminharia para a fase fetal dando início a fase espiritual do ser material; este apenas sobreviveria de maneira orgânica sendo abastecido pela matriz genitora, porém não seria um ser vivo animado em matéria.

Mas o que diferencia o desligamento do fio de prata e a fase embrionária é somente o fato de que na fase embrionária o embrião é alimentado e nutrido espiritualmente pelo espírito materno em sua Aura Plena fazendo com que este se mantenha ligado espiritualmente por meio da geratriz que o concedia o ligamento espiritual enquanto o abriga. Fato este que não ocorrerá ao ser carnal independente ou com seu próprio espírito, pois o ser carnal não estando mais no útero materno não terá mais o espírito da genitora para nutri-lo e conectá-lo espiritualmente, desta forma a sua Aura Plena em desconexão de sentido essencial com o espírito não poderá alimentar-se a si mesmo espiritualmente e o organismo material será deixado sem energia e emanações espirituais, com isso ocorrerá à morte ou o desligamento do cordão divino de prata que o tornava vivo em ambiente terreno.

"E, estando um certo jovem, por nome Êutico, assentado numa janela, caiu do terceiro andar, tomando de um sono profundo que lhe sobreveio durante o extenso discurso de Paulo; e foi levantado morto. Paulo, porém descendo, inclinou-se sobre ele e, abraçou-o, disse: Não vos perturbeis que a sua alma nele está" (Atos dos Apóstolos 20: 9,10)

Logo a perda de sentido material por meio da desconexão espiritual que independente do motivo, leva o corpo matéria à mesma fase inicial do ser embrionário, de ser apenas massa inanimada sem vida própria espiritual. No momento em que ocorrer o rompimento do fio de prata cortando as emanações espirituais da matéria carnal, esta perderá todas as suas funções que a mantem viva em ambiente terreno.

    O desligamento de energia celestial através da desconexão espiritual deixará a matéria carnal sem o suprimento de emanação que a torna viva em terra. Porém, a matéria que não tem vida por si só, pois depende do espírito para ser viva, ou seja, não se alimenta a si mesma, não se comunica ou possui sentidos ou cinco sentidos por si só, e no momento da desconexão espiritual perde todas as emanações e energias espirituais e vitais, que são enviadas a caixa mecânica cerebral responsável pelo abastecimento material de fluídos e energia, então o corpo se tornará inerte, pois todos os sentidos são emanados por meio do espírito através da Aura Plena, para que o órgão cerebral através das emanações comunique-se com os demais órgãos e preserve a matéria carnal para que esta tenha vida material e o abrigue.

    Por isso, não existe possibilidade de um corpo material sem vida espiritual, ou seja, em estado constatado de morte material, caminhar, alimentar-se ou comunicar-se, pois a corpo por si só não possui vida, Logo um cadáver não possui instintos, desejos ou sentidos materiais que o façam vislumbrar a vida terrena sem que seja através do espírito que o emane e o anime em carne. E não existe possibilidade de um corpo terreno sobreviver sem um espírito, assim como não existe a possibilidade de uma essência espiritual regressar ao elo celestial ou espiritual enquanto seu corpo material ainda vive de forma orgânica.

    Pois, para que haja vida material terrena se faz necessário o espírito, assim como se faz necessário haver a caixa orgânica material para que o espírito se abrigue em campo terreno. Logo uma vertente não existe sem a outra, pois da mesma forma em que o espírito não regressa sem que o fio de prata se tenha rompido, o corpo material não se finda sem que o espírito ainda esteja alojado na Aura Plena do animando.

    A proclamação *"sua alma nele está"*, era a afirmativa de que a vida ainda vivia, pois nada fora desconectado. Portanto o espírito ainda encontrava-se abrigados na Aura Plena, junto à caixa material ao qual representa o ser material, por isso, este não regressaria a casa celestial ou faria passagem espiritual, porque a alma ou o que o animava em carne material ainda vivia.

    A função da matéria é receber e sustentar o espírito, e o espírito enquanto comanda a matéria de forma intrínseca com sentidos e sensações desde a necessidade de alimentação, abrigo, comunicação através dos sentidos e sensações que a mantém viva. O espírito, desconectando-se da matéria, não terá necessidade de nutrir-se, abrigar-se, comunicar-se ou qualquer outra necessidade material para preservação dele, e a matéria não tendo vida por si só, não se auto sustentará, pois será desconectada do sentido existencial de abrigo espiritual, e sem as emanações espirituais que a mantivera viva em campo terreno, esta perderá os sentidos vitais e morrerá em terra uma vez que a vida carnal não está na matéria e sim no espírito.

E o espírito vivo após a morte da carne por desconexão de fluídos e energia espiritual regressará aos elos espirituais da qual deve adentrar para dar continuidade a sua existência em estado de existência espiritual livre de matéria.

Então o único caminho para a morte é o caminho material ou orgânico, pois assim como a matéria é orgânica e carnal, e nasce de forma orgânica e material, morre também de forma orgânica. Isto é, esta é a única forma de morrer ou findar-se da própria matéria ao qual cedeu a vida de maneira orgânica é igualmente de forma orgânica material.

Por isso, quem morre é a matéria carnal, jamais o espírito. Este faz a passagem de um campo para o outro, ou seja, parte do campo material para o campo celestial, assim como fizera antes de nascer em campo terreno, por isso, esta além de ser a única forma de trazer um espírito a vida terrena para o campo terreno, é também a única forma que o desconecta da vida terrena e da vida material.

Mas o quebrar do fio de prata ou cordão de prata sempre será de maneira orgânica por meio da matéria e não do espírito, através do desligamento do sentido espiritual do sentido orgânico, uma vez que a matéria é a vertente de terra que sustenta o espírito em terra e não o contrário. Ou seja, o motivo terreno do espírito estar em terra é também a motivo do findar da jornada, pois é através deste que o espírito vem ao elo terreno e é também à partir deste que regressa ao elo espiritual, pois o que se finda é a vida material e não a vida espiritual.

Por isso, ainda que a quebra ocorra por meio de acidente material como fatalidade brusca ou falha orgânica através de incidente natural biológico dos órgãos vitais, a morte será sempre de maneira orgânica e biológica, e não espiritual por descuido ou falha do espírito. Isso quer dizer que ainda que a jornada terrena espiritual tenha terminado e o espírito necessita regressar à casa celestial, e abandonar o corpo material, o rompimento ocorrerá de maneira orgânica, pois para ocorrer o desligamento o espírito precisa desligar-se do corpo físico para que o espírito retorne à casa celestial, pois enquanto a vida orgânica estiver viva o espírito estará abrigado em sua Aura Plena.

Logo todo o fornecimento de fluídos e emanações espirituais será cortado para que haja a desconexão material, pois somente após a desconexão material é que o espírito voltara a casa celestial e a matéria voltará ao pó da terra. Por isso, toda e qualquer forma de desconexão do fio de prata será por meio da matéria biológica, pois até mesmo o espírito em seu final de jornada terrena irá desconectar-se da matéria deixando de fornecer energia espiritual vital e o corpo material morrerá de maneira orgânica ou de falência orgânica daqueles que os sustentam em vida terrena e não de maneira espiritual.

Isso porque o espírito é imortal, este apenas retorna de maneira branda e nunca brusca ainda que a passagem seja brusca ao corpo físico, pois o espírito não possui sentido ou sentimentos de terra, logo não sente dor ou angustia ao se transportar.

Portanto, para que haja a desconexão espiritual é preciso que cesse o fornecimento de emanação espiritual causando assim o rompimento do fio de prata, que não poderá ajustar-se ou conectar-se novamente a este corpo material, pois o corpo material depende além das vibrações espirituais das energias orgânicas advindas da mãe terra como, por exemplo, o suprimento de oxigênio, água e alimento, pois além de espírito a vida terrena é composta de matéria orgânica viva da fonte de abastecimento natural, que ao necessitar destes suprimentos e não mais recebê-los, irá findar-se naturalmente e o espírito desconectar-se naturalmente assim como a matéria sem os alimentos de terra.

O fato do corpo humano perder alguns órgãos ou membros, não justifica a saída do espírito da Aura Plena se estes não forem órgãos vitais para a sobrevivência material orgânica ou dos fluídos essenciais que o espírito emana ao corpo humano. Ou seja, ainda que se percam os membros superiores ou inferiores ou órgãos não vitais a continuidade da vida humana prosseguirá, pois para ocorrer à morte do corpo físico é preciso perder os órgãos que fazem conexão espiritual e orgânica com o corpo material.

O espírito aloja-se na Aura Plena e anima a vida humana por meio dos fluídos espirituais que vivificam a matéria ligada em sopro espiritual de vida. A matéria animada recebendo os fluídos espirituais nutre-se através dos elementos naturais que a compõe no pó da terra, isso quer dizer que o abrigo do espírito necessita dos elementos naturais para manter-se vivo em elo terreno, além do espírito, pois o abrigo orgânico deve se abastecer de forma orgânica. Caso contrário nem mesmo o espírito poderá permanecer na matéria se esta não estiver diretamente ligada e abastecida pelos elementos naturais fornecidos pelo universo e jorrados ao campo material que são os elementos purificados celestiais que possibilitam o solo da terra ser vivo para receber os seres materiais espirituais em campo terreno.

Então, pode-se compreender que toda ligação espiritual está igualmente ligada de forma material, pois tudo o que existe em campo terreno é divinamente regido pelas forças e energias santificadas divinais para abastecer de forma divina e celestial tudo ou todo ser que terrenamente cumpre jornada, portanto se faz necessário findar-se de forma material, ou seja, devolver para a terra o que a terra pertence, para que o espírito possa regressar a sua verdadeira morada santificada.

Os elementos naturais que compõe o solo da terra e abastecem a mãe terra para que seja possível a existência do ser encarnado em elo terreno é o mesmo que abastecem o ser material fisicamente constituído de matéria e espírito. Ou seja, não poderia o ser encarnado sobreviver se não houvesse a comunhão dos elementos terrenos em seu próprio ser, para supri-lo de tudo aquilo que também supre a mãe terra. E é através desta comunhão entre a terra e divino, que o espírito e a carne se completam e se alimentam. Logo não poderia o ser encarnado sobreviver sem os elementos que o faz vivos materialmente em terra.

Então, se estes elementos que são supridos divinamente e que o suprem de forma orgânica, se não forem contínuos, assim como espiritualmente o são, pois o Criador não deixa de abastecer o campo terreno com a vossa luz, gloria e poder, este ser entraria em óbito e sua matéria se findará em terra, assim como findaria todo o campo terreno se acaso Deus deixasse de alimentar os elementos naturais. E esta falta, lançaria tudo o que existe em terra ao nada existencial, assim como um dia fora, e todo espírito regressaria para o lugar de onde um dia partiu.

Mas, ainda que os membros não vitais de sustentação espiritual sejam retirados ou ser material não os tenha, os órgãos que abastecem o corpo carnal dos sentidos orgânicos, não poderão jamais deixar existir ou compor o corpo material, assim como jamais poderão deixar de suprir a matéria orgânica, pois se acaso isso ocorrer, à matéria se findará. Por isso, os órgãos de ligação biológica de sentido natural universal de abastecimento terreno e da mãe terra, como o coração, pulmão, rim e cérebro, jamais poderão deixar de funcionar, pois as vossas falhas não causarão somente a falência do abastecimento do sistema orgânico natural espiritual, como a falência do sistema que abastece o corpo material da nutrição do universo e não somente da matéria, e sem estes sistemas, a matéria biológica não sobreviverá.

Os órgãos vitais são aqueles que recebem o alimento da terra da qual foi formado e sem eles não podem viver, assim como sem os produtos da natureza criados pelo Ser Supremo também não pode sobrevier, pois a natureza da vida humana é a mesma natureza da vida universal que constitui e abastece as raízes terrenas do solo acima do firmamento divino. Por isso todos são constituídos e sustentam a matéria orgânica assim como sustentam a terra como em uma grande fraternidade de alimento, nutrição e sustento ao qual nenhum, ou seja, tanto mãe terra quanto ser material orgânico podem viver sem, pois todos foram criados imagem e semelhança para serem abastecidos e vivos e em comunhão.

Estes órgãos de abastecimento de fluídos da mãe terra vindos do universo para que a matéria se alimente e permaneça viva e para que o espírito a anime são supridos de maneira orgânica, sendo a ligadura entre o universo e o ser encarnado, uma vez que todos os seres dependem a nutrição da terra para sobreviverem.

Por isso, a máquina cerebral responsável por receber todas as informações mecânicas ao qual a máquina física deverá trabalhar não poderá sobreviver sem o órgão que recebe os alimentos naturais da terra, assim como a máquina mecânica coração, pois esta é responsável por mecanicamente transportar o sangue que é a alma do corpo; pois assim como a matéria não sobrevive sem o espírito que é quem a anima, também não vive o corpo sem os fluídos sanguíneos que transportam os nutrientes que são quem animam todas as partes físicas orgânicas da vertente orgânica que é o corpo.

Da mesma maneira a máquina pulmão que é responsável por captar a essência do ar do universo que é o oxigênio e adentrá-los pelas entranhas de forma que abasteça o corpo material da mesma maneira em que abastece a terra, que também respira dessa substância; também os rins (juntamente com o fígado) que filtram e fazem síntese dos produtos no metabolismo separando o que é tóxico e nocivo, pois todas as substâncias líquidas passam por eles para manter o equilíbrio e regularem a estrutura química do corpo material, os eliminando e deixando puros de tudo o que a matéria precisa, desta forma deixando-o livre de substâncias tóxicas, para que as substâncias líquidas limpas refrigerem o corpo, pois se acaso os rins ou o fígado não filtrarem e limparem nem eliminassem os excesso dos líquidos e água, estes produziriam doenças e levariam o corpo ao colapso. Igualmente são lagos e rios que além de refrigerarem os canais da terra por onde passam e eliminam os excessos e sujeiras que se dirigem ao mar, pois se acaso estes chegassem de uma só vez ao oceano não refrigerariam o solo e inundariam determinadas partes litorâneas.

E assim como o fogo em força de lavas que se encontra no interior da terra onde seus jorros bastante profundos sobem até a base dos continentes e oceanos e equilibram a temperatura do mar e toda a terra, os deixando em constante grau suportável para que haja a sobrevivência no solo da terra; da mesma maneira a temperatura do corpo material é controlada de forma interna para manter-se de maneira que os órgãos sejam aquecido a uma temperatura adequada a sobrevivência da matéria em campo terreno em comunhão com todos os demais elementos naturais que aqui se encontram.

Por isso, assim como a mãe terra necessita do ar, da água e do fogo para nutrir a terra seca, da mesma maneira o corpo humano necessita, e a falta de qualquer um destes elementos, causa a falência da matéria carnal. Se acaso um destes órgãos se findar, instantaneamente fechará o canal orgânico entre campo terreno e o universo que o abastece pelo pó da terra através do abastecimento orgânico, e o espírito voltará ao elo espiritual, pois depende do canal orgânico para ser vivo. Cada órgão vital carrega em si uma forma de sobrevivência da matéria carnal que se abastece das influências da natureza; da mesma maneira os elementos o são para a mãe terra, pois sem os elementos não conseguiria se auto alimentar e produzir os alimentos terrenos que nutrem o ser material. Porque assim como uma bela árvore morrerá se acaso lhe faltar o oxigênio ou não for abastecida com água para molhar a terra ao qual deverá se fincar, o corpo material também o fará na mesma forma sem os elementos naturais que o sustentam.

A máquina cérebro, que recebe os fluídos espirituais do espírito e conecta todos os demais órgãos e membros através da Aura Plena, os fazendo animados em terra, deverá ser intacta e comandar de forma regrada todos os órgãos e sentidos corporais, pois se acaso esta máquina falhar ou qualquer outro órgão mecânico vital falhar e cortar a conexão junto ao cérebro fechará o canal orgânico entre matéria cerebral e universo, cessando o abastecimento natural, fonte de vida terrena material/espiritual. Por isso a matéria deverá estar intacta em seus sentidos vitais para receber o fio de prata, pois se acaso algum órgão vital de abastecimento natural falhar, se romperá o fio de prata que liga a matéria viva por meio do espírito ao ser celestial, que conecta todos os seres através da natureza, e então, a vida orgânica morrerá.

Por isso para que haja a morte da matéria e regresso do espírito a casa celestial é preciso que haja a desconexão entre material e mãe terra, que é a conexão que vibra energia que conduz a força vital de vida terrena ao qual da sustentação o sopro de vida e para que o espírito possa se alojar a matéria. E ainda que a desconexão seja através da Aura Plena que se desata junto ao espírito e se afasta da matéria por término voluntário de jornada terrena, da mesma maneira ocorrerá o desligamento ou quebra "fio de prata" de forma orgânica material, pois a carne se tornará inanimada sem a presença do espírito e morrerá por falha mecânica do órgão vital que recebe sua emanação e fluído animando em terra. Desta forma a matéria morrerá de falência orgânica e não de maneira espiritual, pois quem ficará inanimada será a matéria e não o espírito. Por isso a verdadeira vida não está na matéria e sim no sentido espiritual que a matéria emana e vive por meio dela.

Qualquer uma das maneiras em que o cordão de prata se romper, seja por meio do corpo material, por força brusca ou término da jornada espiritual, não existirá nova maneira de reconexão, uma vez que a única forma de existir vida material para que o espírito possa cumprir sua missão espiritual é através do abastecimento terreno natural que ocorre devido do sopro de vida, que concede a matéria o adentrar do espírito para ser animada em terra. Porém, da mesma maneira em que a terra não sobreviveria sem algum dos elementos que possibilita a vida a conceder as energias e forças naturais, os encarnados que nela vivem também não podem sobreviver sem esses elementos.

Portanto, o sopro de vida não ocorrerá além de uma única vez na mesma matéria, pois se acaso ocorresse o sopro de vida mais de uma vez, não seria o sopro de vida, ou seja, não seria concessão do direito à vida através do espírito e sim o renascimento de vida espiritual em campo material; mas este ocorrerá após o findar da conexão de abastecimento espiritual terrena, mas em elo celestial e não mais em elo material, pois o rompimento que retira o espírito da matéria, o concede ser vivo em elo espiritual, e esta conexão transcendental, não regressa em sua forma espiritual na mesma carne morta.

Fato este lastreado em dois motivos, um deles é porque a jornada terrena deste espírito já foi findada em terra, e nada mais existe para este aprender ou caminhar frente aquilo que a ele fora determinado antes de ser encaminhado a unidade espiritual material, outro motivo é o rompimento do fio de prata ou o corte do abastecimento da nutrição material, matando os órgãos e elementos terrenos que mantém a carne viva, pois uma vez que a carne perde os fluidos apodrece e se desfaz, e desfeita, jamais ganhará outra forma de vida pelo espírito, pois para ter espírito a carne deve estar nutrida e alimentada e o corte da alimentação tira a capacidade orgânica de estar viva em matéria para receber um espírito.

Por isso, no momento exato em que o embrião estiver preparado para receber seu espírito ocorrerá o chamado sopro de vida que é inserção única do espírito a este que passará ser considerado um feto, neste estágio fetal a inserção do espírito que é alojada através do fio de prata que é a conexão espiritual ou a inserção do espírito ao ser fetal que vivo esta devido as influencia espirituais que recebe de sua geratriz, a entrada de sua próprio espírito ocorrerá uma única vez, assim como ocorrerá uma única vez o seu rompimento, pois espírito estando preparado, desliga-se do elo espiritual ao qual se encontra e conecta-se com o corpo fetal, e ao término da jornada terrena, este mesmo espírito deverá estar, ainda que o ser material não esteja, preparado para o retorno espiritual deixando assim sua carcaça material de forma orgânica, como iniciou, por meio da ligadura espiritual e material.

O desligamento ocorre no momento em que o lastro espiritual que fora enraizado no embrião o tornando ser fetal e o concedendo o direito à vida material rompe-se entre carne, elo terreno e espírito, independente da forma ao qual este fato ocorrer, podendo ser de forma brusca, branda ou repentina, por meio de falha orgânica, rompimento orgânico, por falta de suprimento ou ainda retorno voluntário do espírito por término de jornada terrena material. Pois o rompimento espiritual é o momento em que o espírito voltará a Deus que o deu e a matéria voltará ao pó, pois é pó que nascera para abrigar o espírito. Pois Aquele quem dá o direito à vida é também quem o retira, pois não é o homem quem determina a vinda de outro ser espiritual ao campo material, assim como não é o responsável por determinar o término da passagem terrena e o findar do fio de prata que os liga em comunhão terrena/espiritual.

O momento do findar da matéria ou o desligamento do "fio de prata", não é o desligamento da Aura Plena do espírito e por isso, não é o desligamento dos erros cometidos pelo ser encarnado em vida terrena e morte dos atos e ações desferidos e proferidos em campo terreno.

Mas o momento da passagem terrena para a vida celestial do espírito ou onde ocorre o chamado rompimento do "fio de prata", não é exatamente a hora do findar de tudo e sim o renascimento de todo o que se foi em terra, por isso, não é o desligamento do fio de prata, o romper de todo as lições, aprendizagens e feitos concluídos ou não em campo terreno, e sim o início de nova jornada carregando tudo aquilo que agora o fará mais próprio de si mesmo, com mais conhecimento, sabedoria, discernimentos e ações que o faça elevar-se ou não em espírito.

Então nem sempre o momento do desligar do fio de prata é o religar com o campo espiritual em casa branda celestial. Embora esta seja a hora do regresso ou o momento do desligamento da Aura Plena do espírito que esteve em terra o protegendo em um corpo material, nem todos terão o direito de retornarem, aos seus elos de partida, porque nem todos estarão em espírito preparados para caminharem de forma límpida espiritual, pois é certo que determinados espíritos precisarão desligar-se de seus erros e falhas terrenas para que alcancem a plenitude do ser.

Pois, embora a Aura Plena seja a essência que abriga o espírito, esta também não se finda com a carne ao termino da passagem terrena, até que as más ações, atos e obras sejam também findados em sua totalidade.

Isso porque, tudo aquilo ao qual o encarnado alojou em sua Aura Plena por meio das influencias terrenas de vibrações materiais advindas dos sentidos e cinco sentidos contidos como atos e ações danosas e opostas as emanações espirituais divinas, estas deverão ser libertas da Aura Plena para que o espírito liberte-se da Aura Plena e retorne em regresso ao seu verdadeiro lar. Missão essa que se iniciará por meio do rompimento do fio de prata que dará lugar a nova vida espiritual do ser em estado de consciência puramente espiritual em novos campos de aprendizado, evolução ou remissão.

O rompimento celestial pela vida material

"Podes comer do fruto de todas as árvores do jardim; mas não comas do fruto da árvore da ciência do bem e do mal; porque no dia em que dele comeres, morrerás indubitavelmente". (Genesis 2: 16,17).

1.8 Adão e Eva não possuíam Aura Plena, pois eram espíritos plenos, abastecidos pelo amor do Criador, onde os únicos sentidos conhecidos eram os sentidos espirituais que emanavam, através da Mente Espiritual Divina, que possuíam entre os vossos espíritos e Deus. Por isso não tinham desejos carnais, vontades ou sentidos materiais como vergonha, medo ou constrangimento. Porém, após comerem do fruto passaram a sentir vergonha, frio e medo, que são sentidos vivenciados apenas pela carne através da Aura Plena juntamente com todos os demais sentimentos e sentidos utilizados para proteção e manutenção da espécie advindos do pensamento de consciência.

Porém, antes de adentrarem ao elo material, ambos foram recobertos de pensamento de consciência e Aura Plena, porta de entrada de todos os sentidos e sentimentos terrenos, para que vossos espíritos ainda que persistissem em erros, não fossem violados e expostos aos danos terrenos, sofrendo avarias ou até findando-se em iniquidades e gozos ao qual vivenciariam e poderiam sofrer. Por desejos de satisfazerem-se dos sentidos e prazeres de ações materiais ao bel prazer do bem e o mal que poderiam vislumbrar, através da consciência, emanados pelos sentidos de busca de preservação vindos da Aura Plena.

Por isso, ambos, outrora de consciência limitada espiritualmente e após comerem do fruto proibido, conhecedores do bem e do mal, ou seja, recebedores dos sentimentos, sentidos e cinco sentidos de sensações materiais adquiridos através da Aura Plena, que emana e direciona tudo em terra ao estado de consciência material do ser encarando, pois são estes sentidos que nos permitem o sentido espiritual de preservação material do ser como necessidade de alimentação, necessidade de abrigo, necessidade procriação, necessidade de autoconhecimento de si mesmo e de sua espécie, onde cada indivíduo material se utiliza dos caminhos e ações que lhe servir melhor para satisfazer suas necessidades, causando desta forma o bem ou o mal a si mesmo e aos demais encarnados.

A morte da qual era prevista após o comer do fruto, não se refere à morte material, até porque Adão e Eva já eram espíritos, e sim o romper da ligação exclusivamente espiritual entre o espírito imaculado sem Aura Plena e o Criador, os tornando seres também materiais, onde a ligadura entre espírito possuidor de matéria e o Criador seria então, por meio da Aura Plena; porém ligados pelo cordão de prata e não mais simplesmente entre espíritos reflexos da perfeição e Deus, o Criador.

Pois o campo material que adentraram, diferente do campo espiritual da qual saíram, não subsistem na mesma frequência de emanações, embora o espírito seja imaculado e puro, os atos e ações desferidos em campo terreno pelo ser material não são em sua totalidade em comunhão com o espírito, pois o ser material conhecedor do bem e do mal possui vida produzida pela matéria que o espírito desconhece ou não compactua, pois embora o espírito através da matéria carnal tenha passado a conhecer e conviver com os sentidos, atos e ações, chamados de bem e de mal, estes pertencentes apenas ao campo terrestre administrado pela Aura Plena, jamais pelo espírito; pois diferente da matéria o espírito não cria ou desfere atos e ações matérias ou espirituais contrários à sua essência de verdade divina.

Pois os espíritos não criam coisas materiais e as desferem contra os encarnados, os espíritos emanam vossas verdades e certezas por sobre os encarnados e este labutam em vossos nomes, produzindo coisas materiais. Porém, dotados de Aura Plena para que pudessem ser viventes em campo terreno, onde as ações são de livre escolha, escolhem os encarnados as ferramentas que mais lhes servirem para concluírem vossas missões e determinações do espírito.

Logo nenhuma emanação espiritual é ruim ou de desejos ruins, contra os encarnados. Por que são os espíritos reflexo de Deus, e se o Espírito Supremo de poder e misericórdia cria tudo a vossa imagem e semelhança, nenhum ser espiritual fora criado para ser bom ou ruim, mas sim a imagem e semelhança do Criador.

Deus cria as coisas e espíritos através da mente espiritual, não de forma material com carne e espírito, pois o Criador é Espírito Pleno de existência infinita de luz, então as criações foram todas através da mente espiritual, por isso, todo encarnado tem origem espiritual antes de material, e é regido pela essência suprema espiritual de Deus. No universo Espiritual e terrestre nenhuma origem é material, nada se inicia através da matéria e sim do espírito. Pois nenhum ser encarnado labuta a não ser pela necessidade espiritual de suprimento alimentar, procriação e preservação da espécie.

A matéria somente existe, pois o Espírito de Deus a criou e nela abriga um espírito para alcançar seu Criador, ou seja, proclamar sua existência espiritual através da unidade de poder e de forças que possui.

Missão terrena do espírito

"O rio só pode correr para o mar, a terra somente pode brotar, o fogo apenas pode forjar e o sol nada além do que brilhar. Por isso o espírito somente pode ser espírito e a carne nada além do que carne, e a matéria apenas o auxílio do espírito que nela abriga para chegar ao Criador até o dia em que se findará no pó da terra que não é nada além do que a casa e o abrigo terreno" (Senhor Júlio Cesar Celestial).

1.9 Pois cada espírito nascido em matéria no elo terreno, esta neste campo sagrado por determinação do Espírito Santo e não por mera sorte do acaso, não por descuido dos progenitores em falha humana, pois vossos progenitores são o vosso abrigo bendito escolhido por determinação do Criador para o direito da concepção de trazer-vos a esta terra em missão espiritual em nome de Deus, o Criador. Portanto cada espírito nascido em matéria em campo terrestre aqui se encontra por força espiritual e não por mero desejo de procriação de vossos ancestrais ou descuido material da carne. Pois até mesmo para haver o descuido é necessário estar também presente na terra sagrada chamada campo terreno com a permissão de Deus o Criador, e de fato todos nós estamos.

E assim como cada elemento nascido para ser exatamente aquilo que se é, cada um será individualmente tão somente a si mesmo, como cada pétala nascida da mais bela perfeição do broto de flor, assim como o vento sopra, o calor arde, a terra consome e o sol brilha, ou seja, cada um com sua própria missão ou determinação divina para atender com toda presteza sua função.

Cada encarnado será eternamente aquilo ao qual foi a ele determinado, pois cada um será em campo terreno aquilo que veio pra ser e executará exatamente aquilo ao qual foi a ele determinado, assim como o fogo queima a água refrigera e o ar abastece os pulmões da terra, cada ser espiritual encarnado será exatamente aquilo ao qual destinado pelo Criador a ele foi, e o que está determinado por ele será cumprido, pois o que ele é em ambiente terreno eternamente em espírito será. Ainda que precise adentrar aos elos de correção espiritual para forja e remissão de seus erros e males para conhecer-se a si mesmos e compreender-se como espírito reflexo de Deus, ainda será exatamente aquilo ao qual fora determinado e executara tudo aquilo que for necessário para se tornar o espírito para o qual fora criado.

"Deus disse: produza a terra seres vivos segundo a sua espécie" (Gênesis 1: 24)

Por isso, este é o único elo em que a semente se encontra viva em cada ser encarnado e cada ser encarnado será ao mesmo tempo doador de nova vida e responsável pela nova vida que a ele foi concedido o direito eterno de ser o regente de uma nova existência no elo terreno, criado com a mais perfeita harmonia e amor em forma de exatidão em cada detalhe para atender a cada necessidade e espírito, reflexo do Espírito de Deus. Pois todo espírito nascido da ordenança do Criador para ser reflexo de sua força, amor e bondade de eterna existência assim o será. Pois todo aquele nascido do poder da luz, fora nascido para servir a luz e ser reflexo da unidade espiritual de misericórdia e amor, e como determinado em origem celestial, assim o será.

E ainda que precise de milhões de anos para que cada espírito nascido da vontade de Deus alcance a vossa elevação espiritual para servi-lo em moradas celestes de altíssima nobreza e suprema benevolência, cada um terá a vossa chance em forma de missão espiritual terrena para alcançar o progresso do espírito de si mesmo.

Toda existência espiritual criada à imagem e semelhança do Ser Supremo fora criado para ser a continuidade da perfeição da majestade espiritual que é Deus, o Criador; e todos os espíritos nascidos de sua vontade e determinação o são para servirem a vossa gloria e magnitude, unidade em forma infinita de amor, pureza e bondade, assim como Ele mesmo, Espírito Supremo de infinita compaixão.

E todo espírito em missão terrena recebedor de uma matéria carnal para cumprimento de missão espiritual caminhará livremente por sobre a terra em busca de progresso e elevação daquilo para o qual fora criado, ou seja, espírito reflexo do Criador. E por isso necessita compartilhar, comungar e aprender tudo aquilo o que o levará ao que verdadeiramente deve ser por motivo de vossa existência. Logo, a batalha terrena espiritual é o caminho da lapidação celestial que todos os espíritos criados à partir do desejo do Criador terão para imolarem-se e aprenderem a ser exatamente aquilo ao qual deverão um dia ser, Espíritos cheios de amor e de bondade reflexo de Deus Pai celestial.

    Por isso o espírito diferente da matéria não finda ou se acaba no pó e jamais se findará com o bater das horas no desligamento do fio de prata em campo terreno, pois todo espírito criado para ser a si mesmo, o será e jamais se findará em essência ou existência em relação aquilo que verdadeiramente é. E cada um será por si só, um ser refletindo seu Criador, e sua missão em campo terreno será refletindo seu espírito e buscando o progresso e a cura de sua existência, diante daquilo que lhe pertence e o faz ser a si mesmo, ainda que isso lhe traga dores e o faça sofrer diante das incertezas e inverdades que somente a carne é capaz de criar; ainda assim será tudo aquilo ao qual fora projetado para ser. Reflexo da perfeição divina em forma de essência espiritual labutando pelo progresso pessoal para alcance de elevação espiritual para servir ao seu Criador de forma magnífica e sublime diante da verdade que é Deus de todo o mundo.

    Cada espírito encarnado é um espírito missionário de si mesmo, saído de vossa morada espiritual para cumprimento de determinação de crescimento e evolução de si próprio. Por isso, o motivo de um espírito descer aos campos terrenos vai além de ser mais um encarnado em busca de elevação material e gloria terrena perante aos demais espíritos em campo material onde o pó finaliza todos as glorias e vitórias mundanas de forma voraz e rígida aos bondosos e aos errantes que somente se abastecem de gozos e certezas materiais.

    Pois Deus, poder infinito de amor e bondade, não por mero desejo de ambição ou sorte daqueles que por aqui passariam, projetou e construiu o elo terra para abrigo material de seres encarnados, e sim como forma de receber de maneira digna e sublime com todo amor que de seu peito brota e com toda ternura que de seus braços jorram, a casa santificada, encontro de todos os seres espirituais e materiais em missão de autoconhecimento espiritual para que todos tenham por ordenança santa a chance de adentrarem e por um tempo caminharem e elevarem-se espiritualmente, para que todos que na mesma era se encontrarem possam labutar de forma amável e possam comungar de maneira conjunta conhecendo a si mesmos e elevando-se para um dia tornarem-se realmente aquilo ao qual foram criados para serem, espíritos servidores da gloria e majestade de Deus.

    E todos os espíritos nascido à imagem e semelhança de Deus terão a chance de caminharem pelo elo terra para se elevarem espiritualmente, não por terem sido criados à margem da perfeição divina e sim para conhecerem-se a si mesmos como espírito criado a imagem e semelhança do Criador, adquirindo seus próprios poderes, garra e forças. Pois nenhum espírito recém criado em campo espiritual ou celestial possui todas as forças, firmeza, sabedoria, conhecimento e determinação para ser um espírito portador das leis e ordenanças divinas. É certo que nenhum soldado nasce soldado, todos deverão ser treinados e aperfeiçoados para servirem com presteza e nobreza tudo àquilo ao qual um dia deverão servir e deverão por ordem divina representar e ser.

Por isso, a imagem e semelhança do Criador serão também a imagem e semelhança de si mesmos, que após adentrarem aos campos de labuta, lapidação e aprendizado poderão um dia ser a si mesmos da forma ao qual foram projetados e por determinação, treinados para serem e servirem. Por isso todo ser encarnado em campo terreno é um aprendiz e assim o será até dia em que não mais necessitar caminhar pelos caminhos espinhosos e áridos da lapidação do ser chamado elo terreno e adentrar aos elos celestiais de presteza e serviço santo em nome de Deus, não por tempo de caminhada percorrida em terra e sim por conhecimento do Ser Sagrado Espiritual e capacidade de presteza esplêndida.

Pois o elo terreno, abrigo de todas as forças, poderes e emanações, projetados para ser a casa de lapidação da alma e do ser, assim o será para todos os aprendizes que por ela passarem, pois somente a imolação, o conhecimento e a elevação pessoal poderão transformar espíritos reflexos de amor, sabedoria e bondade no verdadeiro espírito refletindo o amor, a sabedoria e a bondade para atender ao amor infinito de poder, misericórdia, doçura e bondade. Pois somente estando próximo ao que realmente é a elevação espiritual, é que se poderá realmente servi-la.

Por isso, o Criador produziu o mais evoluído dentre todos os elos espirituais em que um espírito nascido da carne poderia adentrar, e dentre todas as criações de passagem espiritual, criou-se por determinação e amor divino, no único espaço onde apenas as trevas cobriam o abismo, não somente a luz como também o céu e a claridade, com isso nasceu o dia; o firmamento entre as águas, o elemento árido chamado de terra e o ajuntamento deste com as águas o chamando de mar; criou também as plantas, ervas e árvores frutíferas, frutificando segundo a sua espécie conforme sua semente; criou também os luzeiros separando as horas em determinação de tempo de dia e noite; criou multidões de seres marinhos, os animais domésticos, os animais selvagens, os répteis, cada um segundo as suas espécies.

E criou Deus o homem a sua imagem e semelhança para reinar por sobre os demais animais os abrigando neste universo outrora tão vazio, onde apenas o Espírito do Criador pairava por sobre o nada existencial guiado por vosso amor, força e determinação.

Porém, o nada existencial transformado em elo terreno de poder natural tornou-se abrigo de todas as espécies emanando à força do Criador em cada ser segundo seu agrupamento, comungando todos do mesmo campo vibratório, recebendo todos, as mesmas emanações divinas em poder de uma única verdade, vivenciando cada um à sua espécie e categoria, amando e respeitando os demais seres espirituais em harmonia celestial.

Ou seja, dentre as criações espirituais divinas, o campo terrestre é o campo de maior poder de forças jorrando e vibrando energias límpidas e puras ao qual um espírito poderá experimentar para vossa caminhada evolutiva. O elo terreno é o campo que abriga todas as faces de Deus, o Criador, de maneira harmoniosa para que todos sintam e experimentem a vossa grandiosidade de magnitude misericordiosa em forma de amor e caridade antes que tenham que rogar a vossa clemência de bondade e compaixão por não compreendem ou não aceitam a vossa zelosa governança de doçura em casa terrena em troca de prazeres e virtudes pouco amáveis desprezando os vossos esforços.

E não existirá em outro elo espiritual as mesmas formas de vida, as mesmas fontes de energias, as mesmas vibrações santas e os mesmos espíritos comungando do mesmo momento existencial, assim como as formas de recebimento de emanação divinas como neste elo sagrado chamado terra. Pois este é o único que abriga a emanação da Luz em forma de dia, a emanação das trevas em forma de noite, o poder das águas em forma de rios, lagos ou o mar, que possui forças tanto para refrigerar o pó chamado de terra como o abrigo do espírito chamado de matéria, lhes dando o alimento e as forças de vida terrena.

É o único elo onde os pássaros voam livremente, os animais caminham libertos de apegos e crenças, enquanto as árvores dão o fruto que é o alimento da carne, no mesmo instante em que a suas madeiras fornecem os alicerces que sustentam as moradas dos servos e dos nobres, ou criam cabanas que abrigam com suas colunas e pilares os santos e os pobres, pois suas raízes fortes e robustas não criam apenas os moveis e outras forma de belezas manuseadas pelas mãos humanas, como também adornam e aquecem aqueles que têm frio.

É o único que possui os minerais e os minérios que sustentam o pó da terra para que não desmoronem e arrasem vossas cabeças, assim com sustentam e embelezam as ilusões materiais, os dando valores sentimentais quando adornam vossos peitos, pescoço ou vestes. É o único em que os raios do luzeiro criados à partir do fogo celestial também chamado de sol e seus complementos estrelares que além de iluminarem as trevas e encobrirem os abismos nas horas maiores por razões sublimes, produzem raios de luzes límpidas que solenemente se tornam vistas aos olhos nus como um verdadeiro milagre; enquanto a vida gera outras vidas embaixo do mesmo sol, pois além de aquecer o pó do solo terreno aquece a matéria e equilibra o frio natural da mãe terra ao qual a natureza não se importa de sentir, mas o homem não conseguiria sobreviver a ele.

Este é o único elo espiritual em que um espírito saído de vossa morada, em missão terrena, poderá vislumbrar a imensidão de cores naturais e sentir o perfume de cada flor que neste campo existe, pois a natureza é tão docemente tangível como o perfume e a delicadeza das rosas. Pois somente aqui poderão nascer e crescer trazendo a certeza que a vida é mais delicada que o perfume das flores adentrando as vias nasais, que por hora necessita ser material para sentir o ar puro que é mais terno que a beleza dos campos adentrando a ilusão visual, assim com o vento enchendo as vias respiratórias que precisam ser orgânicas como ele mesmo para serem contemplados.

E a natureza deste elo espiritual, é mais vívida e colorida que a capacidade de vislumbrar as flores, pois para isso se faz necessário os olhos materiais, mas a vida, assim como as flores é parte da natureza que parte do espírito, que não necessita de nenhuma ligação material para ser sentida ou vivida. E ainda que a matéria carnal pareça tão frágil e delicada por ser o ser natural que abriga o espírito, cumpre com vossa missão e finda-se, assim como todo ser natural que se desfaz no pó recoberto de amor e doçura celestial na hora da partida, ao mesmo tempo em que é também a fortaleza protegida e conduzida pelos mais nobres seres espirituais, fazendo com que os seres materiais, capazes de serem espíritos e matérias cumpridoras das determinações em campo sagrado, também sejam sagrados para àquele que os criou: Deus.

E Deus concedeu ao ser encarnado o direito de abrigar-se na vossa casa de lapidação, conhecer-se a si mesmo e usufruir dos conhecimentos do bem e o mal ao qual somente o elo terreno possui. Concedeu a cada ser uma matéria forma física para caminhar por suas próprias pernas, a Aura Plena para receber o espírito e ter o direito de viver livremente com os sentidos e cinco sentidos ao qual sem eles não seria capaz de viver em terra orgânica sendo abastecido de maneira biológica além de espiritual. Pois somente de forma material é que poderá ser um aprendiz conhecendo os encantos da vida terra e o solo da terra que por ele fora também criado.

Por isso, a missão do espírito começa quando a ele é concedido o nascimento espiritual à partir do gênese celestial em forma de essência em sentido cândido, puro e eterno que jamais se findará, nem nos céus nem terra. Ou seja, o nascimento do espírito ocorre inicialmente de forma espiritual onde receberá o direito de um abrigo em uma casa celestial até o momento do momento mais importante em que este espírito, por estar preparado celestialmente, já adornado das vestes essenciais, terá o direito de iniciar a vossa missão de lapidação de si mesmo para crescimento e elevação espiritual, se fortalecendo e ganhando vida perante a verdadeira vida espiritual, que é o espírito que Deus lhe deu. Neste momento sublime, será recolhido de vosso elo espiritual e será recebido de maneira carnal no elo terra, abrigo de todos os espíritos para iniciar a vossa missão de pregresso e crescimento espiritual de vossa essência.

A missão espiritual terrena se inicia quando é concedido a este espírito o direito de caminhar por sobre o elo terra em busca de aprendizado e elevação espiritual como forma de progresso pessoal preparando-se para ser tudo aquilo ao qual fora criado para ser. Um espírito reflexo do Criador servindo a leis divinas.

Por isso, cada espírito possui a livre opção de escolha material para caminhar e andar por vossos próprios desejos e vontades terrenas para buscar o crescimento, felicidade e alegrias junto a tudo que espiritualmente em terra existe.

Então este é o único elo sagrado que concede à todos o direito de serem livres, de maneira que todas as necessidades terrenas sejam abastecidas, nutridas e apreciadas pelo espírito enjaulado dentro da matéria, que o firma em ambiente material, para vislumbrar de maneira espiritual o regente santificado que projeta, cria e conduz cada uma de suas criações com amor e bondade, lhes concedendo o mais perfeito ambiente sagrado, reluzindo vossas forças e poderes espirituais em forma de natureza, transmitindo através de ar, água, terra, fogo e todas as belezas existentes, todas as fontes necessárias para existirem e sobreviverem, todos os seres que neste campo sagrado caminharão.

E este é o único elo projetado para receber vida natural e material em ser espiritual em cumprimento de missão celestial. E este é diferente de todos os outros elos existentes ou diferente de todas as demais moradas, onde os espíritos libertos de carne material não necessitam da natureza orgânica para serem vivos, pois o espírito sendo apenas essência, imagem e reflexo, utiliza apenas essência celestial, abastecendo-se única e exclusivamente de emanações santificadas sem esforços materiais para serem vivos.

E o elo terra, diferente também dos outros elos espirituais criados e projetados para receber os espíritos que já saíram do elo terra, porém ainda não se encontram nas casas celestiais, pois ainda não findaram seus deveres e obrigações, e por isso passarão pelos elos de forjas espirituais, e nestes não existem nem a claridade, nem as águas nem os pássaros, nem os animais tampouco o amor em forma de natureza trazendo luz e claridade ao dia, pois as emanações serão mais rígidas e fundidas em energias mais densas e menos doces; isso porque nestes elos as flores não florescerão, os pássaros não cantarão e os animais não andarão, não por falta de emanação celestial, mas por falta de elementos nobres como a água e o ar puros límpidos encontrados apenas no elo terreno. E assim, os poucos que andarão por entre estes elos se rastejarão em busca de energias mais límpidas e emanações terrenas, pois em suas caminhadas não terão o poder da água para refrigerarem suas essências que se desfarão em braseiros ardentes queimando as vossas almas.

Por isso, este é o único campo governado pelas forças espirituais de Deus, mais próximo as casas celestiais, não em distância, mas em emanação espiritual que através de vossos servos guardiões da ordenança de Miguel e Gabriel, que possuem não somente as chaves das portas sagradas dos céus, mas também dos abismos e regem e governam todas as energias que aqui se encontram, anulando as formas rígidas e purificando em forças mais brandas para que nenhum filho de Deus adentre aos campos mais inóspitos e dolorosos espirituais, ou aqueles elos em que não se podem vislumbrar a luz do sol o clarear do dia, o perfume das flores, o caminhar das pernas, o cantar dos pássaros, o saltar dos animais, o som das águas ou o sabor da vida sendo vivida de forma livre e docemente colorida, não por falta de membros ou visão e sim por não existirem os elementos que formam a força da natureza se compondo harmonicamente como uma bela sinfonia adentrando aos campos e formando a força natural que vibra e traz a luz a terra e a todos os seres que nela estão.

Por isso, nem todos os elos vibram e emanam as forças do amor divino em forma de natureza, jorrando e cobrindo tudo de glorias e encantos, nem materiais tampouco espiritualmente, porque são elos em que apenas o ranger da noite velando as forças e formas de vida poderão ser escutados ou sentidos pelos que neles se encontrarão.

Pois assim, como a distância do campo terreno esta para as casas celestiais, assim a distância dos elos de forja também estão para o elo terreno. Por isso, somente os únicos que fazem chover ou raiar o sol por vossas ordens e vontades seguindo as determinações santas quando há necessidade espiritual, assim como regem as emanações dos espíritos em forma de poder e justiça derramado por sobre cada essência e vossa cabeça material o poder de forças e de justiça, como maneira de alcançar o progresso e elevação, também possuem as chaves dos caminhos que vos conduzirão aos campos mais nobres e sagrados nas moradas espirituais por meio de vossas energias disciplinas e doutrina. Pois este, embora seja o elo mais próximo às casas celestiais também é o mais próximo às eras do fogo e do enxofre onde a forja é o desvio temporário para as casas santas, onde os guardas das casas não são somente os vossos servos, mas também os vossos fieis guardiões em busca de cumprimento do poder e da justiça contra os ímpios e a favor dos filhos de Deus. E assim como cada ser encarnado possui sua missão terrena, os guardiões das leis divinas também os possuem e a única diferença entre os encarnados e os guardiões das leis divinas é que eles fielmente cumprem com vossas determinações.

"Meus irmãos, tende grande gozo quando cairdes em várias tentações; sabendo que a prova da vossa fé opera a paciência. Tenha, porém à paciência a sua obra perfeita, para que sejais perfeito e completos, sem faltar em coisa alguma" (Tiago 1: 2,4)

E cada espírito nascido em elo celestial, em morada sagrada, terá o seu momento de ser um espírito encarnado em busca de elevação espiritual para que se cumpra a promessa de ser tudo aquilo ao qual o espírito nascido do reflexo do Criador um dia o será. Porém, cada um possui no campo terreno a livre escolha de caminhar e trilhar todos os caminhos ao qual foram desenhados, não somente por Deus, o Criador, como também todos aqueles de espinhos e gozos mundanos ao qual o encarnado escreve com suas próprias mãos por vezes imundas de sangue, ódio e desprezo de sua descendência e de si mesmo.

"Porventura deita alguma fonte de um mesmo manancial dá água doce e água amarga? Meus irmãos, pode também a figueira produzir azeitonas, ou a videira figos? Assim tampouco pode uma fonte dar água salgada e doce (Tiago 3: 11,12)

Porém, a lapidação do espírito consiste em atravessas não somente os dias ensolarados em recanto do sol usufruindo da claridade do dia, da beleza das matas, do poder da noite, dos cantos dos pássaros, do bater das asas das aves, do encanto das paisagens, tudo projetado e criado por Deus Pai, como também todos os caminhos terrenos por vezes alicerçados por mãos materiais, sejam estes feitos em brasas, sejam estes feitos de gozos, tentações e glorias mundanas para conhecer-se a si mesmo e saber exatamente aquilo ao qual o vosso espírito precisa e deseja.

Por isso Deus os concede o direito de conhecer-se a si mesmo também vislumbrar as obras materiais de vossos irmãos, pois todos foram criados da mesma origem divina do amor e da bondade, e todas as obras existentes são para serem experimentadas, pois se Deus os concedeu o direito de reinar por sobre a terra, os concedeu também o direito de construir vossos próprios monumentos, sejam estes bons ou não, pois todas as obras mundanas são também por Deus aprovadas para desfrute ou aborrecimento de quem as edifica, desde que feitas por vontade própria, jamais por imposição, pois o direito foi concedido, basta cada um utilizar da maneira em que a vossa crença, evolução ou necessidade lhe permitir.

Por isso Deus misericordioso, permite que todos aqueles que desejam construir muros em volta de si mesmos os façam, pois serão eles mesmos quem deverão se abrigar nas pedras mal colocadas e desalinhadas da vida humana, quando poderiam construir abrigos com o mesmo poderio de força e determinação, para asilar os seus. Pois cada forte levantado será abrigo da matéria e não do espírito e cada pedra erguida será o alicerce do passado e da descendência da humanidade ao quais os novos espíritos adentraram para aprenderem sobre si mesmos, e ainda que seja aprender como devolver às pedras a natureza ainda assim será um aprendizado a todos aqueles que vislumbrarão a vossa própria história material.

Todos os espíritos terão o direito de conhecer as obras erguidas pelos seus descendentes e também desfrutarem de vossas capacidades de edificar e materializar, pois o direito foi concedido pelo mesmo Deus que os concede caminhar por entre elas.

Pois não seria um espírito conhecedor do bem se acaso não soubesse o que vem a ser o mal, assim como não seria um espírito zelador do mal se acaso não soubesse as forças e doçura que lhe traz servir ao bem. Logo, todos os caminhos terrenos percorridos por todos os espíritos são exatamente aquilo ao quais os próprios espíritos encarnados projetam e criam para vossos passos poderem caminhar, para as vossas mãos poderem tocar, para vossos olhos poderem vislumbrar ou para vossas bocam poderem proferir.

E, ainda que seja nas terras sagradas criadas por Deus, o Criador, os próprios encarnados com os vossos próprios direitos ajustam sobre o solo da terra tudo aquilo que possa suprir e atender as vossas necessidades materiais aos que aqui residem e que possuem também por determinação sagrada a livre escolha para plantarem e colherem tudo aquilo o que desejarem, ainda que sejam somente espinhos, misturando-se com os outros já longos caminhos espirituais, tornando assim ainda mais dolorosa à jornada terrena. Todo espírito caminhará para o elo terra em busca de aprendizado e conhecimento de tudo aquilo que o tornará grande.

E neste elo conhecerá a força dos fortes e o medo dos fracos, a esperança dos corajosos e a desesperança dos oprimidos, e assim seu espírito recém-iniciado caminhará em direção ao que o abastecerá em matéria e espírito para ultrapassar todas as barreiras para crescer um pouco a cada encarnação em busca de elevação espiritual. Pois todos os espíritos caminharão no elo terreno em busca de elevação espiritual, crescimento e amadurecimento dos motivos que ainda não os tornam grandes, porém os capacitam para serem grandes espiritualmente, permitindo desenvolverem-se e avançar sua essência espiritual.

Não existe um único motivo para um espírito nasça ou renasça em campo terreno, porém o maior e mais importante deles é o primeiro encarne onde toda a trajetória espiritual se iniciará, pois esta, além de ser a primeira lição a ser aplicada ao ser espiritual, é também a mais importante que definirá as demais encarnações espirituais deste ser. Embora todas as encarnações sejam para receber e compreender as lições ao qual um espírito deve ter acesso para conhecer-se, crescer e evoluir espiritualmente, o primeiro encarne é a chave que abrirá as portas do reino material e espiritual onde todo conhecimento adquirido será a esperança deste ser de trilhar por longos anos em direção às casas celestiais.

Por isso a missão mais importante para um espírito é a sua iniciação como ser material conhecendo os caminhos do progresso espiritual também de forma material, e se acaso a missão inicial falhar, ou seja, este espírito não trilhar em bons caminhos, poderá este espírito trilhar por longos anos nas casas de correção e assim alargasse por muitos outros anos de encarnações a sua própria cura em muitas outras missões de encarne material pela busca da correção da purificação e do progresso de si mesmos, e além de ser uma dolorosa missão, será para este espírito uma árdua e penosa caminhada em busca do próprio.

O motivo que faz com que um mesmo espírito reencarne diversas vezes se dá pelo fato de que em cada encarnação, o mesmo espírito irá aprender e evoluir em uma única lição espiritual com os demais espíritos que o rodeiam e comungam dos mesmos aprendizados que ele. Ou seja, em cada encarnação será aprendida uma única lição espiritual, porém os espíritos que possuem diversas reencarnações possuem diversos aprendizados acumulados em vossas essências, fato este que não os torna mais ou menos conhecedores da verdade e sim os auxiliarão a serem mentores dos demais espíritos iniciados em elo terreno.

Por isso o maior motivo que faz com que um mesmo espírito reencarne diversas vezes é para que em cada uma das suas encarnações possa aprender e evoluir em uma lição espiritual com os demais espíritos que o rodeiam e comungas dos mesmos aprendizados que ele. O motivo de ocorrerem várias encarnações é devido nenhum espírito possuir a capacidade de aprender todas as lições espirituais em uma única encarnação, pois são muitos os caminhos evolutivos e muitas as fontes de aprendizado ao qual um espírito deve se apresentar e conhecer.

E embora existam diversos ciclos espirituais de evolução, é o campo terreno o elo de maior força, poder e emanação divina, ao qual as encarnações se multiplicam para trazerem aos espíritos que para cá são encaminhados, autoconhecimento ou conhecimento de si mesmos, para aqueles que já possuem divinal para evolução espiritual em direção aos caminhos da eternidade do Criador.

Por isso, um campo de direitos e liberdade, onde todos tem a possibilidade de plantar e de colher para se auto conhecer através do auto sustento, de forma que se tornem tão fortes em unidade espiritual reflexo do Criador emanando e fluindo a vossa luz, tendo adquirido maturidade, bondade e caridade através da comunhão e da fraternidade sagrada que existe entre todos neste elo espiritual, embora ainda não tenham percebido, e assim se tornem por amor e por vontade, verdadeiramente espíritos purificados e preparados para caminharem os caminhos da eternidade do Pai celestial.

Predeterminação ou sina da alma

"Todos partilham um destino comum: o justo e o ímpio, o bom e o mau, o puro e o impuro, o que oferece sacrifício e o que não os oferece. O que acontece com o homem bom, acontece com o pecador; o que acontece com quem faz juramentos acontece com quem teme fazê-los" (Eclesiastes 9:2).

1.10 Nenhum espírito fora criado para trilhar os rumos da gloria enquanto outro fora criado para caminhar em rumos de perdição. Nenhum espírito fora criado para sem bom e servir a luz enquanto o outro fora criado para ser mal e atender as exigências das trevas. Embora nenhum espírito possua as mesmas missões os mesmos dons e os mesmos sentidos de vida, todos foram criados da mesma origem santa que é Deus, e o Criador não cria espíritos bons e espíritos ruins para comungarem do mesmo campo sagrado que por ele fora também criado.

O Ser Supremo os fez todos em perfeita harmonia e amor para que sejam vossos fiéis servos, e por isso, os vossos predestinados servidores conhecerão o poder de vossas forças e amor no campo terreno onde tudo fora criado perfeito para atender as necessidades tanto orgânicas quanto espirituais de seus filhos e eleitos servos.

Porém o campo material é também a casa terrena dos seres encarnados que aqui se abrigam e com suas próprias mãos constroem ou destroem por direito concedido pelo próprio Pai em deixar que os filhos aprendam também uns com os outros e tornem-se irmãos fortes e unidos, e embora os homens tenham dificuldade de tornarem-se unidos e amorosos uns com os outros, o Pai Celestial continua com vosso amor e bondade os ensinando e guiando por meio dos espíritos santificados e guardiões que aqui também comungam das mesmas vitorias e derrotas que os encarnados os direcionando quando lhes faltam os caminhos bons.

Cada filho é uma semente saída dos jardins celestiais de Deus que brotou e tornou-se grande em campo terreno. E cada árvore material dá exatamente aquilo ao qual deveria brotar ao mundo, nem bom e nem ruim, apenas frutos espirituais que devem caminhar o caminho terreno para progresso espiritual e pessoal. É certo que de nenhuma árvore poderá nascer frutos que não condizem com sua espécie, e ainda que sejam frutos amargos ou frutos doces todas as árvores darão exatamente aquilo ao qual foi por suas sementes plantadas e pelo Criador, determinado nem bom e nem ruim, apenas novas sementes prontas para serem regadas, crescerem e cumprirem com vossas funções de alimentar aos que dela tem fome. Porém, se são bons frutos ou não, não depende da árvore que continha os frutos e sim dos próprios frutos que continham suas próprias essências, falhas e que por isso não poderão aos necessitados alimentar.

Logo, nenhum ser espiritual é criado bom ou ruim, todos são reflexos de Deus Pai, aprendendo e aperfeiçoando vossas lições espirituais em campo terreno com os demais espíritos encarnados ou essências espirituais santificadas, pois um espírito é nascido em elo celestial e encaminhado ao campo terreno para ser aprendiz dos segredos espirituais e conhecedor de si mesmo para que se torne espírito zeloso de Deus o Criador com todas as sementes dotadas de capacidades necessárias para alcançar a evolução.

Pois o elo terreno criado por determinação santa do Ser Supremo é o campo de aprendizagem espiritual onde cada espírito nascido em elo celestial em algum momento será inserido a sua iniciação sagrada e espiritual de forma que labute seu próprio aprendizado pela lapidação da alma em relação às lições ao qual veio para ser disciplinado. Isto é, o campo terreno é o elo de aprendizado em que somente os espíritos dotados de capacidade de aprendizagem e esperança sagrada deverão adentrar para conhecer-se a si mesmos e o poder divino das forças do Criador por meio das lições espirituais aos quais serão apresentados ao longo de vossa jornada terrena. E todas as lições serão inúmeras vezes apresentadas e alimentadas como forma de doutrina e disciplina e ainda que muitas destas lições sejam dolorosas ou penosas aos filhos de Deus. Mas estas não serão como penalidades espirituais para aqueles que relutarem em compreender os ensinamentos ao qual vieram buscar, mas a relutância em adquirir ensinamentos e evolução sim será, como as forças de suas próprias forças relutando em aprender os ensinamentos espirituais.

Por isso todo espírito, iniciado espiritual em campo terreno, traz em sua essência todos os dons e faculdades necessárias para seu desenvolvimento e aprendizado, nada além daquilo que irá capacitá-lo em sua jornada de aprendizado terreno espiritual, ou seja, para cada lição espiritual receberá o espírito do encarnado as faculdades, habilidades e dons necessários para aprender compreender e praticar das lições ao qual fora recebida para sua evolução, não receberá este espírito, nada além do que seja necessário para tal tarefa terrena.

Da mesma forma ocorre com os espíritos que retornam em suas reencarnações, pois estes também trazem em vossas bagagens apenas o que é importante para vossa jornada de terra vigente, porém o que os diferencia é que os encarnados em jornada de reencarnação além de trazerem em vossas bagagens tudo àquilo que será necessário para o seu desenvolvimento e em novo aprendizado espiritual na forma de capacidade, discernimento, habilidade e aptidões, traz ainda toda bagagem de forma intrínseca de tudo aquilo ao qual fora no passado e precisará resgatar-se a si mesmo, em busca da cura dos erros outrora cometidos ou lições ao qual já possui evolução para disseminar dentre os demais.

"A minha sorte será a mesma que a do insensato. Então, para que me serve toda a minha sabedoria? E conclui comigo mesmo que tudo isso é ainda ilusão. Porque a memória do sábio não é mais eterna que a do insensato, pois que, passados alguns dias, ambos serão esquecidos. Tanto morre o sábio como morre o louco!" (Eclesiastes 2: 15,16)

Mas nenhum espírito encarnado é mais ou menos conhecedor ou evoluído do que o outro em que na mesma época de encarne se encontra, pois cada espírito é exatamente aquilo ao qual deve ser e possui o grau de informação, sabedoria, conhecimento e discernimento ao qual precisa para se desenvolver, aprender e compreender tudo aquilo ao qual veio aprender. Ou seja, cada ser encarnado possui tudo o que é necessário para desenvolver-se espiritualmente em campo terreno onde muitos encontram-se em diferente grau de conhecimento e desenvolvimento em relação ao outro pelo fato de que cada um possui sua própria missão e recebe para isso suas próprias armas espirituais em forma de discernimento, habilidade, dons e conhecimento.

Fato este que não os tornam mais ou menos conhecedores dos caminhos espirituais em relação aos espíritos iniciados ou em grau de elevação diferente em elo terreno, estes apenas possuem mais ciência e domínio em relação a alguns caminhos espirituais já percorridos que os demais espíritos em nível menor ainda não possuem, mas que também irão um dia conhecer e traçar. Por isso não possuir o mesmo nível de discernimento e conhecimento em relação à vida e as suas peculiaridades devido a diferença de domínio perante a consciência, conhecimento, fluidez, erudição, habilidade ou instrução em relação aos outros não torna nenhum espírito ou encarnado superior ou inferior ao outro em campo terreno, pois cada um encontra-se em um nivelamento espiritual e cada um possui exatamente aquilo ao qual será necessário para vossa passagem de aprendizado terreno frente aquilo ao qual veio aprender e não em relação as expectativas de conquistas e habilidades terrenas frente aos olhos materiais.

Por isso, a lapidação espiritual em elo terreno ocorrerá da mesma maneira tanto para o sábio quanto para o louco, pois se acaso um ser encarnado com maior conhecimento espiritual devido maior bagagem de conhecimento em relação a outro ser em nivelamento menor não conseguir passar nenhum conhecimento ou auxiliar nenhum outro espírito em sua jornada evolutiva em campo terreno, este perderá seu nivelamento e regressará a labuta de aprendizado anterior. Ou seja, tanto o erudito quanto o ignorante independente do grau de conhecimento, aprendizado e domínio de qualquer que seja a lição espiritual em que se encontram, deverão de alguma forma colaborar para o crescimento espiritual dos demais espíritos que no mesmo elo estão, caso contrário, todo o conhecimento alcançado de nada possuiu valor, pois tudo aquilo que existe e não pode servir aos demais, deixará de existir em sua matriz espiritual, e este regressará ao nivelamento de aprendizagem anterior.

E ainda que todos sejam iniciados ou nascidos de forma cândida, imaculada e infinita da fonte eterna de amor e bondade, todos os espíritos um dia partirão para o campo terreno, e o campo terreno que não é abrigo apenas das emanações e poder de bondade celestial de Deus o Criador. Pois este campo que abriga inúmeros espíritos, os recebe cada um em um nível de aprendizado e conhecimento e evolução em relação aos outros, onde cada um deverá com suas habilidades e discernimentos recebidos ou conhecimentos e aprendizado de bagagens anteriores em caso de reencarnação, labutar a vossa existência material e espiritual sendo em alguns momentos o professor ou o aprendiz para alcançar sua própria evolução; levando em consideração que ninguém veio apenas para ensinar ou aprender, todos são alunos e mestres de todos ao mesmo tempo.

Por isso, nenhuma dor é em vão, o que se chama de sofrimento é na verdade a lapidação da alma. E nesta mesma terra de lapidação de almas que se encontram os espíritos missionários de si mesmos cada um em um grau de evolução, onde cada ser um possui um tipo de conhecimento e aprendizado e cada um adentra exatamente para progredir e conhecer aspectos espirituais novos que o levarão a evolução, todos os espíritos se encontraram no mesmo elo lutando e labutando seus próprios interesses pessoais onde um será o auxiliar do outro, que como ele mesmo possui suas limitações em determinadas lições ao mesmo tempo em que possui também fluidez e conhecimento em outras ao qual já evoluiu. E embora todo espírito seja exatamente aquilo pelo qual fora criado e irá aprender e executar exatamente aquilo ao qual será espiritualmente preparado, irá também trilhar tudo aquilo aos quais seus descendentes criaram e construíram para comungarem entre si.

E o que outrora foi chamado de destino, castigo ou provação divina, é o cume do motivo pelo qual um espírito deva retornar a este campo sagrado, pois todo espírito ao término de sua missão terrena, deixa o campo material lotado de experiências boas e más conforme suas ações e caminhos percorridos, embora todos os erros e males sejam eliminados junto com o findar da Aura Plena, mas todo o sentido de vida material ao qual este espírito fez parte ou construí será guardado em sua memória espiritual.

Por isso, ao término da jornada terrena todas as suas obras e ações serão parte daquilo que formará em sua nova composição, ou seja, nenhum espírito retorna ao campo espiritual vazio de conhecimento, aprendizado e obras de si mesmo, e todas as experiências vividas e aprendidas farão parte desse novo ser espiritual em sua nova jornada terrena. Logo, todas as novas vivências serão para ele sua nova roupagem ou a forma que irá se apresentar novamente para o campo espiritual e material, pois todas as vossas boas e más obras farão parte de sua nova existência espiritual em consequência de tudo o que aprendeu e construiu, pois todos as lições em terra concluídas ficarão em sua existência espiritual acrescidos em sua matriz evolutiva, ou seja, tudo aquilo ao qual aprendeu, construiu e disseminou farão parte deste novo ser em fase de aprendizagem e evolução, por isso, tanto as boas quanto as más obras serão acrescidas em sua essência pois fazem parte de sua composição evolutiva em razão de tudo o que ainda precisa aprender.

Embora as feridas que ferem os encarnados e causam dores materiais não são sentidas ou causam dores espirituais à partir do momento em que forem liquidadas da Aura Plena em razão de correção, os atos e ações desferidos que ferem e machucam são capazes de classificar os espíritos como bons e maus em vossas próximas jornadas espirituais materiais. Ou seja, todo espírito, ao regressar ao elo terra pelo motivo de que nenhuma lição espiritual é aplicada em uma única experiência terrena, por isso todos os espíritos passarão pelo elo terreno por diversas vezes até que todas as lições e aprendizados determinados a ele sejam alcançados, por isso o regresso ao campo terreno como forma de aprendizado será também o regresso para fazer-se ou refazer-se em seus erros outrora cometidos em campo terreno assim com aplicar as lições e aprendizados adquiridos anteriormente.

Todo espírito regressará para continuidade das lições espirituais ao qual deve aprender; aos espíritos que progrediram em vossas lições regressarão para ensinamentos de novas, e aos que falharam nas lições da mesma forma voltarão para retomarem as lições anteriores, por isso todos regressarão em algum momento, seja para retomar as lições espirituais seja para reaprender e todos regressarão exatamente com a bagagem daquilo que construiu e agora faz parte de sua essência espiritual por estarem acrescidos a sua matriz existencial. Por isso, todo ser reencarnado em jornada terra além de dedicar-se as novas lições espirituais que a ele são passadas de forma intrínseca com os recursos intelectuais e habilidades necessárias para tal, também deverá conviver consigo mesmo sendo exatamente aquilo ao qual é nesta nova existência, pois fora construído por si próprio na existência anterior e por isso é a sua própria essência alterada por ele mesmo sendo agora ele próprio.

E tudo aquilo o que aprendeu e deverá praticar, regressará juntamente com tudo aquilo que ainda deverá aprender, ou seja, ao mesmo tempo em que deverá praticar as lições espirituais já aprendidas, deverá também dedicar-se em aprender a novas lições motivo pelo qual também regressou, porém o que determinará a maneira ao qual deverá conduzir essa nova jornada é a sua nova existencial constituída de tudo aquilo que um dia fora por influências mundanas ao qual conseguiu aprender, compreender e praticará utilizando-se agora de tudo aquilo que sabe ser devido às vivências anteriores que o constituiu em nova forma espiritual.

Por isso além de receber sua nova lição viverá a consequência de todas as obras por suas mãos construídas e de tudo aquilo que fora, tendo sido bom ou não, pois o renascimento em campo terreno em nova reencarnação será para todos a sequência da existência anterior onde às novas lições se juntarão com a continuidade das boas obras ou as novas lições se juntarão com as más obras realizadas anteriormente, os tornando desta forma, encarnados realizadores de boas ou más obras que resultarão em caminhos bons de justiça ou caminhos ruins de injustiça terrena sendo ele responsável por tudo aquilo que plantar, por tudo pertence a ele ou ao seu próprio espírito. Ou seja, todo espírito é exatamente aquilo ao qual sua essência carrega, por isso não poderia ele ser outra coisa ou executar outras ações senão aquelas que trazem em sua essência por tê-las em algum momento as aprendida e praticada.

Por isso não será este ser encarnado de outra maneira e não agirá de outra forma a não a ser aquela ao qual aprendeu a ser. Por isso cada espírito será exatamente aquilo que deve ser, não de forma boa ou ruim e sim por ter aprendido a ser apenas da forma ao qual está refletindo de sua existência. E todo espírito regressa a terra para aprender novas lições, e todos caminharão os caminhos espirituais do aperfeiçoamento pessoal do espírito da mesma maneira que o outro também fará, o que difere um espírito encarnado bom de um espírito encarnado mal é exatamente a conduta ao qual ele irá se utilizar para caminhar os seus caminhos aprendendo e auxiliando os demais a sua volta. Logo, o que mudará na missão de um espírito para o outro que está aprendendo a mesma lição, não é o fato de um ser bom e o outro não, pois todos possuem a mesma origem e sim o fato de cada um trazer em sua bagagem espiritual impressão de tudo aquilo que foi na encarnação passada, e por ser exatamente da forma que é, é que poderá ser um bom encarnado ou não.

A jornada terrena não deve ser considerada o carma da alma tampouco punição espiritual e sim a chance de crescer, evoluir e tornar-se um espírito servidor das certezas que acolhem e cobrem os espíritos nas vastas casas celestiais. Por isso ser um encarnado é ter a chance de ser seu próprio missionário para progredir em seus caminhos evolutivos, pois sem estes aprendizados não poderá jamais alcançar a evolução espiritual.

"Não há nada melhor para o homem do que comer, beber e gozar o bem-estar do seu trabalho. Notei que também isso vem da mão de Deus, pois quem come e bebe senão graça a ele? Àquele que lhe é agradável Deus dá sabedoria, ciência e alegria; ao passo que ao pecador ele dá a tarefa de juntar e acumular bens, que depois passará a quem lhe agradar. Isso é ainda fugaz e vento que passa" (Eclesiastes 2: 24,25).

Pois não é o vil metal mais protetor ou mais nobre do que a sabedoria ao ser material, pois assim como o dinheiro protege as empreitadas em campo material a sabedoria o protege das empreitadas em campo espiritual, pois tudo aquilo que vem da carne, a carne retornará, mas tudo aquilo quem vem do espírito a Deus regressará. Por isso, tanto a riqueza quanto a sabedoria tem o poder de cuidar ou proteger do ser encarnado, porém cabe a ele julgar o que é mais importante ou necessário juntar em sua estada terrena em campo sagrado, chamado elo terreno, pois somente ele saberá a importância das coisas que o glorificam e o enobrecem tanto no sentido espiritual quanto no sentido material. Mas, quem é aquele que junta somente riquezas materiais e às leva consigo para às moradas celestiais? Qual aquele que acumula somente riquezas materiais e ganha mais sabedoria e conhecimento espiritual? Ou quem é aquele que compartilha de sua sabedoria espiritual com os demais, se acaso somente possui riquezas materiais a oferecer?

Por isso, rico não é aquele que junta mais riquezas materiais e sim aquele que junta mais riquezas espirituais, pois o verdadeiro rico não é quem mais possui e sim aquele que mais sabe doar, aquele que mais oferece e entrega ao outro, seja o que for.

Ora, nada adianta possuir cestas e cestas de pães e não oferecê-las a quem tem fome, pois negar-se em ofertar o que em demasiado se possui, faz do ser mais miserável que o pedinte esfomeado, pois assim como o faminto continuará sedento, o farto morrerá também de fome, não de pães e sim de nobreza espiritual. Porém para dar é preciso possuir, mas não se pode dar sabedoria espiritual se apenas possuíres riquezas terrenas, assim como não se podem dar riquezas terrenas se apenas possuir riquezas espirituais.

Mas é sábio compreender que riqueza material nada tem a ver com riqueza espiritual, embora ambas alimentem, e que o cumprimento do dever espiritual também nada tem a ver com escolha terrena ou livre escolha de caminhos mundanos. Pois o que é pelo Criador determinado ao encarnado deverá ser cumprido independente das opções materiais que ele faça em sua jornada terrena, pois um sentido não interfere no outro. Isto é, tudo aquilo que vem de ordem espiritual para conhecimento e progresso do espírito nada tem a ver com as opções terrenas de vontade material. Todas aquelas lições que foram determinadas para o ser encarnado em jornada terrena de aprendizado serão ensinados e aplicados e este encarnado independente dos caminhos materiais que este caminhar ou optar em sua vida, pois ainda que este ser caminhe por longas estradas tortas, as lições certas a ele serão aplicadas; e ainda que este ser encarnado as rejeite ou as negue em troca das fugacidades e gozos terrenos, tudo o que lhe pertence de ordem espiritual será entregue pelo destino que a ele fora traçado pelo Criador, pois nenhuma estrada terrena é maior ou mais importante que as vontades e os desejos de Deus para um ser encarnado, pois o motivo de estarem em solo material, não vem da vontade da carne e sim de Deus.

Portanto, pode ele negar-se em receber as lições que lhe foram determinadas, porém jamais elas deixarão de fazer parte de sua estrada e serem apresentadas em sua jornada. Pois não é o espírito quem determina suas lições e sim Deus, o Criador; e da mesma maneira que não é o espírito quem decide empreitar em solo terreno, também não é ele quem decidirá as lições que lhes servem e que lhes serão apresentadas e sim o Espírito Supremo, o Criador.

Por isso, pode o homem ser maior que o seu Deus? Pode o homem determinar aquilo ao qual deverá espiritualmente aprender e caminhar? Pode o homem escolher trilhar em solo terreno e ainda determinar o que o levará a Deus e não o contrário? Ou seria o homem o Mestre e Deus o aprendiz?

Ora, se até mesmo para estar em terra e gozar de todas as belezas, maravilhas, dores ou fugacidades deste elo é preciso que ele determine e permita, pois nem mesmo o sol brilhará ou o dia nascerá se não for por vossa misericordiosa vontade que tudo se faça.

Então o cumprimento espiritual é dever e a opção terrena do cumprimento é de livre escolha e não o contrário, pois não existe livre escolha espiritual de receber ou não vossas lições espirituais em forma de missão ou determinação, porém, cumpri-las sim pode ser de vossas escolhas. Mas lembrem-se! Mais vale não jurar do que jurar e não ser fiel aos vossos juramentos, pois Deus o Criador quando os colocou na terra os fez a vossa imagem e semelhança sobre o vosso santo e misericordioso amor e toda forma de amor é por si só um juramento, porém vossos falsos juramentos serão para si mesmos a punição de vossas vãs palavras cobradas de si mesmos.

Pois embora o ser espiritual através do direito a ele concedido, possa ser livre para escolher e decidir seguir pelos inúmeros caminhos de glórias mundanas ao qual a vida material lhe apresentará, da mesma forma poderá aceitar ou não as vossas lições e ensinamentos divinos determinados. Porém jamais poderá caminhar pelo elo terreno sem que seja por uma determinação ou predestinação espiritual em busca de conhecimento e elevação e, por isso, ainda que se negue em aprendê-las, jamais deixará de progredir nas lições espirituais aos quais encarnou para aprender, pois ainda que leve milhões de encarnações um dia terá que aprendê-las, pois assim como nenhuma dor perdurará para a eternidade, a cegueira do conhecimento e progresso espiritual também não. Por isso, estar em campo terreno é parte do cumprimento espiritual e não simplesmente vontade material dos genitores, pois estes também foram os vossos descendentes predestinados a cumprirem com a determinação de os trazerem a este elo sagrado.

E assim, ainda que um encarnado tenha mais ou menos sucesso na vida material em relação a outro encarnado, isso não o torna mais ou menos conhecedor espiritual em grau de evolução em relação a outro encarnado detentor de menos ou mais riquezas, uma vez que os bens materiais não são obras erguidas pelas mãos de Deus e sim obras materiais construídas e precificadas pelos próprios homens ao quais os encarnados poderão labutar e adquirirem se assim for de vossas vontades materiais, pois o mesmo destino que tem um rico, o mesmo sol ao qual raia para um rico, as mesmas lições que recebe um rico, da mesma forma irá ocorrer ao pobre e ao mendigo. Por isso, riquezas materiais não são riquezas espirituais, e possuir bens materiais não torna nenhum ser encarnado superior ao outro e também não é sinal de ser mais ou menor evoluído, isso o torna assim, como o outro tão e somente aprendiz de novas lições para a sua própria evolução e nenhuma ligação tem com os caminhos da terra, pois assim como morrerá o rico, morrerá também o pobre; e assim como nada levará o erudito nada levará o ignorante.

Todo ser encarnado em elo terreno é aprendiz de vossas próprias lições espirituais para busca de conhecimento e evolução ao qual se encontram para labutarem espiritualmente e materialmente entre si, pois além de se esforçarem para crescer em espírito precisam se alimentar do chão da terra que é o sustento da vida material ao qual todos os espíritos serão iniciados e preparados para fazerem. Ou seja, terem conhecimento e elevação tanto para crescerem espiritualmente quanto para labutarem o plantio e a colheita na terra, porém, esta será de responsabilidade de cada encarnado conforme sua evolução e crescimento o permitir.

Por isso, embora um encarnado não tenha sucesso em determinada empreitada terrena, não quer dizer que também não a tenha em determinada outra ou que não é ser evoluído o suficiente para progredir materialmente, se assim o desejar. Mas todos estão em nível de aprendizado diferente, e cada um possui um tipo de conhecimento e domínio espiritual que o possibilita também crescer em campo terreno tendo sucesso material, se assim o desejar.

Porém o fato de ter progresso material baseado em riquezas não quer dizer que tenha mais conhecimento ou evolução espiritual, ou ainda que determinado conhecimento espiritual que o possibilite maior riqueza material, devido maior discernimento, habilidades e dons que o permita alcançar maiores patamares materiais em determinadas áreas, ou que sejam importantes para a evolução espiritual, pois o crescimento espiritual nada tem a ver com crescimento e enriquecimento material, pois as obras construídas por mãos carnais não adentram aos campos celestiais. Por isso, assim como cada encarnado encontra-se em uma fase de nivelamento espiritual, da mesma maneira encontraram-se em campo terreno, pois nenhum encarnado possui conhecimento, discernimento e evolução em todas as fazes de aprendizagem espiritual, que o possibilite maior conhecimento e habilidades em todas as áreas materiais, pois se acaso o tivesse não mais necessitaria adentar ao campo terreno para aprendizagem.

Porque apenas os espíritos que já alcançaram o grau de evolução espiritual celestial é que não retornarão mais ao elo terra, ou apenas voltarão se acaso forem por determinação divina e não mais por missão espiritual de aprendizagem. Por isso todos os que estão em elo material para missão espiritual e aprendizagem evolutiva de si mesmo, serão hora aprendizes, hora professores dos caminhos brandos e tortuosos que neste elo existem, labutando para serem a si mesmo, porém tentando ser além do que encarnados gloriosos de si próprios inflamando vossas essências espirituais de prazeres e alegrias momentâneas que causam além de amarguras terrenas consequências espirituais a si mesmo.

Pois o elo terra, campo de lapidação do espírito, é abrigo de todos os encarnados vivendo suas vontades, necessidades e interesses ao mesmo tempo, onde cada um vivencia seu próprio sentido de vida por vezes esbarrando no sentido de vida do outro e ainda sim, desejando individualidade e discrição ao que busca. Porém, todos ocupam a mesma terra, querendo ser dono exclusivo do solo que a todos pertence, acreditando possuir mais direitos que os outros, impondo suas regras e desejos como se apenas ele estivesse no elo terreno e vivendo apenas suas vontades e desejos. Por isso, a geração de conflitos terrenos é justificada pelo fato de inúmeras missões de inúmeros espíritos no mesmo elo onde cada um encontra-se em seu nivelamento espiritual de conhecimento e aprendizado em busca de superar a sua própria limitação, desafio, habilidade e fluidez, considerando o outro ao invés de um auxílio em sua jornada, uma barreira ou até mesmo um desafio a alcançar e ultrapassar.

Pois para alguns espíritos encarnados o elo terra é o solo fértil onde tudo nascerá e deverá brotar para crescer e progredir internamente, para outros é como um campo de batalha onde tudo deve e será labutado com muito suor e dor escorrendo a todo tempo, enquanto para outros será como o mar que possui encantos e desafios, mas que tudo deve ser superado como as grandes ondas que levam todas as dores amarguras e tristezas, por isso a calmaria será apreciada como a imensidão do nada em dias de rebentação. Pois cada um traz dentro de si aquilo que verdadeiramente o é e o seu verdadeiro eu construído por ele mesmo com as influências do próprio ambiente em que vive o fará um ser único e limitado, buscando suas próprias glorias e virtudes quando deveria todos labutar pelo mesmo objetivo que é aprender as lições espirituais para um dia servir ao mesmo Deus, o Criador do mundo.

E ainda que Deus apenas crie espíritos reflexo de sua unidade espiritual de amor e doçura, o elo material também residido pelos encarnados que nele se encontram, formam também a unidade material de seres carnais e espirituais refletindo tudo aquilo que emana e brota de si mesmos, à partir dos próprios dons e sentidos que por direito foram recebidos para que possam por livre escolha caminharem por sobre a terra.

Mas a labuta será ainda mais sofrida a todos os que aqui se encontram, pois no campo sagrado chamado terra, mistura-se glorias espirituais, desejos mundanos, alegrias celestiais, prazeres fugazes, celebrações supremas entre gozos e dores carnais, pois embora todos sejam nascidos da mesma origem e possua a mesma essência cândida todos serão encaminhados ao elo terreno e mesmo com toda a bagagem integra e pura a certo momento vislumbrarão as inúmeras formas de explorarem o ambiente terreno, utilizando-se das ferramentas espirituais recebidas e certamente em algum momento os espíritos, principalmente os iniciados em elo terreno irão passar pelas barreiras materiais das alegrias momentâneas e sofrerão as dores materiais desferidas a eles ou a desventura de serem os próprios causadores das dores alheias.

Isto é, embora sejam todos nascidos da mesma origem espiritual em campo celestial os espíritos não estarão preparados para servirem a todos os elos espirituais ou a todas as casas celestiais, por isso deverão renascer em campo terreno para aperfeiçoarem vossas condições e lapidarem vossas essências de forma que possam progredir espiritualmente. Por isso, o motivo pelos quais nascem ou regressaram são os motivos pela qual devem labutar para progredirem, pois são exatamente estes motivos que contem a razão de estarem compartilhando do mesmo campo material, e estes se farão bons ou não perante aquilo ao qual em essência o são e vieram para resgatar e progredir.

Logo, a missão espiritual em campo terreno não se findará ao romper das horas, tampouco se acabará com a carne inanimada suja de poeira e de barro encoberta pelo pó da terra. A missão do espírito em campo terreno é a continuidade de tudo aquilo ao qual ele deixou de aprender e compreender e regressará para que seja capaz de nutrir-se de tudo aquilo que o fará progredir e evoluir acrescendo mais desenvolvimento ao ser que necessita aprender a viver as demais formas de ser a si mesmo com outros conhecimentos e aprendizados.

E os caminhos dolorosos e tortuosos nada têm a ver com punição ou castigo de Deus, o Criador, contra seus filhos e sim os caminhos trilhados pelos próprios filhos e vivenciados conforme suas limitações, habilidades e dons para desenvolverem-se diante das lições e aprendizados a eles oferecido. Pois não é oportuno ao encarnado qualificar Deus, o poder de justiça e misericórdia, de justo, quando apenas este concedesse bons caminhos e gozos materiais aos filhos da terra e condená-lo a ser injusto quando os filhos possuem menos possibilidades e oportunidades materiais, uma vez que o campo material com seus valores e prêmios são os próprios encarnados e não a santidade espiritual quem os concede, pois Este concede a todos o mesmo direito de desfrutarem de todas as belezas e dons naturais ao qual nenhum ser encarnado poderia viver sem, como o ar, a água, a luz do dia, o fogo, os animais, as frutas e as flores, e da mesma maneira conduz todos os filhos das lições espirituais onde cada caminho será uma lição aprendida ou oferecida aos filhos igualmente.

Por isso, cabe a cada um alimentar-se de todos os dons e habilidades recebidos e compreender que mais importante são os aprendizados espirituais e não materiais, pois apenas o chão da terra fora construído por Deus, o Criador. Já os automóveis que percorrem esta mesma terra foram construídos pelas mãos dos homens, logo desejar apenas riquezas e pertences materiais e culpar Deus, o Criador, de vossas infelicidades, é desconsiderar que a justiça se aplica a todos os seres da terra e todos desfrutarão das mesmas oportunidades de aprendizado e poder natural de força e forma orgânico.

Ora não são os encarnados dotados de riquezas matérias dotados exclusivamente de dons espirituais como ciência, conhecimento, instrução, dignidade, dedicação, pois estes são dons divinos e não materiais e todos podem possuir quando for chegado o seu momento independentemente de serem possuidores de riquezas materiais ou não, pois estas não foram criadas pelas mãos de Deus, e sim dos homens, porém todos estando no elo terra poderão labutar igualmente com os dons igualmente concedidos; tudo o que desejarem e acharem necessário para vossa jornada, pois nenhum ser é mais ou menor merecedor dos dons espirituais, pois assim aplica-se a justiça, como também não deve considerar-se mais ou menos merecedor das oportunidades materiais se assim o desejarem.

"Jesus respondeu: Nem ele pecou nem os vossos pais; mas foi assim para que se manifestassem neles as obras de Deus" (João 9:3)

Então considerar que a vossa desgraça material ou felicidade pessoal são interferências de Deus em vossas jornadas como forma de punição, pena ou castigo é acreditar que Deus, o Criador, não é o poder de justiça que entrega tudo aquilo que cada um precisa e cada um colhe e utiliza-se conforme a vossa necessidade e vontade, pois nenhuma missão ou aprendizado é por punição, opressão ou violências, pois as obras divinas serão manifestadas em todos da maneira que cada possa receber e entregar-se a ela, pois todas as obras construídas por Deus são majestosas e boas e a todas, os filhos da terra terão o mesmo direito, porém nem todos a recebem da mesma maneira, por isso, para cada ser será a obra de Deus manifestada de uma forma, ou seja, conforme a maneira ao qual foi aceita e recebida por aquele filho.

O elo terreno é o elo de missão espiritual individual de forma coletiva, ou seja, todos os espíritos que se encontram de alguma forma aprendendo as lições espirituais e conhecendo-se a si mesmos estarão no mesmo campo para labutarem de forma conjunta onde um será sempre o apoio do outro em nível ou desnível espiritual que o seu. Pois o motivo de cada um encontra-se em um nível evolutivo diferente do outro é justamente para capacitá-lo de receber a nobre missão de possuir bagagem de conhecimento e evolução necessários para auxiliar os demais em níveis evolutivos diferente a também progredir em vossa própria jornada espiritual. Por isso, o que muitas vezes parece ser uma penalidade ou imolação para àquele ser encarnado que se encontra em jornada terrena com outros encarnados que possuem grandes e dolorosos sacrifícios pessoais, nada mais é do que a lição espiritual em forma de desafio, sendo oferecido aquele espírito que devido as suas condições espirituais e conhecimento, juntamente com sua habilidade e sua própria lição, tem capacitação de progredir sendo auxiliar daquela outra vida que além de necessitar de sua ajuda também possui lição espiritual compatível com a sua em relação ao aprendizado aos quais juntos deverão aprender.

Todos os caminhos que se cruzam, não cruzam por mero descuido da vida ou sorte do destino e sim para que as lições espirituais sejam vivenciadas a todos aqueles que delas necessitam para a continuação de seu progresso espiritual evolutivo, e por isso, não é por sorte de ambos que possuem as qualificações necessárias onde um será o aprendiz professor e o outro será o professor aluno para progresso espiritual de ambos trilhando o mesma caminhada de estudo, e sim missão espiritual de ambos em relação a mesma lição, porém sendo aplicada a cada um de forma diferente pois cada um possui uma habilidade, conhecimento e nivelamento espiritual diferentes.

Nenhuma forma de vida, vivida pelos encarnados, pode ser considerada punição, imolação ou sina familiar de atos e ações cometidos pelos vossos descendentes bem como de si mesmo. Pois nenhuma forma de vivencia terrena é punição, castigo ou censura aos atos cometidos anteriormente a nenhum espírito, tampouco de vossos ascendentes, pois cada encarnado é exatamente aquilo ao qual deve ser e vivencia exatamente aquilo ao qual deve vivenciar de ordem espiritual devido suas habilidades e dons recebidos juntamente com as influências e referências conforme o ambiente experimentado e não como forma de castigo aplicado aos que não concluíram com êxito a missão anterior ou por falha de vossos genitores trazendo culpas e imolações pessoais do passado a quem não pertence.

Pois não seria justo se um encarnado que possui sua própria essência espiritual e seus próprios dons, pagar ou receber a missão de outro ser, pois este não aprenderia jamais as lições determinadas a ele, e um sempre estaria além de vivenciando as lições do outro, tirando a chance deste crescer espiritualmente por suas próprias oportunidades. Ou seja, cada um receberá aquilo ao qual lhe pertence e vivenciará tudo aquilo que é seu bem como terá as habilidades, discernimento, conhecimento e dons necessários para isso. Pois nenhum soldado seria convocado para a guerra sem que possuísse além das armas, conhecimento e habilidades necessárias para combater e defender a vossas missões.

Por isso, cada encarnado é exatamente aquilo ao qual sabe ser e cumpre tudo aquilo que sabe cumprir de acordo com vossas condições de conhecimento, maturidade espiritual, habilidade e ciência, e ainda que sejam ações boas ou ruins, tudo aquilo que sabe e traz dentro de si pertence a ele mesmo e seu conhecimento, pois cada encarnado somente executa e aplicar aos outros em forma de atos e ações tudo aquilo que sabe e possui dentro de sua essência sejam atos e ações bons ou ruins. E ainda que cometam erros, este é o elo de aprendizado e por isso terá outras oportunidades de corrigir-se das falhas outrora praticadas ainda que as novas oportunidades sejam mais duras e rígidas, ainda terá sempre outra oportunidade de progredir-se a si mesmo.

Embora muitas vivências terrenas sejam em cumprimento de pendências em relação às falhas cometidas e não aprendizagem de tudo aquilo ao qual deveria; nenhuma jornada terrena é de punição por ações e atos cometidos de maneira oposta ao qual fora determinado, pois embora os maus atos e ações os façam regressar e também os fazem retornar as lições anteriores de forma mais rígidas, sendo ele o próprio cobrador e devedor de suas más ações para com o universo e consigo mesmo e com seus pares. Nenhuma predestinação ou maldição será atribuída a este ser que possui o direito de livre escolha em sua jornada e optou pelos caminhos tortuosos, pois, assim como possui livre escolha para errar também as possui para acertar, e ainda que a vossas boas obras não anulem as más obras, assim como as más obras não serão anuladas com as boas, pois para cada lição não compreendida e não executada terá sempre a chance de retornar e corrigir agindo de forma correta e aprendendo conforme determinado para seu próprio progresso as más obras serão sempre retomadas de onde foram iniciadas.

É impossível a possibilidade de que haja condição de cada espírito cumprir sua missão individualmente sem contato ou convivência material e espiritual com os demais espíritos, pois a falha de um é o complemento do outro, o desafio de um é o caminhar do outro, a dor do um é a cura do outro, o medo de um é o libertar do outro, pois cada um auxilia diretamente na existência e vivencia do outro através da proximidade e familiaridade material e poder de cumplicidade e comunhão que vos foi concedido.

Por isso, a família é também o elo material que une e compartilha de todas as formas de amor existentes ou de todas as ramificações do amor existentes em elo terreno, e por ser a família a primeira ligação material de sentimento carnal de cada espírito esta é responsável por inseri-lo nos caminhos das prescrições divinas através da caridade, generosidade e afeto que todos possuem. Embora os seres familiares não possam mudar os caminhos espirituais de nenhum outro ser, pois não são os genitores responsáveis pela essência espiritual de nenhum espírito encarnado, pois cada espírito será e irá cumprir exatamente aquilo ao qual adentrou ao elo terreno para aprender e cumprir, seus genitores e familiares tem o dever de orientar este encarnado aos caminhos das leis divinas.

Pois tudo aquilo que cada espírito veio para aprender e executar espiritualmente irá executar com ou sem o auxílio dos entes familiares, diferentemente das empreitadas materiais e terrenas, pois as verdades internas são pertencentes as vossas essências e por isso representa ele mesmo. Pois ainda que sofram influências familiares, sua existência espiritual será tudo aquilo que verdadeiramente é, e é quem dirá o que deverá seguir os caminhos, a traças, os desafios espirituais a conquistar, pois a sua missão é direcionada por influência espirituais e não materiais e familiares. Porém, os encarnados da linhagem familiar podem auxiliar para que este encarnado, quando adentrar ao campo terreno, conheça os caminhos santificados do Criador, para que este tenha mais esclarecimento em relação as vossas missões e deveres espirituais, porém jamais podem alterar as determinações espirituais de nenhum ser, ainda que sejam parentes próximos, pois cada ser sendo independente do outro, cada ser agirá por si mesmo dentro de suas limitações, conhecimento, aprendizado, essência espiritual e missão terrena.

Então embora a família seja responsável em direcionar aos caminhos das leis, jamais poderá impor as suas próprias leis, pois da mesma forma são também abastecidos de forma espiritual, e não são os genitores os próprios seres que determinam as missões espirituais de vossos filhos terrenos.

Certos encarnados desconsideram o fato de quem está no elo terra é para aprender e evoluir com os demais espíritos, com isso perdesse em gozos e alegrias fugazes, por acreditarem que conhecem em demasiado as lições ao qual veio aprender. O fato mais cruel de se viver a margem de si mesmo, desejando a todo custo usufruir e gozar de aprendizado ao qual não o pertence ainda ou momentos ao qual ainda não está preparado para conhecer, é que viverá a sombra de si mesmo e com isso se tornara amargurado, acreditando que é menos importante ou menos querido ao seu Criador, fato este que não traduz verdade, uma vez que os prazeres e gozos mundanos criados à partir de expectativas materiais dos homens carnais nada tem a ver com as determinações divinas e espirituais celestiais. Pois o criador não condena ou pune seus filhos de forma material os concedendo ou os excluindo de gozos materiais como forma de amor misericórdia ou bondade.

"O homem não é senhor de seu sopro de vida, nem é capaz de retê-lo. Ninguém tem poder sobre o dia da morte, nem a faculdade de afastar esse combate. O crime não pode salvar o criminoso" (Eclesiastes 8: 8).

Mas não é o homem senhor dos teus caminhos espirituais da tua vida terrena tampouco das tuas vontades eternas, pois nem mesmo o sopro de vida que lhe concede o direito à vida foi ele mesmo quem decidiu, criou ou determinou. Não é o homem quem decide se virá para o elo terreno, com quem virá, para qual finalidade virá e o que aprenderá de ordem espiritual. Ou seja, se não é ele o dono dos seus caminhos, das tuas virtudes e das tuas lições não é ele também o dono de sua vida, então, quem dirá da razão pelo qual nascera em solo árido ou cumpre missão terrena.

Portanto, não é o ser material dono do seu nascimento, da sua morte, de sua juventude tampouco de sua própria essência espiritual, pois todos os caminhos trilhados já foram pelo Criador escolhidos e serão com auxílio dos espíritos santificados, dos anjos, dos guias e dos guardiões traçados e alinhados, e ainda que as linhas pareçam tortas nenhum caminho o será, assim como nenhuma vírgula poderá ser diferente daquilo que deverá ser, pois ainda que deseje o encarnado viver apenas de glorias mundanas, desejam os seus guardiões que caminhem por curvas perfeitas e tortuosas, pois são estas que o levarão a casa do Senhor, pois nenhum caminho pode ser mais reto que seguir as ordenanças do Pai Celestial nas trilhas escolhidas por Ele. Por isso ao encarnado é conferido o direito de reinar e gozar de toda a juventude do saber em campo material ao qual lhe cabe em busca dos caminhos da eternidade que precisará alcançar para ser eterno em poder e bondade adentrando as casas celestiais e servindo as ordenanças Santas de um único ser celestial que é Deus, o nosso Criador.

E ainda que todos os seus dias já tenham sido traçados em nome do Pai Celestial para que alcance a nobreza e o zelo de ser um servo do Deus, motivo este que o torna ser material para busca de caminhos da nobreza e da santidade lutando e batalhando em campo terreno, onde as batalhas materiais são também as batalham em forma e força de aprendizado de ser a si mesmo, labutando o vosso próprio sentido e aprendendo a ser um guerreiro em nome de si para ser um lutador em nome do Pai. Pois o elo terreno é o elo de lapidação de todos os aprendizados aos quais todos os filhos de terra terão que adentrar para aprender a cumprir, a cuidar, a zelar e a disciplinarem-se a si mesmos.

Pois este elo de certezas torpes e incertezas precisas é também o elo de cura de todas as dores da alma causadas pelos próprios encarnados que labutam suas dores com o desejo de sentirem menos dores e serem mais nobres e amáveis, fugindo da guerra de ser a si mesmo e ao mesmo tempo causador da guerra de ser a si próprio para lutar e lutar e lutar em nome de vos mesmos, sem saber que lutam e batalham para aprenderem a serem servos do Pai e não de vossas meras matérias. Pois no dia em que desta terra passarem, outros e outros seres nascerão e suas lutas serão assim como as vossas, e suas matérias também morrerão, e vossas essências cansadas de lutar e batalhar para serem mais fortes, rígidas e mais firmes elevando-se de passo em passo para serem fortes e lutarem em nome de Deus, o Criador, que os concede o poder e a força de serem quem são para lutarem em seu nome e glorificarem a vossa honra, continuará eternamente a ser a mesma. Assim seja!

"Por isso, nenhum caminho é em vão, nenhuma dia é por nada e nenhuma vida é mera vida terrena por vontade somente da carne ou por sorte do destino. Pois a sorte tem por nome luta e a luta é o caminho, a salvação; e a salvação é também o nome do Pai" (Senhor Sete Encruzilhadas)

E o que é a vida senão parte de tudo aquilo que se faz vivo pelo poder do Espírito Santo que é Deus e que nutre o espírito dos filhos para que estes cumpram suas missões terrenas de forma espiritual. Porque cada ser humano é parte de tudo aquilo que compõe a vida espiritual e a vida terrena, todas as crenças, os caminhos materiais, caminhos espirituais, as escolhas e as determinações; compõe o que é a vida do ser encarnado. E, embora a cada um pertença seus próprios caminhos terrenos por meio das opções de escolhas, todos os caminhos terrenos pertencem a Deus, o Criador do mundo e de todas as terras, ao qual se constroem os caminhos tanto espirituais quanto materiais. Por isso, não é o ser encarnado o regente de sua vida espiritual assim como também não é o dono da sorte divina aos quais os caminhos espirituais o levarão em solos materiais.

Embora o ser encarnado labute com suas próprias mãos suas escolhas os seus próprios caminhos materiais, todos são governados e predeterminados em caminhos espirituais pelo Ser Supremo e não por vossas próprias vontades, pois até mesmo o elo material fora criado e é regido por Deus e seus servos e não pelos encarnados que um dia irão abandonar esta terra no findar da missão terrena, pois outros e outros mais virão com vossas novas missões. Mas tudo isso não por vontade do encarnado, tampouco do destino escolhido pelos seres materiais por razões materiais, pois desejos terrenos não determinam quem são vossos espíritos e vossas missões e sim por Deus, dono de todas as coisas.

Por isso, embora todos trilhem no mesmo elo nenhum espírito será igual ao outro, pois nenhum possui a mesma determinação assim como nenhum possui a mesma essência de emanação espiritual, ainda que possuam o mesmo motivo de existência e a mesma origem sagrada cada um será eternamente aquilo ao qual foram por seu Criador determinado, ou seja, um espírito reflexo do Pai Celestial, sendo cada ser um espírito individual, criado individualmente para labutar, crer e zelar por si próprio em nome do Criador. Por isso mesmo, nenhum espírito possui os mesmos dons, as mesmas missões e as mesmas determinações, porque cada um é exatamente o que precisa ser e não aquilo que pensar ser ou deseja ser por vontade própria. E por serem seres diferentes em mundo igual, vislumbram e experimentam as mesmas coisas materiais de maneiras diferentes e é por isso que se perdem em meio a tantos caminhos e tantas formas de ser aquilo que não são, para gozarem daquilo que acreditam ser ou desejam ser, escolhendo ser tudo aquilo que sendo diferente do que por essência é e não traz verdadeiramente prazer em viver.

Desta forma, nenhum espírito é nascido bom ou mau, todos os espíritos nascidos da mesma origem celestial reflexo da misericórdia divina e são essências espirituais dotadas de poder e força para ser exatamente aquilo ao qual devem ser, ou seja, espírito reflexo do Criador labutando para o vosso próprio crescimento espiritual em busca dos caminhos da salvação. Por isso um ser encarnado é composto de tudo aquilo que um dia foi e precisa ainda ser para libertar-se e novamente ser tudo aquilo ao qual necessita ser. Logo, todo espírito veio para a terra para cumprir, ou seja, ser um aprendiz de tudo que o falta e o conduzirá novamente a este elo espiritual até que preparado esteja para trilhar outros ciclos espirituais divinos.

Deste modo, não existem espíritos bons ou ruins, e sim espíritos caminhando para o aprendizado e evolução pessoal, e as falhas e faltas cometidas em campo terreno, não são meramente por serem maus e sim porque nenhum espírito sabe ser diferente daquilo que verdadeiramente é ou aquilo que carrega em sua essência que fora criado por ele mesmo. Pois se acaso soubessem exatamente quais são as falhas e deficiências de seu espírito não estariam se desenvolvendo e aprendendo, pois já seriam espíritos evoluídos espiritualmente e estariam em outros ciclos espirituais. O elo terreno é o elo em que todos os espíritos em missão espiritual de si mesmo, devem adentrar para corrigir, isto é, o elo terreno além de ser elo da labuta, do aprendizado espiritual é também o elo da busca de correção espiritual de determinada falha que não o deixa seguir em evolução espiritual, por isso ultrapassa por este elo para se conhecer e elevar-se a si mesmo daquilo ao qual tem deficiência.

Pois para adentrar aos campos celestiais deverá o espírito ter passado por todas as lições a ele oferecidas e ter progredido dentro das limitações e capacidade de discernimento, compreensão, limitações orgânicas e físicas ofertadas para que possa subir os degraus do progresso espiritual. Por isso, os efeitos de serem espíritos pouco cuidadosos, nobres e honestos uns com os outros, causam danos à Aura Plena que registrará todas as ações cometidas em campo terreno e ainda que está se finde ao término da remissão dos danos nos elos de remissão de erros, este espírito deverá regressar ao campo material para que possa através de nova chance libertar-se de todos os erros e males cometidos que o feriram e feriu aos outros espíritos, o impedindo de elevar-se e causando deficiência ao progresso daqueles ao qual interferiu.

Mas nenhum espírito é bom ou ruim, todos possuem a mesma origem espiritual, porém cada um trilha os caminhos individuais que o fazem ser diferente de todos os outros, assim como a sua própria existência espiritual que é única. Por isso, mesmo que o homem representa a cura de si mesmo e de todos os males que causam a dor a ele e aos demais seres que no mesmo ciclo de evolução se encontram.

Deus, o Criador do mundo e de todos os espíritos, não criou espíritos bons e espíritos ruins, seres doces e ternos, seres malignos e abomináveis, por isso, sendo os espíritos vindos da mesma origem divina, todos são espíritos nobres, puros e imaculados de beleza celestial e eternidade infindável. Porque Deus é o amor que abriga neste elo e traz a vida a todas as formas de vida, e traz o amor a todas as formas e maneiras de amar, pois a luz que ilumina todos os cantos, o escurecer que adormece todas as dores, a água que refrigera todos os seres, os pássaros que cantas para todos os ouvidos os animais que caminham em todos os lados e as frutas que alimentam à todas as fomes, encontram-se neste elo por amor e verdade, pois tudo que aqui se encontra é por si só reflexo do Criador, fonte única da sua própria existência. Por isso, o espírito que habita em cada ser não se faz em matéria e jamais morrerá e por isso não necessita de gostos ou desejos materiais para existir, pois Deus, o

Criador não é ser material e não se utiliza de formas físicas para existir, assim com seus filhos criado a vossa imagem espiritual.

Mas bons são os caminhos sagrados que levam até Deus o Criador, pois estes serão verdadeiros e os libertarão de toda e qualquer forma de inverdade e falsidade que o desloca em vossos sentidos e os tornam vulneráveis aos sentidos espirituais, pois estes são os únicos e verdadeiros que jamais morrerão e jamais passarão ainda que céus e terras passem, pois Deus, o Criador, jamais passará ou se findará, ainda que o mundo terreno se acabe.

O amor e a fugacidade do espírito

"Apliquei então meu espírito ao esclarecimento de tudo isso: os justos e sábios, com todas as suas obras, estão na mão de Deus. O homem não conhece nem amor e nem o ódio, porque tudo passa perante sua face. Todos tem um só destino: há uma sorte idêntica ao justo e ao ímpio, ao que é bom e ao que é impuro, ao que oferece sacrifício como ao que não sacrifica. O homem bom é tratado como pecador e o perjuro como o que respeita seu juramento" (Eclesiastes 9: 1,2)

1.11 Tudo passará aos homens que caminharem pela terra, e da mesma forma tudo se findará, tanto as obras que os homens construíram com seus labores quanto os desejos de construção não executados, tanto os mais fortes e poderosos homens que construirão suntuosas fortalezas quanto aqueles que se dedicaram apenas em destruí-las, tanto os encarnados mais cultos, eruditos e sabedores quanto os mais ignorantemente respeitados, porque tudo passará, pois entre as pequenas e as grandes obras existirá aquilo que nenhum homem poderá ser sem que tudo seja destruído e desmoronado em terra, que é ser a si mesmo em espírito, seja para ser elevado, seja para ser destruído. E nada será construído sem que tudo seja destruído, nada será erguido espiritualmente em cada ser sem que a si mesmo seja destruído e acabado em terra. Por isso, tudo passará, as obras passarão, os sonhos passarão, os desejos passarão, as vontades passarão, o bem passará e o mal passará também, pois somente será espírito aquele que findar-se em terra, porém somente progredirá e alcançará novos patamares espirituais aquele que elevar-se espiritualmente também em terra, aprendendo a ser tudo aquilo que o bem natural para ele é e ofertar tudo aquilo que a natureza lhe oferece, que é o amor em forma de emanação espiritual que alimenta nutre e abriga todo ser.

Por isso, todas as lições aplicadas passo a passo a cada encarnado, em cada momento carnal, nada mais é do que o caminho espiritual que o levará de volta as casas celestiais vestidos da mais pura e nobre veste do amor divino, ao qual veio para aprender, receber e ofertar, e ainda que levem milhões de anos para cada ser aprender as suas lições, estas serão inúmeras vezes repetidas e ainda que estas façam doer ou machucar, estas serão os caminhos que os levarão a sentirem o excesso ou a falta deste em campo terreno, por obras dos próprios encarnados sendo amados ou pouco amados uns pelos outros até que compreendam e busquem o amor, pelo amor de serem amados e não mais pela força material que traz apenas dor.

A missão de cada espírito nascido do Espírito Santo encaminhado ao elo terreno direciona a todos nos caminhos da caridade divina para que possam sentir-se amados em vossas plenitudes e jornadas sendo capazes de dar e receber o amor divino, pois somente este sentido poderá encaminhar todos os seres ao caminho da salvação, pois todos os seres poderão se sentir abrigados pelos mantos espirituais do Santo Deus quem vos criou e concedeu a vida, para que sejam por ele amados, pois a vida em elo terreno é também casa sagrada, por isso nem mesmo a mais rica fortuna poderá acolher o mais pobre endinheirado, se acaso este não conseguir aconchegar-se nas vestes de seu Criador, pois o tesouro material não somente não é capaz de abrigar o espírito como também não pode ofertá-lo em troca do amor divino.

"Nem muitas águas conseguem apagar o amor; os rios não conseguem leva-lo na correnteza. Se alguém oferecesse todas as riquezas da sua casa para adquiri o amor, seria totalmente desprezível" (Cânticos 8:7).

Por isso, compreender que o mendigo é abastecido pela mesma luz solar que o rico, o pedinte é agraciado com a mesma chuva que o abastado material, o ignorante é suprido pelo mesmo alimento que satisfaz pela mesma boca que proclama as semelhantes verdades e mentiras tanto do culto quanto do mais simples; e que o desprovido é também abastecido pelo mesmo anoitecer que o farto, embora este possa esconder-se dos perigos e o medo que o anoitecer traz ao corpo e ao espírito. Certamente esta compreensão de que tudo foi criado e é livremente fornecido a todos os encarnados sem distinção e que o amor divino estende a todos os filhos da terra independente das posses, bens, habilidades, talentos ou dons, é caminhar em direção as obras divinas de amor ao próximo.

Pois ainda que acreditar que ser empoderado materialmente lhes permite ser mais especial ou querido aos olhos de Deus ou dos espíritos, os desejos de terra de superioridade são mera ilusão da carne, e ilusão não passa de fugacidade, pois assim como se findaram os pobres miserentos dentro da terra suja feita em lama de palavras vãs, também se findaram o superior arrogante de forma rígida sem piedade ou cerimônias na mesma terra árida. Pois nenhuma glória material o colocará em patamares mais nobres e evoluídos perante Deus, o Criador, pois este não caminha com pernas materiais, não senta em tronos de pedra ou madeira tampouco se curva diante de certezas mundanas de imaginar ser mais amado ou querido por devido meras recompensas e interesses materiais ou pela vaidade de acreditar que poder terreno é poder espiritual e que falta de bens materiais é desgraça divina, pois assim como a desgraça, a glória material também acaba em pó.

Pois não é o homem mais poderoso que o seu Deus, não é o homem criador de nada além de obras terrenas ao qual a terra irá devastar e os outros homens irão desdenhar quando este partir. Não é o homem maior ou mais poderoso do que o frio que assola a terra, o calor que mata, a tempestade de destrói, a montanhas que se partem, os animais que caminham e os mortais que vivem sobre o solo terreno para apreciarem tudo o que nela existe e a faz ser exatamente aquilo que é. Ou seja, amor em forma de poder natural e orgânico. Por isso não é o encarnado o ser que possui ou detém o poder das criações e do amor, tampouco da força capaz e construir ou destruir com um só sopro tudo aquilo ao qual criou, pois ainda que surja o homem mais sábio, mais forte e vigoroso jamais destruirá o mundo apenas com suas forças braçais ou poder de pensamento, tampouco construirá algo tão grandiosamente semelhante a terra e seu poder natural. Porém os sentimentos que os permitem sobreviver e caminhar por esta terra, poderá unir todos os homens a destruir ou reconstruir a mesma terra com sentimento tão docemente forte e incomparável, como o amor.

Por isso, o único sentimento capaz de elevar ou devastar com toda a humanidade, jamais com o poder da natureza, é a força do amor que brota de todos os seres materiais. Pois amar é a única forma de caminhar para a evolução espiritual, unindo-se em verdade aos demais espíritos que diferente de si possuem ou não possuem tantas certezas materiais para que se juntem e se acomodem em braços ternos para que ninguém mendigue o alimento que é farto pelas mãos do Criador, pois se todos calejarem-se e contribuírem alimentando a quem tem fome, se todos colaborarem para que todos bebam da mesma água também alimento da matéria orgânica cedida pelo mesmo Criador, se todos doarem-se para que todos tenham abrigos, pois a mesma fartura de terras faz fartas às oportunidades de abrigarem-se, serão todos amados e queridos uns pelos outros como em uma grande fraternidade, onde as recompensas espirituais engrandecem além das recompensas materiais, pois as recompensas espirituais não são em forma de vil metal e sim por meio do amor e da gratidão em que trocam os espíritos mais elevados.

E ainda que em berços fartos ou manjedouras espinhentas, todos cumprem com a determinação de ser a si mesmo, em missão espiritual no mesmo elo aprendendo as mesmas lições que os levarão ao caminho da salvação, onde nem o sábio, nem o ignorante poderão libertar-se de ser quem são, de terem mais gozos e glorias pelo simples fato de serem quem são. A ilusão de ser além do que os olhos dos outros podem imaginar é a mesma ilusão em acreditar em poder ser além do que realmente se é, ou seja, espírito encarnado tão devedor espiritualmente e cumpridor de missão espiritual para resgate de si mesmo em campo terreno para evolução espiritual de forma material, par alcance de evolução.

"Um novo mandamento dou a vocês: Amem-se uns aos outros. Como eu os amei, vocês devem amar-se uns aos outros. (João 13:34)

A proclamação, não traz apenas belas palavras e sim a verdadeira razão espiritual de cada ser material encarnado encontrar-se em elo terreno, pois este não é apenas a terra de glorias e recompensas materiais e sim campo santo onde todos devem buscar o amor nas coisas ao qual foram criadas para usufruírem e amarem verdadeiramente. Campo este, onde tudo foi criado pelas mãos da perfeição divina, para ser divino e encontra livremente aberto para ser apreciado e vislumbrado por todos aqueles que por este elo passar, por isso os encarnados encontram-se unidos no mesmo campo, pois tudo o que foi criado pela verdade para ser verdade deve ocupar o mesmo campo e comungar das mesmas energias e formas de vida que para Ele fora criada. Amar aos outros é dedicar-se verdadeiramente a tudo que existe em campo terreno para que todos usufrutuem das belezas, riquezas, ternura e fartura que existem nesse elo sagrado, por isso amar verdadeiramente é saber que todos assim como a si mesmo tem o direito de ser feliz com tudo aquilo que o Criador os entrega, utilizando-se do mais sincero amor e misericórdia em braços ternos sem pedir nada além do amor que são capazes de ofertar e que por orgulho ou vaidade se perdem e se negam em oferecer.

Amar ao próximo é compreender que o próximo também é ser criado à imagem e semelhança para crescer e multiplicar, ou seja, fortalecer-se em número na mesma espécie e abastecer-se em comunhão de tudo aquilo que somente pode ser apreciado, sentido e ofertado em conjunto. Ora, se não é a natureza o poder de comunhão entre todos os elementos de sua própria espécie aglomerado em função de uma única razão, fortalecendo-se em junção de todos os esforços. Ou não seriam ás forças das águas as mais poderosas forças dominantes do Criador para abastecer a terra, porém esta somente é fortaleza, pois se junta com bilhares e bilhares de partículas que formam o mar os rios e os riachos abastecendo em forma de amor tudo aquilo ao qual o encarnado precisa e necessita para sobreviver em campo terreno, pois esta é a determinação divina. Da mesma forma o poder do fogo, do ar e das inúmeras forças que somente são fortes, pois se unem no mesmo propósito de serem fortes e abastecerem a si próprios e toda a humanidade. Ora, se a própria terra não é a junção de todas as camadas de crosta, manto e núcleo através das composições que se juntam e formam a força soberana de unidade terrena para receber e alocar todas as demais forças existentes tanto em núcleo interno quanto em núcleo externo. Por isso, sem que haja comunhão não há amor, tampouco vida por sobre a terra, pois o amor que vos une, também é força natural que vos abastece e não vos deixa findar em campo terreno.

Ora, amar os outros não é tirar suas vestes ou abrigar a quem não deseja, pois assim seria bem mais difícil experimentar o amor divino entre os homens, embora a generosidade também seja uma das mais belas formas de demonstrar amor ao próximo, mas o amor também exige esforço, pois atos isolados de caridade não é amor, e sim o caminho que leva a amar. Por isso, embora pareça simples amar uns aos outros é penoso e doloroso e possui uma tênue verdade dentro da inverdade que pode ferir, condenar e machucar, pois confundir amor com carinho ou com bondade pode desviar a direção do que realmente é amar, pois ações isoladas não são sementes plantadas que germinarão futuros seres amáveis, se acaso estes esquecerem de as regarem.

Isto é, ser carinhoso e generoso e amar o próprio pai a própria mãe, seus filhos e seus familiares pode não ser tão difícil, porém ser carinhoso, amável e caridoso com um mendigo e tirar a própria roupa para aquecê-lo pode ser difícil; ser carinhoso e generoso com um amigo em estado de felicidade pode ser fácil, mas ser carinhoso e generoso com este mesmo amigo em estado de chagas e ajudá-lo a limpar suas feridas pode ser difícil. Até desferir sentimentos de afeto por uma criança asseada e faminta, mas bela pode ser fácil; porém, ser carinhoso e generoso com esta mesma criança em sua insanidade e sujidade ainda que aparentado pode ser difícil.

Do mesmo modo como alimentar um idoso esfomeado pode não parecer tão difícil, porém ceder o alimento a um imundo demente e faminto pedinte pode não ser tão fácil; assim como dar alimento, afeto ou abrigo a um belo animal de pelagem macia pode não parecer difícil, porém ser amável e ofertar alimento e abrigo a um pobre e desolado e sujo animal pode não ser tão fácil, primeiro por acreditar ser superior ao espírito de estrutura arcada diferente, segundo por crer que a vossa inteligência é superior àquele que vos pede apenas o que também lhe pertence nessa mesma terra. Por isso, saibam filhos, que não é fácil o amor e ser generoso com o próximo, mas é fácil confundir carinho, caridade e generosidade com amor.

Portanto, quando diz o Mestre Jesus: amem uns aos outros, não é através do amor que não conhecem, não é através da verdade que não carregam e sim através da generosidade, do carinho e da bondade que também significa amor, e que certamente todos possuem. E este é o mesmo amor ao qual a natureza entrega-se aos filhos da terra, pois embora não possuam amor carnal são generosos e bondosos e unem-se em um único propósito de serem amáveis com os homens materiais que muitas vezes por mera vaidade a destroem, e ainda sim, continuam a receber o vosso amor em forma de caridade, bondade e generosidade. Pois ainda que os homens da terra não os cuidem e não os retribuam com zelo e o mesmo amor o sol não deixará de brilhar, as águas não deixarão de correr, a noite não deixa de vir, o fogo não deixará de queimar, porque Deus não cessará de vos abençoar.

Por isso, amem-se uns aos outros, assim com a natureza e Deus, o Criador os ama, amem através da generosidade, da bondade, do desapego, da renúncia, do afeto, da devoção, pois todos estes também tem por nome amor, e são estes atos e sentimentos que vos unem num único propósito de chegarem ao Criador. Porque amar não é entregar-se simplesmente aos outros seres da terra e sim fazer com que todos se sintam amados por Deus em sua gloria e plenitude, pois o amor não é algo que se entrega com coisas materiais e sim algo que se sente, e o amor divino vem das certezas de poder alcançar todos os bens por ele distribuídos livremente sem valores ou apegos materiais.

Mas amar, não e simplesmente ser bom e entregar o que se possui materialmente, e sim que todos se unam na comunhão de fazer com que todos sintam o amor de Deus em todas às circunstâncias e momentos de vida terrena, pois de nada adianta sentir-se materialmente abastecido se espiritualmente não sentir-se amado pelo Criador. De nada adianta sentir-se um bom encarnado se acaso não conseguir fazer com que o outro se sinta também amado, pois o vazio de estar cheio de si mesmo possui o mais fundo abismo da alma, que nem mesmo os cofres mais cheios poderão resgatar.

Então, amar ao próximo é amar a si mesmo, pois o próximo, assim com a si próprio, é tão e somente espírito em missão terrena, buscando aprender e evoluir-se de maneira que também alcance níveis mais elevados de compreensão e evolução espiritual, no elo onde tudo foi criado para todos em forma de amor. Porém o elo terreno onde todos os encarnados, em diversos níveis de conhecimento e aprendizado sem encontram, não o fazem por mera sorte do destino e sim para que um seja o auxiliar do outro em relação a prestar a caridade e a generosidade de forma que se elevem tanto aquele que necessita ser ajudado e doa-se a ofertar a vossa dor quanto aquele que irá prestar o auxílio que se doa em ser o autor de boas ações e atos que irão enobrecer ambos os espíritos que comungam dos mesmos direitos de serem bons e generosos uns com os outros. Logo, é preciso tanto compadecer-se e doar-se em ajudar em relação a dor alheia quanto alegar-se em humildade e ceder-se em ser ajudado por aquele que carrega a coragem de ser também humilde e prestar-lhe a vossa ajuda.

Pois aqueles que não estiverem preparados para aprenderem a servir e auxiliar seus irmãos por meio do amor em forma de generosidade e bondade terrena através de todas as coisas criadas e nutridas pelo próprio Ser Supremo para os ensinarem a serem espíritos bons e generosos, certamente não estarão preparados para servir ao Criador, pois o elo terreno, que é o elo de lapidação do espírito é também o campo de ensinamentos e aprendizados celestiais que tem como propósito evangelizar todos os espíritos para que sejam bons, amáveis, generosos e caridosos uns com os outros, pois o elo terreno certamente um dia passará para todos os espíritos e o campo celestial terá vossas portas abertas a todos aqueles espíritos preparados para servirem, pois nenhum espírito adentra as moradas santificadas por imposição, penalidade ou força, adentram apenas por generosidade, caridade e amor para servirem ao Criador, ainda que a forma de servir seja através da caridade aos demais espíritos que de vossas caridades precisam, será a forma em que fielmente batalharão e prestarão o vosso amor em nome de Deus.

Porque o motivo maior de cada ser encarnado estar em elo sagrado terreno, é resgatar a si mesmo em relação a vossas deficiências espirituais, os tornando espíritos mais nobres e os possibilitando alcançarem patamares mais elevados de si mesmos diante do seu Criador. Por este motivo, enquanto determinação houver para cumprimento de resgate de si mesmo, cumpre-se adentrar ao elo terreno para ordenança de missão espiritual em busca de crescimento evolutivo, hora auxiliando, hora servindo de auxílio aos demais encarnados que aqui se encontram pelo mesmo motivo, para que juntos possam buscar o conhecimento e a evolução e servir ao Criador da forma em que ele ordenar.

Pois nenhum espírito adentra aos campos celestiais e repousam vossas vestes sagradas envoltos em erros, danos e mentiras, todos os que se apresentam diante da face do Ser Supremo o fazem não apenas por amor ao Criador, mas por saberem o significado do amor, por já tê-lo praticado em campo terreno. Por isso não apenas virão para o campo terreno para serem zelosos do Criador seguindo as vossas prescrições aprendendo as vossas lições e ensinamentos e sendo ao mesmo tempo danosos aos demais irmãos. Pois a partir das missões espirituais é que conhecerão o verdadeiro significado do sentido espiritual de amar os outros, pois se acaso o amor ou a generosidade e o carinho do encarnado for restrito ao seu Criador, este não saberá o que está dizendo e certamente não cumpriu com vossa missão terrena de conhecer o verdadeiro amor.

Mas o caminho de chegar ao pai Celestial é gozando de todas as formas de amor ao qual ele nos determinou, e não excluindo as demais por acreditarem que estão diante da verdade e não necessitam das outras verdades, pois todas as coisas criadas por ele devem ser amadas da mesma forma ao qual se ama o próprio Criador, ou não seriam filhos do pai se acaso amassem apenas ao pai e não amassem aos irmãos também.

Por isso, aprender a praticar a caridade e a generosidade é aprender a retribuir a Deus tudo àquilo ao qual recebemos a nos preparamos para sermos e servirmos, pois embora não seja a generosidade, a bondade ou a caridade o amor divino são estas ações de sentidos e sentimentos generosos nascidos das mesmas raízes que o amor, pois crescem dos mesmos galhos santificados e por isso brotam da mesma força de poder que o amor possui e se transformam em amor. Pois todo ato de caridade, afeto, carinho e generosidade que tem a mesma raiz de onde brota o amor, certamente em algum momento se transformará em amor.

É importante compreender que para caminhar com os espíritos de luz, é preciso conhecer suas doutrinas e disciplinas baseadas em generosidade e caridade, pois não se pode amar os outros e prestar a caridade sem antes conhecer o que vem a ser caridade, o que vem a ser generosidade e praticá-los verdadeiramente. Pois antes de prestar vossas caridades e antes de amar os encarnados aprenderam os espíritos o que é a caridade, a generosidade, a bondade e o amor divino, pois não poderia entregar-se aos encarnados se acaso não soubessem o que vem a ser o amor ou se acaso não o tivessem para ofertar. Por isso, antes de verdadeiramente caminhar com os espíritos é preciso amá-los, ou seja, é preciso entregar-se e ser generoso, bondoso e caridoso assim como são, caso contrário errarão em nome dos espíritos e em nome do Criador prestando caridade apenas aos encarnados ou a caridade que preenche apenas os olhos materiais e não a alma tampouco retribui a Deus seus feitos e amor.

Ser caridoso é compreender que assim como o abundante em solo terreno, o desprovido também possui sua missão espiritual a ser cumprida e em algum momento um cruzara o caminho do outro, pois embora a missão seja individual para cada ser, esta deve ser alcançada de forma coletiva, para que todos sejam o alento e a cura para a dor do outro, para que todos compartilhem das lágrimas e das alegrias do outro, para que possam preocupar-se e alegrar-se da felicidade do outro, assim como todos devem comungar dos caminhos do outro para que conheça-se a si mesmo, pois os vossos caminhos muitas vezes fartos de glorias e alegrias será também as incertezas e dores dos miseráveis que encontram-se vivenciando suas mais profundas dores no mesmo elo, cumprindo a mesma forma de missão, porém de maneira diferente. Onde um faz-se de braço e o outro faz-se de mãos e juntos se agarram e se alimentam das energias, emanações e forças jorradas do mesmo Deus que os Criou.

"Amai-vos uns aos outros. Como eu vos tenho amado" (João: 14:34).

Por isso, a missão de cada espírito encarnado está diretamente ligada ao outro, nenhum espírito adentra a vida terrena de outro por sorte do destino, porque todos estão ligados espiritualmente para que um seja o complemento da missão do ouro. Todos são espíritos que adentram ao elo material para cumprimento de missões individuais de forma coletiva, por isso, a missão de um afetará diretamente o cumprimento do dever da missão do outro se acaso não estiverem em plena comunhão e dispostos a servir e serem os servos terrenos uns dos outros, aplicando a aprendendo as lições espirituais determinadas para cada um. Ou seja, estão todos os seres materiais interligados espiritualmente uns com os outros por meio das lições e aprendizados a serem por ordenança divina para elevação das etapas evolutivas espirituais, assim como estão todos os elementos naturais interligados entre si para o abastecimento de toda a humanidade, que da mesma forma encontram-se os seres encarnados que espiritualmente também são abastecidos pelo poder de força natural. Isto é, não existe nenhum ser espiritualmente, orgânico natural ou orgânico material criado pelo Criador que não necessite um do outro e que não seja abastecido um através do outro para cumprimento de missão ou determinação divina ou pelo amor que vos unem.

Segredos além do próprio espírito e a anunciação

"O bom nome é melhor do que um perfume finíssimo, e o dia da morte é melhor do que o dia do nascimento" (Eclesiastes 7:1)

1.12 E a morte que representa o fim de todos os sonhos, desejos e quereres terrenos não é o dia do findar dos sonhos e sim o dia do renascer das vontades e determinações espirituais ao qual o verdadeiro homem se levanta para a verdadeira vida que é a vida espiritual, carregando na bagagem todos os atos e ações outrora vividos em ambiente terreno para concluir vossa passagem de evolução de mais um estágio divino ao qual foi pelo Criador determinado para que pudesse crescer, se auto conhecer e evoluir na verdadeira vida que é na casa celestial e não na casa de tijolos e pedra ao qual deixou em desabrigo perante as lágrimas e dores dos demais encarnados ao qual livremente e perante um sonho quase que real imitando a verdadeira vida esteve.

Ora, se não é o dia da morte terrena melhor do que o dia do nascimento terreno, pois é neste dia, e que todos os segredos mantidos em chaves santas ao encarnado se tornarão abertos e livres de insensatez materiais, das incertezas carnais e das insanidades terrenas e por isso, o dia mais importante para um espírito, que poderá abrigar-se em sua verdadeira morada e comungar com os seus todos os conhecimentos e alegrias ao qual experimentara diante de Deus Pai que acolherá e o abrigará a vossa eterna morada diante de vossa face ao vibrar de vosso próprio seio.

"Cada encarnado representa um segredo selado e velado do próprio espírito que abriga e o representa em terra. Logo, cada ser vivente trás dentro de si um segredo desconhecido por ele, mas que o pertence. E a chave de todos os segredos pertencem a um único ser que é o Ser Supremo, Deus o Criador, que concede ao vosso mais fiel e leal servo, Espírito de Suprema devoção, o Anjo Gabriel, unigénito preparado e capacitado para reger tais selos, de forma que este não apenas o comande como também os tenha em própria essência e os sele como se selam o dia e a noite em vossos mistérios celestiais." (Senhor Júlio Cesar Celestial).

Cada ser humano é o segredo de si mesmo, sendo duas vezes ele, um é o segredo que apenas o seu espírito trás e ele desconhece e o outro é composto de todos aqueles ao qual ele mesmo cria e os velam dentro de si durante vossa jornada terrena, acrescentando a ele mesmo, mais e mais mistérios a própria essência espiritual, que é aquela essência que carrega os velhos, os novos e todos os outros que virão tanto os da carne quanto os da alma.

O espírito é a essência cândida, imortal, pura e imaculada, criada pelo Ser Divino para o propósito espiritual de serviço Santo, e cada espírito ao nascer no elo espiritual é uma essência divina onde sela-se todos os mistérios espirituais deste espírito antes mesmo deste adentrar a qualquer elo espiritual, podendo ser este elo terreno ou celestial. E cada espírito nascido em campo espiritual carregará a chave celestial de si mesmo que somente poderá ser desvendado ou tocado por ordenança espiritual do Criador. Ou seja, todo espírito nascido da vontade de Deus, o Criador, possui seu próprio mistério que somente poderá ser aberto pelo Ser Supremo ou por aqueles espíritos que possuam as chaves dos selos espirituais de cada espírito por ordem da divindade que é o Supremo Deus.

Isto é, nenhum espírito conhecerá a si mesmo, determinará missão a si mesmo, assim como não é o dono de si mesmo. Pois cada espírito nascido da vontade de Deus a ele pertence e não a outro espírito ou a ele próprio. E ainda que suas vontades e desejos terrenos sejam findadas em terra, jamais serão findadas as verdades e determinações espirituais, pois para isso se faz necessário à vontade daqueles que os governam e regem por determinação de Deus, pois nenhuma vontade é maior do que a vontade de quem o criou, determinou a vida e os concedeu direitos e os tem sob vigilância dos selos espirituais sagrados e secretos dele mesmo.

Todo espírito nascido em elo espiritual, antes mesmo de adentar em qualquer elo espiritual ao até mesmo material é por Deus, o Criador selado com vossa existência espiritual recebendo um segredo espiritual que é o que compõe a sua própria essência espiritual. Selo este que guardará todos os segredos que o compõe, ou seja, todas as evoluções que alcançou todas as missões já cumpridas e concluídas, cada fase de evolução traçada e todas as promessas proclamadas em nome do seu Criador. Pois cada espírito antes de dar início a qualquer jornada que seja recebe através de proclamação daquele que é o regente de todos os caminhos espirituais ao qual irá adentar, a vossa missão ou a vossa determinação pelo seu Criador escolhida através de seu regente e promete-se com as forças espirituais diante das portas das casas celestiais ao qual ainda pertence obrigar-se em compromisso com a vossa missão espiritual. A partir deste momento abre-se o livro das promessas espirituais e são escritas as vossas preces em forma de promessas e então são recebidos dos dons e habilidades para que se cumpram todas as ordens de vosso próprio juramento espiritual diante de vossa casa celestial, vosso gerente espiritual e perante Deus, o vosso Criador.

E toda promessa anunciada será para todo e sempre selada e guardada no livro das promessas divinas ao qual cada espírito ou cada encarnado por vossa própria vontade proclamou e o vosso regente o anunciou para que os quatro conatos do mundo o conheçam e o reconheça com sendo um filho prometido e anunciado perante as ordenanças do vosso regente sobre os olhos e comando do Pai celestial.

E todo o selo que guarda e que sela os segredos espirituais de cada espírito, será guardado por outro espírito que será a partir daquele momento o seu próprio espírito de guarda, ou seja, espírito celestial responsável por garantir que todos os segredos sejam guardados, todas as ordens sejam cumpridas, e todas as vontades, determinações e leis sejam concluídas, ainda que em elos de expiação e remissão. E todos os segredos selados e guardados de cada espírito o será, para todo e sempre, por lealdade e fidelidade daqueles que cumprem e garantem que todas as existências sejam mantidas, encobertas e seladas.

Embora ao adentrar em campo material o espírito encarnado, agora ser terreno, receba um nome ou um código terreno que o intitula e o codifica dentre os demais encarnados, o espírito recebeu um selo espiritual que contém os vossos segredos. Pois os espíritos não são dados nomes e sim selos envoltos em mistérios que o comporão e que jamais serão desvendados, e estes códigos selados serão os vossos nomes. E ainda que no campo material seja necessário que os encarnados contem por si só os vossos segredos materiais em campo celestial é necessário que todos os segredos e mistérios sejam autorizados em cumprimento de ordenança e não por simples vontade daquele que o é. Isto é, não é o espírito quem determina ou decide anunciar quem é a si mesmo, e os segredos que carrega, quais são as vossas missões, as vossas lições espirituais e os caminhos a seguir ou os caminhos já percorridos.

Os guardas espirituais das essências celestiais são os chamados anjos da guarda, pois anjos são todos aqueles que possuem determinação espiritual e guardam tudo aquilo ao qual deve ser guardado, vela tudo aquilo que deve ser velado ou encobre tudo o que deve ser encoberto, ou seja, guardam os segredos dos outros espíritos imaculados, pois se acaso estes espíritos guardiões não assegurassem os segredos espirituais de Deus em cada espírito, outros espíritos desordeiros poderiam adentrar as essências espirituais desajustando as vossas missões ou desordenando os caminhos espirituais frente as promessas e compromissos firmados entre o espírito e o campo sagrado trazendo danos tanto espirituais quanto materiais.

Logo o anjo da guarda de cada ser encarnado é a essência espiritual que guarda e zela pelo espírito que adentra aos mais diversos elos espirituais em missões celestiais prostrados como os mais fiéis guardas das casas imateriais que são as casas dos encarnados, abrigos espirituais para que estes cumpram com vossas missões espirituais, atravessando os inúmeros vales sombrios e as diversas investidas das energias inferiores daqueles espíritos que não seguem as leis divinas e que possam desajusta-los.

"E havendo aberto o quinto selo, vi debaixo do altar as almas dos que foram mortos por amor das palavras de Deus e por amor do testemunho que deram" (Apocalipse 6: 9).

Por isso, selam-se todos os mistérios antes mesmo de nascerem, de adentrarem aos elos espirituais e depois de morrerem, pois aquele que serve de espada espiritual em favor dos demais espíritos que cumprirão missão espiritual, seja em qual elo for, para todo e sempre o será guardião, até que a determinação por ordenança divina se finde. E todos os mortos ainda terão seus guardas servindo as vossas existências até que a missão dos próprios anjos de guardas sejam também findadas.

Isso quer dizer que são os guardas sentinelas zeladores dos espíritos de Deus em missão espiritual e temporal, guardando todos os segredos e mistérios do espírito e da carne em única chave divinal por selo espiritual. São os responsáveis por direcionar e conduzir os espíritos em missão espiritual aos caminhos e missões em que cada um deverá cumprir, sendo além de zelosos disciplinadores em relação às ordenanças do Criador ou daqueles que os cobrem as vossas cabeças, também conhecidos como pai e mãe de cabeça, para que a vossa jornada seja na direção ao qual pelo Criador fora determinado.

E espíritos que também são, e conhecedores de todos os caminhos sagrados e santos por atuarem diante das obras das leis divinas, pois estão assentados diante da destra do Espírito Santo que governa todos os Santos e vossas caridades, atuam em todas as esferas e caminhos espirituais e materiais para condução daqueles que deles necessitam, para que sejam hora guardiões lhe encobrindo dos olhos do mal, hora disciplinadores lhes conduzindo e guiando juntamente com os Santos missionários do Criador às lições da vida espiritual e terrena. Pois aqueles que possuem as chaves das portas celestiais que selam os mistérios e segredos do espírito ao qual cada espírito irá atuar, também possuem as chaves que desatam e apontam os caminhos e as direções de todos os espíritos da terra a vossas verdadeiras moradas, pois lá também estiveram.

"E vi outro anjo subir do lado do sol nascente, e que tinha o selo do Deus vivo; e clamou com grande voz aos quatro anjos, a quem fora dado o poder de danificar a terra e o mar. Dizendo: Não danifiqueis a terra, nem o mar, nem as árvores, até que hajamos assinalados nas suas testas os servos do nosso Deus" (Apocalipse 7: 2,3).

E o único anjo servidor das forças celestiais, assentado também a coroa celestial do Criador do Mundo velando por vossas sagradas vestes, e que possui a chave de todos os segredos e caminhos de todos os espíritos que em elo terreno irão adentrar, assim como todos os segredos de todos os espíritos e do mundo, tem por nome Gabriel, o espírito leal à benevolência, nobreza e misericórdia do Ser Supremo, assentado a castidade de poder e glória magnífica do Criador, como vosso servo e vosso fiel guarda da mais nobre casa e morada, sendo também o chefe de toda a potestade de todos os guardas e espíritos que atuam diante da face do Criador zelando e cuidando de todos os segredos que a ele foram conferidos e por determinação confiados diante das portas e portais santos na casa do Pai Celestial e de todas as forças e poderes infinitos que jorram das vestes de Deus.

Pois somente um espírito fiel, honrado e leal, poderia proclamar as chaves das casas e zelar pelos guardas que cuidam e zelam pelos espíritos de cada espírito que cuida e adentra em vossas missões, tendo como garantia de cumprimento, a liderança do maior de todos os chefes de todas as potestades de todos os dons espirituais que são os segredos, que além de ser o mistério de cada espírito é também o que mantém a certeza de que cada um terá a chance de seguir os vossos caminhos espirituais e cumprirem com vossas missões e determinações, pois nenhuma investida de espíritos rebaixados poderá roubar ou sucumbir aos votos feitos em segredo a Deus, o Criador por cada espírito que nascido das mãos de Deus o fez antes de nascer em terra, ou antes mesmo de caminhar por qualquer elo que seja. E para que todos cumpram com vossas palavras e recebam as vossas orientações de forma espiritual ou intrínseca, para cada espírito que atua como anjo da guarda se faz necessário que o chefe desta força de poder e luz que carrega todos os votos em segredo seja protegido e zelado como que o próprio castiçal que carrega diante de vossa face como sendo o próprio símbolo da devoção e tranca de cada caminho selado e velado para que nada seja exposto ou anunciado por aqueles que não o devem fazê-lo.

E cada tranca de cada chave será guardada por outras sete chaves que compões as alianças espirituais entre o espírito anjo que guarda, e espírito que recebe seu próprio guarda e que conhece todos os caminhos e todas as portas tanto espirituais quanto matérias que por permissão divina irá adentrar de antemão aos caminhos de cada encarnado, o protegendo, o guiando e sendo fiel e este até o dia de sua morte em terra sendo também o guarda em campo espiritual até o momento e a hora em que deixará de servir e voltará a face ao seu mestre supremo, Gabriel.

E nenhum espírito deixará de ser guiado e nenhum anjo da guarda deixará de o anunciar tanto no momento de sua chegada quanto de sua partida para que este o seja guardado e protegido por aquele que até o momento do findar de sua missão seja o seu soldado espiritual, não deixando nem por um piscar de olhos a vossa missão que é proteger e cuidar do seu caminho, o zelando para que nenhum segredo seja relevado ou anunciado, de forma para que nenhum outro espírito possa interferir nos caminhos santos que foram escritos antes mesmo do ser carnal ser um ser espiritual, selando com votos todas as lições ao qual deve prostrar-se e dedicar-se em aprender.

"E depois dessas coisas vi quatro anjos que estavam sobre os quatro cantos da terra, retendo os quatro ventos da terra, para que nenhum vento soprasse sobre a terra, nem contra árvore alguma" (Apocalipse 7: 1)

Por isso, sela-se com fogo, sela-se com água, sela-se com ar e sela-se com a terra, pois cada um dos quatro anjos portadores dos segredos de Deus guarda e protege seus mistérios com o poder ao qual por determinação divina possuem, e os maculam dá forma ao qual possuem seus poderes e dons espirituais, por isso, o mesmo espírito portador das chaves que selam e escondem, são também os únicos capazes de fecharem e trancarem todos os segredos da terra, pois os únicos capazes de trancafiar são também os únicos capazes de abri-los utilizando-se do poder de força ao qual possuem. Ou seja, o mesmo dom que possuem pra fazer chover e refrigerar o possuem para fazer inundar, o mesmo dom que possuem para fazer queimar possuem para fazer forjar e destruir, o mesmo poder que possuem para soprar em ventos brandos possuem para fazer arrasar com a terra, assim como o mesmo dom que possuem para fazer brotar também possuem para fazer a fome adentrar. Pois todos os seres espirituais que possuem determinação divina e que atuam na ordenança do Criador obedecendo as vossas ordens e regência, também chamados de anjos celestiais, carregam as forças do universo. E as forças do universo que tem por nome, força da natureza que pelos anjos são também carregados por lealdade e amor ao nome de Deus, e por isso, levam em vossos braços os dons e forças celestiais ao qual recebem por determinação, fidelidade e honestidade do próprio Deus, o Criador do mundo.

E somente um poder de forças pode ser maior que as forças dos quatro anjos de Deus que alimentam os quatro cantos do mundo e percorrem com as vossas forças todas as esferas celestiais por ordenança do anjo Celeste Gabriel, que é o próprio anjo Gabriel, que encobre a terra com o seu poder de danificar ou frutificar e que governa e cuida de todos os espíritos através de seus mistérios selados e guardados pelas trancas das sete chaves que ele mesmo possui tanto nos céus quanto na terra. Cuidando e zelando para que todos os frutos celestiais, espíritos de Deus se fortifiquem e cresçam diante das leis de vosso Criador cumprindo com vossas promessas seladas em livro santo. Porém zelando e cuidando para que todos aqueles espíritos que sejam contra os votos proclamados anunciados em elo santificado, sejam destruídos, danificados e arrasados em nome da devoção e cumprimento de preces prometidas e seladas, para que todas sejam fielmente cumpridas.

Pois é ele também um devoto e cumpridor das leis divinas que guarda todos os espíritos em vossos selos comungando de vossa verdade e lealdade e por isso retendo o próprio vento, se for necessário; à própria luz do dia, o próprio amanhecer e até mesmo a força do solo da terra e todas as forças de tudo o que preciso se acaso forem forças advindas de ordenanças que se guiam contra as ordenanças do Criador e que a ele foi confiado zelar e cuidar diante da verdade que é só uma. Deus. A quem se apresenta diante da presença prostrando-se em honra e glória.

"O anjo respondeu: Sou Gabriel, o que está sempre na presença de Deus. Fui enviado para transmitir a você estas boas-novas" (Lucas 1: 19).

O único portador de todos os segredos por isso também o único conhecedor de todos os votos de cada espírito para com Deus, o Criador, todos os mistérios que carrega cada espírito, assim como o mistério de cada anjo da guarda que sela o oculto de cada espírito e de todos os guardiões que tomam de conta de cada anjo da guarda e de todos os segredos por eles selados. E o único enviado para transmitir as boas-novas é também o único conhecedor dos segredos e mistérios de cada espírito, por isso sabedor também dos segredos daqueles que possuem os segredos de Deus, que por isso caminho até o solo da terra e entregou-lhes as boas-novas como forma de quase revelar um mistério divino, anunciando a chegada do primogênito, pois era ele o próprio anjo guardador dos caminhos espirituais do Mestre no solo da terra. E por ser o grande servo possuir as chaves celestiais dos mistérios espirituais, Gabriel não apenas o revelou como o anunciou, pois aquele que guarda e sela todos os segredos do mundo perante a face do Criador tem todo o poder e forças para anuncia-lo em terra sem entregar ou danificar os vossos votos, pois somente aquele que também o conhecia pode compreender o vosso anuncio. Por isso, sabia o Mestre, por quem eram guardados os vossos mistérios.

Logo não são os anjos de guarda singelos e pequeninos espíritos de faces doces e celestiais prostrados às veste dos santos caminhando por entre as esferas espirituais dotados de orações e vestes azuladas. Estes são seres espirituais, altamente conhecedores das leis divinas, nobres e fiéis comandados por Gabriel, espírito leal e justo firmado as certezas do Criador para cumprimento de determinação em nome de todos os votos e promessas proferidas em nome de Deus por todos os espíritos que se encontram dentro e fora do elo terra, para busca de zelarem e cuidarem de todos os espíritos que guardam dentro das vossas essências as vossas verdades e máculas de todos os outros espíritos.

Por isso, todos aqueles que prometem e juram em nome Espírito Santo que é Deus e não cumprem com os vossos juramentos serão também pelos vossos próprios anjos da guarda selados em máculas espirituais, pois ainda que vossos juramentos sejam falsos nenhum espírito ou homens da terra será punido por nenhum espírito, seja este santo, seja este carnal, seja este celestial, pois para tudo e sempre serão guardados as vossas promessas dentro de vossas próprias existências que serão as únicas que poderão cobrar-lhes juízo de cada falsa palavra de cada blasfémia e de cada falso juramento. Por isso, ainda que falhem e não cumpram com vossas promessas juradas em elo celestial antes de adentrarem ao campo terreno, nenhum espírito será tocado ou invadido por forças espirituais negativas, pois assim com os anjos da guarda cuidam dos segredos cuidarão também para que até os errantes e falsos sejam protegidos de vossas próprias promessas e palavras até o dia dos vossos julgamentos.

E o anjo da guarda é quem guarda, é quem cuida, é quem direciona os caminhos, é quem detém todos os segredos do espírito que o próprio espírito desconhece, pois a ele é dada a missão guardar e cuida não somente o espírito, mas também da carne que compõe o encarnado, e assim o faz, cuidando, vigiando e olhando atento por aquele que é o vosso protegido enquanto houver determinação divina para que o espírito cumpra sua missão espiritual no campo terreno, e assim o ser encarnado possa através de vossos cuidados ser também direcionado e guiado na jornada material. Pois não seria anjo da guarda de acaso não pudesse guardar, porém para poder guardar é preciso conhecer a fundo cada detalhe deste espírito encarnado, cada desejo, cada vontade e cada segredo, pois sem conhecer os segredos não é possível prever os caminhos que o encarnado irá tomar e com isso não será possível precavê-lo e auxilia-lo, pois o espírito da guarda é também quem prevê os acontecimentos e redireciona o encarnado aos caminhos bons, por isso, é com este fiel, leal e servo prestando a vossa caridade espiritual de forma celestial para o cumprimento de vossa missão que todo ser material caminhará.

Portanto, nem mesmo o encarnado conhece seus próprios segredos, conhece suas falhas e motivos pelo qual adentrou ao campo terreno bem com a vossa missão, porém o vosso anjo da guarda que o conhece bem, detém até mesmo o poder de mudar os vossos caminhos por meio da comunicação intrínseca que possui com o espírito abrigado a matéria. Isto quer dizer que nenhuma sensação é apenas uma sensação diante do perigo iminente e nenhuma impressão é apenas simples impressão perante o erro, pois aquele que deve cuidar, zelar e guardar o espírito de si mesmo o faz, para que este não cai em nenhum abismo em forma de poço raso. E assim atua diretamente com o encarnado por meio de seu espírito em forma de sensação e sentido espiritual emanando informações de maneira instintiva natural para guarda e proteção dos seus.

E por selar todos os segredos do mundo e dos caminhos celestiais, todos os mistérios que já existiram, todos os que hoje existem, todos os que estão por vir e todos aqueles que também hão de existir, serão por ele guardados e trancafiados como únicos segredos no tempo e no espaço. Pois pela espada leal de Gabriel que protege e determina, seus fiéis sentinelas de guarda e de governança sagrada, todas as confidências prometidas em segredo e que já foram passadas, se farão novas, assim como todas as novas já existiram e são velhas, todas serão igualmente veladas no tempo que guarda todas as horas, selos e segredos de Deus.

"Se não for o Senhor o construtor da casa, será inútil trabalhar na construção. Se não é o Senhor que vigia a cidade, será inútil a sentinela montar guarda" (Salmos 127:1).

Por isso, antes mesmo do espírito ser um espírito em campo celestial, os anjos são quem anunciam as vossas chegadas e as vossas existências espirituais, e da mesma maneira ocorre a todos aqueles que se encaminham ao elo terreno, todos são anunciados para que todos os demais espíritos saibam de vossa existência e ocupem-se dos vossos recém-chegados espíritos, e estes, serão os vossos guardiões os vossos santos protetores juntamente com os vossos guardas sentinelas, anjos da guarda. Por isso, quem cuida dos segredos celestiais também os anuncia, pois será quem atará e desatará todos os selos anunciados, todos os segredos escritos com letras de promessas que pertence a cada espírito individualmente e todos os caminhos que serão percorridos. Pois cada ser é um segredo selado e guardado com as chaves sagradas escritas com letras de promessas nos livros dos tempos por todos os séculos dos séculos de Deus.

CAPÍTULO 2
O Santíssimo Senhor Deus

A Face do Criador

"No princípio, Deus criou o céu a terra. E a terra era vasta vazia, e havia trevas sobre a face do abismo: e o Espírito de Deus se movia sobre a face das águas. E disse Deus: Aja luz: e houve luz. E viu Deus que a luz era boa e fez Deus a separação entre luz, e entre as trevas... E fez Deus um firmamento, e fez separação entre as águas, que estão debaixo do firmamento, e entre as águas que estão sobre o firmamento: e foi assim... E disse Deus: ajuntem-se as águas debaixo do céu em um lugar, e apareça a seca: e foi assim. E chamou a seca, terra e o ajuntamento das águas mares: e Deus viu que era bom" (Gênesis 1: 1,2,3,7,9,10).

2. E o misericordioso Deus, através de vossa benevolência divina de criação, pela vontade de santificação de vossos desejos, criou com toda magnificência e esplendorosa gloria o grandioso e sagrado elo terreno com todas as coisas, aos vossos próprios olhos, boas, ou seja, divinamente adorável e pleno as vossas próprias expectativas, para suprir e atender aos vossos anseios sagrados diante de vossa necessidade de criação de um novo e naturalmente belo e santificado elo espiritual, por vossas próprias mãos, criado, diante de vossa determinação de que este fosse o mais perfeito e furtivo dentre todos os outros elos espirituais por vos criado. E que fosse o mais estimável e generoso dentre todos os outros, sendo grandioso em tamanho, poder e força capaz de receber todas as outras coisas boas também criadas para serem e comungarem dentre si de tudo aquilo ao qual seja bom, seja nobre e seja elevado diante de vossa verdade.

Por isso, criou o Senhor Deus, o campo terreno, belo e grandioso, não apenas em tamanho, para que todas as outras criações e criaturas que viriam a habitar pudessem ser também alimentadas e nutridas por essa mesma terra, podendo ser fecundos e multiplicarem, mas em tamanho apropriado para que todos possam crescer, caminhar e consumir desta terra além de receberem as emanações que partem de vossas intenções para que seja viva e vívida pelo vosso poder, porque todos que dela usufruiriam, seriam assim como ela própria, carregados de energias para comungarem dentre as demais energias ao qual ao mesmo tempo depositou quando os criou, pois a fonte ao qual abasteceu os seres para que fossem vivos e alimentados pela terra, fora a mesma da qual jorrou no campo terra através de vosso manancial único de luz e poderes em forma de criação, construindo as formas e formatos mais singulares ao qual espiritualmente gerou para servir, serem servidos e servidores deste elo espiritual, onde um não poderá jamais existir sem o outro, ou um ser não poderá jamais ser um vivente sem que se abasteça da energia do outro, assim como todos os outros serão abastecidos de vossas próprias energias para regarem as vossas próprias fontes existenciais.

Desta forma, a grandiosidade do campo terreno não é apenas em tamanho de espaço quadrado, pois além de ser essencial que seja grande em tamanho de firmamento, para que possa receber as vibrações e as energias do Criador, pois está sendo grande em extrema robustez de poderes de luz, precisa de espaço também grandioso para que possa no momento do derramamento divino de vibrações celestiais, ser diluídos em ressonância espiritual pelos demais cantos da terra, sustentando assim as energias e vibrações para que estas não destruam ou causem danos nas camadas superficiais ou profundas do solo árido da crosta terrena, trazendo a destruição deste elo.

Por isso, se fez necessário que fosse tão grande em tamanho e espaço, pois assim é a energia que vibra neste elo, tão grande quanto o vosso Senhor, e ainda que nem todos os espaços terrenos fossem a ser utilizados pelos seres materiais, todos os espaços seriam utilizados pelo Criador para que as vossas forças e luz fossem correntes neste campo, de forma que todos os seres espirituais criados pela vontade do Ser Supremo pudessem individualmente receber as emanações divinas que brotam e partem da fonte única do Criador sem que estas os destruam, causando choques energéticos entre os indivíduos com suas próprias vibrações espirituais aos quais seriam constituídos e as vibrações dos componentes e elementos santificados, que, assim como os seres em matéria orgânica também são espirituais e recebem vibrações tanto quanto aos seres inorgânicos, porém as vibrações dos seres inorgânicos seriam maiores e mais fortes do que as vibrações aos quais receberiam os seres orgânicos.

Por isso o espaço demasiado composto em água chamado de oceano serve além de fonte viva de energia que refrigera a própria terra seca, a tornando úmida e habitável como também o sustentáculo em forma de colunas espirituais divinas que recebem das vibrações e emanações celestiais, com todo o poder de forças e vibrações ao qual realmente possuem as energias santificadas, as dissolvendo em vossas formas prementes em imensidão de partículas de água, as amortecendo em vossas ondas e dissipando as cargas energéticas que poderiam ser destrutivas e danosas aos seres orgânicos e também aos seres inorgânicos, devido ao extremo poderio de forças que descarrega a descarga de energia vinda da fonte divina do Criador, e se estas não fossem aparadas pela força também bruta das águas, que além de aguarentar e dissipar, as tornam brandas e limpas, para que possam fluir em direção aos campos terrenos para abastecimento dos seres que delas necessitam bem como os seres orgânicos necessitam para sobreviverem e estes não sobreviveriam as descargas de energias vindas dos campos celestiais.

Porém não são estas energias as mesmas regidas pelos Espíritos de grandeza e jorradas por sobre a terra por meio dos Anjos encantados, os Santos, pois as energias jorradas pelos Espíritos de grandeza são as energias de fluidez voltadas para a continuidade e manutenção da vida terrena em forma de frutificação, procriação, ciência, justiça, doutrina, luta, leis e correção, ou seja, tudo aquilo que determina os caminhos e as direções aos quais os seres materiais devem seguir para os vossos progressos e alcance de vossas elevações.

Por isso, estas energias jorradas pelos Espíritos de grandeza são peneiradas pelos Anjos encantados, os Santos, pois além de possuírem a mesma robusteza de forças capaz de causar destruição dos seres que dela necessitam, são as energias essenciais aos seres carnais que necessitam serem nutridos destas sete forças para que sejam frutíferos e múltiplos seguindo as ordenanças divinas de crescimento e elevação espiritual ao qual trazem estas forças.

Diferente das energias cândidas de robustez celestial, que são as energias que abastecem todos os seres orgânicos, inorgânicos, elementos sólidos e materiais e toda a unidade terrena em campo natural e material, porém, não são pelos Espíritos de grandeza, recebidas ou comandadas tampouco, são peneirados para que sejam jorrados por sobre a terra, pois estas energias partem da própria fonte divina do Criador, aquela mesma ao qual criou o campo terreno e gerou todos os seres espiritualmente e os inspirando em vossas unidades os vossos espíritos, reflexos de vós mesmos.

E toda fortaleza de poder de luz e força utilizadas para a criação em forma de energia divina ao qual fora utilizada para conceber de tudo o que existe em campo terreno, incluindo todas as forças que encobrem e alimentam-se das trevas, as tornando dia em noite e noite em dia, todos os dias, ainda é a mesma utilizada para a manutenção e fortificação da unidade terrena, que não sobreviveria se acaso não recebesse as nuances de energias poderes e forças do Criador para que seja viva e vívida, pois somente através das forças que os criou, que os comanda e que os governa, é capaz de manter-se viva até onde esteja a vontade do Criador de abastecer-vos neste elo.

Logo, as energias das sete fontes, recebidas pela cúpula arcada celestial e regida pelo único Espírito que as comanda, não é a mesma energia ao qual o Criador governa e conduz vivos os campos terrenos ou toda a unidade terra ao qual criara por vosso próprio desejo e que por isso a abastece com as mesmas forças de criação ou o mesmo poder de forças para que sejam todos nutridos com o vosso poder e vossa bondade.

Pois as sete energias das sete fontes que recebem as sete distintas forças de energias diretas do Criador, são forças de magias voltadas unicamente para os seres orgânicos materiais ou seres carnais, para que estes sejam fortes em vossas multiplicidades e possam caminhar pelas forças sagradas do Criador se utilizando das sete forças Dele mesmo, para que sejam bons e justos uns com os outros, pois assim como foram criados de espírito celestial foram também criados de ciência e discernimento, para alcançarem as vossas evoluções espirituais através deste campo. Enquanto as energias cândidas de robustez de forças jorradas em campo terreno ao qual não são regidas ou peneiradas por nenhum espírito são as próprias energias do Criador, ou as mesmas energias que outrora os gerou espiritualmente e criou o campo terreno para que este fosse o mais belo e grandioso elo espiritual de passagem material, habitado com os mais importantes elementos naturais, abastecidos pelos mais sagrados e importantes elementos inorgânicos e orgânicos para que estes continuem sendo a continuidade das vibrações espirituais divinas, ou a mesma ao qual os gerou e deu a vida, e possam permanecer vivos e serem vívidos pelo poder de quem vos criou em campo terreno com as mesmas energias ao qual foram gerados, ainda são e eternamente serão nutridos.

Pois o mesmo poder de forças e luz que vos gerou espiritualmente e criou o elo terreno e vos criou em forma orgânica é o mesmo que Deus, o Criador utiliza para vibrar por sobre a terra. os fazendo vivos e vívidos por vossas próprias mãos e vossa própria gloria de criar e fazer com que sejam ainda fortes e múltiplos como do momento da proclamação inicial de que fossem múltiplos a vossa imagem e semelhança.

Por isso, não são os seres orgânicos recebedores de "energia direta" ou dotados de energia direta do Criador e sim energias peneiradas pelos seres espirituais criados para serem e receberem as energias cândidas, porém, fortes e robustas diretamente das fontes de energia do Criador em campo terreno e abastecerem os seres orgânicos, ou seja, os seres orgânicos recebem apenas aquelas ao qual possuem poder de carregar ou aquelas que necessitam, e nada, além disso, pois se acaso fosse o contrário, seriam os seres orgânicos dotados de energias que poderiam além de lhes causar sentidos espirituais desnecessários e desajustes espirituais destruiriam com os demais seres de igual energia e emanação por força de vossas vontades e desejos. Por isso, são os seres que recebem a robustez de forças divinas inorgânicas e são os seres que se nutrem com elas dotados de ciência e discernimento para que cada um ou cada espécie atue da forma ao qual fora criado e execute tudo aquilo ao qual fora determinado sem interferir ou danificar com os outros seres, porém, servindo e buscando a elevação por meio daquilo que realmente lhe pertence e lhe serve, comungando das mesmas energias e emanações divinas.

Por isso, são os seres inorgânicos, e minerais que abastecem os seres orgânicos em poderes e forças espirituais, pois as energias que partem de vossos interiores ou vossas essências, ao mesmo tempo em que ocupam o campo terreno compondo, embelezando ou nutrindo a própria terra, servem também para trazerem o equilíbrio das forças e das energias espirituais que este campo necessita bem como o equilíbrio do eco sistema que é o sistema terreno em que as forças orgânicas são inseridas em substância material. Por isso são eles que recebem e disseminam a robustez de energia e forças celestiais aos quais os seres orgânicos não possuem estrutura biológica nem em tamanho nem em força própria para receberem, porém necessitam.

Desta forma, são os elementos inorgânicos existentes em campos terrenos, ao qual se inclui ás águas, os minerais, o elemento sol, o elemento fogo, o elemento ar e todos aqueles que abastecem as formas de vida orgânica terrena, nutrindo através do derramamento de energias que partem das fontes espirituais fluindo energias cândidas e brutas sendo peneiradas e transformadas em energias brandas e em seguida sendo jorrando por sobre os vales, montanhas, rios, matas e toda a vegetação existentes que atuam com forças divinas em comunhão dentre eles mesmos, formando uma única fonte de recebimento de luz e energia celestial de emanação e poderes abastecidos pelas energias do Criador para serem compartilhados em campo terreno ao qual devem alimentar todas as vidas e forças orgânicas espirituais e orgânicas materiais ou carnais.

Então, o Criador, além de criar e construir o manancial de poderes e forças divinas em campo terreno para aqueles que irão desta terra se abrigar, também construiu com todo o vosso amor, benevolência e dedicação as vossas mais puras e nobres fontes de luz em forças, em modelos e forma naturais espirituais para sustentarem todas as vidas que seriam nascidas em comunhão com as demais vidas existentes para serem alimentados e nutridos através de vossa santidade, por meio de vossas criações, sendo um o complemento do outro ao qual nenhum poderá ser vivo ou vívido sem a comunhão dos demais seres que neste elo espiritual se encontrariam.

E o abismo coberto de escuridão que outrora fora à casa do nada, diante das forças do Criador, passou a ser o abrigo das energias e vibrações celestiais, conduzidas pelas formas e modelos criados para serem e fazerem brotar em todos os cantos do solo da terra e fazendo com que todos recebam as forças celestiais divinas, e sejam vivos e vívidos através das forças que nascem dos mananciais de energias que partem da luz do Criador, vindos da vossa fonte de abastecimento sideral, transformando-se em contato com o campo terreno em luz que gera vida da vida existente na fonte natural espiritual do Senhor Deus, que se transformando em energias brandas através do choque com os elementos e as fendas biológicas para que as vossas forças possam jorrar e posam molhar as formas de vida existentes neste elo sagrado, seja o elo sagrado, chamado terra, tão vivo quanto as energias celestiais que da fonte viva recebe.

Mas não fora o campo sagrado criado apenas para ser o mais belo dentre todos os belos campos celestiais e espirituais existentes no universo eternal do

Criador e sim o elo recebedor de todas as forças, poderes, magias e forças ao qual o Criador com a vossa autoridade construíra para ser e comportar tudo aquilo ao qual ele mesmo admira e carrega consigo em forma de misericórdia, amor e luz.

Por isso, fora a vossa intenção, de construir coisas e espécies tão grandiosas, belas e passíveis de serem amadas, admiradas assim como a vossa própria luz, que deu vida a todas as vidas espirituais, sendo estas carnais ou não para derramar por sobre elas todo o vosso mais admirável e extraordinário poder de amor, compaixão e misericórdia, tornando tudo àquilo que lhe pertence, tão grandes, majestosos e misericordioso como ele mesmo; construindo desta forma tudo aquilo que deseja à vossa própria imagem e semelhança; não em forma física, pois nem os homens nem os elementos ou nenhum produto natural traduz ou se compara ao Criador em imagem e sim em magnitude de poderes, forças, magias, mistérios e glorias, sendo onde quer que estejam a vossa imagem em eternidade, inteligências e singularidade em forma de amor e compaixão.

Portanto, são todos os elementos naturais, as formas vivas, reflexo do Criador, não em matéria inorgânica ou matéria orgânica carnal e sim em essências espirituais jorrando as vossas forças, por meio dos elementos vivos criados semelhantemente tal qual Deus para expressar tudo àquilo que possui de forma majestosa, os tornando perpétuos e livres aos campos onde não somente as águas correriam livres em direção ao ajuntamento de todas elas, não somente as montanhas poderiam ser belas e admiráveis estando em barro, unidos em alto ajuntamento de terra, não somente as árvores poderiam render frutos e alimentar os seres sendo imprescindíveis em quantidade como também poderiam todos os seres que desta terra adentrassem para viverem as vossas existências serem tão grandes quanto às montanhas, tão livres quanto às águas que correm soltas, tão frutífero e contínuo quanto ás árvores que alimentam, desnudam-se de alimentos e voltam e a brotar para novamente alimentar, sem que tenham os que desta terra viverem preocuparem-se além daquilo ao qual devem labutar para espiritualmente crescerem e se multiplicarem, não apenas em quantidade, mas também em amor e compaixão.

E fora criado o elo sagrado terreno majestosamente irretocável perante todos os outros elos existentes, fluindo as mais nobres e importantes energias e vibrações celestiais para que este seja não apenas um campo de passagem e sim o mais importante campo de passagem espiritual onde todos os filhos e filhas criados a vossa imagem e semelhança possam adentrar e conhecer o vosso Criador assim com ele mesmo é, dotado de tudo aquilo ao qual necessitam para conhecerem-se a si mesmo, multiplicarem e buscarem a elevação espiritual, sendo abastecido por Ele mesmo por meio das formas mais espetaculares e singulares existentes, somente neste campo espiritual terreno, como a força das águas, o poder do ar puro, a vastidão do elemento árido, o formidável abrasar do fogo bem como as vegetações, as matas, os mares e a liberdade de existir e ser a si mesmo, podendo ser exatamente aquilo que se deseja sem imposição ou obrigação de viver aquilo ao qual não acredita pelo fato de ser a imagem e a semelhança da benevolência divinal, podendo cada ser individualmente caminhar em direção à vossa salvação através de vossos próprios sentidos e verdades sem imposições de inverdades, sendo abastecido pela verdade, mas sendo livre para crer em vossa própria verdade.

Mas é o abrigo terreno, não somente um campo de frutificação e multiplicação das vossas determinações, desejos e forças como também o jardins do Reino de vosso Deus, o Criador, onde toda a natureza fora feita e determinada para ser o refúgio e o resguardo de todos os seres, recebendo de vossas próprias mãos as sementes a serem plantadas, as árvores a serem regadas, as águas para regarem as raízes, o sol para alimentar às folhas e os braços para serem fortes, para delas colherem e se alimentarem das forças de vida da vida eterna do Senhor Deus.

"E disse Deus: a terra produza erva verde, erva que de sementes, árvores frutíferas que deem frutos segundo sua espécie cuja semente esteja nelas sobre a terra... E Deus disse: produzam as águas abundantes réptil de alma vivente: e voem as aves sobre o firmamento do céu... E Deus disse: façamos o homem a nossa imagem, conforme a nossa semelhança, e reine sobre os peixes do mar, e sobre as aves do céu, e sobre o gado, e sobre toda a terra, e sobre todo réptil, que se move sobre a terra" (Gênesis 1: 11, 20, 26)

Pois o misericordioso Deus, o Criador, em vossa plena compaixão e amor divino de criação diante de todas as criações aos quais determinou que habitassem e fossem frutíferos na terra ao qual compôs com todo amor e magnificência de sublimidade poder de criação e de justiça, moldou assim como moldou todos os demais seres e soprou em vossos interiores o vosso espírito para que habitassem e se tornassem vivos em campo terreno criado em magnitude proporção de amor e de luz e determinou que assim como fossem os animais, as aves e os repteis, vivos também fossem os homens da mesma forma que todos os elementos e mananciais de energia criados para serem vívidos em campo terreno, campo de onde se encontram todos os que são o vosso reflexo de imortalidade, multiplicação, ciência e inteligência para serem através de vossa luz recebedores da fração de amor, de compaixão, de bondade e de vosso Espírito Santo que vos compões em igual semelhança em poderes e forças vos abastecendo de iguais forças, magias e mistérios para serem e receberem a vossa luz em igual emanação ao qual possam ser encontradas em outros elos espirituais rodeados de luz, também abastecidos pelo Criador.

E somente Deus possui o poder de criação e frutificação os fazendo vivos sobre o elemento árido, os dando não somente o direito de serem viventes como também a oportunidade de receberem e também emanarem tudo aquilo ao qual somente dele detém em manancial de forças de luz jorrando sobre toda a terra e sobre todos os seres que habitam a terra para que sejam o reflexo de tudo aquilo que ele mesmo é, disseminando dentre os que da mesma terra habitam todo aquilo ao qual receberam no momento do gênese de vossas existências e que por ordenança divina misericordiosamente também possuem, pois não seriam o reflexo de vosso Criador se acaso não possuíssem as mesmas energias e pudessem emanar os mesmos poderes de forças como o amor, a misericórdia, a compaixão, a ciência e a dignidade dentre os seus, assim como faz o próprio Criador, os concedendo serem o vosso reflexo recebendo a vossa luz em campo terreno, para que assim como ele mesmo distribuam e comunguem dentre as terra e os que nela habitam para que juntos caminhem em veredas sagradas ao reino celestial em direção a elevação espiritual e a salvação divina.

E sabendo que todos são igualmente grandes e sagrados perante o Criador, pois todos devem lutar e labutar em comunhão, pois são todos os seres viventes tão grandiosos e individualmente sagrados e poderosos quanto estando todos juntos, ou seja, nenhum ser que esteja em campo terreno, que tenha por este campo passado ou que ainda irá adentrar, seja este inorgânico, orgânico, natural, espiritual ou somente material, é espiritualmente mais ou menos importante para o Ser Supremo ou mais ou menos relevante que o outro dentro da unidade terrena, pois é através da união e comunhão de todos os elementos e seres, onde um será o alicerce do outro, podendo este ser um elemento biológico espiritual ou material carnal que alcançarão a elevação espiritual de cada ser, pois assim como o encarnado possui a sua própria missão espiritual servindo e sendo servido, da mesma forma são os outros seres de diferentes espécies, formas, configurações e emanações em campo terreno, e assim são todos os elementos que neste campo se encontram.

Ou seja, todos possuem a sua importância diante do Criador atendendo as ordenanças divinas de serem exatamente aquilo que devem ser para que cada um exerça exatamente aquilo ao qual deve exercer para buscar de vossos progressos espirituais individuais em comunhão com todos os demais seres e elementos aos quais os cercam e rodeiam as existências materiais.

Por isso, Deus, o Criador do momento e de vossas próprias criações materiais terrenas, concedeu a vida material espiritual àqueles que se abrigariam e povoariam a terra ao qual gerou e alocou todos os espíritos em abrigo material de carcaça biológica e orgânica em similar determinação de que sejam todos seres, múltiplos e fecundos; onde, independente da espécie, todos seriam carregadores do espírito doado por Ele mesmo, cumprindo com vossas missões espirituais de encontro terreno para jornada material em escola espiritual, neste campo chamado elo sagrado espiritual, detentor de todas as forças do Criador.

Forças aquelas aos quais todos devem sobre elas caminhar e conhecer para que conheçam a si mesmos e caminhem em direção ao regente único e magistral de todo o elo espiritual temporal, sendo composto cada qual em diferente espécie de singularidade terrena de vossa própria armação material para ainda assim, ser sagrado perante o Deus único que vós criou da forma, maneira e espécie que o são.

Isso quer dizer, que o misericordioso Deus, o Criador, em vossa plena misericórdia divina de criação, compondo-vos em vosso próprio seio benevolente de poder e de justiça, poderia ter-vos constituídos materialmente ou lhes concedido terrenamente em qualquer outra semelhança de espécie animal orgânico ou inorgânico, podendo ser, vos mesmos como uma planta, um réptil, uma ave ou qualquer outro ser de igual santidade que habita abaixo dos céus, bem como qualquer elemento mineral ou uma planta de vegetação singular ou ainda uma gotícula de extrema importância na junção das águas; uma vez que todos estes são os elementos ou seres ou as coisas divinamente criadas pelo Ser Supremo para que juntos todos alcancem as vossas elevações, sem distinção de raça, modelo, tamanho, espécie ou forma, pois todos foram criados para habitar o campo terreno, servindo ou sendo servidos para que juntos encontrem a verdade do Criador, pois todos são parte de vossa grandiosidade e vosso esplendoroso amor para com o campo sagrado de onde gerou.

Ou seja, embora sejam encarnados em carcaça material, chamados por vós mesmos de seres humanos, com raciocínio limitado a vossa própria espécie de entendimento apenas dentre vos, sendo limitados inclusive em relação às coisas espirituais, poderiam ter sidos gerados e abrigados em carcaças materiais de qualquer outra diferente espécie e limitação de raciocínio e entendimento apenas de vossa classe animal ou material, pois ainda assim seriam seres gerados pelo Criador para cumprirem com as vossas missões espirituais dentro do campo terreno, onde todas as formas, espécies, elementos e organismos foram criados e determinados para que sejam exatamente o que são, e cumpram com as vossas missões de exercerem as vossas limitações em razão de serem e existirem para comungarem com os demais seres espirituais em abrigos materiais distintos, para que todos unidos possam exercer as vossas razões de existirem para poderem executar exatamente daquilo ao qual foram constituídos e divinamente receberam ordenança de o serem e pertencerem para alcançarem as vossas evoluções.

Pois ainda que os demais seres com carcaça material, forma de comunicação e entendimentos diferente vos pareçam, pequenos, menores ou menos inteligentes, estes foram criados exatamente como foram criados os seres, chamados humanos, para exercerem e executarem tudo aquilo ao qual devem executar, não sendo maiores ou menores diante da ordenança e desejo do Criador quando do momento das criações. Por isso as vossas existências são tão importantes quanto à existência de qualquer outro ser de qualquer espécie ou forma existente neste campo, pois todas as labutas, são igualmente nobres, seja voltada para a manutenção do campo sagrado para a frutificação ou para a continuidade dele.

Pois assim como os encarnados, chamados por eles mesmos de seres humanos e inteligentes, os seres inorgânicos e demais seres orgânicos são quem auxiliam na continuidade tanto das espécies quanto das frutificações e missões daqueles que se autoproclamam inteligentes diante destes. Pois vossas determinações são desde equilibrarem o campo material biológico em que vivem, peneirando as energias divinamente recebidas, embelezarem as estradas materiais da qual irão pisar todos os seres fortalecendo as vossas essências terrenas, vos trazerem estabilidade diante dos alicerces estruturais da cadeia mineral, material e orgânica como também são os seres que filtram e equilibram as energias e emanações as quais os seres reconhecidos como sendo dotados de inteligências, não sabem ou não conseguem disseminar para que não se autodestruam quando jorrarem as vossas forças uns contra os outros através dos poderes e forças espirituais da qual carregam e desconhecem.

E ainda que sejam, inteligentes aos vossos iguais, essas forças e poderes da qual possuem em vossos espíritos em jornada terrena, ainda não controlam ou dominam por não saberem tanto delas quanto os seres da qual reconhecem como sendo menos inteligentes, inferiores ou coisa qualquer.

Porém, foi através de vossa compaixão, misericórdia e confiança que Deus o Criador, vós fez homens e mulheres ou seres encarnados materiais em espécie e composição de similar aparência entre si mesmo, com capacidade de discernimento, ciência, justiça, disciplina, luta e autocorreção, para lutarem e batalharem com o mesmo amor, a mesma devoção e a mesma compaixão dele mesmo e que possam lutar e usar o poder de vossas mãos, aos quais são os únicos seres dentre todos os seres que possuem a singular forma física e de discernimento, não por serem melhores ou mais merecedores e sim para que através de vossos esforços sendo facilitados em vossas composições físicas, caminhem em busca da salvação, tanto de vós quanto de todos os demais habitantes terrenos que aqui se encontram; assim com os demais seres de diferentes formas trabalham na busca do equilíbrio, embelezamento e alicerce de todo o campo terreno, porém em diferentes formas se encontram, mas ainda assim, são aqueles que junto com o Criador vos abastecem de energias e forças para que possam em razão de todos, batalharem e lutarem pela mesma causa divina.

Pois quando de vossa proclamação, determina o Criador que reinem por sobre os demais seres, que encarnariam na mesma época espiritual que vós, não os concedia distinção para que sintam-se elevados ou imaginem-se superiores ou mais queridos pelo Criador por serem em formato e compreensão diferente, e sim para que sejam os regentes daqueles que nasceram em diferente forma, conhecimento e poderes para que vocês pudessem receber e nascer com a forma ao qual se encontram para que por eles também possam batalhar e lutar.

E não é o homem encarnado superior aos demais encarnados de diferentes espécies em diferentes formas e conhecimento, por ter sido escolhido para ser o que são da forma ao qual foram nascidos e sim os responsáveis e devedores de vossas capacidades, conhecimentos e entendimentos aqueles demais seres das demais diferentes espécies que não puderam ser como vocês para que pudessem ser vocês mesmos os que deteriam o conhecimento, a ciência, a justiça, a doutrina, o discernimento das leis e a justiça, para que batalhem por todos eles de forma igualitária, prestando-lhes o mais nobre e complacente auxílio para que cresçam e sejam também fecundos e para que possam cumprir as vossas missões espirituais da forma ao qual foram concebidos serem por direito divino.

Isto quer dizer, que todos os demais seres de todas as demais formas de existência de vida, conhecidas em campo terreno, no dia de vossas proclamações, alegraram-se assim como vós mesmos diante da determinação espiritual de vossas existências espirituais na hora da hora mais sublime que é o instante do recebimento de vossos selos que vos concedeu o direito de serem seres espirituais guardados e protegidos pelo Criador e sagrados cumpridores de missão espiritual. Por isso, no momento de vossas chamadas para que fossem seres cumpridores de missões em campo de aprendizagem, se comprometeram, da mesma forma ao qual se comprometeram os seres encarnados chamados seres humanos, independente de como esta seria exercida ou da forma ao qual seria executada, se em carcaça material ou animal, assim como todos vocês, e apenas comprometeram-se em ser e executar tudo aquilo ao qual fora ordenado pelo Criador e acompanhados por vossos regentes.

E sendo direcionados ao campo terreno da forma e espécie que são, para que assim como os demais encarnados possam ser, são e cumprem em campo terreno tudo aquilo ao qual fora ordenado pelo Criador para que possam cumprir de vossas missões diante das determinações do que devem cumprir e ser.

Ou seja, todos eles são o que são e como são, para que vocês, também sejam o que são da forma que são e possam cumprir as vossas missões de seres através daquilo ao qual receberam o direito de o serem para alcançarem as vossas evoluções espirituais. Da mesma forma todos os produtos da natureza como os mananciais, as matas, as árvores, as plantas, os minerais ou espécies inorgânicas existentes no campo terreno, foram gerados e criados para abastecerem todos os seres que receberiam o direito de reinarem por sobre todos os demais seres debaixo do firmamento do céu em comunhão dentre todas as forças e de todas as raças.

Portanto, não desprezem as diferentes forças, formas e as coisas inorgânicas por imaginarem serem inferiores ou terem menos importância terrena por não terem recebido o sopro de vida em carcaça humana e por isso, não serem homens carnais, pois estes foram criados misericordiosamente da forma que são para que vocês pudessem ser seres materiais em carcaça física singular com formas propícias para se utilizarem de vossos poderes de discernimento, ciência, labuta, justiça e autocorreção e servirem ao Criador igualmente da forma ao qual eles também o fazem, porém em diferente forma e espécie os servindo e servindo assim ao Criador através do espírito que vos habitam a estrutura física material ou a estrutura ao qual foram escolhidas para servir.

Pois independentemente de serem formas inorgânicos ou orgânicos e possuírem carcaças diferentes em matéria biológica que pode se findar ou não de vossa existência terrena, são todos seres criados a imagem e semelhança de Deus, refletindo a vossa bondade e luz infinita, gratos por serem exatamente como são e poderem servir ao Criador independente da forma ao qual foram escolhidos pelo próprio Criador para vos servir, pois bem sabem aqueles que são espíritos desnudos da matéria carnal e livres de consciência material, que independente do estado terreno em que se apresentam, as vossas glorias não se encontram na forma física e sim na possibilidade de servir com lealdade ao Criador que vos gerou e vos escolheu para os servir juntamente com os vossos servos e servas, os Espíritos sagrados, aprender sobre Ele para que alcancem as vossas elevações, independente da forma ao qual se apresentam.

Portanto saibam espíritos homens encarnados! Que ainda que estes pareçam pequenos demais diante de vós e ainda que se sintam grandes demais perante estes, sejam orgânicos ou não, e ainda que vos façam acreditar que não passam de coisas pequenas e desprezíveis em campo terreno e que por isso devem reinar erroneamente de forma a sangrá-los ou destruí-los por não possuírem a mesma carcaça material ou não serem vestido de pele que findar-se-á da mesma maneira no solo da mesma terra. Foram eles quem alegraram-se diante da determinação sagrada de serem o que são para que vocês pudessem ser também tudo aquilo o que são, não apenas para embelezarem os vossos caminhos, florescerem as vossas estradas, iluminarem os vossos olhos, como também desaguarem em vossas estradas, calçando a terra de todas as forças e modelos que jorram e conduzem a luz e o amor do Criador, para que vocês, os encarnados, nascidos em carcaça física humana, possam ser aqueles que crescerão, multiplicarão e alcançarão a dignidade de serem bons servos divinos assim com são, e conquistarem a salvação, tendo sido calçados em campo terreno, não apenas por coisas que fazem doer e ferir a matéria, como também coisas belas e boas para que se lembrem sempre de serem e fazerem o bem, assim como fazem.

Pois somente através do bem serão libertos de si mesmo de fazerem o mau e cometerem falhas, e esses também se alegrarão de saber que conquistaram postos mais altos diante dos reinos de Deus com o auxílio destes que não vos falam com as mesmas palavras, mas assim como vós, sentem e pleiteiam a vos o melhor da jornada material para que sejam da mesma forma em jornada espiritual, bons servos do Criador.

"E se as primícias são santas, também a massa o é; se a raiz é santa, também os ramos o são. E se algum dos ramos foram quebrados, e tu, sendo zambujeiro, foste enxertado em lugar deles, e feito participante da raiz e da seiva da oliveira. Não te glories contra os ramos; e se contra eles e glories, não és tu que sustenta a raiz, mas a raiz a ti" (Romanos 11: 16-18)

E não seria a terra o poder de sustentação da vida terrena, fazendo brotar as novas vidas orgânicas e alimentos, se acaso a água não lhe fosse o alicerce de irrigação para que esta se abastecesse de forças e capacidade de germinar; e não é o sol o poder de forças celestiais de brilhantismo divino carregando as vibrações e energias divinas para iluminar a terra e fazer a vida terrena ser nutrida através de vossa potência de forças divinas naturais em forma bruta sendo atirada por sobre os encarnados e demais formas de vida terrena os carregando de energia celestial para serem vivos, se acaso a vida terrena não existisse em campo terreno; assim, não seriam as árvores frutíferas e todas as formas de alimento orgânico terreno o alimento da vida biológica e carnal, sendo abastecido pelas energias que os carregam o poder que vem da fonte de vida em forma de água ou da fonte de vida chamada sol os alimentados em vibrações divinas os fazendo brilhar e brotar, se acaso não existisse a vida humana para ser abastecida, fortificada e multiplicada. Porém, se acaso não existisse a vida humana ou as demais formas de vida terrena para serem abastecidas, fortificadas e multiplicadas não existiriam as árvores frutíferas e todas as formas de alimento orgânico, pois estas não teriam para quem sustentar com os vossos alimentos.

Ora, não é o que está abaixo do sol mais importante do que aquilo que está acima da terra, e não é o que está acima da terra, menos importante do que o que está abaixo do sol. Pois se acaso o que está abaixo do sol não se serve para aquilo que está acima da terra, o que está acima da terra também não serve para aquilo que está abaixo do sol; pois se o que está abaixo do sol não precisasse se utilizar daquilo que está acima da terra ou aquilo que nasce da terra não precisasse se utilizar daquilo que está acima dela, e não teria o porquê de existirem, nem aquilo que vem da terra tampouco aquilo que precisa do brilho do sol.

Ou seria a presa mais importante que o predador ou é o predador mais nobre do que sua presa? Mas se não houvesse a fome, não haveria a presa, e se não houvesse a presa, é porque não haveria quem sentisse fome. Sendo assim, não seria o campo terreno, o elo divino e sagrado dotado de belos mananciais de formas de vida e de formas espirituais de belezas singulares gerados e crescidos do seio de Deus e abastecidos do seio da terra. Terra esta, onde todos os seres existentes sejam orgânicos ou inorgânicos dentro de cada cadeia de gênero animal, mineral ou vegetal nascido múltiplo para comungarem uns com os outros para que todos sejam tudo aquilo o que são; se acaso não existissem os seres que vislumbrassem as suas belezas e se abastecessem de vossos frutos. Pois neste caso não teria razão de existir a terra, nem os seres da terra, nem os múltiplos frutos orgânicos e biológicos desta terra, tampouco aqueles que irão colher dela para sobreviver, pois não haveria terra para que se houvesse vida nela.

Portanto são os encarnados mais fortes e poderosos que os elementos e seres que os rodeiam, pois estes também possuem as vossas missões de estarem no mesmo campo para que assim como os próprios encarnados eles cumpram com as vossas missões de labutarem em busca daquilo ao qual verdadeiramente devem ser ou aquilo ao qual vieram buscar e alcançar, assim como todos os seres e elementos nascidos da verdade do Criador devem fazer. Vivendo as vossas verdadeiras e divinas jornadas terrenas, sendo eles mesmos, e executando tudo aquilo ao qual devem executar, servindo da forma ao qual devem servir, para que sejam tudo aquilo ao qual foram nascidos e gerados para serem, e também aqueles nascidos para aprenderem a servir ao criador sendo servos de Deus em comunhão com a vossa unidade terra, aprendendo a servirem-se da terra e utilizarem da terra tudo aquilo ao qual ela deve servir e vos ensinar para que um dia possam viver eternamente tudo aquilo ao qual nasceram para aprender e servir.

Por isso aprendizes encarnados! Não pensem que são mais importantes do que as raízes ou aquelas que sustentam o solo de onde irão pisar e calcar as vossas verdades; pois são aqueles que se fazem raízes mais forte do que vos que irão fixar aos vossos galhos. Ou são os calçados mais importantes para caminhar do que o próprio chão? Ou acreditas que apenas com os calçados sem o chão da terra, podem andar as vossas certezas? Ora, para beber é preciso ter a água, para respirar é preciso ter o ar, para forjar é preciso ter o fogo, para plantar é preciso ter a terra, para comer é preciso o alimento e para se abrigar é preciso à madeira para construir o abrigo.

Da mesma forma, para vislumbrar as coisas bonitas da vida é preciso ter além dos olhos espirituais que enxerguem as coisas como elas são, ou seja, espiritualmente criadas para vos abastecer, também é preciso que se tenham coisas bonitas para enxergar; pois para olhar ao horizonte e encontrar esperança de acreditar nele é preciso existir o horizonte, e esta esperança de enxergar ao longe as coisas espiritualmente criadas para serem coisas terrenas e sustentarem as vossas confianças de caminhar e chegar com vossos próprios pés ao divino horizonte.

Portanto, não são as coisas não materiais, orgânicas e naturais que dentro do elo terra se encontram coisas vãs, pequenas e desprezíveis por estarem abaixo de vossos pés ou não comungarem das mesmas expectativas de sonhos mundanos por estarem em alguns momentos os servindo de estrutura, alicerces e raiz de todas as sementes e todas as coisas da qual irão se utilizarem. Mas são muitas vezes por vós, considerados pequenos diante de vossos orgulhos de crerem serem mais importantes ou nobres pelo simples fato de pisarem no chão da terra ou os utilizarem apenas como coisas ou formas que criados foram para embelezar ou nutrir as vossas existências materiais terrenas, sendo por vos considerados sem vida e sem relevância diante de vossas inteligências limitadas e pouco utilizadas em vossos ilusórios mundos, mais fantasiosos que as próprias fantasias de acreditarem serem nobres sem a nobreza divina.

Pois é através do chão da terra e das coisas que se encontram aos vossos olhos pequenos, as coisas que farão com que vocês tenham a chance de conhecerem-se a si mesmos, caminhando por sobre as pedras materiais para compreenderem que mais do que pedras que firmam o solo ao chão ou embelezam os caminhos da qual irão trilhar, são as coisas que fortalecerão vossos espíritos ao mesmo tempo em que firmam o solo da terra da vida espiritual em campo material onde vocês irão caminhar em direção as vossas salvações juntamente com tudo o que neste elo se encontra, sendo grandes ou pequenas aos vossos olhos, mas sim o alicerce dos caminhos ao qual deverão comungar para juntos caminhar e alcançar.

Pois o vosso Criador de tão grandioso e poderoso, sábio de eterna magnificência de compaixão e misericórdia, sabendo que no momento em que estivessem inúmeros encarnados vivenciando os mesmos gostos e desejos mundanos inseridos em vossa casa sagrada terrena na busca do conhecimento e progresso espirituais já inspirados e formados em carcaças materiais conheceriam as dores, as angústias, os amores e as paixões aos quais poderiam por vos mesmos vivenciarem através das forças que partem de dentro de vós em campo material, que são as mesmas forças vindas das energias das fontes espirituais que internamente recebem para labutarem as vossas vidas terrenas, porém em razão de desejos, quereres e paixões, disparam as vossas energias internas em favor de terem, possuírem e conquistarem tudo aquilo que desejam e ambicionam de forma mundana, se utilizando destes poderes e forças da qual internamente recebem para labutarem espiritualmente em favor de labutas de honras espirituais; as direcionando apenas aos desejos mundanos de quereres passageiros e posses ilusórias as jorrando em forma de destruição, arrasando os demais semelhantes, tornando a vontade de destruir seus semelhantes para acima deles de proclamarem maiores e melhores maior que a vontade de erguer em comunhão com aqueles que foram amavelmente criados para que em comunhão sejam fortes e cresçam em vossas existências.

E ainda acreditam que as vossas energias internas recebidas pelo Criador jorradas de fontes santas, são ao invés de forças de determinações para lutarem e labutarem juntos em favor da elevação espiritual de todos que da mesma era foram nascidos para que possam colher dos frutos benditos que escolhidos foram para que colhessem em comunhão com aqueles que foram escolhidos divinamente para serem os vossos pares e alicerces espirituais terrenos, preferindo acreditar que estas fontes energéticas concebidas divinamente são na verdade forças próprias nascidas internamente em razão de vossos próprios desejos para medirem potências de forças e esforços uns com os outros, em razão de autoproclamarem-se grandes maiores, mais sábios ou mais queridos perante as forças mundanas de comum energia, causando guerras e destruição em razão de bens e terras que não passam de terras que pertencem à própria terra e que as guerras e lutas em batalhas mundanas acima do chão da terra, os levarão a nada existencial, pois nada do que vem da terra ou do campo terreno vos pertencem; e ainda acreditando que isso é sabedoria e nobreza, lutam e batalham por aquilo que não é e jamais os pertencerá.

Por isso, o Criador grandioso e misericordioso em demasia, ao mesmo tempo em que vos entrega todas as forças e energias necessárias para viverem e labutarem em vosso sagrado e amado campo terreno, amado campo de forças e energias saídas de vossa própria fonte de poderes e magias, os ofertam também diversos elementos e formas orgânicas capazes de receberem e em vossos lugares anularem as energias da qual transformam em destrutivas quando as desferem em prol de derrubar ao invés de elevar os seus semelhantes na busca de desejos e regalias descabidas que alimentam apenas a carne, quando vocês por meio das forças de determinação interior utilizam as forças aos quais receberam para lutar em razão da construção, lutam em razão da destruição e disparam as energias as nobres da qual receberam contra os seus, causando males e trazendo ruínas de outros seres, como sofrimentos, angústias e dores tanto para aquele que a recebe em forma de dor e tormento quanto para aquele que as disparam.

Porém Deus o Criador é sábio e grandioso em demasia para deixar que os vossos filhos e filhas nascidos de vosso próprio vente os vençam uns aos outros através das energias que jorradas são de vossas intenções de serem grandes em razão de desejos e queres mundanos que podem vos afastar de cumprirem com as vossas missões espirituais. Por isso, fora os elementos inorgânicos e alguns seres animais de espécie orgânica, como aqueles mais próximos aos encarnados homens, criados e gerados das fontes de energia infinita do Senhor Deus para serem próximos aos encarnados homens, pois são detentores de forças e poderes espirituais acima das forças e capacidade de forças dos encarnados; e da mesma maneira como os elementos inorgânicos foram preparados para receberem demasiada potência de vibrações de energias do Criador em forma bruta e as dissiparem no solo da terra e no espaço, estes animais de espécie assim como os próprios encarnados orgânicos, foram também criados para receberem as energias e vibrações de forças que fluem de forma negativa vindas das fontes humanas, para que estas sejam em determinado espaço de tempo, anuladas e dissipadas através dos elementos inorgânicos e da terra.

Então foram criados alguns seres da cadeia orgânica animal, como os seres animais mais próximos aos seres encarnados homens, para absorverem e dissiparem no chão da terra e no espaço, as energias fluidas de maneira negativa, as anulando em determinado espaço de tempo, para que estas não sejam tanto para quem as desferem quanto os que as recebem, destruídos ou autodestruídos, pois aqueles que as disparam de forma contrária ao que devem labutar, as estão disparando de maneira contrária ou negativamente as ordenanças divinas, e além de transformarem as forças e energias divinas recebidas para labutarem em energias negativas, também são capazes de auto se destruírem espiritualmente quando transformam todas as energias de fluidez branda em fluidez de forja, pois a forja que é capaz de queimar externamente, com o mesmo poder queima e arde internamente, causando ainda mais destruição a quem a dispara. E neste caso, não teriam estes seres novas chances de aprenderem com os vossos erros tampouco de se reerguer, corrigir-se a si mesmo e tentar novamente através de vossas energias e forças recebidas de forma branda divina, acertarem por labutarem de maneira correta.

Pois a diferença entre a entrega das forças recebidas para a labuta do que consideram o bem quanto o que consideram o mal é apenas a força empregada para aquilo ao qual se busca, em razão de exercer e executar o bem ou o mal conforme os vossos desejos e quereres, porque a fonte que jorra é única, porém a forma ao qual esta força será utilizada é que fará desta força o bem ou o mal dos homens. Por isso, aquele que se utilizar de vossos poderes e forças para desferirem energias e emanações boas aos seus pares, ou seja, na busca de construir grandes obras para que juntos possam se abrigar, receberá na proporção daquilo ao qual entregou.

Da mesma maneira aquele que ocupar-se em desferir as energias aos quais recebe divinamente em razão de executar grandes obras pessoais e castelos de areia lastreados em egoísmo, injustiça, e dor alheia receberá na mesma proporção aos quais se entrega aos outros, e por consequência deverá este, estar preparado para receber de volta tudo aquilo ao qual empregou aos seus. Ora, não é um malfeitor o alicerce das casas celestiais, tampouco recebedor de flores e honrarias divinas em razão de vossas obras e conquistas, pois não basta que sejam grandes obras executadas, basta que estas sejam executadas em nome do amor e da verdade que vos construiu em alicerces divinos, ainda que essas obras sejam aos olhos carnais pequeninas.

Mas a misericórdia divina os poupa de serem findados pelas forças e poderes aplicados de maneira contrária aos vossos ensinamentos, pois ainda que as utilizem de forma errônea contra os seus, essas forças pertencem às fontes divinas do Criador e a ele cabe a forma como irá podá-las ou engrandece-las ainda mais, para que sejam as vossas forças em ações terrenas executando grandes obras aos quais determina em direito divino que os seres encarnados construam e executem tudo aquilo de ordem material ao qual desejam em campo terreno, pelo simples fato de terem recebido o direito de adentrarem a este elo e possuírem as chaves que o governam as vossas terras sem interferência braçal de quem os conduz a este campo. Porém, as vossas interferências serão de forma espiritual, fortalecendo ou rompendo com as vossas próprias energias para que não se findem em antes de concluírem as vossas missões.

Por isso, é o Criador, o grandioso sábio e infinito de poder em forma de amor e misericórdia, porém não desafiem as vossas leis, pois as vossas leis não foram construídas por mãos materiais tampouco de verdades lastreadas em inverdades ou justiça material, que muitas vezes parece ser mais justa com os injustos do que a própria justiça que as escreve. Por isso, quando da proclamação de que devolva a Cesar o que é de Cesar, não se referia o Mestre em relação às coisas materiais e sim a coisas justas da justiça de cada ser perante as vossas próprias verdades e anseios.

Pois todo aquele que construirá algo material, da qual o confere o direito de chamar terrenamente de seu, por justiça terrena ordenada pelas leis dos homens, certamente este reclamará tudo aquilo ao qual o pertence de forma justa em razão da justiça material que o abastece. Por isso, todo aquele que plantar ou construir a ele será devolvido exatamente aquilo ao qual lhe pertence, logo, todo aquele que plantar sementes de rosas a ele será entregue rosas, todo aquele que plantar sementes de frutas a ele será devolvido frutas, e todo aquele que construir discórdia, desamor e desesperança a ele discórdia e desamor serão devolvidos. Mas não por justiça divina, pois justiça divina não se faz com punição ou castigo e sim devido às leis da sabedoria do Senhor Deus que também cercam as coisas da terra. Porque não será o Senhor Deus quem vos entregará tudo aquilo que materialmente na terra plantaram e sim a própria terra através do direito de serem os regentes do campo terreno; porque da mesma forma que a vocês concedem o direito de serem os jardineiros, também vos concede o dever de serem os afortunados recebedores de tudo aquilo que lhes cabem colher conforme o que plantaram por direito também terreno de administrar da forma e maneira que querem tudo aquilo ao qual desejam em campo material.

Porém a justiça divina não se aplicará sobre os encarnados sobre as coisas materiais das quais plantam e colhem, pois das coisas divinas não os cobrará de forma material sobre aquilo que a matéria pertence e sim de forma espiritual, pois as coisas materiais não serão os galardões da matéria e sim do espírito que dela se ocupa escrevendo as próprias leis na terra que não vos pertence, porém vos entrega exatamente aquilo que plantam, como forma de retribuição das coisas que fazem, pois o mesmo direito da qual possuem para plantar é o mesmo que também possuem para colher tudo aquilo que plantaram e na mesma proporção, pois tudo aquilo que fora pelas mãos de Cesar, criado as mãos de Cesar deverão voltar.

Por isso, façam e eu lhes ajudarei, e plantem e eu lhes concederei o direito de colherem tudo àquilo que plantaram! Pois nisso encontra-se a justiça divina atuando de forma material, pois somente aquele que plantou é que terá o direito de colher, ainda que vossas colheitas não sejam de extrema bondade, será o Senhor Deus quem vos calçara do direito de colher tudo aquilo que vos pertence, por isso, nenhum outro ser em vosso lugar poderá usurpar direito de possuir aquilo que é seu.

Então, queiram construir amor, compaixão, afeto, caridade e tudo aquilo ao qual receberam divinamente de vosso Senhor Deus, pois dele nada será devolvido além daquilo ao qual plantou, porém se em vossos caminhos tiverem flores, ainda que flores não tenham plantado, saibam que foram as flores plantadas pelas mãos de vosso Deus, porém se acaso ainda não conseguirem avistar as flores ou as podarem para em vossos lugares construírem pedras, saiba que estes sim serão os galardões da qual irão avistar pelos caminhos, até que aprendam a plantar flores para que essas os abasteçam os caminhos tortuosos que os levarão ao vosso Senhor Deus. (Senhor Sete Encruzilhadas).

"*Dirás, pois: Os ramos foram quebrados, para que eu fosse enxertado. Está bem; pela tua incredulidade foram quebrados, e tu estás em pé pela fé. Então não te ensoberba, mas teme. Porque se Deus não poupou os ramos naturais, teme que te poupe a ti também. Considera, pois a bondade e a severidade de Deus: para com os que caíram, severidade, mas para contigo, benignidade, se permaneces na sua benignidade; de outra maneira também tu serás cortado*" (Romanos 19-22)

Mas Deus, o Criador, é bondoso, generoso e amável com todos os vossos filhos e filhas, pois foram todos nascidos de vossa esperança desejo e vontade. Esperança que sejam tudo aquilo ao qual os inspiram em cada um de vós em cada uma das espécies e cada uma das sementes plantadas de vosso próprio amado seio. Desejo de que sejam também amáveis e bondosos uns com os outros para que conheçam o verdadeiro amor que é aquele que se dá esperando apenas amor em troca, doa-se esperado apenas doação em troca, sem cobrar nada além daquilo que vós é caridosamente ofertado; pois aquele que conhece a ternura e a caridade divina, ama pelo simples fato de existir e sente-se terno em vossa própria existência.

E vontade de que sejam amáveis e bondosos em reflexo de vossa misericórdia e compaixão, vos auto encontrando internamente com as energias celestiais que vos rodeiam e buscando dentro de si mesmos, o amor, a ternura, a paz e a gloria de serem e sentirem-se felizes pelo honroso fato de existirem espiritualmente e por terem sido criados a imagem e semelhança de vosso amado Pai celestial que vos tem em vosso mais nobre e belo campo sagrado de lapidação de vossas existências para que sejam aprendizes das riquezas divinas e enobrecidos de vossas existência para que reconheçam e tornem-se belos e fortes filhos para sentarem-se com vos diante de vossa face, a vossa também desta da qual os aguarda misericordiosamente com todos os anjos e santos também nascidos de vossa verdade e amor.

Por isso, não é por sorte do destino que adentramos a esse campo cheio de quereres e desejos mundanos, criados à custa de sermos o que não somos e exercermos aquilo ao qual não viemos para exercer, tentando fugir de novas verdadeiras existências e motivos pelo qual entramos a este campo sagrado. Pois o motivo de nossas vindas não é para que sejamos mais um encarnado na busca da glorias terrenas próprias e lutas materiais que não desafiam ou elevam ninguém para nada além do que a própria carne que finda; e sim para que sejamos conhecedores da verdade sagrada do Criador e compreendamos que somos os vossos amados filhos e lutemos por nossas existências espirituais na busca da elevação espiritual para que um dia possamos alcançar e desfrir apenas as vossas benevolências e o vosso amor e compaixão que nos foi concedido quando do momento em que nos foi permitido sermos homens e mulheres conhecedores de nossas dignidades e também santidade, bastando para isso lutarmos e batalharmos com todas as armas e poderes da qual também recebemos no momento do sopro que nos conferiu a vida e que nos dá o direito de sermos e de existirmos para que sejamos servos e servas aprendizes de nos mesmos pelo resgate de nossas mais nobres e honrosas chances de sermos o que realmente devemos ser.

Motivo pela qual estamos todos unidos compartilhando das mesmas energias, das mesmas forças, das mesmas emanações, no mesmo campo sagrado e ainda pensamos sermos mais especiais ou superiores do que aqueles que lutam juntamente conosco para que sejamos todos salvos de nossas pequinesas e mesquinharias que assim como a carne, não passam de coisas terrenas, porém, nem a pequineses e nem a grandeza material adentrarão aos elos espirituais divinos.

Então todo aquele nascido do seio divino, para ser ao seio divino o vosso servo atuando e trabalhando na execução daquilo ao qual fora criado e determinado, assim o fará. Pois da mesma forma ao qual o sol nascera para brilhar e jorrar as forças de Deus, as águas foram nascidas para refrigerarem e molharem as terras sagradas de Deus, as árvores frutíferas nascidas para alimentarem os seres vivos de Deus, foram nascidos os animais para equilibrarem e emanarem as energias de Deus em campo terreno, e por isso, fora também o encarnado homem nascido para comungar com todas as outras forças e energias que neste campo se encontra para ser e executar tudo aquilo ao qual fora pelo Criador determinado para que conheça-se a si mesmo e caminhem em direção aos campos espirituais para que seja, ainda que demore séculos diante dos séculos dos santos, exatamente aquilo ao qual deve ser.

Ou seja, nascido para ser um servo divino utilizando de vossas forças e poderes sagrados, sentados a vossa destra, comungando de vossos cálices de sabedoria, conhecimento, discernimento, e luz infinita de amor, caridade e paz divina. Por isso, aquele que não permanecer na benignidade de vosso Senhor Deus, será de vossa divina ceia cortado, até o dia em que possas servir-se do mesmo cálice que diante da sagrada mesa divina que o aguarda na plenitude divina da paz.

Pois nisso está à misericórdia divina de Deus, nisso esta a paciência divina do Criador; ternamente aguardar até o dia do dia em que estejam prontos para sentarem-se a mesma mesa e desfrutarem da mesma ceia ao qual fora por ele mesmo preparada para receber os vossos filhos e a vossas filhas amadas; pois foram nascidos não somente da vossa própria luz para assentarem-se diante da luz, como também crescidos da verdade para descansarem diante de vossa face as vossas verdades, que serão as mesmas verdades. E até que este dia chegue, estará à mesa do Criador o vosso cálice, bem como o vosso lugar a ceia posta, intocáveis, assim como as vossas próprias existências, puros e límpidos como a bebida que vos aguardará a sede da boca para que comunguem com vossa santidade a mais bela e misericordiosa, fome que não apenas o vosso filho único fora capaz de tocar e de beber, pois da mesma forma, fora criado pelo poder do divino Deus para que também possa se acomodar diante de vosso trono, em frente a vossa a face, sendo o vosso amado filho, que outrora fora o ensanguentado no madeiro da dor, quem será aquele que vos cederá o lugar mais nobre dentre os lugares mais nobres para que também adentre e desfrute dos braços amáveis do Pai.

E neste dia, serão vós a própria luz, pois serão vós cobertos pela luz, e fluirá também de vossas faces a mesma luz, pois será o dia em que compreenderão a razão da existência divina da luz. Porque esta, que estará os aguardado, neste dia os encobrirá com os vossos poderes nascidos da fonte do Criador, por ser a mesma luz do Criador; que é a luz que dá a vida, concede a vida, capacita ter vida e encaminham todos os que foram nascidos do seio eterno de Deus a verdadeira vida, a vida que parte da luz. E ainda que demore séculos e mais séculos diante das eras e mais eras, os vossos sagrados lugares ao lado pai, permanecerão diante do mesmo trono na vigília intocável dos anjos. Intocável!

Nisso, se encontra a promessa divina! E nisso se encontra o motivo de todo o sopro de vida por sobre a terra!

"Porque nenhum de nós vive para si, e nenhum morre para si. Porque se vivemos, para o Senhor vivemos; se morremos, para o Senhor morremos. De sorte que vivamos ou morramos, somos do Senhor" (Romanos 14: 7,8).

Por isso não desperdicem o que receberam de vossa luz em forma de amor e bondade, pois a carne também fora nascida de amor e santidade para ser carne e ser o caminha para a salvação divina, e embora a carne faça sofrer, sangrar e chorar, a carne ainda é o abrigo de tudo o que é mais sagrado ao Criador que é o espírito que habita nela, pois a carne não apenas se findará no pó da terra sagrada, como também será o caminho para que o espírito alcance à elevação construindo em vossas bagagem terrena através da carne material tudo aquilo ao qual o fará mais forte mais firme mais rígido e mais nobre para servir ao Deus Criador.

Portanto, não condenem a carne, acreditando terem carnes mais importantes e nobres devido às conquistas mundanas ou por serem mais queridos e adorados na matéria da qual receberam para serem espíritos puros e majestosos espiritualmente e não materialmente, dotados de crenças de serem poderosos de si mesmos; e não condenem a carne, por esta ser menos conhecedora ou possuir menos bens mundanos, pois estes não elevam a carne e sim o que se abriga dentro dela. Portanto, não condenem a carne ao qual compete uns aos outros a ser aquilo que os vossos olhos carnais desejam e acreditam ser mais importante para as vossas jornadas terrenas, quando estes não os alcançam ou não desejam postos terrenos de adoração por motivos materiais, pois não é este o motivo de vossas existências terrenas.

Mas a carne é o caminho para o alcance dos espíritos, pois todos os que foram nascidos da carne, foram escolhidos e determinados para receberem a chance de labutarem e construírem os vossos castelos pessoais moldados e erguidos com auxílio dos Espíritos sagrados e não da carne material ou de outras carnes que se findarão. Pois a carne material, jamais servirá de alicerce espiritual para suprir as dores da alma e abrandar as angústias causadas por ela mesma, pois ainda que construam suntuosos castelos terrenos, alicerçados em grandes pedras e tijolos estes não serão os castelos que os levarão aos reinos celestiais e sim aqueles que forem construídos e erguidos com o mais puro desejos de ser tudo aquilo ao qual fora pelo Criador determinado para que sejam e alcancem tudo aquilo ao qual possuem por direitos divinos concedidos, ou seja, espírito purificado, ainda que em matéria carnal, reflexo de vossa bondade, amor e misericórdia divina.

Porém, no momento em que alcançarem as vossas purezas espirituais, nenhuma preocupação atormentará o espírito, tampouco a carne, pois a condenação não alcançará este que estará vivendo do espírito como espírito e não mais com auxílio da carne que o tem em apoio para chegar onde verdadeiramente deve chegar. E quando este dia chegar, serão os vossos castelos, castelos celestiais e não nos castelos de areia com pedra que o tempo destruirá os vossos alicerces e junto com eles as razões de vossas construções.

Pois todos os que são nascidos da carne, receberam divinamente a oportunidade de serem o que são, pois foram criados para serem fisicamente e organicamente como são e assim labutarem em vossas elevações espirituais da forma ao qual foram concebidos. Mas cada um que fora escolhido para ter a missão de alcançar a vossa elevação espiritual através da carne material, diferente daqueles que da carne não foram feitos ou gerados pelo mesmo Deus que vos concedeu o direito de serem seres encarnados homens e lutarem para conquistarem tudo àquilo aos quais os outros seres jamais poderão labutar terrenamente da mesma maneira, isto quer dizer: pisando da mesma forma em solo terreno, recebendo da mesma forma em vossos corpos o sol celestial, tampouco da mesma forma bebendo e alimentando-as dos frutos e da água, nem em vossos lugares tampouco por vos, e não por falta de merecimento divino, pois todos foram nascidos para serem exatamente o que são, e para eternidade o serão, mas sim por determinações diferentes ao qual cada um recebera do mesmo Deus, o Criador, de serem ainda que seres distintos, espíritos criados e abastecidos das mesmas fontes de luz espiritual.

Porque Deus o Criador, criara tudo com a mais perfeita harmonia para oferecer e entregar-lhes tudo o que de melhor poderia existir entre os céus e a terra, para vos abastecer de vossa mais profunda caridade, amor e dedicação, não vos deixando sem nada que vos possam nutrir tanto materialmente quanto espiritualmente. Por isso, Deus, o Criador, vos oferece o vosso mais puro e santificado elo espiritual para que possam deitar as vossas certezas e descansar os vossos corpos enquanto caminham as vossas dúvidas e incertezas de tudo aquilo que ainda vos cercam, a coragem de serem e lutarem em vosso nome pela busca de vossas verdades, crendo mais nas coisas materiais do que nas coisas celestiais, ainda que saibam que as vossas coisas materiais de maior ou de menor valor material, vieram da terra.

Terra essa, ao qual Ele mesmo a ordenada que seja as vossas moradas e que por isso, fora Ele mesmo quem vos inseriu e determinou que fossem os governantes e regentes da morada material da qual sem o vosso extremo poder de forças em forma de luz e caridade nenhum de vocês estariam ocupando os campos terrenos. Campos estes, que não são abastecidos não com as determinações de vos pelo fato de a governarem materialmente, e sim pela ordenança divina de que sejam abastecidos e nutridos pela vossa própria luz que jorra por sobre toda a terra e tudo que habita nela, pois toda forma de vida terrena parte da corrente de energia sideral que irriga os mananciais terrenos tanto dos campos inorgânicos, quanto das matas, das águas, das árvores frutíferas, dos animais e de tudo que está presente de forma viva neste elo.

Pois ainda que tenham poderes e forças terrenas, nenhuma de vossas forças, nenhum de vossos poderes de determinação ou nenhum poder de ordenança terrena ou sideral, se iguala ao poder de forças e de luz que partem da majestade divina do Ser Supremo diante de vossas vontades, pois ainda que os encarnados sejam sábios, conhecedores, e detenham certos poderes de comando e de forças devido as vossas sabedorias os vossos conhecimentos as usando para as vossas intenções e vossas determinações de serem e fazerem tudo aquilo que fazem e que acreditam que são; toda esta sabedoria e conhecimento partem de uma única fonte; e esta fonte é o Criador.

Porque se acaso o sol não emanasse por sobre as vossas cabeças, a luz não encobrindo as trevas dando lugar ao dia, as águas não refrigerassem os elementos orgânicos, o fogo não forjasse os elementos impuros, e o ar puro não alimentasse as espécies, nenhum ser animal orgânico ou ainda inorgânico seriam neste campo muito importantes ou pouco importantes, muito conhecedores ou pouco conhecedores diante dos seus, pois estes não existiriam na terra, tampouco seriam os homens encarnados sábios, conhecedores daquilo aos quais limitados possuem e acreditam dominarem, as fontes que garantes os mananciais de vida e de conhecimento de vosso campo. Mas a verdade que possuem é apenas aquilo que vos foi concedido para que possam habitar o campo terreno, e não acharem seres donos daquilo que não vos pertencem, pois não possuem poderes de reger e governar espiritualmente além das coisas materiais da terra daquilo que já existe e já haviam sido criadas quando do momento de vossas chegadas.

Por isso, ainda que sejam os regentes dos campos terrenos aos quais governam mandam e desmandam conforme as vossas vontades, não é este campo a casa eterna ao qual deverão ocupar tampouco as vossas próprias casas, pois dela não suaram as vossas testas ou doaram os vossos esforços para que fosse construída e constituída da maneira ao qual e existe. Portanto, esta casa ou elo espiritual, não vos pertence ou são vocês os donos das casas materiais bem como das coisas celestiais que a ocupam, assim como dos vossos corpos aos quais também receberam por determinado período de tempo para que sejam assim como as coisas orgânicas e materiais, materiais para que possa adentrar ao elo espiritual terreno, constituído de coisas materiais orgânicas, pois de outra forma não adentrariam e este para cumprirem com vossas missões com tudo o que vos cercam.

Logo, assim como tudo o que vos cercam pertence ao Ser Supremo, pois tantos as vossas vestes carnais as vossas essências espirituais e as coisas imateriais quanto tudo aquilo que se findará no chão da terra para que possa se transformar em coisas novas com novas formas e novos poderes também o pertencem.

Desta forma, sejam justos, gratos, honestos e cuidados com as vossas carnes, não as exponhas as regalias e desejos mundanos em troca de prazeres que satisfazem apenas a matéria, pois fora à carne que vos recobre o espírito, ordenada pelo Senhor Deus para ser o abrigo de vossas sagradas essências para também ser o caminho da plenitude espiritual, em campo terreno; e esta, deve ser tão nobre quanto tudo aquilo que da nobreza celestial fora nascido. Portanto, não desprezem ou reneguem aquilo ao qual receberam divinamente da forma mais sublime e honrosa das próprias mãos de vosso Criador, pois muitos outros espíritos não as receberam para que vocês fossem os detentores dos galardões das promessas divinas que tem também como caminho o uso do sopro da vida através do uso da carne.

E Saibam pequenos espíritos, que ainda que vossas carnes vos causem sofrimentos, ainda que vossas carnes vos exponham as dores, medos e incertezas, os demais elementos também criados pelo vosso Criador, ainda que não tenham carne material, também sofrem a dor de serem os elementos que são; e sofrem das dores de resistirem às pressões da robusteza de forças que são jorradas pelas forças do Criador, para que vocês sejam abastecidos das imensas energias das quais necessitam e para que também cumpram com as vossas determinações de serem o que são, e atuarem da forma ao qual determinado fora para que possam atuar; e ainda assim são dignos de serem e servirem da forma a qual foram criados para ao Criador servir e vos amparar. Pois os elementos inorgânicos foram gerados e criados para auxiliarem e comungarem com as vossas matérias e vossas necessidades no campo material de onde todos se encontram, e quando aglomerados atuam de forma a vos sustentarem em energias e vibrações divinas, para que vocês sejam aqueles que não somente foram em carne determinados para seres encarnados, como também para labutarem em nome de Deus em comunhão espiritual com os demais seres na busca de crescimento e elevação espiritual vivendo e caminhando com plenitude de existência e tendo a oportunidade de serem grandes em nome do Criador para que alcancem os reinos divinos dos céus, de onde partem todas as forças que vos abastecem em campo terreno.

Sejam gratos e busquem vossas nobrezas e santidades junto a tudo o que os cercam a vida terrena, pois tudo fora feito e criado para vos fazerem felizes, livres e amados. Por isso, quando proclama o vosso amado Mestre Jesus, que amem uns aos outros, não refere-se a carne pela carne e sim o espírito pelo espírito, pois assim como vocês, as coisas que não possuem carne material, foram nascidas do mesmo Deus Criador e é tão espiritual quanto qualquer outro ser carnal material que possui um espírito em campo terreno, embora as vossas vestes terrenas sejam em forma e formato diferentes são todos nascidos e gerados do mesmo poder de forças e de luz que é o Criador. Por isso, amem uns aos outros, ame as flores, as folhas, as águas, o dia, a noite, a escuridão, o fogo, o ar, os animais, assim como todos vos amam e são filhos do mesmo Pai Celestial, cumpridores de missão espiritual de forma material para vos auxiliarem a também cumprirem com as vossas missões de serem como são e alcançarem as vossas elevações.

E amem a natureza e tudo que vos cercam, pois tudo o que vos cerca, parte de Deus, e são eles, também seres divinos em missão espiritual, que alegram-se em terem o direito de serem como são para que vocês possam ser além do que são e conquistarem até mesmo o que vossas mentes materiais não alcançam em pensamentos terrenos. Pois enquanto vocês lutam e batalham em lutas perdidas, estes, que pele material não possui, jamais poderão batalhar e labutar por vossas elevações pessoais, apenas regozijarem e alegrarem de serem o que são na esperança de que vocês lutem cresçam e sejam elevados em nome de todos os que os rodeiam em campo terreno.

E saibam queridos espíritos aprendizes! Que são todos amados e queridos por aquele quem vos criou e ofertou tudo o que ele mesmo carrega dentro de si, para que vos mesmos possam desfrutar de toda beleza e harmonia ao qual este campo espiritual vos oferece, pois este não é apenas um elo espiritual de aprendizagem santa e sim o mais nobre e perfeito elo espiritual ao qual com as vossas próprias mãos o Criador criou e vos ofereceu para que saibam quem realmente ele é e tudo o que Ele mesmo pode vos oferecer, pois tudo o que jorra e nasce das fontes naturais terrenas, brotam e nascem dos mananciais divinos, carregados com a mais nobres das intenções, pois o solo ao qual caminham, a água quem vos refrigeram, o sol que vos abastecem, o ar que respiram, o fogo que os auxiliam na jornada terrena, assim como tudo aquilo que vos cercam a vida mundana, são além de coisas terrenas as benção divinas espirituais nascidos da vontade do Criador, ao qual ele mesmo carrega dentro de si, e que transformados em coisas materiais podem vos abastecer em campo terreno vos dando condições de vida terrena para que possam viver em harmonia com este elo e possam além de apenas viverem das coisas materiais, também buscar os outros motivos que vos fazem serem tão especiais e amados pelo vosso Criador.

Pois nisso se encontram os caminhos que vos levarão as faces do Criador, diante de vossa certeza, sentado também a vossa mesa posta, comendo de vossa santidade e alimentando ás vossas almas das mais sublimes e ternas energias em forma de amor e de paz ao qual é o infinito de fé, esperança, caridade e misericórdia; o Senhor Deus.

Árvore da vida

"No tempo em que o Senhor Deus fez a terra e o céu, não existiam ainda sobre a terra nenhum arbusto nos campos, e nenhuma erva havia ainda brotado nos campos, porque o Senhor Deus não tinha feito chover sobre a terra nem havia homem que a cultivasse" (Gênesis 1: 4,5)

2.1 Mas tudo foi feito pela vossa determinação espiritual de amor, poder e forças emanando sobre a primeira criação por sobre o abismo, surgindo assim a terra e o céu, abrigos benditos em forma de casa e lar sagrados para receberem os vossos filhos. E tudo foi criado por Ele, pois apenas ele é capaz de criar e dar vida a todas as vidas sendo ao mesmo tempo luz e escuridão que resplandece e ilumina até os confins mais escuros do abismo e do nada existencial dando vida e forma de vida para todos os seres e formas. Pois a vossa luz não é apenas a luz que brilha nas trevas e forma o dia, vossa luz é a luz que brilha e faz brotar à vida no meio do nada, transformando o nada em tudo, e transformando o tudo no mais belo campo sagrado possível de ser habitado pelos seres e espécies assim como o próprio campo sagrado.

E a terra transformou-se no abrigo de todas as formas de vida e todas as vidas em forma de matéria e espírito, pois assim se fez por determinação sagrada do Espírito Santo que é o Criador, que tudo faz, tudo cria e os alimenta com o vosso poder de forças e emanações através da terra que é a casa espiritual em forma material que conduz luz e alimenta a todos os alimentos que sustentam a vida e todas as formas de vida que devem ser alimentadas pelo alimento materno espiritual divino em forma orgânica terrena para que sejam vivos tanto em espírito quanto em matéria espiritual também divina. E todas as formas que brotam de vosso pó, são como as árvores que carregam por si só, o alimento e a semente que os fazem serem seres carregados de poder e luz que vem da emanação de Deus, que sustenta as árvores em vidas materiais espirituais, através do abrigo bendito que é a terra ao qual se cultiva e carrega todas as formas, forças e energias em nome de Deus Pai quem as criou.

Pois a árvore que carrega a semente que fertiliza em novo fruto é o que conduz a nova vida e o alimento da vida, por isso é também a força que fora criada para ser viva e ser a vida de todos os seres, pois o alimento que alimenta a carne que alimenta a alma que alimenta a existência e alimenta o corpo sagrado que é a matéria que conduzirá o espírito e o fará ser espírito divino em campo terreno, também se alimenta da terra, da terra que emana e faz brotar todas as sementes divinas que em vossos interiores possuem, pois as vossas sementes são a própria luz do Criador em forma de formas a germinarem em vosso solo sagrado da qual Ele mesmo sustenta com vossos poderes e forças. Pois o alimento que multiplica-se em novas vidas nutri as novas e velhas vidas e também sustenta as forma de vida, é além de ser vida, a possibilidade de continuidade a existência humana em campo material para que esta seja vívida e através de suas sementes, frutifiquem e conduzam outros seres pela capacidade de multiplicação divina.

E esta capacidade de multiplicar, alimentar e dar a vida é a árvore da vida, que dará a própria vida a condução de uma nova. Pois no dia em que as primeiras árvores findarem-se suas existências, restarão as vossas sementes vivas, porque estas foram geminadas de vossos interiores espirituais para serem a continuidade da existência da vida que jamais se findará enquanto sementes existirem, pois as sementes de vossos interiores foram determinadas pelo Criador e não por aqueles que as possuem e fazem multiplicar-se delas.

Pois Aquele que concede o direito à vida, concede também as sementes para que estas sejam multiplicadas em vosso nome e em vossa gloria de renascimento, pois a luz que brota de vosso interior e jorra por sobre os vossos filhos e filhas é a luz em forma de multiplicação para que sejam multiplicadas as vossas vontades de que sejam filhos e sementes de vossa determinação e existência espiritual. Por isso, a capacidade daqueles que possuem sementes para que possam por si só brotarem e darem vidas a outras vidas, sendo estas humanas ou não, não é por ele mesmo a capacidade de fecundar, gerar e conceder ao mundo novas vidas, mas por determinação do Criador para que este seja o caminho da continuidade da vida espiritual, capacitando as diversas formas de vida da qual devem multiplicar vossas existências em possuírem vossas as sementes divinas para que abastecendo-se das árvores da vida, ou seja, o direito divino de serem múltiplos através da árvore da multiplicação que é a própria semente que cada árvore ou cada ser que necessita multiplicar-se possui, sejam variados e diversos em campo sagrado material.

Logo a árvore da vida é não a árvore que dá a vida e multiplica as vossas sementes em frutos, e sim a representação de uma determinação celestial denominada árvore da vida, que concede aos seres da mesma espécie através da ordenança celestial serem múltiplos e serem contínuos por direito de continuidade das suas espécies e seres como forma de anuncio divino a perpetuidade da continuidade da jornada espiritual em campo terreno, pois desta árvore não nascem apenas novos frutos e sim novas seivas e novos alimentos que alimentarão novos seres, novos espíritos, novas essências e novas almas em campo terreno, e destes certamente se farão novas sementes que geminarão novos frutos e também novos alimentos para abastecerem e nutrirem não apenas em forma de alimentos que alimentam a matéria e a sustentam em terra e sim formas espirituais para que sejam alimentados também os vossos espíritos de tudo aquilo ao qual devem alimentar ou conhecer e receber para que fortaleçam-se em vossas essências em complemento de vossas jornadas espirituais.

Isso quer dizer que a árvore da vida é a representação da sustentação celestial em campo terreno de tudo aquilo que pode nascer do chão da terra, terra esta que pertence ao Criador que vos concede as vossas sementes existências da vida, para que possam gerar-se a si mesmo, multiplicarem-se a si mesmos e nutrirem-se a si mesmos em elo terreno. Por isso, da árvore não brotam apenas frutos e sim todos os frutos que das árvores terrenas ou materiais nascerão e da terra se alimentarão em essência e multiplicação; porque da árvore da vida não nascerão apenas novas vidas, e sim novos conceitos, novas crenças, novas ideias, novas ilusões, novas expectativas, ou seja, novos seres espirituais e novas vontades povoando a terra de Deus Pai quem os concedeu este direito, crescendo e multiplicando as vossas forças e as vossas emanações em forma de amor o representado mais uma vez pelo fruto que os conduzem para serem os vossos seres através de suas sementes benditas.

E a transformação de toda semente que em campo terreno se encontra em forma de fruto dos próprios seres daquelas espécies ou alimentos espiritualmente criados por Deus, é a hora mais nobre em que a semente depois de fecundada com auxílio divino do pó da terra irá germinar com ajuda da mesma água que fará refrigerar, com ajuda do mesmo sol que equalizará a temperatura do tempo, com ajuda do mesmo oxigênio abastecendo os tecidos e todos os demais elementos da qual foram essenciais para a fecundação e que também servirão de alimentandos e nutrição espirituais naturais para a chegada da nova vida. De forma que toda vida nascida de sua própria espécie em campo terreno com auxílio das condições terrenas e orgânicas e biológicas em comunhão entre a água, o sol e o oxigênio, possa através de seu próprio metabolismo alimentar-se das formas de sobrevivência também orgânica por meio da natureza ou dos elementos divinamente criados para se auto sustentarem dentro de vossas próprias cadeias, para que todos que possuem sementes possam também fecundar, germinar, crescer e multiplicar-se em união sagrada com os demais seres materiais e espirituais assim como todos os outros seres que se utilizam das formas e forças de um único Deus capaz de lhes fazer múltiplos por meio da terra criada pelo vosso poder espiritual se ser a vossa fonte de energia e luz jorrando as vossas certezas por sobre os vossos filhos e filhas, nascidos com auxílio da vossa maior criação, a terra sagrada.

E é por isso a fonte divina, a fonte condutora da vida através das árvores do saber e do conhecer, que são as próprias raízes existenciais que possuem ou as próprias origens ao qual cada espécie possui e que guardam as vossas histórias, as vossas batalhas, as vossas caminhadas desde o gênesis que os calçam em campo terreno e os fortalecem para que alcancem a evolução e o crescimento em vosso sagrado nome, os dando energia, conhecimento e sabedoria para que cheguem ao momento em que será o exato momento em que estejam prontos ou amadurecidos em vossas existências percorridas desde a primeira semente brotada e germinada pelo próprio Criador e vossa própria espécie e possam alcançar a vossa luz eterna que germina não somente os frutos sagrados para que sejam espíritos vivos em campo terreno e sim todos os frutos e todas as árvores para que sejam seres que conheçam-se a si mesmos e caminhem fortes e eternos em vosso nome, buscando as vossas forças e evoluções abastecidos pelo gênesis de cada espécie ao qual foram criados e fortalecidos para serem exatamente aquilo ao qual foram nascidos e fortalecidos para serem, ou seja, Espíritos sagrados e eterno na plenitude divina do vosso Criador.

"*Mas subia da terra um vapor que regava toda a superfície. O Senhor Deus formou, pois o homem do barro da terra, e inspirou-lhe em sua narina o sopro de vida e o homem se tornou um ser vivente*" (Genesis 2: 6,7)

E o barro ao qual fora criado o homem não é a mistura da lama áspera que cobre a terra já molhada e sim a junção dos elementos espirituais criados divinamente para abastecerem as formas orgânicas em campo terreno que é o meio de frutificação e germinação de todo e qualquer fruto orgânico espiritualmente criado para comungarem entre si e serem capazes de fazem com que o solo da terra seja vivo e possa frutificar todas as espécies divinas.

Por isso, o barro da terra capaz de dar a vida a uma vida através das mãos divinas não é por meio da união do solo árido que é a terra com a água formando uma mistura lamacenta e sim através da junção da composição dos elementos divinamente criados para servirem de sustentação do solo árido formando um campo terreno passível de ser habitável e alimentado por Deus. Por isso a junção não é por meio da água com a terra e sim através da união dos elementos celestiais água, sol e oxigênio em comunhão com a terra formando um campo vívido, para os serem vivos que viriam a ocupá-la. Pois a junção da água, da luz, do sol e do oxigênio com a terra sofrendo alterações por meio das forças divinas irrigadas pela substância molhada da água, aquecida pela substância calorosa do sol que irradia luz e cauteriza as camadas juntamente com o oxigênio que é o alimento espiritual que nutri as massas moleculares das formações orgânicas além de auxiliar na vaporização dos excessos, formam à partir destes quatro elementos espirituais sagrados a junção das forças celestiais que fluem em campo terreno, também sagrado os proporcionando em capacidade divina fazerem germinar a terra, que é a única e perfeita forma de fecundar, gerar e dar vida a um novo fruto, através das mãos de Deus.

Pois é através das mãos de Deus, que os quatro elementos espirituais são jorrados e fornecidos ao campo terreno para que este seja vivo e possa receber todas as formas vivas de maneira sublime e esplendida para que todos os elementos e formas celestiais jorrados de vossa fonte de vida sejam vivos e esplendidos, porque a única forma de gerar outra vida à partir do barro que se forma das mãos do Criador é por meio da junção dos quatro elementos espirituais divinos chamados, água, sol, oxigênio e terra.

E desta forma, criou o Senhor Deus, criou o homem a partir do barro da terra, terra ao qual ele mesmo os juntou formando o elemento árido com ajuda da água ao qual ele mesmo juntou em único lugar formando o oceano para que juntos possam formar o barro ou a irrigação que torna o campo árido em campo úmido ou molhado sendo capaz de fecundar, germinar, frutificar e receber os seres assim como ele mesmo, vivos em vosso chão de terra molhada, que nutridos por meio do sol e do oxigênio podem ser frutíferos nutrindo as espécies com o leite celestial que é a água que brota do seio árido tornando a terra em elemento sagrado que jorra o soro leitoso que é o barro formador dos seres ou o alimento divino, para que esta seja espiritualmente abastecida e abasteça a todas as espécies que serão formadas através de vossa unidade de poderes de força de receber e unir todos os elementos se tornando a mãe terra ou matriz genitora da humanidade espiritual sagrada por ordenança do Criador, que vos concede todas as energias e forças para que possa gerir e alimentar toda a humanidade que com o vosso auxílio nascerá, brotará, frutificará e caminhará em direção as vossas próprias singularidades e existências também divinas.

Pois somente através das duas vertentes celestiais em que os seres materiais carnais e espirituais estão inseridos, onde um é o alicerce espiritual ou as forças divinas sendo jorradas por sobre a mãe terra através dos quatro elementos essenciais onde estes atuam em harmonia para gerar a vida os concedendo forças para serem vigorosos elementos de poderes e energias divinas, e o outro é o alicerce material, ou seja, os elementos orgânicos nascidos através do seio da terra com auxílio dos quatro elementos divinos que servirão de nutrientes e alimento espiritual para a própria terra e de a todo ser nascido divinamente e fortalecido do leite da terra por meio da junção dos elementos gerados pelas mãos de Deus, o Criador, que se formarão as novas vidas pelas condições de serem espirituais e materiais em campo terreno, sendo alimentados e formados pelas duas vertentes, fazendo gerar novas vidas através das vertentes espirituais e materiais, onde a vertente material é também abastecida pela vertente espiritual que é nutrida pela força do poder de frutificação e de vida do próprio Criador, concedendo direitos e condições de serem espirituais e materiais em campo terreno, fazendo gerar através da vertente celestial espiritual dos quatro elementos, novas formas de vida e espécies.

Pois através da vertente espiritual que se compõe dos elementos divinos, água, ar, terra e fogo que é substituído pelo calor do sol que cumpre com a sua determinação de assim como o fogo forjar os excessos, cauteriza as camadas e em harmonia com os demais elementos, forma o abrigo orgânico material que irá comungar entre si e trazer a terra novas vidas espirituais, assim fazendo brotar e crescer novas vidas orgânicas para alimentarem-se do seio materno terreno que não pode existir sem os elementos espirituais que a conduzem e dão forças a terra para que esta possa não somente gerar como também alimentar todas as forças de vida carnal de forma material e espiritual que de vosso barro, que é a junção dos demais elementos humedecendo e tratando o pavimento árido de forma que este seja vivo e produtivo, trazendo capacidade de fertilização e frutificação às vidas que de si nascerão e de vossas entranhas se formarão e sobre os vossos calcários, caminharão para que sejam assim como os quatro elementos vivos e fortificados pelas energias divinas.

Isto quer dizer, que o barro que dá vida a outras vidas através das mãos de Deus é à força de criação tanto do homem quanto de todos os seres orgânicos através da junção dos quatro elementos espirituais que nasceram do poder do Ser Supremo de força eterna, onde estas quatro forças são alimentadas pelo poder das emanações do Criador para que sejam os elementos divinos em campo terreno abastecendo de forma celestial todo o campo material orgânico, onde o ar, a água, o fogo e a terra juntos formaram a unidade de abastecimento celestial para a formação de uma fonte divina que daria início aos demais seres que pudessem se alimentar e serem capazes de sobreviver por meio da comunhão dos elementos existentes no elo terreno comungando com a mãe terra que é a fonte maior de abastecimento divino espiritual escolhido para ser o abrigo bendito de todos os filhos e filhas das mais diversas formas de vida existente tanto material quanto espiritualmente.

Por isso, comungam todos os elementos divinamente criados em união com a terra, que é o elemento maior de maior tamanho, proporção e extremidade, que é de onde todos os seres deverão ocupar e utilizar sendo a terra a razão de todos os outros elementos emanarem as vossas essências e poderes divinos para que esta seja viva, vívida e capaz de abastecer todos os seres que dela necessitam, com a vossa robustez, não somente de tamanho ou cumprimento como também força de energia e capacidade de receber, sugar e dissipar todas as força e energias em um a única unidade de poderes e força.

Isso quer dizer que a criação da espécie material, seja esta qual for, somente pode existir e ser capaz de sobreviver e multiplicar-se no campo terreno se a comunhão dos elementos estiver em perfeita harmonia com o ser espiritual que os criou e os emana de vossas forças sagradas; logo nenhum ser humano ou biológico seria capaz de existir sem a mistura da terra com a água, com o fogo e com o ar, pois sem estes elementos não é possível exista vida por sobre à terra, tampouco seres vivos e orgânicos, pois não existe a possibilidade de existência de seres viventes em campo terreno a não ser que seja pela vontade determinação e emanação divina do Criador, pois somente aquele que dá o direito à vida é também o único que dá o direito de que sejam seres vivos sobre a vossa ordenança, jorrada em forma de poderes e luz aos quatro elementos por Ele mesmo santificados. Por isso nenhum ser é passível de ser vivo tendo nascido acima do chão da terra sem os elementos divinos espirituais essências para a sobrevivência que são os quatro elementos criados para comungarem entre si e formarem a corrente de fluidez de energias essenciais divinas para que haja vida sobre a terra.

Portanto, a criação do homem a partir do barro é a representação da mistura dos elementos capazes de sustentarem o ser material em campo terreno, outrora abrigo do abismo em nada existencial, após a junção destes elementos em campo sagrado oferecido por Deus, o Criador, para que a existência humana possa ser capaz de existir e se multiplicar em terra sagrada de poder e forças divinas sustentadas pelos elementos comandados da mãe terra. Pois assim como a mãe terra abriga todas as árvores em vosso sagrado seio terreno, os alimentando através da água e do sol emanados de Deus, o Criador, para que sejam germinados e cresçam como determinado; da mesma forma são as sementes existentes na matéria humana que se alimentam ao seio seus frutos materiais, também sustentados pelo poder de forças da mesma terra do mesmo sol e do mesmo ar e do mesmo fogo, que os conduzem ao peito material e divino para que cresçamos e sejamos capazes de germinar outros frutos fortes e bravos em nome de um único Deus que vos criou.

Por isso, todas as formas de vida capaz de nascer e brotar a partir da junção dos quatro elementos terrenos foram se abrochando e criando mais e mais existências ao sabor divino que cada uma delas representa e traz dentro de suas próprias sementes ou se suas próprias espécies. Pois todos em campo terreno deverão se alimentar e comungar dos frutos sagrados existentes em campo terreno e não em campo espiritual, porém as energias, forças e vibrações que fluem em campo terreno são as energias e forças jorradas do campo celestial para este campo que é o caminho espiritual de lapidação do espírito em forma material, por isso, sem os elementos espirituais sagrados de forças celestiais nenhum ser poderá existir, nenhum ser poderá sobreviver e nenhuma semente poderá germinar assim como nenhuma vida progredirá, pois o progresso material parte da força da ciência espiritual que dá o direito do progresso material, e este é um dos caminhos de elevação espiritual por meio da lapidação material de cada ser material ou carnal que deverá se ocupar de ser espírito e matéria, para que caminhe sobre as forças divinas de progresso, conhecimento e ciência divina, na forma terrena, conhecendo a si mesmo e evoluindo em vossa ordenança de existência espiritual.

"Eis que vou trazer águas sobre a terra, o Dilúvio, para destruir debaixo do céu toda criatura que tem fôlego de vida. Tudo o que há na terra perecerá" (Genesis 6: 17)

Porque sem Deus a existência não seria possível, pois Deus é tudo o que emana através dos elementos por ele criado e abençoado para que sejamos vivos e fortes em campo terreno. Pois o poder da natureza, não é por si só o poder da natureza energizados à partir do nada; pois a força de vida em cada semente que auxilia o encarnado para trazer a terra nova vida, também é a força capaz de destruir ou findar-se se assim seu Criador o ordenar, logo o poder da natureza vem das forças divinas e não de si só, pois o mesmo poder que conduz o ser matéria a terra, por força da natureza é o mesmo que destrói e arrasa se esta for a determinação de seu Criador. Pois a natureza assim como o ser terrestre não age ou atua por vossas próprias vontades, e sim por forças naturais comandadas aos elementos da natureza que são as forças de Deus emanando vossas sagradas ordens.

Mas o barro que dá a vida, não é a lama suja em poças de água, mas sim a força da terra em junção a força das águas em união com as forças e o poder do sol do fogo e do ar que à partir da determinação santa, sustentam a matéria no elo terreno, para que se multipliquem em harmonia com todos os elementos existentes criados pelo poder do Espírito Santo, que é Deus.

Por isso, come-se da árvore da vida no campo sagrado em que todas as formas de vida irão se findar um dia, e embriaga-se do suco contido no fruto, pois é a forma sentir-se vivo e ocupar-se da matéria ao qual recebeu de forma sagrada e santificada e planta-se novamente as sementes, pois esta é a forma de dar continuidade a vida terrena e espiritual, pois as árvores um dia se findarão, mas as sementes jamais se findarão, pois estes são os eternos seres espíritos que conduzirão as novas vidas a vida material e espiritual em campo sagrado terreno.

Porém, somente no dia em que determinado pelo Criador que neste elo não haja mais vidas, é que serão extintas todas as formas de vidas existentes, sejam estas orgânicas e biológicas, sejam estas em forma de elementos áridos, porque será por vossa ordenança que as criaturas serão resgatadas e não pela força de destruição da existência dos que da terra sobrevivem.

E ainda que os seres encarnados em busca de gloria e admiração material, destruam por vossos desejos de serem admirados e poderosos as coisas espiritualmente criadas para vos abastecer em campo terreno, que são as coisas divinamente criadas para formarem em comunhão com os demais elementos divinos, as formas e organismos essenciais da vida terrena, ainda assim existirão vidas terrenas labutando por sobre a terra e sobrevivendo com aquilo que restou devido as vossas escolhas de terem apenas aquilo que restou em face a destruição daquilo que por vossas ganância e arrogância destruíram por bel prazer de serem acumuladores de bens e necessidades descabidas ou desnecessárias para as vossas sobrevivências quando tudo aquilo que é verdadeiramente necessário já for ofertado pelo Senhor Deus. Por isso ainda que falte algum elemento ou algo de real necessidade material orgânica de força divina por ter sido destruído pelas mãos dos homens; ainda assim existiram seres cumprindo com vossas missões espirituais em campo terreno, pois este não será o motivo do findar do elo sagrado terra, porque este apenas será findado por ordenança daquele quem criou o campo terreno e a vida terra, e não por aqueles que ainda que tenham recebido tudo o que de mais belo possa existir, destruam e findam com as coisas santas ofertadas para que sejam felizes e múltiplos, causando não somente a infelicidade e a desgraça alheia como a própria desgraça de ter que retornar ao campo terreno em nova época e era existencial para continuidade do cumprimento da jornada espiritual e sofrer da dor de tê-lo pela metade em falta daquilo que é importante a vos mesmos, porém por vossas mãos em detrimento da ganância material e falta de zelo com as coisas santas, fora destruído.

Pois nisso se encontra a justiça divina do Criador, pois assim com fora o vosso amor, a vossa caridade e a vossa compaixão que construiu todo o campo terreno com as mais belas formas e elementos para os sustentarem, da mesma forma será a caridade, o amor e a compaixão que vos conduzirão novamente a este elo para que sejam seres vivos e usufruam de tudo aquilo que receberam para serem vivos e harmoniosos cumprindo com as vossas missões de serem seres encarnados em busca de vossas elevações espirituais, e assim o serão. E ainda que vos faltem determinados elementos e formas para o sustento de vossas unidades espirituais, ainda assim serão seres espirituais labutando com tudo aquilo que ofertado fora pelo Criador e tudo aquilo da qual zelaram e guardaram para que sejam ainda abastecidos até que se finalizem as eras das vossas necessidades de serem seres materiais em campo terreno.

E nisso se aplicará a justiça de Deus, concedendo o direito de receberem os galardões de vossas vigilâncias, os zelos de tudo aquilo que divinamente vos concedeu o direito de cuidarem e governarem com vossas próprias mãos e determinações assim como ele mesmo vos concede serem selados, zelados e cuidados por vossos mais nobres espíritos para que sejam sempre fortes, sábios, abençoados diante de vossas empreitadas terrenas, também sendo nutridos com as melhores sementes e grãos no chão da terra onde a forma de emanar a energia divina faz brotar e frutificar as sementes já regadas com todas as forças e energia divinas para vos abastecer e vos preparar e conduzirem em campo sagrado.

"Ora, o Senhor Deus tinha plantado um jardim no Éden, ao lado do oriente, e colocou nele o homem que havia criado. O Senhor Deus fez brotar da terra toda a sorte de árvores de aspecto agradável, e de frutos bons para comer; e a árvore da vida no meio do jardim, e a árvore da ciência do bem e do mal" (Genesis 2: 9).

E Deus fez brotar da terra todas as formas e modelos de espécies sem que por vossas mãos houvesse detalhamento ou impedimento de formas de sorte que cada uma nascera de maneira e formato adequado e agradável a cada cadeia de gênero de espécies sem interferência ou busca de encontrar perfeição em cada uma; por isso, com o próprio direito concedido a natureza, cada forma de cada espécie nascerá com a vossa própria perfeição, uma vez que fora lançada sorte divina sobre cada uma delas, e cada espécie nascida e gerada da determinação divina, formou-se perfeitamente bela conforme a sorte que o Criador a determinou que brotasse e fosse formada. E assim formaram-se espécies de diversos aspectos e formatos sendo que cada uma fora pelo Criador nascidas com suas próprias capacidades de germinarem, gerarem e brotarem de si mesmas novos frutos, bons para as vossas espécies e vossos progressos conjuntos.

Ou seja, bons para multiplicarem-se trazendo beleza, equilíbrio ou alimento espiritual, podendo cada uma delas progredir materialmente em vossas cadeias trazendo sempre novos e bons frutos ou novos seres espirituais e temporais continuando as espécies recém-chegadas de forma material, habitando o campo de forma espiritual progredindo em vossas verdades, existências de vida terrena de determinação divina.

O Senhor Deus, havia acabado de plantar um jardim no Éden, jardim este da qual fez brotar todas as espécies de frutos e sementes pela sorte da cada espécie que pudesse frutificar à partir de vossas sementes interiores, porém não havia ainda criado o homem da forma ao qual pudesse ser um habitante do jardim celestial do Criador; pois o Éden, ou a primeira habitação espiritual fora do campo celestial nomeada pelo próprio Senhor Deus como Éden, não possuía ainda capacidade de germinar e multiplicar-se por si só, pois não haviam os quatro elementos espirituais sido direcionados ao jardim, da mesma forma o homem não havia recebido o sopro de existência material, sopro este da qual o colocaria de forma carnal para que pudesse vislumbrar o novo campo sagrado, labutar vossa existência e procriar e multiplicar-se a si mesmo. Por isso não poderia adentrar ao jardim por suas próprias vontades, desejos e direitos, pois estes também não existiam para o homem.

Porém no mesmo momento em que fora plantada a árvore da vida, ou seja, foram conduzidos ao jardim celestial de nome Éden os quatro elementos primordiais para que fosse possível que houvesse vida orgânica, carnal e material por sobre o elemento árido ou o jardim do Criador, fora também criado o homem para que através dos mesmos elementos que iriam abastecer de forma espiritual e material todas as espécies e formas viventes, para que abastecesse também o homem para que este pudesse igualmente ser gerado e criado divinamente através das forças do único Deus, o Criador de todas as formas espécies e modelos espirituais, matérias no vosso jardim.

Por isso é a árvore da vida, a representação dos elementos divinos que concedem capacidade de existir vida terrena no campo sagrado outrora chamado Éden, de nome terra ou elemento árido, abrigo de todas as espécies divinas e de todos os espíritos em missão terrena por meio dos quatro elementos espirituais criados para abastecerem as formas orgânicas conforme sua espécie, a matéria espiritual e material também conhecida por ser humano ou ser matéria, através de vida material e de forças e poderes de emanações que conduzem todos os seres a serem carnais e espirituais.

E além da árvore da vida, ou a capacidade de procriação e multiplicação através dos elementos primordiais para existência de qualquer espécie natural e orgânica material, no momento em que fora colocado o homem e vossa semelhança, fora também plantada a árvore do conhecimento do bem e do mal, ou seja, a árvore que é a representação do direito do saber, do direito do conhecimento, o direito de desejar e do labutar para construir e adquiri progresso, ou seja, a emancipação do ser espiritual com capacidade de luz divina em ordenança de ser independente de alma ou de vontades, ou a capacidade de energia para a busca do conhecimento de tudo que rege o homem, isto quer dizer, tudo que o regeria de forma material diante de vossas crenças, ideias, pensamentos e ações podendo estas ações, conceitos e desejos, serem bons ou serem maus a si mesmos.

"*O homem pôs nomes a todos os animais, a todas as aves do céu e a todos os animais do campo; mas não se achava para ele uma auxiliar que lhe fosse adequada. Então, o Senhor Deus mandou ao homem um profundo sono; e enquanto dormia, tomou-lhe uma costela e fechou com carne o seu lugar. E da costela que tinha tomado do homem, o Senhor Deus fez uma mulher, e levou-a para junto do homem. Disse então o homem: Esta, sim, é o osso dos meus ossos e carne da minha carne. Ela será chamada mulher, porque do homem foi tirada*". (Genesis 2: 20-23)

E todas as espécies de animais ou todas as espécies de aves ou do campo ao qual o homem compartilhava e comungava de vossa existência em campo material em jardim celestial, nenhuma lhe servia de apoio em forma e expectativas, pois nenhum animal se igualava em espécie aos anseios, necessidades físicas e espirituais ao qual somente ele conhecia e sentia, pois ainda que houvesse centenas de espécies e formas vivas, nenhuma se comparava a vossa singular forma de ser e de existir as vossas verdades.

E fez o Senhor Deus, o homem cair em sono profundo para que pudesse preparar aquela que seria o vosso maior complemento ofertado por vossas próprias mãos. E o sono profundo que representa a espera pacífica, pois enquanto adormecia em tranquilidade serena do aguardar, Deus o retirou do isolamento espiritual ao qual fora nascido, dando-lhe uma companheira a vossa semelhança estrutural o presenteando com outro ser similar à sua estruturação física à partir de vossa costela que é o tronco que sustenta à material corporal, por meio dos ossos que compõe a forma física.

Ou seja, a criação de vossa companheira parte da estrutura corporal que acomoda o ser e não do aleijamento da parte física da estrutura chamada costela, por isso não possui o gênero ou arquétipo feminino nenhum osso em demasia em comparação ao ser arquétipo masculino e sim a perfeição em comparação e harmonia em relação ao outro ser da qual fora copiado a estruturação física e fisiológica. Por isso, o Senhor Deus que constituiu o ser material carnal de arquétipo masculino, fora também quem construiu à partir da primeira arcada física a semelhança, não somente física estrutural como também em gênero de capacidade de discernimento, entendimento e compreensão para que pudesse juntamente com a primeira estrutura usufruir da árvore do conhecimento, labutando e buscado o conhecimento o progresso e a elevação em comunhão e união estrutural e espiritual, pois esta não seria apenas mais uma forma física para labutar do direito de serem seres materiais e espirituais alimentando-se além da árvore da vida e do conhecimento como também, sendo em comunhão a inteireza de formas para que pudessem juntos labutar e alcançar o progresso de vos mesmos em plenitude de harmonia e comunhão sendo de igual semelhança em conceitos e direitos tantos espirituais quanto materiais.

Após o homem dar de si mesmo em exemplo estrutural e matéria para que seu complemento material ou sua companheira pudesse ser criada, pois a vossa espécie independente do gênero teria que ser exatamente como a si mesmo, em perfeita harmonia física e forma de discernimento para que pudesse este utilizar o direito de fazer-se completo utilizando das sementes da procriação de vossa espécie para multiplicação de vossos semelhantes, porém para que se possam existir os vossos semelhantes, se faz necessário que de outro ser, também sejas semelhante. Por isso, somente através da junção advinda das estruturas que compõe a si mesmo harmoniosamente em partes materiais é que se pode procriar e multiplicar um novo ser idêntico a si mesmo, pois para que este ser material possa ser dotado de capacidade do direito de frutificação e procriação de vossa espécie, fez-se necessário que a vossa semelhança física baseada em vossa costela ou arcada fisiológica seja de igual forma e semelhança, consigo mesmo.

E fora concedido pelo Senhor Deus que o homem pudesse procriar e frutificar a terra com os vossos semelhantes a vossa imagem e semelhança de espécie, assim como fora concedido a todas as outras espécies que teriam de igual forma a carne material; por isso, concedeu-lhe o vosso semelhante em forma física e estrutura fisiológica para labutarem e multiplicarem as vossas sementes e serem em comunhão a inteireza de forças e emanações que através das energias espirituais e forças materiais emanadas de cada um dos gêneros que formam a espécie humana nas formas masculina e feminina em carcaça similar possam formar um novo ser material e espiritual, através do ato corporal de multiplicação da espécie, onde cada semelhante será a vossa própria semelhança cedendo as vossas unidades para formação de outro ser de igual semelhança dotado de duas distintas semelhanças de forma física e espiritual e ainda assim formando um único ser de singular forma e semelhança, porém de uniforme arcada física e estrutural perante aos vossos iguais.

Por isso, toda criação divina em campo terreno, onde cada espécie é responsável pela procriação física que parte da recriação de seus similares em estrutura e forma física para que possam dar continuidade as suas espécies e gêneros e formas sendo capazes de procriarem e constituírem sociedades e camadas similares auxiliando uns aos outros de maneira similar devido à formação física, composição estrutural e racional, labutando de igual forma em relação as vossas estruturas físicas e desejos matérias, são na verdade o poder de procriação divino ao qual cada espécie recebera do Criador para através de vossas sementes se utilizar do direito de multiplicarem-se, trazendo a vida outros seres espirituais divinos em campo sagrado chamado terra, para que cada um construa as vossa próprias verdades em busca de vossos próprios progressos .

Pois a árvore da vida, que representa também a semente existe em cada ser capaz de multiplicar-se, pois é através da capacidade de comunhão com os elementos espirituais existentes em campo terreno que cada um possui, que se forma o direito terreno de ser vivo e procriar a vossa própria existência, onde cada ser será capaz de procriar a vida em seus similares e semelhantes em estrutura física material e espiritual. Porém, a continuidade de cada inteireza de formas em cada espécie carnal, ou seja, a união dos dois arquétipos da mesma qualificação física e estrutural, apenas pode ocorrer se houver dois gêneros da mesma qualificação de espécie de idêntica estruturação material, porém em diferente arquétipo, onde um representa o masculino e o outro representa o feminino para que sejam juntos capazes de fundirem-se em estrutura e carne e unirem-se em harmonia material e espiritual para que outro ser possa nascer e cumprir a vossa missão de ser espiritual e carnal na labuta material.

E ainda que o homem através de suas buscar científicas, ao qual fora pelo Criador cedido em direito do conhecimento da ciência e da evolução, possa recriar outro ser de igual semelhança de espécie sem a ajuda da junção ou da fundição natural de duas formas físicas, ainda assim será necessária a junção de dois arquétipos de harmonia física e estrutural, onde cada um doará da vossa singularidade para que possa recriar outro ser de igual semelhança e uniforme singularidade dele mesmo, formando assim o abrigo material de forma física e estrutura de igual semelhança aquele da qual foram cedidos os motivos em arquétipos de igual espécie. Porém, toda e qualquer similaridade de forma de criação não natural em ato corporal de multiplicação concedido em direito divino as espécies divinas sagradas; não será de forma divina criada seguindo os direitos divinos de forma de criação.

Mas nenhuma delas será para o Criador ser material e espiritual formado de vosso seio e desejo de forma de criação ao qual concedera em gloria e plenitude aos seus filhos e filhos o direito de serem fecundos formandos com o vosso desejo o desejo de conceder vossos filhos e filhas ao campo sagrado, uma vez que cada ser nascido em campo terreno, não é ser nascido apenas da vontade do encarnado e sim a vontade do Criador de que aquele espírito inicie jornada espiritual em campo material. Por isso apenas o desejo do homem de copiar outro ser de igual semelhança, jamais terá a igual singularidade ao qual se faz necessário para que um ser renasça em campo material por ordenança do Criador de vossas espécies.

Por isso o direito ao conhecimento da árvore do bem e do mal ao qual fora o homem exposto o concede o direito a ciência e ao discernimento de tudo aquilo ao qual seja bom para a vossa própria existência, porém este não deve jamais ultrapassar o direito do bem, pois no momento em que o direito do conhecimento adentrar ao direito do conhecimento do mal, conhecerá o homem, exatamente o poder do Criador e de vossas forças em razão das forças do mal ao qual o homem pode se expor em detrimento do desejo de ser e fazer o mal a si mesmo utilizando-se de vosso direito de conhecimento de tudo o que seja bom para o vosso progresso por mera arrogância imaginando-se conhecedor daquilo ao qual não conhece e não o pertence, pois o direito divino não lhe fora concedido.

Porém no dia em que o homem se imaginar mais poderoso do que as forças que o empoderam em campo terreno e desejar construir seres, forças e poderes da qual não possui, conhecerá este o poder de desejar poderes da qual não possui em seus braços forças para rebater e combater. Pois nisso encontra-se também a justiça divina, pois tudo aquilo que o homem desejar e por vossas mãos construir acreditando ser mais poderoso do que as forças que o rege, conhecerá o poder das forças que nem ele mesmo conhecia ou desejaria em séculos conhecer.

Pois no abrigo da mãe terra, assim como a vida existente em todas as formas de vida, todos os sentidos somente possuem finalidade e aliança espiritual e terreno que o capacitam progredir em elo material, quando se harmonizam em comunhão com os demais elementos, onde um complementa o outro tendo como base a sua própria similaridade e espécie. Pois pó da terra somente pode existir, porque comunga em parceria com o calor do fogo e o refrigério do ar que não a deixam findar em lama e lodo, pois estes possuem a função de refrigerar as vossas veias quando sangra em água, enxugando vossos excessos, para que os alimentos de todos os seres possam germinar de vossos seios e alimentar as vossas carcaças materiais.

Então todos os elementos, todos os seres e seus similares são agraciados e abençoados com seu soro leitoso em forma de frutificação do alimento que nasce do solo, que além de fértil faz da terra firme o elemento árido passível de adentrar e caminhar seguramente. Desta mesma forma são as similaridades em espécie criadas de maneira estrutural e material de forma harmoniosa para que possam naturalmente multiplicar, se alimentar e abastecerem-se de todos os elementos naturais a eles oferecidos por Deus, o Criador, para que vossas espécies multipliquem-se e progridam em campo terreno.

Por isso a árvore da vida é a harmonia em todos os seres e espécies terrenos ou em elo sagrado que possuem a capacidade de multiplicar e progredir a partir de vossas similaridades em comunhão com os demais elementos naturais e a si mesmo. Pois a árvore é a vida capaz de conduzir vida a outra vida similar a sua própria existência, quando esta está em harmonia com o ser divino por meio da natureza e em harmonia a sua própria espécie e sentido de vida e multiplicação. Pois somente a junção de duas partes de igual similaridade de gênero e estrutura, onde a união das metades compatíveis formam a inteireza de forças poderes e emanações capazes de multiplicar uma nova vida de igual similaridade e harmonia material e espiritual, é que se está em harmonia divina com o Ser Sagrado e as vossas forças que jorram de vossos elementos santificados para abastecerem a todos os seres existentes no campo terra dando vida e formando o campo terra em campo sagrado com as forças do Criador.

E a semente que brota de qualquer árvore, seja esta qual árvore for apenas irá brotar algo semelhante a si mesmo em elo terreno, pois assim fora determinado pelo Criador, da mesma forma aos quais os vossos filhos e as vossas filhas materiais apenas poderão refletir o vosso Senhor Deus em vossas existências, pois foram nascidos dotados de direitos e luz celestial ao qual foram gerados para serem em uniformidade de imagem e semelhança, ou seja, nascidos para serem a representação do divino Deus onde quer que estejam, jorrando e emanando as vossas forças e poderes celestiais em força de amor, compaixão, plenitude e caridade; e ainda que levem milhares de anos para que sejam e emanem tudo quilo ao qual foram nascidos para ser e emanem tudo aquilo ao qual possuem por direito divino de criação, a paciência do vosso Criador os aguardará em eras e mais eras até que a vossa verdade em forma de determinação seja também a verdade de vossos filhos, o refletindo em poderes e força a vossa similaridade de imagem e semelhança divina da qual forma também criados em perfeita harmonia e singularidade divina.

"Esta, sim, é osso dos meus ossos e carne da minha carne! Ela será chamada mulher, porque do homem foi tirada" (Gênesis 2:21-23)

 E através da forma mais bela de conceber a vida, fora concedida à mulher, para que tivesse o direito de possuir e carregar a vida em vossas entranhas por determinação divina, para que seja a mais bela entre os belos homens ao qual foram criados e gerados. E a mais nobre e sagrada companheira, chamada, a fêmea, fora pelo Criador, gerada para que conceba a vida a partir de vossa própria vida que através das sementes sendo germinadas e alimentadas pelo seio da terra, que são além dos seios maternos de vossa carne as mãos do Criador fornecendo aos vossos benditos frutos, matérias a nutrição necessária para que sejam nutridos e abastecidos com as vossas forças e as vossas emanações. Pois é à partir do soro leitoso que jorra da terra que escorre a luz divina celestial, carregada de poderes e forças sagradas que dá direito de vida a outra vida ao qual são todos nascidos da fonte divina do Criador para que sejam todos sem exceção os vossos filhos e filhas alimentados por vossas forças através de vossos mananciais de amamentação e alimentação em que todas as raças e espécies que à partir de vosso seio se alimentam com a força da terra branda, Ele mesmo é quem vos sustenta e vos conduz.
 E a mulher, osso dos ossos do Criador e carne da carne do Criador, pois a ele pertencem todos os seres espirituais e carnais materiais e que por isso, são os vossos próprios ossos e a vossa própria carne em corpo de fêmea, ou aquela que fora a escolhida para ser a seiva espiritual carregando os futuros filhos em vosso próprio vente que é também o vente do Senhor Deus, nutrindo e gerando dia pós dia a nova vida espiritual que a Deus pertence e que ela, à escolhida, em vosso sagrado ventre o carrega e cuida em vosso nome.
 Porque a brandura das vossas mãos é como a brandura da genitora no momento em que alimenta as vossas criações, pois as vossas criações são

como presentes sagrado ao qual concede ao ser tirado da costela de vosso gênero masculino para servir de geratriz do próprio Criador, concebendo por ordenança divina o poder e a força para gerar os vossos filhos e filhas nascidos em campo celestial e enviados ao campo terreno com a ajuda deste ser dotado de ternura, segredos e mistérios; sagrada em amor e grande em existência assim como aquele quem vos criou e ordenou ser o ventre de vossos filhos, os filhos do vosso Deus.

E cada filho nascido em campo terreno por meio da ordenança divina e carregado pela fêmea ou ser espiritual mulher, escolhida para ser o ser sagrado que em comunhão com o próprio ser divino, carrega em vosso ventre a certeza de que as esperanças e desejos do vosso Senhor Deus serão atendidas e semeadas em campo sagrado terreno conforme a vossa confiança de entregar para aquela que será o vosso ventre em campo terreno gerando as vossas sementes espirituais nascidas de vossas vontades para que cumpram as vossas missões em terra santa a tornando não apenas a companheira do ser espiritual carnal homem e sim o elo entre Deus e a terra nutrindo e protegendo em vossa própria carcaça o espírito daquele que será um novo ser espiritual nascido da vontade do Criador.

Porém aquelas ao qual não receberam o dever de gerar filhos e filhas, não se aborreçam, pois em cada era e em cada tempo ou cada encarnação ao qual irá, a mulher caminhar, os Espíritos sagrados de Deus se encaminharão de ordenar tudo àquilo ao a mulher deverá fazer por determinação divina e por razões espirituais que lhes pertençam. Porém o fato de não conceberem filhos através de vossos ventres, não as eximem de não terem nascido com tudo aquilo ao qual devem em nome do criador disseminar e aflorar em vossas jornadas terrenas. Por isso amem, sejam amados por aqueles que serão em campo terreno os vossos filhos e as vossas filhas, pois ainda que tenham sido gerados por outras genitoras, tudo aquilo que vos pertence, será de vos os vossos acalantos e chegará até vos; por isso, não se aborreçam, mas procurem os vossos similares, pois certamente se tens amor, ternura e sentimento espiritual de nome amor materno para ofertar, os vossos semelhantes estarão no mesmo elo espiritual ao qual vocês se encontram, as aguardando também de braços abertos e ternura nos olhos para lhes socorrer a alma e abrandar os seios.

Pois nisso, encontra-se o poder de Deus escrevendo certo todos os caminhos de vossos filhos e filhas ainda que de forma contrária as vossas expectativas, porém em direção certas as vossas esperanças. Então amem e os amem, pois todo aquele que espiritualmente fora nascido para ser em campo terreno o laço material que vos conduzirá ao amor do Criador através do laço maternal o será por ordenança de vossas criações espirituais. Por isso, simplesmente amem-se uns aos outros, pois ainda que não tenham nascido de vossos ventres, todos foram nascidos do ventre do vosso

Criador que através das milhares de fêmeas em campo terreno ao qual conduz para gerar os vossos filhos, se faz um só útero e um só Pai, o Pai Celestial de todos vos. (Altíssimo Senhor Júlio Cesar Celestial).

Benditos Frutos - árvore do conhecimento do bem e do mal

"No tempo em que o Senhor Deus fez a terra e o céu, não existia ainda sobre a terra nenhum arbusto nos campos, e nenhuma erva havia ainda brotado nos campos, porque o Senhor Deus não tinha feito chover sobre a terra, nem havia homem que a cultivasse" (Gênesis 2: 4,5)

2.2 O homem e a mulher foram criados para viverem no jardim celestial espiritual dentro do campo terreno nomeado pelo próprio Senhor Deus de Éden. Ora o Senhor Deus havia acabado de criar o ajuntamento das águas ao qual fora nome de oceano, o ajuntamento do elemento árido ao qual fora nomeado terra, o ajuntamento das massas de elemento árido ao qual fora nomeado montanha, o ajuntamento das formas da qual fora nomeado espécies, e o ajuntamento das árvores de onde se podiam comer dos frutos e alimentar a matéria ao qual fora chamado de campos, hortas ou florestas, por isso criou o Senhor Deus todas as coisas boas ao qual nomeou e as juntou de forma que fosse mais bem utilizadas e apreciadas dentre elas mesmas em vossas existências. Dessa forma, o ajuntamento de todas as coisas boas e belas aos olhos do próprio Criador ao qual nomeou, Ele mesmo, o elo que havia acabado de criar de Éden, ao qual logo se chamaria de terra ou campo terreno, e pós neste mesmo campo onde todas as belezas e formas foram pelas vossas próprias mãos criadas e nomeadas, um belo e nobre jardim ao lado do oriente de onde os primeiros seres dariam início as vossas jornadas terrenas se utilizando das belezas e formas deste imenso campo chamado Éden, de onde apenas neste nobre e belo jardim seria inicialmente o local espiritual de onde os primeiros seres materiais espirituais viriam a ocupar, sobre a vigilância do próprio Senhor Deus de todas as coisas e todas as criações.

Por isso, não eram todos os cantos do campo terreno ou do campo Éden, embora criados belos e frutíferos, semeáveis e múltiplos naquele determinado tempo, pois ainda não havia o Criador, feito chover por sobre a terra seca e ainda não tinha nenhuma espécie de forma, estrutura física e discernimento suficiente para arar a terra e cuidar das formas. Por isso, criou o senhor Deus, o jardim ou o horto de onde fez brotar as primeiras espécies vivas com o vapor que de vossas mãos subiam para regar e frutificar as formas da qual espiritualmente havia criado. Porém este não era apenas um jardim de onde se poderia plantar colher ou apreciar as belezas naturais e ser abastecido à partir da árvore da vida que os sustentariam de forma material e sim um jardim espiritual abastecido pelas próprias mãos do Criador onde as formas de existência bem como as formas criadas eram apenas espirituais e não materiais, pois até aquele momento não haviam sido plantadas as árvores que vos abasteceriam de forma material tampouco havia a terra possibilidade de sustentar-se a si mesmo jorrando o soro leitoso de sustentação divina aos seres, porque ainda não havia feito o Senhor Deus chover para que o elemento árido ou a terra outrora denominado pelo próprio Criador como Éden, para que pudesse abastecer as camadas da terra ou alimentar as diversas forma que haviam sido criadas, pois neste elo ainda não existiam seres materiais para serem abastecidos tampouco os elementos de sustentação que serviriam de fonte de abastecimento.

Ou seja, era a terra ou o Éden, tão especial quanto os recém-chegados habitantes espirituais bem como o homem que havia sido criado e alocado neste, para ser criatura espiritual abastecido pelo Senhor Deus por meio da forma mais sublime e extraordinária da qual havia o Criador espiritualmente planejado para que fosse, e este seria o abrigo celestial em campo não espiritual, porém, da mesma forma espiritualmente nutrido e abastecidos pelas vossas próprias mãos à partir de vossas forças pelos vossos desejos e vontade de construir um grande e belo campo, repleto de belezas e coisas boas onde pudesse abrigar todas as formas e espécies belas e boas aos vossos olhos em comunhão uns com os outros ou todos aqueles criados para serem a si mesmos e abastecidos pelo vosso poder de luz, amor, compaixão e emanação em abrigo santo, pois embora tivesse sido criado fora do elo celestial, seria também abrigo espiritual, carregando da mesma maneira a vossa fluidez de luz e capacidade de ser vívido e vivo, assim como no campo celestial.

Mas, assim que o Senhor Deus regasse o solo árido e as ervas com o vosso soro divino e tornasse todas as formas e espécies espirituais em espécies e formas materiais carnais, assim também seria a criatura homem, criado espiritualmente para ser espírito e ser também carne material de forma que pudessem ser alimentado pelas formas também divinamente criadas para serem vivas e vívidas no campo celestial ou campo sagrado também chamado de terra, comungando com as mesmas forças entre os mesmos elementos da qual foram também divinamente criados para serem as forças do criador em campo terreno.

"Mas subia da terra um vapor que regava toda a superfície. O Senhor Deus formou, pois o homem do barro da terra, e inspirou nas narinas o sopro de vida e o homem se tornou ser vivente. Ora, o Senhor Deus tinha plantado um jardim no Éden, do lado do oriente, e colocou nele o homem que havia criado" (Gênesis 2: 6-8)

Mas o Criador ainda que não tinha feito chover sobre a terra outrora nomeada Éden, ao qual havia plantado nela um grandioso jardim com todas as formas e elementos necessários para a continuidade de vida terrena, de maneira que esta pudesse se auto sustentar e abastecer as formas vivas que com a ajuda dela nasceriam e cresceriam nesse campo. Por isso, fez o Senhor Deus subir da terra um vapor que regava toda a superfície, ou seja, um imenso vapor que fez jorrar, à partir do seio do elemento árido ou o vosso soro leitoso, da qual fazia umidificar o solo da terra para que este fosse capaz de germinar e frutificar em alimento as espécies e formas criadas por ele mesmo dando assim condição de fertilização e semeadura as todas as ervas e árvores por ele espiritualmente plantadas, fazendo com que todas as formas outrora espirituais, pudessem ganhar vida material e campo terreno, podendo ser abastecidas através dos elementos essenciais que sustentam as criaturas de forma orgânica e material em campo terreno em solo terroso.

Ou seja, capacitando as formas que antes eram apenas espirituais abastecidas apenas de maneira espiritual, serem também materiais ou orgânicas e abastecidas de maneira orgânica pelas espécies transformada em matéria orgânica para serem alimento e sustentação de vida tanto delas mesmas quanto das espécies e formas criadas para serem abastecidas de forma comunitária por elas mesmas.

Da mesma forma, e partir do barro que a essência do elemento árido jorrava e formava para que este fosse frutífero e capaz de fertilizar e germinar as espécies; constituiu o Senhor Deus o homem, que já era em forma espiritual criada, agora fora também de maneira material ou orgânica transformado, porém a vossa construção à partir da lama ou do barro não foram assim como se constrói um jarro que quebra ao bater do tempo em exposição temporal e sim através da possibilidade de existir e ser vivo de forma material contendo abrigo carnal neste campo que após o vapor que umidificou a terra e a fez germinar e brotar o alimento essencial da vida material fez também alimentar a espécie homem.

Isso quer dizer, que fora à partir do barro ou da forma árida umidificada que é capacitada para germinar e alimentar os elementos, assim como ela mesma orgânica que fora capacitada para alimentar e nutrir a forma física carnal da espécie homem criado de maneira material para ser vivo em campo material e abastecer-se dos frutos orgânicos para que pudesse também assim como as demais espécies que seriam alimentadas pelo soro leitoso que evaporizava do solo da terra e faziam crescer as ervas, ser abastecido pelos frutos da qual seriam dessa mesma terra de nome Éden, fertilizada pelas mãos do próprio criador quando a umedeceu, tendo esta a missão de fertilizar e auxiliar a germinar e nutrir todos os seres criados de forma espiritual da qual receberam a carne material para serem abastecidos pela terra molhada, mão que sustenta e alimenta todos os filhos nascidos de vosso seio.

E assim o Senhor Deus os inspirou as narinas o sopro de vida, ou seja, o inseriu através do sopro celestial o espírito a carcaça já criada vos fornecendo receber através da carne material em comunhão com a Aura Plena o fluido espiritual de vossa verdadeira constituição celestial advinda que do Espírito de Deus ao qual refletia, para que pudesse ser abastecido pelos elementos terrenos espirituais, que vos deu a possibilidade de ser vivo em campo terreno à partir da forma física já constituída de maneira carnal, para ser nutrido também de maneira biológica ou orgânica, assim como se abastecem todas as formas carnais em campo material. Sendo ele à partir daquele momento, ser vivo e vívido em campo terreno ou campo sagrado alimentado pelo Criador de forma material ou orgânica, sendo este capacitado para ser abastecido pelo ar ao qual as narinas após o sopro ou a inserção do ar dentro as entranhas o alimentou da energia vinda do Criador, a água que vos seria a fonte de vida tanto para a refrigeração da carcaça material quando do elemento árido para que este continuasse a ser manancial de frutificação que vos seria as divinas fontes de vida celestial fora do campo espiritual, mas dentro do belo horto ou parque de nome jardim celestial do Éden, pois ao Éden, este pertencia, pois inserido neste já estavam instalado e já germinavam por si só com auxílio do Senhor Deus através dos elementos santificados e jorrados neste campo.

"*O Senhor Deus tomou o homem e o colocou no jardim do Éden, para cultivar o solo e o guardar. Deu lhe deu este preceito: Podes comer de todas as árvores do jardim; mas não comas do fruto da árvore da ciência do bem e do mal, porque no dia em que dele comeres, de morte morrerás*" (Genesis 2: 15,16)

Por isso, a partir do momento em que o Senhor Deus concedeu a terra ser frutífera para que pudesse esta, auxiliar as espécies a também germinarem e frutificarem as vossas sementes com o vosso poder de germinação, pois esta já havia recebido a refrigeração em forma de umidade para que fosse elemento vivo; é que Deus o Criador alocou o vosso filho já envolto em carne material para que este pudesse cuidar da terra orgânica e material assim como ele mesmo e cultivar os vossos sustentos da terra refrigerada emanando as forças do Criador em forma de frutificação, tendo assim, possibilidade de continuidade de toda e qualquer espécie que nela habitaria. Desta forma, o Criador possibilitou ao homem, que fosse assim como todas as demais espécies após a umidade que assolou todo o elemento árido, ser um vivente se alimentando de todas as formas também vivas que da terra se alimentariam ou que a terra alimentava para que esta fosse à mãe de toda a comunhão dentre todas as espécies também vivas, pisando e se calçando de vosso solo.

E todas as formas foram criadas divinamente para comungarem entre todas elas, sendo uma espécie o alimento ou o elemento de sustentação do outro, de forma que todos sejam vivos e permaneçam vivos cumprindo com vossas missões de serem além de espíritos em campo terreno, também seres que cumprem ou que caminham por si mesmos as vossas missões; mas que acima de tudo, sejam também os responsáveis pelo cultivo do elemento árido e a possibilidade de continuidade tanto da espécie quanto do campo sagrado à partir de vossos esforços. Para que este continue sendo o campo de alimentação material e espiritual, diferentemente das eras e épocas passadas em que os antigos habitantes deste mesmo campo sagrado constituídos de formas e estrutura física diferente das formas em estruturas físicas do homem reconstituído pelo Criador ou os atuais viventes, que além de não serem capazes de cultivarem a terra para que esta fosse capaz de lhes sustentar devido as vossas formas estruturais de carcaças grandes e extremante robustas e desformes em relação as constituições atuais, também não possuíam capacidade de discernimento para que pudessem ser contínuos e responsáveis pelos vossos sustentos, pois foram criados para serem puramente espirituais de discernimento imaterial, sustentados em campo terreno pelas mãos de vosso criador sem capacidade pessoal de caminharem por vossos próprios desejos e elevarem-se além das necessidades materiais de alimentação e procriação, pois assim haviam sido criados e materialmente constituídos.

E as vossas existências criadas para serem puramente espirituais em campo material era voltada apenas para que fossem não somente o reflexo de vosso criador em relação à infinitude e sabedoria, sabedoria esta, dentro de vossas capacidades de sobrevivência baseada em labuta para alimentação, crescimento da espécie e sentido de preservação, mas também em pensamento, possuindo raciocínio de sustentação da espécie, mas sem necessidade de crescimento e preservação baseado em ciência, autoconhecimento, justiça, labuta ou correção que os possibilitassem serem conhecedores de vossos atos e ações para que pudessem elevarem-se; pois sendo puramente espirituais, ou seja, sem a necessidades dos fatores materiais que os mantivessem agrupados e labutando as vossas existências em razão de desejos e quereres pessoais, porque já eram sustentados de forma espiritual e material pelo vosso Criador, sobreviviam do alimento da frutificação através da mãe da terra que os fornecia o infindável alimento, pois este era o alimento celestial para os vossos sustentos, porém não contribuíam para que esta fosse autossustentável ou labutavam em comunhão com a terra da qual vos servia de alimento da vida.

Estes seres de altura, peso e proporção colossal eram os únicos habitantes do campo terreno que compunham a vida e a forma de vida baseada em procriação e alimentação em campo material. E estes seres de forma e carcaça animalesca eram os monstros gigantescos que em vossas épocas de habitação, no mesmo campo terreno, criado divinamente pelo Ser Supremo, não puderam ser continuados devido as vossas condições de estruturais, pois da terra que os alimentava não eram capazes de auxiliarem para que continuasse frutífera, nem mesmo preservar as vossas existências além das necessidades básicas de nutrição e multiplicação.

Mas não eram estes seres espirituais vivendo em campo material conhecedores apenas das formas terrenas que os abastecem através dos sentidos de preservação de vossas espécies como também vivenciavam de forma espiritual todas as coisas espirituais, pois o Senhor Deus que vos abastecia o direito à vida os abastecia também o direito de continuarem puramente de maneira espiritual caminhando com vos mesmos por sobre a mesma terra ao qual habitavam. Mas a terra que vos abastecia e jorrava a energia de multiplicação e frutificação, tanto da terra quanto deles mesmos, vinham das próprias mãos do Criador, calcando os elementos que os sustentavam, pois não eram estes autossustentáveis, e sim sustentados por meio da luz divina que brotava das formas e elementos continuamente apenas do que vos era essencial. Porém vendo o Senhor Deus que as vossas existências não eram capazes de se elevarem e caminharem em direções mais elevadas por vossas próprias existências criou então a estrutura física de arcada da espécie que viria ser a conhecida como a espécie animal, homem, estruturado em costela ereta, para que além de ser capaz de cultivar a terra por vossas próprias mãos, seria capaz de compreender o motivo do labor de vossas mãos e por isso caminhar por vossas vontades terrenas de labuta e elevação de si mesmo.

O Senhor Deus, o Criador, desejava seres espirituais e materiais tão belos e capazes em sentido de sabedoria e grandeza de tudo aquilo ao qual havia com vossa mente espiritual eterna, criado para que pudessem labutar as vossas existências, sendo capazes de progredirem e serem conhecedores de vossos atos, ações e existência e que também pudessem sentir felicidade, alegria e prazer não somente de forma espiritual, como eram e são os seres considerados irracionais, mas também de forma espiritual material em elo terreno, sendo capazes de terem discernimento de vossas existências, podendo além de seres sustentados pelo vosso Criador serem também capazes de refletir o vosso Criador de forma nobre e plena aos outros habitantes, sendo um o complemento de sustentação do outro com plena consciência de vossa existências e da existência dos outros, cientes além de tudo de disseminar os poderes e forças da qual receberam do vosso Senhor Deus de forma consciente e não apenas inconsciente puramente espiritual. Por isso forma recriadas as espécies de forma que pudessem possuir raciocínio e discernimento de vossas existências em campo terreno, e não apenas vossas existências espirituais sentindo e alimentando-se apenas de sentidos espirituais.

Desta forma foi concedido além da labuta a concepção de que pudessem tomar conta da terra, labutar por ela a e com ela, e disseminar tudo aquilo ao qual receberam de forma plena para que pudessem serem seres espirituais em material carnal para serem os servidores do Criador, sendo servidos e serventes de vossas existências, não somente com o chão da terra sendo abastecidos pelos elementos essenciais da vida da terra, como também labutando em favor de vossos iguais sendo sustentados e auxiliando no sustento de vossos iguais ou semelhante. Pois estes também foram criados para serem e refletirem as vossas existências espirituais de forma material em campo sagrados chamado terra, outrora Éden, nomeado pelo próprio Criador que os concedeu o direito à vida material em carcaça proporcional a possibilidade de existência de forma individual ou grupal, recebedores dos sentidos necessários para a sobrevivência individual ou em grupo e sendo responsáveis não somente pela procriação, como também da forma de vida e existência sendo capazes de se elevarem e crescerem espiritualmente, quando disseminam todas as forças e poderes da qual receberam e foram constituídos celestialmente para que possam ser em plenitude o reflexo do vosso Criador.

E foram criados seres mais propícios à labuta da terra e caminhada terrena, não superiores aos seres outrora existentes, pois estes eram puramente espirituais desnudos de desejos e prazeres mundanos muitas vezes danosos e destrutivos a si mesmos e sim proporcionais ao campo da qual vivem com forma mais harmoniosas sendo mais capazes de trabalharem e progredirem as vossas existências com as vossas próprias existências em comunhão com os demais seres e elementos divinamente criados para serem e formarem o elo material e da mesma forma espiritual ao qual todos os espíritos deverão caminhar para que progridam em lapidações existências de serem seres nascidos da luz e capazes de servirem a luz sendo conhecedores do que verdadeiramente é a luz divina, porém dentre todos os elos da qual deverão todos os espíritos em algum momento adentrar para desenvolverem espiritualmente, este será apenas um elo de lapidação espiritual essencial as vossas existências sagradas.

"No princípio, Deus criou o céu e a terra. A terra estava sem forma e vazia e as trevas cobriam o abismo e o Espírito de Deus pairava sobre as águas" (Gênesis 1: 1,2)

E Deus, o Criador, o Espírito infinito de poderes e forças, não fora o criador dos céus e da terra apenas no momento em que determinou através de vossas próprias vontades que os céus se separassem das águas e que o elemento árido fosse o solo firme, ou assento sólido das formas e espécies que iriam as vossas próprias existências habitarem. Pois o Criador, o manancial infinito de luz e poderes é a eternidade infinita de onde caminha com toda plenitude pela infinitude de vossa própria existência, existência que não se inicia ou finda em nenhum princípio ou término material espiritual ou temporal, trilhando as vossas próprias trilhas infinitas de poderes e de luz diante de vossa própria e única face, vislumbrando todos os tempos, todas as eras, todas as épocas e todos os espaços infinitos de continuidade imorredoura e imensurável. Por isso, não existe diante de Dele nenhum momento se quer, da qual seja possível contar, numerar, calcular ou determinar além de todos os tempos e todas as eras que a Ele mesmo pertence no espaço que dele se faz intérmino.

Por isso, quando pelo Senhor Deus é criado o céu e a terra, ao qual observava a terra vazia e sem forma, não era esse o gênese da criação, das criações do Senhor Deus em relação aos vossos poderes e forças em virtude de vossa eternidade e infinitude dando vida aos vossos filhos e filhas criados pelo vosso amor e compaixão, e sim o recomeço de todas as coisas onde o céu distante da terra guardaria os segredos e mistérios ao qual outrora não se faziam secretos ou imaculados aos seres viventes deste mesmo elo espiritual, onde há eras de tempos passados toda a força e poder divino também foi aplicada capacitando da mesma forma de terra para que esta também fosse à maneira de jorrar as vossas emanações espirituais sobre os semelhantes seres viventes deste similar campo espiritual dando vida a todos os seres, outrora únicos habitantes também recebedores de espírito celestial em carne material em campo igualmente árido sustentado os viventes pelas forças de Deus, uma vez que todas as formas de existência em campo terreno eram espirituais e materiais, porém todos os seres e formas eram vivos e vívidos através da própria existência do Criador, que caminhava livremente dentre todos eles.

Era esta, em que todos viviam de maneira espiritual como se o próprio campo celestial estive em campo terreno e o campo terreno diante dos campos dos céus, e as existências eram puramente celestiais e as vontades e desejos não ultrapassavam as vontades e desejos de serem apenas o que o vosso Senhor Deus determinava, pois os dons e desejos eram apenas aqueles em que ordenado se cumpriam, pois não eram estes seres passados, serem livres apenas em campo terreno e sim livre em existência de pensamentos e espiritual, pois os vossos pensamentos e desejos não ultrapassavam os pensamentos e desejo de quem os criou e os concedeu a vida, pois eram todos unidos não apenas em carne material alimentando-se das formas existentes de alimentos orgânicos materiais e sim pelas mãos e pela vontade do Criador, pois os vossos sentidos e pensamentos eram um só, em uma única força e energia, sem maculas ou segredos que os impediam de serem e conhecerem uns aos outros por meio dos sentidos da existência de cada um e em vossas determinações de vontades, por isso, compartilhavam das mesmas vontades e desejos de viverem e sobreviverem da forma da qual fora constituídos, ou seja, espíritos livres de conceitos e desejos mundanos, pois eram espíritos puros apenas.

Por isso, o momento da determinação de que se fizessem todas as coisas boas conforme o desejo ao olhar do próprio Senhor Deus, no momento da recriação onde os céus se separaram do firmamento e do ajuntamento das formas de igual emanação, fora ordenado que por sobre o elemento árido o céu se afastasse das águas e que o firmamento fosse à casa que apartaria as duas vertentes sagradas, dando lugar exato a cada forma e sentido de existência, ou seja, tornando individuais os céus e a terra e não mais sentidos únicos e plenos como outrora fora. E é neste, o exato momento da recriação onde os céus guardariam os segredos dos céus e a terra guardaria os segredos da terra, sendo os céus os portadores e todas as chaves de todos os segredos da terra e a terra as portas abertas de todos os segredos de si mesmo ou apenas aqueles temporais e jamais os espirituais, além daqueles ao qual se pode velar por força das forças e da vontade dos próprios viventes que segredos possuem de si mesmos. Com isso, criou o Senhor Deus todas as formas de vida terrena, e determinou que diante de cada vertente, sendo uma a espiritual e a outra a material cada uma unida e comungante dentre as vossas próprias existências e as vossas próprias singularidades, onde as coisas de terra compartilhariam em mesma razão das coisas de terra, porém as coisas espirituais que dominam ou possuem as chaves seladas e guardadas sobre as coisas materiais, seria, ainda que de forma espiritual, o poder de formas celestiais sobre o poder de forças terrenas; concedendo não somente as emanações divinas para que sejam vivos e vívidos pela ordenança do Criador como também os espíritos de luz guiando e direcionado os caminhos aos que da terra viveriam.

E os céus de onde partem todas as coisas verdadeiramente vivas, fonte de luz divina de sustentação de todas as forças e poderes divinos, casa dos mistérios celestiais que guardam todas as chaves das existências espirituais nascidos da vontade do Criador, tornaram-se nesta nova proclamação de que se façam novamente as coisas materiais e as tornem novamente coisas materiais abastecidas pelas coisas celestiais, a nova recriação das coisas espirituais sobre as coisas materiais de existência terrena e separe as casas divinas da casa sagrada chamada Éden ou casa terrena, não por falta de merecimento ou grandeza dos habitantes desta terra, uma vez que todos foram nascidos da mesma fonte eterna de amor e compaixão que é Deus, e sim por ordenança de que esta seja a nova morada daqueles que através de vossas próprias existências, caminhando por sobre as vossas próprias vontades e não apenas pela vontade daquele que vos abastece, caminhe por sobre as trilhas da luz que vos conduzem e queiram e desejem estar diante da luz que vos conduzem de forma plena, em forças nobres de plenitude sagrada e assim como a luz que os guias as certezas e as esperanças de serem o que são e verdadeiramente alcançarem a verdade que vos nutrem e abastecem as essências seja de forma material, seja, de forma espiritual, os tornando reflexos da fonte de luz eterna de poderes de forças e amor.

Mas sendo a terra o caminho por onde todos devem caminhar e unirem-se para elevarem-se a eternidade dos céus que não mais, os sustentaria de forma linear, no mesmo elo; todas as formas devem unir-se para formarem em comunhão as novas e mais puras formas em relação as que foram outrora habitadas e devido à maneira de vivencia e falta de comunhão, findaram-se, dando lugar as formas de existências ordinariamente proporcionais e qualificadas para serem por si mesmas os auxilio e a razão de todos os outros seres para que possam continuar as vossas existências livres e formosos assim como todas as outras formas recriadas para que seja em comunhão um novo caminho a ser trilhado em direção ao vosso Criador. Por isso ao homem fora dada a determinação e obrigação de exercer a vossa função de cultivar e arar a terra da qual o vosso próprio sustento seria o motivo de vossa possibilidade de existência e através da comunhão de todas as formas e espécies existentes ser não apenas o calço dos caminhos da qual iriam caminhar e sim a forma da qual iria com todas as demais formas, caminhar em direção a luz que vos abastece a matéria e o espírito.

Desta maneira, fora criado o ser espiritual materialmente para além de ser o cultivador da terra em que deveria cuidar para que caminhe em progresso material, também o ser que separado do campo celestial, por meio do céu que o divide da terra, onde se principia a criação divina no momento da recriação de todas as formas e espécies por sobre a nova era de existência carnal e espiritual, de onde fora separado e não desligado do elo celestial em campo terreno, o cultivador de vossos sentidos espirituais e também sagrados para ambas vertentes. Ou seja, cultivador dos sentidos celestiais que guardam os segredos divinos que foram trancafiados para que estes sejam os mistérios da qual o homem além de ter que cultivar o solo da terra, terá também que cultivar em vosso intimo por vossa própria existência as coisas boas da qual fora criado para alcançar e se elevar ao campo da qual fora determinado e nascido espiritualmente antes de partir para o elo terreno recriado para vossa caminha de lapidação e elevação de vossa própria existência. Por isso, as vossas passagens terrenas não são apenas passagens vazias em razão de gozos matérias e sim passagens espirituais em razão de elevação por meio de vossa própria busca em razão de vossa própria verdade existencial onde apenas o vosso Senhor poderá vos cobrir a essência que vos forma de vossas verdades.

Assim, a caminhada material de sustentação espiritual e orgânica em campo terreno é a possiblidade de resgate de vossas existências através da possibilidade de possuir capacidade de além de apenas cultivar vossos alimentos possuir também poder de frutificação, disciplina, autojustiça de correção, força e luta através de forma física de estrutura material e ciência que vos possibilitam além de conhecimento das leis divinas, o progresso pessoal para alcance da elevação de si mesmo; uma vez que as formas físicas e materiais das quais conhecem em campo terreno são apenas formas ao qual um espírito pode ter o direito de receber. E esta não é apenas a forma da qual o fará mais nobre e elevada a vossa própria existência e sim todas as formas ao qual o vosso Criador determinar que sejam as vossas formas para cumprirem com as determinações que forem dadas, para caminhada espiritual de alcance de vossas elevações espirituais. E mesmo que nenhuma forma física receba um espírito que receba ou em nenhuma forma física se abrigue, ainda assim deverá todo e qualquer espírito nascido da vontade do Criador, labutar pela vossa elevação, junto Aquele que vos concede o direito de ser espírito em vosso nome e por vossa determinação de ser tudo aquilo ao qual fora por ele mesmo criado e ordenado para o ser; nobre, honroso, sagrado e infindável.

Pois a constituição do campo terreno nomeado pelo próprio Criador de Éden, onde as ordenanças de se fazerem vívidas as vossas forças em poder de luz como o firmamento, o ajuntamento das formas, a criação das espécies bem como do encobrimento da escuridão pela claridade da luz ou pelo encobrimento da luz pela força da escuridão, formando assim o dia e a noite, formam o gênese das novas formas e elementos recebendo as forças divinas diante da determinação de que todas as formas espirituais, outrora criadas apenas espiritualmente ou com sentidos espirituais, agora novamente espirituais e também materiais com sentidos espirituais e desejos matérias, possam ser vívidas e vivas outras vez em campo terreno.

Porque a vossa infinitude de eternidade de plenitude de força e poder de luz, não principiou apenas este elo chamado de terra, tampouco os elos das formas e das espécies antigas neste mesmo espaço vividas e sim de todos os elos, todas as potestades, todos os campos e todas as eras de todos os tempos que existiram que ainda existem que não existem mais ou que jamais existirão e aqueles que ainda hão de existir, para que todas as formas existentes e não existentes se abrigarem e deles façam abrigos em todas as eras e espaços de tempo. Pois a vossa existência assim como as vossas forças e ordenanças são infinitas e eternas e por isso, jamais nascidas em momento algum que seja ou que tenha sido antes da vossa sagrada ordenança de existência na vossa eternidade de espaço ou do tempo da qual com vossas próprias forças e luz cria e conduz tudo aquilo ao qual forma e vos concede seres vossos espíritos diante de vossos tempos e vossas ordenanças de momento de era e de espaço.

Pois o Criador é a eternidade de tudo o que possa existir no tempo de todos os tempos, é a eternidade de tudo o que é constante e imutável e que jamais se findará ou acabará, pois é Ele mesmo o início e o derradeiro de tudo que possa existir e que por vossa eternidade fora constituído para ser, e que por isso, tudo precisa ser através de vossas mãos principado ou iniciado e por vossas próprias mãos também findadas. Porque a sublime força de infinitude eterna de poderes, luz, magia, mistério e amor que cria os tempos e as eras de tempo, assim as forças, elementos, os espíritos e os ordena serem múltiplos e fecundos se autossustentado através da comunhão de serem abastecidos pelas vossas forças existentes nas demais formas e modelos perpetuados para atuarem em união nos campos e nos elos da qual Ele mesmo fornece a luz da vida em que todos vivem, não inicia e finda as coisas que nascem, fecundam, germinam de si mesmas e depois morrem ou desaparecem das formas criadas ou recriadas por vossa existência de luz, e sim vos concede um novo recomeço de ser novamente o início de tudo o que vive e morre por vossa determinação de ser e existir ou não existir para que outras formas existam em vossos tempos determinados. Pois Deus, o Criador, não cria as formas e as concede ser vivas para que morram de vossas próprias existências, e sim as concede serem novas e renovarem-se à partir de vossas própria condições de frutificação e multiplicação de reflorescerem através de vossas eternas sementes.

Portanto não fora o gênese, a gênese da existência humana na terra e sim o recomeço em que as espécies e formas reiniciam as vossas existências em campo sagrados chamado Éden ou chamado planeta terra, onde os quatro elementos espirituais existentes são as vossas sagradas formas de onde são jorradas as energias para que mais uma vez sejam as coisas espirituais que neste elo se encontram vivas vivificando as demais formas e espécies, para que todas as demais formas sejam abastecidas e se compreendam vivas e possam caminhar e existir por vossas forças e emanações e dessa forma, e assim, seja os novos trabalhadores e curadores da terra viva e das vossas existências para que em algum momento se tornem tão bons e elevados quanto a esperança daquele que vos concedeu a liberdade de serem o que são ou como são para que cresçam em vossas existências e alcance a vossas verdades, verdades da qual somente poderão compreender após ultrapassem o elo material, de onde o elo celestial de onde o céu que vos separa guardam todos os vossos próprios segredos e motivos de serem o que realmente são e porque são.

Por isso é o campo celestial, separado do campo sagrado de nome terra o caminho da eternidade e não a própria eternidade, pois a eternidade é a sagrada eternitude de tudo o que o Criador governa e rege por vossas próprias forças e que nunca acabará ou se findará e que ainda que se tenha alcançado as vossas sagradas casas celestiais, ainda existirão mais e mais nobres caminhos a serem percorridos diante de vossa eterna sagrada santidade e eternitude espiritual. Isso quer dizer que além de caminhar por sobre as terras firmes em campo material é preciso também caminhar por sobre os caminhos que vos levarão aos caminhos da eternidade para que sejam e conhecem as vossas próprias existências espirituais, outrora vividas e conhecidas por vossos espíritos selados e guardados de vos mesmos por razões próprias de vossos poderes de conhecimento e discernimento nesta nova jornada que é a gênese de vossos sentidos em terra e não a gênese de vossas existências, pois estas certamente já formam vividas em outras eras longínquas que as vossas existências de tempo vigente não são capazes de enxergar.

Logo, o inicio de toda recriação terrena, não é todo o início espiritual das formas espirituais em campo terreno e sim o reinício desta nova jornada terrena com as formas as quais foram recriadas divinamente para serem inseridos os espíritos que habitariam novamente este campo em missão e jornada espiritual de forma terrena, porque assim fora determinada uma nova jornada onde as coisas espirituais ficariam guardadas das coisas materiais, onde um serviria de busca para alcance daquela que outrora fora a única existência entre Deus e vossos filhos criados por vossa determinação de poderes e formas jorrados de vossos amor, luz e compaixão.

Pois ainda que não seja este o início das formas espirituais divinamente criadas, esta é a forma divinamente criada para o início da nova jornada e ocupação do campo terreno em que cada um de vos devera zelar e cuidar das vossas carcaças materiais e forças espirituais, pois este será o único momento da qual irão se ocupar de serem exatamente o que são e da forma que o são no momento ou no tempo exato qual devem ocupar. Porque Deus, o Criador de todas as formas e todas as coisas é o único quem determina o momento e o instante em que as coisas serão as vossas coisas e as vossas espécies serão as vossas espécies e as formas de cada espécie, coisa ou elemento serão bons e belos ao vosso desejo de que todos habitem em singular poder e emanação nas vossas moradas espirituais.

E ainda que estas não estejam caminhando conforme a ordenança e determinação celestial ao qual ordenou, e ainda que tenha que desfazer todas as formas e raças criadas por vossos desejos e reiniciar as formas, as espécies, as ordenanças e as missões. Ainda assim, todos os espíritos nascidos de vossa força de luz e criados o vosso reflexo perante a determinação de ser exatamente o que são, nenhum espírito será por vos findados em vossas existências, pois o Criador fonte infinita de luz e eternidade os guardará todos em vossas casas celestiais ou elos espirituais de onde partiram um dia, para que protegidos estejam até que seja por Ele mesmo ordenado que sejam recriadas as vossas novas existências, onde quer que seja por Ele mesmo determinado, para o momento exato de serem direcionados em novas missões e em elos espirituais escolhidos e assentados pelo próprio Criador para que seja este o lugar exato de onde devem ocupar e ocuparem as vossas passagens espirituais de elos em elos até que alcancem as vossas evoluções e nobrezas igualmente aquele de onde forma nascidos, selados e guardados.

"O Senhor Deus fez brotar da terra toda a sorte de árvores de aspecto agradável, e de frutos bons para comer; e a árvore da vida no meio do jardim, e a árvore da ciência do bem e do mal (Genesis 2: 9)

Após o reinício da jornada terrena em que o homem fora determinado e inserido ao campo terreno, era este o início do cumprimento de missão espiritual ao qual havia sido ordenado de forma puramente espiritual em campo terreno, ou seja, de forma puramente imaterial, pois ainda que possuísse a carne material a vossa intenção e desejo não era voltado para as vontades mundanas, pois não possuía este primeiro habitante da terra desejos, quereres, expectativas ou ansiedades além daquilo aos quais os vossos sentidos e sensações vos permitia. Ora, ainda não havia ele provado do fruto da árvore da ciência do bem e do mal, e ainda que já habitasse após o sopro de vida em vossa carcaça material o espírito ao abrigo de forma carnal, não era intimamente abastecido por desejos internos de glorias, posses e poderes. Por isso, era puramente espiritual em vossos sentidos e ações sendo até aquele momento livre ou em espírito livre e isento de impregnações e vontades que ultrapassavam as vontades de ser apenas espírito labutando o vosso sustento da forma ao qual fora criado servindo ao Criador na labuta do cuidado e sustento da terra conforme a ordenança divina.

E quando Deus lhes prescreveu que não comece do fruto da árvore do bem e do mal estava o homem só, pois até àquela hora não havia o Criador lhe concedido à companheira, fêmea, para auxiliar em seus trabalhos e progresso. E o homem tinha uma função determinada a ele, que era cuidar do solo da terra que após ter sido umidificada seria capaz de germinar e frutificar, por isso, não seria o homem apenas um andarilho no campo terreno e sim um trabalhador labutando a vossa própria existência, pois para isso, havia recebido a forma física e a capacidade estrutural que lhe permitia ser um trabalhador e vossa própria existência material em campo terreno. Porém, viu o Senhor Deus, que seria prudente que o homem tivesse junto dele um semelhante com a mesma forma física, estrutura corporal e habilidade mecânica assim como ele, capacitado para o labor em cultivo manual o solo fértil, para que pudesse auxiliá-lo em suas tarefas de manejo e dar continuidade ao cultivo da terra arada bem como ao próprio progresso material de permanência de vossa própria espécie sendo capaz de progredir a própria qualidade de gênero dotada das mesmas habilidades e capacidades da qual ele mesmo tinha.

Por isso, somente após servir de estrutura esquelética em semelhança de engrenagem ao gênero feminino de sua mesma espécie é que o homem fora agraciado com a presença de sua companheira em essência espiritual e estrutura física material para progredirem juntos tanto no cultivo da terra e no sustento da carne quanto em caminhada espiritual terrena da missão ao qual fora pelo Criador determinado ao ser material e espiritual do arquétipo masculino, porém viu o Senhor Deus que este não o alcançaria labutando sozinho, pois assim como o progresso material de sobrevivência o progresso espiritual de missão espiritual ainda que seja de forma individual será mais terno e seguro quando galgado de maneira conjunta, tanto para os seres orgânicos quanto os elementos inorgânicos; pois a junção das forças de cada unidade de sentido, seja este qual for, é o que carrega a conjuntura de força e emanação que formará a inteireza de forças necessárias para que o progresso seja alcançado, por isso, este não é caminho que se caminha só.

Logo a união do arquétipo masculino ao arquétipo feminino é o que forma a inteireza de formas capazes de serem juntos, seres orgânicos e espirituais que formarem novas e mais poderosas formas, não somente para labutarem a terra como também a própria existência espiritual de forma material em jornada terrena.

E após a união de ambos os gêneros no jardim do campo sagrado de nome Éden, onde caminhavam juntos e cumpriam com as suas obrigações determinadas pelo Senhor Deus é que o ato outrora proibido de experimentar o fruto da árvore do conhecimento do bem e do mal fora consumado pelos habitantes daquele jardim, que criados a imagem e semelhança de vosso Criador eram dotados de inteligência, sabedoria e imortalidade, mas acima de tudo eram também dotados de pureza espiritual ou nudez de sentidos ou certezas danosas de falsas verdades e inverdades cruéis, ou aqueles sentidos de intenção facilmente conhecidos pelos encarnados já impregnados de sentidos e sensações dolorosas e penosas ao sabor da dor e do sofrimento da mortalidade de vossas coisas mais valiosas. Porém sendo possuidores de sentidos contrários a estes, não fora apenas à desobediência a Deus ou a falta de zelo em relação as prescrições e sim a pureza de sentidos, onde os sentidos puramente espirituais que vos pertenciam não ultrapassavam a razão ou a determinação de ser a si mesmo, porém embora fossem puramente espirituais estavam em campo terreno, onde as novas formas e coisas geram desejos de conhecimento e de descoberta.

E juntamente com o desejo da descoberta do campo material com a curiosidade abastecida pela desobediência, ultrapassou-se a prescrição espiritual de continuarem imaculados e leigos ao juízo do bem e do mal ou do quanto bom ou ruim seria a morte de vossas existências diante do erro de provar algo que era recomendado que não se fizesse, é que comeram da árvore da sorte de serem o que o destino os reservaria após o provarem.

E desta forma, a curiosidade transformada em desobediência os fez após tocarem e comerem o fruto dos segredos oferecido pela serpente alegórica que nada mais é do que a representação do desejo de provar algo novo e a curiosidade acerca das possibilidades de alcançar o desconhecido, ainda que acarretando em travessia solitária caminhos dolorosos, a pureza de espírito aos quais ambos caminhavam não os deixava enxergar o quanto poderia ser penosa à caminhada terrena espiritual contrariando as recomendações do Criador. E mesmo tendo prescrições divinas de forma clara em relação à árvore da sorte a determinação interior de provar do fruto da árvore dos segredos é que os fez dela experimentar, sem a total certeza das consequências aos quais estariam assumindo uma vez que eram espíritos embora encarnados, dotados apenas de sentidos e sensações espirituais, isentos de desejos e vontades materiais ou sentidos baseados em dores e danos de certas consequências, pois sequer sabiam o que viria a ser as tais consequências indubitáveis após um erro de desobedecer ao vosso Criador. Por isso, fora a curiosidade diante da ingenuidade de aceitar e experimentar do fruto proibido para conhecerem as consequências exatas do que iriam lhes acarretar ou o sentido correto da prescrição de que morreriam indubitavelmente é que provaram do fruto do fecho da vida espiritual para trilharem por veredas até então desconhecidas pela pureza de espírito ao qual inicialmente em gênese terra foram criados.

Pois embora fossem espíritos puros, foram os primeiros habitantes do recomeço da existência humana na nova terra sagrada, dotados de direitos e ordenanças das quais ainda não conheciam, porém brevemente viriam a conhecê-los, direitos estes que iriam deste a total responsabilidade por vossos atos e ações até as consequências de receber de volta todos os atos e ações aplicados e disseminados sendo estes bons ou ruins, pois foram eles os primeiros recebedores da terra sagrada para que dela cultivassem e tirassem os vossos sustentos e que por isso, fora concedido a eles o direito de livre escolha e designação de tudo o que viesse a ocorrer com a terra da qual haviam acabado de herdar de vosso senhor Deus, sendo eles os responsáveis não somente pelo cultivo como por tudo que poderia frutificar em progresso ou recesso de vossas vidas e de vossas existências até o dia em que dela não mais precisariam para viver. Logo, o direito recebido pelo homem de nomear todos os animais e espécies viventes por sobre a terra, não era apenas um terno e doce dever e sim a forma de responsabilizá-lo por tudo o que viria a fazer e executar neste campo ao qual ele mesmo seria o responsável pela frutificação e progresso.

E concedeu o Senhor Deus, tudo o que de mais belo e encantador da qual havia acabado de recriar ao vosso filho material para que este juntamente com a vossa semelhante, a fêmea, cuidasse e honrasse e vossa nobreza e plenitude, pois Este os havia honrado no momento de vossas criações, assim como honra cada espírito nascido de vossa determinação para que sejam os habitantes de cada elo ao qual ele mesmo criou. Porém fora no momento da recriação do campo terreno que Ele confiou em todos os vossos filhos que viriam habitar este elo e por isso, entregando tudo o que de mais belo e formidável havia recriado para que não somente os primeiros habitantes pudessem se abastecer das forças em todas as formas e elementos ao qual determinou, criou e também honrou e sim para que todos que viriam a ocupar este mesmo campo pudessem ser seres espirituais e materiais nutridos, sustentados e embelezados pelas mais belas e magníficas formas da qual podem ser apreciadas apenas neste campo sagrado em que a vossas esperanças são em força de luz a esperança, a esperança de que os vossos filhos o respeitem, reverenciem e o honre da mesma forma ao qual um dia pelo vosso sagrado poder foram honrado através de vossa espiritual sagrada e eterna, existência intocável de poderes mistérios e forças santas.

"O homem e a mulher estavam nus, e não se envergonhavam" (Genesis 2: 25).

Mas os seres espirituais homem e mulher após serem determinados e alocados dentro do campo divino sagrado de nome Éden, o contemplavam e viviam naturalmente conforme a maneira ao qual foram constituídos, pois haviam sido constituídos espíritos, ou espíritos puros, puramente essências espirituais livres de apegos, desejos ou quereres mundanos, pois as vossas existências espirituais não tinham ainda tido contato com as coisas materiais, isso quer dizer que vivenciavam somente as experiências e sentidos espirituais, onde a vergonha a timidez ou o amor carnal não são possíveis de serem apreciados e sentidos; não somente por serem sentimentos materiais carnais, mas por serem sentidos que não adentram as verdades dos espíritos em campos sagrados da qual a carne não consome as vontades e os atos daqueles que dela não estão abrigados ou por ela não são consumidos, logo não tinham ainda desejos carnais.

E assim como todo espírito nascido em campo espiritual ou todo aquele que adentra aos caminhos santificados espirituais de sentidos nobres e puros, isentos de sentimentos e sensações carnais onde o envergonhar-se não faz parte da existência santa, ou faz parte apenas da existência material, uma vez que a razão do ser encarnado que alocado em campo material é constituída de sentidos e sensações originárias de significados carnais, enquanto os seres espirituais vivenciam apenas sentidos puros e cândidos sem a necessidade de sentidos materiais para se compreenderem vivos, assim eram as criações de gênero masculino e feminino criados por Deus vivendo e vivenciando as vossas próprias existências no jardim celestial, leigos de sentidos e sensações baseadas em desejos, vontades ou buscas além daquilo ao qual recebiam divinamente para serem e viverem da forma ao qual foram concebidos espiritualmente e o faziam, sendo apenas espíritos nus e desnudos de sensações terrenas que somente aqueles que possuem carne material possuem.

Porém, até o momento em que sua companheira fora concedida caminhou o homem sem tocar ou vislumbrar o fruto bendito oferecido pela alegórica serpente em que a própria fala ou o convite ao sabor da fruta é a representação do desejo e da curiosidade corporificados em tentação de adentrar ao desconhecido, e não característica de maldade de um animal que induz outro ser ao erro, pois não era o animal, a serpente, um ser apenas material em campo espiritual terreno, vivenciando conceitos e ações terrenas em relação ao certo e ao errado caminhando pelo erro ou em maldade, diferente dos seres arquétipos homem e mulher, pois era este ser, tão espiritual e material quanto àqueles que da fruta comeram. Pois todo animal que se encontrava em campo espiritual chamado jardim, dentro do campo do Éden, eram assim como todos seus os habitantes, também espirituais, desprovidos de conceitos mundanos de maldade ou sentidos danosos de existência, desta forma era também a serpente ou o símbolo da transgressão ou da curiosidade, um ser espiritual cumpridor de vossa missão da forma e estrutura física da qual fora pelo Criador determinado, não sendo este nem mais ou menos puro, impuro ou dotado de dons espirituais ou de sentidos materiais que os demais habitantes não possuíam.

Por isso, foi à própria curiosidade do ser espiritual em carcaça material de classificação homem, que os fez conhecer todos os sentidos advindos da árvore da ciência do bem e do mal assim como todas as suas consequências e danos de tê-lo provado e não a serpente representação da violação do certo em detrimento do errado, pois a prescrição pertencia ao ser nomeado homem e não a serpente alegórica. Logo este sentido de preservação, zelo e cumprimento da ordenança divina em relação ao mandado de não experimentar do fruto como forma de preservação própria de vossa própria espécie, pertencia a quem comeu do fruto e não aquele que vos encorajou em prova-lo. Portanto, não é a serpente alegórica a causadora do mal e sim o próprio ser desobediente que dela decidiu provar.

Desta forma se existia algum mal em provar da árvore da incerteza e da sorte do bem e do mal, este não pertencia à serpente e sim ao próprio fruto da árvore que concederia todo o seu sabor a quem dela experimentasse, assim como concederia também todo o seu amargor a quem dela se deliciasse, sendo este o verdadeiro mal pertencente a quem da árvore herdaria a vossa força e vigor ou a não serpente que apenas a dúvida na fala tinha a oferecer. Por isso, aquele que recebera a prescrição de não tocá-la é quem dela não deveria provar, pois ela não o eximiria em despejar na boca de quem a saborearia todo seu veneno da qual a vossa própria composição fora criada para guardar e também para oferecer. Sendo assim, não poderia a serpente oferecer nada além daquilo ao qual poderia conceder que era o encorajamento de desfrutar de novas experiências, enquanto a árvore do bem e do mal é quem verdadeiramente ofertaria tudo aquilo ao qual ela possuía, ou seja, o sabor que de vossas sementes brotavam em ansiedade de ser apreciada e consumada a vossa força de ser exatamente aquilo que era, bem e mal ao sabor de quem a desejava.

"Então os seus olhos abriram-se; e vendo que estavam nus, tomaram folhas de figueira, e fizeram vestes para si" (Genesis 3: 7).

E a vergonha da qual foram tomados, após alimentarem-se da fruta danosa, não é a mesma vergonha da qual causa humilhação ou constrangimento pela exposição do corpo nu, pois até então, vergonha não conheciam, assim como não sabiam o que viria a ser a nudez de um corpo exposto aos outros seres, e sim a representação da perda da ingenuidade que desfalece nos corpos de daqueles que perdem a própria pureza da imácula que o cobre de singeleza e simplicidade pela certeza de serem conhecedores das incertezas de saberem exatamente o que os vossos corpos motivos de desejos e anseios que somente os desnudos da despretensão ou desadorno de si mesmo possui. Logo, envergonharam-se não de estarem nus na presença um do outro, e sim de sentirem e compreenderem-se desnudos da ingenuidade e da singeleza ao qual eram recobertos os vossos sentidos antes de comerem da fruta da incerteza de estarem despidos de quem antes eram.

Porém a vergonha das coisas materiais da qual haviam sido acabados de serem tomados em sentimentos e sensações, outrora desconhecidos, somente poderia ser recoberta de forma também material, ou da mesma forma ao qual se encontravam em sentido de plenitude de existência. Sendo assim, utilizaram-se da única maneira ao qual poderiam resguardar-se de vossos novos sentidos de maneira material, sendo as folhas ao qual cobriram as vergonhas a representação da forma material ou a forma contrária a espiritual das quais habituados estavam, por isso, esconderam os vossos aniquilamentos da forma ao qual se encontravam naquele momento, ou seja, de maneira material utilizando-se de artigos também materiais. Por isso, as folhas que vos cobriam a aflição de sentirem-se pela primeira vez de forma material, também é folha tão igualmente nascida da raiz calçada do chão da terra, tal qual o fruto que guardavam os segredos da própria terra ao qual não deveria tê-lo tocado, porém, vos guardariam agora as vergonhas materiais por tê-lo experimentado e descoberto o que encoberto jamais deveria ter sido exposto, deixando revelado tudo o que poderia existir de bem ou de mal, dentre os céus e o elemento árido.

Mas fora no mesmo momento em que da fruta deliciaram-se e receberam dela, tudo o que ela realmente os tinha a vos oferecer ou tudo o que externamente envolta em beleza, escondia as entranhas. Logo, os conceitos espirituais que os cobriam de sentidos puramente cândidos, divinos e celestiais foram substituídos por sentidos materiais, ou aqueles sentidos vislumbrados e compartilhados pelos seres encarnados em campo terreno onde a vergonha, o medo, a dor, os desejos, as sensações materiais como também o ódio ou a angustia são presentes e rondam os seres em terra.

Por isso, a hora em que da fruta comeram envenenaram-se com o sabor do fruto desventurado e por isso que perderam vossos direitos celestiais e divinamente constituídos em essências puramente espirituais em campo material e ganharam outros e novos direitos, bem diferentes daqueles aos quais usufruíam. Direitos estes que poderiam ser apreciados apenas em campo terreno de forma terrena e não mais espirituais de forma espiritual e material ao qual viviam, pois as vossas existências à partir do momento do ato consumado do experimentar do fruto impuro da razão espiritual, formaram-se tão impuros e maculos quanto o próprio fruto que vos ofereceu o vosso amargor em forma de delícia em sabor. Por isso, as vossas existências passaram de imaculadas e puras a existências contaminadas e danosas pelos sentidos materiais que experimentaram e que por isso, não poderiam mais permanecer aos campos celestiais; assim, as vossas forças e poderes espirituais da qual viviam e conviviam de forma plena diante da face do Criador, assim foram eliminados do campo ao qual estavam, porque não poderiam mais adentrar as esferas puramente santificadas e sagradas da qual era o próprio jardim constituído em campo terreno. Isso quer dizer, que à partir daquele momento em que tornaram-se tão impuros e impróprios para caminharem com as forças sagradas quanto a própria árvore do conhecimento das coisas puramente materiais ao qual encontrava-se em jardim espiritual, foram repelidos para fora do campo puramente celestial da qual era o jardim de Deus.

Ora, não fora a árvore do conhecimento do bem e do mal plantada dentro do jardim do Éden ou da terra sagrada para que fosse o caminho da transgressão aos quais os seres materiais se alimentariam e por castigo divino se tornariam impuros e distantes de vossa benevolência, amor e dignidade, pois foram os seres materiais criados com toda força divina do Criador para serem a vossa imagem e semelhança, sendo o reflexo de tudo o que é bom e tudo o vosso amor brota.

Porém, a árvore do bem e do mal, era a árvore de todas as coisas materiais que em campo terreno existiam, porque esta, era a árvore que guardava todos os segredos e mistérios do campo terreno, que dele pertenciam. E pertenciam tanto os mistérios e segredos mais danosos como a dor, à desunião, a desgraça, o ódio, como a morte dos sentidos puramente espirituais que concede lugar aos sentidos puramente materiais e danosos de si mesmo. Pois da mesma maneira ao qual o Criador apartou da terra os segredos celestiais separando os céus do elemento árido que é a terra no momento da recriação deste campo, separou também todos os segredos que compõe a terra e os deixou isolados na árvore de todos os segredos terrenos, não como forma de enganar os seres homem e mulher, e sim, porque jardim sagrado fora criado dentro do campo terreno e somente no campo terreno poderia estar alocada a árvore de todas as coisas terrenas, e ainda assim como forma de preservação de vossos filhos criados a vossa imagem e semelhança. Deus, o Criador, os direcionou apenas em um elemento constituído da terra e enraizado na terra que da terra se abastecia, pois da terra tinha nascido, e colocou todos os segredos na própria terra, ou neste elemento que era a árvore nascida da vertente da vida terrena. Porém, sendo a árvore o baú que guardava todos os segredos e danos da qual poderia a terra oferecer, os vossos frutos assim como a própria árvore dos mistérios do chão dela mesma estavam contaminados ou enxertados de vossos próprios mistérios danosos a quem dela se alimentasse, pois dela conheceria todos os mistérios e segredos do chão dela mesma.

E assim como todos os mistérios e segredos celestiais diante dos céus pertencem e são velados e zelados pelas máculas trancafiadas em isolamento sidéreo e supremo de intocáveis possibilidades por aqueles que dele não devem conhecer ou desfrutar, da mesma forma a árvore do conhecimento do bem e do mal, era o elemento terreno, pois da terra fora nascida, e a terra era quem guardava e zelava por todos os segredos e mistérios do campo terreno, carregada de conhecimento e ciência dotada de motivos e intenções que somente ao campo terreno possui razão de ser e de existir, pois os vossos segredos, poderiam ao mesmo tempo ser o caminho para o conhecimento e autoconhecimento de si mesmo, trazendo progresso e elevação, quanto o caminho e o conhecimento para a destruição para as chagas, para as feridas, quando o mal não somente de si como de qualquer um que dele poderia apreciar.

Mas fora dada a determinação de não experimentar o fruto maldito, apenas aos seres do arquétipo homem e mulher, pois estes eram os seres que dentre todos os seres possuíam além de forma física e estrutura mecânica apropriada para o crescimento material também os sentidos de inteligência e ciência diferente dos demais animais, sentidos estes que após experimentarem do fruto ou adentrarem ao campo do Éden, e não somente no jardim da qual fora construído em campo material, poderiam se elevar em progresso espiritual e material ou destruírem-se em desgraça de não conhecerem exatamente o que o bem e o mal poderiam forma-los e trazer em vossas existências materiais.

Pois o fruto não era apenas um fruto e sim o elemento orgânico vindo da matéria de toda composição também orgânica, que continha todos os sentidos e segredos dos sentidos puramente materiais sem que os sentidos puramente espirituais pudessem ser compartilhados ou compostos do mesmo organismo de composição material, pois nenhum deles faz parte do mesmo sentido de existência, pois embora para sobreviver em campo terreno, seja necessário as duas vertentes em comunhão espiritual, ou seja, a vertente espiritual e a vertente material orgânica atuado em plena harmonia, o campo terreno abastece e nutri os seus filhos de forma material apenas, porque a vertente espiritual é aquela que domina todo o campo material e capacita todas as formas de nutrição, e por isso, não pode ser afetada pela vertente material, pois dela, está acima. Por isso, ambas não caminham juntas ou na mesma frequência, logo, o fruto da árvore ou o elemento orgânico que traz toda a essência de ordem material e terrena é o que aparta uma da outra, ou é a separação das duas frequências e emanações onde a emanação espiritual abastece a fonte material, porém cada uma em vossas próprias determinações e frequências e jamais unidas.

Mas o Criador desejava que vossos filhos continuassem, e fossem imaculados, embora que em campo material onde os poderes em sentidos matérias quando utilizados de maneira contrária as ordenanças, podem ser danosos e destruidores a quem os disseminam, mas o criador desejava que vossas criaturas carnais e espirituais não se utilizassem destas energias e continuassem puros e inocentes de todos estes sentidos que somente ao campo terreno pertencia. Por isso, os prescreveu que daquela árvore não tocassem, não porque de castigo morreriam e sim, porque aquela representava tudo o que em campo material poderia existir, pois ao campo material pertencia, mas nem todos saberiam se utilizar de tudo o que este campo ofereceria em forma de poder, energia e mistérios; mistérios estes, que embora o encarnado conheça e caminhe por sobre eles, pouco ainda conhece de vossas forças e poderes.

Porém, após a abertura do baú dos segredos mundanos ou a consumação da árvore dos segredos materiais aos quais os vossos filhos experimentaram, precipitou o Senhor Deus para que dos mistérios terrenos que de tão poderosos, dominadores e persuasivos ao que somente o elemento árido conhecia e possuía não os autodestruíssem, ou destruíssem os demais elementos que da terra também precisariam para vos abastecer.

Por isso, após se alimentarem da árvore do conhecimento do que viria a ser o bem e o que viria a ser o mal, foram o homem e a mulher retirados do jardim celestial que se encontrava no campo terreno de nome Éden, pois expostos ao sabor das coisas materiais e impregnados de sentidos mundanos, não poderiam mais caminhar por sobre as trilhas cândidas do jardim do Criador, pois este sendo puramente sagrado de nobreza santa, não mais poderia receber os vossos filhos já contaminados com as essências materiais, que danosas eram as vossas próprias formas existências.

Portanto, não foram retirados do jardim sagrado por terem experimentado do fruto ilegítimo, pois sagrados estes filhos também eram, e sim por razões santificadas, de que somente poderiam adentrar ou permanecer em campo santo divino, assim como era o jardim ou a horta dentro do campo sagrado Éden, tudo aquilo que da mesma pureza e emanação se encontra, uma vez que nada em desarmonia ou essência impura poderá adentrar aos elos celestiais. Desta forma, foram retirados os vossos filhos para que estes pudessem, labutar as vossas existência fora do jardim sagrado de emanação e fluidez puramente santificada onde a desordem e a desarmonia não adentram, pois não caminham alinhadas as coisas espirituais e sagradas com as coisas materiais e impuras, pois foram as coisas sagradas e cândidas feitas para cuidarem, protegerem e apontar os caminhos aqueles que da terra impura caminham, e assim foram os filhos de Deus, alocados em campo sagrado de nome Éden, do lado de fora do jardim celestial de brancura imácula ao qual havia o próprio Senhor Deus Criado.

Sendo assim, os anjos celestiais, ou seja, aqueles espíritos selados e imaculados que circulam apenas dentro dos campos sagrados do Criador de brancura cândida assim como eles mesmos ou aqueles que não possuem permissão de adentrarem a outros campos, elos e potestades que não sejam os campos celestiais de emanação puramente solene e intangível, conhecidos como querubins, eram os únicos espíritos determinados, para adentrarem ao jardim sagrado e puro de energia celestial igual as vossas, para que rondassem por certo tempo com armas em brasas impedindo qualquer ser com outra energia ou emanação contraria as emanações celestiais de adentrarem ao jardim, agora proibido aos seres impuros da qual se tornaram homem e a mulher, pois as energias incompatíveis da qual adquiriram após comerem do fruto, nãos mais vos permitiam caminhar por entre as coisas celestiais.

Mas não eram as vossas armas flamejantes de energia celestial as armas que ameaçavam os impuros encarnados de adentrarem ao campo celestial em terra árida chamada Éden, pois não era o fogo o elemento celestial capaz de queimar e afastar os seres materiais do jardim proibido e sim a força da luz em seu ápice, formando a energia em campo terreno em forma de brasas, pois no campo terreno apenas adentram os elementos terrenos para serem utilizados, por isso, a força da luz divina em estado de plena energia de força e emanação alcançando o seu supremo poderio de forças se torna fogo que abrasa e forja tanto as energias e emanações espirituais negativas quanto queima todas as coisas materiais, pois elemento material em campo terreno a força da luz se torna. E estando os arcanjos em campo terreno, ainda que em esfera espiritual, precisavam se utilizar das forças da luz divina de forma material, pois ao campo material o jardim pertencia. E era a brasa o elemento celestial em campo material ardendo e queimando todas as energias contrárias impedindo que nenhuma força impura caminhasse por sobre os mesmos campos. Por isso utilizavam-se do poder do fogo, pois são as brasas o elemento celestial utilizado por aqueles que diante da luz são capazes de formarem o fogo com as vossas emanações de sentido puro voltado para determinada ordenança, podendo este ser um espírito atuante nos campos puramente celestiais ou em campos de correção e forja, pois é a brasa flamejante o ápice da essência da luz em sua força maior queimando as impurezas de forma que nenhum ser de sentido contrário poderá adentrar com vossas emanações contrárias ao perímetro ao qual o vosso fogo se estende.

Por isso rondaram os querubins pelo período ao qual fora determinado até que as emanações dos seres homem e mulher não pudessem mais fluir na mesma frequência ao quais as emanações do jardim fluíam de forma que estes não pudessem mais adentrar a este jardim, não somente porque seriam destruídos pela emanação que ardia das chamas das armas dos determinados anjos que ali estavam, mas também até o momento em que as chamas se esvaíssem até que ele, o jardim, se desfizesse no espaço e no tempo, deixando apenas as energias e ao qual iriam fluir no campo terreno, pois ao campo terreno pertenciam. Desta forma, rondaram os querubins por certo tempo o jardim com armas em brasas como forma de repelir os seres encarnados de se aproximarem para que nenhum deles, com vossos sentidos agora terrenos, adentrassem e comessem da árvore da vida; ou seja, para que não tentassem adentrassem impuros ao jardim cândido e perdessem as vossas carnes materiais por meio da forja do fogo e voltassem a ser somente espíritos ou somente espíritos reflexos de vosso Criador sem a matéria orgânica.

Isso quer dizer que se acaso adentrassem ao jardim sagrado certamente não morreriam da forja do fogo dentro do jardim sagrado se autodestruindo em brasas santas, pois no momento da prescrição divina de que se comessem do fruto sagrado morreriam esta não era a morte da carne em campos celestial, pois ao campo celestial a carne não adentra, e sim a morte do espírito em campo celestial da qual iriam adentrar de forma espiritual após terem a carne material queimada pelo fogo também material, carne da qual fora abastecida de maneira espiritual em campo sagrado, porém não mais sendo abastecidos em campo celestial de forma celestial seria a morte do espírito. Ou seja, esta não seria a morte da matéria em campo terreno e sim a morte do espírito em campo celestial sendo forjado pela própria luz divina em forma de fogo sagrado, porém, sendo o espírito criado a imagem e semelhança do Criador sendo além de inteligente também imortal a vossa imortalidade não seria o findar das essências criada em semelhança e sim o encaminhamento destas essências espirituais, homem e mulher ao elo de remissão em elo de forja eterna, ao qual se caracteriza também como a morte espiritual, ou a perda dos direitos e a falta das energias e formas de sustentação das energias espiritual criada à imagem e semelhança da fonte de luz e de energia da qual tinham.

Mas se acaso adentrassem ao campo celestial antes desse ser destruído, estariam comendo do fruto da árvore da vida, pois a árvore da vida sendo a representação da sustentação celestial em campo terreno de tudo aquilo que pode nascer do chão da terra seria estes detentores da matéria carnal em campo celestial, sendo abastecido de maneira natural e celestial de tudo aquilo que deverá se findar em campo terreno, porém em campo celestial. Isso quer dizer que seriam estes seres encarnados, detentores da árvore da vida que pertence ao campo material, vivenciando vossas existências eternas em campo celestial, ou seja, não se findariam jamais da carne material em jardim celestial em campo terreno, pois assim era o jardim celestial instalado dentro do campo sagrado e terreno de nome Éden um campo de eternitude espiritual. Tão logo, seriam sustentados das forças naturais e terrenas em campo puramente celestial ao qual era o jardim, e seriam detentores da matéria que há de findar-se em campo terreno abastecendo-se e progredindo exclusivamente da árvore da vida, ou seja, por meio dos elementos naturais e orgânicos assim como fazem os seres encarnados que jamais poderão viver ou sobreviver sem eles, porém são findáveis, assim como tudo aquilo que sobrevive exclusivamente do campo cândido e celestial em terra.

Porém, nenhum ser de sentido material poderá alongar-se eternamente em campo terreno, assim como nenhum ser espiritual poderá vivenciar sentidos puramente materiais, sendo assim, seriam os seres encarnados detentores da árvore de vida, destruídos pelo vosso Criador, juntamente com todo o jardim e o campo recém-nascido da vontade Dele mesmo com todas as belezas e encantos, para que tal mal não pudesse adentrar as vossas casas sagradas de maneira impregnada e desajustada com sentidos duplos ou inconsistentes e incompatíveis um com o outro, por isso diante de vossas próprias determinações, os servos divinos guardaram os arredores da árvore da vida para que sua puridade em forma de eternidade jamais fosse violada ou conduzida ao campo terreno, e tendo como forma de preservação dos espíritos e das espécies a destruição e todos eles, uma vez que nenhum espírito em carne material nascera para ser eterno em campo material.

Pois havia o homem nascidos da vontade do Criador para que juntamente com a vossa semelhante, a fêmea fosse além dos semeadores da terra, também os multiplicadores dos demais seres espirituais de missão material em campo terreno assim como eles mesmos, recebedores da missão de serem os primeiros filhos espirituais nascidos em campo material, após o reinicio da terra sagrada fora do campo celestial. Logo estes tinham além da missão de arar a terra, zelar pelos elementos e cuidar de vossas existências, também a determinação de frutificar e multiplicara as vossas sagradas existências, ou seja, foram nascidos assim como todos os demais frutos, sendo frutos portadores das vossas próprias sementes para que povoassem o jardim de outros seres de igual similaridade física e mecânica, mas diferente dos demais agrupamentos de seres espirituais e materiais continham discernimento, ciência e conhecimento para que fossem os desbravadores tanto da terra sagrada quanto dos caminhos ao qual seguiriam todos os demais seres de igual semelhança e estrutura física e intelectual que as vossas.

E sendo assim como todos os demais animais e elementos de agrupamentos similares, nascidos da própria terra, perecíveis em vossas existências matérias e não imortais em vossas existências terrenas, pois as vossas similaridades divinas em razão da continuidade está na eternidade espiritual e não na imortalidade terrena; eram os primeiros seres arquétipo masculino e feminino formando a inteireza de forças espirituais e materiais, nascidos para cumprimento de missão e determinação terrena e não puramente espiritual, possuindo direitos e deveres terrenos e espirituais, devendo cumprir com as vossas obrigações de serem e executarem as ordenanças de vosso Criador para que pudessem assim como todos os demais seres nascidos da vontade e desejo do Criador, alcançarem as vossas elevações espirituais através da missão a eles concedida em jardim celestial, que embora não fosse um campo de lapidação assim como é o campo terreno, era um elo espiritual que vos elevariam a eternidade do Criador, pois embora fossem abastecidos pelo próprio Criador e com Ele mesmo caminhasse, a eternidade não se iniciava em vossos gêneses ou criações espirituais e sim ao caminho da eterna luz do Criador se assim alcançarem evolução de vossos espíritos para tal caminhada santa.

Por isso, o caminho terreno para os primeiros habitantes do reinicio do campo material não era campo de lapidação material e espiritual terrena em jardim celestial, tão material quanto a própria terra, pois na terra havia sido alocado, e sim campo de cumprimento de missão e determinação espiritual sendo observados e acompanhados pelo próprio Senhor Deus, e embora fossem abastecidos pelas próprias mãos do Criador, as mãos do Criador poderiam ser tão pesadas quanto a determinação de dedicação de criar tudo ao qual de mais belo e formidável este campo teria para vos nutrir, glorificar e honrar, quanto as consequências da falta de zelo e cuidado com as vossas ordenanças e determinações aqueles que de vossos decretos não cumprem as vossas ordens.

Pois o saborear do fruto, não era apenas a desobediência em relação as vossas ordens e sim o caminho para a falta de cumprimento de vossas determinações espirituais aos quais haviam sido criados o homem e a mulher para executarem em nome do Criador em campo celestial, pois a falta de cumprimento de ordenança ou a desobediência ao Criador não culmina em desgraças e punições materiais, até mesmo porque em campo material, serão recolhidas apenas as flores que cada um plantou em vossos caminhos por direito divino de caminhar com vossas próprias pernas para cumprirem com vossas missões, porém aos campos celestiais cabe se aplicar as correções devido às faltas cometidas em detrimento dos erros e falhas, e estas somente serão aplicadas no momento exato do retorno a forma espiritual e não em forma material com carne que finda, pois a carne pertence a terra, e esta se apreçará em corrigir os vossos filhos dela nascido e o espírito pertence a Deus, e este entregará o galardão da correção a cada ser conforme os vossos merecimento, mas somente em espírito.

Mas não estava o homem só nem a vossa companheira no momento em que tal ato fora consumado, pois a árvore do bem e do mal não tem fruto que se coma sozinho, pois para apreciar o sabor do fruto se faz necessário que ambos os gêneros, masculino e feminino estejam em harmonia espiritual e o façam em união assim como o fizeram, em comunhão e vontade. Pois o vosso fruto é o fruto que somente tem sabor quando ambos os gêneros caminham em plenitude de querer apreciar e deleitar-se dele em parceria, pois o seu sabor somente poderá ser sentido em comunhão e jamais sozinho por um único ser, assim como o sentido de vossas existências em campo terreno ou vossas determinações em elo espiritual.

"O Senhor Deus fez roupas de pele e com elas vestiu Adão e sua mulher" (Genesis 3:21)

E concedeu a eles que após do fruto terem consumado e conhecido os segredos e mistérios que formam as razões e motivos terrenos de sentido material ou aqueles sentidos que apenas em campo terreno a quem é nascido do chão da terra e que da terra se findará receberá ou conhecerá naturalmente através da vivência e trilhas terrenas que os conduzirão. Ou seja, foram infelizes conhecedores de sentidos e sensações, reservados em direito apenas para aqueles que nascidos em campo terreno vivenciando as coisas terrenas naturalmente vivenciariam, e não a eles, que nascidos de forma celestial recebendo carne material através do sopro de vida do próprio Criador por sobre as vossas essências diante de vossos abrigos materiais, para serem terrenos em missão espiritual em jardim celestial de brandura santa, ainda que de forma material, como eles eram e vivenciaram inicialmente.

Porém após desfrutarem de tudo aquilo que a eles não estava reservado e descobrirem tudo aquilo que a eles não havia sido desejado pelo próprio Senhor Deus, porém já havia sido tocado, ainda que de forma desonrosa e imprudente, recebeu do Senhor Deus pelo vosso amor e eterna compaixão o direito divino de serem materiais em campo material o vivenciando de forma natural, uma vez que vossos espíritos não seriam findados ou mortos, e sim alocados na terra de onde um dia existiu o jardim, no próprio campo chamado Éden, sendo vestidos pelo próprio Criador de pele material para que pudessem através da carne experimentar todos os sentidos e sensações de forma orgânica e material, provando todos os sentidos carnais de forma branda e terna, através de vossos espíritos abrigados em vossas carcaças, ou aquilo que vos restou para continuarem na labuta de vossas sobrevivências terrenas.

E assim poderiam através da forma física e condições de discernimento e conhecimento vislumbrarem todos os sentidos e sensações de forma material sendo apenas carnais e não mais somente espíritos puros e imaculados dos sentidos carnais, pois dá imácula não se alimentavam mais de forma espiritual, e sendo apenas carnais, pois a pele da qual acabará de receber não era a pele de forma orgânica que encobre os músculos também orgânicos abastecidos dos elementos essenciais da terra por meio dos sentidos biológicos e sim a possibilidade de vivenciarem de forma material todos os sentidos materiais como todo aquele que nascidos da terra é, para que pudessem sentir em vossas carnes os cinco sentidos que os fazem compreenderem-se como viventes do campo da qual estão inseridos, e não mais apenas os sentidos imaculados e puros, pois da terra já haviam comido a semente carnal em campo santo chamado jardim, e desta forma não poderiam mais concluir as vossas existências. Por isso, de morte não morreram, mas foram direcionados para um novo campo sagrado, agora o próprio Éden, da qual também recebera o nome de Terra, onde poderiam experimentar e vislumbrar todos os sentidos de forma plena e completa sem a necessidade de esconderem-se uns dos outros ou de vosso Criador tomados de vergonha, assombro ou medo.

Por isso, a carne material não é a representação da matéria orgânica e sim de tudo aquilo que somente a carne poderá sentir, poderá vislumbrar, poderá apreciar e poderá por ela desfazer-se e dela morrer, após o espírito que nela se abrigar findar-se de sua existência, pois todas as sensações e desejos que somente pela carne podem ser abastecidos são sensações e sentidos que a forma apenas material, ou seja, dos espíritos com a matéria carnal, poderão sentir ou vislumbrar em campo terreno. Da mesma forma os sentidos vivenciados e vislumbrados pelos espíritos em campo espiritual, são sentidos que somente os espíritos poderão vivenciar e apreciar não cabendo sensações e desejos que da terra se consomem, porque são sentidos vivenciados de formas diferentes, por serem de vivacidades diferentes justamente por estarem em diferentes campos de emanação e atuação dos sentidos vivenciados pelos encarnados de forma material.

Por isso, cada forma de existência possui seu próprio sentido de existência ou de vida e será apreciado e vivenciado conforme de sua própria forma de existência. Desta forma, assim como os espíritos encarnados possuem limitações devido ao estado em que se encontram em abrigo material, abrigo este que vos trazem limitações de tempo e espaço, no caso dos espíritos sem as limitações materiais, porém com suas próprias limitações de tempo e espaço pela e capacidade de existência de poderes e forças concedidos a cada um dos espíritos que em cada elo se encontra, possuem mais forças, poderes e conhecimento em relação as coisas espirituais e materiais em relação a qualquer forma carnal ou material, porém não por serem superiores, e sim por estarem em esfera superior e vossas vivencias serem em estado de plenitude espiritual de diferente forma e fluidez que os espíritos encarnados vivendo da matéria carnal.

"Caim conheceu sua esposa. Ela concebeu e deu a luz Henoc. E construiu uma cidade, à qual pôs o nome de seu filho Henoc" (Gênesis 4:17)

Mas não era o homem e a mulher os únicos habitantes do campo terreno ou do Éden, pois Caim, filho de Adão e de Eva os primeiros seres a habitarem o jardim celestial de Deus, conhecera a vossa esposa nos mesmos campos onde habitariam os vossos pais após experimentarem do fruto proibido. Ora, o homem e a mulher foram os primeiros habitantes dentro do jardim celestial que estava alocado dentro do campo terreno de nome Éden, porém após serem retirados do jardim, por este ter sido flamejado com as chamas sagradas dos arcanjos, foram o homem e a mulher alocado no Éden ou na terra, onde não mais encontraram o jardim que outrora foram a vossa morada celestial. Pois à partir do momento em que comeram do fruto contaminado e foram cobertos por pele ou seja, ganharam sentidos e sentimentos materiais igualmente os demais seres que na terra viviam e com eles se misturaram, pois passaram a serem iguais aos demais seres que já habitavam a terra de forma carnal e material.

E todos os sentidos e sentimentos carnais que já existiam em campo terreno, sentidos estes da qual fez com que Caim conhecesse outros semelhantes e com isso pudesse procriar a vossa similaridade, fora o mesmo sentido e sentimento ao qual foram o homem e a mulher cobertos por meio da pele material que receberam após adentrarem desnudos dos sentidos puramente celestiais dando lugar aos sentidos carnais ao qual receberam e foram se multiplicando e formando através deste novos sentidos de vida, as tribos e novos povos de igual semelhança física e mecânica em campo material.

Por isso, fora o amor divino que vos cobriu com peles materiais e os concede o direito a uma casa material igualmente aos demais seres que já viviam neste campo também criados pelo amor e compaixão divina, também conhecida como elo terreno, para que possam caminhar por sobre as nossas vontades e determinações, abastecendo-vos da árvore da vida, também vossa santa criação de poder, forças e gloria, onde ao término dessa jornada terrena todos sejam capazes e remissos de seus erros, podendo caminhar por águas brandas em campos celestiais e tendo com isso o direito de remissão de vossos erros voltando a serem espíritos celestiais em campos santos e espirituais ocupando não somente as casas, mas também os reinos celestiais.

Mas todos os sentidos ao qual iriam o homem e a mulher compartilhar e comungar no solo da terra seriam de forma material e não mais como espíritos recobertos apenas de essências cândida e plena e sim de pele material ou de sensações que existem apenas no campo terreno ou no campo daqueles que possuem pele e não em elo espiritual, pois deste não fariam mais parte até o momento do retorno. E espíritos que eram, foram apenas recobertos em pele material sem serem tocados e alterados em vossas essências espirituais infindáveis, porém a carne recebida para vivenciarem os sentidos materiais os consumiria em pó da mesma terra ao qual iriam servir em jornada terrena e experimentar o labor e todas as demais sensações de forma material, ou seja, aquela que traz o prazer e traz a dor, pois não podem ser vivenciados em campo material apenas o prazer sem a dor que o prazer reserva, porém nem a dor nem o prazer podem ser vivenciados em campo celestial, apenas a determinação de ser, fazer e executar com alegria, presteza e felicidade tudo aquilo ao qual forem determinados.

E assim se faz o homem em campo material, onde vossos erros são passíveis de serem corrigidos e novamente terem a chance de progresso e elevação espiritual, se alcançarem a elevação individual de seu próprio espírito ou sua própria existência, pois ainda que utilizem das forças em favor da destruição ou do que se pode classificar como sendo o mal, ainda existiram chances de se auto corrigirem e buscarem o progresso e acerto com as vossas próprias mãos diante de vossas próprias vontades

Por isso, após labutarem e cumprirem com a ordenança e a missão da qual foram determinados pelo Senhor Deus, voltaram os homens e a fêmea ao final da jornada terrena, para o campo espiritual mais uma vez, desnudos de vossas vestes carnais de pele repleta de sentidos, dores e prazeres para terem a chance de progredirem e alcançarem a evolução espiritual coisa da qual vossas missões espirituais não falharam por completo ao comerem do fruto bendito da árvore da ciência do bem e do mal, pois ainda que desviassem da estrada certa para trilharem caminhos tortos, foram perdoados pelo Criador de serem mortos pelo fogo das chamas flamejantes do extinto jardim celestial e receberam nova missão em pele material de serem os desbravadores dos sentidos carnais que dariam a vida a outras vidas de igual semelhança física de estrutura mecânica e também de existência de sentidos em terra material de sentidos através dos cinco sentidos apenas materiais abastecidos ainda de forma espiritual da qual foram os primeiros seres.

E foram as vossas lutas e vossas determinações que os fizeram alcançar por toda a eternamente o selo celestial de terem sido os primeiros habitantes do jardim espiritual em gênese do recomeço e adentraram as esferas materiais desnudos de pureza celestial e iniciaram uma nova jornada, jornada da qual, não seriam homens e mulheres em nações e civilizações labutando as vossas existências se acaso não tivessem multiplicado as vossas vontades materiais de serem muitos e serem fortes e serem numerosos filhos do Criador em campo terreno, buscando as vossas elevações e purezas sagradas junto ao Ser Supremo, que vos concedeu através dos primeiros encarnados nascidos de vossa vontade serem os mais errantes e ao mesmo tempo os mais cumpridores da mesma determinação de vossos deveres junto ao Senhor Deus.

Por isso cada encarnado nascido do chão da terra, abastecido da mesma árvore da vida e nutridos pela mesma árvore do conhecimento do bem e do mal ao qual somente o campo terreno possui, são todos nascidos da mesma ordenança de que não sejam provadores ou disseminadores do bem e do mal ao qual acreditam que possuem conhecimento, pois ainda que possuam conhecimento do que vem a ser o bem e o mal, não são os donos da árvore do conhecimento do mal do tampouco da árvore de vossas próprias vidas, e se essas falharem em vossas missões, serão no livro daqueles que não conquistaram as vossas grandezas o livro que terão de vossas vidas, os vossos nomes escritos.

Frutificações, a dor do amor

"Adão conheceu Eva, sua mulher, e ela concebeu e deu à luz Caim, e disse: gerei um homem com ajuda do Senhor" (Genesis 4: 1)

2.3 E após distanciarem-se do campo celestial espiritual chamado jardim, dentro do Éden, e estarem em campo sagrado terreno vivenciando sentidos e sensações terrenas ao qual foi por direito divino concedido após experimentarem o fruto bendito da árvore do bem e do mal é que o homem conheceu sua semelhante, a mulher, em sentido material; e nutrindo-se um do outro através da inteireza de forças ao qual a união de ambos os gêneros da mesma espécie é capaz de unir, por meio da junção de sentidos e forças materiais para frutificar e germinar seres de igual semelhança e espécie reproduzindo assim as vossas similaridades, e assim, germinaram e frutificaram por meio do ato carnal outro ser de igual semelhança ao que eram constituídos.

Pois para terem sentidos carnais ou materiais que culminam na procriação de outro ser se igual semelhança, tanto semelhança orgânica do pó da terra quanto de estrutura física e mecânica bem como as qualidades de sentidos e sensações terrenas, se faz necessário ser também um ser terreno ou material, nascido da possibilidade de vida terrena onde os elementos em ordenança divina se fazem em terra celestiais jorrando as forças do Criador e alimentando todas as espécies e formas que na terra são nascidos e da terra servirão até o dia de vossos perecimentos diante dela a fonte que alimenta todos os seres de igual forma e semelhança, ou seja, assim como ele mesmo orgânico. Porque apenas os espíritos que são renascidos em carne, é que da carne poderão se utilizar para frutificar e multiplicar as vossas carnes, uma vez que apenas no campo terreno as sementes foram divinamente plantadas, pois é este o campo sagrado em que as sementes se transformarão em novos frutos e estes frutos serão os espíritos de Deus renascendo em elo sagrado terra de forma material para que sejam germinadas também outras vidas, para que assim, seja feita a vontade e o desejo o Senhor Deus de que todos os vossos amados filhos, os espíritos, nascidos em elo celestial pertencentes aos vossos elos celestiais de nascimento, que não é o elo terreno, conheçam um dia o vosso jardim e dele também possam desfrutar de todas as coisas boas e magníficas que este elo vos proporcionará através dos sentidos e de vossas próprias existências espirituais.

E assim poderão conhecer a beleza, a magnitude, o amor e a perfeição do vosso Senhor, o Criador, através de vosso amor e compaixão, vos concedendo o direito de serem vocês mesmos pelo espírito que são e serem vocês mesmos por meio da carne que receberão materialmente de forma sagrada, com ajuda de todas as fontes de vida do Criador, por meio de todas as formas de alimentação terrena que dele parte para vos abastecer, para que sejam espíritos e carne vivenciando as belezas e maravilhas da qual o Senhor Deus vos concede serem, e conhecerem; sem a obrigação de não serem o que desejam, mas ainda assim sendo tudo aquilo que espiritualmente são e foram nascidos para ser, auxiliando uns aos outros para que todos também sejam e concluíam as vossas passagens sagradas de forma terna, doce e bela da maneira ao qual o vosso Criador deseja que seja e façam; caminhando em comunhão uns com os outros sendo o alicerce uns dos outros, para que todos possam um dia caminhar e vislumbrar a beleza do vosso Criador estampada em cada alimento terreno que vos alimenta também a alma, em cada grão de areia do chão que vos sustentam os pés em terra, em cada gota de água que transforma a terra em barro e vos alimentam a matéria, em cada suspiro terno e doce através do oxigênio da qual uma criança que representa o novo espírito transformado em vida respirará e que carregará dos espíritos que em outro elo ficarão a esperança de que este novo ser, consiga enxergar Deus e ser grato e honrado por tudo o que existe, existiu e existirá para que os vossos calçados possam pisar por sobre o elemento árido feito e nascido da vontade de Deus de que seja ele o caminho e a esperança de ser o filho provento carregando a verdade de vosso Senhor Deus em vossas próprias verdades, dentro de vossa própria casa espiritual, chamada casa terrena.

Porque é o Senhor Deus, que além de vos conceder o direito de serem múltiplos e fecundos lhes dando a chance de serem reprodutores de vossas espécies através da carne material é também o único Ser divino e espiritual quem vos concede serem vivos e alimentados através de vosso poder de emanação de energia e luz para que todos os elementos e materiais orgânicos sejam também vivos e vívidos para que possam abastecer todos os seres da terra em uma forte e única fraternidade espiritual, pois somente existe vida no campo terreno, pois é o vosso amor a vossa luz e a vossa misericórdia divina que abastecem todo o campo material o tornando o vosso campo sagrado de energia emanação de vossas próprias fontes que jorram e fluem por sobre todos os campos, elos e potestades, fazendo com que todos os campos nascidos da vossa vontade sejam vivos e possuam energia viva para que todos os que habitam sejam assim como ele mesmo vivo por vossas forças e fluidez de energia.

Por isso, somente após adentrarem aos campos materiais vestidos de carne material, ou seja, travestidos com todos os sentidos, sensações e sentimentos carnais, que podem ser sentidos e apreciados, apenas pelos seres que da carne são nascidos e abastecidos em forma e sentido orgânico por meio dos cinco sentidos e sentidos humanos para conhecerem-se uns aos outros, é que conheceram-se afetivamente o homem e mulher, e mutuamente conceberam um filho com a ajuda do Senhor Deus, pois somente Ele é capaz de conceder o direito de que os seres da terra através de vossos poderes de forças possam por meio de vossas próprias sementes conceberem filhos e filhas de igual estrutura e sentido de que a vossa própria espécie produzirá.

Logo, gerou a mulher, um filho com a força e o poder de fecundação e germinação ao qual fora recebido pelo Senhor Deus através de vossa compaixão e misericórdia, pois embora tivesse outros planos para que a vinda de vossos filhos espirituais em campo terreno através do vosso jardim, o jardim sagrado ocorresse de forma terna e celestial, fora a vossa eterna misericórdia e perdão que vos perdoou concedeu após terem nascido de vosso próprio seio, mas comerem do fruto da terra e da carne, renascerem para que da carne também pudessem ser; pois ainda que fossem espíritos errantes eram os vossos filhos e filhas amados e cumpridores de missão espiritual, pois assim haviam nascidos para serem. E por isso, concedeu o Senhor Deus que tivessem nova chance de cumprimento de nova missão espiritual em determinação santa de serem os responsáveis por consagrarem a terra e trazerem os filhos e filhas espirituais e materiais, assim como haviam sido novamente de forma clemente determinado, não apenas pela missão da qual haviam recebido e sim pela benevolência de grandiosidade compaixão e amor de vosso Senhor Deus, pois ainda que errantes fossem, eram os vossos filhos amados nascidos de vosso majestoso seio espiritual.

E perdoados em vossas faltas, foram quando receberam do Senhor Deus a chance de continuarem, ainda que em forma material no campo terreno, outrora nomeado Éden, ao qual para eles não estava reservado. Mas o amor e a compaixão divina do Senhor fora o caminho para o renascimento de vossas existências em detrimento do cumprimento de vossas correções em campo espiritual, não sendo precipitados os vossos retornos para o dever de reajuste de vossas essências espirituais diante das faltas cometidas em nenhum elo de correção, pois este não existe aos espíritos que diante dos elos espirituais se encontram, assim como eles se encontrava uma vez que o jardim sagrado era elo puramente espiritual dentro do Éden, tampouco havia até o momento sido espiritualmente estruturado aos que do campo terreno regressam em danos; porém, por este, ainda não haviam passado, e os vossos erros não haviam sido cometidos em solo puramente terreno.

Porém através da carne ou por meio dos sentidos materiais que podem ser sentidos apenas aos que possuem carne, aos quais foram em nova missão espiritual inseridos, labutariam da mesma maneira aos quais os outros seres espirituais nascidos para serem espírito em carne material deveriam labutar, pois embora não haviam sido gerados para possuírem os sentidos terrenos materiais e sim apenas os sentidos espirituais, ainda que em elo celestial em campo terreno, sendo também seres terrenos, mas puramente espirituais, ou seja, gerados em terra para serem celestiais e não materiais; labutariam igualmente todo e qualquer outro espírito nascido do chão da terra, recebedor de espírito em abrigo material para conquistarem os vossos autoconhecimentos, as vossas autocorreções e elevações espirituais.

Isso quer dizer, que foram eles, gerados da terra apenas para apreciarem as coisas boas e magníficas ao qual o campo terreno poderia oferecer-lhes; coisas essas que o refletem em todos os cantos do mundo, criadas pelo Senhor Deus para expressar a vossa magnitude e esplendorosa força espiritual de consagrar tudo que por vossas mãos pode nascer brotar e florescer de forma espetacular, e que aos olhos também de todos os seres criados em forma material com discernimento, conhecimento e sentidos materiais terrenos poderiam vislumbrar sentir e comungar. E por isso, desejava o Criador compartilhar com os vossos filhos para que estes pudessem conhecer a grandiosidade de vossas mãos através de vossa força e amor, vos concedendo seres espíritos materiais e vislumbrarem todas as belezas e forma de vida e de poder de vivacidade por Ele criadas, assim como vos mesmos eram, tendo também nascidos fortes, frutíferos e belos.

    Por isso não foram gerados da terra sendo inicialmente carne para sentirem na carne material o que viria a ser a terra no sentido pleno de terem todos os sentidos e sentimentos de serem carnais e possuírem a carne que por vezes dói, por vezes sangra, por vezes fere, por vezes machuca e que também faz ferir e sangrar as demais carnes da qual comungam neste mesmo elo espiritual, e sim gerados apenas para apreciarem a formas as belezas e as maravilhas deste elo sagrado dotado de coisas belas aos olhos santificados de quem o criou. Mas diante da indisciplina e do escárnio perante a ordenança divina de serem apenas espíritos puros, é que foram apartados dos dons puramente celestiais. Porém, receberam através do perdão de vossos erros a nova determinação de serem alocados em campo terreno, para que pudessem viver a vida ao qual a vida para eles não tinham até aquele momento sentido em vossas existências espirituais, sendo carnais e alimentando-se da carne, ou seja, dos sentidos materiais proporcionados apenas aqueles que possuem matéria carnal e dela necessita para se sentir vivo e alimentar a vossas existências terrenas dos sentidos e sentimentos que podem ser sentidos somente quem a possui.

    Desta maneira, o homem conheceu a sua mulher de forma material através do sentido carnal apenas no momento em que não mais sentiam-se puramente celestiais, com influências somente divinas em campo divino de nome jardim sagrado, ainda que em elo terreno, onde possuíam apenas sentidos puramente espirituais, pois estes sentidos foram alterados por fluidez de essência terrena quando foram revestidos de pele material vivenciando sensações e gozos materiais, ou sentidos e sensações que jamais poderiam sentir e vislumbrar de maneira espiritual celestial enquanto de forma divina pelas mãos do próprio Criador ao qual eram abastecidos em jardim celeste. Não somente por não possuírem os que da carne não se alimentam, os mesmos sentidos espirituais que os que de terra se alimentam, em relação a fluidez de emanações e energia, como também por não possuírem a carne material para que tais ações e atos sejam consumados, pois estas são ações que além de requererem demasiada energia orgânica para que sejam realizadas, se fazem necessários sentidos existenciais carnais de motivo ou sentido e sentimento como o desejo, afeto ou libido. Sentidos estes, inexistentes para aqueles que da carne não necessitam mais ou nunca necessitaram para viverem, pois vossas plenitudes não mais possuem, ou nunca possuiu missão de multiplicação terrena espiritual ou missão de lapidação de alma ou qualquer outra que pertença ao campo terreno para ser consumada de forma material por meio dos sentidos materiais.

Mas , os que necessitam da carne material para cumprimento de missão em lapidação espiritual de existência divina, possui a carne que carrega dentro de si o desejo e a ansiedade de ser por meio de outra carne apreciada e consumida no campo onde somente a carne se satisfaz dela mesma, para que com a mesma energia, poder e força que somente a carne material possui, possa comungar, compartilhar e crescer em emanações e formas com outro ser de igual similaridade espiritual e material estando no mesmo elo de fluidez de forças de emanação de poderes luz.

Isso porque, todas as coisas espirituais são aplicadas apenas de forma espiritual e as coisas materiais apenas de forma material, sendo cada vertente abastecida alimentada e empregada de maneira distinta. Assim como fora apartado o elemento árido do campo celestial para que cada eixo pertença e atenda as vossas próprias determinações ou as vossas próprias ansiedades, assim nenhuma vertente comunga com outra diferente vertente em vossos sentidos essências de existência de ser, pois cada ser existencial seja apenas essência espiritual ou espiritual-carnal, deve apenas utilizar de vossos sentidos ou a forma em que se encontra para ser um espírito vivo da maneira ao qual fora determinado para que seja e deva ser, para que por ele mesmo ou através da sua própria existência espiritual, da forma ao qual se encontra possa aprender, progredir e elevar-se em si mesmo.

Isso quer dizer, que a vertente espiritual desnuda de carne material não necessita das forças e energias da vertente material para que esta seja viva e cumpra com vossas missões e determinações da qual fora nascido do seio divino para ser e cumprir, sejam missões em campo terreno ou em campo puramente espiritual; até mesmo porque a vertente espiritual em carne material, abrigada a carne que finda, com auxílio do Senhor Deus é quem necessita das forças e energias celestiais para que seja viva e caminhe por sobre o elemento material e não o contrário. Mas todas as energias que jorram em campo terreno vinda das fontes de luz celestiais para abastecimento e nutrição daqueles que da terra sobrevivem das energias e forças divinas, circulam de maneira abundante em campo puramente espiritual onde os espíritos desnudos de carne material caminham e que por isso, não necessitam utilizarem-se das energias que no campo isoladamente ainda que de forma robusta sejam jorradas.

Por isso, não necessita nenhum espírito que da essência da luz divina se abastece ser alimentado por nenhum essência ou tipo de energia que do campo terreno possui, pois esta além de ser abundante em campo espiritual, nem todas são necessárias aos espíritos de luz que da própria luz são regidos, porém todas as energias que no campo terreno circulam, são necessárias para que sejam todos os espíritos encarnados abastecidos da luz celestial do Criador e sejam vivos tanto em forma espiritual quanto humana em terra, fazendo com que se reconheçam vivos por meio dos sentidos dos cinco sentidos e dos sentidos de existência carnal e das próprias essências espirituais para que a forma de vida tenha sentido de vida e haja o discernimento, a ciência, a justiça, a garra, a coragem, a multiplicação e progresso no campo terreno.

E dotado de todos os sentidos da qual o ser material possui, Adão amou sua mulher Eva, de forma carnal, e com isso gerou com a ajuda do Senhor, outro homem com as mesmas características físicas materiais e espiritual. Ou seja, gerou outro ser de igual semelhança física e estrutural também espírito celestial abrigado em matéria carnal, igualmente a vos mesmos. Desta forma, fora Deus, o Criador aquele quem vos ajudou a gerar e trazer ao mundo um novo ser tão semelhante a ele mesmo, e tão semelhante ao Senhor Deus sendo igualmente reflexo da similaridade de eternitude e amor divino, abastecidos e nutridos de forma espiritual e material através do chão da terra, pois somente através das condições de sobrevivência em campo terreno por meio da ajuda da mãe terra e vossa estrutura natural é que se pode conceber outro ser de igual semelhança estrutural física e espiritual igual a si. E fora exatamente desta maneira que o homem e a mulher geraram e concebeu com a ajuda do Criador outro ser tão igualmente material e espiritual quanto eles mesmos.

Pois o único sentido capaz de gerar outro ser e fazer com que dois seres sejam irrestritos para procriar e multiplicar outro ser de igual estrutura física e paridade em essência e saber, é, no campo terreno por meio do sentido carnal, pois este é o único campo que abriga o sentido ou o sentimento material intangível e ao mesmo tempo tangível de forma carnal e que por isso é através deste que se pode multiplicar e dar continuidade a espécie humana ou aquela que possui carne envolvendo seu espírito de similar espécie e forma, uma vez que em esfera puramente espiritual não existe a vertente material ou abrigo material para que outro ser de igual espécie seja renascida de si mesmo, tampouco a determinação de cumprimento de missão espiritual de forma material, ou seja, através da lapidação de vossas existências em comunhão de outros seres de igual espécie e estrutura física material. Pois sendo os espíritos essência em elo puramente espirituais, estes já comungam com os demais espíritos a vossa similaridade e singularidade de essência e poder de emanação e conhecimento em elevação existencial para que possam dar continuidade as vossas caminhadas de aprendizado e crescimento espiritual de forma santa, não sendo necessário se refazerem ou procriarem espíritos de igual similaridade para que juntos cresçam e comunguem das mesmas formas, forças e verdades, pois as vossas verdades estão em estágio distinto daqueles que da carne se alimentam, por isso as vossas formas de aprendizagem e comunhão também.

Por isso a árvore da ciência do bem e do mal ou a árvore do conhecimento destes sentidos terrenos, representados pela maçã, é também a representação do sentido carnal ao qual carregam dentro de vossas entranhas todos aqueles que nascidos do chão da terra são, e que da carne material se utilizam para viverem suas capacidades humanas e matérias de razão de vida material, ou o sentido de existência terrena que é o motivo de vossas existências de forma material e orgânica. Sendo capazes através de vossos próprios significados ou sentido de vida material, físico e mecânico, reproduzir por meio do sentimento de frutificação ou procriação que é o sentido de nome: amor carnal, a continuidade de vossas espécies e contingência de vossas próprias raças denominadas dentro de vossas diversas cadeias animais, como raça humana ou raça material humana, para que possam através da proliferação de vossos similares darem continuidade as vossas vidas e condições de vida tanto no sentido orgânico do sentido do labor e do progresso, quanto na continuidade das missões espirituais de todos aqueles espíritos que pelo chão da terra em forma material deve adentrar por ordenança divina de possuírem vocês mesmos as sementes da continuidade de vida na terra.

Ou seja, o sentido adquirido em campo puramente material, após comerem do fruto da sorte do sentido de vida material, que também é abastecida pelo sentido celestial, recebe o nome de amor material, pois este é o sentido de força de vida humana vislumbrada e experimentada apenas pelos que da carne são refeitos em terra, com todos os sentidos carnais por direito concedido pelo Criador. Por isso, o sentido ou sentimento carnal, é o sentido terreno ao qual permitiu Adão e Eva conhecer um ao outro e gerarem com a ajuda do Senhor Deus, outro ser de igual semelhança física e espiritual em campo terreno, pois somente após receberem pele material, ou seja, somente após receberem o direito de adquirirem os sentidos materiais ou o sentido carnal de nome amor material ou amor carnal, ou aquele que apenas pode ser sentido por quem possui carne, também representado pela maçã proibida, não por ser o fruto da morte e sim o fruto da vida puramente terrena de sentido apenas vivenciados através da carne, jamais pelo espírito, foi que puderam conhecer-se, amarem-se e assim como todos os seres nascido em carne em terra santa, frutificar por meio de vossas sementes interiores e recriar as vossas semelhanças em outro ser.

Logo, a única forma de procriação existente, é em campo terreno, pois esta a ação ou ato carnal, jamais poderá ser vislumbrada ou sentida em campo celestial, por aqueles que possuem apenas essências de sentidos espirituais, uma vez que os espíritos que não se abrigam em campo terreno em pele material não necessitam procriar, pois já são espíritos em plenitude espiritual, recriados a imagem e semelhança a face eterna de Deus, e o Senhor Deus é o único espírito que recria e cria espíritos a vossa similaridade espiritual Santa. Logo, se os espíritos existem em campo espiritual fora por determinação sagrada do Criador, que vos concedeu o direito de serem espíritos e abrigarem-se em campo puramente espiritual na forma e essência ao qual devem ser e estar, até que determinadas sejam as vossas existências de adentrarem ao elo material através da semente orgânica de vossos filhos materiais sendo gerados em campo terreno de maneira material carnal.

Desta forma, qualquer espírito, para ser permitido de procriar deve ser recoberto de pele e possuir por direito Sagrado diante da determinação de se ocupar de sentido carnal afetivo, que somente existem em campo terreno em ordenança de atender a necessidade de frutificação dos que da terra serão assim como ele renascidos. E é por isso, o ato material experimentado pelo homem em comunhão com sua mesma espécie para gerar outro ser, ato terreno e exclusivamente material orgânico e carnal que não adentra e jamais adentrará ao campo espiritual, pois além de não possuírem pele orgânica, os espíritos puramente sagrados que em elos espirituais se encontram, não possuem determinação de frutificação para germinação de outros espíritos, pois apenas o Criador possui luz espiritual sagrada capaz de germinar e criar espíritos de semelhança e eternitude espiritual. Sendo assim, os espíritos que em campo espiritual se encontram não recriam ou procriam vossas similaridades, pois toda similaridade de recriação não sendo a similaridade de eternitude espiritual ao qual o Senhor Deus possui, é apenas terrena e de forma carnal e não espiritual ordenada pelo próprio Criador.

Por isso, a árvore do conhecimento do bem e do mal, além de ser tudo o que da terra brota e carrega dentro de vossa composição terrena celestial, em forma de mistérios e segredos sagrados transformados em coisas orgânicas, é também tudo o que de mais puramente carnal e material existe dentro do campo terreno, possibilitando que seja a terra dentro de seu sentido de existência celestial, a forma de sentido a ser experimentada de maneira unicamente carnal; e que por isso, existe apenas neste elo. Sendo assim, este elo é o único que ao mesmo tempo traz em sua essência a mais pura forma de existência material, que é a forma de vida através do sentido do amor carnal vivenciado pelo homem e pela mulher, capazes de formar laços afetivos, amorosos e familiares, através desta forma de aproximação e comunhão, que é única maneira de proporcionar união dos seres encarnados cumpridores de missão espiritual de forma material terrena, unindo uns aos outros de maneira terna, emocional e afetiva.

Sendo também que esta é a única forma de existência celestial de cunho material dentre o céu e a terra a ser vislumbrada e sentida apenas pelos seres terrenos, pois é através desta, que é a única maneira de aproximação e vivência carnal ao qual um ser espiritual carnal pode experimentar, a única forma de comunhão tão espiritual e sagrada dentre os homens da terra que nos céus não pisam os vossos pés enquanto as vossas solas esparramam a terra, mas recebem o auxílio do Senhor Deus para que os vossos filhos adentrem ao campo sagrado terreno, pois assim como a carne somente poderá se alimentar da carne, também o sentimento carnal material somente poderá ser experimentado por quem possui carne material e pisa o solo da terra.

Mas este que é o sentido apenas material que pode ser experimentado em campo material através da forma de sentido afetivo é tão sagrado e puro quanto o sentido experimentado apenas por aqueles espíritos que da carne não se utilizam para estarem vivos e concluírem as vossas missões e determinações, pois assim como as vossas existências são sagradas a possibilidade de semear e gerar outro ser de igual similaridade em campo sagrado terreno é tão sagrada, pois esta carrega a ordenança divina de que sejam múltiplos e recriam as vossas semelhanças espirituais assim como Ele mesmo ordenou que o fizessem. Logo o sentimento carnal assim como o ato consanguíneo de proliferação terrena à partir da forma de sentido material é tão puro quanto a pureza ao qual os seres são encaminhados ao campo terreno, pois os vossos sentidos amorosos e afetivos, são carne da existência material ao qual fora permitido que todos os seres da terra pudessem experimentar para que da árvore da vida pudessem abastecerem-se e compartilharem dos sentidos e sensações tão bons quanto todos os demais sentidos e sensações que podem ser bons criados e recriados para que fossem pelos encarnados experimentados em terra.

Ora, se acaso estes sentidos carnais de sentimentos afetivos e amorosos, não fossem bons ou não fossem permitidos, Deus, o vosso Criador não os teria permitido que fossem experimentados ou não os teriam permitido adentrarem ao campo terreno para que não pudessem deles experimentar ou ainda não os teria deixado que neste elo fizessem parte assim como todas as outras coisas boas que neste campo comungam e estão à disposição dos seres que nesta esfera vivem. Ou seja, nenhuma forma de sentido puramente material como amor e prazer ou desamor e desprazer existem em elo puramente celestial, por isso foram conduzidos do homem e sua espécie ao campo terreno onde todos os sentidos podem ser conhecidos de forma plena e abundante para gerarem e sobreviverem em harmonia e fartura de sentidos espirituais e materiais sendo alimentados não somente pela árvore da vida como também pelo conhecimento de vida que proporcionará a árvore do conhecimento do bem e do mal de forma terna e doce a todos os seres da terra que dela necessitar se utilizar tanto para sobrevivência, para procriação, multiplicação, prazer e dever terreno.

Por isso, a árvore é ao mesmo tempo um elemento de sentido espiritual nascido da vontade do Criador para que seja além de um produto orgânico terreno de força fraterna abastecida pela mãe terra e de todas as forças celestiais divinas para servir de alimento e sustento terreno e material aos seres que da terra vivem, também um elemento espiritual constituído misteriosamente pelas mãos do Criador para ser a árvore da representação de tudo o que possui vida e através da força, da vitalidade e da determinação de germinação através da semente interna, possa gerar e dar a vida a outra vida no campo terreno por meio dos sentidos de preservação da espécie bem como o progresso por meio da proliferação de si mesmo cuidando e preservando as sementes, de forma que possam além de serem múltiplos serem também cuidadosos e zelosos de vossa própria espécie.

Pois a árvore da ciência do bem e do mal é um eixo que uni as duas vertentes de sentidos espirituais de forma material, sendo um a vertente espiritual ou o próprio espírito e o outro a forma orgânica que também é espiritual, pois é abastecida de maneira celestial por meio das coisas sagradas ou dos elementos sagrados em campo terreno que ao mesmo tempo torna todo ser espiritual material sagrado aos olhos do Criador, que determinado em missão espiritual em elo terreno, é irrestrito a comer da maçã dos sentidos para crescer e multiplicar-se a partir do sabor que carrega em seu interior, que ao mesmo tempo concede o prazer de comê-la e a dor de tê-la comido. Pois o sentido carnal que os uni em sentimento material para evoluírem e multiplicarem vossa espécie é o mesmo sentido que o machuca e fere para a mesma finalidade de progredir e preservar a vida de seus semelhantes nascida de vossa própria carne.

Portanto, o conhecimento do bem e do mal é aquele que ao mesmo tempo traz os sentidos e sensações materiais de amor carnal, afeto, carinho, mas também traz os sentidos de dor, angústia, medo, ódio e todos os demais sentimentos e sensações capazes de fazerem experimentar todo e qualquer sentido e sensação material para preservar-se a si mesmo e a seus descendentes por si mesmo multiplicado. Pois o mesmo sentido de fluidez de forças de vigor e de virtude utilizada para procriar e preservar os seus semelhantes à partir do amor ao qual a árvore do bem vos conduz, é o mesmo sentido ao qual poderá se utilizar todo aquele que possui a carne material para da mesma forma preservar a espécie ao qual acabará de recriar com o auxílio do Senhor, porém com a ajuda da fluidez de tudo aquilo que possui para se auto preservar, se utilizando do bem ao qual a mesma árvore vos concede conhecer e mal para dela também utilizar-se.

Logo a árvore do bem e do mal é a capacidade não apenas de recriar a vida humana e sim a necessidade de preservar as vossas vidas criadas por meio do amor, se utilizando de tudo o que julgar necessário para que se mantenha intacta as vidas que por vossas semelhanças foram recriadas, empregando os sentidos ao qual a árvore vos concede conhecer e empregar, desferindo assim, as vossas forças em prol de produzir o bem ou o mal com a mesma intensidade e empenho ao qual por direito divino receberá a vontade de conhecer, porém por vossas próprias vontades desfere contra outrem na ânsia de cultivar e preservar as vossas espécies recriadas as vossas igualdades materiais e espirituais.

E Deus, o Criador, concedeu o direito aos seres encarados de serem seres afetivos e amarem-se uns aos outros de forma material para serem capazes de multiplicar-se em campo terreno e formarem vossas espécies capazes de cumprirem com vossas missões espirituais em elo terreno. Pois o fruto bendito é o fruto terreno que dá sentido à vida material, que faz todos os sentidos serem reais e fortes para serem capazes de caminharem e alcançarem vossos sentidos espirituais. Pois para que a missão terrena seja possível é preciso que haja sentimento e sentido que os unam em algo material tangível, assim como o sentimento carnal, pois se acaso não existissem os laços materiais dentre os homens que são os laços familiares de sentido afetivo, não existiriam motivos para procriarem e serem múltiplos, auxiliando uns aos outros em vossas missões terrenas, pois neste caso os homens não teriam motivos para multiplicarem-se.

Por isso o laço afetivo ou laço familiar é a maior ligação existencial para a possibilidade de procriação e cumprimento de missão espiritual ao mesmo tempo em que é o único capaz de fazer gozar de prazeres e dores que é a razão do sentido da árvore do bem e do mal, ou seja, aquele sentido que faz o bem e faz o mal ao prazer e desprazer de quem o detém e o desfere em seu favor, pelo motivo natural de autopreservação e preservação de sua espécie.

E não existiriam humanidade e missão terrena se acaso não existisse o sentimento humano, o sentimento carnal, a proximidade intima, pois esta é a única forma de procriação e multiplicação dentre o ser homem encarnado. Ou seja, é através da união dos sentidos carnais de dois seres em comunhão do sabor da fruta desvendada onde cada parte individual carregando seus próprios sentidos individualmente um do outro, forma a inteireza que dá razão a formação de outro ser carnal para cumprimento de missão espiritual assim como ele. E o sentimento carnal é o laço que une as pessoas em sentimento para que haja a missão terrena de forma que cada espírito dotado de pele e sentido possa por meio deste elo de evolução alcançar a paz perante o trono de Deus que os concedeu o direito à vida terrena e a evolução em elo sagrado chamado terra.

E é o sentimento carnal a única e maior forma de se existir vida humana na terra, e cada vida representa um espírito reflexo de Deus em missão terrestre em busca de conhecer-se a si mesmo e evoluir-se a si mesmo daquilo que o faz ser merecedor de caminhar por sobre a terra governada pela mãe natureza e abastecida pelo Senhor Deus e buscar progredir perante o que irá elevá-lo diante de seu Criador. Pois cada espírito é o abrigo da emanação divina que reflete a vossa luz e o conduz novamente a seu Criador quando esse alcançar a evolução.

Por isso o elo celestial, não procria ou da vida a outros seres igualmente semelhantes a ele, ou seja, não procriam os espíritos em campo celestial, pois o sentimento carnal ou material existe apenas no elo terreno e jamais no campo celestial, pois toda forma de sentimento humano e sentido material de multiplicação como o desejo carnal existe apenas no elo terra e não elo sagrado celestial, pois este é ilibado puro e incorruptível em relação às formas de sentimentos e desejos matérias vislumbrados pelos seres encarnados. Pois o ser celestial não possui missão de procriação nos campos em que ocupa, logo a procriação não é algo que se faz necessária para o ser espiritual, e diferente dos seres carnais, os espíritos em missão divina possuem caminhos e determinações de guiarem, direcionarem e apontarem os caminhos santificados que levam a Deus, o Criador, por meio de emanações e irradiações purificadas e límpidas e não de procriação, pois este pertence ao campo terreno e por ele já está sacramentado em vossas entranhas ao solo da terra.

Por isso, os únicos seres que possuem desejos carnais são os encarnados, caso contrário, não procriariam e não cumpririam vossas missões em elo terreno. Pois se acaso os encarnados caminhassem pelo campo terreno sem vislumbrar a beleza de vossos similares ou sem os sentimentos e sentidos materiais que vos permitem serem diferentes dos espíritos puramente espirituais não seriam seres capazes de cumprirem com vossos desafios, pois não sentiriam vontade de estarem próximos uns dos outros, auxiliando e caminhando em comunhão, porque seria cada um agindo a lutando por si só, desfrutando de vossas próprias vidas com vossas próprias vontades e determinações sem contato ou laços que os fizessem serem próximos e ligados uns com os outros para que pudessem comungar das belezas, encantamentos e magias que somente um encarnado aos olhos de outro encarnado possui. Por isso, o único sentido que os uni é o sentimento carnal material, existente apenas no elo terra.

Ou seja, o amor é o sentimento material capaz de dar-nos vida carnal e espiritual; por isso a maior forma de sentimento capaz de dar vida a outra vida é o sentimento material, carnal ou humano, que liga as pessoas em laços sentimentais para viverem em conjunto em comprimento de determinação terrena, onde uma é o complemento da outra. Logo, nenhuma forma de missão poderia ser individualmente anunciada, pois embora a missão seja individual de cada ser em busca de conhecer-se a si mesmo, progredir e buscar evolução individual, esta deve ocorrer de forma conjunta em multiplicidade com os demais encarnados, pois cada ser é a direção e o caminho aprendido com o outro, procriado pelo outro e zelado pelo outro buscando individualmente o cumprimento de sua própria missão. Por isso, se não existisse o sentimento não existiram seres no mundo, pois este é a maior razão de existir e multiplicar a terra conforme a proclamação divina, de que sejam fecundos e multipliquem a terra santa.

E a árvore do conhecimento do bem e do mal, adornada pela serpente alegórica que representa a vida carnal e material, ou a forma de existência repleta de desejos e vontade mundanas, abastecida pela ânsia de ser, de existir e de fazer tudo o que se deseja à partir do almejo da busca da conquistar por meio da própria existência material ou puramente terrena; fato este, que também introduz o ser espiritual material ao meio de vida terrena animal de forma também inapropriadamente alegórica, composto de ideias e conceitos puramente materiais e físicos distante dos conceitos celestiais e espirituais ao qual fora em espírito e eternitude nascido, o deixa não somente exposto ao sabor do fruto como também o alimenta das formas e maneiras mais amargas ao qual a sede material da existência carnal também o alimenta.

Logo todo aquele que dela vive e se alimenta apenas da busca do crescimento e do progresso íntimo e pessoal através, não somente da necessidade de existência ou subsistência como também através da determinação de conduzir a si mesmo de maneira retrograda, utilizando das forças da capacidade de ciência, justiça, frutificação, conhecimento, leis divinas e autocorreção, possuindo para isso discernimento, inteligência e vigor ao qual por direito divino possui, podendo estas energias e disposição de energia, serem utilizadas de maneira boa ou ruim, uma vez que possui ordenança de que sejam utilizadas as vossas energias e forças em prol de vossas necessidades, cabendo a cada um determinar qual a vossa real necessidade e carência diante de determinada ação para o vosso próprio progresso; assim agindo de maneira ruim quando a exposição da própria interpretação de necessidade ou pela vontade de se colocar diante da falsa necessidade ou necessidade danosa de construir vossas coisas causando desconstrução das outras coisas ao seu redor; estará este ser, utilizando as forças divinas do conhecimento de ambos eixos de poder e forças, apenas em prol do mal de si mesmo de vossos pares. E não poderá este ser questionar o poder das forças do mal quando ele mesmo possui o conhecimento de ambas bem como o poder e a intensidade de cada uma perante a força de destruição ou construção diante da utilização delas.

Por isso o ato de consumação de vossas próprias vontades, ou da maçã contaminada, ou a maçã cheia de segredos impróprios aos que são próprios de sentidos do bem, sentidos estes que são na verdade os sentidos e sentimentos carnais que podem ser vivenciados apenas em matéria carnal é ato não somente de experimentar como também de desferir ou disseminar as coisas e sentidos bons e ruins. Pois assim como a fruta é espécie que da terra nasce pelas sementes plantadas no solo, assim o conhecimento do bem e do mal é ato consumado pelo conhecimento da ação do bem ou do mal que somente aquele nascido da terra pode possuir, pois é o único que tem a carne material que se findará em elemento orgânico e dela poderá apreciar as forças que somente a terra o capacitará conhecer.

E por conter todos os sentidos e sentimentos passíveis de serem vivenciados para que se conheçam a si mesmos de forma material é que os encarnados se utilizam de vossos direitos de serem carne e conhecerem o bem e o mal e desferem as duas formas de preservação de vossas existências uns com os outros; quando criam através de vossas capacidades de discernimento, ciências, justiça e autocorreção, leis próprias ao campo terreno, distante das verdadeiras leis divinas trazidas do campo espiritual, e disseminadas dentre os filhos da terra outrora escritas pelas próprias mãos do Senhor Deus, criando normas e regras para impedir a vasão dos sentidos e sentimentos próprios dos espíritos encarnados, os podando e os resumindo em matérias de algo sem valor perante a si mesmo e perante o seu Criador, fazendo acreditar que a carne possui mais valor do que o que de mais valoroso existe dentro dela que é o espírito, deixando de emanar as coisas boas ao qual também possui para emanar as coisas danosas que não evoluem nem o espírito tampouco a carne, pois esta, nem com o maior poder de evolução não sobreviverá ao pó da terra tampouco se alimentará de sentido evolutivo.

Mas todas as ações materiais sejam elas, boas ou más cometidas pelos seres encarnados que possuidores do conhecimento que os possibilitam conviverem em sociedade nomeando as vossas formas de avaliação e necessidade de organização de agrupamento como justiça, correção e leis, à partir do conhecimento do que vem a ser o bem e o mal, como forma de preservação de vossa própria espécie, sendo utilizados os sentidos e sentimentos carnais e humanos de satisfação e prazer como maneira de garantirem as vossas subsistências animais mais íntimas e naturais através de seus sentimentos; é que também sofrem, choram, distanciam-se, magoam-se e cometem iniquidades e guerras, quando criam regras e mais regras punitivas e danosas para preservarem-se materialmente no elo terreno como forma de sofrerem menos e distanciarem-se mais dos erros cometidos através do prazer material que os conduzem de maneira boa ou má em terra santa.

Por isso, *"Afaste do coração a ansiedade e acabe com o sofrimento do seu corpo, pois a juventude e o vigor são passageiros"* (Eclesiastes 11: 10). Pois o conhecimento do bem e do mal não quer dizer posse destes conhecimentos de sentidos pelo fato de ser capaz de compreender a força e o poder de ambos os esforços de sentidos, quando do desejo voltado para a construção ou para a destruição, onde um sentido o conduz a exercer a sua força em prol da construção e o outro a exercer a sua força em prol da desconstrução ou destruição. Tampouco, podem aqueles que pouco conhece de ambos os sentidos dizerem-se induzidos por serpentes imaginárias a cometer falsos julgamentos e danos impondo as vossas certezas maléficas de dureza sórdida pela falta de discernimento ou capacidade de entendimento do que possa ser o bem e o mal, e que por isso, qualquer animal de qualquer espécie poderá ser capaz de induzi-lo a cometer desamor ou atos de maldade, pois estaria este sendo mais enganoso do que a própria serpente carregada de simbologias e justificativas para aqueles que preferem acreditar estarem sendo ludibriados ao invés de assumirem os vossos atos e corrigirem-se a si mesmos.

Porém todos os seres que da árvore da vida são nascidos, ou seja, que do chão da terra foram procriados e dele também se alimentam, possuem o discernimento e a capacidade de entendimento do que vem a ser o uso das duas formas de fluidez de energia e conhecê-los para que possa caminhar por si mesmo utilizando-se do que melhor julgar ser bom ou mau para sua própria evolução e progresso espiritual dentro do campo terreno, utilizando cada uma destas energias à partir de vossas escolhas, discernindo a melhor opção de forças a ser jorrada e aplicada em vossas lutas e labutas temporais, para conquista de boas obras e não o contrário.

Pois as forças advindas do conhecimento do amor carnal que gere todo ser humano é o que conduz e o faz ser um ser vivente capaz de alcançar evolução espiritual em elos mais nobres e espirituais além do elo terreno, que nada mais é do que um campo santificado de passagem temporal, pois recebe assim como todos os demais elos emanações santas vindas de Deus Pai, de forma natural através do poder e forças da natureza para que todos sejam capazes de progredirem e sobreviverem de forma espiritual e humana, utilizando-se das forças disponíveis que aqui se encontram, pois são jorradas dos elos superiores santificados para vos abastecerem em energias e forças, forças estas que podem sem utilizadas na mesma proporção em razão de vossas vontades e desejos de progredirem e alcançarem os vossos objetivos tanto materiais quanto espirituais.

Logo o poder de forças do bem ou do mal contra si mesmo ou contra os vossos pares diante de vossas determinações e desejos de progresso e evolução terrena são na mesma dimensão aos quais os vossos desejos julgam aquilo que vem a ser o bem ou o mal, pois o poder de forças que pode ser utilizado para edificar é o mesmo que pode ser utilizar para destruir, sendo apenas a determinação que quem desfere a vossa vontade contra o que se deseja executar e não o tipo de força, uma vez que a força que é utilizada para o bem parte da mesma fonte de onde utiliza-se as forças para serem aplicadas em favor do mal.

Por isso, os mesmos braços aos quais se constroem os edifícios são os mesmos aos quais também os tijolos destroem. Pois o poder de forças utilizado para a vontade do ato a ser concretizado é o mesmo a ser utilizado ao ato bom ou ruim bastando apenas o desejo e a vontade de se realizar e desferir desta que é abundantemente jorrada por sobre a terra que é a força vital de energia singularmente fluida das fontes divinas para que o vigor, a ação, o impulso e o dinamismo possam partir dos braços dos que do chão são nascidos e necessitam para moverem-se e caminhar por sobre a terra na labuta e na busca de vossos crescimentos espirituais, força esta denominada força vital ou força do conhecimento do bem e do mal ao qual sem esta energia, não é possível lutar ou caminhar diante dos desafios e incertezas que somente o chão da terra vos traz, porém com a força do conhecimento da vida se pode caminhar.

Desta forma, o poder do bem ou do mal se resume apenas na vontade de quem o aplica para sua necessidade de construção ou destruição diante do vigor e do dinamismo ao qual necessitam para sobreviverem, não sendo nenhum mais forte ou poderoso que o outro diante de vossas vontades, pois o mesmo poder de forças e de ação e vigor e dinamismo que existe na ânsia de esforçar-se em fazer coisas boas, existe igualmente pela ansiedade de fazer e exercer coisas más, alterando apenas o desejo e a vontade em detrimento do ato ou da ação e não a dimensão da força a ser aplicada ou por ser força retirada ou fluida de diferente fonte de emanação espiritual, pois esta não muda nem para o bem nem para o mal, muda apenas quem as desfere face as vossas necessidades e desejos de conquistar o que se acredita ser o vosso próprio bem, ainda que não seja o bem comum.

Pois assim como foram recebedores do direito de serem encarnados e vivenciarem todas as formas de vida em campo terreno, sendo desculpados de vossas faltas, porém, não libertos de vossos erros, o homem e a mulher, receberam o direito de serem carnais e procriarem em terra sagrada e conhecerem, eles mesmos e as vossas crias, o poder da utilização da vibração das forças divinas em prol das duas forças, ou seja, das forças que emanam coisas boas e das forças que emanam e criam coisas ruins ou a desconstrução das coisas e sentidos ao invés de construir apenas novas e mais coisas boas, assim como o vosso Senhor Criador.

Porém o campo terreno ao qual foram em liberdade de sentido apresentados, não seria o campo de correção de vossos erros e faltas, e sim, o campo que os permitiriam utilizarem-se de vossos direitos de serem livre e de escolherem as formas de vibrações aos quais poderiam e deveriam utilizar para pôr vossas próprias vontades, para libertarem-se de vossos erros ou caminharem em direção à libertação de vossos erros para alcançarem a purificação e candura de vossas essências quando diante de suas novas casas espirituais adentrarem, por conhecerem por meio de vossas escolhas e não imposições, nem da serpente alegórica, tampouco do Senhor Deus, que os caminhos através das escolhas do bem e do mal ao qual deveriam utilizar e crescer em vossas próprias existências, seriam os responsáveis pela dor ou pelo prazer ao qual sentiriam à partir da entrada em vossa sagrada casa chamada pelo Criador de Éden, ou pelos vossos filhos de campo terreno.

Pois é certo saber que nas esferas celestiais de onde partem também as forças que dão vigor e fluidez de energia em forma de dinamismo e ação, existem muitos elos espirituais além do campo terreno que é um elo de passagem espiritual de forma material e de força também espiritual aplicada de forma material. Elos estes aos quais não somente são emanadas energias e forças ao campo terreno como também são elos de aperfeiçoamento espiritual e aprendizado aos quais os espíritos deverão encaminhar-se em algum momento de vossas jornadas espirituais de eternitude de conhecimento e evolução, sendo alguns destes elos reservados apenas para aqueles que realmente alcançarem as vossas evoluções espirituais e outros apenas para aqueles que diante de vossas falhas e danos deverão adentrar para correção diante de vossas existências mal vividas ou mal utilizadas, distante do progresso pessoal de si mesmo.

Por isso, assim como o templo de todos os elos (Templos Azuis), nascente de todas as forças e energias voltadas para o campo terreno que jamais será abrigo de progresso e evolução espiritual, ou seja, jamais nenhum ser espiritual adentrará a este como força de aperfeiçoamento de vossas evoluções e capacidades, pois este se encontra acima de todas as forças em que todos os demais recebem as vossas energias divinas para serem vivos, outros elos de evolução encontra-se em celestial ligadura entre o campo material e espiritual para continuidade de conhecimento e aprendizagem a todos os espíritos que nascidos do Criador foram, e que por isso, ligados estão em eternitude e caminhada evolutiva e devem adentrar para caminharem vossas evoluções perante as vossas escolhas, diante de vossos direitos divinos recebido.

Os outros elos espirituais e santos como os elo infernal, elo umbral ou elos de todos os abismos, elo de todos os tempos do Senhor das encruzilhadas, elo de evolução e passagem chamado também de campo terreno, elos de evoluções ou moradas sagradas são templos de evolução e passagem espiritual aos quais todos foram gerados e criados para serem a lapidação em continuidade de eternitude espiritual no caminho sagrado de evolução ao qual todo ser espiritual deverá, se assim for preciso ou necessário no caso dos elos umbral e infernal, adentrar para alcançar o progresso espiritual da mesma maneira que nos demais elos de lapidação e purificação da alma aos quais estão entreabertos aos que deles necessitarem para que diante de vossas luzes, aprendizados e lições santas possam caminhar.

"No qual todo edifício, bem ajustado, cresce para templo santo no Senhor. No qual também vos juntamente sois edificados para morada de Deus em Espírito" (Efésios 2: 21, 22).

E Todos os seres foram edificados da mesma maneira diante das vontades e das verdades do Senhor Deus para que sejam a vossa luz e vossa eternitude resplandecendo as coisas boas ao qual ele mesmo plantou e concedeu que fossem também belas e grandiosas aos olhos de vossos filhos, refletindo o vosso amor e a vossa eternitude; por isso, as vossas existências em campo terreno, não são apenas forma de desfrute de gozo desmedido em busca de prazer e alegria, ainda que isso custe a alegria e felicidade dos outros. E por mais que vossas existências terenas lhes permitam utilizarem das energias celestiais aqui existentes de maneiras danosas, também conhecidas como energia do mal ao qual possuem conhecimento de como utilizá-las, estas são as energias saídas do interior ou âmago humano da vontade de desprender-se de todas as coisas boas e expelir de forma abundante as forças desmedidamente perigosas em razão da destruição, ordenando que sejam feitas as vossas vontades de aplicarem por sobre a terra e as coisas divinas, vossas energias de sentido e vontade danosas e destrutivas das coisas sagradas que em campo terreno existem ou contra os vossos pares, que da mesma eternitude, amor e luz forma criados.

Porém, além do campo terreno, elo sagrado de lapidação de todos os espíritos nascidos a imagem e semelhança de Deus Pai, também existem outros elos espirituais, criados para serem a continuidade e a esperança de que todos aqueles que necessitem do mesmo seio divino, se libertem de vossos erros e faltas para que continuem a trilhar os caminhos bons para serem bons e utilizarem as vossas forças e coragem de forma boa para que possam com olhos amáveis e celestiais vislumbrarem e alegrarem-se das coisas boas criadas para vos abastecer a alma e a existência em campo terreno. Pois caso contrário os demais campo de lapidação de essência serão os vossos rescaldos diante de vossas verdades e de vossas necessidades de levantarem os vossos braços para ao invés de construírem as vossas caminhadas santas em direção aos vossos progressos, destruírem os caminhos sagrados que por Deus e os vossos Espíritos foram construídos de coisas boas, utilizando-se apenas de forças para destruir as formas e forças tanto das coisas quanto dos demais seres que em comunhão deveriam caminhar para que juntos pudessem apreciar e vislumbrar as belezas celestiais em campo terreno.

Porém, ainda que existam diversos elos espirituais criados para serem a continuidade da lapidação da essência espiritual de vossos filhos e filhas, apenas um é capaz de procriar e dar vida a outras vidas através dos sentimentos materiais que podem ser sentidos apenas neste campo de emanação divina ligado por muitos outros elos, chamado campos terreno ou campo de missão e evolução espiritual, por meio de comunhão entre os espíritos que aqui se encontra tão grandiosos e poderosos em forças e emanações, quanto todas as coisas que ele possui e a ele pertence. Por isso, tão magníficos e grandiosos foram criados, pois somente as coisas tão grandiosas quanto o próprio grandioso e magnifico elo terreno poderiam habitar e serem através de vossas forças e luz tão espetaculares, grandes e fortes quanto ele mesmo; possuindo igualmente as próprias sementes de multiplicação para que sejam contínuos e benevolentemente consagrados filhos pelas vossas formas e determinação de serem incessantes e multiplicarem as vossas forças e com isso o vosso progresso.

Por isso, são as vossas forças e desejo de emanação em prol da construção, tão grandes quanto as vossas forças e desejo em prol da destruição, e que por isso, o conhecimento do bem e do mal, não apenas é uma força poderosa que flui no campo terreno, tendo sido conhecidos pelo homem e pela mulher após, desfrutarem da árvore de vosso conhecimento, como também a forma de utilizar-se não apenas das coisas orgânicas e materiais para a sobrevivência, como também das forças espirituais os resguardando das energias que jorram de forma branda de maneira destrutiva ou construtiva perante as vossas expectativas e desejos mundanos de preservação de vossa própria espécie e continuidade de existência mais próxima, ou aquela que ao laço carnal, saído do seio material o pertence.

Laços espirituais e carnais

"Rúben, você é meu primogênito, minha força, o primeiro sinal do meu vigor, superior em honra, superior em poder" (Gênesis 49:3)

2.4 Ainda que existam outros sentidos e sensações que fluam apenas no campo terreno, o sentido de força vital ou sentido carnal que é sentido que conduz a força do vigor e de vitalidade que induz a ação por meio do impulso ou dinamismo experimentado apenas por aqueles que possuem carne material, sentido este que é o único que concede o ser espiritual carnal o direito de significação humana através da ligação material por força dos laços afetivos e sentimentais que este mesmo sentido de significância humana tem o poder de exercer através da força vital do vigor ao qual cada ser encarnado carrega que vem da força orgânica em inteireza com a força espiritual que os unem de forma intensa, que o faz ser não somente um ser espiritual em abrigo material como também detentor de sentidos e sensações que o coloca no centro de sua vivacidade, podendo através da capacidade de sentidos e sentimentos compreender-se vivo e afetivamente forte para caminhar em caminhada terrena de amplitude material de forma carnal ou da forma ao qual fora constituído em abrigo materno terreno para que possa ser ele mesmo em fôrma carnal.

Pois esta que é ao mesmo tempo a força de ação em caráter humano, é também a força de sentido de vida, experimentado na vida material daqueles que carne possui e que podem através dos laços sentimentais e amorosos carnais ao qual este sentido é o único capaz de produzir nos seres carnais materiais de arcada específica humana com força e discernimento singular ao qual somente o homem e a mulher possuem, e que por isso; é o motivo de continuidade da vida terrena destes seres de discernimento, habilidade física e mecânica de forma singularmente apropriada aos vossos corpos e membros, pois é justamente através da sua forma física em comunhão com o seu sentido de existência ou de vida que o homem carnal por meio do vigor ao que ele internamente carrega, possui determinação, virtude e energia capaz de formar outro ser de igual similaridade e com isso multiplicar-se a si mesmo utilizando de suas sementes espirituais internas.

Por isso, a força vital de energia e vigor, conhecida e experimentada por meio da árvore do conhecimento do bem e do mal, além de ser a energia que conduz o ser carnal a ação e ao ato material conforme as vossas perspectivas e vontades diante de vossas necessidades de preservação e continuidade de vossa espécie, agindo conforme a vossa verdade, ou seja, utilizando-se hora do que pode ser bom hora do que pode ser algo danoso, porém sempre visando a própria preservação humana, é também o único elo que concede ao ser espiritual carnal o direito da sensação ou sentimento de sentido humano ou aquele sentido dotado de querença, simpatia, afeição, admiração e caridade que através da ligação material envolta em laços sentimentais e amorosos carnais faz do homem e da mulher os únicos seres da única espécie que dentre todos os seres nascidos do mesmo Criador e da mesma luz celestial, possuírem força de procriação à partir do desejo e da vontade real de aproximação por força do desejo carnal para que haja multiplicação por meio do prazer carnal, ao qual também são produzidos os laços sentimentais e amorosos de afeição humana para continuidade e preservação de vossa raça e espécie.

Logo, o que liga as pessoas em campo terreno para que a multiplicação e o progresso ocorram, e seja possível a existência e permanência dentre todos da raça humana neste campo que fora criado para ser vislumbrado e povoado, é o sentimento carnal ou amoroso afetivo, que os fazem serem não somente vindos da mesma carne como também do mesmo sentido de vivência terrena, com a forma de sentimento que somente os seres encarnados poderão experimentar para sentirem-se vivos e amados uns pelos outros. Para que esta seja além da necessidade carnal de serem afetivamente protegidos, pois a necessidade de serem afetivamente protegidos também é necessidade de aproximação para procriação e preservação; porém, também para serem contínuos, de forma que sejam através da junção de ambos os sexos, a junção da inteireza de forças necessárias para que possa dar continuidade a espécie carnal material. Para que essa seja por meio da árvore da vida, o seio da terra que permitirá aos demais espíritos nascidos do seio do Criador que necessitam adentrar aos campo terreno para cumprimento de missão espiritual de forma carnal, sejam passíveis de adentrarem de forma branda e terna diante de vossos demais semelhantes, por meio dos laços materiais ou familiares, que vos conduzirão as vossas também sagradas missões espirituais de serem espírito em matéria carnal em campo sagrado, para onde foram ordenadas as vossas existências espirituais de aprendizado e caminhada evolutiva nesse elo chamado terra.

Ora, fora o homem e a mulher, conhecedores dos sentidos carnais afetivos apenas no momento em que da carne viveriam, ou apenas após o momento em que cobertos de pele estavam, pois a pele que é o abrigo de todos os sentidos os permitiu serem afetivos e amorosos através dos laços que haviam sido criados no momento em que se conheceram amorosamente e puderam conceber com a ajuda do Senhor Deus, um ser de igual similaridade que a deles mesmo. Logo após conhecerem-se, ou seja, desfrutarem da árvore do conhecimento do bem e do mal, puderam conhecer todos os sentidos que à partir do bem e do mal podem ser sentidos e apreciados, uma vez que o mesmo sentido de preservação que por força do laço afetivo forma outro ser de igual espécie e forma física, conduz também ao conhecimento do sentido de preservação que à partir de vossas verdades utiliza-se também do que vem a ser o mal para preservar a vossa espécie concebida pelo mesmo sentido que fora utilizado para procriar e trazer ao mundo vossa similaridade.

Por isso, o mesmo vigor aplicado para a utilização do sentido em ato de preservação quando do conhecimento um do outro, será o mesmo vigor e força de sentido humano a ser aplicado na preservação de vossa espécie nascido através do ato carnal de força amorosa e sentimental, ainda que este cause ou traga algum mal a si mesmo ou aos demais seres de paridade e semelhança que a sua própria.

Desta forma, não é possível nenhuma outra forma de fertilização, germinação ou multiplicação de nenhuma espécie ou ser material carnal de arcada humana de característica homem ou mulher que não seja por meio da vertente orgânica, uma vez que todo ser material nascido da eternitude do Criador em campo espiritual irá renascer em campo terreno através das duas vertentes que sustentam a vida carnal no elo terra sustentado pelo espírito abrigado a matéria orgânica, pois toda sustentação mecânica material ocorre também de forma orgânica através do seio da mãe terra que é a força celestial sendo jorrada e emanada para preservação e vivacidade do elo terra. Por isso se faz necessário o seio terreno orgânico ou o poder da natureza nutrindo todas as formas de vida, para que haja o renascimento espiritual do ser carnal em campo terreno, onde somente após a junção dos dois arquétipos humanos formando a inteireza de forças necessárias para procriar e dar a vida espiritual a um abrigo carnal, o abrigo carnal depois de pronto irá receber o espírito nascido do seio do Criador, que encaminhado pela mãe terra, que é a mãe espiritual que sustenta e governa o campo terreno de forma natural através dos quatro elementos vitais, e que por meio também da geratriz que é a mãe carnal, ou a vertente orgânica, o ser material que abastecido pela terra irá após a fertilização gerar outro ser de igual semelhança e espécie através do barro da terra ou da forma de vida orgânica, para que conforme as vossas características materiais possa de espiritual e material nascer.

Mas para isso, será fundamental o laço afetivo carnal para que a necessidade de geração de outro ser de igual semelhança ocorra e com ele ocorra também o afeto e a forma de cuidado para que este ser embora possua sua própria determinação de missão terrena, seja cuidado e amparado por outro ser de igual espécie e similaridades, amadurecido não somente em vossa carcaça como também em vossa missão e discernimento espiritual e material para que possa conduzi-lo e encaminha-lo aos vossos caminhos terrenos e com isso aos vossos caminhos espirituais de jornada material espiritual. Isso quer dizer, que sendo o homem constituído por duas vertentes, ou seja, a vertente espiritual e a vertente material, somente por meio também das duas vertentes é que pode ser possível a chegada de outro ser materialmente constituído de forma orgânica e espiritual, assim como o elo terreno é, pois esta forma é a única forma de fertilização e germinação sendo utilizadas as duas vertentes para que outro ser seja encaminhado a terra e seja tanto material quanto espiritual conforme a ordenança e vontade do Criador que vos fez e determinou que assim fosse.

Por isso, é o ato de procriação é um ato de amor, um ato de afetividade e um ato de ser vida dando vida a outra similaridade divina de vida. Ato que vai além da necessidade de procriação, uma ação de descoberta do verdadeiro sentido do sabor do fruto envolto em mistérios carregado de amor, compaixão, carinho e virtude. Mas além de tudo, um ato coberto de honra, honra de além de ceder o próprio ventre ao Criador para que os vossos filhos e filhas espirituais posam vir a terra, é um ato de honra em forma de autoconhecimento ou auto liberdade de ver a vida nascendo de um vosso sentido de vida ao qual o Senhor Deus vos concedeu poderem sentir e apreciar tal singularidade de beleza e grandiosidade em forma de luz renascendo da vossa própria luz celestial em campo terreno, onde serão vocês mesmos os pais materiais recebendo do Criador a benção de serem os vossos braços carregando os vossos filhos, as vossas mãos acariciando os vossos pequeninos rostos e as vossas palavras direcionando e encaminhando os vossos filhos sagrados aos caminhos do Pai celestial. (Senhor Júlio Cesar Celestial).

Por isso, o ato carnal de multiplicação material através da semente germinadora fora concedido ao ser material, através do laço sentimental, para além da finalidade de serem múltiplos e geradores dos espíritos em campo terreno com carne material, para que também possam os encarnados sentir assim como o próprio Senhor Deus a emoção em forma de benevolência, a caridade em forma de compaixão e a ternura em forma de amor em gerar e dar a vida a um novo ser, assim como Ele mesmo sente ao conceber cada um de vossos filhos nascidos de vosso seio e entregues por direito divino em forma de amor eterno aos pais materiais através de vossas sementes plantadas em terra, por meio dos laços familiares que vos concede brotarem o amor, o carinho, a paixão e a nobreza de serem e sentirem tudo aquilo que somente Ele mesmo sente ao criar e dar a vida espiritual a cada um de vossos filhos amados. (Senhor Júlio Cesar Celestial).

"Quando os homens começaram a multiplicar-se sobre a terra, e lhes nasceram filhas, os filhos de Deus viram que as filhas dos homens eram belas, e escolheram esposas dentre elas. O Senhor então disse: Meu espírito não permanecerá para sempre no homem, porque todo ele é carne, e a duração de sua vida será só de cento e vinte anos" (Genesis 5: 1-4).

Mas o homem continuo conhecendo materialmente através de vossos sentidos carnais as vossas mulheres e com isso a multiplicar as vossas belezas em terra sagrada, progredindo assim, as vossas similaridades em tudo o que da terra brota, jorra e naturalmente poderia existir. Porém tudo o que existe em campo terreno nascido da terra e conhecido por meio da árvore do conhecimento do bem e do mal é vigor, e o vigor é desejo que apenas a terra consumira, logo, não mais poderia o Senhor Deus permanecer dentre os vossos filhos que criado a vossa imagem e semelhança foram, pois os sentidos que existem em campo terreno apenas em campo terreno são vislumbrados. Pois à partir da hora em que do fruto bendito apreciaram e do conhecimento da dor sentiram, não mais caminhavam diante da brancura e da pureza celestial ao qual foram constituídos para serem e caminharem dentro do jardim, e após este ter sido flamejado em campo terreno e elevado a outro sentido existência em nova casa celestial, Espírito do Criador foi-se juntamente com ele. Não em existência, pois este jamais estará distante de vossos filhos tampouco apartado de vossa singularidades, e sim distante em relação a separação das coisas puramente celestiais e das coisas puramente materiais, pois o Espírito do Criador não mais permaneceria dentre as vossas unidades espirituais em sentido de existirem e compreenderem-se puros e cândidos espiritualmente abastecidos celestialmente por vossas próprias mãos, por isso fora apartado de vossos sentidos de existência em função de não mais serem castos e imáculos da maneira ao qual haviam sido antes.

Sendo assim, não mais poderia Deus estar dentre todos os filhos espiritualmente, pois os seus filhos, agora homens nascidos da carne, viveriam como a carne, experimentando os sentidos do bem e do mal ao qual obtiveram o direito do conhecimento e ao qual sem este não podem sobreviver. E desta forma o espírito do Senhor Deus, que outrora caminhou por entre eles na mesma terra e que fora a essência mais importante dentre seus filhos, seria esquecido por eles que vivenciariam mais o poder da carne em desejar serem amados e queridos do que as vontades de vosso pai o Criador, sendo assim afastou-se o Senhor Deus da terra concedida aos vossos filhos para que eles mesmo pudessem se abrigar e caminharem no regresso de vossas verdadeiras existências.

Pois a multiplicação dos homens é a multiplicação dos desejos, das vontades e dos quereres, assim como o desejo de sentir o gosto do fruto bendito escorrendo por entre os dentes, ainda sabendo que seu interior, da mesma forma que as suas sementes, guardam segredos dolorosos as vossas carnes. Por isso, ainda que o sentido do bem e do mal seja capaz de construir ou destruir todo o sentido de vida através do vigor e da vivacidade humana que existe em campo terreno é para o progresso, crescimento e evolução do próprio encarnado que este sentido existe dentre os seres nascido da carne. Pois se acaso não existisse o conhecimento deste sentido que tanto pode ser bem quanto pode ser mal, dependendo da ânsia e do desejo de quem o desfere, e não é a força de ação de ato e sim em forma de vigor e necessidade de desejo material, não existiria a multiplicação dos seres, tampouco o progresso deste que seria um elo vazio. Pois se acaso não sentisse no homem o desejo e o prazer carnal para ser múltiplo, também não seria necessário preservar-se, desta forma nem o bem nem o mau existiriam para serem aplicados como forma de proteger vossos sentidos e semelhantes.

E quando a carne passou a multiplicar-se em carne, ou seja, por meio dos sentidos e sentimentos carnais e materiais através dos filhos de Deus, que conhecendo as vossas filhas de forma material através dos sentidos e sentimentos afetivos dotados de sentimentos não mais espirituais, o espírito de Deus afastou-se da unidade terrena. Não por esta ter se tornado impura a vossa santidade tampouco por este ser um local impróprio ou de vulgaridades e sim por que o Senhor Deus separou as coisas espirituais das coisas materiais, e deu a elas um lugar de importância e santidade ao qual cada vertente ficaria reservada conforme a vossa vontade e em vosso nome.

E os encarnados que neste se abrigam e governam através de vossas forças e energias fluídas dos elos espirituais, seriam os responsáveis por cultivarem e disseminarem as energias existentes de forma frutífera, pois todas as energias aqui presentes denominadas pelo próprio encarnado como sendo causadoras do bem ou do mal, são as energias que regem e fortalecem o poder de forças que cada um em razão de cumprimento de missão espiritual também recebe, pois por ela também é regido e em direito divino possui.

Por isso apartou-se em Espírito o Senhor do campo terreno como forma de possibilitar, este que seria o campo material regido pelas forças espirituais naturais como também de forma orgânica, para que pudesse este elo ser regido assim como fora criado, ou seja, de maneira material pelos seres materiais que aqui se abrigariam de forma plena e não por este ser um campo de iniquidades e impuro. Porque este também fora criado pelo mesmo Senhor que criou os demais elos espirituais de santidade divina, logo não seria este menos sagrado do que os demais campos em que a vossa majestade criara com as vossa luz, poderes e forças. Pois o elo material também é campo sagrado que recebe emanação com a força de determinadas energias partindo de Deus, o Criador por meio de vossa fonte que jorra energias divinas em campo terreno através dos Espíritos de grandeza, para a função ao qual Deus determina que sejam utilizadas por razões espirituais e de progresso material espiritual dos seres que neste elo habitam.

Mas ainda que de forma separada do campo celestial, cada ser individualmente é emanado em seu espírito, reflexo de Deus, o Criador, com poderes e forças espirituais que os conduzem de forma material para utilizarem de suas forças e energias e fazerem uso da melhor forma, diante de tudo o que recebeu espiritualmente para o seu progresso espiritual em campo material que inclui além do discernimento a justiça, garra, determinação, frutificação, ciência e auto correção, mas também o direito de poder trilhar a partir das vossas próprias escolhas por sobre as coisas terrenas naturais e em comunhão com vossos pares, da qual também em energias e fluidez de forças são emanados para que juntos possam progredir e serem prósperos por disseminarem o bem e com isso angariarem mais poderes e forças que os conduzirão aos caminhos sagrados de onde as vossas elevações serão verdadeiramente dignas e nobres que é perante o Senhor Deus que vos concede serem o que são e como devem ser também em elo material. Sendo vocês mesmos os responsáveis por cada ato e ação que os conduzirão a executarem por vontade próprias e quereres próprios tudo aquilo que erguem, constroem ou destroem em elo terreno, ao qual nomeia por desejo de cada um, o que vem a ser o bem ou o mal.

E o elo terreno não é apenas abrigo de matérias, sem razão ou importância espiritual por ser vivenciado ou vislumbrado de forma prazerosa diferentemente dos demais campo espirituais. Pois o elo terreno é onde todas as formas de vida espiritual em possibilidades de existências materiais se encontram em um único campo para cumprimento de missão espiritual. E embora cada ser tenha sua forma de vivência, sobrevivência, arcada estrutural e missão diferente uns dos outros, são as formas divinamente criadas para serem exatamente como são e vivenciarem todas as experiências ao qual devem experimentar, pois estas somadas são o que irão compor os novos seres em novas vivencias com novas experiências conforme o que a ele fora ordenado pelo Criador. Por isso, ainda que experimentando a vida terrena de forma diferente uns dos outros, também diferente da forma de vida e vivência ao qual o espírito possuía ao sair do elo espiritual, onde esteve em morada sagrada antes de vir a terra, onde aqui tudo será novo através das sensações, sentidos e cinco sentidos onde a maneira de ser espírito e ser carne em única estrutura fisicamente constituída sera tão material e singularmente próprio do campo terreno, que o deixará distante dos sentidos puramente espirituais outrora vivenciados. E assim todos se encontram e vivenciam a si mesmos, conforme a determinação do que devem ser, conhecer e sentir para multiplicar as vossas formas de forças sagrada ao qual devem ser por ordenança divina de estarem no mesmo campo comungando das mesmas experiências para que seja parte da missão um do outro.

Porém, todos foram nascidos da carne e recobertos por carne, ou seja, não somente da estrutura física e mecânica orgânica e sim nascido dos desejos e vontades mundanas, utilizando-se do conhecimento do bem e do mal para nutrirem os vossos quereres e desejos terrenos de alimentação as vossas vontades de progredirem não na forma espiritual, mas sim na forma material, desferindo os vossos conhecimentos e saberes de maneira boa ou danosa, prostrando-se em crenças e ideias terrenas de ações boa ou puramente deletérias, ainda que seja com a intenção de construção, mesmo não se sabendo exatamente do que. Atendendo unicamente aos vossos próprios desejos e vontades materiais, deixará este de atender aos anseios e desejos do Criador que vos concedeu ser vida material para que trilhe bons caminhos e vislumbre somente as coisas boas ao qual este elo espiritual pode vos oferecer.

E ainda que para este ficará o Espírito que lhes deu a vida esquecido diante de vossas vontades fugazes de ser o portador do cálice que faz sorrir o bem ou que faz chorar o mal, bem distante dos desejos divinos em andanças terrenas, não ficará o Criador distante deste o colocando de lado ou o esquecido de vossos planos, pois ainda assim o sol para este brilhará, o dia novamente para este nascerá, a água novamente para este refrigerará e o ar novamente este alimentará, provando que as vossas forças e desejos mesmo que sejam grandiosas aos olhos dos demais encarnados, mesmo que façam muitos encarnados prostrarem-se a si mesmo ou chorarem as vossas angustias diante de vossos poderes; estes são apenas materiais, e não as forças que o alimenta em campo terreno tampouco o verdadeiro poder de possuir tanto o bem quanto o mau, pois este pertence a um único ser e o nome desse é o Criador do mundo e de todas as nascentes de poderes e forças do universo de eternitude sagrada.

Pois esta sim, se acaso falhar, não somente falharão as vossas falsas verdades de serem dominadores dos poderes do bem ou do mal, coisa da qual não possuem nem um e nem o outro, apenas nomeiam o que vem a ser algo que vos machucam ou algo que vos alegram dizendo serem conhecedores do que vem a ser estas forças diante de vossas próprias vontades de aplicarem as forças celestiais que aqui existem em detrimento de vossos anseios e vontades de construírem ou destruírem. Porque no dia em que as forças divinas em forma de poderes naturais de sustentação do campo terreno falhar, essa sim findará todas as forças, juntamente com todos os seres que neste elo espiritual propositalmente de forma periódica se abrigam, porém este não será nem o bem tampouco o mal e sim mais uma determinação do Criador utilizando-se de todos os vossos poderes de criação ou destruição perante a vossa própria eternitude de desejos e vontades ao que realmente lhe pertence.

Por isso, se existe um ser ao qual realmente pertencem todas as forças, todas as determinações, todos os poderes, todas as vontades e todos o quereres, todos os saberes, todas as vontades, todas as ciências, todas as alegrias e todos os espíritos que acima ou abaixo do céu existem, o nome deste é o Criador ou o Senhor Deus de todas as vontades e todas as coisas, para tudo sempre. Amém.

Isso quer dizer, que toda a vida que vivenciará em vossa passagem as dores e os prazeres de serem carnais e comerem do fruto bendito da arvore do conhecimento de ser a si mesmo em carne e espírito, regressará para os braços misericordiosos do Espírito de onde um dia partiu, pois vossas passagens terrenas terão prazo de retorno e serão todas findadas ao término de cada prazo por Deus determinado a cada um de seus filhos nascidos da matéria em carne terrena, ainda que tenha este se alimentado apenas das dores ou dos prazeres da terra ao qual por ordenança fora encaminhado.

Porque cada ser humano é aquilo que traz dentro de si, e o faz ser quem realmente é, porém todas suas experiências terrenas, todos os seus medos, angustias, temores e crenças, o fazem sentir não apenas em vertente material como também a vertente espiritual tudo o que realmente é em essência espiritual existe, pois esta é a união de sentidos que o torna ser material em campo terreno. Logo o sentido material que chora que luta que se fere que entristece que alegrasse ou que sofre, não sente as suas dores e prazeres de maneira isolada ao seu sentido espiritual, pois é a matéria a vertente orgânica do espíritos que atua em comunhão um com o outro. Ora, se não é a matéria viva sem o espírito também não pode ser o espírito em campo terreno viver sem a matéria, por isso, todos os sentidos ou forma de sentido ao qual a carne material experimenta, experimentará o vosso espírito juntamente, pois este é a verdadeira vida da matéria ou a essência que necessita progredir-se, seja em que elo estiver e em que forma estiver.

Porém a parte que chora, sofre, vive, luta e se auto classifica, se auto pune e se define em cada ato cometido como sendo o bem ou sendo o mau, ainda que estes pareçam não interferir na essência espiritual por ser aplicado de maneira terrena, interferem justamente na essência espiritual do ser em desenvolvimento em elo terreno, que além de sofrer as consequências materiais de ser o disseminador do bem ou do mal, contamina-se em espírito diante de vossas escolhas de utilizar-se do mal para ser o bem que ainda acredita ser. Pois a matéria além de ser o elemento de maior precisão para um espírito cumprir a vossa missão de forma carnal o espírito depende desta para progredir e alcançar a elevação e a vossa luz para que seja a vossa passagem de retorno o vosso caminho de regresso ao lar de onde um dia partiu.

Logo a vertente material em união a vertente espiritual, ou seja, o abrigado dentro da carcaça material que também possui uma missão, não é apenas uma vertente isolada, e ainda que seja o sentido material que chora, vive, luta e se auto classifica, se auto pune e define em cada ato cometido, ou ainda que estes não interfiram na essência espiritual pois esta não se altera ou muda devido os caminhos materiais percorridos, pode devido às crenças e desejos mundanos interferir a missão do espírito no elo terreno depende da matéria para progredir e alcançar a elevação e a luz.

Assim, toda vivencia e experiência terrena é o que tornará um espírito mais elevado ou distante de elevação ao término da passagem terrena devido as vossas escolhas por direito recebido. E somente aqueles que alcançaram conhecimento utilizando-se de experiências boas quando as colocaram em pratica em prol de outros encarnados em nome de Deus, utilizando-se de vossos direitos de escolhas e caminharem por sobre as boas obras é que serão capazes alcançarem maior conhecimento evolutivo que os servirão de passagem para os caminhos de elevação espiritual em campo celestial.

E embora o campo terreno tenham tantas formas de viver dentre os homens em que cada um seguirá a melhor ou a que melhor lhe convier para cumprimento de missão material, sendo verdadeiro, carinhoso, amoroso ou desprezível e miserável ser errante cada um seguirá a sua própria verdade que é a única forma de ser ele mesmo, e alcançar ou não a elevação espiritual ao qual encaminhado a este elo espiritual, entregue foi, para preparar-se. Por isso, a vida terrena não é apenas uma passagem material para usufruir de prazeres ou dores sem motivos ou razões. Todos os motivos, sentidos e sensações, são motivados por razões sagradas e não por determinação do homem, pois este não comanda ou determina nenhuma forma de sentido ou existência, embora possa usufruir e desfrutar de todas as sensações existentes, não é quem os controla ou determinam quais são, como são e de onde partem os sentidos carnais. Apenas pode sentir e utilizar-se desses em vosso favor ou em detrimento de vossa sobrevivência.

Porém todas as formas de sentidos e sensações existentes no elo terreno a partir dos sentidos de bem ou do mal, ou seja, de bem querer ou mal querer em função da preservação de sua própria espécie, são sentidos criados em função de outros sentidos e sentimentos pelo próprio homem em razão de não extinção de sua espécie quando através de seus sentimentos íntimos espirituais dá lugar a vazão de emoções e sensações aos quais experimentam em nome da força do afeto e do bem querer ao qual chama de amor. Pois amar-se a si mesmo e aos outros não significa amar pela forma branda de bem querer, pois este também pode ser através da forma severa do mal querer, pois o homem é o único ser capaz de amar pela dor e sentir dor pelo amor que possui, pois o bem e o mal são formas de preservação da única sensação capaz de dar continuidade a vida humana, e esta também é a única forma capaz de extinguir por mãos humanas a vida de outro homem, o amor carnal.

E o campo terreno, embora muitas vezes pareça ser campo de guerras e luta é o campo de maior amor, compaixão, ternura, afeto e respeito criado pelo Senhor Deus para abrigar vossos filhos amados, pois é através deste que todas as formas de vida, vivem e se formam com o auxílio do Ser Supremo em vossa plenitude e majestade, e é por isso o único campo dotado de amor carnal e matéria ou amor divino plantado de forma material que é a única maneira de recriação ou multiplicação do amor celestial jorrado em força de frutificação material. Por isso, é o único elo em que existe procriação ou determinação de multiplicação por emanação através de amor material, o único ao qual existem sentimentos fraternais e maternais e o único também que possui a beleza das flores, o canto dos pássaros, a liberdade dos animais e cada um pode ser exatamente aquilo ao qual fora criado bem como emanar e multiplicar por ordem e determinação divina tudo o que desejar, sendo responsável por plantar e colher os bons frutos da qual plantou, se acaso bons frutos tenha plantado.

Logo até as emoções vividas não os pertencem, e sim ao campo celestial, que determina que todos os sentidos em forma de sentimentos sejam possíveis e existentes ao elo terreno, pois se acaso nenhum tipo de sentido ou sentimento existisse em terra, os seres humanos não seriam seres dotados de sentimentos e não haveria a procriação e multiplicação dos seres matérias, logo não seria possível à capacidade de missão no elo terreno, pois se nenhum encarnado procriasse não existiriam encarnados em terra. Pois a única forma de multiplicação existente é através da mais nobre e pura forma de amor, que também fora determinada pelo Criador para que houvesse recriação através deste sentido que é a forma de amor material capaz de gerar outro ser igual a ele mesmo, dentre os homens. Por isso até este ato, é sagrado e consagrado pelo Criador, pois sem este não haveria humanidade e missões espirituais dente os homens.

Por isso, todo tipo de sentimento ou sensação que é parte do elo terreno e está disponível a todos os seres, pois a missão espiritual inclui mais do que ser um bom ser humano seguindo os bons caminhos terrenos, e sim vivenciar todos os sentidos e sensações existentes em elo terreno, emanados dos campos celestiais em forma de sentimentos e sentidos sendo verdadeiro e caridoso, pois esta é a única forma de um ser um bom ser espiritual e carnal para si mesmo, ou seja, vivenciando e sentido tudo aquilo ao qual está disponível de forma livre capaz de fazê-los felizes e faz para o cumprimento de vossas próprias missões.

Mas Deus, o Criador não cria nada para que em desuso ou esquecimento seja alienado, pois todas as criações e formas de vida e sentido de vida são bons e necessários aos que dele farão uso, pois é o Criador perfeito em todas as vossas obras, diferentemente de vossos filhos e filhas reflexo de vossa benevolência aprendizes de vossa bondade amor e compaixão vivenciando a vislumbrando através do campo terreno, lições e aprendizados para alcançarem as vossas elevações por meio dos conhecimentos e virtudes ao qual receberam e possuem o pleno direito de utilizarem para conhecerem a si mesmos e caminharem em direção aos vossos próprios progressos.

Mas, nenhum ser encarnado ou material, poderá em campo terreno vivenciar nada além do que lhe é proposto e oferecido pelo Criador através da mãe natureza e das energias aos quais são jorradas para o vosso progresso e evolução, pois tudo o que está disponível neste campo é suficientemente bom para a sobrevivência, assim como todas as formas de energias e emanações encontradas em outros elos é o necessário para o progresso e elevação espiritual daqueles que os ocupam. E mesmo aqueles que se autojulgam e proclamam superiores em campo terreno, detentores de muitos bens materiais e riquezas fugazes, nada podem experimentar além do que é proposto em campo terreno, pois até mesmo a maior riqueza existente neste campo pertence a um único ser e o nome deste é Deus, o Criador, pois a ele pertencem todos os minerais, solos e terras, e o mais importante, todo o sopro de vida. Pois sem este, nem mesmo a carne poderia ser carne, tampouco aquele que possui carne, poderia possuir alguma coisa material e chamar de seu, se acaso não houvesse sobre o vosso espírito a carne que o torna tão material e limitado utilizando apenas das forças ao qual fora determinado pelo Criador que houvesse nesta terra, quanto qualquer outro ser que da carne também necessita para cumprir sua missão espiritual de forma terrena.

E o mesmo sentido que faz conhecer o bem faz também conhecer o mal, o mesmo sentido o faz ser bom o faz ser o mau, a mesma força que o faz sentir o amor o faz procriar os vossos desejos e as vossas vontades vindas da ânsia e da vontade interna de ser tão forte, amado e poderoso quanto se acredita ser. Por isso, a mesma forma que o faz utilizar-se do sentido de construção o faz também utilizar-se da força de destruição pelo mesmo desejo de ato em ação de construir ou destruir por mera necessidade material fortalecendo-se de vossas vontades, quando usa da força disponível em detrimento daquilo ao qual acredita ser o verdadeiro motivo de seu progresso e avanço.

Portanto amados espíritos encarnados! Não utilizem de desculpas ou motivos falhos para não cumprirem com a determinação do Senhor Deus de serem bons e felizes, utilizando-se de tudo aquilo que aos olhos do Criador é bom e fora criado para vos abastecerem de maneira boa e sagrada. Porque o conhecimento da árvore do bem e do mal, não vos concede o direito de serem maus e danosos uns com os outros pelo simples fato de possuírem o direito de conhecerem poderes e forças sagradas que vos levarão a alcançarem patamares mais elevados em vossas existências, e que por falha de vos mesmos escondem-se em meio ao conhecimento daquilo que não vos faz bem para justificar as vossas falhas como se estas os tivessem sido impostas ou obrigadas para serem utilizadas. Pois o mesmo vigor da qual se utiliza da força celestial em campo terreno para construção é a mesma força que se utiliza para causar o mal, não sendo esta vinda de fonte desconhecida ao Criador tampouco a vocês mesmos; pois a ação de fazer o mal é tão e somente o desejo de vossas vontades em aplicar as vossas determinações materiais em razão de vossas verdades deturpadas do que o impulso abastecido por animais alegóricos e enganadores que vos possam ludibriar, pois bem se sabe que possuem discernimento, conhecimento e ciência em grau elevado a qualquer outra espécie também de carne nascida.

Por isso, não sejam maus uns com os outros, imaginando estarem enganado aos vossos pares ou aos espíritos que vos conduzem por força maior de forças desconhecidas que vos aterrorizam as certezas; pois o mal que praticam é pela certeza de desejarem a destruição por vossas próprias mãos e nada além disso. Porque o mesmo poder de força e vigor que existe no ato de fazer o mal, existe no ato de fazer o bem, pois ambas as ações são saídas de vossas próprias vontades, uma vez que a fonte que jorra a energia vital que emana por sobre a terra é a mesma fonte ao qual se utilizará para preservar-se a si mesmo e aos seus em direito divino de possuir poder de construção, porém, o mesmo direito o faz acreditar que pode utilizá-lo para desconstrução de si mesmo e de vossa espécie, quando em sinal de excesso de zelo desfere o mal, por pensar estar preservando os vossos similares dos danos da terra esquecendo-se de que quem o rege não nasceu de solo material tampouco se findará ao bater das horas em campo terreno.

Por isso, sejam sábios espíritos! Pois ainda que o bem traga prazer e o mal faça sangrar, não sejam os causadores das dores dos demais seres aos vossos redores, pois no dia em que o vosso sangue na terra jorrar e esta dele se alimentar, vocês não mais precisarão do sangue da vida terrena para viver. Pois neste dia restará apenas o vosso espírito límpido e puro para continuar a vossa caminhada espiritual, ao qual nem o bem e nem o mal serão capazes de interferir ou ferir por vontade mundana deste sentido que não mais será o vosso abrigo temporário, pois o vosso abrigo, não mais renascerá em carne para ser vivo em matéria, tampouco para ter vigor de ser temporariamente quem precisa ser. Porque quando da água do fogo, do sol e do ar não mais se alimentar, poderá nobremente executar o que deve em nome do Criador executar, assim como em vosso nome por vossa verdadeira e mais pura vontade; e neste dia o bem querer será a água e o refrigério, assim como o mau querer será o abismo bem distante da casa onde o vosso espírito se abrigará em eternitude por ter sido um bom ser e caminhado os bons caminhos ao qual foram escritos e desenhados pelas mãos do próprio Senhor Deus, para que os vossos pés pudessem caminhar em solo material ao qual fora também Ele mesmo quem criou para que cada um de vós pudesse um dia andar. (Altíssimo Senhor Júlio Cesar Celestial).

"Ora, o Senhor Deus tinha um jardim no Éden, para os lados do leste, e ali colocou o homem que formara" (Genesis 2:8)

Pois tudo o que Deus criou em campo terreno é bom, majestoso e nobre assim como ele mesmo, por isso, colocou o homem, ou a vossa imagem e semelhança, em tal nobreza e beleza para que este o cuidasse de tais belezas e formas criadas com todo amor e ternura em solo árido, porém solo divino, onde somente as coisas puras, belas e nobres podem se juntar e comungar umas com as outras das mesmas formas, poderes e beleza. Assim fora o homem alocado com a vossa própria beleza para que se juntasse as demais formas belas deste campo, onde um seria a semente e a nutrição do outro, tanto em sentido material quanto em sentido espiritual, podendo assim, além de crescerem juntos, caminharem juntos, e desenvolverem-se juntos, também findarem-se da mesma forma em que o outro, pois assim como nascem também morrem as coisas materiais. Porém jamais morrerão tanto o homem quanto os elementos naturais, pois as coisas espirituais, ainda que percam as vossas formas orgânicas, jamais deixarão de existirem em vossas verdadeiras essências, pois estas não são coisas vindas da terra, apenas alimentada pela terra, e assim como morre a árvore da terra more também tudo aquilo que se alimenta da árvore e da terra. Mas não sendo o espírito alimentado pela terra, apenas o vosso abrigo material, jamais morrera em vossa verdadeira existências que é espiritual. Pois ainda que a terra o deixe findar-se nela, o Senhor Deus que o criou em espírito, o criou para ser espírito e não para ser terra, ou seja, para ser a vossa similaridade alimentada em matéria orgânica pela terra enquanto nessa estiver e não ser ela mesma.

Por isso, jamais morrerão, nem a natureza plena nem o espírito abrigado a forma orgânica por determinado tempo, porque tanto o homem quanto na natureza ou as coisas inorgânicas são formas divinas em vertente material possuidor de semente divina celestiais que jamais os deixarão findarem-se as vossas próprias determinações de serem e existirem de maneira material assim como são a não ser que esta seja a verdadeira vontade do Criador que vos criou e determinou serem o que são, como são e com a forma que possuem.

Mas é o campo terreno o mais belo dentro todos os elos espirituais ao qual o Criador construiu com vossas próprias mãos para abrigar os vossos amados filhos constituídos a vossa imagem e semelhança. O único elo espiritual onde a vida pode de forma material ser vivida e as vidas das coisas imateriais podem também terem vida e serem apreciadas e vividas igualmente a partir da fonte maior de vida e de luz que é a própria eternitude divina do manancial da fonte do Deus vivo que dá a vida a todas as formas, elementos e coisas.

Por isso, o único elo espiritual ao qual podem livremente os seres de discernimento escolherem os vossos caminhos, caminharem com as vossas próprias vontades, plantarem e colherem as vossas próprias escolhas, assim como amarem e ao mesmo tempo serem amados pelas demais formas de maneira carnal à partir da matéria orgânica plantada em semente material em que cada ser se encontra para que seja ele mesmo o amor e a forma de amar, diferentemente dos demais espíritos que da carne não se consomem ou podem ser consumidos, pois esta não possuem.

E ainda que a matéria orgânica pereça na terra e o espírito regresse a vossa terna casa celestial, a terra ainda assim é elemento divino abastecido pelas forças e poderes do Criador e a carne é o abrigo bendito abençoado e consagrado para ser o elo entre o campo espiritual e o campo material para que se haja vida, pois ainda que a terra seja elemento árido do solo da coisa material, ainda assim este pertence ao Criador, pois todos os elementos são forma de sustentar a vida terrena material na casa sagrada chamada Éden ou chamada planeta terra, da mesma maneira a carcaça material é abrigo espiritual da essência cândida pura e imortal, pois esta, ainda que pareça coisa errante, pois à partir dela se caminha tanto para o Salvador quanto para o abismo, ainda assim o abismo fora manipulado pelo Ser Supremo para que recebesse os vossos filhos em campo espiritual, pois este ao qual vocês chamam de terra, fora outrora o mesmo abismo transformado em campo terreno para abrigar as vossos filhos e filhas amadas em carne material para que possam caminhar as vossas esperanças e deveres de conquistarem as vossas salvações espirituais.

Portanto não é a carne coisa morta, pois ainda que está se finde no pó da terra que também não é algo morto, ambos são vertentes em complemento que devem comungar e sustentar um ao outro, pois se acaso um não existisse não seria necessário à existência do outro. Logo, fora o campo terreno criado da forma mais bela e sublime dentre todos os outros belos campos espirituais que pelas mãos do Ser Supremo foram gerados e são também abastecidos por vosso eterno manancial de luz e poderes; pois ainda que de maneira material, fora este construído a imagem e semelhança da nobreza e majestade espiritual do Criador para abrigo em forma de lapidação espiritual de vossos amados filhos, é o sustento e caminho espiritual de todos eles.

Porque além de ser o abrigo espiritual de todas as matérias carnais, é o único que abriga todas as demais singularidades plenas cada uma com o seu próprio sentido de existência vivendo e comungando das determinações em que cada uma possui para ser o complemento um do outro de forma divina e plena para que todos alcancem as vossas elevações, tento sido agraciados com o maior presente em forma de campo existência onde não somente a pomba voa livremente, as águas correm tranquilas, o animal multiplica-se e cresce livre de apegos e desejos descabidos, a esperança caminha dentre todas as verdades e inverdades, o sol brilha e clareia todas as certezas e incertezas, independente da verdade que cada um carrega dentro de si, as crianças são geradas e nascidas espiritualmente em magia única e sublime diante de vossos olhos pela mais cândida emanação, o ar alimenta todas as espécies e carrega todos os passos que da terra se alimentam calmamente, as certezas daqueles que plantam ou somente colhem o que os outros plantarem e assim a vida caminha e abastecesse dela mesma, sendo esta a verdade do Criador frente as vossas vontades de que sejam forma carnal em vida vivida de maneira material e espiritual dentro do vosso mais belo e sagrado elo espiritual.

Por isso, é o único elo espiritual onde a vida brota do próprio seio da terra, se alimenta materialmente dela mesma, e por isso é nascida materialmente do barro, onde o barro da terra é o alimento divino do Criador para que os frutos nasçam e cresçam de forma orgânica para se desenvolverem de forma espiritual em campo material, onde não somente o espírito como também o abrigo material irão se alimentar através do elemento árido, e este irá nutrir e alimentar cada sonho, cada desejo, cada esperança e cada caminho que se forma, pois cada desejo é uma nova vida para ser apreciada e alimentada à partir do nada existencial ao qual fora a própria terra um dia, porém hoje a própria vida sendo abastecida pela vida, sendo vida por meio de outra vida e sendo a vida o próprio Deus quem vos concedem serem vivos e serem as vossas próprias vidas renascidas de vossa verdadeira e eterna Vida.

Pois somente aqueles que da terra nascer, terra será, porque somente a terra poderá apreciar a beleza de ser vida terrena e comungar de tudo aquilo que somente a terra vos proporcionará, vislumbrando com os olhos carnais as belezas que se encontraram apenas neste campo, como o doce perfume das flores, as aves levantando voo e outras pequeninas aves alimentando, a sementes germinando e renascendo em vossas próprias existências, o dia adormecendo e renascendo de si mesmo dando lugar as novas possibilidades de vida ou a criança correndo para os braços ternos do pai carnal, ou seja, toda a forma de vida sendo nascida de outra vida que somente neste campo poderá existir. Porque somente neste é permitido que nasçam outras vidas à partir das vidas existentes, e que por isso, somente aqueles que nascidos da terra são, poderão ver o amor brotar à partir dos sentidos que somente a carne vos proporcionam terem, sentirem e serem para que possam através da forma física carnal recebida acariciar, cuidar, ensinar, fazer ninar bem como sentirem prazer carnal, afeto animal e doçura de compartilhar todos os demais sentimentos que somente o elo terreno vos proporcionará assim como o sentido de maior proporção e significado de nome amor carnal, pois é através deste que as demais formas nascerão e é por este sentimento que o campo terreno e todas as belezas foram criados.

 Mas a vida precisa nascer dela mesma, precisa experimentar ela mesma, sendo semente e sendo vida que gera outras formas de vida no elo em renascem e rebrotam-se vida. Assim, é o campo material o maior e mais belo dentre todos os belos e harmoniosos elos espirituais formados e gerados da pureza e da compaixão do Criador onde a vida além de gerar uma nova vida, pode sentir amor, afeto, ternura, carinho e compaixão a ele mesmo, o único elo que embora possam os encarnados, por meio dos dons adquiridos para que cresçam e progridam vossas existências como a ciência, a justiça, a autocorreção, o amor, a frutificação as leis a disciplina e a doutrina é o único elo também em que a ciência e o conhecimento os farão mais inteligentes e evoluídos de si mesmo de forma material.

 Então é a forma material que além de ensiná-los a serem dotados de muitas formas de aprendizagem mecânica terrena como ler e escrever por meio da vossa forma física, é o único que além de vos ensinar a juntar e enumerar milhares de palavras para forma à partir do papel as palavras: amor, afeto, carinho, caridade e compaixão, é o único que vos ensina também a compreenderem que além de letras, pois as letras não passam de coisas terenas, mas o sentimento verdadeiro das palavras que compõem as vossas escritas em verdadeira torre de babel, podem ser sentidas sem que existam as letras materiais, pois ainda que a ciência e o conhecimento parta da necessidade da forma da escrita mecânica, ainda assim os sentimentos jamais poderão ser traduzidos em letras, e sim sentimentos existenciais, e este não nasce da terra.

 Por isso, os mesmos sentimentos de afeto, carinho, amor, compaixão, ternura, devoção e caridade, podem ser sentidos ainda que não tenham a carne material, pois estes são os mesmos sentimentos em que os espíritos puramente desnudos de matéria sentem para que em comunhão espiritual possam vos ajudar e vos conduzirem aos bons caminhos da compaixão e misericórdia divina de eternitude sagrada do Senhor Deus.

E todos aqueles que nascidos da terra, que aprenderem a vislumbrar as coisas majestosas e sagradas nascidas também da terra de forma espiritual pelas mãos do Senhor Deus e caminharem de maneira nobre e pura respeitando a vossa existência bem como a existência de todas as demais formas, aprendendo a ser honroso e honesto com a vossa própria forma e existência e a existência das demais formas, preservando-se de maneira pura e límpida, caminhará certamente para a nobreza e a pureza daquele que da pureza ainda sobrevive, pois estarão estes caminhando em busca da santidade espiritual ou o único e verdadeiro caminho que vos permitirão serem sagrados e serem santificados. alcançando as vossas salvações, pois os que apenas da carne vivem da carne se irá de desfazer para se encontrar perante a ela; mas os que puros permanecerem na pureza caminharão.

Alvura animal

"Tendo, pois, o Senhor Deus formado da terra todos os animais dos campos, e todas as aves do céu, levou-os ao homem, para ver como ele os havia de chamar; e todo o nome que o homem pôs aos animais vivos, esse é o seu verdadeiro nome" (Genesis 2:19)

2.5 E da mesma maneira ao qual criou os homens e os determinou que fossem seres nascidos da terra em junção com os demais elementos naturais que regem sustentam e alicerçam a mãe terra, foram constituídos todos os animais e seus semelhantes, comungando do mesmo solo da terra, da mesma água que irriga seu solo, do mesmo fogo que elimina as impurezas e forja os excessos e do mesmo ar que sustenta a vida terrena dos seres orgânicos e naturais. Porque todos os animais, assim como os homens, foram nascidos do mesmo sopro de vida para serem vivos no mesmo elo natural e espiritual ao qual foi determinado pelo Criador, não sendo diferente em existência tampouco em vertentes de existência. E sendo seres de igual natureza serão também seres de igual convivência e necessidades de sobrevivência perante o solo materno da árvore da vida que é o abastecimento e regimento da terra e seus elementos emanados e sustentador por Deus, o Criador.

E assim como as coisas de terra em vertente material ficariam separadas das coisas celestiais em vertente puramente cândida, foram todas as espécies carnais separadas de forma física do campo celestial recebendo as vossas influências e não mais pelas mãos dos céus abastecidos. Por isso foi determinado ao homem, ou seja, a espécie de arcada singular em forma física estruturalmente ereta com sentidos e sentimentos próprios e com poder de discernimento, conhecimento, justiça, ciência, leis e autocorreção diferentemente dos demais animais que habitavam o mesmo campo espiritual, que cuidasse e protegesse os demais seres de entendimento e ciência diferente da sua, não por serem superiores e sim por serem diferentes e possuírem terrenamente mais dons materiais. E foram todos os animais entregues ao homem para que este pudesse nomeá-los de acordo com a vossa inteira vontade, pois assim como as coisas espirituais foram todas nomeadas pelo próprio Senhor Deus, as coisas terrenas seriam da mesma forma nomeadas pelas demais formas terrenas, uma vez que as coisas celestiais pertencem ao campo celestial as coisas materiais pertencem ao campo material e por ele também será regido. Desta forma, fora o homem, ou seja, o ser espiritual tão material e carnal quanto os demais seres, recebida à honra e o dever de dar nome a todos os seres carnais e materiais, assim com ele, também nascido do seio da terra de forma material e governado pelo Espírito de Deus.

Por isso, todos os nomes dos animais recebidos pelo homem são e sempre serão os seus verdadeiros nomes, pois o nome ou a sigla terrena que distingue uma espécie da outra através da nomenclatura terrena doada pelo ser humano, não é apenas um nome e sim uma forma de tê-los aproximado e juntado no mesmo elo, ou seja, nomear os seres animais encarnados não é apenas forma de distingui-los e sim dar ao ser encarnado o direito de reger e governar as coisas que assim como ele nascidas da terra são. Desta forma fora o homem responsabilizado em cuidar e proteger de todos os seres por Deus criado e enviado ao ambiente terreno para ser um ser espiritual e material, onde cada um cumpre com a missão e determinação ao qual fora ordenado, tendo o homem se ocupado exatamente daquilo ao qual o foi determinado e incumbido, ou seja, cuidar do campo terreno ao qual seria ele mesmo o único regente de maneira material por meio de vosso vigor, desejo e necessidade, bem como seria o animal de diferente forma de raciocínio e entendimento neste mesmo campo.

E ao homem foi ordenado a incumbência de receber, nomear e separar todos os seres carnais de diferente arcada estrutural que a sua. Isso quer dizer, cuidar e garantir as vossas estadas de forma digna e zelosa, pois assim como o ser de discernimento chamado humano caminha para alcançar de maneira honrosa e nobre a vossa elevação espiritual diante do Ser Supremo preservando guiando e cuidando uns dos outros em vosso elo espiritual, da mesma maneira devem caminhar os animais, porém esses além de cuidar de si mesmos, também deverão ser cuidados e protegidos por aquele que vos concedeu o nome ou a identidade terrena para ser igualado, não somente em código de nomenclatura material e sim equiparado sem distinção ou separação dentre todos. Pois sendo o ser encarnado de estrutura física homem o possuidor de discernimento terreno ao qual o ser animal não possui, é ele o único capaz de juntar ou separar as espécies que da mesma terra são nascidos, devido a vossa forma de entendimento, raciocínio, dom e ciência, voltados em demasia o campo material, diferentemente dos animais ditos como sendo irracionais pelos próprios homens ao qual os vossos discernimentos e raciocínios não se elevam tanto quanto aos dos animais ao campo celestial.

Por isso, todo nome que o homem pôs nos animais vivos, ou seja, em campo terreno, representa seu verdadeiro nome, ou seja, nomes terrenos daqueles que assim como o homem partiram de outro elo para cumprimento de missão espiritual no seio da terra, e somente sendo ser vivo em campo terreno é que se pode receber um nome também terreno, pois ainda que este não seja o código de identificação espiritual de cada ser animal em elo celestial, este será o vosso verdadeiro nome enquanto este estiver caminhando por sobre a terra frente aos cuidados do seres encarnados homens, e por isso, este será o vosso código de identificação terrena. Logo, a nomenclatura aos seres animais vivos, representa ser animal nascido no campo terreno, onde todos recebem uma nomenclatura ou código de identificação para que possa ser identificado pelos seus semelhantes, onde ambos se encontram em missão espiritual de autoconhecimento para evolução do próprio espírito, pois além de vivo em campo terreno, os animais assim como os homens possuem um espírito doado por Deus e nascidos em sopro de vida para que possam também progredir em elo santo terreno e ocuparem vossos cargos espirituais em nome daquele que os criou e os deu a oportunidade de crescerem espiritualmente por vossa determinação, poderes e forças.

Pois, todos os espíritos que estão no elo terreno, sejam homens ou animais são para cumprimento de missão individual de forma coletiva; e da mesma maneira que os homens encarnados possuem laços para que possam através da convivência carnal progredirem, assim são os animais que também precisam de convivência com os demais seres de sua mesma espécie para progresso e evolução de seu espírito de forma individual, porém de maneira coletiva. E o mesmo sentido de sobrevivência que une os homens, os tornando fortes e corajosos de maneira primitiva e intrínseca, une os animais de forma intrínseca e selvagem para preservação de sua raça e espécie.

Pois o sentido que une os seres homens é o sentido de preservação da espécie, vivenciado através da força vital de vigor terreno de sentido e sensação carnal apreciada pelas sensações e desejos em forma de prazer e gozo carnal que por meio da sensação ou sentimento de afetividade emotividade ou amor carnal, se tornam seres dotados de sentidos próprios como afeição e satisfação que transbordam de forma prazerosa ou dolorosa, para garantia da preservação e multiplicidade, saibam que este mesmo sentido de preservação da espécie que também unem todos os seres encarnados homens, une todos os serem encarnados animais. Porém para estes, ou para os animais ditos irracionais, é concedido apreciar apenas o sentido de preservação de vossa similaridade sem a necessidade de sentimento carnal de prazer ou sensação de gozo carnal para procriação, pois apenas a garantia de preservação para cumprimento de missão terrena é necessária a estes seres que de forma afetiva unem-se uns com os outros para preservarem-se, pois as vossas existências não necessitam experimentar a forma de prazer carnal porque as vossas multiplicidades ocorrem diferentemente do homem que não mais possuem sentido puramente celestial.

Pois os seres animais nascidos em campo terreno, vislumbrando as formas materiais de existência assim como o ser encarnado homem, não comunga das mesmas formas de existir e experimentar a vida tal qual o homem recebeu quando da perda do direito de ser um ser vivente em campo terreno, não por desejo inicial do Criador e sim por perda de direito de ser unicamente espiritual em jardim celestial dentro do Éden. Ora, não fora o ser animal quem perdeu juntamente com o ser encarnado homem o direito de ser puramente espiritual podendo vislumbrar o campo terreno de forma material e também de maneira puramente espiritual, quando o homem perdeu o seu direito de ser puramente espiritual ao comer do fruto que continha os sentidos puramente carnais, passando a ser puramente carnal de sentido e sensação material vislumbrados por meio do conhecimento do bem e do mal ao qual o fruto lhe forneceu. Pois o que ofertado foi pelo fruto maldito, é a força de vigor terreno que garante a multiplicidade como forma de existência em campo terreno; e que por isso se faz necessário o prazer como caminho de procriação de vossa similaridade para continuidade de vossa espécie, pois esta será a continuidade também dos demais espíritos que a terra virão para cumprimento de missão espiritual.

Porém, não sendo o prazer carnal ao qual o homem possui utilizado apenas como forma de multiplicação, pois do direito o qual fora concedido, o reserva também o direito de utilizar-se deste de maneira livre e aberto, porém com responsabilidade e amabilidade em relação aos seus pares, sem machucar, ferir ou ofender os demais seres. Por isso, o prazer carnal assim como forma de vida terrena é também caminho de convivência de maneira alegre e espontânea de satisfação de vida, caso contrário este não teria sequer sido por direito divino apresentado ao homem e vossa mulher.

Mas sendo o encarnado animal, diferente dos seres encarnados homem, ao qual os classifica como irracionais, não foram estes quem perderam juntamente com o encarnado homem a vossa pureza e candura em sentido plenamente celestial, sentido este que fora eliminado da forma de existência do ser encarnado homem quando o jardim ao qual habitavam fora flamejado e eliminado da terra. Por isso, os animais não perderam os vossos verdadeiros sentidos de existência e ainda que caminhem em comunhão com os homens da terra, ao qual receberam divinamente o direito de comungarem com estes mesmos seres que outrora os faziam comunhão em jardim sagrado celestial. Mas ainda que caminhem no mesmo campo material que os encarnados, comungando das mesmas experiências materiais, sendo também abastecidos pela mãe terra, as vossas puridades de comunhão ainda são em forma de plenitude com o Criador e não com o homem, utilizando-se unicamente dos conhecimentos e discernimento material para que possam sobreviver, pois os vossos conhecimentos, discernimentos e sabedoria ainda são sentidos e abastecidos pelo Senhor Deus em força divina e que por isso, não necessitam comungarem apenas com o campo material.

Por isso são os seres encarnados animais, assim como fora o homem antes de ser retirado do jardim a qual as vossas existências eram tão puras quanto a existência do animal, que ainda é e sempre será, pois não fora ele quem do fruto se alimentou, possuindo ainda e em eternitude possuirá, existência e sentido de forma livre e cândida independente do campo em que esteja inserido. Ou seja, é o ser animal livremente dotado de sentidos e sentimentos puramente celestiais, e por isso, vivem os animais de forma livre, pura, ingênua e liberta, não tendo apego, exaltação ou desejos ou sensações e sentidos de influências materiais, os permitindo serem imunes de significação de sensações como vergonha, pudor, moralidade, aflição ou sentimento de indignidade a não ser aquele que o próprio ser encarnado homem o expõe, não sendo necessário a eles, apreciarem sentimentos ou sentidos como falsidade, inverdade, raiva, angústia, ódio ou o bem ou o mal para que possam preservar as vossas existências ou para que sejam plenos e existam em campo terreno, cuidando das vossas espécies bem como de vossas caminhadas.

Pois sendo espíritos livres, as vossas multiplicidades ocorrerem de maneira natural em liberdade em relação as vossas essências, bem como as vossas existências serão ternamente naturais, abastecidas de maneira sublime, única e exclusivamente as vossas reais necessidades, não sendo para isso, enganosos, falsários danosos ou punitivos uns com os outros, pois as vossas ânsias serão todas abastecidas de acordo com a necessidade de serem e existirem em campo terreno da forma ao qual foram criados e devem ser abastecidos para caminharem até o momento de vossos regressos as vossas também verdadeiras moradas de onde um dia também foram gerados e criados.

Sendo assim, não possuem os animais, de raciocínio espiritual, nenhum tipo de sentido abastecido pelo conhecimento do bem e do mal ao qual os seres encarnados homens possuem e que por vossas vontades de imaginarem-se sempre superior ao que verdadeiramente não são, é que ferem e abusam de vossas purezas regadas muitas vezes devido a espécie, pela impossibilidade de reação frente à impossibilidade de contestação devido as vossas singularidades materiais e estruturais e de raciocínio bem como de fala, frente as excentricidades dos seres encarnados homens ao qual os expõe, imaginado estarem sendo bons ou queridos pelos vossos pares quando causam o mal aos vossos irmãos nascidos em estrutura física diferente, porém de discernimento superior aos seus, enquanto enganam-se imaginando saberem mais sobre os céus e a terra do que eles, que pelo céus ainda são abastecidos.

Isso quer dizer, que ainda que os animais assim como os encarnados homens necessitam de afetividade para preservação de vossas espécies como forma de cumprimento de missão espiritual, estes não necessitam de sentido de prazer para que as vossas multiplicações sejam garantidas, apenas afetividade para que sejam unidos e possam cumprir as vossas missões espirituais. Isso porque a forma de vigor animal funciona de forma diferente aos seres materiais que possuem discernimento, ciência, leis, correção e possibilidade de progresso material, sendo eles responsáveis devido os vossos direitos terrenos de regerem a terra ao qual vivem, e o animal não sendo possuidor do mesmo discernimento ou ciência ou conhecimento de sentido ou razão apenas terreno, caminha de maneira diferente ao qual o encarnado homem. Logo a existência do encarnado homem é voltada em demasia para o sentido o material e terreno enquanto a existência do ser animal é voltada em demasia para o campo celestial, não sendo este incumbido de certas lições e aprendizagem para que possa progredir em vossa existência, pois a vossa existência é diferentes a existência do ser encarnado homem.

Diferentemente dos animais, o ser encarnado homem necessita de todos os dons recobertos de discernimento e conhecimento terreno como ciência, leis, justiça e auto correção que são habilidades e capacidade de destreza material para que tenham diante destas qualidades adquiridas as competências cabíveis para que possam através do campo material, que é um elo de lapidação do espírito, progredir a alcançar a sua evolução e nobreza celestial igualmente a forma de nobreza ao qual fora um dia em campo celestial concedida a eles. Não que esta forma de nobreza tenha sido alcançada pelos animais e os encarnados homens necessitam labutar e batalhar para que alcancem, porque ainda que os seres animais vivam em estado de pureza e liberdade de espírito as vossas imaculadas existenciais são existências diferentes das existências dos encarnados homens, por isso a busca pelo progresso também.

Por isso encontram-se em estado de consciência diferente um do outro, pois em determinações distintas foram nascidos, uma vez que foram gerados animais com consciência plena divina e que por isso, ainda que estejam em campo terreno as vossas consciências plenas não mudam, pois nascidos foram para serem exatamente como são independente do elo em que se abriguem. Mas o homem que também forma com a sua forma de essências envolta em ciência, conhecimento, inteligência e eternitude não progride como os animais que nascidos foram em plenitude de eternitude divina, ou seja, cada um fora nascido em um estado de existência diferente para ser exatamente diferente um do outro, porém as vossas caminhadas os levarão as vossos progressos, progressos estes distintos entre os homens e os animais, ainda que caminhem em campo material singular, porque possuem existências distintas bem como caminhada de progresso e elevação espiritual.

Desta forma, a única diferença em labuta material em estado de evolução no campo terreno dentre ambos é a capacidade de sentimento carnal que é a forma material de multiplicação da espécie para alargamento e garantia de continuidade da espécie e evolução através dos laços familiares e espirituais para cumprimento de missão evolutiva. Por isso os animais não necessitam experimentarem do gozo carnal para que semeiem ou multipliquem-se e tenham ligação familiar para preservação de vossa espécie tendo em vista o cumprimento de missão espiritual terrena, pois as vossas obrigações em caminhada terrena são diferentes e em diferente forma e verdade espiritual. E ainda que necessitem de laços afetivos materiais de forma carnal para que sejam próximos e caminhem de maneira grupal como forma de sobrevivência, devido as vossas condições estruturais e de discernimento frente a severidade do campo material em que vivem, sendo desprovidos de inteligências material ao qual o encarnado homem possui para as vossas preservações, assim como é o encarnado homem, não são menos ou mais providos de importância ou nobreza ao Ser Supremo, pois nem mesmo o encarnado homem nem o encarnado animal poderiam do isolamento total sobreviver, pois se acaso fosse, não haveriam os primeiros encarnados multiplicado as vossas similaridades, tampouco teriam os seres em paridade a arca divina sido apartados.

Pois se o que une os seres homens é o sentido de preservação da espécie, através da forma de vigor vital de sentido e sensação apreciada pelas sensações e desejos de prazer material ao qual os tornam seres dotados de sentimentos e afetividades que transbordam de forma prazerosa ou dolorosa, para garantia de preservação da humanidade em junção e união familiar ou amigável; a mesma forma de sentido de preservação que une os homens une os animais, porém apenas no sentido de preservação sem a necessidade de sentimentos carnais de prazer ou sensação de gozo carnal, pois as vossas existências demasiadamente voltadas para o campo celestial, não os conduz de forma puramente terrena ainda que em campo terreno encontram-se. Logo o sentido de preservação da espécie vem da necessidade de união para comunhão das necessidades materiais terrenas e não das necessidades espirituais, pois estas livremente os habitam o espírito.

Desta forma, podem ser os encarnados animais afetivos e carinhosos com outros seres de diferente espécie e estrutura física as vossas próprias, considerando qualquer outra forma animais a vossa própria paridade ainda que as similaridades estruturais e intelectuais não existam entre ambos, pois é a liberdade de espíritos que os conduz, é quem determina a forma de união, e esta não distingue os demais seres ao qual pode ser afetivo, classificando assim a qualquer outro ser de igual similaridade em afetividade como sendo o vosso próprio par. Logo qualquer forma animal ainda que possua diferente estrutura física e de conhecimento e inteligências pode facilmente por meio de sua característica existencial de brandura e pureza livre, adotar um ser de qualquer outra espécie e forma, tendo este outra apenas que possuir a mesma receptividade em forma de afetividade para com ele mesmo.

"*E havia diante do trono como que um mar de vidro, semelhante ao cristal. E no meio do trono, e ao redor do trono, quatro animais cheios de olhos, por diante e por detrás*" (Apocalipse 4: 6).

Por isso os animais em campo terreno não são apenas belos ou isentos de belezas, bravos ou isentos de bravura, domésticos ou selvagens, de acordo com as classificações dos encarnados homens. Os animais são seres em evolução espiritual também de forma material, conduzidos aos campos terrenos para serem aprendizes espirituais das forças e dominâncias terrenas naturais da mãe terra onde as forças e formas de vida os fazem lutadores e guerreiros por determinação divina, não por determinação material, pois vossas lutas são em favor exclusivamente da sobrevivência e preservação de forma livre e independente de apegos, jamais através de sentidos materiais afetivos que prendem e arrasam os demais quando não se sobressaem.

Os vossos sentidos, formas, forças e sensações em relação ao elo terreno, são diferentes dos encarnados, não apenas por receberem emanações de maneira e intensidade diferente, pois também, comportam-se de maneira diferente assim como experimentam a vida material de maneira distinta. Por isso são emanações de forma díspar em relação aos demais seres encarnados, pois não necessitam de sentidos ou sentimentos materiais para serem ou descobrirem-se seres de alta capacidade de procriação, sabedoria e preservação em relação ao que verdadeiramente necessitam para sobrevivência, pois as vossas emanações por si só, são emanações puras e os fazem serem espíritos de evolução em campo terreno aonde as vossas energias e determinações não necessitam serem adornadas ou fantasiadas de apetrechos que os tornem melhores ou piores que os demais de vossa espécie ou em relação aos encarnados homens. Pois vossas formas e forças possuem por si só, forças espirituais que emanam acima das energias materiais que necessitam de sentimentos e sensações para fazerem e cumprirem com vossas determinações de procriação ou para lutarem e serem fortes guerreiros, pois são primitivamente desta maneira.

Porém, vossas evoluções e preparos espirituais são de diferente forma em relação ao ser humano, embora o campo de aprendizado seja o mesmo elo chamado de terra, não necessitam serem amados ou acarinhados de forma carnal para serem múltiplos, preservarem vossas espécies ou serem encorajados, pois vossas descobertas e ensinamentos não se fazem de forma material onde o prazer de ser quem verdadeiramente é vale mais que o prazer de servir e prestar honras a quem verdadeiramente às possui. Por isso são seres livres de sentidos e sensações carnais onde a liberdade diante do poder de raciocínio e escolhas mais prende do que liberta os seres que possuem sentidos carnais de prazeres e sensações afetivas terrenas. Estes seres libertos de apegos e sensações recebem emanações tão puras e nobres quanto os próprios seres que vós concede o nome ou o apego terreno em troca de amizade e caridade afetiva; porém de forma diferente e meramente por estarem em estágio evolutivo distinto.

Desta forma, quando alcança os vossos mais elevados postos espirituais frente as vossas empreitadas em direção ao reino celestial do Criador, reluzem frente as vossas nobrezas a verdadeira essências ao qual um animal possui. Por isso, ao elevarem-se e adentrarem as vossas certezas de serem tão nobre e majestosos quanto labutaram para ser, é diante do trono do poder e da justiça que se prostram. E não se prostram frente ao Senhor Deus, apenas animais e sim os mais puros e nobres seres espirituais, que assim como todo e qualquer outro ser em evolução precisa caminhar pelos campos de desenvolvimento e aprendizado para elevar-se. Por isso, não seria diferente com os animais que se encontram em jornada terra para que um dia após alcançarem a evolução se assim o fizerem, poderão gloriosamente prostrar-se diante do trono do poder da justiça e da misericórdia do vosso Criador, assim como aqueles espíritos de habilidade e sentido animal encontram-se noite e dia zelando pela compaixão, caridade e amor divinos frete a vossa celestial majestade.

Pois todos os seres da espécie animal que se encontram por diante ou por detrás do trono do Criador foram um dia nascidos em matéria que se finda no pó da terra que é a unidade que une todos os seres espirituais em sustento de essência espiritual e material para alcançarem as vossas evoluções; e da mesma forma serão todos aqueles que se encontrão em solo terreno se um dia alcançarem como os demais espíritos de condução animal a evolução e devoção em forma de garra, força e presteza necessárias para serem considerados fiéis e fortes espiritualmente para atenderem aos chamados do poder e da justiça.

Desta forma, ainda que não possuam sentidos e sensações materiais são seres em desenvolvimento espiritual de forma terrena que batalham dentro de vossas próprias cadeias para serem fortes rígidos e destemidos, pois somente os mais fortes é que serão escolhidos a adentrarem aos tronos santificados e nobres espirituais diante da verdade santificada que os detém sobre emanações também divinas, e por serem animais de diferente estágio de evolução não necessitam serem seres de sentimentos e prazeres carnais, tampouco que possuam laços afetivos entre matéria, pois vossos estados evolutivos estão em proporção espiritual distinta, onde o aprendizado e iniciação não necessitam de determinados sentidos e sensações para serem alcançados, pois estes não os tornarão mais ou menos capacitados em nenhum elo ao qual irão adentrar, pois será somente a força, o ânimo e a virtude animal que carregam em vossas essências, capaz de elevá-los.

Embora as formas de progresso e evolução dos seres que aqui se encontram, estejam em diferentes estágios ainda que no mesmo elo espiritual de desenvolvimento e aprendizagem aos quais os espíritos se encontram, sejam estes de espécie ou formas diferentes, este fato não traduz inferioridade ou superioridade espiritual, pois o elo terreno abriga espíritos de diferentes níveis de evolução, diferentes espécies e diferentes buscas e desenvolvimentos espirituais, porém, todos comungando com os seus semelhantes e caminhando ainda que em diferentes níveis para alcançarem o mesmo sentido espiritual que é a evolução.

Fato este que também ocorre dentre os espíritos em seus diferentes elos celestiais e sagrados onde diferentes níveis de evolução misturam-se uns com os outros sendo alguns mestres e outros aprendizes. E embora os elos espirituais de maiores evoluções espirituais sejam desprovidos de sentimentos e sentidos materiais que necessitem de sensações carnais para agruparem-se e alcançarem vossas missões, os espíritos que neles se abrigam também possuem diferentes níveis de evolução e estão milenarmente em condição e circunstância superior aos espíritos que encontram-se encarnados, não por serem superiores em espíritos, mas por serem somente espíritos e não necessitarem da matéria que limita todos os conhecimentos e saberes enquanto ocupam o elo terra.

Assim são todos aqueles que se apresentam diante do trono do Criador, espíritos de diferentes emanações, espécie e conhecimento, porém todos possuem o mesmo valor de nobreza, pureza e grandiosidade espiritual perante do trono, pois cada um desempenha uma função e atende a uma determinação ao qual foi escolhido sendo que nenhum possui mais ou menos conhecimento perante a sua vocação, mais ou menos nobreza perante Deus, mais ou menos fidelidade e majestade espiritual, apenas são espíritos de diferentes patentes e emanações conforme a determinação do Criador a cada um deles inclusive os seres espirituais de emanação animal.

Por isso, o campo terreno também é o elo espiritual em que um espírito em campo celestial se encaminha ou adentra para contribuir e auxiliar seus ancestrais ou progênitos a alcançarem os vossos progressos. Ou seja, o campo terreno é um campo espiritual livre em essências e emanações, que recebe espíritos em estágios e progresso diferentes uns dos outros, não importando que sejam espíritos representados por formas terrenas animais ou espíritos representados por formas terrenas homens, não necessariamente sendo todos do mesmo grau de evolução conhecimento e progresso espiritual, sem nenhum impedimento em relação ao tipo de estrutura física ou espiritual apenas espíritos na busca de crescimento e evolução conjunta dos demais seres que aqui se encontram. Porque todos, sem exceção, sejam estes espíritos encarnados ou não, serão eternamente aprendizes do Criador e por isso, os espíritos em grau superior aos espíritos que em campo terreno se encontram, os auxiliam para que os mesmos adquiram autoconhecimento, evolução ou conhecimento de vossas caminhadas para que estes também alcancem patamares evolutivos mais elevados.

Sendo assim, todos os espíritos enquanto estiverem em elo terreno, sejam estes encarnados animais ou encarnados homens, seja para auxiliar seus ascendentes e descendentes, seja para serem auxiliados por eles, terão os mesmo direitos e deveres igualmente compartilhados, não sendo merecedor de mais ou menos apoio ou regalias, até porque os espíritos que conduzem os seres encarnados, não os conduzem de forma diferente e sim de forma justa, tendo todos que cumprirem com vossos deveres e obrigações, pois ao término da passagem terrena todos serão igualmente julgados, independente do grau de evolução ao qual se encontram, caso contrário, seriam regredidos em vossas evoluções.

"E olhei, e eis um cavalo branco; e foi lhe dada uma coroa, e saiu vitorioso... E saiu outro cavalo vermelho; e ao que estava assentado sobre ele, foi dado que tirasse a paz da terra que se matassem uns aos outros e foi lhe dado uma grande espada ... E olhei, e eis um cavalo preto; e o que estava assentado tinha uma balança na mão; e ouvi uma voz que dizia, uma medida de trigo por um dinheiro, e três medidas de cevada por um dinheiro, e não danifiques o azeite e o vinho ... E olhei, e eis um cavalo amarelo; e o que estava assentado sobre ele tinha por nome Morte; e o inferno o seguia; e foi lhes dado poder para matar a quarta parte da terra, com a espada, com a fome, e com a peste, e com as feras da terra" (Apocalipse 6: 2,4,5,8)

E os quatro cavalos que representam as quatro forças dos quatro anjos de Deus lutando nos quatro contos do mundo contra vossos tomentos, serão carregados pelos quatro cavalos que representam a força animal em comunhão com a força celestial em estado de consciência espiritual em batalha sagrada. E dotados de forças, determinações e poderes, serão em vossas carcaças transportados os servos mais fiéis e nobres batalhando em nome do poder da Verdade e da justiça com forças majestosas adornados nas selas dos mais nobres cavalos, pois apenas os mais fortes e guerreiros poderão carregar em vossas estruturas aqueles que batalham em nome do Criador e carregam em vossas mãos o arco, a espada, e a balança, transportando além de ferramentas, determinações de poder e justiça perante o mundo em ordenança se serem e fazerem exatamente o que devem fazer em nome da justiça, ainda que esta para os injustos, lhes pareça forma não justa.

Pois aqueles ao qual foi dado pelo Criador o dever de em um instante tirar a paz da terra e a despejar por sobre vossas couraças, para que a espada pudesse adentrar a arrasar todos os erros e errantes, pois a paz não poderá jamais comungar com a espada; sustentou por aquele instante todo o peso do mundo em vossa próprias coroa; e não somente aquele que conduz a espada, aguentou o peso do mundo em sua cabeça, mas também o animal que o carrega e o conduz, pois este tem o dever se sustentar seu cavalheiro e vossas missões sagradas. E o animal outrora nomeado pelo homem não somente em nomenclatura, mas também como seu servo, levará por todo instante ao qual for necessário, não somente o peso de seu comandante como também da espada, da paz e de todas as determinações deste por sobre os vossos lombos.

E somente o peso daqueles que mataram-se e mataram uns aos outros, através da fome, da guerra e da luta sem gloria, não serão carregado nem pelo cavaleiro, tampouco pelo seu animal, pois estes serão conduzidos pelos guardiões das portas dos abismos, incumbidos de encaminhar todos os maus espíritos em maus atos que destroem-se e mutuamente destroem o campo sagrado aos campos dos infernos; mas não em vossas carcaças e sim perambulando pelas próprias sobras, pois os vossos lombos são assim como as vossas coroas que os adornam os sentidos em face ao Criador, sagrados para cada missão espiritual que adentrarem.

E somente aquele animal forte, preparado e guerreiro lutando em favor de seu cavaleiro poderá sustentar em vosso corpo o peso das portas do inferno se abrindo e os demais espíritos guerreiros o seguindo e se apoiando em sua couraça para que sejam cumpridas as determinações daquele que assentado em cima de vos, traz não somente o peso das chaves das portas do abismo, mas também a força de todas as forças do mundo para lutar com seus tormentos na batalha contra a fome, a peste e com as feras da terra, que calçados de espadas mundanas, intensificam e tentam abate-los por vossas armaduras, no instante em que a paz é migrada para outro canto da esfera. Mas firmes e guerreiros que também são, suportam seus perfeitos e vigorosos cavalheiros em favor daqueles que dependem de vossas forças e coragem para guerrearem e vencerem nossos tormentos.

Pois um cavaleiro nada é sem seu cavalo, e seu cavalo nada é sem aquele que irá adornar-se dele mesmo em seu lombo, pois a junção das forças de um homem e de seu animal é como a força de um rio que corre o mais rápido possível, pois sabe que será forte em união com o mar, pois sabe que será grande, porque é parte desde os pequenos lagos, até as grandes tempestades em uma única unidade. Por isso um cavaleiro sem seu cavalo, seria como um rio que desemboca no abismo do nada, pois de nada adiantaria ambos terem muitas forças e serem leais, se não puderem se juntar, pois neste caso, não poderiam ser nada além do que dois rios que correm em direções distintas para a certeza de nunca alcançarem as grandes águas.

Por isso não é o ser animal detentor do conhecimento da árvore do bem e o mal, pois estes não comungam do bem querer ou do mal querer aos quais os seres encarnados homens necessitam para sobrevivência e serem amados ou desejados para que sejam fortes e múltiplos em sua espécie, servindo aos prazeres e desprazeres de serem queridos e desejados como forma de preservação de si mesmos; onde a elevação das mãos carnais suporta a balança do bem e do mal conforme a necessidade de crenças e desejos, não precisando nenhum outro ser desferir contra ele os mesmos desejos para mostrarem suas balanças do mal querer com suas escolhas insanas. Onde muitas vezes se valem de verdade da inverdade para descobrirem quem realmente nada são dentro do campo terreno se acaso não labutarem em prol da sinceridade, porém as vossas falsas verdades os sustentem as verdades terrenas em sentidos espirituais ao mesmo tempo em que as utilizam como forma de alcançarem o progresso santo de maneira mais nobre, esquecendo-se de quem os rege não os rege de maneira material e sim espiritual, logo nenhuma forma de inverdade será por muito sustentada aos homens errantes.

Assim, diferentemente dos seres encarnados homens, os animais são o que são, labutam o que necessitam e não desferem o bem ou o mal querer a nenhum outro, pois vossas verdades são sustentadas apenas pelas forças emanadas em razão da promessa de serem prósperos e corajosos servos para servirem não apenas como um guerreiro e sim em junção com aqueles que labutam as vossas próprias almas para servirem de servos e espadas batalhando como nobres e féis espíritos guerreiros em paridade com seus comandantes.

"Quando José viu Benjamim com eles, disse ao administrador de sua casa: Leve estes homens à minha casa, mate um animal e prepare-o; eles almoçarão comigo meio-dia" (Genesis 43:16)

Por isso o caminho terreno é a preparação em determinação e forças pela mãe terra selvagem, pois o caminho no pó da terra é o aprendizado para vossas sobrevivências onde dependerão de seus esforços para serem guerreiros, pois as vossas lutas serão pela sobrevivência natural e guerra pessoal do sustento e manejo selvagem, alimentando e abastecendo as vossas carcaças, as tornando mais firmes, rígidas e robustas; vestes materiais para o momento de serem puramente espirituais tão fortes astutos e guerreiros quanto em material carnal um dia foram.

E por isso, são livres e desapegados de sentidos e sentimentos carnais, pois vossas lutas serão implacáveis pela dor e pelo sangue onde a sobrevivência dependerá da morte de onde virá o sustento, pois a vossa espécie será ao mesmo tempo o alimento e o alimentado na luta pela sobrevivência, e a harmonia será o rescaldo de vossas peles sendo consumadas enquanto a fome adormece em suas faces, embebidas em sangue que representa a morte e a vida de quem aprendeu a lutar para sobreviver.

Pois o que de mais sagrado o ser animal carrega em si mesmo é o vosso espírito, sendo a vossa carcaça o abrigo de vossa singularidade espiritual, sendo assim, nem mesmo a vossa carne é abastecida pelas sementes do chão da terra, de onde são nascidas as vossas ossaturas, uma vez que o vosso sustento é o Ser divino, pois as vossas caminhadas terrenas, são para fortalecimento e rigidez do espírito e não da carne, porque esta se findará ao solo seco como qualquer outra carne, porém as vossas essências a cada passagem terrena, serão preparadas para serem e servirem ao vosso Senhor Deus da maneira qual ele mesmo majestosamente escolheu e ordenou que vos servissem.

Assim o alimento de vossa carcaça que será o alimento de outra vida animal, seja esta animal homem ou animal espiritual quadrupede, não será em dor ou em perda a vossa retirada terrena e sim em alimento sendo recriado para sustento da pureza em campo divino, por isso, necessita o ser encarnado animal ser alimentado por ele mesmo para que a vossa matéria continue sendo abastecida e viva dela mesma que é ser espiritual celestial em campo material. Por isso todo ser abatido será novamente ao campo terreno encaminhado em vossa essências para continuidade de vossa trajetória de caminhada espiritual, não sendo a vossa missão de fortalecimento de espíritos findada no momento de vosso regresso quando servir de alimento ao corpo de outro similar corpo carnal que necessitar de si mesmo para ser nutrido e abastecido dele mesmo. Mas a jornada animal é jornada de retirada e retorno devido a necessidade de abastecimento e alimento de si mesmo, com a vossa própria caridade de ser vida e ser alimento de si mesmo.

Por isso, é preciso conhecer o labor da terra em favor da vida, é preciso conhecer as garras que ferem e cortam as duas faces animais, é preciso conhecer a fome, pois esta é mais rígida que o poder das unhas e certamente o colocará diante dos reis da selva vencendo o medo de lutar. Assim, mais importante que lutar é conhecer os lutadores, ou seja, a peste a fome e todos os males que arrasam e destroem os sentidos animais na terra. É preciso adquirir resistência física, movimento ágil e veloz característico da espécie animal, pois será nesta mesma terra que servindo aos vossos instintos que ganharão forças para um dia servirem aos que servem ao Criador, lutando e batalhando com as mesmas forças e energias ao qual conheceram e labutaram um dia em ambiente terreno, não simplesmente por terem sido encarnados e sim por terem sido encarnados e guerreiros em nossas existências materiais, pois vossas lutas pelas vossas sobrevivências os fazem fortes e robustos para enfrentarem qualquer batalha espiritual carregando o poder das forças do mundo em vossas carcaças.

Mas é preciso conhecer a espada que fere e corta as duas faces animais, é preciso conhecer a fome, pois esta é mais rígida que o poder da flecha e certamente o colocará diante dos reis da selva perdendo o medo de lutar. E mais importante que lutar é conhecer a luta, a peste, a todos os sentidos e males que arrasam e destroem a terra, pois será nesta mesma terra que servindo aos que servem ao Criador, lutaram e batalharam com as mesmas forças e energias ao qual conheceram e labutaram um dia em ambiente terreno, não simplesmente por terem sido encarnados e sim por terem sido encarnados e guerreiros em nossas existências materiais, pois vossas lutas pelas vossas sobrevivências os fazem fortes e robustos para enfrentar qualquer batalha espiritual carregando o poder das forças do mundo em vossas carcaças.

E todo animal é preparado para ser um dia um servo em couraça e não necessariamente o animal cavalo, pois esta forma de animal é a representação do modelo de forças e bravura ao qual um servo se utiliza para adentar aos campos de batalha, porém qualquer animal poderá servir em determinação e presteza não necessariamente o animal cavalo conhecido em campo terreno.

Por isso os animais mais puros e dotados de serventias espirituais que acompanharem as vossas evoluções sendo prestativos e guerreiros em vossas missões serão para tudo grandes servos dos mais nobres servos e zeladores das portas dos céus e dos abismos ao qual pertencem por determinação de vossos líderes e espíritos de capacidade e nobreza, pois assim como são majestosos e soberanos, assim deverão ser seus servos em desembaraço, agilidade e energia para adentrarem aos quatro cantos do mundo de forma veloz e ágil.

"A todo aquele que derramar sangue, tanto homem como animal, pedirei contas; a cada um pedirei contas da vida do seu próximo" (Gênesis 9:5).

E assim como todos os seres humanos ocupando o campo terreno para o caminho de evolução espiritual, assim serão todos os animais nascido da terra, porém de diferente estado de consciência e sentido, não por superioridade ou inferioridade, mas por determinação onde os seres de diferentes estágios e espécies estados se encontraram e se unem em prol de vossas evoluções. E como não são poucos, muitos se encontram em diferentes estágios de evolução e aprendizado, porém todos de pureza e candura celestial para ocuparem vossos cargos e cumprirem com vossas missões espirituais.

E todos os seres que um dia possuíram formas animais em campo terreno, e alcançaram a vossa evolução espiritual, serão como aqueles que em comunhão, em uma só determinação de presteza e cumprimento, servindo de prontidão aos que servirem o Criador em todas as batalhas e lutas espirituais, pois espíritos que são, representam da forma que são, as forças e poderes celestiais a eles concedidos.

Por isso, não são os encarnados, mais elevados ou importantes do que os animais, pois ambos foram gerados e criados pelo Senhor Deus para serem e executarem exatamente aquilo ao que devem ser e executar, não sendo nenhum ser espiritual mais ou menos querido, apenas trabalhadores divinos em cumprimento de missão espiritual, sendo tanto um quanto o outro responsável integral quando da morte de um ou de outro ser através de vossas próprias vontades e desejos de tirar a vida de outro ser, seja de igual similaridade ou não, que não seja, pelo sentido de alimentar-se frente a necessidade de suprimento de fome. Isso quer dizer que, o fato de um ser encarnado homem assassinar um animal ou um ser encarnado animal assassinar um ser encarnado homem pelo simples fato de desejo regado de banalidade, sem a necessidade real de alimentação, ou seja, a única forma de justificativa para a retirada de vida de outro ser espiritual, não sendo este em pedido sagrado de oferta ao

Senhor Deus, aquele que o precipitar em vida de maneira banal, o torará um ser errante, conhecido terrenamente como assassino, que perante as normas e regras divinas será resgatado pelos guardiões das portas dos abismos para que sejas julgado igualmente como se julgam os encarnados que cometem atrocidades contra o próximo.

E diante de vossa falta será condenado aos elos umbral ou infernal conforme os vossos atos e ações, pois tanto um quanto o outro são seres divinos em missão espiritual de lapidação de existências e devem caminhar em comunhão espiritual com os demais seres espirituais que aqui se encontram, pois o momento de vossos regressos cabe apenas aquele quem vos concede a vida espiritual e não àquele que acredita ser mais importante ou querido ou possuir mais merecimento e misericórdia de vida e que os outros também não mereçam.

Vinde à mim os que são puros

"Então disse Jesus: Deixem vir a mim as crianças e não as impeçam; pois o reino dos céus pertence aos que são semelhantes a elas" (Mateus 19: 14)

2.6 Mas não era Jesus o próprio Criador e sim o vosso amado filho, feito homem para que pudesse pregar as coisas boas em nome de vosso amado Pai, o eterno poder de amor, gloria e justiça. E embora não fosse Jesus o próprio Deus, era o vosso santíssimo filho enviado para que pudesse através de vossa fala traduzir as vontades e necessidades de vosso também Pai Celestial, e que por isso, proclamou aos homens da terra, assim como ele mesmo o era, que não impedissem que a ele se aproximassem os pequeninos, pois sendo ele a representação do poder de força maior em terra, era ele mesmo como o abrigo de forças ao qual somente os que possuíssem a alma em similaridade a sua poderiam em verdade aproximarem-se e comungarem das mesmas energias em campo terreno. Ou seja, ainda que fosse Homem, era ele o poder de forças maior ao qual somente estando em energia e emanação igual ou semelhantemente como de uma criancinha é que poderiam adentrar juntamente com ele ao Reino do mais alto poder de forças e luz, que da mesma emanação de forças e gloria de abastecimento jorrava poder santo por onde quer que fosse sem ser por nenhuma energia oposta atingido.

Pois embora tenha sido Homem e Espírito em campo terreno, a vossa essência jamais deixara de ser exatamente aquilo ao qual fora nascido e criado em poder e gloria, pois diferentemente dos primeiros habitantes renascidos em campo sagrado material, não andou, jorrou ou se fez diferente daquilo ao qual realmente era e havia pelo Ser Supremo sido criado para que fosse, e mesmo diante da maior dor ou da desgraça ao qual viveu, manteve-se em verdade da forma, energia e emanação, exatamente aquilo que era e pelo Criador havia sido feito para ser. Isso quer dizer, Espírito sagrado e Santo. Sendo ele a mais pura fonte de emanação celestial em elo material, emanando toda a vossa pureza e benevolência em forma de amor, caridade, compaixão, ensinamentos e também disciplina, ou seja, tudo aquilo ao qual somente ele carregava e descido ao campo terreno para ser e executar em nome de vosso Pai, o fez divinamente.

Porém, a vossa verdadeira morada encontra-se distante da morada terrena ao qual se distancia também das demais moradas em elos espirituais, pois a vossa morada abriga-se em vosso principado celestial diante do trono do Rei dos Reis, o Senhor Deus, de onde firma as vossas verdades e encostar as vossas certezas, por isso não é elo espiritual ou casa de regresso espiritual em forma de casas santas ou elo de aprendizagem onde poderão os espíritos aprendizes adentar, pois para que possam assentar junto a vossa verdade, que é a verdade Celestial do Criador, é preciso além de possuir nobres verdades, carregar também pureza de espíritos, nobreza de essência, alvura divina, assim como a candura, o amor, a inocência, a compaixão, a justiça, a disciplina e todos os outros demais sentido que somete o mais purificado de alma, ou somente um espírito livre de apegos terreno ou impregnado em elo de remissão é capaz de possuir, jorrar e disseminar, assim como Ele mesmo.

Assim, todos aqueles que a degradação não adentrar a alma, a inverdade não for à própria verdade, os sentimentos não forem em decadências, a alvura não for à confusão, a imácula não for à perversão e as palavras não forem falhas frente às verdades ensanguentadas em línguas de corrupção, estarão mais próximos ou tão próximo quanto os pequeninos que nascidos em pureza e castidade divina são em emanação e fluidez bem próximos a vossa também pureza e santidade.

E por isso, no dia em que alcançarem assim com os pequeninos a candura a imácula a pureza e a inocência de alma é que se erguerão ao Pai Celestial; pois todos aqueles que são puros de coração, castos de intenção nobres de pensamento, imaculados de vontade e simples de ação, se assentarão junto ao Mestre perante as vestes do vosso Senhor Deus, pois as vossas simplicidades em forma de inocência e caridade serão em sentido e essência a mesma pureza jorrando na mesma frequência do amor e da luz ao qual são jorradas as forças que das mãos do Mestre Jesus, jorram; e que por isso, serão assim como os pequeninos, tão grandes em espírito quanto o mais alto ser celestial ao qual a terra ao lado caminhou e assentou em verdade e em matéria em forma de Homem.

Logo ser similar aos pequeninos, para que se tenha a pureza e a candura dos inocentes de forma a buscar o crescimento espiritual diante da face do Mestre, não significa ser ingênuo e imaturo em vossas ações e atos carnais diante de vossas verdades terrenas e sim aplicar a vossa nobreza em forma de amor, compreensão, caridade, cortesia e bondade em todas as ações e atos em que prática, assim como fazem os pequeninos que não se importam em serem ingênuos ou cândidos em demasia e por isso, considerados fracos diante dos olhares alheios dos demais encarnados. Porém, as vossas verdades, ainda que consideradas ingênuas ou demasiadamente puras e sem malícia, são não verdades as vossas fortalezas interiores que vos concedem serem fortes diante dos gigantes desafios de serem pequeninos inocentes e serem gigantes perante os demais encarnados já impregnados da terra, e ainda assim serem majestosos diante de vosso Criador que vos deu o direito de serem imaculados e inocentes para que venças as vossas primeiras batalhas materiais, utilizando apenas do que verdadeiramente é santo, o que verdadeiramente é bom, o que verdadeiramente é nobre, e o que verdadeiramente é majestoso, que é a liberdade de alma e a despretensão diante das coisas terrenas. Os fazendo assim maiores e mais fortes em relação aos demais seres, pois enquanto as vossas inocências vos parecem ingenuidade aos olhos pouco atentos, as coisas de Deus a vossas ingenuidades são fortalezas diante do Criador.

Por isso, se sentarão ao lado do Pai Maior, todos àqueles que como as criancinhas não se importarem de serem dignos ou de serem filhos da vossa benevolência por ser apenas o que são, ternos filhos de vossa santidade, carregando a terna inocência e ingenuidade de vos fazem grandes guerreiros em campo santo, ainda que vossas ingenuidades confundirem os vossos pares encarnados diante das maculas ou de vossos olhares impregnados de inverdades, pois os que se perdem em relação as coisas santas e as coisas terrenas são aqueles que nascidos da terra, alimentam-se mais da terra ao qual brotam o bem e o mal do que da santidade ao qual um dia também foram nascidos e apresentados em pureza e ingenuidade em forma de dignidade, de servir ao que verdadeiramente é santificado.

Por isso, no dia em que alcançarem a forma mais nobre e pura de se viver em campo terreno onde a terra consome, não apenas a carne como também a dignidade, a ingenuidade, a imácula, a pureza e a castidade daqueles que apenas dela vive; não castidade da carne e sim da verdade espiritual do Criador, não se importarão de serem assim como as criancinhas ou como os animais, e serem livres de pensamentos ou singelos e inocentes por seres diferentemente puros em relação daqueles que acreditam ou que pensam serem sábios e conhecedores das coisas materiais e espirituais pelo simples fato de possuírem mais conhecimento sobre as coisas térreas apenas, pois os que mais conhecem das coisas espirituais são os que empobrecidos de vaidade, desnudos de ambição, porém honestos de mente e virtuosos de alma e emanação são; pois estes são os verdadeiros conhecedores das coisas santas e do que verdadeiramente vem do alto.

Por isso os pequeninos enquanto emanarem de vos falta de vaidade ou escândalo, frente às coisas que pouco ou nada os escandalizam por serem, abastecidos pela castidade dos Espíritos que vos guiam e protegem, enquanto as vossas verdades ainda não são as próprias certezas materiais das coisas nascidas em terra, juntamente com os animais que não se importam de serem vestidos apenas de pele material apresentando as vossas poucas vergonhas agasalhadas pela inocência de ser tão puros quanto as vossas razões de serem, comungarão com o Senhor Deus as vossas simplicidades de serem aqueles que não somente próximos ao Mestre poderão se aproximar e caminhar, como terem em terra a essência e a fluidez que somente aos campos celestiais pertence, mas não por regra ou imposição divina em forma de condenação terrena, e sim por desejo dos próprios encarnados que preferem caminhar com a fluidez de emanação em forma de dor, de desgosto, de falta de amor, falta de compreensão e caridade, acreditando que caminhar em próprias verdades e desonestidades, o glorifica em espírito ou emanação, quando a verdadeira gloria e honestidade encontra-se nas coisas puras e não nas coisas impuras próprias daqueles que além de nascidos também comem da terra.

Desta forma, comungarão com o Senhor Deus não somente os pequeninos em vossas ingenuidades, os animais em vossas puras dignidades, com também todos aqueles que a arrogância não for à vestimenta de vossas carnes, a terra não for o alimento de vossas bocas, a falsidade não for à pura verdade de vossas almas, a gloria terrena não for à elevação de vossos pensamentos para que a morte seja o fim de vossas existências diante de vossas crenças e verdades próprias em relação a si mesmo.

Porque somente caminharão frente ao vosso trono aqueles que libertarem-se de vossas inseguranças ou onde a pretensão de ser maior que os irmãos desprezados por seus atos diante de vossas arrogâncias não mais for o tom que o distingue dos seus pares, nascidos e criados a vossa similaridade, assim como a ganância não for confundida com necessidade de sobrevivência de direito de existência. Pois no dia em que acreditares que posses terrenas são mais importantes do que a integridade de vossas almas e a pureza de vossas essências, e fazerem de vossas ambições o caminho para chegar ao topo terreno da nobreza material diante das verdades criadas às custa de enganadores e falsários, este será o vosso verdadeiro trono, pois as portas da casa do Senhor Deus a vos estarão trancafiadas, para que desfrutem enquanto puderem das coisas materiais aos quais questão fazem de se deliciarem.

Porém saibam que as delícias terrenas na terra ficam, pois as vossas delícias materiais serão corroídas pelo pó da terra, que também se deliciarão de vossas carcaças, pois aos campos espirituais apenas as essências daqueles que dignos são de vossas moradas adentraram, a elas se assentarão; e não aqueles que desejam as moradas materiais dos gozos terrenos que os fazem deliciarem-se de serem prazerosos por serem superiores aos vossos pares terrenos, pois para estes as glorias materiais serão os vossos tronos que se acabarão juntamente com vossas carnes alimentando a terra seca. Porque nas moradas celestiais, estes não terão lugar de descanso em casas santas, tampouco aos tronos que entronados já estiveram em forma material, e sim para aqueles que ingênuos e sábios prostrarem-se ao vosso verdadeiro Rei, o Criador, e não aqueles que desejam ser tal qual a vossa Santidade assentados em tronos de areias, imaginado vislumbrarem de vossas falsas superioridades criada à base de arrogância e falta de humildade, diante de tudo aquilo ao qual o verdadeiro Rei dos Reis lhes ofereceu.

Por isso, somente adentrarão e se sentarão a mesa posta do Ser Supremo, aqueles que assim como os animais ou as criancinhas, carregarem dentro de si, à vontade e o desejo, de viverem límpidos e viverem apenas de vossas candidezes perante as incertezas ou as dificuldades mais extremas de vossas carnes. Pois no momento em que aprenderem como se assentar a mesa do Pai Celestial, serão as vossas almas tão puras e honestas quanto à alma daqueles com quem devem aprender a progredir e elevarem-se em espírito para que alcancem assim como eles a limpidez e o primor de serem honestos ainda que se tenha dor e a dor vos tirem o brilho da face. Porque ainda que a ferida seja a marca viva da vida em vossos rostos, ainda que as chagas os perturbem a alma, ainda que o sangue escorra de vossas mãos ou de vossas faces diante das lições da vida para que sejam tão, ou mais puros nobres e honestos que os vossos exemplos e alcancem o candor de ser um filho de Deus, não encarem de forma indigna as dores e as incertezas da vida, praguejando as coisas santas e desprezando as coisas da vida, pois ainda que as dores façam chorar e façam sobre a dor faz parte da vida, mas a lamentação faz parte da terra e a terra nada mais poder ser além de coisas que morrem e que ficam nela mesmas e as coisas da vida são lições sagradas a serem aprendidas.

E ainda que as vossas dores materiais os façam sofrer e os façam chorar não ensinem aqueles que realmente são puros e inocentes, tão precocemente a também praguejarem as coisas santas e desprezarem as coisas divinas, lhes mostrando ao invés de como serem honestos gratos e honrosos pela graça da vida ao qual das mãos do Criador recebeu para serem livres e honestos, como serem desonestos, ingratos e pouco merecedores de tudo aquilo que o Senhor Deus lhes fez e entregou para que possam apreciar de forma terna, tanta beleza, amor e compaixão quando as vossas frustrações os aborrecem a alma por desejarem comerem apenas dos frutos da terra ao invés de plantarem as próprias árvores com as vossas próprias mãos, coisa da qual também recebera do Criador para que grandes sejam perante a vida concedida.

Isso quer dizer, ainda que os vossos fracassos materiais lhes perturbem o espírito, não perturbem o espíritos dos pequeninos, os conservando puros e ingênuos da forma ao qual devem ser para que possam caminhar as vossas certezas de serem nobres e límpidos pelo período de tempo ao qual necessitam para aprenderem a conservarem-se longamente dentro da honestidade e desejarem sempre buscar, além de conhecerem para experimentarem da árvore do bem e do mal, não abandonem jamais as vossas purezas infantis, de forma precoce em vossa também breve jornada terrena, assim como vocês tem feito aos pequeninos lhes causando tantos maus, como o mal em que vivem, fazendo as próprias carnes sangrarem.

    Por isso, ao invés de ensinarem como serem ingratos e maldizerem as coisas nobres e terrenas juntamente com as coisas puras e sagradas aos quais receberam, sendo pouco merecedores e renegando tudo aquilo que o vosso Deus lhes preparou, aprendam com os pequeninos que receberam a graça de serem ingênuos e puros diante de vossas falas e desejos para que conservem-se imaculados até o momento em que tenham as vossas ciências e preparadas para aprenderem com vos a serem nobre puros e corajosos diante das certezas e incertezas que a vida vos apresenta para que sejam batalhadores e bons homens missionários, regatando as vossas existências, labutando as vossas próprias missões espirituais, sem acreditarem serem mais ou menos amados mais ou menos nobres ou puros ou ainda merecedores das graças divinas por possuírem mais ou bens menos materiais, pois a maior graça divina lhes foi dada quando de vossas existências nasceram para serem o que são. E o quanto a jornada terrena, esta será apenas mais um elo de aprendizado em relação aos muitos elos espirituais aos quais irão adentrar para que cresçam e caminhem os caminhos sagrados de vossas elevações, não sendo nenhum outro abastecido de forma material, onde as vossas próprias plantações serão as vossas colheitas.

    Assim, ainda que a vida seja dura e vos façam sofrer, Deus, o Criador lhes oferta a pureza das crianças e a ingenuidade dos pequeninos assim como a liberdade dos animais e a calmaria e tranquilidade dos seres divinos em espécie física distinta das vossas para que possam ainda que distante de vossas verdadeiras moradas sentirem-se amados e acariciados por vosso Criador, seja através dos braços de vossos pequenos, seja através do afeto dos animais, pois estes ainda possuem a graça de possuírem; de terem fluidez de emanação igualmente as emanações celestiais, por isso, sejam gratos e sejam alimentados pela beleza de serem amados e acariciados seja pelas pequenas mãos dos seres puros, seja pelo olhar dos que são considerados menos inteligentes: os animais. Pois as vossas essências são os verdadeiros presentes divinos em forma de carne emanando as certezas divinas tão próximas a vocês quanto podem imaginar as vossas razões.

    Então, não sejam desprezíveis as vossas ingenuidades, nem os queiram impuros e maculos os tirando o que demais nobre possuem: a ingenuidade e a pureza; sejam gratos e merecedores de possuírem tamanha nobreza em forma de amor entregue aos vossos braços, pois estes são presentes divinos em forma de carne e matéria, os tornando mais sábios e nobres para que alcancem assim como eles a nobreza de serem os filhos amados de Deus, pois estes são os que os levarão a pureza de alcançarem o vosso Mestre diante da face de vosso

Senhor Deus, pois os que são puros possuem as essências próximas às essências divinais a Ele.

Por isso, irmãos, observem e aprendam com os pequeninos ou com aqueles que vocês julgam serem irracionais, diante de vossas necessidades de serem conhecedores das coisas de terra para que comunguem e cresçam de forma unida uns com os outros, inclusive com eles, de forma que sejam também nobres, puros e cândidos assim como são, ao invés os mostrarem tão precocemente como é fácil ser indigno e desonroso a quem vos concedeu a vida para que sejam assim como eram quando pequeninos. Assim, atentem-se aos pequenos e atentem-se aos animais, pois estes certamente serão alocados a mesa farta de amor e glorias celestiais, pois as vossas verdades, embora sejam considerados por vos irracionais, podem ser mais dignos e puros que as mais puras verdades de vossas bocas quando proferem aquilo ao qual não sabem, porém ainda imaginam serem pelo simples fato de terem maior conhecimento diante das coisas materiais, pois são vos quem necessitam aprenderem como a vida e não eles, pois estes já nasceram da nobreza de serem puros livres e desapegados das falhas e das falsarias; pois estes jamais serão corrompidos ainda que vivam em campo terreno por cem anos, porém são as vossas verdades que transmutam entre a sinceridade e a falsidade que os levam a lugar algum, além de carne que vos abastecem a carne.

"Mas a sabedoria que vem do alto é antes de tudo pura; depois pacífica, amável, compreensiva, cheia de misericórdia e de bons frutos, imparcial e sincera" (Tiago 3:17)

Então, busque a essência pura e cândida dos pequenos para vos abastecer a alma e não aquilo ao qual eles jamais poderão vos dar, pois ainda que vos ensinem a serem grandes e serem conhecedores ou acreditem estarem os preparando para serem sábios terrenos detentores de grandes conquistas materiais, os vossos ensinamentos não passarão de coisas terrenas para nutrirem as também coisas terrenas, pois enquanto os tiram das coisas sagradas para vos darem conhecimentos das coisas mundanas, os tiram a pureza e a candura que somente eles possuem enquanto puros e ingênuos forem. E ainda que consigam certas coisas materiais, absorverem diante de vossas infantilidades as vossas falsas sabedorias e falsos conhecimentos terrenos que não poderão vos abastecem em nada, pois existirá mais confusão entre as vossas puras essências do que a verdade que buscam ensiná-los em relação a árvore do bem e do mal. Sendo assim, saibam que existe sobre a terra um tempo para tudo, por isso, o tempo de ser criança deverá ser respeitado pelo que determinado fora pelo Senhor Deus, pois se em sete dias foram criadas as coisas da terra em sete anos deverão ser respeitadas a ingenuidade e inocência dos pequeninos para que estes possam mais do que esse período serem iluminados pela essência divina aos quais possuem direito divino concedido pelo próprio Pai Celestial.

Pois se acreditam que ensinar os pequenos, o que vem a ser o amor, o afeto e a caridade, lhes obrigando serem amorosos, afetuosos e caridosos, lhes tirando o que de mais puro possuem que é o amor verdadeiro acreditando que se crescerem recobertos de coisas materiais e posses mundanas terão mais amor e afeto de vossos filhos, caminham em desequilíbrio com as vossas próprias verdades, quando são vocês quem necessitam alegrarem-se em tê-los como uma fonte terrena de amor, carinho, afeto e caridade, fonte esta que não necessita de bens terrenos para jorrar amor, afeto e caridade, porque naturalmente estes já os possuem.

Por isso, os ensinem a prolongarem e terem ainda mais dignidade e respeito, e aprenderão que as coisas que mais valem no campo terreno, ainda que as grandes obras os ostentem os olhos, são as coisas celestiais, pois estas não podem ser compradas ou adquiridas através do amor, do carinho, da compaixão, do afeto ou da caridade ao qual receberam em forma de dom de Deus, o Criador, e não em troca de bens terrenos ou esforços mundanos, mas estes dons ainda que os tenham perdido durante as vossas jornadas podem novamente resgatar face à uma ingênua criança ou face a um ingênuo ser animal. (Senhor Sete Encruzilhadas)

Por isso, diz o Mestre, deixem vir a mim os que são puros, pois o impuros não chegarão nem próximo de estarem aos vossos pés, não chegarão nem perto de tocarem as vossas vestes, não estarão nem próximos de o olharem nos olhos, tampouco de tocarem as vossas sagradas e outrora ensanguentadas mão, pois as mãos são o manancial da luz divina que alcançará a face dos puros e inocentes de coração, com o toque de vossa palma, pois as vossas palmas serão também as palmas que abrirão as portas dos céus, aos quais somente os que dela tocarem poderão a vossa morada adentar.

E ainda que as vossas bocas repitam para que os ouvidos dos demais encarnados tão impuros como vos mesmos ouçam pronunciarem por mil vezes o meu nome; estas serão apenas palavras jogadas ao vento que nem mesmo as aves poderão resgatar, pois as vossas asas também são compostas de candura e sinceridade e a sinceridade jamais comungará com a indignidade de vossas falas. Por isso, ainda que repita por mil vezes: Senhor, Senhor, e não tragam a pureza no olhar ou a verdade no coração, as vossas falas serão falas mortas, pois as vossas palavras servirão para abastecerem apenas os ouvidos dos outros indigentes que da fala em vão também se nutrem para tentarem sobreviver, uma vez que vossos corações já estão mortos dentro de vossos peitos.

E ainda que pronunciem o vosso sagrado nome, porém os vossos peitos sejam recobertos de maldade, desejos mundanos embebidos de ambições adornados de valores materiais, as suas verdades estarão bem distante da verdade de ser tão puro e tão nobre para que sentem-se diante da verdadeira fonte de amor e de saber, ou aquela fonte da qual não se abastece por vontades e glorias mundanas, onde o desejo de ser amado não passa de desejo carnal, pois o vosso desejo de ser amado e querido é desejo de ser amado pela carne querido pela carne e desejado pela carne; por isso certamente serão. Pois os vossos desejos serão atendidos e certamente serão desejados, amados e queridos pela carne de outro encarnado, assim como vos em busca da gloria material e do apreço terreno que requerem.

Mas saibam, que quando a vida lhes presentear com as vossas regalias, se sentirão tão amados e desejados por ela, que certamente se esquecerão de que quem lhe deu a vida, já os abasteceu com a maior riqueza, a maior fortuna e a maior gloria ao qual um espírito encarnado necessita para que alcance a majestade, que é a majestade espiritual; e esta riqueza se chama Vida. Porque Deus, o Criador, é a Vida, e cada um de vos é o reflexo da Vida em forma de vida espiritual em campo material, e está já o foi concedida em poder e gloria para que sejam através das riquezas naturais abastecidos e nutridos em poder e verdade em forma de Vida, e que por isso, já é um ser amado, querido e desejado pelo poder de Deus, o seu Criador, quem vos concedeu o direito de possuírem em essência espiritual tão pura, vida em forma cândida, nobre e eterna como necessitam ser e possuir para que possam em direção a Ele mesmo caminhar e encontrar-se com a vossa eterna Santidade, e neste dia poderão mostrar serem tão dignos e merecedores de vossas vidas geradas e concebidas em forma de amor, compaixão e eternitude que somente o Pai Celestial poderia vos oferecer.

"Assim, aproximemo-nos de Deus com um coração sincero e com plena convicção de fé, tendo os corações aspergidos para nos purificar de uma consciência culpada e os nossos corpos lavados com água pura (Hebreus 10:22)

Por isso, pequenos irmãos, sejam sábios e sejam nobres e honrosos com o que receberam do Senhor Deus em forma de amor, bem querer, compaixão e honra que é a vossa própria vida espiritual, busque a riqueza composta pela gloria e pela honra celestial do amor e da compaixão, ao qual será a única que o levará ao vosso Senhor Deus, pois as glorias mundanas ainda que sejam prazerosas, não são além de fugacidade, pois as vossas carnes perecerão mas os vossos espíritos pela eternidade necessitam serem puros para que alcancem longos caminhos na jornada ao qual irão caminhar. Então não confundam prazer material com amor celestial, acreditando que possuir muitos bens significa ser mais ou menos amado pelo Criador, pois a vossa forma de amor não vem da terra ou das coisas feitas e produzidas em terra, e sim através da nobreza da alma, e esta sim vem de vossas mãos majestosas.

Porque ainda que amem os vossos filhos nascidos de vossos ventres, e os presenteiem ou desejem presenteá-los com tudo de mais prazeroso e delicioso que a vida pode vos oferecer, saibam que este tudo ainda é fugacidade, pois ainda é coisa material, e tudo o que é material, um dia se findará; e neste dia ficará apenas a vossa essência, por isso ensinem os vossos filhos carnais nascidos de vossos ventres a caminharem as vossas certezas em direção ao vosso Criador, pois este sim é a chave que os libertará da dor de ser carne e ser demasiadamente ambiciosos, pois as vossas ambições os tirarão dos caminhos da gloria, porém, somente a gloria os colocarão diante da face do Senhor Deus. E somente vocês, os genitores terrenos é que terão o poder de encaminharem os vossos amados filhos terrenos, ou seja, os filhos divinos, aos caminhos da eternitude, de majestade santa pela força que o próprio Criador vos deu e vos concedeu serem quando vos deu todos os dons e conhecimento de todas as formas de vivencia, através das chaves da justiça, das vossas leis, da auto correção, da ciência e que por isso, vos confiou que seriam vocês os vossos discípulos em terra, fazendo as vossas honras de encaminharem os vossos pequeninos, ao qual também serão os condutores dos vossos caminhos da paz.

Portanto, sejam honrosos com aquilo que receberam do Senhor Deus para que não sejam julgados por aquilo que bem sabiam, porém preferiram enveredar pelas estradas do prazer pelo simples prazer de ser nada, esquecendo-se que aquele que vos deu a vida é aquele que também irá cobrar por tê-la concedido, e além disso, aquele que vos deu a vida para que fossem honrosos e dignos de serem os pais materiais de vossos amados espíritos em campo terreno e assim não o fizeram, mas sim destruíram os vossos pequeninos inocentes em troca de prazeres mundanos precoces de vocês mesmos, pela busca da gloria material que não passa de fugacidade, deixando de lado a pureza de vossas crianças pela busca incessante de riquezas, bem distante das riquezas que ele mesmo com vossas próprias mãos construiu, os dando um mundo cheio de amor e belezas, para que pudessem vislumbrar a vossa face, diante do vosso poder em meio a tudo que naturalmente ele mesmo construiu e que desprezam, na busca da conquista de tudo aquilo que não fora ele quem construiu, desejando assim, serem abastecidos apenas de prazer de gozos das coisas vindas das coisas materiais.

Pois saibam encarnados! Ainda que roguem para os Santos que vos concedam riquezas materiais e felicidade baseada em poses mundanas a troco de nada, quando sequer possuem discernimento, ciência e conhecimento, para que tenham tantas coisas materiais em terra, quando ainda necessitam das coisas espirituais, e os praguejam quando os vossos desejos não são prontamente atendidos, pois os Santos não se prostram aos vossos desejos por serem puramente mundanos, pois certamente iriam atuar em busca daquilo que desejam e esqueceriam quem verdadeiramente são. Por isso, as vossas vontades não são para eles como ordens celestiais e eles não atuam para atenderem os vossos pedidos, pois as vossas verdadeiras glorias e poderes da qual trabalham para que vocês sejam felizes em campo terreno vem do alto e não da terra, e ainda que sejam os Santos atuantes espirituais das coisas materiais essas coisas são as coisas orgânicas e naturais e não terreno-materiais e embora possam manipular todas as coisas que da terra brota e nasce, assim como o próprio ser encarnado, as vossas lutas para com os seres encarnados são em razão de vossas evoluções espirituais e não materiais.

Isso quer dizer, que ainda que detenham poderes e magias ais quais manipulam de maneira divina com todas as coisas que do chão são saídas ou pelas mãos dos homens passam, são eles os mensageiros divinos na luta pelo progresso divino de cada ser carnal que neste elo material ou terreno se encontra. Por isso, não irão atuar na busca daquilo que possa abastecer a carne e sim aquilo que irá abastecer o espírito, por isso, muitas vezes ainda que sejam verdadeiramente honestos e desejosos em vossas preces e necessidades que acreditam ser realmente necessárias para a vossa jornada terrena, nem todas as vossas necessidades serão para eles as vossas reais e verdadeiras necessidades espirituais das quais necessitam para alcançarem o progresso ou ainda não é chegado o momento de vossos seres receberem tudo aquilo ao qual desejam sem antes serem agraciados com todos os dons espirituais como o conhecimento, a ciência, a justiça, as leis divinas, a autocorreção e tudo aquilo que seja necessário para o progresso espiritual de forma que obtenham juntamente com este o entendimento do que realmente é necessário para a vossa jornada e labuta terrena, de forma que compreenda as coisas de terra e as coisas celestiais para que saiba o que cada coisa material influencia e como é importante em vossa jornada, não apenas desejar por mero gozo terreno.

Logo, as vossas verdadeiras glorias e poderes da qual buscam, podem não ser tão significantes quando encontrarem as verdadeiras necessidades e respostas as vossas ânsias de serem e possuírem bens apenas para seres amados e queridos pelos demais encarnados, pois se acaso necessitam de possuírem bens para serem amados e queridos caminham na contra mão do amor, do afeto e da caridade do Pai Celestial, pois este vos entrega tudo o que de mais belo e rico pode existir em um elo espiritual de forma plena sem a necessidade de que paguem nada em troca de vosso amor e compaixão em forma de afeto e misericórdia divinos.

Logo, os vossos desejos de serem queridos e amados de maneira terrena pelos demais pares aos quais devem comungar as coisas boas em que este elo espiritual possui é a verdadeira gloria terrena da qual devem trabalhar para alcançar, pois no dia que compreenderem o quão grandes e poderosos são unidos, deixarão de lado os vossos egoísmos, pois perceberão que tudo o que precisam para serem tão amados e desejados uns pelos outros está dentro de cada um de vos, e não no que cada um de vos mostra para o outro como forma de apresentar a vossa beleza e poder próprio, pois a maior beleza e poder que existe neste campo, não fora construído com mãos humanas tampouco pode algum mortal dizer que é seu ou que construiu ou que sozinho possui; pois no dia em que o sol não mais brilhar, ás águas secarem, o ar não existir e o fogo tudo forjar, nem aquele que possui bens nem o que nada tem serão algo além de nada no chão da terra que vos gerou e viu crescerem em vossas entranhas pelo poder natural da maior beleza que existe neste campo que é o poder divino sobre todas as coisas, todas as formas e todas as cabeças.

E ainda que recebam glorias e poderes materiais em campo terreno, porém, não tenham conhecimento, discernimento e auto conduta para receberem tudo aquilo que possuem, certamente perderão tudo o que conquistarem meio as falsas ilusões de acreditarem serem amados apenas por possuírem aquilo que tem e não aquilo que todos têm, pois aquilo que tem não é e jamais será mais importante do que aquilo que tudo tem, e todos igualmente recebem de Deus, o Criador, pois no dia em que o que mais tem bens não tiver o ar para respirar este nada terá. E neste dia, irão todos descobrir que ainda que desejem poderes e conquistas materiais, por mais que sejam bons como encarnados e os vossos guias espirituais os negar, serem mais queridos e amados neste elo chamado terra, é porque realmente não precisam daquilo que pleiteiam e acreditam precisar, porque o que mais precisam é de conhecimento, poder celestial de entendimento, força de luta em forma de garra e luz divina para que possam crescer e um dia serem capazes de administrarem grandes coisas, sem que estas os deixem distantes da verdadeira gloria que a do Espírito Santo, dos Santos. E certamente as vossas conquistas terrenas, serão apenas bens materiais ao qual devem ocupar os vossos lugares terrenos daquilo que são e não o lugar espiritual das coisas espirituais daquilo que realmente são.

Por isso, os Santos se prostram e pedem o Criador que sejam perdoadas as vossas falhas e dores futuras aos quais as vossas ambições os colocam, quando acreditam que os Santos, tem o desejo de destruírem as vossas vidas por quererem algo que não vos pertencem, antes de terem o merecimento de serem e possuírem tudo aquilo que, embora seja desejado com grande esforço pelos demais encarnados que apenas da árvore do mau se abastecem os possuírem, pois estas coisas serão apenas bens e não títulos de grandeza, os colocando acima dos demais seres assim como ele nascido do mesmo sopro e do mesmo chão, da mesma terra.

Mas os Santos vos concederão tudo aquilo que não os trará dor ou angustia em vossas cainhadas para que não os deixem ainda mais distante de vossos caminhos espirituais que são mais conhecimento sobre as coisas terrenas e espirituais, mais ciência em relação a si mesmo e maior discernimento entre os céus e a terra, porque se acaso isso não tiverem, nada poderão fazer os Espíritos de Deus, os vossos Santos, Anjos ou Santos para que conheçam a si mesmos, antes de querem alcançar postos mais elevados e tornarem-se eternamente escravos de vossas crenças terrenas baseadas em dores e descontentamento por não conhecerem a verdadeira existências e os motivos das quais existem, seja em espírito, seja nos elos dos quais irão adentrar.

E assim lutarão os Espíritos de Deus para que não sejam dolorosos de si mesmos e não deixem que feridos sejam por vossas arrogâncias, falta de humildade ou crenças, lastreadas apenas em coisas materiais, ou seja, por vossas próprias existências, pois estas também serão os caminhos que vos levarão a gloria divina, pois a dor ainda que faça chorar e faça sofrer também será o alivio para o entendimento de tudo aquilo que não são capazes de compreenderem por vos mesmos, e nisso encontra-se a paciência e o dever daqueles que são Santos e mostrar aos filhos de Deus que ainda que vossas angustias pareçam não terminar, ainda que vossas dores pareçam não ter fim, eles estão dos vossos lados, vos socorrendo e aliviando as tristezas que além de causarem danos as vossas existências espirituais precisam de correção para que sejam reajustados.

E a dor que vos dói, é a mesma dor que os Espíritos de Deus sentem quando vêm vossos filhos sofrerem. Porém que a correção seja a moeda para conter os vossos desesperos até que aprendam que tudo aquilo que precisam chegará até vos e tudo aquilo que vos tem é por merecimento e fora dado por aquele que vos ama, e todos devem alegrarem-se com tudo aquilo que vos cercam.

Mas se acaso for de vossos merecimentos, as vossas lutas serão recompensadas com as coisas terrenas das quais precisam, desejam ou querem, pois se existem coisas boas e belas criadas as mãos dos homens e sejam desejosos os encarnados de possuírem, não existirá nada que os impeçam de conquistarem, e os Santos dirão Amém, pois serão os vossos esforços, as vossas garras, as vossas crenças e a vossa própria determinação de conquistar vossas labutas no momento em que estiverem preparados para possuírem mais coisas materiais que vos farão alegres, sem que isso vos seja recebido como sendo algo de especial ou entregue por merecimento acima dos demais seres encarnados que as mesas coisas não possuem, por serem menos especiais ou que isso os elevarão em alguma forma em campo espiritual.

Porque tudo o que existe em terra, fora criado por Deus para vos abastecer dele mesmo, enquanto as coisas materiais foram criadas pela carne para abastecer a carne dela mesma, e se desejam mais coisas materiais por acharem também belas e importantes em vossas caminhadas terrenas, ou se acreditam que estas coisas os farão mais alegres, deverão lutar para que conquistem tudo aquilo que acreditam, porém, jamais confundirem as coisas de terra com as coisas espirituais, tampouco pensarem que os Santos atuaram para lhes cobrirem de coisas desnecessárias em vossas jornadas terrenas quando o que verdadeiramente precisam são as coisas de origem e aprendizagem espiritual. Pois nisso encontra-se a verdade em forma de justiça dos Santos e de vosso Criador, que não vos deixará se perderem em meio as coisas fugazes do campo terreno em detrimento do que verdadeiramente é importante e o motivo pela qual foram encaminhados a terra.

Por isso, são os Santos ou os Espíritos de Deus quem vos cuidarão para que sejam sempre assim como as criancinhas, pois estas se acaso regressarem como são certamente chegarão ao ponto mais elevado do ser existencial, por isso lutam os Espíritos de Deus para que mantenham-se como eternas crianças, não necessariamente em atitudes e ações infantis e sim pela permanência de vossas almas em forma nobre e humilde frente as coisas da vida, as tornando mais nobres e puras diante das durezas aos quais a vida vos mostrará; pois ainda que a vida vos façam doer e faça machucar, as feridas serão cicatrizadas e os ensinamentos ficarão para sempre em vossas essências marcadas com ferro que fere porém deixa tudo mais tranquilo e ajustado em vossas almas.

E ainda que não sejam mais crianças em idade ou em essência espiritual devido à quantidade de anos já vividos em vossas jornadas, ainda sim para chegar ao vosso Criador será necessário que mantenham as vossas essências tão puras e nobres quanto a essência daqueles que pequeninos ainda são, e que por isso, ao ponto mais elevado da certeza divina chegarão.

Mas se acreditarem ser demasiadamente difícil alcançar as vossas purezas novamente, não se entristeçam, saibam que o que vivenciam neste momento neste elo chamado terra é apenas uma fração infinita da eternidade ao qual possuem e que os vossos espíritos irão vivenciar, por isso, ainda que não possam aprender todas as lições espirituais e viverem todos os aprendizados de uma só vez, podem esforçar-se diante de vossas verdades e dedicarem-se a aprenderem e disseminarem uma lição de cada vez, até que vossos esforços sejam recompensados com a verdade de vossas essências, alimentando-se do que verdadeiramente acreditam e desejam seguir. Porque é assim que os Santos lutarão para que se mantenham sempre honrosos e honestos diante das incertezas da vida, pois ainda que a vida vos seja prazeroso, saborosa e encantadora em vossas diversas faces, é preciso apreciar as vossas belezas, ou as belezas que as mãos do homem são capazes de alterar jamais será capaz de gerar ou criar, é preciso enxergar a beleza divina nas coisas naturais para que a natureza os tenha também com amor e carinho alimentando os com as mais belas e puras formas que somente este elo é capaz de proporcionar.

Pois irão até Ele apenas aqueles que se mantiverem puros de alma e de vontade, porém ainda que se esforcem será a vossa eternidade o caminho da nobreza divina e não este campo terreno, mas esta que é a jornada de lapidação, será o caminho da pureza de vossas almas aos quais devem se purificarem, aprenderem, conhecerem a si mesmos as vossas essências e trilharem verdadeiramente as vossa caminhadas que os levarão aos caminhos do Pai Celestial.

Vinde a mim os que creem, Noé, os caminhos da fé.

"O Senhor viu que a maldade dos homens era grande na terra, e que todos os pensamentos de seu coração estavam contaminados voltados para o mal... A terra corrompia-se diante de Deus e enchia-se de violência... Então Deus disse a Noé: Eis chegado o fim de toda criatura diante de mim, pois eles encheram a terra de violência. Vou exterminá-los juntamente com a terra" (Genesis 6: 5, 11,13).

2.7 Naquele tempo desfrutava o homem da árvore do bem e do mal, consumindo e sendo consumado por todas as vontades e desejos a eles conferidos através do direito de exercer a procriação e a multiplicação pelo ato do prazer carnal, bem como as vossas demais ansiedades em relação as coisas materiais. O homem distanciava-se dos sentidos espirituais e voltava-se exclusivamente aos sentidos materiais e mundanos para satisfação de desejos e escolhas caminhando por verdades tortuosas e veredas torpes baseados em coisas e sabores fugazes da vida humana. Ou seja, usavam apenas do direito de obterem o prazer de serem amados e esqueciam-se dos deveres que também deveriam tocar vossas almas, principalmente aqueles que os tornam puros e verdadeiros consigo mesmos e para com o vosso Criador, caminhando em direção ao nada existencial, onde a dor e a moléstia geram não apenas dores físicas e materiais como também adoecimento de toda sociedade de forma espiritual.

Porém, adornando-se apenas de sentidos materiais e gozos momentâneos, utilizavam-se somente de um lado da espada, erguendo apenas uma das mãos e desferindo todo seu mal querer contra tudo e contra todos, se envenenando de maldades e prazeres ao sabor dos desejos e encantos vindos dos sentidos de prazer ou de sobrevivência como ódio, angústia, desprezo e o mal pelo próprio mal ao qual possuíam em demasia e por isso, muito também utilizavam. Desta forma, vivia o homem sobre fortes ameaças de si mesmo, contra si próprio e sua espécie, consumindo apenas o amargo do fruto bendito, que embora possibilitasse o doce da fruta ao sabor de seu afetuoso gosto, porém, descartavam seu mais puro sabor e apenas deleitavam-se de vosso cruel e impuro sabor do mal, construindo assim seres dotados de maldades desferindo apenas atos e ações desprovidas de amor ou bondade, tornando cada vez mais sociedades e seres incapazes de serem bons e afetuosos uns com os outros, voltados apenas para o que os convinham exercer para vantagem ou prazeres mundanos que em nada os elevavam diante dos vossos pares tampouco diante das forças espirituais.

Mas havia o Criador adornado a terra de tudo o que era necessário para a sua sobrevivência e também de vossos filhos com as coisas e espécies mais belas e agradáveis, de forma que pudessem apreciar as maravilhas e encantados que tinha a natureza e do solo da terra, para que pudessem adentrar e caminhar em terra firme para o cumprimento de vossas missões, sendo abastecidos dos mais belos e floridos campos com flores e frutos ao alcance de todos os seres, uma vez que este é o único campo em que os animais, as aves e os homens caminham e comungam de todas as belezas e maravilhas a eles concedidos, juntamente com o direito à vida terrena. Sendo assim, nenhuma outra forma de alimento ou nutrição seria possível, mas também, nenhum filho de Deus padeceria sem alimento ou formas de alimento, pois estes eram advindos da mãe natureza, para que pudesse satisfazer e nutrir o corpo e a alma em elo terreno de forma que pudessem caminhar tranquilamente em vossos campos, desenvolverem-se tranquilamente e evoluírem espiritualmente neste que fora o campo material criado com as mais belas formas e poderes espirituais aos filhos da terra.

Mas viu o Senhor Deus que a nutrição essencialmente necessária para a vida terrena advinda à partir da árvore do conhecimento do bem e do mal também é destrutiva, o alimento necessário para prover a estada em campo terreno poderia ser tão nocivo quanto fatal para todo o ser encarnado que dele precisa se alimentar para se auto conhecer e buscar o progresso material e espiritual; não que o alimento seja insuficiente, pois alimentar-se da mãe terra jamais será insuficiente, pois este é o único alimento capaz de dar a vida e preserva-la em campo terreno, pois sem este não há formas de vida na terra, mas sua utilização pode ser a nutrição ou a desnutrição daqueles que se utilizam dele para a sobrevivência. Pois a capacidade de conhecimento, discernimento e inteligência aos quais foram gerados e criados os encarnados homens era a mesma capacidade utilizada por eles mesmos para desejarem experimentarem novos sabores, que embora não satisfaziam as necessidades, pois estas já estavam sanadas tampouco os elevavam aos caminhos bons, era as vossas curiosidades em junção com os vossos direitos terrenos quem os encaminhavam aos sabores mais amargos de novos frutos com sementes de morte.

E sendo o ser inteligente, curioso e fugaz este sempre desejou mais de tudo o que a terra poderia vos fornecer, como forma de garantir sua estada e multiplicação da maneira que melhor lhe conviesse, podendo extrair até a última gota de essência, não somente do fruto como também das sementes danosas utilizando da própria árvore que fornece a fruta, sem pensar nas consequências que este alimento pode trazer a si mesmo e aos outros seres, pois da mesma árvore que possui a nutrição do bem querer que o alimenta e fortalece as energias para continuidade de vossas labutas, também possui o mal que também o nutre, porém em demasia o destrói. Mas todo o mal é a germinação de tudo aquilo que o homem preserva para si e que com o tempo nascerá e florescerá dando continuidade a outros seres de igual inteligência, harmonia física, força e garra, porém de igual resistência ao mal ao qual ele mesmo produz e conduz aos campos terrenos.

Mas toda fruta que é danosa, em determinado momento se fará necessário que as sementes contaminadas sejam eliminadas com o objetivo de novas germinações e novas colheitas feitas para que os novos frutos nasçam e cresçam mais fortes e doces, abastecendo-se ao sabor das boas e nobres ações e quereres ao qual podem todos desfrutarem e saborearem.

Desta forma, viu o Senhor Deus que os homens que havia criado nutriam-se apenas de sementes podres e que seria melhor que algumas sementes fossem podadas e descartadas para que novas nascessem e florescessem em seus lugares, distantes das seduções e prazeres mundanos ao qual a geração caminhava contaminando-se e destruindo os campos sagrados. Ora, mas fora toda a natureza inclusive o homem e os animais criados e abençoados por Deus, o Criador, para que fossem múltiplos e povoassem a vossa terra com as vossas próprias sementes interiores aos quais vos deu o direito de serem multiplicadores e governantes únicos da terra ofertada em forma de amor e caridade aos vossos filhos, porém os vossos filhos eram danosos uns com os outros e destruíam a terra santa, na qual deveriam caminhar em direção a busca de evolução, mas não caminhava o homem exatamente em direções sagradas aos olhos de vosso Deus, desta forma deveria o Senhor Deus aplicar-lhes as correções necessárias para que a vossa terra caminhasse da maneira na qual havia determinado que o fosse.

Mas é o Criador a forma de eternitude onipotente, onipresente e onisciente, que tudo sabe, tudo vê e tudo conhece em relação aos seus filhos, logo não caminhava o ser encarnado homem diante de um Deus de olhos fechados em relação as vossas faltas e erros ou um Deus que pouco sabe e pouco observa e caminha com vossos filhos em direção a perdição de profundos abismos, e sim diante do Senhor Deus, a força extrema de eternidade e majestade de poderes e justiça. Ser Divino em Espírito eterno que cria e concede o sopro de vida assim como o direito de seus filhos reinarem e caminharem por sobre a terra governando e administrando as vossas existências, porém jamais sem a vossa companhia e observância espiritual em todos os caminhos, todos os passos e todos os piscarem de olhos de cada filho espiritual nascido em matéria carnal em vosso elo sagrado espiritual chamado terra. Por isso, não o Criador o ser que cria e depois de arrepende de vossas criações e as extermina com tudo aquilo que já havia criado os eliminando ao nada existencial, deixando em nada tudo que fora espiritualmente construído em imagem e semelhança divina. Mas é o Senhor Deus a eternitude misericordiosa e a majestade de poderes, forças e compaixão conduzindo com mãos fortes todo o poder e força, mistério e magias tanto ao campo terreno quanto o campo celestial.

Assim é o único capaz de criar, dar a vida e alocar cada filho diante de cada morada ao qual cada essência espiritual deve estar e caminhar conforme o vosso nivelamento, conhecimento e aprendizagem; desta forma se fazia necessário retirar parte da humanidade ao qual desejava corrigir, dando-lhes outras moradas e sentidos espirituais de forma que se tornassem mais fortes e elevados diante de si mesmos e diante de vosso poder, para que pudessem em outra forma de vida carnal serem mais puros e brandos consigo e com a terra, aprendendo a respeitar e amar a eterna gloria de serem aprendizes das coisas sagradas da terra. Ou seja, o Senhor Deus retirou os vossos filhos errantes de vossas sagradas terras para que quando voltassem em nova pele material em nova jornada espiritual material, vislumbrassem-se em novos seres com novas expectativas e bem quereres para comungarem com todas as espécies desta vez de forma mais harmoniosa e nobre perante as coisas santas.

Por isso, Deus a majestade suprema de poderes, forças e gloria, não errou ao criar a natureza de seres vivos quando estes seguem por caminhos tortuosos ou se tornam errantes e danosos a si mesmos ou atuam contra as vossas supremas forças, e por isso destrói as vossas criações por terem sido criadas de maneira errada ou não servirem para serem os vossos amados filhos. Porque Deus é Espírito Santo perfeito em vossa plenitude e as vossas criações são perfeitas, assim como Ele mesmo, por isso, se acaso as vossas criações estivessem erradas e necessitasse o Criador destruí-las, não seria Ele a perfeição, a exatidão e a plenitude, ou seja, não seria Deus, o Altíssimo Ser Todo-Poderoso. Mas todas as criações são belas, harmoniosas, em formas singulares e verdadeiras espiritualmente, pois o amor divino é sem erros constituído em perfeita bondade e plenitude sagrada espiritual ainda que tenham sido corrompidos pelos prazeres mundanos e devem ser corrigidos e reajustados em vossas formas. Por isso, ainda que o encarnado homem caminhe em desarmonia ou desajustes, as vossas falhas e erros não atingem o espírito pleno, isso quer dizer, a essência espiritual é intacta selada e protegida de erros e corrosões mundanas, por isso ainda que os erros possam ferir a pele e desajustar a mente, jamais atingirá o espírito, pois este é intocável, inviolável e imortal, e todos os erros e danos alocam-se na Aura Plena e não no espírito do ser espiritual.

Isso quer dizer, que a ideia de finito e morte são crenças humanas e não verdades divinas, uma vez que a essência uma vez criada pelo Ser Supremo, jamais se findará, mas o espírito sendo imortal alocado em um abrigo orgânico material, possui também mente imortal, ou uma realidade espiritual que nunca morrerá, apenas crescerá em sua plenitude de conhecer e saber. Logo todas as experiências vividas em campo terreno ou em outras esferas espirituais ficarão registradas e seladas em vossa plenitude de existências com letras espirituais em seus caminhos percorridos na busca de elevação onde o vosso progresso será firmado em inventário espiritual de evolução individual, para que sejam registradas toda a vossa trajetória sagrada em elos espirituais por onde passar; desta forma, toda retirada de cada elo espiritual, não será a morte do espírito e sim o adormecimento de um elo espiritual para o outro, seja para em ato de correção seja para o templo sagrado em novas escolas espirituais de aprendizagem.

Porém, se acaso os vossos erros e falhas em campo terreno foram em demasia grandes, comprometendo as vossas jornadas ou a jornada espiritual de outros seres em vossa similaridade familiar, ou seja, os vossos pares, em campo espiritual e terreno de lapidação e aprendizagem, este deverá ser retirado de vosso meio e alocado em campos espirituais de correção ou casas celestiais de aprendizagem espiritual para que se fortaleça e esteja novamente preparado para nova jornada espiritual em campo terreno ou qualquer outro campo que seja conforme o vosso estágio espiritual e necessidade de existência.

Por isso, ainda que tenham sido retirados momentaneamente, os seres da terra, para que pudesse Deus, o Criador reajustar, corrigir e conceder-lhes novas vidas materiais em campo terreno, todos aqueles espíritos encarnados que devido as vossas determinações foram eliminados ou resgatados em campo terreno, foram nascidos em outros elos espirituais, pois nenhum espírito pode findar-se ao sabor de qualquer que seja o pretexto, pois todos são espíritos imortais e vossas casas terrenas serão novamente a passagem para cumprimento de vossas missões interrompidas, pois ainda que tenham sido momentaneamente retirados da terra para correção e reajuste das formas e determinações santas determinadas pelo Criador, estes fazem parte da história divina e assim como foram desligados em fio de prata para reajuste de espírito e missões da mesma maneira todos retornarão para cumprimento de missão em campo terreno.

Portanto, Deus não cria e depois se arrepende de vossas criações, como se tivesse errado no momento em que as criou e as elimina para tudo e sempre, pois assim como nenhum piscar de olhos ocorre sem a vossa permissão, assim todos os seres são acompanhados e serão corrigidos, reajustados e novamente encaminhados para cumprimento de vossas missões sempre que necessário, pois não seria Deus, o Criador justo, se acaso deixasse seus filhos destruírem uns aos outros ou simplesmente os eliminassem como forma de punição pelos maus atos cometidos contra a mãe natureza ou contra vós, pois assim não teriam os vossos filhos a chance de conhecerem os vossos erros e corrigirem-se em vossas missões.

"Esta é a história de Noé: Noé era um homem justo e perfeito no meio dos homens de sua geração. Ele andava com Deus... Fazei para ti uma arca de madeira, divide-a em compartimentos e antaras e betume por dentro e por fora" (Genesis 6: 9, 13).

Até aquele momento Deus, o Criador não havia se apresentado a nenhum homem da terra e nenhum homem conhecia a vossa face, porém Noé caminhava com o Senhor, não em sentido material vislumbrando a vossa face, e sim em sentido espiritual em sentido de honestidade, pureza dignidade, ou seja, era conhecedor de Deus, o Criador, através de todos os aspectos naturais, pois sentia de forma espiritual que todas as criações e natureza deviam ser respeitadas e reverenciadas e era isso que o sustentava em terra firme. Noé era um homem devoto não em sentido material e sim em sentido espiritual, por saber que tudo o que existia pertencia e eram advindos de um único Ser Supremo, e por isso, respeitava o poder da natureza e era temente a força e o poder natural das coisas da terra. Caminhava atento por sobre os poderes e comando da mãe terra e a reverenciava de forma honesta e sagrada, pois sabia que seu poder era impetuoso, intenso e devastador se preciso fosse. Era um homem de grande honra e possuía um grande sentido espiritual em relação as emanações e forças que o rondava os sentidos mais intrínsecos e primitivos, obedecendo a todas as influências e emanações que vinham dos céus através do poder natural que o comandava.

Era temente a Deus, pois enquanto caminhava com a natureza sendo devoto e cumpridor dos deveres para com a mãe terra como forma de tirar seu sustento e de vossa família, pois sabia ele que seu alimento e jornada terrena dependiam exclusivamente do respeito e solidariedade que dispensava a vida selvagem e terrena que o nutria em matéria e espírito, observava atentamente a todos os movimentos da mãe terra e atendia todos os sinais que dela vinham, tornando-se um exímio cuidador da terra e da natureza em sua volta.

Não existia naquele tempo nada ao qual se pudesse comparar as coisas modernas ou peculiaridades observadas nas urbanizações contemporâneas confeccionadas por mãos humanas, o homem dependia muito mais da natureza íntima, de ser um complemento natural espiritual dela, do que um ser puramente matéria, pois o sustento e a sobrevivência dependia da harmonia com as entranhas da vida animal e natural para sua nutrição, pois não existia outra forma de alimentar-se a não ser pelas sementes que brotavam no solo do elemento árido e os abrigos conferidos aqueles que labutavam e se deixavam dominar pela mãe natureza.

Por isso, sábio e honroso caminhava com Deus seu Criador, não como quem caminha ao lado de um amigo ou vossa santidade e sim como servo dos poderes da natureza e suas formas e forças contra os homens da terra, pois nenhum homem ou animal poderia lutar contra os poderes naturais que subiam da raiz da terra, tanto para o sustento quanto para o abrigo ou emanação em forma de aspectos provenientes de quem domina e rege por sobre toda a humanidade trazendo o alimento e nutrindo os habitantes de forças e coragem para lutar e multiplicar vossas forças e emanações. E seu caminhar era igualmente aos demais, em direção ao poder espiritual e natural que regeria e dominava todos os campos e vidas existentes naquela era.

E Noé, um homem devoto de Deus através da força natural que brotava da terra, observava, compreendia e atendia a todos os chamados que partiam da natureza ao seu ser espiritual e os praticava como forma de preservar-se e manter de maneira boa e sábia no elo terreno, pois sabia ele que os chamados da mãe terra eram determinantes para sua permanência e boa colheita, pois era um conhecedor dos aspectos do tempo e de tudo que rondava a vida natural que regida por Deus, o Criador o dirigia e conduzia de forma espiritual em campo material, lhe dando não apenas as sementes, mas sim o alimento celestial em forma de sobrevivência e este devolvia-lhe em troca, todo o respeito e adoração ao Ser Supremo que domina e governa a tudo e a todos através da natureza por ele mesmo criada.

"Eis que vou fazer cair um dilúvio sobre a terra, uma inundação que exterminara todo o ser que tenha sopro de vida debaixo do céu. Tudo que está sobre a terra morrerá. Mas vou fazer uma aliança contigo, entrará na arca com teus filhos, tua mulher e as mulheres de teus filhos. De tudo o que vive, de cada espécie de animais, farás entrar na arca dois macho e fêmea, para que vivam contigo" (Genesis 6: 17-19)

Ora, é Deus o Criador, o poder de forças extremas que não somente conduz a humanidade através de vossas forças naturais, uma vez que todos os seres, assim como a própria natureza, são orgânicos e materiais, e é ele mesmo o Criador e regente de toda a natureza em campo terreno bem como todas as formas espirituais. Ou seja, é Deus o Criador, o governante espiritual de todas as formas de vida abastecidas pela vertente pura e espiritual através dos elementos da natureza que criada por Ele mesmo é o abrigo material da vertente espiritual ao qual é Ele também o criador. Por isso estando todos os vossos filhos espirituais abrigados em abrigo material e orgânico assim como a própria terra que os conduz de forma naturalmente espiritual, manipula o Senhor Deus por meio da vertente orgânica natural todo o vosso poder de forças que além de poder de abastecimento das espécies e formas naturais criadas para comungarem das mesmas forças e poderes são os vossos mananciais de desejos e vontades vivos de maneira material em vosso sagrado elo criado de maneira espiritual e orgânica.

Mas a única forma de governar e manipular os vossos filhos diante de vosso elo espiritual de abrigo material e lapidação de espírito é através da própria terra de onde estão todos abrigados e são alimentados, seja de maneira material, seja de maneira espiritual. Logo, não haveria outra forma de controle por sobre os vossos filhos da terra a não se através do poder natural por meio das coisas naturais uma vez que são todos orgânicos e espíritos. Sendo assim, se são todos orgânicos, recebedores da vertente também orgânica, somente através desta, que é pele material, é que se pode executar as vossas vontades e desferir os vossos desejos e determinações, uma vez que a pele material é também terra; e sendo a terra o abrigo de todos os elementos e sentidos naturais espirituais, são estes os elementos que serão manipulados ou utilizados pelo Criador para conduzir os vossos filhos as vossas moradas ou as necessárias correções por meio da vertente criada para ser não somente a terra com também o seio da terra, capaz de dar a vida e capaz de retirar as vidas de vossa face. Porém, somente o Criador é regente de todos os elementos e espíritos abrigados de maneira orgânica, as coisas materiais é quem possui o poder de fazer nascer ou fazer retirar-se todas as formas, elementos e espécies da terra nascida e brotada de vossa eterna vontade.

Mas não era Noé, apenas um devota do Criador e da natureza e sim um observador das fontes naturais, pois delas tirava o seu sustento e guiava-se nas direções ao qual deveria seguir, e que, por isso, compreendia todos os aspectos biológicos, meteorológicos e geográficos que o norteava. Por isso, sabia ele que uma forte tempestade se aproximava e que esta inundaria a região por longos dias e noites, pois assim o guiavam as aves e os animais em fuga, bem como as águas que corriam fortes e precisas em direção certeira.

Naquele tempo não existiam casas de alvenaria ou compensados ao qual pudesse se abrigar, apenas materiais vindos da palha ou das árvores como forma de abrigo e proteção e certamente estes não aguentariam as fortes chuvas que se aproximavam, pois seu sentido espiritual advindo da vossa própria natureza intrínseca o alertava que nem mesmo as casas mais fortes ficariam de pé, ainda que tivessem alicerces profundos e enraizados, pois até mesmo as árvores mais antigas seriam arrancadas com o poder das águas que estavam por vir.

No entanto não sentia intimidade em preservar sua vida e de seus filhos, logo, construindo um abrigo que pudesse receber a todos os seus familiares e animais para que após a tormenta pudesse reconstruir vossos caminhos. Assim, mostrou-se mais próximo ao Criador, pois acreditando que o abrigo seria apenas uma forma de preservar a vossa família da gigante tempestade que se aproximava, ainda desconhecia o fato de que foram as mãos do Criador que o conduziam de forma nobre a construção do abrigo bendito para que da tormenta se afastasse como forma de sobrevivência. Por isso a vossa crença na promessa baseada na esperança de que a chuva acabaria e todos estariam bem ao final, o fez construir um abrigo tão grande quanto fosse preciso com medida e largura tão grande quanto fosse necessário para abrigar a todos. Pois sabia Noé que se acaso não pudesse colocar um par de animais de cada espécie ao qual convivia, jamais poderia dar continuidade as suas existências após a tempestade, pois se acaso não construísse algo tão grande e forte nem animais para pastar ou alimentar vossa família, após a tormenta, nem frutos vindos das sementes de diversas espécies ao qual também abrigou não poderia jamais voltar a cultivar a terra e alimentar a sua família como sempre fizera antes da tempestade em forma de dilúvio.

E assim, intuído pelas forças espirituais, compreendeu que certos aspectos ruins que causariam o mal seriam podados e exterminados após a forte chuva, para que outros bons renascessem e florescessem em seus lugares, não sendo arrogante ou praguejando contra o poder da natureza tampouco contra seu Criador, mostrando desta forma a maior prova de devoção e esperança em relação às promessas divinas, pois compreender que algo bom virá após a tormenta que tal chuva causaria a humanidade era mais que devoção, era a vossa crença única capaz de fazê-lo suportar a devastação e o tormento em forma de águas o conduzindo em poder e forças de compreender que após a tomada e devastação a promessa de que uma vida melhor o aguarda. Desta forma, tornou-se construtor da vossa própria Arca que abrigaria todos os seres e os seus descendentes até o final da tempestade que se aproximava.

Pois bem sabia Noé que vossas proporções seriam devastadoras e arrasaria com parte da humanidade de sua região, pois suas forças e poderes de arruinar, abateria todos os seres e animais que ali estivesse se acaso não tivessem um grande e forte abrigo para se protegerem se não cressem que seriam devorados pelas forças de Deus em forma de águas, inundando e retirando todos os males da terra como forma de purificar e limpar o lodo que destruía os seres deles mesmos, ainda que os encarnados fossem mais danosos que a própria tormenta em forma de resgate dos seres maléficos da terra, pois estes além de a destruírem, deixavam as vossas raízes plantadas e semeadas para que continuassem as destruições após as vossas partidas.

E assim se fez a natureza contra todos os males que assolavam a terra e ameaçavam as espécies e suas missões terrenas, onde o caminho para alcançar a elevação e a nobreza depende de todos estarem em harmonia terrena e espiritual, fato este que não ocorria dentre a humanidade naquela época e que por isso, fez-se o resgate em massa em forma de retirada dos males que assolavam as vossas próprias existências, pois estas já haviam comprometido as vossas e as futuras missões espirituais em campo terreno e que por isso a correção seria a purificação de vossas essências para novo regresso.

Pois a perda de tudo que o colocava no centro da vida humana e convivência com a mãe natureza, a única responsável por dar-lhe tudo e no outro instante, também a única responsável por tirar tudo o que o mantinha, pois tudo o que tinha e o mantinha vinham da mãe terra, era também a promessa divina de poder renascer e viver em um campo melhor de crenças e verdades assim como melhor abastecido de atos e ações.

Ouvindo aos apelos da mãe terra, que também era o próprio Senhor Deus lhe conduzindo de forma branda, diante de sua verdadeira crença no poder das forças e capacidade de destruição da natureza advinda da emanação e determinação do Criador perante a terra, sentiu-se dotado de graças e capacitado para construir algo ao qual pudesse abrigar-se da terrível e da violenta tempestade que chegava. E zelando por sua vida terrena e de seus filhos e de todos os animais que ali habitavam, se valendo da mesma crença no compromisso em forma de promessa da natureza para consigo que o fez enxergar o que estava por vir e o fez ser forte e verdadeiramente caminhar ao lado do Criador, pois somente a vossa crença seria capaz de direcioná-lo diante dos caminhos de Deus, pois a natureza é o próprio Deus, o Criador do mundo, e esta não apenas o representa como é parte de vossa fonte de energia e vida, cumprindo com todas as vossas determinações de forma natural ou selvagem de maneira sagrada e nobre.

E confiando em sua crença que era a mesma que o abastecia por anos a fio, não sentia-se intimidado em preservar sua vida e de seus filhos, pois sabia que certas coisas devem ser derrubadas para que outras sejam construídas em seus lugares, e construídas mais fortes e com raízes mais duras e nobres. Se assim a natureza desejava assim Noé construiu o abrigo temporário que o salvou do dilúvio por fé naquele que conduzia de maneira espiritual através das forças naturais que são também as forças espirituais das energias regidas pelo Senhor Deus aos campos terrenos, onde cada energia de cada elemento terreno é guiado e conduzido por uma forma de influência de energia e emanação divina para que possam os seres caminharem fortes e abastecidos de vossos poderes amor e caridade em campo terreno.

Desta forma, construiu um abrigo chamado também de arca, pois esta submergiu as águas que inundando região, e devastado com todas as formas e espécies que ali viviam e da terra se alimentavam, pois da terra haviam nascido; mas aquele homem que fora honesto as coisas de vosso Criador e que diante de vosso maior temor e maior dificuldade, caminhou e ergueu-se perante as forças do vosso Senhor Deus e que por isso fora abençoado não somente com a possibilidade e prolongar a vossa existência em campo terreno para que cumprisse a vossa missão espiritual da qual havia sido determinado no momento em que para esta terra chegou, e sim recebeu o direito de continuar a vossa jornada terrena ao lado de vosso Ser Supremo recebendo a determinação de que uma vossa missão fosse estendida a vossa posteridade, e ele fosse o caminho para as novas sementes a serem plantadas e semeadas diante da nova terra ao qual recebera a oportunidade de servir e progredir a vossa existência espiritual dotada de fé, esperança e crenças divinas.

"Deus abençoou Noé e seus filhos, sede fecundos, multiplicai-vos e enchei a terra vos sereis objetos de temor e de espanto para todo animal da terra, toda ave do céu, tudo o que se arrasta sobre o solo e todos os peixes do mar, eles vos são entregues nas mãos. Tudo o que se move servirá de alimento; e vos dou tudo isto, como vos dei a erva verde (Genesis 9: 1-3)

E assim caminhou Noé com o Criador e o próprio Criador caminhou com Noé e o conduziu a vossa nova missão e aos vossos caminhos bons, para que pudesse após a tormenta devastadora desfrutar de novas formas, espécies e coisas boas que não haviam sido exterminados e perdidos e sim realocados em campo espirituais, enquanto a vossa existência determinada em ser boa e caminhar ao lado das coisas boas coisas executando as boas obras, ganhou nova vida em um novo campo espiritual terreno para que pudesse por longos anos progredir a vossa evolução diante da face de Deus o Criador, pois Este não abandona os vossos filhos e a vossa terra recoberta de amor e compaixão, pois o vosso Espírito caminha em comunhão com todos os seres espirituais e materiais que neste elo se encontram e em vossas sagradas coisas confiam, para isso, basta que sejam bons e queiram caminhar na companhia do vosso Senhor Deus e ele certamente os conduzirão

Pois a proclamação de que sejam fecundos não é apenas a entrega das sementes para que multipliquem as vossas espécies, pois as sementes já existiam em vossas espécies uma vez que a vossa posteridade adentrara consigo a arca, e sim a promessa de que a terra onde vivia com a vossa família e os vossos animais seria novamente prospera e poderia ele caminhar em seu solo como haviam outrora antes da tempestade assolar, pois se acaso não pudessem multiplicarem as vossas similaridades certamente este seria um campo condenado ao nada tornando-se novamente abismo, pois a única forma de não poderem serem fecundos é havendo a falta dos elementos e natureza neste campo espiritual, por isso, a determinação que vinha do Senhor Deus em relação a encher a terra significa que esta seria tão prospera e grandiosa em sementes, frutos e espécies e todas as formas de energias necessárias para que pudessem multiplicar, que não mais haveriam tormentas ou devastações eliminando os campos, assim como houvera naquele tempo.

Mas não é a vossa terra um campo distante de vossos poderes e gloria, pois a vossa terra é abastecida pelos vossos poderes e forças para que sejam nutridos de tudo o que é necessário para que seja viva e vívida através de vossas fontes de energia espiritual, pois se acaso o Criador não emanasse as vossas forças e poderes a este que é o vosso mais belo campo espiritual, este já teria sido exterminado pelas mãos de vossos filhos errantes em busca de glorias e apegos materiais. Mas é o Ser Supremo, o Espírito de honra e gloria quem sustenta os vossos filhos em vossa própria casa com a divina condução de vossos servos e servas, Espíritos celestiais detentores de forças e poderes para que em vosso próprio nome possam agir e atuar.

E são os Espíritos de Grandeza juntamente com os espíritos menores, os Santos, quem alimentam as formas de vida e vida espiritual a todas as forças terrenas por meio das energias da fonte direta ao qual somente o Altíssimo Senhor Júlio Cesar Celestial, conduz a este elo cheio de poderes de forças e de luz ao qual podem todos os encarnados e seres nascidos do pó da terra em matéria orgânica utilizarem para comungarem entre si e assentarem as vossas certezas nas certezas do Criador que os conduzem vivos e fortes para lutarem e labutarem as vossas existências para que caminhem os bons caminhos diante das mais belas formas e espécies para que possam ser felizes e capazes de serem amáveis e amorosos utilizando de todas as coisas boas que este elo espiritual é capaz de vos oferecer.

Por isso, espíritos encarnados, saibam que o vosso Senhor Deus, é quem rege, governa e conduz todos os espíritos perante as vossas forças espirituais, em vosso sagrado campo material de nome planeta Terra, utilizando de vossas próprias forças e poderes e emanação e que por isso, é ele mesmo quem jorra e emana as vossas forças conduzindo aos vossos espíritos tudo aquilo que somente ele possui. Portanto, saibam, que somente aquele que é capaz de dar a vida, conduzir a vida e determinar que sejam vivos, é também quem caminha os olhos voltados ao que ele mesmo criou e determinou, e que por isso, aqueles que desejarem caminharem em vossa sagrada presença, basta que caminhem diante das coisas boas, apreciando as coisas boas, vislumbrando as coisas boas e agindo e construindo em campos bons e certamente ele estará contigo, caminhando as vossas pernas, regendo os vossos braços e abençoando as vossas escolhas.

CAPÍTULO 3
Fonte de energia direta do Criador

Os sete Espíritos, os Sete Santos, a coroa do Criador

"Eu Sou o Alfa e o Ômega, o princípio e o fim, diz o Senhor, que é e que era, e que há de vir, o Todo Poderoso... Eu fui arrebatado no Espírito no dia do Senhor, e ouvi detrás de mim uma grande voz, como de trombeta... E virei-me para ver quem falava comigo. E virando-me, vi sete castiçais de ouro" (Apocalipse 1: 8,10,12)

3. É Deus, o Criador, a maior fonte de energia celestial de força e de luz aos quais todos os seres se utilizam para viverem e se tornarem vivos e vívidos em qualquer unidade espiritual ou elo existencial de forma e força de vida ao qual inclui o campo terreno e suas diversas formas de vida material e orgânica.

E igualmente a todos os campos de vida espiritual ao qual tenha nascido do desejo e da vontade eterna do Criador, o campo terreno possui a sua própria fonte de energia espiritual que o faz receber as forças e as energias celestiais para que seja este também um elo possível de ser experimentar e vivenciado em todas as vossas formas e maneiras de vida e vivencia. Por isso, está diretamente ligado ao Criador através de vossa mais pura e límpida e eterna fonte de energia de vida espiritual que é a fonte de ligação direta entre a vossa unidade e a unidade terra, pois sem esta fonte de vida nenhum ser poderia ser vivente ou adentrar a este que é o mais perfeito e belo e sagrado elo de desenvolvimento espiritual do ser.

E este que é o campo de maior beleza constituído das mais diversas formas e formatos, todos eles criados conforme o desejo do Senhor Deus, é por ele abastecido em energia e força celestial, através da fonte de energia criada e erguida para descarregar energia celestial de vossa própria unidade de forças, uma vez que a vossa santidade espiritual de poder de luz eterna, nascida de si mesmo, é a única fonte de vida existente entre os céus e qualquer campo celestial ou espiritual o que inclui o campo terra, e por isso, esta vibra e descarrega a força de energia e brilhantismo de luz celeste neste elo espiritual, de forma que todos os seres que neste campo vivem possam por meio das energias espirituais serem nutridos da luz divina e serem vivos pela vontade do Criador.

Desta forma, é a fonte de energia direta entre o Criador e os seres da terra, a única fonte capaz de levar força, vitalidade, vigor e energia em forma de vida a todos os que nascidos do seio do Pai eterno foram, para que possam estes, serem abastecidos de luz eterna, porque é a luz eterna de Deus a única luz que os tornam vivos e andantes desta unidade espiritual para que cumpram as vossas missões em vossas passagens carnais. Por isso, esta que é a maior ligação em forma de energia espiritual voltada para o campo material é a mais pura, nobre e sublime fonte de energia constituída através de sete unidades espirituais puras de energia e de forças capazes de abastecer todos os seres espirituais que irão levar até o campo terreno a energia celestial em forma de energia celeste da nascente de força e brilho de eternitude do Criador.

E sendo esta a mais pura e nobre e sublime fonte erguida com a força e a energia de sete unidades de forças de energias próprias, aos quais estas forças de energias próprias, são as próprias unidades de poder de transportar e descarregar energia em forma de luz celeste na quantidade necessária a este campo, uma vez que é a energia nascida do manancial de forças do Criador demasiadamente robusta e forte e poderia esta se acaso fosse descarregada diretamente em campo terreno destruir todos os seres e o próprio campo, não por vontade de exterminá-lo e sim devido a robustez de forças da qual carrega o Ser Supremo, e por isso erguera o Criador esta que é a mais elevada e sublime fonte de energia e luz da vossa própria majestade e gloria com energia celestial o suficientemente grande e forte e poderosa para abastecer todos os seres da terra. Por ele mesmo, mas através de sete unidades de robustez de forças e energias sagradas espirituais.

Então são estas sete unidades de energias e forças sagradas determinadas pelo Senhor para que sejam as forças e as energias deles mesmo sendo descarregadas por sobre a terra na quantidade e tipos de forças e energias distintamente necessárias aos viventes que no campo terreno haveriam de caminhar.

Portanto a única forma de ligação espiritual entre o Criador e vossos filhos é através da fonte de ligação direta de energia, pois é esta a fonte única de energia espiritual regida por sete espíritos misteriosos de dominância celestial, pois é através destes sete distintos espíritos da qual a união forma em campo divinal o templo espiritual erguido para ser a fortaleza de riqueza suprema que governa estas unidades de forças de luz e de brilho para ser jorrada dentre os espíritos que em campo terreno irão representar estas unidades de forças e de poderes celestiais sendo eles vivos e vívidos em energia, poderes e forças igualmente aqueles que os abastecem, para que todos os espíritos encarnados em terra possam utilizar-se destas energias espirituais de fluidez e emanação espiritual por estas outras unidades espirituais que em campo terreno se encontram.

E cada uma destas sete forças supremas é representada e regida por um dos sete espíritos misteriosos que se unem e compartilham da mesma fonte energética que se forma à partir da junção das vossas próprias fontes de forças. Ou seja, é a partir destas sete forças de energias singulares ao qual cada Espírito misterioso rege e representa que se forma a fonte de energia celestial que é comandada pela única força de domínio de tudo o que é emanado e derramado sobre o mundo através do desejo espiritual do Criador. E é por meio dos sete instrumentos de ouro, ao qual um deles é o castiçal carregado de energia e força divina, ao qual representa cada um dos sete Espíritos misteriosos que constituiu-se única e verdadeira fonte de luz, amor e gloria celestial existente; capaz de brotar e jorrar de si mesma e ser por isso, a única fonte ao quais todas as fontes que tiverem pelo Criador determinação de se alimentar ou serem por vosso sagrado nome alimentada, ser igualmente fonte viva de poder de gloria e de luz santa do Espírito Santo que é Deus.

Pois esta, além de ser a gênese das forças supremas divinas voltadas para a terra de onde nascem às emanações celestiais que vibram em campos terrenos; é a fonte de luz e emanação ao qual sem esta não existirá nem força, nem poder, tampouco glorias por sobre céus ou terra, pois esta não é apenas uma fonte que jorra parte da gloria celestial e sim a própria fonte celestial que emana poderes e forças ao qual o Criador rege e governa todas as potestades espirituais e elos espirituais aos quais inclui o campo terreno. Pois esta foi, é e sempre será por toda a eternidade a fonte de nobreza espiritual criada e determinada pelo Ser celestial para ser a vossa própria fonte de derivação sagrada brotando e abastecendo não somente os campos espirituais e temporais como a vossa própria coroa de brilhantismo etéreo perante o vosso próprio trono, pois será à partir de vosso trono que emanará a fonte que irrigará todas as fontes dos elos ao quais os Espíritos misteriosos conduzirão energia celestial aos quatro cantos do mundo por meio de vossos espíritos determinados e condutores de energia santa.

E esta que é a fonte de luz, é a fonte de amor e compaixão do Santíssimo Deus, não é apenas luz do Criador e sim a força da luz própria ao qual possui e derrama em forma de amor divino e celeste onde somente a vossa compaixão é capaz de formar e existir para abastecer os corpos materiais, espirituais e espíritos ao qual criou também à partir de vossa fonte de luz, de amor e de compaixão. Por isso a fonte que jorra por sobre todos os espíritos, é a mais pura fonte da luz celeste ao qual cria por si só a força que faz viver todas as coisas e formas à partir de vossa extrema energia composta de amor, compaixão, beleza e bondade.

E são os sete castiçais de ouro puro as sete forças divinais de luz e de emanação santa e sagrada que juntas formam a unidade de forças celestiais infinita de poderes e de gloria da qual o Criador rege e governa, não por Ele mesmo e sim através de um único Espírito erguido pela vossa gloria para ser o governante único, deste que é o único e mais elevado templo celestial voltado para o campo terreno de onde também encontra-se a representação do mais sublime trono espiritual ao qual o santíssimo Senhor, o Deus de todos os reinos e unidades espirituais formadas por vossa própria vontade, assentasse. Ou seja, são os sete castiçais de ouro as sete energias nascidas da gloria e da luz do Criador, formando a divina e infinita fonte de poderes e de gloria celestial, erguidos para derramarem-se em forma de energia e de forças sobre o campo terreno através deste que é o maior e mais supremo templo espiritual de magias, mistérios e forças espirituais das quais se encontram estas sete fontes de energia e de luz, formando a única a e maior fonte de luz celestial.

Desta forma, onde existir uma vida espiritual existirá uma fonte de vida celeste jorrando a energia do Criador para abastecê-los e conservá-los vivos e fortes tomando parte de tudo aquilo que compõe a própria luz celestial em forma de verdade, ou seja, de verdade divina através do amor da compaixão, da bondade e também da justiça, da luta ou de tudo o que compõe as forças do Criador é puramente feito e transformadas através da fonte de luz celeste derramando-se aos quatro cantos do universo.

Por isso, a união destas sete forças espirituais é o que forma a inteireza de forças que compõe as forças de ordem misteriosa ao qual o Criador se utiliza, domina e rege todo o universo em seu favor, parte das energias de sete potestades espirituais, ou de sete distintas unidades de forças celestiais, que são comandadas pelos Espíritos misteriosos ou Espíritos de maior grandeza, que são os sete Espíritos santificados por Ele mesmo, porque são estes os espíritos que o servem diretamente prostrados em vossa face celestial formando a vossa honrosa e majestosa coroa celestial de poderes e de forças. Ou seja, são estes os Espíritos conhecidos como Espíritos iniciados do Criador. Pois são estes, os que possuem o direito de assentarem frente a vossa majestosa e santa e digna unidade dentro do maior e mais sublime templo celestial erguido em vosso sagrado nome para regência de vossa fonte de energia e de luz, porque assim foram nascidos para serem; espíritos que cuidam e governam de vossas fontes de energia e de luz.

E sendo estes Espíritos, os regentes da luz em forma de energia e força que vibra e se derrama, das próprias fontes energéticas divinais criadas pelo Espírito Santo, onde somente a junção destes sete poderes e forças, formam a constituição de forças celestiais que emanam a todos os cantos temporais e espirituais por determinação divina, porém, não por vontade própria destas forças infindáveis, que juntas jamais se destruirão, são eles os Espíritos mais altivos das quais possuem a gloria e a dignidade de Deus para que em vosso nome possam atuar.

E assim como todos os campos terrenos ou os campos espirituais jamais se findarão, pois ainda que o campo terreno seja em algum momento pelo Criador extinto, existirá outro campo de similar emanação aonde todas as missões serão encaminhadas, pois a energia e força regida e dominada por essas energias que representam a energia do próprio Ser Supremo, Deus, o Criador, jamais se findará no tempo, no universo ou no espaço, pois estará eternamente viva no tempo e no espaço de onde fora criada. Pois tudo o que é, já existia e tudo o que há de vir já existe e ainda que tudo se acabe e tudo se reconstrua nada será novo, pois até o novo no momento em que for apresentado será velho, pois nada poderá ser novidade daquilo que outrora era no tempo da eternitude de Deus, e assim será eternamente a fonte divina de poder e gloria que jorra energia santa aos quatro cantos do mundo em poder do Espírito Divino que é Deus, porque é esta a fonte viva e eterna espiritual santa nascida do que é Santo. O Criador.

    E isso somente ocorrerá, porque são as potestades as regências eternas santas e distintas que guardam os sete mistérios, os guarda diante dos selos celestiais de outra sete forças que são os sete candelabros das sete torres, as sete espadas dos sete cálices, as sete cruzes das sete portas e os sete mantos dos sete espíritos menores, ou espíritos que por eles são regidos frente à única coroa divina abaixo e acima da tenda patriarcal sagrada de unidade de forças intocáveis, intangíveis e invioláveis que compõe a grandeza de forças e poderes infinitos e inesgotáveis que é à força do Criador distribuída entre sete distintas unidades de forças a serem regidas. E que são regidas por sete Anjos ou espíritos iniciados que carregam os vossos sete cavaleiros perante as majestosas forças das fontes de energia direta, porque são estes os únicos que poderão zelar e caminhar frente a vossa inigualável destra.

    Pois somente estes sete poderes carregados de energia e glorias divinais que transmutando-se e formando-se em qualquer instrumento de uso régio ou instrumentos de força de magia de transformação, representam também vossos sete Anjos que majestosamente adornando-se de vossos sete instrumentos quando são carregados pelos vossos sete cavaleiros, ou os servos que guardam as sete fontes divinais seladas e trancafiadas pelas chaves siderais ao qual somente um Espírito detém a majestosa posse. Isso quer dizer, que somente um único espírito detém o poder de todos os poderes de todas as fontes que jorram formando a única fonte de energia direta perante a face do Espírito de Deus, ao qual diante da mais sublime e majestosa ordenança do Criador fora este nascido, tornando este tão único quanto a própria fonte que ele mesmo governa, e que por isso, nenhuma outra unidade de espírito jamais poderá adentrar, caminhar ou assentar-se diante desta que é a fonte erguida sobre a face de Deus da qual ele nascido para reger e governar, rege e governa todas as energias que desta são jorradas por vossa esplendorosa força e também majestade.

"Do trono saíam relâmpagos, vozes e trovões. Diante dele estavam acesas sete lâmpadas de fogo, que são os sete espíritos de Deus" (Apocalipse 4:5).

    E as sete forças espirituais que são os sete Espíritos misteriosos de Deus que comandam as sete energias ou domínios ou potestades celestiais, sete fontes de luz espirituais que ardem em gloria e brilho divinal, e que juntas formam a fonte celestial de poderes e forças que regem e dominam cada uma destas unidades de fortaleza espiritual; onde cada uma das sete potestades celestiais, possui seu próprio poder de forças e comando individualmente, porém somente em comunhão é que formam as forças sagradas do Criador, utilizadas para reger e governar todas aquelas aos quais também regem e governam os Espíritos de grandeza.

Pois os sete espíritos misteriosos ou de Maior grandeza suprema que possuem e dominam as vossas próprias energias diante de vossas próprias potestades que são os campos energéticos de origem divina que possuem por si autoridade e forças distintas que juntas formam a inteireza de forças que compõe as forças que acendem a coroa do Criador, e representam as forças celestiais de mistério sagrado que através da união celeste formam não somente a grande potestade divina de gloria e majestade ao qual o Criador utiliza para governar e comandar todas as forças existentes entre o céu e a terra, como também formam a potestade divina de forças sublimes de forma esplêndida do altíssimo campo sideral denominado **Templos Azuis**, do qual todas as potestades tomam forma, e se originam e ganham poderes de forças, e que, portanto formam a fonte de força celestial de onde todas as fontes nascem espiritualmente, ou a única e maior de todas as fontes de onde se formam e constituem-se todas as chaves e trancas ao qual o único Espírito detém o poder e a governança, pois dele partem todos os comandos de despejamento de energias, pois a ele pertence à regência das sete forças aos quais formam as sete potestades que constituem através delas, o templo divino de brilhantismo azul, que é o maior e mais elevado campo sagrado celestial pertencente ao Criador fora de vossa própria unidade divinal, o Reino de Deus, da qual comanda e governa por meio de sete distintas energias os céus e a terra.

Unidade santa espiritual esta, de onde somente os Anjos encantados e determinados prostram-se e vislumbram a face do Senhor Deus, pois são os únicos que adentram a ele.

Templo que jamais poderá ser reerguido, copiado ou nele inspirado para qualquer tipo de reprodução ou adoração espiritual ou temporal, pois o Templo Sagrado do Santíssimo Deus, o Criador, fora com as vossas sete forças construído, forças estas que somente o próprio Criador detém e é através destas que comanda todos os cantos, pois com a vossa própria autoridade estas fontes por si só jorram, e por todos os tempos eras e séculos jorrarão em vosso sagrado nome, e ainda que se ergam similares templos, tendas ou templários, jamais nenhum templo sustentado com outros alicerces ou alicerces materiais poderá ser ou aproximarem-se da majestade de poderes e forças ao qual o Criador constitui a vossa Casa Sagrada.

Porque deste não possui nenhum ser material o modelo, os perímetros, as emanações, as forças ou autoridade para que se erga em terra algo que pertence somente ao campo celestial. Pois ainda que existem inúmeras fontes em vossa adoração, estas também precisarão da fonte de luz, energia e amor que do templo azul celeste jorra para serem fontes vivas e dotadas de energia sideral ou energia celestial de força infindável. Por isso, o Santíssimo trono do Santíssimo Senhor Deus, jamais poderá ser reconstruído nem em terra nem em canto algum, seja este em potestade, elo espiritual, era de tempo ou espaço de tempo, pois todas as forças e formas que o constituem, nascem da própria fonte que é o Deus onipotente, governante de todas as energias que jorram para tudo; e qualquer ponto de energia, deverá utilizar-se da energia da única fonte que possui por si só a nascente celestial que é a fonte constituída com as sete energias das sete potestades regidas por um único Espírito.

Fonte esta governada em poder e em gloria espiritual por um único espírito celeste, ao qual fora concedido o direito de zelar pelas chaves das sete benditas fontes de forças e poderes, ao qual o vosso santíssimo nome encontra-se selado no "livro das fontes da fonte de forças do universo", como sendo o vosso nome também Altíssimo, pois é ele nomeado espiritualmente como **Altíssimo Senhor Júlio Cesar Celestial**, ou aquele que possui a voz de todas as águas, todos os ares, todas as forjas, todos os animais, todos os frutos e de toda a terra em nome do cumprimento das leis do vosso também criador, o nosso Santíssimo Senhor Deus, manancial eterno de todas as fontes de luz e brilhantismo sagrado.

Portanto nada se iguala e nada se aproxima da verdadeira fonte ao qual a regência é tão onipotente quanto o próprio criador dela que através de seus Anjos, governantes das sete potestades e do próprio regente de todas as potestades de força celestial, o Altíssimo Senhor governante do templo que governa unanimemente de nome, **Templos Azuis** ao qual zela e comanda com braços forjados em aço, penas fincadas em torres e a voz de todas as harpas e todos os trovões tudo ao qual seja necessário para que todas as leis e ordenanças e mandamentos divinos sejam cumpridos, onde quer que se tenha uma fonte espiritual jorrando energia Santa do Criador.

E toda força jorrada do templo celestial, Templos Azuis que se constitui à partir de sete unidades de forças espirituais, que são regidos por sete Espíritos de grandeza, governantes supremos de cada uma das sete potestades espirituais ou cada uma destas unidades de potencias de forças celestiais que atuam diretamente sendo um regente de uma unidade de luz celestial ou de uma determinada unidade espiritual nascida para jorrar as energias e forças destas unidades de forças em campo terreno.

Porém, são estas unidades de forças celestiais, nascidas espiritualmente para serem campos espirituais de concentração de energias e forças divinais, ou fonte de energias divinais que se juntam para formarem a fonte única de energia direta entre os céus e a terra, por isso, são estas unidades de forças regidas pelos Espíritos de grandeza, para serem energias que se encontram dentro dos campos terrenos, uma vez que são energias alocadas cada uma em uma potestade celestial distinta, onde cada potestade possui um tipo distinto de energia que somente através da junção de todos estes, que não se encontram no mesmo elo espiritual é que formam a inteireza de forças, formando a fonte que jorra por sobre a terra.

Mas por serem fontes muitíssimo grandes em energia e robustas em emanações, não são estas fontes as fontes que adentram e jorram diretamente as vossas unidades de forças e energia por sobre a terra, pois são estas fontes nascidas espiritualmente para permanecerem apenas no campo celestial, jorrando as vossas energias sobre outras fontes que destas se alimentam para assim nutrirem o campo material de tudo àquilo ou de todas as energias que este necessita para manterem os seres encarnados vivos e andantes através da força de luz e de vitalidade do Criador.

Por isso, estas fontes de energia direta do Criador, não são as fontes que jorram as vossas energias diretamente em campo terreno, porque estas que grande em demasia são, poderiam destruir o campo terreno, se acaso as vossas forças e energias não fossem fragmentadas e distribuídas em forças pela quantidade necessária ao campo material. Por isso, são as unidade espirituais nascidas para entregarem as energias do Criador recebidas destas fontes robustas de energia de nome Santos, as fontes de energias, constituídas para atuarem abaixo do firmamento, ou seja, abaixo da unidade celestial de forças, derramando as energias que recebem destas unidades espirituais regidas pelos Espíritos de grandeza em campo material, porque são estas as unidades espirituais e santificadas nascidas da ordem de serem as forças de Deus em campo terreno, as unidades erguidas abaixo do firmamento para comungarem com todas as energias e forças que no campo terreno se encontram derramando-se em forças e energias celestiais e comungando com todas as forças dos elementos e dos seres encarnados que aqui se encontram.

Portanto, são os Santos, as unidades espirituais que formadas igualmente as energias que constituem a fonte única de energia direta, se erguem pelo ajuntamento espiritual de forças em número de sete, ou seja, sete fontes celestiais, tais quais as energias que recebem para nutrirem o campo terreno, formando assim, fontes puras de energia e fluidez sagrada, uma vez que estas energias robustas são fontes de energia pura, nascidas para vibrarem em vossas próprias potestades e unirem-se para formarem a fonte única de poder e de gloria de onde carregam os espíritos que vibram e jorram energias e forças diretamente no campo terreno, aos quais recebem o nome de Santo ou unidade sagrada e santa de magia, poder e mistério nascidos para direcionarem as forças e energias espirituais destas fontes de luz e força celestial ao campo material.

As unidades espirituais de energias celestiais de nome Santo, são fontes de energia nascida das fontes de luz do Criador que derramam ou descarregam as vibrações e energias das quais recebem das unidades espirituais robustas em luz celestial regidas pelos Espíritos de grandeza por sobre os ajuntamentos de elementos espirituais de forças divinais em campo terreno, aos quais são estes ajuntamentos as unidades espirituais de união e forças divinais para fazer existir e ser habitável o campo terreno. E é o descarregamento de energia dos espíritos de nome Santo sobre a terra, a própria forma de existir dos espíritos Santos em campo terreno em comunhão com os seres encarnados.

Isso quer dizer, que são as energias aos quais as unidades santas, os Santos, recebem para serem comungadas no campo material jorradas por sobre as formas existentes terrenas, através dos ajuntamentos de energia e fluidez de nome, elementos ou elementos espirituais naturais ou natureza, porque é esta a forma dos espíritos de nome Santo existir em campo terreno e comungar com o campo material, a única forma de transportar as energias celestiais aos campos terrenos, e é esta também a mais nobre e celestial maneira de carregar a unidade material das forças do Criador, pois é assim que se encontra toda a unidade terrena ou todos os elementos orgânicos e naturais prostrados a unidade santíssima do Criador.

Por isso são estas energias celestiais derramadas através do descarregamento de energias sobre todas as energias nascidas e criadas por Deus em campo terreno por meio dos elementos orgânicos de ajuntamento, por exemplo, as energias nascidas do fundo da unidade terra, o mar; através da unidade árida de ajuntamento de nome terra; através do ajuntamento de forças de energia nascida as superfícies da terra, os rios e lagos; o ajuntamento de espécies frutíferas e vegetação ao qual forma-se por meio das vibrações espirituais da junção de outras duas energias, as matas e as florestas; bem como, através da junção de outras forças e energias de descarregamento de vibração energética espiritual que parte do campo celestial ao campo material, unindo a vertente celestial com a vertente terrena, como a energia que vibra e descarrega-se no elemento terra através da energia de fluidez chamada ar, por meio da vibração de energia em junção com a energia que circula na atmosfera ou em torno da camada da unidade terra.

Sendo assim todo o ajuntamento de todas as unidades de elementos os quais formam a unidade terra, que são os elementos ar, a água, o fogo e a própria terra para onde os espíritos descarregam as vossas energias e poderes em forma de vibração espiritual, são elementos nascidos para juntarem em poderes e forças através da fonte única de energia entre os céus e a terra, todas as forças necessárias para fazer este campo vivo espiritualmente, porque é assim se fazem vividos todos os seres orgânicos e inorgânicos em campo material.

Mas embora cada unidade de robustez de forças espirituais atue jorrando vossas próprias forças diretamente com um determinado Santo, porque é o Santo o regente e recebedor desta energia santificada para que seja esta derramada por sobre a terra pela potência e robustez e necessidade ao qual está necessita, uma vez que fora o Santo nascido com a ordenança de descarreguem as energias de Deus no campo material, porque são os espíritos fontes de robustez destas forças e energia nascidas diretamente do manancial de poderes e energia do Criador, possibilitados de jorrarem diretamente sobre o campo terreno, conforme a necessidade deste, pois as vossas forças não podem ser fracionadas ou divididas, de acordo com o que necessita a unidade material.

Por isso, cada uma destas unidades de robustez de forças alocadas em uma distinta potestade espiritual de energia e de forças espirituais nascidas da fonte de luz do Criador é quem entrega a cada unidade espiritual de nome Santo que possui as forças desta fonte, as vossas forças e energias para que estas sejam descarregadas conforme a necessidade da unidade terrena e não além daquilo aos quais os espíritos encarnados, assim como o próprio campo material necessitam; isso quer dizer que cada unidade pelo Criador santificada é constituída de um poder de forças distinta.

Desta forma, ainda que receba cada um, sete poderes de forças celestiais, estas forças não os tornam fontes celestiais de energia com sete forças distintas e sim uma força a ser por ele mesmo utilizada, pois estas sete energias ao qual cada Santo carrega será a vossa estrutura de energia e luz celestial e não a fossa força de luz a ser derramada dentre os seus servos atuantes.

Isso quer dizer ainda, que estas energias não ficarão retidas ao próprio Santo, pois estas além de serem jorradas por sobre o campo terreno para que este receba as influencias e emanações santificada na forma de derramamento sobre as unidades orgânicas das quais divinamente fazem, e assim se constituem unidades espirituais santificadas alimentando o campo terreno de vossas glorias e de vossas energias santas, porque sendo os Santos as fontes de energias do Criador nascidas para derramarem-se por sobre a terra ou descarregam as energias santificadas de Deus na unidade terra trazendo vivacidade e energia espiritual aos homens por meio dos elementos ou dos ajuntamentos, é tão somente sobre esta ordenança que atuam em nome do Criador, ou seja, atuam por ordem e determinação do Senhor Deus, e é isso o que fazem.

Portanto, não possuem os Santos, estrutura espiritual que os façam serem assim como os encarnados, espíritos que adentram a unidade terrena em forma carnal tampouco em forma espiritual através de estrutura arcada espiritual com conhecimento ou proximidade de sentidos e sentimentos vibrados pelos encarnados para cumprirem com vossas missões espirituais de maneira similarmente material ou ao qual os homens o fazem em vossas labutas.

Por isso, embora atuem os espíritos de nome Santo em nome do Criador, levando as forças e as energias das fontes aos campos materiais, possuem estes também as vossas próprias determinações e ordenações santas e sagradas, aos quais são estas nascidas das energias das quais eles carregam ao campo terreno como forma de trazem não somente as forças e energias para que estas sejam jorradas por sobre a terra, porque é este derramamento a entrega celestial dos dons, da ciência, da frutificação, do auto conhecimento, da força de correção, do poder de justiça e da aplicação de todas as energias para que sejam os homens fortes e robustos para que possam cumprir com as ordens sobre as leis de Deus.

Portanto, são as energias e de todas as energias aos quais são descarregadas e vibradas neste campo ao qual necessitam os homens utilizarem para os vossos próprios progressos espirituais, as energias em força de vibração das forças de vigores e sustentação em energia daquilo que devem conhecer, exercer e cumprir para o seu próprio progresso e elevação espiritual.

Mas são as energias das quais os Santos descarregam sobre a terra as mesmas energias das quais necessitam os homens para serem vivos e vívidos ao mesmo tempo em que caminharem sobre as influencias das forças de Deus, para conhecerem-se a si mesmos e receberem força e vigor para cumprirem com as vossas labutas espirituais de conhecimento e elevação espiritual, uma vez que não são as fontes do Criador derramadas apenas para que sejam nutridos os homens, pois possui cada unidade encarnada em campo material a força e a luz do Criador que as fazem serem vivas, porém, são as energias jorradas das fontes de energia direta, as energias que vos concederam serem vigorosos e caminharem sobre as influencias das energias das quais necessitam para alcançarem o progresso e crescerem espiritualmente de cada um.

Porém, ainda que possuam a ordenança de levarem aos homens da terra as energias e forças das quais eles necessitam conhecer e desenvolver para alcançarem o progresso de si mesmos, não possuem os espíritos, Santos, fontes de energia celestial, estrutura espiritual igual ou similar aos homens para que possam estes cobrarem e exercerem as vossas autoridades sobre os homens pela busca do cumprimento destas ordenações ou conhecimentos de força espiritual de vibração e energia para o desenvolvimento individual que cada um necessita.

Os sete servos dos sete Santos

"Mas todos os filhos de Deus que honestos, nobres e dignos se apresentarem, servos dos servos serão em nome do Criador" (Altíssimo Senhor Júlio Cesar Celestial)

3.1 Mas atuam os Santos através de uma corrente de energia, fluidez e emanação de luz celeste, sobre o elo espiritual de evolução chamado campo terreno, que encontra-se alinhados abaixo do firmamento, e assim como eles mesmos, os mais nobres e servos espirituais de nome **comandantes ou regentes espirituais**, labutando igualmente em nome do Criador, aos quais são os comandantes espirituais os servos das forças e das fontes de luz do Criador, regidos pelos Santos, pois são estes os espíritos que atuam com a vossas forças cumprindo com as vossas ordenações, das quais não possuem os Santos estrutura espiritual para que atuem similarmente por meio das vibrações de sentidos e sentimentos dos encarnados para que os façam cumprir as leis de Deus pela forma de entendimento e compreensão material dos seres da terra.

E são estes espíritos de nome comandantes espirituais ou regentes espirituais as unidades espirituais que atuam nos elos espirituais de evolução de onde encontram-se os espíritos que após findarem em matéria carnal em campos terrenos por cumprirem com as vossas jornadas de evolução, adentrarem a estes que são os campos celestiais de continuidade de vida espiritual dentro da eternitude de Deus onde caminham vossas unidades espirituais já conhecedoras dos diversos estágios materiais e espirituais, bem como das leis do Criador servindo as unidades Santas em nome de vossas verdades.

Isso quer dizer que são os Santos, os Espíritos que regem as unidades de forças evolutivas ou os elos espirituais de evolução ou ainda as unidades santificadas de nome agrupamento de espíritos, onde encontram-se os espíritos em nivelamento evolutivo que devido serem espíritos portadores de estrutura espiritual que os fazem serem tanto encarnados, caso haja determinação santa, quanto espíritos servos dos servos dos Santos por serem, além de graduados espiritualmente devido seus nivelamentos espirituais, também conhecedores das vibrações dos seres encarnados em forma de sentidos e sentimentos materiais, e por isso, podem estes espíritos, atuarem em nome de vossos regentes, os comandantes espirituais regidos santamente por uma determinada força divinal para que labutem com as energias e vibrações dos Santos nos campos de onde os Santos e os espíritos mais evoluídos necessitam cumprirem ordenanças espirituais em nome do Criador, aos quais são estas as ordenanças vindas dos Santos.

Sendo assim, cada poder de forças menores, ou os elos espirituais de evolução menor, não menor em submissão ou potencialidade de forças, e sim porque são os Santos hierarquicamente em nivelamento acima dos elos de evolução menores, os elos regidos por um tipo de energia divinal advinda de um determinado Santo que recebe de uma unidade de robustez de forças regida por um Espírito de grandeza uma determinada força para atuar em campo terreno vibrando luz celestial, e por isso, existe um campo de energia e forças celestiais abaixo de cada Santo da qual trabalha sobre uma determinada influencia e força para determinado sentido de fluidez, porém todos em prol da harmonia e ajustes espirituais através da vibração da emanação da luz que este carrega, sendo estas vibrações constituídas de amor, caridade e compaixão e ainda tudo aquilo ao qual o próprio Criador deposita em cada uma das vossas fontes individualmente de vibração de forças Dele mesmo.

Por isso, todas as forças e energias enviadas aos campos espirituais de evoluções aos campos terrenos, são através dos Santos e advêm de um determinado Espírito de grandeza, porque são estes os espíritos diante de Deus que verdadeiramente regem sobre os Santos que atuam em forma de força, caridade, luz, amor e sabedoria; desta forma, todas as potestades dos Santos, todos os elos de evolução e todo o campo terreno é também pelo mesmo templo celestial regido e governado por ordenança divina. Assim todos os Santos erguem vossas coroas e regozijam vossas certezas diante dos mesmos Espíritos de grandeza suprema, pois por eles são regidos e governados por ordenança divina, do poder celestial que forma o poder do Santíssimo Deus de todas as coisas.

Então, nem mesmo os Santos são por determinação própria fontes de energia celestial e divina, pois, vossas forças, poderes e determinações o são por ordem suprema do Criador e partem do Templo Celestial Azul de emanação sideral cósmica de tonalidade azulada tais quais as vestes de seu regente único ou tal qual o cintilante do próprio céu de onde se governam as sete forças espirituais divinas que compõe o poder de forças dominadas pelo Criador e não por vontade dos Santos que as recebem.

Templos Azuis – Reino Celeste do Altíssimo Senhor Júlio Cesar Celestial

"E no meio dos sete castiçais um semelhante ao Filho do homem, vestido até os pés com uma roupa comprida, e cingido pelos peitos com um cinto de ouro. E a sua cabeça e cabelos eram brancos como lã branca, como neve, e os seus olhos como chama de fogo. Ele tinha na sua destra sete estrelas; e da sua boca saía uma aguda espada de dois fios; e o seu rosto era como o sol, quando na sua força resplandece. E quando vi, caí a seus pés como morto; e ele pôs sobre mim a sua destra, dizendo-me: Não temas; Eu sou o primeiro e o último; E o que vivo e fui morto, mas eis que estou vivo para todo o sempre. Amém. E tenho as chaves da morte e do inferno" (Apocalipse 1: 13-18)

3.2 E é o Criador grandioso e poderoso em demasia para nutrir e alimentar todos os campos, elos e potestades espirituais, com vossa própria fonte de luz. Pois sendo o Criador tão elevado em forças, tão poderoso em energia e tão supremo em determinação, assim como és grandioso em mistérios e magias, não seria Ele mesmo o regente de todos os elos, potestades e campos espirituais, pois assim como possui o poder de com o vosso desejo espiritual criar todas estas coisas, com os vossos próprios poderes de criação à partir da vossa luz, da mesma maneira possui robusteza de forças em forma de luz capaz de destruir todos os campos ao qual criou pelo simples fato de desejar exercer a vossa determinação e forças para que alterações sejam feitas à partir de vossas emanações de reflexo de claridade de vossa luz celestial; pois essa tão grandiosa força reluzente, que com o simples desejo cria, transforma e recria todas as coisas, pode também com o simples desejo de alterar e modificar ser capaz de destruir e eliminar com tudo aquilo ao qual ele mesmo criou. Mas isso não por desejo de eliminar tudo aquilo ao qual ele mesmo desejou, ordenou e através de vossa mente espiritual criou, e sim pela expressiva intensidade de forças ao qual possui a vossa Luz e as vossas forças ao emanarem as vossas majestosas vontades.

E por ser tão grandioso e esplendido em brilhantismo de forças e eterna luz, não é ele quem jorra os vossos poderes e forças diretamente ou por sobre os vossos servos e servas, pois a vossa magnitude e vastidão de poderes forças e luz é capaz de destruir os vossos servidores e espírito criados pela vossa vontade e a vossa sabedoria para que possam servi-lo.

Por isso, gerou, criou e ordenou aquele que fora concebido sobre a vossa face e diante de vossa suprema destra, para ser o regente único de toda a potencialidade de luz que somente através de vossa vontade, descarrega sobre a terra por meio das sete fontes de energia, ao qual é esta junção de sete fontes de energia, a fonte de ligação direta entre os céus e a terra ou a fonte direta de energia entre o Criador e vossos filhos materiais. Porque esta que é irradiada por ordem suprema do Senhor Deus, se faz erguida através do maior e único templo divinal, ou unânime receptor e condutor das forças e energias santificadas nascidas do manancial eterno de luz do Criador para ser fonte viva, vivificando o incontestável e absoluto templo celestial, Templos Azuis, porque é este o único que ergue-se através das forças e da regência do próprio Senhor Deus, carregando a vossa robustez extrema de irradiação de energia para que esta seja por sobre a terra derramada, tornando o vosso regente espiritual, tão poderoso e tão forte e esplendoroso em luz e irradiação, igualmente a própria fonte de luz da qual rege e santamente sobre a ordem divina, governa.

E sendo ele tão robusto em energia e força, quanto a própria fonte de energia da qual rege e governa, é ele incapaz de adentrar a outros elos ou campos espirituais sem que estes sejam juntamente com todos os espíritos destes elos e campos dilacerados abolidos ou findados com a grandiosidade de vossa nobreza de encanto sideral e luz magistral ao qual carrega; luz esta, capaz de destruir toda e qualquer unidade da qual adentrar, sem que esta não esteja, ou seja através de uma ordem santa e suprema determinada.

Mas não é ele o Filho do homem, e sim semelhante ao filho do homem, pois da mesma maneira fora criado por Deus para ser e executar exatamente aquilo ao qual o Criador ordena que em vosso nome seja, perante todas ou diante de quais forem essas ordenanças. Embora não seja este o filho único, é o único que possui em sua destra sete estrelas, ou seja, as sete fontes de energia ou os sete Espíritos de grandeza, ao qual governa com sabedoria e determinação em nome de todas as glorias e poderes existentes no universo. Por isso, traz em vossa cabeça a brancura da lã ou a brancura da neve, que ao mesmo tempo reproduz singeleza, ao qual somente aquele que caminha diante da face do Criador possui, é também a representação da sabedoria, da vivência e da experiência que somente os mais sábios possuem, e que por isso, regem os demais aos quais detém o poder. Poder este que lhe confere ser cingido em vestes de ouro em volta do peito de onde o coração representa a energia por onde se jorram as forças do Criador em poder maior que é o amor e a compaixão celestial em favor de vossos filhos.

E os vossos olhos carregados de chamas de fogo, apresentam-lhes como verdadeiramente é constituído, ou seja, força e brilhantismo divino, onde a força das sete energias o forma em poder maior sobre os sete poderes celestiais. Por isso o brilhantismo que carrega em forma de fogo representa o transbordamento do cume das forças da luz em seu ápice quando alcança o apogeu supremo e arde em chamas dentre todos os castiçais que formam as fontes divinas de Deus, ao mesmo tempo em que carrega sozinho todas às forças e luzes em uma única destra, destra de aonde as estrelas ao qual conduz, não são apenas formadas de amor, frutificação, doutrina, garra e ciências, como também de leis, disciplina e correção, porque todas caminham juntas, e todas caminham por sobre o vosso absoluto comando.

Portanto, a espada aguda de dois fios que de vossa boca sai, não é a espada que fere e desfere por sobre os vossos servos e servas que por vos são comandados, tampouco por sobre a terra em nome de vossas determinações através de vossos Espíritos de grandeza, e sim a representação de vossas ordenanças diante de vossas forças e poderes de comando e autoridade para maestria de regência das sete fontes de poderes divinos voltados para o campo terreno, onde não somente o amor à frutificação e a ciência são poderes divinos celestiais que jorram por sobre os seres e os preparam para servirem celestialmente, os encaminhando aos caminhos da evolução, pois assim como as forças voltadas para o amor e a frutificação são celestiais e regidas por ele sobre a ordenança divina, as forças das leis divinas voltadas para o ajuste do ser espiritual como a justiça das leis e a justiça da correção de endireitamento do ser.

E sendo ele o que zela pelas sete fontes dos sete ensinamentos espirituais terrenos, encontra-se assentado a destra do Criador, pois fora criado para ser exatamente o que deve ser e assentar-se exatamente onde encontra-se assentado, pois sendo a dominância única dos sete espíritos que compõe as sete fontes de energia que brotam do Criador e em comunhão abastecem os campos espirituais e temporais, possui a determinação de cuidar, proteger e zelar por todas as ordenanças de poderes e magias que governam através de vossas fontes os espíritos que serão os vossos reflexos em campo terreno, os Santos. E sendo o único e Altíssimo Espírito regente destas fontes celestiais que se derramam por sobre aqueles que serão por ordem do Ser Supremo, Santo por ordenação e confiança os que recebem ainda o nome de Anjo encantados ou Espíritos sagrados de luz é ele o governante de todas as forças que nascem à partir da fonte que brota do Criador, único capaz de receber e ordenar todas as fontes de luz que formam o brilhantismo da coroa do Espírito Santo que é Deus, da qual irá abastecer e nutrir os campos espirituais e temporais através de vossas suprema majestade.

E todos os espíritos representantes das sete fontes espirituais de energia celestial são governados por este, que é o único espírito que morto dentro os que vivem, vive dentre os que caminham as vossas angustias e dores nos campos, eras e elos aos quais lhes foram determinados que estivessem para serem guiados e iluminados com as forças e com a luz que cada um destes Espíritos de grandeza carregam. Pois somente estando morto é o que vivo adentra aos selos espirituais de onde os que vivem, pois a vossa regência sustenta os Espíritos de grandeza para que unidos carreguem as fontes que contém o elixir da vida para que sejam vivos os que da morte vieram e precisam ser vivificados para que jamais sejam mortos em vida espiritual.

Por isso, somente estando morto é o que vivo pode adentrar aos selos espirituais de todos os vivos através de vossas fontes de energia de onde os que vivem se abastecem delas quando andam e procuram os vossos caminhos e certos para alcançarem as vossas salvações, sob a regência deste que jamais esteve dentre os vivos, porém jamais será decretado morto. Pois é este o único e absoluto espírito que vivo caminha com os mortos e morto adentra as fontes dos que dela precisam para estarem vivos, pois é através das fontes de energia divina que este pode adentrar aos selos de cada um que vive ou cada um que com ele, para o campo dos vivos estão mortos.

E por ser o único que entre vivo e morto caminha a vossa essência, é o único que possui as chaves de todos os selos celestiais sendo o unanime zeloso e responsável pelas chaves da morte e do inferno ao mesmo tempo em que possui as chaves da vida e da esperança, pois o mesmo que rege e governa único e absoluto por sobre a fonte que jorra justiça e a fonte que jorra correção e leis, é também o mesmo que rege unanime por sobre a fonte do amor e da frutificação, e estas jamais estarão dentre os que caminham nos vales da morte e sim caminharão a diante para que nenhum vivo possa adentrar.

Mas quando disse ao discípulo, que não o temesse, pois era o primeiro e o derradeiro, referia-se como ele mesmo o primeiro e o único que morto tem as chaves da morte e do inferno, não por ser ele regente das energias nascidas das fontes que jorram por sobre as trevas ou que atuam sobre a regência dos elos de remissão e justiça espiritual, e sim por ser ele o regente de tudo o que é vivo e igualmente morto em campo material ou tudo o que morre nascido do elo material, ao qual será ainda vivo pela morte de seus erros nos elos de remissão.

E por estar mais vivo acima de todos os que vivem por sobre a vossa ordenança, é o primeiro e o único que portará as trancas dos portais que se abrem para a vida, ou aqueles que os fazem serem nutridos vivos através da luz que concede a vida e também dos portais que os libertam para a morte da vida ou a morte no fogo, todos aqueles que pela matéria carnal um dia existiram.

Logo, todo aquele que nele crer e que por sobre as vossas ordenanças também caminhar confiando e seguindo os caminhos de vossos Espíritos de grandeza que serão aos campos terrenos os vossos Santos, reflexo de vossas luzes e forças, serão salvos das portas do inferno, pois ele sendo o único governante das fontes que jorram as forças celestiais é o único que conhece todos os caminhos que os levam a vida eterna ou que os permitem partirem em direção ao fogo, não por ordenação, mas sim pela vontade de cada um.

Então, possuir as chaves do inferno não ser o regente das fornalhas que de lá ardem em direção ao erro, e sim, o regente da força espiritual que os permitem serem vivos em campo terreno através de vossa energia e vossa luz, assim como os permitem regressarem as vossas casas celestiais, ou os elos de onde deverão todos partir. Por isso, é o que possui as chaves dos portais que se abrem para a vida terrena, a vida eterna e a quase vida em campos de remissão, porque é o inferno também uma das passagens das quais ele mesmo vos permitem que possam partir, se assim for o caminho daqueles que em campo material passaram em espírito sobre a vossa força de energia e de luz, pois não regressarão as moradas divinais de luz.

Logo, não é somente o que possui as chaves da morte e do inferno, pois para possuí-las é preciso estar morto dentro dos que morrem, caso contrário jamais caminharia dentre os que mortos estão, da mesma maneira possui também as chaves dos elos celestiais de onde encontram-se os que vivem sobre a regência da luz divina, caso contrário jamais caminharia com os que vivos estão. Desta forma, ainda que vivo sempre será morto, morto sempre estará vivo, pois assim, jamais precisará morrer para ser morto tampouco viver para ser vivo.

Mas é o Criador a unidade tão forte e poderosa da fonte de energia de luz Dele mesmo; que é Ele mesmo a única e verdadeira fonte de forças capaz de dar vida a todas as vidas que serão um dia os vossos servos; o único capaz de adormecer todas as vidas que necessitam serem adormecidas; o único capaz de elevar todas as vidas que honrosamente merecem serem elevadas; o único capaz de criar ou findar campos e elos por vossa própria determinação e por vossa própria vontade, se assim lhe for verdade. E o Senhor Deus, faz todas estas coisas por vosso desejo e vossa verdade que brotam de vosso âmago incandescente de luz celestial. E para isso, cria à partir de vossa Luz e de vossa justiça aquelas que serão as vossas fontes de luz celestial, jorrando por sobre os campos, para que as vossas vontades sejam cumpridas por sobre os céus e a terra, e ainda que vossas vontades sejam dispendiosas em séculos e mais séculos para serem cumpridas e ainda que precisem ser cumpridas de forma branda, terna, doce ou mesmo, rígida e disciplinar carregada de correções e acertos, porque ainda que levem séculos e mais séculos para serem cumpridas, jamais as determinações do Criador deixarão de ser cumpridas quando ordenadas forem.

Mas, não é o Criador com as vossas próprias mãos, quem aplica as vossas determinações a cada ser espiritual ao qual dele mesmo nascera e que por ele mesmo são ordenados que sejam seres viventes e fecundos e que por vossas próprias leis caminhe diante dos elos espirituais ao qual cada um deve caminhar e ser aquilo ao qual por ele fora determinado; pois a majestade do Criador é altíssima em demasia para que seja através de vossas mãos que todos os preceitos, determinações, missões, ordenanças e vontades sejam cumpridas, e por isso são os vossos Espíritos de grandeza regidos pelo único espírito que vivo é o derradeiro espírito dentre os mortos o Altíssimo Senhor Júlio Cesar Celestial ao qual fora confiado a determinação de fazer verdade ou cumprir em todas as determinações, missões e ordenanças espirituais de cada ser individualmente, pois a ele foram confiados os tronos do amor, da frutificação, da disciplina, da justiça, da luta, da ciência e da correção para que sejam sobre o vosso comando as forças que devem ser e reger o campo terreno em vosso nome, pois sem as forças que fazem a condução do autoconhecimento individual nenhum ser espiritual poderá alcançar a evolução espiritual, é ele o Mestre da luz que o governante de todas as forças que em cada tempo espiritual se farão verdade diante das ordens santas de Deus.

E este que possui as chaves da vida, da eternidade, da morte e do inferno, possui sobre o vosso absoluto comando, não somente sete estrelas assentadas as vossas ordenanças e sim as sete estrelas que carregam as forças que regem todos os campos, os direcionado as leis divinas das quais todos devem receber e obedecer, por isso, ao mesmo tempo em que possui a regência da fonte da frutificação capaz de ser o amor maternal e humano por sobre o campo terreno trazendo novas vidas espirituais e também a regência da fonte que carrega sobre vossas águas o amor que cura e alivia todas as dores, da mesma forma possui a regência da força que se aplica a toda injustiça de forma justa bem como a fonte que carrega sobre vossa carcaça a correção por sobre as leis que desalinham-se e os carregam para os campos de correções onde as forças opostas também chamadas de infernais compõe o dito inferno ao qual também carrega as chaves das portas que se abrem, quando ordena que a correção seja cumprida para que haja o progresso por meio do restabelecimento do espírito errante.

"Ele se assenta no seu trono, acima da cúpula da terra, cujos habitantes são pequenos como gafanhotos. Ele estende os céus como um forro e os arma como uma tenda para neles habitar" (Isaías 40:22).

Por isso são as sete fontes divinas espirituais as sete energias ao qual carregam os sete Espíritos de grandeza diante de vossa destra, porque são estas as fontes de energia celestial que constituem tantas quantas forem necessárias as fontes de emanações para que as vossas leis e determinações sejam cumpridas por sobre o elo espiritual a potestade divina ou o campo ao qual o vosso desejo fora determinado levando todas as forças e poderes para todos os que vivem, sejam em qual elo for, para que os fortalecem de forma que todos possam alcançar através das energias jorradas das fontes dos Espíritos de grandeza todos os sentidos e emanações necessárias para que alcancem por si mesmos o autoconhecimento espiritual e as vossas elevações espirituais.

Por isso, são os Templos Azuis a unidade celestial única e de maior fluidez de forças do Senhor Deus nascida e erguida da vontade Dele mesmo para que sejam os seres viventes da terra nutridos de vossa luz pela vossa ordenação.

E é este nobre e altivo comando divino celestial, formado em cúpula sideral alinhada na ordem de sete em sete Espíritos, determinados pelo Criador para que sejam estes as vossas mãos e os vossos olhos alinhados a vossa destra, em agregação de comando do Altíssimo Espírito regente de todos eles, formando por meio da combinação destes sete Iniciados espirituais do Criador, uma unidade de arqueamento de mistérios e poderes comandados por uma única força maior, que é a nobreza celestial de encantamento, o Altíssimo Senhor Júlio Cesar Celestial, criado para governar esta que é a cúpula de arcada sideral divina formada com sete Espíritos majestosamente determinados para receberem e exercerem as forças do Criador, isso quer dizer, sendo nutridos com sete energias celestiais necessárias para regência da unidade celestial ao qual se localizam, e que isso os torna detentores das sete forças divinas aos quais formam as sete fontes divinas que o campo terreno necessita, para que seja o campo terreno vivo e haja evolução dentre os espíritos missionários que neste elo espiritual caminham.

Desta forma cada cúpula arcada divina forma-se de tudo aquilo que cada um destes campos necessitam como força, determinação, garra, ciência, sabedoria, disciplina e luz celestial recebidas diretamente do Criador sem que nenhum destes campos sejam abalados, feridos ou exterminado por emanações ao qual realmente necessitam, e que se acaso recebessem em excesso a quantidade ou robustez, poderiam ser findados pela própria força do Ser Celestial que as compõe. Por isso, cada campo ou elo recebe filtrada a quantidade e proporção necessária para o vosso abastecimento e nutrição espiritual ao qual precisam e cada Espírito de grandeza representa uma unidade de forças do Criador jorradas por sobre estes espíritos que abastecem os Anjos encantados para que estes sejam os vossos reflexos de emanações vindas diretamente da fonte divina.

Isto quer dizer que as sete forças individuais espirituais, regidas pelo Altíssimo Espírito encantado que fora criado para ser o único regente de todas as fontes, é o comandante supremo da fonte de luz direta, formada através dos sete mananciais de energias, entre o campo divino e o campo terreno que acolhe e domina todas as energias que são jorradas entre o campo celestial, Deus, e o campo material, orgânico ou onde quer que sejam os campos da qual necessitem de luz divina. E este Espírito, majestosamente encontra-se assentado a destra do Criador ordenando a junção sagrada de energias e emanações celestiais que formam através da inteireza de forças e mistérios divinos que são as forças que regem o campo material, para serem utilizadas neste elo espiritual, atuando pela humanidade e em nome do progresso da humanidade por ordenança divina de crescimento e elevação espiritual individual de cada ser vivente que neste campo se encontra.

Por isso, estas forças se juntam e se unem, carregando e transportando forças e poderes onde a magia celestial é manipulada por meio das energias divinas celestiais que são jorradas das fontes robustas de energia celestial de Deus e comandadas pelos Espíritos de grandeza sobre os vossos Anjos encantados, os Santos, onde estes, através da união das energias das forças celestiais que possuem juntamente com as forças orgânicas dos elementos da natureza, que são por determinação santa, elementos santificados, pois foram também criados à partir da vontade do Criador para alimentar e nutrir o campo terreno, e alimentam de energia e poderes todos os seres da qual necessitam serem abastecidos e alimentados com mais ou novas energias divinas, a força nascida de Deus, porque são estas que fazem vivos todos os seres que da terra são nascidos e por ela caminham em unidade carnal.

Mas é o Ser Supremo, aquele que ordenada para que os espíritos, sejam estes quais forem, em quais potestades e elos se encontram, em quais nivelamentos estejam, sejam em quais essências se apresentem ou em quais matérias carnais se corporifiquem, executem e cumpram com todas as ordens ao qual lhes foram ordenadas através de vossos servos e servas espiritual ou através Dele mesmo. Pois Deus, o Criador de todas as coisas, é quem ordena, e são todas as coisas criadas por ele, àquelas que devem cumprir com vossas ordenanças e fazerem tudo aquilo ao qual foram com vossas palavras prometidos em elos espirituais quando do momento em que foram todos selados e misteriosamente guardados sobre o vosso Santíssimo comando, pois foram todos nascidos de vosso amado ventre e que por isso, são todos os vossos servos e servas da vossa celestial santidade; único ser capaz de dar a vida e também capaz de tirá-la se assim for preciso.

Por isso, jamais um único espírito ou um único elo espiritual será eliminado, exterminado ou findado em vossas essências sem que tenham sido resgatados, disciplinados e reajustados conforme as ordenanças divinas, pois o Criador não cria os vossos espíritos e os vossos elos espirituais para que sejam exterminados e sim para sejam fortes, guerreiros e corajosos espíritos e elos de forma que todos cresçam em vossas unidades e sejam o verdadeiro reflexo de vossa santidade, jorrando a luz e a energia divina daquele que os criou a vossa imagem e semelhança espiritual e infindável, e assim com Ele mesmo todos deverão um dia, ser as vossas próprias fontes de luz celestial jorrando onde quer que estejam em nome daquele quem vos deu a vida espiritual e vos cria em campos e elos para ser a vossa verdadeira imagem refletida de energia e brilhantismo celestial.

Logo, sem a existência destas energias em junção das forças que cada uma carrega não existiria nem mesmo o elo terreno, pois este é abastecido destas forças. Desta forma, sem essas forças não existiriam o desenvolvimento individual evolutivo e a missão evolutiva dos seres espirituais em campo terreno, isto quer dizer, que sem as forças desta junção não haveria nem à noite nem o dia, nem a claridade ou a luz em campo terreno dentre os espaços de tempo por sobre a terra, pois a noite é o descanso da unidade terra em harmonia com o nascimento da luz que é a força que faz com que a terra tenha suas próprias forças naturais e nasça a cada dia, ou renasça ou acorde, e cada nascimento diário, quer dizer que novamente houve vida e a vida continua a viver e crescer embaixo do sol pela influência das energias divinas, pois para compreender que o dia renasceu e a noite se foi é preciso estar vivo sobre a terra, e essa possibilidade as forças que conduzem o campo terreno vos proporcionam também.

Ora, os Templos Azuis, não é o reino de Deus, o Criador, e sim o tempo onde todas as luzes divinas do Criador se ascendem para que sejam jorradas nos demais elos espirituais ao qual das forças do Criador necessitam.

E são os Templos Azuis a junção dos sete Espíritos iniciados do Criador, formado as cúpula divinas celestial de brilhantismo e cor azulada que carregam as forças do Criador em todos os séculos, todos os tempos e todas as eras com todas as forças e energias necessárias ao campo material, assentados diante da face do Deus único e fazendo a luz divina e a robustez de forças de luz, capaz de ser branda e possível de abastecer os campos ao qual Deus deve habitar de forma espiritual, e de fato habita, por meio das energias filtradas e jorradas por vossos servos e servas, os espíritos que de tão grandiosos que são, são capazes de carregarem as vossas fontes individualmente sem ferir ou danificar os campos em que Deus habita por meio deles. Por isso, não é o Templo Azul o templo do Senhor Deus e sim o templo ao qual ele mesmo escolheu para alimentar de forças e poderes de todos os demais campos que dele necessitam para serem vivos em vosso nome.

E cada arcada divina composta de sete espíritos nobremente escolhidos e determinados para carregarem as energias e forças do Criador em prol da evolução espiritual é o seu próprio templo individual, porém somente a junção de todos os templos diante da regente do Altíssimo Espírito Senhor Júlio Cesar Celestial é que forma o brilhantismo de cor azulada ao qual pode ser vislumbrado da terra e de qualquer outro elo ou potestade espiritual. Pois o templo é o santuário onde se reúnem todos os espíritos que pelo Espírito Santo foram feitos santos e que por isso atuam por vossa santidade, agrupando-se conforme fora por ele mesmo determinado para que se cumpram as vossas determinações e vontades perante o vosso sacrário imaculado de amor e compaixão ao qual somente se constitui estando em arcada alinhada a cada sete Espíritos nobremente escolhidos e determinados acima de todos demais espíritos e todos os demais os poderes e forças que somente poderão ser poderosos e fortes quando abaixo da tenda arcada do agrupamento dos sete espíritos por ele escolhido se encontrarem.

E por isso, são os encarnados nascidos em campo terreno, elo espiritual da qual se encontram abaixo de vossa santidade e vossa arcada espiritual alinhada em sete unidades de robustez de forças e energias, assim como alinhados abaixo dos sete espíritos santificados, os Santos e igualmente alinhados abaixo dos espíritos guiadores de vossas unidades espirituais por serem estes hierarquicamente os regentes, de vossos caminhos espirituais terrenos dos que neste campo se encontram, obedecendo e respeitando as vossas ordenanças, desde o nascimento até o momento do findar da carne e que por isso fazem instintivamente os vossos espíritos. Logo todos os encarnados são e estão alinhados embaixo da tenda suprema ao qual fora pelo Criador escolhida e determinada para que sejam as vossas forças e poderes e não poderá nenhum encarnado possuir de nada além do que fora determinado e escolhido para cada ser material que em campo terreno se encontra, sendo estes merecedores dos dons, habilidades e ciência que vos cabem para serem espíritos conhecedores das forças de si mesmos e dos poderes de Deus por sobre a terra que habitam, sendo seguidores dos Espíritos que escolhidos para vos apresentarem os caminhos santos serão, porque estes serão para cada um e vos, os caminhos da evolução se assim os vossos próprios caminhos os levarem. Porque esta é a lei de Deus.

A Cúpula Arcada

"E do trono saíam relâmpagos, e trovões, e vozes; e diante do trono ardiam sete lâmpadas de fogo, as quais são os sete espíritos de Deus" (Apocalipse 4: 5).

3.3 E todas as forças que compõe as fontes divinas que jorram o brilhantismo da coroa do Criador são do próprio Criador as fontes de Luz por sobre todos os campos e elos que da luz divina se abastecem para serem vivos ou terem vidas ou essências ou para viverem da luz celeste de Deus. Mas a luz divina não é apenas a luz que jorra e ascende os campos e cantos de todos os elos e do universo e sim a luz que irradia todas as formas, poderes, magias e mistérios ao qual deve irradiar, brilhar e fundir-se em todos os cantos de onde se encontram os vossos servos aprendizes que não somente se abastecem da luz do Criador que irradia de vosso trono, como um dia, no momento em que preparados estiverem, irão servir a própria luz divina diante de vosso trono.

Por isso, não é a luz celeste a força de esplendor magnífico, nascido da fonte eterna do brilho flamejante de Deus que ascende todos os cantos, transformando a escuridão em claridade e a as trevas em lia, pois a luz divina que clareia as trevas e ilumina a cegueira da noite, está também, na luz do fogo que abastece o escuro, que caminha ao lado da claridade bem mais perto da incandescência da fonte do Criador do que se possa imaginar; pois a brasa é a mesma ardência ao qual o fogo carrega a luz divina, por isso, o fogo não anda distante e sim ao lado da luz divina, pois a luz é tão forte quanto o fogo e tão poderosa quanto as chamas que queimam e forjam em brasas tudo o que deve ser forjado tanto quanto as chamas que flamejam da própria luz divina.

E não é à luz divina tão forte e tão poderosa sem o fogo que abrasa os vossos raios e da mesma forma, e não é o fogo tão forte e tão poderoso sem a luz que ascende de vossas chamas, e que por isso, um é o completo da plenitude do outro, pois enquanto veste-se a luz de fogo, o fogo, veste-se de luz divina. E nisso encontra-se o poder do fogo e da luz que partem da mesma força e majestade do mesmo Criador. E nisso também encontra-se o poder de Deus em vossas vestes que irradiam tanto a luz quanto o fogo que nascem e crescem de vosso ventre flamejante em chamas sagradas de poderes e glorias forjadas em vossa luz.

Mas não é o fogo tão ardente ou a luz tão branda, pois ambos são nascidos da mesma fonte e da mesma determinação sagrada e possuem a mesma regência do mesmo Espírito gerador sobre a Luz de fogo celestial para ser o regente de todas elas. Sendo assim, nenhum queima mais ou forja mais do que o outro, apenas cumprem com as determinações do Ser Supremo de serem e executarem exatamente aquilo ao qual foram nascidos para ser, por isso, não é a luz nascida apenas para iluminar sem antes também forjar e limpar tudo o que deve ser limpo, assim como não é nascido o fogo apenas para forjar e arrasar sem antes ser brando e corretor dos que precisam ser por ele corrigidos. Logo, cada um atua conforme a leis celestiais da qual são ordenados e executam tudo aquilo ao qual são determinados nos momentos em que são escolhidos para cumprirem exatamente o que devem cumprir em nome de quem os determina que é o Senhor Deus.

Porém é Deus, o Criador, grandioso em demasia para jorrar em totalidade a vossa própria eternidade de brilhantismo por sobre vossos aprendizes espirituais gerados de vossa claridade, os cobrindo com o vosso manto de luz e fogo sem que os destrua por completo; não por desejo de destruí-los, pois o Criador não gera os vossos servos e os destrói por desejo de matá-los, e sim pela robustez de energia que jorram de vossas mãos vivas em chamas flamejadas de luz e de fogo em brasas sagradas.

Desta forma, a vossa robustez de forças é compartilhada dentre os sete espíritos que compõe a vossa cúpula arcada celestial, para que cada um carregue a si mesmo dotado de um poder de forças, magia e mistério que é a luz divina, sendo dividida por entre os que o representam em poderes e forças, levando a luz e a gloria, sem agredir ou ferir nenhum aprendiz ou servo divino. Portanto, nem mesmo os Espíritos de grandeza, que são aqueles nascidos para carregam a luz divina, o fazem de forma única, assim como nem mesmo seriam os espíritos servos aprendizes que se encontram nos elos e nos campos espirituais de desenvolvimento sagrado para que conheçam-se a si mesmo e conhecerem sobre o vosso Deus para que um dia, após alcançarem a evolução, possam servi-lo frente ao vosso trono, vivos e vivificados se acaso não recebessem de Deus a vossa luz divina que ascende e da luz a cada ser espiritual.

Então, fora pelo Criador gerado, com a força da vossa própria luz que arde em fogo e culmina em brasas, o vosso Altíssimo Espírito, o Senhor Júlio Cesar Celestial, o único surgido para ser o primeiro e o derradeiro Espírito nascido da fonte da luz e do fogo, para governar as fontes de luzes celestiais, carregadas de energia e fogo divino. E fora ele, nascido para reger as chamas das brasas que ardem das fontes flamejantes do santíssimo e sagrado manto de Deus Pai Todo-Poderoso. E nenhum outro será tão elevado ou tão alto em poderes de luz quando o vosso mais nobre espírito nascido da força da luz, pois somente aquele que fora criado tanto do poder da luz que queima e arrasa quanto do poder do fogo que forja e destrói, pode ser tão elevado e tão nobre Espírito atuando nas ordenanças do Criador, sendo ao mesmo tempo regente das chamas da luz quanto das chamas do fogo sem que isso lhe cause danos ou lhe seja letal, pois sendo nascido da luz é a luz a vossa única fonte de nutrição e forças espirituais.

E governante de todas as forças de luz, possui forças e determinação para atuar com as sete forças celestiais, carregadas de luzes, magias e mistérios, abrasados em calor divino as regendo e as ligando umas com as outras para que sejam uma o complemento da outra e servindo da mesma forma com igual força e emanação de luz, pois não sendo nenhuma maior ou mais poderosa do que a outra, pois a luz precisa ser abrasada pelo fogo e o fogo necessita ser radiante em luz, não sendo nenhum mais ou menos preciso quanto da intensidade em que cada uma derramará pela força da lei divina ao qual o único Espírito divino sobre elas ordenará a intensidade e a força em que cada uma irá atuar conforme cada determinação e ordenação espiritual do Criador, os juntando em poderes e força de brilho e de luz, os mantendo selados na intensidade conforme a necessidade de luz e de fogo que cada labuta em cada elo espiritual necessita.

Por isso somente estando morto é que pode Ele adentrar, caminhar e carregar em vossa destra tanto o poder de uma quanto o poder de outra, pois ambas possuem claridade, força, poder e magia vindos da mesma fonte maior de Luz que é o Criador, pois ambas foram criadas pelo mesmo Ser Supremo, para serem e o servirem tanto quanto em força e poder, vibrando e ardendo tanto uma quanto a outra, assim como desejar o Espírito Santo que vos criou e as fortifica em vossas próprias forças.

E são os Espíritos de grandeza, os Espíritos sagrados ou Espíritos encantados, os Santos e os vossos comandantes, os guiadores espirituais e os espíritos regentes do fogo, aos quais são também os guardiões nascidos da esquerda espiritual do Senhor Deus, abastecidos com as mesmas forças de luz carregada de amor, frutificação, garra, ciência e também justiça em nome das leis divinas abrasadas em ardente calor celestial, pois as forças de luz do Criador que iluminam através de vossos servos e servas, os Espíritos de grandeza, não ilumina apenas os campos terrenos como também iluminam os campos espirituais ou todos os elos sagrados que por Deus fora criador para que seus filhos possam adentrar, a todas as unidades espirituais erguidas como campos de lapidação, casas celestiais, elos espirituais de evolução ou até mesmo no elo de remissão de nome umbral ou infernal, para aqueles que assim o forem merecedores ou assim forem encaminhados para lá.

Pois em verdade, a verdade é que nenhum filho de Deus ficará sem abrigo, vagando por sobre incertezas do nada consumindo-se a si mesmo de assombros, porque ainda que o elo espiritual de regresso para alguns filhos, será no campo mais inóspito e doloroso, nenhum espírito nascido da vontade de Deus estará desabrigado, pois assim como os espíritos que caminham na luz para a luz regressarão; e assim como os espíritos que caminham com a escuridão, na escuridão das trevas se abrigarão. Porque a luz divina encontra-se em todas as unidades espirituais nascidas e erguidas pelo Criador. E porque nisso também encontra-se a justiça divina; pois é justo que todos tenham um abrigo para morar.

Ora, se as sete fontes que são abastecidas e jorram energia celestial não são as fontes que jorram as forças que abrasam tanto em força de luz quanto de fogo, ambos ardendo em determinação de tudo aquilo ao qual fora ordenado para que jorrem. E não são os Espíritos de grandeza aqueles que possuem as forças de luz do Ser Supremo abastecidos pelos poderes espirituais de Deus não apenas em forma de amor, frutificação, garra como também possuem forças abastecidas em forma de justiça divina e correção divina, pois são os Espíritos de grandeza juntamente com os Santos quem carregam as forças do Criador relacionadas à correção e a justiça em nome das leis ao qual atuam, e estas forças de luz, também são as forças que abrasam o fogo que parte da mesma união de luzes divinas em razão das sete forças geradas pela fonte de abastecimento sideral de Deus.

Portanto são apenas os Espíritos servidores do Criador, nutridos pelas fontes divinas que possuem ordenança e determinação de serem e executarem as labutas e as batalhas divinas em nome da justiça, detentores do fogo e das chamas que ardem as verdades sagradas sobre as vossas costas, nos elos de lapidação da alma, o campo material, onde o fogo não é apenas a chama que ilumina e ascende os cantos e sim aquele que arde e queima os danos e os erros daqueles e neles adentram, os carregando e os direcionando para que todos os filhos de Deus compreendam as vossas próprias falhas e se façam corretores de vossos próprios caminhos e acertos de forma que encontrem em vossos erros o endireitamento e vossas verdades. Porque isso é justiça espiritual a cada filho material.

Por isso, não são os espíritos errantes que caminham nas sombras das luzes, ordenados por vossas próprias vontades e verdades, abastecidos de prazeres terrenos em razão de vitórias momentâneas, os regentes dos poderes da força da luz para que possam caminhar por sobre os erros, as falsidades e os enganos e ainda saírem vitoriosos de vossas batalhas, pois estes, somente não possuem ou não detém as forças abrasadas pelo fogo em forja de luz, como também não são servos divinos componentes da cúpula arcada nascidos da força do fogo para que possam reger, dominar ou deter algo tão santo e sagrado e entregarem aos que da escuridão preferem caminhar as vossas unidades.

Mas não são estes os detentores da luz do fogo, e não sendo, também não serão aqueles que vos aplicarão as correções em forma de justiça divina, porque esta vos será aplicada nos elos de correão e justiça, porque não é o campo terreno um campo de correção e justiça espiritual e sim um campo de onde a aplicação da correção será em forma de auto correção pelo endireitamento das más obras em boas obras.

Porque não é a justiça do endireitamento ao qual atua os Santos e os espíritos santificados, a vingança dos Santos contra os vossos filhos errantes, ainda que estes cometam maldades e atrocidades contra os seus, e sim o resgate daquilo ao qual jamais deveria ter sido alterado ou mudado através da vontade das ações e dos atos dos espíritos encarnados que lhes estejam trazendo dores, sofrimentos, males, angústias ou ainda prejudicando as vossas evoluções.

Mas é a justiça do endireitamento a correção pelo alinhamento daquilo ao qual jamais deveria ter sido alterado ou mudado pelos espíritos encarnados que lhes afetam a jornada e a caminhada da qual se faça necessário que se alinhe aos sentidos, emanações, fluidezes e forças para que a caminhada siga conforme a ordenação daquilo ao qual devem seguir e atravessar todos os encarnados em vossas jornadas conforme lhes fora escrito, sem afetar ou alterar o sentido de nenhum outro ser. Porque nisso aplica-se a justiça daquilo que é justo a todos os homens da terra, porque é justo que todos possam caminhar certos, alinhados e ordenados em direção as vossas labutas sem que este seja desajustada ou desequilibrada por outros espíritos. E nisso, encontra-se ainda a justiça dos Santos e daqueles que são servos também dos Santos em favor dos filhos terrenos de Deus.

Portanto, não serão os sete espíritos ou os sete Santos quem vos aplicará a correção, mas sim apenas os espíritos nascidos da escuridão das trevas, onde a luz que os iluminam, vem dos elos de correção de nome umbral e infernal, pois o clarão parte das mãos destes que carregam os luzeiros ardendo em brasas em direção aos que errantes são, não são luzes ardendo em correção para o endireitamento e sim a luz que ardem em força de justiça que divina pelo flamejar dos erros. Portanto, até mesmo os que caminham na escuridão das trevas, caminham sobre as ordenanças da luz, pois dela recebem o clarão do fogo que jorra luz divina para que também sejam abastecidos em vossas forças ainda que sejam estas opostas a destra de Deus Pai.

Isto quer dizer, que tanto a luz quanto o fogo pertencem a um único ser espiritual e o nome dele é Santíssimo Senhor Deus, criador dos próprios exércitos, o Criador do mundo, onipotente e onipresente na luz e nas trevas; a luz de onde os vossos servos e servas repousam vossas certezas e as trevas de onde os errantes escondem vossas inverdades, porém, por vossa santidade são regidos, guiados e vigiados. Portanto, tanto o espírito aprendizes que caminham por sobre as leis divinas, quanto os espíritos daqueles que são errantes e que caminham por sobre as sombras do nada em elos longínquos, a qual conhecem bem, e desejam caminhar por sobre as trevas, porque a querem para si, mas não a querem como roubo e sim como fuga do próprio sofrimento de quem caminha distante da paz, recebem de Deus tudo aquilo que desejam.

Então, a correção divina em forma de alinhamento, ao qual é esta partida dos espíritos assentados a vossa destra, onde a destra é também o ajuntamento das sete fontes distintas de energia, será aplicada a todos que dela necessitam e sozinhos já não conseguem por vos mesmos, vós alinhar.

E até mesmo para os espíritos errantes e por serem espíritos errantes alocados em elos de correção, porque foram estes um dia, espíritos abastecidos pelos Espíritos sagrados de luz, os Santos, voltados para a frutificação e para o amor e a ciência, porém devido as vossas escolhas foram arranjados nos campos de correções espirituais para reajuste da alma, de onde são todos abastecidos pelos espíritos guardiões das casas celestiais de correções, que são também espíritos servos da luz de Deus.

Por isso, ainda que errantes, serão todos abastecidos pelo poder que emana em todos os campos celestiais seja este em forma de luz seja este luz em forma de fogo. Isso quer dizer, que até mesmo estes espíritos que atuam nas portas das casas corretivas de justiça ou a diante delas, são nutridos pela luz celestial, pois nenhum abrigo espiritual é desprovido de cuidado e ordenança divina, por isso, até mesmo os espíritos que guardam as portas dos elos de correção são servos da luz divina, pois nenhuma composição celestial de luz arde em chamas de fogo sem que esta seja antes de ser fogo luz celestial brilhando em determinação de ser fogo e de ser brasa e ser corretiva ou ser justiça.

Portanto, os espíritos errantes que nos elos de correção e justiça se encontram ou caminham às escuras das trevas a beira dos portais de correção e justiça, não são os espíritos que possuem energias e forças capazes de desalinharem, desajustarem ou desnivelarem os espíritos que sobre a terra caminham, ainda que possuam sobre esses, certas influencia, pois são carregados de energias e vibrações similares, apossando-se destas vibrações em baixa ressonância ao qual se abastecem, pois assim como os Espíritos sagrados são nutridos de luz celestial são os espíritos que atuam nos campos de correção também abastecidos pela mesma luz celestial, pois aqueles que atuam corrigindo os que aos campos infernais adentraram são os mesmos que das forças da luz divina necessitam para terem os vossos poderes, magias, mistérios e força de correção aos quais possuem e atuam em nome do Criador na busca da correção divina.

E somente os espíritos que labutam as labutas divinas e que possuem as forças divinas, em forma de luz e fogo, fogo que abrasa todas as energias celestiais tonando forma de luz carregada em raios fumegantes para curarem e corrigirem aqueles que pelos caminhos das trevas se escondem, possuem a luz que parte das mãos de quem os criou.

Mas não são as trevas a extremidade da unidade de ausência da luz que domina toda a escuridão, pelo fato de não possuir luz divina, pois até mesmo os campos mais escuros para onde partem os espíritos por vossas próprias vontades, conjurados da verdade de Deus, são pertencentes ao Criador. Isso quer dizer, que não são as trevas a extremidade inóspita de energia que pertence aos espíritos errantes e que fazem dela as vossas potestades do erro e do mal, ou que dela de escondem como se fossem as vossas casas, pois estas também são regidas pelo fogo que brilha mais do que a luz, pois este além de ser luz é o fogo divino carregado de energia fazendo a luz brilhar e tomar forma de fogo que queima, que abrasa e que forja todos os erros e danos aos espíritos ao qual somente a luz em forma de fogo é capaz de forjar.

E não são os campos trevosos, campos de isolamento ou de perdição por falta de energia divina, esquecidos e abastecidos por forças negativas distantes da verdade divina, ou comandado por energias espirituais opostas ou contrárias as energias e poderes de forças divinas lutando contra os poderes dos Espíritos sagrados de Deus; e sim espíritos com energias negativas que se isolam em campos e elos de extrema escuridão tentando desta forma preservar as vossas essências,não sendo resgatados por aqueles que carregam em vossas mãos a luz divina, pois dela não desejam conhecer os benefícios e a nobreza de serem servos caminhando em prol da verdade e da luz depois de arderem no fogo, ao qual em determinada hora, quando for chegada à hora, irão também caminhar e servir de igual forma, ainda que vossos isolamentos e esconderijos durem além dos próprios séculos dos anjos que os rodeiam e os permitem pelas trevas caminhar.

Mas não são os Espíritos de grandeza unidos em cúpula para serem e cumprirem determinações divinas na forma apenas de amor e frutificação e sim em forma de correção e justiça também. Pois a fonte única de energia celestial, que é a fonte divina do Criador, que abastece todas as vossas fontes com o vosso poder de amor e de frutificação é a mesma fonte que abastece com o poder da doutrina, da disciplina, da justiça divina e da correção nas formas das leis santas para aqueles que dela necessitam para se alinharem.

Logo o mesmo poder de luz que ilumina a terra, também ilumina os campos de correção, assim como da mesma forma a luz do Criador que abastece as sete fontes divinas as carregando de energias celestiais, também abastece aquela fonte de energia dentre as sete fontes, que em sua potencialidade extrema culminará em fogo que abrasará os campos em forma de correção pelo endireitamento para alimentar e moldar todas as essências que nela se encontram para que se ajustem e alinhem-se da forma ao qual a justiça as ordena, para que sejam fortes e frutifiquem o amor e a compaixão divina com toda a sua força.

E por isso, diante da soberania divina, ardem às sete lâmpadas ou os sete espíritos com vossos luzeiros de chamas do fogo de Deus corroídos em brasas, alimentando tudo aquilo que fora gerado do poder da vossa luz celestial, capaz de queimar e nutrir em poderes santos todas as potestades, elos e campos espirituais aos quais necessitam das forças divinas, para crescerem e caminharem na direção do calor da luz que cada fonte que produz com a energia que cada uma carrega, formando cada uma delas, um foco de energia vibrando calor e transbordando o brilhantismo da coroa do Criador em forma de poderes ao qual cada fonte possui e lança sobre as eras e os tempos. E as sete fontes de luz irradiando diante do trono de Deus, são como os próprios raios que os relâmpagos produzem, carregados com a mesma imensidão de forças e robustez de energia capaz de destruir e arrasar tudo o que estiver a frente levantando ruídos como o estrondo dos trovões, assemelhando-se com milhões de vozes enfurecidas cantando um mesmo cântico divino que é o cântico da hora em que a luz se junta em poderes fumegando as certezas que partem do trono divino.

E as sete lâmpadas que ardem diante do trono do Criador, são os sete espíritos alinhados em ordenança sideral recebendo as emanações da coroa do Criador que compõem a cúpula arcada divina, formada à partir da junção destas sete forças supremas, onde cada uma é representada por um espíritos misterioso de grandeza carregado de energia celestial para a formação da fonte única de poderes e magias espirituais que se compõe através das forças do Criador e que juntas formam a fonte que jorra energia oculta de Deus, sobre o campo terreno para abastecimento da continuidade espiritual material; sendo esta a composição de forças, mistérios, magias e ocultismo da coroa sagrada do Criador que à partir dela cria o lastro divino de poderes e forças em comunhão espiritual gerando um único cálice divino capaz de brilhar luz e ascender o brilhantismo do trono supremo que encontra-se voltado para o campo material; que unido com as sete fontes de luz, comandam todas as unidades menores de forças, que são os Santos; e estes, carregados de energias siderais comandarem através da vertente orgânica em junção com a vertente espiritual ao qual são constituídos de energia espiritual das fontes divinas e energia material abastecidos das fontes orgânicas naturais; todo o campo terreno de forma celestial jorrando energia santificada pelo Deus Criador a todo os habitantes terrenos que neste elo se encontram.

"E os sete anjos, que tinham sete trombetas, preparavam-se para tocá-las. E o primeiro anjo tocou sua trombeta, e houve saraiva e fogo misturado com sangue, e foram lançados na terra, que foi queimada na sua terça parte; queimou-se a terça parte das árvores, e toda a erva verde foi queimada" (Apocalipse 8: 6,7)

Toda determinação que parte do campo espiritual para ser cumprida em campo terreno ocorre em junção das duas vertentes de forças que são as forças espirituais dos Espíritos de grandeza jorrando determinação por sobre os Santos; e estes que são também nascidos da vertente espiritual para serem regentes da vertente orgânica material, recebem ordenança da vertente espiritual que são as sete fontes de energia divina ao qual devem emanar por sobre o campo terreno por meio de vossas próprias fontes espirituais orgânicas, após receberem as ordenanças que serão dadas através da vertente celestial ou os Espíritos de grandeza.

Mas o tocar das trombetas dos anjos celestiais não apenas diz a respeito das ordenanças sendo cumpridas, como também selam o momento exato em que cada ordenança deverá ocorrer em campo espiritual ou temporal, pois cada trombeta erguida será de cada Espírito de grandeza no momento celebrado em alto ruído, saudando à hora da hora da vossa determinação a ser executada.

Portanto, o tocar da trombeta é a concretização do momento exato da junção das duas vertentes ou das duas essências santificadas espirituais onde o fogo representa as fontes divinas em seu ápice de forças e robustez jorrando luzes abrasadas de determinações e o sangue representando a essência da matéria orgânica para que haja vida biológica correndo dentro da carne humana; ou seja, o sangue é a essência da vida que abastece a carne em campo terreno e o fogo é a essência que parte luz em sua forma abrasada devido a fonte de energia que carrega e que representa a vertente espiritual, e juntas ambas as vertentes formam a inteireza de forças necessárias para o cumprimento de determinação em campo sagrado terreno, onde apenas com a junção dos dois eixos de essências espirituais, sendo um o eixo divino espiritual e o outro o eixo material orgânico, onde poderá ser possível que haja a consumação do objetivo santo em campo terreno, seja esta qual for.

Logo toda determinação espiritual entre os céus e a terra, deverá ocorrer em comunhão com as duas vertentes unidas em forças pelos dois meios de sustentação de cada uma das vertentes. Por isso, tanto da fonte de energia de luz divina sendo abrasada em forma de fogo ou em forma de luz que representa a vertente espiritual de energia que irá atuar naquela determinação enquanto o sangue que é a representatividade da sustentação da matéria carnal biológica que representará a vertente material, são, pela força divina, as vertentes que devem se juntar para que haja o cumprimento da ordenação da labuta espiritual em campo material, uma vez que a junção do fogo com o sangue é a união dos céus e da terra através do ápice da força de luz celestial, o fogo e a matéria carnal, o sangue.

Isso quer dizer que a essência da fonte divina que é a fonte de luz inflamada em ardência extrema daquela determinada fonte que codificada pelo fogo em razão da determinação que atua, serve em juízo das leis e correções divinas que culminam no fogo atuando em junção com a essência que representa as essências da matéria orgânica que é o sangue, que corre pela matéria a tornando viva e vívida carregando a vossa própria origem terrena material codificada também pelos demais fluidos carnais ao qual a constitui em matéria orgânica terrena, onde as duas essências de fluidez de sentido tanto espiritual quanto material em junção com as essências que se representam espiritual e materialmente misturam-se e comungam entre os dois eixos de sustentação divina, e ambas fundem-se espiritualmente na mesma ordenança sagrada carregada de determinação ao qual deverá ser cumprida em campo terreno.

E nisso encontra-se a magia de transformação, que não depende das mãos dos homens e sim dos Anjos de Deus, quando os Anjos adentram as esferas terrenas para que sejam lançadas as forças do Criador por sobre a terra, ajustando e trazendo as correções e os ajustes necessários para que se cessem de fazer o mal, a desgraça e a peste contra si mesmos e trazer a cura, que mais dependem dos Anjos do que de si mesmo para curarem-se. Por isso, saibam que é esta a verdadeira magia dos Anjos ou dos espíritos que partem de todas as ordenações de Deus frete a uma labuta de ordem santa e sagrada de correção e endireitamento em campo terreno.

Portanto, é através da união destes dois eixos que os Anjos, que nesta fonte de emanação divina atuam, e poderão atirar vossas forças e poderes por sobre a terra e arder em luz divina em campo terreno ao qual fora determino atuar em nome da lei e da correção, pois somente desta maneira é que poderão manipular as energias orgânicas contidas nos elementos orgânicos e terrenos ao qual o campo terreno possui, e que somente através da junção de forças dos espíritos que atuam neste campo é que toda execução poderá ocorrer, pois nisso se encontra a magia dos Espíritos sagrados quando atuam em determinação divina em campo terreno, pois é através da união das vossas forças com as forças deste mesmo campo em poder natural que também parte o poder espiritual que irão atuar e cumprir as ordenanças.

Por isso, toda correção de ordem terrena, aos quais os campos terrenos devem receber para que sejam realinhados e reajustados, em lapidação de espírito e lapidação do próprio campo ao qual ocupam será em forma de derramamento espiritual dentre os anjos determinados para tais labutas por sobre a terra em junção de ambas vertentes que os compõe e os unem espiritualmente em campo terreno.

Portanto, essa cúpula composta de sete Espíritos de grandeza, que recebem cada um uma energia de força celestial, que através da junção destas sete distintas energias formam a fonte de energia celeste voltada para os campos espirituais assim como para o campo terreno, para alimentar e abastecer e nutrir todos os espíritos que neste elo se encontram através dos Anjos encantados que são aqueles denominados Santos, para que se cumpram todas as determinações a eles ordenadas, não apenas em campos terreno, pois das mesmas fontes que ocorrem o abastecimento de energia e forças divinas, ocorrem o abastecimento de energias voltadas para outros elos espirituais; e embora existam outras fontes celestiais de energias e forças que não são formadas à partir desta mesma composição de Espíritos de grandeza que forma-se para alimentar em energia os outros elos espirituais que não o elo terreno, esta mesma fonte formada à partir da energias destes sete espíritos voltados para o campo terreno, abastecem também outros elos espirituais quando existe necessidade de emanação sobre estes outros campos ou elos, uma vez que o manancial de energia já existe e emana as forças de Deus.

Isso quer dizer, que são sete Espíritos de grandeza que formam as forças das forças misteriosas de luz que unidos ao Criador governam as vibrações e energias relacionadas ao campo terreno, pois ainda que existam outros elos espirituais, outras energias e outras fontes celestiais de sustentação divina, o campo terreno é majestosamente alimentado e governado em energias por sete forças espirituais ardendo em brasas, e que se juntam formando o poder de forças que transbordam da coroa divina, ao qual são também a sustentação delas mesmas e que por isso, governam toda a unidade terra, alimentando os espíritos encarnados por meio dos espíritos menores que são os Santos ou Anjos encantados, carregados de determinação de cumprimento de correção, juízo e emissão de todos os erros que ferem e destroem com o campo sagrado terreno.

Porém, para que a magia de transformação ocorra dentre os céus e a terra, carregando a unidade terrena de energias positivas e equilibrando este elo espiritual é preciso que os Espíritos de grandeza derramem-se em comunhão por sobre os espíritos menores, porém menores, não em poderes e forças, pois estes recebem a mesma quantidade e energia, poderes de forças e vibrações ao qual carregam estes Espíritos de grandeza, e sim por questão de hierarquia celestial, pois estes se encontram em alinhamento espiritual abaixo da unidade divina que é o Espírito Santo, aos quais os Espíritos de grandeza também se encontram hierarquicamente abaixo da tenda divina recebendo emanações destas, e desta forma, fazem parte da denominada cúpula celestial da coroa sideral divina voltada para o campo sagrado terreno, onde os sete Espíritos emanando sobre os Santos, os abastecem em forças para que sejam alinhando os espíritos aprendizes dentro das ordenanças espirituais que cabem ao campo terreno.

Da mesma maneira ocorre com as demais fontes que criadas foram para jorrarem energia celestial em outros elos espirituais e também unem forças com as forças dos sete Espíritos de grandeza que abastecem os espíritos que jorram vossas energias apenas nos campos térreos por meio dos Santos. Isso quer dizer, que ainda que existem outras fontes espirituais de energia sagradas criadas para abastecerem de energias e forças os demais elos espirituais que existem por determinação divina, que não o campo terreno, os Espíritos que comandam as fontes divinas voltadas para abastecerem os campos terrenos também, abastecem os demais campos espirituais com aquelas energias que forem por determinação sagrada ordenadas, unindo forças com as demais forças existentes em outros elos sagrados, uma vez que ainda que sejam energias necessárias em campo terreno algumas destas energias em algum momento são utilizadas em outros elos, pois assim como este campo necessita de forças de justiça e leis de correção outros campos espirituais também necessitam e se utilizam das mesmas forças que, como neste são jorradas.

Este compartilhamento de forças entre o campo terreno e o campo espiritual em relação a determinadas energias tem por nome oblação de forças divinas ou comunhão de formas divinas e cumpre com a determinação de serem, fontes únicas de energias, jorrando em diversos elos e campos, e embora estejam em elos diferentes ou em campos distintos, ou seja, ainda que nasçam em campos celestiais e abasteçam os campos terrenos, campos de lapidação e correção espiritual, comungam entre si das mesmas forças das leis divinas em prol da verdade que cada uma carrega, por meio das mesmas energias de forças ao qual ambos elos possuem e compartilham, pois ao mesmo tempo em que regem e jorram as vossas forças ao elo espiritual ao qual foram determinados, também oferecem-se em energias e emanações para que os demais campos recebam as vossas energias espirituais já existentes para composição de grandeza de luz em favor das obras divinas onde que quer seja necessário a vossa oblação para aumento de forças celestiais, para cumprimento de determinação seja no campo terreno ou não.

Por isso, não são os Santos erguidos em cúpula sideral divina, porém são por ela abastecidos para que possam reger o campo terreno em força de energia e de luz celestial por ordenança divina do Criador, através dos Espíritos de grandeza que formam a unidade arcada sideral divina voltada para o campo terreno, comandando, alinhando e corrigindo as forças e energias necessárias para o equilíbrio e sustentação da vida terrena, seja esta vida, dos espíritos encarnados, das energias, dos elementos ou do próprio campo terreno.

"E vi os sete anjos, que estavam diante de Deus, e foram-lhes dadas sete trombetas. E veio outro anjo, e pôs-se junto ao altar, tendo um incensário de ouro; e foi-lhe dado muito incenso, para pôr com as orações de todos os santos sobre o altar de ouro, que está diante do trono... E o anjo tomou o incensário, e o encheu de fogo do altar, e o lançou sobre a terra; e houve depois vozes, e trovões, e relâmpagos e terremotos." (Apocalipse 8: 2, 3, 5)

E cada selo é um mistério e cada mistério contém um selo ao qual cada Espírito de grandeza recebe para que seja por eles cumprido em determinação santa, porém nenhuma determinação santa direcionada ao campo terreno ocorrerá através apenas entre a cúpula arcada e sim através dos vossos Espíritos sagrados, que cumprem todas as determinações terrenas em nome dos Espíritos de grandeza que são os vossos reflexos em campo terreno.

E cada Espírito de grandeza que carrega um instrumento ao qual também possui cada Santo seu instrumento de igual força e emanação, é um selo, imaculado e fechado com trancas celestiais, que apenas podem ser abertos com a ordenança do "outro Anjo", quando este adentra ao santuário sagrado do santíssimo Senhor Deus, e este é o Altíssimo Senhor regente de todas as fontes celestiais onde reunidos formam os Templos Azuis e sobre a mesma ordenança, regente da cúpula arcada divina, aos quais todas as Potestades e reinos espirituais e elos espirituais de evolução se prostram, pois é o único que possui nobreza e soberania imaculada capaz de depositar sobre o altar de ouro diante do trono divino todos os incensos que cada Espírito de grandeza irá utilizar em vossas missões espirituais juntamente com os vossos Espíritos sagrados, os Santos e aquele que não é Santo.

E é o único também que poderá retirar e ungir o vosso próprio incensário de onde se encontram todas as orações ou assentamentos celestiais dos Santos que em cima do altar sagrado diante do trono divino de Deus está, para nutri-lo com o fogo santo que parte da luz divina em robustez de forças fluindo em descarga de energia de brilhantismo da luz celestial em forma de saraiva e lançá-lo por sobre a terra, carregando o campo sagrado terreno de energias que transcendem a luz que forjam todas as energias opostas à luz do Criador. Por isso, é ele o Espírito que vivo permanecerá sempre, morto dentre os que morrem, diante de vossa vivacidade de poderes e forças. E cada abertura de um selo representa uma ordenança espiritual ao qual aquele Espírito de grandeza deverá preparar-se aos sons das trombetas para iniciar vossas missões em campos terrenos levando as forças e energias abrasadas em chamas ainda que estas tragam dores e lamentações aos que resistirem as vossas empreitadas terrenas.

E ainda que não sejam os Espíritos de grandeza quem determinam as pestes ou as desavenças ou as guerras por sobre a terra, são aqueles que detêm as chaves que trancam ou que abrem exatamente cada força de energia ao qual a terra possui e que causam a desgraça, pois não apenas regem, mas também detêm e governarem muitas e as mais extremas forças, acima do solo da terra, pois não seriam as fortalezas se apenas soubessem trancar as portas e não soubessem também abri-las, pois todos aqueles que possuem as chaves que trancam, também possuem as chaves que abrem. Por isso, são os Santos e os comandantes das falanges, os conhecedores tanto da cura quanto da dor, tanto da fome quanto da saciedade dela, tanto da guerra quanto da paz, tanto da peste quanto da pureza da terra. Pois não seriam os governantes de vossos elos espirituais, regendo o campo terreno, se acaso não soubessem de onde partem as dores, a fome, a guerra, à peste, as tempestades mundanas e a própria morte, pois neste caso não saberiam curá-los de nenhum mal que aflige os homens que nela vive, pois se acaso soubessem apenas como se trancam as portas do que causam o mal e não soubessem quais são as essências ou não dominassem todas as chaves ou fluidezes que causam o mal dos homens, jamais poderiam abri-las para combater vossos opositores ou mesmo quando a tempestade ou a peste teima em vossos campos adentrar.

Mas é certo que todas as doenças, as pragas, as tempestades, as guerras e a fome que assolam o campo terreno são acontecimentos de ordem terrena, por isso são os Santos, Espíritos sagrados ou encantados nascidos para serem regentes do campo terreno, para que possam conhecer dominar e manipular todas as coisas que ocorrem de ordem material sobre todas as coisas que nascidas da terra também são. Logo não existe nenhum mal; nenhuma guerra, nenhuma dor, nenhuma fome ou nenhuma tempestade que não possa ser combatida com as forças dos Santos, pois as vossas forças possuem dominância celestial, ou seja, parte do elo celestial de onde nascem todas as forças e poderes, inclusive os poderes de força natural, os elementos naturais e a carne ao qual irá se utilizar os encarnados em vossas passagens terrenas carregadas de algumas forças e poderes.

Então, não existe nada em campo material que não possa ser manipulado pelos Santos através de vossas energias e poderes magistrais nascidos e emanados dos campos celestiais ao qual também foram nascidos para manipularem e comungarem com os demais seres que da terra necessitam dos vossos esforços para serem viventes.

Por isso, o Anjo que diante do trono de Deus regozija-se em eternidade, carregando o vosso e único incensário de ouro contendo as orações ou os assentamentos celestiais dos Santos e rege e governa em nome do Criador, fundindo dentro deste, as sete fontes em poderes de luz, ordenando a cada uma destas fontes de forças e poderes o que deverão utilizar para servirem ao Senhor Deus em razão das forças e energias aos quais foram nascidos e criados. Pois cada um que carrega as vossas próprias energias voltadas para a vossa própria diretriz de energia deverá aos sons de vossas próprias trombetas diante do trono do Senhor Deus, depositar as vossas certezas e dignificá-lo perante os vossos votos e selos prestando-lhe lealdade e fidelidade, lançando-se por sobre o campo ao qual for necessário para que sejam cumpridas as ordenanças de purificação e correção perante os erros e falhas frente às verdades espirituais e temporais contrárias as leis divinas.

Pois a peste que mata, o medo que assola, a fome que fere e as chagas que sangram não são ações causadas pelos Anjos dos céus, porém serão por eles cessadas pelas chaves que carregam e que abrem e fecham todas as determinações, assim como abrem os céus e fazem chover, assim como param os ventos e fazem saraiva de fogo e de sangue ou assim como cegam os homens para fecharem todos os tempos diante de uma ordenança espiritual com vossas próprias chaves.

E da mesma forma como fecham, também abrem as fontes que descarregam as energias que pairam por sobre os campos em que a peste não será mais peste, a fome não mais será o tormento, a guerra não será mais a assassina e o sangue não será mais a essência da carne correndo dentro da carcaça viva no solo árido, pois quando tocam as trombetas e acende-se o incensário para fundirem-se as energias ao misturam-se perfumes dos incensos com o perfume que carregam os Santos em vossas mãos recobertas em flores, para que os habitantes do campo de onde se vão, sintam apenas os perfumes dos que por lá estiveram e cessaram as dores dos que aplaudem a lança das espadas e da guerra nas mãos dos infelizes que a causam a troco de felicidade que escorre em vermelho vivo.

Pois a fumaça que sobe dos incensos não é a mesma fumaça que jorra das chamadas que se formam através das luzes em ápice de robustez de energia celestial tornando-se fogo e sim a fumaça que arde do bálsamo da essência do elemento orgânico queimando em junção da energia espiritual da fonte de luz ao qual fora determinada a missão terrena. Isso quer dizer que é através da aromaticidade da essência que se forma da união da fonte de luz carregada de energia celestial em combustão pelo poder de fogo com o elemento orgânico, nascido da terra que o espalhafato de odor que sai das chamas, misturado com a essência do próprio espírito regente daquela luz, é capaz de eliminar todas as energias opostas às energias divinas. Pois assim como a energia que sustenta o fogo é carregada de poder divino a mesma energia em junção com o elemento orgânico, é capaz de exterminar todas as forças opostas, pois é também através da fumaça que sai o elemento orgânico onde as duas vertentes se unem em prol de uma única missão, onde o fogo que queima o elemento orgânico é a vertente espiritual e a fumaça que soube do elemento orgânico é a vertente terrena, e esta união de poderes de forças ao mesmo tempo em que são a luz divina queimando o elemento terreno é a força divina dissipando as energias opostas ao nada existencial.

E o perfume dos incensos é o mesmo perfume que brota da junção do fogo com o elemento orgânico aos quais usam os Santos e também aquele que não é Santo em favor de vossas determinações, alterando as energias, as dissipando ou as transformando em nada existenciais por terem sido queimadas pela chama que arde do fogo, que queima as coisas orgânicas causando o bálsamo que jorra energia celestial e derrama-se por sobre as energias opostas, as eliminando e arrasando com as forças. Porque nisso, também se encontra a magia de transformação dos Anjos e dos Santos através das forças do fogo em solo material.

Então, amados encarnados, não pensem que os Anjos são como os pequeninos, que pouco sabe e pouco faz além de embelezar as vestes dos Santos diante da face de Deus, pois estes, Santos também são. E estes são ainda, aqueles que possuem as chaves da vida e da morte, pois caminham dentre os que vivem e morrem de si mesmos em busca de ser aquilo que não são e ainda acreditam saberem mais que os próprios espíritos que descem aos campos terrenos para vos salvar de vossas dores e angustias que doeriam anda mais se acaso permanecessem pela quantidade de anos e de épocas aos quais os encarnados acreditam serem necessários para serem reis e donos dos outros encarnados, que devem morrer através da fome, da peste, da guerra ou da ponta de vossas lanças que ferem e atingem não somente as vossas dignidades, a dignidades dos vossos pobres irmãos como também a dignidade daqueles que nasceram para serem dignos, os Anjos, os Santos e os não Santos.

E desta forma, ainda que seja necessário que se fechem os tempos, que se ceguem os homens ou que sejam adormecidas as eras, todos os atos e ações serão executadas através dos Anjos e dos Santos que os cobrirão com as chamas dos vossos incensos todos os campos ao qual farão cumprir vossas promessas em nome de vossas leis daquele que vos abastece.

Por isso, nenhuma energia circula dentre o campo terreno, sem que seja de conhecimento ou pela vontade e determinação do Criador, porém como não poderia o Criador com vossas próprias mãos manipular as coisas de terra, são os vossos Espíritos sagrados que os fazem sobre a regência do vosso Espírito Altíssimo em poderes e forças, ao qual comanda com os vossos Espíritos de grandeza que todas as forças e poderes possam ser manipulados em campo terreno por meio da magia conferida aqueles que possuem os poderes celestiais em junção com as forças da natureza, transformando energias matérias e energias celestiais em energias naturais corroendo e destruindo todas as energias contrárias ou estimulando que estas mesmas forças contrárias se façam límpidas e cândidas alterando as forças e reconstruindo novas energias e emanações.

E ainda que o mal, a guerra e a fome façam doer mais do que qualquer dor, é preciso conhecer sua origem, vossos desejos e combater as vossas fontes, ainda que estes combates os façam chorar, os façam clamar e os façam sangrar, porque nem todas as guerras serão vencidas sem que antes alguém venha a sofrer, pois nenhuma guerra será vencida a troco de glorias sem suor, vitória sem luta ou sem esforço sem danos.

E todo esforço exige sabedoria, conhecimento, habilidade e evolução, pois não existem vencedores que não conheçam as forças de luta de vossos opositores, a não ser que desejam propositalmente perder o combate. Por isso toda luta e toda caminhada seja esta espiritual ou temporal, deve ser em comunhão, pois nem mesmo os anjos adentram aos campos de guerra sem antes juntarem-se em orações com os Santos e os vossos santos nomes, que são os nomes concedidos por Deus, ou seja, antes de aliarem-se com outras fontes de emanação, que são àqueles ao qual detêm, assim com vós, os poderes divinos das fontes que jorram as leis, as disciplina, a justiça, a ciência e o conhecimento, alinhando-se com os poderes que jorram das fontes e das forças divinas a vosso favor, pois sem antes deterem o conhecimento, a ciência, justiça e o poder de cada força não caminham em nome do Criador a batalha nenhuma, pois não podem vencer as vossas batalhas sem as forças que partem das forças de Deus.

"E, quando os sete trovões acabaram de emitir as suas vozes, eu ia escrever, mas ouvi uma voz do céu, que me dizia: Sela o que os sete trovões emitiram e não escreva"
(Apocalipse 10: 4)

Mas não era o apóstolo apenas mais um espírito que vislumbraria as coisas espirituais e sim aquele que traria as revelações das coisas de Deus, as forças santificadas e de vossos poderes perante todos os poderes da terra. Mas não era ele um espírito puramente em essência em campo celestial e sim um encarnado como todos os outros encarnados, porém para que pudesse ainda que sendo um encarnado em pele de homem vislumbrar as coisas espirituais assim como são as coisas espirituais, fora preciso libertar-se de vossa carcaça material e desligar-se em arrebatamento para subir aos céus de forma que pudesse não somente presenciar os Santos, os Anjos e aquele que não é Santo, diante do trono do Criador em frente a vossa face e perante ao vosso Altíssimo espírito comandando, em determinação todas as coisas sagradas que ocorreriam de forma que pudesse no momento em que se vestisse novamente com a vossa pele de encarnado contar e disseminar as coisas do céu sobre as coisas da terra e sim para que pudesse também compreender que para se chegar ao santíssimo

Senhor Deus, não se faz necessário estar livre da pele material que o consome os dias em terra e sim estar próximo da essência divina por vontade própria através vossa própria existência, servindo como um verdadeiro servo deve servir ao Santíssimo Senhor, o Criador, estando este pronto para o dia, a hora e no momento ao qual for determinar por Ele mesmo for para que possa atendê-lo e servi-los majestosamente como se serve o Rei dos reis.

Ou seja, estando pronto para que quando for chegado o momento em que o vosso Senhor Deus o convoque esteja o ser encarnado que for e no lugar onde estiver, este esteja pronto e apostos para servir com honra, coragem e determinação aquele que vos deu o direito à vida e vos preparou através dos espíritos para ser o vosso servidor, para que um dia cumpra e seja o vosso escudo, a vossa espada e as vossas certezas em campo material, mostrado os caminhos e as obras de Deus, o Criador. Por isso, todo aquele que não se preparar em comunhão com os vossos servos e servas, os espíritos caminharão com vossas próprias pernas em direção aos caminhos das chagas das dores e da angustia de não ter sido assim como os que creem em vossos espíritos parte de vosso sentido de existências.

E embora fosse o apóstolo apenas um homem dentre os demais homens, foi preciso que este se fizesse espírito dentre os espíritos para que todos soubessem como são os espíritos e como estes atuam na terra de homens e espíritos, diante das determinações divinas de serem como são e honrarem com fidelidade tudo aquilo que determinados são. Mas era preciso que estivesse atento as todas as forças e todos os acontecimentos para que pudesse selar todas as coisas aos quais poderiam entender e compreender para trazer diante de vossos irmãos terrenos. E assim, foram por ele seladas todas as coisas espirituais, que aos encarnados em campo terreno devem saber e compreender em relação ao poder de forças divinas que comandam, não somente os elos espirituais como os campos terreno acima de todas as forças, todos os desejos, todos os passos e todos os caminhos diante da terra sagrada ao qual caminham, vivem e sobrevivem os encarnados. E foi por ele selado tudo aquilo aos quais seus olhos puderam ver e sua boca pode trazer aos vossos irmãos, acrescidos pela carne para que todos pudessem conhecer a força e o poder de todas as forças e todos os poderes reinando sobre as vossas cabeças diante do trono do Senhor Deus,

E poder compartilhar em palavras tudo aquilo que do céu nasce e da terra se vislumbra, da terra se colhe da terra se utiliza e da terra se destrói antes de ser consumado ou de serem consumados os vossos irmãos assim com seria a si mesmo.

Pois a terra que recebe o calor do sol todos os dias, o frescor do ar saindo dos ventos todos os dias, o anoitecer encobrindo a claridade por todas as noites, a beleza das ervas, das flores e dos alimentos crescendo e alimentando todas as vidas para que estas possam vislumbrar com os olhos abertos todos os pássaros cantando, todas as formas e fontes de água, bem como observar as vossas crianças brincando e andando com toda a força por sobre a mesma terra; e ainda que tudo seja usualmente natural aos olhos dos encarnados, pois estes ainda que necessitem de tudo isso, não sabe exatamente de onde vem esta magnífica força ou quem os emanam em poderes de frutificação os fazendo vivo, como também desconhecem a si mesmos, assim como desconhecem da terra a força que a faz ser vívida e esta mesma força que faz ser vívida e frutificar a terra que se faz sagrada, assim como ele mesmo, pois da mesma maneira fora nascido do seio do Criador, e tudo o que nasce do vosso eterno seio para ser tudo aquilo que dever ser sendo livre e sendo reflexo do vosso Deus é por ele e para ele sagrado.

O Reino santificado dos sete Santos

"E olhei, e eis que estava no meio do trono e dos quatro animais viventes e entre os anciões um Cordeiro, como havendo sido morto, e tinha sete pontas e sete olhos, que são os sete espíritos de Deus enviados a toda a terra" (Apocalipse 5: 6)

3.4 E os sete Espíritos de grandeza, que são os sete Espíritos de Deus, ou as energias espirituais que formam e constituem a vossa coroa santa e sagrada, que foram enviados a terra através das energias jorradas de cada um deles, para regerem e encaminharem todas as forças espirituais que em nome de Deus atuam para abertura de caminhos e direções santificadas de nobreza santa no elo espiritual ao qual cada um destes Espíritos irá atuar em nome de Deus.

E através dos vossos sete olhos que representam as sete forças que certeiramente vislumbram e direcionam as fontes divinas nos exatos lugares onde estas devem estar e devem também jorrar, é que derramam-se em poderes e forças divinas em nome do único Senhor governante universal da única fonte divina e celestial ao qual todos devem regozijarem as vossas forças espirituais. E não é somente na terra sagrada que atuam, pois vossas força e emanações caminham por entre as esferas e outros elos ou potestades espirituais, jorrando forças e encaminhando as energias divinas ao qual derramam não somente diante do trono santificado do Criador e sim diante de toda a terra e elos ao qual também adentram as forças santas.

E cada Espírito de grandeza suprema que com o seu poder de forças comanda uma unidade de robustez de forças santas e estes regem sobre um determinado Santo ou um poder santificado que por ele é regido, concede a este Santo o vosso próprio poder de forças que difere do tipo de poder de forças dos demais espíritos robustos em forças ao qual também concedem as vossas distintas forças onde a junção de todas as energias forma um único e onipotente poder de forças maior regido pelo Criador e governado pelo vosso Altíssimo Senhor Júlio Cesar Celestial, Espírito encantado, detentor das chaves santificadas de mistério maculo sideral da fonte divina de ligação direta entre os céus e a terra.

Por isso, cada Santo é um espírito de Deus emanado por um Anjo supremo regente de uma potestade de poderes e forças próprias que concede poder, autoridade e energia celestial a este Santo, que retendo essas forças dominam os vossos próprios elos espirituais, atuando com suas próprias determinações e poderes a ele concedido pelo Ser Supremo que o rege através dos Espíritos de grandeza para que conduzam os filhos da terra assim como os filhos celestiais em emanações e energias aos quais detém para cumprimento de vossas ordenanças celestiais; os tornando assim, líderes dos comandantes espirituais onde se encontram os agrupamentos de espíritos sobre o comando de vossas forças trabalhando por vossas ordens, poder e cumprimento e de justiça.

Portanto, os Santos são os poderes de forças próprias, pois possuem as vossas forças jorradas das forças das potestades espirituais divinas, os permitindo serem regentes próprios de vossos elos espirituais que dominam aos quais são nomeados de reinos Santos ou reino santificado dos Santos. Isto é, cada elo espiritual é um campo sagrado em que um Santo guarda e protege os vossos segredos, mistérios, tempos, destinos e também regem todos aqueles que com eles atuam, os vossos comandantes ou regentes espirituais ou chefes de falange, representantes dos exércitos de Deus, porque são os espíritos que pertencem aos elos espirituais de evolução, os espíritos que diante do Criador lhe são os servos de vossos exércitos espirituais labutando em nome da mesma verdade espiritual.

Sendo assim, são os espíritos que diante dos exércitos de Deus se encontram, os mais leais e fiéis servos espirituais atuando com as forças e poderes que possuem para alcançarem as unidades terrenas e celestiais emanando e jorrando por sobre as cabeças ou abrigos materiais ou espirituais de todos aqueles que possuem os seus próprios segredos e selos celestiais e que por isso necessitam serem guiados, guardados e protegidos. E é isso o que fazem estes espíritos que de Deus lhe servem em forças diante de vossas próprias caminhadas de evolução.

Ou seja, abaixo de cada uma destas sete potestades espirituais de forças divinas encontram-se sete elos espirituais distintos de forças e emanações santificadas, e embora cada Santo receba as mesmas forças jorradas dos sete Espíritos de forças robustas, cada Santo é governado por um único Espírito de grandeza ou uma única potestade que o conduz com toda a força ao qual possui o tornando um poder de força distinto ou força única perante os demais Santos. Por isso, ainda que todos recebam sete energias, uma será em maior poder ou será aquela que irá conduzir este Santo e fortalecê-lo para que seja um elo de forças daquele que o conduz, ou seja, cada elo espiritual representa também a potestade espiritual daquele Espírito de grandeza que o conduz. Por isso não serão todos os Santos iguais de igual emanação, igual poder e força uma vez que a vossa regência é de diferente emanação de força espiritual divina.

Embora sejam os únicos que possuem as fortalezas de forças divinas que compõe a magnitude de poderes de forças do Criador, os Espíritos de grandeza nem mesmo os espíritos robustos e unidade de forças não são espíritos que atuam em campos de remissão, forjas, julgamento espiritual ou infernas, pois as vossas forças estão além das forças existentes em qualquer elo de espíritos que possuem espíritos corrompidos, ou essências espirituais de qualquer forma ou emanação negativamente própria, pois as vossas forças juntas formam a potência de força celestial ao qual o universo se utiliza para vibrar nas energias santificadas de Deus ou de onde parte a única fonte celestial que abastece todo o universo de energia santa do Criador.

Então, estes regentes são espíritos além de santificados, espíritos selados que possuem as únicas forças capazes de serem transformadas em energias que ao emanarem em forma justaposta ou acomodada em uma única vibração são altamente destrutivas a qualquer que seja o espírito, a emanação ou o elo ao qual se aproxime, porém não são os elos de remissão espiritual unidades que não possuem autoridade divina e que por isso, devam ser destruídas, portanto são as unidades espirituais robustas em forças apartadas que jamais adentram as unidades de remissão espiritual. Por isso, estes Espíritos robustos em unidade de forças compartilhem de vossas grandiosas fontes e poderes através dos elos espirituais onde se encontram as energias também santificadas ao qual concedem aos Santos.

Essa força distribuída não diminui o poder de forças nem dos Espíritos de grandeza tampouco entrega menores forças em relação aquelas ao qual detém, aos Santos, pois estes também atuam em harmonia vibrando todos na mesma emanação celestial, com isso as vossas forças multiplicadas por sete, são tão grandes e poderosas quanto às sete forças das sete fontes juntas, porém cada uma regido por um Espírito de grandeza diferente, o que faz com que todas as forças aos quais os Santos carregam, sejam fortes tais quais as forças da fonte única que jorra do Criador, porém de maneira distribuída para que os Santos possam atuar em vossos nomes utilizando-se de vossas forças sem danificar ou exterminar com outras essências ou espíritos que necessitam estarem vivos e intactos para que possam caminhar por sobre as leis e cumprirem com vossas missões ou determinações.

Logo, os elos espirituais dos Santos são fontes individuais responsáveis por receber a forças das potestades espirituais santas de maneira fracionada, jamais de uma única vez assim como recebe a constituição da fonte única de Deus, pois desta maneira nenhum elo ou elemento se fixaria em canto algum, pois o vosso poder de emanação capaz de jorrar a força que fortalece todas as fontes universalmente poderia destruir qualquer essência, fonte ou energia existente devido à potência e fortificação natural ao qual fora constituído para ser. Por isso são os Santos em os vossos elos sagrados, os campos santos ou os reinados santos, capazes de receberem as vossas emanações, de forma individual e não em comunhão e ainda serem os representantes da totalidade de cada energia que emana do Criador, para ser utilizada de maneira única. Desta forma, recebem os sete Santos a energia total da fonte divina, porém de forma fracionada ou dividida, pois esta é a única maneira destas forças espirituais do Criador serem emanadas e jorradas aos outros espíritos ou seres que necessitam das forças do Criador para sobreviverem e caminharem em direção de vossas próprias missões espirituais sem serem danificados.

Desta forma, cada força individual ao qual um Santo recebe, atuando em comunhão com as demais forças recebidas pelos demais Espíritos de grandeza, pois é desta forma que atua um Santo ou um Espírito sagrado também com determinação divina de trabalho santo em nome de Deus, o Criador, utilizando-se das energias e forças celestiais a eles concedidos juntamente com as forças naturais ao qual se encontram nos campos onde atuam potencializando e alterando as emanações ao qual necessita este elo espiritual. Por isso possui cada Santo o vosso próprio elo Santo e sagrado de energia santificada jorrada pela fonte de forças de Deus, o Criador, para atuar em vosso nome nas esferas e campos onde se encontram espíritos em aprendizagem em caminho santo, os conduzindo e auxiliando na caminhada de estágio sagrado na busca de crescimento celestial utilizando-se além das forças celestiais a eles concedidos as forças que também brotam e jorram nos campos em que atuam, transformando estas forças em forças límpidas e puras em quantidade de energia necessária para cada atuação e missão sagrada.

Isso quer dizer, que cada Santo que atua em um determinado ajuntamento de energia natural material, chamado de campo material ou campo terreno, utiliza-se além de vossas próprias forças e poderes, também as forças naturais ao qual se encontram em abundancia neste elo espiritual, pois este, assim como tudo o que possui vida material é constituído de materiais orgânicos que possuem por si só energia espiritual, o que inclui os elementos sólidos naturais e os elementos que brotam da terra ou da própria natureza, que são os elementos espirituais nascidos da terra ou dos ajuntamentos de energias santas e sagradas que brotam de si mesmo através da luz de Deus.

E a junção destas duas energias, ou seja, a energia ao qual o Santo carrega que é diferente da energia encontrada em campo material ou nos elementos naturais com a energia orgânica dos elementos espirituais encontrados na própria natureza em campo material, forma novas energias para serem utilizadas nos campo materiais, pois da mesma maneira como os seres viventes deste campo, bem como os elementos que os envolvem são orgânicos, é preciso possuir parte de energia de fonte santa e parte de energia orgânica para que as forças se misturem e sejam também espiritual orgânica para que sendo tangível aos que neste campo sobrevivem, possam alterar, atingir e tocar as essências dos espíritos encarnados que neste campo espiritual e orgânico se encontram.

Mas a fonte de emanação espiritual que jorra dos Santos aos seres viventes não são apenas fontes de energias celestiais ou naturais materiais puras e sim a junção de duas fontes ou duas energias, a energia santificada que possuem por determinação divina nascida da fonte única e a energia natural vital vinda dos elementos espirituais que neste campo se encontram para que possam juntar em campo terreno as ondas destas duas energias compatíveis com as próprias emanações que os seres viventes deste campo possuem os tornando mais fortes e vívidos sobre as forças de Deus duplamente encontradas.

Porém, estes elos espirituais santos que recebem energias santificadas nascidas das fontes de energia direta do Criador, de onde reinam e atuam os Santos de maneira própria, pois possuem por si só, poderes, intensidade de força, ânimo e determinações conferidos a eles pelo próprio Criador que através dos Espíritos de grandeza os enviam a robustez de forças da fonte única das forças de Deus, que pela força divina foram criados, em favor de evolução, conhecimento, autoconhecimento, amor e cura; entrona cada um dos sete Santos, em um único poder de governança para que possam com independência atuarem, e desta forma construírem as obras divinas aos seres que deles necessitam em nome do Criador.

Logo estes elos de poderes e forças também conhecido como reino dos Santos, detém, armazenam e reproduzem todas as forças de seu poder espiritual para que estas sejam distribuídas e emanadas aos espíritos que com eles atuarão em favor do progresso, conhecimento e elevação dos espíritos, juntamente com os vossos próprios Espíritos de grandeza e também com os chamados comandantes ou regentes espirituais, ou chefes de falanges ou agrupamentos espirituais, que governam cada elo espiritual de evolução com as forças e energias dos Santos.

E cada elo governado por um Santo que detém sete poderes de forças distintas e próprias a eles conferidos pelos Espíritos de grandeza, onde estas forças individuais se juntam com a força de maior dominância do Espírito de grandeza que o rege neste elo espiritual formando assim, vossas próprias forças distintas dentre os sete elos dos sete Santos existentes, onde cada uma destas sete forças, destes sete elos espirituais será distribuída pelos sete Santos regentes destes sete elos espirituais a cada espírito comandante espiritual, onde estes atuarão não com sete forças distintas e sim com apenas uma unidade de forças formada por sete distintas forças assim como o próprio Santo possui. Isso quer dizer que cada elo espiritual de evolução regido por um comandante espiritual da qual recebe e utiliza as forças e emanações de um Santo, carrega em vossa constituição de energia e forças, as forças e energias de outras sete forças, pois são através destas que a vossas energia se faz vivia e atuante.

Isso não quer dizer que utilizará sete distintas energias e vibrações e sim apenas uma ou aquele ao qual rege o Santo de onde carrega o nome e a vibração, porque é este também formado por outras sete energias e forças espirituais, jorradas dos sete espíritos de grandeza em direção aquele elo específico de luz que é o reino do Santo e o elo de evolução.

Os comandantes espirituais ou chefes de falange são espíritos altamente evoluídos com alto conhecimento e grau evolutivo para atuarem nas linhas espirituais por ordenança do espírito de maior nobreza e dignidade o Altíssimo Senhor Júlio Cesar Celestial quem os determina e ordena conforme a vossas evoluções para atuarem em determinada linha evolutiva espiritual ou elo de poderes e forças celestiais ou elo dos Santos em prol daquele elo santificado carregando as forças celestiais e sendo responsáveis pela evolução e crescimento dos espíritos que estiverem sobre os vossos comandos no caminho de aprendizagem e desenvolvimento espiritual.

Pois é através dos elos dos Santos que estes espíritos altamente evoluídos e capacitados a serem comandantes espirituais dos exércitos divinos, ou exércitos santos trabalham e prestam os vossos serviços santos ao Criador, uma vez que não existe a possibilidade de prestarem os vossos trabalhos santos nas potestades espirituais ou juntamente com os Espíritos de grandeza, pois estas potestades devido a magnitude e potência de forças ao qual detém são altamente destrutivas inclusive aos espíritos mais evoluídos e nobres que são estes que carregam as determinações de serem comandantes espirituais, por já possuírem altivez de nobreza santa, e que por isso já se encontram em linhas de evolução celestial de domínio sagrado.

Desta forma, as vossas atividades sagradas são exercidas dentro dos elos espirituais que governados pelos Santos que acima de tudo, são zelados e guardados pelo Altíssimo Senhor Júlio Cesar Celestial que os tornam espíritos divinos de caridade divina, trabalhando de forma leal e tão sublime e soberana aos olhos dos Santos atuando, assim como também diante da face do Santíssimo Senhor Deus, o Criador de todos os exércitos espirituais, através do vosso condutor das forças jorradas de vossas fontes o Altíssimo Espírito de gloria celestial.

Por isso todo aquele responsável por um agrupamento santo espiritual de aprendizagem espiritual não é somente um espírito evoluído e sim um Espírito de alta evolução santa, alta nobreza, lealdade e soberania atuando em favor das leis divinas, sendo um servo de Deus, o Criador, pois todo aquele que serve sendo comandante ou regente espiritual em um elo de um Santo e sagrado, o é porque recebeu do mais nobre e Altíssimo Espírito a ordenança de ser um espírito chefe das ordens e das leis de Deus, e que por isso, em nome de todas as forças que o rege e em nome do poder de todos os poderes que é a única fonte que jorra por ordem do Ser Supremo atua e comanda os diversos grupos que trabalham, agem e cuidam dos demais espíritos nascidos do seio do Criador em nome de vosso Senhor Deus. E são os comandantes ou chefes de agrupamentos ou falange os mais fiéis e leais espíritos capacitados para exercerem as determinadas ordenanças dos Santos em vossos nomes e em nome do vosso Criador.

E cada elo espiritual que gloriosamente recebe um determinado poder de forças e comanda um agrupamento de espíritos em fase de crescimento, autoconhecimento e evolução espiritual para o próprio progresso e elevação espiritual sendo um aprendiz das leis divinas, onde todos os espíritos que se encontram em um elo espiritual de evolução, também conhecido como falanges espirituais caminham pela eternidade na busca alcançar o crescimento individual de forma conjunta comungando e partilhando de conhecimento com os demais espíritos que na mesma fase espiritual de encontram, ou em desenvolvimento.

Logo todos os espíritos que comungam dos mesmos ensinamentos e evoluções possuem cada um o seu nível evolutivo e capacidade de forças diante da capacidade, habilidade e dom que cada um possui, e todos trabalham para o vosso próprio crescimento e crescimento de todos os que deste agrupamento fazem parte. Por isso todo aprendiz está em fase de evolução, poder de sabedoria ao qual seu elo de aprendizagem e desenvolvimento possui e o capacita para o crescimento dentro da eternidade do Criador, porque é a evolução assim como são o conhecimento e a ciência infindáveis dentro da eternidade de Deus.

Por isso atuam com os Santos e os vossos comandantes espirituais, apenas espíritos que caminham nas linhas divinas de evolução santa e conhecimento divino, jamais espíritos de elos de remissão, julgamento espiritual umbral ou infernal, pois para que um espírito seja alocado em qualquer que seja o elo espiritual para atuar com qualquer que seja o chefe espiritual este deverá antes de qualquer evolução, possuir grau de autoconhecimento e conhecimento em relação ao Criador a estar em busca de evolução espiritual, uma vez que nenhum espírito atua nas linhas santas em nome do Criador por força, imposição ou violência, todo espírito que atua nas linhas santas o fazem por lealdade e por amor ao Deus Celestial, o Criador do mundo e todas as coisas e em nome de vossa devoção ao Ser Supremo e que lhe é concedida a honra de exercer atividade santa nas linhas de evolução espiritual sobre as ordens do Espírito Santo.

Promessas divinas e os exércitos do Senhor Deus

"O Senhor levanta a sua voz à frente do seu exército. Como é grande o seu exército! Como são poderosos os que obedecem à sua ordem! Como é grande o dia do Senhor! Como será terrível! Quem poderá suportá-lo?

3.5 E foram todos os espíritos nascidos e proclamados e selados diante da face do Criador em campo espiritual, para serem erguidos e exaltados frente ao cumprimento de uma missão celestial que cada um possui, ao qual é a passagem gloriosa por todas as missões de aprendizagens, cumprindo com as ordens de se elevar diante do autoconhecimento e do aprendizado, para encontrar-se com aquilo que nasceu para buscar a mais sublime gloria de todo espírito nascido do seio do Pai. E dentre todas as unidades espirituais de desenvolvimento e elevação espiritual ao qual devem todos os espíritos conhecerem e experimentarem, o que inclui o campo terreno, porque é este o maior campo de aprendizagem espiritual, que vos concederá ao término de vossas jornadas de aprendizado a chave das portas das casas celestiais de Deus para que caminhem em harmonia e paz diante da eternidade sagrada do Senhor.

Porém, não são somente estes aprendizados com honras e glorias o término de jornada de labuta pelo autoconhecimento e elevação que os tornaram espíritos em honras e glorias de si mesmos diante das casas celestiais do Pai eterno. Porque são as casas celestiais, a continuidade do conhecimento do progresso do desenvolvimento e da elevação espiritual de cada unidade espiritual, uma vez que a casa sagrada do Pai eterno é unidade eterna de conhecimento, desenvolvimento e aprendizagem. Por isso é a conquista e evolução espiritual de elevação de si mesmo o caminho que concederá novos caminhos de evolução espiritual em nome do Criador diante de vossas casas sagradas, pois somente diante de vossas casas sagradas é que conhecerão e assumiram com nobreza e honra os mais importantes trabalhos espirituais dentre todos os trabalhos executados e conquistados, que é receber o direito de pertencer aos vossos exércitos, sendo um de vossos servidores, o servindo e atuando da maneira e da forma ao qual Ele mesmo determina que assim seja.

E são todos os espíritos que preparados foram nos diversos elos de aprendizagem, o que inclui o campo terreno, e espiritualmente se encontram preparados conforme a ordem de Deus diante aquilo da qual precisavam conhecer, dominar e executar para se tornarem um de vossos servos, atuando em vosso sagrado nome, pela honra e pela gloria se servi-lo em amor em dignidade e em verdade; servos espirituais do Criador se tornaram.

Porque são os espíritos que cumprem os vossos deveres e alcançam as vossas missões, espíritos que se tornam elevados e preparados para assumirem novos serviços divinais, e recebem por isso, o direito e a honra de servirem espiritualmente frente as novas labutas que são as labutas diante daquilo aos quais foram todos prometidos e selados no momento em que foram nascidos espiritualmente para serem e servirem. Por isso, o alcance da elevação espiritual é ainda o alcance da gloria de serem espíritos que venceram todas as batalhas pessoais dentro dos aprendizados que a eles foram entregues para que chegassem aos postos mais altos espirituais que é servir a Deus, diante daquilo ao qual ele mesmo o selou e cada espírito se prometeu e se comprometeu no dia em que do seio do Pai eterno fora nascido.

E são as casas celestiais dos espíritos que alcançaram as vossas elevações os agrupamentos espirituais. E são os agrupamentos espirituais os exércitos celestiais do Criador, pois são estes os fortes divinais que atuam conforme as forças, as energias e as emanações de poder e de gloria e de luz, concedido por Deus para ser e existir em vosso nome, labutando com vosso poder de forças, e são os espíritos que alcançaram as vossas elevações e diante destes agrupamentos se encontram, aqueles que desenvolveram-se e aprenderam a conhecer e exercer estas mesmas forças e energias durante todas as vossas passagens de desenvolvimento espiritual pelos diversos elos espirituais das quais passaram, e por isso, se encontram preparados para ser em nome do Ser Supremo diante de um de vossos exércitos ou agrupamento de espíritos um servo atuando em vosso favor.

Porque é o caminho do aprendizado da busca da pratica a preparação espiritual para ser e servir ao Senhor Deus diante de vossas promessas, por isso é o caminho da aprendizagem, o caminho da evolução espiritual ou o caminho da eternidade ao qual foram todos os espíritos nascidos para que em algum momento possam honrar e cumprir os vossos selos e votos diante das promessas do Senhor para com os vossos filhos, assim como permite o Criador que todos os vossos filhos lhe possam também cumprir as suas promessas e por isso lhes ofertar todas as ferramentas e alicerces e estrutura para que possam alcançar as vossas promessas seladas no dia de vossos nascimentos ou no dia do dia mais importante para um espírito, a vossa aparição.

Por isso, é a seladura no dia do vosso nascimento comprometendo-se honrar e obedecer ao Senhor que nobremente lhes oferta a vida e lhes promete uma casa divinal de onde as belezas e nobrezas celestes poderão ser apreciadas e caminhadas eternamente pela vossa paz, a promessa pelo caminho da eternitude que jamais se findará para aquele que diante da verdade se prostra e labuta toda a vossa existência com amor, sabedoria, autoconhecimento, devoção, humildade e obediência, porque são estes os princípios iniciais espirituais para aqueles que seguem fielmente pelos caminhos da vossa própria evolução espiritual e por isso receberão o galardão de vossas entregas verdadeiras.

Ora, se não são os espíritos que labutam frente aos exércitos de Deus, aqueles que nascidos para serem e exercerem aquilo ao qual o Criador lhes determinou que fosse as vossas promessas, são os conquistadores de vossas próprias promessas por terem alcançado as vossas elevações, e por isso, são os servos e servas divinais frente aos diversos agrupamentos espirituais de poder e de forças santas e sagradas, porque são estes agrupamentos os únicos e verdadeiros exércitos do Senhor, lutando e batalhando junto aos espíritos mais elevados perante as ordens de Deus, recebendo as forças e as energias jorradas e derramadas dos mais nobres e santificados espíritos divinos.

E são os comandantes espirituais ou regentes espirituais aqueles que frente aos exércitos do Senhor Deus se prostram e se regozijam em amor e em verdade, porque são estes os vossos servos e servas divinais das quais além de nascidos do seio de Deus da qual cumpriram as vossas missões de serem servos e servas, assumem os vossos postos de serem os que regem e comandam os grupos de espíritos que frente aos exércitos da paz trabalham em direção a eternidade. Portanto são estes os espíritos que assumem os agrupamentos espirituais, os servos vencedores de vossas também tribulações e batalhas para se tornaram através da obediência, crenças, amor e devoção espíritos altamente elevados e evoluídos, cumpridores de ordens de carregarem os seus grupos de espíritos aos mais diversos campos e elos espirituais com as mais diversas labutas santas em nome da paz que todos eles possuem.

Isso quer dizer que são os espíritos que descem ao campo terreno para comungarem e congregarem com os demais espíritos encarnados que diante das casas celestiais ou casas espíritas em fase de aprendizagem preparam-se espiritualmente para serem servos o Criador, os espíritos que assim como todos os que se encontram em campo terreno, para vencerem as vossas labutas, aqueles que irão vos auxiliarem a prepararem-se para assim como eles, assumirem vossos nivelamentos diante daquilo que está reservado espiritualmente para cada ser, ou para que também conquistem vossas batalhas pessoais, aos quais são serão as vossas promessas encontradas ao término da jornada de aprendizagem.

Mas são estes espíritos que nomeados de comandantes ou regentes espirituais, espíritos evoluídos que além de vencerem as vossas batalhas e promessas, venceram também a promessas de Deus para com eles, e por isso, regem e comandam os exércitos espirituais, ao qual possui o número de milhares de servidores, e por serem já elevados e evoluídos dentro daquilo aos quais preparados foram, comandam estas potencias de energias e de forças divinais nascidas também das fontes de energia e de luz do Senhor, como sendo os vossos servos comandantes mais elevados e supremos frente a cada exército existente, porque cada falange de espíritos aos quais são os agrupamentos de espíritos alocados a um exército de paz pertencente ao Criador é uma potência celestial de energias e forças labutando sobre uma ordem, uma regência e uma unidade de forças espiritual trazida de uma unidade santificada em nome de Deus.

Ou seja, cada agrupamento de espíritos ou exército de paz é uma unidade de forças batalhando em direção a uma única verdade frente a uma ordem e determinação e por serem espíritos elevados e conhecedores daquilo ao qual são as vossas promessas diante das mais nobres e elevadas missões espirituais; e todos aqueles que trabalham as vossas missões pelos caminhos da evolução dentro de um agrupamento de espíritos regentes, são os missionários espirituais da paz, ou espíritos evoluídos em vossas determinações que trabalham em nome dos Santos utilizando as vossas energias e poderes e forças em união tanto com os filhos da terra quanto com as fontes de energia de poderes e de luz que vibram e jorram energia santificada em prol da ordenação sagrada de unirem todas as forças e unidades de forças em uma única unidade capaz de elevarem-se e erguerem-se diante daquilo que lhes é a próprias promessas, ou a promessa de todos. Isso quer dizer que todos os aqueles atuam em favor das boas obras ou em favor de todos aqueles que caminham e procuram a verdade de Deus, encontraram os servos divinais prontos para lhes servirem, porque esta é única verdade que vos abastecerá e vos colocará diante da força e do poder que é capaz de curar, de reerguer, de reajustar, de liberta e de salva todos os filhos da terra, porque somente quando aqueles que rogam e buscam a força de Deus em forma de verdade, será liberto de vossas dores e angustias no dia de vossa liberdade pelo direito de assumir a vossa promessa.

Porque estes que congregam nas casas espíritas em favor da verdade, não congregam em favor de vossas vontades e vossas verdades, e sim pela vontade e determinação de ordem da Deus para com todos os vossos filhos nascidos de vosso seio, sejam estes espíritos já evoluídos, sejam estes espíritos que se encontram nos caminhos para a elevação e evolução espiritual de si mesmos. E são todos espíritos nascidos de criados da ordem se serem e exercerem as vossas promessas diante dos exércitos divinos, por isso, filhos que devem se unir em prol da mesma e única verdade independente do campo espiritual em que se encontram todos.

As sete forças espirituais

"E disse-me mais: está cumprido. Eu sou o Alfa e o Ômega, o princípio e o fim. A quem tiver sede, de graça lhe darei da fonte da água da vida" (Apocalipse 21:6)

3.6 Pois a fonte da água que jorra vida para que todos sejam vivos e por ela sobrevivam, é a mesma fonte que alimenta as energias que se fazem também vivas para que todos que precisem dela se alimentem e tenham através dela a vida eterna. E quem tiver sede, de graça poderá alimentar-se da fonte única que descarrega todas as forças e energias divinas vitais ao qual sem esta nenhum ser poderá sobreviver neste elo chamado terra, pois ainda que sejam todos abastecidos de todas as vibrações e nutrientes que a natureza é também capaz de oferecer aos viventes deste elo, este é o alimento material para a carne material, porém todos os que são constituídos de carne material também são constituídos de espírito, e este é o único que adentrará as casas celestiais, mas para isso, se faz necessário o alimento da alma, assim como para a carne é necessário o alimento da carne.

Logo, todos aqueles que souberem alimentarem-se das águas da fonte da vida, ou ás águas que alimentam a vida espiritual, de graça, ou seja, por vontade própria, entrarão aos elos celestiais de onde brotam todas as fontes e alimentos espirituais ao qual nenhum ser espiritual poderá viver sem. Por isso, a vida não encontra-se em campo terreno tampouco é alimentada por coisas materiais, pois esta não é coisa material. A vida é essência espiritual de pureza e nobreza plena e infindável, alimentando-se e bebendo das fontes espirituais diante dos esforços celestiais para que esta jorre e alimente a todos que dela tem sede, ou que nela tenham confiança.

E aos que não tiverem sede ou optarem por alimentarem-se das fontes das águas das falsas felicidades ou da fonte da água da morte, bebendo apenas do gozo das vitórias materiais e temporais, alimentando-se apenas das fugacidades da carne, as portas dos elos de remissão, estarão para estes, abertas, assim como também estarão abertas as portas do elo terreno para quantas vezes forem necessárias que se façam passagens de aprendizagem espiritual sendo guiado por um daqueles que compõe a fonte da água da vida, para que este se faça vivo e se faça crescido ou se faça elevado de si mesmo algum momento; e certamente este se fará, pois a lapidação do espírito será mais rígida do que a vontade de embebedar-se de fugacidades passageiras, e aprenderá este, que apenas a fonte da água da vida é capaz de alimentar tudo aquilo ao qual não se pode ser carnal e espiritual sem que se tenha nisso vida verdadeira.

Pois a fonte da água da vida é a fonte ao qual o Espírito Santo alimenta e abastece com as vossas próprias forças para que todos sejam por elas igualmente alimentados, pois este é o alimento celestial do espírito. Porque assim como a natureza produz o alimento essencial para a matéria carnal, a fonte de energia direta entre o Criador e os homens da terra, da qual é regida e governada pelos espíritos, produz o alimento essencial ao espírito. Por isso, é através das duas vertentes espirituais que os seres encarnados devem alimentar-se para que sejam capazes de caminharem, se auto conhecerem e concluírem com vossas missões terrenas.

E são as duas fontes de energias divinais, as fontes vivas de Deus jorrando, abastecendo e nutrindo todos seres terrenos. Fontes estas inesgotáveis de amor, caridade e compaixão, onde uma não elimina a necessidade da outra. Estas apenas se juntam e formam a magnífica e singular fonte de energia pura e celestial, jorrando as forças do Criador através das duas vertentes espirituais sangradas, a Fonte de energia direta celestial e a fonte de energia natural, a força da natureza. Por isso nenhum ser é composto de apenas uma vertente, pois jamais um espírito encarnado poderá alimentar-se apenas de uma vertente para que caminhe sobre as veredas da força da natureza sobre a regência da fonte de energia celestial, em direção as casas celestiais de onde partem os abrigos santos e sagrados da luz de Deus.

E a fonte material é a fonte que naturalmente brota do campo terreno material, através do poder da mãe terra, da força das águas, da intensidade da atmosfera e do ar e do poder da forja do fogo, que juntos se complementam e fazem com que a terra seja habitável e a natureza produza o alimento material orgânico dela. Enquanto a fonte espiritual é a fonte que brota da energia das forças espirituais do Criador para que todos possam também ser abastecidos de energias santificadas e sagradas que partem dos céus e os fazem vivos, vivificados espiritualmente em energia espiritual, porque sem estas fluidezes nenhum ser poderá ser vivente, pois estas são as energias que formam as forças energéticas vitais para que assim como o corpo material possa ter vida em campo terreno, também seja capaz de ter vida espiritual para a caminhada missionária de si mesmo.

Logo, sem as forças que se derramam e os fortalecem e os alimentam para serem múltiplos e habilidosos de forma que possam sobreviver pela utilização das forças e das energias e dos conhecimentos dos dons e da ciência para que se fortaleçam e se façam disciplinados e doutrinados e justos em relação a si mesmos e em relação às ordenanças espirituais que os regem em leis celestiais, de forma que possam ainda sobreviver neste campo sagrado chamado terra, não seriam capazes de caminhar tampouco cumprirem com as vossas missões terrenas.

Pois sem a utilização dos dons espirituais que cada um possui em junção com o direito a ciência e ao conhecimento terreno, não haveria progresso entre os homens da terra, pois é o progresso a união da frutificação com a ciência e com a autocorreção, a correção, a justiça e a compaixão, unidos ainda ao poder da luta ou da batalha pela sobrevivência no campo onde apenas os homens regem de forma material e não espiritual. Isso quer dizer, que somente através da união das duas forças relacionadas a vida, ou seja, as duas fontes de vida, a vida espiritual e a vida material é que o ser encarnado poderá viver, sobreviver e caminhar em direção ao progresso espiritual e elevação de si mesmo através do campo terra. Por isso, são a junção das duas forças sagradas de Deus a força de energia vital da carne e a força de energia do espírito que os fazem caminhar em busca do crescimento pessoal e espiritual.

Por isso, são as energias que jorram das fontes divinas, as energias que alimentam a vida terrena de forma espiritual trazendo determinação e poderes espirituais para que a matéria, outrora inanimada, além de se tornar vivente possa com auxílio das forças que as tornam vivas e animadas, também as tornarem espiritualmente ligadas com o Ser Supremo por meio da fonte que jorra poderes, forças vitais e vida, os fazendo fortalezas em unidades espirituais fortes para que possam progredir e crescer de si mesmas e alcançarem os vossos progressos espirituais.

E cada uma destas fontes robustas de energia celestial da qual se utilizam os Espíritos de grandeza, corresponde a uma energia distinta que jorra e vibra as forças e poderes energéticos recebidos do Criador para que juntas formem as forças que vibram luz celestial em todo o universo, todo o mundo e qualquer canto em que exista uma fonte de energia Santa do Criador, em quantidade e abundância igual em relação às demais, porque são estas fontes a proporção e quantidade de emanação exata ao qual cada Santo ou cada fonte necessitará para vibrar ou reluzir a vossa pureza e luz.

Então, nenhuma delas possui maior ou menor quantidade ou valor de emanação em relação à outra. Sendo assim, cada uma destas fontes que possui as vossas próprias energias, não sendo nenhuma delas de maior ou menor quantidade em emanação de poder ou força derramada, igualmente a luz celeste em forma de vivacidade para que juntas celebrem não somente em forças e a luz que cada uma possui, mas também o amor, a frutificação, a ciência, a correção, o conhecimento, a garra e a justiça que cada uma carrega em valor de medida e proporção a única fonte que além de conceder energia ao mundo, possui as energias purificadas que cada fonte de energia robusta possui para que seja constituída através do equilíbrio destas forças a Fonte de energia direta, porque equilíbrio significa também igualdade, ou seja, igualdade de emanação ou igualdade das forças divinais.

Logo, nenhuma fonte robusta de energia espiritual possui mais ou menos forças e energias, por isso, nenhum Santo que por estas fontes são regadas possuem mais ou menos poderes de forças ou emanação em relação ao outro Santo. Então, todos os Santos e os vossos elos espirituais ou casas celestiais estão para o outro em igualdade de evolução, poderes e forças em relação aos demais elos e casas espiritual, que também necessitam atuarem em harmonia para potencializarem as forças a eles concedidas para que estas quando justapostas, possam executar as obras espirituais e temporais em nome do Criador.

E a fonte da água da vida é a fonte que abastece todos os cantos e todos os espíritos, sejam estes em campo espiritual ou terreno, pois a única fonte é composta de energias que flui tanto em um campo espiritual quanto em campo terreno. Porém ambas são emanadas da mesma fonte que é a fonte celestial de energia universal ao qual o Criador determina que seja a sua única fonte de água viva ou fonte que permite que existam vidas. Pois o único Ser que possui a verdadeira vida e vos concede serem vivos e terem vida eterna, é também o único capaz de alimentar as forças e as energias que irão reger em todos os cantos alimentando essas vidas ao qual por vossa própria vontade e desejo os concedeu serem vivos. Portanto, a única fonte de amor, conhecimento e evolução parte do Espírito Santo que é Deus, e que por isso santifica todas as energias ao qual deve governar os quatro cantos do mundo, pois todas as energias que regem todas as potestades, elos espirituais, casas celestiais e esferas de luz partem de um único lugar que é a fonte de água viva criada para ser a exalação dos poderes Deus.

E nenhuma outra fonte jorra amor, frutificação, garra, conhecimento, ciência, correção, justiça e evolução a não ser a única e verdadeira fonte de vida capaz de não somente abastecer, mas ser a única forma de alimento espiritual capaz de trazer não apenas o conhecimento espiritual como também levar tudo aquilo que da verdadeira fonte se abastece ao próprio Criador que a constituiu e a criou.

Por isso nenhum ser encarnado ou espiritual alcançará o conhecimento, autoconhecimento ou evolução a não ser bebendo da única fonte de vida capaz de jorrar energia celestial e ser a verdadeira fonte de vida entre o céu e a terra. Pois o que abastece o ser espiritual é o mesmo que abastece o ser encarnado e nenhuma capacidade, energia, fluidez, habilidade, ciência dons e evolução poderão ser alcançadas que não seja através desta que é o único manancial que carrega as águas férteis de todos os campos de todas as determinações de todas as obras todos os desejos e vontades e capacidades para todos serem e caminharem os caminhos evolutivos espirituais existentes. Pois estes são os únicos e verdadeiros caminhos evolutivos tanto para a carne quanto para o espírito que os farão caminhar os caminhos da verdade e alcançar a verdadeira Luz que brota e faz jorrar todas as fontes existentes entre os céus e a terra.

Pois esta é a única que cria os elos espirituais, é a única que conduz as energias a serem novos seres e guias espirituais, é a única que faz o céu escurecer e a terra chover, é a única que faz os céus pararem e a terra tremer, assim como é a única que concede garra e forças a todos os homens da terra os tornando homens fortes e viris, caminhando com vossas próprias forças para que possam progredir e alcançar as vossas missões terrenas em nome de um só Deus detentor de todas as forças e poderes capazes de criar o mundo, vibrar as energias que o fará por si só girar, caminhar e progredir com os vossos próprios esforços assentados as forças Dele mesmo.

E as energias que constituem a única e verdadeira fonte ao qual cada Espírito de grandeza carrega e jorra em cada Santo, são as forças que jamais poderão ser alteradas ou recriadas, pois não possuem nem os Espíritos de grandeza, tampouco os Santos essas forças por vontade próprias e sim, são constituídos os Espíritos de grandeza de uma determinada energia e concede ao Santo o vosso poder de forças dentro desta energia para que seja este, uma fonte espiritual e terrena de emanação celestial de tudo aquilo que constitui a fonte energética do Criador.

E cada elo espiritual regido pelas forças que compõe o amor, a frutificação e a fertilidade; as leis divinas; a disciplina e a doutrina; a força, a garra, a luta; a justiça e a correção; a ciência, o conhecimento e a sabedoria e evolução, são forças que jamais poderão ser reconstituídas, pois partem de um único lugar e são estas forças ao qual cada potestade de energia robusta possui e forma a fortaleza única de poderes e forças celestiais que governam não somente a terra como também os elos espirituais.

A constituição desta única fonte ao qual cada Santo recebe também é uma energia distinta para caminhar a vossa evolução e que por isso, são igualmente os elos de evolução das quais atuam com os Santos constituídos destas forças que juntas são as forças que compõe da fonte única de energia e vibração espiritual para vivacidade e poder de existir de cada ser material encarado espiritualmente em terra pela ordem do Criador, aos quais são: a força do amor/fertilidade/frutificação, a força da garra/luta, a força da disciplina/doutrina, a força da correção/justiça, a força da ciência/conhecimento, a força das leis divinas e por último da força do cumprimento ou das sabedoria/evolução que compõe as sete distintas forças dos sete Santos sendo labutadas através dos elos espirituais de evolução junto aos homens da terra.

    E quando proclama o Senhor Deus que sejam fecundos, e fertilizem o solo; aplica sobre a terra as vossas leis aos quais devem todos seguir sendo bons homens e andando sobre bons caminhos; através de vossos servos, por que distribui neste mesmo momento a força de doutrina e da disciplina santa e sagrada aos quais todos devem seguir dentro e fora das congregações; e concede que todos tenham braços fortes para a labuta e para a luta quando necessário; aplica-lhes a Justiça quando há merecimento e cobra-lhes quando aos outros também devem; encaminham aos homens cheios de sabedoria para que sejam conhecedores das leis, das ciências da terra e alcancem a evolução tanto temporal quanto material. E faz todas essas coisas o vosso Deus criador do mundo e das vossas leis, onde as vossas forças são equalizadas em grandes fontes de poderes a qual todos estão abaixo de vossas vontades e determinações. Por isso não existe nenhum só homem ou nenhum só espírito que alcançará a evolução e os elos espirituais sem que antes tenham bebido das fontes das virtudes e das forças do Criador, aos quais encontram-se estas fontes também em campo material.

    E é o número de elos espirituais aos quais os Santos governam a representação exatamente de sete unidades sagradas, pois esta é a quantidade de potestades espirituais robustas em forças espirituais aos quais os Espíritos de grandeza ou de fontes espirituais distribuem vossas forças. E as forças de energia ao qual o Criador se utiliza para formar o vosso próprio poder de forças corresponde a sete energias distintas que são formadas à partir do vosso desejo e vontade para comandar os quatro cantos do mundo, sendo apenas esta fonte a matriz energética que possui todas as forças que jamais poderão ser reformuladas, reconstruídas ou copiadas, forças estas que somente juntas podem forçar o poder de forças universal ao qual rege o universo e que sem o conhecimento, o domínio de nenhuma destas forças não poderá nenhum ser espiritual trilhar os caminhos de conhecimento e evolução ao qual fora determinado pelo Criador.

    Porém ainda que exista em campo terreno considerados pelos espíritos encarnados número de Santos superior à quantidade de sete, a quantidade de forças vibracionais não ultrapassa este número, pois esta é a quantidade de potestades ao qual retém estas forças da luz de Deus, ou seja, acima da quantidade de sete recebem os Santos distintos as mesmas energias e vibrações aos quais outros já possuem, pois a quantidade de força representa também a quantidade de energia que o Criador se utiliza para governar os elos espirituais e isso inclui o campo sagrado terreno.

Por isso não existe e jamais existirá um só elo espiritual ou espírito que seja chefe de falange que não detenha todos os conhecimentos das fontes individuais que formam a fonte de energia viva, que não somente conduz como também determina e rege sobre todas as necessidades e vontades, seja na terra, ou seja, no elo espiritual e que não atue em comunhão com os elos ao qual atuam compartilhando de vossas forças e sendo leal e fiel as vossas e as forças destes campos sagrados.

Desta forma, todos os espíritos que atuam nos distintos elos espirituais, sendo aprendizes das unidades espirituais, dos chefes de falanges ou comandantes espirituais dos exércitos de Deus, regido por um Santo ou uma unidade santificada de energia sagrada, estão no mesmo nivelamento espiritual em relação aos outros espíritos, igualmente iniciados dos elos de evolução.

E são estes espíritos possuidores de conhecimento, autoconhecimento preparados para seguirem os caminhos eternos da evolução, isso quer dizer que estão espiritualmente preparados para atuarem com forças e energias tão grandiosas e poderosas, pois vossos comandantes espirituais, possuem além de alto grau de evolução santo e nobreza em relação a todas as forças, não somente por manipulá-las e sim por seres condutores dentro de vossos elos de forças e energias santas, e que por isso são os chefes responsáveis por ensinar e guiar os aprendizes que a eles foram confiados pela missão de serem comandantes e mestres espirituais, os conduzindo em vossos crescimento e desenvolvimento espiritual, ao qual em algum momento também serão exímios detentores destas forças e poderes.

Mas não são os chefes de falanges superiores ou inferiores uns aos outros ou possuem forças mais ou menos poderosas perante o Criador, tampouco se encontram em níveis de evolução mais ou menos importante em relação ao outro, pois ainda que os vossos aprendizes, ou servos espirituais dos elos espirituais de evolução estejam em nivelamento distinto em relação aos seus pares, os vossos comandantes possuem o mesmo grau de conhecimento, força e evolução, pois a única coisa que os difere é o tipo de vibração ao qual atuam dentro de vossos elos, e jamais o tipo de força em razão a importância da força ao qual atuam estes elos, pois nenhuma força ou energia é mais ou menos importante, assim como nenhuma se encontra em escala evolutiva de importância, pois todas as forças são de igual domínio e dimensão, pois ambas constituem a fonte maior de forças, que é a fonte única celestial, que é de igual potência.

Sendo assim, o que difere um elo espiritual do outro é o tipo de emanação de forma que este elo representa e carrega, ou seja, o tipo de força que este emana e não a importância desta em relação ao outro, uma vez que todas as forças são importantes e não se diferenciam em questão de valor de forças, pois é a junção de todas essas energias que formam a inteireza de forças capaz de realizar transformações e grandes obras em nome de um único Deus.

Logo não existem Santos mais ou menos poderosos, mais ou menos fortes ou evoluídos, assim como não existem Potestades espirituais mais ou menos poderosas e fortes, pois todos atuam dentro de vossas competências de forças e nenhum é de mais ou menos importante ou evoluído devido ao valor em que o elo em que governa possui perante a escala evolutiva divina, pois não existe uma escala evolutiva divina baseada nas forças dos Santo, pois cada Santo individualmente constitui das forças e vibrações que somente quando juntas, formam a inteireza de forças que representam as mesmas forças que formam a fonte divina deste lado do campo celeste. Ou seja, é a mesma fonte que jorra celestialmente, porém mais próxima aos encarnados, de maneira que pode servi-los de tudo aquilo ao qual o Criador os ordenada em junção com as forças que vibram no campo material.

Mas todos os elos espirituais são de igual proporção, igual evolução, igual desenvolvimento e força, ou seja, todos são de igual similaridade, pois nenhum Espírito de grandeza é inferior ou emanam forças em quantidade ou proporção diferente em relação ao outro, uma vez que a fonte única do Criador possui a mesma quantidade de todas as emanações necessárias para ser viva, límpida, e equilibrada em todas as emanações da qual se constitui, se forma e descarrega por sobre os elos espirituais. Todas recebem a mesma proporção de tudo aquilo ao qual a constitui, não sendo nenhuma beneficiada em maior ou menor quantidade daquilo ao qual a forma ou a enraíza. Isto quer dizer que embora um elo jorre energia diferente, pois as fontes santificadas de Deus se constitui de energias distintas, todas as fontes ao qual possui cada Elo espiritual ou cada Reino dos Santos recebe a mesma quantidade e porção de energia e emanação sagrada sem distinção em quantidade ou poderes e forças.

Esta mesma quantidade de força sem distinção de poderes, emanações, ou posição em relação a uma ou a outra se refere ao fato de que todos devem ser emanados com as vibrações divinas sem distinção de valor ou quantidade, apenas devem receber as forças divinas que jorram da fonte única de poder e luz transportadas aos elos espirituais, e este não qualifica nenhuma força devido a função espiritual que exerce para com os espíritos tampouco os qualificando os posicionando em valores de maior ou menor importância evolutiva ou poder que emana.

Desta mesma forma deve ser em campo terreno, onde todos necessitam da luz ou de forças e vibrações sejam essas quais forem de maneira igualitária sem distinção ou menosprezo de uma para com a outra devido a sua característica. Ou seja, não deve o encarnado qualificar ou escalonar os Santos em relação à força de atividade que este carrega em vossa missão espiritual, pois todos trazem a pureza das forças de Deus em vossos trabalhos e campo para auxiliar a todos de maneira igual, atuando em conjunto e por isso, nenhum é mais ou menos importante assim como não é mais ou menos evoluído ou segue algum tipo de tabela evolutiva para alcançar a Deus, o Criador, pois todos por si só são evoluídos e atuam conforme as ordenanças divinas sem distinção ou escala de hierarquia de grandeza espiritual que os desqualifiquem.

Pois o Criador não concede mais forças vibrando em força de amor ou leis ou justiça ou ainda procriação ou ciência a nenhum elo espiritual, pois neste caso nãos seria Deus a justiça e a misericórdia derramada por sobre seus filhos. Por isso, tudo o que vem de Deus e tudo o que brota de vosso desejo à todo os espíritos é exatamente igual em exata proporção e emanação. Por isso, todas as forças do mundo ou que regem e governam o mundo através da fonte única de energia do Criador criada por meio das sete fontes individuais são divididas em sete energias celestiais espirituais de igual força e tamanho que também vibram em campo terreno da mesma maneira e proporção que em outros elos.

Por isso vibram as forças relacionadas ao amor, frutificação, disciplina e doutrina, justiça e correção, força e luta, ciência e evolução e leis e correções divinas em uma única parte proporcionalmente em relação à sete partes de forças naturais espirituais com as forças naturais terrenas formando as energias que governam todo o elo terreno que são as forças matriz de cada reino dos Santos, individualmente em harmonia com as demais forças, onde a maior força ou o poder de força dominante através da junção das demais forma um poderio de forças distinta a ser ordenado.

Porém cada uma destas forças que também atuam individualmente regendo um Santo carrega a sua própria energia para abastecer o elo espiritual onde cada Santo irá governar e com isso emanar sobre todos aqueles que atuam sobre o vosso comando, os carregando das energias e forças deste Espírito de grandeza ao qual governa com a principal vibração que representa o poder de forças individual deste Espírito de grandeza. Isto quer dizer que cada Espírito de grandeza que é uma diferente fonte de energia divina que juntos formam a fonte única do Criador, emana sobre aquele elo espiritual e o comanda com a vossa própria energia e que por isso além de receber vibração energética dos outros Espíritos a vibração de maior poder naquele elo é a vibração ao qual recebe de seu regente, pois esta nunca mudará e jamais fará com que um elo espiritual governado por um Santo seja igual ao outro elo de outro Santo.

Os sete reinos Santos e as sete lições santificadas

"Criou Deus o homem à sua imagem, à imagem de Deus o criou; homem e mulher os criou" (Gênesis 1:27)

3.7 E todos foram criados espiritualmente a imagem e semelhança de Deus, constituídos todos de verdade, amor, compaixão, força, justiça, inteligência e eternos, por isso jamais poderão findar-se sem que seja por determinação de quem os concedeu a vida, porém quem os concedeu a vida os concedeu também o direito de caminharem por entre as veredas de justiça, do amor e da verdade para que sejam fortalecidos em vosso nome e jamais percam o direito de serem eternamente vivos por serem e reconhecem-se como os filhos eternos de Deus.

E foi através de vossa misericórdia e a bondade da qual é constituído e com o desejo de que todos possam conhecê-lo, que Deus criou e santificou com a vossa força as sete moradas espirituais, conhecidos como os sete elos espirituais ou os sete reinos dos sete Santos e os entronou diante de vossa fonte eterna de luz os vivificando com vossa gloria e poderes santos para que sejam as moradas benditas daqueles ao qual o criador concede a vida eterna, pelo também direito de o conhecerem em verdade antes de adentrarem a qualquer elo espiritual.

E concede o Criador o direito de que preparem-se espiritualmente, conheçam-se a si mesmos e sejam elevados em vossas unidades para que alcancem a evolução. Por isso, lhes concede o Senhor Deus o direito de que adentrem aos sete reinos dos sete Santos e conheçam as forças benditas das quais possuem estas unidades, aos quais são os Santos, os regentes únicos destas forças para que saibam ainda quais são as vossos poderes através de vosso comandantes espirituais, bem como conheçam os caminhos santos e por eles também caminhem, pois são estes os únicos que os levarão a verdadeira luz ou as vossas salvações.

Então concede o Criador além do direito de serem vivos e vívidos por vossa eterna luz, as sete escolas espirituais dos sete Santos; e dentro delas, todas as formas e direitos e deveres para serem e caminharem por entre os bons, por que são estes aqueles que caminham dentro da luz, de serem e caminharem com Ele mesmo ao lado dos vossos servos e as vossas servas santificados pelas vossas mãos, os Santos.

Pois todos os espíritos foram criados pelo único Espírito Santo para serem também os vossos servos e lutarem em vossos majestosos exércitos de espíritos em favor das forças divinas à frente da vossa destra e aos redores da vossa luz de poderes e glorias espirituais. Mas para isso se faz necessário que todos os espíritos adentrem as escolas espirituais que também partem dos elos espirituais de amor, luz e misericórdia, pois não poderiam atuam em nome das forças divinas sem antes conhecê-las ou sem saber o que são estas forças divinas, como agem e de onde partem. Por isso, todos terão o direito de adentrar a um elo espiritual de poderes e forças divinas, não importando qual o elo, uma vez que todos possuem as mesmas diretrizes celestiais, as mesmas doutrinas, as mesmas disciplinas e as mesmas lições sagradas, mudando apenas a força a ser jorrada de cada elo espiritual e não o poder e a emanação, pois todos são iguais e de igual valor e todos atuam em nome do mesmo Deus.

Mas todos os espíritos recém-chegados em campo celeste ou nascidos no campo espiritual, antes de qualquer missão espiritual, ao qual inclui a jornada material terrena, terão a nobre missão de adentrar as veredas santificadas dos elos dos Santos, para que possam conhecer-se a si mesmos e ao vosso Senhor Deus quem os concedeu serem espíritos e seres espirituais missionários, pois não seriam os espíritos aprendizes ou seres missionários detentores de conhecimento, sabedoria e dons para enfrentarem as vossas missões e determinações espirituais frente aos campos em que deverão ser alocados, se acaso não desconhecem a si mesmos as vossas missões ou os motivos de vossas missões e a Deus o vosso Criador; pois toda missão é divina, e para que esta seja cumprida e assim concluída, a promessa espiritual de cada um se faz nobre e se faz espiritual; que conheçam-se a si mesmos espiritualmente assim como o vosso Criador.

Logo se faz necessário que saibam quem é Deus e qual a vossa missão para com Ele, pois nenhum servo poder servir ao seu rei sem antes conhecê-lo, nenhum servo poderá ocupar um lugar em vosso exército sem antes saber de onde partem os exércitos e para quem atuam em poderes e forças, e assim, nenhum servo poderá servir ao vosso Criador por amor, sem antes amá-lo, respeitá-lo e a ele se prostrar-se, em nobreza, em pureza e em verdade. Pois nenhum saberá o que é o amor divino sem antes dele experimentar e por ele se entregar.

Ora, e o que são os elos espirituais e o que fazem os Santos e vossos comandantes espirituais senão, mostrar-lhes verdadeiramente quem é o Todo-Poderoso Deus, o Criador de todo as coisas? E qual é a majestosa missão dos Santos senão direcionar a todos os espíritos ao verdadeiro Rei dono da luz que Dele mesmo brota e a todos conduz? E quem são os Santos, senão os portadores da luz divina em forma de amor, frutificação, lei, disciplina, força, ciência e justiça, nascidos da força da destra do santíssimo Senhor Deus? E quem são os espíritos dos exército do Criador, senão aqueles espíritos evoluídos e por isso, missionários dos elos de evolução cumprindo vossas caminhadas pela eternidade nos campos de evolução junto aos Santos?

Porque são os missionários dos elos de evolução espíritos conhecedores de todas as fontes de luz divinais, quem irão auxiliar os espíritos em fase de aprendizagem e lapidação espiritual para o caminho de vossas elevações e evoluções a receberem e praticarem todas as lições espirituais nos elos de desenvolvimento, o que inclui o campo terreno, até que vossas missões de jornada de aprendizagem estejam espiritualmente concluídas.

Desta forma, serão os espíritos missionários dos elos de evolução ou os espíritos alocados e pertencentes exércitos de paz do Criador, os guiadores ou os Guias Espirituais que acompanharão toda a jornada espiritual de cada espírito, desde o momento de vosso nascimento e caminhada diante dos elos espirituais dos Santos até a chegada de vossas jornadas evolutivas terrenas, para que estes possam concluir as vossas caminhadas santas pelos caminhos do aprendizado e da elevação de si mesmo recoberto da certeza de estarem diante das certezas do Criador, ainda que não as possua como sendo a vossa própria verdade.

Isso quer dizer que são os comandantes espirituais ou regentes ou espíritos chefes dos exércitos divinos e vossos missionários espirituais quem acolhem, disciplinam, doutrinam, preparam e conduzem todos os espíritos recém-chegados aos caminhos do aprendizado e da elevação de si mesmos aos quais devem todos os espíritos que aprendizes irão conhecer e caminhar para busca de evolução através de vossas missões e determinações para que possam além de conhecerem-se a si mesmos e ao vosso Senhor Deus, cumprirem com a ordem de serem conhecedores da verdade por meio da labuta dos caminhos, do poder e da justiça verdadeira até o dia em que alcancem as vossas evoluções espirituais.

Por isso, não são as escolas espirituais de aprendizagem ou as casas celestiais apenas elos de evolução aos quais encontram-se os espíritos já evoluídos cumpridores de vossas missões e caminhantes da luz eterna do Pai celestial, e sim um campo de aprendizagem e desenvolvimento espiritual para evolução da qual são os espíritos missionários atuantes nos elos de evolução, os mesmos espíritos que auxiliam e preparam os espíritos em fase de aprendizagem e evolução dentro das escolas espirituais a conhecerem-se a si mesmos, conhecerem o Criador e caminharem pelas boas e santas obras de forma que possam igualmente crescer e evoluir em unidade. Porém, somente receberam o direito de adentrarem aos elos espirituais de evolução após cumprirem com vossas missões e alcançarem estágios elevados aos quais são estes as promessas divinais para cada filho alcançadas por eles mesmos.

E ainda que sejam unidades espirituais distintas, pois uma é unidade de desenvolvimento espiritual regida pelos Santos, enquanto a outra é unidade espiritual de evolução regida pelos comandantes espirituais sobre a influência dos Santos, ambas são guiadas em desenvolvimento pelos mesmos espíritos que encontram-se nos elos espirituais de evolução, por isso serão estes mesmos espíritos os guiadores que auxiliarão os espíritos encarnados em vossas labutas terrenas, por já serem hierarquicamente elevados e progressos em vossas próprias caminhadas.

Isso quer dizer, que são os campos espirituais de desenvolvimento espiritual dos Santos, regido pelos líderes espirituais dos elos de evolução, porque são estes espíritos evoluídos em vossas determinações, ou seja, não são os elos espirituais de aprendizagem ou as escolas espirituais os próprios campos de evolução aos quais os espíritos aprendizes e em desenvolvimento espiritual se encontram, porque são as escolas espirituais onde os espíritos aprendizes se encontram as casas celestiais onde também conhecerão as vossas labutas para que estas possam ser praticadas e assim elevarem-se espiritualmente dentro das ordenanças de cada um. Logo, ainda que sejam as sete escolas espirituais regidas em desenvolvimento pelos mesmos espíritos, não são estas os próprios campos das quais devem labutar e vencer vossas tribulações para alcançar.

Mas são os comandantes espirituais os detentores das energias, das fontes de Deus, o Criador, que são jorradas pelos espíritos de energia santificada, os Santos, para que sejam estes, os guias espirituais e temporais de todos os filhos do Criador, direcionando, ensinando e comandando todos os exércitos de espíritos até que conheçam a Deus e suas forças, para que todos o amem, o honrem e prostrem-se ao verdadeiro Rei dos reis que é Deus e não os Santos, pois estes, também são os vossos servos determinados para a missão de comandarem juntamente com os chefes de vossas falanges, os exércitos sagrados, e levarem a todos os espíritos, sejam estes recém-chegados, sejam estes encarnados, ao verdadeiro rei, para que todos regozijem as vossas certezas e as vossas crenças e fé ao verdadeiro poder de forças que vem do dono da única fonte de energia que os conduz para que conduzam os vossos espíritos em uma única direção ou a única direção ao qual se pode alcançar a salvação.

Na casa de meu pai há várias moradas, se não fosse assim, eu vo-lo teria dito. Vou preparar-vos lugar" (João 14: 02).

E cada elo espiritual regido por um Santo que carrega uma determinada força divina representa uma singular e majestosa casa celestial ou morada espiritual ao qual será destinada a cada espírito nascido do seio do Criador, para que diante de vossos mais nobres e fiéis espíritos possam adentrar e possuir a vossa própria morada de estada e conhecimento para evolução e regresso. Morada esta que o servirá em eternitude como casa de aprendizagem, conhecimento, doutrina e disciplina santa, sendo esta também a casa de progresso espiritual e elevação santa de vossos conhecimentos, caminhos e aprendizados, os auxiliando em cada jornada e percurso em direção à marcha real ao qual deverá em verdade cada espírito caminhar.

Desta forma, esta que é a morada sagrada ou abrigo bendito de laço espiritual celestial, nascido e enraizado pela essência daquele que nela pela primeira vez adentrar o tornando parte em prelúdio existencial de vossa composição, onde a primeira será eternamente a vossa única e verdadeira morada santa, porque todo espírito recém-chegado em campo espiritual será selado em uma determinada casa celestial pelo dia em que der início a vossa jornada espiritual sagrada de autoconhecimento, conhecimento e evolução, ainda que este parta para a evolução espiritual de si mesmo, pelo alcance de vossa promessa, porque será a vossa promessa parte de vossa caminhada. E será este espírito eternamente pertencente a morada espiritual do Santo que lhe recebeu e acolheu no momento de vosso nascimento espiritual no reino sagrado deste determinado Santo.

Portanto, além de ser a primeira casa celestial a adentrar, esta também será para este espírito recém-chegado, ainda que caminhe por muitos e muitos outros elos espirituais devido as vossas falhas ou vossa jornada de evolução, a primeira e eternamente a vossa morada ao qual periodicamente regressará ou por longas eras de tempos irá se instalar, pois a casa será em eternitude o vosso lar ao qual jamais deixará se fazer parte ou jamais deixará de retornar ainda que ande em longos caminhos espirituais mesmo em campos de evolução.

E cada um destes sete distintos elos espirituais regidos por um Santos jorrará por sobre todos os seres espirituais constituídos da vontade do Criador que por lá caminharem os vossos próprios saberes, conhecimentos e disciplinaridade de evolução santa, por isso todos os espíritos nascidos nos elos espirituais deverão à partir do momento de vossos nascimentos espirituais e após serem selados com as chaves santas do Criador, adentrarem, presenciarem e aprenderem com os espíritos que deles são os regentes e neles residem, para que se preparem em nome do Pai Celeste antes de iniciarem as jornadas de aprendizagem terrena.

Por isso nenhum espírito criado por vontade ou desejo do Criador ficará desabrigado ou desorientado espiritualmente até que se iniciem os vossos tempos de missões espirituais em busca de aprendizagem, sejam terrenas sejam em outros campos, assim como nenhum espírito nascido da imagem e semelhança do Criador não adentrará a nenhum elo espiritual sem antes conhecer-se a si mesmo bem como conhecer o vosso Santíssimo Senhor que os concedeu o direito à vida.

"Naquele momento, os discípulos chegarem em Jesus e perguntaram: Quem é o maior no Reino dos céus? Chamando uma criança, colocou-a no meio deles, e disse: Eu asseguro que, a não ser que vocês se convertam e se tornem como crianças, jamais entrarão no Reino dos céus. Portanto, quem se faz humilde como esta criança, este é o maior no Reino dos céus" (Mateus 18:1-4).

Porém, o reino dos céus não é o mesmo reino dos Santos, tampouco as moradas sagradas ao qual se encontram nos campos celestiais, pois reino divino existe apenas um, e este é o reino sagrado do Santíssimo Senhor Deus. Mas o Criador concede a todos o direito de caminharem por entre a vossa verdade e adentrar ao vosso reino, pois o Todo-Poderoso Deus concede a todos o direito de conhecerem-se a si mesmos, caminharem com os vossos servos e vossas servas que são os Santos, vos concede conhecem os vossos Santos que são aqueles santificados e recebedores de vosso sagrado poder de transformação, amor e cura; concede ainda o direito de serem materiais e caminharem por terras santas em campo terreno com sabedoria, conhecimento, inteligência e cumprirem com vossas missões dotadas de habilidade, dons e forças para serem bons e alcançarem a bondade a sabedoria e a evolução necessária para adentrarem ao vosso Santo Reino.

E ainda que detenham todo o conhecimento e toda a sorte do mundo, somente aqueles que se mantiverem como crianças é que adentrarão ao Reino do céu. Porém, não crianças pela pouca compreensão, pela fala suave ou os pensamentos despretensiosos em relação às coisas e verdades dos céus e da terra e sim com a coragem e a singeleza ao qual adentrou aos elos dos Santos pela primeira vez para aprender com os servos e as servas do Criador, onde neste momento importa apenas, a verdade celestial, a boa intenção, a sabedoria e a crença e o conhecimento sagrado frente ao que de fato é sagrado e divino.

Portanto, crianças não por possuírem pouca sabedoria ou ingenuidade sobre as coisas, pois sábias são as crianças, por possuírem esperança nas intenções, humildade de compreensão e singeleza de coração, assim como os espíritos recém-chegados que adentram aos elos espirituais puros de pensamento, pobres de aspereza, desnudo de arrogância, porém honesto de vontades e cheios de coragem e de verdade para aprenderem e representarem o vosso Senhor Deus.

Mas somente aqueles que realmente trouxerem em vossos peitos a singeleza de uma criança ou a humildade de um pequenino é que poderão adentrar ao reino dos céus, pois esta singeleza é a mesma que se encontra nas essências espirituais daqueles que adentram pela primeira vez aos reinos espirituais dos Santos e encantam-se ao vislumbrar as faces de Deus nas faces dos Santos, que brilham o mesmo brilho celestial quando se prostrarem a vossa Santíssima Verdade através das fontes divinas que jorram luz celeste e faz brilhar as vestes dos Santos assim como brilham as vestes de Deus, pois esta luz que ilumina as faces dos Santos não é apenas a luz celestial, pois a luz que jorra da face dos santos tem também por nome humildade e humildade tem por nome Santo.

Por isso, adentram aos elos dos Santos espíritos recém-chegados, e misturam-se com os espíritos em fase de evolução, pois este desnivelamento é o que molda os aprendizes e os professores onde hora um aprende com os mais sábios e hora os mais sábios também aprendem com os puros, singelos e inocente, porque mestres são apenas os vossos comandantes espirituais que dotados de sabedoria santa e evolução espiritual, carregam em vossos braços somente os espíritos que possuem em vossas essências a sensatez de um velho e a singeleza de uma criança em um mesmo espírito, que dotado de ternura, prudência e amor, são espíritos que saem da mesma maneira em que adentraram, ou seja, apenas adentram crianças e saem também como crianças, cheios de esperança divina, livres de preconceitos, livres de arrogâncias, livres de dores e sentidos que machucam; porém cheios de verdade, doçura, singeleza e caridade.

E ainda que se moldem de maneira rude e se impregnem de falsas verdades e vontades materiais frente ao campo terreno de onde um dia também irão adentrar, todos foram um dia a representação da criança celestial e o modelo de espírito ao qual somente desta forma adentrará ao reino dos céus, pois todos ainda que imundos de vossas próprias verdades ou aquelas que os impedem de caminhar por sobre as leis santas por possuírem mais aspereza do que singeleza, ainda assim todos puderam ter a nobreza da criança e a sabedoria de um velho em seu próprio espírito e compreender o que Deus deseja de vossos soldados e qual a forma de se tornar um verdadeiro servo de um dos exércitos espirituais.

Portanto quando diz o Mestre que para adentrar ao reino de Deus se faz necessário ser como criança, não fala de algo aos quais todos desconhecem, pois assim como qualquer outro espírito, todos os encarnados fora um dia recém-chegados em campo espiritual, e ainda que vossos limitadores cerebrais os detenham de compreenderem a fala do grande Mestre, todos caminharam como crianças em algum momento de vossas vidas espirituais. Porém sabia Jesus, que vossas palavras um dia seriam compreendidas, pois assim como todos caminham em terra, da mesma forma todos regressarão novamente aos Elos espirituais; e neste momento todo o ensinamento se fará verdade ou fará sentido.

E os elos espirituais que são os campos de poderes e forças distintas concedidas aos Santos, são também a Escolas espirituais de característica divina onde todos os que nela se encontram aprenderão como são e quais são os caminhos divinos que os conduzirão e formarão seres espirituais seguidores da luz divina ao qual dela também foram criados. Por isso, todos os espíritos recém-chegados aos campos celestiais adentrarão a um destes campos onde serão preparados de forma espiritual para serem espíritos conhecedores das forças e poderes divinos.

E todos os espíritos que após a passagem nas escolas espirituais e que adentrarem aos campos terrenos para darem início a suas jornadas terrenas, serão pelos mesmos espíritos ao qual foram alinhados regidos e direcionados nos elos espirituais acompanhados em vossas missões espirituais terrenas. Por isso saibam filhos! Que os vossos guiadores espirituais em terra, ou seja, aqueles servos e servas que os guiarão espiritualmente através das vossas coroas, são aqueles que outrora os conduziram de forma celestial em campos espirituais, dentro das casas celestiais de onde foram iniciados antes mesmos de adentrarem aos campos terrenos, os guinado pelas mesmas energias ao qual foram pelos Espíritos de grandeza abençoados.

Por isso, cada Santo que carrega em sua linha o domínio de uma força sagrada será a mesma força ao qual o espírito encarnado em campo terreno carregará e por esta será guiado, isto quer dizer, que aquele que quando em espírito recém-chegado ao campo espiritual adentrou a linha de evolução de um Santo que carrega determinada linha de evolução sagrada como a maior força que rege seu elo espiritual, por este encarnado este Santo será também o seu guiador. Isso mostra que o encarnado antes mesmo de adentrar ao campo material, adentrou a Escola espiritual do Santo que o carrega com a vossa força maior o poder da fluidez divina, por isso será este encarnado regido por aquele Santo que carrega a aquela determinada força como o vosso poder de luta em prol do Criador.

O momento em que o ser encarnado é apresentado ao vosso regente Santo ou ao vosso Pai e vossa Mãe regente de vossa coroa, ou aqueles espíritos que o conduzirão em terra, é também o momento do reconhecimento da força mágica em que se sabia o espírito, porém não sabia a consciência material, justamente por não possuir o encarnado, determinação para que caminhe dentre os mistérios de cada templo de cada Santo e cada elo ao qual outrora caminhou enquanto iniciado espiritualmente fora.

Deste momento em diante saberá o encarnado a qual linhagem de Santo faz parte, rompendo assim com as lições apenas físicas dando lugar as vossas lições ou retomada de lições já aprendidas adentrando a uma nova esfera de sentido material e espiritual de si mesmo. Pois dali em diante saberá este espírito encarnado de onde partiu a vossa última passagem espiritual em campo espiritual, pois aquele que representar o vosso Santo de frente representará para ele a última escola espiritual de onde passou e a última lição ao qual esteve aprendendo.

A linha de Santo quer dizer, caminho, demarcação ou fronteira de aprendizagem espiritual, ou seja, linha escolar espiritual de onde partem as disciplinas e as disciplinaridades pelos caminhos já pisados os caminhos a serem trilhados e as lições aprendidas dentro das escolas espirituais, bem como as lições a serem praticadas nos campos de aprendizagem, o que inclui o campo material, terreno.

Portanto, não possui o espírito encarnado apenas um regente espiritual ou apenas um Santo regendo de vossa cabeça, pois não adentrou ou não adentrará apenas em uma única escola espiritual, e sim as linhas ou a sucessão de escolas e doutrinas santas por ordem sagrada determinadas. Por isso, não será o espírito encarnado dirigido apenas pelo Santo ao qual esteve em vossa última aprendizagem, mas também o Santo anterior em que esteve antes mesmo do Santo que o rege a vossa frente ao qual este recebe nome de Santo conjunto ou de continuidade, ou seja, o Santo de onde se originou em escola de aprendizagem ou de onde iniciou a vossas lições espirituais para chegar ao que se encontra atualmente.

Isso quer dizer que ainda que seja regido pela escola espiritual do Santo que o cobre de frente, também possui influências da escola santa ao qual anteriormente adentrou, e que por isso, deve na encarnação atual praticar as lições das escolas espirituais anteriores e aprender as lições da escola ao qual o Santo ou a energia da unidade espiritual na encarnação vigente que o rege a coroa espiritual.

Ou seja, a Escola espiritual do Santo vigente de frente ou o Santo de Face representa tudo àquilo ao qual este encarnado deve aprender nesta encarnação para em algum momento colocá-los em prática, enquanto a escola espiritual do Santo de Continuidade ou adjunto ou conjunto representa todas as últimas lições aprendidas em casa celestial da qual estão sendo praticadas por este espírito encarnado nesta encarnação, pois já possui discernimento, habilidade, conhecimento espiritual e ciência para que sejam praticadas as lições espirituais ao qual já aprendera.

Por isso, enquanto um Santo o guia para que aprenda as vossas lições já conhecidas, o outro Santo o acompanha para que saiba exatamente como praticar, e onde aplicar os vossos ensinamentos santos outrora aprendidos em escola santa. Pois de nada adiantaria preparar-se em escola santa se não tiverem a quem apresentar os vossos dons e habilidades em relação às matérias espirituais já aprendidas, por isso são os Santos adjuntos ou de continuidade aqueles que regem no sentido de cobrança e determinação para que façam e pratiquem as vossas lições apresentadas espiritualmente.

E ainda que um espírito encarnado seja um espírito iniciado em campo terreno, ou seja, ainda que esta seja a vossa primeira passagem terrena e não tenha Santo adjunto ou de continuidade que o sustente em lições já aprendidas, receberá este espírito do último Santo de vossa escala evolutiva de linhagem espiritual ou aquele que seria o último a adentrar em vossa escalada espiritual toda a regência e determinação de cuidar e proteger este espírito encarnado, pois nenhum espírito deve adentrar aos campos terrenos sem a regência e proteção de duas unidades espirituais sangradas, os Santos. Porque são as duas unidades espirituais santas, ou seja, a união de duas escolas espirituais ou duas influências santificadas a inteireza de forças das quais necessitam os espíritos encarnados em vossas caminhadas evolutivas, uma vez que estão todos espiritualmente ligados as escolas de onde verdadeiramente são parte sagrada das quais jamais poderiam existir sem a força e a inteireza de forças santas emanadas de duas unidades de forças, porque são estas forças que os tornam espiritualmente igualmente inteiros e igualmente unidades sagradas e espirituais.

Porém, ainda que não exista uma escala de progressão de evolução dos Santos, pois todos possuem as mesmas forças e determinações celestiais de poderes e emanações por sobre os espíritos que regem, existe uma hierarquia de linhagem espiritual de escola de aprendizagem ao qual somente os próprios

Santos detêm e conhecem, porém esta linha de aprendizagem encontra-se selada diante de vossos mistérios e segredos velados diante do Criador, não cabendo ao encarnado determinar de onde se iniciam ou finalizam-se as escolas espirituais dentro desta escala evolutiva de aprendizagem.

Fato este que não permite aos seres encarnados conhecerem os próprios graus ou nivelamentos evolutivos, bem como de outro ser igualmente a ele encarnado, tampouco determinar o nivelamento espiritual que este se encontra para que nenhum espírito encarnado possa qualificar outro encarnado como sendo mais ou menos evoluído de acordo com vossas escolas espirituais já adentradas; pois esta determinação cabe aqueles que os regem e guiam e não aqueles que encontram-se em campo material utilizando-se das mesma fonte de aprendizagem e bebendo dos mesmos cálices de luz ao qual as fontes jorram em favor da evolução terrena.

Ou seja, nenhum espírito encarnado, encontra-se em nivelamento terreno superior ao outro para qualificá-lo ou determinar maior ou menor conhecimento, habilidade ou evolução uma vez que todas as fontes de todos os Santos jorram a mesma quantidade de energia e força sendo abastecidos pelos mesmos Espíritos de grandeza onde nenhum deles possui mais ou menos poderes, forças ou determinações do que o outro, por isso, não podem os encarnados pensar que os detêm e qualificarem os vossos pares de acordo com vossos comportamentos e ações terenas.

Da mesma forma são os espíritos guias, impossibilitados de terem acesso a tais hierarquias, uma vez que estes também se encontram sobre a ordenança dos vossos Santos e Santas e se desenvolvem em vossos elos espirituais, pois ainda que os espíritos em campo espiritual detenham a chave de muitos segredos este faz parte dos mistérios selados dos próprios Santos onde as chaves de vossas trancas encontram-se com o único espírito regente de todas as fontes que formam as fontes de luz que jorram até os Santo, o Altíssimo Senhor Júlio Cesar Celestial, espírito zelador de todos os segredos, todos os tempo e todas as determinações espirituais frente à face do Criador, governando a fonte que jorra e ilumina todas as fontes de energia e de luz de todos os Santos.

Mas a certeza é de que todos devem cumprir as sete lições, sendo a penúltima o vosso adjunto, pois nenhum espírito entrará em campo terreno ou caminhará sem proteção espiritual em vossa frente a vossas costas, e por mais que as lições espirituais ainda não possam ser duramente cobradas destes espíritos por estes serem iniciados espirituais em campo terreno, não ficará nenhum ser espiritual sem proteção divina de luz, amor, caridade em vossas unidades, pois é à junção de ambos Santos ou a união de duas unidades de forças divinas ao qual carregam os Santos, onde uma traz a parcela de força espiritual à diante e a outra traz a parcela de força anterior que formam a inteireza de forças celestiais ao qual nenhum espírito poderá caminhar seja em qual elo for, pois somente a inteireza de força é que trará proteção e servirá de armadura celeste a todos os espíritos, e ainda que todos sejam pelo Criador selados e trancafiados em vossos segredos, existências, ainda sim serão guardados e guiados por aqueles que detêm o poder das forças espirituais do mundo jorradas da fonte única que concede a cada espírito proteção divina e luz celeste por onde quer que caminhem.

Por isso, será sempre perante a estas forças que cada espírito alcançará o progresso espiritual sendo iluminado e abençoado por estas fontes nobres que os vestem não somente de forças, mas também de caminhos doutrina e evolução, e todos os espíritos confiantes de vossas proteções se prostrarão diante de vossos superiores Santos, os vossos Santos.

Então, serão sete lições aprendidas e sete lições praticadas em sete forças regidas e sete energias de proteção em forma de luz, amor, cura, proteção, disciplina, caridade e continuidade em nome de um único poder de forças.

Mas saibam que todas as lições serão fortemente cobradas por aqueles que os concedeu o direito de adentrarem em vossos elos, o dever de os prepararem, a caridade de vos mostrarem as vossas condutas e disciplinas, o amor de vos guiarem por entre os vossos mais sábios e menos sábios, porém espíritos aprendizes das forças e mistérios divinos e celestiais. Mas não é a cobrança dos Santos o resgate de vossos suores e lutas para vos prepararem para serem filhos eternos dos bons caminhos e boas obras e sim a certeza de estarem de fato espiritualmente preparados para serem e exercerem tudo aquilo da qual em algum momento de vossas jornadas espirituais se prometeram em verdade, porque é a promessa o pacto do comprimento de se fazerem nobres e santificados, e esta sim será a cobrança das quais todos os espíritos encarnados serão por aqueles que os preparam cobrados.

Então, ainda que não conheçam as forças dos vossos Santos, ainda que não compreendam as vossas missões e ainda que não queiram continuar a prepararem-se espiritualmente para servirem a Deus da forma ao qual foram e são ensinados; saibam que da mesma maneira serão cobrados e invocados para que cumpram com tudo aquilo ao qual aprenderam e se comprometeram em cumprir.

Pois ainda que vossas consciências não adentrem aos mistérios outrora selados não é difícil compreender as leis terrenas a serem sobre a ordem do Criador caminhada, pois é o caminho santo de fácil compreensão ainda que não tenham a figura espiritual daqueles que os guias para auxiliá-los, porque todos terão de forma intrínseca a direção e o aconselhamento daqueles que os guiam e os protegem mesmo que estes não os conheçam ou não saibam.

Portanto sejam fieis aos vossos mais fieis servos e as servas de Deus, pois estes são os vossos guias espirituais que os trarão conforto e alento nos caminhos santos aos quais todos devem seguir, assim como serão também, os cobradores mais fieis em nome de tudo aquilo ao qual dedicam-se em ser, ou seja, guias, disciplinadores, doutrinadores e servos dos elos de evolução ou das casas celestiais em nome do Santíssimo Espírito Santo. Pois as vossas existências são a razão do ensinamento e do preparo divino de cada unidade espiritual que por Deus fora criado. Porque todos sem exceção partiram de um mesmo lugar e é pelo mesmo caminho que deverão voltar, e é este o caminho do amor, da caridade, do respeito, da justiça, das leis, da disciplina e do conhecimento, ou seja, os únicos que os conduzirão a verdadeira salvação.

Mas as sete lições espirituais serão apresentadas gradativamente conforme a evolução das lições ao qual este espírito fora inserido para aprender de acordo com a ciência e o autoconhecimento em relação a si mesmo. Ou seja, assim que o espírito nasce em campo celestial este recebe o direito de adentrar a um elo espiritual regido por um Santo para aprendizagem de uma determinada lição e determinado conhecimento espiritual, porque possuem todos os Santos, as forças espirituais jorradas do Criador das quais todos devem conhecer. E após a descida terrena ou o nascimento carnal em campo material, será este espírito já encarnado acompanhado pelo Santo ou os vossos servidores, que o recebera em vosso reino, conhecido como Pai e Mãe espiritual de cabeça para lhes acompanhar ou lhes ensinar a praticar todas as lições que foram recebidas outrora em vosso elo com os vossos espíritos que compõe o vosso elo espiritual.

Somente após este espírito encarnado fazer a vossa passagem espiritual, ou seja, retornar aos campos espirituais de onde um dia partiu antes mesmo de adentrar a escola espiritual para conhecer-se a si mesmo e conhecer o vosso Criador, terá este espírito que ter aprendido, compreendido e praticado todas as lições espirituais que a ele fora oferecida para que possa progredir de escola espiritual e fazer novamente a vossa descida terrena ou cumprir com a vossa passagem material alocado em outro elo espiritual ou em outra Escola espiritual para novo aprendizado.

Pois somente após receber, compreender e praticar em campo terreno todas as lições apresentadas em elo espiritual, ou seja, após ser alocado em campo terreno juntamente com a força do Santo que o regeu em campo espiritual lhe orientando quanto a vossa missão e o vosso caminho de aprendizagem espiritual, guinado e novamente orientado em relação às todas as lições ao qual deve tomar ciência, compreender e praticar com toda determinação é que alcançará a evolução nesta determinada lição.

E após o cumprimento desta determinada ordem de aprendizagem de lição espiritual, quando regressar da jornada material, é que será alocado em outro elo espiritual para conhecimento de nova lição espiritual para que possa novamente ser preparado para outra vez para fazer descida terrena em campo terreno e ser acompanhado de um novo Santo para aprendizagem, execução e prática dessas novas lições espirituais, onde o Santo anterior da qual se findou a lição passará a regê-lo como adjunto ou de continuidade, pois dele já fora com gloria passadas as lições, ainda que agora se encontre apto a praticá-las, e por isso para a continuidade daquilo da qual já é capaz de em nome do Santo executar.

Assim a próxima encarnação, ou a próxima passagem terrena virá este espírito com mais conhecimento e mais bagagem espiritual evolutiva divina, sendo este espírito capaz de praticar devido ao conhecimento que acumula em ciência e habilidade de ensinamento já aprendido, concluído e preparado. Ou seja, na próxima passagem material será mais uma vez acompanhado pelos vossos Pais e Mães de cabeça e todos os espíritos que estão alocados em vossos elos espirituais que serão os vossos guias para o alcance um novo aprendizado espiritual de novas lições espirituais de forma terrena para que adentre a outra linha evolutiva de outro Santo para que também alcance conhecimento de novas forças e novos poderes e se aproxime mais ainda de evolução santificada vinda do Criador.

Por isso, até que este encarnado compreenda as vossas lições, chamadas terrenamente de problemas de terra ou desafios terreno, e ultrapasse as vossas barreiras, pratique tudo aquilo que aprendera anteriormente em elo espiritual de vosso adjunto regente de cabeça, compreenda as lições que estão sendo aplicadas pelo vosso regente de frente da vossa coroa, pratique as lições tanto anterior como vigente, progrida espiritualmente praticando em forma de amor, compreensão, justiça, ciência, disciplina, doutrina, lei e alcance a evolução em cada uma das lições celestiais e adentre uma a uma das linhas evolutivas em cada uma das escolas espirituais, ficará este espírito alocado a última ou as primeiras escolas espirituais sendo regido por estas mesmas forças ao qual será nomeado terrenamente como força de vosso Pai ou Mãe espiritual, até que progrida e evolua espiritualmente para outros campos ou novas moradas celestiais.

Portanto, ficará este espírito alocado nessa mesma escola espiritual de aprendizado por tantas quantas forem às vezes necessárias em encarnações terrenas até que evolua e alcance novo estágio e receba novo direito de progredir a si mesmo adentrando em nova escola espiritual.

E cada força que vibra uma força do Criador carrega as próprias forças e emanações jorradas da fonte única em prol da força ao qual carrega sendo este elo a própria emanação em campo espiritual ou temporal do Criador trazida e reajustada para construir e dar continuidade às obras de Deus fora do reino celestial, diante das escolas espirituais que são os caminhos e a condução do reino celestial. Por isso, frequentar as sete escolas espirituais, não significa conclusão da jornada espiritual, é preciso passar com gloria e nobreza em cada uma das sete escolas espirituais que pelo Criador foram criadas, e servir em missão material espiritual as unidades espirituais que são os Santos, carregando as vossas forças e energias e disseminando as vossas leis, doutrinas, disciplinas e forças em prol da humanidade, quantas vezes forem por eles solicitados. Por isso elevar-se em gloria em algumas e não elevar-se em outras, não significa conclusão de escola espiritual de aprendizado divino, mas caminhada espiritual em direção ao progresso espiritual frente as sete forças que os regem.

Por isso, apenas os espíritos que após as vossas passagens terrenas conquistarem o conhecimento e a prática e com isso a evolução para ultrapassar as lições espirituais é que aumentarão os vossos nivelamentos e continuarão a caminhar dentre os Espíritos sagrados ao retornarem aos elos espirituais para desenvolverem-se ainda mais espiritualmente na busca do crescimento espiritual recebendo para isso, mais e mais lições sagradas dos comandantes espirituais ou chefes de falange para darem continuidade aos vossos aprendizados angariando novas lições, forças e poderes em forma de verdade, preparando-se para servir ao Criador.

Quanto aos demais espíritos que não alcançarem o progresso espiritual, por falharem em vossas jornadas de prática de aprendizagem terrena ou não derem continuidade as vossas caminhadas santas e com isso não alcançarem a compreensão e a boa prática dos ensinamentos em campo terreno adentrarão aos anteriores elos espirituais e se aleijarão até que alcancem forças e conhecimento o suficiente para caminharem em direção as veredas do progresso santo. Por isso nenhum espírito nascido da vontade de Deus ficará sem um abrigo ou uma morada, pois ainda que sejam em elos de remissão, umbral, cura ou infernal, todos terão um abrigo destinado a vossa necessidade e capacidade de entendimento perante a vossa determinação e vontade para aquele momento para com a vossa verdade e para com o Senhor Deus.

E todos aqueles que findarem as sete lições espirituais dos sete Santos, estarão preparados para labutarem em nome do Criador diante de um de vossos exércitos de paz; por isso para findarem-se nas escolas espirituais é preciso passar com gloria e nobreza cada uma das sete lições aprendidas e práticas, e não apenas conhecê-las, pois antes de serem escudos divinos é preciso aprender a caminhar sobre as forjas, pois não seriam escudos divinos se acaso não fossem tão fortes quanto os mais fortes aos qual irão combater frente a frente antes de vislumbrarem as faces do Rei dos reis diante de vossas próprias faces; então antes de serem forte é preciso ser fortaleza, e ser fortaleza é ser feito de doutrina, disciplina, amor, justiça, ciência, fé, caridade e coragem que além de ensinar a vencer a guerra, ensina também a perder a guerra, pois esta é a única maneira de aprender a cair, levantar-se e refazer-se em novas brasas e novas forjas cuidando a si mesmo e das dores de si próprio, bem como das feridas que as lutas trazem.

Isso quer dizer que adentrar a todas as escolas espirituais para conhecimento e aprendizagem e prática de todas as forças e ensinamentos dos Santos pode levar milhares de anos e de encarnações e reencarnações até que um espírito conclua as vossas jornadas de ensinamento e aprendizagem e esteja verdadeiramente preparado para servir ao Criador. Porém nisso encontra-se a paciência e a determinação dos Santos e de vossos leais e fieis servos, os guiadores, preparados para vos auxiliar, guiar conduzir e preparar em todas as escolas espirituais.

Isso quer dizer que adentrar a todas as escolas espirituais significa conclusão da jornada espiritual e o findar das lições espirituais e que este findar os concede estarem prontos para serem soldados divinos e servirem diante da face de Deus, o Criador, porém para findarem-se as lições espirituais é preciso passar com gloria e nobreza cada uma das lições aprendidas e praticadas, e não apenas conhecê-las. E todos aqueles que atravessaram as vossas jornadas de aprendizado, luta e labutaram, batalharam as vossas próprias unidades por muitas eras de ensinamentos e de progresso espiritual até que chegassem ao momento da mais sublime entrega frente pelo galardão de vossos merecimentos, onde o mais alto posto espiritual é servir ao Criador sendo de vossa coroa também um servo.

Doutrina, e a lei dos Santos.

"O mistério das sete estrelas, que viste na minha destra, e dos sete castiçais de ouro. As sete estrelas são os sete anjos das sete igrejas, e os sete castiçais, que viste, são as sete igrejas" (Apocalipse 1: 20)

3.8 As sete estrelas são as sete fontes espirituais ou as sete forças divinas, que acima de todos os demais poderes que se encontram erguidos e estão, superiores a todas as outras forças, tanto no campo terreno quanto nos céus, sendo assim tão altas ou tão elevadas quanto as estrelas, que do alto são, para homens intocáveis. E sendo estas fontes, acima de todas as outras forças, que carregam as forças da fonte única divina e que por isso são também as fontes espirituais compostas dos sete segredos, e os sete poderes divinos para serem em vosso nome as energias que guiarão os seres tanto materiais quanto espirituais; logo, as sete estrelas representam também os sete Espíritos de grandeza aos quais formam as forças maiores celestiais e que regem e derramam-se por sobre as energias espirituais, os Espíritos sagrados, nomeados celestialmente dentro de uma ordenação santa de cumprimento de missão, como Anjos, Anjos encantados ou Anjos sagrados.

Porque Anjos é todo espírito ou força espiritual altiva ou altamente elevada e espiritual, que possui determinação celestial juntos aos demais espíritos pertencendo estes ao lado direito ou esquerdo celestial do Pai eterno, o Senhor Deus. E encantado espiritual é toda força ou energia que feita sobre a determinação do Criador de ser fonte de energia, jamais encarnará ou deixará de ser e possuir a sua força, forma e energia própria diante de uma ordenação ou missão, pois não possui estrutura espiritual além de vosso próprio encanto, ou seja, sua própria forma de vida espiritual detentora de energia própria, sem estrutura arcada espiritual que o possibilite ser espírito encarnado para viver em terra.

Isso quer dizer que Anjos, são considerados espiritualmente determinados espíritos portadores de determinadas missões sagradas, que diante destas determinações carregam os tipos de influência ou energias que os capacitem exercer tais tarefas de ordem santa. Ou seja, para ser considerado Anjo se faz necessário, além de ordenação de labuta, a quantidade de energia específica para a execução de tarefa santa, independente do elo espiritual ou campo e atuação de onde tenha partido a ordem, por isso, todos os campos e elos possuem espíritos nomeados Anjos ou que se fazem anjos para execução de labuta específica onde apenas aqueles que nascidos ou recebedores destas energias possuem a quantidade de poder e forças celestial para executar a ordenança sagrada do campo de onde atua.

Por isso, não basta ter nascido de uma ordenação de ser Anjo, porque anjo é um espírito altivo que nascido de uma determinada força ou campo, fora nascido preparado com força específica para a ordem de execução em nome daquele campo de atuação. Portanto, anjos são espíritos que exercerem especiais tarefas sagradas, ordenadas e determinadas dentro dos campos de onde são originados, aos quais os demais espíritos evoluídos e aprendizes não possuem mesma ordem de execução.

Então anjos são espíritos em estado espiritual de execução de trabalho santo, podendo ser este trabalho permanente ou não. Isso quer dizer, podendo ser espírito que se transmuta em poderes e forças para exercer atividade dentro de seu campo de atuação da qual somente ele mesmo poderá exercer, recebendo a nomenclatura de Anjo, dentro daquela ordem de execução ou espírito que permanentemente exerce sua labuta com as energias e forças que possui sendo considerado espiritualmente Anjo eterno, pois suas atividades e obras não se alteram jamais.

Portanto, existem espíritos que se apresentam em forma de anjos, portanto armaduras, cálices, espadas, broqueis e tudo o que se fizer necessário para a labuta ou obra da qual deve realizar, e existem também espíritos eternamente Anjos, porém, estes, não vestem-se de Anjos, eternamente o são.

Logo, são os Espíritos Sagrados ou os Santos, quando atuando diante de uma missão celestial, espíritos nomeados de Anjos encantados, pois considerando que o derramamento de energia própria de vossas próprias fontes não é missão e sim motivo de existência celestial, é a labuta espiritual terrena de um Espírito sagrado ou a missão espiritual de um Espírito fonte de energia robusta nomeada dentro de uma ação espiritual sagrada de intensidade e motivo, o executor onde a execução se dá à partir da quantidade de energia ao qual aqueles que considerados Anjos se utilizam para que possam em terra ou em campo espiritual exercerem as vossas batalhas.

Pois da mesma forma que possuem a permissão e o direito celestial de cederem ainda que uma mínima fração de vossas energias para aqueles espíritos encarnados que através de vossas forças os fazem renascerem em vossas unidades no momento de vossos decidas em energias, das quais nomeiam em terra as vossas decidas energéticas de "ressurgimento espiritual de incorporação", porque é a incorporação santa, o recebimento da uma parcela mínima da fração robusta frente o que possui a energia de determinada unidade santa para que este se faça presente pela unidade material daquele que o recebe em forças e energias na quantidade em que ele mesmo poderá carregar em vosso próprio corpo, uma vez que esta energia deve ser compatível com a unidade espiritual do ser que se encontra encarnado, nutrido e abastecido com a energia advinda da luz celestial divina, luz que ascende ambas unidades, caso contrário não conseguirá a unidade santa o Santo, ceder a vossa força e energia a outra unidade espiritual, o ser encarnado.

Igualmente cede a unidade Espiritual, o Santo, as vossas forças e energias até que está se complete dentro de uma unidade espiritual de execução de nome Anjo para que possa este adentrar a todos os campos e cantos de onde a vossa missão deverá ser cumprida.

E embora não percam os vossos encantos de serem e exercerem o que são e devem ser, possuem ainda missão ordenada pelo próprio Criador de labutarem em vosso sagrado nome, além de vossos motivos de jorrarem as vossas energias por sobre as unidades espirituais que se encontram abaixo do firmando ou sobre todos os filhos, todos os elementos e vossas congregações. Sendo assim, ainda que não possuam estrutura espiritual para exercerem missões espirituais junto todos os espíritos, possuem determinadas ordenações de labutas onde se fazem essencialmente presentes em forma energética para cumprimento de missão sagrada em nome de vosso também Criador em forma e estrutura de Anjos encantados.

Portanto, são considerados Anjos, não porque foram nascidos anjos celestiais, ou seja, espíritos puros altamente energéticos atuantes sobre as ordens de cumprimento de missão junto aos seres encarnados ou espirituais em essências, pela busca do cumprimento das ordens e dos deveres espirituais ao qual cabem a todos os seres; porque em verdade foram nascidos em energias puras e robustas dotadas de poderes e forças divinais atuando pela evolução e elevação dos seres materiais das quais devem abastecer. E por este mesmo motivo, é que recebem a ordenação de cumprimento de missão espiritual diante de vossas próprias labutas para elevação e evolução dos seres materiais, porque se acaso apenas descarregassem as vossas energias ou entregarem os vossos dons e conhecimento e não acompanharem o desempenho e desenvolvimento dos homens da terra, de nada adiantaria vossos esforços pela busca do progresso material aos seres encarnados.

Por isso, são, ainda que forças e energias robustas, energias espirituais, que cedem as vossas energias e forças e se transmutam em unidade real para que estas alcancem o poder e a força celestial de influência energética até que alcancem o patamar de Anjo, em unidade de poderes e forças para que possam cumprir com as vossas missões espirituais de serem e exercerem as vossas também labutas em nome daquele que vos regem com a quantidade, fração e fluidez de forças necessárias diante da determinação.

E estando o discípulo João, vislumbrando do alto as coisas de terra das quais ocorreram ou iriam ainda ocorrer por ordem de Deus, viu em vossa frente os sete castiçais de ouro, onde a representação dos castiçais em terra eram as sete congregações existentes, ou seja, os sete maiores poderes espirituais em terra de homens naquela época. Porque assim como são espiritualmente os castiçais, o mais altivo e elevado poder nascido para ser a fonte única de Deus, igualmente era este instrumento representado pelas igrejas em campo terreno, ao qual deviam igualmente erguerem-se em verdade.

Mas os sete castiçais eram abastecidos pelos sete poderes de forças espirituais ao qual carregam os únicos e verdadeiros poderes que das sete estrelas espirituais que representam as sete forças divinais, ou os Espíritos de grandeza, formam as forças celestiais que jorram por sobre a terra todos dos dons, forças, magias e poderes sagrados; onde somente juntas, porém cada uma individualmente raiar sua própria cintilância celeste. Porque somente estando juntas, poderão romper os sentidos individuais das energias que carregam e compõe a única força ao qual forma a fonte de luz celestial que se derrama por sobre cada um dos sete cálices, o que significa cada um dos sete Espíritos sagrados que jorravam as vossas próprias forças por sobre as sete igrejas, ou seja, as sete unidades espirituais terrenas das quais deveriam ser as maiores forças espirituais espalhadas pela terra naquele momento, uma vez que naquele momento ou para aquela época existiam, apenas estas unidades representado o poder maior.

E os sete Anjos encantados, são os sete mais leais e fiéis servos dos Espíritos de grandeza, que são aqueles que recebem e carregam as forças de cada fonte individualmente para regerem em campo terreno as vossas forças em junção espiritual com as demais forças jorradas pela natureza, compondo novas e poderosas fontes que somente em campo terreno poderão ser encontradas, para que junto de vossas falanges com vossos Comandantes espirituais e em vossos próprios elos espirituais poderão distribuir poderes, magias, mistérios e forças celestiais para que todos recebam as graças e dons celestiais e possam ainda que em ambiente terreno serem guiados, amparados e auxiliado pelas forças de poderes cândidos celestiais que advém dos reinos dos Santos.

As sete estrelas denominadas como sendo os sete Anjos, não por serem a mesma ou única verdade e sim por cumprirem a mesma determinação da mesma verdade, sendo um o reflexo do outro. Pois os espíritos denominados Anjos, são pelas denominadas estrelas, abastecidos em energia, carregos em forças, nutridos em poderes, e por isso comungam entre si os mesmos poderes, forças e deveres, sendo igualmente o eco de tudo o que as estrelas são.

Isso quer dizer, que os Anjos encantados, qualificados como sendo as próprias estrelas, pois são por elas abastecidos e nutridos, são a representação das próprias Estrelas em campo terreno, pois desmembram-se fazendo igualmente tudo o que os Espíritos, representação das energias em forma de estrelas fazem e são, ou seja, as energias acima do firmamento ordenam e fazem, uma vez que atuam e refletem tudo aquilo aos quais os Espíritos de grandeza são ou tudo aquilo que fazem e possuem, logo emanam e carregam as mesmas cargas energéticas, as mesmas vibrações, as mesmas energias e são por isso denominados iguais, pois sendo os Anjos o reflexo das estrelas os Anjos são a representação das estrelas por autoridade e origem divina.

Celestialmente são as estrelas criadas e abastecidas com as forças divinas para serem as fontes divinas e espirituais em campo puramente celestial e por isso devem atuar somente em elos celestiais, pois os vossos poderes e forças são altamente destrutivos aos campos terrenos de onde as vossas forças e poderes não podem pelos elementos orgânicos serem suportados em emanação de luz, pois seriam todos destruídos e exterminados pelo poderio de forças que partem das forças de Deus.

Porém, como são fontes nascidas das próprias fontes do Criador e recebem emanações diretamente da coroa de forças do Criador, os vossos poderes de emanações de tão grandiosos em vibrações e tão extensos em forças são compatíveis apenas com os campos celestiais de onde as energias são nascidas para serem compactuadas entre elas mesmas, por isso apenas entre elas podem ser suportadas, pois foram nascidas para serem comungadas em fortaleza vibracional em um campo onde apenas as energias estando puras, cândidas e límpidas são vivas e vívidas aos campos celestiais. Por isso, estas energias possuem além da incapacidade de tolerância em qualquer outro elo ou campo que não seja apenas o campo celestial de onde a fonte jorra energia de luz pura e divina em extrema robustez e pureza, incapacidade de ser e existir por si só em qualquer outro campo que não seja o campo celestial altamente cintilante e áureo em vossa composição.

Desta forma, foram os sete elos espirituais criados para receberem estas emanações de forças onde os vossos regentes, os sete Santos, ou as sete energias que dão vida aos sete Anjos encantados ao qual são aqueles espíritos nascidos da vontade do Criador para atuarem apenas em campo orgânico ou no campo sagrado terra, recebendo dos Espíritos de grandeza ou das sete estrelas misteriosas de Deus as energias, poderes e forças celestiais para atuarem apenas em campo biológico de onde as missões espirituais devem ser cumpridas, carregando as forças celestiais e as transformando em forças e poderes de luz compatíveis com os campos orgânicos e naturais de forma que estes não sejam danificados pelas extremas emanações celestiais que se encontram em campo puramente celestial.

Então, são os Anjos encantados os portadores das forças e energias de luz que jorram das próprias vestes do Criador para serem emanados e transformados em forças naturais em campo terreno, auxiliando todos os que neste elo terreno se encontram a viverem de forma espiritual sendo abastecidos pelas fortalezas espirituais de magias sagradas em nome do Criador à partir das forças dos Anjos encantados formados através das energias dos Santos, porque deles mesmos foram nascidos para serem as vossas forças atuando em vossas missões em terra.

Portanto, os sete Anjos são os sete Espíritos encantados que nutridos pelas sete fontes divinas regem as sete igrejas, uma vez que as fontes que governam sobre os sete Santos são os verdadeiros poderes divinos abastecendo estes Anjos encantados que são os reais e únicos guias e auxiliadores dos servos e servas terrenos, juntamente com os vossos Comandantes espirituais dentro de vossas falanges espirituais.

E a força dos Anjos encantados é a grande força que conduziu cada uma das sete igrejas ou cada um dos sete castiçais, que são as sete pequenas fontes de disseminação das palavras e verdades divinas existentes no campo material carregadas com as próprias forças espirituais de Deus, pois sendo naquela época remota estas sete pequenas fontes ou pequenos castiçais, as congregações que disseminavam a Deus e vossas forças, eram assim como nos dias de hoje, abastecidas espiritualmente pelas energias que carregavam aqueles que levavam as forças divinas aos dirigentes materiais destas congregações.

E aos Espíritos sagrados ou Santos, aplica-se a denominação de Anjo, pois Anjo é a unidade de forças de labuta dentro da unidade ou elo espiritual dos Santos, formada pela quantidade de forças ou a ligadura das duas unidades sagradas ou das coisas entre os céus e a terra, pois Anjos são todos aqueles espíritos que possuem ordenação divina de missão ou determinação espiritual atuando em nome do Criador frente as batalhas santas e sagradas. Onde estas unidades espirituais de nome Anjo, prostram-se igualmente aos vossos regentes maiores de poderes e forças, e por isso, são os Anjos encantados os que guiam e condutores dos servos e servas materiais à diretrizes e doutrinas santas para aqueles que dirigem as palavras santas de Deus, pois os anjos são os guias espirituais que carregam as forças do Criador para que os espíritos encarnados possam ser abastecidos de energias sagradas e guiados pela luz divina que cada um carrega.

E sendo os sete Anjos ou os sete poderes de forças carregados pelas forças dos sete Espíritos de grandeza, onde cada um com o seu próprio poder descarregavam suas forças por sobre os vossos regentes menores, os Santos, e estes regentes, regiam e governavam cada uma das sete determinadas congregações onde se encontravam os vossos filhos espirituais ou guiados espirituais, onde estes missionários espirituais terrenos, os encarnados, para quem foram confiados os vossos poderes e determinações para que com os vossos próprios cálices de forças pudessem abastecer os demais encarnados congregados juntamente com as energias das forças ao qual carregavam, os direcionando sem falhar e sem conduzir os demais irmãos e a si mesmos de forma falsa ou errônea; pois os Espíritos de grandeza, assim como os vossos denominados Anjos encantados ou os regentes espirituais determinados pelo Criador para serem os condutores espirituais dos vossos servos materiais, os encarnados, ou os escolhidos para que atuassem e ainda atuem em vossos nomes sendo também os vossos servos de quem devem ensinar, nutrir de boas energias, atuar em comunhão e também cobrar além de responsabilidade para com a vossa comunhão ou vossa cristandade, também a responsabilidade de serem bons servos divinos atuando em nome de todas as forças divinas e espirituais que vos concedem o dever seres os vossos leais e fieis servos materiais pela força das estrelas que os carregam.

Porque são as sete estrelas, ou seja, aqueles Espíritos de grandeza, que em campo celestial se encontram acima de todos os poderes dos homens, a unidade de forças que concedeu os vossos poderes aos que foram determinados Anjos encantados, para que também atuassem em vossos nomes com as vossas forças e magias, para que fossem os responsáveis por conduzirem as sete congregações terrenas, porque eram estas de Deus os cálices celestiais que abasteciam os espíritos e a terra através de vossos castiçais de ouro, onde o ouro representa à força, a pureza, a cristandade, pois tudo o que vem do Criador deve ser representado de forma bela, plena e pura e é pela reluzente e força ao qual o ouro também traz em sua essência onde a pureza também produz força orgânica que é a representação de tudo aquilo que o natural é capaz de produzir em nome do Ser Supremo.

E por isso, os sete Espíritos de grandeza são configurados pelas sete estrelas, que são de Deus, os vossos mais altos poderes, utilizam-se também dos castiçais de ouro como os vossos instrumentos espirituais, onde os sete castiçais de ouro, ou os sete poderes concedidos às sete congregações que naquele momento os representava, recebiam os vossos derramamentos sagrados sendo abastecidos de poderes, magias, segredos e forças para que fosse cada uma destas congregações recebedoras dos cálices espirituais de onde eram jorrados os segredos e magias de Deus para condução da terra. Portanto deveriam em nome dos que os regiam ao qual foram por eles também escolhidos, atuarem levando a doutrina e disciplina espiritual do Criador, sendo leais e fileis aos vossos regentes.

Por isso quando determinado ao discípulo João que escrevesse aos Anjos que se encontram em cada uma das sete congregações ao qual cada um dos sete Espíritos de grandeza derrama as vossas forças por sobre os vossos Anjos, não fora determinado apenas que se fizessem escrituras para que fossem entregues aqueles que regem por sobre cada congregação, pois os Espíritos de grandeza a estes não escrevem; e sim jorram os vossos comandos e forças, os abastecendo e alimentando em energia divina. No entanto, fora determinada que o discípulo comungasse entre os sete poderes de forças espirituais que são os Santos, toda a força, poder e determinação ao qual cada Espírito de grandeza possui e por isso rege por sobre cada Anjo encantando os cobrando, reivindicando e reavendo o resultado espiritual de todos os esforços em demandas de energia e forças para que todos caminhem em nome de vossas forças; aos quais são os Anjos encantados que através de vossos comandos quem cobram e recolhem as boas aventuranças plantadas e disseminadas por vossos servos e servas, os espíritos encarnados que atuam por vos, sobre vossas responsabilidades.

Desta forma, são os Santos representados pelos Anjos encantados e os vossos comandantes espirituais os coletores das ações plantadas e colhidas por vossos servos materiais em nome do Criador sobre vossos poderes de forças, uma vez que são estes quem atuam diretamente com cada ser encarnado e não os Espíritos de grandeza. Logo, não fora João, apenas o múltiplo das cartas celestiais aos Espíritos encantados e sim a representação do ser material que regido em missão espiritual em nome do poder das forças divinas vislumbrando por si só, como é a autoridade de averiguadora aos que não cumprem ou caminham por sobre a verdade que os regem, e que por isso, em algum momento, não distante do cotidiano terreno, todos serão pelas forças espirituais cobrados em nome das boas obras; porque tanto os Espíritos sagrados, serão cobrados em relação aos resultados espirituais de tudo aquilo ao qual cedem para que plantem e colham bons frutos, quanto os seres matérias de vossos regentes celestiais.

Desta forma, todo aquele que fugir a responsabilidade divina em busca de vitória material ou gozo terreno usando ou subjugando o nome de vossos guias espirituais ou ainda usando da nomenclatura do Senhor Deus, o Criador, para proveito pessoal trazendo inverdades ou desequilíbrios terrenos por mera vaidade visando glorias matérias e não atuando com lealdade e fidelidade contra as vossas próprias promessas, terão como tronos os vossos juízos em remissão, e estes serão as pagas àqueles que os conduzem de forma leal e verdadeira.

Pois todos os que se encontram sobre a dominância e regência santa dos Espíritos sagrados, serão em algum momento terreno, por estes Espíritos cobrados de tudo aquilo ao qual devem executar em vossos nomes. Porque todos os que se alimentam das forças e energias espirituais e recebem destas forças ensinamentos e lições espirituais e aprendizados santos o devem executar em nome daqueles que vos concedem serem os vossos servos materiais em vossos nomes, pois se acaso as vossas lições e ensinamentos não representassem caminhos espirituais para autoconhecimento e crescimento espiritual de cada ser, não seriam os Anjos encantados os mestres celestiais condutores e guias dos caminhos santos, logo não teriam os espíritos encarnados que por eles serem guiados, ou caminhar por sobre a verdade para que construam obras em nome da verdade e prostrem-se em favor da verdade e sim enveredariam cada um a vossa vontade construindo os vossos próprios caminhos errantes sem lei, sem justiça, sem correção e sem possibilidade de alcance celestial para evolução espiritual.

Porém neste caso, não seria Deus, o Criador, o caminho para a cura, a libertação e a salvação, e também não existiriam os vossos servos e servas divinos para os conduzirem as casas celestiais, pois nenhum encarnado se encontraria em elo terreno para cumprimento de missão espiritual, pois este sequer existiria, assim como os elos de remissão ou umbral existiria, pois não haveriam os juízos, pois não haveriam faltas e erros, pois todos caminhando por sobre as vossas próprias verdades seriam os vossos próprios guias e juízes labutando em favor de vossos erros e falhas.

Portanto os espíritos considerados Anjos encantados são aqueles que representam as leis, a justiça e a verdade do Criador em nome dos Santos, encaminhando, conduzindo, guiando e cobrando as boas aventuranças e boas obras, pois o Criador é apenas um, e este vos concede o direito de ser o que são; livres para escolhas de vossos caminhos materiais e de vossas obras, porém todos nasceram e partiram dos semelhantes elos espirituais que são as casas celestiais, e por isso, todos deverão regressar para estas mesmas casas celestiais, ao final de vossas jornadas, se assim conseguirem alcançar a elevação e evolução espiritual. Porém todos serão guiados e regidos pelas forças do Criador para que possam ter os mesmos direitos de serem bons e construírem boas obras que os conduzam aos caminhos bons ou o caminho da salvação.

Pois sendo Deus, o Criador, o único capaz de dar a vida espiritual, vida material e os Anjos divinos para vos conduzir, é também o único capaz de conduzir todos os espíritos criados por vossa vontade aos campos aos quais todas as lições sagradas deverão ser aprendidas e praticadas, e se acaso não forem aprendidas e praticadas deverão novamente ser retomadas e praticadas, para que todos possam crescer espiritualmente em igual nivelamento sagrado diante vossa determinação. Nisso também se encontra a justiça divina.

Por isso não é o ser espiritual carnal quem determina os vossos caminhos espirituais e vossas vontades celestiais, todos devem cumprir com a determinação do Ser Supremo e caminharem como determinam os vossos guias e condutores aos caminhos ao qual foram escolhidos para que trilhem e se fortaleçam de boas obras e feitos em nome do Criador, para que possam as vossas casas celestiais regressar, pois somente os que caminham por boas obras as boas casas retornam.

Certamente que as lições ensinadas e apresentadas serão cobradas e exigidas daqueles que nasceram da vontade do Criador para serem tudo aquilo ao qual devem ser, ou seja, doutrinadores e disciplinadores dos caminhos santificados, porém somente os vossos servos encarnados o serão, se acaso utilizarem de esforços próprios e determinações de si mesmos para elevarem-se.

Mas é certo que se não conseguirem atuar de forma honesta, nobre ou legal, serão conduzidos de forma disciplinar para que reconheçam-se diante das verdades espirituais e não somente diante de vossas verdades criadas a base de inverdades e desejos puramente materiais, pois estes claramente os ferirão mais do que as mais duras disciplinas aplicadas pelos mais rígidos espíritos em busca do fortalecimento espiritual do ser material nas veredas celestes ao qual este se encontra e ainda assim deseja enveredar-se apenas pelas trilhas do gozo e do prazer descabido e desmedido atolando os pés sobre brasas por ele mesmo criadas, sem a condução branda dos espíritos de luz, que os concederão o direito de caminharem por sobre as vossas vontades sujas na escória do desejo mundano de prazer que mais ferem do que abrandam ou elevam.

E certamente diante das vossas próprias vontades de se conduzirem a si mesmos receberão o direito por àqueles que os conduzem de caminharem sozinhos. Mas para estes seres ingratos, as vossas espadas serão os vossos guardas e os vossos cativeiros são os vossos consolos e a morte serão os caminhos escolhidos para gozarem de prazeres e vontades terrenas ao qual os levarão direito aos elos espirituais por eles mesmo escolhidos, bem distantes daqueles aos quais os vossos guias e espíritos escolheram e lutaram para que adentrassem.

Porém dignos como os são e respeitadores das vontades que a cada um possui por livre direito ao qual receberam do Criador, serão apenas os olhos que olharão de fora todas as vontades sendo erguidas com alicerces de obras más por aqueles que desejam seguir os vossos próprios caminhos e guiarem-se a si mesmos erguendo ao invés de perfumes doces, pesadas espadas de dois gumes, que assim como aos outros ferem, a si mesmo também desfere.

"Ergam os olhos e olhem para as alturas. Quem criou isso? Aquele que põe em marcha cada estrela do seu exército celestial, e a todas as chamam pelo nome. Tão grande é o seu poder e tão imensa a sua força, que nenhuma delas deixa de comparecer!" (Isaías 40: 26).

E somente o Espírito Santo que é Deus, capaz de dar a vida espiritual a cada ser, capaz de criar todas as grandiosas potestades, inclusive a potestade de forças que vibra e jorra a vossa própria luz, capaz de criar todos os elos espirituais onde todos terão a honra e a determinação de adentrar e de conhecerem-se a si mesmos e ao vosso Deus. É também o único Espírito capaz de conceder forças celestiais e santificar por vosso próprio nome todas as forças que atuarão sobre o vosso próprio poder, entregando-lhes as vossas emanações de poderes celestiais em força de amor, frutificação, leis, disciplina, garra, ciência e justiça para serem em vosso nome as energias disseminadoras de vossa luz vibrando em cada uma destas diretrizes que o formam e o constitui.

Assim, cada congregação que é emanada por um Espírito de grandeza é também emanada por um Santo que juntamente com os seus espíritos formam em agrupamento um elo espiritual atuando em nome do Criador ensinando, guiando conduzindo e direcionando todos os seres materiais escolhidos para serem os vossos servos matérias dirigentes das congregações aos caminhos sagrados aos quais para isso foram nobremente escolhidos e são determinados para que cumpram todas as diretrizes santas dentro das certezas santas, pois as vossas certezas são as certezas celestes e infinitas de benevolência e capacidade de forças e poderes para que tudo ao que seja em nome do Santo seja santificado e tudo se cumpra como determinam os Santos, aos quais sem eles não se pode ser glorificado em razão do único e verdadeiro Espírito Santo, por isso somente poderá alcançar a vossa plenitude, amor, bondade e a evolução, aqueles que caminharem por todos os passos que os conduzem ao vosso eterno nome, caso contrário conhecerão as forças dos denominados apenas, servidores dos guardiões das leis divinas ou do Santo guardião das leis divinas.

Logo os Espíritos de grandeza que recebem as forças de Deus ou as forças que o compões em sete energias, para que descarreguem estas energias divinas e distribuam por sobre os seres espirituais que possuem em essência a caridade de Deus, nascidos para serem Santos e os são, conduzem aos vossos Santos estas forças para que estes juntamente com os vossos Comandantes espirituais jorrem por sobre todos os seres da terra a determinação de coragem e forças para conhecerem quais são estas forças, como atuam e como são constituídas as força do vosso Criador. Logo, todo aquele que alcançar e conhecer todas as forças serão capazes também de adentrarem em conhecimento e evolução as forças de Deus assentando-se ao vosso trono celestial, porém todos aqueles que desviarem-se dos caminhos santificados dos Santos que pelo próprio Criador brotaram, serão cobrados frente à verdade que escondem perante as verdades dos Santos e do guardião das leis em nome de Deus.

Pois aquele que vos concede o direito de serem livres e escolherem caminharem por sobre a terra de forma digna também vos concede a majestade possibilidade de serem vossos mais nobres e puros espíritos caminhando também dignamente por sobre as vossas veredas de forças e verdades comungando, aprendendo e ensinando com os vossos mais nobres e fieis espíritos criados pela vossa ordem e determinação. Porém os vossos Santos que constituídos de amor, frutificação, luta e ciência, atuam em comunhão com as outras forças e que também foram constituídos de forças celestiais que são a doutrina, a justiça e as leis e estas certamente prevalecerão em nome de quem os concede a vida.

Servidores espirituais apostolares dos Santos

"Ensina-nos a contar os nossos dias para que o nosso coração alcance sabedoria" (Salmos 90:12)

3.9 Por isso, concluir todas as escolas espirituais não é o findar dos ensinamentos e preparo para servir diante das vestes de Deus munido de armas santas em vosso exército espiritual, e sim o preparo para o início da prática dos ensinamentos e aprendizagem ou o início de nova jornada espiritual em nome do Criador sobre regência do primeiro Santo do primeiro elo espiritual ao qual fora alocado espiritualmente a partir do momento de vosso nascimento espiritual. Pois aos que concluírem com gloria as vossas lições espirituais iniciarão em novo estágio espiritual para prestação de trabalho Santo em nome de Deus por influência da força do elo espiritual que o carrega, pois este que fora o primeiro será por consequência hierárquica divina a regência de prática de aprendizagem santa. Isto quer dizer que todos aqueles que concluírem com gloria, presteza, doutrina, disciplina, amor e nobreza as sete escolas espirituais aos quais pertencem aos sete Santos, sendo cada uma delas regida por um Espírito de grandeza, ou os Espíritos que compõe as forças do Criador, é que este espírito passará de aprendiz a servidor espiritual apostolar ou servidor apostolar sendo à partir deste momento instrumento santo em jornada missionária em nome do Criador carregando e atuando sobre regência das forças ao qual fora em primeira encarnação iniciado aprendiz.

Mas todo aquele que ao término das sete lições sagradas estiver preparado para prestar serviço espiritual apostolar ao vosso Santíssimo Senhor Deus, utilizando-se de tudo aquilo ao qual fora pelos Espíritos Santos apresentado, confiado, compreendido e praticado, estará este espírito preparado para servir ao Criador da maneira ao qual fora por Ele mesmo determinado sendo o vosso servo apostolar ou a vossa serva apostolar em campo terreno prestando a caridade, o amor, à doutrina e a disciplina atuando de maneira sagrada tanto no auxilio e formação espiritual dos demais espíritos encarnados pela busca do progresso espiritual quanto sendo o instrumento terreno de direção na busca de compreensão, aprendizado e crescimento espiritual, carregando a força do Espírito Santo do elo espiritual ao qual detém força, sabedoria, determinação e coragem para atuar de acordo com a emanação recebida e alinhada em ordem santa para trabalho espiritual.

Porém não necessariamente estes servidores espirituais apostolares e estas servidoras espirituais apostolares, serão membros religiosos ou dirigentes espirituais, pois o ato de congregar e doutrinar religiosamente também são missões terrenas espirituais de aprendizagem santa em linhagem de Santo e possuir grau doutrinário espiritual, para que se possa doutrinar, porém, não necessariamente é obra missionária espiritual apostolar daqueles que se encontram ao término das sete lições espirituais.

Pois o ato de dirigir em congregação não caracteriza o encarnado conhecedor e detentor de todos os ensinamentos Santos dos sete Espíritos Santos, pois todos os espíritos são e serão eternamente aprendizes, diante da eternitude celestial do Criador e de vossos Espíritos de grandeza e Santos, por isso não os tornam mais ou menos conhecedores ou missionários espirituais de graduação findada em relação aos aprendizados os tornando servidores espirituais apostolares, o que caracteriza um espírito em serviço apostolar é a disseminação de forças e conhecimento em determinada lição que estes carregam dentro de si para atuar em nome destas forças divinas, sendo que nem todas as forças espirituais santas estão ligadas a doutrina religiosa ou necessitam serem aplicadas de forma doutrinária religiosa.

Podendo estes servos e estas servas espirituais apostolares serem ou não membros regentes de congregação religiosas; e ainda que não o sejam, as vossas determinações santas serão da mesma maneira executadas e praticadas, pois serão determinações santas sobre regência espiritual dos Santos ou Espíritos Santos ao qual recebem o poder divino para tais obras e empreitadas sangradas em nome do Criador voltadas para a força ao qual o elo espiritual de qual faz parte carrega. Porém se acaso este que se tornou servidor espiritual apostolar, tiver em vossa linha de prática espiritual de disseminação a missão apostolar de atuar de forma doutrinária e disciplinar santa em nome do Criador, este de fato o fará em congregação religiosa assim como fora determinado como forma de resgatar a trazer encorajamento a todos àqueles que sofrem, choram e necessitam de alento para cura de vossas dores e angústias.

Porém, dirigente espiritual de congregação espírita são espíritos escolhidos e treinados para servirem ao Criador de forma sagrada, tendo em vossas lições espirituais e terrenas a determinação de disseminação espiritual de forma doutrinária ao qual foram escolhidos pelo vosso Santo regente ou Santo de frente e treinados por vossos comandantes espirituais das falanges ao qual atuam dentro deste elo espiritual, para que rejam em vossos nomes e com a mesma força de vossas doutrinas, doutrinem os vossos próprios filhos terrenos que dos vossos elos espirituais um dia estiveram para que em vossos elos espirituais em algum momento de vossas passagens materiais estejam ou novamente estejam.

Isto quer dizer que os dirigentes das congregações espíritas atuam de forma terrena, trazendo as lições espirituais, sendo os regentes materiais das escolas espirituais terrenas de tudo aquilo ao quais os regentes espirituais determinam que vossos escolhidos o façam, pois por estarem em elos espirituais próximos, porém serem de constituição diferente, onde os Santos ou vossos comandantes espirituais e vossos guias espirituais não possuem a carne material em vossas constituições, pois não se encontram em elo de aprendizagem e lapidação espiritual assim como os encarnados, são os dirigentes terrenos, ou os vossos escolhidos doutrinadores congressistas espirituais os vossos olhos e vossos braços atuando de forma espiritual em vossos nomes, direcionando os filhos da terra nos caminhos e nas doutrinas santas em nome daqueles que regem de maneira espiritual todos os filhos terrenos dos vossos dirigentes que são também os filhos espirituais dos Santos e discípulos dos comandantes espirituais que determinam que sejam em seus nomes e trabalharem dentro de vossas forças e vossas coroas, os respeitando, os escutando, os servindo e prostrando-se diante das forças e poderes recebidos dos Santos para disseminarem as boas obras, guiando, doutrinando, corrigindo, apontando os caminhos e aconselhando os vossos filhos terrenos da maneira ao quais os espíritos determinam que sejam, e não aquela aos quais os próprios dirigentes determinam, pois os vossos filhos terrenos, não dos Santos, filhos espirituais e a eles pertencem os vossos ensinamentos terrenos e obras materiais.

Pois a congregação espírita é a Escola espiritual terrena onde os ensinamentos, doutrina e disciplina vem dos Santos, comandantes espirituais e guias espirituais, e os dirigentes são os vossos escolhidos para atuarem em vossos nomes e carregarem as vossas forças, sendo os escudos terrenos de proteção espiritual trazendo a cura, o alento, a direção, a ferramenta e a coragem necessária para que seguindo os bons caminhos com força, determinação e esperança, possam progredir em vossas empreitadas terrenas, tanto quanto em vossas empreitadas espirituais, pois a passagem terrena é lapidação da do espírito diante das lições aos quais todos devem conhecer respeitar e praticar.

Por isso, não são os dirigentes congressistas os mentores sagrados dos vossos filhos e das vossas filhas e sim os espíritos que os regem, pois os vossos filhos e as vossas filhas são os filhos e filhas daqueles que a casa espírita rege, pois os dirigentes são os vossos instrumentos materiais escolhidos para atuarem nas escolas espirituais materiais por eles determinados para que atuem em vossos nomes diante das forças sagradas ao qual possuem. E assim como todos os servos espirituais atuam em nome do Criador, também são os servos, os dirigentes e os vossos servos aprendizes devem caminhar diante do poder da mesma luz e das mesmas forças que vem de Deus, o Criador de todos nós.

Portanto, todos aqueles ao qual possuir ao término de vossos ensinamentos santos a emanação de regência espiritual de diretriz de força e determinação voltada para a doutrina, em nome da doutrina atuará; todo aquele que ao término de vossos ensinamentos santos tiver como força de regência a determinação santa voltada para a Justiça, em nome da justiça atuará, todos os que tiverem como força de regência espiritual a diretriz de regência do poder de forças voltadas para a ciência e o conhecimento em nome da ciência e do conhecimento atuarão; e serão estes os grandes responsáveis em disseminarem os vossos conhecimento dentre a humanidade ao qual também habitam em razão de tudo aquilo ao qual foram pelo espíritos Santos preparados para servirem ao vosso Criador, trazendo, levando e carregando as certezas espirituais e conduzindo as forças de Deus da forma ao qual deve ser conduzida para toda a civilização de forma que todos progridam em si mesmos e ultrapassem os vossos desafios e alcancem as vossas evoluções, pois este é o desejo do Criador.

E estes espíritos denominados servidores espirituais apostolares, que pelos Santos foram preparados ao término de vossas jornadas terrenas de prática e disseminação de aprendizado e conhecimento reencarnarão quantas vezes forem necessárias, sendo em todas elas instrumentos espirituais atuando em favor de vossos elos espirituais, carregando as forças, poderes e determinações destes pela quantidade de vezes ao qual forem escolhidos e determinados para servirem até que alcancem pureza e singeleza essenciais para tornarem-se servos divinos servindo ao Criador diante de vossa face em vosso majestoso exército; momento este e tempo este que cabe apenas aos Santos determinarem perante os vossos selos espirituais de doutrinas e mistérios celestiais.

Então, todo aquele que em vossa missão santa de prática de evolução e disseminação e conhecimento, através do serviço apostolar que falhar e em nome de vosso Santo que o rege e em nome de vosso Criador que os concede a vida, os desrespeitando e direcionando a si mesmo e aos demais encarnados ao erro ou as falhas mundanas, este retornará igualmente aos demais espíritos as Escolas espirituais dentro dos Reinos dos Espíritos Santos, os Santos, para retomarem as lições aos quais falharam e novamente prostrarem-se diante da Luz para que sejam ajustados e alinhados em nossas determinações, para que possam novamente ser dignos de confiança e nobreza e em alguma nova época atuarem em nome do Criador novamente.

E as lições ao quais serão novamente oferecidas tanto em elo espiritual quanto em campo terreno, serão duramente aplicadas e da mesma forma cobradas para que sejam novamente lapidados e purificados das falhas e impregnações materiais que causam mais dor do que as cobranças dos Santos em relação à prudência e a nobreza ao qual devem se prostrar. Porém para estes servos e estas servas errantes a dor não virá das mãos de vossos regentes, pois estas não serão tão pesadas quanto os vossos pesares em terem que caminhar por caminhos indignos para que se cubram novamente de dignidade e presteza da forma ao qual devem seguir, porém escolheram desviarem-se.

Então, àqueles que ensinam e lhes concedem o merecimento e a honra de estar em vossos elos espirituais, beberem de vossos ensinamentos e em vossos nomes atuarem, serão os mesmos que cobrarão a desonra, o desrespeito e a indignidade de ser apenas aquilo que desejam ser, desprezando as faces de Deus estampada nas faces dos vossos Santos, que constituídos de luz, amor, caridade e bondade também o são em forma doutrina, disciplina, respeito e justiça, e está sempre prevalecerá.

Os comandantes espirituais que atuam dentro de vossas escolas espirituais, que também são conhecidas como falanges espirituais são os espíritos que detém altíssimos poderes de forças, conhecimento e evolução, pois alcançaram por determinação divina e evolução santa para que desempenhem determinada atividade em vosso nome dentro dos elos espirituais, representando um poder de força ao qual este elo santo carrega conforme a força maior que recebem dos Espíritos de grandeza.

E os espíritos que alcançaram conhecimento, sabedoria e evolução santa necessária para desenvolverem-se nas escolas espirituais, atuarão nas linhas espirituais santificadas e serão aprendizes espirituais de determinada força que trabalham na busca de crescimento e evolução em prol daquela força de autoconhecimento e conhecimento santo daquele elo. Os que já possuírem sabedoria, ciência, justiça e doutrina necessária para adentrarem nestes elos, são recebedores de forças de emanação de luz e desenvolvem-se em caridade dentro dos elos ao qual atuam com auxílio dos demais espíritos mais evoluídos, para exercerem vossas caridades, estejam estes espíritos em campo espiritual ou em campo terreno.

Estes espíritos de evolução, sabedoria e determinação atuam disseminando vossos conhecimentos e forças em prol de contribuírem com os demais espíritos, em fazes espirituais diversas, pois todos os espíritos assim como os encarnados, se encontram em diferentes níveis espirituais de conhecimentos e experiências compartilhando dos mesmos elos de aprendizado, onde cada um aprende, dissemina ou evolui de acordo com suas competências, porém todos unidos em comunhão espiritual uns auxiliando aos outros.

Desta forma, os espíritos com missão e determinação de disseminação e aprendizado de determinada força espiritual, misturam-se com os espíritos encarnados levando os vossos conhecimentos e evolução, pois ainda que alguns espíritos estejam em fazes diferentes dos demais espíritos do mesmo elo, estes ainda estão milhões de anos mais evoluídos e possuem mais conhecimento do que qualquer espírito encarnado no elo terra.

E toda força, conhecimento e evolução dos espíritos que partem destes elos em prol de disseminarem e trazerem a cura e o consolo aos encarnados; advém do conhecimento e das forças dos chefes de falanges que atuam em comunhão com os Santos que os determinam e cobrem de poderes e emanações divinas para atuarem através de seus aprendizes em prol da humanidade.

Por isso os elos de aprendizado e evolução dos Santos, são os elos de onde partem os espíritos em grau de elevação e sabedoria para contribuírem com a evolução e crescimento universal diante das forças divinas, auxiliado para o crescimento individual dos espíritos, em razão a frutificação, força, justiça, disciplina, lei divina, evolução, amor e caridade para que haja sempre o progresso e a evolução espiritual e esta mesma doutrina será aplicada aos espíritos encarnados que deles necessitam do auxílio, pois destes elos um dia também saíram para vencerem vossas dores e tormentos terrenos, pois todos os espíritos que os guiam em campo terreno como vossos guias espirituais são os mesmos que outrora compartilharam forças e aprendizados no mesmo campo espiritual, onde o encarnado no momento em que esteve como aprendiz comungou e compartilhou de lições espirituais juntamente com aquele mais evoluído, assim com aquele o recebeu como sendo o vosso professor das lições doces e singelas com aquele espírito mais sábio.

Logo, destes elos partem espíritos de pureza, nobreza, força, doutrina, justiça, amor e caridade todos prostrados em nome do Criador atuando e labutando com vossas energias e forças em busca da paz e da misericórdia dos espíritos estejam estes em qual elo estiverem e sendo uns dos outros os professores e os alunos onde todos se curvam as ordenanças divinas.

Desta maneira, todas as escolas espirituais são celestialmente ligadas umas com as outras, pois as sete forças de energia de forças individuais, formam a unidade de forças celestial que agrupada vibram e descarregam forças e poderes espirituais da fonte única do Criador, por isso é preciso que tenha concluído com gloria e nobreza todas as lições de todas as unidades de forças celestiais.

Pois assim como não é a força do amor mais forte do que a força da procriação e frutificação, não é a força da procriação e frutificação mais forte do que as forças das justiça, mas também não é a fora das justiça mais fortes do que a força da disciplina, pois esta não possui mais força do que a força da luta e da batalha, pois esta também não se elevam em poderes em relação a ciências e o conhecimento assim como nenhuma é mais poderosa do que as leis divinas.

Portanto nada em campo terreno ocorre por sorte do destino, nem mesmo os espíritos que os guiarão em campo material, pois estes conhecem os vossos espíritos e os vossos espíritos os conhecem bem, ainda que o ser material não possua por ordenança divina discernimento para adentrarem as vossas essências, as vossas essências adentram as vossas Auras Plenas por conhecê-las e delas já terem compartilhado lições espirituais em caminhos santos, trazendo as lições espirituais aos quais sem conhecê-las, aprende-las ou praticá-las de forma nobre, honesta e sagrada, jamais alcançarão elevação espiritual ou adentrarão ao Reino Celeste de Deus, o Criador.

"Esforcem-se para viver em paz com e para serem santos, sem santidade ninguém verá o Senhor" (Hebreus 12:14).

Ora, o Criador não deseja que sejam os vossos filhos santos e santas em terra de homens, e sim que reconheçam o poder de santidade daqueles que são Santos por ordem superior e queiram atuam em união com os que Santos são classificados pela ordenança divina do Espírito Santo, o único que tem o poder de criar e tornar santo, e que por isso, os únicos que foram nascidos e ordenados para carregarem as forças e as energias celestiais em força de vigor, determinação, magias e poderes para auxílio dos homens da terra são aqueles ao qual o próprio Deus ordena que sejam em vosso nomes Santos.

Ou seja, esforcem-se para serem e viverem em equilíbrio e paz celestial ainda que em campo terreno, utilizando-se não somente das lições como praticando verdadeiramente em poder e em verdade assim como atuam os Santos, pois desta forma estarão em comunhão não somente com as vossas unidades, como iguais a eles também serão, emanando e disseminando vibrações e energias celestiais brandas.

Desta forma, sem ter conhecido de todos os elos espirituais daqueles que são Santos, sem comungar com todos os espíritos Santos, que pelo Criador foram santificados e praticar as lições espirituais sem as quais não se pode alcançar evolução, ninguém será capacitado a adentrar ao reino de Deus, pois ninguém poderá vislumbrar a face do espírito Santo e a ele apresentar-se sem antes tornar-se, tão, nobre, tão puro e tão honesto quanto aqueles que nos concedem com eles aprender, os Santos.

Por isso cada elo Espiritual que atua com uma força divina carrega em seu campo uma lição espiritual a ser aprendida por aqueles espíritos que após darem início as vossas missões espirituais preparam-se para conhecer e delas fazerem os vossos caminhos santos em busca da evolução. E cada Reino de cada Santo que traz uma força de energia e rege em prol de uma determinada emanação e é também uma escola espiritual em que todos os espíritos devem um dia adentrar para um dia, se acaso alcançarem a evolução espiritual, também adentrarem ao Reino Divino do Todo-Poderoso Deus, porém cada reino de cada Santo trará apenas uma lição, ou aquela que o conduz em maior poder de força e emanação, isto quer dizer que para cada encarnação em que o ser espiritual após passagem terrena alcançar os sentidos necessários para adentrar a este, será uma nova lição aprendida em nome do Criador que o deixará mais próximo do reino de Deus, ou seja, o deixará mais próximo de servir ao Criador sendo também um servo de vosso exército atuando em vossa casa celestial.

E ainda que o caminho seja longo, não será impossível de ser alcançado, pois muitos e muitos que atuam frente à face de Deus se prostraram as vossa verdade iluminados pela confiança de serem os vossos servos e consolados pela promessa que um dia selaram em nome de vosso amado Deus.

Por isso, o poder da cura não virá daqueles que cedem vossas matérias e sim através daqueles que se utilizam de vossos corpos materiais para transmitirem o consolo e a restauração por meio do remédio espiritual disseminando as forças celestiais. E embora os homens da terra sejam dotados de emanações e forças advindos dos espíritos e vossos campos celestes, são eles quem trazem vossas virtudes e firmezas adquiridas em evolução de sabedoria e luz onde são altamente capacitados e zelosos para prestarem vossos serviços em nome da caridade ao qual detém devido a milhares de anos de evolução atuando diante das leis divinas em nome do ser misericordioso e majestoso que é o Criador.

A ascensão, unidade santa dos anciões

"E ao redor do trono havia vinte e quatro tronos; e vi assentados sobre os tronos vinte e quatro anciões vestidos de vestes brancas; e tinham sobre suas cabeças coroas de ouro" (Apocalipse 4:4)

3.10 E todos aqueles espíritos que adentrarem e findarem-se nas escalas de evolução espiritual de conhecimento e evolução de si mesmos, isto quer dizer, alcançarem a evolução através do aprendizado de todas as lições espirituais de cada uma das linhas espirituais e pós atuarem e praticarem todos os ensinamentos aprendidos, ao qual ganham o direito de se tornarem servidores espirituais apostolares e recebem a honra e o dever de adentrarem a uma determinada linha de evolução para atuarem em nome dos Santos, das energias que o elo espiritual carrega e em nome de Deus, onde serão por esta energia Santa, os Santos, atuantes em vossos nomes por quantas encarnações forem necessárias pregando tudo aquilo ao qual foram determinados a eles e praticando tudo aquilo ao qual serão missionários espirituais apostolares na busca do progresso terreno. Por isso, após cumprirem com tal determinação santa, que cabe apenas aos próprios Santos a quantidade de vezes em que serão em vossos nomes os vossos instrumentos terrenos, todos aqueles que ultrapassarem com gloria esta nova missão, serão novamente escolhidos para atuarem frente às vestes do Criador sendo integrante de vosso exército bendito.

Por isso, somente aqueles que alcançarem todas as lições espirituais e concluírem com gloria e nobreza todos os ensinamentos e prostrarem-se fielmente a disseminação de vossos conhecimentos em nome do progresso da cura, da disciplina da ciência, das leis divinas, da justiça e da doutrina santa praticando os ensinamentos que levarão os demais espíritos encarnados e aos bons caminhos na busca da evolução, serão alocados em novo elo espiritual denominado elo dos anciões, onde serão alimentados espiritualmente por essa caridosa linha de força que carrega o conhecimento espiritual como a chave mestre de todos os demais conhecimentos que é aquela onde se encontram os espíritos similares em caminho também de evolução que já cruzaram as barreiras do aprendizado e da prática e prostram-se frente as vestes do Criador em vosso próprio elo espiritual ao qual tiveram pela majestade divina o direito de possuir, para que ensinando e entregando benefícios e dons em forma de sabedoria e conhecimento aos que por eles serão acolhidos, preparados e novamente iniciados a prestação de serviço espiritual voltado para a nobreza santa de onde caminham todos os Santos na direção divina serão os vossos sábios aprendizes e direcionadores dos caminhos nobres do Criador.

E não somente por possuírem conhecimento santo em demasia e sim por carregarem as forças de sabedoria de todas as outras forças das sete fontes do Criador em forma de sabedoria, pois de nada adianta possuir poder de amor, frutificação, leis divinas, disciplina, garra para a luta, ciência e conhecimento e justiça se acaso não possuírem sabedoria para utilizarem e dela fortalecerem-se, pois a mudança e a transformação não partirá apenas da posse das forças recebidas em forma de dom pelos Santos e sim da sabedoria em compreender para que servem assim, como para utilizá-las de forma adequada fazendo com que estes dons se transformem em conhecimento e o conhecimento traga evolução em todos os caminhos por onde passarem. Pois não seriam sábios ou mais conhecedores não soubessem ou pudessem distribuir os vossos conhecimentos dentre os que deles precisam, pois sabedoria não é possuir determinado poder, dom e conhecimento em certa área ou determinada força e sim saber disseminar tudo aquilo que recebeu em forma de dom e conhecimento para que outros possam conhecer-se a si mesmos as vossas forças e utilizarem em vosso favor e progresso.

Por isso são os anciões os espíritos mais conhecedores das doutrinas e leis divinas em relação a todas as forças e caminham por entre todas as linhas espirituais ou todos os reinos de todos os Santos não pertencendo a um único Reino dos Santos, mas levando conhecimento e sabedoria para todos os espíritos em fase de evolução espiritual que nestes elos se encontram, atuando juntamente com os Comandantes espirituais ou chefes de falanges, pois o vosso trabalho está em levar conhecimento espiritual do saber em forma de prudência, juízo, perícia, princípios, cuidado precaução e preservação espiritual em relação aquele poder de forças ao qual receberam.

Então, atuam e se prostram os espíritos que lá se encontram, enquanto o Comandante atua ensinando o uso das forças, a doutrina a disciplina a preparação os capacitando para a luta e as vossas magias e mistérios frente aos combates os dando energia e força para servirem lealmente em vossos elos em nome do Criador, os anciões atuam levando prudência e os aconselhando serem sempre sábios em relação ao uso das energias e das forças sagradas ao qual receberam frente a doutrina, a disciplina e o combate, para que voltem-se sempre para si mesmos se auto carregando de forças, pois somente aquele que estiveram outrora frente ao combate que se forjaram frente as lutas que se feriram diante da pressão que deixaram calar, perante os menos fortes que caíram e se reergueram, é que pode prever e aconselhar como se valer das armas e poderes que detém para vencerem as vossas batalhas.

Por isso essa linha de evolução de conhecimento espiritual que adentra em todas as demais linhas de poderes e evolução, servindo aos mais conhecedores e elevados Espíritos, os Santos e vossos Comandantes espirituais, carregando a sabedoria em forma de ciência e conhecimento sagrado distribuindo ajuste de prudência, senso e sabedoria e maestria de prudência espiritual, carrega consigo a nomenclatura dentro da doutrina religiosa perante a congregação espiritual, tenta essa sido derivada da origem da prática de atividade de labor material pela forma de escravidão ao quais determinados espíritos foram inseridos em tempo não muito distante, onde o sincretismo religioso os determinada perante a esta última atividade de terra com o nome de pretos velhos.

Mas nem todos os espíritos que atuam nesta linha de conhecimento e doutrina dos anciões, foram pretos ou velhos; tampouco, tiveram as mesmas missões espirituais do labor em forma de escravatura em última jornada terrena material para que alcance por meio do último posto de lapidação a elevação espiritual para adentrarem a este elo espiritual dos anciões.

Porém todos os que adentraram a este poderoso elo espiritual, são espíritos nascidos e ordenados por Deus, o Criador, com a missão pessoal e espiritual de serem e executarem as vossas missões celestiais nos elos altivos do conhecimento e da sabedoria, e que por isso, possuem em vossas jornadas de caminho da elevação espiritual e de existência, como sendo a última missão terrena em relação às lições espirituais dos Santos, a forma de lapidação da matéria aos quais os vossos espíritos abrigam as vossas essências de maneira similarmente dolorosa e forjada em sentidos e sentimentos pouco elevados ou amáveis perante aqueles que os ferem e maltratam nos campos materiais. Onde apenas as vossas próprias existências através das próprias vontades utilizando-se de todo conhecimento em forma de amor, garra, ciência natural, auto correção, leis divinas e justiça, podem com auxílio dos espíritos que vos regem ultrapassarem as barreiras da própria dor e caminharem com as vossas integridades em direção as vossas altivezes e salvações.

Assim, ainda que nem todos tenham sido quando desencarnaram velhos ou pretos, todos estiveram quando encarnados em última missão de jornada material a severidade terrena de serem inseridos em campo e missões de dores e sofrimento áspero ou de maneira coletiva em vossas existências, seja em que parte do território terreno em que estiveram.

E não por sorte do destino, encontram-se estes espíritos de maneira similarmente em forjas materiais encarnais agrupados, pois assim havia sido determinado que todos aqueles espíritos que em derradeira passagem terrena se encontram, encontram-se em comunhão de lapidação de alma e de conhecimento em forma de sabedoria e compreensão de vossas unidades para que juntos pudessem lidar com as vossas forjas e serem ainda que em campo de sofrimento o alento e o esteio um do outro, praticando todas as formas de ensinamento de todos os elos espirituais aos quais adentrarem ao longo de vossas jornadas em escolas espirituais, onde as lições não seriam apenas aprendidas e sim praticadas de forma coletiva, pois assim como os espíritos necessitam serem coletivos para sobreviverem assim também necessitam serem coletivos para doarem-se, unirem-se e comungarem das mesmas energias e poderes de forças ao qual somente estando agrupados ou unidos serão capazes de fazer, criando assim forças em forma energias de inteireza de conhecimento e sabedoria para que pudessem transcender as barreiras das energias terrenas e com isso superarem as vossas próprias existências de maneira sábia e conhecedora, dando assim, início ao caminho espiritual e religioso da qual iriam adentrar após o término da jornada terrena.

Ora, mas não é Deus, o Criador, punitivo em vossas determinações de que sejam os vossos amados filhos sofredores, porém as vossas lutas e batalhas, que pertencem tão e somente ao campo material, é além de caminho de dor, caminho de lapidação de sentido existencial, onde somente aquele que elevado em demasia se encontra para servir ao Criador, poderá mesmo diante de vossas dores e desgraças pessoais, compreender o seu opressor, ter compaixão por aqueles que o desejam em ódio, perdoarem quem os fez o pior mal e olhar nos olhos daqueles que lhes causam dor, e ainda assim lhes beijar mãos que lhes feriram com a mesma destra a carne lhes fazendo sangrar. Pois apenas servirão a Deus da maneira a qual ele mesmo determina, aqueles espíritos que estiverem verdadeiramente preparados e trouxerem as vossas verdades estampadas em vossas faces, assim como se faz um cordeiro divino.

Sim, é Deus o Criador bondoso, perfeito, sábio e misericordioso, mas somente aqueles que alcançarem o reflexo da perfeição divina, sendo a outra face frente a dor é que estarão preparados para o servir em plenitude, amor, humildade e em verdade. Pois para ser elevado espiritualmente, faz-se necessário ser tão humilde, bondoso e verdadeiro, estando de coração e sentidos plenos sem ódio, sem rancor, sem angustia ou qualquer outro sentido destrutivo, ainda que a vossa face tenha outrora sangrado diante das faces do mal.

Pois antes mesmo do couro da dor vos cobrir a frágil pele e vos consumir a dignidade de serem considerados quase nada perante aos demais seres encarnados que vos maltratavam, envergonhavam e humilhavam, foram estes, os mais dignos diante da dor que lhes corroíam, não somente a pele como também a alma, utilizando-se de todos os vossos conhecimentos anteriores adquiridos em elos espirituais de aprendizagem para que pudessem praticar em forma de lição espiritual no momento de maior dor e desespero, onde nem mesmo a razão seria honrosa ou racional, sendo assim dignos, leais, prudentes e sábios servos prostrando-se sempre ao Pai Maior, com dignidade e esperança.

E fora a dignidade e a confiança em vosso Salvador que vos mantiveram vivas as esperanças que mesmo diante das mais duras formas de lições espirituais em campo material, sendo forjados, humilhados, maltratados e aniquilados em vossas características e em vossas essências, sendo classificados muitas vezes como inferiores, incapazes ou pouco merecedores pelo fato de serem diferentemente tão iguais ao reflexo da perfeição, da forma ao qual Deus determinou que fossem perante os demais seres, os verdadeiros incapazes; aos quais as vossas dores não os confundiram em relação a quem eram, pois mesmo estando com vossos corpos escorridos em sangue não blasfemando ou renegando o vosso Senhor Deus, que vos concedeu a vida, ainda está sendo a mais dura possível, com as mais duras lições, onde somente um ser tão elevado, sábio, conhecedor e prudente poderia ultrapassar as barreiras da elevação com dignidade e sabedoria, os concedeu o direito de serem encarnados em última lição celestial para a lapidação espiritual mais dura frentes as vossas determinações, para que estivessem em verdade preparados para servi-los em espírito antes de serem elevados em vossas próprias existências.

Por isso, nem todos foram pretos ou velhos, mas a nomenclatura preto velho, que deriva da origem do escravizado em sua existência terrena, onde a cor pele não apenas o classifica dentro de um conceito de servidão do ser existencial material sobre as demais raças, pois ainda que não fosse de pele diferente, os demais escravizados não o eram devido ao tom de pele e sim dos conceitos e classificações também deturpadas e irracionais ao qual foram expostos. São estes seres, filhos da dor e do medo, denominadas também como sendo grandes lutadores, guerreiros, batalhadores, fortes, sábios e humildes, diante das incertezas, medos e angustias aos quais foram expostos, e que somente por meio da junção de vossas sabedorias é que puderam vencer as suas próprias jornadas, ainda que estas fossem de dor.

Porque eles espíritos missionários, os anciões cumpriram as vossas missões séculos antes de serem os negros escravizados, pois antes de serem os negros escravizados os seres encarnados de pele branca também o foram massacrados, acoitados e punidos pelo simples fatos de existirem e serem considerados também inferiores, e não somente pela cor da pele ao materialmente nasceram.

E a nomenclatura velho, independente da região ou local a qual estes seres estiveram presentes caminhando as vossas jornadas espirituais, os auto caracterizam como sendo aqueles que mais conhecimento possui, porque mais tempo de experiências e vivência carregarem em vossas bagagens espirituais. Essa experiência e vivências pela própria força da labuta ao qual caminharam os que se alistam anciões, não apenas em termos de idade e sim em ternos de vida, barreiras e obstáculos percorridos, pois são os espíritos com maior conhecimento espiritual e material por terem experimentado por maior tempo de vivência as lutas e batalhas de um espírito para que esses alcançados, as vossas missões espirituais em busca da elevação majestosamente nobre para servirem ao término da jornada de lapidação de espírito aos Santos e Comandantes espirituais, aos Espíritos santos e aos vossos servos e servas por força de vossas próprias existências, sendo de forma nobre e verdadeira com as vossas verdades, crenças e propósitos, para que sejam de Deus os vossos servidores disseminadores na busca da verdade pela busca paz dentre todos os homens e espíritos em todos os cantos do mundo é que fazem os anciões, ou pretos velhos os espíritos de nobreza celestial em conhecimento, sabedoria, poderes e forças os servos mais antigos e sábios dos elos espirituais.

E justamente por carregarem e pregarem a paz é que possuem autoridade espiritual daquele que os governam de terem não somente com os espíritos em campos espirituais, mas também com os demais espíritos encarnados em campo terreno levando o conhecimento e a sabedoria, assim como levam aos espíritos em elos espirituais e aos vossos próprios elos.

Por isso podem os regentes congressistas por determinação daquele que os governam, invocar os vossos sábios portadores da sabedoria sagrada que são aqueles que diante das portas e das Potestades espirituais estão assentados junto às fontes de luz formando uma corrente de forças regida por vinte e quatro anciões aos quais devem todos os demais anciões que a esta corrente regozijarem-se em sabedoria e certeza, prostrarem-se ao vosso único governante ou o único Espírito de forças e poderes Santos que os concedem serem tão fortes em sabedoria em junção dos vinte e quatro, quanto as sete forças que os concedem ensinar e distribuírem os vosso conhecimentos a todos aqueles que deles necessitam.

E por possuírem o vosso próprio elo espiritual regido em sabedoria pelas mesmas forças que rege e governa as sete fontes espirituais de Luz, onde o governante da fonte única ao qual compõe as sete fontes dos sete Santos é o mesmo governante do elo dos anciões e que por isso, os concedes majestosamente o domínio de forças e conhecimento dos caminhos e mistérios sagrados em torno da sabedoria e do conhecimento que através da forças da fonte única ganham forças para ser em número de vinte e quatro a corrente de energia santa que detém os poderes de prever, anunciar, predizer, e conhecer todos os caminhos aos quais todos os que estão alocados nas fontes de energia dos sete Santos irão trilhar e caminhar levando as vossas próprias forças, e dos anciões, o conhecimento.

É Deus o Criador, sábio e conhecedor, por isso, são os anciões os espíritos de sabedoria que possuem o conhecimento em saber espiritual das sete forças, que são as forças que compõe a energia divina do Espírito Santo, que também se formam através da junção das vossas vinte e quatro coroas as forças de conhecimento das Sete Linhas Espirituais em de prudência, calma e juízo, aos quais são regidos pelo único espírito que também governa as sete fonte dos Espíritos de grandeza que regem os sete elos dos Santos aos quais os espíritos recém-chegados adentraram e se prostraram a prender frente as vossas vestes santas com suas próprias forças em busca de evolução e crescimento espiritual perante a emanação das forças e poderes que regem as ordens ao qual se regozijam nestes campos espirituais, onde serão dos anciões os ouvintes na busca da sabedoria santa para compreenderem o motivo das vestes, a força das amarras e a dureza das espadas santas. Pois não basta caminhar dentre os Santos e vossos Comandantes espirituais, não basta executar as tarefas e seguir fielmente a doutrina, é preciso além de ser um bom servidor ter entendimento e sabedoria.

E por possuírem nivelamento de conhecimento e sabedoria santa tanto quanto os regentes dos reinos dos Santos, possuem o próprio elo espiritual e autoridade santa para se assentarem em vossos próprios tronos e serem portadores dos ensinamentos aos quais poucos espíritos serão recebedores, pois somente aqueles que tornarem-se integrantes das falanges espirituais em missão espiritual ou ainda aquele que ao término das conduções das lições aprendidas nas escolas espirituais alcançarem o grau de evolução também como servidor espiritual apostolar é que será convocado para compor os exércitos de Deus o Criador, atuando frente às vestes do Mestre Jesus, pois são os mais elevados e conhecedores das mais puras e santificadas escola santas sendo emanados e regidos pelo próprio Mestre, o Espírito os tem em amor, caridade e compaixão.

Pois para servir ao primogênito filho, que fora determinado e coroado em missão Santa do Espírito Santo o nosso Pai celestial, é preciso além de possuir conhecimento advindo das escolas santificadas dos Santos que são regidas pela ordem divina das fontes celestiais dos Espíritos de grandeza ao qual compõe a fonte de luz do Criador, é preciso também ter praticado em sabedoria, ciências, justiça e também possuir evolução, lealdade, fidelidade e nobreza não tendo falhado em nenhuma das missões terrenas aos quais foram determinados, pois, para servir ao Criador, sendo de vosso Filho um servo em seu exército santo se faz necessário ser tão puro e nobre quanto Ele mesmo, deter tanto conhecimento e sabedoria quanto Ele mesmo, conhecê-lo, respeitá-lo, amá-lo e honrá-lo assim como Ele mesmo ama o vosso Pai.

Por isso somente aqueles que por possuírem grau de evolução, conhecimento, lealdade, fidelidade e nobreza e que devido aos vossos votos e coragem, atuando como servos apostolares é que serão escolhidos para serem iniciados no elo dos anciões espirituais, onde o comandante deste agrupamento é também o zelador das chaves e dos segredos Santos do Mestre Jesus, aos quais aqueles que adentrarem a este majestoso elo espiritual receberão a determinação de atuarem como os vossos servos e detentores dos mistérios espirituais que guardam a frente e as costas do Mestre Jesus em sabedoria santa de mistério sagrado.

E são os anciões, espíritos determinados para serem os mais nobres diante do trono do Criador recebendo os vossos próprios tronos assentados à destra das certezas divinas constituídas de luz, amor, compaixão, força, caridade e evolução. Mas evolução não é somente conhecimento e sim crescimento, progresso, ciências, doutrina, disciplina e vastidão, isto quer dizer, que não serão apenas espíritos evoluídos por possuírem vasto conhecimento santo em relação ao Criador e sem falhas para que adentrem as Escolas espirituais em elo dos anciões espirituais para adquirirem conhecimento sagrado em relação ao serviço santo em nome do Criador perante o vosso primogênito filho determinado para missão espiritual, e tudo aquilo ao qual o Criador determina que seja aprendido, conhecimento, experimentado, vislumbrado, tocado e enriquecido da sabedoria Dele. E isso inclui praticar todos os conhecimentos adquiridos nos elos espirituais e acompanhados em campo terreno em fase de serviço espiritual em nome das forças espirituais que os regem.

"E olhei, e eis que estava o Cordeiro sobre o monte Sião, e com ele cento e quarenta e quatro mil, que em suas testas tinham escrito o nome de seu Pai... E cantavam um como cântico novo diante do trono, e diante dos quatro animais e dos anciões; e ninguém podia aprender aquele cântico, senão os cento e quarenta e quatro mil que foram comprados da terra... estes são os que servem o Cordeiro para onde quer que vá. Estes são os que dentre os homens foram comprados como primícias para Deus e para o Cordeiro" (Apocalipse 14: 1,3,4)

E somente poderão aprender ao cântico aqueles que forem escolhidos dentro todos os homens que caminharem por sobre a terra, pois apenas cantarão diante do trono aqueles que forem nobres em demasia para servirem ao Santo Cordeiro de Deus. Por isso, apenas os que forem escolhidos e adentrarem ao elo dos anciões é que serão destinados a servirem ao Mestre diante da face de Deus, pois apenas estes espíritos que comungarem das hóstias santas do Senhor Deus e forem recolhidos da terra dos homens à terra das honras e glorias por serem leais, fieis, e cumpridores de vossas determinações e missões santas é que terão a honra de servirem aos exércitos sagrados do Criador sendo do Cordeiro um dos mais puros e dignos servidores prostrando-se as certezas divinas em nome do Ser Supremo assim como o vosso filho.

E não serão apenas só número de cento e quarenta mil que terão a honra de carregarem diante de vossas couraças o evangelho eterno de Deus e sim todos aqueles que alcançarem a sabedoria e a evolução espiritual, pois cento e quarenta mil é o número que representa a quantidade espíritos que alcançaram as vossas grandezas espirituais de um a determinada época, por isso este número será de século em século alterado pela quantidade do número de espíritos que também o atingirem em nobreza e presteza esta honraria celestial.

E são os anciões, os espíritos determinados para receberem e transmitirem conhecimento a todos os espíritos recém-chegados em vosso elo espiritual o conhecimento e a sabedoria, porém não por estes não os terem, e sim por possuírem mais anos de prestação de serviço santo divino e com isso mais conhecimento em relação aos campos celestiais divinos da qual este se iniciam em novo aprendizado espiritual, pois cada elo espiritual em que um espírito alcança a vossa própria elevação é um novo início de aprendizagem espiritual em relação a vossa evolução e em relação aquele novo degrau de nivelamento.

Desta forma não estão os anciões alocados em agrupamento Santo ou recebem energia das sete forças espirituais que são os Sete Espíritos de Grandeza para que sejam apenas conhecedores ou sábios, pois o vosso elo espiritual é regido diretamente das energias celestiais vindas das forças do único Espírito que detém as chaves de todas as trancas e mistérios celestiais, o Altíssimo Senhor Júlio Cesar Celestial, que atua diante das faces de Deus sendo o vosso mais leal e fiel Espírito zelador de vossos segredos e forças, caminhando e determinando todas as forças que de Deus brotam; todos os poderes que dominam e todas as energias que jorram para que representem as forças divinas do saber. Que por isso, jorra sobre este elo espiritual de elevação e conhecimento todas as forças celestiais necessárias para que seja a fonte de energia sagrada de pureza e candura também carregado de energia e poder de luta, batalha e de justiça, pois todos os que adentraram a este elo, serão por amor ao Criador, conhecimento Santo e sabedoria Celestial para aprenderem a serem fortes e guerreiros em nome de Deus sobre as influências das energias do conhecimento da sabedoria e do amor divino.

Pois tanto os anciões quanto todos os espíritos que adentraram a este elo para servir ao Criador ou ser aprendiz dos próprios anciões servindo ao próprio Elo espiritual, o serão por amor e verdade, jamais por imposição, violência ou agressão, pois todos que adentrarem a este elo espiritual de poder de emanação santa, fora um dia espírito encarnado e tive em vossa jornada inúmeros caminhos, desafios, e veredas a serem alcançadas e todas certamente o foram por estes espíritos, que por isso recebem a honra de serem servos e servas espirituais, mais próximos de tudo aquilo ao que se pode chagar de Deus Criador, por isso serão os únicos que poderão aprender não somente os cânticos sagrados como também a tocar as vossas harpas, a vestir as vossas armaduras e a sentar-se com ele a mesa na hora sagrada, sendo um servo do verdadeiro Guerreiro de Deus.

Pois sabedoria é compreender esperar o vosso momento de aprender, o vosso momento de partir; o vosso momento de guerrear e o vosso momento de entregar-se a guerra;

Sabedoria é servir-se de paciência, é alegrar-se com a espera, é sorrir para da vitória, é ser grande ainda que sejas o último e os demais os chamem pequeno;

Sabedoria é enfrentar a guerra, é compreender os vosso limites, é ser escravo de si mesmo, e ser ainda calmaria;

Sabedoria é aliar-se aos desprovidos, é beber do mesmo cálice, é dormir com a ferramenta e acordar com a coragem.

Sabedoria é travestir-se de ignorante, é servir-se de ingênuo para proteger aos que o protegem;

Sabedoria é entregar-se como um guerreiro, é ser o seu próprio consolo, é dar-se a ternura branda enquanto para a guerra o sangra e fere.

Sabedoria é esperar pela hora certa, é amarrar suas próprias vestes, preparar o seu escudo e fazer a sua prece.

Sabedoria é compreender que ainda que não se possa ver de Deus a face; é segurar às vossas mãos, abraçar o vosso corpo, vestir-se de vosso manto e cantar-lhe um bendito cântico. (Os servos anciões)

Ora, se não é o saber uma força tão grande quanto qualquer outra força ao qual fora pelo Criador determinada que fosse entre os homens ou entre todos os espíritos um dos caminhos de vossa própria unidade. Então veja se não é o conhecimento uma energia tão poderosa e tão mágica quanto à mágica encontrada na luz, que jorra nas entranhas e nas essências tal qual o poder da espada nas mãos de quem sabe manusear. Por isso, são os anciões os servos espirituais do Criador para conduzirem e encaminharem todos os que desta energia e poder necessitam para caminhar e evoluir da mesma maneira ao qual necessitam das outras energias e poderes de força. Pois de nada adianta possuir uma flecha e não sabes usar da mesma maneira de nada adianta possuir a força da lei, do juízo, da cura, da ciências se não souber usá-la para o progresso, de nada adianta possuir poder se não podes compreender como e quando dela se valer.

Por isso, não são os anciões, espíritos que tiveram vossas passagens espirituais em idade avançada, mas sim espíritos velhos ou antigos em relação aos espíritos que ainda se encontram em desenvolvimento espiritual; também não são os anciões os espíritos negros, pois esta característica é apenas um código terreno que se refere a um local ou uma determinada região, também de praticantes da doutrina espírita e conhecedores das leis divinas e vossas disciplinas; assim também a forma em que se portam no andar no falar e no comunicar com o campo terreno, que não passa de um código que os diferem, da mesma forma em que cada linha carrega seu próprio código terreno em relação a si mesmo, aos seus falares, seus andares, seus desejos e suas disciplinas.

Logo estes espíritos atuam em linha própria de evolução não sendo de nenhum Santo aprendiz ou doutrinado; porém outrora foram, mas por já terem adquirido o conhecimento espiritual que vos deu evolução, adquiriam a prática para que possam também ensinar, pois o conhecimento assim como a evolução é infindável e jamais cessarão de aprender, porém a vossa linha evolutiva bem como as vossas sabedorias pertencem a Potestade espiritual celestial e não mais a este elo espiritual, embora seja em elos espirituais que atuam recebem todos os espíritos que irão atuar nas linhas de santo para transmitirem o que já sabem e tudo aquilo o que adquiriram com o tempo de luta e batalha.

E diante do trono do Todo-Poderoso Deus encontram-se tanto a sabedoria dos anciões quanto a sabedoria das crianças, pois assim como são os pequeninos sabidos, são os velhos humildes e singelos em vossos trabalhos e vossas ações para com os Criador na busca da evolução. Pois não é linha de Santo por deter conhecimento a Escola espiritual por entregar-lhes as ferramentas tampouco os aprendizes por serem dotados de ansiedade que vencerão a guerra e sim a sabedoria de compreender o amor de vossos Santos e Comandantes espirituais ou regentes espirituais, a honra de pertencer uma escolar espiritual e o poder de ser um guerreiro; pois a humildade que a sabedoria traz somente pode ser encontrada na singeleza de uma criança sempre disposta a ouvir, desnuda de pretensões e humilde pra aprender. Porém se acaso estes pequeninos já soubessem o que é ser sábio, não teriam mais singeleza, pois seus ouvidos seriam surdos e seus saberes mais sábios que os conhecimentos, pois saberiam que já são sábios e não precisariam mais crescer.

Por isso sabedoria não se relaciona com a idade tampouco com o tempo de vivência, pois o que se perde com a idade infantil o tempo lhe regressará, porque todos que são velhos um dia foram pequenos, então todos que foram sábios em outro dia voltarão a ser. Por isso, os espíritos que encontram-se em fase de desenvolvimento não são inferior ou estão abaixo dos outros espíritos mais sábios de si mesmos, pois cada um encontra-se exatamente no momento em que devem estar e cumprem exatamente aquilo aos quais devem cumprir, pois se acaso não existissem os mais sábios e conhecedores não existiria a evolução, pois para evoluir é preciso nascer criança e como ninguém nasce grande seguirão todos o mesmo caminhos para aprender. E se acaso os mais velhos não alcançassem a sabedoria os novatos também não teriam de onde receberem os vossos conhecimentos e tornarem-se também conhecedores. Por isso, quanto mais elevado se esta, mais humilde e pequeno se tornará, pois próximo ao Criador somente assentam-se os mais humildes espiritualmente ou infantil de coração.

E são os vinte e quatro tronos dos vinte e quatro anciões as vinte e quatro posições e energias espirituais que alcançaram o nível de sabedoria, pureza, humildade e honraria divina e que por isso, possuem as vossas cadeiras junto ao trono do Criador. Ou seja, são vinte e quatro distintas falanges espirituais, não necessariamente falanges de Santos e sim espirituais de seres espirituais de emanações, lições e determinações que cumpriram com as vossas lições e sabiamente as praticaram em nome do Ser Superior e alcançaram a nobreza de também serem entronados em vosso reino celestial.

Isso quer dizer que não apenas existem os elos espirituais dos anciões, que são aqueles espíritos que alcançaram as vossas evoluções através das escolas espirituais dos sete Santo, pois além dos sete tronos dos anciões que alcançaram as vossas purezas através dos sete reinos dos sete Santo, outros dezessete anciões também possuem vossos tronos os tendo alcançados através das escolas espirituais ao qual também adentraram em outros elos e Potestades espirituais da qual foram inseridos para conhecerem-se a si mesmo e alcançarem as vossas evoluções em nome do Criador que não o campo terreno.

Mas o reino do Criador não está com vossas majestosas portas abertas apenas para aqueles espíritos que possuem missões ou determinações espirituais em campo terreno e sim para todos aqueles espíritos que possuem missão ou determinação espiritual em escola de aprendizagem espiritual da qual foram inseridos para serem tão bons quanto necessário para alcançarem os mais altos postos espirituais aos quais os foram a eles confiados assim como os espíritos encarnados que no campo terreno se encontram.

Isso quer dizer que cada Santo possui o vosso próprio trono onde se encontra assentado um ancião que o representa em sabedoria sendo a elevação espiritual de maior consagração, honra e justiça de cada santidade que atua entre o campo terreno e o campo espiritual onde cada ancião simboliza a grandiosidade de cada elo espiritual de cada Santo, sendo estes tronos a representação maior dos poderes e forças de cada Santo cumprindo com as vossas determinações diante do Criador, pois cada trono onde se assenta cada um dos anciões, somente o estão por que por um Santo fora preparado e que por isso a vossa a unidade de forças representa.

E ainda que carreguem as forças dos Santos da qual representam, cada ancião é por si só o poder de pureza, conhecimento e nobreza ao qual cada um conquistou por vossas próprias vontades e verdades, sendo eles os vossos próprios comandantes espirituais que ainda assim se prostram aos reinos dos sete Santos de onde foram iniciados não sendo servos de nenhum deles e ainda assim respeitando e regozijando-se a hierarquia. E mesmo sendo os vossos próprios regentes, são ao mesmo tempo os mentores dos espíritos que atuam em cada elo espiritual de cada Santo os guiando e auxiliando em sabedoria e conhecimento sobre as coisas espirituais e divinas para que sejam um dia, seres espirituais dotados de poderes, forças se sabedoria sentados diante das vestes do Pai celestial.

Pois para servir a Deus e as vossas ordenanças, é preciso ser tão puro e tão grandioso quanto ele mesmo, é preciso ser dotado não somente de todas as lições espirituais quanto de nobreza e candura de tudo aquilo aos quais somente os que possuem podem adentrar ao vosso reino e sentar-se diante de vossa santidade, pois somente os espíritos mais cândidos e íntegros é que servirão como servos e servas, pois para servir a castidade e a nobreza celestial é preciso ser tão casto e nobre quanto ele mesmo.

Por isso, puros são os pequeninos e castas são as vossas benevolências, pois ainda que pequenos sejam em pureza em grandeza são em virtudes, por isso, não basta apenas serem tão conhecedores das lições espirituais e tão entendido em relação às coisas espirituais, é preciso conhecer-se a si mesmo compreender quem é a si mesmo e quem é o Todo-Poderoso criador dos céus e da terra que encontra-se acima de todos os reinos em vosso único reino de onde todos os demais reinos de aproximam diante de todos nós.

E não é conhecendo apenas as coisas espirituais e terrenas que se recebe a chave que abrem todas as portas até as casas celestiais, é preciso ser pela doutrina do Criador preparado, e a preparação do Criador é através das escolas espirituais dos Santos aos quais possuem os dons, as forças e as ordenanças de serem o caminho e a direção espiritual para se alcançar as chaves das portas que são as portas dos reinos dos céus. Por isso é preciso ser assim como todos aqueles que possuem pureza de essência de espírito tão guerreiro e lutador quanto necessário não somente conhecendo como também praticando o amor, a doutrina, a disciplina, a justiça lutando e batalhando através da ciência e da frutificação ou da correção se acaso for necessário em nome de vosso Criador.

A Estrela Fonte

"E vi os sete anjos, que estavam diante de Deus, e foram-lhes dadas sete trombetas" (Apocalipse 8:2)

3.11 E somente os servos mais puros e nobres são aqueles que habitam e prostram-se diante da majestade Espiritual do divino Ser Supremo, o vosso Senhor Deus, e por isso, somente aqueles ao qual o vosso Senhor lhes confia as vossos ordenanças são os que de vossa nobreza irão servir e executar as vossas determinações. E são estes, aos vossos mais fiéis e leiais servos, nomeados celestialmente Espíritos de grandeza, aos quais são dadas a cada era de tempo espiritual sete determinações santificadas para cumprimento sagrado com toda virtude, vigor e audácia de força divina em única ordenança, uma vez que apenas sete Espíritos altivos em união de forças poderiam com os vossos próprios instrumentos, servindo cada um com as vossas próprias fortalezas executarem a mais divina e esplendorosa ordem celestial a através de vossas sagradas ferramentas. Porque são as vossas ferramentas as energias espirituais, que acima das energias dos demais seres espirituais se fundem e formam o mais santo, sagrado e elevado instrumento espiritual ao qual utilizam para comandar e habitar de forma presente através destas forças o elo terreno, aplicando por meio da força que se forma, o poder de justiça diante de vossas próprias ordenações de serem e estarem presentes em todos os cantos se utilizando de vosso instrumento nascido por meio das energias espirituais de vossos servos e servas, as vossas próprias fontes de energias sagradas.

E os sete Espíritos de grandeza são além dos mais altivos e evoluídos espíritos prostrados as certezas do Criador, os vossos mais puros, dignos e nobres instrumentos espirituais santificados, aguardando os vossos comandos para que cumpram ou façam cumprir através de vossas junções de energia a presença de Deus em todas as sentenças espirituais.

Mas a sentença inicia-se após do som das trombetas cortando todas as unidades celestes dignas da ordem de Deus, pela representação do instrumento divino de ordem santa não somente pelo poder da ordem ao qual irão executar e sim pela força e magia aos quais os vossos instrumentos trazem sobre vossas coroas. Porque são as ferramentas de uso espiritual de cada unidade espiritual o ataúde guardador de um dos sete segredos que selam e misteriosamente cobrem os mistérios dentro dos selos divinais aos quais igualmente carregam os Espíritos que os recebem para atuarem em vossas labutas santas.

Desta forma, cada instrumento espiritual representa uma unidade de forças já selada e erguida com a força de todas as unidades que a compõe, ou seja, também é um instrumento espiritual uma unidade formada através das forças e das energias santificadas dos sete Santos, utilizado pelos Espíritos de grandeza em vossas labutas terrenas; e são as ferramentas as próprias unidades espirituais os Santos quando em junção sagrada se encontram frente a uma ordem ou determinação do Criador ao qual são os Espíritos altivos, os regentes destas forças e destas labutas.

E são também as trombetas frente a uma ordem sagrada, não a própria representação da sentença e sim a confirmação de poder e forças em relação a determinada execução, pois as vossas sinfonias apenas soam diante de grandes determinações espirituais de ordem majestosamente santificada perante o Criador, pois os sons divinos apenas são tocados diante a face de Deus frente as ordenanças mais elevadas e sagradas ao qual Ele mesmo ordena.

Por isso, são eles os Espíritos altivos, os próprios regentes e executores das determinações sagradas de Deus atuando com as mais puras, nobres, leais e fiéis energias, cedendo as vossas purezas, nobrezas e santidades para executarem as determinações sagradas em nome do Ser Supremo no momento em que dobram todos os sinos divinais e soam todos os sons celestiais, pois o som de vossas trombetas cortando o limite dos elos divinos e ultrapassando os limites espirituais de onde se encontram, encontram-se com as energias espirituais dotadas de dons e conhecimento prostrados igualmente ao Senhor Deus, da qual se juntaram em poderes, mistérios e glorias para as mesmas labutas santas por força da verdade.

Portanto é o momento em que a determinação é proclamada para que vossos servos e servas se apresentem frente a ordem do Criador, é o momento em que eles mesmos se anunciam através do som de vossas próprias trombetas, informando que não somente uma nova determinação se inicia em elo terra, como também se anunciam como sendo os próprios executores da ordenança com vossas próprias forças, porque são as vossas forças agrupadas em única unidade, igualmente a unidade daqueles que os regem e os tornando similares em forma, formato, energia e precisão pelo reflexo de robustez de forças que os compões para que desçam aos cantos do mundo e apliquem a sentença celestial da qual a ordenação pertence aos Espíritos de grandeza, porém a missão aos Espíritos sagrados, igualmente refletindo a unidade daqueles que os regem e assim como as estrelas se encontram. Acima do firmamento, jamais em campo material.

E para que se cumpra a ordem divina, empunham cada um as vossas armaduras juntamente com os vossos instrumentos em forma de ferramentas espirituais, pois assim como um leal soldado se prostra do momento exato do som de vossa chamada frente a vossa labuta carregando em vossas mãos as vossas armas, assim um leal soldado se utiliza do momento exato do som de vossa chamada e ergue as vossas armas prostrando-se para a batalha. Por isso, erguem os Anjos sagrados ou os Santos, os vossos ataúdes, ou seja, as vossas anunciações espirituais, pois este é também o momento mais sagrado em que os Espíritos sagrados se ajoelham perante o trono do Rei dos reis, e a ordenança se faz iniciada entre os céus e a terra, e a determinação será cumprida.

Porque estes que recebem as vossas missões divinais em nome do Senhor Deus, não são anjos no sentido casto, cândido e puro de imaginação terrena, das quais apenas enfeitam as vestes dos santos ou anunciam as ordenanças divinais daqueles que irão cumprir em nome dos Santos, e sim as energias espirituais mais elevadas e altivas nascidas para cumprirem as vossas missões em campo material, sendo o caminho de evolução entre os homens e os espíritos, os próprios Santos.

E são estes e vossos comandantes os nobres e fieis regentes dos exércitos espirituais em grau de elevação, poderes, magias e forças tão elevadas quanto as vossas ordenações ao qual apenas os mais puros e santificados e poderosos espíritos é que poderão prostrarem-se diante do vosso Senhor Deus com armas empunhadas em vossas mãos por serem servos e servas divinais altamente sublimes e poderosos ao qual nenhum outro ser espiritual em nivelamento inferior jamais poderá fazer com total direito sabedoria e precisão. Pois os instrumentos divinos que se utilizam para apresentarem-se diante da ordem e das forças que carregam da qual as vossas armas também os representam espiritualmente, são os vossos instrumentos sagrados que não fazem lançar nada além de vossas próprias forças jorradas de vossas fontes espirituais, pois as vossas eternas fontes já os fazem instrumentos sagrados para a batalha sagrada de poderes e de justiça santa, pois Santos, em verdade é o que são.

Por isso, quando há determinação de junção de forças das sete fontes, este é o momento mais sublime espiritual para o campo divino, onde as sete energias dos sete Espíritos sagrados e santificados se unem e formam uma gigante e robusta Estrela celestial, fonte única de energia jorrando potencialidades de emanações e robustez de magias e forças, tornando-se assim o instrumento celestial de maior poder de forças e emanações divinas, onde o próprio Deus se faz presente por meio das energias das quais ele mesmo concede aos vossos servos e servas para que se emanem por meio de vossas forças, as forças de vosso esplendor manancial de poderes e forças sagradas para que seja por Ele mesmo utilizado em ordem de justiça por sobre a terra.

E diante da ordenação de missão terrena dentro da era de tempo ordenada e anunciada, juntam-se as energias das sete fontes de energias divinais terrenas, igualmente as energias dos Espíritos que os regem, e alinham-se de maneira justaposta pela atração espiritual uma da outra, fundindo-se com todas as energias que cada uma carrega; formando assim, uma estrela igualmente a fonte estrelar que os regem através do espelho divinal que acima do firmamento se encontra repleta de energia e mistérios constelares em reluzente forma e aspecto único com sete pontas, onde cada ponta representa e carrega a energia de um determinado Espírito sagrado ou determinada força dentre as sete forças da qual se compõe.

Desta maneira elevando-se em poderes, domínio e governança onde a junção das sete forças agregadas em única sobreposição, forma uma estrela celestial de reluz sagrada e santa pela força das energias santificadas que a unem e que forma nesta única fonte de energia sideral de aspecto único em forma e formato de estrela celeste; porém, estrela voltada apenas para o campo terreno, uma fonte de forças e as energias composta de sete sagrados poderes divinais. Porque é esta a única posição espiritual de energias e forças que cria através da exata posição em união de forças celestiais a Estrela fonte de luz divina, jorrando os poderes de Deus, onde as vossas magias e mistérios são erguidos pelos poderes das próprias energias que as constituem, fortalecem e acendem a estrela celeste com sete pontas sagradas, onde cada unidade dentre as sete unidades composta de si mesma, possui a vossa própria ordenação de ser única e ser a sétima parte de uma fonte tão grandiosa quando unida para cumprir uma ordem santa e sagrada de Deus o Criador em campo terra.

E assim é constituída a Estrela fonte, fonte de energia celestial divinal composta de todas as energias nascidas e nutridas para servirem de luz e dons e caminhos de evolução aos campos terrenos. E por isso, é esta também, uma fonte de energias impossível de ser destruída ou danificada assim como as próprias energias de cada unidade espiritual que a forma, quando em junção de vossas próprias forças divinais se agrupam e se encontram e se tornam pela gloria do Senhor Deus, a maior e mais brilhante fonte de energia descarregando pelo cumprimento de ordenação sagrada as forças e os poderes de vossos próprios podres em favor da humanidade de forma única e singular, servindo de instrumento divino do próprio Criador que a cria à partir da governança de forças do Espíritos sagrados.

 E é a fonte de energia criada pelas sete fontes de energia divinais pela junção dos sete poderes de forças por ordem divina a maior e mais pura fonte espiritual, para que estes apresentem-se em missão santa, em nome de vossos regentes os Espíritos de grandeza, uma vez que são estes os espíritos que possuem pela determinação santa a ordenação em sentindo espiritual também para executar e cumprir a ordem de Deus sobre os campos terrenos utilizando-se destas energias, poderes e forças sobre a terra, até mesmo porque é este agrupamento sideral ou arcada espiritual atuante puramente em campo celestial e os Espíritos sagrados atuantes apenas nos campos terrenos.

 Desta forma, são os Espíritos sagrados ou os Anjos sagrados, regidos pelos Espíritos de grandeza que igualmente juntam-se em forma estrelar se igualando a forma dos Espíritos de grandeza, pois estes são os que inicialmente se compõe ou se juntam para o cumprimento de uma ordem sagrada em forma de junção de forças e unidade, estando estes acima do firmamento e tão elevados quanto às estrelas se encontram, de estrelas quando em junção estão, de estrela celestial, também são chamados.

 E são os Espíritos sagrados regidos pelos Espíritos de grandeza e igualmente se juntam em forma estrelar igualando-se a forma daqueles que os regem, formando assim, igualmente aos que os governam uma gigante e singular estrela reflexo da Estrela fonte, ou seja, fonte de todas as fontes de energias divinais ao qual cada Espírito de grandeza uniformemente rege e jorra por sobre cada Santo, os posicionando também uniformemente com a mesma aparência para os tornarem não somente similares, como também tão fortes, robustos e autônomos para que com as vossas próprias forças abasteçam todo o campo terreno por meio das vibrações energéticas da própria Estrela fonte que se forma por meio a junção dos Espíritos de grandeza. Porque esta é a fonte que rege, ordena e governa a fonte que em campo terreno será jorrada por meio da estrela reflexo da Estrela fonte celestial.

 Isso quer dizer, que é a junção de forças dos Espíritos de grandeza em união justaposta formando uma gigante estrela celestial de sete pontas, jorradoras em energia celeste ao qual carregam todas as forças em uma única determinação e derrama-se por sobre os Espíritos sagrados, os Santos, os iluminando e abastecendo de energia divina para que atuem em harmonia celestial entre o campo divino e o campo material, pois esta é a única forma de se tornarem o grande e magnífico instrumento divino para derramar energia celestial em única composição sobre a terra partindo de único ponto sobre uma mesma ordenação.

Porém, somente os anjos sagrados, ou os Santos, possuem determinação e autonomia de atuarem em campo terreno, por isso, sobre eles jorram-se as energias das fontes refletindo a própria Estrela fonte do Senhor Deus por sobre a terra através destes que determinados são para atuarem em comunhão com os elementos orgânicos biológicos terrenos.

Por isso, esta é a composição de forças de Deus para que o campo terreno seja abastecido e ganhe vigor e energia de forças para determinada ordenança ao qual somente em união formando um novo astro estrelar é que se pode conseguir executar, pois são os astros estelares; as estrelas, energias celestiais carregadas de poderes e forças, onde cada um carrega a vossa própria energia e poderes energéticos e os vossos alinhamentos e agrupamentos, porque esta é a forma de receberem, conterem e carregam energias celestiais para que estas sejam jorradas sobre o campo celestial e material, sempre que há uma determinação de utilização de vossas forças e energias conforme a ordem anunciada referente a quantidade, o limite, a robustez o montante de energia, bem como as suas singularidades em relação a fragmenta e capacidade de fluidez, o campo de atuação e descarregamento de forças espirituais, para que sirva exatamente pela ordem daquilo da qual seja proclamada.

Então, não são as energias concentradas em poderes, forças, magias, emanações, fluidezes e mistérios, apenas para serem belos objetos estelares com a singela função de embelezar ou iluminar o campo terreno ou os céus materiais, pois esta não é a função espiritual destas fontes de energia celeste, embora estas outras funções também vos sirvam de atuações. Porque às estrelas aos quais os vossos olhos podem os céus alcançar, são abrigos de energia celestial, e os vossos agrupamentos e posição de agrupamento são a representação e o código celestial de vossas forças, vossas determinações, vossas energias e força de magias para recebimento e envio de energias divinas para toda e qualquer determinação que partam dos campos celestes aos quais estas composições possuem para jorrar, pois as vossas composições, abrigos de energia, reluzem não somente luz como também brasa e fogo em ápice de emanação devido as vossas robustezas de poderes e forças divinas, porque tudo o que se encontra em campo sagrado ou acima dos olhos terrenos pertencem ao Deus Criador e este os constitui de forças e energias aos quais ele mesmo as utiliza em detrimento de vossas ordenanças e necessidades celestiais divinas.

Por isso, a constituição de uma Estrela fonte não é apenas a junção das sete individuais forças celestiais das fontes de ligação divina entre os céus e a terra para uma determinada ordenança, embora esta junção seja por si só a maior plenitude e maior instrumento divino de poderes e forças atuando fora dos campos celestiais, como também a única estrela que emana sobre o campo terreno a energia vinda de sua forma ímpar de robustez de forças, quando em forma constelar se apresenta, para que haja a permanência e manutenção de forças suficientemente fortes, conforme a vontade e o desejo do Espírito Santo que é Deus frente a uma determinada ordenança ao qual somente através do alinhamento de vossas próprias fontes sagradas voltadas para a terra poderia ocorrer. Pois estas são energias que partem das fontes que regam a vida material e conferem a capacidade dos habitantes espirituais e materiais de existirem no campo terreno, os nutrindo de forças para que o progresso da caminhada terrena dos seres encarnados seja possível frente as vossas forças, emanações e fluidezes.

E a junção destas sete forças em única fonte, não ocorre involuntariamente por meio das sete fontes espirituais em serem ou se tornarem mais fortes em união por vontade própria, pois a junção das forças somente ocorre quando há determinação divina de necessidade espiritual para o fortalecimento de determinada fonte menor ou campo menor, ou seja, o campo terreno, para que este campo não seja de forma contrária erguido em emanação ou não se desalinhe devido vibrações e energias que por forças opostas ou forças terrenas são emanadas, por isso, existe uma determinação em determinado tempo celestial para cumprimento de missão terrena espiritual juntando todas as energias santas que fluem em campo material para restauro e limpeza das energias oposta as energias dos próprios Santos, tornando novamente os homens caminhantes de uma mesma direção.

Por esse motivo a Estrela fonte, forma-se em união de robustez de forças através dos sete Espíritos de grandeza para cumprimento de determinação divina, quando existe uma ordenança de missão divina espiritual voltada para o alinhamento sagrado em forma de justiça em solo terreno, onde esta missão jamais poderá falhar e comprometer a ordem divina devido às energias que circulam em campo terreno, por estas serem danosas aos seres materiais e certamente também danosas aos seres que cumprem tal ordenança espiritual em campo material, são executadas frente o maior poder de forças e de comando espiritual existente, ou seja, através das ordenações sagradas do santíssimo Senhor Deus de todas as coisas. Caso contrário destruíam-se os homens da terra.

Sendo assim, ocorre a junção destas energias para que àquele ser espiritual que irá cumprir missão divina celestial em nome do Criador de maneira terrena não seja alienado ou desajustado por forças e emanações de fluidez contrária às emanações divinas da qual deve este ser caminhar e também emanar de forma que estas energias não comprometam a determinação do Criador sobre ele mesmo; por isso, as sete forças vibram se tornando uma indestrutível estrela divina perante a fluidez contrária a fluidez divina aos quais determinadas que as forças vibrem e juntas poderiam tonarem-se igualmente fortes.

Por essa razão, vibra a estrela divina, ou Estrela fonte para atuar na execução de manutenção das energias opostas ao qual devem vibrar em determinado campo ou região, alinhando em poder de forças de justiça, ou seja, ajustando as energias dos determinados lugares ao que realmente deve emanar e vibrar aquele local ou região. Porque é a justiça santa o alinhamento daquilo que contrário ao qual é justo e parte da ordem do Criador caminhar e destrói o que é santo, o que é sagrado, e o que é divino e espiritual, partido de uma ordem divina. Por isso, jorram as forças das fontes de energia do Criador unanimemente contra aquela força ou poder de emanação e fluidez contrária as forças e fluidezes das quais deveriam emanar impedindo o povo daquele determinado campo ou lugar de livremente caminhar sobre as boas obras e fluidezes sagradas, uma vez que são as estas as energias que devem prevalecer para que possa a humanidade se erguer frente as vossas próprias promessas.

E esta que é a justiça sendo jorrada por sobre a terra é a força do poder das mãos e Deus atuando com vossos servos e servas antes que estas se tornem grandiosamente indestrutíveis e destrua os próprios seres que dela necessita para sobreviver. Portanto ocorrerá em campo terreno a manutenção apenas da troca e alinhamento de energia terrena oposta as energias santificadas a cada ciclo de tempo dentro de uma determinação, evitando assim, que outras energias se tornem grandes e fortes diante das energias celestiais que vibram puramente das forças do Criador.

Por isso, a ocorrência da manutenção das energias em campo terreno entre os Espíritos de grandeza e as energias siderais dos Anjos celestiais, sagrados, os Santos, ocorrem a cada era celestial ao qual somente ao Criador e ao Altíssimo Senhor Júlio Cesar Celestial, regente de todas as fontes, possui o mistério do período de tais acontecimentos, onde a cada período sideral de tempo escolhido e determinado pelas forças que se formam celestialmente por meio da também regência do Altíssimo Espírito, único servo celestial capaz de conduzir as forças destas energias terrenas e as emanações sobre as cargas contrárias que em campo terreno crescem e assolam os seres viventes e comprometem a evolução individual dos seres materiais que neste campo estão de passagem. Por isso, assim como a junção das fontes de poderes e forças divinas se juntam e formam nova energia com novo e maior poder de forças, assim também são os seres viventes em campos terrenos, vibrando os vossos desejos e intenções sejam estas boas ou ruins, porém para estas vibrações, também as forças divinas atuam e labuta para manutenção, caso contrário o campo terreno não mais existiria em verdade sagrada.

Isso porque cada ser vivente é um espírito dotado de poderes e forças espirituais que também se junta e forma através da junção de vossas próprias energias em comunhão com outros seres espirituais de igual similaridade e emanação, novas energias e forças que vibram de maneira boa ou ruim a ele mesmo, através de pensamentos e desejos e estes são descarregados por meio de atos e ações. E por isso, são estes atos e ações compostos de poderosas energias capazes de elevar, fortalecer ou destruir e arruinar ou arrasar não somente com as energias dos outros seres como também de si mesmos, trazendo desequilíbrio, desarmonia e desgraça a terra e a humanidade que nela vivem.

Por isso, atuam as estrelas em suas formações estrelares ou agrupamentos estelares de abrigo de energia celestial que carregados de energias e forças límpidas, possuem ordenação e autonomia espiritual para alterarem as forças e poderes contrários que vibram em campo terreno, através da junção com todos os astros ou estrelas que determinação de forjarem, destruírem ou realinharem as energias contrárias às energias sagradas possui, pois estas forças de energias atuam juntas na troca de energias buscando o equilíbrio das forças terrenas que vibram neste campo onde as energias boas e não boas circulam livremente por determinação dos seres encarnados que delas se utilizam para as vossas empreitadas materiais.

Logo as vossas emanações e influências de forças de correção ou justiça de alinhamento e correção, no sentido não somente de eliminarem as energias opostas, porque são as energias opostas destrutivas aos homens e suas caminhadas, como também do ajuste das energias que fluem por sobre o campo terreno por desejo dos próprios homens, para que estas não sejam maiores ou mais poderosas do que as forças benéficas das quais devem imperar sobre este campo. Porque se acaso as energias opostas estivessem em domínio e não houvesse a correção, estas culminariam em obras e ações que causam desalinhamento ou desajuste nos caminhos e nas caminhadas dos homens, os tornando homens maus e tortuosos a si mesmos e ao campo em que vivem, logo seria a perda da direção ou do curso daquilo que os levariam as próprias vitórias espirituais.

Por isso, as energias descarregadas como forma de combaterem e abaterem as forças opostas para ajuste e controle das energias ruins uma vez que estas que partem dos homens causam aos homens a aplicação incorreta pelo levantamento de más obras e caminhos tortuosos e dolorosos a eles mesmos. Desta forma, são eliminadas e destruídas as energias opostas para ajuste e controle das energias ruins de forma que a fluidez límpida esteja sempre tornando o campo terreno possível de ser habitado, porque a quantidade de energias que vibram em pureza podem se igualar ou são maiores do que as que vibram em lodo criado pelos homens. Caso contrário a energia pura e limpa da fonte divina ao qual a terra não poder vívida sem ela, não existiria nesta unidade, pois estas não adentrariam; e o campo terreno não mais teria condições de abrigar os seres encarnados que do chão da terra nascem e da mesma terra necessitam das fluidezes que por ela mesma é emanada através dos Espíritos sagrados que nela descarregam as puras e nobres vossas energias espirituais.

Porém as energias que vibram em sentido contrário a estas forças também são absorvidas pelos elementos naturais do próprio campo em que vivem. Por isso, os astros ou as estrelas do campo sideral que parecem não fazer parte direta da unidade terrena material, são as unidades que se encarregam de limpar estas energias e equilibrar o campo terreno, para que estas energias não os tomem de fluidezes ruins e se autodestrua, pois se estas estiverem impregnadas nos elementos da natureza certamente voltarão para os seres encarnados, pois estes assim como os elementos são também seres naturais vindos da mesma terra comungando das mesas energias, estejam estas limpas ou impregnadas de emanações negativas criadas por eles mesmos.

Mas são as estrelas e vossas formações de agrupamento os elementos celestiais responsáveis pelo equilíbrio das energias terrenas que fluem em contra direção as energias divinas, sustentados e fluídos pelos seres encarnados que a partir do direito de serem conhecedores dos conceitos do bem e do mal, através do fruto que vos permitem experimentarem tanto os sentidos do bem quanto do mau, sentidos estes que brotam de única determinação do bem ou do mau querer, aos quais todos também possuem a capacidade se utilizar, e certamente se utilizam e emanam estas energias em vossos favores ou desfavores causando assim quebra das energias adequadas aos sentidos existenciais terrenos das quais eles mesmos necessitam para serem vivos.

Desta forma, gerando demanda de correção de energias e poderes de forças danosas ao próprio ambiente da qual vivem onde somente aqueles que da mesma fonte de energia não bebem são capazes de limparem e não se contaminarem ou não se impregnarem com estas energias que destroem tanto o elemento natural orgânico quanto o próprio ser encarnado que também é orgânico gerando a si mesmo doenças e danos a vossa própria constituição biológica, ou seja, a própria pele carnal material qual o constitui em vida material terrena.

Pois o ser encarnado sendo elemento orgânico biológico natural nascido do chão da terra e vivendo em ambiente igualmente constituído de maneira natural e orgânica, precisa ele se alimentar e abastecer-se a si mesmo de maneira também orgânica, logo, deverá ele alimentar-se de tudo aquilo que produz não somente materialmente como através de seus fluidos e emanações uma vez que tudo o que jorra dele mesmo vai para a natureza, seja bom ou ruim. Isso quer dizer, que tudo o que o ser encarnado produz de energia se direciona para o próprio campo onde reside impregnando tudo o que em campo terreno possui, sejam os próprios encarnados sejam os elementos da natureza orgânicos e inorgânicos, uma vez que comunga da mesma vertente de existência terrena, a forma material.

Isso porque tudo o que é orgânico é compatível e liga ou comunga com o que também é orgânico, assim como tudo o que é espiritual de relaciona e comunga com o que é espiritual e orgânico, logo, tudo o que o encarnado produz de emanação se relaciona e comunga com o que também é orgânico; isso quer dizer que tudo o que ele produz se relaciona diretamente com o próprio ambiente em que vive. Por isso, tudo aquilo que ele jorrar através de suas vontades e desejos sendo coisas boas ou coisas ruins ficará impregnado na natureza e sendo a natureza vertente orgânica dele mesmo do ambiente em que ele vive; tudo o que ele produz em fluidez negativa voltará e ele mesmo através da forma de alimento, uma vez que tudo o que existe em campo material faz parte da sua alimentação, seja esta orgânica ou espiritual, porque em verdade sem estes alimentos não se pode sobreviver.

Então, seja alimento orgânico seja alimento espiritual, ambos em desarmonia de energia e fluidez de forças causarão não somente dores e doenças carnais como também dores e doenças espirituais, pois as únicas formas de alimentação do ser carnal se dá através dos elementos espirituais e dos elementos orgânicos, e estes estando contaminados com as vossas próprias emanações estarão todos consumindo as vossas próprias vibrações negativas por meio de suas determinações de destruição e quereres danosos de si mesmos.

Ou seja, são os homens aqueles que se autodestroem e maltratam por vontade própria de serem maus.

"É ele que perdoa todas as tuas iniquidades, sara todas as tuas enfermidades" (Salmos 103:3)

Por isso, somente Deus misericordioso com a vossa plena força, amor e justiça através de vossa inesgotável fonte de caridade e compreensão é capaz de gerar e conceder os vossos sagrados elementos celestiais, as estrelas, e vossas formações constelares para que possam ser reajustadas as energias que vibram em elo terreno de forma que continuem as vossas caminhadas e cumpram com as vossas missões; pois se acaso não existissem as forças estelares, não seria possível existir elo terreno e nenhuma forma de vida existiria, pois estas já teriam se findado pelas próprias vontades dos encarnados por meio de vossas emanações de mau quereres que os rondam as vontades e necessidades mundanas. Desta forma, nenhum espírito poderia caminhar por entre a terra e concluir as vossas determinações de aprendizados e labutas, coisa da qual o próprio Senhor Deus determinou que o fizessem para que pudessem conhecerem a si mesmos e alcançarem as vossas elevações e com isso as vossas salvações.

Mas se acaso destruíssem o elo terreno por meio de vibrações negativas, nenhum espírito poderia caminhar por sobre o campo material buscando alcançar o vosso progresso, por isso, Deus, a fonte infinita de poder e de justiça determina que sejam os elementos celestiais estelares ou as estrelas dos céus, os guardiões das energias terrenas negativas, as ajustando e eliminando os vossos poderes para que se cumpra tudo aquilo ao qual o Senhor Deus determinou que seja em vosso nome realizado.

Assim, a função de determinadas constelações é carregar as energias de forja que irão eliminar as energias danosas aos filhos da terra, pois somente aqueles elementos que da terra não fora nascidos ou que da terra não fazem comunhão direta em mesma vertente sagrada espiritual, possuem determinação e precisão de ajuste para trocarem todas as energias e forças negativas, os equilibrando de energias e forças limpas, pois estes não se contaminam, afetam ou desajustam com estas forças, pois não bebem das mesmas energias; por isso são estes nascidos e energizados de poderes e vibrações divinas para atuarem na limpeza astral do campo também sagrado, o campo terreno, para que não morram os seres que da terra árida por meio do elemento orgânico da qual precisam se alimentar e estarem vivos conforme a ordenança de Deus estejam de fato vivo e vívidos para cumprirem as vossas promessas.

Mas sendo o campo terreno um elo de energias e vibrações onde as energias fluem por ordenança de quem as possuem, ou seja, o encarnado; é ele quem determina diante de vossas necessidades, desejos e vontades qual a forma de energia que irá aplicar sobre as vossas vontades, por isso é ele o responsável por reter e emanar as energias celestiais em forma de boas energias ou más energias, pois a energia celestial que vibra em campo terreno vibra em única ressonância carregada de pureza e limpidez, cabendo ao ser encarnado transformá-la na energia ao qual deseja em razão de vossa vontade. Por isso, cabe a cada ser encarnado utilizar-se das energias celestiais que vibram em campo terreno conforme a vossa verdade, pois a fonte que jorra é a única fonte do Ser Supremo, porque não existem duas fontes ou duas formas de emanações celestiais vibrando em terra a não ser a única fonte capaz de dar a vida e sustentá-la em vosso próprio campo criado pela vossa própria vontade. Isso quer dizer, que quando o ser encarnado a utiliza de forma branda a brandura o abastece o espírito e a matéria, mas quando a utiliza de forma danosa perante as vossas vontades, as vibrações danosas são aquelas que vos abastece também o espírito e a carne, cabendo unicamente a ele as alegrias ou danos da qual recebe em retorno universal causado a ele, por ele mesmo.

E contra isso, encontram-se as estrelas que irradiam poder de luz em forma de justiça de endireitamento, ou seja, ajuste das energias através das vibrações para forjarem as energias opostas as energias puras e límpidas que neste campo são jorradas, porém demasiadamente destruída pelos seres encarnados, as alterando em energias nocivas e danosas a eles mesmos, destruindo as vossas próprias vibrações cândidas os tornando frágeis, insensíveis, descontrolados e desajustados em sintonia espiritual consigo mesmo e com o elo espiritual da qual residem.

E para que haja missões espirituais de determinação sagrada em nome do próprio Criador, em campo terreno encontram-se as forças dos Espíritos de grandeza em comunhão com os espíritos menores ou Anjos encantados, os Santos atuando contra as forças dos seres viventes que embora sejam também abastecidos pelas forças celestiais das fontes de luz do Criador podem com as vossas emanações próprias destruir as coisas terrenas, coisas das quais sem elas não se pode viver, não se pode abastecer, não se pode crescer ou progredir e alcançar a evolução. Mas tudo isso pela busca de prazeres e gozos mundanos que serão assim com eles mesmos destruídos e findados no pó da terra.

Porém quando as vossas energias forem minadas de vossas capacidades de desejarem e se valeram do direito de utilizarem as forças divinas em favor de sentidos e necessidades danosas; sentidos estes que vos cercam o espírito, por serem anulados e abatidos em vossas próprias forças por já serem diante das energias dos Espíritos de grandeza pequenos e fracos demais, pois Aquele que os fez possuírem forças e caminharem por sobre as forças Dele mesmo, é o mesmo que vos retira não somente as forças como também de vossas sagradas terras, pra que sejam reajustados, não em matéria, pois a este campo não mais pertencerão, mas sim em espíritos, em campos espirituais, onde as correções não serão nem duras e nem brandas, apenas justas, pois assim é a lei divina. Porém não sobre a justiça dos homens e sim sobre a justiça de Deus, aquela que acima de toda forma de justiça ao qual possam ter ouvido e vislumbrado se encontra, conhecerão aqueles que em terra foram homens maus o poder e a força do desejo descabido de serem e caminharem por sobre o mau que vos cercavam os desejos e anseios de terra.

E são nessas forças divinas e nessas determinações que se encontram a paciência e a fé dos Santos e daquele que não é Santo, mas que se unem para destruir todas as forças e energias negativas alterando as emanações e poderes matérias os tornando em forças e poderes menos densos e danosos contra golpeando aqueles que desejam por meio de vossos esforços apenas prazeres para serem vivos e viventes no campo espiritual da qual receberam o direito de conhecem-se e evoluírem e não o campo da qual receberam para acreditarem que devem apenas gozar de vossas vontades em troca de dor e desprazer. Porque estes, não terão o direito de destruir e arrasar o que a eles não pertence, mas por direito divino possui o dever de cuidar e zelar.

Mas se acaso não conseguirem zelar das coisas sagradas do Criador, serão os vossos servos e servas espirituais quem zelarão por vossas cabeças e vossas essências espirituais os tornando mais brandos através de vossas verdades em forma de leis divinas, porém as vossas leis, não são leis nascidas em berços terrenos, e sim leis divinas geradas nas portas sagradas dos elos de calmaria e remissão, onde vos aplicarão a forma mais justa da justiça celestial ao qual a justiça terrena ainda não conhece, e certamente jamais a conhecerá. Amém.

"E o segundo anjo tocou a trombeta; e foi lançada no mar uma coisa como um grande monte ardendo em fogo, e tornou-se em sangue a terça parte do mar. E morreu a terça parte das criaturas que tinham vida no mar; e perdeu-se a terça parte das naus"
(Apocalipse 8: 8,9)

Por isso, o que outrora eram as forças das estrelas em composição justaposta ardendo em ápice de poderes e forças celestiais da fonte de luz atirando-se em direção a determinação de correção, e está se tornando sangue, ou seja, não o sangue que jorra diante da própria morte, mas sim o sangue representação da vida ou a essência da vida carnal ou o espírito da matéria, o líquido da carne inanimada sem o sopro de vida que a anima pelo sangue espírito vivo da carne. Onde o tornar-se sangue não quer dizer sangrar a pele até a morte ou a própria passagem da vida para a morte, e sim o fogo que é a vertente espiritual tornando-se sangue que é vertente material. Isso quer dizer, trazendo desta forma a representação da transformação da coisa celestial para a coisa material configurada através das duas forças capazes de ser vida em suas unidades de origem, por meio da configuração de duas coisas celestialmente vivas, onde uma é o fogo que arde luz divina e que é vivo assim como a vida carnal e a outra é o sangue que é o espírito da carne, porém somente enquanto a carne se faz viva em terra, ou seja, no sentido de torná-la o sopro espiritual na carcaça material para força que transporta vida.

E se fez necessário pela junção das sete energias voltadas para o campo terreno para aplicar a correção através do sangrar da carne, isso é, fazer-se de correção ao ser encarnado, retirando todas as energias negativas existentes ainda que o retirar das energias seja o retirar daqueles que vibram energias ou recebem grandes cargas energéticas negativas, não através da ordenação dos Espíritos sagrados e sim dos próprios espíritos que apresentam-se espiritualmente para serem pela força do poder espiritual divino retirado ou resgatado por meio da força do poder natural da unidade terra jorrando o vosso poder de ajuste e alinhamento das forças e energias que fluem neste campo, retirando assim todos aqueles espíritos para curarem-se e libertarem-se, adquirindo assim, nova chance de limparem-se e auto conhecerem a si mesmos espiritualmente para adentrarem novamente aos campos materiais de forma e essência mais puras e límpidas.

Pois todas as energias que jorravam das sete fontes divinas que estavam determinadas em aniquilar, não a matéria danosa que carregava energias nocivas e sim as fontes de energias negativas que necessitava de boas energias para que se cumprissem as missões e determinações divinas, em outras e novas formas de emanação de energia recriadas pelos seres materiais, para transformarem estas energias opostas em energias purificadas para auto abastecimento de boas energias em campo material, fora executada através do cumprimento da ordenação aos dos Espíritos de grandeza que com toda precisão pela ordem de correção e justiça para o realinhamento das forças em forma de purificação e ajuste executaram a ordem maior de Deus.

Porém, embora os Espíritos de grandeza sejam altamente poderosos em luz, forças e poderes e possuam determinação espiritual para alterarem as energias quando em união justaposta se encontram, são os seres espirituais de robustez de forças que utilizam de vossas capacidades de forças celestiais em junção, não em junção apenas de vossas forças, pois estas são assim como os vossos poderes altamente destrutivos aos campos terrenos e sim com as forças materiais através da união de energias e forças pela determinação de correção de fluidez, para que estes sim, equilibrem as forças e energias materiais em unidade terrena trazendo a calmaria, sensatez e paz ao qual se faz necessário existir em campo santo onde todos os que nele se encontram caminhem ou aprendam a caminhar em direção à paz e não ao contrário.

Desta forma, alterou-se a maneira de jorrarem as vossas forças por sobre a terra e não a determinação de cumprimento de ordenança divina. Isso quer dizer, não alterou em nada a determinação e ordenança divina, onde os próprios Espíritos de grandeza tocam as vossas trombetas em anunciação de missão em jornada terrena, e sim em missão de jornada terrena através dos Espíritos sagrados, os Santos, pois estes são os anjos que possuem determinação de manipulação e cumprimento de dever em campo terreno. Desta forma já não se faz necessário que o fogo junte-se ao sangue, pois os Espíritos sagrados, os Santos, já caminham lado a lado com a carne ou com o sangue, não apenas na representação espiritual mas também com matéria que sangra e jorra o vosso próprio espírito em terra, por isso, ainda que os Espíritos de grandeza sejam ordenados em cumprirem vossas determinações, são os Espíritos sagrados quem aplicam as vossas determinações por sobre os homens da terra, não por meio do sangue que corre nas veias materiais e sim por meio da doutrina e disciplina, da qual todos aqueles que possuem o sangue que vos gera a vida terrena possui.

Por isso os alinhamentos das energias dos Espíritos de grandeza ocorrem por determinação espiritual para correção de vibrações contrárias, por ordenança que exigem tais atos supremos de prevenção das unidades de forças que abastecem o campo terreno, bem como o próprio campo terreno, pois a junção das fontes de energia em uma única força de forma constelar, onde a estrela que forma-se se abastece dela mesma, por meio das demais forças que a compõe, possui robusteça de forças de destruição não somente das energias terrenas que emanam contrariamente as forças divinas como a destruição do próprio campo terreno, se acaso as vossas energias forem jorradas em única emanação.

Desta forma é a Estrela fonte, a fonte em junção de todas as fontes, brilhando não somente luz como todas as forças e formas de luz existente em elo celestial de uma única vez, elevando o vosso esplendor divino que ao mesmo tempo em que irradia luz em forma de estrela, jorrando um tipo de energia em cada uma das sete pontas, é ainda capaz de com a mesma força, o mesmo brilho e a mesma supremacia de energia, derrubar, destruir ou eliminar o próprio campo terreno ao qual deve preservar e alimentar para que as missões espirituais sejam concluídas.

Assim, a junção das forças ocorre apenas quando houver determinação e não por influência ou vontade das próprias fontes, pois a junção além de trazer destruição ao campo material, pois as vossas forças são muito além das forças ao qual este campo necessita e se utiliza para estar vivo; esta ação exige a desconexão de vossas próprias emanações por sobre o campo terreno para que estas não sejam duplamente descarregadas jorrando assim forças maiores ou além da capacidade que o campo material poderia suportar. Pois esta ação geraria destruição de parte da unidade terrena material não pela determinação e sim pela potencialidade de forças derramadas no mesmo momento em um único ponto de ação.

Então o tocar das trombetas que representa a iniciação de cumprimento de uma determinação divina, também irá soar, não por ser momento de celebração e sim momento de libertação em que a força das sete energias devido a junção de forças em seu ápice de robustez tornando-se fogo serão atiradas para as missões aos quais forem determinadas que sejam executadas, seja para correção, seja para reconstrução de ser encarnado em favor de aperfeiçoamento espiritual de determinação celestial em função de proteção de perímetro de campo onde determinada missão celestial irá ocorrer em campo terreno, evitando falhas causadas pelos encarnados homens ou qualquer outra espécie que tenha através de vossas próprias emanações, poderes de forças tornando-se tão grandes e destrutivas que necessitem serem corrigidos, anulados, destruídos ou resgatados para que cessem de causar o mau ou a destruição das energias e poderes divinos ocasionando assim, em danos que possam interferir ou destruir a missão ordenada em ordem suprema, uma vez que nenhuma ordenança de ordem suprema poderá ser destruída.

E também, não são as fontes quem determinam juntarem-se em energia formando uma nova e única força estrelar e sim a determinação de que todas as forças emanem e jorrem em uma única direção, e esta ação celestial é o que junta todas as forças das sete fontes. Porém após a junção de todas as forças e poderes para que seja por determinação a Estrela Fonte o abrigo da única força em forma de estrela das energias divinas derramando-se em energias robustas em única direção, as vossas próprias determinações ficam impossibilitadas de atuarem, pois enquanto atuam em conjunto os vossos poderes estão voltados para esta única direção, ou seja, para que seja forte em inteireza e não em forma individual jorrando por sobre a terra. Porém, esta ação não diminui as forças e poderes dos Santos, porém os limitam em recebimento de novas energias se acaso estes precisarem para vossas ações santas.

Por isso, embora atuem de forma conjunta, os Anjos sagrados ou os Santos, atuam próximos uns dos outros e não justapostas igualmente aos Espíritos de grandeza, ou apenas em reflexo imediato, ou seja, quase justaposta, acomodadas em única sobreposição, pois esta sobreposição cria uma carga energética que aumenta as próprias cargas energéticas de forças que normalmente carregam, fazendo com que, durante a sobreposição de forças, as sete energias formem não apenas uma Estrela ou a Estrela fonte sagrada igualmente a estrela formada pelos Espíritos de grandeza, jorrando robustez de forças dela mesma, como também aumenta capacidade de atuação individual e passa ser não somente uma estrela jorrando as energias e fluidezes dela mesma composta por sete forças como uma força que individualmente jorra forças e energias semelhantes a outras sete forças, pois a justaposição não anula as forças e poderes individuais de cada fonte.

Assim, Estrela fonte sagrada erguida sobre as forças e as energias dos sete Espíritos sagrados é aquela que é o reflexo da Estrela fonte erguida pelos sete Espíritos de grandeza que após juntar todas as energias que compõe a fonte de magias, mistérios e forças do Criador, forças e energias e magias estas voltadas para o campo terreno, possui as energias celestiais da qual sem ela não poderá o dia nascer, o sol brilhar, as formas se fazerem, os céus se abrirem e os demais astros se alinharem, pois a Estrela fonte é a única estrela formada pela junção de todas as fontes que são as sete forças celestiais jorrando tudo quilo ao qual sem eles não podem os seres viventes viver em campo terreno tampouco labutar, batalhar ou lutar para alcançar o progresso e a evolução espiritual, razão da qual existem todos os espíritos encarnados.

Então para que possam todos os espíritos que neste elo estiverem em jornadas espirituais, alcançarem as vossas próprias evoluções para um dia atuarem de forma espiritual executando todas as coisas celestiais e espirituais que aprenderam por meio das forças espirituais e executarem em campo material e para que também possam caminhar como nos campos celestiais de onde saíram e adentraram para serem aprendizes, repletos de energias boas e fluidezes sagradas, precisarão estes espíritos serem lapidados em terra santa, precisarão estes espíritos de energias boas assim como precisarão de vibrações puras e brandas em campo terreno, para que sejam capazes de continuarem as vossas jornadas espirituais em campo sagrado terreno e alcancem de si mesmos a evolução e o aprendizado espiritual em forma de amor, caridade, luta, garra e força, pois sem as escolas espirituais de aprendizado em campo terreno e as jornadas evolutivas nenhum espírito poderá servir ao Criador da forma e através dos caminhos ao qual fora por ele mesmo determinado.

E por mais que os encarnados não possuam direito, determinação ou capacidade de saberem ou reconhecerem quais são, como são e quando ocorrem essas ordenanças de sentido magistral de Deus, o Criador por sobre toda a terra, estes periodicamente em suas eras de tempos ocorrem, e ainda que certas missões celestiais em campo terreno necessitem ser alteradas, modificadas ou originalmente desfiguradas por razões naturais do próprio campo terreno, jamais terão os seres de terra o direito de conhecerem e vislumbrarem as ordens divinas aos seres espirituais em relação ao rompimento de determinados ciclos ou eras de tempo em cumprimento daquilo que apenas ao campo celestial possui ordenança em forma de verdade, uma vez que as coisas celestiais não se fundem as coisas materiais, justamente por se fazerem superiores as coisas de terra.

Pelas Fontes que também o regem, O guiador

"Mas nos dias da voz do sétimo anjo, quando tocar a sua trombeta, se cumprirá o segredo de Deus, como anunciado aos profetas, seus servos". (Apocalipse 10: 7)

3.12 E está fora a ordenança da consumação das ações dos sete anjos celestiais, aqueles que orientados são pelos Espíritos de grandeza para que cumpram as determinações celestiais em vossos lugares para que as vossas forças e energias não destruam os campos terrenos, pois chegada havia sido a hora do sétimo Anjo proclamar-se diante de todos os anjos celestiais, e então o mistério das determinações dos anjos seriam revelados.

Mas a voz do anjo não será o fim das determinações e sim o reinicio das ordenanças celestiais em campo terreno, porém da mesma maneira que as determinações de alterações de emanações em campo terreno foram concluídas através do sexto anjo, sendo inicialmente executadas pelos Espíritos de grandeza, onde se cumpre a ordem de que a nomenclatura anjo é denominada a todos aqueles espíritos celestiais com determinação divina; assim foram executadas pelos Espíritos sagrados sobre a regência dos Espíritos de grandeza até a sexta anunciação de forma dura e corretiva aos seres encarnados da terra; porém após a proclamação do sétimo Anjo celestial, ou seja, o sétimo Espírito de grandeza, passou a ser de forma mais branda, executadas através dos Espíritos sagrados, os Santos e não mais através dos próprios Espíritos de grandeza, pois as vossas forças são em demasia poderosas da mesma maneira que as forças do vosso Senhor Deus, o Criador, pois estas vem de vossa própria determinação e verdade, e por isso são capazes de destruir todos os campos, seres e espíritos.

Porém após a proclamação do sétimo Anjo, onde cada Espírito regente de uma fonte de energia divina adornado com as suas próprias trombetas anunciou através do sétimo Espírito a todos os cantos celestiais e terrenos o segredo divino ao qual a terra aguardava por meio dos anjos que se uniam em forma estelar, para recebê-lo e adentrá-lo na terra de homens e espíritos, para que se cumprisse a determinação divina em nova era sagrada; chamada Era guia, que após o vosso início não mais seria preciso que os Espíritos de grandeza atuassem com vossas próprias forças em nome do Criador e sim por meio da Estrela fonte, fonte de todas as fontes divinas em único jorramento santo alimentando através do reflexo de vossas energias os Espíritos sagrados, os Santos, para que cumprissem a ordenança sagrada em vossos postos; pois o sétimo Anjo é aquele que os demais anjos tocam os vossos instrumentos para que sejam todos realinhados em comunhão celestial para cumprimento de nova ordenança com a revelação de novo mistério divino por sobre a terra para ajuste e correção de falhas e erros, não mais pela correção e sim disciplina sagrada ao qual o segredo é a própria revelação.

Por isso, o mistério que outrora fora o mistério celestial acerca das forças do Criador jorrando as vossas energias através das sete fontes de energia e luz celestial individualmente ou através da única potência de forças, chamada Estrela fonte. Fonte, que foi e será para todas as criaturas, criaturas de outrora de agora e as futuras criaturas em forma do mistério celestial acerca da disciplina terrena por meio das prescrições do próprio Senhor Deus, Deus de todas as fontes e todas as nações, aplicadas através de um único Espírito carregado de todas as forças e energias necessárias, por meio de todas as fontes ou da própria Estrela fonte aos quais as vossas forças foram abastecidas, que de tão fortes e poderosas quanto às energias do próprio Criador das fontes, o representavam em poderes e mistérios em campo terreno. Vezes sendo Ele mesmo manipulando as fontes e vezes sendo as forças de vossas energias sendo jorradas através da vossa Estrela instrumento de emanação e poderes por aquele que também nascera em campo terreno, tendo nascido inicialmente dentre aqueles que da fonte se fazem servos para carregar o mistério divino da nova era. Era guia ou guiadora das forças e mistérios de Deus para ser e carregar não o mistério das fontes de Deus por sobre a terra e sim a própria face do Criador representada através das energias das sete fontes que se compõem em forma de estrela para ser guiada, conduzida, e assim, conduzir toda a humanidade, através dele.

Por isso, o próprio regente das energias e forças, fora em terra O guiador, não somente das forças como também de toda a nação ao qual o vosso Criador o concedeu o direito e dever de carregar e guiar por meio de vossa fonte, fonte criada para que as vossas forças fossem jorradas em única potência para abastecê-lo e carregá-lo de poderes, forças e mistérios celestiais. Porque fora este ser, um dos mais altivos e elevados espíritos que caminhou em campo terreno diante de vossa determinada missão pela ordenação de ser o carregador e representante do mistério da era guia, onde a revelação do segredo ao qual possuíam todos os espíritos aonde apenas após a proclamação do sétimo espírito poderia em terra este ser revelado.

E após a proclamação de início da jornada ordenada e determinada, nenhuma outra forma de correção seria novamente aplicada por sobre a terra antes que todos os encarnados fossem espiritualmente disciplinados e doutrinados com as prescrições e ordenanças celestiais do próprio Criador dos céus e da terra através de vosso Espírito doutrinário, o vosso amado filho, O guiador. Ser altivo e iluminado, que em terra fora feito rei, e como rei, recebera o nome Moisés.

Mas fora o espírito do ser nomeado Moisés, que sobre a terra caminhou aquele que pela ordem santa fora regido pela Estrela fonte, fonte de onde ele mesmo também nascera, para ser o guia espiritual terreno, carregando o segredo de Deus, onde abastecido de poderes e forças pela Estrela fonte, tornou-se a Estrela guia, porque abastecido e emanado fora pela Estrela sagrada dos sete Espíritos sagrados, os Santos, para ser os vossos caminhos, não para que estes fossem preparados e abertos e alinhados em terra sagrada, como também o próprio representante do Senhor Deus, sendo ele mesmo a própria estrela que jorrava luz celeste, conduzindo com braços rígidos, mãos firmes e passos calmos os caminhos da fé e do Criador em terra santa, com a condução de vossa sagrada unidade.

E fora ele, o primeiro guiador em nome de vosso Senhor que o ordenou ser o carregador do primeiro mistério celestial por sobre a terra, terra sagrada erguida pelo poder de magias, mistérios, vontade e eternitude de Deus, para ser por ele mesmo revelada a cada era de tempo ao qual se fizer necessário a vossa ordenação de compreensão de vossa unidade sagrada e santa, quando assim a vossa perfeita e majestosa vontade ver juízo e conceder o vosso favor sobre as cabeças dos filhos da terra. Amém.

Desta forma se cumprira eternamente o segredo aos quais fora anunciado pelos sábios e profetas, pois a energia que o guiou em Espírito limpando os caminhos aos quais iria pisar em razão das energias contrárias desde a vossa descida e até a vossa derradeira partida, ao qual em campo terreno adentrou carregando as ordenanças divinas de cumprimento de determinação santa em nome do vosso Pai celestial, o Criador, foram os Anjos sagrados, os Santos quem os acompanhara com as vossas forças e poderes majestosamente divinos para que pudesse este, que era ser Espírito e era espírito Homem Guia, adentrar aos campos sagrados de forma branda em meio a tormenta angustiosa e danosa, pois somente com a junção das energias e forças dos Anjos sagrados é que se poderia fazer cumprir sobre este, que não era apenas encarnado e sim um espírito missionário carregando as verdades de Deus, adentrar aos campos terrenos aonde as energias vibram mais em sintonia oposta do que em sintonias puras e brandas espirituais para fazer doutrina e disciplina antes de fazer justiça aos filhos da terra.

E através da junção das energias e forças dos sete Santos quase justapondo-se em alinhamento estrelar, formando uma única e poderosa reluzente estrela celestial, com poderes e forças materiais para que em campo material também pudesse adentrar diferentemente dos Espíritos de grandeza, pois estes não podem adentrar de maneira única aos campos terrenos, cumpriu-se a profecia em proclamação daqueles que fora determinado em anunciar a chegada da estrela guiadora, pois seria este acima do sol quem brilharia ou tanto quanto o sol iria reluzir as vossas forças e poderes igualmente celestiais em forma de Homem. Por isso, foram os Anjos encantados unidos em uma única determinação de cumprimento de ordenança de cuidar e zelar pelas forças a que estes por vossas próprias vontades também se utilizaria de vossos poderes e magias e mistérios em nome do Pai celestial, pois somente abaixo Dele caminharia em campo material.

    Por isso, não adentrou ao elo terreno ou campo de homens e espíritos sozinho, pois junto a ele as forças espirituais dos Anjos encantados, os Santos e dos Espíritos de grandeza, de onde a vossa unidade fora nascida, o acompanhava em forma de Estrela fonte, fonte de energia espiritual e orgânica, atuante das duas vertentes celestiais, ou seja, tanto na vertente celestial recebendo as energias das fontes através dos Espíritos de grandeza quanto da vertente material atuando no campo terreno carregando, distribuindo e manipulando as energias deste elo junto às coisas sagradas espirituais.

    Porque sendo os Espíritos de grandeza fortes em demasia para jorrarem as vossas próprias forças por sobre a terra aos quais precisariam estas serem transformadas em energias orgânicas, pois os vossos poderes de forças e emanações não podem ser utilizados diretamente por sobre as emanações terrenas, e pelo mesmo motivo não poderiam ser utilizadas pelo Espírito do Homem Guia devido a robustez de forças com capacidade de destruição se acaso jorrasse vossas forças diretamente do campo celestial ao campo material. Por este motivo, fora o espírito guia de nome terreno Moisés, emanado de forças quase justapostas pelas energias e forças celestiais do agrupamento de espíritos ao qual ele mesmo fazia parte em missão terrena de nome Estrela Sete Guias ou Estrela de Moisés, referindo-se a era em que o servo do Senhor fora também servo das fontes de energias unidas e carregadas de poderes e forças de correção, doutrina, disciplina, endireitamento, frutificação, garra, ciência, conhecimento, autoconhecimento, leis, cumprimento de leis e justiça, para encaminhar, direcionar e guiar os filhos de Deus antes que a justiça divina possa adentrar ao solo material.

    Portanto fora a era em que o real e verdadeiro servo espiritual feito carne recebeu o vosso primeiro nome espiritual a ser reconhecido de forma material como a Estrela Guia ou o Homem Guia, pois é ele aquele que fazendo as vezes de um guia espiritual ou um regente espiritual, guiou no próprio campo material os povos e as nações assim como o próprio Espírito Santo o ordenou que o fizesse, cumprindo lealmente as ordenança de Deus o vosso Criador.

    Mas para que pudessem estar compatível com o campo terreno, foram antes jorradas em energias brandas aos Anjos encantados para que estes fossem alinhados em forma estrelar igualmente aos Espíritos de grandeza para que pudessem vibrar exatamente em posição e em reflexo da posição ao qual encontram-se os Espíritos de grandeza em hora e momento de cumprimento de determinação divina, formando assim uma nova estrela da mesma maneira ao qual os Espíritos altivos se encontravam, para que pudessem abastecer o campo terreno das energias necessárias as vossas fontes de vida e também reluzir por sobre o Homem Guia, formando desta maneira uma nova composição estrelar de igual brilhantismo, porém menos danosa aos campos terrenos. Pois seria esta uma nova composição governada pelos Anjos encantados e não pelos Espíritos de grandeza, onde esta nova composição emana tanto na vertente espiritual quanto na vertente orgânica material sendo a mesma composição de energias e forças ao qual o campo terreno se compõe e necessita.

Porém, fora através da revelação da ordenança do sétimo Anjo que todas as energias que eram unicamente manipuladas pelos Espíritos de grandeza, foram fundidas formando uma única fonte divinal de poderes de forças de luz celestial abastecida e derramada igualmente pelos Anjos sagrados, os Santos, pois estes juntos, teriam tanto poder quanto tem o poder de todas as fontes sendo regidas pelos Espíritos de grandeza diretamente em campo celestial. Mas estas que foram nascidas para serem utilizadas apenas em campo orgânico e governada pelos Espíritos sagrados em vossas labutas e ordenações, foram igualmente manipuladas pelo servo, um dos sete servos, Espírito altivo de nome Moisés, assim como ocorre em campo celestial com a Fonte única e vossos regentes, da mesma forma ocorrerá no momento em que este descera a terra para cumprir a vossa ordenação de ser o guiador dos povos e o regente das fontes de energia espirituais à partir do próprio campo material da mesma maneira que corre o acima do firmamento.

Pois já era determinada a hora e o momento em que a Estrela guiadora desceria aos campos terrenos e seria o servo do Senhor Deus atuando como o vosso servidor e levando as vossas certezas aos campos terrenos de forma que a disciplina fosse trazida aqueles que apenas da força do chão da terra viviam e caminhavam, onde o fruto do bem e o mal, apenas o mal fazia dentre aqueles que comiam de ambas as partes se deliciando do amargo da mesma fruta de onde não seria ou poderia a estrela se alimentar desta, porém poderia esta ser endireitada através da verdade celestial que somente a estrela do Homem guia ou o guiador poderia carregar e introduzir diante da terra de vosso Deus.

CAPÍTULO 4
História divina da história da humanidade

Moisés, o servidor apostolar instrumento de Deus

"Todo aquele que desobedecer a um desses mandamentos, ainda que dos menores, e ensinar os outros a fazerem o mesmo, será chamado menor no Reino dos céus; mas todo aquele que praticar e ensinar estes mandamentos será chamado grande no Reino dos céus" (Mateus 5:19)

4. E todos os espíritos foram gerados e nascidos espiritualmente do seio do Criador e direcionado a uma escola espiritual dentro das casas celestiais de Deus, único manancial de luz de todos os poderes de forças de amor, luz, esperança e caridade, os Reinos dos vossos sete Santos, regidos pelos vossos sete Espíritos Maiores ou Espíritos de grandeza, que compõe a vossa majestosa coroa divina, jorrando as forças e energias necessárias para que os tornem vivos e vívidos tanto os elos espirituais dos sete Santos, quanto cada espírito nascido em vossa própria missão espiritual selado e guardado em vossos segredos e mistérios espirituais de Deus quem vos concedeu serem espíritos em imagem e semelhança divina.

Direito este para conhecerem-se a si mesmos, conhecerem o vosso Senhor Deus quem vos deu a vida espiritual e prepararem-se para serem os vossos servos e servas espirituais atuando diante de vossa nobreza e majestade, cobertos com as vossas certezas e iluminados por vossas próprias mãos diante do esplendoroso e majestoso trono celestial. Aos quais todos os espíritos nascidos desta única certeza deverão compreender as vossas existências para que possam atuar em razão desta única verdade assim que alcançarem maiores e sagrados níveis espirituais e prostram-se igualmente a que todos os demais espíritos em nivelamentos supremos.

Porém, através da busca de elevação de vossas próprias existências, pois nascidos do mesmo pai celestial foram, mas devido aos vossos nivelamentos espirituais encontram-se adentro de vossas casas sagradas o servindo em misericórdia como um servidor em honras divinas nas busca de tornarem os caminhos dos demais espíritos tão brandos e ternos quanto os seus, pois os vossos elevados postos os permitem que caridosamente ensinem e encaminhem os demais espíritos também nascidos da verdade do Criador, também elevarem-se e caminharem em direção as vossas salvações.

Porque todos os espíritos foram gerados e nascidos para serem grandes em reflexo e poder de amor e bondade, assim como o vosso pai criador, por isso todos os espíritos igualmente são introduzidos as vossas escolas espirituais de onde encontram-se os maiores e mais nobres, leais e fieis espíritos, os Santos, para que possam através da grandeza desses espíritos aprenderem os vossos ensinamentos aos quais são os ensinamentos de Deus, o Criador, para serem tão grandes, poderosos e iluminados seres espirituais para atuarem nas labutas divinas em nome do Ser Supremo.

Por isso, o manancial de poder e de justiça que é o Espírito Santo, determina que todos os espíritos igualmente possuem a oportunidade de tornarem-se e serem a continuidade de vossas escolas em elos matérias ou outros elos espirituais aos quais serão inseridos e apresentados após as vossas passagens de aprendizagem nos elos espirituais do Santos, para que tornem-se nobres servidores divinos em nome das leis divinas as quais terão a oportunidade concedida pelo direito divino de terem para que possam seguir e gloriosamente prostrarem-se.

Pois o Deus único quem vos criou é o Deus único quem vos concede o direito de serem todos igualmente abastecidos de vossas verdades em vossas próprias escolas espirituais aos quais concede com honras e glorias aos vossos mais sagrados e leiais espíritos cheios de vossa própria luz, os Espíritos sagrados ou os Santos, toda a santidade de eternitude divina para vos abastecerem das mais sagradas e puras e santificadas promessas divinas diante da face do Criador para que sejam vocês após conhecerem todas as magias, mistérios, amor e misericórdia do Ser Supremo, o vosso reflexo espiritual assumindo as suas missões também divino-espirituais diante de vosso sagrado trono de luz, amor e caridade, pois assim que ultrapassarem e vencerem as forças de suas próprias verdades, serão abastecidos pela mais pura fonte de amor e de verdade e neste momento serão as vossas verdades as mesmas verdades ao qual o Deus único vos abastecerá o espírito. .

Desta forma todos serão introduzidos em vossas jornadas celestiais de infinitude sagrada, onde não apenas serão aprendizes como eternamente serão aprendizes divinos, alcançando mais e mais patamares sagrados em nome de Deus eterno, compreendendo as lições e aprendendo os ensinamentos sagrados até o momento em que estejam preparados para servirem espiritualmente de forma apostolar o vosso Santíssimo Senhor Deus de todas as fontes, utilizando-se de tudo aquilo ao qual foram ensinados pelos Espíritos Santos no momento em que em vossas existências espirituais foram após terem sido a cada um de vos confiados os segredos divinos em campo espiritual para que seja cada um, um espírito aprendiz com compreensão e prática divina de tudo o que fora ensinado.

E será neste momento que cada espírito estará preparado para servir ao seu Criador da maneira ao qual ele mesmo determinou sendo diante de Dele um servidor apostolar em campo espiritual ou campo terreno prestando a caridade, o amor, a doutrina, a justiça e a disciplina de maneira sagrada tanto no auxílio de formação de outros espíritos encarnados na busca do progresso espiritual pessoal quanto no auxilio e formação espiritual dos espíritos encarnados que em terra se encontram sendo de vosso Senhor Deus também aprendizes lapidando as vossas próprias existências ao praticarem as lições santificadas espirituais dos elos santificados da qual saíram para adentrarem as formas de aplicação e lapidação de vossos conhecimentos sagrados.

Pois assim se elevarão diante das forças sagradas de mistérios e majestade santas que são as sete escolas espirituais dos sete reinos dos sete Santo, fazendo-se assim um instrumento divino de poderes e forças em nome do Espírito Santo e não em vosso próprio nome, em elo também santo, o elo terreno, ao qual receberá para isso, todo poder, força, sabedoria, determinação e coragem para atuar e executar todas as ordenanças de tudo aquilo ao qual dedicou-se de forma honrosa para poder praticar antes de tonar-se por meio de vossa própria existência através de vossa própria determinação em forma de garra, justiça, autoconhecimento e luta um servidor apostolar de Deus, o Criador, para atuar com as emanações sagradas recebidas em ordenança santa para o vosso trabalho espiritual.

Porém, preparar-se com honras e glorias as sete escolas espirituais sagradas dos sete reinos dos sete Santos, não o torna espírito findado em vossas lições espirituais de aprendizagem e com isso preparado para subir aos céus e servir a Deus o vosso Criador diante de vossa face e sim preparado para servir diante de vossas verdades da forma ao qual fora pelo próprio Criador determinado, utilizando as armas santas ao qual aprendeu a manipular e utilizar nas escolas santas e que, por isso, estará este espírito acabado de elevar-se através das escolas espirituais dos Santos, pronto para servir a Deus, sendo um bom servidor espiritual no local e elo da qual fora determinado que se faça. Por isso estar preparado através das escolas espirituais não é a mesma coisa que findar as lições espirituais, pois estas sendo eternas jamais se findarão, pois a eternitude de Deus quem vos dá a vida jamais de se encerrara em escolas santas, por isso o findar das escolas espirituais é o sim o início da pratica santa voltada ao campos materiais da forma ao qual o vosso Deus vos ordenar.

Por isso todo aquele que concluir com gloria as vossas lições espirituais iniciarão os vossos estágios espirituais para a preparação do serviço santo em nome de Deus através das influências do elo espiritual qual o carrega em emanações e forças, pois este elo espiritual que fora o primeiro elo espiritual ao qual adentrou no momento de vossa criação espiritual divina que fora o vosso regente de prática de aprendizagem, será eternamente o vosso regente de pratica apostolar em terra sagrada.

Isso quer dizer que todo aquele que após concluir todas as escolas sagradas e adentrar a um novo patamar espiritual da qual fora pelos sete espíritos introduzidos e ensinados, estará mais próximo ao vosso Criador, o Senhor Deus, quando lhe servir de instrumento divino e vos prestar todas as tarefas e labutas da qual estará preparado para prestar e servir em honra e gloria ao vosso Deus.

Pois estes, serão aqueles que diante de Deus o conhecerá face a face, não apenas por estarem mais próximos a vossa verdade e sim por estarem verdadeiramente fazendo de vossas verdades as verdades celestiais de Deus único, o conhecendo não somente em fé divina como também em unidade espiritual Santa e sagrada, pois as vossas verdades serão acima de tudo a pureza, a candura, o amor, a honra e a gloria marcadas em vossas existências, pois somente aqueles purificados em vossas próprias existências através de vossas escolas espirituais é que estarão preparados para servirem ao Criador, sendo não apenas um servo divino como também um servidor da verdade e da certeza divina onde quer que estiver a vossa singularidade selada e guardada em vossos mistérios as vossas também certezas e verdades.

Porém, houve um espírito de nome Moisés, nascido do seio do Criador determinado em ser o vosso filho espiritual disseminador de vossas verdades sagradas e santas ao qual fora igualmente como os demais espíritos inseridos nas sete escolas espirituais dos sete espíritos santificados para conhecer-se a si mesmo, conhecer o vosso Senhor Deus, conhecer as formas de amor, caridade, misericórdia, luz e justiça para que um dia pudesse em nome de vosso Deus.

Por isso, fora ele, preparado, disciplinado e doutrinado em relação as leis e ordenanças do seu Deus, então, teve esse espírito que aprender a servir ao seu Deus da mesma maneira que todos os demais espíritos nascidos do seio do mesmo Deus, caminhando todos os passos sagrados, horas dolorosas e horas prazerosos para que pudesse descobrir o seu Criador em vossa próprias existência e assim assumir a sua missão espiritual para com o vosso povo, os demais encarnados em que seria ele inserido em campo terreno, em nome do Ser Supremo quem vos deu a vida e pacientemente diante de sua eternitude o aguardou crescer, semear e plantar para um dia pudesse em seu nome multiplicar as vossas verdades. Pois seria este espírito, não somente a esperança divina sendo atirada por sobre a terra com a regência dos sete Espíritos de grandeza com a caridade e confiança dos sete Espíritos sagrados os Santos, como também a esperança e confiança do povo em terra.

Porque nisso encontra-se a paciência do Criador, nisso encontra-se a fé dos Santos, semeando por séculos e mais séculos as vossas sementes espirituais, os acompanhando por eras e mais eras de tempo para que cresçam fortes e iluminados diante de vossas verdades com auxílio de vossos servos e servas os outros Espíritos sagrados, também chamados de Comandantes espirituais, para que um dia possam servir-lhes de instrumento sagrado em campo também sagrado, chamado campo terreno, para que possam disseminar as verdades do Criador em forma de leis, poderes e justiça divinas de maneira legitimamente santa e nobre em detrimento da maldade da luta dos que da terra vivem, coisa da qual os homens materiais conhecem bem, quando se esquecem de quem é o verdadeiro Rei que vos concedeu a vida e os caminhos terrenos para em nome dele também labutarem em crenças e em verdades, porém adentram aos caminhos sangrentos e danosos de si mesmos, reconstruindo veredas já escritas e guardadas por aqueles que divinamente as guardam em segredos celestiais.

Mas nascidos são em fé santa todos aqueles que irão atuar em nome de vosso Criador, igualmente inseridos nas escolas espirituais dos Santos em relação aqueles que trilharão outras e perigosas veredas terrenas, porque mesmo que os pés daqueles que trilham caminhos tortuosos pisando em bradas de forja distanciando-se em nivelamento dos que sobre as influência direta dos Santos caminham, são estes igualmente abençoados e amados por aqueles que nascidos da fé são, pois estes foram nascidos e preparados por vontade própria para servirem ao Criador, e assim o fazem, sendo amáveis, caridoso, honrosos e misericordiosos com todos os que dos Santos caminham em desequilíbrio e de Deus caminham distante, porque ainda que vossos pés pisem em estradas distintas em elo espiritual terreno, aqueles que pisam em forjas terão a oportunidade de serem amparados e resgatados por aqueles missionários apostolares preparados através de vossas próprias determinações por meio de vossas próprias existências labutando as boas feitorias em boas obras para que sejam todos encaminhados aos caminhos bons ou aos caminhos divinos que é o único que vos levará a salvação espiritual.

Assim, serão sempre a esperança e a fé do Criador e dos Santos direcionados aos campos terrenos para que todos, ainda que falsos e profanos tenham a chance de conhecerem os bons caminhos, as boas crenças e boas obras, pois ainda que caminhem em trilha sangrentas terão sempre em campo terreno, um ser materialmente igual a vos mesmos, nascidos igualmente do chão da terra e abastecido das mesmas emanações espirituais dos quatro elementos sagrados sem os quais não se vive de forma material orgânica, sendo também abastecido pela mais pura e nobre força dos Espíritos de grandeza através dos Espíritos sagrados de Deus, para serem em campo terreno a esperança e os caminhos de fé, transformados em carne material para vos ajudar a seguirem os bons exemplos e as boas obras de Deus, o Criador, vos dano ainda novas e celestiais oportunidades de adentrarem aos caminhos sagrados da elevação espiritual de cada ser material que em terra de homens e espíritos vive.

Mas não fora Moisés, apenas homem nascido da mesma carne, alimentando-se dos mesmos elementos da terra e nutrindo-se das mesmas formas de vida por meio do elemento árido, enfrentando o mais perigoso ser terreno por vontade própria de transformar e auxiliar um povo da qual a carne o lançaria na terra se acaso falhasse e sim o caminho e a fé transformados em guia material, emanado pelos mais nobres e santificados Espíritos Santos em esperança e fé, sendo direcionado pelo próprio Deus o Criador, por ser o vosso instrumento espiritual de carne material, mas nascido da determinação divina para ser o guiador dos homens da terra e que por isso se fez em Estrela guiadora perante a vontade, paciência, esperança e ordenança do Ser Supremo, de que fosse exatamente aquilo ao qual fora nascido espiritualmente e criado, foi ele o regente da regência do Senhor Deus em terra de lutas, medo, dor e sangue atendendo as ordenanças celestiais e servindo de força nobre a vossa missão espiritual.

"O Senhor falava com Moisés face a face, como quem fala com seu amigo. Depois Moisés voltava ao acampamento; mas Josué, filho de Num, que lhe servia como auxiliar, não se afastava da tenda" (Êxodo 33:11)

    Mas o falava Deus, o Criador, com o vosso filho, nascido de vossa verdade, não por ser este o escolhido terreno para cumprimento de uma missão sagrada e sim por tê-lo escolhido para ser o vosso servidor terreno em missão de cumprimento de ordenança em forma de servidor espiritual apostolar, por ser o Espírito ao qual ocupava a matéria daquele que fora nomeado em terra como Moisés, um espírito com conhecimento, nobreza, lealdade, fidelidade e autoconhecimento e doutrina santa, prostrado as verdade de vosso Senhor Deus preparado para seguir as vossas ordenanças e determinações espirituais em relação ao vosso povo material em cumprimento de ordenação fosse essa qualquer ordenação divina.
    Ora, não tinha o servo, missionário apostolar acabado de conhecer o vosso Senhor, ou tinha o vosso Senhor acabado de determinar tal ordenança a qualquer espírito em campo terreno, pois para estar frente a frente a face do Criador, é preciso ser tão nobre, leal, fiel e puro quanto a vossa santidade o é. Por isso, não era Moises, um simples homem atuando por vossas próprias vontades de ser um salvador em terra desconhecida com um povo desconhecido de vossa convivência, pelo simples fato de revoltar-se com a vossa condição de ter recebido a oportunidade de adentrar aos costumes de um nobre e sim por ordenança de Deus quem o ordenou que fosse tudo aquilo que fosse necessário para ser seguir fielmente com tudo o que fosse igualmente importante executar para tornar-se em vosso nome o guiador de toda a nação santa em vosso sagrado nome e não em seu próprio nome, coisa da qual até mesmo o chão da terra irá um dia apagar.
    E fora o escolhido do Criador para ser o vosso instrumento por conhecê-lo tão bem em vossa dignidade quanto em vossa nobreza, tendo sido preparado para servir-lhe as verdades frente a vossa sagrada face por milhares de anos. Mas

para ser nobre em campo terreno assim como o era em campo espiritual era preciso que da nobreza se abastecesse e que ela se servisse, por isso, Moisés fora nobre desde o seu nascimento até a vossa passagem, não por ter sido criado materialmente em berço de tijolos e pedras do faraó que vos alimentou a fome carnal e sim por ter nascido em braços esplendidos de vosso Senhor Deus, gerado e criado divinamente pelo Espírito eterno de poder e de justiça para servi-lo em majestade e nobreza altiva assim como um príncipe deve servir e prostrar-se em respeito, fidelidade e lealdade ao Rei, ou o Rei dos Reis assim como prostrou-se durante toda vossa existência terrena com luta, garra e dignamente.

    E assim se fez o Espírito criado a imagem e semelhança de vosso Deus, recebedor de um selo e uma verdade, para caminhar por sobre as verdades do Criador, porém não era esse espírito acima de nenhum outro espírito nascido do mesmo seio e da mesma determinação divina de serem todos os servidores espirituais do Ser Celestial em casa santa aprendendo e aperfeiçoando os vossos conhecimentos e ensinamentos, porém ainda que os caminhos divinos sejam em poder e justiça oferecido a todos os espíritos de forma igualitária sendo aplicado a todos as mesmas lições nas mesmas esferas espirituais dos elos dos mesmos Santos, poucos passarão pelas portas sagradas das casas de nobreza santa, não por estas estarem fechadas e sim porque não são todos que desejarem caminhar os bons caminhos aos quais o vosso senhor Deus os ordena que caminhem em nosso sagrado nome.

    Mas fora este, que após conhecer-se a si mesmo e desenvolver-se em Espírito em escolas espirituais de todos os espíritos com auxilio sagrado de todos os Santos, desceu aos campos terrenos para praticar e aperfeiçoar os vossos conhecimentos de forma apostolar, ou seja, não somente praticando como servindo também em nobreza sagrada. Pois fora, e eternamente será um aprendiz que diante de muitas lutas, guerras, batalhas em forma de mais diversas provações de vosso amor, foi um maior guia terreno, onde algumas lutas foram de glorias e outras de dor e de tristeza, o seu espírito que nutrido de fé, coragem e esperança espiritual continuou a caminhar a aprender e a desenvolver-se maneira ao qual o vosso Senhor o ordenou.

    E fora por isso que caminhou, chorou, machucou-se, feriu-se nas lutas e nas labutas, mais jamais abaixou a sua cabeça ou desistiu de vossa verdade, ou seja, não desistiu de ser um homem bom, digno e honrado, prestando a vossa caridade e o vosso amor aos demais semelhantes em terra.

    Logo, todo aquele que ao término das sete lições sagradas estiver preparado para prestar serviço espiritual apostolar ao vosso Santíssimo Senhor Deus, utilizando-se de tudo aquilo ao qual fora pelos Espíritos Santos apresentado, confiado, compreendido e praticado, estará este espírito preparado para servir ao Criador da maneira ao qual fora por Ele mesmo determinado sendo, o vosso servo apostolar ou a vossa serva apostolar em campo terreno prestando a caridade, o amor, à doutrina e a disciplina atuando de maneira sagrada tanto no auxilio e formação espiritual dos demais espíritos encarnados pela busca do progresso espiritual quanto sendo o instrumento terreno de direção na busca de compreensão, aprendizado e crescimento espiritual, carregando a força do Espírito Santo do elo espiritual ao qual detém força, sabedoria, determinação e coragem para atuar de acordo com a emanação recebida e alinhada em ordem santa para trabalho espiritual.

Por isso, fora naquele momento e sempre será de Deus um servidor espiritual de missão apostolar, pois o Criador não forma os vossos filhos em vossa escolas espirituais para os descararem de vossas missões e labutas ao termino de apenas uma labuta e sim forma para serem os vossos servos atuando em vossas necessidades por vossas lealdades e confianças quantas vezes, quantas épocas e em quantas missões forem necessárias para servi-los da maneira ao qual ele mesmo determinar. Assim, fora e será sempre o vosso filho, nomeado terrenamente de Moisés, um espírito servidor apostolar em vosso nome.

E embora naquele momento fora o espírito apostolar um servidor membro religioso ou dirigente espiritual, carregando as dozes nações de forma religiosa em busca da verdade do Criador em direção as vossas santa promessa, não quer dizer que será este mesmo espírito em outras descidas terrenas de encarnação material desenvolvedor da mesma labuta uma vez que as lições a serem aplicadas, a doutrina a ser inserida e a disciplina as ser seguida fora para aquela época o escabelo da missão espiritual deste espírito junto as vossas nações, elevando desta maneira o nome de vosso Criador, missão da qual poderá ocorrer de maneira diferente, porém sempre atuando de forma espiritual carregando e construindo o nome do vosso Senhor Deus através de outras e novas nações que necessitarão eternamente elevarem-se ao vosso Salvador o Senhor Deus.

Desta forma será sempre um servidor apostolar dirigindo e encaminhando as congregações espirituais outrora conhecida como a nação da promessa da terra divina, sobre regência e orientação do anjos, os Santos, que vos seguram as certeza e vos cobrem com vossas forças, coragem, esperança, determinação, amor e caridade para que seja esta a fonte terrena de tudo o que os filhos espirituais, também filhos terrenos precisarão para junto a ele caminharem em confiança santa na busca de encorajamento de todos os que sofrem e choram em terra sagrada na luta pelo encarecidamente alento para que sejam fortes e consigam seguirem as vossas também missões terrenas para buscarem os vossos crescimento espirituais, de forma que não mais sofram ou chorem.

Pois a mesma força, coragem, determinação ao qual o vosso servidor apostolar possui, da qual fora pelos Espíritos recebido o tornando dentre os seus, mais elevado e mais forte e corajoso para que possam ultrapassar as vossas barreiras e forjas pessoais os tornaram também fortes e destemidos para lutarem as vossas batalhas e estarem mais elevados em vossas também existências poderá ser alcançada por todos aqueles que verdadeiramente entregarem-se e lutarem em direção ao verdadeiro caminho da salvação que parte dos Espíritos, poderão também alcançar.

E ainda que não seja frente a similar missão em que Moisés calçou os vossos pés, pois cada ser fora nascido e determinado em uma própria missão espiritual, ainda assim serão vencedores em vossas próprias luta e batalhas por serem elevados e enobrecidos em vossos também merecimento diante de vossas conquistas e lutas espirituais frente ao vosso Criador.

"Eu o vejo, mas não agora; eu o avisto, mão não de perto. Uma estrela surgirá de Jacó; um cetro se levantará de Israel. Ele esmagará as frontes de Moabe e o crânio de todos os descendentes de Sete" (Números 24:17)

Por isso, a estrela guiadora surgida de Jacó, não apenas seria uma estrela guiadora e sim a mais bela estrela reluzindo as forças e poderes de Deus por meio de vossa mais leal e sincera determinação de ser e de servir ao Deus único em poderes e verdade, tendo sido escolhido dentre tantos outros para ser o guiador e o salvador da nação que não apenas a terra era a promessa como também as vossas crenças, as vossas esperanças, as vossas confianças e os vossos poderes de entregarem-se em verdade para caminhar com a verdade e reconhecer a verdade por trás daquele que não apenas era o homem da terra e sim o homem renascido em poderes e forças dos Espíritos, guiado pelos Espíritos para ser da terra a salvação e a coragem em nome de quem o ordenava e conduzia face a face e não em vosso próprio nome.

Assim, o vosso crescimento espiritual não será apenas através de servir ao criador da maneira ao qual fora por ele mesmo determinada dando forças e coragem aos vossos seguidores de vossas congregações como também sendo um guiador de pessoas e nações da forma ao qual o vosso Deus ordenou que o fosse em seu próprio nome.

Moisés, o filho nobre de Deus

"Tendo o menino crescido, ela o levou à filha do faraó, que o adotou e lhe deu o nome de Moisés, dizendo: porque eu o tirei das águas" (Êxodo 2:10)

4.1 Então este espírito, que encarnado, assim como todos os outros encarnados em vossa época, fora conhecedor das sete escolas espirituais de Deus, pois por todas elas adentrou, aprendeu e praticou com honras e glorias as vossas lições para as diversas missões em todos os elos e ciclos ao qual adentrou, e que por isso, não por acaso fora determinado pelo Senhor Deus que o servisse em missão espiritual em campo terreno, pois era certo que este jamais falharia em vossa missão, pois tendo sido este um exímio aprendiz, certamente o seria novamente um nobre e majestoso aprendiz de vossa mais nova missão, ao qual fora pelo próprio Senhor Deus concedido o direito terreno de ser o Guia ou o Guiador do povo da qual o Ele mesmo determinou que o fizesse em vosso sagrado nome.

Pois aquela não seria apenas mais um a missão, diante das muitas missões que determinadas são em diversos campos e elos espirituais a cada dia pelo Criador; aquela seria a mais nobre e pura missão onde somente um espírito tão forte, honrado e preparado para assumir tal ordenança poderia ultrapassar todas as barreiras da dor, do ódio, da desesperança, da desconfiança, da falta de amor, falta de compreensão, falta de humanidade, falta de verdade e falta de coragem daqueles que com ele caminhariam, é que poderia não somente passar pela provação e pela forja humana de ser quem se é, e conquistar o galardão da nobreza em nome de vosso Senhor, o Senhor Deus, e ser verdadeiramente quem se é, pois sabia exatamente quem se era espiritualmente, ainda que terrenamente conhecia os perigos e cavas da terra, tinha a humildade como a porta de entrada de todas as magias, mistérios e força que o consagraria O guiador de todos os seus em nome do Criador.

E somente sendo conhecedor de si mesmo e de Deus através das escolas espirituais de onde são os Santos, os regentes das forças divinas onde horas com mãos de aço, horas com mãos de ferro ou horas com mãos em flores conduzem aqueles que verdadeiramente mostram-se dispostos a caminharem em direção ao Salvador, é que caminhou e mostrou-se pronto para o cumprimento de jornada espiritual terrena e por isso, no tempo e hora determinados, fora nascido em campo terreno em espírito na carcaça material daquele que seria o condutor e traria a doutrina divina aos campos sagrados de Deus, assim como havia a ele determinado que o fizesse, pois o vosso momento já havia sido ordenado e pelos Anjos escritos em letras de sangue em caminhos terreno, que se fizessem presente em vossa unidade para que juntos pudessem caminhar e cumprir mais uma ordenança do Criador.

Mas não em sangue ao qual se jorra ao ferir a carne e sim o sangue que representa a unidade material ou a carne ao qual o abrigo material é constituído e que sem ele não existe vida em terra, pois é o sangue a alma da matéria assim como é o espírito a alma da carne, e que por isso, se faz preciso um espírito abrigado em uma matéria, pois sem o espírito a matéria não existe em vida e sem matéria o espírito não tem onde se abrigar.

"O rei do Egito dirigiu-se igualmente as parteiras dos hebreus, uma chamada Safra e a outra Fua, e disse-lhes: quando assistirdes às mulheres dos hebreus, e as virdes sobre o leito, se for um filho, matai-o; mas se for uma filha deixe-a viver" (Êxodo 1: 15)

Mas a terra de homens e espíritos, mais parecia ser regida apenas por homens, nascidos da terra, comendo não somente da própria terra e vossas próprias sementes como também de vossas próprias carnes humanas em desarmonia uns com os outros, onde os desejos e vontades eram prontamente atendidas ainda que isso fosse o sangue jorrado em forma de dor e amargura aos outros seres que assim como ele mesmo era um filho de deus, merecedor de vossa carne e matéria para cumprimento de missão espiritual terra, pois esta não havia sido concedida por nenhum rei e sim pelo Deus que o mesmo direito o havia concedido.

Mas a chegada do espírito Guiador era determinada, e ainda que as vontades do rei de homens e escravos fossem prontamente atendidas por vossos súditos, a vontade do Criador acima de todas as vontades, é e sempre será, prontamente respeitada por aqueles verdadeiramente nobres, zelosos e fieis servidores. Pois as vossas palavras não são promessas de desejos terrenos e sim ordenanças de que se faça cumprir o que Ele mesmo ordena, da forma ao qual Ele mesmo ordena, no momento e no instante em que forem proclamados os vossos pedidos.

E ainda que seja contra os desejos dos faraós ou dos reis da terra, é certo lembrar que acima dos faraós e os reis da terra, encontra o Rei dos Reis, e a esta as vontades não são apenas vontades e sim ordenanças de vossa real e verdadeira majestade por sobre todos os seus, incluindo os reis de nada ao qual a terra em desejos e falsas verdades os acolhe para serem por eles humilhados e temidos.

Por isso, fez-se em letras de sangue a vossa chegada, embora do sangue não se derramado uma gota contra aquele que fora pelo Deus único ordenado a entrada em terra de reis e escravos sedentos de ódio e de tortura contra os vossos próprios servos aos quais deveriam respeitar e honrar os trabalhos aos quais as vossas mãos não possuem ou não querem ter o fôlego de vida que labuta para construir as vossas próprias coisas materiais em vossos nomes.

Mas em sangue não se consumou a partida daquele que ainda pequeno se tornaria no mais elevado homem dentre os homens de vossa época da qual apenas iria partir ao som da voz do vosso próprio Deus em longa derradeira jornada que fora escrita e seria regida pelos Anjos celestiais. E assim a carne não voltou ao pó, pois para ser homem é preciso possuir a carne, é preciso esta nascer de outra carne, crescer em vossa própria carne e assumir a vossa própria missão em carne e espírito, pois para caminhar dentre os homens e ser compreendido em campo terreno é preciso assim como os demais encarnados ser também igualmente em formas e sentidos aos demais seres que aqui se encontram, logo a vossa chegada fora escrita com letras de sangue ou determinada em carne e sangue abrigando a matéria em espírito celestial igualmente aos demais espíritos encarnados que da terra se abasteciam no aguardo da chegada de vosso salvador terreno.

E não fora por sorte do destino que a vossa ainda pequena carne não tornou a ser pó em terras sujas dominada por homens de terra tão adornados dela mesma, quanto imunda um do outro, e sim por ordem suprema de que aquele fosse não somente um vivente em labuta terrena em nome de seu Criador, como também o fosse em carne e espírito repousado em berço de ouro daquele que acreditava ser maior que o Senhor Deus quando por vossas palavras comandou que eliminassem todos os nascidos arquétipos homens de vossas terras, que também não são suas e sim daquele quem vos concedeu a vida, para que não os tomassem o lugar mais poderoso ao qual ele mesmo impôs que o fosse para se glorificar e elevar-se em poderes e glorias mundanas tão pequenos quanto um piscar de olhos do Senhor Deus que em corte do sopro de vida pode findá-lo assim como o fincar de uma pequena estaca tão material quanto ele mesmo diante de vossas grandiosas e miseráveis coisas materiais que os empoderam apenas diante daqueles que desconhecem o verdadeiro Rei, o Criador.

"Ora, a filha do faraó desceu o rio para se banhar, enquanto suas criadas passeavam à beira do rio. Ela viu uma cesta no meio dos juncos e mandou uma de suas criadas busca-lo. Abriu-a e viu dentro o menino que chorava. E compadeceu-se. É um filho dos hebreus.... Quando o menino cresceu ela o conduziu a filha do faraó, que o adotou como seu próprio filho e deu-lhe o nome de Moisés, porque disse ela: eu o salvei das águas" (Êxodo 2: 5,6 10)

Mas não fora o espírito recém chagado a terra de homens e espíritos para cumprir com a vossa missão divina de ser a estrela guiadora do provo ao qual fora pelo próprio Criador determinado, se acaso não pertencesse ao povo que fora escolhido como o povo de Deus salvador, e por isso, não seria o espírito guiador se não o fosse como eles mesmos, nascido da dor da opressão em nada ser, por apenas ser um dos seus. E por isso, não seria um espírito em missão de espírito guiador, se acaso não tivesse o guiador do povo nascido do mesmo ventre do mesmo povo, pois neste caso, pertenceria aos mesmos sofrimentos de labutas miseráveis de suas existências em terras abastadas de dor e sofrimento. Isso quer dizer, não seria ele o salvado terreno de seu povo se acaso não pertencesse ao seu povo, pois se não fosse sangue do mesmo sangue, não teria motivos para arriscar-se a arriscar aquele povo se não sentisse fazendo parte daquela multidão que sofria e era reprimida por um faraó criminoso, desalmado, duro e sanguinário.

Mas, por qual motivo arriscaria a sua própria vida se acaso não fosse em nome dos seus, se acaso não fosse a vossa dura realidade e determinação de ser quem se é e fazer tudo aquilo o qual deveria fazer. Ou por qual motivo se arriscaria aquele que tudo tinha e que não somente em berço de ouro descansou a vossa infância como poderia descansar a vossa juventude e maioridade em camas repletas de ouro e de riquezas o tornando um homem poderoso e detentor de tudo aquilo ao qual o reinado poderia lhe oferecer?

Ora, não fora ele ou a vossa humilde genitora quem determinou que no palácio da riqueza diante da nobreza um filho da pobreza adentrasse e descansasse as vossas verdades, e sim o Senhor Deus de todos os homens, para mostrar-lhes que o verdadeiro Rei é apenas um, e a vossa ordenança é acima de todas as ordenanças terrenas de reinados desprezíveis e verdades falsas, a majestade que se faz verdade, ainda que seja em castelos fortalecidos de pedras, injustiças e inverdades.

Por isso, não apenas seria o servo de Deus em missão terrena, como também o filho da pobreza face a escravidão ao qual se ordenara com mãos de sangue eliminar para que o trono um dia nenhum deles o tomassem, aquele que não apenas adentraria ao vosso palácio, aquele que não apenas pisaria em vossas suntuosas construções, aquele que não apenas se sentaria a mesa e comeria das vossas comidas ou aquele que vestiria igualmente as vossas vestes como também aquele que seria através dos laços materiais por vossa filha, amado e querido igualmente como um dos seus.

Tudo isso, antes mesmo de vossa dinastia em nome do Criador se derrubar por este, que antes deveria em dor e sague, ser em morte, ferido e eliminado daquela terra, a dor e a morte tiraria dos seus que a mando do rei, diante de tanta dor e sofrimento, melhor mesmo seria ter morrido.

Mas Rei é o Senhor de todas as coisas, e as ordens divinas as reais e verdadeiras ordenanças, e ainda que se tenha riqueza e poder em terra de homens são os espíritos os verdadeiros servos e servas que atendem de forma real as ordenanças divinas. Por isso, embora fosse o rei em terras de dor e de sangue, o faraó que acreditava que tudo estivesse ao vosso controle bem como aos vossos pés, fora o Rei dos Reis quem ordenou que a morada daquele a quem Ele gerou o espírito e o ordenou que em terra sagrada adentrasse, porém a própria filha o nomeou de Moisés, fosse a prova que quando Deus ordena, os homens cumprem as vossas ordenanças. E assim provou a vossa autoridade, o vosso rigor, a vossa soberania sobre os homens da terra, conduzindo os próprios homens em direção ao qual verdadeiramente Ele deseja e faz.

Por isso, ainda que não tivesse nascido em berço de ouro pelo ventre materno da realeza faraônica ao qual a família do temido faraó dominava o campo; em berço de ouro deveria deitar-se até que completasse maior idade, não para se tornar um membro nobre de família real, pois este embora parecesse nascido da pobreza do hebreus, já era um príncipe em campo celestial, e sim para que se mostrasse a autoridade, o poder e a força de Deus, o Criador por sobre todas as coisas de ordens terrenas.

Mas embora tenha se tornado um nobre nutrido pela coroa do reinado terreno, não era esta a posição que o tornaria tão forte, poderoso e corajoso para que quando chagasse a hora de saber quem era exatamente ou de qual ventre havia nascido para que pudesse a vossa missão cumprir, e sim as vossas próprias forças e vigor da qual era abastecido espiritualmente, pois embora tenha deitado em berços faraônicos estes não o fariam um rei, tampouco o daria força, determinação e coragem para assumir a vossa posição perante ao seu povo e sim a ordenança divina de que fizesse exatamente aquilo ao qual deveria fazer em nome do Senhor Deus, independentemente de ter por vezes se prostrado ao trono de terra, pois o trono ao qual iria prostrar-se em verdade era o trono do Ser Supremo e não de um rei nascido da terra.

Desta forma, fora a providência divina em juntar, duas distintas unidades de forças, onde uma era abastecida pela terra e a outra abastecida pela força das forças que comandam a terra, os Espíritos sagrados, e torná-las tão próximas para que se pudesse cumprir a determinação divina, por isso é que fora o recém-nascido espírito do seio da pobreza ao seio da riqueza morar, para que um dia pudesse este caminhar por sobre a terra de homens e espírito guiando o vosso povo da qual pertencia, diante da face do rei ao qual também conhecia bem as riquezas e fugacidades, mas em direção a terra, promessa de Deus, em direção a vossa própria salvação ao qual caminharia com seu povo também amado.

Assim, não fora em campo terreno nascido pela força da hierarquia terrena, para não tornar-se nobre pela força da terra ou sobre o regimento da coroa terrena, pelo fato de que já era um nobre, não em terras áridas e sim em nivelamento espiritual ao qual as vossas certezas eram puras e verdadeiramente nobres sendo alimentado e nutrido em poderes e forças dos Espíritos sagrados, e estas nem mesmo a força da terra de um rei poderia alterar, pois as vossas certezas eram espirituais e não terrenas, abastecida pela força das coisas que morrem.

Por isso, nem mesmo os laços materiais, de sentido e sentimento humano poderia mudar os vossos verdadeiros sentidos e sentimentos. Pois a força e a determinação espiritual é o que verdadeiramente concede além de vigor e força de sentimento de amor ao qual os homens da terra possuem para lutar e batalhar as vossas verdades transformadas em determinação por meio das emanações dos Espíritos sagrados, os Santos.

Pois estes que possuem as forças do mundo voltadas para o campo terreno em relação ao sentimento e sentido de existência humana em forma de amor e os demais sentidos como frutificação, doutrina, justiça, luta ou garra, ciência e conhecimento e as leis divinas e correção ao qual era fortemente emanado pelos anjos que o guiavam em força estelar, o fortalecendo e o encorajando de maneira ímpar, o concedendo possuir de uma única maneira toda a força e vigor ao qual todos os Santos através dos Espíritos de grandeza carregam para emanar por sobre este espírito de nome material Moises, para que este tivesse em uma única força, todos os sentidos e sentimentos para que pudesse lutar e batalhar de forma rígida em nome daquele que era o seu povo e que através do laço carnal o fez sentir-se parte mais daqueles, pois nascidos deles era do que o próprio faraó que o ofereceu poder, riqueza e prazeres terrenos.

Moises, o instrumento de forças divinas

"O anjo do Senhor apareceu-lhe numa chama que ardia do meio de uma sarça. Moisés olhava e a sarça ardia, mas não se consumia... Vendo o Senhor que ele se aproximou para ver, chamou-o do meio da sarça: Moisés, Moisés. Eis me aqui - respondeu (Êxodo 3: 2,3)

4.2 Ora, mas o fogo que ardia e a sarça não consumia, não era o fogo advindo da combustão dos elementos orgânicos terrenos que queimam e destroem os demais elementos similares em matéria e em composição ao qual ele mesmo é composto, e sim o fogo advindo do ápice da robustez de forças da luz divina transformado em fogo santo que embora arda em brasas não consome ou forja o que não possui a mesma composição que ele mesmo, a não ser que esta seja a ordenança de quem o manipula, o transformando em forma orgânica através da fusão de energias e componentes, onde a vertente espiritual se funde a vertente orgânica e ambas tornam-se única unidade de combustão ardendo em brasas. Ou seja, não é o fogo divino, fogo que consome e queima os elementos que dele não se constituem e sim o fogo que arde e abrasa sem queimar, porém flamejando as impurezas e energias contrárias as energias divinas ao qual o próprio fogo é o condutor, pois este não é orgânico e sim espiritual.

E o fogo que ardia a sarça era o chamado do Criador, apresentando-se em forma divina ao vosso servo aprendiz, que o conhecia tão bem, quanto a vossa pronta resposta nos permite compreender diante da indagação do Senhor Deus, porque já o havia encontrado em amor e verdade. Pois antes mesmo de ser homem encarnado em terra de homens e de espírito atendendo a determinação santa de Deus, fora por inúmeras encarnações espírito aprendiz iniciante dos Anjos encantados, os Santos, carregado de energia e deveres pelos elos espirituais ao qual a vossa própria unidade espiritual caminhou as vossas forjas e os vossos anseios nas doutrinárias espirituais dos Espíritos sagrados pela busca da elevação frente as verdades e ao amor divino. Amor este que conhecia bem, e por isso, recebera o divino direito de ser do Amor eterno, o instrumento em Era espiritual de iniciação divina, sendo um missionário apostolar aprendiz do próprio Deus que vos criou e que por isso, o mesmo que o ordenou em missão apostolar, sendo do povo o guiador e do Criador o aprendiz de uma nova determinação.

E não era Moises, apenas um espírito pronto para iniciar a vossa missão terrena em forma de labuta espiritual, e sim um aprendiz pronto para iniciar a vossa determinação de servir ao Criador sendo de vossa Santidade um iniciado celestial caminhando em campo material, da maneia ao qual o próprio Deus o determinou que o fizesse em vosso nome. Pois não era apenas um fiel e honesto ser, atendendo as vontades e desejos do Deus único por vossas próprias vontades em favor da matéria carnal que o abrigava o espírito, e sim o servo divino que após se tornar tão elevado em sabedoria e conhecimento espiritual, fora pelo Senhor Deus escolhido dentre todos os demais espíritos ao qual ao mesmo nivelamento espiritual encontrava-se para servi-lo com fidelidade e gloria, tento o direito de honrar a vossa própria existência e iniciar-se em verdade e em amor sendo escudo e broquel daquele que vos deu a vida e vos concedeu um caminho digno e honroso diante de vossas casas celestiais, sendo do Santo, não somente um aprendiz das coisas santas como também a confiança de que ele seria aquele que diante das batalhas e determinações divinas não falharia ou se acovardaria perante do seu Deus, da qual se prostrou por muitas vezes em unidade pela verdade, e agora diante da determinação da própria Verdade, se prostraria em labuta, amor e em Verdade.

Mas é o campo terreno, ou a escola espiritual de lapidação de almas e de espíritos, onde todo ser espiritual nascido do seio divino em casas celestiais em algum momento especial ou quando forem iniciados em vossas caminhadas evolutivas deverão ser inseridos para que possam através dos ensinamentos dos servos e servas divinos, os anjos de Deus, terem o direito de prepararem-se celestialmente na busca de vossas salvações, praticando os ensinamentos da qual aprenderam com os Santos, nos elos espirituais, para que após serem inserido nestas escolas santificadas ao qual as vossas existências serão entregues e seladas pelos poderes de forças e mistérios espirituais dos regentes e governantes de cada escola ou de cada força celestial de poderes, mistérios e magias que também os constituem em ordenança de vigor e mistérios dos Espíritos de grandeza, se formem espíritos conhecedores de si mesmos em existência espiritual, para que possam através de vossas buscas pessoais por meio de vossas próprias existências, em vossas jornadas evolutivas, onde receberão suas missões, sejam estas terrenas ou não, sejam capacitando em cada delas para elevarem-se evolutivamente de maneira espiritual progredindo em prática de ensinamentos até que alcancem graus espirituais mais nobres que os coloquem mais próximos de vosso Senhor Deus.

Porque cada escola espiritual de cada Santo será além da escola de aprendizagem de si mesmos, trazendo a estes seres a descoberta de vossas próprias existências em forma de doutrina espiritual aplicada a cada essência individualmente, ou seja, em vossa verdadeira forma, que é a forma espiritual reflexo do Criador em plenitude e inteireza de eternitude espiritual que é o reflexo da eternidade de Deus, sendo apresentado por Ele mesmo através das casas ou escolas espirituais de aprendizagem santa, onde será também a escola que os elevarão em sentido de nobreza altiva perante a si mesmo e perante o Criador, vos concedendo o direito e o dever de receberem as vossas próprias missões para que adquiram conhecimentos a cada ciclo de evolução alcançado por meio de cada ensinamento aplicado por cada escola espiritual.

E embora seja em número de sete as escolas espirituais, os ciclos de aprendizagem não cessarão após alcançados os sete aprendizados divinos, pois a eternitude divina não cessará jamais de vos ensinar em novos fundamentos e mistérios espirituais, porém o espírito adentrará após o término de cada escola de aprendizagem espiritual a uma nova faze de conhecimento e elevação perante as formas mais elevadas e nobres celestiais se fortalecendo e se encaminhando cada vez mais em direção ao Criador.

Por isso, não são as escolas espirituais apenas escola de aprendizagem em relação a si mesmo e a Deus em toda a vossa eternidade de poderes de forças luz e emanações, e sim a escola que os tornarão mais fortes e honrosos, os fortalecendo para que possam alcançar novos postos diante de vossa própria existência para que possam caminhar em passos mais firmes e seguros diante das missões que a vos serão oferecidas quando finalizadas as primeiras lições espirituais divinas ao término de cada ciclo de aprendizagem dos sete Espíritos, pois neste momento, após esta longa jornada, estarão preparados para serem iniciados em maiores e mais nobres missões divinas servindo ao Criador, onde estes Espíritos, os Santos, os auxiliarão e os encaminharão cada vez mais em direção a iniciação para perfeição divina.

Pois são os sete Santos, o caminho para a perfeição que liga Deus e os encarnados em campo material, que possuem as ordenanças, os mistérios, as magias e os poderes do Criador para encaminhar todos os espíritos aprendizes de vossa esplendida e sublime perfeição com auxílio das fontes mais puras e nobres de poder e de beleza, de onde se encontram as faces majestosas do Deus único, espelho de sabedoria, torre de bondade, laço de amor, nascente de compaixão, mas também infinitude de doutrina e de justiça.

Por isso, nenhum ser terreno material caminha sozinho em campo terreno, a não ser através das forças espirituais que jorram dos mananciais divinos do Ser Supremo ao qual ele mesmo constitui os Espíritos de grandeza para que sejam fonte direta entre Deus e a terra através dos Santos, abastecendo todos os campos terrenos de vossa própria luz e vigor vindos da fonte celestial, fontes estas de capacidade e poderes celestiais, nascidas Dele mesmo ao qual Ele mesmo as carrega de energia, ordenança e mistério e que por isso recebem o nome de Fonte divina, ou seja, fonte viva de amor e energia divina celestial em campo terreno, jorrando as energias determinadas ou as energias próprias escolhidas para serem as fontes supremas entre o Criador e o encarnado por meio de vibrações de forças, forças estas transformadas em vigor, determinação e coragem para que possam caminhar por sobre os campos terrenos dotados de tudo o que os farão serem fortes, determinados, corajosos e batalhadores em conjunto, para que possam alcancem as vossas individualidades espirituais os tornando mais elevados diante do Deus único.

Mas, sem que tenham caminhado longas existências espirituais em longas encarnações ou lapidações de espíritos por meio das sete escolas espirituais, onde deverão ter de cada uma bebido e muito se embriagado dos conhecimentos que cada escola possui, para que estes conhecimentos praticados leal e fielmente tenham sido demasiadamente aplicados e honestamente honrados, até que se tornem parte verdadeira da essência do espírito o tornando tão fiel, leal e nobre quanto o aprendizado da qual recebera para que seja este um servo em verdade e não apenas em ensinamento, pois é através da prática que todo conhecimento se funde ao espírito e o torna verdadeiramente aquilo que o é, para ser aquilo que verdadeiramente se é, em elevação e em santidade de si mesmo; pois nenhum ser poderá alcançar níveis espirituais de elevação existencial para tornar-se um servo de Deus sem antes conhecer-se a si mesmo e ser verdadeiramente aquilo que se é para ser em verdade um instrumento de apoio divino, atuando em vosso sagrado nome, por amor, desejo e vontade própria de carregar as vossas forças e disseminar a vossa verdade.

E sendo ele o mais fiel e verdadeiro servo, uma vez que ninguém adentra aos reinos dos céus por força, obrigação ou imposição e sim por amor, verdade e vontade própria, diante de vosso próprio nivelamento e conhecimento de si mesmo e de vosso Criador; sem que isso lhe tenha sido obrigado ou imposto, pois para servir a Deus, faz-se por vontade própria, faz-se por amor, faz-se por desejo e vontade de servir ao Criador e não imposição de ser servido, pois todos possuem diante de vossas existências espirituais o direito de ser a si mesmo concedido pelo próprio Criador, e Este, não os obriga servi-lo da verdade que não possuem ao não desejam apenas para servir.

Pois a Santidade de eternitude insolúvel e infindável é o amor e não a obrigação de amar em falsidade e sim em verdade. Por isso, para servir ao Criador, serve-se em verdade, doa-se em verdade, ama-se em verdade e trabalha-se por amor em nome da lealdade, e não em forma de troca ou obrigação, pois o Criador não concede nada material em troca aos que o servem em verdade a não ser o amor e a própria Verdade; por isso, não se pode servir a Deus em favor ou obrigação, pois aqueles que se sentem obrigados em servi-lo, receberão assim como os que se doam em amor e verdade, apenas amor divino, e talvez essa não seja recompensa que os satisfará o espírito, quando buscam outras formas de recompensa divina, que não partem de vossa Santidade.

Porque para carregar as energias e as forças do Criador para atuar em vosso nome se faz necessário ser tão forte em amor e em verdade quanto aqueles que os conduzirão em fortaleza em campo terreno, os Santos, para que este seja cheio da verdade dele mesmo ao qual a verdade dele mesmo, será a mesma Verdade que é o Criador, e este, seja a representação da doutrina, da disciplina ou a força magistral do Ser Divino em campo material, pois é o campo material terra de lapidação de almas, e para se tornar um servo de Deus, capaz de adentrar a doutrina dos homens onde a carne que desfere pela boca, fere mais do que a faca que corta e sangra o corpo, se faz necessário ser, não apenas forte e sim fortaleza, e fortaleza divina se constrói com amor, verdade e caridade e não com armas em punho. (Senhor Sete Encruzilhadas).

Por isso, é preciso ser muito forte, nobre e honroso em espírito em relação às Verdades de Deus que vos deu a vida, assim como conhecer tão bem os Santos da qual caminham juntos e que vos ensinaram em campo espiritual para que com eles possam caminhar em campo material, de forma que não tropecem ou caiam nas armadilhas terrenas, escondidas no chão da terra que tentarão vos enganar e ludibriar com falsas vitórias os oferecendo cálices de ouro contendo o amargo do fel da terra em forma de doces uvas, que ainda que doces em vossas bocas, vos serão amargo em vossos estomago, tão amargas quanto o sabor do pior fel em forma de correção no elos de lapidação em dores de forja em plenitude de alma, por serem preparados tão altos servos e serem tão falsos e desonrosos diante de uma missão divina, ao qual dispostos foram para serem fortes e leais, porém se entregaram a corrupção em detrimento de meros desejos mundanos de vitórias fugazes, bem distante daquilo ao qual se propuseram.

E todo aquele que irá atuar em nome da verdade de Deus, não o fará por sorte do destino ou por vontade própria de seu próprio eu em atender ao chamado espiritual de algo ao qual ele mesmo desconhece partido de vontades e ensejos materiais; pois o próprio eu, assim como a sorte do destino tem por desejo as coisas mundanas os desejos materiais e as vitórias fugazes, e estes são sentidos que partem da terra, pois da terra são nascidos, porque o próprio eu não é Deus e sim sentido próprio de cada encarnado. Logo não se pode acreditar estar atendendo a um chamado divino em busca do próprio eu, ou de desejos mundanos próprios e atuar em nome Deus, pois o eu interior não é Deus, e ainda que seja um filho Dele.

Então, buscar atender um chamado divino por vontade própria visando coisas terrenas é buscar o nada que existe dentro de si em relação ao Criador, pois assim com o próprio eu vazio de Deus não o levará a lugar algum, as vontades próprias não são coisas divinas e também não o levará. E ainda que se tenha vontade de aprender as coisas divinas em busca de progresso espiritual, essa é uma vontade verdadeiramente interior do seu espírito em estar próximo aos Espíritos e conhecer-se a si mesmo e ao vosso Senhor Deus, para que alcance níveis espirituais mais elevados para que um dia possa servi-lo frente a vossa Verdade e não frente a sua vontade própria baseada no seu eu interior de vontades e desejos mundanos.

E para aqueles que possuem a vontade espiritual de conhecer-se a si mesmo e conhecer a Deus, o Criador, deixem-se serem ensinados e preparados pelos Anjos de Deus, os Santos, para que possam um dia, após aprender e praticar a verdade, estar de encontro com o verdadeiro Deus, que é o Deus fortaleza de sabedoria, casa de misericórdia e Verdade infinita de amor e de bondade, pois neste dia, conhecerão o verdadeiro eu, existência dentro de cada um de vos, porque neste dia, serão verdadeiros servos divinos em nome de Deus, atendendo aos também verdadeiros chamados por conhecerem tão bem as faces de Deus frente as vestes dos Santos, quanto a si mesmos e as vossas verdadeiras missões ou determinações espirituais de serem o que realmente são, igualmente o vosso irmão espiritual terrenamente conhecido como Moisés.

"Deus respondeu a Moisés: Eu sou aquele que sou. E eis como responderás aos israelitas: Aquele que se chama. Eu sou, envia-me junto de vós. Deus disse ainda a Moisés: Assim falarás aos israelitas. E Javé, o Deus de vossos pais, o Deus de Abraão, o Deus de Isaac e o Deus de Jacó, quem me envia para junto de vós. Esse é o meu nome para sempre, e é assim que me chamarão de geração em geração" (Êxodo 3: 14,15)

Mas não era Deus, apenas o Deus da ascendência de Moisés, pois o Criador, Deus de Moisés, é o mesmo Deus não somente de Abraão, Isaac e Jacó, o sim o Deus de todos aqueles que o tem como o verdadeiro salvado, como o Deus único e verdadeiro Deus, assim como a descendência de vosso aprendiz o tinha em verdade. Por isso, não que fosse Deus da ascendentes de Moisés diferente do Deus de Moisés ou de qualquer outro ser terreno que nele confia e crê, e sim o Deus daqueles que são fieis e o têm como o vosso único Salvador, ou seja, Deus o eterno misericordioso será sempre o Deus de todo os que eram, de todos os que são, e de todos os que serão crentes e fieis em lealdade e em verdade, o tendo em certeza única como sendo o vosso único divino salvador, diante de vossa justiça, justiça essa da qual se perdeu com o tempo diante dos homens da terra, porém não diante daqueles que confiam as vossas existências nas certezas ao Senhor Deus do amor, e dono da justiça.

E o Senhor Deus, convocou o vosso amado filho aprendiz das forças divinas do amor e da justiça, o mesmo amor e a mesma justiça ao qual fora aplicada, eras antes por vossos ascendentes Abraão, Isaac e Jacó, porque não é, tampouco era o Criador, o Deus apenas destes, e sim de todos aqueles que nele creem, porém eram estes seres, em vossas épocas de existência carnais verdadeiros crentes em vossa santidade; e fora o Criador quem concedeu a genealogia antepassada de Moisés, não somente a terra e a existência espiritual carnal, como o próprio Moisés em similaridade de laços e sentidos de existência material para ser não somente a descendência como também a continuidade da crença e da verdade sendo de vossos antecessores a continuidade da carne em verdade divina, porém de forma mais inspiradora e santificada, estando o próprio Criador presente atuando por meio de Moises as vossas forças e poderes em forma de magia e verdade por sobre todos os homens da terra.

Desta forma, não era a descendência de Moisés mais pura, nobre e cândida espiritualmente para terem sido agraciadas com a presença do Senhor Deus em vossas vidas, lhes concedendo a muitas bem-aventuranças e promessas, e sim crentes, fieis e temerosos em relação a vossa Santidade, a vossa verdade e o vosso poder de justiça por sobre os homens e sobre a terra. E confiando na justiça divina, eram mais justos e bons uns com os outros, reconhecendo quem era o verdadeiro Deus, a verdadeira justiça e a força e o poder da justiça do Deus único por sobre as vossas cabeças, diferente dos homens da terra ao qual caminhara, o aprendiz Moisés, eras de tempo após a vossa passada ascendência, onde a disciplina partia do rei, a justiça era a arma em punho e a crença era o sangue que escorria de vossas mãos por vossas próprias vontades de serem grandes e impiedosos pelo renome persuasivo.

Por isso, concedeu o Senhor Deus que adentrasse o missionário apostolar, a vossa terra sagrada através da descendência de vossos mais crentes e fieis antepassados espíritos encarnados, conforme a vossa promessa, os tornando a descendência da crença, da labuta e da verdade em nome do Criador. Assim, tornando a descendência de Jacó, por meio de vosso aprendiz em instrumento divino, para que pudesse elevar o vosso sagrado nome trazendo novamente a confiança e a fé que há muito tempo estava perdida diante das guerras, conflito, humilhações, dores e sangue ao qual as crenças dos homens perecia dia após dia em lamentações e sofrimento frente à escravidão imposta pelos outros homens da mesma terra, nascidos do mesmo sopro de vida, recebedor da mesma carne material para ser a junção e união em forma de amor, porém esta caminhava apenas em ódio e terror, bem distante da misericórdia e amor divino, amor este que também os concebeu.

Mas era a missão do missionário apostolar de nome Moisés, introduzir Deus, o Criador, dentre todos os homens da terra, que caminhavam em vossa mesma época e geração, para que este fosse tão honrado e glorificado como Aquele que outrora fora o Deus conhecido pelos vossos antepassados Abraão, Isaac e Jacó, pois não é o Senhor Deus, o Deus apenas das gerações passadas e sim o Deus de todas as gerações, todos os povos e todas as nações. Porém o que fora com o tempo esquecido, seria refeito por Moisés em forma de instrumento divino, trazendo novamente a verdade em forma de poder e de gloria assim como fora nas eras espirituais que o antecederam em terra santa.

E como todos eram nascidos do mesmo Deus e da mesma verdade, Deus, o Criador regente supremo da terra única onde se encontram todas as formas e níveis de espíritos por sobre a vossa vontade, através da vossa determinação de que se haja o sopro de existência, na terra de lapidação de almas e de espíritos, concedendo as mesmas energias, as mesmas emanações, onde todos são alimentados e abastecidos pelos mesmos elementos ao qual a mãe terra não distingue antes de nutrir e abençoar com vossas energias, concedendo os mesmos direitos e misericórdia divina de manter todos os filhos nascido de vossa plenitude em filhos vivos da mesma terra, filhos fortes e vívidos em vossa unidade de poderes e forças, com as mesmas capacidades de dons e direitos constituídos pelo único Deus que também é o Deus que a ordena ser a mãe de todos os seres e fonte de todas as energias.

Onde o ser encarnado por muitas vezes não a reconhece como sendo a suprema força regida e ordenada por Deus não respeitando a vossa energia e mistérios como sendo as energias e mistérios do Ser Supremo atuando sobre ela; assim, agindo erroneamente escravizando de forma arrogante os demais seres, se autoglorificando superiores a verdadeira força suprema, que reina sobre os vossos pés e vossas cabeças.

Pois esta que carrega em vosso solo as energias do Criador é a fonte terrena de energias para que possam todos os seres e elementos existir com as vossas próprias forças ao qual somente pela determinação divina ocupam esta terra, pois se não fossem as ordens divinas de que seja a terra o abrigo de todas as forças e energias divinas, nem mesmo esta existiria para abriga-los, logo não teriam a chance de se autoconhecerem e adquirirem progresso espiritual, pois os espíritos sendo pertencentes ao Criador assim como a própria terra, é a vossa misericórdia suprema quem não vos deixa findarem-se, nem a terra, nem os vossos filhos espíritos, aprendizes de si mesmos.

Por isso, nem os espíritos daqueles que caminharam nas mesmas terras espirituais, as similares labutas da mesma era de tempo em que o aprendiz guiador, instrumento divino que também caminhou, pertenciam a eles mesmos, logo, também não pertencem a vos que deverão prestar de contas de tudo o que as vossas carnes fazem abrigando um espírito. Porque as terras de onde se colocavam e ainda se colocam superiores e merecedores de serem amados e reverenciados por aqueles que os servem não somente em servidão, como também em sangue ou adoração para agradar aos vossos prazeres de sentirem-se superiores, pelo simples fato de se imaginarem serem.

Porque são nas terras santas, ou todas as terras ou elemento árido de onde pisam as vossas unidades, possuidoras de regentes espirituais grandes e poderosos a imagem do Criador, o verdadeiro dono de todas as terras e de todos os elementos que nela existem, tornando até mesmo o vosso ouro, que os inspiram poderosos em terra, ouro que pertence a terra e não as mãos de quem os seguram por um pequeno período de tempo em campo terreno, pois o que brota e nasce da terra, a terra pertence, assim como as vossas carnes e riquezas.

Por isso, são os regentes espirituais, os guardadores do ouro divino, ou seja, das terras em que se brotam das forças, das energias e das emanações, abrigo de joias celestiais, portadores das forças, magias e também mistérios divinos, atuando em nome do Criador em vossas verdadeiras formas que é a forma de existência espiritual, distante das dores, prazeres e lamentações ao quais as vossas riquezas se inundam de sangue em busca do ouro que não vos pertencem, e que por isso, os vossos poderes e forças são breves sonhos passageiros diante da força e da justiça dos verdadeiros espíritos guardadores do ouro e das certezas do Criador em casa santa, chamada terra. Onde as força da justiça, embora pareçam ser regidas pelos homens da terra, é verdadeiramente regida por sobre aquilo que não vos pertencem e que não conseguem enxergar, pois a justiça e as leis divinas, ainda que não se apresentem em forma de carne e matéria humana, é a justiça que prevalece e prevalecerá por todos os séculos e toda a eternidade seja no elo espiritual que for, pois todos são governados por uma única força e essa força se chama o Criador.

E assim, nem mesmo os vossos espíritos, nem as vossas carnes pertencem a vocês mesmos, assim como não pertenceram aos vossos antepassados, desde o momento de vossas recriações, da mesma forma que também não pertencem as terras ao qual receberam o direito de governar por sobre as vossas verdades e crenças, pois estas por muitas vezes, parecem mais falsas e descrentes do que terra de loucos sendo guiadas em pensamentos sãos, onde se colocavam superiores e merecedores de serem amados e reverenciados pelo fato de possuírem bens e riquezas materiais que pertencem a terra e não a vocês, quando deveriam sentirem-se amados e adorados por serem os escolhidos para caminharem as certezas do Criador ou por terem sido por Ele determinados para trilharem por sobre a vossa terra para que possam progredir espiritualmente nesta vida que é uma fração incontável em relação a eternidade de onde um dia partirão, se assim, alcançarem as vossas elevações espirituais.

Mas como tudo o que está em terra de homens e de espíritos pertence a Deus, o Criador, pois é Ele o criador tanto dos espíritos quanto dos homens, determinou naquela era, assim como determina em cada era de tempo em que haja necessidade, através de seus mais fiéis e leais espíritos, fontes de luz e de eternitude que concede a inserção, não apenas das leis, como também da ciência, do conhecimento, do amor e da frutificação, que se findasse a época de amargura e de ódio e que todos tivessem da terra o mesmo prazer e a felicidade de viver no campo santo ao qual ordenou o Senhor Deus, quando de cada criação. Porque assim fora determinado quando da criação da terra onde todos poderiam se abrigar e utilizar desta, como casa sagrada de aprendizado e lapidação de vossas existências, enquanto as vossas carnes fossem vivas em energias nesse campo.

Pois esta que é a energia que emana do solo vinda das mãos de Deus, não escolhe os que terão glorias e prazer baseado em valores ou posses e sim cobre a todos com os vossos sagrados e majestosos poderes e forças alimentando cada espírito que adentra a terra sagrada criada para ser honrada e glorificada em nome de Deus e não em nome de homens, que pouco sabem sobre si, assim como pouco sabem sobre a unidade espiritual sagrada de cada Espírito de Deus em missão santificada que conduzem as vossas também unidades em poderes e forças os guiando em caminhos bons, para esses imaginarem serem tão poderosos a ponto de matarem e destruírem o que a eles não pertencem.

    E assim, o Senhor Deus ordenou que o vosso amado filho, preparado para ser aprendiz em nome Dele mesmo, adentrasse a essa terra e se apresentasse em carne matéria para ser não somente um homem de fé e tenente a Deus, como também o vosso servo aprendiz, utilizando-se de vossas próprias forças, os vossos próprios poderes de manipulação das forças orgânicas e inorgânicas, pois ambas são energias espirituais criadas e abastecidas pelas vibrações santificadas de Deus, mostrando assim, o poder e a força ao qual nem mesmo os vossos ascendentes puderam conhecer e utilizarem-se para que todos conhecessem ao verdadeiro Deus, dono e regente de todas as terras, todos os ouros, e todas as certezas que caminham por vossas terras, assim como levando o vosso sagrado nome e o elevando em poder e grandeza como o deveria ser diante de todos os povos e habitantes daquela era de tempo; mas não somente daquela era de tempo, e sim de todos os tempos em que os vossos feitos pelas mãos do Criador possam alcançar, sendo por todas as eras, épocas e séculos lembrados, porque todos os tempos, assim como todos os espíritos a Ele pertencem e juntos devem o vosso santo nome comungar. Amém.

    Por isso, fora o Guiador convocado e nascido para prestar trabalho santo, não em vosso próprio nome, pois não era ele o detentor das terras sagradas tampouco desejoso de que fosse o vosso nome elevado e glorificado perante os povos da qual iria guiar, e sim em nome de Deus quem o ordenava para que em vossa sagrada designação o apresentasse como verdadeiro regente e governante a quem pertencia o verdadeiro poder espiritual e a verdadeira força de todas as forças temidas e destemidas em terra de homens e espíritos, sendo estes encarnados ou não, bem como quais eram as verdadeiras forças que regiam e dominavam o mundo, diante das forças e poderes dos reis, que embora nada fosse além de carne que finda com o romper das horas, acreditavam serem tão grandiosos e poderosos quando o verdadeiro Deus, impondo as vossas regras, normas e doutrinas, onde nenhuma delas havia sido determinada ou ordenada pelo Criador, agindo de forma superior ao próprio Deus se colocando como o verdadeiro regente em terra; onde os deuses imaginários, criados à custa de vontades mundanas, matavam, abominam, aplicam justiça aos justos e determinam os injustos que sofreriam as penas de serem apenas homens em vossas terras, que de vossas nada tinham assim como nada têm.

"Eu sei que o rei do Egito não vos deixará partir, se ele não for obrigado pela força. Mas estenderei a mão e ferirei o Egito com toda sorte dos pródigos que farei no meio deles. Depois disso o faraó os deixarão partir" (Êxodo 3: 19, 20)

Ora, não poderia Deus, o Criador, com vossas próprias energias e vibrações descer aos campos materiais e aplicar-lhes as vossas ordenanças e doutrina, não somente porque o Criador é Ser Supremo divinal de robustez de forças santas incompatível com as forças e energias ao qual rege todo universo, pois ainda que sejam com as vossas próprias forças que rege todo o mundo, estas são em verdade uma mínima fração infinita em relação ao vosso magnífico e esplendoroso poder de forças de energia e de luz.

Então o manancial de energia e forças que vibra em luz e fornece a vossa própria luz e energia para que todos os elos espirituais e campos espirituais e sagrados sejam vivos e vívidos por vossas próprias forças não poderá jamais aproximar-se da terra sem que esta não seja danificada ou até mesmo destruída com a força da luz que reluz energia e dinamismo de vigor e capacidade de luz, que concede por meio das mesmas energias que todos os seres sejam vivos.

Por isso, as vossas forças são intocáveis e incomparáveis em força e tamanho a qualquer força e brilhantismo de luz que por ele mesmo é nutrida, pois a vossa robustez de forças em proximidade de contato com qualquer outra unidade, isso quer dizer, qualquer que seja o elo espiritual, que receba as mesmas forças, o vosso manancial de luz atrairia a unidade recebedora de energia celestial através da força de atração em similaridade de composição e se fundiriam as duas forças, e a fundição dessas unidades formaria uma força descomunal de energia e luz, gerando assim, o seu ápice de forças e luz, ou seja, a união das forças culminaria em fogo santo ao qual a vossa força em ápice de luz poderia causar ao campo terreno ou a qualquer outro campo em que se aproximar, assim causando a destruição por meio do fogo que esta união culminaria.

Outro motivo é que a vossa Santidade incompreensivelmente sagrada aos olhos dos vossos filhos além de feri-los, não seria por seus filhos reconhecidas, pois o Rei dos reis, a força de poderes e energias não possui uma face, ou apenas uma face ou unicamente uma face, pois a ele pertencem todas as face e todas as formas de vida reconhecidamente como sendo humanas ou não. Pois ainda que sejam os encarnados conhecedores de várias faces, estes apenas reconhecem as faces aos quais os vossos olhos e capacidade de ciência e discernimento possuem entendimento e competência perante as demais faces aos quais as vossas visões e pensamentos são capazes de compreender e entender como sendo uma face. Por isso, a legítima face do Criador não poderia ser descoberta ou mesmo reconhecida pelos seus filhos carnais ou espirituais, a não ser pela forma realmente pura e santificada de conhecê-lo e tê-lo que é em amor e em verdade, através da real e verdadeira forma de amá-lo, admirá-lo e prostra-se a vossa santidade, que é a forma espiritual e não material carnal, comparando-o com outros rostos ou formas similares de faces existentes entre o campo material sendo humano ou animal, pois não é Ele humano, animal, espécie orgânica, inorgânica, componente em forma de elemento ao qual se pode imaginar ou conhecer tampouco apenas espírito e sim o Espírito Santo, manancial e força e luz de todos os espíritos existentes.

Mas Ele o Criador, não possui uma certeza facial vislumbrável aos vossos filhos, a não ser por àqueles determinados em reconhecê-las de maneira espiritual, jamais material em tipo ou formato; porque a vossa face à nenhum ser, seja encarnado seja espiritual se não houver uma determinação divina, jamais será descoberta ou anunciada, por nenhum servo, seja da terra seja do elo espiritual em que for. Pois todo aquele que vislumbrar a vossa face, ou será no mesmo momento resgatado em espírito abandonando a matéria em solo terreno ou será em determinação sagrada, porém esta não será lembrada após a vossa aparição, pois não é face existente dentre os meios espirituais ou materiais, para que seja por nenhum ser em vossa existência lembrada ou guardada.

Portanto, não é Deus o Criador quem adentrar aos campos terrenos para deliberar as vossas ordenanças aos povos, pois para isso, atuam os vossos mais leais e fiéis servos e servas aos Anjos encantados, os Santos e vossos Comandantes espirituais, porém naquele momento sagrado onde a forma física seria muito importante diante da determinação sagrada de sê-lo introduzido novamente aos homens de fé, os compondo novamente em esperança, confiança e crença no que realmente parte das coisas celestiais, onde somente a carne poderia ter com outra carne é que fora através de vosso iniciado aprendiz em terra de homens e espírito que Deus, o Criador, em toda a vossa plenitude de poderes, mistérios e forças, adentraria as terras de homens e espíritos.

Ou seja, adentraria Deus em vossa própria terra sagrada e santa para reconstruí-la pela vossa própria determinação e vontade, porque embora imaginassem os homens encarnados serem os donos e regentes únicos, desta que sequer vos pertence a própria matéria que caminha por sobre o elemento árido, ao qual tampouco também conheciam o vosso próprio gênese, significado e importância, tanto da terra quanto deles mesmos, andavam de olhos vendados a todas as coisas acima de vossas unidades, ou o que realmente era sagrado, importante, forte e poderoso tanto para eles quanto para a própria terra que vos alimentava as miseráveis dominâncias, os falsos poderes e as insignificantes forças diante do que verdadeiramente tem poderes, domínios e forças acima do solo e acima do sol.

Por isso mesmo, houve um ser dentre todos os demais seres encarnados ou viventes materiais de sua época que alcançou tão poderoso e sublime poder de forças ao qual nenhum outro jamais demonstrou tanta habilidade e maestria em manipular as forças naturais dos elementos da terra, por vossa própria vontade.

Mas não era este, o extraordinário e grandioso encarnado manipulador de tão grandes e poderosas forças em vosso próprio nome e sim em nome de vosso Senhor que o guiava face a face, entregando-lhe o domínio a capacidade e o comando de autoridade divina sobre todas as coisas de terra, para que não somente as dominassem, mas também exercesse poder sobre cada um dos elementos orgânicos espirituais escolhidos para serem os vossos instrumentos espirituais terrenos de comando e força perante os olhos de todos os povos das quais vislumbrariam não as vossas forças e sim as forças, poderes e magias de Deus, o Criador, que embora vislumbrassem através de vossas mãos as coisas santas acontecerem, era através das mãos de Deus que todos os poderes eram verdadeiramente manipulados. Pois não era o missionário apostolar, apenas um missionário em espalhar e apresentar o santo e sagrado nome do Criador dentre os seus, e sim um aprendiz em relação às forças e energias divinas atuando frente às ordenanças divinas, sobre o comando e regência do próprio Ser Supremo sendo o vosso instrumento em campo terreno de onde às vossas próprias forças e luz não poderia adentrar, sem danificar e arrasar as vossas sagradas terras.

E utilizando-se de vosso amado aprendiz, instrumento de forças e de caminhos terrenos, pois era este tão carnal e material-espiritual, como qualquer outro ser nascido do seio da terra, para adentrar também a terra como qualquer vivente e comungar com todos os demais seres moradores dos confins das terras sagradas de Deus, mostrando a cada um deles o poder e a força o verdadeiro Rei dos reis, governante não somente das terras, como também de todas as terras, todos os poderes, todas as forças, todos os domínios e todas as energias e mistérios que pudessem existir entre os homens e a terra e entre a terra e os céus, demonstrando que a apenas um ser pertencia toda essa dominância e plenitude, e nome deste não se encontrava nem entre homens, nem entre reis, nem entre governadores, nem entre faraós ou qualquer um que com pernas materiais caminhavam por sobre as terras.

Mas embora fosse Moises, considerado grandioso e extraordinário encarnado, utilizando-se das forças e poderes naturais, mostrando aos demais seres assim como ele mesmo, ser encarnado, o poder e as forças ao qual detinha as vossas mãos, não era em vosso nome que atuava e sim em nome do Criador que glorificava e consagrava em cada ato e em cada obra realizada não por vossas próprias vontades e sim pelo poder ao qual fora a ele concedido para que fosse o instrumento e a representação do maior e verdadeiro domínio de forças em poderes, o Senhor Rei dos Reis, dono de todas as coisas, e que por isso, fora escolhido e determinado para ser tão grande quanto o que de maior havia na terra dos homens entre os homens daquela era, que além das glorias ou do sofrimento de vossas carnes nada mais enxergavam como sendo verdadeiramente sagrado vindo de Deus, desde a partida da posteridade de Abraão, Isaac e Jacó, ao qual o Senhor Deus, novamente elevara da vossa tribo, o Guiador Moises, para a ordenança divina da qual o havia preparado. E esta não era apenas maior do que as coisas de terra e sim maior do que todas as coisas terrenas e espirituais da qual podem existir entre os céus e a terra.

E sendo o faraó em terra o maior símbolo de nobreza, riqueza, força e gloria ao qual um ser encarnado daquele tempo conhecia. Fora através do reinado do também escolhido faraó que o verdadeiro rei, ou o príncipe aprendiz divino, que este reinaria por sobre as labutas materiais com forças puras, nobres e divinas celestiais, ou seja, as verdadeiras forças e poderes verdadeiramente nobres, pois estes não eram nascidos de terra que finda ao romper das horas, e sim por vontade e desejo de Deus, e por isso todas as forças e poderes seriam vislumbrados por todos os seres encarnados que caminhariam juntamente com Moisés, ao qual seriam parte integrante não somente da labuta de serem determinados para caminharem por anos após anos, juntamente com o aprendiz para receberem, praticarem e aplicarem as ordenanças divinas, como também seriam parte da história celestial do Ser Supremo em terra santa.

Pois esta não seria apenas uma missão espiritual dos seres encarnados juntos ao Criador, e sim a missão do filho aprendiz escolhido e determinado para caminhar em comunhão com o vosso povo também escolhido para ser parte da história de Deus, porque ainda que se alcançassem a terra, terra prometida, esta também é barro que nasce da lama suja da terra que também se findará; logo a única verdade em ser a nação escolhida é ser escolhido pelo Senhor Deus para ser parte de vossa história e do vosso compromisso e verdade e não para receber terra material, pois esta não apenas se findará ao bater dos minutos no dia em que o Criador determinar, como também findará toda a carne que dela nasce e dela se consome, pois barro também é.

E mais importante que ser o povo prometido para receber a terra que um dia se findará é ser escolhido pelo próprio Senhor Deus para se o parte da história celestial da missão divina junto ao missionário apostolar escolhido e determinado para caminhar em comunhão com o vosso povo em harmonia e ordenança do Criador, carregando as vossas forças e poderes; forças estas a serem conhecidas por todos os homens que habitavam a terra, por força da missão ao qual por anos carregara em ordenança sagrada. Porque todas as coisas de terra passarão, assim como a própria terra, e neste dia, somente as coisas espirituais restarão, pois estas sim são as heranças de valor espiritual vindas do Criador para os vossos filhos.

Mas não era Moises, o divino salvador e sim um instrumento divino atuando em nome de Deus, para elevar e exaltar o vossos poder, a vossa força, diante do endurecimento do coração do faraó contra os filhos da terra. Mas tinha Moises, a força de todas as forças em vossas mãos para demonstrar o poder e as forças de Deus por sobre todos os caminhos, assim como saberia utilizar cada força, cada energia e cada instrumento material terreno da forma e maneira adequada às necessidades de apresentar-lhes o Senhor Deus e não ele mesmo a todos os filhos escolhidos para serem não somente os recebedores da terra da promessa, pois estas com o tempo também se findariam para cada um que deixaria esta terra em algum momento de vossas existências, e sim para ser o caminho da promessa em forma de crença, fé e esperança de em Deus único.

Porque este nunca vos abandou e jamais deixará sofrer nenhum filho que verdadeiramente o tem em crença, labuta e amor. Pois nenhum filho que seja da vossa santidade verdadeiro, deixará de receber o vosso galardão de poder e de justiça, pois ainda que as dores da terra possam ferir e machucar é o Senhor Deus o verdadeiro Rei dos reis e quando todos se prostram em verdade a vossa luz e santidade os vossos caminhos serão de luz de amor e esperança, jamais de luta, ódio e dor.

E ainda que não seja um guiador terreno, sempre haverá as vossas frentes um guiador vos orientando e vos conduzindo em caminhos bons, pois são os vossos servos e servas, os Santos, os vossos escolhidos guiadores para vos conduzirem aos caminhos nobres de Deus, os alimentando com forças, garra, determinação, poderes e luz em forma de amor; por isso, quando estenderem a vossas mãos em harmonia as vossas crenças e verdades nenhum outro ser vos poderá impedir de serem tudo aquilo ao qual o Senhor Deus vos ordena que sejam os vossos amados filhos, vivenciando as vossas mais sagradas terras de forma feliz, nobre e honrosa. Pois são as terras divinas, as vossas terras sagradas, para que nela possam nascer, crescer, desfrutar, alegrarem-se e serem felizes com tudo o que ela pode vos oferecer, pois todas as ofertas que a terra pode vos proporcionar são as ofertas divinas, entregues do amor divino para vos que são os vossos amados filhos.

Por isso, não esqueçam que independente do nome que os filhos carnais concedem ao chão da terra, as separando em territórios e assim separando os vossos filhos, são todos filhos da mesma ordenança, do mesmo Deus e do mesmo sopro de existência de vida, alimentando-se da mesma emanação de poderes de gloria e de luz ao qual qualquer outro ser semelhante em estrutura e forma física ou não. Pois a terra ainda que seja dividida por entre os filhos, os filhos jamais serão divididos pelo Criador, nem devido a terra em que ocupam nem devido a nação ao qual nascera, pois assim como todos os filhos e todas as terras pertencem a um único Deus, todos receberam o mesmo direito de nascer em terra sagrada e todos devem igualmente possuir o mesmo direito de ser amado e nutrido por esta que é a terra de Deus, e este direito a mãe terra vos permite e não terra de homens. Pois ainda que a estes foi dado o direito de governar, não foram eles que criaram tampouco são quem possuem determinação de forças e luz para mantê-la viva e nutrir os filhos que dela nascem.

Desta forma, ainda que acreditem serem donos ou ouro que dela também nasce ou da própria terra, assim como dos demais encarnados que nela caminham, saibam que assim como existe apenas um Senhor Deus, Este ordena que os vossos servos e servas, os espíritos; Espíritos sagrados; atuem por sobre a cabeça de cada ser que manipula e caminha sedento de poderes e glorias daquilo que não o pertence, e ainda que a justiça vos pareça falhar ou tardar, a eternidade jamais falhará, pois este é o caminho de todos que caminham por sobre a mesma terra, e ainda que demorem as vossas partidas para o elo espiritual, esta não deixará de existir, e as vossas correções, não deixarão de ser os vossos galardões de recompensa pelo atuação contra o que não lhes pertence ou contra os demais filhos de Deus.

Pois a verdadeira terra da promessa, não se encontra em campo terreno, este é apenas o caminho por onde passarão os vossos filhos em direção a verdadeira terra prometida, porque está se encontra em campo espiritual, e nisso também se encontra a paciência e a ordenança de Deus, o Criador, sobre todas as coisas e todos os caminhos da terra.

"Mas endurecerei o seu coração e ele não deixará partir o povo. Tu lhes dirás: Assim fala o Senhor, Israel é meu filho primogênito. Eu te digo: Deixa ir o meu filho, para que me preste um culto. Se te recusas a deixa-lo partir, farei perecer teu filho primogênito" (Êxodo 4: 22,23)

Porque nisso, encontra-se o mistério de Deus aplicado por sobre todas as coisas, da qual o vosso aprendiz em iniciação para perfeição divina, havia sido introduzido. E não fora apenas esta magia ao qual fora o vosso Guiador inserido, ou seja, alteração por meio de troca de energia ou vibração de energia que o vosso aprendiz prostrou-se em aprender e em campo terreno para dominar e em vosso nome atuar, mas também através das energias vibracionais dos seres, abrigos espirituais da forma celestial governada por Deus, ou seja, o ser encarnado, ou toda forma de ser espiritualmente encarnado. Por isso, se fosse preciso, diz o Criador, transformaria o rio em sangue, sendo o sangue a essência da vida humana, ou a alma do abrigo sagrado material de tudo o que é espiritualmente essência a nobreza casta de pureza e de verdade.

Mas era Israel "a filha primogênita" de Deus, não por ser nação única nascida do seio de vossa santidade e sim por ser a nação primogênita escolhida para ser parte de vossa história, sendo de vossa unidade também os escolhidos para caminharem, comungarem e conhecerem a vossa luz e a vossa verdade através de vosso aprendiz, da qual embora parecesse que a maior determinação era libertar os vossos primogênitos filhos escolhidos para caminharem em vossas terras, a vossa maior missão frente a verdade divina ainda estaria por vir a descoberto, porém somente através da grandiosidade e magnitude de extrema força e determinação é que esta viria a ser revelada face as areia do Nilo em vossa servidão.

Mas não poderia o povo ser liberto da servidão sem antes conhecerem o poder e as forças de Deus, o Criador, sobre as vossas cabeças, pois a libertação da servidão era parte também da história divina, onde a liberdade não seria apenas liberdade territorial e sim liberdade de alma, da qual o Divino Salvador os concederia em honra e gloria por vosso poder, os fazendo conhece-lo frente a vossa força e verdade.

Assim o Senhor Deus feriu de dureza o coração do faraó, para que através deste, que também era um escolhido e determinado tendo igualmente como o vosso aprendiz uma missão espiritual, onde fora através das forças divinas celestiais, tomado de dureza e rigidez em vosso peito, para que fosse tão rude e severo contra os vossos servos terrenos e o vosso povo, de forma que pudesse não somente o faraó, como todos os seus e toda a nação escolhida para caminhar junto a Moisés, compreender e vislumbrar a plenitude, ordenança, magias e mistérios de Deus através de vosso aprendiz, o escolhido.

Porém não sozinho, fora escolhido para demonstrar as forças do Criador, como também o vosso opositor, o faraó, ao qual igualmente fora determinado para demonstrar o poder e as forças de Deus, pois se acaso não houvesse outro encarnado tão forte, rígido e severo quanto fosse necessário para que as pragas lhes fossem aplicadas, não seria possível o aprendiz apresentar-lhes o poder e a força de Deus por sobre as vossas cabeças. Por isso, fora este igualmente constituído de forma terrena para demonstrar o vosso poder, que era poder de homens encarnados terrenos, mas o único conhecido na terra de homens, contra o poder de Deus, para que pudesse Moisés, apresentar-lhes as forças e magias do Criador sobre todas as coisas que partem do poder de homens de terra, utilizando-se das próprias coisas de terra, porém as coisas espirituais que existem na terra de espíritos e homens.

Ora, mas não poderia o faraó, ferido de ódio, libertar o povo da servidão atendendo ao apelo incomum de certo hebreu, e simplesmente deixá-los partir. Mas não era este um simples hebreu, e sim àquele que havia deitado do mesmo berço ao qual o faraó deitou também, havia da mesma comida ao qual o faraó se alimentou também se alimentado; das mesmas vestes ao qual o faraó vestiu também se vestido; pois fora a providência divina que o fez se tão igual ao faraó, e a quase realeza do faraó ser tão plebeu quanto Moisés, para que ambos, frente a frente pudessem não somente terem um com o outro, e conhecerem as forças do poder Maior, pois caso contrário, nem mesmo as portas do palácio poderia Moisés apresentar-se, pois não seria este atendido por vossos soldados, tampouco atendido em vossos pedidos.

Mas fora a providência divina que entronou Moisés da mesma forma em que destronou o vosso opositor, vos mostrando que tanto a riqueza quanto a pobreza possuem o mesmo valor diante das ordens de quem é o verdadeiro Rei, e este não era nem Moisés, o vosso aprendiz, tampouco o faraó, o vosso também ordenado em cumprir a missão de ser tudo aquilo ao qual deveria ser perante a face de Moisés, e sim o Deus de ambos, o Deus de todas as terras, todas as forças e todos os espíritos.

Mas não poderia deixar o Senhor Deus que o faraó deixasse que o vosso povo partisse sem antes todo o povo e o próprio faraó conhecesse o poder e as forças de Deus, o Criador sobre vossas cabeças, pois se acaso o rei os libertasse de vossas torturas não seria o Guiador o instrumento celestial e divino do divino Deus para mostrar-lhes as vossas forças e apresentar o vosso verdadeiro Rei em poderes, magias, mistérios e forças, pois neste caso não estariam os encarnados sofrendo os males de serem conhecedores da árvore do bem e do mal, desferindo e ferindo as vossas vontades e desejos por sobre os demais seres na busca do prazer e da fugacidade desmedida em razão de preservarem-se a si mesmos, por meio da crueldade e insanidade da qual se utilizam sendo eles o próprio ditador de vossas unidades com todo o direito recebido pelo Senhor Deus de comandarem e regerem as vossas plenitudes bem como a vossas sociedades assim como faziam de maneira cruel e atroz.

E o espírito codificado em terra como Moises, fora nascido em terra de homens para ser homem e através de vossas forças e poderes concedidos pelo vosso Deus para mostrar aos homens da terra quem de fato era o Verdadeiro Deus e o verdadeiro poder de justiça e de verdade, frente às maldades e atrocidades que há muitos anos assolavam os filhos da terra.

E se acaso o povo fosse precipitadamente libertado, e não houvesse ressentimento ou força bruta em libertar o povo, esta ação demonstraria que certamente não estavam sendo escravizados por outros homens, independente da nação ou etnia ao quais estes pertenciam, e não seria o guiador o instrumento divino de doutrina terrena, pois neste caso, não seriam os homens tão maus e inescrupulosos contra os seus semelhantes ou contra os demais filhos de Deus nascido da mesma mãe terra e do mesmo sopro de existência para comungarem das mesmas formas de vida, pois demonstraria neste ato, que estavam todos em harmonia e felicidade, e assim, não precisariam de Deus, apresentar-se em poder e em justiça por meio de vosso filho para manifestar a vossa face diante dos bons homens da terra, porque certamente estes já estariam seguindo os bons caminhos dos ensinamentos divinos do Senhor.

Mas fora Deus apresentar-se em face ao vosso Guiador para que este o representasse em unidade e matéria carnal, pois apenas sendo carne é que se poderia ter com outra carne, falar com outra carne e mostrar as vossa verdade que embora não viesse da carne, utilizava-se da material carnal para fazer-se compreender. Sendo assim, somente em matéria carnal é que poderia Deus atuar por sobre a terra, caso contrário, não compreenderiam as vossas forças, poderes, determinações ou correções tampouco o reconheceriam, pois qualquer forma de correção ou demonstração de forças e de poder, não sendo através de outro encarnado em similaridade e aparência física e corporal, poderiam imaginar que eram grandiosos fenômenos da terra ou dos céus, não os relacionando com o poder maior de Deus, assim como ocorre na atualidade. Mas de que terra e de que céus seriam estes fenômenos se não fossem por outro homem nascido da carne lhes apresentar e lhes mostrar e fazer compreender.

Por isso, são os vossos servos nascidos, cada um com seu dom espiritual para servir ao Criador da forma e maneira qual ele mesmo determina, para quando se é chegada a hora e o momento as seus filhos e filhas aprendizes atuarem, estejam preparados e determinados o servirem em poderes, força se em verdade, carregando em vossas unidades, tudo o que ao longo das épocas foram ensinados, treinados e ajustados para carregar e assim servi-lo. E fora o espíritos aprendiz de nome Moisés, preparado e alinhado em forças e energias para ser o vosso instrumento em terra e desta forma o fez.

Assim, somente um ser poderia ser tão poderoso e sublimemente forte como seria o Guiador, não em vosso nome e sim em nome de vosso Senhor que o guiava face a face, carregando o domínio, a capacidade e o comando de autoridade divina sobre todas as coisas de terra, as dominando e exercendo poder sobre cada um dos elementos orgânicos espirituais escolhidos para serem instrumentos terrenos de ordem e comando divino de forças e mistérios aos olhos de todos os povos das quais vislumbraram os vossos poderes, através das mãos de Deus.

O Filho da própria verdade

"Mas eu endurecerei o coração do faraó, e multiplicarei meus sinais e meus pródigos no Egito, Ele não vos ouvirá. Então estenderei minha mão sobre o Egito e farei sair dele os meus exércitos, meu povo, os israelitas, com uma grandiosa manifestação. Os egípcios saberão que eu sou o Senhor, quando eu estender a mão sobre Egito e fizer sair deles os israelitas" (Êxodo 6:4-6).

4.3 Mas endureceu o Senhor Deus o coração do faraó de modo que este não aceitasse o pedido de Moisés de que o vosso povo vos prestasse um culto sagrado, mas não porque não conhecia ou não acreditava o faraó nas palavras de Moises, que embora este não adorasse o mesmo Senhor Deus em campo terreno, o conhecia devido aos vossos caminhos espirituais, através das ordenanças divinas nas escolas espirituais das quais adentrou antes mesmo de ser quem o era em campo terreno por ordenança de quem os endurecia o espíritos para que em vosso nome também fosse parte de vossa história e glorificação.

Ora, se cai uma única folha do galho de uma única árvore se não é por determinação do Criador! Ora, se não era o faraó, assim como Moisés e todos aqueles que nascidos da mesma ordenança divina de serem os servos materiais espirituais do Ser Supremo, os vossos escolhidos e determinados para serem e servirem como vossos instrumentos espirituais materiais da maneira ao qual cada um possuía conhecimento, habilidade, presteza e evolução espiritual de acordo com os vossos nivelamentos doutrinários sagrados, grau de aprendizado e condição e competência espiritual conforme as vossas autonomias em identidade espiritual, daquilo que se é por força de vossa própria existência; porque justamente por serem o que são é que em essência e existência é que foram escolhidos e determinados cada um em vossa própria ordenação na competência daquilo ao qual verdadeiramente era e possuía, para serem instrumentos espirituais que em nome do Senhor Deus e de vossa magnificência, majestade de poder de forças sobre todas as coisas para que a vossa própria existência espiritual fosse glorificada em campo terreno.

Pois somente os espíritos prontos para servirem uma determinada missão espiritual, tendo sido disciplinados, doutrinados ou ajustados, em vossas próprias existências, cujo vossas verdades sejam acima de todas as coisas a verdade de vossas essências, não traindo ou sendo traídos por vossas certezas, ainda que as vossas certezas sejam para todos os outros encarnados a incerteza, a insanidade, a aflição ou a incredulidade; serão as vossas certezas a verdade de vossas existências a serem a verdadeira certeza daquilo ao qual preparados para servir em missão espiritual estiverem. Porque apenas os que tiverem a verdade em vossas existências é que estarão preparados para servirem as vossas missões espirituais em campo terreno sendo guiados por vossas verdadeiras individualidades em unidade carnal que os levarão aos caminhos verdadeiros e nobres aprendizados ao qual são inseridos.

E sendo cada um o que verdadeiramente são, serão os únicos que divinamente estarão preparados para labutarem toda e qualquer determinação espiritual ao qual tenha devido as vossas verdades sido escolhidos, pois as vossas verdades serão para o Criador a própria verdade onde a incerteza, a inverdade, o equívoco e a falha jamais adentrarão, porque para servir a Deus, se faz necessário ser tão verdadeiro quanto leal e fiel as vossas próprias certezas.

E todos os seres encarnados cumpridores de vossas missões, apenas são nascidos em ordem suprema de cumprimento de missão junto ao Criador se acaso estes possuírem ordenança em alinhamento de composição entre a vossa competência de labuta em comunhão com a vossa capacidade e destreza diante da ordem ao qual a labuta exigir; caso contrário, serão todos os espíritos nascidos das escolas espirituais dos Reinos sagrados a caminharem e conquistarem as vossas existências da maneira ao qual as vossas vontades os dirigirem até que alcancem níveis espirituais mais elevados para que possam atuar em ordenanças mais nobres e celestiais, sejam em campo terreno seja em campo celestial.

Por isso, da mesma forma ao qual o vosso aprendiz e o aprendiz de vosso aprendiz, o Guiador, foram devido as vossas verdades em lealdade e confiança divina dos longos caminhos espiritais percorridos, escolhidos dentre todos aqueles que da mesma qualificação em grau de elevação encontravam-se, da mesma maneira fora o faraó. Servo dentro todos os servos, determinados a cumprirem com vossas missões da maneira e forma ao qual o Senhor Deus os havia escolhido e ordenado ao cumprimento da ordenança espiritual do caminho divino da construção de vossa história entre os seres encarnados nascidos da mesma ordem celestial devido a vossa verdade e lealdade ao cumprimento da missão pela razão de vossa própria certeza de tudo aquilo ao qual verdadeiramente carregava dentro de si, pois era a sua verdade interior que o fazia ser tão próprio e determinado naquilo ao qual acreditava e possuía em vossa existência como sendo a vossa justeza e autenticidade o qualificando em singular identidade aos demais espíritos em vossos nivelamentos espirituais.

Isso quer dizer, não que este espírito possuísse a mesma verdade espiritual em relação as leis divinas e a compreensão do Deus único Salvador ao qual Moisés, e o vosso aprendiz carregavam consigo, pois está de fato não era a certeza que o abastecia a alma, porém a vossa verdade, ainda que contra a verdade do Guiador era a verdade que o alimentava a essência e a existência espiritual o tornando único e capaz de ser firme e rígido as vossas próprias escolhas e convicções, pois ainda que em sentido contrário a confiança de Moisés, a vossa confiança, que mais parecia insensatez era da mesma forma verdadeira em relação as vossas crenças e certezas em relação as crenças e certezas do Guiador.

Desta forma, ambos carregavam a verdade, ainda que cada um tivesse a vossa própria verdade, cada um lutava fielmente e de forma leal as vossas próprias convicções, não sendo nenhum mais ou menos verdadeiro do que o outro, apenas possuidores de verdades distintas em relação ao mesmo sentido existência de salvação, que os tornava também distintos em caminhos e escolhas sagradas perante ao que realmente é verdadeiro e divino.

E por isso, foram ambos escolhidos e determinados para serem e servirem ao Criador como o esteio das forças e dos poderes de Deus por sobre a terra e toda humanidade, sendo os mais fortes e poderosos seres encarnados de vossas épocas a ocupar tão grandiosos e sagrados postos diante daquilo ao qual não somente a missão espiritual de cada um necessitava como também, sendo tudo aquilo que cada um era em essência e em verdade em campo terreno para que a missão espiritual de cada um fosse concluída, demonstrando e elevando não os vossos poderes e forças frente as vossas verdades e sim as forças e poderes do Criador frente aquilo que realmente existe e é verdadeiro, poderoso e forte.

Pois ainda que as vossas mãos, bocas e braços transmitissem as vossas convicções, crenças e confianças espirituais ao campo terreno para que pudessem labutar e batalhar as vossas verdades, era através do vigor e da força de vivacidade divina que os tornavam fortes e poderosos aos olhos materiais do que da mesma era viveram e testificaram as vossas empreitadas, pois todas as forças e labutas foram ordenadas e determinadas pelo Senhor Deus e não por vontade própria. Por isso, não eram as vossas próprias forças e determinações de lutarem a batalharem pela glorificação e sim os própria Senhor Deus labutando e batalhando através da verdade de cada espírito encarnado para que estes o fossem a representação e o reflexo de toda a vossa majestade e poder santificado descido em terra de homens e espíritos através de vossos servos e vossas crenças e verdades.

 Mas fora a verdade ao qual o espírito "filho da própria verdade", o faraó, carregava dentro de si, que fora escolhido como aquele que viária a ser a demonstração de poder e de força terrena, pois este, também era um determinado e ordenado para ser tão forte terrenamente quanto era a sua própria certeza e a verdade insensata de vossa existência. E assim fora ordenado para que nascido e crescido como um faraó, as vossas certezas e identidade espiritual não fossem em nada alterada ou modificada em relação a si mesmo, sendo ele embora um missionário na luta divina, apenas a si mesmo, não sendo espírito bom e nem mau, apenas o que verdadeiramente o era, pois era a vossa própria essência de ser a quem se era, que o fez ser escolhido pelo Senhor Deus para ser exatamente aquilo que o tornava próprio de si mesmo e de vossas verdades,

 Pois as ordenança e força divinas não o mudaria em essência ou em espírito nem mesmo no momento em que o vosso coração por vezes seria ferido de rigidez e insensatez, apenas o faria fortalecer-se do que ele mesmo já o era, e carregava dentro de si. Logo, não daria a ele nada de novo para labutar as vossas próprias verdades, apenas o faria despertar em magnitude elevada em tudo aquilo que ele mesmo era.

 Porque o Criador, não cria os seres espirituais e as vossas essências espirituais como elas deverão ser, pois todos são gerados e nascidos espiritualmente puros e límpidos, e toda e qualquer forma contida em cada essência espiritual são conquistadas individualmente de cada espírito ao longo de vossas caminhadas, pois a cada espírito é concedido o direito à vida bem como o direito de viver e ser quem se é por vontade própria e não por imposição, violência ou pressão. Assim, era o faraó, ou aquele que possuía o espírito que veio com a missão de ser um grande guerreiro de sua própria verdade na labuta contra Moisés, em favor do Criador, com tudo daquilo que ele mesmo havia se tornado, e que por isso o Ser Supremo o acentuava em poderes e forças, o alimentando em vigor, energia e entusiasmo daquilo que ele mesmo tinha dentro de si. Por isso, era o que era, filho da própria verdade, guerreiro de Deus.

 E assim, fora o faraó, aquele ao qual os vossos sentidos e espírito foram endurecidos em campo terreno para cumprimento de uma missão espiritual divina, pois dá vossa dureza e resistência diante dos pedidos de Moisés, nada mais era do que a força e a ordenança do Criador causando rigidez de tudo aquilo que ele mesmo já tinha em sua essência espiritual, e que através dele, que parecia ser o mais incompreensível e ignorante contraditório ser terreno, mostraria o Ser Supremo toda a vossa força, austeridade e severidade aplicando as vossas forças sobre todos os filhos e todas as coisas da terra, que sobre o vosso comando se encontravam e eternamente se encontrarão. Amém.

Pois a vossas forças e poderes não somente naquela era de tempo foram aplicadas e demonstradas por vossos servos e servas, como em todas as eras e tempos são aplicadas e demonstradas não somente através do poder da natureza que também é ser vivo e servidor espiritual da doutrina Santa, sendo elemento orgânico nascido do seio de Deus, assim como os vossos servos que cumpriram parte de vossa história, com também pela força de vossas próprias mãos por sobre a vossa terra; porém, como os serem encarnados ainda não o reconhecem, não podem testificar os vossos sagrados e espirituais pródigos por sobre as vossas cabeças.

Logo, já era do rei, a própria existência firme e rígida acerca dos motivos aos quais as vossas verdades prevaleceriam acima de todas as verdades e todas as necessidades das certezas que ele mesmo carregava dentro de si. E tendo sido este, um ser determinado em missão espiritual divina para ser tudo aquilo que já o era de maneira carnal, atuou da mesma forma, tais quais as vossas verdades espirituais em razão de vossos quereres que já eram alimentados por vossas determinações próprias de tudo aquilo que verdadeiramente o fazia ser a si mesmo, crendo apenas em vossas verdades, não sendo nem mais ou menos cumpridor de vossa determinação divina de ser tão somente aquilo que já o era em espírito.

E assim foram ordenados todos aqueles que fariam parte da história divina, sendo cada ser tudo aquilo ao qual verdadeiramente já o eram em essência, e que por isso, foram pelo Senhor Deus ordenados em cumprirem e caminharem conforme as vossas verdades e determinações de seguirem sendo em carne o que já o eram em espírito, para que pudessem verdadeiramente prestar os vossos afazeres de forma verdadeira e sincera, sendo leiais e fieis as vossas unidades e ao vosso Senhor.

Ora, se o filho da própria verdade também não era do Criador um de vossos filhos, gerado e nascido de vossa própria vontade? Pois se nenhum ser espiritual pode ser nascido de outra fonte ou outro Ser Espiritual a não ser o Espírito Santo que concede a vida a todos os espíritos e esses espíritos criam as vossas próprias condições e verdades à partir da verdade do único Criador, era também o filho da própria verdade, filho da Verdade, que ao receber o vosso direito de ser exatamente aquilo que deseja para alcançar a vossa salvação, enveredou por caminhos escolhidos por vontade própria, caminhos estes que certamente o levarão as veredas mais tortuosas e dolorosas ao qual um espírito poderá adentrar para salvar-se a si mesmo, pois tendo escolhido por si só, os vossos caminhos, a vossa caminhada também será em desolamento espiritual junto as portas dos abismos.

441

Por isso, ainda que muitos espíritos sejam filhos de vossas próprias vontades e verdades, ainda assim são filhos do Criador, pois mesmo que caminhem por sobre as vossas próprias ordenações, nenhum espíritos é nascido de outros braços, outros ventres e outras misericórdias ou outras compaixões, pois os únicos braços compostos de compaixão e misericórdia são também os únicos capazes de dar a vida e ser a vida eterna de todos os espíritos, sejam esses vossos servos ou não, e estes braços são os ternos braços do Criador. Por isso, ainda que caminhem por veredas de dores e de forjas, terão a chance de se redimirem e serem os filhos regenerados Daquele que vos deu o direito de conhecer-se a si mesmo e adentrar a santidade divina de vosso amado peito, o reconhecendo e o amando da mesma forma ao qual é por Ele amado e em vossa justiça, perdoado ao curvar-se frente a retidão e ao perdão.

Assim, ainda que contra as verdades de vosso irmão terreno, era o faraó também um filho nascido da ordenança divina do Criador, e como todos possuem as vossas missões, determinações e ordenações espirituais diante daquilo que é, teve ele também o vosso ordenamento sagrado atendendo em lealdade e fidelidade ao Criador por tudo que ele mesmo era, do que dele mesmo era refeito, tendo ele próprio ressurgido da vossa existência original em forma e caminho próprio, ainda que em caminho de dor e de forja ou desamor.

Mas é certo compreender que se acaso não existisse o ressurgimento da existência espiritual original também não existiria a remissão divina, e não haveria possibilidade de recomeço e novo caminho, assim como se acaso não existisse a dor não existiria a compaixão, e se não existisse o sofrimento não haveria o perdão, assim como se não houvesse a rigidez e a dureza daquele que fora o mais duro dentre os homens, não haveria Moisés sido o Guiador para caminhar e trazer de volta a esperança, a fé, a determinação o novo caminho e a paz ao qual o vosso povo junto a ele clamava em nome do Criador as vossas existências.

"O Senhor disse a Moisés: O faraó endureceu o coração: ele se obstina em não querer deixar partir o povo. Vai procurá-lo amanhã cedo, no momento em que ele sair para ir à margem do rio; os esperarão à beira do Nilo, tomarás na mão a vara que se mudou em serpente" (Êxodo 7: 14,15)

Mas não era o faraó, o homem de maior poder carnal em campo terreno, por vossas próprias determinações e vontades, e sim um servo divino cumpridor de vossa também determinação de ser, fazer e executar o que fora pelo Criador ordenado, diante de tudo aquilo ao qual ele mesmo era, possuía e por vossas próprias vontades havia desenvolvido internamente. Por isso, para que pudesse com as suas próprias forças e poderes terrenos em junção dos poderes de forças do Ser Supremo diante das ordens divinas, exteriorizar a sua audácia, destreza e insanidade, Deus, o Criador, o feriu de ousadia, arrogância e coragem, o empunhando de garra e vigor, para que ganhasse ainda mais poder de forças e credibilidade frente aos vossos servos carnais, de forma que pudesse demonstrar, toda a vossa verdade contra a verdade daquele que fora nascido para ser divinamente o Guiador. Porém enquanto lutava o filho da própria verdade contra o filho escolhido para a batalha de ser o caminho e a doutrina de Deus, o Criador, em terra de homens e espíritos, lutava o próprio Guiador em favor de ser tudo aquilo que a vossa própria verdade o fazia ser e acreditar, ou seja, o verdadeiro filho de Deus caminhando os vossos verdadeiros e nobres caminhos, ou aquele que iria vencer a batalha entre o mais forte terrenamente e o mais divinamente fortificado, não em vosso nome e sim glorificando o nome de vosso Pai Celestial, o Criador, a quem deveria não apenas lhe cumprir um culto como também entregar-se a si mesmo, em demonstração espiritual de entregar-se ao vosso Deus, a quem o aguardava em plenitude e em Verdade para junto as vossa face se estender.

Porque o caminho da doutrina ao qual ele mesmo, majestosamente, através destas duas tão fortes forças terrenas, por Ele mesmo criadas, iriam trilhar, era tão e somente o vosso caminho ordenado e escrito no livro dos caminhos divinos, para que através destas que se tornaram as maiores fortalezas de determinação e de coragem terrena, pudessem apresentar a vossa mais esplendorosa plenitude, presença e onipotência por sobre o campo terreno, diante dos olhos carnais, frente as coisas nascidas da terra, com tudo aquilo que a Ele mesmo pertence e que dele mesmo também foram nascidos.

Pois quem o ordenava para que através de vossa braveza, valentia e verdade própria, pudesse atuar, não somente sendo tudo aquilo que já o era, como também, mais forte, corajoso, impetuoso e destemido ser terreno frente as verdade do Guiador, em favor de suas próprias vontades terrenas de ser tudo aquilo que em verdade não era; porém a sua posição material o fazia acreditar ser, e possuir forças, garra, determinação e poderes além dos poderes de Moisés, era o próprio Deus de todas as coisas, todas as ordenanças e todas as Verdades.

Pois somente era ser encarnado, nascido da dinastia real em campo terreno, pois assim fora ordenado, para que pudesse ser tão grande e forte ser material, quando a própria missão exigia, pois assim era a ordem suprema que se faria cumprir através de vossos servos guerreiros; sendo um determinado e ordenado em carregar as energias divinas, junto as vossas próprias verdades e o outro determinado e ordenado em carregar as vossas próprias verdade abastecidas de vossas próprias energias sobre o vosso opositor pela força da ordenança de quem o guiava, sendo servo e servidor de vossa própria existência a Deus Todo Poderoso.

Logo, não tivera o faraó o vosso coração ferido em tentação terrena, por mera ordenança de que fosse Moisés atormentado para medirem forças ou pelo simples fato de que era o faraó mais forte em poderes e ordens terrenas em relação a Moisés e que por isso, era uma força a ser derrubada para que o Guiador se tornasse forte. Pois não era o homem nascido faraó forte, guerreiro ou corajoso por si mesmo, e sim, um servo em missão espiritual de executar a vossa própria existência em própria vontade de ser e exercer tudo aquilo ao qual era necessário para tornar Moises, o Guiador, tão forte e poderoso pelas mãos do Criador, ao quanto fosse necessário e oportuno que os pródigos fossem apresentados como poderio de força, acima das forças daquele que terrenamente era também forte, o rei de homens em terra de homens.

Escola de aprendizagem, e as magias de transformação

"Moisés respondeu: Eles não me crerão, nem me ouvirão, e vão dizer que o Senhor não me apareceu. O senhor disse-lhe: O que tens na mão? Uma vara. Joga-a por terra. Ele jogou-a por terra; e a vara transformou-se numa serpente, de modo que Moisés recuou. O Senhor disse-lhe: Estende tua mão e toma-a pela cauda, ele estendeu a mão e tomou-a, e a serpente tornou-se de novo numa vara em sua mão. É para que creiam que o Senhor, o Deus de Isaac e o Deus de Jacó, realmente te apareceu" (Êxodo 4: 1-5)

4.4 E através das forças e dos poderes celestiais, ao qual nem mesmo o vosso filho escolhido para ser o Guiador das doze nações, utilizando-se das forças e poderes divinos das quais ainda não os conhecia, porém, fora o recebedor das forças divinas transformadas em forças materiais divinas por meio da forma material orgânica em comunhão com a força espiritual celestial, pois até aquele momento não havia ele se deparado com a vossa própria missão frente a frente sendo transformada e apresentada pelo Senhor Deus, ou Àquele mesmo que o havia escolhido para ser o regente e o comandante de vossas energias em campo vibracional material onde as energias e forças materiais não são apenas energias e forças materiais distintas das energias e forças celestiais, pois todas as forças, energias e vibrações terrenas, ainda que pareçam nascer de fontes terrenas, são jorradas e regidas por um único Ser Celestial. Assim todas as forças e energias partem de uma única fonte, e esta é também a única capaz de manipular e alterar qualquer energia e emanação, pois todas as energias ainda que partidas de fontes apartadas menores, as fontes terrenas menores são regidas pelo mesmo e único manancial espiritual que a força de Luz e de Vida, o Criador.

Assim, todos os elementos, sejam estes orgânicos, inorgânicos, materiais ou espirituais, são nutridos e abastecidos pelo mesmo manancial de energias e forças, ao qual recebem da mesma fonte o vigor de energia e forças vívidas para serem vivos onde quer que estejam, independente do elo espiritual, pois todos são, ainda que materiais aos olhos carnais, espirituais, e por isso governados pelo mesmo Espírito Santo que é Deus, e ainda que as coisas materiais se multipliquem apenas em coisas também materiais, as coisas espirituais multiplicam da mesma forma coisas espirituais, porém estas comungam com as coisas materiais, pois todos possuem a mesma fonte de energia, e esta é puramente espiritual, capacitando tudo o que nasce em forma de espírito de unir-se com tudo aquilo que é nascido em força material diante da ordenança espiritual, enquanto existir determinação de que seja todas as coisas materiais espirituais. Isso quer dizer, independe da vontade do homem e sim da ordenança do Criador.

Por isso, através do simples objeto, a vara, ou seja, do objeto orgânico, fora executado sobre os vossos atentos olhos a transformação do elemento orgânico em outro elemento orgânico e novamente em seu estado materialmente nascido de forma orgânica, pois não era a vara ao qual se utilizava nada mais do que um elemento materialmente orgânico, vindo da matéria orgânica ou biológica, nascida da terra, sustentada pelas forças naturais que são regidas da Luz e da fonte de vida do Ser Supremo, e da mesma forma a serpente, tão nascida e abastecida pelas mesmas forças e poderes da mãe terra, assim como dos mesmos elementos de sustentação de vossa própria energia e vigor em campo material para ser vida e abastecida das mesmas forças e poderes divinos.

E assim, fizera Deus, o Criador, diante dos olhos de vosso também amado filho, utilizando-se de tudo o que lhe é celestialmente próprio, ou seja, o manancial de energia e luz que dentre os céus e a terra é o que de mais extraordinariamente pode existir trazendo vida ao campo terreno, e gerando forma de vida a tudo que possa existir entre o abismo e a certeza que brilha e ilumina todos os cantos de todos os elos espirituais, que pela ótica do ser encarnado que dos céus conhece apenas o azul celeste, não possui visão e autonomia para adentrar as certezas divinas do Criador, pois por serem espíritos encarnados, não podem ser capazes de vislumbrarem e contemplarem com olhos materiais a vossa única e verdadeira fonte, a fonte de energia e de luz.

Por isso, fora a vossa vontade, ordenança e desejo próprio de fazer-se glorificado através da glorificação de vosso aprendiz, que lhe mostrou todo o poder e força, alterando as forças de tudo aquilo ao qual ele mesmo concede a vida, forma, força e vitalidade para ser vivo diante de tudo o que ele mesmo ordena que seja o nutriente pela vossa graça, vossa força e vossa luz, tornando o que dele mesmo fora nascido e gerado em forma, força e modelo singular, em outra forma, força e modelo tão singularmente espiritual ao qual somente a vossa força e Luz são capazes de criar e germinar, para que através de vossa única e magnifica fortaleza de poder e gloria, pudesse não somente demonstrar, mas também ensinar e conduzir em dom divinal, o vosso servo que à partir daquele momento não seria apenas o servo aprendiz e sim o vosso espelho em reflexo de magias aos mistérios, das quais todas as formas, modelos e forças poderiam ser transformadas e alteradas sobre o vosso próprio comando e ordenança, assim como o Pai Celestial o demonstrara e o jorrava em poderes e magias para que em vosso nome e em nome de vosso mistério pudesse atuar.

E tornou-se a vara ou o simples objeto de uso necessário a jornada terrena de Moisés, ao qual o auxiliava nas tarefas e afazeres cotidianos de vossa vida material em um instrumento condutor de energias divinamente transformados pelas forças e segredos do Criador, ao qual seria à partir daquele momento o vosso mais sagrado e nobre instrumento não apenas sendo o instrumento divinal da descarga de forças e transformação do Senhor Deus como também o único e mais poderoso instrumento terreno capaz de executar toda e qualquer magia de transformação em nome do Criador, sendo utilizado de forma material por um ser carnal, ou tão carnalmente nascido da terra e do pó para ser o instrumento divino em forma de homem ao qual não apenas a vossa ordenança seria divina, como também, o vosso mais poderoso e nobre instrumento de atuação em nome Daquele que vos conduziu em terra, o fazendo homem para ser homem e Guiador em vosso próprio nome, com as vossas próprias forças, através de vossas próprias energias descarregadas pelo instrumento por ele mesmo escolhido que de luz e poderes eram carregados.

E fora através das energias e vibrações das forças que se encontram nos elementos orgânicos em campo terreno, ao qual são também espirituais, que o Criador, criador de todas as formas, forças, modelos, energias e espíritos apresentou-se em força e em Verdade, manipulando tudo aquilo que a ele pertence, pois por vossa vontade e ordenança tudo fora nascido e por vosso manancial, tudo é abastecido e frutificado e que por isso é o único que possui as forças transformadoras por meio das magias divinais em comunhão com os vossos mistérios para manipulá-los e transformá-los em novas formas e modelos por força da magia e dos mistérios celestiais que somente a ele pertencem, os tornando em formas e modelos, diferente das formas originalmente nascidas ou os transformando em modelos e formas novamente inicialmente nascidos em campo terreno, para que diante dos olhos materiais de vosso aprendiz, e a este, para que diante dos olhos de todos os seres materiais da terra utilizando-se das força e poderes únicos ao qual somente o Ser Celestial possui, pudesse elevá-lo em força, luz, gloria, santidade e em poderes sobre todas as coisas, assim como o é, para tudo e sempre. Amém.

E assim, modificando e conduzindo em ensinamento o vosso aprendiz, utilizou-se das energias próprias de cada unidade, onde cada energia parte da mesma fonte de luz, e por meio do poder de transformação, alterou não somente a unidade como a energia e as forças que formam aquela unidade em nova unidade, com os vossos poderes únicos de criação, frutificação e transformação, utilizando cada vertente própria espiritual ao qual a criação dominância e ordenança lhes são próprios; tanto das forças espirituais quanto em forças materiais orgânicas, unificando as duas energias em única verdade; culminando assim, estas duas forças em uma única força, chamada de Magia de transformação, ao qual somente Aquele que é o dono da energia e da luz, é também capaz de produzir e manipular todas as forças e todas as energias seja estas, espirituais ou orgânicas materiais, pois até mesmo as coisas orgânicas e materiais são abastecidos de maneira espiritual, pois a fonte celestial que rega os elos celestiais é o mesmo que rega e nutre o elo material lhe dando vitalidade e vigor de serem vivos.

Logo, até mesmo as energias e vibrações de forças que se encontram em campo terreno, são também forças espirituais em vertente material, sendo abastecidos da mesma fonte de energia e luz, e que por isso, regidos e governados, assim como os elos celestiais, pelo Senhor Deus e a vossa majestosa, sagrada e coberta de mistérios, divinal ordenança de que tudo seja nascido e crescido a vossa imagem, vontade e semelhança. Sendo assim, são as vossas energias jorradas de vosso manancial de poderes e forças divinas as energias da qual são manipuladas e ordenadas para comungarem e ajuntarem-se para que juntas transformando-se em única e nova energia para ser novamente regida e ordenada pelas vossas puras e nobres ordenanças sobre qualquer coisa ao qual divinamente fora por Ele criada.

Por isso, utilizando-se do tudo aquilo que celestialmente lhe é próprio e que somente a Ele pertence, ou seja, todas as unidades de forças, poderes de luz, mistérios, forças espirituais e materiais, as transformando através da chamada Magia, ao qual está nada mais significa do que a união das vertentes espirituais e materiais em única verdade e força para o mesmo objetivo e ação, onde a vertente espiritual fundindo-se a vertente material, uma nutre-se da energia da outra, e ambas as energias divinas serão nutridas pela mesma fonte de luz e de poderes, formando assim a alteração por junção das energias espirituais, onde a união das duas vibrações energéticas forma a inteireza de forças ao qual também recebem o nome de Magia de transformação, pois se transformam através da união das duas vertentes em uma nova e extraordinariamente forma a ser ordenada por quem as comanda ou as possui. E quem as ordena e as possui, possui tantas forças quanto à desta nova energia, para conduzi-la em poderes e em verdade.

E assim unindo as vertentes espirituais com a vertente material, em junção das unidades com o poder de forças das energias aos quais ambas possuem, pois Ele mesmo as torna vivas e vívidas, pela vossa vontade, apresentou ao vosso filho Moisés, a primeira Magia de transformação ao qual recebera a ordenança ou o dom de comandar e manipular por vossas próprias mãos, com o vosso instrumento de condução de energias celestiais para troca e alteração de forças e vibrações por união ou junção de vibrações energéticas espirituais, diante das ordenanças do Criador, conforme determinação em magnificente momento de apresentar-se e mostrar as forças e poderes divinos por sobre os olhos carnais dos homens da terra.

Isso quer dizer, fora apresentado ao aprendiz, a vossa primeira da muitas magias ao qual faria sobre o próprio comando diante das ordens do Senhor Deus, por meio também da junção das energias em união das forças dos elementos das unidades existentes tanto em campo terreno quanto em elo espiritual, transformando coisas materiais em coisas espirituais, pois assim como as coisas materiais são espirituais as coisas materiais ganham vida espiritual transformada pela determinação e ordenança da força e da luz de quem as rege. E sendo o Guiador o recebedor do dom celestial, este recebera a ordenança de reger e dominar todas as energias necessárias para quantas obras ou pródigos fossem necessários para a empreitada divina de condução de apresentação majestosa do real e verdadeiro regente de todas as forças e poderes terrenos e celestiais, ao qual aprenderia a manipular, não em vosso próprio nome e sim em nome de Deus, o Criador, para mostrar ao mundo o poder e a força de Ser Supremo, comandando e controlando as vossas próprias coisas, pelas vossas próprias mãos, porém pelas mãos de vosso aprendiz aos olhos da terra.

"*Ele, meteu a mão em seu seio e, quando a retirou, sua mão estava leprosa, tão branca como a neve. O Senhor disse-lhe: Mete de novo a mão em seu seio. Ele meteu de novo a mão em seu seio e, retirou-a, eis que ela se tornara como o restante de sua carne. Se não crerem, nem obedecerem à voz do primeiro pródigo, crerão à voz do segundo. Se ainda permanecerem incrédulos diante desses dois pródigos, nem te ouvirem, tomarás da água no Nilo e a derramarás por terra; a água do rio se tornará sangue sobre a terra*" (Êxodo 4: 6-9)

Mas não faria o Guiador o comandante das Magias de transformação a vosso próprio querer, pois este era guiado pelo Senhor Deus para mostrar a face do Criador, e não um guiador de si próprio para com todas as nações aos quais fora confiado a ele, por isso, cumpriria através das primeiras transformações, de magias e de mistérios celestiais as ordenanças divinas, pois não eram as vossas energias que estariam sendo manipuladas e sim às energias do próprio Senhor Deus diante de vossas próprias coisas materiais e temporais, pois ainda que detivesse alguma força de poder ou de magia própria, não sendo estas aos quais fora a ele cedida, ainda seria em forma de dom celestial, pois de alguma fonte seria nascida, ou seja, jamais seriam próprias, e sendo a fonte divina a única fonte que jorra por sobre todos os seres e todas as unidades terrenas e espirituais, estas também seriam divinas.

Por isso, ainda que o Senhor Deus conceda aos filhos da terra, dons e determinações de que utilizem das coisas materiais em harmonia com as coisas espirituais para transformarem energias em novas energias, em prol de vossas necessidades terrenas, toda e qualquer Magia de transformação a ser pelo Ser Supremo abençoada ocorrerá através das energias dos Anjos encantados, ou seja, dos Santos, regentes das fontes de energias espirituais voltadas para o campo terreno, jamais por vontade própria de quem as manipula, pois não são os seres encarnados fontes próprias de energia, estes necessitam das energias que jorram das fontes divinas. Pois em verdade quem as manipula são os Espíritos e não os seres encarnados, pois estes não possuem mananciais próprios de energias e brilhantismo de luz para transformarem da maneira ao qual desejam por vossas vontades. Por isso, ainda que possuam dons e aprendam a juntar as essências, as transformações ocorrem por força daqueles que realmente possuem forças, que são os Espíritos e não os seres encarnados, pois as vossas funções ainda que sagradas diante do serviço divino do sacerdócio espiritual, os segredos e mistérios pertence ao Rei dos reis, e Este entrega os vossos mistérios as vossas capacidades e ordenanças de dons e pródigos somete aqueles que das Escolas espirituais são regentes e não aos que das escolas espirituais são os aprendizes.

E por mais que conheçam terrenamente os elementos orgânicos, as ervas e as especiarias e tudo mais o que vem da terra, onde o elemento orgânico se faz espiritual diante das coisas de Deus, estes são utilizados apenas pelos seres que possuem os mistérios destes elementos assim como os mistérios espirituais de cada unidade de forças terrenas, que são os Espíritos sagrados, para que através destas energias em junção com as vossas próprias forças e energias, possam se valer de vossas determinações e ordenanças de transformarem por meio de vossas unidades celestiais as coisas materiais em coisas espirituais, pois as vossas unidades celestiais de poderes foram criadas e geradas pelo Ser Supremo para serem em vosso nome fontes condutoras de energias das fontes abastecidas pelo manancial do Criador; por isso, os Santos, que possuem todas as energias necessárias para que seja o elo terreno vivo, são também os únicos seres espirituais capazes de transformarem as energias, conforme as vibrações de forças dos elementos aos quais estas energias se igualam em energias próprias e secundárias, isso quer dizer energias vindas dos elementos terrenos, aos quais são também energias celestiais da fonte única de Deus.

Desta forma, nenhum ser terreno recebe diretamente as energias das fontes celestiais do Criador, a não ser através dos Espíritos de grandeza, regendo por sobre os Espíritos sagrados, para que estes que manipulam as energias celestiais voltadas para o campo terreno ajustem as energias conforme a necessidade e razão terrena de estarem pelejando novas forças e poderes em prol de reais necessidades existenciais. E sendo de real necessidade material os Espíritos unem as vossas forças com as forças dos elementos terrenos em harmonia com os seres encarnados para que tais forças se fundam e culminem em novas forças próprias, as transformando em novas energias necessárias aos seres encarnados que também são seres ou unidades espirituais, e que por isso, também sofrem influencias energéticas de transformação ou a serem transformadas.

Porém, toda e qualquer transformação que ocorra em campo terreno, seja a uma unidade encarnada ser humano, unidade encarnada animal ou unidade em forma de elemento orgânico ou inorgânico, todas as transformações somente podem ocorrer por ordenança de um Espírito sagrado ou Santo, ou um detentor da determinada força e energia a ser trocada e alterada. Logo, nenhuma energia espiritual de nenhum ser regente de nenhum elo espiritual de escola divinal, ou seja, nenhum Santo irá atuar em ordenança terrena, ou seja, os Espíritos de Luz ou os Espíritos sagrados atuam por força de vossas mais leais e fiéis ordenanças divinas de atenderem as leis e mandamentos divinos celestiais, seguindo as ordens majestosamente divinas, jamais ordenanças terrenas; pois estas, não são ordenanças a serem acatadas e sim suplicas. Por isso se acaso as suplicas ou os desejos materiais não sejam de construção em busca de elevação e progresso, estas não serão pelos Espíritos sagrados, atendidas.

Da mesma maneira as suplicas dirigidas aos espíritos servos espirituais, atuantes nas falanges ou agrupamentos de espíritos sobre a regência dos Comandantes espirituais dos Sete Reinos dos Sete Santos, pois estes, assim como os espíritos encarnados ou qualquer outro espírito celestial, não possui determinação de forças próprias para junção de energias que culminem em magias de transformação de energia, pois as vossas forças e energias partem das energias de outros Espíritos detentores das fontes de energias divinas, por isso, as vossas suplicas que não tragam crescimento em ciência, frutificação, correção, leis, garra, determinação de justiça ou elevação espiritual, também não serão atendidos, pois estes espíritos além de não possuírem ordenança de troca de energia com as fontes de energias divinas, atuam diante das leis e mandamentos sagrados de Deus.

E ainda que estivesse sobre a regência e comando espiritual de Deus o Criador, fora o vosso aprendiz da manipulação das energias em junção e harmonização das forças energéticas da terra em comunhão total a vibração e energia das energias espirituais, emanados e guiados também pelas forças e energias dos Espíritos sagrados, pois estes como sendo os regentes das energias espirituais terrenas, onde através de vossa Estrela fonte, jorraram e conduziram as vossas vibrações ao elo terreno, limpando e purificando as energias aos quais iria o Guiador caminhar e labutar, deixando esta menos densa e imprópria para que ele pudesse receber as energias do Espírito Santo, também atuaram os Anjos encantados, os Santos, concedendo as vossas próprias forças e energias para que eles, por meio das coisas materiais pudessem transformá-las nas coisas espirituais ao vosso comando, através da Magia de transformação, ao qual somente com a junção das duas vertentes se podem alcançar.

Por isso, as energias ao qual este ser, embora encarnado, aprendiz divino iria manipular, não seria utilizando as vossas energias próprias, pois nenhum ser encarnado possui, e sim por meio das energias dos Anjos encantados, porém as energias ao qual Moisés, que através das ordenanças do Criador, iria utilizar para realizar os pródigos divinos por sobre a terra, seriam energias próprias do Criador ao qual foram transformadas em vossas próprias energias e forças para que pudesse em nome do Criador, realizar os pródigos aos olhos dos homens de terra. Pois as fontes de poderes e forças de luz e mistério, da qual eram por Moisés manipulados por meio do dom da magia, ocorriam por ordem suprema do Ser Supremo unindo as vossas energias as energias terrenas, em comunhão espiritual entre a Fonte divina e as fontes menores dos Santos, onde cada pródigo era regido e governado por uma distinta energia espiritual dos sete Santos, utilizando as vossas próprias forças e poderes transformando as coisas terrenas em coisas espirituais, culminando desta forma em ações jamais vistos e apreciados por nenhum ser encarnado.

Logo, a ordem de executar tantas quantas fossem necessárias pragas ou pródigos ou magias, diante dos olhos atentos dos seres de terra, era ordem de execução divina, onde todos os Espíritos sagrados, que possuem energias da fonte divina, voltada para o campo terreno, atuaram e executaram exatamente aquilo ao qual fora a eles determinado, sendo o aprendiz a fonte de comando e de descarga de todas as energias, ou a fonte de descarga de todas as magias transformadas pelos Santos, com vossos poderes e forças ao comando de Moisés, e por vossas regências sobre das coisas terrenas, aos quais possuem domínio e comando celestial para fazerem também das vossas energias as vossas vontades perante a verdade do Criador que vos conduz em poderes e forças.

Pois o Senhor Deus concedeu a Moisés, poderes e forças espirituais terrenos, nascidas da vertente espiritual em união com a vertente orgânica, para que este, através dos elementos terrenos pudesse manipular por sobre o vosso próprio comando em comunhão com os Espíritos sagrados as energias e vibrações espirituais de cada elemento, para atuar em nome de vossa Santidade e construir assim o caminho sagrado dentre os povos da terra, em reverencia a vossa plenitude em manancial de poderes e forças.

Por isso, o Criador jorrou sobre o vosso aprendiz as vossas forças para que este fosse o caminho e em vossa plenitude celestial à proclamação de Deus em terra de homens, os aliviando o caminho terreno da dor, da servidão, desta que seria não apenas a salvação dos que sofriam em nome de vossas misérias sendo alimentados por um reinado sórdido e infeliz, como também o caminho divino de demonstrar a força, o poder e a crença sobre a fé em um único Deus por sobre todas as cabeças, inclusive a severa cabeça do faraó, imaginando-se nobre pelo fato de cobrir-se de ouro, quando o verdadeiro e nobre espírito, que embora não tivera nascido em berço de ouro, não somente adentrou ao palácio da realeza fugaz e insana, como se alimentou da mesma quase nobreza que o cobria apenas a pele de coisas materiais e não o espírito com o que realmente é nobre.

Desta forma, fora Moisés apresentado ao poder de magia e mistérios ao qual o Criador possui e manipula qualquer forma de vida existente, sendo esta forma orgânica ou qualquer forma biológica, pois assim esta poderia voltar ao seu inicial estado. Pois era Deus o regente único tanto das forças quanto as vibrações, energias e todas as coisas que em campo terreno possuem, pois tudo o que possui o campo terreno, é por vossa vontade e sobre vossas forças que vivos estão. E todos os elementos, coisa e formas que existem com as vossas energias e forças criados por vossa vontade e que por isso, os são manipuláveis pela própria energia que vos fazem vivo, a energia de viva ou a energia viva que é Deus.

E da mesma forma que o Criador utiliza-se de vossas energias, mistérios e forças para criar e gerar um espírito ou um ser espiritual a vossa imagem e semelhança, utiliza-se de vossas forças, energias e mistérios para manipular e comandar todas as coisas por Ele mesmo, gerados e criados seja no campo espiritual seja no campo material, através do sopro de vida; ao qual a inserção do espírito ao abrigo material torna a carne animada, não por vontade própria da matéria desalmada e sim do Criador que a ordena ser vivente em vosso sagrado nome. Por isso, tudo que tem vida em campo terreno material, abrigado por uma matéria que se finda em pó, parte da vontade e do desejo do Ser Supremo de que esta, seja a casa do espírito em campo terreno para cumprimento de missão espiritual da mesma forma que os demais espíritos onde o abrigo é a própria essência das vossas existências.

Assim da mesma forma ao qual Ele mesmo deseja e através de vossa mente espiritual cria e ordena que sejam vivas todas as essências e formas materiais de existência ao qual cada espírito irá se abrigar e labutar as vossas vidas diante de vossas ordenanças de poderes e forças, da mesma maneira o Senhor Deus, os ordena, os influenciam, os molda, os forjam e os manuseiam conforme a vossa ansiedade e vontade, sejam em abrigos-essências, seja em abrigos-materiais, pois ambas são formas espirituais de serem e viverem à partir do desejo do Senhor Deus as vossas existências espirituais.

Mas é certo compreender que Deus, o Criador, concedeu o direito à vida a cada ser e cada ser deve viver e exercer as vossas vontades por sobre as vossas existências espirituais conforme as vossas próprias ansiedades e vontades, e nenhum espírito irá mudar as vossas vontades espirituais e desejos, e nem mesmo o Senhor Deus irá influenciar em vossas decisões, obras e caminhos, pois Este fora quem concedeu o direito à espiritual vida a cada ser. Logo cada um possui o seu direito de caminhar, executar e construir conforme a vossa vontade, e nem mesmo o Senhor Deus irá alterar ou mudar as vossas vontades, uma vez que o caminho do Reino celestial deve ser trilhado por desejo, vontade e amor e não por imposição ou obrigação, por isso, nem mesmo do vosso Criador irá influenciar em vossas vontades e desejos terrenos.

Porém, aqueles que receberem determinação divina de atuarem em vossas ordenanças e executarem obras, pródigos e construções por sobre o vosso comando, será um instrumento espiritual em campo terreno ou campo espiritual, conforme a vontade celestial do Criador. Mas para isso, terá este ser nascido e gerado em campo terreno para ser um instrumento divino de determinada ordenança conforme a vossa caminhada de evolução pelos caminhos espirituais da confiança, da crença, da determinação e da fé divina, caminhos estes que o levará as trilhas mais elevadas o tornando preparado e único dentro de vossa preparação terrena e espiritual para ser um servidor ativo para cumprimento de determinada labuta espiritual ao qual a vossa essência e verdade estiverem prontos.

Assim, nenhuma escolha e ordenança ocorrem por sorte do destino ou de quem a executa em nome do Criador, mas sim, são determinados aqueles espíritos que se encontram em grau de aprendizado preparado para servir o Criador da maneira ao qual ele ordenar; por isso, seja este ser um animal, um inseto, um elemento natural orgânico, um elemento inorgânico espiritual ou um ser espiritual de qualquer forma animal ou humano a atuar em nome do Criador, este fora nascido para executar a vossa missão espiritual terrena conforme a vossa preparação e grau de aprendizado espiritual, para aquele momento. Sendo assim, não somente os vossos servos foram nascidos e ordenados para a missão, como todos os que participaram da ordenança divina de serem e de trilharem o caminho divino de glorificação de vosso nome em terra de homens e espírito, porque todos foram nascidos e preparados para executarem o desejo do Criador conforme as vossas preparações.

E é Deus o poder de forças que comanda e domina todos os elos espirituais, todas as forças e energias de todos os cantos do mundo com o vosso poder de forças de luz e de justiça que jorram de vosso próprio manancial de infinitude e magnificência celestial, e é Ele também que cria e ordena por meio de vossa mente espiritual que todas as coisas e unidades sejam vivas e vívidas por vossa própria vontade, juntando todas as coisas boas em uma única certeza, dando a esta certeza o nome de Éden ou de elo terreno, e esta única certeza vive e possui poder de frutificação, poder, garra, labuta, correção, ciência e justiça por vossa ordenança, eterna compaixão e misericórdia, conduzindo juntamente com os vossos mais fieis servos que sustentem todas as unidades espirituais de todos os elos sagrados com as vossas forças por vossos poderes para que sejam todos à vossa imagem e semelhança atuando em comunhão por vossa vontade.

Porém são o vosso mais terno amor e caridade que os fazem serem em campo terrenos vivos através da vertente material em união com a vertente espiritual, por meio do sopro de vida, da qual somente Ele é capaz de criar, para que sejam todos vivos por vossas forças e determinações.

E sendo o elo espiritual terreno, nascido dessa determinação de vontade divina um elo de vertentes sagradas onde uma não sobrevive sem a outra e ambas formam a unidade de forças de vossa própria força para ser viva dentre os vossos viventes, é o Senhor Deus quem a abastece e glorifica sobre a vossa regência para que todos sejam animados e esperançados por vossas energias e forças, forças estas que animam tanto a matéria quando encoraja o espírito lhe dando folego junto a carne, a mesma carne que não vive sem os demais elementos orgânicos, pois orgânico também é. E todo elemento que parte da terra de forma orgânica ou que se abastece dela que é elemento nascido da fonte de vida do criador, é pela terra manipulável em vossa forma e unidade, pois todas as coisas orgânicas são matéria espiritual abastecido pelos elementos nascidos para sustentarem as demais formas existentes.

Ora, se Moises não o conhecia e o próprio Senhor Deus em poderes e forças devido a vossa caminhada e grau de elevação espiritual, pois ainda que até aquele momento, não em forma carnal e sim em forma de espiritual, porque ainda que os vossos olhos falhassem o vosso espírito jamais falharia, pois este a milhares de anos caminhara ao lado do Pai celestial cumprindo as vossas ordenanças. E da mesma forma Deus, o vosso Criador, o conhecia em espírito, assim como conhecia as vossas forças, determinação, crença e trilhas em vosso sagrado nome, e que por isso, fora escolhido devido a vossa confiança e determinação para executar a grande obra em seu nome. Sim, era Moisés, espiritualmente próximo ao Ser Supremo em lealdade, amor e fidelidade, estando em energia e essência espiritual preparado para servir-lhe da maneira ao qual fora determinado.

Por isso, Moisés entregou-se a missão quando descalçou os vossos pés e prostrou-se frente a vossa Santidade, compreendendo não somente através do espírito como também através da carne ao qual abrigava o vosso sopro espiritual que pisava à partir daquele momento em terra sagrada, não que tivesse caminhado por terras pouco nobres até aquele momento e sim por ter sido materialmente envolto pela santidade ao qual iria caminhar utilizando-se das energias mais puras e majestosas espiritualmente ao qual os Espíritos sagrados os havia purificado até mesmo o solo de onde iria ele ter com o Senhor Deus, para que adentrasse em emanação, vibração e forças tão límpida e cândida quanto as energias divinas ao qual frente a frente se apresentava.

Por isso, pisava o servo de Deus por sobre a terra sagrada Dele mesmo e não mais em terra de enganos e de morte, pois a energia ao qual tomara o lugar de onde conversaram passou a ser sagrado, pois todo o espaço de onde se encontram o Senhor Deus, os vossos servos e servas, os Anjos celestiais, é lugar santo onde até mesmo as sandálias mais limpas são impróprias, e por isso não deverão adentrar, pois estas calcarão toda a essência do campo material de onde se pisa, e estando de pés nus o corpo veste-se apenas de pureza e santidade frente ao Criador.

Com isso, tornou-se tão nobremente puro e sagrado para que pudesse não somente atender ao chamado do Criador como ser o vosso instrumento divino, de onde a vossa divindade não seria apenas em forma espiritual e sim em forma e fluidez material, jorrando as forças e vibrações de Deus por sobre a terra.

"O Senhor disse a Moisés e a Aarão: se o faraó vos pedir um prodígio, tu dirás a Aarão, toma tua vara e joga-a diante do faraó; ela se tornará uma serpente" (Êxodo 7:9)

Ora, já era Moisés, detentor de todas as energias e forças divinas para atuar por vossas próprias forças ao qual recebera do Criador em unidade de poderes próprios para por si próprio executar toda e qualquer magia de transformação ao qual fosse necessário diante das necessidades de exaltação das forças e poderes divinos sobre as coisas da terra. E da mesma maneira qual recebera de Deus, o Criador, forças e poderes para execução, recebera também a mesma força e poder para que por vossa própria vontade e determinação pudesse ordenar ao vosso irmão Aarão para que em vosso comando executasse toda e qualquer ordem divinal a qual ele mesmo iria comandar em nome do Ser Supremo.

Mas não era Moisés, pequeno, tímido ou retraído para a execução de vossa determinação ao qual havia ele aprendido com o próprio Senhor Deus, mas sim, tão grande, forte e poderoso conforme o dom da qual havia acabado de receber que poderia ele mesmo ordenar que o vosso próprio irmão, ou aquele que fora escolhido para a empreitada divina terrena pudesse atuar por sobre o vosso comando de execução com as mesmas forças e poderes ao qual ele mesmo possuía, pois não era Moisés, o único espírito encarnado determinado e ordenado a atuar em nome do vosso Senhor, pois da mesma forma havia sido ordenado o vosso irmão mais velho, pois este também tinha a vossa própria missão espiritual para ser labutada em nome do vosso Criador ao lado de vosso mais jovem e poderoso irmão.

Mas nenhuma forma atua sendo ela apenas uma unidade de forças, e sim em comunhão com outras e diferentes unidades, desta forma não atuaria Moisés, por si só, e sim em comunhão com o vosso irmão carnal a vossa unidade em semelhança material, porém a vossa paridade espiritual, pois a junção de duas unidades de distintas forças forma a inteireza de forças ou uma nova e mais poderosa força de atuação; e era Moisés em comunhão com Aarão a unidade de forças de inteireza de fluidez e energia capaz de realizar os feitos ou os prodígios em obras de transformações. Pois assim como nenhuma energia atua sozinha, não atuaria Moisés apartado de vosso irmão espírito carnal, porém o vosso complemento espiritual, nascido da mesma determinação divina de ser a junção da unidade de forças capaz de gerar novas e maiores forças em vosso nome.

Mas a vara da qual foi transformada em serpente não foi a de Moisés, mas sim de Arão, porque era este quem deveria ganhar crença e fé em Deus e em Moisés para com ele seguir sua caminhada de aprendizagem. Porque tinha Moisés crença, obediência e fé em vosso Senhor, crença capaz de transformar e mudar, mas precisava Arão possuir a mesma verdade, uma vez que atuaria ele como servo aprendiz de Moisés.

Pois era o vosso irmão, não apenas aquele que carregaria o dom da palavra e sim aquele que carregaria a unidade de forças em junção a unidade de forças de Moisés para que juntos formassem uma nova unidade carregada de energia celestial, unidade esta indestrutível em campo terreno, pois as forças de ambos em harmonia e união espiritual formaria uma nova e única energia vibracional insolúvel em campo material, tornando assim, Moisés, mais forte, constante e estável frente às demandas energéticas negativas de vosso próprio povo.

Porque ainda que Moisés tivesse sido escolhido e determinado para o cumprimento da missão espiritual divina, ele era um ser encarnado, e as vossas forças materiais necessitariam serem aumentadas em junção com outras forças também materiais-espirituais no campo em que atuaria para o aumento de vossas próprias energias e vibrações, para que assim as vossas próprias forças fossem, não somente aumentadas como também estabilizadas em junção com uma nova força de igual emanação e semelhança de outro ser em semelhança física de origem e modelo ao qual ele mesmo era. Isso porque a união destas duas energias compostas da mesma vertente material espiritual culminava em uma nova e mais forte energia para a unidade de forças Moisés, para que este atuasse em nome do Criador em agrupamento com a vossa própria carne.

Mas não era Aarão, apenas um encarnado que por coincidência era irmão sanguíneo de Moisés, pois este também advindo das escolas espirituais de doutrina e ordenança divina estava preparado para atuar em comunhão com o ser espiritual ao qual seria o Guiador, não apenas para cumprimento de ordenança, e sim porque este também se encontrava em grau de aprendizado preparado para ser o aprendiz do próprio aprendiz, o Guiador. Por isso, além de aprendiz do próprio aprendiz divino, não poderia este errar ou falhar em vossa caminhada, pois este não caminharia por si só ou em nome de vosso irmão e sim em nome do Criador para quem o vosso irmão servia.

Desta forma, nenhuma falha ou erro, seria apenas um simples ocorrido em caminhada terrena e sim uma grande falta em caminhada espiritual divina, porque o vosso erro ou a vossa falha o retrocederia ao estágio inicial de vosso progresso evolutivo, e sendo a escola espiritual dos sete Santos de onde partira, escola divina de aprendizagem e prática espiritual ao qual havia acabado de adentrar, não poderia este mostrar-se errante, faltoso ou mesmo desleal ou infiel, pois não mais encontrava-se em escola espiritual dos Santos, de onde as falhas podem novamente serem corrigidas e sim em escola espiritual de aprendizagem divina onde as falhas culminam no retorno ao processo inicial, de onde se partem as doutrinas divinas e de onde as correções são apenas mais brandas do que a própria morte. Pois sendo a mão do Criador demasiadamente justa e verdadeira, não cabe a nenhum servo que o serve, ou ainda que sirvam aos vossos servidores, mostrar-se um ser disperso, errante, desordenado ou infiel em relação ao comprimento de exatidão daquilo ao qual preparado foi para cumprimento.

Por isso, sendo aprendiz do próprio aprendiz divino dos poderes, forças e mistérios, sendo em junção de força a nova força que trabalharia em nome do Criador juntamente com Moises, a quem lhes daria as ordens a se cumprir em vossa determinação de tudo aquilo ao qual a vossa energia e capacidade espiritual encontrava-se pronta, conforme a vossa competência espiritual da qual já estava preparado para cumprir, fora o vosso irmão o vosso próprio aprendiz das forças, energias e mistérios do Criador; pois ainda que do mesmo cálice não fosse beber da gloria do mesmo caminho espiritual, do mesmo fel se abasteceria para lapidação e elevação de vosso espírito.

Pródigos espirituais, e as magias de transformação

"E lhes dirá: O Senhor Deus, o Deus dos hebreus, mandou-me a ti para dizer-te: Deixa ir o povo, para que me preste culto no deserto. Até agora não me escutaste. Eis que diz o Senhor: nisso reconhecerás que eu sou o Senhor: vou ferir as águas do Nilo com a vara que tenho na mão e elas se mudarão em sangue" (Êxodo 7:16,17)

4.5 Pois enquanto se dedicava Moisés, em estar frente a força e a ordenança do Criador em cumprir a vossa obrigação de prestar-lhe culto, prostrando-se a vossa mais fiel, honesta e dedicada coragem, também encontrava-se a força e a determinação do vosso irmão, o faraó, ou filho da própria verdade, em ser tão forte e determinado em não lhe deixar seguir com o vosso povo para cumprir com aquilo ao qual a vossa crença, soberba e arrogância não conhecia ou acreditava.

Pois em vossa intolerância, rei a quem deviam prostrar-se e dedicar culto, era apenas a vossa majestade real, àquela criada em terra de homens, construída em suntuosos castelos de pedras, recoberto de ouro e suor vindo da dor dos demais homens que ainda que não o idolatrassem o serviam de objeto humano enriquecendo ainda mais em vossa crenças terrenas de ser o mais elevado e nobre ser terreno, coroado com coroa de sangue escorrida daqueles que o serviam a soberba para que se tornasse cada vez mais elevado por possuir pedras e mais pedras empilhadas em formato de palácio e cidadelas, que também ao vosso entendimento, era coisa real.

Mas a vossa realeza, entendia-se apenas aos homens que do sangue e da dor da escravidão o faziam nobre, pois a vossa nobreza erguida de pedras sobre pedras, servia apenas para terra de insanos e escravos; pois o vosso desatino que se fazia rei, o fazia apenas rei de homens escravizados na dor de serem escravo do rei da dor, o faraó. Pois ainda que tivesse tudo em vossas mãos e em vosso alcance, não possuía o que verdadeiramente possui aquele que nascido para ser nobre possuía diante de vossa riqueza; a verdadeira riqueza de ser o servo nobre aprendiz do Criador, o Rei dos reis, o dono da terra e do ouro. Porque tudo o que nasce ou brota da terra, pertence a um único ser e o nome deste é Deus, o Criador, por isso, ainda que possuísse ouro, prata ou qualquer coisa que o tornasse rico ou nobre devido as vossas posses, vestes e poder, ainda assim, não passava de um servo divino utilizando-se de vossas coisas em vossa casa sagrada chamada terra.

Pois tudo o que pertence a terra pertence ao Criador, também dono dela. Logo, ainda que possuísse os mais caros cântaros, cheios das mais puras e nobres bebidas ou abastecidos com os mais valiosos jarros esculpidos com as mais puras pedrarias ainda assim, todo o vosso luxuoso despojo pertencia ao chão da terra, pois da terra nascera tudo o que se torna nobre, assim como tudo o que se torna nada quando a ela regressa em morte. Assim, era o rei da dor, poderoso em posses, que a terra pertencia, e nada em verdade, pois essa sim partia de vossa existência.

Mas a terra concede ao ser tudo aquilo que ele irá necessitar em vossa existência material em missão espiritual, ou seja, todas as armas da qual irá precisar para lutar e labutar a vossa caminhada em campo terreno, onde a terra irá oferecer todas as armas, recursos e auxilio para que as vossas lutas sejam resguardadas e nutridas de tudo o que ela mesma poderá ofertar para fortificar os seus filhos nascidos dela mesma. E assim como Moisés, o Guiador, necessitava de sua vara, pois esta que não era apenas um simples instrumento de apoio material e sim o condutor de forças divinas para caminhada terrena de labuta celestial, da mesma maneira o faraó, recoberto de ouro, armas, palácios, fortalezas, e homens recobria-se de tudo ao qual, nascidos da terra o fazia grade e poderoso ser terreno para também lutar e labutar a luta divina em nome do Criador.

Por isso, foram os vossos servos ou servidores tão poderosos e extremos em vossas vontades e necessidades aos quais as vossas forças e poderes pudessem ser as vossas próprias vontades aos olhos dos encarnados que diante das majestosas e extremas forças aos quais cada um de vossos servos empunham-se perante as vossas limitações e forças, para que o vosso regente único, o verdadeiro poder de forças pudesse por sobre eles, atuar e mostrar-se com a vossa majestosa e benevolente força, frente aos desejos e poderes terrenos, que nada mais eram que forças e poderes limitados que ao pó da terra, não somente não poderiam vencer como também, nascidos da terra e alimentados pelas forças e emanações desta, que nada pode ser se não for pelo Criador emanados e abastecidos.

Portanto, nem os vossos mais poderosos homens materiais, ou seja, tanto o faraó quanto Moisés, nada eram perante a verdadeira força e poder existente dentre os céus e a terra, ao qual ambos nada eram e jamais seriam se acaso não fosse pelo Criador permitido, tanto em existência material quanto em poderes e forças para mostrarem-se tão fortes e poderosos diante dos maiores poderes terrenos, elevando desta forma as forças e os mandamentos celestiais de Deus, o Criador do mundo de vos mesmos os ordenara.

Porque tudo o que existe de ordem material no campo terreno pertence ao Ser Supremo, assim como tudo o que existe em todos os elos espirituais, de onde as fontes e as nascentes de luz encontram-se tão próximos em unidade e em verdade. Ou seja, tudo o que existe de ordem material no campo terreno pertence ao Ser Supremo, assim como tudo o que existe em todos os elos espirituais, todas as potestades, principados e reinos divinos, pois nada existe sem o Senhor Deus, porque tudo pertence a Deus, assim como nenhum grão de areia existe sem sua exata razão e necessidade; e assim tudo o que existe, seja em elo espiritual seja em elo material, existe por ordenança de Deus, o Criador, e vossos poderes de forças de que tudo seja vivo e vívido por vossa determinação e vontade de que tudo seja um complemento espiritual de todas as coisas existentes entre os céus e a terra...

Logo nenhum ser, seja animal ou vegetal, da mesma forma nenhum elemento seja orgânico ou inorgânico, existe em terra sem que seja pela majestosa e sublime determinação de que este seja, o elo espiritual sagrado de maior composição de elementos de quantidade, volume e tamanhos, criados a imagem e semelhança para satisfazer as necessidades dos seres que neste campo habitam por ordem de Deus que os criou, da maneira mais bela, sublime e esplendorosa aos vossos olhos, para ser não apenas o mais belo, como também o mais nutritivo, vivo e múltiplo com vossas próprias sementes plantadas por vossa incontestável e esplendorosa misericórdia, de forma que todos sejam o reflexo de vossos amáveis olhos e vossas solenes vontades de serem seres similares em forma e desejo de doar-se em amor e caridade aos vossos próximos.

Por isso, tudo o que existe em campo terreno, ou todas as sementes existentes neste elo espiritual, chamado elo terreno, pertence ao Senhor Deus, pois foram todos criados do vosso próprio seio para alimentar e tornar vivo todas as vidas que faz nascer e conhecer-se em campo espiritual, onde todas as forças deste elo são abastecidas pela única fonte celestial, e que por isso, todos os elementos orgânicos e inorgânicos, são também elementos espirituais e estão diretamente ligados aos campos celestiais, não somente por serem abastecidos celestialmente e sim por fazer parte da verdade celestial de quem os criou. Logo o poder de criação e vida das quais todos fazem parte da mesma Verdade, é o poder que os conduzem vivos ou mortos, sendo todos guiados de forma igualitária através de todas as forças de todos os comandos de todas as energias jorradas misericordiosamente da fonte única de Deus.

E todos os animais, os vegetais, os elementos orgânicos e inorgânicos são parte viva da composição de formas e energias divinas para formação do campo terreno, onde tudo o que neste elo não apenas é abastecido por Ele mesmo com também é parte dele, pois dele necessita comungar para continuar vivo se alimentando dele mesmo. Assim, todas as formas de vida terrena como os elementos biológicos orgânicos ou elementos inorgânicos são elementos espirituais que recebem o sopro da vida espiritual para ser vida terrena, para que sejam vivos ainda que de forma não animada, vivos de forma espiritual, pois assim é o desejo do Criador quando os constituiu e são por isso, elementos divinos constituídos das forças divinas pelas próprias mãos do Criador.

Assim, tudo o que é nascido em campo terreno, criado ou não a imagem e semelhança do Criador, aos olhos dos encarnados, tudo possui energia e emanação divina do Criador, pois tudo o pertencente e por ele é também manipulado sobre a vossa regência ou a regência de vossos servos e servas, os Espíritos sagrados, conhecidos também como Santos. Onde cada um dos sete anjos domina e manipula distintas energias orgânicas ou inorgânicas, recebedoras de sopro de vida ou "sopro de vida espiritual", que é aquele que sentido espiritual forma as coisas inorgânicas ou os elementos espirituais. Por isso até mesmo estes elementos são emanados e alimentados em energia celestial tanto do Criador quanto dos Espíritos que os regem, os Espíritos sagrados, para que os fortifiquem e os governem sobre vossas fluidezes de forças em ressonância de emanação de tudo aquilo da qual necessitam para pertencerem ao elo espiritual terra, e os demais elementos orgânicos necessitam para se abastecerem em campo terreno em compartilhamento de energia e fluidez de forças, uma vez que nenhum elemento seja este orgânico ou inorgânico sobrevivem sem comungar com os demais elementos existentes no mesmo elo espiritual, pois todos foram criados da forma que o são para receberem e entregarem-se em energia e fluidez de forças uns aos outros, formando assim uma grande e espiritual fraternidade celestial de poderes e forças sagradas jorrando as forças do Criador por sobre a terra a fazendo viva e frutífera conforme a ordenança divina.

E assim são alimentados em poderes e forças espirituais todas as coisas existentes em campo terreno, pois se acaso nenhuma força de vida, ou seja, nenhum elemento orgânico ou inorgânico fosse alimentado em elo espiritual sagrado chamado terra, nenhuma vida existiria por sobre o elemento árido, pois nem este existira para receber e entregar energias e forças que o tornasse vivido em vigor e fluidez de vossas próprias forças. Pois as vossas forças são encontradas nos elementos criados para comungarem entre si, onde as mesmas energias que abastecem a vida humana por meio da emanação e vibração energética aos quais os elementos possuem divinamente para existirem e servirem de alimento espiritual dos seres da terra são encontrados tanto nos elementos quanto na própria terra, fato este conhecido como poder de frutificação da vida terrena pela força da terra.

E o poder de frutificação da vida terrena pela força da terra, é a força da mãe terra concedendo vida a todos os vossos filhos carnais e inorgânicos, ou a força do maior poder de emanação e forças existentes entre o céu e o campo terreno concedendo vida a todas as vidas; poder este que carrega todos os outros poderes sobre vossas certezas. Ou seja, carrega o poder de fluidez e forças de cada indivíduo e cada unidade espiritual individualmente sobre o solo árido que a constitui, sendo este elemento, a própria terra que rege e guia todas as forças de tudo que sobre ela existe e emana de si mesmo.

Por isso, além de ser o mais antigo elemento criado pelo Criador, e concedido em poderes e forças para ser regido e governado por uma determinada emanação de forças ordenada celestialmente com poderes e mistérios próprios de nome Santo, é este Santo o detentor da mais forte e rígida dentre todas as fontes de emanações divinas sobre a terra dentre todos os Espíritos sagrados, constituídos para reger e governar os elementos dentro desta que por ser a mais velha condução de forças existente criada por Deus, para que possa comandar e manipular todas as forças de todas as unidades pela sua própria força e rigidez, a vida que concede e resguarda todas as vidas sobre a vossa própria vida. Pois este que é considerado através de vosso regente, Espírito sagrado, o Santo mais velho, e por isso, de maior poder dentre todos os outros Santos, não por possuir mais forças que os demais Espíritos sagrados e sim por possuir mais tempo de existência espiritual entre os céus e a terra, pois fora este criado e gerado antes de qualquer outro Espírito sagrado para reger e conduzir os segredos existentes entre Deus e os vossos filhos, espíritos nascidos em solo sagrado terreno. É o Santo que possui poder de comandar, ordenar, e controlar todas as forças que nascem das forças da terra que por ele, mesmo é governado.

Por isso, possui o poder concedido pelo Criador para que em vosso campo de atuação possa manipular, executar e manobrar tudo aquilo que sobre o sopro divino de vida espiritual em campo terreno possui forças e poderes para serem vivos, possuem poder para manipular e alterar todas as forças e energias que sobre a vossa regência alimenta-se e também atua. Desta forma, os Santos, ou os Espíritos sagrados possuem o poder concedido pelo Criador para que em vossos campos de atuações possam alterar, modificar ou manipular tudo aquilo que recebe sopro divino ou possua espírito em campo terreno, pois este além de ser campo espiritual toda a energia que circula e jorra é nascida da fonte divina do Criador, fonte que concede serem vivos e vívidos e por isso, todas as coisas materiais são manipuláveis pelas forças e poderes espirituais, pois espíritos também são.

"O Nilo fervera de rã que subirão para invadir tua habitação, teu quarto, teu leito, as casas de teu povo, os teus fornos e tuas amassadeiras... Levanta tua vara e fere o pó da terra para que se transforme em mosquitos em todo o Egito... Se recusares

mandarei moscas sobre tua pessoa, tua gente, teu povo, tuas casas: as casas do egípcios serão todas invadidas por elas... Ela se tornará uma poeira que se espalhará por todo o Egito, e haverá em todo o Egito, sobre os homens e sobre os animais, tumores que se arrebentarão em úlceras" (Êxodo 7: 28 - 8: 12,17 - 9: 9).

Ora, mas não fizera o Guiador nada extraordinariamente fora da capacidade daquilo que do campo terreno existe, brota ou de forma orgânica e natural forma-se, sobre a emanação do que nasce e surge de forma natural espiritual no campo sagrado sobre a emanação do Criador sobre tudo o que é vosso, e aos vossos servos e servas os Espíritos sagrados concede poderes e ordenança. Por isso, não foram as chamadas, pragas, nada além daquilo que orgânico é, pois ainda que de forma espiritual tenham os pródigos executado grandes e poderosas obras de observação aos olhos dos encarnados, tudo fora de maneira orgânica criado e executado, pois, somente poderia ser manipulado em campo terreno as coisas terrenamente nascidas e surgidas, porque ainda que seja o Ser Supremo, Espírito Santo, majestade de força e grande as vossas ordenanças é sobre as coisas materialmente orgânica ou inorgânica, pois assim é este elo espiritual composto.

Assim, todas as pragas ou pródigos em nome do Criador foram realizados com as forças e modelos de coisas existentes, nada novamente criado exclusivamente para esta obra, pois são os elementos já criados como as formas orgânicas e biológicas, os elementos manipuláveis, caso contrário sequer entenderiam o que estava ocorrendo, pois se acaso as magias fossem realizadas com unidades e formas desconhecidas ou criadas exclusivamente para esta jornada espiritual de missão terrena, nenhum ser seria capaz de entender com os vossos próprios olhos o que de fato estaria ocorrendo, pois desconheceriam os olhos materiais, assim também não conseguiriam compreender a exatidão dos pródigos vindos de Moisés pelas ordenanças divinas.

Desta forma, fora concedido ao Guiador através da vara condutora de energia divina, para que pudesse ordenar aos Espíritos sagrados para que estes pudessem alterar e transformar todas as coisas divinamente criadas e geradas pelo mesmo Deus quem os ordenou que através de vosso instrumento pudesse não somente ordenar, como também ser a força transformadora em proclamação de ordenança de troca de energia e sentido de tudo aquilo que dele mesmo havia nascido e sido gerado com a força das sete forças que regem e dominam os elementos naturalmente nascidos das certezas do Criador, pois somente aquele que gera e cria é também capaz de mudar, alterar e manipular por vossos poderes. Poder este de ordenança, que somente um ser poderia ser capaz de possuir, tendo sido concedido em dom celestial pelo próprio Deus que o guiava e ordenava que fosse a vossa parcela de forças e poderes em campo terreno, forças estas que seriam modificadas e alteradas pela proclamação de tudo o que deveria mudar e alterada pela ordenança de vosso instrumento, a vara celestial, comandando em ordem suprema juntamente com os Santos, ou seja, ordenando assim como o próprio Senhor Deus os ordenava que se cumprissem as determinações de vosso aprendiz em campo terreno, assim como Ele mesmo proclama aos seus servos e servas, os Espíritos sagrados que o façam.

Mas fora o Criador quem concedeu aos vossos Espíritos sagrados, os Santos, o poder de comandar e alterar todas as forças e energias que existem em cada unidade divinamente criada em campo terreno, poder este também conhecido como "Magias de transformação divina dos mistérios divinos de cada Santo", onde as energias de cada unidade ou espírito em campo terreno podem ser alteradas e transformadas em novas forças e emanações pela capacidade que vos cabem ordenança, quando estes desejam alterar e fazer-se valer de vossas forças, poderes e energias, pois são as vossas próprias vontades quem ordenam e comandam as demais forças e poderes menores com as vossas forças celestiais.

Da mesma forma concedeu ao vosso ser espiritual em matéria carnal, Moisés, poderes e forças para que este em junção com as forças dos Espíritos sagrados pudesse com vosso instrumento divinamente sagrado, ser tão grande em poderes e forças aos olhos materiais quanto são os Espíritos sagrados, para que ordenasse que todas as energias e forças se juntassem em único sentido ou direção, para que estas fossem transformadas pela Magia de transformação aos quais os Santos manipulam e alteram as essências com vossas próprias energias, transformando em outras unidades as unidades de cada espécie que labutaria para a gloria e glorificação do Senhor Deus em terra de homens e espíritos; para que assim, pudessem todos reconhecer o Ser Supremo que vos jorram a vossa santificada força como a única e mais potente força sobre todas as energias existentes em terra, pois as forças terrenas ainda que grandes e fortes apenas existem pois o Senhor Deus as fez e concedeu como são, por isso, nenhuma força ou poder jamais será tão forte e grandiosa quanto a vossa própria força.

Ora, se não foram os pródigos a união das mesmas espécies de animais ou insetos, a manipulação da energia dos mesmos seres de formato e estrutura física e modelo em cadeia animal para junção das energias das mesmas unidades em ordenança espiritual de que todos os seres da mesma naturalidade compondo-se em mesma cadeia pudessem servir a ordenança de Moisés, uma vez que todos os pródigos ou todas as magias de transformação, foram realizadas utilizando-se das unidades de espécie animal do reino de cada espécie animal terrena, pois todos além de serem seres vivos nascidos do mesmo sopro de vida, eram serem espirituais, recebedores de um espíritos divino, e que por isso, também cumpridores de vossas missões de serem, embora animais nascidos em formato e conhecimento e ciência diferente dos homens encarnados, seres cumpridores de determinação espiritual em campo terreno, assim como todos aqueles que atuarem na mesma batalha de glorificação santa.

Logo a junção dos seres da mesma espécie animal em harmonia e ordenança divina de cumprimento de missão também espiritual, formados em transformação de magia e de mistério divino atendendo a ordem suprema de executarem a labuta celestial ordenada através do Guiador, ou seja, do espírito nascido para ser o aprendiz divino, executando as ordens do Senhor Deus, onde as vossas ordens vindas do Senhor Deus também são ordens celestiais e por isso, prontamente atendidas pelos seres orgânicos nascidos da determinação do Senhor Deus, que eram também os seres animais ou insetos ou repteis seres nascidos do seio divino de serem e cumprirem a missão celestial de servir ao Deus Criador em missão espiritual de transformação de unidade individual, juntando-se as demais unidades de vossas próprias espécies para servirem ao Criador.

Pois era o Guiador, o vosso represente dos poderes e forças a serem executados e ministrados por vossas próprias mãos, sendo conduzido pelas mãos de Deus, que o fortalecia e o emana para que toda e qualquer ordem vinda de vossa sentença carnal, fosse em terra para todos aqueles ordenados, a própria ordem do Criador por sobre vossas cabeças.

Desta forma não fizera o vosso aprendiz nada além do que os próprios Espíritos, os Espíritos sagrados o fazem por meio de vossas magistrais forças e poderes que não as magias de transformação de tudo aquilo que possui vida e força de vida, pois as vossas energias incalculáveis e inimagináveis aos olhos dos seres da terra, são energias capaz de transformar e mudar tudo o que as vossas próprias forças manipulam e regem. Desta forma, não apenas a união das unidades terrenas que possuem sopro de vida poderiam ser manipuladas e unidas em uma única direção de energia, pela ordenança do Guiador, que após aprender a comandar e ordenar as forças das unidades nascidas do sopro divino o fizera, como também a mortandade do gado e a transformação da água em sangue.

Porque tudo o que nasce com a ordenança divina de Deus, para que se cumpra uma ordem celestial, possui o seu momento de nascimento e passagem espiritual, e esta passagem se dá apenas no momento em que a missão houver se concretizado. Desta forma tudo o que fora nascido com a determinação de cumprimento de missão espiritual de glorificação de Deus através de vosso aprendiz divino, Moisés, cumpriu divinamente a missão celestial, de ser um servo de Deus atuando com o vosso aprendiz para ser também parte da história divina e executar tudo aquilo pelo qual viera ao campo terreno executar.

Por isso, não foram às águas feitas em sangue por força de magia terrena através das mãos de Moisés, pois não era este nenhuma espécie de mago que cria e recria coisas materiais ou espirituais por vossa vontade ou desejo, e sim um servidor divino que atendeu as determinações divinas, pois a vossa ordenança era de manipular as coisas já existentes juntamente com os Espíritos sagrados e não de criar aos olhos de seu povo, coisas que nem eles compreenderiam o que de fato ocorreria. Pois aquelas espécies nativas da terra que desfaleceram a vossas carnes materiais em sangue, para que as águas se formassem rubra, como os animais, que entregaram as vossas carnes materiais ao pó da terra, tornando-se novamente a Deus através dos espíritos, foram nascidos e criados para que as vossas existências fossem parte da missão espiritual da história divina do Criador; e que por isso, as vossas existências terrenas se cumpriram em missão divina no momento em que as vossas peles se deslocaram em harmonia com a determinação da hora mais sublime para um espírito, a hora chegada de regressar a casa do Pai que vos concedeu a vida para que o servissem como vos serviu.

Mas era o aprendiz divino um servo ordenado a ordenar a manipulação das coisas nascidas de maneira espiritual-orgânica, pois até mesmo as coisas orgânicas nascidas da terra possuem essência espiritual criadas da fonte divina de poderes e força divinas, e estes seres que derramaram-se em sangue ou no chão da terra, foram nascidos para executarem as vossas missões de servirem ao Criador da maneira ao qual ele mesmo determinou, e assim o grandiosamente o fizeram.

Ora, se não são as úlceras ou a doença a transformação da própria carne na carne de quem ainda é carne para mostrar a força e o poder de Deus sobre todas as carnes de todas as espécies nascidas em abrigo material por força da missão ao qual cada um que desfalece ou sofre pela própria forma de vida possui em si mesmo. Pois não é a doença, nada além da matéria de quem ainda é matéria, sendo tudo aquilo que acredita ser e possuir; e ainda que esta não seja o caminho para a morte da carne, esta é a força daquilo que é vida sendo vida através da vida que vive e sofre por ser a si mesma, desfalecendo e encobrindo a si mesma de tormenta, dor e enfermidade de ser nada além de matéria que voltará ao pó pela força da própria carne que se rompe dela mesma. Pois nisso, encontra-se a força e o poder de Deus sobre tudo o que ainda é carne, e acredita ser além de carne que se findará da dor de ser apenas matéria que será vencida pelo pó de onde um dia nascera, pela força, determinação e ordenança de Deus Pai quem a emana as vossas forças para ser o abrigo todas as vidas e formas de vida carnais; que um dia para ela voltará, seja através da dor da carne se desfazendo dela mesma na forma de doença, seja através do rompimento da hora chegada em um piscar de olhos materiais.

Assim, não fizera nada além das possibilidades realmente naturais daquilo que já existe neste campo, pois não era o Guiador, criador de coisas espirituais ou materiais, e sim apenas o condutor das forças e energias capazes de alterar estas forças e energias, alocando as energias já existentes, culminando em alteração das energias das próprias coisas, elementos e espécies orgânicas espirituais existentes, pela ordenança daquilo que o vosso Senhor Deus determina, pois nem mesmo os vossos pródigos eram por ele mesmo transformado, mas sim ordenados por vossas capacidades espirituais recebida de Deus para orquestrar os poderes e forças espirituais de forma a manipular as energias espirituais das demais coisas espirituais em comunhão com os Espíritos regentes destas.

Por isso, não fizera ele nada além das possibilidades realmente naturais daquilo que existe em campo terreno, uma vez que as forças a serem manipuladas são as forças de tudo aquilo que existe e emana em elo espiritual-material, transformadas em vossas composições de origem, por isso, nada do que fora realizado por vossas mãos, são magias ou mistérios transformados além daquilo que realmente existe neste elo sagrado, pois as magias são realizadas com as coisas ou as forças e modelos de espécies e qualidades orgânicas existentes, ou seja, nada além do que existe espiritualmente no elo terra.

"Eu poderia, num instante, estender a minha mão, ferir-te de peste, tu e teu povo; e tu já terias desaparecido da terra, é para que vejas o meu poder, e que o meu nome seja glorificado por toda a terra" (Êxodo 9: 15,16)

Mas não fora a própria terra transformada para atender a ordenança do Guiador, de fazer o dia virar noite, e sim as forças da escuridão trazida com as energias que já existem em vosso solo para dentro do elemento árido como forma de apresentar-se da forma que verdadeiramente é. Pois as energias dos elementos que formam as partículas inorgânicas dos elementos da esfera terra que compõe a massa terrena e que comungam com os demais elementos inorgânicos e orgânicos espirituais, que são também aqueles elementos regidos pelos Santos, as fontes de fortificação não somente da unidade terra, em oblação com a mãe natureza como também a força de luz de frutificação e fortificação de todos os seres espirituais em terra, que transformadas em junção espiritual para cumprimento de missão ao qual a ordenança de Moisés, por sobre o Anjos encantados os fez transformarem-se por meio da Magia de transformação em tempestade ou trevas, são as forças dos elementos espirituais de sustentação da terra viva, culminando em tudo aquilo ao qual a própria terra vos tem a oferecer e entregar perante as ordens e determinações divinas do Deus, o Criador de todas elas.

Pois não está o abismo ou as trevas em vossa existência distante dos poderes divinos celestiais, alimento da terra viva, pois até mesmo o campo terreno fora por meio do abismo criado. Isso quer dizer, se a própria terra se faz a partir do abismo, possui o Deus Todo Poderoso, poderes, não somente para iluminar as trevas, transformando-a em vida e em campo de luz habitável aos seus filhos e filhas, com o poder de vossas magias e mistérios, como também, forças e luz celestial para mantê-lo em vossa forma e unidade verdadeira ao qual ele mesmo é abismo e escuridão.

Porém, sendo os elementos inorgânicos e orgânicos o sustentáculo espiritual de emanação de luz divina em formas e fontes de sustentação da camada do solo e do firmamento, tornando a terra viva em forma sagrada, é através de vossos servos divinos atuando em campo material para cumprimento de toda e qualquer ordenança que parta da vontade do Criador de que este que embora tenha um dia sido escuridão, possa ser luz e vida para abrigar todas as formas vivas existentes nele.

E sendo o vosso aprendiz a vossa força, a vossa ordenança e as vossas mãos atuando por força da própria força que é Deus, foram estes ajuntados e transformados não somente na escuridão do abismo que além de cobrir a terra, mostrando-se em vossa forma mais extrema, sem luz ou qualquer alteração divina celestial; apresentando-se com toda a sua robustez de forças da qual puramente se compõe em extremidade dos poderes e formas negativas, além das energias ao qual circulam em campo terreno; por isso, encontram-se as margens da esfera material da terra, a disposição de todas as forças que assim como ela mesma se formam e se fazem em similaridade, poderosas forças opostas e destrutivas ao elo espiritual terra.

Por isso, foram estas apresentadas aos seres da terra por meio da também oposta obstinação do faraó, para que pudessem conhecer e vislumbrar o poder de forças que as forças que compõe o próprio solo de onde pisam possuem. Pois é através desta que é a maior e mais fulminante energia ao qual o solo terreno não poderia se sustentar em fluidez e energia, pois no momento em que as vossas próprias energias terrenas fossem totalmente trocadas ou substituídas pelas energias do abismo ou das trevas que além de destruir, causaria destruição por asfixia, devido incompatibilidade gasosa do ar, causaria cegueira devido à incompatibilidade da fluidez de energia gasosa atmosférica, bem como a destruição de todos os elementos vivos devido também à escassez de energia límpida ao qual o Criador deposita e jorra por sobre a camada terrena com as vossas próprias mãos, e que a fluidez de energia com carga energética jorradas das trevas em forma de tempestade, ou seja, o ajuntamento das partículas gasosas ou a própria existência trevosa, isso quer dizer, a escuridão que o abismo possui em seu real e extraordinário mistério; mistério este que transforma não somente o abismo em campo terreno habitável, como também ainda possui o próprio abismo a vossa elementar e própria forma intocável de robustez e forças sendo ainda vivo e vívido de vossa própria unidade de poderes e forças de destruição e mácula divinal. A obstinação culminaria no extermínio da terra sagrada em abismo e escuridão.

Por isso, a introdução do abismo por sobre o campo terreno, traria novamente o nada existencial do campo terreno, se acaso permitido fosse pelo Ser Supremo que os mantém apartados, tanto trevas em forma e abismo quanto campo terreno nascido do próprio abismo em campo de fluidez de poderes e forças de luz, abastecidos pela luz e vívido em formas e em forças celestiais pelas mãos do Criador. Porque o abrigo da escuridão por sobre a esfera terrena, ou a vossa fluidez de forças e composição de magias e mistérios negros jorrando e alterando todas as energias límpidas do Criador, exterminaria todos os elementos orgânicos existentes causando a morte de tudo que possui sopro de vida por sobre o elo espiritual terreno.

Mas mostrou o Criador através de Moisés, usando de vossas energias e poderes de transformação, a transformação de todas as energias e forças se alimentando das energias e forças opostas as energias da qual devem ser utilizadas em campo terreno, pois se acaso essas energias tomassem o lugar da fluidez de forças límpidas que o campo terreno possui, não somente estariam todos sobre a emanação das forças dos abismos como estariam diante do abismo e suas forças, transformando a terra em campo negativo, e impossível de ser pelos seres habitados, assim todos padeceriam e se tornariam parte do próprio abismo. Pois a robustez de forças ao qual o abismo possui é a mesma robustez ao qual o campo terreno necessita para ser vívido, ou seja, o mesmo poder de forças ao qual a tempestade se formou e desceu dos céus em forma negra recoberta de escuridão e fluidez negativa, é a mesma em que a terra necessita para ser viva e manter alimentados os seus seres vivos.

"Para que contes aos teus filhos e os teus netos as maravilhas que fiz no Egito e os pródigos que operei no meio deles, e para que saibas que eu sou o Senhor" (Êxodo 10: 2)

Desta forma, apresentou Deus, o Criador o céu e a terra, os poderes divinos celestiais e orgânicos espirituais aos quais rege, comanda e governa por vossa própria ordenança. Pois tudo o que é nascido do pó, sobre o pó sobreviverá e ao pó retornará, e tudo o que é nascido do espírito ao espírito regressará, pois assim cumpre-se a determinação de todo aquilo que nascido em forma carnal em campo espiritual terreno se faz vivo, sobre as coisas espirituais que sobre a ordem suprema se faz leal e fiel.

E todo aquele que se faz leal e fiel às ordenanças de vosso Senhor Deus ao Espírito Santo regressará e todo aquele que se faz obstinado em vossas próprias verdades ao abismo regressará, pois ainda que o abismo, força oposta da luz em escuridão lhes pareça ser distante das energias sagradas do Criador, este é este regido e governado pelas forças do Ser Supremo, que o manipula e o ordena que assim como todas as outras forças se faça força límpida e pura. Pois acima das forças e energias suprema do Criador não existem nem poderes e nem forças que ultrapassem a vossa sublime e poderosa energia, e nem mesmo a escuridão das forças negras do abismo em vossa pureza constituição de forças e determinação, podem ser ou aproximar-se em robustez e emanação as forças de Deus único, que rege sobre ele e o torna em qualquer coisa, assim como o torna em ambiente puro e límpido para que os vossos filhos e filhas possam abrigar.

Pois a proclamação de que haja luz sobre o nada, não é apenas uma ordenança de que o escuro se faça luz e sim a força e o poder de Deus sobre todas as coisas apresentando-se e ordenando que se faça o que o maior em poderes e forças ordena, inclusive sobre a magia do negro abismo, tornando-se límpido em solo habitável em luz divina.

Por isso, as mãos do vosso Senhor Deus é demasiadamente forte, dura e pesada contra aqueles que desejam caminhar por sobre as vossas próprias leis, acreditando ser forte e possuidor de coisa da qual nem ele mesmo sabe de onde vem, ou quem os emana e os cria em força, ciência, determinação, conhecimento e coragem para que cumpra com lealdade a vossa missão, de ser apenas o que deve ser não sendo nada além daquilo que já o é. Pois quem é verdadeiramente forte, vigoroso, sublime e esplendorosamente grande é Deus, a vossa Santidade de poderes e forças, pois ainda que sejam fortes e reconhecidos em vossas eras e tempos, apenas o Senhor Deus é o Deus de todas as coisas que nunca passará.

Porque Deus, o Criador, é o Deus de todos os tempos, todas as eras espirituais, todas as potestades, todos os reinados, todos os elos espirituais e todos os seres nascidos de vossa luz, que caminham sobre a vossa luz ou ainda aqueles que caminham sem ela. Por isso, somente o Criador é o único sobre todas as coisas, sejam estas a vossa direita ou a vossa esquerda celestial. Amém.

E ainda que sejam, fortes e robustos, as vossas fortalezas, são as forças do Criador sobre as vossas determinações, para que trabalhem e atuam em vossas certezas sobre o vosso nome e não sobre os vossos próprios nomes, pois estes que grandes nomes possuem em campo terreno atuando em vossas próprias verdades, jamais selarão os novos nomes nos elos celestiais. Portanto, sejam honestos e leais ao verdadeiro Rei dos reis, pois até mesmo aquele que acreditava ser rei, era apenas rei de homens e a vossa fortaleza nada mais era do que as forças de Deus sobre vossa cabeça, o tonando forte ou endurecido para cumprimento de missão espiritual. Logo nem mesmo as vossas inverdades, calcadas de próprias verdades o pertencia, pois até o vosso espírito coberto de insanidades e falsidades pertencia a Deus quem o criou.

E assim se fez Deus sobre todos os seres e todas as coisas descendo aos campos materiais, por meio de vosso servo, o aprendiz.

Pois foram as pragas ou os pródigos, o derramamento das energias divinas em junção com as energias de vosso aprendiz, o Guiador, onde as vossas próprias energias em união com as energias dos Espíritos sagrados, regentes de todas as coisas que entre os céus e a terra, são as forças e poderes celestiais de emanações por sobre as coisas orgânicas e inorgânicas, fazendo com que estas sejam vivas e crescentes delas mesmas pelas forças e poderes da natureza que além do chão da terra se fazem frutificar, brotar e crescer através da fluidez de energia dos Espíritos sagrados, os Santos, pois lhes foi concedido à ordenança de alimentar, frutificar e calçar cada ser espiritual que da terra nascerá, bem como o dever se ser a luz e o caminho que os levarão aos caminhos espirituais do Pai Supremo, ainda que as trilhas sejam dolorosas e os façam chorar a dor de desejarem trilhar em outros caminhos menos brandos e verdadeiros deles mesmos. Pois tudo o que os Espíritos sagrados for determinado, as vossas certezas executarão em nome do Criador, até que vos façam compreender e adentrar a luz celestial que em terra de homens também brilha.

E assim, aos seres encarnados foi concedido o direito de serem vivos e vivenciarem tudo aos quais as vossas missões terrenas os encaminham, sendo vivos e animados em vida terrena sobre o chão da terra que os sustentam e fornecem o alimento carnal e espiritual da vida celestial em forma material.

Logo, as energias das coisas existentes manipuladas para executarem em ordenança divina tudo aquilo ao qual Moises com vossas próprias mãos utilizando-se de vosso condutor de energias celestial, ordenava que assim fizessem as coisas e os elementos vivos, pois sendo às energias essências vivas, somente através das energias vivas ao qual cada espécie ou elemento possui, é que se pode realizar as magias, transformando as coisas em outras coisas, ou fazendo com que as unidades executem uma ordenança por força da ordem de que exerça.

E desta forma, mostrou-se a todos os vossos filhos e filhas de terra, a força e o poder de vossas mãos sobre todas as vossas coisas, criadas e ordenadas a serem exatamente o que são, pois devem espiritualmente ser, executando tudo aquilo ao qual ele mesmo ordenado, vivenciando e alimentando-se de tudo aquilo que ele mesmo os alimentou em poderes e energias, pois as vossas forças são as verdadeiras forças ao qual não se pode existir, labutar ou sobreviver seja onde for, sem que seja pela vossa determinação e vontade.

CAPÍTULO 5
Fundação da Congregação Espírita, pelo Senhor Deus

Libertando as almas e formando a Congregação

"Moisés Respondeu: Tu mesmo nos porás nas mãos o que precisamos para oferecermos sacrifício e holocausto ao Senhor, nosso Deus. Além disso, nossos animais virão conosco; nem uma unha ficará, porque é deles que devemos tomar o que precisamos para fazer nosso culto ao Senhor nosso Deus. Enquanto não tivermos chegado lá, não sabemos de que nos serviremos para prestar nosso culto ao Senhor" (Êxodo 10: 25, 26)

5. E nem mesmo o vosso servo aprendiz sabia de fato o que iriam prestar em culto ao vosso Senhor, porque a ele não haviam sido reveladas as intenções de Deus para com o vosso povo, embora soubesse o servo Aprendiz, que a vossa missão era caminhar com o povo escolhido pelo Senhor rumo a libertação de vossas almas, não a libertação que solta e desprende as amarras, e sim a liberdade que vos concede o direito de serem, caminharem e escolherem os caminhos mais puros e belos pelas veredas da luz e da paz, pelo direito divino de serem livres e feliz em vossas unidades através de vossos também sagrados irmãos, pela emancipação das inverdades ou das falsas verdades que os prendiam não somente em escravidão de corpo pela servidão, como também pela escravidão de almas, pelas doutrinas baseadas em deuses mundanos.

Por isso, a liberdade ao qual encaminharia Moisés, o seu povo, era rumo não somente a soltura dos corpos, e sim pela união em verdades de todos os povos de Israel, seguindo ao vosso Deus em amor e em verdade pela observação dos mandamentos sagrados. Porém, como se operariam as obras divinais em terra pela união de todos os povos, nem mesmo ele sabia, mas sabia ele que caminharia rumo à promessa do Criador em direção a sua mais longa viagem.

Pois assim como o vosso próprio aprendiz desconhecia os planos de Deus para com as vossas unidades, ainda que caminhasse com à vossa santidade em campo terreno, nenhum ser carnal-espiritual ou espiritual-celestial além daqueles que carregam as chaves dos selos espirituais de cada espírito conhecendo cada linha escrita nos livros da vida de cada essência espiritual, nenhum outro ser tem a ordenança de conhecer os mistérios divinos acerca de vossas verdades, seja em campo terreno seja em elo espiritual, além Dele mesmo, que é a chave mestra divinal que sela e macula todos os mistérios de vossos mistérios celestiais, mistérios estes que compõe cada unidade existencial com a vossa própria luz, mantendo cada filho e filha vivo em essência e em espírito, seja em terra seja em campo espiritual.

Mas é o Senhor Deus, mácula divinal de segredos e mistérios espirituais, recoberto do mais puro e santificado ocultismo, selado e aberto em vossa luz, que é composta de vossa própria prudência de incompatibilidade espiritual com qualquer outra unidade criada por Ele mesmo; ainda que revestida da mais límpida e cândida brancura espiritual, recoberta de dons e magias, jamais poderão conhecer ou adentrar aos segredos e mistérios revestidos da alvura sacra divina, constituída de composição extraordinariamente sigilosa e privativa da unidade da pureza e eternitude Santa de Verdade, de gloria, e de majestade do Senhor Deus. A não ser que a esta unidade seja revelado os vossos segredos por benevolência e confiança diante de uma solene e magistral ordenança de determinação inigualável em precisão singular de missão extraordinariamente sagrada e santificada por Ele mesmo.

E assim como é feito constituído de honras, magias, ocultismos e luz própria. É também constituído de máculas e mistérios, e os vossos mistérios são a composição de vossa própria luz, que faz gerar a luz do mundo e conceder brilhantismo e vivacidade a tudo o que dele mesmo nasce, sendo a única verdade espiritual aos quais os encarnados bem como os demais espíritos pertencentes aos demais elos espirituais, assim como os vossos servos e servas de vossa gloria e majestade possuem, pois cada um possui exatamente de Deus aquilo ao qual necessitam para o cumprimento de vossas missões, sejam estes Príncipes celestiais, Santos, Espíritos sagrados, Comandantes espirituais, Guiadores divinos, servos aprendizes, servos da luz e dos luzeiros em elos de remissão ou ainda os espíritos seres encarnados.

Portanto, tudo o que necessita o encarnado e vossos semelhantes, encontrarão em vossas mãos no momento oportuno em que as vossas caminhadas estiverem firmes e caminharem de forma pura e leal a vossa santidade, para que através de vossos esforços em seguirem os passos que vos levarão a casa do Pai celestial, tenham as vossas mãos cobertas com as certezas em forma de ofertas, ao qual esta será a parte divinal em junção com a parte material, aos quais ambos caminham juntos em gloria e elevação divina. Pois da mesma forma ao qual não deixarás o Deus Criador os vossos filhos sem o vosso pão e o vosso labor em vossa casa sagrada e santificada pelas mãos de Deus, para que sejam capazes de lhes prestar gratificações, em forma de cultos e ofertas.

Da mesma forma não deixaras que aqueles que lutam e batalham em vosso nome se apresentem de mão vazias, pois os presentes de vossas mãos serão ainda, os presentes ofertados pelo Criador através da mãe natureza, para que sirvam em mesa farta de lealdade e fidelidade com vossos esforços em vosso nome; pois as ofertas trazidas por vossas mãos que representam os vossos suores, os vossos sentimentos e as vossas caridades, representa a si mesmos ofertando-se daquilo ao qual o próprio Senhor Deus vos proporcionará em seu sagrado nome, em vossa própria casa, o campo terreno.

Pois ainda que a mesa não esteja farta, mas as vossas mãos continuem labutando, os vossos corações estarão cheio de energia e vigor, trabalhando e confiando na promessa do Senhor Deus que vos concedeu o direito de serem vivos e de lutarem pelo chão da terra ao qual ele mesmo vos concedeu em proclamação de amor e de gloria para que fossem fecundos e amáveis com os vosso chão, cuidando e preservando tudo o que nos havia ofertado em gênese de existência humana da recriação do mundo e dos seres que nele habitariam, sendo os vossos servos e servidores, cuidadores e colhedores dos frutos benditos de vossas existências carnais.

Assim caminhou Moisés, durante todo o período ao qual o Senhor Deus vos concedeu a honra de servir-lhe sendo o vosso aprendiz, com lealdade, devoção, obediência, dignidade e respeito, sendo não apenas o aprendiz como também o devoto servo prostrado às certezas do Criador.

Porque ainda que vossa labuta em missão sagrada fosse determinada, eram os vossos passos, as vossas mãos e a vossa devoção que o faria caminhar bravamente lutando em nome do Criador, contra a força da maior força terrena existente entre os homens da terra, que além de não conhecerem o verdadeiro Deus, regozijavam-se diante de si mesmos frente a inúmeros deuses de madeira e de pedra, nascidos da vontade terrena de adoração de um ser que pudesse vos ser a fisionomia da representação daquele que seria a explicação e o motivo de vossas caminhadas e existências, pela lealdade de vossas devoções, pela matéria ou pela carne, por isso, de maneira vulgar bem distante da verdade do Criador.

Pois aqueles que se prostravam a deuses mundanos bem como aqueles que diziam possuir o domínio ou a capacidade de exercem influência ou proximidade com estes deuses, os colocando como os únicos e verdadeiros deuses, responsáveis por vossas unidades materiais a qual deveriam adoração e inflamação de vossas sentenças e verdade.

Não que estes não o fossem, pois as vossas regras e rituais os tinham como sendo a única verdade dentre todas as verdades, porém não eram estes deuses criados em terra, o Deus único de poderes e forças, o divino Espírito Santo, nascido de força celestial de brilhantismo supremo dele mesmo. E sim figuras expostas de entidades criadas de maneira torpe e insana por insensatos da terra.

Não somente em busca de vossas verdades existências como também pelo prazer do engano da carne, para o domínio ou imposição de vossas dominâncias e poderes através de atos enganosos ritualísticos baseados em inverdades e falsidade, pela ânsia da venda de um deus que pudesse satisfazer os olhos carnais em troca de proclamarem-se superiores ou desfrutarem do vil metal ao qual estas vendas vos serviriam, para elevarem ainda mais as suas posições terrenas em torno da mentira e da farsa. Que além de não trazerem o benefício da consagração espiritual pela força do poder divinal espiritual ao qual somente o Senhor vos poderia conceder, os distanciavam ainda mais das verdades de Deus e dos caminhos da luz e da paz que a união de todas as nações em única direção pela verdade do único e verdadeiro Deus, o Senhor Deus, vos unir.

Desta forma, cada vez que se regozijavam as vossas devoções de nada pela busca da elevação da carne pela carne, vendendo-se ou recebendo a carne pela carne, mais escravizados e penosos encontravam-se, sendo não apenas escravos de faraós pelo sérvio braçal, como também escravos de uma sociedade baseada em idolatria a ídolos de madeira e de pedra, mais cativa de inverdades, dores e lamentações do que pelos próprios faraós que os acorrentavam apenas os pés e as mãos para dar-lhes as vossas migalhas pelo esforço mal pago pela força da opressão anos após anos.

Porque a maior escravidão ainda não é aquela que escraviza pela força física e sim aquela que prende e acorrenta pela força da crença e da fé em direção oposta a verdade do Criador, pelo direito de serem livres, amarem e serem amados conforme deseja o Criador a todos os filhos da terra, vivenciando e caminhando em plena harmonia pela união de vossas mesmas verdades, ao qual se perde e se trancafia pelas mão de homens inescrupulosos, pela força que a inverdade de desviarem os vossos caminhos pela determinação do seguimento dos mandamentos sagrados é capaz de fazer, os encaminhando em favor de seus próprios mandamentos, os mandamentos da falsidade e da escravidão do espírito em direção as veredas do prejuízo da venda compra e da venda de vossas carnes, pela paga de serem elevados apenas pela matéria, ao qual distante das verdade de Deus caminham.

Porém enquanto lutava e batalhava o servo do Deus em busca do verdadeiro sentido de existência, voltado as vossas crenças e certezas ao verdadeiro Rei dos reis, amor e verdade em forma de cura e caridade ao qual conhecia bem. Caminhava por amor, dedicação e devoção e não por imposição, medo ou sacrifício, pois as suas verdades ainda que dolorosas diante das falsas verdades do mundo, eram as verdades que o abasteciam a alma onde a esperança lutava juntamente com ele dia após dia, na concretização não apenas da ordenança, mas também da sua própria verdade em salvar o seu povo da escravidão que vos escravizavam o corpo e a alma.

Mas não a libertação da servidão do ser, pois esta não era apenas uma labuta pela soltura de matéria em campo de dor já impregnada de si mesma, e sim a liberdade espiritual da essência espiritual junto a matéria abrigada em campo de sofrimento no caminho pela busca da promessa de serem todos libertos de vossas próprias escravaturas em forma de penitência da carne perante as vossas certezas espirituais de serem salvos e libertos de vossas próprias moradas de erros e sujeição em forma de escravidão.

Por isso, a liberdade ao qual buscava encaminhar os vossos irmãos, não era a liberdade da matéria em campo terreno menos doloroso, porque ainda que entrassem em terras menos ardentes pela fúria daqueles que os atacavam e os escravizavam, e ainda assim, não conhecessem o vosso Senhor Deus, Deus do amor e da salvação, tampouco se prostrasse ao vosso poder de misericórdia e salvação, viveriam da amargura de serem escravos de si mesmos, dentro de vossas próprias escravidões e medos longe de verdade espiritual de serem salvos; pois não seriam salvos apenas do chão da terra, pois a terra da promessa, nada de melhor ou menos danoso possuiria, se a verdade não partir de dentro de quem os pisa o solo.

Desta forma a liberdade acima de ser material em terras ternas, era a concretização de vossa missão celestial em nome da glorificação de Deus Pai Todo Poderoso que o regia e o conduzia; pois se acaso aqueles que eram considerados escravos e idólatras de deuses mundanos vivendo das migalhas que os abasteciam o suor, soubessem que de fato eram escravos, escravos de faraós e escravos de deuses de barro, nascidos de pó da terra; sendo os escravos em maior número perante os donos de vossas prisões materiais, delas teriam antes mesmo da chegada do vosso Guiador se rebelado e libertado as vossas carnes e vossas certezas.

Porém, vislumbrou Moisés os dois lados de ser homem nascido em terra sagrada, sendo adotado e aparentado membro da realeza, do dono de escravos e ao mesmo tempo verdadeiro filho carnal de escravos, em terra de rei de homens e de dores, no Egito. Assim, ele conhecia os dois lados das duas faces das duas realidades de vidas que batalhavam e se esforçavam para viverem as vossas verdades e as vossas inverdades, onde um era alimentado pela sua própria verdade em se autoproclamar o próprio deus do seu povo e de todos os povos, autoconsagrado e adorado as custa de duras penalidades, elevando assim, os vossos poderes, enquanto o sangue jorrava das solas e das mãos de vossos servos e construtores de cárceres e fortalezas, aos quais a vossa pobre, quase majestade, esbanjava o poder que o valia para ser considerado um deus perante as dores dos que a ele se prostravam.

E enquanto o outro lado lutava para que pudesse ser alimentado das sobras e das migalhas que pouco lhes saciavam a fome, adorando a deuses de nada, mas que lhes ofereciam a promessa de lhes saciarem o desejo de serem livres e felizes em corpo material. Porém, o alimento aos quais as vossas fomes sentiam necessidades, não era o alimento do prazer pela matéria e sim o alimento espiritual, o alimento experimentado não pela carne apenas, mas sim pela matéria em comunhão com o espírito, ou seja, o alimento em forma de liberdade de ser e de sentir a vida terrena verdadeiramente a ser vivida,

vida aquela que já havia sido ofertada pelo Ser Supremo, desde o momento de vossas criações, porém ainda não a conheciam.

Isso quer dizer, a sensação de serem nascidos de outra atmosfera terrena ou posição menos humilhante e degradante as vossas existências matérias, podendo conhecer os seus direitos e não apenas deveres de serem escravos de tudo o que lhes cercavam e aos seus descendentes e filhos, para andarem em terras menos tortuosas e de sacrifícios diferente aquelas que o Senhor havia lhes ofertado inicialmente, onde a dura realidade rebentava as vossas peles já torturadas e dilaceradas para servirem de objeto de suntuosidade para que assim, pudessem alimentar as vossas existências pelos restos que lhes cabiam em tão valiosa existência carnal ao qual uma sobra imunda também valia em igual similaridade as vossas existências.

Mas precisou Moises, o filho e servo do Criador, conhecer as duas faces das duas verdades, da verdade da vida carnal de seus ascendentes e irmãos, bem como de seus aparentados reais e nobres em terra de homens, de desuses e de escravos, para que pudesse angariar forças e determinação para atuar em favor de vossos descendentes e outros que ainda que não lhe coubesse descendência, porém viviam a mesma realidade existencial de serem nascidos como escravos da dor, punidos por serem sem crença verdadeira no Deus único ou qualquer outra forma de certeza e doutrina que os fizessem serem mais fortes e pelejarem pelas vossas existências, sendo da divindade terrena, o faraó, servos e súditos pela dor e pelo amor de os servirem em labuta e em devoção de nada.

Ora, se não soubesse o aprendiz o que era a dor pela auto proclamação, a degradação, a injustiça, a humilhação, a idolatria, o poder das falsas verdades, a falta de coragem, a lamentação, a descrença, à força sendo força apenas pela força dos menos fortes, ou a força sendo forte apenas pelo esforço de ser forte e grande, ainda que seja falsa e pequena, jamais poderia ele lutar em favor daqueles que sofriam em busca de salvação e libertação de vossas dores e sofrimentos, muitas vezes sem terem resposta do porquê sofriam tanto em campo sagrado terreno, uma vez que eram leais e se prostravam a seus deuses infames da qual depositavam crença.

Mas é certo que ainda que os vossos irmãos sofressem a dor de terem sido nascidos no campo da dor, sofria ainda mais o entronado faraó, por ser nascido da própria verdade, carregando o peso de vossa falsa verdade por desconhecer a si mesmo e buscar a vossa glorificação de forma carnal e material, devastando a própria alma espiritual ao qual o Criador também o havia concedido, alma da qual em pouco tempo o colocaria frente a verdadeira vida, distante da vida carnal, e esta não se acovardaria em cobrá-lo de todas as vossas faltas e injustiças terrenas em favor de suas inverdades, autoproclamações e injustiças, não somente contra seu povo mas também contra Deus, Todo Poderoso Deus.

Mas se não houvesse Moisés, sido príncipe real da nobreza terrena ao qual o faraó lhe era aparentado em laço terreno, não poderia ele jamais compreender o que viria a ser a dor de ser escravo ou a dor de ser um rei de sacrilégios nascido da própria dor de servir a própria verdade sendo escravo e servo de si mesmo. E assim se fez o Guiador, conhecedor dos dois lados das duas vidas, embora vividas no mesmo campo terreno de formas distintas, mas ambas em dor e sofrimento.

"Moisés disse: Eis o que diz o Senhor: Pela meia-noite passarei através do Egito. E morrerá todo primogênito na terra do Egito, desde o primogênito do faraó que deverá assentar-se no trono, até o primogênito do escravo que faz girar o mó, assim como todos os primogênitos dos animais. Quando aos Israelitas, porém, desde os homens até os animais, ninguém, nem mesmo um cão moverá a sua língua. Sabereis assim como o senhor fez distinção entre os egípcios e os israelitas" (Êxodo 11: 4,5,7)

Mas precisava o Guiador libertar primeiramente as próprias vidas de cada descendente escravizado para que estes pudessem em sacrifício de verdade prestar o vosso culto ao Senhor Deus quem vos prometia tirar da servidão da dor, não apenas os direcionando em terras menos duras, pois esta nada poderia ser, além de elemento árido a ser calçado os vossos pés, se acaso não estivessem libertos de vossas crenças, medos e dores, e sim em sentido de existência reconhecendo a si mesmos, como servos e devotos do único e verdadeiro Deus salvador de vossas plenitudes existenciais formadas pelo amor do Ser Supremo quem vos concedeu o direito à vida e a missão de serem parte de vossa sagrada história de liberdade de vossas existências, através do conhecimento da verdade e da luz que vos guiaria adiante de alma.

Por isso, de nada adiantaria serem livres e adentrarem a caminhada divina de serem salvos e libertos de vossas injustiças e iniquidades, se acaso não cressem em Deus, não cressem em vosso poder segundo a introdução de Moisés, o vosso aprendiz, sobre a regência e comando Dele mesmo, não somente em palavras como também diante dos muitos dos pródigos apresentados para todos pudessem não somente crer como também prostrarem-se as vossas determinações, sabendo que era este o único e verdadeiro Deus, o Deus da dominância espiritual e material, sobre todos os seres e elementos, o único capaz de mudar, alterar e transformar qualquer coisa, qualquer unidade, qualquer caminho e qualquer vida, ou seja, bem diferente dos deuses da qual acreditavam.

Então, antes mesmo de seguirem para a longa viagem espiritual de consagração e glorificação ao qual o deserto os serviria de nova casa por longos anos, instaurou o Senhor a primeira e verdadeira Congregação, a Congregação Espírita, unindo todos os seres em uma única verdade, para que pudessem seguir uma única direção, observando os vossos preceitos e prescrições, de forma que se fortalecessem e unissem em uma única e verdadeira orientação para que assim pudessem se preparar para as labutas espirituais das quais iriam à partir daquele momento enfrentar e juntos congregar em oblação ao Senhor Deus que vos dirigiria pela força de vossa determinação de serem inseridos aos caminhos sagrados de libertação material e espiritual de vossas existências, buscando assim a elevação de vossas plenitudes espirituais junto ao a vossa santidade.

Pois as vossas missões espirituais de adentrarem as terras do deserto que vos levariam as terras da promessa, não seriam menos dolorosas e sacrificantes do que as terras de tortura e de dor de onde sairiam depois da liberdade de terem sido por milhares de anos escravos do faraó, se acaso não acreditassem em vossos poderes e forças de condução de magia de transformação, mistérios e segredos celestiais, aos quais com as vossas próprias mãos os encaminhariam aos caminhos santificados das quais os Anjos encantados possuem a determinação de guiar os filhos e filhas da terra. Porque estes que foram escolhidos e nascidos da determinação de serem os andantes da terra da promessa seriam também aqueles que fariam da história divina sendo guiados pelo próprio Senhor Deus retirados não somente da terra da dor como também da terra do lamento e da idolatria.

E desceram ao campo terreno com a ordenança de serem guiados e com os vossos próprios olhos conduzidos através do filho escolhido de para ser o condutor dos pródigos ao qual Ele mesmo orientou e promoveu para que através destes, a vossa força e o vosso poder fosse apresentado a toda a terra por todas as nações viventes neste elo espiritual para todas as gerações conheçam e o reconheçam como o único e verdadeiro salvador, e com isso, glorifiquem eternamente ao vosso Senhor Deus.

Mas todos aqueles escolhidos para fazerem parte da história divina, assim como o vosso amado filho escolhido para ser aprendiz, receberam igualmente o direito de escolherem os vossos caminhos e assim, trilharem diante das veredas sagradas do Rei dos reis, ou continuarem a servir em escravidão ao rei da dor, em terra de sangue e escravidão, pois nenhum ser espiritual, seja este espírito pleno ou espírito encarnado, é ou será obrigado a servir ou seguir os caminhos santificados ao qual o Criador vos escreveu se acaso esta não for a vossa verdadeira verdade e vontade, pois o direito de ser livre e escolher os vossos caminhos são concedidos a todos os filhos divinos, ainda que estes sejam ordenados em missão celestial ou não, porém cada um receberá a recompensa e o galardão da serem e servirem as vossas escolhas diante daquilo que vos aguardam aos vossos retornos em elos espirituais.

E fora o aprendiz, a força e a garra, demonstrando através dos pródigos divinos a força e o poder de Deus sobre todas as coisas nascidas e geradas por força de vossa luz ao vosso próprio seio, para ser tudo aquilo ao qual através de vossos mistérios e magias possam ser transformados em terra sagrada para crescer, reproduzir e gerar forças em cada unidade nascida para cumprirem as vossas missões espirituais, ainda que as vossas missões sejam servirem ao

Criador da forma ao qual ele mesmo determinar quando da necessidade de labutar em ordenança santa, para que através de tudo o que lhe pertence, assim como os vossos filhos gerados e criados de vossa eterna luz, possam ser o caminho e a luz uns dos outros, quando todos estiverem prostrados na mesma direção, e assim, todos o reconheçam, e se regozijem em amor e em verdade.

"Porque a verdade única do Criador é a verdade que deve existir dentre todas as nações e todos os povos, caso contrário nenhuma nação conseguirá alcançar a vossa evolução pessoal e espiritual de elevação sagrada. Porque serão sempre escravos e escravizados pelos senhores de si mesmos, que os manterão em cativeiros existenciais de vossas próprias falsas verdades, os domando submissos em culpas e medos por vontade própria, bem distante da busca da elevação espiritual. Pois os que aprisionam os vossos irmãos criando verdades próprias em nome de Deus, sequer conhecem as coisas sagradas divinas, e por isso, caminhão diante das coisas celestiais e bem próximo as inverdades mundanas, dizendo-se em nome do Criador. Não por serem egoístas e sim por desconhecerem e eles mesmos, e a verdadeira face do Deus único. E por não conhecerem verdadeiramente a verdade celestial do Pai eterno, serão todos! falsos profetas e seguidores, escravos das falsas verdades que os cercarão as matérias, pois sequer chegarão próximo as vossas almas para vos ajudarem a libertarem-se de vossas escravaturas pessoais aos quais as coisas materiais os acorrentarão". (Senhor Sete Encruzilhadas).

"Pois a verdade divina é aquela que liberta e não aquela que acorrenta seja pelo motivo que for, ainda que o escravo seja o escravizado ou o próprio rei que vos causa a escravidão da dor de crer, ser aquilo que não é, e ainda tentar progredir daquilo que não existe. Por isso, aquele que liberto vive em caminho sagrado buscando as verdades divinas, através daqueles que com o Espírito Santo dormem a destra, sendo de Deus, missionários e servos espirituais, desvencilhando-se de suas correntes e caminhando fora de celas terrenas e existências, seguirão sim, longos caminhos, porém caminhos verdadeiros e de luz em busca da vossa própria salvação, pois esta não possui trilhas sem atalhos; e ainda que as estradas sejam cumpridas e árduas enxergarão as flores e os seus perfumes adornando estes caminhos santos da qual o próprio Senhor Deus também os conduzirão." (Senhor Sete Encruzilhadas).

Por isso, fora o aprendiz a força e a garra, demonstrado através dos pródigos divinos a força e o poder de Deus, através de vossas magias, transformando tudo aquilo ao qual através de vossos mistérios é nascido em terra sagrada para crescer, reproduzir e gerar forças em cada unidade de forças nascida em terra; forças estas ao qual o próprio Deus utiliza quando da necessidade de ordenança divina, para que através de tudo o que lhe pertence, assim como os vossos filhos, possa para que também os vossos filhos o reconhecesse e a Ele se regozijassem em verdade e em amor, pois se acaso as vossas verdades fossem diferentes das verdades do Moisés, o aprendiz divino, padeceriam em terras sangrentas pelas forças da dor que ali existia antes mesmo deles nascerem.

Por isso, antes de terem sido introduzidos ao caminho da promessa, foram todos apresentados ao Senhor Deus em poder e em verdade, observando atentos nos pródigos e crendo naquilo ao qual Moisés os instruíam, trazendo em vossos peitos a determinação, a força, a garra e a confiança de serem livres, selados a Deus Pai. Por isso, antes mesmo de partirem para a longa jornada de serem libertos de vossas escravidões materiais e principalmente espirituais, conheceriam o poder de Deus sobre todas as coisas, de forma que fossem libertos também de vossas crenças idólatras e ideias mundanas acerca da real e verdadeira divindade, o Espírito Santo, que os conduziriam portas a fora com as vossas confianças, mais sólidas e fortes, neles mesmos e em vosso Salvador.

E fora não pela força, mas o amor, a coragem e a determinação que ganhou a confiança do Senhor Deus para que através de vossa esperança e determinação que diante da missão a ele determinada, pudesse não somente ser o Guiador, conduzindo todo o povo escolhido para fazer parte da história divina como também ser o introdutor da doutrina da congregação espiritual da qual iria se formar, para que pudesse fortificar e qualificar os filhos da caminhada terrena, para que estes se tornassem além de fortes em junção e harmonia com as forças de Moisés, também fortes de si mesmos, podendo ser libertos e apartados de vossas dores e pesares materiais aos quais viviam. Pois de nada adiantaria serem libertos de vossas carnes em dor, se as vossas verdades eram mais presas que as próprias escravaturas da qual obedeciam por falta de terem as vossas próprias verdades, esperanças, devoção e doutrina espiritual, nascida da fonte verdadeira de Deus, o Criador, para que pudessem assim como o Guiador, serem os vossos próprios guiadores de vossas próprias verdades e dedicação prostrada ao Senhor Deus, quem os iria conduzir em amor e compaixão pela saga de serem filhos e servos divinos no caminho evolutivo divino para encontrarem a verdadeira terra da promessa, a terra espiritual que vos aguardava, assim como aguarda a todos que nascidos do pó são.

E diante do novo pródigo do poder maior de Deus, ao qual o Senhor havia comunicado a Moisés, em relação à morte de todos os primogênitos, e frente aos benignos feitos, já presenciados aos quais haviam testificado com vossos próprios olhos, todos creram nas palavras de Moisés quando dizia este, sobre o poder maior que diante da terra desceria e se apresentaria da forma e aspecto que verdadeiramente era. Ou seja, forte e poderoso regente magistral de todas as coisas e todas as formam que neste campo existem por vossa própria ordenança e determinação, e por isso, se apresentaria da maneira aos quais as vossas forças pudessem facilmente dentre os homens da terra, nascidos de vossa eternitude, poder e gloria, ser vislumbradas e acompanhadas por aqueles que nela cressem, pois dela era os nascidos da própria gloria para glorifica-lo.

Pois esta que causaria certo assombro, também causaria regozijo, reverência e adoração e todos nele creriam e se prostrariam em respeito e dignidade por vossa magnitude, força e esplendor.

E os demais homens terrenos, ou aqueles que não cressem nas palavras de Moisés, quanto o pródigo maior de poder e força divina que a caminho da terra se encontrava, se prostrariam da mesma forma. Talvez não em campo terreno ou não em alegria, porém todos se prostrariam perante o verdadeiro Rei dos reis, descido a terra Dele mesmo, ensinando e doutrinando os vossos filhos por Ele mesmo, que comandando e alimentando os vossos servos e servas, os aprendizes espirituais do verdadeiro alimento divino ao qual um ser espiritual necessita para caminhar sobre as certezas divinas, descera trazendo o próprio alimento da qual o campo terreno não sobreviveria ainda que tivesse todas as fontes de energia e de luz voltadas para este que é um elo que sobrevive, pois recebe força e luz da luz espiritual para todas as necessidades.

Porém, esta fonte que gera alimento, sendo emanado pela Fonte Única que é abastecida de ordenança, de luz, de determinação e de correção recebe o nome de Fonte da Justiça. E está, é a força de maior poder divino, do qual o próprio Senhor Deus desceria para alimentar os vossos filhos encarnados que dela necessitavam, e sempre necessitarão para caminharem sobre os campos terrenos. E ainda que a justiça aos olhos dos encarnados pareça ser injusta ou não justa esta não deve ser confundida com a justiça terrena, ou a força de justiça aplicada pelos homens da terra aos homens da terra. Porque a Fonte da Justiça é para o Criador a força do pêndulo da qual a espada de vossos Espíritos sagrados marcam em vossas mãos, espada que caminha diante de todos os povos, todos os elos, todos os tempos e todos os atos; sendo horas justa e sendo horas a força mais justa em favor de Deus, não a justiça dos homens e sim a sobre a justiça Daquele quem a criou para ser forte ordenada e corretiva.

E mesmo que ainda cressem mais em vossos deuses de pó, juntaram-se ao filho Aprendiz, não pelo amor e pela devoção ao vosso nome ou ao vosso Deus e sim pela dúvida de que poderia ser este o único e verdadeiro Deus que buscavam, pois era o único que fazia-se grande através de suntuosos feitos terrenos, e lhes prometia muitos outros, assim como uma terra que jorrava leite, mel e paz, coisa da qual os vossos deuses não poderiam lhes ofertar. E assim, uniram-se numa grande nação de seguidores da doutrina da esperança e da obediência, esquecendo-se momentaneamente de seus falsos desuses da escravidão de corpo e de alma; pois ainda que cressem que a maior escravidão fosse das correntes das quais usavam em vossas pernas, as verdadeiras correntes eram aquelas que estavam sendo soltas e os libertando de vossas descrenças, desesperanças, desgraças e dores, aos quais, no mesmo momento em que se juntavam a Moisés em crença e em obediência voltando as vossas próprias vidas com a ajuda do Senhor Deus e de vosso filho o aprendiz, Moisés, em forma de nova devoção ao verdadeiro Deus. Formando assim, o elo vivo da preliminar Congregação Espiritual regida e comandada pelo Deus vivo que vos conduzia em amor e em compaixão e em caridade de forma vívida no sentido e sentimento de cada um daqueles homens que juntos caminhariam os caminhos sagrados espirituais Dele mesmo.

    Ou seja, por meio da junção de todos os membros da comunidade de hebreus ao qual Moisés, também era parte, formou a primeira Congregação Espírita com fundamentos nos mandamentos divinais espirituais do Espírito Santo, pois era esta, comandada e regida pelo Santo Deus. Isso quer dizer, a primeira e derradeira comunidade ligada espiritualmente e carnalmente aos mandamentos e doutrina regida pelo próprio Senhor Deus em terra de homens e espíritos, que se prostraria não somente as verdades espirituais do Deus, o Criador, como também deveriam caminhar com vossa santidade pelos caminhos da obediência, devoção e alimentação espiritual, alimentando-se do mais puro e verdadeiro alimento ao qual a carne que abriga o espírito necessita para ser viva e caminhar por sobre o elemento árido, a energia e emanação pura e santificada divina. Com isso, comungariam com Moisés não apenas dos mesmos passos e do mesmo alimento carnal, mas também do mesmo alimento espiritual que é a doutrina ao qual os conduziria o Deus vivo pelas trilhas da confiança, devoção, amor e caridade do espírito e da carne.

    Por isso, a união de todo o povo carregando dentro de si a mesma determinação de libertarem-se e alcançarem dias mais felizes e melhores pela verdade ao qual Moisés, vos acabara de apresentar pelas mãos do Criador, não apenas os conduziu a verdade divina, aquela baseada na confiança, na esperança, na estima e a na convicção, e sim ao sentido que não se é capaz de vislumbrar com olhos carnais, mas é capaz de sentir e depositar fé pelo fato de sentir-se firme na devoção e na entrega, pois somente aqueles que devotos são, são capazes de sentir a presença, o laço, a confiança, a compaixão e a ternura da qual a verdadeira entrega é capaz de proporcionar.

    E fora a entrega para a busca desta certeza e pela dúvida transformada em certeza do povo escolhido pelo Senhor Deus para caminhar as vossas verdades que os fizeram serem os membros primeiros da comunidade que andaria e congregaria com o Espírito do divino salvador, e que por isso, junto ao Guiador, se alimentariam da mesma doutrina ao qual viera o próprio Senhor Deus para aplicar-lhes e demonstrar o seu poder sobre todos os poderes da terra, onde seriam todos guiados, não por Moisés somente, e sim pelo o próprio Espírito Santo, tornando-se não apenas seguidores de Moisés, como seguidores do Espírito de Deus, formando a grande nação Espírita, ou seja, a nação guiada pelo Espírito de Deus, a adentrar ao deserto em caminhada santa. Caminhada, que seria conduzida pelo poder e pelas forças e ordenanças do Senhor Deus, Espírito Santo, que os encaminhariam por meio de vosso servidor apostolar, o aprendiz divino das coisas celestiais em campo material.

E diante da vossa verdadeira assembleia ao qual se formava em comunhão e em verdade, alimentados pelas palavras verdadeiras do Guiador que descido a terra de homens e espíritos, havia se dedicado em fidelidade e lealdade em mostrar o poder de Deus ao seu povo, incluindo ao faraó, que parte do povo de Deus também era, pois havia nascido não somente do mesmo seio divino como também da mesma determinação de glorificação do Senhor Deus. Assim, caminhou mais uma vez Moisés até a face do faraó para diante de vossas verdades oferecer-lhe a última chance de servir vosso ao Criador em campo terreno, pois aquele que servia-se da vossa própria verdade em determinação de ser a si mesmo pela ordenança própria de vosso próprio ser, fora a ordem suprema divina que o colocou frente a vossa derradeira possibilidade de ser a si mesmo, e lutando como um verdadeiro guerreiro, filho da própria verdade, batalhando e labutando a vossa verdadeira existência, ainda que esta parecesse demente e soberba a ordenança divina.

E assim como fora Moisés um bravo guerreiro em nome de Deus, foi também o faraó, um forte guerreiro em nome de sua verdade e em nome de Deus quem o ordenou diante daquilo que era para servi-lo da maneira ao qual ele mesmo era, não precisando vestir-se de disfarces ou falsidades diante da falsa verdade que já o corrompia a alma. Ou seja, fora o faraó, até o extremo momento verdadeiro as suas crenças e verdades, não se deixando alternar entre a sua verdade e a verdade do Guiador. Por isso, diante das duas verdades terrenas, ambos lutando e labutando serviriam ao mesmo Deus quem os ordenou que fossem exatamente aquilo que já o eram, para que desta forma o glorificassem o elevassem na terra ao qual foram nascidos para servir, e assim o fizeram.

E quanto àqueles que serviam as falsas ordenanças terrenas e se prostraram as verdades espirituais e Deus para servirem em caminhada, uniram-se na mesma direção de serem filhos e irmão uns dos outros na busca da promessa trilhando os mesmos caminhos para juntos alcançarem não somente terras mais brandas e fartas de onde brotavam leite e mel, como também as vossas liberdades espirituais para que pudessem alimentar a própria carne daquilo que da terra jorra.

Preparação espiritual, a primeira prescrição e oferta a Deus

"O Senhor Disse a Moisés e a Aarão: Este mês será para vós o princípio dos meses: vós tereis como o primeiro mês do ano" (Êxodo 12: 1,2)

5.1 Porém, não o primeiro ano da qual se iniciaria a ser contado dentro de um período de tempo em que se contam os dias e os tempos que se passam como forma de prevenção dos acontecimentos futuros e história dos acontecimentos passados, e sim o primeiro mês em que todo o povo se uniria em uma única e verdadeira direção, firmados em uma mesma doutrina, de onde partiriam de forma ordenada e unida comungando das mesmas determinações e ordens supremas, onde todos os servos e servas espirituais, os filhos carnais, não mais seriam guiados por si mesmos, ou pela falsidade dos homens da terra que sequer conheciam a vossa santidade, porém se autoproclamavam deuses a serem seguidos e admirados por força da vida em que eram inseridos. E sim o primeiro mês onde se iniciariam as prescrições divinas dentro da assembleia já formada e regozijada perante o Salvador, de forma conhecedora não somente de vossos dons como também de vossos poderes e forças sobre todas as coisas. Amém.

Por isso, a primeira comunidade espiritualmente constituída, da qual se formou em torno do Espírito de Deus. Ou a primeira comunidade Espírita, curvada verdadeiramente aos mandamentos e ordens celestiais do Espírito Santo. Isso quer dizer, a primeira assembleia constituída espiritualmente divina de forma terrena para seguir e caminhar sobre as determinações sagradas do Espírito Santo e obedecendo as vossas ordens através de vosso servo, o Guiador, carregando e conduzindo os vossos dirigidos carnais diante do poder e do comando e da soberania do Ser Supremo. Onde todos os seguidores de Moisés eram os seguidores do Espírito Santo que é Deus, em obediência e em verdade, prostrando-se ao Santo nome do Criador em forma de Espírito, e não apenas através de vosso aprendiz, Moisés, ou ao qual Ele eternamente e gloriosamente é, e em vossa plenitude de inteireza e santidade representa: Um Espírito.

Portanto, a formação da congregação onde todos seguiriam obedecendo ao divino Espírito Santo, pelo crescimento, progresso espiritual e elevação através da obediência e da humildade sendo embora que guiado por Moisés, o vosso dirigente terreno, acima de todas as unidades espirituais terrenas, dirigido e guiado pelo Espírito Santo que é Deus, o Criador, sendo Ele mesmo o regente e doutrinário Mestre de tudo o que viria a ser em início de vossa labuta pela vossa própria consagração dentre todos os povos, iniciando dentro da congregação que constituía-se através do Guiador, guia terreno de todas as nações, da qual seria Moisés, com os vossos dons terrenos e espirituais, regido e alimentado espiritualmente pelo Todo Poderoso Senhor Deus de todos os seres e todas as coisas, o primeiro e derradeiro congregante espiritual, da doutrina Espírita, que acabara de se formar sobre o comando celestial do Criador, tendo ele como o Mestre e comandante de todos os atos, ações, rituais, ensinamentos e doutrina, mas o Mentor terreno das ordenança santa em nome de quem o Guiava.

Logo, seria o mesmo Deus de Abraão, Isaac e Jacó o Deus da verdade e da construção de tudo aquilo ao qual Ele mesmo, construiria. Não sendo a vossa sagrada majestade celestial, apenas o Deus da promessa e sim o Deus da ordenança e da glorificação de todos os vossos filhos, para que todos os vossos escolhidos filhos fossem o caminho e a trilha da vossa glorificação em terra por meio da Congregação Espírita, formada por Ele mesmo, sobre a também regência de vosso amado filho, o aprendiz divino, em razão de vossa sagrada eternitude e vossos mandamentos espirituais ao qual o vosso próprio Santificado Espírito o é, e eternamente será.

Por isso, o primeiro mês do ano que se iniciaria, não seria o marco do início do calendário terreno, e sim o marco do início da formação da congregação em ano espiritual que se juntaria para a caminhada divina e sagrada, conforme a vontade do Criador. Assim, o primeiro mês do ano que se iniciava não era o primeiro ano da qual deveriam esquecer todos os demais anos já vividos; e sim o primeiro ano da qual deveriam ter como início de uma nova jornada terrena em direção à nova ordenança espiritual seguindo em união a primeira doutrina terrena divina, onde não mais se curvariam aos homens da terra, autoproclamados deuses, e sim se curvariam diante da santidade do verdadeiro Deus, o Espírito Santo, conforme a doutrina aos quais todos adentrariam e por ela caminhariam as vossas existências pelos longos anos de aprendizado e comunhão com o Deus, quem vos escolheu para com ele caminhar e as vossas santificadas leis, obedecer e as glorificar, assim como glorificariam Ele mesmo, seguindo os vossos passos.

E o princípio dos meses onde se iniciava a caminhada dos filhos da promessa, seria também o princípio dos meses em que Deus, o Criador, com as vossas próprias mãos, constituiu e formou com a ajuda de vosso amado filho aprendiz das coisas santas e divinas, tento sido ele mesmo iniciado para que os demais filhos da terra pudessem chegar a este momento de serem iniciados pelo filho da perfeição para que pudessem caminhar sobre a regência e ordenança da perfeição que é Deus, o Criador, de forma que fossem todos purificados em espírito, santificados em essência e alimentados em matéria, assim como era o vosso próprio filho, alimentado e nutrido de tudo o que era essencial e necessário para que pudesse ao lado de vosso Pai celestial caminhar.

"Dizei a toda a assembleia de Israel: no décimo dia deste mês cada um de vós tome um cordeiro por família, um cordeiro por casa. Se a família for pequena demais para um cordeiro, então a tomará em comum com seu vizinho mais próximo, segundo o número das pessoas, calculando o que cada um pode comer. O animal será sem defeito, macho, de um ano; poderéis tomar tanto um cordeiro como um cabrito. E o guardareis até o décimo quarto dia deste mês; então toda a assembleia de Israel o imolará em crepúsculo" (Êxodo 12: 1,6)

E após a confiança, a crença e a perseverança nas palavras de Moisés diante de todos os pródigos e feitos pelas vossas mãos em nome do Criador, já sabendo cada um deles que não caminhava; Moisés, por vossas próprias palavras e ações terrenas executando tais pródigos e temerosas atribulações por vontade própria, se por acaso não estivesse ele caminhando com Deus, o Criador, até porque muitos o conheciam antes deste seguir as determinações divinas do Deus o Criador e o conheceram após este, diante do trono da benevolência do Ser Supremo caminhar, e por isso, confiaram todos em vossas palavras e em vossos feitos em nome de Deus, por confiarem em vossas certezas e vossa confiança, deixando assim, momentaneamente os seus deuses aos quais se prostraram outrora, adormecido em vossos peitos.

Formando então, primeira assembleia ordenada pelo Guiador, ao qual ele mesmo seria o regente terreno e o servo espiritual juntamente com o vosso aprendiz, seu irmão, a quem também confiará o Senhor Deus em vosso confiança; para que juntos pudessem dirigir e guiar todos os filhos da terra aos vossos caminhos através de vossos mandamentos e doutrina sagrada.

E nesta altura, não pelo medo ou imposição do Guiador, pois este não os obrigou a seguirem o vosso Deus, apenas lhes mostrou o poder e a força deste que era o único e verdadeiro Deus a quem poderiam em verdade confiar e seguir. E sim pela confiança e crença em vossos feitos e em vossas palavras, foi que todos se uniram para a formação desta que seria a primeira assembleia espiritual regida por um ser carnal, regido pelo Espírito Santo, em torno da verdade divina Dele mesmo, para que toda esta força que se formava em torno de vosso Guiador, por meio da união de todos os vossos seguidores, através da junção das forças de todas as unidades seguindo a mesma direção, pudessem ser todos abençoados e frutificados em vossa benevolência sagrada através dos ensinamentos e mistérios, aos quais seriam todo nutridos e regidos em comunhão santa, para tornarem-se fortes em uma única palavra.

E diante da congregação formada, onde todos já se prostravam ao divino Deus ao qual Moisés era o regente terreno das coisas divinas, a primeira ordem suprema de Deus quem os guiava pelas mãos e pelas obras de Moisés fora proclamada, para que assim todos se preparassem para caminharem com Ele, que não apenas fortalecia e concedia os dons e as forças da qual Moisés se utilizava para ordenar que as coisas matérias se transformassem em espetáculos majestosos diante dos olhos de todos os encarnados, como também fortalecer à todos, porque todos caminhariam unidos e em única direção próximos a vossa divindade, assim como o vosso próprio filho caminhava e para caminhar junto a vossa santidade, precisariam todos estarem preparados em espírito e em carne, em dignidade e em verdade.

Mas fora Deus, o Criador, quem escolheu cada um de vossos filhos da qual iriam com Ele caminhar seguindo as ordens de vosso filho Moisés, para seguir a trilha de justiça e da verdade celestial em caminhada de glorificação e salvação. Porém, embora tenha sido Deus, o Criador, quem os escolheu para lutarem em vossa santidade e glorificação, também concedeu a cada um de vossos filhos, o direito de serem exatamente como eram para que fosse por vontade própria tudo aquilo que vossas existências os permitiam ser, conhecer e possuir.

Pois embora tivessem todos em caminhada própria de elevação individual para autoconhecimento e progresso espiritual, motivo ao qual todos os espíritos adentram ao campo terreno, não foram estes encarnados mais elevados ou possuidores de mais e maiores dons do que qualquer outro ser espiritual em jornada espiritual. Pois ainda tivessem estes espíritos sido escolhidos para caminharem as caminhadas da promessa, não era nenhum deles acima do nivelamento espiritual da qual precisavam para cumprirem com vossas missões e determinações terrenas; e por isso, possuíam o nivelamento espiritual daquilo que iriam lhes servir de esteio espiritual em campo material, como a ciência, o autoconhecimento, a frutificação, as leis e a correção, necessários aos quais as vossas unidades espirituais desempenhariam ou labutariam em campo terreno, uma vez que a nenhum espírito é imposto caminhar os caminhos divinos; porém todos aqueles que recebem as vossas missões espirituais, as compreendem e aceitam servir ao Criador em verdade, caridade e amor, o farão por determinação própria de lealdade, amor e fidelidade.

E por isso, serão todos preparados de forma que possam alcançar maiores conhecimentos, ciências, compreensão de justiça e correção, doutrina e leis divinas para que alcancem maiores e mais elevados sentidos espirituais, se tornando mais fortes na caminhada espiritual, firmes na missão divinal e devotos em vossas condutas santas, para que possam crescer espiritualmente com mais certeza tudo aquilo que vos pertence e angariado por vossas próprias verdades as coisas sagradas e santas, para que possam serem recebedores de tudo aquilo que o Senhor Deus vos possa preparar para as vossas jornadas espirituais, junto aos Espíritos sagrados que em nome do Criador em terra sagrada também atuam.

Desta forma, todos aqueles que escolhidos foram, foram escolhidos para prepararam-se para caminhar com Deus, porque ainda que não tivessem tudo o que lhes fosse necessário espiritualmente, devido aos vossos nivelamentos espirituais para andar com a vossa divindade em elo material, a vossa divindade através de Moises, os prepariam para o serverem da forma ao qual Ele mesmo ordenaria conforme a prescrição de preparação de essência espiritual necessária para atravessarem as barreiras materiais e elevarem-se em espírito as barreiras da santidade divina.

Logo, as vossas preparações, seriam acima de todas as coisas terrenas, um ato celestial determinado pelo Criador através das coisas terrenas ou que em campo material estão, para atender ao preceito de se elevarem espiritualmente a um nivelamento santificado ou puro ou ainda menos denso ao qual o elo espiritual em que caminhavam possui, os posicionando mais próximos em sentido existencial e espiritual da verdadeira fonte de luz e de paz que iriam caminhar, para que pudessem elevando-se em essência espiritual, elevarem-se em sentido material e sentirem-se mais confiantes e selados de vossas próprias crenças e sentidos terrenos materiais de emanação e governo carnal em relação à verdade do Ser Supremo que vos conduziria diante Dele mesmo, em direção doutrinária e disciplina, os purificando em forma e emanação pela vossa perfeição, pureza e santidade.

Pois para caminhar junto à vossa santidade e vossa perfeição espiritual de vossa pureza eterna, se faz necessário ser tão perfeito espiritualmente, tão santo celestialmente e tão puro em essência quanto Ele mesmo, pois nenhum servo ou ser espiritual, aproxima-se de vossa santidade, pureza, e eternitude se acaso não se encontrar na mesma frequência espiritual de emanação, poderes e forças da vossa divindade e perfeição. Desta forma todos os escolhidos, que foram escolhidos para caminharem com o divino Deus, sendo estes os andantes da terra da promessa; e sendo o aprendiz, o aprendiz do aprendiz e todos aqueles nascidos da ordenança de serem em forma e formato distinto aos homens de arcada humana, porém também escolhidos para caminhar com a perfeição de sublime e magnífica nobreza de luz e eternidade, precisariam ser tão nobres, puros, perfeitos e santos tanto quanto a vossa Santidade, o Espírito Santo, que vos conduziriam todos ao caminho da vossa eternitude e de vossa santa promessa de serem não somente os filhos da promessa, como também os filhos da caminhada santa junto a vossa Santa Santidade.

Por isso, caberia ao filho da perfeição, preparado para caminhar com os vossos filhos da terra da qual seria o dirigente de toda a assembleia que se preparava para servir ao Criador, também prepará-los para que estes pudessem em pureza, dignidade, nobreza e santidade servir ao Criador e com Ele também caminhar, seguindo as determinações santas de ordenança divina que se fizessem necessárias para a época e o momento escolhido, da qual seria a hora santa a hora de vossa glorificação.

Porque para seguir as determinações santas se faz necessário ser também puro e santo tal qual a própria santidade que vos conduziriam, caso contrário, não conseguiriam ou poderiam caminhar com o Senhor Deus e adentrarem a patamares mais sólidos e límpidos espiritualmente diante da caminhada evolutiva da qual lutariam para angariar as vossas verdadeiras purezas, santidades, nobrezas e elevações; uma vez que a terra da promessa não era a terra ao qual muitos ainda acreditavam ou estavam preparados para adentrar, pois apenas adentrariam aqueles que fortes e verdadeiros no Deus único estavam, por isso a troca da terra da dor e da escravidão da qual a elevação espiritual os concederiam pela entrada na terra da santidade e da caridade e compaixão, somente seria possível para aqueles que crentes e verdadeiros fossem, não em Moisés o filho da perfeição e sim no Deus da perfeição e do cumprimento das promessas.

Mas diante de vossas lutas e de vossas batalhas e vossas dores, os vossos apelos não apenas foram escutados, como caminhariam as vossas unidades em busca de dias mais felizes e livres de matéria e espírito.

Para isso, seriam todos preparados espiritualmente, não para liberarem-se de vossas próprias existências, caminhadas sobre vossas próprias ordenanças e governos materiais, e sim preparados para estarem em fluidez e emanações, mais santificadas e puras ao qual somente aqueles que possuem graus de elevação e sentidos mais puramente cândidos conseguem elevarem-se diante de vossa Santidade e receberem o galardão da liberdade de alma. Desta forma, não que as vossas preparações espirituais, de recebem poderes e forças puras e cândidas os deixariam mais distantes de vossas verdadeiras essências ou sentidos espirituais, e sim, os elevariam em sentido e essências para caminharem mais próximos a Deus, pois atingiriam um grau de pureza mais límpida e cândida, sendo cada um deles mais nobres ou santificados e, preparados para estarem com o único e verdadeiro Deus, o Espírito Santo.

Mas, não a santidade de imaginar-se santamente puro em terra de homens e espíritos, porque todos os que se encontram em terra de homens e espíritos o estão para serem homens e não santos, pois os Santos são aqueles Espíritos que santificados em vossa gloria o são para cumprimento de determinação sagrada. Isso quer dizer, são cândidas e magistrais essências dotadas de qualidades e dons supremos e magníficos de determinação celestiais, sem que sejam tocados ou vislumbrados pelos sentidos ou sensações terrenas no momento em que atuando pelo vosso sagrado nome, ou no momento em que através de vossas sagradas forças recebidas de Deus, o Criador, estiverem emanando e jorrando a luz divina. Por isso o sentido de ser Santo, ou seja, não em forma de determinação santa, pois este cabe apenas os Espíritos sagrados que em terra de homens não comungam em matéria carnal, e sim sentido e estado de emanação recebendo luz e forças divinas, por terem sido agraciados com o jorro de fluidez santa que daqueles que Santos são em nome do Criador e que pelo vosso magnífico nome o fazem.

Mas também não a perfeição da forma e maneira magistral ao qual a própria perfeição se encontra, pois no dia em que todos forem perfeitos, as vossas unidades não mais caminharão em terra de homens e de enganos e sim assentarão as vossas unidades em braços ternos frente à face do Deus único, o Deus da perfeição. Por isso, a perfeição de seguirem a verdade, de seguirem ao Ser Perfeito com garra, verdade, determinação, crença e coragem, pois para caminhar com o Deus Perfeito, com perfeitos pensamentos ou crença é preciso estar, não se deixando derrubar ou vacilar pelas coisas e verdade do mundo da terra do pó, que de perfeito possui apenas os dons celestiais de tudo aquilo que dele é nascido.

Por isso, perfeito em pensamento e não em unidade de essência, ou seja, puro, firme, excelente, preciso e grandioso, para que possa em nome do Ser Supremo construir grandes obras e feitos com vossas próprias verdades. Porque se caminharem contra a vossa verdade e perfeição, ainda que construam coisas grandes, estas jamais serão divinas ou nobres. Sendo assim, não a perfeição de acreditarem serem tão nobres, puros, majestosos e perfeitos como Deus quem vos criou perfeitos em unidade, e sim a perfeição de ser e caminhar conforme a ordenança de tudo o que perfeito é, e existe em campo terreno, por vossa ordenança e determinação.

Assim, a pureza da qual precisariam angariar, não é a pureza magistralmente divina, e sim a pureza espiritual da qual um servo divino deve alcançar para se assentar as verdades e perfeição divina do Senhor Deus, porém, não sendo a pureza um dom e sim um sentido espiritual, esta não se angaria ou recebe do Criador, e sim se angaria em própria unidade e existência, ao qual todo ser recebedor de uma matéria carnal em campo terreno possui para trilhar, caminhar e conquistar para que possa assim elevar-se espiritualmente diante do trono do Criador. Porque a pureza não sendo dom e sim um estado espiritual de candura e limpidez surpreendentemente divinal é o que concede a todos os seres mais nobres áureos e primorosos caminharem não somente diante do trono divino como também assentarem-se a destra do Criador e comungarem a mesa farta, sendo hora ordenado e horas ordenadores das coisas celestiais em nome do Criador.

Mas não é algo que se ganhe ou receba em forma de privilégio e sim algo que se conquista, se adquire, pois esta que é a forma mais sublime ao qual um espírito deve elevar-se diante do Criador, para que com Ele possa caminhar, e é também tudo o que um espírito deve ao Ser Supremo ofertar, pois sendo a vossa candura e pureza a vossa forma de apresentar a sua verdade, todo espírito que alcançar maior e mais elevado nível espiritual estará alcançando maior e mais elevada pureza, candura, limpidez e castidade, não em forma casta carnal e sim em brancura celestial de dons intocáveis.

Sendo assim, todo àquele que com o Criador caminhar, ao Criador ofertar-se-á em essência e existência pelas vossas mais nobres e puras dignidades ao qual Ele mesmo o terá em face para que como um espelho vos possa em retribuição a pureza e a castidade devolver, pois é este o único sentido divinal ao qual se pode angariar para caminhar junto de Deus, pois fora este nenhum outro sentido caminha diante do trono de vossa santidade.

Portanto, a pureza cândida de emanação espiritual não se recebe e sim se conquista com lealdade, fidelidade e determinação de ser quem se é, para prestar o serviço divino da maneira que fora concebido. Sendo este o sentido mais nobre das nobrezas ao qual um ser espiritual deve possuir para elevar-se aos céus, e adentrar a puridade santificada e divinal do Espírito Santo, e desta forma estar mais próximo ao grandioso esplendido poder de magia, mistérios e castidade espiritual santa e divina, não para caminhar de mãos vazias, e sim para se entregar e receber as ordenanças sagradas para servi-lo da maneira ao qual se serve a vossa santidade, Deus o Criador.

Sendo assim, nenhum ser encarnado determinado a caminhar as trilhas do caminho da promessa poderiam se apresentar ao Senhor Deus sem as vossas prerrogativas essências para as vossas caminhadas junto à força de maior força e maior grandeza, da qual não se caminha se não estiverem preparados em santidade, pureza, perfeição e nobreza. Ou seja, dentre todas as necessidades espirituais, não se pode caminhar com Deus, sem ter o mínimo necessário para que se vislumbre a perfeição, a pureza e a vossa real santidade.

Por isso, saibam filhos da terra, que ainda que estejam preparados em campo terreno para servir ao Deus único, com todos os dons, privilégios e dádivas divinas recebidas para comungarem com os Santos e aquele que não é Santo os caminhos da gloria do poder e da justiça divina, dons e forças estas recebidas da própria ordenança celestial, para que atuem e labutem em vosso sagrado nome, jamais estarão em forma celestiais preparados para servir ao Deus único, com todos os dons, privilégios e dádivas celestiais, pois se acaso estivessem prontos e preparados para servirem ao Criador da forma e ao qual ele mesmo ordena e os aguarda um dia o servirem, certamente não estariam em campo terreno material, galgando por elevação espiritual que vos coloquem em patamares espirituais maiores e mais elevados de si mesmos para que alcancem o poder magistral e esplendoroso de luz divina ou do amor e caridade divina. (Senhor Marabó, o rei).

Pois se acaso já se encontrassem em pureza e candura, de elevação de sentido de alma e de existência pela forma do conhecimento e da sabedoria espiritual do ser, estariam em outras missões, que não a de ser andante da terra de promessa, assim como eram todos aqueles que se encontrava em campo terreno sofrendo as vossas dores de lapidação de vossas almas para liberarem-se de vossas escravaturas espirituais, crescerem, se auto conhecerem, conhecerem ao Deus único e o servirem em lealdade, fidelidade, amor, paixão e nobreza, sendo a pureza e a candura os vossos esteios e lastros divinais entre vossas existências e a força do poder divino. (Senhor Marabó, o rei).

Por isso, o aumento do discernimento, ciência e conhecimento os elevariam também aos patamares mais puros e nobres espirituais, pois não apenas conhecer-se-iam a si mesmos como conheceriam ao vosso Senhor Deus, e com Ele em fé e em verdade caminhariam; e caminhariam de maneira mais terna, nobre, disciplinar e justa. Porém o caminhar apenas seria possível diante da pureza e a candura, que é o sentido espiritual que gera muitos outros sentidos espirituais santificados como o amor, a caridade e a compaixão, sentidos estes que possuem aqueles que com as crenças e a fé divinal caminham.

Mas para amar é preciso doar-se em verdade, para ter compaixão é preciso conhecer a dor, para ser caridoso é preciso necessitar de ajuda uns dos outros, e desta forma seriam preparados pelo Senhor Deus, para que se tornassem não apenas a nação espírita curvada às verdades do também espírito, outrora chamado de Moisés em terra de homens, pois se acaso não conhecessem a verdadeira face do Criador, não seriam nem fortes, como também pertencentes a uma nação rígida e pura frente as vossas verdadeiras fortalezas internas que embora parecesse que fosse a força física era a certeza frente a certezas de Deus a verdadeira fortaleza. Por isso, seriam todos preparados para caminharem com a verdade, sendo eles mesmos parte da verdade, não somente para resistirem à dura caminhada ao qual iriam seguir, mas sim para serem fortes e batalhadores uns pelos outros e uns com os outros, de forma que jamais se desunissem frente às dificuldades de árdua trilha aos quais as vossas unidades seriam expostas, pois o desfazer das vossas unidades, seria a degradação da congregação formada por Deus.

E se acaso esta se dissolvesse, não mais teriam condições de caminhar com o Senhor em busca de vossas salvações, pois a luta determinada para caminhar em conjunto, jamais será ganha por apenas um soldado. Isso quer dizer, que para caminhar com o Criador, deve-se ser tão forte, duro e verdadeiro ao qual a vossa santidade vos permitem ser, pois nenhum ser poderia ser um soldado divino se acaso não soubesse labutar a sua própria existência, a existência de vossos pares ou de vossos comandantes espirituais; sendo assim, todos unidos em congregação, seriam todos a determinação e a luta, provando serem bons servos e lutadores em nome da verdade pela busca da glorificação do Senhor Deus e da busca de vossas individuais salvações.

Porém não tinha o povo introdutivo da inicial congregação que acabara de se formar tudo aquilo que seria necessário para caminhar com o Senhor Deus, pois assim como não sabiam o que viria a ser liberdade, felicidade e ternura, não sabiam também o que viria a ser o amor, a compaixão ou a caridade.

Desta forma, não poderia o povo escolhido adentrar as terras sagradas do Ser Supremo para com ele caminhar, não somente pelo motivo de que a vossa congregação seria desfeita ao primeiro ato de desamor ou de dor experimentado as vossas carnes, e assim, regressariam as vossas tensões iniciais da qual conheciam bem e desta forma já sabiam conviver, como também pelo fato de que não se pode caminhar em direção a Deus sem que se tenha em vossos peitos a liberdade de alma, o amor livre de apegos, a caridade que doa-se em verdade, a ternura de conhecer-se a si mesmo, a pureza que somente os olhos infantis possui em sua doce e terna ingenuidade, não ingenuidade de atos e sim ingenuidade em forma de inocência de alma ou sinceridade em existência e em puridade de simplicidade do ser.

"Tomarão do seu sangue e o porão sobre as duas ombreiras e sobre a moldura da porta das casas em que o comerem" (Êxodo 12:7).

Mas fora Deus o Criador quem determinou a Moisés que ordenasse a todos os membros da congregação ao qual se formava em vosso nome, que tomassem um animal por família e o imolasse em crepúsculo ao décimo quarto dia do primeiro mês espiritual que se formava em torno de vossa santidade. E sendo o primeiro mês onde a primeira congregação unida em crença, esperança e em verdade em nome de um único e verdadeiro Deus, ao qual ele mesmo os guiava através de vosso filho, o Guiador, fora também por Ele determinado o primeiro ato sagrado da qual os prepararia à todos, para que pudesse cada um deles ainda que não estivessem prontos para com Ele caminhar, assim como ainda não estavam preparados para servi-lo, pudessem ser abençoados com a benção de possuírem os dons e os sentidos e sentimentos necessários a todos os espíritos que próximo ou diante da face do Criador possuem quando Dele se aproximam.

Pois somente àqueles espíritos com maior caminhada espiritual ou com nivelamento espiritual altivo e realmente alteroso, de forma e sentido cândido e puro, galgados milhares de anos de desenvolvimento espiritual, já dotados de lealdade, fidelidade, candura e pureza terna é que são elevados o suficiente para estarem diante de vossa santidade trilhando o mesmo caminho santo prostrados a frente de vosso trono e de vossa majestosa grande e singular verdade espiritual. Mas isso, não por falta de merecimento ou importância à todos os espíritos, pois todos foram criados e gerados a vossa imagem e semelhança, nascidos do mesmo seio divino para cumprimento igualmente de missão espiritual.

Porém, a aproximação espiritual ao Ser Divino, ocorre por semelhança de frequência espiritual de sentido e emanação em igualdade santa, logo um espírito que não possui fluidez de emanação espiritual em pureza, candura e brancura e forma de santidade espiritual, não conseguirá aproximar-se de vossa divindade, pois Ele, o Espírito Santo, jorra apenas luz celestial pura, cândida e santa, pois assim é a vossa constituição sagrada e apenas os espíritos que possuem a mesma frequência de fluidez é que conseguirão aproximarem-se de vossa santidade em poder e em verdade.

Ora, nenhum espírito fluindo em energia negativa ou densa conseguirá aproximar-se de vossa Santidade Espiritual, e não por ordenança de que alguns sejam queridos e outros não, de que alguns fluam em pureza e candura e outros não, e sim porque todos possuem a mesma determinação de caminhada espiritual, com as vossas próprias missões, onde todos deverão andar nos caminhos bons para alcançarem as vossas forças maiores, ou seja, todos recebem o mesmo direito espiritual, de conhecerem-se a si mesmo e com isso conhecerem o Senhor Deus através das mesmas oportunidades em forma de labuta, compromisso e dignidade, não sendo nenhum espírito privilegiado em dons ou direitos diferente dos outros. Porém nem todos os espíritos caminham os caminhos sagrados para o vosso próprio crescimento espiritual de forma que alcancem a pureza, a candura e a brancura sagrada ao qual o Espírito Santo constitui todos os vossos filhos com o mesmo direito.

Pois ainda que os encarnados façam boas ações terrenas, grandes obras materiais em favor dos demais seres ou ainda serve em caridade aos seus próximos, porém não tem em vossos peitos a verdade em forma de humildade, amor e compaixão, de nada adiantará as vossas empreitadas. Porque àqueles que imaginam que as suas boas ações serão o suficiente para lhes servir de acesso para lhes conduzir aos patamares mais altos espiritualmente, estarão com as vossas verdades deturpadas pelas vossas arrogâncias em forma de falsas humildades, e falsas humildades são o mesmo que falsas verdades. Pois todo e qualquer ato de terra sem a verdade espiritual, não os colocarão próximos à divindade do Senhor Deus, porque para estar próximo a vossa santidade, além de trazer as mãos cheias de boas obras é preciso levar também o peito cheio daquilo que somente Ele pode conceder aqueles que verdadeiramente desejam lhe servir em humildade e em caridade, para que possam ser elevados a estágios mais puros espiritualmente.

Logo, não são os estágios galgados pela força das ações terrenas, ainda que estas encham os olhos dos demais encarnados, mas que em verdade, vazios de sentidos verdadeiramente divinos que os concederão a graça de caminharem junto ao Criador. Pois o estágio verdadeiramente puro e divino, não é aquele que se apresenta em grandes obras, e sim os sentidos e sentimentos que se encontram diante dos olhos de Deus, assim como os olhos das criancinhas, tal qual aos olhares puros e ingênuos dos animais.

Porque é exatamente neste estágio onde as mãos nem sempre se apresentam com grandes ofertas ou obras, nem para o Senhor Deus, nem para os vossos pares, porém os vossos corações repletos de pureza, amor e bondade, estendem as vossas mãos para receberem as vossas missões daquilo ao qual em nome de Deus deverão construir, fazer ou executar. E ainda que sejam aos olhos dos outros encarnados pequenas obras, serão para o Ser Supremo o maior dos maiores feitos e atos já executados, porque estes serão em vosso nome, não em nome da ostentação de servirem aos outros encarnados para que estes os enobreçam ou os intitulem grandes e poderosos encarnados, pois o maior poder é o que vem de cima, jamais o que vem das obras ainda que grandes em tijolos e pedras, porém, vazias do Espírito Santo de Deus.

E neste estágio espiritual, de apresentarem-se com mãos vazias de nada, mas cheias de dons, onde as ações daqueles que possuem pureza e humildade, humildade que de tão pura, confunde-se com a pureza das crianças ou com a liberdade de alma dos animais, é que as benfeitorias ou as obras construídas ainda que pequeninas, serão grandes e majestosas ao olhos do Pai celestial. Pois nestes atos de coração aberto em liberdade de espírito, ainda que de mãos vazias, se apresentarem de essência farta para comungarem com os vossos irmãos a caridade do verdadeiro Deus.

Pois o estágio de espiritualidade ao qual possuem os pequeninos ou os animais é o nivelamento de puridade onde se encontram recobertos de pureza, castidade e liberdade de alma; que das criancinhas em algum momento de vossas existências deverão se despir para conhecerem-se a si mesmas, conhecerem ao Criador e caminharem as vossas próprias lutas e missões espirituais. Porém aos animais nunca se despirão de vossas verdades, uma vez que esta é a semelhança mais profunda entre os seres criados espíritos para serem encarnados animais e o Criador.

Esta é que a ligação entre o ser material e o Ser divinal, sempre permanecerá na pureza e na liberdade dos animais da forma ao qual criados para serem, o são, ou seja, puros em emanação, cândidos em essência e límpidos em fluidez, sendo livres e libertos de qualquer desejo ou tentação da qual a terra onde um dia passarão, não poderá lhes ofertar, bem como livres e libertos de qualquer dano material ao qual a terra, jamais vos poderá ferir a essência espiritual, por mais nobre, pura ou dolorosa que sejam as vossas passagens.

Pois mesmo que caminhem na mesma terra que os homens, jamais comungarão das mesmas formas de sentidos, sentimentos ou similaridade de vivência. Pois mesmo que os seres homens sejam nascidos da mesma pureza, e estes se desnudam de si mesmos para conhecerem a vida terrena com os vossos próprios olhos e adentram face a face ao direito de comerem da árvore do conhecimento do bem e do mal onde a incerteza cria lugar para muitos sentidos próprios deles mesmos, como a incerteza ou pouca certeza de quem são. E é neste momento em que de despem de vossas canduras, que a vida material os convida a conhecerem-se por meio do direito que possuem do domínio ou ciência terrenas de saberem quem realmente são, para descobrirem-se seres divinais e caminharem novamente sendo puros e límpidos como um dia o foram, se acaso esta for as vossas vontades.

Mas os animais ainda que caminhem na mesma terra, jamais será corrompida com as meias verdades e impurezas da qual os homens adentram, não por não comungarem das mesmas experiências devido as vossas estruturas e modelos, e sim por serem espíritos livres e libertos de sentido de existência que vos permitem não necessitarem de sentidos e sensações terrenas materiais, aos quais os homens possuem para experimentarem a vida e conhecerem-se a si mesmo, antes da busca pela elevação espiritual. Busca está da qual jamais precisarão trilhar para que os tornem livres e libertos de apegos e formas de aceitação para compreenderem-se espíritos divinos nascidos do seio paterno divino, caminhando as vossas dores pelo crescimento espiritual de vossas existências, pois os vossos nivelamentos já os tornam próximos à santidade de Deus único quem os criou da forma que são para serem como são e trazerem dentro de vossas muitas tarefas e labutas divinas ao elo terreno, a possibilidade da troca de energia e emanação densa negativa dos seres encarnados homens conhecedores das energias do bem e do mal pelas vossas unidades, para serem pelas energias e emanações dos seres encarnados animais, purificados e clareadas nas vossas próprias energias e sentidos espirituais, os preservando de vossos próprios danos.

Pois os patamares mais elevados de onde se encontram as essências da qual também possuem as criancinhas, enquanto em plena ingenuidade existencial de espírito em campo terreno, possuem igualmente os animais, porque estes jamais deixarão as vossas ingenuidades em forma de candura, sinceridade e pureza. Desta forma, estes patamares livres de apegos e necessidades voltadas para si próprias, são os patamares do caminho da elevação para a evolução da qual se estendem as mãos do Criador em direção as mãos daqueles que com as vossas próprias certezas caminham; por isso, ainda que as mãos de quem caminham as estradas celestiais pareçam estarem vazias, são as mais cheias e completas mãos tocando o coração de onde saem os desejos e as vontades de construírem e erguerem não apenas grandes obras, como também grandes ações e feitos em nome do Senhor Deus para abrigar os vossos irmãos bem como a vossa Santidade em amor e em verdade.

Mas para caminhar com o Senhor Deus, não se faz necessário possuir dons além daqueles que se acredita possuir, por ser um bom servidor em terra, pois não se pode caminhar com a divindade, o Criador, se as vossas certezas são mais incertezas do que as certezas daqueles que creem em autoproclamação e se prostram diante de nada, tampouco acreditar que feitos mundanos são o suficiente para adentrar aos caminhos mais elevados e santificados, que são os caminhos sagrados e extraordinariamente intocáveis aqueles que da pureza e da candura estão ao extremo.

Mas ainda que da pureza, da candura, da humildade, da caridade, da compaixão e do amor caminhavam distantes, aqueles que eram o povo da caminhada da promessa. Fora o povo escolhido para diante da face de Deus se aproximassem e com ele mesmo trilhassem os caminhos sagrados e majestosos Dele mesmo.

Porém, para caminharem mais próximos ou elevados em santidade, teriam que se fortalecerem de tudo aquilo ao qual não tinham e devido as vossas jornadas, jamais conquistariam se acaso este não o fosse por intercessão divina. Mas como era o povo escolhido pelo Criador, ao qual Ele mesmo determinou que pelas vossas promessas caminhassem; determinou também que preparados fossem em vossas unidades de maneira santa e divina, para serem além de homens encarnados, homens encarnados e elevados em vosso nome.

Ou seja, detentores de forças e poderes materiais, regentes próprios de vossas próprias vidas tendo o direito de caminharem por vossas próprias determinações, desejos, quereres, mandatos e aflições, por serem além de comandantes de suas unidades, unidades conhecedoras do sabor e do dissabor da bendita fruta da árvore do bem e do mal que vos conduzem todos em trilhas carnais e materiais em terra de homens e espíritos; e serem, além disso, purificados e recebedores dos dons, dádivas e privilégios da qual não tinham, porém precisariam para caminhar as vossas certezas e esperanças fortes e purificadas. Caso contrário, jamais teriam forças e determinação para servirem ao Criador.

Pois as vossas caminhadas não seriam apenas a caminhada da busca da promessa da terra, do leite e do mel e sim a caminhada da glorificação do divino Deus em terra de homens e espíritos, onde a labuta em prol de uma vida menos dolorosa distante da escravidão ao qual viviam, seria também a caminhada da glorificação do Senhor Deus quem vos ordenava serem servos e servidores espirituais de vossos mandamentos em congregação doutrinária da certeza e da luz divina pela confiança, força e poderes sagrados divinos. Por isso, preparados deveriam ser para andarem sobre as leis divinas frente à face do próprio Criador, crendo em vossa santidade, prostrando-se em lealdade, seguindo as ordenanças, executando as vossas prescrições divinas e obedecendo aos vossos mandamentos.

E fora prescrito e ordenado o primeiro ato espiritual sagrado a estes que iniciariam pelo primeiro ordenamento espiritual santo, que é a Oferta Santa, ofertando a Deus o que do próprio Deus parte em forma de vida e em verdade, para ser vida e ser verdade em vosso nome, da maneira e forma material ao qual ele mesmo ordena que seja nascido, e por isso também, a ele regresse da forma e maneira ao qual Ele mesmo ordenado que seja regressado.

E o primeiro ato espiritual, ordenado, foi o ato de purificação e limpeza de vossas unidades em inverdade pela pureza e pela verdade ao qual somente a troca de essência já danosa pela essência pura e límpida ao qual àqueles nascidos para servirem em pureza, castidade e dignidade, os animais, seriam capazes de fornecer a estes que caminhariam as vossas pernas e as vossas missões com as missões mais purificadas conforme aqueles que nasceram para serem puros. E desta forma, a troca de essência os concederiam as vossas próprias essências espirituais, em vossas próprias unidades materiais espirituais, serem através deles, os animais escolhidos pelo Senhor Deus para a troca de fluidez, limpos e regenerados de vossas singulares dores e inverdades para serem puros límpidos e cândidos de forma que pudessem se aproximassem mais do Criador para que pudessem assim, caminhar as vossas crenças e esperança de maneira mais nobre e adentrar a terra da promessa.

Por isso, o grau de evolução ao qual jamais alcançariam ainda que andassem por anos a fio em terra sangrenta pela dor da escravidão, ao qual jamais teriam os dons, os privilégios e as purezas da qual receberiam daqueles que imolados em crepúsculo seriam por vossas unidades em vossos lugares, em ato espiritual santo, como oferta de si mesmo ao Criador; levando em conta que toda oferta a Deus deve ser feita com a mais plena verdade, onde esta deve estar cheia de si mesmo, mas não apenas em forma de presente como também na forma mais pura, sincera e cândida, pois tudo o que ofertares ao Criador, será exatamente aquilo em que o vosso espelho de plenitude e majestade lhes fartará em troca.

Porém, como não é permitido ao encarnado oferecer-se a si mesmo em troca de dons, privilégios e purezas, levando em conta que a vossa unidade ainda que na mais perfeita pureza, singeleza e nobreza não poderiam regressar se tal ação espiritual caso esta seja consumada em ato espiritual, pois toda oferta em forma de vida através do resgate da vida, por meio do sangue que além de ser a alma da carne é também a vida da própria existência da vida material, deixaria a vida e a existência carnal e material sem a própria vida que concede a carne ser viva. Ou seja, para ofertar-se a si mesmo ao Criador, seja pela troca de essência ou pelo motivo que Ele mesmo ordena ao qual cabe somente a Ele mesmo ou aos vossos Espíritos anunciarem, seria necessário que o espírito da busca espiritual retornasse ao Criador para que através da entrada junto as portas da misericórdia, da clemência e da bondade santa do Criador, pudesse receber tudo aquilo ao qual deseja através da vossa verdade em forma de pureza, castidade e nobreza, suplica a vossa santidade.

Mas precisaria a carne regressar ao pó, pois o ato espiritual santo de troca de essência é o mais benevolente e piedoso ato de misericórdia e de comiseração pela remissão em forma de piedade que se faz através da vida, alcançando a força de vida pela outra existência espiritual aos quais ambas ao Criador pertencem. Por isso, precisaria a própria carne ser entregue ao pó, pois a forma de caridade ao qual a vida entrega-se ao Criador e este em caridade e misericórdia lhe concede os dons e privilégios em essência, apenas podem ocorrer através do elo celestial jamais material, ou no elo espiritual em que apenas adentram os espíritos em forma de essência, isso quer dizer, apenas aqueles que se desnudaram da carne em morte terrena. Logo não seria por meio da entrega de si mesmo em retirada carnal do campo terreno que alcançariam os dons esperados ou rogados, pois a vossa existência não mais fazendo parte do campo ao qual deseja mais dons e pureza, também nada poderá receber.

Portanto, não poderia um ser carnal entregar-se ao Criador em ato espiritual santo, por vontade própria de adquirir nova vida, elevação espiritual ou qualquer que seja a suplica sem que este não entregue-se em espírito e em matéria. Da mesma forma, não poderia um ser encarnado por qualquer motivo que seja entregar qualquer que seja o animal em vosso nome, pela busca de nova vida ou elevados dons e puridade como forma de elevação espiritual sem que este o seja, por extrema necessidade em plena verdade a uma ordenança divina espiritual do Criador ou de vossos Espíritos santificados, os também

Guiadores espirituais. Caso contrário, todo e qualquer ato de imolação será para o campo espiritual, ou seja, a Deus o Criador e aos Espíritos sagrados, como ato de imolar uma vida por força de inverdade, e toda inverdade, em nome do Criador e de vossos mais leais e fiéis servos e servas, os Espíritos, pela busca de autoproclamação de força e poder material, serão julgados e condenados, assim como proclamam-se as leis divinas escritas nos livros da vida, para àqueles que matam e tiram o direito de vida de qualquer que seja a vida em que Deus ordenou que caminhe pela vossa terra, assim como o mesmo que de outro poda o direito que Deus o concedeu e ordenou.

Pois além do sangue da vida que sustenta e alimenta a carne, sendo a vida da matéria, também a essência ao qual chama-se de espírito, onde abriga-se a carne, que é tudo o que se pode ofertar ao Criador, pois o tudo que alimenta a existência espiritual, é a essência ao qual a emanação do espírito faz viva a matéria, deve-se também ofertar junto a própria carne, para que esta sirva ao encarnado assim como o espírito e a essência espiritual servem a Deus. Pois a oferta é a entrega do sentido existencial de vertente espiritual, ou seja, tudo o que pertence a Deus de ordem celestial e espiritual, e a carne é o que serve ao encarnado de vertente material de tudo o que é também espiritual. Isso quer dizer, que a carne é tudo o que serve ao espírito em campo terreno sendo ainda espiritual. Por isso, a imolação junto ao alimento daquilo que fora imolado é a consumação das duas vertentes em ato religioso e sagrado de tudo o que pertence ao Criador, e ele mesmo faz ser vivo em campo terreno.

Por isso, o ato de imolar o animal e alimentar-se do que fora imolado, é para que as duas vertentes de uma única unidade, sejam consumadas pelas mesmas unidades que as pertencem, onde o espírito que será ofertado e ao Criador regressará a Ele mesmo, para que tudo o que fora ofertado em ato sagrado recaia sobre aquele que sacrifica-se em imolação de suplica divina. E a carne que contém o sangue que é a essência da vida carnal ou a alma da matéria e da carne, sendo pertencentes ao campo terreno, pelo campo terreno deverá ser alimentada, pois a carne sendo alimento em forma de sustento a outra vida é também alimento do chão da terra, de onde nascem todas as vidas e se consomem todas as existências em forma de vida material. E o vosso alimento será para que este renasça em novas e mais fortes unidades seja ao imolador que a ele o servirá como fruto, seja ao chão da terra que dele também irá se consumar.

E o ato de alimentar-se do animal imolado é ato de comungar com o próprio Deus a troca de vida pela vida em cerimonial sagrado, onde Ele mesmo concede o direito de serem vida e servirem de vida para a vida daqueles que necessitam dela, uma vez que homens e animais, nada tem de diferente enquanto em campo terreno se encontrarem, sendo abastecidos pelas mesmas formas e poderes celestiais que jorram e alimentam tanto a vida animal quanto a vida humana.

Sendo assim, não é possível ao ser encarnado ofertar-se a si mesmo pela troca de vida por uma nova e mais cheia de dons, vida espiritual, uma vez que a imolação, não é o simples ato de retirar a vida animal e alimentar-se desta que é uma vida, pois até o alimentar-se da vida imolada ao Criador é um ato sagrado de entregar-se a Deus o Criador, para que este o fortifique e vos entregue uma nova e mais forte vida espiritual e material pela misericórdia e piedade divina, preservando a vossa própria unidade espiritual, para que continue a vossa missão espiritual material, em caso onde a própria unidade carnal corre risco de resgate e retirada precipitada, tendo sido pelos Espíritos anunciado, e não pela vontade terrena de quem deseja imolar pelo fato de acreditar ser capaz de conceder o prolongar a vida de quem quer que seja, fato este irreal ao ser material, tão carne e matéria quanto qualquer outro ser carnal e terreno como ele mesmo.

Mas foram as determinações e confianças daqueles que ordenados foram em executarem o ato sagrado de imolar o animal escolhido divinamente como forma de troca de essência, energia e fluidez animal, não somente para os vossos crescimentos espirituais como também como forma de troca de vida por outra vida, uma vez que o Criador não resgataria o primogênito filho, aqueles que nele confiariam e sobre os vossos comandos e ordenanças caminhariam. Mas o mesmo ato serviria aos animais, que cedendo as vossas unidades e forças em ato espiritual sagrado de imolação, concederiam a vossa graças aos demais animais nascidos em terra para cumprimento de missão espiritual, tais quais os homens encarnados.

Porém, foram os seres nascidos para serem puros pelas energias e essências que os enchem de vida puramente cândida e liberta da vida terrena, que concederam a chance de continuidade das existências daqueles que na inverdade ou pouca certeza de si mesmos caminhavam, pois tendo os animais nascidos da pureza e da candura, também fora nascidos da humildade e da caridade, caridade esta que vos fazem serem além de seres dotados de compaixão também dotados de elevação, de graça e de fidelidade ao Criador, fidelidade esta que vos tornam tão bons e caridosos para cederem as vossas peles e vossas unidades essenciais para que outros adentrem assim como eles aos caminhos divinais, aos quais eles se encontram.

Pois quando nascidos foram, já foram nascidos para cederem os vossos sangues como forma de missão, sangue este, que além de vos fazerem vivos, puros e livres cumpridores de vossas missões e determinações, motivos pelas quais vieram a nascerem em terra de homens e espíritos, os fariam encerrar as vossas missões de forma, divinal e esplendorosa, sendo os servidores da ordenança de Deus, sobre a regência de vossas determinações para ato espiritual santo e sagrado de cederem as vossas unidades espirituais ao sagrado ato de mais para nobreza espiritual para um animal nascido em terra, que é a troca de vida para que a vida aqueles que escolhidos em nome de Deus possam caminhar e da mesma forma também cumprirem com as vossas missões terrenas.

Por isso, a força da vida que existe na vida terrena, independentemente de ser ou não vida animal ou vida humana, é a força de vida celestial da qual fora determinada que caminhasse por sobre a terra para jornada de missão espiritual, por isso, é preciso que esta vida se prepare para alcançar maior grau evolutivo para encontrarem-se diante das certezas de Deus único. Por isso, fora o próprio Deus que através de vosso filho Moisés, vos prescreveu tomarem cada família um cordeiro ou um cordeiro por casa para que este fosse imolado, não em nome de vossa santidade e sim em nome de vossas vidas existenciais espirituais como troca de essência em campo terreno.

Ora, exceto as criancinhas, quais seriam os seres mais puros, ou que de maior pureza encontravam-se na mesma terra de homens e espíritos caminhando as também vossas missões espirituais senão os animais? E quais eram os seres espirituais mais próximos ao Criador, que nascidos dele mesmo para atender a Ele mesmo compartilhavam os mesmo campos e as formas de vida terrena, onde o chão da terra alimenta tanto encarnado homem quanto encarnado animal, a luz do dia irradiava energia celestial tanto para um quanto para o outro também, o alimento terreno servia tanto para um quanto para o outro? Ou seja, ambos recebedores de energia e poder de vigor e de frutificação do mesmo senhor Deus, caminhando as vossas distintas missões terrenas. E ainda assim, são os animais ditos irracionais, os seres mais puramente próximos ao Senhor Deus em liberdade, candura, ingenuidade, pureza e amor, que exceto as crianças dos seres encarnados homens, bem diferente dos homes já formados, que ainda que mais puros e inocentes, as vossas bocas já experimentaram o sabor do fruto bendito da árvore da escolha do bem e do mal.

Portanto, são os animais os únicos seres espirituais que poderiam caminhar com o Senhor Deus frente a frente as vossas ordenanças, por estarem mais próximos Dele mesmo, em candura, ingenuidade e amor. Porém não haviam sido os animais escolhidos para serem os filhos da promessa e sim os seres homens encarnados, por isso, seriam estes preparados para possuírem maior pureza, candura, humildade e amor assim como os animais já os tinham para caminharem com o Ser Divino e vossa eterna luz. Fato este que colocariam por determinação santa, os animais, como os servos dos homens da terra, para vos servirem as existências mais puras, de forma que estes pudessem também caminhar com o Senhor em puridade e fluidez.

E assim como foram nascidos em campo terreno todos os seres homens encarnados, foram nascidos os animais que serviriam em missão espiritual ao Criador, na labuta santa de glorificação de vosso nome; sendo todos eles, os seres encarnados homens ou animais, os servos divinos que da caminhada divina foram nascidos para ser o povo da labuta da promessa. Desta forma, foram nascidos em campo terreno os cordeiros e os cabritos que serviriam ao Senhor Deus missão espiritual de entregarem-se em matéria e espíritos a todos aqueles que juntamente com eles comungariam da verdade e misericórdia do Senhor Deus de ser o caminho e a paz em forma de carne e sangue, juntando-se aqueles que assim como eles também eram nascidos da mesma ordenança de serem cumpridores de vossas missões de serem leiais e fieis a missão dos que seriam os andantes na busca da paz e da gloria prometidas.

E a todos aqueles seres encarnados que em Deus depositaram crença, pela força de vossas convicções e esperanças e estenderam as vossas mãos e as vossas verdades junto a Moisés, na busca da troca de essência espiritual, preservando as vossas próprias existências e de vossos amados filhos, ainda que dessa verdade nada soubessem; não apenas ergueram as vossas lealdades ao amado filho aprendiz, pela busca de vossas salvações, como também as vossas certezas diante da congregação, obedecendo a ordem suprema como forma de libertação e prudência espiritual da qual o Criador agiria indubitavelmente perante os vossos opositores, considerando que todos aqueles que obedientes fossem ao Deus único, obedientes aos mandamentos sagrados da qual a comunidade Espírita prostrava-se diante da verdade celestial do Criador eram, e todos os demais, ao qual as vossas certezas não eram o suficiente verdadeiras para crerem ou não era suficientemente grandiosa para seguirem os preceitos divinos, padeceriam junto as vossas próprias verdades, distante das verdades do Pai celestial.

O primeiro preceito espiritual, preparação para Passagem

"Comereis pão sem fermento durante sete dias. Logo ao primeiro dia tirareis de vossas casas o fermento, pois todo o que comer pão fermentado, desde o primeiro dia até o sétimo, será cortado de Israel." (Êxodo 12: 15)

5.2 Mas Deus, o Criador com as vossas forças e o vosso poder de luz e fluidez de energia celestial, não adentra Ele próprio aos campos terrenos para execução de pródigos ou dádivas divinas da qual Ele mesmo determina que sejam executados em vosso nome, pois as vossas energias e forças demasiadamente robustas seriam capazes de destruir os campos terrenos, ainda que a vossa suprema vontade seja de benfeitorias aos filhos da terra. Por isso mesmo, criou de forma sagrada e santificada o regente maior das fontes de energias divinas e supremas da qual com os poderes de força e emanações, jorram por sobre a terra as forças e poderes sagrados que mantém os filhos da terra vivos e vívidos de forma que possam cumprir com as vossas missões, sem que nenhum ser terreno carnal possa ser afetado ou destruído pelas forças e energias do Senhor Deus que vos ama e vos abastece em vossas necessidades, e que por isso, através dos Espíritos Sagrados ordena que sejam todos carregadores de energia e luz através das fontes de energia de vosso supremo manancial de luz de poder e de amor, aos quais os Espíritos de grandeza carregam e fazem o derramamento sobre os Espíritos sagrados para que estes assim como eles mesmos, jorrem por sobre a terra e sobre todos vos.

Pois se acaso o Criador, com as vossas forças celestes, descesse as entranhas da terra com a vossa potente e singular energia de eternitude e gloria; energia da qual a vossa potencialidade de luz e de forças abastece não somente o campo terreno, como também todos os elos espirituais como as potestades espirituais, elos de remissão, elos de luz e conforto em casas celestiais, elos divinais ou Reinos dos Santo, elos ou campos de baixa ou pouca luz ou os abismos, e todos os outros campos que posam existir da qual ele mesmo os sustentam com a vossa própria luz, tornando cada um próprio de si mesmo e próprio de sua singular necessidade por força diante da ordenança divina de ser e existir para a finalidade que vos cabem, para que estes sejam o caminho e a gloria em ordenança suprema de vossas existências, uma vez que somente o Deus único cria, ordena e concede forças, luz ou poder de forja para cada um destes campos espirituais, divinas ou celestiais para que cada um deles possam existir por vossa ordenança e desejo.

Por isso, cada um destes elos espirituais ou campos espirituais somente existem, pois o Ser Supremo não somente ordena que sejam as vossas casas e os vossos caminhos para os caminhos sagrados como também abastece cada um deles com a vossa própria luz divinal ou a vossa luz em ápice de forças e forja, para que sejam todos alimentados do poder de luz que vos concedem terem luz através da pura e cândida luz ou através do fumegante calor do ápice de força de vossa também magistral luz; ou seja, a potência do cume da extrema força de vossa grandeza e vossos poderes, a vossa própria luz em extrema robustez, robustez esta que cede energia para que o abismo seja terra e a terra seja habitável. Por isso, as vossas forças e poderes que em demasia o constituem, destruiria tudo e qualquer campo ao qual Ele mesmo criou; se acaso por força de vossas forças em desejo de cumprimento de ordenança a qualquer um destes campos espirituais adentrasse.

Pois a mesma robustez de forças ao qual jorra de vossas certezas para que sejam vivos todos os campos espirituais e todos os seres, a partir de vossas energias, seria o mesmo poder ao qual usaria para adentrar aos campos terrenos para que o vosso desejo de que os pródigos ou dádivas que cumprissem diante de vossa grandiosa e magnífica vontade.

Desta forma são os Espíritos que compões a vossa sagrada coroa arcada divinal, tendo sobre o comando e regência do Espírito Altíssimo e sagrado Senhor Júlio Cesar Celestial, o governo e a regência de dominância plena para que toda a vossa luz celestial chegue aos campos terrenos e entregue energia do Criador a todos os seres da terra. Pois esta é a mesma energia divina segmentada em cada Espírito de grandeza que carregados com as forças do

Criador abastecem todas as necessidades de todos os espíritos nascidos em terra, para que estes sejam alimentados pelas forças de Deus, uma vez que a vossa Santidade não poderia descer aos campos terrenos para executar as vossas vontades, e por isso, ordena ao seu mais nobre, fiel e celeste Espírito, gerado e nascido para a ordenança de ser, Anjos agrado, regente da fonte única de força, para que toda e qualquer ordem superior divina ao qual recebe este Altíssimo Espírito em poderes e gloria, sejam executadas e cumpridas pelos Espíritos que o constitui em arcada celestial de nobreza e dons, em vosso também sagrado nome, iluminando e executando todas as ordens do divino Deus.

E são os Espíritos sagrados, os Santos, ou àqueles que recebem as energias e emanações dos Espíritos de grandeza, regentes supremos de cada uma das sete fontes de energias voltadas para o campo terreno, para que estes, que nascidos e ordenados em atuarem com as vossas energias totalmente voltadas para o campo terreno para ordenança em vertente material através da vertente espiritual. Ou seja, são os Espíritos sagrados os espíritos que recebem as energias celestiais das fontes de energias que partem das energias de Deus, através dos Espíritos de grandeza e jorram por sobre a terra, pois as vossas missões e determinações são voltadas para o campo terreno apenas, isso quer dizer, que são os recebedores das energias dos Espíritos que em elos divinais atuam e jorrando as forças de Deus as forças advindas destes Espíritos sobre o campo terreno, para execução de toda e qualquer ordenança em campo terreno que tenha partido do campo celestial.

Desta forma, toda e qualquer ordenança e determinação que ocorra em campo terreno, vindas em ordem suprema do Criador, onde o Espírito Altíssimo atua com as vossas sete fontes de energia e de luz, labutando as determinações do Ser Supremo com os Espíritos que santificados pelo Deus único são, e com aqueles que também atuam em nome do Criador, porém Santos não são. É que todas as ordenanças são executadas, e cumpridas ao bater das horas junto ao tocar das trombetas em consagração de execução de tudo o que de mais supremo, excelente e magnífico pode haver por ordem do Criador.

E são os pródigos ou as magias de transformação ao qual o campo terreno executa em nome do Criador, as forças das forças divinas exercidas pelos Anjos encantados denominados Santos, pois forças santificadas recebem do Criador, ou aqueles que os Santos são, porém, Santos não o são, pois assim são as vossas determinações de atuações pelas forças e mistérios do Criador, aos quais os Espíritos de grandeza os concedem energias e poderes em magias e mistérios para que aquele que são Santos utilizem as forças energias sagradas em vertente orgânica, em junção com a vertente espiritual, formando assim novas e mais fortes e poderosas forças, ou transformações com as forças das coisas existentes espiritualmente em campo terreno com a energia espiritual do campo celestial que os abastecem e os fazem serem vivos assim como as energias vividas espiritualmente em qualquer elo espiritual.

E da mesma forma em que os Santos recebem as forças do Criador através das fontes de energias voltadas para o campo terreno, para executarem e exercerem pródigos em nome do Criador em junção das energias das duas vertentes sagradas, ou seja, a vertente orgânica em junção com a vertente espiritual celestial que os Espíritos que não são Santos, porém possuem determinação espiritual de labuta magistral, também exercem e executam as vossas forças e poderes em nome das ordens ao qual superiormente também recebem e igualmente cumprem.

Porém, toda e qualquer ordenança de troca de energia de vida por outra vida, conforme a determinação diante do novo pródigo ao qual havia sido ordenado perante toda a assembleia constituída, de forma que preservassem as vossas unidades e assim caminhassem as vossas missões junto ao Criador, jamais será executada pelos Anjos encantados que apenas com energias puras e santificadas atuam, e mesmo que não sejam energias puramente santificadas, jamais energias densas, pois as vossas unidades recebedoras de dons e emanações jorradas das fontes de luz celestial, apenas luz carregam. Por isso, vossas fluidezes de emanações espirituais são incompatíveis com as energias de forças e fluidezes densas ou negativas, diferentemente daqueles que dá força de luz atuam as vossas energias, tendo sido essas forjadas em fogo flamejado do cume da força da luz em fogo altivo e divino.

Por isso, embora tenha ocorrido a ordenança através da proclamação do Criador de que o último e mais elevado pródigo fosse à chave das portas que abririam os caminhos terrenos da dor, pela esperança da não dor, ou da luta em escravidão, pela promessa da felicidade em glorificação sagrado do Deus único distante da infelicidade da dor e da injustiça das falsas vidas, que o chamado pela fala de Moisés, onde a troca de energia se daria por meio da troca da vida pela vida. Pois a não vida carnal, embora que não substituísse a velha vida daqueles que caminhariam, os deixariam vivos, vigorosos e fortes para viverem ainda mais as vossas existências no campo do sacrifício da própria dor e da escravidão, pela possibilidade de uma vida mais cândida e pura dos que caminhariam as vossas vidas.

Porém a labuta divinal de ordenança sagrada de ato espiritual sagrado de troca de energia não ocorreria através da labuta daqueles que são Santos e atuam diante das coisas terrenas as vossas energias santificadas, e sim através daqueles que não são Santos, porém diante das leis divinas caminham de forma plena, firme e constante em vossas devoções e missões também espirituais, servindo de maneira leal e fiel ao mesmo Espírito Santo que os ordena.

Pois é através das forças das magias e dos mistérios do Criador alterando com as forças de todas as forças espirituais de vossos mais elevados espíritos, conhecidos como não Santos, perante a hora cheia em que vossas magias precisamente altivas e elevadas aos mais poderosos e singulares poderes transformados por meio de vossos mistérios em forças altamente negativas forjando qualquer essência em qualquer outra essência ou transformando qualquer unidade espiritual em unidade tanto densa quanto límpida, conforme a ordenança de transformação, pela condução de forças e poderes espirituais de mistérios sacros para resultado de transformação por meio do enlevo, por força da vertente espiritual em comunhão com a vertente material, que as essências espirituais dos seres animais alterando-se em essências espirituais transmutadas em novas forças de poderes e emanações, alimentando a vida da vida que oferta-se em imolação por meio de outro ser, para que este receba a essência vívida da vida que encontra-se nos braços do divino Deus, por força de vossa ordenança de que toda junção espiritual, unindo duas vertentes espirituais, sejam fortificadas e revigoradas, onde uma recebendo a essência da outra, a unidade recebedora da essência de vida da outra vida espiritual, poderá não somente frutificar-se de todos os dons destas, como também emanar a pureza, a candura, o vigor e tudo o que de mais divino e celestial aquele ser possuía que o tornava mais límpido e próximo ao Criador.

Porém este ato sagrado misericordiosamente divino concedido pela ordem da força suprema de que ocorra a troca de vida entre as duas unidades, onde ambas são geradas e nascidas de vosso seio sagrado e igualmente espiritual e divinal e que por isso, a unidade espiritual que cedeu a vossa missão em detrimento de alimentar outra vida que naquele momento necessitava de vossas forças; este mesmo espírito animal será novamente recoberto pela carne material e continuará a vossa missão espiritual sendo dotado de tudo aquilo ao qual ele mesmo possui, pois assim como o espírito que necessita de vossas energias e emanações puras de forças para prosseguir com a vossa missão material. Receberá também o espírito de singeleza e liberdade animal o mesmo direito de regresso aos campos terrenos, igualmente em nova encarnação, onde será novamente gerado e nascido ao qual fora em início de jornada espiritual, ou seja, jornada animal, para continuidade de cumprimento de vossa missão espiritual perante o vosso Deus. Pois nisso encontra-se a justiça e poder divino.

"No primeiro dia assim como no sétimo, tereis uma santa assembleia. Durante sete dias não se fará trabalho algum, exceto preparação da comida para todos" (Êxodo 12: 16)

Mas todo ato espiritual sagrado ou qualquer outra ordenança de ato espiritual para troca de energia ou magias de transformação utilizando-se das forças e fluidezes de luz ou de forja das forças da luz, valendo-se das energias das fontes divinas para execução de labuta terrenas em junção das duas vertentes por ordenança divinal ou determinação espiritual, seja do próprio Criador aos vossos Espíritos sagrados, seja dos Espíritos sagrados aos Anjos encantados, seja dos Anjos encantados aos vossos servos e servas espirituais, ou seja, ainda de vossos servos e servas, os Comandantes espirituais aos vossos servidores terrenos materiais, ou os dirigentes espirituais, os sacerdotes, diante de vossas congregações espirituais, para alteração de energia em necessidade extrema dos seres que da terra ainda se alimentam, para frutificação de vossa unidades no sentido de maior conhecimento sagrado, ajuste material contra espiritual, correção de emanação em busca de equilíbrio terreno e espiritual para abertura de sentidos e fluidezes purificadas, purificação de vossas essências como forma de ganho de nivelamento ou ainda troca de fluidez de emanação para abertura de vossos sentidos e significando terrena em relação ao campo celestial.

Pois todos estes atos espirituais, ao qual o campo celestial atua em favor dos espíritos encarnados, são atos divinos ordenados por aqueles que diante do trono do Criador prostram as vossas verdades e se prostram em lealdade de fidelidade sagradas, estando estes cumprindo missões ou ordenamento perante o Santo Deus, de onde apenas os Espíritos mais nobres e puros adentram estando estes, entre o mais perfeito campo sideral de tudo o que de mais santificado e sacro existe entre o Criador e vossos Espíritos nascidos de vosso seio e manancial de luz poderes e glorias, para que possam não somente servi-lo em campo magistral como também em elos espirituais, guiando, iluminando, abençoando e conduzindo todos os espíritos que de Deus necessitam de forças e vigor para serem mais nobres, puros e santificados.

E por isso, são todos estes atos sagrados às ações divinas de ordenança supremamente espiritual para que sejam todos os espíritos encarnados que com o Criador caminham quando ao lado dos vossos servos e servas, os Espíritos, trilham para que Estes, que são sagrados, cinjam divinamente as vossas vestes, ou seja, as vossas caminhadas terrenas; cinjam os vossos rins, ou seja, os vossos sagrados corpos ou a unidade espiritual em vertente orgânica material; cinjam as vossas sandálias e vossos pés, ou seja, os guiem em vossas caminhadas materiais em trilhas espirituais; e cinjam ainda os vossos cajados, ou seja, abençoem as vossas certezas e crenças espirituais para que possam servir de esteio santo diante de vossas dúvidas e incertezas, não os deixando cair em medos e agonias os tirando dos caminhos santos e santificados.

E é através das bênçãos ao qual o cingir é a inserção ou o derramamento de fluidez em energias celestiais que os Espíritos consagrados atuam nos atos espirituais sagrados ou nos demais atos espirituais ordenados ou determinados, jorrando de si mesmo para os espíritos encarnados, unindo as duas vertentes e uma única vertente. Criando, assim, através da magia de transformação um campo magnético de poderes e forças fluindo energia purificada para a alteração das energias terrenas densas ou a serem alteradas em energias espirituais cingidas, ou abençoadas. Isso quer dizer, efetuando a troca de energia material por energia divinal, pura, cândida e espiritualmente sagrada, pois os Espíritos que esta força singular possui para cingir e purificar, não possui por si só, pois estas energias foram pelo Criador, consagradas, por isso, a Ele também pertence e somente Ele concede aos seus que atuam com estas energias e forças em vosso nome.

Portanto o momento em que os Espíritos que atuam com as forças das energias das fontes do Criador em emanação e fluidez de forças voltadas para o campo material, derramando as vossas próprias energias jorradas de uma das sete fontes das fontes de energia direta do Criador, ao qual o vosso Altíssimo Espírito rege e vos ordena e fortalecem, das quais são as vossas bênçãos as próprias energias trocadas e alteradas em poderes e forças espirituais próprias, que durante cada unidade de dias a contar do dia da qual se exerce ou executa o ato espiritual sagrado ou a magia de transformação, ao qual oferta-se em sentido e sentimento de verdade a unidade Santa espiritual ou ainda, oferta-se para aqueles que espiritualmente irão atuar sobre vossas coroas, os elementos orgânicos naturais, das quais Eles, os Espíritos sagrados, irão por meio das energias de cada fruto ou semente em verdade sagrada efetuar a troca das energias com as vossas próprias energias e forças pelas forças já desgastadas e enfraquecidas dos seres encarnados que vos pedem em auxílio.

E assim, atuarem os Espíritos sobre as unidades materiais daqueles que das forças divinais se ajoelham e suplicam as vossas energias e poderes de luz para que os servos divinais vos possam abençoar, frutificar, proteger, guiar, elevar e conduzi-los por caminhos abençoados por ordem santa.

Por isso, após o ato espiritual sagrado e durante o derramamento de energias sagradas, que ocorrerão dentro da quantidade de dias qual a quantidade de Espíritos irão atuar sobre as vossas suplicas e vossos pedidos, sendo o Espírito sagrado ao qual se suplica ou oferta-se em verdade e certeza, o recebedor das ofertas e intercessor junto aos demais Espíritos sagrados conforme a necessidade de cada encarnado, pois nenhum Espírito ou energia espiritual atua de maneira sozinha ou isolada frente as ordenanças divinas, e ao qual este encarnado terá as vossas vestes os vossos rins, as vossas sandálias e pés e os vossos cajados cingidos.

Ou seja, durante a empreitada material e espiritual de cingir o corpo e o espírito para que sejam preparados para receberem a troca de emanação de vertente material orgânica por emanação sagrada divinal por condução de forças das fontes e energias próprias daqueles que Santos são em nome do Criador, bem como daqueles que Santos não são, porém atuam de maneira rígida e perita diante das leis divinas, estarão os seres encarnados durante o período de sete dias, a contar do dia em que preparados estão sendo para recebimento da graça e gloria santa, com vossas unidades espirituais voltadas para as unidades espirituais celestiais, e por isso, deverão resguardarem-se em vossas unidades, pois estes serão os dias em que os Santos e o não Santos, se assim fora ordenado, atuando sobre vossas cabeças, cingindo as vossas unidades sagradas, sendo que cada dia representa um dia ao qual uma unidade espiritual irá agir e ungir sobre vossas coroas.

E estará a unidade Espiritual, os Anjos encantados, o Santo, com todas as vossas forças e poderes voltados para a unidade do ser espiritual encarnado durante o período de toda a noite e todo o dia lhe abastecendo com todas as vossas essências e emanações em ato de derramamento santo por sobre os filhos da súplica em oferta de si mesmo.

Por isso, do primeiro ao sétimo dia, ou os dias das quais se unirão em santa assembleia os sete Espíritos sagrados, comungando com os sete Anjos encantados onde, os demais Espíritos, conhecidos como não santos, da mesma forma atuarão em ordem divina pela mesma ordenança suprema, porém não em forma de derramamento de fluidez de energia sagrada e sim em forma de fluidez de força em forja flamejante, pela consagração espiritual em preservação de todos os fluidos de forças sustentando a atmosfera de energia para que não dentre ou se corroa o ambiente purificado pelos Santos, com energia densa e danosa ao ato espiritual sagrado. Pois este é o momento espiritual mais sublime a todos os Espíritos, pois é a hora em que todos se juntam, formando uma mesma unidade de forças, com as vossas próprias forças, depositando todos os vossos mais puros e santificados segredos e mistérios celestiais, em vertente puramente material ou orgânica por sobre a coroa daqueles que em ato espiritual sagrado encontram-se entregues em momento sacro de doação e devoção espiritual para busca de maior elevação.

Porém, a purificação não é o ato mais extremo aos quais as sete forças se unem para prestar as vossas caridades e sim o ato de doar-se em matéria e em espíritos respeitando e alimentando-se de tudo aquilo ao qual o ato sacro poderá ser consumado por aqueles que santos são, e santificados também tornarão os vossos filhos carnais, pela benção divina em vossos próprios nomes. Pois o ato apenas poderá ser consumado diante da entrega de ambas as vertentes, onde os santos estarão durante os sete dias jorrando energia e forças, e por isso, deverão os encarnados da oferta de si mesmos, através dos elementos orgânicos onde os frutos, os vegetais, as ervas e especiarias, outros elementos orgânicos nascidos da energia terrena e os demais alimentos onde a carne sendo o mais pleno e apenas em caso de extrema necessidade por ordenança e concessão divina pela misericórdia do espírito e da matéria pela troca de vida e não pela busca de energização, pois esta já será pelos santos a labuta primeira.

Deverão os encarnados entregarem-se de forma plena e sublime respeitando todas as prescrições em relação as necessidades de purificação da matéria, pois é através da carne que se chega ao espíritos, e caso estas prescrições não sejam guardadas, será em vão a atuação dos Espíritos e estes deixarão de exercerem as vossas comunhões, pois todo e qualquer ato terreno que desacate as necessidades da carne, para que o espírito se abastece das forças de Deus, se quebrará a corrente espiritual dos Espíritos e nenhum ato em nome dos Espíritos pelas forças e ordenança do Criador ao qual os vossos servos e servas, os Espíritos atuam em vosso nome, poderão se concretizar, pois a união das duas vertentes, necessita das duas vertentes, caso contrário, jamais se formará uma única corrente santa.

Mas é a assembleia santa a mais forte e gloriosa união das sete forças ou das sete linhas santas sagradas em prol da devoção de vossos servos e servas, os espíritos encarnados, pela busca de alcance espiritual de maior força e poder, para que caminhe em caminhos nobres e puros em vossa existência material, galgando a vossa existência espiritual, da qual nenhuma carne o tornará isento de labutar ou caminhar para o santo caminho divino.

Desta forma, não deverá este ser encarnado durante o período de sete dias, ou o período da qual as unidades Espirituais irão atuar sobre as vossas coroas, sendo um dia de jorramento sacro a cada unidade espiritual que atuará com vossos poderes e forças na semana de jorramento santo, não poderá o encarnado exercer nenhum trabalho voltado para o campo espiritual ou carnal material de forma sagrada ou mundana, unindo duas ou mais unidades espirituais a sua mesma unidade espiritual, pois esta estará voltada para a casa celestial em recebimento de energia sagrada, e todo e qualquer ato desprovido de sentido espiritual poderá desligar o derramamento sacro, por quebra ou mistura de vertentes, onde apenas duas vertentes poderão alimentar-se no mesmo período da mesma fonte de atuação ou do mesmo jorramento.

Isso quer dizer, apenas a unidade Espiritual da vertente espiritual do Santo ou do não Santo junto ao ser material espiritual orgânico é que poderá neste ato espiritual de derramamento unirem-se para que ocorra a transformação da fluidez e derramamento de energia sobre este, uma vez que é através de duas vertentes que ocorre a transformação, onde o Espírito sagrado, o Santo representa a vertente espiritual e o espírito encarnado representa a vertente material orgânica, formando assim duas vertentes em única troca de fluidez.

Por isso, não caberá nenhuma outra forma de fluidez e emanação a não ser a fluidez daquele que recendo a benção sagrada esta fluir dentre as unidades que se encontram em junção santa de troca de energia e forças de luz permanecer em serenado estado de atenção voltado para o vosso ato espiritual. Porém as atividades voltadas para o mundo material e carnal que podem influenciar ou quebrar as emanações sagradas, não inclui as atividades laborais de cunho serviçal material, uma vez que desta não se unem os homens em harmonia carnal aos demais seres que da mesma atividade se aplicam.

Então a prescrição do Senhor Deus aos homens da terra, após oferecerem-se em oferta de holocausto para troca de essência de vida pela vida, onde ordenou que retirasse de vossos alimentos o fermento durante sete dias, ou seja, período da qual os Santos e não Santos atuariam sobre vossas unidades e coroas, pois assim como as vossas unidades estavam sendo preparadas e purificadas para o derramamento sagrado junto as forças espirituais, os vossos alimentos também deveriam ser tão purificados e santificados como eles mesmos.

Pois assim como os atos terrenos de desprendimento de energia própria em ações mundanas onde ocorre a troca e desgaste de energia em comunhão de outras unidades espirituais carnais que não estejam em derramamento de energia sagrada representam uma terceira unidade de forças contra as vossas próprias forças em ato sagrado, cortando e destruindo ao ato espiritual sagrado, o simples levedo ou o fermento ao preparo da unidade alimentar de tudo aquilo ao qual a terra produz e a mistura forma o novo alimento, onde a substancia não naturalmente própria aos demais elementos naturais para o preparo se tornaria um terceiro elemento em harmonia com os elementos próprios para o preparo que culminaria na destruição do preparo daquilo que puro e limpo deveria ser para o alimento em seu consumo natural.

Porque o alimento também deveria ser naturalmente preparado de forma purificada e abençoada uma vez que nada que o tornasse preparado de forma ou maneira não natural, ou de forma ou maneira induzida ao qual o fermento, assim como as coisas mundanas ou energia inadequada que representava a inserção de uma terceira unidade as vossas unidades, e por isso tornaria este simples germe de origem também orgânica e natural para a formação do pão, um agente destruidor de vossa pureza, o tornando impróprio para as vossas carnes, que durante o ato de derramamento não poderiam alimentarem-se de nada que possuísse interferência na forma de fabricação ao seu preparo pelo prazo igual a quantidade de dias que santificados seriam através das forças de Deus pelos Espíritos sagrados que os abençoariam e aos vossos alimentos também tornariam santificados sobre as vossas bênçãos.

E perpetuamente será consagrado o ato espiritual de jorramento santo de energia espiritual por sobre os homens da terra, pois perpetuamente será a labuta dos Espíritos em prol dos encarnados unindo-se em única corrente de emanação espiritual para fortificação e engrandecimento de todos os encarnados que prepararam-se em ato santo, seja este ato qual for, para caminharem com o Criador, sendo pelos Santos, inseridos as fontes de energia e poderes de magias e mistérios do Ser Supremo. Pois são todos os Espíritos ordenados para que se cumpra a determinação de Deus de que os vossos filhos carnais também sejam alimentados das forças divinas através do ato de derramamento santo, para que estes cresçam espiritualmente de forma que possam caminhar em plena harmonia celestial e espiritual em vosso sagrado nome, pela vossa força, poderes de luz, magia e mistério, ao qual os vossos espíritos estando mais bem preparados para receberem mais conhecimento, discernimento, frutificação, poder de autocorreção e justiça, estarão também preparados para terem maior conhecimento da doutrina e disciplina magistral do próprio Criador fazendo com que recaiam sobre vos, mais puridade em forma de ternura, misericórdia, santidade, caridade, e amor divino. Ou seja, os preparem em sacramento espiritual para caminharem mais próximo ao Espírito Santo.

Por isso, além de angariarem pureza, candura, e fluidez límpida para caminharem com o Criador, receberão os vossos galardões da ascensão em nivelamento espiritual ao qual cabe a cada um, caso contrário, não conseguiriam alimentarem de energias e emanações necessárias para apresentarem-se e estarem próximos à divindade, conforme igualmente a todos aqueles que com a Santidade divina iriam caminhar em jornada de glorificação da terra da promessa, precisariam todos demonstrar as vossas confianças e dignidades frente a ordenança de sagrada pois somente aqueles que estivessem crentes e fossem verdadeiros fieis seriam de fato cingidos em vossas unidades espirituais para passagem pelo maior dos desafios espirituais que seria a travessia da confiança frente a abertura do mar o caminho da sorte do deserto.

Preparação para Páscoa e o sangue da vida

"Moisés, convocou todos os anciões de Israel e disse-lhes: Ide e escolhei um cordeiro por família, e imolai a Páscoa. Depois disso, tomareis um feixe de hissopo, e ensopareis no sangue que estiver na bacia e aspergireis com esse sangue a moldura e as duas ombreiras da porta. Nenhum de vos transporá o limiar de sua casa até pela manhã" (Êxodo 12: 21-23)

5.3 E todos aqueles que diante da verdade de Moisés, se prostraram a verdade de Deus, o Criador, que após estarem limpos e santificados pelo ato espiritual sagrado de purificação em razão da palavra da verdade ao qual a certeza era o caminho do poder e da justiça; juntaram-se ao "filho da perfeição" para que diante de vossos olhos pudessem ver não somente verdade, fazendo-se Verdade em campo material, mas sim a perfeição divina atuando por sobre os vossos olhos. Ajoelharam-se diante da ordenança suprema do sinal do sangue para que o sangue da qual concedeu a vida a todos aqueles de onde o sangue partia em unidade carnal, o animal escolhido e determinado, para que pudesse esse alimento espiritual da carne, ser o sangue que representaria as vossas próprias vidas em sinal de confiança, de esperança, de devoção, de crença, de fé em Deus e de vossa Verdade, e por isso, do merecimento da vida de vossas próprias vidas, da qual foram compradas pelo preço do resgate da vida de outro ser pela própria vida da qual ofereciam naquele momento em forma de sinal de confiança.

Mas foram todos aqueles que demonstrando as vossas fidelidades através do sinal ao qual o próprio sangue, sangue de Deus, pois nenhum ser espiritual ou carnal é nascido sem que este fato seja por vontade e ordenança Dele mesmo, e por isso todos a ele pertencem em carne e em espírito; foram libertos da dor, da correção ao qual a vossa passagem arderia em solo terreno, pela força de vossa luz flamejando a sentença magistral de vossa vontade em cume de cumprimento, de determinação, de prestação, de devoção em cumprimento de ordenança àqueles que determinados eram para o cumprimento da ordem santa, os não Santos, bem com aqueles que dela se libertariam ou com ela arderiam no flamejar da luz ao ápice da força ao qual à batalha sem gemidos ou sem dor os levantariam naquela noite, onde até a eternidade todos dela se lembraria e dela testificariam.

Mas não era o sangue animal a troca da vida pela vida, pois no momento em que ocorrera a passagem dos não Santos pela terra o ato espiritual sagrado pela troca de vida já havia se consumado pelo galardão da pureza, limpidez, nobreza e santidade; por isso, fora este o sinal de vossas devoções e confianças em Deus, o Criador, porque nada diferenciaria se acaso fossem os vossos próprios sangues apresentados nas soleiras das portas de vossas casas ou o sangue do animal imolado em vossos nomes. Mas o sangue, conforme havia sido ordenado, era o sinal de que o ato espiritual sagrado de troca de vida pela vida havia sido consumado dentro das casas ao qual o sangue era a demonstração da fidelidade e lealdade a Deus.

Pois assim como o animal, todos os seres possuem o sangue que corre no corpo abrigo do espírito, sendo este a alma da carne ao qual sem o soro que a purifica, limpa, abastece e alimenta a carne não viveria. Assim, como o próprio espírito que não vive sem a luz divina, porque sendo a luz divina o alimento da essência aos quais os espíritos puramente em essência espiritual vivem; isso quer dizer, é a luz divina o alimento supremo celestial da qual os espíritos necessitam para viverem e serem seres espirituais abastecidos pela força do Criador ao qual sem esta força não viveria nenhum ser criado através da luz do Criador, pois o Criador além de ser a fonte eternal de luz é a luz que abastece tudo o que dele mesmo nasce e a partir de vossa luz se sustenta, onde o sopro divino representa o mesmo sentido de animação ao ser abrigo material, porque o abrigo material também é alimentado sagradamente pela luz divinal por meio dos elementos orgânicos de sustentação divina em campo terreno, ao qual este também não existiria sem a força espiritual que o nutre em terra.

Desta forma, sem a luz divina do Criador que é a única sustentação celestial de força eternal e suprema de brilho, limpidez e pureza própria do Espírito Santo, ou a única força de poder magistral que alimenta e nutre o espírito; nem o espírito viveria em elos espirituais ou campos materiais dando vida a carne animada em força e brilho, nem a carne viveria em caixa orgânica sendo alimentada pela força da força dos elementos espirituais que em campo terreno são o alimento divinal para os vossos sustentos.

Por isso, é o sangue da mesma maneira o espírito da matéria da qual a carne também não sobreviveria sem a energia que corre pelas veias e todas as partes carnais sendo alimentada pela luz divinal de eternitude magistral que parte dos alimentos e dos elementos espirituais nutridos e abastecidos pela força da luz divina que os mantém vivos e vívidos pelo vosso poder de magias e mistérios que a vossa santidade concede e sela por toda a vossa constante gloria e poder de força e luz, ao qual o abrigo orgânico necessita para ser vivo.

Logo, é o sangue o elemento vivo que torna todos os demais elementos, os órgãos materiais, vivos dentro do abrigo carnal, pois da mesma maneira que não viveria a terra sem a água, soro de purificação e vivacidade de vossa unidade espiritual renovando e transportando força viva, para torna-la sempre renovada e caminhante de si mesma, o corpo não viveria sem o sangue espírito vivo, abastecido de luz viva que jorra dos mananciais divinos do Criador e que a torna viva em constante andança por dentro de si mesma, alimentando de energia orgânica cada pedacinho dela mesma por ela mesma, tendo sido alimentada em poderes e forças das nascentes de vida da terra, terra viva da força de Deus.

Mas não era o sangue na soleira das portas a representação de que o jorramento sagrado fora ocorrido em nome das vossas preparações espirituais, e sim a confirmação de vossas preparações espirituais, pois esta era a maior forma de demonstração de lealdade e fidelidade a ordem divina, onde até mesmo aqueles que não a seguissem teriam da mesma forma os vossos galardões, porém estes seriam ainda mais amargos do que os daqueles que confiaram em vossas palavras e poder de justiça.

Por isso, a oferta animal em preparação espiritual sagrada não ocorreu por mero desejo material do homem em desrespeito à unidade espiritual do ser nascido em carcaça diferentemente dele, e por isso imolada em vossos favores em sacrifício da carne pela carne ou da ordem material pela coisa material, sem determinação espiritual ou elo sagrado que a ordene ou tenha significância ou determinação espiritual de se fazer. Pois qualquer ato de oferenda animal sem ordenança divina espiritual, não é e jamais será, imolação espiritual em ato espiritual de troca de vida, e sim sacrifício em nome do nada ao qual aquele que sacrifica caminha bem distante da verdade do Criador e de vossos servos e servas, os Espíritos sagrados. Porém todo ato espiritual sagrado de imolação ordenado através dos Espíritos em ordenança divina em respeito à ordem suprema, é ato espiritual em respeito e observação à ordem maior e suprema de que todos têm as vossas missões terrenas, e o cumprimento de uma ordenança que necessita da outra ordenança em mesma comunhão espiritual e carnal.

"De nada serve trazer oferendas; tenho horror da fumaça dos sacrifícios. As luas novas, os sábados, as reuniões de cultos, não posso suportar a presença do crime na festa religiosa. Eu abomino as vossas luas novas e vossas festas; elas me são molestas,

estou cansado delas. Quando estendeis vossas mãos, eu desvio de vós os meus olhos; quando multiplicais vossas preces, não as ouço. As vossas mãos estão cheias de sangue" (Isaías 1: 13-15).

E toda e qualquer vida é e sempre será sagradamente alimentada, nutrida e respeitada pelas forças e unidades espirituais que vos abastecem em campo terreno, por isso, a ordenança divina, de imolação animal, não trata em submissão à nenhum ser, ou forma animal, pois foram todos nascidos do mesmo Criador sobre a mesma luz e as mesmas influências divinas e santas, e ainda que a imolação seja o caminho para aqueles que necessitam das forças e essências de outra vida; concederá o Criador, nova vida a todas as vidas imoladas em vosso nome, pois todos são frutos de vossa ordenança e verdade.

E da mesma maneira que o Espírito Santo concede a vida aos vossos filhos que terrenamente serão nascidos homens, também concede a vida aos vossos, também filhos que serão nascidos animais, bem como a hora de chegada e de partida perante a missão ao qual cada um recebeu para que em abrigo orgânico material possa labutar e trilhar em campo material tudo aquilo que ao seu espírito fora determinado, da forma ao qual Ele mesmo escolheu.

E diante da determinação e ordenança de que o sangue fosse o sinal de vossas confianças, somente poderiam ser preservadas as vidas humanas e animais daqueles que sinalizassem as vossas portas com o gesto de confirmação e da devoção, pois seria o sangue animal em lugar de vossos próprios sangues, a certeza de que os vossos espíritos estavam purificados e nobremente límpidos e cândidos para caminharem e receberem as energias espirituais daqueles que são Santos pela santificação divina e daqueles que considerados não Santos, adentrariam em vigília pela noite à dentro cumprindo também com vossas ordenanças de se fazer cumprir o mandamento em ordem suprema de resgate de todos os primogênitos existentes daquele ato espiritual sagrado.

Logo a imolação não seria apenas ato de ofertar-se a Deus para angariar pureza e candura como também força e vigor de caminharem com Deus, e além de tudo a certeza de que serviriam a doutrina as leis e as ordenanças de Deus, pois somente aqueles que depositaram crença é que seriam libertos da desgraça de serem traídos por vossas próprias verdades e terem os vossos primogênitos não somente resgatados como também as vossas unidades, pois não receberiam o galardão das forças, energias e fluidezes necessárias para caminharem com o vosso filho, o filho aprendiz da perfeição divina e com isso não poderiam juntos adentrar ao momento em que adentrassem todos os devotos aos campos do deserto.

Pois nem todos os que nascidos da escravidão e da servidão de vossas carnes prostraram-se as verdades divinas do Criador pelas palavras de Moisés, mas todos que observavam as vossas palavras foram preservados. Porque nenhum daqueles ao qual seguia as recomendações de Moisés os faziam por obrigação ou imposição uma vez que nenhum ser pode ser obrigado a seguir os caminhos ao qual o Criador através de Moisés vos apresentava frente as vossas ordens e verdades; porém era a escolha à separação entre o joio do trigo. Isso quer dizer, que a jornada para os que de Deus eram falsos, mentirosos e pouco confiantes nas labutas de batalhas de Moisés, seria curta assim como seria contra a vida de vossos primogênitos em terra de homens e falsos crentes da verdadeira verdade, o Senhor Deus.

Por isso, a maior prova de respeito às vidas humanas e animais, fora o sangue que marcando as soleiras e as portas, demonstrando a comunhão de vossas ceias em harmonia espiritual com o divino Deus e o campo material, de onde a carne consumada em ato espiritual sagrado fora o alimento santificado daquela noite onde os guardiões, cumprindo com a determinação santa, consumiriam a ordem maior em o ato sagrado de resgate de todos os que não estavam purificados, não pela carne e sim pela essência da qual aquela carne carregava em troca de vida pela vida, tampouco a demonstração de vossas confianças e devoções e crenças nas palavras de Moisés.

Porém, para que tal ato de determinação poder, força, devoção, e cumprimento de ordenança pudesse adentrar ao povo e ser concretizado entre todos, era preciso que todos os encarnados da qual a constituição social fazia parte do povo hebreu, ou seja, da mesma congregação escravizada se unissem, conhecessem a Deus e seus poderes e igualmente se prostrassem diante de vossa magnitude, benevolência e onipotência para que as vossas forças e poderes pudessem ser apresentadas a todos os que de vossa caridade fariam parte em amor, caridade e principalmente em verdade, pois para que o Criador adentrasse as vossas portas, aos vossos lares, seria preciso que todos estivessem unidos em uma única verdade, pois esta Verdade seria a devoção ao próprio Deus de pródigos e benignos feitos da qual conheceram através de Moisés.

Porém não mais seria através de Moises, que Deus se apresentaria e fazia Verdade, poder e forças perante todos os vossos filhos e filhas, e sim através de coragem, verdade e empenho de cada ser espiritual, independente das prescrições de Moisés, ao seu povo. Pois para receber a Deus, não se pode crer, caminhar ou ter devoção por meio de outra pessoa que não a si mesmo. E sendo um povo leal e fielmente crente em vosso Senhor Deus através do aprendiz divino, seriam todos aqueles que realmente vos tinha em crença e em verdade agraciados com a vossa presença dentre vos, e todos os demais seres, padeceriam em vossos lamentos pela perda de vossos amados filhos em troca da crença e confiança em Deus pela dor e pela lamentação em forma de piedade.

Àqueles que ferem a terra, à luz que resplandece da morte,

Mas antes mesmo da ordenança divina de que os vossos servos e servas, os Espíritos, os não Santos, ferissem os filhos pródigos da terra dos filhos próprios de vossas próprias verdades, para que nela pudessem adentrar a vossa benevolente santidade, frente a vossa ordenança do poder e da fortaleza nascidos do manancial de magias e mistérios da eternitude sagrada de Deus o Criador para apresentar-lhes à toda a terra o verdadeiro e único poder existente entre os céus e a terra, porque antes mesmo de ter vida própria na terra, era a vossa benevolente luz que ordenava e conduzia a vida das vidas que ainda não eram vida em carne e em terra, mas já eram vidas diante de vossa esplendorosa e majestade força de criação e geração espiritual de energia e essências espirituais por vossa plenitude e majestade; por isso antes mesmo de existir qualquer vida ao qual a vida possa se fazer sabedora e conhecedora de si mesma. "Era a terra sem forma e vazia; trevas cobriam a face do abismo, e o Espírito de Deus se movia sobre a face das águas" (Gênesis 1:2)

  5.4 Ora, se não era o abismo a única forma de existência espiritual ao qual o Senhor Deus com a vossa mais pura benevolente compaixão e através de vossa fonte única poderosa e majestosa de poder de for   inigualáveis, transformou o nada existencial em campo terreno material ou na terra sagrada ao qual ele mesmo nomeou de Éden ou de terra santa, pela vossa própria vontade de que o nada consumasse as suas esferas e esta esfera pudesse se tornar habitável aos seres que nela habitariam. Mas vejam vocês, se não é o Éden, ou seja, o primeiro campo habitável com pureza e candura celestial assentado às margens do abismo ou o campo terreno a própria frutificação espiritual divina em solo de trevas ao qual o nada existencial tornou-se pelas palavras e ordenança do Criador no maior e mais sagrado campo existencial ao qual um espírito poderá abrigar-se em missão espiritual de conhecimento de si mesmo e de vossa santidade pela caminhada em expiação de vossas existências, pelas faces das faces ao qual o próprio abismo vos concede pelas forças das forças que possuem todas as forças divinais, tornando-se límpido e sagrado com a mais pura e compassiva obediência as ordens supremas determinadas pelo Espírito Santo que é Deus, onde as forças e poderes espirituais das trevas e do abismo, prostrando-se as proclamações supremas, tornou-se unidade terrena sagrada e habitável conforme o desejo e a vontade do Senhor Deus.

  Mas não criou o Senhor Deus todas as maravilhas e belezas sobre a face do abismo, apenas para serem vislumbradas por aqueles que seriam os vossos filhos e filhas materiais em troca de nada ou para que estes se percam ou se choquem com as energias das energias que pairam na atmosfera do cume da terra vindas das energias primeiras e existentes ao centro da atmosfera espiritual, ainda que nutridas em energias e luz celestial do próprio Senhor Deus.

Porque este que é o elo espiritual nascido do nada face ao abismo, fora adornado e embelezado com as mais nobres, puras e honrosas espécies de animais, vegetais e frutos ao qual a ordenança maior o cingiu em novas formas, modelos e padrões antes desconhecidos, porém após o desejo e a vontade de Deus o Criador, deitando a vossa própria energia de pureza, santidade e limpidez em robustez de maravilha e exímio poder de brilho e eternitude de si mesmo sobre o nada, o tornou tão nobre, cândido, sacro e santificado tais quais as forças emanadas das forças de vossa luz, fazendo o caos com as vossas também energias tão puras e límpidas próprias de si mesmo aos quais as vossas forças o faziam vivo, tornar-se ordem pela ordem da proclamação doutrinária do Criador.

Desta forma, após a proclamação de que o céu e a terra fossem surgidos ou separados, assim como se separam as coisas espirituais das coisas terrenas, não que o campo celestial não existisse antes da gênese do renascimento espiritual material em campo terreno, porém fora a separação de ambas vertentes onde cada uma recebeu o seu modo próprio de existência e de reconhecimento para todos que iriam abrigar-se abaixo do firmamento de onde as fontes de energia constelares ao alto, seriam a certeza da que estas fontes menores de brilho e luz estivessem assentadas a base firme do alicerce de amplitude elevada divinal, onde os olhos carnais daqueles que estariam abaixo da firmeza ou do fundamento divino, estariam além de lastreados pelas energias sacras, frente as certezas do Criador vos apresentando o vosso mais nobre e puro sinal divinal de vossa forma, vosso poder e vossa existência aos olhos de qualquer olhar, também carregados com a certeza de que foram firmadas todas as forças de magias e mistérios espirituais por sobre o abismo, demonstrando a força das forças divinais tornando a própria existência da escuridão, em campo espiritual da certeza divina de onde as nascentes celestiais iriam brotar raízes em forma de luz e vida nas formas das formas mais belas e amáveis vívidas, para tornar vivo o próprio abismo que outrora era a única forma de vida em energia que existia neste imenso campo, vivendo dele mesmo pela própria falta de luz que o compõe.

Pois são as estrelas a certeza de que existe um firmamento divinal espiritual e este está enraizado por sobre a energia espiritual do Espírito Santo, de onde não se pode enxergar, porém pode-se observar e ter a certeza carnal e espiritual de que as forças de todas as forças mais poderosas encontram-se sustentadas pelas energias de brilhantismo de poder e de luz divinal. Pois se não fossem as vibrações e energias irradiadas pelo Senhor Deus sobre toda a terra e todo o campo divinal, nenhum ajuntamento de energia, isso quer dizer, elemento estrelar, se auto sustentariam por sobre o nada que também é o firmamento ou o céu. Tal qual o sol, a lua, as águas, os ventos e todas as demais energias existentes em solo espiritual material.

"*Conheces a origem do mar? Ou passeou até o mais fundo do abismo? Lhes parecem as águas as portas da morte? Ou a própria morada da morte? Ou imagina que com o seu conhecimento compreende o tamanho da terra? Diga se sabe tudo? Onde está o caminho de onde mora a Luz? E quanto as trevas, onde está o seu lugar? Poderia alcançar com seu conhecimento e reconhecer as veredas de sua morada?"* (Jó 38: 16-20)

Mas a terra elemento árido fonte de vida, és o mesmo elemento árido das portas da morte. Ou não seria o abismo o início e o fim de todos os seres, elementos e formas de vida existentes em campo terreno, nascidos da vida que se faz vida à partir da vida que a própria morte vos encarregam de preservar vivos até o dia em que dela serão todos consumidos pela ordenança Daquele que vos fornece o alimento luz da vida para que o próprio abismo, porta da vida e da morte, vos recebam de braços abertos para que assim como a própria escuridão, possam ter vida pelo brilhantismo da fonte de vida que vos fazem vivos em vosso seio. O seio de Deus, o Criador do mundo da vida e da morte.

Pois tanto a luz do dia, o firmamento, o ajuntamento das águas e o aparecimento do elemento árido em junção de si mesmo, são frutos do desejo de criação ao qual Deus ordenou que surgissem ou que se juntassem para que o que era a escuridão por sobre o abismo, ou seja, a escuridão sendo ela mesma diante do que ela mesma produzia para dela se alimentar diante da desordem e do caos ao qual ela mesma se nutria, para que pudesse ganhar nova vida existencial, servindo ao Criador da forma que era, ou em forma de desordem, em forma de caos. Pois o Criador não alterou a sua verdadeira forma tampouco sua essência cândida e pura de escuridão, lhe dando nova forma ou nova essência puramente própria; pois a vossa existência de negrura, desordem e caos pertencem a si mesma; logo, nada fora alterado em vossa essência mais límpida, e sim utilizadas as vossas forças e poderes espirituais à partir do que ela mesma tinha a oferecer.

Por isso o Criador concedeu as energias do abismo e do caos o direito de que permanecesse a si mesma em sua verdadeira forma, isso quer dizer; tão puramente negra, escura, vazia e desolada sem nada alterado, pertencente a si mesma de forma cândida e espiritual com as vossas próprias magias e mistérios, porque embora toda a vossa força de poderes negros, magias e mistérios foram para a luz revelados, nem todas as vossas unidades de escuridão foram tomados pela luz divina. E ainda que tenha passado o caos e a desordem das trevas a servirem em forma, força e verdade as forças da Luz celestial do Ser Supremo, nem todas as esferas das trevas foram iluminadas com a força das forças de pureza cândida das nascentes da eternitude divina.

Porém todas as esferas negras que com a luz divina foram adornadas e iluminadas, fora pela potencialidade de extrema robustez de forças em magias e mistérios verdadeiramente puros, ou o único poder realmente límpido e puro, abrilhantado em poderes e forças divinamente celestiais, ao qual o próprio abismo em vossa mais potente e forte unidade de forças e de escuridão de longe alcança as forças e energias das fontes de luz divina do Criador, e que por isso, ao brilhantismo celestial do esplendoroso Senhor Deus, rendeu-se em pureza e em verdade, sendo do Criador não apenas uma fonte de energia e de escuridão ao qual seria por Ele mesmo utilizado de maneira e de sorte divinal; e sim em diversos elos espirituais aos quais não mais viveriam as trevas apenas pelas forças da negrura do nada e sem vida ou sem brilho que a fizesse ser viva ou vívida de si mesma nutrida de energia densa, escura e pesada, como também teria as vossas forças e unidades tomadas pelas verdadeiras forças espirituais, que acima de vossas forças a comandaria e ordenaria tudo o que as vossas não mais potentes e poderosas forças seriam ou fariam diante de si mesma.

E assim, recebendo toda a força de luz do esplendor da grandiosidade Santa, onde a excelsitude magistral do Espírito Santo concedeu que se fizessem vivas as faces do escuro, pelas vossas forças e poderes de magias e mistérios siderais para que o que era o caos em forma de abismo, naquele momento recebesse a vossa luz divina em vossa real forma, ainda que a vossa forma real fosse a forma de desordem. Mas fora pela força da disciplina espiritual divinal ao qual o que fora outrora o abismo, após a proclamação de que a luz divina sobre o nada fosse a luz da terra, com a ordenança de que céus e terra se firmassem em única direção e ordem em vossa singular profundeza de desordem, aos quais as portas do precipício se tornaram as portas da vida que existiria em vossa singularidade força de emanar e existir de si mesma. Existindo em nova força e sendo vida e emanando a luz divina celestial ao qual acabara de receber para se tornar parte da verdade celestial do Criador.

Desta forma, tornaram as trevas, em forma e modelo próprio de si mesma, menos portadora de si própria, para ser recebedora da luz divina celestial ao qual o momento da anunciação de que a ordem divina se faria cumprir, cumpriu-se o desejo sagrado do Criador, E assim se fez, pois, todas as vontades do Espírito Santo; e assim foram atendidas todas as vontades de Deus, pelas vossas forças e desejos de que o nada fosse o campo espiritual vivo para receber os vossos filhos e filhas da terra ao qual ele mesmo acabara de santificar em vosso nome. Nesse instante, todas as energias espirituais da fonte do abismo foram tomadas pelas energias espirituais do Senhor Deus que com a força da luz que brilha e reluz as vossas verdades e desejos, fez fazer viva a terra elemento árido; e vossas águas mortas submersas no caos do desastre, passaram a ser águas vivas caminhantes de si mesmas, em única direção, direção ordenada pela disciplina celestial em direção ao caminho único divinal, e não mais em forma de desordem ao qual o abismo outrora possuiu.

Mas fora a ordenança divina que tornou tudo o que era ruína dentro da cavidade do negro escuro em forma de abismo, para que este pudesse receber a luz celestial da fonte do manancial inesgotável e infindável de luz, pelo poder do brilhantismo do esplendor da força da eternitude do Ser Supremo, tornando assim, o que era o nada flutuante de vossa própria existência em precipício de desordem e desolamento, onde o assolo devastado de nada ao qual o próprio nada era a existência de tudo o que havia perante a destruição da falta de luz e força vital de possibilidade de que qualquer forma de vida pudesse sobreviver àquela forma de vida face à destruição, que se tornou vida pela verdadeira vida que é Deus, o Criador.

E a vida fez-se verdadeiramente vida, pela Vida em forma de Verdade e de Luz ao qual o Criador, fonte da luz e da vida, após separar entre o firmamento e a terra e as águas; concedeu o direito do próprio nada ser o tudo existencial, ao quais as vossas chamas em forma de vida espiritual de todos aqueles que nascidos de vosso seio, os espíritos, pudessem em vossa plenitude de força e de verdade caminhar e conhecer a vossa imensidão de força e de poder, os tornando vivos, assim como o caos, que outrora era a própria morte, o tornando vivo em face ao nada em forma de abismo, fazendo habitável a própria tormenta em forma de nada, para que as verdadeiras vidas espirituais pudessem se abrigar, e as vossas forças e poderes pudessem conhecê-lo.

Porém, nem todas as esferas dos cantos das trevas foram tomadas pelas forças da luz em forma de vida, concedendo vida as trevas outrora escuridão, após a proclamação de que houvesse luz por sobre o abismo, e que fosse este a casa espiritual de passagem carnal a todos os espíritos que nascidos da vontade do Criador, pudessem cumprir com as vossas missões de serem aprendizes de si mesmos, pelas forças das forças que os consomem em energia e brilhantismo, ainda que dentro do campo da vida e da morte, que é o campo material espiritual, formado e firmado por sobre o abismo, do que fora também o nada.

Porque assim como o abismo e a vossa força de poder de ser nada e ser tudo, se prostrando ao verdadeiro manancial de poderes e forças de vida existentes entre os céus, a terra e as trevas, pois este ainda que parta da existência de vossa unidade, fora tomado pela luz, e fora mantido de maneira e forma espiritual ao qual ele mesmo o é, pois assim como o campo terreno é constituído de duas vertentes, onde a espiritual é abrigada por sobre a vertente material, é o campo de onde o abismo se rompeu um dia a própria treva de onde o nada se rompeu para que a ordenança divina de que ambas vertentes do mesmo vale, ou seja, a vertente espiritual e a vertente material do mesmo campo espiritual, onde o vale do abismo em complemento com o vale das trevas, formam duas unidades pelas duas vertentes de poderes e forças. Pois o abismo que representa a unidade material espiritual, adornada de luz divinal terrena complementa-se com as trevas que é a representação ou a vertente espiritual de si mesma em forma não material, ou apenas na forma espiritual de essência, sustentado pelas energias que carrega e se formam de si próprio.

Isso quer dizer, que, mesmo o abismo, que embora tenham sido tomado pelas forças e poderes de luz para que pudesse abrigar as formas de vida terrena que somente podem existir à partir da luz do Criador, por isso ganhou o caos, ordem e luz, ainda assim, parte do que outrora foram as trevas e se mantém sobre vigília do Criador, para que a vertente de sustentação de energia carnal terrena, ou o espírito, seja abrigo das energias que densamente mantém-se em forma e força de emanação carnal ainda que as vossas matérias já tenham deixado em campo espiritual terreno, mas jamais poderão após as vossas partidas adentrarem aos campos ou aos elos espirituais celestiais, se acaso esta não for a ordenança divina para àquele espírito que após a partida ainda se mantém em energia vibrando com as forças das forças que regem o campo terreno de maneira densa e turva em si mesmo.

Desta forma, é o campo da escuridão, também conhecido como abismo ou vale da morte dos que mantém-se vivos em energia e vibração carnal, a forma e o caminho de onde a vertente espiritual material nutrindo-se ainda de formas e energias materiais terrenas, descansam as vossas energias e vossas certezas de serem ainda que em espírito pertencentes ao Criador, pertencentes ao abismo, de onde as energias continuam tão densamente iguais as energias das quais as vossas unidades ainda se alimentam, e por isso, se alimentarão das forças das trevas. Por isso, esse que é também chamado de horto da morte ou elo infernal, nada mais é do que a continuidade do campo terreno, ou da vertente espiritual que está ligada e fundida espiritualmente ao campo material, vertente terrena de onde certas unidades jamais se libertarão, e ainda assim, necessitam de um abrigo puro e seguro para vossas retiradas terrenas pela força da derradeira morte. Porém não puros em unidade santa, pois até mesmo as energias densas e negras possuem a pureza de serem o que são, para que sejam puramente o que verdadeiramente são.

"E vi descer do céu um anjo, que tinha a chave do abismo, e uma grande cadeia na sua mão" (Apocalipse 20:1).

Mas não fora o abismo, eliminado e excluído de si mesmo juntamente com vossas energias espirituais em vertente de vale de dor e de morte espiritual, pois este que rege a energia do cume do caos apenas ganhou nova vida, recebendo vida à partir da luz divina diferentemente da vida que outrora o próprio abismo vivia. Isso quer dizer, tornou o caos em forma a força de vida espiritual que até então, nem o abismo e nem as trevas e nem mesmo os espíritos conheciam, porém antes mesmo de habitarem o campo terreno, foram ordenados nele adentrar. Pois todos aqueles espíritos que foram criados no mesmo instante da entrega da luz ao abismo, foram gerados e nascidos pela ordem suprema frente a missão espiritual de servir ao Criador diante das faces do abismo, por isso, possuem tanta força e luz espiritual quanto as próprias forças aos quais as forças do abismo possui para ser vivo pela luz divina, pois ambos são nutridos e abastecidos de energia da mesma e singular fonte de força de brilhantismo e luz nascidos do mesmo Senhor Deus de todas as coisas.

Por isso, assim como o abismo é a vossa força de poder de ser nada e ser tudo, se prostrando ao verdadeiro manancial de poderes e forças de vida existentes entre os céus, o abismo e a terra, se fazem verdadeiros e se fazem vida. Assim todos os espíritos nascidos da ordenança de serem servos e servas espirituais, para se prostrarem em lealdade, fidelidade e forças a ordenança de serem pertencentes aos campos de luz sobre o caos e habitarem espiritualmente o campo luz em trevas de si mesmo, são os guardiões da luz pela falta de luz no nada existencial do eterno abismo iluminado, para serem os derradeiros servos divinais da luz frente às faces do abismo.

Então, fora determinado, assim como fora ordenado ao abismo que da escuridão não mais se alimentasse apenas de vossas puras e negras energias, ao Espírito daquele que seria o dono da luz face ao abismo, o grande e poderoso Espírito, adornado de pureza negra, ou tão negras e poderosas quanto as puras forças do caos e do abismo. Por isso, o único e mais robusto em forças negras e brilho cingido de luz e brilho, Espírito celestial, o Portador da Luz, das forças das magias e dos mistérios aos quais os vossos próprios servos e servas espirituais desconhecem, assim como desconhecem todos aqueles que do vosso selo, são firmado e sacramente pela dominância das chaves das portas, das portas que somente ele possui; mas não somente as chaves como também a celas e os selos de todos os que de vossa unidade de forças residem pelos vossos próprios poderes de remissão e juízo.

E este que é o único que possui as chaves e o cálice de todos os juízos de vosso comando com todas as energias negras das trevas, tão forte e poderoso quanto todas as forças negras e límpidas celestiais da qual as vossas mais puras e nobres energias carregam em nome do Criador, servindo a vossa ordenança, pois de vosso seio também fora nascido com a ordenança de ser exatamente àquele que rege e domina todas as energias que vibram e emergem das forças densas da falta de luz, pela própria ordem suprema de que sejam as trevas e todas as vossas unidades em esferas, os campos de juízo e remissão de todos aqueles que partem pela determinação de adentrarem ao mais alto e poderoso campo de falta de luz, não pela falta de brilhantismo, e sim pela ordem de que seja este o elo espiritual de todos aqueles que nascidos em campo terreno, outrora o abismo, ainda tenham as forças e emanações do campo terreno de onde um dia partiram se ainda não estiverem preparados para as casas celestiais adentrarem.

E por isso, somente um Espírito, poderia ser tão forte e poderoso para ser o governante supremo do elo espiritual mais materialmente abastecido em poderes e forças de si mesmo, sobre a regência e ordenança divina de que seja a falta de luz comandada por um Espírito, embora encantado, ou seja, que jamais subirá ao campo terreno tampouco ao mais alto posto celeste, pois assim é a vossa dignidade e forma de cumprimento de missão. É ele, o Poderosíssimo Senhor Lúcifer, A Luz que resplandece nas trevas, o portador da luz divina por sobre o caos, as trevas e o abismo, ordenado a reger e comandar todas as energias que fluem e emanam das energias densas das forças da falta de luz. Pois não é o abismo o poder de forças de si mesmo, pois ao Criador este também prostra-se para servir em campo material e espiritual em forma de verdade. Porém é este, o campo onde a luz divina emana, mas não mata ou elimina as vossas mais puras e verdadeiras forças de onde o vosso cume, ou a vossa verdadeira essência ainda é ele mesmo. Isso quer dizer, puramente negra, densa, nebulosa e espiritualmente recoberta de remissão e juízo em forma de tormenta e falta de brilhantismo que parte da luz que a este não ilumina.

E os vossos servos, desde os primeiros espíritos, os espíritos guardiões, nascidos da ordenança de serem e existirem para governar e reger o elo espiritual no cume da escuridão, onde a magia e o mistério celestial o mantém em forças negras e espirituais dos poderes das forças das trevas carregados das forças de luz, atuam, residem e controlam as energias que ainda emanam das profundezas do cume da escuridão de onde as vossas mais puras e cândidas energias são límpidas e puramente emanadas assim como as energias que regem sobre as vossas próprias fluidezes. E sendo as vossas unidades espirituais, ainda que possuam moradas em elos espirituais longínquos e desprovidos de luz celestial, são espíritos também abastecidos pela luz celestial de força, magia e mistérios supremo; luz que nutre e alimenta todos os espíritos existentes em todos os elos e campos espirituais ainda que estes sejam campos desprovidos de luz, pois todos os espíritos assim como todos os elos, campos, potestades e reinados espirituais foram criados e nascidos pelo desejo do Espírito Santo, e por isso, são todos alimentados e guiados pelas mesmas mãos transcendentes de força de brilho e de luz.

E diferentemente dos campos de falta de luz, onde a luz que os abastecem são as luzes vindas da ordenança etérea de que seja a luz, a luz regresso daqueles que da luz vivem apenas pela força que vos nutrem internamente, a luz divina e não a luz do campo em que se encontram. É o campo terreno elo espiritual nascido do próprio abismo e escuridão da falta da luz, onde a claridade que ilumina as faces da terra se faz pela ordem suprema de que a luz seja presente em todos os cantos deste elo espiritual pela proclamação do mais puro e nobre desejo de Deus, fonte e manancial da Luz celeste pelas vossas forças e poderes sagrados, e não por desejo próprio da terra. Porque esta não é viva e não gera vida a não ser pela vontade de quem a rege.

Logo, não é o campo terreno mais iluminado que os demais campos de luz divinos ou as trevas em sua profunda escuridão mais denso e colossal poço, inalcançável ou inacessível pelas forças do Criador, pois não é este menos pertencente ou menos próprio de domínio próprio do Criador e de vossa majestosa luz, que ainda que não ilumine todos os campos e elos espirituais densos, este fato não ocorre pela falta de brilhantismo de vossa resplandecente coroa de poderes e de glorias, e sim pelo desejo de que sejam os campos eternais diferentes em vossas existências, pelas razões do cumprimento das missões de cada ser, que deles necessitam para trilharem as vossas evoluções ou os vossos juízos e pesares de vossas expiações que da mesma ordenança santa de habitação espiritual material e celestial evolutiva se preparam.

Por isso as forças densas que atuam nos campos de escuridão e de perdição são as mesmas utilizadas pelos espíritos guardiões da qual são determinados a labutarem nas esferas terrenas, pois as energias terrenas de fluidez negativa são as mesmas, e por isso, compatíveis com as próprias energias fluidas no elo espiritual material, pois sendo geradas dos poderes e das forças da densidade essencialmente do poder da escuridão, de onde a luz em alguns elos não se faz presente, nutrindo e concedendo luz divina para àqueles que devem ser habitados ou alimentados por ela, porque a escuridão é a própria energia que os mantém em liberdade do mistério espiritual da própria treva que os alimenta em consumo próprio de poderes e forças próprias.

A luz não adentra por força da ordenança divina de que seja a escuridão a vossa própria energia de sustentação de si mesma, pois nestes elos de trevas as vossas forças se consomem e se consagram sendo da negridão o recanto do abismo, mas não pela falta de luz e sim pela capacidade de atuarem mesmo sem ela ou dela mesma.

E sendo a falta de luz ou as trevas o poder de gerar energia de si mesma pela força ao qual possui o poder do negro em vosso também mais puro e cândido sentido espiritualmente inviolável e tênue entre o escuro e a extrema cegueira pelo poder de forças que a própria falta de luz concede as energias negras conforme as vossas também forças, magias e mistérios; os espíritos ordenados divinamente a atuarem nos elos espirituais de remissão e resgate ou da falta de luz, as trevas, com as vossas forças e energias, abundantemente abastecidas pela luz, consomem dela da mesma maneira ao qual consomem da luz, de onde a cintilância esplendorosa de lume os alimentam, para levarem fluidez de energia de brilhantismo aos confins das sentenças existenciais dos que da luz se escondem através da fluidez opacada de robustez de forças tenebrosas de escuridão que é tão forte, porém, jamais mais poderosa e magnífica quanto a força da luz que não vos cegam, mas sim vos dão energia e vos fortalecem a todas as essências espirituais que na claridade ou na escuridão caminham as vossas existências para que se rendam e adentrem a verdadeira força que vos alimentam e ainda vos fazem serem vivos de si mesmos independente dos caminhos que trilham.

E a mesma força de proporção de forças que um espírito encarnado recebe através das energias divinas, pode também receber das forças negativas de escuridão em campo terreno, se acaso este adentrar as sintonias espirituais de baixas emanações ou emanações negativas de vibrações densas por vontade própria. Pois embora todos os espíritos possuam em vossas essências a força da luz divina que os sustentem internamente, as forças negativas ainda que não os sustentem, pode irradiar e emanar sobre qualquer ser espiritual as vossas também forças de poder extremamente danosos e impuros devido a vossa pureza e candura negra de composição fundida em vertente espiritual das forças ocultas das trevas em comunhão com as forças, embora iluminadas pela gloria e poder do brilhantismo divino, forças negras e danosas aos quais o campo celestial através das energias brandas se abastecem.

Pois da mesma forma ao qual a luz é composta de pureza e candura em sentido nobre de si mesma, onde a vertente que o abastece é a mesma que forma a composição espiritual da essência divinal de cada ser, o semeadura da composição de ambas as forças advém do mesmo sentido existencial de pureza, limpidez e perfeição de si mesma, e sendo a falta da luz tão pura e límpida quanto à luz, a vossa essência pode ser assim como a luz fundida a matéria essencial do espírito que é a essência espiritual que necessita da pureza da composição de fluidez para dela se abastecer. Pois a força de energia densa passa a ter ao ser espiritual a mesma força que possui à luz sustentando as vossas forças e energias através das vibrações espirituais de sua essência ao sentido de existência.

Por isso, da mesma maneira que pode um ser espiritual, isso quer dizer, um encarnado irradiar e emanar energias fluídicas de luz, pode também irradiar energias fluídicas de energia densa, se acaso dela também se utilizar das emanações negativas e densas da falta de luz, não por estar com falta de luz divinal interna, e sim por estar recebendo e transbordando energias negativas, por intenções próprias. Ou seja, da mesma maneira que emana e irradia as vossas essências de luz, podem receber e irradiar essências danosas, e embora que jamais nutri-los delas, esta pode ocupar o sentido espiritual de plenitude de energia de luz da qual uma essência espiritual ou um espírito encarnado necessita. E se acaso este espírito, ser encarnado, vibrar e utilizar-se dessas energias irradiadas das forças fluidas das trevas, esta irá nutri-lo internamente daquilo ao qual possui em vossa inteireza, ou seja, este ser entrará em desequilíbrio espiritual, emanando de forma espiritual material forças e poderes destrutivos a si mesmo e aos demais seres, vossos semelhantes e pares.

Então a mesma força que possuem as forças da luz divina a um ser espiritual da qual os encarnados utilizam-se em campo terreno para serem nutridos e abastecidos em vossas necessidades, possuem os espíritos guardiões que através da força da luz atuam na escuridão, não sendo para eles, mais ou menos poderosa ou danosa, assim como é para um ser espiritual encarnado, que apenas da sintonia vibracional das energias da força da luz necessitam para viverem, e se acaso alimentam-se de energias vibracionais densas estão em desequilíbrio. Diferente dos espíritos guardiões que das forças da luz divinal também são abastecidos internamente, porém das energias vibracionais negras e densas sobrevivem pela falta de luz dos campos de onde atuam.

Desta forma, são os espíritos guardiões da luz divina, ou os espíritos que atuam na linha espiritual da correção, justiça e leis também conhecidos como não Santos, os únicos espíritos que mais próximos aos encarnados então, pois da mesma maneira que caminham internamente com as forças da luz em campo terreno, cumprem missão e labutam as vossas existências em campo espiritual material formado à partir das faces do abismo, por isso, possuem ambos a força da escuridão em vossas essências, seja na labuta, seja na terra mãe, mãe da vida e da morte ao qual vivem e sobrevivem as vossas vidas. Pois são estas forças que os carregam de energia e vigor, similarmente aos encarnados, as forças que possuem vindas da luz divina como força de nutrição e vigor,

Pois, assim como o ser encarnado labuta vossa missão em campo terreno, outrora o abismo, são os espíritos não Santos ou os espíritos denominados Não Santos, aqueles que labutam as vossas missões no campo das trevas e no próprio campo espiritual material, terra de homens e espíritos, ou vertente espiritual da própria terra fundida em energia e fluidez espiritual de forças brandas, onde as forças negativas fluídas dos elos de remissão, escuridão ou trevas, são energias dotadas de poderes e forças negativas que as mesmas forças destruídas através da força da luz, mas ainda assim, os seres encarnados conhecem bem as energias e poderes destas forças, pois são todos dotados do direito de consumirem da árvore do conhecimento de todas as energias e fluidezes existentes no universo e fora dele.

Por isso, são estes os únicos espíritos que possuem ordenança de atuação próxima aos espíritos encarnados, não na forma de sentimento carnal e sim na forma de sentido essencial de emanação e fluidez das duas unidades de poderes de forças que possuem as forças do universo sobre a regência do mesmo Senhor Deus, aos quais os Espíritos Santificados, os Espíritos sagrados, os Santos, não possuem as mesmas ordenanças de fluidez e conhecimento, uma vez que as vossas energias e vigores são abastecidos pela coroa de poder e de luz suprema da eternitude sagrada da gloria do eterno Espírito Santo, e por isso, podem fluir apenas as energias de onde as vossas essências são nascidas para jorrarem conforme o derramamento da força saída das vestes sacras de brilhantismo supremo e venerável das fontes de Deus.

Não que as energias dos espíritos não Santos, os guardiões, sejam desprovidas de luz, pois se acaso o fossem, não seriam espíritos vivos, pois nenhum ser espiritual vive sem que a luz de Deus o seja o lastro entre as vossas unidades e o manancial que os mantém vivos. Por isso são estes espíritos, portadores de luz divinal superior à quantidade de luz ao qual carregam os próprios espíritos encarnados, pois quando adentram aos campos de falta de luz, os campos negros de escuridão e trevas necessitam estarem fortemente nutridos e iluminados em vossas essências e composições para que sejam fortes na descida e mais fortes ainda na batalha, onde as vossas energias são consumidas nos dois sentidos de puridade e força espiritual, a luz e a falta dela. Uma vez que a forma singular de fluidez dos campos de não luz de onde derradeiramente também atuam, seriam destruidoras se acaso não fossem robustamente iluminados, pois onde a falta de luz vive apenas vivem os que da luz não sobrevivem em vossas cegueiras espirituais.

Mas sendo os espíritos guardiões de vossas próprias unidades de luz a força de luz divina atuando em ordenança celestial e do resgate e da justiça pela correção, são estes espíritos o caminho e a direção de encontro ao choque da luz pela não luz que cada espírito dentro da escuridão vive, e por isso, dele mesmo necessita libertar-se, pela luz que ele mesmo carrega, porém da energia das trevas imagina que se alimenta.

E sendo estes espíritos os filhos espirituais do Portador da luz divina atuando nos campos de onde as energias densas não atuam, apenas nos campo espirituais onde as vossas forças são mais fortes e poderosas pela pureza e candura de forças da puridade da essência de vossas nascentes, pois não foram os quatro cantos do abismo tomado pela luz divina celestial para que este fosse transformado totalmente em terra, terra de homens e espíritos, por isso as energias que rondam entre as trevas e o campo terreno, campo de onde a luz brilha mais fortemente do que na escuridão que recebe o brilho daqueles que nela labutam, são as energias fluidas de maneira diferente entre os dois orientes, ou seja, as trevas e o campo terreno, e ainda que pareçam possuir forças diferentes de vigor, são na verdade, forças igualmente compatíveis, que desfrutam tanto os espíritos que em campo material então, quanto os espíritos que das trevas consomem a força da escuridão das mesmas forças das mesmas energias e vigores. Não que sejam todas as forças aos quais os encarnados podem receber iguais as forças que os espíritos que moram nas trevas recebem, pois alterando a intensidade de emanação altera-se também a energia e sua força, porém existem as mesmas forças negativas em ambos elos espirituais, pois a nascente da força densa é também única.

Mas, fora Deus, o Criador quem ordenou que fossem feridos todos os primogênitos do Egito, porém, apenas uma linha espiritual de energia poderes e força poderia adentrar aos campos materiais e consumar o ato espiritual de retirada daqueles que da terra seriam resgatados, pois sendo as energias densas as energias que adentram todas as barreiras espirituais de segredos em selos divinais espirituais dos encarnados em campo material pela vertente espiritual negra, sobre a ordenança divina, jamais sem ela; são estes os únicos espíritos que podem resgatar uma unidade espiritual em campo terreno mesmo que a vossa missão ainda não tenha sido finalizada, porque os vossos poderes de fluidezes e emanações são capazes de adentrar aos selos dos espíritos ordenados em regresso de casa celestial sobre a determinação do Criador. Porém, adentrar aos selos espirituais, isso quer dizer, possuir conhecimento, jamais o rompimento de um selo espiritual, apenas o conhecimento da hora determinada de regresso e partida para que este seja precipitadamente desencarnado.

Pois assim como cumprem missões espirituais em campos espirituais de onde as forças e puridade das energias das trevas fluem, possuem sentidos e emanações de fluidezes de plenitude espiritual por direito divinal semelhante ao campo da sombra da noite, devido à força das energias das quais conhecem bem, tanto o encarnado, pois delas desfrutam quando desfrutam da sorte ou do direito natural de conhecerem os sentidos do conhecimento do que vem a ser o bem ou o mau, ou a possibilidade e utilizarem-se de ambas energias para consumarem todo e qualquer desejo à partir da vontade de execução e possibilidade de ação que vos é concedido; quanto os espíritos de robustez de luz divinal que atuam na ordenança de labutarem por sobre as ordens supremas e leis divinas de doutrina e disciplina pelo mandamento do poder de correção e de justiça, que embora vos pareça distante do alcance de vossas unidades por estarem vivos em matéria, a correção se inicia espiritualmente através do espíritos, esteja este encarnado ou não.

Desta forma, são os espíritos guardiões, os não Santos, as unidades espirituais mais próximas aos espíritos encarnados, pois conhecem e atuam com as mesmas forças e energias, tanto de luz quando da falta dela, e ainda que de maneiras diferentes, ainda assim as mesmas energias vindas dos dois extremos dos dois horizontes espirituais, porque ambos atuam e labutam no solo da terra, terra de homens e espíritos da qual fora a proclamação divina quem a ordenou ser alimentada pela luz celestial do manancial do Ser Supremo nascida de vossas vestes, pois enquanto um lado da vertente ainda é regido pelo abastecimento próprio da falta de luz, a outra proporção, o abismo, é nutrido dia após dia, séculos após séculos pela energia divinal da força de vida que faz gerar a terra para jorrar a água, fornece a luz solar, oxigênio, gerar as plantar, nutrir as aves e flores, alimentar todos os seres encarnados e animais divinais, dando força de vida e alimento orgânico e espiritual a todos os seres que dela vivem, na parte da escuridão que brilha e renasce a todos os dias no oriente celestial pela ordenança de Deus, o Criador do elemento árido onde todos os espíritos encarnados pisam as vossa certezas.

E são estes, os servos e servas magistrais, os espíritos que saíram dos campos de negrura ou de liquidação em forja para executarem as ordens de resgate aos quais as vertentes espirituais, os espíritos guardiões dos elos de resgate, se chocaram com a vertente espiritual material, o encarnado ao qual seria ferido em resgate, utilizando as vossas forças superiores para romperem com as missões daqueles que embora não tenham se findado em campo terreno, as vossas horas findam-se por ordem suprema para que o maior ou mais grandioso pródigo da qual os olhos carnais ou espirituais pudessem comtemplar em campo terreno, pudesse ocorrer demonstrando as forças e poderes de Deus, o Criador sobre todos os espíritos nascidos de vosso seio, e que ao vosso seio eternamente pertencerão.

Vigília dos não Santos, passagem que fere a terra

"Pelo meio da noite, o Senhor feriu todos os primogênitos no Egito, desde o primogênito do faraó, que devia assentar-se no trono, até o primogênito do cativo que estava no cárcere, e todos os primogênitos dos animais" (Êxodo 12: 29)

5.5 Pois ao último pródigo ou o último sinal de que Deus o verdadeiro e único Rei, o Rei de todos os reis que sobre a terra e sobre todos os elos espirituais existe e que eternamente existirá, seria não apenas para os seres encarnados, como para todos os seres espirituais de todos os séculos divinais e eras de tempos celestiais a glorificação de vosso nome diante de tudo o que existe entre os céus, o abismo e a terra, pois todos os seres encarnados da qual o vosso último e mais poderoso pródigo seria a passagem para a nova vida ou seria o término de vossas existências, seria também a vossa divina santidade o selo da perpetuação das forças e dos poderes de Deus por sobre todos os seres espirituais e materiais que diante das forças e poderes do Criador, apenas podem observar as vossas obras e se prostrarem perante a magnitude a grandeza esplendorosa da onipotência ao qual, não com os vossos próprios braços e sim através de vossos servos espirituais, conhecidos como os não Santos ou aqueles que santo não são, não por falta de honrarias, determinação e lealdade e sim pela ordenança da qual nasceram, pois nasceram para servir como sendo guardiões do campo da falta da luz e das forças das unidades onde os Santos não se abrigam.

Por isso, foram estes servos e servas espirituais, gerados e nascidos da plenitude divina de serem os dominadores do abrigo dos vales da sombra da luz, do caminho, da vida e da morte, carregando as vossas forças em unidades sacramentadas pelas forças do brilhantismo da constante energia das fontes de luz e de poderes sacros divinais da eternitude santa de Deus, o único Criador de vos mesmos, que prostrados em vigília diante de vossas ordenanças sagradas espirituais, aplicariam sobre todos às forças e unidades terrenas às vossas forças, cumprindo ao dia, ao momento, a hora e ao tempo em que a vossas singulares ordens foram pelo próprio Senhor Reis dos reis anunciada.

Porque a hora da hora mais santamente aguardada e grandiosamente honrada e recebida pelos Espíritos guardiões das leis divinas, prostrados a certeza de todos os Espíritos determinados ao cumprimento da ordenança sacra celestial, é a ordem suprema do próprio Deus, o Criador, os determinando para o serviço sagrado em campo espiritual ou campo terreno da qual as vossas próprias energias se fundem as energias e poderes de forças das forças que nele fluem em similaridade de emanação, os glorificando como os vossos mais leais e fieis servos divinais para a labuta a eles consagrada e confiada.

Pois é neste momento que cada um executará nobremente as vossas ordenanças pela sentença proclamada para que as vossas forças e poderes firmados em magias e mistérios de vossos selos espirituais pela força celestiais de poderes e pelas forças ocultas divinais sagradas conforme a regência do Senhor quem vos ordena, para que se faça cumprir pelo voto e pelo selo que possuem e a eles pertencem, assim como ao Criador as vossas unidades pertencem, pela grandeza que os regem e fortalecem em poderes de luz e de força, pela força sublime do poder, da gloria, do fogo, que em lugar da luz vos abastecem em forças e forças no horto das trevas.

Então, a gloria e poder recebido, fora a gloria e o poder utilizado para o momento magistral do romper de todas as forças de desejos e quereres e vontades mundanas ao início da labuta entre a força das forças dos espíritos encarnados e as forças de Deus, o Criador, onde a fenda da execução da proclamação de ferimento e precipitação de retorno dos espíritos primogênitos, fora além do poder de forças entre os Espíritos guardiões das veredas da morte pelo túnel de fogo ao caminho da justiça pela espada alcançada frente à sentença do Ser Supremo, a frente daqueles que com eles iriam regressar à força da correção pelas armas divinais, onde a força física não se faz presente diante do escudo e a lança flamejante de luz e de brasas, sobre as verdadeiras forças, alcançadas pelas forças existentes dentre os céus, o abismo e a terra para que pudesse da terra executar apenas aquilo aos quais as vossas forças e poderes espirituais alcançam.

Pois, esta força suprema e magistral aos quais os espíritos guardiões das forças e energias densas do cume da escuridão carregam, da que os olhos carnais não conseguem enxergar, porém sentir a mesma força e potencialidade de fluidez e emanação devido as vossas unidades serem andantes da mesma esfera terrena, onde um caminha sobre o abismo em forma de elemento árido e o outro, caminha sobre o abismo em forma de trevas. É a única que gera e concede vida espiritual de todos os espíritos que do negro se esconem e do negro se iluminam; graça e a transcendente magia celestial de força divinal, para que sejam o que são, animem-se como são, e tenham força e vigor de atuarem quando e como devem em nome daquilo que verdadeiramente são; e ainda assim sejam espíritos igualmente iluminados pela mesma luz e mesma regência sublime de poderes e forças espirituais.

Porque, enquanto um trilha a sua missão em solo terreno sendo abastecido pelo brilho da luz solar, pelas forças das águas límpidas e pela fluidez das energias flutuante do cume da esfera de maneira pura e nobremente celestial, dotada de calor e forças divinais de candura plena; o outro adentra ao oriente negro da falta de luz, e ainda que sendo igualmente regido pela luz em vosso interior, trilha sua missão em solo denso em total cegueira sem brilho solar ou estelar que vos possa orientar, sendo embebido por águas turvas, e mesmo assim, lutam e batalham para que os vossos irmãos espirituais, os espíritos encarnados não adentrem as vossas esferas de onde o fogo arde menos que a falta de vida pela vida entregue aos desejos mundanos de ser nada e ter que sobreviver do nada, quando os vossos desejos são atendidos pelas forças que vos consomem e carregam aos locais onde verdadeiramente desejam estar.

Pois estes que são os espíritos que labutam na forja da falta de luz, atendendo as ordenança de que não seja a falta desta o caminho para a escuridão dos demais espíritos que da luz se abastecem em campo terreno, obedecem as ordenanças de lutarem e da mesma maneira executarem as ordens de juízo de resgate e de precipitação de todos aqueles que as vossas passagens estejam escritas no livro da vida, não da vida que gera a vida, e sim da vida que rege e determina o momento e a hora de cada vida sobre o brilho do sol. Por isso, ainda que sejam espíritos dotados de poderes e forças de zelarem pelas vidas, são espíritos encarnados, são espíritos missionários de vossas também expiações e assim como cumprem as ordenanças de adentrarem ao campo do abismo e manter a ordem de suportar em magias e forças todas as forças densas que aqui estão, são ainda determinados ao momento e a hora de todas as vossas existentes passagens quando as vossas trilhas não mais pertencem ao campo do abismo e sim ao campo das trevas.

Porque são estes os únicos espíritos que assim como diante do fogo, diante da luz também atuam, ou seja, ainda que nascidos foram para enxergarem em plena cegueira da forma do nada, enxergam também em plena luz do sol diante da claridade do campo terreno assentado as pedras do abismo. Por isso, são estes os únicos espíritos divinais que possuem a chave do momento e da hora em que todos os espíritos nascidos em campo terreno sejam direcionados ao horto da morte, ou seja, sejam resgatados pela força das trevas que vos conduzem, estejam estes, no campo em que estiverem ao qual a ordem da precipitação tenha sido ordenada; pois são estes espíritos, os espíritos que possuem o único livro que é também o livro da morte para aqueles que da morte necessitam viver, não por força de vossas vontades e sim pela ordenança de que sejam abertos os livros da vida daqueles que dá vida do negro irão adentrar, e diante das forças das leis, são estes os únicos que possuem forças verdadeiras de dominância extrema para leem e cumprirem as ordens supremas de resgate de todos aqueles que serão proclamados pelos mais leiais e fieis servos divinais labutando pelas forças da falta de luz.

E apenas cumprem a ordenança de lerem, anunciarem e se alinharem perante a ordem suprema, pois somente ao Criador pertencem todos os votos, selos, ordens, determinações, missões, caminhos, trilhas, devoções, fidelidades e lealdades da qual existem entre todos os campos de todas as forças de todo o universo e também fora dele, por toda a eternidade diante de todos os séculos e eternitude. E assim, cumprem apenas aquilo ao qual fora as vossas unidades ordenadas em ato sagrado de precipitação de regresso.

E assim, diante da proclamação do Senhor Deus de que fossem todos os primogênitos feridos e adentrassem todos aos campos espirituais, sendo estes de forja ou não, tiveram todos aqueles os vossos livros abertos e os vossos selos anunciados em ordenança de que nenhum outro espírito encarnado tivesse os vossos regressos precipitados ou as vossas missões podadas por aqueles que seriam os anjos das trevas, pois neste caso, seriam considerados os servos e servas da escuridão do abismo, errantes diante de uma ordenança divina. Pois além de serem aqueles que dão ordenança divina seriam os que feririam os primogênitos, eram os servos cumpridores do desejo e da vontade do Criador, pois antes também de serem os encarnados feridos pela ordenança, eram serem encarnados nascidos de uma genitora terrena, da qual receberam nomes carnais, casas materiais e vidas terrenas, atuavam todos em vossas labutas e evoluções sendo guiados pelos vossos ascendentes também carnais de pouco conhecimento divinal espiritual em relação ao Todo Poderoso Deus. Por isso, embora possuíssem laços matérias terrenos de amizade, afetividade e desejos mundanos, todos estes sentidos e sentidos somente existem, pois foram concedidos pelo Ser Supremo, por isso, até mesmo os desejos mais íntimos de cada ser encarnado a Ele pertencem o domínio e conhecimento. E embora Ele tenha concedido o direito de cada um viver às vossas vidas em vossas unidades espirituais de forma carnal a Ele pertencem todas as unidades espirituais ou todas as vidas que na terra e fora dela são vividas.

Por isso, possuem os espíritos que atuam em vossas ordenanças sobre as leis divinas, sendo Espíritos carregadores das energias frutíferas do poder da correção e da justiça em elos de extrema força onde o manancial de luz ou os espíritos que da falta de luz recebem apenas as energias, emanada límpida pelo brilho supremo divino que os mantém espíritos vivos, pois as vossas energias também são fluidas pelo poder da escuridão e não apenas da luz por vontade própria de vossas unidades espirituais, e ainda assim recebem do divino Deus as energias límpidas de vossos mananciais através de vossos espíritos de luz que vivem sobre o regimento celestial da unidade divinal, o Espírito Santo, que vos favorecem serem exatamente como são, atuarem da forma como atuam e serem os vossos também servos, carregando o cálice e a espada das forças e poderes dos campo de onde regem para que possam elevarem-se e conhecerem-se a si mesmos e igualmente batalharem pelas vossas evoluções, pois nisso encontra-se a justiça e o poder divino.

Desta forma, a fluidez de energia densa da qual adentrou noite a fora em vigília santa pela ordem de retirada de todos aqueles que da purificação

533

não se faziam límpidos, pois não consumaram do poder da troca de vida pela vida pura e nobremente santificada pelo poder de forças dos animais imolados em ordenança de ato espiritual de troca de vida. E assim, as vossas energias puramente densas, como as energias das forças da escuridão igualavam-se, e facilmente foram identificadas no momento e na hora do resgate de todos os filhos dos filhos mais velhos dos filhos da desobediência e da dor, e neste momento, foram todos resgatados.

E esta que fora a noite do apogeu, dentre os homens da terra, tornou-se na noite da força e do poder da redenção pela força de fluidez opaca da qual aquela devastada noite, fora o maior e mais alto poder celestial de plenitude santa, apresentando-se diante da mais elevada e nobre força verdadeiramente existente entre os céus e a terra. Ou seja, a força que conduz todas as vidas terrenas, sendo vida e sendo força diante dos que acreditam possuir forças, porém a verdadeira força que existe entre as trevas e a terra, que consomem uma a outra pelas forças das energias que fluem e as fazem serem exatamente como são, em derramamento de energia e fluidez de forças, fora devastada devido as forças do poder de emanação em magias e mistérios divinais, ocupando com as vossas próprias energias toda a atmosfera da qual a ordenança fora labutada no momento em que adentraram ao campo terreno para consumação de rito espiritual sagrado de recolhida ou resgate espiritual de todos àqueles que Deus, o Criador ordenou que os vossos espíritos fossem recolhidos as casas celestiais ou aos elos espirituais da qual deveriam regressar.

E este foi o momento em que o vosso mandamento se fez vida e regressou a vida, não a vida material e sim a vida espiritual, e todas as vidas da qual receberam novas vidas ou das vidas que foram poupadas para serem vividas da maneira ao qual ordenará o Senhor Deus, receberam as vossas novas vidas ou o galardão de serem vidas em campo terreno sem a força da verdadeira força de vida.

Porque esta foi o maior e mais poderoso sinal divinal de vossas forças e poderes sendo aplicada e corrigindo os vossos filhos e filhas que ao regresso retornariam as casas Dele mesmos, bem como os demais espíritos que aos campos terrenos fariam parte da história divina para a vossa glorificação dentre os povos, que antes mesmo de serem os povos da terra, são os vossos filhos e filhas trilhando as trilhas que por eles mesmos foram escolhidas, e por isso, sendo também corrigidos pelas vossas demasiadamente duras mãos, através de vossos servos, os Espíritos não Santos, por sobre vossas cabeças perante todos aqueles que em vossas palavras não acreditaram ou não se prostravam as vossas verdades, alimentando as vossas próprias verdades contra os filhos da terra, juntamente com aqueles que crentes eram das vossas verdades e poderes.

Mas conjuntamente, tanto os crentes em vossa santidade pelas palavras de Moisés e vossos pródigos, aos que não eram crentes testificaram as forças e poderes de Deus sobre toda a humanidade, pois ainda que não crentes fossem ou devotos pudessem ser por força de todos os pródigos, fora este a consagração do Criador, demonstrando as vossas forças sobre todo aquele que ao rei servia ou a escravidão serviu, pois diante da gloria do Senhor, o único Rei que ordena e comanda todas as unidades em poderes e força, é a vossa Santidade a única e mais poderosa força existente entre os céus e a terra, é a força que nasce de vosso próprio manancial de luz, poder, forças e brilhantismo de sustentação de todas as coisas e seres, e por isso, a única força de luz que emana e brita em todos os cantos, elos espirituais e potestades, mantendo todos os vossos filhos e filhas, sejam espíritos, sejam espíritos encarnados, vivos e vívidos pela vossa única vontade, por toda eternitude que com ao vosso magistral poder de compaixão e bondade nos emanam em luz e amor, sobre a vossa Santa vontade e caridade.

    E assim se fez cumprir a ordem da passagem dos não Santos por sobre a terra e sobre a determinação de resgatarem todos os que da vida não se ofertariam ou se fariam vivos através da vida daqueles que nasceram para cederem as vossas vidas em forma de imolação e sangue para divinamente serem o caminho para que os vossos sangues sagrados, sangue da purificação e da devoção ao qual ofereceram-se para serem os servos do sangue, para que as vidas daqueles que deveriam caminhar as vossas unidades se utilizassem de vossos sangues para conquistarem as vossas plenitudes, amor e esperança, a caminho da terra da promessa. Logo nenhuma ordenança de resgate espiritual onde os espíritos nomeados de não Santos atuam e cumprem a doutrina perante a ordem suprema, é por mera vontade daqueles que executam e sim pelo cumprimento da ordem a eles proclamada.

    E toda a terra tremeu diante da força e do poder de Deus após a vossa santa passagem pelas terras da escravidão e da dor, aos quais as palavras de vosso filho, o Aprendiz e vosso servo, o aprendiz do aprendiz, os prepararam para serem purificados e demonstrarem as vossas devoções antes que a derrota os alcançasse como alcançariam todos aqueles que de Deus não desejam servir. E foi a força e determinação da congregação já constituída em regozijo e em verdade que vos cuidou quando as muitas e muitas casas foram derramadas em sangue, pelo sangue que carregavam cada um daqueles espíritos em vossas outrora carcaças do caminho da lagrima e da dor de vossos familiares.

    Mas não fora o Senhor Deus Todo Poderoso quem os resgatou com as vossas próprias santas mãos, e sim os vossos mais leiais e fieis servos espirituais o vossos Espíritos, também consagrados a serem exatamente o que o são, ao qual de vossa santidade prostram-se em luz e em verdade, não de forma assassina ou desgraçada e sim de forma divinal e sagrada, pelo poder da justiça e da correção, pois ainda que a vossa ordenança fosse a de retirar todos aqueles que da vossa terra não mais fariam parte, todos os espíritos ao qual adentram ou abandonaram a sua matéria carnal pertence a Ele mesmo, isso quer dizer, jamais pertenceram a terra, pois até mesmo a terra a Ele pertence, pois de vosso seio foram todos gerados e nascidos, e todos, sem exceção, seriam novamente renascidos em novas carcaças materiais para darem continuidade as vossas missões, porém de forma mais branda e celestial, servindo verdadeiramente o Deus da qual conheceriam em luz e em verdade.

Pois a passagem de Deus, o Criador, através de vossos leias servos espirituais, os espíritos não Santos, seria a glorificação de vosso nome sobre toda a humanidade e a ordenança de que todos pudessem com ele caminhar e adentrar ao deserto em caminhada santa pela busca de glorificação de vos mesmos perante aos vossos espíritos em nova passagem espiritual, a abertura do caminho da qual sairiam das terras do engano e da servidão de vossas almas também libertas.

Mas da mesma forma que possui o manancial de amor, ternura e caridade ao qual gera e cria todas as coisas boas e belas ao campo terreno de onde todos os vossos filhos e filhas serão habitantes em vossa luz e vossa compaixão, possui a força da espada que confere a justiça, à força de ser justa e julgar com o mesmo cálice que entrona e que derruba um rei.

Pois da mesma forma, fere com as mesmas ordenanças que concede ao dia o poder de ser dia, pois é este abastecido pelo sol, e o sol em vossa plenitude além de conceder a força da luz que clareia a escuridão para que esta se torne dia, também possui a força para queimar, ferir e machucar. E assim também concede a noite o poder de ser noite, quando a força da claridade é pela força da escuridão cingida e revigorada pela energia da escuridão que esta possui em sua densidade; bem como concede as trevas o poder ser intocavelmente pura como a mais pura lã, saída da pele do mais puro ser, chamado também de irracional ao qual a vossa luz e a vossa escuridão formam os seres animais que vos concedem serem alimento e proteção aos seus filhos e filhas nascidos da mesma terra em comunhão, ordenança, confiança e caridade divina, tornando todos os seres a comunhão e a continuidade da vida existente entre a vida vivida dentre o campo do abismo e o campo das trevas.

Purificação e ordenança aos filhos nobres da Páscoa

"Toda a assembleia de Israel celebrará a Páscoa" (Êxodo 12:47)

5.6 Ora, se não é a Páscoa a passagem mais sublime e extrema do Senhor Deus por sobre a terra com os vossos servos e servas, os Espíritos, os não Santos, consumando o ato espiritual de precipitação de regresso ao qual fora ordenado pelo Deus único regente de todas as fontes espirituais de poderes e forças, inclusive de todas as forças que comandam e governam as fontes e energias espirituais das trevas, para retirada terrena dos filhos primogênitos dos filhos das próprias verdades, ao qual até mesmo os primogênitos daqueles que das falsas verdades se alimentavam, sentiram o peso de vossas mãos. Pois diante da ordenança do Deus Supremo, seriam todos resgatados devido as vossas posições de laços familiares terrenos, frente à verdadeira constituição de unidade espiritual sagrada familiar, onde o primogênito representa o primeiro ser espiritual material ao qual a união de duas unidades espirituais formam e que à partir desta constituição a perpetuação da unidade de força da inteireza de forças de dois seres forma pela união das forças espirituais que os regem e os comandam darem continuidade as vossas espécies.

Tudo isso, pelo desejo e pela vontade de Deus, o Criador, de que a junção de vossos espíritos, onde o arquétipo masculino com o arquétipo feminino seja capaz de formar outro ser tão espiritualmente dotado de energias e forças sagradas divinas assim como ele mesmo, por direito ao ser material concedido pelo próprio Criador de todas as coisas e todos os espíritos e todos os direitos e deveres celestiais e espirituais que existem dentre todos os ciclos espirituais, dentre todos os elos celestiais dentre todas as eras de tempo e eternitude ao qual inclui também o campo espiritual terreno, onde todos os espíritos ordenados a cumprirem vossas missões em modelo de expiação de si mesmos, deverão adentrar e da mesma maneira serem ungidos e abençoados espiritualmente para que da mesma terra se alimentem e sejam seres e tragam os demais seres espirituais que aqui precisam, cumprirem com vossas missões de serem espirituais em carcaças materiais cumpridoras de vossas missões pela ordenança de quem os regem, o Senhor Deus.

"Rúben, você é meu primogênito, minha força, o primeiro sinal do meu vigor, superior em honra, superior em poder" (Gênesis 49:3)

Pois somente devido a vontade do Criador é que dois arquétipos do mesmo gênero de diferentes espécies podem se unir pela força de luz que interiormente vos conduzem vivos, e os formam espiritualmente em seres materiais animados e vívidos, para que possam gerar frutos ou filhos ou descendentes a vossa imagem e semelhança. Logo, todo primogênito é a maior força da força espiritual, reinando na terra pela ordem e autoridade divina do Criador, pois se acaso os gêneros não se subdividissem em vossas próprias espécies formando as vossas famílias de laços carnais terrenos, não haveria humanidade ou forma material suficiente para dar continuidade às espécies bem como os espíritos que devem descer ao campo terreno para cumprirem com vossas missões celestiais a eles determinadas.

Por isso, são os primogênitos a certeza de que a humanidade dos seres e dos animais darão continuidade as vossas espécies e vidas, pois é este o primeiro fruto gerado pela união de dois arquétipos de igual semelhança vos cobrindo de gloria e de luz celestial, garantindo a procriação e a continuidade da própria espécie em campo terreno, pois é através da união que gera o primeiro fruto a certeza de que os demais frutos da mesma forma serão abençoados e estes que foram os primeiros ou os demais frutos darão continuidade as vossas também ordenanças de continuidade de povoamento e multiplicação das formas e espécies em unidade espiritual árida.

Desta forma, uma das maiores forças de vida ao qual se chama também força de amor divinal, força de compaixão celestial, força de misericórdia extrema ou a maior força de luz em forma bondade que pode existir entre o homem e Deus é o direito de que estes possam procriar e dar continuidade as vossas vidas, as vidas de vossos semelhantes e com isso de vossas missões. Porque é através dos primogênitos ou as vossas primeiras gerações, em união de dois arquétipos que as vossas vidas serão continuadas para as próximas vidas de vossas descendências, pois se acaso não houvessem por sobre a terra os primogênitos, ou seja, a certeza da procriação em solo árido, não haveria a continuidade da espécie de nenhuma arcada ou gênero em campo terreno.

Por isso, a passagem do Criador, fora a passagem juntamente com os vossos servos e servas, os Espíritos, nascidos e ordenança celestial e suprema de carregar toda a terra de poderes e forças, não somente para a entrada do Ser Supremo por sobre a terra, como também como a preparação da retiradas dos filhos da servidão para que as vossas próprias retiradas fossem regidas e orquestradas pelo Senhor que vos conduziam juntamente com os vossos Espíritos.

Sendo assim, foram convocados os portadores das chaves e das selas das trevas e do abismo para a determinação de aplicar o que seria o maior e mais esplendoroso feito da qual aqueles espíritos determinados poderiam exercer em nome do Criador, bem como os filhos as servidão poderiam receber divinamente frente a promessa outrora anunciada pelo Criador, pois esta que seria a passagem do próprio Deus por sobre a vossa própria terra, exercendo a vossa santa autonomia e autoridade pela ação espiritual de vossos leais e servos, os Espíritos não santificados, seria também o momento de vossas libertações da terra da dor em direção a terra da promessa, que sobre a vossa regência e ordenança e vossas demasiadamente pesadas mãos, por sobre aqueles que de vosso nome não se prostravam ou de vossa santidade desconheciam, não por inocência ou cegueira espiritual de conhecimento, e sim por medo de perder a vossa posição de autoproclamação de superioridade terrena sobre todos os seres e todas as coisas e arrogância de imaginar-se superior ao próprio Deus, verdadeiro Rei dos reis de todas as coisas ao qual o rei que vos conduziam em terra de erros e engano, nada mais era do que a vontade do próprio Criador de que fosse ele, o filho da própria verdade com toda sua arrogância e destemor em relação a verdadeira Verdade, também um cumpridor de vossa ordenança espiritual de glorificação Dele mesmo.

Desta maneira, esta que fora a passagem de Deus diante de todos os povos direcionando os vossos servos e servas espirituais, os Anjos da lei ou aos Anjos cumpridores das leis celestiais, uma vez que considerados anjos são todos aqueles espíritos que nascidos de uma ordenança divina são determinados em executarem e labutarem em prol de uma missão ou ordenança, seja esta qual for, ainda que esta seja em elos espirituais de cegueira em forja de trevas, porém missionários das leis divinais, cumpridores de vossas missões assim com todos os outros missionários espirituais, nascidos também do desejo do Criador atuando em vossas também ordenanças. Foram estes, servos e servas, os seres Anjos cumpridores das leis, determinados para labutarem na execução do último pródigo, ao qual seria o mais esplendoroso e magnífico pródigo celestial da qual todos aqueles que dele fizessem parte testificariam com vossas próprias falas a magnitude e a grandeza desta.

E assim, fez-se à noite de retirada de todos os espíritos encarnados que partiriam para as vossas promessas bem como daqueles que da pureza e nobreza celestial não se vestiam pelas forças e poderes adquiridos pelo ato espiritual de troca de vida, os cingindo as vestes e o espírito, para que estivessem preparados para esta que seria a mais pura e santificada obra divinal em nome de quem vos conduzia espiritualmente os glorificando e sendo glorificados pela força, graça e poder celestial e divino. Poder este, do próprio Espírito Santo que acima dos céus e da terra é o único que ordena, julga e fere todos os filhos da terra, pois são estes nascidos de vossa benigna santidade para vos servir e vos consagrar perante todos os atos e ordenanças santas que Ele mesmo conduz.

Pois este que fora o momento mais sublime em que o próprio Senhor Deus, desceu aos campos terrenos para demonstrar as vossas forças e vossa fonte de poderes e gloria, libertando todos os vossos filhos que da congregação espiritual em nome Dele mesmo, que através da governança de Moisés, se prostravam, pois eram todos crentes e devotos de vossas verdades, foram abençoadas em ato espiritual de troca de vida pela nova vida, para que pudessem manter-se vivos e animados perante a vossa sagrada e benevolente força de fonte de luz, ainda que a vossa robustez de forças e magia transformada em fogo pudesse destruir e eliminar não somente com vossas unidades carnais e espirituais assim como poderia exterminar com todo o campo terreno em vossa sublime passagem.

Porque Ele que é a própria fonte que jorra e derrama de si próprio por sobre toda a humanidade, a luz de vossa própria e singularmente forte e extrema e poderosa luminosidade de poderes magistrais e sacros, cobertos de magias e mistérios, não apenas os consumiriam em fogo santo se acaso não estivessem todos espiritualmente preparados e purificados, com tantas forças, energias e poderes de sustentação de força e luz, recebido aqueles que imolados foram por vossas unidade para manterem-se vivos, como todo o campo em que habitam seria igualmente destruído por vossas forças de luz.

Porque ainda que com toda a força e poder divino que possuíam internamente, não possuíam a força e o poder da pureza e candura necessário para caminhar diante do Pai Celestial e de vossas forças, pois somente estando em harmonia de fluidez de forças é que se consegue aproximar-se de vossa singular benevolência, manancial de todas as verdadeiras fontes de luz. Por isso, fora a troca da vida pela vida, a fortaleza espiritual de energia e poderes necessário para manterem-se ainda que com toda a força de poder divino que existiam em vossos interiores, manterem-se animados e vivos em vossas frágeis carcaças, devido as vossas unidades não ser antes do ato espiritual de troca de vida, compatíveis com a unidade sacra espiritual do Deus único da fonte de luz e de energia espiritual de todas as fontes sacras e todas as coisas terrenas e espirituais.

Por isso, para que estivessem preparados para que a energia do brilhantismo do Criador não os consumisse em fogo santo e ainda pudesse os libertar das entranhas do mal que vos assolava e perturbava a carne e o espírito, perante as falsas verdades e míseros poderes mundanos, alojados nos homens devotos de nada e crentes de si mesmos, pela pouca ou quase nada de força ou verdade que vos conduziam aos caminhos tortuosos e de falsidade em trilhas mundanas, as trilhas que os mantinham e cercavam alienados diante do que verdadeiramente é grande e fonte de vida e de nutriente; foram estes encarnados preparados espiritualmente em ato espiritual de troca de energia e abençoados com as forças e energias do Ser Supremo, para que estivessem com vossas energias e forças apropriadas e compatíveis para que se sustentassem vivos e não fossem destruídos pela passagem, ou a mais sublime passagem espiritual ao qual a Páscoa representa, também o vosso momento de descida e passagem pessoalmente sagrada e santa pela terra que Ele mesmo abençoou e fez germinar os vossos frutos e filhos da qual também Ele próprio os feriria com as mesmas forças que outrora os fizeram em solo árido nascerem.

Não para os destruírem, pois um espírito ainda que deixe a vossa matéria em campo terreno, jamais será destruído ou findado, pois assim fora constituído de imagem e semelhança com o Criador, ou seja, espírito eterno infindável; e sim precipitadamente, eliminado do campo terreno ao qual Ele mesmo faria o vosso poder e a vossa singular única e verdadeira força mostrar-se diante de toda a terra, da qual foram todos aqueles seres carnais, considerem ainda os animais, espiritualmente nascidos para fazerem parte da vossa consagração espiritual perante o qual lhe pertence e sacramente lhe é próprio.

E que por isso, não seriam os reis da terra os mais poderosos e elevados espíritos perante todos os demais espíritos que eles comandavam, e sim o Senhor Deus, o verdadeiro Rei de todos os reis, pois ainda que haja ou se proclamem reis da terra, serão apenas nascidos reis de terra que se finda de passagem que se acaba, pois é Ele acima de todos os homens da terra, o único e verdadeiro Rei, o Rei eterno de poderes e glorias que gera os espíritos, concede a vida, ordena as missões, julga os vossos feitos, proclama as vossas vontades, e fere todos os homens, nascidos de vossa ordenança e determinação divina para todo e sempre, Amém.

"Se um estrangeiro, habitando em sua casa, quiser celebrar a Páscoa em honra do Senhor, que primeiro seja circuncidado todo varão de sua casa e somente depois poderá fazê-lo e será tratado com a mesma igualdade que o natural do país; mas nenhum incircunciso comerá a Páscoa (Êxodo 12:48)

Ora, se não é o ato de purificação pela troca da vida em ato espiritual sagrado e sacramentado pelas forças espirituais do Espírito Santo, a própria circuncisão de todos os filhos da mesma família material de laços terrenos, onde o varão representando o primogênito ou a força maior de continuidade de vida humana em solo terreno, ou a continuidade de toda a sagrada família dos arquétipos que se unem em única verdade divina em terra sagrada que é a continuidade de vossas espécies. Por isso, o ato de limpeza espiritual e purificação de vossas próprias almas os elevando a santidade do Ser Supremo pela imolação para que sejam limpos e purificados de forma que possam caminhar com o Deus único de todas as fontes de luz e emanações, uma vez que até aquele momento não existia ainda o ato espiritual de purificação de vossas unidades em campo terreno através do elemento terreno, posteriormente também sacramento pela forma de vida que vem da força das águas em vertente material espiritual com a vertente duplamente celestial, nomeado de batismo sagrado.

Pois fora o ato sagrado de troca de vida pela vida, além do ato de batizar pelas forças das águas que é a entrega consciente de vossa unidade espiritual a unidade celestial, através da certeza de vossos genitores ou de si mesmo, entregando-se ao Senhor Deus pelos caminhos escolhidos pela doutrina terrena através da congregação espiritual, um ato de purificação inconsciente daqueles que da caminhada espiritual fariam ao lado do Ser Supremo, pois nem todos que caminhariam estavam antes deste, ao sagrado, preparados para a caminhada ou foram entregues ao Pai Celestial, pelo desejo de vossos genitores ou de si mesmos. E assim pelo conhecimento do próprio Criador através de vosso aprendiz juntamente com o vosso também aprendiz, onde a força do ato de purificação, apenas não seria maior do que o ato do batismo, pois este ainda que seja a entrega total de vossa unidade sendo consciente pleno de vossa vontade e missão, não seria pela troca de vida e sim pela continuidade da vida escolhida diante da congregação já formada, diferentemente da união frente à congregação que acabava de se formar.

Porém, da mesma maneira que o ato do batismo, fora o ato de purificação sacra através da imolação a entrega verdadeira a própria verdade celestial, purificando e limpando as vossas unidades para que pudessem caminhar e servir ao Criador da maneira ao qual Ele mesmo havia determinado que o fizessem em vosso nome, pois o ato de circuncidar é o mesmo que limpar, purificar ou tornar puro, límpido e cândido uma essência ou a própria essência de cada ser, onde a junção das duas vertentes deve ocorrer de maneira sagrada e na mesma sintonia e vibração do mesmo jorramento através do espírito e da carne, onde a vertente material é o próprio corpo recebendo a energia e fluidez espiritual do outro corpo que doa-se em vertente espiritual, derramando toda a vossa puridade e tornando limpo, nobre, puro e santificado assim como ele mesmo.

Por isso, foram os seres espiritualmente nascidos para servirem de essência e emanação de jorramento o caminho material e espiritual para a troca de energia, cortando e rasgando toda e qualquer forma de emanação e fluidez não a própria carne, pois ao Ser Supremo nada que venha da carne, adentra ao campo celestial, assim como nada que venha do espírito adentra aos campos materiais para cumprir missão espiritual sem que seja abrigado em uma carcaça terrena, ou seja, cada unidade de cada vertente atua e cumpre com vossas missões conforme os campos espirituais que atuam, e um não interfere ou não adentra ao outro campo, pois assim como as coisas materiais comungam apenas com as coisas materiais, as coisas espirituais comungam apenas com as coisas espirituais e materiais por ordem suprema de que sejam as coisas espirituais acima das materiais.

Sendo assim, apenas as coisas ou as energias e vibrações espirituais devem adentrar as energias e vibrações materiais as tornando límpidas e puras pelo poder celestial e de força que este se encontra acima das coisas materiais, e que por isso, é a circuncisão ou purificação espiritual a limpeza espiritual e não carnal, das forças e energias que vibram em sintonia não celestial, porém devem vibrar e emanar com a mesma puridade de poderes e forças, os tornando tão santificados e nobres, ao qual o Espírito de Deus o é, bem como os vossos servos e servas, os espíritos, mais leais e fiéis, os não Santos também o são, não em determinação e sim em energia e puridade de por força maior de quem os ordena.

Mas o ato de purificação pela troca de vida em ato espiritual sagrado sacramentado pelas forças espirituais do Espírito Santo, que é Deus que os santificou do sangue da imolação para que fossem todos limpos e purificados para que pudessem caminhar com vossa Santidade e ao vosso lado estarem protegidos espiritualmente e não sofressem as dores de terem os vossos filhos resgatados ou sofrerem a dor de serem também feridos pela verdade celestial, ao qual aqueles que estavam puros e límpidos não sofreriam, bem como preparados para o maior e mais nobre ato espiritual de consagração santa de Deus, o Criador, o recebendo como o vosso único e poderoso Senhor sobre todas as coisas adentrando e caminhando sobre a mesma terra ao qual as vossas unidades outrora errantes e transgressoras caminham e prostram as vossas verdades, foram todos circuncidados e límpidos de vossas iniquidades e impurezas através das forças espirituais adentrando as vossas unidades carnais materiais, sem que esta pudesse ser ferida ou machucada, pois era justamente esta a ordenança ao momento em que vossas matérias fossem santificadas pela circuncisão de vossas almas e vossas carnes experimentassem.

Por isso, após a preparação espiritual onde retirou-se de toda a pele pelo ato espiritual de troca de vida pela vida, onde este também é a própria circuncisão que não fere a carne, porém retira dela todos os erros, falsidades e as falsas verdades que os mantinham de olhos fechados e escravizados em vossas próprias desgraças, toda a congregação prostrou-se em disciplina e em verdade frente as vossas purificações existenciais de forma que estivessem prontos e abençoados para caminharem com vossa Santidade, o Senhor Deus, ao qual Moisés, por meio da benção divina vos ordenou, com as ordens santas da qual havia ele recebido do próprio Ser Supremo, para que fossem todos preparados e limpos em vossa unidades para o maior e mais grandioso feito espiritual qual ao todos comungariam em ato sagrado que era a Passagem do Criador sobre vossas cabeças materiais e espirituais em dia santo ordenado para ser também dia sagrado.

Mas o ato sagrado de passagem de Deus, o Criador por sobre a terra, derrubando em feridas todos os primogênitos e os libertando das garras do mal que os assolavam o espírito e a carne, seria ato sagrado e sacramentado a ser lembrado e comemorado por todos os séculos de existência terrena e espiritual diante da terra e dos céus. Porém, apenas celebrariam o mais sacro e esplendoroso momento divinal aqueles seres espirituais encarnados circuncidados, ou seja, que em nome do Criador estivessem prostrados através da congregação seguindo as vossas ordenanças e determinações.

Isso quer dizer, apenas poderiam celebrar ou participar da comemoração do ato de retirada dos filhos da dor da escravatura pelas mãos do Senhor Deus, aqueles que se prostrassem a verdade e a gloria do Criador, não através do sangue da imolação, pois este fora o ato em união de todos os filhos que formaram a primeira congregação espírita em campo terreno, e sim através do batismo pela crença e pela verdade diante da doutrina e disciplina real e verdadeira ao Senhor Deus diante de vosso nome em assembleia santa e sagrada de junção de forças e união de energia e emanação com todos os que verdadeiramente dentro da assembleia espírita de prostram a tal ato, junção e verdade; onde todos os purificados ou circuncidados em nome da fé e da crença verdadeira devem comemorar a cada ciclo de ano, alimentando todos da assembleia após a entrega espiritual de oferenda material, não em ato de imolação e sim pelo ato de assentarem-se todos da assembleia a mesa farta juntamente com os Espíritos guiadores os não santos protetores de vossas unidades espirituais em campo terreno, louvando assim o vosso Senhor Deus e comemorando a vossa mais pura e benigna força e poder de luz nome os vossos filhos terrenos firmados pela vossa constituída assembleia em vossa verdade.

"O sangue sobre as casas em que habitais vos servira de sinal de proteção, e não sereis atingido pelo flagelo destruidor, quando eu ferir o Egito. Conservais a memória daquele dia, celebrando-o com uma em honra do Senhor; fareis isso de geração em geração, pois é uma instituição perpétua" (Êxodo 12: 13,14)

E somente poderão comer da carne, não mais imolada, pois o ato sagrado junto a primeira constituição da sacra e única da assembleia formada com a ordenança do Criador, fora ao derradeiro momento sacro já findada, porém as demais assembleias são a continuação desta que necessitou servir-se do ato imolado para conhecer e caminhar com Deus, e que por isso, deverão perpetuamente ao décimo quarto dia do mês referente ao mês e ano em que se iniciou a preparação para a passagem de Deus por sobre a terra, alimentarem-se em festividade em comemoração em relação a Passagem do Criador, onde todos de todas as congregações espíritas cumpriram o ritual sagrado, nomeado Páscoa do Criador e dos não Santos ou Passagem do Criador. Em honra ao Senhor se alimentando igualmente da carne assada em holocausto sagrado a Deus com todos aqueles que estiverem na mesma fluidez e emanação de purificação.

Tendo sido através das ervas purificados vossos corpos, louvando e saudando as vossos Espíritos servos, os não Santos, pelo cumprimento da ordenança e junção de energia e poderes para tornar o vosso Espírito Santo. Tão grandiosamente elevado e entronado dentre os seres da terra assim como Ele mesmo o é, e não somente pela saída de vossos antepassados da terras da dor e da tortura, que vos machucavam ainda mais o espírito do que a própria carne, e sim pela continuidade de vossa sagrada união em assembleia espírita, pelo poder de amor, justiça, caridade e benção que ainda vos cingem as vestes e o espírito, alimentados pelo Deus Todo Poderoso, que não os abandonou e sim os guiam e protegem diante de vossas congregações espíritas, de onde os vossos espíritos, servos e servas espirituais os protegem e os dirigem da mesma maneira ao qual outrora o fizeram elevarem-se para caminharem e constituírem a única e verdadeira congregação espiritual atuando sobre o comando e a regência de Deus único para que pudessem com ele caminhar, e ainda caminham todos aqueles que abençoados e purificados por vossas próprias vontades de executarem as vossas missões terrenas o fazem.

Ora, se não é a Páscoa a passagem de todos os filhos e filhas da terra diante do extraordinário e magnífico ato sacro espiritual ato misericordioso de retirada dos filhos sofredores da escravidão diante das águas mansas do Senhor Deus, após a consagração em ritual de sacramento e selo espiritual ao qual foram todos preparados e abençoados pelos Espíritos e pelo divino Deus, em ritual de imolação do animal para troca de essência de vida pela vida, os circuncidando e purificando as vossas unidades para que a passagem pudesse ser branda, justa e nobre, assim como todos os que dela participariam.

E todos após a Passagem do Senhor Deus ou a Páscoa comandada por Ele mesmo, tremeram todos os homens da terra diante do Senhor e prostraram-se em gloria e em verdade a vossa Santa e única Verdade. E até mesmo o faraó que grandemente cumpriu com a vossa verdade de ser o filho da própria verdade e confrontar o filho da perfeição, prostrou-se diante de Moisés e de vosso Deus, da qual outrora havia grandiosamente firmado batalha para que as forças de Deus pudessem ser apresentadas por sobre toda a terra e toda a humanidade, em todos os séculos de todos os séculos de onde a vossa eternitude pode existir para os que do campo terreno vivem ou um dia viverão, possam conhecer não somente a vossa história perante aqueles que o testificaram como também possam conhecer a vossa gloria em vossas caminhadas espirituais assim como conhecerão em vossas andanças celestiais, por todos os tronos. Amém.

A passagem dos filhos da terra, abertura do Mar

"Quem criou a chuva e os canais, e os caminhos e os relâmpagos dos trovões? Para chover sobre a terra vazia, e no deserto onde não há habitantes? Para fartar a terra deserta e assolada: e para fazer crescer e germinar as ervas? Terá as águas um pai?"
(Jô 38: 25-28)

5.7 Ora, as águas já existiam e faziam parte do nada existencial, que diante da proclamação de que fossem estas separadas do firmamento, ganharam vida ao servir ao Deus que vos concedeu a vida clara e límpida, outrora negras dentro da escuridão do abismo ou da única forma de vida existente aos quais as vossas turvas e densas formas se consumiam de si mesmas imergidas no lodo calçando toda a terra com a vossa mais pura e escura densidade ao qual a vossa unidade se formava da lama espessa de si mesma para cobrir todo o campo de onde surgiam as vossas mais profundas raízes colossais de água em tormenta. Mas quais são os segredos da vida da terra ao qual o próprio abismo se esconde atrás de vossa escuridão carregando as forças e energias das águas? Quais são os segredos das águas, outrora negras e sujas, porém após a proclamação do Criador de que fossem ajuntadas em única direção, límpidas e claras para regarem as vidas das outras vidas, assim como ela mesma, prostradas ao Criador. Quais os segredos desta que obedece as ordenanças sagradas, regando as folhas, refrigerando a terra, nutrindo os homens e abrindo-se em força e em brilho cristalino diante da determinação Daquele que vos concede ser límpida e ser água clara e tranquila, vivificada em luz, molhando toda a humanidade e a própria terra de onde fora separa, mas não distanciada, para que em única direção fosse ajuntada?

Mas quem é ou quem conhece os segredos e mistérios da vida do abismo e da vida da terra, ao qual o próprio abismo ainda se esconde atrás de vossa negra escuridão, carregando as vossas energias, mesmo sendo iluminado pelo Senhor Deus da vida e da morte, tanto do abismo quanto da terra? Quais são os segredos das águas que regam os mistérios da vida de si mesma, a vida do abismo, a vida da própria terra e a vida da vida de quem vive nela, se não é Aquele que concede que sejam todos vivos pela vossa luz e vossa compaixão da graça celestial de tornar o próprio nada em vida e a vida em vida a ser vivida através da vida que concedeu ao abismo em forma de morte, para que este seja também vivo e receba todas as forças e emanações de vida do campo em que a vida que dele vive não é mais importante que a vida do abismo, pois sem este, nenhuma vida poderia ter vida, nem mesmo aquela que surgiu da força do nada.

Mas o Espírito de Deus, não apenas pairava por sobre as águas, como também a observava em vossa plena e própria forma de extrema potência e força dentro de si mesma; e ainda que estivesse sem forma e vazia, ou seja, vazia de outras vidas e submersa a única forma que conhecia, dentro do lodo que a escuridão das trevas ao qual o abismo lhe causava, vivendo do nada para servir ao nada que era a única forma de vida que a escuridão lhe oferecia; não era apenas águas sujas que os olhos divinais enxergavam, e sim águas, pois os olhos do Deus único, não as diferenciavam como sendo águas sujas ou águas claras, uma vez que a vossa magnitude e esplendorosa força de luz altera, troca, modifica ou reconstrói qualquer essência, forma, e modelo conforme a vossa vontade.

Por isso, aquela que poderia parecer apenas lodo e lama era na verdade o fluído essencial, a essência ao qual necessitava o Senhor Deus para compor a força das forças que o mais belo e benevolente elo espiritual necessitaria para ser vivo e cumprir não apenas as ordens de Deus como transpor vossa vontade e necessidade de servir de alimento as demais forças, forças e espécies com os vossos fluídos, pois as gotículas que se formariam à partir das águas tornadas águas claras, não seriam apenas mais um elemento, o elemento água e sim o mais puro e santificado elemento de nutrição não apenas do elemento árido de onde submergia como também o mais puro e abençoado elemento fonte de vida das demais vidas do mesmo campo de onde fora nascida e renascida pela ordenança e força do Criador, que não apenas a recriaria como também a faria ser nobre, pura e santificada em vosso sagrado nome, pela vossa sagrada missão, de ser água e ser elemento espiritual divinal em campo material, sendo e alimentando as demais vertentes também espirituais com as vossas forças em fluidez sagrada.

E quando o abismo cobria-se de si mesmo diante de suas forças e emanações essenciais, as águas foram elevadas sobre as forças do abismo derramando-se em vossa silhueta face ao caos existencial, rompendo suas cores, formas, odor e transformando-se como águas, não apenas claras e sim tão claras e translúcidas como qualquer forma essencialmente espiritual, tão límpida como qualquer outro modelo espiritual e insípida como qualquer outro ser naturalmente constituído das forças de luz espiritual ao qual o Senhor Deus, gera, cria e ordena ser e cumprir as vossas determinações.

Por isso, as águas que outrora foram águas negras borbulhantes de lama, mácula e de escuridão, tornou-se tão puro elemento divinal, santificado e imaculado, com nova forma, cor, odor e missão da mesma maneira ao qual se encontram todos os outros elementos espirituais em campo terreno, andantes de si mesmos, porém, ordenados, pelas ordenanças do único Deus, o Espírito Santo.

Mas nada é maior e mais poderoso do que a força de vida que faz ter vida todos os campos, elos espirituais, potestade, principados celestiais e o próprio abismo, o nada existencial. Porque apenas um Ser é o único Ser Espiritual que gera, faz nascer, concede a vida, troca as forças, altera as formas e concede poderes, e este é o Pai celestial, o Criador do mundo e de todas as forças e poderes de forças, Pai divinal de todos os espíritos e todas as nações, todo o universo espiritual e todas as coisas. Por isso, quem concede o poder de que sejam os espíritos, espíritos vivos, é o mesmo que concede o poder de que sejam as águas, águas vivas pela força da vossa luz que governa e rege todas as fontes de todas as nascentes espirituais e materiais, as tornando fortes fontes de vida.

Pois é através das águas profundas, água translúcida tal qual a vossa majestade, concedeu o direito e a determinação de ser pertencente a Ele mesmo perante a vossa translucidez, da qual a outrora água negra transformada através de vossa magia e mistério sideral em águas cândidas e límpidas pela vossa luz, luz da qual Ele mesmo é constituído e abastece toda a terra e a humanidade, ser águas nascente profunda da terra para também abastecer todas as formas de vida pela vertente espiritual material que também necessita de fonte de vida que concede fluidez de energia viva espiritual ou energia divinal, que é o que a fonte de água viva renascida da vontade de Deus para ser fonte de vida celestial na terra, é esta pela determinação ao qual a vossa ordenança a conduz, fornecedora de energia celestial aos habitantes da terra, a própria terra ao qual se funde desde a vossa misteriosa e esplendorosa gênese.

Ora, se não são as águas a vida da própria terra, o soro que alimenta as camadas mais extremas e inabitáveis dos campos de vida e de morte; vida que sustenta as outras vidas, e morte que da paz as formas de morte. Ou seja, o elemento espiritual que sustenta a argila e a qual, abaixo da terra firme conduz as vidas e as mortes sobre as vidas que da mesma terra em que se fartam, se desfalecem e se desfazem na própria unidade da terra que os nutrem, alimentam, conduzem vivos e também os matam, não pela falta de alimento e sim pela chegada do momento da partida.

Mas não é a terra firme e árida mais forte e poderosamente mágica e magistral do que as águas flutuantes de si mesma, pois as terras que a norteiam e rodeiam em vossa vasta constituição, pela beleza de ser exatamente o elemento que sustenta as forças fluídicas das profundezas da esfera mais funda e sólida, é também o forte que ao mesmo tempo em que se fende para que as águas caminhem não rompendo o elo espiritual entre as vossas unidades, não a deixando vazar ou findar-se em vossa esfera. Por isso, não é nem a terra mais forte e nem as águas menos poderosa e mágica e sim a união de ambas unidades a perfeição que se completa e forma a inteireza de formas ao qual o elo terreno não poderia jamais existir sem as vossas forças e poderes tanto de vida ou de destruição quanto de emanação e nutrição sendo uma da outra a força e a raiz em que ambas se alimentam e se sustentam em comunhão espiritual pelos poderes e forças.

Pois a vossa unidade, tão misteriosamente nascida e emergida do solo mais profundo e denso do nada, onde apenas a terra em forma de barro abraçando a lama, ao qual o vosso nascimento é também o mistério dela mesma, e nem mesmo o elemento árido ou as águas que correm em direção ao mar aberto conhecem ou se fazem conhecer pela fortaleza e encanto de serem águas divinamente límpidas e claras e ao mesmo tempo turvas e ainda negras em vossa mais sublime profundeza, pois somente a fundação destas duas energias e poderes conhece verdadeiramente uma a outra tão bem como o próprio Deus, o Criador, que os concedem receberem o vosso brilhantismo e forças de luz para que sejam energias de forças vivas, fluindo as energias divinais pela vossa esplendorosa majestade constituía igualmente de magias e mistérios.

E por isso, somente o Espírito Santo, Espírito divinal constituído de vossa própria luz e de brilho forjado da luz santa em forma de claridade e também fogo santo, nascido de vosso manancial de poderes de luz ao qual a magia, os mistérios e os poderes são pertencentes a si mesmos, poderia adentrar aos segredos, magias e mistérios do próprio nada, tornando as águas firmamento do elemento árido; tão limpas e claras e purificadas por vosso desejo e vontade, pois somente a vossa magia possui poderes e forças para adentrar a toda e qualquer segredo e mistério de todo e qualquer poder de mácula e segredo, pois acima de vosso segredo, nenhum outro pode ser tão grande e misteriosamente selado e guardado, pois é Ele, o próprio segredo de todos os segredos do mundo ao qual nem mesmo o segredo daquilo que já existia ou possa existir é para Ele secreto ou forjado em mistérios e máculas, porque além de vossas forças e magias, nenhuma força se iguala ou se torna tão poderoso quanto o vosso simples desejo de que nenhum segredo, mistério ou poder permaneça em mistério, pois nem mesmo os segredos mais selados e guardados são ao Senhor Deus um segredo do ou mistério.

Pois é Ele o maior e mais misterioso ser Espiritual envolto no maior, mais puro, sacro e misterioso segredo de si próprio, e ao mesmo tempo concede a vida a todos os demais seres, e por isso, além dele mesmo nenhum outro segredo é para Ele secreto ou mistérios, pois é Ele a fonte de todos os mistérios e selos misteriosamente nascidos de qualquer forma ou força de magias e mistérios ao qual ele mesmo rege e governa todos eles com o vosso único e puro pensamento cingido de vossa luz, a única verdadeiramente celestial fonte de energia de mistérios espirituais, que a fonte de si mesmo.

Desta forma, foram às águas descobertas em vossos segredos e mistérios espirituais de surgimento perante o elemento que a sustenta em fendas e aberturas em forma de crateras não a deixando fluir para outras esferas ou findar-se em vossa unidade; e a partir de vossos segredos e mistérios onde os vossos mistérios não mais seriam imaculados ou secretos ao Ser Supremo, ordenador de todos os mistérios e segredos do mundo. E assim, rendeu-se o poder das águas com rendem-se todos os demais poderes, envoltos em seus mais profundos e sigilosos mistérios ao verdadeiro e único poder celestial sobre todas as coisas e todos os mistérios; logo, tornou-se firmada e selada dentre tudo aquilo que ao Senhor Deus pertence, pois a Ele pertencem todos os segredos e mistérios do fundamento do mundo e de todos os elementos e energias que constituem o mundo material e espiritual, porque este é apenas um elo espiritual dentre todos os elos espirituais que ao Criador são consagrados, pois a Ele pertencem todos os mistérios de todos os elos espirituais, potestades, principados e demais elos espirituais recobertos por vossos mistérios em unidades celestiais de todos os votos e selos divinais e espirituais de todas as eras de séculos de todos os séculos existentes por toda a eternidade.

E assim como todos os filhos da terra nascidos para serem e caminharem a história divina da consagração do Criador frente ao que lhe pertence, o campo terreno, fazendo com que todos os habitantes desta unidade espiritual que assentada sobre a vossa ordenança sagrada também se encontra, o conhecessem e o glorificassem em campo terreno assim como o conhecem e o glorificam nos elos espirituais e celestiais de onde a vossa luz é a única certeza de caminhar para o progresso e a elevação espiritual. Não apenas por ser o caminho do Criador o caminho mais puro, mais nobre e mais belo dentre todos os caminhos, e sim o caminho do merecimento pela doutrina, disciplina e fidelidade ao qual um espírito poderá aproximar-se mais de vossa santidade e comungar com as vossas forças a mesa farta que a elevação divinal o proporcionará, o permitindo o direito de enxergar com os vossos olhos tudo aquilo ao qual somente os olhos celestiais do Senhor Deus enxergam, ou seja, toda a beleza, maravilha e bondade celestial que existem em todos os elos espirituais incluindo o campo terreno, recebendo a graça e a benevolência santa frente ao também direito de conhecer em verdade ou em essência espiritual divinal o verdadeiro e esplendoroso amor, a mais pura e santificada compaixão, a mais nobre e mais zelosa caridade.

Isso quer dizer, o mais cândido e purificado sentido existencial ao qual um ser espiritual poderá sentir, dentro do seio amável, feito de candura e beleza, recoberto da mais enobrecida paz e acalanto em forma de luz e de esperança que é o amor celestial nascido da paz do próprio poder de magia e mistério espiritual do Espírito Santificado que é o Espírito Santo. Amém.

Por isso, da mesma maneira em que todos os mistérios se rendem a Deus, o Criador, portador do selo de todos os segredos e mistérios do mundo, para que em vossas certezas caminhem as vossas unidades. Da mesma maneira, a força e o poder das águas se renderam ao único e verdadeiro poder divinal, sendo do campo terreno um dos mais nobres e elevados poderes de força em unidade e tamanho, um dos elementos mais importantes para a existência e constituição deste que seria o elo espiritual material dos demais filhos espirituais que deste campo ou elo divinal caminhariam para cumprimento de missão individual como forma de aprendizagem de vossas lições espirituais para a também purificação de vossas almas e elevação de vossas sagradas unidades, assim como se encontram as fortíssimas, porém puras e obedientes e sagradas águas. Desta forma, esta que é uma das mais importantes forças espirituais ao qual o Criador sela e envolve em vossos segredos ou funde com os demais segredos celestiais diante de vossa verdade para que seja a vossa própria constituição o segredo dentro de todos os demais segredos, não somente da terra mas também de todos os mistérios espirituais da força divinal que alimenta e sustenta o campo terreno pela energia dos secretos fluídos imaculados que somente Ele possui as chaves, pois somente a Ele pertencem.

São as às águas a força e a unidade de força prostrada as magias, mistérios de beleza divinal de soberania de encanto e de perfeição espiritual do Criador, pois diferentemente dos encarnados, está o conhece tão bem quanto Ele a ela mesma, e por isso, o serve em gloria e em verdade, sendo de vossa benevolente santidade, serva leal e fiel as vossas ordenanças sacras, sendo fortes, torrenciais, cândidas, severas, doces, tormentas ou tranquilas, ainda assim a força da força que refrigera e alimenta todo o campo terreno e os vossos habitantes.

"Não foste tu que secaste o mar, as águas do grande abismo, que fizeste uma estrada nas profundezas do mar para que os redimidos pudessem atravessar?" (Isaías 51:10)

Ora, se não são às águas, elemento espiritual divinal caminhante de si mesmas, porém obediente aos poderes e forças celestiais, prostrado diante do Senhor Deus que também a conduz de forma espiritual em campo terreno, ainda que movida pelas próprias magias e mistérios de si mesmas, descobertas e levantadas pelo Criador. Mas vejam vocês, se não são as águas um poder de forças prostradas ao poder de forças, magias e mistérios do Senhor Deus, ou seja, por Ele mesmo, revelada e elevada celestialmente ao direito de ser cumpridora de missão pela determinação de que fosse ainda pertencente ao campo terreno, porém, regidas diretamente pelo poder de forças da fonte magistral do manancial de forças, forças estas que regida pelo Altíssimo Espírito governa cada unidade de Espírito de grandeza e estes governam todas as forças espirituais divinais que regem por sobre todos os seres da terra através dos Espíritos sagrados, os Santos, que com as vossas unidades de poderes e energias conduzem e comandam por meio de vossos derramamentos sacros espirituais todas as energias necessárias para a condução da vida na terra.

Isso quer dizer, que são os Espíritos sagrados ou os Santos, que por meio da fonte de energia e brilhantismo celestial aos quais as forças são unicamente voltadas para o campo terreno, em ordenança superior, são quem regem de maneira material espiritual as forças destas energias vindas destes elementos essenciais ou elementos espirituais para que estes caminhem as vossas energias para que jorrem e fluam as energias necessárias para a continuidade da vida ou preservação do campo ao qual todos emanam e vivem as vossas forças. Porque nenhum poder de forças que possua tão fortes poderes e forças poderia ser caminhante de si mesmo em campo espiritual terreno, sem que fossem também ordenadas e regidas por outro poder de forças espirituais ao qual o próprio Deus, criador do mundo ordena que comande e governe as vossas forças pelo poder da hierarquia ao qual as energias são voltadas e jorram ao campo terreno material.

Pois sendo o campo material, esfera espiritual de onde todas as forças e poderes são regidas não por si mesmas, e sim pelo Deus criador de todas as unidades de forças, são as forças das águas também governadas pelas forças do Criador ao qual se prostram, porém sendo o campo material uma unidade de forças que obedece a uma hierarquia espiritual divinal, são as águas e todo o vosso poder e fluidez e emanação governada por outra maior e mais poderosa força espiritual divinal que parte do poder de forças da unidade espiritual do Santo que comanda a vossa unidade, assim como comandam os Espíritos sagrados todas as unidades de forças voltadas para o campo terreno.

Por isso, esta unidade de forças fortemente severa e poderosa que são as águas fluidas de si mesmas, além de ser a força que emana refrigeração ao mundo e a todos os habitantes, prostrada ao Criador, encontra-se também regozijada aos pés do Santo que a conduz, sendo do mundo a força de duas unidades de forças, as vossas próprias forças e as forças de luz Daquele que a conduz em campo terreno espiritualmente, pois da mesma maneira em que os espíritos encarnados possuem hierarquicamente um guiador espiritual que os conduzem com energias e forças espirituais vindas do Criador, da mesma maneira os elementos espirituais possuem energia advindas diretamente das fontes de luz através dos Anjos encantados que os conduz em campo terreno, não a mesma forma de fluidez de luz celestial, porém a mesma ordenança de determinação de derramamento de forças de luz divinal.

Por isso, esta energia ou a energia das forças das águas prostradas aos pés do Criador, sendo de vossa ordenança, não somente a mais pura e purificada energia pelas vossas próprias energias, como também a mais pura e santificada ao qual o próprio Santo que a conduz a santifica e a encobre também em vossos poderes de mistérios, para que seja esta, que ainda andante de si mesma, não caminhante de si mesma pelas vossas próprias vontades e desejo, como outrora fora, e sim caminhante e andante pelas forças de ordenança de outro poder de forças ainda maior que ela mesma que o poder de forças do Santo ou do Espírito sagrado que a governa e rege as vossas fluidezes, para que esta esteja sempre, caminhando pela direção ao qual a vossa direção será sempre a direção dos caminhos do Criador, pelas forças de quem a rege pela ordem suprema em campo material.

Ou seja, ainda que seja nascida do próprio ele terreno, as portas do abismo, após a proclamação de que seriam estas não somente pertencente ao campo terreno de forma branda como também iluminada em vossa composição, foram às águas assim como todos os elementos ou espíritos ou tudo aquilo que ao campo material pertencem, doutrinado e disciplinado em duplo jorramento de energia divinal através das duas formas de emanações, que são as duas vertentes que sustentam e vivificam todos os espíritos ou elementos que ao campo terreno pertencem.

Isso quer dizer que assim como todas as coisas pertencentes ao campo terreno que necessitam serem constituídos de duas vertentes para que pertençam ao campo terreno, são também as águas e todos os elementos espirituais divinais nascidos da vontade do Criador de ser e fazer parte deste elo espiritual, alimentados pelas duas vertentes que os fortificam para serem vivos e terem vida material. Por isso, são também as águas abençoadas e santificadas pela força dos Santos, pois a unidade de forças que as constituem serem águas vivas em campo terreno, ou seja, que concedem o direito de serem vivas em campo material é também abençoada pela unidade que a concede ser também espiritual e divinal através do Espírito Santificado, o Santo que a rege e conduz. Desta forma, são as águas governadas e regidas pelo Senhor Deus para que as duas vertentes espirituais estejam fundidas em única verdade para que seja está tão viva e tão vivificada como qualquer outro elemento espiritual que ao campo material pertencem, sendo emanado pela luz divina e abençoada e regidas pela força dos Santos.

Mas não seria a Passagem dos filhos da terra, a passagem divinal, se acaso não fossem as águas severas, tão servas e fieis aos desejos e vontades do Criador, ou se estas não fossem, embora que caminhantes de si mesmas, ordenadas e governadas pela energia e regência do Espírito sagrado que a dirige, o Santo regente das águas, também prostrada em poder e em verdade as faces do Senhor Deus que as comanda acima de todas as forças, e as determina atuarem e executarem as vossas ordenanças pela magia e pelos mistérios aos quais os Espíritos sagrados, em vosso sagrado nome possuem, para que sejam as vossas forças representadas voltadas para o campo terreno exercendo tudo aquilo que Ele mesmo com a vossa benevolência e sabedoria; luz celestial que pela vossa eternitude determina.

Pois não foram as forças das águas abertas ao caminho da liberdade espiritual dos filhos da escravidão, apenas pela ordem terrena de Moisés, pela vossa própria vontade para demonstrar o vosso poder de forças, pois este sequer existia, se não fosse este o aprendiz da perfeição e se não estivesse este atuando em nome da ordem suprema, pela junção de energia e de forças em nome de uma ordenança que era a ordem de que fossem as águas separadas de vossa própria unidade terra, em cumprimento, labuta, missão espiritual material por ordem suprema.

Porque assim como foram os vossos filhos, gerados e nascidos da ordem superior celestial de ser parte da história divinal Dele mesmo, foram também às águas ordenadas a ser o caminho do caminho da justiça, sendo igualmente parte da história celestial. Pois assim como foram todos os seres espirituais carnais, incluem-se os animais, nascidos da mesma ordenança de mesma missão em nome do Criador pela vossa verdade, da mesma maneira foram o poder de todos os elementos espirituais que atuaram em nome Dele para a vossa Santificação e elevação em terra de homens e espíritos nascidos ou ordenados em determinação sagrada de o servirem em missão santa.

E assim foram também às forças das forças das águas que juntamente com a força do elemento árido, da mesma maneira prostrado as faces do Criador, pois não são as águas sem o elemento sólido parte da terra a própria força em água viva, como não é a terra viva sem o elemento líquido que jorra dela a própria terra; por isso a junção das duas unidades de forças que determinadas foram para cumprimento de ordenança divinal frente às ordens supremas do Deus que as regem e da mesma maneira as governa e determina as vossas missões, frente a vossa ordenança, a ordenança do cumprimento da missão pela junção das duas forças, onde a força da terra sustentaria a força das águas elevando-se em poderes e forças, e a força das águas seria magistralmente sustentada pela força do elemento que a funde em única força, calçando as vossas certezas pela razão do cumprimento da ordenança.

Por isso, esta que seria a mais grandiosa, nobre e santificada missão espiritual, onde os homens da terra conheceriam os poderes e a força do Deus único através das forças da natureza, foram às forças dos elementos naturais da terra como a água, o ar e o elemento árido, que elementos divinais e espirituais são, pois são também nutridos e alimentados pela mesma luz divinal e força celestial, os poderes de força da vertente celestial e terrena atuando em nome do Criador, a força utilizada em campo material para mostrar aos homens da terra, as forças e os poderes de Deus frente a vossa determinação em cumprimento de ordem santa. Pois não são as águas caminhantes de si mesmas, regentes de si mesmas, assim como não são os demais elementos, nascidos e ordenados por si próprio e da mesma maneira nenhum espírito o é, e nunca será, pois se acaso não tivessem em vossas entranhas as forças de Deus, assim como se não tivessem os homens o espíritos que os animam a carne, nem mesmo os céus seria céu, as terras seriam a terra e portanto tudo seria ainda o nada.

553

Logo, foram às águas ou a força das águas caminhantes da verdade do Criador, subindo aos céus e abrindo-se em passagem aos filhos da terra a própria mão do Criador por sobre as vossas ondas, separando as vossas partículas para a vossa abertura pela mais sublime elevação e santificação dentre os homens da terra.

Pois a imensidão aos qual o abismo conduz as águas severas, vivificadas pela força do Todo-poderoso Deus, tornou-se águas brandas, leais e fieis ao cumprimento da determinação de prostrarem-se a ordem suprema de vosso servo Aprendiz após a ordenança deste, pois a este, perante a vossa verdade e a vossa devoção, fora entregue todas as chaves das sete chaves que conduzem todas as forças do mundo ao qual a vertente terrena caminha para que diante da determinação ser espiritual encarnado que seria para o campo terreno a mesma determinação vinda do próprio Ser Supremo, pois a ele fora concedido todos os poderes espirituais aos quais somente os Anjos encantados também possuem, para que o vosso nome fosse tão altamente elevado assim como elevados são os Santos, porém os homens da terra não conheciam nem os Anjos encantados de energia e forças celestiais, tampouco Deus, o Criador único do mundo, seria o poder de forças concedo ao homem Aprendiz, para que este em nome do Criador juntamente com os Anjos encantados, os Santos, utilizassem das duas vertentes para comandarem e orquestrarem o que seria o mais elevado e altivo feito em campo terreno em nome de Deus.

Pois a junção das duas vertentes onde a vertente espiritual conduzindo as forças celestiais eram os Anjos encantados, os Santos regentes das determinadas forças utilizadas perante a obra de abertura do mar brando e a vertente material orgânica era o Guiador, representante do Senhor Rei dos reis a quem recebera todo o poder de condução de forças e energias, não apenas para comandar o maior e mais elevado ato espiritual em terra como também ordenar os Santos a quem ambas vertentes espirituais estão regozijados em nome do Criador para orquestrar o mais sublime, grandioso e extraordinário ato sacro espiritual por meio de vossa proclamação ou ordem santa, com auxílio de vosso cajado elemento espiritual de forças e verdade divinal.

Não somente para que o mar se abrisse obedecendo a ordenança divina do servo Guiador conduzindo as forças celestiais voltadas ao campo terreno, perante a ordem de que os elementos espirituais fossem elementos divinais em força de vertente material determinada para a labuta sagrada, como também atuasse ele, o Aprendiz da perfeição em harmonia com os Santos e regentes das águas e da terra em nome do Criador uma vez que as vossas forças e poderes de estrema robustez de forças poderia não somente exterminar com o campo terreno como destruir a missão de glorificação e santificação perante aos vossos filhos materiais.

Sendo assim, para que estes cumprissem a vossa ordem, elevando-se ás águas acima da altura do elemento que assentado as forças da terra se encontra em junção de energia para que ambos atuando pela mesma ordenança ao qual o filho aprendiz os tinha proclamado agir em nome de Deus, o representando em campo terreno. Foi necessário que se unissem as forças dos Santos que acima das forças da terra ou das águas se encontram, para que estes que regem as energias e emanações da terra e das águas atuassem e comunhão com o Guiador, obedecendo as vossas ordenanças elevando-se as águas, assentando o elemento árido, formando assim uma estrada em pleno mar aberto, para que os filhos da terra pudessem caminhar a pés secos.

Desta forma, encontravam-se curvados ao Guiador todas as forças das forças celestiais das fontes de luz voltadas para o campo terreno, porém este utilizando-se de vossas próprias forças e elevação espiritual ao qual o próprio Senhor Deus lhe concedera para a labuta da Passagem em abertura do mar, proclamou que fosse através das forças dos Santos que os conduzem abertas as águas e assentadas em elemento árido para que a Passagem de todos os filhos fosse branda, os libertando de vossas dores e pesares, para que os filhos da terra não apenas caminhassem por sobre as vossas águas e sim sobre a vossa gloria e glorificação ao qual somente o Ser Supremo detentor de todas as forças, mistérios e magias espirituais possui, até a ordem de que estes novamente libertassem o elemento árido e soltassem da atmosfera, o ar; as águas que este voltasse as vossas forças naturais conforme foram constituídos naturalmente, desfazendo assim, a estrada, estrada caminho por sobre o mar.

Pois não eram às águas assim como não fora Moisés, ordenantes de si mesmos diante do que não lhe pertence ou diante do que não possui forças e magias de si mesmo, e sim diante das forças das magias de transformação dos mistérios ao qual o Criador lhe concedeu o direito e lhe proporcionou possuir em vosso sagrado nome, as forças e o poder de ordenança celestial para que com vossas forças e energias pudesse atuar pela vossa intenção e vosso nome, e assim o pudesse o glorificar e proclamar o Deus único, Rei dos reis sobre todas as nações e toda a terra, o único portador dos segredos das águas, do elemento árido, do fogo, dos ventos, dos seres nascidos na terra e tudo que possa nela nascer, crescer e habitar.

Portanto, não foram às águas que se abriram por si só, ou pelo desejo de Moisés por ele mesmo e sim pelo cumprimento da ordenança do desejo do Criador de que o vosso nome fosse glorificado por aquele que seria o mais extremo, majestoso e encantador pródigo a ser vislumbrado e admirado por todos aqueles que dele participariam, de forma que o reconhecessem como o único e mais forte e poderoso Ser Espiritual que dentre os céus e a terra, domina todas as forças e poderes existentes ao qual nem mesmo os homens mais fortes, poderosos e conhecedores da terra poderiam conhecer tais forças e segredos e executar por vossas vontades ou por vossas mãos, tão esplendoroso e magnífico pródigo, pois nenhuma força existente em terra seria capaz de ser tão poderosa e majestosa para ordenar ou executar tal ato divinal, ao qual somente as forças da natureza prostrada a ordenança de Deus através de vosso aprendiz poderiam executar em vosso nome.

Por isso, não fora tal ato espiritual de grandeza e extrema força e poder, feito em terra sagrada para que os homens pudessem adentrar ao mar aberto e caminhar a pés secos abaixo das antes fortes e extremas águas pela vontade e desejo de Moisés, e sim o desejo do Criador de que o vosso leal filho, o aprendiz, pudesse ser tão poderosamente forte destemido, corajoso e fiel ser carnal curvado as vossas ordens, recebendo tudo aquilo ao qual seria necessário em poderes, magias e mistérios jorrando em derramamento santo as energias e vibrações divinais, para que a vertente material pudesse através de outro ser espiritual carnal, porém igualmente material, aos quais os demais seres materiais viventes obedientes de vossa santa congregação, necessitariam de um mestre, embora, por isso nascido ser carnal material espiritual e regente divinal, para que fossem todos conduzidos as forças da luz divina, de forma que todos recebedores de tudo aquilo que seria o maior e mais poderoso e majestoso ato espiritual em campo material, para que conseguissem o reconhecer e compreender toda a força, mistério e poder ao qual o próprio Criador, não poderia demonstrar por Ele mesmo, se acaso não o fosse através de outro ser tão material quanto os demais seres da terra, assim com o próprio Moisés, o vosso filho aprendiz, que os encaminhou tanto de forma material quanto espiritual diante de tudo aquilo que o próprio Senhor vos ordenou para que em terra pela passagem se cumprisse em nome de vossa Santidade.

Mas fora o último e mais grandioso e espetacular pródigo a Magia de Transformação, ao qual utilizou Moisés após ter aprendido a manusear as energias e forças dos elementos naturais espirituais com o próprio Criador, valendo-se não apenas a vara, instrumento espiritual divinal de transporte de energia em carga energética do Senhor Deus, e sim com a sabedoria, humildade, determinação e o conhecimento adquirido e recebido para que executasse em vosso nome do Ser celestial, o mais brilhante e luzido feito terreno, utilizando para isso, as duas vertentes, a vertente espiritual e a vertente material, em único ponto de força para que os mistérios divinais de transformação outrora desconhecido da humanidade, em harmonia com a magia ao qual conhecia e sabia magistralmente manusear, mostrasse as forças e poderes do Criador por sobre toda a humanidade e tudo que a terra pertence de forma natural, incluindo os seres espirituais carnais, pois estes são também parte do mistério divinal ao qual a magia também os torna seres envoltos em mistérios naturais.

Por isso, fora a execução da magia divinal de transformação, alterando a energia do que já era naturalmente pertencente ao campo terreno de forma espiritual, em vertente material e divinal, utilizando os vossos conhecimento e poderes e forças de forma que manipulasse as forças das duas vertentes, não por si só, e sim através da junção de energia em comunhão espiritual com os Santos detentores das forças e mistérios dos elementos naturais juntamente com a vossa unidade espiritual dotado também de energia celestial e ordenança para tal execução e feito, promovendo assim, o mais inacreditável e espetacular feito material espiritual, com vossas próprias mãos pela Magia de transformação. Isso quer dizer, o poder de transformar qualquer elemento natural espiritual em comunhão com as forças espirituais pelo poder de forças dos Espíritos, os Espíritos sagrados detentores das energias e forças voltadas para o campo terreno, fazendo assim a manipulação e alteração de energias e fluidez de energias do elemento para que o que se deseja seja alterado com a permissão do Senhor Deus, que derramando-se por sobre os Anjos encantados e fortificando as mãos e ordenança de Moisés, o permitiu realizar em vosso sagrado nome o maior feito terreno, alterando as energias e fluidezes de forças dos elementos naturalmente criados espiritual para ser vida e ter vida na terra alimentando outras vidas materiais.

Por isso, não somente através da vontade de vosso aprendiz, o aprendiz da perfeição, e sim através da junção de vosso conhecimento acerca dos elementos naturais e dos Espíritos sagrados que o cercavam a unidade espiritual com as energias e forças dos Santos, permitindo a junção de vossas energias, unindo as duas vertentes em única posição, fluindo na mesma sintonia e verdade pelo direito divinal a todos eles concedido pela vossa graça, para que os vossos elementos espirituais naturais materiais pudessem ser alterados, e assim transformados em outro elemento. Ou seja, elevadas as águas por sobre o elemento árido, transformando assim o mar em estrada terrena, para que os filhos da terra pudessem adentrar e caminhar conforme a ordenança mágica coberta de mistérios celestiais, transformando o que era em estrada para passagem daqueles que adentrariam não apenas só mar e sim as vossas novas vidas diante da congregação espiritual regida e governada por Moisés, o dirigente espiritual dotado de conhecimento celestial, portador das chaves dos elos divinais em comunhão com os Espíritos sagrados a quem ordenava e utilizava das forças e energias para que os feitos espirituais celestiais à partir das energias naturais espirituais pudessem ser executados em nome daquele que a todos guiavam, o Senhor Deus.

E assim em vosso nome se fez. E todos aqueles que sobreviveram e diante da congregação espiritual estavam prostrados em carne e em verdade, caminharam diante do mar seco e testificaram a verdade e a glorificação do Senhor Deus o crendo e depositando fé em vossas força se poderes e de forças sobre todos os seres e todas as forças que existem ou possam existir por sobre toda a humanidade e sobre toda a terra, por todos os séculos, perante a eternitude e a eternitude de todos os Santos, todos os Espíritos, todas as fontes de energia e de luz por todas as eras de tempo diante dos demais séculos divinais. Amém.

O alimento sagrado do céu e da terra, Maná

"Disse-lhe: Se ouvires a voz do Senhor, teu Deus, e fizeres o que é reto aos seus olhos, se inclinares os ouvidos às suas ordens e observares todas as suas leis, não mandarei sobre ti nenhum dos males com que acabrunhei o Egito, porque eu sou o Senhor que te cura" (Êxodo 15:26).

5.8 Ora, se não foi a Passagem Espiritual, a passagem dos filhos de Deus ao início do caminho sagrado ao qual adentrariam em nova fase espiritual em vossas unidades carnais, santificados e purificadas para que pudessem caminhar com o Senhor Deus por sobre a terra ao qual se iniciou em terras egípcias diante da descrença do ódio, da escravidão e da dor, até o momento em que diante da determinação do verdadeiro e único Rei da terra saíram todos os filhos, juntamente com os Espíritos sagrados ao caminho daquele que seria o vosso verdadeiro caminho para a busca da verdadeira existência espiritual de vossas essências frente a luz, a coragem e a verdade de vosso amado e fiel filho, Moisés, para a consagração não apenas do Senhor frente aos vossos filhos andantes e sim frente a toda congregação formada a qual o alicerce firmado pelos pródigos e pela glorificação de vossa Santidade já havia ocorrido pelos forças das vossas mais puras, sagradas e santificadas forças de luz e eternitude espiritual com a união de todas as unidades de forças do Espíritos sagrados, os Santos; de vossos filhos andantes, os filhos da terra; de todos aqueles que nascidos foram para a labuta divinal, inclui-se os animais; e o vosso leal e fiel filho, o Guiador.

Mas não fora a Passagem Espiritual do Senhor Deus, tampouco a Passagem de vossos filhos o final da labuta celestial e sim o reinicio da nova jornada e nova caminhada ao qual seria através de vossos esforços diante de vossas crenças e lealdade a consagração de vossos desejos de adentrarem a terras de onde jorrava-se leite e mel, ou seja, alimento e pureza ou o alimento purificado nascido do chão e da terra, para vos alimentar a carne e a alma; pois não fora a Passagem o término e sim o começo da nova jornada espiritual ao qual necessitaria da união e comunhão de todos ou que todos estivesse prostrado em amor, em esperança e em verdade para que a missão ao qual o final ainda estaria bem distante de vossos destinos.

Porém, assim como não poderiam atravessar o mar sem auxilio espiritual dos Espíritos sagrados, ou seja, da vertente espiritual atuando em comunhão com a vertente orgânica terrena, onde as águas, o elemento árido e o ar fazem parte do campo material ainda que sejam regidos espiritualmente pelas forças celestiais, que é também força natural espiritual, isso quer dizer: força voltada para o campo terreno que faz parte do campo terreno. Logo a labuta de abertura das águas jamais poderia ser executada se não fossem as forças das energias espirituais dos Espíritos que voltados para o campo terreno com vossas energias e forças se encontram.

Por isso, a Passagem Espiritual do Senhor Deus por sobre a terra, abrindo caminho para a Passagem dos filhos da terra, juntamente com os vossos espíritos guardiões, os não Santos e também os Santos, onde cada um labutou e jorrou de si mesmo para a conclusão do maior feito espiritual terreno diante dos olhos dos encarnados, pelas forças, coragem e lealdade de Moisés, não apenas prostrado como representando divinal em campo material ordenando o ato sagrado, como também servindo de corrente energética para que toda fluidez pudesse através de vosso cajado, corrente de energia pura fluir as forças das forças espirituais dos Espíritos sagrados e energia sacras, pois somente ele estava preparado terrenamente para conduzir as energias divinais e os Espíritos sagrados para o cumprimento das ordens de Deus em nome da promessa divina de que fossem todos os devotos libertos de vossas escravaturas pessoais, e adentrassem a um novo caminho espiritual religioso diante da face da Verdade em busca de vossas verdades.

Pois não era o caminho da terra da promessa, o sofrimento no deserto ou a própria terra da promessa, o galardão de vossos esforços em caminho santo junto a Moisés, pois os vossos maiores presentes eram a busca pela elevação espiritual onde a andança, o sofrimento da caminhada, e a confiança vos trariam a patamares espirituais mais elevados através da imolação de si mesmos pela conquista de maior conhecimento, ciência, poder de discernimento, poder de auto justiça e justiça, autocorreção e leis divinas, da qual angariariam através da dura e pesada doutrina pela disciplina espiritual onde construiriam, não os vossos caminhos para a terra material da promessa e sim a terra material e espiritual da promessa, da abundância do leite e do mel, de onde elevariam as vossas unidades espirituais e não materiais, pois não é Deus, o Criador, o compromisso com as coisas da terra e sim das coisas espirituais. Por isso, ainda que acreditassem que as vossas lutas fossem lutas pela terra da paz e da tranquilidade, esta poderia não ser alcançada se não estivessem em nivelamento espiritual maior, com maior discernimento, justiça e correção da qual conseguiriam por meio da doutrina e disciplina espiritual divina.

Logo, as vossas lutas seriam lutas em busca da grandeza espiritual, ao qual conheceriam através dos longos anos de caminhada pela terra da sorte e da disciplina em nome da crença genuína e da fé em um único Deus, perante a doutrina e disciplina que seria apresentada frente a constituição terrena material da verdadeira, real e única congregação espiritual, que seria dirigida por Moisés, diante das ordenanças divinas, de se congregar em obediência as vossas ordens e diretrizes pelo vosso sagrado nome.

Porém a convocação dos Israelitas para saída do Egito, onde se formou em junção de todos os membros a Congregação Espírita pala confiança, crença, devoção e certeza no Criador, não fora pela demonstração de força ou poder de Deus sobre os vossos filhos, lhes causando medo ou terror, de forma que seguissem a Moisés, por obrigação ou imposição para que não fossem punidos como seriam se acaso desobedecessem à nova prescrição, e sim a oportunidade de terem de Deus, o vosso Criador a chance de receberem das mãos do próprio Senhor maior grau de elevação espiritual, pois se acaso não possuíssem este grau de elevação, não se libertariam das amarras da escravidão por vossas próprias vontades e sim por imposição de força ao qual Moisés; e este não os impôs ou ordenou que saíssem por força dos pródigos, pois nem mesmo os atos realizados foram por força de vossa única vontade e sim de quem o conduzia.

Porém fora a preparação espiritual junto ao Senhor Deus da qual receberam maior conhecimento, discernimento e evolução espiritual acerca de vossas unidades, para que os reconhecerem a si mesmos e conhecerem as forças divinas, para que assim pudessem através de suas graças recebidas buscarem compreender o que melhor lhes serviria diante para caminhar para a consagração de as próprias vossas existências junto ao Criador.

Pois se acaso não fossem recebedores de maior espiritualidade acerca de vossas unidades espirituais com mais poder de compreensão, discernimento e ciência, jamais teriam saído por vossas próprias vontades e determinações espirituais da escravidão ao qual já fazia parte de vossas vidas, pois ainda que dolorosa esta fosse, a vontade de cada um é preciso prevalecer, porque a ordenança não os obrigava a fazerem aquilo da qual não tinham verdade o suficiente para fazerem, por isso em harmonia a ordenança, foram recebedores de dons, de conhecimento, sabedoria e ciência necessários para que agissem por vossas vontades. Pois a dor da incerteza vos causaria mais medo do que a própria saída de vossas habituais casas de lamentações e dor.

Mas para obedecer ao Senhor Deus e caminhar com vossa santidade se faz necessário conhecê-lo, e este conhecimento foi concedido através do poder de discernimento e conhecimento de si mesmos, antes de conhecerem a força e o poder divino de vossa luz através do maior e mais poderoso pródigo espiritual divinal, perante a todos eles. Pois se acaso não tivessem discernimento, ciência e autoconhecimento, jamais o reconheceriam em vossos atos espirituais tampouco se prostrariam e obedeceriam as vossas determinações e vontades.

"O Senhor disse a Moisés: Vou fazer chover pão do alto do céu. Sairá o povo e colherá diariamente a porção de cada dia. Eu o porei desse modo à prova, para ver se andarás ou não segundo minhas ordens" (Êxodo 16:4)

Mas embora parecesse que estavam todos caminhando no deserto fortificados em espíritos crentes em carne e unidos em irmandade ou unidos pela congregação pela mesma verdade que os nutriam a esperança, pois somente através da junção destes três elos espirituais necessários para fazer a junção terrena material e espiritual dos seres da terra em valores espirituais doutrinários e disciplinares, pois somente à partir deste elo é que poderiam caminhar deserto a fora pela busca da terra da promessa, nem todos os encarnados encontravam-se entregues a mesma verdade, alimentando-se do mesmo alimento espiritual e bebendo da mesma fonte de energia e de santificação. Porque ainda que santificados e purificados todos foram pelas mesmas força e energias espirituais, todos possuem ainda o mesmo direito de terem o direito de escolherem os vossos caminhos e labutarem pelas vossas próprias verdades, ainda que fosse está mais injusta e menos verdadeira do que a verdade que o aprendiz trazia em vosso peito para vos conduzir pelos caminhos da gloria.

    Porém não os haviam todos sido preparados pelo Senhor Deus para que abandonassem a missão espiritual uma vez que o abandono não seria dos filhos da terra para com o vosso Senhor Deus, pois aquele que desonra o vosso Senhor, a sombra da desonra caminhará por aqueles que servos e leais o são em vosso nome, os Espíritos sagrados. Mas não foram todos preparados e nutridos em luz celestial, pureza espiritual e santidade para que seguissem perdidos pelos caminhos da própria sorte, pois a própria sorte seria o caminho da morte e não o caminho da desobediência e da vontade própria de ordenar-se a si mesmo pelas vontades carnais de si mesmos, porque não era o deserto o caminho da vontade de si mesmo, e sim o caminho escolhido e ordenado pelo Ser Supremo para que todos seguissem as vossas ordenanças e não as ordenanças da terra. Pois se acaso quisessem seguir as ordens da terra, a escravidão de onde vieram vos cairia bem melhor.

    Mas fora o medo do desconhecido, das dúvidas do inserto e a angustia frente os mistérios que somente Moisés e o vosso também aprendiz conheciam, que encobertos aos olhos de todos aqueles outrora escravos, os faziam recuarem a oportunidade de serem caminhantes da verdade, e por muitas vezes e sentirem o assombro da mácula de tudo o que o deserto vos poderiam proporcionar antes do caminho da vitória.

    Porém o medo e a falta de confiança em Moisés, não no Criador, pois este já o havia revelado em muitos pródigos assim como se fizera revelar em muitas outras vezes no deserto, não somente tirando as vossas fomes como também aliviando os vossos cansaços e lutando em vossas batalhas materiais, mostrava que não era pelo assombro de não terem o alimento ou a água para beberem e sim a falta de crença verdadeira no filho aprendiz, pois este que era a representação do Senhor em terra sagrada, era também o elo espiritual entre a terra ou seja a vertente material e o céus, o próprio Espírito Santo que os conduziam.

    Desta forma a descrença era na unidade carnal de cada um deles como unidade espiritual devota das verdade, pois somente estando afrouxado em vossas fortalezas interiores de nome crença e fé, é que se pode sentir o medo e a ansiedade de sentirem-se só e desprovidos de alimentos materiais para alimentarem a carne, pois no momento em que os vossos corpos sentem a fome ou as vossas carnes angustiam-se, sentem medo da necessidade de algo que lhes permita nutrir o corpo para caminharem, é a prova de que as vossas unidades não estão unidades em certeza e em verdade pela força do Espírito Santo que vos abastece e vos concede todos os alimentos e dons conforme as vossas necessidades, porém dentro de vossas verdades e certezas para com a vossa santidade.

Mas sendo Moisés a própria representação espiritual da divindade Deus em campo terreno, era este também o único intercessor espiritual atuando em campo terreno, com forças e dons recebidos do próprio Criador para que em vosso nome trabalhasse e encaminhasse os vossos filhos aos caminhos da luz e da verdade, em vosso próprio lugar ou dos Santos, os vosso servos espirituais, pois ainda que estes não pudessem labutar em campo terreno sendo carne, pois carne não possuíam, era Moisés a própria santidade descida em campo terreno para também os representar, sendo espírito, sendo homem igualmente aos outros homens e sendo carne igualmente recebedor de limitadores e direitos materiais e espirituais.

Porque ainda que Santo seja aquele que do Senhor Deus tenha concebido a vossa terna, pura a cândida santidade para atuar em nosso nome, era preciso que o servo que atuaria em vosso nome fosse tão materialmente carnal para encaminhar os filhos da terra a verdadeira terra ou a terra da promessa, caso contrário a missão falharia; pois da mesma forma que descrentes poderiam ser em outro ser encarnado, ainda que este ungido e abençoado pelo próprio Deus tenha sido para cumprir a vossa ordenança, coisa da qual facilitaria as vossas caminhadas, mas nem todos assim o viam. Se acaso não existisse um ser encarnado e preparado como Moisés, ou ser carnal como eles mesmos; nenhum ser material depositaria crença e se embrenharia a olhos fechados pelos caminhos da sorte ao qual os caminhos do Criador proporcionaria. Pois este é o caminho da crença, da esperança, da lealdade e da fé ao desconhecido ou aos olhos trancafiados, e não os caminhos terrenos, onde os olhos estão sempre abertos e mesmo assim lhes faltam ciência, confiança, e conhecimento de todos os atos dos demais encarnados pelas trilhas da qual irão seguir e percorrer os vossos passos.

Por isso, não era a fome que vos apavoravam o espírito e sim a falta de crença e a confiança no Guiador, pois o alimento viria no momento oportuno em que o Criador havia determinado diante de vossas confianças e crença. Por isso, as suplicas de Moisés, não se referiam ao alimento, pois sabia o aprendiz que o alimento seria o sustento da matéria ao qual o Criador não deixaria faltar, e sim a desesperança em caminhar com os filhos da terra, por saber que estes não confiam em vossas palavras.

Mas determinou o Criador que estes caminhassem por caminhos mais longos e pesados, não para que se perdessem ou não conquistassem a terra da promessa e sim para que tivessem maior crença e confiança ao que dizia Moisés, em nome de vossa Santidade, pois não era em nome de Moisés, que as vossas crenças deveriam caminhar, pois possuía Moises, crença, amor, esperança, devoção, lealdade e fidelidade em vosso Senhor Deus, e por isso quem deveria adquirir maior crença, amor, esperança, devoção, lealdade e fidelidade ao Senhor Deus, eram aqueles que nascidos foram da verdade do Criador, e ainda assim pouco confiantes ou descrentes seguiam Moisés o vosso servo e filho, o Guiador.

Mas para seguir a Deus, o Criador é preciso ser fortalecido em crença e em verdade, é preciso prostrar-se em amor e em verdade, é preciso ajoelhar-se em esperança e em verdade, é preciso devoção, lealdade, fidelidade e verdade. Por isso, concede o Ser Supremo perpetuamente que as vossas unidades caminhem não sozinhas e sim em comunhão em torno de uma congregação, pois se acaso um filho descrente estiver, este deverá ser socorrido por outro devoto mais fortificado em sua fé, se um filho vacilar, este deverá ser socorrido por outro congregante mais forte e crente, se um filho perder as esperanças e as forças este deverá ser acolhido por outro filho mais crente e esperançoso, tornando assim a união, a firmeza de forças que jamais irá falhar ou deixar com que a corrente espiritual que se forma em torno da congregação falhe ou perca as forças, a crença e a esperança em si mesmo e em vosso Senhor que os conduzem todos unidos e de mãos dadas diante de vossa determinação de que não seja apenas um caminhando escolhido por falta de opção ou orientação, e sim as vossas certezas pela comunidade caminhando as vossas verdades, pois assim todas as vibrações e emanações, farão com que a força da união seja um manancial de energia e poder nutrido por uma única e forte vibração que jamais poderá ser quebrada e assim caminhante de si mesma enquanto todos caminharem na vibração seguindo a mesma direção.

Por isso, não era a fome de alimento que vos corroía a carne e sim a fome de esperança, e crença em acreditar que poderiam caminhar e serem sustentados pelo amor divino que os tinham levado até aquele determinado lugar.

Ora, se não é o Criador a fonte de energia de luz que abastece todos os espíritos assim como é também a fonte de energia e de luz que abastece todos os espíritos encarnados através da nutrição dos elementos espirituais que fornecem da mesma maneira luz e energia para fazer crescer e alimentar todos os seres da terra. Desta forma, toda forma de alimentação e nutrição vira à partir da vontade e do desejo da determinação do Criador de que sejam todos os vossos filhos, alimentados e abastecidos em vossas necessidades de existências que são as necessidades vindas das duas vertentes, ou seja, da vertente espiritual pela energia e fortificação através da emanação do jorramento de luz ao qual nenhum espírito poderia ser vivo e através da vertente material orgânica, sustentada também pela vertente espiritual ao qual nenhum ser carnal espiritual poderia sobreviver em campo terreno, uma vez que é este o campo do alimento da carne, pela carne exposta a própria expiação de possuir uma carne abrigo espiritual da essência divinal a caminhos da sua própria verdade.

Mas não fora o alimento orgânico para abastecer a fonte orgânica encontrado no deserto, pois não havia fontes de alimentos nos campos de onde se encontravam os filhos da terra; por isso, não poderiam vir estes do chão da terra e sim da fonte de energia celestial divinal, porque além de alimento capaz de alimentar o corpo, seria este, capaz de alimentar também a alma. Porque este que seria a única fonte de abastecimento, não era o pão que iria vos abastecer o corpo e sim o espírito, pois não era este alimento nomeado de Maná, apenas o alimento fonte de energia e vitalidade de vigor e de vida espiritual carnal ao qual poderiam se alimentar materialmente e sustentarem as vossas carnes, e sim o alimento que vos abasteceriam o espírito acima de tudo. Ou seja, não era este alimento nascido dos céus ou da fonte de vida espiritual e sim a fonte de vida carnal espiritual, pois para que pudessem ser alimentados era necessário além da fome que a boca reclamava, o desejo de alimentar a verdade em forma de crença, fé, esperança, lealdade e fidelidade para que esta pudesse consumar não a carne e sim o espírito de cada um deles.

Desta forma, da mesma maneira ao qual fora as codornizes nascidas da ordem suprema do Senhor Deus para a missão determinada de alimentar os filhos da terra em campo espiritual, geradas pela determinação sagrada de serem, assim como os filhos andantes, parte da história ao qual seria por eles mesmo testificada; foram os frutos nomeados de maná, nascidos de maneira espiritual em outra parte do elemento árido ao qual poderiam germinar e crescer, distante das terras de onde caminhavam no nada a fora, onde o elemento árido diferentemente do elemento que sustentava o piso no deserto, enraizavam e germinavam as raízes das sementes naturalmente plantadas e essas espiritualmente cresciam. Logo, foram as sementes ou as ervas e especiarias em meio ao deserto seco, nascidos e crescidos ao desejo do Criador de que fossem o sustento durante toda a caminhada ao qual os vossos filhos andariam pelas vossas terras sagradas meio a procura da terra da promessa.

Desta forma, fora o Maná, o alimento nascido de maneira espiritual, vinda dos céus, ou seja, da força da ordenança divina do Senhor Deus de que fossem germinadas as raízes das ervas e estas crescessem, e fossem caídas por sobre o deserto para ser consumado por aqueles que não tinham outra fonte de alimento, não por não terem alimento e sim porque fora esta a determinação do Senhor Deus para com os vossos filhos andantes.

A determinação de que caminhassem junto ao vosso filho fiel aprendiz, para aprenderem a serem tão leais e fieis quanto o vosso Guiador, pois a possibilidade de receber o alimento que dependia mais da crença, da esperança e da fé do que da fome que corroía as entranhas, era o alimento divinal, nascido da ordem suprema de alimentar o espírito e não a matéria. Pois esta ainda que sofresse as dores da falta do alimento, o receberia, pois não era o desejo do Senhor Deus que os vossos filhos desfalecessem as margens do rio com sede e com fome, pois neste caso não haveria forma de glorificação, tampouco o cumprimento da promessa feito aos vossos antepassados, ao qual o Senhor iria vos entregar neste momento as terras da promessa. Por isso, o alimento que dependia mais da crença do que da fome, era o alimento que proporcionaria estarem mais próximos do Ser Supremo em matéria e em espírito para que alcançassem a vossas elevações frente a certeza de vossas caminhadas abastecidos pela crença, pela devoção e pela dedicação e pela fé verdadeira, mais do que pela fome artificialmente arrebatadora de vossas verdades e vossas carne.

Por isso, não era o alimento, maná um alimento nascidos e caído dos céus, pois da mesma maneira em que as coisas espirituais não comungam com as coisas materiais se acaso estas não forem unicamente em essência e fluidez espiritual, não poderiam cair frutos dos campos espirituais a não se os campos espirituais materiais, pois a vertente material que abastece a carne orgânica, apenas pode ser nascida em campo espiritual material ou campo terreno. Sendo assim não era este um alimento divinal nascido do campo celestial, pois nenhuma forma de vida orgânica pode ser nascida de maneira espiritual em elo de onde apenas essências divinais comungam entre si. Mas era o alimento maná, o fruto nascido da ordenança do Criador de que fossem germinados, crescidos e frutificados para nutrirem em alimento orgânico aqueles que somente do alimento orgânico poderiam sustentar as vossas unidades em campo orgânico.

Porém a ordem suprema de frutificar e germinar o fruto da fome aos filhos da terra ao qual se estenderia durante todos os anos de vossas caminhadas pelo deserto; fora plantado não pelas mãos e sim pelo poder naturalmente espiritual e orgânico dos seres divinais, para serem colhidos pelas unidades espirituais supremas daqueles que possuem energia voltada para o campo terreno para nutrir e abastecer todos os espíritos encarnados em todas as necessidades destes.

Portanto, os Espíritos sagrados regentes de tais elementos espirituais naturais, ou seja, as unidades espirituais que atuam pela frutificação e germinação através do solo da terra em campo terreno, isso quer dizer as forças espirituais das energias materiais das águas, da própria terra, das florestas e dos ventos, foram ordenadas juntamente com os vossos Comandantes espirituais e estes juntamente com vossos servos e servas espirituais das falanges regentes dos determinados elementos naturais que atuam na ordenança celestial da frutificação pelos elementos que nascem da terra, para que estes que nutrem os serem da terra, pudessem igualmente nutrir os seres da terra, mesmo que estes não os pudessem colher, pois seriam as forças dos ventos, responsáveis por encaminhar todo o alimento germinado e nascido da terra com ajuda das forças da frutificação onde cada regente espiritual atuando em vossa própria ordenança fariam alimentar aos filhos do deserto, para que os mantivessem vivos e abastecidos pelos longos anos de caminhada.

Desta forma, foram os Santos, ou seja, os regentes espirituais de poderes e forças divinais voltadas para o campo terreno, nascidos da ordenança de nutrirem e abastecerem todos os seres da terra com as vossas próprias unidades, isso quer dizer, pelo poder de condução de energia pela germinação e frutificação em harmonia com os elementos naturais espirituais, para que as vossas forças e poderes de germinar novas vidas naturalmente orgânicas, em comunhão com as unidades espirituais, os vossos Comandantes espirituais governantes das forças da natureza com poderes voltados para a terra, como as águas, o elemento árido, os ventos, as matas, a vegetação e todas as forças de vida que poderiam conceder o alimento, ordenados para que produzissem a quantidade pela quantidade de alimento necessário para germinar e abastecer todos os povos que de vossas energias e poderes de frutificação pudessem necessitar, para se alimentar.

E assim se fez durante a quantidade de tempo pela quantidade de alimento necessário para abastecer toda a nação israelita que da fome da unidade orgânica se encontravam. Por isso, não apenas as forças dos Espíritos sagrados e vossos servos os vossos comandantes espirituais atuaram sendo os responsáveis pela entrega do alimento como a força de todas as forças dos ventos ao qual o Santo detém bravamente as vossas energias, não apenas para demonstrar o vosso poder de forças perante a terra vindo da natureza, com servindo aos filhos naturais da terra, carregando durante toda a ordenança divina pelas vossas forças o alimento e derramando-se em ventos fortes para que este alcançasse todos aqueles que do fruto necessitavam.

Pois ainda que não pudessem enxergar os vossos poderes, magias e mistérios agindo por sobre todas as nações, eram os Espíritos os condutores das energias responsáveis pela frutificação e alimentação de todos o que da fome choravam e daquele que clamava o alimento ao seu povo diante da dura realidade do deserto. Porque o Deus que os haviam criado e determinado as vossas missões, jamais os abandonariam ou os deixariam desfalecer de sede e de fome em vossas sagradas terras. Por isso, para aqueles que seguiriam no deserto em busca da promessa do Criador, deveriam ser tão fortes, corajosos, leais, fieis, quanto devotos e determinados para que juntos encontrassem as trilhas que verdadeiramente os levariam aos caminhos de Deus, o Criador, pois estes seriam os caminhos da felicidade e do esquecimento da dor e da tortura frente às maldades da terra.

CAPÍTULO 6
Doutrina espiritual para a Congregação Espírita
Dirigentes espirituais, o Sacerdócio

"Escuta-me vou dar-te um conselho, e que Deus esteja comigo. Tu serás o representante do povo junto de Deus, e levarás as questões diante de Deus: tu lhes ensinarás suas ordens e suas leis, e lhes mostrarás o caminho a seguir como terão de comportar-se. Mas escolherás do meio do povo homens prudentes, tementes a Deus, íntegros, desinteressados, e os porás à frente do povo, como chefes de cinquenta e chefes de dezenas" (Êxodo 18: 19-21)

6. E era Moisés o representante espiritual do Criador ao qual fora escolhido pelo próprio Senhor Deus para servi-lo da maneira e da forma ao qual o seria ordenado em vosso santo nome conforme a disciplina e regras celestiais sagradas. Desta forma era o Guiador o único e mais poderoso ser material preparado para servir espiritualmente atuando sobre as leis e regência divina por sobre a terra, atendendo a ordenança divinal e labutando lealmente e fielmente diante de vossos ensinamentos, doutrina e ordem maior, de ensinamentos e instrução do próprio Deus.

Mas era Moisés constituído da vertente espiritual e carnal, assim como todo outro ser material carnal nascido do Espírito Santo, porém o único em campo terreno conhecedor das magias e dos mistérios divinais da qual caminhava a vossa própria ordenação de determinação divina, não para se sobressair perante os vossos guiados terrenos e sim para cumprir com a vossa sublime e grandiosa determinação espiritual de unir todos os povos de todas as nações separados pelas diversas crenças baseadas em deuses de pedra e de tijolos, sobreviventes de dores e lamentações. Por isso, era Moisés, o Guiador espiritual terreno determinado com a missão divinal de conduzir a todos os seres em uma única direção pela crença da verdade no único e verdadeiro Deus, ao qual os encaminhariam todos os caminhos da união e da devoção pela crença da verdade, para conhecerem-se a si mesmos e lutarem pelas suas verdades, assim como ele mesmo lutava.

Mas embora apenas Moisés fosse o ser material carnal preparado para servir a Deus diante de vossa face, ou o único ser material que diante das verdades do Criador caminhava em pureza, santidade e verdade sem que para isso precisasse ser preparado por outro ser carnal, assim como ele mesmo fazia aos seus, pois era ele iniciado do Criador. Ou seja, era ele preparado pelo próprio Senhor Deus, ao qual apenas os Santos ou o Senhor Deus o conduzia em pureza, candura e santidade, o purificando e alimentando em energia e emanação santificada para que em vosso nome pudesse atuar, pela ordenança de que fosse este; não em vosso nome, e sim devido a vossa santa caminhada espiritual de amor de lealdade e verdade, o representante do Criador em campo terreno, atuando com os Espíritos sagrados.

Isso quer dizer, atuando em comunhão com os Santos e os não Santos para desta forma prestasse o serviço divinal, utilizando-se não apenas de vossa vara, ou instrumento espiritual sagrado e santificado pelo Ser Supremo para que fosse através dela, que apenas ele ou o vosso irmão também santificado em terra de homens conduziam; o ser divinal preparado pelo Criador para preparar os caminhos santos e sagrado em terra sagrada de forma que pudesse o Senhor aplicar-lhes as vossas ordenanças, doutrina e disciplina, pois se acaso os homens da terra não o conhecesse, ou se não conhecessem Deus por meio de vosso Aprendiz, não conheceriam os vossos feitos a vossa força e a vossa verdade.

Desta forma era Moisés, nascido em terra de homens para ser a representação de vossa santidade, abrindo os caminhos sagrados perante as nações para que estas pudessem através de vossa verdade que era verdade do próprio Deus, conhecê-lo, amá-lo, respeitá-lo e prostrarem-se diante de vossa forças, vosso poder e vossa majestade. Por isso, era o Guiador aquele que atuava diretamente com os Santos e com os não Santos na mesma linha hierárquica, comungando por muitas vezes das mesmas energias, para que a terra pudesse compreender, honrar e respeitar os Santos; os não Santos, o vosso Aprendiz que atuava na mesma linha em que os Santos e não Santos pela ordenança divina e o Senhor Deus, o vosso Deus, Rei dos reis, comandante dos céus e da terra.

Mas não era prudente que apenas Moisés, o Aprendiz, pudesse reger toda a sociedade que através de vossa ordenança fora constituída, sem que este pudesse ainda atender as demandas espirituais divinas e labutar com o Senhor Deus nas outras demandas ao qual nem mesmo ele ainda conhecida, porém estas já haviam sido ordenadas a ele que as fizessem em vosso sagrado nome. Por isso, fora conforme os conselhos de outro ser terreno, ao qual o próprio Senhor Deus o utilizava para que Moisés, observasse os vossos conselhos, não por este ser incapaz de observar os vossos congregantes e as necessidades destes frente a longa caminhada, tampouco pelo motivo de ter o Criador deixado de ordená-lo, e sim pela determinação divina de que fosse Moisés, ainda que ser carnal e material, portador de dons, conhecimento, magias e mistérios acima da capacidade ou acima daqueles que da mesma terra se nutriam, para que esse, observasse as falas ou confiasse e cresse outros seres da terra que menos conhecimento, ciência, discernimento elevação espiritual pudessem parecer que tinham, pois eram estes direcionados pelo próprio Senhor, como forma de que fosse o Aprendiz tão humilde e desprendido de arrogância e orgulho ao qual a sua posição necessitava que o fosse.

Pois não era o vosso aparentado, nem tão sábio, nem tão conhecedor das leis divinas ou das necessidades de vosso povo quanto ele mesmo, porém somente ela era e deveria ser tão humilde de desprovido de arrogância ou falsa soberania de imaginar-se acima dos demais homens da terra, e que por isso, não poderia ouvir ou praticar um sábio conselho ao qual era o próprio Ser Supremo que o fizera através de outra carne. Por isso, não era Jetro mais sabedor e capaz de observar as necessidades e vosso povo, porém era Moisés, mais sabiamente humilde, glorioso e honesto a Deus, pois este conselho que lhe parecia vir de outro homem, vinham do próprio Criador, lhe mostrando que às vossas ordens poderia vir não apenas de vossa proclamação e sim de vossa determinação de que esta partisse de qualquer canto pela boca de qualquer homem, porque ainda assim a vossa ordenança estaria sendo proclamada como prova de vossa soberania sobre qualquer homem ou qualquer coisa que da terra se alimenta e de vossas ordens caminha para que humildemente o vosso servo, o Aprendiz em humildade e obediência atendesse da mesma maneira ao qual atenderia as ordens do Pai.

E assim se fez. Pois somente a humildade a paciência a observância e o cumprimento das ordens divinas o fariam tão grande quanto ele mesmo deveria ser, para comandar toda a legião ao qual pela sabedoria, lealdade e fidelidade em atenção às determinações divinas o fazia, e por isso era ele o servo Aprendiz escolhido para caminhar com o vosso povo sendo acima de todo o povo o filho aprendiz da perfeição, pois para caminhar com a perfeição, somente pode ser se acaso fosse igualmente as faces de Deus perfeito em humildade, obediência, paciência, amor e caridade. E assim era o vosso Aprendiz, o Guiador, e por isso caminhava a frente de vossa congregação.

Desta forma caminhava o servo Aprendiz, dentre os povos, que além de terem sido todos apresentados ao Senhor Deus através de Moisés, pelos pródigos e magias de poderes espirituais de forças do Deus único para que cressem e confiassem em vossa luz e em vossa santidade, o tendo como o único e singular poder de salvação dentre todos os poderes que dos mortais que da terra existiam, pois fora esta a forma e maneira ao qual o próprio Senhor ordenará para que as vossas faces se voltassem sobre a vossa ordenança e em obediência todos se prostrassem. Porque eram todos aqueles saídos dos campos do Egito pela força do Senhor Deus através dos pródigos de Moisés, crentes e tementes a deuses e deusas que os sustentavam a crença pela força de adorações terrenas manipuladas pela inverdade e pela obediência a arrogância movida pela insensatez de seres mundanos travestidos de sábios e prudentes que somente lhes traziam dores, sofrimento, angustia e lamentações ao invés de verdade, lhes tirando o direito de caminharem por caminhos nobres e dignos para que pudessem conhecer as vossas unidades e labutarem pelas suas verdades em busca do crescimento espiritual.

Mas embora fossem milhares de homens que por outros milhares de anos seguiram as vossas doutrinas de dores, sacrifícios e humilhações baseadas em adorações a deuses mundanos, construídos de pedras e de tijolos, determinados por ordens terrenas, baseados em lastros materiais de imaginações medíocres por meio de adoradores e falsários que mais vendiam o caminho da vitória pelo preço da fé, do que os caminhos santificados de um único e verdadeiro Deus. Até porque, em verdade ainda não o conheciam, e por isso, apenas dominavam seus grupos, pelo atrativo material da conquista da libertação de vossas vidas e da felicidade baseada em sentidos e sensações materiais, jamais espirituais. Ou seja, dando a Cesar exatamente o que pertencia a Cesar, pois uma vez que desejava o povo libertar-se apenas de vossas dores materiais e crescerem por meio de vossas conquistas terrenas, recebiam daqueles que, adoradores de deuses e homens da terra eram, todo o galardão de inverdade que lhes cabiam para ferirem ainda mais o corpo por meio das falsidades da terra do que vos libertar por meio a crença verdadeira pelo verdadeiro Salvador.

E ordenando o vosso Aprendiz que mostrasse o vosso caminho aos filhos da terra que caminhantes da inverdade, clamavam pelos caminhos da verdade, que era àquele que os tirariam das dores e os transportariam aos caminhos da felicidade, levantou o vosso Aprendiz do meio do povo, para que este pudesse mostrar-lhes o vosso nome, o vosso poder e a vossa Santidade, pois apenas esta seria capaz de voz tirar dos lamentos e das dores da qual a escravidão os uniam em apego através de vossos deuses e deusas de nada. Por isso, após a manifestação do Criador por sobre as terras egípcias onde mostrou-lhes Moisés, o grande poder espiritual e magistral do único e verdadeiro Salvador, o nobre Rei dentre todos os nobres de todos os reinados terrenos, que acima de tudo comandava e direcionava os caminhos pelas vossas mãos, sendo as vossas mãos mais pesadas e corretivas do que as mãos de qualquer rei da terra, pois acima deste estava o único e verdadeiro Rei, ou o Rei dos reis, todos prostraram-se ao verdadeiro Deus, o Deus único de poderes e de gloria, o Deus que extermina os inimigos, direciona aos novos caminhos e alivia a dor.

Por isso, após conhecerem o único e verdadeiro Deus, o Deus que não havia sido nascido da terra ou da vontade dos homens de demonstrar-se poderosos, assim como o seu deus criado à custa de necessidade de dominância de seus povos, para controlá-los e elevar-se a si mesmo diante das comunidades fartas de sofrimento, porém sedenta de salvação para vossas angustias e moléstias, vendendo o sacramento ao preço do vil metal pelo prazer da soberania e riquezas.

Apresentou, à todos os israelitas que de diversos agrupamentos de crenças e de caminhos de salvação vinham, o único e verdadeiro Deus. O

Senhor que iria salvá-los pelo preço de serem apenas obedientes e tementes aos vossos mandamentos para que crescessem em espiritualidade e em verdade, e para que fossem livres e felizes da forma ao qual havia o Criador lhes permitidos serem desde o momento em que os gerara em campo espiritual e os encaminhara ao campo terreno, para serem servos da verdade e caminhantes da paz. Sem amarras, sem apegos, sem normas e leis mundanas ou materiais que os desviem dos caminhos da verdade que é o caminho das casas celestiais, e não os caminhos dos prazeres e delícias dos campos materiais, aos quais os homens de inverdade os vendiam e lhes convenciam diante de vossos ensinamentos doutrinários baseados em deuses de pedras pela busca da liberdade da carne e do prazer da matéria, bem distante da verdade do Criador, que jamais será nascido em carne.

E desejosos de dias mais dignos e liberdade espiritual para vossas dores e lamentos, seguiram todos obedientes e tementes ao Deus que os havia Moisés, acabado de lhes apresentar. Não que estes não tivessem os vossos próprios deuses ou que o tivessem firmemente como o vosso próprio Deus, assim como era o Deus de Moisés, pois as demais doutrinas baseadas em crenças lastreadas em deuses mundanos, o que representava dezenas, eram doutrinas milenares aos quais as vossas certezas naquele momento brigavam entre si, não pela unanimidade de seguirem a um único Deus, porque ainda que acreditassem que era o seu deus o único e verdadeiro para si, e sim pela inverdade que fosse o seu deus o único e verdadeiro deus. Não o Criador dos céus e da terra e sim o que iria salvar-lhes das dores e dos pesares mundanos da vida terrena. Por isso, lutavam não pela verdade de seguir ao único e verdadeiro Deus e sim pela exclusividade de governarem os povos através de suas medíocres doutrinas, baseadas em deuses e deusas que além de não trazerem a verdade divinal, eram estes separatistas dos povos e descentralizadas dentro da mesma sociedade, causando mais desunião aos filhos escravos ou não filhos da terra.

Por isso, os povos de todas as nações aos quais nomeou Moisés, tribos, o não seguiram pela certeza, e sim pela esperança de que fosse este, maior e mais poderoso dentre todos os outros das quais as vossas crenças depositavam as suas esperanças.

Mas era o Aprendiz o servo divinal, descido ao campo terreno com a missão de apresentar-lhe o vosso Senhor, o Senhor Deus através não apenas dos pródigos, como também das palavras de verdade, das ações divinais da verdade, dos caminhos da verdade e da promessa de elevação espiritual, o que os elevariam também carnalmente, lhes dando dias de paz e de prazer em vossas novas moradas, a morada de onde jorrava leite e mel, pela promessa ao qual não deixaria o Senhor de cumprir.

Porém precisavam estes o conhecer e conhecerem os vossos caminhos para que se pudesse cumprir os vossos compromissos, pois este não seria apenas o compromisso do Senhor Deus para homens sem dignidade, sem crença, sem obediência, sem determinação e sem verdade; porque da mesma maneira que recebessem os galardões de vossas compromissos, as vossas terras da promessa, se acaso não estivessem frente a frente prostrados com a Verdade a perderiam, em lutas, dores, guerras e lamentos, e está em nada seria melhor do que as terras da servidão.

Por isso, saíram todos obedientes ao chamado de Moisés, não pela crença em amor e em verdade ao Deus único e sim pela possibilidade de que seria este o caminho para a salvação da dor da carne na terra da servidão, pois era este além de ser material carnal, ser misteriosamente dotado de poderes e forças, guiado por um poder maior, capazes de derrubar o único rei ao qual até aquele momento conheciam todos eles, o Faraó. E assim, foram todos, devido aos grandes e majestosos pródigos executados por Moisés, obedientes e tementes ao vosso Salvador.

E embora muitos tenham deixado as vossas terras de dor e de lamento, ainda relutantes e mais tementes do que obediente, pois ainda prostravam-se aos vossos deuses e deusas que nada havia lhes concedido além de dor e sofrimento; seguiram o servo Guiador, ao caminho da esperança de libertarem-se de vossas sinas. E assim, encontravam-se todos ordenados e tementes a Moisés e ao vosso Senhor, não que fossem todos crentes e devotos, mas sim tementes aquele homem dotado de segredos e de mistérios, ao qual o próprio mar havia se aberto perante a vossa vontade. Por isso, ainda que contra as vossas próprias verdades, consideravam todos que deveriam seguir-nos pela certeza de que a obediência poderia ser a única forma de os manterem próximos ao que próximo ao vosso Deus caminhava, pela esperança, confiança, pela também possibilidade de manterem-nos vivos em vossas unidades.

E escolheu Moisés, pela vossa própria vontade, diante de vossa determinação de unir todas as tribos já existentes em campos terrenos, não apenas homens de caráter, dons, conhecimento e prudência que se destacavam acima dos demais homens, e sim homens de caráter, dons, conhecimento e prudência dirigentes de vossas próprias nações ou tribos doutrinárias caminhantes de vossos deuses e deusas, aos quais a vossas nações, antes de saírem das terras do Egito se prostrava. Porque ainda que não houvesse apenas doze tribos dentre as tribos que adoravam a entidades mundanas em campos egípcios, eram doze tribos a quantidade de nações da qual se faria necessário para o ajuntamento de todas as nações que diante do ordenamento do Senhor Moisés, caminharia os vossos ensinamentos para a união de todos os povos, pois era essa uma das sagradas ordenações na qual havia descido o Aprendiz ao campo terreno. Ou seja, a união dos povos, por meio do guiamento dos caminhos sagrado pela união de todos os povos.

Porque embora não fossem apenas doze distintas tribos, ou doze organizações de povos ou organizações espirituais prostradas diante de deuses mundanos, era este o número da quantidade de filhos ao qual Jacó havia trazido com a ajuda de vossas mulheres a terra sagrada, e de onde havia após este feito espiritual, dado origem as nações de povos e tribos prostradas ao nada em terras egípcias.

E seria a união destes, ou a união dos povos descendentes de Jacó o ajuntamento de todos os filhos daquele ao qual o Senhor lhe havia prometido a terra do leite e do mel em vossa passagem terrena, diante de vossa posteridade. E era esta a posteridade ao qual se formou em tribos vindas deste patriarca, mas não apenas doze, porém, eram doze tribos a quantidade de congregações aos quais deveria Moisés juntar para a comunhão da inteireza de formas para cumprimento da promessa.

Então, as tribos aos quais foram ordenadas e separadas levaram o nome dos filhos de Jacó; não que fossem estes chefes de tribos os verdadeiros filhos de Jacó, e sim a representação das tribos inicialmente formadas através dos filhos de Jacó que eram doze, e dera origem as nações em terras estrangeiras, o Egito. E mesmo que não fosse este número de filhos ao qual Jacó ajudou a povoar a terra, mera coincidência numérica, as vossas existências, eram a constituição da união do elo matriarcal ao qual formaria um dia através destes doze dos filhos, porque era esta a quantidade exata de tribos a ser separada para que pudesse ocorrer a união de todas elas em volta do mesmo Senhor pela busca de terra da promessa de vossos pais, agora promessa de si mesmos.

Porque embora fossem todos filhos da terra congregante da mesma congregação espírita ao qual havia o Guiador lhes apresentado, foram outrora homens vivendo as vossas próprias vidas terrenas, onde o desejo e a vontade unidos com o direito de fazerem e executarem os vossos gostos em ações perante as vossas caminhadas e vossos esforços individuais, permitido pelo o direito irrevogável ao qual o Senhor os havia concedido para lutarem por vossas elevações e vidas térreas, onde este mesmo direito, os permitia serem da maneira como desejavam ser e caminharem da forma qual o desejavam caminhar, sem que isso os fosse ordenado ou impelido por força maior, e assim, eram estes servos e servas de vossos deuses mundanos, que mais separava os vossos povos do que os encaminhavam em união aos caminhos da paz, porém somente através da união é que a força de vigor poderá libertar e transcender o campo terreno a liberdade espiritual e a paz terrena.

Por isso, já se fazia hora de que conhecessem o único e verdadeiro Deus. O Deus que lhes dariam verdadeiros caminhos para que pudessem se tornar verdadeiros homens prudentes, tementes, judiciosos, sensatos e obedientes vivendo as vossas vidas terrenas, sendo servos e dirigentes de vossas congregações terrenas, não mais voltadas para deuses e deusas mundanas, que até aquele momento haviam se prostrados, e sim, homens servos da verdade, servindo fielmente as ordens de Moisés, pois estas eram as ordenanças do Ser Supremo, para os caminhos da verdade.

E ordenou o Senhor que o Espírito daquele que seria nomeado Moisés, em terras sagradas terrenas, cumprisse a missão de verdadeiramente unificar as crenças pela força da única verdade, que é a Verdade Dele mesmo, mostrando os caminhos e apontando a direção ao qual somente esta poderia ser a direção da salvação.

Porém a salvação, apenas poderia vir se acaso estivessem todos crentes pela mesma verdade seguindo o ou não a mesma doutrina, porém seguindo os preceitos e mandamentos do Senhor Deus, o Deus único, pela única e verdadeira força celestial divinal existente através do único e verdadeiro Ser Espiritual, o Espírito Santo, ou o Espírito verdadeiro de poder e de força de luz, condutora de todas as forças e energias existentes no campo terreno e nos elos espirituais divinais, majestosamente própria e infinita de brilhantismo pelo poder da força de vossa própria energia espiritual, única capaz de formar todas as forças de todas as vidas por sobre a terra e por sobre toda e qualquer esfera espiritual.

Luz divinal que forma e concede força, energia e brilho a vida de todas as vidas de todos os cantos da terra e fora dele. O Deus que não se vende, não se troca e não pede nada em troca além daquilo que os vossos filhos pode lhe oferecer que é a vossa verdade, pois apenas as vossas verdades chegarão ao vossos reino celestial, jamais as vossas carnes, pois são estas, coisas que findam. Por isso, é o Senhor Deus o único e verdadeiro Deus, ao qual poderá ser terrenamente conhecido, pelo reconhecimento de gratidão pela dignidade, humildade e verdade, porque é o único que não pede nada em troca além do reconhecimento de vosso filho como sendo o vosso filho aprendiz, nascido em campo terreno para progredir espiritualmente através da carne e crescer espiritualmente em espírito para que se auto reconheça como aprendiz, caminhante de uma sagrada missão e com isso, também o reconheça como vosso Senhor, por meio das leis celestiais ao qual ele mesmo ordena, para que possam elevar-se em amor e em verdade, e assim estarem mais próximos a vossa divindade, não pela carne e sim pelo espírito.

Porque o Senhor Deus, o Espírito Santo, jamais vende-se em troca de vil metal, ou inverdades lastreadas em crenças mundanas de poder pela matéria ou pela carne, pois não é Ele nascido da carne ou das coisas materiais, logo não as possui coisas materiais para oferecer ou conceder aos vossos filhos além da carne que é o abrigo do espírito ao qual cada um dentro de si carrega. Por isso, o único Ser que concede a vida e o direito de ser matéria e ser espírito a todos os seres da terra, a matéria para que possam abrigar o espírito e o espírito para que seja abrigo da matéria e possam estes, caminhar em direção a verdade pelo progresso espiritual de cada ser individualmente. Por isso fora o Guiador, ordenado e determinado pela ordem suprema, de unir todos os povos de todas as nações de todas as crenças lastreadas nos diversos deuses e deusas, que não elevavam tampouco encaminhavam os seres ao progresso e ao caminho da evolução pessoal espiritual, ao qual todo espírito necessita conhecer para que alcancem o progresso.

E para que não vivessem cegos em vossas verdades e de vossas origens e caminhantes de caminhos de nada, por direções falsas ao sabor da desventura e da desgraça de vossas escolhas por trilhas tortuosas, pois já se fazia hora de serem caminhantes da verdade celestial do único Criador ou o único Deus, não que esta não tenha sido em outros momentos divinais terrenos apresentados aos filhos da terra, mas este fora o momento determinado pelo Criador, e não o momento escolhido pelos seres viventes pela razão de vossas diversas razões e motivos materiais.

Desta forma, era o Guiador, não somente aquele que conduzia os vossos servos terrenos aos caminhos da terra da promessa, como era também o dirigente espiritual de todas frente a todas as tribos ou todas as nações que prostradas ao Deus único caminhariam todos unidos e lastreados pela única verdade existencial, firmada em pacto espiritual pela força do acordo da aliança, para conquistarem juntos, não somente a terra da promessa, e sim a promessa de serem todos salvos pelas leis sagradas e pela obediência ao Senhor, Rei dos reis.

Mas o único representante de vossa Santidade atuando como servo divinal, fazendo às vezes dos Espíritos sagrados, os Santos, que até aquele momento, somente ele conhecia e mantinha contato direto, pois dentro da mesma linha espiritual atuava, sendo ele a fonte direita entre Deus e os encarnados, assim como são os Espíritos sagrados, os vossos Comandantes espirituais e vossos servos e os encarnados em terra sagrada, para a missão sacra de concederem caminhos e darem direção espiritual, guiando e auxiliando todos os homens para que sigam os mandamentos e sejam obedientes ao Criador, assim como eles mesmos o são, pois os vossos poderes e forças nascem das forças do Criador e não deles mesmos.

Mas era certo que este modelo de hierarquia, ou seja, o Guiador a frente de todas as nações dando caminhos e direção a todas as tribos que a vossa autoridade se prostravam e ensinavam conforme os vossos ensinamentos; funcionaria até o tempo em que os demais Espíritos santificados fossem também apresentados aos homens da terra, assim como fora o próprio Senhor Deus, porque não estaria Moisés dentre os povos ou toda a humanidade o servo Aprendiz por toda a eternitude terrena, pois esta não existe perante a carne, assim como estariam os Espíritos sagrados, pois este tinha vida determinada pelo cumprimento de uma ordenança que era fazer o povo alcançar a terra da promessa em união carnal e espiritual pelas leis sagradas dos mandamentos, diferentemente dos Espíritos sagrados que nascidos da ordenança de serem os Guiadores espirituais da eternitude de Deus sobre a terra, e que por isso, jamais deixariam as vossas ordenanças, pois estes não foram nascidos da carne para carne serem. Logo jamais deixariam as vossas unidades em terra de homens e espírito ao término de vossas missões, pois esta é eterna até que a ordenança do Criador que vos ordena não mais seja a mesma.

Isso quer dizer, que embora Moisés, atuasse diante de uma ordenança divina a vossa carne não perduraria pela eternidade assim como os Espíritos sagrados que da mesma ordenança estavam voltados para o campo terreno. Por isso, deveria este descentralizar os vossos esforços em auxiliar o vosso povo para que a verdade não apenas o fosse uma verdade selada por ele mesmo, pois se acaso não distribuísse as vossas obrigações celestiais, no momento em que a vossa unidade finalizasse a vossa missão, e chegasse a hora de vossa partida, ele levaria consigo toda a doutrina, disciplina e condições de que Deus, o Criador, fosse como ele mesmo ordenará, perpetuado dentre os homens da terra.

Sendo assim, escolheu o Guiador, homens prudentes, tementes e obedientes, para lhes ensinar os vossos ensinamentos, ou os ensinamentos baseados nas verdades e determinação divina, para que estes também pudessem auxiliar vossos povos, sendo à partir daquele momento ou o momento da escolha de vossas unidades espirituais, pela determinação de Moisés, ungidos e cingidos em luz e em verdade, a luz ao qual somente o Aprendiz carregava diante da verdade ao qual era ele selado pelo selo espiritual que o tornava um iniciado do Criador, para que os demais, espíritos encarnados, fossem assim com ele, dirigentes espirituais de vossos povos, podendo este ato espiritual de consagração de novos dirigentes pelos vossos selos espirituais, dividir não apenas as atividades como também vos conceder o direito divino supremo de serem e receberem a benção daquele que abençoado pelo próprio Senhor Deus o foi, para que outros assim como ele mesmo, pudesse dar continuidade a ordenança de conduzirem as comunidades agindo de prudência espiritual, sabedoria divinal, juízo celestial através das Forças, magias e poderes que iriam aprender com o aprendiz do Senhor.

Por isso, escolheu Moisés, homens tementes, obedientes e de juízo sábio para serem não somente os vossos aprendizes como, a vossa voz e os vossos olhos, enquanto este se dedicava ao serviço divinal em outras ordenanças de abertura de novos caminhos espirituais e sagrados em campo terreno, para que estes pudessem assim como ele mesmo, receberem as lições divinais em terra da mesma maneira ao qual receberá; para que em outro momento de vossas existências como também dirigentes espirituais atuando em prudência, amor, caridade, justiça e em verdade, pudessem igualmente eleger pela força da sabedoria que alcançariam diante de vossos esforços em caminharem com a Verdade perante a luz que voz iluminavam mais de perto, outros homens da terra para que também atuassem em nome do Criador, tornando assim perpétua a unidade espiritual formada pela congregação espírita ao qual se iniciou pelo Aprendiz diante da ordenança do Senhor Deus,

Mas, somente aquele que preparado diante da congregação espírita, tendo sido circuncidado pelo poder maior, purificado pelos santos, santificado pelas unidades Espirituais que com ele caminham e fazendo-se unido aos Espíritos e ao Criador pela força das preparações que o tornem ainda mais forte, não por si só, e sim pelo derramamento espiritual dos Anjos encantados, agindo com prudência, calma, compaixão, caridade e com justiça frente a todos os homens da terra; não sendo julgador e sim servo divinal das leis espirituais de Deus, pelo tempo ordenado pelo próprio Senhor, diante da verdade que cada um carrega, sendo do Espírito Santo um servo humilde, obediente e temente aprendiz, reunindo esforços para comandar outros povos diante da verdade, jamais pela arrogância ou falsidade, pois nenhum servo verdadeiro de Deus atua pela inverdade ou pelos vossos próprios interesses, e sim pela comunidade ao qual ordenará a ele o Pai celestial.

Pois somente será um dirigente espiritual ou um sacerdote espiritual sagrado aquele que consagra-se a cada pequena era de tempo, ou seja anualmente, reforçando os vossos votos e o vossos selos, junto a forças das águas que vos conduzem pelos caminhos mais purificadamente sagrados e andantes da vida terrena, pela vida espiritual ao qual regozijam as vossas próprias vidas, é que serão verdadeiramente servos atuando em nome do Criador pelas vossas forças em prol de vossas comunidades, sendo dirigente espiritual. Ou seja, sendo um servo aprendiz terreno das verdades do Criador pelo direito concedido de que sejam também os vossos filhos cingidos em corpo e em espírito, perpetuando os vossos ensinamentos e verdades por sobre a terra.

Pois o para o sacerdócio se faz necessário dedicar-se em verdade, aplicar-se em doutrina, oferecer-se em disciplina, caminhar em obediência além de possuir força, determinação e coragem para o trabalho sacerdotal, pois embora nenhum ser encarnado tenha obrigação terrena, conforme o direito divinal de escolher e trilhar os vossos caminhos, todo aquele espiritualmente escolhido para servir a Deus, servindo aos Santos, os não Santos, vossos comandantes espirituais, será também um servidor de vossa congregação, buscando aliviar os problemas terrenos, espirituais e caminhos daqueles que do Senhor Deus pouco ainda conhecem ou que necessitam conhecerem-se a si mesmos para terem força, garra, determinação e verdade pelas forças espirituais que os regem, governa, e os emanam luz, gloria e vigor para que sejam espíritos encarnados de forma que caminhe os caminhos ordenados pelo espíritos Santos e cumpram com vossas missões de serem servos e servas aprendizes, assim como todos os servos divinais nascidos do seio do Senhor Deus.

"Eles julgarão o povo todo o tempo. Levarão a ti as causas importantes, mas resolverão por si mesmos as causas de menos importância. Assim aliviarão a tua carga, levando-a consigo" (Êxodo 18:22)

Sendo Moisés, o instrumento espiritual do Criador o servo divinal, não apenas que comunga com os Santos e os não Santos, e sim o que possui ordenança espiritual para atuar na mesma linha ou mesma hierarquia espiritual que os Santos e os não Santos, pois estes embora atuem em diferentes hierarquias espirituais, atuam no mesmo nivelamento celestial de poderes e forças, ou seja, atuam com o mesmo poder de forças, mesmo que estas estejam voltadas para ordenanças distintas. Isso quer dizer, o poder de ferir ao qual possuem os não Santos, é o mesmo poder de elevar, dar discernimento, conhecimento, luz e progresso; por isso, as vossas ordenanças embora estejam em ordenanças diferentes, ou orientações diferentes, atuam com o mesmo poder de fluidez, emanação e derramamento uns dos outros.

E sendo Moisés o servo divinal das forças do Criador atuando em campo terreno nascido do homem para ser força de poder divinal, atuava da mesma maneira, na mesma linha espiritual da mesma fluidez de ordenança santa e sacra pela ordem suprema da determinação da qual havia nascido, pois não havia nascido apenas homem em terra de homem e sim nascido homem para que embora fosse homem, fosse também regido e nutrido pela maior e mais poderosa força espiritual de poderes dentre os céus e a terra, o concedendo energia e fluidez espiritual tão forte e poderosa quanto a energia e fluidez espiritual de um espíritos nascido para ser Santo. Pois a única ligação espiritual entre os céus a terra e os encarnados sem que isso desajustasse as energias dos encarnados ou os destruíssem em essência era o próprio filho Aprendiz, o elo espiritual ente o poder celestial dos Espíritos sagrados que atuam com vossas forças voltadas para o campo terreno e a terra.

Logo era Moisés, a própria energia da santidade divinal dos Espíritos nascidos e ordenados Santos, para serem santos em campo terreno. Não era ele Santo, mas era nascido da mesma ordenança de santidade para atuar em harmonia e fluidez tanto quanto um Santo, podendo assim como os Santos e os não Santos julgar, pela força da fluidez dos Santos, corrigir pela força e fluidez dos não Santos, abençoar e dar caminhos assim como os Santos e admoestar tão bravamente e fortemente como um não Santo em nome do Criador e das leis divinais que o regia e por elas caminhava ele mesmo.

Por isso, ao escolher os vossos representantes terrenos nomeados de Dirigentes espirituais ou Sacerdotes espirituais, ou seja, aqueles que assim como ele, poderiam conduzir e dirigir um grupo de pessoas sobre um comendo terreno pelas leis divinas, conforme a cabeça ou o comando ou a regência de dele mesmo, ou seja aquele que energia santificada possuía igualmente aos Santos, e que por isso, tinha também o direito de concedendo a estes, pela vossa palavra e determinação o poder de julgamento de vossas empreitadas materiais, não pelo julgamento terreno que mais destrói a carne do que eleva o espírito, e sim pelo julgamento espiritual dos Espíritos santificados que assim como ele, julgam e arbitram pela esperança, pela caridade, pelo amor espiritual, pelos caminhos divinais, pela força de conduzir a todos em boas obras; jamais pela força ou pelo simples julgamento terreno mostrando poder de força mundana pelas diferenças e disparidade de nivelamento dos homens em relação deles por eles mesmo.

Desta forma, são os Santos, os não Santos, os vossos comandantes espirituais e vossos servos divinais, pois todos atuam no julgamento em prol de resolver os problemas terrenos dos homens contra os outros homens e deles contra eles mesmos, jamais em prol de destruí-los por aplicar-lhes penalidades que os tornariam mais expostos as vossas falhas e vergonhas do que os aliviariam as ansiedades, medos e temores.

E somente aqueles que prudentes e tementes ao Senhor foram escolhidos dentre todos os homens obedientes, prudentes e tementes, pois antes de levarem as vossas causas aos patamares mais elevados, ou seja, antes destes levarem as causas maiores ao patamar mais alto espiritualmente, isso quer dizer, antes de levarem as causas mais extremas aos Santos, os não Santos, ou aquele que assim como os Santos e os não Santos, ou seja, Moisés, que Ra o único em terra tinha o poder de decidir sobre os homens da terra, e dar-lhes caminhos e correções, atuando em nome dos Santos e dos não Santos, pois assim como eles possuía também o poder de força de discernimento e julgamento e caminhos. Eram todos julgados e estimulados a compreenderes as vossas próprias falhas, fracassos e frustrações, podendo ser orientados de forma espiritual para que conhecessem a si mesmos, conhecessem os vossos opositores, conhecessem as vossas caminhadas espirituais, conhecessem a força de Deus sobre vossas cabeças e compreenderem os vossos enganos e pesares; antes travarem guerras e lutas terrenas desnecessárias, que apenas os impediria de crescerem e evoluírem espiritualmente e materialmente.

Assim, como apenas as causas de grande importância eram repassadas a Moisés, que em lugar dos próprios Santos julgaria conforme as leis divinas o que se haveria de exercer e aplicar para aqueles que vossa ordenança necessitaria sentarem-se no trono do julgamento frente ao poder de força maior, para serem aliviados de vossas angustias, julgados de vossas ações, corrigidos de vossas falhas ou direcionados severamente ao julgamento perante as leis que os regiam pela força da ordenança do Criador, da mesma maneira aplica-se aos tempos, mesmo com o passar dos tempos, porque mesma que as eras passem, as ordenanças ainda serão as mesmas para toda e qualquer comunidade que se prostre e congregue pelo mesmo Senhor Deus de todas as leis.

Por isso, esta instituição iniciada à partir de Moisés, diante de vossa determinação de que outros servos seriam dele mesmo servos, assim como do Criador, perpetuamente instituída é a mesma desde os tempo em que os julgamentos eram julgados e levados ao Aprendiz, porém, além de nada ter sido mudado ou alterado desde os tempos remotos em que o Guiador vos servia de juiz perante a congregação, deve-se igualmente aos tempo em que foram determinadas as qualidades e qualificações terrenas para se tornar um dirigente espiritual, não apenas dirigir conforme a necessidade terrena e sim conforme a necessidade e doutrina espiritual, que é bem diferente das causas terrenas que imaginam viverem os encarnados, muitas vezes querendo decidir as vossas angustias e desavenças pelo olho no olho ou dor pela dor, fato que não alivia e sim traz mais dor e angustia si e aos vossos pares

E ainda que os tempos tenham passado a doutrina perpetuada por Moisés, ainda continua a mesma, sendo assim, apenas as causas mais importantes serão levadas ao Santos e aos não Santos uma vez que o Guiador já não está entre os seres que do julgamento espiritual necessitam, para que estes julguem conforme as leis divinas toda e qualquer necessidade de encontrar alívio para as angustias de vossos congregados bem como direcioná-los aos caminhos espirituais e corretos conforme as leis divinas.

Portanto, cabe aos servos Dirigentes espirituais, ou aos Sacerdotes espirituais, escolhidos devido as vossas prudências, promessas de santidade, purificação espiritual, caminhar com os Santos e os não Santos pela força, discernimento e ciência frente a vossa congregação e aos vossos congregados, sendo o caminho e a luz que os guiarão conforme a doutrina espiritual do Senhor Deus, sendo destes o juízo, o julgamento e a certeza de que serão bons frutos e bons filhos terrenos de forma que alcancem as vossas purezas, santidades e nobreza para que cumpram com as vossas missões espirituais, pois assim como o Senhor Deus vos concede o direito de caminharem por sobre a terra, da mesma maneira vos concedeu também a oportunidade de terem em vossos caminhos servos ou sacerdotes preparados e santificados para que os direcionem quando vacilarem, quando caírem ou quando de vossas forças necessitem.

Pois serão estes, os representantes dos Santos dos não Santos e vossa Santidade por sobre a terra. Pois não é a ordenança sacerdotal querer pessoal ou ordenança do homem para o homem e sim a labuta mais santificada terrenamente ao qual um ser espiritual encarnado dedica-se em conceder a vossa unidade espiritual carnal para servir não somente a Criador como também aos demais seres espirituais carnais, para ser elo espiritual entre os Santos e todos os Espíritos santificados ou que atuam sobre a regência das leis divinas, pela confiança, crença, dedicação, estima, benevolência, caridade e amor ao Senhor, vossos servos e servas, os Espíritos e os espíritos encarnados que de vossa prudência espiritual, sabedoria divinal e juízo celestial prostram-se em amor e em verdade perante toda a congregação, servido de esteio celestial os encaminhando em vossas passagens terrenas para que alcancem maiores conhecimentos santos e elevação espiritual conforme a ordenança divina.

Porque não é este apenas um cargo hierárquico entre os homens da terra, onde os próprios homens decidem as vossas sentenças e de vossos pares frente as vossas dores e são os não Santos, os vossos juízes de vossos quereres mundanos para executarem as vossas sentenças conforma as vossas vontades, e sim posto espiritual de elevação santa, conquistado pela dedicação, lealdade e fidelidade ao Senhor Deus perante as vossas leis.

Pois aqueles que se autoproclamam dirigentes espirituais ou sacerdotes espirituais e dizem julgar e condenar outros seres encarnados pelas leis espirituais criadas por eles mesmos, bem distante das leis santificadas pelo Criador, concedendo juízos e falsas ordenanças aos vossos também falsos servos espirituais trazendo mais desavença, guerras, crimes, enganos e falsas promessas aos filhos de Deus, atuando por vossas próprias vontades e ordenamentos de interesse próprio pela força do vil metal ou qualquer outra forma de troca ou escambo material que não a verdade divina não é, e jamais será um servo dirigente ou um sacerdote.

Porque aquele que sacerdote é; atua em nome de Deus, levando a paz, a harmonia, saúde, caridade e amor, jamais a falsidade e a desavença em troca de coisas mundanas e poderes terrenos que alimentam apenas a carne, ou a carne podre que os consomem a vida material envolta em mentiras e falsidades e enganos, bem distante da verdade sacra ao qual o Senhor Deus ordena aos vossos Espíritos e ao qual também os vossos leais e fiéis servos Dirigentes espirituais ou Sacerdotes espirituais atuam pelo poder do Espírito Santo que vos concedem a força, força os vossos poderes e a vossa santificada graça para serem os vossos representantes em terra de homens e de espíritos.

Porque o sacerdote espiritual é aquele que alimenta-se das forças de Deus através dos Espíritos sagrados e alimenta os vossos congregantes da mesma luz que o abastece o corpo e a alma de amor e de verdade celestial; pois além disso, nada que possa vir daqueles que se dizem sacerdotes ou servos espirituais porém atuam causando mais desgraça, desarmonia ou vendendo esperança, solução de problemas terrenos ou a verdade divina, não pode ser considerado verdadeiro, puro, nobre ou santificado.

Pois o Criador nada vende, os vossos Espíritos sagrados e vossos Comandantes espirituais e servos também nada vendem e jamais aceitariam qualquer outra coisa que não fosse apenas a verdade espiritual de cada ser para auxiliá-los a sanarem as vossas angústias, vossas dores, vossos pesares e vossos temores de forma que alcancem patamares espirituais mais elevados e sejam alegres e felizes em vossas jornadas terrenas. Uma vez que o Criador não os fez para serem infelizes, tristes, desgraçados e danosos, porém diante da realidade ao qual a humanidade se encontra, o próprio Criador os concedeu o direito de terem servos e servas espirituais, sejam estes, Espíritos sagrados, sejam estes sacerdotes, ambos prostrados a vossa verdade e santidade para vos aliviarem de vossas dores e vossos pesares de forma que vivam e sejam felizes e harmoniosos entre si mesmos, pois esta é a única maneira de experimentarem a paz espiritual de Deus e gozarem de vossas passagens pelo campo terreno com amor e plenitude, assim como o Deus único vos ordena que o façam.

O Sacerdote

"Faze vir junto de ti, do meio dos Israelitas, teu irmão Aarão com seus filhos para me servirem no ofício sacerdotal. Farás para teu irmão Aarão vestes sagradas em sinal de dignidade e de distinção" (Êxodo 28:1,2)

6.1 Ora, mas o serviço sacerdotal não é entregue aquele ao qual oferece-se a si mesmo para o serviço divino de ser um servo divino, e sim aquele da qual se é escolhido pelos Espíritos para servi-los em nome de Deus. Pois ainda que possa ser um cargo desejado e pleiteado por muitos praticantes da doutrina espírita, apenas àqueles que estiverem preparados e forem de fato espiritualmente escolhidos pelo mundo espiritual, ou seja, pelos servos divinais que atuam nos caminhos santos da verdade do Pai eterno, das veredas enobrecidas pelos santos ou aqueles que são santificados, pela vossa força, coragem, determinação e vontade, é que serão de fato escolhidos servos e sacerdotes divinos. Porque o ofício sacerdotal não se resume ou se configura apenas por usar belas vestes, conhecer determinados rituais, saber sobre as diversas linhas espirituais santificadas para abertura e fechamento de ato espiritual religioso.

Deste modo, acreditar possuir conhecimento para o preparo de magias espirituais de transformação, para as magias divinas para alteração de emanação e fluidos essenciais bem como transformação de sentido espiritual pela força dos servos divinais diante das necessidades reais do campo terreno e de quem nele vive, não é, e jamais poderá ser configurado como conhecimento terreno carnal, advindo do ser encarnado pelas vossas próprias determinações e vontade para o cargo oficial de sacerdócio perante as forças dos espíritos.

Pois toda a transformação e alteração de forças e poderes magistrais divinais são regidas pelas forças dos Espíritos que conduzem os atos espirituais pelo poder das magias e dos mistérios que eles mesmos carregam, pela ordenança divina frente a vos mesmos, pelo campo de atuação em que labutam, para ajuste das necessidades reais do campo de onde se encontram as suplicas dos seres encarnados, frente também aos vossos caminhos ordenados e merecidos conforme a ordenança de Deus.

Por isso, acreditar estar preparado para servir aos Espíritos e ao Criador, não significa que de fato estará preparado, pois acima das leis e das vontades dos homens, para aqueles que do desejo terreno se embebedam em falsos cálices, por acreditar estarem preparados e desejar atuar com os Espíritos diante das leis terrenas que a eles mesmos pertencem, encontra-se as forças das verdadeiras leis divinas perante as forças do Criador que os ordena e os comanda exercer e executarem em vosso nome e pelo vosso nome.

Logo, acreditar estar preparado para servir aos Espíritos e a Deus e crer no poder material da carne, não é crer na força do Pai eterno, o único capaz de transformar, alterar, mudar e modificar qualquer caminho, vereda ou destino pela vossa ordenança, e por isso, o único também capaz de ordenar um ser material encarnado a servi-lo diante de vossos Espíritos sagrados para ser um verdadeiro servo e sacerdote da forma e da maneira que ele mesmo desejar, pela vossa majestade e poder de gloria e de glorificar um filho da terra pela ordenança de um de vossos servos, os Espíritos que pelas vossas leis caminham e se prostram as vossas verdades.

São os Espíritos, os servos divinais servidores das leis divinas, os únicos que apontaram e ordenaram aqueles que de vossos cálices irão embeber as vossas caminhadas pelas leis santas conforme as vossas verdades pela lealdade e pela fidelidade perante as vossas também verdades; pois apenas a junção dos dois quereres, ou seja, a verdade do ser material encarnado e a vontade do ser espiritual divinal, o Espíritos sagrados, é que se formará a inteireza de forças capaz de ser a força necessária para atuação sacra em campo terreno pela luz divina para servir e para lutar pelas verdades de Deus Pai, diante da toda e qualquer comunidade espírita, o servindo com dignidade, certeza e humildade em campo terreno, pela força divinal que irá conduzi-lo para o ofício sacerdotal ao qual este irá oferecê-lo, pois este, não será o serviço terreno utilizando o nome do Criador e sim o serviço espiritual ao qual o Criador utilizará o vosso servo material carnal para representá-lo e servir aos vossos irmãos de terra em vosso sagrado nome.

Desta forma, o cargo sacerdotal, não pertence aquele que possui conhecimento de terra em relação aos rituais e forma de preparo de determinados atos, pois até mesmo estes dependem dos servos divinais para que de fato sejam verdadeiros e não apenas grandes feitos aos olhos da terra. Portanto ser sacerdote é um dos mais puros e dignos ofícios terrenos oferecido a um servo aprendiz ao qual pode-se receber dignamente dos Espíritos para atuar em vossos nomes; e não algo desejado apenas pela necessidade medíocre de destacar-se perante os demais aprendizes, pelo fato de imaginar possuir mais conhecimento espiritual, mais nobreza santa ou mais sabedoria do que os demais aprendizes por exercer mais tempo de caminhada diante de vossa missão espiritual mediúnica; porque mais tempo de caminhada sem doutrina, disciplina, dignidade, lealdade, fidelidade, amor, caridade e o mais importante, sem humildade; pois é esta a qualidade mais importante ao qual os Espíritos buscam em um ser encarnado para que este possa servi-los, jamais será este ser encarnado um sacerdote aos olhos espirituais ainda que este prostre-se aos espíritos, salve as forças dos mundo espiritual e vista-se com vestes adequadas, pois estas nunca serão vestes legítimas.

Por isso, ainda que coloquem belas vestimentas e conheçam as diversas linhagens espirituais, porém, não se prostre verdadeiramente ao Criador e a vossa benigna e majestosa vontade pela vossa benevolente verdade, jamais será considerado um sacerdote aos Espíritos sagrados, e sim um servo aprendiz de nada, diante das necessidades mundanas de proclamar-se servidor espiritual daquilo que não é. Pois para ser um sacerdote aprendiz divinal se faz necessário comungar com aqueles que de fato são servos de Deus, pois são estes que irão abençoá-los em vossas caminhadas e ensiná-los e serem servos sacerdotes aprendizes das forças e das magias divinais; aprendizado este que adentrará com cada um servo da verdade, pelos caminhos da eternidade, se acaso alcançarem nivelamento santo para isso. Portanto, acreditar ser um sacerdote, pelas belas vestes, pelas nobres músicas e pelos rituais decorados, jamais pela verdade espiritual que o vosso espírito carrega dentro de si, não os tornarão sacerdotes e sim falsários utilizando o nome da Verdade, porém sem a verdade.

Pois até mesmo o sumo sacerdote, ou seja, o maior sacerdote terreno, de nome Aarão, escolhido pelo próprio Senhor Deus, utilizava-se de belas vestes, conhecia todos os rituais e atos sagrados espirituais, caminhava com os mais nobres dos nobres espíritos e com o próprio Criador, pois era para Ele que desempenhava as vossas mais leais e fiéis atividades. Era tão leal e fiel que possuía ele mesmo igualmente como o vosso irmão Moisés, uma vara, elemento espiritual de transformação; e ainda assim, nada tinha além de vossa humildade e dignidade a ofertar ao povo, aos Espíritos e ao Senhor. Mas nem mesmo a vossa posição de sumo sacerdote, a vossa humildade a vossa santidade, e a vossa fidelidade o salvou de ter sido ferido de morte por Aquele que o consagrou e o abençoou vosso servo terreno diante de vossa mais terrenamente ação falha para com Deus e os Espíritos da qual caminhava a sua própria verdade.

Porque naquele tempo tinha Aarão, tudo o que era necessário para o serviço sacerdotal, ou seja, além de conhecimento da doutrina e da rígida disciplina ao qual caminhava, possuía ele, depois apenas de Moisés, o vosso irmão, a consagração para ser o único que com maestria comandava as ofertas ao Criador, alimentava as energias dos seres encarnados pela troca de energia, pela magia transformada em novas energias ao qual somente ele colocava as vossas mãos pela força espiritual de vosso instrumento divinal, ao qual debruçava os vossos regozijos perante a verdade para servir a Verdade.

Pois além de vestir-se com belas e únicas vestes que aos olhos carnais pareciam apenas lhe distanciar ou diferenciar dos demais seres encarnados, lhe servia as vestes de escudo espiritual diante das energias e vibrações espirituais terrenas negativas ou energias espirituais ainda que santificadas extremas e robustas vindas da fonte de energia do brilhantismo de Deus ao qual recebia e somente através de vossas segundas peles ou as vestimentas adornadas em pedras ao qual o peitoral de julgamento outra pele a vossa própria pele lhe condizia em energias pela justaposição de duplo avental ou segunda pele de roupa, ambas compondo as forças em única direção para que recebesse as fluidezes de forças para a realização do trabalho ao qual exercia a vossa unidade. Pois estas eram quem verdadeiramente recebiam e absorviam as cargas vibratórias positivas e negativas através das pedras naturais, encravadas a roupa para que fosse esta a barreira energética orgânica natural para filtrar as forças de todas as forças que os vossos atos sagrados espirituais culminavam perante os rituais espirituais da qual ele mesmo não tinha força suficiente para receber sem que isso o destruísse ou culminasse com a carne material que ele mesmo carregava.

Mas não era as vestes, o conhecimento espiritual e doutrinário, a caminhada fiel com os espíritos e com o Criador que iria livrá-lo de ser exterminado se acaso não estivesse preparado e com as roupas adequadas para receber tais poderes de forças, não apenas acima de sua capacidade de pensamento como também de poder de recebimento material, pois o campo em que atuava bem distante do campo celestial, não o protegeria de ser vencido pelas energias que o forjariam carne frente as emanações e fluidezes que recebia a cada ato espiritual sagrado ou a cada ritual exercido com as forças das forças da terra e do Ser Supremo.

E se acaso não caminhasse verdadeiramente com o Criador e com os Espíritos, sequer conseguiria exercer a vossa atividade em confiança e em verdade, primeiramente porque sequer as conheceria, e se acaso as conhecesse, não conseguiria exercer a vossa atividade, pois as forças das forças ao qual manuseava não vinham dele mesmo, ou seja, nem ele mesmo as conhecia exatamente; porém, leal e fiel as ordenança divinas, utilizava-se das vestimentas adequadas da qual fora ordenado a vossa unidade, para que esta o guardasse, servindo de escudo com tudo aquilo que materialmente e espiritual é necessário para proteger a unidade espiritual de quem atua com as forças das forças de onde desconhecem, porém conhecedor das necessidades de proteção e se regozija as ordens de Deus.

Desta forma, vestia-se com o poder da natureza ou do elemento natural espiritual, as pedras naturais, assim como ele mesmo, elemento da natureza nascidas do campo de onde labutava-se as ordens de ser sacerdote pelo poder maior, pois além de utilizar-se dos elemento nascidos da natureza pela força da própria terra ao qual nenhum ser encarnado tem conhecimento de vossa existência pela vossa real geração ou erupção, tem essa o poder construído e reconstruído da própria força natural, de onde jamais será construído ou reconstruído pela mão do homem, pois ainda que este deseje reconstruí-la, ainda assim será esta uma pedra, elemento natural, pois inicialmente e eternamente será pedra nascida da terra e regida por Deus. Então é esta a recebedora e transportadora das mais nobres e fortes energias espirituais ao qual o próprio Criador manipula e manuseia para transmitir as vossas próprias energias, pois esta que não nasceu das mãos do homem, jamais receberá a energia própria do homem para que possa manusear e transformar em novas energias. Porém, como é regida pelas forças espirituais de Deus, o Criador, ao qual a vossa profundeza de onde surge e ocorre e seu nascimento vem da energia que prostra-se ao Criador e entrega-se em mistérios e em verdade, é esta não somente recebedora das forças e energias do Senhor Deus, como também filtra, guarda e transmite toda a energia santa Dele mesmo.

Porém, como apenas as épocas passam e as ordenanças são e sempre serão as mesmas, ainda que se tenha passado a era de tempo da era em que o Efod era o elemento material espiritual orgânico que absorvia as energias e forças das desconhecidas forças em campo terreno, são as amarras espirituais adornadas de pedras naturais utilizadas no pescoço ou nas vestes de quem atuam com os espíritos, o mesmo elemento com o mesmo poder de forças que outrora fora utilizado por Aarão, Moisés, e todos aqueles que atuavam com os Espíritos e com a força das energias e emanações em poderes de forças, conhecidos ou desconhecidos pelo homem e pela vossa consciência, porém as vossas obediências os fazem preservarem as vossas unidades das unidades de forças e poderes que poderiam não somente destruir as vossas forças como as vossas carnes. Desta forma os adornos de pedras ou de madeira ao qual utilizam o homem, não é apenas ornamento para embelezamento e sim um instrumento espiritual ao qual todo o raio de forças irá sobre eles atuar, trazendo mais energia, poder de forças, bem como proteção recebendo e eliminando toda a carga energética dentro e fora da atividade sacerdotal ao qual se estende aos súditos, médiuns ou necessitados dentro ou fora da comunidade espiritual.

Pois estas energias que fluem e circulam as vossas espreitas, não os envolvem apenas dentro da comunidade espírita enquanto realizam vossas atividades sacras espirituais, por isso a preservação de vossas unidades deve ser constante conforme a ordenança Daqueles que os regem e guiam dentro e fora dela. Logo, não apenas dentro do maior e mais poderoso raio de fluidez ao qual ocorre dentro da comunidade espiritual em forma de corrente espiritual celestial e mediúnica, a qual jamais deverá um servo adentrar sem o vosso escudo em forma de broquel.

Desta forma, são estes instrumentos, nomeados espiritualmente como guarnição espiritual de onde os Espíritos atuam com vossa forças pelas vossas defesas os ou broquel espiritual, os novos escudos espirituais, os ajuntamento de pedras naturais a equipagem de vossas unidades, recebendo em vossos lugares as energias danosas ou aquelas da qual não possuem poder carnal e material de receberem e ainda assim, necessitam de maior poder e força para que possam exercer as vossas atividades espirituais perante os Espíritos e o Criador que os ordena diante das necessidades terrenas de atos espirituais e rituais sacros.

Sendo assim, apenas os sacerdotes divinos, os dirigentes espirituais com maior tempo de caminhada com os Espíritos, e que por isso recebedores das maiores demandas de atuação devido as vossas jornadas de encaminharem os vossos filhos terrenos as forças e luz divinal aos caminhos santos, exercendo leal e fielmente vossas missões de serem sacerdotes e dirigentes, não apenas deverão utilizarem-se de vossos adornos espirituais, como deverão utilizar destes, em dobro ou triplo ou conforme a ordenança dos Espíritos justapostamente alinhados, pois serão estas as vossas guarnições espirituais de si mesmos e de vossas comunidades que as vossas vigílias, devoções, crenças e ordenanças deverão assentarem-se e caminhar. Por isso, deverão utilizar-se de todas aquelas da qual lhes forem ordenadas inicialmente em abertura de caminhada como também as duplamente alinhadas em poderes e forças daqueles que depositarão maiores e mais extremas forças em vossas cabeças, pois serão estas os vossos escudos defesas diante das demandas externas e internas de vossas jornadas dentro e fora de vossas comunidades.

Por isso, apenas deverão utilizar de guarnições espirituais duplamente alinhadas, também conhecidas como guias de proteção, os sacerdotes que das forças espirituais receberão acima de vossas capacidades de energia terrena material as energias e forças Espirituais, para que possam conduzir as vossas comunidades e vossas próprias unidades em força e derramamento espiritual junto as maiores e mais poderosas forças, e não aqueles da qual as desejam por serem belas e formosas aos olhos carnais; pois beleza e atrativo nem sempre correspondem a necessidade espiritual adequada para um ato sacro magistral.

Sendo assim, deverão utilizarem-se apenas daquilo ao qual os competem dentro e fora de vossas correntes espirituais, pois são as correntes a energia e a força de todas as forças de todos que compõem a fonte única de jorramento de energia, e por isso, jorrarão os espíritos energia e fluidezes em demasia a todos os que de vossas energias podem carregar as vossas forças e poderes, o que poderá causar dano e feridas as que de vossas energias não estão preparados para as receber, por razões espirituais de ordenança pela ordem suprema de quem as podem carregar.

Sendo assim, aqueles que maior tempo de caminhada com os Espíritos exercendo leal e fielmente vossas missões de serem sacerdotes e dirigentes espirituais não apenas deverão utilizar os vossos adornos espirituais, as vossas guarnições espirituais, como deverão utilizar de todas aquelas escudeiras espirituais da qual forem ordenados, pois serão os vossos escudos e defesas ao qual os Espíritos irão jorrarem em derramamento sacro as vossas forças e vossos poderes para conservarem não somente as vossas unidades como também os fazerem fortes e guerreiros em vossos nomes, sendo a vertente material a representação da vertente espiritual, diante da demanda necessária.

Pois as vestes, chamadas Efod juntamente ao peitoral de julgamento, que lhe servia de guarnição espiritual pela força dos elementos naturais que ali encontravam-se recobrindo o manto pela força dos elementos da natureza, onde as pedras naturais totalizando doze pedrarias ou doze forças, onde cada uma também representava uma das doze tribos de Israel, pois cada uma carregava um poder de forças diferente, porque cada força que cada uma carregava os alinhavam em forças e emanações as forças dos Espíritos que atuavam com o servo sumo sacerdote, os colocando a frente de toda a sua comunidade espiritual. Por isso, cada tribo se representava diante de vosso peito como um elemento espiritual da vertente material em sintonia com os Espíritos que comungavam com as mesmas forças, para que assim a inteireza da junção das duas vertentes fosse constituída à partir de todos os encarnados ao qual cada tribo se formava, era o elo entre o sumo sacerdote, os Espíritos e o seres encarnados, os conectando diretamente ao Criador que os ordenava serem e o servirem da forma e da maneira ao qual somente ele tem o poder de ordenar.

Então o instrumento Efod, era um instrumento lhe servia de proteção espiritual, assim como lhe servia a vara, a túnica, o turbante, o cinto e o manto, ou seja, eram estes elementos orgânicos espirituais que se fundiam com as forças celestiais emanada do próprio Ser Supremo da qual atuava, para ambas vertentes se unirem e receberem o vosso derramamento em energias sagradas por sobre a unidade sagrada congregante bem como ao servo, sumo sacerdote que ali atuava em nome do povo ao qual carregava o nome de cada um em vossa própria veste, sendo o sacerdote aprendiz atuando e labutando por cada um daqueles ao qual carregava os nomes diante de si mesmo.

Pois a energia que continha a união das doze pedras, ou seja, das doze unidades espirituais pelas doze tribos, comungando com a vertente espiritual ao qual a união das duas energias fundidas, isso quer dizer, a energia celestial mais a energia espiritual natural ou orgânica espiritual representada pelas doze tribos, para que fossem ambas energias solidificadas no momento e na hora em que o vosso serviço se iniciasse como forma de filtrar e eliminar todas as energias negativas existentes, vinda de qualquer ser material de qualquer uma das tribos no momento em que atuava, para que fossem todos os encarnados que da mesma congregação participava purificados, assim como ele mesmo através da irradiação ao qual receberia e transportaria naquele momento.

Isso porque que não apenas Aarão recebia e transportava energia espiritual diretamente com o Senhor Deus, fonte divina manancial de força e luz energia em forma de luz, e sim toda a comunidade pela qual atuava em nome de Deus, de onde a força irradiada pelos cantos de onde os trabalhos espirituais ocorriam. Por isso, as pedras desde as mais nobres até as mais rústicas serviam de escudo natural neutralizando as energias que estavam acima de vossa capacidade terrena de recebimento e ao mesmo tempo filtrando as energias negativas que estivessem naquele lugar ou emanadas pelo povo da qual atuava, bem como era também o caminho terreno de recebimento de energia e luz divinal perante os ritos e obras executadas da qual recebia de todos aqueles que de vossos trabalhos necessitava

Mas conservam-se as vestimentas como a túnica, as pedras nas vestimentas e as cores destas conforme a necessidade espiritual de junção de forças e celebração espiritual terrena, por ordenança do Altíssimo Espírito por um ato sagrado dirigido pela vossa santidade, e não pelo desejo ou vontade do encarnado. Pois as vestes celestialmente santificadas e nobres, apenas poderão ser utilizadas perante a ordenança sacra, pelo momento e pela ordem suprema através da permissão de que um ato sagrado celestial possa ocorrer em campo terreno, sendo divinamente celebrado também pelos Espíritos de grandeza, de onde as vossas energias, poderes, forças, ordenanças e determinações, estão além da dominância terrena de poderes e forças para que ministrem um ato espiritual celestial; ato este, que não possui similaridade com um ritual terreno, pois são estes espíritos pertencentes ao elo espiritual mais altivo e divinamente elevado atuando sobre a regência direta do Criador. Desta forma, somente desceriam estes Espíritos aos campos terrenos se determinadas fossem as vossas presenças por razões divinais e de extrema importância para o campo celesti¹ e terreno.

Por isso, qualquer vestimenta que se assemelhe as vestimentas celestiais divinas em rituais espirituais de atuação terrena entre os seres encarnados e os Anjos encantados e vossos servos espirituais, os comandantes espirituais, que não seja através das vestimentas determinadamente brancas, onde o branco é a cor da terra dos espíritos com quem atua-se, com turbantes também brancos protegendo as vossas coroas, e em alguns casos específicos o manto sagrado, por solicitação daqueles espíritos que em campo santificados atuam e igualmente o cintos cingindo a cintura dos médiuns que irão atuar em vossos nomes, será este um ato de respeito aos Espíritos altivos regentes o Templo do Altíssimo Senhor Espírito.

Portanto, as vossas unidades no momento em que atuam em nome do Criador e em nome dos Espíritos, vestem-se da maneira ao qual eles mesmos vestem-se em vossos elos espirituais, pois assim como vestiam-se Aarão e Moisés com roupas sacras e celestiais, devido não somente aos vossos postos celestiais, aos vossos nivelamentos espirituais em relação aos demais seres da terra, a importância de vossas labutas serem não apenas entre o campo terreno e espiritual e sim entre o campo terreno e o campo celestial diretamente com o Senhor Deus, de onde recebiam maior força e emanação celestial de poder destrutivo de brilhantismo e ao mesmo tempo elevado e altivo. Pois as vossas unidades ainda que em campo terreno, serviam diretamente ao Criador, assim como servem os espíritos mais elevados e altivos em vossas unidades espirituais e campo de atuação. Por isso, eram estes, que das vestimentas sagras utilizavam tão elevados e espirituais seres divinais em campo material, porém as vossas unidades e as vossas essências jamais deixarão de ser o que eram e atuarem como atuavam utilizando-se de vossas vestimentas e instrumentos, assim como sempre o fizeram, independente do campo em que atuavam.

Então determinadas vestimentas e instrumentos, apenas servirão para determinados e ordenados atos espirituais sacros em que os Espíritos sagrados pertencentes aos Elos espirituais mais elevados santamente sagrados, se caminham aos campos terreno por ordenança santa. Sendo assim, não são estas vestimentas usuais para congregarem juntamente com os Santos e os não Santos, e sim apenas em atos espirituais sagrados ordenados pelo Espírito Santo. E assim como preserva-se o manto sagrado, da mesma maneira ao qual a túnica para a hora e o momento em que o atos espirituais sacros sejam realizados em campo terreno e os Espíritos mais altivos e celestiais vestem-se de vossas verdadeiras e legítimas vestimentas para atuarem junto ao povo, honrando e respeitando o vosso Altíssimo Espírito sagrado, pois a vossa Santidade, ainda que atue em campo terreno, jamais deixam de apresentarem-se conforme a vossa verdade e dignidade.

Mas não era o aprendiz do aprendiz, Aarão, o servo encarnado que se destacava como sendo o mais elevado e superior sacerdote servidor de Deus e do povo; pois atuava esse perante a vossa comunidade com o mesmo respeito e dignidade ao qual atuava em vosso ofício em nome de Deus, pois ainda que fosse o sumo sacerdote, ainda assim, não era ele o regente espiritual ou o Guiador do povo ao qual apenas o ofício lhe era o cargo espiritual para o qual executava com dignidade e respeito tanto pelo povo quanto pelos Espíritos e o vosso Senhor, porque acima de vosso cargo encontrava-se em terra o Aprendiz da perfeição, e este sim, nivelado ao nível celestial ao qual um Santo encontra-se divinamente, era o mais supremo, leal e fiel, ser espiritual em campo material. E sabia ele, que no dia em que não mais tivesse lealdade, dignidade ou humildade os vossos ossos seriam forjados da mesma maneira ao qual seriam forjados os ossos e a pele de qualquer outro encarnado aprendiz que na terra encontrava-se independente do ofício ao qual lhe fora concedido.

Mas este que é o cargo mais elevado espiritualmente em campo terreno, não pelo ministério e sim pela responsabilidade sacra para com os espíritos que respeitosamente o tem em dignidade e amor deve ser labutado com humildade, verdade e dignidade, jamais com superioridade, pois nenhum ser encarnado poderá desrespeitar ou desonrar o Senhor Deus e os vossos servos e servas, os Espíritos, sem que isso lhes custe a própria vida. E assim se fez com Aarão no momento em que este não obedeceu as ordens supremas. E assim será com qualquer ser encarnado material terreno que desrespeitar ou desonrar a Deus a aos Espíritos.

Ora, mas não são as vestes, os cânticos, os rituais e o conhecimento das linhas espirituais que o tornará um sacerdote, pois fora Aarão o primeiro ser espiritual encarnado a assumir o ofício de sacerdote, e este não o recebeu pela vossa própria vontade, pois talvez esta não seria verdadeira ou não teria o Criador, lhe oferecido o cargo apenas por acreditar que sendo irmão de Moisés deveria este ser tão especial e importante a vossa comunidade ao qual poderia a sua imaginação crer. Mas fora o Senhor Deus quem o elegeu ao cargo de sumo ou o maior sacerdote, não pelo vosso conhecimento sagrado, a vossa determinação, o vosso desejo particular de servi-lo, e sim pela dignidade, crença, coragem, determinação, humildade e disposição em aprender e seguir os caminhos da verdade sendo da Verdade o vosso aprendiz.

Pois não é o encarnado escolhido ao cargo sacerdotal diante de uma comunidade espírita, para prestar a vossa caridade, o vosso amor, a vossa sabedoria e compaixão aos filhos de Deus da qual irá ele mesmo cuidar e zelar pelas vossas também dignidades, crescimento espiritual e elevação pelo amor, pela caridade e pela paz interior se acaso este não tiver nenhuma qualificação ou qualidade a ofertar, não a Deus e sim aos vossos futuros congregantes ou futuros filhos espirituais.

Porém não filhos por ser considerado este o pai em superioridade e sim o pai por ser aquele que humilde conhecedor das trilhas terrenas, e sábio detentor de diversas qualificações e santidades e honrarias se tornará o mais experiente e mais preparado terrenamente para ajudar e acompanhar o crescimento daqueles que dele necessitará para o vosso próprio crescimento. Mas não é este o dever de um pai para com os vossos filhos, amá-los e respeitá-los os auxiliando a caminharem os caminhos bons, ou aqueles caminhos escolhidos pelo Criador a cada um deles? Mas o único superior, o único grande e verdadeiramente sábio, conhecedor, puro, santo, digno, nobre, amoroso, caridoso, forte, complacente e benevolente fonte espiritual do manancial de amor e luz ao qual a vossa própria fonte é a fonte da vida que concede a vida a todas as formas de vida é o Criador. Então quem é o verdadeiro pai espiritual de todos os filhos da terra, senão o próprio Criador?

Por isso, é o Criador o pais celestial de todos os seres nascidos em terra, todos os espíritos de todos os elos espirituais e todos os Santos. O único ao qual deve-se chamar de Pai, pois é Ele que além de conceder a vida a todos os filhos espirituais terrenos, é também o único que concede a existência espiritual de vossos servos e servas os Espíritos sagrados, os Santos, os não Santos e todos os demais espíritos nascidos a vossa imagem e semelhança.

Logo é Ele o único e verdadeiro Pai celestial ou Pai dos Santos, e por isso, são os vossos servos terrenos nomeados de sacerdotes ou dirigentes, e não o pai do santo; pois sacerdote é aquele que serve ao Pai do Santo, em dignidade, humildade, amor e verdade. Enquanto o dirigente é aquele que dirige a vossa corrente espiritual diante da comunidade espírita, sendo sacerdote e Guiador terreno, guiador material de vossa comunidade. Porém, nem todos os que são sacerdotes podem ser considerados dirigente, assim como nem todos os que são dirigentes podem ser considerados sacerdotes, apenas aqueles que se dedicam inteiramente de corpo e verdade ao ofício sacerdotal e a vossa comunidade espírita, sendo de vossos povos, o caminho, a luz e a verdade quando esta lhes for realmente uma verdade, para que possam representar a Deus e aos Espíritos em amor, caridade, humildade e dignidade, assim como determina o Senhor Deus.

E mesmo aqueles que atuam por vossas próprias verdades, distante das verdades celestiais do Criador, não sendo em legitimidade nem sacerdote e nem dirigente espiritual, apenas um servo de si mesmo e de vossas vontades materiais de proclamar-se superior utilizando uma verdade perpetuada para destacar-se ou fazer uso de uma verdade para beneficiar-se seja pelo motivo terreno que for, ainda assim receberá a benção de terem espíritos legítimos e Espíritos sagrados atuando em vossa comunidade, porém, não será esta a certeza de que trabalham e atuam com o Criador pela vossa santa lei, e sim a tentativa divina de que em algum momento os Espíritos lhes possam lhes ensinar o verdadeiro ofício ou que possas aprender com os Espíritos a ser um verdadeiro sacerdote, pois aqueles que procurarem pela Casa Santa, terão todo o respeito e dignidade de serem auxiliados por espíritos de lei, porque estes nada tem a ver com as farsas e enganos dos homens.

Porque ainda que os homens da terra cometam enganos Deus jamais abandonará, aqueles que trazem a verdade, e de alguma forma, conduzirá os vossos espíritos para que estes os encaminhem os caminhos bons, para que conheçam os verdadeiros caminhos do Pai celestial.

Mas se a vontade do filho, o servo aprendiz travestido de sacerdote ou dirigente espiritual, não compreender ou aprender com dignidade a servir ao Criador, será a este ofertada outra maneira de que aprenda o verdadeiro caminho do Pai celestial, porém as portas dos abismos serão os caminhos que melhor lhes servirão, diante de vosso desrespeito e desonra perante aquele que lhe concedeu a vida e o direito de ser honesto e nobre em vosso nome. Pois nisso também encontra-se a fé e a paciência dos Santos.

Mas para ser sacerdote não se faz necessário utilizar-se de vestes custosas, brilhantes e magníficas e sim possuir os atributos terrenos essenciais e necessários para ser um bom servo, pois não são as vestes mais importantes que a dignidade, a humildade, a paciência, o amor e a caridade. Porque ainda que não se tenha o que vestir, porém possuir dignidade e lealdade para com os Espíritos e com o vosso Senhor, poderá vestir apenas o próprio espírito de santidade divina de nobreza celestial e pureza espiritual, e esta, será a veste mais importante do que a própria roupa que apenas aos olhos materiais o diferenciam dos outros servos aprendizes dentro da congregação, se este não reconhecer-se a si mesmos, como um verdadeiro aprendiz, dirigente e sacerdote divino, não apenas de seu povo e sim de Deus nada será em verdade. (Senhor Sete Encruzilhadas)

A Aliança espiritual e os mandamentos sagrados

"Agora pois, se obedeceres a minha voz, e guardardes a minha aliança, sereis o meu povo particular entre todos os povos. Toda a terra é minha, mas vós me sereis um reino de sacerdotes e uma nação consagrada" (Êxodo 19:5,6)

6.2 Mas para servir ao Senhor Deus e ser alimentado em amor e em verdade pela vossa santidade, pureza, caridade, compaixão e poderes de forças únicas e magistrais, pela força de vossa eternitude, é preciso tê-lo em verdade e em santidade, não santidade de imaginar-se ou tentar ser outro ser espiritual, e sim puro de sentido de nobreza e devoto em verdade para entregar-se em amor, purezas, dignidade e caridade, diante dos ensinamentos e verdade aos quais os Santos se prostram e caminham pelo vosso altíssimo nome. Por isso, é preciso ser devoto, crente, servo, leal e fiel, mas acima de tudo é preciso proximidade com a vossa verdade, é preciso honestidade, pontualidade, e comprometimento com a vossa benevolente magnífica e soberana força e luz celestial. Que sobre todas as coisas é elevada e acima de todas as coisas que possam ser, existir, surgir ou nascer dele mesmo.

Ora, quando proclama o Criador que aquele, outrora os andantes da terra, seriam o povo escolhido dentre todos os povos, não queria dizer que foram estes escolhidos por serem melhores povos ou mais abençoados, porque todo aquele que desejar caminhar com o Senhor Deus, por Ele será abençoado, e por vossos caminhos santos e sobre as vossas sagradas ordens caminhará, uma vez que ninguém é obrigado a fazer aquilo da qual não deseja ainda que seja caminhar junto o a vossa santidade, assim como aqueles que andantes de vossas existências no deserto formam. Pois, deu-lhes o Criador a existência espiritual para que caminhem com verdade as vossas vidas; e não para que sejam obrigados a fazerem aquilo da qual não tem naquilo verdade, ainda que seja caminhar com a gloria e a majestade do Senhor dos exércitos a vossa frente.

Porque para caminhar com a vossa altíssima santidade se faz necessário fazê-lo por amor, por devoção, por dedicação e lealdade e não por força, obrigação ou imposição. Por isso, àquele que fora o povo da promessa, apenas seria o povo escolhido para caminhar com a vossa majestade se acaso também desejassem com ele caminhar e abandonar os vossos ídolos e deuses de pedra. Por isso, era preciso obediência, desejo particular e vontade verdadeira para que fossem verdadeiramente o povo escolhido e não apenas o desejo de Deus de que fossem o vosso povo escolhido para junto vosso Aprendiz andar, pois a escolha unilateral pela obrigação ou imposição, não os libertariam de vossos deuses, e sim os fortaleceriam ainda mais as suas mentiras em uma nova, porém falsa doutrina. Porque ninguém vai ao Criador, se não pela própria vontade caminhar com vossa santidade obedecendo as vossas e os vossos mandamentos.

Por isso, acima de qualquer conhecimento ou verdade de terra, é preciso querer com as próprias vontades; é preciso doar-se, entregar-se, e ser verdadeiro consigo mesmo e com o Senhor. Porque para caminhar o Deus único se faz necessário estreitar os laços santos e espirituais com vossa santidade. E estreitar os laços espirituais é caminhar acima das falsas verdades de que apenas acreditando em vossa benevolente compaixão, vossa pura eternitude e santidade, e o vosso supremo e elevadíssimo poder de força e luz sobre toda a terra e todos os espíritos e todos os povos, o fará caminhar com o Criador em amor, verdade ou santidade.

Pois apenas crer em vossa benevolente luz e não caminhar com a vossa sagrada unidade é o mesmo que andar em solidão pelo vasto deserto de nada, porque caminhar é além de acreditar, é entregar-se a vossa santidade de corpo e espírito. Isso quer dizer, é preciso seguir a vossa doutrina em obediência e em santidade para que sejam não apenas crentes e sim sacerdotes de vossas palavras pela confiança e entrega espiritual. Atuando conforme o vosso desejo doutrinário, caridade e disciplina para ser merecedor de vossa bondade e magnificente poder de elevação, cura e salvação.

E quando o Senhor Deus desceu aos campos terrenos para ter com o vosso filho, o Aprendiz, diante de todo o seu povoado, foi para firmar a Aliança espiritual sagrada ao povo que o escolheria como o vosso Senhor Deus, não o povo da qual havia Ele mesmo escolhido para ser o povo da terra da promessa. Por isso, o povo da qual o haveria de escolhê-lo como o vosso único e verdadeiro Deus, e servindo em obediência e em lealdade, prostrando-se a vossa doutrina por meio da disciplina espiritual ao qual seriam todos submetidos, solicitou o Senhor que fossem todos santificados e purificados, ou seja, que fossem todos preparados para aproximarem-se de vossa bendita luz, vossa extrema força de forja e de eternitude e vossa benevolente caridade e compaixão ao qual o fogo que o conduzia sendo também parte de vossa extrema força poderia até destruí-los.

E por isso, foi solicitado pelo próprio Criador que nenhum deles se aproximasse do monte à partir do limite que vos havia sido estabelecido, não apenas como forma de que preservassem as vossas unidades carnais do poder de forja pela qual a vossa santidade desceria através das nuvens ao qual a forja de vosso poder de fogo flamejaria ao cume do monte da terra de onde iria se apresentar, pela extremidade de força sagrada de magia e de mistério celestial ao qual ele mesmo é manancial que culmina da própria luz, o fogo santo, ou o fogo que abastece o ápice de energia em forma de luz de fogo, ou vossa própria luz, como também como sinal de obediência ao Criador, pois sem obediência a Deus, nenhum ser carnal espiritual ou espiritual em essência pura podem servi-lo. Pois é a obediência o primeiro mandamento espiritual dentro da doutrina sagrada aos quais todos os espíritos puramente em essência regozijam as vossas verdades frente as vesses do Senhor Deus, o Deus da luz e do fogo.

Ora, se não são todos os mandamentos celestiais do Criador ao qual o vosso filho proclamou sobre a vossa regência em obediência a vossa sagrada determinação o laço espiritual ao qual nem o céu e nem a terra os reconheceriam servos e servas espirituais terrenos materiais, se acaso não seguirem em juramento as vossas determinações, pela verdade que vos alimentam o corpo e o espírito, o caminho das portas para a verdade.

Porque não poderiam ser os filhos da promessa, caminhantes de vossas esperanças em direção a terra do leite e do mel, se acaso não estivessem crentes e firmes em vossas vontades, obedientes ao Deus único, sendo devotos de vossa terna santidade, ou se não estivessem todos prostrados em uma única doutrina lastreada por um único laço celestial para que fossem disciplinados, ou seja, praticantes da mesma doutrina ou das mesmas orientações divinas e sacras andando pelas mesmas ordenações. Porque se acaso não fossem praticantes das ordens superiores e não se prostrassem as verdades do Senhor Deus, não seriam servos sacerdotes, assim como ele mesmo os ordenou para que pudessem alcançar os vossos desejos e as vossas promessas de que seriam recebedores da terra da promessa. Não apenas a terra material do elemento orgânico, pois esta, para todos também passará; e sim a promessa de serem abençoados espiritualmente em vossas unidades espirituais para receberem os vossos galardoes sagrados na casa da promessa divina, ou em vossas verdadeiras moradas, uma vez que a vida de todos em algum momento deixaria de existir na terra orgânica ou em elemento árido, pois serão todos apenas vivos no campo espiritual bem distante da terra que vos fazem nascer, crescer e também vos deixam morrer.

Ora, mas não é o Senhor Deus aquele que proclamou no deserto que fora Ele mesmo quem os havia tirado da escravidão, e por isso deveriam todos seguir os vossos preceitos espirituais pelo fato de terem sido libertados de vossas moradas de dor. Pois esta saída da casa da dor somente traria alívio e vida plena para aqueles que verdadeiramente caminhassem com vossa santidade e encontrassem verdadeiramente a terra do leite e do mel. Por isso, não é o Criador aquele que libertou os sofredores escravos do deserto para serem escravos de outros servos no deserto, e sim o Deus único que tirou os sofredores das terras do Egito, e os libertou de vossos falsos deuses e malfeitores apenas para serem parte de história de glorificação e vosso Altíssimo nome, ao qual toda a humanidade deveria conhecer, pois foram estes os ascendentes da humanidade crente e devota do Rei dos reis; e não aquele que libertou os sofredores das mãos dos maus, pois em terra de homens, os maus se tornam bons e os bons de tornam maus dependendo do momento e da opção de cada um pelo direito de escolha que fazem. E por isso, não o Deus da libertação no deserto e sim o Deus que vos concedeu o direito à vida, o direito a conhecerem o vosso sagrado nome, o direito de terem santidade para que cresçam e evoluam espiritualmente em vossa verdade, para que se tornem mais nobres, puros e santificados pelas vossas leis, de forma que possam alcançar postos espirituais mais altos e servi-lo em amor e em verdade.

Por isso, fora constituído o Código da Aliança espiritual entre o Criador e o vosso povo, ou seja, toda a humanidade que pela vossa sagrada terra caminhar, e não somente o povo caminhante o deserto, pois é esta uma aliança perpétua e santificada pelo Espírito Santo, onde todos os filhos da terra que pela terra passar, tendo o direito de alcançarem a época ou a idade de discernimento terreno e espiritual, deverá ter ciência e conhecimento, ainda que à vontade e o desejo de caminharem com Ele venha a ser particular de cada encarnado, pelo também direito de serem e fazerem aquilo ao qual cada espírito desejar para alcançar o vosso Senhor Deus. Desta forma é a Aliança espiritual, não somente a ordens dos deveres proclamados e anunciadas pelos mandamentos divinos aos quais todos os homens virão a ter conhecimento e ciência em elo espiritual material e sim a força espiritual entre os céus e a terra, firmando um acordo de consentimento entre as duas vertentes, onde a vertente espiritual parte do próprio Senhor Deus quem determina as ordens a serem seguidas e os vossos filhos que prostram-se em amor e em verdade e não por imposição as vossas sagradas leis, parte da vertente material ao qual é necessário para o firmamento deste que é o acordo sacro de união de desejos e vontade entre as duas vertentes formando assim, um elo espiritual sacro pela inteireza de forças das duas unidades espirituais, ou seja a unidade celestial, o Criador e a unidade material a ser encarnado.

Sendo assim, não que a Aliança espiritual vos traria mais pureza, candura, lealdade ou castidade por exercerem as vontades do Criador, pois em campo terreno estavam e em campo terreno viveriam as vossas vidas da forma e da maneira em que se vive a vida material, pois nenhum ser carnal em elo espiritual material vivencia experiência ou é obrigado ou forçado a viver de maneira celestial.

Portanto, não era o Código da Aliança algo celestial que os tornariam santos, e sim os concederiam a possibilidade de serem mais nobres uns com os outros, mais honestos uns com os outros, mais humanos uns com os outros e mais bondosos também, não que as vossas boas ações os tornassem mais leais e fieis ao Senhor e sim os tornariam mais caridosos, cordiais, misericordiosos e complacentes de forma que se elevassem aos postos terrenos de serem por si mesmos mais puros, para serem verdadeiros sacerdotes divinos, pelo desejo e pela vontade de que todos respeitassem e honrassem as vossas unidades espirituais e o vosso Criador que os concedeu o direito de serem seres espirituais e carnais, honrando e respeitando a Deus através de todos os filhos da terra, ou através de vossos irmãos terrenos ao qual ele mesmo vos dá o direito à vida e a carne material para que sejam todos andantes da mesma terra, a vossa terra.

Portanto, é a Aliança espiritual o selo celestial e o laço bilateral de concordância pelo acordo que deve ser firmado entre o campo celestial e material, pelo desejo e pela verdade de cada ser material, onde as duas vertentes se unem, não por força da determinação de que se cumpram as vossas ordens por imposição, medo ou obrigação, e sim pelo consentimento de que se cumpra a ordenança divinal espiritual, pela devoção, pela vontade particular, pela lealdade ao Senhor e o desejo de tornar-se mais puro, nobre e fiel aos vossos caminhos, o obedecendo lealmente, pela certeza do desejo de tornar-se um servo divinal, e não pela força dos homens da terra de acreditarem que o fato de terem o conhecimento de vossos mandamentos e leis espirituais é o suficiente para terem proclamadas as vossas unidades como sendo servos e servas espirituais terrenos devotos de vossas proclamações e mandamentos em selo espiritual sagrado a qual os mandamentos estão divinamente assentados, e sim pela obediência e lealdade do cumprimento das vossas leis e ordens supremas.

Assim, perpetuou o Criador, o Código de vossa Aliança espiritual, não somente com aqueles que de vossos caminhos fariam parte da história sagrada, os andantes do deserto, e sim com todos os filhos da terra, pois da mesma maneira todos em algum momento de vossas passagens terrenas se findarão em vossas unidades em campo terreno e deverão seguir para as vossas casas espirituais ou celestiais, ou as vossas verdadeiras moradas de onde um dia partiram. Desta forma, fora proclamada a Aliança espiritual entre o Criador e os povos da terra como garantia de que assim estariam unidos pela mesma doutrina, na mesma verdade, caminhando as mesmas ordens pela disciplina de serem homens bons, e alcançarem os vossos galardões de subirem aos topos mais elevados de vossas existências terrenas e também de vossas existências espirituais quando retornarem as vossas verdadeiras moradas.

Por isso, somente sendo servos e devotos de vossas ordenanças é que teriam condições de caminhar com vossa santidade, pois nenhum que diz devoto, porém não seguem os vossos mandamentos as vossas ordenanças ou prostram-se em obediência a vossa luz e a vossa Verdade, ou seja, não seguem as vossas prescrições espirituais de força celestial, amor divinal e de verdade santa, voltados para o campo terreno, ao qual somente os espíritos encarnados recebem a vossa compaixão, clemência e gloria espiritual, em forma de Aliança, para de terem os vossos ordenamentos expostos para que possam facilmente seguir os vossos passos, o tem verdadeiramente em crença, lealdade e verdade. Pois não são os filhos da terra escolhidos para com ele caminhar, pois a vossa benevolência e amor, que se encontra em todos os campos do mundo, encontra-se também dentro de cada um de vossos filhos, porque foram todos igualmente gerados e nascidos de vossa vontade, verdade e luz; e por isso, são todos alimentados espiritualmente pela mesma força de luz.

Logo, são os vossos filhos quem o devem escolher para com ele caminharem, pois ainda que não percebam, são todos parte Dele mesmo em força espiritual de luz e energia celestial. Desta forma, caminhar com o vosso Senhor, não e escolha Dele para com seus filhos, e sim daqueles que desejam com ele caminhar, pois a ele todos já pertencem, e por isso, apenas as vossas verdades e as vossas entregas é que serão as vossas escolhas o caminho junto ao Pai celestial, pois a escolha do Criador já fora exercida no momento em que Ele vos criou para serem os vossos filhos. Por isso, a escolha de caminhar ou não com Ele, não depende Dele e sim de quem o tem em amor e em verdade para com Ele caminhar e prostrar-se em amor em verdade juntando-se em matéria e em espírito a vossa Verdade.

Pois embora não sejam apenas essas as leis espirituais do Criador, determinadas aos vossos espíritos, dentre todos os mandamentos sagrados, são os dez mandamentos proclamados junto ao monte face a face ao vosso amado filho, o Aprendiz, as leis espirituais voltadas para o campo terreno, para que sejam os filhos da terra conhecedores de vossas ordenanças e vontades, de maneira que vivam nobremente pela busca de vossas felicidades ao caminho da terra da promessa, não apenas em campo terreno e sim para a promessa do regresso espiritual, para que possam conhecer os outros mais nobre mandamentos espirituais, que somente os espíritos que caminharem com as vossa benevolente verdade espirituais os podem conhecer depois de terem conhecido os dez códigos dos segredos selados aos filhos da terra, onde cada mandamento possui seu próprio selo, seu próprio segredo e a sua própria verdade junto a Deus e a humanidade.

Assim, somente poderão conhecer os demais segredos ou mandamentos espirituais selados diante da desconhecidamente terrena aliança, aqueles que do campo terreno seguirem os caminhos desta, que é a mais pura e zelosa forma de honrar os vossos pares, vossos descendentes, vossos ascendentes de todos os modelos de laços terrenos familiares e ao Senhor Deus em campo terreno, aqueles que estarão preparados para terem com o Senhor pela forma do amor e da verdade e comungar das novas alianças que seladas encontram-se apenas aos mais leais e servos divinais em nivelamento espiritual superior ao nivelamento material, da qual se encontram todos os códigos divinais em forma de alianças celestiais ao qual o número de doze, tornem-se selado tanto em campo espiritual quanto em campo terreno.

E somente serão proclamados bons para serem santificados em doutrina e em verdade aqueles seres encarnados que caminharem com vossa santidade, pela verdade de vossa determinação, sendo brandos, fieis regentes de vossas próprias vidas espirituais, como maneira de santificarem-se, se purificarem para receberem as promessas da qual somente aqueles que caminham com o Criador em amor e em verdade poderão receber.

Não que a aliança firmada entre o Criador e vossos espíritos encarnados, modelo este de aliança existente apenas em campo terreno e não seja de conhecimento dos espíritos dos demais elos espirituais existentes, uma vez que os espíritos que encontram-se em estado de consciência elevado, ou seja, espíritos livres de carne material, seguindo outras leis e outros mandamentos pela ordem celestial que vos regem, conhecem os mandamentos que regem o campo material terreno pois antes de serem espíritos caminhantes da verdade, buscarem as vossas próprias verdade pelo campo terreno também passaram e conheceram as leis celestiais que regem este campo material pela Aliança espiritual material que os unem em uma mesma verdade. Por isso são conhecedores das verdades sobre a verdade de cada selo de cada mandamento misteriosamente trancafiado e ao campo terreno enviado para que sejam estes o código divinal espiritual que regem em fluidez e energia sacra todos os filhos da terra que deles escolher caminhar.

Pois nenhum espírito seja este, em estado de consciência sem a carne material ou espírito encarnado é obrigado a servir ao Criador pelos vossos mandamentos e vossas verdades, porém todo aquele que se compromete em servi-lo, jurando amor e lealdade, deverá servi-lo conforme as vossas próprias verdades dentro de vossa particular devoção e liberdade de escolha, pois todo aquele que se compromete e é falso aos vossos compromissos, é falso ao vosso Senhor, e para estes os elos espirituais de remissão junto as portas dos abismos, vos serão mais próprias do que as vossas próprias verdades de não serem verdadeiros com Deus.

Assim, mais vale não prometer do que prometer e não cumprir com o vosso juramento. Porém para aqueles que não cumprem as ordens do Ser Supremo vos sendo servos e leiais as vossas prescrições, terão a eternitude para que aprendam a curvarem diante de vossa santidade e o reconhecerem como o vosso único e verdadeiro Deus, não por ser Ele, o Deus dos filhos da terra, ao qual o serviram em lealdade para que o vosso nome pudesse ser em terra glorificado; e sim por ser o Deus que vos concedeu a vida e o direito de terem a vida espiritual e a forma material, para que conheçam as diversas formas de amor, caridade, bondade, compaixão e benevolência, aos quais ele mesmo vos preparou para que caminhassem diante de vossas leis para que o conhecessem por meio de vossas prescrições espirituais. Pois é este o caminho único e magistral ao qual um ser material poderá exercer para com a vossa luz andar e aos vossos olhos enxergar os demais serem que iguais a si mesmo o são.

Por isso, não é a Aliança, uma aliança espiritual ao qual dentro dela encontra-se a devoção pela força dos mandamentos ao qual está escrita com letras de sangue, ou seja, voltadas para o campo terreno, de onde o sangue que dá a vida é o mesmo que fere e faz-se ferir, dilacerando não somente a carne como também o espírito, de quem a carne possui; e sim a Aliança espiritual entre o

Criador e todos os povos que da terra serão filhos, pois da terra serão vivos. Desta forma a Aliança é um selo que se assina com as letras do próprio sangue que a vossa unidade material possui, ou o sacramento entre o campo espiritual e a si mesmo sobre o juramento pessoal de ser e cumprir as determinações das ordens supremas para que possa além de serem bons caminhantes em terra de homens e espíritos, serem também bons servos ao qual a bondade, a caridade, a ciência, o discernimento e as boas obras lhe tornarão não somente um bom encarnado e sim um sacerdote de vossa santidade preparando-se para servi-lo após servir a todos os seus, diante da face do Criador.

Pois Este que é onipotente, onipresente onisciente, não precisa de votos que sejam apenas assinalados pela boca, diante de vossos pares e não sejam saídos de vossos corações, pois Este que lhe concedeu a vida e o direito a vida material, conhece todas as vossas verdades e vossas reais intenções. Logo, não serão apenas votos terrenos como forma de mostrar-se leal e fiel, acreditando que isso lhe traga superioridade ou o caminho para a verdadeira superioridade, pois nada poderá ser mais elevado e altivo quanto a Verdade, e neste patamar espiritual ao qual se busca pelo cumprimento de todos os mandamentos através da Aliança, não se adentra com superioridade e sim com humildade, pois ser devoto, crente e fiel aos mandamentos se faz necessário ser acima de qualquer intenção, ser humilde, ou seja, jamais portar-se como grande frente aos demais encarnados pensando seguir os mandamentos sem humildade, é seguir o nada em direção a coisa alguma; pois grande existe apenas um Ser e o nome deste é o Criador. O Espírito Santo.

Mas vejam vocês, se não é o campo terreno cheio de desejos e de delícias, aos quais os homens receberam o direito divinal de comandarem e exercerem as vossas próprias regras e ordens uma vez que este não é regido sobre orientação e comando direto do Criador, pois fora este elo espiritual, concedido aos homens de forma que fossem eles mesmos os regentes e governantes, pois da mesma maneira em que nenhum encarnado pode reger e comandar o campo espiritual tampouco os Espíritos, concedeu o Criador o direito de que todos aqueles que fossem nascidos da terra fossem também os regentes da terra de onde adentrariam para expiação de vossas unidades pela determinação de cumprimento de missão espiritual de maneira material.

Portanto, assim como são recebedores da carne material e não possuem influência de comando sobre o campo espiritual em relação as vossas obras e caminhadas materiais, ou seja, caminhadas não espirituais, e não sendo esta regra para aqueles espíritos encarnados com determinação divina espiritual; são os únicos regentes da carne e do elemento árido de onde vossas carnes irão pisar para atravessar o elo espiritual que vos separam embora vos tenham em ligação o elo espiritual ainda que não diretamente dirigido pelo Criador e vossos Espíritos. É um campo onde as ordens e regras para que se alcance a vossa santidade é claramente definido de forma que possam, ainda que não sejam diretamente dirigidos pelos Espíritos, uma vez que cada um possui o direito de ser e de viver as vossas unidades, pelo código espiritual divinal que vos permitem proximidade ao comungarem das mesmas energias e fluidezes, pela ordenança de que sigam as vossas prescrições espirituais, os dez mandamentos, e não apenas as vossas regras ao campo terreno e sim a direção e o caminho da salvação.

Pois se acaso não conhecerem o Criador através de vossas regras e doutrina pelos mandamentos, jamais o conheceriam em verdade e em espírito. Pois não teria como os homens regentes da terra compreenderem quem é o Criador e como é possível caminhar com Ele e alcançarem a vossa paz, se acaso não conhecessem as vossas ordenanças, as ordenanças sagradas seladas em mistérios, ao qual o faz ser o regente supremo, maior e único de todos os seres da terra, ainda que estes sejam os regentes da terra, ou seja, da vossa terra.

Porque ainda que não desejem com a vossa santidade caminhar pela força da força que conduz todos os espíritos encarnados sobre as suas próprias regências e verdades baseadas em delícias e prazeres carnais, é sobre a mesma e única Aliança espiritual que todos caminham, pois ainda que não a tenham em amor e em verdade, ainda assim, as vossas unidades espirituais terão a eternitude para retornarem e caminharem sobre as vossas forças pela quantidade de vezes que precisem para retornarem e caminharem sobre o solo árido ou sobre o elemento que for necessário para que se reconheçam como filhos aprendizes e o reconheçam com o Ser Supremo divino espiritual, o Senhor Deus, o vosso Criador.

Por isso, fora a Aliança espiritual, o código sagrado divinal para o campo material, ao qual o Criador, ainda que não obrigue os vossos filhos e filhas materiais caminharem sobre as vossas leis por obrigações, imposições e determinações, o pacto celestial e terreno, pelo compromisso fundido pelo selo diante da devoção de vossas unidades, para os tornarem mais próximos em amor, lealdade e em verdade, sem que sejam obrigados, forçados ou coagidos a respeitarem pelo fato de reconhecerem Deus como o único salvador e ainda assim não desejarem serem servos de vossa nobreza santidade. Pois sendo a terra, terra de delícias e de prazeres regida unicamente pala forças das forças das unidades materiais dos homens da terra que aqui se encontram sem junção das determinações e imposição de força ou qualquer tipo de forma de terror ou mesmo que os façam viverem diferentemente do que desejam. É este o Selo divinal, ao qual todos os que da terra de delícias e de prazeres conhecem os caminhos para o bem e para o mal ao que eles mesmos produzem pelo direito de serem e fazerem exatamente aquilo que desejam fazer, e o fazem; e assim, estão ligados pela fonte matrimonial divina, ou o desejo de Deus de que estejam ligados a Ele e ainda uns com os outros, sem que isso seja de maneira forçosa ou imposta pela ligadura celestial que em campo material se encontra, que são os mandamentos sagrados, ao qual através deles o próprio Senhor Deus nos guia e nos dirige, assim como outrora em tempo remotos. Porque assim como as vossas palavras que jamais passarão, os vossos Mandamentos também eternamente ao campo terreno serão os mesmos, pela vossa determinação e vontade.

"Vou enviar um anjo diante de ti para te proteger no caminho e para te conduzir ao lugar que te preparei. Está de sobreaviso em sua presença, e ouve o que te diz, pois ele não te perdoaria tua falta, porque meu nome está nele" (Êxodo 23: 20,21)

    Mas assim como preparou um lugar junto a vós, lugar de onde se encontram as verdadeiras moradas que são também as casas celestiais de onde todos os espíritos encarnados um dia deverão regressar, pois são estes aos vossos reais lares. Assim também vos prepara Espíritos sagrados ou uns Espíritos sagrados, conhecedores de todos os laços espirituais, todos os selos divinais e todas as promessas terrenas diante da Aliança espiritual ao qual a Aliança destes espíritos não se escreve com letras de sangue, porém elevadas acima de todas as demais alianças, conhecem todos os seres que da Aliança divina espiritual terrena se comprometem e selam as vossas verdades junto as verdades divinas do Criador.

    São eles os Espíritos sagrados da qual o Criador escolheu e os determinou para que fossem os vossos Guiadores espirituais e seguissem com os seres encarnados as vossas jornadas terrenas materiais, pois embora sejam os seres encarnados responsáveis pelos vossos caminhos e escolhas terrenas, as vossas orientações espirituais serão sempre em comunhão com as forças das forças que os regem e os protegem, ou seja, as forças espirituais ou as mesmas forças que os conduzem vivos em matéria, pela única força que os animam a carne. Por isso, determinou o Ser Supremo que nenhum ser espiritual encarnado adentraria a caminhada terrena de jornada material por si só, pois assim como se faz necessária a junção de duas unidades de forças para que se forme uma unidade de inteireza de forças, assim é a inteireza de forças entre dois espíritos, criando e fortificando uma única unidade que é a unidade espiritual terrena para que assim forme a fonte espiritual individual para o derramamento sagrado dos Espíritos sagrados sobre vossas cabeças.

    E ainda que uma unidade espiritual, os Espíritos sagrados atuem apenas pelo estado de consciência espiritual ou sem a carne material e a outra unidade, o ser encarnado esteja em pele material em campo sagrado terreno, somente a união destas duas unidades de forças espirituais é que formão a unidade de consciência espiritual dotada de poderes e de forças espirituais ao qual o ser encarnado necessita para receber as orientações espirituais divinas; e ou somente assim, através do estado de consciência fundido ao estado de consciência espiritual é que estarão os Espíritos sagrados e vossos Comandantes espirituais a frente dos seres materiais de forma que possam os ter diante de vossas cabeças os guiando e orientando aos caminhos bons.

Pois aquele que outrora fora também o Guiador terreno, porém em pele material ao qual seguiu com o seres encarnados, de vossos selos assinaram com a própria marca terrena, pelo sangue que vos permitem a vida carnal, para que fosse este o vosso guiador e os encaminhasse por caminhos bons e caminhos corretos de forma que pudessem conquistar o lugar da qual o Senhor os havia preparado, tornou-se pó e juntou-se ao campo espiritual de onde a vossa morada encontra-se em amor e em verdade. E por isso, assim como os demais espíritos determinados para serem guiadores e conduzirem os seres encarnados as vossas verdadeiras moradas, ainda o é, e executa a vossa missão da maneira ao qual o Criador o ordena frente as necessidades espirituais terrenas e celestiais, sendo ainda servo e Guiador, Aprendiz da perfeição divina

E por isso, apenas Espíritos sagrados ao qual fizera outrora Moisés, parte igualmente em campo terreno para conduzir ao campo celestial, todos aqueles que nascidos no tempo na época da glorificação de Deus, pela força e energia do Criador, foram os Espíritos sagrados igualmente determinados para derramarem-se e conduzirem os filhos terra aos caminhos sagrados do encontro com vossas verdades em direção as vossas verdadeiras moradas.

É a Aliança celestial, o código sagrado espiritual, assinado pela vontade de cada ser individualmente para que caminhem diante das forças, energia e ordenança do Senhor Deus para que com os vossos mandamentos, sejam mais nobres e menos danosos a si mesmos, tornando a vossa terra um local divinamente mais doce pelas vossas santificações, possível de ser vivido, assim como ele mesmo ordena que seja, é a aliança da comunhão dentre todos os povos e todos aqueles que nascidos do pó e pelo pó também são mortos, o elo espiritual terreno da paz e da calmaria ao qual os votos diante dos mandamentos são ainda as chaves das portas das casas divinais em campo terreno, ou seja, as portas da paz celestial em campo também sagrado material.

Pois para caminhar com o Criador e com os vossos Espíritos sagrados não é preciso que os tenha em visão material, através das vibrações oculares pelas terminações nervosas, é preciso apenas que os tenham em verdade, pois ainda que não seja possível vê-los ou tê-los a vista dos olhos, basta que saibam que estão presentes em todas as coisas espiritualmente que se tornam verdades pela crença, pela fé, e pela esperança que vos tocam o espírito e vos conduzem em amor em verdade pela verdade que existe em os céus e a terra.

E mesmo que não se possa tocar é a Aliança espiritual o maior elo espiritual entre os céus e a terra ao qual se pode sentir, vivenciar, e comungar. Pois que não seja algo a ser admirado com os olhos é a Aliança espiritual a maior fonte de verdade ao qual um ser encarnado poderia experimentar vinda de Deus, porque da mesma maneira ao qual não se poder vislumbrar a vossa santidade e ainda sim ser a vossa santidade a única, maior e verdadeira fonte de vida existente entre o céu e a terra pela energia que vos conduzem vivos e espiritualmente vívidos pela força da luz que vos conduzem, são os vossos mandamentos a fonte celestial que embora não se possa vislumbrar, pode-se sentir em cada ato, cada obra, cada ação e cada verdade aplicada em vossas vidas através de vossas unidades pela verdade que esta carrega dentro de si e diante da força do Criador que os mantém vivos e fortificados em vossa graça.

Mas é a Aliança espiritual igualmente sentida, pois ainda que não seja a Aliança assinada com letras terrenas, esta é assinada com letras de promessa, que além de não necessitar de nada material para se formar e possuir validade, a vossa verdade é espiritual assim como a vossa força. Porque esta que não necessita de papel ou lápis para ser rabiscada, é assinada com letras de sangue, ou seja, através da única forma de vida existencial de possuir vida material em campo terreno, que é por meio da unidade carnal dotada de elemento orgânico onde o sangue que é o espírito da carne, é também a energia que corre dentro de si mesmo fazendo capaz de possuir vida na carne inanimada. Logo, a promessa que nada usa para prometer-se, é além da promessa material, a junção da vertente espiritual com a vertente material, atuando pela única verdade fundida pela força da energia que vos conduz vivo em terra sagrada.

Por isso, são os espíritos caminhantes e fieis praticantes das leis divinas, ao qual o Criador concede o direito pela ordenança divina de que caminhem em campo terreno para labutarem e auxiliarem guiando as vossas caminhadas para que vivam vossas vidas de formas mais amáveis e felizes pela busca de vossas elevações pelos aprendizados das quais vieram ao campo terreno aprenderem, praticarem e aplicarem-se para conquistarem as suas evoluções de si mesmos.

Pois os vossos conhecimentos acerca das leis divinais ao campo terreno servem não apenas para o campo terreno, mas sim apenas pelos espíritos que em campo terreno se encontram, pois as leis celestiais aos quais os Espíritos são conhecedores são estes regozijados e prostrados a estas e a outras e mais duras, doutrinárias e santificadas leis, devido aos vossos nivelamentos, conhecimentos, ciência, sabedoria e caminhada espiritual, ao qual não se faz pela carne conhecedora e praticante, e sim o espírito em estado de consciência livre de carne material, livre do direito do conhecimento ou execução do bem e do mal ao qual a carne utiliza-se como desculpas para não obedecerem e praticarem as leis divinais. Pois as vossas unidades elevadas em nivelamento acima das unidades espirituais dos espíritos que em campo material se encontram, possuem não somente estes ensinamentos, pois ao adentrarem as vossas missões espirituais celestiais, já os tinham em verdades, e por isso são conhecedores e obedientes não somente das leis espirituais divinais ao qual o campo terreno comunga como também as vossas próprias leis, pois estas que são acima das leis das terra, são regidas pelo próprio Criador, pela própria ordenança do Espírito Santo que vos regem com outros e mais rígidos conhecimentos, mistérios, poderes e saberes espirituais pelas vossas leis espirituais.

Acordo da Aliança

"Deus disse a Moisés: Sobe para o Senhor, com Aarão, Nadab e Abiú e setenta anciões de Israel, e prostrai-vos à distância. Só Moisés se aproximará do Senhor, e não os outros, e o povo não subirá com ele. Moisés veio referir ao povo todas as palavras do Senhor, e todas as suas leis; e o povo inteiro respondeu a uma voz: faremos tudo o que o Senhor disse" (Êxodo 24: 1-3)

6.3 E somente aquele que purificado e santificado em matéria e em espírito pelo próprio Criador é que poderia subir ao monte mais alto para ter com o Senhor Deus e por vossa própria ordenança ouvir e escrever tudo aquilo que seria dito ao povo de Israel, ou ao povo da terra perante o firmamento no dia do acordo que seria firmado entre Deus e os vossos filhos escolhidos pela determinação sacra de serem os caminhantes da terra da promessa. Pois este que seria o proclame no momento mais altivo e sublime ao qual o povo selaria as vossas existências em campo terreno seria o mais nobre dos nobres escritos ordenados pelo Senhor Deus para que diante da congregação com todos aqueles que seriam selados e prometidos por vossas próprias vontades de seguirem e obedecerem aos caminhos e as palavras de Deus, seria lido por Moisés, porém seria o selo da verdade de Deus para com os vossos filhos, unindo em verdade e em poderes e gloria as duas partes, ou as duas vertentes, a vertente espiritual divina representada pelo próprio Criador diante de vossa própria vontade determinação e ordenança das palavras ali escritas e proclamadas e a vertente material os vossos filhos da terra, prometendo-se em gloria e em verdade diante das palavras de Deus e de vossas próprias vontades, cumprirem o vosso acordo e seguirem os vossos caminhos com a verdade, que à partir daquele momento estariam todos eternamente selados .

Por isso, somente aquele que em verdade e em gloria já estava pelas mãos do Criador purificado e selado em vossa existência, pela força do amor da luz e da verdade é que poderia subir ao topo mais alto do monte mais santamente purificado, o monte escolhido pelo próprio Senhor, para receber Dele mesmo o que seriam as palavras do selo entre Deus e os filhos da terra, pois esta que seria a arcada espiritual, ou o selo que fecharia as portas da terra e abriria as portas dos céus para todo aquele que verdadeiramente se prometeria diante do Criador ouvindo as vossas palavras e repetindo as vossas falas frente ao vosso mais santificado elo espiritual terreno, o vosso altar, e com isso, entregando-se e selando-se a si mesmos em amor e em verdade ao Senhor Deus; jamais seria sofredor ou sofreria as tentações e flagelos mundanos pela força das energias e das forças que corroem a terra, ou do elo espiritual ao qual todo ser espiritual encarnado encontra-se assentado em jornada espiritual terrena.

Pois estas que não eram as palavras de Moisés e sim as palavras do Senhor para a proclamação do selo de Deus para com a terra, eram as palavras dos céus repletas de gloria, amor, compaixão, sabedoria e plenitude divina. O que jamais se repetiria em campo terreno, diante de todos os séculos daqueles séculos que ordenado pelo Senhor Deus, pois não mais se vislumbrariam ou ouviriam as vossas próprias palavras ao qual foram escritas, pronunciadas e através delas selados aos filhos terrenos; pois fora o selo espiritual naquele sagrado momento enviados aos quatro cantos do mundo. Por isso, a não ser que se faça novamente presente a vossa ordenança pela vossa presença em nova determinação em novo gênese para nova existência carnal em um novo pacto espiritual, tudo o que fora naquele momento anunciado e firmado, ficará para o tempo guardado e trancafiado, pois jamais poderá ser apagado.

Pois todas as palavras que foram outrora proclamadas por Moisés frente ao selo da aliança, sagrado que fora realizado com toda a congregação perante ao Criador, jamais será novamente repetido em campo terreno, uma vez que as palavras do Criador serão as mesmas ainda que os tempos passem e passem e eternamente ainda passem. Porque tudo aquilo que fora dito, será o mesmo dizer diante da mesma vontade divina perante todos os séculos espirituais para todos os filhos da terra de todas as encarnações e missões ao qual o campo terreno possa recebê-los, seja em que era de tempo ou época de tempo em que venham a serem novamente seres encarnados. É certo que celestialmente, tudo o que deveria ser dito, fora naquele momento dito, tudo o que deveria ser acordado, fora naquele momento acordado e tudo o que deveria ser selado fora para a eternidade à partir daquele momento selado. Portanto, ainda são as mesmas palavras, os mesmos povos das diferentes gerações, das distintas encarnações, dos distantes continentes e da mesma terra, para tudo o sempre.

Por isso, tudo o que fora escrito e proclamado, fora à ordenança do Criador, e nenhuma palavra será mudada e alterada até que a vontade do Criador seja a nova ordenança de novos proclames para novos escritos e novas aliança. Mas até que isso ocorra tudo o que fora dito e selado para a eternitude será em vosso seio guardado e selado. E ainda que haja nova aliança, ainda será esta a aliança divinal entre o Criador e os homens da terra, porque o que está selado no tempo será eternamente o mesmo acordo. Por isso, nada será alterado, pois ainda que os tempos mudem as palavras serão as mesmas, os selos serão os mesmos, os proclames continuarão os mesmos, pois a força das forças dos Espíritos de grandeza e dos Espíritos sagrados que regeram o campo terreno e que estiveram presentes naquele sacro e celestial momento, sendo as testemunhas celestiais, assim com os homens se faziam também testemunhas uns dos outros, continuam e continuarão as mesmas pela eternidade, por todas as eras de tempo, para todas as novas ordenanças que viriam depois desta, por todos os novos selos. Portanto, ainda que tenham cumprido com os vossos votos e compromissos ou não, o que fora dito e acordado por cada um, selado no tempo está, e pela eternidade será este o selo dos céus e da terra, ao qual o Senhor Deus vos concedeu serem em vosso nome selados e abençoados.

Porque todos aqueles que selaram-se e comprometeram-se com o Senhor, selaram-se e comprometeram-se em nome de todos aqueles que posteriormente após as vossas existências iriam descer aos campo terrenos em novas carnes, em novos seres pelo poder da mesma aliança. Sendo assim, tudo o que foi selado e firmado com o Senhor Deus, representa a vontade do povo da terra em obedecer para seguir os caminhos divinos por todos os séculos de todas as jornadas terrenas para toda a eternidade, pois tudo o que fora dito, e todos os que foram selados, no tempo dos séculos ainda vivem as vossas promessas, pelas vossas palavras e vossos desejos, pois os tempos jamais passarão diante da eternitude do Criador, porque todo o que foi dito naquele momento na presença de Deus, ainda é a vontade da terra para que a vontade de Deus seja o motivo de vosso zelo e vossos cuidados para com os filhos da terra que em vossa eternitude, amor, compaixão e gloria creem.

E aos que não creem também, pois no momento em que os filhos terrenos, ou os povos das doze tribos de Moisés, firmaram pactos com o Criador, ofertarem-se em amor e em verdade, comprometeram os outros filhos da terra que não firmaram acordo de vossas existências pelo desejo de serem ainda mundanos. Porém, como todo acordo necessita de duas partes para que possa ser selado e possuir validade, ainda que apenas um filho da terra se comprometesse com o Senhor Deus, seria este o único representante terreno do acordo entre os céus e a terra, para que o Senhor pudesse derramar sobre este campo, a vossa luz celestial, o vosso amor e a vossa benevolência e majestade, sendo ainda zeloso, misericordioso e brando em vossos juízos.

Por isso, ainda que muitos filhos da terra pareçam ter esquecido da aliança firmada entre vos, através de vossos antepassados em tempo remotos, ao qual o tempo muda somente em vossas imaginações por acreditarem que fora está apenas um selo entre as doze tribos de Israel e não valem para novas gerações. Afirmo a vocês que esta é ainda a aliança divina, acordo entre os homens e o vosso Criador. Ou viria o Criador ao campo terreno para firmar os vossos desejos e a vossa vontade e com o bater das horas tudo se apagaria com o tempo terreno em que vos vossos filhos estão inseridos, para vossa própria vontade? A resposta é não, pois os tempos misturam-se em eras e eras próximas, distante e longínqua formando uma só unidade de tempo e de espaço, pela eternitude que jamais se mistura com o tempo ou jamais se acabará em tempo algum. Sendo ainda a mesma aliança vive presente nos elos espirituais entre os campos celestiais e o campo material, pois nenhuma palavra jamais será apagada ou esquecida após ter sido pronunciada.

Ainda que os tempos mudem, as palavras serão sempre as mesmas, e os selos serão sempre os mesmos; os selos serão os mesmos, assinados com letras de sangue, frente ao Senhor que vos deu o direito à vida, assim como o direito de crerem, obedecerem e seguirem as vossas palavras, não por imposição ou força, e sim pela vontade de cada um no momento em que formaram as vossas vontades pelas palavras repetidas em nome de Deus, ao qual de qualquer forma todos que passarão pelo campo terreno, serão representados por aqueles que do selo da aliança formam por vossas próprias vontades prometidos ou comprometeram-se ao Senhor, para que deles cuidasse e protegessem os vossos caminhos e vossas caminhadas até a eternidade. Amém.

Assim, foram escritas as palavras que do acordo entre o céu e a terra, para serem anunciados a cada ser encarnado de cada tribo, onde cada tribo representada por seu ministro, era seu ministro, o próprio dirigente espiritual cuidador e zeloso sacerdote com os vossos membros, o seu próprio povo, por ele dirigido; e era o povo da promessa e vossos dirigentes os representantes de todos os povos que viriam ocupar a mesma terra, o campo terreno, pelo mesmo código da mesma aliança espiritual.

E Moisés, pela determinação do Senhor, escreveu o que viria a ser o livro sagrado da aliança, aos quais todos os filhos da terra deveriam seguir e obedecer como forma de serem leais e fieis ao Senhor, bem como manter-se próximos e unidos em elo espiritual terreno, uma vez que este, além de ser o campo dos prazeres e das delícias é também o campo das dores e dos pesares para todos aqueles que distante do Senhor caminham. Ora, e não fora o Criador quem ouviu aos vossos apelos diante de vossas dores e lamentos em plena servidão do Egito e os colocou para fora dos campos do sofrimento que os maltratavam o corpo e a alma, os libertando a cada um daqueles sofredores quando levantou do meio de vos mesmos o vosso Aprendiz, o Aprendiz de vossa perfeição, benevolência e magnitude lutando por cada um daqueles que do clamor de ajuda para dias melhores imploravam por ajuda, e receberam ajuda, ainda que sequer conheciam o vosso Senhor? Ora, mas não fora Ele quem os ajudou a saírem de vossas servidões tanto carnais quanto espirituais, para lhes darem o caminho e a direção, não da terra da promessa e sim da liberdade de espírito que os acorrentava mais que do que as correntes no Egito? Vejam, se não fora através do também encarnado de nome terreno, Moisés, filho nascido do apelo de vossas bocas para utilizar todas as forças e poderes espirituais do Criador para aliviar não somente o sofrimento da escravidão, como também dar-lhes a formula divinal para a liberdade espiritual do não sofrer?

Porque ainda que saíssem das terras da dor, porém não caminhassem com o Criador frente as vossas ordenanças, nenhuma dor, lamento e sofrimento seria extinta de vossos caminhos e de vos mesmos, pois esta não encontrava-se apenas em terra egípcia e sim dentro de cada um de vós. Pois não seria esta, ou apenas as terras do Egito o caminho da dor e do sofrimento, se acaso as vossas unidades espirituais materiais, não caminhassem diante de leis e normas claras, estabelecidas pelo Senhor que vos tinham acabado de tirarem das terras do lamento e da dor, pois não era o faraó o único causador de vossas dores, pois fora o Criador quem o ordenou a intensificar as vossas durezas para que percebessem que assim como poderia um ser material ser tão o mau e danoso a outro, poderia também ser igualmente bom e caridoso, bastando apenas seguir os preceitos e as vontades do Senhor.

Por isso, saberiam muito brevemente, que a dor não viria apenas da escravidão de onde foram saídos e sim de todas as formas de viverem as vidas terrenas frente as vossas próprias verdades, pois as vossas próprias verdades eram mais duvidosas, falsas e danosas que a própria verdade de serem nascidos na terra da falsidade, da dor e do lamento ao qual estavam em campo de escravidão. Por isso, se acaso saíssem das terras do deserto e não fossem obedientes as leis divinas ao qual o Senhor Deus vos iria proclamar e escrever, jamais viveriam longos dias, frente a felicidade caminhando em direção a terra da promessa ou ao caminho da promessa espiritual; por isso, se não conhecessem a forma de viver em campo terreno pelos olhos do Criador, ao qual ele mesmo chamou de vossas leis sagradas, e não obedecesse por meio destas sagradas leis o desejo do Senhor para cada um de vos, jamais creriam que fora o Senhor Deus quem os haviam libertado, abolindo em verdade os vossos ídolos e deuses que vos abasteceram as descrenças e a mentira ultrajada de verdade única, jamais poderiam seguir ao Senhor Deus em luz e em verdade para os caminhos da terra da promessa de serem felizes e prósperos, para serem realmente felizes e prósperos.

Pois assim com são homens nascidos da terra, ao qual a terra vos foi concedida pelo próprio Deus que os libertou de vossas dores e lamentos pelas vossas incapacidades de serem e viverem felizes e terem por si mesmo prosperidade espiritual, terra esta que ainda é governada e regida pelos homens constituídos de matéria carnal para serem os comandantes espirituais desta que é orgânica assim como eles mesmos, porém devido as vossas arrogâncias ainda pode ser tão danosa e causar dor e sofrimento as vossas unidades cheia de desejos carnais, elevação de si mesmo e destruição dos vossos pares, nascidos para comungarem com vos mesmos as vossas existências. Seria a terra da promessa apenas a mudança material de espaço físico e não a mudança espiritual pela força da luz e da gloria ao qual preparava Senhor a todos os seus filhos caminhantes, se acaso estivessem voltados para seus ídolos ou deuses firmados em verdades próprias distante das leis divinais do amor, da compaixão da devoção e da caridade. Pois a dor e o lamento que outrora flagelavam em terras egípcias, seriam os mesmos em terra de Canaã.

Porque aquela que fora a antiga terra da dor, que nada muda em relação à terra que ainda vos causa dilacerações pelas vossas próprias escravaturas de desejarem serem ainda danosos e maus uns com os outros, em nada muda as vossas próprias terras em comparação as terras do Egito, se acaso não obedecerem às leis sagrados de Deus. Pois da mesma maneira que o governo e a regência outrora do faraó, também filho da terra, frente aos seus súditos e escravos diante de vossas próprias falhas regências pessoais, que os faziam tão sofredores em terra de dor, tanto o faraó quanto os seus servos, pois ambos eram sofredores e danosos em uma sociedade de arrogância, deuses e falso poder, a mesma dor que outrora fora o lamento para a libertação de todos vos, será a mesma dor e o mesmo lamento, se caminharem distante das ordenanças de Deus.

Isso porque os caminhos da terra proporcionam para aqueles que caminham distante das leis sagradas divinas prazeres e delícias que são mais danosos e ferem mais do que a escolha de serem bons, dignos e honestos uns com os outros, ao qual essa distância poder causar.

Pois quanto mais distante das leis sagradas divinas, caminhando sobre leis próprias que colocam os vossos pares e vossos complementos de inteireza de forças em submissão e os desqualifica, que vende o amor, a compaixão, a benevolência a preço de vil metal, de oferta a luz divina e a grandeza celestial pela auto proclamação de poderes e de forças, que mata em nome daquilo que fora criado em terra de homens, por vontade própria, jamais ordenado pelo Criador, que distribui mandamentos e ordens baseados em ódio, angustia movido pela vontade de separar pessoas e animais por suas raças ou localidades, bem distante da verdade ao qual o Criador ordenou que atuasse o vosso Aprendiz, que ao invés disso, era determinado em unir os povos, independente de quem fossem, pois atuaria o Senhor por meio da força da união em torno Dele mesmo, pelos vossos mandamentos.

Porém, ainda os seres encarnados lutam para destruir e eliminar os outros filhos de Deus, que assim como ele receberam o direito à vida, e da igualdade e não da destruição por aqueles que se auto proclamam melhores, mais nobres, mais merecedores ou mais divinos e que por isso, devem impor as suas leis nascidas de suas falsas verdades, porque estas não possuem verdade alguma diante das ordenanças de Deus, e as vossas lutas em destruir o próximo ou impor leis e normas ao qual não determinou o Senhor, valem menos do que as leis da qual atuam os servos espirituais seguidores das leis divinas, no fogo do inferno, e que por isso, serão por eles, assim como julgam os vossos pares, espiritualmente julgados. Por isso diz, a lei da espada: mate será morto; mas não em campo terreno, e sim em campo espiritual, onde leis se fazem cumprir pela justiça e pela verdade.

Por isso, somente caminhando em união, pela força de vossos mandamentos e vossas verdadeiras leis, que são aquelas que unem, e fortificam os povos e as sociedades pela combinação de diversas forças atuando em prol da mesma força que é Deus, seguindo a mesma direção, jamais haverá dor e lamento em vossas jornadas.

Mas não desceu o Senhor Deus aos campos terrenos para selar a vossa aliança apenas com um grupo de homens, e sim com todos os homens que da terra caminhariam vossas existências, porque no momento em que aquele grupo em solo terreno derramassem vossas carnes e voltassem para as vossas verdadeiras moradas, as leis divinas seriam enterrada juntamente com eles. Por isso não são as leis sagradas, anunciadas e escritas apenas a um grupo seleto de seres encarnados e sim a toda a humanidade que deles fariam testemunho de vossas caminhadas, para que os demais homens sigam se reconheçam-se selados ao Senhor igualmente como eles o fizeram. Porém ainda que não o façam, o selo vivo de Deus com o povo da terra ainda vive, pela determinação de que todos os atos, ações e palavras jamais se apagarão ou morrerão com o tempo, ou com aqueles que já morreram.

E se o povo da terra desconhecesse as proclamações dos dez mandamentos sagrados selado em acordo espiritual pela força da aliança, não seria o Senhor glorificado e reconhecido em vosso poder e unidade espiritual de poderes e de forças magistrais pela vossa fonte única de poder e de gloria por todos os filhos da terra em todas as passagens espirituais carnais, pois ainda andariam pelas ordenanças de si mesmos, sofrendo as dores e as lamentações de serem filhos nascidos da terra, porém sem caminho ou direção que os fizessem mais brandos, amorosos, caridosos e devotos ao vosso Senhor, não aquele quem os libertou das garras da dor do Egito e sim aquele quem vos deu caminho, esperança, direção e direito de serem conhecedores de vosso Criador e caminharem sobre as vossas ordenanças.

Mas este reconhecimento sagrado somente pode existir se caminharem nas veredas da obediência, da humildade, da compaixão e do amor, porque se ainda caminharem pelas próprias determinações, jamais o reconhecerão como sendo o verdadeiro e único salvador de todas as dores de todos os caminhos, e de todas as salvações, pois quanto mais distante das leis divinas o ser material caminhar mais próximo este andará do lamento e da dor de ser danoso a si mesmo, porque não somente não conseguirá reconhecer o Senhor Deus como o vosso legítimo salvador, como não será capaz de reconhecer-se a si mesmo como um dos filhos da promessa frente a aliança espiritual selada e proclamada também em vosso nome. E todo aquele que não possui capacidade de reconhecer-se a si mesmo, também não possui capacidade, ciência e discernimento de reconhecer o vosso único divino e soberano Salvador.

Desta forma, além de os tirarem da terra da dor, para serem livres e felizes por si mesmos, ainda vos concedeu serem conhecedores das leis e ou das prescrições para que em campo terreno sejam tão amáveis e felizes, assim como Ele deseja que sejam e sigam em vossas caminhadas rumo ao caminho da sagrada e terna eternidade. Porque não seria apenas as terras do Egito os caminhos da dor e do sofrimento, e sim as vossas unidades que diante da dor e do sofrimento estariam expostos, se acaso desejassem caminhar apenas pelos caminhos das leis da terra.

Por isso, seria o mesmo Deus que outrora ouviu os vossos apelos que não somente iria vos libertarem de vossas dores, como também iria vos ofertar a vossa aliança para que todos aqueles que caminhem sobre as vossas leis, selada pela vossa aliança, não sofra as dores e os lamentos de caminharem distante de vossa luz celestial e de vossa eterna bondade, pela força do selo ao qual a vossa aliança conduz a cada um que com ele sela as vossas também verdades, pois é a vossa luz, o vosso amor e a vossa compaixão selados e assinado com letras de sangue, o caminho para a eternidade por meio do elemento árido aos quais todos caminham e todos irão caminhar para cumprirem com as vossas missões.

Porém não é o Senhor Deus caminhante do elo material em carne que finda, porém levantou da terra o vosso amado filho, o Aprendiz de vossa perfeição, para ser o caminho de vossa luz e da salvação pelo vosso nome. Por isso, não fora Santo em terra de homens e de espíritos, pois se acaso o fosse, também não o reconheceriam aqueles que necessitavam das forças, da determinação da humildade e da lealdade para com ele caminhar, pois a vossa determinação além de não se encontrar em forma de Santo, não era o caminho ao qual o Guiador fora determinado para com o seu povo andar, e sim o caminho do autoconhecimento, da doutrina da disciplina, dos selos espirituais, da formação e a constituição da comunidade espiritual assim como o conhecimento do Senhor Deus da vossa glorificação, pelas forças das forças espirituais que ao campo terreno são ordenadas para se encontrarem e serem também regentes de todos os seres e todas as unidades terrenas conforme a ordem maior.

Logo todo aquele que diante da aliança do Senhor Deus prostrar-se em verdades e obedecer aos vossos mandamentos, jamais sofrerá as dores de serem caminhantes de si mesmos. Pois todo o sofrimento aos quais todos foram expostos outrora no Egito ou no campo do deserto, fora bem diante das leis celestiais que à partir daquela aliança, que adentraria a terra para ser a continuidade do poder a da força do Criador por sobre toda a humanidade que próximo a Ele caminharia as vossas vidas obedecendo e cumprindo com a vossa aliança.

Pois esta aliança que é o elo espiritual entre o céu e a terra, é também o elo espiritual entre os Espíritos sagrados e o campo terreno, para todos aqueles que diante de vossa verdade prostra-se em verdade e obediência as vossas leis sagradas. Pois são as leis divinas, a proclamação em palavras dos desejos celestiais de Deus, para o campo terreno, ao qual o Guiador escreveu como forma de guardar a vossa mensagem, porque além da ferramenta divinal para vos ajudarem a seres mais amáveis uns com os outros, pois somente assim podem ser menos danosos e menos cruéis, dolorosos e fatais, pois aqueles que obedecem ao Senhor obedecem também aos demais seres da terra, são mais humildes e respeitadores, são as próprias leis escritas pelas mãos de Deus, as leis divinais a seres lembradas e cumpridas igualmente por todos os séculos de existência material sobre a vossa terra da qual zela e cumpre com a vossa promessa.

Porque esta é divinamente a única forma de adentrar aos caminhos celestiais da bondade do Pai celestial, pois este que se inicia em elo celestial ao retorno das casas santas, inicia-se antes em campo terreno pelas veredas da justiça e da verdade. Por isso, não apenas seriam as palavras importantes e a santificação pela sim a obediência em relação a cada um dos mandamentos sagrados ao qual o próprio Senhor determina que todo aquele que deseja seguir os vossos caminhos de eternitude e de evolução sagrada e celestial precisa acima de tudo conhecer e praticar.

Mas não somente conhecedor das palavras e dos mandamentos em ordenamento santo, mas também obediente, seguidor e fiel, pois o caminho da eternidade ao qual todo ser espiritual carnal busca, encontra-se frente ao respeito, a aceitação, ao conhecimento de si mesmo perante aos outros, a devoção, a honestidade e a sabedoria, pois para viver em terra de homens é preciso sabedoria, e nenhum servo adentrar aos caminhos divinais sem essa, que é também uma das chaves para o caminho para as portas do céu, pois aquele que não possui respeito, honestidade, humildade e sabedoria para viver a vossa unidade junto aos demais seres do mesmo campo espiritual, não possui com o vosso Criador, pois além de não conhecê-lo, jamais terá a oportunidade real de que isso venha a ser uma verdade. Ora, poderia um enganador, infiel, desleal, desrespeitoso e falsário prostra-se diante do trono do Senhor Deus? Portanto, somente adentram aos caminhos do Pai celestial aqueles que preparados em amor e em verdade se encontram. Aos demais, os caminho da remissão encontram-se também de portas abertas.

O Altar sagrado da Aliança divina

"E Moisés escreveu todas as palavras do Senhor. No dia seguinte edificou um altar ao pé da montanha e levantou estelas para as doze tribos de Israel." (Êxodo 24: 1-4)

6.4 Mas subiu Moisés ao monte para ter com o Criador e receber as vossas ordenanças, o que culminou na escritura do livro da aliança, ou seja, o livro escrito por ele mesmo com suas próprias mãos, relatando tudo aquilo ao qual fora dito pelas palavras do Senhor, ao qual deveria todo o povo conhecer e obedecer, uma vez que a aliança seria firmada entre todos os seres das doze tribos perante o ritual, porém, se estenderia a todos os povos da terra e o Senhor. Mas não era apenas dizeres a serem repetido aos filhos do deserto durante o ritual do Pacto entre os céus e a terra pelo código da aliança sagrada, e sim a proclamação daquilo que seriam os proclames frente ao selo da aliança entre o céu e a terra, ao qual o Senhor proclamou ao vosso filho Moisés, pela vossa própria unidade de poder e gloria para que fossem todos selados e abençoados pelas vossas bênçãos divinas em campo material, pois não seria está apenas uma aliança terrena, e sim a aliança da qual selaria o caminho de cada um daqueles que pela vossa permissão estariam selados em pacto espiritual pelos caminhos terrenos de onde iriam percorrem vossas crenças até os caminhos da eternidade. O que se estenderia a todos os demais filhos da terra que de vossa gloria se regozijarem as vossas também crenças e obediência aos vossos mandamentos.

Mas ainda que estivessem todos reunidos diante de Moisés frente a vossa verdade o seguindo conforme as orientações do Senhor Deus, era certo compreender que nem todos os povos o tinham como o caminho para as vossas salvações espirituais diante da face do Criador pois nem todos aqueles que saíram do Egito com o Aprendiz, seguindo as vossas orientações pela vossa força frente a todos os poderes de maior poder da terra pela magnitude de vossos prodigo que na verdade eram os pródigos ordenados pelo do Senhor Deus, aplicando a vossa determinação e a vossa força sobre todas as forças, que todos o tinham como o vosso também único e verdadeiro Deus, o único salvador. Pois não eram estes, ainda que do povo de Israel, nascidos da mesma escravidão, adoradores fieis e leais de um único Deus, pois em vossas comunidades diante da servidão do Egito, seguiam ainda muitos deuses aos quais os vossos credos e crenças os mantinham alimentados em vossas dores, pesares e lutas.

Porém fora as vossas suplicadas a interlocução ao qual o único e verdadeiro Deus, o Senhor Deus Todo poderoso vos ouviu e ainda que caminhassem em desalinho com a verdade, levantou dentro deles o vosso filho Aprendiz, para que pudessem a vossa verdade e a vossa santidade conhecer, para que deixassem de sofrer e penar diante de outros deuses, que vos traziam ainda mais dor e sofrimento do que alívio as vossas maledicentes existências. Por isso, nascera em terras egípcias o também hebreu para lhes mostrar que ainda que fossem adoradores de outros deuses, o único Deus, o Senhor Deus, era o único capaz de tirar-lhes de vossas penas e lhes dar dias melhores e vida mais amável a eles e as vossas posteridades. E não porque era o Deus de grandes e suntuosos pródigos e sim porque era o único e verdadeiro Deus, regente dos céus e da terra, capaz de manipular todos os organismos vivos e todos os elementos e espécies naturais que no campo terreno se encontram, pois todos os seres foram nascidos pela vossa única e esplendorosa verdade e compaixão, e até mesmo aqueles elementos que de vosso seio não eram nascidos, eram também de vossa unidade espiritual, prostrados e regozijados pelo poder de vossa determinação, vossa luz e vossa verdade.

Por isso, o único e verdadeiro Deus, ou a Santidade que iria salvá-los e dar-lhes dias melhores se acaso os tivessem como o vosso verdadeiro Senhor, e prostrassem também as vossas verdades e o reconhecessem como o Todo-poderoso criador de todos os campos espirituais e temporais conforme a vossa vontade. Mas para isso deveriam todos verdadeiramente conhecê-lo em luz e em verdade, sendo de vossa santidade leal e fiel aos vossos ensinamentos, a vossa doutrina e disciplinados pela obediência e pela devoção.

Desta forma, reuniu Moisés, todos aqueles que ele mesmo havia nomeado como sendo chefes das tribos ao qual ele os haviam escolhido e concedido o cargo de dirigente, ou seja, governante único de cada grupo de cada comunidade espiritual, onde o número de doze era também o número dos maiores e mais populares deuses adorados pelos filhos de Jacó, aos qual cada uma destas comunidades se curvava e se prostrava antes de conhecerem o poder do Senhor Deus que vos havia tirado da servidão no Egito. Porque ainda que seguissem o servo Aprendiz, crendo em vossa unidade e na unidade espiritual do Espírito Santo que é Deus, ainda vinham de doutrinas e disciplinas baseadas em cultos de adorações a deuses nascidos de crenças mundanas, o que lhes traziam mais dores do que alivio as vossas próprias dores e lamentos.

Mas não seria possível que Moisés reunisse todas as tribos de Israel, ou seja, as doze nações ao qual ele mesmo subdividiu os concedendo cargos de dirigentes frente aos vossos já congregados, após a saída do Egito para que fossem caminhantes da terra da promessa pela obediência a Moisés, pelos pródigos realizados por ele em nome de vosso Deus, para que da mesma maneira conduzissem os vossos povos. Porque já se fazia hora de formar a aliança espiritual divina através do pacto espiritual entre os céus e a terra como garantia de que todas as nações caminhassem diante das mesmas ordens e da mesma disciplina espiritual. Mas para isso, deveriam estar todos prostrados em aliança espiritual para em verdade caminharem pelo mesmo pacto diante das mesmas ordens e da mesma disciplina espiritual ao qual diziam obedecer frente ao Criador ao qual diziam ser leiais e fieis através das ações e das obras.

Para isso, precisariam estar de frente com o próprio Criador ao qual preparados estavam para seguirem as verdades, para que pudessem abandonar os vossos deuses mundanos e prometerem-se pelo pacto espiritual ao único e verdadeiro Senhor Deus, pela obediência e pela lealdade através do acordo da aliança ao qual iriam firmar entre todos os povos das doze tribos e o próprio Senhor Deus, e a única forma de entregarem-se ao Criador e firmar laço espiritual com a vossa santidade é através da representação de vossa unidade em campo terreno que é o altar sagrado dedicado ao Senhor em terra de homens e de espíritos.

E assim, construiu Moisés um altar em nome do Senhor Deus, não para o Senhor Deus e sim para os homens da terra, que próximos a vossa unidade sagrada espiritual precisariam estar para entregarem-se em carne e em espírito a vossa unidade santa que os conduziriam pela doutrina e pela disciplina alicerçada e assentada frente aos vossos mandamentos diante de vosso sagrado altar, a vossa representação em terra. Pois este que não seria mais um altar levantado em nome de um deus, e sim o altar do Senhor Deus, aos quais todos se prostrariam em verdade e em obediência, e não mais aos vossos deuses de madeira e de pedra como outrora faziam. Seria o altar da união de todos os povos de todas as nações espirituais que à partir daquele momento se tornariam uma única nação, obedecendo o mesmo Deus, prostrados a mesma santidade e regozijados a mesma luz pela obediência única das palavras únicas dos mesmos mandamentos, para que fossem unidos em amor e em verdade pelas palavras do Senhor que vos conduziriam frente a Ele mesmo, pela força de vossa unidade espiritual.

Porque ainda que estivessem todos unidos pelo mesmo objetivo de caminhar com Moises, o filho Aprendiz de Deus, e confiarem em vossas palavras, ainda possuíam as vossas origens devotas de vossos deuses, aos quais seriam todos banidos conforme a determinação do Senhor para que buscassem as vossas verdades dentro de cada um de si, conforme a verdade do Senhor Deus para cada um deles, de forma que unissem todos os povos em uma única direção, porém pela mesma determinação, a mesma doutrina, a mesma obediência e ao mesmo Deus, o Deus da luz eterna, o Deus do amor e da verdade. Caso contrário, não conseguiriam sequer sair da luta própria pela sobrevivência no deserto aos quais as vossas crenças aos deuses mundanos os tornariam tão danosos e sofredores como era a escravidão do Egito.

Por isso, o filho da perfeição, nascido para trazer o nome do Senhor aos campos terrenos, não somente através dos pródigos em terras egípcias como também ser o portador das leis divinas dando caminho e direção espiritual por meio do conhecimento verdadeiro do Senhor que o conduzira a terra de onde seria ele o vosso representante, dentro e fora do Egito, perante todas as nações pela longa caminhada na determinação de elevar o verdadeiro Deus a todos os povos, para que deixassem de sofrer e conhecessem na força, a plenitude e a magnitude da força da verdade, ao qual, após retirados os véus de vossas faces, seriam capazes de enxergar, o caminho e a direção para se chegar ao Criador, conhecer a vossa verdade, as vossas intenções, a vossa grandeza e deixar de sofrer, não pela prescrição dos mandamentos e sim pela doutrina através da obediência e disciplina ao Senhor, o verdadeiro e único Deus.

Desta forma, diante de vossa extensa caminhada, ainda distante do cumprimento de vosso trabalho apostolar pelo qual dedicaria ele, todos os anos de vossa existência, ergueu não a pedido de homens da terra, e sim pela ordenança do Criador, um altar em gloria ao Senhor. Pois seria este o altar sagrado que uniria todos os povos das doze tribos de Israel, devotas outrora de deuses de barro, à partir do momento em que fossem selados em acordo espiritual frente ao altar, levantado em nome do Deus único, se prostrariam todos em obediência a um único Deus, o Deus de Moisés, ao qual todos se regozijariam e se prometeram em compromisso espiritual diante dos proclames do Senhor, que preparado por Moisés, eram as próprias palavras de Deus aos filhos da terra. Porque assim se uniria todos os povos perante todos os membros dirigentes das doze tribos, de onde se levantariam estelas de cada unidade de congregação para que diante do altar sagrado do Senhor Deus, falassem todos as mesmas palavras, seguissem todos os mesmo mandamentos e caminhassem sobre o mesmo juramento, selado e acordado diante do Criador, representado por Moisés, repetindo os vossos proclames de união de todos os povos pela força do amor único, da forma única da mesma fonte de poder e de gloria, o mesmo Senhor Deus.

Pois o altar é a união de todos os membros e povos frente ao Espírito Santo que diante Dele se prostram e se ajoelham honrando e saldando o mesmo Deus pela mesma verdade e a mesma intenção. Porque os filhos da mesma congregação diante do mesmo altar não se regozijam para diferentes deuses. Por isso, o altar sagrado para prestar cultos e reunir todos os membros de todas as congregações espirituais perante as doze tribos de onde também levantou-se estelas, era a certeza de que nenhuma congregação espiritual dentro de nenhuma tribo de Israel, prestaria culto a outro ser espiritual que não fosse o Senhor Deus, unindo assim todas as tribos e todas as futuras nações em direção ao mesmo Senhor, em sinal de obediência, lealdade e fidelidade não somente por tê-los tirado da escravidão do Egito e sim por tê-los concedido o direito à vida e ser o único que vos pode conceder a salvação espiritual de vossos espíritos.

Pois somente diante do altar do Senhor, onde naquele momento todos se entregariam em devoção e em verdade ao único Deus, louvando e glorificando um único Senhor é que seria possível que ocorresse o firmamento do código da aliança frente aos doze mandamentos, onde todos se prometeriam e se comprometeriam, a seguirem as leis de Deus. Mas para que tal firmamento pudesse ser possível de ocorrer, apenas poderia ser diante do Altar do Senhor, ou diante do altar de onde todos se regozijariam ao mesmo Deus, o mesmo Senhor. Até porque não seria possível que se unisse as duas vertentes para que se pudesse firmar este compromisso de seladura de unidade material e espiritual diante da verdade do Espírito Santo, se acaso as duas vertentes não estivessem unidas em uma mesma verdade.

Porque o altar sagrado além de representar a fonte direta de energia celestial é também a representação da unidade espiritual aos quais todos dentro de uma mesma comunidade se prostram e reverenciam em amor e em verdade o mesmo Senhor. Por isso, se acaso cada um dos dirigentes das doze tribos representantes de vossas próprias tribos espirituais nascidas de Israel, ou seja, cada um dos encarnados, frente a esta fonte direta, não estivessem com vossas verdades e intenções voltadas para o único e verdadeiro Deus, jamais poderiam firmar acordo com o Senhor, pois sem a presença da unidade espiritual que ali se encontrava diante de todos, onde o altar é a representação desta unidade espiritual do Senhor Deus, nenhum membro poderia ser selado e prometer-se frente a aliança ao qual seriam todos selados e trancafiados em vossas unidades pela eternidade.

Por isso, levantou Moisés o altar em nome do Senhor e assentou doze estelas representando cada uma das doze tribos de Jacó, onde as estelas era também a representação de cada grupo do povo que abaixo de vosso espiritual comando se encontrava, para que permanecessem ali, diante da fonte de troca de energia entre o céu e a terra, de forma que todos os povos de todas as tribos outrora devotas de deuses mundanos, soubessem que à partir daquele momento em que o pacto fosse selado, todos seriam servidores do mesmo Deus, o Deus único e verdadeiro. Por isso foram as placas levantadas frente ao altar como forma de apresentar cada tribo de Israel, a todas as demais tribos e povos, para que pudessem todos em comunhão pelo sinal de que estavam todos unidos, obedecer e respeitar as leis e os mandamentos espirituais de Deus, que após os proclames e dizeres aos quais o próprio Senhor os havia dito no dia anterior, para que com estes pudesse anunciar a todos os povos e selar o compromisso da aliança, seriam todos servidores da mesma doutrina e disciplina pela força da aliança ao qual seriam todos de todas as tribos selados.

Porque ainda que Moisés, o conhecesse tão bem quanto Ele mesmo o conhecia, e devido a vossa lealdade e devoção fora escolhido para ser o Guiador, e por isso com o Senhor comunicava-se face a face, conforme a determinação espiritual do que viria a ser face a face; nenhum outro ser material da qual ele mesmo dirigia frente as doze tribos, o tinham até aquele momento como o vosso verdadeiro salvador ou o conheciam assim como conhecia o vosso amado filho, o Aprendiz da perfeição. Desta forma não era o altar apenas a madeira erguida ao qual Moisés, o chamou de Altar do Senhor, e sim o levantamento de Deus em terra de homens e de espírito, aos quais poderiam os homens que mais estiveram diante da face do Criador, terem contato espiritual através da energia que jorrava daquela fonte, por meio do pedestal em madeira levantado em vossa intenção que carregava o livro da aliança que seria lido e todos poderiam tocar e sentir o Senhor Deus, através dos escritos diante do pedestal erguido por vosso filho sobre a vossa ordenança em vosso nome.

Pois seria o altar para muitos o mais próximo que chegariam do Senhor Deus ou o mais próximo que teriam chagado do Senhor, podendo tocá-lo, vislumbrá-lo e senti-lo em vossa totalidade, pois ainda que este seria apenas o elemento orgânico levantado em terra, estaria abaixo desta base de madeira, o verdadeiro alicerce divinal, de onde seria assentado o livro da aliança, que através dele, seriam proclamadas as palavras de Deus, o tornando não apenas um pedestal de madeira, e sim em um sustentáculo divinal, entre o Criador e o campo terreno, ao qual o laço material e espiritual por meio das proclamações de cada indivíduo o faria ser tão vivo e vívido como qualquer um que ali estava de corpo vivo e em verdade, frente a verdade escrita no livro da aliança, tão viva quanto qualquer carnal que se apresentava diante do altar do Senhor.

Ora, mas não fora apenas o filho da verdade quem lhe ergueu um altar santo em vosso nome, e sim todos aqueles que da verdade comungariam e se entregariam pela verdade para a Verdade em sinal de devoção e obediência. Porque quem em terra levantaria um altar em devoção a vossa santidade e se prostraria para outro deus? Quem em terra ou diante dos céus levanta um altar, se não para que todos os membros de uma mesma comunidade não se prostrem e regozijem vossas verdades em nome daquele ao qual o altar fora erguido? Ora, se não é um altar um elo espiritual sagrado entre os céus e a terra, em intenção de vossa Santidade, o Senhor Deus, como forma de unir todos àqueles que diante do altar se encontram ajoelhados em nome da mesma verdade? Porque um altar sagrado carrega não somente a energia divinal do ser espiritual como também a energia vital de todos os que depositam as vossas unidades em forma de amor e de verdade. Por isso, não poderiam ofertar-se em amor e em dignidade se acaso não o dignificassem através daquilo que seria o mais alto dos mais altos tronos espirituais em campo terreno, de onde apenas este lugar poderia receber as palavras de Deus para que fossem seladas em comunhão de todas as energias, todas as verdades e todos os quereres, o altar sagrado.

Desta forma não era o altar a aliança, e sim o caminho para a materialização da união de todas as forças espirituais e das forças terrenas daqueles que ali estavam em devoção pela mesma verdade ou a verdade que o próprio altar representava para cada um daqueles seres. Pois ainda que os tempos passem e todos os seres que ali estivessem regressassem as vossas casas espirituais, ainda assim seria o altar trono terreno do caminho da verdade aos quais todos após o selo da aliança proclamariam por todos os tempos em campo terreno.

Pois somente assim, poderia Deus fazer-se verdade para aqueles da verdade conheciam apenas as palavras de Moisés, porque através do elemento material ao qual a vossa verdade é a mesma que a verdade de todos aqueles que desejam conhecê-lo e caminharem com o vosso Deus, porém não possuíam a mesma determinação espiritual que o vosso filho, o aprendiz, pelo motivo de todos os motivos que levou Moisés a ser o Guiador, e todos os outros a serem os vossos guiados, é o altar a fonte de ligação espiritual entre Deus e os filhos da terra ao qual nem mesmo Moisés, possui o domínio ou a força e o poder de mudar e alterar esta a ordenança diante de uma verdade.

Por isso, era o altar além de suporte para o livro da aliança o único suporte que poderia sustentar todas as crenças, todas as devoções, todas as verdades e todas as intenções verdadeiras dirigidas àquele ao qual se fora erguido o pedestal. E assim, também, o único que poderia receber o livro da aliança, pelo motivo de que não era este apenas o pedestal, e sim o lastro de todo o fundamento da qual participariam todos os israelitas congregantes da mesma doutrina, chamada espírita, para uni-los em verdade pela mesma disciplina em obediência aos mesmos mandamentos espirituais de Deus.

"Enviou jovens dentre os israelitas, os quais ofereceram holocausto e sacrifícios ao Senhor e imolaram touros em sacrifício pacífico. Moisés tomou metade do sangue para colocá-los em bacias, e derramou a outra metade sobre o altar. Tomou o livro da aliança e o leu ao povo, que respondeu: Faremos tudo o que o Senhor disse e seremos obedientes. Moisés tomou o sangue para aspergir com ele o povo. E disse: O sangue da aliança que o Senhor fez convosco, conforme tudo o que foi dito" (Êxodo 24: 4-8)

Mas para que a aliança se faça verdadeira e se faça selada entre o céu e a terra se faz necessário unir os homens e o Criador ou os homens e o Espírito Santo em real santidade através das duas vertentes, a vertente espiritual representada pelo livro da aliança, ao qual continha as palavras do Criador que foram proclamadas diante do altar dedicado ao único Deus perante a todos os membros de cada comunidade que ao qual prometeu-se e comprometeu-se cada dirigente de cada nação espiritual ser leal e fiel em seguir os caminhos espirituais do Criador pela doutrina e pela disciplina espiritual do Ser Supremo por meio dos mandamentos sagrados, onde foram os membros de cada uma das doze tribos selados e prometidos em sinal de verdade através do pacto firmado em junção com a vertente material, representada pelo sangue da vida, ou a unidade espiritual viva corrente em carne material, ao qual seria juntamente com a unidade celestial o Espírito Santo representado por meio dos proclames, unida e selada pela força das duas vertente, ou das duas forças existentes capaz de unir uma só força.

Isso quer dizer, unir a força celestial à força espiritual que forma um ser carnal material, pois é através da junção espiritual carnal por meio dos elementos naturais espirituais, onde encontra-se também o espírito da carne, ou o sangue caminhante da matéria, pelo vigor e pela energia sagrada para que um ser carnal possa ser um ser vivente em campo terreno juntamente com o espírito que é a alma da essência espiritual que a concede o poder de fluidez celestial para que também seja viva e se aloje ao abrigo orgânico material que o selo da verdade se faz vivo da mesma maneira que é vivo o espírito à carne e a carne pelo espírito e pelo sangue que é a sua alma vivificada pelas força do poder espiritual ao qual o campo material possui.

Ou seja, fora o selo da aliança espiritual do mandamento pactuado através do ritual espiritual de firmamento do selo da aliança, pela força da união das duas vertentes onde a vertente espiritual divinal se fez viva por meio dos proclames pronunciados por Moisés, e repetido por cada dirigente membro de cada tribo ao qual se comprometeu e também aos vossos congregantes através da junção com o sangue do animal imolado representando a vertente material, ou representando da energia espiritual da carne ou da única forma de vida espiritual da carne de qualquer ser que terrenamente vivo esteja, seja este ser animal ou homem, uma vez que imolando o próprio homem não existe mais a possibilidade de que seja realizado algum pacto ou selo terreno, pois neste caso a unidade espiritual não mais estaria em campo terreno e sim em campo celestial, e este não mais seria um pacto entre os céus e a terra.

Portanto, fora através do sangue da vida animal, isso quer dizer, sangue que concede a carne ser viva através da refrigeração do espírito andante de si mesmo é que fora selado por meio da junção dos proclames que representava o Deus vivo e o sangue do animal que é um elemento vivo, pelo espírito do corpo, ou seja, o elemento caminhante dentro do abrigo material orgânico sem a qual jamais poderia existir vida orgânica para que o espírito pudesse adentrar.

Logo a junção das duas unidades sagradas espirituais, isso quer dizer, os proclames ou a palavra viva de Deus mais o sangue o elemento vivo espiritual representando o homem, fora pactuada e selada a aliança espiritual, tornando o homem entregue em dignidade e em verdade aos caminhos do Senhor pelo sangue da vida e pela unidade viva representada pelo livro da aliança de Deus. Fazendo assim, com que seja, este um pacto vivo entre os povos, através da junção das duas unidades espirituais divinais, o sangue, a força da vida, o elemento espiritual da carne e o livro elemento espiritual vivo de Deus em campo terreno, jamais possa ser quebrado ou findado entre as partes.

Ora, se não é o sangue o elemento material orgânico o e¹ɔ de força de vida andante de si mesma ou da própria carne para receber o espírito, e se não é livro da aliança, o próprio Espírito Santo, firmando o laço terreno e celestial perante o compromisso ou o selo sagrado dentre os filhos do seio eterno e o Deus eterno, que seria apenas um selo se acaso não fosse selado pela força das forças que unem tanto o campo terreno quanto o campo espiritual, ou se acaso este não utilizasse a força de vida que representa a própria vida material e a sustenta em carne abrigo espiritual. Por isso, se não fosse este selado pelo poder divinal de criação do organismo vivo, a carne que abriga o espírito, sem o sangue que sustenta a carne e que sustenta o espírito dentro da carne, não seria o pacto divinal entre o céu e a terra diante do altar caminhante da única verdade, a verdade divina.

Pois é o altar o corpo vivo do Criador, jorrando as vossas energias e as vossas fluidezes, sendo ainda vivificado pela força das forças dos elementos vivos orgânicos que em campo térreo existem e representam não somente a vossa presença como a presença de vossa unidade, sobre o maior e mais elevado ponto de emanação de fluidez de forças, onde a energia jorra diretamente de vossa luz, sendo a luz que irá ascender e transcender a todos os povos que diante de vossa luz se prostrar. Por isso, é o altar o topo mais elevado em campo terreno, ao qual um sacerdote pode oferecer ao Criador e ofertar a vossa verdade, pois sem este que é o mais elevado desejo do ser encarnado, é o desejo do Deus único de que as vossas verdades posam ser sempre proclamadas e anunciadas com sendo as mais puras e nobres expressões de verdade e de santidade, onde devem se prostrar todos aqueles que trazem uma verdade e desejam fazer parte da verdade de Deus.

Ora se não era o código da aliança firmado frente ao altar o desejo de união de todos os povos e todas as nações terrenas, independente da época em que estiverem em campo terreno, para comungarem das mesmas verdades e caminharem sobre os mesmos mandamentos, unindo-se assim cada vez mais a Deus e a vossa unidade espiritual e não as coisas mundanas que trazem apenas dor e sofrimento quando desejava além das coisas espirituais, uma vez que cada unidade espiritual encarnada é antes de ser carne, é espírito.

Mas o povo da terra é pó que nasce também do pó e que luta por dias melhores e mais felizes por meio que cresçam espiritualmente em direção a elevação espiritual, sendo aprendizes das coisas sagradas divinas. Mas para isso se faz necessário não apenas estarem puros, santificados e selados pelas palavras de Deus e sim terem compreensão, discernimento, sabedoria, ciência, garra, determinação, frutificação, amor, caridade, doutrina e leis santas, para conquistarem a terra da promessa, não de onde jorra leite e mel, e sim de onde jorra-se amor, compaixão, caridade, felicidade e paz espiritual. Por isso, se não tivessem ciência, discernimento, compaixão uns com os outros ou ainda lhes faltasse doutrina religiosa prostrada às verdades de Deus e vossas leis sagradas, esta que é a terra sagrada que o Criador lhes ofertou, será apenas para vocês a terra dos açoites e das prisões materiais, tal qual a terra de onde um dia nasceu e saiu os hebreus para conquistar a terra da paz e do amor.

E após o selo da aliança, com o povo e o Criador subiu Moisés ao monte, certo de que o povo selado em aliança espiritual com o Criador, obedeceria as ordenanças de Deus e seguiriam apenas os vossos mandamentos outrora proclamados diante de todos os povos pelas vossas unidades de que obedeceriam e seguiriam os sagrados mandamentos como forma de serem mais puros, nobres e santificados, para que pudessem viver de forma livre e felizes as vossas caminhantes verdades em busca de vossas salvações. Pois o que outrora fora o tempo da dor e da servidão da dor e do lamento, prostrados a deuses de pedra, após o pacto divinal seria a hora da alegria e da crença, caminhando com o Deus único em busca de vossas liberdades e salvações em direção as vossas promessas.

Bezerro de ouro para a idolatria

"Vendo que Moisés, tardava em descer da montanha, o povo agrupou-se em volta de Aarão e disse-lhe. Vamos fazer um deus que marche à nossa frente, porque esse Moisés, que nos tirou do Egito, não sabemos o que é feito dele. O Senhor disse à Moisés; Vai desce, porque se corrompeu o povo que tiraste do Egito. Desviara-se

depressa do caminho que lhes prescrevi; fizeram para si um bezerro de ouro fundido, prostraram-se diante dele e ofereceram-lhe sacrifícios, dizendo: Eis, ó Israel, o teu Deus que te tirou do Egito" (Êxodo 32: 1,7,8)

6.5 Mas o Criador ainda não havia entregado todas as orientações e determinações aos quais deveria Moisés seguir, para que pudesse, não somente erguer o vosso santuário, em vosso sagrado nome e seguir as novas orientações da qual deveria ele utilizar para caminhar com o seu povo e andar em direção as promessas, pois aqueles da qual haviam por vontade própria selado em pacto espiritual para receber de vossa santidade a chave da nobreza para andarem rumo a terra da promessa, haviam se rebelado através da necessidade da idolatria da qual outrora fora o combustível para caminharem as crenças e angariarem forças em labuta de perseverança diante de vossos calvários de sofrimento.

E antes que pudessem novamente firmarem suas forças e criarem altares e constituírem-se seguidores daquele que representava o fruto da discórdia, da guerra, da derrotava, da fome e da destruição, ao qual em breve futuro culpariam o servo Aprendiz pelas vossos flagelos, de serem mais danosos e desgraçados uns com os outros por prostrarem a um deus criado de forma mundana, ao qual a história já os tinham feito penar por anos a fio sobre as leis da escravidão, onde os vossos deuses de lamentações nada faziam por eles, e seria este apenas mais um deus de nada, que vos fariam morrer de fome, sede, e miséria. Não pelo fato de se prostrarem ao nada, e sim pelo fato de que o Senhor Deus não mais os abençoariam se acaso não quisessem com ele caminhar, pela pouca crença, falta de lealdade e infidelidade ao qual o pacto que assinaram com o sangue da vida os havia selado a verdade do Criador, porém deste não mais se lembravam.

Mas se o Senhor os deixasse todos morrerem na falência da fome no isolamento do deserto, não seria Ele reconhecido como o único e verdadeiro Deus, e sim apenas mais um deus de pedra e de tijolos aos quais já estava todos acostumados pelejarem por dias melhores. Mas fora o Senhor quem os havia tirado das terras do Egito frente a miséria da escravidão, e se acaso morressem todos de fome e de sede meio ao deserto, não seria este o Deus, da compaixão, o Deus da libertação e sim apenas mais um deus do mundo do fracos e insolentes encarnados que não o tinham reconhecido como sendo o único e verdadeiro Criador. E assim, não teria cumprido a vossa própria ordenação de que seria através de seu filho, o Aprendiz, que concederia a todos eles as chaves das portas das terras da promessa, porque as chaves das terras da promessa, seria a vossa consagração, uma vez que ninguém alcançaria as terras de Canaã, sem que estivessem em amor e em verdade caminhando com o Senhor Deus.

Por isso, o Criador, onipotente, onipresente e criador de todos os filhos de terra, vendo que estes haviam rapidamente se rebelado pela necessidade de terem a figura de um deus que pudesse guiar os seus passos de forma material e não espiritual. Porque ainda que houvessem sido selados pela assinatura do acordo da aliança, para que pudessem caminhar no deserto dentro da congregação divinal; esta forma de espiritualidade onde a devoção era totalmente sensorial espiritual por meio de uma aliança celestial onde a devoção ocorre de maneira transcendental e não material, com os sentidos carnais e sim espirituais com os sentidos intrínsecos de cada um, sendo individual de cada unidade de ser.

Era essa forma de espiritualidade nova para todos eles, que embora tivessem construído um deus de metal, também não se prostravam em amor e em verdade diante daquele deus, e sim diante da necessidade de terem a imagem da idolatria diante de suas faces, pois acreditavam que assim poderiam seguir as ordens dos mandamentos. Pois aquele, construído com metal trazia o símbolo de poder e de domínio espiritual, onde a forma física e semelhante as outras formas da terra, os faziam acreditar estarem mais próximos a divindade da qual havia construído, que naquele momento não era o mesmo Deus de Moisés, que assim como ele mesmo, não estava presente os guiando em vossos apelos, e que por isso, estavam desnorteados para seguirem qualquer face, que se colocasse como um deus de proximidade e de intimidade frente as vossas faces, para que prestem os seus cultos de adorações e ordenanças mundanas, e assim seguirem, igualmente estavam habituados frente as faces das inverdades da terra.

Mão não é o Senhor o Deus, o deus da adoração tampouco o deus de faces mundanas, por isso, não vos deu a vida e o direito de terem as vossas próprias vidas para adorá-lo e sim para respeitá-lo e obedecerem as vossas ordenanças, como forma de se elevarem e viverem vossas existências de maneira agradável e feliz em terras sagradas, o elemento árido. Mas era este um povo de idolatrias, que tinham o desejo de terem com o vosso deus face a face assim com dizia Moisés, e que por isso os ordenavam, pois assim o Criador era quem desejava e determinava.

Mas vejam vocês, se não são os homens da terra, arrogante desde o início de vossas caminhadas, acreditando poder exercer domínio sobre outros seres pela falsa verdade de que se existe um único ser terreno capaz de exercer e executar tal ato espiritual e divinal, qualquer outro poderia se auto proclamar próximo ou preparado para estar junto ao Senhor pela ordenança dele mesmo, sem que isso o tenha sido ordenado por ordem sagrada espiritual.

Porque a idolatria naquele momento, partiu não somente da necessidade de terem um deus de face para seguirem como também da necessidade de dominar os outros seres, porque acreditavam que da mesma maneira ao qual era Moisés ordenado pelo Senhor, qualquer outro membro daquelas tribos, poderia não somente ter o mesmo dom espiritual, como também poderia prestar culto face a face; pois a vossa face conforme o que dizia Moisés, era de posse de todos os seres de todas as comunidades e não apenas dele. Porém no sentido de que todos poderiam conhecê-lo em amor e em verdade e prostrarem-se a vossa santidade, e não no sentido de que todos aqueles que erguessem altares de adorações, para comungarem as vossas devoções aos seus deuses e deusas de pedra ou de metal, estariam diante do único e verdadeiro Deus.

Porque todos aqueles que se unem em prol de seu próprio deus, não está à frente do único e verdadeiro Senhor e sim frente de sua única posse terrena, vinda do direito de possuir a sua própria verdade, direito esse que lhe concede criar até mesmo falsas verdades, e diante disso, poder vende-la da maneira que quiser aos seus seguidores, e não diante o único e verdadeiro Deus. Pois este não se divide ou cria-se da maneira terrena em conceitos de terra da forma que melhor lhe convier para adorá-lo, e oferecê-lo em troca de favores, porque não é o Senhor Deus, Deus de adorações e de favores. E sim o Deus soberano, coberto de segredos e de mistérios dele mesmo, nascido de vossa própria eternitude, da qual une-se todos em amor e em verdade. O único e verdadeiro ao qual não se separam os povos, para adorá-lo como forma de libertarem-se de suas penas ou como forma de ganharem mais prazer e delícias que os tragam somente felicidades terrenas, conforme as necessidades de cada um, e sim Aquele existe para mostrar-lhe o vosso real e verdadeiro caminho, o caminho não somente da alegria, má sim o caminho da verdade dele mesmo. Porque se nem de pão apenas viverá o homem, como poderia este viver apenas de delícias e de prazeres?

Por isso, não é o Senhor Deus, o Deus que separa os povos conforme a forma de vossa similaridade ao qual o encarnado busca para obter prazer, alegria, delícia ou somente felicidade, pois este não é o objetivo de cada ser espiritual de cada unidade que pela terra caminha as vossas jornadas para cumprirem as vossas missões, pois as missões espirituais de cada encarnado são também as lições e os aprendizados de cada espírito que ao campo terreno se encaminha, e assim como nem todas as lições são nascidas sobre o amor, nem todos os aprendizados serão também apenas de dor. Mas o caminho evolutivo das quais todos devem passar, constitui-se de alegrias, dores e prazeres, porque assim é o campo de expiação ao qual o espírito nasce para buscar o seu próprio crescimento espiritual.

Mas não é Deus, o deus que separa os homens, elevando em campo terreno aqueles que o idolatram pelo poder espiritual de exercer obras e grandes feitos apenas para alguns seres, e ao mesmo tempo destrói ou diminui os outros seres que diante do mesmo deus não se prostram. Mas estes que acreditam verdadeiramente que o Criador destrua os vossos filhos, nascidos de vosso mesmo seio, por não o seguirem conforme a doutrina terrena imposta por eles mesmos, homens da terra. Estes mesmos homens não o conhecem em verdade tampouco em sentido espiritual. Porque o Senhor é aquele que concede a todos o direito de unirem-se e encontrarem as vossas verdades através do direito individual de cada ser de buscar e de labutar todas as suas verdades, pela união de todos os seres em todos os povos, respeitando-se e estimando-se pela força dos mandamentos sagrados, para juntarem-se todos pela mesma verdade, e não o deus que castiga, pune e destrói os seres que da mesma idolatria não se prostram. Pois neste caso, não seria Deus o Todo poderoso Senhor Deus, e sim o deus da idolatria, ou aquele que salva e liberta somente os seres que da mesma ordem de adoração seguem. Mas o Senhor não separa, os distingue os seus filhos pela assembleia das quais estes se constituem, e sim abençoa a todos que carregam dentro de si a verdade quando esta é a mesma que a vossa própria verdade.

Mas era aquele um povo, um povo de deuses e de adorações, que se prostravam para imagens e similaridades materiais, que se elevavam pela venda de favores, ritos e obrigações mundanas que vos nutriam o desejo carnal e não o espírito. Por isso, aquele povo que se rendia as falsas verdades e se prostravam a qualquer crença, embora já havia sido todos selados em pacto espiritual com o Criador para que caminhassem sobre as vossas ordenanças, onde muitas vezes confundiam o próprio filho Aprendiz com a vossa divindade, sentiu-se, abandonada ao ver que o vosso regente se havia esvaído diante das nuvens e não se levantava a alguns dias.

E acreditando que não poderiam caminhar com o Deus único ao qual haviam sido apresentados por meio de Moisés, porém com a intenção de recriarem o mesmo Ser Espiritual, ou um ser que vos pudesse também ser único, mas com face material que era a única forma da qual conheciam bem, criaram um deus que vos poderia atender as necessidades mundanas de terem um ídolo em similaridade material ao qual a face lhes fosse amigável e próxima para que pudessem prestar cultos, tal qual o faziam em terras egípcias, pelo comando de vossos líderes, os atuais dirigentes espirituais consagrados pelo Guiador, para que justamente este fato não viesse a ocorrer, pois no momento em que se voltassem novamente para a idolatria de entidades endeusadas materialmente, seriam todos homens de nada, caminhantes de coisa alguma, rumo a desesperança frente ao deserto que não tardaria em vos matar de fome, sede e água.

Porque não é o Senhor o Deus da falha, da desobediência, de desonestidade e da desordem, por isso, não vos perdoariam de vossas iniquidades perante a vossa suprema e soberana majestade espiritual, uma vez que já os havia mostrado quem Ele verdadeiramente era, e não era Ele o Deus da mentira, da arrogância, da falsidade e da falsa verdade que em terra de homens, parece ser uma boa a opção no caminho escolhido para a desgraça.

E não é sendo o Senhor, o deus da face ao qual a face se assemelha a qualquer outra face, pois a vossa fisionomia não se assemelha ou se pode vislumbrar ou parecer com nada existente em campo terreno, pois não pertence a este campo espiritual, tampouco é um determinado rosto ou fisionomia, pois a vossa face, apenas pode ser vislumbrada de forma espiritual, ou seja, apenas pode-se sentir a presença, pela verdade, pela dedicação, lealdade, fidelidade, pois o vosso rosto em campo terreno tem a forma da compaixão, da benevolência, do amor, da caridade e da verdade, por isso, apenas poderá ser sentido jamais vislumbrado. Porém os homens que outrora se prostraram a vossa santa majestade em pacto espiritual selando as vossas verdades, não eram mais o povo do pacto espiritual, e sim o povo da falsa verdade, da mentira, de ídolos e de iniquidade.

Porque é o homem da terra, aquele que desde os primórdios, prefere prostrar-se diante da mentira e ainda assim, dizer-se próximo a vossa santidade pelos caminhos da luta, da dor, da crença verdadeira, da lealdade e da fidelidade; caminhos estes que exigem esforço físico, moral e espiritual para poder ver as faces do vosso Senhor, e ainda que não se ofereçam em lealdade, amor e dignidade, proclamam-se ofertantes de vossas verdades em caminhos santificados por Ele. Pois esta benevolente oferta espiritual ao ser espírito, ainda que este carne tenha, por mais que seja a mais desejada glorificação em terra de homens e escravos de mentira, talvez somente poderá ser vislumbrada em campo espiritual e não em campo material.

Mas o homem ainda é aquele que prefere se vender ao preço de caminhar com um deus da mentira apenas para alegar-se do prazer de proclamar-se superior aos demais seres, do que cumprir com o vosso compromisso de ser leal e fiel aos vossos mandamentos, até o momento em que a vossa recompensa de conhecê-lo face a face, ocorra. Porém quando este sublime momento chegar, se um dia diante dos séculos espirituais realmente chegar! Será apenas para si mesmo e não aos demais que com ele caminham, ainda que caminhem os bons caminhos, pois este que é o momento mais espetacularmente esplendido a qualquer espírito será a gloria e a elevação de vossa unidade, e esta será sentida individualmente e não vislumbrada.

Pois no momento em que através de vossa dedicação, lealdade, dignidade, crença verdadeira e obediência, alcançar o posto mais elevado que lhe fará o direito de conhecer todo o poder magistral do Criador, seja face a face pelo caminho da dedicação através da caridade, da compaixão, do amor ao próximo, seja pelo caminho da ordenança dele mesmo pelo caminho da lealdade, fidelidade e obediência em cumprimento da determinação divinal; este momento, será apenas o vosso momento e mesmo que poderá ser compartilhado entre os demais seres que do mesmo caminho caminham se regozijam, jamais poderá ser compartilhado entre os falsários que da mentira idolatram falsos deuses, porque estes além da caminharem apenas com a inverdade, jamais saberão o que vem a ser os caminhos das faces do Criador.

Ora, não digo deuses de madeira e de pedra e sim deuses, que no lugar do Criador, pela imaginação insolente e desonrosa de profetas de nada, se levantam em terra de homens e inescrupulosos que cobram e vendem progresso pessoal material bem como elevação de bens de capitais e despojos, pelo apelo de serem gloriosos e abençoados por caminharem com a verdade, mas caminham com a falsidade e se sentem-se orgulhosos de serem mentirosos daqueles que querem através do valor, conhecerem ao Senhor Deus, que nada cobra em troca de serem dignos e seguidores de vossa palavra para o alcançarem pelo amor ao próximo, respeito por todos os homens, carinho e afeição para com todas as raças, consideração com todos os povos e obediência aos mandamentos, para terem com a vossa digníssima e honrosa face, seja no elo espiritual em que estiverem.

Porque aqueles que outrora prostraram-se frente ao vosso altar, se ajoelhando a vossa bendita santidade, pelo poder de vossa eternitude, comprometendo-se com a vossa santa unidade, foram as mesmas, que após terem sido limpos e purificados, ainda assim, se curvaram a deuses de mentira, pelo simples desejo mundano de crer que crendo em falsários também caminhariam com o Senhor, pelo motivo de que ainda depositavam mais crença naqueles que vos mostravam a mentira face a face, do que naquele que lhes dariam a verdade necessária para secarem os vossos suores e alcançarem a liberdade espiritual e material que procuravam, e assim quebraram não o pacto da qual o fizeram com o Senhor, porque este jamais poderá ser desfeito, porém quebraram a confiança e a estima ao qual o Criador lhes tinha pela aliança firmada frente ao altar erguido em vosso nome.

Por isso, fora o bezerro de ouro, o levantamento da arrogância, da falsidade, da calúnia e da indignidade em desonra pela tentativa de colocarem-se acima daquele que diante da face do Criador em dignidade e em verdade caminhava, para que todos pudessem em algum momento de vossas existências, assim como ele mesmo, terem a dignidade de caminharem com o Senhor frente as vossas ordenanças.

Mas conhecendo o Senhor Deus, os vossos filhos assim como somente ele mesmo os conhecia, ordenou a Moisés, que descesse o vosso espírito a vossa matéria carnal descansada no cume do monte para que pudesse esse, que ainda lhes comandava os caminhos, corrigir os vossos enganos e vossas desonras, ao qual prestaram, elevando um ídolo de metal em vosso sagrado lugar. Não pelo desejo de diminuírem Deus, e sim por ainda não lhes conhecer em verdade e não lhes entregarem as vossas mais nobres e puras verdades. A verdade que adentra através do espírito e toma o estado de consciência, que por muitas vezes confunde-se com a verdade de querer acreditar em si mesmo espiritualmente, mas crê muito mais no desejo de crer do que no espírito que carrega a própria verdade, seja esta qual for. E sabendo disso, pois Moisés, também o conhecia bem, desculpou-se com o Criador para que fossem todos aliviados de vossas penalidades ao qual vos aplicariam Senhor, onde nem todos seriam em campo terreno, pela dignidade de vosso amado filho em lhes reconhecer como indignos do Senhor e dignos de vosso esforço, mas pela dignidade que lhes calçavam as verdades, pela própria verdade de cada um, pois cada um reconheceria a sua falha, e diante dessa verdade, seguiriam com as próprias verdades, rumo ao caminho da santa Verdade do Criador.

Vejam se não era Moisés, a própria dignidade em terra com o poder de reencaminhar seu povo errante, cheio de desrespeito, indignidade, corrupções e impurezas ao caminho da luz de forma que pudessem ser através de vossa intercessão todos aliviados de vossas penalidades e assombros. Isso, porque era o Aprendiz, o servo e instrumento espiritual para a junção e união de todos os povos e não contra a verdade de cada um, ainda que as vossas verdades fossem o inverso de sua própria verdade. Porque não era ele um julgador e sim um servo divinal, ao qual veio determinado cumprir a vossa missão pela força do poder maior e nada o impediria de fazê-lo cumprir, e por mais que o povo da qual caminhava era um povo recoberto de baixeza, infâmia e degradação, era ele o Guiador que vos veio ajudar a libertarem-se de vossas falhas e vos conduzir pelos caminhos nobres para que pudessem ser purificados e viverem as suas jornadas de forma livre e feliz, e não aquele que vos iriam julgar e condenar diante da necessidade de progredirem, fato este que justificava a descida de Moisés ao campo terreno para lhes mostrar os caminho sagrados de Deus, e não o contrário.

E embora não fosse o Guiador, um Santo, atuava diretamente no nivelamento espiritual ao qual atua um Santo, devido as vossas necessidades terrenas de caminhada sagrada ao qual tinha ele o poder de exercer diversos feitos e inclusive o poder de intercessão e arrojo junto ao Senhor Deus, que vos ouvia e lhe permitiu mais uma vez aplicar com a vossa própria palavra tudo aquilo ao qual descera ao campo terreno para aplicar e executar, retomando assim mais uma vez a sua descida, dessa vez refazendo-se novamente em matéria pelo espírito que subirá ao Criador, para novas ordenanças divinas. E assim desceu Moisés, ao solo terreno para acalmar o seu povo que gritava e festejava o vosso deus de metal, que lhes causavam até aquele momento orgulho, superioridade e valor, por poderem assim como Moisés, caminharem diante de vosso deus que vos havia recebido em grande festa. Porém, até o instante em que as suas dignidades seriam assim com o próprio metal destruída ao nada e ingerida por eles mesmos.

Porque disse o Senhor a Moisés: *Dize aos israelitas: Vos sois um povo desobediente, se eu estivesse em algum instante no meio de vos, eu os aniquilaria. Arrancai os vossos enfeites e verei o que posso fazer por vos. Os israelitas despojaram os vossos enfeites e partiram para Horeb.* (Êxodo 33: 5,6)

E despindo-se de vossos enfeites e apetrechos, mas não de vossas infâmias e desonras, partiram todos para as terras de onde deveriam caminhar. Porque embora o pacto da aliança firmada entre o Senhor Deus e o povo da terra, jamais poderá ser extinto ou apagado de vossas vidas, pois fora aquele a união do Espírito de Deus e o ser carnal, ao qual representam também todas as unidades espirituais de todos os seres da terra que existam naquele momento e todos os que um dia hão de pisar no solo da terra. Pois a vossa aliança havia sido manchada pela mancha da desobediência do desrespeito e da indignidade que vos causaria menos apresso e confiança do Criador em relação a este que deveria ser o povo da honra do respeito e do mais alto e sublime apresso ao qual o Criador pudesse ter em relação a um povo, pois fora este o povo escolhido, o povo da qual tinha Ele escolhido por amor ao qual não tinham em vosso nome a livre espontânea gratidão ou obediência em forma de amor.

Mas também não é o Criador, o deus do julgamento e do juízo frente às falhas daqueles da qual ele mesmo tinha concedido o direito de serem como são, pensarem como pensa, e crerem como creem, ainda que vossas crenças fossem frente as falhas e aos danos, perante a mais pura e nobre ordenança celestial em campo terreno, ao qual as falhas poderiam colocá-los novamente em perdição e lamentação. Mas era o Senhor desejoso de que todos se unissem em único caminho, que era não somente o caminho das terras santas de Canaã, e sim o caminho sagrado de se juntarem em única verdade, para serem fortes, guerreiros e batalhadores em nome de vossas verdades.

As doze forças terenas e a Nova aliança espiritual

"O Senhor disse a Moisés: Talha duas tábuas de pedra semelhantes à primeiras, escrevei nelas as palavras que se encontravam nas primeiras tábuas que quebrastes.... O Senhor disse: Vou fazer uma aliança contigo. Diante de todo o seu povo farei pródigos como nunca se viu em nenhum outro país, em nenhuma outra nação, a fim de que todo o povo que te cerca veja quão majestosas são as obras do Senhor, que faço por meio de ti" (Êxodo 34: 1, 10)

6.6 Mas era o povo que com quem caminhava Moisés, o povo que acabara de perder o favor do Criador, e por isso, não mais eram o vosso povo de confiança e de honra pela verdade, pela fidelidade pela lealdade aos votos anteriormente cordados, pois provaram que estes nobres sentidos, ainda não o tinham. Mas não era o Criador o deus mundano que escarneceria com os filhos da terra escolhidos para caminharem diante de vossa promessa para conquistarem a terra que jorrava o leite e do mel, e sim o único e verdadeiro Deus, que vos fariam ainda que errantes, entrarem ao elemento árido prometido, ainda que vossas unidades não mais estivessem em vosso nome, santificadas e purificadas pela falha carnal do engano no momento da criação de um ser ao qual acreditavam substituir o único e verdadeiro Deus.

Não em amor ou em verdade, porque assim como não tinham verdade para com o Senhor, da mesma forma não tinham para com o deus de metal, assim como ainda não tinham verdade para com o único e verdadeiro Deus, também não para com o deus de metal, o ídolo feito a preço de idolatria pelo fato de estarem acostumados a se prostituir em troca de pagas mundanas. E assim como não tinham nem amor, nem verdade para oferecer ao Senhor Deus, também não tinham obediência que é para o Senhor a chave que abre todas as portas celestiais e divinais, não somente com o Senhor Deus e sim com o vosso deus de metal, pois a este não poderiam em verdade prestar obediência, porque este que de material terreno havia sido criado, nada vos poderiam ordenar para que pudessem obedecer, além daquilo ao qual o próprio homem que se colocava a frente do metal que ele mesmo criara insanamente poderia lhes direcionar e cobrar a direção ao qual caminhariam.

Porque nenhum deus de idolatria ordena ou determina nada em campo terreno, este apenas serve de estatueta de gloria aos homens de que dele lucram as vossas falsarias pelo atrevimento de acreditarem elevarem-se espiritualmente, quando utilizam de maneira desrespeitosa e desonrosa os Santos e ao sagrado elo espiritual entre os céus e a terra, os nobres Espíritos ou até mesmo o Santo dos Santos, o Sagrado Espírito Santo da qual dizem possuir intimidade ou proximidade, porém, nenhum encarnado o possui, porque nem mesmo os vossos ordenados filhos regentes de vossas determinações em terra o tinham. Estes em amor, em lealdade, em fidelidade e obediência cumpriam com as vossas determinações, e por isso nenhum ser encarnado jamais o terá, pois assim caminha a ordem suprema. Mas pela ganância e arrogância de serem seres materiais e espirituais de baixeza e de e auto depreciação, tampouco reconhecidos pelos verdadeiros espíritos divinais, ainda acreditam encontrar gloria em vossas ações desprezíveis frente a uma real divindade, que nada cobra para que sejam leiais e fieis as vossas prescrições, para que tenham verdade em vossas práticas pelo caminho da santa e sagrada obediência a Deus.

E ainda assim, sendo um povo de devoções de nada e de sacrifícios em nome de coisa alguma, onde a gloria do Senhor não vos pedem ou vos obrigam a estenderem as vossas mãos em nome de falsas ofertas ou presentes, pois este não necessita de presentes ou qualquer que seja o benefício ou a esmola em troca de elevação devido à adoração a ele ofertada.

Porque ao Senhor não se compra com falsas verdades, tampouco se recebe as vossas bênçãos em forma de presentes materiais ou despojos, e sim através da única forma de distribuição de vossa benevolência e compaixão, que é o amor, a caridade, a complacência, a piedade e a clemência, mas tudo isso em forma de alegria e felicidade para que as vossas almas se encontrem em plenitude espiritual, e através da plenitude transbordante de coisas boas, boas ações e boas obras, porque estas boas ações e boas obras vos trarão em troca todo o amor, toda a caridade, toda a complacência, toda a piedade, toda a clemência em vossas jornadas materiais, vos ajudando a alcançarem patamares mais elevados de si mesmos, para que com isso, possam realizar aos seus desejos pessoais bem como encontrarem-se como seres encarnados que vivem as suas missões de forma plena e majestosa sem a necessidade de unirem-se com falsos profetas vendedores de glorias mundanas, que mais trazem dor do que progresso.

Pois são as vossas vidas carnais as maiores obras espirituais terrenas da qual foram criadas do seio do Pai eterno, da qual não necessitam de esmolas do Senhor para que possam desfrutar de vossas passagens de maneira feliz e terna, através da união de todos vos, não necessitando inclinarem-se a deuses de metal ou de pedra em busca de consagração material, para que possam sentirem-se abençoados e protegidos pelo Ser Supremo, pois este à partir do momento em que vos colou nesta terra, vos deu também a benção eterna do direito de unirem-se uns aos outros como forma de progredirem espiritualmente e com isso, também em vossas labutas terrenas materiais, pela única maneira existente em campo terreno, que é através da união vossa luzes interiores junto a vossa benevolente gloria e majestade do ser.

E a união destas duas forças, encontra-se pela fundição espiritual, ou seja, união das duas energias encontradas em campo terreno e que formam o ser carnal espiritual, pela fusão das duas forças ou as duas vertentes capazes de formarem um único ser, que é a força natural dos elementos naturais em união com as forças dos seres também orgânicos espirituais, os homens. Porque esta que é uma fusão espiritual é também impossível de ser desfeita e é a única espiritualmente que concede o ser espiritual carnal possuir vida e encontrar-se de maneira espiritual tão natural quando carnal e divinal.

Porque são os quatro elementos espirituais os elementos divinais que vos concedem serem gloriosos seres espirituais carnais pela honra de os abastecem em terra de maneira orgânica e ao mesmo tempo espiritual, pois são estes nutridos pela luz sagrada divina, para que possam sobreviver com as vossas próprias forças e dons celestiais sem terem que mendigar qualquer outro favor ou benevolência aos ídolos de nada, pois estes não foram criados por Deus, tampouco possuem forças sagradas para que tenham força e poder para conceder qualquer que seja o presente ou prêmio pela também falsa devoção pela busca de resultados materiais, são estes os seres que pela única verdade celestial, devido a ordem suprema podem se fundir em verdade com os seres assim como eles orgânicos, para vos prestarem o vosso amor e as vossas caridades, trazendo luz, vivacidade e vigor, de maneira que os tornem seres viventes e caminhem também os vossos sagrados caminhos para a libertação de vossas almas pela terra material das promessas divinais daqueles que receberão as benevolentes graças de progredirem vossas unidades pela força da força de Deus presente em todas as forças dos elementos orgânicos divinais.

E assim como os quatro elementos espirituais, unidos e fundidos em uma única energia da qual eles mesmos jamais poderão aturem sozinhos ou por vossas próprias vontades e desejos, pois não são nenhum eles o Deus único de poderes e forças, e sim os recebedores das forças de robustez das energias celestiais para abastecerem a unidade terra. Assim são os seres encarnados em vossas próprias unidades, nascidos para unirem-se em amor e em verdade uns com os outros, pois não poderá jamais um ser caminhar sem a força da verdade que o outro carrega para abastecer e nutrir a sua própria verdade, sem que esta lhe seja também a força de vigor e nutrição espiritual de si mesmo. Pois é esta uma determinação eterna da qual constitui e forma-se o campo terreno e tudo que dele faz parte, porque assim como os elementos que comungam dentre si necessitam estarem unidos em verdade uns aos outros a única e verdadeira força de luz; da mesma maneira são os encarnados, que além de não poderem sair deste que é o campo da jornada material sem que sejam abastecidos e nutridos pelas energias divinais jorradas do derramamento santo de Deus por meio dos elementos sagrados.

Da mesma maneira jamais poderão viver as vossas unidades sem a união das outras unidades de igual similaridade e forma de recebimento de energia e jorramento de luz sem que estejam unidos pela mesma verdade, caminhantes da mesma verdade, lutando e batalhando pela mesma verdade, sem que isso vos seja a única verdade que vos farão caminharem em amor, em dignidade e verdade para elevarem-se as vossas próprias existências pelas duas vertentes da qual são todos constituídos.

Por isso, esta união espiritual da qual faz um ser carnal adquirir força e vigor de vida terrena, por meio dos elementos orgânicos divinais espirituais que os abastecem em campo terreno, é a mesma força que os fazem também serem incapazes de sobreviverem ou de viverem sem as outras energias vindas dos demais seres materiais carnais e orgânicos recebedores destas mesmas energias, assim como ele mesmo, os seres espirituais encarnados, os homens da terra.

Porque assim como ocorre com as forças das forças naturais que jamais poderão ser fortes se acaso não estivessem unidas umas às outras de maneira santificada pelo laço espiritual que os unem através da fusão de todos os elementos, onde cada um ainda que diferente do outro exerce a vossa própria função, função esta, da qual o outro elemento não possui, e jamais possuirá; porém nem ele e nem os seres orgânicos animais sobreviveriam sem todas forças divinais.

E da mesma forma, são os seres encarnados, dotados de diferentes dons, forma de sabedora, conhecimento, discernimento, ciências e maneiras de alcance para tudo o que possuem de maneira também distinta uns dos outros, os tornando únicos e individuais espiritualmente, onde jamais as vossas unidades poderão sobreviver um sem o outro, ou seja, jamais um ser poderá viver sem o dom, a sabedoria, o conhecimento, o discernimento e a ciência que o outro possui em campo terreno. Logo, em nada diferem dos elementos, onde nenhum poderia jamais viver sem o outro, ou sem a força e o brilho que embora seja diferente, é o complemento de sua própria unidade de forças, lhe dando mais força e mais vigor para si mesmo e para todos os que de sua própria cadeia se alimentam em energias e fluidezes de forças.

Por isso, são os seres materiais espirituais ligados uns com os outros para serem e viverem uns com os outros através da força da união e jamais sem ela, porque esta força que os fazem serem forças e grandiosos juntos e a força da solidificação de vossas próprias energias, se tornando indestrutível quando atuam em direção a mesma verdade, pela fusão de suas próprias verdades voltadas em amor, em caridade e em humildade uns para com os outros, repartindo e contribuindo através de seus dons, conhecimentos e ciências com os outros para que sejam todos grandes, fartos e fortes, para que sigam em verdade ao caminho de vossas salvações.

Ora, se não é o Criador o Deus majestoso da gloria e da compaixão, que vos fez serem todos dotados de um dom espiritual, o tornando especialmente diferente dos demais seres ao qual a vossa missão terrena lhe permite comungar; e por isso, a união de todos os seres trabalhando em comunhão utilizando seus únicos dons em prol de todos, em amor e em verdade, ao que cada um possui, os farão todos serem ricos, sabedores e conhecedores de tudo o que é necessário para serem grandes, e poderosos e solidificados em capacidade de forças, pela força espiritual do campo terreno da qual estão inseridos em junção com as vossas próprias forças que jorram de si mesmos, através dos dons e da fluidez de emanação de cada unidade pelo poder da verdade que cada um possui, em meio aos quatro elementos espirituais divinais?

Ora, se todos os seres da terra se unissem, em amor e em verdade aos seus semelhantes, seguindo as leis divinais, os mandamentos sagrados, não seriam todos uma única força em busca da salvação de todos os povos e todos os seres desta terra, da qual adentram e jamais sairão sem que um não seja hora o professor e hora o aprendiz, e que por isso estão todos ajuntados em um único laço espiritual, pela força do acordo da aliança, que ainda que não queiram vos unem em uma única e singular energia de forças. E por muito desejarem caminharem sozinhos, são os laços que se desfazem e sim a vossas vontades que os separam, e os tornam cada vez mais fracos e empobrecidos em campo terreno.

Porque é a força da aliança, a aliança que somente poderá elevar um ser material em campo terreno, se acaso este estiver unido em amor e em verdade a outros seres de igual similaridade que ele mesmo, caso contrário não seria está a aliança espiritual constituída celestialmente e celebrada entre as duas partes, isso quer dizer, entre o campo celestial e o campo terreno para unir as duas unidades ou para unir os céus e os povos da terra. Mas a união dos povos da terra, ao elo celestial depende da união de várias unidades de forças fundindo-se em uma única e singular força solidificada pela fusão das várias unidades de poderes e emanações aos quais cada encarnado possui, para que esta seja uma força inteira, ou uma inteireza de forças carregada de verdade e de poder de transformação, para que possa alcançar os campos divinais através das forças terrenas espirituais que cada um possui. Porque é a união destes seres de igual similaridade comungando a mesma verdade que irá se transformar em uma única e real força capaz de elevar todos os que dela se unem ou todos que a fazem ser real através de suas próprias forças pulsando na mesma sintonia o amor e a verdade de cada ser.

Ou seja, a força da aliança como ela mesma carrega em vosso nome, é a constituição da aliança divinal, aliança esta que o Criador selou com todos os povos para que todos os povos se unam e caminhem em direção a mesma, a única verdade, doando-se de si mesmos aos seus similares em amor pela verdade que cada um carrega de forma que sejam todos ricos em amor, conhecimento, sabedoria, ciência, poder de auto correção, poder de justiça, luta e garra, porque no momento em que estiverem todos unidos na mesma verdade pala força do laço que os forma em única aliança serem todos ricos de tudo aquilo que espiritualmente cada um recebeu em dons para compartilhar com os seus semelhantes. Logo nenhum será carente de nenhuma força ou dom, pois todos serão igualmente repartidos, e nenhum dom ou força faltará a nenhum filho de Deus, pois no momento em que todos os dons, todas as sabedorias, todos os conhecimentos, todos os vigores de garras, todas as determinações, todas as fontes de juízo terreno e todas as vontades de todos os homens se unirem pelo mesmo objetivo de alcançarem a gloria, juntos serão todos ricos e gloriosos em vossas passagens terrenas pelas vossas próprias labutas, onde o trabalho de um ser será tão e somente o complemento para que o outro também cresça em essência e em unidade.

E assim serão todos através da aliança que vos selam a alma, guardadores dos mandamentos que vos selam a matéria, para que unidos sejam em legião: ricos, sábios, conhecedores e dominadores de toda a ciência e poder de crescimento que todos necessitam e procuram em vossos mundos. Porque rico, sábio, conhecer, guerreiro, justo, disciplinador ou forte não é aquele que possui os seus dons e os guardam para si, para desfrutarem de vossas riquezas de dons em particular como troféus de vossas existências terrenas, tampouco apenas forma de glorificação pessoal para criar despojos particulares; porque ricos são aqueles que mais dividem as forças das energias de suas energias vindas dos dons celestiais que cada um recebeu para distribuir entre os seus. Porque aquele que apenas acumula futuros despojos e não compartilha seus dons e conhecimentos para formar através da união terrena o laço espiritual que o tornará ainda mais rico, se acaso unido estivesse com os seus, é mais pobre do que aquele que com a sua garra e determinação sem auxílio dos seus, angaria tudo aquilo da qual necessita em amor e em verdade com garra, com justiça, com disciplina e com honra para alcançar outros dons que os sustentarão em terra de homens e de insanos, ainda que tenha este tão somente o pão que jamais lhe faltará à mesa.

Porque o rico não é aquele que mais possui em terra, e sim aquele que mais possui em campo espiritual, porque ainda que a terra lhe falte ao espírito a vossa riqueza lhe sustentará diante da eternidade; e nesta se adentra de mãos vazias e de peito cheio e não o contrário. Logo rico é o que mais compartilha, seja em sabedoria, em conhecimento, em riqueza, em garra ou em dons, porque a maior riqueza ao qual um espírito pode possuir é a divisão daquilo que detém em favor dos seus, e não o acumulo daquilo que acredita que possui. Pois aquele que possui e nada compartilha, em verdade nada tem a oferecer. (Espírito nomeado).

Porque a força individual que carregam em vossas entranhas, e que vos unem pela matéria e pelo espírito é a mesma força que vos farão alcançar o reino do Pai eterno no momento em que juntos caminharem espiritualmente em amor e em verdade pela força da aliança divinal selada com o sangue da vida do ser da própria terra que vos calçam as sandálias; pela verdade de vossa santificação, pelas palavras de vossa consagração, pela nobreza de vosso sentido divinal, pela santidade de vossa purificação perante as vossas palavras anunciadas através de vossos mais leais e fiéis servos descidos com a vossa força, a vossa luz e a vossa própria graça para que fossem os vossos ensinamentos os próprios ensinamentos divinais das quais foram escritos com mãos sacras e anunciados com verdade a todos os homens, por todos os espíritos celestiais que da coroa do Criador os fazem serem ainda que simples homens da terra, homens de poder e de glorificação em terra sagrada, pela força do Senhor que os conduzem.

"E serão pedras segundo os nomes dos filhos de Israel, que eram doze segundo os seus nomes, da qual serão esculpidas como selos, cada uma com seu nome correspondendo as doze tribos" (Êxodo 28:21)

Ora, se a constituição de doze tribos ao qual havia Moisés, escolhido com suas próprias mãos para que com ele pudessem caminhar as vossas unidades e seus povos, onde as constituições já formadas de tribos adoradoras de deuses e deusas que existiram no Egito ao qual ele os consagrou dirigentes para lhes mostrar o único e verdadeiro Deus, segundo a sua própria determinação de união dos povos em única direção pela única verdade, e que por isso, ele os consagrou líderes de vossas próprias tribos. Porém líderes em caminho de verdade e não mais em caminhos falsos e tortuosos, para que conhecessem o único e verdadeiro Deus, e assim conhecessem a felicidade pelas novas vidas ao qual ganhariam; vidas estas que o Senhor iria vos proporcionar se acaso o seguissem pelo amor e pela verdade.

Por isso, Moisés escolheu e determinou doze líderes de doze tribos e os consagraram líderes não apenas de suas próprias tribos já formadas, e sim dirigentes de vossas tribos, porém diante da verdade do Criador, para que pudesse todos seguir os ensinamentos, ensinamentos e caminhos divinais e não mais caminhar em direção ao nada prostrados a deuses mundanos nascidos da vontade deles mesmos onde muitos por interesses próprios, se auto julgavam os próprios deuses e deusas das quais outros tantos a eles se prostravam. Logo, não fora o número de doze dirigentes, apenas o número de líderes caminhantes de ídolos e de deuses existentes naquela época ao qual o Guiador escolheu para com ele caminhar e lhes apresentar as verdadeiras e únicas palavras do Criador, e sim o número de homens ou de líderes necessários para que com as vossas forças pudessem unir forças para caminharem em direção ao vosso Salvador pela união de vossas próprias vontades e verdades.

Porque não era o número de doze, o número de líderes errantes da qual desejava Moisés, apenas lhes apresentar a verdade, uma vez que existiam muitos outros líderes errantes seguidores de ídolos mundanos, e sim o número necessário de espíritos encarnados para a formação de uma constituição sagrada terrena ou uma inteireza de forças espirituais. Ou seja, a formação de um elo de forças espirituais ainda que através dos seres encarnados, solidificada pela união de forças de doze unidades espirituais materiais, para que seja esta após a fusão de todas as energias das doze forças escolhidas, santificada pelo poder de forças celestiais que solidificam os laços materiais em laços espirituais pelo poder da força da aliança sagrada ao qual seria esta, uma nova e única força selada entre as doze unidades espirituais. E seria esta após o selo da união unida pelas doze unidades de forças terrenas e espirituais, por meio de vossas próprias constituições pelas duas vertentes, a espiritual emanando força celestial e a vertente carnal emanando poderes de forças também espirituais por meio da unidade material, indestrutível ao campo terreno, se acaso se unissem em amor e em verdade para que pudessem alcançar os vossos objetivos, ou a terra da prosperidade, conforme a promessa do Ser Supremo, Deus o Criador.

Por isso, a constituição da congregação espiritual através das doze tribos, ou seja, dos doze dirigentes das quais foram escolhidos para caminharem com a verdade, era a composição da inteireza de forças da qual Moisés por si mesmo escolheu, conforme os dons e habilidades de cada líder, independente de vossas crenças, idolatrias ou inverdades, pois estas seriam também destruídas se acaso caminhassem em lealdade pela única verdade em direção ao único Salvador para vossas próprias glorificações.

Desta forma, o objetivo do Guiador era unir doze forças, por meio das doze unidades individuais de forças, onde cada um com seu próprio dom e sua própria determinação pudessem completar uns aos outros, pelas suas verdades e intenções, para que juntos, formassem uma única e poderosa unidade espiritual de poderes e emanações de forças, jorrando as energias divinas celestiais, onde as vossas próprias energias unidas com as demais energias, ou seja, as doze diferentes forças que cada um carrega, formasse uma indestrutível e divinal corrente espiritual pelas forças destas doze energias. Porque estas, jamais poderiam ser destruídas ou eliminadas em campo terreno.

Mas isso quer dizer, que os doze espíritos, ou seja, os doze líderes foram escolhidos para serem, de Moisés, os dirigentes espirituais em terra, ou dirigentes espirituais regidos pelas forças e energias do Criador através da união de vossas próprias forças, das quais espiritualmente possuíam, porque a solidificação de doze forças distintas forma uma unidade inteira de forças e energias pelo poder do lastro celestial, somente quando estas atuam em amor e em verdade doando-se em campo terreno com os dons e habilidades das quais cada um possui, para que através da união de todos, possam labutar os mesmos desejos e caminhar pelos mesmos objetivos terrenos e espirituais, de maneira que as vossas labutas não serão apenas desejo e sim o caminho para a conquista de todos eles, por meio da extraordinária força nascida de doze forças de doze espíritos de nome Aliança espiritual terrena ou Aliança das doze forças espirituais.

Porque o que forma a força da aliança espiritual terrena, assim como o próprio nome diz, é a fluidez e de energia formada pelas forças de cada unidade espiritual de cada líder terreno, pois são estes que carregam as vossas ovelhas, em harmonia com as demais forças, ao qual o campo espiritual necessita para atuar e agir sobre o campo terreno de forma espiritual, com as forças celestiais, ainda que em solo árido.

Isso quer dizer, os líderes espirituais de vossos grupos de adoradores, outrora nascidos da escravidão do Egito, foram escolhidos não apenas por serem os mais conhecidos líderes daquela época ou com maiores grupos de seguidores e sim pela necessidade da união de suas próprias forças espirituais e energias para que pudesse selar através da união destes doze espíritos encarnados o selo da união de suas próprias forças formando uma unidade de forças indissolúvel e indestrutível para que pudessem caminhar diante das forças das quais ganhariam, e assim conquistarem todas as promessas das quais haviam sido proclamadas. Porque apenas alcançariam as promessas anunciadas, se atuassem em harmonia e comunhão pela força da união que o laço verdadeiro é capaz de forçar e selar, pois nenhuma força é tão grandiosa em terra quanto a unidade espiritual formada pela união da aliança das doze forças espirituais.

Forças que quando atuam em harmonia e em verdade jamais poderão ser destruídas em terra, pois serão a representação de uma das proporções de unidades de forças da unidade espiritual de energia e poderes que possui a fonte única do Altíssimo Senhor Espírito regente das sete energias aos quais conduz os dons em forma de sabedoria, conhecimento e crescimento espiritual aos homens da terra, onde esta força também única será capaz de curar, alimentar a alma, restaurar o corpo, direcionar aos caminhos e elevar a matéria e a alma, quando estas doze unidades pela mesma razão se unem e se fundirem em amor e em verdade, um em prol uns dos outros, doando-se e entregando-se em lealdade e fidelidade, seguindo os mandamentos divinais, frente ao laço da aliança que fora também selado entre doze dirigentes espirituais, como forma de mantê-los unidos, perante as próprias verdades para que conseguissem em direção ao Criador caminhar de forma plena e segura sem que fossem pelas tentações e desejos mundanos apartados.

E assim como foram ensinados pelo filho da perfeição, ordenado e determinado a unir todos os povos, todas as raças e todas as verdades em uma única verdade e razão. Assim perpetuamente será o laço espiritual da união terrena entre todos os povos da terra, pois fora esta difundida em solo árido, para ser eternamente espalhada aos quatro cantos do mundo dentre todas as gerações, até mesmo para aqueles que da união pela própria necessidade de unir-se não conseguir sequer estreitar os vossos próprios aos laços materiais com vossos pares, para que possam todos pela consequência da verdade e do amor que esta carrega alcançarem as suas promessas, porque todos à partir do momento em que entregar-se em verdade doando o vosso único dom maior, já estará fundido em união aos demais seres encarnados para que juntos sejam uma única forma em vosso favor e crescimento.

Por isso, a constituição de doze tribos ao qual havia Moisés, escolhido para que com ele pudessem caminhar as vossas unidades de povos, não era apenas a constituição de tribos de adoradores de deuses da qual desejava Moisés, vos apresentar o único e verdadeiro Deus, o Criador, porque ainda que conhecessem o Criador através dos pródigos de Moisés, estes precisavam caminhar em verdade para que fossem as vossas próprias forças o caminho e a direção aos pés do Espírito Santo, o Senhor, por isso, apenas uma constituição sagrada em campo terreno como a constituição de nome Aliança das doze forças espirituais, seria capaz de direcioná-los, porque ainda que não mais estivesse o Guiador em terra sagrada caminhando entre eles; ainda assim, conseguiriam conquistar a terra do leite e do mel em abundancia e não mais sofrerem os vossos corpos, e estes passariam os vossos ensinamentos pelo laço da aliança de geração em geração e jamais aqueles que da aliança espiritual comungassem as verdades dos mandamentos, pela força das doze energias poderiam ser combatidos ou abatidos em campo material.

Desta forma, é o número doze, a inteireza de forças, aos quais as forças da terra necessitam juntarem-se em harmonia, onde cada um doará do seu próprio dom e de suas qualificações para juntos enriquecerem os vossos seres, pois cada um doará de si mesmo tudo aquilo que tem em humildade pela verdade que também carrega, entregando aos seus os dons e as suas qualidades para juntos enriquecerem os vossos seres; por isso cada um doará apenas o que possui, nada além do que o constitui para que todos possam utilizar e juntos progredirem e serem maiores e mais fortes pela força da única força indestrutível em campo terreno, alimentada e jorrada pelos seres encarnados que é a força da Aliança espiritual terrena, porque é a união que forma uma inteireza de forças espirituais celestiais e sagradas a fonte de energia para o derramamento santo de energia santa de maneira sublime, pelas mãos dos próprios encarnados quando estes em harmonia do ser se encontram, derramando-se também em pureza, nobreza, santidade e verdade, sendo humildes e glorioso não por si mesmos, e sim pelo amor, pela compaixão, pela benevolência, e pela complacência divina, formada dentro desta única corrente espiritual terrena, impossível de ser destruída.

Mas vejam vocês, se não fora a cada um, concedido igualmente um dom espiritual para que sejam utilizados em comunhão com todos os seres de vosso tempo, como forma de elevarem-se todos por meio dos dons ou talentos espirituais aos quais cada um fora determinadamente nascidos. Porém, ainda existem aqueles que possuem mais visíveis dons em suas eras de tempo, não por terem sido mais agraciados e sim porque os tempos recebem de maneira diferente cada dom conforme a sua necessidade material de sobrevivência de época, e por isso, certos encarnados, acreditam terem sido mais agraciados pelo Criador, e assim, utilizam de vossos dons adequadamente bons de maneia inadequada para suas épocas e destroem seus povos, causam desarmonia, trazem doenças, desavenças, guerras ou utilizam-se de vossas capacidades para elevarem-se terrenamente, distanciando de vossos pares dentro de suas comunidades de povos por acreditarem serem especiais, carregando ao invés de amor e de verdade celestial, a desarmonia o desespero e dor. Dor esta ao qual recairá sobre a vossa própria existência não lhe tardando em passagem terrena. Porque nisso aplica-se a própria desarmonia espiritual contra as vaidades da carne, produzidas pela própria carne de quem apenas se consome de si mesmo.

Isso porque todo aquele que possui um dom mais visivelmente dentro de vossa era de tempo importante para sua comunidade, e eleva-se ou acredita ser superior, melhor ou mais agraciado pelas forças espirituais, caminham em desarmonia consigo mesmo e com a sua própria verdade, da qual as forças e dons, não poderão lhe auxiliar para caminhar bons caminhos em direção ao caminho do Pai celestial, da qual lhe concedeu este dom e esta verdade.

Mas toda força espiritual ou dom espiritual deve ser utilizados de maneira unida, jamais de maneira individual, pois se acaso fosse está para ser aplicada somente a si mesmo, não teriam todos nascidos no mesmo elo espiritual, lastreados pela força do laço familiar e emocional onde a união não é apenas o caminho para a sobrevivência da matéria terrena, e sim a sobrevivência da alma em direção a casa celestial de onde um dia deverá retornar se assim alcançar evolução para isso. Por isso, é preciso compartilhar e solidificar alianças através das forças de cada um, distribuindo-se pelos dons, em amor e em verdade para que todos sejam beneficiados e unidos, e desta forma, doze vezes mais fortes do que apenas seria um. Isso porque até mesmo aquele que possui um dom mais visivelmente elevado em sua época de tempo, estando em união com os outros seres, será este dozes vezes maior do que ele mesmo sozinho, ainda que seja recebedor de grande dom em sua época. E isso representa que o laço da união lhe trará não apenas um dom e sim a riqueza de dons e todas as necessidades em harmonia com a nobreza, a fortaleza, a garra a determinação a frutificação o amor em um único sentido existencial, podendo este alcançar a consagração divinal; porque sozinho ainda que este tenha o maior dom da terra, jamais chegará ao Criador.

"O Senhor disse a Moisés: Eis que faço uma aliança contigo diante de todo o teu povo farei pródigos como nunca se viu em nenhum outro país, em nenhuma outra nação, a fim de que todo o povo que ter cerca veja quão terríveis são as obras do Senhor, que faço por meio de ti... Escreve estas palavras, pois são elas a base da aliança que faço contigo e com Israel" (Êxodo 34: 10,27)

Mas mostraram-se os povos das tribos de Moisés, aos quais as doze maiores forças de idolatria poderia se formar na maior força divinal espiritual terrena em campo sagrado, para caminharem com os povos das doze distintas energias, da qual precisavam unirem-se para conquistar as terras da promessa, um povo desobediente e imprudente com o vosso Senhor, pois aquela geração de encarnados, não era apenas desonrosa, desobediente e insolente, como também despreparada para caminhar em direção a terra da promessa, em razão de vossas próprias verdades. Por isso, o Criador com vossa benevolente compaixão estendeu a vossa caridade e bondade alicerçando uma nova e mais poderosa aliança espiritual, porém desta vez, apenas com o vosso Guiador, renovando assim o pacto da aliança espiritual da qual havia se quebrado, porém não se destruído ou findado pelo erro da construção do bezerro de metal, porque esta jamais será apagada, destruída ou findada, e sim renovada conforme a vontade e esperança do Criador. E esta que se renova pelas vossas palavras através das novas ordenanças, para que fosse em amor, em obediência e em lealdade cumprida, seria a renovação que traria forças e vigor para o cumprimento da proclamação da entrega da terra do leite e do mel para aqueles que com o Aprendiz caminhassem sobre a força da nova e indestrutível aliança. Porque este sim carregava em vossas entranhas a força da aliança verdadeira, ao qual poderiam todos diante dela caminhar.

E esse que fora o pacto da nova aliança, não mais seria o pacto da vertente espiritual, atuando pelo derramamento de energias e de forças ao campo terreno para alimentar de poderes e de glorias os homens da terra de forma que estes caminhassem nobres, puros e santificados aos caminhos da paz, e sim o pacto da vertente carnal, ou material espiritual atuando pela ordenança suprema divinal para angariar forças e energias para trilharem puros, nobres e santificados para que pudessem merecedores e dignos de caminhar com o Senhor Deus, em direção ao caminho da paz, porque dentre todos eles um carregava o peso e a força da verdadeira aliança em Deus. Por isso, este que seria o pacto celestial onde os filhos da terra é quem deveriam trabalhar para angariar estas forças e energias, pois estas não mais seriam entregues aos filhos da desobediência, pela infidelidade e deslealdade frente a vossa divindade, labutariam estes através das energias e elementos orgânicos espirituais em campo terreno, oferecendo-se de maneira leal e verdadeira para que pudessem se apresentar dignos ao Senhor de maneira pura e imaculada de forma a merecerem o favor do Senhor, e com isso, angariarem vigor, energia e santidade para continuarem as vossas caminhadas.

Por isso, os fundamentos desta nova aliança, aos quais escreveu Moisés também um novo livro da aliança, com todas as determinações a serem cumpridas de maneira terrena em favor de vosso Senhor Deus, fortificando desta maneira os encarnados da qual com ele caminhavam não apenas para angariarem energia e vigor para caminharem com os Espíritos Santificados e os Espíritos servos de Deus e com o próprio Senhor e sim como prova de vossas lealdades, prova de vossas devoções, e prova de vossas obediências, pois sem obediência a Deus, jamais um ser material, terá o favor dos Santos, dos não Santos, dos Espíritos de leis que são os vossos servos e vossas servas, tampouco do Senhor a quem rogam as vossas necessidades. Portanto, somente através das novas prescrições a serem fielmente obedecidas é que angariariam forças, energia, vigor e poderes espirituais para conquistarem as terras da promessa, uma vez que por vontade própria nem os devotos nem os pouco devotos assim como os falsos devotos conquistariam as terra da promessa por vontade própria.

Porque embora os mandamentos sejam os mesmos, são a busca pela energia e força necessária para caminharem e labutarem as vossas existências, através dos elementos e unidades espirituais existente em elemento árido, para entrega verdadeira de si mesmos, para assim, conquistarem à benemerência de tudo aquilo que seja necessário em vossas jornadas, e não mais apenas estenderem as vossas palavras e sem esforços ao Senhor para com Ele caminhar distintas, uma vez que cada ser carrega sua própria energia, seu próprio vigor, assim como a sua própria esperança. Porque nem sempre a boca traduz o que a intenção deseja proclamar, assim como nem sempre as ações e vontades são leais ao que o corpo deseja executar.

Por isso, todos os fundamentos do acordo da nova aliança, firmada em pacto espiritual entre o Criador e os filhos da terra, através da lealdade e fidelidade de vosso filho ao Aprendiz, da qual deve-se perpetuar de geração em geração, assim como os mandamentos, pois ainda que se encontrem filhos leais e fieis as vossas palavras, ainda assim os laços materiais são os laços que imperam em campo de homens e de espíritos. Portanto, ainda que tenham boas obras e boas ações, e não estejam lastreados pela força das forças da Aliança espiritual terrena, que vos concedem serem indestrutíveis e fortes, ainda assim, necessitarão de novas e mais poderosas forças para junto do Criador, para caminharem em busca da elevação e progresso espiritual, porque nem sempre aquele que entrega-se em palavras entrega-se em amor e em verdade, pois nem sempre os que buscam a verdade, carregam consigo toda a verdade.

E assim, os esforços materiais e terrenos lastreados nas ações e obras terrenas voltadas para o campo celestial, como forma de entregarem-se em obediência é o mesmo que entregar-se em verdade, porque ainda que lhes faltem toda a verdade, aquele que possui verdadeiramente o amor e a verdade lhes representará em unidade pela força de vossos esforços para vos entregar o que possui em essência e em amor, a pureza da constituição da verdade, ou seja, a mesma essência necessária para se firmar um laço espiritual de doze unidades terrenas. Por isso, não se farão apenas ofertas e oferendas a vossa santidade como forma de ganhar novos favores e sim como forma de prestar as vossas ações para que sejam através destas, merecedores dos olhares dos Santos, dos não Santos e do Criador.

Porque os mandamentos ainda que não fossem fielmente cumpridos pelos filhos da terra, os novos mandamentos, não apenas seriam cumpridos como seriam o caminho e o alicerce para que todos adentrassem em nova era de caminhada espiritual, porque se acaso adentrassem aos campos de onde jorravam leite e mel desunidos, impuros, desonrados, infiéis, desleais, e maculados pela força do poder de destruição da terra, prostrando-se aos vossos deuses, jamais seriam felizes na terra da promessa, porque neste lugar jamais adentrariam os vossos corpos, e ainda que alguns adentrassem, morariam assim como moraram na terra da escravidão, ou seja, ainda mais escravos de si mesmos do que outrora foram. E certamente não seria o Senhor consagrado em vossa majestosa e soberana força de poder e de sabedoria infinita. Motivo este pela qual caminharam quarenta anos, no nada existencial do deserto. Porque caminhariam até que alcançassem, maiores forças em união e comunhão, servindo e obedecendo ao Senhor para que conquistassem as terras da promessa de cada um.

Mas ainda que fossem todos teimosos e estivessem despreparados para receberem a unidade de forças da qual haviam sido a eles ofertada, continuaria o Senhor ordenando que o vosso servo o Aprendiz de vossa perfeição, lhes direcionassem pelos caminhos sagrados do vosso Pai celestial, para que caminhasse pela quantidade de anos que lhes fosse necessária para alcançarem a pureza, a santidade, a nobreza de servirem ao Todo poderoso Deus, e compreendessem o poder da aliança dentre eles, para que não se perdessem novamente e pudessem obedecer às leis divinas, assim como crerem nas forças espirituais dos mandamentos sagrados e se alegrassem sem servir com presteza e com verdade todos os ensinamentos, pois seriam estes que vos uniriam em direção ao caminho da paz.

Mas como era um povo desobediente a desonroso da qual não tinha mais o Senhor confiança neles, ordenou o Criador que as vossas caminhadas, ainda que necessitasse da força dos laços espirituais das doze unidades de forças terrenas individuais, caminhasse ainda sobre a regência de uma nova força espiritual, ou a força da nova aliança espiritual selada entre o Senhor e o vosso filho Moisés, pois esta era a garantia de que uma aliança espiritual jamais seria quebrada em terra, e assim, seriam todos caminhantes de vossas labutas purificados e santificados, porque ainda que não conseguissem com as vossas energias caminharem pela força das forças da constituição da Aliança espiritual terrena, caminhariam próprios e santificados pelas mãos de vosso Aprendiz, santificado e selado em nova aliança espiritual terrena para vos conduzirem purificados e seguros. Porque esta que representava a nova aliança espiritual divinal em terra de homens e de espíritos fora selada com o mais leal e fiel servo divinal, o vosso Aprendiz, e este não se amedrontaria, desobedeceria, falharia ou vacilaria em caminhar pelos caminhos nobres e alicerçados pelo Senhor. E esta que fora selada com o povo da desobediência pelo servo obediente, seria o fundamento da aliança outrora firmada com o povo desprovido de verdade, porém caminhante em obediência da terra da promessa.

E por isso, após o acordo da nova aliança, subiu Moisés, ao monte para ter com o Criador em espírito, e deixou repousar o vosso corpo sobre o cume da pedreira, onde passou quarenta noites e quarenta dias sem alimento ou bebida, sobre a regência do Senhor, pois a vossa ausência não mais abalaria os homens da terra, porque ainda que errassem e desobedecessem aos mandamentos e ensinamentos, estavam todos lastreados sobre a fluidez e emanação santificada da nova aliança que vos protegeriam dos males e enganos da terra. Não somente durante a vossa ausência e sim durante toda a caminhada qual trilharia o servo divinal e as vossas unidades, porque esta que havia acabado de ser firmada entre os céus e a terra, continha ainda mais força celestial do que a primeira aliança firmada por todos vos, e por isso, não deixariam jamais de cumprirem as vossas jornadas em nome do Senhor, fossem estas quais necessitavam ser.

O Santuário divino para a Arca da Aliança

"O Senhor disse a Moisés: Escreve estas palavras, pois são elas a base da aliança que faço contigo e com Israel. Moisés ficou ali por quarenta dias e quarenta, sem comer pão nem beber água. E o Senhor escreveu nas tábuas o texto da aliança, as dez palavras" (Êxodo 34: 27,28)

6.7 E após o selo da aliança, entre o povo de Israel e o Criador, e o selo da segunda aliança entre o Criador e o vosso Aprendiz, subiu Moisés ao monte, certo de que estavam todos após terem sido selados espiritualmente com o Criador, protegidos e firmados em vossas verdades, e ainda que novamente vacilassem estava ele mesmo pela força da Nova aliança, entregue pelo novo pacto da qual fizera e que o selava mais fortemente todos os membros da qual o primeiro acordo que havia se quebrado. Mas após se redimirem de vossas falhas e novamente se prostrarem ao Senhor Deus, crentes de vossas certezas e confiantes de vossos caminhos, obedientes apenas às ordenanças do Ser Supremo, deixando para trás os deuses de outrora para seguirem as leis divinas conforme os vossos mandamentos proclamados diante de todos os membros de todas as tribos, pelas vossas também próprias palavras de que guardariam os preceitos e seguiriam os sagrados mandamentos, como forma de se manterem puros, nobres e santificados, para que pudessem viver de forma livre e feliz as vossas caminhadas; verdades em busca de vossas salvações, debruçaram todos por sobre as verdades da qual carregava o filho da verdade, o Aprendiz, ainda que estas não fossem as vossas próprias. Pois o que outrora fora o tempo da dor da servidão e do lamento prostrados a deuses mundanos, que nada lhes ofereciam além de lamentações, conflitos, revoltas, dores e angustias; após o pacto divinal e o novo acordo celestial sobre as leis divinas, seria à hora da certeza e do prostrar de vossas vidas sobre o derramamento da verdade, trazendo alegria, esperança, vigor, vitalidade, jubilo e animação frente às promessas do Senhor em busca de vossas liberdades e salvações em direção a terra da esperança em razão do sagrado juramento. E assim, o Guiador os deixou em terra firme para que pudesse ter novamente com o Criador, para receber as novas instruções espirituais dos caminhos em que cada um seguiria.

"E abriu-se no céu o templo de Deus, e a arca da sua aliança, foi vista no seu templo; e ouve relâmpagos, vozes, e trovões, e terremotos e grande saraiva" (Apocalipse 11:19)

E dirigiu-se Moisés, rumo aos quarenta dias da qual deveria ocupar-se em espírito com o Senhor Deus, diante do monte ao qual lhe havia preparado o Criador um leito onde descansaria a vossa própria carne de forma que não apenas escutasse as palavras Dele, como, partisse em espírito a casa celestial do Pai eterno, para que naqueles dias de descanso do corpo e levantamento da alma debruçado sobre as ordenanças divinas, pudesse receber todas as ordens santas em relação a tudo o que deveria levantar e preparar em nome do Criador em terra sagrada, ao qual seriam estas obras, não apenas obras terrenas de sentido material, e sim a reconstituição das obras celestiais do templo do Senhor Deus, de onde jorram as energias divinas ao elo terreno, energias derramadas do templo de brilhantismo azul, ao quais as portas se abriram para Moisés, não apenas para que o conhecesse, e sim para que reconstruísse todos os detalhes e alas espirituais ao qual a vossa missão ordenada também estava.

Por isso, tudo aquilo ao qual ele mesmo presenciou pessoalmente em espírito nos breves dias que esteve com o Senhor deitado em leito de terra, porém acordado em esfera celestial, fora a passagem diante do Templo Azul, de energia e de forças sagradas e celestiais juntos aos mais elevados e santificados espíritos divinais, para que com eles pudesse ter e conhecer tudo aquilo ao qual deveria recriar em campo material segundo as orientações do próprio Senhor Deus.

E foram estes os dias em que acordado estava em espírito na própria casa celestial do Senhor, para comungar com todos os Santos, Anjos e Espíritos divinais, o que de mais sagrado, esplendido e Santo existe acima do firmamento da qual todos os Santos, Anjos e Espíritos de grandeza através dos sacrossantos e invioláveis elementos de poder e de forças divinais se ajoelham e se prostram perante a face do Senhor onipotente, lhe calçando as entradas das portas celestiais diante das fendas hieráticas espirituais para que a vossa eterna onipresença possa adentrar com toda a vossa majestade, a vossa grandeza e a vossa luz adiante de vossos mais respeitosos e veneráveis santuários divinais, erguidos com os mais belos e solenes sentidos santificados pela razão de vossas verdades, abertos cerimoniosamente através das chamas santas que ardem no mesmo momento do bater das horas no instante do tocar das trombetas para que o vosso Santo Espírito possa diante deles passar, e atravessar um dos mais puros, belos, magníficos e solenes santuários divinais de poderes e forças voltadas para o campo terreno, o Templo de brilhantismo Azul, onde se encontra a Ala sagrada que abriga também o cofre de magia e de mistérios espirituais para guardar o elemento mais puro e santificado de energias celestiais voltadas para o campo terreno.

Templo este erguido com honras e glórias e ao Senhor, para receber a vossa mais nobre e majestosa fonte de energia nascida de vosso esplendido, incalculável e eterno poder de forças e de luz, da qual abriga a única, a mais bela e mais importante fonte de energia celestial, ao qual somente os Espíritos de grandeza, ou aqueles que sacerdotes santificados o são, em vosso sagrado nome, pela vossa santa e suprema ordenança, para lhe prestam os serviços sacrossantos espirituais diante das portas e das fendas celestiais de onde ocorre o derramamento sacro por todo o caminho de onde a vossa majestosa luz caminha, para que a vossa força e luz possam jorrar frente aos vossos sagrados altares, quando assim a vossa majestade espiritual se posicionar frente a todos os espíritos santificados e sacros que dentro deste santuário divino se encontram.

E não por de trás do véu que cobrem a visão daqueles que visão não possui para compartilharem os atos celestiais do vosso Criador, pois todos aqueles que perante o candelabro sagrado caminham e atravessam as cortinas que selam os atos espirituais, que nada mais escondem as suas unidades essenciais, porque todos os que dentro do santuário possuem o direito de adentrar possuem também o direito de comungarem os pães da vida, não a vida terrena e sim a vida eterna, utilizando juntos todos os utensílios sagrados. Por isso, não apenas os Espíritos de grandeza, como também os sacerdotes santificados comungam dentro do santuário as forças e as energias que ali existem de forma sagrada em todos os atos e cerimônias santificados.

Porque ainda que estes não sejam os que se sentam a mesa diante dos vossos sete candelabros, e sim os que atuam na entrada das portas junto às fendas celestiais governando os trabalhos sacros com aqueles que puríssimos e castos são, os espíritos de nome, arcanjos. São estes também possuidores da nobreza imaculada para acenderem tanto as luzes dos candelabros, as lâmpadas do santuário, colocarem o pão da vida sobre as mesas, purificar com água todos os utensílios, perfumar todos os cantos com os mais nobres dos perfumes divinais, levantar todos os demais ornamentos para a hora santa, bem como erguer todas as cortinas que selam as salas de onde se encontram a mesa posta zelando por cada ato santificado, por todos os óleos essenciais, todos os candelabros e todos os ornamentos sagrados dentro do templo azul, de onde a perfeição e a excelência são as chaves para as portas que se abrem para o Senhor, pois somente perante a mais perfeita e sublime e exatidão a vossa gloria se apresenta, pois é o Criador a gloria e a perfeição, e tudo o que faz, nada mais é do que perfeito.

E estes que compõe a força da unidade espiritual firmada sobre o lastro celestial da arcada divinal, ou a coroa santificada do Criador, fundida pela união da aliança das sete unidades de poderes e de forças espirituais, unindo-se em uma única verdade, para o derramamento de forças e energia celestial ao campo terreno através da fonte única de poder e de gloria divina, da qual esta única e esplendorosa coroa santificada forma-se pela união e pela perfeição das sete distintas forças, da qual possuem os únicos Espíritos de grandeza, são estes os únicos que se sentam a mesa posta dentro do Templo ou do santuário da qual se abriga a Fonte única celestial de energia direta entre os céus e a terra, de onde apenas o Altíssimo Espírito governante da fonte ou o Senhor Deus, o Criador, o criador da fonte adentra a Ala santa onde se encontra esta que jorra e derrama toda a vossa energia de gloria e de esplendor pela perfeição de vossa luz, por sobre toda a terra.

Por isso, tudo aquilo da qual o vosso espírito vislumbrou e após a sua descida em retorno de espírito ao corpo material para o campo terreno, da qual ordenou ao seu povo que construísse em nome do Ser Supremo, um nobre e sacrossanto santuário, não por vossa vontade e sim pela ordem do Criador, da qual as ordens partiram do momento em que com o Senhor esteve recebendo as ordenanças de como seria o vosso sagrado santuário em terra para abrigo de vossa benevolente força e poder de gloria, já havia ele vislumbrado em espírito diante da casa celestial, do Reino do Senhor Deus em elo santo e sagrado, da maneira ao qual este deveria ser erguido. Por isso, após o vosso retorno aos campos terrenos carregando a instrução da construção do santuário divino em terra de homens, não era este apenas um tabernáculo e sim a reconstituição em terra sagrada com todos os elementos materiais nascidos no solo árido, igualmente erguido a imagem e semelhança do santuário sagrado arcado celestial dentro do Templo Azul, de tudo o que existe entre os céus e a terra da qual abriga o mais elevado e santo segredo divinal voltado para o campo terreno, da qual se faz a gloria de Deus em poder celestial derramar-se em forças santas de poder e de luz vindos da fonte única da eternitude do Criador por sobre a terra.

Desta maneira, seria não apenas a ordenança divina daquilo ao qual o filho Aprendiz havia atentamente observado pelas palavras do Criador, e sim o levantamento de tudo aquilo ao qual ele mesmo havia vislumbrado através de vossa unidade espiritual, para que reconstruísse em terra de homens e de espírito. Porque aquela que seria a Casa santa em terra de homens, seria ainda a casa abrigo das fontes de energia dos Santos, a fonte de energia vinda do Altíssimo Espírito regente desta fonte santa para o derramamento das energias do Santo dos Santos vindas do elo celestial no próprio campo terreno. Logo, seria esta fonte construída dentro do campo terreno igualmente o santuário da fonte originalmente real em elo espiritual sagrado, com todos os seus instrumentos espirituais para que o fizessem transbordar e suportar toda a força de energia divinal da robustez de energia da fonte única do Criador, assim como existem em campo espiritual diante do Templo de brilhantismo azul.

Mas como esta não adentra a terra de homens, pois seus instrumentos sagrados e divinais não se encontram em terra de homens, e a vossa unidade encontra-se assentada em esfera santa e firmada pelas próprias mãos do Criador, mãos estas que não formam ou constroem coisas materiais terrenas. Seria a construção do santuário terreno, a reconstrução pela similaridade em utensílios, ornamentos, cortinas, lâmpadas, véus, vestes, mesa e tudo o que seria necessário para recriar e com isso carregar de força e energia tudo o que existe de mais sagrado e elevado entre os céus e a terra para abrigo da mesma luz e da mesma força de energia e do mesmo brilhantismo de luz.

E exceto o Átrio exterior, pois este era coisa terrena voltada ao campo celestial e não contrário, uma vez que todos os espíritos que atuam no santuário divinal Templo Azul são nobres, puros e santificados, à união de cada parte específica de cada repartição recriada em campo terreno com cada instrumento santificado, similarmente aos instrumentos sacros divinais em campo celestial, da qual se encontram em elo sagrado acima do firmamento, formavam um espelho real da fonte única de emanação da luz divina, onde cada repartição, em campo celestial com cada instrumento real da qual similarmente estes instrumentos reais sacros foram recriados em campo material, cada um deles refletia através da semelhança e similaridade de luz divina em cada repartição e em cada instrumento similar de si mesmo, transbordando assim como transborda a luz celestial em cada lugar santo de onde os instrumentos santos e vivos em campo celestial se encontram e estão firmados para refletirem suas próprias luzes dentro do Templo do brilhantismo Azul, de onde se encontra o santuário abrigo da fonte única divinal, ou a fonte de energia direta entre Deus e os filhos da terra.

Isso porque a construção do santuário divino celestial em campo terreno seria a reconstrução do próprio santuário que se encontra acima do chão da terra voltado para o campo terreno, para receber a própria unidade de poderes e forças, o Espírito Santo, o Criador, ao qual seria esta não as vossas próprias casas, e sim, a própria das forças de Deus abaixo do firmamento, para que pudesse desta forma com os filhos da terra também estar, e com vossa fortaleza de eternitude e de luz aproximar-se dos homens sem que a vossa proximidade pudesse pela robustez de forças de vossa luz exterminar com o solo e com os seres, uma vez que a vossa luz adentra ao Templo de brilhantismo azul e não o faz destruir.

Ou seja, seria este o abrigo esplendido e intocável a qualquer um que não estivesse por Ele mesmo santificado para adentrar ao Templo de brilhantismo azul, porém santificado seria em campo terreno e ordenado para que próximo a Ele pudesse estar e servi-lo com os vossos serviços sacerdotais de labutas terrenas e espirituais, pois a similaridade de cada repartição ou cada instrumento atrairia pela força das forças divinas aos quais são capazes de destruir e exterminar qualquer unidade terrena, qualquer um que dela se aproximasse, devido a vossa fluidez de energia e emanação santa pelo ápice da gloria e do fogo ao qual a robustez de energia santa produz em cada parte e em cada instrumento real ao qual o campo celestial jorra, e jorrava por sobre cada elemento, para que estes pudessem ser vivos e fluírem as energias santas e vivas do Senhor, assim como é ocorrido dentro do Templo de brilhantismo Azul, da qual abriga a única, a verdadeira e real fonte de magia e de poderes de mistérios e segredos santos do Espírito Santo, Deus.

Portanto é o local de onde se encontram os Santos, ou o Santo Lugar a sala sagrada igualmente reconstituída e espiritualmente selada de onde se encontram os Espíritos de grandeza que distribuem forças e luz aos Anjos sangrados para que estes com as vossas unidades de forças derramam-se por sobre os homens da terra lhes fornecendo todo o vigor, força e vitalidade de tudo o que necessitam para caminharem as vossas labutas de missões terrenas e espirituais voltadas para o amor, a frutificação, a auto correção e disciplina, a força da luta ou labuta, a ciência ou conhecimento e evolução terrena e a ainda a força da justiça e da correção, forças essas angariadas através da única e verdadeira fonte de luz celestial, fonte de energia direta entre os céus e a terra.

Por isso, esta que é a ala santa ou a Ala dos Santos, formava um espelho refletindo todo o seu brilhantismo próprio para junção da energia sagrada das coroas dos sete Espíritos santificados, ou das sete fontes, das sete energias de luz celestial voltadas para o elo sagrado terra, onde a própria luz em ápice de energia e forças poderia exterminar qualquer que se aproximasse desta, pois emanava luz divina em cada instrumento e em toda sua extensão de ala sagrada reconstituída a imagem e semelhança da Ala real dos Santos, onde apenas aquele que santificado estava poderia sobre a ordenança de um dos Espíritos desta fonte ou do próprio Criador adentrar e executar as vossas labutas em nome de Deus.

Portanto, era a Ala do Santo dos Santos, também recoberta com o véu, ou seja, a própria cortina santa, ou a única película espiritual que separa os espíritos encarnados dos espíritos em estado de consciência puramente espiritual ou ainda a única e tênue barreira entre os céus e a terra da qual os homens não são capazes de observar pelo direito de manterem-se livres das dores que causariam as vossas próprias verdades, a Ala recriada em campo terreno abrigo das energias e forças do Senhor Deus por meio da fonte única de emanação de forças, onde o vosso próprio derramamento adentrou pela vossa gloria, através do desdobramento divinal sagrado, isso quer dizer, uma fração mínima infinita de forças diante de toda força de luz de vossa eternitude, jamais dele mesmo, e onde apenas o vosso esplendor de luz e vossa magnificente gloria poderiam de fato adentrar para ter com o vosso filho Aprendiz, determinado para esta função celestial terrena. Pois além de ter sido este reconstituído e ungido e glorificado em lugar sagrado, santíssimo e puríssimo, os únicos que poderiam adentram e aproximam-se de vossa unidade santa espiritual, eram de fato os que da mesma pureza e santidade encontravam-se. Ou seja, os Santos, os infantes puríssimos e castos ou o Altíssimo Senhor governante dos Santos e regente da Ala sagrada espiritual, para abrigo da única fonte de poder e de luz, pois esta a ele mesmo pertence, pertenceu, e eternamente o pertencerá.

Por isso, no momento em que fora recriada em campo terreno, poderia apenas Ele mesmo, o Altíssimo Senhor Júlio Cesar, os Santos, os infantes puríssimos e castos e o próprio desdobramento divinal sagrado do Senhor adentrar, porque esta que não era a Ala dos Santos, e jamais poderia abrigar um ser carnal impuro ou impróprio de si mesmo. Assim, adentrava o vosso filho o Aprendiz da perfeição divina, e se acaso houvesse ordenança divina espiritual para o momento em que o próprio desdobramento divinal sagrado do Criador não estivesse jorrando a vossa eternitude em forma de luz, o vosso irmão o sumo sacerdote e os sacerdotes ordenado para diante da Ala sagrada, do abrigo da Arca da aliança adentrar, ou poderem adentrar, pois não era esta Ala sagrada, repartição dos santos, onde todo aquele que puro e santificado estiver poderia adentrar. Era esta, a Ala sagrada do Santo dos Santos ou do derramamento santo onde todo aquele que não havia sido ordenado a adentrar, seria destruído pela força que emanava pela robustez de forças celestial ao qual a própria ala sagrada jorrava em vossas paredes, em forma de cortina ou véus santo, pelo ápice da robustez de forças transformada em fogo santo.

Mas adentrava o Aprendiz para ter com o Criador nesta que era a Ala sagrada de maior poder e de gloria do Senhor Deus, sem que isso o exterminasse ou o perturbasse, pois era este, santificado para a vossa determinação em missão sagrada terrena, e por isso, atuava intercedendo e labutando tanto quanto um próprio ser santificado, para que em campo terreno fosse assim como um ser santificado, servo de Deus na linha de Santo. Por isso, não era ele Santo, porém atuava da mesma maneira ao qual atua um santo, por isso poderia adentrar a todas as Alas sagradas de todo o tabernáculo erguido sobre a vossa própria regência.

Pois fora ele quem caminhou dentre os céus e retornou ao campo terreno, para que se cumprisse a ordenança divina de levantamento terreno do Santuário que seria não apenas a porta de entrada dos seres da terra para terem como o vosso Criador e sim a representação celestial do que existe acima dos céus, para que pudesse o Criador caminhar com os vossos filhos e apresentar a vossa gloria e o vosso santo poder sobre as vossas terras e vossos filhos terrenos. E a união de cada elemento material, formava não apenas a constituição do templo sagrado do Senhor Deus igualmente ao qual em campo celestial existe refletindo as mesmas formas ao campo material, como também um elo espiritual de ligação sagrada entre os céus e a terra; porque este não apenas seria reconstituído como também igualmente seria utilizado em gloria e em poder através da união das duas vertentes atuando em uma única fonte de vibrações de poderes e de forças, para que ocorresse o jorramento na mesma fluidez de emanação celestial, para que o derramando Santo de Deus, pudesse adentrar ao campo terreno por meio do maior e mais sagrado instrumento divinal em campo terreno: a Arca a aliança, depositada diante da sala Santa do Santo dos Santos, em terra de homens e de espíritos, porque era Moisés, um homem labutando pelos homens e também pelos espíritos.

Porque tudo o que o servo Moisés, pode observar e atentamente descrever já havia sido construído em campo divino, e ele seria o mentor, não apenas que tiraria o povo, ou o seu povo ao qual fora recebido a incumbência de tirá-los das terras do Egito como também o responsável por ordenar e se fazer cumprir o levantamento da obra divina em campo terreno, de forma que fossem estes, não apenas: *O tabernáculo, sua tenda, sua cobertura, suas argolas, suas tábuas, suas travessas, suas grandes colunas e seus pedestais; bem como, à reconstituição da arca de onde se depositariam os proclames e as leis da aliança, seus varais, a tampa, o seu véu de separação, a mesa com seus varais, seus utensílios, os pães, o candelabro, os acessórios deste, suas lâmpadas, seus óleos de iluminação. E ainda, o altar dos perfumes, seus varais, o óleo para unção o perfume para a incensação, o véu para a porta de entrada, o altar dos holocaustos, sua grelha de bronze, seus varais e seus acessórios, a bacia e o pedestal, as cortina do átrio, suas colunas e seus pedestais, a cortina da porta do átrio, as estacas do tabernáculo e suas cordas. E também, as vestes litúrgicas para o serviço do santuário, os ornamentos sagrados do sumo sacerdote Aarão, e as vestes de seus filhos para as funções sacerdotais* (Êxodo 35:11-19).

Pois eram estes, mais do que os elementos e instrumentos divinais para que fosse possível a comunicação do Senhor e o vosso povo, pois perante a vossa promessa este ato sagrado iria divinamente ocorrer, e por isso, seria a construção do tabernáculo e a única fonte capaz de possuir parte da luz celestial divinal, ao qual somente o campo divino por ordenança do próprio Criador possui, alojada em vossa fonte única para jorramento de energia celestial ao campo material, através das unidades dos Espíritos de grandeza e de vossos Espíritos sagrados, no próprio campo terreno.

Então, fora a construção deste além de um templo divino ou um santuário espiritual de onde o Senhor poderia Ele próprio, os vossos Anjos comunicar-se com os filhos da terra, uma Casa Santa pela consagração à partir do momento em que estavam todos os instrumentos, utensílios, adornos, cortinas, véus, vestes sagradas sacerdotais, candelabros e demais unidades espirituais preparados para os atos sagrados firmados em vossos reais e santificados lugares ainda que em campo terreno ou em solo árido, assim como também encontra-se em campo espiritual, servindo cada instrumento, utensílio, adorno, e vestes de cada unidade de ser e de entidade espiritual exatamente conforme a ordem suprema, para que a união de todos os utensílios e todos os instrumentos selassem em uma única unidade espiritual, pelas portas e trancas de cada sela espiritual quando estas estavam unidas pela força da inteireza de forças que cada entidade ou instrumento carregaria dentro de si em cada cômodo ou cada lacuna de fenda espiritual, fazendo com que cada elemento tivesse a real e magnífica e sublime força celestial espiritual frente a ordenança do Senhor e frente a determinação de cada elemento que se junta em único elo celestial de poder e de força pela força que cada elemento por si próprio possui.

Porque é à força de cada elemento, seja esta a madeira, o metal, o couro, as pedras ou qualquer outro elemento orgânico, que individualmente fora juntados, e que após serem unidos, não em união terrena e sim em ligação espiritual, não apenas pela força de suas constituições orgânicas espirituais, como também pela força de suas novas formas e formatos, ou seja, a junção do elemento orgânico espiritual com a força de suas forças reconstituídas materialmente através das mãos dos homens, formando assim a inteireza de forças divinais, capaz de fluir e jorrar as forças celestiais pela ordem suprema do Senhor que vos conduz.

Pois cada entidade ou instrumento, unido à mesma ordenança, e comungando a mesma unção sagrada da mesma graça divina, poderia emanar jorrar e derramar as mesmas fluidezes espirituais do próprio Espírito Santo, que já o faz por ele mesmo através da Fonte única de energia celestial, regida pelo Altíssimo Espírito, Senhor Júlio Cesar Celestial.

Fonte esta que é a única fenda celestial de fluidez de luz e de vida pelo brilhantismo de vossa eternitude em campo sagrado terreno, em forma de luz, ao qual está também encontra-se selada e trancafiada através dos sete candelabros divinais que formam as fontes individuais de cada Espírito de grandeza, e que compõe a Fonte única do Criador, ao qual derrama sobre outras sete menores fontes menores, Anjos sagrado ou cada Santo, a energia e a luz da qual necessita o campo terreno para serem caminhantes de vossas unidades espirituais pelo poder da fonte maior, que fora nascida da determinação do Espírito de Deus, assentada espiritualmente diante do trono do Altíssimo Espírito governante do Templo de brilhantismo Azul, de onde a vossa fonte celestialmente conhecida como Fonte única de poderes e de forças ou fonte de ligação direta entre Deus e os filhos da terra outrora fora conhecida em campo terreno através de vossa mínima porém sagrada reconstituição com o nome de Arca da Aliança, ou o cofre sagrado de onde não somente guardou-se as tábuas sagradas dos mandamentos santificados, pelos proclames do acordo firmado entre o campo terreno e o campo celestial; mandamentos fontes vivas do desejo do Criador de que sejam todas as vidas unidas pela única forma de se unirem os homens da terra que é através das vidas de cada vida a ser vivida neste elo sagrado, pela vontade e desejo de cada um.

Ao qual este mesmo desejo do Senhor Deus, de que fossem todos unidos em uma única verdade, criou-se além das tábuas sagradas, a Arca abrigo da aliança sagrada para selar todos os votos e todas as vontades de unirem-se em amor e em verdade pela única fonte de verdade ou a única direção ao qual poderiam todos serem salvos de vossas dores e vossos lamentos, que é a união de todos os filhos da terra, assim como estão unidos todos os Espíritos que através da fonte única de poder e de luz encontram-se selados em aliança espiritual direcionando as vossas energias e forças ao cume e ao centro da terra.

Portanto não era o Santuário divino em terra de homens apenas a reconstituição divinal do Templo de brilhantismo azul para que o Senhor pudesse adentrar sobre os campos terrenos, pois este não o faria em demasiadas solenidades sacras, tampouco a única forma de comunicar-se com os homens da terra, pois este fato já ocorria através do filho, o Aprendiz, por meio da vossa nuvem de fumaça até o dia em que o vosso filho Aprendiz, em terra estivesse, pois este possuía toda a santificação e determinação para aproximar-se de vossa santidade em desdobramento santo por meio da singular e própria força divina através da fração de fragmento infinita do cume da luz e do fogo, ao qual era a nuvem que com ele falava. Por isso, era o santuário sagrado espiritual, não somente o meio de comunicação com os filhos da terra e sim, o meio de comunicação mais apropriadamente nobre, sacrossanto e elevado ao qual a vossa divindade deve ser recebida seja em campo espiritual seja em campo terreno. Pois para receber o Espírito Santo de Deus, se faz necessário que este local seja tão puro, nobre e santificado, assim como a vossa presença o é.

Porque ainda que vossa fluidez fosse possível de lhe fazer presente e ser vislumbrada através de fumaça do vosso fogo santo que se levantava no cume da montanha diante do povo de dentro da tenda de reunião quando desejava ter com Moisés, aquela não era a vossa completa unidade espiritual de forças e sim apenas o vosso desdobramento em forma de fogo santo, ou seja, uma pequena fração diante da vossa infinita eternitude de poderes e de forças, onde a fumaça, isso quer dizer, a vossa luz ardendo em brasas, reconstituída em forma de fogo; pois é o fogo elemento orgânico ao qual faz parte do campo terreno, e por isso, através da fumaça poderia adentrar o Senhor Deus aos campos terrenos. Não com vossa extrema força e sim por meio das nuvens que arde de vosso fogo santo, sem que essa ação pudesse ser por extrema força ou pudesse colocar em risco a vida dos seres da terra, e assim fazer-se presente em campo terreno. Por isso, até a reconstituição da Arca da aliança, o Criador, apenas através de vossa fumaça santa pelo fogo santo se fazia presente dentre os homens, em campo espiritual terreno sem danificar ou destruí-lo com as vossas forças, pelas forças de vossas magias e mistérios.

Por isso, não era a Tenda de reunião apenas o levantamento de véus dentro do santuário e sim o levantamento do véu que separa os segredos da terra e dos céus, dividindo as coisas santas e sagradas das coisas mundanas e inapropriadamente impróprias para se aproximarem, das quais nem todos os encarnados estão puros ou purificados ou possuem o direito de conhecerem de forma a preservar os vossos seres de vossas próprias verdades, porque até mesmo as suas próprias verdades os impediriam de cumprirem com suas determinadas missões pelo amor, por lealdade, pela verdade e pela obediência a Deus.

Portanto, era o tabernáculo o santuário sagrado espiritual, além de uma unidade santa adequada para o recebimento do Santíssimo Espírito do Senhor Deus, a casa santa espiritual adequada para guardar a Arca da aliança, arca esta que guardava não somente o acordo espiritual entre os céus, as tábuas dos mandamentos como também o livro da aliança escrito pelas mãos de Moisés com as prescrições a serem seguidas pelos homens da terra, pois era este parte do testemunho de Deus, como forma de angariam forças e energias necessárias para caminharem com os Espíritos santificados os Espíritos não santos e alcançarem o Senhor. Assim como o Templo de brilhantismo azul guarda a fonte única de energia e de luz em elos espirituais sagrados, a fonte de todos os segredos espirituais que possibilita a vida terrena.

Por isso, não seria o santuário reconstruído apenas para abrigar a arca e sim o Templo sagrado e santificado para passagem do Senhor em terra da qual se fazia necessário também para guardar o maior dentre os maiores segredos recobertos de magias e de mistérios celestiais; as tábuas dos mandamentos bem como os segredos selados e pactuados em selo da aliança em campo terreno. Pois sendo este um selo espiritual divinal, se fazia também necessário que o vosso cofre, assim como o cofre que guarda a fonte das fontes, fosse assim como o santuário que guarda a fonte das fontes, ou a fonte de ligação direta entre os céus e a terra também guardados e protegidos celestialmente pelas energias divinais que recobrem todas as forças da terra de maneira sagrada e santa, assim como em verdade o é.

Pois assim como os Espíritos de grandeza, possuem o vosso Santuário de onde guardam os segredos espirituais do Criador pela fonte de energia voltada para o campo terreno, através dos Espíritos sagrados. Da mesma maneira os seres encarnados necessitariam da reconstituição do tabernáculo em campo terreno para abrigar a Arca que guardaria os segredos da aliança. Aliança essa, única fonte terrena em forma de vida capa dez jorrar vida em forma de amor, luz, paz, caminhos, compaixão e caridade quando todos se unirem em verdade aos mandamentos que constam dentro desta. Porque seria esta além de uma arca contendo os mandamentos divinos proclamados em pacto espiritual, uma fonte de energia e de luz, assim como a fonte de energia direta do Criador, uma fonte de energia terrena de união e paz entre os homens da terra, produzida por eles mesmos derramando tudo aquilo que são capazes de produzir sobre as suas próprias cabeças, ou tudo aquilo aos quais são alimentados pelos Espíritos sagrados.

Isso porque, o selo da aliança, não era apenas um selo firmado entre os filhos da terra diante do altar sagrado do Senhor Deus, como forma de agradecer Moisés, pelo vosso feito de retirá-los do Egito ou como forma de selar uma aliança com o Aprendiz, e sim um pacto espiritual, entre os filhos da terra o Criador, assim como o pacto espiritual consolidado entre os Espíritos de grandeza aos quais os Espíritos sagrados os Santos, são os espelhos e representantes destas forças de energias que são jorradas pela Fonte de energia direta, alocada também dentro do Templo Azul, em forma de Arca sagrada de luz e de brilhantismo ao que carrega todas as forças das sete fontes individualmente.

Por isso, era a Arca da aliança, o instrumento cofre das tábuas dos mandamentos, e do livro da aliança, espelho do pacto selado entre o Criador, os Espíritos de grandeza e os Espíritos sagrados, refletindo a similaridade do pacto firmado entre os filhos da terra e o Criador, para jorrar força e energia em força de luz santa, se acaso estes unirem-se assim como são os Espíritos unidos pela mesma verdade em amor e em lealdade aos vossos votos e selos espirituais, para desta forma se alimentarem de amor, de luz, de paz, de compaixão e de caridade uns com os outros, porque quando todos estivessem unidos em amor e em verdade pelo pacto da aliança, fossem todos abastecidos pela santidade, pela pureza e pela nobreza divinal ao qual a arca seria capaz de produzir e emanar a eles para eles mesmos. Pois, era esta, a própria reconstituição da similaridade da Arca das sete fontes ou a fonte de energia direta, ao qual é constituída também através de uma arca guardadora dos segredos das sete fontes, chamada de Fonte única ou fonte de energia direta de poder e de gloria de Deus jorrando luz divina por sobre a terra.

Então a união de todos os filhos da terra em harmonia espiritual pelo cumprimento dos mandamentos, conforme o pacto da união pelo acordo da aliança, faz todos serem unidos em amor e em verdade cumprindo as palavras dos mandamentos, para que tenham progressos em vossas jornadas e conquistem as terras da promessa, não somente terras materiais assim como terras espirituais, ou seja, alcancem vossas unidades em elevados elos santificados, assim como são os espíritos que vos abastecem em terra árida. Porque os vossos selos, jamais poderiam ser pactuados e selados se acaso não fossem estes nutridos e abastecidos pelos Espíritos sagrados, que são aqueles que vos nutrem o espírito e a matéria com as sete forças espirituais para que possam caminhar fortes e conhecedores de vossos caminhos e vossas verdades, pois se acaso não recebessem as energias das sete fontes de energias, jamais alcançaram o progresso e a elevação material ou espiritual.

Então, fora o tabernáculo ou santuário reconstituído em terra sagrada, como forma de abrigar a urna sagrada da qual guardaria os vossos pactos selados com o Criador e abençoados pelos Espíritos sagrados, pois são estes que além de vos abastecerem em terra, são os espíritos que unidos jorram as vossas forças e energias para que sejam fortes e tenham vigor para caminharem por sobre a terra com os próprios passos.

Portanto, fora o santuário sagrado reconstituído em campo terreno, para abrigar não somente a Arca do acordo da aliança, era a própria habitação divina espiritual igualmente a morada de energia e força ao qual o campo celestial possui, para o Senhor deposita a vossa energia e vossa luz, para que esta seja a chave do vosso jorramento Santo em ambiente sagrado material, conforme a vossa ordenança. Pois seria o tabernáculo refeito em terra, o abrigo sagrado tal o abrigo sagrado aos quais os vossos servos e servas, os Espíritos o recebem em unidade divinal com gloria, dignidade, respeito e soberania divina, diante do Templo de brilhantismo Azul, para que a vossa santidade possa adentrar e com os vossos Espíritos sagrados se assentar. Embora seja a fonte única de energia divinal, tão forte e poderosa fonte, unanime condutora de força de luz celestial, capaz de destruir até mesmo outros elos e campos espirituais pela extrema força de robustez e de irradiação de energia divinal, não tinha esta a mesma força de destruição em campo terreno por ser a reconstituição e não a própria fonte única de força e de energia irradiando as forças extremas do Criador. Porém a vossa robustez de energia celestial seria capaz de exterminar pelo simples fato de ser tocada.

Porém a construção do tabernáculo seria além do templo do Senhor onde iriam guardar a Arca da aliança divina ao qual estariam depositadas não somente as vossas leis escritas nas tábuas como também o livro da aliança de onde se encontravam as palavras dos proclames anunciados no momento do pacto celestial, entre os céus e a terra. Portanto, não seria apenas o tabernáculo o local de onde se guardariam as palavras sagradas do Criador e com a vossa divindade poderiam se comunicar, pois este que seria erguido em ordenança de vossa determinação, era a reconstituição exata em tamanhos e em medidas divinais, tudo aquilo ao qual havia Senhor determinado a também criação em campo espiritual diante do Templo Azul, ou seja, o templo celestial, ordenado a emanar forças e energias exclusivamente ao campo terreno, de onde nenhum ser terreno poderia viver ou sobrevier em vossa unidade espiritual carnal e evolutiva sem que seja através desta que é a fonte única de ligação entre a terra e o Senhor, através de vosso Espírito Altíssimo que comanda rege e ordena todos os atos, mandamentos, obras, ao qual este campo terá e receberá santamente pela ordenação do Senhor Deus.

Porque não seria o Senhor Deus o caminhante eterno de vossa própria unidade espiritual pelo campo terreno com a vossa própria Luz e poder de forças, por isso, a vossa luz seria caminhante dos campos terrenos através das energias que viriam dos campos, de energia voltada ao campo terreno ao qual a reconstituição em similaridade divinal, transportaria ao campo terreno, a mesma determinação pela mesma força da mesma luz ao campo o Senhor estava utilizando para em campo terreno caminhar.

A Arca da Aliança

"Ali, sobre a tampa, no meio dos querubins que se encontram sobre a arca da aliança eu me encontrarei com você e lhe darei todos os meus mandamentos destinados aos israelitas" (Êxodo 25:22)

6.8 És a arca da aliança o cofre que guarda os segredos da humanidade. Recriação da fonte de energia e de luz celestial vibrando em solo árido, para união dos homens da terra. Erguido em nome do mais nobre, puro e majestoso poder de brilhantismo de toda a eternidade, o Senhor Deus. Abençoado pelo mais cândido poder de união em solidificação da entrega e da verdade entre os povos da terra, o amor. Construído com a mais desejada representação do poder e da riqueza em terra de homens, o ouro. Tudo isso para ser a fonte de energia e de luz, capaz de juntar os seres encarnados e fazê-los unidos pela força dos mandamentos e pela força da verdade, pela verdade de cada um.

Por isso, o cofre de maior poder de força celestial e terrena, derramada da fonte de brilhantismo sagrado, selado e pactuado com o Criador em terra de homens e de espíritos, viva em elo espiritual pela força do tempo que não corrói ou destrói nada que seja santo ou que tenha sido pelo próprio Espírito Santo santificado, guardadora dos mistérios e segredos divinais e terrenos, é a única capaz de selar a união de todos os povos da terra pela força de vossas próprias vontades.

E não fora está apenas a reconstituição da fonte de energia celestial, voltada para o campo terreno, a qual os Espíritos de grandeza utilizam destas energias para jorrarem as vossas forças e energias sobre os Espíritos sagrados e estes derramarem-se por meio dos elementos da natureza, ao qual são também os regentes para que os seres da terra sejam abastecidos de todas as energias necessárias para vossas labutas terrenas, porque embora a força da união dos filhos da terra ao qual fora por este objetivo recriada a arca fonte de energia, gere uma singular e potente força de luz e de energia, são as mesmas energias das quais são jorradas pela Fonte única de onde fora recriada a arca cofre, pois assim como são todos os filhos da terra nutridos pelas energias da Fonte única de ligação entre os céus e a terra, assim são as vossas próprias energias seladas dentro da arca da aliança guardadora das energias terrenas, pelo poder da força da aliança em unir todas as energias próprias dos homens, aos quais são estas mesmas jorradas e derramadas pelos Espíritos sagrados.

Logo a arca da aliança, cofre guardador das forças e energias pelo poder da união, recriado para unir todos os homens da terra, pela força divinal do pacto da aliança sobre os mandamentos divinos, reconstruída pela força das energias celestiais, aos quais são os homens da terra abastecidos em solo árido. É o cofre segredo de si mesmo, ou das fontes que abastecem a vida terrena, pela energia da Fonte única de ligação de Deus e os filhos da terra e também a caixa ou o cofre espiritual que guarda os segredos selados de onde se depositou o acordo de juramento entre os céus e a terra, conservando no tempo todos os segredos que foram ajuntados naquele instante cerimonial e sacrossanto em que as energias, as vibrações e os sentidos celestiais foram unidos diante do momento e da hora dentro do século e do tempo em que este fora dentro de eternitude do Criador pactuado. Porque no momento em que se fecharam primariamente as portas de onde se guardavam os segredos, fechou-se também as fendas e as portas do tempo em que foram todos pelas duas vertentes sagradas, a vertente espiritual e a vertente material, consagrados em uma única unidade de verdade, e assim se fecharam todos os tempos e todos os segredos inviolavelmente para os céus e para a terra, no instante em que se cerrou a abertura para o mundo de onde o segredo fora apresentado ou de onde este foi nascido e também trancafiado para tudo e sempre. Amém.

E o momento em que todos os instrumentos ou ornamentos adentraram as portas da arca guardadora da aliança e esta foi pela primeira vez cerrada, ocultou-se os segredos e mistérios, não somente do momento em que os votos foram anunciados e pactuados pela força da unidade espiritual de cada ser terreno, como também todos os segredos espirituais celestiais que ali se encontravam ou que na terra desceram para comungarem do firmamento do pacto da aliança dos mandamentos. Por isso, fora no momento da acomodação da tampa, o fechamento do pacto no tempo espiritual, pelo momento e pela hora em que todos os seres anunciaram e proclamaram os seus votos e assinou com o sangue da vida as suas alianças com o Senhor Deus. E no momento em que fora erguida e colocada a tampa da arca, momento este em que foram soadas todas as trombetas, tocadas todas as harpas e ruíram todos os sinos celestiais em ritual sacro e santo pelo selo da aliança, até mesmo os sons dos instrumentos que no bater das horas foram juntamente com as tábuas e os proclames derrubados dentro daquela que é a guardadora dos segredos e dos mistérios do selo da aliança ao qual somente a arca ou o cofre da aliança, conhece e sabe todos os mistérios que ali adentraram, foram trancafiados junto aos segredos dos céus.

E não somente as intenções em forma de entrega e de verdade de cada ser material espiritual foram depositadas na urna da aliança, mas sim as inverdades, os desejos, as intenções, as esperanças, os medos e as angustias de cada ser em cada momento de vossas rendições em suas proclamações, bem como as forças e as energias aplicadas e derramadas no momento mais santo e magnífico ao qual a terra presenciou. Porém somente a caixa cofre destes segredos conhece e possui o verdadeiro sentido, o verdadeiro significado, a verdadeira intenção ou o segredo de cada unidade que no dia do selo ou do fechamento da arca em que estiveram e de si mesmas entregaram ao Criador.

E estes jamais se pagarão no tempo ou com o passar dos tempos, pois o que se guarda em baú sagrado, jamais poderá ser apagado, ainda que os tempos mudem, as eras se fechem ou o mundo se cale; porque tudo o que um dia foi, jamais deixará de ser ou de existir. Por isso, não foi à arca da aliança, apenas o cofre guardador das tábuas da aliança e sim a tumba onde guardaram os segredos e mistérios daqueles que em vida estiveram, porém jamais poderão falar de si mesmos ou da terra de onde viveram pelo corpo material através do sangue da vida. Ou ainda, jamais poderá outro ser espiritual resgatar o que com este é enterrado ou selado pela tumba guardadora dos sentidos e sentimentos vivenciados em terra de homens, porque o que com ele fica em espírito, com ele também dorme com a carne.

E assim, jamais poderão ser reabertos os vossos votos, os vossos desejos, os vossos temores ou as vossas vontades, ainda que o tempo na memória possa voltar, porque não é um momento de tempo algo que a eternitude possa regressar aos seres que dela viveram ou que dela desejam resgatar, e sim todos os momentos e todos os instantes em que o tempo registra para que possa guardar todos os que estiveram nele. Portanto, somente a arca sagrada poderia abrigar os momentos mais importantes e misteriosos ao qual o próprio tempo guarda e zela diante da face de Deus, porque este que é o cofre ou a tumba que leva os mistérios do povo da terra que jamais poderão voltar ao momento do pacto pelo sangue da vida para elos longínquos, jamais esteve perdido ou distante dos povos da mesma terra, apenas em tempo ou eras diferentes; porque os votos e a aliança continuam vivos atravessando os tempos com a mesma força divinal daquele mesmo momento sagrado e com o mesmo poder de unir e encaminhar toda a humanidade as vossas terras, outrora prometidas as vossas antepassadas gerações.

Porque assim como a única e majestosamente brilhante fonte de energia direta entre o Criador e os homens da terra distribui suas energias e forças aos Espíritos de grandeza que apenas jorram dentro do campo celestial, para que estes entreguem as suas energias e forças em união divinal aos sete poderes de forças e de energia, os Espíritos sagrados, os Santos, para que estes abastecidos pela fonte de luz e de brilhantismo divino voltados para o campo terreno, onde todas as energias se juntam na mesma frequência espiritual, pela mesma emanação de força, para que possam doar-se através do ajuntamento de todas elas e fazer a entrega de vossas forças e energias, de forma que este campo sagrado receba tudo o que materialmente e espiritualmente necessitam para manterem-se vivos; são todos vivos através das fontes individuais dos Espíritos de grandeza que unidos pela força da aliança sagrada aos Espíritos sagrados, os Santos, estes também são selados em aliança espiritual aos elementos da terra, para atuarem todos na mesma emanação em fusão de energia, levando aos campos terrenos tudo o que é santo e santificado para vos abastecerem de energia, vigor e força de vida para estarem vivos e vivificados e unidos pelas vossas forças e fluidezes.

Da mesma maneira fora o próprio cofre ou a arca cofre com sua própria finalidade de guardar os segredos selados pelos homens da terra, porém, não somente as tábuas como também os votos de cada ser que naquele momento estiveram unidos pela mesma verdade, selando-se em amor e em verdade na mesma exatidão utilizando-se das mesmas palavras proclamadas em ato sagrado diante do pacto de seladura entre o céu e a terra, ou entre o Criador e os vossos filhos, selo este que fora a continuidade de vossas verdades, ou seja, a única coisa que em verdade um ser espiritual material possui, pois além da verdade dele mesmo, nada do que ele utilizará ou usará em campo terreno pode lhe servir de fonte de vida e de verdade a não ser a sua real intenção, pois é a vossa intenção o próprio desejo que existe entre a alma e o querer material que os fazem ser vivos, e viverem para suas próprias verdades de ser quem são.

Ora, mas já existia espiritualmente viva a fonte de luz dentro do Templo de brilhantismo azul, de maior poder de força e de luz celestial voltada para o campo terreno, a Fonte de energia direta do Criador jorrando sobre os filhos da terra, ao qual a construção da arca a ser construída era a similaridade do canal que seria a ligadura entre o Criador, os Espíritos de grandeza, os Espíritos sagrados e a terra, sem que este danificasse ou exterminasse o solo terreno devido a robustez de forças da unidade espiritual recebedora do manancial de luz, Templo Azul, uma vez que a energia desta fonte havia sido nascida para alimentar o campo material com a luz divina, e já o fazia.

E era a Arca da aliança além da ostra espiritual divinal guardadora dos proclames do pacto sagrado, bem como as leis da aliança, os mandamentos, firmada em ato sagrado, também a portadora da energia e da luz divinal, assim como acontece pela ordenança suprema em elo celestial dentro do Templo Azul, Templo de maior poder de brilhantismo, através dos mistérios divinais e dos segredos celestiais para o campo terreno da qual dentro dela se fariam vivos todos os elementos e pertences que esta carregasse.

Porque era a caixa ou a Arca da aliança, a fonte semelhante a própria fonte celestial espiritual de onde deposita o Senhor todas as energias e forças divinais ao qual a terra recebe meio do jorramento santo para que os Espíritos sagrados caminhem incessantemente diante das ordenanças divinas, dia e noite em favor dos filhos da terra, uma vez que a fonte de energia e de luz, jamais deixará de reluzir e de brilhar energia sagrada e santa, lhes dando força, vigor, garra, determinação, frutificação, direção e caminhos aos sentidos espirituais em relação a ciência e ao conhecimento, bem como a justiça a doutrina e a auto correção. Por isso, tudo o que fora reconstituído, fora com os mais puros e honrosos instrumentos e utensílios similarmente aos próprios utensílios e acessórios divinais, das quais utilizam os Espíritos de grandeza, os sacerdotes divinais, os Espíritos puríssimos e castos dentro do Santuário divino, para as labutas espirituais divinais voltadas ao campo terreno, de forma que se adequassem os homens da terra trabalhadores, ou os servos espirituais sacerdotes terrenos, com tudo aquilo que se faz necessário para o cumprimento da determinação divinal da ligadura das energias dos céus entre os homens da terra, através dos elementos espirituais santificados em elo sagrado, de forma que fosse possível qualquer ato ou ritual santo e sacro fora do próprio campo celeste.

Portanto, esta era a ostra espiritual, não onde apenas se guardariam os segredos divinais proclamados ao campo terreno pela ordenança de Deus ao selo da aliança firmada entre o céu e a terra, dando vida e vivificando de forma espiritual tudo o que divino é, e que tenha pelo campo material estado. E sim a seladura espiritual das coisas sagradas de Deus, reconstituída em campo terreno, para que pudesse o Senhor Deus através desta que é a vossa fonte de energia e de luz refeita em campo material, se fazendo também presente em campo terreno através dos Espíritos, os vossos servos e servas, desde o Altíssimo Espírito regente da fonte de energia até os Espíritos sagrados que abasteçem os campos terrenos com as vossas forças, poderes, magias e mistérios vindos deste mesmo manancial de energia sagrada, sem que esta ação pudesse destruir ou exterminar com todos os habitantes da terra, nascidos pela força de vossas forças ao qual o extremo poder de emanação em forma de luz poderia matar os viventes terrenos e a própria unidade terra da qual habitam os seres.

Por isso, é a arca da aliança não é apenas o cofre que guardou as tabuas dos mandamentos, o livro dos mandamentos, o alimento espiritual o maná, como também o acordo espiritual ou o pacto sagrado entre o céu e a terra. Acordo este que fora sacrossanto e espiritual, materializado pelos termos dos proclames divinos escritos por Moisés, as vésperas do selo sagrado da qual fizeram o povo da terra e o Senhor Deus frente ao vosso altar. Por isso, não era a arca apenas a caixa cofre dos símbolos materiais dos mandamentos e do pacto celestial divinal como também a reconstituição da Fonte única de magia e de poder e de luz, manancial de energia celestial ao campo terreno, por razões espirituais do próprio Criador como forma de aproximar a vossa luz ao campo de onde a vossa própria luz jamais poderia adentrar, bem como alinhar as energias divinas celestiais com as energias divinas terrenas, derramadas da Fonte única de poder, criando uma fusão de forças e energias indestrutível em elo material.

Porque não foi este um pacto selado entre o Espírito Santo, Deus, e os homens da terra, ou seja, não foi este um pacto entre o Criador e o elemento biológico que constitui o ser material em terra, e sim o pacto selado entre os homens da terra e o Criador através da fonte de energia celestial, ou a Fonte única que encontra-se no Templo de brilhantismo azul, da qual alimenta os homens ou o elemento biológico de energia e de poder celestial ao qual nenhum ser material carnal, caminharia por sobre a terra sem que seja por estas sete distintas energias abastecido em sua unidade espiritual abrigada na unidade material . Por isso, fora o pacto da aliança aos quais os votos e selos encontram-se selados e fechados no tempo, o acordo que os seres encarnados pactuaram com o Criador, porém selando as vossas energias ou a força de vigor e vida derramados por um jorramento.

E era a arca uma fonte de energia celestial divinal terrena, com o mesmo poder de força e de luz, ao qual a própria luz do Criador abastece de luz as menores fontes de poderes de energia e de luz, através da Fonte única de poder, carregada está com a energia necessária ao seres da terra. Desta forma, no momento em que foram proclamados e pactuados, foram pactuados os vossos espíritos e as vossas energias divinais, e não as arcadas materiais, pois estas não possuem vida própria ou por si só. Logo é o pacto da aliança ao qual os proclames e mandamentos encontram-se selados na arca dentro da era do tempo e do instante onde a pacto fora anunciado; a seladura da energia e das forças aos quais os seres encarnado também são vivificados ou sem este não poderiam viver em terra de homens.

Ora, se não fora o momento do acordo celestial, o momento da fusão das forças que são jorradas em campo terreno para abastecer o ser material e as forças divinas que os fazem serem vivos através do sopro da vida de cada ser. Isso quer dizer, a fusão das duas energias divinais espirituais, unido as duas vertentes, onde uma vertente é a vertente espiritual nascida em campo celestial, o espírito, que ganha vida por meio do sopro da vida na terra e a outra vertente, a do abrigo material ou caixa orgânica que ganha energia exclusivamente terrena através das fontes de energia divinal; energias estas que nos tornam animados e vivificados, pelo direito celestial de sermos seres encarnados e ganharmos além da vida, também as forças do Criador que são jorradas por sobre todo o elo terreno, e as energias límpidas e puras das fontes de luz para caminharmos as missões espirituais em campo material pelas forças de poder do Criador, duplamente jorrando as vossas forças e luz por sobre os seres e sobre toda a terra.

Desta forma, fora a arca não apenas a reconstituição celestial da fonte de energia divina ao qual se derrama sobre a terra, como a própria fonte terrena da mesma energia ao qual nos mantém vivos, e naquele instante, foi esta também selada diante do altar do Senhor, pois é esta que nutre de força e de vigor todo ser material. Portanto, não poderiam os homens da terra, serem ligados ao Senhor através do selo da aliança divina, sem que não fossem também selados pela fonte de energia e de poder celestial voltada para a terra, uma vez que são todos abastecidos em campo terreno por esta fonte única de energia, porque não são seus corpos animados e vivificados por vontade própria de cada ser. Então esta energia da qual foram selados é a mesma energia aos quais os homens não caminham sem, e que a união das energias em pacto espiritual, une também estas sete forças e energias, fazendo a arca possuir não apenas energia, força e vigor, como também ser viva e possuir vida, assim como são as energias das fontes de vida que vivificam os seres da terra.

Mas a força e energia que continha a arca cofre dos segredos divinais, não apenas transcendia a luz celestial como a luz celestial de energia e de poder terreno, voltada para o elo material, ao qual o seu poder de tão robusto e magnífico poderia exterminar qualquer ser de qualquer espécie ao se aproximar desta, que era a caixa cofre das forças, das forças que vivificam os seres e os tornam caminhantes de vossos desejos, vossas conquistas, vossas vontades e de vossas determinações para o cumprimento de suas missões e de vossas elevações terrenas espirituais.

E esta que era a arca guardadora dos segredos e dos mistérios espirituais dos homens da terra, era o próprio mistério dos céus e da terra entre os homens, unindo a carne ao espírito por meio da seladura das duas vertentes espirituais para que estes pudessem unir-se em amor e em verdade pelo acordo dos mandamentos, e assim, ganharem forças e poderes que pudessem ser indestrutíveis aos campo terrenos e a eles mesmos, da mesma maneira que são ao campo espiritual, e conquistarem juntos a terra de vossas promessas e qualquer outra promessa em esferas espirituais.

Portanto, fora a Arca da Aliança, a sela de onde se guardou todos os segredos dos homens da terra, que selaram suas verdades em pacto espiritual com o Criador no momento e que se comprometeram através dos proclames diante do altar dedicado a vossa santidade, a cumprirem com os vossos votos e vossas palavras. Votos estes, que somente poderá vos fazer progredir em terra de homens e de espíritos, no momento em que cumprirem com as vossas partes diante da face de Deus, pelo acordo firmado em pacto de sangue entre as duas unidades espirituais, o Senhor Deus e os encarnados, vossos espíritos. Caso contrário ainda que um dia encontrem a desejada Arca da aliança em campo terreno, mas não tenham o compromisso pulsando como verdades em vossos peitos jamais encontrarão o caminho da terra da promessa.

E assim, continuarão caminhantes de vossas próprias verdades ou inverdades a procura de felicidade pela infelicidade de vossas falsidades unidas a outros seres que os deixam ainda mais distantes de Deus e do cumprimento do pacto bilateral acertado outrora, feito pelos próprios seres, que nada podem fazer para as vossas evoluções se acaso caminharem em desacordo com o código espiritual que ainda os mantém vivos.

Porque é este o cofre espiritual divinal que assim como a verdadeira fonte única de brilhantismo e de luz, que possui o próprio brilho que reluz não através do metal e sim da luz interna que produz quando alimentada pela vossa Santidade o Altíssimo Espírito governante da fonte de luz, a mesma luz capaz de os fazerem trilhar os bons caminhos, serem felizes em vossas jornadas e alcançarem as vossas plenitudes e a paz espiritual do Senhor Deus, seja em campo terreno, seja elo campo espiritual.

"Quando entrava na Tenda de Encontro para falar com o Senhor, Moisés ouvia a voz que lhe falava do meio dos dois querubins, de cima da tampa da arca da aliança. Era assim que o Senhor falava com ele" (Números 7:89)

Mas era a tampa da arca da aliança tão poderosamente forte em energia e brilhantismo quando o que estava dentro dela. E fora reconstruída a arca da aliança, igualmente a fonte de energia celestial a Fonte única com a mesma força que essa possui em campo espiritual, com as mesmas características divinais e de poder e de força. Porém era a tampa, não apenas a reconstrução em campo terreno com todas as unidades espirituais que atuam em elo sagrado reconstruído em campo terreno, como a própria reconstrução sagrada do que existe de mais puro e terno em campo sagrado para representar o próprio Senhor Deus, no momento em que Ele fosse ter com o vosso Aprendiz e trazer as vossas orientações aos filhos da terra.

Porque a reconstrução da tampa da arca era a reconstituição das forças sagradas através dos dois orientes divinos, os ligando por força dos dois polos celestiais, o polo espiritual e o polo material terreno, para que este pudesse ganhar energia e forças de forma que pudesse o Senhor se comunicar com o vosso Aprendiz utilizando-se da fala material, aos quais os homens da terra conhecem pelo sentido da linguagem carnal, através da força da unidade das cordas vocais ou do elemento orgânico, pois até este momento, falou Moisés com o Criador por meio dos sentidos espirituais e não carnais, não se utilizando de terminações nervosas oculares ou auditivas, tampouco pela fala. Mas seria a reconstrução da tampa a reconstrução da fonte de energia divinal que conduz as energias celestiais através das vibrações terrenas utilizando das próprias energias dos receptores para que estes sejam condutores das vibrações e energias espirituais capazes de se transformar as energias terrenas em sons e imagens de forma que possam ser vistos e ouvidos pelos seres encarnados.

Porém no campo celestial, os únicos seres espirituais que adentram a todos os campos divinais e aos Templos de brilhantismo azul, santuário divino em elo espiritual sagrado e que atuam em nome do Criador na esfera terrena, conduzindo as energias e forças do próprio templo divinal, de onde as energias são jorradas, são os seres puríssimos e castos, os espíritos infantis denominados espiritualmente, como querubins. Pois estes, que carregam em vossas constituições a própria candura, pureza, nobreza, e castidade, são as unidades espirituais que adentram a todos os elos espirituais e campos sagrados sem que isso lhes seja determinado, pois as vossas constituições já possuem tudo aquilo ao quais os seres buscam para que possam diante do Senhor se prostrar.

Desta forma eram os querubins, não apenas a representação espiritual da pureza e da castidade e sim a própria pureza e castidade em forma espiritual reconstituída de maneira material, representando aqueles que sairiam dos campos espirituais do templo de brilhantismo azul e adentraria aos campos terrenos, pela força de vossas determinações de levarem e trazem as ordenanças e determinações do Senhor.

Porque estes que não infantis e jamais morrerão ou serão mortos em vossas unidades, pois jamais serão nascidos em terra de homens para serem homens ou para adentrarem aos sentidos terrenos que não sejam os sentidos propriamente deles mesmos, ou seja, não irão jamais conhecer nenhum tipo de sentido ou sentimento que não seja a pureza, e a castidade de vossas essências e unidades porque ainda que encarnem em terra de homens, por ordenança divina espiritual para cumprimento de determinação sagrada para vossas próprias elevações, jamais alcançarão a idade da maturidade espiritual terrena, isso quer dizer, idade acima do limite do sétimo ano de vida; porém, isso apenas aos espíritos que puríssimos e castos são, e não aqueles que perderem as vossas unidades materiais antes do cumprimento de vossas jornadas e missões, por outras razões terrenas e materiais de forma brusca e mundana. São estes, os espíritos castos que se encontram diante do trono espiritual do templo de brilhantismo azul, e foram estes, não apenas a representação como a reconstituição daquilo que em campo terreno jamais será destruído ou corrompido pela terra de homens.

Por isso, falava o Criador com Moisés através dos querubins, ou seja, falava o Criador aos homens da terra por meio da maior força divinal de magia e de mistério sagrado que a força que embora adentre aos campos terrenos, jamais poderá ser destruída, adulterada, deturpada ou agir por meio de falsidade, pois jamais serão os querubins, além daquilo que são pelo Ser Supremo ordenados, querubins, ou seja, espíritos infantes em nome do Criador, para que caminhem com vossas canduras e purezas por todos os elos espirituais e sagrados levando e trazendo as ordenanças de Deus de forma pura, cândida, imaculada e nobre, assim como o são.

Porque é impossível romper a barreira da pureza, da nobreza, da castidade e da candura de Deus concedida a um servo divinal, um querubim. Porém somente um servo infante poderia atravessar os elos sagrados e adentrar aos campos terrenos, de onde os sentidos matérias danosos, são mais presentes do que os sentidos de pureza, sem que isso os perturbe as unidades.

Mas apenas um servo em pureza, em nobreza, em castidade e em candura ao qual somente os servos infantes do Criador possuem essas características conhecer, e por isso, adentrar aos campos terrenos, de onde os sentidos materiais danosos, são mais presentes do que os sentidos de pureza, e isso não os destruam; apenas um servo tão puro, tão casto, tão nobre e tão cândido como os querubins poderiam adentrar a este campo representando o próprio Senhor Deus, para que pudesse o Senhor Deus dirigir as vossas palavras aos homens. Porque falava o Criador as vossas palavras através da pureza e da castidade de vossos servos infantes ao vosso Aprendiz e não através Dele mesmo, utilizando as vossas próprias energias espirituais. Pois a energia utilizada para a comunicação espiritual através de palavras a Moisés, vinha da energia da vibração por meio da ressonância da repercussão da vibração das coisas terrenas, bem como a própria energia espiritual de Moisés, para a formação de cada palavra para alcançar o som que eles reproduziam e faziam o servo Aprendiz compreender cada fala.

E assim, se comunicava o Senhor Deus com Moisés, como quem falava face a face em terra de homens, porque ainda que falasse o Aprendiz, com o Senhor face a face, não era essa através de sons e sim por meio da comunicação espiritual, porque somente através dos querubins, os vossos representantes em terra, é que tornar-se o Senhor capaz de comunicar-se por meio de vibrações que produzem sons aos encarnados e não por meio de vossa própria fala, pois esta, não é fala que se possa ouvir ou compreender em campo terreno, pois a estridência de vossa voz carrega o som de todos os sons encontrados em campos terreno e elos espirituais. Ou seja, somente poderá compreender a vossa fala, apenas aqueles que espíritos são, ou em estado de consciência espiritual estejam e possuem a determinação sagrada de reconhecerem e ouvirem o som da vossa própria voz, devido a uma ordenança suprema.

Por isso, reconhecia Moises os sons que vibravam entre os querubins, reconhecendo estes sons, como as palavras do seu Senhor, não somente pela determinação de que seriam estes os vossos representantes, mas também conhecendo as ordenanças supremas que já o tinham sido apresentadas, no momento em que esteve apenas em espírito em elo celestial diante de templo de brilhantismo azul. E sabendo que aquela, embora não fosse a própria voz do Senhor Deus, pois sabia ele qual era a voz de vossa santidade, sabia que era aquela a voz pelo som da ordenança que o comandava os trabalhos espirituais e sagrados dentro da tenda de encontro com a congregação espiritual da qual regia sobre a vossa sagrada ordem suprema conforme as vossas ordenanças.

A Tenda espiritual de reunião

"Moisés, foi levantar a tenda a alguma distância fora do acampamento. E chamou-a de tenda de reunião. Quem queria consultar o Senhor, dirigia-se à tenda de reunião, fora do acampamento" (Êxodo 33:7)

6.9 Mas conhecia Moisés, todos os filhos da terra da qual caminhava, assim como conhecia todas as vontades do Senhor de manter unida toda a congregação ou as doze tribos em uma única direção. Porque sendo o caminho longo e a caminhada árdua, seria necessário um ponto de ligação espiritual entre os homens que caminhavam as vossas esperanças e o Senhor que vos abasteciam de esperanças para continuarem as vossas labutas para a conquista da terra de suas promessas, estando todos firmes, dedicados e obedientes aos propósitos do Senhor Deus. Por isso, até que erguessem o santuário ao qual havia do Senhor ordenado a Moisés, ou o local santo onde poderiam todos se reunir em amor e em verdade frente as ordenanças do Criador, porque este não se ergueria tão urgentemente, pois havia a necessidade de juntar todos os esforços de todos os povos, e também aguardar a ordenação da data e do momento em que esta seria iniciada em vossas atividades santas e sagradas, pela ordem suprema. Porque esta que seria a casa abrigo de todos os povos unidos em uma mesma direção, seria a Casa abrigo de Deus ou a própria casa de onde Deus viria ter com os filhos da terra, calçá-los de caminhos e direção; porém até o momento em que estivesse erguido o vosso santuário, necessitava o povo de aproximar da vossa santidade, de forma que não mais se prostrassem as divindades espirituais de madeira e de pedra, das quais estavam acostumados outrora em vossas tribos.

E ergueu Moisés pelo desejo dele mesmo e com a permissão do Senhor, uma tenda do lado de fora do acampamento para que todos pudessem ter com Ele, de forma que seria esta não apenas um local de encontro entre as vossas unidades carnais em favor de vossas próprias unidades materiais, observando as palavras de Moisés, diante das pregações ou orientações ao qual o próprio Ser Supremo orientava o vosso servo pelas necessidades do povo que da tenda necessitavam, e sim um ponto de ligação ou religação entre os filhos da terra e o Pai celestial antes do levantamento de vosso abrigo santo, pois a necessidade de aproximar-se de vossa santidade perante o vosso altar e mostrar ao vosso povo o seu santo nome e as vossas santas palavras era imediatamente importante para abrandar os diversos sentimentos dos povos da qual caminhava com Moisés, porém ainda se prostrava aos deuses de metal.

    E ainda que não pudesse erguer exatamente o que seria o tabernáculo ao qual havia sido ordenado o seu levantamento, ergueu Moisés, o ajuntamento de panos ou véus para guardar a vossa unidade espiritual através das cortinas que os protegiam as cabeças, ou para unir de forma carnal e espiritual os homens debaixo do pano da separação do céu e da terra. Porque embora todos os filhos da terra ao qual caminhavam na busca pela terra da promessa também se abrigavam abaixo de uma tenda, ou seja, era a tenda a forma de abrigo utilizada na época, porque eram estas também os modelos de moradias aos quais todos se protegiam. Mas a tenda ao qual erguera Moisés, não era a mesma de que conheciam os Israelitas, não por esta ser diferente em unidade as demais tendas que eles mesmos utilizavam e sim porque esta era aquela que reuniria todos os membros em união espiritual pela mesma verdade e onde também se guardaria os segredos dos povos da terra e de Deus, não os segredos ao qual a arca abrigaria, e sim os segredos vindos dos desejos e da vontade em verdade de cada ser que abaixo daquele véu poderia estar. Porque aquela que não parecia ser um lugar santo onde apenas os sacerdotes e o próprio servo Moisés, poderiam adentrar, seria tão sagrado quanto o próprio tabernáculo no momento em que as vossas energias e fluidezes se derramassem em direção a uma única direção pela mesma verdade; por isso, se tornaria esta, tão sagrada quanto a própria unidade sacra e santa ao qual seriam as alas espirituais erguidas dentro do santuário de Deus, diante daquele acampamento.

    Pois qualquer que fosse o local erguido pela vontade de Moisés, pela verdade de unir os povos da terra, ali estaria o Senhor conduzindo o vosso filho, o Aprendiz. E embora em nada diferenciava a tenda de onde se reuniam em verdade pela busca da verdade da própria tenda de onde moravam os homens das tribos de Israel, a não ser o tamanho desta, fora a presença do Senhor Deus através da nuvem de fumaça que a fez ser tão santa, nobre e sagrada quanto o povo de Deus, aguardava seguros de suas crenças, próximos a vossa santidade e depositarem as vossas esperanças. E fora esta a casa abrigo do Senhor, que ali se encontrava para vos receber através do vosso filho, que não apenas se comunicava com o Senhor como também poderia falar aos homens tudo o que lhes prescreviam e orientava a vossa Santidade para que firmes e fortes se mantivessem no caminho de vossas jornadas espirituais. Por isso, a própria tenda que antecederia o levantamento dos véus sagrados dentro do santuário divino de Deus.

Por isso, não era a mesma tenda qual lhes servia de abrigo material, ou como forma de moradia da qual todos se abrigavam, e sim a própria Casa do Senhor, de onde ele vinha vos confortar a alma e aliviar as vossas dores e angustias. Isso porque, era a tenda de encontro o local onde todos os filhos ou aqueles que desejavam estarem na presença do Senhor poderiam estar perante a congregação de todos os membros ou todos aqueles que coubessem dentro da casa abrigo armada do lado de fora do acampamento, sendo a tenda improvisada que antecederia a tenda ao qual o tabernáculo ou o santuário teriam e que seria lugar sagrado onde somente o sumo sacerdote e Moises adentrariam em momentos sacros e santos para as suas labutas.

Isso quer dizer, que não era a tenda de reunião o tabernáculo ou o local sagrado e santo onde apenas os servos determinados na execução das atividades adentrariam, ou o local de onde se ofereciam sacrifícios e ofertas ao Senhor, pois não tendo ainda este abrigo o lugar Santo ou Santíssimo onde apenas o sumo sacerdote poderia adentrar ou um lugar não Santo, o Átrio, onde todos poderiam oferecer as vossas intenções e ofertas para expiarem as vossas culpas, e sim um local espiritual e público a toda a congregação, onde todos os membros da comunidade espiritual formada por Moisés através das doze tribos poderiam livremente adentrar para receberem através da comunhão, ou da união de todos, unidos naquele momento pela mesma verdade, para receberem toda a luz e emanação espiritual de Deus; eram todos recebidos para serem confortados e aliviados de vossas dores, angustias e pesares de forma que caminhassem sempre puros, nobres e erguidos em aliança espiritual, deixando os vossos deuses de metal ao esquecimento, porque embora ainda não fosse o local santíssimo de onde se abrigaria o Senhor Deus, era este o local de onde adentraria o Senhor da mesma maneira, pois ali se encontrava além do vosso filho, a verdade que este carregava consigo.

Portanto, era a tenda de reunião ou tenda de ajuntamento dos povos, ajuntamento pela mesma verdade e necessidade a constituição sagrada e espiritual ou a Casa pública de Deus onde todos deveriam adentrar para encontrar o Senhor, através não apenas de vossas manifestações espirituais por meio da nuvem de fumaça, ou a forja do ápice da força de robustez de forças da luz santa Dele mesmo, descida a terra pelo desdobramento espiritual de vossa unidade de poder e de forças, por meio da fração infinita de forças aplicadas em direção ao ponto de maior emanação e fluidez que se encontrava aos fundos da tenda, o vosso altar, fonte de energia e de poder celestial, vibrando e recebendo energia santa de uma única direção, para a fortificação da caminhada dos filhos que dela depositavam crença, de que seria este o caminho para a fortificação de vossas caminhadas em busca da terra da promessa.

E assim, era a tenda de congregação, antes mesmo do tabernáculo, ponto de ligação celestial em campo terreno, a Casa sagrada de Deus local onde se reuniam todos os membros da congregação espiritual em torno do altar divino, o local de junção e de energia e de forças vibrando as mesmas vontades e as mesmas verdades, conforme o laço do pacto divinal que os uniam e vos determinavam ser unidos e alimentados das mesmas esperanças de vida.

Por isso, era a tenda de encontro com Deus o início da junção das forças espirituais divinais que dariam início a construção ordenada para ser perpétua do levantamento do tabernáculo ou da unidade terrena divinal para a convocação de todos os filhos da terra, para unirem-se em amor e em verdade uns aos outros pela força da aliança que vos faziam serem unidos uns aos outros ao Senhor, junto a força do laço terreno de irmandade familiar que os manteriam também unidos.

Porque no momento em que não mais tivessem o santuário divino em terra ou a arca da aliança que vos colocassem próximos a vossa divindade, ou as palavras do Senhor através da arca do pacto da aliança ou o vosso servo Moisés, ainda teriam os vossos servos celestiais sacros e santos, os Espíritos sagrados atuando em vossos nomes pela vossa própria vontade, porque assim seriam instruídos e encaminhados os homens da terra, porque saberiam estes que ainda que o tabernáculo não mais pudesse vos atender, e alimentar as necessidades espirituais ou terrenas de estarem próximos ao Senhor, ainda assim teriam em vossos peitos a certeza de que independente do levantamento do templo divinal ou do santuário sagrado, ainda poderiam estar diante da presença do Senhor, porque não se faz necessário grandes obras ou levantamentos para estarem diante do Senhor, basta o levantamento de panos ou véus unidos ao levantamento verdadeiro da determinação e da vontade de estar com o seu Deus, que Ele adentrará as vossas tendas ou as vossas casas, porque mais importante do que a obra ou tamanho desta, é a intenção e a verdade que o fará presente.

Ora, era o tabernáculo a reconstituição da Casa santa do Senhor em terra de homens, glorificando a vossa passagem em campo material, e não a casa material dos homens para que a vossa santidade pudesse adentrar, porque esta era grande e bela aos olhos dos homens, pois Ele que é o regente digno de todas as glorias, templos e majestades, e de fato o tem. Não adentrar com carne material, ao que o elemento material é capaz de erguer, e sim de maneira sagrada e puramente espiritual, ou seja, adentra diante daquilo que possui verdade, ainda que seja debaixo de um pano sujo, pois a vossa entrada se faz através do espírito, ou o único que pode recebê-lo em verdade, porque ainda que grandes obras tenham beleza e encantem os olhos materiais, estas jamais terão sentido, sentimento ou espírito, para que se possa conhecer a vossa verdade.

Portanto, ainda que não mais tivessem o vosso filho Moisés, o belo templo de nome tabernáculo ou a arca do selo espiritual pelo pacto da aliança, ainda sim, saberiam os caminhos para alcançarem o vosso único e verdadeiro Senhor, sem necessitar prostrarem a deuses de madeira e de pedra para alcançarem o verdadeiro Deus. Porque ainda que o vosso Senhor Deus, não vos desçam ao campo terreno para adentrar pessoalmente as vossas moradas em espírito, pois a vossa luz reluzente que arde pelo fogo de vossa santidade que acima de todas as luzes da terra é quem vos forcem o brilho para que possam ser vivos, possa destruir as vossas frágeis unidades espirituais. São os vossos servos e servas, os Espíritos, a vossa representação e continuidade de consagração e bênçãos dirigidos aos campos terrenos pela ordenança suprema do direito celestial de serem ligados uns aos outros, para religarem as vossas unidades também sagrados aos Espíritos, sagrados em campo terreno, e assim, comungarem todas as determinações e vontades Dele mesmo.

Porque sendo estes os carregadores de vossa majestosa luz pela força da vossa benevolente e eternal luz do vosso pleno e venerável manancial de poder e de gloria, são eles, os Espíritos sagrados, a própria luz do Criador recriada para adentrarem as vossas casas e comungarem os vossos mais puros e santos ensinamentos da inviolável doutrina santa pela união de todas as carnes em direção ao único e verdadeiro espírito, o Espírito Santo, de forma que sejam os vossos servos e servas, os Espíritos sagrados, o caminho e a luz do próprio Senhor Deus, vos conduzindo a ele mesmo, quando a vossa própria luz não puder adentrar a vossas moradas terrenas.

Ou seja, ainda que não mais tivessem o vosso filho Moisés, saberiam os caminhos para alcançarem o vosso Senhor, os vossos Espíritos e as vossas consagrações, ligando-se uns aos outros, para se religarem aos Anjos encantados em campo terreno, e assim, comungarem todas as determinações e vontade do Criador.

Mas fora através do pacto da aliança, que se formou a aliança selada e trancafiada ao Criador por meio da vontade dos seres encarnados da terra, e ainda que a presença da arca, um dia, não mais estivesse entre os seres da terra, a energia dos poderes da força da luz ao qual possuem os Espíritos sagrados, os Santos, da qual foram todos selados pelo poder da arca, poder espiritual e não material, estariam estes eternamente presentes dentre os povos da terra pela seladura que vos fazem unidos para que sejam infinitamente, ou até o momento em que apenas um ser estiver vivo por sobre a terra, unidos e caminhantes dos mesmos caminhos e direções. Por isso, no momento em que o Senhor não mais adentrasse a tenda de encontro ou ao tabernáculo sagrado por não se fazer mais presente a presença de vosso servo Moisés entre os homens da terra, para aliviar os vossos filhos perante as dúvidas e angustias, e conduzi-los de maneira sagrada as terras da promessa, estarão os Espíritos sagrados, ligados e presentes dentro da tenda de encontro ou da congregação, casa espiritual do Senhor Deus, onde quer que esta seja erguida em vosso nome ou pela vossa intenção. Ainda que esta seja de pano, de madeira, de véus ou de simples sapé, porque a vossa presença através de vossos Espíritos sagrados adentrará pelas portas da verdade e não pelas portas da suntuosidade, porém recoberta de ouro e de mentiras.

Por isso, ainda que não mais possam adentrar ao vosso sagrado santuário, representação divinal de vossa unidade, templário do depósito a única e magistral fonte de poder e de luz, capaz de abastecer toda a terra e unidade espiritual de todos os cantos e abismo, com a vossa sagrada luz, com todas as honras e glorias de sublime majestade ao qual somente o Espírito Santo poderia um dia sobre as alas sagradas caminhar, ainda assim a vossa unidade Espiritual Santíssima e puríssima de poder, de gloria caminhará sobre o chão da terra, no momento em que vossos servos e servas adentrarem as tendas materiais erguidas pelos homens terrenos em vossa intenção.

Porque onde quer que estejam os filhos da terra, reunidos em congregação ou unidos pela mesma verdade e seguido a mesma direção, ali estarão os Espíritos sagrados dentro de qualquer que seja o levantamento de panos ou véus em busca de vossas santas presenças pela verdade que cada um carrega, porque as vossas presenças não adentram apenas ao levantamento das construções, ou diante da face de Moisés, e sim diante da face de todos que carregam a verdade, pois no momento em que foram seladas as vossas vontades pelo pacto do acordo espiritual, foram os Espíritos sagrados divinamente determinados a caminharem com os filhos, independente do filho que possa diante de vossa luz se apresentar. Porque as vossas ligaduras ao campo terreno não estão firmadas em abrigos e cantos determinados, e sim através da verdade de cada ser espiritual, pois esta se encontra através da energia divinal, espiritual ao qual foram selados em pacto de sangue.

Ou seja, o pacto por meio do espírito da carne que é o sangue qual foram todos selados diante do altar de Deus. Por isso, ainda que não mais tenham a presença do Senhor da forma ao qual o vosso servo o tinha, porque aquela era a determinação do levantamento de toda a congregação espiritual em terra pelo ajuntamento das tribos e dos homens em uma única direção e verdade, ainda assim terão a presença dos vossos servos, os Espíritos de grandeza, os Espíritos sagrados, os não Santos, e todos os espíritos divinais que atua em amor e em verdade na labuta de ajuntamento de todos os filhos eternos em campo terreno, porque mesmo que mudem as eras de tempo, mesmo que mudem as épocas e as gerações, as determinações serão sempre as mesmas.

E estes estarão sempre presentes para o cumprimento de vossas ordenanças e missões espirituais, pois no momento em que se fora erguida a caixa cofre em campo terreno, depositados os mandamentos celestiais e derramada todas as vontades dos seres da terra, e pela primeira vez fechada a vossa tampa, ali foram seladas as ordens de Deus, de que as energias dos

Espíritos sagrados permanecessem ligadas aos seres encarnados, pela tranca divina de onde a fenda sagrada dos tempos eternais seria derramada pela energia divinal selada em campo terreno.

Isso quer dizer, que foram determinações aos quais os espíritos ou Espíritos sagrados; que fossem no momento em que foram todos selados e trancafiadas as vossas energias junto as verdades dos seres da terra na caixa cofre em campo terreno, selados em única emanação para que fossem todos unidos pela mesmas verdade tanto em campo terreno quanto em campo espiritual aos homens da terra, porque quer ainda que não se mantivessem os próprios homens unidos uns aos outros pelas vossas próprias verdades de serem caminhantes em união pela certeza que vos selariam as unidades para chegarem as terras da promessa, ainda assim estariam selados em união espiritual pela força das forças que compõe cada unidade espiritual, os Espíritos sagrados perante as vossas próprias forças e verdades, porque estas, em verdade, estão e eternamente estarão unidas umas às outras.

E se apenas pelo laço da união é que um ser carnal e material poderá alcançar as terras da promessa, ou seja, não as terras de Canaã, e sim as suas próprias determinações, desejos e vontades elevando o seu próprio espírito, assim o estará no momento em que este estiver unido aos Espíritos sagrados, porque estes que embora adentrem as vossas tendas de maneira individual, caminham unidos e fortificados pelo selo espiritual que também os mantém em seladura de comunhão, selo este firmado pelas forças das sete forças espirituais da coroa sagrada do Criador, pelos poderes mais puros, nobres e sagrados em campo magistrais e que jamais se anulará ou findará, diferentemente do selo da união dos encarnados que depende mais do querer material do que da certeza espiritual para vos unirem e vos tornarem santificados para que possam caminhar sobre qualquer terra. Logo, as vossas energias e forças celestiais, não serão apenas jorradas aos campos materiais, como as vossas presenças, mas sim estarão sempre presentes em todo aquele que buscar e estiver alinhado as vossas verdades pela força da aliança que vos faz eternamente selados.

Porque a energia da qual foram selados em pacto divinal, não é e jamais será trancafiada em cofre, por isso, a energia da qual constituem os espíritos de grandeza e jorram os Espíritos sagrados é a energia que flui no campo terreno para atuar em favor dos seres da terra de forma a unirem estes pela certeza e pela verdade, e esta estará presente em todos os cantos por todos os momentos, pois também fora selada entre os céus e a terra, a vossa unidade ou a vossa presença em pacto espiritual. Sendo assim, independente da casa abrigo erguida em terra, estes sempre estarão presentes diante das tendas levantadas em nome do Criador, pois as vossas presenças espirituais, são as unidades que vos encaminharão a vossa Santidade, assim como fizera o servo Aprendiz, em campo terreno. Pois o selo do pacto espiritual entre os céus e a terra, era a seladura da ordenança do Criador que fossem todos unidos pela mesma emanação, sendo da mesma verdade o caminho e a direção que vos levarão ao Ser Supremo.

Isso quer dizer que o selo da aliança fora também o selo que uniu os homens da terra aos Espíritos sagrados para que estes sejam sempre presentes em vossas tendas ou casas espirituais, e os aliviem de vossas dores e angustias, lhes deem caminho e direção, assim como fizera o servo Moisés; pois ainda que este não viva eternamente em campo terreno, porque assim com toda a carne também nascera da carne e a carne um dia perecerá, são os Espíritos sagrados os eternos servos que vos darão conhecimento e direção para continuarem as vossas labutas pelas vossas promessas em direção ao Pai eterno, que vos concede o direito à vida e vos guardam em vossa presença pela presença de vossos servos, os Santos.

Porque não fora esta construída a reconstrução da semelhança eternal do que é o templo espiritual de onde se guarda celestialmente a Fonte única de poder e de gloria voltada para o campo terreno, e sim um local terreno, construído de forma material para segurança, abrigo dos filhos da terra para que estivem todos voltados em direção ao Criador, e não para que estes apenas levem as vossas ofertas ou observem o que de mais sacrossanto pode existir entre o céu e o campo material, sem ao menos adentrar ou sentirem-se fazendo parte das obras do Senhor. Porque precisa o homem sentir-se parte da obra divina, parte da tenda erguida e assim próximo de seu Deus. Por isso, ainda que não pudessem adentrar a alas sagradas do tempo, se fazia necessária a construção sagrada da casa de Deus, para que Ele e vossos servos espirituais pudessem adentrar as vossas unidades espirituais da mesma maneira que se adentrariam ao santuário divino.

Isso quer dizer também que ainda que não seja mais possível adentrar ao santuário divino e todas as suas alas sagradas dentro da casa sagrada de Deus em solo árido, ainda que seja esta reconstruída novamente em terra de homens, porque a energia, a fluidez e a emanação ao qual esteve presente naquele momento, naquele tabernáculo, e naquela época, agora pertencem ao tempo que selou todos os momentos e instantes daquela determinada ou ordenada época pela ordenança do Senhor; por isso, ainda que se reconstrua, será apenas tijolos e pedras amontoados, bem distante da força e do poder ao qual a ordem suprema ordenou seu levantamento pela determinação de vosso caminhar e vosso sacramento. Onde apenas a vossa própria ordenança nos fará entrar outra vez em suas repartições.

Por isso, ainda que não mais seja possível caminhar pelo santuário do Criador em busca de vossa Santidade e Altíssima luz, ainda o assim podem todos adentrar a tenda de onde devem se reunir em torno do Senhor e por Ele mesmo ser abençoado, por meio de vossos servos divinais e espirituais, os

Espíritos sagrados santificados pela vossa eterna e santa luz. Porque ainda que não vos sejam possível adentrar aos locais santíssimos, o local santíssimo dentro de uma casa espiritual ainda é a presença de vossos servos e servas espirituais, os Espíritos sagrados, santificados pela vossa sagrada santidade; porque ainda são os Santos, a caixa cofre que guarda todos os segredos e mistérios espirituais de todos os homens e do Senhor e de todas as épocas e eras de tempo existente em campo terreno. Sendo o local Santo o altar erguido em vossa intenção, o ponto de energia e de ligação entre o Criador e os vossos filhos, jorrando luz celestial pela vossa sagrada intenção.

E caminhavam os povos junto a Moisés, por longos e longos caminhos, porém não deixava Moisés de levantar a tenda ao qual se comunicava com o Senhor para que todo o povo pudesse também caminhar junto a vossa divindade receber as orientações e estarem próximos a vossa santidade, pois não era o povo destituído de estarem sempre perto de vosso Deus e de poderem comunicar e receber as vossas bênçãos e as vossas graças, se assim o desejassem.

"Na tenda de Encontro, do lado de fora do véu que se encontra diante das tábuas da aliança, Aarão e seus filhos manterão acessas as lâmpadas diante do Senhor, do entardecer até de manhã. Esse será um decreto perpétuo entre os israelitas, de geração após geração" (Êxodo 27:21)

E diante do fogo que arde em brasas miúdas estará vivo o interior da unidade da Arca guardadora dos termos da aliança, ou seja, a unidade espiritual de cada Espírito sagrado ao qual a vossa luz resplandecerá do campo material para o campo celestial, fazendo vivas as chamas da esperança e da verdade da unidade terrena de quem o deseja iluminar, tornando-se ligado aquele ser divinal pela força da luz que transcende as barreiras espirituais de onde se encontram as verdadeiras luzes pelo ápice da força da luz em robustez de forças, fazendo com que esta pequena luz partida do campo material, seja fundida a luz ao qual carrega aquele Espírito de onde a intenção vos é a ligação, ou Espírito sagrado da qual as forçam devam ser unidas, tornando assim, uma única unidade pela força das duas vertentes que vos fazem existir.

E assim também se fará viva a tampa de onde o jorramento das energias de Deus culmina de dentro para fora, e não de fora para dentro, porque estando todos os elementos, acessórios, utensílio, adorno e vestimentas preparados e unidos na mesma energia espiritual em elo celestial dentro do Tempo de brilhantismo azul, formando a inteireza de forças das forças de cada entidade comungando da mesma benção sagrada da mesma graça divinal, luz essa que jamais se apagarão dentro do Reino de Deus; é este o poder de forças que une todos os elementos em única força que jorra através da única fonte terrena de fluidez espiritual do próprio Espírito Santo, ao qual a ligação se fez através da própria fonte de energia divinal, para derramar de dentro para fora, as vossas próprias energias espirituais, são estas fundidas pela força da luz, ao qual a luz de cada Espírito se solidificará em uma aliança formada pela força da força da luz acessa em vossa sagrada intenção.

Da mesma maneira ao qual ocorre no momento em que toda a comunidade de junta em amor e em verdade e se funde em energia e forças em nome de uma entidade espiritual, saldando e as vossas forças e energias, e louvando em vosso sagrado nome, pois esta que é a fonte de comunicação entre Deus e os filhos da terra; ocorre também por meio da louvação espiritual da entidade sagrada que atua em nome do Senhor Deus, e não dela mesma. E esta é ainda a única forma de fusão de energias e forças elevando as vossas intenções as fontes geradoras de luz daqueles Espíritos ao qual os cânticos, orações e saudações são bradados, anunciados e estendidos e por isso, fundidos as vossas próprias unidades de poderes e de forças, sendo estes Anjos sagrados e os vossos servos, os espíritos Comandantes espirituais de vossas linhas santificadas, quem jorram suas próprias energias pela própria energia ao qual ordena o Criador que sejam jorradas ao campo terreno pelas forças de magias e mistérios para sustentação dos seres que aqui se encontram e rogam por vossos nomes os firmando em vossas alianças pela força da vontade individual de cada individuo.

Pois o momento da louvação pela comunhão espiritual entre os homens da terra e os Espíritos sagrados, é o momento em que abre-se a fenda divinal do jorramento sacro e santo em direção aqueles que possuem verdadeiras intenções de estarem com as vossas unidades, pela força da aliança que vos fazem serem e emanarem as mesmas fluidezes de energias e de intenções, os colocando tão próximos as vossas unidades, por meio das vossas presenças, que culminam estas não apenas no recebimento sagrado das benção divinas, como também no recebimento de vossas unidades de forças em suas próprias unidades terrenas materiais, provando que somos todos seres espirituais divinais, recebedores das mesmas energias, forças e dons, sendo separados apenas pela carne que traz o sentido do sentimento que é a força que nos conduzem a darmos continuidade as nossas descendências que terão as vossas partes espirituais para serem cumpridas neste mesmo elo sagrado, e não pelas energias espirituais.

Por isso, podendo além de serem abençoados, ou seja, receber em demasia as forças celestiais das fontes que vos regem, para em vossos nomes abençoar a outros seres da terra, por meio da conexão ou da fusão de energias e forças, tornando assim uma unidade inteira de forças divinais, pelo lastro da aliança, que os tornam não somente unidos como também fundidos em energias, forças, mistérios e poderes de reconstituição de uma unidade espiritual em uma unidade carnal material, chamada também de incorporação espiritual. Pois a incorporação é o jorramento sagrado da unidade espiritual sobre a unidade material, fundindo assim as energias e as forças, pelo direito concedido pelo próprio Criador, no momento em que vos tornou selados e ligados uns aos outros, pela força da aliança, que não apenas é a energia que nutre como também a energia que concede vigor, força, luz, ciência, autoconhecimento, justiça, correção e conhecimento e todos os filhos que das energias divinais dos Espíritos sagrados necessitam campo terreno para que possam progredir as vossas unidades.

E sendo a mediunidade não apenas uma conexão com o campo espiritual e sim o lastro entre o céu e a terra, culminando na descarga de energia e força, pela fenda divinal do derramamento sangrado de um espírito sobre o outro, é esta a maior representação das forças celestiais atuando em campo terreno, pela força de todas as forças de luz que compõe a fonte de energia de cada ser Espiritual. Pois estes que não possuem as vossas forças e energias por si mesmo, descarregam as vossas forças por sobre os seres da terra, pelo direito divinal que vos concedem serem unidos pela mesma seladura da aliança que vos fazem fundidos em campo material não apenas no momento em que incorporam e sim em todos os momentos em que as vossas vidas caminham neste elo espiritual.

E assim com os dons, onde nem todos possuem os mesmos dons, nem todos os congregantes possuem o dom da incorporação, e não por não estarem fundidos com os espíritos que vos abastecem e sim porque os dons são elementos espirituais a serem unidos para somarem forças com os diferentes tipos de seres e de dons e de conhecimento, formando uma grande corrente pela união, que cada unidade espiritual encarnada possui. Ou seja, ainda que um ser congregantes não possua o dom da incorporação, as vossas forças e energias são fundias com as demais forças e energias, formando assim a grande corrente de forças inteiras ao qual cada encarnado recebeu divinamente para tornar-se uma corrente espiritual forte, indestrutível e única.

Porque esta que não é apenas uma fonte de comunicação entre o Senhor e os filhos da terra, e sim, a única e possível forma de descer Ele mesmo aos campos terrenos, sendo Ele mesmo quem jorra as vossas próprias forças e luz celestial em cada fonte de energias de cada Espíritos de grandeza e em cada Santo, toda a energia própria ao qual ordenou que fosse jorrada ao campo terreno pelas vossas forças vindo do manancial de luz recobertas de magias e de mistérios para sustentação dos seres que aqui se encontram, são eternamente a Fonte única de luz e de vida pelo brilhantismo de vossa eternitude forma de luz, através da Arca da aliança a seladura espiritual da qual o Senhor não apenas, se fez presente como, faz-se presente em todos os Espíritos sagrados que conduzem e guiam todos os filhos da terra em vossa única direção.

Ora, não seria Moisés, eternamente vivo em campo terreno, porém o vosso Senhor poderia ser vivo eternamente através dos instrumentos sagrados ao qual ele mesmo estava através de Moises, levantando em campo terreno, para que pudesse ele caminhar com o seu povo e comunicar-se com os mesmos, ainda que o vosso amado filho não mais caminhasse por esta terra, pois aquele que seria o vosso sucessor seria também o sucessor de todas as obras levantadas em nome de Deus para a comunicação divina entre o Senhor e os filhos da terra, se assim estes filhos desejassem, provando isso através do cumprimento das ordenadas leis, para força dos vossos mandamentos, através da obediência aos vossos sagrados pactos selado com o sangue da vida e o lastro dos céus, as palavras vivas de Deus. Porque o Criador pela vossa onipresença, faz-se presente de maneira sagrada adentrando a todas as unidades espirituais erguidas em vosso sagrado nome, pelo nome de vossos servos e servas, os Santos, que o representam, pois são estes os carregadores da força e da energia divinal Dele mesmo pelo direito de serem a força da seladura entre os homens e a vossa santidade.

CAPÍTULO 7
Doutrina espiritual, a casa santa dos Espíritos não Santos

Átrio sagrado, Ala espiritual dos não Santos

"Faça o tabernáculo de acordo com o modelo que lhe foi mostrado no monte" (Êxodo 26:30)

7. Mas, somente as alas internas do tabernáculo eram áreas sagrados e santas, sendo o Santíssimo lugar e o Santo dos Santos, onde poderiam adentrar apenas o sumo sacerdote ou os sacerdotes e Moisés, em labutas sagradas. Porém não somente de lugar e Santo e Santíssimo era constituído o tabernáculo, pois as ordenanças de ofertas e oferendas ao Criador ocorriam dentro do tabernáculo, e não era este local de onde se recebiam as ofertas do povo lugar santo ou santíssimo, até porque todos deveriam participar de todos os ritos e cerimônias no local de ajuntamento de todas as tribos dentro do tabernáculo. Por isso, assim como nem todos estavam purificados e limpos em suas essências e unidades, assim era o tabernáculo e sua parte externa, o Átrio, tão próprio e preparado para receber todos os povos diante de Deus. Não que fosse o átrio local de impurezas e imundices, porém era esta parte externa preparada separadamente dos lugar Santos e Santíssimo para receber a todos sem distinção, bem como as vossas ofertas, e estas serem encaminhadas de maneira digna e sobre os olhos dos Santos e ao Criador.

Também não era esta, a emenda do santuário considerada impura e inapropriada para os filhos de Deus, até mesmo porque todos os Espíritos que atuavam diante da casa de Deus, eram próprios de vossa ordenança e determinados para executarem todas as determinações aos quais os filhos da terra lhes trariam, de acordo com as particularidades de cada uma dentro de suas necessidades e labutas. Por isso, não era o átrio local Santo, parte integrante do tabernáculo, porque este fazia a função de trazer as ofertas daqueles que impuros estavam e necessitavam purificarem as vossas unidades fosse através da troca de vida pela vida ou através das ofertas de expiação que ocorria anualmente, e a sua ablação era na parte externa do tabernáculo, mas ainda assim, diante das portas dos locais Santos de Deus dentro do santuário.

Mas se era o lugar Santo e Santíssimo reservado apenas aos servos sacerdotes terrenos nomeados conforme as prescrições e ordenações do

Senhor através de Moisés, ao qual deveriam estes além de puríssimos em vossas essências, pois com os Santos iriam estes atuar, serem também, nobres, leais, fiéis, obedientes e livres de danos e de erro que vos pudessem danificar a essência e a alma, pois somente adentrava ao lugar santo e santíssimo aquele que com a essência estivesse em verdade purificado e fluíssem conforme a fluidez daqueles que servos e servas, os Espíritos, o são, e que com eles estariam diante do trono de onde se encontrava a arca da aliança, em vossos favores.

Porque aqueles que recebem tanto as ofertas quanto qualquer que sejam as súplicas e devoções diante do trono dirigidas ao Senhor Deus, na sala de onde se encontrou a arca da aliança ou em qualquer que seja a tenda em vossa intenção são os vossos servos e servas, os Espíritos santificados em nome de Deus ou os Espíritos sagrados, os Santos. Jamais o Espírito Santo que é Deus, porque não é o próprio Criador em vossa majestosa e sublime força de poder e de brilhantismo quem recolhe as vossas ofertas e devoções, e sim os Santos vossos representantes e atuantes em vosso sagrado nome os vossos intercessores espirituais pela vossa majestosa eternitude.

Por isso, qualquer que esteja imundo ou impróprio, jamais poderá aproximar-se de uma unidade pura e santa, um Espírito Santificado por Deus em momento sublime de um ato sagrado ou ritual sagrado espiritual, porque serão estes quem pessoalmente adentrarão as vossas tendas para recolheres as ofertas e suplicas dirigida ao Senhor. Logo era o lugar Santo e Santíssimo os lugares de onde se recebiam as unidades Santas para em nome do Criador recolhessem as ofertas, fossem estas quais fossem, da qual perpetuamente nada mudará diante de todos os séculos divinais em campo terreno também em qualquer era de tempo que ocorram as ofertas e suplicas ao Senhor Deus.

E diante da nobreza e santidade ao qual atuam os servos divinais os Espíritos sagrados, apenas os sacerdotes munidos de pureza, nobreza e santidade, é quem podem e devem ofertar e oferecer uma sagrada oferta seja de oblação, seja de expiação, seja de ablução expiando a vida pela vida ou de festividade, aos servos divinais que irão recolher as vossas suplicas e pedidos divinal ao Todo poderoso Deus. Porque assim atuam os Santos com aqueles que servem em sacerdócio a Deus através dos Santos.

Porém, era o tabernáculo dividido em dois polos espirituais, ou seja, em duas vertentes que se uniam em uma única inteireza de forças, onde a primeira vertente se encontrava o altar do holocausto e a bacia de ablução, para se oferecer as ofertas pelas suplicas espirituais à partir das necessidades materiais, e a esta estava unida a segunda vertente onde se encontrava o Lugar Santo e Santíssimo de que apenas os puros, nobres e santificados para o trabalho sacerdotal poderiam adentrar. Porque embora fosse o tabernáculo um lugar sagrado e santo, era este fundido pelas duas vertentes espirituais, onde o Átrio representa a unidade terrena, ou seja, as forças e os poderes vindos dos espíritos encarnados e o Lugar Santo e Santíssimo representam a unidade espiritual, ou seja, as forças e poderes dos Santos e do Senhor, formando assim uma inteireza de formas, para atuar e labutar pelas mesmas forças e poderes em direção a um único Deus, o Criador.

Por isso, não apenas os Santos atuavam ou atuam como servos espirituais do Senhor Deus, porque aqueles não Santos são, são os servos espirituais também ordenados a pelejarem e labutarem com o Senhor diante da mesma ordenança espiritual, por isso estiveram dentro do mesmo tabernáculo recebendo as ofertas e suplicas ao Senhor, porém de maneira material e não espiritual como fazem os Espíritos santificados, não por serem superiores, são os Espíritos não Santos, e sim porque as vossas essências são próximas as essências daqueles que apenas diante do Átrio externo poderiam adentrar as suas unidades materiais. Porque assim como são os Espíritos não Santos, os trabalhadores espirituais em nome de Deus, servos das determinações nas portas do abismo e das trevas, são estes os servos e leais servidores obedientes as leis divinais que atuam frente às determinações de terra, porque nascidos da terra o são, para batalharem igualmente aos Espíritos santificados com as mesmas forças e energias que fluem em vossos campos, onde atuam. E não porque são inferiores aos Espíritos santificados, porque abençoados estes também foram pelo mesmo Criador.

Logo era o Átrio ou o pátio do santuário um local não santo, destinado aos homens da terra para suas labutas terrenas de ofertas a Deus para libertarem-se de vossas falhas, resgatarem suas necessidades e encontrarem os caminhos bons com auxílio das determinações dos espíritos não Santos, porque são estes os únicos que possuem ordenança de receberem tais oferendas e ofertas das quais são as únicas capazes de purificarem e concederem a força da vida pela vida de vossas unidades, não que sejam estes os espíritos que farão a troca da essência da vida, porque toda suplica será encaminhado ao Criador, pois somente ele ordenará a justiça sobre vossas cabeças, mas sim porque que são estes os únicos que com a essência compatível as essências daqueles que se ofertam ou ofertas possuem ao Ser Supremo, possuem a ordenança de receberem de vossas carnes os vossos sangues para pagarem com as suas unidades as suas dívidas e resgatarem as vossas dignidades e forças para lutarem.

Porque assim como não se fundem as coisas de terra com as coisas espirituais, não se fundem as energias dos seres terrenos enraizados de impurezas de sentidos maléficos aos Espíritos santificados, por isso, são os espíritos não Santos, quem recebem as vossas carnes, pelas vossas carnes, não que sejam estes sujos, impuros e impróprios, e sim porque possuem determinação espiritual diferente para diferentes missões. E dentre as vossas missões espirituais, estão eles atuando com os seres encarnados as suas próprias missões em campo árido, e por isso, misturam-se com as energias destes que vibram em diversas e distintas frequências e emanações.

Logo, não poderiam os Santos receber as vossas ofertas, porque assim como atuam em campo de altíssima força de luz e vibrando em apenas uma sintonia de frequência e emanação de irradiação de poder de forças, embora para diferentes necessidades, e assim, descarregam energias à partir de vossas fontes próprias de emanações, e forças que também podem ser fundidas com as energias espirituais de outra essências e unidades espirituais, porém não se fundem as energias das quais os encarnados possuem em sua maioria, porque estas estão para serem apenas jorradas e entregues em frações infinitas de poder e de luz para que obtenham mais energias e forças, e não trocadas e alteradas assim como são as energias dos espíritos não Santos.

Portanto, ações diferentes, labutas diferentes para determinações espirituais diferentes, porque enquanto um Espírito Santificado jorra as vossas forças e energias de poder de luz e glorificação, onde os vossos comandantes espirituais ou as vossas falanges de espíritos labutam na entrega, na doação e na acomodação da transferência e consagração destas energias e forças aos seres encarnados, os espíritos não Santos, fundem-se com as essências dos seres encarnados, labutando igualmente com as mesmas energias e necessidades, alterando e corrigindo, neutralizando e ajustando as energias que estes carregam em vossas unidades, ou seja, existe na determinação do espírito não Santo a possibilidade de manipulação destas energias e forças através de vossas energias e forças a outro ser espiritual.

Fato este que tornam os Espíritos santificados incapazes de labutarem com os filhos da terra em ordenança de ofertas a Deus diante do momento do ato sagrado da entrega ou diante do ritual de entrega de vossas ofertas de sacrifícios, não que sejam os filhos da terra impróprios ou impuros para estarem com vossas santidades os espíritos santificados, porém neste momento, em verdade, os homens da terra estão bem distante em unidade de essência de vossas santidades, os Espíritos sagrados ou os Santos, porque nada que saia da carne para os espíritos Santos, em forma de essência de vida, vinda da entrega da carne poderá ser fundido com os espíritos santos. Porque estes não labutam pela vida através da carne ou angariam forças pelo espírito da matéria, e sim labutam apenas pelos espíritos utilizando a própria essência abrigada a matéria ou o que vem do abrigo da alma.

Ou seja, Espíritos santificados derramando-se para espíritos encarnados. Isso porque os Espíritos santificados, já possuem as vossas próprias fontes de energia e de gloria ao qual necessita os seres da terra da qual as vossas determinações santas foram constituídas, logo, toda necessidade advém de vossas próprias fontes, diferentemente dos espíritos não Santos, que possuem a fonte da energia vinda da Fonte do fogo, que embora também seja este vindo da luz do Criador, é uma fonte de energia diferente da fonte de energia dos Santos com determinação e ordenança de atuação distinta, onde a fonte de energia ao qual atuam os Santos possui tudo o que o ser encarnado possui para sua jornada terrena, e as vossas energias forjadas em brasas das quais labutam os espíritos não Santos, são as energias necessárias para fundirem-se com as energias dos seres encarnados e serem fragmentadas e divididas conforme as sete energias que jorram também desta fonte única trazendo equilíbrio, proporção de forças e energias fluidas e igualdade de forças.

E são estas energias e forças aos quais utilizam os seres espirituais não Santos utilizadas tanto para resgatarem as ofertas e entregas dos seres materiais a vossa Santidade espiritual, o Criador, quanto para fluírem na mesma frequência de emanação e movimento de vibração ao qual o campo terreno possui, buscando alinhar todas as forças em vibrações próximas e menos danosas.

Portanto, o ato espiritual de oferta de vida pela essência da vida, não recolhem ou recebem os Espíritos santificados, nem a essência da entrega, pelo momento da transição pela separação do espiritual e da carne, ainda que seja este ser de onde a entrega se faz firmar, ser purificado e cândido pelo direito divinal, mas sim por não participam os Espíritos sagrados de atos de entrega de vida pela vida ou qualquer outro ato ou ritual espiritual de expiação através da carne; por isso, tampouco recebem ofertas ou suplicas através de carne ou da essência da vida, porque não possuem estes Espíritos santificados, esta ordenança, uma vez que as vossas unidades são regidas pelo Altíssimo Espírito governante da Fonte única de poder e de gloria, derramada da fonte manancial da eternitude do Criador para ser sobre o campo terreno, a fonte viva e de vivificação dos espíritos encarnados. E a fonte de energia e de luz da qual os espíritos não Santos atuam, são fontes regidas do cume da terra, que embora sejam jorradas da mesma fonte de energia o Criador, ainda assim servas das portas e das porteiras das trevas e do abismo, ou sejam, não comungam entre si ainda que labutem a mesma ordenança.

Isso quer dizer, que os Espíritos sangrados, Santos, não recebem nada que vos tenham sido tirado de vosso convívio terreno ao qual tenham tido carne ou sangue, mesmo que as ofertas em vossos nomes sejam de espíritos, purificados, cândidos e enobrecidos pelo direito de terem nascidos puros e castos em terra de homens, porque as vossas essências altamente purificadas e límpidas não se fundem as essências do momento do ato espiritual de entrega de oferta nascida da vida em canal material, daqueles que oferta pelo sangue da vida fazem, tampouco labutam nas fendas espirituais voltadas aos campo terrenos pela essência das essências que envolvem os seres encarnados.

Porque estes que atuam diante das portas das trevas ou à face do abismo, são nascidos para comungarem com a carne e pela carne, através das emanações e fluidezes voltadas ao alinhamento das energias e fluidezes destes seres e deste campo, diferente dos espíritos Santificados, que as vossas energias e forças são voltadas para o crescimento espiritual e de elevação sagrada do ser, ao qual as energias que utilizam são derramadas das fonte única do Criador, manancial de poder e de forças onde as sete energias dos sete sagrados e puros Santos, já possuem por si mesmos o poder de conceder bênçoes e graças aos seres terrenos, e estas não se estendem as bênçãos de troca de vida pela vida ou de qualquer outro ato espiritual que exija a expiação através do sangue, uma vez que do sangue não compartilham, apenas vos fortificam com vossos derramamentos sagrados celestiais.

Pois são estes os servos que atuam apenas através do sentido de verdade, ou seja, atuam diretamente com o que os seres encarnados possuem em verdade, que é a sua própria verdade através de vossos sentidos de existências, isso quer dizer, com o espírito e não com a matéria. Desta forma, não se faz necessário ofertarem-se a eles para suplicarem por aquilo que as vossas unidades não exercem ou não possuem o direito divinal de lhes auxiliarem para adjurar diante das faces do Criador, para que possa o Altíssimo Senhor Deus lhes conceder, mas não porque não os possui esta verdade, e sim porque sendo estes espíritos os próprios regentes de vossas próprias fontes, derramadas das fontes de energia do maior e mais extremo e robusto elo espiritual de energia, poderes e forças, os Templos Azuis, de onde nascem todas as fontes menores de magias, poderes e forças, não necessitam estes Espíritos angariarem forças e energias junto ao Criador através da entrega pela oferta de expiação ou oferta pelo sangue da carne para que possam assim, criar uma Fenda espiritual, ou seja, uma abertura sideral de onde se jorra luz divinal repleta de magia e de poderes que alcancem o ser Supremo através da energia da entrega, para vos concederem as vossas graças e bênçãos; porque estas forças já possuem os Espíritos santificados pelas vossas próprias fontes de luz.

Diferentemente dos espíritos Santos, os não Santos necessitam utilizar-se de Fendas espirituais para angariarem forças celestiais, formando assim uma fonte de energia de magia e de mistérios que possa ser utilizada como abertura de poder de luz, pela luz. Não à luz da qual utilizam que é o ápice de luz pura e límpida culminada em fogo, e sim a luz límpida e pura vinda da Fonte única do Criador sem que tenha ainda sido alterada para que seja utilizada em outro elo espiritual, de forma que a oferta possa ser entregue, e através desta também possam receber as bênçãos divinais sobre as coroas aqueles que se entregam em expiação as vossa suplicas e necessidades, que são diferentes das necessidades aos quais os Espíritos sagrados lhes oferecem, porque estas já vos são entregues desde o momento em que adentram ao campo terreno, e ainda será ao longo de vossas jornadas derramadas sobre vossas unidades pelo momento e pela hora em que ocorrer a ordenança de que devem possuir algo acima daquilo ao qual adentraram ao campo terreno possuindo ou aquilo que é exatamente o que necessitam para caminhar sobre o chão da terra.

Ora, mas não são os espíritos não Santos, regentes das fontes de energia e de luz dos espíritos Santos, e não são os Espíritos santificados aqueles que deverão abrir fendas espirituais em campo celestiais para angariam forças e energias para entregarem aos seres encarnados em vossas labutas pela ordenança celestial, uma vez que não possuem determinação para executarem e labutam além daquelas das labutas de entrega, fluidez e forças vibracionais direcionadas a elevação do espírito quando este estiver em campo terreno, para que este possa cumprir com as suas passagens materiais cumprindo com as suas lições espirituais, motivo pela qual adentram a este ciclo de evolução, e tem como guiadores espirituais os Espíritos sagrados.

Pois será com estes que irão caminhar nos caminhos determinados pelo Senhor Deus através das forças dos Espíritos santificados que são: amor, frutificação, disciplina, justiça, força, ciência e autocorreção, forças estas que parcialmente possuem e conhecem ou ainda irão possuir e conhecer. Isso quer dizer que atuam os Santos e vossos Comandantes espirituais, na determinação sagrada de que todos tenham e se alimentem de tudo o que é mais nobre e puro espiritualmente ao qual o próprio Criador determinou que assim o tivessem, em vossas jornadas terrenas. Desta forma, não atuam os Santos nas mesmas labutas, embora labutem as mesmas ordenanças pelas mesmas missões espirituais aos quais os espíritos não Santos, que possuem como primeira ordenança o equilíbrio das energias e forças do campo espiritual aos quais todos estão inseridos, os Santos e os não Santos.

Por isso, ao entregar-se um ser encarnado material em oferta de sacrifício, onde será ofertado um ser igualmente a ele, ou seja, nutrido pelo poder orgânico e gerado para ser carne através de outra carne, não serão os Espíritos santificados, Espíritos sagrados quem vos auxiliarão em seus atos espirituais de entrega, tampouco receberão as vossas ofertas e sim os Espíritos que possuem as mesmas energias e emanações espirituais que aqueles que se ofertam. Não somente pela razão de que os Santos não possuem determinação de atuar por meio da carne, mas também porque são estes que labutam e servem ao Criador com as mesmas vibrações e energia que a carne, e a conhecem tão bem quanto o próprio ser encarnado, e por isso, são servos espirituais em campo material, que utilizam e conhecem bem o poder da frutificação e da emanação espiritual material através da carne, trabalhando pela própria carne de cada ser.

Ou seja, Espíritos santificados nada recebem que partam da carne, apenas entregam o que necessita o espírito que se abriga junto a carne.

E era o Átrio espiritual, dentro da composição do tabernáculo a área espiritual dos não Santos, ou o lugar sagrado de onde os espíritos que atuam pelas forças das forças terrenas atuam, não que este seja inferior ou que possuísse menos forças e energias do que a alas do Lugar Santíssimo e Lugar Santo, e sim porque assim como ocorre nas tendas espirituais terrenas ou nas congregações espíritas, onde a divisão da atuação dos trabalhos espirituais dos Santos e dos não Santos, não apenas ocorrem em diferentes dias, como também os vossos lugares e vossos instrumentos são devidamente alocados em unidades distintas preservando as vossas distintas e respeitosas unidades espirituais de magias e de mistérios sagrados diante de vossas diferentes energias e forças, é ainda o Átrio espiritual o local de onde firmam-se as entradas dentro de uma comunidade espiritual, a frente das portas de onde pisarão todos os filhos da terra, puros, impuros, próprio e impróprios pela mesma entrada. Entrada esta que antecedem todos os atos espirituais, antes mesmos do lugar Santo, assentado também a frente deste em unidade e divisão terrena e espiritual de onde os espíritos irão divinamente trabalhar em nome do Criador.

Porque ainda que todos atuem em comunhão pela mesma labuta dentro da mesma congregação espiritual pelos mesmos caminhos atendendo igualmente aos filhos da terra, sem lhes colocar distinção, ainda assim, são todos protegidos, abençoados e resguardados, por aqueles que antes mesmo de vossos pés adentrarem as portas de entrada, as vossas essências já vos calçaram de proteger o local Santo e Santíssimo para que os Santos possam adentrar e os vossos filhos possam pôr sobre o lugar santo também caminhar.

Sendo assim, não poderia alocar a arca da aliança, no Átrio exterior ou e em suas entradas ao relento, pois não era o Átrio exterior, ala santa ou santíssima dentro do santuário, uma vez que as ofertas e oferendas ali expostas, não partiam dos elos espirituais aos elos materiais, e sim do elo material aos elos espirituais de onde as impurezas e as coisas não santas circulam e vagam livremente pelos cantos. Pois as atividades que nela se faziam se consumiam através dos espíritos não Santos, em nome do Criador, porque sendo esses os trabalhadores alocados nos campo das trevas ou do abismo, ou seja, o mesmo campo espiritual aos quais os encarnados fluem suas energias e estes as consomem por vossas labutas, não era este assim como as alas santificadas, local puro para receber oferendas, ofertas ou pessoas impróprias e coisas impuras.

Por isso, era o Lugar Santo ou Santíssimo o único lugar em que as vossas unidades não santas não adentravam e perpetuamente jamais adentrarão em ato sagrado espiritual de ação santa dentro de uma tenda espiritual ou em uma casa santa espiritual, uma vez que o local Santo ou Santíssimo de onde se estende o véu ou a tenda em véus acima das cabeças dos santos diante do altar em intenção do Criador, são alas sagradas onde os espíritos não Santos jamais adentraram, pois as vossas unidades não se fundem com as unidades dos Espíritos santificados, e ainda que em algum momento possam se alinhar perante uma ordenança frente a uma missão, jamais serão fundidos em única emanação.

Portanto, assim como não era o Átrio externo local Santo ou Santíssimo, e não poderia os Espíritos santificados, os Espíritos sagrados, adentrar, tampouco depositar a caixa cofre contendo os objetos sagrados da aliança divinal, porque era esta a caixa sagrada e santa do deposito sagrado e santo dos filhos da terra, não poderiam também os espíritos não Santos adentrar a unidade espiritual de vossa santidade o Espírito Santo e vossos servos, por isso, foi o átrio a divisão dos poderes e das forças que labutam pela mesma determinação, cada um em vossos sagrados e sacros e santos lugares, onde as vossas unidades respeitando a hierarquia divinal de forma fiel e leal lutavam e se prostravam ao Senhor Deus conforme as vossas energias e forças frente as vossas próprias unidade compostas de magias e de mistérios espirituais.

Desta forma, jamais adentraram os Santos os locais não Santos, assim como jamais adentraram os não Santos aos locais Santos, assim, como nenhum servo espírito divinal, comandará ou trabalhara em lugar de outra unidade espiritual, exercendo ou executando o que a ele não pertence ou se faz santo, sacro ou necessário pela hierarquia espiritual em que cada Espírito atua e obedece. Porque a fonte de energias de poder e de luz que rege cada uma de vossas unidades, são próprias de si mesmas, e derramam e abastecem as vossas unidades da maneira e da forma ao qual a ordenança suprema vos concede o direito celestial de serem, de existirem e de atuarem com as vossas forças e poderes diante de vossos elos espirituais em vosso sagrado nome, aos quais é o Criador quem lhes permite serem, exercerem por conceder a cada unidade espiritual de poderes e força, não somente a fonte de energia em que cada unidade irá atuar como também o seu próprio e espiritual lugar santo e sacro para que possam em vosso sagrado nome atuar.

O Mistério da Tríade Espiritual Sagrada

"Do lado norte, as cortinas tinham cem côvados de extensão, e havia vinte colunas com seus pedestais de bronze; os pregos das colunas e suas vergas eram de prata. Do lado do ocidente, elas tinham cinquenta côvados, com dez colunas e seus pedestais. Pela frente, do lado oriental, cinquenta côvados de cortina, com três colunas e três pedestais, e do outro lado, isto é, de um e de outro lado da porta do átrio, cinquenta côvados de cortinas com três colunas e três pedestais" (Êxodo 38: 11-15).

7.1 E assim fora separado todo o território ao qual iriam abrigar as coisas Santas, Santíssimas e não Santas dentro do santuário divino, também conhecido como tabernáculo, porque era este a representação do Santíssimo poder de Deus sobre a terra, desenhado igualmente a vossa santidade lhes desejava apresentar o vosso poder e a vossa força sobre todos os poderes e todas as forças existentes entre os céus e a terra, aos quais todas as unidades espirituais estão perante a vossa grandeza e eternitude sagrada, conforme as vossas criações.

Por isso, não era o vosso santuário apenas a divisão das partes de onde se alocariam a vossa Santidade em momentos santos e sacros, os vossos servos, os Espíritos, os vossos servos, o sumo sacerdote, os sacerdotes e o vosso Aprendiz, e os filhos da terra em vossos momentos de maior necessidade, e sim a estrutura divinal do que mais perfeito, nobre, absoluto e incontestável poder existir santamente diante de vossa plenitude divinal, separando e ao mesmo tempo unindo todos os espíritos, todas as forças, todas as energias por todos os segredos e mistérios existentes diante de vossa única e verdadeira face. Trazendo ao campo terreno, a vossa mais pura benigna e santificada ordem sideral pela hierarquia espiritual ao qual foram todos gerados e santamente nascidos, e que somente os vossos próprios sentidos eternos de criação pela vossa misericórdia e compaixão perante o vosso único e soberano poder espiritual de criação, recriação, força, forma e vida é capaz de criar e dar-lhes a vida pela vossa própria vida, os ascendendo de vosso próprio peito, pela vossa única e singular luz e vos colocando diante de vossa frente, de forma que sejam todos, não apenas filhos de vosso piedoso seio e sim espíritos nascidos da Verdade para serem verdade e lutarem pela verdade.

Porque somente esta Verdade é capaz de recriar a vossa verdade pelo único poder de criação e recriação daquilo que é a essência espiritual mais importante entre os céus e a terra, o espírito, nascido a imagem e semelhança de vossa eternitude, gerados pela vossa luz, para receberem através do sopro espiritual da vida, a força de vida para serem espíritos, caminhantes de si mesmos, pelo desejo e pela vontade de que sejam todos nobres, puros e santificados e que reconheçam-se si a si mesmos, e conheçam a vossa eterna luz, e o possam ver e vislumbrar com os olhos espirituais ao qual cada um recebera no momento de vossas criações, toda a beleza, toda a compaixão e todo amor pela qual foram todos gerados e criados e assim possam retribuir tudo aquilo ao qual sem isso, não seriam seres espirituais, essências santificadas, tampouco encarnados.

Mas já se fazia hora de apresentar-se aos filhos da terra. Por isso, fora o momento do levantamento de vosso amado filho, Moisés, o levantamento de tudo o que de mais santo e sacro existe entre o campo espiritual e o campo material, da qual o vosso próprio filho determinado para a missão de trazer as faces de Deus sobre a terra dos homens, fora não apenas o trabalhador espiritual e sim mais um servo instrumento divinal, labutando em vosso sagrado nome, para tornar os atos e os rituais santos, tão santamente nobres aos quais eles mesmos os são, dentro do mais puro, nobre e santificado lugar, ao qual somente sendo nobre e puro poderiam adentrar e caminhar as vossas verdades e inverdades, não pela vontade do homem e sim pela determinação do Espírito Santo que vos conduziu a todos ao campo terreno e no momento próprio lhes mostrou a vossa santa e misericordiosa Sagrada Trindade.

Por isso, fora o tabernáculo separado em três partes sagradas, o local Santíssimo, o Lugar Santo e o Átrio externo. Porém, os Santos, jamais adentrariam o local dos não Santos e os não Santos também jamais adentrariam ao local dos Santos. Mas os Santos ou aqueles que pela ordem divina foram santificados poderiam caminhar por sobre o local dos não Santos ainda que os não Santos, jamais pudessem caminhar sobre o local dos Santos ou do Santíssimo poder de força e de luz. Isso porque, o local dos Santos ou do Santíssimo Senhor, apenas a gloria e a plenitude comungam as vossas unidades de forças, não que os não Santos não possuem gloria e plenitude em vossas existências, mas é o local onde os Santos e o Santíssimo pisam; o lugar de onde os não Santos guardam e preservam, e não o local de onde caminham juntos distribuindo as vossas bênçãos e santidades.

Porque nisso aplica-se a hierarquia divina ao qual todos foram nascidos e erguidos para exercerem cada um o seu esforço pela sua gloria dentro da única hierarquia real existente entre os céus e a terra, a hierarquia dos Santos e dos não Santos, onde neste aplica-se ainda hierarquia de dignidade dos filhos da terra.

E eram as três partes, as três unidades espirituais que se juntam e formam o mais puro e santificado segredo que une todos os seres divinais e espirituais em uma única força celestial. O mistério da Tríade Sagrada aos quais suas três partes são a composição das esferas divinais e espirituais de onde todos se juntam e comungam das mesmas energias e forças santificadas pelo único Ser Espiritual capaz de dar a vida e fazer-se vivo em todas as vidas que nascem de vossa fonte de energia e de luz, e que por isso, são todos fundidos espiritualmente em uma única e poderosa aliança, a Aliança espiritual Sagrada ao qual forma-se a Tríade espiritual sagrada ou a Trindade espiritual, ou a força trilateral, união de três forças, através de três posições distintas espirituais.

Onde dois elos santificados e sagrados de forças espirituais, ou seja, o elo representação do Lugar Santo e o elo representação do lugar nomeado de Átrio externo, unidos através da força de maior poder e extrema luz ao qual a representação é o lugar Santíssimo ou o mais alto, supremo e majestoso lugar de onde apenas a vossa Santidade ocupa, pois é Ele a fonte de todas as fontes de energia e de luz, onde juntam-se em uma única Verdade, pela verdade ao qual cada um carrega, devido a posição em que cada um exerce, pelo fato e pela razão de existirem justamente para exercerem divinamente as vossas labutas santificadas, ligando assim, as duas unidades menores a unidade maior e de extrema robustez de forças, formando então, a única e mais poderosa representação celestial, das forças espirituais santificadas siderais entre os céus e a terra. A Tríade espiritual sagrada

Logo, esta força trilateral, é uma força única criada à partir da maior e mais poderosa fluidez de forças, o Criador, dando alicerce de poder de luz sobre as forças menores, as tornando através da fusão de três energias, fortes e vivas pela vossa própria vida, formando assim, um elo de grandioso poder de luz e de emanação, ao qual o jorramento de vibração e energia do Criador que abastece as duas forças subdivididas em outros dois polos, onde na representação do próprio tabernáculo, o polo leste ou o oriente mais o polo oeste ou o ocidente representam uma única unidade ou um único polo, e esta unidade se junta a segunda unidade que encontra-se no polo sul ou do outro lado onde encontra-se o altar do holocausto e a bacia de bronze; e estas duas unidades ou estes dois polos de energia se juntam pela força das unidades que os atraem pela luz que os abastecem e os fundem ao primeiro e maior polo de luz e formas a unidade de onde encontra-se o Criador, formando uma extrema fluidez de forças.

Ou seja, é a Tríade espiritual sagrada, a junção de três unidades de forças, onde duas unidades partem da única e maior unidade manancial próprio de energia de força e de luz que abastece os demais poderes de forças menores, unido estes outros dois poderes a ele mesmo, tornando o Lugar Santo de onde apenas os Santos caminham e o lugar não Santo, o Átrio, onde apenas os espíritos não Santos caminham; tão santo e santificado em poderes e forças quanto o Santíssimo, puros e sagrado lugar, formando então a unidade espiritual de maior poder entre os céus e a terra.

Porque não é a unidade do Lugar santo ou o Átrio externo tão forte e nutrido de forças sem que estes estejam ligados ao poder maior, por isso, a constituição dos lugares menores possui a razão de serem ligados pela unidade de poderes maiores, onde está ligadura torna este mesmo lugar subdividido em três partes, tão forte e poderoso para ser um único ponto de força e de energia entre os céus e a terra, jorrando força e luz pelas três unidades divinas e santificadas celestialmente do próprio Criador.

Mas eram os lugares separados entre os lados do ocidente, do oriente, à frente e o norte ou outro lado ou o sul, a divisão exata das coisas santas e sagradas que foram espiritualmente instaladas e erguidas, apresentando em terra a força e hierarquia aos quais todas as forças se prostram e existem perante a face da grande e sublime força de energia do Senhor Deus. Por isso, foram erguidos onde se encontrava o lado do oriente, a sagrada mesa de pães, o lado ocidente o sagrado candelabro, o lado norte a sagrada arca da aliança e o outro lado ou o lado de baixo o sagrado e nobre Átrio externo, pois esta era a divisão exata de como a hierarquia espiritual aplica-se sobre as coisas de terra, porque assim partem dos elos espirituais divinais.

Logo, era a divisão das alas ou dos lugares sagrados e santos dentro da construção ou da reconstrução divinal do Templo Casa de Deus na terra de homens, a formação pela representação da disposição dos utensílios e objetos sagrados, a exata forma da Cruz sagrada ao qual representa a ligação única e espiritual de todas as forças que são as forças que regem tanto o campo celestial em suas diversas esferas e elos divinais, quanto o campo terreno, ao qual fora também mais tarde à mesma cruz que o calvário representou pelas unidades espirituais que se carregavam nesta.

Pois era o tabernáculo e as vossas separações a divisão espiritual de forças diante das forças que se aplicam as unidades de cada unidade sagrada em cada lugar ao qual o santuário fora construído; onde apenas a linha imaginária que liga o leste e o oeste ou o oriente e o ocidente faz-se ali, o corte exato de tudo o que separa o que está acima dos céus e de tudo o que se encontra e abaixo dele também, separando todas as unidades espirituais das unidades terrenas, conforme a determinação divinal pelo direito concedido de existir tudo aquilo que se encontra acima do firmamento e abaixo dele. Onde os segredos e mistérios que zelam por todas as coisas divinais ao qual devem ser mantidas pelo mais puro e sacro mistério celestial, também se apliquem ao campo terreno, tornando este que abaixo do firmamento desconhece os segredos e mistérios divinais, possuam os seus próprios mistérios e segredos; não velados do que acima dos céus existem e sim diante do que dele mesmo possui.

Porque é neste espaço que se encontra a força divinal da cruz ao qual é também a representação do amor, da bondade, da caridade, da esperança, da compaixão e da entrega da gloria de Deus se fazem presentes, pois é justamente neste espaço onde ligam-se os dois polos, que se inicia ao ocidente e termina ao oriente que a maior força da cruz encontra-se. Pois é neste ponto onde as duas unidades de forças se concentram e se fundem e não existe nada entre as forças que dela saem que não seja para ser jorrado e derramado por sobre a terra, com todo o amor divinal, o polo de energia e de forças, que as forças que se encontram pelas unidades espirituais e santificadas dos Santos, ou aqueles que atuam entre os céus e a terra ocorre o poder de glorificação das unidades terrenas, pela intercessão sagrada do poder de ligação entre os dois campos, ou seja, a unidade terrena e a unidade celestial, fazendo a ligação entre o Criador e os filhos da terra.

Mas possui a cruz sagrada forças não somente entre estes dois polos de forças e de energia divinal, que é a compreensão da separação entre as coisas que estão acima do firmamento e baixo dele, como também através da união de quatro unidades de forças pela ligadura entre as quatro extremidades ou os quatro pontos de distintas forças ao qual forma a representação sagrada do cruzeiro ou da única e verdadeira cruz divinal, onde o seu poder de forças encontra-se ainda que distribuído entre as quatro unidades ou as quatro pontas, onde cada uma carrega seus segredos diante de seus instrumentos, observados também na reconstrução terrena desta; porque não seria uma cruz se não houvesse quatro unidades distintas de forças com quatro distintos segredos, e que por isso encontra-se a vossa concentração de forças centralizada entre a unidade que compreende a junção dos quatro polos unidos em um único ponto de ligadura os quatro segredos divinais espirituais.

Mas é justamente neste espaço onde as energias dos polos se cruzam unindo a haste ou a parte suspensa da cruz, da parte vertical, onde se localiza a encruzilhada espiritual, ou seja, a ligação de dois pontos de energia unidos pela força de ambos lados, formando assim uma inteireza de forças. Inteireza esta, formada por meio da união da energia das forças dos sete Espíritos sagrados em junção com a união de forças das energias de todos aqueles espíritos não Santos que devido o direito divinal atuam diante do Átrio e juntam-se em uma mesma fusão de energias e forças com as forças e energias dos Santos e do Criador, exatamente pela junção espiritual onde a cruz se fixa ou encontra-se em laço de união entre as quatro partes.

Mas, não é a força de energia do Criador que por estar acima das energias de onde se encontra o Átrio e o local dos não Santos não se junta ou funde-se com esta, porque é justamente a encruzilhada de energia e forças que o faz se solidificar com as outras duas energias, onde uma é a energia do próprio Criador e a outra é a energia dos Santos, que exerce justamente a determinação de unir os espíritos impróprios e não santificados aos Santos, ou seja, unir o céu e a terra.

Isso porque a fusão de energia ocorre através da encruzilhada ou do entrelaçamento das três energias por meio da cruzada aos quais estas forças se encontram e se integram e se solidificam formam uma inteireza de forças que jorra as forças divinais sobre as duas unidades de poderes menores, menores do que as forças do Criador, ou seja, dentro da representação do tabernáculo, sobre o Lugar Santo e o Átrio externo, fazendo com que este ponto seja a junção de energia por meio da justaposição ou mistura de forças, que ganha uma única e poderosa força impossível de ser destruída, fazendo com que esta que aparenta ser apenas a representação das unidades de forças espirituais diante do tabernáculo, seja uma unidade de força viva, assim como foram todas as energias e forças que em torno do santuário em verdade eram.

"*Pendure o véu pelos colchetes e coloque atrás de véu a arca da aliança, O véu separará o Lugar Santo do Lugar Santíssimo*" (Êxodo 26:33)

Por isso, o mistério da cruz sagrada, encontrasse na própria cruz que carrega as forças e as energias dos Espíritos santificados e dos espíritos não Santos, para união destas forças através do cruzamento e energias e emanação, chamado também de encruzilhada, onde é a cruz o significado do cruzamento de quatro forças ou o elo que faz unir quatro distintas partes ou quatro partes de diferentes missões para a mesma determinação, fazendo com que esta nova e única força possa ser tão grande em poder e forças quando as quatro separadamente são, para que possa jorrar e faz jorrar uma única força capaz de possuir por si só, uma força vibrante e viva, para que seja utilizada na intenção de unir dois polos ou carregar de poderes e forças uma única unidade que necessita de mais forças e energia espiritual, porque esta que aparenta ser apenas a representação é uma força viva nascida do brilhantismo de luz do próprio Senhor Deus, é a própria energia viva do Criador por sobre a terra de homens.

Por isso, não existiam véus ou panos que separasse o Lugar Santo onde o altar de incenso purificava as energias e vibrações impróprias o tornando ala purificada até o Átrio externo onde se ofereciam as ofertas pela suplica de nova vida através da vida, onde a própria fumaça de onde se ascendiam os incensos dentro do Lugar Santo purificavam e tornaram quatro unidades próprias e purificadas para serem unidas e solidificadas pela força do entrelaçamento da encruzilhada em que estavam, porque estas embora fossem possuidores de distintas forças, eram forças a serem unidas e não separadas pelos véus, que é também a representação da separação das coisas santas entre os céus e a terra, assim como é a representação da haste superior da própria cruz, que mesmo que haja uma separação entre as ligaduras das coisas celestiais das coisas terrenas, porque isso não separa o Lugar Santo do Lugar Santíssimo, assim como não separa o Átrio externo do Lugar Santo, e este o liga ao Santíssimo lugar, porque este ainda que pelo direito divino seja recebedor de todas as energias e forças de todos os seres encarnados, é tão Santo quanto o próprio Lugar Santo.

Isso quer dizer que a divisão espiritual dentro do tabernáculo era a junção da divisão exata da cruz sagrada erguida sobre a terra de homens, separando as alas espirituais igualmente; estão separadas as energias e forças dentro e fora dos campos divinais, onde o firmamento e o campo sagrado terreno, atuam em harmonia e ligação pela única e maior força existente; a força da Fonte única de magia e de poder que se une a estas duas energias, que parte Dele mesmo, formando assim a Tríade espiritual e sagrada de magias e de forças e poderes, acima, por cima, e dentro do campo terreno.

Portanto, eram as alas espirituais do santuário divididas entre as três forças, separadas por quatro polos espirituais que são as forças que nascem e vibram apenas em elos celestiais, onde encontrava-se a arca da aliança, as forças que se derramam dos céus ou nascem e vibram apenas acima do firmamento, a ala espiritual dos Santos, e as forças que se derramam e existem apenas abaixo do firmamento, onde o Átrio representava também as energia e vibrações tanto dos seres encarnados quanto dos espíritos não Santos, uma vez que a energia e vibração destes, se juntam e são tão próximas quanto as vossas unidades.

Isso quer dizer que era o tabernáculo e a divisão de seus instrumentos sagrados dentro de cada ala espiritual, não apenas representação das unidades espirituais e sagradas que deveriam servir de instrumento aos que ali atuariam, mas também como divisão exata de onde os instrumentos devem estar devido as vossas unidades e poderes e forças dentro da hierarquia espiritual aos quais todos os espíritos labutam as vossas unidades de poderes e forças em uma única união, ainda que em missões separadas.

Mas vejam vocês, se não são as forças espirituais divididas exatamente como estão os seres espirituais divididos entre os céus e a terra, conforme a razão de cada existência em cada elo espiritual. Onde o mistério da vossa Trindade Santa ou da Tríade espiritual sagrada encontrasse no mesmo lugar de onde a representação da cruz se faz pela consagração sagrada da união do Senhor Deus sobre as vossas cabeças não apenas pela representação e sim pela hierarquia ao qual cada um de vos fora gerado e criado para ser e existir sobre a vossa santa e sublime regência. Por isso, é o sinal do Pai celestial, na altura de vossas cabeças assim como é o sinal do filho abaixo da posição dos Santos na altura de vossos ombros, bem abaixo da posição do Pai, e o sinal dos Santos abaixo do Pai na altura de vossos ombros e acima dos filhos, a posição espiritual aos quais todos os filhos da terra e todos os espíritos encarnados se encontram, pois assim é a hierarquia sobre aqueles que nutridos e abastecidos pelo Pai são, através dos Espíritos de grandeza e os Espíritos sagrados e seus Comandantes espirituais e todos os Espíritos não Santos e os Espíritos divinais atuantes

Porque no momento em que não mais tivesse os homens da terra o vosso único e poderoso santuário divinal por sobre a terra, não a reconstrução por sobre a reconstrução deste, e sim aquele ao qual fora o próprio Moisés quem o ergueu com ajuda de vosso povo, e da mesma forma não houvesse os homens da terra crença e esperança sobre os vossos Santos e não Santos, haveria por sobre a terra, o vosso único e maior sinal, capaz de religar todos os filhos a todos os santos e assim religarem-se com vossa santidade através do poder de intercessão que é esta, não a vossa representação de hierarquia de poderes e forças, e sim, o vosso sinal pelo vosso mais sagrado instrumento de jorramento de força de energia sobre todo o campo terreno. E é este o sinal que carrega os Santos, os Anjos e os não Santos quando em labuta divinal encontram-se em nome de vossa santidade.

Por isso, encontram-se os filhos da terra exatamente na posição em que hierarquicamente os vossos lugares os dão o direito de serem nutridos e abastecidos pelos Espíritos Santos, abastecidos pelo Criador, o Espírito Santo, diante da hierarquia ao qual fora o tabernáculo a demonstração celestial de onde se encontram cada unidade espiritual, tanto nos céus quanto na terra. Porque embora haja os homens também sobre as vossas hierarquia materiais, é a hierarquia celestial a única que verdadeiramente é real, porque ainda que céus e terras passem, esta jamais será alterada ou mudada, assim como ocorre com a posição terrena aos quais os homens ocupam e acreditam por isso, serem mais importantes ou mais especiais o que os outros. Porém diante da hierarquia do Criador, nada pode ser mais importante e mais especial do que a força única que vós unem em uma única força e direção para alcançarem os mesmos objetivos e promessas. E assim é o Criador, ligado a todos os vossos filhos, através Dele mesmo pela luz que vos abastecem o sopro de vida e vos animam a carne e de todos os vossos servos e servas os Espíritos, pois são estes quem os levarão as faces de vossa única e verdadeira face. A face de Deus quem vos criou.

Ou seja, apenas acima do firmamento é que as forças divinais de poderes e de magias espirituais da fonte de energia do Criador estão, e estas jamais serão tocadas ou vislumbradas por aqueles que impróprios e impuros estiverem, ainda que esta esteja em campo terreno. Logo são todas as forças menores dentro do santuário, ou o lugar Santo e do Átrio externo, onde ambas são forças puras e santificadas, e atuam pela mesma determinação, em poderes e forças unidas na mesma direção, ligados através destas que é a força de todas as forças que une todos os seres e os tornam pactuados, ou religados pelo próprio Ser Supremo, pelo mesmo objetivo divinal de direção e caminhos aos que das bênçãos e graças necessitam para chegarem as faces do Criador.

Porque cada uma das unidades espirituais ao qual fora o tabernáculo reconstruído, ou seja, o Santíssimo lugar, o Lugar Santo e o Átrio externo, representam uma unidade espiritual ao qual cada ser divinal, isso quer dizer, todos os espíritos que pelo Criador foram gerados e nascidos, ou ainda, todos os seres espirituais sem distinção de elo espiritual ou campo de atuação e de existência em que se encontram, dentro dos diversos elos e esferas espirituais, uma vez que todos foram nascidos do mesmo Senhor, são distribuídos dentro da mesma hierarquia espiritual para serem o complemento de forças umas das outras, trazendo luz, vivacidade, vigor e tudo o que seja necessário aos filhos da terra, quando estiverem em terra e aos filhos espirituais quando estiverem em estado de espírito sem a matéria, porém ainda espírito nascido de Deus, pertencente a vossa mesma hierarquia de magias e mistérios sacros de poderes divinais.

E assim, fora a construção do tabernáculo, a distribuição exata da hierarquia aos quais todos os espíritos estão distribuídos e alocados dento da força santificada que os unem e os formam seres espirituais, atuantes em nome do mesmo Criador. Mas é certo que não somente aqueles que Santos e santificados ou nobres e puros são, poderiam adentrar ao santuário divino de Deus na terra de homens, porque até mesmo os impuros e impróprios tinham um lugar reservado diante das portas que vos unem todos na casa sagrada de Deus, porque ainda que as vossas unidades não pudessem ou por força sagrada não estavam próprios para adentrarem ao lugar Santíssimo ou lugar Santo, as vossas unidades sentavam-se frente das portas das alas santas, não dentro.

Porém em um local assim como as vossas unidades, próprio para eles, porque jamais deixou o Criador de reservar um local dentro de vossa casa santa, para que pudessem os impuros e impróprios adentrar e buscar alivio as suas angustia e pesares; por isso, era o Átrio externo, o lugar não santo, aos quais os todos os espíritos encarnados poderiam adentrar, porque ali, onde atuavam os não Santos que ainda que não sejam Santos, ainda assim são espíritos atuantes nas leis do Criador, e que por isso, também recebem em vossos sagrados nomes a nomenclatura santo, pois são os mesmos que assim como os Santos trabalham e labutam em nome das leis divinas em favor do único e verdadeiro Espírito Santo.

Mas era o santuário sacramente dividido em quatro partes celestialmente alocadas perante a uma ordenação sacra e espiritual de forma que fossem distribuídos todos os espaços ou alas espirituais conforme a divisão celestial da qual este mesmo tabernáculo encontrava-se, separando as coisas santas das coisas não santas, as juntando em uma única e inteireza de forças e poderes santos e divinais tornando assim, as vossa representação a representação da unidade de forças que se encontra dividida entre os céus e a terra, conforme a determinação e posição aos quais as forças se encontram, se unem, se fundem, tornando assim, não o santuário em uma Casa sagrada e santa, como trazendo ao campo terreno a força das forças sagradas e santas que se solidificam em uma mesma força, formando não uma aliança e sim a única, mais poderosa e divinal aliança que é capaz de unir os céus e a terra em uma mesma unidade de inteireza de forças e de poderes santos, pela vontade e determinação do Espírito Santo, representada através da cruz sagrada e divinal, que a verdadeira forma ao qual encontram-se todos os vossos servos e servas, os espíritos, todos os filhos e filhas dentro e fora do tabernáculo, dentro e fora do campo terreno, dentro e fora de todos os elos espirituais aos quais o Criador é o único e verdadeiro regente.

Por isso, é a cruz sagrada, o símbolo de Deus sobre a terra e sobre as nações, símbolo este que fora trazido dos céus pela hierarquia celestial ao qual atuam todas as forças e energias divinais em todos os elos espirituais e erguido sobre a terra, mostrando a todos os homens o poder e a força do Criador por sobre todas as nações por meio da intercessão divinal da qual separam-se as duas vertentes santificadas, não somente no momento em que os vossos próprios filhos a ergueram no chão do elemento árido de onde os vossos pés calçaram as vossas coragens e separa a unidade santa da unidade não santa, porque até mesmo dentro da separação ao qual fora reconstruída o tabernáculo sagrado, a vossa união encontrava-se diante da junção de poderes por meio da encruzilhada de energias que se encontravam perante a justiça do Criador.

Porque não são os Santos, os Anjos e os não Santos, atuantes por si mesmos, e sim da união de todas as forças unidas pela força do entrelaçamento que vos solidificam, em uma única força pelo único sinal que jamais poderá ser esquecido ou apagado. Não pelo mistério do calvário e sim pelo poder que o próprio mistério da cruz, representa os elos espirituais e fora deles, através deste mesmo segredo que fora descido ao campo terreno, para apresentar a união de força ao qual atuam as forças em nome de todos os espíritos de Deus.

O Lugar sagrado dos espíritos não Santos

"Foi-me dada uma cana semelhante a uma vara; e chegou o anjo, e disse: Levante-te, e mede o templo de Deus, e o altar, e os que nele adoram. E deixe o Átrio que está

fora do templo, e não o meças; porque foi dada as nações, e a prisão a cidade santa por quarenta e dois meses... E se alguém lhes quiser fazer mal, fogo sairá de sua boca, e devorará os seus inimigos; e se alguém lhes quiser fazer mal, importa que assim seja morto" (Apocalipse 11: 1,2,5)

7.2 E no sublime momento de vosso arrebatamento, adentrou também o discípulo João, ao templo ao qual fora o santuário erguido a imagem e similaridade em terra, representando divinamente tudo o que havia em campo celestial em terra de homens, para que pudessem os homens, assim como os Espíritos servos de Deus exercem e executam em campo terreno, atos espirituais determinados diante das ordenações sagradas divinas, por isso era o templo em terra não apenas de reconstrução como também de fluidez e emanação sacra de alguns dos atos, cerimônias e rituais para que pudessem diante do Criador, serem abençoados, purificados, glorificados e guardados dos sentidos e do derramamento santo também em terra sagrada.

E assim como são executados apenas em campo celestial, tudo o que celestial é, uma vez que não se fundem as coisas de terra com as coisas celestiais se acaso estes atos e ações não tiverem um motivo ou ordenança santa; ergueu-se em campo terreno o Templo de brilhantismo azul de forma que fosse este assim como em campo celestial, um templo não próprio de si mesmo, porém jorrando e emanando as vontades do Senhor Deus diante de vossas ordens supremas. E ainda que fosse este o verdadeiro templo em terra de homens, pelo reflexo do único e verdadeiro santuário divinal que acima do firmamento se encontra, era este, o único verdadeiro templo divinal transcendendo as forças e as energias divinais pelo reflexo que emanava do templo de brilhantismo azul em todas as suas alas.

E assim como encontra-se elevado e entronado a destra do Reino do Senhor Deus o único e verdadeiro Templo divinal de brilhantismo azul, ao qual o céus é a própria representação de vossa unidade de cor, onde apenas o que divinamente pertence a vossa sagrada e santa constituição encontra-se alinhado dentro de vossa única e verdadeira casa, ou seja as alas sagradas do templo ao qual em campo terreno recebera o nome de tabernáculo, e teve o direito de erguer algumas de suas alas santas e sagradas, ou seja, não todas as vossas alas e unidades aos quais o campos divinais dentro do templo possui por razões espiritualmente misteriosas e perfeitamente selada ao campo terreno.

Portanto, o santuário que é composto de unidade interna e unidade externa, ao qual o campo material também recebeu o direito de erguer e conhecer algumas de vossas unidades; forma-se pela a união perfeita destas duas unidades de forças e de poderes ao qual a vossa constituição divinamente é elevada pela força das inteirezas que se completam por comungarem entre si para formarem o equilíbrio sagrado de forças e de energias através destas duas unidades de forças de fluidezes, porque somente através da junção de duas forças das forças que são celestialmente criadas e determinadas a atuarem de forma sagrada, voltadas para o campo terreno, é que existe a força inteira atuando e labutando em prol da unidade sagrada terra. Por isso, somente pela união de forças das duas unidades voltadas para o campo terreno é que forma-se a unidade de poderes e sustentação de forças necessárias ao qual precisa o templo sagrado de brilhantismo azul possuir.

Mas saibam, que existem duas nobres razões para que haja a união destas duas unidades de forças na constituição da unidade de força Templos Azuis, onde uma é a inteireza de forças que é a única maneira de formar a sustentação exata da forma necessária pela união de duas extremidades de poderes pela união dos poderes divinais concedidos aos dois polos de energias que são os templos de brilhantismo azul para que os espíritos Santos, emanem sobre a terra força, energia de sustentação e crescimento dos espíritos encarnados em fusão com as energias da luz que resplandece das trevas aos quais os espíritos não Santos atuam para equilibrarem as energias do campo em que nascidos formam e por ele também labutam pela justiça e pelo cumprimento das leis divinais. Onde a outra razão é a sustentação do alicerce espiritual ao qual o perímetro de onde o templo se firma em elo divinal, porque esta sustentação de energia voltada para a guarda das portas sagradas do templo espiritual parte da labuta da determinação dos espíritos não Santos que atuam como complemento de união de forças, e também como base de sustentação zelando e guardando o perímetro sagrado de onde a unidade espiritual, o templo se encontra celestialmente.

E assim como faziam os espíritos dentro do templo azul de brilhantismo celestial, assim fizeram e labutavam também os homens de terra, quando executavam e faziam todos os atos e rituais aos quais somente os campos celestiais possuem as forças, as ordens e o domínio, pelas ordenanças deste. Porque embora fosse esta a reconstrução e não o único, real e verdadeiro Templo de brilhantismo azul, era este emanado sobre a ordenação e regência do Ser Supremo para que fossem as vossas forças e a vossa luz, caminhante junto aos homens e pelos homens na face de vossa terra, refletindo todo o vosso poder de luz e o vosso mais nobre e poderoso poder de força vinda da pureza dos espíritos santificados e da extremidade de vossa força vinda dos espíritos não santos, ou seja, a foca da energia que culmina em luz utilizada pelos santos e a força do fogo santo ou a única e verdadeira fonte de energia e de luz ao quais os espíritos não santos recebem e atuam.

Mas recebeu a unidade terrena o direito de levantar algumas das unidades santas mais puras e sagradas dentro do templo, sendo estas, e da vossa parte interna, a ala Santíssima de onde o próprio Senhor adentra para ter com o regente maior do vosso santuário, o altíssimo Senhor governante único do templo de brilhantismo azul, a ala santa ou o Lugar Santo de onde os vossos sacerdotes e anjos se reúnem a mesa posta diante das ordenanças divinas do Criador através de vosso governante, e a área externa de nome Átrio, onde encontram-se as forças das forças que zelam e protegem as portas dos céus diante do trono de altíssimo poder de força e de luz diante do templo sagrado de Deus.

Por isso, o que em campo terreno representa a construção externa, separadamente do que é santo e sagrado, é na verdade, a força das unidades de forças que zelam e protegem as unidades santas e sagradas dentro da unidade do santíssimo segredo de onde o Senhor Deus e a vossa luz encontra-se com a fonte de luz dele mesmo. Por isso, os que zelam e guardam as unidades celestiais de brilhantismo de luz encontram-se do lado de fora deste; não por não pertencerem a esta unidade de forças que compõe o templo sagrado, e sim porque atende a determinação de estarem a frente das trancas das porteiras sendo os sentinelas e os guardas das casas celestiais que se regozijam e se prostram em amor, em lealdade e em verdade servindo as vossas próprias missões, de serem os guardiões dos sete candelabros, das sete torres, das sete espadas, dos sete cálices, das sete cruzes, das sete distintas portas e dos sete mantos dos sete espíritos menores frente a única coroa divina abaixo da tenda patriarcal sagrada da unidade de forças intocáveis que compõe os Templos Azuis, de onde a força das forças internas não existiriam se acaso não houvessem as forças externas lhes guardando as quatro entradas, ou as vossas quatro pontas.

E assim fora também a reconstrução do tabernáculo em terra árida separando as unidades santas da unidade não santa, ou seja, fora erguido o Átrio externo antecedendo as alas santificadas, primeiramente o Lugar Santo e depois o Santíssimo para que fossem zeladas as áreas santificadas, não porque este não faz parte dos sacros e santos lugares de onde a presença do Criador se apresentava, tampouco porque a ante presença, ou o Lugar Santo tenha que existir distante do lugar não santo por questões de fluidez de forças, e sim porque esta é a unidade que se compõe pela força de união de forças que cuidam e zelam pelas unidades sacras; e não sendo este uma unidade sacra de onde a presença do Senhor se faz presente, ainda que dentro deste também se faça viva, é unidade sagrada e por isso zela e cuida do que sacro e sagrado é.

Por isso, fora erguido assim como em campo celestial, a forma e a representação exata de vossas unidades de composição, onde antes de adentrar a ala santificada ou o Lugar Santo, deve-se atravessar o lugar sagrado de nome Átrio externo composto das energias e fluidezes dos espíritos não Santos, pois estes que santos não são, são os espíritos determinados e sagrados para a junção de forças e poderes para formarem a inteireza e o alicerce das energias aos quais os santos devem passar e os santificados irão atravessar, porque sem que haja espíritos não santos para proteger e guardar as unidades santas, nem os Santos e nem os santificados poderiam adentrar, porque este, que celestialmente antecedem as faces santamente protegidas e zelosamente guardadas dos espíritos santos em limite e perímetro celestialmente amparados em relação às demais alas que próximas devem estar para guardar o Santíssimo lugar, e limitar as outras unidades santificadas, como o Lugar Santo e a própria Fonte única de onde a presença do Senhor Deus é apresentada, é a força mais poderosa e extrema ao qual a robustez de forças do próprio Criador transformada pelo ápice de energia em fogo destrói e extermina com todo e qualquer espírito impróprio que a esta imaginar poder adentrar.

Por isso é o Átrio a unidade sagrada, o alicerce das passagens santas de onde devem todos os que permitidos são de caminharem por entre as vossas alas sagradas para chegar até a Santíssima face do Senhor Deus, quando assim houver uma determinação espiritual, ou a unidade celestial de onde em elo espiritual Ele mesmo adentrar, quando existe a vossa ordenança de encontro com as vossas unidades de poderes e de forças, por vossa vontade.

Porque não é este lugar, lugar impróprio onde qualquer unidade imprópria ou da qual não tenha em vosso selo o selo espiritual da majestade divina que o possibilite adentrar as alas santas e misturar-se aos espíritos mais elevados dentro da hierarquia da arcada espiritual e aos que dela podem se aproximarem somente os espíritos ordenados e possuidores de ordenança divina, pois todos aqueles que possuem permissão celestial de estarem com os espíritos altamente santificados e puros diante da regência do Altíssimo Senhor Júlio Cesar Celestial dentro de vossa unidade sagrada o templo azul, devem assim como ele estar próprio e emanando as mesmas fluidezes e de energia e de forças, por isso somente os espíritos santificados como os Espíritos de grandeza, os Santos, os sacerdotes espirituais, os arcanjos e os anjos em atos e cerimoniais sacros adentram ao vosso templo santificado, ou ainda o Espírito regente resplandecente das energias negras e vosso Espírito regente das sete cruzes em ato e ação ordenada e determinadamente sagrada pelo próprio Espírito Santo, uma vez que para adentrar a um campo santamente iluminado e sagrado, se faz necessário ser altamente iluminado, santo, sagrado e purificado, pela permissão divina.

Ou seja, apenas aqueles que possuem em vossas essências a pureza, a candura a castidade espiritual e a nobreza santa tendo sido cingido pelo Senhor Deus e vossos servos os Espíritos de grandeza ou através também dos caminhos santificados aos quais os Espíritos sagrados os ensinam, é que possuirão após atravessares séculos de aprendizagem e elevação espiritual permissão para adentrar a vossa unidade espiritual onde caminha a vossa unidade santa em direção as coisas mais sublimes, grandiosas e santas para que delas possam se fazer vivos em espírito diante do trono do Senhor e sentarem-se a mesa posta e comungar com os servos e servas divinais diante da face do Criador.

Por isso, é o Átrio a parte externa do tabernáculo ou o local de onde se encontram e labutam os espíritos não Santos, os servos atuantes do templo de Deus que rondam noite e dia sobre a vigilância da ordenança de guarda sagrada, da qual recebem o nome perante as vossas missões celestiais de servirem como os guardadores das trancas das portas dos céus; de o espreitador, ou aquele que adornado de vossa mais pura e verdadeira aparência espiritual, onde até as mais tenebrosas criaturas espirituais travestidas de si mesmas, desejariam esconder-se e ocultar as vossas presenças, e assim vestidos de si mesmos, vigiam e zela as trancas e as selas frente as sete torres divinais que encontram a frente do Templo de brilhantismo azul, preservando as sete cruzes que são as sete unidades espirituais que servem ao Criador pelo reflexo da luz divinal do templo, e os sete espíritos de grandeza com os vossos sete cálices de ouro erguidos aos céus divinais, quanto estes estão com os vossos sete mantos purificados perante a coroa celestial frente a vossa fonte de energia e de luz, jorrando em força e brilho a face do Senhor Deus, ainda que Ele não esteja em vossa santificada casa sagrada.

Sendo assim, é o Átrio lugar sagrado, que pertencente ao templo e que encontra-se fora do dele, ao qual fora o discípulo ordenado em adentrar, porém não medir a vossa unidade, porque fora está dada aos homens, isso quer dizer, jamais poderia ser por um servos divinal medido, porque a vossa medição seria também a contagem de todos os espíritos que ali estavam, porém jamais conseguiria este contar a quantidade de espíritos que pelo átrio divinal caminham na intenção de conhecerem as vossas faces, porque ainda que não sejam impedidos que caminharem pelas selas diante das torres de luz, estes apenas rondam e vagam nas portas dos céus também pelo desejo de adentrarem com vossas unidades.

Mas este que é o perímetro da unidade santificada pertencente ao templo que fora dado as nações, e o perímetro de onde as unidades espirituais de todos os espíritos vagam e caminham por possuírem a mesma fluidez de forças daqueles espíritos que zelam e protegem as portas dos cantos celestiais, porque ainda que estes atuem em nome da unidade espiritual de maior poder de força e de luz, ainda são estes espíritos não santos nascido das fontes das trevas e dos abismos, porque para identificar um espírito impuro e impróprio, somente possuindo em sua essência parte da essência ao qual carrega um espírito impuro, isso quer dizer, que identificam as unidades de essências e emanações que sejam similares ou iguais as vossas e as deslocarem para outros campos aos quais as vossas unidades devem comungar.

Ora, não seria apropriado se acaso as unidades espirituais que zelassem e vigiassem as portas dos céus, de onde encontram-se as unidades santas e sagradas, possuíssem em vossas essências as fluidezes e emanações distintas daqueles que rondam buscando adentrar pela ordenança e determinação celestial ao qual apenas os justos e merecedores das honras e gloriam divinais devem e podem adentrar, sem que as vossas essências sejam próprias ou cingidas para isso; porque neste caso, não conseguiriam distinguir as unidades espirituais reais das unidades espirituais irreais ou ainda não teriam forças e energia para combaterem as unidades espirituais que caminhantes do abismo ou das trevas são, se não fossem parte integrante nascidos dos abismos e das trevas para conhecerem os que das trevas e do abismo caminham suas unidades.

Por isso, é este o campo parte da constituição do templo ao qual fora dado as nações, ou seja, foi concedido que todos aqueles que não sejam puros e santificados, para que sejam ainda possuidores do direito de adentrarem a este que mesmo que não seja lugar santo, é ainda lugar sagrado pertencente ao templo espiritual de Deus, e possui a mesma fluidez e emanação espiritual ao qual os espíritos que do abismo foram nascidos para no abismo cumprir as vossas missões espirituais, e por isso fluem e emanam as mesmas energias aos quais os espíritos que do abismo são também cumpridores de vossas missões de maneira carnal. Ou seja, assim como os espíritos encarnados que impróprios e impuros para adentrar as alas santas dentro do santuário, possuíam permissão de adentrarem ao Átrio externo do templo, pois as energias e fluidezes eram similares a energia daqueles que zelam e cuida do tabernáculo, isso porque ambos cumprem missões espirituais dentro do mesmo campo sagrado, a terra.

Assim, os espíritos que cuidam e zelam do Átrio externo dentro do único e mais elevado templo divinal, os Templos Azuis, sendo determinados a combaterem e guardarem as portas dos céus, diante das energias e vibrações contrárias as fluidezes necessárias e essenciais para se adentrar a este, são espíritos não Santos da linhagem de atuação espiritual de guarda, ou guardiões, os servos e servas espirituais que atuam com os mesmos espíritos que vagam e caminham por verdades próprias, fluidezes e forças contrárias as forças dos que dentro do templo podem adentrar; porém forças, similares e compatíveis com as vossas próprias energias e forças que dentro deste também não caminham sem que haja uma determinação e ordenança divinal.

Portanto é o Átrio sagrado, o campo espiritual fora dado as nações, mas isso quer dizer, que assim como os espíritos que das portas dos céus zelam e cuidam das energias e fluidezes e vibrações que rondam o átrio externo diante das torres celestiais que adornam este campo sagrado, embora as vossas torres não tenham sido levantadas em terra, por não fazer parte do santuário, mas sim a morada espiritual dos guardas das casas lhes servindo de porteiras as vossas sentinelas pela representação de vossa força e poder, onde o perímetro de extensão do próprio santuário são as vossas magníficas e robustas fortalezas em forma de pedestal erguido em frente próprio do templo; local de onde as trombetas soam e os anjos se prostram de joelhos diante das ordenações mais grandiosas e celestiais anunciando o momento dos grandes feitos e magias espirituais dentro deste. É este também o local de onde as vibrações e energias, possuem as mesmas essências e fluidezes espiritual aos quais possuem os homens que do chão da terra vivem. Por isso os espíritos que vagantes e andantes em campo espirituais são, também possuem o direito celestial de caminharem por onde as vossas unidades desejarem, pelo fato de serem livres e possuírem liberdade para caminharem entre os céus e o abismo na busca de vossas também salvações.

Portanto é o Átrio atrás de vossas sete torres, o limite de onde as vossas energias e fluidezes podem alcançar e podem comungar com os espíritos não Santos no mesmo recinto sem que isso os destrua ou causem danos. Mas o que possuem as nações que a elas mesmas pode ser danoso, possuem os espíritos guardiões em forma de fogo santo, para proteger e zelar pelas portas dos céus. Porque ainda que fora concedido as nações, ou seja, todas as nações, sejam estas espirituais ou carnais, o direito de adentrarem aos campos sagrados para que possam estarem próximos a vossa divindade e assim buscarem o alivio de vossas dores e existência, encontrando os vossos caminhos espirituais. Se alguém tentar contra o bem diante do Átrio externo, fogo sairá das suas entranhas e destruirá toda e qualquer essência que imaginar poder atravessar o perímetro das portas dos céus ou dá a casa santa celestial, atravessando o limite de onde terminam os vossos os direitos de estarem.

Porque assim como aqueles que possuem o direito divinal pela força de vossos esforços e devoções de adentrarem as casas santas, da mesma maneira os espíritos impuros e impróprios terão o direito de conhecerem os caminhos das casas santas e dos templos divinais de Deus, porque nisso aplica-se a justiça de Deus, pois todos os homens e espíritos poderão lutar e batalhar para um dia estarem face a face com o vosso Criador, ainda que para isso percorram caminhos incertos e tortuosos.

Porque todos possuem o direito de entrarem aonde se encontram as casas celestiais de Deus, porém isso ocorrerá apenas no momento em que preparados para isso estiverem pela honra, pela gloria e pelo mérito recebido. Mas antes disso, poderão todos conhecerem as vossas forças e poderes, seja pelo tamanho de suas únicas e magníficas torres ou aos sons divinamente incomparáveis das trombetas soando em seu entorno. Porque assim como aqueles que diante do Átrio externo reerguido em campo terreno, poderiam ouvir a voz de vosso filho Moisés pregando as vontades de Deus pelas palavras de terra, da mesma maneira poderão os espíritos caminharem diante do pátio externo do Templo de brilhantismo azul ouvirem o som das trombetas os convocando para os momentos sacros e santos dentro de vossa unidade, mesmo que não possam dentro desta caminhar.

Por isso, receberam do Criador o direito de terem para si a unidade externa de nome Átrio, não somente por serem unidades impróprias e sim por serem unidades espirituais próprias, com as próprias energias e forças dos que dela zelam, assim como a unidade representação terrena erguida em nome de

Deus, através de vosso servo Moisés, onde este recebia todos os filhos da terra, puros e impuros, nobre ou sem nobreza, santificados ou distante das faces dos santos, aos quais, as vossas essências eram compatíveis para compartilharem e comungarem daquele mesmo espaço, pois a essência dos que atuavam nela, os servos e servas nascidos da face do abismo ao qual as trevas os tinham como casa eram as mesmas essências aos quais aqueles que ofereciam-se em oferta de imolação ou apenas adentravam para comungarem as verdades vindas da boca do servo Moisés, como forma de trazer conforto e alívio as vossas necessidades, pois embora nenhum encarnado impuro e impróprio adentrasse aos limites do perímetro externo, ainda assim comungavam do mesmo templo aos quais o Criador e vossos servos pisavam.

Por isso, até mesmo este templo celestial de Deus, de onde encontra-se a única e verdadeira arca da aliança ou a fonte única de energia e de poderes capaz de unir todos os povos da terra, assim como são unidas todas as unidades espirituais, os Anjos, os Santos e os não Santos por uma única verdade, selando as forças do campo terreno de onde fora o templo também erguida sobre a emanação e energia espiritual dos Espíritos não Santos. Existe uma unidade sagrada reservado aos espíritos não Santos, ou seja, o Átrio externo, ou o mesmo Átrio da qual fora erguido em campo terreno da qual adentravam e caminhavam todos os seres encarnados que ali iriam oferecer as vossas ofertas ou ofertarem-se ao Criador pelas suplicas terrenas de angariar energia e forças para as vossas necessidades terrenas.

Sendo assim, não é o templo celestial de brilhantismo azul, o templo de aonde as forças e energias dos espíritos não Santos adentra e comungam com os espíritos Santificados, colocando-se junto a mesa posta, igualmente os espíritos santos e cândidos que dentro deste labutam as vossas certezas diante do trono de maior poder de energia e de luz voltados para o campo terreno. Porque este é templo de onde encontra-se a fonte de energia e de luz que são encaminhadas a terra por meio dos espíritos de grandeza através dos Santos, regido pelo mais elevado Espírito o Altíssimo Senhor Júlio Cesar Celestial, o único e maior e poderoso espírito entre os céus e a terra, capaz de aplicar a vossas ordenanças sobre qualquer que seja o espírito pela determinação ao poder que somente ele mesmo possui, regendo e iluminando todos os filhos pela força das forças aos quais nenhum espírito em terra caminharia em direção ao vosso próprio progresso.

Mas não seria este lugar um campo impróprio ou impuro de que poderiam adentrar toda e qualquer forma e energia celestial vinda de qualquer que fosse o elo espiritual, podendo servir de engano ou falsidade e adentrar a este que é o maior e mais elevado elo santificado depois do Templo celestial do Rei dos reis, de onde se encontra o magnífico e esplendido trono celestial do Todo poderoso Senhor Deus, porém neste não se encontram ritos e atos celestiais a vossa santidade, tampouco caminham espíritos que de vossa bondade e caridade tenham nascido da terra ou tenham sido gerados para servirem a terra, e sim os que tenham sido gerados e nascidos para o servirem ainda que para isso tenham atravessados séculos e séculos de evolução espiritual em campos longínquos.

Por isso, não é este um local de onde poderiam adentrar espíritos em ameaças imprópria ou impuros ou que não fossem santificados e nobres, porque para adentrar aos campos espirituais que entornam a área divinal de onde se encontra o Templo Azul, assim como ele mesmo deve ser o espírito santificado, imaculado, nobre e puramente santificado. Ou seja, apenas adentram aos campos de onde se encontra o verdadeiro lugar Santo e Santíssimo os espíritos que puros, nobres, santos e santificados atuantes dentro de uma determinação santa e sagrada, porque para adentrar a estes elos espirituais, precisa o espírito ser fundido em emanação e energia a própria energia dos que diante do templo e de suas alas adentram e atuam.

Desta forma, é o Átrio divinal erguido a entrada do templo celestial de brilhantismo azul, o igualmente ponto de energia e de emanação dos espíritos não Santos, aos quais estes, não apenas protegem as portas da Casa celestial de brilhantismo e as vossas alas sagradas como também exercem a função de serem do Criador a força que possui forças de todas as forças espirituais dos campos do abismo, porque assim como a fonte de energia direta voltada para a terra que se encontra diante do Templo do Senhor, a fonte de energia abrasada em fogo, pelo fogo que esplandece das trevas e do abismo, que também é fonte de energia divinal do mesmo campo que o solo terreno material possui, também se encontra fundidas as vossas próprias energias equilibrando assim as vibrações e sendo sustentação de alicerce do santuário divinal.

E ambas as forças que são as forças voltadas para o campo terreno, encontram-se unidas e alinham-se pela mesma verdade e mesma determinação de que sejam as energia puras, nobres e santificadas voltadas para o elo espiritual, caminhantes da mesma direção, ordenança e determinação divina, ao qual o Criador as fez as ordenou e as utiliza para a mesma determinação espiritual dentro do mesmo elo espiritual que é o campo terreno, pela necessidade e razão de que este seja iluminado e protegido por ambas as forças e energias que este campo necessita, onde uma é a energia partida do campo celestial vinda da fonte de energia direta e a outra é a energia vindo do campo da terra de onde o abismo possui a luz própria que é a luz que resplandece das trevas, e a união desta duas unidades de forças, formam o equilíbrio de forças aos quais o campo terreno necessita para manter-se vivo e iluminado em vossas formas e forças.

Por isso, ainda que as labutas dos espíritos não santos sejam em campo terreno, ou seja, pela proteção dos espíritos santos do lado de fora da unidade espiritual, o santuário; as vossas ordenanças partem dos mesmos lugares aos quais partem as ordenações dos espíritos Santificados porque ainda que exerçam missões diferentes a determinação é e sempre será a mesma, atuar em favor dos espíritos encarnados na busca pela elevação espiritual dos espíritos caminhantes de vossas promessas.

Mas é o Átrio sagrado a morada santa dos Espíritos não Santos em campo celestial, assim como são as alas: Lugar Santo e Santíssimo lugar, as moradas de onde ocorre o derramamento dos espíritos Santos e do próprio Espírito de Deus, porque assim é o Átrio, lugar santo na casa santa de Deus para os espíritos não santos, de onde também ocorre o derramamento das energias nascidas do fogo para ser brasa e fogo e proteger e zelar pelas unidades que dentro do santuário encontram-se vivificadas. E são estes que atuam e labutam, assim como labutam pelos espíritos encarnados em campo terreno lhes equilibrando as vossas forças os permitindo serem menos danosos e destruidores de si mesmos, labutam também diante do santuário divinal em favor dos Espíritos de grandeza e todos os espíritos santificados, protegendo a ala da ante presença e a ala Santíssima ou a Fonte única regida pelo Altíssimo Espírito Senhor Júlio Cesar Celestial.

Portanto, as portas do Santuário são solidificadas junto as portas do Átrio espiritual, formando assim, uma única aliança ou uma única força com dois poderes de forças, pela seladura do campo santificado e duas vezes santo, uma vez através dos Espíritos santificados e outra através dos Espíritos não Santos, para o santuário divinal de onde encontra-se a fonte única de energia direta voltada ao campo terreno que jorra sete distintas energias de poder e de forças sem quais não podem viver os seres terrenos, e também a fonte de energia da fonte de energia pelas forças das leis ou as forças que resplandecem a própria morte; onde ambas se unem e formam uma única e extrema força celestial divinal pelo poder da inteireza que as constitui celestialmente seja o alicerce e as chaves do templo que representa a face de Deus.

O Anjo do Abismo

"E tinham sobre si rei, o anjo do abismo; em hebreu era o seu nome Abadom, e em grego Apoliom" (Apocalipse 9: 11)

7.3 Mas é a luz divina não é apenas a luz que jorra e acende as fontes de energia celestial dotada de magias e de mistérios aos quais os Espíritos de grandeza utilizam para abastecerem os campos terrenos com a força da luz ao qual descarregam por sobre os Espíritos sagrados, uma vez que tudo o que os Espíritos sagrados ou os Santos possuem, são possuidores dos dons dotados de energia e de luz, porque tudo parte do poder de forças que vibra em energia celestial vindo da fonte única do Criador. Por isso, não somente esta fonte de energia, assim como a energia ao qual possuem os quatro elementos espirituais orgânicos em campo terreno, são dotados da mesma fonte de energia e de luz carregada de vibração celestial, os tornando vivos e vivificados para existirem e iluminarem o campo material trazendo vivacidade e força de vida.

Porque assim como os Santos e os elementos terrenos da qual comungam todos os espíritos Santos ou não Santos, também partem da mesma fonte de energia cheia de magias e de mistérios para abastecer todo o campo terreno, da mesma forma os campos da falta de luz, onde as trevas ou as faces do abismo igualmente são abastecidas de poderes e forças que parte da luz celestial divina.

E todas as forças dos elementos orgânicos e materiais que se unem e juntos formam os instrumentos através da união das forças que compõe os utensílios utilizados dentro do Átrio sagrado, são energias que se fundem e criam novas forças que se completam pela inteireza de forças que existe na união de todos os instrumentos, e que por meio da união de todos eles jorram as energias e forças recebidas deles mesmos através das forças espirituais vindas da energia do fogo, aos quais os espíritos não santos possuem e utilizam em vossas labutas, dentro das alas e dos campos de onde cada espírito não Santo atuará. Porque todo e qualquer ato e ritual espiritual que ocorra diante do átrio sagrado, será por regência espiritual partida de uma determinação e esta será sempre a base da coroa de forças ao qual forma-se a fonte de energia e de luz da qual os espíritos não Santos utilizam e manipulam as vossas forças

Mas não atuam os espíritos não Santos apenas nos campos de falta de luz, porque não é a escuridão a falta de luz diante das faces das trevas ou do abismo, e sim a sua forma própria nascida de sua própria força, atuando dentro e fora de campos negros, porém a luz que resplandece da escuridão é também a força do Criador derramando-se a todos os seres que em todos os elos espirituais e campos celestiais vivem, porque é através das forças da luz que todos os espíritos, sejam estes onde estiverem, são vivos e vividos pela força e o poder de irradiação celestial de luz espiritual. Porque somente através da força da luz, é possível ter vida, ser vivo e ser espírito, ainda que existam elos espirituais de remissão, de julgamento e de dor, porque ainda existem espíritos que seguem vossas próprias verdades por caminhos tortuosos e cumprem as vossas sentenças em campos de total remissão e escuridão, ainda assim são todos constituídos da luz interna que os ascendem a essência espiritual e os tornam da mesma forma ligados ao seu Criador, através da mesma luz que os fazem serem vivos, independentemente de onde estejam.

Por isso, não é a luz divina a claridade que ilumina ou ascende os campos de luz ou os campos que da falta dela vivem, e sim a força que nasce da fonte única de poderes e forças do manancial da eternidade de luz do Criador, criador de todas as fontes de energia de luz que faz qualquer ser ou qualquer essência espiritual possuir vida e reconhecer-se como vivo, sendo unidade espiritual.

Sendo assim, são as vossas fontes de energia e de luz, as energias em forma de luz que vibram as mesmas essências necessárias aos seres encarnados porque são estas que os fazem continuarem vivos ou ganharem forças, e vigores necessários para atravessarem as vossas forjas pessoais e penetrarem nas escalas espirituais mais elevadas ou mais danosas conforme as vossas empreitadas e missões e desejos próprios, uma vez que a cada ser espiritual carnal foi concedido o direito de caminhar as vossas unidades sem que as vossas escolhas lhes sejam impostas ou impelidas, a não ser as escolhas espirituais dos caminhos sagrados aos quais devem conhecer e adentrar, onde o conhecimento dos mandamentos sagrados de onde as vossas unidades encontram-se seladas e devem lutar para alcançar as vossas próprias promessas nos reinos celestiais, são pelo direito divinal apresentada a todos os seres.

Mas fora o campo terreno em seu momento de unificação e de gloria abençoado pelo Criador para que fosse este a casa material dos seres espirituais que aqui adentrariam para viverem através de vossas unidades, as vossas jornadas e labutas sagradas em busca de conhecimento, progresso e elevação espiritual frente à longa caminhada em direção a eternitude do Pai celestial. E este que fora o elo espiritual nascido das faces do abismo, de onde não fora o abismo surgido pelo desejo do Criador, porém fora este também curvado em amor e em verdade a vontade do Ser Supremo, prostrando-se a vossa grandiosidade e majestade divinal para que pudessem todos os vossos filhos adentrar com as vossas próprias forças e poderes pelo direito de serem caminhantes desta terra outrora o nada existencial ao qual apenas as águas cobriam a desordem e o caos; fora esta mesma terra, de onde nem mesmo o elemento árido era ainda árido, porém após o ajuntamento de todas as unidades das mesmas forças, fortalecido a própria unidade árida sendo esta uma forte, robusta e poderosa de força espiritual, abençoada e bendita ao campo sagrado para ser a casa sagrada dos que aqui iriam habitar.

Porém antes mesmo deste ser o campo de maior beleza e diversidade de formas e modelos e espécies, era este o nada ao qual o próprio nada se curvava a força e extremidade de ser tudo o que o nada poderia ser e existir dele mesmo, sendo o vazio o maior e mais extremo poder de forças em convívio entre a solidão e a depressão das terras pertencentes a ela mesma. Sendo ela o nada existencial da qual se cobria de água, lama e barro, nas portas da própria morte ao qual representa o nada, o sem vida. Porque não era este nem o início e nem o final, apenas o abismo vida da própria morte ou do sentido que sequer existiu para que findado o fosse.

Mas fora o desejo do Criador que este pudesse ser a sombra dos lagos de lama que aqui existiam a unidade espiritual ao qual conheceria todos os seres que espiritualmente aguardavam um lugar próprio para adentrarem e caminharem as vossas unidades em busca de lapidação espiritual de forma que pudessem conhecer o Criador assim como ele mesmo o é, em vossa plena eternitude e misericórdia, pois apenas em campo terreno seria possível, vislumbrar as maravilhas que somente o Criador poderia criar, porque somente neste campo espiritual é que poderiam os espíritos conhecerem a misericórdia divina pela força do amor, a força da compaixão pela força da dor, a força da ciência para a elevação de si mesmo, a força da labuta para crescimento de vossa essência, a força da dor para compreensão de quem se é em verdade, a força da caridade para exercer a união e a força da frutificação para compreender o poder de um laço espiritual, porque este, vem juto com as forças das leis divinais, pactuadas através de um laço espiritual; laço este que se faz necessário conhecer também para poder exercer a força da disciplina e da doutrina, que são as forças que os colocarão diante das leis sagradas, caso contrário jamais conhecerão a verdadeira força do transformar ou do Senhor Deus sobre a terra.

Porque este é o único e maior poder de forças que fez todos os elementos que aqui se encontravam ajoelharem-se a vossa unidade e prostrarem-se em amor e em verdade, entregando-se a vossa majestosa luz. Por isso, não determinou o Senhor Deus que a face do abismo alterasse a única e verdadeira forma de fluidez que possui, tampouco que a vossa essência pura, cândida e imaculada própria de vossa própria forma de escuridão fosse alterada devido a sua limpidez de negrura cândida de beleza em única forma escura, porque nisso encontra-se a beleza da escuridão e de vossas formas negras e singulares, sendo a si mesma, prostrada ao Senhor Deus, cumprindo com todas as vossas ordenanças espirituais.

Então após a entrega total das energias e forças das faces do abismo ao Ser Supremo, foram utilizadas suas forças e poderes igualmente ao que já existia, e nada foi alterado, trocado ou mudado da pureza da escuridão ao qual está em lealdade também se apresenta e se prostra em plena verdade.

Mas vejam se não é a próprio negro e escuro um campo espiritual tão divinamente sagrado quanto o campo de onde a fonte única de luz não apenas ilumina como também ascende a vossa própria energia e nutre e todos os espíritos que em campo terreno se encontram. Porque este campo de energia e de luz tão divinamente sagrado quanto o próprio campo divinal de onde partem as determinações de cumprimento de missões espirituais, pois é esta a própria extensão das unidades divinas de onde se iniciam as ordenanças das missões aos quais os Santos pelejam em favor de vossos filhos os espíritos encarnados; por isso, tão igualmente santificado e ordenado para que as vossas energias tais quais as energias dos Santos estejam em determinadas missões espirituais voltadas aos seres que da terra se levantam em busca de vossas erguidas terrenas em direção as vossas santas e sagradas promessas divinais.

Por isso, assim como possui os Espíritos de grandeza a vossa Fonte única de luz dentro do campo espiritual, a casa santa celestial, ou o santuário de onde o Senhor Deus adentra para ter com o vosso mais alto e elevado Espírito regente das fontes de energia aos quais os Anjos sagrado, os Santos utilizam da energia em campo terreno, da mesma maneira os espíritos não Santos possuem a vossa sagrada e poderosa fonte de energia e de poder dentro do mesmo santo e sagrado lugar diante do mesmo santuário de onde o Criador adentra as vossas forças e energias em derramamento santo, uma vez que o Átrio externo sendo complemento do santuário divinal é ele a unidade espiritual dos espíritos não Santos dentro da casa celestial de Deus. Isso quer dizer, que assim como os espíritos Santos possuem as vossas moradas e vossas ordenanças partidas dos campos celestes, os espíritos não Santos da mesma maneira as possuem.

Não que esta unidade de forças seja também nascida dentro do templo de brilhantismo azul, porque é a fonte de energia e de luz das trevas, nascida no cume do escuro para ser luz que resplandece e ilumina a escuridão do caos das trevas e do abismo; porém, é esta tão divinamente altiva e sagrada fonte de energia ao qual o próprio Senhor a concede ser elevada a vossa casa santa celestial, para que brilhe e forneça luz e zelo perante as margens da unidade santa, protegendo e zelando pelos vossos servos e servas os Espíritos de grandeza, vossos servos os Santos e todos aqueles que da casa santa possuem o direito de adentrarem as vossas unidades espirituais.

E são estes espíritos nascidos da fonte de energia da escuridão, recebedores do direito e da determinação de não apenas lutarem e batalharem pelos espíritos encarnados e em favor de vossas verdades pelas vossas sagradas leis, como também o direito divinal de não somente adentrarem ao vosso templo, como possuírem a vossa sagrada e poderosa fonte de energia e de poder não dentro, porém no mesmo perímetro de onde tudo o que de mais nobre, santo e sagrado existe entre os céus e a terra. O vosso Templo de brilhantismo azul saindo dos céus para atender as necessidades dos céus e da terra.

E é a vossa fonte de luz e de energia celestial, a fonte que culmina no fogo que arde e forja todos os males e impurezas, construída não dentro do santuário divinal os Templos Azuis, e sim dentro de vosso próprio templo resplandecente de luz do escuro das trevas para ser pertencente às trevas, a unidade terrena e não aos céus, porém reflete toda a vossa unidade de luz celestial no perímetro deste que é o mais nobre e elevado santuário celestial voltado para o campo terreno, o templo de brilhantismo azul, para atuar em defesa dos Santos ou dos espíritos divinais que não possuem em vossas determinações a força da forja e do fogo capaz de eliminar, anular ou aniquilar as forças das forças que possam ser contrárias as vossas unidades. Isso porque possuem os Espíritos de grandeza energia e forças voltadas para determinação de elevação espiritual individual e não possuem energias e forças similares as energias e fluidezes que possam ser contrárias as vossas próprias energias. E ainda que possua o campo celestial de onde se encontra o templo de brilhantismo azul, energia e forças capazes de exterminar e destruir qualquer unidade que não possua energia similar as energias celestiais dos espíritos que nele se encontram, são os espíritos que adentram as vossas unidades santificadas protegidos em vossa total unidade em todos os momentos em que a caminho, diante ou após as vossas estadas dentro do templo se encontram, protegidos e guardados em vossas totais unidades espirituais. Ou seja, guardados estão todas as unidades essenciais e espirituais diante, ao perímetro ou dentro do templo de Deus.

E esta que a fonte de energia e de luz nascida nas trevas e não na extensão do santuário divino em campo celeste, de nome Átrio sagrado dos espíritos não Santos, não é apenas a vossa fonte de energia e de luz celestial vibrando pela força do fogo ardendo e acendendo os campos de onde a falta de luz é necessária para a sobrevivência dos que dela vivem, como também o vosso próprio lugar santificado dentro de vosso sagrado templo de energias negras de onde todas as energias, poderes e forças de concentram no único e mais poderoso ponto de energia aos quais os espíritos não Santos utilizam, o vosso altar. E é esta mesma energia que resplandece do altar de fogo, ou o altar de fogo que é derramada sobre o Átrio externo dentro do templo divinal, pela nobreza, altivez e verdade que este possui aos quais carregam os espíritos não Santos em nome de vosso Criador.

Porque esta que é a verdadeira representação da fonte de energia nascida da luz, nascida da falta de luz, não é apenas o simbolismo de vossa força, e sim a própria fonte de energia e de luz forjada em chamas abrasadas pelo fogo santo, aos quais assim como em elos de remissão utilizam os espíritos não Santos para labutarem as vossas missões como o elo espiritual de nome umbral e o elo espiritual de nome inferno, para protegerem e zelarem as unidades dos que diante das unidades de remissão devem estar para assim cumprirem com suas ordenanças de receberem os vossos galardões, também atua para protegerem e afastarem toda e qualquer forma de impureza e impropriedade de energia e de forças diante da casa sagrada de Deus Pai, ao qual o vosso Altíssimo espírito rege e comanda todas as forças voltadas para a terra.

Mas era o altar do holocausto erguido em terra de onde os espíritos não Santos manipulavam as vossas forças e energias durante os atos e rituais sacros e sagrados dentro do templo de Deus de maneira espiritual pela entrega material, a representação do próprio altar de onde as energias e poderes do fogo, pela força da luz divina que no ápice de vossa robustez forja em brasas que ardem, queimam e exterminam as energias impróprias dentro e fora da casa Deus ou de onde haja uma determinação celestial de que as vossas forças sejam levantadas e atuem em nome do poder e da justiça, pela energia do fogo.

Porque é a fonte de energia e de poder das forças negras regida pelo Espírito que resplandece das trevas, aos quais os espíritos não Santos utilizam para executarem as vossas labutas espirituais nos sete campos de atuação das quais trabalham em nome de vossas energias concedidas pelo Senhor Deus, partida não de uma fonte única simbolizada por uma fonte de energia e sim de um altar, o altar de fogo, altar elevado em gloria e em majestade a toda eterna e maravilhosa soberania do Senhor Deus. Não apenas o Deus da vida como também o Deus da morte, das forças, das trevas do fogo e da eternidade sobre todos os poderes, todas as forças e sobre todas as coisas. Porque é o Criador não somente a água que refrigera a vida, o ar que purifica a essência, terra permite haver vida ou o fogo limpa e altera as impurezas, e sim a luz que nasce de vossa própria força, única energia capaz de ser vida e ser morte, que transformada todas as energias de todas as essências espirituais em energias santificadas aos quais podem todos os elos e cantos existirem.

E esta energia que é a energia do poder do fogo que é saída do próprio altar que simbolizava as forças e as energias dos espíritos não Santos, ardendo e flamejando as energias a serem alteradas ou eliminadas pela energia e pelas forças do ápice da luz ao qual encontrava-se às portas do santuário divino erguido em terra; era a própria força do altar de fogo regido magistralmente pelo Espírito que resplandece das trevas que com o vosso poder levanta e ergue com todas as forças, todos os poderes espirituais nascidos da terra ou que da energia terrena ainda possui ou se alimenta e aplica sobre as vossas unidades a vossa força e a vossa autoridade, zelando e conduzindo com braços de aço todas as determinações que a ele foram entregues.

Portanto é o altar de holocausto de onde os espíritos não Santos manipulam as vossas forças e energias no zelo e no combate as energias impróprias dentro da casa de Deus, ao qual encontra-se às portas do santuário divino que jorra e derrama luz celeste de vossa fonte única de energia celestial, da mesma forma tão divinamente sagrado, uma vez que apenas o que é santo e sagrado ao qual tenha recebido do Criador o direito de ser santificado e possuir não somente a vossa presença como também erguer o seu próprio altar símbolo de vossa força e de vosso poder dentro de vossa unidade santa a vossa casa celestial, é tão poderoso e santo quanto o próprio Lugar santo ou a ante presença. Porque embora fosse o holocausto a finalização do ritual terreno pela entrega do sacrifício dentro do ato sacro espiritual de troca de vida, era este ato de queimar não o símbolo do recebimento do espírito ou da troca de vida e sim o símbolo maior poder e de forças atuando em nome do Criador em terra sagrada pela força do fogo, porque a carne que embora fosse queimada pela força do fogo que arde em terra, não era pela entrega espiritual, porque este ato ocorre apenas pela entrega do espírito da unidade entregue e não pela força do holocausto, porque este que arde a carne e que resseca a vossas partes orgânicas apenas finaliza a ação terrena para que se possa ainda se consumar e comungar da terra ou o que da terra tenha nascido.

Mas embora ocorresse no próprio altar de fogo a queima da carne ou da matéria nascida da terra, era o altar do holocausto apenas o fogo que ardia na unidade material e não na unidade espiritual. Porque em verdade, a unidade espiritual de poder de forças, apresentando-se em campo terreno pela força do fogo, é a labareda que sobe e levanta a bravura e a força do fogo capaz de eliminar e exterminar com todas as unidades impuras e impróprias dentro do lugar ou dentro do perímetro de onde se encontra a casa de Deus, porque este ocorre de maneira espiritual e não material. Desta forma ainda que ocorra a queima da matéria o que elimina as impurezas, é a força do fogo que arde e forja espiritualmente através das larvas e não através da matéria orgânica.

Isso quer dizer, que embora ocorresse diante do altar do fogo ao qual a representação era o altar do holocausto apenas o fogo que ardia era a unidade espiritual de poder e de forças apresentando-se ao campo terreno, eliminando e exterminando com todas as unidades impuras e impróprias dentro do lugar, ou dentro do perímetro diante da casa de Deus, o tabernáculo, e não a unidade recebedora da entrega santa pela unidade espiritual, ou seja, ainda que o fogo ardesse e queimasse a carne da unidade entregue, este ato era apenas ato material ou mundano onde a purificação da unidade terrena ocorria através da unidade carnal entregue em oferta e não era esse o ato espiritual de entrega ou recebimento de unidade pela troca de vida pela vida.

Porque assim como o lugar mais alto dentro do santuário divinal e da mesma forma em campo terreno é o altar dedicado a vossa santidade chamado de lugar santo ou altar, recebeu também o Espírito não Santo o direito de possuir o vosso próprio e santo lugar sagrado de onde manipula as vossas energias e forças nascidas da vontade do Criador para serem jorradas pelo vosso altar de luz e de fogo, luz e fogo erguidos das trevas ou da própria morte do nada diante do caos, fazendo-se tão grande e majestoso quanto o próprio Espírito regente da fonte de energia e de luz dentro de vosso próprio santuário divinal ao qual recebe em vosso perímetro as forças e energias que os protegem em vossa extrema luz vindas das forças da falta de luz.

E não é somente da luz que nasce da fonte de energia e de luz que das fontes do manancial do Criador a qual abastece os seres terrenos de vigor, de conhecimento, de frutificação, de disciplina, de doutrina, de ciência e de amor vivem os seres que da luz de Deus são iluminados, porque os mesmos seres das quais a luz que acende em crescimento e liberdade em forma de vigor, conhecimento, frutificação, disciplina, doutrina, ciência e amor os fazem serem conhecedores das forças de Deus e conhecedores de si mesmos, porque as forças do Criador que os nutrem e os permitem crescerem e elevarem-se espiritualmente, os permitem também serem conhecedores das vossas próprias unidades espirituais pelas forças vindas das energias em forma de forja através do poder da justiça e da correção. Porque é esta junção de dois pontos de força e de luz celestial, onde uma é vinda dos céus e a outra nascida das trevas e do abismo, o próprio campo terreno a inteireza de forças que formam a unidade espiritual fortificada e santificada pela verdade do Criador, que concede vida e crescimento espiritual pela força da energia viva que também carregam os espíritos não Santos voltada para o campo terreno igualmente atuam os Santos na labuta pelo crescimento e elevação espiritual dos espíritos que encarnados se encontram.

E assim como fora divinamente criado o Templo de brilhantismo azul, de onde encontra-se e jorra a Fonte única de energia e de forças voltadas para o campo terreno, da mesma maneira fora divinamente concedido o direito de existir a fonte única de magia e de mistérios sagrados, o Altar de fogo, que possui sagradamente o direito de atuar diante das portas do santuário, uma vez que não é este, menos sagrado ou menos poderoso manancial de fonte de poderes também nascidos para jorrar e labutar pelos filhos da terra, aos quais a vossas origens e segredos ainda são ao campo terreno cobertos pelas sombras e pelos mistérios que o constitui.

Porém embora não seja este o mesmo campo espiritual de onde nasce as forças das trevas, a semente da energia da luz que resplandece do escuro da morte e parte em direção ao abismo, porque esta encontra-se diante do poço do abismo onde a vossa gênese de negrura e escuridão guardam as vossas mais puras e tenebrosas forças, é esta a força espiritual ao qual todo espírito nascido de uma determinação de servir ao Criador da maneira em que ele mesmo ordena, ou seja, santificado para zelar pelos os vossos filhos ou proteger as suas vestes, através da força do fogo para combater a própria energia das energias aos quais existem em vosso campo sagrado a terra, o fazem com lealdade e poder.

Portanto, é este espírito sagrado também cingido pela ordenada determinação santa de ser um anjo, assim como todos os outros santificados espíritos determinados por uma ordem santa de ser exatamente o que se é; mas não somente ou apenas um anjo. Porque anjo é todo espírito divinal com uma determinação santa e sagrada ordenada no momento de vossa aparição, ou seja, o momento de vossa constituição espiritual ou de vosso nascimento espiritual para ser o regente de uma linhagem celestial de espíritos em nome de quem o concede o direito à vida em nome de vossa verdade. Isso quer dizer, que anjo é todo aquele espírito nascido pela ordem de seguir e pertencer à determinação divina de caminha sobre as ordens supremas do Criador exercendo e executando as vossas ordenanças, pelo vosso nome em vossa regência.

Logo não é o Anjo do abismo um espírito atuante da linhagem dos Santos, aos quais recebe emanação e fluidez dos espíritos de grandeza para que possa adentrar e caminhar por entre as alas sagradas do templo de Deus e sim um espírito nascido da ordenança de ser pertencente ao abismo frente as faces das trevas atuando com a força do fogo, e com o fogo labutar a vossa ordenação diante deste. Porém, sendo este um anjo nascido da ordem de Deus atuando sobre as trevas e sobre o abismo, obedecendo à hierarquia celestial do Espírito Santo de ser um Anjo das trevas ou um Espírito portador da luz que resplandece das trevas e não da Fonte única de luz de vosso também Criador. Ou ainda, um Anjo da morte, mas não aquela que tira vidas e sim aquele que zela pelas vidas que nascem da morte, porque é a luz que resplandece das trevas luz que fornece vida, e assim com todo anjo, possuidor de vosso espaço e de vosso altar diante da casa santa de vosso Criador, mas esta dentro de vossa unidade espiritual, as trevas e não os céus.

Por isso, é o altar de fogo, o altar da qual as vossas forças e energias de poderes escuros elevados apenas pela pureza e limpidez de poderes de fogo abrasados pelo cume da força da energia da qual carregam, para que possam iluminar até os confins mais longínquos e escuros dos elos espirituais e divinais, não pela luz ao qual brilha o astro sol e ilumina o campo terreno, e sim a força da qual ilumina os portais de luz da qual os espíritos penosos de si mesmos devem se encontrar com vossas verdades, a força que ilumina até mesmo a desordem e o caos dentro dos elos espirituais de remissão. Porque é este o instrumento da força e de poder aos quais os espíritos não Santos, que ainda que Santos não sejam, carregam em vossos nomes a denominação Santo, pela ordenança e determinação divinal de serem e se complementarem através de vossas energias e forças, para atuarem em nome do único e mais poderoso Espírito celestial, o Espírito Santo que é Deus, e que por isso, possuem assim como os Espíritos de grandeza a vossa fonte de energia e de poder elevada aos céus acima do firmamento, de onde somente os Anjos, os Santos e os espíritos santificados aos quais tenham ordenança e determinação pela seladura do Criador diante de vossas verdades, lealdade, fidelidade, obediência e amor e caridade podem possuir perante a vossa Altíssima e Santíssima luz, a luz eternal de Deus.

Por isso, é neste campo altamente sagrado e iluminado onde encontram-se os únicos e poderosos regentes das fontes de energia do Criador, ou seja, a Fonte única e o Altar do fogo partindo da luz que resplandece das trevas aos quais a vossa luz é a mesma luz, forjada em energia de fogo da qual utilizam-se os vossos espíritos não Santos diante do Átrio sagrado no momento em que estas duas sagradas energias de unem, pela energia do templos azuis e a energia que resplandece das trevas e se encontram e se unem, formando uma única e poderosa força espiritual em campo celestial, ordenada pelo Criador para atuar em comunhão em favor do Espírito Santo, seja medindo as portas do tabernáculo pela proteção dos que ali se encontram seja labutando em favor dos espíritos que elevam-se e suplicam ao Criador através de vossas entregas pela entrega de vossas vidas por vidas mais nobres e puras e santificadas.

E assim como o Espírito encantado regente da fonte única de magia e de poderes rege e governa todas as fontes de luz voltadas para o progresso e o crescimento espiritual dos seres encarnados, assim também o Anjo do abismo rege e governa toda a luz que das trevas partem também em direção ao campo celestial e ao campo terreno, outrora conhecido como o próprio abismo, pela mesma labuta de crescimento e do apontamento aos espíritos encarnados pelas trilhas do poder e da justiça, porém através da correção e da justiça em nome das leis divinais que em terra são lastreadas pela força do pacto da aliança divinal existente entre os céus e a terra, aos quais os espíritos Santos estão pactuados.

Por isso, embora não seja este espírito um anjo que adentra a todos os campos e alas espirituais sagradas dentro do templo de brilhantismo azul, é este o anjo que ronda e adentra a todos os cantos de todos os cantos espirituais da qual a vossa regência o permite penetrar dentro do santuário sagrado e fora dele, para assim, aplicar a vossa força pela vossa justiça conforme as leis divinais da qual fora ele mesmo criado para aplicar e para exercer sobre o nome de vosso Senhor.

"E depois olhei e eis que o templo do tabernáculo do testemunho se abriu no céu. E os sete anjos que tinham as sete pragas saíram do templo, vestidos de linho puro e resplandecente, e cingidos com cintos de ouro pelo peito. E um dos quatro animais deu aos sete anjos sete taças de ouro com a ira de Deus, que vive para tudo sempre. E o templo encheu-se de fumaça da gloria de Deus e do seu poder; e ninguém podia entrar no templo, até que se consumassem as sete pragas dos sete anjos" (Apocalipse 15: 5-8).

Ora, se não é o Anjo das trevas o único e mais poderoso Espíritos nascidos da determinação de ser o regente da força de luz que resplandece do caos e jorra por sobre o abismo e acende todos os cantos e campos escurecidos de si mesmo, ao qual a vossa fonte que jorra do fogo sobre outras sete fontes menores de energia nascidas do fogo, e é também nascida junto à vossa única fonte de energia e de fogo de todas as fontes regida por ele mesmo, o Espírito mais nobre, leal e puro em vossa constituição e essência, porque ainda que atue com a força do fogo da luz, é o fogo do cálice da luz celestial em estado de pureza mais extrema, assim como é a própria pureza a cândida de ser e existir sem nenhuma outra forma ou influencia que possa danificar ou impregnar ou ainda desfazer o que existe de mais puro de si só, pois não houve e nunca haverá mistura, ou seja, jamais haverá fusão desta energia de pureza com outra energia que não seja dela mesma.

Por isso, é este Espírito, o Anjo das trevas e do abismo e dos céus, aos quais em hebreu pode ser conhecido por Abadom em grego por Apoliom em campo terreno por Lúficer em campo espiritual, o regente da luz que resplandece das trevas, a própria Luz que resplandece das trevas ou o Anjo do abismo, é tão somente Espírito nascido da determinação divina de proteger e zelar pelas unidades espirituais dos espíritos das quais as vossas ordenanças está assentada a se fazer cumprir a ordem suprema divina. Porque independente da nomenclatura que o simboliza em campo terreno ou em campo espiritual pela ordenação de vossa determinação dentro e fora dos elos em que ocupam as vossas forças, ainda é o mesmo ao qual em todos os elos celestiais de onde atua, ou de onde os vossos servos e servas atuam em vosso nome reconhecido pelo grandíssimo nome de Miguel, ou o Anjo Miguel, porque anjo criado por Deus é e sempre será, conforme a vossa majestosa determinação diante do campo de atuação por essa ou pela nomenclatura da qual lhe possam reconhecer.

Mas este que é anjo das trevas regente da única fonte de energia e de luz nascida das trevas para ser fogo e corrigir a aplicar a justiça divina pela força do ápice da força da luz, não é o Espírito a adentrar ao templo de brilhantismo azul, não por não possuir pureza, limpidez, nobreza e verdade ou que a vossa presença não possa estar diante da presença do Senhor Deus, uma vez que fora o Anjo criado e ordenado pela vontade do próprio Criador, e sim porque as vossas forças pela unidade de forças aos quais possuem o lugar mais santo e sagrado, o lugar Santíssimo, dentro do templo de Deus, não se fundem ou se juntam pela mesma unidade, ou seja, não são as forças das trevas compatíveis com as forças da luz, ainda que tenham sido ambas criadas e ordenadas a atuarem em comunhão pela mesma determinação de elevação espiritual dos espíritos que em campo terreno se encontram.

Ou seja, em comunhão e não fundidas as energias do Altíssimo Senhor Espírito regente das fontes de energia dos templos azuis com as energias do grandioso Espírito que carrega a luz que resplandece das trevas. Porque as vossas extremas forças robustas e demasiadamente forjadas em chamas e em fogo não se fundem com as forças das forças que existem em elo espiritual divino diante do lugar santíssimo de onde a fonte de energia direta entre os céus e a terra se encontra firmadas.

Desta forma, nem mesmo em momentos em que a vossa presença é celestialmente ordenada a adentrar, adentra o Espírito em que a luz resplandece da morte, ao maior e mais poderoso templo espiritual de Deus, pela hierarquia e pelo respeito espiritual ao qual existe entre ambos poderes de forças. Por isso as vossas forças e energias forjadas e refletidas aos vossos servos e servas, os espíritos não santos para que estes o representem através do poder de fogo ao qual carregam; são estes os espíritos que em vosso nome, fazem cumprir a ordenança divina de apresentar-se como guardas da casa ou como sentinelas espirituais em casa celestial obedecendo a ordem suprema de estar presente na casa ou no perímetro de onde a vossa presença se faz necessária. Porque são através destes que as vossas forças e energias se encontram fundidas e forjadas junto as energias daqueles que recebem as vossas emanações de forças nascidas do abismo para guardar as casas celestiais e combater a entrada de espíritos impróprios e impuros a casa santa de onde também prostram-se todos em lealdade e em verdade, pois à partir dela também fora gerado.

Mas é ele, e somente ele mesmo o Anjo do abismo que se faz presente frente a face do Criador quando a vossa presença assim é ordenada, porém não através da casa santa de Deus, o templo de brilhantismo azul, e sim através do desdobramento espiritual, transcendendo a vossa energia espiritual e tornando-se vivo e vivificado pela força do poder da luz ao qual carrega diante do Reino dos céus, o Templo do Rei dos reis, fazendo-se adentrar e diante de vossa face prostrar-se e regozijar todas as vossas forças, energias, magias e mistérios, assim como ocorre com o altíssimo Espírito Senhor Júlio Cesar Celestial, frente a uma ordenança suprema do Senhor Deus, frente a uma santa e sagrada determinação de que sejam as vossas forças apresentadas diante de vosso trono, e não diante de vossa sagrada casa ao qual os Templos Azuis é a representação. Fazendo assim tornar-se presente em unidade e em espírito frente ao Criador, para que sejam proclamadas as vossas palavras, aos quais somente os Espíritos de maior nobreza, respeito, dignidade, santidade e alvura poderão adentrar.

Porque é a ordenança do Criador de que os vossos Espíritos que o representam em elos espirituais celestiais e terreno, mais do que uma determinação de que se faça cumprir as vossas santas e sagradas ordens, pela altíssima e nobre providencia de que sejam estes os únicos espíritos que se posicionarão diante ao trono do Senhor Deus para prostrarem-se em lealdade, em amor e em verdade, uma vez que apenas os Espíritos proclamados pelo Criador é que possuem o direito e a ordem de sentarem-se frente a vossa santíssima autoridade e eternidade para que assim sejam cumpridas as vossas ordenanças pelo vosso sagrado desejo de que a vossa palavra pela vossa onipotência se faça superiormente mais importante do que a vossa própria presença diante de vossa também casa celestial, o templo de brilhantismo azul, de onde partem também algumas de vossas proclamações e determinações. Porém a presença de vossas unidades dentro do Templo do Reis dos reis ou a divina santa e sagrada morada celestial a casa de onde apenas o Criador abriga a vossa unidade espiritual, não é apenas ordem a ser cumprida e sim proclamação a ser executada pela hierarquia da força e da eternitude que os fazem serem os vossos Espíritos representantes.

E é o momento o chamado do Criador perante a vossa face diante de vosso trono em vossa santa e sagrada morada celestial, o momento mais nobre, santo, sagrado e verdadeiro ao qual um espírito poderia alcançar frente a vossa caminha pela força da determinação ao qual fora este espírito nascido para ser. Porque apenas aqueles espíritos nascidos pela ordenança divina do Criador para serem e executarem as vossas ordenanças sendo parte de vosso caminho e de vossa história, representante de vossa unidade levando e carregando o vosso nome, o vosso poder e a vossa justiça, poderão à partir do cumprimento de vossas missões, em total e sagrada obediência, lealdade, fidelidade, amor e verdade prepararam-se para estarem com a vossa divina e nobre santidade, porque não é o Criador aquele que concede a vossa luz para aqueles que o irão o representar e somente pelo fato de representá-lo haveriam de cruzar os elos divinais rompendo com todas as unidades santas e sacras espirituais para frente as vossas faces apresentarem-se e prostrarem-se, pois é a unidade divina do Criador, unidade espiritual santa e sagrada acima de toda e qualquer unidade, porque até mesmo a unidade de maior renome e mais elevada espiritualmente, fora por Ele mesmo criada e por isso a ele deve-se prostrar e provar a vossa dignidade, a vossa humildade, a vossa lealdade e a vossa santa e sagrada fidelidade provando a vossa competência e o vosso total e puro amor para que próximo a vossa luz possa diante de vosso único e real trono, o trono que encontra-se dentro do Templo espiritual da Divina santa e sagrada morada celestial, e prostrar-se frente ao verdadeiro e altivo e majestoso altar celestial de Deus, o Criador.

Porque embora seja os Templos Azuis, morada celestial de onde partem as energias e fontes de luzes divinais espirituais para os campos terrenos, e sejam estas as unidades celestiais de força e brilho determinada para receber as diversas unidades espirituais nobres, puras e sacras e até mesmo a unidade espiritual do Senhor Deus, não é esta a morada verdadeira do Criador, e sim a casa celestial de onde todas as energias que voltadas para o campo terreno fora nascidas podem se encontrar, por isso até a energia das trevas nesta casa possui lugar, porque é esta a energia que espiritualmente protege e governa a casa santa, de onde o próprio Criador adentra quando não pode este adentrar as demais unidades espirituais sagradas por força de vossa robustez de forças e ainda assim necessita este adentrar ao elo espiritual santo e ter com vossos filhos e regentes.

Porém embora possam as forças das trevas permanecerem ao perímetro da casa santa, o templo de brilhantismo azul, e possa o Criador a ela adentrar em vossa unidade santa, erguida somente para a vossa presença, o lugar Santíssimo, não poderia jamais o regente da luz que resplandece das trevas adentrar a morada sagrada da força das fontes de luz para ter com o vosso regente tampouco com o Criador, uma vez que as forças das trevas não se igualam ou se unem as forças puras da luz, e mesmo que as forças das trevas tenha em vossa composição a pureza e a nobreza aos quais foram estas entregues a santidade do Espírito Santo, a vossa constituição não se funde as forças que regem as fontes de energia e luz. Desta forma, não é o templo de brilhantismo azul, casa celestial de onde a energia das trevas ou do Anjo das trevas poderia caber para com o seu altíssimo regente ou com o Santíssimo Senhor Deus estar.

Por este mesmo motivo, não poderia jamais o Senhor Deus adentrar ao templo de onde ardem as chamas e o fogo, porque a vossa força e a vossa luz demasiadamente fortes, plenas e majestosas destruiriam com toda a unidade das trevas e da falta de luz prostrada a Ele mesmo por amor e por verdade em nome de vossa sagrada e santa unidade, porque é a vossa eterna luz, luz que acende até os confins mais longínquos de onde a eternidade pode alcançar. E por isso, jamais adentrou o Anjo das trevas, também conhecido por Miguel, aos templos de brilhantismo azul pelo fato de não possuir energia vibracional equivalente ou equiparada a energia que flui neste elo espiritual, porque este que fora gerado e nascido para ser regente da luz pela falta dela, dentro da escuridão e do caos, lhes fazendo ordem e a condicionamento diante de tudo aquilo que realmente lhe pertence, não recebeu celestialmente as mesmas energias e vibrações espirituais para que possa se fundir com as energias espirituais daqueles que atuam vossas missões com as fontes de energia de frutificação, ciência, conhecimento, e elevação pela força do amor e da caridade aos quais são formadas; porque este que fora nascido para cuidar do fogo recebe a sua gloria pela força de correção e da justiça para que atue sobre elas e não sobre as outras energias.

Portanto jamais adentrou o Anjo das trevas, diante da casa celestial, os Templos azuis, para que fosse por algum instante ou algum momento derrubado ou expulso de vossa magnífica e eterna posição celestial, ao qual ele mesmo, devido a vossa hierarquia e a posição de forças possui o seu próprio templo espiritual e conhece o vosso também sagrado lugar.

E ainda que ambos, ou seja, o Altíssimo Senhor regente da Fonte única, o Senhor Júlio Cesar Celestial e o Grandíssimo Senhor regente da luz que resplandece das trevas, o Anjos das trevas ou Senhor Miguel, não se igualam em energias e forças ou não se fundem em emanações e fluidezes de forças, ainda assim, ambos formam a inteireza de forças, aos quais os vossos servos e servas atuam em vossos nomes, pelas vossas unidades espirituais e formam as forças das forças que se completam e atuam em favor da mesma determinação sagrada que é a força da junção das energias voltadas para o campo terreno de forma que possam se derramar sobre os filhos nobres da terra e lhes calçarem as unidades e a coragem para que possam seguir os caminhos sagrados do Senhor, ainda que sejam pela força da frutificação, da ciência, do conhecimento da caridade e do amor ou ainda que seja através da correção e da justiça. Porque nisso aplica-se a justiça divina, concedendo a todos os filhos direito de serem livres pelo direito de conhecerem-se a si mesmos o direito de tentarem, de errarem e também o direito de serem corrigidos em vossas falhas, para que possam levantarem-se e novamente caminharem as vossas unidades pela direção das vossas promessas espirituais aos quais foram todos selados em campos espirituais antes de descerem aos campos terrenos.

Por isso, ainda que vossas próprias unidades não se fundam ou se unam em essência, ainda sim, ambos são caminhantes pela única e sagrada verdade espiritual que é o Pai celestial da qual se prostram e se entregam, cumprindo com as vossas determinações, e estas por terem sido nascidas da vontade do Senhor e cumprirem com lealdade, fidelidade, obediência e dignidade e amor pelo vosso Senhor, são estes espíritos os poucos que em vossa sagrada e santa casa celestial adentram para terem com o Ele mesmo, porque embora o Criador adentre aos Templos Azuis, não adentra aos templos de onde o fogo arde e queima; é o Senhor Deus, o regente de vossas santas e sagradas força de poderes, e por isso recebe todas as unidades aos quais os representa em dignidade de vossa nobre e sagrada morada celestial. Mas não é este momento ao quais todos os espíritos poderão participar, e sim aqueles que forem proclamados e ordenados pelo próprio Senhor Deus, porque é este santo, sagrado e nobre momento reservado para poucos espíritos que pelas mãos do Criador foram santificados.

Porque somente no momento em que ocorrem as convocações espirituais de vossos Espíritos ocorre o sagrado momento em que os sinos soam, as trombetas tocam e as harpas emitem os sons celestiais para que os céus se abram, as barreiras se rompem e os tempos se fecham pelas fendas divinais que selam as passagens espirituais atrás de vossas unidades caminhantes da verdade, não deixando assim, véus ou espaços para qualquer outra unidade adentrar a vossa sagrada casa. Porque é neste momento em que as portas dos céus se abrem e todos os sons de todos os muros ou gretas se juntam com todos os apogeus e sentidos espirituais existentes entre os céus e a terra; porque é neste mesmo instante onde param os tempos de onde o tempo não muda ou jamais parará, porque dentro do espaço da eternitude perante da verdadeira morada celestial, nada poderá se alterar, mudar ou cessar. Mas é este o momento em que todos os sentidos adormecem, todas as falas se calam, todas as energias se fundem e todos os pensamentos se juntam, porque é esta hora, a hora da própria morte, não a morte que tira a vida e sim a verdadeira forma de eternitude divinal, a forma concreta e plena de onde apenas os que foram nascidos para serem vivos e serem mortos poderiam adentrar e ainda assim serem vivos e serem mortos igualmente a força poderosa do Senhor que vos proclama sentarem com vossa Santidade, pela força da vida que é a vossa luz.

Pois é nesse instante, o instante em que os arcanjos derrubam as torres divinais para que possam com vossas forças adentrar, a hora mais santamente aguardada em que a gloria de Deus se faz presente pela força da luz e de eternidade de vossa santa e sagrada unidade. E por isso, apenas os espíritos que recebam a vossa determinação pela vossa ordenança de adentrar ao vosso único e verdadeiro reino, o reino celestial, além de serem demasiadamente fortes, iluminados e poderosos, devem ainda ser altamente poderosos não somente em poderes como também em magias e mistérios, porque apenas aqueles que forças em verdade e em dignidade possuem, são aqueles que sustentam o peso de todo o mundo, fechando-se em vossas costas.

E ainda assim caminham em direção ao altar divino pela força das forças que os sustentam e os carregam as energias e os glorificam igualmente em poderes e mistérios, pela certeza divinal de que estas não serão as vossas trancas que os findarão de vossas unidades ao passarem pela seladura do véu da vida e da morte e sim apenas o peso das forças do Criador, sendo jorrada para que as vossas santas e sagradas unidades se façam presentes frente a vossa unidade diante de vosso único e verdadeiro trono, o trono divino, a casa do Rei dos reis, acima do firmamento, acima das trevas, acima dos templos celestiais e acima de todas as eras e todos os tempos, o tempo de onde se encontra a vossa santíssima casa de magias e de mistérios, para que os dignos e justos possam diante da gloria do Senhor regozijar vossas certezas frente a mesa posta, e sentarem-se com o vosso Senhor.

Logo, ainda que não adentre com as vossas forças e poderes a casa santa de Deus, os Templos Azuis, pois não é a vossa unidade de forças unidade que se possa fundir com as forças do Altíssimo Senhor regente desta, é ainda a vossa unidade nascida das trevas, unidade espiritual que caminha em direção ao único e verdadeiro altar do Senhor Deus e prostra-se em razão e em verdade pela dignidade em que a vossa unidade fora também gerada e criada para obedecer e atender as determinações do Senhor que vos concede o direito a vida.

"*E houve batalha no céu; Miguel e os seus anjos batalharam contra o dragão, e batalharam o dragão e seus anjos*" (Apocalipse 12:7)

Porque é a vossa regência à partir da força da luz que resplandece das trevas a luz que une e junta as energias que atuam tanto dentro do átrio sagrado pela força do fogo pela governança dos espíritos que nascem das trevas e labutam diante do Átrio sagrado sobre a vossa ordenação, quanto pela força da luz dentro do campo do abismo ou o próprio campo terreno também diante de vossa ordenação, ou seja, as duas unidades de forças espirituais, onde a união de ambas energias, unem assim os céus e a terra ou ainda unem-se duas vertentes pela força de uma única fonte de energia que é a luz que resplandece das trevas, pela determinação de que sejam estes os espíritos sagrados que atuantes em nome do Criador, para que labutem as vossas forças e energias pela força do código sagrado da aliança divinal espiritual, da qual são todos selados pactuados para servirem da forma e da maneira aos quais foram todos nascidos em nome de vosso Deus.

São estes os espíritos que lutam e batalham em nome do Criador por força de suas forças e energias vindas do abismo e do fogo, uma vez que os espíritos santificados ou aos Espíritos sagrados, ou seja, os Santos, não possuem determinação em vossas unidades de serem guardiões, e zelarem pela força da unidade da brasa e do fogo, isso quer dizer que os únicos espíritos nascidos da ordenação de lutarem e batalharem diante das portas de todas as portas espirituais, são os espíritos não Santos, e não os espíritos santificados.

E ainda que vos pareçam que vossas batalham sejam terrenas, as vossas batalhas são espirituais em campos espirituais, porque mesmo que as vossas lutas sejam refletidas em elo espiritual material, as ordenanças partem de elos espirituais celestiais. Assim, toda e qualquer missão de batalha da qual estão os anjos determinados a labutarem são batalhas espirituais e não terrenas, desta forma todo e qualquer peleja aos quais se encontram os espíritos determinados, ou os anjos, ocorrem nos céus, ou acima do firmamento. Porque mesmo que relutem os seres espirituais encarnados em manterem-se na guerra de vossas verdades próprias e assim conquistarem as vossas lutas, são os seres espirituais ou os anjos, aqueles que utilizam as vossas forças e poderes nascidos das forças do fogo abastecidos de magias e dos mistérios espirituais das quais tem o direito divinal de possuírem, contra as forças e poderes que vibram os seres encarnados em campo terreno, porém é justamente à partir das vibrações e emanações opostas a serem anuladas e eliminadas, que irão labutarem os anjos celestiais tirando assim as forças dos seres que batalham em batalhas próprias.

Logo é Miguel e seus anjos, são os únicos regentes e servos da luz ordenados a lutarem e guerrearem em nome do Criador, seja em campo espiritual seja em campo terreno material, pela força das duas unidades ao qual ele detém o poder da forja e pela justiça para correção pelo cumprimento das leis em nome dos espíritos Santos e do próprio Senhor Deus. Por isso, ainda que as vossas lutas e batalhas sejam batalhas santas, as vossas unidades e forças são as unidades que determinam e estabelecem a forma e as armas a serem utilizadas conforme a força a ser aplicada pela força de justiça ao qual irão utilizar diante de uma guerra, uma vez que jamais existiu ou jamais existiriam batalhas santas pelejadas e a serem perdidas.

E são os anjos das trevas ou os espíritos nascidos da determinação de serem espíritos não Santos que atuantes dentro dos campos celestiais diante da casa santa do santíssimo Senhor Deus que se encontram também dentro do santuário divinal, e que por isso são os sete anjos das trevas os espíritos não santificados que labutam não frente as faces do abismo e sim diante da casa de Deus em nome de vossos irmãos que nascidos da terra, que ainda encontram-se em carne material. E sendo estes espíritos os regentes das leis divinais são eles quem aplica o poder, a força e a justiça em nome das leis santas e sagradas das quais são leis também selados e nascidos para exercerem.

Desta forma, até mesmo o campo de maior poder celestial espiritual, o templo de brilhantismo azul, é alinhado e atua com as forças que compõe todas as forças da terra, das quais os encarnados utilizam ou através delas devem ser purificados, mas não nos dois estados de pureza, ou seja, a pureza do Santos e a pureza dos não Santos, e sim pelo equilíbrio de forças da junção destas duas unidades espirituais, ao qual se forma a inteireza de forças divinas e espirituais que necessitam das forças que vibram em terra e em campo espiritual e que precisam dos dois campos para se alinhar pela unidade de forças das quais esta duas fontes de poderes e forças possuem para que sobre as vossas regências unam-se em uma única fluidez, formando assim uma composição de energia da qual os seres encarnados possam ser protegidos tanto das energias e forças que vibram e emanam deste elo espiritual, o abismo, quanto de vossas próprias energias e vibrações das quais formam as correntes negativas de energias que os encarnados produzem e se utilizam, aos quais devem ainda os espíritos não santos labutarem e combaterem.

Por isso, atuam e recebem as casas santas terrenas ou as congregações espirituais energias tão sagradas e santificadas ao qual possui o templo de brilhantismo azul de onde as fontes de energias santas e não santas vibram e jorram vossas forças pela união santa, fundidas pela força das duas fontes de energias nascidas da luz ao qual o campo terreno recebe, unindo assim os céu e a terra pelo derramamento de uma única força de luz, a luz do Criador.

E assim pela força do poder, a justiça divina, pela força celestial, pela justiça terrena e pela força do selo da aliança, aos quais somente os Santos estão selados, e por isso são os espíritos não Santos os cobradores daqueles que não seguem os preceitos dos mandamentos divinais pelas veredas das verdades das escrituras para seguirem as verdades próprias, causando dores, guerras, prejuízo e lamentações aos demais encarnados, são estes anjos das leis que vos aplicarão as únicas e verdadeiras leis divinais sobre as vossas cabeças, mas não em campo terreno, porque em campo terreno se aplicará apenas a disciplina pela doutrina e sim em elo espiritual, de onde a força da justiça faz-se verdade; ou nos campos de onde a verdadeira doutrina e a verdadeira justiça divinal serão sobre todas as cabeças a verdade divina a ser aplicada.

O mistério das sete cruzes

"E havendo aberto o sétimo selo, fez-se silêncio no céu quase por meia hora. E vi os sete anjos, que estavam diante de Deus, e foram-lhes dadas sete trombetas. E veio outro anjo, e pôs-se junto ao altar, tendo um incensário de ouro; e foi-lhe dado muito incenso, para o pôr com as orações dos santos desde a mão do anjo até diante de Deus. E o anjo tomou o incensário, e o encheu de fogo do altar, e o lançou sobre a terra; e houve depois vozes, e trovões, e relâmpagos e terremotos" (Apocalipse 8: 1-6).

7.4 Mas é o Criador grandioso em demasia para aplicar a vossa santa e magnífica justiça por sobre os filhos da terra e fora dela, assim como és o Criador grandioso em demasia para ofender-se, magoar-se, escandalizar-se ou irar-se ou ainda contestar todos os erros, todas as blasfêmias, todas as falsidades e falhas dos seus filhos aos quais ele mesmo concede o direito à vida para que sejam filhos nobres de vossa santificada nobreza espiritual, para que sejam caminhantes deste que é o mais belo e santificado elo espiritual existente entre os céus e a terra e para que seja despertada a nobreza do ser pela plena felicidade existencial, mas ainda utilizam de vossas unidades espirituais para destruírem e dilacerarem com as outras unidades igualmente constituídas as semelhanças e as verdades dele mesmo, ou seja, seres recebedores do mesmo direito de ser vivente e buscar a vossa elevação pela paz e pela força do amor e da caridade utilizando-se das sete forças aos quais Ele derrama sobre todos através dos vossos santos e santas, nascidos e ordenados para serem o caminho e a luz para aqueles que da falta luz preferem viver vossas vidas.

Por isso, são os vossos anjos, os anjos nascidos das trevas e do abismo, ainda que anjos sejam todos aqueles espíritos que determinação espiritual possui, porém são os nascidos das fontes da luz e do fogo, de onde o mesmo fogo queimaria e arderia e exterminaria os que não fossem leais e fiéis as vossas seladuras, porque em campo espiritual ou diante das faces do Senhor não cabem erros ou enganos ou adentram falsidades e mentiras, pois é o Criador a fonte inesgotável de força e poderes existente em toda e qualquer unidade espiritual ou elo espiritual, uma vez que todas as unidades foram por Ele criadas; e por isso, é o Senhor perfeito em todos os vossos desejos e vontades e proclamações frente à vossa onipotência, onisciência e onipresença. E determina que apenas as unidades espirituais e espíritos que estiverem em total plenitude espiritual, emanando e fluindo na mesma frequência ao qual a fonte manancial de poder e de luz que a vossa constituição de agrupamento carrega, é que poderão aproximarem-se ou próximos a vossa unidade santa caminhar, porque sendo o Criador a fonte de energia e de luz da qual apenas as energias dele mesmo refletem e faz vivos os seres, apenas quando os vossos servos estiverem refletindo a total plenitude espiritual vinda da unidade espiritual do Espírito Santo.

Ou seja, quando estiverem com as próprias energias compatíveis com a vossa energia onde a fluidez será também a junção de energias da mesma energia saída da fonte do Criador, esta se fundirá com a energia de onde a fonte jorra e reflete em vossos servos, e que por isso, poderão se alinhar e próximos a vossa unidade permanecer.

E assim, gera e concede o Senhor Deus a vida espiritual à partir de vossa fonte de energia para aqueles que serão vossos instrumentos espirituais em todos os elos e campos espirituais de onde cada unidade irá prostrar-se frente a vossa missão pela vossa ordenação, sendo este espírito santo ou não santo, porém todos sevos e servas espirituais, ou anjos divinais para que o sirvam e o representem pelas unidades de forças das quais foram constituídos, nascidos e recebem para labutar as vossas energias pelas vossas verdades. Por isso ainda que tenham sido nascidos das trevas, serão espíritos determinados e ordenados a labutarem as vossas determinações, conforme as vossas ordenanças, não sendo estas menos ou mais valiosas ou importantes do que as labutas dos santos, pois todos em vossas unidades receberão as vossas unidades de forças para atuarem em nome do mesmo poder divino e do mesmo Senhor Deus, e para isso, deverão todos estar alinhados e jorrando as vossas energias e forças para que possam em plenitude alcançarem as vossas missões em nome do Criador.

Portanto, apenas atuam em vosso sagrado nome diante de vosso templo espiritual divinal, os servos e as servas espirituais, que independente da nomenclatura ao qual possuem, perante dos céus o da terra, carregam a verdade em vossas unidades cheias de energias e forças em plenitude espiritual, uma vez que todos os espíritos são fontes de luz, reflexo de vossa fonte, essência de vossa essência e luz de vossa luz; não apenas jorrando em reflexo de unidade espiritual, como também alinhados as forças e poderes divinais do divino Espírito Santo, onde não apenas os espíritos de nomenclatura Santos são de fato os únicos a refletirem a força e o poder de Deus atuando sobre as vossas ordens, como também aqueles que não são Santos, porque possuem de mesma forma e energia espiritual para labutarem e atuarem em vosso sagrado nome dentro da determinação que lhes cabem.

Desta forma, os espíritos não Santos, os vossos servos leais e fiéis nascidos da face das trevas pela força da luz celestial, os espíritos que aplicam as vossas sentenças, pelas vossas sagradas leis, as leis das quais foram selados e cingidos e que pela força da lealdade, da fidelidade, da obediência e da devoção em que cada um fora criado em favor da única e verdadeira força ao qual obedecem e se prostram em amor e em verdade seguindo aos mandamentos espirituais, se utilizam de vossas ferramentas espirituais, o poder do fogo diante da fonte do fogo, para serem os regentes e cobradores das sentenças que acima das cabeças dos filhos da terra serão aplicadas com a própria verdade do Criador, para aqueles que da verdade de Deus ainda se escondem.

E ainda que não possuam sete distintas fontes de energia e de luz, para sete distintas forças de energias santificadas assim como possuem os Espíritos sagrados, os Santos, possuem uma única e maior fonte de energia de robustez de forças, carregada somente sobre a ordenança divina, pelo ápice da força da luz que culmina na forja do fogo para que possam labutar as vossas missões e determinações, nos elos espirituais de onde as vossas forças, energias e emanações se alinham ou se encontram em plenitude ou pleno poder de forças vibrando na mesma sintonia espiritual, isso quer dizer alinhamento de emanação, e essas emanações da qual possuem, se alinham em plenitude também aos elos de misericórdia de nomes umbral e infernal, por isso são as vossas ordenações e missões diferentes das ordenações e missões dos espíritos Santos que bem distante destas unidades se assentam, uma vez que somente estes servos espirituais foram gerados e nascidos com fluidez de forças alinhadas aos elos de remissão.

Ora, mas não são os espíritos Santos que aplicam os vossos poderes de forças sobre a labuta da correção e da justiça pela ordem da restauração por sobre os filhos da terra, tampouco aqueles que adentram aos campos de misericórdia para que sejam libertos os filhos da terra pela força do poder da remissão para a renovação e renascimento de vossas essências. Porque não foram estes nascidos do poder da forja e do fogo para que do fogo carreguem suas missões, logo as vossas missões não se aplicam diante das trevas ou do abismo, pela força do poder de correção e da justiça e sim o poder de jorramento de energias calçadas sobre dons, habilidades, frutificação, ciência e conhecimento, portanto, são as vossas missões distintas ainda que se completa pelo fato de serem igualmente determinadas a serem aplicadas sobre os homens da terra, de forma a encaminharem todas as unidades que do chão da terra foram nascidas aos caminhos nobre da paz.

Portanto são os espíritos Santos e os espíritos não Santos, atuantes e batalhadores em campos e elos espirituais iguais, onde ambas ordenações incluem o elo celestial e o campo terreno; ou seja, são os espíritos Santos atuantes nos elos celestiais frente as faces do Criador e diante dos templos de brilhantismo azul e também no campo terreno derramando as vossas energias e forças aos filhos das próprias promessas, assim como são os espíritos não Santos atuantes no elos celestiais no mesmo templo de brilhantismo e no campo terreno, o que inclui as trevas e o abismo ou o próprio campo de energia negra dentro e acima do elemento árido, porque embora sejam regentes de diferentes forças e energias espirituais, as missões, labutas e ordenanças se completam. Isso quer dizer que ainda que tenham forças e sejam energias distintas ainda assim são forças e energias a serem jorradas e derramadas sobre os espíritos filhos da terra ou os espíritos que mesmo que não possuem mais a carne material, ainda vive das mesmas energias e vibrações ao qual a terra vos concedeu o direito de conhecerem.

Sendo assim, energias distintas para determinação similar diante de elos também similares, iguais ou próximos para a labuta de encaminharem os filhos de Deus, aos caminhos da verdade. Porque todos terão o direito de se reerguerem e continuarem as suas caminhadas em direção ao único e verdadeiro poder de salvação ainda que tenham as vossas unidades resgatadas aos campos de misericórdia, porque são estes elos espirituais também de aprendizagem, de autoconhecimento e de conhecimento de si mesmo para a busca da elevação do próprio espírito, e ainda que vossas passagens por estes, lhes causem dor, nisso se aplica a justiça divina sobre todas as cabeças de todos os direitos concedidos de que todos poderão se reerguer e continuar as vossas caminhadas.

Por isso, não possuem os espíritos não Santos, distintas fontes de luz e de energia, uma vez que as vossas labutas e missões se aplicam pela única forma de poder e de forças aos quais foram nascidos e ordenados a cumprirem que é o poder da correção e da justiça pela forja do fogo, que ainda que não queime ou não arda enquanto encontrarem-se os filhos errantes em solo sagrado árido de nome terra, serão as vossas chamas ainda a correção pelo poder da alteração e da troca de energia vibrando sobre as vossas cabeças, ao qual as vossas flamejantes chamas lhes permitem manipular as energias e vibrações e que por isso, também ao chamado caminhos terrenos.

Porém toda e qualquer alteração será em nome da correção e da justiça, jamais pela injustiça ou falsa justiça, porque estes para estas não se prostram, pois as vossas leis são as mais duras e severas leis nascidas das fontes do fogo, o mesmo fogo que o forjaria e destruiria se acaso não fosse um servo nobre e leal aos mandamentos divinais das quais fora ele mesmo selado.

Mas ainda que não possuam sete fontes para sete distintas energias e forças e sete distintos espíritos regentes de sete unidades de forças que jorram energias, são todos os espíritos não Santos, prostrados a uma única e mais poderosa fonte de energia espiritual nascida das forças e dos poderes espirituais de magias e de mistérios sagrados divinais voltados para o campo do abismo e da escuridão, de onde os mistérios da vida e da morte, são a vida e a morte dos que dele vivem e nele também morrem ao qual são todos os espíritos em campo terreno ou todos os espíritos do abismo e das trevas nascidos, ainda que estes pelo abismo não morram.

E por não possuírem sete distintas fontes de energia e de luz, são todos os espíritos não Santos prostrados e obedientes a hierarquia de um único regente de forças, ou ao único regente da força e da luz que resplandece das trevas, determinado a carregar a fonte do fogo da luz, o sagrado Espírito regente das unidades que se encontram entre as trevas e o abismo, também conhecido por Anjo Miguel, ao qual anjo também o é pela consagrada e sagrada determinação do vosso Senhor Deus, que o tem e o firma ao vosso santíssimo e sagrado lado de onde as vossas forças e poderes extremos estão voltados para a justiça e para a vossa verdadeira correção. Lugar este de onde apenas um servo tão grandioso em magia, poderoso em forças e nobre em unidade poderia se encontrar que é do lado esquerdo o vosso firmamento ou a vossa santa e majestosa esquerda celestial. Por isso, encontram-se todos os espíritos não Santos dentro da ordem divinal de que sejam todos espíritos firmados ao lado esquerdo do Criador, e por isso, conhecidos ou reconhecidos como espíritos de esquerda; ou seja, a esquerda do próprio Senhor Deus, não por ser o lado de onde de onde a força brilha menos ou possui menos poderes, e sim o lado de onde as energias voltadas para a vigilância e proteção aos vossos mandamentos se apresentam. Pois é o lado direito do Senhor o lado da ciência do conhecimento e do progresso à partir das fontes de energia vindas dos espíritos santificados em plenitude celestial pela vibração em forma de compaixão, caridade, amor, frutificação e bondade assim como os Santos também os possuem e o lado esquerdo o lado a justiça divinal nascida das leis sagradas pela a correção pela justiça e pela força da remissão.

Mas sendo o Criador grandioso em demasia para vos aplicar ele mesmo a vossa justiça pelo vosso poder de correção e remissão, concede Ele mesmo o direito, a obrigação e a determinação daquele que fora nascido das forças da luz da escuridão de possuir a luz que resplandece das forças das trevas para que em vosso sagrado nome, tenha ele mesmo o poder da luz do fogo e ilumine todos os cantos de onde as vossas forjas irão em forma de justiça e correção serem aplicadas sobre todas as cabeças daqueles que da luz conhecem apenas a força do brilho que ilumina e clareia a noite e o dia, e não a força da luz que ilumina e clareia a escuridão das trevas, não para deixá-la em claridade e sim para que as vossas chamas flamejantes em gloria e em poder e em justiça forjem toda e qualquer injustiça e verdades própria a todas as cabeças que da justiça pela força da verdade não se ajoelham ou se regozijam as vossas unidades.

Então erguem-se todas as forças do lado esquerdo e se prostram a este grandioso e elevado Espírito, Senhor Miguel ou Senhor Lúcifer, assim como se erguem e se prostram todos os Espíritos de grandeza frente ao Altíssimo Senhor Júlio Cesar celestial, e da mesma maneira erguem e se prostram todos os Espíritos sagrados, os Santos, também ao Altíssimo Senhor Júlio Cesar Celestial e aos Espíritos de grandeza, conforme as vossas hierarquias.

Por isso, é o Anjo que resplandece das trevas demasiadamente glorificado altivo e poderoso espírito carregando energias e forças celestiais. Desta forma, a vossa própria energia forjada em brasas e em fogo não é energia caminhante em todos os elos espirituais e cantos divinais de onde os vossos servos espirituais labutam, pelo fato de que em muitos cantos seria a vossa própria energia causadora de desastres e destruições em determinadas unidades se acaso adentrasse a todas elas forjando as sombras com vossas forças; e não por desejo de destruição ou aplicação injusta de justiça, apenas por possuir energia capaz de destruir até mesmo partes do campo terreno de onde as suas energias se afinam ou se fundem com as energias dos elementos orgânicos, porque fora para o campo terreno entregue em toda a vossa plenitude organicamente sólida e espiritual ao divino Senhor Deus, logo todas as unidades de poderes e forças se unem em energia espiritual com todos os espíritos nascidos em campo espiritual, porque assim como os elementos orgânicos vibrantes da mesma sintonia de emanação celestial.

E embora o fogo que arda em campo espiritual não seja o mesmo fogo transformado através dos elementos biológicos em combustão na esfera terrena, este que sendo nascidos para ser unidade espiritual, ou seja, possui da mesma maneira robustez de forças para incendiar a unidade terra pela combustão da força do fogo através de vossas forças alinhadas com as forças do campo terreno, uma vez que são todos os campos, ou seja, o campo celestial e o campo terreno, vivificados através de vibrações espirituais celestiais, ou nascidos da mesma unidade celestial ainda que esteja e se apresente em unidade material, porque são as forças que carregam as trevas, grandiosamente vastas em divisão de unidade e imensidão de espaço aos quais as vossas forças carregadas de brasas se estendem por todas as sombras e frestas espirituais e imateriais de onde o vosso poder pode alcançar, se espalham e rompem todos os cantos e fendas espirituais do elo material.

Por isso, não possuam os espíritos não Santos ou os servos atuantes na linhagem dos espíritos de esquerda, a mesma hierarquia que é a hierarquia nascida à partir da Fonte única derramada sobre outras sete fonte de energia que são os Espíritos de grandeza e estes jorrando as vossas energias sobre os espíritos que os representam os Espíritos sagrados ou os Santos, trazendo ao campo terreno as vossas sete distintas energia de vivacidade e de vigor voltadas para a frutificação, a ciência, o conhecimento, a labuta, a justiça e o progresso espiritual.

Porque possui os espíritos não Santos obediência à hierarquia da força do único e maior poder de luz que resplandece na falta de luz, que é a fonte de energia abrasa em fogo, de onde recebem para isso o poder de atuarem nas três unidades espirituais: trevas, abismo e campo celestial, diante das três sagradas determinações pelas três diretrizes, utilizando-se da mesma unidade de forças, ou da mesma fonte de luz, que é a fonte de energia que organiza o caos e a desordem para que labutem pelas pelejas da guarda da casa celestial, pelas pelejas de correção e pelas pelejas da justiça dentro e fora dos campos espirituais de misericórdia à partir da energia que clareia e ilumina todos os campos de falta ou robustez de luz e de forças.

Por isso, a vossa fonte que não se estende ou se divide em outras fontes uma vez que as vossas determinações são únicas e claramente instituídas à partida das leis de correção e de justiça perante o cumprimento das prescrições e das ordenanças do Senhor Deus pela força do pacto dos mandamentos aos quais são todos assinalados; atuam apenas sobre a regência e o poder de uma única e poderosa fonte de energia e de luz que clareia e resplandece e ilumina todos os cantos de onde a luz não nasce por si mesma, porém, não é esta a luz que clareia e concede vida a estes campos de onde a negrura deve ser a sua força e forma real de existência para que assim possam caminhar os que dela necessitam, porque nem todos os espíritos que se encontram nos campos da falta de luz necessitam de luz para seguirem as vossas existências, e sim aqueles que da falta de luz se encontram preparados para atravessar os elos espirituais da negrura e encontrarem as chamas do fogo que vos irão conduzir aos elos santificados de onde as vossas existências também devem conhecer.

Portanto a ordenação de vossa fonte de energia não é nascida da ordem suprema de fazer-se progredir os filhos da terra para que estes alcancem progresso espiritual à partir do dom e do poder de ciência, do conhecimento de si mesmos, da visão, do vigor, da garra, da força e de luta que vos possam elevar as consciência existenciais, porque estas já estão definidas e distribuídas aos espíritos da nomenclatura Santo, e por isso, não são estas as labutas aos quais os espíritos não Santos devem cumprir e sim as labutas pela força do cumprimento dos mandamentos sagrados pelas leis divinas e espirituais, pela força da correção e do poder da justiça, aos quais os Santos são selados e pactuados aos filhos da terra.

Logo as vossas ordenanças estão assentadas mediante a ordem suprema de fazer-se cumprir a determinação divina pela força do pacto espiritual que vos selam aos mandamentos espirituais. Por isso, são estes os espíritos de lei, ou seja, cumpridores das leis divinais espirituais, aos quais todos os espíritos devem cumprir, ainda que seja através dos elos espirituais de misericórdia e de remissão até que estejam preparados para caminhar sobre as verdades divinais de si mesmos.

E esta mesma hierarquia que nasce e se firma sobre as leis dos mandamentos à partir da determinação de cumprimento das prescrições e das ordens divinais, aos quais os Santos e Santas estão alinhados, ou seja, estão fundidos em energia e vibrações a este pacto que é o pacto espiritual da aliança entre os céus e a terra, são as vossas energias que vos colocam em sintonia espiritual entre o Senhor Deus e as vossas ordenações para que cresçam espiritualmente e conheçam-se a si mesmos e possam obter progresso e elevação espiritual, o mesmo pacto celestial da qual os espíritos não Santos, os servos divinais que cumprem a ordem de fazerem cumprir as ordenanças do Criador à partir da missão espiritual de todos os espíritos que recebem o nome de Santo, porque são estes os vossos também zeladores espirituais, que vos guardam e protegem as vossas determinações e certezas frente as certezas do Criador. Sendo assim, não necessita a hierarquia espiritual dos espíritos de esquerda, além daquilo ao qual se utilizam para cumprirem as vossas missões, que é a fonte única de magia e de mistério espiritual voltada para as três diretrizes cobertas de poder e de luz nascidos das próprias trevas de onde acordam e erguem-se para a vida divinal.

Mas sendo o governante desta que é a única fonte de magia e de poder espiritual, assentada a esquerda de Deus pai, ao qual todos os espíritos não Santos se utilizam para labutarem as vossas missões; fonte esta demasiadamente forte e poderosa em magias e mistérios, em que a própria extremidade de poderes e de forças do grandioso Espírito que a conduz seria capaz de destruir e exterminar com elos e campos espirituais se acaso a este adentrasse sem que houvesse para isso uma determinação e ordenação suprema sagrada.

E visto que a vossa própria energia não é energia caminhante em todos os elos espirituais e cantos divinais, não é ele mesmo caminhante em todos os campos e elos divinais e sim o vosso primeiro espírito ao o primeiro servo da luz que resplandece das trevas, servo este da qual todas as unidades de agrupamento de espíritos não Santos pelas três diretrizes espirituais das trevas do abismo e dos céus, se prostram em poderes e forças a vossa unanime, grandiosa e suprema nobreza ao qual representa o próprio espírito que nascido fora para resplandecer a luz da escuridão do abismo e do caos. E assim elevam-se todas as unidades frente a vossa também magnífica fonte de poder e de luz, ao qual é a e a mesma fonte de energia resplandecente do abismo da qual possui o direito de conduzir e dominar, porque este que fora nascido também do abismo e possui assim como todos os vossos servos e servas unidade espiritual com estrutura divinal para ser nobre espírito e para ser andante do elemento árido, caso haja determinação divina, porque é ele também ser espiritual igualmente os vossos servos e servas espíritos que nascidos da terra um dia foram.

E ele que atua entre a luz e o fogo, o dia e a noite, a escuridão e a claridade, o abismo e a trevas e os céus e a terra, pelo direito concedido pelo Criador que o dotou de poderes e forças para a vida da vida e da morte, pela labuta das certezas celestiais o tendo como o mais nobre dentre os nobres espíritos, divinamente nomeado como o Senhor das Sete Cruzes, ou Senhor Sete Encruzilhadas, o espírito regente da força do fogo para as pelejas espirituais através da força do fogo, atuando em cumprimento das ordens à partir das leis e dos mandamentos espirituais ao qual fora divinamente constituído e ordenado para ser o primeiro espírito erguido frente a hierarquia divinal em nome de Miguel, o Anjo das trevas regente único da fonte de energia do fogo, para conduzir, manipular e guiar todas as magias e mistérios diante das unidades espirituais aos quais a própria unidade do regente que resplandece das trevas não seria capaz de adentrar ou por muito permanecer a não ser que haja uma ordenação sagrada. É ele o Mestre divinal que conduz, direciona, ordena e determina todas as labutas santas em nome do Criador pela força do fogo para as determinadas missões a serem vencidas.

E sendo este o mais nobre dentre os mais nobres espíritos, ao qual fora nascido da fonte de vida da própria terra, ou seja, diferentemente de vosso regente supremo, Anjo Miguel que fora constituído apenas de essência ou fonte de energia espiritual, possui este, estrutura espiritual, ou seja, possui em vossa constituição a Aura plena, que o garante o direito de encarnar e pertencer a própria terra em missões e determinações sagradas, ocupando a unidade espiritual material em campo terreno à partir da carne para que por meio desta, possa também cumprir a vossa missão espiritual caminhando em presença e em unidade sobre as duas vertentes espirituais ou a vertente espiritual e a vertente material.

E por ser este o mais elevado espírito da qual a hierarquia dos espíritos não Santos que se encontram a esquerda do Pai celestial e se firmam, é este Espírito a própria representação e constituição de energia e forças do Espírito Anjo Miguel atuando em todos os campos e elos espirituais ou em todas as esferas de onde toda unidade espiritual que possui Aura Plena poderia adentrar, assim como toda unidade puramente espiritual composta somente de sentido espiritual também poderia, atuando em vosso próprio nome, pelo nome de vosso regente maior pelo nome de vosso Criador, sobre a qual vossa ordenança pelo poder de força e de luz à partir do fogo, o serve e labuta com lealdade e dignidade assim como o vosso próprio supremo regente o faz, pela força da unidade espiritual ao qual ele carrega para dentro dos distintos elos espirituais aos quais adentra pela intenção de vosso elevado regente pelo nome de vosso Senhor Deus.

E assim como a Fonte única de magia e de mistérios espirituais possui a vossa representação em terra que é a seladura espiritual que a torna tão presente ao campo terreno quanto os próprios seres que nele vivem, é o fogo a vossa fonte de energia, a representação da unidade espiritual do poder da força nascida das trevas carregada de magia e de mistérios, ao qual fora outrora também representada pelo altar do holocausto, ou o altar espiritual dos espíritos não Santos, onde o fogo manipulado pelas energias espirituais dos espíritos nascidos das trevas em campo espiritual terreno era igualmente as energias manipuladas em campo celestial através do fogo santo, pelo mesmo fogo que surge dos elementos orgânicos.

Portanto, o momento em que um fogo era aceso e manipulado por um ser encarnado em terra, era este manipulado por um espírito não Santo, nascido da fonte de energia do fogo atuando sobre aquela ordenação ou sobre a ordenação de estar com a vossa unidade presente diante do fogo que ardia dentro do altar do holocausto que os representava pelas chamas em terra de homens. Porque ainda que tivesse sido este acesso pelo homem pela força da combustão por meio dos elementos naturalmente orgânicos existentes em solo árido, era este fundido a energia do fogo ao qual conduziam os espíritos que os manipulava. Isso porque quando o fogo é manipulado por um espírito não Santo, ainda que este tenha sido aceso em terra, são as essências espirituais nascidas das trevas e lançadas ao abismo quem estão em verdade manipulando e alterando as energias do fogo que ali ardem pela vossa verdade. Por isso, são todas as energias fundidas as energias espirituais do fogo aceso em terra com as energias espirituais do fogo nascido das trevas, pela fusão das forças de um espírito não Santo, mas aplicadas as forças da energia do fogo terreno, tornando este fogo sagrado pela junção de energia.

Desta forma, é o fogo a maior fonte de energia ou a maior fonte de luz divina que nasce para ordenar o caos e da desordem, representada em terra pelo altar sagrado dos espíritos não Santos, que ainda que não tenha o braseiro de fogo para a vossa representação celestial, é a vossa representação terrena o braseiro de fogo, o fogo que ascende dentro do altar do holocausto perante o Átrio sagrado, para o fogo que se consome através do elemento orgânico ou da pólvora, o instrumento terreno de força espiritual, ou instrumento ao qual a energia é utilizada pelos espíritos não Santos pela similaridade da força da mesma unidade em vossos campos de atuação, que forja a alma e o espírito em ato espiritual, pela fonte reconstruída para aplicação de vossos poderes e vossas forças. Porque as forças do braseiro de fogo ou o fogo que se ascende e consome as energias impróprias pelas vossas forças, apenas possuem poderes quando levantados em labaredas terrenas pela força ao qual elevam e flamejam os espíritos que das ordenanças do poder do fogo atuam em comunhão com as forças e energias do fogo que se consolida pela determinação santa de ato ou ritual sagrado em terra.

E esta determinação de abrasar e queimar e flamejar todas as energias terrenas de forma a aplacar fluidezes danosas somente poderá ser atendido diante de uma ordenação sagrada e não por vontade própria dos seres encarnados que do fogo sabem ascender qualquer insignificante chama assim como qualquer espírito que não possua a ordem de atuar pelo fogo, porém conhece a sua forma, a sua força e a sua constituição, mas não o podem manipular. Pois apenas os espíritos nascidos da ordenança de serem servos do fogo, atuando na hierarquia espiritual do Espírito regente do fogo, dentro e fora de vosso altar do fogo é que poderão labutar em verdade pelas vossas unidades, porque são os únicos que possuem o direito de através das chamas de exercerem as vossas pelejas.

Porque o único espírito atuante nas chamas do fogo, pelo direito divinal de manipular e labutar através da força do fogo em campo terreno ou diante dos elos espirituais de onde às vossas energias e essência adentra, é o grandessíssimo Senhor regente das sete cruzes espirituais, pois é ele quem utiliza as vossas magias e mistérios próprios, transformando o que em campo terreno é elemento em instrumento espiritual através de vossa manipulação em atuação, e somente aqueles que os servem na missão da atuação através do fogo é que possuem a ordenança dele para labutarem através do fogo. Pois é este o primeiro da constituição da hierarquia da fonte que resplandece das trevas que enobrecido pelo Criador sendo o mais nobre dentre os mais nobres espíritos regentes e governantes de todo o poder de forças celestiais que labutou ele mesmo diante do Átrio espiritual sagrado que jorrava e derramava as forças das trevas aos campos terrenos, para que fossem assim, derramadas e jorradas as forças e energias límpidas da própria terra, pelo poder de troca e alteração de fluidez e energia pela força do fogo que a ele fora concedido o direito de possuir e utilizar, não somente naquela era de tempo, assim como o utiliza e utilizará para todo sempre.

E por isso, somente este Espírito denominado em vossas labutas terrenas, não como um Anjo ao qual a vossa denominação celestial o constitui, mas sim como o grande e poderoso Espírito não Santo, o único Senhor regente das sete cruzes espirituais, aos quais as sete cruzes que em vossa destra carrega, são as sete energias dos sete Espíritos de grandeza possuidores das sete fontes de energia e de luz a serem derramadas em terra pelos Santos, onde ele mesmo zela e protege dentro do Átrio sagrado espiritual diante do santuário divino e espiritual, o Templo Azul, guardando e vigiando as portas sagradas ou as porteiras santas das moradas dos espíritos santificados que repousam e dormem as vossas verdades dentro do Lugar santo ou a ante presença de Deus, protegendo e espreitando noite e dia; não por ele mesmo e os vossos servos atuantes pela força do fogo em elo espiritual divinal no perímetro de onde as vossas unidades e poderes também adentram e por isso rondam com braseiros e chamas em real e verdadeiro flamejar de poderes e de forças a casa sagrada de onde também habita o Criador.

"Visto como derramaram sangue dos santos e dos profetas, também tu lhes deste o sangue a beber; porque disto são merecedores. E ouvi outro do altar que dizia; Na verdade, ó Senhor Deus Todo-poderoso, verdadeiros e justos são os teus juízos. E o quarto anjo derramou a sua taça sobre o sol, e foi-lhe permitido que abrasasse os homens com fogo" (Apocalipse 16: 6-8)

Ora, se não são os espíritos não Santos aqueles que labutam e batalham pelas verdades dos espíritos santificados e daqueles espíritos que em nome do Criador atuam as vossas batalhas, prostrados como sentinelas noite e dia pela unidade espiritual de cada unidade santa ou cingida e santificada, para que nenhum ser material carnal derrame o sangue dos Santos, dos verdadeiros, dos justos ou dos profetas; não o sangue material da carne daqueles que vivem em unidades materiais, pois os Santos não possuem e jamais possuirão a carne que pela matéria orgânica apodrece as vossas unidades, assim como as vossas verdades, e sim a carne, simbolismo ou representação de vossas unidades espirituais por meio daqueles que da carne vivem para pregarem as verdades dos espíritos, assim como os verdadeiros, os justos e os profetas.

Isso quer dizer, não a carne matéria orgânica e sim a carne pela unidade orgânica material e espiritual de cada ser que batalha terrenamente em nome dos Santos trazendo através das palavras materiais aos demais seres materiais as vossas faces e verdades, de forma que os seres encarnados conheçam-se a si mesmos, conheçam as verdades dos Santos e caminhem pelas trilhas sagradas da comunhão divinal aos quais os Santos foram pactuados em aliança espiritual com os seres da terra, para que estes cumpram as verdades santificadas dos mandamentos de Deus, e assim não se derramem os vossos sangues pelo poder da inverdade, da injustiça e da falsa verdade, tampouco o sangue dos Santos aos quais certos seres encarnados possuem a determinação espiritual de serem nascidos em terra de homens para que em vossos nomes possam pregar as vossas palavras.

Pois o sangue, ou seja, o que possui a unidade carnal feita e nutrida de elemento espiritual através da caixa orgânica possuidora do espírito da alma que é o sangue, que fora nascida para receber energia e emanação espiritual dos Santos denominados terrenamente como servos e servas espirituais, aos quais apenas os justos e os profetas são aqueles que trazem as vossas verdades serão os que recebedores da injustiça pelo nome daqueles que carregam, derramarão vossos sangues recobertos de sentidos e emanações dos Santos e dos Espíritos divinais em terra de homens e de espíritos.

Desta forma, são os espíritos que atuam com os servos da casa de Deus, denominados como guardiões do fogo ou aqueles que guardam as portas das casas pela força do fogo, os espíritos não Santos, os espíritos que protegem e guardam os Santos e toda e qualquer unidade espiritual em campo espiritual ou de onde as vossas ordenanças e missões se entendem, abastecidos pela força do fogo, noite e dia sem cessar as vossas empreitadas até que as vossas ordenanças se findem por ordem do vosso governante o Espírito regente das sete cruzes a quem são prostrados para defenderem e lutarem frente as três diretrizes de unidades espirituais de onde também se encontram os Santos.

Por isso, não carregado por si mesmo, mas sim por meio da linhagem ou agrupamento santo de espíritos não Santos que sobre vossa regência pela ordenança de proteger e zelar o faz com nobreza, protegendo e cuidando de cada unidade espiritual, ou seja, cada um dos sete espíritos ou sete forças espirituais que celestialmente ordenada a derramar-se sobre todos os filhos da terra estão; pela seladura pactuada com todas as unidades terrenas materiais, os tornando unidades fundidas pelo poder da mesma aliança da qual os espíritos não Santos, protegem e zelam as vossas coroas e unidades, cuidando para que os vossos próprios sangues, ou inverdades terrenas e materiais não vos sejam a lama que vos farão serem igualados aos seres da terra, que não somente através da inverdade os assolam a si mesmos e sim através do sangue ou da forma mais impura e imprópria de se ferir, se ferem e se destroem, por meio do sangue que vos correm nas veias carnais.

Mas os espíritos não Santos são aqueles que labutam e protegem as unidades espirituais dos espíritos santificados ou das energias espirituais que nascidas foram para serem energias santas seladas e pactuadas com os seres da terra para que vivam em comunhão espiritual e material tornando ambas vertentes unidades fundidas pela força de um único Deus. E são os espíritos não Santos, aqueles que lutam e batalham em nome de vossas unidades espirituais não sendo estes inferiores aos espíritos santificados, recebedores de determinação santa para serem em terra de homens, Santos.

Porque as energias que estes espíritos carregam são igualmente energias aos quais utilizam os sete espíritos santificados, ou seja, ainda que não possuam fontes de energias nascidas da Fonte única de luz, o manancial de energias e forças que carregam os Espíritos de grandeza, possuem energias, poderes e forças ainda mais destrutíveis do que as energias das quais carregam os Santos, uma vez que estes labutam diretamente em campo terreno, com energias similarmente as energias dos seres encarnados, e sendo as vossas energias próximas e similares, sabem estes exatamente onde as vossas forças destroem, exterminam e derrubam os que caminham sobre a mesma regência de forças que eles, fluindo em emanação imprópria pela própria vontade de ser impróprio.

E ainda que não possuam energia das fontes de energia e de poderes dos mananciais de luz dos Espíritos de grandeza, a fonte de luz da qual angariam as vossas forças e energias, carregam a mesma quantidade de forças e energias aos quais utilizam cada um dos sete espíritos divinais, ou seja, ainda que não possuam fontes menores, a única fonte da qual se utilizam no campo de onde surgem as vossas origens são tão grandes e fortes quanto à fonte única de energia e de poderes espirituais das quais os setes Espíritos sagrados recebem as suas próprias energias.

E ainda que não utilizem sete distintas forças e poderes, fazem-se em sete espíritos erguidos e prostrados a hierarquia do Senhor regente das sete cruzes, onde cada um dos sete espíritos, ou cada um dos sete Anjos das trevas assim como eles mesmos se reconhecem, sejam portadores de uma unidade de força e de emanação para que assim cada uma das vossas individuais forças protejam e labutem em favor de uma das energias dos setes espíritos santificados, os Santos, aos quais as energias são jorradas em reflexo através das unidades Espíritos de grandeza, de onde as vossas unidades encontram-se dentro do santuário divino. Porque esta é a labuta sagrada daqueles que das três diretrizes espirituais se encontram, pois essa é a missão dos espíritos não Santos que diante da casa celestial, o Templo azul, atua em favor dos que ali se encontram em amor e em verdade as vossas missões.

Porque são os espíritos não Santos subdivididos em vossa hierarquia entre três diretrizes definidas entre espíritos atuantes sobre as três seguintes unidades: as faces das trevas, ou seja, os campos de onde ocorrem às remissões ou de onde se encontram os elos umbral e elo espiritual infernal, as faces do abismo, ou seja, o próprio campo terreno em toda a vossa extensão pelo perímetro de onde as energias dos encarnados fluem positiva e negativamente e por último diante dos céus dentro da unidade espiritual o templo de brilhantismo azul e os demais elos espirituais das quais os seus mistérios não nos foram ainda revelados. Porém ainda que vos pareça totalmente distinto é o campo das trevas ligado em energia e emanação aos campos do abismo ou aos campos terrenos pela força da unidade de forças que fluem e rondam ambas unidades espirituais.

E são as vossas labutas aquelas da qual ordena o regente Senhor das Sete Cruzes, para que diante do trono dos espíritos não Santos, do lado externo do templo ou do santuário celestial, prostrado frente ao vosso altar, o altar de onde retiram vossas energias e angariam suas forças ao qual em campo material fora representado pelo altar do holocausto, porém é a sua verdadeira representação divinal é a esfera de fogo, derramada por sobre a gigante caldeira de força e de luz, ao qual o fogo que queima não é a combustão do fogo da terra e sim a fusão de vossa energia e a energia do fogo da terra, que forma uma nova energia de luz e de brasas que arde e forja todas as forças negativas levando todas as energias impróprias a se curvarem e se prostrarem ao poder da justiça e da remissão, para que à partir da brasa que sobe de dentro de vosso caldeirão, possam cada um dos sete espíritos pertencentes a hierarquia espiritual do Senhor das Sete Cruzes cumprir com a ordenança de aplicar a justiça divina em todo campo espiritual da qual as vossas força se façam necessárias em nome dos Santos, dos justos e dos profetas, ainda que estas venham pela força do fogo ardendo em brasas, pela espada queimando em forja ou da lança em chamas preparados para a guerra santa, ou a peleja que aplica-se em favor das palavras dos Santos. Mas estas diferentemente das labutas de terra, jamais serão executadas força da guerra terrena ou material, aos quais os braços carnais substituem o fogo que ardem das trevas e sim a luta espiritual que é justa e corretiva conforme as leis das quais servem.

E sendo o elo espiritual ou a casa santa o santuário celestial de onde abrigam-se as fontes de energia e de poderes voltados para o campo terreno, o lugar espiritual de onde encontra-se o Átrio sagrado ou o lugar sagrado do regente das sete cruzes, não pela determinação do espírito único governante da luz que resplandece das trevas, o Senhor Lúcifer, e sim pela ordenança do próprio Criador, pois é Ele quem determina que as vossas labuta sejam executadas pela própria unidade de fogo em casa santa, concedendo o direito de que estes espíritos estejam presentes com os vossos poderes e forças em todos os cantos ou lugares de onde, cumprindo com suas labutas de serem os guardas das portas das casas, bem como os exímios condutores dos julgamentos e das correções espirituais aos quais não seria o próprio Senhor regente da luz ou o Santíssimo Senhor Deus, quem vos aplicariam as vossas correções pela razão de vossa superioridade e grandeza conforme a hierarquia ao qual cada unidade espiritual está assentada.

Não somente porque as vossas unidades espirituais sequer poderiam adentrar a determinados campos e elos espirituais como também é o Senhor Deus, grandioso em demasia para sentir-se ofendido, desprezado, desafiado ou atacado por qualquer que seja a unidade espiritual que acredita fazê-lo, porém, são os vossos servos e servas, aqueles que nascem da hierarquia espiritual da chama do fogo, atuando pela determinação de aplicarem a correção santa de Deus pelas leis divinas, os servos que atuam por sobre a verdade de que a justiça divinal encontra misericordiosamente com todos os espíritos que diante do Criador se fazem próprios; e com isso, as vossas lutas são em apresentar-lhes por meio da remissão a verdadeira face do Deus único, poderoso e justo que vos criou.

Mas é também diante do Átrio sagrado dentro do santuário espiritual dos Templos Azuis que se encontra o mistério das sete cruzes espirituais, ao qual carrega o regente denominado espírito em campo celestial como o Senhor das Sete Cruzes e em campo terreno como o Senhor Sete Encruzilhadas, porque é a cruz, não a que ele mesmo criará e sim a cruz símbolo de Deus sobre a terra e sobre as nações, que fora trazido dos céus pela hierarquia celestial em que todos estão inseridos, hierarquia esta da qual se encontra todos os espíritos e todas as unidades espirituais nascidos pelo poder de forças do Criador, que se ergue sobre a terra através de vossos servos e servas para mostrar a todos os homens o poder e a força Dele mesmo. Porque é a cruz que este Espírito regente traz em vossa testa, a mesma cruz que sela as sete unidades espirituais de força dentro do mesmo campo espiritual de onde comungam as mesmas determinações, nos templos de brilhantismo azuis de onde se encontram as demais forças espirituais distribuídas pelas demais alas sagradas, porém é diante da representação da haste suspensa no Lugar santo ou a ante presença, que se encontram os sete espíritos, os Espíritos sagrados jorrando as forças do Criador derramadas dos Espíritos de grandeza ao qual também possuem lugar santo diante da casa santa de Deus.

E são os espíritos não Santos, quem zelam e protegem as vossas unidades dentro e fora do santuário divinal, ou para onde quer que estes caminhem as vossas unidades, pois para cada unidade espiritual santificada ou Espírito sagrado existe uma unidade espiritual, espírito não Santo ou Anjo das trevas zelando e protegendo as vossas intenções. Porque nisso aplica-se a proteção divina por sobre a verdade e o sangue dos Santos, onde cada unidade de espírito santificado encontra-se também selada e assentada às forças do centro da unidade da cruz espiritual, porque a força da cruz esta exatamente ao seu centro, ou o elo da passagem de energia que forma uma cruz divina pela força espiritual da cruzada de forças, onde também as energias se encontram e se juntam pela força e pelo poder de uma única unidade ao centro, que é a própria encruzilhada aos quais os espíritos não Santos formam as vossas proteções.

Porque é o cruzamento ou o entrelaçamento das sete energias dos sete espíritos Santos vibrando cada uma sua própria energia com a força da energia dos sete espíritos não Santos zelando e protegendo as vossas unidades, onde a passagem de vossas energias ocorre quando se encontram em uma cruzada de forças e de fluidez de emanação santificada jorrando as energias pelo centro da cruz que flui perante o símbolo maior de vossos poderes e forças, quando nesta aplica-se também a verdade de quem a utiliza em verdade.

Por isso são a sete cruzes, a representação das sete unidades de forças espirituais dos sete espíritos Santos, embora um único simbolismo carregue dentro de si os sete elementos e as sete unidades espirituais, Espíritos sagrados; sela o Senhor das Sete Encruzilhadas, uma cruz para cada unidade espiritual ao qual ele mesmo rege e governa os vossos servos, os espíritos atuantes dentro do perímetro do Átrio sagrado, de onde cada um de vossos servos atuam em favor de uma única unidade espiritual, formando assim sete unidades a serem zeladas e protegidas pelas vossas próprias forças. Ou seja, forma-se assim sete cruzes, representando as sete unidades a serem por ele mesmo seladas e protegidas pela vossa unidade, dentro da unidade espiritual, o santuário sagrado divinal perante o templo de brilhantismo azul, aos quais os guardam e protegem.

Porque sendo a cruz celestial a representação exata do tabernáculo sagrado ou sendo o tabernáculo sagrado erguido em terra a representação exata da cruz sagrada, são as vossas unidades de forças assim como o simbolismo através da cruz a representação do cruzamento das energias e das forças que se encontram na unidade elevada ou suspensa dessa simbologia de onde encontram-se os espíritos santificados e vossas representações: o candelabro com as sete luzes ou os setes espíritos santificados e a mesa de pães com os doze pães, ou as dozes energias celestiais a serem unidas em poder, em mistério para ser o caminho entre o santo e as diretrizes que os levarão as vossa salvações em união com a unidade simbolismo do próprio Criador e dos filhos da terra.

Onde a unidade simbolismo do Criador é a parte superior de onde encontra-se também a arca da aliança ou a fonte de energia e de luz dos espíritos de grandeza e a parte inferior de onde encontra-se o átrio sagrado, a unidade de onde caminham os espíritos impróprios para adentrarem ao templo assim com os filhos da terra. Sendo assim a junção destas quatro unidades de forças ao centro da cruz sagrada simbolismo de poder de forças para união de todos os segredos espirituais e divinais, forma a encruzilhada de onde as forças dos Santos encontram-se ao centro ou na haste elevada desta que é a unidade sangrada dos santos, e de onde esta cruzada, ou seja, o momento em que as quatro energias se encontram e formam, forma o maior e mais poderoso foco de energia e de magia celestial pelo centro da cruz, ou a encruzilhada jorrando energia e luz.

Ou seja, e o centro da cruz ou a encruzilhada a cruzada, santificada de onde partem todas as magias e mistérios espirituais dos espíritos santificados, aos quais os espíritos não santos selam e protegem com as vossas próprias unidades espirituais forjadas de chamas e em brasas. Porque é esta cruzada, a cruzada que jorra e derrama unitariamente as forças e os poderes dos Santos. Logo, é o Senhor das Sete Cruzes, o regente das sete energias espirituais dos Santos que se encontram e se juntam para derramarem força e poder celestial sobre a unidade terrena onde apenas a junção destas pelo cruzamento de todas possui forças e poderes.

Portanto é a cruz, a encruzilhada espiritual, partida da determinação divinal de ser a fonte maior de energia e de poderes, juntando não somente as energias dos espíritos Santos como também dos espíritos não Santos, que são os zeladores destas forças que se derramam, sobre aqueles que da cruz se fazem valer pela oração aos Santos, e nela também se encontram seguros e protegidos de todo o mal da qual vos fazem rogar as vossas intercessões. Amém.

Porque não é a cruz por si só a força dela mesma, e sim o mistério que esta carrega, onde a encruzilhada é o maior ponto de jorramento de energia entre os céus e a terra, pelo selo das magias e dos segredos aos quais, não lhes são permitidos conhecerem.

E é neste exato espaço ou no espaço de onde a cruz se faz ligada as outras quatro unidades de poderes e forças ou o cruzamento delas, o cruzamento de energias de onde encontra-se o mistério do Senhor das Sete Cruzes ou seja, a encruzilhada de cada espírito santificado, ao momento em que este junta-se com as outras três energias santificadas para constituir a vossa própria força e energia em forma de uma única fonte de jorramento sagrado e celestial, a cruz. Porque é a força da cruzada representada pelo reflexo de unidade da Tríade sagrada espiritual a imagem de junção de todas as forças que sobre os céus, o abismo, e as trevas caminham, mas isso quer dizer que a junção de ambos elos e unidades pela força de um único poder de forças maior é o que junta todos os servos, todos os sacerdotes, todos os povos e todas as nações por meio da intercessão divinal da qual se separam as duas vertentes santificadas, ou os céus e a terra, unidos pela força da mesma unidade de manancial de forças, ao qual a vossa representação em terra é a vossa sagrada cruz, carregada não pela simbologia divinal e sim pela verdade que esta possui, por todos os santos e as vossas unidades em plena comunhão e fusão pela força da força que a vossa cruz possui seja esta de qualquer unidade ao qual tenha sido reconstruída, quando esta possuir verdade.

E assim o regente e governante de todo o poder de forças celestiais também diante do Átrio sagrado onde também se faz luz e se faz fogo que jorra e derrama forças e energias a este campo sagrado, da mesma forma como jorra e derrama através de vossos servos e servas, energias que os guardam e protegem em campo espiritual terreno, é o único espírito servo do Criador a possuir o direito divinal de possuir todos os mistérios, que selam não somente a seladura dos vossos servos ao firmamento dos Santos, com também é o único espirito determinado pelo Criador, para zelar e cuidar de vossas unidades espirituais, os Espíritos sagrados, aos quais não existiriam nem nos céus e nem em campo terreno sem as vossas chaves que trancafiam e guardam os segredos espirituais dos campos das trevas dos abismos e dos céus aos quais a vossa energia é caminhante de todas as unidades espirituais, pois em todas as unidades ou elos espirituais a vossa presença é permitida adentrar em nome de vosso Senhor, que o proclama e o convoca pelo próprio nome, de onde a vossa sagrada denominação, não apenas traz a chave das trancas das seladuras de vossa determinação espiritual frente a vossa unidade como também traz as chaves das portas que abrem e fecham as seladuras dos santos junto as vossa própria unidade, pela força das sete cruzes espirituais sagradas ao qual ele mesmo carrega.

Porque não é a cruz apenas a simbologia das unidades espirituais sagradas que em campo terreno se encontram e nem somente a representação das três unidades sagradas unidas a unidade espiritual do Espírito Santo que vos concedem a vida e o direito de poderem por este elo sagrado caminhar e cumprir as vossas missões de aprendizagem e crescimento espiritual. Por isso a vossa unidade é representação da junção de todas as forças e poderes individuais de cada unidade que em campo terreno se encontram unidos pelas forças dos Santos, dos não Santos e dos Anjos sagrados, nascidos e determinados para serem parte e unidade pactuada deste elo de magias, mistérios e de poderes; de onde os seres encarnados ou espíritos abrigados em matéria orgânica se unem e se juntam às unidades espirituais dos demais espíritos juntos ao Criador.

Porém da mesma maneira em que os Santos se encontram sobre a vigilância e proteção dos espíritos não Santos, seja em campo celestial seja em campo terreno, assim se encontram também as unidades espirituais de cada unidade encarnada que em campo terreno cumpre jornada de missão individual espiritual. Porque assim como os Santos e todos os demais espíritos santificados cumprem missão espiritual e são pelos espíritos não Santos protegidos, da mesma maneia os espíritos encarnados o são, pois da mesma forma, cumprem missão espiritual em elo material. Embora que de forma de atuação, posição e hierarquia diferentes, igualmente todos cumprem com a determinação do Criador dentro daquilo ao qual Ele mesmo ordena, e isso jamais será mudado e alterado.

Mas como é o Criador zeloso e misericordioso em demasia, por isso, vos concede o direito de que tenham a vossa luz, a vossa caridade e a vossa esperança; e assim, vos dá o vosso símbolo celestial de fusão de unidades espirituais que diante de vossa casa celestial se encontra. O poder do domínio das energias que se encontram frente às portas de vossas seladuras, selando o mistério da sagrada junção das unidades individuais em forma cruz divinal, ao qual fora também, por desejar que todos os filhos da terra pudessem se beneficiar de vosso poder de forças unido em uma única unidade, vos permitiu que partes de vosso santuário ao qual recebera o nome de tabernáculo, fosse erguido em terra de homens, para que todos pudessem receber partes de vossa luz, vossa gloria e vossa unidade espiritual.

Mas como a vossa gloria e a vossa misericórdia são grandiosamente piedosas, nobres e eternas, permitiu ainda o direito de que todos tenham em vossas próprias mãos o símbolo de vossa força, vossa luz e vossa gloria, onde não apenas as sete forças são apresentadas pela regência de vosso Espírito condutor das sete cruzes, ou dos sete poderes das sete unidades espirituais das forças que movem a terra, e sim que tivessem a vossa verdadeira gloria e o vosso mais elevado poder, pelo poder de todas as energias espirituais que nascidas de vossa vontade foram para que pudessem com a vossa luz e a vossa majestade caminharem, certos de que a representação de vosso poder vai além da unidade espiritual de determinada época por circunstancias ou acontecimentos em terra, e sim é a plenitude e a graça tornada material para que todos possam possuir a vossa certeza e a vossa bondade e a vossa plena misericórdia em vossas próprias mãos e que assim sejam estas assinaladas em vossas testas.

Altar do holocausto, o mistério dos espíritos não Santos

"Subir do lado do sol nascente, e que tinha o selo de Deus vivo; e clamou com grande voz aos quatro anjos, a quem fora dado o poder de danificar a terra e o mar, Dizendo: não danifiques a terra, e nem o mar, nem as árvores, até que hajamos assinalado nas suas testas os servos do nosso Deus" (Apocalipse 7: 2,3)

    7.5 Porque sendo estas energias nascidas das forças do abismo, ao qual o abismo é a própria força espiritual naturalmente negra que existe em campo terreno, prostrada e entregue ao poder de forças do Criador, as quais as trevas que também o são, possuem também as mesmas energias e forças, porém não atuam em elo espiritual terreno, e sim nos elos espirituais de remissão, porque embora sejam forças que se igualam as forças do abismo, atuam em determinação espiritual diferente. Porque enquanto um zela e protege a unidade espiritual terrena para que nenhum espírito que em campo terreno esteja pela vossa jornada de missão espiritual, de forma que nenhum filho da terra seja precipitadamente retirado deste ou ainda que nenhum espírito que se encontra encarnado seja encaminhado para a unidade espiritual de onde a remissão os fará ser exatamente aquilo da qual constroem e pelos atos e ações se afundam nas dores e lamentações, e por isso vos aplicam as vossas correções conforme as leis espirituais pactuadas em aliança espiritual pela força dos mandamentos do Criador. A outra aplica o vosso poder de justiça em nome da correção espiritual a qual não mais poderá nenhum espírito que diante de vossas unidades de remissão sair ou se excluir antes que tenham sido corrigidos espiritualmente de vossas falhas e aplacado as vossas verdades próprias pela força das forças que vos conduziram a estes campos de remissão. Que devido ao direito de se limparem e se redimirem de vossas causas receberam. Porque ainda que este seja diante do elo do fogo de onde o fogo que flameja os enganos e as falhas, queimam também as vossas unidades espirituais até que estas estejam purificadas e possam retornar a vossas caminhadas pelos caminhos sagrados das certezas e da confiança no poder de forças da luz que conduzem a todos.
    Mas sendo as energias dos espíritos não Santos nascidas também do abismo, sendo refletidas aos elementos da qual a constituição é a mesma nos campos terrenos, porque sendo estas energias atuantes em campo material pela força das energias negras, ou pelo conhecimento da unidade espiritual que neste elo existem, não somente conhecem os segredos de todos os segredos de antes da constituição do abismo terreno em unidade espiritual habitável, ou do abismo em elo material terreno de poder e de luz, possuem celestialmente frente a uma determinação e missão espiritual o poder de levantar as águas, parar os ventos, escurecer o dia, afundar os naus, transbordar os rios, ferir as matas, secar os lagos e machucar os peixes e assim matar a quantidade das partes da terra

que lhes sejam necessário para aplicarem a correção pela força do resgate em que as vossas ordenanças labutantes nos campos terrenos possuem.

E não por ordenança do Criador possuem este poder, porque é o Criador demasiadamente grande para vos aplicar a vossa justiça, porém são os vossos anjos, os anjos das trevas, aos quais não são os mesmos espíritos que os espíritos não Santos, ou não possuem as mesmas ordenanças que os espíritos não Santos ainda que ambos atuem pelas mesmas leis divinais, porque estes atuam entre os céus e o abismo, enquanto os anjos das trevas atuam entre as trevas e o abismo ou o campo terreno, exceto os espíritos que diante das ordenanças do regente Senhor das Sete Cruzes espirituais atuam em todos os campos e elos espirituais; e assim, são estes lançados ao abismo para que justamente aos espíritos não Santos, apliquem pela união de forças entre as trevas e o abismo a vossa correção para cumprimento de determinação pela força das forças que regem as ordens, a doutrina e a disciplina espiritual, lastreada sobre a força das leis divinais espirituais, para que esta se torne ainda, a vossa justiça sobre aqueles que da justiça divina se fazem aguardados.

E são os espíritos nomeados como os anjos das trevas, os espíritos que diante dos abismos ou da unidade espiritual terrena não possuem ordenança ou determinação de caminharem livremente ou de atuarem no mesmo campo de onde o abismo se faz morada, por isso, se acaso as vossas unidades sejam convocadas e cumprirem determinação de labuta neste lado da esfera espiritual serão as forças mais extremas e de maior correção e ajuste ao qual uma ordem suprema poderia vos colocar neste elo espiritual; porque estes espíritos que espiritualmente são nomeados como Espíritos dos tempos, ou espíritos das forças dos tempos, pelejam em missões de alto risco e grau de poderes e forças onde apenas as vossas forças poderiam exterminar não apenas com as unidades espirituais daqueles que necessitam de correção, como também destruir a possibilidade de que estes sejam em vossas unidades corrigidas. Por isso, jamais adentraram aos campos terrenos isoladamente, e sim em união com os espíritos não Santos que deste conhecem todas as trancas e chaves que selam todas as unidades que aqui se encontram. Porque nisso encontra-se a justiça divina, ou seja, permitir a todos os errantes que sejam corrigidos e posam erguerem-se e retomarem as vossas caminhadas espirituais.

Porque são os espíritos não Santos, ou aqueles que possuem a ordem de não danificarem a terra os mesmos que possuem o poder de danificarem até mesmo a carne dos que apenas pela carne ainda vivem; porque assim como os encarnados do mesmo campo são originados a labutarem as vossas necessidades pelas vossas próprias verdades. E os vossos servos e servas, os leiais e fiéis espíritos nomeados também como anjos, anjos do abismo ou assim como são conhecidos espíritos não Santos, são todos prostrados conforme as vossas hierarquias espirituais a Altíssima santidade do Senhor Deus. Mas no momento em que unidos pelas forças que os constituem em junção com as forças das trevas, para se assentarem em vossos cavalos e munirem-se de vossas espadas são tão fortes quanto às nuvens, o sol, os ventos e todos os elementos espirituais orgânicos do campo terreno do abismo da qual as vossas forças estão ordenadas a protegerem, e por isso, defendem e protegem assim como zelam e protegem o sangue dos justos, dos santos e dos profetas conforme as leis de Deus.

Mas estes que são as forças que nascem em esferas longínquas de escuridão e resplandecem nas trevas, aos quais também possuem o direito divinal de adentrarem conforme a determinação, porém jamais se assentarem em campo celestial, o faz através do Átrio sagrado erguendo o vosso altar representado em campo terreno pelo maior símbolo espiritual de um espírito não Santo que é o caldeirão forjado em ferro, ao qual é esta a representação do altar do holocausto diante do Átrio externo, pois quando acesso em casa santa dentro da comunidade de onde todos os membros se fixam em única direção pela única verdade celestial, é o vosso regente o Espírito governante das sete cruzes ou o único condutor e possuidor do domínio do fogo pelas forças espirituais do próprio fogo que carrega, fazendo-se espírito das trevas, espírito do abismo, espírito celestial e espírito abrasado em larvas, pela vossa própria constituição de ser e pertencer a todas as unidades e a todos os campos espirituais e celestiais em uma única unidade de forças, o mestre que carrega e conduz toda energia espiritual de todos os cantos e elos espirituais a todos os cantos e elos espirituais de onde a vossa suprema dominância se estende.

Porque é este Espírito o que cumpre com lealdade e verdade a vossa determinação celestial de ser espírito e ser unidade espiritual caminhante em todas as esferas espirituais, todos os tempos divinais e todas as épocas santificadas atravessando todos os tempos celestiais e materiais labutando a vossa ordenança até que homens da terra deem gloria ao vosso Senhor e o reconheça como o único e verdadeiro Senhor Deus, e caminhem sobre as vossas ordenanças, porque ainda que tenha que os levar até todas as portas de vossa real e pura morada de onde o fogo já não queima os que dele se findaram, para que no dia de vossos dias, sejam elevados e purificados e vossas essências e não necessitem de vossa aplicação de poder e de justiça; assim o fará em nome de vosso Senhor Deus que o constitui a vida e o faz ser exatamente com o é para cumprir tudo aquilo ao qual somente ele poderá em vosso sagrado nome se fazer cumprir.

E assim, são os espíritos não Santos e os espíritos anjos das trevas ou espíritos dos tempos, que são os espíritos nascidos a séculos de eternidade dentro dos tempos do Criador, séculos estes, antes dos homens serem nascidos em terra com estrutura física e corporal tal qual os animais que aqui se encontram pelo bilhões de anos de suas existências, e são estes que atuam também nas duas ordenanças distintas de espíritos denominados espíritos de esquerda, ou que obedecem à ordem suprema de estarem assentados a esquerda do Senhor Deus. Porque são os espíritos das trevas unidades espirituais que diferentemente dos espíritos não Santos, são unidades de espíritos que não atuam em campo espiritual terreno, pois as vossas ordenanças em nada se igualam as ordenanças destas labutas, hierarquia ou disciplina, aos quais os espíritos que em campo terreno trabalham. Porque são os espíritos que em campo terreno da linhagem de agrupamento de espíritos de esquerda, espíritos que cumprem ordem e determinação espiritual de correção pela disciplina conforme as leis dos mandamentos, seladas aos Santos, enquanto os espíritos dos tempos, são espíritos que labutam pela justiça em forma de correção à partir das unidades postas em vossos campos para serem corrigidas conforme a força de vossas necessidades, à partir da forja do fogo pela lapidação da alma.

Por isso, em nada se igualam as missões e determinações destas duas unidades espirituais de espíritos nascidos da mesma ordem de serem pertencentes à suprema esquerda do Pai celestial. Isso porque aqueles que não labutam pela unidade espiritual dos seres encarnados para que estes não adentrem as unidades espirituais dos espíritos dos tempos ou aos elos de remissão como elos espirituais umbral e infernal, pouco conhecem de vossas rotinas, desejos, quereres, e vontades, porque distante dos seres da terra caminham as vossas obrigações e vossas certezas. Não que estes espíritos não adentrem ao campo espiritual terreno ou ao campo de onde os espíritos do abismo labutam, porém as vossas ordenanças são determinadas e sempre aguardadas no momento em que acontecem, conforme a ordenanças daquele que vos governam.

"Farás o altar de madeira de acácia. Será quadrado e seu comprimento será de cinco côvados, sua largura de cinco côvados (será quadrado) e sua altura será de três côvados. Porás em seus quatro ângulos chifres, que farão corpo com o altar; e o cobrirá de bronze. Farás para esse altar cinzeiros, pás, bacias, garfos e braseiros: todos esses utensílios serão feitos de bronze em forma de grade, e porás nos seus quatro cantos quatro argolas de bronze" (Êxodo 27:1-4).

Mas era a ala espiritual dos espíritos não Santos ou o Átrio externo, celestialmente chamado de Átrio de fogo, não apenas porque nele se ascendia o fogo diante do altar de holocausto e sim porque nele se ascendiam todos os poderes da qual o fogo que não é o fogo que queima devido à combustão dos elementos orgânicos e sim o fogo santo, que arde e forja todas as essências impuras, contrárias ou danosas a todos os lugares santos ou de onde possam o fogo alcançar e destruir; destruía tudo o que emanava contra a fluidez santificada ao qual se encontrava no perímetro em que este atuava em nome do Lugar Santo e do Santíssimo lugar a casa de Deus.

Porque assim como a habitação do próprio Senhor Deus, Rei dos reis onde a vossa também morava de forças apenas adentrar os espíritos que são puros, santos, nobres e santificados, diante do Átrio sagrado adentravam também apenas aqueles que possuíam candura, pureza, nobreza, e castidade, caso contrário pelo fogo santo eram exterminados e findados em vossas essências, assim como são anuladas e exterminadas as essências daqueles espíritos com fluidezes negativas que acreditam poderem adentrar a uma casa santa sem que a esta pertença ou ao qual tenham sido pelas unidades espirituais que ali atuam convidados.

E esta que era a ala pertencente aos espíritos não Santos, embora santificados todos sejam, isso quer dizer, criados e cingidos pelo Senhor Deus pelo vosso poder e vossa vontade pela vossa ordenança de que sejam os espíritos não Santos, os antecessores e zelosos guardadores dos espíritos Santos ou daqueles que de vossas cerimônias e atos espirituais possam participar, porque deles fazem parte e comungam com os demais espíritos que dela são iluminados e por ela são vivos em vossas essências. São estes os espíritos que adentram em todas as unidades espirituais de onde o Átrio sagrado, seja a vossa unidade de força de onde o vosso altar também sagrado se acende, e acendem as vossas forças se energias nascidas as forças que resplandece das trevas, pela força do próprio fogo divino.

Portanto fora o Átrio externo dentro do tabernáculo, a unidade espiritual que abrigava o altar do holocausto, onde este que carregava a unidade do fogo era a representação da calmaria dentro do caos, que purificava e entregava o espírito presente pela doação da oferta ao fogo que ardia e queimava as impurezas ou unia as unidades em similar emanação eliminando o que não era puro e purificando ou que deveria ser enobrecido pelas forças do fogo da qual conduzem e regem aqueles que do fogo são nascidos para o conduzirem pelas mãos, os que do fogo se fazem esperados. Mas não era a extensão do átrio sagrado externo o cume do fogo que se encontrava ali, porque não era o Átrio externo a representação da extensão da unidade celestial das portas das trevas, e sim o reflexo da extensão de onde o ápice do fogo se encontra no campo de onde ele mesmo nasce, ou o canto ou o perímetro tão fortemente regido pelos espíritos que também o manipulam e por isso, eram os únicos que poderiam também adentrar.

Porque era o altar do holocausto dentro do Átrio externo a força do fogo que arde e queima em direção ao único e maior foco de energia e de luz vindos das trevas, aos quais são os anjos das trevas os regentes e governantes da luz que emana do fogo para iluminar e forjar todas as fluidezes contrárias as fluidezes santas que devem existir e adentrar as alas sagradas e santas, aos quais os espíritos não Santos eram as unidades que os manipulavam. Por isso, apenas diante do altar do holocausto, o altar onde os Santos não adentram e somente os não Santos se fazem únicos e poderosos regentes das forjas que caminham adiante ou fora do cômodo de onde apenas os que cingidos e puros pela força do fogo podem adentrar, caminham os espíritos que zelam e protegem todos os seres espirituais que ali se encontram. E é este o símbolo maior da unidade de forma que as forças das trevas e do abismo atuam e flamejam por suas vontades pelo direito divinal, ao qual a eles foram concedidos para que zelem e guardam todas as portas das portas que não deixam adentrar os impuros e impróprios as unidades das casas santas de Deus.

 Por isso, era no altar do holocausto onde o fogo queimava e ardia aos olhos de todos os que dele adentravam em campo terreno, o ato de unir as unidades existenciais fluídicas de várias unidades espirituais, o caminho e o assombro da maior força de poder e de luz, ao qual existe em campo das trevas, dos abismos ou terreno, onde toda e qualquer chama acessa e flamejada pela intenção ou através de um espírito não Santos é direcionada para o único maior e mais sublime regente o Anjo da luz que resplandece das trevas, que guarda e zela por todas as unidades santas e espirituais das casas de Deus e fora dela, purificando todas as unidades que devem ser purificadas e preservando todas as unidades que devem através da força da luz do Criador serem preservadas e direcionadas aos caminhos santos da paz, jamais destruídas, porque na destruição não está o poder de justiça divina, e sim através da justiça e da correção.

 Mas era o altar do holocausto a representação o poder de forças ou de justiça em campo terreno, porque é o Criador grandioso em demasia para que necessite efetuar trocas ou escambos com vossos filhos nascidos de vossa luz. Por isso, assim como o espírito daquele que era ofertado em ato cerimonial de purificação de entrega de vida pela vida, e este se fazia através da purificação da força do fogo, a vossa carne da mesma maneira queimada e flamejada era pelos seres encarnados consumida para alimentar a fome, porque e isso se fazia também através da carne; jamais para demonstrar o poder de forças dos sacerdotes que ali atuavam tampouco a força do Criador ou de vossos Espíritos, para lhes encherem de bens e dons pela troca da carne, pois não é carne material a adentrar aos campos celestiais, apenas o espíritos, porque a carne sendo unidade material, serve apenas para o campo material e por isso deve ser aquela que fora entregue em oferta de holocausto consumida em campo material, e não em campo celestial. Pois esta não somente não adentra como não faz parte de nenhuma representação sagrada ou sacra que se faça necessária a algum espírito.

 E sendo o regente terreno de toda a fonte de poder da luz que resplandece as duas faces da escuridão, onde uma é o abismo e a outra as trevas, ou as duas vertentes de onde a vossa força e brilho alcançam e governam pelo direito espiritual da ordem divina de juntar através da escuridão duas vertentes espirituais pela força do fogo, ou seja, o campo das trevas e o campo terreno, formando assim uma nova e reluzente unidade de inteireza de formas nascida das forças do fogo e da escuridão onde a vossa representação espiritual em campo terreno é o altar do holocausto, o altar do fogo dentro do átrio diante do tabernáculo onde a vertente material, abrigo do espírito que era forjada pelo cume do fogo santo após a entrega da oferta pela suplica da elevação pela troca da vida pela vida, onde apenas os espíritos que atuam através do fogo e da carne poderiam receber tais ofertas vindas da carne, pois carnes também são, porque com a carne é que atuam, e por isso, são eles quem inicialmente recebem e entregam as vossas ofertas dentro do único templo, o templo casa celestial de Deus, e intercederem e rogam pelas vossas lamentações.

Desta forma, era o Átrio externo a ala de maior força e poder espiritual aos quais os espíritos não Santos atuavam em nome do Criador e em favor das unidades espirituais dos espíritos encarnados pela força da força que vos fazem serem impuros e impróprios, porém os purifica e os tornam próprios para caminharem as vossas verdades junto aos santos, porque é esta mesma força que parte do fogo, a força que zela e protege os espíritos Santos a força que os unem e permite se juntar pelo poder da aliança que vos fazem serem eternamente caminhantes da mesma verdade pela mesma verdade em favor da comunhão que os tornam verdadeiramente unidos. Por isso, é a força do fogo, aos quais apenas os espíritos não Santos manipulam e carregam, a força que favorece abrirem-se os caminhos e direcionarem a unidades espirituais aos caminhos retos e próprios de onde se encontraram todos com os espíritos Santos, para que estes vos concedem as vossas graças e as vossas bênçãos.

Por isso, e o lugar sagrado de onde os não Santos são assentados dentro das casas santas, ou congregações espíritas de onde atuam todas as linhas de espíritos, a representação do altar de holocausto, não é o lugar de onde o fogo arderá e se cumpriram todos os juízos dos encarnados em terra que daquela congregação adentram, e sim o símbolo de forças, poder e justiça celestial em campo terreno, ou o lugar da ante presença do regente Senhor das Sete Cruzes, de onde a vossa unidade se encontra em todas as unidades espirituais aos quais inclui o campo terreno com a vossa própria unidade.

Porque estas forças que zelam e protegem as congregações espirituais ou casas santas terrenas atuam em favor dos Santos, dos encarnados e do Criador, não somente porque fora por Ele mesmo criadas para labutarem a frente das portas sagradas das casas santas celestiais, e sim porque foram ordenadas e determinadas a atuarem também diante das portas das casas santas terrenas, de onde as vossas justiças serão igualmente aplicadas dentro e fora delas, porque são espíritos que atuam unidos com as forças das forças que os campos terrenos possuem e com as forças que as forças das trevas também possuem, e assim rompem com todos os elos e eras de tempo para que sejam justos todos os caminhos que pregam os caminhos sagrados de Deus.

Porém as forças terrenas que fazem os espíritos ainda que encarnados serem fortes, embora seja fluidicamente a mesma energia de forças que fazem os espíritos não Santos serem nutridos quando neste campos se encontram em vossas labutas, são estes abastecidos também pelas forças e energias que partem do fogo e que culmina do ápice da robustez de forças de eternitude do Senhor Deus, por isso, esta junção de energia e forças vibrando energia da própria escuridão, somente os espíritos santificados possuem. Sendo assim, possuem forças e energia vibracional de poder de forças acima das forças da qual os seres encarnados que diante mesmo abismo terreno estão. Porque ainda que sejam os serem encarnados fortes em emanação e fluidez de energia e vibração de forças, não possuem a luz que arde do cume do fogo, para que possam labutarem e combaterem em nome do Criador, assim como os servos e servas leais e fiéis lutam e combatem pelas leis, dos mandamentos sagrados divinais, aos quais se aplicam a todos os poderes de todas as justiças em elo material terreno.

"E houve batalha no céu: Miguel e seus anjos batalharam contra o dragão, e batalharam o dragão e seus anjos; mas não prevaleceram, nem mais o seu lugar se achou nos céus. E foi precipitado o grande dragão, a antiga serpente, chamada Diabo, e Satanás, que separa todo o mundo; ele foi precipitado na terra, e os seus anjos foram lançados com ele" (Apocalipse 12: 7-9).

Ora, se não era aquele que fora nomeado de dragão, o mesmo da qual fora descido aos campos terrenos com uma ordenança espiritual de atuar e labutar em nome de vosso Senhor, da qual recebera para isso os vossos servos espirituais que com ele fora também descidos, e igualmente denominados, anjos; porque ao término de vossa passagem terrena erguendo grandes obras em nome da certeza divina e da paz na terra, receberia este o vosso próprio galardão da qual seria ele mesmo, juntamente com os vossos servos, nomeados anjos, caminhantes em campos sagrados se acaso concluíssem com gloria as vossas passagens terrenas, com a construção de feitos e obras em nome do Criador. Porém fora este voltado para a verdade própria em nome da arrogância pela necessidade de fazer-se superior, frente aos demais seres, se autoproclamando grande e elevado diante daqueles da qual deveria ele mesmo auxiliar e encaminhar aos caminhos da gloria e da paz.

Mas não fora este atirado por sobre a terra, após perder a guerra celestial de poderes divinais, porque este não encontrava-se nos céus, mas encontrava-se no céu o lugar que estava para ele reservado junto aos seus, para que após a vossa missão terrena ao qual seria ao seu triunfante regresso, a ele entregue, seria este em vossa posição reverenciado como um anjo da paz. Portanto, perdeu o lugar que lhe estava reservado em campo celestial, visto que todos os espíritos que partem para o campo terreno em missão espiritual partem de uma casa celestial ao qual deverá para esta após a jornada terrena regressar, e este que recebera divinamente a missão de comandar muitos povos e auxiliar os homens da terra que em vossa mesma época de tempo caminharia as vossas jornadas, fora de vosso posto maior derrubado pala força e pelo poder celestial dos espíritos que batalham e labutam atravessando épocas e eras espirituais levando a verdade do Criador a todos os povos da terra.

E assim, houve batalha no céu, não em campo celestial divino, pois este não é unidade espiritual de onde possam caber desentendimentos, guerras e batalhas, sejam estas quais forem, uma vez que adentram aos elos celestiais somente espíritos puros, nobres, leais, fieis, verdadeiros e obedientes e que prostrados a coroa do Senhor Deus encontram-se, porque qualquer outra unidade espiritual ao qual não possua candura e castidade sequer adentram ao perímetro de onde as forças dos espíritos que labutam pelos seres terrenos estão, ou seja, não caminham nem próximos da unidade espiritual dos Templos Azuis, de onde a presença do Criador de faz verdade, porque neste que possui o Átrio externo ou o lugar dos espíritos não santos, de onde poderiam caminhar os impuros e impróprios não caminham com energias negativas e em baixa vibração, porque sequer adentraria um espírito com fluidez e emanação diferente daquelas aos quais as casas celestiais e campos divinais necessitam para se possam com os servos do Criador caminhar.

Mas batalhou Miguel e vossos anjos resplandecentes das trevas contra as forças e energias daqueles que em campo terreno se encontravam, ao qual era o dragão também um ser carnal e terreno, porque estes ainda que tenham forças e energias nascidas circulantes pelo abismo, jamais se compararão as forças dos espíritos nascidos das ordens de serem pela força da lei e da justiça o poder que arrancará dos abismos da perdição ou da terra toda e qualquer unidade espiritual que caminhe contra ou em posição oposta aos mandamentos das leis, aos quais obedecem a ordem do único e poderoso Espírito selado e pactuado pela força de vossa unidade espiritual em nome do Senhor Deus. E por isso fazem e cumprem todas as ordenanças de labutarem em nome da verdade pela verdade, sendo todos eles os mais elevados, leais e fiéis servos de Deus pela força que nasce dos campos da escuridão ao qual vos abastecem.

Logo fora este ao qual simbolicamente chamado de dragão, ou seja, perigoso e temido dentre os seus, precipitadamente lançados no fogo das trevas pelo resgate da qual o retirou da unidade terrena que não apenas o derrubou em vossa auto proclamação e auto elevação de forças e poderes como também o levou ao elo espiritual de remissão, elo espiritual aos quais são os espíritos das trevas governantes e trabalhadores os servos prostrados noite e dia frente a vossa unidade. Com isso, fora este atirado por sobre a terra para ser o próprio filho impuro da terra, ou seja, aquele que nascerá do pó, para ser unidade terrena espiritual, findaria a vossa história também por sobre o pó, porque jamais receberia o direito de assentar-se ao vosso reservado e grandioso lugar, da qual perdera o direito pelo direito do seu próprio galardão de ser riscado do livro da vida e anunciado e proclamado no livro da morte dos que morem pela verdade própria que se finda no cume do escuro das trevas, rogando pela piedade impiedosa daqueles que o retiraram da unidade terrena, para o erguerem em unidade espiritual, não divinal e sim do lamento e da dor.

    E assim, como ele, os vossos servos e servas, denominados anjos, porque anjos seriam se acaso fossem elevados os postos nobres e celestiais aos quais os puros e justos recebem, porque da mesma maneira em que ele mesmo perdera o posto que o estava reservado nos céus, assim perderam aqueles que com ele vieram cumprir missão pela força do laço que os prendiam, da qual foram todos falhos e precipitadamente resgatados. Por isso, jamais voltara a existir aquele que seria o vosso lugar da promessa, porque este fora também pelas chamas do fogo do inferno apagado.

    Porque nisso encontra-se a justiça divina aplicada pelos servos e servas, os Anjos celestiais das trevas, pela força do fogo de vosso regente o Anjo Miguel, atuante e representante das leis divinas em nome do Criador, pela labuta do fogo, aos quais as vossas palavras e proclamações serão como o fogo ardendo em chamas de vossas línguas para queimar toda e qualquer inverdade e falsidade que possa existir sobre qualquer elo e campo de onde os mandamentos e as leis devem imperar.

    Porque o fogo que subirá de vossas bocas não é fogo terreno e sim o fogo da luz que resplandece das trevas dos campos de pouca luz, campos estes regido pela força da luz que ilumina as trevas e os abismos, e fazem brilhar até os confins mais longínquos extremos da unidade terrena e fora dela. Luz que ilumina os servos espirituais, ou os servos mais próximos ao campo terreno, pois as vossas missões e labutas se iniciam nos campos de onde a luz resplandece das faces da morte para aqueles que necessitam estarem vivos e vivificados e por isso entregam-se a força da vida que nasce da luz aos que carregam as chaves das portas da vida e da morte. Luz que também arde em forma de justiça e de correção aos que caminham sobre a ponta das lanças de vossos instrumentos de atuação e de resguardo ou de resgate.

    Sendo assim nenhum servo ou sacerdote terreno que diante do altar de holocausto erguido em intenção dos espíritos não Santos, aos quais possui toda congregação espiritual terrena, ou o lugar da ante presença do Senhor das Sete Cruzes trabalha em nome daquele que vos deu a vida e o direito de falar em vosso nome, estará excluso da força da ponta da lança daqueles que trabalham para que estes sejam o caminho da luz e da paz pela força dos mandamentos, ainda que necessite estes serem iniciados pelo peso da agulha de fogo que fere o corpo e queima a alma para que caminhem nos caminhos nobre de Deus, aos quais pisam os Santos, os não Santos e devem caminhar também os filhos da terra.

    Porque ainda que os espíritos não Santos, não sejam os Espíritos santificados que possuem as sete fontes de energia e de luz dos mananciais do Criador, são os Espíritos não Santos, que possuem a vossa própria fonte de energia santificada, possuidores dos mesmos e precisos poderes e forças aos quais os Espíritos santificados de nomenclatura Santo possuem, pois estes que também atuam em favor dos espíritos encarnados, mesmo aqueles que em baixas vibrações, diferentemente dos Espíritos santificados, labutam pela justiça divina, aplicando as vossas correções pelas leis divinas; porque jamais perderam estes as vossas nomenclaturas de Santo em vossos nomes, porque assim como os Santos, são os não Santos, são também cumpridores das leis e determinações aos quais o Criador lhes concede o direito e a honra de lhes servir, não sendo nenhum mais ou menos poderoso, mais ou menos forte, apenas cumpridores de vossas missões em nome do mesmo Senhor, para onde quer que sejam determinados.

Por isso, ainda que não seja o Templo Azul a casa nobre e pura do Senhor Deus, é ainda a mais pura e nobre casa de onde partem as ordenanças ao campo terreno pela vossa ordem suprema de que seja esta a única e real morada, que não sendo vossa real morada, ainda assim é o templo ou a morada de onde a vossa santidade caminha a vossa face. Logo, todo e qualquer lugar de onde as vossas certezas adentram, e a vossa sagrada e santa unidade caminha, é e sempre será purificada frente as vossas portas, não somente pelas essências aos quais os incensos eliminam e limitam as fluidezes contrárias diante de vosso mais puro e nobre altar de onde as intenções apontam a vossa sublime face, e sim pelo fogo que parte de vossa mais pura, nobre altíssima eternitude em extrema força que culmina da brasa que queima e arde toda e qualquer unidade que não esteja irradiando ou fluindo as mesmas intenções e verdades pelo mais puro e flamejante fogo que abrasa até as essências mais longínquas de onde apenas a intenção que se aproxima de vossa verdade através do sentido espiritual podem ser flamejadas.

E assim o altar do holocausto ou a ante presença do Senhor das Sete Cruzes, diante de vosso templo de onde as vossas forças são assentadas frente às portas construídas de aço espiritual que as fazem indestrutíveis para protegerem e defenderem as unidades de todos os Espíritos e seres terrenos que dela se façam valer, é a única certeza entre os campos celestiais, os campos das trevas e o campo do abismo de que as vossas forças postas pela separação de todas as forças que na congregação espiritual estão assentadas, para junção e comunhão sagrada de todos os poderes e forças a serem os vossos escudos e proteção diante da casa de Deus, o são em verdade para aqueles que carregam consigo a mesma verdade.

Pois são estes que protegem e defendem todas as unidades espirituais para serem uma única força labutando pela mesma missão espiritual, diferentemente das forças das quais os homens da terra lutam e batalham pela força de serem fortes apenas pelo poder do ouro, o mesmo ouro que os derrubam em elo terreno pela necessidade ou pela vontade de serem grandes, alimentando-se das energias do abismo que o consomem mais do que alimentam. Por isso, são as portas espirituais de aços forjados em fogo e brasa para zelarem e protegerem as unidades espirituais dos que diante da casa de Deus caminham as fortalezas forjadas em terra em nome de todos os justos, santos e profetas, porque estes que são nascidos do abismo, são pelo abismo alimentado, mas o alimento celestial do abismo ainda é fogo que sai de suas bocas e consomem o que não é fogo, mas pelo fogo também morrem.

O mistério da destra celestial, e o filho de Deus

"*A revelação de Jesus Cristo, a qual Deus lhe deu, para mostrar aos seus servos as coisas que brevemente devem acontecer; e pelo seu anjo as enviou, e as notificou a João o seu servo*" (Apocalipse 1:1)

7.6 João, o apóstolo, arrebatado em espírito, tornou-se o vidente celestial da justiça divina para testemunhar sobre o que haveria de ocorrer aos moradores da terra, outrora filhos caminhantes das próprias justiças, crenças e verdades, ou com aqueles que não seguem a doutrina disciplinar ao qual são todos selados terrenamente. João agora, em vidência, totalmente entregue diante da unidade de poderes e forças da qual encontrava-se o vosso espírito, para revelar ao ouvir da voz que dizia: "*Eu sou o Alfa e o Ômega, o primeiro e o derradeiro*" (Apocalipse 1:11), todas as coisas aos quais os vossos olhos espirituais deveriam conhecer, vislumbrar e acompanhar.

Ou seja, ao contemplar o som divinal que com ele falava, pela honra que havia recebido para adentrar a unidade espiritual divinal de maior força, poder e luz entre o céu e a terra criado para abastecer a terra, para que pudesse não apenas conhecer a vossa unidade santificada como também vislumbrar com os vossos próprios olhos a fonte divinal de onde partem, e quando não partem por lá também são possíveis de observar as energias, os poderes, as forças, as atuações e determinações frente as ordenanças e as labutas de todos os espíritos que nascidos cada um de vossa ordem e de vossa unidade de tempo e de espaço, que em nome do Criador ou pela ordem suprema dele atuam pela força do laço espiritual sagrado, por todo o poder de forças da aliança e dos mandamentos aos quais foram para o campo terreno criados e perpetuado.

Porque fora a mais honrosa passagem a vossa passagem pelo espaço de tempo ao qual se encontra a unidade divinal do templo de brilhantismo azul, para que pudesse receber as revelações celestiais em relação ao que iria ocorrer aos práticantes da disseminação da palavra de Deus naquela época, de onde nomeou o espírito que vos falava em relação a estas sete unidades terrenas da disseminação da palavra de Deus como sendo as sete igrejas, pois seriam estas perante aos vossos dirigentes recebedores do galardão de todas as ações e atos das quais as vossas bocas e vossas intenções pregavam e se proclamavam pelos vossos nomes em nome do Senhor.

Pois quando diz ao arrebatado discípulo, que escreva sobre as coisas aos quais de forma espiritual vislumbrava, e de forma carnal espiritual irá comungar com os demais seres de maneira sagrada, se referia às coisas religiosas espirituais que haveriam de acontecer aos que congregavam em nome dos Espíritos e que caminhavam por sobre a verdade divina ou distante dela; e que este haveria por determinação do Criador acompanhar, assim como todos os outros seres divinos da qual se iniciam e labutam com as forças celestiais e aos que derramam por sobre as congregações e aos seres materiais que perto ou distante da verdade divina se enveredam, porém ele espírito ainda encarnado escolhido para comungar com os mais altos e elevados seres espirituais, porque nele não se encontravam erros, pois seguira fielmente e de forma leal a todos os ensinamentos de vosso Mestre, aquele que fora também cumpridor de vossa determinação pela lealdade e nobreza espiritual e que por isso, diante do trono do Criador, o vosso pai, que vos concedeu o dever de caminhar perante a terra dos que vivem, para viver da terra com os que morrem, para ser por um período de tempo assim como os que padecem do pó, conhecedor das coisas da terra que morre, ainda que pertencesse ele apenas das coisas espirituais que jamais se acabarão, e vislumbrasse e sentisse de forma material e espiritual.

Da mesma forma como vislumbraria aquele que pertencia não somente a terra, mas naquele momento também as coisas celestiais e divinais, porque fora por ele mesmo o vosso aprendiz de nome João escolhido para ser o servo nobre e honroso que caminharia vivo e morto dentro do templo sagrado do Criador, ao qual o vosso regente, o mais puro e nobre ser determinado para ser o regente da Fonte única da luz, o Altíssimo governante dos Templos Azuis o recebeu com honras aos sons das trombetas das harpas e de todos os sons existentes entre os céus e a terra das quais poderia ele mesmo apreciar.

E ainda que pertencesse também as coisas espirituais, naquele momento juntou-se as coisas celestiais, porque fizera parte naquele instante das coisas divinas. E embora não soubesse o discípulo por quem era saudado, pois a vossa caminhada terrena ainda não havia se findado em campo material, e embora tivesse sido espiritualmente arrebatado, não fora revelado ao vosso espírito todas as coisas celestiais, pois a este, seria revelado, apenas aquilo ao qual deveria ele mesmo anunciar as congregações após o vosso retorno espiritual em terra, como determinado. E mesmo não vislumbrando o dono e regente da voz que o falava, era por ela saudado em admoestação de três idênticos clamores de forma que não se compreendesse cada um dos proclamadores que vos falava individualmente; isso para que não soubesse de quem era a proclamação ao qual compartilhava em atos divinais, não por falta de compreensão ou merecimento e sim, para que cresse naquele que vos falava em espírito e não de forma visual ao qual estava familiarizado devido à vivência em campo terreno, onde as coisas são mais acreditadas quando vistas com olhos carnais do que com olhos espirituais, pois ainda era este um ser encarnado, porque ainda não havia ganhado o direito de passagem para o plano espiritual, porque a vossa missão era ordenada de maneira material, e esta não estava ainda concluída, visto que a vossa passagem em vida pela morte espiritual, faria parte de vossa missão pela determinação da qual havia sido selado.

Mas aquele único que vos falava de forma idêntica e sincronizada em três clamores, representava a força de todos os que o abasteciam e lhe davam o direito de por um instante ser e viver como eles mesmos, em espírito, e ser também conhecedor das coisas espirituais pela comunhão espiritual frente as ações celestes ao qual naquele momento também era parte em forças divinas, e ainda assim cumprisse com vossas determinações terrenas em nome daqueles que vos falava em única e poderosa fala, que trazia ao mesmo tempo o som de todas as trombetas e de todas as águas de todas as energias e forças que abastecem os céus e a terra e que por isso, não era ele, apenas um espírito arrebatado e sim o espírito escolhido para comungar de todas as coisas espirituais e terrenas que juntas se transformam em coisas divinas, seja em campo espiritual seja em campo material por força do poder maior que vos criou e vos determinou para que fosse, vislumbre e estivesse exatamente a onde deveria estar e fizesse exatamente aquilo ao qual deve fazer, para cumprimento de sua missão espiritual e não por mera sorte ou engano de quem voz conduzia.

Mas sabia o discípulo que não estava morto dentre os que morrem tampouco vivo dentre os que vivem, pois compreendia que a vossa forma espiritual estava em forma de essência ou apenas em estado de consciência espiritual, ou a forma ao qual fora criado para ser, isso quer dizer, essência divinal pela estrutura espiritual, por isso se encontrava diferente da forma ao qual se valia em campo terreno, local que retornaria após participar e comungar de todas as coisas que deveria por ordenança daquele que vos clamava comungar o fizesse. E ainda que não soubesse quem vos falava, pois o vosso conhecimento era limitado assim como o conhecimento dos homens materiais ao qual caminhava, compreendia que o campo ao qual havia adentrado não pertencia ao campo material ao qual caminhava e que nenhum daqueles ao qual conhecia em terra poderia pertencer aquele campo tão sagrado quanto um único homem que de forma sagrada por ela também caminhou, o vosso Mestre, chamado Jesus a quem possui não somente a honra como também o direito celestial de caminhar com ele com a vossa própria verdade e por isso o direito de que o reconhecesse assim que fora por ele mesmo anunciado.

E dentre as vozes que sincronicamente falava em admoestação, apenas uma voz era pelo servo discípulo reconhecida, e esta era a voz de vosso amado Mestre Jesus. Mas não era a voz do vosso Mestre, somente o Mestre, ser espiritual que outrora materialmente caminhou e comungou a sagrada e suprema missão terrena de ser o cordeiro divinal por determinados caminhos terrenos e sim o vosso Mestre, pela representação do maior e mais elevado Espírito celestial aos quais as vossas forças e poderes se estendem a todos os campos terrenos ou de onde a vossa ordenação é capaz também de lhe ordenar e lhe conceder o direito da honra, pela misericórdia e pela gloria do Criador de lhe permitir conhecer a vossa verdadeira e única face pela vossa verdadeira unidade de forças e de poderes; poderes e forças estas que pertencem a duas unidades celestiais, sendo ele reflexo da unidade de forças magistralmente sagradas jorrando por sobre a terra todos os poderes e forças espirituais a ele concedido pelo vosso nome e pela magia do mistério que o constitui.

Pois tudo aos quais os vossos olhos podiam ver, o vosso espírito podia sentir e os vossos sentidos poderiam experimentar, assemelhava-se ao que o vosso Mestre, por inúmeras vezes por vossa própria prática discursava e mostrava de maneira especial aos que nele creram por meio da fala e das ações. E entendendo que os vossos esforços em compreender de quem era a voz que com ele falava era menor do que a importância de comungar os fatos e acontecimentos ao qual fora divinamente escolhido para vislumbrar, pois somente o vosso Mestre teria o poder de fazê-lo sentir, vislumbrar e adorar os campos celestes da qual sempre falou, assim como o fazia naquele momento, acreditou mais uma vez em nosso Mestre e em vossos poderes espirituais recebidos de vosso Pai celestial, o Espírito Santo, para poder compreendeu também que dentre os que a voz falava na forma de todos os raios e trovões com as vozes de todos os cânticos e todas as harpas juntamente com todos os instrumentos celestiais não era apenas um espírito, e sim era a junção dos espíritos Santos e santificados ao qual ali também encontrava-se à voz de vosso amado Mestre, de quem também fora o vosso mais amado discípulo em terra.

E crendo que somente um espírito dentre todos os espíritos poderia ser capaz de mostrar-lhe e falar-lhe as coisas divinais e celestiais do templo de maior poder voltado para o campo terreno ao qual já havia ele por muitas vezes anunciado, ao qual o único e verdadeiro reino, o reino de Deus, não era aquele, porém tão próximo daquele mesmo que também é a morada de vosso Criador e de Mestre o ser iluminado ao qual ele mesmo procurou em campo terreno a carne, após a vossa retirada e encontrou não somente o espírito como também a essência da unidade espiritual da qual fielmente pregava. E que por isso, saiu ele dos campos terrenos e se ausentou de vossa própria carne para caminhar não diante do trono do próprio Criador e sim de vossa unidade espiritual a casa divinal de vosso Mestre, ou o templo de brilhantismo azul também morada do Senhor, por um período, entre os mortais, e ergueu-se em forças para acompanhar e para fazer tudo aquilo ao qual determinavam as forças celestiais para que fosse e fizesse em espírito tudo aquilo ao qual deveria ser feito em matéria carnal, quando retornasse o seu espírito ao vosso corpo. Isso quer dizer, um pregador e disseminador das coisas santas de Deus e do templo sagrado do amado Mestre, agora não tão distante de vosso ser.

Mas a voz que vos falava não era somente a voz daquele ao qual em forma de homem caminhou com ele em terra e sim a voz aquele que em forma de homem caminhou na terra dos homens, não apenas por ser o filho único capaz de adentrar a terra dos homens e caminhar e entregar-se a vossa determinação de ser o caminho e a paz que vos levariam ao vosso Criador, e por isso, por todos eles e com todos eles morrer igualmente todos os filhos que morrem nesta terra em matéria, onde a morte simboliza não o fim, mas o libertar de todo espírito; e assim, fez ele mesmo, como qualquer outra carne que se entrega ao pó, por amor ao vosso Criador. Mas quem seria ele em terra de homens desfalecendo de vossa matéria carnal igualmente a todos os outros homens, porém trazendo a palavra, o testemunho e a representando o amor celestial, se acaso não soubesse ele o que viria a ser o amor celestial, se não fosse nascido do amor, se não caminhasse por sobre o amor e jorrasse e se derramasse ele mesmo em forma de amor aos filhos de Deus em terra de homens?

Porque para receber a ordenação maior de forças maiores apenas poderia esta ser feita através de um servo não somente fiel, leal, obediente, humilde e preparado para ocupar a vossa determinação diante da ordenança do Senhor, como também somente poderia esta ser exercida e executada por um servo nascido da força do amor, e que, além disso, conhecesse todas as forças do amor, da compaixão, da entrega, da caridade, da doação e do desejo e da esperança de que fossem todos os filhos da terra recebedores de vosso amor. Não apenas o amor ao qual se faz o Criador e sim o amor ao qual ele mesmo possui e através de vossa fonte de energia e de luz, derrama e jorra por sobre todos os homens da terra.

Porque esta que vos pareceria a mais dolorosa e penosa missão espiritual terrena ao qual o espírito poderia suportar, não poderia ser realizada por um espírito que não soubesse caminhar por sobre a dor de ser a si mesmo pela força do amor que ele mesmo carrega. Por isso não era este apenas o filho amado de Deus como também a representação do Altíssimo Espírito da Fonte única ou o primeiro Espírito nascido da ordenança de ser e carregar a estrutura espiritual daquele que devido a vossa determinação santa não a possui, sendo ele, o Mestre, a parte da estrutura espiritual ao qual não possui o Altíssimo Espírito por ser demasiadamente altivo e robusto em energias e forças que seriam capazes de destruir uma unidade sagrada se acaso a esta adentrasse sem uma ordenação do Criador.

Por isso, aquele que vos abria as portas da casa celestial ou do vosso próprio templo de brilhantismo azul para que a vossa unidade pudesse adentrar e caminhar as vossas também certezas e comungar da mesa posta diante da face do Ser Supremo, era não somente a imagem e semelhança de vosso Mestre como a imagem de vosso Mestre reconstruída pela imagem do Altíssimo Espírito da qual carrega ele, não somente pela imagem ou pela semelhança espiritual, ao qual fora reconstruída também de forma material, como também todas as unidades de forças das mesmas fontes, porque é ele o primeiro Espírito nascido da ordem de representar as fontes de energia e de luz que são derramadas por sobre a terra para derramar-se à partir delas, tudo o que elas carregam em vossas unidades pela unidade daquele que vos conduz perante as vossas determinadas missões, ao qual ele mesmo jamais poderá adentrar.

Mas não é ele, o Altíssimo Espírito portador das forças da Luz através das sete distintas fontes de energia, espírito nascido para descer ao campo terreno, porque não é este ser portador de estrutura espiritual da qual o faça ser caminhante com vossas próprias forças e luz por sobre outra unidade espiritual que não seja a vossa própria unidade, o templo de brilhantismo azul, porque sendo ele apenas energia celestial acumulada e em robustez de forças por sete outras energias aos quais estas ainda se desdobram em outras sete, o tornando espírito portador de unidade de forças além da capacidade de forças ao quais muitos campos e elos espirituais poderiam suportar e por isso serem destruídos, não possui em vossa própria ordenação determinação para desfazer-se de todas as estruturas puramente límpida e solidificada por ela mesma para caminhar por entre muitos e muitos elos espirituais, aos quais inclui o campo terreno. Isso porque a vossa composição espiritual ou estrutural espiritual celestial não é capaz de receber estruturação ao qual um espírito em outra ordenação alcançaria por meio da Aura Plena, ou seja, a estrutura que abriga o espírito, capacidade espiritual de encarnar, uma vez que ele mesmo não possui esta estruturação composta de sentido que nascem através da Aura Plena ou a ela a vossa unidade e energia e força é acoplada e o permite nascer em vida carnal em campo de terra.

Por isso, além de ser este Espírito, ser celestial de nobreza e elevação divinal, é o ser de maior fluidez de amor, compaixão, caridade, esperança e forças que possa existir entre os céus e a terra, da qual fora pelo próprio Senhor Deus, o Criador, que o criou e ordenado e determinado para ser e conduzir assim como o Altíssimo Espírito a vossa Fonte única de amor e de caridade, de bondade, de esperança e de luz; porém sendo ele mesmo o reflexo de todas as unidades de poderes que existem em cada uma das sete unidades de luz divinal de cada fonte distinta de energia e de amor. E assim rege e governa todo o amor, esperança e luz por ele mesmo ao lado de vosso reflexo espiritual o Altíssimo Espírito governante das sete fontes, sendo ele a própria corporificação do amor divino derramado pelas sete fontes de luz.

Pois é ele a maior fonte de amor e de caridade ao qual possa existir, criada por Deus para ser o reflexo Dele mesmo, onde o vosso maior e mais amado espírito portador das sete chaves da caridade, da compaixão e do amor, o Altíssimo Senhor Júlio Cesar, recebe para comandar e governar a força da frutificação e do amor para o progresso e elevação de todo ser espiritual material que sobre a terra caminha para conhecer-se a si mesmo, conhecer as vossas forças e poderes e alcançar a vossa própria elevação pela força do amor da compaixão e da caridade ao qual todos recebem por sobre a terra por meio das sete fontes de energia e de pureza celestial.

"E no meio dos sete castiçais um semelhante ao Filho do homem, vestido até os pés de uma roupa comprida, e cingido pelos peitos com um cinto de ouro" (Apocalipse 1:13)

Mas ainda que não possua ele mesmo ordenação de descer aos campos de terra e pregar as faces do Criador, quando assim é ordenado, porém se faz necessário pela força das forças que ele mesmo carrega levar aos filhos de Deus onde seja necessária a vossa presença, assim se cumpre toda a ordenança e a vontade do Criador pelas vossas palavras, porque ainda que ele mesmo não possua estruturação espiritual para descer a terra e caminhar com os filhos de Deus, entrega-se nobremente com todas as vossas ordenações ao vosso primeiro Espírito, ou filho único celestial, capaz de adentrar aos campos espirituais nascido da determinação de ser a vossa semelhança e representação onde quer que a vossa presença se faça divinamente ordenada para cumprimento de toda ordem suprema, porém não possa ele mesmo caminhar.

Por isso era aquele semelhante ao filho do homem, da qual o discípulo João reconhecia, porém não dizia ele, ter visto ser o próprio filho de Deus, ainda que tenha ele visto o próprio filho de Deus e o reconhecido, mas não afirmava que era este o próprio filho celestial, não por não compreender a mesma unidade de forças e poderes repartida em duas unidades distintas, e sim porque viu ele, uma única unidade transformando espiritualmente pela força do desdobramento espiritual ao qual possui o Altíssimo Senhor Júlio Cesar Celestial nele mesmo. Mas era este o espírito ao qual João, o apóstolo se referia e não ao vosso amado Mestre, que devido à semelhança vislumbrava duas unidades em apenas uma força e uma energia celestial, não por ser o mesmo espírito e sim por serem semelhantes em unidade e poderes e forças, assim como é semelhante a vossa própria aparência, ao que se diria aparência física ou semelhança estrutural, onde o que difere uma da outra é apenas a arcada estrutura espiritual para acoplagem da Aura Plena, e não as vestes, a emanação, a vibração, a essência, a aparência visual, porque tudo o que um espírito possui, possui o outro também. Porque é o Mestre Jesus, a imagem e semelhança de Espírito regente das sete forças e energias e poderes ainda que não seja este o vosso regente, e sim o vosso reflexo assim como é o Senhor Deus o regente do Altíssimo Espírito, Senhor Júlio Cesar Celestial.

Portanto, não somente semelhante estrutural e sim semelhança divinal e celestial partidas da mesma fonte manancial de poderes e de forças, por isso, possuem determinação de serem, exatamente aquilo o que devem ser, assim como o filho do homem, espírito único, como também ser o vosso espírito representante ao qual possui não somente estrutura espiritual que o faça caminhar por sobre a terra, como também ser a vossa imagem e semelhança, não somente em estrutura como também a vossa imagem em poder de força, dotado de magias e de mistérios espirituais e celestiais pela força de todas as forças de todas as unidades de forças que constituem as fontes de energia espiritual da qual ele mesmo carrega.

E assim é ele, o Altíssimo Espírito Senhor Júlio Cesar Celestial que diante de vossa ordenação caminha ele mesmo através de o vosso também Altíssimo Espírito a vossa representação em poderes, e forças nascido pela força do amor da caridade, da compaixão e da abundante bondade da qual em terra fora adentrado para ser homem e para ser espírito, assim como ele mesmo eternamente será, sendo não apenas o Mestre filho de Deus, como também a representação do Mestre, o Altíssimo Espírito e de vossas fontes de energia e de luz, levando a todos os cantos do mundo a caridade, a compaixão, o amor e a luz divina pela força de vossa própria luz, ao qual esta jamais deixará de adentrar ou cumprir com a ordenança e a determinação de ser e estar presente em todos os cantos e todos os campos espiritualmente por Deus criado quando por ele mesmo ordenado.

E por ser de Deus, o filho único nascido da ordem de ser as próprias fontes de luz, que o vosso Altíssimo Espírito de onde a vossa semelhança fora criada para representar e para ser e carregar, é o único capaz de adentrar a terra dos homens e caminhar com os que morrem e igualmente também nesta terra em matéria morrer como qualquer outra carne que entrega-se ao pó para ser em espírito elevado, por amor não somente ao vosso Pai celestial e sim ao próprio amor que ele mesmo carrega e que o conduz pelo cumprimento de vossa determinação. É ele não somente a vossa própria voz como também a voz daquele que é o único regente das fontes celestiais do Criador, o Altíssimo Espírito regente das sete energias que compõe a única fonte de luz e emanação do Criador para regência terrena, pois sem estas, nem mesmo a terra teria forças e emanações para ser a terra dos viventes e receber os que dela vivem, assim como também não seria a terra sagrada que recebera o vosso Mestre em carne material, como outrora se fez carne pelo próprio espírito.

Por isso a voz daquele que emana sobre todos os seus servos e servas, que domina todas as forças e cria todas as fontes celestiais de vossas próprias energias que brotam de si mesmos, e que determina vosso filho assentado a vossa destra, pela força de energia e poderes ao qual possui a vossa direta para ser o único portador de vossa compaixão, o vosso amor e os vossos mistérios em terra sagrada, carregando não somente a vossa ordenança como também a chave de vosso maior mistério ao qual envolve toda a humanidade que é à força do amor, assim como determina que seja o vosso mais leal e fiel servo, o Espírito assentado a vossa esquerda para ser a força do poder e da justiça que pelo vosso sagrado nome, carregando as chaves que abrem e trancam a celas das seladuras dos segredos daqueles que em elos de remissão se encontram, após terem passado pelo campo terreno, tortuosos de si mesmos; é a junção das vozes de todos os espíritos que junto a Ele regem e governam todo o campo espiritual material ou terreno, pelas vossas próprias forças e energias nascidas de vossas próprias ordenações de que se façam cumprir todas as vossas ordenanças.

Terça Aliança celestial, equilíbrio das forças

"Eu sou o Alfa e o Ômega, o primeiro e o derradeiro; e o que vês, escreve-o num livro, e envia-o às sete igrejas que estão na Ásia: a Éfeso, e a Esmirna, e a Pérgamo, e a Tiatira, e a Sardes, e a Filadéfia e a Laodicéia" (Apocalipse 1:11)

7.7 Mas João o discípulo ouviu o que lhe prescrevera o ser divinal para que de regresso em vossa carne material pudesse escrever para as sete igrejas de onde se encontravam os sete espíritos determinados a pregarem as verdades do Criador pela observância dos sons que ecoavam da força de vários sons juntamente com estas duas vozes que com ele falava, onde a principal voz que identificava era de vosso Mestre, mas não dele mesmo porque esta brotava de vosso espelho espiritual do Espírito de onde vinha o vosso reflexo e semelhança e que unida com estas duas vozes tornava-se uma só, juntamente com outras duas que se faziam justapostas a esta mesma extremidade de forças e de ruído. Onde estas duas vozes, ou seja, a voz de vosso Mestre e do regente da Fonte única ao qual representavam apenas uma, e a segunda voz representava a voz dos sete Anjos divinais e do Senhor Regente das sete cruzes, nascidos das forças negras aos quais era o grandioso governante o Anjo Miguel quem falava em seus lugares e a terceira a mais poderosa dentre as duas primeiras vozes era Aquela que brota de si mesmo e que conduz todas as forças do mundo pela ordenança de que sejam estas governadas por vossos servos Espíritos nascidas da ordem de serem as vozes das trevas e da luz ou a voz da escuridão que feita de claridade clareia o cume da negrura ao qual se faz noite pela dominância de todos os tons de escuridão em todos os tempos e todos os séculos por todas as eras e potestades, pela união de todos os ruídos das sombras e da luz do mundo.

Porque a unidade da qual não enxergava, porém ouvia em estrondo era uma única unidade composta de três unidades de forças celestiais formadas pelo Altíssimo Senhor Júlio Cesar Celestial, o Regente da luz que resplandece das trevas e o Senhor Deus, aos quais são estes os dois seres espirituais divinais nascidos da ordenança de assentarem-se a direita e a esquerda do Senhor Deus e assim carregarem as forças e as energias celestiais e espirituais que dominam e regem sobre o equilíbrio das forças do mundo, pelo equilíbrio das fluidezes e energias que fluem em campo terreno, assim como o equilíbrio da crença entre todos os seres da terra ao qual as energias que jorram e emanam destes podem influenciar e interferir em outros elos sagrados espirituais.

Por isso as vossas unidades sagradas foram nascidas para serem a representação do Senhor Deus entre os dois polos das duas extremas sentenças de crenças e esperança entre todos os filhos nascidos do pó. Onde uma unidade emana e cobre todos os seres de todos os dons e saberes aos que encaminham vossas evoluções, e a outra parte daquele que aplica a correção divinal pelo poder de lhes concederem a justiça divinal de se reerguerem e novamente caminharem pelas veredas das forças dos Santos para que possam novamente buscar as vossas elevações, porque assim é que se aplica a justiça celestial sobre todos os seres da terra, os corrigindo e concedendo o direito de voltarem e novamente caminharem em direção a elevação do ser pela busca da paz.

Por isso as duas forças sagradas, ou seja, as forças que se encontram a direita do Criador e a força que se encontra a esquerda também do Criador, são as forças e energias concedidas pelo próprio Criador do mundo e de todas as coisas para que caminhe toda a humanidade em direção as vossas salvações ainda que trilhem por veredas tortuosas as vossas unidades, porque ainda assim terão a oportunidade divinal de enveredarem pelos caminhos sagrados de Deus, ainda que necessitem da intervenção espiritual a partir da correção espiritual dos espíritos não Santos.

E compreendendo as forças que ali se encontravam e não mais preocupado em saber de quem era a voz que o comandava, ou de onde vinha a voz que o falava, dentre os que vos falam em nome dela, pois esta não era apenas a voz de uma única unidade de forças, ou seja, não era a voz que bradava apenas do Mestre ao qual havia caminhado em terra e o único da qual conhecia antes de ter adentrado aos céus; esta era de junção de duas unidades de forças formada pelas três forças celestiais, que compõe a harmonia de força de nome Terça aliança celestial, ou seja, não a unidade composta de duas forças nascida em campo celestial para ser unidade de forças distintas em todo e qualquer elo espiritual pela união da força trilateral ocorrida pela junção de poderes cobertos de magias e de mistérios assim como é a Tríade sagrada, e sim a forças de duas posições distintas espirituais de forças do próprio Criador, unidas a Ele mesmo pelo jorramento de poderes e energias celestiais que as tornam duas unidades de forças, robustamente fortes e grandiosas perante todo e qualquer campo espiritual de onde as vossas forças adentram, para executarem por si mesmas as ordenanças divinais das leis dos mandamentos de Deus da quais foram nascidos de maneira celestial, isso quer dizer, para atuarem com vossas ordenanças acima do firmamento e não abaixo dele ou exercerem e governarem as labutas santas de cima para baixo à partir dos céus para o campo terreno.

    Isso quer dizer que estas não são unidades de forças assentadas a direita e à esquerda do Criador simplesmente e sim um poder de forças, distribuídos a duas unidades distintas de determinações distintas para serem uma parte de forças do Criador atuando em uma única diretriz, a parte de si própria pela fonte de luz do Santíssimo Senhor Deus, por isso não são estas somente a representação dos lugares aos quais ocupam em esfera celestial refletidas em campo terreno onde uma é a própria unidade de forças do Pai celestial ou a totalidade de poderes eternos de Deus, derramados sobre duas forças e poderes, onde uma é a unidade de forças dos Santos ou os dons a ciência o conhecimento e as leis terrena, e a última a unidade de forças dos espíritos encarnados, ou os filhos da terra aos quais se encontram ligados a estas forças dos espíritos não Santos, assim a própria unidade de forças celestiais, nascida para ser sobre todas as forças terrenas a partir da própria unidade Santíssima, a qual o Criador ordena que sejam as unidades de poderes por sobre todas as esferas e campos espirituais de poderes, porque é força recebida por cada unidade onde a vossa própria luz vem do Criador e por isso selada a ele encontra-se pela força da Terça aliança celestial.

    Ou a junção de três partes celestiais do Criador onde duas delas, não formadas pela vontade dele de que elas existam em vosso nome carregando os vossos poderes e forças, poderes e forças essas que são o equilíbrio de todos os demais poderes e forças existentes entre todos os campos espirituais de onde a vossa ordenança os ordena, e por isso, estão a Ele fundidas pela seladura de vossa eternitude, assentados a vossa destra e vossa esquerda recebendo as vossas fluidezes pelo jorramento sagrado celestial, ao qual ocupa diante da sagrada e misteriosa ordenação divina de exercer e executar as labutas espirituais pela balança dos poderes em que carregam as vossas determinações e ordenanças, não pela representação ou simbolismo e sim pela constituição de poderes que trazem e governam para ser à imagem dos poderes e das forças do próprio Senhor Deus, equilibrados pela gloria e pela santificação de cada uma onde jamais uma alcançaria a perfeição da igualdade sem que uma fosse a proporção igualitária da outra; e assim jamais alcançariam os homens da terra as vossas glorias e elevações sem que uma não vos concedesse os dons e os caminhos sagrados e a outra vos trouxessem correção e justiça.

    Portanto não é o Ser Celestial aquele que desce aos campos terrenos e aplica as vossas ordenanças e poderes de correção, pois é o Criador extraordinariamente alto para dialogar, quem dirá contestar com qualquer espírito que seja, por isso, são os vossos Espíritos criados a vossa imagem para ser o reflexo pela vossa bondade, caridade, compaixão, misericórdia, clemência, amor, correção e justiça, aqueles que vos falarão em nome de vossa santidade.

Por isso são estes dois Espíritos sagrados a imagem e a semelhança não somente da caridade do amor, da correção e da justiça e sim do equilíbrio das forças que descem e se derramam das mãos de Deus, onde a balança é a própria aliança constituída pela terceira parte desta aliança de poder divinal ao qual foram selados com a força da seladura divinal para serem os que diante de vossos também exércitos atuam em favor da aliança celestial divinal pela força das forças que vos abastecem que é o Todo poderoso Deus. Porque são estas que vos fazem ser fortes, altivos e grandes em nome de quem os criou para serem partes que se completam dentro desta mesma aliança fora que criada para equilíbrio de todas as forças da terra. Por isso, não são divididas e em três unidades e sim abastecidas duas delas por uma única e maior que é a luz do Criador para serem completas entre si ou equilibradas entre elas mesmas por um poder maior.

E esta que é a Terça aliança sagrada é a unidade de forças trilateral pela própria representação da unidade de forças atuando em favor de uma única força divinal, na qual ambas são a representação da sua própria tri-unidade de poderes divinais de dons e de correção ao qual Ele mesmo concede as vosso servos Espíritos assentados a vossa destra e a vossa esquerda e em vosso próprio nome exercerem em labutas espirituais as vossas leis, pela força das forças que possui vosso sagrado nome e pela junção de vossas unidades espirituais coberta de todos os selos celestiais nascidos de magia e de mistérios sagrados Dele mesmo. Porque são estas forças nascidas da determinação de serem do Senhor Deus o equilíbrio das forças e das energias que regem e circulam e emanam sobre a terra pela proporção de vossa própria unidade ao qual ele mesmo derrama por sobre o campo terreno através de vossos espíritos, para que sejam estes, fortalezas de forças a proporção igualitária das forças que circulam entre os homens, e que zelam e cuidam e protegem assim como corrigem e alinham todos os seres em desequilíbrio. Porque é esta a equidade de energia e de fluidez, embora utilizada de maneira e força distinta entre as duas unidades que as detém.

E por isso, cumprem ambas unidades de forças e poderes dotados de segredos e de mistérios, os Espíritos Altíssimo Senhor Júlio Cesar Celestial e Senhor Lúcifer, o Anjo que resplandece das trevas, com os vossos mais elevados espíritos representantes de vossas unidades de poderes e forças, ao qual os representam em campo terreno por vossos nomes, sendo o Senhor das Sete Cruzes caminhante de todas as unidades ou elos espirituais, diferentemente do Mestre ao qual fora reconhecido como Jesus, Espírito nobre e sagrado que também atravessa séculos e séculos por entre as eras de tempo exercendo as vossas determinações e cumprindo com as vossas missões espirituais, pelas labutas e pelejas santas rompendo com séculos de forças e de tempos, para que todos os espíritos, assim como o Espírito, Filho único, nesta terra pode caminhar para cumprir a vossa ordenanças de dor e de morte em nome do amor celestial, assim como caminha em outros elos espirituais, e assim que possam todos os espíritos que forem determinados independente de vossas missões, também caminhar.

Mas era o discípulo ser carnal e conhecia somente aquele poder de forças que outrora havia com ele caminhado em forma física, o vosso Mestre, mas aquela imagem que fora Jesus, não seria novamente a ele apresentada, pois esta fora consumida pelo pó, e certamente a nova forma espiritual ao qual vislumbraria causaria dúvida naquele que ainda era feito de matéria e nas coisas materiais acreditava mais do que nas celestiais, pois assim fora formado o discípulo, não pelo vosso Mestre, e sim pela força da terra de onde ele vinha, terra dos que creem na terra porque dela veem a morte sendo consumada pelo pó.

Mas ele não conhecia sobre o elo celestial, assim como não conheceria a imagem do vosso Criador, pois nem mesmo aqueles que caminharam com vossa Santidade puderam vislumbrar lhe face a face, a vossa eterna gloria, desta maneira não iria o discípulo vislumbrar lhe a eterna gloria e da mesma forma em que não seria conhecedor da face do vosso Criador, também não seria conhecedor do Espírito regente das fontes espirituais de luz ao qual servia-lhe em poderes e forças tanto materiais quanto espirituais para que pudesse além de caminhar por sobre a terra ser um ser vivente tanto em matéria quanto em espírito, e também caminhar em ambos os elos da qual deveria caminhar e comungar; pois é ele o poder de forças que rege todas as energias que estão na terra para que estas sejam vivas e com isso, todos os seres pela terra dos homens possam caminhar, procriar, batalhar, conhecer-se a si mesmos e evoluir.

Logo, não enxergou nenhum daqueles seres espirituais cobertos de energias santas, e que embora tenha deles ouvido a voz, foram eles quem o conduziu e o levariam em regresso a vossa unidade carnal para finalizar a vossa missão celestial. Porque não poderia jamais o ser homem possuidor de carne material ao qual ainda não tenha feito a passagem espiritual, atravessar as esferas das distintas vertentes espirituais e materiais sem que tenha este pela carne terrena morrido. Isso quer dizer sair do campo terreno para o mais alto elo celestial, sem que este tenha atravessado o véu da morte e rompido com as barreiras terrenas e adentrado as barreiras espirituais que o envolvem a alma e o retiram do campo de fluidez de onde parte.

Porque somente através da união desta forças, ou as forças que regem a vida e regem a morte é que um ser encarnado espiritual poderá alcançar todos os elos e campos espirituais e celestiais, porque somente pela junção das unidades de forças aos quais regem as forças da esquerda assentado a face do Criador e as forças que regem a direita assentado a face do Criador é que poderia uma unidade espiritual caminhar por entre as esferas e elos espirituais e adentrar espiritualmente aos postos de onde a vossa ordenança o conduz.

Por isso, são os dois Espíritos sagrados que em união com as forças do Espírito Santo, que vos abastecem, formando a união desta única unidade, a

Terça aliança sagrada, onde a união destes dois Espíritos em emanação com o espírito do Criador forma um dos maiores poderes ao qual fora o mesmo poder, que determinou ao discípulo que subisse aos céus e fossem escritas estas coisas, e fossem comungadas estas coisas e que fossem encaminhadas estas coisas aos Anjos das sete congregações, porque são estes dois Espíritos a junção das forças que conduzem e zelam e protegem todos os seres materiais espirituais em vossas labutas terrenas sejam estas como forem diante das determinações aos quais estas tenham divinamente recebido.

Assim, os sete Espíritos sagrados de cada congregação responsáveis espirituais juntamente com os vossos Comandantes espirituais e espíritos atuantes que trabalham juntamente com cada ser encarnado dirigente de cada congregação que são os vossos filhos materiais para que saibam e conheçam as vontades de Deus através dos Santos que vos conduzem em terra para serem os vossos leais e fieis servos e não os vossos próprios servidores materiais em nome de si mesmos e de vossas próprias verdades, e que por isso, estes conheceriam também a força daqueles que unidos aos Santos encontram pela força da seladura ao qual atuam em nome de Deus equilibrando as forças da terra para lhes mostrarem as vossas obrigações e as vossas sentenças, pela força da terça aliança sagrada em que cada um deles é divinamente selado, seja o Anjo das trevas, o Senhor regente das sete cruzes e os espíritos não santos, sejam o Altíssimo Senhor Júlio Cesar Celestial e os Santos, ao qual ali também se encontra a força aquele das quais todos devem conhecer e pregar pela vossa verdade, o Mestre Jesus.

"Escreve ao anjo da igreja que está em Éfeso: Isto diz aquele que tem na sua destra as sete estrelas, que anda no meio dos sete castiçais de ouro... E ao anjo da igreja que está em Esmirna, escreve: Isto diz o primeiro e o último, que foi morto, e reviveu... E ao anjo da igreja que está em Pérgamo escreve: Isto diz aquele que tem a espada aguda de dois fios...E ao anjo da igreja Tiatira escreve: Isto diz o Filho de Deus, que tem seis olhos como chama de fogo, e os pés semelhante ao latão de reluzente... Ao anjo da igreja que esta em Sardes escreve: Isto diz o que tem os sete espíritos de Deus, e as sete estrelas... E ao anjo da igreja que está em Filadélfia escreve: Isto diz o que é Santo, o que é verdadeiro, o que tem a chave de Davi; o que abre, e ninguém fecha; e fecha, e ninguém abre... E ao anjo da igreja que está em Laodicéia escreve: Isto diz o Amém, a testemunha fiel e verdadeira, o princípio da criação de Deus" (Apocalipse 2: 1, 8, 12, 18) (Apocalipse 3: 1, 7, 14).

Porque não é aquele que diz ao discípulo que escreva a cada unidade terrena espiritual ou cada igreja, um ser diferente que zela e cuida espiritualmente de cada uma destas unidades espirituais terrenas individualmente e por isso cada um observará ao discípulo o que deve ser escrito a cada uma destas unidades onde cada um aplicará a vossa própria sentença, porque é a terça aliança celestial, a união das forças do próprio Criador com as forças que o fazem representantes em vossa direita e em vossa esquerda, com as forças nascidas de si mesmo; por isso era aquele que falava ao discípulo não um ser individualmente da intenção do outro, e sim a parte individual de cada unidade dos dois Espíritos assentados aos dois lados do Senhor Deus, confirmando as vossas orientações, pelas vossas determinações de que sejam exatamente o que nascidos para serem o sejam, e o que nascidos para executarem o executem; pela força de vossos poderes e pela a união de intenção e de desejos de ambos os Espíritos que não exercem as vossas forças e poderes sem que um não conheça o outro. Não que os espíritos nascidos para serem Santos façam valer correções e justiças quando os homens caminham em desacordo de vossas intenções, porém, conhecem eles todas as sentenças e correções e formas de aplicação de justiça aos quais os espíritos assentados a esquerda do Senhor Deus aplicam e o motivo ao qual as aplicaram as vossas sentenças, assim como conhecem todos os espíritos assentados a esquerda do Senhor Deus, todos os poderes de dons, ciência, frutificação, conhecimento e amor e aos quais trabalham os espíritos servos das fontes de energia e de luz nascidas da Fonte única de poderes e de mistérios, porque para estes também pelejam e zelam as vossas unidades.

Por isso quando diz o Anjo que resplandece das trevas a vossa terça vontade pela terça parte sagrada dentro da unidade de forças ao qual ele mesmo possui, esta é ecoada e reproduzida como o som que sai de todas as bocas e por todos os espíritos, e por isso, esta se junta ao som das vontades pela terça parte sagrada da ordenança do Altíssimo Espírito quando proclama este também em vossa intenção, unindo-se assim a ordenança deste primeiro ser, onde ambas juntam-se em ressonância a ordem suprema do Criador de que sejam cumpridas as vossas ordenações para aqueles que em vossas unidades atuam e pelo vosso poder sejam executadas as vossas leis em campo terreno, formando um único som, porque a junção de todas as vontades proclamadas ao tempo é o mesmo que a descarga de uma só força onde a voz que vibra de todos os sons é o mesmo que o ruído de todos os trovões, todas as águas, todos os animais e de todos os ventos que juntos podem ser ouvidos como que saídas de uma única fonte que jorra para que escreva o arrebatado, João, tudo o que devem saber todas as congregações sobre as vossas falhas e acertos para com as forças espirituais.

Porque estas que são as unidades que zelam, suplicam, rogam e vigiam todos os serem, serão as certezas que regerão os próximos caminhos terrenos espirituais em nome de Deus. Pois as certezas dos seres matérias devem ser as certezas divinas aos quais os vossos servos e servas, os Santos e os não Santos, e todos aqueles que atuam como servidores ou preparados para serem Comandantes espirituais e servos de vossos comandantes espirituais, cobrarão de todos os seres que caminham por sobre as vossas próprias vontades e verdades criadas, para servirem como verdades santas em nome daquele que os permite serem ainda mortais. Por isso serão os Espíritos que falam e proclamam tudo aquilo ao qual o servo João escreveu, as unidades de forças, criadas para exercerem igualmente a parte que alertará e cobrará dos homens da terra sobre as vossas promessas, promessas aquelas seladas em elo espiritual antes de partirem todos aos campos materiais, antes de lhes aplicarem as vossas justiças, pela vossa ordenança dentro da parte ao qual lhes cabem.

Mas como não será o próprio Criador quem vos aplicará a vossa correção e a vossa justiça assim como não é Ele mesmo quem vos fartara de dons e conhecimento e ciência para que possam por este campo terreno caminharem e elevarem-se espiritualmente e sim a unidade de forças lastreadas a vossa santidade, ao quais estas representam as forças da vossa santa coroa jorrando por sobre a terra por meio destas duas fontes de energias que por Ele mesmo foram criadas e seladas em vossas próprias forças, para serem uma o complemento da outra. E assim, são estas duas unidades divinamente seladas para serem e existirem pelo cumprimento da ordenança individual de cada uma, onde a ordenança de cada uma completa a outra ou cada uma atua como uma balança de equilíbrio das forças que a outra carrega.

E por isso se encontram a vossa destra e a vossa esquerda, onde apenas uma força esta acima destas duas, que é a vossa própria unidade de forças. E sendo estas forças as forças unidas pela terça aliança que as constituem, serão eles quem vos aplicaram não somente a semeadura do caminhar terreno como também a correção pela força da justiça que carregam.

Por isso, o ser ao qual o discípulo que escreveu as ordenanças de encaminhar as vossas falas as sete igrejas não era somente um e sim o mesmo que é aquele que tem a destra as sete estrelas. Que esta no meio de sete castiçais. O primeiro e o último. O que tem espada aguda em dois fios. O que tem olhos em chamas. Porque tudo o que diz aquele que fala ao discípulo é ainda aquele que tem os sete espíritos de Deus. Aquele que é Santo e verdadeiro. O que diz Amém. A testemunha fiel. O princípio da criação. Pois não é nenhum deles um único diferente daqueles únicos dois espíritos nascidos da ordenança de serem e exercerem as vossas labutas em nome do Criador, sendo eles mesmos, não somente a mesma terça parte das forças que vos abastecem como também a mesma luz que se derramam por sobre a terra, seja pela ordem da determinação ao qual eles carregam.

Sendo assim, a Terça aliança é o terço de parte da mesma unidade espiritual do Criador, pelas unidades que atuam em vosso sagrado nome, pelas forças que recebem Dele, para serem a vossa força atuando pela força não apenas de uma unidade e sim pela força das duas unidades celestiais recebedoras da destra e da esquerda Dele mesmo.

Disciplina espiritual dos Anjos e dos não Santos

"O santuário ficou cheio de fumaça da glória de Deus e do poder, e ninguém podia entrar no santuário enquanto não se completassem as sete pragas dos sete anjos" (Apocalipse 15:8)

7.8 E embora sejam os Espíritos nascidos da ordem de serem e aplicarem a correção e a justiça por sobre a terra, ensinando pela correção, corrigindo pelo ensinamento, combatendo em favor das leis e alinhando pela doutrina todos os atos e ações dos homens nascidos do pó para serem regressos do bem e da elevação espiritual de vossas unidades espirituais, porque quando os ensinamentos e lições não são compreendidos pelos espíritos encarnados e estes são desviados de vossas labutas e afastados de vossas doutrinas e assim apartados de vossas missões aos quais desceram ao campo terreno para aprenderem, são todos os seres encarnados assistidos por aqueles espíritos nascidos da ordem de equilibrarem as energias negativas, as forças opostas, as emanações contrárias e as vibrações adversárias as vibrações jorradas pelas forças das fontes de luz, anulando estas forças opostas pelas intenções dos seres que das energias espirituais que vibram e existem em campo material, mais fazem uso daquelas que vos favorecem mais negativamente do que positivamente. Por isso, são estes espíritos nascidos da ordem de conhecer todas as energias e vibrações existentes em todos os campos e cantos espirituais das quais as energias jorram e vibram por todas as intenções, as unidades de serem capazes não somente de anularem estas emanações bem como as vibrações e fluidezes que conduzem as intenções que vibram daqueles que se utilizam apenas das forças negras para transbordarem entre os seus.

Porque estes espíritos que nascidos da força do negro do cume do abismo que utiliza a vibração da energia à partir da energia do fogo que é iluminado pela luz em seu ápice de força produzindo a luz do fogo santo, possuem a chave divinal do conhecimento da força condutora de todos os sentidos e sentimentos ao qual possui cada unidade espiritual terrena que é a força vibracional que possibilita o recebimento e o jorramento de emanação de energia vibracional. Força vibracional esta que concede o direito de todos os espíritos serem vivos e vivificados pelo poder do conhecimento do bem e do mal pelo também poder da força da luz que cada um carrega dentro de si, sejam espíritos encarnados ou não, que é a luz divina ou a mesma luz celestial que entrega o dever de serem os espíritos nascidos do abismo os regentes do poder da força da luz do fogo. Isso quer dizer que são todos nascidos da mesma fonte de energia e de luz e de poderes, porém são os espíritos nomeados não Santos, recebedores do dever espiritual de conhecerem e dominarem todas as energias que circulam em todos os elos e campos espirituais; e sendo os espíritos encarnados viventes deste campo, possuem os espíritos não Santos, o conhecimento de todas as vibrações e fluidezes que são jorradas à partir dos sentidos e dos sentimentos que vibram e emanam energia para fora de vossas unidades, e que são estas as energias que nascidas de vossas intenções circulam dentro do campo terreno.

Portanto, tudo o que vibra de todos os espíritos encarnados, são de conhecimento dos espíritos não Santos, que conhecem todos os sentidos e sentimentos à partir da vibração espiritual de cada unidade assim como eles mesmos, nascidos do mesmo elo espiritual, com a diferença de que são eles os espíritos que vos aplicarão as vossas correções também pelas vibrações espirituais, porém estas nascidas da força do fogo, contra todos os seres espirituais encarnados que transbordem vibrações negativas, opostas ou contrárias as vibrações das quais recebem espiritualmente para caminharem as suas missões e fluírem as suas próprias energias santificadas, causando assim desequilíbrio de emanações de energias espirituais.

Desta forma, quando um espírito encontra-se em desalinho com as energias da qual recebe espiritualmente pelos Santos e vibra energia oposta a estas trazendo perturbações a si mesmo e aos demais espíritos que assim como ele, recebem o direito de concluírem as vossas missões, são estes espíritos corrigidos através das emanações e vibrações daqueles que carregam a força do fogo em campo terreno ou até mesmo resgatados de maneira espiritual para que as suas perturbações e desajustes vibracionais não afetem as vibrações e emanações dos outros espíritos a sua volta, quando estas causam danos e dores também a própria carne.

Mas é certo compreender que justiça divina não é punição, represália, castigo ou vingança. Justiça divina é a correção do dano do mal e da iniquidade pelo alinhamento das energias e vibrações. Ou seja, é o acerto pelo alinhamento, é a cura ou o remédio ainda que este traga aparente dor inicial; porque é a dor também uma forma de correção, porque é este o antídoto que irá curar todas as feridas e todos os sofrimentos terrenos, sofrimentos do espírito e da alma, não somente daquele que recebe emanações ruins e sofre a dor de ser atingido, como também o que emana vibrações ruins e sofre o lamento de ser danoso a si próprio e aos demais a sua volta. Logo todos os espíritos escolhidos e determinados pelo Criador para aturem nas fendas celestiais, aos quais somente os espíritos não Santos atuam, são espíritos portadores da balança das leis e da justiça em forma de correção das vibrações e não propriamente dos atos que possam causar à maldade, a iniquidade, a dor, o lamento, a angustia e as feridas do espírito e do corpo material, porque é através das vibrações que as forças das intenções serão alteradas e mudadas para que sejam alteradas e mudadas as intenções e ações em favor de todos os seres que com aquele espírito comungam.

E se acaso estes não se alinharem pela correção em forma de novas energias pelos espíritos não Santos, a eles derramadas para equilíbrio das energias por eles mesmo jorradas contra os seus, equilibrando as forças de intenções e ações opostas contra todos os seus, serão estes duramente deparados com aqueles que carregam as forças do fogo, porque serão essas forças utilizadas em forma de justiça em favor de vossas leis e de vossas verdades, não somente através das vibrações em campo terreno e sim através das energias corretivas que circulam no campo de remissão e de justiça divina, bem distante do pó dessa terra.

Por isso, através das sete energias espirituais aos quais atuam os espíritos não Santos, pela hierarquia de vosso governante maior, o Espírito das sete cruzes, sendo esta a vossa constituição ou arcada de espíritos que labutam na linha de espíritos não Santos, frente às pelejas celestiais aos campos terrenos pelo cumprimento das leis divinais é que podem transformar por meio da união destes sete espíritos, sete determinações em sete forças destrutivas. Ou seja, a união destes sete espíritos forma sete missões de correções onde cada um atuará conforme a vossa ordenança em missões de correção ou de resgate, isso quer dizer, sete pragas ou sete alentos a humanidade e ao campo terreno.

Pois são estes os sete anjos divinais a cumprirem as sete ordenanças espirituais, aos quais nomeou João, o apóstolo de as sete pragas, porque naquele momento nem mesmo ele compreendeu o poder de forças dos espíritos não Santos em destruir para transformar a fluidez de forças negativas nascidas dos seres espirituais encarnados em equilíbrio de forças positivas, uma vez que quem possui e descarrega as verdadeiras energias negativas e danosas sobre a própria terra de onde vivem são os seres encarnados quando emanam forças e vibrações negativas contra os seus.

Então, embora possuem os espíritos não santos o conhecimento das energias e vibrações negativas deste campo, são eles nascidos para anularem estas que são a verdadeiras forças destruidoras que o campo terreno possui, porque são estes os espíritos que descarregam sobre as energias e fluidezes negativas dos espíritos encarnados as forças para anularem e destruírem as vibrações opostas e que, por isso são estes embates que geram as pelejas e batalhas espirituais de forças que podem causar também danos e destruição não somente de energias como também de elementos materiais terrenos, porque é no campo terreno onde estas batalhas ocorrem.

Porque é o afrontamento de energias divinais dos espíritos não Santos chocando-se com as energias espirituais negativas dos espíritos encarnados forma uma fluidez verdadeiramente robusta atingindo a própria terra de onde esta energia é emanada, tão forte transformando-se em uma unidade espiritual de fluidez negativa terrena capaz de destruir até mesmo as unidades materiais que ali se encontram. Isso não pela vontade dos espíritos em causarem o mal e sim pela robustez de forças ali alocada em uma única unidade de energia que se forma diante do embate destas duas energias, ou entre as energias negativas dos espíritos encarnados e a energia negativa aos quais carregam também os espíritos ordenados a destruírem esta potencialidade de forças, porém quando descarregam sobre o próprio campo de onde vem estas energias, forma uma nova unidade de forças capazes de causar destruição por meio do impacto de forças e a junção destas duas unidades chocando-se e espalhando-se por entre o campo terreno; porque é este impacto e choque energético o causador de destruições das coisas e elementos terrenos que estejam próximos no momento do choque; transparecendo que são as forças dos espíritos sagrados diante de vossas ordenações.

Portanto não são as determinações que destroem os campos de onde as energias nascem à partir do desejo do espírito encarnado e sim o choque da fusão das duas energias vibrando similarmente por intenções distintas, porque são estes apenas determinados a destruírem as vibrações daqueles que causam a dor de si mesmos e dos demais seres assim como ele encarnado, pela força de vossas intenções, porque estas se tornarão em ações também destrutivas.

Logo não existe o desejo de destruir e sim de anular para que não sejam destruídos os seres da terra, porém são estas energias que rompem com as vibrações do espaço e do tempo de onde se encontram as energias vibrando de maneira danosa, as energias que no mesmo momento do choque com as energias vindas à partir das vibrações da terra se encontram com as energias vindas à partir do cume do fogo, formam uma grandiosa potência de energias suficientemente capaz de causar danos as coisas materiais, porque estas sendo compostas também de energia terrena, serão atingidas em fluidez e emanação acima da capacidade no próprio campo terreno, e serão verdadeiras bombas de energia destruidoras e dilaceradoras das coisas terrenas. Energias estas formadas à partir da junção de várias unidades espirituais encarnadas vibrando em poderes e forças a mesma intenção, formando assim ataúdes, de onde paralisam todas as energias e vibrações mortas ou danosas em um único ponto de emanação a ser jorrado de uma só vez por sobre um único curso.

Pois os sete anjos divinais, ou seja, os sete espíritos determinados a cumprirem as ordenanças celestiais nascidas do regente do fogo, somente o fazem pelo cumprimento de vossas verdades, jamais por vontade própria, pois não são eles o Criador do mundo, da humanidade, dos elos espirituais dos espíritos ou de todas as vontades e proclamações divinais, são eles a forças que juntas formam a fortaleza que é regida por vossos superiores governantes, e a junção destas forças, são capazes de transformar gloria em pragas assim como são capazes de transformar brasas em esplendor, bastando um único desejo de que sejam cumpridas as ordens de Deus que acima de todas as ordenanças, porque as ordens de Deus de que sejam cumpridas as vossas leis, são e eternamente serão as mãos que os comandarão.

Por isso, a junção das sete forças espirituais é a única força capaz de transformar o que o Criador quiser no que Ele mesmo desejar pela ordenação de vossos Espíritos nascidos da ordem de serem a balança e o equilíbrio de todas as forças e energias que circulam e existem em todos os campos e elos espirituais, pela força de vossa vontade. E apenas à junção de sete unidades de forças espirituais em harmonia celestial são necessárias para formar a fortaleza de forças capaz de transformar as forças em novas forças, os elos espirituais em novos elos, o mundo em um novo mundo, se assim Ele mesmo desejar.

    Portanto não são os anjos seres angelicais de ternura e de amor que caminham ao redor do Criador envoltos em nuvens doces para embelezarem suas vestes ou abrir caminho por onde os Santos irão passar, pois os que embelezam as vossas vestes ou abrem os caminhos por onde os Santos irão passar são os espíritos infantis, nascidos da ordem se serem puros e nobres para junto a verdade caminhar. Porém, são os anjos, seres nascidos da luz e do fogo em grandes ou pequenas tribulações possuidores de grandiosas e infindáveis autoridades e forças; altamente doutrinados e disciplinados, por milhares de anos de majestade e hierarquia para atenderem as determinações divinais, sem falhas, enganos ou erros, uma vez que somente os espíritos leais, fieis, obedientes e humildes é que receberão o galardão de serem espíritos nobres assentados a direita ou a esquerda do Criador cumprindo as ordenanças que lhes cabem cumprir, prostrados aos vossos governantes, seja da luz, seja do fogo, mas todos regozijados pela paz, pelo amor, pelo auxilio, pelo resgate, pela compaixão e pela correção, assentados ao lado do trono ao qual o próprio Criador os ordena, de onde possa vir todas as determinações, porque são por disciplina dotados de bravura, honras, vigor e valentia para serem e executarem tudo aquilo que vos cabem.

    Por isso, são os anjos, independente da nomenclatura terrena que recebam, ou seja, anjos celestiais, guardiões ou espíritos de luz, seres que cumprem com a determinação do Criador para a construção, reconstrução, destruição, correção, ajuste, justiça ou qualquer que seja a ordenação divina. Portanto são servos altamente qualificados e disciplinados na hierarquia divina da qual estão alinhados, pois a tarefa dos anjos de Deus é servir ao seu Criador da forma em que ele determina se utilizando das forças por Ele concedidas em esferas que Ele incumbiu, ou seja, atuam desde as esferas mais extremas até as esferas terrenas conforme a determinação de vossos governantes, calçados pela balança da justiça. Não aquela que pune e sim aquela que carrega em vossa balança o poder do equilíbrio entre os seres, pela força da cura e da condução dos bons caminhos.

    Por isso é certo compreender que as mãos de Deus são pesadas em relação ao erro, a falsidade, aos escárnios da carne e que a vossa justiça é demasiadamente dura contra os infiéis e imorais seres nascidos de vossa própria vontade. Porém não será Deus, o Criador, quem carregará o pendulo da correção e da justiça em vossas mãos, e sim seus devotos, altivos e majestosos servos, os anjos Miguel e Gabriel, ao qual é Miguel o mesmo que O regente da luz que resplandece das trevas e é Gabriel o mesmo que possui as chaves das trancas de todos os tempos e todos os segredos nascidos do zelo e do cuidado das fontes aos quais é ele também o governante único da Fonte única de poder e de gloria sobre a terra o Altíssimo Espírito governante das sete fontes de energia e de luz celestial. Mas quem irá conduzir os filhos da terra lhes fornecendo sabedoria, conhecimento, frutificação, autoconhecimento, assim como correção, novos caminhos e justiça através da disciplina espiritual serão seus mais nobres Anjos nascidos para serem a vossa destra e a vossa esquerda atuando em vossa autoridade; pois é o Criador perfeito, grandioso, majestoso criador do universo que comanda e determina seus anjos a aplicarem suas ordens e não Ele mesmo. Mas não são os anjos perigosos disciplinadores de justiça, e sim a condução do equilíbrio das energias e das forças que existem em campo terreno pelas ordens do Criador.

E são as linhas de espíritos angélicos as linhas formadas por espíritos que atendem a duas labutas dentro da mesma doutrina que é o ensinamento do caminho sagrado e disciplinar para alcançar nobreza espiritual e elevação de forma que se alcancem altos patamares diante da mesa posta do Senhor Deus. Portanto a questão mais importante frente à doutrina é compreender a verdadeira disciplina terrena espiritual a ser utilizada. Se aquela que criamos com nossas próprias crenças e verdades ou aquela da qual servem as leis divinais trazidas pelo Mestre Jesus, ao qual serve ele mesmo sendo o primeiro Espírito atuante com este Espírito de nome terreno Gabriel.

Porque as linhas angélicas ou espíritos determinados de agrupamentos de espíritos dotados de poderes e forças, que partem das ordenações dos governados, anjos Miguel e Gabriel de onde cada polo ou cada face de cada lado do Criador estão suas hierarquias e seus agrupamentos com a determinação e a incumbência divina encaminharem os seres da terra através de frutificação de continuidade da espécie humana, disseminação das energias, veredas santificados, bem como comando de labutas em combate contra as forças negativas nascidas da terra que os impedem de progredirem suas unidades por meio da correção espiritual através do poder de manipulação das forças e vibrações, anulação as energias negativas para cumprimento de correção e justiça divina, esta aplicada em outros elos espirituais.

"Como você caiu dos céus, ó estrela da manhã, filho da alvorada! Como foi atirado à terra, você, que derrubava as nações! Você, que dizia no seu coração: subirei aos céus erguerei o meu trono acima das estrelas de Deus...me sentarei no ponto mais elevado do monte santo" (Isaías 14: 12-15).

Mas a ideia de que haja um anjo caído somente seria certa que acaso o Criador não conhece os seus servos e servas bem como todas as suas intenções de cada unidade espiritual que o serve diante de vossas casas celestiais, somente seria válida se acaso adentrassem espíritos impuros e impróprios aos elos celestiais e divinais ou se acaso pudessem apresentar-se diante da face de Deus espíritos que labutantes de suas próprias verdades. Porque neste caso não seriam espíritos criados pelo Senhor, porém existe apenas um Deus criador, porque o mesmo Deus que criou os céus e a terra e todas as suas belezas, é o mesmo que criou os espíritos para abrigarem-se em todos os campos de todas as unidades celestiais e terrenas e que ainda vos concede o direito de correção e ajuste de vossas unidades de essência perante os elos de remissão quando estes caminham em direção oposta a vossa eternidade. Porque todos os espíritos nascidos da vontade do mesmo Criador são abertos em vossas essências e unidades espirituais ao vosso Deus, ou seja, não existe nada ou nenhuma intenção da qual possa ter um espírito da qual não seja de conhecimento de vosso Senhor.

Portanto jamais existiu um ser que pudesse atravessar os elos celestiais para assentar-se a um trono da qual não tenha para isso sido criado, ungido e abençoado e que não o faça em vosso sagrado e eterno nome por amor, fidelidade, lealdade, humildade e obediência. Porque se não fosse para criar um servo conforme a vossa vontade e determinação de ser um servidor leal e fiel, não teria este sido criado, tampouco em vossa casa adentrado. Porque é Deus o Todo poderoso, Espírito nascido de vossa própria vontade, conhecedor de todos os votos e todas as intenções de todos os vossos servos e filhos diante de todos os séculos por todos os séculos, e absolutamente nada adentra diante de vossa face a não ser pela vossa mais pura, suprema e gloriosa vontade, de que seja feito tudo o que ele mesmo ordena e que seja feito em vosso nome, ontem, hoje e sempre. Amém.

Por isso, jamais adentrou a uma de vossas casas celestiais para servi-lo como anjo, ou seja, unidade espiritual com determinação celestial de atuar e labutar por vosso santo nome, um ser que pudesse ser dotado por apenas um milésimo de segundo de inverdade, má intenção ou falsidade, porque neste caso não seria Deus, o Criador, o Todo-poderoso Deus criador de todos os espíritos e de todos os desejos e intenções, porque até mesmo os sentidos e sentimentos carnais são de vosso conhecimento. Ora, se não fora o próprio Senhor Deus, quem vos concedeu o direito de serem afetivos, amorosos e possuírem sentimento se sentido carnais? Ora, se é o Criador o Ser Supremo quem vos concede algo da qual ele mesmo desconhece, ou não conhece todas as nuances e faces? Embora não seja ele mesmo quem vos descarrega as vossas forças e vos cobra de vossos caminhos, é Ele a eternitude plena que governa todos os sentidos e todas as unidades celestiais de todos os sentidos, sentimentos, e remissões existentes em todos os cantos de toda a eternidade dele mesmo.

E jamais existiu um único ser celestial que subiu aos céus em forma de anjo e que possa ter sido atirado a terra, por não ser um leal e fiel cumpridor de vossas vontades, porque este jamais existiu! Por isso, tampouco um servidor celestial criado por Deus ao qual pudesse ser um errante, indeciso, desleal ou infiel.

Mas a ideia de um que possa ter existido, um traidor ou desleal servo refere-se a um ser espiritual encarnado e não um ser espiritual vivenciando a vossa existência de maneira celestial, porque este da qual fora um errante, falso e desobediente fora um homem terreno e não um anjo ordenado, agindo em detrimento de suas próprias palavras, criando suas próprias regras, se autoproclamando grande e se autocolocando em lugares tão altos quanto a sua arrogância o permitia ser em solo árido, jamais em campo celestial. Porque este nunca esteve em outro céu a não se aquele criado por ele mesmo diante de vossas falsas ilusões de acreditar estar tão alto quanto as estrelas

Porque este que dizia; Subirei aos céus; erguerei o meu trono acima das estrelas de Deus; eu me assentarei no monte da assembleia, no ponto mais elevado do monte santo (Isaías 14:13), nos mostra um rei desejoso de que a vossa vontade terrena se cumprisse em campo celestial assim como se cumpria em campo terreno. Deseja ele subir tão alto quanto o céu, por se sentir tão poderoso, majestoso e elevado quanto o próprio Senhor Deus que o criou; por se sentir tão poderoso em terra quanto o próprio Deus que o criou não em terra, mas em campo celestial para que pudesse conhecer esta terra. Mas fora a vossa arrogância quem o conduziu ao nada, porque fora este resgatado pelos anjos de Deus devido a sua prepotência causadora de tanto mal a humanidade, de onde o seu próprio céu de ilusões era governado através da soberba, da tirania e da crueldade por meio do medo e da dor nas penalidades aplicadas aos pobres, indefesos e miseráveis por meio daqueles que o serviam e o considerava por imposição dele mesmo ser um deus, deus de julgamentos de horrores de penas e morte aos seus.

E fora precipitada a vossa retirada do campo terreno ou a vossa caída do trono da maldade da qual governava seu mundo de dor usando o nome do Deus. Pois foram as próprias palavras utilizadas por este rei de homens e não de anjos e espíritos que o fez cair, não dos céus, porque lá nunca esteve, e sim de vosso trono de tirano em terra de homens juntamente com seus servidores, pois a verdade é contra a falsidade e a mentira em nome da gloria, tão logo em nome de Deus. E a terra é o pó que o consome todos os erros da carne, e ainda que não consuma todos os erros do espírito este é o caminho para levar a julgamento todos os espíritos que nascidos do pó deixarão as vossas histórias virarem lama na lama da terra pelas ideias e ações más nesta terra que traga o erro e a maldade da certeza da carne.

Isso mostra como foi repelido pelos anjos do Criador, por desejar o pódio mais alto da idolatria e não do campo celestial, porque aqueles que desejam o topo mais elevado da casa de Deus, assim como os próprios moradores dela, se curva em humildade, se abastecem de caridade, se regozijam em obediência e se compadecem em amor aos seus, e nunca o contrário. Porque o desejo de elevação acima dos seus em campo terreno se auto proclamando superior até mesmo endeusando a sua própria unidade espiritual, é uma das faces da inverdade e da doença espiritual do ser da terra que sobre o erro da mentira e da insanidade causam a desgraça de si mesmo e de todos os seus, por tudo aquilo que o corrompe contra o que é certo, verdadeiro e espiritual, que é a própria verdade do ser. Pois a Verdade derruba todo o erro do homem mal, infiel e desobediente em relação aos ensinamentos divinos. E a disciplina do Criador é dura para com os homens terrenos que através de suas falsas verdades acreditam estar em patamares tão altos em nome de uma verdade inventada para corromper e anular o verdadeiro Deus, o Criador do mundo, que se esquecem de que quem os criou fora o próprio Senhor Deus.

Por isso, anjo caído ou homem caído são seres que jamais se encontrarão no céu celestial, um, porque jamais será criado e o outro, porque jamais subirá tão alto, pois jamais caminhará tão longamente de forma humilde e caridosa, se dedicando as lições das quais veio para aprender para que tenha conhecimento e elevação espiritual suficiente para tal ato sublime e glorioso a ponto de reservar o Criador um trono para ele diante de vossa casa, pois a justiça divina é força divina que atua com braços de ferro em relação a todo o mal contra os maus pensamentos, mas ideias e ações mundanas antes que estas cometam maiores atrocidades.

"E tu Cafarnaum, que te elevas até o céu, até ao inferno serás abatida... Jesus disse-lhes: Vi Satanás cair como um raio do céu" (Lucas 10: 15,18).

Mas quando proclama o Mestre a visão espiritual de observância divina constatando a caída de Satanás dos campos celestiais, refere-se ele ao céu criado, ao céu de arrogância em terra de homens, pois o céu celestial é o lugar da qual a inverdade onde os insanos, impuros e impróprios jamais estiveram, pois jamais fora o mal do homem admitido em esfera celestial. Por isso o mal da qual relata sobre Cafarnaum, também se relaciona com a auto elevação de si mesmo em que o seu governante se assentava por vontade e necessidade própria de autoafirmação sobre os seus. Pois este que fora também nascido para carregar vossos irmãos encarnados, se autoproclamava elevado aos céus, pois o seu orgulho o colocava em patamares tão altos criados por ele, que este de fato encontrava-se no céu ilusório de suas simulações; céu este abastecido de mentiras e de tentativas de ser grande em terra de insanidades e de inverdades, da qual a caída é tão rápida quando um raio ao cortar o verdadeiro céu.

Mas o céu de onde jamais subiu que era também o céu de onde jamais esteve não era o mesmo céu da qual falava em visão o filho de Deus. Porque o Mestre, conhecedor dos céus e do inferno, porque não é o inferno campo desconhecido do Criador, tampouco de vossos servos e servas os espíritos que atuam em nome pelas vossas sagradas leis, é o céu santificado de onde nunca adentrará aqueles que do céu de mentiras acreditam estarem, e que por isso, falava o Espírito sagrado homem, porque homem este também já o foi, sobre inferno ao qual observava adentrar aquele que do céu celestial nunca adentraria porque não é este o lugar da qual encontra-se reservado tal qual a habitação daqueles que em espírito morrem, mas sim o inferno de onde se faz guardado o lugar a estes soberbos que se intitulam deuses de homens em céus criados a troco de nada em campo material, pela arrogância de acreditarem serem maiores, melhores e mais nobres quando deveriam apenas exercerem as vossas missões de seus próprios crescimentos espirituais.

Mas é o céu de ilusões aos quais acreditam estar os que vivem da mentira terrena erguida sobre a verdade dos Espíritos e do Senhor Deus muito distante da hierarquia divina, porque nesta não adentram mentirosos, insolentes e orgulhosos de vossas caminhadas tão pequenas quando as vossas vontades de se levantarem em terras de homens.

Ora, mas não caem anjos dos céus por aquilo da qual jamais tiveram, possuem ou experimentaram, ou seja, não são os espíritos divinos derrubados de vossas posições devido sentidos e sentimentos que não possuem ou nunca experimentarão, porque não são os seres angélicos, servos gerados, nascidos e determinados a cumprirem determinações espirituais possuidores de sentidos e sentimentos que vos possam ser sentidos em forma de arrogância, prepotência, soberba ou qualquer outro sentido de sentimento da qual possa ser experimentado e destrutivo ao homem carnal, uma vez que não possuem os espíritos, sentidos e sentimentos materiais terrenos, assim como os espíritos encarnados. Por isso não são os espíritos, perdedores ou devedores daquilo ao qual nunca tiveram.

Logo, não existem anjos caídos ou punidos de vossas faltas e falhas contra a divindade que vos concede o direito de serem os vossos sagrados servos, aos quais os fazem em plena lealdade, fidelidade, humildade e obediência, pela honra de terem sido escolhidos ou alcançado patamares tão grandiosos e elevados a qualquer espírito que fielmente cumpre com a vossa ordenação e missão em nome de vosso Senhor, ao qual apenas o amor, a devoção, a dedicação e a humildade são os sentidos que os consomem e os fazem serem o que espiritualmente são.

Por isso, a ideia de anjo caído não é nunca será verdadeira para aqueles que creem e se prostram assim como os seres angélicos ao Santíssimo Senhor Deus, que os criou pela vossa plena sabedoria, poder, majestade e bondade em forma de compaixão, misericórdia e bondade para o servir, servindo a todos os seres espirituais que de vossas unidades necessitam, assim como nos servem de forma que possamos estar protegidos com as vossas mais leais e fieis espadas e lanças, forjadas em fogo santo para alcançar longos e bons caminhos diante de vossa face celestial. Porque são os espíritos angélicos assentados a esquerda do Espírito Santo, os protetores e leais servos das casas nobres de Deus, aos quais encontram-se todos aqueles que de vossas ordenanças atuam para levarem as mais dignas orientações e mensagens, hora em forma de correção hora em forma de poder de justiça, para que todos tenham diante de vossa balança divina o dever assim como o direito de serem caminhantes da verdade de um único e poderoso Deus que também os gerou, para que andem em direção não ao corte de vossas espadas e sim em direção ao caminho da única verdade que é o Criador, e por isso assim o fazem, ainda que seja necessário a dor da lança ou o corte da faca. (Senhor Sete Encruzilhadas).

E são eles os espíritos assentados a esquerda do Senhor Deus, fortes e poderosos espíritos nascidos da luz divina que atuam em favor da verdade, e por isso, toda e qualquer forma de arrogância de tentar-se elevar a patamares da qual não fora pela ordem divina determinado, será retirado do meio terreno por determinação divina, por aqueles que diante da esquerda se apresentam e se atiram aos cantos remoto de dores e em energia desajustados. Porque são os anjos, as forças que lutam e combatem contra o mal que assolam a ordem espiritual da esfera terrestre, fazendo valer a justiça divina celestial.

Mas vejam vocês, se não é o mal, o sentido da materialização dos atos e ações más, conduzidas através do homes de caráter falho e intenções e ações maldosas, onde enganadores, aliciadores e mentirosos com falsas pretensões e desejos maldosos contra os seus, muitas vezes intitulados de demônios ou igualados a uma serpente, porque assim como o ser rastejante adentra sorrateiramente e corrompe as intenções e desejos bons causando dores e danos a toda uma sociedade, e que por isso é aquele que carrega as intenções de causar o mal, sendo ele o próprio mal de si mesmo, muitas vezes comparado a este réptil que adentra a qualquer porta ou fenda aberta assim como a maldade que adentra a qualquer ser da qual não esteja fortemente firmado em seus princípios e ideais e arrasa com as verdades e vontades boas, trazendo medo, pavor e desgraça materiais e espirituais.

Porque é a serpente ou satanás a representação de tudo arquétipo do mal ou da vontade de adquirir vantagem terrena de ilusória superioridade ou de elevação sobre os seus, tendo por isso prazer ou gozo momentâneo, através de atos e ações que sejam danosas ou dolorosas os outros seres assim como a ele mesmo que nascido para disseminar o bem escolhe por vontade própria ser o carregador e disseminador do mal. Pois o desejo e as ações que geram o mal pertencem ao desejo do ser encarnado de mente mortal e não ao espírito, porque este não age por impulso sobre as suas verdades, porque estas não são criadas por impressões terrenas da qual envolvem ilusórias tentativas de dominar a verdade dele mesmo e dos outros, caminhando sobre influência de verdades e inverdades criadas para serem verdades próprias. Ou seja, agindo sobre desejos e ações falhas sem sustentação de matriz divina espiritual que o alimente as certezas, porque são os desejos e as ações falhas agindo sobre todos os outros desejos e ações, a causadora de todo tipo de maldade e atrocidade, ao qual chama-se raiz do mal, ou serpente ou satanás.

"Vós tendes como pai o demônio e quereis ouvir os desejos de vosso pai. Ele era homicida desde o princípio e não permaneceu na verdade, porque a verdade não esta nele. Quando diz a mentira, fala do que lhe é próprio, porque é mentiroso e pai da mentira". (João 8:44).

Por isso, é o desejo e as ações más, a ilusão de adquirir poder ou prazer por meio da vantagem sobre os outros seres, criada pelo homem através das falsas verdades ou verdade imaginárias de sentidos e sentimentos e percepções terrenas, uma vez que são estes os sentidos que rodeiam e abastecem os seres da terra. Porque quando diz o discípulo "tendes como pai o demônio" diz o mesmo que: tende como pai a maldade a falsidade e a inverdade criadas à partir dos sentidos, sentimentos e percepções materiais terrenas e enraizadas em vosso sentido mais profundo existencial, ou aquele da qual não se poderia existir se acaso não fosse esta a razão de vossa própria existência, tal qual é um pai em relação a doação de vossas própria unidade para a frutificação de vossa semelhança em unidade e espécie. Desta forma, ser filho do demônio é o mesmo que ser nascido da vontade própria de existir e ser nutrido por vossas próprias crenças errôneas da qual prefere acreditar e se basear em troca da verdade divina.

Porque não são as ações falhas, o erro homicida, ou seja, o autodestrutivo poder de exterminar a si mesmo pelo desejo de seguir as suas próprias verdades pelo caminho da dor e do sofrimento, porque quando pronuncia e dissemina a mentira, o medo e a dor, não diz nada sobre outros e sim sobre si mesmo, porque é ele mesmo o pai de tudo o que carrega dentro de si, ou o pai da mentira da qual traz no peito. Isso quer dizer, é o próprio doador dos desejos das ações e das frutificações que causam o mal que expõe de dentro para fora. E sendo os desejos e as ações falhas o próprio homicida ao qual é o pai a raiz do engano e do erro dentro de si próprio, nem a dor, nem o sofrimento permanecerão nas verdades espirituais do campo de onde a verdade deve prevalecer, porque a verdade não se junta com as falhas materiais e sim com aqueles que das falhas e das ações más preferem viver, e este campo encontra-se bem distante dos campos da terra sagrada de Deus.

Mas sabemos que todos os instintos e vontades carnais adentram ao homem através da Aura Plena que é a porta de entrada dos sentidos e cinco sentidos e sentimentos que criam suas próprias impressões em relação ao ambiente e vontades terrenas uma vez que o espírito é puro e imaculado, ou seja, não se pode macular ou causar dano devido impressões terrenas, por isso a Aura Plena o impede de ter contato direto com a carne que é causadora do mal, logo, não pode ser considerado espírito mal e sim homens maus com ideias más, crenças más ou ainda conceitos mal adquiridos em terra. Pois independente dos atos terrenos da carne, o espírito continua imaculado e celestialmente puro em essência pertencente ao Criador e o Criador o rege e protege de forma a preservar a própria forma espiritual da unidade santificada de ser imaculado que espiritualmente o é.

Por isso, não existem maus espíritos, e sim maus conceitos e más ações que são aplicadas por espíritos que se utilizam de verdades próprias opostas às verdades celestiais nascidas sobre as leis e os mandamentos divinais fazendo expostas as suas vontades de demonstrarem as suas falhas e enganos nascidos dos próprios erros e das inverdades contra a verdade de Deus. Porque aquele que utiliza o mau conceito e as ações más para caminhar, seja em campo terreno seja em campo espiritual, possui conceitos enraizados do que acredita ser verdadeiro contra o bem e os aplica diante do mundo em que vive. Porém o mau que se esconde atrás da verdade, e usa da própria verdade para se autoproclamar em suas medíocres ações, travestindo-se de bom ser espiritual, traz consigo a raiz envenenada da própria falha ao qual chamam de satanás ou serpente a serem derrubados por aqueles que em nome da verdade atuam.

E é esta a trajetória do dito anjo caído, ou seja, o homem caído por conceitos falhos, que por muitos séculos foi intitulado como o Diabo ou o anjo traidor que arrasta uma terça parte das estrelas do céu ou daqueles que o seguem no seu próprio conceito de céu criado por ele mesmo ao qual convence uma terça parte daqueles que se tornam seus subordinados e creem em suas falsas verdades e se prostram como se fosse o verdadeiro Criador do mundo e das verdades a serem seguidas.

"E já não houve lugar no céu para eles. Foi então precipitado o grande dragão, primitiva serpente, Chamada demônio e satanás, o sedutor do mundo inteiro. Foi precipitado na terra, e com ele os seus anjos." (Apocalipse 12; 8,9).

Sendo assim, também é o título de diabo e satanás conferido aos maus espíritos bem como aos homens maus de conduta e comportamento propriamente ganancioso e prepotente que se fazem desacatar as leis divinas e desejam posições terrenas maiores acreditando estarem suntuosamente tão próximos ou ao lado do Criador, por mera vaidade e arrogância quando estas não foram de fato lhes conferida por vossa santidade, ou apenas acreditam que são merecedores de prazeres e gozos terrenos por serem seres especialmente escolhidos para serem carregadores de vossas vestes quando estas sequer existem no solo da terra ou ainda por viverem de vossas falsas e imorais verdades em relação às crenças e a ações falhas perturbando os bons caminhos escolhidos pelos outros espíritos encarnados a sua volta.

Mas vejam se não são expulsos e caídos, não dos céus e sim de suas próprias ilusões os homens arrogantes, maléficos e gananciosos em suas posições com todos os seus desgarros, ou a terça parte de seus seguidores crentes de nada, por desejarem caminhar sobre as próprias verdades e considerarem-se superiores ao Deus supremo que os criou e o determinou ser somente aquilo ao qual deve ele mesmo ser. Portanto, não houve mais lugar para eles no céu. Ou seja, jamais haverá lugar no ilusório ou paraíso imaginado, pois o que é falso não pode caminhar junto à verdade de Deus, pois este esta em direção contraria ao Criador, porque enquanto forem estes sedutores em mentiras e causadores de desgraças, todo o seu mau e ações feitoras de danos, serão expulsos dos caminhos da verdade e não mais se acharão no céu terreno ou no lugar ao qual reservado estava em campo celestial para todo espírito em regresso de sua jornada terrena, ao qual se chama também casa celestial de onde todos um dia partiram para descer ao campo térreo e deverão retornar. Porque para estes seres não serão achados os seus lugares nos céus ou nas casas celestiais, porque toda arrogância, prepotência e falsidade voltam ao pó ou cairão por terra, e com eles, todos os seus mensageiros do erro e da mentira. Mas não a terra ao qual a terra consome a carne porque esta, de fato, consome apenas a carne e sim a terra representação do sentido de onde a dor e o sofrimento estão tão presentes quanto o desejo de se fazer o mal.

Mas vemos que o Senhor Deus sempre ordenará que seus anjos de luz nascidos de vossa esquerda ao qual a correção e a justiça está firmado vos encaminhe os vossos anjos para que a justiça seja feita e possamos ser libertos e salvos de nossas próprias inverdades causadoras de dores e maldade aos outros e a nós mesmos, seja em que esfera espiritual for, porque o Criador misericordioso ama todos os seus filhos e nunca desistirá de nenhum deles, ainda que os vossos filhos não se lembrem de vossa caridade e de vossos amor. Por isso ainda que seja através de seus anjos guerreiros que o mal seja exterminado da face da unidade terrena, para serem alocados em outra esferas de cura e conduta doutrinária de crescimento, reconhecimento e sabedoria, assim será feito. Porque jamais um espírito será esquecido e abandonado pelo vosso Criador, pois Deus não cria e abandona vossas sagradas criações por serem estas em determinado momento de vossas existências disseminadoras do mau, ainda que seja contra a vossa própria verdade, compaixão e caridade.

Pois este mau ao qual emana, desfere e aplica o ser encarnado aos outros seres da terra, também é de conhecimento do Criador, assim como é de apenas de conhecimento do homem o que ele mesmo acredita ser o verdadeiro mau em terra. Porque é o Criador a eternitude de poderes e forças dotado de amor e bondade que nos concede a chance de apenas conhecermos o que vem a ser o mal térreo e não o verdadeiro mal espiritual, porque se acaso conhecessem os homens da terra o verdadeiro mal, estes já teriam exterminado uns aos outros, antes mesmo que regressarem as vossas casas celestiais. Mas como é o Criador misericordioso e bondoso em vossa unidade divina nos concede o direito de nos limparmos e purificarmos de nossas falhas e sermos salvos de nossas dores e males causados os outros e a nós mesmos.

E é o anjo a representação do guerreiro divino, aquele incumbido de levar as notícias celestiais aos seres viventes ou lutar contra a maldade, blasfêmia, arrogância e injustiça e servirem ao Deus único com todas as suas forças e verdade, expulsando ou resgatando ou derrubando de vossos patamares de inverdade todos aqueles seduzidos ou que seduzem pela mentira assim como o grande dragão ou a serpente causadora do mal foram expulsos juntamente com seus anjos de falsidade e mentira do reino da inverdade, reino imaginário que encontra-se em terra e não no ambiente celestial.

Miguel, o Anjo negro pelos caminhos da paz

"Naquela ocasião Miguel, o grande príncipe que protege o seu povo, se levantará. Haverá um tempo de angústia como nunca houve desde o início das nações até então. Mas naquela ocasião o seu povo, todo aquele cujo nome está escrito no livro, será liberto" (Daniel 12:1)

7.9 Miguel é o chefe regente das forças das trevas aos quais inclui os elos de remissão das falhas, o elo espiritual umbral o elo espiritual de nome inferno, o elo espiritual de nome perdição aos quais se encontram os espíritos que ainda vagam não sendo pertencente a nenhuma unidade espiritual de remissão, Espírito assentado a esquerda do Senhor Deus ao qual tem como o vosso primeiro Espírito o Senhor das Sete Cruzes ao qual este ainda possui sete também grandes e nobres espíritos ordenados e determinados a atuarem em favor de todo o bem contra tudo o que possa ser o mal, governante espiritual juntamente com o vosso mestre de todas as falanges de espíritos guerreiros e batalhadores das labutas sagradas sejam em qual campo estas forem; estão todos preparados para lutarem contra todo e qualquer dragão de onde quer que este parta. Ou seja, ainda que se faça necessário, Miguel e seus anjos se utilizarem de suas forças para combaterem as forças negativas, estas serão utilizadas, pois a esfera terrestre é esfera governada pelos anjos guerreiros e eles se utilizam de todas as suas forças para combaterem e harmonizarem o ambiente terreno com seu exército de servidores, balança portadora do equilíbrio de energias e forças entre o bem e o mal.

Portanto, todo aquele que segue seus preceitos e as leis, disseminando e construindo boas, sejam com atos, palavras ou conduta, fazem parte disseminação da verdade; e todo o contrário disso pertence ao mal, causador de falhas, erros e dores humanas, e a falha na jornada espiritual terrena de um espírito é de domínio do homem, quando não tem nele nenhum desejo de elucidar o bem concedido a ele através do Criador pelas forças das forças que o regem em campo terreno.

Logo, satanás ou diabo ou a serpente alegórica, são a personificação de tudo aquilo que o homem é capaz de fazer para alcançar patamares mais altos e elevar-se perante aos outros, ou ainda de tudo que acredita torná-lo superior ou obter prazer por meio da dor alheia, elevando suas crenças mundanas a níveis materiais acima de tudo que é espiritual acreditando ser superior e merecedor de gozos e prazeres por meio da dor do outro, ainda que estas verdades sejam apenas terrenas e fugazes ou ainda que esteja contrário às verdades do Criador ao qual todos conhecem bem.

Mas a falha é a causa do mal e o homem ocupa-se do mal disseminando o contrário da verdade para promover-se dele mesmo ou de seu próprio mal. Mas é a maldade quem produz a autodestruição e a própria destruição, seja aqui na terra, seja em outras esferas de aprendizado. Por isso, as falanges de Miguel por meio de vosso primeiro Espírito atuam para conter este mal humano, que é personificado através dos desejos, vontades, ações e gestos mundanos mais populares como forma de trazer o medo, as falsas regras, falsas verdades e as imposições e com isso todos os danos ao qual pode existir em uma sociedade.

Porque nos mostram as escrituras que foram aqueles que se apoiaram apenas em crenças terrenas afastando-se dos preceitos divinos, alimentando-se apenas do poder do dinheiro da idolatria ou da falsa verdade derrubados abaixo do pó. Pois Deus através dos seus servos, os Espíritos, elimina da face da terra os espíritos maus, ou encarnados possuidores de falsas verdades e crenças terrestres de poder e de gloria que tenham se apresentado acima de vossa verdade, impondo apenas as suas vontades, vontades estas que serão assim como eles mesmos enterradas nos campos de onde a dor cala as vontades e as verdades de quem às tem por si mesmos. Por isso todos aqueles que se julgam superiores as forças divinas serão por Miguel e seus Anjos guerreiros atirados.

Pois Miguel e vosso Espírito primeiro Anjo, dotados de forças e poderes para lutarem contra todo e qualquer dragão com a incumbência de combater o satanás personificado através das falhas das missões dos seres espirituais encarnados ou não, com o seu exército de luz, ou seja, luta em favor da humanidade contra as energias e forças negativas. E são estes os espíritos que possuem a missão de pelejarem contra todo o mal nascido de toda falha contra a verdade própria e a falsidade representada e personificada pela figura de satanás, que representa todas as vontades e desejos mundanos opostos a verdade de Deus, ou seja, a força que luta em detrimento de si mesma, embasada em suas próprias verdades e crenças inserindo assim a dor, a angustia, a ferida e todo o sofrimento ao campo terreno em vossos corações.

Mas não são todos os espíritos que conhecem exatamente o poder e a força do Senhor Criador. Pois saber quem é o Criador de todas as forças do mundo deveria causar o maior dos medos e o maior dos temores terrenos a todos os espíritos que de vossa verdade se escondem, porque o maior dos pânicos em qualquer que seja o mortal ou essência espiritual é de fato saber de fato quem é a vossa santidade ou encontrar-se com a vossa sagrada unidade.

Pois é o Senhor o Alfa e o Ômega, criador onipotente e onipresente de todas as coisas, o Todo poderoso Reis dos reis que determina e governa toda a humanidade e campos celestiais com seus exércitos formados pelas duas unidades de forças assentadas a vossa destra e a vossa esquerda em pura e santificada obediência e amor ao vosso majestoso e sublime nome, por conhecê-lo em verdade, a verdade de quem o teve face a face para prostrar-se e regozijar a vossa própria existência. Por isso, não é o ser encarnado conhecedor da santíssima força eternal de Deus, porque se acaso o fossem, seguiriam as vossas regras, as vossas leis, os vossos mandamentos e se prostrariam aos vossos desejos de forma espiritual e não material. Isso quer dizer, jamais vibrando através da vibração de outro ser que ao invés de conduzir o impele de caminhar livre de inverdades e apegos terrenos em direção a vossa casa eterna.

Ora, se não é Deus o criador Todo poderoso do saber e do conhecer de todas as espécies, a justiça que não cessa, o amor que nunca se acabará; o tudo e o nada, a razão e os motivos de tudo o que possa embaixo dos céus e acima dele existir. É a própria representação de si mesmo através das águas e de todas as fontes, do chão da terra e de todos os passos, do ar e de todo o universo do amor e de tudo aquele que possa amar ou pelo amor existir, ainda que amar possa lhes parecer doloroso, porque é ainda ele o segredo de todos os perdões e o perdão de toda justiça em forma de correção de tudo e para tudo e sempre. Sendo assim é o Senhor todas as criações e criaturas que possam por vossa vontade nascer e ser qualquer tipo de ser, ou acaso existem folhas que caiam sobre o chão ou espíritos que possam sentir dor sem que Ele mesmo não saiba? Acaso Deus criou um anjo que fosse tão contrário as suas determinações e não sabia disso? Ou acaso Deus, o Criador, não conhece suas criaturas e não sabe o destino e caminho de todos os seus filhos? Se acaso o Criador tivesse feito algo que seria tão maléfico a Ele mesmo e ao ambiente celestial não teria ele mesmo eliminado da face celestial ou da humanidade? Ou teria o Criador deixado que algo tão ruim pudesse trazer danos aos seus filhos por mera vaidade dele mesmo ou por mera repreensão, quando ele mesmo é o próprio julgamento?

Deus, o Criador, cria todos os espíritos e por isso, conhece e reconhece perfeitamente cada uma de suas criações, e quando se faz necessário também elimina da face da terra todo aquele mal que pode assolar e prejudicar a harmonia dentre os homens, assim como jamais adentrará energias contrarias as energias celestiais nos campos divinais dentre os Santos, Anjos e os não Santos, que reinam absolutos como príncipes eternos em suas moradas. Pois se caso não o fosse, teríamos chances de sermos falsos, errantes, falhos e causadores de dores e sofrimento alheiro, e nossas penas seriam anuladas na balança das crenças do nada diante de nossas tentações e verdades próprias entre o certo e o errado, pois o Criador tampouco os vossos Espíritos assentados a vossa destra e a vossa esquerda não saberiam ou não seriam capazes de distinguires os bons dos maus, os certos dos errantes, a mentira da verdade, e assim seríamos todos salvos de nossas próprias inverdades ou seríamos todos mortos pela maldade daqueles que vivem ou sobrevivem somente pela força da maldade já enraizada em suas unidades aos quais as suas verdades já são os pais de suas próprias inverdades criadas para serem as vossas próprias mortes.

"Portanto, num dia virão as suas pragas, a morte, e o pranto, e a fome; e será queimada no fogo; porque é forte o Senhor Deus que a julga... Estando de longe pelo temor de seu tormento, dizendo; Ai! ai daquela grande Babilônia cidade! Aquela forte cidade! Pois numa hora veio o seu juízo" (Apocalipse 18: 9,11).

Mas o que a humanidade desconhece é o poder do Criador para com seus governados, sejam estes espíritos falhos caminhantes também no nada, sejam estes espíritos encarnados; porque a mão de Deus é pesada em relação a falha e a mentira, e somente compreenderão o peso de suas mãos sobre as ordens de suas palavras aqueles que desafiarem suas verdades e desobedecerem as suas leis, pois suas horas serão longas horas de amargura e desespero no jardim dos mortos e esquecidos, aos quais somente os que nascidos da morte ou os anjos do abismo e da morte, carregadores do fogo das trevas é que estarão vivos para ainda lhes cobrarem contas de vossas unidades.

Contudo, a majestosa justiça divina não deveria ser a causadora de nenhuma dor ou terror, porém saber que ela cobra tudo aquilo da qual se deve cobrar e pagam todos aqueles que devem pagar, pois a justiça em relação às obras e ações terrenas é igualmente justa com todos aqueles que por essa terra passaram e que por isso, deveria causar a correção e o alinhamento de todos os encarnados em relação a seus feitos antes de serem estes expostos a balança de seus anjos no momento de serem todos convocados ao juízo de suas culpas. Por isso deveria ser este o maior motivo de caminharem todos juntos e firmes em direção aos caminhos santos de Deus, formando uma só corrente espiritual terrena, porque no momento de vossos julgamentos não serão separados aqueles que possuíram maiores posses ou foram desprovidos de bens materiais, assim como aqueles que aplicaram as vossas penas contra aqueles que de vossas penalidades em algum momento sofreram calados, porque todos receberão o galardão de suas causas, tanto os insultados quando os calados.

Portanto aqueles que são falsos em nome dos espíritos e desonestos em nome de Deus deveriam ficar amedrontados com o resultado de suas iniquidades para com o sagrado, assim como aqueles que desejam seguir disciplina própria escritas com próprias verdades baseadas em mentiras e maldades. Porque estes devem de fato cultivar o terror diante da verdade de Deus, pois suas crenças e maleficências mundanas de mediocridades desprezíveis tão logo se encontrarão com a Verdade do Todo poderoso Senhor Deus, mas não junto a vossa face e sim junto a vossa esquerda de onde assentam-se os vossos servos nascidos das chamas do fogo, ou seja, Miguel e os vossos mais fiéis e leais anjos.

"Naquele dia o Senhor ferirá, com sua espada pesada, grande e forte, Leviatã, o dragão fugaz, Leviatã, o dragão tortuoso; e matará o monstro que está no mar" (Isaías 27: 1)

Se acaso Deus o Criador não fosse justo com seus filhos falhos causadores de maldades e insanidades certamente seriam ainda mais injusto aos filhos da qual não se encontram o mal, sendo assim, todo aquele que enfrentar a verdade de Deus conhecerá o poder de vossas mãos e terão longas horas de temor na casa da justiça de onde encontram-se os anjos da esquerda, nascidos de vosso poder de justiça para lhes aplicarem as forças das forças do Criador por sobre vossas cabeças.

Por isso, existe razão dos espíritos estarem entre nós, afinal não são espíritos de curiosidade que adentram a esta esfera apenas por leviandade sem determinação ou ordem superior que vos façam comungarem de todas as essências e fluidezes. Estes espíritos se apresentam em terra para que os seres encarnados não sofram com as consequências de seus atos e sejam direcionados aos caminhos das leis. Por isso, a necessidade de elevar a humanidade em conhecimento, espiritualidade, amor compreensão e paz, faz com que os espíritos estejam entre nós, e se agrupem em essências de emanações para serem grandes e fortes potencias de conhecimento, aprendizado, doutrina, disciplina e combate para transmitir seus conhecimentos, forças e determinações, para que não sejam apenas fortes agrupamentos prontos a nos aplicarem a justiça pela correção de nossas falhas.

Embora os anjos sejam guerreiros que lutem pela harmonia evitando assim qualquer tipo de desarmonia e desvio da paz, a ideia de que os anjos possuem forças diferentes onde um representa as forças do bem e o outro as forças do mal e ambos briguem entre si para medirem suas forças, poderes ou determinar quem é maior hierarquicamente dentre os anjos não possui verdade celestial, pois ambas unidades de agrupamentos de espíritos com determinação divina em nome da Verdade, e todos atuam dentro da mesma determinação, não sendo nenhum maior, menor, mais forte ou mais poderoso. Porque os Anjos, tanto Miguel quanto Gabriel, assim como todos os demais anjos sobre as vossas hierarquias, são servos divinos dotados de poderes e forças onde cada um possui sua determinação em nome da justiça e da harmonia divina onde ambas se completam pela mesma ordenanças de atuarem em prol das mesmas leis e mandamentos.

Ou seja, anjos não guerreiam, anjos possuem determinação e cumprem com suas obrigações sejam estas quais forem, uma vez que não existe sentido espiritual em brigarem por algo da qual comungam e os pertencem, até mesmo porque dentre as unidades celestiais não existe competição ou disputa porque são todos hierarquicamente servos do mesmo Criador o que vos causam igualmente eterna, gratidão, fidelidade e lealdade, tanto em nome do Criador quanto em nome de todos eles.

Mas é certo afirmar que ambos possuem formas diferentes de disciplinaridade e aplicação destas forças de acordo com as falanges das quais atuam. E ainda que sejam todos rígidos, leais e severos servos divinais, Gabriel o anjo mensageiro da paz do governante das sete fonte de energia e de luz em forma de dons terrenos, este não e jamais usará em vossa sagrada mão a força da espada, não porque esta fere e corta e sim porque esta não é a vossa ferramenta de atuação em nome do Criador, pois é este o Anjos de derrama sobre a terra a chance da regeneração dos filhos falhos. Por isso antes de utilizar-se de sua majestosa força, traz a mensagem como força de prevenir a guerra, a luta, a dor e o lamento, atuando de maneira branda e pacífica, porém não com menos força e rigor ao qual se utiliza Miguel em vossas labutas, embora a mensagem com este que nascido do fogo ou cume das trevas, seja através da ponta da espada flamejando em chamas, porque antes mesmos desta atuar, é a união dos dois seres espirituais divinais que pesarão sobre a balança do equilíbrio das energias, das intenções e das verdades dos homens da terra.

"E, respondeu o anjo, disse: sou Gabriel, que estou diante de Deus, e fui enviado a falar-te e dar-te estas alegres novas... E no sexto mês foi o anjo Gabriel enviado por Deus a uma cidade da Galileia, chamada Nazaré" (Lucas 1: 19, 26).

Por isso não menos forte doutrinado e disciplinado o anjo mensageiro encaminha sua mensagem divina a toda à humanidade trazendo luz, coragem força e esperança a humanidade, pois sua forma de aplicação da doutrina disciplinar parte da verdade de ensinar e trazer os ensinamentos de Deus antes de impor sua disciplina de forma severa. Diferentemente de Miguel, o Anjo guerreiro que também não crê na punição dos atos e ações, e sim na disciplina através da correção e da justiça, e cumpre com lealdade o poder de justiça por sobre as falhas e falsidade das ações más sobre os conceitos e condutas capazes de ferir e destruir a humanidade. E por isso possui leis e disciplina rígida sobre todos os que desafiam as próprias leis de Deus, ou as leis da qual fora ele assentado, sendo disciplinador dos seres indisciplinados que tentam impor suas próprias verdades mundanas sobre as verdades celestiais das quais devem também obedecer.

Porque sua luta é em favor da verdade da doutrina e da disciplina em nome do Criador aplicada de maneira justa a todos aqueles que conhecem e ainda assim desviam seus olhares as leis e caminham por suas verdades mundanas, responsáveis pelas dores e males da humanidade.

Mas é o Ser Supremo onipotente criador dos céus e da terra, logo não existe nada superior a vossa força, e nada além de vossa gloria, nada além de vossa eternidade e majestade ao qual possa poder ser superior a Ele mesmo, porque jamais existirá nenhum espírito que se aproxime ou se assemelhe a vossa santidade, porque ainda que existam espíritos verdadeiramente maus, estes também foram por Ele criados.

Ou seja, Deus, o Criador, é Espírito tão grandioso que não existe força alguma que queira dominar o seu império ou comandar vossos exércitos, porque o mínimo desejo ou a mínima vontade seria o suficiente para que estes fossem exterminados. E mesmo que existam espíritos que não desejam seguir os vossos caminhos pelo fato de não conhecê-lo, não são espíritos que desejam roubar o vosso trono, e não porque este é alto em demasia para que algum espírito ao menos tenha este desejo, e sim porque ainda que não queiram caminhar sobre as vossas doutrinas, são espíritos que desejam caminhar por sobre as suas doutrinas próprias, porque sequer estes conhecem quais são as doutrinas e ordenanças ao qual impõe o Senhor Deus sobre a terra e todos os vossos espíritos, inclusive a estes mesmos filhos rebeldes que andam em caminhos opostos a vossa verdade. Por isso, não existe nenhuma força que se iguale ou queira combater com o Criador. Acaso isso fosse verdade estas já teriam sido destruídas há muitos e muitos séculos passados, pois o livro da vida não é livro da qual se escreva ou mantenha os nomes de seres mortos e apagados, apenas os nomes daqueles aos quais se mantém acessa a esperança de quem um dia alcançarão as vossas elevações espirituais.

E nisso encontra-se a esperança e a fé dos servos Espíritos assentados a vossa destra e a vossa esquerda, que é manter a capacidade de que os seres da terra mantenham as vossas crenças em um único Senhor e único salvador, porque a capacidade de carregar crença é a única maneira de ajudar a humanidade a elevar aos mais altos níveis de espiritualidade e suas verdades e concepções para boas ações terrenas. Porque caminhar com bons pensamentos e crenças boas é a única forma de alcançar momentos e sentidos espirituais jamais alcançados e com maus pensamentos e conceitos acerca da própria espécie nascida para conviver em harmonia é também a mais fácil maneira de afundar toda a civilização dentro de vossas próprias histórias compostas através de seus próprios sentidos de existências. Porque a capacidade de criar e reproduzir fatos pertence a matéria humana, a capacidade de se conectar a estas coisas e buscar o crescimento pertence ao espírito. Por isso é necessário a união entre matéria e espírito de todos os seres que da mesma época são nascidos para se elevarem todos aos patamares inimagináveis por essa espécie.

Pois o homem não é ser espiritual que vive a vossa livre escolha espiritual, pelo direito de agir e atuar da maneira e da forma que lhe for conveniente. Porque ainda que este direito nunca tenha sido imposto em campo terreno por Deus que lhe deu a vida, este dever lhe fora apresentado em campos celestiais de onde a vossa vida fora inicialmente nascida; e ainda que não se lembre pelo fato de que este caminho deva ser traçado por amor e não por imposição, nenhum espírito encarnado será em terra de homens obrigado a crer em vossa salvação e eternitude, como caminhar em elevação por meio de vossas prescrições divinas. Mas assim como nenhum ser vivente escolhe a quais mandamentos deve viver porque estes são claros e celestiais, uma vez que o livre arbítrio é apenas livre as escolhas de terra e não espirituais, assim também as vossas crenças não devem ser baseadas em vivências e experiências terrenas que são findadas com o fim da carne; porque da mesma maneira como não se possui o direito de escolher os mandamentos espirituais aos quais seguir, os espíritos que atuam aplicando as correções baseadas nos mandamentos das leis, não escolhem os seres espirituais carnais das quais irão aplicar as vossas correções.

Porque serão as escolhas que os perpetuarão em espírito e não em espécie carnal, porque esta se acabará ao fim da jornada espiritual, sendo assim, o homem pode optar por seguir caminhos tortuosos, desviados, imorais e pouco favoráveis a ele e a humanidade em sua existência, porém jamais os caminhos celestiais que espiritualmente foram escritos para ele trilhar em campo terreno, porque estes não são de escolha pessoal, e sim as leis dos mandamentos escritas pelo próprio Senhor Deus, o Criador, e não pelo homem da terra, que ainda acredita seguir somente aquilo ao qual a vossa unidade o impele como sendo verdade, porque até mesmo as verdades da qual ele vive e acredita ser o seu único e verdadeiro caminho espiritual, são as experiências das quais encontra-se ele preparado e em época espiritual de vivenciar e experimentar em campo terreno da qual não irá tirá-lo do caminho e da crença em que esteja ele pronto para receber perante a vossa trilha de eternitude sagrada e espiritual que ainda há de trilhar.

Por isso, estejam preparados para receberem tudo aquilo ao qual está por vir em vossas caminhadas de força a conduzirem as vossas unidades aos caminhos sagrados de eterna caminhada em direção ao trono de Deus Pai. Porque ainda que possa optar pelo amor ou pela guerra, pela paz ou pela desunião, são escolhas das quais encontram-se os vossos espíritos preparados para escolherem devido as vossas caminhadas já trilhadas em trilhas espirituais ainda que estas não sejam lembradas por vossos conscientes e ainda que estas sejam labutas das quais pesadamente sofrerão suas unidades espirituais materiais com as influências do momento atual de suas épocas, estes desafios serão para provarem as suas capacidades de elevarem-se ainda mais através de suas novas jornadas terrenas espirituais.

Mas quando o homem descobrir que a verdadeira causa de suas existências é o espírito e não a matéria, quando perceber que a vida é fugaz e passageira e não a verdade ao qual acredita ele vivenciar, erguerá os olhos na direção do Criador e verá que nenhum dos prazeres da vida terrena, dotados de gozos e delícias, são maiores do que a sua elevação e crescimento, e esta trilha material não o levará a nada além daquilo ao qual deve ele caminhar ou experimentar ao andar em solo árido. Pois é pela força do Espírito Santo que caminha ele por esta terra, simplesmente para lapidar a vossa existência já alimentada e conhecedora das verdades de Deus.

Porque esta que vos parece nova experiência certamente já fora caminhada por todos em direção a única e verdadeira razão ao qual ainda existe a sua unidade para que possa andar novamente em direção ao aquilo que celestialmente existe que são as casas celestiais ou a direção que não fora criada por nenhum ser encarnado e por isso não têm nenhum ser encarnado o direito de escolher ou se desviar dela; porque ainda que isso ocorra, serão os vossos servos, os espíritos assentados a vossa esquerda quem os colocarão a novamente nas trilhas das certezas, mesmo que isso lhes façam sofrer e lhes façam sangrar ainda mais do que o sangue da qual possam eles fazer jorrar de si mesmos e de seus semelhantes.

Mas é preciso viver com amor, é preciso ter fé nos espíritos, é preciso ter crença nas verdades celestiais, é preciso batalhar e lutar para que se sejam merecedores dos mais altos e nobres postos celestiais, pois a casa do Pai estará sempre com as portas abertas aos guerreiros da terra que lutam pela humanidade em conjunto com os demais espíritos dotados das mais puras verdades do Criador. E nada além da verdade adentrará diante das portas do céu, e somente aqueles espíritos capacitados e evoluídos dentro da disciplina e das leis dos mandamentos poderão ser transportados para os mais límpidos campos de progresso e cura, dando continuidade a existência espiritual da essência celeste existente em cada unidade de espírito. Porque contra isso, não existem impedimentos ou espíritos que os façam desistirem ou mudarem as vossas intenções, porque isso é a razão de suas existências seguindo as trilhas escritas pelo Senhor Deus.

CAPÍTULO 8
Doutrina espiritual, aos filhos dos Santos e não Santos

Espíritos Santos e não Santos

"Se alguém leva em cativeiro, em cativeiro irá; se alguém matar à espada, necessário é que a espada seja morto. Aqui está à paciência e a fé dos santos" (Apocalipse 13: 10).

8. E assim serão finalizadas as vossas vontades materiais, pois nisso também se encontrará a paciência e a fé dos Santos. Pois serão pacientes em esperar que todo aquele que empunha uma arma e se fere com ela, em algum momento se regozijará as vestes dos Santos, pois assim como são construídos de paciência também são construídos de fé; pois certamente e a fé que vos conduz também conduzirá todos aqueles que caminharam por vales de sombras e dor a regressarem aos bons caminhos celestiais que por Deus a eles foram escolhidos e que pelos Santos foram determinados em comunhão caminhar.

E todos os que são abastecidos pelas forças do Todo-Poderoso Deus, por ele se vestem, se prostram, se regozijam, entregam as vossas coroas e lutam e batalham em nome do Ser Supremo, pois todos aqueles que em nome do Criador atuam também o servem em forma de amor, caridade, bondade, luta, justiça e correção. E todos os que lutam em seu nome o fazem em nome da verdade, do poder e da justiça ao qual cada um fora criado e composto e que por isso, o servem em forma de verdade, lei e justiça diante da verdade que é Deus com tudo o que representa a vossa verdade ou a verdade do Criador, que é justamente onde se iniciam as verdades daqueles que por vossas confianças são guiados. E todos os seres nascidos à partir da proclamação divina da criação ou da vontade do Criador é também nascido em nome de todas as forças, e a todas elas devem ajoelharem-se e entregam as vossas certezas.

Porém, ainda que os seres não lhes depositem crença, os vossos amparos serão entregues de regozijo e sagrado por aqueles que da verdade nasceram para ser parte da verdade e conduzi-los a ela. Isto quer dizer, que todos os que nasceram para ser espírito missionário de si mesmo em busca de elevação espiritual em campo terreno, assim serão com auxílio dos Santos e Anjos encantados; e todos os que nasceram para serem Santos ou Anjos encantados, assim também o serão, porque todos os que nasceram para ser Santo em nome da verdade, à verdade se prostrará, porque ai também se deposita a paciência e a fé dos que foram criados para terem paciência e esperança, os Santos.

Porém nem todas as missões santas que a terra são ordenadas para cumprirem determinações espirituais em nome do Criador, são compostas por sete Santos ou por meio dos sete espíritos Santos, uma vez que nem todas as ordens sagradas precisam serem cumpridas através dos sete Anjos das sete linhas espirituais, porque assim como nem todos os Santos tem a mesma determinação de jorrarem a mesma força e energia, ainda que todos tenham as vossas forças voltadas para o amor e para a elevação espiritual em determinação daqueles que deles necessitam, nem todas as ordens sagradas são compostas de ordenação santa a ser labutada pelos sete Espíritos santificados, os Santos.

Por isso, as determinações de labuta pelo cumprimento das leis sagradas de Deus, se iniciam e findam pela composição de unidade de forças que une as forças dos Santos junto às forças das unidades de forças de nome, não Santo. Porque são os não Santos aqueles que não nasceram para serem Santos ainda que atuem com os Santos diante das ordenações santificadas, porque estes que não nasceram para serem Santos, foram nascidos para serem voltados para a batalha em nome das mesmas leis divinais aos quais batalham os Santos. Desta forma, os vossos poderes de vossas forças são voltados para a disciplina e o cumprimento da justiça divina no que se refere às leis celestiais.

E por isso, são estes que não nasceram para serem Santos, os servos de Deus, igualmente erguidos das fontes de onde se guardam a paciência daqueles que Santos nasceram para ser e em nome do Criador o são. E os não Santos são aqueles que pelo cumprimento das leis de Deus nasceram para exercer e em vosso nome o executam, e por isso, as vossas energias são voltadas para a disciplina e as leis divinas para que se cumpram as determinações divinas e dos Santos.

Por isso, a única unidade espiritual que se compõe formando as sete forças de uma unidade de cumprimento de leis espirituais de Deus, aos quais se encontram os Anjos encantados ou dentre os Santos, diante de uma ordenança de cumprimento das leis de Deus que se forma para formar a força de uma unidade composta de sete forças santas, são os espíritos nomeados não Santos, porque são estes, igualmente determinados pelo Criador para labutarem vossas forças e energias por sobre a terra diante de uma ordem sagrada, porém não foram pelo Criador santificados, ou seja, não nasceram para serem Santos e sim, não Santos; e por isso, é o sétimo espírito ordenado dentre todas as linhas de Santo ao qual juntos formam em terra o poder de forças nascidas para caminharem com os homens diante de uma ordem sagrada de cumprimento de leis divinas que se compões através de sete espíritos; o sétimo espírito da ordem de cumprimento de missão santa em nome de Deus, porque é a missão santa em nome de Deus a ordenação do cumprimento da ordem, e não a missão dos sete Santos em nome de uma ordem de Deus uma missão santa.

Pois embora Santo sejam todos aqueles que foram nascidos para serem por determinação do Espírito Santo atuantes em missões terrenas em nome de Deus, e por isso, carregam em vossas constituição a clemência benigna, o sacrossanto inviolável lítico sagrado e casto e cândido, piedoso amor pela magnífica e consagrada luz para caminharem por sobre a regência da fonte única em campo material e divino de legitimidade mera de candura, denominados Santos. São os não Santos, aqueles que nasceram da ordem do Criador para serem únicos e verdadeiros cobradores do cumprimento das leis sagradas de Deus dentre os homens da terra.

Então aqueles que não Santos são, são abastecidos pela mesma fonte de energia e de luz divina para serem igualmente energia e forças, não em composição de forças dos espíritos que Santos são, diante de uma determinação ou ordenação de labuta, mas sim em energia e força em cumprimento diante de uma ordem suprema de onde se faça necessária a presença da justiça em sua forma celestial ou espiritual e não terrena. Pois é a força de justiça terrena em força de correção e auto correção aplicada aos homens através dos Santos, e a força de poder de justiça espiritual aplicada pelos espíritos não Santos, uma vez que esta ocorre em campo espiritual e não material, assim como a correção dos Santos.

Por isso toda ordenação de cumprimento de correção em forma de justiça pelos Santos ocorre através da composição das sete forças universais que juntas formam a inteireza de forças celestiais, a serem aplicadas em terra, através da inteireza de forças celestiais, voltadas para a labuta de cumprimento de ordenação santa de leis, que emana por sobre a unidade material por meio de uma junção inteira.

Desta forma, ainda que não caminhe pelas veredas da legitimidade mera de candura, assim como aqueles que Santos são, por determinação do Espírito Santo, não Santos são, mas não por não pertencer à santidade divina ou falta de merecimento e dons celestiais e sim por carregarem a espada da correção celestial em forma de justiça, pelas leis divinas que desmontam os erros e os corrompidos e os acompanham para os lugares menos sagrados junto às portas de dor do inferno por sobre o abismo diante da face do fogo que forjam os erros e os direcionam novamente a luz; por isso, Santos não o são, não por não atuarem em nome do Criador e sim por atuarem da forma ao qual fora determinado pelo Criador, ou seja, também nos elos da mera e da candura, e embora, não possam ser considerados Santos e sim santificados dentro da ordem da qual lhes pertencem, são espíritos ordenados a labutarem com os Santos diante das ordens supremas aos quais se prostram.

Porém, ainda que trabalhem no lodo maculoso e manchado dentro do cume do inferno, não se desnivelam daqueles que Santos são, porque igualmente possuem poderes de forças divinais sobre o equilíbrio das energias necessárias para a ordem de ser a força do cumprimento das leis celestiais que levam e carregam as energias negativas e os filhos andantes em direção ao cumprimento de vossos galardões. Por isso estes, que Santos não são, são igualmente constituídos de amor e caridade, mas também de correção e justiça, pois a unidade de poderes que os moldam e os formam fontes com todas as forças e poderes celestiais, os formam também de leis e justiça perante todos eles. Pois não seriam fortalezas, se somente fossem formados de amor, frutificação e bondade uma vez que para ser forte é preciso ser fortaleza e fortaleza se forma de doutrina, disciplina, correção e justiça. E assim como são formados de amor, compaixão e frutificação também são formados de leis, disciplina e correção, pois a justiça é a mais pura, de amor e compaixão, distribuída de forma igualitária em nome do Criador.

Portanto santificada é a unidade de forças de cumprimento de leis celestiais e sagradas composta pelas unidades de poderes e forças de nome Santo, ao qual é composta de sete unidades, porém é a sétima unidade formada em forças de correção ao qual é a correção dos Santos, a justiça terrena de Deus sobre a terra, não a justiça dos espíritos nascidos para serem a fonte de justiça celestial, e a sim a justiça que faz corrigir-se, corrigir, realinhar endireitar e cumprir as ordens santas de Deus.

Então, esta unidade de forças formada pela composição de sete unidades de energia, poderes e forças, os Santos, ao qual a união destas, formam a inteireza de forças ou uma única força capaz de aplicar e cobrar as ordens de Deus relacionadas as vossas leis sagradas, é composta por sete unidades onde a sétima corresponde ao poder de justiça ou de direcionar e endireitar para fazer cumprir em terra. Mas foram estes espíritos criados unicamente para serem energias próprias do Criador em forma de unidade santa, ou seja, para jorrarem em forma de luz a luz do único e verdadeiro Santo que é Deus, pois o único que possui o poder de jorrar por sobre aquele ao qual determinou para ser em vosso nome Santo, o Santíssimo Deus criador do mundo e de todas as coisas é o único que pode criar e abastecer toda e qualquer energia de forma Santa ou a energia Dele mesmo, e por isso todos aqueles ao qual se derramam para serem em vosso nome Santo, o são por determinação Santa, assim como todo aquele que fora determinado a ensinar, doutrinar, disciplinar e fazer cumprir em vosso nome o farão.

E Santo, são todos os espíritos que recebem emanação divina Santa para ser por determinação em nome do único e verdadeiro Santo que é Deus, Santo em vosso nome, pois o único e verdadeiro Santo que é o Espírito Santo é também o único que cria a essência espiritual e emanar por sobre esta, que irá atuar em nosso nome sendo o vosso cálice de luz, carregando os vossos instrumentos santos e transmutando em vossos seres também criados a vossa vontade para cumprimento de missão Santa onde quer que seja para o que quer que seja determinado.

Portanto, nem todos os espíritos que se juntam em magias, forças e poderes singulares de vibrações divinas em nome de uma ordenação, são Santos, pois nem todos são pelo Criador, santificados para atuarem em vosso nome diante de uma labuta, e não por serem menos nobres, majestosos ou celestiais e sim por cumprirem determinações diferentes perante, para que a ordem em campo terreno seja a mesma ordem de força ao qual se encontra em campo espiritual, onde a ordenança é firmada em doutrina, disciplina, conhecimento, amor, evolução e que por isso, não se encontram erros ou falhas.

Por isso, a ordem material que é orquestrada e alimentada da mesma maneira que em campos puramente espirituais, ou seja, nos elos espirituais pelos mesmos Espíritos que compõe a fonte de forças do Criador, ao qual deve ser igualmente regida, assim como são as casas onde os que já não possuem mais carne material ocupam, porque estes as ocupam de forma disciplinar, doutrinária diante das leis de Deus, evolutiva.

E que por isso, a fonte única é constituída de amor, frutificação, luta, doutrina, lei e também correção, ou seja, de tudo aquilo que vos conduz para que possam crescer espiritualmente, vos ensinar a plantar e a colher, vos fortificar para lutar e vos guiar para elevarem-se, e é justamente por isso que também possui tudo aquilo que vos corrige quando erram e vos redirecionam quando perdem o rumo e os caminhos bons; pois não seria a fonte de força de amor e justiça se acaso não houvesse em vossa composição também a correção, o remendo, a retificação, ou seja, o acerto. Pois correção não é pena ou castigo, porque esta não visa ferir ou machucar, correção divina é o reajuste dos caminhos tanto aos que fogem das veredas boas quanto os que se elevam com auxílio das forças não santificadas; por isso, correção se aplica de forma justa tanto aos que se prostram quanto aos que blasfemam, porque todos serão cobrados por aqueles que os regem, tanto os que fogem a batalha quanto os que por ela se alimentam.

Logo, não era o ser encarnado João, apenas um espírito arrebatado e sim aquele que acompanhou diante da face de Deus, o Criador, a verdadeira lealdade dos Santos e do único constituído não Santo frente face do Criador ao qual comungou também todo o poder de forças e determinações celestiais que possuem os Espíritos de grandeza, para com os vossos Anjos encantados perante as vossas forças por eles mesmos aplicadas, não somente para abastecer como também guiar, conduzir e direcionar a todos os seres espirituais e materiais aos vossos caminhos sagrados, caminhos estes, aos quais as sete forças das sete fontes somente existem, pois fora determinado pelo Criador para que conduzam os espíritos que o a Ele mesmo pertencem, pois dele também nasceram e por ele também são criados e que por isso, para os vossos seios deverão regressar.

Então, todos terão o direito de adentrarem aos elos espirituais das sete linhas sagradas regentes para conhecer-se a si mesmos e conhecer a Deus, o Criador, e todos terão o direito de serem por vossos Anjos encantados instruídos e treinados assim como todos serão por vossos guardas espirituais selados para que não sejam alienados ou destruídos sem que tenham o direito de caminharem por sobre as vossas promessas divinas espirituais.

Portanto, ao descerem ao elo terreno para cumprimento de missão espiritual todos terão pelo Criador o direito de escolher como caminhar, assim como terão direito a caminhar por sobre a terra livre de imposições, podendo optar por quais caminhos poderão seguir para alcançar a nobreza espiritual, e ainda que os caminhos escolhidos sejam brandos e tranquilos, ainda que os caminhos sejam dolorosos e tortuosos ou ainda que haja flores e perfumes ou mesmo que haja somente espinhos e pedras, todos serão pelos Espíritos sagrados, Espíritos encantados ou ainda pelos Anjos encantados, ensinados ou abastecidos e preparados para serem firmes em vossas promessas, guerreiros em vossas lutas e nobres aprendizes em nome do Criador e que por isso serão também duramente cobrados em vossas escolhas que além de serem apenas escolhas terrenas, uma vez que os vossos caminhos espirituais já foram em selo divino traçados, diante das vestes dos Santos, são escolhas que podem ferir ou machucar e trazer prejuízos a si mesmos e aos demais espíritos que farão parte de vossas missões espirituais e também possuem o direito de caminhar por sobre a mesma terra sem que sejam por si ou por outros desalinhados das estradas santas aos quais devem seguir.

E ainda que nenhum caminho já escrito possa ser mudado, as veredas terrenas das más escolhas podem desnivelar a caminhada e grau espiritual já alcançado. Por isso, todo aquele que jurou ser em nome de vosso Deus, todo aquele que prometeu em nome de vosso Santo, assim o será, pois estes farão com que todas as promessas que por vos foram firmadas, sejam por vos cumpridas. E nisso também está a paciência e a fé dos santos frente as vossas lutas, pois ainda que as vossas promessas não sejam lembradas em campo terreno e as vossas lutas e batalhas terrenas sejam por enfrentamentos baseados em palavras e ações que ferem, machucam e os desnivelam, todos sem exceção serão cobrados por aqueles que dedicam-se em ensinar, auxiliar, e conduzir aos caminhos santos daqueles que outrora prometeram-se em nome de vosso Senhor Deus.

Pois não poderiam ser bons soldados se acaso não fossem disciplinados, doutrinados e corrigidos para a missão de serem nobres de serem féis e de serem bons, pois se não os cobrassem de vossas obrigações e deveres de tudo aquilo ao qual já foram ensinados, seriam os Santos os que falhariam em nome do Criador, por isso todos serão fortemente cobrados para que nobres e fieis sejam, e pra que cumpram os votos e as vossas promessas, pois estes em nome do Criador não vacilam tampouco falham.

Mas é na paciência e na fé dos Santos e dos não Santos, que encontra-se a paciência dos Santos e daqueles que atuam em nome do Criador. Pois embora não sejam todos Santos, pois os Santos não caminham por vales e abismos de sombras e de luz em meio ao cheiro de enxofre e de morte, pois a vossas determinações são em nome da boa conduta de caminhos tranquilos e puros, a determinação daqueles que lidam com a justiça em posição de temperança que também trabalha em nome das boas obras face ao Ser Supremo. E estas são também em prol da justiça, por amor, por dedicação, por lealdade e pela fé naquele que vos concede o direito de serem vossos servos e servas, atuando perante a vossa veste, endireitando e corrigindo todos aqueles que desejam um dia serem santos, porém a si mesmos santificam em nome da falsidade e do erro material, a si mesmos empoderam em nome de gozos e delícias materiais que somente trazem feridas e fazem chorar do que elevam a patamares de nobreza.

E embora nem todos os servos sejam santos, caminham com os Santos, nivelam-se aos santos, atuam com poderes e energias divinas assim como os Santos, pertencem ao Criador e foram por Ele criados assim como todos os Santos, para atuar em nome de vossa sagrada veste diante de vossa majestosa coroa em vosso Santíssimo reino celestial.

Portanto nivelam-se como os Santos, em determinações de cumprimento de leis e correções para aqueles que desrespeitam as ordens e as doutrinas dos Santos. E nisso, também se encontra a paciência e a fé dos Santos e daquele que não é Santo, que em nome das leis ao qual atuam todos eles se alimentam e se prostram ao que é o verdadeiro Santo, o Espírito Santo.

A Santa justiça de Deus

"E o quinto anjo tocou a trombeta, e vi uma estrela que do céu caiu na terra; e foi-lhe dada a chave do poço e do abismo. E abriu o poço e o abismo, e subiu fumaça do poço, como a fumaça da uma grande fornalha, e com a fumaça do poço escureceu o sol e o ar" (Apocalipse 9: 1,2)

8.1 E ainda que homens ou os seres encarnados sejam os governantes únicos dos campos terrenos, pois assim forem apresentados pelo Criador para que fossem frutíferos e numerosos no campo material, podendo desta forma reinar por sobre os demais seres de conhecimento e entendimento diferente do vosso bem, como plantar e cultivar tudo aquilo que poderão abastecer-se de forma material e orgânica e livremente escolher os passos que irão caminhar nas terras sagradas ofertadas pelo Senhor Deus, não sendo estes os passos das missões espirituais. Porque não é o homem quem determina os vossos passos espirituais ou não é a matéria governante do espírito, pois o espírito a matéria não pertence; assim não é ele também o absoluto regente dos campos terrenos aos quais governa, pois este não possui conhecimento ou discernimento o suficiente para governar nem mesmo a carne material, sem que isso não lhe cause danos, fome e guerra, até que o extremo dano seja o findar da matéria pelas mãos de outros homens em campo material.

Por isso, não é o encarnado o regente espiritual deste elo sagrado, pois ainda que seja o ser encarnado sagrado para o Criador, que vos concede adentrarem ao elo terra também sagrado, chamado campo terreno, estes não se consideram sagrados divinamente, tampouco sagrados uns para com os outros, pois não consideram-se importantes uns para os outros além daqueles aos quais possuem laços materiais afetivos, desconsiderando os laços espirituais aos quais foram divinamente, antes mesmo dos laços materiais, criados. Assim, como não unem-se para adquirirem maior conhecimento e sabedoria para plantar, procriar, crescer, multiplicar e caminhar, na busca de vossas elevações espirituais sem danificar a si mesmos ou a terra sagrada em que ocupa e que outros após eles também deverão ocupar, sem ferir ou machucar, não somente ele, como a terra também, que assim como ele é sagrada, pois pertence ao Criador, são os encarnados admoestados por aqueles que suplicam que sejam grandiosos consigo mesmos para que sejam grandiosos para os outros que no mesmo elo espiritual onde temporariamente residem para que sejam acima de tudo, grandiosos perante aquele quem vos concedeu o direito de serem o que são.

Portanto, não é o encarnado quem rege e governa o campo espiritual terreno bem como as energias que neste fluem, caso fossem, já teriam findado o campo terra em razão de prazeres materiais na busca do nada existencial, pois a matéria por ser sagrada pertence ao Criador, e tudo o que é sagrado pertence ao Ser Supremo, pois tudo o que é por vos criado nascera de vosso amado seio, e por isso, e tudo o que é sagrado ainda que caminhe em campo terreno, e não somente em campos celestiais, é justamente por este campo também ser um campo sagrado, por isso uma escola espiritual de lapidação de almas; porém a alma do espírito e não a alma da matéria, pois esta não passa de sangue e o sangue se consumirá no barro da terra.

Mas as vossas sagradas constituições parecem ter mais pureza nos campos celestiais de onde realmente serão pelos que lá estão consagrados pelo laço espiritual que vos rodeia, pois ainda que saibam que são todos filhos nascidos e criados do seio paterno do Espírito Santo, parecem desejar os seios materiais de onde não nascem espíritos apenas da carne e a carne apenas pode sangrar, ferir e findar-se enquanto o espírito após libertar-se do barro que o consumirá poderá subir e elevar-se acima de todas as carnes que um dia o consumirão em lapidação de ser carne e de ser terra para ser honrado em espírito.

Desta forma, não é o encarnado quem reina absoluto dente os animais, pois o verdadeiro rei encontra-se em campo celeste; não é o encarnado quem comanda absoluto em conhecimento e sabedoria, pois o verdadeiro sábio encontra-se no Reino divino; não é o que planta e colhe por vossa própria vontade, pois aquele que concede a terra, a água, as sementes e determina que se formem as raízes encontra-se em casa santa; assim como não é o homem quem escolhe os vossos caminhos espirituais, ainda que com os vossos próprios passos caminha, constrói e destrói ao vosso desejo tudo aquilo que queres de ordem material. Porém as coisas materiais não são as coisas espirituais, pois estas não adentram aos campos celestes. Sendo assim, ainda que o encarnado por vossas próprias mãos e vontade governe o campo terreno de onde tira o vosso sustento, de onde cria os vossos filhos, de onde luta os vossos desejos e guerreia em nome da vossa paz, que parece ser mais embebida com sangue avermelhado em cálices de angústia de dor e de fome do que com a brancura das rosas que exalam o perfume da harmonia e da paz transformando as coisas amargas em coisas brandas, é preciso o homem saber que não é ele quem fornece a própria terra, as próprias espadas, tampouco o próprio sangue de vossas mãos, que pela guerra, sujam outras mãos que santificadas foram pelo Criador para serem a vossa imagem e semelhança em campo sagrado.

Mas, saibam espíritos terrenos! Que a espada mais afiada não é a do encarnado e sim daquele que vos permite serem fortes, guerreiros e lutarem pelas vossas verdades e não pela injustiça, e o sangue que jorra de vossos corpos ensanguentados não é mais rubro que a ponta da espada que afia-se lentamente sobre o fogo da luz que jorra da força das fontes divinas em razão das verdades ao qual devem servir em nome de quem conduz não somente as mãos, a espada, a luta e o sangue que jorrará dela também.

Pois todo aquele que deseja ser guerreiro em nome de vossas próprias leis, que não passa de lei nascida da carne, onde a carne apodrecerá no solo da terra e do nada existencial, pois a terra assim como a carne do homem também pertencem à Deus, e a ele cabe o findar de todas as formas e todas as coisas; por isso, não será este homem mais guerreiro do que aqueles que nasceram para serem guerreiros em nome do que vos gerou e vos criou em espírito, e ainda que não tenham a matéria carnal ou o sangue correndo em veias orgânicas para lutarem as vossas lutas, serão mais nobres e honestos, pois vossas lutas serão em nome daquele que nos fornece as espadas espirituais e a força de serem guerreiros em vosso santo nome, pela vossa santa leis e vossa santa justiça; e não em nome daqueles que mais poder terreno deseja ou possuem apenas pelo desejo de trazerem o sangue como forma de apresentar poder e força contra aqueles que sequer possuem forçar ou recursos para lutarem.

Sendo assim, não são os mais fortes em campo terreno, mais fortes do que aqueles que atuam em campo espiritual, pois estes antes de serem fortes em campo terreno e antes mesmo de serem carne material, também são espíritos; e para estes, não tardará que voltem a serem espíritos para que aprendam o significado da verdadeira justiça e que justiça não se aplica em nome da inverdade ou da verdade criada em razão de mentiras para fazerem-se fortes pelas inverdades que abastecem a carne que morre levando assim o espírito ao próprio dano causado pela insensatez de ser tudo aquilo o que não é e desejar tudo aquilo que não lhe pertence.

Por isso serão precipitados em vossos regressos para que conheçam a verdadeira luta em nome da verdadeira lei que é a lei que nasce do Espírito ou aquela que não é nascida da carne que morre e sim dos mandamentos do Criador, por isso, saberá todos os errantes quem são os verdadeiros guerreiros em nome de Deus, e como devem preparar-se para as batalhas, sendo a si mesmos, desnudos de máscaras ou espadas, escondendo as vossas faces e apresentando as vossas lanças molhadas de sangue. Pois aqueles que lutam e batalham apenas pelo prazer da carne, apenas pelo gozo de ser carne ou pela dor da própria carne, regressará para junto daqueles que lutam em nome dos vossos irmãos, tanto espirituais quanto materiais para servirem ao Espírito Santo, e os que da luta carnal sobrevirem trabalharam para estes, que ao espírito servem e os servirão também.

Então saibam que o momento em que escurecesse o sol assim como o momento em que falta o ar sobre as cabeças dos errantes, não representa as chaves dos anjos trancafiando as carnes que erram em campo terreno os deixando a beira da miséria de si mesmo em ambiente sagrado sendo sufocados pelos próprios erros sofrendo por meio da matéria carnal. Pois se acaso o fosse, mais seria a justiça em forma de injustiça sendo posta sobre as cabeças tanto dos errantes quanto dos que creem na justiça divina.

Por isso as chaves que trancam tanto o sol quanto o ar representam o momento em que todos aqueles que do regresso necessitam para se reajustarem em elos de correções, e por isso, são resgatados e até vossas moradas mais intensas em elos corretivos do que as moradas terrenas onde a intensidade vibra do desejo de ser e possuir tudo aquilo que não o pertence, principalmente da determinação pessoal de quem pena e quem penará para viver sobre a mesma terra da qual não fora ele mesmo quem criou. Por isso, aqueles que partem para os elos de correção, não terão o brilho do sol ou frescor do ar que vibram livremente sobre o campo terreno, pois perderão o direito de sentirem a luz do sol assim como o perfume das flores que na terra nascem e do ar se fazem presente, pois a fumaça do abismo tão extremo quanto a fumaça da fornalha será para este como o cheiro do enxofre que não apenas adentra aos sentido olfativos quanto também o fazem fechar os olhos para que o ardor não corroa também a pouca visão que vos resta, e assim nem perfume nem sol sentirão em vossas carnes, pois esta também não adentrará ao campo de correção.

Pois o anjo que após tocar a vossa trombeta cair por sobre a terra, nesta não tocará tampouco a danificará, pois não será por sobre a terra que aplicará a vossa conduta de determinação e sim diante do poço ao qual possui as chaves, pois a fumaça que sobe do abismo, subirá, mas não atingirá os que no campo sagrado se encontram, pois esta não adentra aos campos santos, pois não é o absinto do enxofre, perfume sagrado para em campo santo adentrar, assim como não é a falta de sol, a falta de ar fresco ou a falta de luz do dia punição ao campo sagrado que destes precisam para ser vívido e caminharem nas ordenanças das leis divinas. Por isso, nenhuma conduta de correção será forma de punição, tampouco punição ao campo sagrado chamado terra. Logo nenhuma determinação de regresso e correção será aplicada por sobre a terra e sim em retirada daqueles que necessitam partir para os cantos ou as sombras de onde se aplicam as justiças em nome dos que na terra estão e em nome do poder de vossas essências santificadas nas leis santas, trazendo equilíbrio do campo celestial ao campo santo. E nisso aplica-se a justiça dos Santos e daquele que não é Santo.

E se acaso se perguntarem: "E se a nossa injustiça for causa da justiça de Deus, que diremos? Por ventura será Deus injusto, trazendo ira sobre nós? De maneira nenhuma: de outro modo, como julgará Deus o mundo?" (Romanos 3: 5,6)

Por isso, amados Espíritos encarnados! Não pensem que os Espíritos de grandeza que os Santos ou aquele que não é Santo, são ou utilizam os vossos poderes de forças para castigarem ou destruírem com os encarnados, pois estes vos amam assim como o Criador vos amam, porém não seriam misericordiosos tampouco justos se acaso não permitissem que os encarnados que caminham em campos terrenos não pudessem desenvolver-se a si mesmos, andando nas estradas terrenas e caminhando por vossos próprios caminhos para alcançarem a evolução divina, sendo corrigidos e ajustados de vossas falhas e erros quando necessário, para que possam crescer e assim chegarem aos reinos celestiais de Deus. Pois não seria justo se acaso todos os que caminhassem pelo solo da terra, sejam estes errantes ou cumpridores de vossas obrigações, chegassem ambos no mesmo momento e nivelamento aos reinos divinos, quando um é causador da dor, da ferida da tristeza e do sangue alheio enquanto o outro apenas desferiu boas ações e construiu boas obras em nome de vossa evolução.

Ou ainda acreditam que é justo, tanto o bom quanto o mau serem pregados em semelhantes cruzes, sofrerem da mesma desgraça e escorrem do mesmo amargor ao beberem do mesmo fel para pagarem com os mesmos sacrifícios as diferentes obras ao qual tentaram com as vossas verdades pregar? Pois assim como o errante caminha por sobre a vossa verdade de ser um errante, o justo também caminha em sua própria verdade de aplicar a justiça, porém se acaso ambos são expostos ao sabor da mesma felicidade ou da mesma amargura diante de vossas vontades, a quem pertence à verdadeira justiça? Ao justo? Ao injusto? Ou aquele que pensa saber mais de justiça do que o próprio e verdadeiro Deus, criador da fonte eterna de amor e de justiça? (Senhor Sete Encruzilhadas)

E é nisso que aplica-se a justiça dos Santos e daquele que não é Santo, em força de amor e compaixão por sobre todos os que caminham sobre a terra. Pois a justiça divina não é aquela que aplica-se, e os homens, aos outros homens da terra, e sim a justiça da qual foram gerados e criados; a justiça que se faz através das leis santificadas, aquela que é legítima nascida de verdade do Criador. Pois não seriam justos com os filhos da terra se acaso vos deixassem destruírem consigo mesmos e com a terra que é sagrada por compactuarem com as vossas justiças abastecidas em virtudes terrenas, nascidas da vontade da carne e do desejo de serem justos por meio da correção gerada em seio de falsidade e inverdade, causando ainda mais danos a si mesmos ou com a terra sagrada por ambições julgadas com intenções descabidas em troca do nada material, prejudicando os espíritos que nela vivem, e desta forma tirando o direito de outros também adentrarem e caminharem na mesma terra ao qual pisam cumprindo dignamente com vossas promessas.

E nisso está à justiça divina, pois se acaso não houvesse a justiça através das forças que governam as energias que regem os campos terrenos de forma justa e de forma exemplar, para que sejam bons, múltiplos, amáveis, disciplinadores, doutrinadores, justos, conhecedores e amáveis uns com os outros para que executem boas obras em vossos nomes e em nome daquele quem vos gerou, não seria Deus, o Criador, o infinito de compaixão e justiça e sim apenas mais um ordenador de que sejam os encarnados múltiplos e formem mais espíritos e mais espíritos encarnados sobre a terra para que estes lutem, ferem-se, arrasem-se e findem-se com todos os outros espíritos que com eles caminham em nome de vossas vontades carnais em campo terreno. Porque se caso fosse o Criador conivente dos erros de vossos filhos, seria este tão errante quanto os vossos filhos, os concedendo a serem apenas o que desejam ser. Neste caso não seriam necessários os mandamentos, as leis a justiça divina, tampouco a correção, pois todos seriam senhores supremos de si mesmos, caminhando e regendo as vossas próprias regras, verdades, mandamento e leis; e com isso seria cada um o seu próprio criador servindo e lutando pelas vossas próprias verdades, assim como batalhando as vossas próprias lutas. Mas se acaso, isso verdade fosse; certamente o elo terreno já havia se esvaído em razão das vaidades aos quais muitos e muitos encarnados, acreditam que reinariam sobre vossas próprias cabeças.

Ora, e quem seriam os Santos ou aquele que não é Santo, os Anjos, os comandantes espirituais, os guiadores e os espíritos de luz se acaso não caminhassem sobre as leis divinas, ou se acaso não cumprissem com as determinações de serem justos com os espíritos, sejam estes encarnados ou não? Para qual Criador se prostrariam se acaso não aplicassem às vossas justiças por sobre aqueles que não são corretos e caminham por ordenanças vãs de vontades próprias? Quem seriam se acaso não fossem eles que aplicassem as vossas justiças e severas correções aos que erram e desferem as vossas indignidades, inverdades, falsidades e lanças sobre os vossos irmãos em razão de gozo material de ofertas terrenas?

Mas quem corrigiria os homens da terra, se o próprio Criador não corrigisse vossos próprios filhos nascidos de vossa própria vontade por vossas próprias determinações geradas de vosso próprio seio para serem livres e amarem uns aos outros assim como Ele mesmo, quando estes adentram por caminhos escuros e podam as vossas liberdades ao preço da fraude de serem errantes, falsos, mentirosos e assassinos? Os próprios filhos errantes? Àqueles que criam leis e regras terrenas para sustentarem as vossas vontades carnais esquecendo-se de que quem os criou os criou não somente com a fluidez do amor, mas também com a fluidez do fogo que arde da mesma fonte de onde o amor brota e a justiça que corrige também fere?

Por isso, se acaso não se aplicasse a vossa santa justiça sobre os que da injustiça se abastecem, não estaria Deus, o Criador, condenando os que caminham com vos diante de vossos mandamentos atendendo as vossas necessidades sendo servos de vossa santidade e não aqueles que erram? E para quem se aplicaria a justiça divina, aos juntos ou aos injustos?

"Pois saibam, amados espíritos encarnados, que as vossas leis as vossas regras e os vossos mandamentos terrenos, valem apenas para comandarem a carne e não o Espírito, pois este não caminha por sobre regras e leis mundanas, estes devem caminhar e obedecer às leis e as regras daquele quem vos concedeu o direito à vida. Pois ainda que tenham muitos direitos terrenos, estes direitos são também concedidos pelo Criador, para que possam conhecer-se a si mesmos e engrandecer-se a si mesmos de boas obras e procurar os caminhos da salvação, pois os vossos direitos iniciam-se e encerram-se, quando iniciam-se as leis do Criador; porém estas não são iniciadas ou findadas em campo terreno. Portanto, não confundam as leis terrenas com as leis sagradas, porque estas são bem claras, pois ainda são aquelas trazidas por vosso também amado filho, Moises, diante de vossa face aos quais todos conhecem bem e nem mesmo o tempo os fazem esquecer, pois ainda que os tempos lhes pareçam novos ou outros, as palavras permanecerão eternamente as mesmas" (Senhor Altíssimo Júlio Cesar Celestial).

Mas se ainda não compreenderem e ainda me perguntarem: Senhor, mas não é Deus o manancial de amor, compaixão, dignidade e benevolência, infinito de poder de todos os poderes e a nascente de todas as forças. Porque o Santíssimo Senhor Deus não nos livra de nos aplicar através de vossos Espíritos santificados a vossa santa justiça e correção causando dores aos nossos espíritos, quando causamos dores aos outros, sendo que simplesmente poderia ele, o Ser Supremo, nos redimir de nossas falhas e faltas para com nossos irmãos, sem que sejamos corrigidos por sermos maus? Saibam amados espíritos encarnados! Que não é o Santíssimo Senhor Deus quem vós aplicará ou determinara as vossas justiças e correções em forma de danos e dores, pois os espíritos que atuam diante das portas dos elos de correção pleiteando a justiça divina contra os errantes, apenas cumprirá a determinação de alinhar todo aquele que diante das leis prefere caminhar sobre as trevas; e se as trevas não causam outros sentidos a não ser dores e danos, estes serão os galardões de quem causa dor e que por isso receberá de volta todas as dores desferidas em troca de vossas falhas, ou seja, aplicar-se-á tudo aquilo ao qual desferiu-se contra outrem. Porém, estas não são as mãos divinas e sim as próprias mãos de quem causou a dor retornando a quem desferiu e fez sofrer e fez sangrar os outros. Porque assim se aplica a justiça dos não Santos, contra a injustiça da carne.

Portanto, é o Criador, grandioso em demasia para sentir a blasfema, a rebeldia ou a insensatez desferida contra vos e aos vossos servos e servas, reflexos de vossa santidade, pois não são os Santos assim como o Criador, feito de carne material para sentirem a aflições, o mal, a desgraça ou a calamidade atirada pelos espíritos encarnados quando ferem e destroem uns aos outros e direcionam a culpa de vossas desgraças particulares às vossas santidades. Porém se acaso nenhum ser material errante for de vossas chagas interna curado, se nenhum errante for de vossas falhas corrigidas as eliminado e os ensinado, hoje a dor que fora de tu a lagrima de outra carne, amanhã será a lágrima de outras carnes a ferida causada por ti. Logo não é o Senhor Deus quem vos aplica correções por sobre os vossos erros e falhas e sim as vossas próprias determinações de que sejam justos em campo terreno, isso quer dizer corrigidos as vossas falhas antes que causam novas falhas e danos.

Pois assim como suplicam para que sejam perdoadas as ofensas de quem vos próprios deva ter ofendido e de quem vos tenhas ferido, assim serão corrigidas e perdoadas as feridas de quem quer que seja que tenha ferido; E se acaso fora tu mesmo o causador das feridas, serás tu mesmo corrigido para que sejas perdoado de vossas faltas e falhas perante os seus. E se acaso ainda demoras em perdoar aqueles que vos tenhas ofendido, trocando desta forma lanças e causando a si mesmo mais chagas espirituais, saibam que estas também deverão ser peneiradas nos elos de correções para que sejam ambos perdoados de vossas ofensas libertando os vossos espíritos das vossas próprias feridas.

Pois, nenhuma justiça poderia ser justa se acaso não fosse corrigida de forma apropriada, sendo firme e legítima, assim como é a justiça divina. Pois a justiça tem por nome amor; e o amor é o próprio Ser Supremo, e o Ser Supremo, é aquele que vos cobre o espírito e a pele com vossa eterna e majestosa vida, vos gerando, criando e concedendo o direito de serem vida e de serem múltiplos e conduzirem as vossas próprias vidas para que possam plantar e possam colher as vossas escolhas; e que por isso, também é quem vos cobra e vos corrigem quando falham vos dando o direito de aprenderem, de acertarem, e novamente caminharem diante vossa compaixão e de vossa eterna justiça. Porque esta é a única forma de tornarem-se verdadeiramente fortes, pois ainda que a jornada terrena vos lapide a alma, e isso pareça os tornar frágeis, em verdade, é o que vos deixarão mais fortes e sedentos de novas oportunidades de se tornarem o verdadeiro espelho reflexo da compaixão e do amor de vosso Pai Celestial, o Criador.

Ingratidão a Deus, a certeza do homem

Por isso, servos e servas de Deus Pai o Criador, "Quando dizeres um voto a Deus, não tarde em vos pagar, porque Deus não é favorável aos enganosos. Portanto, cumpra teus votos. Melhor não fazer votos, que prometer e não ser fiel à promessa. Não deixe que sua boca faça enganadora a sua carne, nem diga diante a face dos Anjos, que foi apenas um erro, por que razão se iraria Deus contra a tua voz, e destruiria as obras de tuas mãos?" (Eclesiastes 5: 3,4)

8.2 Pois todos os espíritos que se encontram em campos terrenos cumprindo com vossas missões espirituais, assim como todos os espíritos que encontram-se em elos de remissão e correção, são espíritos nascidos da vontade do Criador, ao qual um dia, foram apresentados as vossas unidades espirituais e também receberam os vossos guiadores e espíritos da guarda e que por isso, foram selados após serem prometidos por terem se comprometido com o vosso Criador em relação as coisas santas e sagradas que por ele foram criados e enviados juntamente com vos, as vossas missões espirituais divinas para que cumprissem com vossas promessas outrora seladas diante da face daqueles que vos acompanharam. Porém, vos acompanharão até o momento de vossas escolhas falhas em razão de serem abastecidos e nutridos por falsas esperanças e vontades próprias de conquistarem e conseguirem não somente o que não vos pertencem como também o que jamais vos pertencerá, pois aos vossos espíritos não cabem receber o que a vos não fora determinado e ainda assim desejam seguir por caminhos tortos em busca de prazeres e verdades que somente cabem aos que carregam a inverdade, ou somente cabe à carne de quem os carrega.

Porém, bem sabem os espíritos que diante da face de vossos guiadores aos quais foram selados e prometidos, que as vossas falências serão nos campos da dor e da desgraça da profunda angustia da essência do espírito em forma de miséria de ser a si próprio, pois até mesmo os elos ao qual tentam se esconder, buscando permanecer na escuridão da alma posta em lama, são vigiados pela devoção e lealdade das sentinelas que diante da luz também fazem as vossas moradas e carregam o fogo ao qual possuem. E este, não é o fogo que arde das vestes dos errantes, pois estes, vestes não possuem, e sim o fogo que arde da luz que os conduzem aos caminhos da falta de luz daqueles que da escuridão se abasteçam.

Espíritos missionários! Sejam fieis as vossas promessas de serem e executarem exatamente aquilo ao qual devem ser, para que não sejam infiéis as vossas falsas verdades, pois tudo o que é falso no fogo se dissipa e arde em brasas para que se transforme em novas formas e novas unidades, mais puras e menos danosas em si mesmas e aos outros seres de Deus, assim como os errantes também nascidos da mesma verdade. Pois a verdade que cura, que brilha e que dá a vida é a mesma verdade que queima e que arde para corrigir e moldar as formas da maneira a qual devem ser moldadas e caminhar da forma ao qual devem caminhar, e ainda que as vossas lapidações demorem séculos adiante dos séculos, a paciência dos Santos se erguerá em eras e mais eras para que sejam de vossos erros curados. Pois isso, também está a paciência dos Santos e daqueles que não são Santos.

Então saibam, espíritos missionários! Se ainda vos perguntam por qual motivo Deus, o Criador, iria contra as vontades ou contra a liberdade dos vossos filhos ao qual vos concedeu o direito à vida espiritual, para que sejam livres e vivam livremente por sobre a terra ao qual ele mesmo também criou, harmoniosa para que cumpram as vossas missões em matéria carnal, sendo que a matéria carnal, por vossa própria natureza, sente dor, erra, chora, engana-se, falseia, sangra e causa ferida? Está ai a resposta! É justamente por tudo isso. Mas se ainda assim, vos perguntam se não é Deus, o Criador, o misericordioso, onipotente, onipresente e onisciente Ser Espiritual de Santidade divina dotada de compaixão e benevolência sagrada para perdoar e redimir todos os vossos filhos de vossos "singelos erros" em nome de vossas verdades próprias?

Ora, se és o Criador o manancial do amor e da compaixão sagrada, por qual motivo faria Deus algum mal aos vossos filhos e filhas criado a vossa imagem e semelhança simplesmente por estes desferirem e derramarem as vossas próprias compaixões, as vossas próprias benevolências, as vossas próprias justiças e os vossos imensos perdões aos vossos irmãos terrenos? Por qual motivo colocaria Deus em juízo, os vossos amados filhos e filhas terrenos, que tanto se esforçam para desferirem apenas da mesma compaixão e do mesmo amor aos quais recebera do vosso Senhor Deus, perante todos os vossos irmãos terrenos, os perdoando de vossas falhas, assim como são perdoados, os limpando de vossas chagas, assim como são limpas as vossas chagas, os aliviando em vossas feridas, assim como também são aliviados, por não serem os próprios causadores delas; os desejando o bem sobre todas as coisas, assim como também os desejam verdadeiramente a todos os vossos pares; bem como se esforçando para cumprirem de forma digna e majestosa as vossas missões, da mesma forma ao qual todos os espíritos encarnados que diante do sol caminham em terra sagrada, chamada de campo terreno, o fazem, labutando para executarem de forma merecedora as vossas promessas em nome do Criador, sem machucar, sem ferir, sem fazer chorar ou sangrar aos outros que assim como ele mesmo fora feito de amor, compaixão e misericórdia divina?

E é por ser o Criador a nascente divina do manancial de amor, compaixão e benevolência sagrada e desejar que sejam em campo terreno a vossa imagem e semelhança que vos abastece de vossa compaixão, amor e dignidade, para que sejam os vossos filhos e filhas espirituais o vosso espelho sagrado, o refletindo em amor e em dignidade onde quer que estejam. Não ocupa-se Deus, o vosso criador, de desferir de volta os golpes aos quais os vossos filhos e filhas os desferem contra os seus, quando mentem uns para os outros, erram uns contra os outros, ferem uns aos outros e matam uns aos outros em razão de coisas materiais, bem distantes da compaixão, do amor, da benevolência e da justiça ao qual vos concedeu para que frutifiquem e cresçam fortes, nobres e majestosos.

Mas é o Criador grandioso em demasia para ser ferido, machucado ou magoado por vossos filhos e filhas, os vossos espíritos criados a vossa imagem e semelhança para serem justos e bons uns em favor dos outros. E por isso, não é o próprio Deus, o Senhor dos exércitos quem vos desferirá vossos contragolpes a todos aqueles que o ferem e o golpeiam em troca de gozos terrenos, o blasfemando, o causando injúrias e ignorando o valor da própria existência, coisa da qual não existe a possibilidade de ignorar, uma vez que fora concedido pelo próprio Deus eterno criador de todos os espíritos.

Mas quando prefere o homem encontrar justificativas mais prazerosas que expliquem as vossas próprias existências, buscando consolo em falsas verdades ou em gozos momentâneos que os colocam como centro das verdades, os entronando materialmente como sendo sagrados acima das coisas sagradas sem as quais não podem existir ou fazer parte da composição das coisas terrenas; pois estas, não são mais sagradas que a vida espiritual dos seres que nela vivem, e nela erram, blasfemam, ferem e causam danos a si mesmos e aos outros seres. Porém, os vossos danos mundanos pela busca de vitórias materiais nascidas, crescidas e acrescidas de fantasias terrenas pelo alcance da paz através do sangue que de vossas carnes correm, não ferem ou atingem a Deus, o Criador.

Pois este, que é o Criador de todos vós e de todas as coisas que vos rodeiam inclusive as coisas que os fazem imaginar serem maiores ou mais poderosos que os outros seres de igual valor terreno, pois foram todos feitos e criados por vossa misericordiosa benevolência sagrada que é em demasia grande para ser atingido por um encarnado quando vos aplica a vossa ingratidão. E assim como não é ele mesmo quem vos aplicará a vossa luz em forma de sete diretrizes aos quais devem caminhar diante do sol da terra, pois se acaso isso ocorresse, seriam todos mortos, da mesma maneira não é ele mesmo quem vos aplicará a vossa correção, juízo ou remissão, pois da mesma forma seriam todos exterminados e jamais seriam corrigidos em vossas falhas.

Então saibam espíritos encarnados! Que não será o Senhor Deus com vossas próprias mãos santificadas quem vos aplicará a vossa santa Justiça em nome de vossa santa lei, e sim os vossos servos e servas, ou aqueles espíritos criados também a vossa imagem e semelhança para serem a justiça e a vossa lei por sobre a terra. A justiça que corrige, alinha e também santifica em nome do Ser Supremo ao qual com toda lealdade e determinação de regozijam e se prostram, pois foram nascidos do encantamento e da nobreza divina em forma de amor e compaixão para servirem e prestarem as vossas benevolências. Porém, justiça não é vingança, pois nenhum espírito criado a imagem e semelhança carregando as forças e as fontes divinas são ou algum dia será vingativo em nome de Deus, mas estes são, e sempre serão, os mais fiéis e leais servos ao cumprimento de vossos votos e selos, recebidos por ordenança santa por provarem as vossas nobrezas, majestades e determinação de cumprimento de tudo aquilo ao qual deve ser cumprido e realizado em nome do Criador, o vosso Deus.

Por isso, não sejam, falsos e enganadores perante aos vossos Anjos e Santos, pois estes não serão jamais falsos diante das determinações do Criador de serem e executarem aquilo ao qual devem ser e ao qual devem executar em razão da verdade pelas quais foram feitos e criados. E o mesmo Espírito Santo, que os fez, e os criou com amor, compaixão, dignidade e determinação também os fez em justiça em leis em luz e em fogo para que tudo seja utilizado quando da necessidade de serem e cumprirem com tudo aquilo ao qual o vosso benigno majestoso e Santíssimo Deus os ordenou que sejam e que cumpram quando de vossos selos e vossas criações foram colocados. E estes serão os mais leais e fieis servos em razão de vossos mais leais e fiéis votos de serem a imagem e semelhança do poder de justiça e do poder das leis, as fazendo valer onde quer que vossas benevolências possam valer em nome do Senhor Deus.

Sendo assim, o afogueamento da terça parte das árvores e das coisas materiais, refere-se a correção sendo aplicada por sobre a terra e não a morte física dos seres materiais e das ervas e folhas; porém todos aqueles que devem regressar aos campos espirituais por meio da morte física, ou seja, serem resgatados pelos espíritos corretivos e encaminhados aos elos espirituais de correção em detrimento do juízo sagrado em favor do juízo divino dos erros que cometem e acometem toda a terra a caminhos tortuosos e dolorosos, deverão ser levados e encaminhados a vossos campos de correções para que sejam reajustados e realinhados de forma que tenham novas passagens espirituais terrenas, em formas e forças mais brandas, atuando em favor das leis terrenas que são as leis divinas aplicadas por sobre a terra por meio de vossos servos e servas, os Santos e aquele que não é Santo e não contra eles.

Anjo que cai

"Sim, estou contra os que profetizam sonhos falsos", declara o Senhor, "Eles os relatam e com suas mentiras irresponsáveis desviam o meu povo. Eu não os enviei nem os autorizei; e eles não trazem benefício algum a este povo" (Jeremias 23:32)

8.3 Mas é o homem a imagem e semelhança de Deus quem o criou com toda a santidade, amor e bondade, logo a ideia de maus espíritos vai contra a santa e sagrada raiz espiritual de cada espírito nascido do reflexo do Criador, pois sendo o homem, não a caixa orgânica carregadora do espírito e sim a sua essência em espírito a imagem e semelhança de vosso Pai celestial com as três raízes espirituais que o constitui, sendo a primeira o estado de consciência que é o próprio espírito, a segunda, a luz que o acende o espírito, que é a luz divinal que o conduz em essência viva e a terceira a imortalidade que é a forma espiritual da infinitude do próprio Criador que o tornará assim como o próprio Deus luz espiritual divinal eterna e que jamais poderá morrer, o tornando assim como o vosso Senhor, imortal; e que por isso são todos os espíritos a imagem e semelhança do Criador. E sendo o espírito a imagem e semelhança do próprio Criador não poderiam existir espíritos bons e maus, pois diante da construção divina, todos os espíritos são bons, pois são o reflexo da luz e da bondade. Porém, se todos os espíritos foram criados bons, reflexos da imagem e semelhança do Senhor Deus, de onde vêm os maus espíritos, ou os espíritos demoníacos e o dito anjo caído?

Atribuísse o nome de maus espíritos não aos espíritos criados a imagem e semelhança do Pai celestial, porque todos os espíritos são nascidos da mesma e única fonte de luz, amor, bondade, caridade, compaixão, clemência e amor que é o Senhor Deus, por isso a ideia de maus espíritos ao qual os encarnados compreendem é atribuída as crenças más, as ideias más, ou seja, aos conceitos e ações que trazem resultados maléficos pela ânsia de fazer coisas ruins em detrimento de algum proveito ou vantagem de ligação terrena e não espiritual que trazem resultados danosos e ruins aos outros seres igualmente encarnados do mesmo elo espiritual terreno e não em elo espiritual celestial, porque neste não adentram nem conceitos, atos e ações ruins tampouco encarnados com ideias, conceitos e desejos danosos aos demais seres.

Portanto nenhum espírito é mau, e sim as crenças do homem que o torna mal quando pratica atos e ações contrárias ao bem que ele mesmo conhece, pois todo homem traz intrinsecamente dentro de si ou através de seu espírito toda a forma de bem que o constitui. Porque é o ser encarnado detentor de duas unidades de conhecimento e autoconhecimento. A primeira é a unidade de estado de consciência que é o seu próprio espírito atuando sobre a matéria de forma intrínseca através do elemento orgânico ou a matéria, forma esta que jamais mudará ou alterará a sua única e verdadeira forma, e a segunda a unidade de pensamento e consciência ou unidade de pensamento consciente, que é o que o torna capaz de viver, vivenciar e experimentar o campo matéria de onde ele é alocado espiritualmente através carne.

E esta unidade, a unidade material, que é capaz de receber as influencias espirituais dele mesmo de forma inerente, é também capaz de formar, formular e produzir seus próprios desejos e vontade com relação ao campo onde vive e onde atua sem que isso lhe seja imposto pelo seu próprio espírito, porque esta que parte da própria unidade espiritual que ele carrega lhe é colocada de maneira sensitiva e não obrigada, porque neste caso não seria o ser encarnado ser espiritual caminhando em busca do progresso e da evolução que ele necessita.

Ou seja, não existem espíritos maus, pois todos os espíritos são o reflexo do Criador de maneira consciente inteligente, iluminado celestialmente e infindável ou imortal. Por isso a crença má que o encarnado carrega consigo não adentra a essência de um espírito, pois a Aura Plena ou a parte protetora entre o espírito e a matéria da qual cada encarnado possui para colocá-lo em seu ambiente terreno e lhe auxiliar receber e transmitir tanto as ideias terrenas quanto espirituais recebe todos os tipos de emanações, sentidos, fluidezes e sensações o tornando assim receptivo ao que é bom e ao que pode ser ruim para ele e para toda a humanidade.

Porque é a Aura Plena a película espiritual que protege o espírito e a matéria, e que não deixa que nenhum ou seja, nem o espírito e nem a matéria estejam acoplados um ao outro, pois é esta a película espiritual protetora do próprio espírito e da matéria que serve para receber todas as essências e distribuir todas as emanações; por isso é esta também a porta de entrada de todos os sentidos, sentimentos e emoções boas e más sentidas terrenamente por cada unidade espiritual, encarnada. Por isso é a Aura Plena, ao mesmo tempo em que é a parte espiritual que não deixa a matéria se fixar ao espírito é também a parte espiritual que permite o espírito pertencer aquela matéria carnal e torná-la conscientemente viva em terra. Isso quer dizer, que é a Aura Plena é a parte espiritual que permite o espírito ser o único regente ou o único estado de consciência pertencente e regente daquela matéria a tornando espiritualmente viva em campo terreno após a animação.

Portanto, todo espírito é puro, imaculado, sem danos e sem erros, independente do que a consciência do encarnado crê, deseja ou imagina. Porque mesmo que o ser encarnado possua duas vertentes em uma única unidade, onde a vertente terrena é a consciência terrena que o coloca em campo material através dos sentidos e sentimentos o tornando fonte de saber terrena a vertente espiritual é ao estado de consciência intangível e inalcançável ou estado intrínseco que o traz e o carrega de emanações de sentido espiritual e as encaminha através da Aura Plena as tornando assim como os demais pensamentos terrenos, consciência material terrena porque a ele em verdade pertence. Logo as sensações e emoções do sentido de pensamento e consciência terrena não adentram ao espírito que a matéria carrega consigo. Portanto as falhas, os erros e as maldades mundanas cometidos pelo ser encarnado não interferem ou causam danos no espírito. Logo, todo espírito é bom e se preservará bom independente da matéria que o carrega.

Por isso, um mau comportamento humano de conduta reprovável com ações e atos maldosos é pertencente ao pensamento consciente daquele que o carrega por suas próprias vontades, abastecido pelas emoções, e sentidos e sentimentos materiais terrenos vislumbrados em forma de emoções e sentidos através da Aura Plena que também barra todos os sentidos ruins do próprio espírito ao qual aquela matéria serve em terra. Assim o mau comportamento material é aquele que age por vontade, desejo, impulso e tentações terrena de anseio, ambição e aspiração material se valendo de excitação e vontade mortal ou material.

E estes são justamente aqueles sentidos que por não desejarem seguir a disciplina divina por acreditar que viver à sombra é a melhor forma de existir, pois assim não precisam se ocupar com obrigações e deveres da qual todo ser vivente deve seguir, e sim caminhar por suas próprias vontades em todas as circunstancias ainda que estas sejam danosas a si mesmo ou aos outros. Por isso junto a vertente material esta a vertente espiritual, que se faz necessária para a existência espiritual terrena para o cumprimento de missão ou determinação espiritual. Desta forma, todo espírito que se manifesta na matéria nunca sucumbirá a verdade divina, ainda que a força do pensamento de consciência do encarnado seja imunda de crenças danosas ou ainda que a carne padeça. Pois todo espírito faz parte da verdade divina, ou seja, todo espírito é o reflexo de Deus, e é por origem, límpido, imaculado, puro, preciso e exato, não se desfaz, não desaparece, não morre, nunca se acabará tampouco será contaminado por crenças terrenas.

Sendo assim, nem mesmo aquelas essências espirituais de Aura Plena mais imundas de findarão, pois existe um lugar para cada um deles debaixo das mãos de Deus, bem distante das casas celestiais. Por isso nem as essências inundadas de maldades e erros acabarão esquecidas e desaparecerão. Pois os tempos divinos não passarão, e o tempo de todos, bons ou maus, serão selados conforme seus julgamentos, pois dentre céus que jamais se findarão e das terras que passarão com aqueles que por ela passam a verdade nunca passará. Ou seja, nunca deixará de vir a descoberto, de ser exposta e ser revelada, pois assim como nenhuma verdade espiritual foi construída por mãos humanas, nenhuma inverdade ou dano foi construída por um santificado espírito que abriga toda e qualquer matéria, porque esta que se utiliza dos sentidos mortais que ao pó um dia voltará, jamais as casas divinais adentra recoberta por erros e danos.

Mas o que se intitulou por milhares de anos como sendo o diabo, satanás ou até o anjo caído, nada mais é do que o mau personificado através do homem que se desvia do caminho da verdade em detrimento de prazeres mundanos, por meio de falsas verdades e ilusões de superioridade ao que realmente é divino, casando com sua arrogância e prepotência, a iniquidade e a desgraça dele mesmo e dos demais seres encarnados. Porém até mesmo para estes, existe um lugar destinado para aplicação do juízo de Deus sobre suas cabeças, e seus dias serão dias amargos no jardim dos mortos e esquecidos, escrito com mãos de ferro no livro dos mortos e julgados, por aqueles que diante das leis são os mais leais e fiéis servos e servas atuando nas portas das portas do fim, pelo fogo que arde e queima todos os danos guardados na consciência espiritual de cada unidade de vertente de espírito sujo e manchado por aquele que o deveria elevar e encaminhar ao caminho do Pai celestial.

Por isso anjo caído é uma verdade possível, uma vez que para cair é preciso pertencer, é preciso estar no alto e nenhum erro adentra o alto, ou seja, nenhuma falsa verdade, mentira, dano, más ações e desejos maus adentram aos campos celestiais. Portanto, nenhum anjo ou conceitos terrenos de homem caído subiu aos céus. Por isso a ideia de anjo caído do céu partindo do pressuposto de que seja um anjo outrora bom, agora do mal não é verdadeira, pois para ser celestial e possuir determinação de anjo se faz necessário estar em ambiente celeste e nenhum mal adentra ao ambiente celestial, pois este, não ultrapassa a esfera do juízo divinal de conceitos, crenças e pensamentos, tornando atos e ações más que destroem ainda mais o espírito do que a própria matéria.

Portanto, acreditar que Deus, o Criador, onipotente, onipresente e onisciente, criador de céus e terra, governador do mundo, de todos os espíritos e todas as esferas e campos celestiais, tenha se enganado e criado um anjo da qual veio a ser um traidor ou um enganador dele mesmo, é crer que o Ser Supremo, o Rei dos reis, criador de todas as forças e poderes existentes entre os céus e a terra não é o Deus detentor de todas as coisas e todas as forças, todos os segredos, magias e mistérios que possam existir acima dos céus. Esse seria o maior erro ao qual um espírito encarnado poderia crer sobre ele mesmo. Porque o majestoso Criador do universo conhece todos os seus filhos, assim como conhece todos os seus segredos, todos os seus erros, todas as suas falhas, certamente este erro também seria de seu conhecimento, porém jamais teria este anjo sido criado. Ou seria o Criador um ser mortal passível de ser enganado e traído pelos seus? Ou teria o Criador se enganado quanto a sua autoridade e competência e estaria todo o seu reino sobre ameaça do mal de um próximo traidor nascido dele mesmo? Certamente não. Porque Deus, o todo poderoso, nomeia com honras e glorias santas àqueles que irão servir-lhe eternamente diante de suas leis, doutrina e poder, porque é o Rei dos reis o Todo poderoso Deus, e não apena um rei de homens errantes.

Portanto, nenhum espírito desviado do caminho de luz adentrou a esfera espiritual celeste, pois todos precisam estar em harmonia espiritual para adentrarem as esferas celestiais, precisam ter passado pelo julgamento de juízo de essência espiritual, aceitarem, conhecerem e obedecerem aos mandamentos divinos para se encontrarem em elo espiritual para servir ao Criador com fidelidade, lealdade, disciplina e gloria.

Mas é certo que a falha do homem e as falsas verdades que causam o mal são combatidos todos os dias, dia e noite, pelo Anjos da trevas e do abismo, porque é o homem e não o espírito que descido a terra possui a porta de entrada para todos os males, e não se cansa de desferir ao mau a seus pares, causando assim determinação em cima de determinação de eliminação dos injustos e causadores de iniquidades terrenas, aos quais serão estes combatidos severamente pelos governantes das trevas e das esferas espirituais de dor e de remissão.

"Nisto são manifestos os filhos de Deus, e os filhos do diabo. Qualquer que não pratica a justiça, e não ama a seu irmão, não é de Deus". (João: 3: 10).

Ora, se não é o diabo a personificação de tudo o que é contra as leis de Deus e seus mandamentos ou tudo aquilo que vai contra a verdade celestial, onde as crenças as condutas e as ações boas são desviadas em detrimento de atos e ações más, por vontade daquele que pratica e que causa dor, lamento, feridas e danos a si mesmo e aos seus irmãos; ou seja, é o diabo a personificação do mal que o próprio homem faz à partir de seus próprio pensamento consciente de consciência terrena e desfere contra os seus. Mas vejam vocês se não é o filho do diabo aquele que não pratica o bem pela justiça divina de autocorreção para com os seus, atuando contra a vontade e os preceitos do Criador. Por isso, toda falha e engano se manifestam através da carne e não através da doutrina e da disciplina terrena que a vertente espiritual possui. Portanto, toda falha, injustiça e iniquidade são considerados filho do diabo ou filhos do mal, pois se apresentam perante a lógica da carne matéria, bem distante da harmonia espiritual, causando graves consequências aos seres viventes.

"Caiu, caiu a Babilônia, a Grande. Tornou-se morada dos demônios, prisão dos espíritos imundos e das aves impuras e abomináveis, porque todas as nações beberam do vinho da ira, pecaram com ela os reis da terra e os mercadores da terra se enriqueceram com o exagero de seu luxo." (Apocalipse 18: 2,3).

Mas não é morada de demônios espirituais ou seres demoníacos espirituais e sim aqueles que denominados como sendo os próprios filhos do diabo o são por força de suas vontades, atos e ações recobertas de maldades, danos e iniquidades. Isso quer dizer, morada de seres encarnados que bebem da vontade terrena de serem além daquilo aos quais as suas missões os ordenam que sejam em terra de homens; acorrentando-se e prendendo-se em vossas próprias lacunas maléficas de existências terrenas de sentido puramente material, caminhando por suas inverdades para serem e praticares seus atos além da vontade de Deus.

E os filhos do diabo ou de demônios materiais, ou seja, seres encarnados que imaginam serem maiores e mais poderosos terrenamente do que os outros seres e que tem para isso o poder de destruir ou construir humanidades que se prostrem a eles por mero desejo de superioridade e gloria mundana que não passa de fugacidade e vaidade terrena. Por isso aqueles que desejam ser governados pelas suas próprias leis, pensando que soberania e amor do próximo é bem material que se compra em troca de vil metal ou pela falha de suas próprias falhas, desconhece o erro como raiz do mal, e o mal vive de falsas verdades criadas pelas suas próprias razões; porque toda falsidade, imoralidade, assassinato, blasfema, imposição do medo, pena aplicada aos mais fracos, suntuosidades construídas pelas mãos daqueles do desejo se serem adorados como sendo o próprio Deus, foram e sempre serão destruídos pelos anjos celestes ou destruídos por Deus através da justiça divina.

Mas a verdade se fez presente, pois o que também foi chamado diabo ou demônio, por se opor a verdade celestial outrora conhecido por rei da Babilônia também se fez pó, e todos aqueles que praticaram o mal, sendo parte de seus enganos e falhas caíram juntamente com o seu rei. Mas isso é somente mais uma prova de que toda e qualquer tentativa de desvio das leis e das ordenanças divinas perante a verdade divina será destruída pelos seus exércitos de anjos guerreiros que lançará sobre a terra toda matéria e resgatará aos campos de justiça toda falha e dano causado ao espírito porque jamais adentrarão erros, danos e falhas aos campos celestiais, pois serão os seus sentidos abatidos ou resgatados antes.

Porque a única verdade que o homem material conhece é que possui um espírito imortal, pois foi criado por Deus e dele o recebeu. Ou seja, não conhece sequer a sua própria existência ou sabedoria espiritual, pois não pode se identificar através de seu próprio espírito, pois nem isso o pertence. Por isso, deve se prostrar a soberania divina da qual conhece pela doutrina e pela disciplina, outrora no deserto a toda humanidade apresentada e seguir o caminho da verdade, pois esta é a única forma de chegar ao Criador. Ou seja, a única forma de se libertar de suas dores, medos, angustias e erros, é através de seu espírito pelos trilhos do amor e da justiça.

Por isso, todo aquele possuidor de um espírito dotado de Aura Plena e repleto verdades que se envereda a fazer o mal distante da doutrina disciplinar, pode ser considerado um mau encarnado, e não um mau espírito, e sim um desgarrado de verdade e da justiça de Deus, porém a justiça de Deus não será branda nem falha, tampouco pequena, ela será justa e sua justiça não será pouca, pois não foi feita por mãos de homens, tampouco homens errantes. A justiça de Deus é forte, firme, dura e justa, assim como o vosso Criador.

Portanto, não existe e jamais poderia existir na esfera celestial, anjo, santo, espírito, guia ou guardião que não seja tão merecedor de seus santos e honrosos títulos e nomes, pois todos são nobres e fieis servos do Criador, assim como nunca houve jamais haverá um servo desgarrado ou caído de sua posição, pois o Criador é o Todo Poderoso e tudo sabe sobre todos. E nada cai do céu a não ser por determinação ou ordem em cumprimento de dever sagrado ordenado por Ele mesmo.

Porque seu exército é composto dos mais nobres e sábios mensageiros de suas leis, palavras e doutrina. Pois Deus é o Criador majestoso, nobre e único Espírito Santo, criador de todas as raças e nações e jamais se enganaria ou faria algo da qual se arrependesse ou viesse a descoberto sua falha, pois a majestade espiritual não falha e não se engana, e todas as criações são perfeitas e devem estar em perfeita harmonia. Por isso, qualquer que seja a indisciplina ou falha cometida por seus filhos aos quais possam causar dores, feridas ou danos, o próprio Criador se encarrega de eliminar através de seus Anjos ordenados e determinados atuantes nas diversas linhas espirituais ou falanges de espíritos não Santos utilizando suas próprias forças, porque jamais deixaria o Ser Supremo que os vossos filhos caiam sobre os cuidados ou desesperança de seus próprios filhos falhos quando estes forem nascidos do chão da terra.

Mas é o Senhor Deus, o Ser Supremo criador de todos os seres existentes na face de todas as esferas e da terra, incluindo aqueles espíritos que enveredam pelos caminhos da verdade e também daqueles que enveredam pelos caminhos da inverdade ou das falsas verdades, aos quais são conhecidos como bons e maus espíritos. Isso quer dizer seres encanados possuidores de boas e de más crenças, boas e más condutas, boas e más ações bons e maus atos. Mas é Deus o manancial de forças e energias nascidas de si mesmo; ser onipotente, onipresente e onisciente conhecedor de todos os seres e este filho mau, carregador de tudo o que lhe possa ser ruim e a si mesmo e aos seus pares, também conhece e detém através de vossos servos e servas os espíritos verdadeiros Anjos, os Anjos das trevas em forma de justiça pela justiça celestial.

Por isso, o que por muitos anos foi dito como sendo um mau espírito ou intitulado como sendo o diabo ou satanás descido a terra para desviar os homens bons, não passa de uma ideia criada de que satanás ou o diabo são espécies de seres gerados por Deus, e caídos do céu por serem espíritos maus contra o próprio Deus quem os criou, capazes de adentrar a qualquer campo enérgico e cometerem maldades em nome de suas ditas vinganças contra o Criador ou ainda usar as pessoas para cometerem maldades umas contra as outras em seus nomes para assim os angariarem em vossos favores espirituais.

Porque em verdade, estas criações são somente crenças humanas de fundamento próprio para justificar as faltas cometidas pelos espíritos encarnados que desviados da verdade de Deus necessitam apoiarem-se em inverdades para protegerem-se de suas próprias faltas, visto que o ser diabo, arquétipo da maldade do homem, ou seja, tudo o que se pratica contra a doutrina e os ensinamentos dos mandamentos divinos, não é um ser espiritual outrora pertencente a uma posição celestial, não é um ser terreno outrora anjo que caiu assim como não é um ser espiritual possuidor de um lugar ou reino específico, porque é o dito diabo assim como satanás a referência da maldade humana encontrada em campo terreno que pode ser tão extrema e perversa quanto a crença terrena de que existam estas unidades desviadas dos caminhos bons contra a doutrina e disciplina do Criador em troca de prazeres e gozos mundanos como forma de recompensa por atos e ações injustificados que fogem da real doutrina e ensinamento do Pai celestial.

Porque estes seres imaginários aos quais as culpas por suas faltas cometidas em terra são jogadas, não apenas perturbam os homens como os confundem com o real e verdadeiro ser espiritual da qual as vossas unidades materiais deveriam amedrontarem-se por cultuar e alimentar as vossas ações em desvio da verdade, que são os espíritos que vagam perdidos em busca de liberdade espiritual pelas veredas das inverdades que os acorrentam com as correntes do sofrimento de suas existências. Pois estes são os verdadeiros espíritos desviados pelos seus próprios malefícios, os seres alimentados com a esperança de que as suas andanças lhes darão o sentido espiritual que procuram; porque estes que não recebem o nome de diabo ou satanás são em verdade os espíritos desviados dos caminhos santos aos quais em terra de homens já estiveram caminhando em suas verdades próprias, e ao desencarnarem continuam caminhando com suas verdades, bem distante dos ensinamentos divinais, acreditando que as suas vontades ainda devem prevalecer, assim como aqueles que em terra os cultivam e se aliam pelos caminhos das inverdades sustentadas pelas vontades de serem de fato o que não são, porque são tão somente seres homens e essências espirituais desgarradas da verdade de Deus, e por isso, não são somente eles quem perturbam os filhos que caminham perdidos em busca de paz, como também os que os alimentam as falsas esperanças de que seguem nos caminhos certos, porém ambos caminham por estradas incertas.

Pois estes que vagam assim como estes que os alimentam são perturbadores e desajustados espiritualmente de si mesmos, caminhantes distante dos ensinamentos do Criador, pois são seres que lutam não pela paz e sim pela verdade de si mesmo, incomodando os seres que lutam pelos seus crescimentos e evoluções espirituais. Porque todo aquele que crê somente em sua verdade criada de si mesmo caminha distante do despertar da consciência espiritual de sua própria essência e assim, bem distante da elevação espiritual de vosso ser, uma vez que apenas o espírito continuará a sua caminhada pela evolução de sua essência, e não a carne que embora tenha desejos e vontades por possuir pensamento consciente devido a vertente terrena material para que possa acreditar existir no elo material terreno, a carne, assim como a seus próprio pensamento consciente será findado e eliminado no chão da terra.

Porque a crença ou a ideia de que Deus criou anjos e os jogou sobre a terra trazendo desgraça e lamento aos seus filhos, não somente vai contra o verdadeiro sentido espiritual do Criador de que Ele é a fonte única e inesgotável de amor, compaixão, caridade e clemência como também contra todo o poder divinal de vossa santidade e majestosa perfeição de que é Ele o ser onipotente, onipresente e onisciente criador de todos os espíritos e sentidos espirituais, pois a vossa benevolente e elevada dominância não se curvaria a um ser desajustado e desequilibrado ao qual pudesse trazer desordem aos elos santificados celestiais e por isso deveria este ser atirado por sobre outro elo sagrado espiritual que é o campo terreno levando discórdia a terra e aos seus filhos; pois neste caso não seria o Senhor Deus a fonte inesgotável de clemência, amor, caridade, compaixão, luz, paz, e sim apenas igualmente a ser terreno que busca soluções a si mesmo levando desgraça aos demais seres a sua volta.

Por isso, não fora Deus, o Criador, quem atirou o ser imaginário diabo tampouco o ser imaginário satanás por sobre a terra, e sim o próprio homem quando este criou um arquétipo recebedor de suas próprias inverdades, para que estas sejam através deste mau justificadas ou atiradas sobre outrem e não sobre quem os criou, eliminando assim as suas culpas, quando estas deveriam recair sobre si, mas recaem sobre o ser imaginário da qual ele não conhece, não reconheceria se o vice ou não sabe de fato quem é, mas crê em sua existência como forma de aliviar-se de suas próprias faltas.

Desta forma, a ideia de que Deus quem criou e atirou por sobre a terra o anjo mau, é tão falsa quanto o próprio arquétipo do mau tentando de alguma forma ser bom para aqueles que cometem maldade, ou seja, é tão falsa quanto o anjo caído, pura criação do homem que só o faz existir porque o idolatra e credita a ele suas próprias ações e maldades quando não quer assumir as suas próprias responsabilidades contra si, contra os seus ou contra toda a humanidade.

Porque Deus o Pai celestial, é ser supremo criador de todos os seres existentes na face da terra e de todos os elos e campos espirituais divinais e celestiais, o único criador daqueles espíritos que enveredaram pelos caminhos da verdade e daqueles outros que enveredaram pelos caminhos dos enganos. Isso quer dizer, que é o Criador o único gerador de todos os espíritos que possuem crenças e ações boas e crenças e ações más ou bons e maus conceitos que carregam todos os espíritos. Por isso o Rei dos exércitos onipotente e onipresente conhece todos os seres e este mal também conhece e controla através de seus guardiões e guerreiros servos espirituais, com a destruição do poder negativo e também no resgate dos espíritos perdidos derramados em essência para que retornem e sejam julgados pelas duras e severas balanças das leis divinas e assim possam seguir seus caminhos dentro da bondade dando continuidade as vossas evoluções espirituais, igualmente aqueles que enveredam somente pelos caminhos bons; porque nisso aplica-se a justiça divina.

O bem e o mal

"Nenhuma árvore dá fruto ruim, nenhuma árvore dá fruto bom. Toda árvore é reconhecida por seus frutos, ninguém colhe figos de espinheiros, nem uvas de ervas daninhas" (Lucas 6:43,44).

8.4 Ou teria Deus plantado no paraíso apenas a árvore do conhecimento do bem, se acaso não quisesse que o conhecimento do mal também fosse descoberto pelo homem? Deus, o Criador, não teria plantado árvore alguma, se a vossa intenção não fosse apresentar a seus filhos as formas de domínio e energias existentes na esfera terrena, uma vez que Adão e Eva, os vossos primeiros filhos renascidos da nova era de caminhada espiritual terrena, já viviam em perfeita harmonia com o divino no jardim do Éden; pois vislumbravam o jardim como crianças, cegos, acercado do bem e do mal, apenas vivendo suas existências de maneira pura, sem apegos ou desejos e queres materiais que os desviariam dos caminhos sagrados que andavam. Mas não tinham opção de escolha entre querer e não querer, entre Deus e não Deus, ou entre o bem e o mal, porque ainda que tivessem opção de escolha material ou sobre seus atos terrenos, assim como ocorre com todo e qualquer ser espiritual encarnado em campo terreno, não tinham opção de escolha sobre os atos e ações espirituais em relação ao que deveriam ou não fazer de acordo com a ordenação ou a recomendação divina, assim como também ocorre em relação a todo e qualquer ser espiritual encarnado em campo terreno, não somente porque já caminhavam de maneira espiritual e sim porque não havia outra maneira de existência a eles determinada pelo Criador.

Mas sabendo Deus, que seus filhos reflexos de Dele mesmo, espíritos perfeitos, mas em terra materiais imortais, dotadas de inteligência e de sentidos mundanos, iriam experimentar a maçã proibida disponível no centro do jardim, não por desobediência e sim por curiosidade devido ao direito de escolha que os cabia em campo terreno. Mas a árvore em vossos caminhos, era a árvore que representa os caminhos espirituais, não pela escolha, mas sim as opções de escolha pela doutrina materializada em forma de detrimento entre um caminho e outro. Logo, a felicidade do paraíso seria substituída por desejos mundanos, liberdade confinada e falsos caminhos de felicidade; assim como o presente apresentado pela serpente alegórica; envolta em bela embalagem, saborosa na boca, porém maléfica para a vida espiritual refletida na vida material.

E o Criador, que conhecendo seus filhos, ou todos os seus pensamentos, desejos e vontades, sabendo que não tardaria, iriam falhar, pois assim como nenhuma gota de água cai do céu sem seu conhecimento, nenhum filho falha sem que esta falha Ele não saiba. Possibilitou que após a falha de escolha, tivessem o conhecimento destas duas forças, forças estas que seriam chamadas de bem e de mal, ou seja, forças que formam o equilíbrio destas energias existentes em campo terreno das quais o conhecimento seria a única forma para a sobrevivência terrena fora do jardim Celestial chamado Éden, onde as crenças mundanas, os conceitos terrenos e os desejos materiais podem ser extremamente danosos aos seres viventes.

Ora, mas Deus é a única fonte de poder e de saber, criador do céu e da terra, e é por isso, a perfeição e a majestade espiritual que não erra e não se engana; portanto, não criaria nada para arrepender-se depois, e por isso concedeu o Criador o direito do conhecimento do bem e do mau a todos os seus filhos da qual habitariam a mesma terra de onde as lutas e as labutas necessitam serem conhecidas e desejadas antes de iniciadas. E assim concedeu o Senhor o direito de escolha, não espiritual porque este já é determinado e por Ele mesmo ordenado e sim o direito de designação individual para que a caminhada em busca das portas dos céus seja em qualquer direção terrena livre e não imposta a uma única vereda ou a um único fardo, mas sim pelos caminhos que os levariam de volta da casa de Deus, porque este não é único, mas é estreito e disciplinar. Desta forma possibilitou que seus filhos pudessem ter a opção de escolha dentre os caminhos ou as ações e atos da qual iriam escolher para percorrer após a saída do Éden. Por isso, cabe ao homem a escolha dos caminhos, assim como a opção entre o bem e o mal para sua jornada terrestre.

Mas em suas jornadas terrenas teria o homem que à partir daquele momento que plantar por si mesmo para comer e sustentar os demais seres terrenos assim como ele, pois seria o provedor de suas próximas gerações, e para isso, precisaria também obter o conhecimento das energias que o cerca e regem seu novo ambiente para seu próprio discernimento, sua própria caminhada e sua própria elevação à partir dos caminhos da terra, ou seja, para sua própria auto preservação, buscando forma e alternativa para gerenciar suas escolhas e progresso espiritual longe do Éden.

Sendo Deus, o Criador, fonte única de bondade, concedeu ao homem o direito de acertar e de falhar, porém a mesma bondade divina que concede o direito de escolher o caminho da qual seguir, ou o direito de falhar e de acertar para seguir a direção da paz, se utilizando das opções de bem e de mal a ele apresentadas; é a mesma que julga e cobra com mãos de ferro todas as falhas cometidas por aqueles que optaram em seguir os maus caminhos que de livre escolha tenha sido escolhidos. Pois, conhecendo o Senhor Deus todos os seus filhos, sabe o Criador que nem todos estão no mesmo nivelamento espiritual, nem todos os seus filhos foram criados da mesma ordem celestial e nem todos os seus filhos já estão em tamanha elevação que os impedem de falharem e de andarem por caminhos tortuosos, até porque se todos os vossos filhos estivessem em nivelamento, ordem ou espiritualmente elevados não falhariam, porém não desceriam aos campos terrenos para trilharem os caminhos que os colocariam na direção de vossas casas celestiais. Sendo assim, receberem todos os filhos as terra, o dever de caminharem os caminhos de Deus mas também o direito de falharem em suas buscas e descobertas, não que esta falha não vos acarretará em correção e justiça, porém até mesmo a correção será para eles o caminho da correção para se reerguerem e continuarem as vossas caminhadas.

Por isso, nenhuma árvore dá frutos bons ou maus, ou seja, o conceito do bem e o mal está ligado a cada árvore individualmente ou a cada encarnado particularmente, pois o bem e o mal são os conceitos e ideias boas ou más, que refletem em ações e atos maus ou bons conforme a crença de cada indivíduo em relação a própria busca ou a particular a forma que experimenta e vislumbra o campo terreno conforme a sua própria unidade de acordo com o seu nivelamento espiritual atuando com o seu pensamento consciente e não de uma dominância maligna que assola a terra e os encarnados. Porque as crenças más são as raízes das árvores internas de cada um onde cada um colhe exatamente aquilo que planta em seu jardim particular e estes jardins florescem e se exibem para todos ao seu redor de acordo com suas sementes plantadas e cultivadas internamente.

Mas a humanidade é aquilo da qual planta e semeia, enquanto alguns plantam sementes de boas crenças, boas condutas, boas esperanças e boa-fé, outros semeiam o inverso de tudo isso. Causando ideias, sentimentos e ações más, porém a sobrevivência da humanidade parte do equilíbrio entre o conhecimento das energias positivas e negativas ou forças do bem e o mal, ou seja, daquelas energias e fluidezes que existem em campo terreno onde uma os impulsiona para os caminhos bons e a outra os impulsionam para os caminhos ruins, caminhos de dor e de angustia.

E estas energias são as forças capazes de elevar a humanidade ou de destruir a terra e o ser humano que nela vivem. Não porque estas forças foram a ele apresentadas, porque a nomenclatura bem e mal fora apenas uma forma de qualificar estas energias positivas e negativas das quais podem o homem se utilizar e aplicar sobre elas as suas vontades erguendo obras boas e ruins contra si mesmo e contra os seus, e sim porque o homem possui o direito de utilizar as duas energias que fluem de forma positiva ou negativa onde o equilíbrio de sua existência parte do conhecimento de ambas forças, porque é ele quem escolhe utilizar a força do bem ou a força do mal para caminhar a sua própria estrada, embora esta já esteja escrita.

Por isso, o homem somente consegue sobreviver em conjunto, pois possui capacidade de plantar, regar, semear, colher e ainda escolher a cerda das energias que regem a vida humana e optar por aquela que melhor o serve. Porém o que a humanidade julga ser o bem ou o mal não chega nem próximo do que é o mal ou do que possa ser o mal, sua origem, sua força, sua energia e sua determinação. Pois o que o encarnado conhece ou julga como sendo mau espírito ou governante de maus espíritos, o diabo ou satanás, não possui verdade divina do que realmente vem a ser o mal, do que realmente é o mal e como este flui, porque este mal que caminha por sobre a terra, nada tem a ver com o mal em sua pureza e forma verdadeira e límpida de maldade, pois este caminha bem distante do conhecimento do ser encarnado. Porém a vontade de utilizar as forças existentes em campo terreno sendo este para o bem ou sendo este para o mal da qual o homem conhece, parte da vontade e da determinação do próprio ser espiritual encarnado do que de uma força que possa existir e comandar as força e as energias terrenas, porque estas o próprio ser encarnado comanda e é ele mesmo quem escolhe quando e como utilizar.

Portanto o bem e o mal da qual o encarnado conhece e julga dominar, são energias que regem o universo de forma terrena, pois são emanadas e jorradas pelos próprios encarnados e o conhecimento destes possibilita ao homem a dominância deste equilíbrio em forma de proteção, escolhas, discernimento, arbítrio e a procura do crescimento através do conhecimento de ambas as energias.

Mas é certo que o homem desde o início dos tempos deseja o domínio sobre o bem e sobre o mal, ou o bem e o mal terreno, daquilo que de fato conhece. E sempre tentou de alguma forma, seja mística, mágica, imposta ou através da força, se fazer valer pelo bem ou pelo mal para alcançar o que deseja, ainda que isso lhe custe todo o dinheiro ou a própria vida. Por isso existe um falso conceito e que aqueles que caminham os caminhos de Deus junto aos espíritos, esteja intimamente ligados com o mal ou com aquilo que venha a ser o mal e quando solicitado executam atrocidades contra os seres de Deus. É certo compreender que os espíritos não estão entre os homens da terra por vaidade ou são espíritos de curiosidade, que se afastam de suas esferas ou unidades santificadas para executarem atrocidades a troco de vil metal, para satisfazer desejos mundanos, como se fossem serviçais de homens insanos, porque estes que são apenas unidades espirituais não se utilizam de formas de pagamento material, tampouco são servos de homens de terra, que se encontram em nivelamento inferior aos quais se encontram os espíritos que vos auxiliam em terra.

Mas todos os espíritos que atuam livremente com os encarnados, são espíritos altamente doutrinados e disciplinados nas leis divinas, possuem grau de elevação, força, conhecimentos espirituais por anos de aprendizagem e por isso atravessam os tempos atuando em nome de vosso Criador, auxiliando os filhos de Deus encontrar os vossos caminhos pelos caminhos do bem, aplicando e praticando tudo o que é bom. E todos aqueles espíritos que possuem missão de compartilharem seus conhecimentos espirituais com os homens terrenos, o fazem por uma determinação e não por desobediência a Deus ou obediência aos homens da terra, porque estes em verdade obedecem apenas a um Deus e este é o Criador, o Espírito Santo, que vos criou e nenhum outro.

Logo cada um deles, é por determinação e obediência merecedor de suas missões, pois foram pelas leis divinas, julgados e reparados em suas falhas, se acaso algum deles fora um espírito que falhou; e estão libertos e em plena harmonia livre de erros, falsidades ou inverdades face à verdade para serem servos e servas divinais cumprindo com suas determinações espirituais. Portanto, a crença de que são os espíritos não Santos espíritos tortuosos e desgarrados e que estes atuam juntamente com os homens encarnados misturando o bem com o mal, mal trazido deles mesmos dos diversos elos espirituais de onde se fixam é errônea, é falsa, pois os espíritos desencarnados, já passaram por vários desafios devido aos sentidos que possuíram em terra, por isso conhecem as fraquezas e as dores dos seres humanos, portanto não desejam ou executam a moléstia ou sofrimento aos seus irmãos encarnados em troca de prazer terreno se acaso não seja para proliferar o bem, o amor e a paz.

Porque se acaso os espíritos não Santos, ou seja aqueles que caminham sobre as leis de Deus, obedecessem aos homens terrenos em seus desejos mundanos, não seria Deus, o Criador, o Deus Criador do céu e da terra a quem todos os espíritos e homens se prostram e se regozijam em lealdade, fidelidade, obediência, e verdade e sim como o próprio encarnado, pois a ele todos os espíritos obedeceriam. Logo, não é ao encarnado que o espírito se prostra e atende com presteza as determinações a eles solicitadas e sim ao Criador, e os espíritos atendem ao Criador obedecendo aos vossos regentes governantes de suas falanges. Ora, não é o encarnado chefe de falange e sim o espírito superior que governa e rege aquele espírito da qual detém a dominância poder e forca sobre ele.

Por isso, todo espírito servo divinal, independente de vossa nomenclatura em terra, que caminha sobre as leis divinas, obedecendo e trazendo a doutrina em comunhão com os ensinamentos divinos, atendem a um único Deus e este é o Reis dos reis, criador do mundo do qual todos os chefes de falange mais poderosos e majestosos também se prostram e obedecem, pois por ele também foi nascido, ordenado, determinado e doutrinado. Pois antes mesmo de um espírito ser um espírito não Santo, é um missionário que vem a esfera terrena, para prestar serviço santo em nome de Deus, seja este qual for, é um espírito de Deus, criado e doutrinado dentro das ordens e dominância celestial, e não cabe a este executar nenhuma determinação terrena sem que tenha autorização superior de escala de governança divina para que seja realizado.

Porque todo e qualquer espírito pertencente a uma falange o que lhe dá direito de adentrar a esfera material, é por uma determinação divina para a condução de auxilio, paz e caridade. Logo acreditar que estes espíritos são espíritos de curiosidade e errantes que caminham entre a esfera celestial e material por vontade própria é um erro que conduz o encarnado as falsas verdades o levando a creditar que tanto o bem quanto o mal são trazidos dos campos celestiais. Pois somente os espíritos doutrinados e hierarquicamente disciplinados podem adentrar as esferas matérias para realizarem trabalhos de cura, caridade, direção, correção, paz e bondade juntamente com os encarnados.

Logo, a maldade ou o conceito do bem ou do mal, pertencem ao homem e sua ideia mundana perante tudo aquilo que traz de crenças e conceitos relativos ao certo e ao errado. Pois o homem sempre desejou o poder e a dominância sobre o que julga ser mau, ainda que para isso seja necessário que pratique o que julga ser a maldade.

Por isso, são as crenças más que levam as pessoas a procurarem formas de valerem seus desejos maus, ainda que tenham que pagar para que isso ocorra. Isso quer dizer, ainda que tenham que pagar para que o mal seja executado contra outrem por meio da crença de que os espíritos não Santos lhes possam auxiliar a serem maus uns com os outros; pois não são corajosos o suficiente para cometerem suas atrocidades pela força do mau que conhecem ou crentes o suficiente para crerem nas leis divinas de justiça em forma de correção aos errantes em nome de Deus e seus espíritos atuantes nas leis divinas, e acreditando que estes são os seres espirituais que poderão lhes auxiliarem em seus desejos de maldade, cometem suas faltas e falhas em nome daqueles que são os espíritos que irão lhe corrigirem, por crerem que atuam em favor do bem que não os cercam.

Por isso, o homem terrestre em suas angustias e problemas criados por ele mesmo é capaz de além de desejar a maldade acovardar-se ao ponto de solicitar a execução de sua ideia de maldade a um espírito em troca do que quer que seja, como se este o fosse um servo que se vende por coisas mundanas, pois a dor muitas vezes sentida e não administrada pelo homem pode causar desastres imensos a humanidade e desequilíbrio a espiritualidade humana; mas um espírito não Santo ou qualquer outro espírito atuando pelos mandamentos de Deus, jamais desejaria algo que não seja o bem e a evolução de seus irmãos encarnados, pois desejos carnais ou de maldade não fazem parte destas esferas espirituais.

Mas a execução do mal ou do bem não é algo que se compre ou que se venda, mas ainda assim, existem muitas pessoas com más ideias acreditam possuírem o direito de vender o mau que não possuem, assim como muitas acreditam que possuem o valor de comprar de sua execução, em nome daqueles que sequer possuem o que desejam ofertar ou comprar. Porém é o bem ou o mau, o desejo, a vontade ou o querer interno de cada um que não pode ser vendido ou comprado, porque parte da vontade interior da quem o possui.

E ainda que não saiba o encarnado, tudo o que pertence a Cesar, a Cesar voltará. Pois será devolvido a Cesar tudo o que é de Cesar, centavo por centavo ou intenção por intenção. Logo, tudo aquilo que desejares e executares por si mesmo ou através de essências espirituais atrocidades contra outrem, toda a atrocidade voltará contra aquele que o desejou ainda que tenham sido través de espíritos rebaixados executadas, pois a falha pela escolha do mal pertence a quem o desejou e solicitou a execução e não somente a quem o executou.

Logo pertence a Cesar tudo o que é de Cesar, ainda que este tenha o emprestado para outros em seu nome. Por isso, acreditar que terceirizando seus desejos de vingança e maldades a espíritos rebaixados ou seguidores de verdades próprias distantes dos caminhos divinos, o exime da responsabilidade da atrocidade é um engano que apenas o distancia mais da verdade e o coloca no centro da mira da justiça divina, pois as ideias mundanas que o levam a crer que uma troca ou favor o anula de seus direitos e deveres é um engano que pode levá-lo aos mesmos caminhos dos espíritos errantes e andantes que hoje lhe prestam favores em busca do mau.

É preciso compreender que a justiça de Deus atua com mãos pesadas aos filhos falhos, sejam, encarnados de má índole de conceitos errantes, sejam, espíritos de má conduta e seguidores de verdades próprias. Pois justiça divina, não está relacionada com vingança, justiça divina é a reparação da falha seja esta falha cometido contra outrem seja esta cometida a si mesmo. Pois desejar e executar o que se chama de mal a outrem é uma grande falha que deve ser corrigida pelos espíritos carregadores das chaves das portas das leis.

Desta forma, a maldade esta dentro de quem a solicita e deseja e não do espírito em que algumas pessoas acreditam que por serem espíritos poderia executar tal atrocidade. É preciso ter sabedoria para compreender que os espíritos desencarnados diferentemente dos encarnados, não possuem maldade, não são maus, e não desejam a maldade a ninguém. Os espíritos já desencarnados em esferas diferentes das nossas são desprovidos de desejos, vontades, raiva, dor ou maldade, tampouco, possuem desejo ou motivos para executarem maldade sobre qualquer que seja o encarnado sobre qualquer que seja o pretexto. Então, o desejo de fazer o mal é carnal, é mortal e pertence ao homem.

"E o Senhor deu a seguinte ordem ao homem: Comerás livremente o fruto de qualquer espécie de árvore que está no jardim; contudo, não comerás da árvore do conhecimento do bem e do mal, porque no dia em que dela comeres, com toda a certeza morrerás!" (Genesis 1: 16,17).

Ora, se o conhecimento do bem e do mal, não somente foi plantado no centro do jardim, como nos mostra que Deus Todo poderoso, criador dos céus e da terra é o único possuidor do que vem a ser o bem e o mal, uma vez que fora ele quem ordenou que fosse plantada a árvore destes conhecimentos. Por isso são as energias positivas e negativas encontradas em esfera terrena de total domínio do Criador, ou seja, pertence a Deus que as plantou lá. Por isso, fora ele mesmo quem concedeu o direito de que tivesse o ser encarnado o conhecimento destes dois poderes para a sua futura utilização e auto preservação e poderes de escolha. Porque Deus não plantou nesta árvore apenas o conhecimento do bem, e sim do bem e do mal. Ora, mas se o bem e o mal pertencem ao Criador, como poderia um mortal em campo terreno acreditar poder possuir ou negociar as energias daquilo que não lhe pertence? Como poderia o homem vender ou negociar as forças das forças que não lhes são próprias e sim apenas o conhecimento delas, pela utilização das duas formas de energia para equilíbrio da unidade espiritual de onde vive?

Porque o homem após a sua escolha de desfrutar do prazer em detrimento da doutrina de disciplina celestial, pode ter conhecimento sobre o bem e o mal, ou as energias que existem e circulam no campo espiritual terreno, porém não o domínio sobre ele, porque ter conhecimento daquilo que rege de maneira positiva e negativa não é ter domínio, porque saber não é adquirir, não é dominar, não é lhe pertencer, é apenas conhecer o que vem a ser, e não exercer domínio ou possuir para si.

E Deus admitiu que o homem desfrutasse de suas próprias escolhas, se alimentasse por suas próprias mãos, e escolhesse seu próprio caminho assim como ele optou comendo a bela maçã que o faz vislumbrar aos olhos, saborear na boca e perecer o espírito. Por isso, foi concedida a possibilidade de escolha e discernimento para saber o que é bom e ruim para si mesmo. E o conhecimento agora pertenceria a ele e para isso teria livre escolha sobre o que é bem e o que é mal e livre opção para executar o que julga ser bom e ruim, ainda que isso afete ou altere os seus caminhos santos escritos pelo Criador.

Mas o homem mesmo após ter consumado o ato falho de experimentar o que viria a ser ruim ou mau a ele mesmo, recebera uma segunda chance para obedecer a seu Criador, escolhendo boas sementes para plantar e colher seus próprios frutos benditos em nome do Criador. E Assim é o encarnado, plantando, colhendo e desfrutando das inúmeras maçãs tentadoras cotidianamente de seguir os caminhos bons, ainda que para isso passe pela correção de vossas falhas.

Porque ainda que tenha o conhecimento do que vem a ser o bem e o mal não possui o domínio deles, pois o domínio é do Espírito Santo que o plantou no meio do jardim. Sendo assim como poderia o homem querer negociar a maldade com outro homem, se o bem e o mal pertencem à santidade divina a quem devemos nos prostrar e obedecer. E como poderia um mortal negociar tal poder que não o pertence? Mas não pode o homem negociar o que ele não possui, porque tanto o bem quanto o mal, são as chaves de todos os segredos divinais e terrenos. Mas o bem e o mal sendo de domínio do Criador jamais poderá ser vendido ou negociado por falsos, que queiram negociar em seu nome, porque esta inverdade não passa de uma destrutiva contradição, tanto para quem procura quanto para quem oferece como serviço espiritual em campo terreno.

Isso porque Deus em sua plenitude e sabedoria divina tratou de assegurar para si toda a maldade como forma de prevenção da humanidade. Sendo assim, o mal não é de domínio nem das forças ocultas ou satânicas aos quais as crenças errôneas o abastecem, nem dos homens terrenos irresponsáveis que afirmam e que tentam inserir o medo em certos grupos da sociedade como forma de repressão ou domínio de seus pensamentos conscientes deixando ainda mais temerosos os seus rebanhos tampouco da humanidade que tendo o conhecimento do mal o confunde como sendo pertencente da maldade do elo espiritual em que vivem. Portanto o que há na terra é de domínio Dele, inclusive o bem e o mal, por isso a maldade não é passível de compra. Caso contrário a terra já teria sido destruída pelos mortais em busca de poder político, sexual e espiritual há muitos anos atrás.

Porém, o mal em sua esfera maligna, em sua pureza lapidada de maldade não pode ser comparado com a imaginação humana sobre a ideia de maldade terrestre. O conceito de mal pela humanidade não passa de conceito de fatos, ações, atos e vontades contrárias aos mandamentos de Deus, vontades estas e ações, que embora firam, façam sagram e machuquem, ainda assim são ideias baseadas em fatos e ações contrárias à verdade divina, onde cada indivíduo caminha por suas próprias vontades e desejos esquecendo-se das leis celestiais e executando atos incoerentes e insanos contra outrem.

Portanto o bem e o mal conhecido em terra é o arquétipo do bem e do mal onde as energias negativas e positivas comandadas por vontades e prazeres mundanos dotados de desejos de satisfação a todo custo ainda que isso traga prejuízos aos demais encarnados, não destroem o campo de onde nascidos foram para caminharem as suas verdades. Por isso, o bem e o mal, conhecido pela humanidade é a condução das ações praticadas pelos encarnados onde cada ato e cada ação dependendo de sua intenção, proporção e intensidade causam efeitos negativos e dolorosos a si mesmo e a sociedade. Logo o bem é a condução das bem feitorias, boas ações ou aquelas obras que tragam prazeres e satisfação, enquanto o mal é a condução de desejos e ações contrárias ao bem, ou seja, aquelas ações ou obras que trazem prejuízos, danos, feridas e sofrimentos terrenos.

Ou seja, o bem e o mal, são os atos, ações ou obras que podem elevar ou prejudicar a humanidade ou quem a pratica. Trazendo danos, perdas, dores e sofrimento carnais coletivos ou individuais. Logo, este bem e este mal, são de pleno conhecimento do Criador. Porém, o mal em sua esfera maligna do que vem a ser o verdadeiro sofrimento e dor, da verdadeira existência que é a espiritual, também é de conhecimento do Criador, e nada tem a ver com atos ou ações terrenas de danos e sofrimentos materiais e carnais.

O verdadeiro mal, na pureza de seu significado não é revelado, entregue ou sentido pelos encarnados em terra, pois o verdadeiro e severo mal de sentido extremo seria o desprezo de Deus à toda a humanidade, seria o caos na terra vindos pela falta de luz natural, pela falta de água para matar a sede, pela falta do oxigênio para refrigerar as entranhas e a cegueira dos seres junto a dilaceração de vossas carnes diante de uma falha ou um erro cometido por quem quer que fosse. Porque o verdadeiro mal não tem face possui apenas restos mortais em faces dilaceradas, é a imagem de homens devorando homens em troca de alimento ou gotas de água, corpos imundos e ensanguentados caminhando sobre cabeças e corpos jogados a sorte enquanto a ira domina a humanidade por falta de paz, de amor, de esperança, sendo a irá o desprezo, o desrespeito, o ódio e a dor, o único sentido ao qual poderiam experimentar diante do caos que o mau carrega.

E este sentido caminha bem distante da terra ou bem distante do conceito do mal existente entre os homens, porque o verdadeiro mal é lugar desabitado, onde o gemido de dor e o lamento da própria existência tomando conta dos ares como sendo o único e verdadeiro som de noite e de dia, não pode ser escutado, enquanto o cheiro de enxofre é a única essência possível de ser sentida exceto pelo cheiro de putrefação da carne humana onde os olhos se fecham não por medo, mas por ser menos terrível do que vislumbrar tanta maldade e horror, sem esperança, sem amor e sem novos caminhos para poder seguir.

Porque o verdadeiro mal possui também o domínio nas trevas onde se encontram espíritos insanos e imorais por todos os lados, acreditando não terem governança ou apoio celestial, sem espiritualidade, sem crença e sem lei. Por isso, o verdadeiro mal seria a desesperança pela desgraça de crer que não existe sem o auxílio divino ou celestial para a cura das feridas em chamas, ou seja, seria a infelicidade da humanidade.

Por isso, o verdadeiro mal tem outro nome que não é representado pela palavra mau ou maldade; é o estado de consciência inferior ou infernal. E este mal não assola a terra dos homens, pois Deus, o Criador, o guarda selado no livro dos mortos e esquecidos, no jardim dos desumanos. E ainda que os homens cometam por suas próprias vontades, atos e ações, más e dolorosas aos seus, pelas atrocidades, danos, barbáries e crueldade cometidas de forma desumana, não irão jamais conhecer o verdadeiro sentido da maldade em seu estado único e verdadeiro em campo terreno, pois esta maldade o será entregue em local e estado onde todos aqueles merecedores da severa justiça se encontraram e desfrutam do dissabor de serem ruins ou de serem maus ou impiedosos uns com os outros.

Portanto o mal não é sinônimo de falta do bem, tampouco a falta de Deus. Pois o mau em seu sentido único e verdadeiro também pertence a Deus, que o guarda e protege dos insanos que se utilizando de pensamentos e ideias ruins e falhas em relação a verdade absoluta e poderiam causar a peste e a desgraça no mundo. Desta forma, pessoas que dizem dominar ou possuir o mal através dos espíritos, ainda que sejam espíritos rebaixados ou sem luz, apenas querem confundir e tomar vantagem, pois nem mesmo os espíritos mais imundos são governantes do jardim dos mortos e esquecidos, a não ser aquele que nascido do fogo e das trevas para governar este campo da dor e do mal o é.

Assim, o que conhecemos como sendo o mal é a falta de crença no único e verdadeiro Deus, é a falta de fé dos viventes nos poderes que possuem para caminharem em direção a terra de vossas próprias promessas e serem felizes com tudo àquilo que receberam para serem, enquanto caminham por esta terra. Porque a falta de crença da humanidade que se iniciou quando Eva, não crente nas palavras de Deus, comeu a maçã da árvore do conhecimento do bem e do mal, recomendado a eles que não o fizessem, demonstra o conceito individual de crenças negativas e falta de fé, transformado em ações impiedosas contra o próximo e contra si, por vontade de seguir por si mesmo os caminhos que não foram por si mesmos escritos para que trilhassem.

"Então, disse o Senhor Deus: Eis que o homem se tornou como um de nós, conhecedor do bem e do mal (Genesis 3:22-24).

"Como nós, conhecedor do bem e o mal", não é uma forma de mostrar pé de igualdade diante de algo que antes era desconhecido pelo homem, e sim uma forma de mostrar poder por sobre as coisas da qual antes não tinham, ou seja, poder sobre as energias existentes neste campo. A palavra "conhecedor" nos mostra que o homem passou a não ser mais protegido, nem imune à maldade terrena ou até a severa maldade dependendo de seus atos e desejos pelos seus próprios poderes de utilizar as duas energias existentes. Logo, quem conhece o bem e o mal se torna apto para escolher e lutar utilizando-se de suas forças pelas suas crenças individuais.

Porém Deus é ainda o único, o Dominador desta forma e qualquer outra força existente. E ainda assim Deus sabendo que isso poderia ocorrer, ou seja, a desobediência à prescrição doutrinária e disciplinar, não lhes ofereceu o mal severo contra a desobediência, lhes ofereceu outro campo de sobrevivência com o conhecimento do que seria o bem e o mal terreno, ou as energias que regem a esfera terrena, para vossas sobrevivências por vossas próprias condições e escolhas e não mais sobre as verdades e escolhas divinas. Mas escolha inclui o discernimento, a opção, o desejo e a vontade por conta do homem para labutar o seu sustento e sobreviver de seu próprio suor, através do conhecimento do que é bom, porque assim o homem poderá escolher entre o que é bom e não bom, pois sabe bem o que são ambos. Por isso, para ser feita uma escolha deverá o homem abrir mão de outra, porque foi esta a ordenança que Deus nos deu quando retirou do Jardim do Éden o homem falho de seus caminhos, portanto para optar pelo que julgar bom deverá abrir mão do que julgar mal, pois o mal não comunga com o bem assim como o bem não caminha em harmonia com o mal.

E disse: Não comerás da árvore do conhecimento do bem e do mal, porque no dia em que dela comeres, com toda a certeza morrerás!". (Genesis 1: 16,17).

    E de fato morrem o homem e a mulher criados para serem viventes no jardim celestial, mas não a morte espiritual, e sim a morte material, onde morreram da unidade celestial do jardim do Éden e renasceram igualmente em essência espiritual com estado de consciência espiritual e material em terra para serem carnais e mortais, conhecedores do quem vem a ser bem e do mal material, vivenciando para isso a falha e o acerto da carne o que inclui o pensamento consciente pela dor do espírito para que possam fazer boas escolhas e libertarem de suas falhas e novamente e serem merecedores do leito celestial. Caso contrário, serem merecedores do mal severo do juízo de vossos caminhos falhos.

    Então, logo os olhos de Adão e Eva foram abertos devido a falha de terem comido da fruta e sentiam vergonha, quando ouviram a voz do senhor que passeava pelo jardim e se esconderam entre as árvores, pois estavam nus, e envergonhados. Mas vejam vocês se a nudez e a vergonha não são sentidos e sentimentos humanos, assim como a culpa e o medo em ver Deus próximos de si porque estes que também são sentidos terrenos ou seja, o bem e o mal são sentidos terrenos; a nudez, a vergonha o embaraço também são sensações experimentadas apenas em campo material, uma vez que espíritos não sentem envergonhados ou desejosos de nada que se pareça com sentido e sensações terrenas.

    Por isso, quando Deus o questiona sobre ter comido do fruto proibido, Adão, responde que a mulher que o Senhor havia lhe dado por companheira, lhe dera da árvore e ele comeu. E fora este o primeiro ato ou a primeira impressão falha de sentido humano ou de ação má por vontade própria de quem a pratica, pois o desejo de libertar-se da falha de si mesmos, o fez culpar aquela que era a vossa companheira de labuta para livrar-se da falha cometida por ambos. E isso nos mostra a escolha de ação e ato maldoso imperando sobre o homem, que se apressou em retirar de si a culpa para libertar-se da falha dos dois. Portanto vemos que a maldade já estava instaurada e era através da mentira, da vergonha, da culpa, do medo ou seja, tudo o que se julga errado ou se caracteriza como sendo mal, pelo arquétipo de tudo que vai contra o que se julga incorreto estereotipado por diabo e satanás, neste caso pela serpente que vos apresentou o fruto e não que quem a comeu.

Mas o mal simbolizado pela serpente, caracterizada pela astúcia animal ou a astúcia do homem em querer dominar tudo o que não lhe pertence, ainda que tenha que incluir a falha e o mal que lhe pertence para livrar-se de seus enganos, o arquétipo da inverdade causando desastres e dores aos seres materiais. Por isso, é a serpente simbolizada pelo erro ou a serpente falante, nada mais do que a crença sobre as ideias e atos maus agindo contra a verdade das leis divinais trazendo consequências ruins pela mentira, pela dor, pela doença, pelo ódio, pela raiva, pela ira, e pela morte; o simbolismo do arquétipo do mau cometido pelo homem, não por vontade de outros em destruí-lo e sim pela sua própria vontade de causar o mal e esconder as suas falhas e deficiências.

Por isso mesmo é que Deus guarda consigo toda a forma de preservação da humanidade, e todas as energias são utilizadas a cerda do bem contra o mal quando necessário para salvar os homens de seus desastres pessoais. Portanto, todas as criaturas foram criadas por Deus com possibilidade de discernimento e escolha terrena de seus atos e ações entre o que é bom e o que é ruim para que não haja a ruína e a dor dentre os homens, e caso o mal adentre sorrateiro os homens de bem, as forças do bem juntamente com as forças celestiais atuaram na preservação da humanidade contra a própria humanidade.

E para aqueles que acreditam que existem seres diabólicos com plenos poderes de maldade e destruição da humanidade trabalhando e agindo em favor das influencias do mal e podem ser comprados a troca de vil metal por homens insanos e injustos. Digo que até estes seres ou energias são criaturas determinadas por Deus, logo nenhuma criatura que anda, voa ou se rasteja por esta terra ou campo celestial detém o poder da maldade, nem o homem nem o Anjo Miguel que também foi gerado e criado por Deus, e a este também não foi dado o poder de agir em favor do mal, e sim contra o mal sobre o verdadeiro e único campo espiritual de onde o mal é em sua pureza exterminado e eliminado de toda e qualquer unidade espiritual.

Porque diante das Leis divinas, ser um homem bom e seguir os preceitos de bondade não se compara a ser ou não um mau espírito. Pois a doutrina disciplinar deve seguir preceitos da qual devemos cumprir para sermos bons espíritos em terra e alcançarmos a gloria eterna. O motivo de não cometermos iniquidades não nos exime da culpa de deixarmos nossos irmãos sofrerem de frio e fome, não nos exime de termos más condutas, ações, pensamentos e obras, ainda que consideremos estas pequenas perante nossos irmãos, porque quem irá nos julgar do tamanho de nossas faltas não somos nós os errantes e o Pai celestial. Então devemos fazer o bem ao próximo assim como o próximo nos devem fazer o bem, pois foi assim que o Mestre nos ensinou.

E a súplica, de que venha a nós o vosso reino, e assim seja também em terra de homens feita a vossa vontade, não é mera repetição de palavras que nos faz sentirmos elevados a algo santo, é o nosso pedido de resgate de nossas vidas e devoção. Pois o reino celestial é também a terra, embora cheia de dores, danos angustia e sofrimento. Ora, se suplicamos que Deus Pai celestial, venha ao reino terreno, precisamos estar prontos para cumprirmos com as vossas vontades aqui em terra como são cumpridas no céu pelos seus anjos, santos e guardiões de vossas palavras. E será isso mesmo que fazemos ao Criador ou apenas suplicamos para nos sentirmos elevados em espírito, porém nos rebaixamos quando praticamos a inverdade, as falsas verdades ou a maldade ao próximo?

Ou seja, nossos desejos de sermos bons, devem passar dos desejos se realmente quisermos ser bons. Pois assim como os anjos guardiões, a postos para a derrubada de todo o mal em nome de Deus, os guardiões também encontram-se apostos para resgatar todo o mal já enraizado nos homens possuidores de má conduta e maus conceitos que possam destruir os bons conceitos, pois para sermos merecedores dos campos celestiais precisamos estar nos caminhos da justiça e sermos dignos de nossas moradas santas. Pois somente os bons espíritos entraram nos reinos divinos de luz e sabedoria.

Homens caídos e a justiça divinal

"Estes tem poder para fechar o céu, para que não chova nos dias de sua profecia; e tem poder sobre as águas para convertê-las em sangue, e para ferir a terra com toda a sorte de pragas, todas quantas vezes quiserem" (Apocalipse 10:5).

8.5 A justiça divina não se faz com vingança, justiça divina é a correção aplicada a todos os errantes em favor da verdade para modificação dos erros, por isso não se vale de punição contra os erros. O Criador não age de forma punitiva e sim corretiva para o alinhamento e reforma dos causadores de males a humanidade.

A ideia de que hajam anjos caídos do céu por serem contra a vontade divina e atuarem contra a sua dominância não faz parte da verdade divina quando os anjos são aqueles que lutam e batalham na presença do ser Supremos em obediência as suas ordens e observâncias atuando em favor das leis trazidas por Moisés e doutrinadas através de Jesus Cristo. Portanto, anjos são aqueles seres iluminados na força e poder divino para combater, lutar e anular as energias opostas a verdade sobre a majestade do Rei dos reis.

"Depois destas coisas, olhei e eis que estava uma porta aberta no céu; e a primeira voz que, como trombeta, ouvira falar comigo, disse: Sobe aqui, e mostrar-te-ei as coisas que depois destas devem acontecer" (Apocalipse 4: 1).

O portal, que se abre aos missionários e portadores de determinação, foi aberto para João o apóstolo, para que pudesse vislumbrar com olhos materiais e não celestiais os próximos acontecimentos aos filhos da terra. João não era somente um vidente que fora arrebatado, era um futuro missionário celestial iniciado na doutrina divina através dos mandamentos cumpridos através dos anjos guerreiros.

A porta representa um portal, local onde somente os anjos de Deus adentram e comungam entre si as vossas determinações. Atrás da porta, ou do portal, onde se encontra o elo em que todos os anjos com determinação divina sejam estas de proteção, caridade, amor, cura e justiça em nome do Todo Poderoso Deus se encontram perante a vossa santa face. Onde todos os anjos de dominância suprema de Deus, o Criador, se prostram para a majestade divina perante seu trono.

É certo compreender que existem forças poderosas dominadas por espíritos altamente doutrinados e soberanos, saídos dos campos celestiais atuando em favor de Deus para combaterem as energias negativas e contrarias atuando em campos terrenos, intermediários e negativos. Carregando consigo forças e dominâncias capazes de destruição, ruínas e extinção o que os torna altamente perigosos.

Porém os seres espirituais que atuam em campos negativos não se chamam diabo, satanás, tampouco lúcifer. O nome desta energia de magnitude, grandeza e poderes agindo por determinação divina tem o nome de o grande Anjo Miguel, que com suas grandes e poderosas asas negras assim como os campos em que atua e domina com seu o vasto e poderoso exército de militantes espíritos não Santos, em favor do bem contra o mal, ou toda energia negativa em favor do majestoso Criador do mundo, nosso Deus. Anjo de Deus doutrinado e disciplinado espírito do Criador dotado de poder e forças de majestosa humildade e lealdade devido a milhares e milhares de anos de cumprimento de determinações em serviço da verdade divina, que atuam em ambientes mais extremos, longínquos, desumanos, impuros e insolentes em nome da justiça e do cumprimento das leis de Deus.

Esse grande anjo de nome Miguel, é o que se pode chamar de príncipe ou chefe de seu próprio reinado ou seja, o único e regente de todos os elos espirituais de espíritos não Santos atuantes, o guardião, espírito negativo ou ainda Não Santos guardiões do mundo das trevas e do abismo, rei do abismo e da escuridão, guerreiro forte da justiça entre o céu e a terra e o inferno, batalhando e derrubando todas as energias guiadas pela inverdade e falsidade contra a lei dos Santos, dos Anjos e do Senhor Deus.

Acaso não seriam estes os verdadeiros anjos caídos? Atirados aos infernos por determinações de Deus para aplicação da justiça divina em nome das leis que os regem, para equilíbrio dos que governam o mundo e dominam os encarnados e mortos enfermos? Anjos caídos ou atirados as mais sangrentas e dolorosas esferas de dominâncias de forças opositoras, porém por determinação divina, e não por serem errantes ou traidores. Caídos ou atirados aos elos espirituais verdadeiramente de dor, medo e angustia por determinação, por se prostrarem as ordens do Criador e por isso, atuarem nos campos mais baixos donde residem as essências em verdade caídas devido as suas falhas e suas faltas contra o bem.

Por isso, outrora anjo caído, mas em verdade Anjos de resgate celestial, o grande e poderoso Miguel e sua legião de guardiões ou espíritos não Santos das portas dos infernos e extremos mundos. De onde apenas um espírito de nome Espírito das sete cruzes, atuando em vosso nome é não somente o vosso primeiro espírito, como o regente dos sete maiores espíritos governantes das sete unidades espirituais de espíritos não Santos, onde cada um deles responde hierarquicamente a uma essência espiritual de dominância das trevas e do abismo ou uma falange de espíritos não Santos, atuando em nome da verdade, com as forças de vosso Mestre, o grande Anjo Miguel, não espírito caído e sim espírito atirado as ordenanças, cumprem com lealdade, disciplina e obediência todas as ordens supremas de onde existem ordens de cumprimento de aplicação de correção, resgate e justiça em nome de Deus.

Portanto, não existem anjos caídos adversários ou contra o poder do Criador e sua dominância. O que o Criador fez é perfeito não existem erros ou adentram energias negativas ou contra sua determinação. Por isso, os anjos continuam sendo anjos e atuando como serviçais divinos em favor da majestade verdade do céu, independente das determinações a eles conferidas, pois por eles serão realizados conforme determinado, sem nenhuma vírgula a direita ou a esquerda do que lhes é solicitado. Anjo é serviçal não importa em qual esfera ou em para qual determinação, anjo cumpre com presteza, doutrina e majestade. Assim seja!

Mas Deus o Criador, doutrinou e desenvolveu seu anjo Miguel, outrora chamado de Lúcifer, o Anjo que resplandece da morte, possuidor de grandes e majestosas asas negras, que traz a luz divina e resplandece ao mundo dos que mortos em espíritos se encontram, não contra e sim por determinação divina, por determinação de seu Criador. Portanto o anjo que cai não é o anjo errante ou o anjo contra seu criador e sim o anjo que adentra que se atira a lama, no romper das leis, para prestar socorro aos errantes da terra em favor de seu Deus.

Por isso, todo respeito, cuidado e obediência a sabedoria e soberania a destes anjos divinais, os espíritos das trevas e dos abismos ou a todos os guardiões do abismo e das trevas denominados anjos das trevas ou espíritos não Santos de todas as linhagens e falanges de essências atuantes nas leis divinas, pois são estes os grandes anjos de Deus, guardiões da humanidade falha e errante, que atuam sem piedade ou paciência contra aqueles que caminham em direção oposta as leis do Criador, para que não sejam atormentados eternamente pelo cumprimento de vossas ordenanças, e para tudo e sempre no livro dos mortos e esquecidos. Amém.

Por isso, não devemos confundir justiça com represália, revanche, pena ou castigo; pois justiça é limpeza, correção, cura e reforma do erro em favor da verdade. Justiça divina é a reparação do dano e do erro causado em forma de mal a si mesmo ou a humanidade. Portanto a justiça não visa castigar e sim corrigir, reparar o mal contra o bem, ou seja, ainda que de forma dolorosa tem o dever de realinhar, doutrinar e disciplinar novamente todos aqueles ou aquelas energias que lutam em favor de suas próprias verdades causadoras de danos e iniquidades, trazendo desequilíbrio de energia e fluidez no campo de onde vivem prejudicando a missão de outros seres.

Justo é Deus, o Criador, e sua justiça é contra os homens falhos, ímpios e errantes da terra, que são corrigidos pelos seus anjos com força, poder e justiça em nome Dele mesmo. Justos são todos aqueles que zelam e cumprem com sua determinação perante a humanidade trazendo a harmonia em razão da luz celestial.

E ainda que a justiça divina seja reparativa e corrija todos os erros e danos dos filhos de Deus, ainda que Deus, o Criador, ame todos os seus filhos e os tem com amor, é pelo mesmo motivo que os deixa serem reparados e corrigidos e ajustados de suas faltas e enganos. Assim como um pai corrige seus filhos, assim como um pai é rígido em corrigir seus atos, assim o Criador determina em seu nome aos indisciplinados e dotados de verdades próprias contra a própria verdade divina de sentido de existência. Mas ainda assim, nem todos terão o direito de serem julgados e resgatados, pois somente aqueles que possuem capacidade de reversão e submissão serão resgatados e imergidos em novas fontes e formas de alinhamento.

Mas a justiça se faz sendo justo, ou seja, todos aqueles que plantarem colherão na quantidade da qual fora plantado, todos aqueles que não plantarem e ainda assim desejarem destruir o que não lhes pertence, usando e subjugando, o poder de Deus que lhes deu o direito ao plantio, por este mesmo direito, se cumprirá a justiça divina. E se cumprirá por meio de seus anjos ou guardiões de suas falanges apostos para adentrarem em qualquer esfera passível de juízo, ainda que extremas e dolorosas em poder de seu nome para cumprirem com toda a justiça divina determinada a eles.

Por isso, saber que Deus é justo, deveria causar o maior dos pânicos, o maior dos temores da terra, pois sua justiça não é feita por mãos de homens, é feita através de seus anjos doutrinados e majestosos em poder de vosso sagrado e santo nome.

Mas trabalham os espíritos não santos e os espíritos das trevas não para o mal é sim em favor da verdade, aniquilando toda e qualquer inverdade, engano, dano, mal ou dano causado em terra, pois atuam em favor das leis divinas em nome do Criador para resgate dos enfermos da mentira pela falta da verdade divina, que necessitam serem restaurados e novamente harmonizados no ambiente próprio para a cura e resgate de vossas essências.

"E havia diante do trono como que um mar de vidro, semelhante ao cristal. E no meio do trono e ao redor do trono, quatro animais cheios de olhos, por diante e por detrás. E o primeiro animal era semelhante ao leão, e o segundo animal era semelhante a um bezerro, e tinha o terceiro animal e o rosto como de homem, e o quarto animal era semelhante a uma águia voando" (Apocalipse 4: 6,7).

E diante do trono encontram-se apenas aqueles serem divinos ou por determinação divina possuem o direito de se prostram diante de seu altar celestial perante a vossa majestade. Visto que nenhum mal ou erro adentram as esferas divinas, senão aqueles que atuam e possuem ordens do Criador para tal honra. E estes seres com ares malignos e faces horríveis adentram as esferas celestiais travestidos com suas carapaças, uma vez que suas figuras externas não refletem suas essências espirituais e suas doutrinas, por isso assim como adentram aos campos celestiais adentram também as esferas de dor, pois assim são de aparências animalescas ou até mesmo horrendas por direito supremo pela ordem do Criador de que não sejam reconhecidos por aqueles que em verdade apresentam faces tenebrosas por serem em essência destruídos e malignos.

Por isso os espíritos atuantes nas trevas não possuem uma face, mas podem se moldar a qualquer forma e espécie, pode se transformar no tudo e no nada ao mesmo tempo, sendo semelhante ao ser animal ou ser encarnado homem, ao ser espiritual de face tenebrosa ou qualquer outra unidade ainda desconhecida pelo próprio homem terreno, pois com elas jamais se deparou. Pois é a forma humana e animal existente dentre nós de conhecimento de todos, porém nenhuma forma ou espécie humana ou que caminhe no campo terreno pode ser comparada a imagem divina do Senhor Deus tampouco a imagem dos anjos guerreiros e dos espíritos não Santos, fato este, que nem mesmo os profetas relatados nas antigas escrituras sagradas que tiveram com eles puderam observar as vossas verdadeiras faces.

Isso porque o Criador, assim como seus espíritos reflexos de vossa unidade de poderes e forças de luz, os anjos guerreiros e não Santos não possuem uma face; mas podem se moldar a qualquer forma e espécie, podem se transformar no tudo e no nada ao mesmo tempo, assim como podem ser e contemplar a existência de um ser encarnado através de seu pensamento, sentimento, unidade de força, medo, ilusão, desejo ou sentir e conhecer todos os sentidos existentes através do pensamento consciente de cada indivíduo. Por isso podem ser e se apresentar com qualquer forma de objeto, pessoa ou animal, e atuar entre o passado o presente e o futuro. Pois não caminha o Criador no tempo humano, e não caminham vossos servos neste tempo também, pois é o Criador o dono do tempo e do universo, é ser único divinal e infinito criador de todas as formas, forças, lugares, unidades espirituais e concede a cada linhagem espiritual, ou seja, cada unidade de essência que irá atuar em vosso sagrado nome, nas mais diversas falanges espirituais tudo aquilo que será necessário as vossas labutas. Por isso não são os espíritos anjos das trevas ou não Santos seres espirituais que falam a nossa língua, pois possuem todas as línguas do mundo, não pertencem a uma raça, pois possuem ordenança de atuarem com todos os seres nascidos em todas as esferas terrenas, ou seja, são dominadores de todas as raças que existem na terra, seu início e seu fim. E este é um dos grandes mistérios da vida espiritual.

Por muitos e muitos anos se comparou a figura dos espíritos não Santos, denominados em terra como Não Santos de lei, ao próprio diabo, embora o diabo seja o arquétipo dos maus conceitos e ações mundanas, criada para exemplificar atos maléficos, contrários ao bem da terra e que trazem prejuízos à humanidade. E ainda que a figura do diabo, jamais tenha sido encontrada ou vislumbrada, seja através das escrituras sagradas, seja através de viventes da terra, porque esta não existe é apenas fruto da imaginação do homem para justificar parte de suas faltas, foi através de homens mundanos que esta figura arquetipada como sendo a imagem dos Não Santos guerreiros, ou seja, o caracterizando como sendo mal que se transfigura no próprio diabo fazedor de maldades e iniquidades que se tornou a imagem de um Não Santo guerreiro no próprio diabo, o malvado. Assim, transformando a imagem dos espíritos não Santos, atuantes sobre as leis divinais na figura do próprio diabo, pois assim convinha aos homens mundanos.

Porém, o conceito arquetipado de espírito de linhagem Não Santo de lei como sendo o protótipo do diabo, ou seja, do mal conceito, mal pensamentos e ações que atuam pelas suas próprias verdades contra a humanidade não é verdadeira tampouco se aplicada as vossas unidades pelas verdades da qual trabalham. Pois a figura de Não Santo travestida de horror com diversos olhos, cor avermelhada, hora homem hora animal exprime a identidade destes guerreiros da lei, pois as extremas profundezas de dores e horrores da qual descem para labutarem em nome da verdade, se deparam com figuras de faces arrancadas e membros ensanguentados, corpos dilacerados de faces animalescas e satânicas entre gritos de agonias e lamentações de profundas aflições.

Mas é certo compreender que somente os iguais se identificam entre si, se somente os iguais se toleram e se aceitam no sentido de existência que possuem, logo não poderiam os anjos das trevas chamados Não Santos ou os espíritos não Santos também chamados Não Santos, adentrar aos ambientes inóspitos e agressivos espiritualmente, sem que estejam trajados da mesma forma daqueles da qual irão se deparar. Caso contrário, seriam expulsos e abominados antes mesmo de cumprirem com suas determinações ou missões.

Assim como não poderiam os Anjos de luz, amor e cura adentrarem a esfera terrena para labutarem em nome de Deus, trazendo o amor e a cura de vossas unidades, sem antes estarem travestidos de encarnados, ou sem receberem corpo humano para assim como os humanos se igualar; assim também não poderiam os Não Santos guerreiros adentrar aos infernos sem serem expulsos, se acaso não estiverem travestidos de lobos, serpentes, dragões, animais ou seres revestidos de semelhanças humanas e animalescas cobertas de dor e cheiro de enxofre igualmente aos mortos e esquecidos dos lugares de onde se atiram e atuam em nome de Deus.

Mas as escrituras nos relevam e descrevem seres semelhantes a leões, bezerros, águias cheios de olhos totalmente avessos a imagem conceito mundano de anjos de Deus ou seres da qual a imaginação humana não crê vislumbrar diante do altar divino, pois desconhecem as vossas existências e as vossas labutas e poderes, tampouco as formas existentes em outros elos espirituais que não o campo terreno. Porém os anjos e os espíritos de lei se travestem de diversas faces para se deslocar em suas missões, isso não os transporta para distante de Deus, apenas os protege e previne de falhas em vossas sagradas missões, das quais a derrota não é algo que exista dentre eles.

Por isso, suas faces se moldam e se transformam naquilo que for necessário para suas descidas, ainda que sejam faces assustadoras, são apenas o reflexo dos reais sofrimentos em estado de consciência espiritual daqueles que se encontram em esferas de correção. Então, suas faces e corpos se apresentam com formatos animalescos e terríveis, pois não seria prudente que seres angelicais de faces adoráveis e semblantes doces, fossem enviado a locais tão extremos e rudes como as esferas da qual atuam. Logo, suas figuras faciais, corpos e perfis espirituais são semelhantes aqueles da qual se encontraram em dor para o resgate das possíveis almas caídas.

Portanto, estes guerreiros em nome da lei, possuem instrumentos e ferramentas de trabalho muitas vezes incompreendidos pelos encarnados, porém de extrema importância para as vossas caminhadas dentro os mortos no jardim dos esquecidos, pois ainda que atuem para a lei seus ambientes são de extremo rigor e perigo. Isso também justifica suas formas de caminhar, de olhar, de se portarem diante dos encarnados, pois um Não Santo de lei, jamais se apresenta ou se despe de sua verdadeira missão ainda que para trabalhar dentre os encarnados trazendo lições, ensinamentos, doutrina, disciplina, regras e justiça.

Ora, se para adentrar ao covil de cobras não se faz necessário de cobra vestir-se? Para adentrar ao ninho dos ratos de rato se faz necessário vestir-se. Por isso todos os espíritos determinados anjos guerreiros em suas falanges ou linhas espirituais outrora vestidos de animais ou vestidos de metade homem metade fera, são os servos divinais das trevas e do abismo travestidos de si mesmo, prontos para as vossas missões, pois não seria sensato que um anjo, ou seja, aquele que possui determinação divina atravessasse a esfera demoníaca de resgate onde a dor e o sofrimento tornam os espíritos nebulosos, negros de horror, sangrentos, repugnantes e fisicamente possuidores de tenebrosas abominações corporais da forma que são pois as vossas formas seriam facilmente reconhecida por aqueles que não os podem jamais reconhecer.

Por isso, aqueles espíritos servidores de Deus em missão direcionada as esferas profundas de horror, são figuras também tenebrosas, frias e demoníacas, ora portadores de feições animalescas ora portando feições de humanos, porém sempre vestidos com suas asas onde muitas vezes representadas em terra como grandes capas que em geral nos remetem a ideia de esconderijo, pois por detrás de seus volumosos panos pretos ou vermelhos não seriam vistos ou facilmente notados. Porém suas capas fazem às vezes de suas grandes e formosas asas que os conduzem a todos os cantos da terra e fora dela, onde as cores, pretas e vermelhas, demonstram o local de atuação, sendo este diante das nebulosas cinzas do inferno ou dos profundos poços de sangue e de dor, os fazendo iguais em cor e em essência daqueles que residem das sombras e da dor.

"E olhei, e ouvi a voz de muitos anjos ao redor do trono, e dos animais, e dos anciões; e era o número de milhões de milhões, e milhares de milhares" (Apocalipse 5: 11)

Toda a legião de anjos em forma de figuras santas, angelicais ou animais diante do trono de Deus, são aquelas que possuem determinação divina de combate e de luta, sabendo que nenhuma força ou energia contrária as forças do Criador adentram as esperas celestiais, somente vossos servidores são capazes de adentrar ao campo santo e servir ao seu Criador.

Por isso toda a legião de Miguel, prostrada diante do trono se constitui em milhões e milhares de onde cada falange se ocupa da quantidade de servidores que lhes é necessário para a batalha e missão, pois não seria prudente um exército lutar sem força de combate. Suas alternâncias de cores que variam entre o branco, amarelo, vermelho e preto e traduzem exatamente a esfera e a batalha da qual atuaram. Assim como o anjo travestido muitas vezes de cavalo assentado sobre a ordem e determinação, são suas ferramentas também prostradas para desferirem ou elevarem todos aqueles que caminham dentro da justiça ou fora dela, dentro das leis ou nas profundezas do inferno.

Por isso, ao mesmo tempo suas espadas são capazes de ferir e são capazes de curar, suas lanças são capazes de perfurar e são capazes de restabelecer, seus escudos são capazes de ricochetar assim como são capazes de anular todo o mal. Desta forma são todos os seus instrumentos espirituais seus broqueis prontas para bloquearem, desfazerem, anularem ou alterarem os feitos e danos de todos aqueles que um dia irão prestar contas em função de suas maléficas obras.

"E olhei, e eis um cavalo amarelo, e o que estava assentado sobre ele tinha por nome Morte, e o inferno o seguia; e foi lhes dado poder para matar a quarta parte da terra, com espada, e com fome, e com peste, e com as feras da terra" (Apocalipse 6:8).

A justiça da correção se aplica a todos sem distinção e todos passarão pela justiça dos justos e guerreiros, e ainda que esta seja através da espada que possui dois cortes o corte que fere e o corte que mata, ainda que seja através da peste, aquela que devasta ou aquela que sangra, pois será é através das próprias consequências dos maus atos, pensamentos, condutas e ações dos homens da terra, outrora chamados de fera ou diabo em comparação com o mal que o fere, maltrata, desfere o ódio e a insanidade, a parte do próprio homem plantada e regada por ele mesmo que o ferirá de morte e o retirará do solo de onde não merece ou não importa continuar vivendo para ser resgatado por aqueles que o aguardam frente as portas das portas do inferno.

Pois ao homem é dado o direito de reconhecer sua falha e seu erro, se auto julgar e corrigir seus atos. Pois somente o errante é capaz de julgar-se a si mesmo; pois se ele é o causador do mau, ele sabe o porquê, ele conhece os verdadeiros motivos que o levaram a cometer seus maus. Logo, ele por si só deve reconhecer seus erros, julgar-se, condenar-se a corrigir seus atos. Se acaso este auto julgamento não ocorra, os anjos guardiões serão convocados para que a correção seja aplicada da forma mais justa que se aplica a disciplina de justiça aos errantes filhos do próprio Senhor Deus.

Pois o mundo terreno está cheio de delícias e glorias, devastado de prazeres e sabores doces, inundado de orgulho e vaidade e é através das mesmas ilusões de gozos e sabores que os dissabores abalam as estruturas dos alicerces do mundo, tornando arenas de guerras, discórdias, intrigas, divergências. E mais, todas as obras e ações são vigiadas através dos sentidos e olhos humanos em favor de glórias próprias, e são estas as causadoras da peste, da desgraça, da guerra, e da fome que despertam mais e mais a ira das bestas feras humanas, arquetipado nos homens de ações e condutas más perante a humanidade ou perante a ele mesmo.

Quando as escrituras nos dizem que "e com as feras da terra" nos deixa claro que a justiça dos errantes vem através dos próprios homens, que lutam em lutas perdidas em troca de nada enquanto são também vigiados pelos anjos guerreiros que aguardam vossas autocorreções e arrependimentos para que se corrijam e se reconstruam de verdades e arrependimentos. Porém o momento dos espíritos ou anjos adentrarem a luta da correção, muitas vezes parece ser tardio para aqueles que sofrem na terra, pois a espera do arrependimento dos filhos errantes por parte dos anjos guerreiros pode se prolongar ao tempo necessário da cura de si mesmos e esse tempo pode transformar-se em guerras, pestes, fome e devastação pelo próprio homem julgando a si mesmo.

Mas todo homem é capaz de julgar-se e corrigir-se de seus erros. Pois a todo homem é dado o direito de plantar e colher seus próprios frutos; e se acaso este colhe somente frutos poderes e passados do tempo, ele mesmo é capaz de responder o motivo de tal erro ter ocorrido e afetado sua colheita, uma vez que é o único responsável pelo plantio dela. E todos os homens da terra ainda, cometiam atrocidades como forma de zelar por seus próprios erros, omitindo suas atrocidades quando deveriam corrigi-las e não mais coletá-las, causando a fome e a peste para ele mesmo, se firmando na inverdade de labutar pela paz e pela verdade, mas atua apenas pela própria verdade, mais perigosa do que aquele que possui o nome Morte, porque este ainda que vos pareça tenebroso vem para aliviar a peste pelo homem causada.

Isso porque embora todos conhecessem as palavras santas trazidas à terra da forma mais dolorosa ao qual poderia um homem lutar, para que todos andassem sobre as boas ações e boas obras seguindo os mandamentos sagrados, e assim crescer toda a humanidade da mesma forma que crescem e se elevam todos àqueles que caminham juntos em prol de um único objetivo. Porém muitos ainda se curvavam diante de muitos deuses, crenças errôneas e blasfemavam das palavras santas, comungando de cálices transbordando de sangue alheio em favor de seus feitos e insolência na terra. Mas essas inverdades são também conhecidas de Deus e conhecidas de vossos servos e servas atuantes diante das trevas e nas portas do abismo.

"Se o homem não se arrepende, Deus afiará a sua espada, arma o seu arco e o aponta" (Salmos 7: 12)

Pois Deus é justo, e a justiça de Deus será a única e verdadeira justiça que prevalecerá diante de todas as justiças injustas dos homens. Quando o homem comete um erro, é dado a ele o direito de corrigi-lo, se arrepender, se redimir, consertar seus erros e falhas aos seus, desta forma diminuindo e minimizando seus dias de dores e lamentações. Mas isso não quer dizer que seus atos não serão julgados pelos anjos do Senhor, sim serão todos julgados, assim como todas as obras, boas e más. Porém suas penas poderão ser diminuídas com a remissão dos erros e da culpa perante o Criador enquanto ainda estiverem em campo terreno ou no campo de onde causam a dor e o lamento aos outros seres assim como ele recebedor do direito e do dever de ser caminhante da felicidade e da alegria de sua existência terrena. Porém se acaso este não é capaz de corrigir-se a si mesmo e se redimir-se de suas falhas e corrigir seu erro a justiça divina será a sua correção.

Pois o mais elevado guerreiro será convocado para a mais rígida e tortuosa batalha, e este carregará consigo a arma que for preciso, ainda que está seja a própria morte. Mas não no sentido de matar ou de tirar-lhe a vida e sim no sentido de livrarmos da morte, morte dos erros, das más ações e dos maus atos que os seguirão assim como o inferno segue seus subordinados.

E seguirão todos os servos das leis em direção as vossas determinações, acompanhados de seus também servos, todos saídos dos confins do inferno, não no sentido diabólico para arrasar toda a humanidade e sim no sentido de exterminar e eliminar os erros, as falhas e as falsas verdades que destroem e aniquilam com os homens e suas verdades. Por isso, somente os mais fortes guerreiros, ou aqueles que atuam em ambientes profundos de dor de angustia e de horrores podem estar preparados para tal batalha, porque são eles que conhecem o escuro, o medo, a dor, a angustia, a inverdade e o lamento tão bem quanto aqueles que de falsas verdades e lamentações vivem seus dias buscando através da dor dos outros a sua própria gloria.

E seguirão em direção a face da fera, armados com as armas da justiça, justiça aquela que corta, fera, faz sangrar, porém a única capaz de corrigir. Pois a justiça se aplicara a todas as instancias e esferas a qual cabe aos justos anjos e guerreiros senhores das leis. Porque os anjos de Deus atuam de forma brava e precisa, seja para qual for a determinação, ainda que esta seja nas trevas, no abismo ou no próprio inferno ou ainda que seja carregando a própria morte da carne como forma de aplicação de correção para aplicação de justiça. Pois nenhum anjo guerreiro se opõe a uma determinação divina de correção ou alinhamento daqueles que estejam em caminhos errantes ou falsos de iniquidade contra os outros ou contra si mesmo.

Por isso, a palavra justiça significa reparação de erro, correção de caminhos tortuosos e reajuste de energias e forças. E por isso a palavra não Santo, ou seja, nomenclatura que define todos os espíritos que atuam sobre as trevas ou sobre o abismo labutando as vossas determinações pela correção e pela justiça divina significa aquele que serve a Deus pela ordenança que lhes cabem pela correção e pela justiça reparando os erros e as falhas, corrigindo os caminhos tortuosos e reajustando as energias e forças para que todos tenham o mesmo direito divinal de reequilibrarem-se em emanações e fluidezes, conhecerem-se a si mesmos, conhecerem o Senhor Deus e trilharem os caminhos de vossas próprias promessas.

E são estes os servos divinais espíritos altamente doutrinados e disciplinados diante das leis, honrosos o bastante para receberem este título, porque somente os espíritos mais preparados e elevados poderão atuar e executar as ordens e determinações diante das portas do próprio mal seja estas quais forem em nome da ordem divina. E assim, são estes os fiéis guerreiros e seus exércitos que não descansam nem de noite e nem de dia em nome da correção e da justiça, dotados de prudência, coragem e determinação trazendo em suas mãos as armas da justiça e em seus corpos couraças de ferro como instrumento de força e em suas asas grandes cores com as cores do mundo pintadas com vermelho de sangue, negro de escuridão ou branco de paz, que zelam pela ordem e a harmonia disciplinar do Criador.

"E foram soltos os quatro anjos, que estavam preparados para a hora, e dia, e mês, e ano, a fim de matarem a terça parte dos homens" (Apocalipse 9: 15).

E através dos anjos guerreiros de poder de correção e de justiça, onde os espíritos que atuam pela correção encontram-se em campo terreno ou em elo espiritual de nome abismo ou terra e os espíritos que atuam pela justiça encontram-se em campo espiritual, as trevas de onde encontram-se os elos de remissão, perdição, umbral e infernal, da qual todos recebem a nomenclatura terrena de não Santo de lei, pois são todos atuantes na mesma determinação de correção, ajuste e justiça através das leis divinais celestiais. Foram eles que trouxeram a morte aos ímpios ou aos homens de ações, conceitos e condutas reprováveis que com as suas crenças errôneas conseguiram arrastar uma terça parte dos homens que se tornaram além de subordinados de falsas verdade, crentes de falhas e imundices como sendo advindas da verdade celestial. E por isso, juntos foram a terça parte de homens errantes e falhos, resgatados espiritualmente ao campo espiritual que lhes cabiam para recebimento de sua justiça como forma de reparação e reajuste de si mesmos, e com eles o seu dominador crente de nada em nome de verdades próprias.

Porque os anjos guerreiros batalham em grandes guerras contra as grandes legiões de verdades causadoras do mal a humanidade, que com suas crendices arrastam milhares e milhares de homens a acreditarem em suas verdades criadas para proveito e uso próprio de interesses mundanos por mera detenção de poder ou gloria terrena, que não trazem verdades celestiais, porém, causam desgraça entre a humanidade e o campo espiritual de onde vivem. Por isso a terra não lhes pertence.

Portanto a ideia de corporificação do mal em forma de serpente, diabo, satanás ou fera apenas apresenta como o mal ganhando forma quando aplicado e guiado por muitos em busca de falsas verdades, glorias terrenas e verdades criadas à partir de crenças e ideias de acreditarem serem melhores, mais queridos, especiais, recebedores de maiores e melhores dons divinais, quando na verdade deveriam unirem-se aos outros para fortalecerem-se e tornarem-se uma grande e poderosa força lutando pelos mesmos objetivos terrenos e espirituais.

Porque este mal, não é a fonte da liberdade ou da grandeza individual que prevalece por muito tempo dentre os homens, pois seria maléfico e até causador da iniquidade da humanidade. Sendo a terra um elo espiritual, em que todos os espíritos com missões e determinações devem passar, precisa este campo espiritual ser do próprio homem preservado. Pois além de servir como forma de aprendizado o elo terra nos cabe como força de libertação, crescimento, conhecimento e doutrina e disciplina da qual todos os espíritos que um dia se encaminharão para a luz devem adentrar para serem transformados, moldados e lapidados em comunhão com os demais espíritos que assim como dele precisam estar neste elo de aprendizado, pelo mesmo momento caminhando na mesma era de tempo e adquirindo as mesmas lições, embora que de ângulo diferente. Porque assim se faz a caminhada dos homens da terra.

Logo o elo terra, não é um elo pertencente aos homens, é um caminho de aprendizado onde vários estágios de crescimento espiritual se encontram para juntarem as mãos para que uma unidade espiritual aprenda a auxiliar a outra em suas missões e determinações, aos quais incluem neste campo espiritual ou terra de homens e espíritos os espíritos guiadores espiritualmente, também nivelados de maneira distinta, ligados uns aos outros para vos auxiliarem nas suas labutas. Por isso, nenhum encarnado caminha sozinho ou isoladamente de seus guias e guardiões, porque estes os corrigem sempre que necessário, ainda que a vos pareça causar dor e sofrimento espiritual. Pois nenhum aprendizado se firma apenas em sabores e glorias, pois neste caso não seria aprendizado e sim estado de gloria de espírito, e certamente não seria no elo terra e sim em outro elo, bem distante do motivo de adentrarem aos campos terrenos para lapidação da alma.

Por isso, os anjos de Deus lutam e não se cansam de lutar contra a serpente, o diabo, o satanás ou as feras, personificadas como sendo coisas, desejos ou até pessoas em detrimento da busca pela incansável e ilusória gloria pessoal e terrena esquecendo-se da verdade divina. Porque estes arquétipos criados não passam de invenções mundanas para se esconderem atrás das próprias maldades ou ações e pensamentos maus criados por eles mesmos em busca de glorificação pessoal, seja esta qual for ou contra quem for.

Porque estes que filhos de Deus, se esquecem que estão no mesmo barco aos quais os demais filhos da terra, desqualificando, desrespeitando ou esquecendo-se que o elo espiritual terreno não lhes pertence ou não pertence a nenhum ser encarnado, e nenhum ser encarnado pertence a si mesmo são todos seres espirituais em formação espiritual de busca pela elevação pelo conhecimento e pela sabedoria moral e espiritual, por determinação de uma força maior que os conduzem a passarem por este campo de aquisição de grau evolutivo em forma de doutrina e disciplina pelo apoio de vínculo de harmonia celestial entre o homem e os espíritos. Porém, o homem se intitula conhecedor de todos os caminhos e todos os estágios mundanos ainda que estes sejam de passagem e não lhes permanente, pois a verdadeira vida não é, e jamais será a terrena, e esta está bem distante de possuir verdade no solo da terra.

E assim, vivem como se não fossem retornar a casa celestial, desobedecem e desrespeitam as ordens de Deus já anunciadas e pregadas por seus filhos e servos, em muitas ocasiões, causando martírio e dor dentre os homens. Se ocupam de desferirem o mal contra seus pares da qual deveriam se unir em prol de um mesmo interesse, em troca de serem glorificados e amados em terra, como se o amor terreno, ou seja, aquele bem distante do amor divino, fosse verdade celestial e mais importante que a sua própria passagem no ambiente terra.

Por isso, cria e recria formas de se sobressaírem aos seus irmãos da qual deveriam juntarem-se para beber do mesmo cálice e comungar das mesmas disciplinas, se utilizando do mesmo livro doutrinário, para subirem com clamores e glorias verdadeiras aos sons das trombetas e dos anjos em dia de festa em que até mesmo os céus se abrem para receber aqueles que se prostram para a Verdade e caminham distantes do juízo dos anjos.

E assim, criam imagens ilusórias que os elevam em terra ou auto se intitulam poderosos para serem adoradores e idolatrados por seus feitos e falsos poderes mundanos, acreditando que a gloria do homem se encontra na matéria e não no espírito. E o espírito padece na luta entre o bem e o mal criado e abastecido por inverdades e ilusões travestidas de lindas e desejosas glorias enfeitadas como lindos presentes terrenos com lastros que se dissolvem ao tocar os sons das trombetas e rugir dos servos e guerreiros em busca das verdadeiras obras espirituais conquistadas em terra pelos filhos de Deus.

Homens e demônios de si mesmos

Oh, homens da terra lancem seus erros em verdades e se convertam em paz, amor e esperança, antes que os anjos os lançarão no lago do fogo eterno. Temei a Deus antes que devam temer a seus santos anjos. Pois Deus é justo e seus anjos aplicam a vossa justiça. Porque dolorosas não sejam as correções dos anjos guerreiros e sim suas determinações de poder e de justiça que eles carregam. Amém. (Senhor das Sete Cruzes)

8.6 Mas é a crença sobre o diabo é tão antiga quanto à própria humanidade. Os demônios relatados como anjos expulsos do céu juntamente com Satanás por serem espíritos rebeldes, vai contra toda a origem divina e sua justiça. Partindo da premissa de que no céu adentram apenas espíritos doutrinados e fiéis, é de lá também que partem as determinações de encarnação de cada espírito, e o encarnado sendo o reflexo de Deus nasce bom em sua plenitude, porém o conhecimento do que lhe é permitido para adentrar na esfera terrena e vivenciar todos os limites e sensações para seu próprio crescimento e evolução, o permite caminhar pelos caminhos que desejar e plantar as sementes que melhor lhe servir. E ainda que floresçam as mais belas flores, porém seus perfumes sejam como repelentes as narinas, ainda que escolham o lamaçal ao invés de belos jardins para seu plantio, possui o poder de escolha, pois assim lhes é permitido o direito de plantar, e por isso, também possui em seu caminho o julgamento de suas obras, pois assim está escrito.

Portanto, diabos e satanases das quais muitas e muitas gerações se apoiaram para se eximirem de suas falsas verdades, danos e erros não representam algo sobrenatural de posse satânica que assola a todos os seres viventes os fazendo falhar ou cometer maldade e desferir o ódio em nome de um diabo corporificado. Estes satanismos personificados em homens não passam de conduta dos próprios homens que ordenam sobre si mesmos suas próprias leis baseadas em condutas e normas que são ao mesmo tempo boas a eles e malignas aos demais viventes, tendo como princípio a adoração de si e suas glorias, ainda que suas glórias causem torturas, massacres, guerras e pestes em favor de suas verdades criadas e impostas pelas leis terrenas dos injustos que acreditam serem justos para justificar seus males e danos.

Por isso, esta inverdade não comunga ou representa a verdade divina, onde cada ser encarnado, recebedor de uma matéria carnal e vivente no ambiente terreno para aprendizado, conhecimento e evolução, é quem comete as suas próprias falhas e enganos em nome dos prazeres, luxos e glorias dele mesmo. Logo, o homem se utiliza, do poder do bem e do mal da qual conhece e se firma em suas próprias verdades e crenças partindo deste conhecimento a ele conferido. Porém, o que pertence a verdade pertence ao Criador e o que pertence aos desejos e sabores mundanos baseados de ódio, poder terreno e guerras pertence ao mal criado e replicado pelo homem encarnado, que pratica o erros com as próprias mãos.

A crença que atravessa anos a fio em relação à expulsão dos demônios ocorridos naquele tempo nos mostra como o encarnado se esconde atrás de suas próprias crenças para justificar a maldade que assola o elo terreno. Porém esta não parte de nenhum campo ou essência diabólica a não ser do próprio encarnado que enveda por escolhas más. Tendo visto que o diabo não é uma coisa ou uma pessoa que induz nenhum ser vivente ao erro e ao dano e a maldade, o ser vivente é quem cria os próprios maus conceitos, as más ideias e os nomeia como sendo diabos e satanases os dando poderes e os temendo como se fossem verdades satânicas escritas no livro divino; porém se baseando em crenças criadas e empodeiradas por ele mesmo.

Mas a essa época o encarnado já esta escravo da própria criatura da qual criaste para atormentar e amedrontar outros encarnados, pois assim o convinha. E suas más observações os tornam hoje temerosos quanto a algo que ele mesmo elaborou e jogou na terra em forma de mal para satisfazer-se a si mesmo em forma de terror dominando assim seus pares.

Ora se não é o encarnado quem concede poder aos diabos criados por ele mesmo para justificar seus erros e falhas, criando um causador dos danos em seu lugar? Ora, se não é o próprio encarnado quem cria, nomeia e empodera e depois teme os diabos criados por ele mesmo nomeado? Ora, se não são os próprios seres espíritos encarnados quem procura os espíritos nomeados não Santos ou Não Santos de lei, outrora também chamados de diabos por eles mesmos, para fazerem o mal em seus nomes, não sabendo que este mal ao qual conhecem e desejam exercer é o mesmo mal aos quais estes espíritos atuam no combate?

Por isso, são os seres encarnados quem se auto encaminham aos maus caminhos, se auto introduzindo ao juízo dos anjos guerreiros, se auto transportando para os sentidos de existência mais dolorosos e nebulosos por acreditar em crenças falsas e segui-las fielmente. Pois acreditar em um diabo criado com base nas más condutas do homem arquetipado e empodeirado como algo da qual existe, pois assim se cultiva sua imagem, não possui verdade alguma quando o verdadeiro mal, o mal lapidado e puro em sua raiz real de mal, porque o verdadeiro e único mal espiritual nada têm a ver com o arquétipo do diabo criado pela humanidade. Pois o verdadeiro Demônio não se utiliza de maldade terrena e dores alheias para ser ele mesmo, tampouco faz parte das crenças mundanas, porque ninguém em campo terreno conhece realmente a sua verdadeira face.

"E vi subir da terra outra besta, e tinha dois chifres semelhantes aos de um cordeiro; e falava como dragão" (Apocalipse 13: 11,12).

Ora, se não surge outro governante tão igualmente mau após a morte do primeiro rei. E surge outra besta, ocupando não somente o lugar terreno neste reinado, mas as mesmas más condutas, conceitos e falas mundanas do primeiro dragão que fora repelido da terra pelos anjos de Deus devido às iniquidades cometidas. Este novo rei assume a mesma postura do anterior, se auto proclamando e glorificando em terra como sendo tão auto, tão poderoso e divino quanto o próprio Cordeiro, detentor do bem e do mal, se assemelhando e auto intitulando com plenos poderes e forças celestiais assim como o Cordeiro, que carrega dois grandes chifres que o adornam a cabeça simbolizando o bem e o mal.

Porque os chifres assim como as coroas são adornos que demonstram o poder e a majestade de um ser encarnado ou de um espírito, porém enquanto a coroa e suas representações adornam os mortais em suas crenças de possuírem poderes e posições espirituais terrenas, os chifres adornam os espíritos, que renascido da verdadeira vida de onde a vida não possui uma forma definida para aqueles que elevados se encontram em campo divinal, onde o ser com estrutura espiritual poder ser moldado tanto de animal quanto pela forma conhecida como sendo homem em campo material, o animal é a forçada de vida que caminha com pureza, castidade, candura e liberdade ao qual toda vida espiritual em essência deseja alcançar, e os chifres o representam pela majestade de tê-lo alcançado pela honra e gloria espiritual.

Este adorno demonstra poder, força e majestade, por isso o Cordeiro possui dois chifres representando o poder da qual verdadeiramente possui, mas aquele que era a besta subida da terra possuía apenas o que lhe parecia ser majestoso e grande em terra lhe concedendo somente poder terreno, porque de fato os chifres não lhe pertencia, pois fora adquirido por auto proclamação. Por isso apenas semelhante e não o verdadeiro adorno de um servo elevado espiritualmente, por isso este que não possuía seu posto em verdade celestial falava não como um príncipe celestial e sim como um dragão.

Mas durante a batalha, os chifres representam o domínio de poder sobre a terra da qual um espírito guerreiro possui, sendo um representando o bem e o outro representando o mal perante a esfera terrena. Mas nas batalhas contra os reis mundanos, os anjos guardiões traziam em suas cabeças a quantidade de chifres referentes a quantidade de reinos terrenos da qual iriam batalhar e combater em favor da lei, porque estes que lhes são concedidos pelos altos graus de elevações que possuem, também são o adorno em forma de demonstração do poder sobre os poderes a serem derrubados em terra. Porque este é também uma forma de demonstrar vossas verdadeiras superioridades a quem realmente possui por determinação o poder de uso dos adornos.

Por isso, nas visões reveladas por João, o apóstolo, quando os espíritos guardiões se utilizam de coroas em seus chifres, ou revelam coroas junto a si ou em suas vestes, mostram claramente sua determinação de luta contra os reis e seus reinados de terra, pois o que sobre as cabeças materiais se elevam pelas coroas como forma de demonstração de superioridade e poder, sobre as vossas cabeças carregam o que celestialmente possui superioridade e poder, os vossos chifres, e as coroas estampadas apenas lhes conferem o verdadeiro poder sobre o que se auto proclama poder, apresentando assim estampada a força a ser derrubada.

Pois este símbolo que é a maior representação de governança de reinados, da qual se confere aos reis da terra ou a soberania terrena, ou seja, o poder terreno pelo uso de suas coroas que demonstram seus poderes, ainda que esta coroas lhes tornem poderosos e lhes permitam serem por momento força de lei e de governo, apenas os chifres aos quais carregam os espíritos das leis conferem verdadeira força, verdadeira lei, e verdadeira vida; porque estes que carregam coroas jamais poderão ser tão grandes e espiritualmente majestosos e gloriosos quando aqueles que os chifres além de lhes concederem poderes e forças, lhes concedem poderes e forças de derrubarem e abaterem toda e qualquer força que auto proclame acima deles mesmos mais fortes.

Mas aqueles que possuem conceitos maus e ideias más, desafiando a verdade divina e o poder de Deus, somente pelo uso de um adorno, se intitulando grandes e poderosos, acima do bem e do mal celestial, serão precipitado em seus julgamentos para com os anjos celestiais. Mas os reis mundanos crentes de verdades próprias e falsidade desejam confundir aqueles que trazem dentro de si a verdade se colocando como sendo pertencentes da verdade divina utilizando-se de coroas para demonstrar algo celeste e elevado da qual não possuem, porém somente os que carregam os diademas em forma de chifres possuem a verdadeira lei divinal, leis celestiais de quem os ordenou.

Porém o mal que deseja ser reconhecido como sendo o bem, pode ser mais danoso do que o mal que se apresenta sem maculas. Pois o mal, ou seja, os maus conceitos e as más ideias que usurpam as formas e as faces do bem se fazendo passar por bem celestial é a mesma que usurpa os chifres celestiais dos espíritos guardiões se fazendo passar por bem e verdadeiros enviados celestiais, possuidores do bem e do mal.

"E foi-lhe concedido que desse espírito à imagem da besta, para que também a imagem da besta falasse, e fizesse que fossem mortos todos os que não adorarem a imagem da besta. E faz que todos, pequenos e grandes, ricos e pobres, livres e servos, lhes sejam postos um sinal na sua mão direita ou nas suas testas, para que ninguém possa comprar ou vender, senão aquele que tiver o sinal, ou o nome da besta, ou o número do seu nome" (Apocalipse 13: 15, 16, 17).

 Por isso não tardou para que a besta, ou seja, a besta ferra terrena, o sucessor rei mundano de verdades próprias, condutas más e desejos torpes, tivessem voz e implantasse sua forma de governo baseada na autoridade de vosso nome, trazendo a mais nova forma de elevação pessoal a todos aqueles subordinados a ele, de forma que o empoderasse ainda mais que o anterior rei o tornando mais alto e poderoso rei mundano, que eliminava todos aqueles que não adorassem a sua imagem, ou seja, a todos os que não se aliassem a este espírito possuidor de inverdades ou verdades próprias que o conduziam pelos seus atos e ações de sordidez diabólica em terra.

 Ora, se o sinal da besta, ou o sinal trazido por outra besta fera à terrena não era o vil metal? O dinheiro ou a moeda, onde todos aqueles que livres ou escravos não poderiam adquirir ou doar nada que não fosse por meio da comprar ou vender mediante a apresentação do vil metal com a vossa face estampada o elevando ainda mais na terra dos homens sedentos de poder e satisfação e fugacidades. Mas vejam vocês, se não era a besta a própria forma terrena de domínio sobre os homens pelo seu nome, onde a besta fera erguida assim como o seu símbolo, ao qual era o seu símbolo a composição de seu número, número formado pela junção de três letras representadas por três vezes o número 6, ou o número que compõe cada letra de seu nome ou de sua existência material terrena, se auto proclamando o dono da vontade de todos os povos pela forma de os fazerem pertencentes a ele mesmo através do dinheiro que os comprava não somente bens para a sobrevivência como também, o desejo, a vontade, a esperança e até mesmo a dignidade.

 Porque este que era o sinal pregado em todas as testas era também o símbolo do maior poder e da maior dominância sobre um ser encarnado ao qual somente o seu próprio dominador poderia através desta forma de domínio, não somente estampar a vossa própria imagem, como também reter todo o poder para si, porque esta que marcada nas testas e carregada nas mãos dos povos a ele voltaria, porque a ele pertencia, lhe concedendo ainda mais poder sobre os povos dependentes de suas esmolas em forma de símbolo pra viverem e sobreviveriam conforme a sua vontade.

Portanto o sinal da besta é aquele calculado, numerado e valorizado em quantia de valor para que todos se prostrem a sua face, porque aquele que não possuísse a marca de sua face em suas mãos direita ou em sua testa, ou seja, na cabeça onde todos os desejos e vontades se iniciam e dominam até a alma, não poderiam comprar ou vender. Logo o domínio sobre os homens seria de magnitude total do poder da coroa de quem a erguia orgulhosamente sobre a cabeça. Com isso, os reis e seus reinados se fizeram tão altos, tão poderosos e tão grandes quanto os impostos cobrados por ele através do sinal da qual ninguém poderia mais sobreviver e viver em terra sem que não o desejasse em seus pensamentos e cotidianos, assim o elevando aos mais altos níveis mundanos de idolatria, não mais apenas ao rei e sim ao vil metal, pois seria este o símbolo material do poder e da força ao qual a própria coroa se curvaria a ele.

Porque era o número da besta o valor do dinheiro, o preço a se pagar pela expiação em forma de número contado vil a vil para que a sobrevivência fosse possível, numa civilização de serpentes, de dragões e de bestas ferozes sedentas por poderes e glorias, conferida apenas aqueles grandes de idolatria ou de auto merecimento, perante os pensamentos as verdades dos reis de homens.

E mais uma vez os povos se ajoelham diante das imposições do novo dragão usurpador do poder divino da qual se colocava em terra se auto proclamando ser superior dentre os homens, infelizes e ignorantes ferindo-se e sagrando em busca daquilo que não lhes pertence, nunca lhes pertenceu e jamais lhes pertencerá, assim como não pertenceu a quem os criou e firmemente manipulou, mas pouco dele usufruiu. Porque este que construiu e constroem suntuosos palacetes e monumentos como forma de deixarem suas marcas e suas pegadas, para que jamais se esquecessem de suas faces, suas obras e suas coroas erguidas com o lastro que fixa os homens ao maior poder da terra, não o poder de quem carrega coroas, e sim o poder da qual carrega o vil metal e o adornar com coroas de terra, jamais serão os donos da terra que os consumirão, jamais serão os donos do mundo que os receberam assim com jamais serão os donos do vil metal que os acorrentas em seus próprios pensamentos de poderes e de superioridade na terra onde tanto o poder quanto o vil metal passarão para aqueles que nela morrem.

Porém a justiça divina não tarda em trazer à verdade a descoberta e a anular toda a força de raízes insolentes e sujas em voz de blasfêmia que impõe felicidade apenas aos que possuem o sinal da besta nas mãos ou aqueles que a dominam.

"Vi outro anjo voar pelo meio do céu, e tinha o evangelho eterno, para proclamar aos que habitam sobre a terra, e a toda a nação, e tribo, e língua, e povo. Dizendo com grande voz: Temei a Deus e daí gloria; porque é vinda a hora do juízo. E adorai aquele que fez o céu, e a terra, e o mar, e as fontes das águas" (Apocalipse 14: 6,7)

Mas a justiça divina, embora pareça demorar, não é algo da qual se devem duvidar os homens da terra, pois todas as suas horas chegarão, pois todos os minutos da lei se encaminham em direção ao mal. Por isso, todos aqueles que se descuidam, desobedecem e não caminham sobre as doutrinas disciplinares serão em algum momento espiritual terreno abatidos e terão suas horas de prestarem cotas em relação as suas obras, convertidas em horas dolorosas e de pavor.

Isso porque todos os homens da terra que cometem maldade ou atuam em descordo com as ordens do Pai celestial, e ainda zelam por seus próprios erros e falhas, acreditando que podem esconder suas falhas e atrocidades quando deveriam corrigi-las e não mais cometê-las, plantam ainda mais a discórdia, a guerra, a fome, a peste e a desavença, e por isso, serão lançados nas chamas que ardem diante do fogo eterno da justiça de Deus, porque embora todos conheçam as palavras santas trazidas a terra de forma dolorosa, porém precisa, para que caminhassem todos sobre as boas ações e boas obras, assim crescendo junto toda a humanidade, da mesma forma que crescem e se elevam todos aqueles que caminham juntos em prol de um único objetivo.

Porém muitos se curvavam diante de muitos deuses, crenças errôneas e blasfemavam das palavras santas, comungando de cálices transbordando de sangue alheio em favor de seus feitos e insolência na terra. E por isso, os anjos de Deus, os anjos das trevas assim como os não Santos, se atiram ao campo terreno tão caridosamente e solidários para nos mostrar os caminhos do que é certo, os caminhos do Criador, porém ainda a humanidade parece não compreender as vossas mensagens quando eles mesmos acreditam poderem julgar o que acham ser o certo, os julgamentos aos outros errantes e os condenando como sendo merecedores das dores recebidas; mas não se esforçam para praticarem o bem contra aqueles que eles mesmos julgam serem os contrários as leis corretas de Deus, causando também dor e sofrimento aos demais viventes imaginado que o horror e o martírio de outrem se justifiquem apenas em vossas falhas.

E assim caminham acreditando que causar o mal a outrem, que lhe tenha causado danos, justifique suas próprias falhas e erros cometidos a este também, esquecendo-se que a justiça divina aplica-se a todos independente dos motivos que os levaram a cometerem seus erros.

É certo compreender que os anjos das trevas ou os espíritos não Santos, ou todos os Não Santos de lei, nos conhecem tanto quanto acreditamos nos conhecermos a nós mesmos; pois estão tão próximos de nós quanto nossos pensamentos mais límpidos ou sórdidos. São capazes de nos guiarem e nos barrarem em atos e ações que irão nos desviar ou trazer correções ou juízos de correções. Suas energias caminham dentro das mesmas energias ressonando dos mesmos tons e comungando dos mesmos caminhos, pois não seria prudente que aqueles que devem nos guardar, resguardar e julgar, não nos conhecessem o bastante para tal ações.

Mas estes guerreiros, altamente doutrinados, disciplinados e fieis, por muitas vezes perigosos em nome das leis, possuem as chaves dos abismos, dos infernos e da sabedoria. Por isso, conheçam- se a si mesmos, antes que os guerreiros devam ser convocados para mostrar-nos quem realmente somos e do que realmente precisamos para sabermos o que realmente devemos ser e seguirmos conforme as ordenanças da leis.

"*Portanto, num dia virão as suas pragas, a morte, e o pranto, e a fome; e será queimada no fogo; porque é forte o Senhor que os julga. E os reis da terra, que se prostituíram com ela, e viveram em suas delícias, a chorarão, e sobre ela pranteação, quando virem a fumaça do seu incêndio; estando de longe pelo temor do seu tormento dizendo: Ai! Ai daquela grande Babilônia, aquela forte cidade! Pois numa hora veio seu juízo*" (Apocalipse 18: 8-10).

Pois a ambição insensata e egoísta que causa o mal nos homens que caminham sem motivos nobres esquecendo-se as leis divinas e baseiam-se apenas em crenças terrenas de poder e auto elevação de si mesmo por força ou não da besta, vil metal que mata, dilacera, machuca e fere os homens, não poderão, assim como não puderam os homens errantes permanecer dentre a esfera terrena na cidade de Babilônia, pois esta esfera terrena é ambiente de passagem para crescimento e elevação dos espíritos que aqui se encontram, e se acaso um espírito se enveredar a praticar o mal, causando desordem e degradação nos campos terrenos, comprometendo a passagem dos demais espíritos que se encontram no mesmo momento sublime de despertar e conhecimento, deve este ser retirado para que as boas emanações estejam presentes e possibilitem o crescimento e elevação daqueles que precisam por esta esfera caminhar com força e equilíbrio.

E assim, caiu a grande cidade que faziam todos se prostrar e se prostituíssem diante de suas delícias e seus desejos sórdidos, ainda que muitos não desejassem seguir suas ordens, porém sem alternativa e sobre ameaças de serem mortos, comungavam do mesmo cálice de horrores, prazeres e dores, outrora chamada Babilônia, que convertera parte dos homens, em homens errantes desviados e desonestos em favor de crenças e condutas mundanas reprováveis; porém a justiça divina não tardou em seu momento e em sua hora para ser aplicada sobre os homens que a ela esperavam.

E não tardou também para que esta fosse excluída da terra dos que vivem em campo terreno e arremessada no jardim dos mortos e esquecidos, pois não somente as crenças do povo naquele tempo eram insensatas e voltadas para o mau, como seus pensamentos mortais eram voltados para o egoísmo e materialismo, firmadas em deuses e falsos profetas que direcionavam até mesmo os homens de bem a crenças erradas e pensamentos reprováveis acerca de tudo o que lhes formavam como comunidade como, a política, a espiritualidade, a ciência, a compaixão e o amor ao próximo e ao vosso Pai Criador.

Por isso, todos aqueles que também adoravam a besta e seus sinais e sua imagem, foram exterminados como ela, pois o maior causador de falhas e danos fora trazido e inserido na terra através dos homens sedentos de prazeres e glorias terrenas, grandes carregadores do sinal da besta em vossos corpos. E assim, os seus ídolos que despertavam os mais insanos desejos e pensamentos dentre a esfera terrena também foram execrados no mar de dor do livro dos mortos e esquecidos.

Sabe o homem que tudo o que é bom e certo pertencem ao Criador o contrário disso pertence a mente errônea que o leva ao erro e ao mal. Todo as ações, atos e obras se não trazem as verdades de Deus trazem as mentiras, as inverdades, a maldade, o erro, assim quem os possui, possui todas as inverdades acercada Verdade Divina. E para eles o cálice da disciplina será mais amargo que o vinho da prostituição de se prostrar perante deuses, outras verdades e crenças, pois esta não será em terra, será no campo de remissão infernal, onde todos se rastejam e morrem em suas próprias mortes, clamando por horas mais brandas. Pois o vinho da justiça divina não é feito por mãos de homens tampouco de errantes a troco de poder e gloria terrena.

"Na casa de meu pai há várias moradas, se não fosse assim, eu vô-lo teria dito. Vou preparar-vos lugar" (João 14: 02).

Por longos anos também se pensou que todos os tipos de espíritos pudessem ser acolhidos nas casas celestiais de Deus, o Criador, após as vossas passagens, ou as casas de onde partiram para descerem em caminhada espiritual em campo terreno. Porém este conceito que parte da ideia de que todos os espíritos se abrigam na mesma esfera após o desencarne não é a verdadeira forma de correção, justiça divina. Pois a verdade é aquela que pregava o evangelista, por saber que nem todos os espíritos se adentram as mesmas moradas, cada um seguirá seu caminho espiritual de acordo com o juízo divino e pelo seu nivelamento espiritual, de crescimento e elevação e de merecimento.

Por isso existem aqueles que seguiram para as casas celestiais, assim como existem aqueles que seguiram para as acolhidas de cura, e também existirão aqueles que seguiram para os elos espirituais de remissão de onde encontram-se o elos espirituais umbral e infernal, onde irão somente os maus feitores, os falsários, os torturadores e causadores de iniquidades. Pois este elo espiritual, abriga todos aqueles que terão seus nomes riscados do livro da vida e antecipados no lago do fogo; lago este, abastecido pelos próprios maus conceitos, que ainda acreditam que quem o criou foi o diabo e não suas próprias crenças contra a verdade.

É sábio compreender que existem várias esferas espirituais de desencarne e evolução no campo espiritual. Quando diz que irá preparar uma morada se referia a um lugar dentre aqueles que seguem e cumprem com as determinações doutrinárias e disciplinares da Verdade, porém existem muitas e muitas moradas espirituais, inclusive aquelas de onde os elos espirituais somente o Criador conhece as suas existências e seus lugares. Por isso é que devemos lutar para estarmos naquelas esferas da qual se juntam os bons espíritos, porque quanto as outras, nem mesmo os que por lá estiveram conheceremos para que possamos um pouco entender.

Por isso, a todos os encarnados é dado o direito de livre escolha e os caminhos que os levarão ao reino do Pai celestial, caminhos estes desenhados e lapidados com as próprias sagradas mãos de Deus, onde nenhum filho seu será forçado ou impelido de caminhar, a não ser por amor, por verdade, por dedicação e por devoção. Porém diferente da esfera terrena de crescimento e evolução onde existe a possibilidade de arrependimento e mudança de caminho a qualquer momento, aqueles que não caminharem pelos caminhos nobres do Pai e forem por vossos servos, os espíritos de leis resgatados e direcionado aos campos de lapidação pela correção em forma de justiça nos jardins dos mortos e esquecidos, estes não serão dignos de permanecerem nem próximos as casas celestiais de onde um dia partiram, pois serão estes lançados a outras esferas reservadas para estes poucos.

E a estes espíritos não é dado o privilégio de se adentrarem as casas celestiais tampouco nas casas de luz, pois estas trabalham em favor do amor e da bondade, e aqueles que adentram aos campos de remissão de fato não conhecem o amor e a bondade. Mas os abrigos espirituais ou casas espirituais que atuam diante das leis da verdade do Criador e seus mensageiros, ou seja, diante de espíritos altamente desenvolvidos em esferas de evolução de extrema luz e doutrina, que labutam pelas leis e prescrições divinas, de onde os espíritos que partem para a cura pela força da justiça sequer conhecem o significado de sua palavra, adentraram todos em portas distantes e distintas.

"Vi, então, um novo céu e uma nova terra, pois o primeiro céu e a primeira terra desapareceram e o mar já não existia. Eu vi descer do céu junto de Deus a Cidade Santa, a nova Jerusalém, como uma esposa ornada para o esposo". (Apocalipse 21:1-2).

E o Senhor arrebatou João aos céus estando ele em vida para que pudesse avistar a terra lá de cima, tendo a mesma visão que Deus, o Criador. E sendo João além de um discípulo pregador e um médium vidente, não fora este dom o dom utilizado para que pudesse aos campos celestiais adentrar e observar em estado consciente puramente espiritual os céus e terra conforme determinado a sua matéria. Porque não fora sua mediunidade que o tornou capaz de avistar a terra através dos céus estando ele ainda encarnado e não em morte pelo estado de consciência plena ou seu espírito partido para o elo espiritual.

Porque esteve ele em estágio incorpóreo, ou seja, não em estágio mediúnico, pois sua caminhada não fora trazida por outros espíritos e sim vivenciada por ele mesmo através de seu próprio espírito em estado de consciência em forma de morte terrena, estado este que apenas aqueles que ordenados pelo próprio Criador podem adentrar, pois para isso, se faz necessário atravessar o véu da morte e ainda estar vivo em campo material, e somente através dos espíritos não Santos juntamente com os espíritos anjos das trevas é que se pode atravessar a própria morte e continuar vivo em campo terreno, porque estes que caminham sobre a vida e a morte caminham não somente no limite do véu da morte, mas também sobre o mesmo véu que cobre as vossas faces das vidas em que vivem vossas essências espirituais.

Em sua passagem em vida pelo estado celestial, João relata em sua visão o poder de Deus para com seus filhos e espíritos na esfera terrena, a justiça sendo aplicada, não de forma imprópria, e imprudente, mas de forma corretiva perante todos os erros e imundícias que causam a dor o desolamento terreno e que comprometem o crescimento evolutivo dos seres encarnados que adentram essa esfera espiritual.

E assim, João, o discípulo, nos relata o poder das mãos de Deus sendo aplicados através de seus servos espíritos da morte. E relata que somente quando a justiça triunfa sobre todo o mal é que a verdadeira vida pode ser vivida, ou seja, somente quando todas as crenças más e as ações maléficas são eliminadas é que a paz pode ser sentida e desfrutada, assim como uma esposa adornada de felicidade à espera do desposado. Mas a mulher vestida de noiva, vestida de nova vida, representando o momento terreno o mais sublime em que onde vestem-se de festa não para comemorar a nova vida e sim o simbolismo da esperança adentrando ao fim da espera de que a nova época trará felicidade, amor, cumplicidade, união, dedicação e devoção, para que juntos todos possam unirem-se pelo mesmo objetivo e caminharem as vossas próprias promessas de crescerem e alcançarem os reinos de Deus, pois antes de adentrarem as esferas espirituais, adentraram todos vestidos de esperança pelas entranhas materiais vivendo e lutando juntos pelo mesmo ideal de felicidade, amor e paz dentre todos os que comungam com a noiva ou a nova esposa.

Pois o elo espiritual entre céus e terra se consolida em forma de matrimonio, onde o dia da felicidade é apenas uma promessa, mas precisa ser acreditada para ser vivida em plenitude, ou para que se concretize. E todas as promessas estão diante dos olhos da esposa, ou diante da possibilidade de felicidade oferecida pelo Criador a Cidade Santa, bastando aqueles que nela irão habitar a recebam e confiem em suas promessas para que a felicidade perdure por longos e longos anos. Pois se todos guardarem as vossas palavras, serão para todo e sempre felizes diante de suas promessas proclamadas perante o seu trono.

Não Santos, o equilíbrio das forças e da fé

"Oh, homens da terra, sejam sábios, e procurem conhecerem-se antes de quererem criar formas de serem superiores as energias celestes, que são emanadas de Deus e seus espíritos guerreiros, para que não falhem e cometam atrocidades em nome de suas verdades próprias". (Senhor das Sete Cruzes)

8.7 O significado do nome não Santo é paciente, paciência que traz equilíbrio de energias e forças, e a vossa missão é manter equilibradas as energias e as forças que fluem e ressoam no elo terra, quando manipuladas pelos espíritos encarnados, para que nenhuma se sobressaia a outra ou penda para uma única direção, causando assim desequilíbrio entre os homens. Pois seria maléfico para a humanidade se todas as energias fossem tão boas quanto as energias jorradas pelos santos, porque neste caso não haveria luta e batalha para o progresso dentre os homens, assim como também não seria bom se apenas as energias fluídas dos desejos e vontades negativas fossem as únicas a circularem em campo terreno, porque estas energias destroem os poderes e as forças de luta, garra e determinação que se fazem através da energia que cada um possui, e neste caso não haveria equilíbrio das energias tampouco mais a humanidade.

É certo compreender que dentre os seres da terra ao qual compõe a humanidade existem os mais fortes e os mais fracos, os ignorantes e os sábios, os ricos e o pobres, assim como os fervorosos e os desprendidos; porém todos estes diferentes seres e seus aspectos governam as energias contidas em cada ser dentro de suas formas de vivencia e a maneira de serem e experimentarem a vida material e espiritual em elo terreno. Isso porque os diferentes aspectos e as diferentes formas de vivem a vida material, assim como os diferentes dons e maneira e formas de contribuir para com a sociedade e consigo mesmo na busca da elevação espiritual depende de cada ser conforme o seu próprio nivelamento espiritual. Porque se acaso somente os brutos, porém, sagazes fossem numerosos, estes dominariam a terra, ou se acaso somente os cortesos, porém, sagazes fossem numerosos estes também de algum modo dominariam.

Mas em ambos casos não teríamos a evolução humana, tecnológica, cultural, política e científica, pois apenas um grupo governaria a todos em um único regime de governança, sendo ela através da forma cortez ou bruta, causando tanto uma quanto a outra o atrofiamento da raça humana assim como a decadência de evolução espiritual.

Portanto toda a evolução do homem parte da sua capacidade individual pela opção de escolha de concretizar ou construir para si e para os demais seres tudo aquilo que será necessário pra sua própria sobrevivência através do domínio das energias boas e ruins captadas através dos cinco sentidos, e do sentido de existência enviada para Aura Plena, que é a porta de entrada dos sentidos e o transformar em ações conforme as suas crenças pessoais perante o seu ambiente vivido. Toda escolha de cunho material e espiritual do encarnado para cumprimento do que é bom material e espiritual, ou seja, quando ele conhece os caminhos aos quais deve seguir tanto materialmente quando espiritualmente, é de domínio dele mesmo, uma vez que não poderia um ser seguir por um caminho da qual desconhece ou não crê, mas conhecendo os caminhos aos quais foram ordenados por Deus cabe a ele escolher por qual estrada andar para chegar ao outro lado. E serão estas escolhas o que o equilibraram intimamente, pois são as escolhas dos caminhos bons, e não da direção, que dará vazão as suas vontades positiva ou negativamente.

O equilíbrio das escolhas é o equilíbrio também das forças e das energias que serão aplicadas para cada missão espiritual, onde será necessário optar pelas fluidezes e emanações positivas e negativas para o cumprimento de cada uma das lições a ele determinadas. A estas escolhas serão para cada indivíduo como o dia e à noite, a paz ou o tormento, a obediência a Deus e a não obediência. Porém, é certo compreender que todas as energias partem de Deus, pelo poder divino detentor de todas as energias do universo. Deus único que domina tudo, inclusive o dito bem e o mal da qual a humanidade desconhece em sua pureza e forma.

Mas o homem possui direito ao conhecimento do que vem a ser as energias do bem e as energias do mal, assim como são chamados os dois poderes de força que vibram no elo terreno. Embora o homem não tenha o domínio destas energias apenas o conhecimento do que possam ser estas energias, pois a real força do bem, assim como a real força do mal não estão sendo emanadas neste elo apenas suas parcelas de vibrações, ou o jorramento necessário para a vida terrena dos espíritos encarnados. Contudo, o homem possui o direito de escolha de uma destas duas energias, ou ainda, as duas, para sua sobrevivência e permanência de breve passagem no elo terreno.

Por isso, cabe somente ao ser encarnado escolher o que utilizar diante das opções do que é bom e do que e ruim para sua sobrevivência e vivencia, uma vez que possui por determinação divina a missão de passar pela esfera terrena, para cumprimento de uma determinação de seu espírito, para a realização de sua missão espiritual que posterior a esta passagem o levará a níveis mais autos de existência espiritual e estado de consciência mais elevado, dando a este o direito de conhecer forças mais nobres e mais elevadas perante o Criador. E somente o elo terra é capaz de proporcionar ao seu espírito a capacidade de cumprimento desta missão de lapidação de si mesmo com os demais espíritos que aqui estão em cumprimento da mesma forma de determinação, ou seja, através da passagem terra, pois esta é a única esfera que irá capacitá-los e auxiliá-los em suas missões de resgate de si mesmos.

Ou seja, o campo terreno é por onde todas as energias estão em plena emanação de sentido espiritual jorrando vibrações de energias de campos celestes e do próprio campo material, onde todos os espíritos que possuem missões de resgate de si mesmo deverão passar para aprenderem a captar estas emanações de sentidos de existência espiritual para conquistar níveis de evolução, conhecimento espiritual, autoconhecimento, crescimento do espírito, os tornando mais sublimes e os colocando em caminhos mais elevados espiritualmente.

Porque este é o único elo existente de crescimento e conhecimento individual sendo compartilhado dentre milhares e milhares de espíritos em estado de autoconhecimento que possuem laços terrenos também conhecidos como laços afetivos ou familiares, onde todos os espíritos orientam seus descendentes que também possuem missão de resgate de si mesmos os auxiliando a evoluírem e conhecerem-se a si mesmos e os conduzindo de forma material para auxilio espiritual. Este elo também único em que as obrigações e deveres os capacitam de forma espiritual a elevarem-se perante as leis divinas.

Porém para que sejam conquistadas e concluídas as missões terrenas de cada espírito que aqui se encontram, todos são guiados e orientados pelos espíritos divinos na condução desta passagem espiritual. Por isso todos os espíritos, sejam os espíritos encarnados ou os espíritos em estado de consciência espiritual puro, estão todos ligados espiritualmente tanto ao campo terreno pelas vossas determinações quanto diretamente com os demais espíritos que aqui se encontram cumprindo com suas missões e determinações. Então Deus determina aqueles espíritos nomeados Santos para jorrarem ou trazerem e ensinarem tudo aquilo ao qual devemos aprender, compartilhar, respeitar e comungar; desta forma, doutrinando todos os filhos da terra para que sigam nos caminhos do conhecimento, da ciência, da frutificação, da auto correção, da luz e do amor. E da mesma forma o Criador forma e capacita seus espíritos nomeados Anjos encantados, espíritos de falanges nascidos através das forças e energias dos Santos, diante das várias falanges de espíritos para acompanharem o progresso e evolução terrena de cada espírito encarnado. E fechando o ciclo, também habilita e ordena seus espíritos da mais alta disciplina e comando das leis, nomeados anjos das trevas e não Santos, ou seja, as linhagens de Não Santos de lei para corrigirem as falhas e condutas que possam desvirtuar os filhos, os tornando falhos ou atrapalhar a conclusão destas missões.

Pois se um encarnado falhar em sua missão, muitos outros também irão falhar em vossas missões, pois embora a missão seja individual para cada espírito, os laços terrenos os conduzem de forma conjunta, por isso ainda que lhes pareça que a missão seja individual ela carrega consigo os laços que a torna celestialmente unido em relação ao término da jornada ou o término da conclusão da missão, porque ainda que a busca ocorra individualmente, o crescimento lhe caiba individualmente assim como a elevação lhe seja individual, o percurso será sempre em conjunto. Logo as glorias e honras ao término da uma jornada espiritual em campo terreno não serão pela conquista apenas daquele espírito que caminhou as suas lições pelas suas lapidações e aprendizado, mas sim daqueles que com ele também caminhou, sejam estes espíritos assim como ele encarnado, sejam estes espíritos desencarnados, ou seja, seus Mestres e ou seus guiadores espirituais.

Mas a determinação dos espíritos doutrinados e intitulados não Santos ou Não Santos de lei é manter a ordem através das energias jorradas e captadas pelos encarnados que se utilizam destas para suas sobrevivências em comprimento de vossas missões, assim como corrigir qualquer falha ou dano que possam trazer males a ele e a sociedade e ao elo terreno de modo que impeça o desenvolvimento e a evolução dos encarnados e da esfera terrena.

Existem diversas linhas de atuação dos espíritos não Santos que trabalham pelos diversos níveis e campos de atuação dentro do próprio campo terreno, partindo do nivelamento, conhecimento, e aprendizagem individual dos seres encarnados, conforme os seus dons e sabedorias aos quais carregam consigo para cumprimento de suas missões.

Por isso encontram-se e labutam em diversos campos de atuação através da vibração de forças alterando não apenas as vibrações existentes para que haja correção e justiça como também mantendo o equilíbrio e a harmonia das energias entre as esferas e campos da qual devem zelar e garantir a continuidade e existência destes elos espirituais para que toda e qualquer missão divinal possa ser cumprida por meio também da alteração de direção dos caminhos, ou seja, abertura e fechamento de caminhos aos quais manipulam com vossas próprias energias compatíveis com as energias e vibrações deste elo espiritual.

E entre as diversas linhas espirituais de espíritos não Santos que atuam nos diversos campos de labuta terrena guiando e zelando pelo equilíbrio da energia e forças que aqui circulam, encontram-se também os espíritos nomeados como espíritos não Santos ou Não Santos de lei, que caminham não somente entre a esfera do abismo aplicando correções ou entre a esfera das trevas de onde são aplicadas as justiças divinais, mas sim entre as duas esferas espirituais das quais os espíritos não Santos atuam, abismo e trevas ou terra e inferno.

Isso quer dizer que estes zeladores espirituais, não são espíritos nascidos de nenhuma das unidades de forças que abastecem as forças espirituais dos espíritos não Santos que atuam em terra ou espíritos das trevas que atuam nas faces do inferno, mas sim que circulam e atuam entre as duas unidades de poderes e forças, não pertencendo a nenhuma unidade de poder espiritual e sim a unidade singular de energia que jorra e se derrama entre as duas esferas pertencentes a mesma ordenação de labuta divina espiritual ou pela mesma ordem suprema de equilíbrio e harmonia. E são estes espíritos nomeados de espíritos guardiões ou Não Santos guardiões, os espíritos pertencentes a linhagem própria de espíritos que além de carregarem as leis de Deus em vossas testas, são quem guardam e protegem os seres encarnados de vossas próprias existências, porque são estes os que atuam entre todos os caminhos e todas as veredas atravessando não somente os vales do abismo, o véu da morte e o cume do fogo das trevas como também caminham livremente entre a vida e a não vida daqueles que diante do inferno se encontram de dia e de noite; porém não tem ordenança de justiça, apenas de correção.

Isso quer dizer que são estes espíritos nascidos da própria unidade de poderes e forças ligadas entre si, e por isso servem espiritualmente ambas unidades espirituais de espíritos não Santos. E por serem espíritos caminhantes de todos as veredas fluidas da mesma força, são os espíritos que zelam e guardam os serem espirituais encarnados, lhes abrindo os caminhos, concedendo direção e fechando todas as portas e entradas das energias maléficas aos quais podem destruir e matar um ser espiritual encarnado através das energias negativas deles mesmos. Desta forma são os espíritos Guardiões, os que protegem e guardam todas as unidades espirituais encarnadas de vossas próprias caminhadas lhes dando maior visão e lhes abrindo os caminhos espirituais relacionados aos caminhos de terra da qual devem seguir com prudência e segurança para que não caiam pelas tentações de serem falhos em suas jornadas e adentrarem as formas mais duras de correção que é a correção através do poder de justiça, justiça da qual conhecem bem e que por isso os zelam de não enveredem por estas dolorosas portas.

E por serem os espíritos que caminham por entre todas as unidades espirituais das trevas e por entre as unidades espirituais terrenas de poderes e forças espirituais, são estes espíritos juntamente com os próprios espíritos não Santos, os atuantes nos vários pontos ou portais espirituais terrenos aos quais as vossas energias e forças se agrupam e se isolam para derramarem-se ou angariarem forças pela união de espíritos da mesma linha de atuação vibrando forças e unindo-se em um único ponto de forças da qual as vossas próprias energias lhes são próprias devido as vossas ordenanças, e são estes pontos terrenos: os portais de cemitérios, onde as forças que vibram se misturam com as forças do abismo e das trevas; as encruzilhadas ou as cruzadas de forças de onde se encontram as forças de duas ou mais energias ao qual o campo terreno possui; as estradas de barro e de terra de onde as forças são caminhantes através do solo árido que faz nascer a vida e a morte de todos os seres da terra, e ainda que são sejam todas as estradas de terra em terra ou lama, sem seu subsolo são todos constituídos da mesma terra e da mesma força do elemento árido; e as florestas, de onde a vida que nasce e morre não é vida terrena nascida e findada pela ordenança de serem vivos os espíritos encarnados e sim a vida espiritual, única vida que nasce e morre não pela missão de conceder a vida a outra vida e sim pela determinação de ser a própria vida que abastece o solo da terra de onde nascem e morem todos os seres, ambiente mais poderoso e misterioso celestialmente

Ao qual possui o campo terreno guardado pelos seus mistérios e segredos celestiais e compartilhados pelas diversas formas e forças que ali circulam.

E os campos celestiais espirituais da qual adentram e caminham fora os campos de energia terrena são os campos de abertura e fechamento de portais de correções que ocorrem somente com determinações de juízo de correção ou juízos corretivo aos quais os espíritos encarnados em terra são expostos quando em caminhos opostos as leis andam, e são estas correções as determinações de abertura e fechamento de caminhos para que sejam reequilibrados ou novamente ajustados em vossas determinações, caminhadas e missões conforme o portal de correção ou ainda remissa das quais a vossas sentenças se aplicam perante as vossas falhas.

Porém, estes elos espirituais de onde também possuem livre entrada que são os jardins de redenção e portais de correção e de remissão, são pouco conhecidos, pois são elos da qual a esfera terrena não possui ligação, uma vez que são em outras esferas de justiça de correção da qual somente aqueles espíritos recolhidos em chamados extremos de justiça e resgate, detentores de jurisdição poderão seguir por estes caminhos para que sejam executadas as leis de Deus.

Por isso, a determinação destes espíritos dotados de doutrina, disciplina, leis, caminhos, sabedoria e conhecimento aos quais é o vosso regente a quem todos se prostram, espírito também circulante entre as duas esperas espirituais não sendo ele nem espírito não Santo e nem espírito das trevas, mas sim, espírito regente greto de poderes e forças singulares entre as duas passagens espirituais, aos quais possui o vosso trono alinhado aos tronos dos outros seis espíritos assentados a regência do grandioso Senhor das Sete Cruzes, ao qual carrega este, o nome de um rei, não rei de terra e sim do reino espiritual das forças espirituais circulantes da qual rege e governa uma legião de espíritos gretos ou espíritos que possuem passagem tanto para uma unidade quanto para outra unidade da forças similares da mesma ordenança, porém, não pertencendo a nenhuma delas. Pois é o próprio regente destas unidades gretas de espíritos, assentado ao poder de forças supremas espirituais de governança celestial, porém governantes de espíritos que carregam energias que transportam o bem e o mal, não sendo pertencente a nenhuma delas.

Porque são estes os espíritos aos quais atuam em campo terreno, sendo os guiadores e os guardiões dos espíritos encarnados da qual recebem a ordem celestial de serem e exercerem a missão espiritual de médiuns, os vossos guiados pela também determinação de os receberem e os guiarem pelas forças da mão esquerda do Criador que os governam. Pois se acaso fossem os seres encarnados autorizados a aprenderem em terra ou a trabalharem as vossas missões e vossas ordenanças com os próprios espíritos anjos das trevas ou do abismo, estes não teriam a mínima chance de vencerem as vossas missões, porque são os espíritos do trono do abismo a força severa que os derrubariam diante de vossas primeiras falhas, assim como seriam os espíritos do trono das trevas a força impiedosa que condenam e julgam e assim seriam todos em suas primeiras falhas condenados e julgados de forma severa e impiedosa, assim como atuam os servos leais e fiéis das leis de Deus.

Por isso, são os espíritos gretos da qual a ordenança lhes cabem a balança que antes de julgar, corrigem e antes de corrigir, orientam e antes de orientar, preparam; para que as vossas caminhadas junto a estes espíritos nomeados de esquerda sejam possíveis, de forma que assim como os vossos guiados, os médiuns e todos aqueles que buscam e procuram as vossas orientações e conselhos e caminhos possam ser orientados, guiados e encaminhados de forma espiritual para que encontrem os bons e nobres caminhos, por aqueles que nascidos para guiar foram. Não que estes espíritos não possuem o poder de aplicarem a justiça ou que estes não atuem juntamente com aqueles que em terra aplicam o poder de justiça, sobre todo aquele que alinhado e disciplinado necessita ser. Mas são estes espíritos, os espíritos da linhagem de esquerda ordenados a prepararem e encaminharem todos aqueles que deverão, assim que estiverem preparados espiritualmente em terra a caminharem de fato, com os espíritos dos tronos do abismo em vossas missões.

Porém será esta caminhada longa e árdua para quem possui esta ordenança; e ainda que possam ser preparados para atuar com os espíritos dos tronos do abismo, jamais um espírito encarnado atuará com um espírito nascido dos tronos das trevas, uma vez que as vossas forças, as vossas ordenanças e vossas fluidezes de forças e poderes fluem acima da capacidade de emanação espiritual de qualquer ser mortal que em campo material esteja. Sem contar que a justiça celestial jamais caminhará de mãos dadas com a falha.

Ordem esta que aplica-se igualmente a todos os espíritos que compõe o elo de formas espirituais ou aos sete espíritos que atuam sobre a regência do grandíssimo espírito, Senhor das Sete Cruzes, porque assim como ele mesmo, nenhum de vossos sete espíritos possuem a ordenança de trabalharem com espíritos encarnados ou seja, trabalharem em terra como sendo os vossos guiadores direto.

E ainda que os vossos primeiros espíritos de suas também hierarquias recebam os mesmos nomes iniciais que os seus; não serão eles quem atuaram sobre as cabeças materiais, e sim os vossos também primeiros representantes hierárquicos com nomes iniciais similares, pois esta é uma forma de apresentarem-se em terra como sendo os primeiros daquela de hierarquia de espíritos de esquerda. Fato este que não se estende se acaso, diante de uma ordenança e suprema determinação divinal necessite um destes setes espíritos descerem ao campo terreno em missão espiritual ou nascerem em terra de homens para labutarem vossas unidades de forças nome do Criador e de vossas leis.

Por isso exceto diante de uma ordenança divinal espiritual, nenhum dos sete espíritos que compõe o elo de forças do Senhor das Sete Cruzes, assim como ele mesmo, possuem ordem do Criador para atuarem ou guiarem de maneira direta qualquer que seja o espírito encarnado em terra de homens. Isso porque não suportaria qualquer que seja o encarnado em campo terreno, atuar com as vossas grandiosas e poderosas unidades de poderes e de forças, a não ser que este espírito fosse um deles, diante de uma determinação celestial de renascer em campo material, por uma sublime e suprema ordem de ser novamente um ser encarnado, porque este também não atuaria com outro que não fosse um dos seus. E atuaria este com os servos não somente de vossa linhagem, ou seja, não somente com os servos divinais da esquerda como também da direita celestial do Criador, que vos unem todos em uma ordem ordenança.

Mas as ordenanças do Criador de encaminhar um dos seus próprios espíritos para labutarem com os filhos da terra sejam estes espíritos de vossa esquerda ou de vossa direita celestial, ocorre apenas diante de séculos e séculos, de eras de tempo, e estes jamais se apresentam como sendo um os seus, pois aquele que fala de si mesmo é apenas por si mesmo, é apenas terra que morre. Mas aquele que vem do Criador, este sim fala em nome de vosso Senhor, não ordena, não impõe, não se proclama, apenas cumpre em terra as vossas determinações.

E a determinação destes espíritos dotados de disciplina, caminhos, correção e a balança da sabedoria é caminhar unido aos espíritos encarnados e lhes darem visão, determinação e ordenança de labutas, lhes sendo os únicos e verdadeiros espíritos que trabalham em campo terreno no desenvolvimento de vossas unidades espirituais. E embora não sejam apenas estes espíritos gretos que atuam com os espíritos encarnados lhes servindo como guias espirituais, são estes os espíritos que atuam em comunhão com os demais espíritos que trabalham como guiadores e guardiões, porque estes que não trazem em vossas mãos as espadas da correção, ou apenas as usam em determinadas circunstancia pela ordem de correção, os tornando espíritos mais brandos e menos perigosos aos próprios espíritos encarados, porque são também espíritos que acolhem e reescrevem juntamente com os demais espíritos os caminhos a serem percorridos por aqueles que falham e desequilibram os vossos próprios caminhos espirituais.

Porque quando não são estes espíritos gretos quem atuam diretamente com os espíritos encarnados lhes sendo os guiadores e guardiões, são estes quem atuam com aqueles que lhes são os espíritos guiadores sendo ainda os vossos guardiões, pois assim como caminham entre o abismo, caminham também por sobre as trevas e ainda assim possuem ordenança suprema vindas dos campos celestiais que vos abastecem as certezas e próprios caminhos lhes concedendo prudência, balanço e misericórdia espiritual em vossas decisões e em vossos caminhos.

    Logo, são todos os espíritos denominados de esquerda, os responsáveis por equilibrar todas as forças regentes em nossas crenças e impulsos que nos levam aos desequilíbrios de energias e podem trazer consequências desastrosas para um único ser ou para toda uma humanidade, que por consequência nos impede do cumprimento sereno de nossas passagens. E para que haja o equilíbrio das forças que circulam do universo e para que todos concluam com êxito suas missões terenas, se faz necessário que estas energias que existem no ambiente terreno sejam equivalentes e equilibradas, pois não poderia o universo existir tendo apenas a regência de uma única energia, um único campo de força emanando, seja ela boa ou ruim ao sentido material. Mas para que haja harmonia das energias e das forças é necessário que as forças sejam equilibradas dentro da esfera universal entre as espécies humanas.

"Oh, homens maus! deves aprender que ao conhecerem-se internamente em matéria e em espírito conhecerão quem são os verdadeiros anjos e guardiões e quais são os reais propósitos de Deus quando os erguem em vosso sagrado nome, para que sigam os caminhos retos das leis, ao invés de criarem propósitos que abastecem apenas a matéria e não ao espírito. Porque estes não somente vos levarão ao nada material terreno, como também os despejarão ao nada que arde e queima no fosso do cume do nada existencial, o inferno". (Senhor Marabó, o rei).

    Mas o homem desde o início dos séculos tenta mostrar seu poder de domínio, autoridade e superioridade sobre seus iguais. Para isso cria fantasias mistificando sua própria existência humana, a existência de seus pares e dos espíritos que atuam em terra, buscando assim diminuir a grandeza, a importância ou a superioridade de todos eles. Isso ocorre, pois o homem imagina que para ser grande deve diminuir os demais, ainda que sejam seus pares que o auxiliarão em seu progresso ou espíritos com grandes poderes dotados de forças e conhecimentos acerca da vida e da morte, conhecimentos estes que o homem não possui.

    É de fato preciso que o homem se reconheça em suas falhas se conheça em seu íntimo e reconheça seus erros e elevem seus espíritos, pois somente assim conhecerão seus ancestrais e os espíritos de luz que os guardam. Pois somente aqueles encarnados capazes de conhecerem-se internamente, poderão conhecer quem são os espíritos de Deus e quais são suas verdadeiras forças, domínios e poderes para que deixem de cometer falhas e atrocidades em nome de verdades criadas para abastecer apenas os ouvidos de seres mundanos, pois saberão que as forças dos guardiões das leis, vão bem mais além do que aquelas imaginadas e pregadas por falsos homens em nome de Deus.

Pois as crenças errôneas do homem o fazem aceitar que ser bom o levará para o céu e ser mal o levará para o inferno. Pois o homem acredita ainda, que ser bom, ou fazer o que chama de bondade na terrena, o transportará diretamente para o céu, e que ser mau, em relação ao que chama de mau na terra o transportará diretamente para o inferno. Mas não o céu celestial ou o elo infernal que realmente existem, e sim aqueles ambientes criados por ele através de suas crenças mundanas em relação às práticas do bem e do mal da qual possui ou tem vago entendimento. Pois o verdadeiro céu e o verdadeiro inferno, somente quem adentrar a estes poderão conhecer e desfrutar de seu verdadeiro estado; e o céu vai bem além de ser santo e sereno aos olhos angelicais e o inferno, vai bem além do abismo de fogo fantasiado por homens da terra.

Porém, o homem se esquece de que para adentrar qualquer uma das esferas da qual acredita estar preparado para recebê-lo é preciso passar por esta esfera de autoconhecimento espiritual chamada esfera terrena, e somente após o cumprimento de sua missão sem falhas, danos, falsidades e crenças mundanas é que será encaminhado ao seu lar espiritual. Mas o elo terreno, possui muito mais energias negativas da qual possam imaginar, e todas elas criadas à partir das crenças do homem em relação a elas mesmas e ao uso errôneo da pratica das forças benéficas e maléficas para a sobrevivência e conclusão de sua missão.

Porém todas as energias emanadas e transformadas pelos homens em energias boas ou não, são alteradas pelos próprios encarnados através de suas crenças e desejos terrenos de se sobressaírem contra os demais homens da terra que conseguem transformar a esfera terrena em seus próprios céus ou seus próprios infernos imaginários de acordo com o que dão e recebem dos outros encarnados, quando na verdade deveria utilizar-se de mais energias no sentido do bem do que no sentido do mal. Mas o homem para governar este emaranhado de crenças e mitos que regem seu ambiente terreno, julga-se superior àqueles que irão os libertar e os transgredir de seus erros e os levar aos verdadeiros campos de glorias celestiais. Por isso, é preciso chegar onde a razão humana material se distancia ou o limita de onde ao pouco conhecimento dos fatos reais se encontra.

E para que haja o equilíbrio destas energias, baseadas em crenças e desejos mundanos, que constrói e ao mesmo tempo destrói, é que somos guiados e corrigidos dia após dia pelos guardiões que zelam pela permanência e existência terrena humana. Pois se dependêssemos apenas uns dos outros para nos guiarmos, seríamos como cegos em busca de orientação dependendo de outros cegos para nos guiarmos. Por isso, o mesmo campo celeste da qual nos envia as energias e suas mais nobres e purificadas emanações, nos enviam também seus anjos, seus guias e guardiões para nos guardarem das boas práticas e uso destas energias, para que possamos caminhar de forma equilibrada e conquistarmos nossa gloria espiritual ao termino na jornada terrena e mantermos o elo terreno para que os próximos espíritos com missões materiais e espirituais possam habitar.

Ora, mas quem nos deixaria mais próximos da verdade espiritual se não os próprios espíritos que conhecem bem a distância entre as missões terrenas e o campo celestial? E quem equilibra as nossas crenças e fé se não os próprios espíritos? Por isso, caminhamos com as forças e as energias dos espíritos dotados de energia, de luz, de conhecimento e de sabedoria abastecidos e portadores das chaves dos portais do bem e o do mal. Espíritos estes, conhecedores da luz e das trevas, do dia e da noite, dos caminhos bons e do abismo. São guardiões doutrinados e disciplinados nas leis, fiéis zeladores das palavras do Criador e por isso carregam consigo os livros da vida e da morte da qual possuem todos os nomes onde os bons são escritos em letras de glorias, e os maus serão pelos anjos do abismo lançados no lago de fogo da qual derramam todas as chagas em chamas e ardor. Porque cumprem todos aqueles denominados Não Santos, guardiões com determinação de correção e caminhos por obediência a Deus, o Criador, pois são os portadores das chaves das portas de todos os caminhos das quais todos irão um dia passar, sendo estes caminhos terrenos ou espirituais.

É sábio lembrar que os não Santos ou não Santos de lei ou guardiões, são espíritos que já foram encarnados e possuem suas histórias de evolução e passagem terrestre que muitas vezes não representam o que dizem sobre o caráter e a personalidade destas entidades de força e luta, desrespeitando vossas determinações e vossas autoridades. Pois a crença errônea sobre o passado destes espíritos muitas vezes os subjuga como seres espirituais errantes, prostitutos, malfeitores, assassinos e imundos tendo como verdade absoluta e de todos os espíritos não Santos, historias isoladas. Tentando com isso classificar uma legião de espíritos de lei como espíritos falhos e errantes, onde muitas histórias não representam acercado passado de sua maioria, assim como a verdade de apenas um espírito, não representa a real situação vivia por todos eles.

É fato que existem histórias tristes sobre estes guardiões da lei, mas devemos lembrar que eles também já foram encarnados e os encarnados são falhos e errantes e por isso julgado em seus atos e ações falhas, assim, como todos um dia serão julgados. Por isso todos os guardiões já foram julgados e penitenciados devidos suas boas e más obras, se acaso estes foram falhos em vossas jornadas terrenas. E ao receberem determinação de guardiões nos mostram que a remissão e a justiça divina já fora sobre vossas cabeças aplicadas, se acaso essas lhes eram devidas.

Portanto não cabe ao encarnado querer julgar algo da qual não lhe compete e sim ao Criador, porque se acaso nossos julgamentos fossem válidos seríamos todos julgadores de espíritos não Santos, ao invés de sermos aqueles que por eles se acaso não cumprirmos com nossas obrigações de terra seremos julgados. Porém nossas posições de encarnados e ainda falhos, está bem distante desta ilusão criada por homens maus que ao invés de utilizarem essas histórias como forma de conhecimento para não errarem também, as deturpam e usam para desqualificar toda legião de espíritos como meros errantes.

Deve-se compreender que muitos destes guardiões com determinação de Não Santos de lei, foram em seus passados, padres, consoladores, homens de extrema fé, sacerdotes, levitas e missionários, porém nenhuma destas outras atividades são mencionadas pelos encarnados, que possuem desejos e intenções destrutivas, tentando equiparar-se com aqueles da qual deveriam prostrarem-se, pois assim se sentem menos culpados de suas ações veladas. Ou ainda imaginam que devido ao passado falho de alguns servos de Deus, por Ele mesmo já julgado, todos foram errantes e devem ser julgados pelos encarnados que os procuram para serem maus usando vossos nomes.

Mas devemos partir da compreensão de que Não Santos de lei são espíritos guardiões que não possuem caráter ou personalidade má, aliás, não possuem nenhum tipo de personalidade, ou sentido ou sentimento, sejam bons ou maus, pois esta forma de sentido pertence ao mundo do encarnado e não dos espíritos, porque estes apenas cumprem com as vossas determinações. Porque não Santos, guardiões ou qualquer espírito de luz, sejam estes quais forem, possuem determinações e as cumprem independentemente do tipo de missão ou do desejo do encarnado, pois respondem a apenas um Deus, o Criador, ou seja, não são malignos e errantes em vossas missões, mas é a crença humana quem os tornam maus e não suas determinações para com a humanidade, porque antes de serem servos das leis divinas, são servos de Deus trabalhando pelas ordens das quais atuam bravamente por obediência, lealdade, fidelidade, amor e respeito a Deus.

A evolução não para, não é estática, tudo muda e se transforma adquire novas formas, conceitos e progressão e assim são os Não Santos, que passaram por muitos elos, julgamentos e remissões para provarem suas fidelidades e amor ao Criador e nos provam com isso que somos todos capazes de nos redimirmos, nos reconhecermos e prestarmos serviços de bem contra todo o mal que hoje é produzido pela humanidade em troca de nada em esfera terrena, ou seja, prazer em troca de fugacidade.

Porém, não é difícil ligar a imagem de um espírito não Santo a algo negativo ou ruim a partir das imagens que são comercializadas e criadas na mente humana. De fato seres de chifres, pele avermelhada, calda e aparência diabólicas, não trazem boas referências a ninguém. Porém se nem mesmo as escrituras sagradas delatam a face do diabo, uma vez que este não existe, como poderia o homem delatar as faces dos Não Santos o classificando tal qual o próprio ser diabólico arquetipado de suas maldades? Como poderia o homem criar com tanta clareza suas feições diabólicas? Mas assim como não há relatos de alguém que tenha visto a face de Deus, porque esta não existe, também não há relatos de que tenham presenciado a face do diabo ou a esfera diabólica do mal personificada em formas materiais do ser mau, porque esta também não existe. E não somente porque este não existe, mas sim porque o que não existe, não pode ser representado por nada ao qual o homem pode vislumbrar.

Eu vi no meio do trono, dos quatro Animais e no meio dos anciãos um Cordeiro de pé, como que imolado. Tinha ele sete chifres e sete olhos (que são os sete Espíritos de Deus, enviados por toda a terra). (Apocalipse 4:6).

De fato a figura narrada pelo apóstolo João, não é a figura de satanás ou do dito diabo, pois Deus não mandaria espíritos malignos assolar a terra, tampouco estariam estes compartilhando o trono ao lado do Cordeiro, fantasiado de filho de Deus dentro da casa do Pai celestial. Porém o Cordeiro que narrado por ele possuía sete chifres e sete olhos representando seu poder e liderança diante do trono de Deus, onde somente aqueles detentores de determinações, santidade e fidelidade são capazes de adentrarem e se prostrarem, porque os cifres representam a dominância do Cordeiro, pois esta está adornada sobre sua cabeça, como as sete determinações ou poderes como sendo os sete chifres e os sete olhos como os sete guardiões que acompanham de perto tudo o que a humanidade faz em cada uma das vossas governanças terrenas, onde cada um destes guardiões estão prontos para imporem sua predominância e correção através de seus santos anjos.

Os chifres são a representação da plenitude do poder e da inteligência e da magnitude daquele que acima do firmamento se encontra. E a imagem de um não Santo com grandes chifres tal qual o Cordeiro imolado, ou seja, o próprio filho de Deus quer mostrar exatamente isso, o poder e a inteligência e sua dominância de força desta linha de espíritos que possuem através de cada chifre a dominância do bem e do mal ao qual carregam as chaves das portas dos elos espirituais que atuam.

E ainda que não se conheça a face de satanás, a humanidade criou através de suas crenças e lendas a ideia de que satanás estaria representado à partir da imagem de Não Santos, ou que Não Santo de lei seria o próprio diabo, fundindo assim lenda com mito, e tentando transformá-los em realidade. Porém e suas linhas de guardiões e zeladores que carregam seus grandes chifres mostrando seu poder e autoridade acercado do bem e do mal nada tem a ver com o diabo criado e temido pela humanidade, porém criar esta peça mística convinha a certos homens para dominar através do medo seus descendentes, logo esta imagem criada nada tem a ver com a realidade espiritual de atuação de um espírito de lei.

Mas os mesmos homens que criam e elevam a imagem do diabo como sendo o próprio não Santo de lei e os tornando algo temeroso da qual se deve precaver, são os mesmos que o temem, pois a humanidade ao mesmo tempo em que criar arquétipos de maldade passa não somente a realmente temê-los como também a serem escravos do próprio mal criado por suas mãos. E assim foi por muito tempo reconhecido a figura dos não Santos guardiões das leis de Deus; criada para benefício próprio e temido por cegos guiados por lobos.

Porém sabemos que o diabo representa o erro do homem e sua justificativa e não algo ou uma pessoa que deve ser temida, porém, é conferido a esta criação o poder das forças imaginárias. Mas diferente da imagem criada e fundida do diabo, os Não Santos de lei é quem traz a verdadeira força do mundo em vossas cabeças simbolizados através de seus chifres à inteligência e a soberania da qual possuem, ou seja, a chave do conhecimento do bem e do mal, e a pele vermelha, representando o fogo e o sangue que são as chaves da passagem da vida da terra para a vida da morte para os que morrem pelo cume do fogo em brasas vermelhas.

Logo o conceito de que não Santos de lei possuam chifres, calda e são de cores vermelha vem desta ideia de plenitude e poder e não da ideia arquetipado de diabo ou de satanás, porque estes assim como não existem, não possuem cores, formas ou chifres. O conceito da imagem que está ligada a algo satânico é justamente porque estes espíritos neste grau de evolução são altamente conhecedores do mal e atuam em esferas de resgate dos maus espíritos que somente aqueles espíritos doutrinados, conhecedores das verdadeiras leis, fortes e destemidos e por isso também perigosos devido suas determinações, adentram para labutarem suas ordenanças, caminhando dentro do fogo e do abismo sem temer o verdadeiro mal que existe.

Por isso, vem deste conceito a crença de que os Não Santos de lei são serviçais de satanás e diabo, pois adentram as esferas que seriam supostamente governadas por satanás e diabo. Porém esta crença é tão falsa quanto contraditória, pois quem cria todas as forças do mundo é o Criador, quem cria todos os espíritos assim como os que caminham em direção ao mal é o Criador. Logo o criador dos espíritos desgarrados que se encontram em elos de dor e estado de consciência infernal é também criado pelo único Criador e governante do mundo. Logo, todas as energias e elos são governados por uma única força que domina todo o mundo e todos os elos, Deus. E ainda que existam elos de sofrimento e dor como os elos inferiores de sofrimento e remissão estes não são governados por satanás e sim pela própria consciência dos espíritos que lá se encontram e se abastecem se seus próprios sofrimentos criados a partir de vossas verdades e crenças próprias de si mesmos.

Logo, a ideia de que exista um elo governado por satanás que atua contra Deus é irreal, quando sabemos que não existem forças contra Deus e sim aqueles espíritos distante das verdades divinas que lutam contra suas próprias existências e sentidos de vida espiritual, criando crenças e ideias más, se abastecem deles mesmos em prol de verdades próprias e conceitos criados com desejos ilusórios, passando por esferas de dor e sofrimento por serem errantes e desgarrados das leis de Deus.

"Serpentes! Raça de víboras! Como vocês escaparão da condenação ao inferno?" (Mateus 23: 33).

E qual seria a condenação infernal, senão o estado de consciência mais baixo e deprimente da qual um espírito pode se encontrar? Aquele estado espiritual de dor e sofrimento da qual a plenitude espiritual caminha distante e sem expectativa de se elevar porque dentro de seu sofrimento não possui verdade o suficiente para reconhecer-se, perdoar-se, e redimir-se em busca da luz e da paz espiritual de um estado de consciência mais pleno e amável diante do Criador.

Ou poderia o Mestre estar se referindo a algo da qual não conhece, não possui dominância ou pertence que não ao Pai celestial? Ora, Jesus falava apenas sobre as coisas que o Pai celestial o determinava em terra. Poderia ele falar sobre o inferno e demônios se acaso não soubesse do que se trata, por mera especulação? A resposta é não! O Mestre Jesus, não fala por si mesmo e sim em nome de Deus, o Criador do mundo, todo o conhecimento que tinha e transmitia eram de dominância celestial e não de qualquer outra instancia. Quando proclama em tom de questionamento, como vocês escaparão da condenação ao inferno, fala do que realmente conhece e sabe, se referindo aqueles errantes outrora nomeados de serpentes, por serem sorrateiros e caminharem de forma inferior se rastejando à cerca das verdades divinas, criadores de crenças e verdades mundanas, detentores de falsas verdades e distantes das verdades divinas. Por isso quando se refere ao inferno, se refere ao lugar de existência de todos aqueles como as ditas serpentes de adentraram e se abasteceram de suas maldades e verdades próprias, se rastejando e decompondo-se em maldade assim como faziam em ambiente terreno.

Por isso, o inferno é um estado de consciência do espírito, uma vez que somente se adentram em espíritos e não em matéria, logo não é algo material, e sim um local de sofrimento e dor espiritual governado pelos próprios maus conceitos ou espíritos maus. Porém é mais fácil criar o inferno como local de abrigo aos maus materiais, governados por seres malignos, pois a ideia de um ser superior e regente causa mais impacto do que a própria consciência humana em seu estado mais puro de maldade se abastecendo dela mesma. Pois a consciência é um lugar desconhecido do próprio ser humano, por vezes pouco habitado, enquanto a maldade material é fácil de ser entendida, pois esta dói, fere a carne, causa danos e perdas materiais e com isso fácil de ser compreendida pelos encarnados. Porém o verdadeiro inferno não é constituído de matéria e sim de dor e sofrimento em estado de consciência espiritual.

E o mal mais perigoso que pode existir é o próprio mal criado pela consciência espiritual, que se autogoverna, se auto flagela, se auto domina e se auto pune, pois este é o mais puro estado de existência que um espírito pode passar no sentido de estado de consciência de seu verdadeiro mau, pois este é feroz, maligno, danoso, e perverso, pois é o próprio eu, combatendo contra ele mesmo em busca de suas verdadeiras existências em estado de consciência mau por ele mesmo criado. Pois assim como o encarnado é capaz de se auto julgar e auto condenar a consciência espiritual também possui o mesmo direito, porém é mais nociva, pois esta, somente o consegue estando em estado de consciência altamente flagelado de si mesmo, sendo ele um perigo maléfico e ele próprio, pois não consegue pagar o preço de sua liberdade e cada vez mais a troca em detrimento de seu flagelo e autopunição espiritual.

E os únicos capazes de adentrarem ao estado de consciência mais puro e inferior de um espírito em estado de consciência maligno dele mesmo são os Não Santos guardiões, por isso os únicos capazes de libertarem e reencaminhar um espírito em dores e prantos de si mesmo são os guardiões, treinados e disciplinados para estas duras tarefas infernais. Por isso, parte deste conceito a ideia de que os Não Santos de lei são serviçais de satanás e diabo, pois o estado de consciência que fere e mata transportando qualquer espírito a sua segunda morte, ou aquele estado de consciência da qual jamais consegue se libertar é nomeado como estado diabólico ou satânico, ou seja, o estado em que o erro próprio é capaz de tornar um espírito escravo de si se abastecendo se sua dor, ou seja, diabo de si mesmo.

Pois sendo o diabo a referência dos maus conceitos e más ações, este espírito estaria preso em suas falsas crenças de ilusões o tornando cada vez mais nefasto e arruinado de si mesmo sendo incapaz de curar-se ou auto promover-se destes campos infernal, e somente um espírito altamente doutrinado, disciplinado, conhecedores de todos os erros, dores, sofrimentos e males é capaz de resgatá-lo e com isso reajustá-lo em suas crenças e fé acercada de verdade, reequilibrando todas as verdades e conceitos de todos os tipos de sentidos, sejam estes de dor e sofrimento sejam estes de cura e verdade. Logo o equilíbrio da verdade e da fé partem da esfera celestes através dos espíritos guardiões dos caminhos e das leis que atuam para o reequilíbrio da liberdade nos campos mais perigosos e extremos de dor e sofrimento onde somente um espírito capaz de reerguer outro espírito pode adentrar sem ferir-se ou causar danos.

Por isso, ainda muitos os classificam como sendo do mau ou espíritos errantes, erroneamente, pois através de suas vibrações e energias conhecem a essência do encarnado tão bem ao ponto de chegar aos sentimentos mais profundos e profanos como o bem e o mal que carregam. Suas energias adjacentes conferem a estes espíritos serem íntimos a razões como sofrimento, dor e alegria vivida pelos encarnados. Porém, é certo compreender que os espíritos são isentos de sentimentos como desejos, culpa, dor, angustia, ódio ou qualquer outra qualidade de sentimento carnal, ainda que conheçam devido à proximidade com o homem destes tipos de sentimento, porém não os mais possuem ou detém. Pois estes são sentidos e sentimentos pertinentes à vivência terrena sentidos através da matéria carnal, logo, não poderiam os espíritos desfrutar de sentidos que somente a matéria humana possui.

E diferente das crenças do homem, estes espíritos não possuem ligação satânica com o mal nem são eles o próprio mal assolando a terra, e sim possuem determinação de correção e libertação do mau. A ligação que possuem está diretamente ligada ao cumprimento das leis divinas, por isso suas essências são tão próximas a dos encarnados. A energia vibratória destes espíritos muitas vezes é confundida pelos encarnados como sendo possuidores de sentimentos e desejos de bem e mal assim como o homem, pois parte do pensamento de que se o homem possui a maldade os espíritos mais próximos a eles também seriam possuidores, pois as vibrações são próximas, e se o encarnado a conhece e a deseja o espírito também seria igual a ele. Embora existam espíritos de ações e condutas ruins, ou seja, essências espirituais fora de seus níveis evolutivos não se podem confundir a força e essência de um Não Santo de lei com outras vibrações espirituais de espíritos em diferentes níveis de evolução.

Ora, mas poderia um espírito cumpridor das Leis divinas não conhecer seus réus tão bem a ponto de não chegar ao cume de seus íntimos desejos e segredos? Como poderia um Não Santo cumprir as leis a partir dos erros cometidos pelos encarnados sem conhecer estes erros, suas fontes e seus errantes. Por isso caminham tão próximos a nós, nos conhece tão bem intimamente quanto possa conhecem todos os pensamentos e sentimentos, caso contrário não estaria apto a nos guiar e nos corrigir. Por isso, conhecem todas as verdades interiores, desejos e vontades ligadas de forma boas e más, são conhecedores também de cada execução e ações cometidas pelos encarnados sejam estas boas ou más, pois não seria prudente cobrar-nos de faltas e erros se não os conhecessem tão bem quanto nós mesmos.

Não Santos e o arquétipo feminino

"Criou Deus o homem à sua imagem à imagem de Deus o criou; homem e mulher os criou" (Gênesis) 1:27

8.8 Mas nenhuma força atua por si só nas labutas celestiais, por isso é a força dos espíritos não Santos, composta por duas unidades de forças que se juntam e forma a inteireza de forças dentro de uma mesma unidade, assim como foram criados o homem e a mulher ou seja, duas unidades de forças similares, em campo material, onde uma unidade se completa à partir das energias, das forças e dos dons ou dos conhecimentos e ciência da outra pela forma de experimentar a unidade material que cada um possui, tornando a junção de duas unidades uma unidade inteira, pois assim deseja o Criador que os criou, assim são igualmente os arquétipos não Santos em vossas unidades e junções de forças e energias frente as labutas espirituais.

Por isso, é o arquétipo masculino de espírito não Santo a representação de uma unidade de forças de espíritos assentado a esquerda do Criador, que nada tem a ver com gênero terreno de sexo e sim com ao tipo de energia e força e fluidez que este espírito carrega e descarrega em vossas jornadas, ao qual possui dentro desta mesma linhagem de espírito, o arquétipo feminino com energias e forças e fluidezes distintas, porém , forças que se completam frente a uma ordenação de determinada missão espiritual em que se faça necessário a junção espiritual destas duas unidades de forças, formando assim uma unidade inteira de energia e emanação para a labuta ou o trabalho ao qual recebem.

E é o arquétipo masculino á representado pelos não Santos de energia e forças espirituais arquetipadas de entendimento masculino e o arquétipo feminino é representado pelos não Santos nomeados espiritualmente como as Senhoras da luz, não a luz que clareia o dia e faz iluminar a escuridão e sim a luz que nasce das trevas, acesa pela robustez de forças do ápice das forças do Criador, aos quais se encontram nos luzeiros das trevas e nos elos de remissão da alma. As Senhoras da luz são a representação das forças de energias das guardiãs femininas que juntam-se e complementam as forças do arquétipo masculino cumpridor das leis denominadas não Santos ou espíritos de lei, onde uma justapõe a outra formando a totalidade de energia no sentido de fortalecimento das energias masculinas e femininas que atuam em determinação do cumprimento das leis divinas, porque assim como se complementam as forças dos encarnados homens e mulheres em terra da mesma maneira se complementam as forças das unidades arquetípicas masculina e feminina em elo espiritual.

Porém, dentre os espíritos não existe sexo ou sexualidade, pois os espíritos não possuem matéria, são essências espirituais, e essências espirituais não possuem sexualidade ou gênero de sexual, apenas representam a força emanada no sentido do arquétipo existente por traz daquela emanação, ou seja, o sentido de forma masculino ou feminino apenas representam o arquétipo de forma do gênero masculino e gênero feminino, onde cada gênero atua com um sentido de forças e determinação de acordo com o seu gênero, em que cada um possui sua competência onde a junção das duas forças é capaz de externar uma forma ainda maior com maior poder de potência, comando e domínio.

Portanto, o conceito do uso de poucas vestes com seios e pele material carnal à mostra e se encaixam ao alto grau de respeito e responsabilidade que estes espíritos não Santos mulheres trazem. São senhoras assim como os não Santos, guardiões, guerreiros e lutadores arquétipos masculinos altamente sabedores das verdades divinas e cumpridoras das leis, que atuam no resgate de essências em morte espiritual e aplicação de correção de justiça.

Mas, não são ou foram estas guardiãs, senhoras da vida, prostitutas e mundanas errantes quando encarnadas, e por isso, merecedoras de títulos vulgares, vestimentas vulgares e posições vulgares, as classificando como atuantes as margens dos não Santos guardiões, e por isso, pouco qualificadas e determinadas a satisfação destes. É certo compreender que assim como os espíritos detentores do título não Santo de leis, as senhoras da luz também os tem por merecimento, doutrina e disciplina, mediante a fidelidade e majestade que possuem perante o Criador, que as julgou, condenou, e após o reconhecimento de todos os danos e erros as ofereceu os mais extremos e dolorosos julgamentos, e após a remissão dos erros e danos por demonstrarem serem disciplinadas honradas e fieis, receberam o título de senhoras da luz ou ainda guardiãs da luz e cumpridoras das leis. Porém devemos ressaltar que sua grande maioria não recebera duros julgamentos, pois não conheceram ou desfrutaram grandes erros e danos em vossas passagens terrenas.

É certo compreender também, que assim como os não Santos de lei, nem todas as histórias e lendas acerca de vossos passados representam o que a crença humana compartilha, muitas vezes as desqualificando e despindo de suas morais e condutas exemplares, devido atividades e ações vivenciadas por elas em anos remotos da qual passaram por terra. Muitas destas senhoras, desempenharam papéis damas da sociedade, sacerdotisas, aconselhadoras e mulheres de muita garra e fé, contradizendo muitas das histórias contadas e replicadas por anos a fio, onde seus papéis foram de mulheres da vida e sofredoras em nome do amor, matando e sendo mortas por seus amores roubados e perdidos. E por isso atuariam no resgate de amores perdidos e mulheres sofredoras em suas paixões terrenas que as tornam vítimas de suas existências terrenas. Essa inverdade é o que desqualifica, desvaloriza e diminui suas determinações aos olhos terrenos as colocando como sendo espíritos mundanos com pouca competência espiritual.

De fato existem histórias de senhoras que recebem o título de não Santo, e foram em seus passados terrenos sofredoras em nome do amor, assim, como existem semelhantes histórias referentes aos guardiões Não Santos de leis. Desta forma, as várias histórias de dor e sofrimento destas senhoras em passagens remotas pela terra, não pode e não deve expor toda legião de guardiãs como sendo errantes e mundanas, pois seria o mesmo que querer julgá-las e condená-las por algo da qual já passaram pelo julgamento e remissão dos erros, criando desta forma um novo julgamento em que o encarnado as condenam mais uma vez como errantes e as julga em mais um julgamento, porém desta vez, as punindo e intitulando como meras mulheres mundanas lhes dando títulos iguais aos títulos terrenos e qualificando como algo da qual não são. Porém, não cabe ao encarnado querer julgar e apontar qualidades da qual não possui ordem superior ou determinação para tal fato ou atividade.

Por isso, o conceito do encarnado trazendo a elas poucas vestimentas, com partes do corpo à mostra exibindo sensualidade e feminilidade nada tem a verdadeira figura destas senhoras que atuam em nome da lei, se encaminhando a submundos de existência de dor e sofrimento para resgate de sofredores de errantes em nome do Criador. Deve o encarnado compreender que poucas vestes não representam a entidade da qual atuam os Não Santos arquétipos femininos pelas leis e sim a vontade do ser encarnado em apresentar-se de forma sensual e erotizada da qual confere suas crenças mundanas e desejo de exposição e jamais de uma entidade de total respeito e disciplina. Deve-se compreender ainda, que apresentações terrenas sensualizada, elevando a beleza do ser encarnado e não o trabalho do espírito perante a sociedade desnuda suas competências e as expõe como sendo errantes em suas determinações espirituais, abrindo precedentes para que sejam julgadas e condenadas por todos que vislumbram exuberância e sensualidade onde não existe.

Devemos compreender como mortais e errantes, que nos cabe o papel da qual recebemos que é passar pelo elo terreno buscando crescer espiritualmente e não o de sermos julgadores daqueles que possuem a verdadeira determinação de nos julgar e corrigir diante de nossas obras e ações terrenas. Se acaso fossemos julgadores, seríamos nós guardiões das leis e doutrina divina e não encarnados cumpridores de missões terrenas como forma de crescimento e elevação espiritual que necessitam dos espíritos de lei para que consigamos caminhar e cumprir com nossas missões.

E compreender que nossa missão nos coloca exatamente no cumprimento de nosso papel de espíritos encarnados e cumpridores de missões e somente aqueles que possuem determinação de julgamento e correção o devem fazer pois assim foi determinado pelo Criador. Por isso possuímos olhos carnais, pensamentos terrenos, e passos fixos em solos mundanos, bem diferentes destes guardiões não Santos de lei e destas senhoras de altíssimo respeito que se dirigem e conhecem lugares aonde jamais iremos enquanto encarnados conhecer, veem ações e atos espirituais e carnais que jamais iremos ver, contemplam fatos que jamais contemplaremos, caminham ao lado de espíritos que talvez jamais caminharemos. Por isso devemos todo o nosso respeito a estes espíritos de luz cumpridores de deveres e guardadores de segredos entre a vida e a morte da qual jamais saberemos enquanto encarnados e talvez nem em essência pura espiritual.

Devemos compreender também que os espíritos são libertos e desprovidos de prazeres e desejos, e que estes são sentimentos carnais, e que espíritos não praticam luxúria e atos depravados, assim como falsas crenças que pregam em favor de verdades criadas para desqualificarem estas entidades que carregam a chave das leis e portas da vida e da morte bem acima do que a capacidade humana tem conhecimento. Por isso, são espíritos de essência feminina de alto respeito e sabedoria acerca do bem e do mal, acerca de todo o conhecimento da terra e da esfera espiritual e merecem todo respeito e formas de tratamento honrosas e dignas assim como são.

Isso nos mostra que as poucas vestes que expões corpos e nudez não pertencem ao mundo dos espíritos, assim como palavras de baixo calão muitas vezes proferidas não pelo espírito e sim pelo encarnado que imaginam que espíritos que desfira e proclamem palavras baixas o torna mais forte e elevado em relação aos demais. É certo compreender que palavras de baixa estima pertencem ao mundo terreno e a maioria dos espíritos quando desencanaram sequer tinham em seus vocabulários certas palavras proferidas nas épocas atuais, por isso, ensinadas pelos homens. E é devido à essa má conduta dos encarnados que os homens as confundem com prostitutas, assassinos, malfeitores e ainda errantes, não terem sido e sim por não conhecem suas histórias ou julgarem a todas pelo conhecimento da história de apenas uma, ou atos insanos de encarnados errantes que deturpam suas existências, presença e significado de vossos nomes e vossas determinações.

De fato existem histórias de mulheres que falharam e foram errantes, porém receberam o direito espiritual de atuam nas linhas de não Santos, porém, assim como todos os desencarnados, foram julgadas e libertas de seus erros antes de adentrarem para as linhas espirituais de atuação. Isso quer dizer que os erros outrora cometidos enquanto encarnadas já não as pertencem mais. Pois isso deve-se deixar as faltas, os erros e os enganos no lugar onde eles devem ficar. No passado.

Quando o homem carnal souber tratá-las com o respeito que merecem serão tratados da mesma forma, e atendidos em suas preces e desejos. Porém jamais pode-se confundir um não Santo arquétipo feminino, com encarnados, tampouco com mulheres mundanas ou prostitutas. Deve-se lembrar que para chegarem ao grau de evolução alcançado para se tornarem não Santo arquétipo feminino, foram julgadas e eximidas de seus erros e faltas, e se encontram em evolução assim como todos os espíritos em outras linhas espirituais, se acaso houve em vossos passados erros e culpas a serem apagados. Um espírito de luz que não possui desejo carnal ou qualquer tipo de sentimento carnal não deve ser tratado como sendo um errante, pois este já passou pelas esferas de purificação da alma. Deve-se todo respeito e gratidão a estas senhoras que aceitaram e trabalham em nossos favores a nos ajudar e orientar no plano terrestre para que achemos caminhos menos turvos e dolorosos.

Imaginar que o trabalho destes espíritos é meramente voltado para casos amorosos é subestimar suas qualificações e poderes. Imaginar que são menos doutrinadas e andam as margens do erro e da falsa conduta é imaginar que o plano espiritual, assim como o plano terreno governado por homens, tratam com diferença espíritos masculinos e femininos ou que a importância de um espírito é definida pelo arquétipo espiritual ou arquétipo terreno que este teve quando encarnado. É preciso saber que não existe sexo ou sexualidade entre os espíritos. Os graus de evolução ocorrem igualmente sem distinção de padrões humanos. Por isso se deve respeitar para ser respeitado em qualquer esfera, seja esta material ou espiritual.

Por isso, atuar com estas entidades se utilizando de poucas vestes, proferindo palavras de baixo calão e comportamento reprovável até mesmo para um encarnado, deve ser eliminado, pois de fato não é este o comportamento de um espírito disciplinado e doutrinado nas leis divinas para atuarem em favor das ordens de correção e julgamento, assim como não deve ser o comportamento de um médium que atua pela sociedade e para a sociedade e seu trabalho é um espelho do bem ou do mal para quem os visitam. Pois este é um ato contraditório no que diz respeito a doutrina e qualificação destes espíritos de luz. Um médium que possui conhecimento e disciplina moral e espiritual deve zelar pelo respeito e referencia espiritual dos guias e espíritos dos quais o conduz.

Pois respeito é a palavra de ordem destes espíritos guardiões. Este tipo de conduta não condiz com o propósito da qual estas entidades femininas desejam e exercem. Deve-se abandonar as velhas crenças, falsas certezas, convicções erradas e abrir os horizontes ao que realmente transmite verdade. Ou seriam os mortais meros repetidores sem crenças e conceitos falhos sem lastro em verdades espirituais? Pois para crer em vossas suas forças, magias e poderes não se fazem necessário representá-los como seres malignos ou indignos, é preciso apenas respeitar vossas autoridades espirituais e qualificá-las como realmente são; não Santos de lei, arquétipo feminino. Porque são estas senhoras portadoras da força da luz que brilha e arde nas trevas, tão fortes, tão grandiosas e tão poderosas, ou seja, perigosas, em forças e fluidezes e direitos de execução, assim como são os de arquétipo masculino.

Devemos compreender as verdadeiras determinações destes espíritos, e abandonarmos as crenças mundanas de intitulá-los daquilo as quais não são, e de deixar de tratá-las com padrões de mera exigência de perfis diabólicos que se abastecem do medo dos outros ou de mulheres da vida, que também se abastecem da dor do outro, ambos em troca de governarem os homens e tirarem aquilo da qual desejam em troca de favores ou resultados que jamais existirão. Pois muitos encarnados desconhecedores de suas missões depositam crenças justamente por desconhecem quem realmente são estes espíritos guardiões e se decepcionam acreditando que são realmente todos errantes e falsários, por isso cabe aos verdadeiros espíritas e médiuns demonstrarem vossas verdadeiras faces.

Não Santos são os espíritos que adentram ao ambiente mais profundo de dor, terror, lamentação e horror da qual um espírito pode adentrar em estado de consciência quando guiado e encaminhado pela sua própria consciência material. Logo o trabalho destes guias é de nos guardarem e nos guiar para que não nos encaminhemos às subsistências espirituais de sofrimento e dor que muitas vezes poder durar para a eternidade.

É certo compreender que o elo terreno possui seus deveres e obrigações, pois toda gloria se faz através de esforço e imolação de si mesmo. O trabalho não é apenas uma fonte de sobrevivência é também uma fonte de energia e elevação espiritual, pois nenhuma atividade é isolada ou individual. Por isso existem várias obrigações materiais e espirituais a serem cumpridas em ambiente terreno para que se construam forças evolutivas nos campos espirituais.

Desta forma se faz necessário se prostrar a hierarquia espiritual de aprendizado espiritual atuando de acordo com as determinações dos ensinamentos trazidos outrora pelos filhos de Deus, para nos apresentar o caminho evolutivo de missão terrena, nos tornando seres mais elevados e sábios e nobres em espíritos. Porém quando os encarnados se enveredam a cometerem o mal em nome de práticas enraizadas pela sociedade da qual vive como forma de sobressair, desejar apenas gozos mundanos, ainda que isso custe à felicidade e o prazer de outros, desta forma trazendo desarmonia, desavenças e desgraças para o ambiente em que vivem. São considerados espíritos desgarrados que se interessam apenas pelo que é falsamente nobre e pode glorificá-los em terra afastando-se cada vez mais de sua essência espiritual com isso aumentando as energias negativas em sua volta e em torno de todos aqueles que convivem.

E para estes filhos falhos e errantes, serão os servos espirituais não Santos, sejam estes arquétipos masculinos ou femininos das diversas falanges de espíritos guardiões em nome da lei celestial quem vos aplicarão das mais leves, as mais extremas correções para que se auto corrijam e a harmonia volte a existir nos campos vibratórios terrenos; e assim, reequilibrarem as energias e restabeleçam a verdadeira fé e as emanações que estão sendo recebidas pelos seres encarnados, porém, alteradas por eles mesmos através de energias maléficas.

Por isso, as vossas determinações vão além de harmonizar as energias no ambiente terreno, são também cumpridores de determinação e resgate daqueles encarnados que não são capazes de se auto restabelecerem em seus erros, se auto julgar e auto eliminarem dos males e danos que produzem e desferem contra outrem. Desta forma, seguem os guerreiros guardiões e resgatam os causadores dor, sofrimento, guerras, fúrias, destruição e ruína para que se restabeleça harmonia no ambiente terra. Pois este elo é de aprendizado e não cabe ao encarnado dotado de crenças e erros mundanos, destruí-lo em nome de suas falsas verdades em razão de conceitos errôneos que não levam a nenhuma evolução ou conhecimento, apenas causa a desgraça e feridas na terra.

Ora, se somente os não Santos de lei são conhecedores e detentores de todas as forças e poderes da qual eliminam o mal e trazem novamente a calmaria, a fé, a esperança e o amor, logo suas missões são de cumprimento de equilíbrio das energias, das forças e da fé no elo terreno. Pois possuem decisão de deixar viver o que tem que viver para plantar e florescer ou levando a morte o que deve morrer para não matar aqueles que devem viver para cumprirem com suas missões. Por isso, confundir os não Santos guardiões com malvados e errantes, é confundi-los com o próprio encarnado errante, que por muitas vezes, esconde-se atrás de sua maldade e alia-se com espíritos usurpadores dos nomes, conhecimento e evolução que possuem os não Santos de lei para fazerem o mal em troca de prazeres e gozos momentâneos causando mal e atrocidade a outros seres humanos da qual deveria se aliar para buscar o progresso.

Então, saibam filhos da terra, que Deus o Criador do mundo entrega a chave de todas as verdades nas mãos de seus anjos guardiões, fiéis guerreiros, também chamados de Não Santos, para que disciplinem e corrijam seus filhos errantes, e estes obedecem a todos os chamados de Deus. E assim como é desejado pelo filho errante assim é aceito pelo Pai celeste e este cumpre com todas as vontades dos encarnados. Pois a proclamação "Seja feita a vossa vontade", não é apenas um pedido, é uma ordem e aos anjos guerreiros cumprem em nome da lei. Por isso, tudo o que o filho que deseja e comete maldade ou atrocidades contra o outro, recebe de volta toda a sua vontade na forma mais dolorosa que pode existir, ou seja, através do retorno de todos os seus desejos e ações desferidas contra os outros seres da qual deveria se juntar para seu progresso próprio; pois assim é feita a vossa vontade.

E por isso também, todo aquele espírito desgarrado que usurpa o nome e as funções de um não Santo de lei, e comete atrocidade em favor daqueles encarnados errantes e destemidos em relação às forças celestes, receberão suas penas em dobro e suas horas serão horas terríveis no escaldo do abismo.

Por isso todas as vezes que pensarem em errar em nome de Deus, usando forças e energias daqueles espíritos desgarrados distantes da luz, trazendo a desordem e a maldade aos campos terreno, saibam que serão todos recebedores de suas próprias vontades e desejos de maldade através dos guardiões da lei, pois assim será cumprida toda a vontade de Deus, sobre todas as vontades de seus filhos. Amém.

CAPÍTULO 9
Atos espirituais e ofertas sagradas a Deus

Primeiro Cordeiro imolado sobre a terra

"E vi na destra do que estava assentado sobre o trono um livro escrito por dentro e por fora, selado com sete selos"... Ninguém no céu, nem na terra, nem debaixo da terra, podia abrir o livro... Não chores; eis que o Leão da tribo de Judá, a raiz de Davi que venceu para abrir o livro e desatar os seus sete selos. E olhei eis que estava no meio do trono... "Um Cordeiro, como havendo sido morto, e tinha sete pontas e sete olhos, que são os sete espíritos de Deus enviados a terra" (Apocalipse 5: 1, 3, 5, 6).

9. Ora, e quem fora o único capaz de abrir o livro e os seus selos, senão aquele que nascido para trazer o livro de Deus a terra de homens? E quem foi o único preparado para a missão espiritual de ser o servo entregue em vossa nobre essência para atar as seladuras e selar os laços espirituais divinais dentre toda a humanidade, e assim o fez; senão o único erguido de sua mais pura e humilde existência para ser em terra árida a existência em forma de Cordeiro pronto para ser pelo vosso Senhor pela força de vossa determinação o servo primeiro imolado? Não o servo sacrificado e sim o servo imolado.

Mas vejam vocês, se não fora o servo primeiro, o instrumento homem de Deus nascido para ser em terra sagrada o próprio missionário apostolar ou o servo Moisés, descido em elo espiritual terreno para ser imolado em nome de vossa missão que era apresentar a terra a disciplina e a doutrina espiritual para que houvesse assim a união entre os povos? porque era ele o leão de todas as tribos ou a raiz de Davi preparado e escolhido dentre todos os outros espíritos que possuíam o mesmo nivelamento espiritual que ele, para cumprir a maior e mais precisa missão espiritual entre os céus e a terra que era a apresentação do Senhor Deus para toda a humanidade, o glorificando e elevado assim como ele mesmo é, foi e sempre será diante de todas as nações, todos os povos e todos os tempos e séculos divinais.

Pois é o único e verdadeiro Deus, ao qual todos devem prostrarem-se, glorificarem-no e conhecê-lo em amor e em verdade para que sejam todos unidos pela única verdade que alimenta os céus e a terra existe, da qual seria esta em terra, feita através da constituição pelo laço espiritual o livro de Deus entre os povos; livro este também chamado de livro da aliança, ao qual os vossos setes selos são os sete Espíritos de grandeza, que constituem a coroa celestial do Criador, ou as sete fonte de luz divinal, que abastecem as fontes menores que não os espíritos sagrados, os Santos, da qual atuava Moisés não somente em comunhão com estes, como também na mesma linha de santificação intercedendo ao Criador e aos Espíritos de vossa corrente ou seladura celestial junto ao seu povos.

Por isso, não se encontrava nem no céu e nem na terra alguém que pudesse abrir o livro e apresentá-lo a toda a humanidade, a não ser aquele que fora determinado, santificado, ungido e abençoado para esta que seria a mais santificada, misericordiosa e nobre missão ao qual um espírito poderia cumprir em nome de vosso Criador. Porque não apenas recebeu determinação para descer em terra e executar a vossa santa ordenação; como deveria este ser assim com todos aqueles que o guiariam até o término desta ordenação em forma de estrela divinal, sendo nobre, santificado, determinado, leal, fiel, obediente, e humilde, pois somente sendo humilde e entregue em amor e em verdade é que ganharia forças e poderes divinais em forma de magias e de mistérios.

Forças estas que somente ele reconheceria e conheceria para utilizar em vosso favor espiritual, porque para que fosse possível a abertura dos selos do código e do livro da aliança, assim como coordenar a preparação de todos os seus povos pela união de todas as tribos para comunhão de todas as línguas e crenças diante do único e verdadeiro Deus, para que a toda a ordenança pudesse ser concluída; porque esta somente poderia celestialmente ser executava sobre o comando e ordenação do Espírito Santo que o havia ordenado e determinação a vossa passagem terrena, se acaso este servo descido a terra de homem o fosse em amor e em verdade o espelho de vossas fontes de luz e de energia espiritual sobre a mesma terra de desnudo andaria.

Por isso, não seria este apenas o servo Apostolar, a Estrela guia das nações, o Guiador, o Aprendiz, aprendiz da perfeição, trabalhador leal e fiel, ou seja o servo iniciado de Deus, assim como o é reconhecido em outros elos divinais das quais a vossa certeza se encontra, mas sim o verdadeiro e primitivo Cordeiro, filho do Criador nascido da determinação nobre de apresentar a vossa santidade ao povo da terra, para unir os povos e disciplinar as nações de forma perpétua para que todos caminhem sobre as mesmas verdades em obediência e em doutrina para sejam que todos os homens não somente obedientes, como também leais e fieis, pois a lealdade assim como a fidelidade nasce a vontade existencial do ser e não da necessidade de se exercer, pois somente assim poderão encontrar os caminhos das terras das suas próprias promessas pessoais e espirituais.

Portanto, é ele o primeiro ser imolado, como foi e como sempre será todo ser espiritualmente terreno nascido da ordenança de ser criado para ser e carregar a sua própria vontade pela vossa própria verdade de ser e exercer as vontades do Criador que lhe concede ser parte espiritual dele mesmo. Porque cordeiro imolado é aquele entregue em nome da sua verdade quando esta o carregar na verdade de Deus pela sua própria verdade espiritual, porque esta deverá ser a mesma e a única do Criador. Pois este, que viverá e morrerá pela sua única verdade, será aquele que preparado espiritualmente estiver para descer ao campo terreno tendo nascido para entregar-se a si mesmo em determinação de imolação em nome do Criador diante das labutas ao qual somente um verdadeiro servo divinal se apresenta em amor e em obediência ao vosso sagrado nome, em forma de Cordeiro.

Isso quer dizer, Moisés, entregou-se em carne material ao espírito para a labuta ao qual embora vos parecesse que a consciência desconhecesse a vossa ordenação, a vossa lealdade e fidelidade em amor e em verdade estavam totalmente entregue ao Senhor Deus, porque fora Ele quem determinou a vossa caminhada em vosso sagrado nome, onde a imolação não é o abatimento da carne em detrimento do cumprimento da missão e sim o próprio cumprimento da determinação pelo compromisso do espírito ao qual o espírito ordenado a entregar-se descerá a terra para executar tudo aquilo ao qual deva cumprir pela ordem de Deus que se faz selada em elo celestial, conforme todos os direitos e deveres que será a este recebido por vossa santidade.

Por isso, fora Moisés, o primeiro Cordeiro, ou seja, aquele que desceu aos campos terrenos, para cumprir a vossa determinação em nome do Senhor Deus, tendo antes mesmo de adentrar ao campo terreno, entregue o vosso espírito e a vossa vida para que esta servisse de instrumento do Criador, para que pudesse perante a vossa lealdade, fidelidade, amor e verdade, servir como o próprio instrumento divinal, em terra de homens. Onde não teria este, qualquer que fosse o desejo ou vontade por si mesmo, a não ser aquela que o próprio Senhor e os vossos servos, os Espíritos que compõe a vossa coroa o ordenasse ao cumprimento desta missão. Porque é o Cordeiro, não aquele que será imolado pela carne material, e sim aquele que entregue esta em verdade e em espírito ao Senhor para que seja a vossa carne, pelo vosso espírito usado como ferramenta e instrumento espiritual, onde a imolação da carne, se acaso haja necessidade de entrega total material pelo cumprimento do dever, seja a consequência da missão pela ordenança da labuta, e não o resultado de missão pela oferta orgânica. Pois não possui a carne selo espiritual, e sim serve como parte do instrumento de terra de onde se faz parte da seladura espiritual para alcançar a verdade e os outros seres da terra em nome da verdade.

Logo não é a imolação da carne a imolação do Cordeiro, pois o Cordeiro é a própria imolação espiritual, ou a entrega total em nome de uma missão espiritual pela verdade que essa carrega, e que por isso trazia esse espírito ao campo terreno, onde os seus próprios direitos, desejos e vontades materiais eram o mesmo que nenhum a não ser cumprir a ordem de vosso Deus perante os deveres espirituais que o vosso espírito deveria em obediência, amor e lealdade, cumprir em honra ao vosso próprio nome e ao vosso Senhor Deus, sendo não apenas o instrumento e sim o instrumento puramente nobre, santificado e verdadeiro.

E assim, fora o servo Moises, a entrega pela verdade, esperança, doutrina, disciplina, coragem, determinação; o instrumento para os caminhos e as chaves que abrem as portas de onde se encontram as verdadeiras palavras de Deus sobre a terra à partir dos mandamentos, ou do livro dos mandamentos do código da aliança, ao qual foram todos selados e envoltos espiritualmente ao Criador com ajuda deste servo entregue a vossa missão pela própria determinação e coragem. Pois Cordeiro é o nome da representação da pureza, da nobreza, da santidade, da castidade do espírito e da liberdade de alma, ou de tudo aquilo ao qual apenas um animal que sobre a terra caminha de forma livre ou liberta apartado de apegos, de vontades, de desejos e de pensamentos mundanos, pelo direito de ser nobre e puro em terras de soberbos e impuros sem que isso o faça ser igualmente como os impuros e impróprios, assim como foi o Aprendiz, pelo direito de nenhum direito de terra carregar.

Porque assim são aqueles que determinações em nome do Senhor recebem vossos deveres celestiais para serem os vossos próprios servos pelo cumprimento das obras divinais em campos materiais, executando a ordenação suprema ao qual encontram-se prontos e preparados para servirem em lealdade e em amor com tudo aquilo que vossas essências carregam dentro de vossas carnes, ainda que estas em verdade não lhes pertençam, porque estas são parte da terra e a terra pertence também ao Criador. Isso quer dizer, que as suas unidades abrigos de vossos espíritos são tão pertencentes ao Ser Supremo quanto os vossos espíritos e as vossas missões, por isso ao Criador também pertence a unidade terrena de cada filho, assim como ele, será desempenhada toda e qualquer empreitada missionária ao qual estiver preparado em solo árido. Por isso ainda que esta lhe traga dores ou não, não pertence ao ser imolado o direito de escolha de vossos passos e caminhos, porque a ordenação não parte daquele espírito que carrega a matéria, e sim do Deus que o ordena ao cumprimento dela sendo esta pela dor ou não.

Portanto não é a dor ou a falta dela o encerramento ou o cumprimento de missão de um servo apostolar em forma de cordeiro, porque esta poderá ser sentida por todo momento da caminhada daquele que entrega-se em espírito ao serviço apostolar em forma de servo ainda que esta dor não o faça sangrar pela carne, uma vez que esta muitas vezes o fará sangrar pela alma.

Porém este que já está entregue em espírito e que não pertence a terra, porque é um cordeiro em nome da ordenação de sua labuta, e é livre dos sentidos materiais, mesmo no momento de vossa maior angustia, ao qual pode ser este momento o instante do rompimento do véu da morte para libertar-se da vida terrena pela vida novamente puramente espiritual, sentida através da dor material se acaso for esta a ordenação de sua missão, porque embora não possua o cordeiro sentidos e sentimentos puramente materiais, possui o dever de conhecê-los, e por isso, sentirá igualmente a dor terrena se esta vier acompanhada pelo sangue da morte ao experimentar a sua própria carne, assim como todo espírito encarnado poderá sentir em algum momento de sua jornada ou ao livrar-se de sua existência material em momentos em que ainda respira pela carne o cheiro da terra.

Logo, poderá ser no auge da transmutação rasgada pela carne em dor ao qual poderá experimentar ou não ao entregar-se em matéria no momento do desligamento desta unidade, quando esta dor será pelo sentido terreno semelhante a dor do corte da seladura de ambas vertentes para quem se liberta pela dor em carne, onde a dor da morte, não é a dor de desfazer-se e sim a dor ao qual sente a carne exposta a todas as formas de sentidos, sentimentos e tentações terrenas, sendo tão somente carne sentindo a vossa essência mais profunda de ser carne, porém não sendo esta dor o precipício da fenda que o fará desligar-se da vida da terra para a vida da morte ou da verdadeira vida.

"*Digno és de tomar o livro, e de abrir os seus selos; porque foste morto e com o teu sangue compraste para Deus homens de toda a tribo, e língua, e povo, e nação. E para o nosso Deus os fizeste reis e sacerdotes; e eles reinarão sobre a terra*" (Apocalipse 5: 9,10)

Mas fora ele quem morreu de sua verdadeira vida que é a vida espiritual em campo divinal para nascer de forma viva em terra de homens e comprar para Deus, ou seja, apresentar ao Senhor outros homens também dignos e verdadeiros, ao qual foram outrora indignos e crentes de deuses, mas que tornaram-se selados e crentes em um único e verdadeiro Deus para serem caminhantes da única e verdadeira luz com o vosso próprio sangue. Mas não o sangue que corre nas veias, o espírito da matéria, e sim a própria matéria; isso quer dizer também, não o sangue sustentação da matéria espírito da carne ou a essência da vida material, e sim da forma de vida material orgânica, forma esta eu não poderia ser caminhante da terra de outra maneira que não através da carne que necessita do sangue para ser viva. Porque somente quem possui carne, poderia adentrar os campo terrenos, vestir-se de homem e caminhar com os demais homens para o cumprimento da labuta espiritual de união de todos os povos e tribos.

Por isso fora ele aquele que embora houvesse uma determinação espiritual celestial de fazer unir os homens da terra para que estes pudessem caminhar por si mesmos, não teria outra forma de fazer unir os homens se acaso não fosse este também nascido homem pela carne material e comungado de todas as dores, sentidos e sentimentos carnais materiais de forma que pudesse compreender todos os seres e com eles aplicar-lhe a vossa doutrina e disciplina ao qual já se prostrava em campo divinal, e assim comprar com o vosso próprio sangue a dignidade, a humildade e crença de cada ser os tornando não somente crentes e obedientes a um único Deus como também os tornassem servos e sacerdotes para que se propagasse e perpetuasse as palavras verdadeiras do Pai celestial, ainda que em terra não mais caminhasse.

Mas não foi a vossa própria disciplina, pela vossa vontade de tirar os homens da escravidão nas terras da opressão e da dor, e sim pela determinação de formar homens, servos sacerdotes seguidores da verdade pelo preço de vossa carne e de vosso sangue, que entregue já havia sido estes mesmo antes de adentrar ao solo terreno, em forma de Cordeiro ao serviço divinal, por meio dos ensinamentos. Caso contrário não adentrariam os Espíritos sagrados em terra de homens, porque estes precisam ser também selados os homens da terra e enlaçados sobre a mesma força e emanação pelo laço da aliança, porque no momento e que não mais estivesse ele entre a carne, labutando através do sangue a verdade do Criador, estariam, aqueles que por ele foram feitos servos através dele, servos, reis e sacerdotes, os próximos guiadores das vossas tribos e das novas gerações de humanidades em direção a mesma e única verdade prostrados aos Santos, aos Anjos, os Espíritos e a o Criador, os amando e os respeitando pela doutrina ao qual foram todos apresentados para serem obedientes e fiéis a disciplina divinal, que é única capaz de alimentar o corpo que sangra e a alma que derrama-se de si mesma.

A disciplina assim como todos os ensinamentos acerca de Deus fora trazida do céu e conduzido à terra para todos os encarnados que nela vive terem conhecimento dos mandamentos aos quais são a vontade e a ordenança do próprio Criador de que esta desça em terra por meio do cordeiro da união. Porque o céu da qual abriga os Santos, os Anjos os não Santos e todos aqueles Espíritos nascidos da luz celeste, abriga também todos aqueles que regem não somente as forças de robustez de forças de Deus para suprirem os encarnados de tudo o que lhes é necessário, como também os espíritos regentes do ápice da força da luz em campo celestial, da qual devem conhecer, respeitar e se prostrar, pois sem eles nenhum caminho poderá ser o caminho que vos levará ao divino Salvador.

E somente um espírito altamente qualificado e preparado poderia servi-lhe de cordeiro através do sangue da vida e do derramamento de si mesmos para unir todos os povos pelo laço espiritual dos mandamentos das leis e da preparação espiritual terrena por meio da feitura de servos e sacerdotes para que cada um conhecendo-se a si mesmos e conhecendo as forças do campo espiritual possam assim como ele entregar-se ao Criador conforme fora este ordenado para que cada época de tempo tenha o seu servo sacerdote prostrado a verdade, atuando pela verdade e sendo o espelho do poder e da justiça trazida por Moisés, o cordeiro sobre a terra que reflete a autoridade da doutrina e os ensinamentos que partem dos céus.

E quem seria o servo digno de exercer tal dignidade entre homens indignos e impuros e impróprios, senão o próprio servos nascido da ordenança de ser a luz dos céus envolta em faces de esperança, amor e dignidade, o filho aprendiz da perfeição?

"E havendo o Cordeiro aberto um dos sete selos, olhei e ouvi um dos quatro animais, que dizia com voz de trovão: Vem e vê... Depois destas coisas olhei, e eis aqui uma multidão, a qual ninguém podia contar, de todas as nações, e tribos, e povos, e línguas, que trajando vestes brancas e com palmas nas mãos; clamavam com grande voz, dizendo: Salvação ao nosso Deus, que estás assentado no trono, e ao Cordeiro. E todos os anjos estavam ao redor do trono, e dos anciões, e dos quatro animais, e prostraram-se diante do trono sobre seus rostos, e adoravam a Deus, dizendo: Amém. Louvor, e glória e sabedoria, e poder, e força, ao nosso Deus, para todo o sempre. Amém"
(Apocalipse 6: 1 e Apocalipse 7: 9,10,11)

Mas cada selo ao qual seria aberto aos olhos do espírito arrebatado João, servo terreno e espiritual do Mestre Jesus, ordenado a adentrar ao Templo de brilhantismo azul para escrever tudo o que lhe fora dado o direito de vislumbrar e conhecer, como forma de testificar todas as obras e seladuras que do campo espiritual adentrou pela ordenança divina para observar por ele mesmo, o que seria cada uma das sete ordenanças espirituais a serem executadas por cada um dos sete Anjos de Deus, até que todas as labutas fossem concluídas, sendo que cada anjo que carregava um instrumento, um servo divinal que atuava com o cordeiro frente a única e mais poderosa ordenança sobre a terra naquela época de tempo, que onde iniciou-se nos caminhos da escravidão e encerrou-se frente as portas da terra da promessa, quando todos entregues em terra estavam assim como o próprio cordeiro perante as ordens do Senhor Deus.

Isso quer dizer, estavam todos unidos em amor e em verdade pela seladura da aliança que sela e fecha todas as energias dos doze sacerdotes formando uma única e nova aliança de poderes e forças indestrutíveis quando estas estão em união e harmonia para início de nova missão espiritual, vislumbrou o servo João, não somente o início e o fim daquelas eras de tempo, como os caminhos que correm até o fim de tudo que se inicia em campo terreno pela hora da hora de cada ordenação santa e sagrada de Deus.

E esta seria pela nova missão o novo caminho pela perpetuação das leis em terra de homens, aos quais foram os doze espíritos preparados sacerdotes e não mais pela regência absoluta dos Espíritos ao qual esteve o Criador as vossas frentes lhes mostrando os caminhos sagrados dele mesmo, sobre o comando de Moisés, o cordeiro do deserto. Portanto para que pudessem ultrapassar as veredas da terra da promessa e caminharem por longos anos em plena felicidade espiritual e não apenas pisarem e andarem com os demais seres na terra prometida, mas sim caminharem diante da face daqueles que ordenados foram para caminharem as suas frentes, em seus lados e em suas retaguardas unindo as forças espirituais com as energias terrenas, formando uma única e poderosa corrente de energia pela verdade de uma única esperança de os fazerem cumprirem as vossas promessas de serem a própria promessa de estarem unidos e fortificados em nome da verdade do Ser Supremo, para serem filhos da verdade, e desfrutarem de anos de alegria.

Mas não somente adentrarem a terra de onde jamais experimentariam a felicidade por serem desonrosos ainda que dentro da terra ao qual conquistaram pela união de vossos esforços e vossas verdade, mas que no momento em que desunidos fossem, perderiam a alegria e a felicidade espiritual para apenas caminharem em terra novas com dores novas e lamentos novos que os fariam terem saudades da época em que sofriam a escravidão de viverem apenas nada. Por isso, se acaso se esquecessem de vosso Deus que os uniu em doze grandes unidades espirituais pela força de doze homens comandando doze distintas tribos, para serem estes doze sacerdotes comprados com o sangue da vida, seriam as suas promessas apagadas do livro da vida onde se apagam tudo o que foi escrito com letras de inverdade.

E fora a labuta onde batalharem os Santos, os não Santos, os Anjos e todos aqueles que ordenados estavam para que saíssem todos das terras da escravidão vitoriosos e vencedores da primeira e mais árdua labuta espiritual, onde todos os espíritos se unirão carregando as vossas forças, instrumentos e poderes e magias para que pudessem serem livres e libertos não pela obras aos quais apresentou Moisés ao faraó, e sim pelas obras divinais apresentada de Moises ao faraó, porque estas obras ou pródigos eram parte da aliança celestial entre o Criador e todas as forças naturais da terra, e que por isso foi através destas forças que todas as forças naturais ordenadas pelos espíritos que as regem labutara em favor das energias espirituais concedendo poderes de magias e de transformação ao servo Moises, para que este pudesse juntar as doze unidades necessárias para a constituição da aliança celestial de poderes e forças terrenas espirituais para caminharem por si mesmas por terras novas cumprindo a promessa de serem não recebedores de elemento árido e sim de energia e forças através da aliança de poderes divinais. Forças estas das quais se não se separassem seriam eternamente nobres, sábios, felizes em terra de homens.

Porque são espirituais as promessas do Criador, porém as promessas proclamadas em terra de homens para serem conhecidas pelos homens, são para os homens serem merecedores do galardão e suas labutas pela misericórdia de Deus sobre as vossas promessas de que sejam merecedores de vossas palavras quando estas forem fielmente obedecidas e atendidas. Mas quando estas forem falsas serão assim como as suas falsidades os indignos seres, recebedores daquilo que escolhem receber.

Mas eram aqueles espíritos que assentados sobre seus cavalos carregavam antes mesmo da batalha terrena a coroa da vitória e o cálice que retiraria a paz da terra, não pela retirada da gloria de Deus e sim quando retiravam-se de junto da fluidez de forças e energias quebrando a corrente espiritual da qual estavam todos os seres, ou seja os espíritos e os encarnados firmados, fazendo com que esta ação levassem os homens da terra matarem-se uns aos outros pela grande espada que é a força das forças de vossos próprios sentidos terrenos, pela balança que pesa o peso do juízo a ser aplicado sobre todos os povos e todas as nações; onde a morte diante das portas do inferno sobre aqueles que aplicam os vossos próprios juízos aos seus pares, não é somente o julgador como também o próprio executor dos desejos de justiça pela força da espada que eles mesmos carregam, porque há todos os dias um grande julgamento sobre todos os que injustos aplicam a justiça a si mesmos e aos filhos de Deus, assim como todos os dias há justiça divina sobre todos aqueles que acreditam possuir o direito de aplicarem as vossas justiças sobre os filhos de Deus.

Mas fora chegado o grande dia em que todos louvariam e glorificariam a Deus e aos vossos servos pelo grande majestoso feito. A obra divina de serem todos libertos da garras do faraó para conquistarem o direito de serem libertos de vossas escravidões. E eram estes que caminhavam em direção a liberdade aqueles da qual não podiam ser contados em número, porque era grande o número de pessoas que caminhavam por sobre o mar. E todos davam graças e saldavam e louvavam o Senhor Deus pelo vosso poder sobre toda a terra e toda a humanidade, e com eles os vossos servos e servas que os haviam retirado das planícies do Egito. Porque cada anjo que tocou a vossa trombeta, festejou e saldou com palmas, ou seja, que utilizou o vosso poder de forças sobre todas as forças da terra para anunciar ao feito do Senhor Deus junto aos povos, para o cumprimento da missão divinal de libertação dos homens das garras da escravidão do Egito, aos quais não era a servidão a maior escravidão e sim os joelhos prostrados em favor dos deuses de nada, da qual foram libertos juntamente com aqueles que determinados foram pela consagração do Senhor, para que sejam e atuem pelo vosso poder e vosso nome, pela verdade que cada um carrega.

Por isso, cada selo espiritual é uma seladura entre os Espíritos sagrados e vossas fontes de energias e de poder entre os campos celestiais, aos quais descem estas energias aos elos terrenos unindo os céus e a terra, aos quais não podem ser abertos ou labutados sozinhos, sem que exista a união espiritual entre as duas vertentes sagradas, ou entre as energias santificadas sagradas celestiais e as energias santificadas que fluem em campo terreno sobre os espíritos encarnados, porque o selo que une os campos espirituais com os campos materiais; são parte do pacto espiritual, que funde todos os espíritos que campo em terreno se encontram, com os sete espíritos das sete fontes de energia e de luz, que sobre a terra descarregam as vossas forças nutrindo os espíritos encarnados deles mesmos. Portanto nenhum ser caminha sem que seja através dos poderes de forças e derramamento do outro pela força da união de todos os seres.

A doutrina disciplinar será sempre doce ao seu cumprimento em direção a terra do leite e do mel e amargo, sem direção e caminhos incertos pelo lado das inverdades ou verdades próprias. Porque toda doutrina espiritual seguida conforme a ordenação dos mandamentos será sem sofrimento, sem dores ou angustias. Caso contrário, sentirão o amargo de suas palavras, por conhecê-las e já tê-las consumido, porém não tê-las praticado por considerar vossas próprias verdades mais próprias do que as leis divinais de quem o criou para seguir as vossas leis.

Então vos digo, meus irmãos, aprendeis e praticais os ensinamentos de vosso Aprendiz, assim como de vosso Mestre, pois estes serão doces como o mel para aqueles que saborearem de seus ensinamentos sagrados do Senhor, porém será amargo como o fel para aqueles que desrespeitarem, desobedecerem ou não praticam as boas obras ensinadas pelas escritas com a marca do sangue que faz viva até hoje na vida na terra. Porque neste está o filho de Deus e o livro ao qual apresenta ao mundo. Por isso comam e bebam de seus ensinamentos pela doutrina e disciplina espiritual, porque assim como o dia possui dois polos, a espada dois cortes o livro dois lados, possui a justiça dois mandamentos aos quais são as leis de Deus duas nobres e puras faces; aquela que se faz doce e aquela que se faz amarga para que o doce seja ainda mais apreciado quando este também chegar.

Mas é o livro transportado pelo anjo que possui pés abrasados em fogo ao qual é ingerido por João, a doutrina disciplinar que traz a verdade celestial, que é a revelação conduzida a toda a humanidade. Porque os pés de coluna de fogo deste anjo mensageiro é a sustentação da doutrina, pronta para pisar em solo terreno e comandar através das forças naturais tudo que a ela for determinado. Pois a terra onde o anjo pós seus pés, ou seja, a terra de onde todos os seres mortais caminham, é observada e vigiada por anjos dotados de poderes e força em detrimento da verdade. Logo, as verdades próprias daqueles que cometem atrocidades a própria humanidade serão combatidas com ardor do calor do fogo no amargor em suas entranhas. Portanto é prudente que cada um observe e vigie seus próprios passos antes que a disciplina divina dos anjos e dos não Santos o faça.

"E deu à luz um filho homem que há de reger todas as nações com vara de ferro; e o seu filho foi arrebatado para Deus e para o seu trono" (Apocalipse 11: 5).

A HISTÓRIA DIVINA DA HUMANIDADE

Mas o Cristo, ou seja, o filho nascido para comandar as nações com mãos de ferro e unir as doze tribos ou as doze nações e todos os povos da terra pela mesma verdade ao qual é o Senhor Deus a única e verdadeira salvação, na terra onde fora codificado em campo terreno através dos homens que o deram a vida e o nome de Moises, para que seja sempre o servo Aprendiz da perfeição ao qual será eternamente o servo primeiro, o Cristo ou filho missionário pelo vosso sagrado nome. Porque Cristo é o nome celestial não codificado em campo terreno ao qual recebe aquele que determinado aos campos terrenos a cumprir uma missão espiritual com honras e glorias, perante a ordenança ao qual descera a terra e jamais falharia, porque fora descido com todos os anjos divinais e mentores espirituais para que a vossa determinação fosse cumprida conforme determinado.

Portanto, era este o filho escolhido e determinado para o cumprimento da missão celestial de ser o servo em forma de cordeiro, o primeiro cordeiro imolado, não pelo sangue e sim pela determinação de exercer a vossa liderança sobre todas as nações ao qual fora escolhido antes de ser em terra um homem. Isso quer dizer, antes do início de vossa maior e mais esplendorosa missão em campo terreno, ao qual poderia um ser honrosamente receber em vossa trajetória espiritual. E fora este arrebatado, não para que dormisse em braços santíssimos, mas para que diante do trono do Senhor recebesse do Criador a sua própria ordenação e missão estando ele já em carne que finda, da qual havia sido entregue e selada antes mesmo de descer aos campos terrenos. Por isso fora o momento do arrebatamento, onde não apenas o recebimento das ordenações de construção do templo aos quais vossos pés vestido em matéria pisaram, mas sim a ordenança de tudo aquilo ao qual fora ele selado e santificado para cumprir em terra, sendo ele o cordeiro ou o servo espiritual conhecedor e entregue em amor e em verdade a vossa própria obrigação.

Por isso, apenas este que era o único capaz de abrir os selos era também o único capaz de unir e governar todas as nações e todas as tribos das quais foram os seres espíritos encarnados também escolhidos para serem os filhos da terra e caminharem os caminhos em busca da paz, pela união e verdade de cada um. Porque este que carregaria a vara de ferro, carregava também a vara da doutrina e da disciplina em que a todos seriam apresentados, porque sem esta, nem mesmo de vossas dores e tormentos poderiam se libertar tampouco adentrar a patamares espirituais mais elevados e nobres apara alcançarem postos mais santificados, e assim alcançarem as vossas também promessas.

Mas se somente um homem seria capaz de abrir o livro e nos apresentar a verdade divina e este precisaria ser altamente evoluído, mestre doutrinário honrado nas leis do Criador, e assim era o vosso também amado filho, filho único digno de abrir o livro escrito por dentro e por fora selado com sete selos de Deus.

Porque para abrir os sete selos espirituais que são os sete espíritos sagrados é necessário que seja este, tão espiritual e conhecedor dos espíritos divinais divinos, assim como conhecedor dos sete selos dos sete espíritos que o guardam e o protegem, através das chaves das seladuras dos segredos ao qual o próprio livro possui, onde apenas os Santos ou não Santos e os Espíritos sagrados possuem. Mas era Moises, selado e assentado a mesma linha de santificação ou linha de atuação de santo aos quais os próprios Santos o eram, para que pudessem comungar e labutar a mesma labuta pela mesma ordenança do cumprimento desta que não seria apenas uma missão espiritual e sim uma determinação nas quais, os espíritos celestiais, os Santos e os não Santos, uniam-se em uma única verdade para o cumprimento dela, porque ao que aos céus é determinado, o cumprimento da gloria e honra, é a seladura da missão em nome de Deus.

Ou seja, é o servo Aprendiz, o primeiro cordeiro de Deus, descido ao campo terreno para apresentar o Senhor a todas as nações, o vosso poder, a vossa verdade e a vossa luz, pois foi ele selado na mesma seladura espiritual de onde atuam os Santos ou os espíritos santificados que detém as forças das fontes de energia espiritual que são jorradas sobre a terra para o crescimento e desenvolvimento do espírito em campo terreno. E assim estava o servo Moisés, assentado pela mesma linha espiritual de atuação, para que pudesse unir as duas vertentes espirituais pelas forças das duas unidades de forças divinais que caminham em cada campo espiritual, as forças de fluidez celestial e as forças de fluidez terrena, ou os céus e a terra. Pois somente assim poderia ele apresentar a toda a humanidade de maneira perpétua diante de todos os séculos espirituais terreno, as palavras do Senhor através do livro dos mandamentos ao qual fora escrito no dia que antecedeu a seladura do pacto espiritual, ao qual das tabuas dos mandamentos, é o assentamento do próprio livro escrito por dentro e por fora.

Porque se acaso não tivessem os filhos da terra discernimento, ciência e conhecimento e evolução suficientemente bons para naquela época em relação ao vosso próprio tempo, não compreenderiam todos os esforços do servo, dos Santos e do Criador, e nada do que fora apresentado seria pelo homem compreendido como sendo sagrado e derramado pelo próprio Criador e não fariam verdades as palavras pelas promessas de Deus, por meio das promessas do servo, o primeiro cordeiro, por isso sequer teria o servo os deixados as portas da terra da promessa. Por isso, já estava ele assentado a mesma linha ao qual se assentam ou se encontram os Santos, as fontes de energias espirituais determinadas a auxiliarem os povos evoluírem em vossas existências e alcançarem através do poder da ciência, do conhecimento, da frutificação, do autoconhecimento, da disciplina, da caridade a terra da promessa de cada um por meio de vossas próprias evoluções. Porque assim era Moisés, caminhante de terras áridas no deserto para encaminhar cada filho nascido do nada as suas próprias evoluções espirituais.

"E ouvi uma grande voz do céus que dizia: Agora é chegada a salvação, e a força, e o reino de nosso Deus, e o poder do seu Cristo; porque já o acusador de nossos irmãos é derrubado, o qual diante do nosso Deus os acusava de dia e de noite" (Apocalipse 12: 10)

Mas é aquele que recebe o nome de Cristo, espírito altamente elevado perante aos campos espirituais, por isso fora aquele que nasceu, viveu e morreu com a sua verdade pela verdade dos espíritos e do Criador, frente a vossa determinação, sem falhas, erros ou enganos, o instrumento servindo de cordeiro divinal, atuando como servo terreno pela honra e gloria do Senhor Deus que o glorificou e honrou a vossa determinação e em vosso espírito confiou a mais pura e nobre determinação ao qual um espírito poderia receber, que é falar, labutar e atuar em vosso nome sendo leal e fiel, ainda que a vossa carne sofra as consequências mundanas diante daqueles que nada sabem.

E fora o servo espiritual instrumento divinal, Moises, Moisés o Cristo, ou seja, Moisés em campo terreno, porém o Cristo em elo espiritual, isso quer dizer, o crente, aquele que não se dobra ou se entrega perante as verdades da terra em troca de prazeres mundanos pela sua própria verdade. Porque é o cristo o que crê verdadeiramente em vossa missão, vossa determinação e em vosso Deus, fazendo cumprir todas as vossas ordenanças e determinação sobre a vossa cabeça, eximindo-se de vossos direitos ou vossas vontades em nome daquele que vos concedeu o direito à vida pelo dever de ser em vosso sagrado nome o vosso instrumento. Por isso, era Moisés o Cristo, ou o crente, devoto e filho do Senhor pela crença, pela lealdade pela devoção e pela obediência frente ao amor e lealdade que trazia em vosso peito pela vossa própria verdade.

E assim é e sempre será Moisés, também o Cristo, o crente divinal. O verdadeiro em nome de vossa crença, em nome de Deus reconhecidamente em elos celestiais. Mas não o Cristo ao qual fora Jesus, o filho único iluminado pela vossa própria luz, determinado para que também descesse a terra para pregar, propagar e mostrar o verdadeiro sentido da palavra Cristo, através do amor, da compaixão, da união, da humildade, da esperança, da misericórdia e da caridade da qual carrega dentro de sua existência ao qual receberá também o nome Cristo; mas sim o Cristo, pela crença e pela verdade ao qual também Jesus, o servo de Deus, ordenado e determinado em ordem sagrada carregou e entregou aos seus ao descer a terra deles mesmos. (Senhor das Sete Cruzes)

Mas não o Cristo por si mesmo, ou vontade própria ou querer daqueles que o queiram adorar e sim porque é o Criador o governante de todas as forças e poderes e espíritos e os conduz para serem os vossos servos para labutarem na condução da harmonia em todas as esferas onde cada um destes espíritos possui uma incumbência distinta, assim como uma determinação de acordo com a sua missão recebendo para isso intensidade de poderes e forças e mistérios. Onde também cada denominação de espírito incumbido de missão celestial é advinda de um determinado campo de doutrina, disciplina, fluidez e forças e atua conforme a vossa própria denominação em determinados campos de acordo com o seu próprio nivelamento e trajetória existencial e de essência, sendo revelado ao campo de onde atuará em nome do Criador pela importância espiritual da qual o vosso nome divinal carrega.

Logo, todos os servos de Deus são doutrinados e disciplinados nas leis divinais e por isso trabalham todos de acordo com suas existências e determinações espirituais em nome do poder maior que é o Ser Supremo, regente de todas as forças e poderes. Por isso o Aprendiz, o primeiro cordeiro, missionário de Deus, nascido da determinação divina de ser quem em verdade o era, trouxe e apresentou de forma viva a doutrina divina por meio dos ensinamentos que aplicou sobre a humanidade. Ensinamentos estes que são o caminho da qual devem todos obedecer e caminhar para que cheguem mais próximos as suas próprias promessas.

Então após demonstrar-nos a doutrina se recolheu de forma ao qual o próprio Criador o determinou as portas da terra da promessa, não que não fosse digno de adentrar a terra prometida e sim porque a vossa missão havia se encerrado no momento em que havia unido todos os povos em vosso sagrado nome, pois fora ele ordenado a unir os povos e prepará-los espiritualmente para caminharem na terra da promessa, e não adentrar junto ao seu povo a terra da promessa, pois este já era santificado, abençoado, puro e nobre. Portanto não seria este o vosso galardão pelo cumprimento de vossa missão, e sim o galardão daqueles que conseguiram vencer as vossas próprias crenças, pesares, dores e angustias e adentrarem pelas portas da frente às portas das promessas.

Mas seu lugar junto ao trono de onde se encontra os outros sete menores tronos localizado a direita do Pai celestial, dentro do santuário divino, também conhecido como Templos Azuis de onde é regido e governado pela única força de poderes celestiais sobre a terra, ao qual o próprio Criador, assim ordena que eternamente seja; trono este que assenta o Cristo, não o primeiro e sim todo o ser espiritual nascido com a ordem e a determinação de ser Cristo, o Crente pela ordenança de Deus, e o será diante do trono erguido pela esperança, pela lealdade, pela fidelidade, pelo amor e pela obediência ao vosso Deus.

Pois este não é o trono de Deus, mas sim o trono que adentrou junto ao vosso regente aos campos terrenos e ainda adentra através das lições e mandamentos trazidos pelo servo Moisés, para o conhecimento da doutrina e início da jornada em direção ao pai Celestial, para que pudesse haver a extinção das energias e ações negativas em favor do equilíbrio de todas as crenças e vontades mundanas causadoras de desvio doutrinários e disciplinares em nome das forças terrenas. Aos quais serão estas regidas com mãos de ferro por daqueles que tomam conta em juízo de todos os que não praticam a doutrina da qual desceu o primeiro Cristo a terra de homens para nos mostrar a vossa também luz, luz esta que e por todos lavou o mal com seu próprio sangue no deserto por quarenta anos, pelo sangue que jorrou de vossa alma, mas poucos puderam ver; porque assim como não caminhavam as vossas dores, também não as conheciam. E por isso também não o reconheceram como o primeiro Cristo.

Sacrifício de festividade

"Em seguida Jetro, sogro de Moisés, ofereceu a Deus um sacrifício. Aarão e todos os anciões de Israel vieram ter com o sogro de Moisés para tomar parte no banquete em presença de Deus" (Êxodo 18: 12)

9.1 Mas ofereceu Jetro, sogro de Moisés o sacrifício ao seu povo e não ao Criador, pois embora tenha este reunido aos homens da terra para festejar o que havia Deus feito por todos eles através de Moisés, ou o que havia Moisés feito pelo seu povo por determinação de Deus, não era aquela oferta carnal algo que tenha sido ordenado pelo Criador para que em vosso nome o fosse oferecido e consumado. Pois fora este, um sacrifício oferecido pelo homem ao homem, e por isso, não era parte de nenhum ato sagrado em nome de vossa santidade, o Senhor Deus, uma vez que este não ocorreu por força de um ato espiritual de vida pela vida tampouco de purificação ou qualquer outra demanda espiritual determinada. Mas sim uma comemoração terrena a Moisés, pelo seu grande feito em nome do Criador ao qual o homem oferecia dele a ele mesmo.

Isso quer dizer que não fora o sacrifício um sacrifício espiritual, e sim o sacrifício pela ação ou o desejo carnal de sacrificar ou tirar a vida do animal por vossa própria vontade ou necessidade frente a um desejo de terra, porque esta não teve uma ordenança espiritual vinda por uma determinação sagrada ou que ocorresse para que um ato espiritual de santificação ou purificação ou qualquer outra ordenança que possa ser espiritualmente realizada para um momento divinal frente a uma oferta aos Espíritos ou ao Criador para que pudesse ser espiritualmente consumado.

Logo, o ato de abater um animal para que este seja parte de uma festa carnal entre os homens de uma congregação espírita ou fora dela, sem que esta seja parte de um ritual espiritual sagrado de determinação divina, nada mais é do que uma ação material do próprio encarnado para com ele mesmo. Desta forma, não poderá esta ação carnal de retirada de vida animal para alimento da carne, ser justificado como ato espiritual para nenhum tipo de ritual sagrado, a não ser pela própria justificativa de integrar ou unir os povos por meio de festa, podendo esta ser religiosa ou não, pois esta que é uma vontade do homem, não é um ato espiritual.

Porque a ação de tirar a vida animal para alimento ainda que seja em nome de uma festa da qual reúnem todos os membros de uma congregação, jamais será espiritualmente considerada como sendo parte sagrada ou consagrada espiritualmente determinada pelos Santos pelos não Santos ou pelos Espíritos, se acaso esta não tiver sido ordenado pelo Espírito Santo ou os vossos Espíritos para um momento de sacralização através de imolação para o derramamento santo com ordenança deles mesmos. Pois até mesmo os Espíritos que atuam através de imolação animal para angariar energias em ato sagrado, necessitam de uma determinação Santa e suprema para que as vossas ordenanças se façam necessárias e se façam verdadeiras.

Isso porque o abate de um ser animal para alimento ao qual pode ocorrer para festividade e união de povos, não faz parte de ritual espiritual para troca de energia e de vida, porque este ato desordenado e sem a suprema autorização divina não criará uma fonte de energia sagrada aos quais os Espíritos precisam para atuarem por meio desta para angariarem forças e fluidezes por meio destes que entregam-se em vida para aqueles que precisam de suas forças e de suas de energias, tampouco labutarão os espíritos em nome aqueles que suplicam as vossas ajudas, uma vez que não houve o pedido de ajuda, a necessidade de criação de uma fonte de energia ou a ordenança de que de fato isso ocorra.

Por isso, o ato de imolar, pois a imolação faz parte de um ato religioso e sagrado, apenas deve ser feito se de fato houver uma determinação junto a uma autorização divinal de que um ser seja imolado em nome de outro ou outros pela necessidade verdadeira de purificação e troca de vida, não a vida carnal e sim a vida espiritual pela fluidez de energia para receber aquele que súplica, mais forças e energias puras e límpidas em detrimento daquele que deixa a sua própria vida e vai para a casa de Deus. E sendo a retirada da vida animal sem a intenção sagrada e santa, esta não será jamais considerada uma imolação espiritual e sim a retirada de uma vida animal para consumo da carne o que espiritualmente não é considerado ato de sacrifício e sim ação natural do campo material, ao qual assim fora determinado pelo Criador. Portanto a ação de abater um ser animal por desejo e vontade do homem para alimento da carne nada tem a ver com ato sagrado e religioso de ordenança divina, ainda que isto ocorra para fartar a mesa de uma congregação.

Isso porque, não é o momento sagrado de imolação pertencente a nenhuma festividade de onde a carne será pela carne alimentada pelo desejo de festejar ou agradecer qualquer ato espiritual que tenha sido realizado pelo Senhor Deus ou os vossos Espíritos, sejam estes quais forem, ou seja, não pertence aos Santos ou os não Santos nenhuma forma de imolação para que festejem da carne se acaso isso não vos tenha sido ordenado. Desta forma qualquer festa espiritual ou santa terrena preparada em homenagem ao Criador ou aos Santos ou aos não Santos que não tenha sido por Eles ordenada a de imolação animal, jamais terá sido um único animal imolado ou espécie alguma de carne que se possa alimentar a fome, em vossos nomes e sim em nome do próprio homem que comete dano a outro ser espiritual em nome dele mesmo, justificando ser ato espiritual sagrado, porém este é apenas uma vontade material de auto proclamação de poder sobre os outros seres da terra.

Pois não é a carne, seja esta humana ou animal, o caminho para a alegria e festividade de vossas unidades enquanto outra unidade perde a vossa própria vida ou o direito de ter a sua vida pela força do direito ao qual possui outro ser em imolar e tirar a vida de outro, para festejar e comemorar a vida, uma vez que o Criador representa a vida, e é pela vida que forma outra vida e vos concede o direito de festejar as vossas próprias vidas. Por isso, imolar outra vida para comemorar o Criador que é a própria vida e a maior força de vida que cede a vida e vos concede serem vivos jamais poderá ser ato espiritual sagrado em Nome Daquele que é a própria vida.

Por isso, não é esta ação de simples desejo terreno um ato espiritual, pois qualquer festa religiosa em nome do Criador ao qual Ele mesmo ordena, jamais imolará outra vida pelo simples fato de matar, ou cercear o direito de uma vida caminhar a sua própria missão para perder a vida para que outras comemorem as vossas vitórias através da vida que ele recebeu divinamente, pois seria esta além de um ato irresponsável um ato de derrota e não de vitória a ser comemorada, pois a ação de tirar a vida de outra vida sem ordenança espiritual, jamais poderá ser comemorada, porque nisso também se aplicará a justiça dos não Santos, ainda que à referida e enganosa festa com a carne inocente em vossos sagrados nomes.

Logo o ato de sacrificar um animal para uma homenagem ou festividade de terra ou do homem para o homem, em nome seja do Santo, do não Santo ou do Criador, não é e jamais será ato espiritual sagrado pela utilização da carne, porque não é este, um ato espiritual de ordenança divina, e sim ato terreno da carne para a própria carne.

Pois embora tenha sido o sacrifício oferecido por Jetro em homenagem ao feito de Moisés, em nome do Criador, não havia sido pelo Criador ordenado. Naquela época não existia outra maneira de prestar homenagem fosse para Deus, fosse para os Espíritos ou para os encarnados, a não ser preparar um banquete em vossas homenagens, pois esta era uma forma natural de festividade e as vossas maiores honras eram prestadas por meio do sacrifício animal, pois toda criação servia-lhes também de alimento carnal. Por isso o ato de imolar um animal para o alimento não era considerado ato espiritual sagrado ou de ordenança divina, e sim ação terrena de nutrir-se da carne para saciar a fome dos homens em banquete terreno. E ainda que da mesma maneira tenha ocorrido para homenagear Moisés, pois a homenagem era a festividade em forma de banquete e não o ato de imolação, pois esta poderia ser realizada sem a carne, se soubessem os homens da terra reunirem-se em volta da mesa para festejar e alimentarem-se de outra forma de nutrição que não fosse pela carne. E se soubessem, de fato o teriam feito.

Desta forma o sacrifício animal, ao qual fora executado para festejar em nome do filho Aprendiz a ordenança de Senhor Deus, não fora um o ato espiritual em gloria ao Senhor Deus, porque o abatimento de um animal não é e jamais será considerado ato espiritual sagrado em festividade, porque não é esta uma ação espiritual e sim uma ação terrena de obra material e não espiritual. Por isso, considerado ato carnal do homem para com outros homens em nome dele mesmo.

Mas embora coma o homem da carne na festa religiosa, ao qual é a festa religiosa com a consumação da carne o último ato espiritual dentro de uma ação religiosa e espiritual de troca de vida pela vida ou toda e qualquer ação religiosa de um ato espiritual ordenado pelos Espíritos onde haja um ser animal imolado em sacrifício pela ordenança e autorização do próprio Criador que concedeu ao ser animal existir dentre os seres da terra; um ato de festividade não pela carne e sim pela união dos homens da terra.

Porque dentro da ação terrena dos seres encarnados de unir pessoas seja por qual motivo for, gera esta ação a criação espiritual de uma fonte de energia vibracional e fluidez com todas as energias emanando todos os desejos e vontades de todos daqueles que unidos estão em torno desta única fonte de fluidez pela mesma vontade de estarem juntos. Logo, o ato de unir pessoas de uma mesma congregação com o mesmo sentido espiritual de troca de vida pela vida pelo mesmo sentido espiritual de angariar energia e forças espirituais através da união de todas as forças que serão recebidas do ser imolado em vossos nomes, onde esta ação cria uma fonte de energia espiritual dotada de fluidezes e dons nobres e puros aos quais poderão todos recebem esta fluidez em seus favores; onde esta mesma fonte não se encerra no momento em que a imolação fora apresentada em suplica pela vida partida, pois esta ação criara um campo vibracional que será fechado somente no momento em que todos unidos estiverem em torno da última ação que é a consumação da carne em ato de festividade.

Porque esta fonte vibracional de energia somente se findará após todos os homens que ali estiveram presentes em prol da mesma intenção utilizando-se da mesma fluidez com o mesmo objetivo de receberem energias e vibrações novas, saciarem-se da carne. Não que o alimento da carne será para eles o ganho de nova vida e sim porque é a carne a parte sagrada material de onde a seladura de todas as forças e energia em torno do banquete apresentado a terra pela união de todos os presentes pela vontade de estarem todos juntos, será a chave que fechara a fenda aberta em vossos nomes por aquele que entregou-se por suas suplicas. Porque é o banquete a forma de união em que todos os povos reúnem-se pelo mesmo objetivo de alegrarem-se pelos feitos e obras construídas em seus nomes em terra de homens, ao qual este direito é concedido pelos espíritos de que assim o seja. E assim é o ato de unirem-se a mesa para alegrarem uns com os outros pelas vossas presenças. Por isso é o momento de festividade a hora em que todas as energias e vibrações poderão ser recebidas pelo mesmo objetivo diante da comunidade na mesma mesa que os unem e os tornam uma única energia e fluidez de forças.

Não que a troca de energia através do ato espiritual de vida pela vida ocorrerá somente no momento da festividade, porém até mesmo aqueles da qual não estiverem participando do assentamento de fluidez de energia pela troca de vida, poderão neste exato momento onde as energias são compartilhadas entre todos receberem os seus galardões de estarem participando de tal ato e momento espiritual. Pois é o ato de unir pessoas em torno de uma festividade um ato espiritual também sagrado para utilização da energia de uma fonte criada pela ordenança dos espíritos com a sagrada autorização do Senhor Deus derramando-se em energia a todos os presentes ao qual o ato sagrado de sacrifício de um ser animal para unir forças fora executado.

E esta fonte os faz receberem tudo aquilo ao qual eles mesmos não possuem espiritualmente porque parte dos dons e pureza do animal. Por isso, todos receberão uma parcela de igual fluidez e energia e emanação ao qual a fonte criada agora possui, aumentando assim, o poder de fluidez e de energia e de forças de cada membro da assembleia ao qual participa do ato em festividade em união de todos os seres.

Por isso embora comam da carne na festa religiosa, ordenada pelos espíritos codificados em terra de homens como os não Santos, o animal jamais deverá ser imolado em seus nomes para alegrarem-se em banquetes terrenos nomeados de festa religiosa, sem que seja a imolação o preparo da vida para o momento sacro espiritual de fonte de energia de vida, porque antes de comer a carne pelo simples fato de terem abatido um animal, deve-se existir um motivo espiritual para o ato sagrado de imolar e apresentar em sacrifício.

Porque estes, os espíritos não Santos não são quem cometem ou induzem os seres encarnados a cometerem assassinatos em vossos nomes assumindo as suas próprias culpas, pois nesta ação desrespeitosa de cerceamento de vida de outros seres, encontra-se também a justiça dos Espíritos, não Santos, e não a ordenança de assassinato para culpa deles mesmos, para que sejam julgados por eles próprios. Pois são estes os cumpridores das leis divinas do acordo dos mandamentos sagrados de Deus, pelos caminhos da justiça na terra para se chegar aos Santos e ao Criador. Logo as vossas justiças aplicam-se as injustiças verdadeiras, e não a justiça que os encarnados criaram para aliviarem as suas culpas de cometerem ações desrespeitosas em nome dos espíritos não Santos e direcionar suas responsabilidades aos próprios Espíritos que os julgarão por suas falhas.

Portanto, ainda que se tenha imolado um animal para um ato espiritual sagrado de troca de vida pela vida, e a carne seja, após o ato espiritual concluído, abençoada e vigorada pelos Espíritos não Santos que ali estiveram executando a determinação divina de ato espiritual de troca de vida pela vida, e esta carne for consumida após o ato consagrado onde toda a congregação deverá participar entregando-se juntamente com aquele que oferta-se em corpo e espírito para receber a vossa benção e purificação, onde apenas para este ato espiritual sagrado existe uma determinação espiritual para a imolação e oferta do animal, deverão sim, todos os integrantes da congregação espiritual religiosa que participaram do ato espiritual sagrado alimentarem da carne ofertada e imolada, por meio da grande festividade em união de todas as forças pela junção de todas as energias de todos os congregantes, gerando assim, uma fonte única de energia e fluidez de emanação de todos os que participaram do momento sagrado de entrega de vida para angariam energia da fonte de energia criada à partir de todas as unidades carnais que do ato estiveram presentes.

Pois sendo o ato espiritual sagrado, de troca de vida pela vida, ato realizado com toda a congregação presente, onde cada um deverá ofertar-se também em amor e em verdade perante aqueles que atuam em vossos favores sobre vossas unidades, pela determinação e direito espiritual celestial que vos concedem serem o que são e executarem as obras sagradas ordenadas e determinadas em vossos próprios nomes, deverão estes presentes servir-se da carne, pois esta deverá ser consumida em festividade religiosa após o ato espiritual sagrado de troca de vida pela vida, pois além de ser um ato espiritual a ser consumado perante toda a congregação espírita constituída sobre as leis e as verdades do Criador atuando com os vossos servos e servas os Espíritos, é este um momento terreno de maior grandiosidade espiritual para uma congregação e seus rebanhos, filhos da terra ou filhos daquela congregação um ato espiritual a ser comemorado, pois um espírito encarnado cumpre com a vossa ordenança de ofertar-se em ato religioso ao Criador e os Espíritos que atuam naquela ordenança cumprem com as vossas determinações espirituais de prepararem um encarnado para o vosso caminho espiritual lhes dando as vossas bênçãos e vossas purificações através da troca de unidade espiritual de essência divinal para que este possa cumprir com a sua missão terrena.

Logo, a festividade em comemoração após o ato espiritual sagrado poderá sim ser executada em nome da ação espiritual que ali se encontra, consumando da carne, alimento material da vida. Porém jamais poderá ser realizada festividade em nome do Santo, do não Santo ou do Criador imolando um animal, simplesmente pelo desejo e vontade do encarnado sem que seja por ordenança de sentido espiritual e religioso; pois será este considerado assassinato da carne pela carne e não por ordenança do Criador, pois este não determina que seus filhos tirem o direito à vida de um animal sem a vossa ordenança ou com o consentimento de vossos servos e servas, os Espíritos que atuam em vosso nome pelo vosso nome.

Porque se acaso vidas animais estiverem sendo podadas do direito à vida conforme ordena o Senhor, para alimentar a fome, não podendo esta ação ser executada em festa religiosa com ou sem uma ordenação suprema espiritual, será esta ação considerada uma ação terrena de caminhada material, sem que haja penalidades por infrações espirituais. Porém se o animal imolado o for em nome do próprio homem ou de sua vaidade, utilizando o nome de Deus e de vossos servos e Espíritos sagrados, os Espíritos para mostrar superioridade aos outros animais, que assim como ele não merecem o respeito pelo direito à vida, será este considerado como infração espiritual e terão os envolvidos no ato terreno de homem para outro homem cometido assassinato, e serão punidos espiritualmente pela força das forças que conduzem a vida pelo direito à vida ao qual todos os animais que em campo terreno estão possuem.

Sendo assim, jamais será obra espiritual o ato de imolar, sem ordenança espiritual divina de troca de vida pela vida, e sim ato carnal do homem para com o outro homem em nome dele mesmo, para alimentar-se de vossa arrogância de se sentir maior e mais poderoso que os demais animais e que o próprio Deus que vos ordena serem espiritual e material carnal em campo sagrado chamado terra, o concede ser.

Por isso, embora tenha o homem oferecido ao Criador um holocausto e imolação animal, entende-se que esta era a única forma encontrada para reunir os demais homens carnais e agradecer ao Senhor Deus pelo ato sagrado espiritual ao qual Ele mesmo havia feito para os homens da terra, uma vez que não se encontrava outra forma de agradecer a não ser a única forma existente naquela época, que era unindo a todos em congregação, para que juntos a mesa posta pudessem fartarem-se do que espiritualmente Deus os havia concedido que era a liberdade espiritual e material os libertando da escravidão. Por isso, ofereceu-se uma festa em homenagem e agradecimento pela única forma terrena ao qual existia e que juntava todos os homens, que era imolando um animal para que em banquete se fartassem e festejassem a gloria do Senhor, não que isso seja ato espiritual sagrado e ordenado, e sim pela vontade do homem em homenagear Deus, o Criador, pela maneira terra ao qual conheciam bem, juntando outros homens para alegrarem-se da vitória espiritual do Senhor em vosso favor sobre as nações.

Então, não era o animal apenas um servo a ser imolado em nome de vossa santidade para a festividade, pois o ato de sacrificar não tem nenhuma relação espiritual com os Espíritos, pois sacrifício é tirar a vida de outro ser pela força do âmbito material e não espiritual, pois sacrificar-se apenas é o ato de podar ao direito a vida de outro ser igualmente espiritual do que aquele que imola sem sentido ou ordenança espiritual. Pois o animal imolado em ato espiritual é o animal divinamente determinado e ordenado para que tal ato seja consumado e pelas forças divinas consagrado em nome de outro ser, ao qual o direito de ambos cumprirem as vossas missões serão preservados e concluídos.

Porque nenhum sacrifício é sacrifício sagrado sem que seja pela ordenação sagrada que o faz pertencer ao campo divinal pelo ato de cercear o direito à vida de outro ser. Porém a imolação em nome da fome, em nome da preservação da própria espécie aos quais os animais vivem as vossas caminhadas, em nome do desbravador frio ou preservação de vossos pares ou manadas é apenas o caminho para que a vida possa ser vivida, e por isso é considerado espiritualmente como ação terrena de caminhada material ou animal, onde o animal assim como o ser encarnado por mais que possua a sua própria missão espiritual, sua missão cumpre também a missão de comungar com o ser espiritual homem auxiliando para que este cumpra com a vossa missão; por isso caminham e comungar juntos da missão espiritual um do outro, servindo e auxiliando um ao outro em vossas caminhadas.

Sacrifício pacífico e sacrifício pelos pecados

"*E disse a Aarão: Toma um bezerro em sacrifício pelo pecado, e também um carneiro para o holocausto, ambos sem defeito, e oferece-os ao Senhor*" (Levítico 9:3)

9.2 Mas o ato de sacrificar não é um ato de entrega de algo de valor material em troca de outro algo de maior valor material, pois o nome disso é troca material e não sacrifício. Mas também não é o sacrifício o ato de entregar algo de valor em detrimento de outro algo de valor, acreditando que se desfazer de algo terreno que lhe custe valor terreno seja sacrificar de si mesmo para ter recompensa em troca, pois o nome disso também é troca e não sacrifício.

Porque sacrifício ou sacrificar é a entrega ou entregar a oferta da abnegação de algo que lhe faça parte espiritual por outro algo que lhe possa ser também espiritual, sem que isso lhe seja o resultado entre de si mesmo de forma material, ou seja, de algo que lhe pertença na vida terrena ou que irá lhe fazer falta ou trazer privação de maneira material vivida, ou sem a necessidade de que aquilo ao qual será em promessa recebido através da oferta entregue, lhe possa servir mais ou de forma melhor após o sacrifício de se desfazer de algo que lhe pertence em campo material. Porque o presente espiritual que será recebido em detrimento da oferta oferecida pelo Criador, nada terá a ver com bens materiais ou bens de uso ou consumo terreno por aquele que oferta-se a Deus, e sim em relação as demandas e necessidades espirituais pela suplica de angariar bons frutos através da entrega de si mesmo ou daquilo que fora ofertado.

Mas é o Criador o Ser Supremo regente de todas as forças, todas as energias espirituais, todos os elos e potestades santas e sagradas e por isso todos os seres espirituais encarnados para cumprimento de vossas missões terrenas, isso quer dizer que é a divindade regente único de todos os seres e energias existentes neste campo chamado terra e fora dele. Logo, tudo o que pertence ao campo terreno, pertence a vossa santa e sagrada força celestial, e tudo o que lhe é ordenado que seja retirado deste campo terreno que a Ele mesmo pertence, ao qual recebe o nome de sacrifício, não é para o campo terreno um sacrifício, ou seja, não está o campo terreno se desfazendo de algo que em verdade não lhe pertence em detrimento de outro algo que lhe possa pertencer; e sim retirando do meio dos seus, aquilo que ainda assim lhe pareça pertencer não é seu, para que o Senhor lhe possa conceder a benção espiritual através de tudo que lhe pertencer para lhe socorrer em vossas suplicas.

Porque não é a retirada de algo da qual encontra-se em campo material, o desfazer-se daquilo ao qual lhe pertence, e sim o entregar ao Criador aquilo ao qual ele mesmo possui para que novas forças e energias lhes possam ser entregues em detrimento daquilo ao qual se entrega em vossos nomes, porém ainda não lhes pertence, porque nem mesmo as vossas unidades espirituais lhes são suas e sim do próprio Criador, assim como tudo aquilo ao qual possa ele mesmo vos solicitar do desprendimento terreno.

Por isso o ato de ofertar e entregar ao Senhor aquilo que por instante lhes fazem acreditar possuírem, ou que lhes façam parte da caminhada terrena, é apenas ato de devolver para o próprio Senhor para que Ele lhes possa conceder no lugar daquele que é entregue, outras forças e energias que assim como aquele que ofertado será, também lhes possam ser bom e lhes possam ajudar conquistar outras formas de conquistar novos poderes e forças para que caminhem em paz e felicidade.

Mas o fato que determina e ordena que toda e qualquer oferta animal deva ser em idade mediana e sem defeitos, se relaciona com a razão da idade mediana do ser ofertado, porque espiritualmente é esta a idade em que as forças e energias e fluidezes estão em maior vibração, pois não passou o ser a ser ofertado por grandes turbulências de traumas para a sua própria lapidação espiritual, tendo toda a sua energia e vibração conservada e ainda imaculada do campo terreno, isso porque deseja Senhor conceder não somente as bênçãos através do ser imolado como também devolver o que de melhor e mais puro através da troca de vida aos vossos filhos de terra, caso contrário não faria sentido a troca de vida através do ser animal, fonte de pureza, candura e castidade se acaso este já estivesse impróprio ou não tivesse tudo o que necessário e os vossos filhos.

Portanto toda oferta de sacrifício através do ser animal é oferta ao Criador conforme a determinação e ordenança Dele mesmo ou de vossos servos espirituais não santos, com a vossa permissão de que possa celestialmente abençoar e consagrar a troca de energia ou qualquer que seja a ordem superior divina que faça necessária a entrega do ser animal. Porque não é o Criador e vossos servos, os espíritos não Santos, meros trocadores de bens, sejam estes materiais aos quais acreditam certos seres encarnados desprovidos de verdade, sejam estes espirituais, pois a promessa da entrega daquilo ao qual o encarnado necessita somente será verdadeira após este entregar-se em verdade pelo objeto do desprendimento para que se tenha o direito pelo merecimento não somente de receber como também de manter-se diante daquilo ao qual ele em entrega suplica receber.

Porque se acaso fossem os Espíritos e o Criador meros doadores do que necessitam os seres encarnados pela troca de bens materiais, não seria o Criador, o Todo poderoso Deus e sim um ser tão material quanto qualquer outro ser que labuta a vossa existência pelo escambo de receber e oferecer coisas, ainda que estas não lhes sejam necessárias e uteis as vossas existências.

Mas é o Senhor Deus é grandioso em demasia para ser somente um mero entregador de bens e vontades aos quais os encarnados vos pede sem que isso lhes sejam bom ou necessário em vossas caminhadas. Portanto ainda que o ser encarnado entregue ao Criador ou aos vossos servos, os espíritos não Santos, uma grandiosa e bela oferta animal, imolada a preço de arrogância terrena, esperando receber a troca daquilo que lhes convém, sem que este ato sagrado espiritual lhe tenha sido ordenado e determinado espiritualmente, acreditando que a sua espontaneidade será o suficiente para receber aquilo ao qual deseja, porém ainda não é merecedor.

Não somente não irá receber aquilo da qual suplica, como também não irá receber nada além de correção pelo ato irresponsável de retirar uma vida, assim como também será espiritualmente exposto a justiça divina pelo ato de assassinado de uma vida espiritual pertencente ao Criador que lhe concedeu o direito de estar dentre os demais seres da terra, inclusive daquele que o poda o direito de viver, por acreditar que a sua vida é mais valiosa do que a vida de um ser animal, mais puro e mais nobre que este mesmo que comete grave falta para com Deus e para com os espíritos.

Por isso, saibam filhos, que é e sempre será o Criador quem irá conceder o direito de lhe conceder aquilo ao qual o ser encarnado necessita, e não o próprio ser encarnado que acha saber aquilo da qual ele mesmo necessita, pois se acaso fosse, não estariam estes em posição de espíritos encarnados. Pois o fato de entregar ofertas não significa receber tudo aquilo da qual precisa, porque neste caso pode a entrega de oferta desnecessária, a porta de entrada para receber tudo aquilo da qual nem acredita precisar, porém merece devido a vossa arrogância e prepotência diante de Deus e de vossos espíritos e filhos, acreditando saberem mais e serem mais elevados do que os próprios seres que os ordenam o que daquilo em que realmente necessitam em vossas caminhadas.

Mas é o Criador a fonte de bondade e de misericórdia que concede a todos os seus filhos que em verdade lhe suplicam dons e bens espirituais para que possam progredir em vossas labutas e caminharem os caminhos bons para alcançarem as vossas promessas espirituais. Por isso, somente a ordenança divina poderá aceitar uma oferta ou uma oferta poderá ser estendida a vossa santidade para a vossa aceitação, pois é o Criador quem concederá o direito dos homens da terra de lhes entregar o que a Ele mesmo pertence; e por isso somente através de vossa ordenança é que irá receber o que ele mesmo possui em vossos nomes.

E esta oferta pacífica gerará a vossa consideração e a vossa caridade à este ser que se suplica a vossa caridade, por ser merecedor de vosso favor, será também merecedor de receber as vossas graças e bênçãos divinais para obter aquilo ao qual deseja. Não porque acredita que de fato necessita e sim porque de fato fará bom uso, e assim será este filho um servo leal e fiel as vossas determinações, construindo boas obras para si mesmo e para vossos pares com tudo aquilo ao qual o próprio Senhor Deus lhe concede através de vossos servos os espíritos que lhe entregarem as suas ofertas.

Portanto não é o sacrifício algo ao qual se deve ofertar esperando outro algo em seu lugar, e sim algo que se deva ofertar por ter sido pelos espíritos servos do Criador determinado conforme a ordenança e autorização espiritual de que é este o momento ao qual deve-se fornecer aquilo ao qual o Criador espera para lhes conceder pela vossa ordem suprema e não a ordenança daquele que deseja ofertar apenas para receber algo maior em troca, porque nem todo sacrifício será recompensado com algo maior em troca e sim com aquilo que honestamente e espiritualmente lhe cabe para que sejam as vossas passagens concluídas de forma digna e misericordiosa a própria missão espiritual dos filhos que necessitam de ajuda espiritual, ainda que tenha o Criador que sacrificar os vossos espíritos encarnados em favor daqueles que suplicam, possuem condição espiritual e desejam em verdade alcançarem patamares mais elevados e espirituais. Por isso a confiança do Senhor Deus é aplicada para retirar aquele que cumpriria a vossa própria missão espiritual terrena, o ser animal, para que seja este entregue em lugar daqueles ao qual possui o Criador esperança de serem seres confiantes nas forças Dele mesmo e de vossos servos Espíritos.

Assim, toda oferta deve ser para o motivo divino, por isso nenhuma oferta ou imolação deve ser sem que esta determinação parta de uma ordem para um propósito espiritual divinal, jamais por intenção ou vontade de agradar ao Espíritos ou ao Criador sem que lhes tenham sido pedido, porque Deus e aos espíritos não se agradam com qualquer que seja a oferta, ainda que sejam os mais belos animais e tenham as mais bonitas apresentações, porque as vossas apresentações poderão servir apenas para os olhos carnais e não espirituais. Porque Deus é o Senhor de todos os espíritos e todos os caminhos de todos os encarnados, logo não se agrada com ofertas vindas daquilo ao qual ele reprova, pelo direito concedido por Ele mesmo de caminhar e existir em campo terreno tudo aquilo e todo aquele que ele mesmo ordena caminhar e existir.

Porque a oferta de Deus ao campo terreno são os próprios espíritos encarnados que neste campo vivem dotados de dons, sabedoria, ciência, caridade, compaixão e discernimento até as vossas ordens supremas de que retornem as vossas casas celestiais, e nenhum ser espírito encarnado tem o direito de determinar o dia, a hora e o momento ao qual outro ser, seja este pela justificativa de oferta sagrada ou não, será regressos as vossas moradas celestiais pela vontade de desejarem serem melhores, porém agirem piores do que imaginam ser. (Senhor Sete Encruzilhadas)

"*Dirás aos israelitas: Tomai um bode, em sacrifício pelo pecado, um bezerro e um cordeiro de um ano sem defeito, para o holocausto*" (Levítico 9: 3)

Mas se sacrificar é retirar por ordenança do Criador o que pertence a Ele mesmo, por ordenança Dele mesmo; sacrificar pelo pecado é retirar do campo terreno o que pertence a Ele mesmo para acabar ou exterminar com toda energia e fluidez espiritual que existe e que esteja contaminado pela energia e fluidez negativa jorrada pelos próprios seres encarnados, que não apenas comungam delas como emanam mais energias danosas a si mesmos e aos vossos pares.

E toda eliminação destas energias e fluidezes, era feita apenas através do sacrifício da oferta animal ou daquilo da qual em campo terreno existe e participa ou esta diretamente recebendo e se utilizando das mesmas vibrações e energias e forças aos quais os homens jorram sobre eles e sobre todas as coisas, onde o sacrifício do animal ou algo que parta do próprio campo de onde vibram estas energias e fazia parte deste ambiente, ou o animal ou a oferta pelo ser espiritual que levaria junto a vossa partida espiritual para outra unidade espiritual as energias e forças negativas equilibrando assim, cada ser que comungava do ato sagrado espiritual de sacrifício pelo pecado. Onde as vossas suplicas seriam atendidas e retiradas de vossas cabeças pelos danos, falhas e iniquidades cometidas até aquele momento de oferta expiatória.

Isso porque quando se retira todas as energias negativas através de um ser que comungava das mesmas energias e vibrações, porque a este campo também pertencia, retirava-se parte daquilo que fluía de maneira negativa aos que dele se faziam união, uma vez que o animal a ser ofertado participava do número de animais de quem ofertava, ou seja, era de sua posse, por isso, junto a sua oferta era eliminado ou descarregado todas as energias negativas nascidas e alimentadas das falhas e erros e danos através do sacrifício de sua posse ou de algo ao qual o campo terreno possuía por ordem divina, eliminando por meio do animal o que a ele mesmo é danoso em terra.

Isso quer dizer, cabe somente ao Criador e aos vossos espíritos e não aos seres que acreditam serem merecedores, eliminarem as vossas energias e emanações negativas pelas falhas e culpas nascidas e crescidas deles mesmos. Porque somente o Criador lhes pode ser o juiz que irá julgar as suas causas, culpas, danos e falhas, por isso somente Ele será quem vos sacrificará no dia, na hora e no instante o ser ao qual for ordenado ao ser animal nascido para o sacrifício sagrado e espiritual pelas vossas culpas.

E nestes dias são convocados os vossos mais leais e fiéis servos, os espíritos nascidos das trevas e do abismo para unirem-se em única força espiritual de energias e forças e executarem a obra de eliminação de fluidezes e energias, sem que isso lhes seja dito ou confiado, para que não sejam os vossos filhos terrenos crentes de que ainda são superiores aos vossos irmãos ou aos seres animais que comungam das mesmas energias e fluidezes aos quais precisa o Criador exterminar, por meio de vossos Espíritos antes que elas os exterminem.

Mas não que o sacrifício pelas vossas culpas lhes libertarão de vossas faltas cometidas, porém vos libertarão do próprio campo terreno onde as vossas energias e fluidezes negativas que assolam a sua paz, podem destruir ainda mais com as vossas existências, lhes fazendo mais danos por meio do desequilíbrio em que já caminham, lhes impossibilitado de unirem-se para crescerem e caminharem os caminhos bons em busca de vossas próprias promessas.

Por isso a qualquer oferta que seja através da carne, sem que isso lhe seja ordenado, ou que não seja para saciar a fome, será considerado espiritualmente o mesmo que assassinato, porque não são os espíritos da leis ou o Senhor que se agradam de ofertas vindas da carne de inocentes e sim os seres encarnados que atuam de maneira irresponsável se auto proclamando superiores aos demais seres da terra, para mostrarem os poderes e forças da qual não possuem, utilizando os nomes dos espíritos de lei, ou seja, aqueles que vos aplicaram as vossas rígidas e severas leis se acaso falharem em vossos nomes pelas vossas próprias culpas.

Portanto não é o sacrifício pacífico em nome da troca de vida pela vida ou troca de unidade espiritual de fluidez de emanação celestiais plenas ou o sacrifício pelo pecado ou pela eliminação de fluidezes de energias negativas atos sagrados e espirituais que devem ocorrer em momento de festividade ou celebração terrena diante das assembleias espirituais sem ordenação ou por vontade próprio do seres que dirigem e governam seus povos em verdade em direção aos caminhos da paz e do Criador acreditando que o sangue dos seus sirvam para alimentar ou saciar a vontade de trazer a paz daqueles que apenas das palavras santas de Deus necessitam para trazem a vossa paz.

Porque as forças e energias que estes espíritos carregam e utilizam não nascem da energia material, onde o sangue representado como a vida da própria matéria é a força de vida que vos mantém vivos como matéria orgânica, porque não são estes seres espirituais, os espíritos não Santos ou Anjos da trevas abastecidos de elemento orgânico, tampouco da força que fazem as forças da terra terem vida material. E sim força espiritual, onde a carne sequer existe ou necessita para que precisem existir. Isso quer dizer, que estes espíritos nascidos do cume da luz do abismo ou das trevas não se utilizam nem da carne tampouco do sangue e sim das energias próprias ao qual os seres encarnados nascidos pelo sangue que vos abastecem a matéria e vos circulam a vida orgânica também necessitam para viverem e sobreviverem.

    E ainda que em vossos sagrados e ordenados rituais pela troca de vida ou pela remissão das culpas em solo terreno se utilizem do sangue da vida da material, não é este utilizado em vossos favores ou pelas vossas unidades uma vez que não são espíritos encarnados ou se fazem viver pelo sangue alheio, esta é apenas uma forma de apresentação da força da vida do que há ou havia vida e ainda deverá ser vivo em campo terreno, apresentando as energias celestiais que selarão o ato ou pacto de força pela unidade trazida através do sangue ou pelas forças do sangue de quem possui vida com aqueles que vida não mais possui, e não pela necessidade de fazerem-se fortes por meio daquilo que sequer precisam para serem o que de fato o farão ser. Espíritos, infinitamente superiores e elevados aos seres que da terra ainda necessitam do sangue para serem vivos e cumprirem com vossas missões e ordenanças.

O bode mensageiro da morte

"Tomará os dois bodes e os colocará diante do Senhor, à entrada da tenda de reunião. Aarão lançará sorte sobre os dois bodes, uma para o Senhor, e outra para o bode mensageiro. Oferecerá o bode sobre o qual caiu a sorte para o Senhor e o oferecerá em sacrifício de expiação pelo pecado. E o bode da qual cair a sorte para ser o bode mensageiro deverá ser apresentado vivo perante a face do Senhor Deus, para se fazer a expiação através dele e para enviá-lo ao deserto como o bode mensageiro. (Levítico 16: 7-10)

    9.3 Mas devido o campo terreno erguido sobre o abismo ser constituído de duas vertentes, a vertente espiritual e a vertente terrena, ou a vertente terrena que também é abastecida pela unidade celestial espiritual que torna até mesmo as coisas materiais em espirituais, porém para serem vividas de maneira orgânica, biológica ou carnal, isso quer dizer assim como ele mesmo é, material e ainda assim espiritual. É este campo a unidade de forças que se faz unidade espiritual através da única e verdadeira força espiritual capaz de abastecer e tornar viva uma esfera por força da emanações de luz, única real em sentido de vida. Logo não poderia a unidade terrena existir se acaso não existisse a unidade celestial divinal lhe concedendo forças e energias, organizando o caos, porque estas forças e energias são o que formam o campo terreno, pois a sua sobrevivência depende das forças espirituais celestiais límpidas e puras de fluidez de ordem de luz e de repouso. Logo o campo terreno não é por si só uma unidade de poderes e forças, e sim uma unidade que se faz viva e inteira através do jorramento para a união de forças e energias das forças celestiais que aqui estão para uni-lo e vivificá-lo.

Porque é o cume do abismo, feito em energia densa que ajuntada em um único ponto, ainda vive e possui vida devido as energias que lhes são próprias e da terra ainda são jorradas, não de si mesmo, mas sim das próprias vontades dos espíritos encarnados que aqui se encontram, porque encontra-se no mesmo campo de onde as energias boas e más fluem naturalmente e por isso, as energias negativas são naturalmente jorradas e trasbordam pelos seres espirituais que no campo do abismo que nascem e caminham em vossas jornadas de missão terrena. Pois é o campo terreno o campo do próprio abismo de onde o fosso escuro de energias densas e danosas formadas pelo derramamento de forças negativas vive por não ter sido dele retirado o direito de ser vivo e ser ele próprio consumindo-se de energias da qual ele mesmo em seu recôndito possui.

E encaminha o Criador tudo o que lhe é próprio para que lhe sirva de propriedade e não sejam estas forças descarregadas em nenhuma oura esfera ou elo espiritual, a não ser aquele que a ele mesmo pertence. Ou seja, o que é do campo do abismo a ele retorna ou dela não sai em direção a outros campos para que sejam os outros campos espirituais devastados e sujos com as energias que somente ao campo terreno pertencem, e que por isso ele mesmo deverá sugar.

Por isso, as mesmas energias retiradas dos seres encarnados através do sacrifício de expiação pelos pecados ou sacrifício pelos pecados ao qual retira-se em imolação o animal a ser ofertado ou imola-se o animal para estas energias negativas que estão sobre suas cabeças sejam sobre o campo das trevas derramada, e estas energias sejam exterminadas e destruídas juntamente com a energia que carrega o espírito do ser sacrificado e imolado que as levará para junto da morte.

Mas não somente isso, pois serão também destruídas as energias e vibrações negativas que estiverem circulando em vossos lugares ou no perímetro de espaço de onde vivem ou de onde habitam os seres. Isso quer dizer que será também descarregado o território de onde habitam os seres que antes da oferta imolada estavam desajustados e desequilibrados em energias, emanações e forças de fluidez, pois assim como eles mesmos, os vossos lugares ou perímetro de espaço de vivência encontra-se vibrando forças negativas e por isso deverão também receber a purificação espiritual para reajuste de poderes e vibrações e forças.

Por isso, serão derramadas estas energias e forças negativas sobre o campo do abismo, mas não para descarregar os seres espirituais encarnados, pois estes serão descarregados através das energias derramadas sobre o sacrifício imolado diante do Senhor pela vossa ordenança e enviado espiritualmente pela imolação nos campos das trevas onde o fogo será o juízo da morte e o findar destas energias, e sim através do bode mensageiro que será o ser expiatório que levará consigo tudo o que é negativo e danoso retirado da unidade terrena de onde habitam os seres.

Portanto toda e qualquer oferta ao Criador ao qual a intenção seja destruir e apagar as forças e energias negativas e danosas dos espíritos encarnados, da mesma maneira serão enviadas ofertas para semelhante sacrifício que se encarregarão de transportar as mesmas energias não dos seres encarnados e sim do ambiente terreno, para que da mesma forma sejam utilizadas para expiação das forças que ali se encontram, porque o que ao campo do abismo pertence, ele mesmo se encarrega de destruir ou eliminar; pois é dele toda a força que flui negativamente saídas de suas próprias entranhas, outrora transbordantes negativamente de desordem e de caos, onde a desordem é a forma de ordem do campo de onde a falta de luz é a ordem da negatividade que possui.

Mas é o bode mensageiro, ou o sacrifício vivo aquele que carrega todas as energias e vibrações contidas através das falhas e erros não impregnadas nos homens que as fazem, mas sim impregnadas no ambiente de onde vivem, pois é o ambiente de onde o ser encarnado vive a atmosfera da forças espirituais que carrega, transporta e transfere as energias vivas recebidas para todas as vidas a serem vividas através das vibração e emanação que circulam nele ressoando as energias que carrega sobre aqueles que nele vivem. Por isso, o bode mensageiro carregará consigo tudo o que lhe é compatível ou que vibra em similar ressonância ao abismo, e levará até onde se encontra o Anjos do abismo, ou seja, o Anjo regente de todas as energias e vibrações negativas pois estas de fato lhes pertencem.

Porque sendo os espíritos encarnados habitantes dos campos do abismo, de onde o fosso negro e inabitável do caos é a vossa real e única constituição, ainda que seja este, regozijado ao Criador não flua ou emane nada que não seja por ordenança do Senhor, tudo o que produzirem os seres espirituais encarnados de forma negativa que possa ressoar e transmitir fluidezes opostas as fluidezes celestiais neste mesmo campo espiritual, deverão ser jorradas ou entregues ao vosso inatingível e inesgotável buraco negro de poderes e forças negras quando estas forem compatíveis com as energias existentes no cume da cavidade espiritual de fluidez de negrura e caos. Porque é este o buraco negro espiritual de sentido e emanação negativa que não jorra ou emana, mas existe no próprio abismo de onde habitam os seres que jorram energias compatíveis, justamente para que estas forças tão poderosas quanto as forças e vibrações positivas puras e nobres, para que estas forças negativas possam encontrar os vossos lugares de sentido negativo e não seja o campo terreno consumido pelas forças e poderes contraproducentes derramadas por ele mesmo.

Mas não é no deserto que encontra-se o fosso das energias negras, e sim em lugar isoladamente espiritual de onde os olhos carnais jamais poderão vislumbrar, as mãos jamais poderão tocar ou os sentidos jamais poderão sentir, porque é este buraco negro pertencente a camada mais extrema da terra ao qual as vibrações jorram e se derramam de maneira espiritual e não material. E ainda que fora o bode mensageiro portador das emanações, forças e vibrações negativas recolhidas da superfície da terra para o sacrifício da expiação destas energias, encaminhado para o deserto, era o deserto o lugar isolado dos olhos carnais e não a casa daquele que rege e governa todas as energias negras, Anjo do abismo, pois a vossa casa não se encontra em solo árido terreno, e sim em ambiente recoberto de segredos e de mistérios espirituais apenas vibrando sobre a superfície.

E este espírito, recoberto dos segredos e mistérios negros de si mesmo, é o único possuidor do direito pela ordem de receber tudo o que negativamente nasce ou parte do campo terreno que lhe pertence ou lhe é favorável pelo direito celestial que coube de que nada em vosso campo negro seria alterado ou extraído. Portanto tudo o que é negativo produzido pelos seres encarnados lhe é parte, e a ele será entregue.

Por isso, todas as energias enviadas através do sacrifício do pecado imolado, de onde todas as energias serão retiradas e encaminhadas aos campos espirituais das trevas para serem excluídas e exterminadas de vossas cabeças, serão igualmente carregadas pelo bode portador das forças negativas ou bode mensageiro do abismo para que receba o Anjo do abismo, ou aquele que rege e governas as energias outrora da desordem e do caos, ao qual o próprio caos são as forças emanadas e jorradas dos seres encarnados, para que estas sejam por ele mesmo guardadas em vossa imensa cova de energia e fluidez, ao qual outrora fora a energia e fluidez da desordem de onde a ordem se fez ordenada para que o campo terreno pudesse ser habitável, porém as vossas forças preservadas ainda fluem em sela espiritual de onde nem mesmo aos cantos do mundo as revelam para que eternamente fluam de maneira misteriosa e secreta de todos os que do elo do abismo se misturam e se trasbordam, jamais as possam conhecer ou com elas comungar.

Ora, se não é o Anjo do abismo aquele que recebe e guarda dentro de si mesmo, em seu vasto buraco ou profunda cova, tudo o que lhe pertence, porque tudo que lhe pertence, lhe pertence ao gigantesco recôncavo ou a própria cova da morte ou cova do abismo de onde tudo o que lhe é favorável lhe é recolhido e guardado ou por ele mesmo engolido ou exterminado por suas entranhas, mas não exterminado da possibilidade de existir e sim exterminado por ele mesmo dentro a vasta desordem interna que recebe e guarda tudo o que lhe é próprio, assim como as energias negativas, vindas as fontes do abismo antes da proclamação de que fosse a terra ajuntada em suas similaridades para que formasse o campo terreno habitável, ou de onde as energias negativas, negras e densas circulavam e formavam a pureza do nada e do caos onde o caos não era a desordem e sim a ordem dos danos e do desajuste e da decomposição ou degradação e de tudo o que lhe possa ser ruim e ainda assim é lhe ser favorável e próprio de si mesmo.

E são estas energias transportadas através dos animais que lhes serviram de mensageiro expiatório, onde o sacrifício entregue vivo, ou seja, caminhante da forma ao qual é o próprio caos, vivo dentro dele mesmo, para que receba as energias de maneira espiritual e não material. Porque não precisa o Anjo do abismo, utilizar-se de imolação para alcançar ou recolher o que lhe pertence pela oferta imolada, uma vez que encontram-se no mesmo campo espiritual de onde a negatividade está sendo a ele ofertada. Isso quer dizer, que não é necessário a imolação do animal, pois já está o animal no mesmo campo espiritual de onde o fosso do abismo se encontra, na terra.

Logo não se faz necessário penetrá-lo através da entrega do ser morto para retirar deste a energia que lhes são favoráveis, porque estas já fluem na mesma frequência e sintonia de vibração espiritual dentro do mesma atmosfera, não sendo necessário tirar a vida do ser emissário para o recebimento do que fora o animal levar. Por isso também, não decidira o Anjo do abismo à partir daquele momento a vida do animal, o mesmo será devolvido à sua vida material para que cumpra a vossa missão da maneia ao qual fora pelo Criador escrita, pois ali finaliza a vossa labuta espiritual em nome de Deus e em nome daqueles que o oferecem em vossos lugares pelas vossas purificações terrenas.

Mas vejam vocês, se não é o próprio Criador quem ordena que de tempos em tempos que as energias negras circulantes nas faces do abismo sejam recolhidas dos campos terrenos, para que esta força destruidora não lhes causem danos e iniquidades ao campo terreno e as vossas próprias unidades, lhes impedindo de dar continuidade as vossas missões de aprendizagem e lapidação de seus espíritos.

Por isso, eu os pergunto filhos: acreditam mesmo que seriam os filhos da terra os detentores de poderes e forças manipuladoras de energias espirituais negativas e negras em vossos favores sem que isso lhes fosse perigoso ou ameaçador as vossas próprias existências espirituais? Acreditam que os homens da terra têm o poder de expedir e ordenar sobre estas forças tão maléficas e perigosas das quais o próprio Senhor Deus se mobiliza para que sejam através de vossos sacrifícios expiadas e retiradas do campo terreno de forma que não morram todas as criaturas pelas forças criadas e emanadas deles mesmos?

Por isso filhos da terra, creiam no poder de compaixão, do amor, da correção e da justiça de vosso Senhor Deus e lhes sigam os preceitos, os mandamentos e as ordenanças, porque o verdadeiro mal não é aquele que fere e desfere contra os seus por força de quem o emana, e sim aquele que ganha força vinda das forças de quem as produz e se torna por si só, o verdadeiro fosso negro caminhante na atmosfera terrena de onde as forças compatíveis o estimulam a emanar e jorrar de si mesmo energias e vibrações negativas, verdadeiramente danosas e perigosas; pois este que ganha energia das energias vivas dos seres encarnados, se torna tão puramente vivo e condutor de vibrações daquilo que o mantém vivo; e se o que o mantém vivo são as forças e energias negativas. Será este o próprio buraco negro dentro do campo terreno se derramando daquilo que produz tornando o elo espiritual terra em verdadeira fornalha espiritual, devastando e derrubando toda e qualquer força menor da qual o estimulou a ser grande e poderoso contra ele mesmo, causando não a dor e a ferida e sim o extermínio lento, perverso e doloroso de todos aqueles que necessitam as energias para sobreviverem.

Mas isso não pelo fato de ser ele um ser maléfico e maligno, porque são as energias vibrações e poderes de força para sobrevivência humana e não um ser ou pessoa com desejos mundanos e terreno de extermínio contra os seus, por isso, não age por instinto ou impulso, apenas jorra e derrama aquilo da qual ele por natureza é, negativo, danoso e perigoso em relação ao ser encarnado.

Ora, se não é o Anjo das trevas e do abismo o ser espiritual que lhes guardam as existências e lhes preservam de serem todos arruinados e destruídos espiritualmente sem que concluam ou partam deste campo com as vossas missões espirituais finalizadas. Porque é ele o espírito que rege e governa tudo o que lhe é favorável espiritualmente em força e em emanação para que sejam guardadas todas as forças que podem ferir, machucar e derrubar os homens da terra, pois se acaso não recebesse o que de fato lhe pertence por ordenança divina o Anjo do abismo, conheceria o campo terreno e todos que nele moram o verdadeiro e puro mal, nascido não do mal do abismo e sim do mal do homem capaz de levantar a força e o poder da verdadeira maldade sobre o campo de onde habita pela necessidade de acreditar ser capaz de dominar o que não lhe pertence ou possui.

Porém aqueles que desejam ser a ele favorável terão seus lugares no imenso buraco escuro que destrói até mesmo os espíritos infindáveis celestialmente, pela forma das forças que o caos e a desordem dentro de si carregam, força esta que deu lugar a todas as energias positivas e de harmonia que aqui podem ser encontradas, porque não é ele a força da morte, do desprezo, do sumir, do se desfazer qualquer unidade de forças e sim a força que se coroe pela força que destrói o que deve ser destruído ou se alimenta da destruição daquilo que poderia corroer, mas lhe serve de alicerce.

"*Aarão levantou então as mãos para o povo e o abençoou. Desceu após ter oferecido o sacrifício pelo pecado, o holocausto e o sacrifício pacífico*" (Levítico 9: 22)

Mas é o holocausto o verdadeiro sacrifício sobre a terra, porque é o sacrifício aquilo que será retirado da face da terra e dela não se poderá fazer uso, ou seja, não poderá servir de alimento ou servir para nenhuma outra finalidade a não ser a finalidade de retirar, exterminar e findar aquilo que outrora existia dentre os seres. E é Deus o único que pode receber o sacrifício ofertado em holocausto ordenado por ele mesmo. Mas não para mostrar-lhes o vosso poder, porque é o vosso poder o poder acima de todas as coisas e sim porque é ele quem retira e guarda tudo o que lhe é pertencente como forma não de troca e sim de substituição daquilo ao qual a ele mesmo pertence, uma vez que tudo é seu.

Por isso, estas ofertas não são sacrifícios, ainda que sacrifícios sejam através dos animais retirados do campo terreno, porque tudo que se oferta espiritualmente pela suplica do favor divinal, espiritualmente será devolvido pelo Senhor em favor espiritual através de dons pela ciência, pela frutificação, pelo conhecimento e elevação espiritual para crescimento.

Desta forma, as ofertas que foram imoladas em holocausto e entregues ao Senhor em agradável odor, ou seja, fluindo e jorrado vibrações através da oferta imolada em holocausto, não foram ofertas para eliminação de pecados tampouco para troca de vida de forma pacífica e sim para exterminar da terra aquilo que ao Senhor pertence e que por ele mesmo, seria eliminado pela chama do fogo Dele mesmo, ou seja, pelo ápice do poder de forças celestiais queimando e consumindo o que lhe pertence, e por isso não podendo ser utilizado, nem para alimento nem para purificação ou expiação, porque o que pertence a Deus, somente a ele pertence, e nenhum outro ser poderá fazer uso daquilo que é seu. Porque uma vez que oferecido ao Senhor pela ordenança dele mesmo, em nada poderia servir ao ser encarnado, apenas ao próprio Senhor Deus.

Desta forma, quando as ofertas foram imoladas e dirigidas ao Senhor em holocausto, não era esta forma de imolação simples oferta em homenagem Aquele que não os havia solicitado nada em vosso sagrado nome, o presente de si mesmos, e sim, a entrega em gloria e honra, através da única maneira ao qual o Criador retira da terra o que lhe pertence pela força que lhe é única e própria nascida de vossa eternitude, o poder do fogo. Porque é o holocausto a similar força do abismo que destrói e derruba o que lhe pertence, e arrasa com o que é seu, não espiritualmente, porque jamais fora um espírito findado através do holocausto e sim pela força do sacrifício de retirar daquilo que lhe pertence do campo espiritual daquilo que ele mesmo escrevera para sobre a terra fazer parte e caminhar. E por isso Ele mesmo retira não lhe dando sequer por uso ou alimento aquilo que somente a ele pertence, da qual fora ele mesmo quem ordenou que deste campo até o momento de ser honrosamente retirado fizesse parte.

Oferta santificada e espiritual ao Criador

"Todo israelita que imolar um boi, uma ovelha ou uma cabra, no acampamento ou fora dele, sem apresentá-lo à entrada da tenda de reunião para oferecê-lo ao Senhor diante do seu tabernáculo, será réu do sangue do oferecido. Derramou sangue será cortado do meio de seu povo. Por isso os israelitas, em lugar de oferecerem os seus sacrifícios no campo, apresentarão as vítimas ao sacerdote, diante do Senhor, à entrada da tenda de reunião, e as oferecerão ao Senhor em sacrifício pacífico" (Levítico 17:3-5)

9.4 Ora, mas toda oferta deve ser para o Criador e nenhuma oferta deve ser por vontade daquele que oferece sem necessidade espiritual ou por acreditar poder agradar a quem nada lhe pediu, pois ofertas de si mesmos sem ordenança aos quais deve partir dos espíritos não Santos em nome do Senhor, pela permissão Dele mesmo, não serão aceitas, pois somente recebe o Criador aquilo da qual ele mesmo determina que seja em vosso nome ofertado e não aquilo que o ser material carnal acredita que seja o que deseja a vossa santidade receber.

E toda e qualquer oferta ao Senhor que tenha sido por um servo espiritual de linhagem de espíritos não Santos, porque nenhuma outra linha de espíritos possui ordenança divina de se aproximar ou tocar espiritualmente em nada que tenha nascido da terra quando esta for ofertada ao Senhor por meio do sangue da vida, deverá esta oferta ser apresentada diante da tenda de reunião, ou seja, deverá esta oferta sagrada ser apresenta diante da casa santa espiritual, ainda que não seja para que diante da presença do altar sagrado seja imolada. Mas sempre deverá este ser apresentado ao Senhor e aos vossos servos espirituais, os não santos diante da entrada da casa santa; nunca fora dela na presença e em nome daqueles que lhes ordenam, e também jamais por vontade própria, porque além de ser uma vida que ali se encontra a serviço de vossa também missão espiritual, toda vida possui a sua determinação espiritual e somente aqueles espíritos caminhantes da verdade ao qual carregam pelas leis divinais marcada em vossas testas é que saberão em verdade conduzir a oferta viva aos caminhos que vos tornarão cumpridores e merecedores de vossas suplicas.

Pois todo aquele que oferecer uma oferta através do sangue animal ou até mesmo sem o sangue animal, sem que não lhe tenha sido ordenado ou determinado por um espírito divinal, para que seja feita desta oferta antes de sua entrega real um elemento sagrado e santo unindo os dois polos espirituais pelas duas vertentes sagradas, pela ordem suprema de quem ordena a vossa entrega e por isso apresenta-se para o vosso santo e sublime recebimento; não somente esta oferta não será entregue ou recebida pelos servos divinais, como também aquele que ofereceu algo da qual a vossa unidade espiritual não tenha necessidade acreditando que esta oferta não ordenada espiritualmente será recebida por uma unidade santa espiritual, estará o ser encarnado além de desrespeitando as ordens supremas em lealdade, humildade e obediência, cometendo quando esta for por meio do sangue jorrado de qualquer que seja o animal, uma falha não somente grandiosa espiritualmente como irreversível perante a leis de Deus e vossos servos das leis.

E por isso será este ato desrespeitoso tão logo observado pela correção das leis quando não houver sangue jorrado e pela justiça divinal a quem oferta o sangue do ser imolado quando este ocorrer sem ordem ou determinação que o faça ser verdadeiro, real ato sagrado ato espiritual de oferta a Deus, porque nisso aplica-se a justiça divina dos espíritos não santos.

Isso porque, toda e qualquer oferta imolada apenas será recebida para ato sagrado divinal pela troca de vida pela vida, pela limpeza e purificação de unidade espiritual em remissão de falhas ou qualquer que seja a ordenança divina para unidade de forças e energias ao qual o ser encarnado necessite e para isso tenha gloriosamente recebido autorização celestial de recebimento do que suplica para continuar a sua caminhada espiritual. Mas isso levando ainda em consideração se esta suplica for espiritualmente verdadeira ou que se faça carência ao ser encarnado pela necessidade de purificação, enobrecimento, maior conhecimento, elevação de si mesmos ou de seu povo ao qual trará verdadeiros resultados a ele e a sociedade em que vive. Por isso, não cabe ao próprio ser encarnado decidir o que ofertar, porque ofertar e quando ofertar, cabendo apenas aquele ou aqueles espíritos não santos, quem lhes auxiliarão na recolhida e na entrega da oferta, lhe conduzindo de maneira sagrada e espiritual até o momento do ato santo de oferta a Deus.

Toda oferta a Deus apenas será oferta a Deus quando realizada em forma de sacrifício pela imolação de um ser animal, e nenhuma outra forma de oferta será para o Criador e sim para os vossos servos espíritos. Pois somente a vossa divindade pode retirar do campo terreno aquilo ao qual a Ele mesmo pertence e fora por Ele mesmo gerado, criado e ordenado que por esta terra caminhe. Isso quer dizer que somente o Criador ordena que sejam a Ele mesmo entregues ofertas imoladas em troca de vida pela vida, purificação, remissão ou expiação ou qualquer outra suplica espiritual da qual possa ao ser encarnado em terra fazer ou adjurar. Porque esta que será aceita somente se houver a ordem de que seja derramada a misericórdia divina por sobre a suplica do homem de terra, não partirá da vontade de nenhum homem de terra. Por isso, nada que parta do campo material será ao campo celestial entregue ou pelo Criador recebido se não houver um motivo sagrado que o faça receber o favor do Senhor, sendo assim, não será apenas somente por ele ordenada, como também somente por ele recebida. Logo, não possui nenhum ser espiritual, tão grande poder quanto o vosso Criador de ordenar e receber uma oferta sagrada,

Por isso, não possuindo nenhum ser espiritual, seja este da maior hierarquia celestial o poder de ordenar qualquer que seja a oferta em vosso próprio nome, pois somente o Criador, possui o direito sobre tudo o que lhe pertence e por isso, ordena que seja não retirado da terra e sim que seja este devolvido a vossa santidade, pois este que será apresentado em sacrifício e oferta será posteriormente por Ele mesmo concedido o direito de retorno para o cumprimento de vossa missão neste mesmo campo espiritual, de onde fora retirado para cumprimento de nova ordenação sagrada em nome de vosso Senhor Deus.

Desta forma, nem mesmo os espíritos não Santos, ordenarão que sejam ofertados a si mesmos, nada que venha da terra ou parta da carne, sem que este ato seja ordenado e autorizado pelo próprio Criador que também os ordenam e os cobrem de poderes e de justiça, por determinação Dele mesmo, pois somente a Ele cabe o direito de conceder, retirar ou receber em oferta uma vida, da qual não se constitui apenas de carne material e sim de espírito, espírito nascido de Deus. E sendo todo espírito pertencente ao Criador, somente Ele poderá autorizar o regresso desse espírito abrigado a uma carne material por Ele mesmo ordenado a vossa existência em elo terra.

Embora somente o Ser Supremo, a divindade santa e sagrada o Senhor Deus, seja o único e majestoso Espírito Santo e por isso, único a ordenar, conceder o direito e permitir que uma imolação seja pela oferta sagrada oferecida em vosso santo e sublime nome, serão os espíritos não santos, os únicos espíritos ordenados a auxiliarem, receberem e entregarem a vossa divina santidade o espírito do ser imolado ao qual a oferta tenha partido do chão da terra pela carne material. Isso porque são estes os únicos espíritos, ordenados a adentrarem ao perímetro do espaço de onde se encontram as vossas unidades e poderes diante do santuário divinal, ao qual em campo celestial é a entrada do santuário divino ou do tabernáculo e em campo material é a entrada da tenda de reunião ou casa espiritual sagrada e santa, onde se encontra erguido o vosso sagrado e majestoso altar, o altar de holocausto dentro do Átrio externo ou lugar sagrado dos espíritos não santos, lugar da qual recebem o dever da labuta do recebimento frente a entrega espiritual do espírito da carne, o sangue ou da carne abrigada ao espírito para erguer o próprio espírito da carne entregue em imolação ou sacrifício em nome do Senhor Deus.

Mas isso não somente porque são os únicos que atuam tão próximos ao ser encarnado em campo terreno e conhecem os sentidos e sensações da qual possui a carne em sua mais íntima e desejosa sensação de ser material, e sim porque são os únicos que dentro do Átrio externo sagrado exercem a função de serem os seres que lavam a carne e retiram dela o espírito pertencente a Deus, sujando as vossas próprias vestes não com o sangue da imolação e sim com os escárnios e impurezas aos quais carregam os seres encarnados das quais os sentidos e sensações são conhecidos dos espíritos não santos, e estes não os fazem sujarem as vossas essências e plenitudes.

Portanto não os únicos a adentrarem ao Átrio externo, porque nele adentram todos os seres espirituais e materiais que são compatíveis em fluidez e emanação de energia negativa e imprópria aos quais jamais adentrariam nas demais alas sagradas, por isso neste perímetro adentram todos os tipos de espíritos dotados com diversas vibrações e emanações não somente aqueles que carregam energias negativas aos quais serão apenas as negativas ou feitas de impurezas, danos e males, manipuladas pelos espíritos não Santos; porque estas sim são as energias compatíveis e próximas a estas energias e vibrações que trazem os espíritos não santos, e serão somente estas carregadas ou transportadas pelos espíritos não santos através do animal, que junto com os espíritos não santos transportará para os elos espirituais de remissão as impurezas, as falhas e os erros dos seres encarnados, para que seja purificada a essência animal assim como será purificada a essência do ser material para que possa este receber tudo aquilo ao qual será a ele oferecido pelo Criador através da imolada em forma de dons e benefícios espirituais.

Assim, toda e qualquer oferta à Deus, deverá ser apresentada no perímetro da entrada diante da tenda ou da casa espiritual sagrada a vossa santidade o Senhor Deus, frente ao vosso altar, na porta de entrada, para que possam aqueles espíritos também santificados que se encontram antes da ante presença ou o Lugar Santo e o Lugar Santíssimo levantado em nome do próprio Senhor Deus, receberem as vossas ofertas e as encaminharem de maneira espiritual, selada, e protegida em direção ao caminho da purificação para tornar este oferta santa.

E assim que forem a eles apresentadas as vossas ofertas animais antes de serem imoladas, e após a apresentação viva, se fizer a carne e o espírito real e verdadeiro, tornando-se esta oferta pela entrega e recebimento dos espíritos não santos elemento sagrado espiritual. Todas as fluidezes de emanações e forças se unirão em única força, tanto do animal entregue aos espíritos não santos quando de quem oferta o animal pela suplica espiritual, para serem fundidas ambas vertentes, formando uma única fonte de emanação de energia espiritual criada pela inteireza destas duas unidades distintas, para que sejam as fluidezes e energias fundidas, jorradas nesta única fonte de vibração para que sejam alteradas, transportadas e trocadas entre si, dentro desta fonte pela ordem suprema que vos fazem apresentarem-se diante da porta da casa santa, pela ordem divina e não pela vontade própria do ser.

Porque é esta a parte espiritual dentro da ala sagrada ou o perímetro do Átrio externo, o local de onde se compões a fortaleza espiritual e sagrada dos espíritos não santos, pela força de união de forças que os conduzem e os fazem cuidar, zelam e guardam as demais unidades sagradas que ali se encontram ou as próprias unidades espirituais do seres encarnados que se entregam em oferta pelo sangue imolado a Deus. Tornando não somente a oferta sagrada selada e protegida dos espíritos que possam não pertencer a unidade espiritual que do Átrio externo, mas e por lá caminham com suas verdades próprias, como também isolam as forças negativas e impróprias dos próprios seres encarnados e tornam aqueles que se oferecem através da oferta protegidos e guardados em vossos atos espirituais sagrados, não somente dentro do ritual espiritual de entrega santa, como também durante todo o período de resguardo de vossa unidade espiritual e de vossa unidade carnal, os valendo de serem perturbados ou desalinhados de vossos caminhos.

Por isso apenas os espíritos não santos, conduzirão o ato espiritual e sagrado de oferta a Deus, desde o momento da ordenação, até o momento da entrega ao Criador, porque somente estes que possuem vossas unidades nascidas do chão da terra, labutadores e servos do elemento árido e comungadores com todos os seres encarnados as forças de viver dos sentidos materiais, possuem o sagrado e zeloso direito de levarem a essência espiritual daquele que servem em oferta através do sangue da vida para o campo de onde partirão para que sejam limpos e purificados de tudo aquilo que em vossas costas carregam limpando os homens materiais pelas suas suplicas ou ordenança do próprio Senhor Deus.

Motivo este pela qual os Santos e os seres espirituais e sagrados aqueles espíritos que atuam diretamente com vossas unidades sacras, os comandantes espirituais das hierarquias espirituais de agrupamento de espíritos santificados, não poderão jamais tocar ou receber ofertas espirituais que sejam ofertadas pelo sangue da vida, porque estas que contém danos, falhas e estão escarnecidas de maldades e erros, não serão nunca próprias para que estejam as vossas unidades próximas ou comungando de tal assombro e impureza. Porque assim como não atuam com ordenanças de correções ou poder de justiça, caminhando lado a lado com as falhas, os erros, as maldades, os malefícios, as feridas abertas e o sangue que escorre não somente das entranhas como também pelas fendas espirituais de dores que o mal causado aos espíritos encarnados, não serão estes quem carregarão as partes escarnecidas até os campos de limpeza e purificação, porque destes elos espirituais de remissão caminham bem distantes.

Por isso, assim como atuam os bodes mensageiros levando por ordem do Criador tudo o que é danoso em energia e perigoso em fluidez e emanação aos seres da terra para campos distantes.

Por isso, assim como atuam espíritos não santos junto os bodes mensageiros levando por ordem do Criador tudo o que é danoso em energia e perigoso em fluidez e emanação para distante dos seres encarnados, lhes transportando as impurezas e sujeira espiritual produzida por vontade própria, ainda que não saibam os seres encarnados o dia, o momento e a hora em que este ato sagrado ocorrerá, pois esta é uma ação espiritual, que parte dos segredos e dos mistérios espirituais do Criador junto ao campo do abismo de onde os segredos são velados aos espíritos encarnados. Da mesma forma os espíritos são santos, carregam e levam até o elo de remissão onde as trevas acendem suas labaredas de fogo, todas as impurezas e energias maléficas que circulam entre os serem encarnados que se oferecem para que sejam limpos e purificados. Porque assim como os espíritos não santos trabalham em comunhão com os bodes mensageiros do abismo, levando até as portas do buraco negro do abismo as energias impuras e impróprias para que estas sejam exterminadas, porque próprias similares são as vossas energias para este trabalho santo.

Da mesma forma os espíritos não santos labutam com os seres animais ofertados em sacrifício de oferta a Deus, porém antes de serem estes em verdade entregues a real e verdadeira missão de serem os transportadores da troca de energia entre o campo celestial e material por meio da fonte viva criada para tal ação, os levando até as portas das trevas para sejam por meio do fogo do inferno queimados, limpos e purificados para que a troca de energia e poderes e forças possam ocorrer aqueles que necessitam dela.

E este é o verdadeiro sacrifício divinal, ao qual o animal será imolado não somente em campo terreno como também em campo espiritual, libertando-se daquilo que seu espírito agora carrega, para a salvação daquele que por vontade própria causa a dor e o dano a vossa unidade espiritual. Por isso, somente através da suplica, pela misericórdia, compaixão e caridade é que o Criador concede que tal ato tão supremo e honroso seja executado em nome de um filho, ao qual outro ser espiritual lhe concederá sentir a vossa dor para lhe salvar da chama do fogo do inferno para que este seja em verdade salvo.

E somente assim são encaminhadas as essências espirituais dos animais antes de serem entregues em real e verdadeira pureza, a pureza espiritual a vossa Santidade o Criador, para que a troca de energia e poderes e forças possam ocorrer pela fonte criada à partir da inteireza de forças que vibra sobre ambos espíritos.

Portanto nenhum Santo ou espírito que atuem com os santos, os vossos servos e chefes de falanges ou servidores de falanges, lhes ordenarão que lhes ofereçam em vossos nomes ou em nome do Criador ofertas pela morte de qualquer que seja o animal ou pelo sangue da vida de qualquer que seja a oferta. Isso porque não atuam os Santos e os vossos servos em campo de remissão ou conhecem os caminhos das trevas e da remissão aos quais deverão ser os seres imolados primeiramente apresentado para que sejam as vossas unidades limpas e purificadas antes que sejam entregues em unidade espiritual ao Senhor que lhes ordena e permite as vossas ofertas espirituais sagradas.

"Fazer o que é justo e certo é mais aceitável ao Senhor do que oferecer sacrifícios"
(Provérbios 21:3)

Ora, mas servir aos espíritos não Santos ou lhes entregar ofertas honrosamente e espiritualmente merecidas, ofertas apresentadas pelas vossas santas e misericordiosas ações e atuações em nome de Deus e em favor dos seres encarnados que também vos suplicam abertura de caminhos, correção de danos, erros materiais e justiça por sobre as vossas causas, purificação e limpeza de vossas energias impróprias, descarregando tudo o que é oposto as boas fluidezes, para que lhes tragam boas energias e maiores poderes espirituais para andarem por sobre a terra, nada tem a ver com sacrifício de nenhuma forma de espécie, a não ser que esta seja por eles ordenada, até porque não são estes espíritos que recebem em vossos nomes e sim em nome de vosso Criador para vos auxiliarem a crescer e elevarem em espírito e em unidade.

Por isso, lhes oferecer aquilo da qual não se utilizam ou necessitam para as vossas labutas de ordenanças sobre as leis dos mandamentos, acreditando estarem os gratificando ou agradando, não os eximirão de serem corrigidos perante as vossas faltas, porque não são estes espíritos agradados ou agradados por sangue daqueles da qual devem zelar e cuidar nas andanças de terra, até mesmo porque não serão agrados terrenos em troca daquilo que não merecem que lhes farão receberem se acaso não lhes for por merecimento concedido o momento e a hora de receberem em verdade o galardão daquilo que realmente merecem.

Porque são as vossas labutas as mais santas e santificadas espiritualmente em favor dos homens da terra, ferindo-se e sentindo as dores e lamentações dos seres encarnados em vossos lugares diante do fogo do abismo e das trevas para que estes não sintam a verdadeira dor, o verdadeiro caos e o verdadeiro horror ao qual esconde a face do mal que existe sobre a terra, de forma que não sintam os filhos de Deus o sabor da maldade escondida dentro de si mesmos; pois são os filhos de Deus independente de ofertas e oferendas, isolados e preservados das dores e do desprezo da severa injustiça escondida nos cantos mais extremos do mundo, aos quais somente um servo firme, leal, fiel e obediente poderia labutar. Por isso, não serão seus agrados quem lhes farão serem o que são, fazerem o que fazem e labutarem nos mais inóspitos e impróprio lugares para lhes protegerem e sim a ordenanças Daquele que lhes concede, energia, força e luz para serem o que são e trabalharem em vosso nome. Porque são eles assim como os filhos de Deus, Espíritos filhos do mesmo Criador, porém seguindo disciplinarmente as vossas leis. E por isso merecedores não de nossas ofertas ou oferendas e sim de todo o nosso respeito, honras e manifestações mais puras, nobres e elevadas por vossas santas, sagradas e perigosas caminhadas em nossos nomes.

Ao sétimo dia

"Assim *foram concluídos os céus e a terra, e tudo o que neles há. No sétimo dia Deus já havia concluído a obra que realizara, e nesse dia descansou. Abençoou Deus o sétimo dia e o santificou, porque nele descansou de toda a obra que realizara na criação*" (Gênesis 21:3).

9.5 O sábado deve ser guardado, não de forma que nenhum ser material espiritual não trabalhe em campo terreno, pois somente seria esta ideia possível se acaso os filhos materiais trabalhassem de forma espiritual como Deus quando da criação e não braçal, labutando seu sustento, procriação ou preservação de sua própria espécie. Pois somente se as suas tarefas e labutas fossem exercidas exclusivamente através da mente espiritual sem a necessidade da matéria orgânica para a realização das suas atividades é que deveria assim como o seu Criador dispensar o dia de sábado para descansar e nada produzir; porém, ainda sim estariam enganados, pois fora o Criador atuante no dia de sábado abençoando agora de maneira sagrada espiritual e plena todas as formas, e espécies e forças criadas nos dias que antecederam o sétimo dia.

Por isso a ideia de não trabalhar ao sétimo dia igualando-se ao Criador, não somente não é sagrada espiritual, porque não fora esta a determinação do Senhor Deus, como coloca o ser encarnado em posição espiritual divinal da qual ele não possui, elevando-o e o glorificando-o de maneira desonrosa e arrogante em relação aquilo ao qual ele não criou e não exerceu a vossa própria labuta para que tenha ele, este um dia dedicado ao descanso daquilo que não fora por ele criado. Por isso não lhe cabe o descanso ou honrarias, e sim ao Espírito Santo que criou todas as forças, espécies e formas e as glorificou ao sétimo dia.

Portanto, somente se as suas realizações fossem exclusivamente através da mente espiritual sem a necessidade da matéria para a conclusão das atividades é que deveria o homem, assim como o seu Criador dispensar o dia de sábado para descansar e nada produzir, nem mesmo a forma de ganhar a vida ou o seu alimento.

"*Lembra-te do dia do sábado, para o Santificar. Seis dias trabalharás, e farás todo teu trabalho; mas o sétimo dia é sábado do Senhor teu Deus. Nesse dia não farás trabalho algum, nem tu, nem teu filho, nem tua filha, nem teu servo, nem a tua serva, nem o teu animal, nem o estrangeiro que está dentro de tuas portas.* (Êxodo 20:8-10).

Mas ordena o Criador que o sétimo dia seja por vossos filhos, guardado, não de forma que não façam nada, e sim que este seja preservado em relação a todos os trabalhos executados durante seis dias no labor de força material e na preservação da carne em favor das necessidades espirituais para com a sua própria espécie. Ou seja, é o sétimo dia, o dia que deve ser lembrado em dedicação ao Criador do céu e da terra, porém dedicar-se ao Criador e lembrar-se de vosso santíssimo e sagrado Espírito Santo que trabalhou e ainda trabalham com vossos servos, os espíritos, em nosso favor, não é o mesmo que não trabalhar ou não empenhar-se de agradecer ao Senhor Deus; pois o trabalho braçal do homem que muitas vezes fere, machuca e causa desgaste a carne ao qual fora o próprio Criador quem lhes ordenou que labutassem pelas suas próprias existências, pode afastá-los do real significado de labutar seus alimentos e segurança material e terrena, assim como de vosso Senhor.

    Por isso, guardar o sábado a todos os que trabalham de forma material é lembrarem-se que o sétimo dia somente existe, pois os demais dias também foram criados para trazerem o sustento material carnal e espiritual a todos os seres. Logo, não significa repousar em labor apenas pelo dia que corresponde ao sétimo dia do calendário, e sim após o sexto dia de labuta exercida de forma material ou espiritual independente do dia ao qual este dia possa representar em qualquer que seja o calendário terreno material. Pois todos os dias foram criados para nos abastecer, porque assim como não descansa o Criador um dia sequer, não descansam os vossos servos, os espíritos assim como também não descansam nem o elemento árido da terra, as raízes das árvores, as folhas que crescem, os frutos que amadurecem, as águas que andam, as aves que voam, as florestas que florescem, o fogo que forja; tampouco descansa toda a natureza e tudo que possa espiritualmente existir em campo terreno para nos cuidar e alimentar. Pois embora a vida terrena traga muitos afazeres e preocupações afastando o homem de seu Deus, o sétimo dia é para ser lembrado e abençoado assim como o Espírito Santo os abençoou criando todos os dias terrenos.

    Ora, mas não é o sétimo dia ordenado pelo Criador que seja o dia de descanso para ser o dia que iguala os filhos ao Pai em relação as vossas labutas e deveres, e sim o dia que deve o filho descansar de suas labutas para se lembrar de agradecer ao Pai por tudo que ele vos proporciona, para que Ele o abençoe e glorifique os braços, as pernas, os pensamentos, os conhecimentos, a ciência, a auto correção, a frutificação, o alimento e todas as intenções, para que o filho continue forte e saudável para prosseguir em vossa caminhada terrena e espiritual.

    Portanto, não farás o homem trabalho algum, ou não farás trabalho algum antes de agradecer ao vosso Deus, o Criador e os vossos servos os Espíritos, por todas as bênçãos recebidas e jorradas dos céus para que continuem firme em vossas caminhadas e existência. Por isso, antes de qualquer trabalho a ser executado por qualquer membro de sua casa e a si mesmo, deverá agradecer ao Criador, antes de qualquer labor a ser exercido, e se acaso necessitar de maneira terrena que este dia seja labutado, não lhe condenará o Criador ou os vossos Espíritos, por exercer as vossas atividades conforme as leis dos homens habitantes da terra aos quais foram todos inseridos e receberam o direito divinal de governarem conforme as vossas leis terrenas, porém não deverão esquecerem-se jamais de quem lhes concedeu o a terra com todo o seu vigor, toda a força de vida e o direito celestial de estarem nela para governar e labutar com suas próprias mãos carnais.

    Então, nada em campo terreno lhe impedirá de agradecer e lembrar-se do vosso Senhor e ser grato por tudo o lhe ronda a vida material bem com as vossas possibilidades e caminhar livremente por entre as terras Dele mesmo. E não existirá nesta terra, dia melhor, momento melhor ou hora melhor a não ser aquela que se inicia ao sétimo dia após as vossas labutas materiais e espirituais para terem com o vosso Senhor; pois será esta à hora exata de prostrarem-se e agradecerem ao Criador por tudo o que se tem, que se planta e se colhe em campo material.

Por isso, guardar o sábado é saber que existe um dia ao qual o Criador repousou para que pudesse ouvir os sons dos ventos, o levantar das sementes, o correr dos rios o rolar da águas, o cantar dos pássaros e o caminhar de todas as formas de vidas, se prostrando e entregando-se a vossa santa e sagrada luz celestial, para agradecer a vossa sublime e santificada majestade espiritual, por toda a força e poder que lhes concedeu à partir daquele momento, não somente para ganharem vida, como também para erguerem-se e serem vida no campo de onde a não vida habitava, e assim comemoram e festejarem o que à partir daquele hora poderiam ser e viver, pelo mais sublime momento divinal, a criação da terra e todos nos.

E ainda que a própria terra ajoelha-se e rende-se ao vosso Senhor Criador dia após dia, no momento e na hora mais espetacularmente honrosa entre os céus e a terra, momento este em que despe-se do dia e veste-se novamente de noite para louvar com honras e glorias a vossa santidade, representando à noite ou a escuridão da noite o que outrora fora o caos, todos os seres que nela vivem as suas vidas sobre a luz e nela respiram as vossas existências pelo poder do Espírito Santo que vos fazem todos os vossos reflexos e vossos filhos, fazendo em nome de todos os seres da terra ao qual se esquecem de glorificar e honrar a Deus também abençoados pela força única que vos unem em único elo espiritual divinal, a terra em que todos vivem.

Por isso é o momento em que a noite abraça o sol ou a escuridão abraça o dia e o torno novamente a representação de vossa mais real e verdadeira face, o momento em que todas as forças se ajoelham e se regozijam ao poder maior de Deus, o Criador, para que este abençoe a todos os filhos e filhas que neste elo espiritual vivem as vossas vidas pelo poder do amor e da misericórdia do Senhor Deus que abençoa a todos que neste campo espiritual estão, não pela devoção de todos em nosso sagrado nome, e sim pelos joelhos daqueles que em amor e em verdade o tem como o vosso único e verdadeiro Deus. O poder de forças da própria terra e de toda a natureza que por muitas vezes classificada como morta ou irracional ainda é a força que vos fazem ganharem vida e serem abençoados pelo vosso Criador que lhes concedem externarem o vosso amor pela força da união de todos nós, ainda que somente eles se ajoelhem em nome de todos nos.

Mas é o sétimo dia o dia da maior entrega e devoção onde todos os frutos, todas as sementes, todas as aves, todos os animais, todas as águas, todos os ventos e todos os elementos que possuem formas e vidas espiritual em terra, se entregam e rogam em gloria e em graça o poder do Espírito do Criador e a vossa benigna misericórdia, vida eterna para que lhes deem força de vida para que possam eternamente o servir e serem pela vossa graça e benevolência vossos eternos filhos e servos espirituais.

Portanto, ouvirá o Senhor Deus, ao sétimo dia de vossas labutas todos os sons que subirem de vossos filhos, prostrados em vosso nome, pelas vossas verdades, de onde quer que estejam os vossos filhos e independente do dia e do horário ao qual marcará o calendário terreno para mais uma vez abençoá-los e consagrá-los, vossos sagrados filhos. E onde quer que esteja um filho da terra emanando as vossas vibrações e derramando ao mundo os vossos sons, para dizerem o que quer que digam, lá estará também o Criador em repouso somente para vos escutar.

Porque este é e sempre será o Dia Sagrado em que os filhos irão rogar ao Pai, e o Pai, lhes ordenará que os vossos Espíritos sagrados, lhes posam beijar as faces e segurar as vossas mãos, os abençoando e lhes dando maior força, alegria e misericórdia, pois somente juntando todas as energias e vibrações em única energia e vibração espiritual pela força de vossas próprias crenças, é que se tornam todos, espíritos sagrados e abençoados filhos de Deus. Por isso, enquanto tiverem crença em vosso Senhor, Ele estará lá para vos abençoar.

"Meu Pai continua trabalhando até agora, e Eu também estou trabalhando" (João 5: 16).

O Mestre Jesus trabalhava espiritualmente em vossa labuta pela vossa ordenança divinal, sempre que houvessem espíritos necessitando de vossa ajuda e vidas a serem salvas sem se preocupar com o dia da semana ao qual representava aquele. Pois trabalhar não é apenas labutar é também dedicar-se a vida entregar-se a vida, doar-se aos demais em vida e não somente buscar o sustento material da carne e sim o sustento espiritual da essência celestial. Por isso, não se preocupava o Mestre, se o dia era de sábado ou qualquer outro do calendário terreno, pois o labor ao qual seu Criador, o nosso Pai o determinou, foi por ele cumprido independente do dia em que se encontrava, pois o trabalho em nome do Criador nunca deverá cessar por nenhuma força celestial ordenada a exercer o labor espiritual. A não ser o trabalho que nenhum sentido tenha ao Ser Supremo, para que aquele que o exerce não precise ou deva se prostrar ou ainda rogar e agradecer-lhe o pão da terra, e o nosso sustento. Mas este certamente não fora nascido.

Porém como todo ser encarnado com espírito reflexo do Criador, busca suprir as suas necessidades espirituais e não somente matérias, exercer o que realmente a proclamação do Pai celestial vos diz através de vosso amado filho que não dizia por si mesmo e sim pelo nome de vosso Pai, e por isso devemos cumprir os ensinamentos que demonstrou aquele que foi determinado ao desempenho dos trabalhos temporais e espirituais em nome do Criador, zelar e guardar as ordens do Criador, independe do dia ao qual este se refere em terra.

Porque a prescrição de não trabalhar materialmente e sim espiritualmente no sétimo dia, é uma maneira do homem não se desligar da existência do Criador, e não mais uma forma de salvação espiritual, pois para isso precisa o encarnado seguir muitas outras prescrições e não somente não labutar sua existência em um único dia. Por isso, lembrar-se do sétimo dia, para que através do sétimo dia, possa o homem ser abençoado, ou seja, guarda o sábado para proclamar a existência do Deus criador de todas as coisas, não quer dizer não faças nenhum trabalho de forma espiritual nem material neste dia, e sim, lembrar-se fielmente do teu Criador e honrar lealmente quem lhe honra em todos os dias de vossa existência, desde o momento em que lhe gerou e lhe concedeu o direito de ser e conhecer todas as coisas espiritualmente por Ele criadas e consagradas ao sétimo dia, quando todas as coisas a ele se entregaram.

CAPÍTULO 10
Doutrina espiritual dos caminhos do juízo de existência

Estrutura espiritual e pensamento de consciência

"Mantenham o pensamento nas coisas do alto, e não nas coisas terrenas"
(Colossenses 3:2)

10. As crenças más e as falsas verdades são aquelas que criam raízes espirituais de verdades próprias, que acompanham os encarnados em suas passagens terrenas e acompanharão os espíritos, depois de desencarnados, já em seus estados de existência de consciência espiritual nos elos espirituais, que devem seguir, com as mesmas ideias próprias de conduta própria, longe dos ensinamentos divinos.

Pois o homem dotado de Aura Plena, ou seja, porta de entrada de todos os sentimentos, e sentidos adquiridos através dos cinco sentidos por meio do pensamento consciente, que se abastecem de inverdades e conceitos errôneos, criados por força de verdades próprias, que os fazem caminhar por caminhos tortuosos pela vontade deles mesmos de seguir apenas as suas vontades e verdades inventadas, por acreditar que estão fazendo uso do livre arbítrio, inexistente espiritualmente, que possuem enquanto caminham em solo árido da terra, serão estas as verdades ou as verdades próprias que carregarão os espíritos daqueles que desejam caminhar por si mesmos, distante da doutrina e ensinamentos das leis dos mandamentos de Deus, enquanto em campo terreno estiverem.

De fato, todos os conceitos errôneos e as crenças más que culminam no mal aos outros e a si mesmos, outrora chamados de pecado, referem-se ao mal que o homem faz contra si mesmo e aos outros, através de suas concepções e ideias criadas distante dos mandamentos das leis espirituais divinais.

Mas o espírito reflete apenas o que é bom, ou o bem, uma vez que não possui sentidos, sentimentos, desejos ou maldade, tampouco é capaz de emanar algo ruim ou aquilo que não tem, porém o encarnado constituído de Aura Plena, ou seja, porta de entrada de todos os sentidos e sentimentos que habita entre o espírito e a matéria, responsável por preservar o espírito intacto, sem comprometer sua pureza e castidade, ainda que o encarnado caminhe por lugares ou motivos torpes e depravados, é o sentido espiritual que mantém matéria animada através do espírito, em elo terreno, assim como o pensamento consciente em relação a quem deve ocupar, guiar e preservar em terra, de maneira pura e cândida, pois é a partir desta matéria que cumprirá vossa missão espiritual em campo material, porém este jamais mudará a sua própria essência.

Mas quando o homem, por meio do pensamento consciente, enche-se de crenças errôneas, desejos materiais e vontades contrárias às vontades do espírito que o anima, inundando Aura Plena de falsas verdades, exercendo atos e ações más contra si e contra seus pares, sofrem não somente a matéria carnal daquele que se utiliza de suas ações para praticar o mal como também o espírito dele. Pois quando o homem causa a dor a si mesmo, ou ao outro, além de sofrer as consequências de terra pela carne, sofrerá também seu espírito através de sua Aura Plena, porque o estado de consciência que representa o próprio espírito, e que jamais morrerá, se apagará ou findará, caminhará após o desencarne para os elos espirituais de remissão para limpeza e purificação antes de caminhar para as vossas casas celestiais.

Mas todo espírito possui a ordenança de caminhar em campos de evolução e de lapidação para praticar as lições espirituais, que receberá em campo espiritual, assim como aprender novas lições que o permitirá fortalecer-se espiritualmente e elevar-se em relação ao nivelamento que possui. Porém, sendo o espírito a unidade de fluidez de forças em essência ou apenas um estado de consciência espiritual, jamais poderia adentrar aos campos terrenos para praticar as vossas ordenanças, sendo ele apenas consciência.

Outro fato que o impede é a vossa constituição de pureza, imaculada e cândida e, sendo o campo terreno o elo espiritual onde a impureza, a malícia e as fluidezes impróprias se encontram, não teria nenhum espírito divinal, ou seja, nenhum espírito puro ou em estado de consciência com capacidade de adentrar aos campos terrenos para cumprimento de missão espiritual.

Por isso, todo espírito nascido do seio celestial do Criador, cuja missão é a aprendizagem e a elevação de si mesmo, ou seja, todos os espíritos criados por Deus, exceto os vossos servos altivos, sacerdotes e Santos, todos os espíritos caminhantes de evolução recebem uma estrutura espiritual de nome Aura Plena, que permitirão a eles adentrar ao campo terreno de maneira espiritual, de forma que não perca as suas essências e dons celestiais e ainda assim possa caminhar por sobre a terra, para cumprimento de sua missão de autoconhecimento e elevação para o caminho da evolução espiritual de vossa unidade sagrada.

E sendo ao espírito permitida a vossa entrada em campo material, para cumprimento de vossa missão espiritual, campo este em que todas as missões espirituais são cumpridas de maneira carnal, através de sentidos e sentimentos, sentidos e sentimentos que desconhece vossa unidade de essência, uma vez que não possui sentimentos ou sentidos além dos dons celestiais que recebe, o que inclui castidade, brancura, inocência e candura, e sendo o campo terreno um elo de experiências e direitos sobre não somente a terra como também sobre os sentidos terrenos, necessita este espírito que seja concedido a ele também uma unidade espiritual que possa vivenciar em vosso lugar todos os sentidos e sentimentos, que os cinco sentidos materiais necessitam para compreender-se em elo material e exercer a vossa missão espiritual.

Por isso, ao receber a missão de caminhar em solo terreno recebe uma estrutura espiritual, que o permitirá existir em terra de nome Aura Plena, onde ficará a ele em toda a vossa jornada terrena fixado, e receberá ainda uma estrutura orgânica à qual ficará a Aura Plena acoplada e o permitirá ser igual aos iguais ou similares aos moldes de tudo o que existe em campo, ou seja, orgânico.

Porém, esta estrutura material ou carnal que não possui vida por si mesma, mas apenas através do espírito ou do estado de consciência pura, que também não poderá vivenciar e experimentar a vida carnal para cumprimento de vossa missão, devido a incompatibilidade de fluidez do campo terreno, pois é este campo repleto de improriedades aos espíritos puros, e receberá para isso uma nova estrutura que virá também, acoplada à Aura Plena de nome "pensamento de consciência", que será através deste sentido permitido a este espírito puro e cândido, que se encontra vivo em terra por meio da Aura Plena, vivenciar e cumprir a sua própria missão espiritual, por meio deste que será o seu próprio pensamento deslocado dele mesmo, onde jamais será ele exposto às improriedades do campo terra, porém poderá através deste pensamento que experimentará por si mesmo a vida orgânica por meio dos cinco sentidos, ter capacidade de praticar as lições espirituais e desenvolver-se sem que para isso seja impregnado com a fluidezes e emanações deste elo espiritual.

Isso quer dizer que essa estrutura de pensamento que será a sua forma de vivenciar a vida material sem que isso o torne impuro pela vida carnal ou orgânica, repleta de improriedades ao espírito, virá acoplada a vossa Aura Plena ou película espiritual, que lhe permitirá estar vivo ou renascido em campo terreno, bem como não se alojar diretamente à matéria carnal, ou a outra essência, que o permitirá ser ele mesmo em campo terreno, sem perder a sua candura, pureza e castidade. Pois esta forma de caminhar em campo terreno por meio do pensamento de consciência, ou seja, a única forma em que um espírito poderia adentrar ao campo terreno, uma vez que ele é em sua pureza apenas estado de consciência, e por isso somente através de outra consciência poderia adentrar ao campo terreno, é também a única maneira de um espírito cumprir missão espiritual no elo sagrado terra, através de outra forma de pensamento ou forma de consciência.

Mas tudo o que pertence ao espírito ou tudo o que o constitui em vossas caminhadas anteriores ou missões passadas estão registradas e seladas no espírito ou no estado de consciência espiritual, pois a ele pertence, assim como todas as experiências que serão vivenciadas ou novamente vividas por esse espírito, nesta nova missão, que será o pensamento de consciência a sua forma de cumprir as vossas lições espirituais e a vida, também ficarão guardados e armazenados no estado de consciência, que representa o próprio espírito, que ordenado a missão espiritual caminha para a sua evolução.

Mas embora lhe pareça que a consciência, o espírito ou estado de consciência possuam missões espirituais distintas, eles atuam por uma única ordem, que é a missão espiritual de encaminhar o espírito a vossa elevação, porque ainda que o pensamento de consciência seja a única consciência que em verdade esteja vivenciando o campo terreno através dos cinco sentidos, e experimentando os prazeres e as delícias desta unidade de terra, este recebe diretamente do espírito, que é razão deste pensamento existir, as influências e pensamentos de forma intrínseca de tudo aquilo que deverá seguir e caminhar conforme tudo o que fora espiritualmente escrito para que este pensamento caminhe e conheça em campo terreno e exerça de forma boa e em prol do bem. Porque é o pensamento de consciência o pensamento a forma de pensamento que o espírito não pode ter em terra e, por isso, recebe o pensamento de consciência que representa ele mesmo e, ao mesmo tempo, é responsável por encaminhar seu espírito regente aos caminhos celestiais de elevação e evolução.

Então, tudo o que possui este espírito, que deve labutar de forma material e se empenhar em campo material para cumprir em forma de aprendizagem e lições espirituais para o seu crescimento e evolução serão gradativamente encaminhados ao pensamento de consciência que, embora em terra lhes pareça representar um ser material independente, é em verdade o espírito encarnado daquela consciência, não em carne, e sim a que recebe a matéria carnal para que tenha vivência através da carne por meio da consciência que recebeu para estar em terra e labutar sua missão por meio dos cinco sentidos e sentimentos.

Porém, possui o estado de consciência que lhes parece ser o pensamento independente do ser material devido ao direito divinal de vivenciar, experimentar e aprender não somente como conhecer a si mesmo, ou seja, conhecer-se em espírito e ter a capacidade de ouvir e escutar o seu próprio estado de consciência, que o seu próprio espírito, transmitindo-lhe aquilo que deve caminhar para cumprir, como também possui o direito de conhecer o campo terreno, para que possa a partir dele viver suas experiências e lições recebidas de forma não independente, porém de forma própria, sendo ele às vezes quem recebe as ordenanças do espírito daquilo que deve caminhar, vezes quem se auto ordena e proclama aquilo que deve exercer, uma vez que a ele foi dado o direito e conhecer si mesmo para caminhar pelos caminhos corretos.

Ora, se o pensamento de consciência soubesse exatamente aquilo que deve exercer o espírito em terra, este caminharia de forma programada, imposta, obrigatória e forçosa, e não seria o espírito caminhante de suas dificuldades para vencê-las e superá-las, aprender as lições e caminhos novos os quais devem guiá-lo para elevar-se, pois seria falsamente induzido por si mesmo a caminhar aquilo que não deseja, porém, sabendo ele que deveria seguir, caminharia ainda sem vontade apenas para elevar-se sem o devido merecimento pela fidelidade, lealdade, humildade, determinação e amor e sim por ser aquilo que estava escrito em vossa missão para cumprir.

Porém, como não adentra nenhum espírito aos Reinos dos céus sem que lhe seja por total merecimento, vontade e merecimento perante a árdua e precisa caminhada de si mesmos, logo sua elevação espiritual seria impossível, uma vez que seria de maneira falsa e não por amor, determinação e vontade de ser e seguir aquilo em que acredita e se empenha para seguir por amor a vossa caminhada.

Por isso, é o pensamento de consciência ou espelho do próprio espírito missionário de si mesmo em busca de elevação espiritual, sem que ele saiba exatamente aquilo que deve seguir, o caminho que levará o próprio espírito que habita a matéria sem que a própria matéria ou o pensamento de consciência, ou o pensamento do ser material que o coloca em contato com a vida orgânica o conheça. Porque o sentido que é que o torna capaz de experimenta o mundo, e que possui seus desejos e suas vontades pelo direito divinal de ser andante da terra de homens e ser capaz de enxergar o mundo material sem que saiba exatamente quem o é em verdade é o único sentido que o levará aos caminhos da salvação, porém conhecer a si mesmo em unidade e em espírito lhe traria a derrota e a falha da missão para que veio este espírito labutar.

Isso quer dizer que é o pensamento de consciência a própria consciência do espírito ou a forma com que ele mesmo observa a vida espiritual e material, preservada dele mesmo, que não o deixa, ainda que em campo terreno, ser manchado ou danificado pelas emanações e fluidezes que aqui existem, porém, que não possui domínio sobre as unidades materiais, uma vez que exerce a sua força e dominância através dos sentidos e cinco sentidos, sentidos estes que não existem em campo espiritual e que, por isso, apenas quando está sendo ocupado pela matéria é que se percebe em campo terreno. Porém, ao regressar ao elo espiritual, deixará de sentir e vivenciar os sentidos materiais através do pensamento de consciência espiritual que o serve apenas em terra.

E ainda que lhes pareça que o ser carne orgânica, ou o próprio ser encarnado, ou ainda o pensamento de consciência é quem possui as suas próprias vontades e desejos independentes, saiba que todos os pensamentos de terra são de fato pensamentos que exerce o ser encarnado, como trivialidades cotidianas e opções de escolhas de coisas materiais de terra. Porém, aquilo que lhes parecem ser pensamentos, mas possuem sentido espiritual, partido das fontes de vibrações celestiais, são em verdade pensamentos intrínsecos, influência do próprio espírito ou das forças supremas do Criador, exercendo a vossa ordenança para cumprimento de missão através da matéria por meio dos sentidos espirituais relacionados à ciência, ao conhecimento, à continuidade da sua espécie animal, o discernimento, a autojustiça, a autocorreção, a disciplina espiritual, pois a doutrina já lhe é de conhecimento, assim com a prática do amor eternal celestial em terra.

E sendo o espírito a consciência pura e plena, ou seja, sem máculas ou danos, que carrega tudo o que o pensamento de consciência possui ou criou e armazenou dentro de sua Aura Plena quando vivenciou e experimentou o campo terreno por meio dos sentidos, os quais possuem o pensamento de consciência, que é o sentido material que utiliza o espírito pleno em terra para cumprir sua missão, quando esta em jornada de aprendizagem carnal guardando todas as vivências, experiências, atos e ações que tornará, ao final da jornada terrena, ele mesmo, porém, com uma nova bagagem espiritual, não será este espírito um novo espírito e sim um espírito carregado de si mesmo pela nova forma e força que irá adquirir de si mesmo.

Ou seja, tudo o que o pensamento de consciência adquiriu em verdade ou em falsidade durante a sua jornada, bem como tudo o que praticou em atos e ações, fica selado como sendo pertencente àquele espírito, ou ao estado de consciência plena, que é a verdadeira forma e nome do espírito, porque tudo o que o pensamento de consciência experimentou e sentiu, e a sua forma orgânica carnal praticou e exerceu, sendo bom ou não, através da carne material, em nome do próprio espírito ou do estado de consciência espiritual, fará parte dele mesmo ao término da jornada material.

Isso quer dizer que o pensamento de consciência exerce e experimenta de maneira material tudo o que precisa o estado de consciência conhecer, aprender e praticar, porque não há outra forma de vivência terrena para o espírito em terra, e tudo aquilo que o pensamento de consciência vive, experimenta e exerce, como se não tivesse havido influência ou ordenação de seu espírito, ou qualquer outra ordem de força suprema, também o espírito, após a passagem terrena de libertação de carne material, viverá e experimentará novamente a vida espiritual como se jamais estivesse em uma matéria carnal. Porém, isso antes de passar pelos elos espirituais de remissão, onde até este momento carregará a sua bagagem térrea de tudo o que adquiriu e conhecerá suas faltas e delas se libertará.

Isso porque o espírito experimenta e recebe através do pensamento de consciência, que representa ele mesmo, de maneira material, todas as vibrações e fluidezes de sentido terreno, porém, devido aos campos onde estão em verdade, estas duas unidades de existência, ou seja, um em esfera de alcance totalmente espiritual, inatingível e o outro em esfera totalmente material, o pensamento de consciência que pertence ao encarnado que se encontra do lado material, faz com que o seu próprio pensamento ou a sua consciência ou a consciência do encarnado o faça acreditar que não existe outra forma de vivência a não ser a forma material, principalmente porque ele não conhece a forma espiritual de si, ou não conhece o ser material, o seu próprio espírito. Mas recebe o espírito que é a verdadeira consciência espiritual sem o pensamento de consciência, as duas consciências de tudo o que ele mesmo possui, isso quer dizer, somente o estado de consciência plena ou o espírito recebe espiritualmente tudo aquilo que o espírito sem a matéria também experimentará e viverá, como se jamais estivesse estado em matéria carnal.

Isso diz que assim como vive um ser encarnado possuidor de um espírito pleno, porém somente conhecedor dos sentidos e sentimentos carnais e materiais, vivendo e experimentando a vida como se não houvesse um estado de consciência plena que o torna ser material para cumprimento de missão espiritual, assim o estado de consciência um dia após a morte da carne, também viverá como se não tivesse havido um pensamento de consciência que o tornasse caminhante em terra para cumprimento de missão espiritual, porém devido às falhas e erros nesta missão que o tornou ser vivente através da carne pelo pensamento consciente que teve o torna ou possivelmente o tornará ser espiritual cumpridor de todas as correções e forças de justiça que este espírito deverá sentir.

E este quando retornar à sua esfera espiritual sem matéria carnal e em estado de consciência plena ou estado de consciência puramente espiritual, receberá este espírito que outrora habitou um corpo material as correções por tudo aquilo que praticou de forma imprudente, imprópria ou oposta às ordenanças espirituais, enquanto era espírito encarnado através do pensamento consciente daquilo que ele mesmo foi, como se jamais estivesse estado em terra, assim como hoje sentem todos os espíritos, como se nunca estivera estado em campos celestiais ou espirituais, ou como se não houvesse uma força de ordem suprema que o torna vivo e caminhante de sua própria missão espiritual material.

Porque ainda que a carne morra, jamais morrerão os seus erros e falhas para consigo mesmo e para com o campo espiritual terreno onde habitou.

A livre escolha

"Respondeu-lhe Jesus: Porque você me chama bom? Ninguém é bom, a não ser um, que é Deus". (Marcos 10:18)

10.1 Deus é bom em toda a vossa plenitude de poder e glória, pois concede a todos os seres da terra em matéria e em espíritos o direito de habitar o elo terreno com todas as maravilhas criadas por Ele para abastecer e guiar seus filhos de forma harmônica e boa; assim como o direito de caminhar livres por todo e qualquer canto da esfera terrena que quiserem. E diferente de outros elos espirituais, o campo terreno possui todas as glórias espirituais e poderes divinais em forma de elementos como o ar, a água, o fogo, e todos os frutos e todas as formas de vida e de belezas que os olhos e os sentidos possam vislumbrar calçados pelo elemento árido, pois Deus é bom e vossa plenitude é composta de bondade.

E é concedido a todos os espíritos o direito de serem livres e poderem voar livres e soltos e desprendidos de qualquer força espiritual que lhes possam obrigar a ser o que não desejam ser ou serem diferentes daquilo que são, em qualquer elo a que pertençam ou venham a ocupar diante de Deus. Isso quer dizer que é concedido a todo ser espiritual encarnado a liberdade de seu espírito para que possa caminhar livre por sobre a terra, a liberdade de seus sentidos para que possa experimentar todo o campo terreno através dos cinco sentidos que o torna vivente e a liberdade de pensamento para que possa fazer através de seu espírito, seus sentidos, seus pensamentos e suas vontades, as escolhas que acredita ser as melhores escolhas a caminho do bem, para que possa ser exatamente aquilo que precisa ser, sem a obrigação de ser aquilo que não quer ou não deseja ser.

Para isso, é concedida a todos os seres da terra a possibilidade de usufruir e desfrutar de tudo aquilo que a natureza espiritual terrena fornece e oferece gratuitamente sem cobrar nada além do que seu espírito pode utilizar ou apreciar. Logo, o ser encarnado recebe o direito de ser exatamente quem é, e pode ainda ser tudo aquilo que deseja ser, pois embora esteja no ambiente terra, seu espírito é livre para voar e ser feliz conforme Deus ordena, pois o Criador concede-lhes através da força de vida espiritual que possui o elo espiritual terreno todas as belezas das matas, toda a força de vida do sol, todo o poder de vigor e mudança de energia da fluidez de forças do regente água, todas as sementes que florescem em flores e frutos, assim como a possibilidade de procriar em vossas próprias unidades espirituais e trazer a terra outros seres semelhantes para amar, fortalecer-se e unir-se os tornando ainda mais fortes. Porque o Criador é a força maior que lhes concede o direito de conhecer as forças que regem o vosso mundo, juntamente com as forças que não podem ver, tampouco tocar, porém são as energias daqueles que servos e servas são os seres que lhes auxiliam nos caminhos honrosos e corretos utilizando tudo aquilo que Ele mesmo fornece e é necessário para a caminhada no campo terreno e acima de tudo o direito de serem felizes e de serem bons uns com os outros.

Porém, o elo espiritual terreno é um campo de passagem, e não um elo de morada eterna, e todo ser espiritual que aqui se encontra deverá retornar para sua morada eterna de onde um dia partiu para que pudesse atravessar o campo terreno de lapidação de si mesmo, em autoconhecimento para alcançar maior sabedoria, conhecimento, discernimento e evolução se acaso alcançar este nível espiritual de progresso. Por isso é concedido a ele o direito de ser livre e buscar através de suas capacidades e forças seu autoconhecimento e elevação espiritual necessária para torná-lo conhecedor de si mesmo, de sua missão espiritual, para que possa com disciplina e doutrina, buscar e conhecer as verdadeiras razões em relação a si mesmo para que possa direcioná-lo aos caminhos da nobreza espiritual, para que possa, assim que retornar a vossa morada celeste, alcançar patamares mais elevados e honrosos diante do reino celestial.

Logo, todo espírito reflexo de seu Criador é puro e imaculado, sem danos, sem erros e jamais findará, porque assim retornará para a vossa morada verdadeira. Porque Deus, o Criador, concede todos os direitos de seus filhos serem felizes e seguirem os caminhos bons, assim como concede a todas as mesmas oportunidades de desfrutarem belezas, encanto e formosura do mundo terreno. Porém, nem sempre é isso que o encarnado deseja, seguindo caminhos contrários aos caminhos ordenados por seu Criador, desejando caminhar apenas sobre as ilusões, falsas crenças e delícias mundanas, que os levam para caminhos pouco honrosos ou em direção ao nada existencial.

Isso porque o ser encarnado desconsidera o fato de estar no elo terreno apenas por breve passagem, esquecendo-se que sua verdadeira morada não é a morada terrena, e sim a morada espiritual, e um dia deverá retornar à casa de onde partiu. Porém, a casa celestial de onde todos os espíritos partiram não é o local para onde todos os espíritos retornarão no momento do regresso, ou na hora que deveria ser a hora mais importante e sublime em que se rompe o fio de prata e o corpo volta ao pó e o espírito retorna para a casa de Deus, seu Criador, porque nem todos os que aqui estiveram, retornarão de fato para as casas de Deus.

Pois embora todos desfrutem dos mesmos direitos terrenos, nem todos caminham pelos mesmos caminhos bons e plenos que pelos quais deveriam caminhar todos os filhos de Deus. Porque ao homem é dado o direito de livre escolha, não de livre arbítrio, porque este espiritualmente não existe, o que existe é a livre escolha terrena de oportunidade de terra e um único caminho traçado em verdades celestiais espirituais que os levarão todos aos caminhos de Deus. E este direito fora concedido a todos os filhos da terra, e todos que por vontade própria escolherem os caminhos tortuosos de terra, distante dos caminhos espirituais, caminharão em direção às fornalhas das trevas, porque este sim é o livre arbítrio daqueles que são arbitrários contra as leis espirituais, porque ainda que existam muitos caminhos e muitas possibilidades, apenas um os levarão ao Criador.

Mas como ninguém adentra as portas das casas de Deus por imposição, medo ou forçosamente, e sim por vontade de seguir os caminhos bons escritos de forma nobre e boa, cada um possui o mesmo poder de discernimento, ciência, e conhecimento, assim como os mesmos direitos de conhecerem a si mesmos, bem como as suas missões e caminharem por elas de forma livre e amável, até que as portas das casas dos céus novamente se abram e ele possa diante dela adentrar.

E sendo de direito de cada encarnado a escolha daquilo que desejar ir em direção, ao homem é dado o direito de escolha de sua direção em direção ao único caminho que lhe será a salvação, assim como os Espíritos sagrados é dado o dever de cuidar, guiar e direcionar cada um em direção as suas únicas e verdadeiras moradas conforme as suas obras ou atos e ações realizados em terra. Sendo assim, ao ser encarnado cabe o direito de seguir seu Deus e ser feliz com tudo aquilo que ele lhe proporciona, porque aos guardiões é também dada a incumbência do poder da correção e da justiça, assim como também direcionar o seu repouso eterno a cada espírito que outrora fora encarnado, conforme o seu merecimento ou o seu tormento arbitrado em direção à justiça de correção.

Por isso, todo encarnado é possuidor de um espírito determinado por Deus ao cumprimento de uma missão terrena para ajuste de suas próprias deficiências espirituais ou crescimento espiritual em áreas de sentidos que devem corrigir ou conhecer caminhando pelo elo terreno onde todos aqueles que possuem missões de autoconhecimento e regate de si mesmos caminham para alcance de elevação ou evolução espiritual. Por isso, o elo terreno é um elo de aprendizado espiritual de forma material onde todos terão igualmente as mesmas oportunidades de aprender, se conhecer ou se corrigir e assim, elevar-se ou evoluir espiritualmente para que possam regressar de forma mais própria e elevada à sua verdadeira morada celeste da qual um dia partiu para a dolorosa e gratificante missão terrena de autoconhecimento e cura de si mesmo.

Mas este é o elo espiritual com as maiores e mais maravilhas formas e criaturas criadas por Deus para abastecer e guiar os homens da terra, juntamente as também delícias e prazeres criadas pelos homens da terra pelo direito divinal que possuem, repletos de prazeres e gozos mundanos, dotados de artifícios e opções de alegrar-se e adornar a si mesmos através de glórias e enganos, os quais os seres da terra se empoderam e autoproclamam grandes e fortes por meio de suas crenças más, verdades inventadas e mistérios nascidos de falsas verdades como forma de confundir e manipular os próprios viventes ou os seres encarnados assim com eles, nascidos e frutificados por eles mesmos.

E desta forma muitos filhos de Deus direcionam outros filhos de Deus aos caminhos mais tortuosos e desequilibrados espiritualmente, para que vibrem e jorrem energias negativas aos caminhos onde eles mesmos irão adentrar, e ainda assim alegrando-se alegram a outros olhos errantes e condenando-se e condenam outros espíritos a ser aquilo que eles mesmos desejam ser, pela própria escolha de também querer ser.

Umbral – lamentação da alma

"Que o ímpio abandone o seu caminho; e o homem mau, os seus pensamentos. Volte-se para o Senhor, que terá misericórdia dele; volte-se para o nosso Deus, pois ele dá de bom grado o seu perdão" (Isaías 55: 7).

10.2 É certo compreender que existem diferentes tipos de desvios e ações terrenas de cunho mal ou maligno, que podem culminar em diferentes formas de correções espirituais. Uma delas ocorre através daqueles encarnados que caminham por vossas próprias verdades causando dores e iniquidades por sobre a terra, justamente pela intenção de ser o que são por força de vossas verdades próprias e torpes, em busca de glória e prazer terreno, causando assim a guerra, a fome, a destruição, a desgraça e retirando a paz por onde passam. Por isso, aos que cometem iniquidade e desgraça disseminando a discórdia, a ferida e a dor, se intitulando poderosos e fortes, devido ao poder terreno concedido pelos próprios homens, que os tornam verdadeiros causadores do mal, terão diante de vossas passagens ou retorno ao elo espiritual pelo rompimento da carne material, seus resgates de remissão junto aos espíritos que diante das portas das trevas e do abismo atuam em nome do poder e da justiça divinal, pois serão precipitadamente retirados para distante dos elos espirituais de energias puras e direcionados ao elo remissão de nome elo infernal.

Outra razão parte do motivo daqueles outros espíritos que desconhecem o poder de Deus e vossas forças concedidas aos vossos servos espirituais atuantes das leis, e cometem maldades contra si e contra outros espíritos que deveriam também caminhar juntos para alcançar a evolução e o progresso espiritual em comunhão com os espíritos que foram direcionados para cumprimento de missão espiritual em comunhão com os espíritos celestes, os Espíritos sagrados de luz e os demais espíritos assim como eles mesmos, em busca de crescimento e evolução. E ao contrário do que deveriam propagar sobre a terra, desferem a dor e ferem si mesmo e ao próximo por acreditar que a dor se paga com a dor e as feridas devem ser curadas à custa de outras e piores feridas. Desta forma, magoando, machucando, perturbando a paz e causando machucados profundos por onde passam.

Isso porque não acreditam no inferno, desconhecem os elos de remissão de erros de nome umbral, assim como desconhecem a força e o poder dos espíritos que diante desses campos trabalham carregando em vossas costas as chaves que abrem e que selam as forças destes espíritos nos campos de remissão, para que adentrem em vossas passagens. Mas isso porque desconhecem o poder e a força das mãos do próprio Deus que os criou, pois se conhecessem ou soubessem quem é o verdadeiro Deus não fariam ou causariam a maldade na terra.

Porém, partirão todos para um elo de correção espiritual chamado por muitos de inferno, porém bem distante de sê-lo, pois este, diferentemente dos campos infernais de correção, possibilita aos espíritos errantes a regeneração e o retorno do espírito para as esferas de juízo e de evolução. Pois este campo, embora repleto de sofrimento e dor, não anula as forças espirituais ou causa a morte de nenhum espírito que por lá passa, assim como o elo infernal, e sim trata da correção a partir de seus próprios erros. Este elo de correção e disciplina chama-se Umbral.

Diferente do que as crenças pregaram por longos anos, o umbral não é o inferno, embora tenha todas as características do dito inferno nomeado pelas ideias terrestres daqueles que jamais por lá estiveram, pois enquanto um anula as energias e forças causadoras do mau, o outro corrige os errantes a partir do seu próprio mau. Por isso, comparar o umbral com o inferno é desconhecer o inferno e sua função, assim como desconhecer o umbral e sua forma de correção.

Porém, devido ao conceito criado de que quem pratica qualquer tipo de maldade ou dor irá para o elo infernal desconsiderando a existência do umbral como sendo o elo espiritual que irá receber e corrigir aqueles que praticam dores, danos e feridas em menores escalas em comparação àqueles que irão para o elo infernal, que são aqueles que praticam e atentam contra toda a sociedade ou seu povo.

E sendo o elo umbral também um campo de remissão e de dor, muitos o classificam como sendo o próprio inferno, devido à sua função e ambiente de sofrimento similar, porém similar em sofrimento não em forma de correção, disciplina e poder de justiça por sobre os erros, pois enquanto um retira a possibilidade de viver causando assim a mais dolorosa dor, o outro faz viver para sentir a dor de ser aquilo que desfere. Por isso, campos com funções, correções e justiça bem distintos.

A razão do elo umbral é devolver tudo aquilo que pertence a cada espírito em estado de consciência espiritual por direito. Por isso, todo o mal ou dor ou ferida ou dano causado a outrem, o que inclui os puros e inocentes animais, voltarão para este espírito para que possa aprender com sua dor e seus erros, pois todos aqueles atos e ações más desferidas a outrem pertencem a quem os desfere, ou seja, pertence àquele espírito ou ao estado de consciência espiritual daquele que desferiu, ainda que seus golpes tenham sido de forma material por meio do pensamento consciência que representa ele mesmo em elo material enquanto caminha sobre a terra pela carne, e não aquele que os recebe.

Porque todo o sentimento de ódio, raiva e fúria pertence aquele que o possui e não ao que recebe em forma de feridas, chagas e dor. Por isso, a função do elo de correção umbral é a de correção e lapidação de tudo aquilo que praticou e desferiu por meio da matéria carnal o pensamento de consciência as quais as manchas estiverem acopladas a Aura Plena que pertence àquele espírito, até que esta seja totalmente limpa e purificada. E após a correção que irá limpar e purificar o espírito, todos poderão seguir para outros elos que possuem possibilidade de julgamento dos erros e alinhamento de conduta, se necessitar também. Pois este elo espiritual é apenas o local em que todos os espíritos dotados de manchas e máculas, ainda afixados em suas Auras Plenas, serão limpos, e corrigidos pelas vossas más obras e serão, após esta primeira etapa de remissão, acolhidos e passarão pelo tratamento espiritual de recuperação disciplinar dentre as várias moradas de correção antes que sejam novamente encaminhadas às suas verdadeiras moradas para continuar as suas caminhadas.

Tendo em vista que neste elo espiritual não se alocam espíritos de alta clemência espiritual ou grandes manchas, ou seja, espíritos causadores de guerras, fome, destruição, massacres em massa ou outras atrocidades e penalidades de grandes perturbações, danos e feridas aos seus. Não são estes espíritos alocados juntamente com espíritos que também cometeram penalidades consideradas espiritualmente de danos e máculas a si mesmos, porém de fatores distintos e de correções e justiça também distintos. Porque este elo espiritual agrupa apenas aqueles espíritos que causaram a dor a si mesmo ou aos seus pares por caminharem sobre suas próprias verdades, desejos desregrados, impulsos primitivos de descontrole de si mesmo e crenças e ideias más em relação às suas próprias missões e existências, justamente por desconhecerem ou desobedecerem aos mandamentos e aos ensinamentos de Deus e as vossas doutrinas.

Por isso, diferente do elo infernal em que o espírito que lá adentra perde o direito de liberdade para correção e lapidação de alma pela disciplina em forma de justiça, que será a ele aplicado, pelo tempo que lhe for determinado para corrigir-se, estes serão espíritos corrigidos e lapidados pela forma de correção que os farão experimentar e conhecer todo o mal que desferiram e por eles machucaram e feriram, ou seja, sofrerá a sua essência espiritual danosa na mesma intensidade, recebendo as mesmas dores que sofreu aquele que causou as penas e a dores que lhes pertenciam.

Logo, este é um elo espiritual de dores, angústias, sangue, lamentações, mutilações, decapitações e horrores, em que a escuridão é a única forma de viver e o cheiro de enxofre o único perfume e ser sentido e os gritos de medo e pavor os únicos sons audíveis passíveis de serem escutados. Porque este, que por muito tempo fora confundido com o inferno, é em verdade o único e verdadeiro elo espiritual de remissão dos erros, em que o perdão virá através da forma mais plena e pura ao espírito, que não perderá nenhum de seus direitos tampouco será morto em essência espiritual para que possa conhecer o peso de suas faltas e erros contra os seus. Por isso, aquele que cometeu a falta, e causou a dor e o desespero, sentirá a dor de tê-la cometido até chegar a hora de sentir pena de si mesmo, em que somente a clemência de si próprio o libertará do desejo de ver a própria morte para livrar-se de ser quem se é, ou antes, mesmo que o peso de ser quem se é dilacere a própria alma antes da morte desta.

Mas aqueles que causaram o mal, a dor e o sofrimento sentirão a dor de não terem sido aqueles que a receberam e sim aqueles que as desferiram, porque aquele que a recebeu em terra, em verdade, a ele doerá menos do que para aquele outro que a desferiu; porque este sentirá por duas vezes a dor de causar a dor e a dor de sentir o lamento até a angústia da clemência, misericórdia pelo perdão de suas faltas que virá somente após todas as faltas, dores e lamentos por este sentido, até receber a chave clementina de sua existência que o libertará de si mesmo.

Portanto, este que nada tem em comum com o inferno será a verdadeira face dos que não poderão ver as suas faces, pois a fumaça e o sangue derramado esconderão tanto os olhos quanto o solo onde pisarão seus pés desgraçadamente descalços; porém, os rostos dilacerados, os corpos ensanguentados e mutilados com suas partes arrancadas por onde todos caminharão sobre restos e corpos será ainda menos tenebroso do que a própria sombra descomposta.

Porque embora lhes pareça que amor, paz e luz não caminhem na mesma direção, ou distante de onde gemidos são mais fortes do que a esperança, desconhecem o fato de que existem momentos em que não pode enxergar traz mais alento do que angústia de ver a si mesmo, porque os olhos quando não enxergam agradecem por não ver tantos horrores, quando os ouvidos já são o suficiente para compreender tamanha dor e sofrimento, e as narinas são o bastante para sentir o forte odor da putrefação de seus erros, males e dores causados a seus semelhantes sendo consumados pelas suas próprias existências danosas, quando estas lhes são apresentadas para ser exaladas em sua pureza de forma espiritual em elo umbral, porque são as mesmas essências que os encarnados não sentem mas emanam e fluem em campo terreno quando o mal aplicam aos outros, sendo estes de suas raças ou não.

Essência esta que não somente o próprio buraco negro suga e destrói ou engole por ser parte de suas partes, como também aqueles que emanam da mesma forma e a sentem e a engolem por serem partes de suas partes emanadas e jorradas de vossas entranhas espirituais.

"Naqueles dias, os homens buscarão a morte e não a acharão; e desejarão morrer, e a morte fugirá deles." (Apocalipse 9:6).

Pois todas as falsidades, falsas verdades, injúrias, blasfêmias, danos, dores, assassinatos e pesares são elevados aos seus estados de consciência que lutarão e se esforçarão para serem menos danosos e penosos ou desprezíveis seres que se afogam em suas próprias dores, causados por si mesmos, diante de todos os erros e maldades cometidas aos outros seres da terra, enquanto suas falsidades mais verdadeiras serão expostas em suas consciências plenas para trazer a descoberto todos os feitos e atos e ações cometidos em solo terreno, e neste momento suas angústias e pesares os atirarão mais e mais ao submundo das dores e das lágrimas de ser abertamente expostos em relação a tudo aquilo que acreditavam poder esconder, ou acreditavam matar no momento de suas primeiras mortes, ou suas passagens espirituais.

Mas como a dor já não será o bastante, o desprezo de si mesmo será a desgraça que mais doerá e mais corroerá a própria alma, pois esta será cometida contra a própria essência espiritual outrora desferida contra os seus, incluindo-se os animais. E as chagas que lhes parecerão não ter cura, serão a infelicidade de um ser imaterial que sofrerá em espírito a miséria de ser a quem se é de verdade, ou seja, um nada, desprezível e desgraçado contra si mesmo. Por isso, desejarão a morte, e não a encontrarão, pois a morte não será o caminho para a liberdade de todo o sentido de existência os quais seus espíritos necessitarão para libertarem-se de seus pesares e dores. Porque esta poderia ser para eles, ainda mais dolorosa as suas unidades espirituais, e por isso ela, a morte, os preservará pela misericórdia que lhe cabe de não os deixarem ser ainda mais calamitosos de si mesmos. Logo, a morte não o deixará morrer.

E o tormento de suas almas será como a eternidade em sentido de consciência espiritual, que lhes parecerá não findar jamais, porque esta será vivenciada de maneira quase material ou como se ainda estivessem em campo terreno, sentindo e vislumbrando cada etapa de seus processos de cura pela própria dor através de suas Auras Plenas dotadas de erros, falhas e danos. Isso porque os sentidos de dores e angústias que sentem os seres encarnados, apenas em campo material, são possíveis de serem sentidos, uma vez que a essência espiritual ou o estado de consciência não possui sentido de sentimento que se assemelhe ou se iguale aos sentidos experimentados pelos seres materiais.

Isso quer dizer não possui nenhum espírito em estado de consciência pura nenhum tipo de sentido ou sentimento material carnal. Por isso, todos os sentidos que poderão sentir como dor, angústia, falta, piedade, lamento e demais sentidos e sensações que somente os espíritos em campo terreno poderão sentir, contradizendo a própria existência espiritual do ser, será sentido apenas para que possam experimentar as suas próprias dores em campo de remissão umbral, e não que eles possam sentir em qualquer outra esfera espiritual.

Porque se, somente pela força dos próprios erros, danos e falhas desferidas poderão ser tratados e curados, deverão estes ainda que em estado de consciência espiritual sentir todos estes sentimentos que causam as feridas e as dores, por isso estes sentidos e sentimentos, ainda que se encontrem em esfera espiritual, serão sentidos e experimentados pelos espíritos em elo de remissão de nome umbral que se encontrarão.

Mas se o espírito é imortal, imaculado e livre de erros e danos e por isso jamais se findará, porém enquanto este estiver em missão terrena, estará este ligado à matéria que será ele mesmo através da Aura Plena, que é condutor espiritual de emanações espirituais, assim como porta de entrada de todos os sentidos e sentimentos e sensações materiais. Por isso, esta que é parte da estrutura espiritual que abriga o espírito e o pensamento consciente, que é também a representação do espírito em campo material, ou seja, ele mesmo será a parte espiritual que carregará também em campo espiritual todo o sentido e sentimento que o espírito sentirá através desta que sentiu também em campo material, isso quer dizer, sentirá através desta todas as dores e pesares de si mesmo, no momento de sua estada em elo espiritual umbral para a sua lapidação de correção e cura.

Mas o momento do desencarne não é o momento em que se desconecta do espírito os sentidos materiais ou desconecta-se o pensamento de consciência do espírito, ou seja, da essência espiritual real ou o estado de consciência que é a verdadeira e única forma do espírito. Porque no momento da passagem espiritual terrena para o campo celestial, passagem esta em que todos os espíritos encarnados um dia passarão, todos atravessarão para alcançar os campos espirituais o véu da morte, porque é esta a porta de entrada para a vida eterna ou o tormento eterno de todo ser, que ocorrerá após o rompimento do fio de prata em que a própria morte o conduzirá à verdadeira vida que é a vida espiritual. Por isso, todos os espíritos, excetos aqueles que devem ir para o campo infernal, atravessarão o véu da morte para adentrar a vida espiritual, seja esta qual for ou qual lhes pertencer.

É o véu da morte a unidade de acolhimento ou porta de entrada para a vida espiritual de toda unidade de essência de espírito que em terra se encontrava em missão espiritual. E à beira do véu da morte encontram-se todos os espíritos que atuam no resgate de acolhimento das almas chegadas, no recebimento das almas em admoestação, na abordagem das almas pretéritas e na conciliação das almas benditas, ou seja, no recebimento, saudação e acolhida de todos os espíritos que acabaram de deixar as suas unidades materiais e regressaram às suas verdadeiras vidas pelo rompimento do fio de prata.

E será nesta unidade de tempo de morte, pela qual todos os espíritos devem passar, que aqueles espíritos cobertos de manchas em suas unidades espirituais por terem cometido danos e feridas contra si ou contra outrem, serão recebidos e encaminhados ao elo espiritual de nome primeiro julgamento ou primeiro juízo, porque é o primeiro julgamento o elo espiritual conhecido em campo terreno como umbral, o campo que julgará todos os erros e limpará todas as unidades espirituais de todos os espíritos que lá adentrarem pela morte de todos os erros, danos e feridas cometidos em terra, antes que estes sejam encaminhados às casas celestiais ou aos reinos de Deus conforme o direito de correção divina, porque nisso encontra-se também a justiça divina.

Por isso, desde o momento do acolhimento diante do véu da morte, em que todos os espíritos manchados serão recolhidos e encaminhados às suas verdadeiras moradas, no elo espiritual umbral, todos possuirão pensamento de consciência vívido, porque este estará alocado em sua Aura Plena, que o faz estar conectados a todos os sentidos e sentimentos existentes apenas nos campos materiais, então, até que seja para cada espírito o primeiro julgamento apresentado, todos os sentidos e sentimentos lhes serão parte viva de sua existência, pois estarão todos os sentidos e sentimentos ainda alocados em Aura Plena, através do pensamento de consciência que é parte viva da Aura Plena de cada unidade espiritual, pois será através desta que o julgamento lhes será aplicado.

Portanto, no momento do desencarne ou no momento em que se desconecta o espírito dos sentidos materiais, estes ainda não serão desconectados do pensamento de consciência de sentidos mecânicos ou sensações terrenas, não somente porque não perderão os sentidos materiais e sim porque adentrará ao primeiro juízo de consciência, e porque neste adentrará com consciência terrena conectada à Aura Plena, ou seja, com os sentidos que estão vivos no pensamento de consciência que apenas serão libertos após terem sido todos os seus atos e ações terrenos apresentados e por meio do juízo de consciência ou primeiro juízo que possui o elo espiritual umbral pela sua forma de correção e justiça.

Portanto, somente após ocorrer o primeiro juízo, juízo que julgará todos os atos, momentos e ações, que culminará na morte dos erros, falhas e danos, é que concederá o elo espiritual umbral, a liberdade espiritual, para que sejam os espíritos encaminhados as vossas moradas de elevação espiritual. Ou seja, somente após a morte espiritual de todos os erros é que será direcionada cada unidade espiritual a cada unidade de esfera santificada ou às casas celestiais de onde cada espírito deverá partir para continuar a sua própria caminhada espiritual.

Sendo assim, todos aqueles que, encaminhados ao elo espiritual de remissão de nome umbral, partirão compostos de suas composições, estruturadas desde a unidade de essência espiritual pura, a Aura Plena, e também pensamento de consciência, carregando consigo tudo aquilo que acabou de deixar em campo terreno, porém dentro dele ainda não morreu.

Mas todos os espíritos, que após o primeiro julgamento, estiverem purificados e preparados para seguir com suas caminhadas espirituais, ou seja, regressar às casas celestiais ou elevar-se a novas casas celestiais, deverão fazê-lo somente após seus pensamentos de consciência estarem igualmente puros e límpidos dos atos e ações praticados em campo material. Porque embora este não parta juntamente com o espírito e a sua estrutura espiritual, a Aura Plena, porque este apenas serve para o campo material, este será descarregado sobre o próprio espírito ou sobre a essência espiritual quando esta estiver preparada para partir para sua verdadeira morada, porque a essência que parte límpida, pura e cândida levará consigo todo o consciente daquilo que aprendeu e praticou ou exerceu em campo terreno, que renasceu para cumprimento de missão, ou seja, receberá apenas a memória que é o próprio pensamento de consciência; a permissão para a continuidade existente através das lembranças que levará em sua essência espiritual porque é parte de sua caminhada espiritual.

Isso quer dizer que não é o pensamento de consciência parte da estrutura espiritual, porque carrega apenas pensamentos, sentidos e sentimentos terrenos, e estes sentidos e sentimentos terrenos que carrega são sentidos pertencentes ou conhecidos dos espíritos apenas enquanto estão encarnados. Por isso, quando este estiver limpo e purificado de seus atos e ações danosas, será desfeito no espaço espiritual libertando o espírito para seguir a vossa caminhada, sem nenhum tipo de sentido ou sentimento terreno material. Isso porque é o pensamento de consciência o próprio pensamento do espírito em campo terreno onde exerce a função de sabedoria, conhecimento e ciência voltados para o campo material, juntamente com a Aura Plena, que é a parte central da estrutura espiritual que concede a possibilidade deste espírito caminhar em campo terreno, diferentemente, por exemplo, dos Santos, que não possuem estrutura espiritual, Aura Plena, e por isso jamais encarnaram em campo material.

Porque é a Aura Plena a estrutura espiritual que nenhum espírito que possua o direito de encarnar para cumprimento de missão espiritual poderia fazê-lo sem possuir esta matriz estruturada composta de duas partes de unidades criada espiritualmente pelo direito e ordem suprema de missão espiritual em forma de encarne para o campo terreno, em que a primeira parte é ela mesma, a Aura Plena, ou a matriz estruturada para encarne terreno e a segunda parte é o pensamento de consciência que também nenhum espírito poderia encarnar sem esta estrutura ou adentrar ao campo material sem que não tenha parte da estrutura que o tornará ele mesmo em campo terreno, sentindo e vivenciando as formas e forças e energia através de seus sentidos.

Portanto, para seguir todo e qualquer espírito com as vossas caminhadas espirituais é preciso que este se liberte dos erros, falhas e danos que estão alocados no pensamento de consciência dentro da Aura Plena, porque esta que é a porta de entrada de todos os sentidos e sentimentos e sensações, será esta também a parte que seguirá com o espírito para os outros campos espirituais uma vez que este faz parte de si mesmo, porém jamais poderá carregar consigo os sentimentos e desejos mundanos, porque não poderá estando suja ou imprópria adentrar as outras esferas espirituais.

O primeiro juízo para a morte dos erros

"Pois Deus trará a julgamento tudo o que foi feito, inclusive tudo o que está escondido, seja bom, seja mau" (Eclesiastes 12:14)

10.3 Todo espírito manchado que carrega em sua essência as marcas penosas da vida terrena, assim que desencarnar será espírito conhecedor de todos os seus caminhos e estradas que os levarão às casas espirituais ou às suas reais e verdadeiras moradas. Mas, para isso, serão todos acolhidos e encaminhados ao elo espiritual de nome primeiro juízo, não o juízo que irá saudar e receber, mas o juízo que irá julgar cada causa, ato e ação e encaminhar os espíritos as vossas moradas após estarem estes santamente límpidos e purificados igualmente como estavam no momento em que deixaram suas casas celestiais para trilharem em terras materiais as suas próprias missões espirituais. Isso porque não se é permito adentrar a nenhuma esfera espiritual carregando manchas, falhas ou qualquer sentido que os torne impuro ou impróprio a sua própria morada.

Por isso, nem todos os espíritos após romperem o véu da morte que serão acolhidos, recolhidos e encaminhados às casas celestiais do reino do Senhor Deus, pois muitos serão pelos servos espirituais que ali se encontram em vossas labutas direcionados aos elos espirituais aos quais devem pertencer. Por isso, será neste momento em que os espíritos errantes serão também recebidos e encaminhados ao elo espiritual de remissão umbral, diferentemente daqueles espíritos que a vossa nova morada chama de inferno, porque para estes, os anjos das fendas das portas do abismo juntamente com anjos das fendas das portas das trevas, estarão aguardando-os junto ao véu da morte, ou a passagem entre os que vivem e os que morrem, porque estes não terão a mínima chance de desviarem-se de vossa morada.

Pois somente após caminhar pelo primeiro juízo que se encontra à beira do véu da morte, ou a passagem espiritual entre a vida material e a verdadeira vida, a vida espiritual onde o gosto da morte não tem o mesmo sabor que o juízo final de existência, porém a mesma angústia de deparar-se com o caminho do nada em direção ao tudo que a partir daquele instante será para eles a vida eterna, é que serão todos direcionados as vossas unidades verdadeiras espirituais de caminhos de eternitude.

E aqueles para os quais o umbral servirá de morada serão pelos servos espirituais dos abismos e das trevas encaminhado as vossas também moradas. Porém, estes servos espirituais que não são nascidos nem do abismo e nem das trevas e que, por isso, não atuam dentro destes campos de correção, não julgam, não corrigem ou aplicam penas ou penalidades em forma de doutrina, disciplina ou direção, apenas vos conduzirão as vossas próprias existências, ou seja, serão eles quem os farão ser conhecedores de si mesmo em relação a tudo o que praticou, desferiu, agiu, falou e executou.

Mas embora todo espírito encarnado que cometa maldades e atrocidade com seu próximo, nem sempre considera ele que aquilo que cometera tenha sido algo de fato ruim ou uma atrocidade contra o Criador, todos passarão antes mesmo de adentrar ao elo espiritual de nome umbral ao primeiro juízo, porque é o primeiro juízo a porta de entrada do elo espiritual de nome umbral, que lhes apresentarão eles a eles próprios e lhes cobrarão o juízo de todas as causas antes de serem corrigidos severamente por seus atos e ações, para que saibam exatamente o motivo de serem para lá carregados, sem que as vossas chegadas lhes causem espanto, confusão ou assombro.

E ainda que pareça que os erros morrem junto à matéria no momento da passagem, esta não é uma verdade espiritual, pois os erros cometidos em elo terreno estarão todos alocados na Aura Plena através do pensamento de consciência, até que sejam todos anulados e apagados, porém jamais esquecidos.

Ora, se todos os sentidos e sentimentos, vivenciados e experimentados pertencentes ao pensamento do espírito que são adquiridos e alocados à Aura Plena em campo terreno, todos os sentidos e sentimentos estão juntos ao próprio espírito no momento do desencarne, e os erros não findam com a morte da matéria, pois a matéria não possui energia própria, pois é abastecida e emanada através da estrutura espiritual ou da Aura Plena e sua estrutura que carrega o pensamento daquele espírito, logo aquela Aura Plena precisa ser limpa e purificada após o desencarne para que se finde no universo o pensamento de consciência e liberte o espírito para o estado de consciência espiritual de continuidade de sua caminhada celestial.

Porém, uma vez que a Aura Plena por meio do pensamento de consciência encontra-se impura e cheia de dores, mágoas, iniquidades, feridas, erros e falhas, esta ficará presa ao espírito, até que seja purificada e deslocada da essência espiritual. E até o momento da purificação espiritual que ocorrerá apenas no elo espiritual de remissão para onde este espírito deverá ser encaminhado para purificação, todos os sentidos serão vividos pelo espírito assim como eram em elo terreno.

Por isso, o elo espiritual umbral é o elo em que todos os sentidos materiais são sentidos de forma terrena ainda que em esfera espiritual seja outra. Pois a Aura Plena repleta de erros, de desvios e de falhas estará alocada ao espírito até que a moléstia, as dores, sofrimento e iniquidades causadas sejam apagados. Motivo este que torna o elo umbral um campo espiritual de mutilações, dores e decapitações, pois é a passagem que se segue em ambiente de correção com sentidos ainda materiais, justamente com aquilo que foram indiferentes e causaram dor.

Pois, para conhecer a dor é preciso senti-la no seu interior, para saber como é o sofrimento daqueles que fez sofrer é preciso senti-lo em seu ápice também interior. Mas é certo compreender que correção não é punição, tampouco disciplina de humilhação. Correção e disciplina são parte da estrutura de aprimoramento de lapidação da alma, conferidos através do estado de consciência por força do pensamento de consciência, em que sua própria consciência sofre e sente todas as consequências causadas e cobra a mesma intensidade daquilo que através de suas ações, atos, falsas verdades e crenças mundanas desferiu sobre outro ser. Por isso, o estado de consciência profundo da dor é o sofrimento de si mesmo, diante daquilo que se pode criar para si mesmo através dos outros em sentido material e espiritual.

"O Senhor disse-lhe: Porque estás irado? E porque estás abatido o teu semblante? Se praticares o bem, sem dúvida alguma poderás reabilitar-te. Mas se procederes mal, o pecado estará à tua porta, espreitando-te; mas tu deverás dominá-lo" (Genesis 4: 6,7).

De fato, o pecado refere-se ao mal que o homem faz a si mesmo e aos outros através de suas concepções, ideias e crenças. O espírito reflete apenas o que é bom ou o bem e não possui sentimentos e desejos ou maldade, tampouco emana algo ruim, porém Caim era constituído de Aura Plena assim como de pensamento de consciência, ligadura em forma de pensamento entre as duas unidades espirituais ou entre o céu e a terra por meio do compreender-se e existir, ou a maneira única de experimentar todos os sentidos, sentimentos, desejos e sensações materiais. Por isso, diante de uma adversidade, logo se deixou dominar por desejos maus, contrários aos desejos espirituais de Deus para com ele.

As sensações de medo, dor, pavor, fúria, raiva são sensações que adentram a Aura Plena por força do pensamento terreno de consciência, e cabe ao encarnado controlá-los ou eliminá-los de sua existência e praticar apenas o que é bom. Pois quando proclama o Criador, "Tu deverás dominá-lo". Mostra que todos os sentimentos podem e devem ser controlados pelo homem de forma que este não traga desajustes terrenos. Pois, se o homem não conseguir dominar seus instintos e desejos materiais contrários aos desejos de Deus, outrora chamados de pecados, não serão capazes de se elevar espiritualmente ainda que seja o reflexo de Deus. Sendo assim, permaneceram puramente material tentando alcançar a paz e a felicidade de forma terrena o que é impossível e seus erros os colocarão eternamente em estágio inferior perante a verdadeira vida que é a espiritual.

E foi Abel, ferido de morte não por Caim apenas, mas pelo egoísmo e a maldade instaurada no pensamento consciente de Caim, que este não foi capaz de dominar assim como havia sido prescrito pelo Criador. E o Senhor respondeu *"Aquele que matar Caim será punido sete vezes. Então o Senhor pôs em Caim um sinal para que, se alguém o encontrasse, não o matasse"*. (Genesis 4:15).

Ou seja, ainda que o homem tenha suas leis terrenas e faça sua justiça valer em diversos casos, a Justiça dos erros, dos enganos, das falhas e dos caminhos tortuosos escolhidos pelos encarnados em relação aos próprios encarnados pertence a Deus, que o fez e não a outro encarnado. A Justiça Divina certamente fez o seu julgamento e aplicou a pena ao que cabia a Caim em terra, porém em seu desencarne sua pena também foi aplicada de forma corretiva para que pudesse ele ser liberto de todo o seu mal. Pois o ser Supremo sendo Espiritual, todas as correções e penalidades são também de cunho espiritual e suas sentenças não são de horas brandas ou apagadas como creem certos homens.

"Há de beber também o vinho da cólera divina, o vinho puro deitado na cólera da sua ira. Será atormentado pelo fogo e pelo enxofre diante dos seus santos anjos e Cordeiro." (Apocalipse 14:10).

Ora, a correção cabe somente a quem rege sobre todas as forças espirituais do céu e da terra e não ao encarnado. Mas a hora da correção e do julgamento santo é herança de todos os seres encarnados, pois deste momento nenhum espírito não pode fugir, e resta a cada um receber o que lhe é de direito divino antes de adentrar em qualquer esfera a este determinado, conforme seus esforços terrenos de lapidação espiritual. Por isso, não é o primeiro juízo um campo de medo ou de correções, e sim o campo que lhes dará as chaves para os campos de onde o juízo lhes será de fato o caminho para o crescimento, mas estes terão horas penosas àqueles que merecerem penas e serão de horas brandas àqueles que merecem paz, porém nenhum espírito poderá se esconder ou desviar da direção do momento sagrado que lhes reserva o primeiro juízo, tampouco dos elos de correções de onde a purificação lhes dará um novo corpo e uma nova vida pelo espírito já existente.

E o vinho da cólera preparado pelas mãos dos próprios errantes será para estes como bebida amarga com o mesmo amargor a qual causaram a outrem, e seu suco fulminante, assim como seus feitos de crueldades serão em seus estômagos mais crespos do que as delícias causadoras de iniquidades do qual se prostraram em terra de homens para saciar suas iras, seus ódios e seus desejos e prazeres mundanos. (Senhor Sete Encruzilhadas)

E aqueles que andarem contigo por toda a existência terrena, conduzindo-os de forma branda aos caminhos da paz sem descanso diante de suas maldades, outrora chamados de anjos guerreiros, espíritos guardiões e agora Não Santos de lei, serão os mesmos a preparar os caminhos corretivos onde a gosto do amargo do vinho de suas conquistas sangrentas em terra jamais se confundirá com o cheiro de enxofre, porque ainda que sejam ambos de essências fortes, será preparado por mãos distintas; e certamente estas que lhes prepararam o vinho não serão aquelas que lhes prepararão o enxofre, mas sim aquelas que retirarão os vossos miseráveis nomes do livro da vida, dando-lhes novas vidas diante do lago de fogo, onde o enxofre não será por eles produzido, se sim por vossas próprias unidades, porque serão elas quem irão dele compartilhar.

"Aqueles cujos nomes não foram encontrados no livro da vida foram lançados no lago de fogo" (Apocalipse 20:15).

E o fogo não é o que consome a carne ou matéria, mas é aquele que causa dor e sofrimento ao espírito em estado de consciência, fazendo com que todos os sentidos e sentimentos sejam queimados e ardam na chama do desespero e do apelo daqueles que tentam fugir de si mesmo e adentram ainda mais nas brasas que fazem expiar a própria existência espiritual.

Porque o fogo nada tem a ver com o campo infernal, tampouco são queimados aqueles espíritos que adentram a este elo como forma de punição aos maus espíritos ou espíritos errantes. O fogo é a essência da fonte da vida que conduz a vida e que vibra e emana o calor necessário que aquece, ilumina, forja em fragmentos e faz viver todas as essências, campos e coisas que devem viver, contrapondo-se e justapondo-se a essência água, pois enquanto um refrigera e faz viver o outro queima e também faz viver; pois quando um lava e limpa as impurezas astrais, o outro queima e forja todas elas de forma que desapareçam e findam-se no mesmo universo.

Mas é o fogo parte da composição dos elementos espirituais vívidos do elo terreno que se consome para que se forjem muitos e muitos bens e equipamentos necessários para a sobrevivência terrena, enquanto no elo de correção espiritual, o similarmente fogo santo consome e queima tudo o que deve se acabar, como todos os erros, os enganos, as mentiras, o ódio, as mágoas e as iniquidades, porque tudo que através dele é forjado também se consome e por si só ganha um caminhar de se acabar. Por isso, a mesma chama que constrói é aquela que também destrói e o mesmo fogo que faz curar é também o que faz matar.

Por isso, o umbral é um campo de reclusão e isolamento temporário onde todo sofrimento parte do estado de consciência ferido, destruído e desequilibrado pelos seus atos que cometeram muitos desequilíbrios serão também pelo fogo destruído, porque adentram a este campo somente aqueles que precisam compreender que desequilíbrio e maldade causam a dor e o desequilíbrio pessoal, e esta embora lhes pareçam uma maneira punitiva de correção, correção não é punição e sim ajuste, porque sem desconhecer a dor que se causou ao outro não é possível conhecer aquilo que existe dentro de si mesmo que pode machucar, ferir e sangrar.

Embora muitos seres encarnados que cometem atrocidades pareçam não se sentir culpados e responsáveis por aquela dor e sofrimento, o seu estado de consciência os coloca de frente com a sua verdadeira essência, aquela que não se pode fingir ou enganar, pois o estado de consciência espiritual não pode ser enganado, trapaceado ou anulado. Ele é o que é, e mostra-se desnudo de crenças, enganos e falsas verdades sem máculas ou mentiras, quando a si próprio é apresentado, e de si não tem como esconder-se ou fingir ou fugir.

Mas é a correção através do umbral o caminho para o autoconhecimento pelo tratamento espiritual onde todas as suas obras, atos e ações más serão recobrados à sua consciência em relação às más ações. Pois o espírito pode esconder-se e escapar de tudo, mas jamais escapará de sua consciência plena, pois ela é sua verdade; é o local onde nada escapa, pois ele é a representação do ser em seu estado mais puro e verdadeiro, e de si mesmo ou de onde não se pode mentir, omitir, fugir, anular ou esconder-se. Pois onde quer que o espírito esteja, seja inferno, seja umbral, a sua consciência será ele mesmo em verdade, pois a vossa verdade é sua, e somente ele sabe o porquê de todos os atos e ações cometidos em faltas terrenas.

É certo compreender que todos os espíritos possuem missões ou determinações terrenas que possibilitam seu progresso espiritual e evolutivo, logo o ambiente terra é um elo de passagem e não de morada eterna. Tendo o espírito atravessado a esfera celeste para se alocar no elo terreno para cumprimento de missão de autoconhecimento e lapidação espiritual, deve este voltar para a sua verdadeira morada, pois para nascer no elo terreno partiu de algum elo celestial, ou seja, ele pertence a algum campo celestial e qual é esta morada de onde partiu? E qual é o lugar para onde deve retornar cada espírito?

Sendo o campo terreno uma esfera de aprendizagem e autoconhecimento, deve este espírito ao término de sua jornada terrena regressar a seu local de origem, porém, se este espírito ao adentrar ao campo terreno causar iniquidades, causar o mau, destruir, ferir, e machucar não estará preparado para regressar para sua morada de origem. Visto que o elo terra é um elo de aprendizado e de autoconhecimento, de busca de entendimento espiritual, logo este espírito não estará preparado para retornar à casa espiritual, pois não cumpriu com êxito sua estada de aprendizagem. Por isso, este espírito que passara pelo elo espiritual de nome primeiro juízo e será encaminhado à morada de correção, disciplina e arrependimento espiritual chamado de umbral.

Pois todo aquele que segue para as moradas espirituais devem ter cumprido suas missões terrenas, aprendido, adquirido autoconhecimento e elevação espiritual e por isso estar preparado para seguir ao regresso celestial.

Por isso, o umbral é o resgate de si mesmo contra sua própria existência em estado espiritual de consciência. E este elo espiritual também de passagem em que o resgate é feito através dos mesmos guardiões ou espíritos classificados como pertencentes às falanges de não Santos cumpridores de leis, ao elo de remissão, onde aqueles que vos aplicarão a correção são os próprios espelhos da justiça de Deus, pois para estes que obedientes, leais e fiéis o são, não cabe sequer uma vírgula à direita ou uma vírgula à esquerda da ordenação que receberem, são estes os próprios servos da correção preparados e qualificados para tais determinações, nomeados anjos, porém nascidos das trevas e do abismo.

Embora o umbral seja um campo de passagem e não de morada eterna, desta forma diferenciando-se do inferno, este elo de autoconhecimento espiritual, autoaprendizagem e autojulgamento em forma de correção, é um campo bastante agressivo aos filhos de Deus, que por desvios acabam se adentrando, pois sua forma de correção é bastante dolorosa e pesada. Por isso, a luta eterna entre o bem e o mal em que os espíritos não Santos e espíritos gretos atuam na busca de não deixar que as más ações, maus conceitos e maus atos sejam mais fortes e maiores que o desejo de servir ao Criador de forma bondosa e honesta contra ações e atos terrenos maldosos e impiedosos. Por isso, são estes espíritos guardiões, pacientes e determinados, auxiliando os demais espíritos, para que não caiam em vossas próprias armadilhas ou tentações, porque estas embora lhes pareçam saborosas serão mais amargas do que o próprio fel da justiça terrena, que apena a carne fere.

    É certo compreender que este campo não é o campo para onde irão apenas aqueles espíritos que podaram seu direito à vida, suicidando-se. É o local para onde irão todos os espíritos que causarem a dor a qualquer que seja o encarnado, ou seja, considere o próprio espírito que se podou o direito à vida, pois este também é um encarnado recebedor de um espírito nascido de Deus. Pois, se todo o espírito parte de Deus, não teria ele o direito de retirar-se da terra sem o cumprimento de sua missão, ainda que esta tenha sido da vossa própria consciência o desejo de tirar a chance de concluir a sua missão terrena. Por isso, passa este espírito a ser um errante perante o Criador, logo considere esta também uma má obra ou um grande erro terreno.

    Ou seja, todas as obras serão julgadas e corrigidas, sendo estas boas ou más. Porém, isso não significa que as más obras serão anuladas pelas boas obras ou os bons atos os libertarão dos elos de correção anulando as más ações. Por isso, é preciso compreender que fazer ou causar o mal, fazer o mal é ruim e traz consequências más e dolosas, e que ninguém deve atentar contra a liberdade e o direito de livres escolhas de ninguém. Porém, a única forma de compreender que o mal causa dor é sentindo a dor que causa o mal. Pois a única forma de compreender que machucar alguém pode doer é sentindo a mesma dor, assim como compreender que ferir pode machucar é ferindo-se com o próprio machucado. Pois para muitos só é possível saber o que é o choro chorando as mesmas lágrimas, só é possível saber o que é o sofrimento sofrendo os mesmo dissabores, assim como somente é possível saber o que é o ódio sentindo do mesmo rancor.

    Porém, o elo terreno é um campo cheio de prazeres, delícias e liberdade espiritual para caminhar pelo caminho que cada um desejar. E o motivo da vinda de um espírito não diz exatamente quem ele é ou se realmente irá cumprir com sua missão sem errar ou trazer danos e dores a ele mesmo ou aos seus pares ou ainda aos seres puros e inocentes da mesma terra. Mas sendo o espírito livre em suas ações, conduta e pensamento, pode este cometer atrocidades contra si ou contra os demais aprendizes encarnados, mas se o fizer, quando for chegado o momento de retorno à casa celestial de onde partiu, os anjos guerreiros estarão à sua espera para que não se desvie para outros elos e seja corrigido, disciplinado e reajustado, para que assim possa reerguer-se e continuar a vossa sublime caminhada em direção à elevação e evolução espiritual.

    Por isso, somente aqueles espíritos escarnados ou aqueles seres que estiverem mais pacientemente e calmos espiritualmente, ou seja, mais dispostos e atentos a si mesmos diante de cada falha e desafio, sendo perseverantes e atenciosos com o mundo e com os acontecimentos ao seu redor, pela paciência e humildade adquirida em relação àquilo que possuíam espiritualmente desde quando chegaram ao campo terreno, respeitando os ensinamentos sagrados com capacidade de compreender verdadeiramente para aonde devem ir, ou seja, serem pacientes ao aprendizado para o caminho do Pai celestial, é que terão o direito de regressar às suas moradas de evolução espiritual sem adentrar a nenhuma esfera de correção e disciplina espiritual. Porém, compreender para onde devem ir não quer dizer arrepender-se em terra dos seus erros e iniquidades, quer dizer, não cometer erros por conhecer verdadeiramente os caminhos que o levam ao Criador.

E ainda que todo encarnado possua uma missão em terra que deve ser cumprida, todos estão em um elo passível de erro devido a interesses mundanos e desvios carnais e espirituais. Por isso, antes que chegue o momento de qualquer encarnado fazer a passagem e tenha que se direcionar aos elos de correções, serão todos guiados e auxiliados por diversos espíritos, assim os Espíritos sagrados, os não Santos e os espíritos gretos, pois estes, que conhecem bem os ambientes de dor, lutarão muito para que nenhum filho de Deus tenha que passar por estes desafios. Por isso, a missão dos espíritos é fazer com que todos voltem para a casa celestial, e aquele que adentrou aos caminhos tortuosos e consequentemente aos elos de correção, lutarão novamente todos os espíritos para que eles brevemente saiam e sejam livres de seus erros e voltem para o Criador.

E como todo espírito espiritualmente é passível de resgate e salvação, a esperança dos espíritos que atuam dentro destes campos de libertação de si mesmos, quanto em vigília noite e dia, auxiliando-os e corrigindo-os ainda em campo espiritual terreno, para que jamais adentrem ao elo espiritual; jamais morrerá, porque nisso encontra a paciência dos espíritos não Santos. Por isso, labutam e cumprem as vossas missões nestes elos de dor e sofrimento, não porque sofreram ou pagam penitências espirituais e sim porque creem que são capazes de retirarem muitos espíritos que adentram neste campo, porque fielmente acreditam que todos aqueles que adentraram em algum momento serão libertos e conseguirão seguir para suas moradas verdadeiras de luz, amor e paz a caminho de suas evoluções e crescimentos.

Para isso, é preciso não somente correção como também auxílio verdadeiro, compaixão, comunhão, união, paciência, determinação e coragem, porém estes que foram feitos de brasa, fogo, doutrina, disciplina e correção, foram igualmente feitos de caminhos, ordem, determinação, clemência, paciência e também coragem. Acima de tudo paciência e coragem.

Inferno espiritual

"Porque amavam mais a glória dos homens do que a Gloria de Deus" (João 12:42)

10.4 E diferentemente do elo de correção umbral o elo de poder de justiça infernal não abriga em vossa unidade de forças espirituais espíritos que tenham cometido desvios e infrações causando dor devido a impulsos primitivos e vontades de desejos desregrados e desprezíveis mundanos e sim espíritos que possuem alta clemência e piedade de vossas almas, por terem cometido impiedosas e sórdidas iniquidades aos seus, pela busca insensata de prazer e gozo mundano baseada em poder, satisfação, adoração e glórias materiais a si mesmos pelas crenças abomináveis e degradantes de acreditarem ser superiores, maiores e melhores em relação aos outros seres de vossas caminhadas.

Fato este que os diferem e os separam não somente materialmente pelo motivo de vossos horrores e crimes cometidos contra os seus e o próprio Criador que vos concedeu honrosamente a vida para que amassem e fossem amados, e sim pelo fato de serem espíritos não somente errantes miseráveis e desprezíveis, conforme as vossas culpas, lhes erguerão aos caminhos de vossas faltas e sim pela distância que os separam de uma atrocidade e outra, frente às moradas que deverão corrigir-se em estado de consciência ou servirem para cada tipo de dolo e maldade cometida.

Por isso, não serão todos direcionados aos campos de correção através da própria dor ou ao elo espiritual de nome umbral, e também não serão todos direcionados ao campo de servidão e justiça, o elo infernal, porque ainda que tenham todos igualmente feridos, machucados e feito sangrar, não serão todos espiritualmente alinhados ao mesmo campo de remissão devido as vossas culpas.

Porque embora seja o elo umbral, um campo de correção de feridas e danos causados a si mesmo e a outrem durante a caminhada terrena, que o conhecimento de suas dores lhe trará entendimento de que as feridas causam dores e com isso o arrependimento de suas culpas e faltas pelas dores causadas. Nem todos terão a chance de se arrepender sentindo pela correção as dores e culpas causadas antes que a piedade e a clemência misericordiosa aos seus espíritos lhes sejam a chave para o arrependimento daqueles que adentrarem em campo terreno com a determinação de trazer a paz, o amor e a união entre os povos em direção ao Criador, porém trouxeram somente a dor, a ferida, a fome, a guerra, a escravidão, a injustiça, a imoralidade, a blasfêmia, o descontentamento, a falsa união pelas inverdades criadas por eles mesmos para abastecer os seus desejos mundanos e sórdidos, e por isso terão as suas unidades espirituais neutralizadas e cerceadas, pois perderão o direito de permanecer não somente dentre os que vivem da vida eterna, como também o direito de ser unidades espirituais corrigidas em elo umbral para ser caminhantes de vossas elevações.

E ainda que o campo infernal dê-lhes o direito de conhecer a si mesmo para caminhar em direção a Deus, pois nisso encontra a justiça divina. Porque ainda que cometam atrocidades e iniquidades contra a humanidade, todos terão um dia, assim como aqueles que caminham sobre as boas obras, o direito de trilhar em direção ao vosso misericordioso e sublime fonte insígnia de bondade, o vosso Criador.

E mesmo que esta elevadíssima forma de compaixão e bondade venha após milhares de anos de servidão e reclusão espiritual no campo da mais impiedosa e dolorosa dor que um espírito poderá sentir, as vossas passagens por este campo não serão somente de dores e sofrimentos impiedosos e severos, porque frente às iniquidades que cometeram para que fossem para estes campos alocados, os sofrimentos lhes serão ainda o caminho da clemência e da piedade que não tiveram frente àqueles que feriram e machucaram. Por isso, não somente sofrerão como também servirão as vossas maldades, até que lamentem por piedade e clemência junto às forças espirituais que governam este campo para que recebam o direito de receber o juízo divino sobre as vossas cabeças.

E todos os homens de verdades próprias e conceitos próprios que caminham distante das verdades de Deus, utilizando-se dos maus conceitos e das más ações para desferir o ódio, a desordem, a guerra, a fome, a miséria e seus falsos poderes a glórias mundanas caminham na direção contrária aos ensinamentos de Deus e por isso, serão aqueles que terão breves passagens terrenas e longas passagens no elo espiritual de remissão infernal. Pois todo aquele que se imagina superior a grandiosidade celestial, destruindo o que foi criado por mãos santas e divinas, desprezam a existência de um Deus supremo e Santo, e este, não é nada diante do poder dos servos e servas do Criador, pois são homens de breves poderes e honras de nada, que se intitulam homens bons, porém, matam, ferem, causam as guerras, a desgraça, a dor, a ferida e a lamentação em nome de verdades criadas para manterem-se em tronos terrenos sem verdades celestiais, poder ou nobreza realmente santa e sagrada. Ou seja, tronos construídos por mãos de homens com alicerces de pedras e tijolos, glorificados em crenças mundanas de poderes terrenos e honras de dor e sangue, que um dia hão de cair.

Pois estes homens abastecidos pelas patentes, nomes e considerações por eles mesmos criadas para abastecer o desejo de sentirem-se superiores, criados e elevados em favor da arrogância, soberba e falsa soberania, ou soberanias revestida de indignidade e intolerância que ao invés de trazer a verdade celestial trazem apenas aquilo que suas mentes despidas de humildade, de amor ou caridade, tornando-os menores do que aqueles que acreditam ser maiores.

Porque os que acreditam que possuem muito em terra de homens, ou acreditam que os seus muitos bens materiais, seja por serem mais queridos, adorados e amados por Deus, e por isso merecedores de glórias de terra, glórias estas que causam a desgraça dos demais seres pela peste de suas crenças desonrosas entre os povos, que causa nada mais além do que a fome entre os humildes, o sangue da guerra entre os inocentes, a escravidão entre os menos favorecidos, apenas fartam suas necessidades de serem arrogantes e prepotentes, serem indignos daquilo que receberam de Deus para unir os seres e não desunir pela desgraça de suas crenças e ideias contrárias aos mandamentos do Criador.

Por isso, não homens de vaidade pela vaidade; de desdém pelo desdém e indiferença pela indiferença, e ainda orgulham-se de serem poderosos seres abençoados de ódio e calamidades que suas consciências e falsas verdades os entronam. Porque apenas aqueles que carregam as chaves da vida são aqueles que possuem as altas patentes espirituais. E estes são os que além de doarem-se aos seus, comungarem de vossas feridas, angústias e dores, e nada lhes pedem em troca ou se proclamam homens bons, porque aqueles que falam de si mesmos e glorificam a si mesmos falam das coisas desprezíveis da terra e nunca de Deus. Mas serão aqueles que doam sem nada pedir, que servem sem se importar com nomes ou patentes, que acolhem e secam as lágrimas e as feridas os verdadeiros servos do Senhor em terra, não os que acreditam ter recebido poderes e dons para fazer o que fazem, e sim os que acreditam nos mandamentos verdadeiros que um dia o Senhor Deus lhes prescreveu.

Mas estes homens de muitas vaidades e pouca fé na união entre os seres da mesma terra, que lutam entre si apenas para deter o poder sobre outros homens, que um dia até mesmo o mais forte pela terra será consumado, mas determinam aqueles que morrerão e aqueles que viverão por mera vaidade e desprezo aos também filhos de Deus, se esquecem que este é o mesmo Deus que também lhes concedeu o direito à vida, e que por isso, os cobrará duramente em julgamento espiritual por todas as suas faltas e falhas cometidas, sejam pelo nome ou pela causa que for.

Mas os que se utilizando de poderes pobres e motivos torpes lutam em favor da vaidade, arrogância e lendas mundanas que retrocedem a humanidade a eras passadas e já há muito esquecidas. Por isso, serão estes homens de pouca fé, e muita vaidade, pelos guardiões das leis e dos mandamentos, detentores das portas do abismo e das trevas, precipitados em vossos retornos, pois serão resgatados da esfera terrena e levados à morada de julgamento eterno donde terão seus dias outrora gloriosos de mentiras e verdades próprias afundados em desprezo e ódio pelo próprio ódio que causaram em vossas moradas eternas bem distantes do descanso celestial do caminho da verdadeira glória e da paz.

E aos que imaginam que estes seres espirituais dotados de matéria que pelo elo terreno passaram para crescimento e conhecimento de si mesmos, porém dotados de iniquidades, longe do comprimento de missão de busca pela união e pela paz para elevação espiritual de vossas unidades e sabedorias de forma a retornar mais nobres e zelosos diante do trono de Criador, retornarão as vossas moradas, é tão igualmente enganoso em vossas verdades quanto àqueles que acreditam ser mais verdadeiros que os próprios falsos que lhes causam as inverdades.

Porque ainda que vivam os homens da terra em desarmonia com os vossos próprios espíritos, caminhantes apenas das delícias e dos prazeres da terra, esquecendo-se que o que os animam a própria carne é o espírito, espírito missionário dele mesmo. Também se esquecem que assim como um dia renasceu nesta terra, haverá dentro desta mesma terra, também o dia do desligar do corpo material para o corpo espiritual, ou seja, o dia da morte da ligadura do corpo e da alma. Mas este que para muitos será o mais sublime e majestoso dia em que o Filho retorna para a casa do Pai da forma e molde em que partiu ou apenas em espírito. Para muitos, será este mesmo dia o dia do desligar da vida de prazeres, tentações e delícias para o religar das correntes que os aprisionarão às suas unidades em elo onde desejarão em verdade morar.

Porque este dia não apenas será impiedoso a todos os que se alegram de terem aqui vivido de forma imprópria com verdades próprias causando a dor e o sofrimento, quanto doloroso aos que se alegraram de ter praticado as suas maldades em nome daquilo que criaram e vos abastecem das meras vontades e desejos. E assim a morte pelas portas dos infernos lhes servirá de caminho.

Porque para eles, o inferno será a morada, não de descanso e sim de tormento eterno dentro da eternitude espiritual que lhes couber habitar, pois o nada será para tudo a existência da nova vida pelo período de vossas selas. Porque ainda que acreditem que a eternidade de vossas novas vidas lhes pareçam o tempo de morte, nenhum ser que ao inferno adentrar poderá dizer ou estabelecer qual o período de tempo que a vossa existência caminhará por lá. Pois somente o Criador tem o poder de reger e determinar o tempo, as dores e as penas de cada ser encarnado, jamais outro ser encarnado, tampouco aquele que se encontra em elo de remissão pelo preço de seus danos. Logo esta missão ou determinação não cabe a um ser material, pois somente aquele que rege e governa o campo infernal é quem possui a chave do tempo e o relógio das horas, os minutos de cada existência, e a ele caberá julgar e determinar o retorno de cada um as vossas moradas.

"E a morte e o inferno foram lançados no lago de fogo. Esta é a segunda morte" (Apocalipse 20: 14).

E todos os aqueles que caminham na direção do mau, ou seja, dos maus conceitos, das más ações e das más ideias, conduzindo a sua própria unidade de essência espiritual aos caminhos maus ou caminhos contrários a Deus, caminha em direção à morte infernal de si mesmo, pois é o elo infernal o elo espiritual em que a remissão é o caminho da culpa daquilo que parte de si mesmo, ou da sua própria culpa, do seu próprio dano ou do seu próprio conceito mau.

Por isso, é o inferno o elo espiritual onde todo espírito que lá for abrigado, o elo que findará a unidade de existência espiritual de todo espírito ou estado de consciência espiritual do ser, não em unidade de essência, porque esta jamais se findará, e sim a forma de existir espiritualmente livre, porque neste campo de remissão e lapidação de erros, danos, e culpas, perderão todos os espíritos que lá adentrarem todos os direitos, desde os motivos terrenos alocados em Aura Plena, assim como prazeres, alegrias, gozos, patentes, soberanias, arrogâncias e crenças como também todos os direitos de existir livremente ainda que seja pela dor do ser para limpeza e purificação de suas essências.

E esta será em verdade a morte ou a segunda morte, pois embora em esfera terrena se intitule a nomenclatura morte como sendo a passagem do elo terreno para o elo celestial, mas sendo em verdade a primeira morte a passagem pelo elo espiritual umbral de onde é preciso morrer e matar todos os erros, culpas, danos e falhas para renascer de si mesmo e continuar a caminhada espiritual, é a passagem pelo elo infernal a segunda morte ou a morte do espírito, não a que mata a essência e sim a que a deixa a frente à própria vida que mais lhe parece a própria morte da vida. Ou seja, este espírito que não fará passagem para a casa celestial, tampouco para o umbral, passará para a verdadeira e segunda morte, a morte do espírito ou a morte da liberdade ou a morte da essência pela perda do direito de elevação espiritual, enquanto em elo espiritual infernal pertencer.

Por isso, somente adentram ao inferno os que morreram pela segunda vez em espírito e têm passagem para o caminho eterno do nada ou da morte da essência espiritual que é a perda da possibilidade de ser quem realmente é, e do direito de ser aquilo que se deseja ser e caminhar nos caminhos que deseja seguir. Pois neste elo existe apenas uma direção e todos devem seguir esta única direção. Por isso, o inferno não é apenas a perda do direito à liberdade espiritual, é a perda também das belezas, das alegrias e dos prazeres que se encontram em outros elos celestes, como a luz do dia, a força das águas, o aflorar das flores, o renascer da vida pelos caminhos e as possibilidades de conhecer o amor, a compaixão, a esperança e tudo o que de mais belo, puro e nobre possa existir.

Logo, a segunda morte é a morte da essência, da pureza, da doçura imaculada do espírito que jaz em lago de dor e sofrimento sem poder voltar. Pois a segunda morte ou a morte do espírito ou a morte da alma, é também a morte da única essência verdadeira que se tem e existe doado por Deus, que culmina na permanência da existência do elo infernal. Pois a morte do espírito é a perda do direito de voltar a ser um espírito livre e caminhar por onde quiser sendo aquilo que desejar e sonhar, por isso, é a perda do direito de voltar a existir em essência espiritual.

Ora, se a morada dos que morrem em espírito não é o verdadeiro inferno? E se o inferno não é a própria ressurreição da condenação? Ou seja, o nascimento eterno para a condenação, sem o direito de voltar a morrer, uma vez que a morte apenas ocorre em matéria em campo material aos que creem nela, ou pela existência de cura em campo de remissão e renascimento após a cura em elo umbral. Ou não é o nascimento em campo infernal a morte da esperança, do desejo e da vontade, sem a possibilidade ou o direito de voltar a renascer em outro elo espiritual, pois a ressurreição da condenação é a plenitude de poder de renascer sem o direito de poder regressar de onde se partiu. Portanto, é a morte do espírito a perda do direito de renascer no elo espiritual que partiu ou ao elo espiritual que a ele estava preparado, se cumprisse com louvor e glória a sua passagem de aprendizagem espiritual terrena, e por isso irá permanecer neste elo de remissão em seu estado de consciência aprisionado em si mesmo sem o direito de voltar aos campos terrenos ou qualquer outro campo celeste existente.

"Em verdade, em verdade vos digo: quem não nascer de novo, não poderá ver o Reino de Deus" (João 3:3). (Umbral)

Ora, se o desencarne não é o nascimento do espírito em campo celeste, porém não serão todos os espíritos que terão o direito do renascimento em campo divino de morada espiritual. E todos aqueles espíritos resgatados que não adentrarem os campos soberanos e puros não poderão ver o reino de Deus, ou seja, as casas celestiais que foram também a eles prometidas no momento de suas saídas celestiais em direção ao campo terreno para cumprimento de missão espiritual, pois vossas moradas estarão bem distantes das moradas divinas. Por isso, somente aqueles espíritos dignos e zelosos de Deus, construtores das boas obras serão dignos e honrados de adentrar a tal esfera de amor, poder, e bondade dotada de santidade e glória, que são as moradas celestiais ou moradas divinais. Porque somente aqueles que adquirirem o direito de provação do primeiro juízo e adentraram em algum momento ao reino divino, lugar este de onde são também chamadas espiritualmente as esferas de onde se encontram as casas celestiais, poderão caminhar em direção às suas salvações, porém os espíritos que perderem o direito de correção do próprio espírito jamais renascerão em campo celestial no reino divino.

Isso quer dizer que nem todos nascerão de novo e terão a chance de ver o reino celestial que o Senhor Deus lhes preparou, porque todo aquele que perder o direito divinal de liberdade e adentrar aos campos infernais não tornarão a ver as casas celestes, até que se cumpra a ordem de Deus em relação às suas unidades. Porque no aguardo destes espíritos impróprios, impuros, errantes, falhos e desonrosos estarão outros campos energéticos e vibratórios também de portas abertas as vossas esperas, porém são estes bem distantes dos reinos de luz. Por isso, pouco adianta fingir ser um bom homem ou o ser cumpridor de seus deveres terrenos, mas falso e enganador de si mesmo, pois os erros que adentram a Aura Plena não se podem esconder daqueles que espíritos puros, servos e leais em vossas missões o são, e as manchas que maculam seus espíritos serão facilmente identificadas por eles. E quando estes lhes tocarem as cabeças, nunca mais viverão sobre a luz eterna de Deus, porque esta que não está disponível para todos, não estará disponível para aqueles que mortos em espíritos se encontram.

Porque são as diversas moradas as esferas vibratórias, ou moradas de consolação dos espíritos em outros estágios de dor, lamento, aprendizagem, cura, doutrina, disciplina, regeneração e até a morte espiritual. Pois existem diversas esferas vibratórias no campo celestial e serão os espíritos guardiões das portas dos abismos e das trevas aqueles que lhes direcionarão, ou que direcionarão cada unidade de espírito desencarnado a ocupar o que lhe é determinado por direito de estar, de acordo com as vossas obras e construções terrenas, porque assim como existem nos campos celestiais diversas moradas, é certo que uma lhe caberá conforme as suas obras no momento de sua morte.

Portanto, a morte da matéria não é a morte do espírito, a morte da matéria é aquela em que a carne deixa o abrigo material onde ela nasceu para ser aquilo que sempre foi, pó da terra e a morte do espírito é aquela em que o espírito não somente se desocupa da matéria e sim aquela em que o espírito se desocupa de ser aquilo que fora nascido para ser, espírito reflexo de Deus. Porém, o despertar da vida material para a vida espiritual ou retornar a verdadeira vida, é se desprender de ser aquilo que nunca foi, mas ainda assim por breve espaço de tempo se ocupou em ser, ser material. Por isso, o desconectar da vida material para a vida espiritual não é o mesmo que a morte e sim o mesmo que o retorno real para a vida espiritual ou aquela que jamais deixou de existir.

Portanto, o libertar da vida material ou morrer da vida material para a vida espiritual em estado de consciência plena, não é a morte e sim a nova vida ou a velha e única vida que ao espírito pertence. Sendo assim, ainda que o espírito dispa-se de seu corpo material e a sua carne e morra no chão da terra, jamais os seus atos, erros e falhas morrerão consigo. Por isso, a morte é o momento em que a matéria se desocupa de si mesma e volta para a terra ou não é o momento em que os erros e falhas se desocupam do espírito ou junto com o chão da terra desapareçam, porque ainda que o chão corroa a carne, jamais corroerá os erros causados aos espíritos enquanto este em terra de homens viveu.

Logo, apenas a carne é quem morre, porque tudo aquilo que o espírito carrega consigo e passou a ocupar seu estado de consciência em elo espiritual terreno foram formados com as convicções e crenças por meio do pensamento de consciência de forma particular pelo orgulho e pela arrogância, erguido por atos e ações más ou não, danosas ou não, mas a ele pertencem, e jamais serão apagados pelo chão da terra, ainda que céus e terras se acabem.

Porém, é Deus, o Criador, bondoso, sábio e misericordioso espírito eterno de plenitude, que não somente gera, cria e ordena os vossos espíritos a caminhar sobre os campos espirituais ou sobre a terra, assim como os doutrina, os ensina, os disciplina e corrige, se lhes sejam necessárias novas formas de ensinamento e doutrinação. Por isso, determina o Criador que os vossos mais altivos, nobres e leais servos espirituais, os espíritos nascidos das mais poderosas e resplandecentes labaredas das trevas e do abismo governem sobre as vossas mais sagradas e misericordiosas doutrinas e disciplinas os lugares para onde irão todos os vossos filhos e filhas nascidos da terra, que as vossas ordens e leis não são capazes de obedecer em terra de homens para que sejam corrigidos, doutrinados e disciplinados, conforme as vossas faltas, falhas e possam obedecer em terras sagradas espirituais.

Por isso, existe um lugar sagrado espiritual e até mesmo para aqueles espíritos que contrários as vossas leis caminharam. Pois não deixa o Criador que nenhum de vossos filhos, quando em regresso se encontram, fiquem sem um abrigo que lhes possam acolher, resguardar ou receber. E ainda que este seja em elo espiritual de remissão para correção de vossas falhas, mostrando-lhes através de vossas próprias maldades a cura e o caminho da salvação para que novas doutrinas e disciplina lhes sejam aplicadas, ou por mais que estes campos espirituais sejam de duras e severas correções e disciplinas nenhum de vossos filhos se encontrarão sem um abrigo espiritual que lhes possam receber.

Mas o inferno, o abrigo espiritual de remissão, que retém todos os maus conceitos e maus espíritos, ou os espíritos que devido a vossas passagens em terra possuem suas existências ou bagagens dotadas de falhas, danos e erros ou verdades próprias, inundados de atrocidades e iniquidades contra aqueles que deveriam caminhar na mesma direção e nos mesmos caminhos de evolução e paz. E este abrigo espiritual é a prisão de onde nenhum espírito errante consegue escapar, pois estará trancafiado e vigiado noite e dia, não somente pelos espíritos de lei e guardiões das chaves das trevas e dos abismos, como perante suas próprias criações, falsas verdades e crenças, assolando de pesares suas consciências diante dos seus próprios sentidos espirituais. Ou seja, é a própria essência espiritual vivenciando tudo aquilo que deseja vivenciar e sendo tudo aquilo que deseja ser. Nada.

Porque é o inferno o verdadeiro fim do espírito sem possibilidade de correção ou expiação como forma de justiça, correção ou disciplinamento, pois este antes de trazer a cura traz a perda do direito de ser corrigido ou expiado pelos seus erros e iniquidades praticadas contra outrem, pois é este o caminho do fim de todos os espíritos que jamais sairão deste elo de perda do direito de ser a si mesmo sem antes perder de si próprio ou perder-se de suas próprias verdades. Por isso, o inferno é o equilíbrio das forças contra aqueles que não vão a Deus por amor e obediência, porque aqueles que vão contra Deus por amor, vontade, devoção e obediência, vão em direção ao inferno, pois não existem outras direções.

Pois aqueles que se desviarem dos caminhos que levam a Deus terão outra direção, e essa outra direção é o desequilíbrio, o desajuste, a perda, a derrota, a escravidão de si mesmos, e o nada, também chamado de inferno.

Pois o elo infernal é o desequilíbrio da existência espiritual em direção oposta a Deus, por isso, este campo espiritual tem a missão de fazer qualquer espírito desgarrado seguir verdadeiramente o seu caminho para ser aquilo que deseja ser, e ao mesmo tempo refazer o equilíbrio das energias e forças que circulam em campo material, pois quando são estes espíritos regressados as energias e forças negativas destes são extintas e anuladas do campo terreno, e assim, circulam menos emanações de forças contrárias a Deus, refazendo desta forma as forças e energias que são jorradas neste elo.

Logo, não existem duas direções a seguir, ou caminham os seres da terra em direção a Deus, seguindo vossas leis e obrigações e preceitos ou caminham todos em direção ao inferno, direção oposta a Deus. Porque a ideia de livre-arbítrio, em que existe a possibilidade da escolha daquilo que poderão decidir escolher para buscar as vossas salvações é o mesmo o que imaginar que existem duas opões de escolha espiritual para o caminho da luz e da paz. Porém, sendo o Criador o único caminho que poderão seguir para encontrar a vossa eternidade, verdade, paz e amor e bondade, não existem outros caminhos a percorrer a não ser o caminho de Deus, o Criador, de todos vós; porque qualquer outra opção será para tudo o caminho do inferno.

E o inferno é o campo de magia de transformação capaz de anular, transformar, neutralizar e findar toda e qualquer energia e força de energia espiritual nascida do próprio Criador que cada unidade de espírito pode possuir. Pois é o campo infernal o elo espiritual onde estão as mais puras e cândidas energias negativas alojadas, e energia pura no sentido de pureza de origem destas vibrações, logo é o fosso onde se encontram todas as forças espirituais de energias negras, impuras, impróprias e danificadas de si mesmas, onde todas as outras ainda que sejam grandes, jamais serão como estas, puras, densas e límpidas ao ponto de neutralizar qualquer outra força de energia que seja a ela mesma similar ou própria.

Porque é a energia pura que existe neste elo espiritual, a pureza da força, da magia, da negrura de si mesma ou da magia verdadeiramente negra, e por si só danosa e destruidora a qualquer unidade que não seja dela mesma compatível, isso quer dizer, todos os seres da terra encarnados. Ou destrutível a todo ser espiritual que seja dela compatível, porém que esteja dentro de uma ordenança de que ainda que compatível, seja destruída. Isso porque possui este fosso de energias negras de magia de transformação a mais danosa composição que poderia possuir um elo de remissão, contendo o mais elevado e poderoso poder de vibração e fluidez de energia celeste de pureza, porém densidade capaz de alterar e destruir até mesmo as essências das essências que jamais se findarão ou morrerão sem uma ordem celestial do próprio Criador, que lhes deu o direito à vida, os espíritos.

Por isso, o inferno não possui caldeirão fervendo ou fogo consumindo os espíritos errantes, pois a verdade é tão outra quanto espiritual ao ponto de ser semelhante ao elo terreno, porém o que difere é o sofrimento, diante da impossibilidade de ser aquilo que se deseja ser e caminhar como desejar. Porém, ainda que lhes pareça a semelhança algo bom, é este campo espiritual assim como o campo terreno um elo que possui um líder ou um comandante, mas este assim como as vossas vontades de outrora, é tão forte, rígido, duro, e danoso quando a maldade lhes possa parecer um sofrimento, e todos os que ali se encontram, se prostram, se curvam e lhe obedecem.

Porém, diferente das crenças mundanas, quem manda não é nem um rei, pois para ser rei é preciso reinado, é preciso nobreza e majestade, também não é um capataz, pois o poder que domina não pertence a um serviçal. Logo, o governante deste elo é um líder altamente respeitado e reverenciado no campo em que atua, por isso confundido por muitos como sendo um rei.

Mas de fato tudo e todos que estão neste elo devem obediência a ele, porém sua nomenclatura não lhe confere um nome de rei e sua patente não é celestial. Por isso, o nome que melhor o define é Maioral ou Maioral do inferno, pois tudo que é executado neste campo deve obediência a ele, o maior dentre os que de vossas próprias dores se ferem.

E ele é o maior dentre todos os que outrora se julgavam e proclamavam maiores e mais poderosos homens da terra, porém todos presos e trancafiados frente as vossas falsas verdades e arrogâncias de títulos e patentes terrenas, que os levaram exatamente aonde as vossas crenças dotadas de interesses, satisfações e gozos terrenos alimentaram; não somente pela ganância que os abasteciam, mas sim pela ganância, pela soberba, pela prepotência, pela falta de humildade, falta de caráter, falta de respeito pelos demais seres e por toda a humanidade que receberam o dever de caminhar e encaminhar as vossas elevações, e sim, devido à besta fera, ou seja, a ideia mundana de acreditarem ser maiores que os demais filhos de Deus. E fora esta mesma ilusão que os trancafiou dentro de suas ilusões, ou dentro do lugar que não será apenas uma ilusão e sim a verdade que doerá ainda mais do que a falta de amor, compreensão, compaixão, humanidade, caridade, amor, benevolência ou bondade, que doaram no lugar daquilo que aprenderam espiritualmente e deveriam entregar aos seus em terra de homens, e irão sentir o peso não da culpa e sim de tudo aquilo que entregara aos seus, pelos longos anos de caminhada material, até que se tornarem membros dignos de vossas sociedades, porém a indignidade foi o que de melhor souberam lhes representar.

Mas, no elo infernal, não lhes será permitido ser indignos, soberbos, injustos, desleais, desrespeitosos, prepotentes, arrogantes, destiladores do mal ou causadores da dor alheia do sangue dos oprimidos, da fome dos pobres ou ainda destiladores do mal ou causadores de guerras e horrores, porque em vossos lugares estará aquele que lhes servirá de rei, e será este que vos aplicará todos estes horrores, antes que os façam. E estes que outrora foram os donos das verdades próprias em terra de homens, dentro deste campo de remissão chamado inferno, serão os servos daquele que em verdade é o único dono das verdades próprias, onde as verdades próprias e a maldade e os horrores cabe a apenas um espírito.

E será a ele que todos os arrogantes e causadores de dores, feridas e iniquidades se prostrarão e se regozijarão em verdade, e se não se ajoelharem e cumprirem as ordens de ser vossos servos, serão ainda mais indignos e imorais que já o são pela vontade própria de ser exatamente aquilo que admiram e os enobrecem saber da existência.

Por isso, a única diferença entre o elo infernal e o elo terreno é que no elo terreno de poder e forças quem ditava as regras eram os homens de soberbas e patentes arrogantes, que ainda assim passavam pela correção dos espíritos guardiões, para que pudessem se corrigir pela possibilidade de crescimento para a evolução pelo direito celestial, que concede a todos os espíritos para poder aprender, evoluir e crescer espiritualmente. E no campo infernal o único que possui o poder de dizer aquilo que os demais deverão seguir é o maior espírito classificado espírito infernal dentre eles; e para este não existe a possibilidade de crescimento e evolução, assim como para todos aqueles que são os vossos servos e servas, meros espíritos trancafiados por serem desgraçados de suas próprias falsas verdades e arrogâncias.

Portanto, todas as possibilidades são obedecer, fazer, escutar e cumprir. Por isso, jamais algum espírito desgarrado ou infernal se tornará líder, pois não possui direito de crescimento e evolução, logo jamais crescerá ou irá alcançar a evolução. Pois será exatamente aquilo ao qual foi para ser. Nada.

"Em verdade, em verdade vos digo: todo o que comete pecado é escrevo do pecado" (João 8: 34).

Ou seja, quem comete iniquidades como guerras, pestes, fome, dor, lamento, escravidão, assassinato em massa é para tudo escravo do erro, pois se torna escravizado da falsa ideia de poder, prazer, felicidade e vida plena consumindo a si próprio em sentido material pelas falsas verdades terrenas bem longe dos sentidos espirituais. Os sentidos da Verdade.

Por isso, todo aquele que adentrar a esfera infernal para ser um escravo, escravo será, para ser um serviçal, serviçal será, para ser um mero errante despojado de si mesmo servidor do único e maior líder, assim será. E ainda que sirva maravilhosamente bem, com toda destreza, polidez, educação e humildade, será para todo e sempre um escravo servidor de nada. E nada mais!

Por isso a ideia de inferno com lavras ardendo e corroendo espíritos em chamas e acorrentados perante torturas e gritos de terror não possui verdade, pois as ações que diferem do inferno e do campo terreno é que no ambiente infernal além do líder ser o único carrasco a comandar é que no campo terreno todos os espíritos possuem livre escolha e o direito de crescimento e evolução, enquanto no inferno todos os que nele se encontram têm o direito apenas de ser aquilo a que foi determinado a ser, ou seja, foi para ser escravo e escravo eternamente será.

    Portanto, é um campo onde a existência é neutralizada, dominada, enfraquecida e desequilibrada em todos os sentidos existenciais, e nenhum espírito neste elo possui autonomia, desejos ou vontades, pois tudo o que fazem é servir, todos os caminhos para onde caminham é para servir e todas as escolhas se resumem em ser mero subserviente desqualificado, desgarrado, deprimido e humilhados em suas próprias desonrosas funções. Porque para um espírito cujo poder lhe fora a glória, em que os vossos servos ou adoradores lhes serviam a destreza de ser superior e causar com isso muita desgraça e dor, a escravidão lhe será a humilhação e a desonra frente à inverdade que um dia foi.

    Porque tudo o que rege neste campo de declínio é do líder, pertence ao líder e deve ser para o líder que o governa, por isso muitos os classificam como o rei, pois todos os que com ele devem caminhar se prostram e clamam a sua existência espiritual, pois esta é a única maneira de ainda conseguir sobreviver dentre as inúmeras farpas da humilhação e desprezo que este campo exige; e sendo tudo pertencente ao líder, pois é o único governante, e nenhum outro jamais será como este ou tão alto quanto seu dono nesta esfera de tortura da essência e da dor infindável de estado de consciência e do ser, tudo que houver a ele deve ser ofertado. Por isso, a hierarquia espiritual deste campo de remissão é bastante curta ou se resume entre o líder, o maior, e seus liderados ou seus serviçais.

"E os que fizeram o bem sairão para a ressurreição da vida; e os que fizeram o mal para a ressurreição da condenação". (João 5: 29).

    Mas o conceito de inferno em chamas devastado com lamentações e dores parte do conceito de que quando a vivência terrena é repleta de prazeres e alegrias, este ambiente é classificado como sendo o céu, ou seja, o conceito de que toda beleza e majestade divinal advêm de Deus, porém quando a existência terrena é de dor, lamentações e sofrimento material este seria comparado ao inferno, ou seja, todas as dores e os desalentos que fazem sofrer e arrasam os seres da terra seriam pelo esquecimento de Deus o mesmo que o fogo do inferno.

    Porém, este conceito parte da crença ou da ideia de que cada um pode criar o seu próprio céu ou o seu próprio inferno, por vontade própria, quando Deus os deixasse de governá-los, e por sorte do destino se criariam céus e infernos para si mesmos em terra. Logo, as crenças de que o céu e o inferno podem ser vivenciados em ambiente terreno não é uma verdade espiritual. Porém, todos os sentidos vividos e vislumbrados pelos encarnados sejam estes bons ou ruins, denominados como sendo céu ou inferno, partem das ações e condutas aplicadas pelos próprios encarnados diante de vossas missões terrenas a partir de vossas crenças, desejos e vontade que os direcionam ao verdadeiro céu ou ao inferno material.

    Porém, nesse inferno terreno de crenças humanas terá lamentações, perdas, dores, sangue, desespero, desastre e tudo aquilo que Deus não gostaria que seus filhos vivenciassem, porém estas feridas partem das ações aplicadas pelos próprios seres da terra que os fazem sentir suas dores, e ainda que Deus lhes envie todas as possibilidades de viver em paz, existem aqueles seres que preferem criar o ambiente de dor e sofrimento em terra, causando mutilações, dores e desgraças, utilizando-se da ideia de existência de um inferno em campo terreno material para justificar as suas faltas e danos contra os seus, reproduzindo, assim, o conceito criado de inferno de sangue, fome, guerra e dor em terra.

    Embora esta seja uma ideia mundana a respeito do inferno, ou o que pode ser vivenciado pelo encarnado quando este foge dos preceitos divinos, o verdadeiro inferno é a prisão criada a partir das verdades próprias em ambiente terreno que destroem e causam dores e terror aos homens, que quando vivenciam ambientes de profunda dor e sofrimento classificam-no como sendo o próprio inferno em terra, como forma de demonstrar como a dor causa sofrimento e o inferno é ambiente de dor e sofrimento, não do corpo, mas sim da alma. Porém, o inferno é o sofrimento daqueles que causam dor e não ambiente de dor causado por aqueles que desejam que outros sintam dor.

    Portanto, o maior dos enganos que um ser encarnado pode acreditar é na ideia de que o mais próximo ao inferno que poderá ele chegar é cometendo iniquidade, dores ao sangue alheio e sentir a dor terrena pela punição de seus atos e feridas causadas aos seus. Imaginando que o elo terreno de dor é o próprio inferno que poderá lamentar-se frente aos seus atos e ações danosas. Por isso, o maior erro do ser encarnado é causar a iniquidade imaginando que o elo terreno nada tem a ver com os campos celestes e de resgate e que também irá para a casa eterna divinal após a morte material de sua carne, porque esta não será a morte que matará também os seus erros.

    E esta ideia é parte das crenças mundanas de que existe um lugar bom para todos debaixo das mãos de Deus ou por não acreditarem ou compreenderem que o mal traz consequências graves e dolorosas a quem os aplica ou ainda por possuírem pouco conhecimento em relação ao que vem a ser o inferno e sua verdadeira existência ou mesmo pelo fato de que prefira viver de forma contrária a todos os ensinamentos e mandamentos divinais, caminham em direção aos elos espirituais de remissão; porque embora tenham conhecimento sobre o que é a maldade terrena e que ela causa dores e sofrimento, desconhecem verdadeiramente o que é o inferno e que este pode causar profundas dores espirituais, bem distante das dores que podem sentir em elo terreno.

Por isso, todos aqueles que caminham contra as leis divinas e as boas obras serão pelos anjos das trevas resgatados e alocados em seus lugares de proteção contra si mesmos. O resgate nada tem a ver com libertá-los e sim de antecipá-los em suas moradas, ou seja, retirá-los do ambiente em que estão causando desequilíbrio e encaminhá-los para o local seguro onde não poderão sequer por um segundo respirar sem que não se sintam trancafiados e incapazes de cometer qualquer que seja o ato contra a vontade daqueles que os cercam.

Porque aqueles que os resgatarão são os mesmos que nascidos da escuridão das trevas são, ou seja, espíritos altamente preparados e conhecedores dos campos negativos que atuam na condução dos espíritos portadores de maus conceitos e condutas ou em busca dos espíritos ditos infernais para direcioná-los aos vossos campos de morada eterna. E todo resgate é feito por determinação de uma força maior para condução daquela energia espiritual compatível com a energia que deve direcionar-se ao seu elo de compatibilidade de energias e forças, para que estas sejam por eles anuladas. Por isso, os maus espíritos, ou maus conceitos são resgatados, pois assim como em ambiente terreno já não possuem limites ou limitações que os impeçam de cometer as suas atrocidades, e se não forem resgatados e trancafiados no campo de remissão infernal, continuarão a fazer o mal contra outros seres espirituais igualmente livres, devido às suas crenças negativas e contrárias à verdade.

É certo compreender que todo espírito é livre e possui poder de liberdade de escolhas para fazer o que deseja ou caminhar por onde quiser. Ou seja, nenhum espírito é preso, todos possuem direito de escolha para voarem livres, e se estes espíritos de intenção e verdades próprias, causadores de maldade e iniquidade, não fossem resgatados pelos espíritos nascidos das trevas ou compatíveis com elas em emanação e energias continuariam a causar o mal em campos celestes, ou seja, o mal adentraria ao campo celeste e causaria desordem aos demais seres espirituais. Porém, como nenhum mal adentra aos elos celestiais, os espíritos que estão em campo terreno possuidores de maus conceitos, atos e ações são resgatados antes mesmos de terem o direito de fazer a sua passagem terrena pela travessia do véu da morte para qualquer que seja o campo espiritual pela libertação do fio de prata, pois serão precipitados em vossos retornos e retirados com precisão.

Ora, se um espírito dotado de maldade adentrasse ao campo celestial de morada eterna, se este ainda seria morada de luz? Por isso, um espírito como este será encaminhado precipitadamente aos campos infernais não por vontade própria, mas sim compulsoriamente antes que se perca dentre os diversos elos espirituais e cause desequilíbrios, desajustes e suas prazerosas ações malignas que não somente destroem como também angariam adeptos e adoradores e os façam ganhar forças e adoradores. Ou para que não corra o risco de continuar sobre o campo terreno vibrando suas energias negras e danosas, causando desequilíbrio, moléstias e danos aos espíritos encarnados em forma de obsessão ou possessão é que os espíritos negros das portas dos abismos e das trevas atuarão no resgate destes espíritos de conceitos e verdades próprias que caminham na direção oposta do Criador.

Por isso, o motivo de serem resgatados e direcionados para o elo que devem ocupar em sentido de existência que vossas essências pertencem é pelo fato da necessidade de serem retirados os seus direitos espirituais para que não continuem a cometer suas maldades e atrocidades tanto nos demais elos existentes de paz e luz quanto no campo terreno material.

"Vi descer do céu um anjo, que tinha a chave do abismo, e uma grande cadeia na sua mão. Ele prendeu o dragão, a antiga serpente que é o Diabo e Satanás, e amarrou por mil anos. Ele lançou-o no abismo, e ali o encerrou, e pôs selo sobre ele, para que não mais engane as nações, até que os mil anos se acabem" (Apocalipse 20: 1-3).

E todos aqueles que caminham sobre verdades próprias ao contrário das verdades divinas, causando males ao mundo, outrora chamados de diabo e satanás onde essas nomenclaturas representam os maus conceitos, os maus atos e ações torpes de homens que culpam suas ações como sendo pertencentes ao diabo e satanás, que já carregam a falsidade e enganos mundanos como forma dos que mentem, enganam e escondem seus verdadeiros maus, são pelos anjos das trevas precipitados e lançados do abismo aos elos das trevas onde serão trancados e selados por mil anos, para que não voltem a causar o desequilíbrio dentre os povos.

Contudo, é certo compreender que a contagem de anos celestiais difere da contagem de anos terrenos, em que os homens calculam dia após dia pelo nascer e dormir do dia. Porém, o universo que é o elo de todos os dias, todos os tempos, todas as horas e todos os nascerem e adormecerem do dia é que dirá a quantidade de dias que se refere a mil anos sobre a ordenança divina dos tempos e das eras de tempo, porque este pertence ao Criador e não aos homens de terra.

Mas é certo que todo aquele que causa a dor será lançado no campo do fogo do abismo assim como todo aquele que causa a dor e o desequilíbrio será lançado na cadeira do cume da dor do inferno por aqueles que carregam as chaves das portas do abismo e as chaves da porta do inferno, porque são estas as chaves que abrem e fecham todos os tempos e todas as horas, assim como selam por todos os tempos e todas as horas todas as correções e justiças sobre as cabeças daqueles que delas necessitam

Por isso, são estes espíritos nascidos do abismo e das trevas tão fortes, disciplinadas e doutrinadas nas leis divinas em que atuam, que atuam sobre forças e poderes jamais imaginados pelos encarnados, forças estas que os tornam não somente determinados e perigosos quanto precisos o suficiente para adentrar as portas do inferno e alocar espíritos de grande poder de destruição capazes de cometer maiores e piores iniquidade se soltos em campo celeste, assim como cometem em campo terreno. Portanto, são estes espíritos, nascidos e ordenados a ser e pertencer à doutrina das leis de Deus, aqueles que adentram vitoriosamente e sair e caminhar livres por sobre o campo terreno sem machucar ou ferir qualquer que estejam aos vossos redores e que não seja o espírito que fora ordenado a ser por eles resgatado. Por isso, todo ser espiritual que lhe recaia a ordenança de ser resgatado do campo terreno e ser entre o umbral e o inferno alocados dentro de vossas dores e escravidões o serão sem que estas ordenanças causem feridas ou danos ao campo terreno sobre qualquer que seja a ordem de correção ou poder de justiça que carregam. Amém.

E por conhecer tão bem este campo de falta de amor, perda de direitos de evolução, sofrimento espiritual e desequilíbrio é que lutam para que os filhos de Deus não cometam atrocidades e horrores, para que nenhum deles jamais adentre a este campo. Pois para um verdadeiro filho de Deus seria muito penoso ultrapassar os limites da existência espiritual atuando como serviçal do desprezo em direção ao nada, sem direito de crescimento e evolução em troca da perda de todos os sentidos existenciais e nobrezas celestes conquistados dignamente por cada um.

Porque não é somente a perda dos direitos que lhes será arrancada antes da aplicação da correção em forma de justiça, porque a correção em forma de justiça apenas virá no momento em que estiverem livres de todos os seus erros, falhas e enganos. E este momento apenas virá após o reconhecimento de si mesmo para libertar-se de todas as dores e atrocidades cometidas e este poderá durar além de mil anos de existência em campo de humilhação e degradação.

Pois é o reconhecimento de si mesmo, frente a tanta desgraça e dores causadas, a maior dor ou pena sentida de si mesmo que um espírito em elo infernal poderá sentir. Mas esta que não virá apenas de saber o que se fez ou aquilo que aos outros causou, e sim por sentir tudo o que se fez, e experimentar a partir da descoberta do que se fez como o próprio ser ensanguentado, faminto, humilhado, desprovido, abandonado e ainda receber o direito divinal de caminhar erguido frente a vossa descoberta; porque será através desta que as chagas pelas culpas se findarão e não através dos dias que lhes acrescentarão as costas até que cheguem os mil anos. Porém, até que as chagas se findem, o desprezo de si mesmo pela humilhação de ser aquilo que todos desprezam frente a tantas desgraças e dores causadas, será a si mesmo ainda a maior degradação, humilhação e desprezo que sentirá a si mesmo de seu próprio espírito.

Mas a humilhação não é ser escravizado pelas forças do inferno, mas saber que tudo o que se fez fora maltratar, humilhar, ferir, sangrar, guerrear; e até que se cure de todas as culpas, lágrimas e penalidades, para que possa desejar ser caminhante dos caminhos de Deus e com isso possa ser, não um ser liberto e sim caminhante dos campos de doutrina e disciplina para que se torne um espírito a trilhar entre os campos de correção e juízo, milhares de anos lhes tornarão exímios escravos da dor, do lamento, da ferida, da culpa e da desgraça em que cada um adentrou por vontade própria de ser aquilo o que acredita e admira ser.

Por isso, a ideia de que existam forças diabólicas advindas do inferno atuando contra Deus, o Criador, não possui verdade espiritual, pois não existem duas unidades de emanação de formas universais; Deus é único e a única fonte que jorra e cabe a todos aqueles, que necessitam destas forças para vossas sobrevivências, ser fiéis ao poder divino e utilizá-las de forma consciente e humana estas as energias doadas em prol de vossas existências.

Porque nada é maior, mais forte e mais poderoso que Deus, o Criador, nada vive sem vosso consentimento, nada caminha sem vossa ciência, nada flui sem vossa determinação. Ou seja, nada vive ou morre sem o consentimento e permissão do Criador, pois todas as essências espirituais foram criadas por Ele, assim como todas as espécies, todas as formas de vida e todas as coisas existentes no mundo nas esferas e em todo o universo. E nenhuma força é maior ou mais forte que a força do poder único de grandeza celeste divina. Toda e qualquer força que parte de qualquer outra unidade de propriedade individual que não seja a unidade divina celestial, ainda assim, advém de forças criadas a partir do poder de força do Criador, pois ele é a fonte única de emanação de poder, magia, força, luz, ou falta de luz, existentes no universo.

Por isso, ainda que existam campos de energias negativas de dominância de elos negativos, estas forças também partem das energias jorradas da única fonte de emanação verdadeira, que é a fonte divina. Logo, até mesmo os campos negativos de domínio de energias negativas, não possuem forças próprias de poder e emanação própria de forças, pois suas emanações também são abastecidas a partir das emanações de Deus e partem de sua onipotência.

Por isso, tanto o umbral quanto o inferno são de conhecimento e domínio de Deus, o Criador, que concede sua dominância, tamanho e poder de forças para aqueles que carregam em vossas testas os nomes correção e justiça. Afinal, são forças emanadas de vossa onipotência pela vossa onisciência, dentro de vossa onipresença, porque ainda que lhes pareçam que estas forças nasçam das trevas, a força que abastece, determina, doutrina, corrige e aplica a justiça são as forças nascidas, ordenadas e determinadas pelo poder de justiça da própria doutrina, disciplina e correção do Senhor Deus, uma vez que nada é por si só. Tudo o que existe, seja nos céus, seja na terra, é por ordenação, determinação e ciência do Criador. Pois Deus é o único poder de forças, pelo manancial de forças de poderes de magias e de mistérios nascidos de si mesmo que determina que atuem outras forças em vosso nome, e por isso, é também o único capaz de dar a existência espiritual e anulá-la, se necessário. Ou seja, o único capaz de dar vida espiritual, executar a criação de um espírito, é também o único capaz de anulá-lo, neutralizá-lo ou findá-lo, se preciso for.

Por isso, não são os elos espirituais umbral e infernal, campos de desprezo e esquecimento ou que não possui o Criador governança ou sabedoria sobre as vossas existências, e sim campos de remissão de erros e falhas que os espíritos encarnados errantes adentram para ser corrigidos conforme o regime de correção e justiça que cada um possui. E ainda que lhes pareçam ser campos de esquecimento, saibam que nada que possa existir em elo celestial ou material que não seja de conhecimento do Criador, porque absolutamente nada possui vida ou forma de vida que não lhe pertença ou possui obediência. Amém.

Moradas de desenvolvimento espiritual

"Sabendo que cada um receberá do Senhor todo o bem que fizer, seja servo, seja livre" (Efésios 6: 8)

10.5 A liberdade é parte do significado espiritual, em que se deve e pode usar o direito concedido pelo Criador de ser livre; e ser livre representa liberdade de conceitos, crenças, pensamento, ideias e desejos que culminam em atos, ações e manifestos exercidos pelo direito de poder fazer tudo aquilo que se tem direito e possibilidade em terra desde que não fira, machuque, anule o direito dos demais seres encarnados terrenos. Por isso, é o direito divinal que permite ser a si mesmo da forma que desejar ser. Isso quer dizer que liberdade é ser aquilo que se deseja ser e caminhar por onde se deseja caminhar, livre de ideias e de conceitos tanto mundanos quanto espirituais sem limitações de sentidos, de sentimentos ou de espaço.

Portanto, ser livre não é poder executar toda e qualquer ação danosa e má contra si ou contra qualquer que seja o ser encarnado, porque liberdade é poder exercer tudo aquilo que lhe fora permitido dentro daquilo que se tem o direito divinal, porque diante de todos os seus atos e ações livres, existirá ainda um juízo que deverá prestar contas se exercer, erguer ou executar obras opostas àquelas que o Senhor lhes prescreve, porque sendo Ele mesmo o Ser Supremo que lhe calça de direito de ser livre, é também o Ser Supremo que lhe calça de deveres e obrigações dentro de sua liberdade espiritual.

Mas todo ser espiritual encarnado ou que encontra em esferas espirituais que sirvam as leis divinas pelos caminhos da justiça, do amor e da bondade serão para tudo livres de si mesmos, pois a liberdade não está no espaço físico e sim no estado de consciência que o permite caminhar, andar e conquistar tudo aquilo que precisar para a sua própria evolução espiritual de crescimento de existência, desde que essa busca não fira ou atrapalhe os demais seres espirituais em seu entorno.

Por isso, servir ao Senhor é preparar-se para ser livre de si mesmo e caminhar os caminhos existenciais mais elevados e nobres diante de vossa fé, vossa luz e vossa bondade, para tudo até a eternidade. Pois o caminho que se inicia em campo celestial e percorre em elo terreno se completa novamente em elo celestial onde a liberdade não é em forma de território ou espaço físico e sim em forma de verdade e estado de consciência livre de si mesmo e das crenças que o fazem serem servos de verdades próprias ou servos de vossas escolhas danosas pela busca de liberdade territorial.

É certo compreender que no universo existem vários ciclos de existência espiritual e desenvolvimento evolutivo, ou seja, várias dimensões e elos de aprendizado de elevação para evolução. E cada um deles habitado por aqueles espíritos que se agrupam em essência similares para que sejam fortes e poderosos em conjunto, porque todos os elos existentes são em verdade de aprendizagem e evolução, e por isso em nenhum deles atuam ou caminham espíritos desagrupados ou individualmente um do outro, pois cada um é um estágio para a elevação do espírito que atua com um tipo de poder, forças e emanações divinas.

Por isso, todos os elos espirituais de poderes e forças divinais possuem doutrina e disciplina prostradas em Deus, o Criador, diante de vossas determinações e prescrições, conforme o nivelamento e a evolução de cada unidade de aprendizagem ou cada ciclo de evolução. E assim todos se curvam diante da benevolência e poderes espirituais do Espírito Santo, porque sabem todos que são regidos por uma só força, uma só energia de poderes e de luz, portanto, todos caminham em uma única direção e um único caminho que é Deus. Pois a busca da elevação espiritual, independente do elo em que se encontra cada espírito, porque independente do ciclo em que esteja a busca jamais findará ou acabará, apenas mudará de estágio evolutivo ou de ciclo de conhecimento e aprendizagem possibilitando, assim, elevar-se cada vez mais e aproximar-se ainda mais do Criador.

E assim como os elos de moradas eternas ou as casas celestiais, de onde também se partem para outros e mais ou menos elevados ciclos de desenvolvimento, existem também aqueles de estada ou de passagem como o campo terreno que possui a sua forma própria de desenvolvimento e ensinamento, porém diferentemente do campo terreno cada um é habitado conforme o nível espiritual e de conhecimento individual de cada espírito, pois nem todos estão em igual nível espiritual, ou nem todos possuem o mesmo conhecimento, o mesmo grau de elevação, a mesma sabedoria, a mesma ciência, a mesma justiça, a mesma forma de correção, de autoconhecimento e ajuste e benevolência espiritual. Mas é certo compreender que todo espírito em elo terreno partiu de um elo de existência de elevação espiritual que deverá retornar de onde partiu ou para algum outro de maior elevação, assim que se findar em matéria seu período de missão e aprendizado evolutivo em terra independente do elo de existência em que tenha se encontrado anteriormente.

Porém, ao término da missão terrena, nem todos os espíritos seguirão para vossas moradas celestiais que partiram um dia em direção ao elo terreno, tampouco para moradas de maiores elevações espirituais, ainda que não tenham nenhuma iniquidade, crimes ou manchas, os quais somente a clemência divina os deixaria ainda sobreviver em espírito, que os impeçam de crescer espiritualmente. Isso porque nem todos os espíritos estarão ao término de suas missões terrenas, preparados ou dispostos a seguir nos caminhos da justiça e da força divina, pois para seguir os caminhos da luz devem caminhar diante da luz, devem conhecer o que é a luz de onde parte e para aonde está o levará, porém aquelas que distante das prescrições e mandamentos caminhar distante ainda caminharão ao término de vossas passagens ou ao romper do fio de prata.

Porém, o direito à liberdade do espírito lhe permitirá a possibilidade de autonomia e determinação de seguir em direção àquilo que acreditam e se esforçam para ser, pois a liberdade do espírito permite-lhe a possibilidade, a determinação e a autonomia de seguir em direção àquilo que acredita e se esforça para ser; por isso, nem todos os espíritos seguirão para a casa celestial ou nem todos partirão para moradas de evolução ou elevação que se encontrava antes de partir para o elo terreno em missão espiritual. Isso porque todos os espíritos possuem liberdade de espírito e, por isso, são, por escolha, responsáveis pelos seus caminhos e possuem para isso liberdade de caminhos, ainda que sejam caminhos tortuosos e dolorosos em elo espiritual.

É certo compreender que somente aqueles espíritos que cometem iniquidades, crimes, guerra e destruição contra a humanidade é que serão resgatados pelos anjos das trevas e anjos do abismo e serão direcionados aos elos de morte espiritual diante da remissão do inferno e os demais espíritos que causaram a dor e o sofrimento a si mesmo e aos seus pares serão igualmente resgatados para o elo espiritual de remissão de nome umbral, porém estes somente após serem encaminhados ao campo de nome primeiro juízo, e por este serem encaminhados às suas moradas de remissão e de dor.

Os espíritos que não possuem maldade alguma diante da face terrena contra seus pares serão, após adentrar no tempo do véu da morte ou fazer a passagem da morte material, acolhidos e direcionados ao juízo existencial de espírito, que não é um campo de juízo de dor ou de remissão, tampouco os carregarão para estes, e sim um campo espiritual em que todos os enganos e falhas serão de vossas essências apagadas, ou onde perderão suas unidades estruturadas de pensamento de consciência deixando apenas Aura Plena limpa, uma vez que não se pode seguir para as casas divinas com a unidade de pensamento de consciência acoplada as vossas estruturas, porque é esta que carrega os danos e as falhas.

Mas como não pode existir um único espírito que tenha atravessado o campo terreno na busca de sua elevação que em nenhum momento não tenha sido impregnado ou sujo em unidade por si próprio ou por outro espírito; igualmente ocorrerá a este espírito a limpeza e purificação de sua unidade de essência. Por isso, serão estes espíritos também limpos e purificados em vossas existências no campo de juízo de existência de espírito. E após a vossa breve estada em elo de juízo de existência de espírito será este encaminhado aos elos espirituais aos quais pertencem ou de caridade e salvação onde também se encontram outras moradas celestiais.

Ou seja, todos os espíritos cumpridores de vossas obrigações que não possuem manchas em vossas histórias terrenas que caminharam os caminhos bons e das boas obras serão acolhidos e encaminhados as vossas casas celestiais, aos demais espíritos os quais manchas também não possuem, mas necessitam de remédios espirituais, aos elos de cura espiritual serão encaminhados, porém se carregam dores ou moléstias causadas por outrem ou pela própria unidade terra, os quais são classificados em elos espirituais como doenças da matéria que alcançam a alma, serão direcionadas aos campos de cura e caridade que são as moradas celestiais de cura do espírito.

Porém, o único caminho para alcançar a plenitude espiritual adentrando aos elos de moradas celestiais e sagradas é caminhando por si só diante de suas próprias verdades pelas trilhas da verdade, ou seja, é desejando caminhar em direção à luz celestial e encontrar-se com forças espirituais maiores e de maior força, amor e bondade, de forma livre e espontânea que de fato se alcançará a liberdade da alma, pois o espírito sendo uma essência livre cabe a ele a escolha de seus caminhos e nenhuma forma de caminho será imposta a este. Porque não é o amor, a compaixão e a caridade algo que se experimente forçosamente e sim por desejo e vontade; da mesma forma não é o campo celestial onde se encontram as casas celestiais de amor, de glória e de paz entregue aos espíritos que não desejam nestas casas adentrar, porque nada que parte do Criador pode ser de maneira obrigada ou coagida.

Logo, ninguém vai ao Pai celestial de forma imposta, incumbida ou amedrontada, todos devem seguir de pleno coração e vontade. Pois o elo celestial de morada verdadeira é feito de amor, luz, paz, serenidade e vontade, não é um elo de imposição, sacrifício e medos. Por isso, todos que nele estão, estão por amor ao Criador, por honrar o Criador, por respeitar o Criador e não por obrigação, exigência ou violência. Pois se acaso fosse, não seriam os elos de moradas santas e sim os elos de correção e disciplina do espírito.

Por isso, a passagem terrena é ato espiritual de conhecimento e aprendizagem espiritual de forma material para o progresso e conhecimento de si mesmos diante do santo nome do Criador, com o auxílio das diversas forças espirituais espalhadas e que emanam a vossa energia divinal em forma de amor, pureza e glória para que todos sejam alimentados e abastecidos pelas forças e poderes espirituais de forma que alcancem estágios mais nobres e elevados de si mesmos diante de Deus, conhecendo não somente o vosso nome como também o vosso poder, as vossas forças e o vosso mais sublime e sagrado amor. Para que desta forma possam honrá-lo e respeitá-lo, por estarem diante de vossa verdade, pois a verdade de cada espírito é a verdade de Deus por amor de devoção e não por imposição. Pois a imposição não adentra aos caminhos santos de Deus, apenas os levam até as portas materiais e as portas materiais não adentram as casas celestiais, até porque para se conhecer as casas celestiais é preciso se desfazer da carne, pois a carne não é a unidade espiritual que verdadeiramente ama, dedica-se e honra. Por isso, é preciso conhecê-lo, amá-lo e honrá-lo de todo coração, é preciso ser verdadeiro e a verdade é contra a imposição da carne.

Se somente seguindo a verdade por conhecê-la e não por obrigação poderão trilhar belos e nobres caminhos espirituais por respeito, dedicação e amor ao vosso nome, podendo alcançar patamares mais elevados e nobres de si mesmos diante do Criador.

Por isso, o Criador, em sua extrema bondade e caridade, lança sobre a terra os vossos anjos, os vossos guerreiros, os vossos guardiões e os vossos espíritos de luz para nos auxiliar e nos direcionar em relação aos caminhos de elevação e cura espiritual para que sejamos todos dignos de conhecer nossas missões, nossas forças e nossas bondades interiores, de forma que possamos nos aprofundar nas boas obras e ações através de nossas próprias acolhidas terrenas, para que sejamos todos recebidos de forma nobre e gloriosa nos campos celestes onde se encontram as moradas verdadeiras de crescimento, amor, compartilhamento, poder e satisfação da alma. Deixando de lado todos os erros e virtudes materiais que nos tornam pequenos e abatidos diante da verdadeira glória que o Espírito Santo no momento de nos depararmos com a Verdade.

Espíritos andantes e espíritos vagantes

"E, quanto aos anjos que não conservaram suas posições de autoridade mas abandonaram suas própria morada, ele os tem guardado em trevas, presos e com correntes eternas para o juízo do grande Dia" (Judas 1:16)

10.6 Existem somente três unidades de espíritos que serão pelos espíritos carregados em direção as vossas novas moradas, sendo os primeiros espíritos aqueles que foram através do primeiro juízo atirados ao elo umbral, onde ocorrerá a primeira morte ou a morte dos erros; o segundo, aqueles que forem através do resgate espiritual lançados ao inferno onde ocorrerá a segunda morte, a morte da essência pelo direito à liberdade; o terceiro, aqueles que após passarem pelo juízo de existência do espírito serão encaminhados às moradas de evolução, pois neles não foram encontrados erros ou danos em vossas unidades.

Isso quer dizer que nem a todos os espíritos libertos da carne material, em que o véu da morte lhes será a porta de entrada para a vida espiritual, será o recomeço da vida celestial, porque assim como os três grupos de espíritos que as vossas moradas são certas e programadas, ou de retirada, existem ainda outros espíritos que possuem também moradas espirituais, porque assim são todos os espíritos que um dia saíram para a missão terrena espiritual, porém não seguirão para nenhuma casa celeste, as quais serão as verdadeiras moradas.

É certo que existe uma morada para cada filho abaixo das mãos de Deus, por isso, no momento da passagem terrena para o elo espiritual, aqueles espíritos que não fizeram mal algum a outrem na terra, porém também não evoluíram ou aprenderam sobre os campos divinos nem sobre si mesmo ou sobre os motivos e as razões de suas estadas missionárias para desenvolvimento e aprendizagem espiritual para alcançar os caminhos da evolução, isso quer dizer, não progrediram em vossas caminhadas ou missões ou não evoluíram ou progrediram em seus conhecimentos ou dons relacionados à ciência, luta, garra, frutificação, autocorreção, poder de julgamento, disciplina ou ainda não foram capazes de exercer a caridade, a compaixão, o amor ao próximo ou tudo aquilo que vieram aprender e praticar, e por isso sentirão dificuldade de caminhar em direção ao Criador, em direção à verdadeira comunhão espiritual que é a união de todas as forças, todas as caridades e todos os dons de sentido puro e nobre. Ou seja, em direção à verdadeira morada espiritual, porque sobre estas não terão conhecimento.

"Porque por isso foi preparado o evangelho também aos mortos, para que, na verdade, fossem julgados segundo os homens na carne, mas vivessem segundo Deus em espírito" (1Pedro 4:6)

Mas para todos os espíritos recém-adentrados ao renascimento espiritual ou que fizeram a passagem espiritual atravessando a própria morte material e ainda não possuem morada de retirada, isso quer dizer, não pertencem ao inferno, não pertencem ao umbral e não são livres de manchas e máculas em suas unidades para seguir diretamente para as casas divinais, porém ainda assim, não são carregadores de marcas que os tornem clementes e piedosos de si mesmos, serão todos encaminhados ao vale da luz.

Porque é o vale da luz um portal espiritual que se encontra também às margens do véu da morte carregado de energia e de luz celestial, onde se encontram todos os espíritos missionários espirituais que atuam sobre a regência dos espíritos portadores das chaves das palavras de Deus, denominados também como espíritos das leis ou espíritos altivos das leis do

Criador, ordenados e doutrinados pela ordem suprema do Altíssimo Espírito, governantes das sete fontes de luz e de energia celestial, para trazer as palavras santas e sagradas do Ser Supremo a todos os espíritos que, acabados de chegar da morte material, pertencem a canto algum, porém ainda assim são espíritos filhos de Deus, nascidos de vosso seio espiritual ou de vossa sagrada unidade e precisam se conectar a unidade espiritual que adentram, para que possam seguir os vossos caminhos ou retornar as vossas casas santas, ou a uma das sete casas espirituais divinais.

Porém, para seguir o que é verdadeiro é preciso saber o que vem a ser a verdade, é preciso saber do que é constituída a verdade e qual a sua direção, não a falsa verdade, a própria verdade, ou a verdade imposta, travestida de verdade divinal, mas sim a verdade espontânea que parte do conhecimento íntimo do próprio ser espiritual ou de cada ser. Por isso, o espírito sendo essência livre em unidade pelo direito divinal de escolher pela devoção, pela certeza e pelo amor tudo aquilo em que acredita e por isso prostra-se e com isso certamente caminhará, poderá todo espírito cuja morada de retirada não lhe é por escolha dos servos de Deus, escolher entre seguir a luz e adentrar aos caminhos verdadeiros de Deus, que lhes serão apresentados diante do portal de nome vale da luz e conhecer através dos espíritos das leis, a verdade e os caminhos que levam ao Criador, ou desviar-se da luz e vagar por entre os elos celestiais. Escolha esta que lhes colocarão em sentido existencial danoso perambulante sem rumo ou direção por entre as trevas, o abismo e a total perdição.

Mas aos que escolherem seguir a luz, e dentro do portal de luz celestial de brilhantismo azul adentrar, não somente conhecerão a verdade, como também a verdade será aquela que os libertarão de suas unidades poderosamente fartas e capacitadas de destruição e danos a si mesmas. Porque estes ultrapassarão as barreiras espirituais não de suas próprias verdades e sim da falta de conhecimento da verdade ou de algo que lhes tragam algum sentido de verdade, porque a passagem pelo campo terreno lhes trouxe mais inverdades do que verdade, confundido assim a própria verdade que carregam dentro de si. Porque são estes que sequer acreditam que sejam unidades espirituais filhos da suprema, elevada e sagrada unidade espiritual, o Espírito Santo, aqueles que necessitam de acolhimento e resgate para que não se percam ainda mais em suas próprias alcovas.

Por isso, todos aqueles, que diante da escolha de caminhar em direção à luz, serão acolhidos, recolhidos, doutrinados e disciplinados conforme as leis dos que carregam as chaves das leis de Deus, e brevemente após depararem-se consigo mesmos e conhecerem toda a verdade celestial, serão direcionados aos portais de juízo de existência de espírito, para que sejam em unidades purificados e límpidos. E este será também o momento em que perderão suas unidades de pensamento de consciência, deixando todos os erros, dúvidas e incertezas no campo onde a certeza é mais incerta que a própria verdade, ou seja, no campo terreno, onde a carne também ficou. E esta que será a maior perda e ao mesmo tempo o maior ganho que um espírito poderá fazer para si mesmo pela busca de sua evolução, será o momento mais sublime em que serão alocadas as casas celestiais onde serão pelos Santos acolhidos.

Mas aqueles espíritos que escolherem desviar-se das palavras santas e da luz divinal, por livre escolha de continuar cegos frente à verdade, vagarão sem rumo, sem casas e sem caminhos, ora entre as trevas, ora entre o abismo em profunda perdição espiritual, andando em direção ao escuro, bem distante das moradas que também lhes foram determinadas pelo Criador.

E embora esses espíritos recém-chegados ao elo espiritual não possuam nenhum mal que recaia sobre suas unidades, pois são assim como eram em campo terreno, espíritos que vagam, e quem vaga, caminha sem direção tanto do bem quanto do mal, e por isso, seus feitos e suas obras terrenas boas ou más não lhes permitirão forças, coragem ou verdade o suficiente para adentrar aos campos santos e seguir a luz que emana dos espíritos servos da luz. E por não conhecerem o que vem a ser o bem ou o mal, não conhecerão aqueles que trazem as verdadeiras palavras santas, com isso, não tardarão em desviar-se de vossos caminhos em direção ao escuro em busca de outras verdades que lhes preencham a alma.

Mas como todo espírito que carrega a ordenança de missão terrena possui em sua unidade a unidade espiritual de estrutura que lhe permite adentrar ao campo terreno e cumprir a sua missão que é a Aura Plena, e esta que jamais será desacoplada do espírito, que possui missão terrena, carrega apenas o pensamento de consciência, que traz tudo aquilo que o espírito viveu e experimentou em campo terreno, mas esta que não é parte da estrutura celestial, será liberta da Aura Plena no momento em que estiver no campo de limpeza e purificação de nome, juízo de existência de espírito, onde toda a sua verdade lhe será apresentada e todos os erros, danos, falhas e máculas serão retirados ou mortos, para que possa este espírito ser acolhido em sua casa celestial e progredir para outros estágios de elevação e evolução.

Porém, estando o espírito que escolheu a caminhar por entre a escuridão das trevas e do abismo com seu estado de consciência alocado à sua Aura Plena, caminhará este espírito livremente por entre os elos espirituais de perdição, repleto de sua existência terrena, sendo conhecedor de todos os sentidos, sentimentos e vontades materiais, porque estas ainda estarão envoltas em sua Aura Plena.

"A luz brilha nas trevas, e as trevas não a derrotaram" (João 1:5)

Mas diferentemente do vale da luz ou do portal de luz celestial regido pelo Altíssimo Espírito governante das sete fontes de luz e de energia celestial de brilhantismo azul, existem no campo espiritual onde se encontram os elos de remissão espiritual umbral e inferno diante das trevas, bem próximo ao abismo, os portais de baixa luz. Portais estes regidos não pelo Espírito Altíssimo e sim pelo Espírito Anjo das trevas.

São nestes portais, as portas de entrada de luz baixa, em que serão todos os espíritos que distante do vale da luz caminham e próximos às trevas e do abismo se arriscam a ser destruídos ou exterminados pelas energias negativas que existem nestes campos de alto poder de transformação e também de destruição espiritual, pois são estes campos os campos que puxam toda energia similar, própria deles mesmos, estando estes espíritos repletos de sentidos e sentimentos negativos carnais, serão certamente puxados e exterminados por estas unidades espirituais de poderes e de forças negras compatíveis e similares.

Estes portais, de nome portais de baixa luz, são em número de dezenas e centenas e milhares na esfera espiritual negra; não possuem luzes tão reluzentes para que não perturbe ou afaste os espíritos que possuem por si só baixa emanação de luz ou baixa vibração espiritual de luz e força celestial. Pois o espírito que é livre em todos os campos, seja este material, seja este espiritual, precisa identificar-se e conectar-se ao tipo de vibração da luz que carrega este portal de luz para que adentre e se reconheça um espírito de luz também. Logo, nem mesmo estes portais os obrigarão ou os terão em imposição e sim por similaridade, desejo de conhecer e vontade.

Por isso, a baixa luz não se caracteriza em algo negativo ou sem Deus e sim uma forma sublime e mansa de recepcionar os espíritos doentes, perdidos e cansados com pouca luz própria, porque aquele que não adentra ao vale da luz para ganhar força e energia perde a própria força e energia que carrega. Logo, não é como o campo do vale da luz, repleto de vibração e luz incandescente, onde os espíritos recém-adentrados serão conduzidos pelos missionários espirituais através de palavras santas pelas leis divinais ao elo de cura e limpeza espiritual de juízo de existência de espírito, onde a luz é vibrante e raia pela força do próprio Senhor Deus emanada de vosso manancial de forças e eternitude de luz jorradas sobre as fontes de luz do Altíssimo Espírito governante das sete fontes de energias repletas da mais pura, magnífica e grandiosa glória e força em forma de amor e paz do Espírito Santo que é Deus.

Porém, atuam nestes portais de baixa luz onde a luz que brota não nasce de nenhuma fonte de poder e glória e sim da luz que resplandece das trevas, onde os anjos acolhedores destes portais serão os anjos guardiões das trevas ou os anjos guardiões do abismo, espíritos doutrinados e disciplinados nas leis do Criador e ordenados a labutar em favor destes que se encontram em total perdição do ser. Por isso, não serão estes quem lhes aplicarão correções, lhes farão julgamentos ou lhes atirarão as selas das existências da alma, o inferno. Porque são as vossas maiores culpas não as culpas de serem culpados e sim a culpa de não serem crentes, mas essa que não é considera uma desonra, uma arrogância ou uma blasfêmia, não será corrigida com o julgamento, porque os vossos próprios pesares de ser andantes já lhes são os julgamentos de não serem nada a caminho de coisa alguma.

Mas como é Deus, o Criador, grandioso em vossa plenitude de ser, ordena que sejam todos os vossos filhos, ainda que errantes, tortuosos e incertos; regatados e novamente encaminhados aos caminhos bons, porque ainda que sejam desejosos de ter e de ser nada, as portas dos céus encontram-se abertas a todos os filhos nascidos do mesmo seio, porque nisso também encontra-se a justiça divina. Não que essa forma tortuosa de caminho em direção ao Criador também não irá doer, porém estas portas, misericordiosamente, ainda existem.

Por isso, serão todos que adentrarem, por livre vontade aos portais de baixa luz, recebidos e acolhidos pelos guardiões das trevas e dos abismos e encaminhados ao juízo de existência de espírito para que sejam igualmente limpos e purificados em vossas unidades, porém não antes de serem em admoestação doutrinados, não de forma severa e sim de maneira disciplinar que possui um espírito nascido das trevas, antes de serem atirados a única forma de purificação que ocorre por meio do juízo de existência, em que através das palavras também doutrinárias conhecerão a si mesmos e se libertarão de suas consciências danosas ao campo espiritual alocada à Aura Plena, para que possam seguir limpos e puros as vossas verdadeiras moradas.

Ou seja, ainda que já estejam em campos espirituais, será através dos portais de baixa luz, luz que resplandece das trevas, que seguirão em direção ao elo de juízo, existência de espírito e irão libertar-se de suas unidades estruturadas de pensamento de consciência abrigadas às suas Auras Plenas para neste momento adentrar ao elo celeste de Luz e verdade, em que a liberdade de existência é a cura de todos os males espirituais pelo caminho da única e verdadeira paz.

É certo compreender que nem todos os espíritos adentram ao vale da luz em direção a Deus após a passagem terrena, não por desejarem ser errantes, mas sim por não conhecerem a Deus e aos vossos servos, os espíritos missionários de luz, ou por temerem o que é novo e, com isso, se afastam e se perdem no meio do caminho espiritual de evolução, para conhecerem ainda que indesejavelmente as portas do inferno e do umbral pela sensação de medo, de dor e de angústia ao passarem em vossos entorno; e através de vossos entornos experimentarão o cheiro do enxofre, os gritos de tortura e as vibrações em forma de angústia, de lamento, de desprezo, de ódio e de desgraça da alma, e por isso, se esconderão acreditando que essas energias que prensem e selam todos os que se encontram mortos e esquecidos pelo desprezo de suas unidades, servindo ao inferno, também os encontrarão e os prenderão para todo sempre nas mesmas correntes infernais.

E assim como desconhecem o bem e desconhecem o mal, desconhecem também os caminhos que levaram estes que se encontram presos e selados pela dor e pela morte, e acreditam que serão, acaso sejam encontrados, igualmente trancafiados e mortos e também esquecidos.

E os caminhos em direção oposta podem ser tortuosos, negros, obscuros e sombrios nas portas do abismo e do inferno, não somente para os espíritos que dentro se encontram como para os que vagam perdidamente também. Mas os anjos das trevas os vigiam e os guardam para que não morram também em espírito por terem sido sugados por estas energias negras e danosas, por isso é que lutam diante dos portais de baixa luz, não para que os corrijam severamente e sim para que retornem aos caminhos das leis e da verdade.

Por isso, dentro do mesmo campo de morte, escravidão, tortura e dor encontram-se os portais de baixa luz, pois são estes que diante das profundezas dolorosas da escuridão acolhem e direcionam os espíritos que vagueiam sem direção aos caminhos das leis.

Portanto, até mesmo nas trevas a luz brilhará e apontará o caminho, pois as trevas não são as energias que derrotam ou desmontam os espíritos vagantes e perdidos, se esta não for sua correção determinada pela lei que o rege, e até mesmo os anjos do abismo, outrora chamados de Não Santos de lei, guardarão as luzes que nas trevas se encontram e se prostram a Deus, o Criador, trazendo luz e direção às almas ambulantes. Pois os guardiões que zelam pela Luz vigiam e rondam a palavra de Deus, o Criador, onde quer que esta esteja, ainda que sejam na escuridão dos abismos.

Mas são eles rígidos e fortes anjos nascidos das trevas e do abismo, para que guardem a luz que resplandece das trevas que é também luz que nasce do manancial celestial, assim como são rígidos e fortes em redirecionar todos aqueles que vagueiam sem direção em busca de verdades inexistentes, que lhes possam caber em campos de isolamento de energia negativa, em que somente os que pertencem a estes elos espirituais deveriam ocupar ou rondar a vossa negatividade de energia e de poderes e forças.

"*Quem recebe vocês, recebe a mim; e quem me recebe, recebe aquele que me enviou*" (Mateus 10: 40).

Portanto, a crença terrena que ao fazer a passagem todos os ditos merecedores irão vislumbrar a face do Criador diante de seu trono rodeado de anjos doces e celestes adornando vossas vestes, caracterizando este fato como sendo a passagem da vida terrena para o campo espiritual ou o caminho do paraíso, confunde tanto o encarnado quanto o espírito e não possui verdade espiritual. A abordagem em campo celestial não será realizada através de Deus, o Criador, e sim através de seus anjos, guias espirituais e espíritos de luz que guiarão todos os espíritos recém-chegados aos caminhos santos, que representam a santidade celestial, ou seja, são os servos de Deus trabalhando em vossa verdade pela vossa Verdade.

Porque o momento do retorno à casa do Pai é para um espírito a hora mais aguardada em que as trombetas tocarão, os anjos saldarão e todos se alegrarão de reconhecerem-no, porém mais nobres, mais elevados e mais conhecedores de si mesmos e de Deus, o Criador de todos nós.

Porém, todos aqueles que não adentrarem aos campos celestiais através das palavras dos santos anjos acolhedores vagarão em direção dispersa também em busca de verdade própria criada e lastreada em falsas verdades para que o abasteçam e os deixem ser aquilo que desejam ser em ambiente espiritual à procura de verdade material. Porém, sem caminhos e direções, serão espíritos vazios imaginando ser plenos de si mesmos, por não conhecer a si mesmo pensando que o nada é a verdade celestial reservada para ele.

E ainda assim será a clemência misericordiosa de Deus através de vossos servos que os libertarão para a vida verdadeira.

"*E conheceis a verdade, e a verdade vos libertará*". (João 8: 32).

E a verdade vós libertará de si mesmo, de vossas crenças e desejos terrenos que não possuem verdade espiritual e santa. Por isso, é preciso conhecer a Verdade, ou seja, prostrar-se para a verdade que é o Criador através dos espíritos de luz ou guiadores que os conduzem em terra, antes que o momento de dor assole o próprio espírito em direção ao nada. Pois caso a Aura Plena portadora do pensamento de consciência em seu novo estado de consciência adquirido após a morte da carne não adentre na esfera do juízo de consciência do espírito, libertando-se do espírito e trazendo nova vida, não conhecerá a verdade ou por desejar caminhar em suas próprias verdades autodestrutivas criadas por si mesmo em terra, continuará governando o sentido existencial de ideia material e não adentrará ao nível de consciência espiritual santo e permanecerá vagando por esferas intermediárias entre consciência material e espiritual, perturbando a própria paz diante das trevas e possivelmente outros espíritos ainda encarnados.

E, sem a verdade, estes espíritos serão para tudo espíritos vagantes à procura do que nem mesmos eles sabem, ou seja, à procura do nada, pois até para encontrar-se é preciso saber o que se procura, e para estes espíritos o caminhar entre o nada e estar no nada têm o mesmo valor, pois sequer sabem quem são em essência espiritual ou o que buscam, desconhecem os espíritos guias e as leis divinas. Sentem-se terrenos com sensações e desejos materiais imaginando que esta é a forma do real do estado de consciência espiritual em esfera celeste. Acreditam ser plenos, porém desconhecem a paz que é a plenitude espiritual.

Porém, existem outros motivos para um espírito tornar-se andante ou vagante de si mesmo em volta do nada imaginando estar diante de sua verdadeira essência espiritual. A passagem espiritual da vida terrena para o campo celestial ainda que ocorra de forma brusca e violenta para muitos encarnados, ocorre de maneira branda e sutil para o espírito, ou seja, ainda que o impacto de morte material tenha sido enérgico e abrupto, o espírito adentra ao elo celestial de forma serena e tranquila fazendo com que este não perceba que houve a passagem da esfera material para a esfera espiritual.

Em muitos casos a vivência terrena se estende ao campo espiritual devido ao pensamento de consciência estar ainda abrigado dentro da Aura Plena e, por isso, transmitindo todas as sensações e sentidos materiais, fazendo este espírito acreditar que ainda vive dentre os que vivem em campos materiais. Por isso, ainda que a passagem tenha ocorrido de maneira abrupta, o pensamento de consciência os coloca no mesmo ato e na mesma situação que estava sendo vivenciada em ambiente terreno, no momento do desligamento do fio de prata ou o rompimento de uma vertente para a outra, isso porque todo desligamento que ocorra em hora e instante que não houve uma ordenança divina, não que sejam esses semelhantes fatos de total desconhecimento dos espíritos celestiais, servos do Criador em relação a estas chegadas, porque em verdade são; porém não sendo o desligamento ordenado para que aquele espírito se reconheça, não celebrará este espírito a vossa chegada diante do portal do vale da luz, não somente porque não era esta uma chegada ordenada, como porque não se reconhecerá apenas como essência espiritual, este que parte sem ordenança.

Logo, este espírito que não compreenderá a forte luz do vale da luz ao cruzar o véu da morte, continuará a exercer tudo aquilo que exercia no momento do seu rompimento do campo material para o campo espiritual, e não adentrará ele ao vale da luz. Porque a não descontinuidade e total compreensão do vale da luz, no qual se encontra um espírito em que seu momento e sua hora eram ordenados para a vossa passagem, fará com que este espírito que deixou a carne material de forma abrupta continue vivenciando o ato que experimentava em terra no momento da sua passagem, dando continuidade ao momento que se fechou, porém ele não percebeu. Com isso, fazendo com que este não sinta o impacto ou tenha consciência da troca de elo, pois este espírito que possui seu pensamento de consciência alocado à sua Aura Plena unida ao seu espírito cria sensações terrenas iguais às vivenciadas em terra e, com isso, muitos espíritos não percebem que adentraram ao elo espiritual.

Ainda que seu estado de espírito esteja vivenciando sensações e motivos materiais, deixando-o deslocado e disperso de seu verdadeiro estado de consciência, os anjos e guardiões ou guias acolhedores dos portais de baixa luz os abordarão e o convidarão a adentrar em seu novo estado de consciência, direcionando-o ao vale da luz, pois somente a compreensão espiritual de quem realmente se é, é que fará com que seja capaz de colocá-lo em seu verdadeiro estado espiritual e encaminhá-lo aos caminhos de juízo de consciência de espírito e em direção às moradas celestiais, que são as verdadeiras casas dos espíritos.

Porém, muitos espíritos por não conhecerem a luz, por trazerem crenças errôneas em relação ao elo espiritual ou por não acreditar que são espíritos das leis que os consolam, não seguem na direção da verdade ou adentram ao ambiente espiritual de perdição de si mesmos às margens das trevas e do abismo. E por manter sensações terrenas e não acreditam que partiram, continuam a ocupar-se de suas batalhas existenciais, de seus afazeres cotidianos e assim seguem em ambiente espiritual de forma terrena.

Estes são espíritos que vagam em torno de si mesmos dando continuidade aos seus afazeres terrenos e domésticos como se ainda pertencessem ao elo material, porém de forma espiritual. Portanto, não cessam de ir às escolas, aos templos espirituais, aos programas sociais cumprindo com todos os compromissos como se ainda estivessem em terra até o momento em que se deparam consigo mesmos em estado de consciência espiritual e não mais material. Porém, estes momentos podem demorar longos anos ou até eras de tempos espirituais.

A Aura Plena, sendo o amplexo que o faz vivo em matéria, juntamente com o pensamento de consciência, fica este espírito preso à sua identidade material, por meio do pensamento de consciência, que lhe dá sensação de ainda estar vivo materialmente, porém não são sensações e sentidos igualmente aos sentidos e vivenciados em ambiente terreno. São sensações e sentidos confusos, ora de sentido verdadeiro, ora de sensação imaginária, como se estivem vivenciando um sonho igualmente ao vivenciado em terra pelos encarnados, com poucas conexões, sentidos ou verdades, trazendo desordem de pensamento, perturbação espiritual e bagunça emocional em sentido verdadeiro espiritual, pois sua conexão terrena não é mesma que a vivenciada em terra e a troca de elos causam pela ressonância das vibrações das diferentes energias que circulam e cada campo falta de compreensão correta dos sentidos fazendo com que este espírito caminhe ora de forma confusa, ora de forma desordenada por entre os elos em que anda. Mas isso não é o que se pode chamar de passagem espiritual e sim condição espiritual fora do estado de consciência espiritual correto.

Outro motivo que torna um espírito vagante, não apenas o motivo de relutar em aceitar a nova condição espiritual, por terem sidos tirados de forma agressiva do campo terreno por outro encarnado sem ainda terem concluído com vossas missões terrenas é o fato de não desejarem afastar-se de suas obras materiais construídas por vossas mãos, assim como abandonar as delícias da vida terrena por acreditar que o ambiente terreno é a verdadeira morada de poder e glória e que todas as construções partem da terra e das mãos humanas.

Os espíritos que foram retirados de maneira forçosa ou abrupta do ambiente terreno, muitos não conseguem facilmente seguir as direções apontadas pelos guias acolhedores por acreditar que se desviando dos caminhos e das palavras divinas, ainda que conheça as palavras santas, irão novamente se reconectar com o campo terreno, por este motivo vagam por anos a fio como forma de se reconectar com vossos pares, vossos afazeres e vossas vivências outrora materiais.

São espíritos que, ainda que não tenham o mal ou não conheçam o mal terreno ou nunca praticaram a maldade e por isso não possuem nada que os desqualifiquem ou manchem vossas unidades espirituais, lutam para conseguir vivenciar os sentidos terrenos através daqueles que lhes desferiu a desgraça espiritual e, rondando-os dia e noite em busca dos motivos que o levaram a cometer tal atrocidade, com isso, sugando a energia deste encarnado e causando sérios danos espirituais e por consequências também materiais.

Estes espíritos amargurados e presos em vossas existências que sofrem por desejar ser livres e não conseguirem; sofrem a amargura de não serem aquilo para que estavam preparados ser e por ter a sensação de deixar forçosamente todos os planos e perspectivas de continuidade, de vivência terrena que fora brutalmente roubado por mãos insanas e doentes, buscam respostas no causador de suas dores perturbando-os incessantemente por meio da vibração em esfera espiritual, vibrando juntamente com a Aura Plena do causador de sua dor em estado de consciência ainda terrena, tentando fazer a junção de duas unidades que não se conectam devido às suas esferas, perturbando assim, o encarnado em ambiente terreno. Desta forma, transferindo ou compartilhando todas as sensações deturpadas, sentimentos confusos e sentidos falhos regados por dor, sofrimento e sentidos desconexos com o causador de sua dor de existência de espírito.

E toda agonia de seu próprio sofrer, angústia, desesperança, pesar, aflição e luto serão igualmente sentidos entre ambos no momento em que houver a junção da Aura Plena entre espírito sofredor de si mesmo e causador de sua dor espiritual. E por todos os caminhos tortuosos que este espírito vagar em campo celeste, entre o nada, as trevas e o abismo pela busca de tentar sanar a dor existencial e limpar-se do sangue que jorra em forma de dor e sofrimento igualmente serão sentidos de forma dolorosa no sentido de existência ao ser errante e assassino até que este seja retirado do elo terreno para cumprir sua pena em elo de correção umbral, para que este espírito seja liberto de todo seu sofrer.

Ou seja, o espírito encarnado, causador da dor espiritual de outro encarnado, sentirá todas as sensações, dores e angústias que este espírito sofre em sua existência sem conseguir caminhar ou evoluir assim como este do qual foi podado o direito de caminhar livre por suas vontades e verdade até que possa este espírito entender e conseguir forças para prostrar-se diante das palavras do Criador, onde todas as respostas e perguntam podem ser respondidas, pois todos aqueles que estiverem no livro da vida de Deus conhecerão suas razões e motivos debaixo de suas mãos, sejam estes em ambiente material, seja em ambiente espiritual, sejam estes fiéis, sejam estes assassinos. Porque somente as mãos de Deus podem curar todas as dores e dar nova vida a todas as vidas existentes no universo santo e sagrado Dele mesmo, pois ainda que os homens errem e ainda que os espíritos desviem-se, Deus, o Criador, colocará tudo em vosso correto lugar. Caso não seja o caminho tortuoso o caminho correto escrito por Deus para aquele momento de existência de cada espírito para o qual fora encarnado.

Deus é a única resposta para todas as questões debaixo de vossas mãos. Porém, basta que todos se prostrem e desejem verdadeiramente entender e conhecer as vossas razões, porque estas ainda que lhes pareçam incompreensíveis serão os vossos desejos pelas vossa sagrada e santa sabedoria, que nenhum ser encanado encontra-se preparado ainda para compreender.

Por isso, os espíritos que fizeram a passagem em vossos determinados tempos diante das determinações do Criador, mas são espíritos que não conhecem a Deus, vossos anjos e a vossa glória, pois ainda que não tenham cometido nenhuma iniquidade ou grandes falhas materiais, não foram capazes de evoluir espiritualmente por terem sidos seduzidos pelas honras mundanas a ponto de manter falsas crenças de que estas obras os fazem grandes e poderosos quando somente o Criador pode torná-lo tão grande ou tão pequeno diante dos homens da terra ou de vossa face. Ou seja, ainda que fossem considerados bons homens muitos encarnados ao desencarnarem sofrerão por ter que deixar as flores que foram plantadas em vasos materiais ao invés de se atentarem ao fato de que poderão construir muitas e muitas outras flores nos jardins celestiais de Deus onde tem os verdadeiros jardins e as verdadeiras flores do universo. Porque são estes espíritos apegados aos bens materiais, aos outros encarnados e as delícias mundanas aqueles que sofrerão por deixar a carne material e caminham para a verdadeira vida.

Mas é a morte terrena ou a passagem espiritual o retorno do espírito à casa celestial vivenciada através da essência espiritual onde o estado de consciência é a verdadeira e única forma de vivência plena que um espírito pode sentir. Porém, o sentido material de sensações e sentidos de vida terrena será para estes como ilusão de própria existência criada por ele mesmo, ou vivenciada por ele a partir de suas próprias crenças que traz através do pensamento de consciência da mesma forma como foram criadas as ilusões de poder, força, soberania e glória terrena. E, assim, vivenciará o espírito em campo celestial em estado de consciência espiritual sensações terenas de sentido de vida ao qual não pertence mais.

São espíritos que possuem dificuldade em adentrar aos portais de baixa luz, não por serem descrentes da verdade, mas por não acreditarem ou não quererem aceitar que se findou o tempo terreno e desejar mais tempo para explorar delícias, prazeres e glórias mundanas. Por isso, serão todos abordados pelos anjos das trevas e do abismo diante dos portais de baixa luz, porém de forma branda e clemente conforme as vossas doutrinas, para que conheçam sobre si mesmos e compreendam quais são os caminhos que lhes levam verdade, e para que adentrem aos verdadeiros elos celestiais abandonando as antigas vestes de apego e glórias terrenas que trazem mais dor do que prazer.

Porque estes que caminham na busca do prazer, dos desejos e gozos materiais também os fazem de forma escondida, porque assim como são os espíritos errantes em terra vigiados noite e dia, são estes também vigiados para que não cometam danos e desajustes aos que caminham livremente sobre os campos dos abismos, porque neste caso serão estes arrancados e atirados aos poços do elo de remissão de nome umbral, e vossas penas serão assim tão duras quanto a todos os que nele habitam vossas remissões.

Porém, sendo o espírito uma essência livre e de livre possibilidade de escolha, terá o direito de decidir o caminho que seguirá, escolhendo se adentra aos campos de juízo de existência de espírito ou se continua vagando por entre os elos celestiais sem caminho ou destino certo.

E os que desejam seguir seus caminhos de forma dispersa vagando por entre as esferas serão abordados por muitas e muitas vezes pelos espíritos de luz alocados nos inúmeros portais de baixa luz. Mas precisam compreender estes espíritos que o que o fere não é verdadeiro em esfera espiritual ou não pertence à verdade espiritual, e que nos campos celestiais terão a possibilidade de possuir algo que vai além de posses e bens materiais, que é o direito à evolução do espírito diante do Deus, o Criador. Porque o mesmo Senhor que lhes deu o direito à vida terrena e conquista de posses, lhe dará também o direito de possuir além de posses que são vãs passagens e se acabam, porque poderá este espírito possuir a eternidade onde todas as flores e jardins são eternos e em campos eternos e nada nunca os destruirá ou morrerá.

Embora, os espíritos vagantes não representem o mal, ou não são o mau que assolam o ambiente terreno ou não são de tudo o mal, pode sugar energias de determinados encarnados que vibram em baixas energias vibratórias próximas as suas e causar mal-estar, não pelo desejo de fazer o mal, pois este não possui o mal, mas por falta de percepção de que já mudou de elo. Pelo fato de causar apenas alterações de forma orgânica àqueles que se aproximam, não são considerados de todo mal ou de alta periculosidade e sim causadores de alterações orgânicas que podem trazer consequências, ainda que consideradas pequenas aos encarnados. Ainda que não possam afetar o âmbito espiritual, podem acarretar dores e desconfortos como pressões abdominais e dores de cabeça, ou seja, desajustes de forma orgânica e não espiritual, pois estes não possuem intenção em sua maioria ou poder de afetar espiritualmente nenhum encarnado.

Isso quer dizer que se tratando de espíritos que desconhecem o fato ou não aceitam o fato de terem passado da vida terrena para a vida espiritual, e continuam exercendo vossas atividades cotidianas, o contato com os encarnados é com maior frequência e muitas vezes quando se aproximam de encarnados que estão em baixa vibração e emanação conseguem até mesmo absorver energia dos encarnados, fazendo com que estes sofram alterações de ordem orgânica, pois é a energia em quase junção de energia causando dores de cabeça, enjoos ou dores abdominais, conhecido em campo terreno como carregos, ou seja, estar carregado de energia e fluidez que não lhes pertence.

    Logo, o conceito de carrego não quer dizer que está com espírito mal, perigoso ou obsessor e sim carregando juntamente com a sua própria energia parte da energia de um espírito vagante sem destino que ainda não encontrou a luz. Logo, estes espíritos vagantes não têm a capacidade ou desejam desferir o mal a um encarnado, pois não é um espírito causador de más ações ou obsessores, porém o encarnado que também possui um espírito e sua Aura Plena como porta de entrada das emanações espirituais, pode ficar com sua Aura Plena, impregnada com uma essência que não é a sua essência de origem, e esta incompatibilidade de essências pode deteriorar a essência do encarnado de forma a trazer certos transtornos orgânicos. E este mal ainda que pequeno, pode afetar as funções vitais e como também consequência as atividades cotidianas do encarnado, não por vontade própria de causar danos espirituais aos encarnados, mas por aproximarem-se daqueles espíritos encarnados com vibrações compatíveis as deles.

    E são os espíritos vagantes e andantes espíritos vazios de olhar distantes e possíveis inércias espirituais, que vagam noite e dia em busca de encontrar-se com seus verdadeiros sentidos existenciais, porém de forma errada ou deturpada. Explora tanto campo terreno quanto celestial de escuridão como as trevas e os abismos em busca de caminhos e vibrações que sejam acolhedoras e fortes o bastante para manterem-se aptos energicamente e vagueando por entre as esferas. No campo terreno, dirigem-se por muitas vezes às portas de hospitais, hospícios ou cemitérios onde as energias dos que frequentam, por muitas vezes encontram-se em baixas vibrações e sintonias e com eles bem próximas as vossas energias e vibrações. Logo, levando e trazendo diversos tipos de energias de vários campos enérgicos que nem sempre são compatíveis com os encarnados em caso de contato ou quase junção de espírito.

    Por isso, todo encarnado que se encontra carregando consigo energia de espíritos vagantes deve receber energização de cura dos espíritos de luz ou dos espíritos guias para limpeza e purificação, outrora chamados de tratamento espiritual de cura ou ainda tratamentos espirituais através de ervas ou elementos orgânicos para reajuste de energia material. E embora estas energias não sejam energias o suficientemente fortes para desordenarem nenhum sentido espiritual ou causar obsessão, apenas desajustes orgânicos, estes sintomas devem ser tratados, pois podem causar danos cotidianos.

"Os anjos não são, todos eles, espíritos ministradores enviados para servir aqueles que hão de herdar a salvação?" (Hebreus 1: 14)

Então confiais nos espíritos de luz assim como confiam em Deus e acima de tudo confiais em vossas verdades, pois elas os conduzirão aos caminhos bons e nas boas obras, pois são aquelas que elevam o espírito e falam sobre Deus, mostram vossa força, vosso poder e vossa benevolência e serão para tudo o caminho da salvação em nome do Criador em terra. E todos aqueles que possuem Deus dentro de si, porém desconhecem seu poder devido às suas crenças lastreadas em inverdades ou promessas falsas, devem seguir os anjos e os guias acolhedores e conhecerão a verdade, pois embora acreditem que não carreguem a força e a luz do Criador ou desconhecem em vossa soberania e verdade, Deus os possui unanimemente, e ainda que lhes falte crença, os anjos, os santos, os espíritos de luz e os guia celestiais serão as vossas fé, as vossas fortalezas e as vossas luzes apontando o caminho, pois somos todos filhos do Espírito Santo unidos pela essência, e através de vossos anjos acolhedores todos seremos filhos verdadeiros que comungas da mesma fé e da mesma verdade.

Conhecendo o Criador através da morte

"Nisto conhecemos que estamos nele, e ele em nós, pois que nos deu o seu Espírito" (1 João 4: 13).

10.7 Mas a crença de que todos os espíritos quando fizerem a passagem para o elo espiritual verão a face de Deus ou de que estarão todos com Pai celestial não é verdade espiritual, e assim como a crença de que tudo morre juntamente com a matéria inclusive os erros e as verdades próprias também não é. E embora não seja esta uma verdade espiritual é certo que é uma inverdade consoladora e confortante para aqueles que caminham diante de Deus apenas por imposição ou através de conselhos falhos e premissas falsas e pequenas contadas por certos homens de terra. Porque a verdade é que nem todos os espíritos verão a face de Deus ou terão suas eternidades ao lado do Criador.

Porém, mais confortável espiritualmente do que crer apenas em ver a face de Deus é estar ao lado de seus santos, anjos, missionários e guardiões, fiéis zeladores de vossa verdade e de vossa santidade, pois são estes os verdadeiros santos que receberam a confiança, poder, amor e bondade em nome do Criador para serem vossos reais e verdadeiros sacerdotes e servos divinais para atuar em vossa luz e com a vossa palavra.

Porque o fato de receber o direito do momento mais sublime que é o direito de ser acolhido e conduzido por seus santos, anjos missionários e zeladores espirituais deveriam ser mais confortável do que a mentira de vislumbrar a face de Deus, o Criador, ao fazer as suas passagens. Não somente porque o caminho da eternitude os que diante da vossa nobre, pura e sagrada face irão encontrar, podem não partir daqueles que em campo terreno atravessaram o véu da morte para em campo celestial adentrar, porque se faz necessário além de ser purificados para adentrar aos elos sagrados, estar em estado de evolução espiritual elevadíssimo em relação aos que descem ao campo terreno para cumprimento de missão de autoconhecimento, conhecimento e elevação espiritual. Por isso, aqueles que irão após o desencarne encontrar-se com o próprio Criador são os espíritos que seguem em pura glória e magnificência misericórdia de incondicional amor eterno que se encontram antes de serem descidos, pela ordenança de cumprir em campo terreno uma ordem suprema determinada e após o cumprimento, retornar para diante do Pai celestial.

Ora, no elo terreno não é preciso que se veja a face do Criador para estar com ele, pois é a fé de cada indivíduo que o colocará diante de sua verdadeira face, aquela que não possui um rosto, não possui uma figura, mas possui seu amor, a sua essência e sua verdade de forma mais plena e sublime para com Deus, a fé cega, aquela que não vê, mas sente e crê em sua existência, seu amor e sua verdade ainda que não a veja. E é esta fé que os levarão aos campos celestiais mais puros e nobres diante da eternidade Dele mesmo, sendo carregados por vossos servos e servas espirituais. Pois no campo celestial não é preciso que se vislumbre a face de Deus para estar com ele, pois cada espírito é o reflexo do Criador e, portanto, o possui dentro de si, e o carrega em sua essência. Sendo assim, basta querer e desejar com plenitude e será o próprio reflexo santo emanando a vossa santidade.

Por isso, saber que cada elo espiritual é conduzido e guiado por vossos santos, anjos, guardiões e missionários divinos é o mesmo que estar diante da face de Deus, pois sua face por vezes é refletida através de vossos santos e anjos e reluzem a vossa própria luz, o vosso próprio poder e a vossa própria bondade a todos que o conservam e lutam perante vossa destra, vossa esquerda, vossa frente e ao vosso redor, com espadas afiadas e lanças erguidas para vossa proteção. Pois Deus se faz espírito em cada espírito que atua em seu nome, portanto sua face é a mesma face refletida por vezes através das ações, poder e benevolência conferida a todos os que lutam por Ele mesmo, ou seja, e a vossa face é e sempre será refletiva nos seus. E aqueles que são os seus, são o próprio Deus, Criador do mundo e de todos os espíritos, pois suas obras e missões não são por si só, serão por determinação divina e partem do próprio Deus, criador do mundo e de todos eles.

Por isso, os seus serão o consolo, a luz, o amor e a face refletiva em forma de paz, poder e bondade que justifica todas as ações e obras realizadas através de seus servos espíritos de luz em seu nome. Pois Deus é tudo em todos e em tudo, assim na terra como em céu, e somente sua força e luz se faz santidade e Espírito Santo emanados da força soberana divina que é tudo em todos. E seus santos, anjos, são também o reflexo de honestidade, poder e amor que partem da ordem suprema do Santíssimo Deus e apontam o caminho celeste aos espíritos recém-chegados e em busca de pertencer a si mesmo e aos seus caminhos divinos.

"*Quer você se volte para a direita quer para a esquerda, uma voz nas suas costas dirá a você: este é o caminho; siga-o*". (Isaías 30: 21).

E ainda que espíritos estejam perdidos, vagando entre o nada e canto algum, distante das verdades celestiais e longe das moradas santas, Deus, o Criador, lhes dará o direito de retroceder as vossas escolhas e conhecer as palavras verdadeiras capazes de curar qualquer erro, engano e caminhos tortuosos. Por isso, o Criador, através de seus anjos e guardiões, ou nobres servos da ordenança do Espírito que resplandece da própria morte juntamente com o vosso primeiro espírito, o vosso fiel reflexo, o Espírito que conduz as sete cruzes, portador de todas as chaves de todos os tempos as quais selam e fecham todos os caminhos, carregador da ordem divina, lhes dirá: Este é o caminho, siga-o. Pois sempre existirá uma nova chance de trilhar os caminhos da paz espiritual.

E é isso que o Criador deseja aos seus filhos, e ainda que a voz que lhes falará não será a voz do Criador, porque é o Criador o tudo existencial, manancial de todos os poderes e todas as forças que abastecem todas as unidades espirituais, todos os campos e todos os elos espirituais, ou seja, o tudo absoluto da grandeza da força de vida e de todas as formas de vida e, por isso, não será a voz do Criador e sim o próprio Deus que ouvirão falar. Porque é a nomenclatura Deus a força sublime divina da personificação da unidade santa e sagrada, o Criador, em campo terreno, ou a força sagrada que emana de todas as coisas e todos os elementos unidades espirituais, a força que parte da grandeza e da plenitude, santíssima unidade Santa e pura do Criador, Criador de todas as coisas, todos os sentidos e forças de existência, e os faz vivos pela sagrada e suprema energia da luz eterna Dele mesmo, para que todos os que foram nascidos de vossa eterna glória possam caminhar por sobre a vossa majestosa luz, de forma que possam alcançar a vossa suprema plenitude espiritual, o Espírito Santo, que é o Criador. Mas é a personificação da força sublime de vossa unidade a energia espiritual em campo material, tão tangível como qualquer unidade de vossa certeza nascida, a essência que os farão aproximar-se de vossa extrema grandeza para que sejam nobres e fortes e igualmente santificados pela vossa forma divina espiritual de nome Deus.

Porque é a força sagrada que emana de todas as coisas e todos os elementos e unidades a força intangível e inviolável, sagrada espiritual da extrema e incomparável força eterna que os fazem vivos pela sagrada e suprema energia da luz eterna do Criador, para que todos os que foram nascidos Dele possam caminhar por sobre as vossas verdades de forma que alcancem a vossa suprema plenitude espiritual, ou o Espírito Santo, que é o Criador. Porém, é a personificação da unidade sublime de vossa unidade a energia espiritual em campo material que os farão ser nobres, fortes e santificados pela vossa forma divina espiritual de nome Deus que os farão caminhar por sobre a vossa extrema e maravilhosa luz.

Por isso, é a nomenclatura Deus, a expressão divina da singeleza da bondade e da caridade em sua máxima forma material para alcance de vossa unidade divina, santificada pela força do desejo terreno de serem e se aproximarem de vossa eterna pureza, justiça e compaixão. Portanto, a voz que voz falará em nome de vossa eterna unidade é a voz do próprio Criador personificada através daquilo que a capacidade material os permite alcançar e escutar que é Deus, o Deus de todas as coisas e unidades terrenas, pela própria unidade terrena, moldando-se e alterando-se para lhes conceder todos os suprimentos e alimentos em forma orgânica e essência material terrena que as vossas unidades necessitam para que sigam pelos livres caminhos do amor e da justiça até que tudo seja eterno em vossas existências, antes que estas sejam em terra findadas.

Porém, nem todos os espíritos que partiram do elo terreno em retorno ao elo espiritual conhecem as palavras de Deus ou de vossos santos, anjos ou missionários também conhecidos por guias espirituais, com isso não veem motivos para se deixarem guiar pelos anjos acolhedores e adentrarem aos portais de juízo de existência espiritual, auxiliando-os em direção às moradas de progresso e evolução. Embora não tenham cometido nenhuma obra má ou ações más não possuem forças ou motivos para adentrar aos campos santos de moradas santas.

E ainda que não tenham cometido nenhuma maldade, não caminhavam diante das leis divinas, ou seja, não eram maus espírito encarnados, não cometeu erros, porém desconhecia sobre o verdadeiro Deus, ou ainda, conhecia de forma errônea, lastreada em falsas promessas e certezas vagas. Ao fazer suas passagens e adentrar ao campo espiritual procuram o que de fato não existe e perdem-se esperando encontrar-se com a face do Criador ou ainda o dito paraíso celestial, fatos que não representam a verdade espiritual aos recém-chegados em espírito.

Por isso, a crença que um espírito carrega acoplado à sua Aura Plena pelo seu pensamento de consciência de que verá a face de Deus e com isso adentrará aos elos santos e será purificado e direcionado à sua morada celestial reservada para ele que não possui verdade espiritual. Pois para adentrar em morada celestial é preciso confiança e crença em todos os que rodeiam e guardam a verdade. Pois o fato é que nenhum espírito recém-chegado irá vislumbrar a face de Deus, porém, os que confiam em seus anjos e guias acolhedores serão guiados e acolhidos nas palavras santas do Criador e com ele andarão por toda a eternidade espiritual.

Logo, confiar e crer nos espíritos é tão importante quanto confiar em Deus, pois serão eles quem os conduzirão aos campos sagrados. Por isso, conhecer as verdadeiras palavras de Deus, seus santos, anjos e guias espirituais em ambiente terreno são tão importante quando conhecer a si mesmo, pois serão eles seus guias e protetores nos campos sagrados do Criador. Assim como são os espíritos nossos guias e condutores das palavras e boas obras em nome do Criador em ambiente terreno.

Ora, se a ideia terrena de que ao fazer a passagem espiritual tudo será apagado, ou seja, se apagarão os erros, as falhas, as faltas e os danos, se não incluem também a existência do Criador e a vossa própria face? Porque se tudo o que existe parte de Deus, acreditar que tudo se apagará é acreditar que não existem os elos espirituais de remissão e nem os elos de cura e salvação, porque se tudo parte de Deus, o que mais sobraria se não existissem estes que atuam em vossos nomes, não existiriam se estes não existissem, não existia também o Criador, que lhes gerou e criou, porque é Ele quem os ordena em vosso sagrado nome que ainda que após as vossas passagens terrenas lhe sejam os guiadores, acolhedores e os direcionem aos caminhos da elevação e da evolução espiritual de cada um. Por isso, acreditar que tudo se apaga é o mesmo que acreditar na inexistência do próprio Deus.

Portanto, a ideia terrena de que ao fazer a passagem espiritual tudo se acabará inclusive seus erros e falhas e todos adentrarão ao paraíso, é o mesmo que acreditar que o Criador abençoa com caridade aqueles que caminham de forma tortuosa, arrogante e falsa, desrespeitando as vossas leis e mandamentos, e ainda os recompensa com lugares espirituais belos e nobres, juntando os seres que caminham de forma errante, falha e falsa com outros seres, que caminham de forma pura, cândida e nobre em um único lugar. Ora, mas se avaliarem bem, este não é e jamais poderia ser o paraíso, porque igualmente a este elo imaginário é o campo terreno, e aqui não o chama de paraíso!

Porque é o paraíso a representação da paz e da glória espiritual, onde toda forma existencial é vivida em ambiente repleto de amor, paz e santidade. Ou seja, tudo o que parte de Deus e recebe sua emanação e por sua glória é santificado, pois recebe a vossa emanação Santa. Logo, o paraíso é o ambiente santificado que emana glória e amor divino onde o sofrimento e as ações que causam dores e angústias não adentram. Contudo, o paraíso é parte de Deus refletido em estado de consciência, harmonioso cândido, de amor e luz, onde tudo é repleto de prazer e sabedoria suprema espiritual. Por isso, o reflexo de Deus que emana em cada espírito que reside em morada celestial de paz e luz representa parte da face de Deus em ambiente de amor, caridade, compaixão e beleza o que chamam de paraíso.

Juízo de existência espiritual contra juízo final

"Porque já é tempo que comece o julgamento pela casa de Deus; e, se primeiro começa por nós, qual será o fim daqueles que são desobedientes ao evangelho de Deus?". (1 Pedro 4:17)

10.8 Pois o julgamento é o caminho de todos os espíritos filhos de Deus, o Criador, do mundo e de todas as coisas, que nem mesmo os espíritos que estiveram encarnados poderão se esquivar. Por isso, é o juízo de existência do espírito também um julgamento espiritual, e todos sentirão em vossos julgamentos as portas se abrirem pela sentença de vossa destra ou o peso de vossa esquerda celestial quando for todos cobrados por tudo o que foi praticado em campo terreno, porém fugido a doutrina e a disciplina santa e sagrada dos mandamentos atuando ao contrário dos ensinamentos. Portanto, todos passarão pelo escabelo e julgamento de vossas santas e sagradas mãos antes que adentrem as vossas casas ou as vossas moradas celestiais.

Mas, sendo o Criador grandioso em demasia para julgar aqueles que são os vossos filhos, serão os vossos servos e servas nascidos da doutrina e da disciplina, os mais nobres e honrosos e leais servos espirituais que os julgarão e os cobrarão tudo aquilo que as vossas obras e intenções tenham ferido ou machucado e por isso devem de si mesmos depositar para que sejam postos limpos em fluidez e em unidade.

E ainda que se julguem com julgamentos terrenos pelas boas obras também realizadas, ainda que se intitulem bons filhos e seguidores das palavras e prescrições divinas ou ainda que se prostrem diante das palavras santas disciplinares do Mestre Jesus Cristo, trazendo ou não as vossas verdades, serão todos julgados e sentenciados conforme os vossos galardões. Porém, todos aqueles que caminham os bons caminhos, semeiam boas sementes e colhem bons frutos serão para tudo e sempre merecedores da eterna e nobre morada celestial de doçura e paz divina sobre os olhos dos santos e dos anjos.

Por isso, sejam essas obras boas, sejam essas obras más, todas serão julgadas e pesadas nas balanças espirituais que julgam e aferem todos os justos e injustos, todos os que possuem glórias e os que necessitam de correções; porque todos serão julgados e sentenciados de vossos próprios méritos e misérias praticadas por vossos próprios passos e calejados por vossas próprias crenças. Pois é certo que cada um recebeu junto à matéria carnal, abrigo da alma, um espírito livre, límpido e puro para que caminhasse e julgasse por si só os passos que deveriam seguir, conhecer e erguer boas e más obras, e por isso, seria cada um juiz de si mesmo quanto aos caminhos, obras e feitos que deveriam deixar para a terra o que pertence a ela.

Porque quando chegar o tempo de todos os julgamentos, todos em seus próprios tempos serão julgados e condenados diante de suas guerras, vitórias, derrotas, obras, crenças e tudo aquilo que pode livremente gozar, apreciar, odiar ou amar debaixo do sol da terra que ardeu sobre vossas cabeças sem imposição, violência ou obrigação. Pois tudo o que foi construído por mãos humanas foi por desejo e vontade dos homens da terra. Assim como todos aqueles que adentrarão aos reinos celestiais serão também por amor, desejo, vontade e principalmente por conhecimento a vossa santa e sagrada palavra ou a vossa santa e sagrada doutrina, jamais por imposição, obrigação ou medo. Porque estes sentidos não os carregarão às verdadeiras portas das casas de Deus.

"O Senhor não retarda a sua promessa, ainda que alguns a tem por tardia; mas é longânime para conosco, não querendo que alguns se percam, senão que todos venham a arrepender-se" (2 Pedro 3: 9)

É certo compreender que o elo espiritual terreno é um campo de passagem onde todos os espíritos se encontram em vossas individualidades, ainda que de forma coletiva, promessas de elevação e crescimento, bebendo e comungando uns com os outros do mesmo objetivo íntimo de evolução e conhecimento espiritual, mesmo que errando ou acertando no cumprimento das missões a eles determinada, porque jamais deixarão de ser espíritos reflexos do Criador, lutando por vossas elevações e sabedoria, onde todos um dia terão o direito de retornar as vossas sagradas moradas de repouso eterno para que continuem as vossas eternas buscas e aprendizados.

Mas sendo o Criador bondoso e zeloso com os vossos filhos espíritos, os fez sabiamente protegidos dos interesses mundanos da terra que iriam adentrar lhes dando algo que os fariam tão puros e imaculados da mesma forma que partiram do campo celeste no momento em que voltassem. Porque o espírito sendo templo sagrado de imortalidade, pureza, inteligência, glorificação e majestade de Deus recebe no momento de sua partida ou sua própria retirada do elo espiritual terra para o elo espiritual celestial o mais honroso e prudente direito de ser pelos servos e servas do Criador julgados para que voltem a ser assim como eram em vossas partidas, tão gloriosos, límpidos e imaculados pela perda da essência de nome pensamento de consciência que arrancará o fardo de todas as falhas e danos adquiridos em campo terreno.

Não que este sentido puro e nobre tenha lhes sido retirado quando em campo terreno adentraram, porém, é a força da unidade terra em sua extrema robustez de emanações jorradas dos encarnados, repleta de danos, falhas e erros que podem ficar impregnados à Aura Plena, alterando-a, deixando-a danosa ou desajustada, ou seja, imprópria para retornar às casas celestiais.

Mas no momento em que for chegada a hora da hora mais importante para um espírito reflexo do Criador, que é retornar a casa do vosso Pai celestial, onde todos os espíritos merecedores e cumpridores de vossas missões de forma nobre e sábia adentrarão em retorno às moradas santas, tão puros, tão cândidos e imaculados assim como quando partiram desta. Pois, nenhum mal, unidade impregnada ou imprópria adentra a casa celestial do Pai eterno, logo nenhum espírito imundo ou cheio de danos adentrará ou sairá dos elos santos de Deus.

Por isso, o juízo de existência de espírito representa a morte de todos os erros e sentidos terrestres que dará lugar ao sentido puramente espiritual cedendo espaço ao sentido inviolado do espírito, que é a essência espiritual livre de erros, danos ou falsidades; espírito puramente espírito límpido em sua existência nobre e real.

Pois o que confere identidade ao espírito e o mantém em elo terreno é a essência estruturada de nome Aura Plena. Embora o espírito seja livre de danos e impurezas o deslocamento do pensamento de consciência desta estrutura permite ao espírito ocupar-se totalmente da sua verdadeira e própria forma de existência, que é o estado de consciência espiritual, que é a vida real do espírito. O deslocamento do pensamento de consciência ocorre não no momento do desencarne e sim no momento do juízo de existência do espírito pela remoção de todos os erros e falhas após conhecer a si mesmo em unidade espiritual missionária terrena para aprendizagem espiritual, momento este onde é desligado ou se finda no espaço do tempo esta essência que sustenta o pensamento do espírito em elo material terreno, fazendo-o ser conhecedor de si mesmo como matéria carnal em terra.

O primeiro deslocamento é o da matéria que ocorre de forma terrena, que é quando o pó volta ao pó, porém como a morte da carne não representa também a morte dos erros, danos e faltas ocorridas na existência material alocados em Aura Plena, segue o espírito para libertar-se de suas máculas, falhas e enganos. Desta forma, é a purificação do espírito quem faz o deslocamento do pensamento de consciência da Aura Plena, e isso somente ocorre quando este adentra a unidade de juízo de consciência do espírito após entrar pelo vale da luz ou pelos portais de baixa luz e seguir os caminhos de luz cadente, onde depois de todo juízo consumado, este pensamento deixará de existir deixando apenas as experiências e vivências alocadas ao espírito ou a sua estrutura espiritual cedendo lugar à verdadeira existência da essência, livre dos sentidos materiais

Esse é o momento em que o espírito se libertará totalmente de seus sentidos e sentimentos terrenos e ocorrerá o reinício da vida espiritual imaculada em direção à esfera que irá eternamente, ou até que haja uma nova ordenação de missão espiritual, ocupar. Este receberá nova vida em outro estado de consciência espiritual deixando pra trás tudo o que se refere à esfera material, libertando-se de toda dor, sofrimento, desejo, cinco sentidos e qualquer outro sentido material, pois será apenas espírito imaculado e livre de desejos e sensações terrenas, pois assim é o espírito em sua forma real.

O juízo existencial do espírito nada tem a ver com o juízo final do espírito, este tem a função de deslocamento de sentidos e sentimentos terrenos, pelas cobranças de vossas obras para que siga o espírito em direção aos novos caminhos espirituais, porém para os espíritos que retornarão as vossas moradas espirituais.

A este juízo adentram apenas os espíritos que não possuem iniquidades, crimes contra a humanidade ou manchas que corroem vossas essências ou destroem vossas almas, que somente a clemência, misericórdia de Deus, seria capaz de vos salvar. Porque para estes outros espíritos errantes existe outro juízo que é o juízo final que representa a morte espiritual sendo encaminhados ao elo infernal para cumprimento de correção de erros. Os espíritos que não cometeram nenhum tipo de atrocidade, dano, guerras, pestes ou desvios que os desqualifiquem em espíritos, trabalharam dentro das leis e prescrições divinas e conhecem a palavra de Deus, o Criador, serão direcionados ao campo de juízo de existência do espírito para que se libertem de vossos sentidos terrenos e deem continuidade aos vossos caminhos de elevação.

"*Se dissermos que não temos pecados, fazemo-lo mentiroso, e a sua palavra não está em nós*" (1 João 1:10)

E ainda que não tenham grandes manchas ou marcas que degradem o espírito a ponto de serem direcionados aos elos de correções, estes deverão passar pelo juízo de existência de espírito, para que todas as máculas e maldades que o corroem sejam limpos e vossas almas sejam purificadas e, assim, os sentidos materiais deslocados e a estrutura espiritual que o constituem voltem a ser tão puros quanto eram no momento em que do elo espiritual partiu. Pois, ainda que todos os erros pareçam morrer e findar no momento da passagem espiritual, é certo compreender que o espírito não é matéria e não se finda, logo nenhum mal a ele alocado será apagado e anulado pelo fato de ter feito a passagem.

E todos os que caminham pela terra possuem em seus encargos a ordem de serem julgados, corrigidos e apagados, pois todo aquele que nasceu da carne, da carne se alimentará e pela carne falará através do espírito, em seu nome ou em nome de Deus. Ou seja, todos aqueles nascidos em elo terreno para missão espiritual possuem matéria e com isso também pensamento de consciência alocado à Aura Plena, porta de entrada de todos os sentidos e cinco sentidos; e ainda que não tenham cometidos más ações e ou causado o mal, vossos sentidos emanam, vossos corpos materiais e espirituais jorram, sentem, caminham, cometem atos e ações ou estiveram próximos a outros seres materiais e também espirituais que igualmente jorram, emanam, caminham e cometem atos bons ou ruins utilizando-se de energias boas ou energias negativas, e estas serão apagadas igualmente com todos os outros males da terra.

    O juízo de existência do espírito é o encontro do espírito consigo mesmo e com a sua verdade, onde nada pode ser maculado, nada pode ser encoberto, escondido ou velado; pois se encontrará com a sua própria existência em estado de consciência cândido, apresentando a si mesmo de forma límpida e clara em local santo onde tudo deve ser descoberto para que seja purificado. Este é o momento em que todas as obras realizadas em elo terreno serão expostas e avaliadas por si mesmo juntamente com os espíritos missionários da luz, os anjos. Este é o momento mais nobre que um espírito poderá experimentar, pois é a chave da porta de entrada para sua nova existência e a possibilidade de alcançar novos patamares de evolução e conhecimento.

"Porque por isso foi pregado o evangelho também aos mortos, para que, na verdade, fossem julgados segundo os homens na carne, mas vivessem segundo Deus em espírito" (Pedro 4: 6).

    E esse que será o julgamento da carne para a verdade que é o espírito será, o mais puro e sagrado momento onde o filho nobre, ou seja, o espírito filho de Deus será recolhido, acolhido e conhecedor de si mesmo para que viva em plenitude espiritual com o Espírito Santo pela eterna glória de vossa unidade, e se ainda não for este conhecedor da vossa unidade santa ou das palavras puras de vosso Pai, será também a ele apresentado, porque nisso encontra-se a compaixão aos mortos.

    E todos os que adentram aos campos espirituais em direção às moradas santas também serão julgados segundo as vossas obras, porém antes de serem julgados serão todos apresentados às palavras verdadeiras de Deus. Por isso, todos aqueles espíritos recém-chegados ao vale da luz em elo celestial serão acolhidos pelos espíritos das leis ou espíritos altivos das leis do Criador que são os que carregam consigo as palavras santas de Deus Pai para que sejam todos recebidos perante o Pregador ou perante os sons das mais belas e puras palavras proclamadas pelo Altíssimo Espírito condutor das chaves das portas que abrem os tempos das casas santas, sobre os mandamentos sagrados prescritos pelo Ser Supremo. E, assim, todas as vossas obras serão consideradas boas ou más segundo as vossas ações e atos terrenos que somente a carne é capaz de executar, porém apenas o espírito carregador da balança dos atos, o espírito, possui o direito de julgar segundo os mandamentos de Deus.

    E somente após todas as palavras do Senhor Deus serem ditas e que passarão todos pelo juízo de vossas existências espirituais, uma vez que não é possível que sejam julgados sem antes conhecer a verdade ou se deparar com a verdade para que saibam o que vem a ser a verdade em relação àquilo que cometera e que não tenha sido favorável a vossa caminhada, porque ainda que não carreguem manchas ou máculas, as vossas caminhadas serão por completo apresentadas e verão todos os espíritos recém-chegados, tudo o que fora erguido ou deixado de construir espiritualmente em terra devido às crenças e ideias más e mundanas que os impedem de se elevar.

Por isso, somente após conhecer as palavras santas e conhecer a si mesmos é que serão encaminhados ao juízo de existência do espírito, e embora não possuam grandes manchas ou máculas que os prendem em vossas existências, terão todos os atos e ações cometidos em terra lhes apresentados avaliados e julgados perante as leis divinais através dos espíritos das leis, outrora nomeados Não Santos de lei, da ordenança do grande e sublime anjo Miguel, único espírito incumbido de tomar conta e cobrar as contas de todos aqueles que caminham na disciplina divina de cumprimento das leis seguindo a ordem e os ensinamentos trazidos e escritos por Moisés e acalantados pelo Mestre Jesus, únicos portadores de todas as verdades escritas no livro sagrado de Deus.

Portanto, todos os espíritos com missão terrena, recebedores de matéria, que caminharam livremente e seguiram seus próprios rumos de acordo com as vossas crenças e verdades terrenas deverão ser também julgados conforme as vossas ações e atos praticados, por aqueles que caminham lado a lado com a carne, pois um dia também vieram da carne, porém aos serem resgatados e salvos de si mesmos obedecem e prostram-se perante as leis de Deus. Pois a carne daquele que se faz espírito da linhagem de não Santo ou de não Santo de lei, o fez espírito merecedor de vossa honra e respeito pela doutrina, amor e obediência; e para tudo e sempre será um servo do Criador, obedecendo e cobrando as suas santas palavras e obras. Assim seja.

E todos os espíritos juntamente com guardiões das leis serão julgados e todos os feitos serão revistos e avaliados desde o momento do encarne ou nascimento terreno até o momento da passagem espiritual, em que todos os atos e ações serão vislumbrados de forma mansa e cautelosa pelos anjos cumpridores das leis e todas as boas ações serão exaltadas e as más ações quando não representarem consequências danosas espirituais serão apagadas juntamente com pensamento de consciência após julgadas, pois somente as más ações terrenas que tragam consequências espirituais negativas é que serão severamente julgadas e a esse espírito admoestado antes de ser apagado.

Sendo todas as ações mansamente avaliadas, é certo compreender que as boas ações não anulam as más ações cometidas em terra, e ainda que não tenham sido atos que desqualifiquem ou manchem o espírito ou vão contra as prescrições divinas, serão todas julgadas conforme seu peso e com isso, corrigidas juntamente com os guardiões das leis, para que todas sejam findadas juntamente com o pensamento de consciência terrena.

Para que vivam com Deus em espírito faz-se necessário serem julgados como os homens na carne, pois da carne serão encaminhados aos céus, porque da carne vieram todos os erros e enganos que desnudam e empobrecem a alma, logo todos aqueles que adentram aos campos celestiais adentram através das palavras Santas do Deus, o Criador, e não através de verdades mundanas dos homens. Pois a única palavra que pode libertar dos erros, dar nova vida e salvar o espírito de si mesmos são as palavras sagradas do Criador, proferidas por seus anjos guardiões, disciplinados e doutrinados nas leis de Deus.

Por isso, é preciso libertar-se de todos os males terrenos alocados na Aura Plena que prejudicam tanto o próprio espírito quanto a essências próprias, porque somente assim poderá ocorrer o deslocamento desta, e regressará o espírito em direção à esfera espiritual que lhe cabe. Pois a morte representa o fim da matéria e o reinício do espírito a sua verdadeira vida, que somente poderá ser habitada após todo o erro, falsidade, maldade, desejos mundanos, sensações e vontades carnais serem eliminados por completo da Aura Plena para que esta o liberte para servir a Deus. Portanto, é somente neste momento que os espíritos de luz os aguardam para acolher e encaminhar às moradas benditas em campos celestiais de cura, compartilhamento e comunhão que irão ocupar com as demais essências espirituais iguais a sua.

"Por isso vos disse que morrereis em vossos pecados, porque se não credes que eu sou, morrereis em vossos pecados" (João 8: 24).

Mas essa que não é a hora dolorosa poderá ser sentida na intensidade de cada merecimento, porque essa que tem o poder de matar todos os erros tem também o poder de fazer sentir todas as suas caminhadas de terra. Porque é essa a hora que faz morto tudo o que deve morrer e liberta tudo o que deve viver ou todos aqueles espíritos que devem ser libertos para a nova vida e os direcionam a cada esfera determinada de morada do Criador. Por isso libertar-se do pensamento de terra ou o sentido material pode ser doloroso, pois o estado de consciência também o cobrará de todos os atos cometidos em ambiente terreno, e esta dor, se houver, representará a dor do espírito arrependendo-se de si mesmo e libertando-se de si mesmo, e nada mais. Porém, não é a dor de estar em elo umbral ou infernal, onde todos os erros serão sentidos em correção aos males e iniquidades cometidos, é a dor de libertar-se de si mesmo.

E todos os males ou erros cometidos em ambiente terreno, não sendo graves faltas que firam a nobreza do espírito, serão mortos e apagados juntamente com o deslocamento do pensamento alocado na Aura Plena dando nova vida espiritual em ambiente celestial na morada cardeal do Pai eterno.

Por isso, a morte dos erros e falhas não é a morte da matéria e sim a morte da possibilidade de reencontro existencial e nova vida em campo celestial onde se encontram os espíritos que não se liberaram de seus pensamentos e sentidos de terra em Aura Plena por não adentrarem ao vale da luz ou aos campos de baixa luz, e por isso e vagam buscando outras fontes de vida material em outras esferas. Logo, a morte dos pecados é aquela que elimina os erros e danos e liberta os sentidos e as sensações terrenas para que ele possa seguir seu verdadeiro caminho espiritual, não se desviando de seu verdadeiro rumo e direção.

Pois o desvio espiritual é aquele em que o espírito já desencarnado não se desocupa de seus sentidos de terra tentando ainda possuir sentidos e sensações materiais para sua nova existência a fim de fazer-se vivo em espírito assim como era em matéria. Esse desvio ocorre porque o espírito não consegue ocupar-se de seu novo estado de consciência e ainda vislumbra sentidos materiais terrenos, mesmo que de forma deturpada e confusa. Esse desvio que busca vida, ainda que de forma errada, perturba sua consciência e nova existência, pois não é capaz de entender e viver na real vida celestial e tenta usurpar o sentido de vida terreno, causando desequilíbrio a si mesmo e a outros espíritos, que vibram na mesma ressonância de fluidez espiritual que a sua.

Por isso, todos serão ainda que de forma mansa julgados segundo as suas obras, sendo estas boas ou más obras, pois todos terão o direito de saber os motivos que os direcionam aos campos celestiais e os que mancham e desqualificam suas obras perante prescrições divinas, podendo ter a chance de redimir-se e arrepender-se de suas más ações e libertar-se de todos os sentidos que os prendem e impedem o crescimento espiritual. Para isso, é preciso conhecer a luz, desejar caminhar por ela, e deixar ser guiado pelos espíritos acolhedores por livre vontade e direito.

É certo compreender que todos os espíritos que adentram as moradas celestiais devem adentrar através do elo de juízo de existência de espírito espiritual, pois existe apenas uma porta para as moradas celestiais e esta chamamos de juízo existencial do espírito, porta esta da qual nenhum espírito desvia-se antes de conhecer os paraísos divinos. Pois ninguém adentra aos campos santos sem ser por merecimento, disciplina, compreensão espiritual de si mesmo e vontade de estar entre os seus.

Logo, todos os espíritos desencarnados que não adentrarem nas esferas de luz ou de juízo da sua própria existência, caminharão em esfera espiritual intermediária até serem resgatados e realocados. Ou seja, ainda que a essência espiritual de estado de consciência esteja imaterial, não estão em esfera espiritual, pois estes não o pertencem, e por não caminharem dentro dos preceitos das leis divinas, estão em esfera intermediária onde as sensações terrenas como sofrimento, angústia e dor são tão presentes como quando estavam em terra; caminharam em campo celeste sentindo dores como se estivessem em campo terreno. Desta forma, buscaram alívio de seus sofrimentos vagando por entre as esferas espirituais, porém sem pertencer a nenhuma delas, causando perturbação àqueles espíritos que ainda se encontram encarnados, porém, assim como eles, caminham em vibrações nebulosas e distantes das verdades celestiais.

Portanto, aqueles que não deixarem morrer os seus pecados, filhos do erro eternamente serão, porque somente os que conhecem as verdadeiras palavras de Deus e caminharem os verdadeiros passos da salvação é que de fato serão de vossos erros e danos e culpas curados.

Juízo final pelas portas do inferno

"Farei do juízo a linha de medir e da justiça o fio de prumo; o granizo varrerá o seu falso refúgio, e as águas inundarão o seu abrigo" (Isaías 28: 17).

10.9 O juízo final do inferno é o momento da prestação de contas espirituais de todos os que caminharam sobre as leis da correção das governanças dos guardiões nos elos infernais. Pois a estes também é concedido o direito de serem julgados perante vossos erros e conhecerem vossas existências e julgarem-se em relação as vossas obras. Pois Deus, o misericordioso é também justo e a vossa justiça se aplicará igualmente aos errantes, aos ímpios, aos rebaixados, aos inescrupulosos, aos miseráveis caídos e espíritos de nada; e será, portanto, aplicada a todos no dia em que todos caminharão em direção a vossa majestosa soberania e força para receberem não apenas o galardão de vossas escolhas e sim aquilo o que se tornaram devido as vossas escolhas.

E a vara de medir será por si só o prumo que descobrirá as imundícies e inundará os erros sobre a justiça que não falhará em alinhar todas as coisas. Portanto, todos sem exceção um dia serão pela força maior julgados na última instância de juízo de existência de um espírito, a qual recebe o nome de juízo final do inferno.

Por isso, ainda que vossas obras não tenham sido boas obras, vossas ações e condutas não tenham sido boas ações ou condutas, vossos progressos em missões terrenas tenham falhado, assim como vossas possibilidades de elevação e crescimento espiritual, caso contrário, não teriam adentrado aos elos de correção, todos terão a chance de conhecer a si mesmos e ser por vossas escolhas julgados para que novamente possam progredir em vossos caminhos espirituais. Pois misericordioso, grande e poderoso é o senhor Deus de todas as coisas, que julga todos os seres e atos, sejam estes quais forem.

E ainda que tenham causado o mal dentre os homens, a peste sobre a humanidade, a guerra aos inocentes e a morte aos filhos de Deus, vossas iniquidades quando forem julgadas com tudo aquilo que os mandamentos divinos pregam e zelam, serão todas as más obras descobertas e devastadas, e vossas penas que foram longas por longos anos de medidas de mil anos a contar de vossos resgates aos elo infernal, serão de vossas existências apartadas, não para os campos celestiais ou as casas divinais e sim para a era de esgotamento do sofrimento no momento de vossos julgamentos.

E neste instante a dor, o sofrimento, o lamento e a miséria de suas existências espirituais serão por certo tempo estabilizados até a condenação e conjuro de todos os erros, males, torturas e danos desferidos e proferidos contra outrem, que até este sagrado momento se encontrarão acoplados em suas essências por meio do pensamento consciente causando sofrimento, para que sejam estes de vossas unidades abrandados.

É certo compreender que Deus, o Criador, não cria seus espíritos reflexos de si mesmo, e concede-lhes em graça aos filhos da terra e depois os deixa findar em dor, sofrimento, lamentação, dispersos ao nada. Pois o Criador não os faz apenas para atender às necessidades dos encarnados em procriar vossas existências no sentido de agradá-los para depois arrepender-se de suas obras e anular vossos próprios sentidos de existência, em caso de terem estes se enveredado pelo caminho do mau e desprezível. Pois todas as existências espirituais são para tudo essências criadas e governadas por Deus, e Ele não criaria algo para arrepender-se e condená-las ao nada existencial diante do vale do esquecimento e da culpa, matando assim os vossos próprios filhos. Porque nisso não se encontra amor, compaixão e misericórdia divina.

É certo compreender que Deus majestoso, onipotente e onipresente conhece todos os seus filhos, assim como todas as obras de seus filhos, por isso, não existe em nenhum canto, seja este terreno ou espiritual, qualquer ato ou ação que não seja de vosso conhecimento e vossa permissão, porque nem mesmo uma vírgula ou um piscar de olhos são executados sem que vossa benevolente unidade espiritual, o Criador do mundo, não saiba e conceda a vossa permissão.

E diferente das crenças mundanas o último juízo do espírito ou o juízo final do estado de consciência dos seres infernais não pertence a satanás, tampouco ao dito diabo, arquétipo referência do mal que os homens fazem contra si mesmos. Pois o inferno, assim como o umbral, não foi criado por seres existentes apenas na imaginação dos seres encarnados, porque neste caso seria a condenação do nada sobre coisa nenhuma em relação aos erros e falhas, trazendo libertação de nada. Mas a verdade é que todos os campos espirituais são formados pelo agrupamento de espíritos com a mesma fluidez, emanação e sentido de existências, atraídos em vossas essências devido as vossas similaridades.

Por isso, são os elos espirituais de remissão de erros e culpas de agrupamentos espirituais para onde os errantes são deslocados e se juntam em semelhanças devido aos erros cometidos. Logo, são locais criados por compatibilidade e paridade dos próprios espíritos danosos, para correção de vossos estados de consciência, portanto se não houvesse os erros, as falhas e as culpas não existiram os elos espirituais de remissão, de correção e de justiça, porque a sua existência somente é possível porque existem os erros, as falhas e os danos; assim como o elo terreno somente existe, pois faz-se necessário o cumprimento de missões espirituais em forma de agrupamento material para que possa ser possível o aprendizado, o conhecimento, a dedicação e a renúncia de erros para imolação do próprio eu e elevação do espírito, tornando-o mais nobre e puro para adentrar a outros patamares ou elos mais purificados e limpos de si mesmos.

 E os erros muitas vezes intitulados pelo homem como sendo pertencentes ao diabo ou satanás são pertencentes a ele mesmo e suas próprias verdades criadas, para velarem suas inverdades, porém estas ainda que fiquem escondidas dos outros seres encarnados, jamais poderão se esconder de si mesmos, porque todos serão descobertos por seus pares e afins.

 Mas é a existência destes elos espirituais de remissão mais remotos que a própria crença de quem os tenha criado, porque suas habitações são tão antigas quanto a humanidade, assim como o erro do homem. Por isso, estes elos não foram criados ou são pertencentes a nenhum espírito maligno ou espécies de anjos caídos ou diabólicos, pois a maldade não adentra as esferas celestiais de correção em posição de governança, tampouco seres imaginários e criações do homem para justificar mentiras e falsas verdades. Toda a governança divina parte de cuidados de seus fiéis e sólidos espíritos cumpridores de determinações e justiça em vosso nome.

 Por isso, o domínio satânico sobre o elo infernal é mais uma crença do homem e não traduz a realidade espiritual de vossa criação ou poder de correção e justiça ou razão de existência, e ainda que seja conferida a este ser imaginário a potestade do inferno, é certo compreender que as leis divinas são pertencentes a Deus, e junto a elas toda a forma de correção e justiça.

 Ou poderia o injusto corrigir outro injusto? Logo, não faria sentido espiritual o dito satanás ou o diabo cobrar algo que não lhes pertence e que não foi por eles criado. Se estes seres fossem reais e não criações do homem, como forma de impor medo e doutrina lastreada em inverdades, como poderiam cobrar algo que não lhes é favorável? Ou como poderia o mal cobrar justiça e correção àqueles que cometem o mal e caminham sobre vossa autoridade praticando o vosso mal? Como poderia o mal cobrar que os homens caminhem sobre o bem, ou punir os malfeitores ou os maus espíritos por cumprirem com as leis e prescrições más?

 Toda esta contradição que afirma que os que não cumprem com as leis de Deus serão punidos pelo diabo e o satanás, desconhece o Senhor Deus de todos os vossos juízos e todas as vossas correções, assim como desconhecem os vossos anjos e guardiões, e o poder e a justiça por sobre todos aqueles que o refletem, os homens. Logo, toda esta contradição não possui verdade espiritual e vai contra a lógica do bem e do mal, pois se o mal pertence a satanás, porque ele puniria os que a praticam em seu nome e desgraçam sobre vossa autoridade? Por isso, são estas falsas ideias, criações do homem em relação ao bem e ao mal lastreados em inverdades diabólicas, pois a justiça divina pertence aos campos celestiais que são campos sagrados de Deus, onde o próprio Deus gloriosamente doa-se aos seus filhos reflexos de si mesmos para que estes multipliquem em vosso nome. Portanto, somente Ele possui autoridade, autonomia, poder, forças e grandeza para dar a vida, apontar os caminhos, guiar e proteger, e por isso é também o único poder soberano capaz de julgar, condenar e ressuscitar seus filhos errantes. Por isso, nenhuma outra força é tão poderosa, tão grandiosa, tão magnífica quanto Deus, o Criador, julgador de todas as coisas e todos os espíritos.

Portanto, o elo de correção infernal é a imolação do próprio eu e tem a função de mostrar como realmente é pequeno e desprezível o estado de consciência daquele que se coloca superior à dor do outro, ao medo, ao horror, à fome, à desgraça e a tudo que possa vir machucar, macular e impedir o progresso ou crescimento pessoal humano e espiritual dos outros seres espirituais criados por Deus assim como ele mesmo. E todo aquele que se intitula e classifica tão elevado, tão superior e supremo verá como pode ser tão pequeno, baixo, insignificante e desprezível ser perante si mesmo e seu Criador. Por isso, sofredor é aquele espírito que através da oportunidade de elevação e crescimento pessoal a ele concedido, usa-se da oportunidade e do direito apenas para julgar-se maior e superior ao próprio Deus, criador de todas as coisas e seres.

"Ele prendeu o dragão, a antiga serpente, que é o Diabo e Satanás, a amarrou-o por mil anos. E lançou-o no abismo, e ali o encerrou, o pôs selo sobre ele, para que não mais engane as nações, até que os mil anos se acabem. E depois importa que seja solto por um pouco de tempo" (Apocalipse 20: 2,3).

E todos aqueles considerados diabos e satanases, ou seja, arquétipo do mal criado pelo homem e intitulado por ele mesmo como sendo o mal que ele não comete ou fez tentando se esquivar de vossa própria maldade diante de vossa própria sombra, que se encontra acorrentada nas profundezas mais escuras e dolorosas das trevas, bebendo de vossas próprias existências e comungando de vossas próprias servidões, serão todos um dia, por um tempo, soltos. E aqueles que os prendeu, após mil anos divinais, isso quer dizer mil anos em uma era de tempo espiritual e não material, serão os mesmos que os libertarão, no dia do cumprimento do juízo final, pois para haver o juízo faz-se necessário que se apresentem os réus. Por isso, no dia em que o dia de número mil se acabar, todos os mortos de si mesmos em estado de consciência infernal se levantarão e seguirão em direção ao juízo final.

E ainda que estejam presos o dragão e a antiga serpente, que são os causadores de desgraças e iniquidade dentre os homens, ou ainda que o diabo e satanás, ou seja, os erros dos torturadores, os causadores de guerras, e seus males praticados em solo terreno, como forma de provar suas soberanias, superioridades e glórias terrenas também intituladas como diabo e satanás, pelo próprio homem, personificando desta forma os sentidos malignos que destroem e causam a dor para entregar a seres imaginários seus erros e falsas verdades, porém, todos um dia libertos de si mesmos. E todos neste dia poderão ver novamente a luz e adentrar as boas palavras e comungar com ela, se assim desejarem.

E este dia será o dia em que se completarão mil anos de escuridão, sombra e inferno. E todos aqueles espíritos que perderam suas liberdades serão por razões divinas e motivos justos libertos e terão vossos nomes novamente livres e emancipados de vossas punições. Porém, não de vossas faltas, pois estas não serão apagadas até que todos os erros sejam eliminados de vossas existências e acoplados em vossos pensamentos de consciência dentro de suas Auras Plenas. Porque este é o verdadeiro juízo final, ou juízo de consciência espiritual de todos os erros e errantes em que até mesmo os espíritos mais imundos de si mesmos poderão adentrar.

Contudo, os elos de correção e de justiça não são elo de punição para aqueles que desrespeitam as forças e majestade do Criador, o ser Supremo. Estes elos espirituais, que têm a função de mostrar-lhes que a maldade, a injustiça, a arrogância e a intolerância que causam a dor, o medo e o pavor não tem poder algum sobre as forças espirituais de Deus, e que todos os vossos esforços em serem gloriosos e poderosos seres terrenos não possui verdade ou glória alguma perante o verdadeiro Espírito glorioso aos quais devem verdadeiramente se prostrar e adorar.

Mas este elo tem a função de mostrar a estes espíritos errantes, arrogantes e gloriosos de si mesmos que o poder outrora conferidos a eles pelos homens da terra, e que os fez a partir de suas crenças e verdades próprias, destruir e causar a dor aos filhos de Deus, não tem força alguma e que podem ser dominados, destruídos, barrados ou exterminados pelo verdadeiro poder e forças espirituais. Pois nenhum reinado construído pelas mãos dos homens e nenhuma potestade jamais será maior ou mais poderosa que o verdadeiro reino de Deus onde habita o Criador. Pois somente Ele é capaz de dar-lhes a vida, dar-lhes um mundo repleto de belezas, cores, flores, amor e alegrias e é também o único que lhes envia seus anjos, guardiões, guias e protetores para lhes mostrar os caminhos e, por isso, também o único capaz de julgar e condenar as vossas maldades e erros.

Por isso, todos aqueles espíritos, que foram resgatados e condenados as vossas próprias existências em elo infernal, também terão o direito de liberdade no dia em que se encaminharem à justiça de correção como forma de servidão atendendo as demandas do líder que por lá os ocupou para serem escravos por mil anos, para o juízo final de suas existências infernais. Por isso, embora o inferno seja elo de correção e disciplina em forma de escravidão a todos aqueles espíritos que pregaram e praticaram a maldade na terra será também o elo de onde sairão todos aqueles espíritos infernais em cumprimento de correção para o juízo final do inferno. Ou seja, assim como os espíritos que se encaminham para o juízo de existência espiritual saídos do elo terreno, assim os espíritos infernais cumpridores de correção, sairão das trevas do inferno para o juízo final de vossas existências.

Pois justo é o Criador e a vossa justiça será aplicada a todos, porque este é o caminho de todos, por isso o dia de todos há de chegar, breve ou tarde.

Pois o dia, do dia mais importante para um espírito, seja este cumpridor de vossas missões e deveres saídos do campo terreno, seja este espírito infernal saído da escuridão das trevas, pois todos terão o mesmo direito de serem alinhados e corrigidos e seguir os caminhos da salvação; todos serão julgados e condenados por vossas próprias obras sendo essas quais forem, as vossas correções serão ou não dolorosas na intensidade de vossas maldades, porque estas serão para estes como o escárnio da imolação de vossos erros sobre vossos sentidos espirituais perante o sentido da verdade.

E assim como os espíritos saídos da esfera terrena, para o juízo de existência espiritual acoplado em vossas Auras Plenas até o momento de liberdade espiritual onde ocorrerá o deslocamento do pensamento de consciência para que o espírito volte a ser livre, imaculado e puro como no momento em que saiu do campo celestial, assim também ocorrerá com todos os espíritos infernais, da mesma forma possuidores de pensamento de consciência e dolorosos de si mesmo, pois estes também deverão perder seus sentidos terrenos para libertarem-se de vossas dores e pesares em suas existências.

"*E deu o mar os mortos que nele havia; e a morte e o inferno deram os mortos que neles havia; e foram julgados cada um segundo as suas obras*" (Apocalipse 20: 13).

Logo, o elo infernal cumpre com a missão de trazer a remissão e nova vida a todos aqueles espíritos que morreram de si mesmos, pois tiveram na régua de mil anos a chance de matar as vossas crenças, verdades próprias, superioridade, arrogância e ganância. E após o tempo de mil anos, ou seja, o único tempo que é o tempo capaz de matar todos os erros e enganos, renascerão de si mesmos em novas verdades menos torpes, menos dolorosos, menos arrogantes e preparam-se para ser espíritos livres e dominadores das próprias existências.

E quando for chegada a hora de libertarem-se de si mesmos no juízo final do inferno, todos aqueles que padeciam em falsas verdades e desgraças próprias, afundando-se no abismo da servidão ou na escuridão das correntes da posse do nada, serão tomados de emanações espirituais supremas e acompanhados dos guardiões das trevas e do abismo, conhecidos como Anjos do abismo ou anjos das trevas, serão todos encaminhados e alocados aos campos de baixa luz para que sejam revogadas em juízo as penalidades e correções aplicadas àqueles que desejarem caminhar por sobre a luz da verdade e redimir-se das ocupações e dolos de dor.

Mas é o juízo final do inferno o último dia ou o final do juízo do estado de consciência pelo sofrimento e pela dor de ser nada em campo espiritual de servidão espiritual chamado inferno, que ainda não é este o próprio juízo final, pela morte do espírito, porém juízo para o final do sofrimento e da servidão diante do cume do inferno. Porque este que é o último dia de lamento é também o dia de receber a chave clementina que concede o direito de existir de forma menos danosa ou menos dolorida em esfera espiritual, pela libertação de vossas almas do cume do inferno após mil anos de servidão.

E assim, serão todos os espíritos no dia do milésimo cumprimento de pena diante do inferno livres de suas correntes espirituais existenciais. Isso quer dizer que é o juízo final do inferno o dia do libertar do inferno para a era do esgotamento do sofrimento, porque mil anos é o tempo de cura de libertação e de conhecimento de si mesmo deixando para trás a velha vida para aqueles que sofreram suas dores em forma de escravos do próprio mal dentro do juízo que finda a própria vida pela morte do espírito, trancafiando conceitos e ideias destrutivas para que esses se conheçam e se reconheçam.

Portanto, ainda que sejam espíritos saídos do inferno, serão todos libertos, pois importa que sejam todos apresentados aos portais de baixa luz, para que neste caminhem em direção à luz da vida e da verdade celestial. Porque é neste que se encontra a chave clemente e da liberdade para os campos de luz, pelo fim do sofrimento no elo de maior pena e dor que caminhou um espírito diante do inferno alojado por mil anos.

Por isso, no dia da liberdade espiritual após mil anos de prisão, os que aceitarem e adentrarem aos campos de baixa luz serão todos acolhidos e recolhidos pelos guardiões das trevas e dos abismos e encaminhados ao juízo de existência de espírito, assim como todo aquele recém-chegado em esfera espiritual, e terão igualmente o mesmo direito de serem limpos e purificados em vossas unidades, porém não antes de serem admoestados e doutrinados, não mais na forma impiedosa que estiveram no inferno, mas sim na forma disciplinar que possui um espírito nascido das trevas vossas também disciplina, em que através das palavras doutrinárias conhecerão a si mesmos de maneira menos danosa e se libertarão de suas consciências impuras alocadas na Aura Plena para que possam seguir limpos e puros as vossas verdadeiras moradas. Porque nisso encontra a justiça divina.

Ou seja, serão verdadeiramente libertos de vossas culpas e imolações apenas após a liberdade de espírito no momento do deslocamento do pensamento de consciência por remissão dos danos e erros alocados em sentido espiritual através da Aura Plena. Pois sendo os espíritos infernais escravos de si mesmos, sofrendo a si mesmo através do pensamento de consciência pela forma de sentido e sentimento terreno, esta forma de sentido será liberta após o espírito adentrar aos campos de baixa luz e atravessar o juízo de existência de espírito e ser liberto de todos os males e erros que assolam a si mesmo. Porque é através da aceitação do juízo de existência de espírito a aceitação do fim do juízo de mil anos para o espírito reflexo do Criador, que passará após receber o selo da liberdade ser espírito obediente as vossas palavras por redenção e respeito às leis divinais, ou aquelas que desrespeitou, blasfemou e atuou de forma contrária, sendo ao invés de trevas sobre a humanidade, luz e paz carregada de verdade.

E é a partir do entendimento de que os poderes de forças conferidos aos homens da terra não possui poder algum perante as verdadeiras forças espirituais, que estes espíritos recobram a consciência de que seu próprio rebaixamento, desqualificação e morte espiritual, com a perda do direito de liberdade, são tão pequenas e insignificantes, e que até mesmo muitos daqueles que outrora se ajoelhavam e clamavam vossos nomes por obrigação de amá-los em terra, seguiram os caminhos da luz e das moradas celestiais, enquanto vossas existências que se colocavam acima de todas as forças, poderes e majestades, destruíram-se de si mesmos e nada tiveram em troca de vossas verdades próprias de poderes e glórias mundanas. E é justamente nesse reconhecimento de si mesmo que a liberdade será a chave para a nova vida espiritual do ser.

"Por isso diz: Desperta, tu que dormes, e levanta-te dentre os mortos, e Cristo te esclarecerá" (Efésios 5: 14)

Porque somente os que caminharam sobre verdades próprias e desejos insanos e desprezíveis é que morreram dentro de si mesmos e sofreram todas as dores e angústias de serem os próprios desgraçados de suas culpas, até que encontrassem a chave clemente da liberdade após mil anos de servidão e de sofrimento diante de tudo aquilo que eram devotos e acreditavam.

Mas é certo que despertarão todos aqueles que dormem dentre os mortos, no dia em que vossos olhos novamente se abrirão, vossas cabeças novamente se erguerão e vossas pernas outra vez andarão por si mesmas, porque suas bocas novamente proclamarão e falarão do único e verdadeiro poder entre os céus e a terra, e o nome deste é Deus, o Criador misericordioso, que os fará acordar de vossas mortes, e suas promessas serão ainda para tudo o acalanto de vossos estados de consciência que dormiram e esvaíram em nada por mil anos espirituais.

Ou seja, todos aqueles espíritos resgatados do campo terreno ou material, pelos espíritos nascidos das trevas e dos abismos, devido às suas iniquidades e faltas cometidas contra outrem em busca de vitórias pessoais e gozos terrenos, e que trazem em suas faces as machas de sangue alheio pela dor e pela morte aos outros, motivo pelo qual foram direcionados aos campos infernais, acoplados em suas Auras Plenas com todos os sentidos e sentimentos materiais, para que pudessem através dos sentidos, experimentar e sentir vividamente sua própria dor em sentidos materiais que ainda possuem, serão acordados e levantarão de vossas atuais formas de sentido e terão seus olhos novamente abertos.

Neste mesmo dia, terão suas consciências livres das correntes em forma de brasas e do fogo que forja e mata a alma e a lucidez do ser espiritual. E a morte que foi para estes o sofrimento em forma de prisão, juntamente com a dor material em forma de estado de consciência espiritual, por mil anos de existência de espírito com sentidos material, aprisionados de si mesmo sendo servo da dor, será agora a liberdade de todo o sofrimento e angústia do ser.

Porém, a morte conferida a estes espíritos, que não é a morte matéria e sim a incapacidade de liberdade pela perda dos direitos de liberdade espiritual em prisão espiritual de vossa própria essência que será colocada à prova, não será a mais branda do que a incapacidade de ser um espírito merecedor dos dons a eles conferidos através do direito de liberdade no dia em que se completam mil anos de juízo espiritual.

"E vi um grande trono branco, e o que estava assentado sobre ele, de cuja presença fugiu a terra e o céu; e não se achou lugar para eles. E vi mortos, grandes e pequenos, que estavam diante de Deus, e abriram-se os livros, e abriu-se outro livro, que é o da vida. E os mortos foram julgados pelas coisas que estavam escritas nos livros, segundo as suas obras" (Apocalipse 20: 11 12).

E do trono branco, assentado à direita do Criador, surgirá aquele que é o único capaz de esclarecer e ler o livro santo de Deus e julgar os vivos e os mortos; o único detentor de todas as verdades e nomes escritos nos livros sagrados de Deus Pai, assim como no livro da vida, pois este irá abrir página por página diante do Criador e diante dos mortos e proclamar todos os que nestes se encontram e merecem por poder da justiça levantar-se e vislumbrar-se solto em nome de todas as forças e poderes vindos dos céus e concedidos a estes em dia de último julgamento.

Pois, no dia do despertar daqueles que dormem, somente um filho de Deus nascido da luz, ou aquele que fugiu por um tempo da terra e do céu e desceu ao inferno, para ter com o verdadeiro mal, pregou vossas palavras e concedeu a glória de Deus Pai aos escravos, aos servos e aos errantes, erguendo-se ao terceiro dia à destra do Pai celestial carregando a justiça, com as forças da única força que a ele é conferida e o rege, ou seja, a glória do Senhor Deus celestial, é que será capaz de abrir novamente o livro da vida e da morte proclamar as palavras clementes de liberdade e apontar os caminhos na direção da verdade e do Pai a todos os mortos de si mesmos. Porque somente aquele que nascido da luz poderá conceder a chave da clemência em forma de luz incandescente a todos os que deverão encaminhar-se em direção à luz, concederá a vossa glória e libertará os que mortos em espírito se encontravam.

Pois somente aquele que traz a disciplina nas mãos e tem o poder de ler o livro sagrado de Deus é que possui a chave do livro da vida e da morte. E somente este que venceu a dor e ergueu-se do madeiro sangrento pelas mãos do mal é que pode ter com o verdadeiro mal e direcioná-lo e consagrá-los ao Pai celestial. Pois este que não é nascido do homem, não conhece nenhum mal carnal ou material que possa algum dia o alcançar perante o vosso trono; e ainda que seu sangue que outrora se fez matéria e cobriu o madeiro desgraçado da dor e da infelicidade, parecesse ser doloroso aos olhos carnais, não pertencia a ele e sim a quem o fez e o condenou. Por isso, ainda que a vossa miséria em forma de sangue inocente parecesse ser o fim do filho de Deus, este não adentrou ao vosso sentido espiritual e não o retirou do verdadeiro sentido sagrado do poder e majestade que possui, porque vosso poder não foi concedido por sentido humano, logo jamais fora por estes alcançados; e ainda que pelas mãos do mal tenha sido cerrado, importa que o mal seja por ele libertado.

E por não ser nascido do homem nem em pensamento e ideias mundanas, nem em essência, poder e glória, e sim do Criador que o rege e concede todas as forças e poderes em forma de compaixão e majestade assentado a vossa direita, em que somente aquele que possui a chave da clemência misericordiosa do poder e da honra do Criador poderia assentar-se, pois a este é conferido o poder por sobre todas as nações, todas as esferas e todas as forças do bem e do mal, e a ele é conferido o saber, o conhecer, o amor, a compaixão e o poder de direcionar o verdadeiro mal aos caminhos santos, pois somente sendo filho de Deus e santificado por vossas mãos é que se detém o poder de todos os poderes e forças por sobre o bem e o mal os clamando para com ele ainda caminhar.

Por isso, o dia mais importante para um espírito infernal, morto de si mesmo, é o dia em que todos serão convocados e terão a honra e o direito de receber do Mestre Jesus a proclamação de vossos nomes escritos em forma de dor no livro da morte e da vida, e terão o direito de libertarem-se de vossas dores e conhecer as palavras de Deus Pai, o Criador, através do vosso amado filho conhecedor do bem e o mal do mundo, que também os lançou por mil anos no inferno.

Mas vossa misericórdia clemência não foi escrita com mãos de homens, assim como o vosso livro sagrado não possui letras de sangue e sim letras de rigidez de cunho santo de glória. E todos aqueles que, atuam sobre a vossa ordenança de libertar os mortos de si mesmos, atuam sobre o domínio da esquerda de Deus pai celestial, os quais se ocupam de cuidar e zelar pela destra dos que se assentam aos tronos divinais da balança de Deus pai na disciplina, na doutrina, na correção, na justiça e também na esperança e na concessão de nova vida a todos que necessitem ou tenham ganhado de Deus o direito de receber.

Logo, todos aqueles que atuam no cumprimento da ordem de liberdade dos mortos, que atuam sob a regência de Miguel, governante da legião de espíritos guardiões das leis, e por isso para tudo glorificados e possuidores de vossos nomes também escritos no livro da morte e da vida, mas não dos que morrem em essência e sim dos que resgatam e deixam morrer os mortos que pertencem ao inferno juntamente com seus escudeiros por vezes conhecidos como não Santos de lei, postos de espíritos de lei defendendo, protegendo e levando as leis ao cunho do Pai, que direcionam e acompanham os mortos de si mesmos aos campos de baixa luz que concede nova vida.

E um dia todos os mortos se levantarão e ouvirão as palavras sagradas com sons de harpas e tambores como vozes saídas do mar em forma de cânticos benditos em louvor ao Pai celestial, e seus espíritos tremerão, e vossas almas verão com olhos espirituais e não mais com olhos carnais. Neste mesmo dia, as luzes dos portais se encherão de brilho, assim como brilham as estrelas, e apontarão os caminhos a todos os ressuscitados de si mesmos para que sigam em direção ao Ser Supremo, para que possam conhecer as verdadeiras moradas celestiais de Deus, não mais as que ferem.

Pois Santo é o Senhor Deus, nobres são as vossas forças, majestosa é a vossa magnitude e justa a vossa justiça com todos os seus; e ainda que sejam injustos, e feitores de más ações, maus atos e más obras, ainda assim são vossos filhos e reflexo de vossa santidade.

"Vi um novo céu, e uma nova terra. Porque já o primeiro céu e a primeira terra passaram, e o mar já não existe" (Apocalipse 21: 1)

Por isso, tudo passará quando os céus se abrirem para a liberdade, pois o primeiro céu, que é aquele que acorrenta, que é escuro, sóbrio e feito de dor, passará e uma nova vida e um novo céu será para este a nova existência e capacidade de ser a si mesmo. E tudo que ficar para trás, assim como o antigo céu, será apagado como as folhas mortas que somem com o vendaval ao se libertarem de seus velhos galhos por já estarem frouxos e não mais pertencerem a eles.

E todos os espíritos adormecidos de vossas existências, atolados em vossos erros, serão acordados e despertados do sono profundo de adormecer, de existência para libertá-lo da vida espiritual onde todos são livres e caminharão os passos da liberdade existencial. Porém, somente aqueles espíritos merecedores de ouvir vossos nomes proclamados pelo Mestre diante de vossa mais pura, nobre e santa verdade, onde estão escritas todas as verdades, que serão verdadeiramente libertos de si mesmos e poderão caminhar sobre os caminhos da nova vida.

Por isso, Deus é justo em toda a vossa plenitude, benevolência e soberania, pois através dele é concedido ao homem o direito de escolha, o direito de discernimento assim como o direito de conhecer o que vem a ser o bem e o mal e os que carregam a cruz de onde cruzam o bem e o mal, ou seja, aos guardiões das leis é dado o dever de julgamento, correção e cumprimento das leis divinais. Pois, o Criador é o Alfa e o Ômega, o início e o fim de todas as coisas, a origem e o fim dos seres. E aos seres espirituais e terrenos cabe respeitar o cumprimento, a ordem, a obediência, pois ainda que céus e terras passem nada passará sem que seja por seu juízo e aprovação, e a mão de Deus pode ser tão branda quanto severa aos filhos errantes.

E todos os que se levantarem serão libertos de si mesmos e poderão seguir em direção à luz. E aqueles preparados para seguir os caminhos da verdade o seguirão, porém todos aqueles que ainda assim preferirem seguir os vossos próprios caminhos também livres serão para que o façam. Pois, para adentrar as moradas espirituais faz-se necessário que seja por determinação interior de cada ser, isso quer dizer, por amor e desejo próprio, jamais por imposição dos guardiões ou qualquer outro espírito que seja. Por isso, no dia em que todos os mortos se levantarem serão livres e poderão escolher vossos caminhos, ou seja, adentrar aos campos de baixa luz e serem testemunhas de si mesmos no dia de vossos juízos finais de existência do espírito, sendo responsáveis por todos os atos cometidos antes dos mil anos de prisão contra os seres da terra ou continuar a ser errantes e impróprios para si e para o campo espiritual.

Pois todos terão a chance de adentrar aos campos de baixa luz, seguir a luz e adentrar ao juízo final de existência de espírito e, com isso, conhecer as moradas celestiais assim como todos os outros espíritos um dia farão, ou desviar-se dos caminhos santos e tornarem-se donos de si mesmos, caminhando por vossas próprias vontades e determinações, militando em nome de vossas próprias injustiças e maldades, cometendo novamente vossas desgraças e atrocidades contra tudo e todos, e recebendo espiritualmente por esta nova fase espiritual o nome de demônios, ou seja, aqueles que saídos dos campos infernais em busca de crescimento e elevação, desviaram-se dos caminhos bons e novamente militam brava e fortemente por vossas próprias leis causadoras de dores e penalidades por onde caminham.

Por isso, aqueles que se desviarem dos campos de baixa luz e seguirem para elos distantes em esferas longínquas serão rondados noite e dia pelos guardiões das leis, também conhecidos como espíritos de lei da ordenança de Miguel, para tomar conta, dia e noite, noite e dia, até que retornem para o canto de onde um dia saíram, ou seja, das portas do inferno. Pois todo aquele que se negar a ouvir e seguir as palavras santas de Deus, o Criador, negando-se com isso redimir-se de vossos erros e condutas falhas, desejando caminhar por sobre vossas próprias leis, ou o mal, será para tudo nomeado demônio. E os que caminham sobre vossos encalços serão seus vigias até a vigésima quarta hora do dia de todos os dias, até que sejam exterminados da face dos cantos espirituais das trevas e encaminhados novamente à face do inferno para mais mil anos de existência e correção no elo de dor onde a prisão não mais será para servir e sim para morrer pela culpa em si mesmo.

Pois o máximo do bem que um espírito infernal pode receber são as palavras verdadeiras de Deus, o Criador, através de vosso único filho, o Mestre Jesus, e arrepender-se de vossos atos e enganos e progredir de si mesmo para si próprio perante o Criador, porém aqueles que preferem enganar-se com desejos de glória, caminhando em verdades próprias, continuarão na escuridão do nada imaginando ser algo espiritual, porém sendo apenas um errante miserável em espírito sem direitos.

Porém, livres serão todos em elo espiritual e nesta condição vagarão por entre os campos espirituais e temporais em busca de novas formas de existências causando desta forma transtornos a si mesmos e aos demais espíritos que assim como eles vagam por entre o nada em direção aos quatro cantos do mundo dispersos sem regras e leis, ou ainda em direção ao elo terreno em solidariedade aos encarnados que vibram em baixa emanação de luz e por serem assim com eles caídos, por vezes invocar vossas presenças por desejar ainda que sem saber as vossas companhias. E por isso as terão.

Porém, somente retornarão aos elos infernais das portas do inferno após serem novamente resgatados por cometerem novas atrocidades ou serem prejudiciais aos demais espíritos ou aos espíritos filhos de Deus em terra, pois no dia em que cometerem os desejosos atos danosos, neste dia, terão novamente vossas penas proclamadas serão outra vez trancafiados. E até que isso ocorra, vagarão por entre as esferas em busca de vitórias pessoais baseadas em danos, medo, ódio e dores alheias, porém somente serão acorrentados nas moradas de onde um dia saíram, após serem proclamados maléficos aos demais seres.

E os que imaginam que diabo e satanás são aqueles representam perigo para a humanidade, saibam que são estes os seres que Deus, o Criador, ordena e determina a seus servos fiéis e guardiões da ordenança de Miguel, que lutam e combatem contra o mal que batalha contra seus filhos bons o verdadeiro perigo em forma de fluidez e formas negras e impróprias. Pois ainda que diabo e satanás tenham notoriedade em vossos nomes, representam apenas a maldade personificada do homem que por vezes busca e se alimenta do verdadeiro mal, que são os demônios, para satisfazer seus desejos sórdidos de vingança e maleficência contra seus pares ou contra os outros homens da terra. Porém, esta essência maligna, o homem não é capaz de vislumbrar, por isso, os guardiões e seus anjos lutam dia e noite contra vossos desejos de maldade, pois homem que luta noite e dia em favor do mal contra outrem certamente será direcionado e acompanhado pelo verdadeiro mal que assola vossa presença e vossos desejos, o qual ele desconhece o nome. Mas eu vos digo os vossos nomes. Demônios.

Por isso, os demônios são aqueles espíritos infernais que Deus deu a liberdade e livre escolha para irem ao céu, e adentrarem as vossas casas celestiais, porém preferiram ir de volta para o escuro do inferno. Porém, para retornar ao inferno é preciso renegar a Deus, vossos princípios e tudo o que ele lhes ofereceu, desta forma, todo aquele que deseja seguir os próprios caminhos renegando a Deus é contra a verdade de Deus, logo não são espíritos contra as forças espirituais dos maiores e majestosos espíritos que atuam em ordenança do Criador, assim como os Anjos das trevas e dos abismos também nomeados de não Santos de lei e as falanges de Miguel e seus servos ou os filhos de Deus na terra, são contra toda a doutrina, disciplina e palavras santas advindas dos reinados celestiais. Por isso, são estes que Deus, o Criador, ordena que os vossos servos e servas lutem e combatam contra o mal.

Demônios e o juízo final

"Senhor até os demônios submetem a nós, em teu nome". (Lucas 10: 17)

10.10 Ora, se não são os demônios aqueles que após cumprirem mil anos de reclusão em elo espiritual infernal de dor e sofrimento pela escravidão de vossas unidades receberam no último dia a chave Clementina, referente ao último juízo ou o juízo final do inferno para vossas existências em campo de sofrimento para que pudessem, após ter vossos nomes proclamados e enunciados em liberdade, adentrar ao campo espiritual de luz e caminhar em direção à verdade, porém, diante do direito de escolha, escolheram caminhar em direção ao nada existencial.

Mas vejam se não são os demônios também conhecedores das palavras de Deus e de vossas leis, porém renegaram a vossa verdade e a vossa autoridade no momento de vossas liberdades e preferiram caminhar em direção oposta à luz por acreditarem poder servir a si mesmos diante de seus desejos e necessidades de ser e continuar errantes à procura de liberdade onde somente a escravidão possui as portas de entrada.

Mas o fato de não escolher caminhar em direção à luz em busca de verdade celestial não os tornam serem espirituais independentes e detentores de forças e poderes próprios e imbatíveis, porque estes ainda que caminhem em direção ao nada ou em direção aos campos de perdição de dor e lamento, porque embora estejam fora do inferno, caminham às margens dele. Não são espíritos que possuem emanações e fluidezes de energias criadas de si mesmos ou forças que jorrem em poder de seus próprios nomes, porque se não fossem as formas emanadas de um único ponto de energia e força de luz chamada de Deus, o Criador, uma vez que somente Deus, o Criador, possui a determinação em forma de luz para conceder a vida espiritual, nem mesmo o inferno teria sido criado para receber todos os filhos errantes que fluem na mesma energia e agrupam-se em um mesmo lugar no qual serão todos igualmente escravos e servos do nada aos quais as vossas unidades são devotas e em verdade acreditam.

Por isso, todos os campos, elos espirituais ou unidades espirituais se submetem ao Criador, da mesma forma todos os espíritos, ainda que sejam estes espíritos de luz ou ainda que sejam estes espíritos em forma de demônios. Porque assim como o inferno é regido por espírito nascido da determinação do Criador para que a vossa força e governança resplandeçam nas trevas e na morte dos que morrem em espírito, é o inferno submisso ao Criador, assim, como todos aqueles que dela saíram buscando a luz ou todos os outros que saíram em busca de nada de si mesmo.

E assim como o elo umbral, o elo infernal, o elo de perdição, ou seja, os campos onde se reúnem e se agrupam os espíritos demoníacos, e todos os outros campos de remissão espiritual; são todos os que em campos de remissão se encontram submetidos ao campo espiritual das trevas e seu único governante, que todos conhecem o nome, e é quem rege e governa todas as forças e energias espirituais negras, densas e danosas sobre a vossa única certeza.

"Mas os outros mortos não viveram, até que os mil anos se acabaram. Este é a primeira ressurreição" (Apocalipse 20: 5).

E nenhum deles viveu em existência espiritual até que os mil anos se acabassem, até que toda a existência sobre o comando do líder ou o maioral da escuridão do inferno fosse completamente consumada, e com isso lhes fosse permitido, após o pedido de clemência de si mesmos, receber diante do milésimo dia de juízo a chave clementina para que fossem novamente soltos ou ressurgidos de dentro do inferno para fora dele, vivos, assim como se vivem todas as unidades espirituais. Pois somente ressuscita aquele que perdeu o direito à vida, que teve a liberdade tomada e a essência espiritual comandada e deliberada por outrem que não a si mesmo. Mas a ressurreição não se faz através da carne e sim através do espírito, pois a carne que se consome em pó não tornará jamais a ser carne, pois esta irá decompor-se, porém o espírito que ressuscita e levanta de si mesmo, tornará a andar e caminhar por entre as esferas espirituais, pois terá novamente o direito de ser espírito livre e vívido em essência.

E por isso, todos os espíritos que se encontram no inferno, para cumprimento de determinação de correção, por comando de Miguel ou o elevadíssimo Espírito que resplandece das trevas e de vossa legião de espíritos, a quem reconhecem todos os espíritos demoníacos as vossas mais impiedosas e dolorosas disciplinas, porém receberão de vossos sete espíritos também nascidos das trevas e do abismo a chave para as suas liberdades, porém somente no dia em que todos os mortos ganharem a chance de se redimir e voltar a ser espíritos livres de si mesmos e de vossas existências. Pois assim é a determinação de todos aqueles que cumprem vossas penas e bebem do cálice da amargura de serem tão imundos de si mesmo; e por serem tão imundos receberam e experimentaram o amargo do próprio luto, empurrando-os para as profundezas do nada em existência de escravidão em estado de consciência infernal, até o dia em que cansados de serem que são implorarão por clemência e receberão a chave desta, não por implorarem, porque esta virá apenas no exato dia da clemência espiritual.

Por isso, a primeira ressurreição não é aquela que faz voltar à vida os que se foram em matéria, e sim aquela que faz reviver o direito e a chance de voltar a ser espíritos todos aqueles que perderam o direito à vida e à liberdade por crerem mais em vossas dúvidas do que nas promessas divinas, onde a balança da certeza vaga entre a glória terrena e a esperança de viver eternamente sobre vossas próprias vontades. E por não serem crentes o suficiente de que outras formas de existência espiritual são mais brandas e amorosas do que a atual vivenciada por mil anos de escravidão, certamente caminharão entre a falsa verdade de busca pela glória e a escuridão que machuca e fere ainda mais vossas almas.

Logo, a morte não é a morte carnal e sim a morte do espírito e a ressurreição não é a ressurreição da matéria e sim a do espírito, pois o espírito após se desligar da matéria continua imaculado e impenetrável reflexo do Criador, porém os erros materiais cometidos em vida terrena ainda existem e estão alocados na Aura Plena de todo e qualquer espírito que não adentrar ao juízo de existência do espírito, porque este não será liberto de vossos erros e iniquidades presos em Aura Plena, fazendo-o prolongar sua existência espiritual com vivência material, tornando-o um fragmento em forma de sentidos terrenos e espirituais, não sendo espírito completo em sentido espiritual nem em sentido terreno, porque este já não possui matéria carnal que o prende a terra.

E até mesmo para os que são libertos do inferno pela chave da clemência no dia do juízo final do inferno não são libertos dos erros, das falsidades e das iniquidades e todos os sentidos e sentimentos carnais, porque esta liberta apenas o espírito e não vossos erros e vontades materiais que não morreram junto ao pó e estão alocados em seus pensamentos de consciências. Por isso, é um engano pensar que após a liberdade de alma os males serão mortos e apagados de vossas unidades, porque os males que os demônios trazem em seus sentidos não somente estão vívidos em vossas novas existências como são multiplicados a cada ato e maldade cometida, e nada será capaz de apagar seus erros e maldades sem que adentrem aos campos de juízo de existência de espírito. E ainda que houvesse nova morte ou nova ressurreição não seriam anulados, apagados ou esquecidos sem que haja a verdadeira remissão.

Portanto, para libertar-se dos erros cometidos e libertar-se em verdade em espírito ou ressurgir de si mesmo é preciso que a essência espiritual chamada agora de essência demoníaca adentre ao campo de juízo de existência não em novo juízo final, porque este fora o da liberdade, e sim em nova oportunidade de si mesmo de reconhecer a quem se é e caminhar em busca de elevação, decompondo-se de todas as maldades e iniquidades alocadas em vossa Aura Plena pelo pensamento de consciência, pois enquanto este estiver posto junto ao espírito o fará possuir sentidos materiais em forma espiritual, e este anulará qualquer possibilidade de progresso ou elevação espiritual, porque vagará este espírito entre a dor e o sofrimento, porém acreditando ser totalmente livre em esfera espiritual, o que jamais será uma verdade.

E todos os que tiverem parte na primeira ressurreição não viverão para a segunda ou a terceira, pois estas não existirão. Por isso, todos aqueles que se negarem a caminhar nos caminhos do bem em direção à luz, adentrando aos campos de baixa luz para que sejam recolhidos para o juízo de suas existências, serão para tudo demônios de si mesmos, acreditando ser donos absolutos de vossas unidades espirituais até que voltem a ser escravos do nada na servidão no escuro do inferno para toda a eternidade. Pois para estes não existirão novas chances de libertarem-se da desgraça de ser novamente o nada, pois estes não conhecerão a segunda ou a terceira ressurreição, porque é o galardão ao término da primeira ressurreição a verdadeira morte do espírito que se faz por meio do único e verdadeiro juízo final, ou o final das possibilidades de existir em espírito, ou seja, será este o findar da unidade espiritual que fora um dia espírito. Logo, a morte do espírito para eles será o caminho.

Porque é o juízo final o verdadeiro juízo que se aplica a maior e mais tenebrosa justiça divina por sobre um espírito, que é o cumprimento do julgo pela sua própria morte da unidade espiritual sagrada reflexo do Criador.

Porque este que após ser condenado a adentrar ao inferno e servir como escravo do nada tendo a sua liberdade e existência mortas ou retirados todos os seus direitos espirituais, que inclui pensar, caminhar e falar por si mesmo, durante mil anos de servidão de miséria, horrores e impiedosas penas para que possa receber ao último dia de vosso cumprimento a chave da clemência para que se torne espírito livre conhecedor das leis e obras do Criador e caminhante de suas verdades, e ainda assim escolher caminhar sobre suas próprias leis, onde suas leis é servir a si mesmo renegando vosso Senhor que lhe concedeu a vida, a possibilidade de crescer e progredir, assim como todos os direitos de errar e corrigir-se, porém ainda prefira seguir o oposto e novamente renegar vossa santidade, unidade e militar em seu favor próprio, tornando-se além de uma unidade demoníaca, espírito renegado das chances de se reerguer do cume do inferno. Será este espírito, após resgatado e atirado as trevas, morto e apagado em unidade no momento em que receber a pena de remissão e ter por isso o vosso nome apagado até mesmo do livro dos mortos e esquecidos, para tudo sempre, como se jamais tivesse existido na face dos céus ou da terra.

E este que será o último juízo pelo qual um espírito poderá passar, será também o último grito diante da fornalha da existência que será a vossa própria existência atirada no dia do último juízo, ou o juízo final. Porque nisso encontra-se a justiça final que se aplica sobre os mortos e os não Santos.

"Bem-aventurado e santo aquele que tem parte na primeira ressurreição; sobre eles não tem poder a segunda morte; mas serão sacerdotes de Deus e de Cristo, e reinarão com ele mil anos" (Apocalipse 20: 6)

Então, todo aquele espírito que após a ressurreição dos mortos adentrarem aos campos de baixa luz e deixar conhecer a si mesmo, e for julgado pelas suas obras cometidas no elo terreno, recebendo a proclamação de vosso nome em salvação divina e das mãos dos guardiões as chaves das portas das casas celestiais seguirá com os guardiões como vitoriosos de si mesmos, vencendo a própria batalha pessoal e, por isso, caminharão dentro das palavras da verdade de Deus, o Criador, para tudo e sempre em direção às suas novas moradas espirituais, e estas que não serão diante dos campos de cura serão ainda diante de nobres e elevadas missões em favor de única verdade. Porque serão servos espirituais dentre os guardiões das trevas e dos abismos, porque estes que ressurgiram do inferno e de si mesmos que são exímios conhecedores da tortura e da dor de tentar ser aquilo que não é por mil anos de sacrilégio, serão em verdade os novos guardas das porteiras do inferno, por já serem leais, fiéis e servos obedientes prostrados às ordens e determinações de Miguel servo do Criador, para tudo sempre.

Com isso, não conhecerão a segunda morte, ou seja, não cairão novamente aos elos infernais da própria morte, para serem anulados em espírito diante do juízo final de vossas existências, pois serão para tudo salvos de suas imundícias e erros cometidos a outrem como forma de elevação espiritual de si mesmos e adentrarão em campos elevados de missões nobres como fiéis sacerdotes ou servos e guerreiros em nome de Deus, o Criador, por mil anos de vossas novas existências e ressurreição.

E no dia em que todo o juízo infernal findar-se e virem-se servos do verdadeiro Deus, serão aos vossos pés, em vosso nome, os mais honestos e nobres guardas dos campos celestiais assentados na ordenança de Miguel e de vosso primeiro Espírito e de vossos outros sete espíritos governantes, suas falanges de servos e sacerdotes, aos quais até mesmo os homens mais fortes e poderosos se prostrarão de medo de vossas forças, determinações e coragem em nome do Criador. Porque são estes os que combatem e guardam as portas dos elos divinos e dos elos de remissão fortemente, assim como se combate a peste que assola o mundo.

Pois vossas disciplinas não serão disciplinas de homens e sim do Criador medida em réguas de mil e mil anos de doutrina e disciplina rígida, não somente diante da escuridão das trevas como também na escuridão da sombra e do abismo, em que os anos contados dia após dia, até o número de mil se fazem por determinação santa e não por querência material. E cada ano contado de dor será um ano contado de honestidade e determinação em nome do Criador para aqueles que se prostrarão a verdade santa e nobre do Senhor.

E terão estes, diante dos Anjos, força e determinação para servir ao verdadeiro Rei e prostrar-se a verdadeira verdade espiritual, longe das falsas crenças abastecidas com convicções pequenas e considerações desleais que os deixam poderosos de si e pequenos da verdade de Deus. Então, a sombra, o medo, a dor, a miséria do ser e a servidão, outrora vividas em vossas existências, serão para estes a força que alimentará os punhos com determinação, rigidez e glória santa para que nenhum outro ser adentre aos campos infernais, pois suas batalhas serão em favor destes, como a batalha dos santos em nome do Criador levando as bem-aventuranças e verdades sagradas, para que nenhum outro adentre a estes elos de dor e sofrimento.

Por isso, alguns espíritos que atuam na ordem de Miguel, conhecidos também como não Santos de lei, muitas vezes confundidos com anjos caídos, espíritos demoníacos ou espíritos errantes, vindos das profundezas das trevas para trabalharem contra o bem e arrasar os bons homens tornando-os maus, são na verdade espíritos elevados que caminham e cumprem com as vossas determinações diante das leis espirituais de Deus. Que vindos, sim, de elos de correções como o inferno ou o umbral, porém de forma liberta de seus erros e danos, atuam em nome de todos os Santos, todos os Anjos e do Criador, labutando bravamente na ordenança de Miguel, pois foram limpos e santificados pelo poder de Deus, porque são igualmente filhos da luz e da verdade, que também é a justiça de Deus sobre todos os espíritos, fazendo-se presente e libertando todo o erro e culpa daqueles que erraram vossos caminhos e direções, porém foram redimidos de suas faltas e iniquidades e entregaram-se ao verdadeiro poder celestial. Porque nisso aplica-se a justiça divina.

Logo, nenhum espírito da linhagem de não Santos de lei, ainda que tenham partido dos elos mais rígidos e de dolorosos de regimes de disciplina impiedosa podem ser confundidos com demônios, pois embora tenham sidos ressuscitados do mesmo campo infernal, seguiram caminhos distintos e continuarão sendo distintos em nome da lei que os distância e os separa. E embora tenham outrora servido ao maioral do inferno por mil anos, porém escolhido servir a Deus, serão, então, servos e fiéis espíritos de leis que se tornarão, para tudo e sempre, honestos e sábios guardas que combaterão juntamente com as falanges de não Santos de lei contra os que se negaram adentrar aos campos de luz e serem livres de vossos erros. Pois somente aquele que foi um errante liberto de si mesmo pode conhecer tão bem os que ainda caminham por sobre os erros, somente o que teve motivos para renegar ao Criador, pode compreender tão bem os motivos que outrora foram os mesmos que os seus e lutar para que aqueles que ainda buscam glórias materiais em campo espiritual, torne-se, assim como ele, bom espírito ou menos errante contra si mesmo e contra os filhos do mesmo Deus.

E por já terem sentido o verdadeiro mal lutam para que nenhum outro filho de Deus exerça o mal e adentre a estes elos, e por conhecerem o que é a correção e a força das determinações de Miguel, batalham para que nenhum espírito seja corrigido e sofra as consequências de serem errantes e imundos assim como um dia foram. Pois somente aquele que sentiu em sua própria existência o que é a dor pode realmente falar sobre ela e batalhar para que nenhum outro a sinta com já sentiu. Pois o mal, diferente do que é pregado pelas crenças mundanas, está distante do verdadeiro mal, que é a perda da liberdade das forças, autonomia, esperança e tudo o que se possa fazer com que algum espírito se mova para qualquer canto que seja.

Pois, o verdadeiro mal é sobreviver sobre a escuridão esperando o dia em que chegue a luz e que seus olhos possam voltar a enxergar algo além do cinza e de névoas escuras, o mal é sentir o cheiro do lodo em aroma de enxofre como o único perfume que recobre as narinas, o mal verdadeiro é ter mãos e pernas acorrentadas em correntes espirituais em forma de navalha que cortam e sangram ao mínimo esforço de arrancá-las. Por isso, o mal espiritual não é a peste, a fome ou a doença que mata, pois os mortos não sentem fome ou adoecem, mas por vezes tem apenas o desejo de serem vivos e desejar sentir medo e fome no lugar da angústia de ser um nada perante seu líder, sem forças, coragem, esperança ou qualquer ferramenta que os tornem mais fortes e dignos de si mesmos.

Portanto, correção não é punição ou desgraça espiritual, e os elos corretivos não são para tudo punitivos e moradas de extermínio e sim elos de auto juízo e auto avaliação em que os erros são longamente confrontados com a verdade em forma de escravidão criada pelos próprios errantes que se alimentam dela até que se chegue o momento em que estes espíritos de más obras, outrora conhecidos como espíritos infernais, terão a chance de se regenerar e seguir as doutrinas e leis dos Santos e dos Anjos do Senhor.

E aqueles que desejarem continuar a consumir-se de vossas verdades próprias e caminhar sobre vossas próprias leis, criadas a partir de ideias más chegarão ao posto mais miserável e insolente em que um espírito pode chegar, sendo sugado por si mesmo, e tragado por vossa própria vontade ao escárnio existencial que degola a alma pouco a pouco, na medida em que se adentra mais e mais ao nada do submundo das imundices da essência espiritual, tornando-se um demônio, em um lugar onde nem ele mesmo poderá alcançar para libertar-se de si próprio, lugar onde nem mesmo o espírito mais nobre, mais puro e poderoso celestialmente poderá adentrar para retirá-lo de vossa podridão e desgraça, pois nenhuma outra instância ou estado de consciência será considerado por ele mesmo suficientemente bom para tirá-lo de vossa miséria existencial de crenças imaginárias e abrigá-lo em certezas nobres.

E o cheiro de enxofre que carregará será como a última lembrança do inferno, que não se desocupou por completo, acoplada em sua existência de abominação pessoal caminhando em passos largos e pesados em direção aos seus adoradores em favor de suas ações insanas em campos terrenos, porque serão os demônios atraídos aos espíritos encarnados através das emanações de sentidos materiais de motivos torpes e maléficos assim como é composta a sua própria e degradante unidade, em direção aos que o invocam e o adoram, para que juntos possam cometer seus atos e ações também degradantes.

Porque estes que cometem atos e erguem obras contra os seus em campo terreno são aqueles que emanam e fluem energia espiritual imprópria aos campos bons, assim como são os espíritos próprios de si mesmos, os demônios, e com isso se juntam para trabalhar as vossas intenções de serem maus com os outros; e ainda que desconheçam os serem encarnados este fato, conhecem bem os demônios aqueles que emanam as mesmas energias e os invocam através das intenções para agradar as suas próprias vontades atentando contra os outros filhos de Deus.

E aos que acreditam que o estado de consciência demoníaco parte de algum elo celestial por terem sido caídos devido às suas vontades e desejos torpes, saibam que não partem, pois demônios jamais adentraram ou saíram do reino celeste, porque vossas essências apenas vagam por entre as esferas espirituais, jamais dentre campos ou moradas santas e sagradas.

Mas a instância existencial ou o estado de consciência demoníaco não foi criado por Deus para condenar os filhos errantes e desgarrados e sim através do erro do homem mundano com suas próprias verdades tornando-se espírito infernal e abastecendo-se de verdades próprias e mesmo tendo a chance de regenerar-se, porque escolhe por ser um espírito, sem lei, sem regras, sem conduta ou ordem, dono de si mesmo. Pois sua existência é milenar assim como toda a criação divina, e sua habitação tão antiga quanto à humanidade não pertence ao ambiente celestial e não foi criada ou é dominada por nenhum anjo caído. Mas são os próprios espíritos rebaixados e desgarrados existencialmente que se submetem a serem caídos e adentrarem em estado de consciência mais infeliz e desprezível de um ser, pois suas vontades de ser e existir da maneira que acreditam não os deixam caminhar por entre as casas celestiais ou serem bons. Logo, não adentraram ou jamais adentrarão as casas de Deus, pois a maldade não adentra as esferas celestiais, estas se apartam nos portais das fortalezas celestiais antes mesmo de estar próximas, por isso, jamais adentrarão, nem pelas portas da frente, tampouco pelas portas de trás.

Por isso, as energias negativas dos demônios não militam contra Deus, o Criador, estas energias atuam em favor de suas próprias verdades que são o inverso das verdades de Deus, são essências que atuam em favor de vossas próprias inverdades, crenças e ideias pouco elevadas, sábias ou nobres. Logo, não são forças que lutam e batalham propositalmente contra as energias do bem, pois não teriam poderes ou intenção para tais atos. Mas assim como são energias que desconhecem o poder do bem, porque jamais caminharam com o bem ou jamais souberam o que é o bem, também desconhecem a força da verdade de Deus e, portanto, não atuam contra as forças de Deus. Porque se a conhecessem não cometeriam tantas atrocidades, imaginado estar fazendo algo bom ou não estar causando o mal. Por isso, são forças que se fortalecem com o próprio mal que trazem e produzem de si mesmas para continuar sendo o que são, sem precisar ter que se prostrar ou caminhar sobre qualquer lei, doutrina, verdade ou vontade que não seja a dele mesmo.

Logo, não possuem um campo de origem de atuação ou proteção e isolamento que podemos chamar de negativo, pois vagam por entre as esferas, porém jamais adentram aos campos celestiais de domínio divino uma vez que não adentram as esferas santas, mas caminham facilmente por entre os campos terrenos bem próximos aos encarnados no encontro de essências espirituais perdidas e homens caídos que caminham por sobre suas próprias verdades para comungar de crenças, ações e atos próprios de más condutas e ações contrárias as boas ações assim como eles um dia em terra também caminharam e ainda acreditaram poder livremente caminhar.

"E também algumas mulheres que haviam sido curadas de espíritos malignos e doenças: Maria, chamada Madalena, de quem haviam saído sete demônios" (Lucas 8: 2).

Pois cada um dos sete espíritos saídos de Maria, a Madalena representava por si só um demônio detentor único de vontades e verdades próprias labutando por si mesmo, ou seja, todos os sete governantes absolutos de si mesmos em favor de suas diligências e existências pessoais contrárias a todas as outras verdades. Logo, não foram retirados seis demônios e seu líder ou um maioral comandante de espíritos sujos e malignos, pois os demônios não possuem líderes e uma vez que cada um atua por si só em favor de si mesmo, cada um é responsável por seus desejos e intenções.

E é justamente por não possuírem um elo de origem que não possuem um líder ou um chefe que se pode nomear como detentor da potestade do domínio dos demônios. Pois o estado de consciência demoníaco não é alcançado por ordenança ou determinação, ou seja, não é um estado espiritual que possui ordem divina para que haja um líder comandante, pois este é um estado de consciência em que o espírito adentra por si só, sem que tenha determinação. Por isso, cada demônio pertence ao seu próprio sentido existencial e não a um elo de existência demoníaca governado por um chefe, por isso, cada um atua e milita por si só, em detrimento de vossas próprias escolhas, não regras e vontades.

Logo, estes espíritos que possuem crenças e desejos mortais, contrários à verdade de Deus em relação aos já desencarnados, se manifestam e se movem contra tudo aquilo que deveria governar e se manifestar através do seu espírito, ou seja, sentidos bons, porém é justamente ao contrário que atuam. E é desta maneira que os espíritos de pouca fé e gratidão, chamados de demônios, se portam e caminham, ou seja, contra tudo e todas as regras e ordenanças espirituais, acreditando ser a partir de suas retiradas do inferno o próprio maioral que os ordena. Por isso, os sentidos terrestres como dor, medo, pavor, prazer, sexualidade e poder pertencem à vida material e não espiritual, pois os espíritos estão libertos de sentimentos e sensações terrenas, porém, um espírito que não se libertou em juízo de existência espiritual, e que ainda caminha com sua Aura Plena acoplada ao pensamento de consciência, possui todos os sentidos materiais, e ainda que de forma deturpada ou de maneira desconexa e com menos intensidade, pois já não estão no elo terreno, ainda os possuem.

Mas a crença de que um espírito de luz, também chamado de não Santo de lei pode controlar um encarnado através das magias divinais, ou seja, a única magia em que atuam vossas energias e essências, para assegurar o amor, a luxúria, a guerra, o poder econômico, o poder político ou qualquer que seja o poder pelo sentido ou sentimento carnal que exista apenas em campo terreno contra outrem é inverdade espiritual. Pois estes espíritos respondem a uma única verdade, ao Criador, e são determinados a atuar nas esferas terrestres e celestiais por ordem divina e não por ordenança do homem, executando e exercendo as vossas vontades e ansiedades em troca de vil metal ou qualquer outra troca que seja. E a luz somente caminha com espíritos iluminados e altamente doutrinados, e as vossas doutrinas não são constituídas através da carne, por isso, não atuam em nome da carne contra a carne, e sim em nome do Criador sendo servos e sacerdotes.

Desta forma, todos os espíritos que atuam na esfera das leis divinais, sejam estas quais forem, atuam libertos de pensamento de consciência de sentido material, pois são espíritos que passaram pela remissão dos erros, dos males e da culpa e de todos os vossos esforços e grandeza, foram conquistados através do juízo de existência de espírito ou através juízo final do inferno também passado pelo juízo de existência de espírito. Por isso, são desprovidos de desejos e sensações carnais. Até porque não poderiam atuar e batalhar pelos outros espíritos diante de algo que não é de seu conhecimento ou de sua exatidão de conhecimento. Mas no âmbito em que atuam são providos apenas de caridade, cumprimento, lealdade, humildade, fidelidade, compromisso, compaixão e amor divino e por isso trabalham apenas para uma direção de uma única determinação. Deus.

Porém, determinados feitos maléficos, ainda que labutem os espíritos nascidos das trevas contra os que desejam causar o mal, podem ser realizados através de espíritos errantes ou demônios, que não caminharam diante da verdade. Porque um espírito que se apresenta como estando na luz, porém, aceita se utilizar de seus pequenos poderes e forças em detrimento de trocas materiais ou bens comerciais apenas para sugar energias, não são espíritos de luz e sim errantes demônios, e suas energias não são energias ou emanações advindas dos espíritos nascidos das trevas ou do abismo também conhecidos como não Santos de lei, porque estes não se prostram aos desejos e necessidades de homens caídos e pobres em troca do que quer que seja. Logo, estes que se entregam aos enganos e desejos terrenos de maldade ou de prazer momentâneo são espíritos de sentidos próprios, dispersos e sem direção, que caminham por entre as esferas negativas e pouco favoráveis aos sentidos materiais em busca de elevarem-se pelos seus feitos tão pequenos e medíocres quanto eles mesmos.

Essas energias negativas que emanam destes espíritos não somente interferem no sentido existencial e material do encarnado, como são capazes de conduzir os seres terrenos para os sentidos mais obscuros e negativos desconhecidos por ele próprio, tornando-o sombrio e negativo, assim como é o espírito demoníaco que doa ás vossas energias imundas. Por isso, estes sentidos negativos, que por vezes são capazes de controlar e governar, ainda que de forma desajustada e desregrada os sentimentos e as sensações de encarnados, como os sentidos, sexuais, amorosos ou qualquer outro que se faça dominar, não são sensações e sentidos emanados de seres celestiais, tampouco por não Santos de lei; pois diferente das emanações advindas dos demônios, as emanações doadas pelos espíritos de luz ou não Santos, não interferem nos sentidos materiais dos encarnados pela dominância da dor, pela prisão de qualquer que seja o sentido ou pela imposição extrema de qualquer sentido que seja por ordem de outro encarnado. Porém, as energias e emanações destes espíritos demoníacos são por determinação própria a condução de sentidos e sensações negativas de forma extrema, para que possam reger e dominar através da negatividade outros seres espirituais.

Logo, não parte de espíritos regrados, doutrinados e disciplinados, que caminham em direção ao cumprimento de vossas missões junto ao Criador.

Pois, para estes espíritos, pouco importa se estão cometendo algo impróprio ou não, pois os vossos desejos é o de apenas serem necessários e prestativos ainda que seus favores sejam desonestos e torpes, pois os desejos materiais que ainda os rondam são os mesmo de outrora de serem elevados e gloriosos pelos feitos realizados em vossos nomes; e, ainda que usurpem os nomes dos grandiosos espíritos de lei, sentem-se realizados por serem queridos e estimados por aqueles que lhes pedem favores inoportunos, medíocres e maléficos. E ainda que sejam desejos dolosos, vossas consciências desprovidas de sentidos bons não os punem, tampouco aos que desejam vossos males, pois, sendo demônios e donos de si mesmos, não passarão por cobranças existenciais de sentidos e por isso desconhecem a nobreza dos sentidos existenciais baseados no amor divino.

Porém, estes escravos senhores de si mesmos, que realizam os desejos mais torpes, danosos e perigosos do ponto de vista espiritual, daqueles dispostos a comprar e vender a dor alheia, também são aqueles que cobram, e sempre cobrarão na mesma intensidade todos os atos realizados, executados ou proferidos contra outrem em vossos nomes. Pois estes espíritos são aqueles que querem ser lembrados, e sempre farão com que sejam lembrados, ainda que através da dor que irão causar, através da angústia ou do medo, pois sempre se farão lembrados por aqueles que um dia se utilizaram de seus favores, pois as vossas existências maléficas se abastecem de favores e são estes os trunfos de vossas glórias.

Por isso, são essências más, de força destrutiva para os seres encarnados, e quando os encarnados se aproximam em emanação e usam de vossas energias, se tornam tão negativos quanto estes espíritos que passam a ser vossos comandantes espirituais em satisfazer suas necessidades terrenas em busca de desferir o mal contra outrem. Desta forma, o encarnado imaginando ser o senhor que o governa é na verdade o servo satisfazendo vossas necessidades de ser tão gloriosos e importantes seres espirituais assim como vossas crenças ainda mundanas, devido aos seus pensamentos, vontades e desejos ainda terrenos, abastecendo-se de falsas verdades e desejos imundos de satisfação através da dor, do medo, do ódio, da guerra e tudo que possa ferir ou ofender.

Estes espíritos que não possuem regras, leis, direção, caminhos ou doutrina são capazes de cometer qualquer ato ou ação em busca de glória pessoal e trono imaginário em vossos reinados de ilusão onde os que hoje os servem serão um dia escravos doadores de energias e forças em suas potestades de falsidade abastecidas com a dor, o medo e a angústia destes. Por isso, não é de se esperar que um espírito demoníaco se utilize de nomes de entidades como não Santos de lei, servas e sacerdotisas espirituais, ou seja, entidade cumpridora das leis divinas, para se aproximar de encarnados desprovidos de verdade assim como eles, em que ambos lutam para conseguir vitórias, sensações e emoções que não lhes são permitidas por razões divinas, porém ainda assim as desejam.

Não Santos de leis de fato são os nomes de entidades mais comumente usurpados por estes demônios, pois são guiadores espirituais de grande credibilidade e proximidade com os encarnados por isso muitos ainda os confundem com aqueles causadores do mal. Porém, é certo compreender que nenhum espírito de luz atuando na ordenança de Miguel, servindo como não Santos de lei, se utiliza de artifícios materiais ou terrenos em troca de desferir o mal contra outrem, pois vossos trabalhos são santos e vossas missões nobres e por isso jamais serão abaladas por ordens ou desejos mundanos daqueles que preferem caminhar sobre águas turvas ao invés de se prostrarem ao Criador, pois embora muitos tenham vindo de remissões de erros e atuem em elos negativos nas portas das trevas e do abismo, não caminham com eles e sim contra eles.

"Mas outros diziam: Essas palavras não são de um endemoninhado. Pode um demônio abrir os olhos dos cegos?" (João 10: 21).

Todos os espíritos que atuam no comando do grande líder nascido das trevas, Miguel, atuam por determinação e coragem, pois somente aqueles espíritos mais fiéis, nobres e zelosos são determinados a cumprir com as determinações e atuar em vossas falanges de lei, logo, todos os espíritos guerreiros são por amor, respeito e coragem e não por obrigação ou imposição, tampouco vontade material. Pois todos sem exceção atravessaram vossas barreiras e forjas existências em elos de correção quando necessário e cumpriram com vossos juízos de existência espiritual antes de adentrarem e ocuparem os vossos postos sagrados os quais foram conferidos por merecimento e firmeza assentados na fé do Criador.

Logo, qualificar um demônio como sendo um não Santo de lei é desconhecer a si mesmo e as forças do mundo espiritual, que acredita conhecer e caminhar junto. Ora, como poderia um espírito de lei, caminhar por sobre as leis, direcionar os filhos de Deus nos bons caminhos e fazer-lhe o mal quando assim lhe for solicitado por este mesmo filho de Deus? Ou poderia um espírito de luz trabalhar para o Criador e ao mesmo tempo atuar para a escuridão do nada? Poderia um servo atender a dois senhores, em que um traz a luz ao mundo e o outro caminha por entre as trevas miseráveis do nada existencial? A resposta é não, pois um espírito guerreiro é sempre um espírito guerreiro. Logo, um espírito de luz não se oferece ou não aceita realizar magias contra seus irmãos, pois o único sentimento que possui é o amor divino, o qual usa para verdadeiramente para lutar e batalhar por seu único Deus, e nunca o contrário. Pois toda a verdade divina pertence à bondade incorruptível e o erro, a falsidade e o engano são o inverso da bondade de Deus, uma vez que não traduz seu nome, por isso todo aquele que se oferece ou aceita trabalhar na escuridão usurpando o nome de um espírito de luz, não pertence à luz e sim a si mesmo.

Porém, um espírito errante, nem sempre será para tudo um errante, um encarnado errante nem sempre será um encarnado errante, porém aqueles que preferem caminhar por vossas próprias leis e vontades devem fazê-los por si só, sem utilizar-se daqueles que usurpam os nomes dos que atuam para a lei, pois sempre haverá a chance de reerguer-se e regenerar-se, mas, para isso, é preciso caminhar os caminhos certos e aceitar que a dor que causa o sofrimento alheio e que esta será a mesma que causará o vosso próprio sofrimento no dia em que se tornar, assim como desejas, um aliado dos que saíram do inferno e que caminham por si só, os demônios.

Pois, para um espírito ser qualificado grandiosamente e receber o nome de não Santo de lei são necessários anos e anos de devoção, presteza e serviços santos, caminhando dentro das esferas de importância suprema celestial em favor do cumprimento das leis. Ou seja, não poderia um espírito inferior, tampouco um errante em relação às leis ser considerado um guardião das leis sagradas. Por isso, oferecer ou comprar favores espirituais de desejos e vontades torpes pode não desqualificar nenhum encarnado em solo terreno, porém pode direcioná-lo aos caminhos, assim como ele mesmo, torpes; ou seja, aqueles que caminham por sobre suas próprias sombras e escuridão, sendo servos de nada e prostrando-se apenas as vossas leis, pouco nobres e legítimas em Deus, o Criador.

E os que creem que espíritos de luz também caminham nas trevas utilizando-se destas energias e se favorecem dessas energias terão longas horas e longos anos para descobrir como são os passos de quem caminha por si mesmo. E se mil anos não forem necessários para descobrir como são as forças do mundo espiritual contra quem caminha por sobre vossas próprias leis, outros mil serão o caminho.

Portanto, a crença de que não Santos de lei são causadores do mal é uma inverdade espiritual, pois os não Santos são o equilíbrio das forças contra todo o mal que assola a terra e os filhos de Deus, pois os verdadeiros praticantes do mal são os demônios que por vezes se escondem utilizando-se dos nomes santos dos não Santos, pois aqueles que se utilizam de vossos favores desconhecem seus verdadeiros nomes ou mesmo sendo vossos servos os temeriam se soubessem, e por isso prostram-se ao erro de chamá-los por outros nomes. Porque são seres ou espíritos que desconhecem os poderes e as forças dos guardiões das leis, os verdadeiros servos de Deus, porque são os servos de Deus aqueles que ainda que roubados e a afanados em nomenclatura não somente pelos demônios como também pelos homens que os desconhecem, são os únicos escolhidos para trazer a harmonia e o equilíbrio em todos os cantos do mundo, pois não Santo não se faz com nomenclatura e sim com trabalho rígido, árduo e verdadeiro para com o Criador e seus filhos.

Por isso, a crença mundana em imaginar que não Santo de lei irá praticar o mal, em favor de qualquer encarnado que seja em troca do que quer que seja a troca, deve ser desfeita pela verdade de que além de não Santo de lei não se vender em troca de bens materiais, serão eles quem irão aplicar a qualquer que seja o encarnado, desejando o mal contra seus pares, uma correção que será para tudo a disciplina em forma de doutrina terrena, pois assim como todo guardião espiritual, disciplinador também é.

Mas os espíritos demoníacos que usurpam os nomes de não Santos de lei, ou qualquer outra linhagem ou agrupamento de espírito assentados também à destra do Criador, usurpando nomes e arquétipos que acreditam que devem usurpar para se fazerem presentes em elo terreno, trazendo a desgraça e a maldade alheia, serão aguardados pelos verdadeiros guardiões de leis, assim como todos aqueles que se utilizam de seus favores demoníacos em troca de bens materiais ou glória terrena.

Pois estes que são incapazes de cometer por si só suas atrocidades e imaginam que serão menos culpados ou desonestos com o Criador, por fazerem vossos maus através de espíritos demoníacos, devem saber que vossas culpas não serão abrandadas na balança da verdade contra o mal, e nenhum mal cometido a outrem por meio dos demônios os tornará menos errantes e maus espíritos. Apenas os tornará mais falsos e mentirosos em elo terreno, pois para os não Santos de leis, que andam onde nenhum encarnado anda, que caminham por onde nenhum encarnado caminha, e veem tudo o que nenhum ser encarnado vê, nada será encoberto ou maculado de vossos poderes, forças e magias.

"Porque não temos que lutar a carne e o sangue, mas sim contra os principados, contra as potestades, contra os príncipes das trevas deste século, contra as hostes espirituais da maldade, nos lugares celestiais" (Efésios 6: 12).

Mas a maior luta a ser enfrentada pelos guardiões das leis é entre o elo terreno e o elo espiritual, e não é a luta contra a carne, ou seja, não é a luta contra a blasfêmia, as más condutas e os atos insanos dos encarnados, que por si só desferem contra seus pares, e sim contra aqueles que caminham por sobre as sombras e fazem-se sombras por sobre a carne podre, pertencente a determinados seres terrenos que sobre a terra ainda caminham. Pois enquanto os encarnados comercializam as hostes espirituais, ou seja, aqueles que dizem trazer a verdade do Criador, vendem e comercializam vossas palavras e de vossos Espíritos em forma de moeda corrente os que se intitulam príncipes das trevas, porém em verdade são demônios detentores de potestades imaginárias e gloriosas de si mesmos, encarregam-se de cumprir com vossas determinações pessoais e lutas em favor de seus caminhos tortuosos e sujos para abastecê-los de tudo aquilo que os verbos divinos em boca de hipócritas são incapazes de ecoar.

Porque enquanto as preces são proclamadas em forma de escárnio pelos seres imundos dotados de ordens e poderes conferidos por si mesmos, bem distante das verdades divinais ou celestiais, os escarnecedores demoníacos rondam vossas cabeças abastecendo-os cada vez mais de falsas verdades e promessas imaginárias que somente são acreditadas em elo terreno, bem distante das verdadeiras promessas de Deus, mas bem próximo às agulhas insolentes do mal.

E as potestades espirituais que outrora denominadas apenas como sendo pertencentes aos campos espirituais tomam força e ganham sentido material, corroendo a carne e tornando a matéria imunda em campos terrenos onde a glória de ser grande ainda que por meio da derrota de outros seres inocentes é a vitória da carne daqueles que também possuem carne, mas não se importam que comam do pão sujo que compõe a hóstia que irá abastecê-los em pratos de bronze por onde os demônios pisarão e também se servirão.

Mas a glória dos guardiões servos de Deus, o Criador, não é glória terrena e sim espiritual, pois seus dons não são dons terrenos, criados por meio de crenças, medos e horrores e sim dons santos protegidos por escudos de jaspe e flechas de ouro onde somente os que caminham pelos caminhos bons conhecerão a verdadeira bondade, porque estas não foram escritas por letras de sangue alheio e não se decomporão em pratos de bronze que por muitas vezes encobrem o sangue derramado e servem a comida sagrada composta do pão pisoteado no mesmo ato.

Por isso, batalham os anjos, batalham os arcanjos, batalham os não Santos de lei, e todas as falanges e forças do mundo espiritual. Mas enquanto batalham, Miguel e seus servos, contra o verdadeiro mal que assola os filhos de Deus em busca do que somente alimenta a carne e jamais poderá alimentar a alma, pois a alma não é e nunca será pó, e o pó não é e nunca será espírito, lutam e batalham vossas forças contra as forças dos demônios que diz o Criador, com a voz de todos os raios e trovões que somente os puros e fiéis poderão escutar: Lutem e vençam vossos tormentos. Pois é chegada a hora de todos serem e executarem vossas determinações em nome do Deus Pai, o vosso Criador, pois nada é maior e mais poderoso que a determinação de Deus e nenhum espírito demoníaco é tão grande ou mais poderoso que as forças de vosso próprio Criador.

E por mais que os encarnados encorajados executem o mal em nome dos espíritos de leis por sentirem-se livres e poderosos espíritos torpes e detentores de forças materiais para cometerem o mal, vossas maldades são vigiadas e observadas tanto pelos espíritos nascidos das trevas, os espíritos de leis, quanto pelos espíritos demoníacos, pois enquanto os anjos do abismo tentam destroná-los de vossos atos imundos e insanos; os demônios os aplaudem e os felicitam de vossas coragens e motivos, e por isso, os aguardam nas portas do inferno para serem vossos aliados, assim como são vossos devotos em elo terreno.

Então os demônios os considerarão como parte dos seus em sentido de semelhança em maldade e estarão sempre aos vossos lados, pois todos aqueles que desferem e exercem o mal sobre outrem caminham por sobre os aplausos e glórias demoníacas, que sustentam vossos desejos de serem grandes, ainda que para isso sejam necessários a dor e o sofrimento alheiro, para satisfazer-se com a maldade cometida através de seus semelhantes em terra, pois a dor alheia o sustentará, seja em elo espiritual seja em elo material.

    E contra isso batalham todas as forças que conhecem as forças e as energias negras do mundo espiritual. Porque os demônios ainda que caminhem próximos aos que cometem maldades, não se importam com dores terrenas ou interesses mundanos, são apáticos a qualquer sentimento material assim como são desprendidos de valores e bens mundanos, por isso a ideia de pagar valores monetários ou bens de consumo em troca de glórias terrenas ou vingança contra outrem não faz sentido ou possui verdade espiritual perante os demônios.

    Pois estes não se preocupam com nada em relação aos seres terrenos, suas dores, suas glórias, seus caminhos, suas missões tampouco compadecem de vossas dores ou da dor do outro ou da perda do outro. Não se importam se irão ganhar ou perder, pois suas consciências não estão preocupadas com este tipo de sentimento que só faz sentido aos encarnados; seus espíritos estão realmente em outra esfera que não a material, embora possam sentir, em função de seus pensamentos de consciências estarem presentes e vívidos, porém estes não estão intactos ou não possuem total verdade sobre o que sentem, desejam e procuram. Por isso, imaginar que coisas ou bens materiais são passíveis de serem bens de troca para um demônio é um engano que somente encaminha aos encarnados e errantes aos caminhos mais escuros que sua existência poderá um dia vislumbrar.

    Por isso, é certo compreender que estes espíritos não conhecem leis, regras ou ordens terrenas e pouco se importam com o que os espíritos de luz ou encarnados que caminham por sobre elas ou ainda em relação ao que imaginam sobre vós. Pois vossas ordens não partem de determinações divinas e de luz, partem apenas do desejo de serem o que são: espíritos imundos de si mesmos e desejosos de maldade, em troca de força e poder espiritual para continuar a ser o que são, ou seja, espíritos caminhantes e sem leis.

    Mas por não existir um campo demoníaco ou não existir uma unidade espiritual de agrupamento de demônios, isso quer dizer, não existir um local de origem ou não é como o campo infernal onde todos são escravos vigiados; e por não estarem no inferno e não serem mais espíritos mortos, sem direito à vida e terem suas liberdades podadas, caminham e adentram por entre as esferas quando e como desejam, excetos aos campos celestiais. E embora caminhem por si mesmos, e não pertençam a grupamento por não serem em números de milhares, procuram aproximar-se daqueles que possuem essência compatível às suas tanto para usá-las quanto para sugá-las em favor próprio. Logo, todo aquele que pratica o mal contra outrem invoca os poderes do mal e os utiliza, e por isso são por estes espíritos acompanhados e guiados; pois os seus em semelhança e maldade estarão sempre aos vossos lados em essência e espírito.

Portanto, todo aquele que desejar servir de moeda de troca em detrimento de favores espirituais, sejam estes amorosos, sexuais, comerciais, políticos ou tantos outros, saibam que em vossas passagens espirituais serão resgatados por aqueles que possuem essências compatíveis com as suas. Logo, os vossos resgates serão realizados por semelhante em essência, ou seja, por um demônio, pois eles mesmos estarão a postos nas portas do abismo à espera pelos seus, pois somente bens materiais não satisfazem vossas necessidades de energia espiritual para continuar a ser os espíritos que são.

"Quem é sujo, faça injustiça ainda; e quem está sujo, suje-se ainda; e quem é justo, faça justiça ainda; e quem é santo, seja santificado ainda" (Apocalipse 22: 11).

Logo, o campo demoníaco ou o estado de consciência demoníaco não se preocupa com a dor, pois não lida com sentimentos e desconhece os sentimentos que regem o campo material; não se preocupam com a dor alheia nem com o sangue derramado, pois são o que são; e sujos que são, fazem apenas injustiças, pois se já estivessem limpos de si mesmos fariam a justiça valer e não seriam demônios e sim anjos servindo a Deus. Por isso, os justos e santos farão a justiça divina prevalecer antes mesmo que imaginam.

Mas por sentirem-se extremamente livres e serem apáticos a dores e sentimentos não se importam se o que cometem é grande ou pequeno, por isso não se preocupam se irão para o inferno ou para o umbral ou qualquer outro elo espiritual, porque são seres espirituais que não creem em Deus e não seguem nenhuma doutrina, disciplina ou lei, ou seja, não seguem nada e não se prostram a ninguém, e se desejam fazer algo ruim a um filho de Deus, o farão sem dor, sem culpa e sem ressentimento.

Porém, no momento em que interferirem nos caminhos dos filhos inocentes de Deus, serão retirados da face dos elos espirituais e serão para tudo acorrentados no abismo por mais mil anos de escravidão e servidão e serão novamente seres sofredores, doentes, fracos e aniquilados pelo seu líder, único regente do abismo que anulará suas forças para aumentar seus poderes negativos, ganhando poderes e adentrando em busca de mais e mais essências espirituais demoníacas e perdidas. E deste estado de consciência não sairão ainda que mais mil anos se acabem.

Por isso, todo aquele possuidor de espécie de espírito obsessor, outrora chamado de endemoniado, carrega dentro de si, ou tem fundido junto a sua Aura Plena, um espírito repleto de pensamento de consciência danosa que não pertence mais à esfera terrena, mas ainda se utiliza desta para continuar a cometer suas faltas materiais, ainda que em ambiente espiritual em detrimento da verdade própria em esfera material que não consegue se libertar, andando por suas próprias autoridades e vontades, distante das leis e prescrições divinas. Ou seja, caminhando dentro de seus erros e danos.

"Disse-lhes, pois, Jesus: A luz ainda está convosco por um pouco de tempo. Andai enquanto tendes luz, para que as trevas não vos apanhem; pois quem anda nas trevas não sabe por aonde vai" (João 12: 35).

Por isso, apartai-vos de cometer o mal, pois os vossos males são o alimento daqueles que utilizam de vossos desejos, vontades, e atos negativos para se sustentarem em vossos sentidos existenciais da forma mais imunda e desprezível que um filho de Deus poderia estar, seja este em estado de consciência puro, seja este em matéria que não deve caminhar. E todo aquele que caminha por sobre a maldade e o desprezo, mau e desprezível também será, pois todo aquele que caminha por vontades próprias e falsas crenças direciona-se para lugares distantes dos caminhos santos e por isso não sabem para aonde vão.

Pois os caminhos errantes que conduzem à maldade que realmente existe, muitos conhecem, mas a verdadeira maldade que realmente existe poucos conhecem de sua exatidão. Essa maldade bem distante da ideia dos encarnados é velada e é composta de forças negativas extremas, porém o que compõe o mal não é o agrupamento de várias essências espirituais que se juntam e se agrupam em um único local de origem; o que o compõe são as verdades próprias as crenças errôneas e desejo de ser, fazer e possuir tudo aquilo que não lhes pertence ou que vai contra as leis divinas. Por isso, o verdadeiro mal é o que é capaz de conduzir todos os seres encarnados e espíritos que atuam e agem de forma individual tornando-se torpes e imundos, seres desprezíveis capazes de perturbar e machucar os filhos de Deus, justamente por não conhecer a força maior chamada Deus, o Criador.

Por isso, o espírito necessita ser bom e a matéria necessita caminhar por caminhos bons, caso contrário serão alvos daqueles que lutam e batalham em nome do que é verdadeiramente maior: Deus. Mas é certo compreender que existem milhares de pessoas e espíritos no elo terreno que terão o direito de caminhar por sobre a terra para buscar a elevação e alcançarem a evolução do espírito por ter entendimento sobre o Deus único que existe entre os céus e a terra, pois este é o único espírito capaz de nos dar entendimento, equilíbrio, forças, coragem e transformar o mundo em um lugar maravilhoso para cada indivíduo.

Pois cada indivíduo compõe o seu próprio mundo e este deve ser cheio de amor, alegrias, paz e boas emanações porque este é o desejo, a promessa e a luta dos Santos, dos não Santos e todos aqueles que batalham em prol dos espíritos encarnados, porque se todos unirem-se e forem fortes em unidade espiritual pela mesma verdade não haverá mais mortes, nem guerras, nem fome, nem injustiça e nem dor ou nada que possa destruir os homens e trazer energias negativas diante de vossas faces no campo terreno, ou seja, nada fora da verdade divina, pois não haverá desequilíbrios e os homens conviverão com os outros homens e com os animais em perfeita harmonia.

Mas, no mundo todo, já existem milhares de pessoas e a cada dia continuam a nascer mais e mais espíritos, cada um saindo de suas moradas espirituais adentrando ao elo terreno para se prepararem para encontrar a elevação ou a passagem entre o céu, a terra e o inferno, onde cada um escolherá o caminho dos desvios, das curvas ou o caminho da direção divina. Porém, cada um destes seres, incumbido de uma determinada missão, possui também suas próprias expectativas, vontades e desejos pessoais, e cada indivíduo afetará de maneira direta na missão e determinação do outro se não souber caminhar por sobre a verdade e os passos do Criador.

Mas o elo terra é o elo de consagração e aprendizagem em que cada encarnado, com auxílio de seus pares, caminhará em direção à evolução, quando assim possuir coragem e crença suficientes para levá-los ou devolvê-los verdadeiramente aos caminhos das moradas santas. Por isso, existem milhares e milhares de encarnados que irão partir daqui para outros elos celestiais de amor, bondade ou de cura, enquanto outros partirão para os profundos abismos de si mesmos, porque enquanto muitos estão lutando pela paz e pelo amor, muitos outros estão matando, ferindo e causando a dor, pelo simples fato de fazê-lo.

E embora existam aqueles que encontram em suas desculpas e justificativas para não cessar de exercer o mal, como se os atos cometidos em terra não tivessem consequências espirituais ou se as consequências terrenas fossem libertá-los de outras condenações de atrocidades marcadas em vossas existências, outros seres dedicam-se a praticar a bondade independente do resultado espiritual em campo celestial. E estes são os verdadeiros filhos devotos de Deus, o Criador, que seguem as vossas regras, as vossas doutrinas e as vossas leis, porque sabem que esta é a única arma que os livrarão não do mal que consome a terra e sim do mal que paira sobre os campos infernais e sobre a terra acerca do qual, diz o Criador: "lutem e vençam os vossos tormentos".

Juízo de existência e morte dos erros - umbral

"Naquele tempo, surgirá Miguel, o grande chefe, o protetor dos filhos do seu povo. Será uma época de tal desolação como jamais houve igual desde que as nações existem até aquele momento. Então entre os filhos de teu povo, serão salvos todos aqueles que se acharem inscritos no livro" (Daniel 12: 1)

10.11 Desde o início dos tempos em que todos os filhos de Deus nascem em campos terrenos para cumprir com vossas missões e, após o cumprimento desta, retornam todos para os vossos elos espirituais ou moradas sagradas ou casa celestiais, carregando vossas próprias bagagens com tudo aquilo que conquistaram, é certo que nem todos estarão pronto e preparados para adentrar as vossas verdadeiras moradas e, por isso, muitos destes seguirão em direção às trevas e outros ainda em direção aos abismos carregados por força maior ao campo infernal ou ao umbral. E embora muitos partam para estes campos de remissão todos terão o direito de serem salvos, pois assim se aplica a justiça divina.

E da mesma forma que ocorre em campo espiritual infernal em que o juízo se finda e levanta os mortos, haverá também uma época sagrada nos tempos espirituais entre os desencarnados que no elo umbral estão alocados, que será a época da libertação de vossos erros e pesares para libertação das suas culpas de vossas existências. E este será o dia em que vossas almas estarão sendo aguardadas pelos guardiões que os libertarão de vossas forjas e culpas; dia este que se abrandará o fogo do cume da era do enxofre e não a era de lamentação dos que ficam, porque este será também o tempo de grande desolação dentre os filhos dos povos daqueles que caminham no elo da forja e acreditam seguir as ordens soberanas dos servos das leis, porém preferem seguir suas próprias leis e serem servos de si mesmos.

"Em *verdade, em verdade vos digo que vem a hora, e agora é, em que os mortos ouvirão a voz do Filho de Deus e os que a ouvirem viverão... Não vos maravilheis disto; porque vem a hora em que todos os que estão no sepulcros ouvirão a sua voz*" (João 5:25, 28)

Neste dia, o grande Espírito de luz, assentado à destra de Deus Pai, conhecido como o vosso amado filho, o Mestre Jesus, proclamará em admoestação os nomes daqueles que foram pelo abismo enterrados e sentiram a dor de serem os próprios miseráveis causadores da dor de vossos pares para que sejam através do livro da morte e da vida salvos e libertos, pelo único espírito conhecedor da dor e do lamento do humilde que sofreu e é também portador das chaves da compaixão e da misericórdia que abrirão as portas do abismo e os colocarão todos os que forem anunciados em liberdade.

Neste dia, o grande chefe Miguel, portador do cumprimento das leis e das ordens divinais, regente esplendido e majestoso da luz que nasce da morte, surgirá prostrado à esquerda celestial do Criador junto ao Mestre Jesus, e seguirá em direção ao esplendor da luz de fogo que brilha às margens do elo espiritual umbral, carregando em vossas asas a chave da liberdade para se fazer cumprir a ordem suprema de libertar todos aqueles que um dia dormiram no pó da terra e acordaram em campo de remissão umbral, porém após terem os seus nomes anunciados para serem libertados em essência, serão neste dia libertos de si mesmos. Porém, nem todos em essência espiritual partirão para a verdadeira vida do espírito, pois estes ou não foram anunciados ou não desejarão consolo nas casas de Deus.

E o mesmo livro em que foram escritos os nomes daqueles que saíram da escravidão dos infernos, será em leitura e liberdade para todos estes, quando for chegado o momento da emancipação espiritual, porque estes igualmente terão o direito de ouvir vossos nomes proclamados para a liberdade existencial em sentido espiritual, onde cada palavra anunciada será como o regozijo de vossas dores sendo findada em elo de correção umbral, para os caminhos sagrados da liberdade nos campos de juízo de existência do espírito em que cada um deverá adentrar.

Mas somente os que tiverem seus nomes escritos no livro sagrado é que poderão caminhar por sobre as ordenanças espirituais mais elevadas e santificadas, cujos domínios serão revelados em momento apropriado após aceitar os caminhos santos, pois somente a partir da proclamação de liberdade de vossos sentidos é que poderão escolher por qual diretriz deverão se prostrar; se para a busca da salvação ou da penitência existencial eterna.

E neste mesmo dia, ou no dia mais importante para um espírito que esteve em elo umbral, no dia em que toda a culpa já fora sentida e experimentada, a liberdade será para eles anunciada, e às portas da frente que zelam e trancafiam as entradas e saídas do fogo que consome a alma estarão sem travas e os espíritos mais fortes assentados as portas de entrada se prostrarão ao grande e elevado espírito Miguel, pois seguindo vossas ordens, serão os que abrirão as porteiras dos cantos do abismo em elo de remissão de forma branda e serena ao tocar das harpas e ao bater das horas. Por isso, todos se prostrarão ao Anjo maior de luz, poder e forças celestiais, obedecendo às suas determinações e vossas também nobres palavras.

Neste momento, todas as porteiras dos céus se dissiparão como num dia de sol, em que a luz brilha e erradia a mais pura forja, capaz de queimar até as vestes dos mais nobres sábios em forma de luz santificada, acalentando as essências e seres para o momento mais importante e nobre de um espírito. O dia em que serão soltos e libertos de vossos pesares e conduzidos aos elos de juízo de existência espiritual.

Pois todos aqueles que passaram pelo elo de correção umbral, e que a partir de seus erros tiveram conhecimento e tomaram para si todos os atos e ações cometidos contra si mesmos e contra seus pares ou contra os animais inocentes, castos e puros, em forma de sacrifício da própria alma, deverão no momento em que todo o rescaldo de vossos espíritos for sentido pelas vossas próprias dores e lamentações se adentrar ao elo mais zeloso para um espírito outrora errante de si mesmo em umbral. O juízo de existência do espírito que será para estes, como o próprio juízo final, ou o dia final para a morte dos erros cometidos.

Pois estando o espírito em elo umbral, ainda possui estado de consciência alocado à Aura Plena, e por isso ainda é capaz de abastecer-se de sentidos e sensações terrenas, embora que de forma desconexa e pouco lúcida, possui sentidos materiais, por isso, no mesmo momento em que receber vossa liberdade através da proclamação de vossos nomes, serão convidados pelos guardiões acolhedores e os guardiões dos portais de luz a adentrar em direção aos portais de baixa luz, onde serão pelos anjos acolhedores direcionados aos campos de juízo de existência espiritual para escolher entre deslocar-se de vossos sentidos materiais e seguir em caminhos brandos as casas celestiais ou caminhar por entre os esforços de serem meros errantes em sentido espiritual.

Pois será neste momento que conhecerão as palavras das leis divinas e terão o direito decidir os caminhos que seguir, pois nenhum espírito adentra as casas celestiais ou campos de cura por obrigação ou imposição; toda a caminhada se dá por determinação própria, amor, verdade e vontade de cada espírito. Porém, aqueles que adentrarem aos campos de baixa luz além de conhecer-se a si mesmos espiritualmente e libertarem-se de vossos sentidos terrenos seguirão para as casas celestiais de cura de amor e plenitude espiritual e poderão juntamente com os demais espíritos progredir espiritualmente e elevarem-se em essência.

Ou seja, após a proclamação de vossos nomes é que terão o direito de seguir como espíritos aos campos de luz e juízo de existência espiritual e libertarem-se de todas as formas de tormento vivenciadas em umbral, através da Aura Plena, dando-lhes o direito de ser verdadeiramente livres e adentrar aos campos sagrados e moradas celestiais, onde a Luz é o caminho para a verdade e a liberdade; e a cura é a morte de todas as dores, erros e males da alma.

Por isso, o elo umbral é o elo de correção e não de juízo de existência espiritual tampouco juízo final, e a razão deste elo é devolver tudo aquilo que pertence a cada espírito por vosso direito adquirido, logo, aquele espírito que causou a dor receberá através do elo umbral a vossa dor, pois esta pertence a si e não a quem a recebeu, portanto aquele que causou a mágoa receberá a vossa mágoa de volta, o que causou a desgraça receberá a vossa desgraça, assim com aquele que causou as lágrimas e as feridas teve em essência de volta tudo que pertencia verdadeiramente a ele, pois aquele que desfere ou produz é o verdadeiro dono da obra, neste caso pertence a si mesmo todo o sofrimento causado aos outros e a si mesmo.

Por isso, a função deste elo é a de correção devolvendo a sua origem ou ao seu verdadeiro espírito tudo aquilo que lhe pertence por razões óbvias, e com isso a lapidação da alma é de forma disciplinar e corretiva nunca punitiva e jamais em forma de degradação. Pois todos aqueles espíritos que adentraram ao elo umbral e receberam de volta tudo o que lhes pertence, ou seja, toda a dor e sofrimento causados a outrem, porém que lhes pertence, será julgado em juízo de existência espiritual diante do que verdadeiramente é seu, diante do que lhe pertence. E por já saberem o que lhes pertence, e por correção é vosso e de vossa existência, estará este espírito pronto para adentrar aos campos de juízo de existência espiritual com toda a bagagem que produziu durante vossa estadia em elo terreno, ciente de tudo o que é seu.

Por isso, somente após recolher todos os fragmentos desferidos a si mesmo e aos outros espíritos por vontade própria de causar a dor ou tentar cessar a vossa dor de forma errônea causando assim mais dores e sofrimentos a outros espíritos, é que estará preparado para adentrar aos campos de juízo de existência espiritual, pois vossa bagagem estará repleta de si mesmo, contendo tudo aquilo que é verdadeiramente seu e por isso lhe pertence.

Aceitar o juízo de existência espiritual é o primeiro caminho a ser trilhado, pois todas as ações e atos decorridos de vossas passagens terrenas lhes serão apresentados de forma mansa e branda pelos guardiões de onde todos os atos cometidos em elo terreno serão por eles julgados e penitenciados de acordo com o seu merecimento em precisão. Logo, não serão avaliados e apresentados apenas os maus atos e sim todos que ocuparam aquele espírito em toda sua trajetória em elo terreno, isso quer dizer, tanto os bons quanto os maus atos, que os fizeram adentrar ao elo de correção umbral. E todos os atos impróprios causadores de dor, mágoa, insanidades e feridas serão corrigidos em penitências se assim for de merecimento, conforme cada ato cometido, contudo os bons jamais anularão os maus atos cometidos em elo terreno, ainda que possam devido ao arrependimento em terra diminuir vossas penalidades ou tornarem-nas mais brandas.

"Muitos daqueles que dorme no pó da terra despertarão, uns para a vida eterna, outros para a ignomínia, e a infâmia eterna" (Daniel 12: 2).

E todos aqueles cumpridores de vossos pesares no elo que o enxofre e o fogo que purificam os males e destroem a dor de forma dolorosa e agonizante, despertarão do sono das brasas, pois após corrompidos e desvelados os atos que outrora os levaram para a fundição da dor, do medo, da angústia e do tormento, desferindo e ferindo em carne o espírito, tornando-os espíritos já cumpridores da correção e prontos para os vossos próprios enfrentamentos espirituais, em que a aceitação do juízo de existência espiritual de vossas existências será para cada um como a nova vida em forma de ressurreição da carne, ou seja, o renascimento do espírito sem os erros e males cometidos em matéria ou através da única forma de adentrar ao elo umbral, que é por meio dos erros da matéria que caminha no pó da terra. Então, terão após sentir todas as suas dores causadas aos outros espíritos o direito de libertarem-se de carne que ainda os maltrata pelo pensamento de consciência.

Então, a morte dos erros cometidos pela carne ao espírito, será a partir do momento da saída do umbral e entrada aos campos de juízo de existência espiritual, dando lugar a uma essência livre, liberta e sem danos.

Pois assim como a matéria é desfeita em pó, os que dormem no pó da terra também despertarão, ou seja, os que caminham em elo umbral sentido os sentidos terrenos de dor em campo de correção, em função de possuírem pensamento de consciência acoplado ao espírito em sua Aura Plena que lhes possibilita sentidos e sensações terrenas, serão estes desfeitos como num despertar dos erros para daqueles que dormem no pó da terra ou aqueles que embora estejam vivenciando o sentido espiritual ainda estejam os vivenciando de forma material.

Porém, muitos espíritos que convivem na escuridão do suportar de suas próprias brasas ainda têm medo de adentrar a luz, e por conhecerem bem a escuridão e o fogo que arde, preferem caminhar por entre a agonia que queima e destrói o ser espiritual. Não por querer queimar-se ainda mais, mas por já saberem se desviar das chamas que adentram a alma do que se arriscar a caminhar por onde não sabem ao certo em quais caminhos serão levados. Isso quer dizer que, para muitos espíritos errantes libertos do elo umbral, é mais fácil ser quem se é, do que experimentar aquilo que pode ser ou não ele mesmo. Pois a forma mais fácil de ser quem você é, é sendo você mesmo e dando continuidade ao que sempre foi; um espírito errante que caminha na escuridão e no fogo por já conhecê-los bem.

E embora o momento mais sagrado para um espírito outrora errante seja a liberdade do umbral, pela possibilidade de ser um espírito mais puro e nobre de si mesmo adentrando aos campos de juízo de existência espiritual, nem todos seguirão por este caminho. Por isso, este não é o caminho de todos os libertos, porque muitos ainda acreditaram que para adentrar aos campos mais nobres precisarão se rastejar e se humilhar em direção as vossas verdadeiras curas, e muitos por medo de humilharem-se e rastejarem-se por caminhos desconhecidos hesitarão em caminhar; e por isso não subirão aos céus nem descerão a escuridão, tampouco serão punidos no abismo do inferno, por vossas escolhas.

Porém, aqueles que não escolherem adentrar aos campos de luz, onde o juízo de existência espiritual é a única forma de liberdade, vagará por entre as esferas espirituais e temporais em busca de sobrevivência da essência, onde de alguma forma tentarão encontrar consigo mesmo, lutando para descobrir-se em espírito, porém vagando e alimentando-se de emanações entre o sentido espiritual e material, deparando-se mais uma vez diante do nada existencial que por vezes alimenta os desejos, porém nunca a existência espiritual que procuram.

E todos aqueles, que se desviarem dos campos de juízo de existência espiritual e caminharem em sentido oposto às casas celestiais, terão seus nomes anunciados, espíritos desordeiros ou Eguns, pois estando preparados para serem libertos da dor e da angústia, escondem-se diante de vossos temores e dores, escolhendo sustentar a si mesmos perante vossas formas dolorosas de sobrevivência espiritual. E por não estarem preparados para servir ao bem ou estarem preparados apenas para servir-se àquilo que escolheram ser parte, ou seja, da dor, da angústia e do medo, estarão preparados para servir apenas aqueles sentidos que causam o mal, ou o mal que os tornam essências daquilo que buscam e desferem por não conhecerem outras formas de emanarem vossos sentidos, pois apenas sabem sentir e ser de forma dolorosa. Por isso, serão aquilo que escolheram ser, e servirão a si mesmo aquilo que sabem ser; logo, serão também espíritos causadores de desequilíbrios espirituais e temporais dentre os seus ou dentre aqueles que ainda em campo terreno estão.

Por isso, por mais que pertença à matéria e não ao espírito é preciso libertar-se dos erros implantados na Aura Plena, para que esta possa purificar-se em existência espiritual e findar-se deixando assim o espírito livre para partir em direção à esfera espiritual de plenitude celestial, caso contrário, será este espírito um espírito desordeiro vagante por entre as esferas. Ou seja, um espírito liberto do elo umbral, ainda possuidor de pensamento de consciência terrena, capaz de vislumbrar sentidos materiais, com forças, poderes e possibilidades espirituais a que todo espírito tem o direito, podendo ser um atuante em fazer o mal ou refazer tudo aquilo que o seu sentido espiritual vivenciou por longos dias de sofrimento e dor, perante vossos próprios erros; pois diante de suas verdades criadas todas as formas de correção foram injustas e contrárias à existência espiritual que deveria ele ter vivenciado.

Para estes, a desolação não será a aflição por adentrar ao umbral e sim do espírito que não se deslocar de seu pensamento terreno em juízo de existência espiritual e vagar buscando outras fontes de vida material ainda que em esfera de desencarne. Pois a desolação ou a ruína é aquela em que o espírito já desencarnado não se desocupa de seus pensamentos e desejos e vontades materiais de usufruir de sentidos e sensações em sua nova existência, a fim de fazer-se vivo em espírito a partir dos sentidos da terra. Essa ruína se dá, porque o espírito não consegue ocupar-se de seu novo estado de consciência e ainda vislumbra sentidos materiais terrenos e dentro de suas aflições busca o sentido de vida ainda que de forma errada, perturba sua consciência e nova existência, isso porque não é capaz de entender e viver na real vida espiritual e tenta usurpar o sentido de vida carnal, trazendo danos a si mesmo e aos demais espíritos ao seu redor. Portanto, esta é a verdadeira desolação que um espírito sentirá, porém deve despertar-se e libertar-se para a vida eterna.

Pois aqueles que após terem seus nomes proclamados para serem libertos de vossos pesares em elo umbral e se esconderem do dia do juízo de existência espiritual, e passarem a ser conhecidos como espíritos desordeiros, serão igualmente aos demônios, vigiados noite e dia porque representarão o despreparo e a desobediência em forma de essência deslocando-se em elo espiritual. E serão até o momento de vossos resgates servos da dor do desequilíbrio e escravos de suas próprias escolhas, rastejando-se nas imundices de esferas longínquas que se escondem por medo da luz que assola vossas essências tentando revogá-las. Pois mesmo tendo se esvaído de vossas correções, não se esvaíram de vossos erros, e ao tornarem-se fugitivos afundam-se mais e mais nos erros acumulando mais e mais dias de correção, pois novos acertos serão aplicados a estes no momento de vossos resgates.

E fugitivos caminharão, igualmente sairão do elo umbral, ou seja, decompostos com as faces na lama, onde o forte cheiro de decomposição exporá suas partes incompletas e doloridas como se tivessem perdido os membros e sangrassem incessantemente dia e noite em direção ao nada; e suas chagas, dores e gemidos não serão mais profundos que suas essências destrutivas. E caminhando entre as trevas e o nada existencial, suas lamentações não serão escutadas por ninguém, pois suas vozes serão ocas vozes, em direção ao abismo profundo de si mesmos, pois suas energias serão tomadas contra si mesmo como capatazes que se utilizam de suas próprias forças negativas, para fortalecerem-se em seus ambientes extremos de dor e melancolia.

E distante dos caminhos que levam às casas celestiais e curas existenciais não somente não poderão ser ouvidos pelos anjos celestiais, por já não possuírem alegria, amor ou bondade, como também já terem seus nomes novamente escritos no livro da morte onde seus dias serão de rebaixamento em detrimento de suas crenças e pensamento errôneos, desprezíveis e insolentes distantes da luz.

E para aqueles que imaginam que espíritos sagrados assentados sob hierarquia divina diante da destra do Criador e doutrinados sob as leis espirituais, servos e sacerdotes do Senhor Deus, detentores das fontes de energia e de luz celestial, escravizam seres errantes e fugitivos do elo umbral para satisfazerem seus desejos e servir-lhes em favores, enganam-se em pensar que o sagrado caminha com o erro, ou a luz caminha sobre as ordens daqueles que sequer conhecem a verdade de si mesmo, e vagam desolados em busca de fontes de energias impróprias para sobreviver.

Mas vejam se poderiam espíritos de luz unir-se com espíritos falhos e errantes quando possuem estes Espíritos sagrados, os Santos, números de milhares e milhares de espíritos que caminham com a luz e que os servem em todos os sentidos espirituais e temporais; ou seja, em todas as necessidades e ordenanças santas e sagradas. Mas como poderiam os Santos andar de mãos dadas com espíritos miseráveis de si mesmos, que acabados de sair das trevas ou da dor do abismo de sentir as vossas próprias dores de serem errantes desonrosos com o Criador e tornarem-se, por isso, um espírito desordeiro que sequer conhece a si mesmo, e caminhar com um Espírito sagrado lhe servindo de pendente em vossas missões espirituais? Ou poderiam os Santos abandonar suas vestes santas e vestirem-se de vulgaridade quando lhes convier serem profanos?

Ora, tudo o que é sagrado atende e caminha apenas com o que é sagrado, ou seja, bem distante das imperfeições do erro assim como das ideias mundanas e insanas do homem que por desrespeitar as leis divinas e o que é santo afundase em erros e desola-se em elo umbral ou infernal à procura do que é falho e nocivo, próprios a vossa elevação espiritual.

E para os que imaginam e desejam ser aliados destes servos do mal e da dor como forma de combater a maldade alheia desferindo em união as vossas mágoas e dores, saibam que se aliam perante aqueles que sequer sabem quem são ou conhecem a si mesmos espiritualmente, logo caminham juntos para a iniquidade e os caminhos do nada, que certamente os levarão aos mesmos cantos espirituais daqueles que devotamente os cultuam. Pois estes são seres desequilibrados, doentes e dotados de dores, mágoas, agonias e aflições, e sequer conseguem caminhar por entre as esferas de forma nobre ou honesta, pois são parte do que é manchado e maculado perante a verdade, pois vossas verdades são tão sujas e danosas quanto suas essências. Ou seja, tão errantes e desprovidos da luz e da verdade assim como aqueles que os procuram cultuar e cultivar as essências que deveriam ajudar a encontrar os caminhos santos de luz e piedade do Criador.

"Por isso, o que é nascido da carne é carne e o que é nascido do espírito, espírito é". (João 3:6).

Ou seja, todos aqueles que possuem matéria ou a carne que um dia se consumirá em pó e é capaz de criar e depositar fé em crenças e ideias forjadas de maldade ou mentiras será para tudo vindo da carne, nascidos das ideias mundanas, pois dela faz necessidade para sobreviver. E todo aquele espírito saído do elo umbral que caminha ou se fixa como aliado daqueles que vieram da carne, ou daqueles que possuem apenas conceitos mundanos, também são nascidos da carne, pois possuem apenas conceitos terrenos e materiais onde a carne comanda as ideias de verdades próprias. E todo aquele que é nascido do espírito para tudo será servo das palavras e leis celestiais e, por isso, jamais caminhará com a inverdade ou com aquilo que o fará ser desprezível e errante perante o Criador, pois jamais se aliará a conceitos falhos e errantes dotados de maldade abastecendo a si e aos espíritos desequilibrados para buscar esconder seus erros ou desferir seu ódio afundando-se em caminhos pouco sagrados e libertadores perante o progresso e elevação espiritual.

Por isso, aquele espírito em estado de consciência puramente espiritual ou desencarnado, que vivencia sentidos carnais estando em elo espiritual como se estivesse ainda em elo material não é ser celestial de crenças sublimes e vossas existências espirituais serão como a de tudo desgarrado baseada em inverdades, corrupções, mentiras e medo por onde quer que caminhe, seja no âmbito espiritual seja no âmbito terreno.

Porque as verdades carnais que sustentam e abastecem os sentidos espirituais são compostas de inverdades e danos ao sentido espiritual que precisa conectar-se consigo mesmo e penetrar em sua própria existência para se compreender o espírito e vivenciar a sua verdadeira identidade e essência, porém as crenças e ilusões carnais os distanciam de suas verdades espirituais tornando-os escravos de si mesmos, pois buscam em coisas incrédulas e crenças que só existem aos que não creem na elevação e nos caminhos divinos escravizando-os de suas próprias escolhas baseadas em inverdades carnais.

 E a carne não convive com o celestial, pois não adentra em matéria a pureza da luz cândida do ser supremo, pois esta está reservada aos que renascem em espírito em sentido mais nobre, e embora a carne possa usufruir e abastecer-se de suas nuances e esplendor não poderá jamais adentrar aos sentidos espirituais estando em matéria, onde a luz é o refúgio bendito da certeza existencial dos caminhos que iluminam e transcendem qualquer escuridão de trevas. Mas a carne que é sentido material é capaz de além de usufruir do sentido de luz em forma de esplendor, também é capaz de adentrar a escuridão em forma de forja de si mesmo por meio das crenças e conceitos mundanos baseados em ódio, guerras, corrupções e desgraças, tornando-a maléfica, dolosa e sórdida. Ou seja, o ser material é capaz de conhecer ainda que de forma branda, tanto o sentido de luz espiritual quanto o sentido de escuridão imaterial, tendo ainda o direito de escolha por qual destes deseja caminhar e seguir em terra, sabendo que a vossa escolha de terra será a vossa opção também após o seu desencarne.

 Diferentemente do espírito, que quando nascido da carne no sentido espiritual irá usufruir apenas da escuridão das trevas em forma de conceitos e caminhos que os levarão ao sentido carnal por onde quer que caminhem seus passos, porém a escuridão das trevas não possui nada que o elevará e o possibilitará progredir espiritualmente. Por ora, será escravo de si mesmo, pois a escuridão é aquela que maltrata, aniquila, arrasa, desnivela, humilha e condena por sua própria vontade danosa, e assim será esta existência, dominada pela dor de ser a si mesmo, pela perturbação de ser quem realmente é, pois o ser rastejante que se tornará não será brando em lhe machucar e ferir a alma pelas partes que parecem fisicamente dolorosas em vossa essência, porém sempre vislumbrando alcançar o caminho espiritual da mesma forma que depositou crença e obteve a dor materialmente desgraçada de si mesmo, isso quer dizer que continuará a viver de crenças e esperanças de ser algo além de mero errante aniquilado na dor.

 Por isso, imaginar que compactuar ou agir em união destes seres infelizes e incapazes de ser nobres e divinos é caminhar com partes da dor em forma de desesperança aos que desejam buscar ainda que de maneira errônea a cura para suas dores e feridas, aleijando-os ainda mais em essência e espírito, condenando-os mais e mais ao abismo da dor em que já se encontram.

 Pois vossas necessidades de serem estimados ou prezados fazem com que se deixem cultuar e zelar, porém não possuem o mesmo zelo ou respeito daqueles que os adoram, pois pouco se importam com os sentimentos ou zelo que dispensam para vós, pois assim como desconhecem a si mesmos, também desconhecem outros sentidos e formas de reverência. E embora muitas vezes pareçam prestativos às ordens daqueles que os cultuam, desprezam vossas ofertas e benefícios, pois vossas reais intenções são de apenas se fazerem presentes usufruindo de energias menos doloridas e feridas e não de serem de fato prestativos. Por isso, enganam, usurpam e falseiam contra seus idólatras, pois bem sabem que seus interesses são os mesmos que os deles, de serem errantes e súditos da desonestidade e como não desejam ser enganados pela carne, pois da carne também vivem e a conhecem bem, apenas caminham com ela pela esperança ou o desespero de não sentirem dor, mas jamais se deixam enganar pela carne ou pela matéria.

"Revela coisas profundas e ocultas; conhece o que jaz nas trevas, e a luz habita com ele" (Daniel 2:22)

Mas a luz que também habita nas trevas faz-se esplendor de calma e serenidade aos que procuram se encontrar novamente com a luz que os direcionarão aos caminhos nobres e sagrados de Deus. Porque as luzes que brilham em claridade cintilante fazendo sombra na escuridão dos elos de perdição procuram as essências espirituais que caminham sozinhas, perdidas e dolorosas por não conhecerem a verdadeira luz. Por isso, o que habita na claridade também habita na escuridão, e as trevas assim como a luz do dia são revestidas de luz que trafegam entre a claridade e a escuridão, sobrepondo uma a outra, quando uma necessita da outra, revelando o poder das coisas profundas e ocultas entre a noite e o dia. Pois quando uma adentra a outra, a sombra que se vislumbra dentre ambas clareia as trevas formando os campos de baixa luz que direcionam os caminhos a serem percorridos por aqueles que se escondem da luz, por medo de não conhecê-la, mas a procuram para libertarem-se de si mesmos.

E a sombra da junção das trevas com a luz que pode ser vislumbrada nas horas maiores no profundo abismo são as luzes que formam os luzeiros dos portais de baixa luz que se compõem em números de centenas e refletem o esplendor de luz na esfera espiritual por onde muitos espíritos perdidos irão caminhar. Por isso, não são campos reluzentes de total luz incandescente celestial para não perturbar ou afastar estes espíritos que por terem medo da luz ou por não possuírem luz própria se escondem com receio dos raios magníficos e abrasados que compõem a verdadeira luz celestial destes campos, pois a brasa que outrora os forjou em dores e sofrimentos serão como repelentes à ilusão de estarem adentrando novamente ao elo umbral.

Mas a luz que clareia até mesmo os confins mais profundos dos abismos é composta pela magnificência esplendorosa da luz celestial, pois esta é a única que ilumina e clareia qualquer forma de existência e vida em toda a esfera celestial, temporal e espiritual, porém de forma branda ou pouco luminosa. Por isso, o mesmo sentido que habita as trevas habita a claridade da luz, o mesmo sentido que habita a noite habita o dia; assim como a mesma escuridão que esconde a noite, esconde também o dia na forma mais pura e nobre que qualquer sentido criado pelo único ser supremo possui; calmo e sereno, pois assim como a luz cândida e pura clareia a escuridão, a nobreza das trevas adentra e esconde certas horas do dia, não por vontade própria e sim por determinação do Criador.

    E o espírito sendo ser livre em campo espiritual e todos os outros campos que pode caminhar tem o direito de escolher por onde percorrer, porém para adentrar aos campos de baixa luz é preciso caminhar até este, identificar-se e conectar-se com a luz para que possa adentrar e reconhecer um espírito de Deus, possuidor de toda a força e luz que pode usufruir de forma honesta e verdadeira, possui os campos de baixa luz, não a luz vibrante e robusta em sua totalidade e sim o reflexo da luz celestial raiando em campos escuros e sombrios de forma mansa e tranquila para acalantar todos os seres perdidos, incluindo estes seres outrora conhecidos como espíritos desordeiros ou Eguns, que perdidos, desequilibrados e cansados com pouca energia e luz própria não adentrariam se a luz fosse tão forte quanto à luz do fogo que queima até mesmo os pensamentos impróprios.

    Logo, a escuridão é tão sublime quanto à luz e atua de forma acolhedora aos que necessitam de vosso auxílio, pois são campos repletos de espíritos guardiões assentados sob a hierarquia santa, que através de vossas palavras irão conduzir os seres mais desprezíveis e funestos aos caminhos mais nobres e honrosos por meio do juízo de existência espiritual onde a luz vibra e raia refletindo o próprio Deus, Criador de todas as coisas em total esplendor, poder e justiça, bastando apenas caminhar até esta luz que parte do poder de Deus.

    Por isso, todo aquele espírito que queima no fogo da amargura de ser imolado com o seu próprio espírito para libertar-se de seus erros e dores, onde a dor não dói mais que a verdade de ser a si mesmo, e ser a si mesmo não dói mais que ser um mero errante caminhando por sobre caminhos espinhosos e tortuosos, arrastando vossas partes imundas e esvaindo-se de sangue fétido, pranteando vossos pedaços nos caminhos por onde passam, os quais poderiam os próprios seres encarnados lhes servindo de guiadores, encaminhando-os aos caminhos da luz, porém certos encarnados se utilizam de vossas possibilidades de poder e desgraça, e desgraçam-se ainda mais por serem tão errantes quanto. Porque enquanto vossos imaginários escravos usam de suas forças rastejantes para auxiliar estes seres mais danosos que a si mesmos em vantagens pouco leais, diante da ilusão de serem escravizadores do desequilíbrio, e ainda assim pouco maléficos aos olhos do Pai celestial, caminham conjuntamente por sobre a podridão de vossas próprias partes em decomposição e direcionam-se em vossas futuras sentenças, pois ao caminho de vossos encontros os servos nascidos das trevas os estão esperando diante das portas abertas das correções com vossas espadas nas mãos.

E espada que ao mesmo tempo desfere e fere os poucos sentidos que ainda os restam, desferem e ferem na mesma intensidade os que por vaidade ou pura maldade se apoiam em suas vestes mais sangrentas que vossas partes para pedirem-lhes favores, porém ao mesmo tempo em que se ajoelham e cobrem-lhes de ofertas em busca de troca material ou espiritual, posicionam-se diante das varas apontadas para onde as espadas devem mirar.

E por serem guerreiros em nome da lei, doutrinados diante da fé, vossas espadas jamais falharão e serão certeiras diante de vossos erros e iniquidades, que buscam em troca de emanações e energias tão sujas quanto as vossas, que se alegrarem de ser oportunos e requisitados por aqueles que os colocaram mais abaixo da baixeza que os encontram. Porém, bem sabem que a correção não virá apenas para uma das partes, pois assim como a espada fere e delata dos dois lados, assim será a forma de correção dos guerreiros e servos das leis, e vossas correções não tardarão em desferir tanto aqueles que prometem trazer o mal em forma de espírito quanto e quem os promete libertar-lhes da dor de ser dolorosos de si mesmo lançando o mal contra vossos desafetos.

Porém, no dia em que vossas almas não mais aguentar caminhar, por já serem fracas e desprovidas de energias e coragem para continuar a andar por entre as trevas, a terra e os abismos, se prostrarão diante dos postais de baixa luz em busca de serenidade e paz para os vossos espíritos, machucados, rebaixados e desequilibrados.

E assentados nestes estarão os grandes guerreiros, pois assim como guerreiam com os que lutam contra os filhos de Deus, lutam para que estes espíritos sofredores e desequilibrados se tornem verdadeiros filhos de Deus, para que não tenham que lutar contra eles. Desta forma, concedem-lhes novas chances de ser, por si só, julgadores de vossos atos e por si só compreender que a dor que em si dói, no outro também dói, e somente a dor que é capaz de ferir é também capaz de curar, pois somente a mais profunda dor os direcionará aos campos de baixa luz e serenidade e por vontade própria poderão curar-se e sanar todos os males e sofrimentos do espírito em sofrimento.

"*Agora minha alma está perturbada; e que direi eu? Pai, salva-me desta hora; mas para isso vim a esta hora*". (João 12:27).

Por isso, no dia em que o sofrimento persistir e já for maior que a própria existência errante e assolar até mesmo os espíritos mais desequilibrados, doentes e errantes, estes partirão para o único lado em que a justiça se aplica de forma rígida ou certeira, porém nobre e zelosa e não mais sofrerão as vossas almas por estar ao lado do Pai celestial, mas para isso é preciso que caminhem para essa hora.

Pois a verdadeira salvação virá apenas no momento em que o ser, seja este espiritual, seja este temporal, estiver preparado para ser salvo e liberto de si mesmo, pois nenhuma forma de liberdade pode ser imposta ou introduzida, assim como o amor ao Criador, pois neste caso a vossa verdade não seria verdade e sim imposição divina, mas Deus, o Criador, não obriga que seus filhos sejam nada além do que desejam ser. Por isso, todo o direito é de fato um direito e não uma imposição, logo para ser verdadeiro e alocar-se em elo de salvação é preciso desejar e caminhar com a própria verdade interior e coragem para servir verdadeiramente ao Criador, pois esta deve ser a verdade que basta e que abastece a alma.

Logo, a verdade que brilha em forma de reflexo de baixa luz e aponta os caminhos, estarão sempre a postos para receber aqueles que através de sua forja pessoal e dor espiritual compreendem suas falhas, seus erros e julgam-se capazes de ainda assim encorajarem-se em serem libertos de seus males, ainda que lhes custem a falsa liberdade e a sensação de glória por anos de caminhada falha.

E por saberem e compreenderem que a perturbação própria da alma não cessará sem que se conheça a si mesmo, sentirão vontade de caminhar diante das verdades de Deus. Pra isso, ainda que o medo e a desesperança os condenem a serem eternos errantes, é preciso coragem, força e determinação para caminhar até os portões celestiais, onde se encontram os guardas mais fortes dos portais de baixa luz e libertar-se de todos os males terrenos alocados em vossa existência através do pensamento de consciência, que prejudicam tanto o próprio espírito quanto essências materiais que se unem a estes seres incompletos e aniquilados de sentidos divinos. Pois somente assim poderá ocorrer o deslocamento desta e então regressará o espírito em direção à esfera espiritual que lhe cabe. Pois a verdadeira vida que representa o fim da matéria e o reinício do espírito, somente poderá ser habitada após todo o erro, falsidade, maldade, desejos mundanos, sensações e vontades carnais serem eliminados por completo da Aura Plena para que esta o liberte para servir à Luz.

Pois Deus, o Criador, é o único juiz de todas as causas, todas as injustiças, todas as inverdades e todas as iniquidades. O único capaz de dar-lhes nova vida, nova esperança e nova capacidade de reerguerem-se perante o vosso nome e a vossa santidade e ser tudo aquilo que pode ser, ou seja, espíritos de luz, reflexo da verdade, poder e bondade. Pois o Criador, majestoso e glorioso Espírito Santo, onipotente e onipresente, está em todos os elos espirituais, concede aos vossos fiéis espíritos guardiões e espíritos de luz a determinação de serem vossos santificados servos e governadores de todos os céus, terra, abismos e poderes existentes no universo, mas para isso é preciso caminhar com a verdade, é preciso desejar e ser verdadeiramente vosso servo, atuando pelas vossas leis e sobre as vossas vontades.

E quem lhe concede a vida, jamais lhe concederá a morte, por isso, a morte material não é a morte do espírito e sim de todos os erros e sentidos terrestres que dão lugar ao sentido puramente espiritual, cedendo espaço ao sentido imaculado de existência espiritual, livre de erros, danos ou falsidade. Portanto, um espírito de luz que é possível ter contato em terra através de emanação mediúnica é repleto de luz, poder e bondade, emanados de uma existência altamente limpa e desprovida de erros e sentimentos mundanos e por excelência divina, altamente límpida e desprovida de desejos, sensações e erros terrestres. Por isso, qualquer outra forma de louvar ou caminhar com espíritos que não sejam providos de luz devem ser excluídos da continuidade de doutrina santa, pois santificados são todos aqueles que caminham e se prostram as emanações e energias santas, advindas e direcionadas por Deus através de seus verdadeiros servos de luz, amor e caridade.

"E ouvi outro do altar que dizia: Na verdade, ó Senhor Deus Todo-Poderoso, verdadeiros e justos são os teus juízos" (Apocalipse 16:7)

E todos terão o direito de adentrar às moradas celestiais, ainda que tenham partido de elo infernal, ainda que tenham sido um dia demônios, ainda que tenham partido do elo umbral ou por ter sido espíritos desordeiros ou Egum, pois Deus é justo, é a vossa justiça se aplicará a todos os espíritos, sejam estes bons ou maus, pois Deus não seria justo se apenas os bons tivessem o direito de adentrar aos reinos celestiais; não o manancial de poder e de justiça se não julgasse a todos da mesma forma, porque não seria justo se apenas os bons pudessem buscar a evolução espiritual ou caminhar sagrados e os maus fossem por Ele esquecidos e mortos. Porque nisso não se aplicaria a justiça divina.

Portanto, não seria o Pai celestial espírito nobre de clemência, misericórdia, compaixão e justiça se a vossa justiça não se aplicasse a todos os injustos, impuros, falsos e danosos, pois se a vossa justiça fosse justiça apenas dos justos puros e verdadeiros a vossa nobreza e legitimidade de julgar a tudo e a todos não seria justa, porém injusta a todos aqueles que por ele foram criados, pois embora desviem-se dos caminhos bons, ainda assim são vossos filhos e terão para tudo e sempre o direito de receber a vossa misericórdia e justiça, em forma de forja e purificação dos próprios e erros.

Por isso, Deus é justo e concede a todos os direitos de caminhar por sobre a vossa bondade, buscando o conhecimento e evolução espiritual, pois ainda que o caminho tenha sido por muitos dolorosos, tortuosos, coberto de espinhos e sofrimentos, estas foram as vossas escolhas diante de vossos direitos divinos; e as vossas escolhas, por mais dolorosas que possam ser ao espírito, não os desmereçem de serem filhos do Criador e merecedores de vossa justiça, compaixão e misericórdia. E as portas das casas celestiais são tão misericordiosas quanto os guardas que a protegem e asseguram que dentro de vossas fortalezas adentrarão todos aqueles dignos de serem consolados e abrandados com o manto de poder de glória diante do julgo daquele que julga todos os juízos pela remissão da carne e do espírito com a absolvição em nome da misericórdia do apelo bendito: Deus, o Criador.

Mas os espíritos que atuam sobre a vossa determinação, atuam sobre o poder da justiça e da bondade e a disseminam por sobre os seus, tudo aquilo que vem de Deus, logo todos os Santos, todos os não Santos, e todos os demais servos e sacerdotes espirituais, espíritos de luz são servos e atuam sobre a vossa verdade e possuem a vossa bondade para desferirem o amor, a compaixão e a alegria, de forma caridosa sobre todos os homens da terra, para que estes caminhem por caminhos bons, e sejam regidos pelas forças de nobreza e pureza de poder e justiça santa, para que não seja necessário resgatá-los dos elos de remissão de erros. Pois caridoso é o Criador que nos concede o direito de caminhar com os espíritos mais nobres, puros e fiéis servos de vossa santidade em elo terreno, para que possamos seguir os caminhos da justiça em nome da própria Justiça.

Mas aos que creem mais no poder das próprias mãos e desconhecem as forças do Criador, não tardarão em sentir a vossa força e a vossa condução em direção às suas determinações e seus caminhos.

"Eu formo a luz e crio as trevas, promovo a paz e causo a desgraça; eu, o Senhor, faço todas essas coisas" (Isaías 45:7)

Poder e justiça, sabedoria e justiça, caminhos e justiça, direitos e justiça, liberdade e justiça, escolhas e também justiça. Onipotente, onipresente e onisciente em poder e justiça; assim é o Senhor Deus, criador do mundo e de tudo que há nele, pois assim como criou as árvores frutíferas para abastecer a fome, assim como criou as águas para abastecer a sede e assim como criou a luz, que abastece o dia de claridade, da mesma maneira criou as trevas na escuridão do nada, que abastecem aqueles que desejam caminhar por sobre vossas próprias verdades baseadas em mentiras, inverdades falsidades e distante de poder que tem os caminhos bons e sagrados.

Pois enquanto a vossa destra carrega a luz ao mundo para alimentar todos os espíritos de poder, glória e bondade, dando-lhes o direito de elevação espiritual em vossa majestosa nobreza e discernimento, na vossa esquerda carrega o fogo para que forjem aqueles que, com o direito de escolha, preferem ser as sementes podres e os filhos desgarrados, subalimentados, abastecendo-se de incertezas e inverdades, pois cada um receberá exatamente aquilo que deseja, pois a justiça se faz com justiça, e justiça entrega a cada um o lote de suas nobres escolhas.

Pois não seria justo entregar o fogo aos bons e a luz aos maus, ou terem ambos a mesma hora, por isso, em vossas mãos apresentam-se a cruz e a espada, a luz e o fogo, e cada um com o direito de escolha concedido por vossa nobreza se apoiará naquilo que as vossas crenças, os vossos sentidos e os vossos saberes determinam para si mesmo. Porém, a correção para aqueles que caminham por sobre as iniquidades serão a própria desgraça das flechas certeiras, pois assim como a luz os conduz aos caminhos da paz, os alvos das flechas, da mesma maneira os conduzirão para a forja da correção e da disciplina onde a desgraça de si mesmo é a injustiça feita justiça nas próprias escolhas das vossas próprias mãos.

Mas é sábio compreender que assim como existem os bons caminhos também existem os maus caminhos, como existem os bons atos e ações existem também os maus atos e as más ações, porém todos desembocarão no mesmo lugar, tantos os que caminham com os bons quanto os que caminham com os maus, pois a justiça se faz presente para todos e será a herança de todos sem exceção, mas ainda assim é preciso sabedoria, pois até para caminhar dentre os maus é preciso compreender o momento em que os bons os conduzirão à nobreza espiritual de Deus, caso contrário viverá eternamente na desgraça de ser mau de si mesmo.

Por isso, bons são os caminhos que vos levam ao Criador, pois Este é Justo, mas é o vosso poder de luz, bondade e justiça que tornam bons tudo aquilo que atua sob as vossas leis, pois na vossa misericórdia e compaixão, todos os caminhos são caminhos de alegria, amor, esperança e caridade. Portanto, bons são todos aqueles que atuam na verdade de Deus e recebem a vossa emanação de poder, luz e bondade e a aceita verdadeiramente.

Portanto, bons são vossos caminhos, pois todos os caminhos levam a Deus, até mesmo os caminhos escuros e tortuosos levam à salvação do Criador de todas as coisas, pois Ele é o único Espírito capaz de dar-lhes a vida, conduzir-lhes em existência material e em espírito, julgá-los em essência e salvar-lhes a alma de todos os erros e danos que parece destruir lhes a compreensão e a razão de ser espiritual e toda sua essência em corpo material, porém nada além do que espírito criado, assemelhado e assentado às ordenanças de um único Criador, através de vossos servos e fiéis guardiões, assim como todos os demais, espíritos de Deus, Pai zeloso de poder e misericórdia, capaz de dar vida e conduzi-la novamente aos teus braços, os únicos braços celestiais de poder e cura da alma.

Por isso, é o elo chamado terra, o mais perfeito em perfeita harmonia e magnificência celestial, criado por Deus para brotar, emanar e receber os vossos filhos e filhas que tiverem o direito de adentrar a esta escala espiritual de lapidação de almas e evolução, onde tudo é permitido ou dado em direito pelo Criador, onde todos devem compreender que Deus é a luz que clareia o abismo, é a escuridão que macula o dia, assim como é a fonte que jorra as águas e o caminho que planta as sementes, e que por isso é o único poder capaz de criar, dominar, dar consciência, conhecimento, discernimento e forças às espécies da terra e de todos os elos espirituais de domínio santo e também a correção e também a justiça.

Pois é o grandioso Senhor Deus, bondoso e amável com todos os vossos filhos criados a vossa imagem e semelhança, e os vossos poderes são o infinito de poderes, forças, amor, misericórdia divina e caridade, assim como também o infinito de disciplina, doutrina, justiça e correção. E aqueles que caminharem em vossa direção, sendo carregados por vossos espíritos servidores serão todos libertos das pestes que vagueiam de noite e da dor que monta esconderijo de dia, pois estarão todos debaixo das asas de vossos servos e servas, os guardiões, que vos consolarão e vos guardarão diante de vossas graças de serem do mais alto poder celestial os servidores do poder e da justiça que carregam em vossas certezas as chaves que selam as vossas alianças.

Pois o refúgio do Santíssimo Senhor Deus está além de onde os olhos podem alcançar, porém bem próximo de onde as esperanças se encostam para conduzir as vossas crenças diante das vozes dos Espíritos sagrados que soam palavras santas, e o mal por isso não adentra nem de dia e nem de noite, porque as portas das casas celestiais de onde se isolam e vão além das condições de livrarem-se de vossas faltas e de vossos medos de saírem de onde se encontram. Porque é a casa de Deus e de vossos servos e sacerdotes muitíssimo elevada para qualquer um que tenha pensamentos impuros aos vossos respeitos.

Missões, caminhos e guardiões.

Cada um examine os próprios atos, e então poderá orgulhar-se de si mesmo, sem se comparar com ninguém (Gálatas 6:4)

10.12 Deus, o Criador, é a única força capaz de lhes conceder a existência espiritual e material, assim como é também a única, real e verdadeira santidade com a força eternal capaz de ensinar-lhes através de seus santos os caminhos do amor, da misericórdia, da caridade e da paz, porque é o único que lhes pode conduzir a observar os caminhos através de seus, assim como é também a única força celestial que determina seus espíritos guardiões, não Santos de lei ou não Santos, para lhes corrigir e disciplinar de forma que aprendam e sejam conhecedores de si mesmos e, com isso, capazes de adentrar as esferas espirituais de elevação espiritual de domínio Santo e sagrado.

Por isso, o Criador é a única e maior força de poder espiritual de existência e de energia também natural que carrega todo o universo com os vossos Espíritos assentados a vossa direita e a vossa esquerda, os Santos e os não Santos, determinados a nos conduzir de forma que aprendamos e concluamos nossa experiência de vivência espiritual para que alcancemos elevação existencial através da jornada terrena de aprendizado espiritual no campo doutrinário material de caminho e passagem espiritual chamado elo terreno ou esfera terrestre, por onde todos aqueles que por amor e ordem divina devem passar para aprender a se conhecer e por conviver com seus pares, para que possam através da lapidação espiritual da alma de forma material conhecer sobre a dor, conhecer sobre a alegria, conhecer sobre o amor, conhecer sobre o sofrer, ou seja, todas as maneiras e sentidos que somente este campo possui, conhecer outras formas de existência de vida e de vivências e assim lapidar a alma e sua própria existência, para se preparar de forma firme e rígida, para que possa um dia ainda que de maneira espiritual ser aquele que irá auxiliar os demais espíritos na condução de suas existências também.

Porém, a passagem espiritual de maneira material, que nos conduzirão à elevação de nossos espíritos, não é a mesma que nos conduzirão à elevação espiritual de nossas essências puramente santificadas, porque elevação espiritual se dá através do caminho da passagem terrena para conclusão das lições espirituais que viemos aprender e com glória alcançarmos; enquanto a evolução espiritual é a mudança ou troca de ciclo espiritual após concluídas todas as lições de forma honrosa e preparos espirituais para que possamos ser servos divinais labutando em amor e em verdade, em nome do Criador de forma que possamos auxiliar outros seres da terra ou puramente espirituais pela total disciplina, doutrina, lealdade, fidelidade e humildade alcançadas, após a conclusão de todas as lições espirituais divinais.

Por isso, não existe passagem terrena que seja baseada apenas em glórias, farturas, alegrias, felicidades muitas vezes confundida com euforia, ou somente lamento e dor. Todas as formas de existência, todas! Ou todos os espíritos celestiais chegam a este elo chamado terra, com a missão de conhecer a si mesmos antes de conhecer os vossos pares e depois a vossa própria missão espiritual. Para isso, cada uma veio com uma determinada missão, em que cada missão deve lapidar-se aquilo que veio para aprender, desenvolver-se e elevar-se de forma que possa ganhar sabedoria, conhecimento e possa adentrar em novos estágios de existência espiritual dentro do próprio campo de lapidação espiritual ou do próprio campo terreno.

E ainda que a vida na terra pareça ser curta e pouco reveladora em relação à própria existência do ser, ou muitas vezes cruel, dolorosa ou impiedosa, cada espírito que habita em cada ser encarnado é capaz de compreender que o tempo vivido foi exatamente o período necessário para o cumprimento de sua missão de aprendizado ou aquele aprendizado que veio desenvolver, ajudar ou ensinar. E ainda que este espírito não tenha concretizado com glória sua missão, devido às suas falhas ou desvio dos caminhos que deveria seguir, sabe este espírito que o período determinado pelo Criador a ele foi exatamente o tempo necessário para seu aprendizado ou ensinamento em sua passagem, mesmo que este tenha falhado.

Mas é o ser espiritual encarnado constituído de duas unidades de conhecimento, pois são a junção destas duas unidades que o torna ser espiritual capaz de viver em campo terreno de existência espiritual, em que a junção da consciência espiritual ou estado de consciência, que é o seu próprio espírito, e o pensamento consciente, que é a forma em que o espírito usa para comunicar consigo mesmo, forma esta que também o coloca em contato com o mundo material externo dando-lhe capacidade e conhecimento do ambiente material através dos cinco sentidos e sentidos materiais e ao mesmo tempo o mundo espiritual ou ele mesmo, a forma em que o ser encarnado possui para compreender a vossa missão e o motivo de estar dentre os demais encarnados para cumprimento de missão espiritual individual de maneira agrupada.

Pois seu espírito parte para esta esfera com uma determinação a ser cumprida e recebe para isso uma missão que o coloca em grau de aprendizagem diante de sua deficiência, para que possa através da passagem terrena enfrentar todos os desafios e elevar-se diante de sua deficiência causadora de dores e impedimento de evolução espiritual. Por isso, sua passagem terrena será de maior ou de menor dor e sofrimento em relação aos seus próprios e maiores desafios contra si mesmo, e ainda que pareça em alguns aspectos de pura dor e sofrimento esta é a forma de lapidação e crescimento da alma que somente seu espírito poderá romper para que possa evoluir.

E sendo a existência terrena de muitos desafios e tentações, o espírito encarnado possui diversos desafios para conhecer de fato o que é a sua missão terrena, assim como motivos para desviar-se de sua missão e tentar livrar-se de sua caminhada, sem saber se esta lhe causará prazeres ou dores. Porém, como desconhece a si mesmo em espírito e as forças espirituais que o conduzem a caminhar em direção a vossa real existência terrena e concluir a sua missão, causa ainda mais dores e lamentos a si mesmo e aos demais espíritos que deveria ser hora o aprendiz, hora o guiador.

Pois quando tenta afastar-se de seu caminho espiritual missionário, desviando-se apenas para o que acreditar ser os caminhos bons ou de prazeres da vida, este é o verdadeiro caminho do sofrimento, pois este em verdade é o que lhe trará decepções terrenas e sofrimentos. Porque quando tentar libertar-se de suas angústias, causará ainda mais angústias, quando tentar livrar-se de suas dores, trará ainda mais dores, pois diante de suas crenças terrenas que imagina possuir formas de existência e de liberdade que não lhes tragam dores e angústias, se afastará de seu caminho e de sua missão que são as únicas formas de elevação espiritual em que poderia estar, para que ganhe em verdade alegrias e felicidade. Ou seja, afasta-se de si mesmo ou de sua missão espiritual, tentando rasgar-se de suas vestes malignas e causadoras de dor e sofrimento terreno indo em direção aos prazeres e alegrias fugazes para esconder de si mesmo, apenas lhe trará desequilíbrios e ainda mais dores.

É certo compreender que se os seres encarnados soubessem quais são as vossas missões e caminhos escritos espiritualmente para serem percorridos, seriam mais caminhantes de vossas jornadas espirituais. Porém, quando recebe o homem a missão de conhecer a si mesmo e conhecer a vossa missão, não desce ao campo terreno sozinho ou sem nenhuma força espiritual que o auxilie e o faça caminhar os caminhos do conhecimento de si mesmo. Mas dentre os vários espíritos que fluem e governam as várias unidades de forças naturais e espirituais terrenas, existem os espíritos conhecedores e todas elas, assim como de todos os caminhos e todas as forças e unidades de caminhos que existem em campo terreno. Por isso, a missão destes espíritos determinados a caminhar as vossas existências nos campos da terra, também conhecidos como os próprios "caminhos" dos encarnados, vai além do que a imaginação do ser encarnado possa imaginar. Pois são estes espíritos tão próximos dos homens de terra, não em falhas e enganos e sim em correção e disciplina ao qual o ser encarnado é direcionado as vossas boas escolhas e conhecimento de si mesmo para que possa buscar a evolução.

Porque quando o ser encarnado é desviado de sua possibilidade de encontro com a sua missão ou ainda desvia-se de sua missão para seguir caminhos tortuosos, são estes corrigidos de suas falhas e reerguidos para que sejam retirados de seus erros, suas dores e descaminhos, e redirecionados ao foco de duas missões que foi por determinação divina enviado a este elo espiritual; e ainda que esta correção vos pareça em forma de dor, sofrimento ou lamentação, são a dor, o sofrimento e a lamentação pertencentes a cada ser errante que precisa ser corrigido e não aos espíritos que buscam corrigi-los, para que possam com suas dores ou suas lapidações de alma recomeçar de onde partiram, seguindo os caminhos menos tortuosos, para que novamente caminhem e não sofram.

Porque quando os Santos ensinam, vossos servos determinados acompanham e os não Santos corrigem e ainda assim os encarnados não compreendem, sofrem seus espíritos, pois a correção será aplicada a todos aqueles que se desviarem de seus caminhos para os quais vieram por determinação aprender e evoluir em suas maiores deficiências e dores espirituais, porque estas não trabalhadas em terra se tornarão também dores materiais. Pois se o que lhe falta em coragem para dedicar-se a aprender lhe sobra em determinação em não entregar-se para aprender, deverá este encarnado adentrar em suas existências espirituais de maior dor e sofrimento para aprender os ensinamentos divinos, para que se conheça interiormente de forma que assim seja capaz de conhecer seu espírito, pois será através dele que irá alcançar a plenitude pela lapidação espiritual no sentido que ainda não domina, porém veio em terra para aprender.

Logo nenhuma vida espiritual terrena ou existência espiritual material é ou deve ser semelhante aos demais seres da terra, pois cada um é um espírito dotado de sentido de existência espiritual que deve amadurecer em sabedoria e elevação terrena, para crescer espiritualmente em evolução. Por isso, querer encontrar justificativa em sua existência baseando-se na existência alheia é adentrar mais fundo na dor e no sofrimento que não lhe cabe. Cada um é por si só um ser dotado de tudo aquilo que seu espírito necessita para caminhar, viver e aprender, por isso cada um possui uma missão terrena tão distinta quanto pessoal em relação aos vossos pares e semelhantes. Mas existem aqueles espíritos cuja lapidação de seus aprendizados parece estar apenas baseada no sofrer enquanto outros a lapidação de seu espírito parece estar baseada no regalo da vida terra. Por isso, existem aqueles encarnados que aos olhos dos outros encarnados apenas são felizes em suas existências como da mesma forma existem outros encarnados que parecem apenas ser infelizes em suas existências.

Porém, o conceito de felicidade e infelicidade terrena é um conceito mundano baseado apenas em formas de prazeres e conquistas materiais classificando quem é feliz como sendo o que mais bens possui e quem é infeliz como sendo aquele que menos bens possui, e não na forma única e verdadeira que é através da plenitude do ser existencial que a própria felicidade que é um sentido espiritual e não uma coisa material, nasce de maneira sublime e terna e não da conquista material de bens.

Porque esta que não se vende e não se compra, é também uma forma de elevação espiritual plantada pelo Criador no campo de onde a desgraça e o desamor feito por mãos humanas ou pelas mãos daqueles que creem ser felizes por possuírem mais bens materiais, muitas vezes são aqueles que plantam a desgraça e o desamor por desejarem separar os que felizes são daqueles que acreditam ser felizes, apenas por possuírem bens materiais, bem distante dos bens que possuem os espíritos, causando desarmonias entre as raças, descontentamentos entre as pessoas, distanciamentos entre os seres e o aparte total daqueles que necessitam se unir para conquistar a felicidade, porque esta jamais poderá em sua plenitude ser sentida ou experimentada sozinha.

E mesmo que muitos seres encarnados sintam prazer e contentamento em estar com vossas unidades espirituais sozinhos dos demais seres, a felicidade é uma unidade de poder e de forças que une todas as unidades espirituais e celestiais que existem em campo terreno para comungar e vivenciar as vossas existências de maneira plena e divinal conjuntamente com outras unidades de fluidezes e emanações e forças, jamais isolado, porque nada fora criado de maneira isolada e nada vive de maneira também isolada, assim como tudo se forma ou se cria de maneira conjunta, somente pela força de todas as forças existentes é que pode existir algo por sobre a terra.

E ainda que exista o sentimento de prazer e contentamento pelo sentido de pensamento consciente em sentir-se bem e espiritualmente calmo e tranquilo por alguns momentos em campo terreno, em que esta sensação de segurança e paz lhe traga ainda a sensação de estabilidade emocional e espiritual, a verdadeira felicidade é a união de todos os seres e todas as existências espirituais emanando uma única força através de uma única verdade que os selam e os tornam felizes em plenitude ou estado de consciência, não pelo sentido que os fazem crer serem felizes e sim pela verdade que jamais se destruirá ou se desligará, que é a verdade do Criador. E esta é a única força que lhes traz a verdadeira felicidade composta de todos os seres unidos em nome de um único Deus.

Por isso, cada ser espiritual recebeu de vosso Criador a missão de resgate de si mesmo e cada um caminha dentro de sua necessidade de cumprimento daquilo que veio buscar, aprender ou resgatar e nada tem a ver com conquistas materiais e contentamentos mundanos, porque estes assim como a própria vida material do espírito são passageiros. Porém como o elo terreno é um elo espiritual repleto de prazeres e delícias mundanas criadas pelos homens, deve cada ser encarnado passar pelos desafios mundanos de alicerces materiais e espirituais para resgatar a si mesmos de forma espiritual para que alcance o vosso espírito a plenitude da felicidade que todo espírito busca em estado de elevação sublime.

Por isso, é a missão dos espíritos assentados à esquerda do Criador, conhecedores de todos os caminhos e prazeres e delícias deste campo espiritual resguardar toda e qualquer forma de descaminho, pois esta certamente é a forma mais fácil de desvio da missão daqueles que possuem existência espiritual em terra. Por isso, ainda que pareçam estes espíritos de esquerda duros em vossas correções, é o amor que possuem por todos os encarnados que os corrigem e os tornam capazes de ser honrosos e honestos para o cumprimento daquilo que vieram aprender para se prepararem.

Desta forma, qualquer um que atrapalhe ou complique a possibilidade e execução dos deveres de outrem, eles tomarão providências para que sejam todos também corrigidos ou se necessário precipitados de seus resgates ou encaminhados em vossos caminhos quando as intenções forem verdadeiras, sem erros, danos ou mentiras. Portanto, todos aqueles que imaginam que o trabalho de não Santo é voltado para o mal, ou para desgraça com os seres da terra em troca de favores ou vil metal, deve compreender que assim como corrigem, também cobram correções e direções corretas de caminhos aos homens da terra. Pois os seres encarnados engajados em fazer o mal a outrem, utilizando-se dos nomes de espíritos não Santos, porém, jamais das forças destes guardiões, em favor da desgraça, desavença e malfeitorias, devem saber que assim como são corretivos, assim também são caminhantes das leis e da justiça e, por isso, serão a todos aqueles que desejam o mal se utilizando de vossos sagrados nomes, corrigidos e julgados, porque não tardará para que a correção seja aplicada e estes juntamente com seus aliados também. Porque nisso aplica-se a verdadeira força e a justiça dos não Santos.

Dura é a mão do Criador para com o mal, e, disciplinados e corretivos são os vossos servos, os espíritos não Santos, os espíritos da linhagem de espíritos das trevas ou dos espíritos gretos e guardiões, fiéis e honrosos em suas determinações e missões. Por isso, mais perigosos e penosos do que qualquer encarnado possa imaginar. Pois as correções e determinações são cumpridas e concluídas dentro da mais perfeita lei divina, sem uma vírgula que saia à direita ou vírgula que saia esquerda ao que foi determinado. Assim, será com todos os que atravessarem os seus caminhos imaginando estar lidando com espíritos errantes, falsários e contrários às leis divinas.

Pois estes não terão a mínima chance de sair uma vírgula à esquerda ou uma vírgula à direta diante das correções que lhe reservam estes guardiões, e suas horas serão horas de pura doutrina e correção que somente aqueles errantes e falsários sentirão o amargo de cada gesto ou cada ato e ação contrários às prescrições daquilo que devem seguir.

É certo compreender que Deus sempre luta e sempre lutará com os vossos espíritos pelos seus filhos e este jamais serão abandonados. Por isso, independente da esfera em que se encontram os espíritos, seja em campo espiritual ou em campo terreno, sempre haverá uma segunda chance, pois sempre haverá aqueles espíritos fortes, doutrinados e treinados para adentrar dentro de qualquer esfera espiritual e combater na luta por qualquer que seja o espírito, de qualquer iniquidade que tenha cometido para que este também seja resgatado e salvo de seus próprios males e de sua própria existência de dor na qual adentrou.

Ora, mas fora Deus quem criou todos os seres e criaturas, seja este ser vivente encarado ou não. Portanto, fazer algo ruim ou pleitear através dos espíritos não Santos ou anjos das trevas ou ainda espíritos gretos o mal a um filho de Deus é pleitear algo ruim ao filho do Todo Poderoso. Mas seria um mortal um espírito maior que o Todo Poderoso pra tentar fazer algo de ruim contra outro filho Deus e conseguir? Será que este mal, Deus não conhece? Seria Deus, o Criador, aquele que após criar todos os espíritos fecha os olhos e os deixa sofrer sem nada fazer contra aqueles que destroem suas criações? A resposta é não, pois o Criador dotado de poderes e forças, onipotente, onipresente e onisciente, conhecedor todos os erros e faltas antes mesmo deles existirem, prepara seus próprios filhos ou suas próprias criações para que sejam seus olhos e atuem em seu nome na preservação da humanidade e na preservação de suas próprias criações.

Porque o Senhor não criou tudo em perfeita harmonia e bondade e logo depois os esqueceu como se as vossas divinais criações não lhe representassem nada. E ainda que os espíritos se enganem, se confundam, e sigam caminhos tortuosos, o Criador luta e batalha para que sejam todos alinhados e corrigidos em seus caminhos, para que sigam a vossa sagrada luz e a vossa divina paz como forma de chegar aos postos mais altos de suas existências espirituais, assim como Ele mesmo lhes permite.

"Aquele que crê em mim, fará também as obras que tenho realizado. Fará coisas ainda maiores do que estas, porque eu estou indo para o Pai" (João 14:12)

Mas o homem que se atrai a fazer maldades e que se satisfaz com essa forma de viver, vive longe da verdade divina, ou caminha sobre as vibrações negativas, porque disso vive seu espírito e sua carne. Mas aquele que crê na verdade, e quiser achar resposta para todas as perguntas e se livrar do erro da maldade que consome, não por forças externas e sim por vontades internas, não deve se direcionar por conta própria ao que não é bom, reverenciando o erro e tornando-se um igual. Ele deve se elevar a Deus para ser capaz de fazer tantas boas obras quanto Deus pai lhe concede o direito.

Por isso, se acreditares em diabos e satanases como sendo seres externos, estes seres imaginários terão de fato poderes sobre você, mas se confiares e acreditares nos espíritos servos divinos e se acreditares em Deus como sendo o vosso único salvador, ele terá poder sobre você, porque a sua crença fará da sua viva sua verdade interior; e o homem depende de sua verdade interior para viver, pois esta é a sua maior força que lhe erguerá ou lhe derrubará em terra de homens. E caso neguem-se a caminhar com os espíritos servos de Deus cumpridores das leis de fato eles se negarão a caminhar contigo, mas se aceitar o mal e andar com ele para onde for a sua carne e espírito, certamente atrás de ti, um lindo anjo de grandes asas negras se encontrará prostrado para aplicar-lhe a mais severa correção.

Mas não existe nada que ocorra que não seja de conhecimento do Criador ou que não pertença a ele nos caminhos da terra. Todas as coisas do universo expressam Deus e sua vontade. Por isso, tanto o amor quanto a falta dele são de conhecimento divino, porque caso não caminhassem os homens da terra sobre as ordenanças e os caminhos que os fazem ser mais ternos, fortes, corajosos e elevados, jamais conheceriam as formas de existência em campo terreno que os fazem lapidar a alma e a própria existência. Isso quer dizer que para encontrar o amor é preciso saber que o ódio existe, caso contrário jamais saberão distinguir entre o amor e o não amor. Porque somente é possível saber o valor do dia, se souberem também que a noite chagará. Ou seja, para conhecer o valor do caminho doutrinário, é preciso saber que o mal indisciplinado impera sobre os homens, e estes vivem a crença que desejam crer.

Não há o mal no espírito, pois o espírito é de Deus, e o homem é o reflexo de Deus, portanto a maldade pertence ao pensamento de consciência, ou seja, a carne, as crenças humanas e do mundo dos homens. Aquele que acredita no poder da maldade e deseja o mal não conhece a Deus tampouco satanás, pois Deus não deixa seus filhos sofrerem, e satanás ou toda força negativa arquetipado neste nome, não possui poderes sobre o Criador.

Mas o homem desconhece os poderes de Deus e seus espíritos. Se desejares algo com fé e crença e pedir ao Criador, não existe nada que não possas alcançar, pois ele mostrará os caminhos para chegar a seu objetivo. Sem atalhos, sem reverências ao mal ou ao erro da carne. Imagine que se tem Deus, Todo Poderoso ao seu lado, o que não poderá conseguir? O que não poderás conquistar? O Universo pertence a Ele, e sendo filho do Criador, tudo poderá conquistar, pois Ele é quem o fortalece!

Mas infeliz do homem que usa a crença para manipular o que deseja. Porque a maldade e os erros no mundo não pertencem e nunca pertencerão a satanás, tampouco ao diabo, pois a maldade é tão somente resultado dos desejos dos próprios mortais, que se esquivando de suas maldades preferem culpar satanás, pois este já carrega o nome da maldade e os erros de muitos, e não é ser verdadeiro em carne ou espírito para reivindicar sua própria verdade.

"Os setenta e dois voltaram alegres e disseram Senhor, até os demônios se submetem a nós" (Lucas 10: 17).

Ou seja, as forças espirituais de Deus jamais serão vencidas e combatidas, pois estas forças também reconhecem que até mesmo o que classificam como sendo o mal é de domínio do Criador, e todo o encarnado que se julgar conhecedor de todas as forças do mal capaz de criar e utilizar-se do poder das magias espirituais, sendo este com auxílio ou não dos espíritos rebaixados, ou espíritos que caminham as sobras da luz do Criador, para demonstrar seu falso poder de terra, conhecerá o poder das forças de Deus sobre suas cabeças, e se submeterão ao julgamento corretivo dos únicos e verdadeiros detentores das forças do mal. Porém, aqueles que se prostrarem diante da verdade terão o direito de ser ainda resgatados e julgados dentro das leis divinas que reinam e julgam aqueles que desejam ser parte do mal.

Pois, tudo o que é verdadeiro pertence ao Criador, e não mudará em nada o homem tentar criar as suas próprias verdades, pois todas serão falsas verdades, e falsas verdades não são verdades celestiais. Ou seja, tudo o que é criado através do desejo ou vontade de Deus pertence à sua verdade, mas todos os espíritos foram criados pela vontade de Deus, logo todos os espíritos pertencem à hierarquia divina, ou seja, aquela que não se pode mudar, desaparecer ou findar. E tudo aquilo que não reflete o preceito divino da verdade ou bondade pertence ao homem material inundado de verdades próprias e culpado confesso de suas mentiras.

Mas todas as criaturas foram criadas à imagem e semelhança de Deus, pois assim foi determinado, e desta forma eternamente será. Mas as falhas e os erros são os únicos condutores das falsas verdades ou verdades próprias, inverso da verdade do Criador, e para todos eles a verdade em forma de anjo zeloso será como cura de sua existência sombria no vale das sombras e da morte, mas não a sombra que os esconderão de suas verdadeiras vontades, mas que os julgarão e corrigirão das falsas verdades nos caminhos verdadeiros de Deus.

Por isso, assumir sua culpa diante do que é certo e aceitar o bem como forma de caminhar na terra é o primeiro passo para o bem reinar pleno sobre a terra. E cada ser é responsável pelo bem e pelo mal que planta, isso quer dizer, se desejar o mal, o mal também o desejará; mas se desejares o bem, o bem contigo caminhará.

CAPÍTULO 11
Doutrina espiritual dos Santos e o Espiritismo

A origem do espiritismo

"Deus criou o homem a sua imagem; criou-o a imagem de Deus, criou o homem e a mulher" (Genesis 1: 27).

11. A missão espírita nasce quando é proclamada a origem do espírito pelo Criador, pois tudo foi criado por ele, e sem ele nada poderia ter sido criado, pois e sem a vossa misericórdia, transformada em vida espiritual, nada poderia ter sido criado ou ter tido vida. As escrituras não somente nos revelam que a origem do espiritismo é divina como também mostra que o homem é espírito criado à imagem e semelhança de seu Criador, ou seja, espírito imortal cheio de poder e bondade, assim como Aquele que concedeu o direito à vida. Desta forma, não pode haver espírito, senão por criação Divina, assim como não pode haver criações divinas, senão por desejo, emanação e direito concedido por Ele, sendo, o espírito, a primeira e única forma verdadeiramente viva em essência e sentido divino, criada e existente.

O espírito não é de origem terrena e sim celestial, perante o desejo do Criador, que confere direitos à vida de todas as essências por Ele criadas, o espiritismo também não é de origem terrena, nascido de nacionalidade terrena, de um único ponto de referência material, e sim celestial e universal, pois Deus, que vos concede a alma, não possui nação; o vosso Espírito é constituído de onipresença, onipotência e onisciência, logo é tudo e está em todos os lugares, inclusive em cada ser, seja este temporal ou espiritual, e em qualquer parte do mundo, em todas as nacionalidades, pois cada nação é um agrupamento de espíritos encarnados no elo terreno em cumprimento de missão espiritual.

Para haver o espiritismo é necessário que existam os espíritos e todos os espíritos são criações divinas e não terrenas. Logo, toda e qualquer forma de espiritismo terreno é a comunhão entre espíritos encarnados e desencarnados, que trabalham em congregação e junção das energias e forças de todos os espíritos, por determinação do Ser Supremo, que concede não somente o direito à vida de cada espírito, como o direito de se comunicar e aprender uns com os outros, indiferentemente, do elo em que cada um se encontra, pois independentemente de possuir matéria carnal ou não, o espírito é e sempre será espírito criado pelo mesmo Deus, sobre as mesmas regências, evoluindo com as mesmas lições evolutivas, e aprendendo com os mesmos conhecimentos advindos dos mesmos espíritos mais evoluídos e capacitados, para disseminar vossos conhecimentos e evoluções.

Por isso, não é o espiritismo um tipo de religião originária de um determinado continente ou de origem nascida em terra de cunho místico, que atua com adivinhações, espíritos malignos que trabalham na busca de recuperar amores perdidos ou vinganças aos desafetos, tampouco é a execução de atividades ritualísticas para satisfazer o desejo de deuses e deusas criadas por homens, fundamentado em incertezas, em troca de vil metal por bel prazer, daqueles que se vendem a troco de ilusões e de outros tantos, que desejam comprar fantasias comerciáveis, convencendo-se de que os espíritos são meros seres em esferas de magia e atuam como escravos regozijados aos desejos e prazeres mundanos, ora sendo bons e santos, ora sendo maléficos, quando os favorecem serem maus.

"*Façamos o homem à nossa imagem e semelhança*" (Genesis 1: 26).

É mais que uma proclamação de criação da humanidade, é uma determinação de que não poderá haver espírito separado de Deus, e que não haverá espírito senão criado por Deus, cumprindo as determinações de um só Criador. E todos os espíritos não serão somente a imagem e a semelhança de seu criador, como também serão a continuidade de vossa promessa em força de caridade e benção a todos os seres da terra, comungando uns com os outros o vosso poder de luz e bondade, independente do elo espiritual em que cada um se encontra. E, desta forma, os espíritos abençoam os homens da terra, cuida dos enfermos a restabelecer a carne, cuida dos doentes e aflitos, apontando-lhes aos caminhos de luz, os guiando e os guardando dos males da vida terrena.

E embora pareça que os homens muitas vezes não saibam de onde eles vêm, questionando suas próprias existências, vossas essências espirituais dotadas de amor e de bondade, se debruçam sobre vossas cabeças, munidas ou não de boas crenças, e prestam-lhes vossas caridades, pois assim é a determinação do Criador. E mesmo que vossas esperanças e crendices se prostrem a meio mastro da verdade celestial e prestem cultos com os olhos fechados, vossos santos nomes jamais o abandonarão neste imenso elo chamado pelo próprio homem de planeta terra. Porém, terra de homens e de espíritos.

Cultuar os espíritos através de doutrina espírita, ou seja, na crença dos espíritos, não torna nenhuma nacionalidade material de seres encarnados criadora dos espíritos e sua magnitude, por isso não se pode confundir o espiritismo, que é a crença e comunhão com os espíritos, com a doutrina religiosa de uma única região específica.

Assim como não é verdadeiro afirmar que a língua falada pelos espíritos parte de um único povo, um único continente terreno. Se acaso fosse verdade, seria o mesmo que dizer que os espíritos criados por Deus atuantes universalmente partem apenas de uma região do mundo e conhecem apenas a língua materna do país, no qual encarnaram antes de fazerem as vossas passagens. Por isso, os espíritos reflexos do Criador, conduzidos pela mesma onipotência, onipresença e onisciência, constituídos de inteligência e imortalidade, também possuem refletida em vossas essências a essência divina, que os faz espíritos universais e não regionais de única língua, tradições, continente ou cultura.

Determinados rituais espíritas praticados por muitos seguidores da doutrina espírita possuem origem do continente Africano, pois foram transportados e apresentados pelos escravos que os praticavam na época da escravidão, quando foram extraditados e deram continuidade as vossas cerimônias religiosas pelos países por onde passaram. Por isso, algumas cerimônias espíritas ainda possuem atos cerimoniais de descendência pontualmente africana, pois foram introduzidas pelos escravos africanos, que tinham como idioma uma língua específica do país onde originalmente residiam.

Porém, é preciso compreender que ritual não é origem, ou seja, o fato de prestarem cultos através de rituais não os tornam criadores dos espíritos ou do espiritismo, que é a doutrina religiosa através da prática de louvação a Deus, por meio da comunhão com os espíritos, pois a prática da doutrina em convívio com os espíritos os torna também praticantes de doutrina espírita, buscando a fé por meio dos espíritos, conectando-se com Deus através dos espíritos e das forças da natureza, e não de deuses ou comunidades criadoras de espíritos.

É preciso compreender que os espíritos partem de Deus, o Criador, e é para Ele que nos direcionam os espíritos; para os caminhos do Salvador. Se acaso os espíritos os direcionassem para regiões específicas do continente terra que praticam o espiritismo, que poder divino teria Deus? Seria Deus de descendência e origem terrena ou seria alguma região pontual e da terra, um universo Santo? Acaso alguma região de algum continente terreno é a morada eterna de Deus? Ou o Criador e sua magnitude são menores que uma única região no mundo? Portanto, não é para uma região específica do continente, terra que os espíritos nos direcionam, e independente em que região foram iniciados os rituais ou cerimoniais; os espíritos nos direcionam para Deus, o Criador, e não para uma região do mapa terreno.

Tudo o que devemos conhecer sobre os espíritos deve vir de Deus, a partir do princípio divino da criação dos espíritos, e não de regiões praticantes de rituais espíritas, pois estas também estão com os olhos voltados para o Criador, e não para si mesmas. Pois todas as regiões que praticam o espiritismo creem nos espíritos como forma de caminho religioso, de religamento com um único Salvador, que é a unidade do Espírito Santo, Deus, o Criador, e não em si mesmas, como salvadoras. Portanto, qualquer outra origem acerca dos espíritos, que não partam da criação divina, é mera lenda, e o espiritismo não se prostra diante de lendas ou de deuses inventados, pois seria o mesmo que criar histórias ilusórias acera de Deus, o Criador, caminhando em direções que não levariam a canto algum, tampouco a regiões pontuais de origem da prática religiosa do espiritismo.

Pois, embora a origem dos rituais não seja a origem da criação divina e dos espíritos, nem do Ser Supremo que vos concede o direito à vida espiritual e à capacidade de evolução, através da essência espiritual em elos de aprendizagem, como o campo terreno é a doutrina do espírito a mais próxima do campo de evolução espiritual, não em distância e sim em comunhão com os servos celestiais do Criador.

"No princípio, Deus criou o céu e a terra. A terra estava sem forma e vazia; as trevas cobriam o abismo e o Espírito de Deus pairava sobre as águas" (Genesis 1:1, 2).

E de Deus era o único espírito que caminhava por sobre o abismo do nada existencial; e da absoluta escuridão do nada, do abismo e das trevas, de onde observava o vosso espírito flutuar, ordenou que o nada, outrora chamado de trevas, se tornasse luz e que a luz se tornasse dia; e que o pó se tornasse o solo da terra e que as águas se juntassem e caminhassem por sobre o pó, a caminho do mar, e que este pudesse refrigerar a terra, e com isso pudessem nascer as árvores, os frutos e demais espécies vegetais. Ordenou ainda o único Espírito, que pairava por sobre as obras já constituídas, que se formassem os rochedos e os minerais, e que estes sustentassem o solo da terra, onde todos iriam se juntar num imenso Gênese de formas e criações, ao desejo da Verdade e do amor. Criou o Senhor Deus todas as espécies de aves e animais, assim como criou o homem e a mulher, porém estes eram seres espirituais constituídos apenas de essência existencial, e não de matéria carnal, ou seja, eram espíritos apenas.

E todas as coisas e essências eram espirituais, pois nenhuma delas tinha, até aquele momento, possibilidade de procriação ou multiplicação, até que a chuva pudesse molhar a esfera e tornar todas as formas espirituais em carnais e vivas em solo terreno. E assim se fez, ao primeiro toque das águas caindo do céu e tocando o solo, e todas as árvores multiplicaram vossas sementes, e todos os pássaros voaram livremente, e todos os animais caminharam por sobre a terra, e todas as águas correram em direção ao mar, e o sol brilhou iluminando toda a terra, e assim todos os seres passaram a ser vivos em solo terreno.

E assim o espírito ganhou vida e pôde então habitar de forma consistente o elo terreno, pois passou a habitar a matéria, que é a forma humana constituída com o pó da terra em junção com a água, se tornando barro e sustentando a vida terrena. Com isso, passou habitar materialmente o pó do chão, após tomar vida ao sopro da inserção da alma na matéria inanimada, e todos se tornaram espíritos encarnados, não mais apenas seres espirituais, e sim materiais e espirituais, com o mesmo direito que todos os demais seres que possuem as sementes da procriação em campo terreno, sendo férteis e múltiplos. E todos os quatro cantos da terra povoaram-se com os espíritos de Deus, o Criador, em determinação de vossa proclamação, em verdade, com a vossa vontade em relação à fecundidade e multiplicação, o que determinou por direito a todos os seres vivos da esfera terrena.

Portanto, o espiritismo não nasceu em determinada região pontual do mapa terreno, uma vez que os espíritos partem de todos os lugares do mundo, pois ao Criador pertence o local de ocupação da matéria, que irá se abrigar em cada continente, para cada espírito por ele criado, através de sopro de vida nascido em essência espiritual e material terrena.

Por isso, acreditar que o espiritismo parte de uma única região é pressupor que Deus, o Criador, não é onipotente, onipresente e nem a Inteligência Suprema Criadora do céu e terra, pois seria o mesmo que acreditar que vem de um único lugar o Majestoso Poder Celestial de domínio universal e não do Criador. E é Deus, criador de todos os continentes e lugares, e não o contrário. A crença em relação aos espíritos não deve contradizer a prática em relação ao espiritismo e sua origem, bem como sua força e magnitude. É preciso desprender-se de ideias terrenas para conhecer verdadeiramente os Espíritos Santos e todos os seus espíritos regentes codificados, através das nomenclaturas dos Santos, dos Guias, dos Anjos e dos Guardiões, que regem e governam o mundo, a serviço de um só Deus, vos conduzindo aos caminhos de evolução por meio da origem divina, que atua e é fundamento do espiritismo.

De fato, algumas regiões de diferentes continentes praticam rituais similares de doutrina espírita há milhares de anos, e este fato não deve ser confundido com a origem ou a prática do espiritismo, que é o culto ao Criador, através dos espíritos, com a doutrina religiosa pontual de uma única região específica. Pois cada região traduz suas próprias particularidades e características regionais, que são inseridas não somente em um ritual religioso único, como também a sua cultura, sua doutrina terrena e sua língua falada. Por isso, a cultura aplicada à religião, assim como a língua falada pelos espíritos como muitos acreditavam, não é o idioma de uma única parte territorial, se acaso fosse verdade seria o mesmo que dizer que os espíritos atuantes universalmente partem de apenas uma região do mundo, e isso não é verdade, pois a identidade étnica de um povo, através de sua língua mãe, não pode ser confundia com a língua falada pelos espíritos, pois esta não parte de cantos terrenos, e sim de elos espirituais e não temporais.

Pois, diferente do que se imaginou por anos a fio, o espiritismo não parte de um único canto, não é a execução de tradições ritualísticas, não nasce em uma região específica de um único continente e não se prostra a doutrinas pontuais baseadas meramente em rituais de adoração a espíritos de antepassados, em busca de respostas às dores terrenas e materiais. O espiritismo é a comunhão da vida na terra com a vida espiritual; é a verdade de que o espírito nascido da vontade de Deus Pai continua vivo e nenhum ser caminha só, em nenhuma esfera espiritual que seja.

    O fato de cada região do mundo isoladamente praticar o espiritismo conforme as vossas doutrinas e ensinamentos não as tornam criadoras do espiritismo, mas as tornam praticantes de rituais ou cerimoniais espíritas em busca de crescimento espiritual, em nome de um só Deus. Pois aqueles que aprendem e comungam com os espíritos criados por Deus a cura dos males do corpo e da alma, assim como determinado pelo próprio Criador, que vos concedeu o direito de aprender e compartilhar entre si dos caminhos de evolução, utilizando-se das forças e poderes naturais, advindas das forças da terra, que é a força de Deus para crescerem e caminharem nos caminhos do próprio Criador, o faz para busca de evolução espiritual de tudo aquilo que ainda não possuem, e não porque já possuem.

    É preciso compreender que Criador é aquele que cria espiritualmente e dá vida, através da inserção do espírito por meio do sopro de vida e os concede o direito de serem fecundos em campo terreno através da matéria carnal. É preciso conhecer quem são os espíritos divinos, quais são suas missões junto à humanidade e quem somos nós neste mundo chamado terra, pois somente assim nos prostraremos diante de toda a Majestade Divina, ao invés de crermos apenas nos espíritos por sermos temerosos, meros pedintes ou seguidores de rituais. É preciso também abandonar as crenças em torno de rituais, vestimentas, oferendas, e entender o que realmente eles justificam e significam perante Deus, pois os espíritos que vos concedem a possibilidade de comungar e aprender com eles não se utilizam de vestes, belas palavras ou símbolos apenas por serem espíritos, e sim por serem espíritos dotados de poderes, forças e luz, para nos guiar e auxiliar nas demandas terrenas, em prol de caminhos mais nobres, puros e espirituais.

    Deus, a força soberana de amor e misericórdia, que sustenta o mundo com o vosso amor e bondade, é Espírito, e é através dele que todos os espíritos são criados, ordenados ou determinados a estar em campo terreno em matéria carnal, ou em essência espiritual assim como Ele mesmo, auxiliando e guiando nos caminhos bons. Mas é preciso conhecer os espíritos, saber de onde partem, quais são seus trabalhos com a humanidade e de onde partem as vossas forças, bondades e caridades. É preciso conhecer a origem dos espíritos que se rogam para cura das dores e sofrimentos carnais, para que se prostrem realmente diante da Verdade, e não diante de falsas crenças, pois clamar o poder dos espíritos, e crer em ideias terrenas contradizendo os espíritos que se rogam pode não possuir eficácia alguma, pois contradizer a vossa própria origem é não crer em nada e ainda imaginar crer em alguma coisa.

Por isso, peças ritualísticas para adorar por meio de vestes, músicas, danças de crenças materiais baseadas em doutrinas originárias, de outras origens doutrinárias que não as celestiais de origem divina, podem não levar em direção alguma se não existir um significado divino e espiritual verdadeiro, lastreado nas certezas espirituais, fundamentado perante a face do verdadeiro Ser Supremo, que se deve rogar e direcionar as vossas crenças e fé. É preciso compreender que os Santos, aos quais se presta culto, representam o Deus, Criador do mundo e de todos os espíritos e é para Deus que querem nos direcionar, não para outras regiões de onde também são executados cultos e rituais espíritas, pois comungar com os espíritos não é caminhar em direção a outros cantos do mundo e sim em direção a Deus, pois foi Deus quem vos criou, foi Deus quem vos concedeu o direito de caminhar entre nós, e é para Deus que querem nos levar.

Pois nenhuma veste, nenhuma canção, nenhuma dança, nenhum alfabeto ou nenhum ritual pretende vos levar para outro lugar que não seja aos caminhos religiosos do próprio Deus, por isso é preciso compreender que os Santos, aos quais se prestam cultos, representam o próprio Deus, o Criador, e não as casas terrenas materialmente criadas em determinados continentes, que também prestam cultos espíritas aos mesmos Santos, pois estes, embora terrenamente carreguem nomes estrangeiros, são na verdade espíritos criados por um único Deus, para serem vossos representantes no campo terreno. Por isso, é preciso compreender verdadeiramente que os Santos e aos quais se presta culto, são espíritos que representam o criador de sua origem e que vos concede o direito de caminhar com seus filhos encarnados em terra, auxiliando-os na caminhada terrena, para que alcancem tanto a elevação espiritual quanto o progresso universal de cada espírito, através das forças de um único Criador.

Logo, conectar-se com o mundo espiritual e com os espíritos, para alcançar a salvação, é abandonar as velhas vestes das crenças ritualísticas, baseadas em rituais pontuais, e dar espaço para verdadeiramente aprender com os espíritos, ou seja, com a verdadeira origem dos espíritos e do espiritismo. É abrir os ouvidos e olhos da alma, isto é, aqueles que não precisam de nervos visuais ou auditivos para ouvir ou crer, pois se apenas fechares os olhos carnais, que por vezes vos enganam e vos direciona para rumos e rotas erradas, e abrir os olhos da mente espiritual para o espírito, verdadeiramente enxergará a Deus, através dos Santos, e encontrarão o caminho da Salvação que os Santos pretendem vos indicar.

O Espiritismo não é simplesmente a doutrina religiosa de atuação com os espíritos, e ser espírita não é apenas atuar com os espíritos, pois todos os seres encarnados, que possuem um espírito doado por Deus, inclusive os que descendem do Espírito Santo através dos Santos e não Santo, mas que creem em vosso poder de misericórdia e bondade, é por criação e origem divina espírita, pela fé em Deus Pai que é Espírito. Ou seja, todo aquele que crê em Deus, também crê em um único Espírito criador dos céus e da terra, como sendo também o caminho da glória e da salvação. Logo, todos os serem encarnados que creem em Deus como sendo o único criador do mundo e o caminho da salvação é espírita, pois creem e prostram-se diante do Espírito, que é Deus, o Criador, que é, e eternamente será, o Espírito.

Deus é Espírito eterno de amor e bondade, e crer no Espírito é crer também na gerência dos espíritos portadores das chaves espirituais para se alcançar a salvação através da crença e comunhão com os espíritos, independente da nomenclatura terrena que estes recebam, pois todos os espíritos que possuem determinação terrena de caminharem entre os encarnados são na nomenclatura celestial, anjos enviados por Deus, ou espíritos altamente conhecedores das leis e doutrinas do Criador, com determinação divina, enviados pelo Pai Celestial, para apontar-vos os caminhos e direcionar-vos aos passos santos da santidade espiritual, em comunhão com os espíritos ou dos anjos guias, criados e determinados para comungar de vossas forças poderes e amor.

Por isso, praticar o espiritismo como forma de religamento com o Espírito Divino é caminhar em direção ao Criador, com auxílio dos espíritos que foram por ele criados, e que já se encontram no caminho da evolução espiritual desnudos da carne material, que induz ao erro mundano e desvirtua os homens dos caminhos da luz divina.

Mediunidade e o Espírito Santo

"Jesus respondeu, e disse: Na verdade, na verdade te digo que aquele que não nascer de novo, não pode ver o reino de Deus" (João 3:3)

11.1 Ora, se para nascer de novo é preciso ressurgir, renascer, rebrotar, o que é a morte senão o renascimento do espírito que se liberta da carne? O que é a morte, senão o ressurgir e voltar a ser a si mesmo, verdadeiramente si mesmo, desnudo de carne ou matéria e apenas espírito assim como Deus os criou. E o que é o homem senão espírito criado por Deus Pai em nome da Verdade divina ou o desejo do Espírito Santo? Ou seja, aquele que não libertar-se de sua matéria terrena, por vezes impregnada de crenças e dores mundanas ao preço de dons e glórias materiais, não poderá adentrar ao reino de Deus, pois neste não se encontram crenças em matérias de homens, e sim espíritos nobres e gloriosos de servir ao verdadeiro ser majestoso, o Espírito Santo que é o Criador do mundo.

E aquele que não nascer de novo no campo celestial, adornado e feito apenas de alma e espírito, não poderá jamais vislumbrar o santo reino do Criador, pois estará preso às coisas materiais e terrenas que viram pó e se desfazem em ideias e certezas mundanas, que não lavam o espírito de nobrezas e dons celestiais em casas brandas, que são as portas dos campos santos que os transportará para as moradas divinas e sagradas do Criador. Pois o pó apenas poderá ser pó, pois este é parte da terra que se consumira em matéria, assim como qualquer outra coisa material, enquanto o espírito liberto de suas lutas terrenas regressará àquele que o criou, que é o Santo Deus de todas as coisas.

Pois o espírito eternamente será espírito independente de possuir uma matéria carnal em campo terreno por determinado prazo para cumprimento de missão espiritual, e independente do elo pelo qual regressará ao término da jornada terrena antes de habitar as casas celestiais, vestido de si mesmo, pois era, e eternamente será, espírito, porque do Espírito veio e ao Espírito regressará. Porém, somente aqueles que atravessarem as vossas lutas, dores e forjas pessoais adentrarão sem desvios as casas celestiais e renascerão em espírito no Reino de Deus Pai. Pois ao vosso reino não se pode adentrar, vislumbrar de elos de correção ou estando o espírito ocupado em matéria terrena, pois nesta morada apenas poderão adentrar no momento em que estiverem desnudos da carne que consome a si mesma, e ver-se da forma como foi concebido por Deus, ou seja, espírito puro e eternamente espírito.

E o homem para ser homem da forma como o Espírito Santo o projetou e espirou a vida, através do sopro sagrado, precisa estar em estado de pureza de corpo na forma em que foi criado, ou seja, livre da matéria e entregue ao estado de consciência sagrada que é o estado puramente cândido e espiritual. E assim o homem será espírito da forma em que foi determinado para que fosse, descomposto de falhas e possibilidades de erros e crenças que o vestem apenas em vestes carnais. Por isso, o homem para ser verdadeiramente homem, à imagem de Deus Pai, deverá antes de qualquer trajetória espiritual, em campo celestial, adentrar ao momento mais importante para um espírito filho do Pai Majestoso, que é a hora de libertar-se de suas vestimentas e tornar-se apenas espírito reflexo de seu Criador.

Por isso, a morte não é morte e o término não é o fim, e sim o renascimento, pois o nascimento que se dá através da passagem terrena ao campo celestial é a verdadeira vida, e não a morte da vida terrena, pois esta será liberta da vida material e ressuscitará para a vida eterna, que é a verdadeira vida espiritual, em que todos os espíritos foram criados para ser, ou seja, eternos e não passageiros em campo terreno. Pois a jornada terrena é também passagem espiritual para conhecimento e progresso do espírito e não passagem de dor e sofrimento, para findar-se no nada existencial, em que após a morte da carne toda construção espiritual se acaba, sem sentido e sem razão.

Pois, neste caso, não seria o Criador o majestoso espírito eterno de poder e glória, e sim tão simples como qualquer outro mortal capaz de criar algo, dar a vida e vê-lo findar-se ao término da jornada, por não possuir autoridade, autonomia ou poder de grandeza de criar algo eterno ou que o faça viver por longos anos em vosso próprio seio.

Desta forma, o nascimento espiritual não é morte e sim vida eterna do espírito, vida que dá vida à verdadeira forma de ser reflexo da majestosa força espiritual, sendo essência livre e imaculada assim como fora criada. Por isso, somente aquele que morrer da carne terá a vida absoluta na casa celestial do pai eterno, pois esta é a única maneira de ser quem verdadeiramente se é, e servir em realidade ao Espírito, e somente a morte material trará vida a todas as vidas terrenas, que dormem de vossas verdadeiras existências para estarem no elo terreno, e acordam através da morte da carne para serem vivas em campo sagrado e espiritual no seio do pai eterno.

Então, anunciava o Mestre, que para ser vivo é preciso sê-lo em espírito, pois somente o espírito terá a vida eterna e viverá eternamente, pois a carne viverá vossas dores, amores, prazeres e glórias mundanas até o dia em que vossa existência puder pertencer ao elo material, que jamais será vida verdadeira, pois nenhuma vida vive de forma eterna longe da casa sagrada de Deus. Por isso, todo aquele que não nascer de novo, jamais poderá ser perpétuo e viver eternamente no reino de Deus.

"E no primeiro dia da semana, Maria Madalena foi ao sepulcro de madrugada, sendo ainda escuro, e viu a pedra tirada do sepulcro... Correu, pois e foi a Simão Pedro, e ao outro discípulo, a quem Jesus amava, e disse-lhe: Levaram o Senhor do sepulcro, e não sabemos onde puseram... Porque ainda não sabiam a Escritura, que era necessário que ressuscitasse dentre os mortos" (João 20: 1, 2, 9).

E ao ser procurado em matéria por Maria Madalena já era o Mestre espírito na forma e essência, o qual fora perpetuamente criado, e embora os vossos homens mais próximos não conhecessem as escrituras ou tivessem ciência de que era necessário ressuscitar dos mortos para ser vivo em essência e ser espírito vindo do Espírito Santo, apenas a verdade em forma de essência seria capaz de mostrar-lhes o verdadeiro homem, criado a partir do espírito e não mais o espírito habitando o homem carnal. Pois, embora os vossos conhecimentos e evoluções terrenas ainda limitadas não os colocassem diante da verdade espiritual do espírito, com o qual estavam caminhando juntos, e ainda que vossos esforços fossem grandes em compreender os ensinamentos de Jesus, somente a vossa verdade em forma de ressurreição transformada em espírito vivo seria capaz de ser Cristo, o homem de ser Homem, o Espírito, e ser Espírito, o Sagrado, diante dos olhos de todos eles.

E os seus seguidores, que o conheciam apenas em matéria carnal recebedora de um espírito, em que os ensinamentos e palavras partiam da carne, utilizando-se de sentidos terrenos em que as terminações nervosas são como aparelhos transmissores dos sentidos espirituais, aos sentidos materiais, aos homens que até aquele momento o conheceram e aprenderam desta forma, o conheceriam de forma espiritual ou a verdadeira forma que fora concebido e honrado. Pois a matéria, embora se possa vislumbrar ou ter contato, é apenas pó e dela não se pode regozijar, pois a matéria sem sua essência não pode lutar ou batalhar em nome de Deus nem de si mesma; por isso, descobriram seus servos, que poderiam batalhar e lutar em honra do Espírito, o Sagrado, o Homem que nela habitou e eternamente ele o seria.

E o ressuscitar não é levantar a carne e sim levantar o espírito, em estado de consciência puramente espiritual, sem a necessidade de ser matéria para ser vivo, sem a necessidade de ser carnal para compreender-se lúcido e sem a necessidade da ciência dos homens para amar e ser amado. Ressuscitar é também caminhar por entre a terra de homens e espíritos, vestido apenas do que realmente se é, sendo a si mesmo, sem uso de artifícios ou glórias mundanas para ser sábio, elevado ou glorioso. Ressuscitar dentre os mortos é seguir os caminhos que poucos poderão seguir, não por arrogância ou correção celestial, e sim por autoridade sagrada daqueles que já se encontram diante das portas das casas celestiais, sendo honrados e fiéis aos mandamentos espirituais de um único criador de todas as coisas e que possuem autoridade para habilitar ou derrubar todos aqueles recém-chegados e que se encontram diante das portas celestiais.

Pois ressurreição não é a parte material que se eleva e sim a parte essencial que se sustenta em espírito, sem a necessidade de ser ou possuir matéria, pois a matéria não adentra aos campos celestiais, pois esta parte do pó da terra, que é parte da junção terrena, que somente pode existir por determinação divina para formar outra matéria, enquanto o espírito é a única essência verdadeiramente concebida e doada por Deus, diante de vossa própria vontade; e por isso lhe pertence, pois de vosso próprio seio partiu. E tudo o que lhe pertence, e que de vosso seio partiu, a ele regressará em espírito, e da mesma forma em que um dia saiu, em espírito.

Por isso, não são os anjos seres carnais e não são os espíritos seres materiais. Desta forma, não nascem ou chegam a terra seres carnais vindos de campos espirituais, pois em elo terreno nascem apenas seres materiais; assim como em campo espiritual ressuscitam e renascem apenas seres espirituais. E o espírito sai da casa do Pai e adentra ao mundo dos homens carnais, e é em espírito também que ao término de sua jornada deixa o mundo dos homens e retorna para o Pai, que o projetou, o criou e concedeu-lhe a vida, para que esta seja eterna em vosso lar. Pois todo espírito, assim o é por determinação do Espírito Santo e não por determinação e vontade própria de outros seres espirituais encarnados em elo terreno, pois estes apenas plantam sementes e o espírito vem de Deus que concede-lhes a permissão de ser espíritos vivos e vos dá o direito à vida espiritual e jornada terrena.

Mas a ressurreição do Mestre não fora em matéria carnal, pois esta já estava consumada pelo pó da terra, que misturada ao vosso sangue que jorrou de seu tormento, sujou o madeiro e se fez lama na terra seca, porém nem sangue e nem terra adentraram aos céus. Mas a vossa ressurreição fora em espírito, pois ainda que a matéria desaparecesse no nada existencial terreno, o vosso espírito para sempre seria aquele que caminhou em terra, e pelo que tudo foi e fez de forma verdadeira, e o vosso espírito, por isso, eternamente, será lembrado.

"E viu dois anjos vestidos de branco, assentados onde jazera o corpo de Jesus, um à cabeceira e outro aos pés... E disse-lhe Jesus: Mulher, porque choras? Quem buscas? Ela lhes disse: Porque levaram o meu Senhor, e eu não sei onde puseram... Disse-lhe Jesus: Não me detenhas, porque ainda não subi para meu Pai, mas vai para meus irmãos e dize-lhes que eu subo para meu Pai e vosso Pai, meu Deus e vosso Deus," (João 20: 12, 15, 17)

E chorava Maria Madalena, por acreditar que o corpo do Mestre havia sumido, pois o teriam simplesmente roubado. Porém, a mulher que desejava apenas velar pelo corpo de seu Senhor, e poder lamentar a morte física, consolando-se dos restos mortais, que outrora viveu em terra e caminhou pelo solo manchado de vosso próprio sangue para trazer a paz ao mesmo mundo, que o condenou por ser filho do Pai celestial, não a consolaria em matéria física, pois o consolo não viria através da carne, que por muitas vezes fora o refrigério de vossa alma e de vossas dores terrenas; mas a mesma ternura e abrigo bendito do Mestre para sua dor viria confortá-la, mas desta vez, não de suas vestes terrenas, também chamadas de matéria, mas sim de sua própria existência, agora chamada de Espírito.

Pois não seria mais o Espírito do homem, e sim o Espírito do Sagrado, que se colocaria diante dos olhos da mulher digna e fiel aos olhos do Mestre, pois o vosso poder de discernir o que é dignidade não partira da mesma terra que um dia a condenou através de outras crenças e ideia vindas da carne, e sim da benevolência do espírito, que enxerga além dos dons e glórias materiais, que condenam e matam, por não conhecerem o verdadeiro sentido de lealdade, que por vezes confunde-se com os sentidos materiais e condenam antes mesmo de se saber o veredito de Deus.

Porém, o Mestre que conhece todos os dons e glórias que não partem da carne e não condenam pela carne, mas sim elevam pela verdade que um espírito trás, e não pelos erros que a carne comete, concederia à mulher que aos vossos pés chorava a maior prova de vosso amor, pois esse não a considerava leal e digna pelos dons materiais e sim pelos dons espirituais que esta carregava dentro de si, acolheu-a com vossa verdade.

    Mulher, porque choras? Exclama o Mestre, mas essa não é uma pergunta do Espírito, o Homem, para sua amada filha, e sim a resposta de todas as perguntas feitas por ela, diante da dúvida em relação ao vosso corpo, que havia desaparecido naquela noite. Não sabia Maria, a Madalena, que o vosso Senhor havia se retirado da terra de homens apenas em matéria, pois o vosso espírito já havia ressuscitado e vivia da forma como fora determinado pelo vosso Pai. E agora a vossa matéria já não representava quem ele fora para ser quem ele realmente é.

    Mas o choro revelava que ainda não sabia vossa filha que o seu corpo, que outrora representava o seu Senhor e o filho único de Deus, agora representava o Espírito Sagrado, porém o mesmo que com ela havia caminhado e desferido o amor em forma de palavras, utilizando-se de sentidos e sentimentos, assim com todos os outros mortais, para que pudessem ser semelhantes e parecidos em carne, porém o Mestre tinha algo, além do que os olhos carnais e os sentidos materiais pudessem vislumbrar diante da lealdade, fidelidade e amor que aquela mulher havia a ele provado através dons carnais, também chamados de amor.

    E o som que podia ser ouvido por ela não era mais o som da boca que pronuncia por meio da carne, e sim, aquele que se ouve por meio do sentido espiritual, que a filha acabara de receber o dom do Mestre, para que pudesse conhecer o Espírito Sagrado, como ele é, e não mais como ele fora um dia em matéria, pois este já era pó. Porém, o Espírito ressuscitado em vida espiritual continha e detinha muito mais dons e poderes, além daqueles que ela e os demais seguidores puderam vislumbrar em terra. E concedendo a ela, antes mesmo de conceder a qualquer outro discípulo, a capacidade de ouvir e vislumbrar a si mesmo, em espírito, além do que os olhos materiais poderiam alcançar, se fez Homem em Espírito aos seus olhos e sentidos materiais e perguntou-lhe ainda. *Quem buscas?*

    Porém, esta não era mais uma pergunta e sim uma nova resposta, resposta que consolava o choro e as lágrimas de quem buscava aquilo que a que não se perdeu. Ora, como poderia chorar o Mestre, se este estava em sua frente diante de seus olhos. Não chores aquilo que tens, pois eu ainda estou aqui e agora podes me ver. Essa era a resposta para toda a dor e agonia que Maria Madalena trazia dentro do peito.

    E vislumbrou o vosso Senhor, e nesta hora, já não se valia os dons terrenos de sentidos carnais para ouvir, ver e crer em vosso Mestre, pois era Madalena, possuidora do mesmo dom celestial, que seu Mestre detinha e a ela concedeu, o dom de fazer-se vivo e comunicar-se no campo terreno, ainda que estivesse sem a matéria terrena, e da mesma forma a mulher que o vislumbrou era capaz não somente de entrever, como também conversar, e lhe compreender como se ambos estivessem no mesmo plano astral. Desta forma, fora Maria Madalena, o primeiro espírito encarnado, a vislumbrar o vosso Mestre, na forma espiritual, ressurgido em vida não material, sendo ele idêntico à forma como fora concedido pelo poder do Espírito Santo, sendo espírito apenas. Tornou-se então a filha querida do Mestre a vossa primeira seguidora encarnada, detentora de um dos dons mediúnicos que os demais receberiam mais tarde.

Portanto, o desaparecimento do corpo material do Mestre, era tão importante quanto a vossa própria retirada, pois seria através desta busca que vossos discípulos poderiam crer e se valer da forma mais pura de encontrar-se com o espírito de Cristo, que é através do próprio espírito, sem a necessidade de valerem-se da matéria para estarem junto ao Mestre, e com isso também estarem junto ao Pai, cujo filho representava. E a matéria não fora sumida por mera circunstância, roubo ou engano, e sim por providências divinas, pois o desaparecimento da matéria é o que tornaria viva a possibilidade de prostrarem-se diante do espírito, e não mais diante da carne. Pois seria necessária a utilização dos dons espirituais para conectarem-se com o Mestre de forma elevada e não mais de forma material. Ou seja, o desaparecimento do corpo de Jesus fora a forma mais própria e terna de se voltarem todos para o espírito e esquecerem a carne, pois esta não voltaria mais, nem em vida terrena, nem para sepultamento, porém o espírito que ali estava este sim estaria com todos eles em todos os momentos, pois este nunca se foi.

E a carne que poderia ter sido apenas a ligação entre o elo material e o homem carnal, que após chorar vossos restos sepultados, desapareceria no nada existencial, pois as lembranças, em algum momento, se apagariam assim como vossa passagem terrena. Porém, através do espírito renascido de si mesmo, provou-se por meio do desaparecimento da matéria que da carne não se pode regozijar, pois esta sepultada ou não, não voltara para batalhar em nome de ninguém, porém o espírito não depende da matéria carnal para ser quem é e lutar e batalhar em nome de si mesmo, ou em nome de Deus Pai, por meio daqueles que nele ainda acreditam e se prostram verdadeiramente.

E diante do desaparecimento do objeto material, que outrora fora o corpo de Cristo, todos se voltaram para o espírito, que embora soubessem que a carne havia perecido em sangue no madeiro miserável da dor, a vossa existência ainda vivia, e não por meio da carne que havia desaparecido, mas sim por meio do espírito que ressurgira vivo em terra diante dos olhos de todos os seus discípulos, vestido do que sempre fora. E todos creram no espírito do Mestre, que era naquele momento a verdade em forma espiritual e não material.

Pois crer no Mestre através da matéria de forma terrena seria a maneira mais simples de crer, porém, crer no mestre de forma espiritual, utilizando-se apenas do dom espiritual, é a forma mais suprema de provar-se vivo ainda que sem matéria. Por isso, a forma mais sublime e divina de se mostrar quem realmente se é, ou seja, espírito vindo do Pai Celestial, e provar que ainda que sem a matéria carnal existe vida e ainda se vive, é apresentando-se apenas em espírito. E é esta a forma mais grandiosa e extraordinária de ser quem se é, e ser visto da forma como fora por Deus determinado.

E ainda que crer na matéria seja mais simples do que crer no espírito de Deus, e a única maneira de crer no espírito é vislumbrando o espírito e vivenciando momentos esplendidos ao lado deste, que outrora fora carne, porém a carne fora arrasada e findada, e sua prova fora o sangue que desta jorrou e marcou a terra onde seus rastros ficaram.

Porém, ao espírito nada se pode contentar, pois este com a mesma face outrora esbofeteada com as mesmas palavras horas proferidas e as mesmas vestes antes arrancadas, não poderiam ser outro ser a não ser o próprio único filho de Deus, o Criador, desnudo de vossa veste material e em forma celestial assim como fora criado, e os seus, aqueles que o acompanharam em vida terrena crerem no espírito do Salvador, pois era este o próprio Mestre.

"Disse Jesus: Não me detenhas, porque ainda não subi para meu Pai, mas vai para meus irmãos, e dize-lhes que eu subo para meu Pai e vosso Pai, meu Deus e vosso Deus" (João 20: 17).

Desejava mostrar aquela mulher de grande fé e amor que não era necessário chorar por aquilo que tinhas e lhe pertencia, porque o vosso espírito jamais a abandonaria, pois a forma que lhe vislumbrou em espírito e compreendeu que era o mesmo Espírito do Homem que criara crença e amor, assim eternamente o seria. Porém, que não suplicasse para que não partisse, desta vez em espírito, pois ainda não havia terminado a vossa missão terrena, que era de lhes apresentar o Pai, o qual se referia como o único criador do mundo e a quem se prostrava, pois dele viera e para ele voltaria, por isso, após o término de vossa jornada partiria para junto do Pai, o vosso Deus e o Deus de todos nós.

Por isso, após a matéria desanimada e sumida, o espírito ressuscitado, a crença revivida e a fé nascida, o caminho para a glória se faria em verdade e em espírito, e não mais em esperança morta e enterrada, pois nem isso fora a carne, mas o espírito que ocupou o lugar terreno no lugar da carne escondida se fez vida em campo terreno e teve sua honraria junto aos corações daqueles que nele creram em matéria e creram também em espírito.

E os seus, que um dia aprenderam a caminhar em comunhão, a depositar crenças e a ser dedicados à matéria que vos falava em língua material por versos humanos através da carne que finda, da mesma maneira aprenderam a ser leais e fiéis ao espírito, que com eles caminhou e os ensinou na terra de homens e espíritos as leis e doutrinas do Criador, igualmente fizera em matéria. E ainda que a matéria tenha sido em alguns momentos pelos seus homens mais próximos, traída, esquecida ou enganada, cumpriu com a vossa missão terrena e, através do objeto carnal desaparecido, cumpriu também a vossa missão espiritual com quase os mesmos que outrora o renegou e enganou por medo, assombro ou covardia de entregar-se verdadeiramente ao amor do filho único de Deus.

"E, dizendo isto, mostrou-lhes as suas mãos e o lado. De sorte que os discípulos se alegraram, vendo o Senhor. *Disse-lhes, pois Jesus outra vez: Paz seja convosco, assim como o Pai me enviou, também eu vos envio a vós. E havendo dito isto, assoprou sobre eles e disse-lhes: Recebei o Espírito Santo*" (João 20: 20, 21,22).

E mostrou-lhes as chagas nas mãos e nos lados para que pudessem certificar-se de que era o vosso próprio Mestre em espírito, pois precisavam valer-se dos olhos materiais, em contato com as feridas outrora conhecidas e carnais, como prova de ser o mesmo ser, pois eram até aquele momento desprovidos de ideias, crenças ou qualquer outra força que os fizessem crer em alguém que ressuscitara de sua própria morte, a não ser mostrando-lhes as feridas as quais foram testemunhas de desgraça em forma de calvário, o que o marcou em profundas úlceras no corpo carnal, que trazia em vossa alma as mesmas marcas, não por possuir manchas em seu espírito, pois este é imaculado e puro, e sim para mostrar aos seus que era o próprio Mestre ressurgido da morte quem vos falava e vos abençoava.

E alegraram-se com o poder de mediunidade, a eles conferido por meio das forças espirituais trazidas e conduzidas em forma de visão, para que pudessem ver e crer no Espírito Santo em forma de homem, o qual puderam todos vislumbrar não somente o espírito, como também as suas chagas, e creram no Espírito Santo que é Jesus Cristo, através do poder da mediunidade.

E depois de crerem no Espírito do Homem, que outrora fora o próprio homem em espírito, fora através do sopro de ressurreição espiritual, abençoado com aquilo que somente os que creem no espírito do Mestre como sendo o filho único capaz de trazer o amor, a paz e a fé em forma de doutrina; e com todos os poderes a ele conferidos por Deus, abençoou os seus discípulos com a firmeza de plenos poderes para serem e agirem em vosso nome e determinação, para que dessem continuidade as vossas obras em nome do Pai Celestial.

Com o sopro de ressurreição, a ressurreição pelo Espírito Santo que era o próprio Mestre, acordou tudo aquilo que adormecido estava em cada um deles diante de vossa morte, desde a crença, a fé e a esperança, e entregou-lhes a essência espiritual de força celestial, aquela que se entrega apenas em essência aos que podem recebê-la, por já estarem preparados em matéria e em espírito em campo terreno, para receber as emanações santificadas que somente ele detinha, de forma que pudessem multiplicar os dons de promover a paz, assim como havia recebido do Mestre. Pois ele possuía autoridade de força própria concedida pelo Criador para que soprasse em cada um que iria cumprir com a sua própria missão terrena em nome de Deus.

Pois somente após crerem no espírito de Jesus como sendo o próprio Jesus, porém na forma espiritual, e não mais matéria e carne que finda, é que puderam receber também as forças celestiais dotadas de emanações divinas em vossos espíritos, para que pudessem ser santificados assim como ele, e agigantar o nome de Deus Pai, através de vosso próprio nome. Pois apenas a partir da verdadeira fé no espírito é que se pode crer no espírito santo, e com ele caminhar, ainda que este não esteja em matéria física dentre os demais.

E foi através da verdade renascida em homem espiritual que consumiu seus discípulos por meio do próprio ser que o era, sem a necessidade de ser carne ou matéria, que estavam cientes da existência terrena para ser a si mesmo, e mostrar-se como verdadeiramente é que pode provar e demonstrar o poder de Deus por sobre todas as coisas e todos os espíritos, e desta forma, puderam aqueles que caminhavam consigo pisando em dúvidas elevarem-se espiritualmente, ainda que estivesse em forma material, ou seja, crendo no espírito e no vosso Deus para serem homens materiais com forças, poderes e crenças espirituais, lutando e batalhando em nome de vosso Criador.

"Paz esteja convosco" é mais do que uma exclamação ou suplica ao Criador, pois a paz emanada por Cristo, naquele momento, penetrou em cada um dos corações abençoados pelo sopro da ressurreição e esteve em cada corpo e cada espírito de cada homem, agora possuidores de parte de tudo aquilo que compõe a essência espiritual que é o Criador, e a paz se fez em forma de virtude e dom material para engrandecer de capacidades celestiais cada um deles.

Pois a paz se transformou em dom existencial terreno, advindo da Luz que emana do próprio Deus, e abrigou em cada ser que, a partir daquele exato momento, existiria em devoção ao Criador; e assim como havia sido dom de Jesus enviado por vosso Pai, assim o seria com cada um dos discípulos que atuariam em missão divina, também levando o nome de Deus Pai aos quatro cantos do mundo, por meio da paz concedida a eles e do poder de comunicação com o campo espiritual sagrado, também a eles conferido por meio da mediunidade que cada um recebera em forma de regalo, para atuar em missão sagrada em nome do Criador.

"Recebei o Espírito Santo", e todos os dons divinos foram entregues aos missionários divinos, outrora discípulos do Mestre Jesus, em nome do poder e da misericórdia divina. E lutaram os vossos discípulos em nome da Verdade que é Deus, o Criador, conhecendo Deus através de vosso único filho, capaz de trazer a mensagem do Pai ao mundo, e que, por isso, tornou-se carne e regressou ao espírito, de onde jamais deixou de ser, para ser aquele que traria a força ao mundo por meio da matéria, que por terra caminhou, assim como qualquer outro mortal, carregando a humildade, a misericórdia e a paz do Pai Celestial.

Por isso, todo aquele espírito vivo em matéria, se as vossas obras forem edificadas em verdade, eternamente serão lembrados pelas obras em espírito em campo terreno, pois vossas obras não serão memoradas pela carne, que por campo terreno caminhou e findou-se, e sim pelos feitos que vosso espírito, através da carne conquistou, pois suas conquistas serão em nome do Criador e não em vosso próprio nome. Por isso, jamais poderá ser esquecido ou morto, nem em matéria, nem em espírito, e ainda que não mais exista a matéria, o espírito para sempre será lembrado por aqueles que nele creram, pois este não morrerá jamais, nem nos corações daqueles que a este se prostraram, tampouco no elo celestial, pois eternamente será espírito eterno de Deus, e eternamente este viverá sendo aquele que um dia foi.

"Os quais também, depois de ter padecido, se apresentou vivo, com muitas infalíveis provas, sendo visto por eles por espaço de quarenta dias, e falando das coisas concernentes ao reino de Deus". (Atos dos Apóstolos 1:3).

Pois aquele que se retirou da terra de homens e espíritos, carregados pelos mais insolentes inimigos, tendo sido pregado no madeiro desgraçado da dor, carregado pelo ódio, e o tormentos de ser o filho único de Deus, tendo descido aos mais dolorosos elos espirituais, para aplicar a vossa doutrina e tornar-se rei, e sentar-se à destra de vosso Criador, não ressuscitou para mostrar-se como essência espiritual àqueles que nele creram meramente para adquirir graças a troco de nada ou ser reverenciado por mera ilusão de outros poucos que puderam vê-lo em sua verdadeira forma, desprendido da matéria carnal, que pode ser o bem ou pode ser o mal de cada um que a possui. Apresentou-se para cumprir com a determinação de fazer-se presente dentre os seus, da forma real tal qual fora concebido, em espírito, e fazê-los crer no poder do Espírito Santo, que é o Criador que vos criou e deu-lhe o poder de ser quem se é.

Por isso, não teve ele aparecido aos seus, por arrogância de provar o que não se provava com palavras, pois as provas já haviam sido dadas enquanto se encontrava em matéria, tampouco para ser o que não desejava, apenas colocando-se superior aos demais, pois nada é superior ao vosso Deus. Por isso, vossa aparição não é era apenas fato de prova de que todos os filhos de Deus são espíritos, mas de que todos os espíritos são filhos de Deus e todos possuem uma missão terrena, e todo aquele que alcançar a evolução espiritual terá a vida eterna ao lado do Pai Celestial, assim como vos provou despertando do pó da terra e sendo o que realmente era, espírito à imagem e semelhança de Deus.

Mas não era Jesus uma mera ilusão aos seus discípulos e sim a prova de que todos são espíritos nascidos de Deus, o Criador, reflexo de vossa imagem e semelhança, ou seja, espíritos dotados de sabedoria, inteligência, jamais se findarão, pois todos os espíritos são imortais e todos os olhos mortais se juntam quando a crença é maior que a ilusão ou a falsa promessa mundana de que tudo se acaba em terra.

    O Filho único de Deus, ou o próprio espírito filho único de Deus que caminhou por sobre a terra de homens, é a única prova de que a mediunidade, através do espiritismo, parte de Deus e dos espíritos criados por Deus e sua origem divina. Pois comprovação maior derramada por sobre todos os que puderam vislumbrar, por possuir fé maior que a carne, são aqueles que caminharam junto de Cristo e por ele testemunharam vossa ressurreição, através de vossa aparição em forma de espírito, pois já não possuía mais carne para caminhar por sobre a terra, e ainda assim comungou com seus discípulos de vosso amor, através do espírito que recebeu de seu pai, o Criador, pois já era hora de ser aquilo que realmente era e nascera em terra para ser.

"E foram vistas por eles línguas repartidas, como que de fogo, as quais pousaram sobre cada um deles. E todos foram cheios do Espírito Santo, e começaram a falar noutras línguas, conforme o Espírito Santo lhes concedia que falasse". (Atos dos Apóstolos 2: 3,4).

    E cada um dos discípulos que observara com olhos carnais as línguas de fogo, que dos céus desciam e tomariam vossos corpos em ato mediúnico, utilizando as vossas matérias como meio de comunicação carnal, que deveriam servir de instrumento entre o elo terreno e o elo santificado, sentiu-se tomado pelo poder do espírito daquele que, por alguns instantes, fez-se matéria através de vossas matérias, conduzindo vossas falas por meio da boca e cordas vocais de cada um, mesmo estando eles sóbrios e isentos de estímulo, por meio de substância alcoólica ou qualquer outra forma de embriaguez, sendo, naquele momento, espíritos encarnados em elo terreno, atuando sobre influência de outros espíritos desprovidos de matéria de forma inconsciente, ainda assim mantendo vossos sentidos e estímulos materiais. Pois ainda que estivessem em estado de transe mediúnico mantinham vossos corpos e consciências intactos em invulnerado ato mediúnico que experimentaram.

    E antes mesmo de receberem, de forma mediúnica, os espíritos daqueles que os utilizariam como instrumentos materiais para comunicação espiritual, em vossas primeiras experiências intermediárias, entre o sagrado e o terreno, avistaram línguas de fogo pairando por sobre vossas cabeças, como que anunciando o que estaria por vir, ou seja, o que seria a forma de comunicação transcendental entre os céus e a terra, em ato sagrado de doar-se em matéria a quem deve ser a si mesmo livre de dores e apegos materiais, no momento em que ocupar vossos corpos e trazer as mensagens celestiais aos campos terreno.

E avistaram línguas que ardiam em brasas, pois a língua representa a fala, que era a forma o que seria utilizada em ato mediúnico, enquanto o fogo é a força de maior poder, e um dos elementos da terra, essencial para a vida terrena, forjando as impurezas das essências daqueles homens, que mesmo despreparados, seria através do fogo eliminada toda e qualquer essência negativa aos vossos redores, para que pudesse ser espiritualmente capaz de doar-se e receber tais espíritos, em vossos corpos materiais, pois através da brasa seriam purificados em essência, para cederem vossas matérias. Isto é, o fogo, que é o elemento terra, capaz de forjar e purificar toda e qualquer essência impura e corrompida, se fez necessário antes que os discípulos pudessem experimentar pela primeira vez as vossas mediunidades de forma corporal.

E após vislumbrarem vossas próprias línguas, sendo queimadas perante vossos olhos, por meio da forja avassaladora, sendo a língua consumida pelo fogo, não era apenas uma espécie de língua ou uma espécie de fogo, e sim o próprio fogo santificado, eliminando todos os males e essências que pudessem impedir a presença daqueles espíritos em estágios espirituais mais nobres e evoluídos em relação àqueles homens, que vivenciando época de grandes lutas e desolações espirituais, labutavam em uma era em que as crenças e essências eram mais impuras e contaminadas que as próprias línguas dos viventes, com isso tornando vossas próprias essências imundas de sentidos materiais por caminharem em sintonias negativas incompatíveis com aquelas que iriam através de incorporação receber.

Portanto, a língua de fogo é a forma espiritual de limpeza da essência material, através do poder do fogo, purificando por meio da forja, cujo regente terreno conduz a energia essencial, para que seja purificado todo e qualquer elemento não material em elo terreno, tornando cândida e pura qualquer essência e espírito, transformando qualquer existência em qualquer elo ou nível espiritual similar em mácula e pureza, para que toda forma de existência se assimile em favor de uma ação ou ato. Desta forma, tornando-os simples homens, outrora, discípulos do Mestre Jesus, de pequenos aprendizes a homens capacitados por meio do fogo, comunicarem-se com os demais espíritos encarnados, através da mediunidade de incorporação, em que cada discípulo, sendo a si mesmo, comunicou-se em fala, cedendo a vossa matéria na maneira que aqueles espíritos concediam que seria, sem alterar ou afetar a matéria carnal de nenhum deles.

E purificados em matéria e essência espiritual encheram-se do Espírito Santo, ou encheram-se da essência dos espíritos reflexos de Deus, o Criador, assim como eles mesmos, porém em estado de evolução superior, talvez, mais próximos ao único Espírito Santo, aquele que lhes concedeu a determinação, o poder e as forças, para atuar em vosso nome, em cumprimento de missão terrena, por meio da utilização da matéria de outro espírito, porém encarnado, mas assim como eles mesmos, espíritos de origem e missão divina.

Deus, o Criador, é o único Espírito que dá a vida espiritual ou a possibilidade de vida material, assim como poderes e forças diante de vossa verdade, pois somente o Espírito Santo é capaz de determinar vossos espíritos, para que se ocupem de demais seres espirituais, assim como ele, e conduza por meio da essência espiritual, de forma material, o diálogo ou qualquer que seja a ordem necessária aos demais espíritos, que se encontram encarnados em terra, não por vontade própria dos espíritos encarnados ou espíritos de luz, e sim por determinação divina, trazendo a paz, a luz e apontando os caminhos mais ternos e puros dentre os homens.

"Mas isto é o que foi dito pelo profeta Joel: E nos últimos dias acontecerá, diz Deus, que o meu espírito derramará sobre toda a carne; e os vossos filhos e vossas filhas profetizarão, os vossos jovens terão visões, e os vossos velhos terão sonhos" (Atos dos Apóstolos 2:16,17)

E os espíritos que foram tomados, utilizando de vossas línguas antes forjadas em fogo brando, profetizaram em nome daquele que os encaminhou a cumprir com a determinação de os tornarem médiuns de incorporação espiritual, em nome de Deus, profetizando os vossos sentidos e conhecimento evolutivo, através de palavras. Por isso, o Espírito Santo de Deus é o único capaz de derramar-se por sobre a carne, pois a carne, assim como o espírito, somente existe por vossa ordem e vontade, e assim como cumpre a determinação de ser matéria abrigo do espírito reflexo do Criador em elo terreno, a matéria também cumpre a ordenança de ser capacitada para receber outro espírito de igual semelhança espiritual, para cumprimento de virtude de derramar-se da forma necessária para prever, predizer ou anunciar em vosso nome, trazendo esperança, alento e caminhos menos tortuosos aos filhos da terra.

Todos os espíritos foram criados por Deus, e somente uma determinação do Criador poderia permitir e conduzir um espírito ao elo terreno de forma branda a adentrar sobre outro ser, usando o poder de comunicação para prestar a vossa bondade e vossa caridade. Pois, assim como nenhum fio de cabelo nascerá em nenhuma cabeça, a não ser pela vontade de Deus, nenhum espírito se utilizará de outro ser espiritual, para trazer-lhes profecias ou abrandar-lhes os corações mais necessitados, sem que a determinação parta de forças soberanas e sagradas. Pois todos os espíritos, sejam estes encarnados ou não, pertencem a uma força soberana, e somente esta força, possui o poder de abrir os céus e determinar que os espíritos, em campo celestial, partam para o campo terreno e façam daqueles seres encarnados e preparados, canais de ligação entre o sagrado e o aprendiz terreno, como forma de derramar a misericórdia, a evolução e o amor, que possuem aqueles que dela necessitam como forma de caridade.

E não são em vossos nomes que os homens da terra farão vossas nobres caridades, embora beneficentemente doam-se em matéria para que os espíritos possam através de vossas matérias compadecerem-se em auxílio às dores dos encarnados, nenhum auxílio é oferecido por mera decisão ou vontade dos homens terrenos, pois estes não possuem emanação ou força de transformação, advinda internamente por mera força interior. Por isso, todo e qualquer ato caridoso dos encarnados, através dos espíritos, o é por determinação divina, e não por vontade própria, nem dos homens, nem dos espíritos. Pois toda e qualquer caridade advinda dos espíritos se faz por determinação daquele que lhe concedeu conhecimento e evolução, para que pudessem praticá-la em terra, auxiliando os encarnados, e não por vontade própria, pois vossas determinações, poderes e forças partem do ser superior que os determinam em ordem suprema. Por isso, estes espíritos mais evoluídos e servos divinos são prestativos e bondosos em nome de Deus que os permite pertencer a elos evolutivos e adquirirem luz, conhecimento, amor e caridade, para que possam comungar entre os demais espíritos, sejam estes em campos espirituais ou em campos terrenos.

Mediunidade e a conexão espiritual

"Mas recebeis a virtude do Espírito Santo, que há de vir sobre vós; e ser-me-eis testemunhas, tanto em Jerusalém e Samaria, com em toda as Judéia, e até aos confins da terra... E estando com os olhos fitos no céu, enquanto ele subia, eis que junto deles se puseram dois homens vestidos de branco. Os quais lhe disseram: Homens da Galileia, por que estais olhando para o céu? Esse Jesus, que dentre vos que foi recebido em cima no céu, deve vir assim como que para o céu os vistes ir" (Atos dos Apóstolos 1: 8, 10,11)

11.2 Mas não foram estes homens além do que simples operários, seguindo o Mestre Jesus, que vos concedeu o dom da visão, porém, no momento em que estavam com os olhos voltados para o céu avistando a subida do Mestre, outros dois homens de branco comunicaram-se lhes predizendo o que haveria de ocorrer. Mas aqueles homens, nada além do que meros operários, foram os únicos dentre todos os homens daquela época que receberam o dom de, além de poder vislumbrar Jesus, o Mestre, o Homem, também puderam comunicar-se em palavras com os anjos que dos céus desceram e lhes predisseram o que viria a ocorrer.

Ou seja, antecipando em palavras, que está não seria a única visão ou a única aparição de Cristo diante daqueles olhos atentos, pois aqueles não eram apenas anjos em forma de homens que apareceram apenas para confessar-lhes segredos espirituais, e sim os anjos anunciadores que caminhavam junto com o Mestre, o guiado, e o conduzindo em campo sagrado terreno, por conhecerem todos os vossos passos celestiais, sabiam também sobre vossas próximas aparições.

E não seria apenas para mostrar-lhes o dom que haviam recebido como forma de confirmação da capacidade de visão espiritual, e sim para acrescer em cada um daqueles homens o mais puro e espiritual dom celestial, que poderiam receber em terra, o mesmo dom que outrora fora designado, apenas ao Mestre para mostrar ao mundo a força do Senhor Deus, e que agora aos seus fiéis seguidores, pelo amor de mesmo Deus Pai, também os possuíam. Por isso, fora concedido a cada um deles o dom da mediunidade, para que pudessem dar continuidade às obras de amor, compaixão e cura iniciadas, pois seriam a partir daquele momento os transformadores e disseminadores dos dons e obras divinas em nome de Deus, que pelo próprio filho único havia sido concedido por meio do sopro de ressurreição, em que cada discípulo não seria apenas o transmissor das palavras de Deus, e sim as próprias testemunhas vivas das obras, e as próprias obras sendo passadas e continuadas em vossas épocas em nome do Criador, a quem Jesus também representava.

Pois, assim como fora determinado pelo Mestre aos vossos seguidores, discípulos na fé de Deus, concedendo-lhes o dom da clarividência, da audiência, da profetização e da cura, em forma de caridade e amor ao próximo, para que pudessem predizer, prever, anunciar ou profetizar; são as atividades dos espíritos em nome do Criador para trazerem a paz, a calma, o amor e a compaixão divina por sobre a carne. Pois toda caridade como forma de anunciação somente é realizada, pois existe um espírito maior, de maior autoridade, conduzindo-os e guiando-os em palavras e ações, para que tais atos e anúncios sejam possíveis.

"E disse Pedro: Não tenho prata nem ouro; mas o que tenho isso te dou. Em nome de Jesus Cristo, o Nazareno, levanta-te e anda. E, saltando ele pôs-se em pé, e andou, e entrou com ele no templo, andando, e saltando, e louvando Deus" (Atos dos apóstolos 3: 6,8)

Pois não eram os discípulos meros errantes adivinhadores de coisas e fatos imagináveis, pois não tinham estes nenhuma pretensão ou intenção de ser nada além daquilo que o Mestre determinou e ordenou, pois nem mesmo conheciam poderes similares ou de tamanha força divina em vossos caminhos, a não ser aqueles que vislumbraram no Mestre, tampouco sabiam que poderiam, em algum momento, atuar em nome do Criador, por ordenança do Mestre Jesus, em razão da cura e da salvação, por meio da mediunidade e capacidade de trazer de volta a esperança e a saúde aos necessitados do amor de Deus.

E embora desejassem fazer pródigos, assim como o Cristo os fazia, não sabiam exatamente de onde estes vinham e quem os conduzia, por isso, foi preciso conhecer o verdadeiro Mestre, que é o Ser Espiritual e não material, crerem na força e no poder de Deus, através do Mestre Espírito de Luz e não no Homem que os conduziu, para depois receber os vossos dons e habilidades espirituais, para assim como Cristo, e por Cristo, atuar na salvação em nome de Deus Pai, e não em vossos próprios nomes, pois os vossos nomes terrenos não possuem poder de cura ou salvação se não vierem através das forças e poderes emanados do Criador. Por isso, não eram pretensiosos em construir falsas verdade e ilusões, pois bem sabiam que os pródigos de Jesus vinham dele mesmo, pois foram determinados e concedidos em direito real pelo Criador e que jamais poderiam executar tais atos e ações milagrosos, se não fosse por dom doado e concedido pelo próprio Cristo, que também os detinha, pois recebera do próprio Deus Pai.

E por conhecerem a Verdade, que é o Espírito e não Homem, e por acreditarem em vossas verdades, por meio do Espírito e não mais da matéria e aceitarem os vossos dons para serem apóstolos pela fé em um só Deus, é que puderam realizar tantas obras quantas foram necessárias em nome do Criador, e não em vossos próprios nomes, pois sabiam que vossos poderes de cura vinham de um único ser; de Deus e não de vós mesmos, cedidos pelo Mestre que vos confiou as ordenanças dos pródigos por meio da cura por amor, respeito e compaixão com eles, que também por vós tiveram.

Por isso, somente existe conexão espiritual entre a carne e o espírito, pois foi pelo Criador determinado, pois todos aqueles que atuaram na cura e na salvação dos demais encarnados o fizeram por ordenança divina através do Mestre Jesus, que vos concedeu o direito de trabalhar em nome de Deus Pai, assim como trabalhou até o último dia terreno de vossa existência material. Porém, para que continuassem os vossos trabalhos em nome do mesmo Senhor Deus. Quem vos criou e ordenou aos seus que seguissem os mesmos passos e atuassem pelo mesmo Deus, com semelhantes poderes de cura e de salvação. E não eram os apóstolos médicos ou curadores, e sim portadores das graças e forças do único Deus, que por força e dom a eles concedido pelo Mestre, para que pudessem executar em vosso nome.

"E nos últimos dias acontecerá, diz Deus, que do meu espírito derramarei sobre toda a carne; e os vossos filhos e as vossas filhas profetizarão, e os vossos jovens terão visões, e os vossos velhos terão sonhos" (Atos dos Apóstolos 2:17)

E neste dia não serão apenas os discípulos do Mestre que terão os dons divinos que receberem os espíritos de Deus para dar continuidade às obras iniciadas pelo Mestre, pois foi o próprio Deus, o Criador, quem concedeu a ordenança de que todos os vossos filhos e filhas possam falar em vosso nome, possam ter visões e possam ter sonhos, que elucidem os vossos caminhos e vos tragam mais amor e esperança, assim como próprio Filho Único o fez diante de vossa promessa, perante o Pai Celestial, conduzindo às boas obras, e trazendo a terra de desamores e desespero às obras do Criador, que o enviou para provar o seu amor, e também o retirou para que todos pudessem conhecer a força de Deus Pai, que é Espírito.

E o Criador, que cria tudo em Espírito, que fez descer a terra vosso primogênito espiritual, único determinado para esta missão, que ressurgiria diante daqueles olhos, assim como verdadeiramente fora criado e é, ou seja, Espírito; para que todos cressem em vós e no Deus Espírito Santo, que determina e concede todas as coisas. Que pelo mesmo Deus, que vos fez também em espíritos e os tornam vossos leais e fiéis trabalhadores espirituais em vosso nome, para também compartilharem de todos os ensinamentos e dons, como forma de disseminação do amor e da compaixão, dentre todos aqueles que buscam e necessitam do amor e da misericórdia, em vossas empreitadas espirituais e vossas vidas materiais, trazendo-lhes virtudes e honras celestiais, para que atuem em vosso sagrado nome e em vossa sagrada terra.

Pois todos aqueles que creem em Cristo, creem no Espírito, que é Cristo. E quem crê no Espírito de Cristo, crê no Espírito Santo que é Deus, pois quem o criou e concedeu a missão terrena também é o criador de todas as coisas, dons e virtudes celestiais, espirituais e temporais e, por isso, creem no Espírito e não na carne, que outrora fora o Mestre. Pois este, ressurgido de vossa Verdade em Verdade, para ser a Verdade de Deus, o Espírito Santo o é por determinação de mostrar-lhes todas as verdades celestiais, que carregam os seres materiais, que também são seres espirituais, igualmente criados e ordenados em missão terrena, pois o mesmo Deus que ordena seu primogênito ordena também todos os seres a serem e padecerem de tudo aquilo que a vossa Verdade determina e ordena.

Por isso, todos são parte da continuidade das obras, outrora plantadas em jardins terrenos, molhados no sangue vermelho escorrido do madeiro miserável da dor, para serem a continuação em forma de anúncio das obras celestiais, que através da fala, das visões e da sintonia espiritual trarão um pouco da verdade e do amor do criador aos demais filhos da terra, em forma de luz por meio dos dons de comunicação e não mais em forma de sangue escorrido em cruzes terrenas de calvários santos.

E, por isso, todo aquele que crê em Deus, crê no Espírito, e quem crê no espírito, espírita o é pela fé que vos une ao Criador, que concedeu-lhes os dons celestiais, igualmente concedeu o vosso Mestre Jesus, espírito dotado de amor, pureza e eternidade de glória. Por isso, independente da doutrina terrena praticada, todo aquele que crê no poder das forças de amor, luz, misericórdia e da bondade, que brotam e jorram do Senhor Deus, acredita no exercício do Espírito e não nas obras da carne, pois o Ser Supremo não é, e jamais será, carne terrena, que pode ser consumida ou consumada, pela própria terra que criou.

"E havendo dito isto, assoprou sobre eles e disse-lhes: Recebei o Espírito Santo" (João 20: 22).

E o mesmo sopro que vos concede o espírito através do sopro de vida que o Criador insere o espírito ao abrigo orgânico, para que este tenha vida material e possa ser vivo no elo terreno, e que é recebido e alojado na Aura Plena; recebe também um sopro celestial todo aquele espírito que já está em casa celestial e que através das obras divinas atuará em nome de Deus, nas casas espirituais terrenas, emanando as energias cedidas pelo Espírito Santo. Pois, para que possa haver o espírito atuando em nome de Deus, utilizando-se da matéria carnal de outro ser, assim como ocorreu com os discípulos ao receberem através do sopro divino o recebimento do Espírito Santo, para atuarem em vosso nome, e que pelo Criador fora determinado que ocorresse com seus filhos e filhas, se faz necessário que seja concedido o sopro de ressurreição, que é a permissão e a entrada de outro espírito na Aura Plena deste ser material e espiritual, para que este se aloje por determinado momento e cumpra as determinações, o que será para isso utilizada uma matéria carnal.

O sopro de ressurreição é o ressurgimento de outro espírito que já fez a passagem espiritual e é nascido em elo celestial, caminhando sobre as leis divinas em nivelamento santo de falange espiritual, buscando evolução de seu próprio espírito, e por autorização superior de espírito, que comanda vosso agrupamento, ressurge em outro corpo material e dá vida espiritual a outro ser carnal e espiritual, para cumprimento de ato espiritual por determinação divina, conhecido também como mediunidade espiritual. Porém, o sopro de ressurgimento ou ressurreição é o momento em que o espírito adentra a Aura Plena de outro ser e ocupa-se desta para prestação de serviço espiritual divino em nome de Deus, por ordenança ou determinação espiritual, jamais por vontade própria de nenhum encarnado, nenhum espírito ou quaisquer que sejam as forças que comandem um espírito, se acaso não forem as forças do Criador, por meio daqueles espíritos que regem e governam tais ações espirituais, para estes atos ocorrerem em terra.

Logo, o ressurgimento através do sopro de ressurreição não consiste em fazer comunicação com os mortos, ou simplesmente falar de maneira estranha, ou ainda trazer os mortos de volta à vida carnal por curiosidade ou descuido material, pois os espíritos que já fizeram vossas passagens de elo e encontram-se nas casas celestiais, na busca da evolução espiritual, não são espíritos que morreram em elo espiritual, pois estes, por serem errantes, já não possuem mais direitos, deveres ou liberdade de vida celestial, para busca de evolução, e sim espíritos, que renasceram em vida puramente espiritual, e por prestarem vossas caridades espiritualmente e estarem em nivelamento avançado, possuem por determinação de vossos chefes superiores a possibilidade e o dom do ressurgimento espiritual, em campo material, que também representa para eles a continuidade de missão espiritual de cumprimento santificado.

Por isso, jamais serão espíritos mortos ou em elos de remissão ou julgamento espiritual. Isto é, nenhum espírito ressurgido, que possua determinação espiritual de atuar em prol da caridade santa, dando continuidade às obras do Mestre Jesus, que também fora ressurgido e esteve entre os seus discípulos, fazendo-se presente em terra para prestar ajuda aos necessitados em forma de caridade o fazem com a ordenança divina. Desta forma, todos os espíritos que se encontram em casas celestiais, encontram-se nos caminhos santificados na busca de evolução e crescimento espiritual, e o ressurgimento por meio do sopro de ressurreição é mais uma forma de prestar serviço santo em nome de Deus, o Criador, que concedeu-lhes o direito de serem caridosos e desta maneira e atuarem em nome Dele, por meio dos demais espíritos encarnados, que na terra se encontraram e necessitam de auxilio espiritual.

Pois nenhum trabalho espiritual de ressurgimento fora esquecido ou deixado ao esquecimento após a subida do Mestre Jesus, pois não faria o Criador ato de tamanha santidade e caridade, trazendo a vista dos encarnados o vosso filho para desprezar vossas ações e esforços, como se todos os demais espíritos não fossem parte do trabalho iniciado por Cristo, que mostrou-lhes o verdadeiro ser que o era. Por isso, a continuidade dos trabalhos executados pelo Mestre, fazendo-se vivo em espírito e demonstrando as vossas obras, jamais será esquecido ou abandonado, pois foi através de vossa Verdade que a verdade sobre o espírito e a forma de atuação dos espíritos se fez presente, pois se fez verdade espiritual por meio da verdadeira essência e vida que o é.

Ora, se o sopro da ressurreição não é o ressurgimento de todo espírito, já em elo celestial em prol da caridade, que é o mais nobre dos ensinamentos espirituais, que um encarnado pode receber, pois todos aqueles que se encontram nas casas celestiais o estão por terem cumprido com vossas missões terrenas; e por estarem nas casas santas são, por nivelamento, mais elevado, mais conhecedor e evoluído que os encarnados que aqui se encontram, porém, independente do nivelamento, caminham com vossas bagagens espirituais para prestarem vossas caridades, ensinarem e prestarem a vossa compaixão, aqueles que muitas vezes não os reconhecem como sendo espiritualmente superiores, não os reconhecem como sábios e mestres, e não os reconhecem como sendo a continuidade do amor e da esperança, diante de vossas faces, assim como o Mestre Jesus o foi; e que caminhando por esta mesma terra, carregando apenas amor e a misericórdia, recebeu o vosso próprio sangue, sujando o madeiro desgraçado em retribuição às obras e feitos, em nome do mesmo Criador.

Porém, estes espíritos ressurgidos em elo terreno, através da mediunidade espiritual do encarnado, não os condenam ou culpam pelas vossas próprias desgraças e derrotas espirituais e terrenas, por serem muitas vezes teimosos e descrentes de vossos trabalhos, mas continuam a contribuir com vossas caridades de maneira humilde para que um dia estes mesmos encarnados se ocupem de ser também caridosos e humildes uns com os outros, assim como o Criador os ensinou e ainda os ensina, por meio de todos os atos e ações espirituais espalhados pela terra, para que sejam observados e copiados pelos seus filhos.

E assim são os espíritos com missões terrenas, honrosos em serem instrumentos do Pai Celestial na ordenança de levar o amor, a luz e a compaixão de maneira, tão docemente branda, que é através de emanação em um corpo material, que não é o seu próprio, porém o representa para que não fira ou traga danos espirituais, carnais ou emocionais aos encarnados menos preparados para recebê-los de outra maneira, levando em consideração que cada um, ou seja, espírito em elo celestial e encarnado está em um campo de evolução e aprendizado diferente e cada um possui suas limitações e formas de ações perante o campo em que se encontra.

Portanto somente pode ocorrer este contato transcendental entre os elos através do sopro de ressurreição que a essência espiritual, se alimentando da energia material alocada na Aura Plena, para que toda graça e cura possam ser alcançadas em nome da misericórdia divina, a mesma misericórdia que Jesus carregava, e com o seu dom da cura restabelecia a matéria e a alma, que o encarnado pode receber as graças divinas através dos espíritos em nome do Criador.

Pois não sendo propício que os espíritos simplesmente ressurjam em campo terreno da forma que o são em espírito, para comungarem das forças e caridade com os encarnados, pois nem todos estão preparados para vê-los e se comunicarem, tanto pelo motivo do consumo de energia material e espiritual, quanto em relação à convivência entre espíritos e encarnados, assim como não estavam os discípulos antes de serem treinados pelo Mestre para tal ato. Os espíritos encaminham-se para o elo terreno em missão espiritual por meio do ressurgimento, que é uma maneira de inseri-los aos grupos e casas espirituais, dando continuidade à doutrina santa, sem ferir ou aborrecer nenhum encarnado, que embora também sejam espíritos, não estão preparados para tais aparições de vossos irmãos que já não possuem a carcaça material.

E assim, Deus, o Criador, vos abençoou concedendo-lhes o poder do ressurgimento, por meio dos próprios encarnados, para que os vossos servos, através da carne material, alojando-se também em Aura Plena, para que se preserve o espírito e a matéria do encarnado, possam assim como o primogênito trabalhar em nome do Pai Celestial, levando o amor à caridade e as bênçãos divinas para toda a humanidade.

E aos servos de Deus, os vossos espíritos, e aos servos dos espíritos, os médiuns que serão os vossos instrumentos terrenos, que cederão as vossas carnes para que sejam derramados os espíritos de Deus, ou espíritos que residem em casas celestiais, para que possam em vosso sagrado nome profetizarem e serem o acalento das angústias e dos caminhos tortos, para a libertação das dores e desânimos, pois somente aqueles enviados e preparados para serem servos os serão e falarão em nome daquele que os conduzem e determinam ser em vosso nome, e que por isso farão exatamente aquilo que foi pelos vossos superiores determinado.

"Observeis meus sábados e respeitareis meu santuário. Eu sou o Senhor. Não recorram aos adivinhos e nem busquem encantadores, pois vocês serão contaminados por eles. Eu sou o Senhor, o Deus de vocês" (Levítico 19: 30, 31).

Por isso, a proclamação quando diz: respeiteis meu santuário e não busquem adivinhos ou encantadores, pois "Eu sou o Senhor, o Deus de vocês", não é apenas uma proclamação e sim uma determinação, de que não busquem por inverdades trajadas de boas verdades, pois não será necessário recorrer aos enganadores, pois o próprio Deus os encaminha o Espírito para que se comuniquem através do santuário, que vos concedeu a possibilidade de falar diretamente com o vosso Espírito, e para que se prostrem e caminhem por ele.

Mas por qual motivo haveriam de buscar inverdades em outro lugar que não seja o próprio santuário que vos concedeu? Ora, já possuem dentro da própria Casa Santa o Espírito de Deus, derramado por sobre vossas cabeças, o vosso próprio manto para atender-lhes as vossas necessidades e os socorrerem em todas as enfermidades e dores. Pois o Espírito que habita a casa santa não será encontrado em outros cantos, ou moradas de inverdades, que não possuam as obras determinadas de Deus, e certamente os enganará com falsas promessas e inverdades.

Portanto, respeitem o santuário que foi o próprio Deus quem vos ofertou e abençoou e não se iludam com as falas inflamadas dos falsários vendedores de ilusões em nome de coisas criadas, ou busquem aquilo que não existe para suprir necessidades materiais, pois estas o levarão ao abismo espiritual e material.

Pois, assim como os mortos não ressuscitarão em terra, seus corpos não se levantarão nos céus, os encantadores não farão com que os que já estão sem vida voltem a viver, assim também, não farão os adivinhos abrirem as portas dos céus e arrancarem as verdades daqueles que são destinados a cumprir as vossas missões em terra e desejam cumprir de maneira diferente ao que já fora escrito pelo Criador. Pois os adivinhos nada sabem e os encantadores nada saberão, pois somente o espírito determinado pelo Criador é capaz de profetizar aquilo que já está escrito, pois o que já está escrito nos livros das promessas não se apaga, tampouco se lê através de falsários, pois estes não possuem as chaves das portas celestiais.

E assim como os encarnados serão capazes de ter visões, sonhos, premunições e de falar em nome de Deus, que os ordenou que desta forma o fizessem, não por vontade própria e sim por vontade daquele que vos cedeu o espírito, nenhum enganador que não possua por determinação santa de espírito derramado para que preveja, profetize ou retenha a verdade por meio do sopro de ressurreição, poderá falar em vosso nome o que por suas mãos não fora escrito e que por isso desconhece.

Mas diz o Criador: Eu sou o Senhor, pois somente ele pode ordenar ou entregar as chaves dos selos, outrora trancados e arrematados com promessas celestiais, seja de um ser encarnado, seja de uma época, um tempo ou um momento, pois o mesmo que cuida dos selos e chaves espirituais dos encarnados, cuida também das eras e dos tempos. Por isso, somente aquele que possui dom celestial pode conhecer, ler, ouvir e proclamar o que cada um traz em seu destino e o que cada era trará. Por isso aquele que se autointitulado sabedor, conhecedor e delator das verdades que a ele não foram confiadas, é falso não somente consigo mesmo e com quem os procura, mas também com o Senhor Deus, que não o autorizou ler uma página sequer dos livros das vidas alheias, tampouco descrever com detalhes o que consta em cada página que a ele não pertence.

"Então disse eu: Ah! Senhor Deus, eis que os profetas lhes dizem: Não verei a espada, e não tereis fome; antes vos darei paz verdadeira neste lugar. E disse-me o Senhor: Os profetas profetizam falsamente no meu nome; nunca os enviei, nem dei ordem, nem lhes falei; visão falsa, e adivinhação, e vaidade, e o engano do seu coração é o que eles vos profetiza. Portanto assim diz o Senhor acerca dos profetas que profetizam no seu nome, sem que os tenha mandado, e que dizem: Nem espada, nem fome haverá nesta terra: À espada e a fome consumirão esses profetas" (Jeremias 14: 13-15).

Nenhuma profetização que construa ilusão ou verdade criada poderá ser advinda do Criador, pois Ele não cria caminhos e os coloca na boca de falsários, para que estes se engrandeçam em vossas vaidades e desejos mundanos, em troca da dor e do sofrimento alheio por mera exibição ou ostentação daquilo que não possuem, tampouco pela troca de vil metal ou aquilo que os convém materialmente. Pois nenhum caminho é escrito apenas de alegria ou dor, assim como nenhuma dor ou alegria são os únicos caminhos de um ser material, por isso, nenhuma profetização de falsa, visão ou fala, reconstruindo os rumos que o próprio Deus construiu, juntamente com cada ser encarnado, selou-o antes de vir ao elo terreno e o mantém selado em campo celestial, poderá ser descoberto ou aberto por qualquer um que se auto intitule profeta, se acaso não tenha vindo dos espíritos de luz, espíritos guias ou aqueles que sejam determinados para cumprir, com a missão de executar tudo aquilo que pelo Senhor Deus os determinou, e que por isso, através da fala ou da visão, a vossa ordenação se cumprirá.

Portanto, nenhum falso ser, seja esse espiritual ou temporal, poderá prever, predizer ou ter visões que não leve aquele que no falso profeta deposita crença aos caminhos do medo, da culpa, da angústia e da degradação, pois nenhum espírito tem acesso por meio de adivinhação de nenhum caminho já traçado e escrito nos livros celestiais. Somente aqueles que possuem as chaves dos selos espirituais podem abri-los e tocá-los, pela autorização e consentimento daqueles outros espíritos superiores, que regem e cuidam de vossas cabeças, e não por vontade própria dos que buscam ou que mentem em nome de Deus.

"E jamais por desejo de quem busca ou da sorte de quem prevê a sorte através de falsas verdades ou daqueles que necessitam de inverdades para aliviar-se de suas próprias verdades, terá um único passo sequer que conduzirá a certeza de cada rumo já traçado e escrito com letras de verdades pelo Senhor Deus. Porque estes se encontraram apenas com a falsidade travestida de bondade,". (Senhor Antônio Baiano)

Por isso, não é o ser material quem determina os espíritos que virão em ajuda aos necessitados, assim como não determinam vossas falas, menções e mensagens, pois não são os médiuns os regentes dos espíritos, e sim o Ser Supremo e vossos fiéis servos, que atuam nas providências divinas para aliviar as dores e trazer a cura aos necessitados. Logo, não é apenas ao médium que os carentes de ajuda espiritual procuram, mas também por seus grandiosos e sábios mestres ou espíritos em grau de elevação espiritual superior em relação a qualquer ser material ainda encarnado, para que os conduzam e os guiem, trazendo o auxílio às dores daqueles que confiam e depositam fé em vossas caridades.

E os servos de Deus, os vossos espíritos, e os servos dos espíritos os médiuns, que serão os instrumentos terrenos que cederão as vossas carnes para que sejam derramados os espíritos de Deus, ou espíritos que residem em casas celestiais, para que possam em vosso sagrado nome profetizarem e serem o acalanto das angústias e dos caminhos dolorosos para a libertação das dores, por isso, não são nem adivinhadores e tampouco encantadores de pessoas ou seres em nome da carne, pois adivinhação não é dom e não possui verdade celestial, assim como encantadores ou necromantes não possuem sopro de ressurgimento, nem nos céus e tampouco na terra. Pois todo aquele espírito que adentra o campo terreno em matéria carnal o faz por determinação e autoridade divina, e não por mera sorte do acaso, assim como fazem os que adivinham, pois é Deus, o Criador, quem autoriza e conduz os espíritos para que sejam os vossos representantes nas ordenanças celestes, para que tragam a paz e não a inverdade em forma de adivinhação, por isso, toda proclamação em forma de profetização, visão e anunciação são por ordenança de Deus e não por ordens de encarnados, utilizando a carne para ser nada além de carne.

Por isso, os anjos os protegerão, os guias os conduzirão, os guardiões os guardarão e o Espírito Santo, através de seus espíritos carregadores da Verdade e da bondade, sobre vos se derramarão, pois toda determinação divina, que possui ordenança espiritual de atuação entre o céu e a terra, se cumprirá, e toda verdade será demonstrada, ainda que os céus tenham de abrir e os espíritos de homens se vestirem, e entre os errantes caminharem, pois toda determinação divina que escrita foi, cumprida será. Pois a conexão entre o céu e a terra ocorrerá entre os espíritos e os encarnados, ainda que os espíritos se façam de encarnados e os encarnados se prostrem aos seres espirituais, sem os reconhecerem como espíritos, pois cada encarnado que possui o seu próprio espírito recebido por Deus Pai cumprirá e será tudo aquilo que a ele foi determinado está proclamado e selado, entre os céus e a terra para que seja feito.

"Não é próprio dos reis, ó Lemuel, não é próprio dos reis beber vinho, nem dos príncipes o desejar da bebida forte; Para que bebendo se esqueçam da lei, e pervertam o direito de todos os aflitos. Dai bebida fermentada ao que está prestes a perecer, e o vinho aos amargurados de espírito. Que beba, e esqueça da sua pobreza, e da sua miséria não se lembre mais. Abra a tua boca a favor do mudo, pela causa de todos que são designados à destruição (Provérbios 31: 4-8)

Para ser um ser encarnado, ou seja, vivente em terra, é preciso que as duas vertentes que compõem este ser material estejam unidas, ou seja, são necessárias a parte espiritual e a parte orgânica em conexão. Isto quer dizer que é preciso que o espírito esteja ligado à matéria por meio do sopro de vida e do alojado do espírito ao abrigo material já existente, através do cordão de prata, caso contrário não existe ligação espiritual para que o ser receba as emanações espirituais e se faça vivo.

Para que um espírito adentre a mesma Aura Plena do ser encarnado, e que haja a incorporação, é preciso também que as duas vertentes estejam alinhadas, tanto à espiritual, quanto à material ou à orgânica, na mesma Aura Plena, que pertence à vertente espiritual da matéria orgânica, caso contrário, não será possível que ocorra a incorporação mediúnica. Isso quer dizer ainda que carne e espírito devem estar ligados por meio da conexão que os unem, transformando-os em únicos seres, naquele momento, ainda que o espírito não pertença àquela matéria, naquele momento adentrará como se assim a pertencesse.

Pois ainda que o espírito que adentrará a Aura Plena por meio do sopro de ressurreição, por determinado momento, não pertença àquela Aura Plena, não existe outro meio de haver sopro de ressurreição e incorporação mediúnica, a não ser da mesma maneira em que se conecta o espírito à matéria, ou seja, através de um sopro, que é a inserção de um espírito a um abrigo já existente. Porém, neste caso, a inserção deste espírito a uma Aura Plena pertencente a outro espírito, não dará a este outro espírito o direito de alojamento, pois não será conectado pelo cordão de prata a esta Aura Plena, isso quer dizer que não será perpetuamente conectado a ela.

Mas esta inserção, diferente do sopro de vida que é o momento sublime da inserção do espírito acabado de nascer em campo terreno, conectando-se pela primeira vez com o seu corpo material por meio da Aura Plena, ocorrerá de maneira diferente. Primeiramente, por não se tratar de um sopro de vida com alojamento espiritual, e segundo porque será duplamente espiritual, sendo duas vezes espírito e uma vez matéria, ocupando a mesma Aura Plena. Por isso, a incorporação mediúnica é a entrada de outro espírito, através do sopro de ressurreição a Aura Plena, de um ser encarnado que possui sua matéria e espírito em perfeita conexão entre terra, através da vertente orgânica que é a matéria, e da vertente espiritual celestial, através do espírito.

Porém, durante o ato de incorporação, que é duplamente espiritual e uma vez matéria, será este ato duplamente abastecido, através da vertente orgânica, pois a essência do espírito que adentrou a Aura Plena, momentaneamente, precisará também de energia biológica, para que se mantenha em conexão, assim como o espírito, dono daquela Aura Plena, necessita de energia biológica para manter-se vivo. E enquanto o espírito que adentrou a Aura Plena deste encarnado momentaneamente consome a energia orgânica biológica deste próprio encarnado, este precisará se reabastecer para repor suas fontes de energias orgânicas que estão sendo consumidas, pois, durante a mediunidade, o encarnado que perde parcialmente o domínio dos sentidos, jamais a ligação espiritual, precisa estar ligado ao campo material, por meio de uma essência orgânica que o faça conectado com o campo terreno, ou seja, algo que somente poderá ser produzida em campo material e ser orgânico.

Por isso, a bebida que é composta de insumo orgânico, nascido do seio da terra no meio da camada terrena, serve de conexão orgânica entre a matéria e o seu próprio espírito, trazendo fluidez e energia vital terrena, enquanto este se encontra em estado mediúnico, tendo algumas de suas energias vitais sendo utilizadas pelo espírito que compartilha da mesma Aura Plena e fluidez material.

Sendo assim, para que haja conexão entre o ser encarnado, ou seja, matéria, Aura Plena e seu próprio espírito com espírito em sopro de ressurgimento, faz-se necessário que além da matéria que possui o seu próprio espírito e sua própria ligação espiritual por meio das duas vertentes, também algum elemento da terra, que sirva de suprimento orgânico para este ser material e espiritual, que está cedendo sua matéria para que outro espírito adentre em Aura Plena, pois toda energia orgânica consumida para que o outro espírito se alimente de essência biológica na mesma Aura Plena será consumida da parte orgânica daquele que cede a matéria.

Portanto, é este quem precisa alimentar-se de nutrição orgânica, para que receba emanações espirituais biológicas, geradas da terra, para que sirva de alimento energético, enquanto a sua própria energia será consumida. Por isso, precisará de mais fluídos materiais, além daqueles que já possui, para que se sustente a matéria, uma vez que a emanação de sustentação será consumida pelo espírito também abrigado na Aura Plena, servindo-o como vertente biológica.

Então o instrumento material precisará de mais combustível orgânico para manter-se conectado consigo mesmo e com outro espírito abrigado em vossa Aura Plena, pois este será utilizado em demasia e o encarnado necessitará de mais energia para firmar-se em terra e alimentar ambos os espíritos. Logo, todo tipo de bebida e alimento orgânico, sendo também considerados o fumo e as raízes, alimentos de essências terrenas orgânicas, pois destes, serão utilizados apenas as essências biológicas, servirão de alimento orgânico ao corpo material, que irá sugar toda energia que necessitará para manter-se conectado ao vosso próprio ser. Porém, os médiuns atuam em estado de consciência ativo, pois sua consciência é preservada enquanto a consciência espiritual de outro ser adentra a sua através da Aura Plena, por isso, sabe o espírito também abrigado o momento em que o vosso instrumento, médium, precisa alimentar-se de mais bebida ou qualquer que seja o alimento orgânico da terra, para reposição de mais energia espiritual, pois caso não alimente-se, a conexão espiritual será fechada e ocorrerá a desincorporação.

Outro fato durante o sopro de ressurreição é que a emanação do espírito já desencarnado não ocorrera de maneira completa na Aura Plena do encarnado, ou seja, não irá o espírito adentrar toda a vossa energia e poder de forças no instrumento mediúnico ou ser encarnado, pois o espírito se encarrega de emanar apenas o que é necessário para a realização de tal trabalho espiritual e nada mais, pois o ser carnal, além de não estar fisicamente preparado, não existe atividade ou demanda terrena em casa de caridade espiritual que demande toda a energia e força de um espírito. Por isso, não é necessário que se derrame toda a energia e emanação de um espírito, logo, cederá em energia e emanação entre cinquenta e setenta por cento da quantidade da energia vibracional do ser puramente espiritual ao ser encarnado em estado mediúnico.

Então, todo espírito em sopro de ressurgimento, que se utilizando de um ser encarnado em estado de transe mediúnico irá reagir de maneira distinta em relação à quantidade de alimento ou material orgânico que aquele ser material precisará consumir, pois todo consumo de energia se relaciona não somente com a quantidade de energia que o ser espiritual consome, e o encarnado necessita repor, como também com a quantidade de energia que o ser material precisará repor, devido à fixação em que se encontra em relação ao espírito que ressurge em sua Aura Plena. Por isso, quanto mais fixado estiver o espírito comungando dos mesmos fluídos energéticos, menos energia precisará o encarnado para repor.

Isto quer dizer que, aqueles que mais necessitam de energia são os que, mais distantes em emanação, encontram-se do espírito em sintonia vibracional mediúnica, de fluidez, emanação e energia compartilhada entre o espírito celestial e o espírito do encarnado, uma vez que o espírito não necessita de nenhuma forma de alimento orgânico extra, pois o seu alimento orgânico será através da vertente biológica do instrumento material.

Logo, quem necessita de fluídos orgânicos é o médium, para manter-se conectado devido à quantidade de consumo de sua própria energia. Por isso, quanto mais justo estiver o espírito vibrando da mesma fluidez biológica e espiritual entre o espírito dono da matéria e da Aura Plena, menos energia ele consumirá, pois estará vibrando na mesma linha de conexão em que vibra a matéria do encarnado com o seu próprio espírito, consumindo quase a mesma energia, como se fossem dois espíritos colados, utilizando o mesmo material orgânico.

Mas é certo compreender que proximidade não se refere em quantidade de carga de emanação espiritual, pois esta não passará de setenta por cento, e sim a sintonia vibracional entre espírito celestial e encarnado, porém, esta pode ser adquirida ao longo dos anos de atuação com os espíritos ou com a maturidade espiritual mediúnica, que é o conhecimento em comunhão entre ambos, atuando no mesmo ritmo entre as duas vertentes.

Porém, esta forma de vibração e consumo de energia biológica não se aplica aos médiuns em desenvolvimento, pois, para estes, os espíritos ainda não emanam energia vibratória de cura ou limpeza, apenas aqueles que confirmados espiritualmente com seus espíritos guias que já atuam em favor dos trabalhos espirituais e sofrem desgastes materiais orgânicos em prol da prestação de serviço santo.

Outros instrumentos orgânicos, além das bebidas que também são utilizadas pelos espíritos guias, para servirem de instrumentos espirituais, são para emanarem energia de troca de fluidez, tanto para os médiuns quanto para limpeza do ambiente e aos consulentes, pois estes também são emanados através de preparos orgânicos, pois como os próprios médiuns, os consulentes são seres compostos de duas vertentes, sendo uma espiritual e a outra também biológica, logo, todo material e instrumento de cura e limpeza serão também de ordem orgânica, pois assim como as mãos servem de instrumento de emanação espiritual de matéria orgânica, que é a matéria do próprio médium utilizada em harmonia de fluidez energética, os incensos, as folhas, as pedras, as sementes, as frutas, os legumes, os charutos ou as flores, e todo e qualquer outro elemento a base de ervas e produtos naturais, produzidos pela mãe natureza, a partir do seio da terra, são instrumentos de emanação de fluidez espiritual, em que aplicam-se também as duas vertentes, uma espiritual sendo jorrada pelo espírito celestial e outra material orgânica, trazida a partir da terra ou da natureza, para servir de conexão e fluidez espiritual.

Porém, a bebida ainda é o elemento mais utilizado pelos espíritos, devido à fácil fluidez e à facilidade de preparo, manuseio e utilização, porém é certo compreender que nem todas as linhas utilizam-se das mesmas bebidas, sendo algumas docemente ingeridas a qualquer paladar e outras não. Logo, nem todas as bebidas ingeridas como alimento orgânico de captação de energia são bebidas doces e aromáticas; certos tipos de bebidas são abrasadas, justamente para que tenham o efeito necessário para aquele que a ingere.

Por isso, quando diz: *"Dai bebida forte ao que está prestes a perecer"*, refere-se a mesma bebida forte, que era servida pelos reis aos moribundos, para que estes não se encontrassem frente a frente com as vossas dolorosas verdades, preservando as dores dos aflitos e desfalecidos, que nada mais poderiam esperar de benéfico em vossas jornadas. Por isso, a bebida fermentada, carregada de gosto, não mais é do que a bebida destilada, vinda da matéria orgânica terrena, capaz de relaxar os músculos e sentidos sensoriais, como forma de tornar a verdade menos densa e a dor menos dolorida. A bebida composta de insumos da terra, também elixir ou fortaleza dos que estão prestes a morrer, servida aos que em dores padecem, tem o poder de causar ao corpo físico a sensação de alívio, e serenidade, das dores e todas as tensões que são causadas por elas.

Mas o líquido que não desejavam os reis se submeter, para que não corressem o risco de, através de sua ação abrasadora, afrouxamento das certezas e das ideias, e esquecerem-se do cumprimento das leis e causarem danos aos vossos servos e servidores, devido a sua capacidade de trazer impróprio relaxamento e serenidade a realeza, pois também era capaz de elucidar decisões contrárias às leis, é a mesma bebida que, ao ser ingerida pelos encarnados, pode causar o relaxamento e diminuir a tensão muscular e sensorial daqueles que atuam com os espíritos que realizam atividades em elos densos e negativos, pois o poder da bebida fermentada causa o desejado relaxamento da matéria física, preservando assim o encarnado de sofrer tensões e pressões em demasia, em relação ao espírito que em nossa Aura Plena se abriga.

Portanto, toda a tensão de carga energética é aliviada por meio da bebida fermentada, que através do resultado do relaxamento aos primeiros goles ao encarnado, faz com que este não sinta o peso da energia em que atuam os guias e guardiões espirituais em lugares inóspitos, cobertos de brasas, danos e horrores, de forma que se mantenham com o efeito relaxante do líquido, menos propensos a sentirem os efeitos da desincorporação, após a retirada destes guardiões.

Então não é a quantidade de bebida forte que torna um guardião mais ou menos poderoso, grande ou pequeno perante os demais espíritos de seu tipo de atuação, pois o efeito da bebida nada tem a ver com os trabalhos e atuações dos guardiões, pois o efeito do líquido não é para o guardião e sim para o encarnado, que necessita desta para usufruto de sua matéria, e não aqueles espíritos que vieram a trabalho espiritual. Pois estes espíritos atuam nos campos espirituais mais árduos e rígidos e não utilizam nenhum tipo de bebida para ser ou não ser poderoso e cumpridor de vossos trabalhos, porém o encarnado é quem dela necessita, para preservar a vossa matéria dos efeitos que tal energia poderia causar em vosso corpo material.

Por isso, a quantidade que se ingere não traz nenhum efeito após a quantidade de goles necessários para tal atividade de relaxamento da matéria física e suprimento energético do encarnado, por isso embebedar-se não é característica de bom desempenho de nenhum espírito guardião, tampouco forma de se reconhecer um bom trabalhador do serviço espiritual em nome das leis divinas.

Logo, ingerir o líquido de brasas e de forte sabor, aqueles que atuam com os espíritos que possuem energias mais fortes, assim como a própria bebida, compatíveis com os campos de energias mais densas com o qual trabalham, e que por isso possuem fluidez energética e emanação naturalmente diaceradoras ou danosas para que aqueles que dela não necessitam, de forma que os instrumentos materiais não sintam o peso de vossas vibrações e não se sintam pesados ou deslocados ao desincorporar. Por isso, a bebida forte não somente serve de ligação orgânica como também de base de relaxamento corporal e sensorial aos primeiros goles para aqueles que cedem vossas matérias aos espíritos trazidos das esferas mais profundas e dolorosas, nos resgates espirituais de forma para atuarem.

Logo, os espíritos também necessitam de uma fonte de alimentação orgânica para que possam se aproximar, adentrar através do sopro de ressurgimento, através das muitas formas de mediunidade ou qualquer outro tipo de contato, para comunicação com os seres encarnados, pois da mesma maneira que o ser material é composto de duas vertentes, para que seja um ser vivente, ou seja, da vertente espírito divino em comunhão com a matéria orgânica, alimentando-se de maneira também orgânica, os espíritos em campo terreno precisam ser da mesma maneira, alimentados de forma também orgânica, pois esta é a única maneira de permanecer neste elo, onde todas as forças e poderes são, de maneira natural, jorradas pelo elo divino de forma orgânica e puramente espiritual para serem fontes de alimento ao ser material.

E assim como o espírito encarnado precisa de fonte de alimento orgânico, este também precisa alimentar-se de uma fonte de energia orgânica, porém não simplesmente uma fonte de energia de insumos naturais advindos da natureza ou do seio da terra que fornece o alimento sagrado, pois caso pudesse utilizar de qualquer fonte de energia orgânica e natural, bastaria que este se aproximasse das fontes ou dos locais onde são produzidos os alimentos e insumos naturais e sugar a energia que estes infinitamente produzem.

Porém, a energia que os espíritos não encarnados necessitam é aquela fornecida pelo próprio ser encarnado, e não puramente orgânica, vinda diretamente da terra; estes precisam da energia que é transformada pelo corpo material, capaz de produzir energia biológica natural por meio da ingestão de insumos orgânicos da terra e com isso emanar energia viva ou energia bioelétrica química, produzida pelo corpo biológico material por meio das células biomoleculares, gerando assim ondas de energias elétricas ou fonte de calor elétrico, que os espíritos utilizam como energia vital orgânica ou como fonte de energia orgânica elétrica, que é a única fonte que pode utilizar como energia.

Pois esta energia bioelétrica produzida pelo corpo material é a energia que o capacita ser vivente em campo terreno, pois esta é a fonte orgânica de vida humana, retirada dos insumos biológicos, os quais o ser encarnado necessita ingerir e transformar, para que se torne energia viva. Por isso, esta mesma energia que gera vida orgânica no ser material, sendo a única capaz de produzir energia vital ao ser carnal, é também a única que os espíritos buscam junto à matéria encarnada, para que possam através desta fonte pura de vida alimentar-se e conectar-se com os demais seres viventes possuidores de espírito e matéria carnal em campo terreno.

Portanto, não é a bebida ou o insumo orgânico mais importante que a própria determinação de que sejam espíritos cumpridores de missões terrenas junto aos encarnados, e não são os encarnados os seres mais importantes para que sejam cumpridas as missões, por serem fontes de energia espiritual, pois nenhuma fonte de energia é consumida sem a ordenança divina de que sejam consumidas, pois quem as determina para que sejam fecundas e também sejam a fonte de energia do ser material é o Ser Supremo.

"Sobre os meus servos e as minhas servas derramarei do meu Espírito naqueles dias, e eles profetizarão" (Atos dos Apóstolos 2:18).

Mas para que o espírito seja derramado por sobre todos aqueles que em missão espiritual se encontram e para que se cumpram as proclamações divinas, faz-se necessário que ambos, tanto espírito quanto matéria carnal, esteja em comunhão espiritual através da energia, que é jorrada por meio do ser material, capaz de produzir energia vital advinda dos alimentos da terra produzidos tão e somente por determinação divina, consumida pelo ser carnal, que sendo transformada em fonte de energia elétrica biológica para a essência espiritual que serve tanto para o próprio espírito quanto o espírito derramado por sobre os médiuns e profetas. Pois não seria possível que os espíritos se derramassem, caso não houvesse nenhuma ligadura entre o espírito que irá conceder a sua benção e o encarnado que será por este abençoado.

Mas a ligadura entre o céu e o terreno é também espiritual e natural, e não somente material, assim como o próprio Deus determinou, pois da mesma maneira que o encarnado não sobreviveria em campo material sem as fontes de energias orgânicas, para que sejam os nutrientes espirituais por Deus criados, através do poder da natureza que por Ele também é governado, assim também os espíritos necessitam da mesma fonte de energia produzida e governada pela majestade do Senhor Deus, que a detém e cuida de seus filhos terrenos, compostos de espírito e matéria, por meio das forças naturais que o compõe.

Por isso, o que conecta o ser encarnado com o espírito é o próprio espírito criado por Deus para atuar e trabalhar em vosso nome, pois nenhum sentido haveria se o Criador não comungasse com os seus filhos através de seus filhos. Pois os espíritos, assim como todos os seres espirituais temporais, são os filhos do Criador caminhando sobre a vossa ordenança nos caminhos espirituais e celestiais, que todo espírito, seja encarnado, seja essência espiritual, haverá em algum momento de caminhar sobre as vossas ordenanças e vossas leis. Pois todos os espíritos são as essências espirituais à imagem e semelhança de seu criador, santificadas nos caminhos das leis, para que atuem em vosso poder e nome. Logo, cada espírito que atua nas casas espirituais o faz por determinação santa, pois todos aqueles que criados foram a partir da vontade do ser Supremo a vossa imagem e semelhança, em bondade e infinidade, é para servi-lo, pois Deus não cria os vossos seres a vossa própria imagem e os esquece ou os despreza.

Todo ser espiritual é um soldado do exército majestoso de poder e bondade, atuando em nome de Deus, que vos criou e concedeu-lhe o direito à vida, seja esta espiritual, seja esta temporal, por isso caminha pelos mesmos caminhos evolutivos, um auxiliando o outro, para que todos sigam os caminhos da bondade e da justiça, tal qual o próprio Criador ordenara para que sejam todos filhos unidos, trabalhando em prol de um único objetivo santo, que é servir ao Deus, Criador dos céus e da terra.

Portanto, a forma de comunhão entre o espírito e o ser encarnado será sempre de maneira celestial, através do espírito que os une em essência, emanação, amor e bondade. Por isso, toda forma de comunicação espiritual será através do espírito em essência derramando-se em poder e bondade por sobre os espíritos em matéria, pois entre espíritos não existe distinção, apenas a carcaça material que os separa em elo, pois embora estejam em elos separados, a intenção e o motivo que existem são e sempre serão o mesmo, de serem seres espirituais mais fortes, nobres, poderosos em disseminar o amor e preparados em evolução para atender ao Criador.

Congregação Espírita

"A este ressuscitou ao terceiro dia, e fez que se manifestasse. Não a todo povo, mas às testemunhas que Deus antes ordenara; a nós, que comemos e bebemos juntamente com ele, depois que ressuscitou dentre os mortos... E nos mandou pregar ao povo, e testificar que ele é o que por Deus foi constituído juiz dos vivos e dos mortos. E

dizendo Pedro ainda estas palavras, caiu o Espírito Santo sobre todos os que ouviram a palavra. (Atos dos apóstolos 10: 41,42,44)

    11.3 A manifestação mediúnica espiritual não ocorre pela simples vontade de cada encarnado, tampouco pela vontade dos espíritos que atuam nas casas espirituais e sim pela vontade do Criador, pois quando todos se reúnem em favor de uma mesma verdade, se reúnem para prestarem as vossas bondades em nome de um único ser Criador, que vos enviou e vos determinou, e não em favor de vossas próprias necessidades ou anseios, pois não são os espíritos portadores de vontades e verdades próprias, em busca de demonstrar as vossas autoridades, em troca de serem queridos e adorados por si mesmos ou pelos vossos feitos, que na verdade não vêm de si mesmos, e sim de quem os conduz, o Senhor Deus.

    Por isso, fora o Mestre Jesus, manifestado ao terceiro dia, não para mostrar-se Espírito no lugar de Homem, e sim pela determinação de Deus, o Pai Celestial, para torná-lo Mestre em Espírito e não mais apenas em carne, pois o espírito que havia subido, deixado a matéria em sangue e molhado o chão da terra, mais nada poderia fazer em favor dos seus, porém, o Espírito que era o verdadeiro Ser espiritual, criado à imagem semelhança e descido a terra por determinação do Criador, que o fez manifestar-se pela vontade Dele mesmo, poderia atuar em nome de Deus Pai, para que se cumprisse a ordenança de ser o que realmente se era e apresentar-se a toda comunidade, que nele cria e confiava carnalmente, e agora espiritualmente. Determinação esta que dá início e forma à comunidade espírita, rogando através das manifestações de Deus, em cada um de seus servos e servas, atendendo aos vossos pedidos e demandas, por meio das forças jorradas dos espíritos, que por eles também foram santificados, para que prestassem as vossas caridades dentre os homens da terra, que também são os vossos amados filhos e irmãos, pela mesma fé depositada ao Mestre ressuscitado, dentro os que morrem para ser o governante da doutrina e crença espírita, através da manifestação dos espíritos.

    E toda junção de formas em união de encarnados, em prol da mesma adoração que é o culto ao Criador, através de seus servos e servas espirituais, culmina na manifestação de todos aqueles que por Deus também foram criados e determinados a caminhar por sobre vossas ordenanças, e atuam nas casas celestiais, que são as Congregações Espirituais, em que a Assembleia Santa de espíritos, em nome do Deus único, assenta-se e manifesta-se pela vontade Dele, para que através da aliança formada entre os médiuns e espíritos, também chamada de corrente mediúnica ou corrente espiritual, se faça como determinado foi, e todos aqueles purificados em nome do Criador manifeste-se e cubra todos aqueles que necessitam das vossas bênçãos que somente através da determinação de Deus se pode ter.

Pois nenhuma força é maior e mais poderosa do que as forças e as determinações de Deus Pai, assim como nenhum espírito é curador, proclamador ou condutor das verdades espirituais das forças curadoras, ou das firmezas que são capazes de restabelecer os doentes, reencaminhar os perdidos e dar salvação aos desalinhados, sem que seja por vontade do próprio Deus, pois nenhum espírito é Deus, e nenhum espírito possui, por si só, todas as forças e energias capazes de operar qualquer transformação, caso esta não parta de Deus, o Criador, por isso, os vossos servos e as vossas servas espirituais, a quem se rogam e prestam cultos dentro da assembleia espiritual de poderes e forças, são os vossos representantes e por isso se utilizam das forças e magias espirituais, as quais foram pelo próprio Ser Supremo determinado e autorizado, para que se faça em vosso nome, e não em nome dos próprios espíritos, os quais se concedem os poderes de vossas graças. Pois até mesmo para que os espíritos tenham graças, para que sejam emanadas as vossas energias divinas, é preciso tê-las recebido de algum lugar, e este lugar é o Reino de Deus, em que a fonte infinita de amor e bondade jorra por sobre toda a terra através também de vossos servos e servas por ele determinados.

Por isso, não são os espíritos de Deus criados pelos encarnados ou seres espirituais, por vossas próprias vontades, e sim espíritos em estado de evolução, que carregam as forças e poderes de Deus Pai, pois dele fora recebido, para que todas as obras espirituais sejam nos séculos seguintes, assim como nos séculos passados continuados, e sejam a sequência de todas as obras, outrora manifestadas e vislumbradas por aqueles escolhidos, para que presenciassem a verdade trazida, pregada por aqueles que contribuíram, para que se abrissem a partir dos céus os caminhos santos na terra.

Portanto, nenhuma obra iniciada a partir da vontade dos homens, das épocas passadas, ficou apenas no tempo e no espaço das épocas que sufocam as horas das eras em que viveram, pois vossas vontades também não foram por si só vontades carnais, as vossas vontades foram o desejo divino derramado por sobre eles, através dos espíritos santos, outrora nomeados de anjos, para que os caminhos santos não tenham fim, pois toda estrada espiritual é evolutiva, e jamais se findará assim com cada espírito que, a partir das determinações, constroem a cada dia uma nova estrada para os servos, servas e irmãos terrenos, na fé de um único Criador.

E toda ação, ato ocorrido ou apresentado em cada congregação espírita, que carrega o nome de Deus Pai em cada santo, em cada guia e em cada espírito que a Deus pertence, carrega a determinação do Pai Maior em busca de apresentar-lhes os poderes e as forças de Deus, a eles conferidos para que a vossa obra seja por séculos espirituais a maior força existente na terra, pois até as forças e energias carregadas pelos encarnados pertencem a uma única fonte de energia.

Mas apenas louvar sem que nenhuma ação ou ato em prol dos demais necessitados sejam feitos não traz a verdade espiritual, pois daqueles que atuam sobre a verdade e as leis divinas, são os espíritos servos que atuam e cumprem com vossas determinações de serem a continuidade das ações e atos feitos pelo Mestre Jesus, em vossa passagem terrena, alterando energias, mudando caminhos e abrindo as veredas da justiça. Por isso, apenas servir às leis divinas e nada fazer em nome de Deus, o Criador, para que os demais alcancem, desta forma, os vossos caminhos, as vossas necessidades e a elevação espiritual, não traz verdade espiritual. Por isso, são os espíritos servos e trabalhadores atuando com as forças divinas, para que as obras restauradoras não sejam esquecidas ou consumadas pelos tempos que apagam todas as verdades e inverdades terrenas. São os espíritos assim com os filhos terrenos, os servos e as servas de Deus, congregando para que nunca cessem as construções espirituais de novos rumos e caminhos espirituais em terra, assim como jamais cessarão no campo celestial.

Mas toda manifestação espiritual se dá a partir da vontade do Ser Supremo, que através de Seus espíritos maiores, ou chefes espirituais de falanges que detém determinados poderes e forças concedidos pelo Criador, emanem por sobre os vossos espíritos, que são os aprendizes dos caminhos divinos, para que estes sempre caminhem em comunhão, e recebam de vossos superiores chefes, assim como recebera Jesus do Criador os poderes e as forças para que sejam emanados de todas as forças e em tudo aquilo que necessita para serem os mais leais e fiéis servos, por ordenança dos espíritos que os regem, assim como Cristo regeu os seus discípulos, para que estes fossem a continuidade das obras espirituais e temporais dos séculos em que viveram e dos séculos seguintes.

"Porque assim como em um corpo temos muitos membros, e nem todos membros tem a mesma função. Assim nos, que somos muitos, somos um só corpo em Cristo, mas individualmente somos membros uns dos outros. De modo que, tendo diferentes dons segundo a graça que nos é dada, se é profecia, seja ela segundo a medida da fé; se é ministério, seja em ministrar; se é ensinar, haja dedicação ao ensino; ou o que exorta, use esse dom em exortar; o que reparte, faça-o com liberdade; o que preside, com cuidado; o que exercita misericórdia, com alegria" (Romanos 12: 4-8).

A congregação é a junção de todas as forças e dons individuais de cada espírito, formando assim um poder maior de forças e dons, capazes de fazer transformações e obras em nome do Criador, ou seja, uma corrente espiritual mediúnica é a congregação espiritual de poder e de forças jorrando em um único ponto vibracional de poderes divinos espirituais. Assim como ocorrera com os apóstolos, em que cada um recebeu um determinado poder de forças espirituais, que foram transformadas em dons espirituais derramados de um único Espírito chamado Jesus Cristo. Isto é, Jesus detinha um grande poder de forças de cura, amor, transformação e restabelecimento do corpo e da alma recebidos do Criador, porém, no momento de sua retirada terrena, estes poderes divinos, que outrora o fizeram maior que os outros seres terrenos deveriam ser, divididos dentre os seus, para que as boas obras em nome do Criador continuassem a existir. Mas esta carga de força e emanação divina era acima da capacidade humana de seus seguidores ou acima da capacidade de qualquer pessoa que pudesse carregar; por isso, no momento de seu retorno espiritual, esta carga de forças espirituais divinas fora distribuída dentre os doze apóstolos, para que juntos formassem a união de forças que outrora era carregada apenas pelo Mestre.

Por isso, a união de todas as forças distribuídas dentre os doze seguidores, ou doze pontos de emanação espiritual, juntas, ou estando no mesmo elo espiritual, a terra, correspondiam à única força que fora carregada por um único homem em nome de um único Deus. Mas a união de todas as forças comungando de um único ponto, onde cada um carregava uma parte ou uma capacidade de dom divino, juntos formavam a inteireza de forças capazes de executar tantas quantas obras em nome de Deus fossem necessárias.

A congregação espírita é a junção de forças espirituais divinas divididas dentre todos aqueles espíritos, chefes maiorais dos agrupamentos espirituais, que cada um detém uma determinada força e dominância de poderes e virtudes celestiais, que juntos são capazes de produzir maiores forças, poderes de majestade, soberania divina e compartilhá-las com os vossos servos e servas espirituais, que atuam dentro de vossas ordenanças, para que sejam os vossos fiéis servos e servas carregados e mantidos de determinada força e poder divino, que comungam e repartem em prol do auxílio espiritual. Isto quer dizer que nenhuma falange espiritual atua individualmente ou por si só, em nenhum tipo de demanda ou necessidade, pois a inteireza de forças é o que forma a grandeza de forças divinas capazes de alterar, curar, conduzir e salvar todos os filhos da terra.

Mas a congregação espírita não é apenas a casa espiritual onde se recebem as bênçãos e pedidos terrenos de ordem espiritual para a cura e salvação das dores e doenças materiais, para que sejam findadas as vossas angústias, e sim a congregação de vários espíritos, que atuam nas leis divinas, e que juntos formam os poderes de forças do Criador multiplicadas por cada um dos espíritos, que detêm uma determinada força jorrada, por seu maioral chefe de falange, para que sejam fortes e poderosos, atuando sobre a regência de um único Ser Supremo e atendendo as vossas determinações, com as forças que recebem de vossos chefes, para que tragam a luz, a paz e as forças que cada um necessita e vos rogam.

Logo, congregam-se ou juntam-se todos os espíritos em um único poder de forças, também chamado de corrente espiritual, pois no momento em que a corrente espiritual está aberta, ou seja, está jorrando forças espirituais, está atuando em harmonia das inúmeras forças atuantes em prol de um único Ser Espiritual, que divide todas as suas forças dentre todos os seus. Isto quer dizer que, no momento em que se forma a corrente espiritual de emanação de forças divinas, todas as unidades de falange atuam diretamente naquela unidade de forças, independente da louvação a quem se roga. Neste momento de adoração, abre-se o portal de emanação do chefe daquela falange que se roga, e este comanda a descida dos seus servos e servas, os quais rege e lhes entrega determinado poder de forças espirituais, que detém por ordenança divina para que possam, em nome do Criador, atuar.

Porém, neste momento de louvação e adoração divina, em nome da falange que se pede, não é apenas este poder de forças que está sendo jorrado diante do altar por sobre os vossos servos e servas materiais que ali se encontram, pois a inteireza de forças espirituais capaz de operar transformações divinas em nome de Deus atua em conjunto ou congrega da mesma fonte de emanação, embora não seja perceptível ou não possa ser vislumbrado pelos olhos humanos.

Pois a única forma de haver transformação é através da junção de formas espirituais, por isso, atuam em comunhão todos os chefes de todas as falanges que detêm um tipo de poder e forças que receberam do Criador, cujos poderes foram distribuídos dentre os seus aprendizes, que trabalham em seus agrupamentos espirituais, pois somente as junções de todas estas forças formam a inteireza que compõe a força maior capaz de fazer alterações, curas, desvios santos, aberturas de caminhos e inúmeras obras em nome daquele que acima de todos se encontra: Deus.

Da mesma forma, ocorre de maneira material em que as forças pessoais de cada integrante unem-se em poderio, emanando forças maiores, tornando-os fortes em um único ponto de emanação, ou de emanação divina, que o próprio Deus vos concede, para que sejam fortes e ainda mais unidos, pois assim poderão jorrar as mesmas energias quando juntas estão, e com isso alcançarem as forças necessárias de poderes celestiais para a cura, para a paz, para o amor, para a alegria e para todas as necessidades terrenas que rogam. Pois a junção de todas as forças, advindas de cada ponto de emanação, que representa cada ser encarnado na corrente espiritual, que são os espíritos, cada um emanando uma determinada energia, forma-se a inteireza de forças necessárias, para que se formem as forças sagradas de Deus, e atuem em nome da salvação de todo aquele que aos santos rogam e de toda a humanidade.

"Porque o marido é a cabeça da mulher, como também Cristo é a cabeça da igreja, sendo ele o próprio o Salvador do corpo. De sorte que, assim como a igreja está sujeita a Cristo, assim também as mulheres sejam em tudo sujeitas a seus maridos... Por isso deixará o homem seu pai e sua mãe, e se unirá à sua mulher; e serão dois numa carne" (Efésios 5: 23,24,31)

Não existe a possibilidade de existir vida material terrena a não ser através das duas vertentes espirituais criadas para ser vida terrena, em que uma é o espírito e a outra é a matéria orgânica, e quando ocorre a junção destas duas vertentes, forma-se o poder de emanação de forças celestiais, atuando em nome do seu Criador em campo terreno. E, quando estas duas vertentes de igual emanação ou igual cadeia biológica se juntam, forma-se também outra unidade de forças espirituais capazes de ser frutíferas ou destrutivas quando em comunhão. Isto quer dizer que, somente através das duas vertentes, que foram criadas por Deus para ser vida, é no campo terreno que poderá haver vida material.

Porém, é através estes dois poderes de energia que contêm não somente o espírito em campo material como também toda a natureza em campo terreno que se pode haver transformação, sendo um o complemento do outro, para juntos serem fortes e crescerem em vossas próprias cadeias biológicas, pois a junção de ambos em comunhão com as demais forças existentes no mesmo campo são capazes de transformarem-se e serem grandes e fortes, para que possam dar continuidade as vossas existências e unidades.

E toda esta fortaleza, criada a partir da junção de duas unidades, forma forças e emana energias espirituais e terrenas, para que a vida possa ser vida, de forma límpida, sendo jorrada de maneira espiritual pelos próprios espíritos que as representam, fazendo com que a multiplicação das formas sejam purificadas e glorificadas, para que sejam trazidas de maneira celestial, ou da forma que foram criadas e determinadas pelo próprio Deus, o Criador do espírito e da vida, e a vida, seja orgânica ou espiritual natural, fora constituída para ser abrigo de emanação e de forças divinas, com a quantidade necessária de forças, que necessita para ser a si mesma.

Por isso, o homem, sendo a cabeça, e a mulher, o corpo espiritual da união espiritual, que a partir da junção de ambas as unidades espirituais, em que cada uma jorra o seu próprio comando de forças, transformando-se em uma nova unidade mais forte e mais poderoso, capaz de produzir outras unidades espirituais, os vossos frutos e descendentes. E não é o homem a cabeça por representar mais força ou inteligência, e a mulher o corpo por representar menos força ou menos inteligência, ou que um deva submeter-se ao outro, pois são as vossas unidades espirituais abrigos de igual emanação espiritual cada um sendo um ser emanado pelo Criador na quantidade de sabedoria, inteligência, ciência e dons necessários para as vossas vivências terrenas.

Mas a cabeça e o corpo representam tudo aquilo que um corpo material precisa para ser vivo, ou seja, duas vertentes sagradas, em que uma é a vertente material ou orgânica e a outra a vertente espiritual. Isso quer dizer, uma é o corpo ou a carne orgânica e a outra a cabeça, ou o espírito, porque é a cabeça o elo de recebimento espiritual de fluidez de emanações para o corpo material. Desta forma, uma representa a cabeça, ou seja, a porta de entrada de sentido espiritual, ou de emanação espiritual, e a outra é o próprio corpo, ou a carcaça orgânica que recebe vida, a partir dos sentidos espirituais emanados dos sentidos divinos. E a junção destas duas unidades se dá pelo fato de que nenhuma existiria sem a outra em campo terreno.

Então não é a cabeça mais importante que o corpo, e não é o corpo mais importante que a cabeça, assim como não é a vertente espírito mais importante do que a matéria, e não é a vertente matéria mais importante do que o espírito, pois não haveria vida terrena sem o espírito, assim como também não haveria vida sem a matéria.

Assim "como também Cristo é a cabeça da igreja", ou seja, Cristo é a vertente espiritual, que compõe a unidade de forças celestiais, enquanto os congregantes ou os fiéis e médiuns são a vertente material; e a união de ambas as forças formam a igreja ou a congregação espiritual, ou seja, a nova unidade de forças carregadas de formas e poderes santos, atuando em nome de Deus, o Criador. Pois não seria a congregação espírita fonte de energia e obras santas, caso esta não tivesse as forças espirituais para juntar em comunhão de forças sagradas com as energias materiais, que vêm dos seres carnais, e da mesma forma não seriam os seres carnais abençoados em vossas preces, se não fossem as forças espirituais que compõem as forças do Criador, jorrados através da junção de forças que se constituem os santos, os guardiões, as falanges e todos os espíritos, em uma só emanação de energia e forças.

Pois a congregação nada é sem aqueles que se unem em poderes e emanações espirituais, para que esta se fortaleça e seja uma grande fonte sagrada de emanações divinas de firmezas e impulsos santos, em nome daquele que os regem e os guiam, os espíritos. Por isso, é preciso juntar um corpo material a outro corpo terreno de igual vertente e emanação, para que juntos sejam fortes, e é preciso juntar um corpo material com um corpo espiritual, para que juntos se façam fortaleza em unidade espiritual, em que a cabeça e o corpo, ou o espírito e a matéria formem uma única unidade, jorrando as forças do Criador, para que a continuidade da vida terrena possa existir, as forças terrenas possam ser fortes, e as forças espirituais que os conduzirão aos caminhos da salvação sejam crescentes.

E não são somente as forças celestiais dos espíritos que se juntam, aumentando as vossas forças e poderes, para que sejam fortes e transformadores, pois da mesma maneira as forças espirituais das emanações naturais também comungam entre si, formando as forças capazes de serem grandes e frutíferas ou capazes de serem grandes e serem destrutivas, devido ao poder de grandeza que juntos detêm.

Mas é o poder de força de cada energia que carregam as energias dos poderes naturais, ou seja, o poder de forças do alinhamento das águas, da terra, do ar, do fogo, das matas, das aves, das florestas e de toda a vida humana, que na terra se encontram, quando juntas são capazes de transformarem-se em outras e outras forças mais poderosas do que aquela que o são individualmente. Pois toda força espiritual orgânica natural que cada um representa em terra é um tipo de força que junta, é capaz de transformar-se em outra força de maior potência de poderes e emanações naturais, pois além de vossas próprias forças ainda são carregadas pelas energias jorradas do Ser Supremo, que os faz serem mais fortes e mais poderosos seres naturais.

"Então disse Deus: Não se aproxime. Tire as sandálias dos pés, pois o lugar em que você está é terra santa" (Êxodo 3:5).

E tudo que por Deus fora concedido, para que os vossos filhos e filhas comungassem e compartilhassem das mesmas essências espirituais e emanações, dentro dos pequenos campos santos de emanações santas, diante das faces dos altares que a ele são consagrados por designação e honra a vossa Santidade Espiritual que é Santa. Porque Santo é o vosso poder celestial, que além de concederem o direito de caminhar por sobre a terra, porque é a terra a unidade espiritual feita através do amor e da sublime bondade, que devido a este mesmo amor e a sublime bondade os permitem ainda receberem parte de vossas forças e emanações por meio dos espíritos, que diante das congregações espirituais atuam, porque por Ele as vossas missões foram bentas, para que possam igualmente abençoá-los, através do direito de que estejam em campo terreno diante de vossa sublime majestade em forma de caridade. Porque são estes que, em unidade espiritual, levam até os homens da terra as vossas bênçãos, os mais leais e fiéis espíritos ordenados a atuar nas casas espirituais, porque são eles os servos e servas espirituais, os Comandantes espirituais e servos dos exércitos sagrados descidos pela ordem de atuar em comunhão com os filhos da terra, para que vossos filhos da terra possam progredir em vossas caminhadas espirituais e temporais.

E, por isso, são constituídos os Terreiros espirituais da mesma emanação sagrada divina celestial e do solo da terra, ou seja, da matéria orgânica e espiritual em que os pés que carregam as sandálias, jamais poderão sentir a força que jorram das sementes da terra, tampouco o emanar das certezas, que descem das vestes dos santos e chocam-se com a força da natureza, transformando-se em novas energias, energias mais puras que a própria pureza de pés descalços.

Mas a Congregação Espírita trás, não somente em seu nome, mas também em sua essência, não apenas a representação do chão da terra, mas também parte da terra sagrada, em que as vossas alpargatas não são próprias para pisarem, pois no chão da terra de onde brotam todas as emanações naturais e espirituais deve ser comungado com os pés descalços, para que sintam a força e o poder do solo constituído, assim como o próprio encarnado de forma orgânica, preparado com o desejo do Criador e a junção dos elementos naturais, para que exista o campo santo no qual todos devem pisar.

    Portanto, terreiro ou terraplano, horta ou ainda o pomar com a terra onde os pés devem pisar, tudo aquilo que vem da terra e que está em contato com a terra de forma orgânica, assim como é Deus através da natureza que também representa a vossa imagem e semelhança. Semelhança não em imagem constituída, mas sim a imagem em forma de amor, do amor que brota das formas e jorra das forças naturais, que abastecem todo ser vivente, que dela precisa e se alimenta, pois todo alimento terreno é também alimento divino transformando o insumo orgânico em alimento espiritual, para abastecer espiritualmente os filhos da terra.

    E o terreiro é o nome dado ao pedaço de terra, que recebe todos os espíritos celestiais, que se alimentam e comungam das virtudes espirituais, enquanto os encarnados se prostram e recolhem os vossos alimentos santos espirituais, para também comungar em união das mesmas ferramentas santas, que a ambos são oferecidas, tanto aquele que necessita dos encarnados para prestar a vossa caridade, quanto daqueles que necessitam dos espíritos, para receber de forma caridosa as vossas bênçãos espirituais. Por isso, é o local de comunhão e troca de energias vindas da terra e vindas dos céus.

    E é o terreiro o templo dos espíritos onde se comunga a caridade e parte-se o pão espiritual de Cristo, o filho único, entre os espíritos puramente essências que são os espíritos desencarnados e com os espíritos ainda encarnados, que são ao mesmo tempo espíritos e organismos vivos biologicamente, nascidos da terra e da força do Criador, para serem espíritos andantes em terra árida. Por isso o terreiro é a forma de junção das duas vertentes, espiritualmente por Deus criado, em que um não caminhe sem o outro, ou seja, não sobrevive o espírito sem a carne, assim não sobreviveria a carne sem o espírito, pois o ser encarnado, que é constituído de duas vertentes, sendo uma delas o espírito e a outra a parte orgânica ou biológica, por isso, ao tocar com os pés no chão da terra, de onde formam-se todas as outras formas naturais existentes, comunga-se com o poder da natureza, que também é divino, e pela divindade fora criada e fortalecera o corpo material de todas as forças que da terra nascem.

    A congregação espírita ou o terreiro é a representação do próprio chão da terra ou o solo sagrado de Deus, sendo compartilhado entre seus filhos, partilhando dos mesmos objetivos espirituais, que é a elevação espiritual na busca do progresso, e da elevação do espírito através da carne, em que a caridade não representa apenas fazer o bem, e sim doar-se para que o bem seja possível de ser realizado, porém para se prestar a caridade é preciso que se tenha a caridade a oferecer e esteja em situação espiritual mais elevada que aqueles que irão receber a vossa caridade, por isso, caridosos são os espíritos que, apesar de estar em nivelamento espiritual superior aos dos encarnados, oferecem-se em caridade para servir de auxílio aos mais necessitados em vossas buscas pela cura das dores materiais e espirituais de vossas existências.

E a congregação espírita é edificada e regida pelos próprios espíritos, ou seja, a cabeça espiritual ou vertente espiritual é o Espírito Sagrado, por isso são os espíritos quem governam, regem e determinam os caminhos espirituais que cada servo carnal deverá seguir para alcançar a vossa própria salvação na busca da elevação e progresso espiritual e não o contrário, por isso não é o ser encarnado quem determina, decide ou define os caminhos que o levarão a Deus, e sim a cabeça da congregação, porém esta é espiritual, e não material. Por isso, quem direciona os encarnados são os espíritos e não o contrário, pois não é o encarnado Santo, assim como não é o Santo aprendiz, por isso toda determinação de encaminhamento Santo e direcionamento aos necessitados, assim como todos os preceitos, devem partir da cabeça espiritual que é o espírito e não do encarnado, pois estes encontram-se nos caminhos da cura e do progresso espiritual, caso contrário, seriam Santos e regeriam como sendo a cabeça de vertente espiritual, mas não o são.

Logo, quem dirige, rege e governa qualquer congregação espiritual são os espíritos que dela se utilizam para prestar vossas caridades e encaminhar os aprendizes materiais, sejam estes dirigentes, novos aprendizes ou aqueles que já possuem maturidade espiritual nos caminhos santificados, pois ainda que todos os encarnados da terra se unissem em uma única corrente espiritual de emanação, jamais estes alcançariam os poderes de forças, magia e emanação divina espiritual que possuem os espíritos das falanges espirituais de emanação santa, pois as vossas forças partem diretamente da fonte que jorra, que é a fonte celestial, diferentemente dos encarnados, que necessitam das fontes espirituais santificadas para serem emanadas e empoderadas de tudo aquilo que necessitam, conhecem, sabem e possuem em terra.

Portanto, o terreiro é a pequena terra santa e sagrada, onde os espíritos atuam de forma verdadeira em nome do Ser celestial, encaminhando e direcionando todos os espíritos encarnados aos caminhos glorificados e santificados da salvação.

Nomenclatura espiritual, a promessa de cada filho

"Tendo, pois, o Senhor Deus formado da terra todos os animais dos campos, e todas as aves dos céus, levou-os ao homem para ver como ele os havia de chamar; e todo o nome que o homem pôs aos animais vivos, esse é o seu verdadeiro nome." (Gênesis 2: 19)

11.4 E criou o Senhor Deus todas as espécies, formas e modelos de animais, com toda a vossa benevolência, poder, amor e sabedoria e os levou para que o homem pudesse conceder-lhes seus verdadeiros nomes. Ora, mas não foi o próprio Senhor quem os criou, quem nomeou os vossos servos e servas espirituais, diante de vossa autoridade e verdade, quem nomeou os animais e todos os seres do que havia Ele mesmo criado e abençoado, para que fossem todos seres viventes em campo terreno, e sim outro ser igualmente espiritual, nascido da terra e abrigado em matéria orgânica.

Ou seja, determinou o Criador que somente um ser da mesma espécie, isso quer dizer, também nascido da terra, é que poderia dar nome a todos os outros seres iguais a ele; isso porque foi ao homem concedido o direito de habitar por sobre a terra, labutar a terra, organizar, governar e conquistar suas promessas, através de tudo o que a terra lhe oferecer e conceder o direito divinal de possuir para sobrevivência, subsistência, prosperidade e felicidade. Por isso, é o homem o único a comandar e reger seus dons, sentidos e habilidades através dos sentidos espirituais recebidos para usá-los em terra de maneira que estes possam ser não somente o caminho da frutificação como também a dominância e do governo sobre a terra em busca do progresso e da felicidade.

E sendo o homem o único governante sobre aquilo que ele mesmo recebera para comandar e cuidar, é ele também o único a nomear todas as formas, unidades e espécie, sem que isso lhe seja imposto pelo Criador, ou por vossos servos espirituais, uma vez que o que ao homem pertence, ele mesmo rege, governa e cuida.

Por isso, tudo o que existe abaixo do firmamento que pertence ao homem deve ele cuidar, dominar, organizar e fazer progredir por seus próprios dons e poderes de conhecimento, ciência, discernimento, poder de autocorreção, justiça, doutrina e disciplina. Porque tudo fora a ele concedido na mais perfeita harmonia, sabedoria, amor, compaixão e caridade, para que recebesse também com amor e sabedoria tudo o que de mais perfeito e sublime o Senhor preparou com vossas próprias mãos, e por isso deve ele ser digno e honroso de saber utilizar seus dons, e buscar com isso o progresso e a elevação espiritual, para que progrida também de forma material, não somente porque tudo o que existe em campo terreno é também parte da verdade do Criador, e sim porque fora essa a promessa do Criador a todos os vossos amados filhos.

Portanto, determinou e ordenou o Criador que somente um homem, isso quer dizer, outro ser igualmente material e orgânico carnal, para nomear os outros seres de igual semelhança, não apenas estrutural ou física, mas também orgânica em campo terreno, não que isso o faça superior aos animais, porque em verdade os animais são os únicos seres em terra que, espiritualmente, se encontram em pureza, ingenuidade, castidade, nobreza e candura imaculada, fluindo nas mesmas vibrações espirituais dos servos e servas divinais, diante do trono do Rei dos reis, porém essa é a forma de entregar ao homem o que a ele pertence ou de entregar ao campo terreno o que de fato pertence ao campo terreno. Por isso, o que nasce da terra a terra será a vossa mãe e da terra receberão os vossos nomes.

E sendo o homem o único dentre todas as demais espécies em missão espiritual para crescimento e progresso de si mesmo, diante das escolas espirituais das quais desceu ao campo térreo, para aprender e evoluir, recebeu o direito de comungar entre os seres verdadeiramente puros, com a ordem não somente de nomear como também de cuidar, preservar e comungar, porque, para muitos, isto será o mais próximo da bondade, da fidelidade, da lealdade, da castidade e da nobreza espiritual do Criador, do qual irão se aproximar. Por isso, é para o homem a possibilidade de caminhar com esses seres repletos de candura e limpidez espiritual uma das maiores glórias e honras que receberam do Criador em campo terreno, porque nomear vossas unidades não é apenas entregar-lhes um nome, até porque estes não necessitam daquilo que não lhes fazem diferença, mas sim receber um pouco daquilo que a impossibilidade de corrupção, infidelidade e destruição é a forma de mais próximo caminhar junto a Deus.

Portanto, mais importante que dar-lhes nomes é dar-lhes o vosso respeito, o vosso amor e a vossa dignidade, porque assim ordenou o Senhor Deus, quando pediu-lhes para nomear, ou seja, buscar a vossa comunhão.

E assim se fez a determinação de que somente um homem ou ser de similar forma e estruturação terrena e orgânica deveria dar-lhes vossos nomes, não somente porque a vertente material não se junta com a vertente espiritual, embora a vertente espiritual atue e funde-se com a vertente orgânica, para labutar e progredir, mas sim porque necessita o homem se organizar, e se estruturar de forma material dentro de vossa sociedade, para buscar o progresso espiritual e material.

E assim se faz necessário, dentro de vossa existência, nomear e classificar tudo o que no campo material existe para que possa doutrinar e disciplinar de forma clara e objetiva as suas necessidades; porém, não precisa o animal se estruturar e classificar, para que possa buscar o seu progresso e elevação, uma vez que se encontra em nivelamento espiritual que nomes e classificações não mais os desnivelam.

E assim ocorre a separação e a junção entre as coisas que pertencem em unidade espiritual de fluidez, poderes e forças entre os céus e a terra. Porque esta é uma forma de unir duas unidades de nivelamentos e evoluções espirituais distintas em um único campo espiritual de desenvolvimento sagrado. Porque não possui o homem autoridade sobre as coisas espirituais, embora com elas possam atuar e caminhar, porque ainda é espírito muito distante dos segredos e mistérios, acerca de tudo o que existe acima do firmamento. Porque embora possua o homem poder sobre muitas coisas abaixo do firmamento, será que o que realmente possui é poder ou mais uma forma que o Criador encontrou de entregar-lhes um pouco de pureza, castidade, nobreza e santidade, fluindo assim como fluem vossas energias celestiais, sem lhes revelar, para que não se sintam superiores a vossa própria bondade?

Por isso, mesmo que o homem detenha o poder sobre muitas coisas abaixo dos céus, não conhece ele mesmo o próprio segredo, que o faz vivo em terra, tampouco o que une as vossas unidades espirituais, homens e animais.

O fato de o homem deter o poder material de nomear os seres e animais terrenos mostra que toda espécie, ou seja, todo ser material, somente pode ser identificado ou somente pode receber um nome através de outro ser material, por justamente ser matéria, uma vez que os espíritos não possuem nomes, ou não igualmente aos espíritos encarnados quando estes em terra se encontram.

Porque é a forma de nomear também forma de qualificar e doutrinar as coisas terrenas, da maneira que o homem julgar necessário para vos auxiliar na busca pelo progresso e pela elevação do que existe em terra. Logo, todas as coisas que andam ou fazem parte da esfera terrestre necessitam de um nome.

É certo que para um ser encarnado receber um nome faz-se necessário que ele exista em campo terreno, precisa que este esteja vivo em matéria, uma vez que não se concedem nomes para aquilo que ainda não existe ou não é uma realidade material em campo também material. Ou poderia um patriarca ou uma matriarca nomear um filho que ainda não fora nascido? De fato, poderiam estes escolher a nomenclatura que mais lhes agradam ou lhes trazem sentido, porém, nomear ou batizar de forma terrena, oferecendo-lhes nome e sobrenome, somente poderá ocorrer depois que este espírito for, em verdade, um ser vivente.

Então, nomear é estar na mesma esfera espiritual, vibrando e respirando a mesma fluidez e emanação, então é necessário que veja, conheça e interaja com o outro ser, para que este de fato exista e possa ser reconhecido. Com isso, não poderia um pai dar-lhe vosso nome a um filho que ainda não nasceu; assim como um espírito não poderia nomear um ser espírito encarnado em terra, enquanto este estiver em missão espiritual alimentando-se da carne em unidade abrigo material orgânica, embora em campo espiritual tenham os espíritos as vossas formas de registros ou selos de nomenclatura, semelhante aos nomes de batismo terreno que utilizam os homens, selos estes que não se desfazem, ainda que estejam em missão térrea. Porém embora em campo terreno, cabe ao próprio homem nomear as vossas semelhanças, jamais perdem os espíritos os vossos próprios selos ou nomes de batismo celestiais, quando se encontram em esferas diferentes, porque este é apenas um campo de passagem que possui suas próprias regras e também doutrinas, não muda ou altera a verdade que aquele espírito carrega dentro de si, que é a vossa própria verdade, e ainda que se conheçam e se reconheçam em terra por seus nomes de terra, não precisa um espírito de nomes de terra para reconhecer a si, mesmo diante de outro espírito, quando este estiver puramente em espírito ou estado de consciência espiritual.

E Deus disse: *De agora em diante não te chamarás mais Abrão, e sim Abraão (aquele que tem muitos filhos ou pai de grande nação), porque farei de ti o pai de uma multidão de povos. Tornarei a ti extremamente fecundo, farei nascer de ti nações e terás reis por descendestes.* (Gêneses 17:5,6).

Mas recebera Abrão um nome espiritual ou uma nomenclatura para que pudesse ser identificado dentre os demais espíritos em terra ou em campo celestial. Porque é o nome espiritual que um espírito carrega, o nome concedido aos espíritos que atuam diante de uma determinação, assim como os seres encarnados igualmente servos espirituais, atuando diante de uma ordenação espiritual, com os espíritos em nome do Criador, a referência da atuação, direção ou a forma de atuar ou de labutar que os qualificam e os identificam, conforme as vossas atividades, e não apenas um nome relacionado ao vosso labor ou presença de terra, uma vez que, para receber um nome espiritual se faz necessário possuir uma missão celestial, por ter sido determinado para ela, e estar o espírito caminhando para o cumprimento desta, porque apenas recebem nomes espirituais aqueles que ordenanças divinas possuem e labutam dentro desta ordenança, para que esta seja cumprida; seja este um espírito, em estado de consciência puro, seja um ser encarnado ordenado igualmente a um espírito, para o cumprimento de uma ordem divina.

Mas o nome é o mesmo selo espiritual que identifica e separa todos os seres espirituais, ou tira do ser espiritual acabado de nascer em terra a vossa seladura e concede-lhe o direito de ser e de reconhecer-se como sendo uma verdade pertencente à unidade terra. Não que isso o desclassifique como espírito, porque espírito eternamente este será, mas porque concede-lhe além da forma física a seladura da terra, que torna-o vivente da terra, o seu nome.

Então, quem são os seres espirituais que recebem vossos nomes em terra? Ou quem é o espírito que adentra a caixa de abrigo material quando acaba de nascer? De onde vem? Quais são vossos nomes e as vossas promessas em terra, ou seus motivos de estar dentre os que vivem da terra? O fato de receber um nome em terra não quer dizer que este espírito não tenha tido outras missões terrenas e não tenha recebido outros e outros nomes terrenos, pelo cumprimento de outras missões espirituais. Por isso, nenhum encarnado em terra é reconhecido pelo espírito, que realmente é ou reflete, pois seu nome terreno não reflete o espírito que carrega. Assim como nenhum espírito é detentor do nome terreno que recebeu quando esteve em terra. Um espírito é um espírito; ou seja, sem etnia, sem raça, sem cor, sem vontades carnais e, principalmente, sem nomenclatura terrena. Pois assim como a carne, este deixa de existir no campo vibratório espiritual, restando apenas o espírito imaculado, que possui sua própria seladura de nomenclatura.

O mesmo ocorre com os espíritos missionários atuantes em esfera terrestre, pois estes são nomeados conforme vossas linhas espirituais de atuação em que irão seguir. Porque o nome recebido em terra de forma alguma delata quem somos nós espiritualmente ou quem são os espíritos com os quais comungamos diariamente, ou de onde viemos, quais são nossas missões e deveres a serem cumpridos, quais as histórias ou caminhadas do passado que os tornam quem verdadeiramente são para o cumprimento da atual missão, e como irá atuar na encarnação presente. Ou seja, o nome recebido nada diz em relação a quem se é em verdade, tampouco quem se foi, e nem mesmo quem será ao término dessa jornada. Logo, um espírito não possui nomes em terra, ainda que o encarnado precise de nomes para identificá-los em comunidade.

É certo que muitos nomes, os quais carregam os espíritos que atuam com os seres encarnados em terra, confundem-nos em sua maioria, pois é o ser encarnado propenso a relacionar os nomes de terra das coisas materiais que conhece a coisas boas e ruins, e os nomes que os espíritos carregam em vossa maioria não possuem nenhuma relação de terra com os espíritos encarnados ou das coisas que eles conhecem e relacionam. Isso porque não possuem os espíritos o mesmo conhecimento das coisas de terra ou não as conhecem ou classificam com as mesmas nomenclaturas que os homens, e este fato não somente os confundem como também gera preconceitos e dúvidas, e até mesmo temores.

Pois o nome é uma direção que o espírito carrega, portanto, não é algo a ser comparado ou desvendado, e sim compreendido como forma de identificação de jornada missionária, porque assim como os espíritos em vossa maioria não possuem nomes de batismo que se relacionam com os encarnados, porque não possuem os nomes que as apresentam em terra, porque estas são as vossas identidades de agrupamentos e labutas, também não reconhecem os nomes das coisas e das formas e dos modelos com os mesmos nomes ou como sendo as mesmas coisas. Por isso, é preciso lembrar que vossas casas celestiais ou elos de atuação são distintos do campo terreno, assim como os nomes e as coisas, porque essas são nomeadas de forma diferente, o que nomeia o homem as suas próprias coisas e semelhantes.

Afinal quem precisa do nome para identificar um espírito em sua linha de atuação é o encarnado e não o espírito missionário, pois estes os conhecem e sabem de suas forças, poderes, determinações, trabalhos independente de nomenclaturas. Ou seja, quem necessita de conceito de identificação para reconhecer seus guias é o encarnado e não o próprio espírito guiador.

Por isso, a tentativa de conhecer um espírito e desvendar o vosso poder e as vossas forças, através de seu nome de terra, dando a ele mais ou menos formas, magias e poderes, usando como base para tal devaneio o seu próprio conhecimento de terra em relação aos nomes das coisas, é uma forma pouco sábia, mostrando que o seu conhecimento não atravessa o conhecimento espiritual daquela unidade de saber.

Porque o fato é que os vossos nomes de terra estão diretamente ligados aos vossos trabalhos de terra e não aos elos ou agrupamentos que são alocados, porque assim como cumprem vossas missões em campo terreno recebem para isso nomenclaturas também terrenas, e estas nem sempre trazem em vossos nomes o aspecto espiritual de poder e de forças que possuem espiritualmente, por isso, todos os espíritos que atuam para a lei, carregam em vossos selos espirituais as vossas únicas e verdadeiras nomenclaturas, os quais muitas destas, jamais os homens de terra saberão, porque muitas destas nem mesmo em campo celestiais são reveladas, principalmente aos homens de terra, porque em verdade esse fato não importa-lhes, e sim o que vieram fazer e executar.

Embora a doutrina espiritual conceda ao homem o direito de comunicar-se com os espíritos, assim como através deles buscar a cura de vossas doenças, o auxílio para os vossos caminhos, os remédios para as vossas dores e pesares, bem como o caminho na direção da luz de Deus, o Criador, os socorrendo nas aflições, nas desordens e nos desajustes espirituais e terrenos. Nenhum ser encarnado missionário de si mesmo pelo caminho da evolução que se encontra em terra, a não ser aqueles que determinados e ordenados espiritualmente, devido a uma ordenança divina espiritual de ordem santa, conhecerá em verdade quem é aquele espírito e qual fora a vossa missão passada, porque isso em verdade, não importa. O que importa é o trabalho terreno que este lhes auxilia e não o trabalho celestial, que continua a vossa unidade a desempenhar, porque assim como vive o homem em terra e o espírito em campo espiritual, assim como possui o homem o direito de nomear apenas os seres da terra, porque serão estes os espíritos que irão pelas trilhas da elevação em terra caminhar, assim também é o espírito caminhando em vosso campo e vossa evolução.

Por isso, o fato de nenhum espírito guiador ou guia espiritual ser comumente reconhecido e conhecido pelo nome que carregava quando estava em ambiente terreno se dá pelo motivo de que nenhum espírito poder ser em terra rebatizado em regresso celestial, isso quer dizer, não necessita este ser revelado em campo terreno quanto as vossas missões e ordenanças passadas, voltando a utilizar-se de vossos nomes de terra, por isso utilizará apenas o vosso nome de selo de batismo, em vossa verdadeira morada, porque assim se reconhecem os espíritos, somente através de vossos verdadeiros nomes.

"Perguntou-lhe, pois: como te chamas? Ele respondeu: Jacó. Então, disse: Já não te chamarás Jacó, e sim Israel, pois como príncipe lutou com Deus e com os homens e prevaleceste, (Gêneses 32:28).

Ora, mas era o espírito que representava aquele que acabara de receber o nome de Israel em terra aquele que outrora fora um dos servos espirituais do Criador que, labutando, guerreou espiritualmente e venceu em vosso nome a ordenança que lhe fora ordenada, e por isso, recebera novamente a confiança do Criador para lhe servir em nova ordenação espiritual. Portanto, ainda que fosse em terra apenas mais um homem comum vivendo a sua vida e trabalhando a sua caminhada material, era ele um espírito servo do Criador, mais uma vez ordenado em servir-lhe em honras e glórias espirituais.

Porque embora parecesse apenas um comum, era ele um grande guerreiro vendedor de batalhas e labutas espirituais, as quais nem mesmo ele devido a vossa nova encarnação ou nova vivência terrena conhecia, pois assim sabiamente é a ordem divina, e por isso, tampouco os demais que em vosso caminho andava, os quais seriam todos os vossos filhos espirituais e materiais ordenados pelo Criador, para que lutasse e vencesse mais uma nova batalha em nome do Ser Supremo, conheciam a vossa história de lutas espirituais.

Por isso, são os nomes, que identificam os espíritos, a força de atuação de onde partem as vossas ordenanças, conforme a labuta que irão atuar, diante de vossas nobrezas nascidas pelo alcance da promessa a vossa nova promessa. Porque é a promessa de Deus, para todos os espíritos, o recebimento daquilo que irá angariar espiritualmente todo espírito diante de uma ordem divina alcançar a vossa nobre missão ou vencê-la, pois é o galardão de toda conquista o posicionamento sagrado em forma de elevação e qualificação de nivelamento, de maneira altiva pelo cumprimento de uma ordem divina. Isso quer dizer que será a conquista de uma ordem divina a chegada ao topo para aquele que, por ser vitorioso, alcançou mais um grau de elevação espiritual pela dedicação, determinação, lealdade, crença, humildade e obediência a Deus, elevando-se em conhecimento e sabedoria; e assim será mais uma vez elevado em vossa caminhada, pela eterna evolução do espírito, provando ser espírito nobre e zelado para com o Criador, recebendo, para isso, o vosso grau de evolução.

Pois todo aquele espírito que conquista as vossas labutas, vencendo as vossas batalhas em nome de vossa santidade, o Senhor Deus, conquista em verdade a promessa do Criador para com ele, porque é a promessa divina a evolução do grau de elevação de si mesmo pela honra de ser do Criador aquilo que Ele mesmo vos determina; porque em verdade é esta a promessa divina, conceder a todo ser espiritual exatamente aquilo que Ele mesmo reservou diante de vossa confiança.

E a caminhada evolutiva espiritual mostra que todos os espíritos evoluídos são aqueles que alcançaram as vossas promessas por terem sido vitoriosos e por isso, atuam no cumprimento da ordem divina, daquilo que lhes fora prometido no momento de vossos nascimentos espirituais, diante de vossas proclamações e seladuras celestiais. Ou seja, é a promessa divina também o nivelamento mais altivo, nobre e puro diante da face do Senhor, cujo espírito nascido de vosso sagrado seio poderá conhecer e adentrar pelo alcance daquilo que cada espírito recebe no momento de nossos nascimentos espirituais, em que deverão conquistar esse nivelamento passarem pelos diversos campos de lapidação, o que inclui o campo terreno, tornando-se assim cada vez mais puros, límpidos, cândidos e lapidados em unidade para o recebimento de vossas promessas, para que possam então, iniciar o cumprimento das mais altas e elevadas missões em vosso sagrado nome, uma vez que a evolução de um espírito jamais se findará, porque é a eternitude de Deus a própria promessa de eternidade diante Dele mesmo.

Porque é esta a promessa divina para todos os seres espirituais, afinal foram todos nascidos para alcançar as vossas evoluções e servir ao Criador e é o cumprimento da promessa o serviço nobre, puro, celestial e divinal diante da conquista de tudo aquilo que lhes pertencem, ou seja, os caminhos de evolução servindo ao Criador, nomeados vossos filhos nobres ou iniciados espirituais de Deus. Portanto, apenas os espíritos mais nobres, altivos e evoluídos recebem a honra de ter vossas nomenclaturas trocadas pelo próprio Senhor Deus, que lhes ordenou e em vossas unidades confiou.

Porém, exceto em relação àqueles espíritos que já desceram aos campos terrenos para cumprimento de missão, celestialmente nomeados, assim como o Mestre Jesus, ou já possuíam celestialmente vossos nomes espirituais nomeados, e não importando as vossas nomenclaturas de terra, porque estas embora não tenham sido trocadas, também não foram utilizadas em campo celestial, assim como o guiador ou o aprendiz da perfeição, Moisés, todos os outros espíritos nomeados pelo Criador ou por vossos iniciados em terra eram espíritos evoluídos, cumpridores de determinação divinal em nome do Ser Supremo, escolhidos para a labuta devido à conquista de vossas promessas, e por isso recebedores da confiança de Deus para as novas batalhas.

Isso porque o Senhor Deus não cria os vossos filhos, os espíritos, e os esquecem após as vossas caminhadas ou conquistas, sejam estas quais forem, porque foram todos os espíritos nascidos para serem servos e servas do Criador, e assim serão eternamente vossos servidores, atuando nas mais diversas labutas em vosso sagrado nome, perante aquilo que eram as vossas promessas após estas serem conquistas. Isso quer dizer que cada espírito possui a sua própria promessa espiritual e caminharão todos em busca de progresso e elevação para a conquista desta, que é a própria evolução do ser, e estas caminhadas ocorrerão nos mais diversos campos de evolução espiritual, o que inclui o campo sagrado terreno, pois somente assim, na busca do aprendizado pelo progresso individual, lapidando vossas unidades, é que conquistarão as vossas evoluções.

Portanto, aqueles que as conquistarem, jamais serão esquecidos ou caminharão para o caminho da eternidade, sem mais nada exercer ou receber do Criador, porque será neste momento que se iniciarão as novas missões espirituais dentro de vossas evoluções, atuando exatamente na execução daquela missão, que era a vossa promessa, tendo para isso total conhecimento e sabedoria de si mesmo e de vosso Senhor. Portanto, todas as labutas, sejam estas em campos espirituais ou em campo terreno, serão executadas apenas diante de uma determinação divina, e será por total obediência, amor e humildade em nome do Senhor Deus.

Desta forma, são os agrupamentos espirituais, ou as falanges espirituais, os elos de evolução ou campos de iniciação divina, assim como é conhecido em campo espiritual, ou assim como são conhecidos os verdadeiros nomes dos campos, onde se encontram os espíritos que conquistaram as vossas promessas e lá estão em caminhada evolutiva, e não mais de desenvolvimento espiritual santo, porque são estes os espíritos que cumprem as vossas missões evolutivas, por isso, são espíritos dotados de forças e poderes divinais, que labutam vossas missões evolutivas pelo caminho da eternitude, assim como labutam pelo desenvolvimento e elevação dos demais espíritos que, em campo terreno, encontram-se ainda abrigados em carne material, cumprindo com vossas missões.

Mas os nomes espirituais não identificam apenas os espíritos que ordenados em uma labuta espiritual foram, como também a força de atuação dentro de um elo espiritual divinal, ou seja, dentro de uma casa celestial santa à qual este pertence. Isso quer dizer, dentro de um agrupamento de espíritos e vossas origens.

Porque são os agrupamentos espirituais as casas celestiais dos espíritos mais evoluídos, que se juntam por se assemelharem devido os vossos nivelamentos espirituais frente as vossas promessas divinais, cumprimento de promessas divinais, conhecimento e sabedoria, doutrina e disciplina, força, garra, determinação, bem como lealdade, fidelidade, obediência, crença e humildade, que os tornam servidores espirituais do Criador, recebedores não somente de vossos nomes espirituais, como também o nome daquele agrupamento de onde se derramam as forças e energias recobertas de magias e de mistérios divinais, para que continuem vossas unidades no cumprimento de vossas labutas santas, de onde as vossas evoluções lhes concedem caminhar pelas veredas sagradas de maior progresso, diante da eternitude do Espírito Santo.

E dentro dos agrupamentos espirituais, são todos os espíritos identificados pelos vossos nomes de labuta, que em vossa maioria não se iguala aos nomes que são reconhecidos em terra, porque o nome carrega a origem daquele espírito, a força que ele atua e emana, a vibração espiritual daquele campo, bem como a determinação em que todos eles trabalham. Por isso, o nome do agrupamento é também a energia e a força de atuação, conjuntamente com a ordem santa daqueles espíritos missionários, que cumprem vossas eternas missões em campo celestial.

Mas é a partir destas unidades de iniciação espiritual que identificamos os espíritos e as forças de atuação, suas origens e poderes de forças, uma vez que, caso estas unidades não tivessem vossos nomes distintos, não conseguiríamos distinguir as forças que carregam e as atuações das distintas forças dos milhares de espíritos atuantes em cada uma destas unidades, uma vez que somente identificamos os espíritos assim como os encarnados através de vossos nomes. E, desta forma, podemos nos direcionar a cada um deles, conforme nossa necessidade de terra seja esta de cura, de alívio das dores, de súplicas espirituais e temporais, pelos diversos caminhos da terra, e ainda que não atuem em determinada ordenança, jamais atuem sozinhos, e logo direcionarão todas as necessidades àqueles espíritos que assim como eles são espíritos iniciados pela força de uma determinada ordem que possua força, energia e fluidez para o auxílio.

Portanto, mais importante que o nome que um espírito traz de sua falange é o que este espírito representa para os seres, sua evolução e seus feitos para com a humanidade. Mais importante que os nomes são as energias que regem as falanges, são as missões que os servidores de Deus possuem, pois é o que os fazem estar nas linhas de atuações e nas falanges de forças de atuação, qualificando-os com nomes referentes às vibrações, desta forma, separando-os em grupos de trabalho.

Guias espirituais, os filhos da promessa

"Sara engravidou e deu um filho a Abraão em sua velhice, na época fixada por Deus em sua promessa" (Gênesis 21:2)

11.5 Mas a promessa de Deus a vossa serva Sara, concedendo-lhe o direito de dar à luz, não somente fora uma ordem divina como fora também uma das mais nobres promessas para aquele espírito que representava Sara em terra, que independente de vossa caminhada de terra e idade avançada, que lhe faziam crer não ser capaz de gerar um filho, e independente ainda de existirem outras mulheres em campo terreno com idade inferior e que poderiam facilmente gerar um filho nascido de uma ordenança divina, era ela a serva escolhida para o cumprimento desta missão, porém somente quando chegasse a hora de ser cumprida a ordem é que esta geraria o filho, ou seja, caminharia sobre a vossa nova missão que seria gerar o filho ordenado, servo de Deus, para que o vosso esposo Abraão pudesse cumprir também a vossa ordem santa. Por isso, nenhuma outra mulher poderia exercer aquilo que estava escrito para aquele espírito que em terra representava Sara, a esposa, pois pertencia a Sara aquela missão, assim como pertencia a Abraão a ordem de provar a vossa dignidade, lealdade e obediência a Deus, o vosso Criador, que o ordenaria mostrar e exercer a vossa dignidade, lealdade e obediência. E assim se cumpriu a ordem divina sobre a vossa serva, concedendo a ela o direito de receber, em forma de graça e glória, a ordem de gerar e ser mãe do filho homem de Abrão, ou aquele que provaria mais uma vez diante de Deus a vossa nobreza e a vossa fé.

E a mesma promessa que não escolhe e sim que ordena aqueles que devem servir ou exercer a ordem santa de servir a Deus, da maneira e no momento que Ele mesmo ordena e determina, concedendo a Sara o milagre e o direito de gerar e ser mãe, para uma ordenação sagrada, também se cumpriu através de Jacó, inserindo-o em vossa caminhada santa em nome de Deus, recebendo, para isso, a ordenação de ser o guiador ou o patriarca de um povo conforme sua descendência, não pela vossa mera vontade de terra e sim pela ordem sagrada, devido a vossa caminhada espiritual e nivelamento evolutivo perante o Criador.

Por isso, as promessas de Deus aos vossos filhos e filhos jamais deixaram de ser cumpridas por aqueles que creem e verdadeiramente seguem vossas ordens e preceitos, assumindo seus compromissos espirituais em terra, ainda que não saibam quais são as vossas promessas ou missões, porém, crendo em vossa ordenação e obedecendo as vossas prescrições pelas ordens dos seus mandamentos. E assim são os guias espirituais atuantes nas diversas falanges de espíritos, porque são estes os verdadeiros filhos das promessas, porque é cada um dos espíritos alocado dentro de uma linha espiritual ou elo de evolução, um missionário ou servo espiritual caminhante das ordens de Deus, recebedores de vossas promessas, e por isso, pertencentes aos caminhos eternos de evolução de si mesmo.

Porque são estes os espíritos a caminho da eterna evolução, os espíritos que se encontram dentro da mesma casa evolutiva ou mesmo agrupamento, unindo-se não apenas pela afinidade de energia como também pelo nivelamento, conhecimento, sabedoria e evolução pela fase em que se encontram, por isso, recebedores da ordenança de serem também guiadores dos espíritos em fase de desenvolvimento espiritual de si mesmo em campo terreno.

"Ergam os olhos e olhem para as alturas. Quem criou tudo isso? Aquele que Poe em marcha cada estrela do seu exército celestial, e a todas chama pelo nome. Tão grande é o seu poder e tão imensa a sua força" (Isaías 40:26)

Ora, se não são todos os espíritos agrupados em vossos campos de iniciação espiritual, conforme as suas evoluções, conhecimentos, elevações e progressos espirituais um servo ou uma serva de Deus, preparado para servi-lo em vosso exército celestial, no momento e no instante em que forem ordenados, pois assim cumprem-se todas as promessas do Criador a todos os vossos filhos nascidos de vosso amado seio. E por isso cada unidade de espírito dentro de um elo de evolução nivelado hierarquicamente conforme aquilo que possui ou é preparado para exercer, encontra-se espiritualmente pronto para executar e praticar tudo aquilo para o qual fora preparado pelos longos anos de caminhada espiritual, de acordo com a vossa própria seladura ou a vossa própria ordenação de cumprir a vossa promessa.

E até que cheguem os vossos momentos, são estes espíritos recebedores de vossas promessas de ser e executar aquilo para o que foram nascidos, para ser e executar fielmente pelos caminhos da evolução espiritual, a ordem de atuar também como servos guiadores dos espíritos em fase de aprendizagem e desenvolvimento espiritual terrena para que possam não apenas caminhar juntos como também auxiliá-los na busca da elevação, aprendizagem, ciência, sabedoria, conhecimento e evolução, para que um dia alcancem igualmente vossas evoluções.

Por isso, são estes espíritos evoluídos os guias espirituais ou guiadores dos espíritos em fase de desenvolvimento e lapidação espiritual, os encarnados, igualmente agrupados, porém em campo terreno para o desenvolvimento de vossas missões. E como são estes espíritos já evoluídos, os espíritos recebedores do galardão de vossas promessas, e por isso detentores de forças e de poderes divinais, não mais aprendizes, unem-se também não apenas pela afinidade, mas para que possam conduzir juntos aqueles que aos caminhos bons necessitam caminhar. Então, atuam com vossas verdades pela busca da entrega do conhecimento e dos caminhos condutores da caridade, do amor, da compaixão, da compreensão e da devoção, ou seja, tudo aquilo que conhecem bem, aos espíritos que necessitam conhecer para alcançar vossos progressos ou vossas promessas.

Então, são estas unidades espirituais evoluídas, os espíritos iniciados, os espíritos que atuam com os espíritos encarnados e os ajudam a conhecerem a si mesmos e caminharem sobre as boas obras da terra, vigiando vossas trilhas e obedecendo as ordens do Criador, ordenados a cumprir vossas promessas de serem também guiadores espirituais, auxiliando e preparando espiritualmente aqueles espíritos encarnados, para que em algum momento de vossas caminhadas possam estes estar igualmente preparados para também servir ao Criador, assim que, evoluídos também estiverem, da forma e no momento em que forem também convocados.

Isso porque são todos os espíritos filhos nascidos do mesmo Pai celestial e igualmente filhos crescidos das mesmas promessas de serem servos e servas divinais, irmãos não pela fé, mas pela verdade de serem filhos da mesma caminhada pelo semelhante caminho do progresso e da evolução espiritual da cada um. Porque são os elos evolutivos as também casas celestiais, igualmente erguidas com as mesmas colunas santas e majestosas do Senhor Deus, para abrigar igualmente todos os filhos e filhas, nascidos não da mesma promessa, porém igualmente de uma promessa divina de serem um dia recebedores do direito de lhes servir as faces, pelo galardão de vossas conquistas.

Comandantes ou regentes espirituais

"Pois a promessa é para vocês, para os seus filhos e para todos os que estão longe, para todos quanto o Senhor, o nosso Deus chamar" (Atos apóstolos 2:39)

11.6 Mas todos os agrupamentos espirituais possuem espíritos em hierarquia superior àqueles que são guiadores, não por terem espíritos mais ou menos evoluídos, e sim porque são estes conhecidos também como comandantes, regentes espirituais ou chefes destes agrupamentos ou falanges, os servos divinais que além de ter alcançado as vossas evoluções, possuem ainda a ordenança de serem líderes espirituais dos demais grupos de espíritos, fato este que os fizeram igualmente líderes de povos em vossas missões em campos terrenos. Porque fora esta a ordem da promessa pelo motivo de vossas existências, ou seja, cumprir vossas missões liderando os demais espíritos. Por isso, são estes servos divinais evoluídos atuantes em vossas competências que entregam as vossas forças, vigores e poderes aos demais espíritos liderados, para estes que trabalham sobre as vossas hierarquias sejam pelo direito divinal o reflexo de vossas forças, poderes e mistérios, a imagem de si mesmos, labutando igualmente a vos, pelos caminhos da verdade espiritual diante de vossas regências, dentro das linhas de evolução sagrada as quais governam.

E todo espírito que serve ao Criador atua em uma unidade espiritual de evolução, pela ordem de ser um comandante ou regente espiritual, em um elo celestial de evolução, através de uma determinação divinal concedida pelo Criador, recebendo a confiança de ser um líder dos demais espíritos, pelo cumprimento de vossa própria labuta de evolução, recebendo ainda a graça divinal, através de uma aliança celestial concedida pelo Espírito Santo, entregue pelo mais nobre, altivo e celestial, dentre todos os espíritos assentados à destra do Senhor Deus, o Altíssimo Espírito de nome Senhor Júlio Cesar Celestial, pela ordem suprema de ser um espírito que, após o vosso próprio progresso e evolução, será ainda um espírito carregador das forças e energias espirituais de uma das fontes de energia do Senhor Deus, o qual é o Altíssimo Espírito o regente e único governante, para que seja este não apenas o líder de vosso agrupamento, como também o líder carregador de uma fonte de energia e vibração espiritual própria, que somente um Santo carrega e possui. Por isso, será este um servo divino, atuando em campo espiritual, assim como em campo terreno, diante de uma sagrada fonte celestial de energia, que é a fonte que vos fazem ser emanados e possuir vossas próprias energias, e atuar diante de uma ordenação própria de poderes e forças espirituais, ou seja, sua própria linha vibracional fluindo energia santa.

E, por isso, em nome de todas as forças que regem as fontes de energia celestial e em nome do poder de todos os poderes, que é a única fonte que jorra por ordem do Ser Supremo, terá este espírito líder a chave divinal para comandar um dos agrupamentos de espíritos que trabalhará sobre o jorramento santo de um poder de forças e energias, e assim cuidar dos filhos de Deus, labutando com as energias que os conduzem e os tornam espíritos servos pelos caminhos da eternidade de vossas evoluções.

Assim, todos os comandantes espirituais são servos e servas divinais dos Santos, que atuam em vossas próprias evoluções pelos vossos próprios nomes, porém carregando também os poderes e magias dos próprios Santos, cujas estruturas espirituais não possuem, e que por isso são impossibilitados de cumprir não espiritualmente e sim terrenamente determinadas missões. E são os agrupamentos de espíritos, os elos espirituais evolutivos, que possuem missão também em campo terreno, em que se encontram ligadas espiritualmente as escolas celestiais de aprendizagem dos Santos, as quais atravessaram os estágios de desenvolvimento e encontram-se em evolução, porém não desligados das fontes de energia, de caminhos e de luz do Criador.

Portanto, todo espírito chefe de agrupamento espiritual, que se encontra em um elo espiritual de evolução conhecido como falange espiritual, caminha sobre vossa evolução juntamente com os Santos, não pela busca de alcançar maior e mais elevado crescimento individual de forma conjunta, porque estes que bebem do direito de ter vossas promessas cumpridas já são espíritos evoluídos, assim como vossos liderados, porém sendo a eternidade de Deus algo infindável, atuam no caminho da eternidade, ou seja, caminham sobre aquilo que já são pela eternidade, comungando e partilhando de todas as forças, meio de conhecimento e crescimento com os demais espíritos, que em inferior fase espiritual se encontram ou se desenvolvem sobre as vossas regências, o que inclui os seres espirituais encarnados.

Mas todos aqueles que são responsáveis por um agrupamento de espíritos santificados, o são não somente por serem espíritos evoluídos, e sim porque são espíritos altamente desenvolvidos, evoluídos e conhecedores de todas as magias, poderes e mistérios dos sete elos espirituais, dos sete Santos e vossos reinados, em que um dia também adentraram e partiram, tendo alcançado a evolução santa, a altivez e a nobreza pela lealdade e humildade, diante de vossas verdades e trabalhos dignos, obedientes, fiéis e por isso receberam do Senhor Deus a honra e a glória pelo direito de serem os Comandantes espirituais dos agrupamentos de espíritos, dentro dos agrupamentos ou elos de evolução santa, porque foram estas as vossas promessas espirituais, as quais, com obediência, humildade e dignidade alcançaram, e por isso prostram-se diante de Deus atuando conforme o vosso desejo e a vossa ordenação.

Portanto, são os comandantes espirituais os mais fiéis e leais espíritos capacitados para exercer as determinadas ordenanças, em vossos nomes e em nome do vosso Criador, em cada elo espiritual, que gloriosamente atuam e conduzem vossos milhares de guiadores ou missionários de agrupamento espiritual. E são os vossos guiadores os espíritos altamente elevados, que se encontram em unidade de evolução bem acima daqueles que, em terra, ainda se encontram encarnados, seguindo vossas missões, pois estes que caminham em fase espiritual dentro de uma unidade de evolução santa pelas vossas caminhadas, são espíritos de grandes tribulações, batalhas e vitórias, que caminham sobre o cumprimento de vossas promessas em relação àqueles que, em fase de desenvolvimento, ainda se encontram atuando pelas leis divinas em campo material.

Porém, diferentemente de vossos missionários de agrupamento, todos os espíritos chefes de agrupamento espiritual que se encontram regendo uma unidade evolutiva já são conhecedores das sete unidades e dos sete espíritos Santos, pois de todas elas foram exímios aprendizes, e por isso, comungam dos mesmos ensinamentos das mesmas lições, dos mesmos conhecimentos, assim como conhecem todas as forças, poderes ou as mesmas magias e mistérios, os quais todos os outros espíritos do mesmo nivelamento e da mesma hierarquia estão, mas ainda assim, utilizam apenas as forças, magias e poderes que as vossas unidades lhes permitem o direito de com elas trabalhar, alterando apenas para cada espírito chefe de agrupamento a força e o poder a eles celestialmente concedido, para utilizarem e labutarem em vossos elos espirituais de evolução.

Mas é certo saber que todos os espíritos missionários de agrupamento espiritual ou guiadores, ou ainda guias, são espíritos evoluídos que possuem nível evolutivo e capacidade de forças, habilidades e dons semelhantes aos dons ou forças e poderes das unidades de vossos comandantes espirituais de agrupamento no qual estão inseridos, porque são eles os representantes de vossos regentes, em que estão alocados e utilizam as vossas forças, magias e poderes para atuar em vossos nomes e os representarem em campo terreno ou espiritual, conforme a determinação de labuta, trabalhando em favor do progresso daqueles que precisam evoluir e crescer em suas próprias unidades.

E somente atuam com os comandantes espirituais os espíritos que caminham nas linhas divinais de progresso sagrado e conhecimento divino evolutivo ou aqueles espíritos que possuem permissão devido as vossas caminhadas por receberem a honra e a glória de serem missionários de Deus, atuando para o Criador dentro de vossos elos evolutivos, os quais são também considerados como as casas celestiais de evolução e eternidade de Deus, porque nestas apenas adentram espíritos recebedores de vossas promessas, jamais espíritos falsos, enganadores ou que sejam obrigados a adentrar, porque dentro das unidades espirituais de evolução, assim como nas casas celestiais, caminham apenas aqueles que carregam dentro de si a verdade, por isso, jamais se encontrará diante de um elo de evolução um espírito que não seja, por ordem divina diante de uma promessa, assim como jamais se encontrarão espíritos que tenham saído de elos de remissão, culpa ou julgamento, ou que tenham adentrado os cantos infernais, ainda que sejam espíritos libertos.

Porque para que sejam espíritos alocados em um campo de iniciação divina, como espírito missionário de Deus cumpridor de vossa própria promessa, e receber do galardão aquilo pelo que labutou para conquistar, deverá antes de qualquer evolução que possa adentrar possuir grau elevado de autoconhecimento, correção, justiça, garra, determinação, ciência, doutrina, disciplina e, acima de tudo, conhecimento em relação ao Criador, o que o capacitará possuir os sentidos espirituais em relação à compaixão, caridade, benevolência, humildade, dignidade e amor, pois sem isso nenhum espírito jamais poderá ser considerado evoluído, seja em que elo espiritual este estiver. Portanto, a estrada da evolução é ainda a trilha da misericórdia, da condolência, da piedade, da santidade, da complacência, da humildade e da caridade, dentre todos os outros sentidos espirituais, que deve um espírito evoluído carregar dentro de si, uma vez que nenhum espírito atua nas linhas de evolução em nome do Criador por força, imposição ou violência, e sim por amor, devoção e vontade.

E cada espírito que adentra a um agrupamento espiritual sagrado para missão espiritual recebe em vossa proclamação um nome que irá utilizar e que será o selo do agrupamento ou da falange, e não mais o nome que espiritualmente fora batizado, assim como ocorre em campo terreno, aos espíritos recém-chegados que também não escolhem seus nomes, porque são nomeados por seus superiores espíritos, conforme a ordenação celestial de labuta, vibração e emanação de poderes e forças. Por isso estes que serão os vossos novos nomes não serão ainda vossos espirituais de proclamação ou de batismo. Por isso, cada espírito que, outrora, não era reconhecido por uma nomenclatura nominal passa a ser nomeado pela falange, para ser identificado em seu campo de atuação vibratória e emanação.

Ou seja, nenhum espírito escolhe seu nome, ele é concedido pelo ser supremo, que o nomeia para determinação de um grupo de trabalho. O nome carrega a orientação e emanação desta determinação divina de atividade em que irá atuar.

Toda a falange, ou todo o agrupamento de espíritos de determinada vibração espiritual, regidos por um espírito líder, chamado de chefe de falange, atua de acordo com a determinação divina de atividade celestial concedido a ele. Logo, é ele quem possui o conhecimento e é o detentor das magias e forças espirituais de transformação e essências universais, e todos os espíritos deste agrupamento, os missionários de falange, independente da falange, atuam sobre essa mesma forma, ou seja, atuam todos os espíritos dentro deste campo de evolução, sobre aquelas influências e forças, no cumprimento de suas determinações e nenhuma possui mais ou menos força que a outra, ou ainda mais ou menos poder que outras falanges, pois são apenas trabalhos diferentes, em diferentes campos de atuação.

Mas toda atuação espiritual parte de uma ordem e de uma determinação, conforme a competência, ou dentro daquilo que cada espírito possui como habilidades, fluidezes e emanações, que fora prometido para ser e exercer, por isso nenhum espírito que atua em determinado agrupamento atua também em outro agrupamento utilizando-se das energias e das forças de outras unidades de evoluções, pois somente se altera de uma falange para outra se houver uma determinação, ou ordem santa. Que o permitirá sair de um agrupamento para o outro, porém, como todas as falanges atuam em diferentes campos vibratórios de emanação e fluidez de forças, ainda que um espírito parta para outra unidade de evolução, nenhuma emanação poderá ser alterada, e assim continuará este espírito atuando e emanando aquilo para o qual fora ordenado e determinado para ser, sobre a regência do que é a sua origem de fluidez e de forças.

  Existem sete linhas de agrupamento de evolução de espíritos, nenhuma em nível mais elevado de sabedoria e conhecimento, tampouco de poderes, forças, fluidezes e emanações, e sim de poderes e forças distintas que um espírito de determinado elo evolutivo pode conhecer e adentrar, se houver uma determinação espiritual de que seja feito. Mas, para que um espírito possa adentrar a outra linha vibratória de evolução, não necessita este labutar progresso espiritual, uma vez que já possuem todos os espíritos em evolução, independente do elo de evolução, o mesmo nivelamento espiritual, o que inclui a mesma capacidade atuação, de conhecimento, poderes e forças para labutar as vossas determinações, por isso, não se faz necessário ultrapassar nenhuma outra esfera de nivelamento ou conhecimento dentro de seu próprio agrupamento espiritual, ou seja, alcançar evolução e elevação dentro de sua própria hierarquia de emanação, ainda que o outro elo evolutivo seja de diferentes energias e forças.

  Para isso, faz-se necessário que haja uma determinação de que um espírito de determinada ordenação evolutiva adentre a outra unidade evolutiva de poderes e forças vibracionais, para ser também um servo espiritual divinal, atuando em nome do Criador, igualmente aqueles que ali se encontram, porém, dentro de outro campo e não dentro de outra determinação, pois as labutas serão igualmente divinais em favor do Criador, independente das forças que forem aplicadas, ou das labutas a serem exercidas. Fato este que permite a existência de espíritos que, embora sejam assentados em determinada linha de atuação, trabalhem para outras linhas, as quais não são as vossas linhas de evoluções de origem.

  Por isso, ainda que um espírito adentre outro campo vibracional de evolução, este utilizará as vossas próprias forças, e energias de sua origem de evolução, pois embora tenha adentrado outro elo evolutivo, carregará eternamente vossas próprias energias e forças vibracionais que o constituem. Ou seja, todo espírito que adentra outro campo de evolução será ele mesmo e atuará com as vossas forças e emanações eternamente, e esta mudança de elo de evolução jamais mudará a vossa característica ou posição, ainda que possa agregar trabalho santo ao que ele mesmo possui em auxílio a outros elos de evolução, quando assim esta for uma ordenação necessária diante de uma ordem suprema. Isso porque nunca um espírito que possui suas próprias energias, embora esteja atuando dentro de outro campo de evolução, irá utilizar as energias e forças de outro campo vibratório, descaracterizando ele mesmo daquilo para o que fora ele nascido para ser e exercer.

Isto quer dizer, nascido fora para emanar e labutar pelas energias e forças de seu campo evolutivo, então eternamente emanará e labutará em nome de seu campo evolutivo, ainda que esteja atuando em outro campo de evolução para auxílio daquele. Porém, esta ordenação apenas ocorrerá diante de uma determinação de vosso comandante, do qual estão sendo utilizadas as vossas essências naquele instante.

Portanto, todos os espíritos, que se encontram evoluídos dentro de seus campos de iniciação, trabalham em comunhão com os outros campos e os outros espíritos de forças distintas aquelas que carregam, pois todos formam celestialmente uma grande e iluminada corrente espiritual, em que cada unidade de evolução vibra a sua própria energia, porém juntas formam uma grande fraternidade divinal, atuando em favor de vossas evoluções, em nome do Criador e em favor da caridade, do amor e da compaixão os quais todos carregam.

Mas independente de terem energia e vibração distintas, todas cumprem um único propósito espiritual, que é a evolução universal de todos os espíritos, atuando pela mesma ordem sagrada, porém em missões diferentes, por isso, com forças e energias distintas.

Desta forma, muitos espíritos, que saem de suas falanges e adentram outras, levam justamente conhecimentos e forças distintas de outros grupos de evolução, e este intercâmbio de energias serve para auxílio, quando necessário, atuar com outras forças, ainda que dentro de suas vibrações. Esta forma de atuação, que não tem nenhuma relação com cruzamento de energia, pois esta é uma forma de atuação ordenada espiritualmente, apenas pode ser utilizada se houver uma ordenação ou uma grande necessidade de ambos os campos de evolução em juntar vossas forças e energias.

E, espiritualmente, toda a hierarquia é terna, honrosamente respeitada diante da disciplina e obediência, cujos espíritos evoluídos possuem, pois nenhuma conduta de falange pode ser continuada sem a disciplina, assim como nenhum nível de elevação pode ser alcançado sem os preceitos básicos de doutrina e disciplina. Pois diferente dos encarnados, embora os espíritos sejam livres em vossas caminhadas, todos são respeitosamente obedientes, cumpridores, zelosos e trabalham de forma disciplinada. Pois toda essa forma de atuação é responsável pela harmonia espiritual para o cumprimento das determinações divinas, e ainda que lhes pareçam os elos evolutivos campos rígidos, não existe a possibilidade de descumprimento ou incertezas dos que nele se encontram alocados, porque sendo espíritos evoluídos conhecem a si

1127

mesmos e ao Criador e lhe curvam com toda benevolência, majestade, amor, lealdade e obediência, assim como aos vossos regentes.

Por isso, todos os espíritos que atuam nas linhas de evolução, falange de espíritos ou agrupamento de espíritos, como filhos da promessa divina, são espíritos que não somente caminham as trilhas da evolução e aguardam os vossos momentos celestiais mais honrosos de atenderem aos chamados ou ordenações do Senhor Deus, como também o servem, quando servem aos espíritos encarnados igualmente prometidos, que caminham as vossas missões para alcançar vossas elevações; por isso, o servem através de vossas caridades exercendo serviço santo para aqueles que deles necessitam do amor, da lealdade e da verdade, que carregam em nome do Criador que concede-lhes o direito de serem prestativos aos vossos irmãos, levando um pouco de vossos conhecimentos, sabedorias, poderes de cura e de auxílio espiritual, por já serem dignos de caminhar com amor e com verdade, em nome do Ser Supremo que lhes concede ainda, e acima de tudo, o merecimento de exercerem labutas santas nas linhas de evolução espiritual em vosso sagrado nome.

Porém, é preciso também receber ordenação espiritual para um espírito atuar com os espíritos encarnados, ou seja, para que um espírito ainda que evoluído possa atuar utilizando a fluidez e a emanação de outro ser espiritual, por meio do sopro de ressurgimento em campo terreno, faz-se necessário uma ordenação, não que possa existir um espírito em elo de evolução que não possa auxiliar vossos irmãos encarnados, porém não são todos os espíritos encarnados que possuem preparação espiritual para atender a uma ordem de assumir vossas forças já evoluídas, para com eles atuar. Então, precisa um espírito já evoluído de uma ordem superior para que possa utilizar-se do sopro de ressurgimento, antes de adentrar a esfera terrena e auxiliar através de vossas forças e poderes envoltos em magias e mistérios, por meio da cura e do alento de outro espírito, ainda que quem precise de ajuda seja o espírito que se encontra em terra.

E o fato de que, como nem todos os espíritos, ao desencarnarem no término de vossas missões espirituais, serão direcionados a um agrupamento de espíritos, não se relaciona com o fato de não terem alcançado as vossas evoluções, pois nem todos os espíritos, que encarnados se encontram, possuem determinação divina de serem missionários, dentro de um agrupamento de espíritos, ou nem todos serão alocados a este elo de evolução, pois assim como diante das promessas do Criador existem vários filhos, também diante de vossas promessas existem várias moradas, e certamente para cada espírito existirá uma morada que lhe servirá de casa celestial, diante da promessa de Deus.

Portanto, um espírito cumpridor de seus deveres, que alcançou a vossa evolução, mas não adentrar um campo de iniciação divina liderado por um espírito regente, não quer dizer que não adentrará um campo igualmente de evolução, porque todos os espíritos que conquistarem as vossas promessas serão alocados em um nobre e majestoso elo de evolução, porém nem todos serão pertencentes ao mesmo agrupamento de evolução espiritual de falange de espíritos, utilizando as forças e as energias de um determinado Santo, mas sim porque diante das diversas moradas de evolução espiritual, este espírito que não adentrou a mesma corrente espiritual de vibração divinal dos agrupamentos dos líderes regentes é porque certamente possui outra promessa de Deus a ele mesmo.

Pois nenhum filho estará sem abrigo, porque esta é a promessa de Deus a todos os vossos filhos nascidos de vosso seio amado, por isso não importa onde, importa é que seremos todos acolhidos pelos braços ternos do Pai.

"O descontentamento do Senhor acendeu-se contra Israel, e ele os fez andar errantes no deserto durante quarenta anos, até que passou toda a geração daqueles que lhe tinham desagradado com seu mau procedimento" (Números 32:13)

Ora, se não são os filhos da promessa, os filhos e filhas que caminham para encontrar as vossas vitórias, por mais que estas demorem anos e anos a fio, diante de estradas tortuosas, criadas por eles mesmos, ainda que se percam pelos caminhos dos prazeres e das delícias mundanas ou das dores, ou ainda que percam por muitas vezes o sentido da verdade, ou não saibam qual verdade realmente buscam, continuam a caminhar em busca de uma verdade que vos aliviem a alma e lhes tragam esperanças de saírem nobres e vitoriosos de suas jornadas. Porque sabem todos aqueles que caminham na direção que escolheu, por mais que lhes possam parecer que as vossas caminhadas sejam insanas ou perdidas, jamais deixará o Criador de um único filho, que diante de vossas verdades, caminhar perdido ou sem rumo.

Pois somente aqueles que caminham pelas veredas que escreveu o Senhor, ainda que não saibam para onde estas o levarão, seguem fielmente as vossas vontades de alimentarem-se apenas do maná da confiança, do mel da esperança, do leite da obediência e da estrada das crenças, pela verdade interna que também vos abastecem é que receberão o galardão de vossas promessas, ainda que esta demore quarenta anos de penas, dores e duras caminhadas. Ou seja, apenas aqueles que seguirão firmes e crentes, leais e obedientes aos seus chamados é que conquistarão vossos postos ou nivelamentos espirituais, que a eles mesmos encontram-se reservados nas casas celestiais do Criador.

Mas para isso, se fará necessário que caminhem juntos como em uma grande corrente espiritual, entregando-se uns aos outros pelo mesmo motivo de estarem todos seguindo mesmo caminho, pela mesma direção, em busca da mesma promessa, a promessa espiritual de Deus, para cada um de vossos filhos, porque se fossem os homens nascidos para caminhar sozinhos e cumprir individualmente as vossas jornadas, não teria o Criador lhes ofertado o mais belo dos elos espirituais, para que pudessem compartilhar das mais nobres, belas formas e espécies de belezas existentes, tampouco teria concedido o direito de que pudessem ser nascidos e formados carnalmente, através de laços fraternos familiares, e em grupos afetivos e ternos, dentro de uma mesma forma de convivência, através das experiências por meio de sentidos e sentimentos materiais e carnais, que os tornam tão próximos e amáveis uns com os outros, utilizando o poder dos dons que cada um carrega.

Portanto, a união é a única forma de batalhar as vossas labutas, aprender e praticar as vossas lições espirituais, e assim lapidar vossas almas e elevar-se como espíritos nascidos para a jornada de crescimento espiritual, de forma material, e com isso conquistar vossas promessas de serem filhos e filhas recebedores da confiança de Deus, para alcançar vossas elevações diante da jura que possui cada um. Porque é sagrada a jornada do caminho, unindo uns aos outros a única de forma de serem frutíferos, não apenas na forma de multiplicação, porque é a multiplicação que concede o direito à vida, a mesma que reserva também o momento da morte, porém a única forma de serem verdadeiramente múltiplos em união e comunhão, ou seja, em sabedoria, conhecimento, ciência, autocorreção, justiça, garra e determinação, onde o dom, o discernimento e a prudência de cada um será não apenas algo individual de um indivíduo, que não conseguirá conquistar o galardão da promessa por ele mesmo, mas sim quando estiver unido a todo o seu povo, o qual entrega aquilo que não possui e recebe aquilo outro que não tem, e unidos caminham fortes e corajosos em direção a mesma ou a única verdade que lhes prometeu o Senhor Deus.

Verdade esta que apenas poderá ser alcançada pela união de todos os dons, vontades e verdade, igualmente a verdade que fez com que andasse Moisés com seu povo durante quarenta anos no deserto, para que no momento em que conseguissem todos os filhos da promessa a união de todos os dons, e caminhassem diante da mesma verdade, da mesma ordenação, e da mesma obediência, alcançassem a terra que lhes fora também prometida; porém, esta somente lhes seria a terra do leite e do mel, se permanecessem unidos em vossas crenças, verdades, humildades, lealdades e obediência, após adentrarem. E o mesmo motivo que os fez somente após quarenta anos alcançar a união de estar em verdade unidos e caminhar uns com os outros, rumo à mesma verdade, fora também o mesmo motivo que os fez separarem-se e viverem na terra da promessa da alegria e da paz, sobre a sombra da fome, da guerra, da miséria e da angústia.

Pois foram os mesmos motivos que os uniram, os que os separaram e os fizeram ser ainda mais miseráveis de si mesmos, porque todos aqueles que creram verdadeiramente em Moisés e em vosso Senhor não somente adentraram nas terras santas preparadas para serem nobres, puras, pacíficas e gloriosas, por serem através destas terras que seriam recebedores das promessas divinas, para serem vossos servos e servas espirituais, labutando com vossas forças e progressos, em nome do Senhor, dentro da terra que vos havia Ele mesmo prometido aos vossos antecedentes.

E até mesmo aqueles que servem ao Criador sendo servos espíritos nomeados não Santos, são igualmente todos aqueles que outrora foram filhos de suas também promessas e cumpriram igualmente a ordem divina ou foram executores exatamente daquilo que eram as vossas verdades as quais os nascidos para isso formam, e receberam, por isso, também a paga diante daquilo que lhes foram as vossas promessas, em nome do mesmo juramento, e do mesmo Deus que os gerou, criou e ordenou, a serem vossos servos e servas, atuando em vosso nome e obedecendo-o conforme os serviços pelas labutas que foram suas conquistas em nome da verdade, da certeza e da crença de cada espírito. Por isso, serão todos eternamente os filhos de Deus cumprindo as vossas determinações nascidas de vossas próprias promessas.

Mas somente aqueles que forem em verdade crentes, humildes, leais, e obedientes serão os recebedores da confiança de Deus, para que diante de vossa face receba o motivo de vosso juramento e se prostre perante o trono de vossa santidade. E ainda que demore quarenta anos, ou ainda, que demore séculos diante de muitos e muitos séculos, estará a eternidade do Senhor à espera de encontrar aqueles que serão merecedores dos galardões de vossas promessas, e pronto para receberem aquilo que as promessas lhes fará em forma de amor, caridade, compaixão e verdade das próprias mãos do Espírito Santo, que é Deus, porque é certo que este dia chegará e este filho se apresentará. Amém.

Filhos terrenos e filhos determinados

"Eu descerei e falarei com você; e tirarei do Espírito que está sobre você e o porei sobre eles. Eles ajudarão na árdua responsabilidade de conduzir o povo, de modo que você não tenha que assumir tudo sozinho" (Números 11: 17)

11.7 Todos os Santos são energias nascidas da vontade do Criador e, por isso, puras e santificadas, que recebem a ordenança de serem energias altamente límpidas e glorificadas, abastecidas das fontes únicas de energias celestiais, os Espíritos de grandeza. São estas energias solidamente límpidas e sagradas, abastecidas somente de energia e luz celestial, para serem jorradas por sobre os homens de maneira santa, através das emanações e vibrações que carregam em vossas unidades divinais espirituais.

Porém, sendo estas fontes de energias puras e santificadas, nascidas para ser o derramamento da santidade, da vontade, da ordenança do Senhor sobre a terra, são unidades espirituais celestiais altamente elevadas e evoluídas, uma vez que apenas aquelas energias puramente santas são as únicas unidades espirituais que caminham sobre uma ordenança do Criador e a fazem em terra ou em qualquer outro campo celestial a própria vontade de Deus, pela vossa própria ordem suprema e determinação de ser e labutar, não somente sobre aquilo o que ordena, e sim por aquilo que ordena sendo e carregando energias de vossa própria fonte de energia e de luz.

Portanto, forças glorificadas e supremas, refletindo o próprio Senhor Deus, como também sublimes, majestosas e soberanas, assim como Ele mesmo, pois para ser unidade espiritual diante da face do Criador, nascida para ser altíssima e elevada unidade de magias, mistérios, poderes e forças divinais, atuando em vosso nome pela vossa própria ordem e pelo reflexo de energia, ou seja, o poder e a luz que carregam, por isso, não são apenas energias santificadas, como também energias que carregam em vossas unidades o nome santo de Deus, com a forma e com a beleza que Ele mesmo possui.

E assim como o santíssimo Senhor Deus, fonte única de energia, magias, de poderes e mistérios, nascidos de si mesmo pela luz da vida, da morte e do ressurgimento de todos os seres, possuidor das únicas e verdadeiras determinações, ordenações e missões que possam existir sobre a terra, ou qualquer outra unidade espiritual de missão ou remissão; é o único, Ser de si mesmo, possuidor dos caminhos e da verdade que conduz todas as vidas por ele criadas, através da verdade, para que sigam e sejam a vossa plenitude e verdade, e por isso é Ele mesmo quem determina que os vossos espíritos nascidos e ordenados pela vossa fonte de vida sejam a vossa representação, pelo reflexo da vossa própria vida e verdade, para que carreguem a vossa luz, em forma de verdade, para dar a direção e a glorificação pelos caminhos verdadeiros Dele mesmo.

Porque somente aquele que é o único e o verdadeiro santo, o santíssimo Senhor Deus, é capaz de conceder a vida, ordenar a obra e santificar em vosso nome. Portanto, nenhuma outra unidade possui autoridade ou santidade, para fazer ou tornar santo aquilo que apenas o que é Santo ou o Espírito Santo é o único Ser Espiritual capaz de fazer. Pois apenas o que é Santo é também possuidor do poder sublime e eterno dele mesmo, para que possa fazer gerar, fazer iluminar, fazer encher de luz e de glórias, assim como carregar de energias e forças nascidas de vosso único e majestoso manancial de poderes, magias e de mistérios, dotados de luz, que concede a luz que gera a vida. Então, é o Criador o único que gera e concede a força e a energia de ser em vosso nome, pela vossa autoridade de magia, poder e mistérios, cheias de energias santificadas em vosso nome.

Porque é o Criador, fonte única, demasiadamente grande de poder, de glória e de justiça, para adentrar a terra e comungar igualmente com vossos filhos e filhas, não por serem vossos filhos nascidos de vosso seio, indignos de vossa caridade e santidade, porque cada ser que da terra se alimenta de vossa luz celestial também se alimenta e a carrega em vossa unidade espiritual, pois se não fossem cheios do próprio Deus em vossas unidades, não seriam igualmente unidades espirituais em evolução a caminho de vossa pura e nobre verdade. Mas sendo o Criador a maior fonte de energia e de luz celestial que não poderiam os seres da terra caminhar sem esta fonte de plenitude, de glória e majestade, o qual é também esta fonte única de energia e luz, revestida pela robustez de forças, que carregada de vossa eterna fonte de luz e de vosso esplendor, que é o que ascende todas as vidas e concede vida a todas as formas e coisas inexistentes, é também a única força capaz de destruir e exterminar, com todas as unidades terrenas, assim como o campo de maior beleza e santidade espiritual, que é o campo de aprendizagem, elevação e evolução, o campo terreno, caso adentrasse Ele mesmo com vossa divina luz a esta santa unidade espiritual.

Por isso, criou, ordenou e determinou aos vossos sete maiores e mais nobres Espíritos, para que, diante de vossa face, pudessem levar as vossas próprias forças aos campos terrenos, sendo a vossa própria força, a vossa própria glória, a vossa própria fonte de energia, vigor e santidade a refletir, de forma que todos possam, através destas energias e forças, caminhar em direção a vossa santidade, pela única verdade de vossas salvações, sem que isso lhes represente um risco mortal. E assim, concede o Senhor Deus os espíritos mais altivos, nobres e puros celestialmente, toda a vossa força e poder de luz, em forma de magias e de mistérios, para que com a vossa unidade celestial, em forma de luz divina abastecida de verdade, caminhem e adentrem os campos da terra, levando a vossa glória, a vossa força e as vossas energias espirituais, para que todos sejam capazes de vos conhecer e, em vossa direção pelas vossas ordenações, possam dignamente caminhar.

Desta forma, são os Santos ou as unidades santificadas igualmente a Ele mesmo, o Criador, fontes puras de energias celestiais, recobertas de glórias divinais, pelo poder da própria luz divina, nascidos para ser os vossos eternos caminhos em terra, derramando a vossa energia por sobre todos os seres e abençoando todas as forças e espécies de vida.

Mas como foram todos nascidos da glória de serem elevados e altivos espíritos, são energias puras carregadas do Espírito Santo, que apenas se derramam sobre o campo terreno, cumprindo assim parte de vossas ordenações divinais, motivo este que os fazem energias espirituais, que não possuem em vossas constituições estrutura arcada que os capacitem para serem viventes em terra de homens, uma vez que jamais passarão pela lapidação terrena, para alcançarem a elevação, ou para receberem aquilo que já possuem, que é a evolução espiritual concedida pelo Criador. Portanto, nenhum espírito santificado, ou seja, pela glória do Espírito Santo, que é Deus, ou nenhum espírito, dentre os sete espíritos santificados, ou os próprios Santos, foram através da carne material recebedores daquilo o que são diante do Criador já o são, por ordenança Dele mesmo. Assim como jamais serão frente aos seres

1133

que da carne são nascidos, também nascidos para lhes mostrar e apresentar os caminhos da glória e da paz de vosso Senhor, pois, para isso, foram ordenados, doutrinados e preparados aqueles que, diante dos exércitos do Criador, são os vossos servos e missionários espirituais, atuando com as energias, poderes e mistérios dos próprios santos, pelos vossos santificados nomes, os quais carregam em vossas composições o nome de Deus.

Logo, serão todos eles, assim como o Santíssimo, que refletem vossas unidades, as fontes de energias, magias, poderes e mistérios, dotadas da ordem, ordenança e determinação de ser sobre a terra o reflexo da dignidade, da pureza, da glória, da compaixão, da doutrina, da disciplina e do poder de correção e de justiça pela vida e pela morte de todas as forças que os fazem vivos e caminhantes em direção ao poder maior que é a fonte que os abastecem, o Criador.

E sendo estas unidades espirituais de energias puras, ou estas as fontes de energias santificadas nascidas para ser o derramamento da santidade da vontade e da ordenança do Senhor sobre a terra, são os sete espíritos santificados ou os sete santos, as sete fontes de energias límpidas, que descarregam as vossas próprias energias, por sobre os elementos materiais e orgânicos da terra, porque sendo unidades espirituais e santificadas livres de estrutura espiritual, que as façam ser nascidas em terra, para que de forma material possam comungar com os seres espirituais encarnados, através do derramamento de cada uma por sobre o campo terreno, que comungam com os filhos da terra, e não por meio da vivência da carne.

Isso quer dizer que é através do jorramento de si mesmos, sobre os elementos e ajuntamentos das formas orgânicas espirituais em um mesmo local, que se fazem unidades santas sobre a terra, caminhando e comungando com os filhos de Deus, quando estes nascidos do solo árido comem da vida da terra ou alimentam-se de todas as formas de vida existentes na terra são igualmente alimentados de vossas puras e ternas energias divinais.

Por isso, estes espíritos santificados jamais encarnaram, encarnarão ou serão recebedores de carne material pela diferente composição altíssima, que são em relação àqueles que necessitam da carne, para cumprir com vossas determinações e ordenações em missão carnal, embora estes espíritos altíssimos e santificados também caminhem por sobre a terra, não de forma carnal ou material, e sim de forma santificada ou por meio do derramamento de vossas essências e unidades santas, são espíritos que recebem divinamente do Criador o direito de ter a vosso favor outros espíritos, os quais são possuidores de estrutura espiritual de nome Aura Plena, que são caminhantes de forma orgânica ou carnal sobre a terra, para que em vossos nomes, utilizando as vossas energias e forças celestiais, possam atuar e labutar espiritualmente sobre vossas ordenanças.

Mas não apenas por serem espíritos constituídos de Aura Plena e sim por serem espíritos evoluídos, cumpridores de missão em campo de evolução, porque apenas estes espíritos estão preparados para carregar vossas energias e forças, como também para atuar diretamente com os espíritos encarnados, e demais espíritos santificados, cumprindo com parte de vossas ordenações em vossos próprios nomes.

E ainda que sejam os espíritos santificados livres de estrutura espiritual que os impeçam de se comunicar diretamente com os encarados são os vossos servos e servas espirituais que recebem os nomes de missionários dos elos de evolução, não importando o elo de evolução que pertençam os vossos servos divinais, os quais atuam em vossos nomes e carregam as vossas energias, assim como recebem as vossas ordenações de cumprir todas as labutas espirituais em campo terreno, as quais eles mesmos jamais poderiam devido à falta de estrutura que os impossibilitam de adentrar as diversas unidades espirituais para vossas também ordenanças sagradas executar.

E serão estes espíritos determinados ao cumprimento de ordem santa em nome dos santos que os regem e os cobrem de energia espiritual e forças para que cumpram e façam em vossos nomes os trabalhos espirituais em campos materiais. Porque são todos os espíritos que, determinados ao cumprimento de uma ordem santa, descem aos campos terrenos igualmente aos demais seres encarnados materiais cumpridores de uma missão espiritual, carregando uma ordem de cumprimento além de vossas missões também daquilo que carrega e a terra faz-se necessário entregar em nome daquele que o guia e o conduz em terra de homens, para igualmente homem servi-lo de forma espiritual.

Por isso, os espíritos determinados, que recebem emanação dos santos advindas do poder das sete forças sagradas, também conhecidos como os Santos, são espíritos determinados ao cumprimento de uma missão terrena de carregar e entregar ao campo material tudo aquilo que pertence ao santo e que em vosso nome labuta junto aos homens. Desta forma, todos os espíritos que encarnaram e ainda encarnam sobre uma ordenação santa para o cumprimento de uma determinação, os quais desenvolvem suas mediunidades ou formas de comunicação espiritual, com uma unidade de forças santificadas ou uma unidade de evolução espiritual, mantendo ainda que de forma intrínseca a ele mesmo um poder de compreender e labutar, em nome daquela unidade espiritual, ou seja, aquele que possui forma de comunicação afinada com uma unidade santa ou santificada, não o faz por vontade própria, e sim por determinação do Criador, de que as vossas fontes sejam jorradas e entregues aos campos materiais, por meio dos santos que utilizam os servos missionários em fase de evolução conforme a ordem a ser direcionada e trabalhada entre os filhos da terra.

Mas cada um destes espíritos determinados que cumpre vossas missões de ser e experimentar igualmente aos demais espíritos encarnados as vossas missões e ser ainda igualmente aos demais filhos da terra, e ainda atuar sobre a ordenação de um espírito santificado, trazendo a força de vossa luz, recebe daquela unidade espiritual a ordem de Deus, para praticar todo o sentido de energia e fluidez, que possui aquele elo evolutivo e, por isso, desenvolve e desempenha em campo terreno todas as formas de fluidez daquela unidade santa, podendo ser em forma de prática de sentido de caridade suprema ou elevadíssima aos padrões dos povos, sentido de amor extremo acima da capacidade de entendimento terreno, força de bondade sublime capaz de escarnecer todos os homens daquela época, cidade ou espaço terreno, que foram determinados a levar a força de fluidez, daquela unidade santa e sagrada aos homens de vosso convívio, trazendo de alguma forma o poder de amor, de bondade, de caridade e de compaixão, o qual conhecem em demasia, quando se fizer necessário apresentar-se para que todos se prostrem às forças celestiais mais puras e humanas, quando os humanos não conseguirem mais ser além daquilo que a terra vos consomem em vossas determinadas épocas de aprendizagem em campo sagrado terreno.

Por isso, são estes espíritos determinados, que saídos dos elos espirituais de evolução, os espíritos filhos de Deus, que após o término da jornada terrena ainda atuaram de forma espiritual com o mesmo objetivo sagrado, porém em elos santos regidos pelas sete forças espirituais que os conduzem.

"E aquele que sonda os corações conhece a intenção do Espírito, porque o Espírito intercede pelos santos de acordo com a vontade de Deus" (Romanos 8:27)

Logo, todos os santos ou espíritos santificados, que trabalham em nome do Criador, assim como vossos servos espirituais ou missionários espirituais não fazem em campo terreno vossos trabalhos caridosos em seus próprios nomes ou em nome apenas de vossas cidades, países ou em nome de um único continente ou território de origem de onde foram nascidos e sim em nome de todas as nações de todos os povos, uma vez que são todos os santos nascidos para jorrar vossas energias de forma universal, assim como são os vossos servos missionários, os vossos servidores espirituais carregando as vossas forças e energias a todos que necessitam de vossa luz.

Porque todos que labutam através dos santos em campo terreno, mostrando vossas forças e determinações em prol de uma verdade, atuam em nome de Deus, ou seja, em nome de todas as fontes sagradas e todos os santos, pois estes que partem dos vossos elos espirituais de evolução para a esfera terrestre, para mostrar as faces dos santos, quando nos ensinam as vossas lições de forma prática, vêm com a missão de nos levar a Deus, que é a força que rege e governa todos os espíritos e seres espirituais.

Portanto, vossas forças, crenças, labutas e coragens são dons regidos diante de vossas determinações e não forças advindas de seus interiores por vossas próprias vontades, porque ainda que fossem seus interiores repletos das energias e dos poderes compostos de magias e de mistérios próprios, ainda assim seriam regidos pelos santos, que são únicos que poderiam lhes conceder todos os dons, habilidades, ferramentas e coragem, para vos representar em terra e não de se si mesmos. Porque as forças que os regem são energias advindas das unidades espirituais, as quais recebem emanações divinais, forças, orientações e ensinamentos, com o propósito de elevar e levar todos os filhos da terra aos reinos do Pai celestial, e não aos reinos terrenos, criados por ilusões mundanas de serem filhos vigorosos e fortes da terra que os consomem.

E assim seguindo a doutrina, a disciplina e a hierarquia divina, às quais todos os espíritos estão assentados, todos aqueles espíritos que atingirem vossas evoluções e estiverem capacitados e preparados para servir e executar boas obras em nome de Deus, recebendo para isso as influências e forças dos santos que os conduzem, serão em terra os vossos representantes, levando tudo aquilo que o Criador vos ordena que sejam apresentados aos vossos filhos. Desta forma, todos os homens, que nascidos em terra com todos os sentidos materiais, que não apenas cumprem as vossas missões como também labutam em nome de vossas verdades espirituais, são espíritos determinados que atuam por meio de emanações santificadas por sobre a terra sobre a qual pisam as suas certezas e sobre os demais encarnados que possuem os mesmos sentidos deste que está doando as vossas forças materiais e espirituais em prol de uma abençoada e santificada obra espiritual.

Então, é certo compreender que toda a força que auxilia os encarnados em suas empreitadas terrenas vem dos elos que estes espíritos estão alocados no caminho da evolução espiritual. Porém, toda evolução espiritual que os conduzem à cura material ou espiritual somente é possível, pois o elo espiritual, ao qual cada espírito está agrupado, possui forças supremas de Deus, o Criador, que concede aos seus espíritos de maior grandeza poderes em vosso sagrado nome, para que possam distribuir e reger cada elo com forças e poderes divinos, formando uma única força de emanação sagrada sobre toda a terra.

E não será por vontade própria que os jovens profetizarão, os velhos sonharão e os novos curarão, pois não falarão, sonharão e se libertarão da dor da própria morte em vossos próprios nomes, porque serão todos trabalhadores de Deus, atuando sobre a vossa vontade, por isso, estarão todos sob a influência do derramamento santificado do Espírito Santo, sob vossos servos santificados, labutando em nome de vossa verdade, direcionando-os a vossa santa e sagrada verdade. Ou seja, estarão todos atuando pelas forças maiores de evolução, para que seja, através da fala, da ação de boas obras, em nome do próximo, as obras espirituais de Deus vindas através das diversas formas de comunicação, entre o campo terreno e o campo espiritual, o caminho que levará todos a única e maior verdade.

Porque serão estes os filhos determinados a cumprir as ordens santas dos Santos os filhos que recebem e conduzem as energias dos Santos, para trazer a cura, o amor, a bondade e a caridade, dentre os homens da terra, auxiliando-os em vossas labutas e pesares terrenos.

Da mesma maneira, todo aquele aprendiz encarnado, que dedica a vossa caminhada terrena ao serviço mediúnico como forma de preparar-se espiritualmente para o serviço divinal, concede os vossos corpos materiais aos espíritos evoluídos, pelo direito de serem aprendizes dos espíritos que atuam nos campos de evolução celestial, para que possam transmitir, em nome da verdade, a verdadeira caridade que é a atuação transcendental e mediúnica, em nome do Criador, que é aquele quem vos permite o direito à vida, o direito e evolução e à capacidade de comungar da mesma fonte de saber, independente do elo no qual se encontram, possibilitando a comunhão entre os filhos da terra e os filhos dos elos espirituais, com maior caminhada evolutiva para juntos serem mais nobres e caridosos em nome de Deus Pai.

Portanto, nenhuma capacidade mediúnica é por si só ou pertence a quem a possui, e sim ao espírito que utiliza aquela matéria, para trazer a vossa bondade em forma de capacidade e comunicação para o serviço espiritual, também conhecido como mediunidade, seja esta qual for, para que a presença do Ser Supremo seja compartilhada por entre os filhos dos homens, assim como é comungada por entre os espíritos em elos distantes dos elos terrenos.

Mas todas as forças e poderes de transformações conferidos aos espíritos em atos mediúnicos, durante vossas descidas mediúnicas, cabem a quem realmente o pertence, que é o Criador. E todos os pedidos, súplicas, desejos de cura e libertação dos padeceres terrenos, que são entregues aos espíritos, conduzidos aos elos celestiais de maior poder de forças e de luz, capaz de transformar e formar qualquer elemento ou ser material, no que o poder de forças e poderes divinais podem transformar.

E assim todos os lamentos e pedidos entregues aos espíritos serão entregues às fontes de energia e de luz própria daquela súplica ou a fonte necessária, que comanda o elo de evolução capaz de intervir sobre vossas necessidades, de forma que sejam as bênçãos espirituais derramadas através dos santos que regem aquele determinado campo vibracional de poderes, magias e mistérios celestiais. Porque somente os espíritos santificados, que regem os campos de evolução, possuem determinação do Espírito Santo para atuar em vosso sagrado nome, com as forças de vossos mananciais, para que conceda aos vossos filhos tudo aquilo de que eles necessitam, se for esta uma ordem sagrada do Criador, diante daquilo que o filho necessita, precisa aprender e conhecer para se desenvolver espiritualmente em campo terreno.

Por isso, todo aquele que invocar o nome de Deus por meios dos espíritos e crer em vossas palavras por meio da confiança sagrada, será salvo. Pois todo aquele espírito nascido em vida eterna e ressuscitado de campo terreno para cumprimento de missão terrena, junto aos seres encarnados, possuem não somente poderes de transformação, como a luz advinda do ser supremo, pois sem este nem mesmo uma folha cairia do céu ou nasceria a vossa própria vida.

Espíritos santificados e Espíritos Santos

"Como está escrito nos profetas: Eis que eu envio o meu anjo ante a tua face, o qual preparará o teu caminho diante de ti" (Marcos 1:2).

11.8 Porém, não são apenas os espíritos evoluídos em vossos elos espirituais, os Santos, que recebem a ordenação de ser e representar as vossas unidades de evolução em campo terreno, ou representar e atuar em nome das unidades espirituais que os regem, pois além destas unidades espirituais de evolução em que se encontram os espíritos que caminham vossas evoluções, diante de vossos elos de atuação existem outras hierarquias espirituais de servos atuantes.

Porque assim se faz a promessa do Criador sobre vossas existências, e da mesma forma existem outros espíritos elevados, não mais elevados do que os outros, e sim altivos, evoluídos e cumpridores de vossas também promessas, porém em unidade espiritual distinta, ou atuando em outros elos espirituais, os quais não são elos de evolução espiritual, mas sim os campos mais altivos, sublimes e nobres, junto aos templos de brilhantismo celestial, os Templos Azuis, porque assim como existem os espíritos nascidos para serem servos ou soldados dos exércitos do Senhor Deus, da mesma maneira outros espíritos foram também nascidos para ser servos e servas do Senhor Deus, atuando em vosso nome sobre a vossa própria influência espiritual, o que é a vossa própria influência espiritual, santa e sagrada, jorrada através do Espírito Altíssimo, regente único da unidade do templo, onde se encontram todas as fontes de luz, de amor e de caridade, que são as fontes nascidas do manancial de luz do Senhor Deus.

Mas não são estes espíritos nascidos para vencer tribulações em missões terrenas de lapidação e evolução espiritual, para assumir postos de espíritos iniciados dentro dos elos de evolução espiritual, conforme vossas promessas, porque não são estes espíritos aqueles que devem caminhar as trilhas da eternidade, diante dos campos evolutivos, e sim espíritos nascidos para ser o reflexo da força, e da luz do Criador, vencendo labutas e batalhas santas e sagradas, em nome do Senhor Deus, e por isso, são renascidos em terra para atravessar e ainda atravessam séculos e séculos de existência espiritual, rompendo eras e mais eras de tempos divinais, carregando a verdade e levando a força e a glória divina, conforme vossas ordenações.

Por isso, são espíritos que após milhares de anos em labutas sagradas se tornaram e eternamente serão espíritos altamente elevados, evoluídos, sábios, puros e santificados, conforme a promessa espiritual ou a seladura, que possuem desde o momento de vossos nascimentos, para ser não apenas espíritos elevados e evoluídos, como também atuantes sobre as mesmas fontes de amor, bondade e luz, que são os próprios Santos os regentes, porque estes que não são Santos, são igualmente santificados por atuar e labutar igualmente sobre a regência Daquele que é o único e verdadeiro Santo, o Senhor Deus.

Porque é através de vossas próprias caminhadas sobre a regência daquele que é o mais alto e sublime dos espíritos, assentado à direita do Criador, que todos aqueles que possuem em vossas seladuras a ordenação de ser espírito nascido para serem elevados e evoluídos, embora possuidor de estrutura espiritual o que os permitem possuir arcada estruturada material, porque é através desta a única forma de levar as forças das fontes de energia e de luz do Criador ao campo terreno, sendo igualmente terreno, porém, assentados juntos à destra do Ser Supremo, sobre a eterna regência de governança do Altíssimo Espírito, de onde recebem diante de vossas labutas sagradas, de forma leal, fiel, honrosa e digna pelas vossas próprias promessas, e a honra e a glória de serem iniciados divinais, não apenas por deterem o direito espiritual de caminhar no templo divinal, e sim por serem vitoriosos espíritos que lutaram e serviram dignamente as vossas ordenações e por isso servem para eternamente servir ao vosso Senhor.

Mas fora através de vossas próprias jornadas e vitórias que os levaram a conquistar os vossos mais altos e sublimes postos divinais diante do trono do mais puro e majestoso templo espiritual de Deus, tornando-os membros da arcada de espíritos nascidos para serem os mais nobres e elevados servidores do Espírito Santo, que não somente governam as fontes que jorram energia e luz em forma de amor, caridade, compaixão e glória divina sobre a terra, como também são aqueles que descem aos campos terrenos para exercer as vossas batalhas de maneira nobre, caridosa, bondosa e gloriosa, em nome de vosso Deus, que os ordena a ser exatamente aquilo para o que foram nascidos e criados para ser; espíritos iniciados em campo divinais.

E sendo estes espíritos os servos divinais sacerdotais, que comungam não somente com os Santos, como também com os regentes das fontes de energia e poderes de glória de luz do Criador, os Espíritos de grandeza, carregam estes espíritos igualmente evoluídos, a luz, o amor, e a glória do único Santo, para que possam em nome Dele mesmo atuar, assim como atuam os Santos que possuem as mesmas energias e forças, pois estão todos sobre similar ordenação sagrada de Deus. Por isso, são estes os espíritos, que nascidos em campo terreno, para trazer a luz divina, a condução, o caminho do Criador, os espíritos que refletem a unidade de forças dos Santos, uma vez que sobre a mesma regência dos Santos se encontram, porém, labutando igualmente aos demais seres homens encarnados, levando de forma terrena todo o amor, toda a plenitude e toda a força de condução, que possui um Santo, porque embora não sejam estes espíritos nascidos para serem Santos, são espíritos igualmente santificados, para labutar em nome do Criador, servindo vossas existências de forma santificada, levando e conduzindo as forças, energias e emanações, igualmente, as forças, energias e fluidezes, que possuem aqueles que são santos.

E estes espíritos iniciados ou santificados, ou seja, aqueles também portadores das forças de luz santas do Criador são espíritos altamente evoluídos e sagrados, recebedores da honra celestial, de serem iniciados divinais, ou os verdadeiros iniciados do Criador, portadores da nomenclatura espiritual, espírito iniciado celestial, em que iniciado celestial não quer dizer início para aquele que nada possui e sim o início para aquele que acima de todos os outros possui diante de vossa longa caminhada, conforme a vossa própria promessa, possuindo altíssimo grau de sabedoria, santidade e evolução, e por isso inicia o vosso caminho santo e sagrado, dentro do templo santo do Altíssimo Espírito, assentado em vosso sagrado trono, diante da destra de único Espírito que é o Santo, ou seja, assentado à destra de Deus Pai celestial, ao qual lhe é permitido comungar e compartilhar das mesmas forças, energias, luzes e glórias do Espírito Santo.

Então, são estes espíritos nascidos para levar as mesmas luzes, e glórias e santidades aos campos terrenos, de forma puramente material, e não somente espiritual, derramando-se por sobre a terra, assim como fazem os santos, porque é por meio da estrutura arcada, ou seja, da carne material, que devem cumprir vossas ordenações, uma vez que foram nascidos para serem os representantes das fontes de energia e de luz do Criador, erguidos em vossas promessas de cumprimento, de forma material, após terem sido estas alcançadas nas labutas dos campos terrenos, para serem também em campo terreno os cumpridores daquilo para o que labutaram para ser em campo divinal, isso quer dizer, espíritos iniciados do Criador.

Portanto, são os iniciados divinais, espíritos altamente evoluídos e sábios, espíritos instrumentos divinais conhecedores das fontes de energia do Criador, nomeados espíritos santificados, porque não apenas comungam com aqueles que são santos como também se utilizam das mesmas forças e energias que possuem os espíritos que são Santos, porque são igualmente regidos pelo mesmo Espírito Santo, o qual santifica todas as unidades que são santas, o Senhor Deus, que os unem e glorificam para serem vossos servos ou servidores divinais.

Logo, são estes espíritos, fontes de grande sabedoria e bondade, que desenvolveram perfeitas e nobres habilidades de poderes de cura, amor e salvação, devido as vossas labutas terrenas, para continuar atuando em campo terreno sobre as influências das fontes que conhecem e exercem vossos conhecimentos, bem como a força e o poder de manipulação de energia espiritual e material orgânica, pela ordem sagrada que possuem para trabalharem em defesa dos menos favorecidos, em diversas partes do mundo, atuando não por si mesmos, mas em nome do Criador, que os conduzem, levando alento, amor e paz aos mais necessitados de suas capacidades espirituais.

Por isso, são estes espíritos altamente evoluídos e conhecedores das fontes de energia do Criador, nomeados espíritos santificados, não porque são santos nascidos para derramarem vossas forças por sobre os filhos da terra, mas sim porque todos aqueles que atuam em nome do Criador sobre a influência direta das fontes de energia e de luz Dele mesmo e em vosso nome um espírito santificado, pois alcançaram vossas sublimes evoluções espirituais.

Logo, os espíritos santificados são servos espirituais de Deus e não espíritos santos de Deus, pois espírito santo de Deus é aquele que carrega uma determinada fluidez de forças e jorra estas forças sobre o campo terreno, para conduzir os filhos da terra da maneira santa, para que possam alcançar vossos progressos espirituais, enquanto os espíritos santificados são aqueles que, nascidos para serem altivos diante do trono do Criador, alcançaram as vossas evoluções e atuam em nome Dele com as forças das fontes divinas, para serem nascidos em campo terreno e conduzirem os filhos da terra de forma igualmente terrena, porém com a nobreza, pureza e a santidade do que possuem, auxiliando os homens em vossos desafios, pesares e dores, angústias e sofrimentos espirituais e temporais, sendo bondosos, caridosos, misericordiosos e clementes em nome do Criador.

Logo, aqueles espíritos que nasceram em campo terreno e desenvolveram vossos trabalhos nobres e santificados, devido aos vossos poderes de cura, bondade, purificação e libertação da dor do corpo e da alma, que também foram e ainda são em campos terrenos, considerados santos por aquilo que praticaram em suas existências em suas regiões de nascimento, assim como todos aqueles que ainda atuam nas regiões determinadas pelo Criador, são espíritos evoluídos e preparados para serem instrumentos divinos de atuação santa, levando a força e caridade, assim como a bondade de Deus, aquele que realmente cura por todos os cantos da terra.

Porque são aqueles espíritos encarnados, que pela terra caminharam sob uma ordenação sagrada de cura, restabelecimento espiritual e material e bênçãos determinadas por uma ordenação sagrada, são espíritos santificados em nome de Deus, porque acaso suas obras fossem próprias e não divinais não teriam nenhum poder de cura, pois não teriam nenhuma força santa em vossas atividades ou labutas, pois o ser encarnado não cura ou restabelece, a não ser que esta seja ordem ou determinação Daquele que é Santo. Por isso, todas as obras são por determinação divina e ocorrem por vontade do Criador, não por vontade própria unidade carnal.

Portanto, todos aqueles que nascidos em terra como homens para exercer obras santificadas e que, por isso, realizam grandes obras de cura, de libertação ou de salvação pelo poder de intercessão junto ao Criador, fazem sob ordenação sagrada, comungam pelo nivelamento espiritual que possuem diante de vossas posições espirituais, nascidas de vossas próprias promessas de serem iniciados celestiais ou espíritos santificados, que nascidos e preparados para curar, restabelecer e interceder junto ao Criador, para trazer a vossa luz aos filhos da terra, assim o fazem.

E são todos aqueles que, considerados santos, são do Senhor Deus os iniciados celestiais ou santificados e, por isso, em terra operam grandes curas e milagres, são espíritos santificados, por serem servos e servas espirituais de Deus, exercendo aquilo que lhes foi ordenado por aquele que é a fonte infinita de cura, milagre, amor, caridade e bondade. Deus.

"Eu não posso por mim mesmo fazer coisa alguma. Como a ouço, assim julgo; e o meu juízo é justo porque não busco a minha vontade, mas a vontade do Pai que me enviou" (João 5:30).

Então, é sábio compreender que é o Criador quem ordena e prepara todo o caminho a ser percorrido pelos seus servos iniciados sob a influência de vossas forças e vossa luz, santificando-os com seu poder de cura e de libertação, pois nenhum espírito é capaz de curar, reerguer ou salvar, se não pelas forças e ordenança de quem os conduz.

E ainda que o encarnado conceda título de santidade e bondade aos servos do Criador, devido aos seus trabalhos de cura em terra, é certo saber que o Criador já os havia emanado com seu poder de santidade e de cura, em forma de amor e bondade, sobre estes que iriam, em vosso nome, operar os verdadeiros milagres. Ou seja, ainda que o homem não saiba, já havia aquele que cura e que liberta sido santificado pelo amor de Deus para o cumprimento de uma determinação. E os feitos terrenos são o cumprimento desta determinação vislumbrada pelos encarnados. Por isso, os santificados em terra são também considerados santos, são espíritos enviados por Deus, infinito manancial de amor e de bondade a referência daquele que foi enviado através do Espírito Santo, o Criador do mundo, para exercer os vossos esforços em campo sagrado terreno.

Por isso, estes servos iniciados da bondade do Criador, que nascem e atuam em vossos campos de origens nos quatro continentes do mundo, são espíritos altamente evoluídos, determinados tal como o Criador os enviou em terra e determinou ao dever de atuar em vosso sagrado nome, em favor da humanidade. Ou seriam os espíritos santificados ou os santos de cada região territorial material sincretizado na região em que ocorrem as práticas de vossas bênçãos e milagres por vontade própria? A resposta é não, pois aquele espírito que desceu à terra santifica, cura e restabelece os sofredores e feridos os fazem por condução do Criador, que os ordenam a serem nascidos nas determinadas regiões ou lugares onde a cura faz-se necessária para apresentar a vossa própria força, o vosso poder de cura e de salvação, através daquela entidade que, principalmente, o poder de crença fará conduzir a esperança e a alegria viva entre seus filhos.

Logo, não é a entidade que cura e restabelece santa, pois esta embora pratique as ordens de Deus através da bondade e do amor divino, todo poder de cura e obras divinais são concedidas de forma determinada pela força celestial e não em si mesmo. Portanto, nenhuma unidade espiritual santificada regional, independente do nome de terra que este recebe dos encarnados, é por si mesmo, pois são todos espíritos iniciados, que se misturam aos homens da terra em nome de Deus no território ou no lugar de onde Ele mesmo ordena.

E embora sejam ordenados a nascer e se firmar em regiões diferentes, são todos espíritos universais, assim como carregam forças e poderes divinos do universo, pois suas essências espirituais possuem grau de elevação espiritual, nascida das fontes de energia, que jorra e se derrama sobre todos os filhos da terra de forma unitária e não individual.

Até mesmo porque, na esfera celestial, não se qualificam espíritos através dos títulos ou dos nomes terrenos que recebem dos homens, e sim através dos seus feitos e obras realizadas em nome de Deus. Logo, a nomenclatura não é, e não deve ser, maior ou mais importante, e sim os vossos trabalhos. Pois o título de santo em terra serve para identificar aqueles servos iniciados, ou instrumento de poder e forças divinais, escolhidos para transportar o vosso amor, a vossa cura e a vossa bondade, que cumpriu com amor, louvor, dignidade e glória a vossa labuta celestial, levando amor, bondade e caridade a todos os povos.

Porque são estes os espíritos que determinados exercem as vossas labutas, utilizando o poder de fluidez espiritual celestial divino, cumpridores de determinação santa, utilizando-se das forças e das magias de transformação concedidas pelo Criador, que lhes entregam toda a vossa bondade, para praticar em vosso nome a ordem de carregar e compartilhar as vossas compaixões e caridades sobre toda a humanidade, por isso são eles instrumentos de amor, bondade, caridade e forças sobre toda a terra, onde quer que estes sejam nascidos. E assim, são todos os santos milagreiros, espíritos evoluídos assentados à direita de Deus, cheios de amor e de bondade, para auxiliar os sofredores da terra, porque são estes servos divinais iniciados nas forças e poderes do Criador, os seres emanados e possuidores de dons e de caridade, para carregar o poder de luz na região escolhida para ser do Criador vossos mensageiros espirituais na terra.

E são os espíritos, santificados com a glória e a luz divina, altamente disciplinados e doutrinados sob as leis divinais, por serem conhecedores dos segredos e magias que manipulam de forma soberana, devido a milhões de anos de evolução e aprendizado com o Criador e, por atingirem graus de evolução espiritual de nobreza e pureza celestiais, são detentores de poderes da natureza, que também atuam de forma precisa e magnífica. Logo, estes espíritos de maior benevolência conhecem todas as formas e vidas naturais e minerais, por determinação divina que estão assentados na majestade do Criador, perante a humanidade. Pois são estes espíritos de evolução milenar conhecedores de poderes naturais e santificados, que invocam e são invocados em favor da humanidade, pois são também recebedores dos dons e dádivas das forças da natureza, as quais descarregam sobre o mundo. Portanto, são os santificados ou iniciados divinais todos aqueles que possuem uma determinação de ordem suprema de domínio benevolente perante toda a humanidade, prestando caridade em nome de Deus único e verdadeiro Espírito salvador.

Isso quer dizer que todos os homens nascidos de uma ordenança sagrada de poder celestial para cura, restabelecimento da matéria ou outros benefícios de ordem espiritual, são por ordem do Espírito Santo, que é Deus, utilizando vossos espíritos iniciados em vossos caminhos mais altivos e sagrados, para derramar, através de vossas crenças, obediências, humildades e caridades, a própria luz, amor e caridade por todos os filhos da terra, que creem em vossas salvações, através de vossos poderes entregues aos vossos espíritos santificados ou espíritos iniciados de ordem divinal pelos caminhos da cura, da entrega e da bondade.

Pois todos os espíritos iniciados nos caminhos celestiais são, pelo Criador, santificados e atuam nas leis divinais, cumprindo vossas também missões pela busca de tornarem os próprios homens mais elevados espiritualmente, restabelecidos também na crença e na fé, para caminhar em direção ao Senhor Deus, porque estes que são espíritos evoluídos em vossas unidades, cumpridores de vossas determinações de alcançar as vossas promessas, e atuam em nome do Criador, levando aos campos terrenos aquilo que possuem em demasia, que além de amor e caridade, inclui ainda sabedoria, humildade, nobreza, obediência, doutrina e disciplina em nome de vosso salvador, porque são estes servidores altamente disciplinados e doutrinados independentemente do nível de conhecimento e sabedoria, pois todos obedecem à mesma hierarquia celestial, pela obediência e amor ao Criador.

Por isso, santificada é a emanação do Criador sobre cada servo e serva espiritual, que cumpre com vossas determinações e obediências, servindo-os no lugar, no tempo celestial e no momento em que a ordem santa lhes é proclamada, sendo vossos instrumentos espirituais em campo terreno, exercendo a cura, a salvação e o fortalecimento da matéria e do espírito, por ordem santa de Deus.

Arquétipo de Santo

"O comandante do exército do Senhor respondeu: Tire as sandálias dos pés, pois o lugar em que você está é santo. E Josué as tirou" (Josué 5:15)

11.9 Mas todo espírito nascido do seio amável do Criador fora nascido para caminhar, elevar-se e conquistar a evolução espiritual, pois é esta que o tornará espírito mais próximo a vossa santidade, conforme a vossa determinação, não em espaço, lugar ou casa celestial, e sim em unidades santas, preparadas para assumir novos e mais elevados ensinamentos e graus de plenitude, diante da escala espiritual de evolução, o que possuem os espíritos nivelados em campo divinal, que foram nascidos para crescer e evoluir as vossas essências espirituais. Por isso, todo espírito recebe juntamente com a vossa missão espiritual de elevação e evolução, cujo campo terreno é também um campo espiritual de elevação, evolução e aprendizagem uma estrutura espiritual de nome Aura Plena, que o permitirá adentrar este campo e vivenciar todas as formas de aprendizagem e conhecimento do que deve viver e aprender, conforme a sua missão assistia celestialmente pelos Espíritos sagrados.

E esta estrutura de nome Aura Plena, que receberá, para que diante de todas as missões e determinações possa vivenciar o campo terreno, será a estrutura que irá carregar o estado de consciência terreno de nome, o pensamento de consciência que é a parte que experimenta e vivencia através dos cinco sentidos e dos sentidos terrenos, tornando o espírito encarnado capaz de entender-se vivo em carne e em terra, utilizando todas as estruturas que possuem em matéria orgânica, bem como a possibilidade de viver, experimentar e participar da vida material terrena com a sua própria estrutura física carnal; e, além disso, com a possibilidade de além de experimentar, sentir e compreender-se vivo, poder também utilizar-se desta forma de pensamento, que embora seja também carregada pelo espírito de forma espiritual, ser totalmente material. Pois este o capacitará para ser compreendido como carne material, o mesmo sendo espírito.

Isso quer dizer, o trará em sentido orgânico e material, podendo vivenciar a vida material, mesmo sendo espírito, porque este que é pensamento, é pensamento totalmente voltado para o campo terreno, sem que seja ele influenciado pelo espírito ou quem ele é em verdade.

Porém, no momento do desencarne, ainda que a carne finde no chão da terra, a estrutura espiritual de nome Aura Plena não deixará de existir, porque esta é a estrutura que capacita todo e qualquer espírito que tenha sido nascido para cumprimento de missão e determinação, alcance de elevação e evolução espiritual possuir, porque não existe a possibilidade de um espírito ser nascido em campo terreno, sem a estrutura que o molda e o capacita ser espírito encarnado e viver como encarnado, labutando a vida na terra, sem que não tenha essa estrutura que o torna vivente. Mas a estrutura de pensamento, ou o pensamento de consciência, esse será desfeito no espaço de tempo espiritual, assim que todas as experiências forem alocadas, dentro da estrutura espiritual Aura Plena, ou seja, passará todos os seus experimentos e aprendizados para o próprio espírito e serão todos armazenados em um campo dentro da própria Aura Pena, de nome matriz espiritual, porque esta é a caixa selada que possui o histórico de vivência de todo espírito, o qual se encontra em estado de evolução, ou seja, todo espírito possui, porque é essa quem carrega toda a sua história e evolução espiritual.

Por isso, é certo compreender que todas as experiências e vivências, experimentadas em campo terreno, pertencem ao espírito, e são por ele mesmo guardadas com ele em sua matriz espiritual ou caixa espiritual selada e velada também pelo seu espírito da guarda, porque é esta que faz a somatória de tudo o que usufruiu, experimentou e vivenciou, formando assim ele mesmo em essência espiritual ou formando a sua própria existência, ou seja, formando ele mesmo. Isso quer dizer que toda vivência espiritual em campo terreno ou em qualquer outro campo de aprendizagem são guardadas em sua matriz espiritual que o forma, pois é através dessa matriz espiritual que carregará consigo todo seu histórico de vivências e aprendizagens que formam um espírito, ou que se conhece e reconhece aquele que, moldado em diversas caminhadas e jornadas espirituais, torna-o ele mesmo.

Portanto, é o espírito encarnado o resultado de tudo aquilo que ele carrega em sua bagagem espiritual, desde as suas primárias encarnações que formam a sua verdadeira essência espiritual, porque nada que faça em campo terreno poderá classificá-lo como sendo outra coisa, uma vez que será ele reflexo dele mesmo em relação à forma com que age diante das oportunidades e experiências materiais. Logo, também não é o ser espírito encarnado reflexo dos Espíritos que os guiam e o encaminham em campo terreno, uma vez que são os espíritos que os guiam em campo terreno, são eles fontes de energia e de luz, que não os conduzem de maneira carnal aos vossos caminhos terrenos, e é ele o aprendiz que necessita ser guiado para a sua evolução diante daquilo tudo que carrega e traz dentro de si mesmo.

Porque os Espíritos que os guiam em terra, os Anjos sangrados ou os Santos, assim como são conhecidas essas energias, são fontes puras de energias do Criador, nascidos para fluir e derramar-se trazendo tudo aquilo de que necessita o espírito encarnado em terra, para que possa progredir, evoluir, frutificar, ter ciência, conhecimento, autocorreção, poder de justiça e correção, assim como disciplina em relação às energias que os regem e os capacitam, para regressar aos campos celestiais, bem como em relação ao Criador. Logo, são os Santos, fontes robustas de energias santificadas, criadas para fluir e emanar vossas magias, poderes e forças sobre os seres encarnados, fortificando-os de luz e fluidez santa.

Mas são estas energias fortemente descarregadas sobre os elementos naturais, que o próprio Criador determina que se derramem para que não firam, machuquem ou destruam os seres encarnados, devido as vossas potências de forças e fluidezes, porque estas são descargas espirituais, que quando alcançam a terra são transformadas em descargas elétricas, compostas de luz e radiação, que poderiam destruir e exterminar os filhos encarnados, por isso, são estas forças derramadas sobre os elementos da natureza, tão fortes e robustos quanto às energias que carregam os Santos.

E por descarregarem as vossas forças e energias sobre os elementos da natureza, são considerados os Santos, os donos ou os reis e rainhas dos elementos naturais que descarregam suas energias e poderes de forças espirituais sobre a terra.

Portanto, são os Santos, as energias das sete fontes de luz e poderes de forças sob a terra que descarregam vossas forças sobre os elementos orgânicos da natureza, porque nascidos para jorrar e vibrar sobre a terra foram. Por isso, são energias que influenciam de forma espiritual e de forma também orgânica, embora pareça apenas que estejam os encarnados sob as influências dos elementos orgânicos apenas.

Isso quer dizer que, o espírito que se encontra alocado em uma matéria orgânica faz suas escolhas e determina sua forma de vivenciar a vida de maneira independente e não por força ou influência dos Santos que regem as unidades, porque o encarnado é quem escolhe sua forma de agir e se comportar diante das lições e aprendizagens apresentadas pelas escolas espirituais em campos terrenos e não os Santos que os conduzem a agir e fazer aquilo que desejam. Porque se os Santos os conduzissem e os manipulassem em comportamentos e temperamentos não seriam os encarnados vivenciando as suas lições e aprendizagens, mas sim os Santos vivendo e experimentando a vida no lugar dos espíritos encarnados, por isso, o homem é quem escolhe seus hábitos, comportamentos e formas de agir, diante das situações e problemas frente ao ambiente em que vive, conforme as influências espirituais vivenciadas por ele mesmo, que o tornam a si mesmo não somente pelas escolhas, mas também pela forma de seguir diante delas, mostrando-se ser exatamente aquilo que realmente é.

Mas diferentemente dos espíritos encarnados, os Espíritos Santos, fontes de energia do Criador não possuem Aura Plena, uma vez que não têm eles determinação de cumprimento de missão em terra de forma material, para elevação ou evolução, porque já se encontram em altíssimo sentido de evolução, sendo energias que servem ao Criador, vindas das fontes nascidas da própria luz celestial, para abastecer a terra e os seres encarnados de emanações e fluidezes puras nobres e santificadas.

Logo, os Santos nunca foram nascidos em terra para serem assim como os encarnados caminhantes de vossas evoluções, experimentando o campo terreno através de sentidos, e cinco sentidos que os fazem ser materiais com comportamento e temperamento de terra, portanto não possuem os Santos bagagens espirituais de evolução de unidade espiritual, carregada de sentidos terreno, porque são os Santos livres de Aura Plena, que carrega matriz espiritual ou histórico de vivências e aprendizagens, porque não são os Santos essências que necessitem conhecer ou sentir os sentidos terrenos, para que existam em campo terreno vibrando e emanando vossos poderes e forças, que possam se assemelhar ao comportamento ou a qualquer outro sentido de terra aos seres encarnados.

Mas existem sete escolas distintas de aprendizagem santificada, porém, isso não quer dizer que o motivo de estar em uma escola de aprendizado de determinado Santo é o ser encarnado reflexo em temperamento, comportamento e ações em terra daquele Santo, que adentrou a escola de aprendizagem, e sim que é ele reflexo dele mesmo, perante a forma espiritual, que de forma material reflete, atua e experimenta o mundo pelas suas experiências e vivências anteriores, ou seja, conforme a sua própria bagagem ou a sua forma de ser. Isso quer dizer que os espíritos adentram as escolas espirituais com suas bagagens espirituais, carregados suas próprias formas de compreender espiritualmente os demais seres, com sua própria forma de agir, em relação a determinados aspectos da vida espiritual e material, assim como possui sua própria forma de comportar-se e vivenciar cada experiência nova, que as escolas espirituais lhe ofereçam. Isso porque todo espírito já adquiriu sua própria forma de ser e de agir, e é ele um ser individual e independente em relação a sua forma de ver, agir, compreender, conhecer, respeitar, entender, julgar-se, corrigir-se e disciplinar-se em e estes aspectos atuados anteriormente é o que o refletem em campo terreno.

Logo, tudo o que um espírito possui, pertence a ele e não ao Espírito sagrado que o guia espiritualmente em campo terreno. Porém, o espírito santificado que o guia em campo terreno, guia similarmente espíritos, que assim como este mesmo espírito, possui similar forma de agir, de experimentar a vida espiritual e terrena, forma de compreensão em relação ao mundo e aos acontecimentos, forma de entendimento das situações e problemas, bem como em relação ao autojulgamento e autocorreção e disciplina, isso porque estes espíritos semelhantes em forma de agir e comportar-se, são os que se encontram em nivelamento similarmente preparados, para receber as lições espirituais daquele determinado Santo, que os guiará a todos. Isso quer dizer que não é o Santo ou a energia santificada quem determina o temperamento, o comportamento, a forma de agir e a forma de pensar e comportar-se diante da vida, e sim o espírito que similarmente em nivelamento espiritual que age, comporta-se e pensa da mesma maneira, será regido pelo mesmo Santo.

Mas é arquétipo o modo de posicionar-se no sentido de padrão de comportamento em direção ao que se pretende chegar. Por isso, também não é o comportamento daqueles espíritos encarnados similar ao comportamento e temperamento do Santo que os regem em terra, uma vez que os Santos não possuem padrão algum de comportamento ou temperamento, e sim os espíritos encarnados que possuem similar forma de se comportar e estão em similar nivelamento espiritual, bem como similar, e conhecimento aos demais espíritos encarnados e por isso encontram-se na mesma escola de aprendizagem, devido a esta razão são eles conduzidos pelo mesmo Santo em relação as vossas elevações espirituais. Por isso, não é o Santo quem possui determinado comportamento e este se reflete naqueles que ele conduz e sim o espírito encarnado que reflete ele mesmo em campo terreno, conforme o que ele mesmo carrega e ao expressar-se da forma que verdadeiramente é, mostra de suas características padronizadas de suas verdadeiras formas espirituais.

Porque não é o Santo quem possui padrões de caráter, padrões de pensamentos, padrões de amabilidade, padrões de inflexibilidade e sim o encarnado, que além de possuí-los, classifica-os em categorias terrenas, o que não se encaixa em nenhuma unidade espiritual santificada. O Santo não é quem caminha pela terra e sim o homem que se auto classifica, por isso, é este quem possui sua forma própria de ver e se expressar na vida terrena e não o Santo, porque o Santo somente descarrega a sua energia de forma única e não de forma individual, em cada ser encarnado, lhe conduzindo de maneira dócil, amável, brava ou agressiva. Por isso, estas fontes de energias espirituais que não possuem Aura Plena, pois são fontes puras de fluidez de formas nascidas do manancial de poder e de luz do Criador, jamais serão espíritos encarnados ou encarnarão em terra de homens, para que conheçam seus padrões arquétipos de comportamento, tampouco irão refletir o que não possuem sobre os homens que conduzem.

"Não farás outros deuses diante de minha face" (Êxodo 20:3).

O ato de criar impressões carnais aos santos e Santos não torna nenhum encarnado mais ou menos próximo aos espíritos, tampouco ao Criador. Qualificar entidades divinas ou qualificar-se como sendo, possuir usufruto de arquétipo de Santo, com personalidade como amável, corajoso, batalhador ou ainda pejorativos como temperamental nervoso ou pouco confiável, tornando a santidade tangível e materializada para se igualar a ela é uma crença destrutiva ou uma falsa verdade espiritual, contrária a todo o poder santificado aos Santos, que tenta qualificar o encarnado tão santo quanto o próprio Santo que o conduz.

É certo compreender que algo santificado pelo Criador não possui padrão de comportamento, temperamento, desejos ou características humanas. Os Santos ou Santos fluem em terra, energias espirituais santificadas das emanações da natureza, das quais jorram suas forças e descarregam sobre os encarnados, onde o poder santificado que se recebe atua também com o poder da natureza, não somente sobre os sentidos em forma espiritual como também orgânico, uma vez que o ser encarnado possui as duas vertentes, porém não através de sentimentos, temperamento e modelo de comportamento.

Logo, não se cria ou se compara aos Santos ou tenta igualar-se aos Santos para justificar seus temperamentos e comportamentos de terra, porque estes pertencem aos encarnados e não aos Santos. Portanto, deve compreender é que o encarnado que possui seu próprio arquétipo e por isso não se deve confundir com emanação dos Santos que o regem

É certo que para o homem possa "Frutificai e multiplicai-vos" (Genesis 1:22), possuir raízes espirituais primitivas do reflexo de Deus sobre a terra, e estes são também os Espíritos sagrados que refletem o próprio Deus em seus energias, para que a terra siga forte e fortificada e os filhos que nascem e crescem nela, sejam também fortes e frutíferos em vossas labutas, por isso é o homem o pó que sustenta as sementes uterinas que dão vida as novas vidas. É tudo aquilo que transborda com raízes naturais do seu próprio sentido espiritual fazendo multiplicar. É a proclamação divina da multiplicação de si mesmo. É o instinto arcaico governado pelo poder da natureza em busca de preservação e continuidade terrestre, em que a semente origem da vida humana germina novas sementes, pois assim foi determinado. E os Santos são aqueles que fortificam e fazem germinar toda a semente espiritual sobre a terra, porém não da maneira que desejam que estas sejam e se comportem e sim da maneira que cada uma deve ser e se comportar, porém todas fluídas e emanadas em energia e poder de vigor e frutificação daqueles que os regam todos os dias, os Santos.

Porque é o arquétipo do ser humano a sustentação do sentido de vida terrena. O homem é pó, do pó que se alimenta da emanação da terra, que dá a vida a novas vidas e faz-se vivo mediante o poder da natureza pelo qual também é guiado. É reflexo do próprio espírito, pois se alimenta da própria existência, pois é a inteligência espiritual que deseja conhecer os dons e mistérios da alma do espírito e do corpo. É o próprio fruto da vida, é a ursa mãe que luta pela sobrevivência da espécie e o magno instintivo que anseia a cura, porém desconhece seu próprio princípio infinito espiritual.

Então, o sentido de vida em forma de padrões, conhecido também como arquétipo humano, pode ser expresso de maneira diferente por cada encarnado, pois cada um sente ou emana de formas diferentes seus instintos e sentidos. Porém, todos possuem sentido de vida ligado a terra ou ligado ao pó, do pó que compõe ele mesmo.

Por isso, é este arquétipo chamado homem, que contém espiritualmente e instintivamente conhecimentos das origens e raízes do mundo, e está conectado à emanação santificada da natureza, porque esta é jorrada de Deus através dos Santos sobre a terra e, por isso, é regido pelas forças espirituais celestiais em uma grande fraternidade, que parte da mesma origem divina, em que o mais forte abastece o mais fraco. E é ele quem traz na memória espiritual todos os dons e poderes a ele ensinados em vivências passadas e por isso é espírito conhecedor da vida e da morte de si mesmo, porém, enquanto encarnado não pode desvendá-las, embora possa sentir através de seu próprio reflexo quem é a si mesmo, e com isso o que veio aprender, compartilhar, progredir ou buscar.

Embora o homem tenha se estabilizado e organizado em ambiente urbano, o que prevalece ainda é o seu instinto primitivo de sobrevivência, pois ainda é o pó que veio da terra; e atua de forma instintiva e intuitiva de si mesmo, pois se reconhece a si mesmo diante das labutas, lutas e guerras terrenas, porque estas lhes são ainda espirituais. Por isso, embora a matéria lhe pareça frágil diante dos elementos com as quais convive em solo árido, é dotado de grande resistência e força espiritual, que é a verdadeira força que o abastece e o guia, porque esta que não é força nascida da matéria carnal, mas é a força das raízes espirituais alocadas em sua matriz espiritual que o torna forte em matéria e em espírito, porque ainda que desconheça os novos caminhos a percorrer, seu espírito conhecerá uma forma de desbravar, lutar e atravessar todas as barreiras, porque esse é o arquétipo homem, dotado de forças e certezas de si mesmo, porque estas se encontram em seu espírito e não no Santo que o conduz aos caminhos.

E o homem somente consegue sobreviver em campo terreno, porque além de ser emanado intrinsecamente em relação aos padrões de comportamento que deve utilizar, porque são os mesmos que formam ele mesmo em espírito, também recebe energia espiritual das forças que lhes trazem energias e vigor vindas dos Santos, porque além de possuir em seu arquétipo o modo espiritual conhecido por ele mesmo de se posicionar frente às labutas, possui ainda a força, o vigor, a determinação e todos os dons vindos dos Espíritos sagrados, que o colocará na direção que foi ordenada pelo Criador.

É certo compreender que os Santos são detentores de forças, sabedoria, caminhos e energias ocultas do universo criado e regido por Deus, em forma de amor, poder, bondade, caridade e compaixão, jorradas através da natureza, para nos abastecer e não nos deixar findar sem caminho ou direção, e todos cumprem com as leis divinas. Porque estes espíritos santificados que detêm poder da natureza são os puros e nobres conhecedores da terra dos espíritos vivos e dos espíritos mortos, assim como de todos os frutos e suas árvores frutíferas, de todo conhecimento passado, presente e os que estão por vir; pois são conhecedores dos caminhos da terra; missões e segredos do mundo e de todos que vivem nele. Eles representam as espadas que abrem os caminhos nos campos mais primitivos do conhecimento, sejam eles da terra onde os espíritos encarnados vivem, sejam estes dos campos onde os espíritos desencarnados padecem e morrem.

E todos eles compartilham do arquétipo natural santificado, ou seja, da vibração de forças divinais derramadas por sobre a terra, porque é este o arquétipo de todos os Santos, pois embora não tenham todos os Santos o mesmo modo de vibração e derramamento de energias, são todos compostos de energias divinas espirituais nascidas das fontes de energias e de vida do Criador, para abastecer os homens dos dons e sabedorias de tudo aquilo de que eles necessitam para atravessar as vossas jornadas e conquistar as suas elevações espirituais. E nisso se faz o arquétipo de todos os santos.

O Santo tem a missão de equilibrar as forças naturais do encarnado dando lugar às emanações orgânicas, assim, dirigindo-o, auxiliando-o e guiando-o em sua missão. O arquétipo do Santo, ou seja, a vibração de energia composta de dons e vibrações puras e santificadas, para conduzir aos caminhos da jornada terrena, é compatível com o arquétipo do encarnado que rege, pois essa regência espiritual de Santo sobre o encarnado se faz através das essências que estão na mesma sintonia de emanação vindas da natureza ou da vertente espiritual orgânica ou material.

Por isso, existe compatibilidade de essência de Santo com o ser encarnado nascido de carne material, porque enquanto um é nascido da carne ou do elemento orgânico, o outro que jorra sãs forças e energias nos elementos orgânicos, e as manipula sobre todos os seres igualmente orgânicos, assim como as vossas forças e energias transformadas pela força dos elementos da natureza.

Mas se o encarnado não recebesse emanação instintiva e primitiva da natureza, ele não conseguiria preservar sua espécie, tampouco alcançaria sua missão terrena, pois agiria de forma selvagem consigo mesmo e com os outros encarnados, por isso o Santo tem a missão de equilibrar todas as forças do mundo emanadas em direção a terra e ao ser vivente o qual rege.

Mas não se deve confundir arquétipo de Santo com arquétipo de encarnado, pois o homem reflexo de sua essência possui seu modelo de ser e de viver na terra, e junto ao instinto natural ou primitivo do campo em que vive da necessidade de preservação, porque embora possua um espírito dotado de inteligência para entender, dominar e compreender seus cinco sentidos terrestres, que o auxilia a adquire seus temperamentos e personalidade, coisa que Santo não possui, ou seja, algo santificado não possui cinco sentidos, tampouco temperamento e sentimentos mundanos, precisa ainda se adequar às formas de vida atual na nova encarnação, para que possa utilizar-se bem de tudo aquilo que carrega consigo e que é ele mesmo em forma de compreensão, entendimento, comportamento e personalidade.

Porque é o homem dotado de sentidos e influência espiritual de si mesmo para caminhar e atravessar a vossa missão espiritual de aprendizado, por isso tentar justificar erros e faltas, atribuindo mau comportamento, temperamento agressivo ou comportamento duvidoso ao Santo é um erro grave que apenas o torna mais errante e pouco conhecedor do poder e das forças espirituais. Pois, atribuir comportamento humano ao Santo e querer se igualar é o mesmo que julgar aquele que o rege e o conduz para o crescimento e progresso espiritual. Porque a emanação do Santo para com os encarnados que rege é em sentido espiritual intrínseca ou orgânica e que se entende ou compreende sem a necessidade de ser dito ou ensinado por outro encarnado.

Este sentido de direção vem em forma de emanação espiritual, que reflete na forma comportamental que já possui o encarnado para que este possa seguir em direção à sua missão, sem que haja sugestões ou suposições.

Deste modo, a tentativa de personificar o sagrado e aproximar a figura do Santo com a figura do encarnado é o mesmo que igualá-lo ao homem material, possuidor de carne e espírito em estado ou a caminho da evolução, ou seja, aprendiz que finda em matéria, que passa pelo sofrimento para lapidar o próprio espírito, que estremece na confiança e na fé, que falta coragem para aceitar e acreditar, que precisa apoiar sua crença para chegar ao Criador, e por muitas vezes posiciona-se como se não precisasse do Santo para chegar ao Criador. Porque assim é o ser encarnado, mas assim não são os Espíritos sagrados de Deus.

Ora, mas se nos posicionamos aos vossos pés, se suplicamos as vossas bondades e compaixões, e acreditarmos estar em pé de igualdade quando nos igualamos ao arquétipo que carrega o Santo com aquele que carregamos, a quem de fato estamos nos prostrando e nos dirigindo? Porque se rogamos aos Santos ou aos Santos como se fossem pessoas encarnadas estamos qualificando-os como iguais, ou estamos nos enganando e falseando contra todo o poder divino dos Espíritos Santos. Ou acaso estamos acreditando em algo que não possui nenhuma autoridade divina, que se iguala ao encarnado em sentido material? Ou acaso batemos cabeça apenas para cumprir o ritual? Porque se forem os espíritos tão humanos quanto os encarnados, nossas impressões em relação ao poder e sabedoria dos espíritos não seriam apenas meras impressões?

Mas, não é o homem Santo e não é o Santo homem, pois enquanto o encarnado se ocupa de trocar as posições, tentando se igualar aos Santos ou aos espíritos de evoluções milenares, estes continuam a ser considerados pelos verdadeiros espíritos de luz grandes apenas diante de olhos humanos. Ou seja, nada além de carne que finda.

"E mudaram a gloria de Deus incorruptível em semelhança da imagem de homem corruptível, e de aves, e de quadrúpedes, e de répteis. Por isso também Deus os entregou a concupiscências de seus corações, a imundícia, para desonrarem seus corpos entre si" (Romanos 1: 23,24)

E Deus, o Criador, concedeu a cada ser animal outrora irracional, assim como a cada ser encarnado homem um corpo que harmoniosamente corresponde a uma estrutura de maneira exata, que deve ser e servir a vossa caminhada terrena, sendo tudo aquilo que deverá ser conforme as vossas necessidades.

Mas o Criador concedeu que fossem todos os animais, sejam homens de estrutura arcada ereta, sejam quadrúpedes de estrutura em patas, sejam aves que voam ou répteis que se rastejam, que fossem criados em similar estrutura terrena, ou seja, carne e espírito, para atender não somente a necessidade de vossas existências materiais, como também a forma, a estrutura e a maneira de agir, pensar, caminhar, evoluir e crescer espiritualmente, conforme a ordenança do Criador, uma vez que todos os animais que em terra se encontram são a imagem e a semelhança de Deus, conforme aquilo que deve labutar e trilhar, para progredir conforme as escolas espirituais em que se encontram; razão esta pela qual foram criadas diferentes formas, modelos, estruturas físicas e dons como discernimento, ciência, autocorreção, garra e conhecimento.

Porque de nada valeria um ser espiritual criado à imagem e semelhança do Senhor, conforme aquilo que necessita descer ao campo terreno, carregando estrutura, sentidos, sentimentos, formas de experimentar a vida ou habilidades das quais não necessita, devido a vossa evolução e nivelamento espiritual, ou seja, não importa um espírito trazer aquilo que não irá lhe servir ou precisar, em forma de dons e habilidades, para labutar vossa evolução, caso já tenha atravessado as lições espirituais, que o faz ser possuidor de certas habilidades.

Portanto, possui cada espécie, cada animal e cada ser espiritual nascido em terra, exatamente aquilo de que necessita, seja a estrutura física, seja estrutura espiritual de arquétipo, seja o tipo de dom como conhecimento e discernimento para evolução, seja forma se comunicação e adaptação dentre os demais seres, para que juntos possam se unir, crescer e evoluir. Por isso, a cada unidade espiritual animal, sejam estas quais forem, fora concedido uma diferente forma de ferramenta de estrutura física, forma de convívio em sociedade, forma de habilidade e de conhecimento do campo em que atuaram, justamente para que caminhem com estas ferramentas em busca de vossas evoluções e progresso, e não para que acreditem ser mais elevados ou superiores do que aqueles outros que possuem diferentes formas de entendimento, compreensão e maneira de adaptar-se a este campo, bem como ao seu próprio habitat natural.

Porque perfeito é o Criador e perfeitas são todas as vossas obras, porque tudo fora criado, fora em perfeita harmonia, beleza e verdade, erguidos seguindo exatamente aquilo que cada espécie e modelo de ser necessita para a vossa caminhada, desenvolvimento espiritual e evolução, não somente em relação à arcada material que cada um traz, como também em relação à forma de apresentar-se e atuar em comunidade, pois é a forma física da arcada estrutural de cada ser tudo aquilo que ele recebe, juntamente com a forma de conhecimento, possibilidade de aprendizagem, capacidade de ensinar e junto elevar-se para trilhar e progredir, juntamente com os demais seres que foram inseridos em mesmo campo, à maneira escolhida e determinada pelo Criador, que belamente ordenou que fossem nascidas todas as formas e espécies.

Porém, quando o homem em vossa total falta de conhecimento do campo em que vive, bem como a autoridade, a ordenança e motivos do Criador, em relação a vossa determinação pelas quais foram criadas todas as formas, arquétipos e modelos de animais, tenta modificar as formas, as estruturas, as capacidades, a utilização e a maneira como cada ser age e se comporta, conferindo-lhes habilidades, competências, convívios e habitat, em que foram estes criados e determinados pelo próprio Criador, para que vivam livremente e progridam; não somente está o homem apenas desrespeitando ao Senhor Deus, o que já seria uma grave falta a ser corrigida, como também alterando o sistema divinal e espiritual que cada espécie fora criado, acreditando que vossas vontades são mais importantes, mais sábias ou a vossa visão é superior à visão do Senhor, que as criou harmonicamente conforme a necessidade pela evolução de cada espírito que habita cada matéria carnal, desonrando e cometendo não somente uma das maiores falhas espirituais, como também opondo-se à ordem e determinação do próprio Senhor, que vos criou e criou também todas as belas e nobres criaturas.

Mas o desrespeito em relação à alteração da identidade de cada ser ou cada espécie, tirando-lhes de vossas reais habilidades e direções, estende-se igualmente aos arquétipos de cada unidade espiritual criada em terra, para ser exatamente aquilo para o que fora criada para ser, condenando-a a ser aquilo que não fora nascida para ser, assim como espiritualmente jamais será.

Porque é o Senhor Deus a vossa própria glória refletida em vossa própria ordenação, pela criação de cada espécie e forma, que em campo terreno se adentra para cumprir fielmente as vossas ordenanças pela imagem e semelhança, através de cada unidade divinamente nascida de vosso seio pela vossa única vontade. Mas quando o homem tenta mudar a glória do Senhor, refletida à imagem e semelhança Dele mesmo, conforme as vossas próprias vontades, alterando não somente a estrutura de morada de desenvolvimento e de convívio, como também acreditando poder alterar o próprio arquétipo de cada unidade, está o homem enganando-se ou corrompendo a si mesmo pela glória terrena que o abastecerá em matéria, até que a sua própria matéria seja-lhe o escabelo de vossos atos contra a glória do Deus que os criou, no momento em que o juízo já lhe for a sela da correção pela culpa.

Porque é o homem a imagem e a semelhança não somente do desejo e da vontade de serem todos espíritos imortais, inteligentes e evoluídos à própria imagem de Deus, como também pelo arquétipo que vos unem e vos fazem ser exatamente aquilo o que devem ser para que continuem as vossas caminhadas em terra sagrada, mas não para que esta se encerre em terra, mas para que se façam filhos da terra que multiplicam a terra e cumpram com as ordens de Deus. Portanto, é Deus, o Criador, o Ser Supremo que entrega a cada ser exatamente aquilo que deseja e se esforça para conseguir, porque assim como foram todos criados para labutar as vossas caminhadas de forma independente em terra, cuidando, regendo e governando esta, todas as vossas vontades e desejos serão atendidos conforme o direito de escolher não o caminho a trilhar e sim qual caminho trilhar, porque trilhas existem muitas e podem ser sim escolhidas, porém a que os levarão à eternidade de Deus, e existe apenas uma, chama-se obediência a Deus.

Mas todo ser que deseja seguir suas próprias vontades desrespeitando a Deus, conforme os desejos da terra, receberão apenas o que a terra poderá vos oferecer, e estas ofertas pelas escolhas do homem, que nada tem de celestial, poderá lhes servir apenas como forma de enveredar mais rapidamente ao caminho do lamento de vossas almas, pelas vossas próprias escolhas de terra. Porque assim como foram criados todos os seres conforme as vossas capacidades de entendimento e evolução, por isso com uma arcada estruturada material adequada, para que possam experimentar a vida de maneira própria, conforme seu próprio nivelamento; não deve o homem, acreditar ser aquele que poderá mudar a estrutura ou a forma de viver ou a forma de experimentar a vida de maneira diferente daquilo que fora ordenado diante do seu nivelamento espiritual, isso quer dizer que não deve o homem acreditar ser aquele que poderá mudar a estrutura, a forma de vida e a verdade de Deus, destruindo aquilo que foi escolhido pelo próprio Deus, que vos deu o direito à vida, imaginando ser mais sábio, altivo e criador que o vosso próprio Criador.

Mas, vejam vocês, se todos aqueles que mudam a verdade de Deus para viver as suas próprias verdades não estão sendo desonrosos, desrespeitosos, falsos, insolentes, desobedientes e, por isso, terão em troca tudo o que acreditam que necessitam para abastecer vossas próprias verdades, entregues pelos servos e servas espirituais mais leais, nobres e fiéis do Senhor, tão logo quando desejam.

Por isso, retirar um ser de vossa unidade de habitação real e oferecer-lhes uma vida indigna, imoral, vergonhosa, desumana, cheia de culpas criadas e regras inexistentes em campos espirituais, classificando-os como inferiores, incapazes, pouco merecedores das graças e bênçãos, oferecendo-lhes a escravidão, a fome, a peste, a miséria, a guerra, a impossibilidade de mover-se e caminhar com vossas próprias estruturas físicas, ou seja, tirado tudo aquilo que o Senhor lhe oferece igualmente na terra, para que possam evoluir pela união de todos os seres.

Porque é o campo terreno a casa santa de Deus, ou o elo espiritual mais belo e nobre, para que todos possam atravessar as vossas missões, porém quando o homem acredita ser superior aos outros e poda o direito dos outros de ser aquilo para o qual fora escrito com mãos santas para ser pela inverdade de acreditar que ele é quem possui o direito de decidir sobre as outras vidas e sobre a liberdade concedida a todos, este ser está desrespeitando toda a força, todo o poder e toda a glória do Senhor em relação àquilo que ele mesmo escolheu e ordenou que assim fosse feito para todos os filhos. Ou teria mesmo o homem igualmente um aprendiz em terra santa o direito de determinar os caminhos, a forma e a maneira que outro ser deve viver, que não a dele mesmo, pelo direito que Deus lhe concedeu?

"Pois *mudaram a verdade de Deus em mentira, e honraram e serviram mais a criatura do que o Criador, que é bendito eternamente, Amém. Por isso os abandonou as paixões infames. Porque até as suas mulheres mudaram o uso normal no contrário a natureza. E semelhantemente, também os homens, deixando o uso natural da mulher, se inflamaram em sua sexualidade uma para com os outros, homens com homens cometendo torpeza e recebendo em si mesmos a recompensa que convinha ao seu erro"* (Romanos 1: 25-27)

Ora, se não é o homem quem deseja seguir apenas as suas vontades, alimentando-se de ideias, de crenças e desejos materiais, desrespeitando as regras e ordens naturais do campo terreno, aquele que receberá das mãos do Senhor o galardão de tudo aquilo que deseja em campo também matéria? Isso quer dizer que, sendo o homem espírito abrigado em matéria carnal, a vossa recompensa para com a desonra não será aplicada de outra forma a não ser também pela carne que o alimenta.

E sendo o homem espírito abrigado em matéria, a vossa retribuição em forma de correção não tardará para vir em carne material, igualmente aos desejos de glórias de terra que ele mesmo cultiva e se prostra para sentir-se elevado pelas falsas verdades e atrocidades que cria e comete. Isso quer dizer que receberão estes, tudo aquilo que as vossas carnes desejam, acima de todos os dons e anseios espirituais criados por Deus, porque sendo o homem nascido em carne, a única forma de correção ao homem em campo terreno é por meio da carne material, que sofrerá as consequências de suas imundices e escárnios contra a ordem santa, e o galardão da entrega das imundícias, infâmias e indignidades virá de maneira terrena antes mesmo de chegar pelo juízo espiritual.

Mas as recompensas, igualmente aos desejos de glórias mundanas pelo caminho da desordem, e as desonras não serão pelo desejo de serem libidinosos e indecentes uns com os outros, usando de matéria carnal de igual arquétipo material para satisfazer as vossas vontades de desejos puramente carnais. Porque desejo carnal não possui nenhuma relação com o espírito, uma vez que espíritos não possuem sentidos e sentimentos carnais de prazer material, não apenas porque não possuem carne, ou também porque não possuem sentimento de amor carnal, mas sim porque não existe nenhuma relação de desejo de terra com forma ou caminhos evolutivos, tampouco punitivos que se relacionem com sexualidade entre os seres encarnados, da mesma ou de diferente arcada física ou arquétipo.

Por isso, as escolhas de terra em relação à satisfação da carne entre os seres, utilizando o mesmo arquétipo pela estrutura física, existem apenas em campo terreno. Embora, para que haja a multiplicação dos seres, faz-se necessária a junção de duas unidades de diferente estrutura física da mesma espécie, formando assim, por meio de duas partes da mesma qualificação de ser, uma parte inteira dela mesma pela inteireza material e orgânica, capaz de formar outra unidade de semelhante forma e estrutura também física e não arquétipo relacionado a homem e mulher; a opção pelo prazer carnal nada tem a ver com evolução espiritual ou progresso espiritual do ser, porque o que progride é o espírito e não o corpo carnal.

Ora, se foi concedido ao ser encarnado possuir uma carne material e através dela sentir prazer carnal em campo terreno, este deverá utilizar-se de tudo aquilo que lhe fora ofertado pelo Criador, porque, se não lhe fosse permitido, jamais teria o Criador concedido lhe o direito de conhecer, possuir ou usar. Por isso, desde que sejam observados todos os preceitos divinais relacionados às ordens espirituais sobre o respeito às demais vidas, principalmente as infantis e inocentes, os idosos e desprovidos de sorte e habilidades, e demais espécies animais, que no campo terreno também se abrigam, bem como a real e a verdadeira necessidade e desejo de sentir prazer para que com dignidade e sabedoria possam utilizar-se desse direito; a forma que utilizará este direito pertence tão e somente à carne daquele que a possui.

Porque não é o espírito dotado de sentidos e sensações de prazer, logo, não possui o sexo nenhuma relação espiritual com os caminhos evolutivos, até mesmo porque em campo celestial não se multiplicam ou reproduzem através de sexo nenhum espírito, estes nascem divinamente por ordem suprema de Deus, por isso, também, não existe nenhuma relação do ato material de consumação da carne com a caminhada evolutiva do ser espiritual, quando este está abrigado à matéria orgânica.

Porém, a troca de uso natural da forma de vivenciar a vida, ou experimentar todas as belezas, dons, sentidos e sentimentos terrenos, para que se faça verdade tudo aquilo que fora recebido do Criador, para caminhar e progredir espiritualmente, o que inclui, principalmente, o arquétipo de cada unidade de ser espiritual vivente em terra, não apenas será considerada uma falha, como também uma desonra diante da glória e poder de santidade do Criador. Porque ao homem foi concedido o direito de multiplicar, caminhar, conhecer a vossa missão espiritual e trilhar os caminhos da descoberta pela evolução de si mesmo. Mas é o campo terreno um elo de aprendizado em que apenas se pode alcançar evolução se caminham juntos, como em uma grande e forte fraternidade, em que cada um doa o dom daquilo que recebera para doar, fazendo assim uma grande corrente espiritual para evolução e progresso de todos.

E, para isso, ofereceu-lhes ainda o Senhor Deus dois modelos de arquétipos distintos compostos de suas próprias formas de desbravarem e experimentarem a vida e a própria existência, em que um complementa o outro pela caminhada e jornada espiritual, seja esta qual for. Desta forma, não somente para a multiplicação se juntam dois arquétipos, como também para fortalecerem-se em unidade pela caminhada eterna. Portanto, um arquétipo é o complemento da inteireza de forças do outro que, juntos, não apenas formam outro ser de semelhante estrutura física, como também através da junção de cada modelo de arquétipo formam-se unidades de forças capazes de desenvolver um novo ser, ou ainda, caminham por si mesmos em direção às verdades do Criador.

Mas a troca do uso natural relacionado ao arquétipo nada tem a ver com a sexualidade ou nada tem a ver com a forma que o ser encarnado escolha para satisfação pessoal da carne, e sim a forma com que este se comporta diante do seu verdadeiro arquétipo em relação ao campo em que vive. Portanto, tudo aquilo que fora recebido pelo Criador deve ser utilizado assim como fora recebido, para ser conforme a necessidade de cada ser. Porque errar com Deus não é deixar de utilizar-se daquilo que divinamente Ele mesmo lhe concedeu o direito, e sim renegar aquilo que divinamente recebeu e deixar de utilizar-se por força de crenças e ideias mundanas relacionadas a regras e imposições terrenas, que nada tem a ver com a sua própria evolução espiritual ou a vossa ordenança pelos direitos concedidos. Ou ainda utilizar-se de vossos direitos de maneira imprópria ou indigna, o que inclui usar, não consensualmente, de outra matéria carnal para satisfazer os próprios impulsos carnais, de forma imposta ou através da força ou brutalidade, desferindo contra outrem o que inclui os animais, porque é isso uma abominação espiritual contra um ser carnal.

Mas é o Criador perfeito em vossas criações, é o Criador a benevolência sublime da eternidade de si mesmo, fonte única de poder de majestades e de glórias envoltas em magias e mistérios próprios de vossa santa e eterna unidade, pela sabedoria plena de luz e de fontes de luz, capazes de ser a vida de todas as vidas que habitam entre os céus e a terra. Portanto, ainda que receba o ser encarnado uma estrutura física diferente da estrutura de arquétipo, que possui o vosso espírito, o que deve prevalecer é o arquétipo espiritual e não a carne material, porque esta é apenas carne que finda, mas o espírito sim é o verdadeiro ser abrigado à carne que um dia findará.

Por isso, a ideia de que se encontra um arquétipo espiritual classificado pelo sexo que carrega é diferente daquilo que a vossa carne material o representa aos olhos das outras carnes; errado, indigno ou imoral é o mesmo que dizer que o Criador, errou! Que o Criador falhou! Mas é o Senhor Deus, o Ser perfeito em vossa plenitude, é o Criador, a sabedoria, a soberania. A força e a majestade que jamais falha, assim como jamais falhou com aquele que recebera um arquétipo diferente de vossa estrutura material e física. Porque é o Criador perfeito em vossas faces, em vossa compaixão, amor e bondade, para com todos os filhos da terra, e ainda que vos pareça que se encontra um único ser em estrutura inapropriada a vossa verdadeira forma, saibam que a verdadeira forma é a espiritual e não a forma material, que aqueles espíritos receberão para ser em campo terreno igualmente aos outros seres, aprendizes labutando por vossa caminhada e evolução, atravessando e rompendo com seus desafios espirituais; e o Criador não errou, porque o Senhor Deus jamais erra, e sim o homem que ainda se encontra em fase de aprendizagem em campo terreno, e sendo todos os homens aprendizes da verdade devem todos unirem-se em busca da verdade e não imaginarem ser maiores, melhores e mais sábios que o próprio Deus que os criou, e compreender os motivos que o Senhor utiliza-se de vossos filhos, ora para ensinar, ora para tornar-lhes professores uns dos outros na mesma terra.

Mas é certo compreender que existe em terra que o Criador poderá utilizar-se para abrigar vossos filhos, mais de uma de estrutura física carnal da mesma espécie para cada espécie de seres viventes, desta forma, pode o Criador utilizar-se das formas existentes, uma vez que é Ele o ser Supremo, e Ele a divindade eterna de poder e de glória que escolhe as missões, os caminhos e as trilhas, em que cada filho irá pisar, e não o ser encarnado, porque este deve apenas obedecer a vossa ordem de poder e de glória e não escolher aquilo que não cabe a ele.

Porque se nem mesmo a escolha de vossa própria unidade física o pertence, não acreditam que seria arrogância para com o Senhor Deus acreditar que fora Ele errado ao ordenar uma forma de arquétipos diferente da forma de estrutura física, daquilo que o homem acredita julga ser o certo?

Por isso, a troca do natural nada tem a ver com sexualidade ou opção de prazer carnal, através daquilo que morre, a carne, e sim a forma de alteração da forma de utilizar seu próprio arquétipo espiritual para junção material com os outros seres de igual semelhança física ou da mesma cadeira natural de ser, pela busca de elevação, satisfação e glórias mundanas; bem como utilizar-se de seu arquétipo naturalmente real que é aquele em que vossa estrutura espiritual está abrigada, e fazer-se ou comportar-se da maneira que não lhe pertence terrenamente, abandonando as obrigações reais, ao qual compete aquele arquétipo, e assumindo-se de forma irreal, sem verdade, deveres e funções, que não lhes competem ou ainda utilizando de vosso poder de estrutura física de arquétipo, quando através deste considerar-se superior ou inferior aos demais arquétipos carnais para trazer a desgraça, maldade e a torpeza ou todo tipo de atrocidade por sobre vossos irmãos, que deveriam unir-se pela elevação espiritual de cada ser material.

Porque a troca natural é trocar aquilo que é real espiritual por aquilo que é terreno e fugaz, trazendo danos e sendo prejudicial aos demais seres da terra, pela união de forças da mesma unidade de arquétipo, para servir de fonte de poder, de destruição e não da elevação, assim como prescreve o Senhor a todos os seus filhos.

Pai e Mãe de cabeça

"Vou enviar um anjo diante de ti para te proteger no caminho e para te conduzir ao lugar que te preparei" (Êxodo 23:20).

11.10 Os Santos são os primeiros frutos benditos desde a origem da vida e por isso detentores das forças, poderes e segredos do universo. Foram os primeiros a desbravar os submundos da terra e os segredos dos céus, porque assim foram criados. Vossas comunhões partem da comunhão com o Criador do universo, pois trabalham e se curvam perante as leis divinas, que embora não sejam as mesmas leis da terra onde labutam os espíritos não Santos, mas sim as leis de Deus, para com os servos, os sacerdotes, os Anjos e tudo o que existe acima do firmamento. Suas raízes são primitivas raízes dos confins dos extremos mais longínquos do fundo da terra, onde se iniciam e terminam as emanações vitais de qualquer espírito, por onde passam ou um dia passarão todos os seres. Suas vibrações atuam e descansam em braços ternos, cuidando e guardando do inconsciente de todos os seres.

São eles que regem e guiam os encarnados que são detentores das forças que emanam sobre todas as cabeças e cuidam no sentido de encontrar os caminhos bons e ir em direção à luz. E por estarem tão próximos ao Criador, são os que nos direcionam ao caminho Santo da paz nas moradas celestiais. Estes espíritos benditos são os seres espirituais, que guiados por determinação do Criador, foram nascidos para conduzir e cuidar dos encarnados, até que retornem as vossas verdadeiras moradas.

Alguns os chamam de pai e mãe de cabeça, outros de papais e mamães, alguns outros pelos vossos nomes de terra, ou apenas do que realmente são, Santos, ou Santo ou Guiadores maiores de proteção espiritual, pois são forças inimagináveis e inatingíveis de poder, luz, conhecimento, evolução e bondade, que direcionam vossas forças nascidas do universo com inesgotáveis poderes advindo do Criador, para a terra onde encontram-se vivos em espírito e para os espíritos que estão adormecidos em campo celestial, para que acordem e cumpram missão em terra árida.

Mas nomenclatura, ainda que pareça ser o que menos importa para estes espíritos de evolução milenar, porque o que realmente altera são vossas presenças dentre nós e o que fazem para com a humanidade e o universo, o adjetivo pai ou mãe de cabeça em sinal de respeito àqueles que caminham há milhares de anos nos caminhos mais longos, obscuros, primitivos ou tortuosos para nos guiar por águas calmas e terras tranquilas durante a caminhada é mais que uma forma de carinho, e sim o reconhecimento de que pai e mãe são os detentores das forças dos conhecimentos, dos caminhos, da sabedoria, da ciência e do desenvolvimento, e por isso devem ser respeitados e obedecidos.

Porque são os adjetivos pai e mãe a majestosa sabedoria que nunca será alcançada por nenhum que seja filho, ainda que o filho um dia se torne pai, porque assim como mudam os anos, os tempos, as eras e os conhecimentos mudam também as elevações e nivelamentos espirituais; por isso, jamais um filho será como seu pai ainda que se torne pai, assim como seu pai jamais poderá ser seu próprio filho.

Por isso, o adjetivo matriarcal e patriarcal automaticamente nos coloca em nivelamento espiritual em que nos encontramos em relação as vossas nobres e santificadas unidades. Porque ela é o que nos mostra a nossa real e verdadeira inferioridade em relação àqueles que nos conduzem e guiam em direção a Deus, o Criador. Guiar não somente no sentido de direção ou orientação, mas o guiar por sabedoria, conhecimento, entendimento, evolução, diretriz, doutrina, disciplina, leis e bondade, pois ainda que caminhemos mil anos, jamais alcançaremos o grau de sabedoria, conhecimento, discernimento, poder, força ou bondade, que carregam estas unidades celestiais de poderes e forças desde a origem do mundo.

E é o adjetivo pai e mãe o grau de maestria, majestade e respeito a estes espíritos de evolução infinita de tempo que reconhecemos e por isso, nos prostramos diante de toda sabedoria adquirida ao Criador em aprendizagem e evolução celestial em nome da verdade.

"O filho respeita seu pai e o servo seu Senhor. Ora, se eu sou Pai, onde estão as honras que me são devidas" (Malaquias 1:6).

Ora, somos filhos da sabedoria do conhecimento da lei e da majestade soberana espiritual em grau de evolução perante os mestres, pais e mães espirituais. Por isso, a posição de filho nos mostra que estamos em nível não de inferioridade, mas sim de aprendizagem em relação àqueles que nos guiam, e por isso devemos nos direcionar com todo respeito e obediência e devoção a estas entidades espirituais, conhecedoras dos caminhos, segredos e belezas da vida e da morte.

Porque possuem eles a junção das forças celestiais vindas das fontes de luz e forma de vida espiritual, necessárias para união e criação de novas e mais elevadas forças que dão sustentação de vida e capacidade de renascimento ou ressurgimento daqueles que morrem em vida, daqueles que se direcionam para a morte em vida ou ainda daqueles que precisam do socorro celestial para que não morram na própria vida.

E é através da união destas duas forças, em que uma é a força do arquétipo pai e a outra a força do arquétipo mãe, em que cada uma atua distintamente, conforme sua determinada diretriz espiritual, jorrando suas próprias vibrações que é feita a junção de forças destas duas energias formando, a partir destas duas partes espirituais uma inteireza de forças ou uma força inteira ou completa, diferente das duas anteriores, vibrando sobre a energia e fluidez daquele que por eles são guiados. E assim forma-se uma força inteira que irá jorrar sobre a cabeça do encarnado, porque esta que é uma força pela junção de duas unidades, irá se tornar uma forma única ao se fundir com o espírito encarnado, porque este que carrega sua própria matriz espiritual irá tornar-se ser único vibrando suas próprias energias, sobre a fluidez e emanação daqueles que os guiam em campo terreno. Ou seja, será este ser encarnado, ser único, vibrando energias santificadas nascidas da junção de duas distintas fontes, o pai e a mãe que o guia.

"*O Senhor Deus disse: Não é bom que o homem esteja só. Vou dar-lhe uma auxiliar que lhe seja adequada*". (Genesis 2: 18).

Mas é a junção de duas forças singulares como a força do arquétipo masculino e a força do arquétipo feminino, emanada na mesma direção, sendo capazes de formar uma nova força também de forma singular e própria de si mesmas. Isso porque nenhuma força poderia ser tão grande e poderosa quanto duas agindo na mesma direção com o mesmo propósito. Assim como fora Adão e Eva ou o homem e a mulher, na junção de forças são capazes de procriarem novas criações com suas próprias capacidades de junções e emanações, ou seja, a união de duas energias vitais é fortalecida quando trabalham unidas e na mesma direção. "*Conhece o Adan a Eva sua mulher; e ella concebeo e pario a Caim, e disse: Alcançei a o Varaõ de Jehovah*. (Genesis 4:1). Portanto, quando existe a junção de duas forças, a masculina e a feminina, naturalmente amplia-se aquela, criando assim, uma nova força capaz de intensidade espiritual, em que cada nova criação possui suas próprias forças e ainda assim, é capaz de gerar outra nova força quando se une a outro gênero de forças e emanações.

Por isso, todas as forças se potencializam quando se unem a outra força oposta, formando, assim, outra nova fonte de energia e emanação divina, dando vida e fortalecendo as novas fontes que jorram energia, o qual recebe esta junção de energia e forças o nome de equilíbrio de forças espirituais, em que o que falta em uma é complementado, ou seja, o que não possui o arquétipo masculino se encontra no feminino e o que não se encontra no arquétipo feminino se encontra no masculino e assim se formam novas fontes de energias a jorrar sobre a terra. E é seguindo a junção de equilíbrio de forças espirituais que a força do Santo atua sobre o encarnado, porque estas jorram de forma dupla uma sobre a outra, e a energia que se forma é derramada sobre o encarnado.

Mas a ideia de que os Santos brigam para saber quem domina a cabeça do ser encarnado não possui verdade espiritual uma vez que espíritos, ou seja, energias santificadas possuidoras das forças e energias do saber, do conhecimento, da evolução, da terra e dos céus não brigam por qualquer que seja a influência, tampouco para reger o que já lhes pertence e atuam de maneira conjunta. Até porque os Espíritos sagrados, isso quer dizer energia pura santificada, que jamais estiveram em campo terreno encarnado, por não possuírem Aura Plena, porque já são evoluídos conforme as ordenanças de Deus não possuem sentimentos e sensações carnais, tampouco arquétipo do ser encarnado para duelar por qualquer motivo que seja.

O fato é que o Santo que rege e domina a cabeça de seu filho, sendo considerado o arquétipo de frente, se dá pela razão de que aquele é o Santo que o espírito encarnado possui lição espiritual de aprendizagem, pois de vosso reino espiritual é saído para esta determinada lição ou missão espiritual. Por isso, será este quem irá conduzi-lo em terra para o cumprimento da missão a ser desempenhada para o seu progresso.

Isso quer dizer que o motivo de um Santo ser dominante sobre o encarnado é pelo fato de que este escarnado esta sobre a vossa ordenação de caminhada espiritual para aprendizado de lição espiritual que irá praticar e desempenhar, por isso é ele também inclinado aos tipos de encarnados que possuem semelhantes arquétipos humanos ao seus, porque são todos pertencentes ao mesmo elo espiritual de morada divina para desenvolvimento e evolução. Ou seja, suas missões são próximas e estão em grau de evolução e emanação de Santos próximos. Logo, o Santo de frente é aquele que possui maior poder orgânico de acordo com o que o encarnado necessitará em sua jornada, e o Santo adjunto é aquele do qual o encarnado irá conhecer as lições espirituais em terra, para que em vossa próxima encarnação, se alcançar o grau de elevação e retornar a casa celestial, irá dedicar-se em praticar, assim como deve, este praticará as lições apresentadas anteriormente pelo seu, que se caracteriza como Santo de frente ou seu pai ou mãe de frente.

Portanto, para que haja o equilíbrio das forças a serem aplicadas e praticadas em relação às lições espirituais é preciso da força e do conhecimento de Santo de frente, o que espiritualmente recebe o nome de Espírito, face ou Santo, de face em comunhão com as forças do espírito adjunto, o qual espiritualmente recebe o nome de Espírito ligado ou Santo ligado, que regem mutuamente a coroa para que se complementem e completem o que falta, unindo as energias em prol de guiar e conduzir este com precisão e certeza. Por isso mesmo é que o encarnado sente as vibrações de ambas as energias através das emanações dos arquétipos, pois a junção de ambas as fontes de energia, formando uma sobreposição, emana e flui, equilibrando o que sobra ou fala na outra, em que uma complementa a outra, entregando ao ser encarnado tudo o que lhe é necessário no sentido de emanação e fluidez de forças vitais naturais.

O motivo do encarnado de determinado arquétipo ser regido pela unidade espiritual oposta ao seu arquétipo sexual de terra, ou seja, no caso de receber espiritualmente um Santo de face que seja de arquétipo oposto ao seu,

1165

não o torna sexualmente instável, pois o arquétipo do Santo nada tem a ver com a sexualidade, tão pouco com sexualidade do ser encarnado, e sim com emanação e fluidez em determinadas diretrizes de poderes e forças que atuam. Pois o gênero ou arquétipo do Santo em relação ao tipo masculino e feminino é apenas uma forma de identificar o tipo de força para determinada labuta que aquele Santo carrega e não o seu gênero, até porque Santo não possui gênero sexual, tampouco influencia no gênero dos seres encarnados, porque o seu arquétipo apenas o relaciona com a labuta espiritual de atuação, porque estes possuem somente tipos de forças a serem emanada e não sexualidade. Isso quer dizer que os arquétipos espirituais, que correspondem aos Santos, atuam de forma diferente sobre o universo, sobre a esfera e sobre os encarnados.

Por isso, faz-se necessário a emanação dos dois gêneros de forças, porque cada um carrega seu regido em terra de uma forma de sabedoria, conhecimento, ciência, discernimento e todos os dons terrenos, de forma distinta, por isso mesmo um completa o outro, desta forma nenhuma energia faltará ao encarnado, enquanto guiado pelos pais e mães em suas cabeças, ou unidade espiritual, onde adentram todos os sentidos, isso porque cada unidade espiritual, ou cada ser encarnado, que carrega consigo a sua própria matriz espiritual, onde encontram-se suas vivências e formas de experimentar a vida e de ser, os quais os caracterizam de maneiras diferentes, será emanada e fluída sobre cada ser encarnado em sua atual missão espiritual, tudo aquilo que necessita, porém conforme a forma espiritual que carrega seu espírito.

Mas todas as forças jorram de formas diferentes no universo, porque cada uma carrega sua própria essência, fluidez e arquétipo, porém ambas em direção a um único objetivo, em que a união das qualidades de força de arquétipos masculinos e femininas constitui a unidade de força celestial, capaz de dar vida a todas as outras vidas no universo, e também auxiliar que nasçam e cresçam vidas em campo terreno, vidas através dos elementos naturais orgânicos, no qual incluem-se os homens, porque estes são igualmente abastecidos pelo chão da terra. Por este fato existem dois guias regendo a cabeça do encanado, ou seja, um regente patriarca e uma regente matriarca, pois são estes os responsáveis pelo equilíbrio de forças espirituais dos encarnados.

As diferentes forças são captadas através dos arquétipos das forças dos gêneros. O arquétipo de emanação de força masculina tem alcance de força que o arquétipo de emanação feminina não possui e vice-versa. Embora a intensidade das forças seja a mesma, a forma de aplicação, o uso e a emanação são diferentes. A emanação de força masculina vibra no sentido primitivo de instinto de preservação da espécie, procriação, caça, coragem, guerra, luta, guia dos caminhos, bravura, agilidade e sabedoria. Enquanto a emanação de força feminina vibra também nos sentidos primitivos de instinto de preservação da espécie, procriação, caça e coragem, mas vibram ainda no sentido de observação, adaptação, cuidado, prevenção e pureza, em que pureza representa a singeleza, a doçura e não ingenuidade. E para que cada sentido de força vital tanto feminino quanto masculino adquira poder de emanação em outro ser, faz-se necessária a junção de ambos, formando assim uma nova energia de emanação vital a jorrar.

Ou seja, toda a emanação advinda dos Santos que dispõe da força capaz de gerar novas forças é portadora da semente da vida, pois é detentora da capacidade de gerar outras vidas, assim são todas as essências espirituais Santificadas pelo Criador.

Gerar outras vidas significa não somente o nascimento através da semente e sim deter o poder da semente, através de todas as formas de nascimento, assim como o renascimento, o ressurgimento, a ressurreição da morte em vida daqueles que apenas andam, porém não sentem a vida. Ou seja, nova vida a todos que caminham dentre os vivos, porém precisam renascer de si mesmos ou de todos os seres ainda vivos que não caminham na morada dos que estão vivos; em outras palavras, de todos aqueles que sofrem por estar perdidos na vida carnal. Os Santos são portadores do renascimento, da renovação e do reaparecimento assim como são governantes e detentores de todo o poder da natureza que inclui todas as forças vitais do universo; das forças que se fazem vivas e das forças que direcionam e encaminham para a morte ou para a nova vida. Porque assim é a vida na terra igualmente à vida das sementes, que nascem na mesma terra.

"E disse: Em verdade vos digo que, se não vos converterdes e não vos fizerdes como meninos, de modo algum entrareis no reino dos céus" (Mateus 18: 3).

O espírito que ocupa a matéria é o reflexo de Deus em imortalidade e inteligência intrínseca que emana a verdade divina. Ou seja, o espírito quando adentra a esfera dos vivos em uma nova matéria, adentra límpido, puro e imaculado. O encarnado possui um espírito que, além de refletir Deus o que traz em sua consciência primitiva, aquela que nem mesmo o pensamento de consciência é capaz de atravessar, a não ser emanado pelo próprio espírito. Este mesmo encarnado possui também a Aura Plena, que protege e guarda o espírito imaculado das impurezas mundanas; a Aura Plena é, ao mesmo tempo, porta de entrada de todos os cinco sentidos e sentimentos, porém, assim como o espírito, quando acabado de chegar à vida terrena, está limpa como um papel em branco a ser escrito com letras sagradas.

Por isso, Deus, o Criador, Majestoso de todo o mundo, não determina que espíritos recém-chegados a terra dos vivos em matéria tenham conhecimento e consciência de suas missões em terra, pois sendo seres tão pequeninos ainda serão desenvolvidos e iniciados nesta esfera. Portanto, é também espiritual porque esta pertence ao pensamento de consciência que chega em terra limpo como um papel em branco, a ser escrito ou a ser desbravado, com o seu tempo de caminhada, uma vez que a matéria não possui vida por si só e não está nela a inteligência e sim no espírito. Por isso, os pequeninos possuem total inocência ou desconhecimento da vida terrena e dos sentidos, porque esta fase de amadurecimento espiritual partirá em comunhão entre o estado de consciência, que é o próprio espírito, e o pensamento que é consciência é a parte espiritual em campo terreno, para experimentar, vivenciar e aprender no campo terra. Isso quer dizer que a fase de amadurecimento espiritual se manterá pelo período em que a Aura Plena se mantiver limpa de crenças e deturpações mundanas.

Por isso, somente o tempo será capaz de dar-lhes entendimento e trazer do inconsciente para o consciente, ou seja, do espírito da parte não alcançada para o pensamento de consciência, que é a parte utilizada para viver a vida terrena, abrindo as portas de seu verdadeiro sentido de vida espiritual, ou seja, vivências e experiências de vida que os capacitem, além de se preparar para o cumprimento de vossos caminhos, terem conhecimento de suas missões na vida presente. Por isso, todos os conhecimentos acerca de crenças, fé, devoção e demais sentimentos voltados ao celestial serão emanados e revelados no decorrer da caminhada em terra. E estes o guiaram até mesmo em esferas celestiais após o desencarne material.

Embora o espírito que o encarnado possua traga dentro de si todo o conhecimento acerca do campo espiritual e celestial, este não o revela, pois a Aura Plena condutora de emanações também espirituais transmite apenas o que é necessário em ambiente terrestre de acordo com a necessidade e entendimento de cada um, para o cumprimento do dever da missão terrena. Uma vez que estes sentidos são emanados de forma primitiva e instintiva, e deve o ser encarnado desde criança passar por todas as etapas de desenvolvimento e conhecimento acerca do campo espiritual e material para gradativamente receber emanações que lhe darão entendimento acerca do campo sagrado.

Por isso, todos os seres encarnados são acompanhados desde seu nascimento em terra, por seus pais e mães espirituais que o regem, cuidam e protegem suas pequenas cabeças espirituais, porém, grandes canais de emanações e informações. O encarnado, além de carne que finda, é ser espiritual reflexo de Deus, logo, todos são espíritos que emanam e recebem emanações celestiais e terrestres e, ainda que sejam recém-nascidos, são guiados, cuidados e protegidos pelos Santos. Observe que não é necessário que os recém-nascidos em terra sejam informados de que necessitam de alimento, água, proteção material, carnal ou espiritual, pois estes por si só conhece os caminhos para chegar onde precisam, de forma intrínseca emanada pelo seu próprio espírito guiado pelos seus protetores, através de sua Aura Plena.

Porque aqueles espíritos que deixaram suas casas celestiais para cumprir missão espiritual em campo terreno, os quais vieram não por vontade própria e sim por ordenação de cumprimento de missão de aprendizagem e desenvolvimento espiritual, através das lições santificadas divinais, serão acompanhados por vossos Santos de faces ou Santos ligados, ou seja, pais e mães de cabeça, desde o momento da proclamação de vossas descidas a jornada terrena, até a volta ou o regresso, se cumprirem com vossas missões e receberem novamente o direito de adentrar as casas celestiais das quais um dia saíram.

Isso mostra que nenhum espírito é descido ao campo terreno sem que a vossa descida seja proclamada e anunciada, ou sem que não seja por uma ordenação sagrada pela qual estará ele regido, guiado e orientado por aqueles que nascidos foram para protegê-lo, guiá-lo e orientá-lo em toda a sua passagem por esta unidade chamada terra sagrada, até que retorne às casas celestiais.

"Deus esteve com este menino. Ele cresceu, habitou no deserto e tornou-se um hábil flecheiro" (Genesis 21: 20).

Ora, se todos não somos guiamos e protegidos pelo poder do espírito Santo Supremo através dos Espíritos Santos determinados a nos acompanhar na caminhada terrestre desde o nascimento até o momento da retirada terrena.

Com o passar do tempo, conforme o desenvolvimento e amadurecimento espiritual deste recém-nascido, a forma de emanação e auxílio espiritual vão sendo alteradas para o momento atual de necessidade. De fato, os padrões sociais, disciplinas familiares e crenças adquiridas dentro e fora do ambiente familiar vão moldando as formas de pensar, padrões de comportamento, temperamento que influenciarão também em sua forma de ver e experimentar o mundo, juntamente com tudo aquilo que seu espírito já carrega, e que representa ele mesmo dentro da caixa orgânica que carrega, porém estes sentimentos e sentidos deverão ser administrados pela criança ou pelo homem, que irá se formar de forma que o faça compreender seu lugar no espaço e conviver com os demais seres humanos em terra.

Devido às influências terrenas em relação aos prazeres e benefícios fictícios da vida mundana, o encarnado tende a inclinar-se aos erros e faltas terrenas, afastando-se dos deveres e obrigações espirituais. Porém, independente de seus caminhos terrestres, nada anula o compromisso em relação à sua missão, assim como nada anula a missão dos espíritos em relação ao encarnado. Pois até mesmo aqueles, que andam perdidos obedecendo a crenças mundanas próprias e sem valor algum espiritual, são direcionados através dos sentidos intrínsecos emanados pelos espíritos aos caminhos espirituais. *"Porque a carne cobiça contra o Espírito e o Espírito cobiça contra a carne; e estes opõe-se um ao outro, para que não façais o que quereis"* (Gálatas 5: 17). Ou seja, todos aqueles que andam perdidos serão resgatados da morte em vida para a verdadeira vida terrena, pois é através da carne que se chega ao Pai e, ainda que este deseje o erro, a verdade o seguirá, pois assim foi determinado, ainda que caminhem distante da verdade.

Por isso, é importante prostrar-se aos seus pais e mães de cabeça e isso não deve ser encarado com vaidade ou arrogância, para glorificarem-se perante outros encarnados, imaginando ser regido por um Santo de maior poder de emanação ou conduta do arquétipo, imaginando que outros Santos são inferiores na escala de arquétipo criada por homens terrenos.

Pois todos os Santos trabalham em comunhão e fraternidade, ou seja, todos os seres terrestres são abençoados e abastecidos por todos os Santos, igualmente, independentemente de serem filhos ou não, porque é certo que, em algum momento ou em alguma outra encarnação, aquele que possui como Santo de face pertencerá a outra escola de aprendizagem e receberá nobremente o auxílio, a santificação e bênçãos de outro Santo de face cobrindo a vossa própria face. Portanto, a importância de conhecer seus pais é espiritual e faz parte do desenvolvimento terreno para aprendizagem, e não a esfera em que o ciúme ou a inveja não adentram, tampouco cria arquétipos com temperamento e comportamento para justificar erros e igualar-se a farsas de homens errantes.

O portador da missão de informar ao encarnado sobre quem são os pais, mães e protetores que regem o encarnado é de um Espírito de luz de maior conduta e conhecimento dentro da religião. Esta hora deve no momento oportuno em que o Santo que o rege irá apresentar-se e esta informação será repassada ao encarnado, pois o significado de se ter um Santo de face e um Santo ligado é tão importante quanto caminhar de forma doutrinária e disciplinar sobre os mandamentos e ensinamentos sagrados de Deus.

Portanto, o encarnado não adquire seus guias de cabeça, ou seja, seus pais e mães ou Espíritos de face ligado, apenas quando são iniciados no espiritismo. A regência do guia sobre o encarnado se dá desde o início em que um Espírito é designado a preparar espiritualmente outro espírito. Ordenança essa que inclui também a descida terrena. Porque esta ordem de cuidar e de zelar acontece desde o momento da concepção do espírito em campo celestial, porque nem mesmo em esfera divinal um espírito caminha sozinho ou isolado, todos são e serão eternamente regidos e guiados por outros espíritos. Mas os encarnados que se dedicam ao caminho espiritual têm a possibilidade de conhecê-los e a nobre missão dedicar-se a eles. Embora a proteção, o cuidado, o auxílio serão os mesmos para todos aqueles que por eles são guiados e regidos, pois assim foi determinado pelo Criador.

Por isso, ainda que não estejam os Espíritos sagrados a cuidar e zelar por aquele espírito naquele momento, todos os Santos em uma grande e generosa fraternidade, de alguma forma, zelam e cuidam de todos os filhos nascidos em terra, porque ainda que não sejam em campo terreno os vossos filhos, em algum momento, ainda serão ou certamente já o foram. Desta forma, é certo lembrar que a força da natureza que traz seus guias é a mesma força que protegem e cuida dos demais encarnados e espíritos, independentes de serem ou não seus filhos. A missão do Santo com o filho não deixará de ser cumprida, assim como a missão com a humanidade, ainda que falsidades e erros mundanos possam parecer interromper alguma missão ou cuidado, pois a determinação divina caminha em comunhão com os espíritos e não com encarnados que falseiam contra seus nomes.

Porque são todos os Santos missionários do Criador, nascidos para direcionar e apontar os caminhos sagrados das casas do Pai. E o que é o encarnado senão carne que finda em matéria? Porque da mesma forma o seria se não tivessem sobre vossas cabeças os Espíritos sagrados determinados a lhes auxiliar. Por isso, é a missão do encarnado a de cumpridor da determinação divina de caminhar e ser missionário de algo pleno, embora não conheça e não saiba o que é, onde está e como se alcança esta determinação.

Então, mesmo são os Santos e espíritos de luz, aqueles que são considerados pais e mães de cabeça, são parte das criações do único Espírito Criador do mundo e criador dos vossos Espíritos sagrados, detentores dos poderes e das forças de autoridade divina, e não de si mesmos, pois atuam sobre as leis de vossa santa e sagrada ordenança divinas, através do poder da natureza para nos guiar e direcionar aos caminhos bons.

Porque Deus é a natureza e a natureza reflete Deus, pois é a própria origem das criações, em que desde o princípio os Santos e espíritos de luz refletem a verdade e retornam ao seu início e ao seu fim de ciclo, em ciclo mantém vivo seu espírito imortal. Ainda que o encarnado seja o reflexo divino, este o é através do espírito e não da matéria, pois a matéria vem do pó e volta para a terra. São sementes orgânicas assim como a natureza e, por isso, findam e renovam-se para nascer novamente, porém as forças do mundo advêm de seus cantos e extremidades remotas, em que seu poder é capaz de destruir e esvair com a humanidade ou dar continuidade à vida que nela existe, assim como tem ocorrido por séculos na esfera terrestre, por determinação do Criador; é a permissão daqueles que detêm o poder das sementes da vida e da morte.

Oblação

"De nada serve trazer oferendas; tenho horror da fumaça dos sacrifícios... Quando estendeis vossas mãos, eu desvio de vós os meus olhos; quando multiplicais vossas preces, não as ouço. As vossas mãos estão cheias de sangue" (Isaías 1: 13,15).

11.11 Ora, se os Santos compactuam com erros e falsas verdades vindas do seres encarnados abastecidos de ideias torpes e desejos sangrentos de agradar a quem não se agrada com o sangue daqueles puros e inocentes, que eles mesmos regem e guiam em terra de homens.

Por isso, oferecer em imolação qualquer tipo de animal ou vítima aos Santos ou aos vossos servos, acreditando estar agradando, cumprindo com vossos rituais ou que receberão favores em troca, não será o caminho para o retorno de bênçãos espirituais concedidas pelos nobres e altivos espíritos enobrecidos pelo Espírito Santo, que é Deus.

Pois, assim como os espíritos não Santos não possuem o dom divinal de frutificação, crescimento, conhecimento, autocorreção, autojustiça e evolução para com os homens da terra, os espíritos Santos também não possuem ordenança de atuar sob as influências e emanações negras e densas pela correção e pela justiça; desta forma, jamais labutarão com os homens, recebendo ofertas através da carne que sangra, ou do ser imolado ou sem vida, pela troca de vida pela vida, pela purificação do espírito ou consagração espiritual divinal, seja esta qual for. Porque Santo, ou seja, o ser divino que pelo Criador fora santificado, jamais esteve em terra para viver abrigado à carne que finda, não vive da carne que sofre através dos sentidos materiais, não labuta sentindo a carne que sangra e finda no chão da terra, e por isso, também não recebe vossas ofertas através da carne que sangra ou fora ensanguentada para vos agradar.

E não serão eles que comerão junto aos homens o resto da carne que sobra ou que apodrece no abismo da terra após a oferta, uma vez que não necessitam saciar as vossas sedes de correção e justiça, porque não foram eles nascidos para corrigir ou sacrificar, tampouco para o sentido material, o que a carne carrega em vossas entranhas manchadas da própria carne daqueles que as oferecem; porque assim como não dão, também não recebem. Ou seja, também não recebem nada que venha daqueles que sejam manchados, os encarnados.

Por isso, jamais serão estes servos de Deus portadores da energia e da luz em prol da ciência, do conhecimento e evolução do ser, os que ordenarão que os filhos da terra, que foram nascidos e derramados para ensinar e encher de santidade, dons e forças, através das glórias e poderes divinais, cometam maldades em vossos nomes. Porque não sendo eles os Santos, os criadores divinais dos seres viventes da terra, o que inclui todos os animais, até porque criador existe apenas um e o vosso sagrado e santíssimo nome é Deus, não serão eles que ordenarão que lhes sejam entregues aquilo que não lhes pertence, para que sejam recebidos em troca daquilo que somente se entrega a quem por merecimento espiritual ganhará.

E como não são os Santos, o Senhor Deus, e nada espiritualmente que criam para viver em terra santa, nada que parta da carne ou que jorre sangue ou ainda nada que seja imolado em oferta será por eles recebido ou poderá vos alcançar, a não ser aquilo que venha da própria terra, onde as vossas energias são descarregadas, isso quer dizer os elementos naturais e orgânicos, porque assim como são constituídas as vossas unidades para servir, assim receberão tudo aquilo que também servem a terra de onde emanam e se derramam em fortaleza.

Portanto, toda oferta espiritual oferecida em sacrifício ao Senhor Deus, apenas chegará ao Criador através da fonte de energia espiritual, que aquela oferta irá produzir sendo levada ao Senhor por meio dos espíritos não Santos. Isso quer dizer que toda oferta espiritual a Deus, cujo sangue de vossa oferta será o caminho para a entrega e súplica de limpeza, de purificação ou troca de vida pela vida, todas as ofertas serão pelos espíritos não Santos recebidas e espiritualmente enviadas ao Senhor. Por isso, nenhuma linhagem de espírito Santo ou santificado, em que as vossas unidades partam das fontes de energia celestial, farão uso ou ordenança de sacrifício através da imolação ou por meio do sangue daqueles que não fluam ou emanam na mesma fluidez espiritual de sentido ou de essência. Ou seja, é a essência dos Santos incompatível com a essência espiritual densa dos espíritos encarnados, não somente porque não atuam no mesmo plano divinal de emanação ou sobre as mesmas fluidezes, mas também porque emanam tipos de energias distintas, por isso não se fundem, assim como fundem as energias e vibrações dos espíritos não Santos aos encarnados, por isso, estes, além de terem sido nascidos atuam sobre o mesmo abismo.

"As palavras do Senhor são palavras puras, como prata refinada em fornalha de barro, purificada sete vezes" (Salmos 12: 6).

E são os sete Espíritos de grandeza a magnificência purificadora do refinamento das palavras do Criador através de vossas ordenanças, gerados, nascidos e agrupados em número de sete, para serem por sete vezes a verdade, carregando as verdades do Senhor Deus, através da luz celestial, que cada uma destas sete forças possui, formando a fonte que preserva, refina e abrilhanta as forças do Deus Todo-Poderoso, através de vossas forças, iluminando e depurando por meio de vossas energias as energias dos espíritos que serão lapidados e purificados por sete vezes, caminhando por sete épocas distintas em vossas sete escolas espirituais, para que os conheçam e o sirvam conforme o vosso resplandecente poder de glória, pelos vossos sete espíritos de maestria.

E por não possuírem ordenação de correção ou poder de justiça por sobre a carne, porque dela não foram nascidos, também não têm o poder de receber a carne que tenha sido abrigada à vida de um ser para servir-lhes de súplica pela limpidez, purificação ou troca de vida, pois as vossas ordenanças atuam apenas com o espírito em evolução e não com a matéria que se decompõe para evoluir.

Porque cada elo espiritual de cada Santo já é um campo de luz e emanação em forma de luz e brasa, abrilhantando as energias do Rei dos reis, purificando, elevando e trazendo forma de vida a cada espírito aprendiz, que irá adentrar frente as vossas vestes sagradas, pois cada escola espiritual, em que cada espírito aprendiz que adentrar será como uma nova fornalha, purificando, limpando e alimentando as palavras e mandamentos sagrados, expurgando os enganos e polindo as verdades das essências em formas maciças que representa cada espírito aprendiz. Por isso, somente aqueles que atravessarem os sete reinos dos sete Santos é que conhecerão a força e o brilho da exuberante fonte de luz, das quais se compõem as fontes misteriosas de energia e poderes do Ser Supremo, pois estas serão para os que através do campo terreno lapidam-se e praticam as lições aprendidas nos elos dos que reinam em vossos reinos, os caminhos da salvação, porém os caminhos serão sólidos e brutos como o diamante a ser lapidado para que puro possa servir de oblação.

E toda dureza toda rigidez e toda aridez dos caminhos santos a serem percorridos, até que se completem os sete elos espirituais, ou até que aprendam e compreendam todas as lições espirituais, para que se tornem espíritos puros e nobres, para servir ao Ser Supremo, serão as fornalhas queimando em brasas serenas de cada elo espiritual, para transformar todos os insumos em fina lâmina, ou para que se tornem tão puros, tão perfeitos e tão luminosos quanto necessários para servir em oblação espiritual individual ao Rei dos reis.

Porque aqueles que foram gerados da terra, nascidos da terra e alimentados pela terra, serão parte da própria terra santa e sagrada de Deus, e assim que estiverem prontos, ou seja, puros e santificados pela lapidação da terrena, é que servirão de oblação de si mesmos ao Criador, que os fez ser orgânicos e carnes para vos servir, não em carne que finda e sim em espírito passado pela carne. E gloriosamente servirão assim como servem todos os elementos da natureza em oblação aos Santos que também os regem, não pela carne da terra e sim pelo espírito abrigado à carne e aos frutos nascidos dela, e neste dia o Criador exaltará as vossas glórias, porque somente serve aos Santos e a Deus aquilo que puro e purificado, santo e santificado é.

E assim servem todos os elementos e frutos, folhas e alimentos nascidos do chão da terra, de onde jorraram e se derramaram os Santos as vossas próprias essências e energias, tornando tudo o que nasce no chão sagrado da terra, parte santa de vossas vontades, tão puros, tão santificados e tão sagrados quanto eles mesmos; e por isso, são estes os elementos que irão em glórias e sacrifícios, vindos da própria terra que eles mesmos plantaram e fizeram crescer os grãos, retornar as vossas mãos em forma de oração, no momento em que tudo aquilo que vossas forças e energias espiritualmente não somente jorraram como também ajudaram plantar, renascerem em campo celestial e florescerem nas almas de quem as oferta, transformando os frutos da natureza em dons e presentes santos aos homens bons.

Logo, todas as ordenanças, que existem nos campos terrenos para que sejam cumpridas pelos espíritos encarnados em missão espiritual, serão em quantidade da quantidade de forças que jorram e fazem não somente a terra brotar como também todos os espíritos frutificar-se, caminhar e progredir em vossas caminhadas.

Por isso, são as sete forças espirituais, que regem e governam a terra, as sete energias de evolução e progresso, abastecidos dos sete Espíritos de grandeza, jorradas das sete fontes espirituais, as energias necessárias para alimento e nutrição da terra e dos seres que nela vivem. Por isso, as sete épocas, das sete datas, em sete dias, as sete oferendas entregues através dos sete frutos sagrados, das sete oblações, das sete ordenanças santas para os sete passos ou sete caminhos, em que todas as verdades se iniciam e se encerram em campo terreno, diante de toda e qualquer determinação que se faça cumprir para toda e qualquer ordem suprema, para que sejam por meio dos sete ciclos que regem celestialmente a terra abastecida e emanada pelas sete forças espirituais que, voltadas para o campo terreno, se encontram para suprir com a determinação de abastecer e nutrir os filhos viventes que aqui se encontram.

Sendo assim, faz-se necessário que todas as ordenanças e pelejas terrenas pelas quais os encarnados devem prestar e se regozijar aos Espíritos sagrados, sejam oferecidas e recebidas pelos espíritos em fornalhas purificadas através das sete fontes de luz divina, que são os alimentos nascidos e crescidos pela força da luz espiritual deles mesmos, pois da mesma forma que é o Criador o único ser divino a receber sacrifícios pela carne, pois a eles todos os animais pertencem, são os Santos ordenados e possuem o direito de receber também a oblação vinda da terra, porque dela derramam a luz que abastece e faz crescer todas as ervas sobre o solo.

Isso quer dizer que, todas as ofertas, para cumprimento de determinação sagrada de entrega de oblação aos Santos, devem ser por meio do ato de entrega espiritual daquilo que cada unidade espiritual rege e governa a ele pertence ou pelo direito divinal possui. E todo ato de entrega espiritual, através dos elementos naturais e orgânicos, abrigos das fontes de energia dos Santos, do qual o próprio encarnado também se alimenta e faz-se vivo em terra, deve ser realizado em forma de autopurificação, santificação, agradecimento, glorificação e nobreza para nobreza de espírito de quem oferece ou oferta-se pela busca de crescimento e elevação espiritual.

Portanto, é através das fontes de energia que jorram dos Santos que toda e qualquer oblação será oferecida e recebida e será também através deles que toda força celestial das fontes que deles mesmos jorram será emanada sobre aquele que se oferta em troca de recebimento de maior, mais energias, e forças terrenas para que possam caminhar purificados e fortificados nas glórias do Criador.

Logo, todos os Santos que forem necessários para que este que se ofereça em oblação receba e detenha tudo aquilo de que necessita, serão todos os Santos convocados. Isso quer dizer que ainda que não seja dirigida a oferta ao Santo que possui o dom que deseja aquele que se oferece, serão todos os Santos convocados espiritualmente para o momento sacro da oferta em oblação no momento da vossa entrega pessoal, porque todos os Santos também entregarão as vossas energias e forças necessárias para a caminhada daquele que se entrega em amor e em verdade a vossa santa e sagrada luz.

Por isso, cada dia de preceito espiritual de santo será um dia da regência de uma energia santificada, entregando-lhe e fortalecendo em vossas próprias fornalhas de luz e brasas divinais, para lapidar e conceder-lhe forças e direitos de alcançar maiores e mais nobres postos sagrados celestiais.

E somente aquele que tiver ordenança divina, ou seja, comando ou dom espiritual em conhecimento terreno, poderá, através da união das vertentes espirituais com as vertentes terrenas, abrir um ato sacro de oblação aos Santos e conduzir por meio de vosso conhecimento a junção das unidades, com o poder de forças das energias próprias, que cada vertente possui, transformando-as em novas fontes de energias a serem purificadas por meio dos elementos da natureza, para que estes sejam utilizados pelas energias maiores, ou seja, os Espíritos ou os Espíritos sagrados, de forma que atuem em vossos favores, conduzindo as vossas ofertas em magias de transformações, alterando, mudando e vibrando energia celestial nova e pura, pois as vossas súplicas e ofertas serão em novas energias com novos poderes e forças a serem pelos encarnados utilizados em vossas próprias unidades.

Oferta aos Santos

"Apresentará o cesto de pães sem fermento e oferecerá o cordeiro como sacrifício de comunhão ao Senhor, juntamente com a oferta de cereal e a oferta derramada" (Números 6:17)

11.12 Deus criou o céu, a terra, os espíritos e todas as coisas necessárias para a sobrevivência humana. Deus abençoou todas as criaturas e formas existentes na face da terra para que fossem prósperos, os abençoou com as árvores frutíferas e frutos, que além de servir de alimento representam algo sagrado, pois nos fornecem além do sustento, o abrigo, a lenha, os móveis vindos da madeira e tudo faz parte da existência terrestre. Sem a sua madeira e, principalmente, os frutos e sementes não seria possível que houvesse sobrevivência na terra por nenhum ser vivente. O alimento que sustenta o homem é tão importante quanto o sangue que corre em suas veias, pois é componente santificado da possibilidade de vida.

Os Santos representam e refletem Deus através do poder da natureza em comunhão com o Criador, governam o mundo por meio das forças orgânicas vindas da terra e de tudo que há para abastecimento e alimento orgânico da carne, coisa sem a qual não se pode sobreviver, assim como a água, o ar, o fogo e as sementes frutíferas. Por isso, o pai e a mãe da natureza representam o princípio e a origem, pois governam o mundo através das forças orgânicas, que fazem nascer e morrer todas as coisas e criaturas, que acima do solo do elemento árido caminham, o que seja vindo da terra, bem como e de tudo que há para nutrição e alimento orgânico de forma material e de forma espiritual, sem o qual não se pode viver ou evoluir em plano algum que seja, porque o mesmo alimento que sustenta a vida é o mesmo alimento que nutre a alma.

Por isso, a vida somente se faz vida com o poder da natureza santificada pelo Criador, para que o encarnado pudesse viver, sobreviver e vivenciar os poderes naturais por ele concedidos. E é através deste poder que reconhecemos toda a força e majestade dos Santos e é através deste poder que agradecemos e nos prostramos diante de toda fluidez de frutificação, força e sabedoria. Pois a terra que constitui o homem constitui também os frutos e toda a natureza e é com eles também que agradecemos as forças espirituais que nos fazem vivos em essência e matéria.

A gratidão, os desejos inúmeros e as súplicas são demonstrados através das ofertas aos Santos, Santos e todos os espíritos de luz, que nos abastecem em carne e espírito, fazendo-nos viver em matéria e crescer em espírito. Pois o poder da natureza que nos sustenta em matéria nos sustentará também nas aflições, nos desafios e nos temores espirituais e temporais, emanando energias novas e límpidas para sustento e crescimento da essência.

Oblação ou ofertar nada mais é do que oferecer-se em oferta aos espíritos de luz aquilo que vem da terra e para a terra voltará, em detrimento de bênçãos e emanações divinas. Por isso, a entrega não constitui apenas em oferecer algo ao Santo para receber outro algo em troca. A entrega constitui em dar-se ao Santo em troca de ganhos espirituais, em que a entrega se baseia em detrimento de maior poder, força vital e compreensão de evolução espiritual divina.

Ora, não é o encarnado quem determina a necessidade de uma oferta espiritual ao Santo, e sim o Santo que determina o motivo, a necessidade e a forma a ser realizado, pois a sabedoria e o conhecimento evolutivo celestial pertencem ao Santo e não ao encarnado. Quem possui conhecimento Santo para julgar o que se faz necessário para a evolução do encarnado é o Santo e não o homem. Por isso, seria um erro o homem desejar se colocar no lugar do Santo e impor sua vontade por mera vaidade sem fundamento ou necessidade, acreditando que oferta é entregar algo para pedir outro algo em troca, porque a troca nada mais será do que a bênção divina através do Santo.

Por isso, toda determinação de oferenda deve ser regida pelos Santos, pois é através da entrega do encarnado, em matéria, que os Santos emanam suas forças em forma de evolução espiritual, ainda que o encarnado não consiga perceber nada materialmente ou em seu conceito mundano, o ganho em evolução será para o caminho espiritual; evolução essa que o conduzirá nos caminhos eternos de evolução celestial, ou seja, ainda que o encarnado não a perceba em terra irá utilizar-se desta em campo celestial. Pois a evolução parte da determinação divina para todos os espíritos

Porque toda determinação possui necessidade verdadeira e um fundamento, e seus fundamentos estão sacramentados em Deus, o Criador, pois a ele pertence a força de cada Santo e um encarnado que deseja ofertar-se sem a determinação do santo estará ofertando-se ao nada para o recebimento de coisa alguma, pois nenhum Santo estará regendo este encarnado durante seus atos de terra. Logo será oferenda em vão, por isso, é preciso compreender que as forças pertencentes a cada Santo são governadas pelo Criador, para que este esteja presente durante sua oferenda, faz-se necessária a determinação deste para que se justifique um ato sagrado de invocação de uma energia santificada para o cumprimento de um cerimonial sacro.

E de nada vale ofertar sem determinação, pois para que suas energias se adentrem aos campos espirituais sagrados é preciso conhecimento sagrado, ou seja, sem um espírito de alto poder de força e conhecimento sagrado, nada será possível.

Logo, ofertar uma oblação aos Santos parte do desejo íntimo de emanação e graça dos céus a quem oferece, pois para que haja entrega é preciso que haja o encarnado em sintonia, além de desejo puro de entregar-se ao que é sagrado. Por isso, oferecer algo não é simplesmente presentear materialmente, é entregar um pouco de si para o Santo, pois para que haja a fundição de energia, faz-se necessário unir as duas vertentes em amor e em verdade, é preciso dedicar-se a ele. A dedicação vai desde o momento da escolha dos frutos ou materiais, o tempo dispensado para a aquisição e compra deste, o suor do labor que se ganha o vil metal para o pagamento das escolhas, o olhar apurado para as escolhas dos melhores frutos, ou seja, é parte de si que está sendo entregue ao Santo, é o sacrifício ou o suor do homem que está sendo entregue, e fundindo-se à essência do Santo.

"E dizeis ainda: Ai que cansaço! E mostrais desprezo pelo altar. Trazeis o animal roubado, o coxo, o doente. Julgais que vou aceita-lo de vossas mãos? Diz o senhor. Maldito seja o homem que consagra e sacrifica ao senhor um animal defeituoso, tendo no rebanho animais sadios! Sou um grande rei – diz o senhor e meu nome é temível entre as nações" (Malaquias 1:13,14)

Ora, todos os atos sacros e sagrados espirituais devem ser realizados com amor, dedicação e respeito pelos espíritos, pois parte de toda sua existência estará depositada naquela oferta, e não simplesmente a entrega dos frutos por mero ritual. Ou poderia o homem, sendo capaz de entregar-lhe os melhores frutos, as melhores sementes e os melhores grãos, entregar-lhes o que de pior pode encontrar? Por isso, a entrega de frutas envelhecidas, alimentos fora de condição ou grãos que não estejam prontos para a colheita, que se apresenta fora do uso ou consumo do próprio encarnado, jamais devem ser apresentados aos Santos, assim como apresentarem-se com feições cansadas e desanimadas, porque estes atos desprezíveis em nada agradam os Santos ou ao Criador, que tudo nós dá assim com a oportunidade de crescimento e evolução, através de seus Santos, que nos guiam para o caminho do crescimento espiritual e, por vezes, se perde a oportunidade por desrespeito, vaidade e desonra.

Por isso, ofertar ou entregar algo não deve partir do desejo de obter ganhos materiais, monetários ou ainda, reversão contra desafetos, pois a entrega simboliza o compartilhamento dos ganhos da terra com os Santos, em que algo ofertado se fará energia, poder, força e bondade por determinação do espírito que o recebe. Logo, todo o esforço empregado pelo encarnado para a realização da oferta será revertido em energia vital, em que a velha energia que emana será alterada e reposta em novas energias mais puras e límpidas, fortalecendo e elevando o espírito mais próximo às casas celestiais, selando assim pactos de forças santas e sagradas, entre o Espírito que o conduz e o espírito que se entrega.

Espíritos não recebem nada além do que não seja santificado e criado por Deus, nada além daquilo que sustenta a vida. Portanto, a ideia de que Deus, os Santos ou os espíritos desejem algo material, como forma de oferta, em detrimento de benção, não é verdade espiritual. A ideia de que se possa ofertar bens materiais ou qualquer bem produzido por mãos humanas, que não tenham vindo da natureza divina, é inverdade. Porque um espírito de luz se prostra apenas diante daquilo que vem da natureza e nada além disso faz parte da verdade divina de vossas existências e direitos. Portanto, ofertar bens de consumo, motores ou construídos de tijolos vai contra toda a verdade espiritual e não possui nenhum retorno espiritual, tampouco material ou financeiro, pois é mera inverdade criada para interesse próprio.

Logo, ofertar aos Santos ou aos vossos espíritos comandantes espirituais de vossos agrupamentos de espíritos, ou seja, os vossos representantes espirituais em campo terreno, desejando ser atendido em ganhos monetários, materiais ou contra desafetos, imaginando contrair danos a outrem, não possuem verdade alguma para ser atendido pelos Santos e Santo. Ou seja, quem deseja dar em troca, ao invés de ofertar aos espíritos, certamente estará se prostrando para espíritos que não partem da verdade do Criador, pois estes não compactuam com falsas verdades ou promessas mundanas, baseadas em ganhos ou malfeitorias, porque vossas energias puras não se fundem com essências em desequilíbrio, em busca de falsidades.

Portanto, depositar ofertas de bens matérias sem fundamento espiritual a bel prazer, sem que tenham sido solicitados pelos espíritos, com intenção apenas de resolver problemas terrenos, amorosos e dissabores não possui verdade alguma, tampouco solução dos ditos problemas materiais, uma vez que estes não partem da prescrição divina de ajuste de emanação para evolução espiritual. Portanto, a fonte apenas jorra onde os espíritos determinam, por isso, depositar crença em fontes vazias não possui resultado espiritual nenhum.

Isso porque "*Aquele que jurara pelo altar isso nada é; mas aquele que jurar pela oferta que está sobre o altar esse é devedor*" (Mateus 23:18). Ou seja, todos aqueles devotos dos espíritos, que realizam suas ofertas vindas da terra e apresentam suas humildes, demonstrações de fé, crença e esperança ao altar, são por si só devedores de todas as graças e dons vindos da terra para o abastecimento da matéria e do espírito em terra. Pois é a própria natureza que nos faz entender que sem ela não somos nada em matéria, tampouco em espírito, portanto eternos devedores das graças espirituais emanadas em direção a terra para nos fortalecer.

O alimento ao ser oferecido e abençoado pelos espíritos é o mesmo alimento que nos alimenta a vida, pois além de nos fortalecer o corpo nos fortalece a alma. Por isso, oferta ou oblação é o agradecimento pela colheita e pela vida. Ou seja, pela possibilidade de sermos capazes de plantarmos e de colhermos os alimentos jorrados em energia santa, tão bons para o consumo e sobrevivência, é saber que somos abençoados pela terra, pela chuva e as sementes que se fazem por si só novos frutos e novas formas de vida entre os seres, sem que os seres percebam isso; por isso, ofertar é ser agraciado pela presença de espíritos sábios e majestosos que nos guiam e nos direcionam aos bons caminhos, e também por serem presentes nas horas boas e ruins, nos dando poder de discernimento, entendimento e forças, para suportamos e continuarmos a caminhada. E mesmo que falhemos na fé, eles nunca nos abandonarão.

Por isso, oferecer algo que não lhe serve, prejudicado, danificado ou fora da possibilidade de uso não deve ser e não será recebido pelos espíritos, uma vez que são os espíritos os seres mais puros e nobres e estes entregam apenas aquilo que possuem, porém, assim como recebem, entregam na mesma proporção aquilo que recebem. E sendo os espíritos servos do Senhor, que desejam entregar apenas o bem que lhes cabem, necessitam devolver apenas o bem que possuem, mas para isso faz-se necessário que os encarnados lhes ofertem os vossos bens, não de consumo ou de valor, e sim aquilo que de melhor acreditam possuir ou fazer ou criar para que recebam igualmente o bem que os espíritos têm para vos entregar. Porque sendo os espíritos portadores de todas as bênçãos, jamais devolveriam as vossas bênçãos de forma imprópria, porém entregam na medida em que receberam. Portanto, ofertar algo impróprio é o mesmo que desejar não receber nada em troca.

Ora, deve-se compreender que o que é oferecido faz parte dele mesmo e toda oferta é parte do encarnado diante de sua batalha e, por isso, deve-se oferecer o melhor de si e o melhor que se tem a oferecer, pois sua oferta é parte de você mesmo sendo entregue ao Criador. Pois seus ganhos espirituais serão conforme suas intenções de ofertar. Sentimentos bons e grandiosos nos trazem retornos bons e grandiosos. Ofertar algo apenas para cumprir ritual não traz verdade alguma, assim como cumprir preceito espiritual apenas por cumprir, não possui verdade nenhuma e por isso não terá retorno Santo e espiritual algum.

Até porque ritual sem fundamento, necessidade, ordenação ou comando espiritual serve apenas para encher os olhos dos outros encarnados, pois não é e nunca será ato espiritual sagrado em que se oferta em busca de algo que fora o ato sagrado ordenado e por isso será regido e comandado por um espírito servo de Deus, que estará ali para receber e também doar-se diante da oferta.

Da mesma forma, não terá fluidez sobre o preceito espiritual mal interpretado e mal recebido por muitos, devido às condições e impedimentos carnais que os fazem por mero cumprimento sem compreender que é esta a hora mais santa de comunhão com as forças espirituais, onde tudo o que se oferece se recebe através da emanação de troca de energias vitais e espirituais, fluindo e fundindo-se com as energias jorradas de ambas vertentes, ou seja, é o momento em que estará se juntando as energias dos Santos com as energias dos encarnados. É o período em que andamos sobre a mesma regência das forças sagradas do universo e bebemos do mesmo cálice da aliança com os espíritos de luz que nos conduzem. Esta fase recebida com dureza por muitos e maldita por outros, é o período de troca de estado de consciência, ou seja, de um estado declinado ao material para um estado mais limpo e santificado. Por isso, o mais puro e sagrado momento em que um espírito encarnado pode encontrar-se tão santo quanto o próprio santo que o conduz.

Deve-se compreender que preceito espiritual não é forma de punição, maldade ou humilhação do Santo para com o encarnado. Assim como o nome diz é Espiritual, ou seja, a possibilidade de aproximação do espírito que habita a matéria com o espírito de luz que habita o campo celestial. É momento de graça e elevação em comunhão com o Divino que o abençoa, não a matéria, mas sim o próprio espírito, quando este se doa verdadeiramente às prescrições espirituais. Mas é certo compreender que não basta seguir os preceitos para se alcançar o estado de consciência espiritual mais elevado, é preciso dar-se verdadeiramente, querer entregar-se, pois entregar algo sem vontade ou avesso como quem vai para a fogueira é prestar comunhão do nada com coisa nenhuma. Ou seja, não possui efeito espiritual algum, logo, não trará nada verdadeiro a quem faz e somente ocupa o espírito de luz que deseja verdadeiramente o abençoar. Tão logo, deixará este espírito de fazê-lo.

Mas devem ser os dias em que o encarnado se doa à privação de sua vida cotidiana recebidos com graça e alegria, pois este período de concessão material é também período de firmamento de pacto espiritual entre espírito encarnado e Ser Supremo celestial. Este será o período em que o Santo irá atuar de forma pura sobre a Aura Plena ou sobre a cabeça deste ser, alterando os sentidos existentes e emanando novos sentidos de existência espiritual, alocando todas as vossas conquistas sagradas, todas as vossas caminhadas espirituais de elevação, a matriz espiritual onde se alocam todos os registros espirituais de cada unidade espiritual, que possui missão espiritual, o que inclui o campo terreno.

Então, cuidar da cabeça é tão importante quanto cuidar do corpo, coberto pelo pano branco, porque é o pano branco a representação da unidade espiritual oculta, guardada e preservada, que se ocupa de velar a vossa própria existência das forças e energias negras em terra, enquanto se atua com as energias da destra do Pai celestial.

Pois um simples tecido branco simboliza a privacidade da comunhão com o divino, em que se faz necessário estar isolado do mundo de fora, em que as emanações são diversas, pois nessa fase a emanação será única e exclusivamente entre o espírito de luz e o encarnado para a fundição de forças. E o pano branco incorpora todo o poder ritualístico que emana da natureza primitiva de cada ser, buscando ele mesmo dentro dele, ou seja, a sua própria alma para ser direcionada ao Espírito que cuida dele neste período, sem que isso possa afetá-lo, de forma material ou espiritual, porque nada envolto sobre um pano branco ficará aos olhos dos espíritos impróprios a descoberto.

Por isso, o véu branco ou o pano branco tem o poder que guarda o mistério de privar e isolar qualquer impureza emanada pelos quatro cantos de qualquer esfera e adentrar ao sentido existencial através da Aura Plena do encarnado no período de recolhimento espiritual. Pois é a barreira que deixa os sentidos materiais e espirituais solitários e envoltos dentro de sua própria existência espiritual, para que os espíritos atuem de forma serena e tranquila, assim como é o campo espiritual dos que se assentam à direita de Deus. E, neste período, a cabeça passa a ser protegida e cuidada para que todo o barulho, a sujeira, os maus pensamentos, a dor, o estresse, a culpa, o medo, a falta, a angústia, e qualquer outro sentimento terrestre que se abriga na Aura Plena sejam exclusos ou não adentrem nesta fase. Por isso, deve-se evitar bebidas alcoólicas e contato impuros e impróprios, pois são portas de entrada para sentimentos e sensações que devem ser evitados.

As emanações terrenas e espirituais são enviadas e recebidas pelo encarnado através do pensamento de consciência e alocadas através da Aura Plena, que é a porta de entrada e condutora de todas as emanações, cinco sentidos e sentidos e enviadas em forma de sentimento, sensações intrínsecas ou mecânicas ao homem, por meio do cérebro, e distribuídas por toda a matéria, passando pelo sistema nervoso central, periférico e orgânico geral. Por isso, o cuidado com a cabeça neste período é muito importante, assim como alimentos, bebidas e demais formas de contato que possam alterar o fluxo vital e espiritual de emanação deste encarnado no período em que os cinco sentidos darão lugar aos sentidos mais límpidos e puros. Fase esta de sensibilidade, necessidade de isolamento, distúrbios de algum sistema orgânico corporal, sentimento de solidão ou saudosismo ao próprio passado, porque é este o momento em que o espírito encontra consigo mesmo.

O preceito espiritual é uma unidade espiritual em que se oferta não apenas bens da natureza como o próprio ser encarnado que vem da natureza e a ela pertence. A comunhão é o momento de receber novas energias e forças, porém estas devem ser renovadas de tempos em tempos, para que as forças também se renovem, assim como a espiritualidade. Pois o crescimento espiritual nunca para de crescer e adentrar em novos patamares de conhecimento e elevação do espírito. Pois, embora o homem carnal, devido a suas atribuições cotidianas, não perceba que seu espírito se eleva e emana de maneira nova, e esta nova emanação pode ser sutilmente sentida, e quando sentida pode ser chamada por crescimento espiritual terreno, em que se ganha de fato maior discernimento, ciência, conhecimento, força de suporte aos desafios e maior concentração.

Por isso, a entrega deve ser pura e verdadeiramente espiritual e não material ou por obrigação de cumprimento ritualístico, pois de nada adianta ofertar-se ao Santo e desejar que ele esteja distante para não incomodar sua vida cotidiana. Porque "*E, se a casa for digna, desça sobre ela a vossa paz; mas se não for digna, torne para vós a vossa paz*" (Mateus 10: 13). E o corpo que é a casa de repouso do espírito não sendo digna de receber um espírito de luz por vaidade ou por imaginar que trará prejuízos, certamente não será incomodada pelos espíritos, pois estes não desejam perturbar a paz nem mesmo daqueles que precisam da vossa paz.

Ainda que o encarnado não possa compreender o sentido celestial ou não possa ainda o homem ter conhecimentos tão elevados acerca da esfera celestial, o encarnado possui seu espírito circulando entre espaço celestial e espaço terreno, onde todas as emanações são sentidas e jorradas, sejam boas ou não; portanto deve-se respeitar a recomendação dos espíritos e proteger sua matéria e essência espiritual em comunhão com o que é advindo do Criador e cuidadosamente elevar-se. Portanto, ainda que a carne não consiga adentrar aos campos sagrados espirituais em matéria, e os Santos não adentrem a carne por já não serem mortais, os Santos e espíritos de luz, ou os vossos servos comandantes os conduzirão em essência para a purificação e troca de emanação advinda do Criador.

Mas ainda o conhecimento do encarnado afere apenas as forças humanas ou criadas por máquinas também criadas pelos homens, por isso muito ainda desconhecem as verdadeiras forças do poder da natureza e dos espíritos regida pelo Criador. Imagina possuir forças e conhecimento suficientes para vencer a vida, por isso prostra-se diante de verdades criadas por ele mesmo e não cumpre com as determinações espirituais por imaginar que detém todo o conhecimento acerca do bem e do mal e com isso basta para sobreviver.

Porém, o fato é que esta inverdade termina quando se percebe que a verdadeira vida não está em terra e sim em esfera espiritual, portanto todas as forças e conhecimentos existentes no universo não adentram as formas de conhecimento material, logo é um erro imaginar que seria o encarnado mais poderoso e forte que os espíritos de luz que os conduzem, e que poderia ele determinar ou ordenar aquilo que deve ser realizado em vossos nomes para vossa elevação ou prosperidade terrena.

A esfera espiritual traz segredos que somente os espíritos podem entender, adentrar, ouvir ou falar, por isso, os encarnados devem seguir os preceitos utilizando-se de sua fé e caminhar em direção à verdade, ainda que não possam deslumbrá-la. Pois se toda e qualquer oferta aos Santos e espíritos de luz se deve ao fato de desejar transformação de energia e emanação espiritual, toda obediência deve ser a primeira lei a ser cumprida. Por isso, nenhuma crença errônea ou mundana deve reger contra o que é verdadeiramente celestial, seja por falta de crença ou incertezas, pois estes são fatores homicidas que destroem e destronam toda a fé humana, assim como a ligação entre os espíritos e os homens, bem como o Criador e toda a humanidade. "*Quem crê em mim, crê não em mim, mas naquele que me enviou*" (João 12: 44). Quem crê nos espíritos, crê em Deus, o Criador, como a única Verdade.

Mas o homem é capaz de ofertar qualquer tipo de bem aos espíritos e não ofertar-se devido às crenças de que oferecendo o bem material lhe basta, e que não se faz necessário o suor da carne, pois os espíritos são bonzinhos e adoráveis anjos do Senhor e aceitam qualquer coisa. Mero engano imaginar que espíritos de luz, de alta capacidade de força, poder e soberania espiritual, cumpridores das leis divinas, iriam se regozijar diante de falsas verdades ou crenças mundanas, em troca do nada por coisa nenhuma. Ou acaso os espíritos nos quais acreditamos são espíritos que trabalham contra as leis divinas e se prostram diante da mentira, falsas verdades e enganos? Por isso, se desejares o bem, faça de forma boa e faça verdadeiramente. Agora, se desejares enganar-se a si mesmo, não faça nada, pois assim não consumirá o vil metal para enganar-se; porque quanto aos espíritos, estes não se enganam em relação aos encarnados.

Os espíritos regidos pela força espiritual de Deus governam todo o universo através das forças emanadas sobre todos os seres e espécies viventes pela ordem suprema do Criador, de quem sejam todos frutíferos e prósperos. Por isso, depositar fé aos Santos, aos espíritos de luz, é agradecer a colheita mostrando que a empreitada em todos os sentidos foi boa ou que ainda deseja que seja tão boa quanto se espera e precisa seguir caminhando sobre a única e verdadeira promessa espiritual de Deus.

Por isso, ofertar aos Santos, deitar para os Santos e servir aos Santos, é agradecer por sermos fortes, bem alimentados e preparados para enfrentarmos as batalhas da terra, determinadas pelo criador e guiadas pelos Espíritos sagrados. Pois o alimento que nos faz fortes e vividos é parte da sobrevivência humana e sem ele o corpo não seria alimentado e fortificado para sustentar o espírito que se anima dentro da matéria. Pois o alimento que alimenta o corpo também alimenta o espírito abrigado.

Porque a fé sem obras é morta, não no sentido de morrer a carne, e sim no sentido de não possuir esperança de vida de forma espiritual. Mas quando não se faz nada para subir os muros espirituais do seu próprio sentido de existência, nenhuma obra de elevação poderá ser erguida em sua plenitude celestial. Por isso, a essência espiritual da carne para com o espírito é o sacrifício ou a oblação de si mesmo, em troca de maior compreensão espiritual, que pode não vir ou ser compreendida neste plano, mas no plano celestial de maior compreensão e verdadeira vida.

CAPÍTULO 12
Jesus, o filho único servo de Deus

O Verbo

No princípio era o Verbo, e o Verbo estava junto a Deus, e o Verbo era Deus. Ele estava no princípio junto a Deus. Por ele todas as coisas foram feitas, e sem ele nada do que foi feito se fez. Nele estava à vida, e a vida era a luz dos homens... E o Verbo se fez carne, e habitou entre nós, e vimos a sua glória, como a glória do unigênito do Pai, cheio de graça e de verdade. (João 1:1,2,3,14)

    12. E o princípio era o Criador, porque o Criador é a fonte única de luz, poder, compaixão e bondade, do qual nada poderá ser criado ou nascido sem a vossa permissão e sem o vosso esplendor de eternitude espiritual ou pela vossa própria vontade recoberta de amor e de luz, luz que gera e dá vida a tudo ao qual possa existir por vosso derramamento. E todas as vidas são formadas através de vossa intenção e nenhuma forma de unidade espiritual de vida se formará sem essa verdade que deseja, ordena e faz ter vida por força do amor eterno, tudo aquilo que projeta e cria de maneira espiritual.
    Por isso, foi o amor divino que com a força da luz composta de vossa terna e majestosa bondade, que criou o espírito daquele que assentado a vossa destra encontra-se, para ser o vosso caminho e direção a todos os que buscam a verdade. E este no dia de ser a vossa representação em terra, se fez carne, não para ser nascido da carne, mas sim para ser a representação de vossa sublime e incontestável caridade. Porque fora ele antes de ser nascido homem, nascido à imagem e semelhança de vossa magnífica glória em forma de amor, compaixão e luz para ser filho da luz à todos que da luz depositam verdade.
    E assim se fazer igualmente em vida carnal, entre todas as vidas, de forma que pudessem os demais, que no mesmo elo sagrado espiritual terreno estivesse, não somente conhecessem a vossa glória como também caminhassem com a mais sublime e elevada forma de amor refletido em vosso amado filho.
    Porque fora através de vossa luz e amor em forma de compaixão que foram criados todos os filhos, mas nem todos os filhos conheciam a vossa luz e a vossa glória, não porque são os vossos filhos impróprios ou impuros, e sim porque a vossa glória e o vosso poder de luz se alcançam pelos caminhos do

cumprimento das leis e da verdade. Mas a todos fora concedido os mesmos dons, os mesmos conhecimentos, as mesmas doutrinas e disciplinas espirituais, para alcançarem a vossa luz, porém, não serão todos seguidores das mesmas trilhas espirituais que levam as vossas graças.

E foi a vossa caridade e amor em favor de todos os vossos também amados filhos, ainda que sejam os vossos filhos caminhantes de trilhas e veredas contrárias as vossas prescrições, quem ordenou e determinou que fosse o vosso filho único, nascido de vossa luz, caminhante do campo terreno, para que pudesse com todos os demais filhos comungar de vossa eterna glória, para que todos pudessem conhecê-lo, e não apenas o homem o filho único.

E assim o espírito reflexo da unidade espiritual composta de luz de caridade, de bondade, de compaixão, de amor e de justiça se fez carne e habitou no meio de todos os homens para compartilhar tudo aquilo que trazia em vossa essência, porque é a vossa essência o verdadeiro caminho de onde o Verbo se faz vida, transforma-se em outra vida e ganha forma de vida material para repartir-se com outras unidades.

Mas o Verbo é Deus, porque é o Deus a composição da robustez de forças da energia e da fluidez do manancial de luz eterna cheio de caridade, amor e bondade que formam a magnificência do brilhantismo dele mesmo, ao qual fora o Verbo feito em nova vida e nascido em carne para que a carne daqueles que, nascidos em campo terreno por meio também da carne material, pudessem conhecer não apenas o filho tornando as vossas palavras, palavras de terra e sim conhecedores do Espírito Santo fazendo as vossas palavras, palavras santificas.

Mas não era ele um filho da terra, mas sim o filho da luz, porque não fora ele nascido da carne ou pela vontade da carne de outro homem, para ser igualmente aos demais homens alimentado das forças espirituais que abastecem a vida, porque fora ele nascido do seio amado do Pai celestial, para assentar-se à destra de onde nascem todas as forças e energias que abastecem as forças que alimentam e nutrem a vida em campo material. Mas também não nasceu do sangue do homem, e sim do espírito de Deus, porque não era o sangue de outro homem que o abastecia e nutria as verdades, mas sim o verbo divino ou o amor divino do qual fora ele descido em terra para caminhar em forma de vida material. Por isso, não comungava das verdades da carne ou da força de vida que fortalecem, nutrem e abastecem o sangue daqueles que, da carne são nascidos para que sejam fortes e vigorosos em vossas unidades pelas vossas antecedências ou descendências terrenas. Porque a vossa fluidez e emanação espiritual ou força de vigor de vida embora parecesse vir do homem, era na verdade do Espírito de Deus.

Pois aquela que o gerou em matéria não o gerou em espírito, porque não era nascido da geração da carne e sim do Verbo. E embora tenha nascido da carne e do sangue, alma da vida que alimenta a carne, ainda assim, filho nascido da verdade e nutrido da plena e sublime luz celestial, para trazer ao mundo a luz de Deus e não a verdade nascida e aprendida em terra. Porque o que pertence à unidade terra, nasce da terra e morre junto a terra, mas o que pertence ao Espírito, ainda que nasça em terra, em carne material, é do Espírito, e pertence ao Criador. Por isso, ainda que feito em matéria, não era ele nascido da carne, porque não carregava ele as verdades da terra, ou seja, verdades criadas para serem nutridas e abastecidas somente em campo terreno, tampouco se alimentava da terra ou da geração do sangue que corria em vossas unidades materiais, porque carregava a verdade única, por ser o filho único da única destra de onde se encontram todas as vossas verdades, esperanças, compaixão, amor e caridade.

E ainda que se fizesse necessário, que abrigado a carne fosse, para comungar igualmente com os homens nascidos de vossos genitores não era ele nascido tão somente da carne para ser a vossa carne a matéria orgânica carregadora do Espírito de Deus, o qual era ele o servo divinal, filho único preparado para demonstrar em forma de vida material a unidade espiritual de Deus, mesmo sendo semelhante ser vivente aos demais viventes em espírito, pois a vossa constituição divina o tornava além da carne. Espírito sagrado de Deus.

Por isso, não fora nascido do sangue, porque não era ele de descendência de terra, nem comungava com as verdades materiais do mundo em que adentrara, porque não era a vossa matéria alimentada pela força de vida que compõe a força de vida material, para aqueles que caminham sobre uma missão espiritual terrena, embora enquanto esteve ele em campo terreno, dentro de uma unidade orgânica material, alimentou-se igualmente das forças espirituais naturais nascidas do chão da terra, porque são estas forças as energias jorradas dos espíritos Santificados ordenados por Deus para nutrirem a terra, cujos elementos matérias são os recebedores destas forças e energias celestiais para sustentarem de luz e energia espiritual todas as vidas, que do chão brotam, se fazem alimento e caminham. E por ter sido ele uma unidade caminhante da mesma terra, recebeu igualmente as mesmas vibrações e energias celestiais que os demais homens que pela mesma unidade árida caminhavam.

Mas não fora ele, o próprio Pai celestial, e sim o filho, trazendo ao mundo a luz do Pai, luz transformada em unidade material para apresentar-se em vossa forma mais pura e sublime. Porque era ele mesmo a representação de tudo aquilo que, deseja o Criador, que os vossos filhos recebam, compartilhem e sejam, perante as vossas caminhadas ou jornadas de aprendizado e lapidação de espírito, para que possam conquistar o direito de desfrutarem do galardão de vossas promessas e assentarem-se assim com o vosso filho único diante da mesa posta, cuja mesa posta é o mais alto e sublime elo espiritual, de onde o próprio filho lhes servirá, e mais uma vez, lhes saciará das verdades que alimentarão a fome espiritual ou a vontade de caminhar frente à verdade e ao amor do próprio Verbo com aquele que por ordem de Deus foi feito homem para ser quem sacia a fome e a sede, pelos caminhos da verdade e da eternidade de vosso Pai.

Então, o espírito foi feito homem para alimentar a fome daqueles que desconheciam as próprias fomes ou as próprias vontades de crerem em suas verdades e alimentarem suas esperanças, pois está era a única forma de alcançar aos caminhos que os aliviariam as unidades em terra diante das vossas caminhadas, assim como o único caminho que os conduziriam as suas salvações espirituais após suas passagens por esta terra.

Mas sendo ele o filho único, preparado para os desafios de terra, para ser e apresentar todas as verdades e o reino celestial do Pai eterno, não existia nenhuma verdade, nenhuma dor ou pesar que não pudesse ser suportada ou carregada, para que a vossa glória e o vosso amor, em forma de alimento da alma, fossem expostos a todos os demais filhos nascidos do mesmo seio espiritual, seio este do qual não afastou ou desviou o vosso filho, servo pronto para a batalha, de caminhar de sentir e de experimentar todas as dores e prazeres da terra, mas sim o seio que preparou, encorajou, abençoou e ordenou que fosse o reflexo do amor, da bondade e do poder de justiça, entregando-se a terra, porque ainda que não conhecessem os homens a forma mais nobre de ofertar-se como alimento para aqueles que sentem fome da verdade, conheceriam a vossa verdade através da forma de alimentarem-se e servirem-se de vossa nobreza pelo Verbo feito vida, vida que alimenta e conduz à vida eterna.

Ora, mas como poderiam os homens, nascidos da carne, do sangue e da dor, conhecer o amor, caminhar com o amor e espalharem o amor, se acaso não soubessem o que vem a ser o amor? Pois para que conheçam o amor faz-se necessário encontrar-se igualmente com a falta de amor, a angústia, o desafeto, ódio e a dor, caso contrário, jamais poderão falar ou disseminar aquilo que será a vossa escolha por ter experimentado as duas formas de viver e de sentir o campo terreno.

Por isso, como poderiam falar sobre o amor se acaso não soubessem o que de fato é o desamor? Como poderiam os filhos de Deus, nascidos do seio da terra, onde as verdades de terra, eram as vossas únicas verdades, conhecer de fato a vossa verdade divinal, se acaso não caminhassem com o vosso filho nascido de vossa verdade? Mas para que os homens pudessem compreender que era o unigênito, o filho da verdade ou o Verbo divino, ou seja, o amor em forma de carne, deveriam eles, ainda que praticantes das verdades de terra ou de verdades encobertas de maldades e desamor, nascidas deles próprios, caminhar com o amor e a verdade em forma de homem.

Isso quer dizer, que era preciso caminhar junto com o filho de Deus, ainda que as vossas verdades fossem a verdade que tiraria a própria verdade divinal da terra por meio daquilo ao qual os abasteciam as crenças, para que fossem conhecedores do único e verdadeiro amor que, feito homem, caminharia a vossa santidade entre a carne, o sangue e o ódio dos homens. Porque somente conheceriam o amor e as verdades divinais se conhecessem a eles mesmos pelas próprias verdades terrenas que carregavam.

Eis aqui o meu servo a quem escolhi, meu amado em quem minha alma se agrada; porei sobre ele o meu espírito, e anunciará aos gentios o juízo. (Mateus 12:18)

Mas é o servo, o filho amado, porque é o filho amado aquele que serve, aquele que se entrega, e que faz por meio da carne cumprir pela humildade e devoção e amor, tudo que a ele é determinado, pois foi ele que, após ter recebido o apreço, a determinação e a caridade, se prostrou perante as vossas ordenanças e determinações de ser, fazer e executar tudo aquilo que a ele fora confiado pela glória e pela graça do Senhor Deus. E não por ser ele leal, fiel, devoto e caminhante da verdade, mas sim por ser ele nascido da própria lealdade, fidelidade, devoção, disciplina, doutrina, correção e justiça, porque é a vossa constituição espiritual, o que o torna filho de Deus, não a evolução espiritual, porque já fora ele nascido espírito evoluído.

Por isso, é ele o Espírito que mesmo nascido homem, jamais se corromperá, se desviará ou se entregará a outra verdade, porque não era a verdade que carregava feita em terra ou criada para alimentar crenças e inverdade mundanas que conheceu, e sim daquele que derramada sobre a vossa unidade, e se fazia presente e vivo também diante de todas as obras erguidas concedendo o direito de ser ele, o homem e o Espírito santificado para ser o esteio das verdades e o caminho da eternidade em terra. E o filho único após ter sido preparado pelo próprio Criador para descer a terra e ser a vossa real imagem e semelhança igualmente, preparado para ser homem, filho de outro homem ainda que sendo filho único assentado a direita de Deus Pai recebedor da ordenação celestial de ser o filho da luz, para levar a vossa luz ao mundo.

E deu início a vossa jornada ou missão celestial, no momento da junção das energias, entre o campo terreno e o campo espiritual de onde partiu, sendo batizado ou selado sobre todas as forças do mundo, os quais foram as águas a força da terra nascida das entranhas do nada existencial do solo árido a unidade de forças divinais que selou a junção das duas vertentes, ou da vertente terrena junto a vertente espiritual, para que se cumprisse a ordenação de ser esta unidade em terra, a unidade que representando todos os demais elementos fosse a seladura matéria entre as forças celestiais e divinais, desta que seria a mais extraordinária entrega do filho nascido do Espírito Santo a terra de Deus, para o início de sua caminhada terrena espiritual em nome de vosso Pai.

E assim, iniciou-se a jornada espiritual terrena, sendo ele preparado como homem nascido da carne, e sendo também em verdade, Espírito ordenado pelo

Criador para exercer as vossas determinações pelo laço espiritual e material que carregava, para que fosse naquele momento pertencente da mesma terra e das mesmas energias e emanações, como qualquer outro homem, ainda que fosse ele espírito descido do reino dos céus, se fazendo homem a apresentar, conduzir e mostrar aos outros homens todo o poder de forças que possui o Senhor Deus, quem vos criou, não diante das verdades de terra que os abastecem a carne, e sim diante das verdades espirituais da luz divina, que vos abastecem o espírito.

Mas é o Criador bondoso e amável em demasia com todos os vossos filhos, e mesmo conhecendo a verdade e a intenção de cada filho, lhes concedeu o direito de serem conhecedores daquilo que é a vossa verdade nascida em terra, mesmo que as vossas falsas verdades pudessem crer, matar a verdade feita homem através do Verbo. E ainda que os vossos espíritos estivessem cheios de intenções mundanas, e fossem as intenções mundanas danosas e más, abastecidos pelas crenças de terra, crenças estas, que não pouparam nem mesmo o filho único, de ser apartado de suas intenções. Ordenou o Criador que o vosso filho descesse ao campo terreno, não para morrer em nome de uma falsa verdade, mas para mostrar-lhes um pouco de vosso amor, ainda sabendo que a dor poderia vencer o vosso sublime amor.

E embora não soubessem que não era o homem quem carregava a verdade, e sim a verdade quem carregava o corpo do homem, que em verdade jamais morrerá ou se apagará, ainda que todos os séculos passem, porque esta eternamente viverá. Fez o homem de terra cumprir através de vosso ódio, e de vossa verdade própria, aquilo ao qual ele era em verdade. Mas como não é a inverdade verdade espiritual, e sim sentido e sentimento de terra, logo fora esta também daquele meio apagada.

Por isso, aquele que carregava somente o amor cuja matéria fora vencida em terra, porém, jamais será o espírito vencido, porque é o espírito o próprio Verbo, e é o Verbo o nome de Deus, que jamais será apagado, seja em campo terreno seja em campo celestial, é erguido para ser o servo divinal, diante de todas as labutas que a ele forem ordenadas ainda que estas lhe pareçam causar dor e sofrimento, porque assim como é a dor e o sofrimento sentido pelo sentimento carnal experimentado apenas aos homens da terra em campo terreno, é o filho de Deus, o caminho do amor, da compaixão e da caridade, que jamais um sentido e sentimento de terra o farão penar, sofrer ou findar, ainda que a terra lhe possa consumir aquilo que em verdade nunca lhe pertenceu, a carne. Porque nunca fora ele nascido da carne ou do sangue, para que a fosse em essência, por ela findada ou em algum momento, por homem de terra tocada. Porque é este o espírito, representação de Deus, que se tornou homem, diante do século de todos os séculos da eternidade do Criador, a qual a vossa santidade jamais será morta ou apagada.

Maria, a mãe de Jesus

Disse-lhe o Anjo: Maria, não temas, porque achaste graça diante de Deus. E eis que conceberá em teu ventre e darás a luz um filho, e por-lhe-ás o nome de Jesus. Este será grande, e será chamado Filho do Altíssimo; e o Senhor Deus lhe dará o trono de Davi, seu pai. Ele reinará eternamente na casa de Jacó e seu reino não terá fim... Disse então Maria: Eis aqui a serva do Senhor; cumpra-se em mim segundo a tua palavra. E o Anjo ausentou-se dela. (Lucas 1: 30, 31, 32, 3338)

12.1 Ora, mas todos os servos de Deus, que tenham nascido em campo terreno para cumprimento de vossa missão e também à frente a uma ordem espiritual para prestarem serviço santo em nome de Deus, serão em terra os vossos servidores espirituais, atuando em vosso nome pela vossa santa e sagrada promessa divinal, promessa à qual são todos os espíritos selados e marcados no momento de vossos nascimentos, por isso, proclamados também servos divinais. E ainda que isso não lhes seja terrenamente próprio de vossos conhecimentos ou próprio de vossas descobertas materiais, porque é o trabalho sagrado em nome do Criador uma ordem divina e não terrena, que possa ser exercida sobre uma imposição, ansiedade ou regras materiais, mas sim em nome da crença e da confiança em vosso Senhor, e em vossos também servos espirituais, os vossos espíritos servidores, os quais auxiliarão e conduzirão, para que estes que escolhidos foram para os serviços espirituais possam exercê-los e concluí-los com força, garra, determinação, ânimo e dignidade.

E era a serva, o espírito recoberto de nobreza e dignidade, que recebera, diante de vossa missão em terra, o nome de Maria, aquela que seria em campo terreno a mãe daquele que já era em campo espiritual e também seria em campo material, reconhecido como o filho único de Deus. Porque esta que fora a serva escolhida, fora escolhida pelo vosso Criador, devido a vossa elevação espiritual, que já lhe permitia ser instrumento sagrado de ordem divina, carregando as forças das forças e da luz do próprio Senhor Deus. E, por isso, fora determinada para caminhar em terra, até o dia e a hora, que estavam escritos como sendo o dia e a hora mais importante para a humanidade, assim como seria o momento mais honroso e sublime pela vossa maior e mais importante labuta, em nome de vosso Senhor, que somente através de vosso mais puro amor e de vossa dignidade, faria descer aos campos terrenos, por meio da única forma em que se pode gerar e conceber um filho em terra. A própria carne.

Porque esta que é a única maneira que um espírito poderá adentrar de forma material a um abrigo carnal; é também a única forma determinada pelo Criador para que um espírito possa, através da consumação da carne, gerar outra carne, e sendo a determinação do Criador de que o vosso filho se tornasse carne, não haveria outra forma dessa ordenança se fazer real, a não ser pela única forma que existe em campo terreno, que é pela junção de duas vertentes materiais para formação de outra vertente igualmente material, ainda que os homens, devido a vossas épocas e instruções, desconhecessem o fato de como essa graça divinal lhes pudesse ocorrer, e por isso, crendo que não tenha sido através de vossos esforços carnais. Mas porque não possui a vertente espiritual nenhuma instância material, para que possa este se tornar carne sendo puramente espírito, a não ser que seja pela carne, conforme a ordenança de Deus, quando lhes concedeu este divino e sagrado direito.

Fato este que não permite ou capacita nenhuma vertente material ou orgânica atuar em campo celestial, sendo ela biológica, assim como não existe vertente puramente espiritual, ou seja, apenas em estado de consciência espiritual, comungando com outra carne, em campo material, como se fossem ambas unidades similares no cumprimento de missão espiritual de lapidação e evolução de espírito pela forma material, a não ser que seja este igualmente material.

Ou condenaria o Criador tudo aquilo que Ele mesmo criou e ordenou que fizesse parte do campo terreno, tirando o direito concedido por Ele mesmo, de que a mulher fosse a geratriz, pela forma que fora a mais bela e mais terna aos vossos olhos, e que devem ser utilizados pelas vossas filhas, para que possam dar a vossa luz as vidas dos vossos filhos carnais? Por isso, ainda que tenha sido para trazer na terra a vida de vosso filho amado, o qual Ele mesmo ordenou que fizesse por um tempo parte deste campo, não determinou que fosse através daquilo que não existe, ou do que não ordenou que existisse neste elo espiritual, repreendendo o que fora a vossa suprema ordenação que fizesse parte do campo terreno, de forma que possam os seres viventes procriar as vossas espécies, assim como trazer o vosso filho igualmente espécie orgânica, ao campo orgânico. Por isso, fora gerado por meio da serva escolhida de forma material e espiritual, existente neste elo espiritual e não através de uma forma inexistente, retirando aquilo que fora a própria ordem de conceber contradizendo a vossa autoridade.

Mas o Criador não retirou de vossa serva escolhida o direito de ser mulher e sentir tudo aquilo que as outras mulheres experimentariam para conceber e gerar os vossos filhos, até porque fora ela nascida para ser mulher e cumprir a vossa missão em terra da mesma forma como as outras mulheres, assim como fora o vosso filho nascido para ser homem, igualmente aos demais homens, nascidos da carne, sentindo e vivenciando todas as dores, alegrias, pesares e prazeres que a carne possui no elo terra. E por isso não lhe foi retirado nenhum direito por ser mulher, assim como não foi tirado de vosso filho, também o direito de ser homem, por ter nascido de outro homem, com sentidos e sentimentos iguais aos demais filhos, frutos da mesma terra, embora com determinação espiritual diferente.

Porque é esta terra abençoada por vossas mãos para ser terra sagrada, e assim como todas as mulheres sentem as dores de serem mulheres e serem mães, sentiu Maria todas as dores de ser mulher e ser mãe, através de todo o processo naturalmente determinado pelo Criador, que esta deveria conhecer e sentir enquanto caminhasse a vossa carne por essa sagrada terra. Por isso, igualmente, o vosso filho fora nascido por todos os meios naturais pertencentes ao campo terreno, dos quais todos os espíritos, filho Dele mesmo, devem nascer, ainda que fosse este o filho único escolhido para a missão mais árdua e dura terrenamente de forma espiritual.

Ora, mas não concede o Criador algo aos vossos filhos e em seguida se arrepende ou lhes tira o direito de usar, por isso, não tirou de vossa serva escolhida o direito de gerar naturalmente, porque se acaso desejasse que esta não fosse mulher, e não gerasse por meio da única forma que se gera um filho, não teria Ele ordenado que nascesse como mulher possuidora de um ventre para vos ser servidora ou para ser a mãe material daquele que receberia corpo igualmente material.

Por isso fora Maria, não apenas a serva espiritualmente escolhida, como a serva material, mãe e mulher escolhida para ser a geradora daquele que mudaria o mundo de forma espiritual, e não de forma material, porque o que existe em campo terreno de forma material, e que fora pelo Criador ordenado que assim seja não será nem mesmo por Ele mudado ou alterado, porque se a chegada do vosso unigênito ocorresse diferente daquilo que ele ordenou, estaria Ele mesmo atuando contra tudo aquilo que ele criou e ordenou que assim fosse. Portanto acreditar que a chegada de vosso filho Jesus, de forma naturalmente orgânica e material, através da consumação da própria carne, não é espiritualmente honrosa, pura, nobre e santificada, é o mesmo que acreditar que o Criador tenha falhado em relação a todos os outros filhos missionários, fecundados, gerados e nascidos da carne, da forma que lhes fora concedido o direito. Ou estaria o Criador errado diante daquilo que ele mesmo fez?

Por isso, nada está em desarmonia ou vai contra aquilo que fora ordenado, nem mesmo a mulher, que depois de consumada a carne, geraria o filho de Deus, em terra, porque independente da forma que utilizou para a vossa concepção, trazia Maria, em seu ventre o sagrado e escolhido filho, pela única e real e verdadeira forma de se trazer outra vida a terra. E este motivo não o desqualifica como mulher, justamente por ser a junção de duas vertentes carnais pela consumação da carne, a única forma existente em terra ordenada por Deus, para que seja um filho nascido, e este direito apenas lhe concede ser conhecedora de tudo aquilo que todos os demais homens, frutos uns dos outros, conhecem e possuem para continuarem as vossas espécies, e viverem.

Ora, mas não poderia o filho sagrado ser nascido em outra terra que não fosse também terra sagrada, assim como não poderia o filho nascido em terra sagrada de onde todos nascem através do amor carnal, ser nascido de outra forma que não através da carne, que ama, frutifica e gera outra espécie homem igual a ele mesmo por meio dos sentidos que os unem.

Por isso a única diferença entre a vossa serva escolhida para caminhar em terra e conceber no vosso ventre, era quem esta geraria, ou qual o espírito adentraria ao campo terreno através deste ventre, para igualmente alimentar-se do chão da terra, por meio de vosso amor maternal, e não a forma como o filho seria gerado, porque o que pertence a terra em nada flui ou altera em campo celestial, porém, aquele que seria gerado e igualmente nascido em terra pelo ventre escolhido é o que traria a luz do mundo e não a carne ao qual este carregava, tendo ele nascido por meio de outra carne, sendo esta em castidade ou não.

Até porque não seria a sua castidade o elo santificado que separaria a honra, a pureza, a nobreza ou a dignidade do vosso filho do mundo ao qual este adentraria. Se acaso este não a carregasse consigo, porque era a honra, a pureza, a nobreza e a dignidade pertencentes ao filho único, isso quer dizer, nascidos espiritualmente com ele e não adquiridos de vossa genitora pela dignidade e nobreza que de fato também carregava. Portanto, não seria a vossa genitora, mais ou menos honrosa em cumprir a sua missão espiritual, se possuísse ou não a pureza de terra, porque esta em nada influi na ordem divina dos caminhos da eternidade de um espírito.

Se acaso fosse, seria o mesmo que acreditar que o Criador considera todos os vossos filhos missionários de si mesmo, com menos valor espiritual, ou menos honra, ou apreço em relação ao vosso filho único, preparado e determinado para a missão espiritual de ser o carregador de vosso amor. E, por isso então, seria o mesmo que pensar que apenas este filho deveria nascer de forma contrária aquilo que é a maior forma de amor e de afeto que é a união de dois seres matérias pelo amor material que os unem. Mas como o Criador ama a todos os vossos filhos de forma igual, e deseja que todos cresçam e sejam elevados em vossas unidades, determinou o vosso unigênito filho assentado a vossa destra que ao descer ao campo material, igualmente fosse nascido em corpo de homem pela união de dois seres, para nos mostrar não somente a vossa compaixão, a vossa misericórdia, como também o vosso amor igualitário, que reserva para todos, porque somos todos igualmente filhos, caminhando as nossas jornadas, merecedores do mesmo amor e a mesma forma de amar.

Por isso, não tirou o Criador o direito de ela nascer mulher e consumar a carne para gerar o vosso amado filho, pois sagrado era o espírito e não a matéria que ambos carregavam, porque esta que nasce do pó e ao pó devera retornar independente de como fora viva em terra, o espírito a casa do Pai celestial deverá regressar. Portanto, não retirou da mulher o direito de ser mulher, porém lhe concedeu o direito de ser mulher e apreciar todas as formas e belezas do campo material, porque é esta a ordem a todos os que são filhos nascidos da terra para missão celestial, iniciar e finalizar as vossas missões, sendo espíritos alimentados e abastecidos pela terra, ainda que sejam servos de

Deus cumprindo com suas obrigações espirituais, pela hora e pelo momento em que Ele mesmo ordenar que sejam as vossas horas de atuar em vosso sagrado nome.

E respondeu o Anjo, e disse-lhe: O Espírito Santo descerá sobre ti, e a virtude do Altíssimo te cobrirá com sua sombra; por isso também o santo, que de ti há de nascer, será chamado do Filho de Deus (Lucas 1:35)

Por isso, ainda que tenha sido nascido da carne, jamais foram a vossa plenitude e nobreza espiritual tocadas, por que este que fora também filho da carne, era antes de filho de qualquer homem, filho do Espírito Santo em nobreza, pureza, castidade e dignidade espiritual. E estes jamais poderão por um homem serem tocados.

E fora, através somente do espírito que a fazia serva de Deus e da carne que a fazia mulher em campo terreno que foi nascido o espírito, para ser por meio da carne o filho único de Deus em campo material, pois esta havia sido escolhida, não pela carne, mas sim pelo espírito para ser o ventre carnal, abrigo espiritual que receberia a missão de gerar e trazer ao mundo o filho do homem, filho que carregaria em suas mãos a luz que alimentaria e nutriria todos os espíritos filhos do mesmo Deus. E assim fora ele igualmente formado no momento em que o amor se tornou vida através da carne.

E foi este o momento espiritual mais nobre e majestoso para a mulher escolhida, para o ajuntamento de ambas vertentes sagradas em vosso também sagrado ventre, onde iria ela cumprir a sua ordenação sobre a determinação sagrada daquilo ao qual fora ela nascida para cumprir em campo terreno, onde ser a mãe não seria apenas uma missão terrena e sim o cumprimento da ordem santa, que havia sido determinada.

Porque todo espírito que possui em sua missão espiritual a ordem de atuar e exercer aquilo que deve exercer em nome do Criador, devido o seu próprio nivelamento, elevação e evolução espiritual, por ter sido preparado para servir, conforme a sua promessa e caminhada espiritual, será então no momento em que pronto estiver, convocado pelas forças espirituais para exercer o trabalho sagrado em nome do Criador, que o ordena que no momento e na hora em que estejam todos prontos para servi-lo diante daquilo que seja a vossa missão, a ele possa servir. E assim, fora a serva espiritual nascida da ordem de fazer cumprir aquilo que a ela estava determinado, que era a sagrada missão de fazer vivo ou de tornar carne aquele que era o filho de Deus em terra de homens. E assim o fez.

Porque serão todos os espíritos cumpridores de vossas próprias promessas, aqueles que já se encontram em nivelamento espiritual, em elos de evolução, preparados e prontos para atenderem a uma ordem de Deus, pois apenas neste momento serão convocados para cumprir as determinações sagradas de serem ou de exercerem aquilo que as vossas unidades espirituais estão prontas para servir da maneira e da forma que lhes forem proclamadas à ordem suprema conforme o que foram espiritualmente consagrados.

Portanto, todos aqueles que possuem uma determinação divina e espiritual, ou todos aqueles que tenham nascido em terra com uma determinação espiritual de cumprimento de uma ordem santa, serão em vossos momentos cumpridores daquilo para o que foram nascidos, porque todas as missões serão executadas no momento em que for chagada a hora para aqueles que estão preparados para exercer o trabalho espiritual que as vossas caminhadas lhes proporcionaram estarem preparados.

E assim se fez a ordem divina sobre vossa serva, preparada para cumprir a ordenação, pois se fazia hora de chegar ao campo terreno o filho prometido de Deus, não o único filho, porque todos os homens nascidos de vosso seio são igualmente os vossos filhos, porém o filho único nascido da ordenança de ser o filho que traria ao mundo a vossa verdadeira face.

O batismo

"E vos batizo com água para o arrependimento; mas aquele que vem após mim, é mais poderoso do que eu; cujas sandálias não sou digno de levar; ele vos batizará com o Espírito Santo, e com fogo" (Mateus 3:11).

12.2 Nenhum espírito é descido ao campo terreno sem que não seja por uma ordenação sagrada, para o cumprimento de uma missão, ou de uma determinação espiritual para progresso de si mesmo, uma vez que somente os espíritos em fase espiritual de aprendizagem, conhecimento e lapidação da própria unidade é que são enviados ao campo sagrado chamado terra, para jornada espiritual de desenvolvimento de si mesmo. Por isso, todo espírito nascido em campo terreno o é por uma ordem santa e não por vontade própria ou sorte do destino, e não será ele também por sorte caminhante da terra, mas sim para cumprimento daquilo que lhe fora ordenado.

Mas todos os espíritos quando nascidos em campo celestial, de onde são em verdade, surgidos e originados, são todos proclamados e selados em vossas unidades reais de existência, ou seja, antes de serem direcionados para as vossas verdadeiras e únicas moradas que são as casas celestiais de onde serão preparados espiritualmente para o caminho da eternidade, são todos nomeados e em seguida anunciados, para que pertençam àquela unidade específica de força de emanação e fluidez espiritual de amor, compaixão e caridade divina. E é o momento da seladura de onde pertencerá esta unidade espiritual o batismo divinal pela força da unidade de onde serão pertencentes depois de vossos nascimentos e para onde deverão todos regressar após partirem em caminhadas espirituais pela busca da elevação e evolução.

Isso quer dizer, que serão todos selados pelo selo espiritual de onde suas unidades eternamente serão recebedoras da força e da luz do Criador, e será eternamente a força daquela unidade espiritual que também os conduzirá espiritualmente por todos os caminhos vibrando energia pela própria luz que a compõe, que além de fazê-los vivos espiritualmente onde quer que estejam ainda os abastece das energias e do poder daquela unidade sagrada, de onde fora a vossa existência alocada, e por isso selada ou batizada.

Pois é o batismo a força que carrega a energia e a fluidez divinal de onde espiritualmente os espíritos nasceram. E assim, somente poderá ser batizado em campo terreno pelas águas que cobrem a terra e se fazem igualmente vivas em unidade terrena sagrada aquele que renascer e se fizer vivo pela matéria carnal, por ser em verdade vivo em campo celestial, porque somente poderá ser batizado em campo terreno aquele que em campo celestial já o for ou pertencer a uma unidade ou fazer parte real de algo.

Então para que possa este ser adentrado ás águas, e ser apresentado também à força da unidade terra, se faz necessário que em terra também esteja vivo e em espírito seja selado ou que a terra pertença, assim como ao campo espiritual faz parte.

Por isso, todos os espíritos, quando saem de vossas casas celestiais para adentrarem ao elo espiritual terreno, para exercerem as suas lições espirituais ou as suas missões, são todos pertencentes a uma unidade espiritual santa, bem como portadores de uma própria nomenclatura divinal, que os distinguem e os agrupam espiritualmente, as casas de onde em verdade fazem parte ou de onde foram batizados. Isso quer dizer que todos os espíritos nascidos, selados e prometidos em campo celestial, ao saírem de vossas casas celestes para experimentarem o campo terreno na execução de uma missão espiritual, não somente pertencem a uma unidade sagrada como também são portadores de uma própria nomenclatura divinal, que receberam no momento de vossas proclamações ou de vossos batismos.

Porém, todos os espíritos em campo sagrado terreno são selados em campo espiritual dentro da unidade sagrada o qual se encontram através da força da energia de onde estão alocados, porque é o batismo terreno a apresentação da unidade espiritual encarnada à terra dos homens ou a terra do qual irá material e espiritualmente permanecer, até que sejam os vossos retornos ao término de vossas labutas e caminhadas findadas.

Porque a unidade espiritual que o abrigará é além de terra igualmente santa prostrada ao Criador é elemento carregado de forças nascidas da luz celestial do Espírito Santo, porque este que faz nascer à vida terrena por meio de vossa sagrada luz, o faz através de vosso próprio derramamento por sobre os quatro elementos que se encontram e abastecem a terra e estes alimentam em força de luz todos os seres que desta luz necessitam para sobreviver, porque são estas as energias jorradas sobre todos os elementos espirituais concedidos por Deus que existem em terra para alimentar todos os espíritos que nela irão através da carne nascer.

Mas não é a carne que receberá o batismo terreno e sim a unidade espiritual abriga aquela matéria, porque é o batismo terreno assim como o batismo celestial a abertura da seladura proclamada no momento do nascimento espiritual para consagração de uma nova aliança espiritual entre as duas forças regidas pelo Criador no mesmo momento em que ambas se encontram, porque são as duas forças as energias compostas de luz que representam o céu e a terra, as forças que irão se juntar para novamente selar as forças que compõe aquela unidade espiritual, o encarnado.

Porém, esta que é uma nova força criada não apenas por meio de vossos plenos desejos ou desejo daqueles que os conduzem em terra pela vontade de união destas forças e sim pelo pleno momento espiritual, no qual se encontram, porque somente aqueles espíritos que preparados estão, independente do tempo de caminhada de terra, o qual apresentarem-se para serem batizados, é que serão junto aos espíritos que vos selaram no instante de vossos nascimentos, abrir novamente a tranca de vossas seladuras espirituais, e unir as duas vertentes sagradas pelo laço espiritual que as fortalecem e glorificam, tornando esses selos ainda mais fortes e abençoadas, para que possam cumprir com as vossas jornadas espirituais.

Não que sejam os espíritos encarnados, que ainda não foram batizados, desprotegidos espiritualmente, até que sejam em terra batizados, porque todos são selados e pertencentes a uma unidade espiritual, que os abastecem em poderes e forças celestiais, porém, é o batismo a consagração ou a seladura terrena, unindo o selo espiritual ao selo terreno, criando através desta junção uma nova e espiritual força, que aquele espírito que é batizado em terra carregará dentro de si. Portanto, não que já não carregue uma determinada força e seladura própria dentro de si.

E esta que será a hora mais sublime, onde a força do elo celestial ou da casa divinal, de onde partiu este espírito, se encontrará com as forças da unidade terra, através do poder das águas, de onde as vossas forças e energias agora se encontram, para que possa ocorrer à junção das energias das forças destas duas unidades sagradas espirituais, que será para o ser espírito, como o momento da proclamação de onde fora selado, mas não pelo nascimento, porque este é único, e sim pelo renascimento em forças e novas energias, da qual serão formadas pelas forças destas duas unidades espirituais, ou seja, a unidade de onde partiu junto a unidade de onde se encontra, gerando assim uma nova e sublime energia para aquele que é novamente selado ou em campo terreno é batizado.

Porque é esta junção de energias o acumulo de forças de fluidez santa de forma que estas forças abasteçam de energias nobres e puras aquele que recebe neste momento as energias do campo de onde partiu para que possa renascer sobre o selo que possui, e assim seguir mais fortemente em campo material em busca de vossas promessas.

Mas era João Batista, aquele que batizava com águas unindo as forças espirituais, e não aquele que batizava com o Espírito Santo, trazendo o que de mais nobre e elevado existe acima do firmamento, para selar junto à carne aquilo do qual nem ele mesmo possuía, porque ainda que tivesse ele autoridade espiritual de atuar com as forças celestiais e fazer os homens renascerem através da seladura de vossas casas celestiais, com a força da unidade terra onde estavam, não era ele nascido de diante da destra do Criador, tampouco aqueles que ele mesmo batizava nascidos, para que pudessem selar ou serem selados através do Espírito Santo, ou seja, para que pudessem, por meio dos espíritos, abrir e fechar um selo espiritual com as próprias forças e energias do Criador.

E sabia ele que haveria de chegar o dia em que o filho de Deus haveria de descer a terra para ser batizado com o Espírito e não como fazia, somente pelas águas. Embora não soubesse ele que o filho único, seria igualmente aos demais homens por vossas mãos também batizado, porque desconhecia João Batista, o fato de que era ele o espírito escolhido para conduzir de forma material aquele que acreditava não ser digno de desatar as sandálias para selar-lhe terrenamente em batismo através das forças espirituais nascidas do próprio Deus. Mas havia sido o próprio Criador quem lhe concedera a honra e o direito de lhe ser o servo espiritual preparado para o vosso maior momento em terra atuando por vosso sagrado nome.

"E vi o Espírito como pomba descendo do céu e repousando sobre ele. E eu não o conhecia, mas o que me mandou a batizar com água, esse me disse: sobre aquele que vires descer o Espírito, e repousar sobre ele, esse é o que batiza com o Espírito Santo. E eu o vi, e testifico que este é o Filho de Deus" (João 1: 32-34)

E assim o fez diante da determinação do próprio filho de Deus, no momento em que fora por ele convocado para batizá-lo, porque aquele que era o único servo espiritual em terra preparado para lhe conduzir em águas serenas era também o único que possuía ordem celestial de lhe cobrir a cabeça com águas.

Desta forma se cumpriu a ordem de vosso Pai, de que fosse através daquele servo determinado o ato espiritual para o momento sacro de abertura e fechamento de seladura divinal em cumprimento da missão de ambos os espíritos. E este que fora o escolhido para o momento mais sublime espiritual em terra, que foi ocorrido no dia e na hora em que as águas, após tocarem a cabeça do filho único, fizeram abrir os céus e jorrar força e luz celeste em forma de vibração espiritual energética no instante em que as forças da terra se encontraram com as forças dos reinos dos céus de onde partiu, fazendo ambas unidades de forças se cruzarem e raiarem o brilhantismo das forças divinais que as compõe, abrindo assim a seladura da matriz espiritual do Filho único, para receber a glória da luz espiritual do Pai, foi o momento de maior gloria e contentamento ao servo escolhido, que diante de vossa maior e mais esplendorosa missão curvou-se ao Mestre, lhe entregando a sua própria vida. E estando satisfeito com o cumprimento de sua missão, acreditou estar pronto para findar-se em unidade e admirar o filho de Deus erguer-se sobre a terra.

Mas a luz que descia em forma de raios celestiais eram as próprias energias que ele mesmo carregava, uma vez que fora ele selado no dia de vosso nascimento, não por um elo espiritual de desenvolvimento ou evolução, mas sim porque fora ele nascido diante da destra do Criador, assentado nobremente frente ao trono que jorra luz e energia celestial que nutre e abastece todos os campos e unidades celestiais. E a força de energia e luz que descia era a força da emanação do único e esplendoroso manancial de forças celestiais, sendo por ele, o único espírito preparado e determinado para carregá-la onde quer que a vossa ordenação lhe seja ordenada, manipulada para que fosse a vossa gloria firmada sobre as forças e energias da terra de forma que o fizesse levantar-se em nome de vosso Pai.

Então, após as águas lhe tocarem a carne, os céus se abriram e a glória de Deus, em forma de pomba, ou seja, através do animal representação da pureza da candura, da nobreza, da inocência e da castidade, aos quais todos os animais possuem, desceu ao vosso encontro fundindo-se com as forças que carregava, porque eram as forças das fontes de energia do manancial de poder e de luz do Senhor Deus, lhe concedendo glória e luz para que pudesse não apenas ser selado em campo celestial, como também em campo material, com as mesmas energias, agora fundidas, entre os céus e a terra através das forças que ele mesmo carrega junto as forças dos quais são as águas a representação das energias santificadas de Deus em terra, a seladura entre os céus e a terra no instante em que as águas tocaram vossa cabeça ou a unidade celestial. Por isso recebeu ele naquele momento, o manancial de forças e de luz, igualmente ao manancial de força e de luz do qual é ele mesmo o espelho regente celestial de todas elas.

Porque fora o batismo a junção de todas as forças que possuía, desde o momento de vosso nascimento espiritual com as forças que o faziam ser nascido da terra e abastecido pela terra, fundindo assim, as duas vertentes em uma única vertente espiritual, para que pudesse carregar em terra tudo àquilo que já possuía em campo celestial pela ordenança de vosso Pai, que o ordenava a descer ao campo terreno e carregar tudo o que com ele é nascido e lhe pertence para labutar com as vossas próprias forças espirituais, que são nascidas de Deus.

Isso quer dizer que é o batismo de terra é a união de forças das duas vertentes espirituais gerando através desta fundição de forças, maior o poder e emanação e luz para aquele que em campo terra se encontra pelo momento e pela hora que a ele, espiritualmente, estiver determinada, uma vez que todos já estão divinamente protegidos por vossos pais e mães espirituais de onde as vossas unidades são seladas.

Porém, sendo o Mestre guiado, não pelos elos de desenvolvimento ou evolução, e sim pelo manancial de forças do Criador, fora ele renascido em poderes e forças celestiais do Pai eterno, e de tão grandiosas e poderosas são estas forças, após o contato com as águas que batizam, abriram os céus e fez a glória de Deus viva em campo material através de vosso filho único pela vossa consagração.

Por isso, a união destas duas vertentes de poderes e forças, onde a vertente celestial é aquela que todo espírito carrega dentro de sua matriz espiritual pelo proclame de vosso nome espiritual no momento de sua seladura e a vertente terrena que é a força das águas ou do elemento espiritualmente abastecido de energia e luz espiritual do Senhor Deus ou a unidade espiritual nascida das entranhas do solo do elemento árido, fora ao Espírito Santo também prostrada no momento de vossa seladura para ser entregues a vossa santidade pela união das duas energias capazes de fortalecer e frutificar pela força da nova unidade, que forma pela energia quando ambas se encontram.

Isso quer dizer que batizar não é entrega-se ao Criador estando ainda em terra, porque todos os espíritos já pertencem a vossa santidade, ainda que de maneira terrena, e não outra vez espiritualmente, mas selado através do campo material de onde irão cumprir as vossas missões.

E as águas que lavam as cabeças e purificam a matéria não apenas juntam as duas unidades como também são as águas que correm das fontes de vida terrena purificando as energias daquele que adentra a fonte natural de vida para ganhar energias novas e renovadas, pois é o mergulhar na fonte espiritual de jorramento divino em terra é a unção material através de ambas vertentes sagradas, porque sendo as águas a fonte de energia mais pura e santificada nascida do chão ou das entranhas do elemento árido de onde este ser espiritual irá caminhar até o seu regresso, é água a única força capaz de unir e selar as energias pela santificada força do Criador, que as conduzem e os deixam viverem com as próprias energias e forças de vossa luz e compaixão.

Portanto, batizar é unir ou apresentar o novo ser ao campo que irá ele mesmo pertencer ou que jamais poderá ele, enquanto a este campo pertencer, viver ou caminhar, sem que seja através das forças da natureza do qual é a água um dos alimentos que nutrem a vida e alimenta a terra, terra de onde a junção de todos os elementos se faz por meio da força da vida, que move todas as vidas espirituais. Portanto, é a água não apenas a força que purifica e limpa a unidade material do ser que terrenamente será batizado ou cingido pelas duas vertentes, e sim a força da junção dos elementos, que formam a maior força espiritual em campo terreno, que não se pode viver sem que seja através delas.

Porque são as águas o alimento instintivo da alma, assim como alimento natural da força de vida através do ar e da terra que derivam de certa quantidade de água para produzir todos os alimentos nascidos em solo orgânico e alimentar todas as vidas espirituais, uma vez que nenhum ser material poderá ser vivo ou sobreviver sem que este seja o alimento da carne. Por isso, o mesmo elemento que caminha e se envolve com os demais elementos para formar através da comunhão a força de vida que faz girar a terra por meio de todos os elementos é também elemento sagrado que faz abrir e fechar as portas secretas que selam e que escondem através do véu da morte todas as forças e poderes divinais que concedem vida e morte a todos os seres espirituais.

E além de não existir vida sem a extrema e única força capaz de se unir com todas as outras formas de vida e se fazer viva e alimento vivo para o corpo e para o espírito, é o liquido que nasce da terra a semente que brota da intenção do Criador pelo poder espiritual que faz nascer e abençoa todas as vidas, por isso, o único que poderá tocar o corpo no momento da intenção de comunhão entre o céu e a terra e selar a nova seladura espiritual de cada ser.

Logo, batizar com as águas que correm é adentrar a unidade espiritual através da força da vida material que anda por si mesma e rompe com os espaços e as fontes espirituais formadas de magias e de mistérios formando novos laços entre as duas vertentes santificadas, pela dualidade de função, diante da tarefa de ser vida e fonte de via material e espiritual de todos os seres.

Por isso, a única unidade de forças espirituais em terra que contém conhecimento, sabedoria e direitos de ser material e espiritual, pois é a única que possui a força que irá se dividir e compartilhar sua própria energia a todos os outros elementos que irão conceder igualmente as suas forças para gerarem as sementes, e sendo o liquido caminhantes em todos os cantos por meio de todos os elementos é o púnico que conhece todas as sementes antes mesmo que elas sejam plantadas, regadas e geradas, desta forma, a vossa unidade caminhante contém armazenadas, todas as vidas antes mesmo de serem vidas materiais.

E conhecia as águas andantes a unidade espiritual do filho de Deus, pois estas, o conhecia antes mesmo deste descer em terra, e diante do ato espiritual de abertura de selo divinal para seladura de laço terreno em forma de batismo adentrou a vossa unidade descobrindo o véu espiritual que o tornava secreto em terra o fazendo erguido sobre as forças das forças que o selavam e o tornava espírito fonte de vida e de luz diante de toda a terra.

Sobre as mesmas leis de Deus

Não cuideis que vim destruir a lei ou os profetas; não vim abolir, mas cumprir.
(Mateus 5:17)

12.3 Ora, mas todos os povos e habitantes, de todos os cantos, conheciam as leis celestiais de Deus, as quais não foram trazidas pelos homens, mas através daquele único espírito que estava preparado e, por isso, fora ordenado a andar sobre o solo sagrado e quente do deserto e endireitar aqueles que caminhavam sobre as veredas mundanas das crenças de deuses de madeira, revestidos de idolatria de prata e de ouro, porém, de nada espiritual. Por isso, à lei divina que não fora inserida por mãos de homens, e sim pelo próprio Criador, conduzindo o vosso filho, Moisés, instrumento divino em campo material, trouxe e inseriu em terra as vossas leis, assim como os sagrados mandamentos, por meio dos ritos e atos espirituais, ao longo dos caminhos que caminhou junto ao povo da promessa pela mais árdua e dolorosa caminhada santa, em nome das palavras da verdade.

Desta forma, esta que não fora trazida pelos povos e que também não fora trazida por vosso filho único Jesus, também não fora por ele alterada ou modificada. Porque este que não veio para a missão de aplicar a doutrina, também não veio para desfazê-las, modificá-las ou renegá-las. Por isso, as leis santas e sagradas, jamais foram tocadas pelo Mestre, porque fora ele igualmente descido a terra por ordem e determinação do Senhor Deus, para lutar em favor de vossas verdades e leis, leis estas que haviam sido trazidas anteriormente a sua chegada para serem perpetuadas entre os homens. Portanto, não era o unigênito contra tudo aquilo que vosso Pai determinou que assim fosse e o vosso filho Moisés, assim o fez e assim pregou.

Porém, devido à longa distancia que já separava a verdade espiritual da inverdade que faziam os homens se esquecer das leis e dos mandamentos, firmados através do pacto da aliança entre os céus e a terra, assim como as profecias sagradas. Caminhavam os homens por caminhos tortuosos bem distantes das ordenanças divinas de vossa unidade celestial, corrompendo-se e entregando-se em favor dos sentidos e ordens terrenas, se glorificando por possuírem bens e poderes de terra, esquecendo-se que a verdadeira glória e majestade encontram-se na casa da verdade pelos caminhos da verdade e não na casa dos reis materiais ou poderosos homens de terra, feitos das forças e das glórias mundanas.

Então, determinou novamente o Criador que, em campo material, caminhasse outro servo divinal, carregando não outra lei, mas sim a verdade sobre as verdades celestiais e o nome verdadeiro de Deus, que os conduz pelos caminhos da mesma e da única lei, são as leis de Deus aos filhos da terra.

E este que desceria ao campo terreno, carregado de dons, majestades e glórias verdadeiras, não era vosso servo aprendiz, de nome Moisés, não que não pudesse ser o servo, aprendiz de vossa sagrada e majestosa luz, impróprio ou incapaz de exercer em vosso nome ou de novamente representá-lo como instrumento, porque fora ele, e ainda é, o espírito que recebera o nome de Moisés, o aprendiz da perfeição divina, por ser altíssimo espírito assentado ao vosso apropriado também trono, diante dos templos de brilhantismo azul, templo celestial de onde encontram-se todas as unidades de forças jorrando força e luz por sobre a terra por ordem do Senhor.

Mas ordenara o Criador que, naquele momento, por aquela época, a vossa glória e a vossa plenitude, que não seriam novamente introduzidas, mas sim renovadas, por isso mesmo, não mais pela doutrina das leis, cujos ritos são os caminhos, porque estas, que já haviam sido introduzidas e perpetuadas, não mais necessitavam ser ensinadas. Mas estas, que todos conheciam, seriam agora renovadas e reapresentadas a toda a humanidade, conforme devem ser seguidas e praticadas. Isso quer dizer, praticadas através da força do amor, da caridade, da compaixão e da misericórdia bondosa divina, que carregava o vosso filho único escolhido, para a determinação de ser e trazer a força da caridade, pelo cumprimento das leis divinais do vosso Pai celestial. Não para vos apresentarem as leis, porque estas já haviam sido inseridas por vosso irmão, em meio ao calor do deserto, mas sim para vos apresentarem o reino celestial do Pai, que somente através do cumprimento das leis, juntamente com a misericórdia, o amor, a caridade e a bondade se pode em verdade alcançar.

Por isso, no momento e na hora em que se fazia propicia a chegada, não da verdade espiritual do Criador ou de vossos mandamentos, mas daquilo que já estava esquecido dentre os povos, que era a união de todos os dons ou de todas as forças de todos os homens, cumprindo os mandamentos sagrados para alcance, não somente das terras da promessa, que pudessem jorrar lei e mel, ou seja, para uma vida de felicidade e contentamento em terra, mas sim o conhecimento do que viria a ser a promessa de cada um, a felicidade e o contentamento de cada um em terra até que cheguem ao reino celestial.

Portanto, fora a chegada do Mestre Jesus, a chegada daquele que traria não um novo ensinamento, e sim o ensinamento em relação ao repouso bendito, o qual era o repouso bendito o reino celestial do Criador, o vosso Pai, que somente poderá ser alcançado pela honra e dignidade de cada um, porque, ainda que fossem capazes de cumprir os vossos mandamentos em terra de homens, e não soubessem o que estes lhes traziam em verdade, além das verdades de terra, seriam os mandamentos com o tempo esquecidos ou não mais praticados, assim como já estavam sendo.

Pois, após séculos da passagem de Moisés, o servidor apostolar, que havia diante da ordenação do Senhor, aberto os caminhos santificados espirituais através dos ritos, atos sacros e sacramentados celestialmente para a glória e exaltação da verdade e majestade do Criador, para que vossos filhos pudessem, a partir do cumprimento de vossas leis, serem felizes, amáveis e caminhantes da verdade, porém, após anos e anos e nascimento de novas gerações, e a inserção de regras e ordenações terrenas sobre a única e verdadeira doutrina, diante daquilo que fora a ordenação celestial, devido a vontade do homem de terra se faz pactuada uma nova ordenação, tornando assim as únicas e verdadeiras leis de Deus perdidas ou esquecidas dentre as nações, ou tornando passadas as coisas ou atos sagrados, por não praticarem aquilo que fora a ordem de perpetuação pela vontade do Pai celestial. E com isso praticando aquilo que era a vontade dos homens de terra alterando, trocando e modificando a vontade de Deus, o Criador.

Então ordenou o Senhor que não mais seriam as vossas doutrinas misturadas às doutrinas de terra, o caminho que caminhariam os vossos filhos, porque estas que os entronavam em terra os destronavam mais distante de vossa graça e vossa luz. Por isso, ordenou que a vossa glória, junto a vossa mais sublime e caridosa compaixão em forma de amor, adentrasse novamente aos campos terrenos em estrutura de homem, porque já se fazia hora do resgate, do entendimento que pregou e ensinou o vosso filho Moisés, há muitos anos antes deste, que também caminhara e carregara a verdade em forma de amor. Porém, esta nova caminhada em nome do Criador não mais seria em forma de doutrina, para o alcance das promessas de cada um, mas pela prática que o Senhor lhes prescreveu e ordenou que assim fizessem em vosso nome, para o alcance não somente de vossas promessas de terra, como também de vossas promessas espirituais, pelo conhecimento dos reinos da salvação.

Por isso, era o vosso filho unigênito a representação das unidades espirituais das fontes de luz do Criador, em forma de amor, compaixão, caridade, bondade e dons, divinais, porque este que não havia nascido, nem do sangue e nem da carne, mas da força da luz do Criador, para que assentado a vossa destra possa reger as sete fontes de energia e de luz divinais por sobre a terra, aos quais são as fontes de energia e de luz, as sete fontes espirituais que conduzem o campo terreno pela força do amor da frutificação, da autocorreção, da disciplina, da ciência, da doutrina e da justiça, através da condução ou do derramamento espiritual dos Santos porque são os Santos as fontes de energias robustas e naturais que jorram as vossas próprias energias descarregando sobre cada elemento as suas distintas forças pelos seus próprios dinamismos governados pelo Espírito do filho único o Mestre Jesus.

Porque são estas sete unidades de magias e de mistérios, nomeadas de Santos, as sete fontes de luz divinais voltadas para o campo terreno carregando as essências espirituais surgidas da vontade de Deus para serem o caminho da entrega divinal e espiritual que transporta energia pura e límpida ao campo espiritual terreno para que este se faça vivo através da luz celestial pela vontade do Criador.

E a arca que outrora fora erguida em terra por Moisés, ao qual fora a arca a caixa cofre material representação da unidade de forças divinais de onde partem estas sete fontes de luz governadas pelo Mestre Jesus, unidade espiritual sagrada chamada de templos azuis, construída por orientação do próprio Criador para carregar e transportar as sete forças e energias celestiais puras e sublimes, porque não teria ele condição de cumprir a sua missão, a não ser através da construção desta, que era a sua própria seladura envolta pelos mistérios sagrados dos Espíritos que com ele caminhava e do mundo; para lhe servir de fonte espiritual de luz em terra, porque era este o elo espiritual entre o céu e a terra que lhe protegia e fortalecia não de forma material e sim através da capacidade das forças espirituais que o guiava.

Por isso, eram as luzes que brilhavam, de dentro e de fora da arca, a energia do elo sacrossanto divino, que lhe cobria das mais límpidas e puras energias, vindas das sete fontes de energias celestiais, tornando-lhe não somente forte como também feito em terra de tudo o que celestialmente fornece vigor, garra e determinação aos campos terrenos. Mas, sendo ele mesmo portador da arca da luz celeste, era também portador das sete fontes de energias celestiais de Deus, lhes cobrindo de tudo o que era mais puro, sagrado e santo celestialmente em terra de homens, para lhe fazer forte capacitado em dons e em energia celestial para cumprimento da jornada sagrada para o qual fora ele o escolhido.

Mas diferentemente de Moisés, era Jesus, o filho unigênito que fora igualmente descido em terra de homens, para erguer a glória de Deus, regido não pelas fontes de energias e de luz, mas sim pela própria fonte celestial dos templos azuis do qual é ele governante, por isso, não através de sete unidades de forças para lhe fazer protegido e grande em terra e sim guiando e carregando estas fontes de energia, pois são as fontes que a destra do Criador também se encontra. Portanto, não lhe fora necessário a construção de nenhuma forma de arca ou fortaleza uma vez que é ele mesmo o regente das forças que nutrem a terra pelas energias da fortaleza sagrada que abençoa os homens pela vontade de Deus.

E ainda que fosse preciso caminhar em terra em forma de homem para cumprimento da ordenação de vosso Pai de levar a luz ao mundo, luz que o torna único, era ele, a própria luz celestial em forma de homem a comungar com os demais homens os ensinando pelos caminhos divinais e espirituais. Isso porque era ele feito das mesmas energias e caminhante das mesmas forças e luz que ele representara em terra, por isso, não precisava erguer em campo material aquilo que ele mesmo regente em unidade espiritual, uma vez que já trazia consigo a luz do mundo.

Logo, não necessitava Jesus erguer uma nova arca ou cofre para carregar as energias santas e sagradas para vos guiar, pois não precisava levantar aquilo que ele mesmo representa e rege. Por isso, a vossa descida fora lastreada sobre a força das sete forças de luz, fazendo ligadura dentre os céus e a terra, sem que isso lhe fosse necessário construir, pois são as sete fontes de luz celestial parte de vossa própria constituição espiritual, uma vez que é ele assentado à destra de Deus, ou de onde são as sete energias, das sete fontes derramadas por sobre a terra.

Porque ele que não era apenas homem, mas Espírito à destra do Criador, ordenado a trazer a luz celeste das fontes de energia e luz divinal ao mundo, também não pertencia a este mundo, assim como aquilo que carregava, e não porque fora nascido para não pertencer ao mundo, mas porque fora nascido para ser Espírito altivo entronado à direta do vosso Pai regendo as forças da luz. E sendo ele espírito caminhante diante das sete fontes de energia e de luz, era ele mesmo a própria fonte de luz e de amor, que o vosso irmão, o servo aprendiz da perfeição, erguera para caminhar com a glória e a luz de Deus sobre esta unidade espiritual.

Portanto, para que fizesse as vossas obras em campo terreno, não necessitou construir nenhuma seladura entre os céus e a terra carregada de energias e de luz celestiais, porque era ele próprio a ligadura entre os céus e a terra, que transportava as fontes de energias puras e altivas junto a vossa própria unidade divinal.

E carregando as mais puras, sublimes e celestes luzes por si mesmo, luzes estas que não poderia caminhar Moisés sem as energias que são transportadas de um campo para o outro uma vez que não nascera sobre a mesma ordenação de comandar as fontes de luz, erguera estas forças através do ajuntamento de todas as energias em um único ponto de luz chamado arca da aliança, aliança entre o céu e a terra da qual se faz antes mesmo de ser aliança espiritual material dentre as fontes de energia de luz celestes. E era esta a aliança que unia todos os homens a todas as forças seladas pela seladura divinal, a fortaleza que o protegia para que andasse pelas veredas santificadas pelo Espírito Santo e não sobre as verdades de homens, do qual fora ele igualmente representante da luz de Deus em terra ou o instrumento divino que carregava a luz que iluminou o mundo em sua arca.

Mas não utilizou Jesus de arca ou qualquer outra forma de ajuntamento de energia celestial, pois era ele à própria luz do mundo, portador de todas as fontes de luz e de energia divinal. E que, por isso, não fora ordenado descer a terra para desfazer aquilo que o vosso Criador o havia ordenado, mas sim caminhar diante das mesmas leis e mandamentos sendo o guiador espiritual em forma de homem, para conduzir todos os homens por meio de tudo daquilo que carrega para que todos possam alcançar as suas próprias promessas, ainda que sejam as promessas divinas promessas antes de qualquer força ou desejo material, promessas espirituais.

"E, assim como Moisés levantou a serpente no deserto, assim importa que o Filho do homem seja levantado; para que todo aquele que nele crê não pereça, mas tenha vida eterna. Porque Deus amou seu Filho unigênito, para que todo aquele que nele crê não pereça, mas tenha vida eterna. Porque não mandou Deus seu filho ao mundo para que condenasse o mundo; mas para que o mundo fosse por ele salvo. Quem crê nele não será condenado; mas quem não crê já está condenado, porquanto não crê no nome do unigênito Filho de Deus. A condenação é esta: que a luz veio ao mundo e os homens amaram mais as trevas do que a luz, porque as suas obras eram más" (João 3: 14, 16-19)

Ora, mas não era a lei que Jesus praticava uma nova lei para um novo mandamento ou um novo mundo, porque este que desceu a mesma terra para cumprir a ordem divina nenhuma nova lei apresentou, porque ainda é a lei de Deus, a mesma lei que foi trazida por Moisés e que perpetuamente será a lei do Criador para os vossos filhos de terra até que seja pela vontade de Dele novos ensinamentos trazidos.

E naquele que era o tempo em que se fazia hora de vosso filho único, preparado para a missão única de lhes apresentar os reinos dos céus, desceu o espírito Filho erguido sobre todas as coisas terenas, assim como fora erguida a serpente diante de todos os olhos no meio do deserto. Por isso, este que fora erguido não da terra, mas sim de Deus, andou sobre as mesmas leis e mandamentos divinais, uma vez que se fazia tempo de serem conhecidos os caminhos das casas celestiais, os reinos do Senhor e a justiça divina do Criador, e não as leis, porque estas já haviam sido trazidas. Portanto, este que era o tempo de cumprir as ordens e prescrições espirituais da maneira que determinava o Criador, para que alcançasse cada um a sua promessa, promessa esta, pelos caminhos que outrora foram ensinados e pregados por Moisés em solo árido, e que após a chegada do salvador, o Filho de Deus, lhes seriam ensinados e pregados os galardões de vossas escolhas e vossas obras, pelos caminhos das vossas jornadas, lhes mostrando que além das promessas materiais de alcance da terra, existia ainda uma nova e sublime casa, a qual poderiam todos serem recebedores das chaves, bastando conhecer o vosso Senhor e as vossas vontades.

Desta forma, não mais se fazia necessário adentrar vosso servo instrumento divino, conduzindo os homens pelo solo árido da dor para o caminho da união de todos os dons, ciências e conhecimentos, para que unidos pudessem ser capazes de compreenderem-se, fortes e determinados, pela junção das forças que cada um possui, porque esta é a única forma de caminhar os caminhos da esperança e das promessas divinais. E não se fazendo necessário o ensinamento dos caminhos dos mandamentos, e sim os caminhos da paz pelo cumprimento dos mandamentos, adentrou a terra aquele que carregava a paz pela própria perfeição divina em forma de homem, com a junção de todas as forças, todos os dons, todas as ciências, sabedorias, esperanças e determinação necessária para que todos os que o compreendessem pudessem igualmente caminhar os caminhos bons e assim conquistarem as vossas promessas terrenas e espirituais.

Mas as não somente por conhecer os mandamentos e as leis sagradas, e sim pela prática da mesma caridade, da mesma compaixão, da mesma bondade do mesmo amor e da mesma justiça divinal, que apresentava através da luz espiritual pela compreensão dele mesmo. Porque era ele mesmo, a representação não apenas da compaixão, da bondade, do amor, da caridade e da justiça divinal, como também da paz celestial da salvação eterna e da eternidade em forma de homem.

E, por isso, apresentou o filho unigênito, nascido diante das fontes supremas de luz divina, não as leis, mas a forma do cumprimento das leis e o poder divino do Pai celestial sobre todas as coisas, uma vez que não desceu ele na terra para vos ensinar as mesmas ordens, e sim vos mostrar os caminhos para a prática fiel destas leis através da demonstração por meio da natureza intuitiva e perceptiva que cada um carrega bem como da capacidade de compreender-se igual frente ao igual homem que embora diferente em unidade espiritual, era igualmente homem dotado de sentidos e sentimentos materiais, porém sentidos e sentimentos diferentes em relação às práticas e ações que exerciam em nome de suas certezas e crenças. Porque eram as suas certezas as certezas de terra abastecidas das vontades de manter a ordem através da desordem e da desgraça nascidas da natureza carnal que os colocavam frente a frente com suas vontades e em relação as suas próprias naturezas idólatras e insensíveis em detrimento da prática do que é bom.

Para isso, veio comungar a vossa extrema força e a vossa sublime luz diante dos homens nascidos do sangue deles mesmos, para que não morram pelas suas próprias verdades, mas tenham a vida eterna pelo cumprimento dos mandamentos das leis de Deus, porque é a justiça do Criador mais dura e corretiva, que a justiça dos homens que acreditam terem forças e poderes, acima das forças de Deus que os criou, mas em verdade o pouco que tem, foi Ele mesmo que os ofertou.

Portanto o mesmo que os nutre será aquilo que irá destruí-los, se acaso não tomarem novos rumos e novos caminhos para a dedicação de novas práticas e sentidos espirituais menos danosos e mais prudentes, pois são os caminhos de terra os rumos que irão lhes encaminhar as promessas ou aos galardões das dores, pela única certeza que poderá salvá-los, que é a verdade que cada um carrega dentro de si, desde que seja esta a mesma verdade espiritual nascida no momento de vossos nascimentos espirituais.

E era isso que desejava Jesus que os homens soubessem quando nesta terra adentrou, porque ainda que seus caminhos fossem tortuosos de penas e de dores, existia um caminho mais puro e santificado das quais todos poderiam caminhar, porém é preciso estar preparado e consciente de sua existência, pois nenhum adentra aos reinos dos céus por erro, sorte ou desavisado. É preciso galgar os caminhos, é preciso caminhar em passos firmes e desejosos de alcançar o outro lado da existência, lúcido e prazeroso de vossa conquista, pois ninguém caminha com os espíritos sem saber que com eles está, assim como ninguém parte para os campos de remissão sem saber por qual motivo deverá passar por lá por um período.

Mas como é o Criador bondoso em demasia lhes concedeu vosso filho para que este pudesse vos mostrar os caminhos da paz da gloria e do contentamento para que encontrem os homens através das obras, a felicidade espiritual almejada diante de vosso reino e santidade, seguindo os caminhos bons mas com consciência do que essa bondade os reserva, uma vez que para conhecerem o inferno, bastava continuarem exercendo as suas idolatrias e ações más uns contra os outros em nome do nada existencial, que os cobriam de razões de falsas verdades.

Mas, vejam vocês, se não é a lei de Deus a única forma de caminhar sobre a verdade pelos caminhos bons e cumprir com a promessa que cada filho possui, porque são os caminhos bons obedecendo às leis e os mandamentos sagrados a mais plena e sublime forma de adentrar as casas celestiais e trilhar os caminhos santos e sagrados para elevar-se e evoluir em vossa unidade e essência espiritual, porque ainda que seja Deus o Criador misericordioso e fonte eterna de amor, de compaixão e de caridade é também o Criador, o poder de correção e de justiça, que somente a vossa misericórdia extrema após o reconhecimento do motivo da justiça é que poderá vos socorrer. Porque são as demais formas de existência espiritual distante dos reinos de Deus ou de vossas casas celestiais as mais dolorosas e danosas formas de existência que um espírito nascido em seio amado poderá experimentar, não por vossa vontade e sim pela vontade do ser material em caminhar diante daquilo que não fora a escolha de Deus para eles mesmos.

Mas, deseja o Criador que todos caminhem pelas trilhas do amor, da compaixão, da caridade, da autocorreção e da justiça espiritual, da mesma forma como os permitem prepararem-se para as vossas sublimes e nobres promessas sem passar pelo pesar ou pela dolorosa culpa de sentirem as mais extremas e temíveis horas na casa das trevas, porque não criou Deus os seus filhos a vossa santa imagem e semelhança para serem o oposto daquilo que ele mesmo diz que deverá ser bom para que retornem as vossas casas e o sigam pela eternitude espiritual.

Porém ainda que todos os espíritos tenham nascido do mesmo Criador e tenham a mesma oportunidade de adentrar as casas celestiais, nem todos irão alcançar a glória e a nobreza de provar de vossas promessas; por isso, ainda que as veredas do mau lhes corrompam e lhes causem dolorosas horas nos elos de remissão da própria alma, todos terão ainda a chance de elevar-se um dia em espírito, porque nisso aplica-se a justiça de Deus, pois é a eternidade a vida de todos os espíritos que diante da verdade caminham. Porque foram estas as promessas do Pai aos vossos filhos, porque é Deus o caminho, o recaminho, a justiça e o perdão.

Portanto, não deseja o Criador que os vossos filhos adentrem aos campos de remissão de suas almas, por isso deu o seu filho único para vos ensinar as lições espirituais ordenadas por Ele, porque estas significam além de lições de um homem com sentidos e sentimentos bons, mas sim os ensinamentos pela prática daquilo que é o único caminho que poderá vos libertar de suas próprias prisões.

E sendo o elo terreno um campo de aprendizado e lapidação de alma, devem todos ser aprendizes e praticantes daquilo que lhes é ordenado por vosso Senhor, dentro de nossas próprias limitações de seguir o exemplo do Mestre buscando alcançar maior e mais pureza em suas almas, pois esta é a única forma de libertarem-se de si mesmos, caso contrário de nada adianta caminhar sobre a terra, porque esta jamais estará própria para recebê-los, pois ainda que adentrem por milhares de encarnações, porém, nunca conheçam ou aprendam a praticar as lições espirituais, as quais descera para conhecer, e praticar e se autoconhecer, nunca alcançarão as vossas promessas.

E assim como são todos os espíritos nascidos em campo celestial, ensinados e preparados para conhecer a si mesmos e conhecer o Senhor Deus e as leis que regem os elos celestiais, da mesma forma são os espíritos quando descidos aos campos terrenos, ensinados e preparados para se autoconhecer e conhecer as leis e os mandamentos, que em terra os regem para caminhar sobre aquilo que lhes é a ordenação de divina, para que sejam capazes de cumprir as vossas jornadas terrenas, em busca de elevação espiritual porque é a elevação espiritual o caminho para a eternidade que todos os espíritos devem caminhar.

Por isso, fora o vosso filho único preparado e descido a terra, para a missão de ser a luz do mundo, não a luz de si mesmo, porque é o Criador a luz que acende e concede a vida a todas as vidas, mas aquele que em espírito, caminhante dentre todas as fontes de luz e de energia celestial, é a representação das sete fontes de energia e luz, sendo ele ao mesmo instante a força do conhecimento, da doutrina, da disciplina, da humildade, da dignidade, da compaixão e do amor, do qual deveriam, todos os filhos que distante das leis de Deus estão, conhecer, caminhar e encontrar, porque é à partir destas forças que poderão encontrar tudo aquilo que o Senhor lhes prescreveu, por serem estas as únicas e verdadeiras formas de caminhar em direção as casas celestiais, porque somente com as forças do amor e da bondade podem entram nas casas, mas somente aqueles que as conhecem e praticam são capazes de seguir em direção a ela.

"E de sua plenitude recebemos todos também graça por graça. Porque a lei foi dada por Moisés; a graça e a verdade foram feitas por Jesus Cristo. Deus nunca foi visto por alguém, o filho unigênito que esta no seio do Pai, este o revelou" (João 1:16-18)

Portanto, não viera Jesus para desfazer as ordens de vosso Pai, mas para praticar e mostrar ao mundo tudo aquilo que outrora fora trazido e apresentado e que, por isso, por ele também seria praticado, porque era ele a luz que ascendeu, a luz daquilo que Moisés celestialmente recebeu e ergue, e não aquele que viera empregar novas doutrinas ou novas ordens.

E assim, carregando a mais pura e sublime força celestial do qual não teria o Aprendiz da perfeição, Moisés, condição de adentrar ao campo terreno para cumprir a ordem divina sem esta luz, desceu igualmente a terra em arcada material, igualmente homem, para comungar com os demais homens sentidos e sentimentos igualmente primitivos, porém, não em forma de servo ou instrumento divinal, porque além de ser aquela época e tempo, um tempo mais impuro e danoso para o espírito que adentrasse carregando a verdade, se acaso não fosse nascido da própria verdade de Deus, desceu aos campos terrenos a própria luz do mundo, o qual jamais seria derrubado, antes de cumprir a vossa ordenação de ser e trazer tudo aquilo que fora a vossa ordenação.

E assim, como fora com o servo aprendiz de vossa perfeição, que descera aos campos terrenos trazendo a doutrina que era este o próprio mandamento espiritual sagrado, ordenado pelo Criador, acompanhado com os mais altivos e nobres espíritos, fontes de energia espiritual do qual são estas as energias derramadas sobre a terra, uma vez que a vossa missão seria em comunhão com as fontes dotadas de magias e de mistérios celestiais para que pudesse ele demonstrar através das magias de transformação, o qual fizera junto a todos os elementos orgânicos, a força e o poder espiritual do Criador por meio dos pródigos essencialmente realizados em comunhão com os elementos naturais terrenos abastecidos ou vivificados pela força do derramamento destas fontes de energia.

Por isso, foram as magias de transformação apresentadas por Moisés, a junção das suas próprias forças que encontravam-se diante da arca, cofre do ajuntamento das energias espirituais das fontes de luz com as forças dos elementos que abastecidos por essas energias e luz em terra, prostravam-se as vossas ordens e desejos, pois era ele em terra a própria força divina sobre a ordenação do Criador, ordenando por vossa unidade que as energias celestiais que se derramam em terra cumprissem as suas ordens quando levantava a força e o desejo de que se fizessem cumpridos os pródigos por sua autoridade, uma vez que detinha o poder e a autonomia para que juntos atuassem em nome do mesmo Deus que os cobriam de vossa luz.

Porque assim, se cumpre uma ordenação espiritual, porque trabalham os espíritos por meio de poderes, forças e magias criadas e abastecidas delas mesmas, uma vez que já são elas abastecidas pelas forças do Criador, formando laços ou correntes espirituais, prontas e firmadas na certeza do mesmo Deus, ou da mesma fonte de energia, magia e mistério, para cumprir as ordens santas.

E assim, também ocorreu ao descer o vosso filho único, acompanhado dos mais altivos, nobres e celestiais Espíritos, mas não somente porque foram eles ordenados a cumprir uma ordem suprema, mas sim porque é, e eternamente será ele, espírito altivo assentado à direita do Criador ou de onde também se encontram as sete fontes de energia e de luz, dos quais são constituídos os elos de força e de luz celestial, de onde parte do próprio filho único de Deus e vossa regência, e por isso não caminha sem as essências que o constitui em unidade espiritual, diante do templo de brilhantismo de luz, ou a vossa única verdadeira casa espiritual.

Mas não eram somente as energias das fontes de luz do Criador as energias que o servo Jesus utilizou em vossa caminhada em terra, porque este que descera para a árdua e sublime missão celestial de apresentar os reinos celestiais, assim como os caminhos da correção e da justiça de vosso Pai. Desceu ele ao mundo carregando também as forças de todas as forças do mundo, ou seja, não somente as energias emanadas abaixo de vossa hierarquia divinal, como também as forças das energias fundidas em outra forma de fluidez de energia, uma vez que são estas as forças de energias, que fluem em campo terreno, vindo do poder mais altivo e majestoso de Deus.

E assim como são todos os filhos de Deus em terra guiados e auxiliados pelas energias e fluidezes dos dois campos de energias espirituais, onde um encontra-se assentado à destra e o outro à esquerda de Deus, fora ele igualmente carregado e protegido por estes dois campos de energia, pois são estas duas unidades distintas com funções diferentes as maiores e mais poderosas fontes de cumprimento e ordenação também distintos, formados pela união de energia e emanação espiritual, composta com as duas extremidades de forças assentadas a direita e a esquerda, o qual esta extrema e misteriosa unidade que se força composta pelas duas extremidades divinais fazendo cumprir a ordem santa recebe o nome de Tríade espiritual sagrada, pois cada uma proporciona a sua terça parte no cumprimento de ordem divina dentro da mesma ordenação suprema para que seja por meio de cada um destes elos espirituais de magia e de mistério cumprida a vontade de Deus

Por isso, fora ele guiado não apenas pelos espíritos que compõem as fontes de energia e fluidez dos espíritos sagrados, da qual é ele a própria representação do amor, da frutificação, doutrina, autocorreção e da sabedoria, como também pelas forças da correção e da justiça, que é composta pela unidade que assenta-se a esquerda de onde os tipos de energias são semelhantes as energias que fluem e vibram em campo material, formando assim a Tríade sagrada composta de três partes para cumprir tudo aquilo que ordena a vossa primeira parte, o Criador.

Mas não que tivesse sido ele nascido da ordem de aplicar a justiça de Deus sobre os homens, porém são as leis divinais, compostas não somente pela força da compaixão, da caridade e da bondade, como também pela força da misericórdia que se encontram dentro desta força de doutrina, disciplina, correção e também de justiça que cumpre a ordem de ser a justiça sobre o não cumprimento das leis espirituais, porque assim se faz a lei de Deus sobre todas as coisas. Isso quer dizer que não por não possuir em vossa própria unidade de forças as energias necessárias para que adentrasse ao campo terreno, mas sim porque era ele em campo terreno a representação das energias e forças do Criador e, essas assim como feitas em amor, frutificação, garra, ciência e conhecimento, são também feitas em ordenação, correção e justiça. E encontra-se a correção pela justiça assentada a esquerda do Pai.

"Porque em verdade vos digo que, até que o céu e a terra passem, nem um jota ou um til jamais passará da lei, sem que tudo seja cumprido. Quem violar um destes mandamentos, por menor que seja, e assim ensinar aos homens, será chamado o menor no reino dos céus; porém àquele que os cumprir e ensinar será chamado grande no reino dos céus" (Mateus 5:18)

Por isso, viera ele não para desfazer ou renegar, mas cumprir, assim como cumprem todos aqueles que são leais, fiéis, nobres, dignos e obedientes de vossa santidade independente do lado que estes espíritos ocupam, ou da unidade espiritual à qual esteja, se no céu ou na terra. Porque todos os espíritos que, nascidos da vontade do Criador, que sobre as vossas ordens caminham, sobre o poder de vossas mãos se curvam e se prostram em verdade as vossas leis e vossos mandamentos. E sendo o Filho do homem, tão leal, fiel, digno e obediente vossa santidade, o vosso Pai, assim como todos os espíritos nascidos de vossas ordenações, viera este apenas para cumprir aquilo que lhe fora ordenado, que era apresentar aos homens de terra o reino celestial do Criador, a partir do cumprimento das leis e dos mandamentos Dele mesmo.

Portanto, não para desfazer ou renegar, porque nenhum espírito ou homem poderá ser maior ou mais sublime que o próprio Senhor Deus, para desfazer ou descumprir aquilo que Ele mesmo ordena, que assim o seja; e ainda que tenham que atravessar séculos de remissão de vossas próprias unidades penando a misericórdia divina de vossas essências, ainda assim todos cumprirão as vossas leis e caminharão sobre a vossa eterna glória. Amém.

As doze forças espirituais

E Jesus lhes disse: vinde após mim, e eu farei que sejais pescadores de homens. (Marcos 1: 17)

12.4 Mas como não viera para desfazer e sim para cumprir as ordens do Criador pelas mesmas leis e mesma doutrina celestial, uniu Jesus igualmente ao vosso irmão caminhante de outrora, de nome Moisés, também doze homens ou doze dons, doze conhecimentos, doze desejos, doze vontades, doze crenças e doze distintas intenções, não para alimentá-los pela mesma verdade de serem fortificados e levados até as terras das promessas terrenas, mas sim para uni-los através da mesma verdade divinal, para levá-los aos reinos do Pai celestial, reino este que todos aqueles que o conhecerem em justiça, em amor e em verdade, jamais poderão morrer, porque é este o verdadeiro caminho da salvação, salvação não da carne, mas sim do espírito, porque é reino do Deus, a casa nobre celeste e eterna, feita em Espírito eterno de luz que jamais se findará.

Pois era a junção das doze forças, através dos doze homens, com seus doze dons, ciência e conhecimentos distintos, a formação da inteireza de forças espirituais em terra capaz de exercer através da força contida nestas doze unidades uma força única com poderes de restauração, restabelecimento e cura. Isso porque esta unidade formada pela união de doze unidades distintas carregada de diferentes fluidezes e emanações é a constituição perfeita de uma das maiores ferramentas celestial (celestes) em campo material, capaz de mudar, alterar ou transformar qualquer outro ser ou elemento que energia espiritual também possua, sem que para isso faça necessário, invocação de qualquer outra entidade composta de energia espiritual a não ser por esta misteriosa força de transformação formada em terra.

E pela intenção de torná-los grandes pela força que deriva da união de todos eles para que pudessem exercer as mesmas magias de transformação, foram escolhidos cada um devido à própria individualidade, dom, capacidade terrena de compreensão, entendimento, aprendizagem e determinação porque era exatamente o que cada um tinha a oferecer, porque esta era a importância espiritual necessária para a formação da unidade de forças, composta de tudo o que espiritualmente se faz necessário para o exercício da atividade espiritual pela concentração de força em um único foco e objetivo.

E por isso foram escolhidos os discípulos, para que compusessem a unidade espiritual concentrada em energias e forças, mas não aleatoriamente foram escolhidos, mas por serem homens simples a procura de suas próprias verdades, preparados para entregarem-se uns aos outros para a comunhão do aprendizado de forma que pudessem alimentar-se da força da luz e amadurecerem-se terrenamente em unidade espiritual para prestarem o serviço santo, porque esta era a missão de cada um deles. E embora fossem rústicos e de pouca educação eram grandes em espíritos, porque somente poderia caminhar o Mestre com espíritos que fossem espiritualmente preparados para com ele caminhar, ainda que muito tivessem que aprender, por isso foram escolhidos e treinados para exercer exatamente aquilo que deveriam pela condução e instrução espiritual partindo da crença e da obediência para alcançarem os mesmos poderes e forças que utilizava Jesus em vossas obras.

Porque dissera ele que, todo aquele que, em verdade, acreditasse e o seguisse pelas vossas palavras, que não eram suas, mas sim de vosso Pai, poderia exercer tudo aquilo que ele mesmo fazia e poderia ainda fazer, com maior grandeza e perfeição, perfeição que ele utilizava.

Então doutrinava e ensinava o Mestre, a todos os seus discípulos ou servos aprendizes de vossa unidade santa da perfeição, para que mesmo no dia em que não mais caminhasse materialmente nesta terra, pudessem os vossos servos aprendizes manipular, exercer ou erguer as mesmas obras que ele mesmo, não necessitando mais de vosso apoio terreno, para ser a disseminação da salvação, o caminho do restabelecimento ou da cura. Porque tudo aquilo que outrora fora ensinado aos vossos aprendizes são ensinamentos perpétuos, que em terra deverá ser utilizado a todos os filhos que, em verdade, crêem e caminham sobre as boas obras de Deus, unidos pela mesma verdade divinal, que jamais poderá morrer.

E esta que era uma força espiritual constituída não de uma única força e sim de doze distintas forças, porque cada um representava uma entidade diferente com missão, capacidade de discernimento e nivelamento espiritual diferente, porém caminhando juntos através dos semelhantes sentidos de crença, entrega e devoção, pois era a entrega ao cumprimento da ordenação santa em comunhão, a chave que lhes permitiam o acesso ao pleno poder de cura e restabelecimento do corpo e da alma, e ainda que lhes faltasse um membro espiritual repartindo a sua proporção de fluidez e energia, mas tivesse dentre eles a verdade, o sentido da unidade permaneceria inabalável e estaria inteira.

Isso porque o enorme poder espiritual que tem a inteireza de forças formada por doze intenções torna-se indestrutível de aspecto completo celestial e por isso, poderá ser utilizado conscientemente quando estiverem estes juntos ou separados desde que a intenção seja a mesma direção.

E assim já havia caminhado Moisés, conduzindo doze unidades distintas com desejos, crenças, necessidades e vontades diferentes, os tornando conhecedores da única e verdadeira verdade para que através da união das doze tribos ou as doze unidades de poderes e forças terrenas, pudessem após a entrega e a obediência ao único e verdadeiro Deus, serem praticantes e disseminadores da verdade do Criador, para alcançarem não apenas as terras das promessas terrenas, mas da unidade espiritual, para que não voltassem a andar sobre inverdades, mas sobre a única e verdadeira lei que é aquela que jamais os deixariam morrer.

Porque terrenamente, a força de ser doze é mais forte do que a força de ser apenas um, pois juntos além de adentrarem a um campo magistral e espiritual de força e de luz celeste, podem ser alimentados não de uma única fonte de conhecimento e de saber terreno, mas sim de doze fontes, e assim ganham um poder excepcionalmente indestrutível quando voltados para a mesma ação e a mesma verdade.

"E andando Jesus junto ao mar da Galiléia, viu dois irmãos, Simão, chamado Pedro, e André, os quais lançaram as redes ao mar porque eram pescadores. E disse-lhes: Vinde após mim, e eu vos farei pescadores de homens. Então eles deixando logo as redes, seguiram-no" (Mateus 4:18-20)

Então escolheu Jesus com vossas próprias mãos, da mesma forma que havia escolhido Moisés os doze homens, representantes de doze tribos, cada um de diferente dom, mas que seriam todos igualmente unidos em unidade e esforços, para a mesma certeza e verdade, através da junção sagrada de doze partes distintas, porém, com o mesmo desejo e com a mesma vontade, em prol de uma mesma verdade espiritual, por meio da formação de um elo espiritual indestrutível em campo material, quando vibrando pela mesma fonte de energia formada pela inteireza de força espiritual, criada pelas forças destas partes materiais e espirituais.

E essa fonte espiritual, representada por estas doze partes formada pela única parte que os selam, que é Deus, para utilizarem as forças e energias de vossas fontes de luz, porque é esta a única fonte que jorra por dois únicos poderes; a crença em cada parte individual que os unem em terra e a crença no Criador, o vosso único salvador, que vos guarda e vos protegem no exercício de suas labutas espirituais.

Por isso, a união destas doze verdades que constitui uma única fonte de energia celestial, vibrando individualmente por cada espírito, em que cada um possui seu poder de forças e dons espirituais, por ceder as próprias energias, e dons para erguer e construir aquilo que lhe é ordenado, conforme a capacidade ou necessidade espiritual de construção e execução, dentro do campo de atuação em que lhes for permitido, ou seja, somente no momento em que juntos estiverem na execução da obra divina espiritual, porque fora deste campo de atuação, somente será possível se acaso isso lhe for através de um Espírito altivo ordenado. Isto quer dizer que, apenas se houver uma ordenação sagrada, descido por um espírito, que em terra tenha adentrado para exercer ou continuar a execução da obra, estando este alinhado a outras doze energias espirituais também ordenadas, para o desta.

Por isso, a união destas doze forças é a junção da inteireza de forças espirituais, formando um campo energético celestial em unidade terra, em prol de uma única verdade, onde cada um possui seu próprio poder de forças, nascido de seu próprio dom, pois da mesma maneira como o Mestre Jesus possuiu e utilizou suas forças, poderes e energias advindas das forças do Criador, por determinação divina, assim será esta unidade espiritual inteira, de forças recebedora das energias, e vibrações celestiais da fonte única que jorra as energias do Criador, em que a união destes dois poderes, a crença nas demais unidades e no Criador, os tornam poderosos para que sejam nutridos e abastecidos espiritualmente pelas fontes de energia, de luz e de vigor, em campo terreno.

Porque somente pela união, doando as vossas energias e verdade, não sendo esta união uma corrente espiritual ou uma corrente mediúnica de atuação santa com os Santos, ou com os espíritos evoluídos, e sim uma corrente espiritual de poderes e forças materiais de dons e espirituais, jorradas das fontes de energia e de luz do Senhor, formando uma única fonte terrena de junção de espíritos encarnados, é que poderá firmar-se um elo terreno e espiritual, capaz de receber as forças das fontes do Criador, e unir as forças de cada unidade de espírito, para que juntos atuem em prol de uma única verdade, para que sejam nutridos uns pelos outros, assim como pelos espíritos atuantes das fontes de energia, que os guiam através das energias divinais os vossos trabalhos.

"Jesus enviou estes doze, e lhes ordenou, dizendo: não ireis pelo caminho dos gentios, nem entrareis em cidade de samaritanos. Ma ide em direção às ovelhas perdidas da casa de Israel; E, indo, pregai, dizendo: É chegado o reino dos céus. Curai os enfermos, limpai os leprosos, ressuscitai os mortos, expulsai os demônios; de graça recebestes, de graça dai" (Mateus 10: 5-8).

Jesus carregava em vossa estrutura espiritual o poder de forças das sete fontes distintas de energia divina, energias e forças estas que são jorradas por sobre a terra e retidas pelos elementos orgânicos e inorgânicos para que estes ganhem vida espiritual e possam nutrir de fluidez e emanação celestial todos os espíritos, seres e formas que neste campo existem. E distribuiu o Mestre, de forma fracionada, estas mesmas energias que ele próprio rege aos doze discípulos, para formação não de uma fonte de poderes de luz em terra e sim para fortificação e união daqueles que com ele iriam caminhar e igualmente distribuir a cura e o restabelecimento através da confiança e da fé em nome do Criador, porque ainda que não mais caminhasse o Mestre dentre os homens, ainda sim a vossa obra se estenderia aos quatro cantos através da crença e da coragem dos seus devotos servos.

Por isso, a primeira tarefa dos discípulos era a descoberta individual como fonte de energia carregada através da união e da própria crença e devoção que tinham em relação à verdade. E quando isso ocorreu estavam preparados para caminharem em nome de Deus unidos pela mesma força que os guiavam, derramando igualmente o Mestre à luz espiritual do poder de cura diante daqueles que socorro implorava.

Então era preciso além de conhecimento sobre a verdade, devoção e crença para caminhar sobre todos os preceitos da verdade para que pudessem através de seus próprios dons, ciência e conhecimento recebidos dos céus, junto às energias misteriosas das fontes de luz que já possuíam em suas unidades, indubitavelmente terem verdade em suas intenções para atuarem em nome da verdade disseminando e continuando as obras e trabalhos espirituais de Jesus aos quais era a continuidade o próprio caminho de cada um transformando aquilo que já existia em algo novo algo renovado, não por eles mesmos, mas através da energia celestial, derramando sobre o espírito e a carne pela força da fonte de luz e energia divina tudo aquilo que precisavam, não para curarem se em matéria e sim para igualmente terem crença e esperança no único Salvador.

Por isso era preciso conhecer a força que carregavam e reconhecer o tesouro espiritual que possuíam em terra que através destas mãos simples de homens simples, traziam as mais puras e incontestáveis forças celestiais para restauração daqueles que necessitavam pela confiança e autoridade do filho de Deus. Porque sem autoconhecimento e conhecimento não existe fidelidade e lealdade, pois somente compreendendo a fundo a sua própria importância e dádiva é que pode haver devoção, e eram todos os discípulos devotos ao Mestre.

Pródigos e magias de transformação

"Jesus ia passando por todas as cidades e povoados, ensinado nas sinagogas, pregando as boas-novas do Reino e curando todas as enfermidades e doenças" (Mateus 9:35)

12.5 Todos os pródigos e obras, que o Mestre Jesus ergueu e operou em nome de vosso Pai sobre a terra de forma consciente, foi através do poder de magias de transformação que detinha por meio das forças da natureza terrena e espiritual. Porque quando mudava ou alterava o estado físico ou espiritual de qualquer unidade física e orgânica estava utilizando as forças das unidades de forças espirituais santificadas que se descarregam sobre os elementos orgânicos e inorgânicos em campo terreno os tornando assim vívidos e nutridos da luz celestial. Porque igualmente são unidades orgânicas e espirituais, uma vez que somente podem estas esferas robustas em energia espiritual derramarem-se e nutrir a terra com a força de luz que possuem porque são os homens formados e constituídos da mesma força de luz que precisam receber.

Por isso, alterar e fazer mudar qualquer forma física material ou espiritual ocorria por força das forças que se juntavam e esta junção orgânica espiritual é capaz de reestruturar e formar uma nova unidade pela autoridade daquele que a rege sobre qualquer elemento orgânica que encontra-se sobre a terra, não formando, mas transformando aquilo que já existe em nova unidade ou unidade refeita de si mesma.

Então toda magia de transformação ou restauração da matéria e do espírito ocorre por meio da manipulação das energias e vibrações contidas no próprio campo terreno que são as energias que vibram das sete fontes de energia e vigor, o qual é ele mesmo o regente, não único, mas possui total e celestial autoridade, não apenas para manipular de forma espiritual, como também de forma material ou orgânica, estando ele também em elo terra, porque são todos os elementos, forças, energias e estruturas terrenas forças formadas em energias e vibrações, pelas forças e energia e luz do próprio Criador.

E sendo ele ordenado a descer ao elo sagrado material da forma, que havia ele sido constituído, ou seja, com todas as forças, poderes, magias e mistérios do Criador, para manipular todas as energias e forças, conforme a necessidade, para que pudesse, assim como havia feito Moisés quando por meio das forças da natureza que manipulava através das energias contidas em sua arca cofre de poderes espirituais e naturais, ergueu a serpente, feriu o rio de morte, anoiteceu o dia e abriu o mar, da mesma forma apresentar a todos os homens a força e o poder do Criador, não somente pela força dos elementos naturais orgânicos o qual é também esta a mesma força que concede e transforma a vida através das forças que restabelecem e curam pelo poder de vida e de morte que são as energias divinas, mas mostrar que forças superiores àquelas que possui o próprio Criador, não são possíveis de existir, porque estas representam o todo, e era ele a representação divina espiritual do todo em terra.

Por isso, fora ele manipulador das energias e forças das forças, que consomem a vida e, ao mesmo tempo, as permitem viver, por isso, era ele caminhante sobre a vida e a morte, o único ser em terra em vossa época, descido para ensinar os demais homens a ser igualmente capaz de limpar as feridas, ressuscitar a vida, erguer-se dos mortos, curar a matéria, restabelecer a carne que finda, bem como expulsar os demônios.

Porque assim como detém eternamente o poder sobre todos os poderes assentados à direita de Deus pai, que o permitiu manipular de forma santa e sagrada todas as energias que vibram e se derramam por sobre a unidade terra e os seres que nesta unidade se encontram, igualmente adentrou, com a força dos poderes assentados a também a santa e sagrada esquerda de Deus, o Criador, onde se encontra o poder de correção e justiça, que é a própria justiça divina, a força da remissão, que endireita os caminhos pela doutrina e disciplina da remissão da própria dor, dor que causa o homem a si mesmo.

Porém é o Criador a divindade santa e sagrada de eternitude celestial feito de amor, caridade, compaixão e cura, assim como é feito igualmente de correção e justiça, pois o amor a caridade e a compaixão nada podem ser se não forem também abençoados pela correção e a justiça que são as certezas de comprimento daquilo que é a ordem a ser cumprida, porque assim com é a vida o nascimento e a morte dela mesma é o amor, a caridade e a compaixão; o abrir de olhos frente a única e verdadeira lei, porque sem lei não existe nascimento ou vida para se amar.

Mas eram as forças e energias que ele manipulava, as forças de cada unidade espiritual assentado a um lado das mãos do Senhor, derramando suas próprias energias e forças ao mesmo tempo em que, jorrando luz em forma de amor, caridade, compaixão e justiça, em nome de Deus, onde todos estão santamente firmados. E por isso a mesma fonte que abastecera o Mestre, os doze discípulos em vossas missões materiais e espirituais, fazendo com que este, ainda que andasse pela terra dos homens, com os homens não se alimentasse espiritualmente como os demais homens, ou seja, ainda que nascido carnalmente de matéria humana, não se entregava aos gozos e delícias materiais; que a carne facilmente se entrega, distanciando das verdades divinais do Salvador.

Por isso, a missão de Jesus não fora apresentar a doutrina, para que o mundo fosse conhecedor e fortalecido dela, pelo conhecimento das leis divinais, e sim vos apresentar o reino celestial do Criador a todos os homens, e preparar doze espíritos homens, ou doze poderes, e forças para serem estes os vossos apóstolos sagrados, não somente pela crença, pelo amor e pela verdade, mas sim pelo conhecimento das forças e das energias espirituais de Deus, capazes de manipular, alterar, restabelecer, curar e ressuscitar todos aqueles que, em verdade, amor e crença depositassem vossas esperanças no Salvador e em vossa luz celestial.

Ora, se não era Jesus, o filho único preparado e nascido da vontade de Deus, se fazendo homem na terra de homens, para que pudesse, entre os outros homens, caminhar e ser o Mestre espiritual ou o altivo servo do Deus, que os ensinaria os caminhos da salvação dele mesmo a outros doze espíritos, para que estes pudessem disseminar o reino dos céus e da graça do Espírito Santo, de onde ele havia descido.

E fora ele nascido, para falar, ensinar e demonstrar as forças e o amor de vosso Pai, ou o amor que existe apenas no reino dos céus, o qual é este o único da salvação. E fizera o Mestre exatamente aquilo que fora vossa ordenação e, embora nem todos o tenham compreendido, porque tudo o que dissera, demonstrara e manipulara, não era por si próprio, mas pela vontade de vosso Pai celestial, e era novo ou estava além da evolução ou da capacidade dos homens de terra daquele tempo compreender, pois o único reinado que conheciam era o reino do ser igualmente encarnado, que os escravizavam retirando as suas esperanças, os seus direitos as suas vontades, e ainda lhe cobrando o pouco que lhes restavam por meio dos altos impostos.

Por isso, fora Jesus, o príncipe de vosso próprio reinado, reinado este que não se encontra neste elo espiritual, assim como jamais fora ele mesmo parte deste elo material, uma vez que as coisas celestiais não se firmam no mesmo espaço e campo onde as coisas de terra se fazem existir pela forma intrínseca material não de forma verdadeira espiritualmente.

Mas, ordenado a trazer a verdade celestial, ou o conhecimento do reino do Pai, o qual quem dele conhecer jamais poderá morrer, assim como ele vive, pela eternidade diante da destra do Criador, executou e exerceu tudo aquilo que lhe fora determinado de forma honrosa, fiel, leal, determinada e humilde, conforme a vossa própria constituição celestial.

O Pão da vida

"Eu sou o pão da vida. Vossos pais comeram o maná no deserto, e morreram. Este é o pão que desce do céu, para que o homem que dele comer não morra. Eu sou o pão vivo que desce do céu; se alguém comer deste pão, para sempre viverá; e o pão que eu der é a minha carne, que eu darei pela vida do mundo" (João 6:48-50)

12.6 Mas é Deus, o Criador grandioso e demasiadamente caridoso em vossa santa bondade, e assim como alimentou todo o povo através das sementes sagradas de nome maná, ou fruto espiritual do céu para nutrir a fome orgânica no lugar do leite e do mel, para aqueles que fome sentiam em vossas bocas, a caminho de vossas promessas nas terras do deserto, igualmente saciaria a fome daqueles que fome possuem, mas não da semente orgânica e sim da verdade espiritual.

Pois fora o maná, do qual todos se alimentaram no solo árido, o pão apenas da própria carne, que não fora o nutriente das vossas necessidades de crença, tampouco o sustento de vossas almas, porque estas, embora tivessem sido alimentadas, morreram todas, não devido à comida que alimentou apenas as entranhas, mas que não vos pode sustentar a crença, a fé e a esperança de melhores expectativas em relação a si mesmos, diante desta terra de onde os frutos que nascem, parecem não ter vida embaixo dela, porque poucos são os que conseguem observar os mistérios e os segredos da vida, que nasce antes da vida brotar, diante dos olhos e antes que estes se apaguem novamente na terra.

E ordenou ao vosso filho único que descesse a terra dos homens e, igualmente vestido de homem, para que vos servisse de alimento espiritual para aquela época e aquele momento em que a crença, a esperança e a verdade pelo vosso santo nome se fazia fome pelas mesmas bocas, que outrora exclamavam por comida na aridez, do nada, meio ao deserto.

Mas não é este o pão que alimentaria a carne ou a matéria orgânica em vida material, e sim o pão que alimentaria a alma, que saciaria o espírito e que iria nutrir as esperanças da verdadeira vida, a vida santificada e celestial. Pois não é ele o pão que sustenta a carne, mas o pão que sustenta o espírito daqueles que, nascidos da carne, vivem famintos de esperança, de crença e de verdade, acerca do que jamais poderão ser ou comer através da carne material. E, por isso, assentam-se diante de vossa face celestial, sedentos daquilo que pode nutrir apenas as vontades espirituais, não aquilo que pode abastecer o prato que sacia a fome.

Por isso, não sendo este aquele que os alimentaria do pão da terra, pois era o pão da terra o alimento em forma de maná, uma vez que este alimento não mais poderia ser o caminho da verdade em terra que os abasteceria a crença, a esperança e a fé verdadeira no Senhor, para o recebimento de vossos alimentos, não que a crença, a esperança e a fé no Espírito deixaram de ser o caminho da verdade para o recebimento da glória e da luz de Deus, na forma daquilo que é a necessidade a quem suplica. Mas porque era a necessidade do povo daquela nova era de tempo em que Jesus acabara de adentrar, não mais do pão que vos encheria matéria para que caminhassem em direção à plenitude da promessa divina, mas sim do alimento que os alimentariam em espírito ou em relação à verdade divinal para que fossem libertos de vossas próprias amarras, construídas por inverdades danosas a eles mesmos.

Portanto, não seria ele quem os alimentaria do pão orgânico do elemento natural da vida terrena, para que novamente morressem em espírito, assim como morreriam em unidade material, sem saber que as vossas salvações viviam através da própria terra, que sustentava a carne. Porque era Jesus, a comida que os alimentariam em espírito com a verdade do Criador, em forma de sustento da alma, para que jamais pudessem morrer em unidade espiritual, ainda que vossas carnes fossem consumidas pelo mesmo chão, que concedeu o direito de serem matérias e recebedores de um espírito na vossa sagrada terra.

Mas, este alimento, diferente do maná, o pão da terra que os vossos antepassados haviam comido, que não pode vos salvar de vossos pesares, é o verdadeiro pão da vida, alimento que sustentará não o elemento orgânico, mas o espírito para que este não pereça e se perca dentre as falsidades, idolatrias e inverdades, que parecem em terra de homens mais verdadeiras que as próprias verdades de Deus, o Criador.

Porém, é o Criador, a plenitude em amor e caridade, bondade, que além de vos permitir ser viventes, atravessando gerações e séculos de existências, para provar de vossas próprias unidades, jamais os deixa sem aquilo que lhes é o alimento sagrado, para que possam alcançá-lo, porque é o Senhor aquele que vos abastece a carne e também o espírito de tudo o que se faz necessário para que sigam os caminhos de vossas promessas ou de vossas salvações. E, ainda que acreditem sentir fome ou sentir sede, tem de Deus tudo o que lhes possam saciar a fome por aquilo que Ele determina que vos seja o alimento a ser ingerido, até que possam as entranhas ou a alma saciar.

Por isso, o que outrora fora o alimento que vos abastecia a boca diante da pouca crença e da desesperança de caminharem caminhos corretos ou bons para que pudessem chegar as vossas próprias promessas, fortificados pela semente maná, que não os alimentava a alma, e que, por isso, muitos dos que se alimentara, morreram, não pela fome da boca, mas pela fome do espírito. É que lhes deu o Senhor Deus o alimento, que desta vez não vos alimentariam as barrigas, mas o espírito de verdade.

E não era o maná a carne que, depois de consumada, os libertaria das angustias, dos pesares e das dores da terra, tampouco da alma, os deixando, mesmo que saciados, andar dispersos e indecisos pelos caminhos da própria sorte. Mas é o pão da vida, o qual representa o próprio Filho de Deus, o alimento que não é nascido da terra, mas que nutre o espírito, porque é o espírito, quando abastecido de fé, crença, força e coragem, o caminho para a boa caminhada da carne e seu espírito em campo terreno.

Mas este, que não parte da terra, ou seja, não é assim como o maná, gerado em forma de elemento orgânico, e sim do sentido mais sublime e sagrado espiritual que é Deus, o qual fora trazido do campo celestial, em forma de espírito, e não em forma de comida, é o único alimento que poderá levar a todos os homens, que dele se alimentar, não a encher as vossas entranhas e partir em direção a terra das promessas de terra, mas sim ao conhecimento, à sabedoria e à elevação do espírito. Porque são o conhecimento, a sabedoria e a elevação do espírito a verdadeira essência da vida, vinda de Deus e, por isso, trazida pelo filho único, para ser o único caminho que poderá vos encaminhar em direção a Ele mesmo, para as vossas salvações pelas palavras da verdade, alimento da vida eterna do espírito e da salvação.

Por isso, nada fora mudado, trocado ou alterado, diante do que é o desejo do Criador, pois o que outrora foram as leis e os mandamentos para os caminhos da promessa, em nada fora tocado por aquele que descera em vosso sagrado nome, para enaltecer aquilo que se fazia esquecido com o tempo.

E o que em outra época foi o maná, a lei e mandamento, a vida e morte, para chegarem aos caminhos da glória, na época em que adentrou o filho único ao campo terreno, fora ele igualmente pela lei e o mandamento, a não morte que conduzia a vida pelo pão da vida, alimento que não nasceu da própria carne dele, mas alimento que vinha daquele que, formado igualmente em carne, o era por ordem divina, para alimentar a carne pela sabedoria e pelo conhecimento os encaminhando até o reino sagrado de Deus.

Porque não é a estrutura física material, organismo vivo, que pode alimentar ou saciar-se outra estrutura física e esta adquirir conhecimento, doutrina, sabedoria e elevação espiritual, nem pela substância orgânica, que existe na carne, tampouco em vosso sangue, espírito da matéria em terra; porque este é igualmente orgânico nascido do solo, e assim como não é a carne elemento vivo capaz de alimentar de conhecimento com ou sem o espírito, não é o espírito elemento orgânico da qual possa alimentar as barrigas por meio da unidade essencial que o constitui, porque este não é alimento material, porém pode servir de fruto existencial para se adquirir algum tipo de conhecimento ou evolução.

Portanto, a verdadeira vida que encontra-se no espírito é a única vida que pode alimentar outra vida em forma espiritual, ou seja, nem a carne e nem o sangue, alma do corpo, são elementos vivos em terra sem o verdadeiro espírito e por isso nenhum tipo de conhecimento, ensinamento ou caminhos pode trazer.

Logo, o alimento não é a estrutura orgânica material e sim o espírito, que abriga a matéria, composta do sangue que nela corre, para que esta seja viva e abrigue a verdadeira vida, que é o espírito. Isso quer dizer que é o alimento em forma de filho, não é a vossa própria carne material, assim como não é o sangue que caminha na carne o liquido orgânico para se beber pela boca e saciar a sede, porque tanto a carne quanto o sangue possuem sementes orgânicas, que findam e se desfazem igualmente, e tudo o que é orgânico e que perece no solo da terra nada pode trazer de espiritual a outro espírito.

Mas são o alimento carne e a bebida sangue, a representação da forma de vida natural ou material do espírito feito homem, possuidor da matéria que são a carne e o sangue a composição química e orgânica, dos quais fora ele nascido, para ser homem igualmente pela carne composta de sangue e todas as substâncias materiais da alma da matéria. Porque é o espírito a essência nobre celestial, que anima a carne e a faz ser espírito, nascido de Deus, porque nenhuma carne pode nascer dela mesma e possuir autonomia sobre a vida, se acaso não possuir um espírito determinado ou ordenado de forma divina. Por isso, eram as vossas palavras, as quais não eram palavras orgânicas, mas sim espirituais, uma vez que a carne não tem vida por si só, palavras exclamadas do espírito, Espírito ordenado pelo Criador, porque ainda que estivessem sendo faladas através da matéria orgânica, eram palavras anunciadas do Espírito Santo, que a conduzia no campo sagrado terra através daquela matéria.

Por isso, não é o pão da vida a carne do homem, que espírito santificado o é, e sim o Espírito que pertenceu àquela carne e que sustentou a matéria, para ser por vossas palavras o alimento espiritual que conduz ao caminho da salvação do Pai celestial. E é o sangue da vida o sustento que corre e nutre a carne, que anima o espírito para que seja o Espírito do homem, que possui a carne e o sangue à luz da vida junto ao Criador, iluminando todos os campos do mundo com a própria luz de Deus.

Mas vejam vocês, se não é o filho único, o pão do céu, o alimento que alimenta o espírito e não a carne. Por isso, não fora este oferecido para aqueles que eram os filhos da promessa, caminhantes da terra árida, pois estes necessitavam apenas do alento da carne para que andassem firmes, seguros e crentes, em vossas direções, rumo ao caminho da paz, do leite e do mel.

Mas eram as outras gerações, não menos necessitadas do alimento da carne do leite e do mel, mas já se fazia necessidade do conhecimento e da sabedoria em relação à própria salvação, que é a verdadeira e única promessa espiritual ordenada e nascida diante do reino do Rei dos reis, o Pai celestial. Portanto, este que descera do reino do Senhor Deus e que não era nascido da terra ou da carne por vontade da carne, é alimento que jamais sustentará a carne, porque esta que não veio da terra nunca poderá alimentar aquilo que nasceu e perecerá na terra, assim como jamais deixará morrer aquele que dele se alimentar.

E como não veio Jesus para desfazer aquilo que fora o vosso Criador quem os ordenou, e sim continuar a vossa obra pelo cumprimento daquilo que ele mesmo determina que se cumpra, exerceu a vossa missão fielmente sobre tudo o que por ele já havia sido perpetuado em terra. Embora fossem épocas distintas, com caminhadas distintas e formas de alimentos distintos, eram ambos os alimentos a serem comidos e bebidos pelas crenças, pela esperança e pela vontade de cada ser material, pela busca de vossas promessas ou de vossas moradas celestiais, o qual seria por essa nova era de tempo, os reinos dos céus abertos, para aqueles que da crença, da esperança e da verdade caminhem através das palavras do filho único até o Criador, para que adentrem as casas celestiais, assim como adentrou as terras das promessas aqueles que confiaram em vosso Senhor Deus por meio de vosso filho Moisés.

"Levantando Jesus os olhos, e vendo que uma grande multidão vinha ter com ele, disse a Felipe: Onde compraremos pão, para estes comerem? Mas dizia isso para experimentá-lo, porque bem sabia ele o que havia de fazer. Felipe respondeu-lhe: Duzentos dinheiros de pão não serão suficientes, para que cada um deles tome um pouco" (João 6: 5-7).

Ora, mas não perguntara o Mestre ao vosso discípulo onde comprariam pão para que alimentasse aqueles que vinham em busca do pão da vida e sim do alimento de cevada, que abastece apenas a carne e não a alma, mas apenas para experimentar o vosso aprendiz, se este compreendera que era ele mesmo o pão que alimentaria tantos quanto fome da verdade tivessem e que por isso o procurava.

Porque não era o pão alimento do corpo que se referia Jesus, o alimento que Felipe deveria buscar para saciar a fome daqueles homens, porque bem sabia o Mestre o que deveria fazer para matar a fome, se acaso fosse a fome do pão orgânico o alimento que deveria servir, porque assim como jogara a rede e retirara a quantidade de peixes necessária para abastecer as entranhas de vossos discípulos, e não para demonstrar a vossa força e poder, mas sim para matar a fome. Da mesma forma, poderia este novamente enfiar a rede dentro do mar e retirar a quantidade de peixes que alimentassem o povo. Mas sabia ele exatamente qual era a fome do povo, assim como sabia como recolher aquilo que poderia nutrir todo o povo.

Mas não sendo o pão orgânico o alimento do corpo que vinha buscar o povo, assim como não era o alimento da carne que Jesus iria lhes oferecer, e sim o alimento da alma. Então pediu que todos se assentassem, compreendendo que nem mesmo os vossos discípulos entenderam que era ele mesmo o pão que alimentaria a multidão, e não o pão feito de água e farinha, a troco do dinheiro. Porque este, ainda que pudesse fazer saciar a vontade de alimento, jamais faria saciar a fome da verdade que procuravam.

E não procurava o povo por comida e sim por aquele que era o filho único de Deus e que trazia Dele mesmo as vossas santas e sagradas palavras, os quais todos depositavam crença e esperança, porque se acaso procurassem por comida, certamente buscariam os fabricantes de alimento ou os pescadores de peixes, e não o filho de Deus, o pescador de almas.

"E um dos seus discípulos, André, irmão de Simão Pedro, disse-lhe: Esta aqui o rapaz que tem cinco pães de cevada e dois peixinhos; mas o que é isso para tantos? E disse Jesus: Fazei assentar os homens; e havia muita relva naquele lugar. E assentaram-se, os homens, em número de cinco mil. E Jesus tomou os pães e, havendo dado graça os repartiu pelos discípulos, e os discípulos pelos que estavam assentados; e igualmente também dos peixes, quando eles queriam" (João 6: 8-11)

Mas abençoou Jesus o alimento da vida material, não que este pudesse servir de carne as barrigas dos que buscavam conhecimento, crença, esperança, devoção e verdade. Porque estes sequer comeriam dos peixes e dos pães que ali estavam, e antes mesmo de iniciar a vossa santa e sagrada pregação em nome de vosso Pai, ergueu e repartiu o pão em demonstração de terra sobre aquilo que faria espiritualmente por todos os que presentes estavam, como forma de tornar fácil o entendimento aos que não o conheciam, assim como dos que mesmo que o conhecesse e com ele caminhava não sabia exatamente o que era, repartir-se entre os seus, ou desconheciam de fato qual era a vossa missão dentre os homens.

E erguendo o pão deu graças e o repartiu entre os seus discípulos e os seus discípulos os repartiram dentre eles mesmos para aqueles que os puderam receber, os quais eram estes os que tinham entendimento para compreenderem como se faria terrenamente aquilo que de forma espiritual era a vossa sagrada ordenação.

Pois assim como repartiu o pão dentre os seus, e estes repartiram ainda dentre os demais homens, demonstrando de forma material o que, de fato, vinha a ser o repartir do pão da vida, pela representação dele mesmo, dividindo-se pela terra ou o entregando-se a si mesmo, aos que tem fome de alimento da vida ou da verdade que este carrega, porque ainda que não tivessem o vosso corpo material, por muito tempo dentre eles, poderiam eles igualmente dividir aquilo que receberiam naquele momento a todos quantos tivessem fome da verdade, bastando terem crença, fé e devoção para aqueles que fome de aprender e conhecerem a verdade.

Porque era o filho único de Deus o pão, representação do pão da terra, o que igualmente se dividia entre os que dele tinham fome, assim como era o pão o alimento que facilmente pode ser repartido e alimentar a muitos que tiverem dele fome, ainda que seja somente uma única unidade de pão, porque este que é um poderá saciar a quantos tiverem fome, se grande o bastante for para alimentar muitos, ou seja, poderá apenas um pão servir de alimento a quantos tiverem fome enquanto o ajuntamento de água, fermento e cevada puder ser repartida.

E assim comeram e se alimentaram todos do pão da vida ou do pão da verdade, ao qual foram buscar, e nada faltou aos que nele creram, e se prostrara aos vossos ensinamentos. Porque aquele que era o alimento que nutre a alma é também o alimento que deve ser repartido dentre os homens, porque nada que obedece a ordenança divina de Deus, que seja bom para o filho, deve ficar retido ao filho, mas sim repartido a todos os irmãos, todos os povos e toda a humanidade. Porque é esta a vontade de Deus, ou seja, repartir tudo aquilo que Ele mesmo possui, porque tudo o que possui é bom, é caridoso, é nobre e é feito de amor e de verdade, e é somente isso o que Ele deseja e distribui aos vossos filhos, quando enviam vossos servos e altivos Espíritos, para nos mostrar e apresentar a vossa glória e a vossa sagrada luz.

Porque é a vossa glória a glória eterna da bondade, da caridade, do amor e da vida eterna que Ele mesmo se divide em forma da plena luz, para que todos os vossos filhos nascidos em terra possam caminhar as vossas missões e determinações, de forma que um dia possa alcançá-lo e também servi-lo em vosso sagrado exército de luz, amor, salvação e paz dos quais somos igualmente todos prometidos.

E partiu-se e distribuiu-se porque são a glória e a luz eterna do Senhor Deus, a verdade que deve ser repartida e distribuída entre todos os povos, porque não é nenhum filho ou servo Dele mesmo detentor de nenhuma verdade, que somente ele tenha recebido para dominar e possuir que não possa ser repartida, dividida e compartilhada dentre os demais filhos ou irmãos, ou dentre os demais filhos Dele mesmo; porque é o Criador, o único Espírito detentor de todas as glórias, certezas e verdades, e por isso, é Ele quem ordena tudo o que deve ser trazido apresentado e exposto a terra para que possam todos os vossos filhos serem conhecedores das palavras, atos e obras santas e possam assemelharem-se, crescerem e alcançarem também a vossa glória e eterna luz, diante de vossa sagrada face.

"E quando já estavam saciados, disse aos seus discípulos: recolhei os pedaços que sobejaram, para que nada se perca" (João 6:12)

Ora, se os pedaços, que Jesus se referia para que fossem recolhidos, não eram os próprios homens sedentos da verdade celestial, ou os poucos homens restantes que ainda não tinham comido de vossa carne ou bebido de vosso sangue, ou seja, ainda não haviam compreendido as vossas palavras, ainda que tivesse o filho de Deus, se apresentado como sendo o filho único a ser ofertado em carne e sangue para saciar a fome e a sede de todos que buscavam as palavras verdadeiras do Pai.

Porque este que mesmo repartindo o pão e demonstrando por meio do alimento orgânico, que lhes poderia ser a única forma compreensível, ainda assim, alguns não haviam compreendido, de fato, quem era ele ou de qual reino falava e tentava pregar de forma tão especial; mas não porque não o queriam ter como o único e verdadeiro salvado filho único de Deus, mas sim porque ainda não lhes era a hora da compreensão ou do entendimento em relação à verdade. Porque é o homem conhecedor da verdade, não aquele que simplesmente busca a verdade, porque pode este deparar-se com a inverdade e crer estar de frente com a verdade, por isso, encontra-se com a verdade aquele para o qual é chegada a hora de encontrar-se com esta.

Mas como era o Filho de Deus, detentor do dever celestial de trazer a verdade do Pai, a todos àqueles que qual lhes fora espiritualmente preparado para ensinar, ordenou aos discípulos que não os deixassem partir, ou seja, que não os deixassem ir sem que as vossas fomes lhes fossem saciadas por ele, que lhes era o pão da vida.

Por isso, não os deixaram partir antes de separar os que já estavam saciados daqueles que ainda padeciam pela fome do pão da verdade, para que não se perdessem entre as inverdades e as falsas verdades materiais, porque, com estes, teria novamente o Filho de Deus, de forma que lhes fossem esclarecidas as palavras do Criador, o vosso Pai, mas com a intenção de que estes não perdessem as vossas crenças no Filho do Homem ou na única verdade que sobre a terra também caminhava.

E assim foram todos, de força sublime, paciente e caridosa, apresentados ao Criador pelas mãos do filho único, que lhes fizera novamente ouvir e receber a glória da compreensão de saberem que, igualmente, eram filhos do mesmo Deus ou do mesmo Rei, cujo reino está de portas abertas a todos aqueles que caminhassem diante das boas obras e das boas veredas santificadas, seguindo as leis e os mandamentos proclamados outrora por vosso irmão Moisés, em meio ao deserto, diante da fome e da miséria de conhecimento que o povo caminhava.

"Sabendo, pois Jesus que haviam de vir, e arrebatá-lo, para o fazerem Rei, tornou a retirar-se só para o monte... E, tendo já navegado quase vinte e cinco ou trinta estádios, viram a Jesus, andando sobre o mar e aproximando-se do barco; e temeram. Mas ele disse: Sou eu, não temais... Eles então de boa mente o receberam no barco; e logo o barco chegou à terra para onde iam... Jesus respondeu-lhes e disse: Em verdade, em verdade vos digo, que me buscais, não pelos sinais que vistes, mas porque comestes do pão e vos saciastes" (João 6: 15, 19, 20,21, 26)

Mas havia subido o Mestre ao monte para descansar o vosso corpo material e adentrar em espírito aos reinos dos céus, reino que haveria ele de regressar ao término de vossos ensinamentos que pregava aos vossos discípulos, que até instantes atrás não sabiam que era ele o pão da vida, e que até aquele instante também não sabiam que era ele carne abastecida de espírito santificado. Porque conheciam apenas o homem que ele representava em terra, e não o Espírito que carne material usava para comunicar-se com eles e com os povos.

E assim como repartiu o pão, elemento orgânico da terra, para demonstrar como se partia em carne material e dividia as palavras de Deus, para serem compartilhados os ensinamentos sagrados e apresentar-se como o pão da vida, que alimentava a fome do espírito, partiu-se em unidade espiritual sem que tenha deixado a própria carne desmembrando-se em unidade espiritual possuidora de carne material e unidade espiritual em essencial, como se jamais tivesse tido carne orgânica aparecendo puramente em espírito aos seus discípulos e assim, caminhou por sobre as águas.

Não que tenha ele em carne material andado por sobre as águas e sim em espírito, porque estava ele em unidade espiritual, e como estavam todos os homens dentro do barco e em alto mar, acreditaram que ele caminhava por sobre as águas quando na verdade em espírito flutuava por sobre as águas, porém isso que lhes parecia um mistérios era em verdade o espírito do Mestre que deles se aproximava enquanto estavam sobre as ondas.

E desta forma, apresentou-se em unidade espiritual santificada, para mostrar a seus discípulos a verdadeira forma que possui, pois não era esta composta de carne que finda, mas sim espírito imortal; espírito que divide e compartilha-se entre os povos. Pois aquele que vos falam em nome de vosso Pai, não vos falava pela carne orgânica que carregava, mas sim pelo espírito que divinamente o era, e que compartilhava os ensinamentos de Deus, por ser unidade espiritual, altiva e elevada abrigada a forma humana, para que assim como o pão, demonstração terrena de como se divide entre os homens, não era ele carne que finda, e sim Espírito eterno filho único de Deus.

E compreendendo os vossos discípulos que era a unidade espiritual que embora se dividia entre os povos através da forma humana, assim como o pão que se faz necessário fabricar, preparar e repartir para se alimentar, porque assim era ele nascido e preparado homem em terra de homens, para satisfazer a necessidade de ensinamento, conhecimento, doutrina e restabelecimento das leis de Deus, porque era esta a única forma que os homens eram capazes de compreender. Compreenderam os discípulos que aquele que caminhava por sobre as ondas era em verdade o Espírito de Jesus apresentando-se da forma em que era em verdade constituído.

Por isso, ele que não era a carne, mas sim o espírito, poderia não somente dividir-se em matéria levando a muitos outros a verdade do Pai celestial, como também, repousar a vossa matéria e ainda caminhar por sobre as águas para apresentar-se aos vossos aprendizes, de forma que estes compreendessem o que, de fato, se referia ele quando falava sobre o reino do Pai celestial, e a eternitude do qual eram todos prometidos, não em carne, mas sim espírito.

O fato de que os vossos discípulos aprendizes puderam vê-lo flutuar e encontrá-lo no mesmo barco, não tendo ele adentrado com os doze, é pelo motivo de que já eram capazes de compreender os vossos ensinamentos, quanto aos reinos dos céus, a eterna glória do Pai e a própria salvação, que era a salvação do espírito e não da carne, porque haviam estes sido alimentados pelo único e verdadeiro pão da vida, ou seja, haviam estes também entendido, através de vossas palavras, o que era o verdadeiro reino dos céus e as vossas unidades de servos e servas, atuando em vosso sagrado nome.

Por isso, não mais precisavam segui-lo, para que com ele estivessem, assim como não mais necessitavam observar os sinais, mas sim observar, por meio da crença, da esperança e da verdade aquilo que os olhos carnais não são passíveis de enxergar, que é a unidade espiritual pela evolução e entendimento espiritual sobre as coisas santas e sagradas. Então, não se surpreenderam ou assustaram com a vossa nova, única ou verdadeira forma que é a forma espiritual, ainda que caminhando por sobre as ondas, porque assim como comeram da carne e beberam do sangue, elevaram-se em espírito para serem capazes de comungar com o Espírito santificado, que era o filho único de Deus.

Isso por que comeram estes o pão daquele os quais os que dele comerem, jamais poderão morrer, e sendo a morte ou a vida eterna da essência espiritual, não pela forma material e sim pela forma verdadeiramente viva, vislumbraram eles a forma eterna da plenitude de Deus, os quais todos que dele comerem jamais morrerão, em vossas unidades pela verdade celestial de Deus, isso quer dizer, estavam eles diante da eternidade do Criador, em forma eterna, nascido da fonte de luz Dele mesmo, que nunca matará os que nela crêem.

E após crerem e conhecerem a verdade que lhes era propícia, não eram mais sedentos e esfomeados de fome de conhecimento e evolução, logo, tornaram-se pescadores não de peixes, mas de almas, para disseminar tudo aquilo que aprenderam e que os tornavam conhecedores e evoluídos espiritualmente.

E sendo o reflexo do próprio Mestre em terra levando os mesmos ensinamentos e dividindo-se também aos povos, pregaram a vossa doutrina e ensinamento a todos os que ainda tinham fome e sede de entendimento, porque é o entendimento e o conhecimento sobre Deus a única forma de ganhar a vida eterna nos braços eternos do Pai.

Quarenta noites e quarenta dias

"E Jesus cheio do Espírito Santo, voltou do Jordão, e foi levado pelo Espírito ao deserto. E quarenta dias foi tentado pelo diabo, e naqueles dias não comeu coisa alguma; e, terminados eles, teve fome" (Lucas 4: 1,2)

12.7 E sendo Jesus, Espírito de Deus, nascido da fonte de luz, conhecedor de todas as forças e energias espirituais os quais carregava, porém, sendo ao mesmo tempo, ordenado a nascer e a caminhar em forma de homem dentre os homens, se fez necessário que fosse apresentado aos sentidos e sensações, os quais rodeiam e sentem os homens em carne material, para que pudesse conhecer ele mesmo, todas as formas de desejos e tentações, que são expostos os homens, motivos pelas quais os fazem se corromper e em nome de nada se desviarem. E assim cumpriu o desejo de vosso Pai celestial, quando o ordenou que nascesse homem, como todos os homens da terra, em que caminhava, pois dele não fora retirado nenhum direito, os quais tinham os demais homens.

Por isso, era o Filho de Deus, que nascido em carne material, aquele que deveria materialmente também ser apresentado a todos os desafios, os quais seriam estes os desejos e as vontades de terra, para ser preparado para a vossa labuta espiritual, em nome de vosso Pai. Portanto, fora ele igualmente tentado, ou seja, apresentado a todos os desejos e delícias de terra, antes de ser, pela quantidade de dias, que lhe fora ordenado, que se abstivesse de todas as tentações, para que purificado em matéria carnal fosse, assim como purificado, nobre e elevado em espírito, já era.

E esteve Jesus durante quarenta dias no deserto isolado do mundo, de onde nascera, e afastado de todas as tentações, prazeres e delícias da vida material, que poderia ele, mesmo sendo espírito ordenado e determinado a missão sagrada em nome do Deus, mas devido a vossa também matéria carnal, dotado de sentidos e sentimentos, se entregar as vontades mundanas, se acaso não conhecesse a si mesmo em unidade material, composta igualmente aos demais homens com desejos e vontades, justamente por serem as tentações e vontades mundanas algo terreno, e não espiritual, do qual era ele já conhecedor.

Porém, sendo o elo terreno um campo espiritual altamente forte e nutrido de energias espirituais, os quais podem os homens utilizar em vossos favores para exercer o bem e exercer o mal, conforme as vossas vontades. E sendo ele o Filho descido com as energias e forças de vosso Pai, necessitava que fosse retirado da própria terra, estando ele em terra, para que se autoconhecesse, assim como devem conhecer todos os homens, que em terra estão, para que desta forma compreendam as vossas forças, as vossas fraquezas, os vossos poderes e ordenações e atuem pela verdade, em nome da verdade, que é Deus.

Por isso, esteve ele durante os dias em que distante das energias e vibrações materiais se afastava e descansava seu corpo e a sua unidade, conhecendo a si mesmo de forma espiritual e material, bem como aprendendo como utilizar as vossas forças e energias em nome daquele que é o Criador, que o ordenou a ser o vosso Filho, espelho de vossa verdade e de vossa santidade.

Então recolhido, espiritualmente, da própria terra, não comeu ou bebeu por quarenta dias, ou seja, não se alimentou das verdades da terra, ou se entregou ao desejo de gozar de tudo o que a vida lhe poderia proporcionar, se acaso se oferecesse também a vida, sendo ele portador de grande poder e força de transformação material e espiritual, que nenhum outro ser detinha em campo material.

E esteve ele distante de todas as tentações, das quais se faz a fome de conhecimento material do homem, que é nascido em terra, onde muitos homens, após conhecerem, se empapuçam, e por se empapuçarem, se desviam das coisas boas, para construir e elevar por si mesmos, em busca de glória material. E sendo ele nascido igualmente em terra de homens, para ser espírito Filho de Deus, porém homem nascido da mesma terra, onde todos os desejos e tentações parecem ser mais apetitosos, do que o alimento do espírito, que é a verdade celestial, fora ele durante este período apresentado de forma espiritual as coisas da terra, para conhecer quais eram os desejos e as tentações que os fazem ser nascidos de Deus, porém desgraçados de si mesmos.

Não que tivesse ele uma escolha a fazer, mas porque era homem igualmente a todos os outros, cheio de desejos e vontades, e após ser erguido, seria ele a maior força de alteração e de transformação em terra, força esta que lhe concederia tudo o que os desejos e as tentações poderiam conquistar pela arrogância de mostrar-se grande e poderoso em terra, satisfazendo apenas os desejos daqueles que se empapuçam e caminham em direção a morte do próprio espírito, se acaso não fosse este o filho escolhido para esta determinação.

Então, absteve de alimentar-se de toda e qualquer forma de vida material, ou de conhecimento mundano, onde a carne se nutre de falsa verdade e verdades criadas, afastando-se do que realmente lhe é verdadeiro, o vosso Espírito.

E assim, fora ele, pelo período de quarenta dias, tentado pelo diabo, ou seja, colocado face a face com todos os desejos e mentiras e inverdades criadas para satisfazer as vontades dos homens de vossas próprias maldades, maldades representadas pelo arquétipo nomeado de diabo. Não que tenha sido provado pelo diabo através de uma forma, uma pessoa, uma figura maligna ou uma entidade espiritual ruim e sim, apresentado as mentiras, as falsidades, às formas de arrogâncias, aos desejos imundos e tudo o que é danoso e ruim ao homem.

Porque este não parte de nenhum campo ou essência diabólica a não ser do próprio encarnado que envereda por escolhas más. Pois o dito diabo não é uma coisa ou uma pessoa ou uma unidade que induz nenhum ser vivente ao erro e ao dano e a maldade, o ser vivente é quem cria os próprios maus conceitos, as más idéias, as más ações e os nomeia como sendo diabos e satanases os dando poderes e os temendo como se fossem verdades satânicas escritas no livro divino; porém se baseando em crenças criadas e empoderadas por ele mesmo.

Isso quer dizer que foram as tentações do demônio, as tentações da terra, que ele conheceria e aprenderia, devido ao fato de ter nascido homem para igualmente experimentar a vida terrena e conhecer as vossas dores, prazeres e lamentações, como qualquer outro homem viera também experimentar. Porém, era ele portador de muitas forças e unidades de forças, os quais são estas as próprias unidades espirituais nascidas das fontes de energia e de luz do Senhor Deus. E por isso, jamais, poderia a missão terrena que adentrou falhar, portanto fora ele apresentado a terra e alimentado da própria terra, sem que da terra tenha sido necessário se alimentar.

E sendo ele portador das energias mais puras e nobres, envoltas nos mistérios divinais, se acaso não conhecesse a si mesmo, as tentações do mundo e a vossa missão junto ao Pai, poderia perder-se por desejar pertencer a terra e tentar em troca de vossa força e magia espiritual controlar e fazer prostrar todos os homens da terra, aos vossos poderes e forças, que não eram seus. Portanto, seria a vossa caminhada terrena sem o conhecimento de si mesmo, diante das tentações da carne, a mais arriscada e desastrosa missão espiritual, a que um espírito poderia adentrar. Porque era ele o mais poderoso e majestoso homem em terra, atuando com as forças de Deus, e se acaso não conhecesse a vossa missão e a terra de onde estava ele adentrado seria mais um homem agindo por vossa própria glória em busca de poder material para vos abastecer e nutrir a própria carne.

E sendo ele espírito cheio de magias e de mistérios abastecidos pelo próprio Criador, fora para distante dos olhos dos homens e próximo dos anjos, que os apresentavam a vossa própria caminhada, para que pudesse com toda a luz ou a unidade de forças sobre a autoridade de vosso Pai, caminhar por tudo aquilo que o tornava espírito em unidade de forças, cujas forças eram as energias que lhe fazia o Filho primogênito, e que, por isso, poderia ele exercer por vossa própria autoridade divinal todos os feitos, pródigos e obras sem antes pedir a vosso Pai autoridade em nome da gloria e da verdade. Mas tudo isso para elevar o vosso santíssimo Pai e não a ele mesmo.

E, vencendo a vossa batalha travada consigo mesmo, conheceu todos os alimentos e cálices de bebidas que a terra lhe poderia apresentar, porém, não alimentou-se de nenhum deles. E após os quarenta dias de reclusão de todos os sentidos e conhecedor de todas as forças que possuía, era ele o Filho de Deus, conhecedor de si mesmo, atuando em nome do Pai, que jamais falharia em vossa ordenação, porque conheceu ele mesmo o vosso poder e a vossa unidade santificada para erguer, não o vosso, e sim o nome de vosso Pai. Porque a vossa glória, assim como não fora nascida em terra, jamais poderia ser erguida em terra, e sim diante do trono de vosso pai, que o criou e o fez Espírito e homem para ser homem digno e espírito leal e fiel levando a vossa verdade.

Ora, mas não fora Jesus nascido da carne, tampouco das verdades mundanas para que pudesse apenas por um instante falhar em vossa missão terrena, assim, como jamais falhou o Criador, quando em terra de homens encaminhado o vosso primogênito, filho único nascido da ordenação de ser e de cumprir a vossa ordenação. Mas fora ele nascido onde a glória de terra muitas vezes é elevada acima das vontades do Pai, por isso precisava ele mesmo ser conhecedor dos desejos e das vontades que abastecia a carne, antes de iniciar a vossa jornada celestial em terra, não que pudesse este ser tocado ou violado pelos homens da terra, porém se fazia necessário que conhecesse quem de fato era a vossa unidade homem, assim como conhecia a vossa unidade espiritual.

Porque fora ele nascido, assim como qualquer outro homem, em carne material, para ser Espírito e Homem, e é o homem aquele que experimenta e vislumbra, de forma carnal e não espiritual, embora pudesse ele vislumbrar e experimentar as duas formas de existência, mas fora a forma material abastecida em carne terrena apresentada a ele somente naqueles dias.

Levanta-te e anda, a cura espiritual

"E Jesus vendo a fé deles, disse ao paralítico: Tem bom ânimo filho, perdoados te são os teus pecados... Pois, qual é mais fácil fizer: Teus pecados te são perdoados? ou dizer, levanta-te e anda? ...Jesus, porém, ouvindo, disse-lhes: Os que estão sãos não necessitam de médicos, senão os que estão doentes. Mas ide, e aprendei o que significa: misericórdia quero, e não sacrifício. Porque eu não vim a chamar os justos, mas os pecadores, ao arrependimento". (Mateus 9: 2, 5, 12, 13)

12.8 Ora, que tinha Jesus poderes para fazer andar, enxergar e curar as feridas materiais do corpo orgânico, já sabia os homens, mas que tinha poderes igualmente para libertar os pecados do espírito, assim como chamam os erros as falhas os danos e os desequilíbrios espirituais, ainda não sabiam.

Por isso, mais fácil do que restabelecer ou fazer andar ou enxergar aqueles que penavam em terra vossos lamentos, pelas dores da carne, era fazê-los compreender que o mesmo que lhes faziam andar ou enxergar era ainda aquele que os fariam libertar de vossos erros e danos, os quais faziam contra vossos próprios espíritos, quando se entregavam as idolatrias e deuses de inverdades, os quais nada lhes davam, além de mais dores e sofrimentos, não devido as vossas condições materiais, orgânicas, e sim pela busca daquilo que terrenamente jamais existiu para lhes curarem a carne assim como o espírito.

Então, levantar e andar não se referia apenas pelo fato de reconstruir aquilo do qual a matéria lhe tinha feito em terra, conforme a vontade e o desejo do Senhor Deus, porque é o Senhor, o Santíssimo Deus, que não falha em vossas criações tampouco em vossas determinações, porque considerar o fato de ser nascido diferentemente dos outros seres é o mesmo que acreditar que o Criador tenha errado ou falhado com a vossa unidade material, porém o Criador jamais errará com nenhum de vossos filhos, nascidos de vosso seio, pela ordem de ser para exercer exatamente aquilo que estava aquele ser preparado e, em vosso momento, sublime de ser e exercer o que lhe pertence.

E mais fácil do que dizer ao doente que se levantasse e andasse, porque sabia o enfermo que era Jesus capaz de fazê-lo andar, era restabelecer a crença e a fé em Deus, o único Espírito salvador, capaz de lhe fazer andar e também capaz de lhe conduzir em crença e em verdade aos reinos celestiais Dele mesmo.

Porque tinha o enfermo, crença em vossa sagrada unidade espiritual, ou seja, tinha o enfermo, verdadeira fé, de que seria ele curado de vossa enfermidade, porém era preciso mostrar-lhes que o mesmo Deus, capaz de curar e restabelecer a matéria orgânica, era igualmente capaz de perdoar os erros ou os pecados e restabelecer os vossos espíritos, pois ainda que não tivesse o pobre enfermo nada que o retirasse a devoção e a verdade naquele momento, precisava ele mesmo e todo o povo saber que o mesmo Deus, que curava o corpo, era também que curava o espírito através do Espírito Santo.

Então, quando dizia Jesus que perdoados eram os pecados daquele que acabara de curar, não porque este tinha pecados ou erros, e sim como forma de lhes mostrar que bastando ter crença verdadeira em vosso filho, curado era em sua totalidade. Porque era o filho a representação do Pai sobre a misericórdia divina que restabelece todas as enfermidades e moléstias do corpo assim como todos os medos e angustias da alma. Mas era preciso saber que, assim como tinha autoridade e força divina de curar o corpo, tinha também autoridade e força divina para curar e limpar os erros do espírito.

Portanto, mais fácil do que dizer que curado estava para que pudesse andar, era mostrar-lhe que curado estava para andar devido a sua crença e esperança e fé em Deus e em vosso filho salvador, porque é a vossa unidade espiritual a força divina de luz, que cura não somente o corpo como também a unidade existência do espírito pela crença e pela fé.

E sendo todos conhecedores de que poderia o mesmo Deus, que curava o corpo, curar também a alma, os libertando de vossos erros e danos, não necessitavam prostrarem-se, espiritualmente, aos deuses de inverdade ou a idolatria, que nada vos traziam, nem para o corpo tampouco para a alma. Assim poderiam restabelecer as suas crenças ao Espírito Santo, o único Espírito capaz de conceder tudo aquilo de que necessitavam, porque somente a crença e a devoção em Deus único é que poderia os libertar de todo o mal já alojado em seus espíritos assim como limpar todas as feridas já espalhadas. Porém para alcançar a plenitude de ser abençoado em totalidade era preciso crença verdadeira, devoção, amor e lealdade, mas isso era o que menos tinham os homens a ofertar naquela época.

Não que adentrem aos céus os erros e pecados que os homens fazem, porque a eles ficam retidos em seus espíritos até que sejam totalmente limpos e apagados no momento em que a morte ganha vida verdadeira na hora do desencarne, mas porque são os erros chamados de pecados, as conseqüências da vida terrena onde os causadores dos erros não atentam somente contra si mesmos, mas sim contra o próximo o submetendo as suas próprias dores e pesares que pertenciam somente ao individuo que a produz, desta forma trazendo graves conseqüências a todos os encarnados que no mesmo campo se encontram, uma vez que são todos, embora espíritos individualmente guiados trilhando as suas lições espirituais e missões, são todos envolvidos pela grande fraternidade que são os laços materiais que os constituem e que não podem ser quebrados ou arrebentados, porque o motivo do desequilíbrio de um espírito é certamente a razão do desajuste do outro.

Mas todo o mal que é produzido em terra e que parte das intenções dos desejos e das ações más é de forma intrínseca sentido por todos aqueles que as praticam como sendo algo errado da qual não deveriam praticar, pois possui consequência maléfica nomeada de pecado. Logo, é o pecado a raiz de muitos desajustes, desequilíbrios e danos entre as pessoas, causando em sua mais grave intenção guerra, fome, peste, desavença e toda forma de maldade da qual se pode existir em terra. Porque é o pecado em sua forma mais bruta a destruição de todos os seres que caminham em terra em busca de paz e liberdade.

Por isso, a intenção de os libertarem de seus pecados era lhes abrir o conhecimento a cerca das conseqüências sobre os erros e a forma em que poderiam se redimir e não mais errar uns para com os outros, pois no momento em que retirava o erro de suas mentes, retira-se também a energia que os faziam errar por acreditarem não estarem fazendo nada além daquilo que era comum praticar e desconhecerem suas próprias unidades espirituais bem como a existência de vida após a morte da vida terrena que muitas vezes era motivada pelos desejos e intenções más deles mesmos.

Mas era aquele momento a hora de mostrar aquilo que somente os espíritos mais elevados ou preparados poderiam compreender, e assim ensinava aos pobres de alma que também curava o filho de Deus, não somente a matéria ou a carne, que finda como também o espírito eternal, porque estes se não compreendessem que poderiam ser curados também através do espírito e liberto de seus pecados, onde ser liberto dos pecados, era ganhar nova alma ou receber a remissão e a limpeza espiritual para continuar a sua missão de forma mais honrosa e branda, jamais se curariam das enfermidades causadas pelos erros, desejos e idéias mas, que ao invés de ajudarem a construir e erguer boas obras, conforme as prescrições e os mandamentos sagrados, se entregam às vaidades e fugacidades da terra, enfraquecendo não apenas o espírito e o corpo como também, e afundando-se espiritualmente nos campos de onde não deseja o criador que vossos filhos estejam, seguem pelos caminhos da morte do espírito.

Porque era a missão espiritual do Filho do homem apresentar ao seu povo, povo aquele que foi ordenado e determinado caminhar e ensinar através das coisas da terra, o único e verdadeiro reino de vosso Pai, o qual é a fonte única de cura, amor e salvação, porque neste não existem dores, lamentos ou doenças, e todos que andarem em direção a vossa luz e vossa dignidade eterna, jamais caminharão sobre os erros, os danos, as dores ou os pecados. Por isso, viera Jesus cumprir as leis de Deus em terra de homens, porque estas que foram trazidas por Moisés, já se encontravam esquecidas ou deturpadas, devido aos longos anos que afastavam as boas obras e os ritos sagrados de preparação espiritual perpetuados pelo próprio Senhor Deus, pois naquele momento caminhavam os homens bem distantes das boas ações ou das verdades espirituais a eles prescritas.

E era o povo daquele tempo errante e caminhante das inverdades e da idolatria, entregues aos desejos de terra, sem necessidade ou ordenança, ou ainda sentido espiritual como forma de libertarem-se das dores, lamentos e falhas, porém os vossos atos e ofertas, baseados em vontade de homens sem ordenança ou determinação sagrada, pelo Espírito Santo ou vossos servos, os espíritos não Santos, lhes traziam mais lamentos e dores, que ajustes e restabelecimento das energias, fluidezes e emanações boas, para que caminhassem sobre os caminhos bons pela busca de vossas salvações.

Sendo assim, mais fácil era ao Filho do homem dizer para aqueles que restabelecia diante das dores ou dos tormentos espirituais, que eram os vossos pecados perdoados ou apagados e esquecidos, e que não mais errassem em nome de vosso Deus, porque ele que é o único Espírito sagrado nascido à destra do Criador, capaz de ler o livro da morte e da vida, e retirar aqueles que para o campo de remissão deverão adentrar, o fazia libertando também os espíritos danosos e errantes de vossas falhas e descaminhos em terra. Por isso, dizia ele a todos os errantes, os quais os libertavam das dores dos campos da dor e da morte, que não mais caminhassem nos erros da carne, porque se acaso caminhassem novamente sobre os erros, não mais estaria ele na mesma terra para libertá-los de vossos próprios danos espirituais. Porque tão logo, deveria ele regressar ao vosso santo e sagrado trono de onde encontra-se a vossa única e verdadeira morada, deixando em terra apenas os ensinamentos para a correção e libertação dos erros, falhas e descaminhos.

Por isso este que vos curava pela crença, pela esperança e pela fé não necessitava de sacrifícios ou imolações idólatras, os quais não haviam sido imolados para que as vossas preces pudessem ser atendidas e santificadas. Não que as obras santas e sagradas de vosso servo Moisés estavam sendo em vossas totalidades desrespeitadas, mas porque era aquela época uma época de povos desordenadamente incrédulos, falsários e errantes, em nome de Deus, vendendo aquilo que os povos não necessitavam em busca de nada que vos pudessem aliviar ou ajudar aliviar suas dores carnais ou espirituais, porque aqueles que sequer conheciam Deus, jamais poderiam lhes entregar algo que fosse verdadeiramente pelo nome Dele; mas sim pelo poder terreno, pela autoproclamação, como forma de possuir poder material em terra, em troca do que custava o dinheiro.

Mas é certo que, possui o filho único de Deus o poder sobre o corpo e a alma, porém, necessitava o povo, naquele momento, compreender as falhas em relação as vossas obras e desejos puramente materiais, porque não era a deficiência física que lhes afetava a caminhada, mas sim a falta de evolução, sabedoria, conhecimento e prática correta, tanto das leis quanto dos ritos e obras ensinados por Moises, para que pudessem tornar-se mais unidos e praticantes da verdade e, assim, andarem sobre a única e possível verdade, a caminho das promessas de cada um.

Portanto, não era o caminhar pelas ruas com pernas materiais e sim levantar e caminhar pelas trilhas santas e sagradas, por terem vossos erros e pecados perdoados, ou apagados por aquele, que é o único espírito capaz de erguer um espírito errante do vale das trevas, porque ela ele o único que em terra de homens tinha autoridade de curar e restabelecer o corpo e a alma.

Por isso, todo aquele que depositasse crença e fosse, em nome de Deus, através de vosso filho único seguidor da verdade, teria os seus erros perdoados, não pelo perdão das falhas dos erros da terra, mas sim pelo poder de libertar assim como os erros da terra os erros do espírito, por isso dizia ele para que não mais os cometessem, porque não mais estaria diante deles na mesma terra para novamente os perdoarem ou os libertarem de vossos danos.

"*E chamando seus doze discípulos, deu lhes poder sobre os espíritos imundos, para os expulsarem, e para curarem toda a enfermidade e todo o mal*" (Mateus 10: 1)

Mas libertar dos erros, ou dos pecados, era conceder novamente o direito de que purificados em essência o fossem, porém para que pudessem ser libertos de vossos erros, e perdoados em vossas falhas, se fazia necessário que errantes servos da idolatria ou dos desejos que consomem a matéria e a alma fossem. Por isso, caminhava o servo filho único de Deus, em busca daqueles que mais precisavam dele, porque doentes muitos estavam, mas não eram os doentes de corpo os que mais precisavam de vossa misericórdia e bondade, ou os que erros ou falhas tinham em vossos espíritos, e sim aqueles cujas feridas expunham as vossas carnes, assim como expunham os vossos espíritos. Isso quer dizer, aqueles que devido suas existências danosas causavam verdadeiro mal aos outros.

Então buscava perdoar não pela carne que finda, mas sim pela cura espiritual através da cura misericordiosa, porque não descera este para julgar, condenar ou descumprir uma ordem divina, e sim para apresentar os caminhos bons, sobre as boas obras de Deus, porque são as boas obras de Deus o caminho da verdade, que os farão adentrar as casas celestiais e alcançar suas promessas e salvações. Pois, a fé nas boas obras, e a crença em vosso sagrado nome, são as únicas verdades de que o Criador necessita para lhes conceder a cura espiritual, porque ainda que o vosso filho tenha todo o poder de cura a ele concedido, porque é ele espírito sublime detentor das fontes de poderes e de luz, somente o desejo verdadeiro do homem, com a permissão de Deus, pode, em verdade, trazer a cura, seja para o corpo seja para o espírito.

Portanto, mostrava-lhes o caminho da cura divinal, para que todos os que desejassem curar-se de vossas próprias dores, angústias, lamentos e feridas de corpo e de espírito, não mais andassem perdidos, com olhos vendados, e sim sábios e conhecedores das forças e dos poderes de Deus, o Criador, e dele se abastecessem em amor e em verdade, seguindo as vossas ordenações e os vossos mandamentos sagrados.

Mas conhecia o Filho de Deus, exatamente os homens com quem caminhava, assim como conhecia as vossas intenções e desejos de trilhar caminhos tortuosos para abastecerem-se de poderes mundanos e glórias fugazes nascidas de nada. E conhecedor dos pensamentos e vontades, sabia que a vossa missão não era levar o remédio, o alento e a cura para aqueles que doentes não estavam, pois o motivo de nascerem diferentes em carcaça material, não lhes tornava adoentados perante Deus ou perante a terra, porque doentes estavam aqueles que derramavam vossos desejos imundos de terra sobre as vontades de quem lhes criou e ordenou a caminhar em direção ao que é correto, ou ao que não é.

Ora, mas fora o cego, o coxo, o endemoninhado ou o que se encontrava em seu leito de morte, dos quais fora Jesus em seus encontros, os causadores de todo o mal ou os maiores errantes e pecadores daquela época, pois estes cumpriram suas missões de encontrarem-se com o filho de Deus durante suas jornadas materiais frente as suas dores para que aqueles que verdadeiramente causavam a dor da matéria aos outros pudessem conhecer aquele que curava o corpo e libertava a alma dos pecados e reconhecerem-se em suas existências interiores danosas antes de matarem o filho de Deus, caso contrário, o teriam matado sem antes o conhecerem ou saberem de vossa força e poder divino.

Mas conhecendo as vossas doenças, reconhecia que vossa missão era ele o remédio divinal que curaria aqueles que andavam à procura de salvação e misericórdia verdadeira, por isso eram os vossos pródigos, alterando as unidades nascidas da vontade de vosso Pai celestial, a glória divinal, mostrando que sacrifícios de terra, além de não serem necessários para alcançar a clemência misericordiosa do Senhor, as marcas de sangue que estas deixam por sobre a terra, não são capazes de limpar o chão, onde devem eles mesmos pisar até encontrar os caminhos certos, que os levem aos reinos dos céus.

E ainda que conhecessem muitos de vossos feitos e obras erguidos em nome de vosso Pai, eram todos os milagres, exercidos para que os vossos poderes e glória eterna fossem erguidos através do vosso filho em terra, porque não era Jesus por si mesmo, mas pela ordem sagrada, o servo representante da fonte de energia e de luz capaz de fazer mudar, transformar e alterar todas as coisas materiais e espirituais, conforme a própria vontade através da alteração das energias entregando nova matéria ou novo espírito, sendo por meio da utilização das forças que o guiavam ou através das palavras sagradas que proferia, porque estas assim como as vossas mãos tinham o poder de Deus.

A espada da verdade

"Eis que vos envio como ovelhas ao meio de lobos; portanto sede prudente como as serpentes e inofensivos como as pombas... Não cuideis que vim trazer a paz à terra; não vim trazer a paz, mas espada" (Mateus 10: 16,34)

12.9 Ora, mas não nasceu o Filho de Deus, na terra para pregar a vossa paz, utilizando-se daquilo que o povo não conhecia; a paz celestial, mas sim utilizando aquilo que todos conheciam bem; a força da espada. Porque não era o filho único nascido, para ser a luz do mundo, pela paz do Criador pouco conhecedor da terra e do povo, do que iria caminhar bem como a fluidez e emanação espiritual da força e da energia, que circulavam dentre os homens daquela época. Portanto, quando proclama que não viera para trazer a paz, não quer dizer que veio para trazer a desavença, a angústia, a guerra ou a desgraça ao povo, porque é ele Espírito nascido da luz celestial e da paz eterna do Criador. E, portanto, apenas pode dar aquilo do que possui, mas quando diz que não veio trazer a paz não é porque veio trazer a guerra e sim porque veio trazer a luz divina para aqueles que conheciam apenas o ranger de dentes pela força da guerra, da luta e da espada da dor.

E ao iniciar a vossa missão de trazer a paz, em nome de vosso Pai celestial, em meio à grande tribulação, seria ele o mesmo que a espada da discórdia e da desavença erguida a todos os que apenas a luta conheciam, tanto como forma de sobrevivência quanto forma de labutarem as vossas existências em campo material. Não que fosse ele ordenado para causar a desunião ou a guerra entre os homens, porém, tudo o que era, contra aquilo que conheciam, pregavam e caminhavam, era como a própria espada levantada, contra as vossas verdades e crenças que se debruçavam, viviam e por ela morriam.

E sendo ele nascido da ordem sagrada e descido sobre uma ordenação suprema de restabelecer a paz, a união e a verdade, em nome de Deus Pai, era a própria espada apontada aos homens que, da idolatria, da falsidade e das falsas verdades caminhavam. Porque esta que se levantava em forma de Filho de Deus, em direção ao povo, fazia também levantar do povo aquela que se erguia em forma de ódio, desprezo e revolta contra ele, em favor de todos os que acreditavam em vossas próprias verdades e depositavam fé naquilo que acreditavam como sendo a única verdade de terra, desprezando a única e real verdade celestial, capaz de lhes apresentar o único caminho que os levariam as vossas salvações, tanto da carne quanto do espírito.

Por isso, era ele a própria espada que colocaria em discussão as certezas mundanas que tinham os pais e não tinham os filhos, os quais tinham as filhas e não tinham as mães, e tinham as noras, mas não tinham as sogras, ou todos os que pudessem ir contra ou a favor da verdade, causando assim discórdias, brigas e desunião entre os próprios familiares, porque são os familiares os elementos espirituais mais próximos uns dos outros, em campo terreno, que fora ordenado pelo próprio Criador, lhes concedendo o direito de laços materiais, para que sejam uns o alicerce dos outros, para que unidos pela mesma verdade, possam juntos caminhar em direção as vossas liberdades espirituais.

Portanto, não que fosse ele o causador das desavenças entre as famílias, mas sim o elevar da espada da desunião, em favor da paz, que os homens não conheciam, mas brigavam para que a desarmonia, a desunião e a desgraça não adentrassem as vossas moradas, porém a erguia mais ainda, diante do desejo, da idolatria e das inverdades, que já estavam habituados a conviver. E por isso lutariam contra a luz, e a paz, em força de verdade, que poderiam receber, e sobre a luz divina da harmonia e da graça viver em união pela mesma e única verdade.

Mas vejam vocês, se não era Jesus, o filho único de Deus, nascido da terra, conhecedor daquilo que veio fazer, trazer e exercer em nome de vosso Pai, e por isso, bastante conhecedor em relação às vontades do povo daquela época, seus costumes, suas crenças, descrenças e idolatrias, bem como as necessidades e desejos materiais, os quais se iludiam e se autoproclamavam reis e nobres homens de terra, superiores em unidade aos demais seres, que de vossas coroas que prostravam para que não morressem todos, pois eram os nobres senhores, comandantes dos povos e das terras, os seres mais poderosos, os quais conheciam os homens, por isso, morriam ou matavam em vossos nomes, porque assim se alimentavam e viviam.

Mas era aquele povo de costumes errantes, um povo de olhos vendados, que lutavam e guerreavam as vossas próprias vidas, em nome daquilo que ordenavam os reis de nada, ou seja, os únicos seres poderosos e majestosos, detentores da força e do poder, cujos povos que se abasteciam de vossas inverdades e soberanias conheciam.

Por isso, era o reino celestial, do qual vinha Jesus trazer aos povos algo muito distante da capacidade de entendimento e da sabedoria, ou da evolução de muitos deles. Portanto, continuariam a lutar em nome do rei de terra, ou o único rei, do qual era o reinado conhecido por todos eles, juntamente com suas tropas e homens, prontos para matar e morrer por vossos nomes, se assim fosse ordenado. E era o Filho de Deus, diante do tempo em que apenas um reino e um rei eram de conhecimento do povo, a própria espada erguida contra aquilo que era a verdade que poucos sabiam, porém preparados estavam para lutar em favor daquele reino que lhes era de conhecimento e de fácil entendimento.

Por isso, era Jesus, o Filho de Deus, o servo divinal, nascido do Criador e descido do reino celestial de vosso Pai eterno, para lhes apresentar o vosso reino, e lhes trazer a vossa paz, sendo o único, junto aos homens, conhecedor das fontes de energia e de luz do Senhor, o causador da desavença e da discórdia entre os homens, contra a vossa paz que viera ele pregar.

Ora, mas não era o vosso sagrado reino e de vosso Pai eterno um reino de terra, por isso, não seria o Reino de Deus de fácil compreensão ou de fácil entendimento aos próprios filhos de Deus, pois em terra, apenas uma forma de reinado lhes era de fácil entendimento, ou seja, os palacetes construídos de pedras e tijolos, os quais os homens mais fortes e poderosos se abrigavam, bem distante da capacidade de compreensão e entendimento daquele povo, que da coroa e das ordens dos deuses criados por eles mesmos viviam. Por isso, era aquele que trazia a verdade celestial a própria espada erguida contra os deuses dos reinos de terra, que o povo conhecia, admirava depositava crença e se prostrava.

E sendo o único conhecedor daquele reino, daquela instância ou daquela forma de vivacidade, em que a própria unidade jamais se finda para aqueles que a compreendem e aceitam as palavras e verdade, era ele a própria desavença recoberta de morte em forma de lança apontada a todos aqueles que, ao rei de terra, cuja a coroa lhes era a autoproclamação da sustentação de seus poderes contra um reino de Deus, que sequer poderiam compreender os mesmos que lutariam para defender a honra de um povo já nascido desonrado. Logo, não era ele o carregador da paz, porque a paz representava servir as crenças más, as ideias más e as vontades e desejos mundanos, mais tortuosos e insanos que a própria hombridade que carregavam. Por isso, para estes representava o filho da verdade a discórdia e a guerra, apontada para as vossas faces, em forma de desgraça e malfeitorias.

 Mas o reino perante o qual estes se prostravam era o mesmo reino de onde se encontravam aqueles que, em busca da verdade, não da paz que desejavam, desejavam a força da espada para firmarem as vossas verdades mundanas, ainda que estas lhes causassem a morte, porque a morte que mais causava temor para estes, não era a morte material da carne diante da guerra e sim a morte da desonra de não servir aos deuses de idolatria ainda que estes os tirassem a vida se esta fosse à ordem dos reis da época. Porque eram os homens, pouco conhecedores da verdade, que juntamente com a inverdade lutariam fielmente em favor do rei de terra contra o filho de Deus para destroná-lo com o mesmo fio de espada, que ele mesmo erguera dentre os povos.

 Por isso, alertava o Mestre os vossos discípulos em relação aos vossos caminhos, porque eram eles não os representantes daquele que carregava em vossa destra celestial o mastro da bandeira da paz, mas sim o carregador da espada da discórdia pronta para ferir aqueles que desejavam continuar aos vossos modos, servindo a idolatria insana, os desejos do mundo, pela troca de nada ou mais inverdades de terra.

 E a verdade que carregava era o elo espiritual que separaria os homens sedentos de idolatria dos homens famintos de verdades e novas formas de caminhar as vossas existências, e estes se misturariam, dentre os homens de muita ou de pouca fé, porque eram estes os mesmos que constituíam as famílias, os agrupamentos e os grupos de adeptos das mesmas ordens ou das mesmas doutrinas de terra, uma vez que eram todos regidos por um único rei, debruçado em vossa também falsa majestade, em favor de exterminar o reinado de terra daquele que coroa não tinha em vossa cabeça, mas se dizia filho do Rei dos reis. Mas o único reinado que conheciam e se prostravam era o reinado do rei de homens e de lobos nascido do pó da terra.

 Por isso, era ele a própria espada, apontada para aqueles que desejam a verdade, e aos que desejam continuar com vossas falsas verdades, porque estas embora não os alimentassem os espíritos os alimentavam as fantasias e crenças mundanas, das quais viviam e se empapuçavam fartamente.

 E embora fosse nascido do amor e da misericórdia divina não representava para muitos nem o amor, nem a misericórdia, tampouco a paz, porque estes não conheciam a paz, apenas acreditavam viver em busca dela frente as vossas lutas e guerras, mas eram os seus desejos recobertos de sangue de ódio e de desgraça, tentando encontrar a paz através do poder e da autoproclamação, bem distante daquilo que era a única forma de se viver em paz, que é por meio do amor e da misericórdia.

Mas firme em sua missão, caminhava Jesus, com a paz em vossas mãos, andando na mesma terra onde desejavam que o fio da navalha adentrasse em vossa pele, porque assim saberiam viver em paz, não a paz que acalma o espírito e tranqüiliza a alma, mas sim a falsa paz, que cala a boca e ensurdece a fala.

E esta, ainda que lhes trouxesse dor, ódio e sangue, era a agulha que separava a verdade da inverdade, a idolatria da certeza, a injustiça da justiça, porque era a injustiça dos homens também a única forma de julgar os certos e os errantes frente as vossas obras, desejos e vontades.

Portanto, era ele o homem que, pela busca de lhes apresentar a verdade celestial, ou a única verdade capaz de lhes salvar de vossas dores e lamentos, igualmente nascido da vontade de ser feliz e caminhar em harmonia e paz, a própria lança que dividiria o povo, cujos caminhos da libertação eram o mais sangüento e doloroso, não apenas para ele, mas para todos os que acreditavam e viriam a crer em vossas palavras, pela única e verdadeira salvação.

Filhos de Abraão ou filhos de pouca fé

"Responderam, e disseram-lhe: Nosso pai é Abraão. Jesus disse-lhes Jesus: Se fôsseis filhos de Abraão fariam as obras de Abrão... Tendes-vos por pai ao diabo, e quereis satisfazer os desejos de vosso pai. Ele foi homicida desde o princípio, e não permaneceu na verdade, porque não há verdade nele. Quando fala mentira, fala do que lhe é próprio, porque é mentiroso, e pai da mentira. Mas porque vos digo a verdade, não me credes" (João 8: 39,44,45).

12.10 Ora, mas era aquele povo um povo de pouca fé, nascido, não da verdade de Abraão, e sim das próprias verdades de si mesmos, porque não são as verdades de terra as verdades espirituais trazidas pelos servos espirituais do Criador, para serem disseminados e perpetuados pelos homens, mas sim os desejos, as ações e as ideias más, as quais os homens utilizam para construir vossas fortalezas de terra, e vossos poderes através das falsas verdades, ou verdades imaginárias, de sentidos, de sentimentos de vontades terrenas, porque são os sentidos e sentimentos mundanos apenas experimentados em campo material pela carne, carne que é capaz de criar e recriar desejos e vontades e verdades para abastecer aquilo que, em verdade, sequer existe em campo espiritual, mas ainda assim, nutre e supre os desejos inventados e criados pela carne.

E são estes desejos, alimentados e nutridos pelo o diabo, pois é o diabo o arquétipo do mau, nascido do desejo, da vontade e das ações más, criadas não por uma entidade maligna, e sim pelos próprios homens que enraiza suas crenças más em inverdades as fazendo com o passar dos tempos, serem tidas como verdades, causando assim a dor e o sofrimento de todos. E, por isso, o pai da inverdade de si próprio, e não daquele que lhes ensinou a ser bons e conhecer a verdade espiritual do Criador: Abraão.

Porque eram os vossos enganos, erros e falhas seus próprios anseios de serem nascidos de si mesmos e serem para si mesmos os pais, pais de vossas palavras. Por isso, não eram os homens capaz de crer nas palavras do Filho de Deus, porque não eram eles nascidos de Abraão, isso quer dizer, não eram seguidores verdadeiros de vossas palavras, ou de vossa descendência espiritual patriarcal divina, mas filhos de si mesmos, filhos dos desejos e das vontades de terra abastecidas de inverdades ou verdades criadas para satisfazer as necessidades de terra, portanto, filhos do diabo ou filhos da falsa verdade.

Mas sabia o filho único de Deus de onde vinham as vossas descendências, e estas não eram nascidas de forma espiritual, e sim material, da vontade de erguer e construir, a partir das vontades lastreadas em certezas imaginárias ou criadas para sustentar seus anseios materiais. E, por isso, eram considerados pelo Mestre, filhos do arquétipo do mau, outrora chamado diabo.

Ou seja, eram todos nascidos das falsas verdades, e das necessidades alimentadas pelas inverdades que autodestroem e destroem todos os sentidos e sentimentos bons, nascidos da verdade celestial. E sendo eles nutridos pelas inverdades e crenças más, viviam de forma irreal ou distante daquilo que era o desejo do Criador para eles, satisfazendo apenas suas vontades de natureza material que são as mesmas forças que alimentam a vida-morte que sustenta o caminho da própria falência espiritual e não as vontades pelos desejos verdadeiramente espirituais, os quais tinham o direito.

Portanto, quando dizia serem filhos do diabo, não os colocavam como seres espirituais nascidos de formas e poderes diabólicos, uma vez que são todos filhos sagrados, nascidos do mesmo Deus e do mesmo seio eterno, jamais, nascidos de forças ocultas más, mas sim porque eram seguidores das vontades próprias e dos desejos mundanos de serem abastecidos materialmente por vossas crenças errôneas e imaginárias, e respeito de si mesmos, e não verdadeiramente daquele que lhe ensinara a doutrina verdadeira, bem como os mandamentos sagrados do vosso pai espiritual, o qual chamavam de Abraão, mas sim aquilo que desejavam crer e seguir, para abastecer suas vontades de terra, porque estas eram as únicas certezas que alimentavam o corpo e o espírito em verdade. Verdade material e não espiritual. Mas não porque não conheciam a verdade, mas porque desejavam continuar a alimentar-se de suas próprias verdades. Porque mesmo que da verdade não tivessem sido alimentados em tempos passados, receberam o direito de conhecer, e beber e comer do pão ofertado pelo Filho de Deus, porém acreditavam que os vossos alimentos, nascidos do pó da terra, eram mais verdadeiros e nutritivos que as existências terrenas, assim como os seus desejos materiais.

Porque estes homem, que utilizavam o nome de Abraão, mas nada tinham, faziam, ou disseminavam que fosse similar àquilo que foram às obras de Abraão, o vosso pai espiritual, assim como eles mesmos o nomeavam. Mas sim aquilo que as vontades de natureza terrena ordenavam, pois embora acreditavam cumprir os mandamentos de vosso pai, seguiam vossos preceitos e leis, porém nada do que faziam tinha a mesma verdade espiritual, ou seja, nada que faziam ou erguiam eram, ou se baseavam, nas verdades espirituais de Abraão. Porém este fora também, de fato, digno e fiel às leis de vosso Senhor Deus das quais deveriam todos seguir.

Portanto, todos os atos, vontades e desejos, travestidos de verdades espirituais, eram verdades de si mesmos e não de vossos pais. E eram estas verdades, ou falsas verdades, a destruição de cada um, não pelo desejo próprio de se autodestruir, porém pela vontade má, que nascia de vossas entranhas, a qual era esta vontade o mesmo que o homicídio de si próprio, porque esta que vem de inverdade mata ainda que não seja este o desejo de quem morre por causa dela.

Por isso, são todas as vontades e desejos terrenos, abastecidos de inverdades, incertezas e falsas verdades, homicidas de vossas mais íntimas vontades de caminhar sobre o escuro da noite, acreditando que a luz do dia lhes cegam os olhos. Mas esta, que era a vontade dos homens daquela época, que carregavam e seguiam seus desejos e vontades materiais, pelos caminhos da dor e da autodestruição, nada dizia a respeito das obras de Abraão, e sim de si mesmos, porque eram eles os vossos próprios pais individuais onde cada um pregava e executava a sua própria doutrina sobre o seu próprio comando e ordenação. E assim, pais da mentira, do erro, do engano, do sofrimento ou do próprio homicídio de vossos espíritos.

Mas Jesus não veio para condenar as obras do diabo, ou as obras de terra erguida a troco de dor e sofrimento dos homens que dele se alimentam, uma vez que não veio para julgar ou condenar os filhos de Deus, o qual é ele mesmo um filho sagrado, e sim para erguer tudo o que é verdadeiro, em nome de vosso Pai, elevando a vossa plenitude pela verdade sobre as inverdades, que se manifestam através da carne, por isso, atuava frente o que verdadeiramente é santo e sagrado para mostrar-lhes o que de fato é a casa da verdade.

Não que seja a mentira capaz de se elevar mais do que a verdade, porém esta, que não passa dos campos das dores, encontra maior dor nos elos de remissão e libertação de erros, danos e culpas, e sendo Jesus conhecedor de todas as dores, as quais podem causar os caminhos tortos dos homens, veio para revelar também, e demonstrar de forma viva, as conseqüências das inverdades e falsas verdades, quando estas tentam se impor acima do que é verdadeiro, sagrado, santo e real.

"Pois Jesus lhe tinha dito: Saia deste homem, espírito imundo!" (Marcos 5:8)

    Mas conhecia o filho de Deus tão bem os espíritos e todas as suas formas e extremidades também conhecia os homens e seus desejos e suas vontades. E assim como tinha autoridade para curar as feridas do corpo e da alma libertando os danos e os pecados, tinha igualmente autoridade para expulsar os demônios, isso porque são os demônios os maus espíritos saídos dos confins do inferno que adentraram a este campo espiritual de pesares e dores por serem igualmente eram em campo material de onde foram retirados para pagarem as suas penas no inferno, caminhantes de verdades e vontades próprias que machucam e causam feridas e dores aos demais seres, os retirando o direito espiritual de viverem as suas vidas e missões, por terem sido podados por estes seres indignos que além de interferir em suas vidas terrenas interferem também em suas caminhadas espirituais.

    E embora tivesse o filho do homem autoridade para expulsar os demônios, não era esta autonomia o mesmo que caminhar entre a serpente ou o diabo, nascido das vontades da terra. Porque diante do que era verdadeiramente trazido dos confins dos campos de remissão, não fazia ele nenhum tipo de demonstração terrena sobre os espíritos maus para demonstrar a vossa força e poder sobre todos os poderes de forças que possui ele.

    Por isso, não fazia nenhum tipo de ritual ou exorcismo sobre os espíritos caminhantes de si mesmos ou andantes de suas próprias verdades, uma vez que, sabia ele, que o demônio assim como o diabo são a personificação do erro, da falsidade, da falsa verdade e das ações e atos maus daqueles que desejavam trilhar caminhos próprios, usando sempre outra unidade em favor da continuidade de seus erros. Porque enquanto um se personifica através da carne em campo material recebendo o nome de diabo o outro o faz em forma de espírito pela forma real e verdadeira que possui recebendo o nome de demônio, porém ambos causam dor, lamento, desequilíbrio, discórdia, desunião e desastres não apenas de si mesmo mas de todos os que estiverem em seu redor, isso porque ambos não apenas atormentam as certezas como sujam as energias daqueles que crentes são, porém fracos de energia se encontra, pois assim adquirem mais energia para continuarem as suas empreitadas.

    E sabendo o filho de Deus, que era este o caminho pelos quais caminhavam os homens maus, pregava ele o amor e a verdade, através da manipulação das forças, as quais detinham, que eram energias tanto nascidas da destra quanto da esquerda de Deus pai celestial, que lhe concedera autoridade para caminhar entre as duas unidades espirituais, para que assim como caminhou e feriu

Moisés o rio de morte, ou ergueu a serpente no meio do deserto, utilizando as forças e energias de vosso Criador, assim pudesse ele também o filho único, utilizando as forças e fluidez de energias, e de luz, não somente demonstrar a vossa força, poder e autoridade, como também aplicar a vossa plena autoridade diante de todos os olhos carnais, para que compreendessem que as vossas escolhas não seriam apenas escolhas de terra e sim escolhas espirituais, porque assim como os maus espíritos, os ditos demônios, eram eles, também, nascidos espíritos e, no momento em que fosse chegada à hora, todos tornariam as vossas formas reais, espíritos ou maus espíritos os quais seriam ele mesmo o poder de forças que os libertariam de vossos dias de dores e penares da alma.

Pois somente o filho de Deus possui autoridade para libertar os demônios de suas horas de morte no dia de seus julgamentos. Porque assim aplica-se a ordem de que ninguém vai ao Pai a não ser através dele, isso quer dizer, ainda que não cheguem aos reinos dos céus por meio de vossos ensinamentos e palavras, terão a chance de após serem libertos do cume do inferno pela proclamação de seus nomes lidos no livro dos mortos e dos vivos, o qual somente o filho de Deus possui ordenança, de libertarem-se de suas existências malignas para que sigam livres pelos caminhos das leis e da justiça celestial de Deus.

Mas o que se manifestava contra a verdade de Deus, por ele era excomungado e enviado novamente aos caminhos de onde deveriam seguir vossas unidades espirituais, ainda que fossem estas as mais degradantes e desprezíveis unidades de espíritos, porque além de ter autoridade sobre os vivos e os mortos, possuía olhos, sabedoria, evolução e conhecimento sobre todos os cantos e caminhos de todos os espíritos, demonstrando mais uma vez que não viera deste, mas do mundo de onde todos os espíritos dormem as vossas certezas ou pagam em juízo os vossos erros e males, nas casas de onde pertencem. Portanto, sabia ele exatamente qual era o caminho que das verdades próprias desejavam caminhar em terra de homens e de espíritos, porque assim como não era desta terra, conhecia todos os que desta também não eram, assim como eles também o conhecem.

E por não serem desta terra vossas palavras contra os maus espíritos, também os maus espíritos não eram, por isso não as proclamava em forma de juízo ou correção, e sim em forma de autoridade, mostrando a todos os homens que, assim como conhecia bem todos os maus espíritos ou demônios, também conheciam todos os maus espíritos o poder e a ordenança do filho de Deus sobre eles; por isso, quando excomungava aqueles espíritos extraviados de vossas unidades de remissão, dizia somente "Arreda! Satanás" porque eram as vossas santas palavras o poder da verdade contra a falsa verdade do espírito que, baseado em suas próprias verdades, desviavam-se dos caminhos de luz, em detrimento de prazeres e gozos, por meio de outrem, se apoderando da unidade espiritual deste, para se utilizar da energia alheia agindo contra as leis divinais.

Mas conhecendo que toda destruição do mal, assim como as intenções e os atos do próprio mal ou daqueles que se utilizam e desferem em favor do mal se fazem de forma contrária aos desejos ou os mandamentos de Deus, porque todo mal ocorre de forma contrária à verdade causando apenas sofrimento. Sofrimento este que sentiriam todos aqueles que aplicassem e se envaidecessem de suas obras erguidas em terra pelo mau que carregam em suas unidades danosas.

Então ordenou o Criador que descesse o vosso filho único para mostrar a todos os povos da terra as consequências de vossas atrocidades e verdades próprias, que acreditavam estar caminhando sobre as ordenanças de vosso pai espiritual, porém, caminham em função de vossas próprias obras, arrogantes e imundas doutrinas, as quais muitos ainda chamam de mandamentos.

"Então voltaram os setenta com alegria e dizendo: "Senhor até os demônios submetem a nós, em teu nome". (Lucas 10: 17)

Mas quando diz que até os demônios submetem a nós é o mesmo que dizer, até mesmo aqueles que caminham sobre as próprias verdades criadas em troca de crenças e conceitos falhos distante das leis e mandamentos divinais, reconhecem a existência de um Deus supremo, ainda que não sejam fortes o suficiente para se prostrarem e andarem sobre as leis e disciplinas, conhecem suas forças. Porque o mal, ou os conceitos maus e seus atos e ações más não têm autoridade ou permanência, por onde nascem, pois o detentor do mal severo ou o único e verdadeiro mal, do qual não possuem nem aqueles que caminham sobre os céus, tampouco por sobre a terra, o mínino conhecimento do que vem a ser não é o mesmo mal nascido de conceitos e ideias mundanas, pois este possui não autoridade divina para ser nascido em qualquer que seja a esfera espiritual, por meio de nenhuma forma de existência.

Logo, o poder do verdadeiro mal, aquele severo, capaz de exterminar com qualquer que seja, o encarnado ou espírito em favor da justiça divina, pertence ao único Deus, o Criador. Porque, se acaso tivesse o diabo ou satanás, ou seja, as crenças mundanas e contrárias à verdade do Criador, algum poder sobre o mau, não teria ele mesmo feito algo acerca de sua elevação e proclamação, dentre os homens da terra ou até mesmo diante dos céus? Porém, nenhum mal adentra a esfera celestial ou todo o mau conceito e más idéias e desejos e ações más, os quais os homens fazem em esfera terrena, são combatidos através dos anjos guerreiros de Deus, e jamais adentram com nenhuma unidade espiritual as casas sagradas celestiais. Por isso mesmo, todos aqueles espíritos andantes por sobre as suas próprias verdades, caminham sobre a vigilância dos espreitadores servos espirituais em nome das leis sagradas, que zelam e cuidam das unidades espirituais divinas.

E era o filho único de Deus, o "Anjo bom" do qual viera a terra, para ser a demonstração viva da força e do poder das escolhas abastecidas pelas vontades mundanas, nascidas da arrogância, da prepotência, da inveja do ódio da autoproclamação e do desejo daquilo que não possuem ou não possui verdade espiritual, em favor de suas próprias vontades distantes daquilo que prescreveu os servos de Deus a todos nós.

Porque não fora o diabo, ou satanás, ou a serpente alegórica, os seres imaginários, carregadores das más condutas e atos e ações más, os seres que desfeririam toda a vossa autoridade de terra pelo desejo e pela vontade deles mesmos contra o filho único de Deus, lhe tirando aquilo que acreditavam lhes pertencer, que eram as vossas verdades, quando estes lhes foram apresentar a única e verdadeira verdade, para que pudessem possuir igualmente ele, não somente verdade, como também autoridade espiritual, contra aquilo que nasce da terra, fere, machuca e é capaz de matar e fazer sangrar pelo desejo de ser aquilo que não é, e ainda fazer calar em nome desta que não é a verdade de Deus.

Por isso, não seria o diabo, e tampouco satanás, ou nenhuma espécie de demônio, os seres sem autoridade divina que desejariam destruir a verdade que trazia Jesus, mas sim o sentido irreal de viver e acreditar sem verdade, caracterizado pelos pensamentos errôneos e doentios, de desejos e condutas miseráveis e abomináveis, em relação ao divino, uma vez que estes arquétipos são imaginários e não possuem verdade que sobreviva por eles mesmos, ou verdade espiritual que tenha nascido de Deus, para ser algo além de coisa criada por homens com sentidos e sentimentos de pouca fé.

E sendo os homens os criadores e ordenadores de vossas próprias verdades, eram também aqueles que, devido às vossas falsas verdades, ou crenças mundanas, abastecidas de verdades de terra, que condenariam as verdades do Filho de Deus, as classificando como sendo falsas, e as vossas verdades, outrora de fato trazidas do pai espiritual Abraão, que fora com o tempo alterada e deturpada pelos desejos de terra, sendo, naquele momento, verdades criadas, e não mais puramente espirituais, consideradas por eles as únicas e verdadeiras a serem seguidas.

Porém, estas que abastecidas de necessidades de terra, pelos desejos dos próprios homens de manterem-se no poder pela força material que este possui sobre os homens, seria esta força a única e real força, assassina e homicida das verdades celestiais, a qual viera o Mestre Jesus vos apresentar, para que não morressem em vossas unidades espirituais, sofrendo e penando por aquilo que jamais saberiam, se acaso estas não lhes fossem apresentadas, por isso, seriam estas apresentadas para que se endireitassem nos caminhos sagrados da luz, porque tudo o que viera já havia sido por eles deturpado, tocado e alterado em detrimento da inverdade, inverdade assassina e homicida de si mesma.

Mas, vejam vocês, se não eram eles os próprios filhos da pouca fé, cuja fé em que depositavam crença, em nada lhes condenariam, porque esta que não passava da unidade terrena, nada tinha para lhes julgar ou elevar, frente a única verdade. Porque eram as vossas crenças a própria morte de vossas unidades espirituais, pois estes que se diziam filhos de Abraão eram, na verdade, filhos do nada, que lhes restavam até mesmo para aqueles que não o chamavam de pai espiritual, patrono regente de vossos caminhos de terra, para que alcançassem os caminhos sagrados daquilo que não conheciam sequer em terra, mas acreditavam conhecer além daquilo que lhes mostrava o filho de Deus, que acima dos céus assentava a vossa santa e nobre verdade.

As leis da terra e o julgamento do homem

"Vieram os chefes dos sacerdotes e os fariseus formaram conselho, e diziam: Que faremos? porquanto este homem faz muitos sinais. Se assim o deixarmos, todos crerão nele, e virão os romanos, e tirar-nos-ão o nosso lugar e a nação" (João 11: 47:48)

12.11 Mas era o desejo de terra superior às vontades do Pai celestial, que havia enviado o vosso filho único, porque já se fazia hora de conhecerem o mais sagrado e sublime reino, os quais poderiam eles, ainda que sendo falsos, mentirosos e arrogantes, idólatras de si mesmos, conhecer, se prostrar e caminhar para encontrar trilhas mais nobres e santificadas, fazendo, assim, erguer uma nova e mais poderosa nação espiritual, crente de vossas forças e poderes, composta de filhos e filhas verdadeiramente fiéis, devotos e obedientes às verdades do Criador. Porque este, que Santo e eterno e criador de todas as coisas, lhes concedeu a vida assim, como o direito de ser e de nascer de vosso seio amado, para caminhar sobre as vossas certezas, dentro de vossas terras, de forma que compreendam as belezas, da bondade, da compaixão e da caridade, alcancem a verdade pela compreensão da sabedoria e do amor eterno.

Pois esta é a única forma de caminhar nas certezas divinais, para que, ao término de suas jornadas, possa conhecer o vosso único e verdadeiro reino, através do amor e da paz, frente àquilo que são merecedores, por crerem nas coisas vindas dos céus, pois é esta que é a única e verdadeira forma de ser e de existir em unidade santa espiritual; é também a única que vos libertará das dores e angústias de terra e, ao fim da jornada de terra, das dores e pesares da própria alma.

Porque estes que conheciam nada além do que o reino terreno, construído a partir dos desejos e vontades da carne, e não do Espírito, porque fora o campo terreno, embora nascido do desejo do Criador de abrigar vossos filhos, dentro de uma unidade sagrada e cheia de forças, de luz, erguido também celestialmente perante o direito divinal de que os homens que aqui se abriguem, também governem esta casa santa; que além de os receberem com toda glória e majestade espiritual, os entrona pelo desejo deles mesmos, não somente como grandes em unidade espiritual abastecida pelas fontes de luz sagradas divinais, como grandes e poderosos reis e sacerdotes de suas vontades, através da carne que finda, nascida da vontade de terra, de elevá-los diante daquilo que não possui verdade ou luz eterna, findando não somente a carne que apodrece os seus sonhos, como também a possibilidade de serem conhecedores do único e verdadeiro reino, o reino celestial de Deus. O reino que jamais findará.

Mas é o Criador, misericordioso e bondoso em demasia, pois além de os tornarem carne para que sejam missionários e aprendizes, para que adentrem a unidade de onde as belezas são mais belas, santas e sagradas que muitas outras unidades santas espirituais existentes; concedeu-vos ainda o direito de governar por suas próprias vontades, de forma que possam não somente ser grandes, majestosos filhos e herdeiros do único e verdadeiro reino celestial de amor, de paz e de bondade, os quais poderiam fazer deste também elo sagrado um jardim santificado do próprio reino dos céus, por viverem as suas belezas e mostrarem as vossas honras e determinações, para conquistarem e alcançarem vossas promessas. Porém, utilizando-se de seus poderes de terra, de domínio, do que é pó, se dispersaram pelos encantos deste, que seria o jardim das casas de Deus, em favor das delícias e tentações materiais, que os enchem mais as entranhas de nada, do que o espírito com a glória do Pai.

E, corroendo-se de medo de perder aquilo que lhes garantiam o poder material, ou o reino de pedras, ou os templos de areia e de tijolos, os quais não são as pedras e os tijolos, erguidos em amontoados o poder da grandeza espiritual do Criador. Porque este que é feito por mãos humanas, sem a ordenança do Espírito Santo, é capaz de abrigar apenas aquilo que as mãos constroem para entronarem e levantarem vossas moedas, assim como vossas coroas cravejadas, de ouro e de sangue alheio, demonstrando a força e o poder material do reino, que era o único que haviam, até aquele momento, ouvido falar, e que por isso, o único também que conheciam.

Reino do majestoso e nobre governado por imperador terreno, que jorrava riqueza e ostentação material, ao mesmo tempo em que derramava ódio e desprezo vindo da própria proclamação de superioridade, pela força que possui o ajuntamento de pedras e de tijolos, em terra de homens; ajuntamento este, que os faz intitular-se nobres, por portarem riquezas materiais, ainda que vossas riquezas não venham dos céus ou que vossas túnicas, coroas e ouros lhes cubram daquilo aos quais os olhos se fecham e fingem não enxergar, porque assim vivem como cegos felizes em terra de pouca fé.

Ora, mas não condena o Criador, ou os vossos Espíritos, à riqueza material, tão pouco aquilo que é construído por vossos filhos, durante as suas caminhadas materiais, em busca de autoconhecimento, aprendizado e elevação espiritual, porque o que pertence a terra de homens deve ser utilizado da melhor forma pelos homens que os possuem, para que sejam estes conhecedores de tudo o que as mãos humanas lhes possam proporcionar, uma vez que esta permissão lhes foi concedida de forma espiritual. Porém, não deve o homem confundir as coisas criadas para abastecer as vossas carnes e os caminhos materiais, com as coisas verdadeiramente nobres e reais, nascidas da vontade de vossa santidade, para que alcancem a glória e a nobreza espiritual.

Porque não é o ouro nascido das fontes celestiais do Criador em terra maior do que a vossa própria santidade, o vosso próprio amor, vossa bondade ou caridade. Porém, são os elementos que formam o ouro, nascido das fontes de energia e de luz jorrada por vossa autoridade, e tudo o que pertence ao campo terreno, parte de vossa glória e poder de tornar, até o último grão de areia, também elemento prostrado a vossa unidade espiritual santa sagrada. Desta forma, são todas as coisas materiais unidades que pertencem ao Senhor, por determinação de que fosse este campo abastecido de vossa luz, para que os vossos filhos pudessem adentrar viverem fartos, porém, não é o valor colocado em cada pedra, cujo homem se enobrece mais que a própria pedra ou aos outros homens; porque, assim como é a pedra pertencente ao Senhor Deus, são todos os homens que, igualmente às pedras, estão no campo material, pertencentes em unidade material e espiritual, a vossa majestosa e nobre santidade.

Logo, são todos em unidade, valor ou força espiritual, embora em forma, formato e missão distinta, iguais! Pois, cada um possui a sua importância, dentro do campo material, conforme a ordem e determinação espiritual do Criador, o qual é o Criador o único que, de fato, rege e governa tudo o que neste elo espiritual existe.

Por isso, não deve o homem confundir riqueza material com nobreza espiritual, porque esta que não se compra com vil metal, também não se vende em troca de ouro, porque mais força e poder possui a energia daquilo que não são os homens capazes de tocar ou enxergar, do que aquilo que podem, entre si, criar valor ou trocar.

Mas são todas as coisas materiais, valorosas aos homens ou não, pertencentes e nutridas por Deus, e somente possuem o direito de existir, porque a vossa compaixão, amor, luz e bondade lhes permitiram ser todos existentes, em unidades materiais ou espirituais, para que possam cumprir com as vossas missões e ordenações de existir, dentro deste que é o maior e mais belo campo, que um espírito poderá adentrar para se autoconhecer e elevar-se. Por isso, acreditar que possui maiores poderes ou honras espirituais, somente porque possuem mais bens materiais, não possui verdade espiritual, porque poder verdadeiro possui um único Espírito, que vos abastecem as unidades, sejam pedras, sejam homens. Pois a verdade é uma só, o Espírito Santo, que é Deus, lhes permite o direito de ser o que são, sejam pedras, sejam espíritos. Portanto, não possuem os homens mais direito do que as pedras, tampouco sobre aqueles que fazem prostrar material e, espiritualmente, por possuir menos pedras em vossos bolsos materiais, porque são as pedras, neste caso, mais valiosas que as vossas próprias unidades, que são grandes, apenas em vossas verdades próprias, de acreditar possuir mais valor material e espiritual, por carregar mais pedras, que possui valor apenas em terra.

Mas era o filho único, aquele que descera de vosso principado, cujo reino não possui pedras ou ajuntamento de tijolos e, por ser tão diferente dos reinos de terra, parecia aos homens encarnados, muito distantes de vossas compreensões e entendimento, e por ser de difícil compreensão, mais lhes parecia uma afronta contra as vossas verdades já enraizadas. Porque sobre o Reino de vosso Pai celestial, falava o Mestre com grandeza e autoridade, a mesma autoridade que possuíam os entronados, porém sem as mesmas vestes, cordões de ouro, os enfeitando o pouco que tinham. Pois falava de um reino, que não necessitava de fortuna terrena, ou posses materiais, e sim a verdade de cada um, porque é este o reino dos quais nele creem, jamais morrem, não em carne, mas sim em espírito.

E infinitamente distante de tudo o que os pensamentos da época poderiam compreender, ou os olhos poderiam enxergar, porque este que estava também distante das atrocidades e das falsas verdades, que conheciam bem os servos e os sacerdotes do rei, também pareciam distante da realidade daqueles que, da espada e do sangue, estavam habituados a viver vossas jornadas, imposições de culpa, de idolatria, de erros e de ódio.

Pois era aquele que os conduziam de dentro de vosso suntuoso e majestoso amontoado de pedras e de tijolos, construído para abrigar o tamanho de vossa arrogância e prepotência, o mesmo que os conduziam, sendo o único e mais poderoso rei, cujos olhos poderiam enxergar, e a obediência poderia se prostrar, não somente para defender as vossas integridades físicas, como alimentar também as vossas barrigas e a necessidade de idolatria a ele mesmo. E sendo este tão distante do reino, ao qual o Filho de Deus se referia, porque este que, erguido pela força do sangue, do lamento e dos braços carnais, nada tinha de celestial ou sagrado, para que pudessem crer ou caminhar sobre as trilhas do outro, que vos pareciam bom, porém irreal, e assim os confundindo ainda mais em relação àquilo que jamais tinham visto ou ouvido falar.

E sendo o reino de Deus o reinado os quais muitos não compreendiam por caminharem firmes sobre as inverdades, como a troca do real, que era em verdade o irreal, pelo que lhes parecia irreal, porém era o único e verdadeiro reinado, que necessitavam para libertarem-se de vossas angústias e tormentos de terra, o único e verdadeiro reino, que os levariam as vossas salvações, o reinado que não podiam ver ou contemplar contra aquilo que já conheciam e viviam há eras de tempos.

Por isso, era este o Filho do Rei, o príncipe que, além de difícil compreensão terrena aos homens, um príncipe igualmente homem, que fazia além da cura da carne, o restabelecimento da matéria e a purificação da alma, para aqueles que da crença lhes tinham verdades, e através da crença era salvos da morte, embora não soubessem o que viria a ser a salvação da hora da morte. O servo de Deus veio trazer através de vossos pródigos ou das magias de transformação, que utilizava por meio das fontes de energia e de luz do Criador, o vosso próprio reinado, reinado, este que não poderiam enxergar, porque não era este feito de pó, assim como não era o príncipe Jesus, que igualmente não compreendiam, nascido da vontade da terra. Mas sim da ordem divinal, para ser erguido por determinação de vosso Rei, o qual lhe chamava de Pai, para representá-lo e apresentá-lo novamente aos homens da terra, assim como o vosso reino celestial, eterna fonte de luz e de glória divinal, porque é esta a única e verdadeira fonte de energia, à qual podem todos se curvar em amor e em verdade, pois é esta a única que vos poderá curar, restabelecer e salvar.

Ora, mas não era este que, embora em terra fizesse muitos pródigos, ordenado ou comandado por outro homem de terra. Porque este, que nenhum conhecia o reinado, era o único em terra, que sobre as vossas próprias ordenações celestiais fazia voltar a andar aquele que, coxo havia nascido, fazia voltar a enxergar aquele que, cego havia também nascido, assim como libertava os demônios daqueles que estavam possuídos da mesma forma que, trazia de volta à vida aqueles que haviam morrido pela carne, bem como sanava as dores do corpo, que padecia em lágrimas. Não por vossa própria vontade, mas sim por determinação de vosso Pai, porque é este o único que, em verdade, pode lhes curar, restabelecer, libertar e salvar.

E sendo ele o filho único, determinado para a missão de lhes apresentar o reino celestial de vosso Pai, através da cura das feridas e dores da alma, os quais eram as dores da alma, o lamento e a angústia, que vivia sobre a ordenação e regência de um rei de terra, onde os vossos sacerdotes e principais que comandavam, comandavam pela força e pela ponta da espada. Sentiram os sacerdotes e comandantes de terra medo de perderem os vossos lugares no trono de onde a ordem era matar e exterminar aqueles que o rei perturbava ou vossa integridade ameaçava e, sendo ele aquele que lhes apresentara o reinado de vosso Pai, cheio de amor e de paz, onde não existe dor, lamento ou prisões, onde a vida pode ser eterna, assim como amável e repleta de prazer, de caridade e de compaixão, bem distante da realidade de terra em que viviam, lançara os servos do rei ordem sobre ele, de não mais ameaçar o único e verdadeiro rei de terra, os quais todos conheciam.

Mas isso por não compreenderem vossas palavras e vossos feitos, os quais não eram feitos ordenados por outros homens. E, por isso, tiveram medo serem roubados em suas autoridades de terra, e assim, aplicaram os vossos julgamentos sobre a única e verdadeira autoridade divina em terra.

"Nem considereis que nos convém, que morra um homem pelo povo, e toda a nação não pereça. E isto não disse de si mesmo, mas, sendo o sumo sacerdote naquele ano, profetizou que Jesus deveria morre. Assim, desde aquele dia, pois, consultavam-se para o matarem" (João 11: 50, 51, 53)

Ora, mas era a festividade da páscoa, a festa santa perpetuada por determinação do Criador, a qual comemoravam todos os homens, pois assim fora a ordem de que fosse lembrado o dia em que saíram todos os que sofriam e penavam nos braços da escravidão no Egito, pelo dia em que foram todos libertos de vossas amarguras, através da honra e da glória do Senhor Deus, pelo direito nascido em cada um de ser conhecedor da liberdade, do amor e da compaixão, feita através da verdade. E sendo Jesus o filho único, que não viera para mudar ou alterar nada daquilo que é a verdade de vosso Pai, comemoraria este igualmente os demais homens de terra, porque era esta a ordem de vosso Senhor Deus.

E assim como cumpriam os homens a ordem de Deus de lembrarem-se e comemorarem aquela que era a mais importante data espiritual, a qual atravessava os tempos, e por isso a fazem cumprir. Também faziam os homens cumprir a ordem material, nascida da vontade deles mesmos de imolar não mais um animal como o caminho de libertarem-se de vossos erros e pecados, naquela que era a data de entregar a si mesmo a vossa santidade, quando ao invés de imolarem um animal, para alimento diante da mesa posta, para servir de sustento carnal diante da festa espiritual, celebrando o nome de Deus, e vossos servos, os espíritos assassinavam um homem, assim como eles mesmos, coberto de danos e de pecados, para servir a idolatria e autoproclamação de poder material, nutrindo as inverdades que acreditavam eles. E assim depositavam crença no fato de que assassinando um homem, este feito, nascido do desprezo e da total desgraça de um ser, lhes traria glória e purificação espiritual.

Porém, em verdade, este que é ato de terra, e não espiritual ordenado, jamais poderá libertar vossos erros e danos e pecados, pois este, que é um ato torpe e insano, é também imperdoável espiritualmente, pois este vos causará mais degradação e afundamentos de vossos espíritos os enchendo de mais danos, e em nada poderá elevar ou trazer progresso, seja material, seja espiritual.

Mas aquela, que seria a celebração do feito divino, alimentando-se do animal, não era o mesmo que entregar o animal como forma de purificação e libertação espiritual, por meio da troca de vida pela vida, assim como ocorreu no momento da passagem de Deus pela terra durante o período de escravidão no Egito, porque não é o alimento acima da mesa, comemorando a páscoa, a oferta divina pela ordem sagrada de liberdade, para vos purificarem através da imolação e sim o alimento da confraternização entre os povos ou as comunidades. Por isso, não serviria o assassinato, ainda que com a intenção de purificação, de força que limparia os erros e danos ou pecados, porque este que não possui aquilo que possui o animal, jamais poderia partir de uma ordenação para um ato determinado pelo Criador.

Mas era a oferta, naquela época de tempo, não mais do animal que vos purificava o espírito, através da oferta de crença da verdade, para aqueles que andavam errantes, por crerem que este os purificariam a alma, mas eram eles, por ordenação de si mesmos, quem ofereciam o assassinato de um ser errante, assim como todos os demais, não para elevarem-se ou progredirem em vossas unidades, em troca de pureza, caridade, nobreza e paz, mas sim como forma de, mais uma vez, demonstrar forças diante daquilo que acreditavam estar fortalecidos, que era a força e o poder de terra. A força pela demonstração do poder, do homem sobre os demais homens.

Porque era o homem assassinado o nada em troca de coisa alguma, que apenas abastecia vossas autoproclamações de elevarem-se em mais poderes, forças e autoridade material, pois era esta a verdadeira e real intenção que os levavam matar um homem diante dos demais homens de pouca fé.

E o que fora a ordem santa do Criador, há muito, se havia esquecido ou com o tempo modificado, para atender não mais as vossas santas e sagradas, e sim as vontades e os desejos da carne, que se abastecia com o sangue que jorrava pela necessidade de elevação, para erguer títulos, que vos traziam autoridade e superioridade, fazendo assim esquecidos os verdadeiros motivos, os quais imolaram os nobres e puros cordeiros, tiradores dos danos e pecados dos homens para que estes servissem de escudo de forças no momento mais sublime espiritual que fora a saída das terras da servidão.

Pois aqueles homens que, naquele tempo, morriam pela nação em nome da auto intitulação de poderes e glórias de terra, não para limpar e purificar as vossas unidades mais imundas, do que as vossas certezas que se desgraçavam no sangue, que jorrava daqueles que perdiam suas vidas, pela inverdade de serem todos limpos e purificados, através de outro homem, tão impuro quanto eles mesmos, porque na verdade, estes apenas desciam ao chão da terra, da mesma forma que o sangue que escorria e se encontrava com o elemento árido contaminado, porque era esta a única verdade, que poderiam receber ainda que acreditassem que receberiam algo, além de um corpo para recolher no dia seguinte à páscoa da desgraça.

E era o desejo de terra que ordenava que um homem haveria de morrer durante a comemoração da festividade da Páscoa, ou seja, "A passagem santa e sagrada" do Criador, com vossos servos nascidos das trevas, assentados a vossa esquerda celestial, retirando tudo o que não lhes servia em emanações e fluídos, lhes dando novos sentidos e lhes cobrindo de jorramento santo, recoberto de vossa glória e pureza celestial.

Porque aqueles que morriam, anualmente, durante a festividade da páscoa, que já não era nem a festividade da páscoa, tampouco o assassinato de um homem, algo sagrado e santo, conforme as ordens divinais, trazidas ao mundo através de vosso filho Moisés, para serem perpetuadas, e sim a vontade do homem, de colocar-se superior até mesmo aos mandamentos de Deus, lhes alterando e trocando todo o sentido e verdade, que a vossa divindade lhes concedera receber, perante a verdade, e, por isso, nenhuma verdade espiritual tinha em assassinar um homem ainda que fosse este, o filho de Deus, que em verdade era o único ser puro que caminhava por sobre a terra, porque não é o homicídio algo santo e sagrado e, portanto, nada se pode receber em troca.

Porém, não fora o filho único, condenado a mesma pena desgraçada, de servir erroneamente de elemento, de troca, de pureza ou de vida pela vida, mas sim de servo de auto intitulação, de força, de poder de terra, em favor dos homens, que se imaginavam mais fortes e poderosos do que os demais homens, condenado pelo julgamento abastecido pelo medo, pela insegurança e pelo ódio dos mesmos homens que assassinavam, para tornarem-se fortes e poderosos, porque estes eram mais fracos e incapazes do que os mais insanos e pobres, desprovidos de dons e certezas.

Desta forma, não fora o filho de Deus, condenado ao mesmo julgamento de insanidade de lhes servir de alimento de purificação, pela morte de vossa unidade, para recompensa de lhes retirar os erros, os danos, as falsidades a os pecados, porque não sabiam eles que era este o filho único, aquele que tinha autoridade para lhes retirar os danos, as falsidades e os pecados, estando ele em vida.

Por isso, não fora este condenado para lhes servir de instrumento espiritual de troca, nem pelos homens que os condenariam, devido as vossas idolatrias de si mesmos, pelo medo de perder vossas coroas, tampouco pelo vosso Pai celestial, que o ordenara a ser aquele que lhes abriria as portas de vossas casas celestiais, para que fossem limpos, purificados, santificados, restabelecidos e encaminhados aos caminhos bons, diante de vossa casa celestial, estando ele em vida material e não em espírito. Porque se acaso fosse a vossa missão lhes conduzir, para ser endireitados, estando ele em espírito, não teria ele nascido homem para com os homens comungar.

Portanto, não fora o filho de Deus, condenado ao mesmo julgamento de lhes servir de alimento, de purificação pela morte de vossa unidade, para a recompensa de retirar-lhes os pecados, danos e falsidades. Logo, nem pelos homens, nem pelo Criador, o nosso Pai, porque este ato não lhes traria nada em troca, uma vez que, este não possui verdade espiritual, nem para aquele que condena e mata pelo desejo de se auto intitular, nem para aquele que acredita ser a morte de um homem o desejo do Criador de lhes trazerem algo bom. Quando, na verdade, a missão do filho único era em vida e não em espírito pela vossa morte. Isso porque não fora ele nascido e ordenado pelo Criador para satisfazer a vontade do homem, do desejo de morte, mas para lhes trazer e lhes ensinar a vossa verdade celestial, que é esta a única que lhes poderá salvar da própria morte.

E sendo a morte deste a vontade da terra, e não celestial, de que uma vida deveria ser retirada do meio de vos para atender a qualquer que fosse o desejo de qualquer que fosse o homem, jamais fora esta ordem, uma ordem santa, vinda do Criador e, não sendo ordenação santa do Criador, não possuía esta ação verdade divina. E não sendo a morte do filho único verdade divina, não lhes traria este ato torpe nada sagrado em troca.

Mas é certo que, assim como levantaram as suas espadas para matar, assim seriam condenados pela mesma espada, através da mesma dor de serem eles, igualmente, sentenciados a pagar em juízo as vossas culpas na hora também de vossas mortes.

Ora, jamais ordenaria o vosso Senhor Deus, que fosse o vosso filho único assassinado pela espada da dor da maldade e do ódio, para satisfazer as vontades da terra, porque estes que cometem e se abastecem de falsas verdades ou inverdades, nada recebem além daquilo ao qual plantam. E, sendo o Filho de Deus, aquele que descera a terra para plantar a paz, o amor, a caridade, a bondade e vos ensinar a plantar e a colher outras e mais nobres obras, nascidas em nome da paz e do amor que carregava, jamais poderia, de forma ordenada, morrer pela força da guerra, que nunca havia ele erguido, porque era essa a energia e o poder, que não carregava consigo, e por isso, jamais destruiria ou ergueria algo que não lhe fosse aquilo que internamente possuía.

Porque é aquilo que cada um possui internamente, aquilo que também jorra e desfere em vosso meio e, sendo ele, carregador da mais pura e sublime bondade, jamais poderia derramar algo que não fosse bom aos homens, porém, eram os homens aqueles que detinham e carregavam a maldade e o ódio contra aquilo que não lhes era favorável, e assim desferiram e ergueram as vossas espadas, contra o amor, a pureza e a bondade em forma de homem. Não porque fora este ordenado a morrer em nome de vossas arrogâncias e prepotências, mas sim porque era este homem o oposto de tudo aquilo que acreditavam e se curvavam.

Isso quer dizer, que havia o filho de Deus, descido ao campo terreno pela ordenança do Criador, para lhes mostrar a verdade de vosso nome, o qual havia sido esquecida, através dos longos anos que separavam os únicos e verdadeiros servos e sacerdotes espirituais daqueles que servos se diziam, para que estes cessassem de ocupar-se de vossas maldades e vontades mundanas, e conhecessem o poder e a glória verdadeira do Senhor, porque esta que é nascida do amor e da bondade, pela força da nobreza celestial, que é a única capaz de lhes conceder a vida e as forças de vida, pois possui o poder do amor, da compaixão, da correção e da justiça, o qual carrega em vossas sagradas mãos.

Porque ainda que os filhos da terra conhecessem bem a justiça terrena, que caminhavam, justiça da espada, pela força da condução, da correção e da doutrina da carne, se fazendo valer como a única força soberana, que dominava não pela verdade, pelo amor ou pela paz, mas sim pelo sangue que escorria das vísceras daqueles que os desobedeciam às suas ordens, não tardaria para que conhecessem também a força do poder da esquerda espiritual do Criador, quando a vossa destra não lhes serve para corrigir e encaminhar aos caminhos bons, ainda que sejam os caminhos bons a ordem divina para todos os filhos nascido em terra.

Mas este que não viera lhes condenar ou julgar e sim lhes mostrar o único e verdadeiro caminho celestial, que não eram os caminhos do erro, da injustiça, da arrogância e da falsa verdade que conheciam, para que conhecessem e caminhassem em amor e em verdade, diante daquilo que o Criador lhes prescreveu e ordenou como sendo bom, de forma que jamais pudessem aqueles, que depositassem crença em vossas palavras morrer em vossos espíritos. Porém, crendo mais nas coisas de terra, que nas coisas espirituais, julgaram eles aquele que jamais os julgou, e sim lhes mostrou o caminho da verdade e da salvação de vossas almas, para que não morressem em espírito, assim como morreriam em matéria, sendo desgraçados e miseráveis de si mesmos, devido as vossas escolhas e vontades de terra.

Por isso, não seria o vosso Pai quem o condenaria a mais miserável e indigna morte no madeiro da desgraça, mas sim os homens que o julgavam pelas vossas falsas verdades, porque acreditavam mais em vossas mentiras, do que na verdade de Deus, porque eram os homens tão arrogantes e danosos de si mesmos, que sequer aceitaram ouvir as palavras sagradas do filho da verdade, para abandonar em terra as suas verdades mundanas, ou aceitar as verdades espirituais trazidas do alto.

Mas eram as verdades próprias, nascidas da terra, e enraizadas por inverdades, criadas para abastecerem as falsas verdades, o alimento carnal que satisfazia as necessidades de autoproclamação, tornando os falsos e idólatras em conhecedores das verdades terrenas, através das mentiras que os tornavam bons mentirosos.

Pois assim viviam quase que nobremente, acreditando que eram bons, sábios e honestos, com o vosso pai espiritual, de nome Abraão, assim como os mandamentos das leis divinais, trazidas por Moisés, igualmente verdadeiro servo do Criador, de quem também não seguiam os mandamentos, para seguir os próprios mandamentos, os quais acreditavam ser o correto. Isso porque os ensinamentos daqueles homens bons, de crença e fé espiritual, que ainda chamavam de pai espiritual, que o Criador os havia enviado há milhares de anos não mais existia dentre eles.

Portanto, fora o desejo homicida de vosso pai, mas não o verdadeiro pai espiritual, missionário das ordens e obras de Deus, o servo Abraão, e sim o pai criado do desejo e das vontades mundanas abastecidas de verdades próprias, porque eram estas, o próprio diabo arquétipo dos desejos, atos e ações más, personificado em uma figura maligna, que condenaria o filho único. Sendo assim, não fora um homem, ou um ato, quem condenou o filho único a morrer naquele ano, ou naquela páscoa, porque não era um único homem ou um povo contra a verdade celestial do filho do homem, mas sim as energias e fluidezes, que emanavam e circulavam em toda a unidade terrena, diante daquilo que verdadeiramente acreditavam e depositavam vossas crenças e vossas certezas em forma de fé.

E foram as falsas doutrinas, e as falsas ordenanças, junto às vontades de terra plantadas pelos desejos maus, que acreditavam os homens, as raízes daquilo que era a própria espada ou os pregos do madeiro desgraçado da dor e da morte, a julgar e a condenar aquele que era bom.

Mas, vejam vocês, se não concedeu o Criador o direito de livre escolha a todos os vossos também filhos para que todos caminhem nesta mesma terra, e conheçam os sentidos em relação ao bem e ao mal, para que possam durante as vossas jornadas de autoconhecimento e elevação espiritual escolherem que verdade seguir, para dar continuidade as vossas trilhas espirituais. O qual poderá ser esta, aquela que vos levará as vossas casas celestiais, frente ao trono divinal de poder e de luz, onde se encontram as vossas majestosas e sublimes moradas de amor, compostas de compaixão e de bondade, ou as casas de onde a remissão lhes será o caminho da correção de tudo o que pregam e fazem contra as vossas próprias unidades.

Por isso, é a humanidade detentora do direito espiritual de caminhar sobre as vossas próprias certezas e escolhas, para buscar o crescimento e a elevação espiritual, utilizando-se de suas experiências e vivências, pelo que julga como sendo algo certo ou errado, a partir do conhecimento que vem a ser o bem ou o mal.

E tudo o que é certo perante os mandamentos está diretamente ligado ao bem e tudo o que é incerto está diretamente ligado ao mal, por isso, se o homem utilizar seus conhecimentos e livre-escolha juntamente com a doutrina divina do Criador, as quais estão lastreadas, as leis sagradas, e assim caminhar com discernimento, entre o bem e o mal, caminhará nos caminhos bons, que são aqueles que erguem o amor ao invés de armas, que desferem a caridade, ao invés de tiros, que ajudam a secar as lágrimas, ao invés de fazer derramar, que aplicam a justiça divina ao invés de injustiça, que ensinam as correções pelo endireitamento da crença aos caminhos bons, ao invés de julgar e condenar os que menos sabem, ou aqueles que não conhecem. Porque nisso encontram-se a bondade, o amor e a compaixão, pelos caminhos que os levarão as faces de Deus.

Porém, se ainda assim optarem pelos conceitos e ações más, utilizando-se do direito de livre-escolha, para alcançar suas conquistas, acreditando que também estarão em direção ao Criador, porém, julgando e condenando, por acharem nisso verdade, mas esquecendo-se que são estes os caminhos de suas evoluções, estarão em verdade em direção as suas desgraças espirituais.

Mas é preciso conhecer que nem todas as formas de caminhos são verdadeiras ou os levam aos reinos santificados das casas celestiais, onde estão as vossas promessas, porém, ainda que existam muitas portas e muitos caminhos, os únicos caminhos que vos podem levar as casas celestiais, assim como ao juízo final pertencem ao Criador, e não a satanás ou ao dito diabo; porque estes pertencem às coisas criadas por homens, e coisas criadas pertencem a terra. E o que pertence a terra é nutrido de maldade e inverdade, e assim como a espada que fere, e que mata, nada traz de espiritual em vosso lugar.

O Cordeiro imolado

"No primeiro dia da festa dos pães ázimos, quando sacrificavam o cordeiro da Páscoa, os discípulos de Jesus lhes perguntaram: Aonde queres que vamos e preparemos a refeição da Páscoa?" (Marcos 14:12)

12.12 Ora, mas viera Jesus não para descumprir e sim para cumprir as ordens, principalmente, aquelas as quais já estavam perpetuadas espiritualmente. Por isso, preparava-se ele também para a festividade da páscoa, ou seja, não se preparava espiritualmente para ser morto, imolado ou assassinado, e sim para comungar da mesma comemoração da passagem de vosso Pai dentre os povos relembrando a época em que foram todos retirados das terras do Egito em encaminhados as terras da promessa.

Portanto, não era ele o alimento ou o animal que haveria de ser imolado para satisfazer as barrigas na mesa posta à comemoração do feito sobre a glória e a majestade de vosso Senhor, e sim aquele que igualmente iria comemorar como forma de demonstrar que não viera para alterar ou mudar e sim igualmente cumprir os mandamentos.

Então não concedera o Criador a determinação sagrada e santa de que vosso filho amado descesse a terra para retirar-lhes os erros e os pecados daqueles que escolhem andar pelos caminhos tortuosos através de vossa própria unidade material, e sim lhes ensinar a caminhar pelos caminhos bons e retos, conforme os mandamentos. Por isso, fora ele nascido igualmente homem para que fosse o Mestre espiritual sobre as coisas santas e sagradas, as quais haviam se perdido com o tempo assim como o mentor espiritual da unidade de forças e de luz celestial pregando e praticando as coisas boas, em nome de Deus, de forma que fosse compreendido pelos homens daquela época; e não um ser animal em estrutura arcada desigual, aqueles que deveria ensinar, os encarnados. Porque se acaso fossem estes descido para ser o cordeiro imolado ao dia da páscoa para lhes retirar os pecados não teria ele nascido homem e sim cordeiro, ou seja, animal.

Mas é o Criador, sábio e grandioso em demasia, e este falha jamais, teria feito, ou cometido contra o vosso filho, pois fora ele mesmo quem ordenou para praticar os vossos ensinamentos, que são acima de tudo a vossa bondade, a vossa caridade e o vosso amor. Portanto, nada teria de amável, santo e admirável se acaso fosse este, nascido homem para ser através de outro homem morto, por qualquer que fosse o motivo de terra.

E sendo a vossa unidade santa e sagrada a fonte eterna de grandeza, majestade, sabedoria e amor que jamais falha, jamais também falhou com os vossos filhos, ainda que estes não o compreendam devido as suas limitações ou vontades de terra que os limitam mais do que os vossos dons, as vossas visões, as vossas ciências e conhecimentos a cerda de vossa santidade.

Por isso, este que fora descido a terra veio lhes mostrar os caminhos bons para que não mais morressem em unidades espirituais, condenados por vossas próprias maldades, arrogâncias, autoproclamações e idolatrias de desejos mundanos, mas sim compreendam que todo aquele que levantar a espada contra os seus semelhantes e os ferir, seja de dores, seja de morte, pela mesma espada será ferido. Não que seja o Criador aquele que condena os vossos filhos de quem lhes tem todo amor e compaixão, a sofrer e penar em essência espiritual, mas sim porque é o Criador a fonte eterna de justiça divina, duramente severa e rígida, com aqueles que causam injustiça contra aqueles que deveriam cuidar, ensinar e lhes ter em total amor e carinho, os vossos irmãos.

Porque não fora o homem nascido para ser desprezado, humilhado, maltratado ou morto por aqueles, os quais sem eles jamais conseguirão caminhar seus caminhos de evolução, porém, por muitas vezes é o próprio homem a causa do desprezo, da humilhação, dos maus tratos e da morte que culminou na morte de Jesus, que fora não aquele nascido para morrer e sim o servo homem nascido, para vos alertar e ensinar caminhar, sem que sejam por ela mortos, pois não é a morte o caminho da liberdade de vossos desejos de libertarem-se das dores passageiras e sim o caminho que lhes causará ainda mais dores diante da própria morte de cada um.

Por isso mesmo, assim como lhes concedeu o direito de caminhar livres por esta terra, decidindo por si mesmos as vossas condutas e ações perante vossos irmãos, porém dentro daquilo que são os vossos mandamentos sagrados, também lhes concedeu o direito de terem dons, conhecimentos, sabedorias e ciências justamente por serem possuidores da ordem de se autoconhecer, para que possam se autocorrigir e compreender exatamente aquilo o que fazem em benefício próprio ou contra si mesmo e contra seu próximo, para que desta forma sejam justos, amáveis e bons uns com os outros. E quando não mais conseguirem ser aquilo que ordena o Senhor, para que possam atravessar as suas jornadas e alcançarem as promessas através de vossas missões, lhes envia o Senhor Deus os vossos servos e servas, nascidos das ordenações santas, para lhes servir de instrumento de amor e de paz, lhes conduzindo por meio dos ensinamentos as verdadeiras moradas, as moradas espirituais, porque as casas terrenas, ainda que pareçam suas, lhes são passageiras.

E temendo perder vossas moradas de glórias passageiras, ou vossas coroas de terra, desnudarem-se de suas majestades, e acreditando que poderiam lhes valer da crença em vosso patriarca, o qual a verdade já estava alterada pela força do tempo e do desejo do homem, porque não era esta aquela que compreendia, cuidava e ensinava, mas assim aquela que julgava e condenava, anualmente, um pobre homem, de forma que fosse este ofertado em troca de serem limpos e purificados de vossos erros e falsidades e idolatrias os que não desejavam cessar de praticar, condenaram aquele que lhes era propício condenar.

E acreditando, não fielmente, que tirando a vida de um ser e o ofertando aos deuses que lhes cobriam de nada pela entrega de vossos desejos de terra, estas falsas entidades também criadas e nutridas de inverdades, os redimiriam de vossos erros, já que estes lhes poderiam ser perdoados e apagados da face da terra, ainda que pudessem acreditar que a terra não era o término da caminhada.

Ora, mas esta não era a vontade do Criador, quando perpetuadas estavam as vossas palavras perante o povo da crença e da fé, que caminhou com o vosso servo aprendiz da perfeição, Moisés, que assim como os tempos que passaram; passaram e levou as vossas ordenações ou foram estas alteradas pelos homens que mudaram por vontade própria os ensinamentos espirituais. E caminhando por vossas vontades, distante daquilo que era a vontade de Deus, acreditavam poder entregar para a morte aquele que era o único libertador de vossas culpas e erros praticados há anos. E o entregando em forma de animal, o assassinaram para vislumbrarem em poder e em glória aquilo os quais eram devotos e se prostravam, que eram as glórias de terra.

Assassinato este, não por ter sido determinado de forma espiritual e ordenado por vosso Pai, mas sim porque era a prática de terra a condenação de um homem no lugar do cordeiro, o qual não lhes havia sido ordenado, para que este lhes tirasse os erros e pecados, em uma tentativa errônea de copiar o que fizera Moisés, quando ofertou a pureza contida no animal, há tempos passado, daquela época por ordem do Senhor Deus, porque era este sacerdote e servo real.

Porque fora a época da condenação e assassinato do filho de Deus, o tempo em que os desejos de terra de exterminar um homem, para lhes fazer erroneamente um favor espiritual, o que causou a propícia morte daquele que vinha de um reino de onde ninguém conhecia para erguer pródigos em que não compreendiam. Porém, alimentados com o medo de perderem seus postos de relevância terrena, juntamente com os desejos mundanos de exterminar, para que lhes fossem apagados os pecados, é que o ergueram junto aos miseráveis e falsários, que da morte já haviam também sido condenados, expondo suas degradações junto as suas grandezas, poderes e soberanias, de que acreditavam deter pelo poder de fazer aqueles que não mereciam com eles caminhar, morrer pela força das vossas mãos, que pensavam ser mais poderosas do que as mãos do próprio filho único de Deus.

Mas não era o filho único de Deus, o homem que em terra caminhava levando o amor divinal, a nobreza celestial, a sabedoria plena e a verdade espiritual, nascido para ser assim como um animal, O Cordeiro a ser imolado, para que fossem expulsos os erros e os pecados dos homens. Porque fora este nascido para ensinar sobre os reinos celestiais de vosso Pai, e lhes conduzir aos caminhos bons, resgatando tudo aquilo que já havia sido esquecido com o tempo e que devido as vossas angústias e dores, necessitavam novamente estar diante da sagrada e divina e recoberta de glórias de forças espirituais, para que pudessem endireitar-se e seguirem os caminhos de vossas próprias glórias. Porque embora não são as glórias divinais as mesmas glórias de terra e sim o contentamento espiritual das verdades de cada um, porque somente a verdade de cada um o levará as suas próprias glórias, por isso, era este o caminho que todos deveriam caminhar para encontrar os caminhos da verdade de vossas glórias.

E fora por isso que ordenou o Senhor que fosse o vosso Filho descido para ser o Mestre e o caminho Dele mesmo, pois já se fazia tempo de conhecer o poder e a força da verdade sobre as vossas unidades, deixando as coisas e as verdades de terra onde elas são nascidas, no pó da terra.

Ora, se não eram os homens a força das forças que possuem, se prostrando diante de vossas próprias verdades, que idolatravam da carne pelo prazer de serem elevados em matéria por aquilo que acreditam ser, e por isso, eram as suas verdades, as verdades levantadas acima do cume da espada para pregar no madeiro da desgraça aquele que de vossos pecados seriam o cordeiro sacrificado para que suas falsas verdades naquele ano lhes fossem perdoadas e assim continuar a ser falsos e idólatras, desprezíveis de si mesmos, ou seres errantes regozijados em nada pelo prazer momentâneo que lhes abasteciam ainda mais as culpas.

Mas fora o filho único escolhido, assim como se escolhiam os cordeiros, conforme a vontade de terra e não a verdade do Criador. E fora aquele que assassinado e pregado para expor vossa dignidade de forma medíocre, e não indigna, porque esta jamais fora tocada ou alterada em vossa essência espiritual por aqueles que nada sabiam, e por isso, jamais perderia a vossa dignidade ou soberania divinal. Porque este que até mesmo quando entregava a vossa unidade carnal no momento de vossa maior angústia e dor ainda lhes concedeu aquilo que viera trazer e lhes ensinar, que era disseminar o vosso amor, a vossa compaixão e o vosso perdão, que são tudo o que pertence, não dele mesmo, mas sim concedido por vosso Pai celestial, para que pudessem estes seres ainda que errantes indignos e medíocres serem perdoados por vosso Criador.

Não que seriam estes sem antes conhecer a própria dor que causaram para serem perdoados. Porém, fora a vossa humildade, a vossa compaixão e a vossa dignidade, que não era nascida de terra, e por isso, jamais tocada ou alterada por nenhum que de terra fosse nascido, o caminho da glória e da paz espiritual do Criador, que concede a vida, o aprendizado, a correção, a justiça e o perdão, porque nisso se aplica a justiça de Deus.

E era o filho do Pai, a vida, a luz, o caminho, a correção, a justiça, o perdão e a paz, em forma de homem nascido da fonte de luz do santíssimo Senhor Deus, para nos mostrar os caminhos da paz, os caminhos do amor, os caminhos de vossa dignidade, os caminhos da certeza em um único caminho, ou seja, os caminhos santificados de Deus que nenhum ser jamais poderá viver em terra de homem, se estas não lhes forem também a única verdade.

Mas fora o desejo de terra de matar o Filho do homem, não para a purificação junto a Deus e sim autoproclamação de força e poder, que erguera na cruz do madeiro desgraçado da dor, aquele que descera a terra para pregar a paz, o amor e os caminhos bons, mas eram os caminhos bons que ninguém mais conhecia a espada levantada, não pela vontade ou escolha de vosso Pai, e sim pela escolha daqueles que acreditavam mais nas coisas de terra do que nas coisas espirituais.

Logo, fora a vontade do homem, e não a vontade do Senhor, que fosse o vosso filho erguido no madeiro, por isso, fora este pela terra julgado, condenado, morto e levantado para mostrar a todos os homens as conseqüências de vossas escolhas e erros, porque estas que não foram impedidas ou barradas pelos Espíritos ou pelo próprio Criador, porque sendo os homens recebedores do direito de governar e escolher os vossos caminhos, atos e ações serão eles também os responsáveis por seus feitos e suas escolhas, erguidos igualmente ergueram as espadas contra seus semelhantes, seja este o filho do homem ou não, uma vez que são todos filhos de Deus.

Por isso, ainda que sejam seus feitos maus e obras repulsivas esquecidas e apagadas em terra, ou ainda que a carne passe, jamais vossos feitos passarão antes que se apague o fogo da justiça diante do trono do desprezo e da dor, que somente a clemência no dia do juízo lhes será capaz de, novamente, se acaso houver uma ordem divina, os libertarem.

"Ainda assim, muitos principais creram nele; mas não o confessaram por causa dos fariseus, para não serem expulsos da sinagoga. Porque amavam mais a gloria dos homens do que a gloria de Deus" (João 12: 42,43)

Então, saibam homens da terra! Que não fora a ordem do Criador que ordenou que fosse o vosso filho entregue aos desejos da carne e assassinado devido às vontades de serem meros errantes e falsos idólatras, porque não criou o Senhor Deus seus filhos para que estes morram, ou sejam, mortos pelos desejos que não são nascidos de vossa suprema e sagrada ordem.

Mas era o desejo do Criador que fosse aplicada sobre a terra a vontade de vossos filhos errantes, através de vosso filho único, ainda que esta fosse a morte dos caminhos e da verdade, para que estes compreendessem o resultado de suas escolhas e desejos carnais. Porque este, que não seria o fim do espírito, tampouco da carne daquele que era em verdade espírito santificado, porque aquela que fora a carne daquele que morto devido aos erros e escolhas da terra fizeram, jamais morreria pela carne daquilo que representou a matéria andante, porque esta estaria por séculos e séculos na memória de todos os que o tornariam imortal em terra, assim como é o vosso espírito, é em unidade celestial.

Porém, aqueles que o assassinaram devido as vossas vontades, estes sim seriam mortos, não pelo desejo de terra, mas sim pela severa e dolorosa correção, que serão expostos todos aqueles que diante da verdade do Criador, trazidas por vossos filhos nascidos e ordenados, não se prostrarem. Filhos estes vindos diante das diversas ordenanças espirituais para trazer as verdades, a luz, o poder e a glória de Deus, pelas diversas eras de tempo terreno, a esta que é a mais bela unidade espiritual, que são estes espíritos ordenados a caminhar com os povos, pregando a vossa palavra, os servos instrumentos espirituais e divinais que atravessam séculos e mais séculos espirituais, por muitas vezes nascidos homens e mulheres, para serem os caminhos, seja da doutrina, seja da disciplina, seja da esperança ou da luz, porém todos santificados perante as vossas ordenanças, a única e verdadeira, onde se encontra a glória que os vossos servos descem, para lhes conduzir a esta, que é também a única fonte de verdade.

Mas não fora o filho do homem sofredor na cruz do calvário, porque fora chegada a vossa hora, e sim para demonstrar a dor, o lamento, a angústia, o desprezo e a miséria, que chegarão para todo espírito que, diante de vossas próprias verdades, caminharem em terra distante das verdades de Deus, porque para todos chegará o momento de vossas horas de partir e prestar contas diante do julgo do único e verdadeiro juízo, o juízo final que vos aguarda.

Porque esta que fora a cruz do derramamento do sangue puro nada mais era do que a demonstração que o Criador lhes permitiu ver e conhecer em terra de homens, para que saibam e sintam aquilo que serão as vossas próprias condenações, derramando-se pelos vossos próprios erros, no dia de vossos julgamentos, que diante das dores, dos pesares e da angústia, os quais igualmente irão sentir, possam compreender que piedoso, caridoso e clemente é o Senhor Deus, que além de vos conceder o direito de conhecer os vossos erros, não lhes condenou sacrificando, crucificando e assassinado, de forma miserável e medíocre diante de vossos servos, mas sim lhes concedeu a clemência e a dignidade de conhecer a honra e a glória daquele que é Santo, nobre e digno, por isso, ainda que sendo falsos e idólatras arrogantes lhes permitiu conhecer aquilo que seriam as vossas dores e penas, para que cessassem de cometer suas atrocidades contra seus semelhantes.

Porque não será em terra que os vossos corpos sofrerão os lamentos de serem açoitados e desprezados e terem vossas faces esbofeteadas ou vossos corpos perfurados, até que se escorra todo o liquido que lhes fazem sofrer a matéria, porque aqueles que nem piedade, tampouco pena de si sentirão, serão também aqueles que vos aplicaram as vossas correções pelo poder da justiça sobre seus espíritos; não diante de algumas horas de lamento e de sofrimento, mas sim por todo o tempo em que no campo de remissão será necessário, para que sejam vossos espíritos perdoados e libertos de suas maldades. Isso quer dizer, até que sejam pelo pedido de piedade e clemência de vossas essências, libertos de vossos pesares. Mas não porque se encontram em dor e sofrimento clamando por piedade, e sim porque é chegado o momento em que a cura será a liberdade que irá vos salvar, porém, para que seja chegada à cura é necessário que se caminhe até ela, mas é a caminhada pela salvação através da cura do espírito, a própria cruz erguida escorrendo o sangue do lamento e da dor, sem ninguém que possa lhe salvar desta maldita hora.

Mas este que sentiu a dor de ser a demonstração de vossas faltas e desejos imundos, ao lhe estapearem as faces e lhes cuspirem a pena de vossos ódios, não será aquele que espiritualmente lhes condenará ao fio da espada, mas sim aquele que lhes concederá o direito de serem libertos, se assim for de vossos merecimentos, no dia em que ele mesmo for ordenado, que abra o livro dos vivos e dos mortos e anuncie os nomes de cada um que de vossas culpas forem libertos, após a pena da culpa que durará mil anos em elo espiritual de remissão e dor do cume do inferno, pelo julgamento através da dor, igualmente aquela que sentiu quando suspenso estava no madeiro desgraçado.

Porque aquele que fora em carne pregado, de forma medíocre e sangrenta, até a morte, é o único que possui as chaves divinais da clemência e da piedade, capaz de libertar todo e qualquer espírito que tenha pela terra andado, mas devido à arrogância, a idolatria e a falsidade, adentrado aos elos de remissão espiritual da própria miséria, após ter de alguma forma erguido a espada, que assassina e tira a vida da carne material, por acreditar possuir poderes e autoridade para desferir e matar seus semelhantes.

Porém, ainda que em terra tenha sido por aqueles que não o reconheceram e nada sabiam sobre o vosso Pai, morto e crucificado como um miserável ser, que nada mais valia do que a mentira e a inverdade de terra, é ele o único que diante da única e nobre verdade que é a verdade espiritual do Criador, o filho de Deus ou o príncipe do reino do Rei dos reis, o vosso Pai celestial, erguido sobre a ordem santa de anunciar e libertar, após o julgamento santo do Pai eterno, todos aqueles pela inverdade crucificam e matam outros seres, assim como ele um dia fora.

Mas fora ele nascido pela glória, pela luz e pelo mais puro amor divino para ser a demonstração do caminho da dor, que cada um sofrera, se acaso não depositar crença em vossas palavras. E ainda que não depositassem crença em vossas palavras, que eram palavras sagradas, endireitando vossos caminhos pela escolha do amor, certamente que diante de vosso sofrimento pelo sangue derramado acreditariam em vossas palavras. Porque se fora ele nascido da glória do reino de vosso Pai, cujo Pai lhe permitiu sofrer para demonstrar o que viria a ser a dor daqueles que condenam e matam, certamente teria este mesmo Pai, menos piedade e clemência para com aqueles que de vossas ordenanças não havia nascido, e que diante da mesma terra seguiam caminhos pouco nobres ou bons, que eram os caminhos Dele mesmo.

Ou seja, se aquele que fora nascido Filho de Deus e que deixou o vosso Pai para ser exposto a todas as dores e sofrimentos, para trazer-nos as vossas palavras, sofreu todas as amarguras e penalidades do mundo, onde nascera por ser filho da verdade, aqueles que não nasceram da mesma ordem espiritual de ser o caminho divino, sofreriam ainda mais dores e sofrimentos por serem falsos, idólatras e desgraçados de si mesmos, até o dia de vossos perdões, o qual será concedido pelo mesmo em que lhes prendeu devido ao ódio, a arrogância, a falsidade e a inverdade na cruz, não na cruz de vossa pena, mas sim a cruz da pena de cada um que assim como ele chegará não pela ordem de Deus e vontade dos homens, mas sim pelas vossas próprias penalidades para os vossos julgamentos.

Porque não é a cruz a mortalha daquele que filho da luz, do amor, da compaixão e da justiça fora nascido, mas sim a encruzilhada, daquele que, assentado à esquerda de Deus Pai, se firma em dignidade e verdade, porque dela fora também nascido para deter toda a dor que causa a espada, concedendo a todos os que as espadas empulham e matam, o direito e o dever de sentir suas próprias dores derramadas contra os outros seres e assim consumirem em essências tudo aquilo que lhes pertence, quando o que lhes pertence é a miséria do sofrimento e da dor para vossas próprias correções.

E todos aqueles que cometerem faltas e culpas, por eles serão corrigidos e serão igualmente julgados, porque não é o filho de Deus, nem o cordeiro, que purifica aqueles que o entregam pela crença de libertarem-se de vossas impurezas, tampouco aquele que fora nascido pela ordem celestial de ser crucificado para limpar qualquer que seja o erro de terra. Porque se acaso fosse nascido para ser o cordeiro, o animal, jamais teria nascido homem, para ser encarnado igual aos outros iguais. Portanto, não era ele o animal nascido homem ou o homem com determinação animal, quem retiraria os erros, as faltas e os danos, aqueles que os fazem por livre vontade de cometerem, porque estes assim como livremente as cometerem distante da liberdade espiritual, as pagarão através de vossos espirituais julgamentos.

Por isso, não era ele nenhuma espécie de cordeiro ou animal, e sim aquele que viera em matéria demonstrar as consequências de vossos atos e faltas, porque são as consequências de vossos atos a própria cruz de cada espírito que sofrerá a amargura de ser andante de suas próprias verdades. Porque assim como não poupou o Criador o vosso filho único, nem mesmo do momento de maior dor terrena, pois nem mesmo as vossas suplicas ou pedido de piedade, por vossa carne lhe fora permitido, não serão aqueles que erram e cometem atrocidades contra seus semelhantes, poupados de vossas horas de juízo de existência ou do juízo final, por serem errantes e conhecedores de vossos erros pela vontade de errarem e de serem exatamente aquilo o que são. Porque assim como conhecem o mal, conhecem também o bem, porque este direito fora concedido a todos os homens da terra de forma igualitária.

Portanto aquele que fora pregado na cruz em vida para lhes mostrar a dor e o sofrimento pelo erro e pela maldade, que dói, fere, rasga a pele e machuca até a alma, será o mesmo sofrimento daquele que em estado de consciência subirá para o dia de seu próprio julgamento, assim como subiu o filho de Deus, não para o julgamento, mas sim para ter com aquele que lhe entregou à hora da morte.

Judas, um filho à esquerda do Pai

"Jesus lhes respondeu: Não vós escolhi a vós os doze? E um de vós é um Diabo". (João 6:70).

12.13 Mas foram todos os discípulos escolhidos por Jesus, não de forma aleatória, e sim porque conhecia Jesus cada unidade espiritual que caminharia, em verdade com ele mesmo, porque eram os doze homens, as doze forças, de doze dons, doze conhecimentos, sabedorias e ciências, que deveria ele mesmo unir, fazendo verdadeira e real a ordem do Criador, que não mudara em nada em relação aquilo que trouxera vosso também irmão espiritual, Moisés, por isso, eram todos os homens escolhidos, munidos daquilo, que cada um iria exercer e labutar, durante e após a vossa partida, os quais deveriam juntos, aprender, conhecer e compreender, para que após a retirada espiritual de vosso Mestre, pudessem disseminar ou ser o exemplo da verdade, ainda que fosse cada um deles, aquilo que em verdade já era.

E conhecia Jesus todos os vossos apóstolos, os quais ele mesmo os procurou e os escolheu, e ainda assim, era um deles considerado por ele mesmo, um filho do diabo. Ora, mas poderia Jesus ter se enganado quando a escolha de um dos vossos aprendizes, em relação a vossa dignidade, a vossa honestidade e ao vosso caráter, e concedido, ainda que soubesse que era este um filho do diabo o direito de assentar-se a mesma mesa que ele, o filho de Deus para alimentar-se do vosso sangue e de vosso pão, assim com aqueles que do pão faziam uso, por terem nascido, para que filhos aprendizes da verdade celestial fossem? Ou poderia o bem caminhar de mãos dadas com o mal, como se ambos fossem bons ou como se ambos não se importassem como o mal?

E, conhecendo bem a todos aqueles que com ele caminharia, conhecia a missão e a ordenação de cada um que com ele deveria entregar-se a verdade celestial de vosso Pai. Por isso, não que fosse Judas, o Iscariotes, nascido de maldade, porque, se acaso o fosse não caminharia este entre aqueles que formavam a unidade de doze forças espirituais divinais com o filho do homem. Porém, classificava este, como sendo o diabo de forma que todos compreendessem, talvez não naquele momento, através da forma de agir e de atuar deste, que lhes parecia ter o caráter duvidoso e a índole má, outrora, chamado de traidor, mas o único nascido com a missão de caminhar entre a bondade e a maldade, a verdade e a inverdade, a crença real e a idolatria, ou as raízes da bondade e da maldade, que imperavam por sobre a terra, porque juntas, estas caminhavam.

Isso quer dizer que, era ele o único, dentre os doze, que carregava, não por vontade própria, mas sim devido a vossa ordenação, de ter que caminhar entre os bons e os maus, o próprio arquétipo do diabo, que era o diabo, o protótipo do erro, da inverdade, da injustiça, das falsas verdades, o modelo do ser errante, pouco verdadeiro, prostrado às suas próprias verdades. E tinha ele a mais árdua e miserável missão de andar entre o bem e o mal, para conhecer as raízes da bondade e da maldade, que os homens tinham, ainda, e ser leal e fiel ao vosso Mestre, e cumprir a sua própria missão, conforme lhe havia sido determinado a cumprir diante de vossa mais sublime e terrenamente odiosa missão, assim como fizera ele, para que também se cumprissem as escrituras sagradas de Deus.

Por isso, não era ele o traidor e a maldade ao qual ele mesmo parecia ser, e sim a maldade que ele mesmo representava os quais os homens carregavam, mas escondiam por detrás de vossas vestes de homens honestos e bons, porque eram os homens detentores do poder, também homens travestidos de bondade e honestidade, porém, recobertos de maldades de terra, maldades estas que os faziam fortes, grandes e capazes, inclusive para matar até o filho de Deus; mas eram estes homens nascidos de tradições, de famílias dotadas de coroas, ajuntamento de pedras e de tijolos, que se diziam, por isso, nobres, nada além do que víboras venenosas ou errantes malfeitores, imundos seguidores de leis terrenas, baseadas em idolatria e poder material, bem distante da verdade do Mestre, que lhes ensinavam as verdades divinais.

Logo, eram estes homens, que conheciam bem o discípulo, aqueles que ao mesmo tempo em que se rastejavam em vossos ninhos de cobras, certos e firmes de vossas idolatrias de homens, e de inverdades de terra, os mesmos que amedrontados de perderem as suas coroas, não se curvavam às verdades do único e verdadeiro príncipe, que a terra jamais havia conhecido, não porque não acreditasse em vossos pródigos, porque o fato de que este com poderes celestiais não era nascido da terra, todos sabiam, mas sim porque se acreditassem em vossas palavras diante de vossos poderes deveriam estes, que sequer compreendiam onde ficava o vosso reino, se prostrarem e se curvarem a vossa única e sagrada verdade. Mas, diante do medo de perderem as suas coroas e poderes de terra, baseados em arrogância e falsas verdades e deuses inventados, preferiam se curvar às leis mundanas, que lhes cobriam as certezas do ouro e da glória fugaz em que viviam, do que se curvarem às leis e mandamentos verdadeiramente celestiais, que sequer lhes era possível compreender, de onde partia o reinado sagrado do qual falava aquele estranho e maltrapilho homem.

E assim caminham cegos em vossas verdades, porém, cego não é aquele que nascera sem a visão material dentro de vossa própria missão espiritual, e sim aquele que, diante da verdade, prefere fechar os olhos acreditando que os olhos vendados lhes tirariam as manchas e as culpas de não terem visto a verdade, para exercer aquilo do que é o desejo de Deus a vossa unidade espiritual.

Por isso, ao mesmo tempo em que se rastejavam em vossos ninhos de cobras, amedrontados pela possibilidade de perderem as vossas coroas, intimamente se curvavam as verdade do único, real e verdadeiro príncipe que a terra havia conhecido, porque se acaso não lhes fosse esta uma verdade, jamais o teriam condenado à morte, para que este lhes fosse apagado de vossas vistas, como forma de não precisar se curvar as vossas palavras, que eram palavras boas e santificadas. Porque certamente estas os fariam endireitar-se para serem menos errantes e imundos de si mesmos.

Mas sedentos de poder e de glórias de terra, cuja glória era da terra a única fonte de alimento, que os abasteciam; precisavam sentir o sabor de suas vontades para terem o gosto amargo da miséria, e conhecer o alimento da clemência e da misericórdia, que somente os que não se alimentarem do pão da vida clamarão e implorarão em vossas horas de lamento e de dor, quando o ranger de dentes for a única força que ainda lhes restará em vossas indignas e miseráveis unidades espirituais, no dia de vossos juízos.

Mas, vejam vocês, se não eram eles aquilo que fazia o Iscariotes, naturalmente, com a permissão de vosso Mestre, para mostrar-lhes que poderiam eles também, ainda que de índole má, caminhar livremente entre o bem e assentar vossas incertezas as glórias do Pai, trazidas por vosso filho Jesus, para conhecer o que viria ser a certeza e a verdade. Porém, eram eles possuidores de certezas más, pouco conhecedores de seus próprios espíritos, feitos de caráter repugnante, tal qual era o Judas, não igual, mas sim a representação daqueles com quem andava, e aqueles com quem andava acreditavam e desejavam, assim como ele conhecerem de perto o bem, andarem com o bem, porém devido as suas altas patentes e arrogâncias ausentarem-se da verdade para continuarem vivendo as vossas inverdades, que eram estas as próprias espadas apontadas para as suas faces malditas.

Porque não fora ele, o traidor, ainda que traidor, pudesse ser a única palavra que lhes desse em terra compreensão daquilo que faria Judas, em cumprimento de vossa ordenação, para que se cumprissem as palavras divinas, de forma que todos pudessem entender que todo aquele que, assim se comporta e age, é de fato como um traidor.

Mas era Judas, não o traidor, e sim a representação daquilo que era o homem de terra diante de vossos atos e ações más, todas elas. Portanto ele, não o errante e traidor, agindo por vossas próprias vontades, mas sim o que conhecia a vida e a morte, a verdade e a inverdade, o bem e o mal, por ter que andar com eles sobre a ponta da espada, igualmente voltada para a sua face, assim como havia sido ordenado que caminhasse e cumprisse, porque era esta a vossa missão, missão de ser a representação de tudo o que é ruim, e tudo o que é mau, que caminha entre o bem se fazendo de bondade, travestindo-se de caridade, porém, sendo a própria serpente arrogante da maldade, que os homens esconde dentro de si.

Portanto, não era ele o mau, porque se acaso fosse, não caminharia ao lado do Mestre Jesus, porém, tinha permissão para conhecer o mal, o malfeitor, o ruim, o desgraçado, o estúpido, o imoral, por isso, não era ele a maldade, que com a bondade andava, e sim aquele que tinha permissão de vosso Mestre, para com ele também caminhar e conhecer o que viria a ser o homem mau, ou o próprio mal que caminhava em forma de homem por sobre a terra, que não poderia o Mestre junto caminhar ou não poderia o Mestre aproximar-se, a não ser que fosse para ensinar, uma vez que não caminha o bem ao lado do mal, porém, se fazia necessário o conhecimento de vossa existência, de forma que, no momento ordenado da união espiritual, entre o bem e o mal, ambos se juntassem para o cumprimento da determinação divina do Pai.

"Tendo dito isto, turbou-se em espírito, e afirmou, dizendo: Em verdade em verdade vos digo que um de vós me há de trair... Jesus respondeu: É aquele a quem eu der o bocado molhado. E molhando o bocado, deu-o a Judas Iscariotes, filho de Simão. E, após o bocado, entrou nele satanás. Disse, pois, Jesus: o que fazes, faze-o depressa" (João 13: 21, 26,27)

Ora, mas as horas corriam e o momento de voltar a casa do Pai celestial se aproximava ao Filho de Deus, o qual necessitava que vossa missão se findasse por aquele momento, pois esta já havia espiritualmente terminado assim como a vossa determinação junto à fonte de Deus e vossos servos Espíritos. Por isso, entregando o bocado a vosso servo discípulo, ordenado dentro da missão de caminhar entre os lobos farejadores, que deveria este o entregar a vossa maldita hora, o mais rápido possível, fora ele ao momento mais amargo e indesejável servir as ordens do Mestre, porque era ele aquele que, nascido da ordem de ser a representação dos homens maus, o próprio diabo, que junto ao mal deveria caminhar e conduzir o Filho de Deus às faces da maldade, vestida de homem. Pois não possuía o próprio Mestre permissão divina para caminhar com a maldade e a ela entregar-se.

 Mas, fora nascido em terra de homens aquele que seria o caminho e a direção para que pudesse o filho único mostrar a toda a humanidade, quais eram as consequências de vossos atos e ações más, contrárias às vontades de Deus, por isso, tendo com ele um espírito nascido da ordem de caminhar entre o bem e o mal, para lhe servir de instrumento espiritual em terra, uma vez que não poderia ele mesmo caminhar face a face com a maldade, porque não é o bem uma unidade de energia e fluidez sagrada, que possa caminhar de mãos dadas com o mal, pois embora o bem possa se adaptar e comer na mesma mesa que o mal, o mal tão logo irá se alimentar de vossa cabeça na mesma mesa que os servem. Mas era preciso que o momento e a hora chegassem para que o mal se alimentasse do bem, o fazendo sucumbir à unidade material, diante da mesa farta e posta conforme a vossa vontade.

 Ora, mas Judas, o Iscariotes, era um servo discípulo, instrumento do conhecimento, do caminho, da dor e da maldade, um homem leal e fiel, que amava o vosso Mestre, e amando o vosso Mestre, com toda a vossa verdade, não havia ele por si mesmo conseguido executar a vossa determinação de lhe entregar aos lobos sedentos por sangue, por amor a um rei de víboras mundanas, pois amava em verdade o príncipe celestial, por isso não havia ele se prostrado aos reis da terra, o que, sabia ele, que para estes que sedentos do sangue inocente não importava se matassem apenas o vosso Mestre ou a ele também, pois conhecia bem os desejos e a intenções destes, que se rastejando como cobras farejando as suas prezas, poderia ele igualmente servir de preza ao entregar o filho de Deus.

 Mas não se preocupava em perder a vossa própria vida em nome de vosso Mestre, mas lhe faltara coragem na hora da hora mais importante que era a hora de cumprir a vossa missão espiritual ordenada, por isso, fora ele aos vossos pés do filho de Deus lhe pedir além de vossa permissão, forças e coragem para que pudesse executar a vossa árdua missão de lhe fazer frente a frente com o mal.

 E recebendo o bocado de pão molhado junto à confirmação de que deveria apressar-se em cumprir o vosso feito, pois a hora já estava se esgotando, encorajou-se com todas as forças que recebera ele; forças estas que o conduzia em verdade, para caminhar entre o bem e o mal e ainda assim ser leal e verdadeiro ao vosso Mestre, e então, apressou-se em cumprir a ordem celestial.

Porque este que havia nascido da ordem divinal de lhe conhecer, caminhar e lhe apresentar aos maus, que em verdade são os maus conceitos as más ações e intenções, nascidas da idolatria de deuses criados em terra, não teve por si mesmo ânimo de enfrentar a sua também hora, até que esta não fosse permitida e autorizada, para que pudesse o conduzir frente a frente aos homens que aguardando o sangue ser derramado sobre o madeiro da desgraça e da dor, para libertarem-se do medo e da insegurança de perderem vossos tronos.

Portanto, fora ele, o Iscariotes, tão leal, fiel e verdadeiro a vossa missão, porque assim como cumpriu a missão de caminhar entre as covas de leões, fazendo-se leão até o momento de vossa hora maior, da mesma forma recebeu o direito de caminhar com o filho da dor, para que pudesse conhecer tudo o que de mais puro, real e verdadeiro pode existir acima dos céus, seguindo a vossa única e sincera verdade, que diante de vossa crença lhe faz igualmente aos demais servos, um homem obediente, pronto para a labuta de conhecer tudo aquilo que tinha que conhecer, para cumprir a ordenação de fazer estar frente a frente o bem e o mal, os quais, tinha que em algum momento unir, ainda que fosse esta união o fim e não o começo.

E assim exerceu tudo aquilo que a ele fora espiritualmente ordenado para que pudesse o príncipe deste mundo ser julgado pelo mundo, uma vez que era o desejo dos homes da terra.

"Disse-lhe Pedro: Por que não posso seguir-te agora? Por ti darei a minha vida. Respondeu Jesus: Tu darás a tua vida por mim? Em verdade, em verdade te digo que não cantará o galo enquanto não me tiveres negado três vezes" (João 13:37,38)

Mas vejam vocês, filhos da terra, se não era aquele que jurava amá-lo e a vossa vida a ele, se preciso fosse entregar, aquele que lhe negaria por três vezes, antes mesmo que cantasse o galo. Por que fora este, diferentemente do servo Judas Iscariotes, que não se amedrontou após a vossa permissão em unir o bem e o mal, mesmo sabendo que a vossa vida pudesse ser igualmente findada junto à vida de vosso Mestre, porque conhecendo o mau, sabia que pouco importava aos homens que o vieram retirar deste mundo, se apenas uma ou duas vidas lhes seriam próprias para serem assassinadas. E, mesmo assim, não negou a vossa missão, e serviu até o último momento, sendo leal e fiel à ordem de ser aquele que, de frente com a maldade, se apresentaria para unir ambas as unidades de forças que em terra caminhavam.

Mas fora aquele que o jurou amar o mesmo que se esquivou de vossa missão e o negou conhecer, negou andar ao vosso lado e negou saber quem era o vosso Mestre. Ora, mas não seria este, assim como aqueles que possuem inverdades, mas caminham com a verdade travestida também de verdade, igualmente um filho da falsidade? Então, respondam filhos da terra, quem de fato traíra o vosso Mestre, senão aquele que o jurava lhe amar? Porque aquele que o entregara à hora da morte, fora o filho da perdição e não o próprio filho do diabo, porque era a perdição o caminho do qual caminhavam os homens da terra, mas é o filho do diabo aquele que se veste de verdade e diz não conhecer a verdade quando lhe perguntam com quem andas.

Mas existia, dentre os doze, um que de fato era filho da verdade. E conhecendo o vosso discípulo verdadeiramente, e o vosso discípulo conhecendo ao seu Mestre, concedeu-lhe o Mestre ao vosso, também amado, um último adeus em terra. E como forma de agradecimento e perdão a vossa dignidade, lhe beijou o discípulo a face, despedindo-se de vosso Senhor, que, conhecedor de vossa missão, lhe permitiu a honra de ser por ele mesmo guiado até o momento de vossa mais dolorosa e árdua missão, que seria a vossa retirada. E assim, juntaram-se as faces para o último beijo em terra.

"E achando-se eles na Galiléia, disse-lhes Jesus: O Filho do homem será entregue nas mãos dos homens; E matá-lo-ão, e ao terceiro dia ressuscitará. E eles se entristeceram muito" (Mateus 17: 22,23)

Mas fora Jesus a vossa hora, porque conhecia o vosso momento, e junto estava Judas, para lhe entregar a vossa hora, porque sabia que se fazia necessário que fosse ele mesmo o autor do dano, que juntaria o bem e o mal, para que se cumprissem as escrituras, porque eram as escrituras as profecias divinas do caminho da vida e da morte; não a morte de Jesus, o vosso Mestre, tampouco da morte de vosso servo, que lhe juntara a mais pura e miserável maldade em terra, e sim daqueles que desejavam a vossa retirada por vontade própria de nutrir a vida material pela carne, que finda ao invés de nutrirem-se pela verdade da carne e do Espírito, que liberta e restaura os danos, que somente a carne é capaz de fazer.

E, diante da entrega de vosso Mestre, que lhes pareciam a entrega da carne, o fim daquele que caminhou e andou entre os homens em terra de homens. Não fora este o término, nem da missão de Jesus, o filho único de Deus junto ao seu povo, para ensinar e endireitar, tampouco o término da missão espiritual de Judas, também servo e filho da perdição; porque este teria ainda que sentir o gosto do fel, assim como sentem todos aqueles que da verdade própria conduzem suas vidas em terra de erros, não que fora ele nascido de erros, mas sim porque era este o início de um novo tempo, tempo espiritual divino, entre os céus e a terra, conseqüência dos erros que os homens cometem.

E, estando ele conhecido pela representação de todo o mal que os homens fazem contra si mesmos, e contra os seus, fora ele entregar-se para a morte da carne, confessando a própria morte, diante da dor e do pesar que causaste ao vosso Mestre. Porque é este o fim de todos aqueles que se entregam aos prazeres e delícias das glórias mundanas, sejam estas quais forem, até o momento em que compreendem que não é a vida terrena a passagem pelo embriagar-se de cálices transbordando de danos, dores e pesares a verdadeira vida que lhes deseja o Criador. Porém, são as dores, os danos e os pesares a própria morte de quem caminha diante da verdade, nutrindo-se de inverdade ou nutrindo-se da própria morte.

E cheio de morte, entregou-se a própria culpa, ainda que tenha cumprido a vossa mais importante, embora desgraçada e miserável missão de caminhar entre a dor e a cura e seguiu, assim como são todos aqueles que cometem ou entregam-se a própria morte, pelo medo da vida, que mais lhes parece um campo de dor e de pesar, impossível de caminhar, do que um campo de aprendizagem espiritual, para alcançar de maneira espiritual a vossa verdadeira recompensa.

Mas era ele, aquele que em terra recebera o nome de Judas, o Iscariotes, espírito nascido não somente da certeza do Criador, de que cumpriria a vossa missão, para que pudesse ao término desta, que era uma das mais árduas e duras missões terrenas, diante do solo da terra, regressar a vossa unidade espiritual, de nome inferno, de onde fora ele nascido, para ser erguido ao vosso posto espiritual da qual ausentou-se para que em terra cumprisse uma ordem espiritual.

Porque somente um espírito nascido do mais importante campo espiritual, de onde as verdades próprias e inverdades se encontram, para serem refeitas em verdade espiritual, é que poderia caminhar diante da vida, sendo conduzido pela morte e cumprir a missão de carregar em vossas contas a morte daquele que era o filho de Deus, para que pudesse adentrar não ao inferno pela dor e pela culpa de vosso pesar, mas sim diante daquilo, que ele mesmo conhece, porque de lá, fora saído e ordenado para cumprir a ordem de igualmente descer a terra, caminhar entre o bem e o mal, e regressar para o campo, onde o mal caminha sobre a vossa ordenação, e não distante dela.

E estando ele diante do cume do fogo, ou o mesmo fogo do qual se encontram os espíritos mais imundos e desgraçados de si mesmos, caminhantes de vossas próprias verdades, onde somente a proclamação do filho único de Deus é a chave da clemência e da piedade, capaz de absolver pela verdade que carregam todos aqueles que cumpriram as vossas penas, para libertar de vossos pesares e dores, no dia em que a dor se desprende do espírito, para que este possa novamente caminhar; adentrou o discípulo a este elo espiritual de sombra como todos os outros que neste campo adentram e fora igualmente trancafiado, assim como são trancafiados todos os que encurralados pelas portas do nada são.

Mas, não sendo ele, espírito imundo, recoberto de faltas e danos espirituais, que apenas no último dia do milésimo ano de sua permanência, em elo de remissão, é que receberá permissão para levantar-se e clamar por liberdade espiritual, não pela certeza de ser ouvido, mas sim pelo término da limpeza e purificação de alma que se encerra ao término de mil anos de reclusão no cume do inferno. Recebera ele ao terceiro dia de vossa permanência no inferno a clemência misericordiosa como chave para a liberdade para que fosse posto em liberdade igualmente são colocados aqueles que ao último dia de remissão dentro da escravidão infernal, chamam por clemência para serem soltos.

Não por estarem às trancas das portas do inferno abertas a ele, e sim por ordem do Criador, que lhe permitiu após o terceiro dia de pedido de clemência, pela dignidade que recebera de vosso mais altivo e amado filho, ao qual em terra lhe chamavam de Mestre, o Mestre de todos nós, o único que possui permissão do Pai celestial para abrir o livro da morte e da vida, e proclamar os nomes daqueles que, pela vida espiritual, receberam a chance de voltar a serem vivos, porque era este tão digno quanto à dignidade que carregava as vossas certezas.

Ergueu-se em espírito e, em verdade, no momento de vosso mais sublime e majestoso instante, porque não apenas adentrou a casa dos mortos pela hora de vossa também morte para sentir a dor da própria morte, após retirar-se em matéria do campo terreno para remissão de vossa unidade espiritual, ou para receber o galardão do que não lhe pertencia, mas sim porque é o caminho do inferno a estrada para todos que cometem atrocidades contra os seus. E seguindo ele todos os caminhos desde a vossa descida terrena até o vosso regresso espiritual caminhou por todos os caminhos espirituais reservados a todos os filhos que através da carne serão consumados, por isso, não lhes fora as trancas do inferno apartadas.

Mas esteve o vosso Mestre, não dentro da casa dos mortos, e sim diante do trono do Pai celestial, pois fora pedir ordem e permissão, não para libertar o vosso discípulo pela hora de vossa saída, e sim pela dignidade, amor e verdade em que cumprira a vossa ordenação, de ser, caminhar e servir de representação a todos os filhos de Deus, que de vossa verdade caminham distante. Porque não era ele nascido da própria morte para ser um filho da morte, porque este adentrara aos campos de remissão diante do inferno para fazer cumprir o caminho da vida de quem prefere a não vida.

Não que fosse ele merecedor, ou não que não fosse ele conhecedor da casa dos mortos, porque de lá fora saído, pois esta unidade espiritual é a vossa única e verdadeira casa, mas sim porque é o vosso Mestre, tão amável e piedoso, clemente assim como é o vosso Pai celestial, que serve em representação pela bondade, pelo amor, pela caridade e pela glória eterna, estendidas a todos os que pela verdade se entregam e lutam, igualmente, pelo vosso nome e vossa sublime glória.

E, por isso, esteve o vosso Mestre durante a caminhada divinal pelo caminho da luz eterna, para busca de vossa liberdade, que fora concedida ao terceiro dia de clemência, porque é o terceiro dia a distância espiritual entre o caminho do bem e do mal, pela força espiritual que os separam em verdade e unidade. E estando ao terceiro dia espiritual, diante do trono celestial do Pai eterno, recoberto de glória e de bondade do Espírito Santo, porque estava também o Criador, certo de que a vossa bondade e a vossa misericórdia, que recobria o vosso filho de glória, era a verdade Dele mesmo, que iria utilizar o filho único, representação de vossa caridade e clemência, para resgatar o vosso irmão do cume do inferno. Porque é a clemência a única chave em forma de piedade, amor e dignidade, que o vosso filho, cheio de vossa caridade, amor e bondade, poderia erguer para libertar o vosso também irmão, nascido do fogo pelo próprio fogo, de onde se encontrava, porque a ele a salvação fora concedida.

E diante do mais elevado, sublime e majestoso trono espiritual, de onde as energias firmadas a vossa destra e a vossa esquerda se encontram, formando não o bem e o mal, e sim a união de forças, as quais atuam as duas esferas espirituais firmadas a certeza do Criador, que são, a direita e a esquerda, a frente de vossa face, proclamou o vosso Filho assentado a vossa destra, a unidade espiritual de vosso também filho assentado a vossa esquerda, para que este, em liberdade espiritual pelo direito concedido pelo Espírito Santo, pudesse caminhar, não entre as casas celestiais, porque é ele espírito altivo dentro dos campos de remissão, e sim para que pudesse voltar e ser livre em unidade, em vossa própria casa, onde a unidade espiritual encontrava-se em essência, não por inverdade, e sim para o cumprimento de vossa missão, junto ao vosso também Pai celestial.

E assim fora o Filho diante do trono do Pai eterno glorificado, porque é ele o caminho da verdade, cuja verdade é o único caminho que poderá vos salvar. Portanto, aquele que, conhecendo as vossas palavras, e escolhendo diante do erro andar, assim será um eterno errante e terá a mesma quantidade de horas, que dedicar-se a praticar a inverdade exposta à dor e ao lamento de ser um filho da própria verdade, ao qual é o diabo o pai da inverdade servindo a ele mesmo, porém ao diabo reserva-se as trevas pois são as trevas a sua casa espiritual ou a morada.

Por isso, todos os filhos nascidos do mesmo seio amado do Pai eterno terão a mesma chance de caminhar entre as verdades de Deus e conhecer as vossas verdades, para o vosso próprio progresso e salvação, perante suas próprias promessas, ainda que os seus caminhos sejam caminhos tortuosos. Porque é a casa de Deus, morada eterna de amor, de caridade, de compaixão e dignidade, por isso, todos os filhos terão o mesmo direito celestial de conhecer, por vossas casas sagradas, ainda que levem séculos e séculos espirituais, porque nisso encontra-se a justiça do Criador.

E ainda que os vossos caminhos sejam caminhos tortuosos, são as casas de Deus, as moradas eternas de amor, de caridade, de compaixão, de dignidade, de remissão e de perdão, feitas em amor e em verdade, para que todos possam adentrar, e assim se recolher, aprender, purificar e regenerar, para que no momento certo, ou no momento em que estiverem preparados, possam caminhar firmemente diante da única e real verdade do Pai celestial.

Então terão todos os seres espirituais encarnados as mesmas chances dentro dos mesmos deveres de ser e executar tudo aquilo que fora pelos Santos derramados, e por vossos guiadores também trazidos e ensinados, porque são estes também os carregadores da luz divina, para executar com presteza e nobreza tudo aquilo que fora determinado, para que através da caridade possam conduzir os seres encarnados, de forma que estes possam andar sobre os caminhos santificados pelos passos de onde já pisaram os Santos, os Anjos e os guiadores e carregadores da luz divina.

Caminho este que somente um Espírito nascido para ser o Espírito Homem, ou o filho único, o mais nobre dentre os mais nobres espíritos, pisou os passos para que todos pudessem caminhar por sobre as pétalas, que se encontram nos elos espirituais de onde todos partem, quando não necessitam forjar os vossos pés por sobre as brasas, que as vossas próprias mãos criam, por acreditarem ser tão grandes quanto os grandes espíritos ordenados, para vos acompanhar e encaminhar em direção as trilhas da paz, ou quando crêem que sabem caminhar sozinhos por esta terra, por acreditar que os vossos madeiros serão menos desgraçados, apenas por não serem de madeira e de prego, ou ainda tão supremo quanto à supremacia dos Santos, que tenta vos conduzir com belos passos, aos passos das pegadas do Criador.

Por isso, serão todos guiados e levantados pelas próprias mãos dos Santos, e dos não Santos, quando preciso for, para que não construam suas próprias cruzes ou não pisem nas próprias brasas, criadas com intenção de vitória momentânea, que não os elevará em nada, diante dos castelos celestiais, que vos aguardam em eras e séculos mais próximos do que a própria ideia mundana dos que vivem da vida material e pela vida material possam acreditar.

Pois somente a misericórdia do Ser Supremo poderá salvá-los de serem mortos e findados pelas vossas próprias mãos, que cavam não somente as vossas covas terrenas, como também ascendem os próprios fogareiros infernais, os quais poderão adentrar em brasas perante vossos desesperos mundanos de serem o que jamais foram, e jamais serão, se acaso não souberem caminhar os caminhos da humildade, da dignidade e da esperança, pelos quais caminhou aquele que, após ter sido humilhado no madeiro da extrema dor, foi o único capaz de mostrar a todos que a vida daquele que, em terra se embebedara em fartas taças postas em vermelho sangue, continuará na vida espiritual a beber da própria dor, que o vermelho do sangue vos permite saborear e sentir.

Porque é esta a vida espiritual daquele que em vosso Criador não crê, por escolher caminhar com vossos falsos salvadores, nascidos da idolatria material, ou crer em qualquer sopro de inverdade abastecida do rubro dentro de cálices de injustiça que não somente do sangue se alimenta como também da carne podre, que desce e escorre das entranhas de quem morre diante da mesa posta, para ser o caminho da paz de quem busca o tormento eterno, após ser findado, assim como finda tudo aquilo que perece pela falta de humildade, nobreza, dignidade e santidade, pelo breve tempo que diante do solo da terra é consumado.

"Por isso, filhos do mesmo Deus! sejam bons, sejam gratos e sejam o reflexo de vosso Criador, pelo amor, pela caridade pela compaixão e pela humildade. Porque este é o desejo de todos aqueles que erguidos foram para vos encaminhar e vos proteger sobre o sol desta mesma terra, os Espíritos. Pois nisso encontra-se a esperança de todos os que estão assentados a direita e a esquerda de Deus Pai, prostrados igualmente em amor em dignidade em humildade e em verdade" (Altíssimo Senhor das Sete Cruzes)

"Por isso, filhos da Verdade! conheçam a verdade, creiam na verdade, andem em verdade, porque é a verdade do Criador a única chave divinal em campo material capaz de vos libertarem; não desta sagrada terra, nem desta da caminhada espiritual, mas sim de vossas próprias maldades" (Senhor Altíssimo Júlio Cesar Celestial).

CAPÍTULO 13
O Dia do Senhor

Servindo ao Pai

"Mas todos nascemos para sermos filhos e servos de vossa eterna bondade, ao qual no dia de nossa existência maior, ou o dia de nossas subidas, seremos todos capazes de enxergar, pois nenhum fora nascido maior ou menor, mas filhos do mesmo Pai, da mesma luz e da mesma gloria. Mas é preciso ter verdade, é preciso ter coragem e caminhar em direção a vossa eterna gloria, pois o que os meus olhos viram e minha carne testificou, está nos céus para todos vós que creem nos céus também através da carne e no espírito santo que é Deus" (Apóstolo João)

13. E foi no dia de minha seladura, ordenada a ser cumpridora daquilo que a mim já estava determinado antes mesmo de minha descida em terra, para que pudesse testificar a vossa santa e sagrada bondade de tudo que já está por Ele mesmo escrito e ordenado, e ainda que os séculos de nossas existências espirituais e carnais, creiam que jamais poderão alcançar, eu vos afirmo que a bondade e a plenitude do Senhor Deus é feita de amor para que através do amor, todos possamos alcançá-lo.

E carregada para diante da casa do Senhor de forma espiritual, não para alcançar maior evolução ou elevação espiritual, mas sim para testificar por minha passagem, e o que a mim estava reservado para ser cumpridora de tudo o que escrito e selado encontrava-se em minha existência espiritual, para entregar a todos os meus irmãos de terra, a palavra do Senhor pela ordem de nosso Criador para o Dia Do Senhor, fiz-me serva cumpridora de vossa ordenação conforme a vossa própria vontade.

E a subida que me fez até a vossa luz adentrar, para ser escriba e serva do Criador no dia de vossa honra, me conduziu para buscar aquilo que somente através da união de todos os filhos, onde todos os filhos igualmente serão capazes de adquirir, perante a vossa eterna gloria, alcançar a Casa Santa dos Santos, O Templo de Brilhantismo de união de todos os servos de Deus.

E eu, Claudia de Andrade Souto, nascida em terra para viver e vivenciar todas as formas de sentidos e sentimentos terrenos, igualmente a todas as servas carnais do arquétipo feminino, pois de mim nenhum direito de terra foi tirado, de forma que pude, após ter nascido em berço fraternal carnal, viver e vivenciar todas as formas de sentidos e sentimentos carnais.

E embora tenha eu recebido determinação do princípio divino para cumprimento de missão espiritual sagrada, no tempo e no momento ordenado por Ele mesmo, para o tempo do tempo que se faz viva a presença de Deus em terra e para glorificação de vossas palavras, pude através do espírito abrigado em minha matéria, adentrar de forma espiritual nos diversos elos sagrados espirituais, para compor esta obra, que é a mais pura e santificada ordem do Criador aos seus filhos de terra.

E acompanhada dos espíritos assentados a direita e a esquerda do Criador, para que pudesse servir da forma ao qual ele mesmo me ordenou, preparei-me terrenamente para ser servidora escriba e instrumento espiritual utilizando os sentidos espirituais através da visão, audição e do sentido transcendental espiritual a mim concedido para cumprir minha missão da forma que ele escolheu.

Embora tenha eu sido desde minha chegada conduzida de forma terna aos caminhos que me levariam aos campos mais nobres e sagrados de Deus para exercer a vossa mais pura e nobre vontade, não por minha vontade mas pela vontade daqueles que me guiam e que eternamente me conduzirão as portas dos céus. Apliquei-me com sabedoria, paciência, calma, lealdade, humildade e crença para ser cumpridora daquilo que fora ordenado.

E eu que adentrei a muitos e muitos campos espirituais para servir de instrumento espiritual, como quem adentra a própria casa santa, pude ver, no dia em que a mim fora concedido para adentrar a casa Santa de todos os Santos, meu corpo desfalecer lentamente enquanto meus pés afundavam em infinitas águas que transbordavam em energia e fonte de luz, e a luz que fazia cegar tudo me conduzia ao clarão que irradiava em cores, fora sumindo calmamente e então elevei meus olhos a tudo que habita aos céus, e permaneci entregue em espírito, pois a carne já descansava sobre o chão da terra.

E nesta hora tudo se calou diante de mim, e neste tempo os sinos tocaram mais alto, as trombetas soaram mais ternas, as luzes brilharam mais coloridas, as fontes jorraram mais fortes, então os Santos cobriram minha testa, os anjos se prostraram juntos as portas e as portas se abriram para minha passagem.

E neste dia, todo os guardas das casas divinais de vosso Senhor, desceram aos campos terrenos, e a mim fizeram sentinela, desde o momento de minha partida até o momento de meu regresso em sublime forma, para que eu pudesse lá estar como quem morre em vida e vive em espírito. Ai pude postar-me diante do trono patriarcal da fonte de todas as fontes de luz e ouvir as vossas palavras, que soavam como cânticos ao som de muitos sons, formando constelação de energia ao redor de vossa luz que vinha de todos os cantos em direção a vossa coroa para lhe prestar glorias em coro. E a voz que soava, já não parecia ser a vossa voz, mas sim o som dos sons que ecoavam diante de vossa face, que perante as ordens e palavras pareciam igualmente se ajoelhar diante de vossa bondade para lhe ouvir.

    Neste dia, onde os sinos tocaram mais alto, as trombetas soaram mais ternas, e os anjos desceram no asfalto. Os Santos, os sábios, os anciões, os governantes comandantes e todos os servos de vossa santidade se prostraram igualmente, e se alegraram, formando imensa corrente espiritual, conforme tudo o que já estava escrito. Porque tudo já estava escrito, antes mesmo de existir o dia de vossa bondade.

    Neste dia, em que todos os servos se colocaram de joelhos, todas as servas lhes serviram em orações, todos os anjos cantaram belas canções divinais e todos os Santos lhe trouxeram as colheitas espirituais; todos os homens dormiam em vossas casas.

    Neste momento como que de olhos fechados para o mundo e espírito atuante diante do Criador, vi em unidade espiritual, todos os cálices se erguerem, todas as cruzes se levantarem, todos os pães se consumirem, todos os filhos chorarem, todas as espadas se empunharem, todos as muralhas se endurecerem, todas as fendas se racharem, todos os cegos vislumbrarem, todas as mulheres frutificarem, todos os sábios conhecerem, todas as horas se romperem, todas as luzes se ascenderem, todas as águas dançarem, toda escuridão arder em brasas, todos os véus caírem, todos os doze, juntos caminharem, e o que era chão se desfazer em pó e em brasas. Porque esta era a hora da ordem de Deus se cumprir entre os céus e a terra.

    E vi, no momento de vossa ordenação, onde um filho determinado cumpriu o mandamento celestial na ordem santa da santa casa celestial, os céus se fecharam, e o dia se acalmar, porque os homens já dormiam em vossas eternas casas. E neste dia pude ver o filho de Deus caminhar como quem estivesse vivo, porque jamais esteve em verdade morto, e assentar-se junto à mesa que por ele havia sido preparada. Mas não me sentei a vossa mesa, eu apenas o observava.

    E como se em terra eu estivesse, dei glorias a vossa bondade, e vislumbrando como quem estivesse renascido a séculos passados, ajoelhei-me como de costume, e em agradecimento a tudo que por mim havia feito, limpei vossos pés com a beleza de meus cabelos, e olhando atentamente em seus olhos, ouvi sua voz dizendo bem baixo para que eu cumprisse, de forma destemida a ordenação do Pai eterno. Pois o que me parecia novo, na verdade era apenas a repetição daquilo que outrora havia me preparado para o cumprimento desta caminhada que parecia uma nova missão. Missão caminhada por longos anos de preparação e aprendizado até que eu pudesse servir ao meu Deus da forma em que ele mesmo ordenara. E fazendo aquilo que nos manda o Pai celestial, novamente cumprimos com as ordens sagradas.

E entre palavras e palavras que pareciam se perder no meio do nada em que estávamos, uma cruz se ergueu por traz de vossa face, quando ainda repetia estas palavras. Espírito, está selado! A vontade de Deus se jaz selada para a eternidade. Tens a honra e a gloria espiritual de teu Criador, e por isso seus feitos já estão selados! Seu nome encontra-se por séculos selado!

E envolta em um forte abraço, pus-me em prantos diante do que meus olhos não acreditavam. E os anjos, que não eram poucos, diziam em alegria: Olhe para o céus, erga a vossa cabeça, olhe para os céus; olhe para os céus, veja o que lhe pertence, pois teu Deus lhe manda selar.

Mas diante de minha face, meu amado e glorioso Mestre, a quem lhe tenho em eterno respeito, o Senhor das Sete Cruzes, era quem a carregava. E ao lado de vossa encruzilhada, havia um estela, e nela havia um breve nome, escrito com letras de tempo e de sangue, mas não era nome de terra, era forma espiritual, e dizia ele: Este é para tú espírito, aquilo que o Criador lhe manda selar. Tens aqui o que poucos espíritos criados possuem, tens hoje, seu nome erguido e selado para todo sempre, pelo cumprimento de vossa ordenação, da qual já estava escrita, porém diante de vossa determinação e coragem obedecendo de forma leal pela força da humildade e verdade. E eu levanto neste campo espiritual, aquilo que é a vontade de teu Senhor. Então guarde este dia, deves guardar este sagrado dia.

Guarde este dia dizia ele, porque este dia é o dia de vossa vitória. Porque o vosso nome também estará selado em todos os elos espirituais e divinais e temporais, como o dia de vosso nome, o nome de vossa vitória. E disse ele a mim: O nome que se erguera diante da face dos céus, perante a casa de Deus, aos pés do Criador, lá deverá eternamente estar. Porque nisso encontra-se a gloria de Deus, porque é o Pai àquele que glorifica o filho quando este glorifica ao Pai, diante de vossa própria gloria.

E o nome da qual não é o nome recebido por mim em terra, repetiu-se por vezes, pois o nome espiritual que à partir daquele dia pertence a esta unidade espiritual, encontra-se guardado diante dos séculos espirituais do Criador, assim como encontram-se todos os nomes de vossos Filhos Reais.

Mas a luz que irradiava, pouco me deixava enxergar, enxergar não a beleza da placa que subia, mas sim, o encanto de todos os Anjos e Santos que diante de mim se apresentavam. E ele me levou para outro e mais iluminado espaço, enquanto o som de vossa voz se esvaia naquele imenso campo de energia e luz, dizendo para que eu guardasse aquele sagrado dia, porque àquele deveria permanecer guardado, pois este dia me levaria até o dia do Criador.

Então vá, disse ele: Vá até o seu Criador, e cumpra a vossa missão, até que chegue o Dia do Senhor. E por vezes ouvi estas palavras, até que meu espírito novamente sentiu-se em águas brandas, e inclinei-me para olhar a nova dimensão que se apresentava diante de meus olhos. E esta era ainda mais iluminada e calma e serena, como se nada existisse ou houvesse, e assim adentrou meu espírito a esta nova casa espiritual, esse novo templo divinal, esse novo lugar. E desta vez, não como quem morre, mas sim com quem vive, vive em força e energia e luz para testificar a hora da morte. E por lá ficou até que pudesse através do que se chama de morte, se encontrar com a gloria do Dia do vosso Senhor.

O Dia do Senhor

"Como será grande! Como será forte e pesado o dia do Senhor, e quem tiver vida que viverá, e quem tiver morte morrerá, quem tiver esperança esperará, quem tiver medo perecerá, quem tiver bondade se erguerá e quem tiver choro sentirá. Mas quem tiver luz iluminará, quem tiver ódio em trevas descerá, e quem andar pelos caminhos, diante de vossa face, em vossa face se encontrará. Porque é grande o Dia do Senhor, e nenhum sairá de vossa hora sem àquilo que lhe pertence e espera por receber. Porque Deus não lhe dará nada além da vossa justiça, mas a vossa justiça será como a vara de medir o chão. Pois a vossa justiça é grande e justa, justa como os Santos, os sábios e os ignorantes que caminham os mesmos caminhos mas escolhem os que guiar. E assim todos no dia do Senhor serão também guiados" (Senhor das Sete Cruzes, nosso Mestre).

13.1 Haverá um dia em que todos entrarão pela mesma porta, e todos caminharão os mesmos passos; homens, mulheres, crianças, seres animais, seres espirituais, e todos serão iguais, porque todos andarão em direção ao mesmo lugar.

Haverá um dia em que tudo tornará novamente ao pó, e os homens tornarão novamente ao pó, e a terra que um dia foi terra, voltará a ser pó, e os lagos que um dia jorraram e alimentaram as vossas sementes se tornarão secos, e as raízes que sustentaram as sementes da vida, não tornarão a nascer e a vida que caminhava livre por sobre a terra, também se acabará, e o fogo consumirá terra e não mais haverá lugar.

E neste dia, não haverá mais dor, medo, angustia ou sofrimento, porque neste dia, não haverá mais sentidos ou sentimentos carnais. Neste dia, haverá mais guardas nas portas das casas, e os ameaçadores tombarão ao chão, e todos aqueles que tiveram medo, não mais sentirão medo, e todos os que tiveram angústias, não mais a sentirão. Porque todo ódio, todo rancor, toda guerra, toda fome, toda peste, miséria e todas as iniquidades deste mundo, não mais poderão exercer as vossas vontades. Porque tudo se acabará embaixo do que um dia fora o sol, e tudo se extinguirá, e não mais se encontrará a terra que outrora fora também campo de dor.

Haverá um dia em que os homens não caminharão por esta terra, porque o sol não mais brilhará, o dia não nascerá, a noite não mais chegará, as águas não correrão, os animais não andarão soltos, as feras não assustarão. Porque neste dia, não mais precisarão da terra, porque estarão todos prostrados ao Criador. Porque este é o Dia do Senhor.

Haverá um dia em que todos reconhecerão o Senhor Deus como o único Deus, porque todos os homens serão santos, todos os servos serão santificados, e os Santos caminharão com os homens, como servos iguais de Deus, porque todos se reconhecerão como irmãos, como unidades espirituais santificadas. E neste dia não haverá mais terra. E este dia, reserva-se para o século dos séculos divinais. Amém.

Haverá um dia, em que o próprio dia não será mais dia, a noite não será mais noite, e o nada voltará a ser o nada, e este elo será novamente o caos. E o caos não será o fim, porque o caos não mais será início, o caos será para tudo o nada que jamais se acabará, para dar lugar ao que será o fim de um ciclo. Não o fim da era espiritual de evolução ou dos tempos da humanidade, mais sim o início de um novo tempo, o tempo em que não mais precisarão caminhar sobre o solo desta terra para que possam se reconhecer como irmãos, porque todos se abraçarão como irmãos em uma única corrente santificada e espiritual.

Porque a terra chegara ao seu fim, mas não o fim que o homem plantou, causado pelas guerras e pela insensatez material, mas o fim que deu início a tudo, o fim do início santo do Criador. Porque este será o dia do Criador. E isso ocorrerá no dia em que todos se prostrarem a Ele, e quando todos o reconhecerem como Pai eterno, porque neste dia, não mais caminharão por esta terra de ódio e desespero, porque este será o dia em que tudo cessará, porque nada mais terá sentido de existir. E este será o dia do Criador.

E no dia em que mais nenhum homem pisar vossos pés nesta bendita terra, o caos voltará e dará início ao que um dia foi o início, e o caos voltara reinar e voltará a ser início.

Nesta hora tudo arderá em fogo e em chamas, porque tudo aquilo que o homem por séculos e séculos plantou e os corrompeu com suas maldades, será o meio que fará com que tudo se acabe. Porque todo o seu mal derramado ou suas ações e atos maus contra si mesmo e conta a terra e contra os seus, da qual formam através do jorramento destas energias danosas um imenso campo espiritual de energias e vibrações impuras e improprias, que ainda vibrará de forma viva em elo espiritual terreno, porém guardados diante dos negros e gigantescos buracos espirituais que aqui se encontram, serão deixados para virarem cinzas e brasas, no dia em que tudo voltará ao pó. E tudo o que aqui for deixado virará imensa nuvem de ódio, angustia, dor e lamentação, se findando através do único fogo, que arderá por cima da terra, por cima do nada, fazendo novamente o tudo que nesta terra existe virar nada.

E este dia os Anjos cantarão uma nova canção, as harpas tocarão um novo som e todos se alegrarão, porque o dia do caos será dia de alegria e não de tormenta.

Mas este dia será para aqueles que subirem aos céus o conhecimento do verdadeiro mal, o único e capaz espiritualmente de destruir, de arrasar e de exterminar tudo o que possa existir nas faces da terra. Pois é este o mal ao qual guarda o Criador em vossos séculos celestiais, e este irá de forma pura, límpida e clara se apresentar, apossando-se da terra fazendo ser vivo tudo aquilo que o Senhor Deus guarda em segredo espiritual. O verdadeiro mal que outrora foi também chamado de caos.

Porque o homem não conhece o que é o verdadeiro mal, mas no Dia do Senhor, Ele mesmo libertará a unidade espiritual de tudo o que possa existir de mal, que por séculos e mais séculos divinais estavam guardados dentro de vossa unidade diante de vosso trono. E os vossos servos mais leais e fiéis, os libertarão e os jogarão por sobre a terra, a fazendo ferir com gigantes bolas de fogo e saraivas de fogo que racharão todas as fendas de onde se encontram os cumes dos escuros e imundos buracos negros. E estes tomarão conta de todos os cantos e nunca mais em todos os séculos espirituais, nenhum canto, será alguma coisa diante da face de Deus, ou diante das faces dos Anjos e dos Santos que aqui caminharam para ajudar aqueles que por esta unidade caminham.

E quando o século do século em que o dia do Senhor chegar, não haverá mais fome, não haverá mais dor, não haverá sofrimento, não haverá mais moléstias ou sofrimentos, e também não haverá mais pestes e sarnas, porque nada haverá de passar, porque nada mais passará por sobre a terra.

E os Anjos da trevas da qual chamam de criaturas demoníacas e diabólicas, trarão em vossas destras espadas ardendo em chamas pra destruir todos os sentidos e tudo aquilo que sobe do chão e destrói o próprio homem, para que nunca mais nada possam destruir. Pois as vossas espadas estarão apontadas para o verdadeiro mal, o verdadeiro medo, e serão elas quem trarão a destruição e a desordem para que nunca mais o ódio e a dor caminhem por sobre a terra.

E neste dia, todos os guardas das portas das casas terrenas cairão e as vossas vestes também queimarão em um único fogo que destruirá vossas unidades. E todos os espíritos que subirão aos céus em uma única passagem, adentrarão diante dos séculos de gloria dos céus, pra que neles possam andar purificados de toda imundice que por anos e mais anos caminhou diante da terra. E um a um se libertará de todo e próprio mal que eles mesmos carregam por terem sido nascidos da carne sem vida que engana-se acreditando ter vida além da vida espiritual que verdadeiramente possuem. E este dia, será o Dia do Criador, porque no dia do Criador, nem dor e nem lamento pisarão seus pés diante dos reinos dos céus. Porque todos caminharão na mesma marcha em direção ao mesmo apogeu, distante dos sacrifícios que um dia os fizeram sentirem dor e os fizeram chorar.

E no dia do Criador, todos libertos de vossas dores, poderão vislumbrar a própria face de Deus que os fez filhos nascidos de vosso seio, e todos unidos em uma única corrente, se elevarão e subirão aos céus, para darem gloria, e subirão como filhos nobre de Deus.

E neste dia, quando se findarem todos os séculos que mantem viva a terra, a terra não mais necessitará de nada que seja nascido dela mesma pra que possam se elevar, porque estarão todos limpos de vossas matérias, impregnadas de falsidades, dores, angustias e ódios, e, neste mesmo dia, todos os reis de terra tombarão e todas as coroas cairão, e todos os idolatras perecerão, e todos os falsários clamarão, todos os falsos pregadores chorarão e todos os mentirosos e aqueles que blasfemaram contra o Criador também tombarão. Mas nenhum destes adentrarão aos céus, nem no Dia do Senhor, tampouco no dia de vossas remissões, porque estes estarão selados eternamente dentro do cume do inferno que os carregarão para as profundezas do buraco negro que se abrirá dentro do próprio caos e sugará um a um, espírito por espírito, porque este será o dia em que o próprio inferno que buscam os consumirão.

Porque conhecendo as leis de Deus preferem as próprias leis. Então no dia do Senhor, não caberão maus-feitores, mentirosos e idolatras, arrogantes e falsários, diante de vossa casa, porque a justiça será mais justa que os justos, porque a justiça não sairá somente das mãos de vossos servos atuantes, mas sim da mãos de Deus quem vos ordena. E a justiça será o justo pelo que é justo. Será a balança que medirá e separará os homens que subiram daqueles que desceram. E aqueles que descerão no dia do Senhor, no dia em que o caos voltará a ser o caos e a saraiva de fogo tomar conta da terra, somente aqueles que no cume do inferno deverão ficar, adentrarão com os próprios corpos imundos e ardendo em chamas em suas verdadeiras moradas, no meio do fogo do inferno ao qual a terra voltará a se chamar.

E todos os espíritos seguirão adiante e todos os espíritos que ao Criador se prostrar, seguirá em direção aos céus, porque no Dia do Senhor, serão todos elevados, e todos amáveis filhos de Deus, verão a vossa coroa. E não mais existirá a terra , e não mais existirá a dor, e não mais existirá o sofrimento, porque o Dia do Senhor é o dia em que separará a Lei do cumprimento da Lei. Este será o dia que tornará a destra frente à esquerda e ambas se tocarão, e ambas formarão a mão da paz, a mão da benção, a mão do criador unindo a direita e a esquerda espiritual, para que todos assentado a direita ou à esquerda sejam reconhecidos como vossos filhos e vossos sevos cumpridores e vossas leis.

Mas será este o dia mais penoso e doloroso, o dia mais alegre e mais feliz. Porque o Dia do Senhor é o dia que elevará todos os homens bons, mas todos aqueles que ainda lutam e relutam diante do mal da terra que aos outros fazem, serão moradores de vossa casa.

Porque será este, não apenas mais um dia, e sim o dia em que a fornalhas arderão em brasas fortes, e o fogo subirá mais alto, fazendo todas as torres caírem, e todos os juízos serão julgados em um único dia. Porque todas as glorias serão abençoadas, todas as orações serão perpetuadas, todos os Santos serão cultuados e todos os erros serão perdoados, porque este, que será o dia do dia mais importante para todos os que estão diante dos céus, para todos aqueles que subirão da terra em única oração, será o dia em que o nada tomará conta da terra. E a terra se erguera e se prostrara àquele que é o Pai eterno, e todos aqueles que o tem como único e verdadeiro Pai subirão, deixando para trás essa que não mais será a vossa terra.

E junto aos vossos servos, o Pai novamente caminhará por sobre a terra e reconhecerá a face de todos os vossos filhos que serão por Ele carregado, como vossos filhos amados. Mas aqueles que o inferno preferir, ao inferno receberá as vossas calmarias em forma de não paz.

Porque não mais existirá o inferno e não mais existira o umbral, no dia em que todos forem elevados. Porque o próprio inferno, de onde forem todos os espíritos malignos se si mesmos carregados, os Anjos da trevas descerão de vossas tumbas para trancarem as portas do campo que corrompem aqueles que lá se encontram ajoelhados, porque todos eles dentro de caos da terra, farão única unidade de cume de terra e inferno, dentro do nada que agora é a terra e o inferno.

Mas todos os homens que subiram para o Dia do Senhor serão abençoados e caminharão eternamente sobre vossa gloria e regência, no dia em que a luz brilhará em única fonte e todos serão um único filho como um único filho bom, sentados à mesa posta alimentando-se do mesmo alimento, porque neste, dia, todos terão compreendido as palavras de vosso Senhor, o Mestre Jesus Cristo, e todos caminharão sobre as leis de vosso filho Moisés, e todos se reconhecerão irmãos unidos pelas mesmas palavras.

Porque vos falo, vos falo em verdade, porque encontro-me diante da face dos séculos ao qual me fora dado o direito de conhecer o que será reservado a todos os que diante do Senhor caminharão, mas vos digo que os gritos que ecoam não são gritos de dor, e sim do tormento, como que o último suspiro do último passarinheiro, escondendo-se atrás do último sopro de existência da qual na terra existiu, e eu mesma pude testificar. Porque lá também um dia estive em carne e em espírito, mas o espírito que agora apenas observa os séculos passarem diante de meus olhos, vos afirma que os séculos somem como que uma nuvem escura nos céus e vira um nada.

E através desta nuvem vejo tudo se tornar brando, terno e bonito, porque o Dia do Senhor, sendo o dia que guardarão todos os filhos que em busca da verdade percorreram elos e elos de séculos e séculos aguardando o momento de vossas chamadas. Agora vejo todos os filhos que cumprem missão espiritual se encontrarem e se prepararem para subir, para conhecerem eles mesmos o único e verdadeiro Senhor perante a tudo que buscou e se preparou. E todos os filhos que caminhando de mãos dadas olham e seguem a única direção que agora é o Pai, o único Deus que pode existir, por todos os séculos e séculos. E todos os filhos nascidos em todos tempos dão todas as glorias e suplicam por todas as glorias e todas as honras, diante de vosso amado Pai eterno. E até que tudo se cale novamente, até que tudo cesse outra vez, até que todos os olhos se fechem, e todas as tumbas os guardem, porque este que é o dia do Senhor, todos dizem gloria ao Senhor, por todos os séculos dos séculos, até que chegue o dia do Amém.

Mas meu corpo caminhava como que nada houvesse de novo ou de velho, de vivo ou de morto, e mesmo com olhos fechado face a imensa luz, o som das trombetas ensurdeciam meus ouvidos e meu espírito fora outra vez carregado como que se carrega um nascente e retirado do chão como que se retira um corpo sem vida. Porque a vida que me restava apenas pela consciência, adentrou aos séculos do dia espiritual do Criador, e de face com a vida, reconheci todos os meus, e alegrei-me e dei graças.

Porém, observei a minha esquerda todos os vermes que subiam da terra para o dia do nada, e todos os hipócritas que choravam, gritavam e se lamentavam de terem sido o que são, não porque desejavam subir as céus, ou porque jamais poderiam, e não porque se encolhiam, mas porque sentiam a dor e a angustia em forma de medo de terem que provar eternamente do conhecimento da qual diziam conhecer; porque dele, daquele dia, é que provariam eternamente de vossos próprios amargos com gosto de morte, com sabor de fel. Mas quando a angustia de vossos pesares adentraram a minha própria essência que por eles também chorava e aos céus clamavam por misericórdia, fui dali retirada, sobre a voz de um Anjo que dizia: Não chores ou e lamentes por aquilo que não lhe faz vida, pois a gloria do Senhor será por todos nós, e será para eles também, mas cada um com a sua própria gloria, face ao Criador ou face ao mundo.

E já em outro canto espiritual, mas dentro de vosso templo sagrado, ouvia outro Anjo com voz de calmaria me dizendo: Preparada para contemplar e testificar foi, abra teu espírito, porque esta é a ordenação da gloria de vosso Deus, aos filhos da terra que nele não possuem crença ou desejam a vossa gloria, e por isso fora determinada e escolhida para o Dia do Senhor, para ser a serva do mundo, levando ao mundo a verdade de Deus, porque nele tens verdade, e Dele tens somente a verdade. Escuta e ouça com atenção, porque a vossa Verdade crê e lhe honra para este dia de gloria e tribulação. Porque não sou Anjo de terra, mas sim de glorias, e minha gloria vem da verdade de Deus, por isso, aqui lhe coloco diante de vossa face da verdade, por ser filha da verdade.

E atentamente observei por uma fresta que media todo o tamanho do mundo e todos se prostraram ao meu lado, se fazendo sentinelas, no dia de vossa gloria para que eu pudesse ver e acompanhar o novo mundo nascendo do novo caos. Porque do outro lado do cume da terra, agora era o mar, e o mar de fogo, ardendo com suas larvas, e subindo com toda fúria e se arrastando da terra e soltando da terra tudo o que é terra, e arrebentando tudo aquilo que um dia fora o seu solo, e com a mesma pressão destruidora soltando todas as crostas e camadas e as trazendo de baixo para cima, tornando o lodo visível, e jogando toda sujeira para cima, como que um vulcão expelindo suas larvas e toda sujeira do fim do mundo subiu, e encontrando-se com a terra.

E a terra que rachando a crosta recebeu toda vermelhidão das águas do mar ardendo em fogo e a água suja, agora cheia de lodo e cheiro de sangue, e tomou o campo de onde outrora fora feito de florestas, vegetação, vidas naturais e arrancando todas as folhas e galhos, todas as árvores, raízes e quase vidas, e tudo o que existia por baixo e por cima da terra, como que um terremoto vulcânico e tornou a beleza do que um dia fora o Éden em trevas e caos afundada nas cinzas de si mesma.

E a terra que um dia se fez beleza através das florestas, das águas, das matas, dos pássaros, e das vidas que livremente aqui viviam, experimentou o mal, pois o bem ou o bom, ou àquilo que nascera do Pai eterno, fora nesta hora consumido por tudo aquilo que o mal que fora guardado por Ele mesmo diante de vossos séculos de eternitude, se desfez em saraivas de fogo e cinzas e subindo e descendo tomando conta de todo o espaço, no escuro da falta de vida, de tudo o que um dia foi vida, me dando novamente a própria visão do inferno.

E o cinza de tudo que foi consumido pelo fogo, fazendo visão, e os arcanjos que outrora flamejara o pouco que existia de vida na terra, no início de todas as vidas, das casas dos céus, diante das portas do firmamento, ascenderam vossas tochas, e atiraram contra a terra, para queimar todas as essências que ainda restavam em forma de energia danosa fazendo tremer todo o chão, causando outras grandes e novas rachaduras, fazendo com que toda a lama pudesse subir do cume da terra e tomar conta da superfície. Agora sim, era o nada nascendo de seu início. E eu, incessantemente chorava, pois não se podia ver o espírito do Criador por sobre o nada, pois os céus neste momento davam gloria a vossa eterna bondade em outro canto espiritual, diante de vossa face em vosso trono celestial.

E o dia do Criador é que também o das criações e das criaturas, deu eterna vida a tudo o que é vida, e retirou vida de tudo o que nunca ou nunca mais vida terá, e toda beleza aos olhos de Deus que em terra de Deus se apresentavam, pode ser vislumbrada em campo celestial, pelos olhos espirituais, porque aquela terra de outrora não mais existia, não mais vivia, não mais pulsava, mas vossas belezas, ainda podia ser vista nos céus, em um novo céu, em uma nova forma de vida.

    Então percebi que o dia do recomeço, o dia do bater das horas, era o dia da vida eterna para os que vivem e para os que morrem em vida para se tornarem eternos. Onde nenhuma vida jamais poderá morrer, porque nunca fora nascida para sua morte. Mas sendo o Criador o único Espírito que lhes podem dar e retirar a vida, concedeu a todos os vossos filhos a vossa própria vida eterna em campo eterno. E neste novo ciclo espiritual haverá uma única passagem, um único caminho e uma única direção, e ninguém mais vivera sobre o conhecimento do bem e do mal, pois será neste dia, o bem ou o mal o caminho a ser percorrido, mas nenhum andara mais sobre vossas escolhas, e nenhum mais poderá separar o joio do trigo, porque tudo será trigo e nada será joio. E nem o bem e nem o mal.

    E não mais dirão conhecer aquilo da qual não sabem, porque todos saberão o que vem a ser o bem e o que é o mal, e todos sentirão contentamento ou a falta dele, por todos os séculos dos séculos. Até a hora do Amém.

    Amém.

Encontre nossa comunidade

COMUNIDADE ESPÍRITA DE UMBANDA CABOCLO UBIRAJARA

Rua Doutor Almeida Nobre, 96
Casa Verde Alta - Vila Celeste
São Paulo - S.P

www.abibliareal.com.br

Agência Brasileira do ISBN
ISBN 978-85-924190-1-1